A CONCORDANCE
TO THE WORKS OF HORACE

A CONCORDANCE

TO

THE WORKS OF HORACE

COMPILED AND EDITED
BY
LANE COOPER

PROFESSOR OF THE ENGLISH LANGUAGE AND LITERATURE
IN CORNELL UNIVERSITY

PUBLISHED BY
THE CARNEGIE INSTITUTION OF WASHINGTON
WASHINGTON, 1916

Carnegie Institution of Washington
Publication No. 202

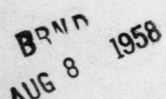

PRESS OF GIBSON BROTHERS, INC.
WASHINGTON

CONCORDANCE TO HORACE

INSTRUCTIONS FOR PREPARING THE SLIPS

[For the benefit of any who may wish to engage in the production of similar works, these Instructions are herewith put in print.]

The process is simple; but read over these Instructions carefully, several times, before beginning work, and after.

The fundamental requisites are thoroughness and accuracy. The slips which you prepare will be the copy used by the printer. The omission of a single word would injure the Concordance. Do not omit.

Begin slowly, so as to learn aright, and aim to gain speed as your work progresses. Speed (but not haste) is likely to be a condition of accurate recording.

1. SLIPS.—Use only the kind provided. The exact size, weight, and color are important.

2. TEXT.—The text employed is the *editio minor* of Vollmer, Leipzig, Teubner, 1910. This, and this alone, is to be used.

3. HEAD-WORDS.—Every word in Horace, without exception, is to be recorded, and each time it occurs. Begin with the first line of your 'Reference-text,' and write each word in the upper left-hand corner of a slip, a separate slip for each separate word. Write the word in pencil, exactly as it is spelled in the text. It is well to write off all the words for a poem, or for a page, at one time; and, as you do this, to record the line-number for each word in the lower right-hand corner of the slip.

4. TITLE AND NUMERICAL REFERENCE.—A list of the titles for the poems in your section of text is herewith provided. In addition to the line-number, the catch-title of the poem is also to be recorded, in the lower right-hand quarter of the slip, and with it (when there are 'books') the number of the book and the number of the poem in the book. Thus, the word *Maecenas* in Book 1, Ode 1, line 1, of the Odes (*Carmina*) will be recorded as follows:

Maecenas   Carm. 1.1. 1

Notice that the only marks of punctuation are periods, and that there is none after the line-number. There are no commas. Arabic numerals alone are employed. Roman numerals are distinctly prohibited.

5. Rubber Stamps.—The line-number should be written with pencil. Pen and ink must not be used in any part of the work. Catch-title, book, and number of poem are to be recorded with the rubber stamp. In this stamp, the title is properly set up for the first poem in your allotment of text. For subsequent poems you will need to make changes only in the arabic numerals. Stamp clearly; the printer must be able to read your work at first glance. With a little practice, careful stamping goes rapidly enough.

Compare the sample slips, sent herewith, with the corresponding lines in the text.

6. Printed Lines.—When the words and their place of occurrence are thus recorded from your Reference-text, you will proceed to cut out (with scissors) the printed lines from other copies of the text that are herewith provided; and (preferably with library paste, mixed in a shallow dish) paste the line containing each word on the slip for that word. Paste the line approximately in the middle of the slip. If you wish to prepare in advance for pasting the lines, by putting mucilage on the backs of alternate pages, do so; but be circumspect: the printed lines must stay on their slips for months. Be careful also to get the proper line right side up on the slip.

When using the scissors on the printed text, be sure to preserve all marks of punctuation in the line, including any mark at the end of the line. Careless clipping will make quotation-marks, commas, and semicolons look like other characters, and thus impair the accuracy of the record, deceiving the printer.

However, cut off or cross out the line-numbers (5, 10, 15, etc.) printed at the side of the Latin text.

Sometimes two persons can work advantageously together at cutting and pasting.

7. Summary.—In general, then, the slip is to record each Latin word, the printed metrical line containing that word, and an exact reference to the place where that line occurs.

8. Exceptions.—When the same word, spelled in the same way, occurs twice in the same line, it is to be recorded twice, but the printed line is to be pasted on but one of the two slips.

In the case of the following words, slips are to be prepared as prescribed in Sections 1–5, but the printed line is not to be pasted on the slip:

a	est	[-ne —See next	qui	sunt
ab	et	paragraph.]	quid	tam
ac	ex	nec	quis	tamen
ad	haec	neque	quo	tu
an	hic	nisi	quod	ut
at	hoc	non	se	[-ve —See next
atque	hunc	o	sed	paragraph.]
aut	ille	per	seu	vel
cum	in	post	si	
cur	inter	quae	sic	
de	iam	quam	sine	
dum	nam	[-que —See next	sive	
e	ne	paragraph.]	sub	

These words, and these alone, as here spelled, constitute the exceptions; in the printed Concordance they will, for reasons of space, be accompanied only by numerical references, and not by illustrative quotations. In general, dismiss from your mind your knowledge of declensions, etc., and follow the Instructions literally; however, when -ne, -que, or -ve at the end of a word is obviously a suffix, record the word itself as usual with reference and quotation, and make out a separate slip for the -ne, -que, or -ve, recording the place of occurrence, but omitting the printed line.

When you have finished the slips for the first 20 lines of your portion of text, send them, with any queries you would like to make, to the editor, who will examine and immediately return them, with such suggestions as may be needed. The entire work may then proceed without delay.

DOUBTFUL CASES.—When in doubt, record in full, and keep the slips apart from the rest. The doubtful cases will all be examined together after the entire work reaches the editor.

FINAL CHECKING.—When you have finished all your slips, do not arrange them alphabetically. Keep the head-words at all times in the order of their occurrence in the text. The last thing to do before sending in the finished work is to check for completeness, comparing your head-words, one by one, with your Reference-text. Strike them out in your Reference-text with a pencil, or read them off with some person who is accurate. This process is indispensable, and must not be neglected.

Send the finished work, and all unused materials, by express. The loss of a single finished slip would injure the Concordance.

It is planned to have the slips finished by the end of July, if not before. Should anything arise to interfere with your doing the work, notify the editor instantly. If you find it impossible to proceed, send in your work as far as it may have gone, with an exact account of this, and with all the materials; and do so with the utmost speed.

If you change your address, send the new one in as soon as possible.

It is well at all times to bear in mind that the doing of this work will earn the gratitude of scholars for generations to come.

LANE COOPER

ITHACA, NEW YORK, *May, 1913*

PREFACE

This Concordance of Horace was planned in May, 1913; the quotations were recorded and collected in June and July of that year; the alphabetical ordering was carried on at intervals during the autumn, and finished early in the following spring; the work was accepted for publication by the Carnegie Institution on May 21, 1914. I had hoped to complete the proof-reading with dispatch, but various other demands upon my scanty leisure, and a threatening eye-strain which supervened, have delayed the progress of the volume through the press; for with all advantages and facilities the task of editing the 593 pages of a Latin concordance could not be a light one. Yet the aid that came from friends and pupils of mine at the outset made it possible to produce the work in a relatively brief time.

The labor was undertaken for more than one reason. First, it was my hope that a concordance of a Latin poet, emanating from a teacher of English, might tend to strengthen the bonds of sympathy between devotees of the ancient classics and students of modern literature; for unless such bonds are constantly renewed, the study of modern literature, at least, is prone to become one-sided or unduly sentimental, or to go entirely astray.

Secondly, I had found that no existing index of Horace was altogether adequate to the needs of modern scholarship—for example, in an attempt to determine the influence of this author upon the thought and language of the English poets—although the index in Zangemeister's edition of Bentley's Horace (Berlin, 1869), that in Hirschfelder and Mewes' edition of Orelli (Berlin, vol. 2, 1892), and those in the edition of Keller and Holder (Leipzig, vol. 1, second edition, 1899; vol. 2, first edition, 1869) are of much assistance. Of these, the index by Zangemeister is the best for ordinary purposes; yet its general value is impaired by the inevitable subordination of traditional readings to the less happy among Bentley's conjectures; moreover, the work containing it is out of print. But even were the index obtainable, the inferior typography would justify supplanting it with a well-printed concordance which should take account of Horatian textual criticism since the year 1869.

I must add that the indexes already existing not only suggested the desirability of a better typographical display for the language of Horace, but have also led to one feature of the present work which otherwise might raise a question. Since Zangemeister and the others take account of grammatical forms to the extent of listing *eram*, *esse*, and *fui* under *sum*, and *laturus* and *tuli* under *fero*, etc., it has been thought wise in this volume to maintain a purely alphabetical sequence, and thus to supplement the indexes with an apparatus whereby the presence or absence of any given form in Horace may be instantly detected.   Moreover, no effort has been spared to render the Concordance more exact and more complete than any of the indexes.

This is not the place to elaborate a defense of concordances, whether of ancient or modern authors.   Before the tribunal of scholarship such works require no advocate; but since their value sometimes is questioned by persons who might, if well-disposed, be influential in advancing their publication in America, I may here insert a significant passage translated from the preface to Livet's *Lexique de la Langue de Molière* (a work crowned by the French Academy) in order to show the esteem in which they are generally held by men of learning:

From an historical point of view, and in the light of a deeper understanding of the language, lexicons of our great writers in general, and a lexicon of Molière in particular, possess a utility which here needs no demonstration. M. Gaston Boissier, permanent secretary of the French Academy, in assuming without direct acquaintance with the author the function of sponsor for my book; the Academy, in awarding one of its prizes to my work without application on my part, and even without my knowledge; the learned members of the commission on endowed publications, in proposing to print it at the expense of the State—and, finally, the Minister of Public Instruction, in accepting that proposal—have sufficiently evinced the interest which attaches to works of this sort in the minds of the most competent and authoritative men in France.

Generally considered, the reasons for engaging in an enterprise like this must be sought for in the interests of the compiler and in the value, both intrinsic and historical, of the poetry which thus becomes open to further scrutiny through a recombination of its elements. On the perennial worth of Horace as a master of phrase, and hence on the need of an exhaustive Horatian concordance, there is no call for a long disquisition.   The poet fully deserves the care and pains which have been lavished upon him by generation after generation of scholars, as the edifice of classical learning has advanced toward perfection. If the present work contributes its portion in the upbuilding of that still greater ideal fabric, never complete but ever aspiring, which is the mansion of scholarship and the human house divine, the labor here represented will have been sweet enough.

Concerning the personal experiences out of which this Concordance has arisen, it is hoped that a few words will have some interest or utility.   The editor can lay no claim to recognition as a classical scholar, or to special familiarity with the text of Horace.   On the other hand, it is not improper to say that he has had practice in the making of concordances, having edited one of Wordsworth, and having been called upon to give aid or counsel in the preparation of similar works on Gray, Spenser, Keats, and Browning.   It has been his desire to perfect and, as in the present case, to exemplify a method by which works of this description may be produced quickly and with a great saving of energy, through organization of effort, the collaboration of many hands, and the use of mechanical devices for the attainment of speed and accuracy in recording.

As for the method of compilation, a full account of it would serve to transmit some part of the acquired experience, whereas usually this kind of knowledge dies with the individual who gains it. A short explanation may assist the next compiler of a similar work, and in addition will throw light on the nature and use of the volume.

In brief, the method here employed was substantially the same as that which was followed for my Concordance of Wordsworth. A standard text having been chosen (that of Vollmer's *editio minor* of Horace, Leipzig, 1910), fourteen copies of this were taken to pieces, and the pages so combined again as to furnish each of the collaborators with seven copies of the odd and seven of the even pages of text that each of them was to excerpt. The eighteen collaborators were also provided with somewhat more than 2,500 slips of paper measuring three inches by five; with rubber stamps having movable types, for recording the book and number of a poem (as *Carm.*1.1); and with a set of typewritten instructions explaining with the utmost precision how to register each Latin word on a separate slip, how to cut and paste the printed metrical line containing that word, and how to stamp and write an exact reference to the place where that line occurs in the text.*

The result of this process was a body of about 45,000 slips representing every word in Vollmer's text, in the order of occurrence, with the metrical line in all cases, save for a small number of particles. While the slips were in this order, they were systematically examined with a view to improving the context in the quotations, since very often the metrical line, especially in the Odes and Epodes, does not well illustrate the use of an individual word. In a large proportion of all cases, however, the printed line sufficed; so that, aside from the quotations which were amended either then, or subsequently in the proofs, and aside from the quotations for variant readings, this Concordance is the printer's transcription of the basic text.

Meanwhile the editor had prepared slips for the variant readings noted by Vollmer in his *editio maior* of 1912, and for a few others included by E. C. Wickham in the well-known edition published at Oxford (*Odes, Carmen Saeculare, and Epodes*, 1904; *Satires, Epistles, and Ars Poetica*, 1903). These variants have been compared with the readings in the edition of Keller and Holder mentioned above, and the *testimonia* listed by Vollmer have been verified where the sources were

---

*These instructions have been printed, with slight alterations, and copies may be obtained from the editor at Ithaca, New York.

accessible to me. In the Concordance, quotations illustrative of variant readings and conjectures are generally longer than the other quotations. At one point, however, my alphabet could not include the variant reading or permit a quotation; this is the case of the abbreviation ĭa in *Serm.*1.2.33 (Vollmer, *editio maior*, p. 174). Otherwise I have endeavored to list every reading offered by Vollmer, whether important or not. The basic text once chosen, a concordance must be faithful to it, save in case of palpable error; there is no other principle to follow, and no exceptions can safely be made. I may add that variations in the order of words within the line have been indicated, but not variations in the order of lines. Further, in an alphabetical list there seems to be no satisfactory way of recording instances where the variation consists in the omission of a word or words; if in one or two cases (see, for example, under *nemo*, the quotations for *Serm.*1.1.109) I have tried to surmount the difficulty, the information supplied by the Concordance on this head is sporadic and gratuitous.

The order is strictly alphabetical, except that in a very few cases of unimportant orthographical variation I have given the same quotation twice, once with the catchword spelled as it occurs, and again with other, normal cases (see *aequom* and *aequum*). I had no thought of performing this work of supererogation throughout, since those who are likely to use the book will readily find their way in the Latin alphabet, remembering the ordinary equivalents (such as *imm- inm-* and *imp- inp-*); and some of the variant readings, since they yield to no interpretation, would have made consistency of treatment impossible.

The separation of words spelled alike but of different meanings, and of the same grammatical forms with slightly different functions, was (especially as regards the latter) a similar work of supererogation; but here I have tried to be more thorough and consistent. A fresh catchword in bold-faced type indicates a new meaning or a new grammatical function. Yet, as a comparison of the Horatian indexes will show, the identification of grammatical forms is not always certain; and in the case of variant readings I have sometimes repeated the catchword as the only way out of a difficulty in classification.

The proofs of this work have been verified with Vollmer's *editio maior* of 1912, which represents that scholar's latest opinion on textual matters. Unfortunately, that edition itself was not so carefully proof-read as the *editio maior* of 1907 or the *editio minor* of 1910. Obvious misprints in the basic text have been silently rectified in the Concordance; where decision was doubtful, I ascertained the intended reading through correspondence with Professor Vollmer.

In various other difficulties, not only while the work was going through the press, but from the inception of the undertaking, I have had the benefit of help and counsel from my friend and colleague, Professor Charles E. Bennett, an expert in the study of Horace. Without encouragement from him I should never have engaged in this task, labor of love though it has been.

It gives me pleasure also to record the names of those who generously assisted in preparing the slips:

Miss Evelyn M. Alspach
Professor Henry H. Armstrong
Mr. Dane L. Baldwin
Mr. Murray W. Bundy
Mr. Alexander M. Drummond
Miss Fannie H. Dudley
Miss Esther C. Dunn
Mrs. Laura C. Evans
Miss Estella C. Fisher

Dr. Allan H. Gilbert
Miss Winifred Kirk
Miss Georgina Melville
Miss Mary A. Molloy
Miss Fay H. Newland
Miss Marion E. Potts
Miss Maud M. Sheldon
Miss Mary Rebecca Thayer
Miss Mildred Watt

A number of the same persons, with other friends and students of the editor, gave aid in the first stages of the alphabetical ordering of slips. To Miss Mary A. Ewer a word of thanks is due for her special efforts to make the record exact and complete. To the Carnegie Institution of Washington there must come a tribute of gratitude, not only from the present writer, but from every scholar in America, for its interest in the class of works to which the Concordance of Horace belongs.

LANE COOPER.

ITHACA, NEW YORK,
July 29, 1916.

SIGNS AND ABBREVIATIONS

Ars Poet. = *Ars Poetica*   *Epist.* = *Epistulae*
Carm. = *Carmina*   *Epod.* = *Epodi*
Carm. Saec. = *Carmen Saeculare*   *Serm.* = *Sermones*

The abbreviation *var.* is used to designate a variant reading listed by Vollmer or by Wickham, but not admitted into Vollmer's text (*editio maior*, 1912); and *coni.* to designate a conjectural reading so listed, whether admitted or not. In the quotations, square brackets enclose manuscript and conjectural readings, and readings supplied by *testimonia*, immediately after the corresponding words as accepted by Vollmer. A mark of interrogation sometimes precedes the word or words in brackets, and the *var.* or *coni.* in the column of titles, when there is doubt as to the nature of the reading—for example, when what passes for a conjecture may be decipherable in a manuscript, or when the case involves the validity of *testimonia;* but the absence of this mark implies nothing as to the value of a bracketed reading or conjecture.

The dagger † and the open brackets ⟨⟩ have been retained for the few doubtful expressions which they accompany in the basic text.

The asterisk * has been used to indicate quotations and line-numbers for the doubtful or spurious lines preceding *Serm.* 1.10.

The references to *Carm.* 3.12 follow the arbitrary division of lines made by the printer in Vollmer's text.

A

a. *Carm.*1.27.18; 2.17.5; *Epod.*5.71 (*bis*)

a. *Carm.*1.21.14; *coni.Carm.*1.37.14; *Carm.*4.5.12; *Epod.*17.24; *Serm.*1.1.68; 1.2.69; 1.4.29; *Serm.*1.4.37; 1.4.97; 1.4.111; 1.5.92; 1.6.18; 1.6.88; 1.6.94; 2.1.71; 2.2.53; 2.3.36; 2.3.69; *Serm.*2.3.320; 2.5.52; 2.5.83; 2.6.50; *Epist.*1.1.103; 2.2.4; 2.2.13

ab. *Carm.*1.9.22; *var.Carm.*1.14.5; *coni.Carm.*1.27.19; *Carm.*1.28.29; 1.36.4; 1.37.13; 1.37.16; 2.3.3; *Carm.*2.3.21; *var.Carm.*2.7.14; *Carm.*2.16.27; 3.3.47; 3.4.17; 3.5.43; 3.14.4; 3.16.4; 3.16.22; *Carm.*3.17.1; 3.17.5; 3.17.11; 3.19.1; 3.20.16; 3.27.2; 3.27.12; 3.27.58; 4.4.14; 4.4.53; *Carm.*4.4.59; 4.8.18; 4.8.31; 4.15.16; *Epod.*5.23; 8.19; *coni.Epod.*9.17; *Epod.*10.13; *Serm.*1.2.11 (*bis*); 1.3.6; *var.Serm.*1.4.26; *Serm.*1.4.117; 1.4.129; 1.5.55; 1.6.83; *Serm.*1.7.22; 1.8.5; 2.1.42; 2.1.66; 2.2.3; 2.2.10; *var.Serm.*2.3.4; *Serm.*2.3.193; 2.3.308; *Serm.*2.5.62; 2.6.117; 2.8.32; *Epist.*1.1.54; 1.7.47; 1.10.37; 1.12.3; 2.1.62; 2.1.127; *Epist.*2.1.187; 2.2.185; *Ars Poet.*127; 146; 147; 384

abacta. abacta nulla Veia conscientia . . . humum | exhauriebat, . . . *Epod.*5.29
  necdum omnis abacta | pauperies epulis regum: *Serm.*2.2.44
abdiderint. utque lupi barbam . . . abdiderint furtim terris . . . *Serm.*1.8.43
abdidit. militia simul | fessas cohortes abdidit oppidis, . . . *Carm.*3.4.38
abdita. indiciis monstrare recentibus abdita rerum: . . . . *Ars Poet.*49
abditae. Acrisium virginis abditae | custodem *Carm.*3.16.5
abdito. nullus argento color est avaris | abdito terris, . . . *Carm.*2.2.2
abditus. Veianius armis | Herculis ad postem fixis latet abditus agro, . *Epist.*1.1.5
abeant. quorsum abeant? sani ut creta, an carbone notati? . . . *Serm.*2.3.246
abeas. lenis incedas abeasque parvis | aequos alumnis, . . . *Carm.*3.18.3
abeat. ad sanos abeat tutela propinquos. *Serm.*2.3.218
  ut redeat miseris, abeat Fortuna superbis. . . . . *Ars Poet.*201
abentis. plorem artis in te nil agentis [abentis] exitus?' . . . *var.Epod.*17.81
abeo. abeo, et revocas nono post mense *Serm.*1.6.61
abes. abes iam nimium diu; *Carm.*4.5.2
abest. donec virenti canities abest | morosa. *Carm.*1.9.17
  nec severus | uncus abest liquidumque plumbum; . . . *Carm.*1.35.20
  inportuna tamen pauperies abest *Carm.*3.16.37
  curtae nescio quid semper abest rei. *Carm.*3.24.64
  siquid abest, Italis adiudicat armis. *Epist.*1.18.57
  actor | causarum mediocris abest virtute diserti | Messallae . . *Ars Poet.*370
abeunte. sol . . . amicum | tempus agens abeunte curru. . . *Carm.*3.6.44
abhinc. ad hunc [? abhinc] frementis verterunt bis mille equos | Galli . *? coni.Epod.*9.17
  scriptor abhinc annos centum qui decidit, ... *Epist.*2.1.36
abi. abi, | quo blandae iuvenum te revocant preces. . . . *Carm.*4.1.7
  cadaver | unctum oleo largo nudis umeris tulit heres, | scilicet elabi [et abi]
    si posset mortua; *var.Serm.*2.5.87
  'abi, quaere et refer, unde domo, quis, ... *Epist.*1.7.53
  non es avarus: abi. *Epist.*2.2.205
abibis. 'solventur risu tabulae, tu missus abibis.' . . . *Serm.*2.1.86
abicito. abicito potius, quam quo perferre iuberis | clitellas ferus inpingas . *Epist.*1.13.7
abiectis. nimirum sapere est abiectis utile nugis *Epist.*2.2.141
abiecto. omni | abiecto instrumento artis clausaque taberna | sutor erat: . *Serm.*1.3.131
abigat. requiro, | quod curas abigat, ... *Epist.*1.15.19
abigunt. durataeque solo nives | mercatorem abigunt? . . *Carm.*3.24.40
abii. illuc, unde abii, redeo: *Serm.*1.1.108
abire. iussus abire domum *Epod.*11.20
  'misere cupis' inquit 'abire. *Serm.*1.9.14
  tempus abire tibi est, ... *Epist.*2.2.215
abirem. multa quidem dixi, cur excusatus abirem, . . . *Epist.*1.9.7
abit. dum aes exigitur, dum mula ligatur, | tota abit hora. . . *Serm.*1.5.14
  ille sinistrorsum, hic dextrorsum abit, ... *Serm.*2.3.50
abito. si per invisum mora ianitorem | fiet, abito. . . . *Carm.*3.14.24
abludit. haec a te non multum abludit imago. . . . *Serm.*2.3.320
abnegat. te . . . albo rara Fides colit | velata panno nec comitem abnegat, . *Carm.*1.35.22
abnormi. sed quae praecepit Ofellus | rusticus, ab normis [abnormi] sapiens
    crassaque Minerva), ... *var.Serm.*2.2.3
abnormis. sed quae praecepit Ofellus | rusticus, ab normis [abnormis] sapiens
    crassaque Minerva), ... *var.Serm.*2.2.3
abnuere. qui testamentum tradet tibi cumque legendum, | abnuere . . .
    memento, ... *Serm.*2.5.52

1

abominandus. nec fera caerulea domuit Germania pube | parentibusque
     abominatus [abominandus] Hannibal: *var.Epod.*16.8
abominatus. parentibusque abominatus Hannibal: .   .   .   *Epod.*16.8
abortivos. ut abortivos fuit olim | Sisyphus; *Serm.*1.3.46
abrotonum. habrotonum [abrotonum] aegro | non audet nisi qui didicit dare,   *var.Epist.*2.1.114
abrumpere. nec Lethaea valet Theseus abrumpere caro | vincula Perithoo.   *Carm.*4.7.27
abscedere. nonne, . . . quaerere plus prodest et inane abscindere [abscedere]
     soldo? *var.Serm.*1.2.113
abscidit. nequiquam deus abscidit | prudens oceano dissociabili | terras,   .   *Carm.*1.3.21
abscindere. haec et quae poterunt reditus abscindere dulcis   .   .   *Epod.*16.35
     nonne, . . . quaerere plus prodest et inane abscindere soldo?   .   .   *Serm.*1.2.113
abscissum. caput abscissum demens cum portat Agaue | gnati infelicis,   *Serm.*2.3.303
abscisum. caput abscissum [abscisum] demens cum portat Agaue | gnati
     infelicis, ...   *var.Serm.*2.3.303
abscondere. te, Tiberi, numerare, cavis abscondere tristem,   .   .   *Serm.*2.3.173
absens. "vilis Europe" pater urget absens: *Carm.*3.27.57
     illis | accedas socius: laudes, lauderis ut absens.   .   .   .   *Serm.*2.5.72
     rexque paterque | audisti coram, nec verbo parcius absens: .   .   *Epist.*1.7.38
     Romae laudetur Samos et Chios et Rhodos absens.   .   .   *Epist.*1.11.21
absentem. Maenius absentem Novium cum carperet,   .   .   .   *Serm.*1.3.21
     'absentem qui rodit, amicum | qui non defendit alio culpante,   .   *Serm.*1.4.81
     absentem ut cantat amicam | multa prolutus vappa nauta   .   *Serm.*1.5.15
     quod | vellicet absentem Demetrius *Serm.*1.10.79
     absentem rusticus Vrbem | tollis ad astra levis.   .   .   .   *Serm.*2.7.28
absentis. absentis ranae pullis vituli pede pressis   .   .   .   *Serm.*2.3.314
absentis. qui maior absentis habet: *Epod.*1.18
absint. absint inani funere neniae *Carm.*2.20.21
absis. ac ne te retrahas et inexcusabilis absis,   .   .   .   *Epist.*1.18.58
absistere. dehinc absistere bello, | oppida coeperunt munire et ponere leges,   *Serm.*1.3.104
absit. pauperies inmunda domus procul absit: .   .   .   *Epist.*2.2.199
absolves. commotae crimine mentis | absolves hominem   .   .   *Serm.*2.3.279
absona. si dicentis erunt fortunis absona dicta,   .   .   .   *Ars Poet.*112
absorbere. ridiculus totas semel absorbere placentas;   .   .   *Serm.*2.8.24
absorberet. scilicet ut deciens solidum absorberet,   .   .   *Serm.*2.3.240
abstemius. abstemius herbis | vivis et urtica,   .   .   .   *Epist.*1.12.7
absterrebitur. ut canis a corio numquam absterrebitur uncto.   .   *Serm.*2.5.83
absterrent. sic teneros animos aliena opprobria saepe | absterrent vitiis.   *Serm.*1.4.129
abstes. erit quae, si propius stes, | te capiat magis, et quaedam, si longius
     abstes.   .   .   .   .   .   .   *Ars Poet.*362
abstinens. Magnessam Hippolyten dum fugit abstinens,   .   .   *Carm.*3.7.18
     abstinens | ducentis ad se cuncta pecuniae,   .   .   .   *Carm.*4.9.37
abstinet. quod | quaerit et inventis miser abstinet ac timet uti,   .   *Ars Poet.*170
     ludere qui nescit, campestribus abstinet armis   .   .   .   *Ars Poet.*379
abstineto. 'abstineto' | dixit 'irarum calidaeque rixae,   .   .   *Carm.*3.27.69
abstinuit. abstinuit vim | uxore et gnato; *Serm.*2.3.202
     abstinuit venere et vino;   .   .   .   .   .   *Ars Poet.*414
abstulerat. hic ubi nequitiae fautoribus et timidis nil | aut paulum abstulerat,   *Epist.*1.15.34
abstulerint. fortassis et istinc | largiter abstulerit [abstulerint] longa aetas,
     liber amicus, | consilium proprium: .   .   .   *var.Serm.*1.4.132
abstulerit. fortassis et istinc | largiter abstulerit longa aetas,   .   .   *Serm.*1.4.132
abstulit. abstulit clarum cita mors Achillem,   .   .   .   *Carm.*2.16.29
     cum palla, . . . novam | incendio nuptam abstulit?   .   .   *Epod.*5.66
absumet. absumet heres Caecuba dignior   .   .   .   *Carm.*2.14.25
absumptis. rebus maternis atque paternis | fortiter absumptis   .   .   *Epist.*1.15.27
abunde. an tibi abunde | personam satis est, non illud, quidquid ubique |
     officit, evitare? *Serm.*1.2.59
     cui | gratia fama valetudo contingat abunde   .   .   *Epist.*1.4.10
abundes. neu desis operae neve inmoderatus abundes.   .   .   *Serm.*2.5.89
ac. *Carm.*1.4.3; 1.7.13; 1.12.14; 1.12.15; 1.14.6; 1.18.7; 1.28.19; 1.31.18; 2.20.23; 3.8.27;
     *var.Carm.*3.8.28; *coni.Carm.*3.14.10; *Carm.*3.25.11; *var.Carm.*3.25.12; *Carm.*3.28.6;
     *Epod.*1.16; 12.14; *Serm.*1.1.35; 1.1.46; 1.1.65; 1.1.67; 1.1.83; 1.1.104; 1.1.109; 1.2.3;
     *Serm.*1.2.12; 1.2.33; 1.2.75; 1.2.93; *var.Serm.*1.3.27; *Serm.*1.3.43; 1.3.62; 1.3.78; 1.4.3;
     *Serm.*1.4.46; 1.4.119; 1.4.142; 1.5.5; 1.5.18; 1.5.22; 1.6.65; *var.Serm.*1.6.68; *Serm.*1.6.112;
     *Serm.*1.6.130; 1.8.21; 1.9.73; 1.10.34; 1.10.59; *var.Serm.*2.2.53; *Serm.*2.2.58; 2.2.118;
     *Serm.*2.2.124; 2.3.47; 2.3.114; 2.3.119; 2.3.135; 2.3.189; 2.3.228; 2.3.241; 2.3.270;
     *var.Serm.*2.4.60; *Serm.*2.7.19; 2.7.30; *Epist.*1.1.13; *var.Epist.*1.1.19; 1.1.72; *Epist.*1.1.93;
     *Epist.*1.2.4; 1.3.32; 1.6.38; 1.7.98; 1.9.6; 1.10.46; 1.11.20; 1.13.11; 1.16.32; 1.16.71;
     *Epist.*1.18.26; 1.18.58; *coni.Epist.*1.18.102; *Epist.*1.19.26; *var.Epist.*2.1.78; *Epist.*2.1.208;
     *Epist.*2.1.264; 2.2.143; 2.2.197; *Ars Poet.*90; 149; 160; 170; 245; 472

Academi. atque inter silvas Academi quaerere verum. *Epist.2.2.45*
accedam. 'nec nunc, cum me vocat ultro,|accedam? *Serm.2.3.263*
accedas. illis|accedas socius: laudes, lauderis ut absens. . . . *Serm.2.5.72*
accedat. 'deficient inopem venae te, ni cibus atque|ingens accedit [accedat]
 stomacho fultura ruenti. *var.Serm.2.3.154*
 'o si angulus ille|proximus accedat, qui nunc denormat agellum!' . *Serm.2.6.9*
accedent. ubique|accedent anni, tractari mollius aetas|imbecilla volet: . *Serm.2.2.85*
accedente. lenior et melior fis accedente senecta? *Epist.2.2.211*
accedere. iubet . . . accedere plures|ad numerandum. . . . *Serm.2.3.149*
 unde etiam trimetris accrescere [accedere] iussit|nomen iambeis, . . *var.Ars Poet.252*
accedes. accedes opera agro nona Sabino.' *Serm.2.7.118*
 accedes siccus ad unctum. *Epist.1.17.12*
accedet. tum meae, . . . vocis accedet bona pars *Carm.4.2.46*
 tibi quidnam accedet ad istam, . . . mollitiem, . . . *Serm.2.2.86*
accedit. ni cibus atque|ingens accedit stomacho fultura ruenti. . . *Serm.2.3.154*
 tantum de medio sumptis accedit honoris. . . . . . *Ars Poet.243*
accendis. 'accendis quare cupiam magis illi|proximus esse.' . . . *Serm.1.9.53*
accendit. quodsi non pulcrior ignis|accendit obsessam Ilion, . . *Epod.14.14*
acceperis. tune insanus eris, si acceperis, ... *Serm.2.3.67*
accepisse. rusticus urbanum murem mus paupere fertur|accepisse cavo, . *Serm.2.6.81*
accepit. egressum magna me accepit Aricia Roma|hospitio modico, . . *Serm.1.5.1*
 hic simul accepit patrimoni mille talenta, ... *Serm.2.3.226*
 cum semel accepit Solem furibundus acutum? *Epist.1.10.17*
 ius imperiumque Phraates|Caesaris accepit genibus minor; . . . *Epist.1.12.28*
accepta. libertasque recurrentis accepta per annos|lusit amabiliter, . . *Epist.2.1.147*
 lex est accepta chorusque|turpiter obticuit . . . . . *Ars Poet.283*
acceptos. rettulit acceptos, regale nomisma, Philippos. *Epist.2.1.234*
acceptus. acceptusque novem Camenis, ... *Carm.Saec.62*
accersit. creditur, ex medio quia res accersit, habere|sudoris minimum, . . .
 comoedia *Epist.2.1.168*
accessit. ut semel icto|accessit fervor capiti numerusque lucernis; . . *Serm.2.1.25*
 creditur, ex medio quia res accersit [accessit], habere|sudoris minimum,
 . . . comoedia *var.Epist.2.1.168*
 accessit numerisque modisque licentia maior. . . . . *Ars Poet.211*
Acci. nil comis tragici mutat Lucilius Acci? *Serm.1.10.53*
 hic et in Acci|nobilibus trimetris adparet rarus . . . . *Ars Poet.258*
accidit. quid accidit? *Epod.5.61*
 accidit ut cuidam testis caudamque salacem|demeterent ferro. . . *Serm.1.2.45*
accipe. o quid agis? fortiter occupa [? accipe]|portum. . . . *? var.Carm.1.14.2*
 'accipe, si vis,|accipiam tabulas; *Serm.1.4.14*
 ecce|Crispinus minimo me provocat 'accipe, si vis,|accipiam [accipe
 iam] tabulas: *var.Serm.1.4.15*
 agedum, pauca accipe contra. *Serm.1.4.38*
 accipe nunc, victus tenuis quae quantaque secum|adferat. . . *Serm.2.2.70*
 nunc accipe, quare|desipiant omnes aeque ac tu. . . . *Serm.2.3.46*
 'accipe quod numquam reddas mihi' si tibi dicam: . . . *Serm.2.3.66*
 accipe quid contra haec iuvenis responderit aequos. . . . *Serm.2.3.233*
 'accipe: primum|aedificas. *Serm.2.3.307*
 accipe qua ratione queas ditescere. *Serm.2.5.10*
accipiam. 'accipe, si vis,|accipiam tabulas; *Serm.1.4.15*
accipiar. ut ego accipiar laute. *Serm.2.8.67*
accipias. nihilo plus accipias quam|qui nil portarit. *Serm.1.1.48*
accipiebat. (puer hic non laeve iussa Philippi|accipiebat) . . . *Epist.1.7.53*
accipiens. haud ita pridem|Galloni praeconis erat acipensere [accipiens ere]
 mensa|infamis. *var.Serm.2.2.47*
accipiet. multum Nasica negatas|accipiet tandem et tacitus leget . *Serm.2.5.68*
 certius accipiet damnum propiusve medullis *Epist.1.10.28*
accipio. Messius 'accipio.' caput et movet. *Serm.1.5.58*
accipis. das nummos, accipis uvam,|pullos, ova, cadum temeti: . . *Epist.2.2.162*
accipit. accipit et bis dena super sestertia nummum. *Epist.2.2.33*
accipiter. accipiter velut|mollis columbas *Carm.1.37.17*
 metuit foveam lupus accipiterque|suspectos laqueos . . . *Epist.1.16.50*
accipiunt. aequis accipiunt animis donantve corona. . . . . *Ars Poet.250*
accisis. Ofellum|integris opibus novi non latius usum|quam nunc accisis. *Serm.2.2.114*
Accius. aufert|Pacuvius docti famam senis, Accius alti, . . . *Epist.2.1.56*
acclinis. cum acclinis falsis animus meliora recusat, ... *Serm.2.2.6*
accrescere. unde etiam trimetris accrescere iussit|nomen iambeis, . . *Ars Poet.252*
accurrit. accurrit quidam notus mihi nomine tantum *Serm.1.9.3*
acer. quem iuvat . . . acer et Marsi peditis cruentum|voltus in hostem; . *Carm.1.2.39*

vel acer Deiphobus gravis|excepit ictus . . . primus.	Carm.4.9.22
deiecit acer plus vice simplici;	Carm.4.14.13
aut acer hostis Bupalo.	Epod.6.14
quam canis acer ubi lateat sus.	Epod.12.6
aemula nec virtus Capuae nec Spartacus acer	Epod.16.5
cum ripa simul avolsos ferat Aufidus acer.	Serm.1.1.58
quod acer spiritus ac vis|nec verbis nec rebus inest.	Serm.1.4.46
Sulcius acer|ambulat et Caprius, rauci male cumque libellis,	Serm.1.4.65
forte epos acer,|ut nemo, Varius ducit;	Serm.1.10.43
'sunt quibus in satura videar nimis acer	Serm.2.1.1
"ut patiens, ut amicis aptus, ut acer?"	Serm.2.5.43
et placuit sibi, natura sublimis et acer:	Epist.2.1.165
ieiunis dentibus acer,	Epist.2.2.29
inpiger iracundus, inexorabilis acer,	Ars Poet.121

acerba. sic est: acerba fata Romanos agunt   Epod.7.17
acerbae. autumnusque gravis, Libitinae quaestus acerbae.   Serm.2.6.19
acerbi. modestus\|occupat obscuri speciem, taciturnus acerbi.   Epist.1.18.95
acerbum. qui queritur salebras et acerbum frigus et imbris .   Epist.1.17.53
acerbus. acerbus\|odisti et fugis ut Rusonem debitor aeris,   Serm.1.3.85
    indoctum doctumque fugat recitator acerbus;   Ars Poet.474
acernam. acernam\|gausape purpureo mensam pertersit   Serm 2.8.10
    his ut sublatis puer alte cinctus acernam\|gausape purpureo mensam
      pertersit et alter [? pertersit acernam]   ? var.Serm.2.8.11
acerra. quid velint flores et acerra turis\|plena   Carm.3.8.2
Aceruntiae. quicumque celsae nidum Aceruntiae . . . tenent   coni.Carm.3.4.14
acervi. dum cadat elusus ratione ruentis acervi   Epist.2.1.47
acervis. at ni id fit, quid habet pulcri constructus acervos [acervis]? .   var.Serm.1.1.44
acervo. addit acervo\|quem struit,   Serm.1.1.34
acervo. at ni id fit, quid habet pulcri constructus acervos [acervo]? .   var.Serm.1.1.44
    'at suave est ex magno tollere acervo.'   Serm.1.1.51
    cur, inprobe, carae\|non aliquid patriae tanto emetiris acervo?   Serm.2.2.105
    ex modico, quantum res poscet, acervo\|tollam   Epist.2.2.190
acervom. siquis ad ingentem frumenti semper acervom\|porrectus vigilet   Serm.2.3.111
    tertia succedant et quae pars quadret acervom.   Epist.1.6.35
acervos. at ni id fit, quid habet pulcri constructus acervos?   Serm.1.1.44
    non domus et fundus, non aeris acervos et auri   Epist.1.2.47
acervos. quisquis ingentis oculo inretorto\|spectat acervos.   Carm.2.2.24
    unde\|divitias aerisque ruam, dic augur, acervos.'   Serm.2.5.22
acervus. at ni id fit, quid habet pulcri constructus acervos [acervus]? .   var.Serm.1.1.44
acescit. sincerum est nisi vas, quodcumque infundis acescit.   Epist.1.2.54
aceti. veteris non parcus aceti.   Serm.2.2.62
aceto. at Graecus, postquam est Italo perfusus aceto,   Serm.1.7.32
    aceto\|diluit insignem bacam: Serm.2.3.240
    pipere albo, non sine aceto,   Serm.2.8.49
acetum. acre\|potet acetum;   Serm.2.3.117
Achaemenes. num tu quae tenuit dives Achaemenes   Carm.2.12.21
Achaemenio. nunc et Achaemenio\|perfundi nardo iuvat   Epod.13.8
Achaemenium. nec Falerna\|vitis Achaemeniumque costum,   Carm.3.1.44
Achaico. non equos inpiger\|curru ducet Achaico\|victorem   Carm.4.3.5
Achaicus. post certas hiemes uret Achaicus\|ignis †Iliacas domos.' .   Carm.1.15.35
Acheronta. perrupit Acheronta Herculeus labor —   Carm.1.3.36
    hac Quirinus\|Martis equis Acheronta fugit,   Carm.3.3.16
Acheronthiae. quicumque celsae nidum Aceruntiae [Acheronthiae] . . . tenent   var.Carm.3.4.14
Acherontiae. quicumque celsae nidum Aceruntiae [Acherontiae] . . . tenent   var.Carm.3.4.14
Acheruntiae. quicumque celsae nidum Aceruntiae [Acheruntiae] . . . tenent   var.Carm.3.4.14
Achille. 'cur Aiax, heros ab Achille secundus,\|putescit,   Serm.2.3.193
Achillei. iracunda diem proferet Ilio \| matronisque Phrygum classis
    Achillei: Carm.1.15.34
    heu pervicacis ad pedes Achillei.   Epod.17.14
Achillem. prius insolentem\|serva Briseis niveo colore\|movit Achillem, .   Carm.2.4.4
    abstulit clarum cita mors Achillem,   Carm.2.16.29
    inter\|Hectora Priamiden, animosum atque inter Achillem\|ira fuit   Serm.1.7.12
    honoratum si forte reponis Achillem,   Ars Poet.120
Achilles. Troiae prope victor altae\|Pthius Achilles,   Carm.4.6.4
    iratus Grais quantum nocuisset Achilles.   Epist.2.2.42
Achivi. quidquid delirant reges, plectuntur Achivi.   Epist.1.2.14
Achivis. totiens servatis clarus Achivis,   Serm.2.3.194
    psallimus et luctamur Achivis doctius unctis.   Epist.2.1.33
Achivis. nescios fari pueros Achivis\|ureret flammis,   Carm.4.6.18

Achivos. nec Priami domus|periura pugnacis Achivos | Hectoreis opibus
refringit *Carm.*3.3.27
acidas. cum rapula plenus|atque acidas mavolt inulas. . . . *Serm.*2.2.44
acidum. quod petis, id sane est invisum acidumque duobus. . . *Epist.*2.2.64
acies. non me Philippis versa acies retro, . . . extinxit . . . *Carm.*3.4.26
cum stupet insanis acies fulgoribus *Serm.*2.2.5
acinaces. vino et lucernis Medus acinaces|immane quantum discrepat: . *Carm.*1.27.5
acinacis. vino et lucernis Medus acinaces [acinacis]|immane quantum
discrepat: *var.Carm.*1.27.5
acinum. aridum et ore ferens acinum semesaque lardi|frusta dedit, . . *Serm.*2.6.85
acipensere. Galloni praeconis erat acipensere mensa|infamis. . . . *Serm.*2.2.47
acre. acre|potet acetum; *Serm.*2.3.116
acrem. et acrem militiam paras *Carm.*1.29.2
fugiens hic decidit acrem|praedonum in turbam, ... *Serm.*1.2.42
acreonta. non aliter Samio dicunt arsisse Bathyllo | Anacreonta [non
acreonta] Teium, ... *var.Epod.*14.10
acres. in ius|acres concurrunt, ... *Serm.*1.7.21
acri. nam lactuca innatat acri|post vinum stomacho; . . . *Serm.*2.4.59
acri. quem virum aut heroa lyra vel acri|tibia sumis celebrare, . . *Carm.*1.12.1
pauperiem pati | robustus acri militia puer | condiscat . . *Carm.*3.2.2
ridiculum acri|fortius et melius magnas plerumque secat res. . *Serm.*1.10.14
acria. acria circum|rapula, lactucae, radices, ... *Serm.*2.8.7
acria. seu quis capit acria fortis|pocula *Serm.*2.6.69
acrior. fretis acrior Hadriae *Carm.*1.33.15
auro repensus scilicet acrior|miles redibit: *Carm.*3.5.25
furorne caecos an rapit vis acrior | an culpa? *Epod.*7.13
ast ubi me fessum sol acrior ire lavatum|admonuit, . . . *Serm.*1.6.125
quanto constantior isdem | in vitiis, tanto levius miser ac prior [miser
acrior] ille *var.Serm.*2.7.19
acris. solvitur acris hiems grata vice veris et Favoni . . . *Carm.*1.4.1
ubi acris|invidia atque vigent ubi crimina: *Serm.*1.3.60
acris ubi me|natura intendit, ... *Serm.*2.7.47
acris. trudit acris hinc et hinc multa cane|apros *Epod.*2.31
ut pavet acris|agna lupos *Epod.*12.25
caldior est: acris inter numeretur: *Serm.*1.3.53
acris|subiectat lasso stimulos *Serm.*2.7.93
nil sic metuentis ut acris|potores, ... *Serm.*2.8.36
Acrisium. Acrisium virginis abditae|custodem *Carm.*3.16.5
acriter. vere quod placet ut non|acriter elatrem, . . . *Epist.*1.18.18
acrium. proelia virginum | sectis in iuvenes unguibus acrium . . *Carm.*1.6.18
acrius. atque|quanto perditior quisque est, tanto acrius urget; . *Serm.*1.2.15
credidit ingens|pauperiem vitium et cavit nihil acrius, . . *Serm.*2.3.92
Acroceraunia. qui vidit . . . infamis scopulos Acroceraunia? . *Carm.*1.3.20
Acrocerauniae. infamis scopulos Acroceraunia [Acrocerauniae]? . . *var.Carm.*1.3.20
acta. aut agitur res in scaenis aut acta refertur. . . . *Ars Poet.*179
actae. memor|actae non alio rege puertiae *Carm.*1.36.8
acti. laudator temporis acti|se puero, ... *Ars Poet.*173
Actia. Actia pugna|te duce per pueros hostili more refertur;. . *Epist.*1.18.61
actor. quibus oblitus actor|cum stetit in scaena, . . . *Epist.*2.1.204
actor|causarum mediocris abest virtute diserti|Messallae . . *Ars Poet.*369
actoris. actoris partes chorus officiumque virile|defendat, . . *Ars Poet.*193
actu. neve minor neu sit quinto productior actu|fabula, . . *Ars Poet.*189
actum. ac non ante malis dementem actum Furiis . . . *Serm.*2.3.135
actus. rectius Iliacum carmen deducis in actus . . . . *Ars Poet.*129
neu quid medios intercinat actus . . . . . *Ars Poet.*194
actus. et malus celeri saucius [actus] Africo *var.Carm.*1.14.5
et malus celeri saucius [actus ab] Africo *var.Carm.*1.14.5
ille Notis actus ad Oricum *Carm.*3.7.5
ut nuper, actus cum freto Neptunius|dux fugit . . . *Epod.*9.7
iracundior est paullo, minus aptus [actus] acutis | naribus horum
hominum, ... *var.Serm.*1.3.29
acuens. ferus et Cupido | semper ardentis acuens sagittas | cote cruenta. . *Carm.*2.8.15
acuis. seu linguam causis acuis . . . respondere paras . . *Epist.*1.3.23
acuisse. audiet civis acuisse ferrum, ... *Carm.*1.2.21
acuit. haec dentis acuit timendos, ... *Carm.*3.20.10
acumen. Empedocles an Stertinium deliret acumen. . . *Epist.*1.12.20
acumen. iudicis argutum quae non formidat acumen; . . *Ars Poet.*364
acumina. nota refert meretricis acumina, ... *Epist.*1.17.55
serus enim Graecis admovit acumina chartis . . . *Epist.*2.1.161

acuta. seu voce nunc mavis acuta *Carm.*3.4.3
acuta. sive te rupes et acuta leto|saxa delectant, ... *Carm.*3.27.61
acuta. non acuta|si geminant Corybantes aera, ... *Carm.*1.16.7
 curae sagaces|expediunt per acuta belli'. *Carm.*4.4.76
 in quem tela acuta torserat. *Epod.*17.10
acutas. vidi . . . auris | capripedum Satyrorum acutas. . . *Carm.*2.19.4
acutis. minus aptus acutis|naribus horum hominum, . . . *Serm.*1.3.29
acuto. gelu|que flumina constiterint acuto? *Carm.*1.9.4
 hinc apicem rapax|Fortuna cum stridore acuto|sustulit, . . *Carm.*1.34.15
 quod latus aut renes morbo temptentur acuto. . . . *Serm.*2.3.163
 si latus aut renes morbo temptantur acuto, ... *Epist.*1.6.28
 luctantis acuto ne secer ungui, ... *Epist.*1.19.46
acutum. cur in amicorum vitiis tam cernis acutum|quam aut aquila aut
 serpens Epidaurius? *Serm.*1.3.26
 umbrae cum Sagana resonarint triste et acutum . . . *Serm.*1.8.41
acutum. cum semel accepit Solem furibundus acutum? . . *Epist.*1.10.17
 sonum . . . poscentique gravem persaepe remittit acutum . . *Ars Poet.*349
acutum. in matris iugulo ferrum tepefecit acutum? . . . *Serm.*2.3.136
 acutum|reddere quae ferrum valet . . . . . . *Ars Poet.*304
ad. *Carm.*1.1.6; 1.1.22; 1.17.15; *coni.Carm.*1.23.6; *Carm.*1.29.8; 1.35.15 (*bis*); 2.12.25; 3.4.75;
  *Carm.*3.6.40; 3.7.5; 3.29.58; 3.30.13; 4.4.56; 4.5.30; 4.5.31; 4.8.34; 4.9.2; 4.9.38; 4.12.21;
  *Carm.*4.15.15; *Epod.*1.13; 2.52; 4.12; 5.75; 9.1; 9.17; 10.18; 11.21; 12.15; 14.8; 14.12;
  *Epod.*16.49; 17.14; *Serm.*1.1.43; 1.1.97; 1.2.26; 1.2.42; 1.2.99; 1.3.7; 1.3.17;
  *var.Serm.*1.3.27; *Serm.*1.3.97; 1.4.29; 1.5.32; 1.5.56; 1.5.65; 1.5.83; 1.5.96; 1.6.45;
  *var.Serm.*1.6.87; *Serm.*1.6.95; 1.6.115; 1.6.122; 1.7.9; 1.9.10; 1.9.35; *var.Serm.*1.10.50;
  *Serm.*2.1.36; 2.2.27; 2.2.81; 2.2.82; 2.2.86; 2.2.108; 2.3.19; 2.3.111; 2.3.150; 2.3.171;
  *Serm.*2.3.218; 2.3.309; 2.5.70; 2.5.97; 2.6.31; 2.6.35; 2.6.42; *var.Serm.*2.6.54;
  *Serm.*2.6.72; 2.6.75; 2.6.90; 2.7.22; 2.7.24; 2.7.29; 2.7.30; 2.7.32; 2.8.25; 2.8.32; 2.8.75;
  *Epist.*1.1.5; 1.1.9; 1.1.45; 1.1.106; 1.2.31; 1.5.17; *var.Epist.*1.5.28; *Epist.*1.6.12; 1.7.11;
  *Epist.*1.7.61; 1.7.72; 1 7.74; 1.7.89; 1.9.11; *var.Epist.*1.10.3; *Epist.*1.10.9; 1.14.26;
  *Epist.*1.15.18; 1.17.12; 1.18.35; 1.18.83; 1.19.7; 1.19.45; 2.1.32; *var.Epist.*2.1.48;
  *Epist.*2.1.58; 2.1.62; 2.1.155; 2.1.177; 2.1.188; 2.1.243 (*bis*); 2.2.4; 2.2.6; 2.2.22; 2.2.27;
  *Epist.*2.2.98; 2.2.138; 2.2.185; *Ars.Poet.* 108; 109; 110; 126; 148; 254; 255; 294;
  *var.Ars Poet.*330; *Ars Poet.*367; 378; 419; 420; 427
adamantina. quis Martem tunica tectum adamantina|digne scripserit . *Carm.*1.6.13
adamantinos. si figit adamantinos|summis verticibus dira Necessitas|
 clavos,   *Carm.*3.24.5
adapta. 'frater' 'pater' adde;|ut cuique est aetas, ita quemque facetus
 adopta [adapta]. *var.Epist.*1.6.55
adbibe. nunc adbibe puro|pectore verba, puer, ... *Epist.*1.2.67
adcredere. scribere te nobis, tibi nos adcredere par est. . . *Epist.*1.15.25
adcrevit. invidia adcrevit, privato quae minor esset. . . . *Serm.*1.6.26
adcubat. qui nunc Sulpiciis adcubat horreis, ... *Carm.*4.12.18
addam. verbum non amplius addam. — *Serm.*1.1.121
 nil verbi, pereas quin fortiter, addam. *Serm.*2.3.42
addant. ne Cypriae Tyriaeque merces|addant avaro divitias mari: . . *Carm.*3.29.61
addas. ut, quantum generi demas, virtutibus addas; . . . *Epist.*1.20.22
adde. adde quod pubes tibi crescit omnis, ... *Carm.*2.8.17
 adde|quis humana sibi doleat natura negatis. *Serm.*1.1.74
 adde huc quod mercem sine fucis gestat, ... *Serm.*1.2.83
 adde|iratum patruom, vicinos, te tibi iniquom *Serm.*2.2.96
 adde Cicutae|nodosi tabulas, centum, ... *Serm.*2.3.69
 mille adde catenas; *Serm.*2.3.70
 adde cruorem|stultitiae atque ignem gladio scrutare. . . *Serm.*2.3.275
 adde poemata nunc, hoc est, oleum adde camino, . . . *Serm.*2.3.321
 adde|voltum habitumque hominis, ... *Serm.*2.4.91
 imbecillus, iners. siquid vis, adde, popino. *Serm.*2.7.39
 adde super, dictis quod non levius valeat: *Serm.*2.7.78
 adde, quod idem|non horam tecum esse potes, ... *Serm.*2.7.111
 adde hos praeterea casus, aulaea ruant si, ... *Serm.*2.8.71
 'frater' 'pater' adde;|ut cuique est aetas, ... *Epist.*1.6.54
 adde, virilia quod speciosius arma|non est qui tractet: . . *Epist.*1.18.52
addens. ('quid tam magnum?' addens), 'unum me surpite morti! . *Serm.*2.3.283
 insuper addes [addens]|pressa Venafranae quod baca remisit olivae. *var.Serm.*2.4.68
addere. fertur Prometheus addere principi|limo coactus particulam . *Carm.*1.16.13
 nil|divitiae poterunt regales addere maius. *Epist.*1.12.6
 indigna . . . scripta pudet recitare et nugis addere pondus' . . *Epist.*1.19.42
 si munus Apolline dignum|vis conplere libris et vatibus addere calcar, *Epist* 2.1.217
 verbis, quae timido quoque possent addere mentem: . . . *Epist.*2.2.36

addes. insuper addes | pressa Venafranae quod baca remisit olivae. . . . *Serm.*2.4.68
addicere. dic, . . . gaudentem nummo te addicere. *Serm.*2.5.109
addictus. nullius adductus [addictus] iurare in verba magistri, . . . *var.Epist.*1.1.14
addidit. saepe Diespiter | neglectus incesto addidit integrum, . . . *Carm.*3.2.30
    militia simul | fessas cohortes abdidit [addidit] oppidis, . . . *var.Carm.*3.4.38
    sic priscae motumque et luxuriem addidit arti | tibicen . . . *Ars Poet.*214
addis. addis cornua pauperi *Carm.*3.21.18
addit. addit acervo | quem struit, ... *Serm.*1.1.34
    hominem sic erigit; addit et illud: *Serm.*2.3.150
    dixeris: 'experiar', 'si vis, potes,' addit et instat. . . . *Serm.*2.6.39
    addit opus pigro rivos, si decidit imber, ... *Epist.*1.14.29
additis. flagitio additis | damnum; *Carm.*3.5.26
additum. Medumque flumen gentibus additum | victis . . . *Carm.*2.9.21
    femur tumentibus | exile suris additum. *Epod.*8.10
additum. beatae coniugis additum | stellis honorem . . . *Carm.*2.19.13
    additum feris | alitibus atque canibus homicidam Hectorem, . . *Epod.*17.11
additus. ales, nequitiae additus | custos; *Carm.*3.4.78
addocet. sollicitis animis onus eximit, addocet artis. . . . *Epist.*1.5.18
addubites. 'an hoc inhonestum et inutile factu | necne sit addubites, . *Serm.*1.4.125
adducere. deus nam me vetat . . . iambos | ad umbilicum adducere. . *Epod.*14.8
adducet. opella forensis | adducit [adducet] febris et testamenta resignat. . *var.Epist.*1.7.9
adducit. opella forensis | adducit febris *Epist.*1.7.9
adductum. dicas adductum propius frondere Tarentum. . . . *Epist.*1.16.11
adductus. nullius adductus iurare in verba magistri, . . . *Epist.*1.1.14
addunt. ne Cypriae Tyriaeque merces | addant [? addunt] avaro divitias mari: *? var.Carm.*3.29.61
adduxerat. cum Servilio Balatrone | Vibidius quos Maecenas adduxerat
    umbras. *Serm.*2.8.22
adduxere. adduxere sitim tempora, Vergili: *Carm.*4.12.13
adempta. adempta vati reddidere lumina: *Epod.*17.44
ademptum. semper urges flebilibus modis | Mysten ademptum . . *Carm.*2.9.10
ademptum. quid autem | Caecilio Plautoque dabit Romanus ademptum |
    Vergilio Varioque? . . . . *Ars Poet.*54
ademptus. ademptus Hector | tradidit fessis leviora tolli | Pergama Grais. *Carm.*2.4.10
adeo. cetera de genere hoc, adeo sunt multa, ... *Serm.*1.1.13
    confidens tumidus, adeo sermonis amari, ... *Serm.*1.7.7
    nemo adeo ferus est, ut non mitescere possit. . . . *Epist.*1.1.39
    adeo sanctum est vetus omne poema. *Epist.*2.1.54
adeptum. quid autem | Caecilio Plautoque dabit Romanus ademptum
    [adeptum] | Vergilio Varioque? . . . . . *var.Ars Poet.*54
aderat. aderat querenti | perfidum ridens Venus *Carm.*3.27.66
    iamque dies aderat, nil cum procedere lintrem | sentimus, . . *Serm.*1.5.20
    ipse mihi custos incorruptissimus omnis | circum doctores aderat. . *Serm.*1.6.82
aderit. si laeta aderit Venus *Carm.*3.21.21
ades. 'si me amas,' inquit, 'paulum hic ades.' *Serm.*1.9.38
adesos. nunc lapides adesos | stirpisque raptas . . . volventis una, . *Carm.*3.29.36
adesse. tibia . . . adesse choris erat utilis . . . . *Ars Poet.*204
adesses. 'ante secundam | Roscius orabat sibi adesses ad Puteal cras.' . *Serm.*2.6.35
adesset. cum mihi Cous adesset Amyntas, ... *Epod.*12.18
adest. heu heu, quantus equis, quantus adest viris | sudor, . . *Carm.*1.15.9
    quod adest memento | conponere aequos; *Carm.*3.29.32
    cocto num adest honor idem? *Serm.*2.2.28
    si quod adest gratum iuvat (hac prece te oro): . . . *Serm.*2.6.13
adeste. nunc, nunc adeste, ... *Epod.*5.53
adfatus. sic tristis adfatus amicos: *Carm.*1.7.24
adfer. capaciores adfer huc, puer, scyphos *Epod.*9.33
adferat. victus tenuis quae quantaque secum | adferat. . . . *Serm.*2.2.71
adferet. nec pietas moram | rugis et instanti senectae | adferet . . *Carm.*2.14.4
adfert. praelambens omne quod adfert. *Serm.*2.6.109
adfertur. adfertur squillas inter murena natantis | in patina porrecta. . *Serm.*2.8.42
adfigit. atque adfigit humo divinae particulam aurae. . . . *Serm.*2.2.79
adfirmo. ipse ego, qui nullos me adfirmo scribere versus, . . *Epist.*2.1.111
adfixa. 'signa ego Punicis | adfixa delubris *Carm.*3.5.19
adfixit. aut alius casus lecto te adfixit, ... *Serm.*1.1.81
adflasset. velut illis | Canidia adflasset, peior serpentibus Afris.' . *Serm.*2.8.95
adflent. ut ridentibus adrident, ita flentibus adflent | humani voltus. . *Ars Poet.*101
adflixit. at si condoluit temptatum frigore corpus | aut alius casus lecto te
    adfixit [adflixit], ... *var.Serm.*1.1.81
adfluentis. ex hac | luce Maecenas meus adfluentis | ordinat annos. . *Carm.*4.11.19
adfuit. si vocata partubus | Lucina veris adfuit, ... *Epod.*5.6

adfulsit.   enim voltus ubi tuos|adfulsit populo, ... *Carm*.4.5.7
adgnovit.   qui semel adspexit [adgnovit], quantum dimissa petitis|praestent, *coni.Epist*.1.7.96
adhaerens.   ilex . . . lentis adhaerens bracchiis, ... *Epod*.15.6
adhaeret.   cui Canis ex vero dictum cognomen adhaeret, . . . *Serm*.2.2.56
adhaesit.   sive gravis veteri craterae limus adhaesit. *Serm*.2.4.80
adhibe.   munitaeque adhibe vim sapientiae. *Carm*.3.28.4
adhibebitur.   ne, quicumque deus, quicumque adhibebitur heros, . *Ars Poet*.227
adhibet.   alteris|te mensis adhibet deum; *Carm*.4.5.32
adhuc.   voces audit adhuc integer. *Carm*.3.7.22
  nuptiarum expers et adhuc protervo|cruda marito. . . . *Carm*.3.11.11
  dicam insigne, recens, adhuc|indictum ore alio. . . . *Carm*.3.25.7
  spirat adhuc amor *Carm*.4.9.10
  o crudelis adhuc et Veneris muneribus potens, . . . *Carm*.4.10.1
  ad hunc [adhuc] frementis verterunt bis mille equos|Galli . . *var.Epod*.9.17
  nil parvom sapias et adhuc sublimia cures: *Epist*.1.12.15
  disce, docendus adhuc quae censet amiculus, ... *Epist*.1.17.3
  'dixit adhuc aliquid?' 'nil sane.' 'quid placet ergo?' . . . *Epist*.2.1.206
  et versentur adhuc intra penetralia Vestae; *Epist*.2.2.114
  grammatici certant et adhuc sub iudice lis est. . . . . *Ars Poet*.78
  maturusne senex an adhuc florente iuventa|fervidus, . . . *Ars Poet*.115
adiciant.   an adiciant hodiernae crastina summae|tempora di superi? . *Carm*.4.7.17
adiecere.   adiecere bonae paulo plus artis Athenae, . . . *Epist*.2.2.43
adiecisse.   adiecisse praedam|torquibus exiguis renidet. . . . *Carm*.3.6.11
adiecti.   quidve Calabris|saltibus adiecti Lucani, ... *Epist*.2.2.178
adiectis.   adiectis Britannis|imperio gravibusque Persis. . . . *Carm*.3.5.3
adimam.   'adimam bona.' *Epist*.1.16.75
  'forum putealque Libonis|mandabo siccis, adimam cantare severis' *Epist*.1.19.9
adimat.   interdicto huic omne adimat ius|praetor *Serm*.2.3.217
adimis.   ter vocata audis adimisque leto,|diva triformis, . . . *Carm*.3.22.3
  'Iuppiter, ingentis qui das adimisque dolores,' *Serm*.2.3.288
adimunt.   nec tibi somnos adimunt amatque|ianua limen, . . . *Carm*.1.25.3
  multa ferunt anni venientes commoda secum,|multa recedentes adimunt: *Ars Poet*.176
adinunctum.   si prodesse tuis pauloque benignius ipsum|te tractare voles,
  accedes siccus ad unctum [adinunctum]. *var.Epist*.1.17.12
adire.   cura|non mediocris inest, fontes ut adire remotos . . . *Serm*.2.4.94
  non cuivis homini contingit adire Corinthum. *Epist*.1.17.36
adite.   huc propius me, . . . vos ordine adite. *Serm*.2.3.81
aditis.   non adytis [aditis] quatit|mentem sacerdotum incola Pythius, . *var.Carm*.1.16.5
adito.   cautus adito|neu desis operae neve inmoderatus abundes. . *Serm*.2.5.88
aditure.   Septimi, Gadis aditure mecum *Carm*.2.6.1
aditus.   eoque|difficilis aditus primos habet.' *Serm*.1.9.56
adiudicat.   siquid abest, Italis adiudicat armis. *Epist*.1.18.57
adiunctis.   semper in adiunctis aevoque morabitur aptis. . . . *Ars Poet*.178
adiungere.   "aedificare casas, plostello adiungere muris, . . . *Serm*.2.3.247
adiutor.   non ego, nobilium scriptorum auditor [adiutor] et ultor, . . *var.Epist*.1.19.39
adiutorem.   haberes|magnum adiutorem, ... *Serm*.1.9.46
adiuvat.   adiuvat hoc quoque, sed vincit longe prius ipsum|expugnare caput. *Serm*.2.5.73
adlaborandum.   ore adlaborandum est tibi. *Epod*.8.20
adlabores.   simplici myrto nihil adlabores *Carm*.1.38.5
adlapsus.   ut . . . avis|serpentium adlapsus timet . . . *Epod*.1.20
adlata.   quaecumque inmundis fervent adlata popinis. . . . *Serm*.2.4.62
adlinet.   incomptis adlinet atrum|transverso calamo signum, . . *Ars Poet*.446
adloquiis.   deformis aegrimoniae dulcibus adloquiis.' . . . *Epod*.13.18
admirari.   nil admirari prope res est una, Numici, ... *Epist*.1.6.1
admiror.   sed tamen admiror, quo pacto iudicium illud|fugerit': . . *Serm*.1.4.99
admissi.   spectatum admissi risum teneatis, amici? . . . . *Ars Poet*.5
admissus.   et Iovis arcanis Minos admissus *Carm*.1.28.9
admittes.   tu nihil admittes in te formidine poenae. *Epist*.1.16.53
admittis.   cum prudens scelus ob titulos admittis inanis, . . . *Serm*.2.3.212
admonuit.   ast ubi me fessum sol acrior ire lavatum|admonuit, . . *Serm*.1.6.126
admoverit.   cum tibi sol tepidus pluris admoverit auris, . . . *Epist*.1.20.19
admoves.   tu lene tormentum ingenio admoves|plerumque duro, . . *Carm*.3.21.13
admovit.   serus enim Graecis admovit acumina chartis . . . *Epist*.2.1.161
adnabunt.   plures adnabunt thynni et cetaria crescent. . . . *Serm*.2.5.44
adnuerint.   molle atque facetum|Vergilio adnuerunt [adnuerint] gaudentes
  rure Camenae. *var.Serm*.1.10.45
adnuerunt.   Vergilio adnuerunt gaudentes rure Camenae. . . . *Serm*.1.10.45
adnuimus.   quidquid negat alter, et alter,|adnuimus pariter. . . *Epist*.1.10.5
adnuisset.   ni . . . divom pater adnuisset|rebus Aeneae . . . *Carm*.4.6.22

8

adnumerunt. molle atque facetum | Vergilio adnuerunt [adnumerunt]
  gaudentes rure Camenae.　.　.　.　.　.　.　.　.　　*var.Serm.*1.10.45
adoleverit. simul atque adoleverit aetas." '　.　.　.　.　.　*Serm.*1.9.34
adopta. 'frater' 'pater' adde;|ut cuique est aetas, ita quemque facetus
  adopta.　.　.　.　.　.　.　.　.　.　.　.　.　*Epist.*1.6.55
ador. esset ador loliumque, dapis meliora relinquens.　.　.　.　*Serm.*2.6.89
adorea. qui primus alma risit adorea,　.　.　.　.　.　.　*Carm.*4.4.41
adparatus. Persicos odi, puer, adparatus,　.　.　.　.　.　*Carm.*1.38.1
adpare. rebus angustis animosus atque|fortis adpare:　.　.　.　*Carm.*2.10.22
adpareat. nec sidus atra nocte amicum adpareat,　.　.　.　.　*Epod.*10.9
adparent. quam per vatis opus mores animique virorum|clarorum adparent. *Epist.*2.1.250
adparere. plurima, quae invideant pure adparere tibi rem.　.　.　*Serm.*1.2.100
  cum lamentamur non adparere labores|nostros　.　.　.　*Epist.*2.1.224
adparet. adparetque beata pleno|Copia cornu.　.　.　.　.　*Carm.Saec.*59
  dapes inemptas adparet:　.　.　.　.　.　.　.　*Epod.*2.48
  hic et in Acci|nobilibus trimetris adparet rarus　.　.　.　*Ars Poet.*259
  nec satis adparet, cur versus factitet;　.　.　.　.　.　*Ars Poet.*470
adpelle. 'huc adpelle'; 'trecentos inseris'; 'ohe, iam satis est.'　.　.　*Serm.*1.5.12
adpingit. delphinum silvis adpingit, fluctibus aprum.　.　.　.　*Ars Poet.*30
adplicat. votis puerorum amicas|adplicat auris:　.　.　.　.　*Carm.Saec.*72
adplicet. dic modos, Lyde quibus obstinatas|adplicet auris,　.　.　*Carm.*3.11.8
adplorans. querebar adplorans tibi　.　.　.　.　.　.　.　*Epod.*11.12
adponatur. ne male conditum ius adponatur,　.　.　.　.　.　*Serm.*2.8.69
adpone. quem Fors dierum cumque dabit, lucro|adpone　.　.　.　*Carm.*1.9.15
adponet. illi quod tibi dempserit|adponet annus),　.　.　.　.　*Carm.*2.5.15
adponit. cantat et adponit 'meus est amor huic similis:　.　.　.　*Serm.*1.2.107
adposcere. si plus adposcere visus,|fit Mimnermus　.　.　.　.　*Epist.*2.2.100
adpositis. "Albanum, . . . sive Falernum|te magis adpositis delectat:　.　*Serm.*2.8.17
adposuisse. insani leonis|vim stomacho adposuisse nostro.　.　.　.　*Carm.*1.16.16
adprecati. rite deos prius adprecati,　.　.　.　.　.　.　.　*Carm.*4.15.28
adquirere. ego cur, adquirere pauca|si possum, invideor,　.　.　.　*Ars Poet.*55
adrasum. conspexit, . . . adrasum quendam vacua tonsoris in umbra　.　*Epist.*1.7.50
adrepe. leniter in spem|adrepe officiosus,　.　.　.　.　.　*Serm.*2.5.48
adrident. ut ridentibus adrident, ita flentibus adflent|humani voltus.　.　*Ars Poet.*101
adridere. quibus haec, sint qualiacumque,|adridere velim,　.　.　.　*Serm.*1.10.89
adrogavit. optatum peractis|imperiis decus adrogavit.　.　.　.　*Carm.*4.14.40
adsciscet. adsciscet nova, quae genitor produxerit usus.　.　.　.　*Epist.*2.2.119
adscribi. adscribi quietis|ordinibus patiar deorum.　.　.　.　*Carm.*3.3.35
adscripsit. ut male sanos|adscripsit Liber Satyris Faunisque poetas,　.　.　*Epist.*1.19.4
adsectaretur. cum adsectaretur, 'numquid vis?' occupo.　.　.　.　*Serm.*1.9.6
adsentatores. adsentatores iubet ad lucrum ire poeta　.　.　.　*Ars Poet.*420
adsideat. habes qui|adsideat, fomenta paret,　.　.　.　.　*Serm.*1.1.82
adsidens. ut adsidens inplumibus pullis avis　.　.　.　.　.　*Epod.*1.19
  et inquietis adsidens praecordiis　.　.　.　.　.　.　*Epod.*5.95
adsidet. parcus ob heredis curam nimiumque severus|adsidet insano:　.　*Epist.*1.5.14
adsiduas. non feret adsiduas potiori te dare noctes　.　.　.　.　*Epod.*15.13
adsignant. dum　.　.　.　agros adsignant, oppida condunt,　.　.　*Epist.*2.1.8
adsis. utque soles, custos mihi maximus adsis.　.　.　.　.　*Serm.*2.6.15
adsisto. pererro|saepe forum, adsisto divinis,　.　.　.　.　.　*Serm.*1.6.114
adsit. avis . . . non, ut adsit, auxili|latura plus praesentibus.　.　*Epod.*1.21
  adsit|regula, peccatis quae poenas inroget aequas,　.　.　.　*Serm.*1.3.117
  uti mox|nulla fides damnis verisque doloribus adsit.　.　.　*Epist.*1.17.57
adsita. qua populus adsita certis|limitibus vicina refugit iurgia;　.　*Epist.*2.2.170
adspectu. pallor utrasque|fecerat horrendas adspectu.　.　.　.　*Serm.*1.8.26
adspersus. qui Capua Romam petit, imbre lutoque|adspersus　.　.　*Epist.*1.11.12
adspexit. quem simul adspexit scabrum intonsumque Philippus,　.　.　*Epist.*1.7.90
  qui semel adspexit, quantum dimissa petitis|praestent,　.　.　*Epist.*1.7.96
adspice. tamen adspice, siquid | et nos, quod cures proprium fecisse,
  loquamur.　.　.　.　.　.　.　.　.　.　.　*Epist.*1.17.4
  adspice, Plautus|quo pacto partis tutetur amantis ephebi,　.　.　*Epist.*2.1.170
  adspice primum,|quanto cum fastu,　.　.　.　.　.　*Epist.*2.2.92
adspicere. non satis est Ithacam revehi patriosque Penates|adspicere?'　.　*Serm.*2.5.5
adspici. et voltus nimium lubricus adspici.　.　.　.　.　.　*Carm.*1.19.8
adspiciam. o rus, quando ego te adspiciam　.　.　.　.　.　*Serm.*2.6.60
adspiciat. sed ut veniens dextrum latus adspiciat sol,　.　.　.　*Epist.*1.16.6
adspicit. seu Libra seu me Scorpios adspicit　.　.　.　.　.　*Carm.*2.17.17
  interque signa turpe militaria|sol adspicit conopium.　.　.　*Epod.*9.16
adspirare. tibia . . . adspirare et adesse choris erat utilis　.　.　.　*Ars Poet.*204
adstat. adstat echinus|vilis, cum patera guttus,　.　.　.　.　*Serm.*1.6.117

9

adstricto. quam non adstricto percurrat pulpita socco; *Epist*.2.1.174
adstrictum. corticem adstrictum pice dimovebit *Carm*.3.8.10
adstringitur. artius atque hedera procera adstringitur ilex . . . *Epod*.15.5
adsuerit. hic qui|pluribus adsuerit mentem corpusque superbum . . *Serm*.2.2.109
adsuetum. (si Romana fatigat|militia adsuetum graecari) . . . *Serm*.2.2.11
adsuitur. purpureus, late qui splendeat, unus et alter|adsuitur pannus, . *Ars Poet*.16
adsumam. nisi cena prior potiorque puella Sabinum|detinet adsumam; . *Epist*.1.5.28
adsumere. praesertim cautum dignos adsumere, prava|ambitione procul. *Serm*.1.6.51
adsunt. ut ridentibus adrident, ita flentibus adflent [adsunt]|humani voltus. *var.Ars Poet*.101
adulta. adulta virgo|suspiret: *Carm*.3.2.8
adulta. adulta vitium propagine|altas maritat populos . . . *Epod*.2.9
adulter. ne quis fur esset neu latro neu quis adulter. . . . *Serm*.1.3.106
adulterae. iam nec Lacaenae splendet adulterae|famosus hospes . . *Carm*.3.3.25
adulteretur. adulteretur et columba miluo, ... *Epod*.16.32
adulteri. non sola comptos arsit adulteri|crinis *Carm*.4.9.13
adulteris. munierant satis|nocturnis ab adulteris, ... *Carm*.3.16.4
adultero. nec nitido fidit adultero; *Carm*.3.24.20
adultero. quam turpi Pholoe peccet adultero. *Carm*.1.33.9
       nec Damalis novo|divelletur adultero *Carm*.1.36.19
adulteros. tamen, heu serus, adulteros|cultus pulvere collines. . . *Carm*.1.15.19
       mox iuniores quaerit adulteros *Carm*.3.6.25
adulterum. senem, . . . adulterum | latrent Suburanae canes | nardo
       perunctum, ... *Epod*.5.57
adunco. ut plerique solent, naso suspendis adunco|ignotos . . . *Serm*.1.6.5
adurgens. Caesar ab Italia volantem|remis adurgens, . . . *Carm*.1.37.17
aduri. ossa . . . flammis aduri Colchicis. *Epod*.5.24
adurit. quae te cumque domat Venus,|non erubescendis adurit|ignibus . *Carm*.1.27.15
adusto. tum pectore adusto|vidimus et merulas poni *Serm*.2.8.90
adustus. ne panis adustus,|ne male conditum ius adponatur, . . *Serm*.2.8.68
advenam. pavidumque leporem et advenam laqueo gruem|iucunda captat
       praemia. *Epod*.2.35
adveniens. hospes|tardius adveniens vitiatum commodius . . . consumeret. *Serm*.2.2.91
advenit. interea Maecenas advenit atque|Coccceius *Serm*.1.5.31
adventum. lassi sub adventum viri *Epod*.2.44
adventus. seu mobilibus vepris [veris] inhorruit|ad ventum [adventus] foliis *var.Carm*.1.23.6
adversa. qui timet his adversa, ... *Epist*.1.6.9
adversae. ingenium res|adversae nudare solent, ... *Serm*.2.8.74
adversarius. casu venit obvius illi|adversarius *Serm*.1.9.75
       adversarius est frater, lacus Hadria, ... *Epist*.1.18.63
adversis. fortiaque adversis opponite pectora rebus.' . . . *Serm*.2.2.136
adversis. pergis pugnantia secum|frontibus adversis conponere: . . *Serm*.1.1.103
       adversis rerum inmersabilis undis. *Epist*.1.2.22
       non tamen adversis aetatem ducimus austris, ... *Epist*.2.2.202
adverso. ut haerentis adverso litore navis|eriperem, ... *Serm*.2.3.205
adversos. quid inmerentis hospites vexas, canis | ignavos adversum
       [adversos] lupos? *var.Epod*.6.2
adversum. canis|ignavos adversum lupos? *Epod*.6.2
       omnia te adversum spectantia, nulla retrorsum.' . . . *Epist*.1.1.75
adversum. et illa non virilis heiulatio|preces et aversum [adversum] ad
       Iovem, ... *var.Epod*.10.18
       quibus adversum bellum incidit: *Serm*.1.7.11
adversus. quid inmerentis hospites vexas, canis | ignavos adversum
       [adversus] lupos? *var.Epod*.6.2
advexerit. sive diem festum rediens advexerit annus, . . . *Serm*.2.2.83
advixit. quoad vixit [quo advixit], credidit ingens|pauperiem vitium . *var.Serm*.2.3.91
       quoad vixit [quod advixit], credidit ingens|pauperiem vitium . *var.Serm*.2.3.91
advoceris. ut tamen noris, quibus advoceris|gaudiis: . . . *Carm*.4.11.13
adyti. non adytis [adyti] quatit|mentem sacerdotum incola Pythius, . *coni.Carm*.1.16.5
adytis. non adytis quatit|mentem sacerdotum incola Pythius, . . *Carm*.1.16.5
Aeaci. narras et genus Aeaci *Carm*.3.19.3
Aeacum. et iudicantem vidimus Aeacum *Carm*.2.13.22
       ereptum Stygiis fluctibus Aeacum *Carm*.4.8.25
aede. quae neque in aede sonent certantia iudice Tarpa . . . *Serm*.1.10.38
aedem. vocantis|ture te multo Glycerae decoram|transfer in aedem. . *Carm*.1.30.4
       reddere victimas|aedemque votivam memento; . . . *Carm*.2.17.31
       circum-|spectemus vacuam Romanis vatibus aedem; . . *Epist*.2.2.94
aedibus. aedibus ex magnis subito se conderet *Serm*.2.7.11
aedificante. aedificante casas qui sanior? *Serm*.2.3.275
aedificare. "aedificare casas, plostello adiungere muris, . . . *Serm*.2.3.247
aedificas. primum|aedificas, hoc est longos imitaris, ... *Serm*.2.3.308

aedificat. diruit, aedificat, mutat quadrata rotundis? *Epist.*1.1.100
aedilis. uter aedilis fueritve|vestrum praetor. *Serm.*2.3.180
aedis. donec templa refeceris|aedisque labentis deorum . . . *Carm.*3.6.3
   iratusque Philippi tendit ad aedis. *Epist.*1.7.89
aedituos. qualis|aedituos habeat belli spectata domique|virtus, . . *Epist.*2.1.230
Aefulae. Aefulae|declive contempleris arvom *Carm.*3.29.6
Aegaeo. otium divos rogat in patenti|prensus Aegaeo, . . . *Carm.*2.16.2
Aegaeos. me . . . tutum per Aegaeos tumultus|aura feret . . *Carm.*3.29.63
Aegaeum. idcirco navim trans Aegaeum mare vendas. . . . *Epist.*1.11.16
aeger. 'non est cardiacus . . . hic aeger.' *Serm.*2.3.162
aegida. iam galeam Pallas et aegida . . . parat. . . . *Carm.*1.15.11
   quid . . . contra sonantem Palladis aegida | possent . . . *Carm.*3.4.57
aegri. cuius, velut aegri somnia, vanae|fingentur species, . . . *Ars Poet.*7
aegrimonia. fastidiosa tristis aegrimonia. *Epod.*17.73
aegrimoniae. deformis aegrimoniae dulcibus adloquiis.' . . . *Epod.*13.18
aegris. vicus gemit, invidus aegris *Epist.*1.15.7
   isti tabulae fore librum|persimilem, cuius, velut aegri [aegris] somnia,
     vanae|fingentur species, ... *var.Ars Poet.*7
aegro. quam mihi das aegro, dabis aegrotare timenti,|Maecenas, veniam, *Epist.*1.7.4
   habrotonum aegro|non audet nisi qui didicit dare, . . . *Epist.*2.1.114
aegros. avidos vicinum funus ut aegros|exanimat *Serm.*1.4.126
aegrotare. quo me|aegrotare putes animi vitio.' *Serm.*2.3.307
   dabis aegrotare timenti,|Maecenas, veniam, ... *Epist.*1.7.4
aegrotet. ut siqui aegrotet quo morbo Barrus, ... *Serm.*1.6.30
   nec quia longinquis armentum aegrotet in agris; . . . *Epist.*1.8.6
aegroto. olim quod volpes aegroto cauta leoni|respondit. . . *Epist.*1.1.73
aegroto. aegroto domini deduxit corpore febris, . . . *Epist.*1.2.48
aegrum. mala copia quando|aegrum sollicitat stomachum, . . *Serm.*2.2.43
   casus medicusve levarit|aegrum ex praecipiti: . . . *Serm.*2.3.293
   nil audire velim, nil discere, quod levet aegrum; . . . *Epist.*1.8.8
   orientia tempora notis|instruit exemplis, inopem solatur et aegrum. *Epist.*2.1.131
Aeli. Aeli vetusto nobilis ab Lamo — *Carm.*3.17.1
Aemilium. Aemilium circa ludum faber imus . . . . *Ars Poet.*32
aemula. aemula nec virtus Capuae nec Spartacus acer . . . *Epod.*16.5
   rupit Iarbitam Timagenis aemula lingua, ... *Epist.*1.19.15
   tibia non, ut nunc, orichalco vincta tubaeque|aemula, . . *Ars Poet.*203
aemulari. Pindarum quisquis studet aemulari, ... *Carm.*4.2.1
aemuli. quandoque potentior|largi muneribus riserit aemuli, . . *Carm.*4.1.18
aemulos. subruit aemulos|reges muneribus; *Carm.*3.16.14
aena. clavos trabalis et cuneos manu|gestans aena . . . *Carm.*1.35.19
Aenea. ab alto|demissum genus Aenea, ... *Serm.*2.5.63
aenea. Danaen turris aenea|robustaeque fores . . . munierant . *Carm.*3.16.1
aenea. inpares|formas atque animos sub iuga aenea|saevo mittere cum ioco. *Carm.*1.33.11
   nec magis expressi voltus per aenea signa *Epist.*2.1.248
Aeneae. ni . . . divom pater adnuisset|rebus Aeneae . . . *Carm.*4.6.23
Aeneas. nos ubi decidimus | quo pius Aeneas, quo Tullus dives et Ancus, *Carm.*4.7.15
   castus Aeneas patriae superstes *Carm.Saec.*42
aeneo. diductosque iugo cogit aeneo? *Carm.*3.9.18
aeneus. ter si resurgat murus aeneus *Carm.*3.3.65
   latus ut in circo spatiere et aeneus ut stes, ... *Serm.*2.3.183
   hic murus aeneus esto: *Epist.*1.1.60
aenum. emptis|sub noctem gelidam lignis calefactat aenum; . . *Epist.*2.2.169
Aeoliae. conmissi calores|Aeoliae fidibus puellae. . . . *Carm.*4.9.12
Aeolides. damnatusque longi|Sisyphus Aeolides laboris. . . *Carm.*2.14.20
Aeoliis. vidimus . . . Aeoliis fidibus querentem|Sappho . . *Carm.*2.13.24
   quotiensque educet in agros|Aetolis [Aeoliis] onerata plagis iumenta
     canesque, ... *var.Epist.*1.18.46
Aeolio. fingent Aeolio carmine nobilem. *Carm.*4.3.12
Aeolium. princeps Aeolium carmen ad Italos|deduxisse modos. . *Carm.*3.30.13
aequa. aequa tellus|pauperi recluditur|regumque pueris . . . *Carm.*2.18.32
   'pictoribus atque poetis|quidlibet audendi semper fuit aequa potestas.' *Ars Poet.*10
aequa. aequa lege Necessitas|sortitur insignis et imos, . . . *Carm.*3.1.14
   coepit et in vitium fortuna labier aequa: *Epist.*2.1.94
aequale. nil aequale homini fuit illi: *Serm.*1.3.9
aequali. aequali recreat sorte vicarius. *Carm.*3.24.16
aequalis. cur neque militaris|inter aequalis equitet, . . . *Carm.*1.8.6
   ne foret aequalis inter conviva, ... *Epod.*12.23
aequam. aequam memento rebus in arduis|servare mentem, . . *Carm.*2.3.1
   aequam|rem imperito *Serm.*2.3.188

sumite materiam vestris, qui scribitis, aequam|viribus . . . . *Ars Poet.*38
aequare. nondum munia conparis|aequare *Carm.*2.5.3
aequas. regula, peccatis quae poenas inroget aequas, ... *Serm* 1.3.118
aequata. foedera regum|vel Gabiis vel cum rigidis aequata Sabinis, . . *Epist.*2.1.25
aeque. non adytis quatit|mentem sacerdotum . . . non Liber aeque, . *Carm.*1.16.7
   nec carus aeque nec superstes|integer? *Carm.*2.17.7
   non alius flectere equom sciens | aeque conspicitur gramine Martio, . *Carm.*3.7.26
   nec quisquam citus aeque | Tusco denatat alveo. . . . *Carm.*3.7 27
   nunc accipe, quare|desipiant omnes aeque ac tu, ... *Serm.*2.3.47
   id quod|aeque pauperibus, prodest locupletibus aeque, . . . *Epist.*1.1.25
   id quod . . . aeque neglectum pueris senibusque nocebit. . . *Epist.*1.1.26
   conducto navigio aeque|nauseat ac locuples, ... *Epist.*1.1.92
aequi. ipsa utilitas, iusti prope mater et aequi. *Serm.*1.3.98
aequis. inmolet aequis|hic porcum Laribus; *Serm.*2.3.164
aequis. aequis accipiunt animis donantve corona. . . . . *Ars Poet.*250
aequo. pallida Mors aequo pulsat pede pauperum tabernas|regumque turris. *Carm.*1.4.13
   multaque merces|unde potest tibi defluat aequo|ab Iove Neptunoque *Carm.*1.28.28
   cenantis haud animo aequo|exspectans comites. . . . *Serm.*1.5.8
   quidquid vita meliore parasti|ponendum aequo animo.' . . *Serm.*2.3.16
   et sapit et mecum facit et Iove iudicat aequo. . . . *Epist.*2.1.68
aequo. imperio regit unus aequo. *Carm.*3.4.48
   at est truculentior atque|plus aequo liber: . . . *Serm.*1.3.52
   in cute curanda plus aequo operata iuventus, . . . *Epist.*1.2.29
   alter in obsequium plus aequo pronus *Epist.*1.18.10
   ubi plenius aequo|laudat venalis qui volt extrudere merces: . . *Epist.*2.2.10
   ne potum largius aequo|rideat *Epist.*2.2.215
aequom. huc iuvenes aequom est descendere, ... *Serm.*1.2.34
   amicus dulcis, ut aequom est,|cum mea conpensat vitiis bona, . *Serm.*1.3.69
   aequom est|peccatis veniam poscentem reddere rursus. . . *Serm.*1.3.74
aequom. ereptum Stygiis fluctibus Aeacum [aequum] . . . *var.Carm.*4.8.25
   temptantem maiora fere, praesentibus aequom. . . . *Epist.*1.17.24
   det vitam, det opes; aequom mi animum ipse parabo. . . *Epist.*1.18.112
aequom. nil Grosphus nisi verum orabit et aequom. . . . *Epist.*1.12.23
aequor. quid? tunc rhombos minus aequor alebat? . . . *Serm.*2.2.48
aequor. cras ingens iterabimus aequor.' *Carm.*1.7.32
   vix durare carinae|possint imperiosius|aequor? . . . *Carm.*1.14.9
   ter et quater|anno revisens aequor Atlanticum|inpune. . . *Carm.*1.31.14
   infecit aequor sanguine Punico *Carm.*3.6.34
   ne parva Tyrrhenum per aequor|vela darem. . . . *Carm.*4.15.3
   latumque per aequor, . . . aspera multa | pertulit, . . *Epist.*1.2.20
aequora. quid? tunc rhombos minus aequor alebat [aequora alebant]? . *var.Serm.*2.2.48
   utra magis piscis et echinos aequora celent, . . . *Epist.*1.15.23
aequora. aspera|nigris aequora ventis|emirabitur insolens . . *Carm.*1.5.7
   interfusa nitentis|vites aequora Cycladas. . . . *Carm.*1.14.20
   contracta pisces aequora sentiunt *Carm.*3.1.33
   horrida callidi|vincunt aequora navitae, ... *Carm.*3.24.41
   Carpathii trans maris aequora *Carm.*4.5.10
   ametque salsa levis hircus aequora.' *Epod.*16.34
aequore. et superiecto pavidae natarunt|aequore dammae. . . *Carm.*1.2.12
   stravere ventos aequore fervido|deproeliantis, . . . *Carm.*1.9.10
   nunc medio aequore|cum pace delabentis *Carm.*3.29.34
   quietiore nec feratur aequore *Epod.*10.11
   tu piscis hiberno ex aequore verris. *Serm.*2.3.235
aequoribus. iactata Tuscis aequoribus sacra *Carm.*4.4.54
   ab infimis|quassas eripiunt aequoribus rates, . . . *Carm.*4.8.32
aequoris. te dominam aequoris *Carm.*1.35.6
   aequoris nigri fremitum et trementis|verbere ripas. . . *Carm.*3.27.23
aequos. te minor laetum reget aequos orbem: . . . *Carm.*1.12.57
   lenis incedas abeasque parvis|aequos alumnis. . . . *Carm.*3.18.4
   quod adest memento|conponere aequos; *Carm.*3.29.33
   si Palatinas videt aequos aras *Carm.Saec.*65
   scilicet uni aequos virtuti atque eius amicis. . . . *Serm.*2.1.70
   accipe quid contra haec iuvenis responderit aequos. . . *Serm.*2.3.233
   insani sapiens nomen ferat, aequos iniqui, . . . *Epist.*1.6.15
   animus si te non deficit aequos. *Epist.*1.11.30
aequum. ereptum Stygiis fluctibus Aeacum [aequum]|virtus . . . vatum
   divitibus consecrat insulis. *var.Carm.*4.8.25
aera. expertus vacuom Daedalus aera *Carm.*1.3.34
   seu te discus agit (pete cedentem aera disco) — . . . *Serm.*2.2.13

aera. nec tamen ignorat, quid distent aera lupinis. *Epist.*1.7.23
aera. non acuta│si geminant Corybantes aera, ... *Carm.*1.16.8
    donarem pateras grataque commodus,│Censorine, meis aera sodalibus, *Carm.*4.8.2
    quid attinet tot ora [aera] navium gravi│rostrata duci pondere│contra
      latrones *coni.Epod.*4.17
    ibant octonos [octonis] referentes idibus aeris [aera], . . . *var.Serm.*1.6.75
    argentum et marmor vetus aeraque et artis│suspice. . . . *Epist.*1.6.17
    aut alius Lysippo duceret aera │ fortis Alexandri voltum simulantia. . *Epist.*2.1.240
    hic meret aera liber Sosiis, hic et mare transit . . . . . *Ars Poet.*345
aerata. decedit aerata triremi *Carm.*3.1.39
aeratas. scandit aeratas vitiosa navis│Cura *Carm.*2.16.21
aere. me . . . denso paventem sustulit aere, ... *Carm.*2.7.14
    Boeotum in crasso iurares aere natum. *Epist.*2.1.244
aere. exegi monumentum aere perennius *Carm.*3.30.1
    ut inquinavit aere tempus aureum, ... *Epod.*16.64
    aere, dehinc ferro duravit saecula, ... *Epod.*16.65
    hunc capit argenti splendor; stupet Albius aere; . . . *Serm.*1.4.28
    quaerere amabam,│quo vafer ille pedes lavisset Sisyphus aere, . . *Serm.*2.3.21
    servosve tuos, quos aere pararis, ... *Serm.*2.3.129
    res urget me nulla: meo sum pauper in aere. *Epist.*2.2.12
    si proprium est, quod quis libra mercatus et aere est, . . *Epist.*2.2.158
    si fractis enatat exspes│navibus, aere dato qui pingitur? . . . *Ars Poet.*21
    unguis│exprimet et mollis imitabitur aere capillos, . . . *Ars Poet.*33
    hic meret aera [aere] liber Sosiis, hic et mare transit . . *var.Ars Poet.*345
aerea. ut inquinavit aere tempus aureum,│aere, [aerea] dehinc ferro duravit
    saecula, ... *var.Epod.*16.65
aeri. ibant octonos [octenos] referentes idibus aeris [aeri], . . *var.Serm.*1.6.75
aerias. nec quidquam tibi prodest│aerias temptasse domos . . . *Carm.*1.28.5
aeris. acerbus│odisti et fugis ut Rusonem debitor aeris, . . *Serm.*1.3.86
    ibant octonos referentes idibus aeris, ... *Serm.*1.6.75
    unde│divitias aerisque ruam, dic augur, acervos.' . . . *Serm.*2.5.22
    non domus et fundus, non aeris acervos et auri . . . *Epist.*1.2.47
    mancupiis locuples eget aeris Cappadocum rex: . . . *Epist.*1.6.39
    marmoris aut eboris fabros aut aeris amavit, ... *Epist.*2.1.96
    utilium tardus provisor, prodigus aeris, ... *Ars Poet.*164
aerugo. hic nigrae sucus lolliginis, haec est│aerugo mera; . . *Serm.*1.4.101
    haec animos aerugo et cura peculi│cum semel imbuerit, . . *Ars Poet.*330
aerumnis. Luculli miles collecta viatica multis│aerumnis, . . *Epist.*2.2.27
aes. illi robur et aes triplex│circa pectus erat, ... *Carm.*1.3.9
    dum aes exigitur, dum mula ligatur,│tota abit hora. . . . *Serm.*1.5.13
Aeschinus. post hunc personae pallaeque repertor honestae │ Aeschylus
    [Aeschinus] . . . . *var.Ars Poet.*279
Aeschylos. quid Sophocles et Thespis et Aeschylos utile ferrent; . *Epist.*2.1.163
Aeschylus. post hunc personae pallaeque repertor honestae│Aeschylus . *Ars Poet.*279
Aeschynus. post hunc personae pallaeque repertor honestae │ Aeschylus
    [Aeschynus] . . . . *var.Ars Poet.*279
aesculetis. neque militaris│Daunias latis alit aesculetis . . . *Carm.*1.22.14
aesculo. nec rigida mollior aesculo *Carm.*3.10.17
Aesopi. filius Aesopi . . . diluit insignem bacam: . . . *Serm.*2.3.239
Aesopus. quae gravis Aesopus, quae doctus Roscius egit: . . *Epist.*2.1.82
aestas. ver proterit aestas│interitura, ... *Carm.*4.7.9
aestatem. igneam│defendit aestatem capellis *Carm.*1.17.3
aestates. ille salubris│aestates peraget *Serm.*2.4.22
aestimat. cetera nequaquam simili ratione modoque│aestimat . . *Epist.*2.1.21
    qui redit in fastos et virtutem aestimat annis *Epist.*2.1.48
aestiva. ubi nulla campis│arbor aestiva recreatur aura, . . . *Carm.*1.22.18
aestivam. aestivam sermone benigno tendere noctem. . . . *Epist.*1.5.11
aestuat. barbaras Syrtis, ubi Maura semper│aestuat unda: . . *Carm.*2.6.4
    aestuat et vitae disconvenit ordine toto, ... *Epist.*1.1.99
aestum. nunc fluviis gravem│solantis aestum, ... *Carm.*2.5.7
    fabula, . . . stultorum regum et populorum continet aestus [aestum]. *var.Epist.*1.2.8
aestuosa. nullius astri│gregem aestuosa torret inpotentia. . . *Epod.*16.62
aestuosae. non aestuosae grata Calabriae│armenta. . . . *Carm.*1.31.5
aestuosas. sive per Syrtis iter aestuosas . . . facturus . . . *Carm.*1.22.5
aestuosis. te . . . unda fretis tulit aestuosis. *Carm.*2.7.16
aestuosius. nec munus umeris efficacis Herculis│inarsit aestuosius. . *Epod.*3.18
aestus. cum te neque fervidus aestus│demoveat lucro . . . *Serm.*1.1.38
    oleamque momorderit aestus, ... *Epist.*1.8.5
    civilisque rudem belli tulit aestus in arma *Epist.*2.2.47

aestus. in reducta valle Caniculae|vitabis aestus *Carm.*1.17.18
speras tibi posse dolores | atque aestus curasque gravis e pectore pelli? *Serm.*1.2.110
fabula, . . . stultorum regum et populorum continet aestus. . . *Epist.*1.2.8
aetas. dum loquimur, fugerit invida|aetas: *Carm.*1.11.8
quid nos dura refugimus|aetas? *Carm.*1.35.35
dum res et aetas et sororum|fila trium patiuntur atra. . . . *Carm.*2.3.15
cuius octavom trepidavit aetas|claudere lustrum. *Carm.*2.4.23
(currit enim ferox|aetas et illi quod tibi dempserit|adponet annus), . *Carm.*2.5.14
aetas parentum, peior avis, tulit|nos nequiores. *Carm.*3.6.46
nec siquid olim lusit Anacreon|delevit aetas; *Carm.*4.9.10
tua, Caesar, aetas|fruges et agris rettulit uberes *Carm.*4.15.4
altera iam teritur bellis civilibus aetas, ... *Epod.*16.1
inpia perdemus devoti sanguinis aetas *Epod.*16.9
simul ac duraverit aetas|membra animumque tuom, . . . *Serm.*1.4.119
fortassis et istinc|largiter abstulerit longa aetas, ... *Serm.*1.4.132
simul atque adoleverit aetas." ' *Serm.*1.9.34
tractari mollius aetas|imbecilla volet: *Serm.*2.2.85
piscibus atque avibus quae natura et foret aetas, ... *Serm.*2.4.45
non eadem est aetas, non mens. *Epist.*1.1.4
quidquid sub terra est, in apricum proferet aetas, ... *Epist.*1.6.24
'frater' 'pater' adde;|ut cuique est aetas, ita quemque facetus adopta. *Epist.*1.6.55
pretium aetas altera sordet.' *Epist.*1.18.18
carus eris Romae, donec te deserat aetas; *Epist.*1.20.10
an quos et praesens et postera respuat aetas? *Epist.*2.1.42
ne potum largius aequo|rideat et pulset lasciva decentius aetas. . . *Epist.*2.2.216
prima cadunt: ita verborum vetus interit aetas, ... *Ars Poet.*61
aetas animusque virilis|quaerit opes et amicitias, ... *Ars Poet.*166
aetatem. non tamen adversis aetatem ducimus austris, . . . *Epist.*2.2.202
aetatis. aetatis cuiusque notandi sunt tibi mores, ... *Ars Poet.*156
aeternae. togae|oblitus aeternaeque Vestae, ... *Carm.*3.5.11
aeterne. tuas,|Auguste, virtutes in aevom . . . aeternet. [aeterne et.] o, qua
    sol habitabilis | inlustrat oras, ... *var.Carm.*4.14.5
aeternet. tuas,|Auguste, virtutes in aevom . . . aeternet, . . *Carm.*4.14.5
aeternis. quid aeternis minorem|consiliis animum fatigas? . . *Carm.*2.11.11
aeternos. cui laurus aeternos honores|Delmatico peperit triumpho. . *Carm.*2.1.15
aeternum. Cecropiae domus|aeternum opprobrium, ... *Carm.*4.12.7
aeternum. nos in aeternum|exilium inpositura cymbae. . . . *Carm.*2.3.27
aeternum meditans decus|stellis inserere *Carm.*3.25.5
dominum vehet inprobus atque|serviet aeternum, . . . *Epist.*1.10.41
aethera. ferar . . . biformis per liquidum aethera|vates . . . *Carm.*2.20.2
aetheria. post ignem aetheria domo|subductum *Carm.*1.3.29
Aethiops. paene . . . delevit Vrbem Dacus et Aethiops, . . . *Carm.*3.6.14
Aethnam. nec peredit|inpositam celer ignis Aetnen [Aethnam] . . *var.Carm.*3.4.76
Aethnen. nec peredit|inpositam celer ignis Aetnen [Aethnen] . . *var.Carm.*3.4.76
Aetholiis. quotiensque educet in agros|Aetolis [Aetholiis] onerata plagis
    iumenta canesque, ... *var.Epist.*1.18.46
Aetholis. quotiensque educet in agros|Aetolis [Aetholis] onerata plagis
    iumenta canesque, ... *var.Epist.*1.18.46
Aetna. nec Sicana fervida|virens in Aetna flamma; *Epod.*17.33
Aetnam. nec peredit|inpositam celer ignis Aetnen [Aetnam] . . *var.Carm.*3.4.76
dum cupit Empedocles, ardentem frigidus Aetnam|insiluit. . . *Ars Poet.*465
Aetnen. nec peredit|inpositam celer ignis Aetnen *Carm.*3.4.76
Aetoliis. quotiensque educet in agros | Aetolis [Aetoliis] onerata plagis
    iumenta canesque, ... *var.Epist.*1.18.46
Aetolis. educet in agros|Aetolis onerata plagis iumenta canesque, . . *Epist.*1.18.46
aevi. nec trepides in usum|poscentis aevi pauca: *Carm.*2.11.5
vive memor, quam sis aevi brevis." *Serm.*2.6.97
ut mihi vivam|quod superest aevi, ... *Epist.*1.18.108
Silvanum lacte piabant,|floribus et vino Genium memorem brevis aevi. *Epist.*2.1.144
aevo. semper in adiunctis aevoque morabitur aptis, ... *Ars Poet.*178
aevo. crescit occulto velut arbor aevo|fama Marcellis; . . . *Carm.*1.12.45
vivet extento Proculeius aevo, ... *Carm.*2.2.5
at non ter aevo functus amabilem|ploravit . . . Antilochum senex . *Carm.*2.9.13
quid brevi fortes iaculamur aevo|multa? *Carm.*2.16.17
numeratque poetas | ad nostrum tempus Livi scriptoris ab aevo. . . *Epist.*2.1.62
aevom. perniciem veniens in aevom, ... *Carm.*3.5.16
splendide mendax et in omne virgo|nobilis aevom, ... *Carm.*3.11.36
tuas,|Auguste, virtutes in aevom . . . aeternet, ... *Carm.*4.14.3
alterum in lustrum meliusque semper|prorogat aevom, . . . *Carm.Saec.*68

namque deos didici securum agere aevom *Serm*.1.5.101
a certis annis aevom remeare peractum *Serm*.1.6.94
si foret hoc nostrum fato delapsus in aevom, ... *Serm*.1.10.68
labitur et labetur in omne volubilis aevom. *Epist*.1.2.43
bella quis et paces longum diffundit in aevom? *Epist*.1.3.8
qua ratione queas traducere leniter aevom, ... *Epist*.1.18.97
forte meum siquis te percontabitur aevom: *Epist*.1.20.26
sed in longum tamen aevom | manserunt *Epist*.2.1.159
et longum noto scriptori prorogat aevom. . . . . . *Ars Poet*.346

aevum. quod semel [simul] dictum est stabilisque rerum [est, stabilis per
aevum] | terminus servet [servat], ... *coni.Carm.Saec*.26
Afer. dirus per urbis Afer ut Italas *Carm*.4.4.42
affert. praelambens omne quod adfert [affert]. *var.Serm*.2.6.109
afflat. nec non verniliter ipsis | fungitur officiis, praelambens omne quod
adfert [afflat]. *var.Serm*.2.6.109
affligit. atque adfigit [affligit] humo divinae particulam aurae. . . *var.Serm*.2.2.79
afore. quod vitium procul afore chartis | atque animo prius, . . . *Serm*.1.4.101
Afra. non Afra avis descendat in ventrem meum, ... *Epod*.2.53
tostis marcentem squillis recreabis et Afra | potorem coclea: . . *Serm*.2.4.58
Afrani. dicitur Afrani toga convenisse Menandro, ... *Epist*.2.1.57
Africa. frumenti quantum metit Africa. *Serm*.2.3.87
Africa. columnas ultima recisas | Africa *Carm*.2.18.5
'qui domita nomen ab Africa | lucratus rediit', ... *Carm*.4.8.18
Africae. fulgentem imperio fertilis Africae *Carm*.3.16.31
Africani. nec Iugurthino parem | bello reportasti ducem | neque Africanum
[Africani], cui super Karthaginem | virtus sepulcrum condidit. . *coni.Epod*.9.25
Africano. nec Iugurthino parem | bello reportasti ducem | neque Africanum
[Africano], ... *var.Epod*.9.25
Africanum. neque Africanum, cui super Karthaginem | virtus sepulcrum
condidit. *Epod*.9.25
Africis. si mugiat Africis | malus procellis, ... *Carm*.3.29.57
Africo. et malus celeri saucius Africo *Carm*.1.14.5
Africum. luctantem Icariis fluctibus Africum *Carm*.1.1.15
nec timuit praecipitem Africum | decertantem Aquilonibus . . . *Carm*.1.3.12
nec pestilentem sentiet Africum | fecunda vitis *Carm*.3.23.5
Africus. si mugiat Africis [Africus] | malus procellis. *var.Carm*.3.29.57
Notus vocabit aut protervos Africus. *Epod*.16.22
Afris. deorum quisquis amicior | Afris *Carm*.2.1.26
Afris. velut illis | Canidia adflasset, peior serpentibus Afris.' . . . *Serm*.2.8.95
Afro. te bis Afro | murice tinctae | vestiunt lanae: *Carm*.2.16.35
qua medius liquor | secernit Europen ab Afro, ... *Carm*.3.3.47
agam. Martiis caelebs quid agam kalendis, ... *Carm*.3.8.1
'nil habeo quod agam et non sum piger: usque sequar te.' . . . *Serm*.1.9.19
si quaeret quid agam, ... *Epist*.1.8.3
agam. diris agam vos: *Epod*.5.89
agam per altas aure sublata nivis | quaecumque praecedet fera; . . *Epod*.6.7
Agamemnona. vixere fortes ante Agamemnona | multi; *Carm*.4.9.25
agaso. si patinam pede lapsus frangat agaso. *Serm*.2.8.72
agat. vitamque sub divo et trepidis agat | in rebus. *Carm*.3.2.5
siquis ad illa deus subito te agat, usque recuses, ... *Serm*.2.7.24
tecum sic agat 'hic et | candidus . . . fiet *Epist*.2.2.3
Agaue. caput abscissum demens cum portat Agaue | gnati infelicis, . . *Serm*.2.3.303
age. quidquid habes, age, | depone tutis auribus. *Carm*.1.27.17
age dic Latinum | barbite, carmen, ... *Carm*.1.32.3
eburna, dic age, cum lyra | maturet, ... *Carm*.2.11.22
descende caelo et dic age tibia *Carm*.3.4.1
age te procellae | crede veloci, ... *Carm*.3.27.62
age iam, meorum | finis amorum, ... *Carm*.4.11.31
age, quaeso, | tu nihil in magno doctus reprehendis Homero? . . *Serm*.1.10.51
age, si et stramentis incubet unde- | octoginta annos natus, . . . *Serm*.2.3.117
'ut vivas igitur vigila. hoc age.' *Serm*.2.3.152
"nunc age, luxuriam et Nomentanum arripe mecum: *Serm*.2.3.224
'age, libertate decembri, | quando ita maiores voluerunt, utere: . . *Serm*.2.7.4
"liber liber sum," dic age. *Serm*.2.7.92
illa | redde, age, quae deinceps risisti.' *Serm*.2.8.80
fortis omissis | hoc age deliciis. *Epist*.1.6.31
nunc age, quid nostrum concentum dividat, audi. *Epist*.1.14.31
hoc age, ne mutata retrorsum te ferat aura. *Epist*.1.18.88
verum age et his, qui se lectori credere malunt *Epist*.2.1.214

agebam. 'o te, Bolane, cerebri | felicem' aiebam [agebam] tacitus, . . *var.Serm.*1.9.12
agebat. Persius hic permagna negotia dives habebat [? agebat] | Clazomenis, ? *var.Serm.*1.7.4
   'corrige. sodes, | hoc' aiebat [agebat] 'et hoc.' . . . . *var.Ars Poet.*439
agedum. agedum, pauca accipe contra. . . . *Serm.*1.4.38
   tu cessas? agedum, sume hoc ptisanarium oryzae.' . . . *Serm.*2.3.155
agelli. vilice silvarum et mihi me reddentis agelli, . . . *Epist.*1.14.1
   mercatorne vagus cultorne virentis agelli, ... *Ars Poet.*117
agello. qui macro pauper agello | noluit in Flavi ludum me mittere, . . *Serm.*1.6.71
   videas metato in agello | cum pecore et gnatis fortem mercede colonum *Serm.*2.2.114
agellos. si Democriti pecus edit agellos | cultaque, ... *Epist.*1.12.12
agellum. 'o si angulus ille | proximus accedat, qui nunc denormat agellum!' *Serm.*2.6.9
   persuadet uti mercetur agellum. *Epist.*1.7.81
agendae. Idus tibi sunt agendae, ... *Carm.*4.11.14
agendi. quae spem | consiliumque morantur agendi naviter . . . *Epist.*1.1.24
agendis. strenuos et fortis causisque Philippus agendis | clarus, . . *Epist.*1.7.46
   vincentem strepitus et natum rebus agendis. . . . . *Ars Poet.*82
agens. tempus agens abeunte curru. *Carm.*3.6.44
agente. ocior cervis et agente nimbos | ocior Euro. *Carm.*2.16.23
agentia. secutus . . . non res et agentia verba Lycamben. . . *Epist.*1.19.25
agentis. plorem artis in te nil agentis exitus?' *Epod.*17.81
ager. nunc ager Vmbreni sub nomine, ... *Serm.*2.2.133
   qui te pascit ager tuos est, ... *Epist.*2.2.160
agere. namque deos didici securum agere aevom *Serm.*1.5.101
   navem agere ignarus navis timet, ... *Epist.*2.1.114
agerent. quae canerent agerentque peruncti faecibus ora. . . . *Ars Poet.*277
ageret. extimui, ne vos ageret vesania discors, ... *Serm.*2.3.174
aget. in | Persas atque Britannos | vestra motus aget prece. . . *Carm.*1.21.16
   illum aget penna metuente solvi | Fama superstes. . . . *Carm.*2.2.7
   Thraex erit aut holitoris aget mercede caballum. . . . *Epist.*1.18.36
aggere. nunc licet . . . aggere in aprico spatiari, . . . *Serm.*1.8.15
agilem. oderunt . . . sedatum celeres, agilem navomque remissi; . *Epist.*1.18.90
agilis. nunc agilis fio et mersor civilibus undis, ... *Epist.*1.1.16
   quae circumvolitas agilis thyma? *Epist.*1.3.21
agimur. non agimur tumidis velis aquilone secundo: . . . *Epist.*2.2.201
agis. o quid agis? fortiter occupa | portum. *Carm.*1.14.2
   arreptaque manu 'quid agis, dulcissime rerum?' . . . *Serm.*1.9.4
   iamdudum video; sed nil agis: usque tenebo; . . . *Serm.*1.9.15
   'quid tibi vis, insane, et quam rem agis?' *Serm.*2.6.29
agit. illum aget [agit] penna metuente solvi | Fama superstes. . . *var.Carm.*2.2.7
   noctes non sine multis | insomnis lacrimis agit. . . . *Carm.*3.7.8
   haec dum agit, ecce | Fuscus Aristius occurrit, . . . *Serm.*1.9.60
   seu te discus agit (pete cedentem aera disco) — . . . *Serm.*2.2.13
   quemcumque inscitia veri | caecum agit, ... *Serm.*2.3.44
   nil agit exemplum, litem quod lite resolvit. . . . *Serm.*2.3.103
   agit ubi secum, eat an non, ... *Serm.*2.3.260
   bonisque | rebus agit laetum convivam, ... *Serm.*2.6.111
   quid mihi Celsus agit? *Epist.*1.3.15
   vir bonus et sapiens dignis ait [agit] esse paratus . . . *var.Epist.*1.7.22
   ad imum | Thraex erit aut holitoris aget [agit] mercede caballum. . *var.Epist.*1.18.36
agitamus. quod magis ad nos | pertinet et nescire malum est, agitamus: . *Serm.*2.6.73
agitant. centuriae seniorum agitant expertia frugis, . . . *Ars Poet.*341
   agitant pueri incautique sequuntur. . . . . *Ars Poet.*456
agitantur. nec veteres agitantur orni. *Carm.*1.9.12
agitare. aut timidos agitare lyncas. *Carm.*2.13.40
agitaret. intonsosque agitaret Apollinis aura capillos, . . . *Epod.*15.9
agitarit. intonsosque agitaret [agitarit] Apollinis aura capillos, . . *var.Epod.*15.9
agitat. vel mea cum saevis agitat fastidia verbis: . . . *Epod.*12.13
agitata. non Zephyris agitata Tempe. *Carm.*3.1.24
agitato. per apertum fugientis agitato grege cervos iaculari . . *Carm.*3.12.10
agitatur. saepius ventis agitatur ingens | pinus. *Carm.*2.10.9
agitatus. defluit saxis agitatus umor, ... *Carm.*1.12.29
agitavit. quaecumque . . . agitavit equom lasciva supinum, . . *Serm.*2.7.50
agitet. num te semper inops agitet vexetque cupido, . . . *Epist.*1.18.98
agito. haec ego mecum | conpressis agito labris; . . . *Serm.*1.4.138
agitur. nam tua res agitur, paries cum proximus ardet, . . . *Epist.*1.18.84
   aut agitur res in scaenis aut acta refertur. . . . . *Ars Poet.*179
agmen. occidit Daci Cotisonis agmen, ... *Carm.*3.8.18
agmina. ut barbarorum Claudius agmina | ferrata vasto diruit impetu *Carm.*4.14.29
   in quem superbus ordinarat agmina | Mysorum . . . *Epod.*17.9

horrentia pilis|agmina . . . describit *Serm.*2.1.14
agminum. rudis agminum|sponsus *Carm.*3.2.9
agna. vel agna festis caesa Terminalibus *Epod.*2.59
immolabitur caper|et agna Tempestatibus. *Epod.*10.24
ut pavet acris|agna lupos capreaeque leones!' *Epod.*12.26
agna. seu poscat agna sive malit haedo. *Carm.*1.4.12
siquis gnatam pro muta devovet agna, ... *Serm.*2.3.219
agnam. nos humilem feriemus agnam. *Carm.*2.17.32
pullam divellere mordicus agnam|coeperunt; . . . *Serm.*1.8.27
siquis lectica nitidam gestare amet agnam, ... *Serm.*2.3.214
agni. non ut|serpentes avibus geminentur, tigribus agni. . *Ars Poet.*13
agninae. patinas cenabat omasi|vilis et agninae, . . . *Epist.*1.15.35
agnine. patinas cenabat omasi|vilis et agninae [agnine], . . *var.Epist.*1.15.35
agnini. patinas cenabat omasi|vilis et agninae [agnini], tribus ursis quod
satis esset; *var.Epist.*1.15.35
agnis. lupis et agnis quanta sortito obtigit, ... *Epod.*4.1
agno. vincta verbenis avet immolato|spargier agno; . . . *Carm.*4.11.8
agnos. inter audacis lupus errat agnos, ... *Carm.*3.18.13
Aiax cum inmeritos occidit desipit agnos; *Serm.*2.3.211
agnoscere. Augusti laudes agnoscere possis; *Epist.*1.16.29
agnovit. munere cum fungi proprioris censet amici:|quid possim videt ac
novit [agnovit] me valdius ipso. *var.Epist.*1.9.6
agnum. fasciculum portes librorum, ut rusticus agnum, . . *Epist.*1.13.13
agor. quae nemora aut quos agor in specus, ... *Carm.*3.25.2
agrestem. haec ubi dicta|agrestem pepulere, ... *Serm.*2.6.98
ergo ubi purpurea porrectum in veste locavit|agrestem, . *Serm.*2.6.107
qui|nunc Satyrum, nunc agrestem Cyclopa movetur. . *Epist.*2.2.125
agresti. Graecia capta ferum victorem cepit et artes|intulit agresti Latio: *Epist.*2.1.157
agrestis. asperitas agrestis et inconcinna gravisque, . . *Epist.*1.18.6
agrestis. spargit agrestis tibi silva frondes, ... *Carm.*3.18.14
mox etiam agrestis Satyros nudavit . . . . . *Ars Poet.*221
agrestium. somnus agrestium|lenis virorum *Carm.*3.1.21
qua pauper aquae Daunus agrestium|regnavit populorum, . *Carm.*3.30.11
agri. usque proximos|revellis agri terminos *Carm.*2.18.24
hoc erat in votis: modus agri non ita magnus, . . *Serm.*2.6.1
scribetur tibi forma loquaciter et situs agri. . . *Epist.*1.16.4
'dives agris [agri], dives positis in faenore nummis.' . . *var.Ars Poet.*421
agricolae. agricolae prisci, fortes parvoque beati, . . . *Epist.*2.1.139
agricolam. agricolam laudat iuris legumque peritus, . . *Serm.*1.1.9
agricolis. Canem illum,|invisum agricolis sidus, . . . *Serm.*1.7.26
Agrippa. scilicet ut plausus quos fert Agrippa feras tu, . . *Serm.*2.3.185
Agrippa. nos, Agrippa, neque haec dicere *Carm.*1.6.5
Agrippae. porticus Agrippae, via te conspexerit Appi, . . *Epist.*1.6.26
fructibus Agrippae Siculis, quos colligis, Icci,|si recte frueris, *Epist.*1.12.1
Cantaber Agrippae, Claudi virtute Neronis|Armenius cecidit; *Epist.*1.12.26
agris. horrendamque cultis|diluviem meditatur agris, . . *Carm.*4.14.28
fruges et agris rettulit uberes *Carm.*4.15.5
neglectis urenda filix innascitur agris. *Serm.*1.3.37
quodsi bruma nives Albanis inlinet agris, . . . *Epist.*1.7.10
agris. caput|Autumnus agris extulit, ... *Epod.*2.18
dives agris, dives positis in faenore nummis. . . . *Serm.*1.2.13
nudus agris, nudus nummis, insane, paternis; . . *Serm.*2.3.184
caule suburbano qui siccis crevit in agris|dulcior, . . *Serm.*2.4.15
pulveris atri|quantum non Aquilo Campanis excitat agris. *Serm.*2.8.56
ne plus frumenti dotalibus emetat agris . . . *Epist.*1.6.21
nec quia longinquis armentum aegrotet in agris; . . *Epist.*1.8.6
'dives agris, dives positis in faenore nummis.' . . *Ars Poet.*421
agro. accedes opera agro nona Sabino.' *Serm.*2.7.118
agro. agro qui statuit meo|te, triste lignum, ... *Carm.*2.13.10
ab agro|rava decurrens lupa Lanuvino *Carm.*3.27.2
armis|Herculis ad postem fixis latet abditus agro, . . *Epist.*1.1.5
spinas animone ego fortius an tu|evellas agro, . . *Epist.*1.14.5
agros. gaudentem patrios findere sarculo|agros . . . *Carm.*1.1.12
non semper imbres nubibus hispidos|manant in agros . *Carm.*2.9.2
nunc torrentia agros|sidera, ... *Carm.*3.1.31
tendens Venafranos in agros *Carm.*3.5.55
me vel extremos Numidarum in agros|classe releget: . *Carm.*3.11.47
agros atque lares patrios habitandaque fana|apris reliquit . *Epod.*16.19
laudaturque domus, longos quae prospicit agros: . . *Epist.*1.10.23

quotiensque educet in agros|Aetolis onerata plagis iumenta . . . *Epist.*1.18.45
dum . . . agros adsignant, oppida condunt, ... *Epist.*2.1.8
properantis aquae per amoenos ambitus agros . . . . *Ars Poet.*17
postquam coepit agros extendere victor . . . . . *Ars Poet.*208
agrum. trecentos cippus in agrum|hic dabat, ... *Serm.*1.8.12
albis informem spectabant ossibus agrum; *Serm.*1.8.16
qui mercennarius agrum|illum ipsum mercatus aravit, . . *Serm.*2.6.11
nempe modo isto|paulatim mercaris agrum, ... *Epist.*2.2.164
silvestrem flammis et ferro mitiget agrum, ... *Epist.*2.2.186
agunt. sic est: acerba fata Romanos agunt *Epod.*7.17
agunto. et quocumque volent animum auditoris agunto. . . *Ars Poet.*100
Agyieu. Dauniae defende decus Camenae,|levis Agyieu. . . *Carm.*4.6.28
Agyieu. Dauniae defende decus Camenae,|levis Agyieu [Agyleu]. . *var.Carm.*4.6.28
ah. a, a, [ah, ah,] solutus ambulat veneficae|scientioris carmine. . *var.Epod.*5.71
Aiacem. movit Aiacem Telamone natum|forma captivae . . *Carm.*2.4.5
'nequis humasse velit Aiacem, Atrida, vetas cur?' . . *Serm.*2.3.187
Aiacem. vitabis strepitumque et celerem sequi|Aiacem: . . *Carm.*1.15.19
Aiacis. in inpiam Aiacis ratem. *Epod.*10.14
Aiax. 'cur Aiax, heros ab Achille secundus,|putescit, . . *Serm.*2.3.193
insanus quid enim Aiax|fecit? *Serm.*2.3.201
Aiax cum inmeritos occidit desipit agnos; *Serm.*2.3.211
aiebam. 'o te, Bolane, cerebri|felicem' aiebam tacitus, . . *Serm.*1.9.12
aiebas. 'certe nescio quid secreto velle loqui te|aiebas mecum.' . *Serm.*1.9.68
aiebat. 'deprensi non bella est fama Treboni'| aiebat. . . *Serm.*1.4.115
ut aiebat cenae pater: *Serm.*2.8.7
Balatro . . . "haec est condicio vivendi" aiebat, . . *Serm.*2.8.65
'non hercule miror,'| aiebat, 'siqui comedunt bona, . . *Epist.*1.15.42
Quintilio siquid recitares, 'corrige, sodes,|hoc' aiebat 'et hoc.' . *Ars Poet.*439
aio. 'ne faciam, inquis,|omnino versus?' 'aio.' . . . *Serm.*2.1.6
vos sapere et solos aio bene vivere, ... *Epist.*1.15.45
'habes pretium, loris non ureris,' aio. *Epist.*1.16.47
ais. "non sum moechus" ais. *Serm.*2.7.72
ait. 'o fortunati mercatores' gravis armis|miles ait, . . *Serm.*1.1.5
hanc Philodamus ait sibi, quae neque magno|stet pretio . *Serm.*1.2.121
'heus, tu'|quidam ait 'ignoras te *Serm.*1.3.22
ait Harpyiis gula digna rapacibus. *Serm.*2.2.40
mater ait pueri mensis iam quinque cubantis, . . . *Serm.*2.3.289
tum rusticus: "haud mihi vita|est opus hac" ait . . *Serm.*2.6.116
uti mos|vester ait, ... *Serm.*2.7.80
nil ait esse prius, melius nil caelibe vita; *Epist.*1.1.88
Lucullus, . . . 'qui possum tot?' ait; *Epist.*1.6.42
vir bonus et sapiens dignis ait esse paratus . . . *Epist.*1.7.22
cui mustela procul 'si vis' ait 'effugere istinc, . . . *Epist.*1.7.32
'durus', ait, 'Voltei, nimis attentusque videris|esse mihi.' . *Epist.*1.7.91
dives amicus, . . . ait prope vera: *Epist.*1.18.28
'rides' ait, 'et Iovis auribus ista|servas: *Epist.*1.19.43
'pol, me occidistis, amici,|non servastis' ait, . . . *Epist.*2.2.139
aiunt. hac mente laborem|sese ferre, . . . aiunt. . . *Serm.*1.1.32
hac urget lupus, hac canis, aiunt. *Serm.*2.2.64
at pueri ludentes 'rex eris' aiunt,|'si recte facies.' . . *Epist.*1.1.59
chlamydas Lucullus, ut aiunt,|si posset centum scaenae praebere rogatus, *Epist.*1.6.40
conspexit, ut aiunt,|adrasum quendam vacua tonsoris in umbra . *Epist.*1.7.49
mordacem Cynicum sic eludebat, ut aiunt: . . . *Epist.*1.17.18
praesidium regale loco deiecit, ut aiunt, ... *Epist.*2.2.30
ala. ne forte sub ala|fasciculum portes librorum, . . . *Epist.*1.13.12
alas. volucrisque Fati|tardavit alas, ... *Carm.*2.17.25
alat. equos ut me portet, alat rex,|officium facio; . . . *Epist.*1.17.20
unde parentur opes, quid alat formetque poetam, . . *Ars Poet.*307
alba. quorum simul alba nautis|stella refulsit, . . . *Carm.*1.12.27
quo pinus ingens albaque populus *Carm.*2.3.9
ut neque longa|nec magis alba velit quam dat natura videri. . *Serm.*1.2.124
alba. ut suci melioris et ut magis alba rotundis, . . . *Serm.*2.4.13
albae. pinguibus et ficis pastum iecur anseris albae . . *Serm.*2.8.88
Albanam. rectius Albanam fumo duraveris uvam. . . *Serm.*2.4.72
Albanas. manus potentis|Medus Albanasque timet securis, . *Carm.Saec.*54
Albani. 'dicat|filius Albini [Albani]: . . . . . *var.Ars Poet.*327
Albani. est mihi nonum superantis annum|plenus Albani cadus, . *Carm.*4.11.2
Albanis. quodsi bruma nives Albanis inlinet agris, . . *Epist.*1.7.10
Albanis. crescit Albanis in herbis|victima, . . . *Carm.*3.23.11

Albano.   dictitet Albano Musas in monte locutas. *Epist.*2.1.27
Albanos.   Albanos prope te lacus | ponet marmoream *Carm.*4.1.19
Albanum.   "Albanum, Maecenas, sive Falernum | te magis adpositis delectat: *Serm.*2.8.16
albatus.   natalis aliosve dierum | festos albatus celebret) *Serm.*2.2.61
albescens.   lenit albescens animos capillus *Carm.*3.14.25
Albi.   Albi, ne doleas plus nimio memor *Carm.*1.33.1
 Albi, nostrorum sermonum candide iudex, ...   *Epist.*1.4.1
Albi.   'nonne vides, Albi ut male vivat filius utque | Baius inops?   .   .   *Serm.*1.4.109
albi.   'nolim laudarier' inquit | 'sic me' mirator cunni Cupiennius albi.   .   *Serm.*1.2.36
 pinguibus et ficis pastum iecur anseris albae [albi] *var.Serm.*2.8.88
albicant.   nec prata canis albicant pruinis. *Carm.*1.4.4
Albini.   'dicat | filius Albini: si de quincunce remota est | uncia,   .   .   *Ars Poet.*327
Albinovano.   Celso gaudere et bene rem gerere Albinovano   .   .   .   *Epist.*1.8.1
albis.   quaeque vos bubus veneratur albis *Carm.Saec.*49
 Sisennas, Barros ut equis praecurreret albis. *Serm.*1.7.8
 albis informem spectabant ossibus agrum; *Serm.*1.8.16
 merdis caput inquiner albis | corvorum *Serm.*1.8.37
Albius.   hunc capit argenti splendor; stupet Albius aere;   .   .   .   *Serm.*1.4.28
albo.   te Spes et albo rara Fides colit | velata panno *Carm.*1.35.21
 non Chloris albo sic umero nitens *Carm.*2.5.18
 dente si nigro fieres vel uno [albo] | turpior ungui,   .   .   .   *coni.Carm.*2.8.3
albo.   nisi causa morbi | fugerit venis et aquosus albo | corpore languor.   .   *Carm.*2.2.15
 non saxa nudis surdiora navitis | Neptunus alto [albo] tundit hibernus
   salo. *coni.Epod.*17.55
 et lapathi brevis herba, sed albo non sine Coo. *Serm.*2.4.29
 pipere albo, non sine aceto, ...   *Serm.*2.8.49
Albuci.   Canidia Albuci, quibus est inimica, venenum, ...   *Serm.*2.1.48
 servis | Albuci senis exemplo, dum munia didit, | saevos erit,   .   .   *Serm.*2.2.67
album.   album mutor in alitem | superne *Carm.*2.20.10
 voveram dulcis epulas et album | Libero caprum *Carm.*3.8.6
 pinguem vitiis albumque neque ostrea . . . iuvare   .   .   .   *Serm.*2.2.21
 piper album cum sale nigro | incretum *Serm.*2.4.74
Albuneae.   quam domus Albuneae resonantis *Carm.*1.7.12
albus.   albus ut obscuro deterget nubila caelo | saepe Notus   .   .   .   *Carm.*1.7.15
 quid albus | peccet Iapyx. *Carm.*3.27.19
 tacent et albus ora pallor inficit *Epod.*7.15
 tacent et albus ora pallor [ora pallor albus] inficit   .   .   .   *var.Epod.*7.15
 tuis capillus albus est odoribus, ...   *Epod.*17.23
 lapis albus | pocula cum cyatho duo sustinet, ...   *Serm.*1.6.116
 sive elephans albus volgi converteret ora; *Epist.*2.1.196
 Genius, . . . voltu mutabilis, albus et ater. *Epist.*2.2.189
Alcaee.   te sonantem plenius aureo, | Alcaee, ...   *Carm.*2.13.27
Alcaei.   Pindaricae latent | Ceaeque et Alcaei minaces *Carm.*4.9.7
Alcaeus.   temperat Alcaeus, sed rebus et ordine dispar, ...   *Epist.*1.19.29
 discedo Alcaeus puncto illius; *Epist.*2.2.99
Alciden.   dicam et Alciden puerosque Ledae, ...   *Carm.*1.12.25
Alcido.   quae nivali pascitur Algido [Alcido] | devota   .   .   .   *var.Carm.*3.23.9
 duris ut ilex tonsa bipennibus | nigrae feraci frondis in Algido [Alcido], .   *var.Carm.*4.4.58
Alcinoi.   Alcinoique | in cute curanda plus aequo operata iuventus,   .   .   *Epist.*1.2.28
Alcon.   Hydaspes | Caecuba vina ferens, Alcon Chium maris expers.   .   *Serm.*2.8.15
alea.   perraro haec alea fallit. *Serm.*2.5.50
 quem damnosa venus, quem praeceps alea nudat,   .   .   .   *Epist.*1.18.21
alea.   seu malis vetita legibus alea, ...   *Carm.*3.24.58
aleae.   periculosae plenum opus aleae, ...   *Carm.*2.1.6
alebant.   quid? tunc rhombos minus aequor alebat [aequora alebant]?   .   *var.Serm.*2.2.48
alebat.   quid? tunc rhombos minus aequor alebat? *Serm.*2.2.48
ales.   mutata iuvenem figura | ales in terris imitaris almae | filius Maiae,   *Carm.*1.2.42
 visam . . . canorus | ales Hyperboreosque campos. *Carm.*2.20.16
 ales, nequitiae additus | custos; *Carm.*3.4.78
 tibi qualum Cythereae puer ales, . . . aufert, ...   *Carm.*3.12.4
 purpureis ales oloribus | comissabere *Carm.*4.1.10
 exemplum grave praebet ales | Pegasus *Carm.*4.11.26
aletur.   sicui praeterea validus male filius in re | praeclara sublatus aletur,   *Serm.*2.5.46
Alexandrea.   portus Alexandrea supplex | et vacuam patefecit aulam,   .   *Carm.*4.14.35
Alexandri.   aut alius Lysippo duceret aera | fortis Alexandri voltum
   simulantia. *Epist.*2.1.241
Alexandro.   gratus Alexandro regi magno fuit ille | Choerilus,   .   .   .   *Epist.*2.1.232
Alfenus.   ut Alfenus vafer omni | abiecto instrumento artis clausaque taberna
   | sutor erat: *Serm.*1.3.130

Alfius. haec ubi locutus faenerator Alfius, ... *Epod.*2.67
alga. alga litus inutili|demissa tempestas ab Euro|sternet, . . . *Carm.*3.17.10
    et genus et virtus, nisi cum re, vilior alga est.' . . . *Serm.*2.5.8
algere. cur me funesto properent arcere [algere] veterno; . . . *var.Epist.*1.8.10
Algido. quaecumque aut gelido prominet Algido *Carm.*1.21.6
    nam quae nivali pascitur Algido|devota *Carm.*3.23.9
    nigrae feraci frondis in Algido, ... *Carm.*4.4.58
Algidum. quaeque Aventinum tenet Algidumque, ... *Carm.Saec.*69
alia. cessat voluntas? non alia bibam|mercede. *Carm.*1.27.13
    'donec non alia magis|arsisti *Carm.*3.9.5
    (non enim posthac alia calebo|femina) *Carm.*4.11.33
    non alia quam qua Byzantia putuit orca. *Serm.*2.4.66
alia. nullane habes vitia?' immo alia et fortasse minora. . . . *Serm.*1.3.20
aliam. 'donec non alia [aliam] magis|arsisti *var.Carm.*3.9.5
    non aliam ob causam, nisi quod virtus in utroque|summa fuit; . *Serm.*1.7.14
alias. consilio patres|firmaret auctor numquam alias dato . . *Carm.*3.5.46
    hactenus haec: alias, iustum sit necne poema. . . . *Serm.*1.4.63
    ignosces; alias loquar.' *Serm.*1.9.72
    'qui species alias veris scelerisque tumultu|permixtas capiet, . *Serm.*2.3.208
    nil oriturum alias, nil ortum tale fatentes. *Epist.*2.1.17
Aliatti. quam si Mygdoniis regnum Alyattei [Aliatti]|campis continuem. . *var.Carm.*3.16.41
Aliattici. quam si Mygdoniis regnum Alyattei [Aliattici]|campis continuem. *var.Carm.*3.16.41
aliena. quodque aliena capella gerat distentius uber, . . . *Serm.*1.1.110
    domus hac nec purior ulla est | nec magis his aliena malis; . *Serm.*1.9.50
    te coniunx aliena capit, meretricula Davom: . . . *Serm.*2.7.46
aliena. sic teneros animos aliena opprobria saepe|absterrent vitiis. . *Serm.*1.4.128
    aliena negotia centum|per caput et circa saliunt latus. . . *Serm.*2.6.33
    ne mox|incutiant aliena tibi peccata pudorem. . . . *Epist.*1.18.77
aliena. aliena negotia curo|excussus propriis. *Serm.*2.3.19
    quatenus ima petit volvens aliena vitellus. . . . *Serm.*2.4.57
    nec tua laudabis studia aut aliena reprendes, . . . *Epist.*1.18.39
    non aliena meo pressi pede. *Epist.*1.19.22
alienas. non alienas|permolere uxores.' *Serm.*1.2.34
alieni. qui teneros caulis alieni fregerit horti *Serm.*1.3.116
alienis. duceris ut nervis alienis mobile lignum. . . . *Serm.*2.7.82
alienis. 'nil fuerit mi' inquit 'cum uxoribus umquam alienis.' . . *Serm.*1.2.57
    cum rapies in ius malis ridentem alienis, . . . *Serm.*2.3.72
    sermo oritur, non de villis domibusve alienis, . . . *Serm.*2.6.71
alieno. num sine sensu,|tempore num faciant alieno. . . . *Serm.*1.4.78
alienos. scorto postponet honestum|officium, nummos alienos pascet, *Epist.*1.18.35
alii. nunc mihi nunc alii benigna. *Carm.*3.29.52
    sed cedet in usum|nunc mihi, nunc alii. . . . *Serm.*2.2.135
    nempe|tu, mihi qui imperitas, aliis [alii] servis miser . . *var.Serm.*2.7.81
alii. laudabunt alii claram Rhodon aut Mytilenen . . . *Carm.*1.7.1
    atque alii, quorum comoedia prisca virorum est, . . . *Serm.*1.4.2
    quae facere ipse recusem,|cum recte tractent alii, . . . *Epist.*2.1.209
alii. 'utne [visne alii ut] tegam spurco Damae latus? . . *var.Serm.*2.5.18
aliis. erit nulli proprius, sed cedet in usum|nunc mihi, nunc alii [aliis]. *var.Serm.*2.2.135
    pratensibus optima fungis|natura est; aliis male creditur. . *Serm.*2.4.21
    tu, mihi qui imperitas, aliis servis miser . . . . *Serm* 2.7.81
aliis. ventorumque regat pater|obstrictis aliis praeter Iapyga, . . *Carm.*1.3.4
    commodius quam tu, praeclare senator,|milibus atque aliis vivo. . *Serm.*1.6.111
    experto frustra Varrone Atacino|atque quibusdam aliis, . . *Serm.*1.10.47
    ut audax,|contemptis aliis, explosa Arbuscula dixit. . . *Serm.*1.10.77
    esto aliis alios rebus studiisque teneri: *Epist.*1.1.81
alio. heu heu, translatos alio maerebis amores, . . . *Epod.*15.23
    neque, si male cesserat, usquam|decurrens alio neque, si bene: *Serm.*2.1.32
    si te alio pravom detorseris. *Serm.*2.2.55
    vos sapere et solos aio [alio] bene vivere, . . . *var.Epist.*1.15.45
alio. memor|actae non alio rege puertiae *Carm.*1.36.8
    quid terras alio calentis|sole mutamus? *Carm.*2.16.18
    'absentem qui rodit, amicum|qui non defendit alio culpante, . *Serm.*1.4.82
    aut alio mentis morbo calet: *Serm.*2.3.80
alio. dicam insigne, recens, adhuc|indictum ore alio. . . *Carm.*3.25.8
    hunc ego, non alio dictum prius ore, Latinus|volgavi fidicen; . *Epist.*1.19.32
alioqui. quod moechus foret aut sicarius aut alioqui|famosus, . *Serm.*1.4.4
    mendosa est natura, alioqui recta, ... *Serm.*1.6.66
alioquin. atqui si vitiis mediocribus ac mea paucis|mendosa est natura,
    alioqui [alioquin] recta, ... *var.Serm.*1.6.66

alios. dant alios Furiae torvo spectacula Marti, ... *Carm*.1.28.17
  atque alios legere, ad fastum quoscumque parentes | optaret sibi
    quisque, ... *Serm*.1.6.95
    conpluris alios, doctos ego quos et amicos|prudens praetereo, . . *Serm*.1.10.87
    natalis aliosve dierum|festos albatus celebret) *Serm*.2.2.60
    esto aliis alios rebus studiisque teneri: *Epist*.1.1.81
    post effert animi [? alios] motus interprete lingua. . . . *? var.Ars Poet*.111
aliquid. quodsi interciderit tibi nunc aliquid repetes mox, . . . *Serm*.2.4.6
aliquid. ut siquid promittere de me | possum aliud [aliquid] vere,
    promitto. *var.Serm*.1.4.103
    das aliquid famae, quae carmine gratior aurem|occupet humanam? . *Serm*.2.2.94
    cur, inprobe, carae|non aliquid patriae tanto emetiris acervo? . . *Serm*.2.2.105
    sobrius ergo|dic aliquid dignum promissis. . . . *Serm*.2.3.6
    'dixit adhuc aliquid?' 'nil sane.' 'quid placet ergo?' . . . *Epist*.2.1.206
aliquis. nunc aliquis dicat mihi 'quid tu? *Serm*.1.3.19
    aliquis cubito stantem prope tangens|inquiet, . . . *Serm*.2.5.42
alis. polypus an gravis hirsutis cubet hircus in alis, . . . *Epod*.12.5
    seu mors atris circumvolat alis, ... *Serm*.2.1.58
alit. neque militaris|Daunias latis alit aesculetis . . . *Carm*.1.22.14
    vicinas urbes alit et grave sentit aratrum, ... *Ars Poet*.66
alite. Vario . . . Maeonii carminis alite. . . . *Carm*.1.6.2
    Troiae renascens alite lugubri|fortuna *Carm*.3.3.61
    potiore ductos|alite muros — *Carm*.4.6.24
    serpente fugit alite. *Epod*.3.14
    mala soluta navis exit alite *Epod*.10.1
    secunda|ratem occupare quid moramur alite? . . . *Epod*.16.24
    optat Prometheus obligatus aliti [alite], ... *var.Epod*.17.67
alitem. album mutor in alitem|superne *Carm*.2.20.10
    qualem ministrum fulminis alitem, ... *Carm*.4.4.1
aliter. mordaces aliter diffugiunt sollicitudines. . . . *Carm*.1.18.4
    non aliter tamen|dimovit obstantis propinquos . . . *Carm*.3.5.50
    non aliter Samio dicunt arsisse Bathyllo *Epod*.14.9
    emptum cenat holus, quamvis aliter putat: . . . *Epist*.2.2.168
alites. post insepulta membra different lupi|et Esquilinae alites . . *Epod*.5.100
aliti. scriberis Vario . . . victor Maeonii carminis alite [aliti], . . *coni.Carm* 1.6.2
    optat Prometheus obligatus aliti, ... *Epod*.17.67
alitibus. additum feris|alitibus atque canibus homicidam Hectorem, . *Epod*.17.12
aliud. turdus|sive aliud privom dabitur tibi, . . . *Serm*.2.5.11
    (cocto Chium sic convenit, ut non|hoc magis ullum aliud); . . *Serm*.2.8.49
aliud. ut siquid promittere de me|possum aliud vere, promitto. . *Serm*.1.4.103
    vocando|hanc Furiam, hunc aliud, iussit quod splendida bilis. . *Serm*.2.3.141
alium. edit cicutis alium nocentius. *Epod*.3.3
alium. neve putes alium sapiente bonoque beatum . . . *Epist*.1.16.20
aliunde. neque ultra|caeca timet aliunde fata, . . . *Carm*.2.13.16
alius. quamvis non alius flectere equom sciens . . . *Carm*.3.7.25
    aliusque et idem|nasceris, ... *Carm.Saec*.10
    sed alius ardor aut puellae candidae|aut teretis pueri . . *Epod*.11.27
    sed alius ardor [ardor alius] aut puellae candidae|aut teretis pueri . *coni.Epod*.11.27
    aut alius casus lecto te adfixit, ... *Serm*.1.1.81
    contra alius nullam nisi olenti in fornice stantem. . . *Serm*.1.2.30
    at est bonus, ut melior vir|non alius quisquam, . . . *Serm*.1.3.33
    aut alius Lysippo duceret aera|fortis Alexandri voltum simulantia. . *Epist*.2.1.240
    non alius faceret meliora poemata: . . . . *Ars Poet*.303
allec. ego faecem primus et hallec,|primus et invenior piper album [? ego
    primus face nec allec miscui] . . . . *? var.Serm*.2.4.73
allet. etiam stillabit amicis|ex oculis rorem, saliet [allet], tundet pede
    terram. . . . . *var.Ars Poet*.430
Allifanis. invertunt Allifanis vinaria tota|Vibidius Balatroque . . *Serm*.2.8.39
Allobrox. novisque rebus infidelis Allobrox *Epod*.16.6
alma. nutrit rura Ceres almaque Faustitas, ... *Carm*.4.5.18
alma. qui primus alma risit adorea, ... *Carm*.4.4.41
    ut suci melioris et ut magis alba [alma] rotundis, . . . *coni.Serm*.2.4.13
almae. mutata iuvenem figura|ales in terris imitaris almae|filius Maiae, . *Carm*.1.2.42
    almae|progeniem Veneris canemus. *Carm*.4.15.31
almae. vos lene consilium et datis et dato|gaudetis, almae. . . *Carm*.3.4.42
alme. alme Sol, curru nitido diem qui|promis et celas . . . *Carm.Saec*.9
almum. almum|quae rapit hora diem. *Carm*.4.7.7
Alpibus. arcis|Alpibus inpositas tremendis|deiecit . . . *Carm*.4.14.12
Alpibus. Raetis bella sub Alpibus|Drusum gerentem . . . *Carm*.4.4.17

Alpinus. turgidus Alpinus iugulat dum Memnona *Serm.*1.10.36
Alpis. Furius "hibernas cana nive conspuet Alpis." *Serm.*2.5.41
Alpium. te vel per Alpium iuga . . . sequemur *Epod.*1.11
alsit. multa tulit fecitque puer, sudavit et alsit, ... *Ars Poet.*413
alta. nec intumescit alta viperis humus; *Epod.*16.52
    domus alta Molossis│personuit canibus. *Serm.*2.6.114
alta. vides ut alta stet nive candidum│Soracte *Carm.*1.9.1
    cur non sub alta vel platano *Carm.*2.11.13
    tecum sub alta — sic Iovi gratum — domo, ... *Epod.*9.3
    'leporem venator ut alta│in nive sectetur. *Serm.*1.2.105
alta. ibis Liburnis inter alta navium,│amice, propugnacula, . . . *Epod.*1.1
altae. Troiae prope victor altae│Pthius Achilles, ... *Carm.*4.6.3
altas. altas maritat populos *Epod.*2.10
    agam per altas aure sublata nivis *Epod.*6.7
alte. puer alte cinctus acernam│gausape purpureo mensam pertersit . *Serm.*2.8.10
alter. nil obstet tibi, dum ne sit te ditior alter. *Serm.*1.1.40
    Antoni, non ut magis alter, amicus. *Serm.*1.5.33
    neque quis me sit devinctior alter. *Serm.*1.5.42
    ducendus et unus│et comes alter, ... *Serm.*1.6.102
    alter, . . . vegetus praescripta ad munia surgit. . . . *Serm.*2.2.80
    si vafer unus et alter│insidiatorem praeroso fugerit hamo, . . *Serm.*2.5.24
    alter│sublegit quodcumque iaceret inutile *Serm.*2.8.11
    cave ne portus occupet alter, ... *Epist.*1.6.32
    quidquid negat alter, et alter,│adnuimus pariter. . . . *Epist.*1.10.4
    alter purpureum non exspectabit amictum, ... *Epist.*1.17.27
    alter Mileti textam cane peius et angui│vitabit chlanidem, . . *Epist.*1.17.30
    clamat 'victum date.' succinit alter│'et mihi.' *Epist.*1.17.48
    alter in obsequium plus aequo pronus *Epist.*1.18.10
    alter rixatur, de lana saepe caprina, ... *Epist.*1.18.15
    Ennius, et sapiens et fortis et 'alter Homerus', ... *Epist.*2.1.50
    si versus paulo concinnior unus et alter, ... *Epist.*2.1.74
    quid dem? quid non dem? renuis quod tu, iubet alter; . . *Epist.*2.2.63
    ut alter│alterius sermone meros audiret honores, . . . *Epist.*2.2.87
    cur alter fratrum cessare et ludere et ungui│praeferat . . *Epist.*2.2.183
    alter│dives et inportunus ad umbram lucis ab ortu . . . *Epist.*2.2.184
    purpureus, late qui splendeat, unus et alter│adsuitur pannus, . *Ars Poet.*15
altera. te meae si partem animae rapit│maturior vis, quid moror altera, . *Carm.*2.17.6
    altera iam teritur bellis civilibus aetas, ... *Epod.*16.1
    altera, nil obstat: Cois tibi paene videre est│ut nudam, . . *Serm.*1.2.101
    lanea et effigies erat, altera cerea: *Serm.*1.8.30
    Hecaten vocat altera, ... *Serm.*1.8.33
    Hecaten vocat altera, saevam│altera Tesiphonen: . . . *Serm.*1.8.34
    sine nervis altera quidquid│conposui pars esse putat . . . *Serm.*2.1.2
    pretium aetas altera sordet.' *Epist.*1.18.18
    alterius sic│altera poscit opem res . . . . . . *Ars Poet.*411
altera. cervos uti vallis in altera│visum parte lupum . . . *Carm.*1.15.29
altera. mille talenta rotundentur, totidem altera. *Epist.*1.6.34
altera. permutet dominos et cedat in altera iura. *Epist.*2.2.174
alteram. sperat infestis, metuit secundis│alteram sortem . . *Carm.*2.10.14
altercandente. metuens induceris atque │ altercante [altercandente]
    libidinibus tremis ossa pavore. *var.Serm.*2.7.57
altercante. altercante libidinibus tremis ossa pavore. . . . *Serm.*2.7.57
alteris. alteris│te mensis adhibet deum; *Carm.*4.5.31
alterius. metuens alterius viri│certo foedere castitas, . . . *Carm.*3.24.22
    invidus alterius macrescit rebus opimis; *Epist.*1.2.57
    cui placet alterius, sua nimirum est odio sors. *Epist.*1.14.11
    ut alter│alterius sermone meros audiret honores, . . . *Epist.*2.2.88
    heres│heredem alterius velut unda supervenit undam, . . *Epist.*2.2.176
alterius. alterius sic│altera poscit opem res . . . . . *Ars Poet.*410
    alterius sic [?res]│altera poscit opem res et [?poscit opem sociam et]
    coniurat amice. . . . . *? var.Ars Poet.*410
alterna. quo pacto alterna loquentes│umbrae cum Sagana resonarint . *Serm.*1.8.40
    spondeos stabilis in iura paterna [alterna] recepit │ commodus et
    patiens, ... *var.Ars Poet.*256
alternante. metuens induceris atque│altercante [alternante] libidinibus
    tremis ossa pavore. *var.Serm.*2.7.57
alternis. alternis aptum sermonibus . . . . *Ars Poet.*81
alternis. versibus alternis opprobria rustica fudit *Epist.*2.1.146
    heres│heredem alterius [alternis] velut unda supervenit undam, . *coni.Epist.*2.2.176

alterno. iunctaeque Nymphis Gratiae decentes | alterno terram quatiunt
pede. *Carm.1.4.7*
altero. et Marte Poenos proteret altero; *Carm.3.5.34*
alterum. alterum et huic varum et nihilo sapientius . . . *Serm.2.3.56*
alterum. dices 'heu', quotiens te in speculo videris alterum, . . *Carm.4.10.6*
alterum. alterum in lustrum meliusque semper | prorogat aevom, . *Carm.Saec.67*
alterutrum. donec | alterutrum velox Victoria fronde coronet. . *Epist.1.18.64*
alti. aufert | Pacuvius docti famam senis, Accius alti, . . *Epist.2.1.56*
alti. ut unum | scilicet egregii mortalem altique silenti. . . *Serm.2.6.58*
altilium. nec somnum plebis laudo satur altilium . . . *Epist.1.7.35*
altior. Carthago, probrosis | altior Italiae ruinis.' . . . *Carm.3.5.40*
altis. altis urbibus ultimae | stetere causae, cur perirent . . *Carm.1.16.18*
altis. labuntur altis interim ripis aquae, ... *Epod.2.25*
quantus altis montibus | frangit trementis ilices; . . . *Epod.10.7*
montibus altis | levis crepante lympha desilit pede. . . *Epod.16.47*
voles modo altis desilire turribus, ... *Epod.17.70*
altius. regalique situ pyramidum altius, ... *Carm.3.30.2*
altius. altius ac nos | praecinctis unum: *Serm.1.5.5*
alto. reiecit alto dona nocentium | voltu, ... *Carm.4.9.42*
transnanto Tiberim, somno quibus est opus alto, . . *Serm.2.1.8*
ac venerata Ceres, ita culmo surgeret alto, . . . *Serm.2.2.124*
ab alto | demissum genus Aenea *Serm.2.5.62*
alto. et celer arto [alto] latitantem fruticeto excipere aprum. . *var.Carm.3.12.11*
Neptunus alto tundit hibernus salo. *Epod.17.55*
deos id | tristis ex alto caeli demittere tecto. . . . *Serm.1.5.103*
lupus hic Tiberinus an alto | captus hiet? . . . *Serm.2.2.31*
nec si te validus iactaverit Auster in alto, . . . *Epist.1.11.15*
dum tua navis in alto est, ... *Epist.1.18.87*
altos. omne cum Proteus pecus egit altos | visere montis, . . *Carm.1.2.7*
tendit, Antoni, quotiens in altos | nubium tractus: . . *Carm.4.2.26*
num illius, num rerum dura negarit | versiculos natura magis factos [altos]
et euntis | mollius *var.Serm.1.10.58*
altricis. nutricis [altricis] extra limina Pulliae . . . *var.Carm.3.4.10*
altum. vos Caesarem altum, . . . finire quaerentem labores . *Carm.3.4.37*
altum. exstructis in altum | divitiis potietur heres. . . . *Carm.2.3.19*
neque altum | semper urgendo *Carm.2.10.1*
iactis in altum molibus: *Carm.3.1.34*
altum Saganae caliendrum | excidere *Serm.1.8.48*
altus. latus [altus] ut in circo spatiere et aeneus ut stes, . . *coni.Serm.2.3.183*
aluere. imbres | quem super notas aluere ripas, . . . *Carm.4.2.6*
alumni. an custos famulusque dei Silenus alumni. . . *Ars Poet.239*
alumni. aut dulces alumni | pomifero grave tempus anno. . . *Carm.3.23.7*
alumnis. lenis incedas abeasque parvis | aequos alumnis, . *Carm.3.18.4*
alumno. nobilis ut grandi cecinit Centaurus alumno: . . *Epod.13.11*
quid voveat dulci nutricula maius alumno, . . . *Epist.1.4.8*
alveo. Tusco denatat alveo. *Carm.3.7.28*
nunc medio aequore [alveo] | cum pace delabentis Etruscum | in mare, *var.Carm.3.29.34*
alvo. infirmo capiti fluit utilis, utilis alvo. . . . *Epist.1.16.14*
alvo. ureret flammis, etiam latentem | matris in alvo, . . *Carm.4.6.20*
neu pransae Lamiae vivom puerum extrahat alvo. . . *Ars Poet.340*
alvos. si dura morabitur alvos, ... *Serm.2.4.27*
Alyattei. si Mygdoniis regnum Alyattei | campis continuem. . *coni.Carm.3.16.41*
amabam. olim nam quaerere amabam, ... *Serm.2.3.20*
amabile. tu frigus amabile | fessis vomere tauris | praebes . *Carm.3.13.10*
seu condis amabile carmen, ... *Epist.1.3.24*
amabilem. at non ter aevo functus amabilem | ploravit omnis Antilochum
senex | annos *Carm.2.9.13*
amabilem. te . . . qui semper vacuam, semper amabilem | sperat, . *Carm.1.5.10*
amabilis. bonus sane vicinus, amabilis hospes, . . . *Epist.2.2.132*
amabilis. auditis? an me ludit amabilis | insania? . . . *Carm.3.4.5*
amabilis. inter amabilis | vatum ponere me choros . . . *Carm.4.3.14*
amabiliter. libertasque recurrentis accepta per annos | lusit amabiliter, . *Epist.2.1.148*
amabitur. exstinctus amabitur idem. *Epist.2.1.14*
amabo. dulce ridentem Lalagen amabo, | dulce loquentem. . *Carm.1.22.23*
non . . . dominantia nomina solum | verbaque, Pisones, Satyrorum
scriptor amabo . . . . . . *Ars Poet.235*
amanda. modos, amanda | voce quos reddas: . . . *Carm.4.11.34*
amando. Sybarin cur properes amando | perdere, . . . *Carm.1.8.2*
amandus. quo sit amore parens, quo frater amandus et hospes, . *Ars Poet.313*

23

amant. quo pinus ingens albaque populus|umbram hospitalem consociare
    amant|ramis? *Carm.*2.3.10
    quod libelli Stoici inter Sericos|iacere pulvillos amant, ...   *Epod.*8.16
    denique non omnes eadem mirantur amantque. *Epist.*2.2.58
amantem. in quis amantem languor et silentium|arguit *Epod.*11.9
amanti. cum te formidet mulier neque credat amanti.   .   .   .   *Serm.*2.7.65
amantis. quo pacto partis tutetur amantis ephebi,   .   .   .   *Epist.*2.1.171
amantis. aut herba lapathi prata amantis *Epod.*2.57
amantium. nec tinctus viola pallor amantium *Carm.*3.10.14
amara. amara lento|temperet risu: *Carm.*2.16.26
    amaraque|curarum eluere efficax. *Carm.*4.12.19
amaras. amaras|porrecto iugulo historias captivos ut audit.   .   *Serm.*1.3.88
    erucas viridis, inulas ego primus amaras|monstravi incoquere;   .   *Serm.*2.8.51
amare. si puerilius his ratio esse evincet amare *Serm.*2.3.250
amares. quin sine rivali teque et tua solus amares.   .   .   .   *Ars Poet.*444
amari. pluribus hisce, . . . inclinet, amari|si volet: .   .   .   *Serm.*1.3.71
amari. confidens tumidus, adeo sermonis amari, ...   *Serm.*1.7.7
amaris. ac potius foliis parcus vescatur amaris; *Serm.*2.3.114
amarulenta. et amara lento [amarulenta]|temperet risu: .   .   *coni.Carm.*2.16.26
amas. 'si me amas,' inquit, 'paulum hic ades.' *Serm.*1.9.38
    amasque,|quod nusquam tibi sit potandum. *Serm.*2.7.31
amat. nec tibi somnos adimunt amatque|ianua limen,   .   .   .   *Carm.*1.25.3
    aurum . . . perrumpere amat saxa potentius|ictu fulmineo: .   .   *Carm.*3.16.10
    qui Musas amat imparis, ...   *Carm.*3.19.13
    hoc amat et laudat 'matronam nullam ego tango.'   .   .   .   *Serm.*1.2.54
    inportunus amat laudari: *Serm.*2.5.96
    mens . . . amat spatiis obstantia rumpere claustra.   .   .   .   *Epist.*1.14.9
    versus amat, hoc studet unum; *Epist.*2.1.120
    scriptorum chorus omnis amat nemus et fugit Vrbem,   .   .   *Epist.*2.2.77
    haec amat obscurum; volet haec sub luce videri,   .   .   .   *Ars Poet.*363
amata. amata nautis multum et institoribus. *Epod.*17.20
amata. sublimis cupidusque et amata relinquere pernix.   .   .   *Ars Poet.*165
amati. frangere enitar modo multum amati|cornua monstri.   .   *Carm.*3.27.47
amator. Faune, Nympharum fugientum amator, ...   *Carm.*3.18.1
    ut quondam Marsaeus, amator Originis ille, ...   *Serm.*1.2.55
    amator|exclusus qui distat, ...   *Serm.*2.3.259
    vinosus, amator — |nemo adeo ferus est, ...   *Epist.*1.1.38
    scis|in breve te cogi, cum plenus languet amator.   .   .   .   *Epist.*1.20.8
amatorem. amatorem trecentae|Pirithoum cohibent catenae.   .   *Carm.*3.4.79
    amatorem quod amicae|turpia decipiunt caecum vitia   .   .   *Serm.*1.3.38
    urbis amatorem Fuscum salvere iubemus|ruris amatores,   .   *Epist.*1.10.1
amatores. urbis amatorem Fuscum salvere iubemus|ruris amatores,   *Epist.*1.10.2
amavit. marmoris aut eboris fabros aut aeris amavit,   .   .   .   *Epist.*2.1.96
Amazonia. Amazonia securi|dextras obarmet, ...   *Carm.*4.4.20
ambagibus. 'quando pauperiem missis ambagibus horres,   .   .   *Serm.*2.5.9
    ne te longis ambagibus ultra|quam satis est morer: .   .   *Epist.*1.7.82
ambas. merito quin illis Iuppiter ambas|iratus buccas inflet   .   *Serm.*1.1.20
ambiat. ut nec|frigidior Thraecam nec purior ambiat Hebrus,   .   *Epist.*1.16.13
ambigibus. ne te longis ambagibus [ambigibus] ultra|quam satis est morer: *var.Epist.*1.7.82
ambigitur. ambigitur quid enim? Castor sciat an Docilis plus;   .   *Epist.*1.18.19
    ambigitur quotiens, uter utro sit prior, ...   *Epist.*2.1.55
ambiguam. ambiguam tellure nova Salamina futuram.   .   .   .   *Carm.*1.7.29
ambigue. arguet ambigue dictum, mutanda notabit,   .   .   .   *Ars Poet.*449
ambiguo. solutis|crinibus ambiguoque voltu. *Carm.*2.5.24
    'tene magis salvom populus velit an populum tu,|servet in ambiguo   *Epist.*1.16.28
ambiguus. ne te longis ambagibus [ambiguus] ultra|quam satis est morer: *var.Epist.*1.7.82
ambire. grammaticas ambire tribus et pulpita dignor: .   .   .   *Epist.*1.19.40
ambit. te pauper ambit sollicita prece|ruris colonus,   .   .   .   *Carm.*1.35.5
ambitio. nec mala me ambitio perdit nec plumbeus auster   .   .   *Serm.*2.6.18
ambitione. aut ob avaritiam aut misera ambitione laborat.   .   .   *Serm.*1.4.26
    praesertim cautum dignos adsumere, prava|ambitione procul.   .   *Serm.*1.6.52
    haec est|vita solutorum misera ambitione gravique;   .   .   *Serm.*1.6.129
    ambitione relegata te dicere possum, ...   *Serm.*1.10.84
    ambitione mala aut argenti pallet amore, ...   *Serm.*2.3.78
    caret tibi pectus inani|ambitione? *Epist.*2.2.207
ambitiosa. ambitiosa recidet|ornamenta, ...   *Ars.Poet.*447
ambitiosior. lascivis hederis ambitiosior. *Carm.*1.36.20
ambitiosus. verum ambitiosus et audax: *Serm.*2.3.165
ambitus. properantis aquae per amoenos ambitus agros . . . describitur .   *Ars Poet.*17

ambo. inde|ambo propositum peragunt iter, ...   *Serm.*2.6.99
ambo. iure|iurando obstringam ambo: *Serm.*2.3 180
  estne marito|matronae peccantis in ambo iusta potestas, .   .   *Serm.*2.7.62
ambos. estne marito|matronae peccantis in ambo [ambos] iusta potestas,|
  in corruptorem vel iustior? *var.Serm.*2.7.62
ambubaiarum. ambubaiarum collegia, pharmacopolae,|mendici, mimae,
  balatrones, ...   *Serm.*1.2.1
ambulat. solutus ambulat veneficae|scientioris carmine. .   .   *Epod.*5.71
  Maltinus tunicis demissis ambulat; *Serm.*1.2.25
  Sulcius acer|ambulat et Caprius, rauci male cumque libellis, .   .   *Serm.*1.4.66
ambules. licet superbus ambules pecunia, ...   *Epod.*4.5
ambulet. marita, quae rotundioribus|onusta bacis ambulet. .   .   *Epod.*8.14
  ambulet ante|noctem cum facibus.' *Serm.*1.4.51
ambustum. capsis quem fama est esse librisque|ambustum propriis. .   *Serm.*1.10.64
ambustus. terret ambustus Phaethon avaras|spes *Carm.*4.11.25
amem. tecum vivere amem, tecum obeam lubens.' .   .   .   *Carm.*3.9.24
  Romae Tibur amem, ventosus Tibure Romam. *Epist.*1.8.12
amens. delirus et amens|undique dicatur merito. *Serm.*2.3.107
  infectum volet esse, dolor quod suaserit et mens [amens], .   .   *var.Epist.*1.2.60
amentia. siquem delectet barbatum: amentia verset. .   .   .   *Serm.*2.3.249
ames. hic ames dici pater atque princeps *Carm.*1.2.50
amet. ametque salsa levis hircus aequora.' *Epod.*16.34
  e quibus unus avet [amet] quavis aspergere cunctos|praeter eum qui
  praebet aquam; *var.Serm.*1.4.87
  amet scripsisse ducentos|ante cibum versus, ...   *Serm.*1.10.60
  siquis lectica nitidam gestare amet agnam, ...   *Serm.*2.3.214
  mea cur ingratus opuscula lector|laudet ametque domi, .   .   *Epist.*1.19.36
  hoc amet, hoc spernat promissi carminis auctor. .   .   .   *Ars Poet.*45
  et regat iratos et amet pacare timentis; .   .   .   .   .   *Ars Poet.*197
amica. dum mihi|fias recantatis amica|opprobriis .   .   .   *Carm.*1.16.27
  clamet amica,|mater, honesta soror cum cognatis, pater, uxor: .   *Serm.*2.3.57
  ut nox longa quibus mentitur amica *Epist.*1.1.20
amica. divitum mensis et amica templis, ...   *Carm.*3.11.6
  amica vis pastoribus, ...   *Epod.*6.6
  clamet amica,|mater, [clamet amica|mater,] honesta soror cum cognatis,
  pater, uxor: *var.Serm.*2.3.57
  vixisset canis inmundus vel amica luto sus. *Epist.*1.2.26
amica. quod meretrice nepos insanus amica|filius uxorem . . . recuset, *Serm.*1.4.49
  pomisne et pratis an amicta [amica] vitibus ulmo: .   .   .   *var.Epist.*1.16.3
amicae. amatorem quod amicae|turpia decipiunt caecum vitia .   .   *Serm.*1.3.38
amicae. quod me Lucanae iuvenem commendet amicae); .   .   *Epist.*1.15.21
amicam. absentem ut cantat amicam|multa prolutus vappa nauta .   *Serm.*1.5.15
amicas. votis puerorum amicas|adplicat auris: *Carm.Saec.*71
amice. angustam amice pauperiem pati *Carm.*3.2.1
  ille bonis faveatque et consilietur amice .   .   .   .   .   *Ars Poet.*196
  alterius sic|altera poscit opem res et coniurat amice. .   .   .   *Ars Poet.*411
amice. amice Valgi, stat glacies iners *Carm.*2.9.5
  non, . . . amice, places inlacrimabilem | Plutona tauris, .   .   *Carm.*2.14.6
  ibis Liburnis inter alta navium,|amice, propugnacula, .   .   .   *Epod.*1.2
  rapiamus, amici [amice],|occasionem de die *coni.Epod.*13.3
  "amice,|praerupti nemoris patientem vivere dorso? .   .   .   *Serm.*2.6.90
  te, dulcis amice, reviset|cum Zephyris, ...   *Epist.*1.7.12
  quid sentire putas, quid credis, amice, precari? .   .   .   *Epist.*1.18.106
  Flore, bono claroque fidelis amice Neroni, ...   *Epist.*2.2.1
amici. sume, Maecenas, cyathos amici|sospitis centum .   .   *Carm.*3.8.13
  amatorem quod amicae [amici]|turpia decipiunt caecum vitia .   *var.Serm.*1.3.38
  sic nos debemus amici|siquod sit vitium non fastidire: .   .   *Serm.*1.3.43
  de te pendentis, te respicientis amici? *Epist.*1.1.105
  munere cum fungi propioris censet amici: *Epist.*1.9.5
  quodsi|depositum laudas ob amici iussa pudorem, .   .   .   *Epist.*1.9.12
  tu cede potentis amici|lenibus imperiis, ...   *Epist.*1.18.44
  intra marmoreum venerandi limen amici, ...   *Epist.*1.18.73
  dulcis inexpertis cultura potentis amici, ...   *Epist.*1.18.86
amici. ibi tu calentem|debita sparges lacrima favillam|vatis amici. .   *Carm.*2.6.24
  quid plausus et amici dona Quiritis, ...   *Epist.*1.6.7
amici. diffugiunt cadis|cum faece siccatis amici, .   .   .   *Carm.*1.35.27
  mihi dulces|ignoscent, siquid peccaro stultus, amici .   .   *Serm.*1.3.140
amici. angustam amice [amici] pauperiem pati|robustus acri militia puer|
  condiscat *var.Carm.*3.2.1

rapiamus, amici,│occasionem de die Epod.13.3
'pol, me occidistis, amici,│non servastis' Epist.2.2.138
spectatum admissi risum teneatis, amici? . . . . Ars Poet.5
amici. ille bonis faveatque et consilietur amice [amici]│et regat iratos . var.Ars Poet.196
amicior. Iuno et deorum quisquis amicior│Afris . . . Carm.2.1.25
amicis. mox etiam pectus praeceptis format amicis, . . Epist.2.1.128
ille bonis faveatque et consilietur amice [amicis]│et regat iratos . var.Ars Poet.196
etiam stillabit amicis│ex oculis rorem, ... Ars Poet.429
amicis. sic nos debemus amici [amicis]│siquod sit vitium non fastidire: . var.Serm.1.3.43
concinnus amicis│postulat ut videatur; Serm.1.3.50
nec recito cuiquam nisi amicis idque coactus, . . . Serm.1.4.73
sic dulcis amicis│occurram. Serm.1.4.135
(ut me collaudem), si et vivo carus amicis: . . . Serm.1.6.70
scilicet uni aequos virtuti atque eius amicis. . . . Serm.2.1.70
"ut patiens, ut amicis aptus, ut acer?" Serm.2.5.43
fidis offendar medicis, irascar amicis, ... Epist.1.8.9
ignoscis amicis? Epist.2.2.210
qui didicit, patriae quid debeat et quid amicis, . . Ars Poet.312
amicis. non ille pro caris amicis│aut patria timidus perire. . Carm.4.9.51
flentibus hinc Varius discedit maestus amicis. . . Serm.1.5.93
amicitia. vellem in amicitia sic erraremus Serm.1.3.41
an sit amicitia dignus; . . . . Ars Poet.436
amicitiam. si peteret per amicitiam patris atque suam, . Serm.1.3.5
'docte Cati, per amicitiam divosque rogatus . . . Serm.2.4.88
amicitias. gravisque│principum amicitias et arma . . Carm.2.1.4
quidve ad amicitias, usus rectumne, trahat nos . . Serm.2.6.75
quaerit opes et amicitias, inservit honori, . . . Ars Poet.167
amicitur. piper et quidquid chartis amicitur ineptis. . . Epist.2.1.270
amico. amico│quae dederis animo. Carm.4.7.19
amico. mercatus aravit, dives amico│Hercule!', . . Serm.2.6.12
amico. inopi dare nolit amico, ... Serm.1.2.5
dummodo risum│excutiat sibi non, non cuiquam parcet amico . Serm.1.4.35
nil ego contulerim iucundo sanus amico . . . Serm.1.5.44
'haec mihi Stertinius, sapientum octavos, amico│arma dedit, . Serm.2.3.296
amico. recepto│dulce mihi furere est amico. . . . Carm.2.7.28
'me Capitolinus convictore usus amicoque│a puero est . Serm.1.4.96
amicorum. unde expedire non amicorum queant│libera consilia . Epod.11.25
cur in amicorum vitiis tam cernis acutum . . . Serm.1.3.26
iubesque│esse in amicorum numero. Serm.1.6.62
vilis amicorum est annona, bonis ubi quid deest. . . Epist.1.12.24
unum│siquis amicorum est ausus reprehendere versum; . Epist.2.1.222
amicos. ferebar incerto pede│ad non amicos heu mihi postis . Epod.11.21
amicos. sic tristis adfatus amicos: Carm.1.7.24
interque maerentis amicos Carm.3.5.47
non aliter tamen│dimovit obstantis propinquos [amicos] . var.Carm.3.5.51
an si cognatos, . . . retinere velis servareque amicos . Serm.1.1.89
inter amicos│ut numquam inducant animum cantare rogati, . Serm.1.3.1
haec res et iungit, iunctos et servat amicos. . . Serm.1.3.54
aversos soliti conponere amicos. Serm.1.5.29
doctos ego quos et amicos│prudens praetereo, . . Serm.1.10.87
ne fidos inter amicos│sit Epist.1.5.24
fidemque et amicos . . . regina Pecunia donat . . Epist.1.6.36
reges et regum vita praecurrere amicos. . . . Epist.1.10.33
amicta. opulentet . . . pratis an amicta vitibus ulmo: . Epist.1.16.3
amicta. reliquit ossa pelle amicta lurida, ... Epod.17.22
amictum. alter purpureum non exspectabit amictum, . . Epist.1.17.27
amictus. nube candentis umeros amictus│augur Apollo; . Carm.1.2.31
et amicus [amictus] Aulon│fertili Baccho minimum Falernis│invidet
uvis; coni.Carm.2.6.18
et verecundus color│reliquit ossa pelle amicta [amictus] lurida, . var.Epod.17.22
amiculus. disce, docendus adhuc quae censet amiculus, . Epist.1.17.3
amicum. nec dis amicum est nec mihi te prius│obire, . Carm.2.17.2
nec sidus atra nocte amicum adpareat, . . . Epod.10.9
Davos, amicum│mancipium domino Serm.2.7.2
amicum. vestris amicum fontibus et choris . . . Carm.3.4.25
amicum│tempus agens abeunte curru. . . . Carm.3.6.43
'ego dis amicum . . . reddidi carmen, . . . Carm.4.6.41
amicum. nec potentem amicum│largiora flagito, . . Carm.2.18.12
qui ne tuberibus propriis offendat amicum│postulat, . Serm.1.3.73

'absentem qui rodit, amicum | qui non defendit alio culpante, . . . *Serm.*1.4.81
ita te quoque amicum, ... *Serm.*1.6.50
casu quod te sortitus amicum: *Serm.*1.6.53
'si bene me novi, non Viscum pluris amicum, ... *Serm.*1.9.22
"tibi me virtus tua fecit amicum. *Serm.*2.5.33
veterem vetus hospes amicum, ... *Serm.*2.6.81
ni sapiens sic Nomentanus amicum | tolleret: *Serm.*2.8.60
metues, liberrime Lolli, | scurrantis speciem praebere, professus amicum. *Epist.*1.18.2
quid minuat curas, quid te tibi reddat amicum, . . . *Epist.*1.18.101
mirabor, si sciet inter- | noscere mendacem verumque beatus amicum. *Ars Poet.*425
'cur ego amicum | offendam in nugis?' . . . . . . *Ars Poet.*450
amicus. Musis amicus tristitiam et metus | tradam . . . ventis . *Carm.*1.26.1
amicus Aulon | fertili Baccho *Carm.*2.6.18
refertque tenta grex amicus ubera *Epod.*16.50
vix credere possis, | quam sibi non sit amicus, . . . *Serm.*1.2.20
at est bonus, ut melior vir | non alius quisquam, at tibi amicus, . *Serm.*1.3.33
amicus. quae detraxerat | servis amicus perfidis. . . . *Epod.*9.10
amicus dulcis, ut aequom est, | cum mea conpensat vitiis bona, . *Serm.*1.3.69
paulum deliquit amicus, | quod nisi concedas, habeare insuavis: . *Serm.*1.3.84
minus hoc iucundus amicus | sit mihi? *Serm.*1.3.93
longa aetas, liber amicus, | consilium proprium: . . . *Serm.*1.4.132
Antoni, non ut magis alter, amicus. *Serm.*1.5.33
maiorum nequis amicus | frigore te feriat.' *Serm.*2.1.61
infido scurrae distabit amicus. *Epist.*1.18.4
quem paupertatis pudor et fuga, dives amicus, . . . odit . *Epist.*1.18.24
amissas. quibus amissas reparare queam res | artibus atque modis. . *Serm.*2.5.2
amisso. sed tamen amoto [amisso] quaeramus seria ludo): . *var.Serm.*1.1.27
amissos. neque amissos colores | lana refert *Carm.*3.5.27
amite. aut amite levi rara tendit retia *Epod.*2.33
amittit. neque vitam amittit in undis. *Serm.*1.1.60
amne. Phoebe, qui Xantho lavis amne crinis *Carm.*4.6.26
amnem. et Scythicum inviolatus amnem. *Carm.*3.4.36
amni. vemens et liquidus puroque simillimus amni . . . *Epist.*2.2.120
amni. quale fuit Cassi rapido ferventius amni | ingenium, . . *Serm.*1.10.62
amnis. vagus et sinistra | labitur ripa Iove non probante u- | xorius amnis. . *Carm.*1.2.20
quae Liris quieta | mordet aqua taciturnus amnis. . . . *Carm.*1.31.8
monte decurrens velut amnis, ... *Carm.*4.2.5
rusticus exspectat, dum defluat amnis; *Epist.*1.2.42
seu cursum mutavit iniquom frugibus amnis | doctus iter melius: . *Ars Poet.*67
amnis. pontisne inter iactatus an amnis | ostia sub Tusci? . . *Serm.*2.2.32
amnis. tu flectis amnis, tu mare barbarum, ... *Carm.*2.19.17
cum fera diluvies quietos | irritat amnis. *Carm.*3.29.41
amo. non ego: namque parabilem amo venerem facilemque. . *Serm.*1.2.119
amoena. amoena vocat mecum qui sentit, ... *Epist.*1.14.20
amoenae. nimium brevis | flores amoenae ferre iube rosae, . . *Carm.*2.3.14
amoenae. amoenae | quos et aquae subeunt et aurae. . . *Carm.*3.4.7
hae latebrae dulces et, iam si credis, amoenae . . . *Epist.*1.16.15
amoeni. ego laudo ruris amoeni | rivos *Epist.*1.10.6
amoenis. 'nullus in orbe sinus Bais praelucet amoenis' . . *Epist.*1.1.83
amoenos. properantis aquae per amoenos ambitus agros . . *Ars Poet.*17
amoenum. velox amoenum saepe Lucretilem | mutat Lycaeo Faunus . *Carm.*1.17.1
Brundisium comes aut Surrentum ductus amoenum . . *Epist.*1.17.52
Amor. quae subsequitur caecus Amor sui *Carm.*1.18.14
amor. suprema citius solvet amor die. *Carm.*1.13.20
cum tibi flagrans amor et libido, ... *Carm.*1.25.13
insignem tenui fronte Lycorida | Cyri torret amor, . . *Carm.*1.33.6
ne sit ancillae tibi amor pudori, ... *Carm.*2.4.1
illam cogit amor Nothi *Carm.*3.15.11
me lentus Glycerae torret amor meae. *Carm.*3.19.28
egit amor dapis atque pugnae; *Carm.*4.4.12
spirat adhuc amor *Carm.*4.9.10
quis non malarum quas amor curas habet *Epod.*2.37
amor Lycisci me tenet; *Epod.*11.24
novaque monstra iunxerit libidine | mirus amor, . . . *Epod.*16.31
cantat et adponit 'meus est amor huic similis: . . . *Serm.*1.2.107
stultus et inprobus hic amor est dignusque notari. . . *Serm.*1.3.24
aut si tantus amor scribendi te rapit, ... *Serm.*2.1.10
hunc amor, ira quidem communiter urit utrumque. . . *Epist.*1.2.13
amore. ingenuoque semper | amore peccas. *Carm.*1.27.17

quam non amore sic meo flagres *Epod.*5.81
amore percussum gravi, ... *Epod.*11.2
amore, qui me praeter omnis expetit *Epod.*11.3
a turpi meretricis amore | cum deterreret: *Serm.*1.4.111
ambitione mala aut argenti pallet amore, ... *Serm.*2.3.78
nequitia et nugis, pravorum et amore gemellum, . . . *Serm.*2.3.244
an meretricis amore | sollicitus plores: *Serm.*2.3.252
in amore haec sunt mala, ... *Serm.*2.3.267
laudis amore tumes: *Epist.*1.1.36
invidia vel amore vigil torquebere. *Epist.*1.2.37
si, . . . sine amore iocisque | nil est iucundum, . . . *Epist.*1.6.65
vivas in amore iocisque. *Epist.*1.6.66
inmoritur studiis et amore senescit habendi. *Epist.*1.7.85
oderunt peccare boni virtutis amore: *Epist.*1.16.52
quo sit amore parens, quo frater amandus et hospes, . . *Ars Poet.*313
amorem. qui persaepe cava testudine flevit amorem . . . *Epod.*14.11
fore hunc amorem mutuom, ... *Epod.*15.10
si nemo praestet, quem non merearis, amorem? . . . *Serm.*1.1.87
lacus et mare sentit amorem | festinantis eri; *Epist.*1.1.84
qua Paridis propter narratur amorem | Graecia barbariae lento collisa
duello *Epist.*1.2.6
fiet homo et ponet famosae mortis amorem. . . . . *Ars Poet.*469
amores. nec tibi vespero | surgente decedunt amores . . . *Carm.*2.9.11
amores. nec dulcis amores | sperne puer *Carm.*1.9.15
pellente lascivos amores *Carm.*2.11.7
incestos amores | de tenero meditatur ungui. *Carm.*3.6.23
seu rixam et insanos amores *Carm.*3.21.3
quae spirabat amores, ... *Carm.*4.13.19
heu heu, translatos alio maerebis amores, ... *Epod.*15.23
amori. miserarum est neque amori dare ludum *Carm.*3.12.1
amoribus. finitis animum reddere amoribus. *Carm.*1.19.4
bene mutuis | fidum pectus amoribus; *Carm.*2.12.16
amoribus. hic nuptarum insanit amoribus, hic puerorum; . *Serm.*1.4.27
amoris. amoris esset poculum. *Epod.*5.38
amorum. age iam, meorum | finis amorum, ... *Carm.*4.11.32
amotas. boves olim nisi reddidisses | per dolum amotas, . . *Carm.*1.10.10
amoto. sed tamen amoto quaeramus seria ludo): . . . *Serm.*1.1.27
Amphion. te docilis magistro | movit Amphion lapides canendo, . . *Carm.*3.11.2
fraternis cessisse putatur | moribus Amphion: . . . *Epist.*1.18.44
Amphion, Thebanae conditor urbis, | saxa movere . . *Ars Poet.*394
Amphionis. gratia sic fratrum geminorum, Amphionis atque | Zethi, dissiluit, *Epist.*1.18.41
amphora. amphora coepit | institui: currente rota cur urceus exit? . . *Ars Poet.*21
amphora. nec Laestrygonia Bacchus in amphora | languescit mihi . . *Carm.*3.16.34
amphorae. neu promptae modus amphorae *Carm.*1.36.11
amphorae fumum bibere institutae | consule Tullo. . . *Carm.*3.8.11
amphoram. deripere horreo | cessantem Bibuli consulis amphoram. . . *Carm.*3.28.8
amphoris. aut pressa puris mella condit amphoris . . . *Epod.*2.15
ampla. nil melius turdo, nil volva pulchrius ampla.' . . . *Epist.*1.15.43
amplas. divitiasque habeo tribus amplas regibus.' . . . *Serm.*2.2.101
amplecti. coepit . . . urbis | latior amplecti murus . . . *Ars Poet.*209
amplectitur. verum hoc se amplectitur uno, ... *Serm.*1.2.53
ampli. hoc opus, hoc studium parvi properemus et ampli, . . *Epist.*1.3.28
amplicet. nequid | summa deperdat metuens aut ampliet [amplicet] ut rem, *var.Serm.*1.4.32
ampliet. nequid | summa deperdat metuens aut ampliet ut rem, . . *Serm.*1.4.32
amplis. et vixisse probos, amplis et honoribus auctos; . . *Serm.*1.6.11
amplius. felices ter et amplius *Carm.*1.13.17
quid amplius vis? *Epod.*17.30
ut tibi si sit opus liquidi non amplius urna *Serm.*1.1.54
verbum non amplius addam. *Serm.*1.1.121
nil amplius oro, | Maia nate, ... *Serm.*2.6.4
quod satis est cui contingit, nihil amplius optet. . . *Epist.*1.2.46
amplum. ter amplum | Geryonen Tityonque *Carm.*2.14.7
ampullas. uterque | proicit ampullas et sesquipedalia verba, . . *Ars Poet.*97
ampullatur. an tragica desaevit et ampullatur in arte? . . . *Epist.*1.3.14
amputans. inutilisque falce ramos amputans *Epod.*2.13
Amyntas. cum mihi Cous adesset Amyntas, ... *Epod.*12.18
amystide. Bassum Threicia vincat amystide *Epod.*1.36.14
an. *Carm.*1.12.33; 1.12.34; 1.12.35; *var.Carm.*1.12.35; *Carm.*2.3.22; 2.4.13; 3.4.5; 3.20.8; 3.27.39;
    *Carm.*3.27.43; 4.7.17; *Epod.*1.9; 3.7; 6.15; 7.13; 7.14; 12.5; 16.23; 17.76; *Serm.*1.1.50;

Serm.1.1.76; 1.1.88; var.Serm.1.1.101; Serm.1.2.59; 1.2.103; 1.3.22; 1.4.124; 1.9.41;
Serm.1.10.25; 1.10.74; 2.1.34; 2.2.31; 2.2.32; 2.2.110; 2.3.67; 2.3.83; 2.3.134; 2.3.157;
Serm.2.3.167; 2.3.210; 2.3.246; var.Serm.2.3.246; Serm.2.3.252; 2.3.260; 2.3.263; 2.3.278;
Serm.2.3.312; 2.4.10; 2.5.58; 2.6.56; 2.6.74; 2.7.59; 2.7.109; Epist.1.1.62; 1.1.68; 1.3.4;
Epist.1.3.5; 1.3.14; 1.3.31; 1.4.4; 1.6.12; 1.11.5; 1.11.6; 1.12.20; 1.14.4; 1.14.5; 1.16.2;
Epist. 1.16.3; var.Epist.1.16.3; Epist.1.16.27; 1.17.45; 1.18.19; 1.18.20; var.Epist.1.18.102;
Epist.1.18.103; 2.1.37; 2.1.42; 2.1.176; 2.2.166; 2.2.195; 2.2.200; Ars Poet.114; 115;
Ars Poet.116; 118 (bis); var.Ars Poet.237; Ars Poet.239; 265; 330; 408; 436; 462; 471

Anacreon. nec siquid olim lusit Anacreon│delevit aetas; *Carm.4.9.9*
Anacreonta. non aliter Samio dicunt arsisse Bathyllo│Anacreonta Teium, *Epod.14.10*
anceps. sequor hunc, Lucanus an Apulus anceps: *Serm.2.1.34*
anceps. ius anceps novi, causas defendere possum; *Serm.2.5.34*
Anchisae. clarus Anchisae Venerisque sanguis│inpetret, . . . *Carm.Saec.50*
Anchisen. Anchisen et almae│progeniem Veneris canemus. . . . *Carm.4.15.31*
anciliorum. anciliorum et nominis et togae│oblitus *Carm.3.5.10*
ancilla. si│ancilla aut verna est praesto puer, ... *Serm.1.2.117*
   non ancilla tuom iecur ulceret ulla puerve *Epist.1.18.72*
ancilla. quid inter-│est in matrona, ancilla peccesne togata? . . *Serm.1.2.63*
ancillae. ne sit ancillae tibi amor pudori, ... *Carm.2.4.1*
ancillas. paret ancillas, paret aurum, ... *Serm.2.3.215*
Ancus. quo pius Aeneas, quo Tullus dives et Ancus, . . . *Carm.4.7.15*
   ire tamen restat, Numa quo devenit et Ancus. . . . *Epist.1.6.27*
Andromedae. occultum Andromedae pater│ostendit ignem, . . *Carm.3.29.17*
anellis. saepe notatus│cum tribus anellis, ... *Serm.2.7.9*
Anerio. scribe decem a Nerio [Anerio]: non est satis; . . . *var.Serm.2.3.69*
angat. ne dominus . . . munere te parvo beet aut incommodus angat. . *Epist.1.18.75*
angiportu. flebis in solo levis angiportu *Carm.1.25.10*
angit. hac urget lupus, hac canis, aiunt [angit]. . . . *var.Serm.2.2.64*
   pudor" inquit "te malus angit, ... *Serm.2.3.39*
   meum qui pectus inaniter angit, ... *Epist.2.1.211*
   aut ad humum maerore gravi deducit et angit; . . . *Ars Poet.110*
angue. alter Mileti textam cane peius et angui [angue]│vitabit chlanidem, *var.Epist.1.17.30*
anguem. aut in avem Procne vertatur, Cadmus in anguem. . . *Ars Poet.187*
angues. intorti capillis│Eumenidum recreantur angues? . . *Carm.2.13.36*
   furiale centum│muniant angues caput eius . . . *Carm.3.11.18*
angui. alter Mileti textam cane peius et angui│vitabit chlanidem, . *Epist.1.17.30*
anguibus. nec Mauris animum mitior anguibus: . . . *Carm.3.10.18*
angulo. intumo│gratus puellae risus ab angulo . . . *Carm.1.9.22*
angulus. ille terrarum mihi praeter omnis│angulus ridet, . . *Carm.2.6.14*
   'o si angulus ille│proximus accedat, qui nunc denormat agellum!' . *Serm.2.6.8*
   angulus iste feret piper et tus ocius uva . . . *Epist.1.14.23*
angusta. reddes│forte latus, nigros angusta fronte capillos, . . *Epist.1.7.26*
angustam. angustam amice pauperiem pati *Carm.3.2.1*
   forte per angustam tenuis volpecula rimam│repserat . . *Epist.1.7.29*
angustis. rebus angustis animosus atque│fortis adpare: . . *Carm.2.10.21*
   huc prius angustis eiecta cadavera cellis . . . *Serm.1.8.8*
angusto. angustoque vagos piscis urgere catino. . . . *Serm.2.4.77*
anhelitu. sublimi fugies mollis anhelitu, ... *Carm.1.15.31*
Anici. rapiamus, amici [Anici],│occasionem de die . . . *coni.Epod.13.3*
anicla. clamet amica, [anicla] │ mater, honesta soror cum cognatis, pater,
   uxor: *coni.Serm.2.3.57*
anilis. Cervius haec inter vicinus garrit anilis│ex re fabellas. . . *Serm.2.6.77*
animae. et serves animae dimidium meae. *Carm.1.3.8*
   animaeque magnae│prodigum Paulum superante Poeno . . . *Carm.1.12.37*
   a, te meae si partem animae rapit│maturior vis, . . . *Carm.2.17.5*
animae. si parcent animae fata superstiti.' *Carm.3.9.12*
animae. inpellunt animae lintea Thraciae, ... *Carm.4.12.2*
   animae qualis neque candidiores│terra tulit . . . *Serm.1.5.41*
animalia. cum prorepserunt primis animalia terris, . . . *Serm.1.3.99*
animantem. hic stilus haud petet ultro│quemquam animantem . . *Serm.2.1.40*
animas. tu pias laetis animas reponis│sedibus . . . *Carm.1.10.17*
   tu pias laetis animas [animas laetis] reponis│sedibus . . *var.Carm.1.10.17*
   manis elicerent animas responsa daturas. . . . *Serm.1.8.29*
   terrestria quando│mortalis animas vivont sortita . . . *Serm.2.6.94*
animi. notus in fratres animi paterni: *Carm.2.2.6*
   iam nec spes animi credula mutui *Carm.4.1.30*
   sordidus atque animi quod parvi nolit haberi,│respondet. . *Serm.1.2.10*
   inopis me quodque pusilli│finxerunt animi, . . . *Serm.1.4.18*
   rectum animi servas cursum ? *Serm.2.3.201*

integer est animi? ne dixeris. *Serm.*2.3.220
quo me│aegrotare putes animi vitio.' *Serm.*2.3.307
quanto devites animi capitisque labore *Epist.*1.1.44
post effert animi motus interprete lingua.   .   .   .   .   *Ars Poet.*111
animi.   quam per vatis opus mores animique virorum│clarorum adparent.   *Epist.*2.1.249
sectantem levia nervi│deficiunt animique;   .   .   .   .   .   .   *Ars Poet.*27
ut cito dicta│percipiant animi dociles teneantque fideles;   .   .   *Ars Poet.*336
numquam te fallent animi sub volpe latentes.   .   .   .   .   .   *Ars Poet.*437
animis.   vel cur his animis incolumes non redeunt genae?'   .   .   *Carm.*4.10.8
sollicitis animis onus eximit, addocet artis. *Epist.*1.5.18
sic animis natum inventumque poema iuvandis, ...   *Ars Poet.*377
animis.   at cetera paene gemelli│fraternis animis: *Epist.*1.10.4
ut parvis animis et parvo corpore maius; *Epist.*1.17.40
aequis accipiunt animis donantve corona.   .   .   .   .   .   .   *Ars Poet.*250
animo.   spinas animone ego fortius an tu│evellas agro,   .   .   .   *Epist.*1.14.4
animo.   animoque rotundum│percurisse polum morituro.   .   .   .   *Carm.*1.28.5
idem odere viris│omne nefas animo moventis. *Carm.*3.4.68
nec Mauris animum [animo] mitior anguibus: *var.Carm.*3.10.18
amico│quae dederis animo. *Carm.*4.7.20
quod vitium procul afore chartis│atque animo prius, ...   *Serm.*1.4.102
quod vitium procul afore chartis│atque animo prius, ut siquid [animo,
  prius ut, siquid] promittere de me│possum aliud vere, promitto.   *coni.Serm.*1.4.102
cenantis haud animo aequo│exspectans comites. *Serm.*1.5.8
quidquid vita meliore parasti│ponendum aequo animo.'   .   .   .   *Serm.*2.3.16
stas animo et purum est vitio tibi, cum tumidum est cor?'   .   .   *Serm.*2.3.213
deduxit . . . non animo curas; *Epist.*1.2.49
si, . . . defixis oculis animoque et corpore torpet? *Epist.*1.6.14
faciunt prope plura dolentibus ex animo, ...   *Ars Poet.*432
animos.   inpares│formas atque animos sub iuga aenea│saevo mittere   .   *Carm.*1.33.11
lenit albescens animos capillus *Carm.*3.14.25
sic teneros animos aliena opprobria saepe│absterrent vitiis.   .   .   *Serm.*1.4.128
carminibus quae versant atque venenis│humanos animos.   .   .   *Serm.*1.8.20
numeros animosque secutus│Archilochi, ...   *Epist.*1.19.24
segnius irritant animos demissa per aurem   .   .   .   .   .   .   *Ars Poet.*180
haec animos aerugo et cura peculi│cum semel imbuerit,   .   .   .   *Ars Poet.*330
mares animos in Martia bella│versibus exacuit;   .   .   .   .   .   *Ars Poet.*402
animosum.   aut versis animosum equis│Parthum dicere   .   .   .   *Carm.*1.19.11
inter│Hectora Priamiden, animosum atque inter Achillem│ira fuit   .   *Serm.*1.7.12
animosus.   rebus angustis animosus atque│fortis adpare: .   .   .   *Carm.*2.10.21
non sine dis animosus infans. *Carm.*3.4.20
animum.   fias recantatis amica│opprobriis animumque reddas.   .   .   *Carm.*1.16.28
finitis animum reddere amoribus. *Carm.*1.19.4
cuncta terrarum subacta│praeter atrocem animum Catonis.   .   .   *Carm.*2.1.24
quid aeternis minorem│consiliis animum fatigas? *Carm.*2.11.12
nec Mauris animum mitior anguibus: *Carm.*3.10.18
non animum metu,│non mortis laqueis expedies caput.   .   .   .   *Carm.*3.24.7
viris animumque moresque│aureos educit , ...   *Carm.*4.2.22
per caedis ab ipso│ducit opes animumque ferro. *Carm.*4.4.60
ut numquam inducant animum cantare rogati, ...   *Serm.*1.3.2
simul ac duraverit aetas│membra animumque tuom, ...   *Serm.*1.4.120
quin corpus onustum│hesternis vitiis animum quoque praegravat una .   *Serm.*2.2.78
hoc Staberi prudentem animum vidisse. *Serm.*2.3.89
'fortem hoc animum tolerare iubebo; *Serm.*2.5.20
ut tamen artum│solveret hospitiis animum. *Serm.*2.6.83
si non│intendes animum studiis et rebus honestis, ...   *Epist.*1.2.36
siquid│est animum, differs curandi tempus in annum?   .   .   .   *Epist.*1.2.39
animum rege; qui nisi paret,│imperat; *Epist.*1.2.62
caelum, non animum mutant, qui trans mare currunt.   .   .   .   *Epist.*1.11.27
quod cum spe divite manet│in venas amimumque meum,   .   .   .   *Epist.*1.15.20
det vitam, det opes; aequom mi animum ipse parabo.   .   .   .   *Epist.*1.18.112
corpus et ipsum animum spe finis dura ferentem *Epist.*2.1.141
animum quod laudis avarum│subruit aut reficit. *Epist.*2.1.179
cum tabulis animum censoris sumet honesti. *Epist.*2.2.110
et quocumque volent animum auditoris agunto.   .   .   .   .   .   *Ars Poet.*100
animus.   circa virentis est animus tuae│campos iuvencae   .   .   .   *Carm.*2.5.5
laetus in praesens animus quod ultra est│oderit curare   .   .   .   *Carm.*2.16.25
quid Augusti paternus│in pueros animus Nerones. *Carm.*4.4.28
non tibi talium│res est aut animus deliciarum egens.   .   .   .   *Carm.*4.8.10
est animus tibi│rerumque prudens *Carm.*4.9.34

huic si mutonis verbis mala tanta videnti | diceret haec animus 'quid vis
   tibi? *Serm*.1.2.69
cum | acclinis falsis animus meliora recusat, ... *Serm*.2.2.6
tibi ingens | virtus atque animus cenis responsat opimis? . . . *Serm*.2.7.103
est animus tibi, sunt mores et lingua fidesque. *Epist*.1.1.58
animus si te non deficit aequos. *Epist*.1.11.30
dum peregre est animus sine corpore velox? *Epist*.1.12.13
tamen istuc mens animusque | fert *Epist*.1.14.8
in culpa est animus, qui se non effugit umquam. *Epist*.1.14.13
vatis avarus | non temere est animus; *Epist*.2.1.120
aetas animusque virilis | quaerit opes et amicitias, ... *Ars Poet*.166
Anio. et praeceps Anio ac Tiburni lucus *Carm*.1.7.13
anni. consulque non unius anni, ... *Carm*.4.9.39
anni. eheu fugaces, Postume, Postume, | labuntur anni . . . *Carm*.2.14.2
ubique | accedent anni, tractari mollius aetas | imbecilla volet: . *Serm*.2.2.85
singula de nobis anni praedantur euntes: *Epist*.2.2.55
multa ferunt anni venientes commoda secum, ... *Ars Poet*.175
annis. mobilibusque decor naturis dandus et annis. . . . . *Ars Poet*.157
annis. 'o fortunati mercatores' gravis armis [annis] | miles ait, . . *var.Serm*.1.1.4
a certis annis aevom remeare peractum *Serm*.1.6.94
haec seges ingratos tulit et feret omnibus annis. *Epist*.1.7.21
qui redit in fastos et virtutem aestimat annis *Epist*.2.1.48
anno. ter et quater | anno revisens aequor Atlanticum | inpune. . . *Carm*.1.31.14
hic dies anno redeunte festus *Carm*.3.8.9
si tener pleno cadit haedus anno *Carm*.3.18.5
pomifero grave tempus anno. *Carm*.3.23.8
ut toto non quater anno | membranam poscas, ... *Serm*.2.3.1
collegam Lepidum quo duxit Lollius anno. *Epist*.1.20.28
qui deperiit minor uno mense vel anno, ... *Epist*.2.1.40
qui vel mense brevi vel toto est iunior anno.' *Epist*.2.1.44
annona. vilis amicorum est annona, bonis ubi quid deest. . . *Epist*.1.12.24
annonae. annonae prosit, portet frumenta penusque. . . . *Epist*.1.16.72
annorum. innumerabilis | annorum series et fuga temporum. . . *Carm*.3.30.5
annos. (currit enim ferox | aetas et illi quod [quos] tibi dempserit | adponet
   annus [annos]), ... *var.Carm*.2.5.15
non . . . ploravit omnis Antilochum senex | annos . . . *Carm*.2.9.15
quam per exactos ego laetus annos *Carm*.3.22.6
ex hac | luce Maecenas meus adfluentis | ordinat annos. . . *Carm*.4.11.20
Cinarae brevis | annos fata dederunt, ... *Carm*.4.13.23
certus undenos deciens per annos | orbis *Carm.Saec*.21
si et stramentis incubet unde- | octoginta annos natus, . . . *Serm*.2.3.118
cum tibi sol tepidus pluris admoverit auris [annos], . . . *var.Epist*.1.20.19
scriptor abhinc annos centum qui decidit, ... *Epist*.2.1.36
'est vetus atque probus, centum qui perficit annos.' . . . *Epist*.2.1.39
libertasque recurrentis accepta per annos | lusit amabiliter, . . *Epist*.2.1.147
studiis annos septem dedit insenuitque | libris et curis, . . *Epist*.2.2.82
ut silvae foliis pronos mutantur in annos, ... *Ars Poet*.60
annosa. aquae nisi fallit augur | annosa cornix. *Carm*.3.17.13
annosa. pontificum libros, annosa volumina vatum | dictitet . . *Epist*.2.1.26
annoso. quid? cum balba feris annoso verba palato, . . . *Serm*.2.3.274
annua. nec cultura placet longior annua *Carm*.3.24.14
annuerant. molle atque facetum | Vergilio adnuerunt [annuerant] gaudentes
   rure Camenae. *var.Serm*.1.10.45
annum. quod et hunc in annum | vivat et plures, ... *Carm*.1.32.2
est mihi nonum superantis annum | plenus Albani cadus, . . *Carm*.4.11.1
quae, simul inversum contristat Aquarius annum, . . . *Serm*.1.1.36
differs curandi tempus in annum? *Epist*.1.2.39
grata sume manu neu dulcia differ in annum, ... *Epist*.1.11.23
quae mare conpescant causae, quid temperet annum, . . *Epist*.1.12.16
sit bona librorum et provisae frugis in annum | copia . . . *Epist*.1.18.109
inpetrat et pacem et locupletem frugibus annum: . . . *Epist*.2.1.137
nonumque prematur in annum | membranis intus positis; . . *Ars Poet*.388
annuo. cunctantem spatio longius annuo *Carm*.4.5.11
annus. (currit enim ferox | aetas et illi quod tibi dempserit | adponet annus), *coni.Carm*.2.5.15
inmortalia ne speres, monet annus *Carm*.4.7.7
tonantis annus hibernus Iovis *Epod*.2.29
sive diem festum rediens advexerit annus, ... *Serm*.2.2.83
septimus octavo propior iam fugerit annus, ... *Serm*.2.6.40
ut piger annus | pupillis, quos dura premit custodia matrum: . . *Epist*.1.1.21

31

scire velim, chartis pretium quotus arroget annus. *Epist.*2.1.35
anseris. pinguibus et ficis pastum iecur anseris albae *Serm.*2.8.88
ante. me tamen asperas|porrectum ante foris *Carm.*3.10.3
vixere fortes ante Agamemnona|multi; *Carm.*4.9.25
pecusve Calabris ante sidus fervidum|Lucana mutet pascuis . . *Epod.*1.27
nam fuit ante Helenam cunnus taeterrima belli|causa, . . . *Serm.*1.3.107
ambulet ante|noctem cum facibus.' *Serm.*1.4.51
ante potestatem Tulli atque ignobile regnum *Serm.*1.6.9
amet scripsisse ducentos|ante cibum versus, ... *Serm.*1.10.61
pro vitula statuis dulcem Aulide natam|ante aras . . . *Serm.*2.3.200
ante gravem quae legerit arbore solem. *Serm.*2.4.23
ante meum nulli patuit quaesita palatum. *Serm.*2.4.46
ante Larem gustet venerabilior Lare dives. *Serm.*2.5.14
'ante secundam|Roscius orabat sibi adesses ad Puteal cras.' . . *Serm.*2.6.34
quibus ipse meique|ante Larem proprium vescor . . . *Serm.*2.6.66
ni|posces ante diem librum cum lumine, ... *Epist.*1.2.35
ante. non ante devictis Sabaeae|regibus horribilique Medo|nectis catenas? *Carm.*1.29.3
non ante verso lene merum cado *Carm.*3.29.2
non ante volgatas per artis *Carm.*4.9.3
Cantaber non ante domabilis *Carm.*4.14.41
sub haec puer iam non, ut ante, ... *Epod.*5.83
illis utitur ante|quaesitis patiens, ... *Serm.*1.1.37
aut positum ante mea quia pullum in parte catini|sustulit esuriens, . *Serm.*1.3.92
ante. pretiumque avellier ante|quam mercem ostendi? . . . *Serm.*1.2.104
ante . . . quam|in matris iugulo ferrum tepefecit . . . *Serm.*2.3.135
antea. nihil me sicut antea iuvat|scribere versiculos . . . *Epod.*11.1
antecedentem. raro antecedentem scelestum|deseruit pede Poena claudo. *Carm.*3.2.31
anteferat. ut nihil anteferat, nihil illis conparet: . . . *Epist.*2.1.65
anteferendo. iustus in uno|te nostris ducibus, te Grais anteferendo . *Epist.*2.1.19
antehac. antehac nefas depromere Caecubum|cellis avitis, . . *Carm.*1.37.5
antehanc. antehac [antehanc] nefas depromere Caecubum|cellis avitis, . *var.Carm.*1.37.5
anteis. quodsi cessas aut strenuos anteis, ... *Epist.*1.2.70
anteit. te semper anteit serva Necessitas, ... *Carm.*1.35.17
antemnae. antemnaeque gemant ac sine funibus . . . *Carm.*1.14.6
Antenor. Antenor censet belli praecidere causam: . . . *Epist.*1.2.9
antequam. antequam stantis repetat paludes *Carm.*3.27.9
antequam turpis macies decentis|occupet malas . . . *Carm.*3.27.53
antestari. 'licet antestari?' ego vero|oppono auriculam. . . . *Serm.*1.9.76
Anticyram. nescio an Anticyram ratio illis destinet omnem. . . *Serm.*2.3.83
naviget Anticyram. *Serm.*2.3.166
Anticyris. tribus Anticyris caput insanabile . . . . *Ars Poet.*300
Antilochum. non . . . amabilem|ploravit omnis Antilochum senex|annos *Carm.*2.9.14
Antiochum. ingentem cecidit|Antiochum Hannibalemque dirum, . *Carm.*3.6.36
Antiphaten. miracula promat,|Antiphaten Scyllamque . . . *Ars Poet.*145
antiqua. libet iacere modo sub antiqua ilice, ... *Epod.*2.23
antiqua. quare|templa ruont antiqua deum? *Serm.*2.2.104
antiquae. fortunam et mores antiquae plebis, ... *Serm.*2.7.23
antique. qualia vincent|Pythagoran Anytique [antique] reum doctumque
Platona.' *var.Serm.*2.4.3
si quaedam nimis antique, si pleraque dure|dicere credit eos, . *Epist.*2.1.66
antiqui. rancidum aprum antiqui laudabant, ... *Serm.*2.2.89
antiquis. *ut esset opem qui ferre poetis|antiquis posset contra fastidia
nostra,* *Serm.*1.10.*7
nec veniam antiquis sed honorem et praemia posci. . . . *Epist.*2.1.78
antiquis. traditum ab antiquis morem servare *Serm.*1.4.117
antiquissima. quia Graiorum sunt antiquissima quaeque | scripta vel
optima, ... *Epist.*2.1.28
antiquo. dives|antiquo censu, gnatis divisse duobus . . . *Serm.*2.3.169
quaeris,|Maecenas, iterum antiquo me includere ludo? . . *Epist.*1.1.3
Antium. o diva, gratum quae regis Antium, ... *Carm.*1.35.1
Antoni. tendit, Antoni, quotiens in altos|nubium tractus: . . *Carm.*4.2.26
Antoni, non ut magis alter, amicus. *Serm.*1.5.33
Antonius. (nam mihi Baias|Musa supervacuas Antonius, . . *Epist.*1.15.3
antris. quibus|antris egregii Caesaris audiar *Carm.*3.25.4
antro. grato, Pyrrha, sub antro? *Carm.*1.5.3
mecum Dionaeo sub antro *Carm.*2.1.39
Pierio recreatis antro. *Carm.*3.4.40
antyquite. qualia vincent | Pythagoran Anytique [antyquite] reum
doctumque Platona.' *var.Serm.*2.4.3

anulo.   tu cum proiectis insignibus, anulo equestri *Serm*.2.7.53
anum.   sed mala tollet anum vitiato melle cicuta. *Serm*.2.1.56
anus.   invicem moechos anus arrogantis *Carm*.1.25.9
   fis anus et tamen | vis formosa videri *Carm*.4.13.2
   neque in sepulcris pauperum prudens anus | novendialis dissipare
     pulveres. *Epod*.17.47
   Sabella | quod puero cecinit divina mota anus urna: *Serm*.1.9.30
   anus inproba Thebis | ex testamento sic est elata: *Serm*.2.5.84
anus.   vos . . . contundet obscaenas anus; *Epod*.5.98
   quid proderat ditasse Paelignas anus *Epod*.17.60
   a furno redeuntis scire lacuque | et pueros et anus.' . . .   *Serm*.1.4.38
anxiis.   tu spem reducis mentibus anxiis *Carm*.3.21.17
Anxur.   subimus | inpositum saxis late candentibus Anxur. . . .   *Serm*.1.5.26
Anxyr.   subimus | inpositum saxis late candentibus Anxur [Anxyr]. . .   *var.Serm*.1.5.26
Anyti.   Pythagoran Anytique reum doctumque Platona.' . . .   *Serm*.2.4.3
Apella.   credat Iudaeus Apella, | non ego: *Serm*.1.5.100
Apellen.   nequis se praeter Apellen | pingeret *Epist*.2.1.239
aper.   seu rupit teretes Marsus aper plagas. *Carm*.1.1.28
   echinus aut Laurens aper. *Epod*.5.28
   putet aper rhombusque recens, ...   *Serm*.2.2.42
   fiet aper, modo avis, modo saxum et, cum volet, arbor. . . .   *Serm*.2.3.73
   Vmber et iligna nutritus glande rotundas | curvat aper . .   *Serm*.2.4.41
   'in primis Lucanus aper: *Serm*.2.8.6
aperire.   rite maturos aperire partus | lenis, ...   *Carm.Saec*.13
aperit.   condita cum verax aperit praecordia Liber. *Serm*.1.4.89
aperta.   una | cum scriptore meo capsa porrectus operta [aperta] | deferar in
   vicum *var.Epist*.2.1.268
apertam.   donec iam saevos apertam | in rabiem coepit verti iocus . .   *Epist*.2.1.148
aperte.   aperte | quod venale habet ostendit *Serm*.1.2.83
apertis.   adde huc quod mercem sine fucis gestat, aperte [apertis] | quod
   venale habet ostendit *var.Serm*.1.2.83
   iustitiam legesque et apertis otia portis; . . . . .   *Ars Poet*.199
apertos.   fastidire lacus et rivos ausus apertos. *Epist*.1.3.11
apertum.   per apertum fugientis agitato grege cervos iaculari . .   *Carm*.3.12.10
   nullique malo latus obdit apertum, ...   *Serm*.1.3.59
apes.   quamquam nec Calabrae mella ferunt apes *Carm*.3.16.33
apicem.   hinc apicem rapax | Fortuna cum stridore acuto | sustulit, .   *Carm*.1.34.14
apices.   neque iratos trementi | regum apices *Carm*.3.21.20
Apici.   rapiamus, amici, [Apici] | occasionem de die *coni.Epod*.13.3
apio.   quis udo | deproperare apio coronas | curatve myrto? . . .   *Carm*.2.7.24
apis.   ego apis Matinae | more modoque *Carm*.4.2.27
apium.   neu vivax apium neu breve lilium. *Carm*.1.36.16
   est in horto, | Phylli, nectendis apium coronis, ...   *Carm*.4.11.3
Apollinari.   laurea donandus Apollinari, ...   *Carm*.4.2.9
Apolline.   vel Baccho Thebas vel Apolline Delphos | insignis . .   *Carm*.1.7.3
   si munus Apolline dignum | vis conplere libris *Epist*.2.1.216
Apollinem.   quid dedicatum poscit Apollinem | vates? . . .   *Carm*.1.31.1
Apollinis.   natalemque, mares, Delon Apollinis *Carm*.1.21.10
   intonsosque agitaret Apollinis aura capillos, ...   *Epod*.15.9
Apollo.   nube candentis umeros amictus | augur Apollo; . . .   *Carm*.1.2.32
   certus enim promisit Apollo *Carm*.1.7.28
   puerum minaci | voce dum terret, viduos pharetra | risit Apollo. .   *Carm*.1.10.12
   suscitat Musam neque semper arcum | tendit Apollo. . .   *Carm*.2.10.20
   Delius et Patareus Apollo. *Carm*.3.4.64
   sic me servavit Apollo. *Serm*.1.9.78
   divinare etenim magnus mihi donat Apollo.' *Serm*.2.5.60
   scripta, Palatinus quaecumque recepit Apollo, ...   *Epist*.1.3.17
   ne forte pudori | sit tibi Musa lyrae sollers et cantor Apollo. . .   *Ars Poet*.407
Apollo.   supplices audi pueros, Apollo; *Carm.Saec*.34
   'Iane pater' clare, clare cum dixit 'Apollo,' *Epist*.1.16.59
apotheca.   neque illic | aut apotheca procis intacta est aut pecus: . .   *Serm*.2.5.7
appellat.   strabonem | appellat paetum pater, ...   *Serm*.1.3.45
   solem Asiae Brutum appellat *Serm*.1.7.24
   stellasque salubris | appellat comites *Serm*.1.7.25
appellet.   ut forte legentem | aut tacitum inpellat [appellet] quovis sermone: *coni.Serm*.1.3.65
   siquis . . . Rufam aut Pusillam appellet *Serm*.2.3.216
appello.   Catienis mille ducentis | 'mater, te appello' clamantibus. . .   *Serm*.2.3.62
Appenninus.   in mare seu celsus procurrerit Appenninus . . .   *Epod*.16.29
Appi.   inde Forum Appi | differtum nautis cauponibus atque malignis. . .   *Serm*.1.5.3

porticus Agrippae, via te conspexerit Appi, ... *Epist.*1.6.26
Brundisium Minuci melius via ducat an Appi. *Epist.*1.18.20
Appia. minus est gravis Appia tardis. *Serm.*1.5.6
Appiam. et Appiam mannis terit *Epod.*4.14
Appius. censorque moveret | Appius, ingenuo si non essem patre natus: . *Serm.*1.6.21
applicat. quindecim Diana preces virorum | curat et votis puerorum amicas |
  adplicat [applicat] auris: *var.Carm.Saec.*72
applicet. quindecim Diana preces virorum | curat [curet] et votis puerorum
  amicas | adplicat [applicet] auris: *var.Carm.Saec.*72
aprica. per meos finis et aprica rura *Carm.*3.18.2
aprici. gaudet equis canibusque et aprici gramine Campi, . . *Ars Poet.*162
aprico. multa mole docendus aprico parcere prato. . . . *Epist.*1.14.30
aprico. aggere in aprico spatiari, ... *Serm.*1.8.15
apricos. apricos necte flores, ... *Carm.*1.26.7
apricum. cur apricum | oderit campum patiens pulveris atque solis, . *Carm.*1.8.3
quidquid sub terra est, in apricum proferet aetas, . . . *Epist.*1.6.24
apricus. et amicus [apricus] Aulon | fertili Baccho minimum Falernis | invidet
  uvis; *coni.Carm.*2.6.18
Aprilem. qui dies mensem Veneris marinae | findit Aprilem, . . *Carm.*4.11.16
apris. apris reliquit et rapacibus lupis, ... *Epod.*16.20
apros. trudit acris hinc et hinc multa cane | apros . . . *Epod.*2.32
tractus uter pluris lepores, uter educet apros; *Epist.*1.15.22
aprum. celer arto latitantem fruticeto excipere aprum. . . . *Carm.*3.12.12
rancidum aprum antiqui laudabant, ... *Serm.*2.2.89
ut aprum | cenem ego; *Serm.*2.3.234
populo spectante referret | emptum mulus aprum), . . . *Epist.*1.6.61
vel cursu superare canem vel viribus aprum | possis.. . . *Epist.*1.18.51
delphinum silvis adpingit, fluctibus aprum. . . . . *Ars Poet.*30
apta. tibi tollit hinnitum | apta quadrigis equa, ... *Carm.*2.16.35
sterilisve diu palus aptaque remis . . . . . . *Ars Poet.*65
apta. Atride, magis apta tibi tua dona relinquam.' . . . *Epist.*1.7.43
aptantur. aut cur dexteris | aptantur enses conditi? . . . *Epod.*7.2
aptare. nolis longa ferae bella Numantiae . . . aptari [aptare] citharae
  modis *var.Carm.*2.12.4
fidibusne Latinis | Thebanos aptare modos studet auspice Musa, . *Epist.*1.3.13
aptari. mollibus | aptari citharae modis *Carm.*2.12.4
aptarit. qui . . . in pace, ut sapiens, aptarit idonea bello? . . *Serm.*2.2.111
aptat. qui Fortunae te responsare . . . praesens hortatur et aptat? . *Epist.*1.1.69
apte. quod non proposito conducat et haereat apte. . . . *Ars Poet.*195
apti. semper in adiunctis aevoque morabitur aptis [apti]. . . *var.Ars Poet.*178
aptior. quamquam choreis aptior et iocis | ludoque dictus . . *Carm.*2.19.25
aptis. et piper et quidquid chartis amicitur ineptis [aptis]. . . *var.Epist.*2.1.270
semper in adiunctis aevoque morabitur aptis. . . . *Ars Poet.*178
aptius. ignarum, quibus est ius aptius et quibus assis . . *Serm.*2.4.38
aptius. hic, unde vitam sumeret inscius [aptius], | pacem duello miscuit. *var.Carm.*3.5.37
apto. saeva paupertas et avitus apto | cum lare fundus.. . . *Carm.*1.12.43
aptos. num illius, num rerum dura negarit | versiculos natura magis factos
  [aptos] et euntis | mollius *var.Serm.*1.10.58
aptum. aptum dicet equis Argos ditisque Mycenas: . . . *Carm.*1.7.9
corporis exigui, praecanum, solibus aptum, ... *Epist.*1.20.24
alternis aptum sermonibus . . . . *Ars Poet.*81
aptus. minus aptus acutis | naribus horum hominum, . . . *Serm.*1.3.29
"ut patiens, ut amicis aptus, ut acer?" *Serm.*2.5.43
'non est aptus equis Ithace locus. *Epist.*1.7.41
infirmo capiti fluit utilis, utilis [aptus et utilis] alvo. . . *var.Epist.*1.16.14
verna ministeriis ad nutus aptus erilis, ... *Epist.*2.2.6
apud. iamdudum apud me est: *Carm.*3.29.5
Apula. sive quod Apula gens seu quod Lucania bellum | incuteret violenta. *Serm.*2.1.38
Apuli. qui regna Dauni praefluit Apuli, ... *Carm.*4.14.26
perusta solibus | pernicis uxor Apuli, ... *Epod.*2.42
Apulia. incipit ex illo montis Apulia notos | ostentare mihi, . . *Serm.*1.5.77
Apuliae. nutricis extra limina Pulliae [limen Apuliae] . . *var.Carm.*3.4.10
Apuliae. nec tantus umquam siderum insedit vapor | siticulosae Apuliae . *Epod.*3.16
Apulicum. caementis licet occupes | terrenum [Tyrrhenum] omne tuis et
  mare publicum [Apulicum]. *var.Carm.*3.24.4
Apulis. sed prius Apulis | iungentur capreae lupis . . . *Carm.*1.33.7
Apulo. me fabulosae Volture in Apulo *Carm.*3.4.9
Apulus. sub rege Medo Marsus et Apulus, ... *Carm.*3.5.9
quam si quidquid arat inpiger Apulus *Carm.*3.16.26

sequor hunc, Lucanus an Apulus anceps: *Serm.*2.1.34
aqua. venit vilissima rerum|hic aqua, ... *Serm.*1.5.89
   purior in vicis aqua tendit rumpere plumbum *Epist.*1.10.20
aqua. quae Liris quieta|mordet aqua taciturnus amnis. . . . *Carm.*1.31.8
   quantum exstant aqua|suspensa mento corpora; *Epod.*5.35
aquae. nunc ad aquae lene caput sacrae. *Carm.*1.1.22
   non hoc semper erit liminis aut aquae|caelestis patiens latus. . . *Carm.*3.10.19
   purae rivos aquae silvaque iugerum|paucorum *Carm.*3.16.29
   aquae nisi fallit augur|annosa cornix. *Carm.*3.17.12
   qua pauper aquae Daunus agrestium|regnavit populorum, . . *Carm.*3.30.11
   nam Canusi lapidosus, aquae non ditior urna, ... *Serm.*1.5.91
   hortus ubi et tecto vicinus iugis aquae fons *Serm.*2.6.2
   collectosne bibant imbris puteosne perennis|iugis aquae . . . *Epist.*1.15.16
   quae scribuntur aquae potoribus. *Epist.*1.19.3
   properantis aquae per amoenos ambitus agros . . . . *Ars Poet.*17
aquae. amoenae|quos et aquae subeunt et aurae. *Carm.*3.4.8
   sed quae Tibur aquae fertile praefluont *Carm.*4.3.10
   nutriant fetus et aquae salubres|et Iovis aurae. . . . *Carm.Saec.*31
   labuntur altis interim ripis aquae, ... *Epod.*2.25
aquam. quis aquam temperet ignibus, ... *Carm.*3.19.6
   is neque limo|turbatam haurit aquam *Serm.*1.1.60
   avet quavis aspergere cunctos|praeter eum qui praebet aquam; . . *Serm.*1.4.88
   hic ego propter aquam, quod erat deterrima, ... *Serm.*1.5.7
   nec sic ut simplex Naevius unctam|convivis praebebit aquam: . . *Serm.*2.2.69
Aquarius. quae, simul inversum contristat Aquarius annum, . . *Serm.*1.1.36
aquas. arbore nunc aquas|culpante, ... *Carm.*3.1.30
   te per aquas, dure, volubilis. *Carm.*4.1.40
   spargens Avernalis aquas, ... *Epod.*5.26
   caelestis inplorat aquas docta prece blandus, ... *Epist.*2.1.135
aquila. acutum|quam aut aquila aut serpens Epidaurius? . . *Serm.*1.3.27
aquilae. neque inbellem feroces|progenerant aquilae columbam. . *Carm.*4.4.32
Aquilo. insurgat Aquilo, quantus altis montibus|frangit trementis ilices; *Epod.*10.7
   pulveris atri|quantum non Aquilo Campanis excitat agris. . . *Serm.*2.8.56
aquilo. non aquilo impotens|possit diruere *Carm.*3.30.3
   sive aquilo radit terras *Serm.*2.6.25
Aquilone. nunc mare, nunc siluae|Threicio Aquilone sonant. . . *Epod.*13.3
aquilone. non agimur tumidis velis aquilone secundo? . . *Epist.*2.2.201
Aquilonibus. praecipitem Africum|decertantem Aquilonibus . . *Carm.*1.3.13
   me . . . obicere incolis|plorares Aquilonibus. . . . *Carm.*3.10.4
Aquilonibus. receptus|terra Neptunus classis Aquilonibus arcet, . *Ars Poet.*64
aquilonibus. aut aquilonibus|querceta Gargani laborant . . *Carm.*2.9.6
Aquinatem. Aquinatem potantia vellera fucum, . . . *Epist.*1.10.27
aquosa. qualis aut Nireus fuit aut aquosa|raptus ab Ida. . . *Carm.*3.20.15
aquosus. nisi causa morbi | fugerit venis et aquosus albo | corpore
    languor. *Carm.*2.2.15
   ut neque largis|aquosus Eurus arva radat imbribus, . . . *Epod.*16.54
ara. vetus ara multo|fumat odore. *Carm.*3.18.7
   ara castis|vincta verbenis *Carm.*4.11.6
   cum lucus et ara Dianae . . . describitur . . . . *Ars Poet.*16
Arabas. diffingas retusum in|Massagetas Arabasque ferrum. . . *Carm.*1.35.40
   quid maris extremos Arabas ditantis *Epist.*1.6.6
Arabes. quid maris extremos Arabas [Arabes] ditantis . . . *var.Epist.*1.6.6
Arabum. Icci, beatis nunc Arabum invides|gazis . . . *Carm.*1.29.1
   plenas aut Arabum domos, ... *Carm.*2.12.24
   thesauris Arabum et divitis Indiae *Carm.*3.24.2
   nec|otia divitiis Arabum liberrima muto. *Epist.*1.7.36
aram. inmunis aram si tetigit manus, ... *Carm.*3.23.17
arando. spem mentita seges, bos est enectus arando: . . . *Epist.*1.7.87
arare. optat ephippia bos, piger optat arare caballus: . . . *Epist.*1.14.43
aras. si Palatinas videt aequos aras *Carm.Saec.*65
   pro vitula statuis dulcem Aulide natam|ante aras . . . *Serm.*2.3.200
   iurandasque tuom per numen ponimus aras, ... *Epist.*2.1.16
arat. quam si quidquid arat inpiger Apulus *Carm.*3.16.26
   arat Falerni mille fundi iugera *Epod.*4.13
   nam Venusinus arat finem sub utrumque colonus, . . . *Serm.*2.1.35
arator. ac neque iam stabulis gaudet pecus aut arator igni . . *Carm.*1.4.3
aratra. non ut iuvencis inligata pluribus|aratra nitantur meis . . *Epod.*1.26
aratro. iam pauca aratro iugera regiae|moles relinquent, . . *Carm.*2.15.1
aratro. ille gravem duro terram qui vertit aratro, . . . *Serm.*1.1.28

aratrum. inprimeretque muris|hostile aratrum exercitus insolens. . . *Carm.*1.16.21
 vicinas urbes alit et grave sentit aratrum, ... *Ars Poet.*66
aravit. qui mercennarius agrum|illum ipsum mercatus aravit, . . *Serm.*2.6.12
arbiter. quo non arbiter Hadriae|maior, ... *Carm.*1.3.15
 arbiter pugnae posuisse nudo|sub pede palmam|fertur . . . *Carm.*3.20.11
 non locus effusi late maris arbiter *Epist.*1.11.26
arbitrae. 'o rebus meis|non infideles arbitrae, ... *Epod.*5.50
arbitria. de te, splendide, Minos|fecerit arbitria, . . . *Carm.*4.7.22
arbitrio. sepulcrum|permissum arbitrio sine sordibus exstrue: . . *Serm.*2.5.105
arbitrio. nec sumit aut ponit securis|arbitrio popularis aurae. . . *Carm.*3.2.20
 epulum arbitrio Arri, ... *Serm.*2.3.86
arbitrium. matris ad arbitrium recisos|portare fustis, . . . *Carm.*3.6.40
 quem penes arbitrium est et ius et norma loquendi. . . . *Ars Poet.*72
arbitrum. quem Venus arbitrum|dicet bibendi? *Carm.*2.7.25
arbor. crescit occulto velut arbor aevo|fama Marcellis; . . . *Carm.*1.12.45
 ubi nulla campis|arbor aestiva recreatur aura, ... *Carm.*1.22.18
 devota non extinxit arbor *Carm.*3.4.27
 quam nova collibus arbor inhaeret. *Epod.*12.20
 fiet aper, modo avis, modo saxum et, cum volet, arbor. . . . *Serm.*2.3.73
arbore. arbore nunc aquas|culpante, ... *Carm.*3.1.30
 ante gravem quae legerit arbore solem. *Serm.*2.4.23
arborem. nullam, Vare, sacra vite prius severis arborem . . *Carm.*1.18.1
 suamque pulla ficus ornat arborem, ... *Epod.*16.46
arbores. et vitem viduas ducit ad arbores; *Carm.*4.5.30
arboribus. auditam moderere arboribus fidem, ... *Carm.*I 24.14
 redeunt iam gramina campis|arboribusque comae; . . . *Carm.*4.7.2
arboris. prope funeratus|arboris ictu. *Carm.*3.8.8
arborum. harum quas colis arborum *Carm.*2.14.22
 lecta de pinguissimis|oliva ramis arborum *Epod.*2.56
arbos. sacrilega manu|produxit, arbos, ... *Carm.*2.13.3
Arbuscula. ut audax,|contemptis aliis, explosa Arbuscula dixit. . . *Serm.*1.10.77
arbusta. est ut viro vir latius ordinet|arbusta sulcis. . . . *Carm.*3.1.10
arbusto. expressa arbusto regerit convicia, ... *Serm.*1.7.29
arbuto. nunc viridi membra sub arbuto|stratus, . . . *Carm.*1.1.21
arbutos. inpune tutum per nemus arbutos|quaerunt latentis . . *Carm.*1.17.5
arca. simul ac nummos contemplor in arca.' *Serm.*1.1.67
 conservos vili portanda locabat in arca; *Serm.*1.8.9
 cui stragula vestis, . . . putrescat in arca: . . . *Serm.*2.3.119
 an turpi clausus in arca, ... *Serm.*2.7.59
Arcadiae. nigri|colles Arcadiae placent. *Carm.*4.12.12
arcana. arcana cum fiunt sacra, ... *Epod.*5.52
 nec te Pythagorae fallant arcana renati *Epod.*15.21
arcana. arcana promorat loco. *Epod.*11.14
 ille velut fidis arcana sodalibus olim|credebat libris . . . *Serm.*2.1.30
arcanae. qui Cereris sacrum|volgarit arcanae, ... *Carm.*3.2.27
arcani. arcanique Fides prodiga, perlucidior vitro. . . . *Carm.*1.18.16
arcanis. et Iovis arcanis Minos admissus *Carm.*1.28.9
arcanum. arcanum iocoso|consilium retegis Lyaeo, . . . *Carm.*3.21.15
arcanum. arcanum neque tu scrutaberis illius umquam, . . . *Epist.*1.18.37
arcem. ergo ubi me in montes et in arcem ex urbe removi— . . *Serm.*2.6.16
arceo. odi profanum volgus et arceo. *Carm.*3.1.1
arcere. cur me funesto properent arcere veterno; . . . *Epist.*1.8.10
arces. ille te mecum locus et beatae|postulant arces: . . . *Carm.*2.6.22
 vagus Hercules|enisus arces attigit igneas, ... *Carm.*3.3.10
 si Palatinas videt aequos aras [arces] *var.Carm.Saec.*65
 superbas invidae Karthaginis|Romanus arces ureret, . . . *Epod.*7.6
 flumina dicere et arces|montibus inpositas *Epist.*2.1.252
arcessas. commodus ultro|arcessas et egere vetes et scribere cogas. . . *Epist.*2.1.228
arcesse. si melius quid habes, arcesse, vel imperium fer. . . . *Epist.*1.5.6
arcessitus. quo rediturus erat non arcessitus, ... *Serm.*2.3.261
arcet. receptus|terra Neptunus classis Aquilonibus arcet, . . *Ars Poet.*64
Archiacis. si potes Archiacis conviva recumbere lectis . . . *Epist.*1.5.1
Archilochi. numeros animosque secutus|Archilochi, . . . *Epist.*1.19.25
 temperat Archilochi musam pede mascula Sappho, . . . *Epist.*1.19.28
Archilocho. quorsum pertinuit stipare Platona Menandro? | Eupolin,
 Archilochum [Archilocho], comites educere tantos? . . . *var.Serm.*2.3.12
Archilochum. Eupolin, Archilochum, comites educere tantos? . . . *Serm.*2.3.12
 Archilochum proprio rabies armavit iambo: . . . . *Ars Poet.*79
Archilocum. Eupolin, Archilochum [Archilocum], comites educere tantos? *var.Serm.*2.3.12

Archyta. te maris et terrae numeroque carentis harenae | mensorem cohibent,
    Archyta, ... *Carm.*1.28.2
arcis. dictus et Amphion, Thebanae conditor urbis [arcis], | saxa movere
    sono testudinis . . . . *var.Ars Poet.*394
arcis. rubente | dextera sacras iaculatus arcis | terruit Vrbem, . . *Carm.*1.2.3
    arcis | Alpibus inpositas tremendis | deiecit . . . *Carm.*4.14.11
Arcto. quis sub Arcto | rex gelidae metuatur orae, . . . *Carm.*1.26.3
arcton. nulla . . . opacam | porticus excipiebat arcton . . *Carm.*2.15.16
Arcturi. nec saevos Arcturi cadentis | impetus *Carm.*3.1.27
arcu. non eget Mauris iaculis neque arcu *Carm.*1.22.2
    doctus sagittas tendere Sericas | arcu paterno? . . . *Carm.*1.29.10
    iam Scythae laxo meditantur arcu | cedere campis. . . *Carm.*3.8.23
    perfidum ridens Venus et remisso | filius arcu. . . . *Carm.*3.27.68
    lyncas et cervos cohibentis arcu, ... *Carm.*4.6.34
    primusve Teucer tela Cydonio | derexit arcu; . . . *Carm.*4.9.18
    augur et fulgente decorus arcu | Phoebus . . . *Carm.Saec.*61
arcum. suscitat Musam neque semper arcum | tendit Apollo. . . *Carm.*2.10.19
    numquam umeris positurus arcum *Carm.*3.4.60
arcus. aut flumen Rhenum aut plovius describitur arcus; . . *Ars Poet.*18
    nec semper feriet quodcumque minabitur arcus. . . *Ars Poet.*350
arcus. hic ponite lucida | funalia et vectis et †arcus | oppositis foribus minacis. *Carm.*3.26.7
ardens. dum gravis Cyclopum | Volcanus ardens visit officinas. . *Carm.*1.4.8
    'at pater ardens | saevit, ... *Serm.*1.4.48
ardentem. cui per ardentem sine fraude Troiam . . . *Carm.Saec.*41
    ardentem frigidus Aetnam | insiluit. . . . . *Ars Poet.*465
ardentis. quis puer ocius | restinguet ardentis Falerni | pocula . . *Carm.*2.11.19
ardentis. semper ardentis acuens sagittas | cote cruenta. . . *Carm.*2.8.15
ardeo. o mare et terra, ardeo, ... *Epod.*17.30
arderet. rubro ubi cocco | tincta super lectos canderet [arderet] vestis eburnos *coni.Serm.*2.6.103
ardet. fervet [? ardet] avaritia miseroque [? caecaque] cupidine pectus: *? var.Epist.*1.1.33
    nam tua res agitur, paries cum proximus ardet, . . *Epist.*1.18.84
ardor. non civium ardor prava iubentium, . . . *Carm.*3.3.2
    sed alius ardor aut puellae candidae | aut teretis pueri . *Epod.*11.27
    sed alius ardor [ardor alius] aut puellae candidae | aut teretis pueri *coni.Epod.*11.27
ardua. quod pulcrae clunes, breve quod caput, ardua cervix. . *Serm.*1.2.89
arduae. virtutisque viam deserit arduae. *Carm.*3.24.44
ardui. nil mortalibus ardui est: *Carm.*1.3.37
arduis. quis neget arduis | pronos relabi posse rivos | montibus . *Carm.*1.29.10
    molem propinquam nubibus arduis, ... *Carm.*3.29.10
arduis. aequam memento rebus in arduis | servare mentem, . . *Carm.*2.3.1
arduom. cum parentis regna per arduom | cohors gigantum scanderet inpia, *Carm.*2.19.21
arduos. vester, Camenae, vester in arduos | tollor Sabinos, . . *Carm.*3.4.21
arduum. nil mortalibus ardui [arduum] est: . . . *var.Carm.*1.3.37
area. milia frumenti tua triverit area centum: . . . *Serm.*1.1.45
    ponendaeque domo quaerenda est area primum: . . *Epist.*1.10.13
areae. nunc et campus et areae . . . repetantur . . . *Carm.*1.9.18
areis. quidquid de Libycis verritur areis. *Carm.*1.1.10
Arelli. siquis nam laudat Arelli | sollicitas ignarus opes, . . *Serm.*2.6.78
arente. arente fauce traxerim, ... *Epod.*14.4
arentes. navita Bosporum | temptabo et urentis [arentes] harenas | litoris
    Assyrii viator, ... *var.Carm.*3.4.31
arentis. navita Bosporum | temptabo et urentis [arentis] harenas | litoris
    Assyrii viator, ... *var.Carm.*3.4.31
aret. iugera centum an | mille aret? *Serm.*1.1.51
    serviet utiliter; sine pascat durus aretque, . . . *Epist.*1.16.70
argentea. ubi vasa | praetereo sapiens argentea. . . . *Serm.*2.7.73
argenti. quid iuvat inmensum te argenti pondus et auri . . *Serm.*1.1.41
    hunc capit argenti splendor; stupet Albius aere; . . *Serm.*1.4.28
    ambitione mala aut argenti pallet amore, . . . *Serm.*2.3.78
    pauper Opimius argenti positi intus et auri, . . . *Serm.*2.3.142
    'o si urnam argenti fors quae mihi monstret, . . . *Serm.*2.6.10
    quem tenet argenti sitis inportuna famesque, . . . *Epist.*1.18.23
argento. nullus argento color est avaris | abdito terris, . . *Carm.*2.2.1
    miraris, cum tu argento post omnia ponas, . . . *Serm.*1.1.86
argento. ridet argento domus, ... *Carm.*4.11.6
argentum. vilius argentum est auro, virtutibus aurum. . . *Epist.*1.1.52
    quaeritur argentum puerisque beata creandis | uxor . . *Epist.*1.2.44
argentum. argentum et marmor vetus aeraque et artis | suspice, . *Epist.*1.6.17
    'nempe pecus, rem, | lectos, argentum: tollas licet.' . . *Epist.*1.16.76

argentum, vestis Gaetulo murice tinctas|sunt qui non habeant, . . *Epist*.2.2.181
Argeo. Tibur Argeo positum colono *Carm*.2.6.5
argilla. argilla quidvis imitaberis uda; *Epist*.2.2.8
Argis. neque tu hoc facis Argis *Serm*.2.3.132
fuit haud ignobilis Argis, ... *Epist*.2.2.128
Colchus an Assyrius, Thebis nutritus an Argis. . . . *Ars Poet*.118
Argivae. doctor argutae [Argivae] fidicen Thaliae|Phoebe, . . *var.Carm*.4.6.25
Argivi. concidit auguris|Argivi domus ob lucrum|demersa exitio; . . *Carm*.3.16.12
Argivis. ter pereat meis|excisus Argivis, ... *Carm*.3.3.67
Argonautas. ut Argonautas praeter omnis *Epod*.3.9
Argoo. non huc Argoo contendit remige pinus *Epod*.16.57
Argos. aptum dicet equis Argos ditisque Mycenas: . . . *Carm*.1.7.9
arguens. umor et in genas|furtim labitur arguens, . . . *Carm*.1.13.7
arguet. arguet ambigue dictum, mutanda notabit, . . . *Ars Poet*.449
arguit. in quis amantem languor et silentium|arguit . . . *Epod*.11.10
arguitur. laudibus arguitur vini vinosus Homerus; . . . *Epist*.1.19.6
Argus. fuit haud ignobilis Argis [Argus],|qui se credebat . . *var.Epist*.2.2.128
arguta. arguta meretrice potes Davoque Chremeta|eludente senem comis
garrire libellos *Serm*.1.10.40
argutae. dic et argutae properet Neaerae *Carm*.3.14.21
doctor argutae fidicen Thaliae *Carm*.4.6.25
argutos. qui minus argutos vexat furor iste poetas? . . . *Epist*.2.2.90
argutum. iudicis argutum quae non formidat acumen; . . . *Ars Poet*.364
argutus. invidet usum|lignorum et pecoris tibi calo argutus . . *Epist*.1.14.42
Aricia. egressum magna me accepit Aricia Roma|hospitio modico, . *Serm*.1.5.1
Aricini. emptor Aricini quondam Veientis et arvi|emptum cenat holus, *Epist*.2.2.167
arida. nec Iubae tellus generat, leonum|arida nutrix. . . . *Carm*.1.22.16
arida. arida|pellente lascivos amores|canitie *Carm*.2.11.6
aridas. aridas frondes hiemis sodali|dedicet Euro. . . . *Carm*.1.25.19
inportunus enim transvolat aridas|quercus . . . *Carm*.4.13.9
hietque turpis inter aridas natis|podex *Epod*.8.5
aridum. exsucta uti medulla et aridum iecur|amoris esset poculum, . *Epod*.5.37
aridum. dum potes, aridum|conpone lignum: *Carm*.3.17.13
aridum et ore ferens acinum semesaque lardi|frusta dedit, . *Serm*.2.6.85
aridus. donec cinis|iniuriosis aridus ventis ferar, . . . *Epod*.17.34
Ariminensem. non defuisse masculae libidinis|Ariminensem Foliam . *Epod*.5.42
aris. quibus|pepercit aris? *Carm*.1.35.38
Aristarchus. fiet Aristarchus nec dicet 'cur ego amicum|offendam in nugis?' *Ars Poet*.450
Aristi. laetus sorte tua vives sapienter, Aristi, ... *Epist*.1.10.44
Aristippi. nunc in Aristippi furtim praecepta relabor . . . *Epist*.1.1.18
cur sit Aristippi potior sententia *Epist*.1.17.17
Aristippum. omnis Aristippum decuit color et status et res, . . *Epist*.1.17.23
Aristippus. quid simile isti|Graecus Aristippus? *Serm*.2.3.100
'si pranderet holus patienter, regibus uti|nollet Aristippus.' . *Epist*.1.17.14
Aristius. Fuscus Aristius occurrit, ... *Serm*.1.9.61
Aristophanes. Eupolis atque Cratinus Aristophanesque poetae . . *Serm*.1.4.1
arma. inter arma|sive iactatam religarat udo|litore navim, . . *Carm*.1.32.6
neu populus frequens|'ad arma', cessantis 'ad arma'|concitet . *Carm*.1.35.15
arma|nondum expiatis uncta cruoribus, . . . tractas . *Carm*.2.1.4
arma|militibus sine caede' dixit|'derepta vidi, . . . *Carm*.3.5.19
neque iratos trementi|regum apices neque militum arma. . *Carm*.3.21.20
nunc arma defunctumque bello|barbiton hic paries habebit, . *Carm*.3.26.3
qui primus alma [arma] risit adorea, ... *var.Carm*.4.4.41
explicuit sua victor arma. *Carm*.4.9.44
fert vallum et arma miles *Epod*.9.13
'haec mihi Stertinius, sapientum octavos, amico|arma dedit, . *Serm*.2.3.297
moventes|arma viri? *Serm*.2.7.100
perdidit arma, locum virtutis deseruit, ... *Epist*.1.16.67
virilia quod speciosius arma|non est qui tractet: . . . *Epist*.1.18.52
Ennius ipse pater numquam nisi potus ad arma|prosiluit dicenda. *Epist*.1.19.7
civilisque rudem belli tulit aestus in arma *Epist*.2.2.47
armatus. propugnat nugis armatus: *Epist*.1.18.16
armavit. Archilochum proprio rabies armavit iambo: . . . *Ars Poet*.79
Armeniis. nec Armeniis in oris,|amice Valgi, stat glacies iners . . *Carm*.2.9.4
Armenius. Claudi virtute Neronis|Armenius cecidit; . . . *Epist*.1.12.27
armenta. credula nec ravos timeant armenta leones . . . *Epod*.16.33
armenta. non aestuosae grata Calabriae|armenta, . . . *Carm*.1.31.6
armentum. dum Priami Paridisque busto|insultet armentum . . *Carm*.3.3.41
nec quia longinquis armentum aegrotet in agris; . . . *Epist*.1.8.6

armis. siquid abest, Italis adiudicat armis. *Epist.*1.18.57
    iura neget sibi nata. nihil non arroget armis. . . . . *Ars Poet.*122
armis. neque iam livida gestat armis│bracchia *Carm.*1.8.10
    hunc tanget armis, visere gestiens, ... *Carm.*3.3.54
    hostium . . . consenuit socerorum in armis . . . *Carm.*3.5.8
    Medus infestus sibi luctuosis│dissidet armis, . . . *Carm.*3.8.20
    te caede gaudentes Sygambri│conpositis venerantur armis. . . *Carm.*4.14.52
    'o fortunati mercatores' gravis armis│miles ait, . . *coni.Serm.*1.1.4
    pugnabant armis quae post fabricaverat usus. . . . *Serm.*1.3.102
    rides Turbonis in armis│spiritum et incessum: . . . *Serm.*2.3.310
    armis│Herculis ad postem fixis *Epist.*1.1.4
    res Italas armis tuteris, moribus ornes, ... *Epist.*2.1.2
    nec virtute foret clarisve potentius armis│quam lingua Latium, . . *Ars Poet.*289
    ludere qui nescit, campestribus abstinet armis . . . *Ars Poet.*379
armorum. iam fulgor armorum fugacis│terret equos . . *Carm.*2.1.19
armos. mantica cui lumbos onere ulceret atque eques armos: . . *Serm.*1.6.106
    fecundae leporis sapiens sectabitur armos. . . . *Serm.*2.4.44
    et leporum avolsos, ut multo suavius, armos, . . . *Serm.*2.8.89
arrepta. arreptaque manu 'quid agis, dulcissime rerum?' . . *Serm.*1.9.4
Arri. epulum arbitrio Arri, ... *Serm.*2.3.86
    Quinti progenies Arri, par nobile fratrum, . . . *Serm.*2.3.243
arripe. "nunc age, luxuriam et Nomentanum arripe mecum: . . *Serm.*2.3.224
    leniter in spem│adrepe [arripe] officiosus, . . . *var.Serm.*2.5.48
arripit. media de nocte caballum│arripit *Epist.*1.7.89
arripuit. primores populi arripuit populumque tributim, . . *Serm.*2.1.69
    quem vero arripuit, tenet occiditque legendo. . . . *Ars Poet.*475
arrogantem. sublimi flagello│tange Chloen semel arrogantem. . . *Carm.*3.26.12
arrogantis. invicem moechos anus arrogantis . . . *Carm.*1.25.9
arroget. nec sibi cenarum quivis temere arroget artem, . . *Serm.*2.4.35
    scire velim, chartis pretium quotus arroget annus. . . *Epist.*2.1.35
    iura neget sibi nata, nihil non arroget armis. . . . *Ars Poet.*122
arserit. imagine cerea│largior arserit ignis . . . *Serm.*1.8.44
arsisse. non aliter Samio dicunt arsisse Bathyllo│Anacreonta Teium, . . *Epod.*14.9
arsisti. 'donec non alia magis│arsisti *Carm.*3.9.6
arsit. arsit Atrides medio in triumpho│virgine rapta, . . *Carm.*2.4.7
    non sola comptos arsit adulteri│crinis *Carm.*4.9.13
    ubi sedulus hospes│paene macros arsit . . . *Serm.*1.5.72
    nunc athletarum studiis, nunc arsit equorum, . . . *Epist.*2.1.95
arta. arta decet sanum comitem toga; *Epist.*1.18.30
arta. neque me sub arta│vite bibentem. *Carm.*1.38.7
arta. sed nimis arta premunt olidae convivia caprae. . . *Epist.*1.5.29
arte. arte materna rapidos morantem│fluminum lapsus . . *Carm.*1.12.9
    hac arte Pollux et vagus Hercules│enisus arces attigit igneas, . . *Carm.*3.3.9
    qui salutari levat arte fessos│corporis artus, . . . *Carm.Saec.*63
    ut arte│emendaturus fortunam; *Serm.*2.8.84
    an tragica desaevit et ampullatur in arte? . . . *Epist.*1.3.14
    urit enim fulgore suo qui praegravat artes [? arte] │ infra se positas
      [? positos]: . . . . *? var.Epist.*2.1.13
    vincere Caecilius gravitate, Terentius arte. . . . *Epist.*2.1.59
    praecipue cum se numeris commendat et arte. . . . *Epist.*2.1.261
    in vitium ducit culpae fuga, si caret arte. . . . *Ars Poet.*31
    nova fictaque nuper habebunt verba fidem, si│Graeco fonte cadent parce
      [arte] detorta. . . . . . . *var.Ars Poet.*53
    ingenium misera quia fortunatius arte│credit . . . *Ars Poet.*295
    fabula nullius veneris, sine pondere et arte, . . . *Ars Poet.*320
    natura fieret laudabile carmen an arte, ... *Ars Poet.*408
artem. mihi Phoebus artem│carminis nomenque dedit poetae. . . *Carm.*4.6.29
    nec sibi cenarum quivis temere arroget artem, . . *Serm.*2.4.35
    aut spem deponas aut artem inlusus omittas. . . . *Serm.*2.5.26
    di tibi divitias dederunt artemque fruendi. . . . *Epist.*1.4.7
    quam scit uterque, libens, censebo, exerceat artem. . . *Epist.*1.14.44
    quod timui mutare modos et carminis artem: . . . *Epist.*1.19.27
artes. qui praegravat artes│infra se positas: . . . *Epist.*2.1.13
    Graecia capta ferum victorem cepit et artes│intulit agresti Latio: . . *Epist.*2.1.156
    tanto cum strepitu ludi spectantur et artes│divitiaeque peregrinae, . . *Epist.*2.1.203
arti. litterulis Graecis imbutus, idoneus arti│cuilibet: . . *Epist.*2.2.7
    sic priscae motumque et luxuriem addidit arti│tibicen . . *Ars Poet.*214
artibus. iudicium subtile videndis artibus illud . . . *Epist.*2.1.242
artibus. motus doceri gaudet Ionicos│matura virgo et fingitur artibus . . *Carm.*3.6.22

quibus amissas reparare queam res|artibus atque modis. . . . *Serm.*2.5.3
articulos. postquam illi iusta cheragra|contudit articulos, . . . *Serm.*2.7.16
artis. plorem artis in te nil agentis exitus?' *Epod.*17.81
omni|abiecto instrumento artis clausaque taberna|sutor erat: . . *Serm.*1.3.131
sive est naturae hoc sive artis, mirus utroque.' *Serm.*2.4.7
adiecere bonae paulo plus artis Athenae, ... *Epist.*2.2.43
aut ignoratae premit artis crimine turpi. . . . . . *Ars Poet.*262
artis. non ante volgatas per artis *Carm.*4.9.3
et veteres revocavit artis, ... *Carm.*4.15.12
sed puerum est ausus Romam portare docendum|artis, . . *Serm.*1.6.77
sollicitis animis onus eximit, addocet artis. *Epist.*1.5.18
argentum et marmor vetus aeraque et artis|suspice, . . . *Epist.*1.6.17
artis. eripere artis|litibus inplicitum, ... *Ars Poet.*423
artium. et centum puer artium *Carm.*4.1.15
divite me scilicet artium *Carm.*4.8.5
notaque et artium|gratarum facies? *Carm.*4.13.21
artius. artius atque hedera procera adstringitur ilex . . . *Epod.*15.5
arto. celer arto latitantem fruticeto excipere aprum. . . . *Carm.*3.12.11
hos arto stipata theatro|spectat Roma potens, ... *Epist.*2.1.60
artubus. motus doceri gaudet Ionicos . . . et fingitur artibus [artubus] *var.Carm.*3.6.22
artum. ut tamen artum|solveret hospitiis animum. *Serm.*2.6.82
macra cavom repetes artum, quem macra subisti.' . . . *Epist.*1.7.33
nec desilies imitator in artum, ... *Ars Poet.*134
artus. qui salutari levat arte fessos|corporis artus, . . . *Carm.Saec.*64
arva. qua tumidus rigat arva Nilus. *Carm.*3.3.48
vidi . . . arva|Marte coli populata nostro. *Carm.*3.5.23
arva beata|petamus, ... *Epod.*16.41
arva divites et insulas, ... *Epod.*16.42
ut neque largis|aquosus Eurus arva radat imbribus, . . . *Epod.*16.54
urges|iampridem non tacta ligonibus arva *Epist.*1.14.27
arvi. emptor Aricini quondam Veientis et arvi|emptum cenat holus, . *Epist.*2.2.167
arvis. sub duce, qui . . . siquid abest, Italia adiudicat armis [arvis]. *coni.Epist.*1.18.57
arvis. et hostium . . . consenuit socerorum in armis [arvis]|sub rege Medo *coni.Carm.*3.5.8
vel cum decorum mitibus pomis caput|Autumnus agris [arvis] extulit, *var.Epod.*2.18
arvo. crescit occulto velut arbor aevo [arvo]|fama Marcellis; . . *coni.Carm.*1.12.45
arvo pascat erum an bacis opulentet olivae, ... *Epist.*1.16.2
arvom. arvom|pingue tenent humilis Forenti, ... *Carm.*3.4.15
Aefulae|declive contempleris arvom *Carm.*3.29.7
arvom caelumque Sabinum|non cessat laudare. . . . *Epist.*1.7.77
as. cum deerit egenti|as. laquei pretium. *Serm.*2.2.99
asello. scriptores autem narrare putaret asello|fabellam surdo. . . *Epist.*2.1.199
asellum. ut siquis asellum|in campo doceat parentem currere frenis? . *Serm.*1.1.90
qui male parentem in rupis protrusit asellum|iratus: . . . *Epist.*1.20.15
asellus. demitto auriculas, ut iniquae mentis asellus, . . . *Serm.*1.9.20
Asia. cum deerit egenti|as, laquei [Asiaque] pretium. . . . *var.Serm.*2.2.99
Asiae. solem Asiae Brutum appellat *Serm.*1.7.24
an pingues Asiae campi collesque morantur? *Epist.*1.3.5
Asiam. Bruto praetore tenente|ditem Asiam, ... *Serm.*1.7.19
Asiaquet. cum deerit egenti|as, laquei [Asiaquet]pretium. . . . *var.Serm.*2.2.29
Asinae. Asinaeque paternum|cognomen vertas in risum . . . *Epist.*1.13.8
asper. te Dacus asper, te profugi Scythae *Carm.*1.35.9
asper et attentus quaesitis, ... *Serm.*2.6.82
cereus in vitium flecti, monitoribus asper, ... *Ars Poet.*163
asper|incolumi gravitate iocum temptavit . . . . . *Ars Poet.*221
aspera. atqui non ego te tigris ut aspera|Gaetulusve leo frangere persequor: *Carm.*1.23.9
aspera. aspera|nigris aequora ventis|emirabitur insolens . . . *Carm.*1.5.6
aspera multa|pertulit, ... *Epist.*1.2.21
dum . . . aspera bella|conponunt, agros adsignant, oppida condunt, *Epist.*2.1.7
luxuriantia conpescet, nimis aspera sano|levabit cultu, . . . *Epist.*2.2.122
asperae. iam iam residunt cruribus asperae|pelles *Carm.*2.20.9
asperam. Cyrus in asperam|declinat Pholoen: *Carm.*1.33.6
asperas. fortis et asperas|tractare serpentes, ... *Carm.*1.37.26
me tamen asperas|porrectum ante foris *Carm.*3.10.2
aspergere. avet quavis aspergere cunctos|praeter eum qui praebet aquam; *Serm.*1.4.87
asperioribus. mentes asperioribus|formandae studiis. *Carm.*3.24.53
asperis. horret capillis ut marinus asperis|echinus aut Laurens aper. . *Epod.*5.27
nec latens in asperis|radix fefellit me locis. *Epod.*5.67
asperitas. asperitas agrestis et inconcinna gravisque, . . . *Epist.*1.18.6
asperitatis. asperitatis et invidiae corrector et irae; *Epist.*2.1.129

asperrimus. cave, cave, namque in malos asperrimus | parata tollo cornua,   *Epod.*6.11
asperum. asperum | tactu leonem, ...   *Carm.*3.2.10
     aridum et ore [? asperum et ora] ferens acinum semesaque lardi | frusta   *? var.Serm.*2.6.85
aspexit. qui semel adspexit [aspexit], quantum dimissa petitis | praestent,
     mature redeat *var.Epist.*1.7.96
aspice. qualem commendes, etiam atque etiam aspice, ...   *Epist.*1.1.18.76
Assaraci. te manet Assaraci tellus, ...   *Epod.*13.13
assem. 'quod, si conminuas, vilem redigatur ad assem.' . . .   *Serm.*1.1.43
     in triviis fixum cum se demittit ob assem, ...   *Epist.*1.16.64
     lassus dum noctu stertit, ad assem | perdiderat: *Epist.*2.2.27
     assem | discunt in partis centum diducere. . . . .   *Ars Poet.*325
assibus. 'quanti emptae?' 'parvo.' 'quanti ergo?' 'octussibus [octo assibus].'   *var.Serm.*2.3.156
assint. ut ridentibus adrident, ita flentibus adflent [assint] | humani voltus.   *var.Ars Poet.*101
assis. unius assis | non umquam pretio pluris licuisse, . . .   *Serm.*1.6.13
assis. ignarum, . . . quibus assis | languidus in cubitum iam se conviva reponet.   *Serm.*2.4.38
assis. simul assis | miscueris elixa, simul conchylia turdis, . . .   *Serm.*2.2.73
assos. siquis nunc mergos suavis edixerit assos, ...   *Serm.*2.2.51
assunt. ut ridentibus adrident, ita flentibus adflent [assunt] | humani voltus.   *var.Ars Poet.*101
Assyria. dum licet, Assyriaque nardo | potamus uncti? . . .   *Carm.*2.11.16
Assyrii. urentis harenas | litoris Assyrii viator, ...   *Carm.*3.4.32
Assyrio. Assyriaque [Assyrioque] nardo | potamus uncti? . .   *var.Carm.*2.11.16
Assyrius. Colchus an Assyrius, Thebis nutritus an Argis. . .   *Ars Poet.*118
ast. ast ego vicissim risero. *Epod.*15.24
     ast ubi me fessum sol acrior ire lavatum | admonuit, . .   *Serm.*1.6.125
     ast inportunas volucris in vertice harundo | terret fixa . .   *Serm.*1.8.6
Asterie. quid fles, Asterie, quem tibi, candida, | primo restituent vere
     Favonii *Carm.*3.7.1
astra. dum rediens fugat astra Phoebus. *Carm.*3.21.24
     nocte sublustri nihil astra praeter | vidit et undas. . .   *Carm.*3.27.31
     moresque | aureos educit in astra *Carm.*4.2.23
     "tu pudica, tu proba | perambulabis astra sidus aureum." .   *Epod.*17.41
     absentem rusticus Vrbem | tollis ad astra levis. . .   *Serm.*2.7.29
astri. nullius astri | gregem aestuosa torret inpotentia. . .   *Epod.*16.61
astrum. utrumque nostrum incredibili modo | consentit astrum; .   *Carm.*2.17.22
astrum. scit Genius, natale comes qui temperat astrum, .   *Epist.*2.2.187
astuta. astuta ingenuom volpes imitata leonem? — . .   *Serm.*2.3.186
astutum. pro bene sano | ac non incauto fictum astutumque vocamus.   *Serm.*1.3.62
astutus. captes astutus ubique | testamenta senum . . .   *Serm.*2.5.23
at. *Carm.*1.28.23; *var.Carm.*1.31.18; *Carm.*1.35.25; 2.9.13; 2.18.9; 3.7.22; *Epod.*2.29; 3.19; 5.1;
     *Epod.*5.25; *coni.Epod.*9.17; *Serm.*1.1.44; 1.1.51; 1.1.59; *var.Serm.*1.1.61; *Serm.*1.1.66;
     *Serm.*1.1.80; *var.Serm.*1.1.88; *Serm.*1.1.99; *var.Serm.*1.1.109; *Serm.*1.2.18; 1.2.47; 1.2.49;
     *Serm.*1.2.73; 1.3.27; 1.3.32; 1.3.33 (*bis*); *var.Serm.*1.3.43; *Serm.*1.3.51; 1.4.19;
     *Serm.*1.4.48; 1.4.67; 1.5.60; *var.Serm.*1.6.6; *Serm.*1.6.40; 1.6.42; 1.6.47; 1.6.87;
     *var.Serm.*1.7.16; *Serm.*1.7.32; 1.8.37; 1.8.47; 1.9.6; 1.9.71; 1.10.3; 1.10.20; 1.10.23; 1.10.50;
     *Serm.*1.44; 2.2.40; 2.2.73; *var.Serm.*2.2.110; *Serm.*2.3.4; *var.Serm.*2.3.189; *Serm.*2.4.53;
     *Serm.*2.4.93; 2.6.32; 2.6.54; 2.7.100; *Epist.*1.1.59; 1.2.42; 1.7.16; *var.Epist.*1.7.40;
     *Epist.*1.10.3; 2.1.245; 2.2.109; 2.2.155; *Ars Poet.*270; *var.Ars Poet.*330
Atabulus. quos torret Atabulus et quos | nunquam erepsemus, . .   *Serm.*1.5.78
Atacino. experto frustra Varrone Atacino *Serm.*1.10.46
atavis. Maecenas atavis edite regibus, ...   *Carm.*1.1.1
ater. visendus ater flumine languido | Cocytos errans . .   *Carm.*2.14.17
     ego quid sit ater | Hadriae novi sinus *Carm.*3.27.18
     cum sit tibi dens ater *Epod.*8.3
     voltu mutabilis, albus et ater. *Epist.*2.2.189
Athenae. adiecere bonae paulo plus artis Athenae, . .   *Epist.*2.2.43
Athenas. ingenium, sibi quod vacuas desumpsit Athenas .   *Epist.*2.2.81
Athenis. ut quidam memoratur Athenis | sordidus ac dives, .   *Serm.*1.1.64
     iam mallet doctus Athenis | vivere, . . .   *Serm.*2.7.13
     ut magus, et modo me Thebis, modo ponit Athenis. .   *Epist.*2.1.213
athletarum. nunc athletarum studiis, nunc arsit equorum, .   *Epist.*2.1.95
Atlanteus. Taenari | sedes Atlanteusque finis | concutitur. .   *Carm.*1.34.11
Atlanticum. ter et quater | anno revisens aequor Atlanticum | inpune. .   *Carm.*1.31.14
Atlantis. Mercuri facunde nepos Atlantis, . . .   *Carm.*1.10.1
atque. *Carm.*1.2.1; 1.2.50; 1.8.4; 1.9.6; 1.12.49; 1.18.10; 1.21.15; 1.25.18; 1.28.13; 1.33.11; 1.34.4;
     *Carm.*2.10.21; 2.18.37; 2.18.40; 2.19.11; 3.11.18; 3.11.25; 4.4.12; 4.9.40; *Epod.*2.40; 4.19;
     *Epod.*5.21; 5.54; 7.3; 8.11; 15.5; 15.17; 16.19; 17.4; 17.12; 17.18; *Serm.*1.1.34; 1.1.85;
     *Serm.*1.1.112; 1.2.7; 1.2.10; 1.2.14; 1.2.18; 1 2.22; 1.2.40; 1.2.51; 1.2.82; 1.2.110; 1.3.5;
     *Serm.*1.3.12; 1.3.51; 1.3.55; 1.3.61; 1.3.83; 1.3.98; 1.3.100; 1.3.101; 1.3.129; 1.4.1; 1.4.2;
     *Serm.*1.4.12; 1.4.43; 1.4.102; 1.4.107; 1.4.126; 1.5.4; 1.5.16; 1.5.25; 1.5.27; 1.5.31; 1.5.76;

Serm.1.6.3; 1.6.9; 1.6.77; 1.6.95; 1.6.101; 1.6.103; 1.6.106; 1.6.111; 1.7.1;
Serm.1.7.6; 1.7.12; 1.8.14; 1.8.18; 1.8.19; 1.8.34; 1.8.38 (bis); 1.8.49 (bis); 1.9.34;
var.Serm.1.9.52; Serm.1.10.12; 1.10.13; 1.10.28; 1.10.31; 1.10.39; 1.10.44; 1.10.47; 1.10.82;
Serm.1.10.92; 2.1.70; 2.2.44; 2.2.65; 2.2.79; 2.2.121; 2.2.126; 2.3.8; 2.3.36; 2.3.77; 2.3.86;
Serm.2.3.147; 2.3.148; 2.3.153; 2.3.182; 2.3.209; 2.3.276; 2.3.285; 2.3.298; 2.3.306;
Serm.2.3.318; 2.4.45; 2.4.95; 2.5.3; 2.5.37; 2.5.39; 2.5.66; 2.5.91; 2.6.3; 2.6.36; 2.7.16;
Serm.2.7.56; 2.7.81; 2.7.86; 2.7.96; 2.7.103; 2.8.29; Epist.1.1.11; 1.2.15; var.Epist.1.2.33;
Epist.1.7.2; 1.7.48; 1.7.83; 1.10.40; 1.11.6; 1.11.7; 1.11.28; 1.15.26; var.Epist.1.16.49;
Epist.1.16.78; 1.18.3; 1.18.41; 1.18.76; 2.1.32; 2.1.38; 2.1.39; 2.1.226; 2.1.245; 2.2.41;
Epist.2.2.45; 2.2.79; 2.2.115; 2.2.117; 2.2.214; Ars Poet.9; 151; 204; 293; 400; 462

atqui. atqui non ego te tigris ut aspera|Gaetulusve leo frangere persequor: Carm.1.23.9
    atqui sciebat, quae sibi barbarus|tortor pararet: Carm.3.5.49
    atqui sollicitae nuntius hospitae,   Carm.3.7.9
    atqui nec herba nec latens in asperis|radix fefellit me locis.   Epod.5.67
    quid statis?' — nolint. atqui licet esse beatis.   Serm.1.1.19
    atqui si vitiis mediocribus ac mea paucis|mendosa est natura,   Serm.1.6.65
    'atqui|sic habet.'   Serm.1.9.52
    atque [atqui] ego cum graecos facerem, natus mare citra,|versiculos,   coni.Serm.1.10.31
    atqui|primores populi arripuit populumque tributim,   Serm.2.1.68
    atqui voltus erat multa et praeclara minantis,   Serm.2.3.9
    'atqui|emovit veterem mire novos,   Serm.2.3.27
    atqui|et genus et virtus, nisi cum re, vilior alga est.'   Serm.2.5.7
    atqui|si noles sanus, curres hydropicus;   Epist.1.2.33
    atque [atqui]|si me vivere vis sanum recteque valentem,   var.Epist.1.7.2
    atqui|hic est aut nusquam, quod quaerimus.   Epist.1.17.38
    atqui rerum caput hoc erat, hic fons.   Epist.1.17.45
atra. simul atra nubes|condidit lunam   Carm.2.16.2
    post equitem sedet atra Cura.   Carm.3.1.40
    frustra: nam comes atra premit sequiturque fugacem.'   Serm.2.7.115
atra. cras vel atra|nube polum Pater occupato   Carm.3.29.43
    nec sidus atra nocte amicum adpareat,   Epod.10.9
atra. dum res et aetas et sororum|fila trium patiuntur atra.   Carm.2.3.16
atrae. nihil ultra|nervos atque cutem morti concesserat atrae,   Carm.1.28.13
atrae. minuentur atrae|carmine curae.   Carm.4.11.35
atramenta. veluti tractata notam labemque remittunt|atramenta,   Epist.2.1.236
atras. demittit atras belua centiceps|auris   Carm.2.13.34
    hic dies vere mihi festus atras|exiget curas: Carm.3.14.13
    simul atras|ventum est Esquilias.   Serm.2.6.32
Atreus. aut humana palam coquat exta nefarius Atreus   Ars Poet.186
atri. trahentia pulveris atri|quantum non Aquilo Campanis excitat agris.   Serm.2.8.55
atria. atria servantem postico falle clientem.   Epist.1.5.31
Atrida. 'nequis humasse velit Aiacem, Atrida, vetas cur?'   Serm.2.3.187
Atridas. quin et Atridas duce te superbos . . . fefellit.   Carm.1.10.13
Atride. Atride, magis apta tibi tua dona relinquam.'   Epist.1.7.43
Atriden. Nestor conponere litis|inter Peliden festinat et inter Atriden.   Epist.1.2.12
Atrides. arsit Atrides medio in triumpho|virgine rapta,   Carm.2.4.7
Atridis. mala multa precatus Atridis   Serm.2.3.203
atris. uti|bitumen atris ignibus.'   Epod.5.82
    dissignatorem decorat lictoribus atris,   Epist.1.7.6
    quae se commendat tonsa cute, dentibus atris,   Epist.1.18.7
    nec socerum quaerit, quem versibus oblinat atris   Epist.1.19.30
atris. ut tuto ab atris corpore viperis|dormirem   Carm.3.4.17
    seu mors atris circumvolat alis,   Serm.2.1.58
    velut illis|Canidia adflasset, peior serpentibus Afris [atris].'   var.Serm.2.8.95
    quae canerent agerentque peruncti faecibus ora [atris].   var.Ars Poet.277
    possit . . . spondere levi pro paupere et eripere artis [atris] | litibus
      inplicitum.   var.Ars Poet.423
atrium. novo|sublime ritu moliar atrium?   Carm.3.1.46
atro. an si quis atro dente me petiverit,   Epod.6.15
    quantum neque atro delibutus Hercules|Nessi cruore   Epod.17.31
atrocem. cuncta terrarum subacta|praeter atrocem animum Catonis.   Carm.2.1.24
atrox. ecce furit, te reperire atrox, Tydides   Carm.1.15.27
atrox. flagrantis atrox hora Caniculae   Carm.3.13.9
atrum. ut turpiter atrum|desinat in piscem mulier formosa superne: Ars Poet.3
atrum. ut atrum|corpore conbiberet venenum,   Carm.1.37.27
    atrum|defendens piscis hiemat mare: Serm.2.2.16
    incomptis adlinet atrum|transverso calamo signum,   Ars Poet.446
Attae. recte necne crocum floresque perambulet Attae|fabula   Epist.2.1.79
attagen. non attagen Ionicus|iucundior   Epod.2.54

Attali.   neque Attali|ignotus heres regiam occupavi *Carm*.2.18.5
Attalicis.   Attalicis condicionibus|numquam demoveas, ... *Carm*.1.1.12
    an venit in votum Attalicis ex urbibus una, ... *Epist*.1.11.5
attamen.   'attamen et iustum poteras et scribere fortem,   .   .   . *Serm*.2.1.16
attemptas.   mecum facientia iura|si tamen attemptas?   .   .   . *Epist*.2.2.24
attentam.   verba per attentam non ibunt Caesaris aurem,   .   .   . *Serm*.2.1.19
attenti.   ut patris attenti, lenonis ut insidiosi, ... *Epist*.2.1.172
attentius.   spectaret populum ludis attentius ipsis, ... *Epist*.2.1.197
attentus.   asper et attentus quaesitis, ... *Serm*.2.6.82
    'durus', ait, 'Voltei, nimis attentusque videris|esse mihi.'   .   . *Epist*.1.7.91
attenuat.   insignem attenuat deus|obscura promens; *Carm*.1.34.13
atterens.   Cerberus . . . leniter atterens|caudam *Carm*.2.19.30
Attica.   ut Attica virgo|cum sacris Cereris *Serm*.2.8.13
Atticis.   finibus Atticis|reddas incolumem precor *Carm*.1.3.6
attigit.   hac arte Pollux et vagus Hercules | enisus arces attigit igneas,   *Carm*.3.3.10
attineat.   tamquam ad rem attineat quidquam. *Serm*.2.2.27
attinent.   Parthum dicere nec quae nihil attinent. *Carm*.1.19.12
attinet.   nec quae nihil attinent [attinet]. *var.Carm*.1.19.12
    te nihil attinet|temptare multa caede bidentium   .   .   . *Carm*.3.23.13
    quid attinet tot ora navium gravi|rostrata duci pondere   .   . *Epod*.4.17
attingit.   res gerere et captos ostendere civibus hostis|attingit solium Iovis   *Epist*.1.17.34
attollens.   et tollens [attollens] vacuum plus nimio Gloria verticem   . *var.Carm*.1.18.15
attollere.   nec semel inrisus triviis attollere curat|fracto crure planum,   *Epist*.1.17.58
attonitus.   ternos ter cyathos attonitus petet|vates;   .   .   . *Carm*.3.19.14
    ternos ter cyathos attonitus [attonitus cyathos] petet|vates;   .   . *var.Carm*.3.19.14
auceps.   pomarius, auceps, . . . mane domum veniant.   .   .   . *Serm*.2.3.227
    si veluti merulis intentus decidit auceps|in puteum .   .   .   . *Ars Poet*.458
auctius.   auctius atque|di melius fecere. *Serm*.2.6.3
auctor.   iudice te non sordidus auctor|naturae verique.   .   .   . *Carm*.1.28.14
    donec labantis consilio patres|firmaret auctor *Carm*.3.5.46
    est auctor quis denique eorum,|vixi cum quibus?   .   .   . *Serm*.1.4.80
    quam rudis et Graecis intacti carminis auctor *Serm*.1.10.66
    donec vos auctor docuit praetorius. *Serm*.2.2.50
    'ipsa memor praecepta canam, celabitur auctor.   .   .   . *Serm*.2.4.11
    hoc amet, hoc spernat promissi carminis auctor.   .   .   . *Ars Poet*.45
    quis tamen exiguos elegos emiserit auctor, ... *Ars Poet*.77
auctor.   sive neglectum genus et nepotes|respicis, auctor   .   .   . *Carm*.1.2.36
auctoratus.   uri virgis ferroque necari|auctoratus eas,   .   .   . *Serm*.2.7.59
auctore.   ter si resurgat murus aeneus|auctore Phoebo,   .   .   . *Carm*.3.3.66
    auctore ab illo ducis originem, ... *Carm*.3.17.5
auctorem.   'habes auctorem, quo facias hoc' *Serm*.1.4.122
auctos.   et vixisse probos, amplis et honoribus auctos;   .   .   . *Serm*.1.6.11
audacem.   saepe etiam audacem fugat hoc terretque poetam,   .   . *Epist*.2.1.182
audaces.   nautaeque, per omne|audaces mare qui currunt,   .   . *Serm*.1.1.30
audacis.   inter audacis lupus errat agnos, ... *Carm*.3.18.13
    seu per audacis nova dithyrambos|verba devolvit   .   .   . *Carm*.4.2.10
audax.   Enceladus iaculator audax *Carm*.3.4.56
    verum ambitiosus et audax: *Serm*.2.3.165
    ultro|qui meliorem audax vocet in ius, ... *Serm*.2.5.29
    ut nihil intersit, Davosne loquatur et audax|Pythias,   .   . *Ars Poet*.237
audax.   audax omnia perpeti|gens humana *Carm*.1.3.25
    proximos illi tamen occupavit|Pallas honores|proeliis audax.   .   . *Carm*.1.12.21
    scatentem|beluis pontum mediasque fraudes|palluit audax.   .   . *Carm*.3.27.28
    ut audax,|contemptis aliis, explosa Arbuscula dixit.   .   . *Serm*.1.10.76
    paupertas inpulit audax|ut versus facerem. *Epist*.2.2.51
audax.   audax Iapeti genus *Carm*.1.3.27
aude.   aude|Caesaris invicti res dicere, ... *Serm*.2.1.10
    dimidium facti, qui coepit, habet: sapere aude,   .   .   . *Epist*.1.2.40
audeat.   indomitam audeat|refrenare licentiam, ... *Carm*.3.24.28
    neque illinc|audeat esuriens dominus contingere granum   .   . *Serm*.2.3.113
audebit.   vir bonus et sapiens audebit dicere: *Epist*.1.16.73
    audebit, . . . verba movere loco, ... *Epist*.2.2.111
audendi.   'pictoribus atque poetis | quidlibet audendi semper fuit aequa
    potestas.'   .   .   .   . *Ars Poet*.10
audent.   qui caput et stomachum supponere fontibus audent|Clusinis   *Epist*.1.15.8
audes.   'tune, . . . audes|deicere de saxo civis aut tradere Cadmo?'   . *Serm*.1.6.38
    ipse quid audes? *Epist*.1.3.20
    nulline faterier audes? *Epist*.2.2.148
    audes|personam formare novam, ... *Ars Poet*.125

audet.   Gratia . . . audet|ducere nuda choros: *Carm.*4.7.5
   neglecta redire Virtus|audet *Carm.Saec.*59
   habrotonum aegro|non audet nisi qui didicit dare, ...   *Epist.*2.1.115
   nam spirat tragicum satis et feliciter audet, ...   *Epist.*2.1.166
   nec meus audet|rem temptare pudor quam vires ferre recusent.   .   *Epist.*2.1.258
   qui nescit, versus tamen audet fingere.   .   .   .   .   .   .   *Ars Poet.*382
audi.   supplices audi pueros, Apollo; *Carm.Saec.*34
   siderum regina bicornis, audi,|Luna, puellas. *Carm.Saec.*35
   ne te morer, audi,|quo rem deducam. *Serm.*1.1.14
   cur ita crediderim, nisi quid te detinet, audi. *Epist.*1.2.5
   nunc age, quid nostrum concentum dividat, audi. *Epist.*1.14.31
   iunior audi,|cur sit Aristippi potior sententia. *Epist.*1.17.16
   mox etiam, si forte vacas, sequere et procul audi, ...   *Epist.*2.2.95
   tu, quid ego et populus mecum desideret, audi.   .   .   .   .   *Ars Poet.*153
audiar.   quibus|antris egregii Caesaris audiar *Carm.*3.25.4
audias.   non, si me satis audias, ...   *Carm.*1.13.13
audiat.   audiat Lyde scelus atque notas|virginum poenas   .   .   .   *Carm.*3.11.25
   audiat invidus|dementem strepitum Lycus *Carm.*3.19.22
audiendum.   siquid loquar audiendum, ...   *Carm.*4.2.45
audientem.   prece qua fatigent|virgines sanctae minus audientem|carmina
    Vestam? *Carm.*1.2.27
audieras.   audieras, cui|rem di donarent, illi decedere pravam|stultitiam;.   *Epist.*2.2.151
audieris.   "quartae sit partis Vlixes"|audieris "heres":   .   .   .   *Serm.*2.5.101
   quid hoc intersit, ab ipso|audieris melius. *Serm.*2.8.33
audierit.   non magis audierit, quam Fufius ebrius olim,   .   .   .   *Serm.*2.3.60
audiet.   audiet civis acuisse ferrum, ...   *Carm.*1.2.21
   audiet pugnas vitio parentum|rara iuventus. *Carm.*1.2.23
   dixerit insanum qui me, totidem audiet *Serm.*2.3.298
audire.   audire magnos iam videor duces, ...   *Carm.*2.1.21
   audire et videor pios|errare per lucos, ...   *Carm.*3.4.6
   audire est operae pretium, procedere recte|qui moechis non voltis,   *Serm.*1.2.37
   audire atque togam iubeo conponere. *Serm.*2.3.77
   discere et audire et meliori credere non vis? *Epist.*1.1.48
   nil audire velim, nil discere, quod levet aegrum; *Epist.*1.8.8
   Romae dulce diu fuit . . . maiores audire, minori dicere   .   .   *Epist.*2.1.106
   qui se credebat miros audire tragoedos *Epist.*2.2.129
audiret.   numquid Pomponius istis|audiret leviora, pater si viveret?   .   *Serm.*1.4.53
   ut alter|alterius sermone meros audiret honores, ...   *Epist.*2.2.88
audiri.   labra movet metuens audiri: 'pulchra Laverna,   .   .   .   *Epist.*1.16.60
audis.   audis minus et minus iam: *Carm.*1.25.6
   audis, quo strepitu ianua, ...   *Carm.*3.10.5
   ter vocata audis adimisque leto,|diva triformis, ...   *Carm.*3.22.3
   o deorum|siquis haec audis, ...   *Carm.*3.27.51
   Matutine pater, seu 'Iane' libentius audis, ...   *Serm.*2.6.20
   subtilis veterum iudex et callidus audis. *Serm.*2.7.101
   tu recte vivis, si curas esse quod audis. *Epist.*1.16.17
audisti.   numquid de Dacis audisti?' *Serm.*2.6.53
   rexque paterque|audisti coram, ...   *Epist.*1.7.38
audit.   vocatus atque non vocatus audit. *Carm.*2.18.40
   voces audit adhuc integer. *Carm.*3.7.22
   duraeque tellus audit Hiberiae, ...   *Carm.*4.14.50
   amaras|porrecto iugulo historias captivos ut audit.   .   .   .   *Serm.*1.3.89
   audit continuo 'quis homo hic' et 'quo patre natus?'   .   .   .   *Serm.*1.6.29
   "nemon oleum fert ocius? ecquis|audit?" *Serm.*2.7.35
audita.   carmina non prius|audita . . . canto. *Carm.*3.1.3
auditam.   auditam moderere arboribus fidem, ...   *Carm.*1.24.14
auditis.   auditis? an me ludit amabilis|insania? *Carm.*3.4.5
auditor.   non ego, nobilium scriptorum auditor et ultor,   .   .   .   *Epist.*1.19.39
auditorem.   in medias res|non secus ac notas auditorem rapit   .   .   *Ars Poet.*149
auditoris.   ergo non satis est risu diducere rictum|auditoris   .   .   *Serm.*1.10.8
   et quocumque volent animum auditoris agunto.   .   .   .   .   *Ars Poet.*100
   auditumque Medis|Hesperiae sonitum ruinae?   .   .   .   .   *Carm* 2.1.31
auditum.   ducere me auditum, perges quocumque, memento.   .   .   *Serm.*2.4.89
   hic sponsum vocat, hic auditum scripta relictis|omnibus officiis;   .   *Epist.*2.2.67
audivere.   audivere, Lyce, di mea vota, ...   *Carm.*4.13.1
   di mea vota, di|audivere, Lyce: *Carm.*4.13.2
audivit.   'maxime' quis non|'Iuppiter' exclamat simul atque audivit?   *Serm.*1.2.18
aufer.   aufer,|sume tibi deciens; *Serm.*2.3.236
   aufer|me voltu terrere; *Serm.*2.7.43

auferam. pavore somnos auferam. *Epod.*5.96

auferet. "hunc neque dira venena nec hosticus auferet ensis . . *Serm.*1.9.31

    'ni tua custodis, avidus iam haec auferet heres.' . . *Serm.*2.3.151

    qui dedit hoc hodie, cras si volet auferet, . . . *Epist.*1.16.33

aufers. quare, . . . periuras, surripis, aufers|undique? . . *Serm.*2.3.127

aufert. nec levis somnos timor aut cupido|sordidus aufert. . . *Carm.*2.16.16

    tibi telas operosaeque Minervae studium aufert, . . . *Carm.*3.12.5

    somnus tamen aufert|intentum veneri: *Serm.*1.5.83

    si ratio et prudentia curas, . . . aufert, ... *Epist.*1.11.26

    sed satis est orare Iovem quae ponit et aufert, . . . *Epist.*1.18.111

    aufert|Pacuvius docti famam senis, ... *Epist.*2.1.55

Aufidienus. Aufidienus,|cui Canis ex vero dictum cognomen adhaeret, . *Serm.*2.2.55

Aufidio. Fundos Aufidio Lusco praetore libenter|linquimus, . . *Serm.*1.5.34

Aufidius. Aufidius forti miscebat mella Falerno, . . . *Serm.*2.4.24

Aufidum. longe sonantem natus ad Aufidum *Carm.*4.9.2

Aufidus. qua violens obstrepit Aufidus *Carm.*3.30.10

    sic tauriformis volvitur Aufidus, ... *Carm.*4.14.25

    cum ripa simul avolsos ferat Aufidus acer. . . . *Serm.*1.1.58

aufugiens. saepe velut qui|currebat fugiens [curreret aufugiens] hostem, . *coni.Serm.*1.3.10

auge. nunc i, rem strenuos auge.' *Epist.*1.7.71

augenda. qui|semper in augenda festinat et obruitur re. . . *Epist.*1.16.68

augent. et iuvenum ritu florent modo nata vigentque [? et nova iuvenum

    ritu florent motat augentque]. . . . . . ? *var.Ars Poet.*62

augere. cur me funesto properent arcere [augere] veterno; . *var.Epist.*1.8.10

augur. nube candentis umeros amictus|augur Apollo; . . *Carm.*1.2.32

    aquae nisi fallit augur|annosa cornix. *Carm.*3.17.12

    augur et fulgente decorus arcu|Phoebus . . . *Carm.Saec.*61

    unde|divitias aerisque ruam, dic augur, acervos.' . . *Serm.*2.5.22

    quodsi non odio peccantis desipit augur, . . . *Epist.*1.20.9

auguris. concidit auguris|Argivi domus ob lucrum|demersa exitio; *Carm.*3.16.11

    da, puer, auguris|Murenae: *Carm.*3.19.10

Auguste. tuas,|Auguste, virtutes in aevom . . . aeternet, . *Carm.*4.14.3

Augusti. potius nova|cantemus Augusti tropaea|Caesaris . *Carm.*2.9.19

    super inpetrato|fortis Augusti reditu *Carm.*4.2.43

    quid Augusti paternus|in pueros animus Nerones. . . *Carm.*4.4.27

    quibus terrarum militet oris|Claudius Augusti privignus, . *Epist.*1.3.2

    quis sibi res gestas Augusti scribere sumit? . . *Epist.*1.3.7

    Augusti laudes agnoscere possis; *Epist.*1.16.29

    Caesaris Augusti non responsura lacertis. . . *Epist.*2.2.48

Augusto. Augusto reddes signata volumina, Vinni, . . *Epist.*1.13.2

Augustus. quos inter Augustus recumbens *Carm.*3.3.11

    praesens divos habebitur|Augustus *Carm.*3.5.3

aula. nulla certior . . . aula divitem manet|erum. . . *Carm.*2.18.31

aula. puer quis ex aula capillis|ad cyathum statuetur unctis . . *Carm.*1.29.7

    caret invidenda|sobrius aula. *Carm.*2.10.8

    lectus genialis in aula est: *Epist.*1.1.87

    ex quo|tempore cervinam pellem latravit in aula, . *Epist.*1.2.66

aulae. cessit immanis tibi blandienti|ianitor aulae . . *Carm.*3.11.16

aulaea. interea suspensa gravis aulaea ruinas|in patinam fecere, *Serm.*2.8.54

    adde hos praeterea casus, aulaea ruant si, . . *Serm.*2.8.71

    quattuor aut plures aulaea premuntur in horas, . . *Epist.*2.1.189

aulaea. si plosoris eges aulaea manentis . . . . *Ars Poet.*154

aulaeis. cenae sine aulaeis et ostro *Carm.*3.29.15

aulam. Troas et laetam Priami choreis|falleret aulam, . . *Carm.*4.6.16

    et vacuam patefecit aulam. *Carm.*4.14.36

Aule. te talos, Aule, nucesque|ferre sinu laxo, . . *Serm.*2.3.171

Aulide. pro vitula statuis dulcem Aulide natam|ante aras . *Serm.*2.3.199

Aulon. amicus Aulon|fertili Baccho *Carm.*2.6.18

Aulus. nec scit quantum Cascellius Aulus, . . . *Ars Poet.*371

aura. neve te nostris vitiis iniquom|ocior aura|tollat; . *Carm.*1.2.48

    tua ne retardet|aura maritos *Carm.*2.8.24

    tutum per Aegaeos tumultus|aura feret . . . *Carm.*3.29.64

    multa Dircaeum levat aura cycnum, ... *Carm.*4.2.25

    intonsosque agitaret Apollinis aura capillos, . . *Epod.*15.9

    mone, si increbruit aura,|cautus uti velet carum caput; . *Serm.*2.5.93

    ubi gratior aura|leniat et rabiem Canis . . . *Epist.*1.10.15

    hoc age, ne mutata retrorsum te ferat aura. . . *Epist.*1.18.88

aura. ubi nulla campis|arbor aestiva recreatur aura, . . *Carm.*1.22.18

    nocturna siquid crassi est tenuabitur aura . . . *Serm.*2.4.52

aurae. sperat, nescius aurae|fallacis. *Carm.*1.5.11
   arbitrio popularis aurae. *Carm.*3.2.20
   atque adfigit humo divinae particulam aurae. *Serm.*2.2.79
aurae. amoenae|quos et aquae subeunt et aurae. *Carm.*3.4.8
   i pedes quo te rapiunt et aurae, ... *Carm.*3.11.49
   nutriant fetus et aquae salubres|et Iovis aurae. . . . *Carm.Saec.*32
aurarum. non sine vano|aurarum et siluae metu. . . . *Carm.*1.23.4
auras. Tithonusque remotus in auras *Carm.*1.28.8
   at tu conclusas hircinis follibus auras, . . . ut mavis, imitare. . *Serm.*1.4.19
   cum tibi sol tepidus pluris admoverit auris [auras], ... *var.Epist.*1.20 19
aure. densum umeris bibit aure volgus. *Carm.*2.13.32
   agam per altas aure sublata nivis *Epod.*6.7
   detractam ex aure Metellae, . . . bacam: *Serm.*2.3.239
   et quae rimosa bene deponuntur in aure. *Serm.*2.6.46
   stridere secreta divisos aure susurros.' *Serm.*2.8.78
   verum equitis quoque iam migravit ab aure voluptas|omnis . . *Epist.*2.1.187
   legitimumque sonum digitis callemus et aure. . . . . *Ars Poet.*274
aurea. aurea fruges|Italiae pleno defudit Copia cornu. . . . *Epist.*1.12.28
aurea. qui nunc te fruitur credulus aurea, ... *Carm.*1.5.9
   virgaque levem coerces|aurea turbam, ... *Carm.*1.10.19
aurea. num, tibi cum faucis urit sitis, aurea quaeris|pocula? . . *Serm.*1.2.114
aureae. o testudinis aureae|dulcem quae strepitum, Pieri, temperas, . . *Carm.*4.3.17
auream. auream quisquis mediocritatem|diligit, ... *Carm.*2.10.5
aureis. dives ut aureis|mercator exsiccet culillis *Carm.*1.31.10
aurem. votis ut praebeat aurem? *Serm.*1.1.22
   in aurem|dicere nescio quid puero, ... *Serm.*1.9.9
   verba per attentam non ibunt Caesaris aurem, ... *Serm.*2.1.19
   quae carmine gratior aurem|occupet humanam? *Serm.*2.2.94
   aurem substringe loquaci. *Serm.*2.5.95
   est mihi purgatam crebro qui personet aurem: *Epist.*1.1.7
   si modo culturae patientem commodet aurem. *Epist.*1.1.40
   torquet ab obscaenis iam nunc sermonibus aurem, . . . *Epist.*2.1.127
   segnius irritant animos demissa per aurem . . . . *Ars Poet.*180
aureo. et te sonantem plenius aureo, ... *Carm.*2.13.26
   te vidit insons Cerberus aureo|cornu decorum *Carm.*2.19.29
aureos. moresque|aureos educit in astra *Carm.*4.2.23
   tu moraris aureos|currus et intactas boves? *Epod.*9.21
aures. nec retinent patulae conmissa fideliter aures . . . *Epist.*1.18.70
aures. cum tibi sol tepidus pluris admoverit auris [aures], . . . *var.Epist.*1.20.19
aureum. neque aureum|mea renidet in domo lacunar, . . . *Carm.*2.18.1
   ut inquinavit aere tempus aureum, ... *Epod.*16.64
   "tu pudica, tu proba|perambulabis astra sidus aureum." . . . *Epod.*17.41
auri. quid iuvat inmensum te argenti pondus et auri . . *Serm.*1.1.41
   pauper Opimius argenti positi intus et auri, ... *Serm.*2.3.142
   non domus et fundus, non aeris acervos et auri . . . *Epist.*1.2.47
auribus. 'rides' ait, 'et Iovis auribus ista|servas: *Epist.*1.19.43
auribus. quidquid habes, age,|depone tutis auribus. . . . *Carm.*1.27.18
   'quid obseratis auribus fundis preces? *Epod.*17.53
   sanus utrisque|auribus atque oculis; *Serm.*2.3.285
auriculae. (gaudent praenomine molles|auriculae) . . . *Serm.*2.5.33
auriculam. ego vero|oppono auriculam. *Serm.*1.9.77
auriculas. demitto auriculas, ut iniquae mentis asellus, . . *Serm.*1.9.20
   auriculas citharae collecta sorde dolentis. *Epist.*1.2.53
auriculis. praeceptum auriculis hoc instillare memento: . . . *Epist.*1.8.16
auriga. sive opus est imperitare equis,|non auriga piger. . . *Carm.*1.15.26
   instat equis auriga suos vincentibus, ... *Serm.*1.1.115
auris. facit quod|paenula solstitio, campestre nivalibus auris, . . *Epist.*1.11.18
auris. sed equi frenato est auris in ore); *Epist.*1.15.13
auris. iam nunc minaci murmure cornuom|perstringis auris . . *Carm.*2.1.18
   demittit atras belua centiceps|auris *Carm.*2.13.35
   vidi . . . auris|capripedum Satyrorum acutas. . . . *Carm.*2.19.3
   dic modos, Lyde quibus obstinatas|adplicet auris, . . . *Carm.*3.11.8
   votis puerorum amicas|adplicat auris: *Carm.Saec.*72
   inpediat verbis lassas onerantibus auris, ... *Serm.*1.10.10
   carmina quae possint oculos aurisque morari|Caesaris. . . *Epist.*1.13.17
   his verbis vacuas permulceat auris; *Epist.*1.16.26
   cum tibi sol tepidus pluris admoverit auris, ... *Epist.*1.20.19
   obturem patulas inpune legentibus auris. *Epist.*2.2.105
   tardior ut paullo graviorque veniret ad auris, ... *Ars Poet.*255

in Maeci descendat iudicis auris | et patris et nostras . . . . *Ars Poet.*387
auritas. blandum et auritas fidibus canoris | ducere quercus. . . *Carm.*1.12.11
auro. Grosphe, non gemmis neque purpura ve- | nale nec auro. . . *Carm.*2.16.8
nec satelles Orci | callidum Promethea | revexit auro captus; . . *Carm.*2.18.36
auro repensus scilicet acrior | miles redibit: *Carm.*3.5.25
quia veneat auro | rara avis *Serm.*2.2.25
thesauro [tres auro] invento qui mercennarius agrum . . . aravit . *ver.Serm.*2.6.11
vilius argentum est auro, virtutibus aurum. *Epist.*1.1.52
si metit Orcus | grandia cum parvis, non exorabilis auro? . . . *Epist.*2.2.179
regali conspectus in auro nuper et ostro, ... *Ars Poet.*228
aurum. aurum per medios ire satellites . . . amat *Carm.*3.16.9
vilius argentum est auro, virtutibus aurum. *Epist.*1.1.52
aurum. non aurum aut ebur Indicum, ... *Carm.*1.31.6
aurum inrepertum et sic melius situm, . . . spernere . . . *Carm.*3.3.49
gemmas et lapides aurum et inutile, ... *Carm.*3.24.48
nec dabunt, quamvis redeant in aurum | tempora priscum. . . *Carm.*4.2.39
aurum vestibus illitum | mirata *Carm.*4.9.14
qui servos proicere aurum | in media iussit Libya, ... *Serm.*2.3.100
qui nummos aurumque recondit, ... *Serm.*2.3.109
paret ancillas, paret aurum, ... *Serm.*2.3.215
ausa. ausa et iacentem visere regiam | voltu sereno, . . . *Carm.*1.37.25
ausculto. 'iamdudum ausculto et cupiens tibi dicere servos | pauca reformido.' *Serm.*2.7.1
ausi. meruere decus vestigia Graeca | ausi deserere . . . . *Ars Poet.*287
ausim. neque ego illi detrahere ausim . . . cum multa laude coronam. . *Serm.*1.10.48
Ausonias. pertulit Ausonias ad urbis, ... *Carm.*4.4.56
auspex. ego cui timebo, | providus auspex, ... *Carm.*3.27.8
auspicatos. iam bis Monaeses et Pacori manus | inauspicatos [non auspicatos]
contudit impetus | nostros *var.Carm.*3.6.10
auspice. nil desperandum Teucro duce et auspice: *Carm.*1.7.27
fidibusne Latinis | Thebanos aptare modos studet auspice Musa, . . *Epist.*1.3.13
auspiciis. Romuli | praescriptum et intonsi Catonis | auspiciis . . *Carm.*2.15.12
immanisque Raetos | auspiciis pepulit secundis, ... *Carm.*4.14.16
tuisque | auspiciis totum confecta duella per orbem . . . *Epist.*2.1.254
auspicium. cui si vitiosa libido | fecerit auspicium, ... *Epist.*1.1.86
Auster. Auster, | dux inquieti turbidus Hadriae. *Carm.*3.3.4
indomitas prope qualis undas | exercet Auster *Carm.*4.14.21
nec si te validus iactaverit Auster in alto, ... *Epist.*1.11.15
Auster. ut horridis utrumque verberes latus, | Auster, memento fluctibus; . *Epod.*10.4
auster. nec mala me ambitio perdit nec plumbeus auster . . . *Serm.*2.6.18
austera. celsi praetereunt austera poemata Ramnes: . . . *Ars Poet.*342
austerum. molliter austerum studio fallente laborem, . . . *Serm.*2.2.12
Austri. sentiant motus orientis Austri *Carm.*3.27.22
nulla nocent pecori contagia, nullius astri [Austri] | gregem aestuosa
torret inpotentia. *var.Epod.*16.61
Austri. praesentes, Austri, coquite horum obsonia. *Serm.*2.2.41
Austris. contra mercator, navim iactantibus Austris, . . . *Serm.*1.1.6
austris. non tamen adversis aetatem ducimus austris, . . . *Epist.*2.2.202
Austro. leni fuit Austro | captus, ... *Serm.*2.8.6
austrum. nocentem | corporibus metuemus austrum: . . . *Carm.*2.14.16
ausus. sed puerum est ausus Romam portare docendum | artis, . . *Serm.*1.6.76
cum est Lucilius ausus | primus in hunc operis conponere carmina morem, *Serm.*2.1.62
non Pyladen ferro violare aususve sororem | Electran, . . . *Serm.*2.3.139
fastidire lacus et rivos ausus apertos, ... *Epist.*1.3.11
unum | siquis amicorum est ausus reprehendere versum; . . . *Epist.*2.1.222
sudet multum frustraque laboret | ausus idem: . . . . *Ars Poet.*242
nec scit quantum Cascellius Aulus [ausus], | sed tamen in pretio est); . *var.Ars Poet.*371
aut. *Carm.*1.4.3; 1.4.9; 1.4.10; 1.6.3; 1.6.14; 1.6.15; 1.7.1; 1.7.2; 1.7.4; 1.9.24; 1.12.1; 1.12.5;
*Carm.*1.12.6; *var.Carm.*1.12.15; *Carm.*1.12.18; 1.18.5; ? *coni.Carm.*1.19.11; *Carm.*1.21.6;
*Carm.*1.21.7; 1.21.8; 1.24.1; 1.31.6; 1.37.18; 2.1.33; 2.9.2; 2.9.6; 2.9.16; 2.12.22; 2.12.24;
*Carm.*2.12.26; 2.13.40; 2.16.15; 3.1.28; 3.2.19; 3.4.54; ? *var.Carm.*3.4.77; *Carm.*3.5.56;
*Carm.*3.10.19; 3.12.2; 3.19.11; 3.20.15 (*bis*); 3.23.7; 3.23.11; 3.24.24; *var.Carm.*3.24.26;
*Carm.*3.25.2; 3.25.17; 3.27.2; 3.30.4; 4.6.10; 4.8.6 (*bis*); 4.8.10; 4.9.52; 4.15.18; *Epod.*1.33;
*Epod.*1.34; 2.9; 2.11; 2.15; 2.16; 2.31; 2.33; 2.41; 2.50; 2.57; 5.3; 5.9; *var.Epod.*5.21;
*Epod.*5.28; 5.49; 6.5 (*bis*); 6.14; 7.1; 7.7; 9.29; 9.31; 9.32; 9.34; 11.4; 11.27; 11.28;
*Epod.*16.4; 16.15; 16.22; 16.37; 17.36; *Serm.*1.1.8; 1.1.72; 1.1.81; 1.1.101; *var.Serm.*1.1.104;
*Serm.*1.2.81; 1.2.117; *var.Serm.*1.2.117; *Serm.*1.2.133 (*bis*); 1.3.27 (*bis*); 1.3.36; 1.3.39;
*var.Serm.*1.3.64; *Serm.*1.3.65; 1.3.88; 1.3.92; 1.3.94; 1.4.4 (*bis*); 1.4.26 (*bis*); 1.4.32;
*coni.Serm.*1.4.69; *var.Serm.*1.4.111; *Serm.*1.4.133; 1.5.64; *var.Serm.*1.6.5; 1.6.6;
*coni.Serm.*1.6.29; *Serm.*1.6.38; 1.6.39; *var.Serm.*1.6.65; *Serm.*1.6.68; 1.6.86;

*var.Serm.*1.6.102; *Serm.*1.6.122; 1.6.123; 1.7.16; 1.9.24; 1.9.32; 1.9.39 (*bis*); 1.9.51; *Serm* 1.10.78; 1.10.79; 2.1.10; 2.1.15; 2.1.65; 2.1.67; 2.2.18; 2.2.22; 2.2.127 (*bis*); *Serm.*2.2.131 (*bis*); 2.3.15; 2.3.78; 2.3.80; 2.3.122; 2.3.163; *var.Serm.*2.3.183; *Serm.*2.3.204 (*bis*); 2.3.216; 2.5.7 (*bis*); *var.Serm.*2.5.7; *Serm.*2.5.26 (*bis*); 2.5.32; *Serm.*2.5.59 (*bis*); 2.6.95 (*bis*); 2.7.25; 2.7.26; 2.7.50; 2.7.52; 2.7.97; 2.7.98; 2.7.117 (*bis*); *Epist.*1.1.72; 1.1.76; 1.2.51; 1.2.70; 1.6.28; *var.Epist.*1.7.40; *Epist.*1.7.45; 1.7.64; 1.10.19; *Epist.*1.10.47; 1.15.12; 1.15.34; *var.Epist.*1.16.33; *Epist.*1.17.39; 1.17.41; 1.17.42; 1.17.52; *Epist.*1.17.54; 1.18.26; 1.18.36; 1.18.39; 1.18.75; 1.20.12; 1.20.13 (*bis*); 2.1.91; 2.1.96 (*bis*); *Epist.*2.1.101; 2.1.180; 2.1.186 (*bis*); 2.1.189; *coni.Epist.*2.1.200; *Epist.*2.1.202; 2.1.221; *Epist.*2.1.240; 2.2.165; 2.2.177; *Ars Poet.*18 (*bis*); 42; *var.Ars Poet.*43; *Ars Poet.*105 (*bis*); *Ars Poet.*109; 110; 119 (*bis*); 135; 179 (*bis*); 186; 187; 230; 246; 247; 258; 261; 262; *Ars Poet.*333 (*bis*); 334; 352; 353; 443; 453; 454

autem.   unde datum [autem] sentis, lupus hic Tiberinus an alto|captus hiet?   *coni.Serm.*2.2.31
    scriptores autem narrare putaret asello|fabellam surdo.   *Epist.*2.1.199
    sedulitas autem stulte quem diligit urget,   *Epist.*2.1.260
    quid autem|Caecilio Plautoque dabit Romanus   *Ars Poet.*53
autumat.   insanum Chrysippi porticus et grex|autumat.   *Serm.*2.3.45
autumnos.   per autumnos nocentem|corporibus metuemus austrum: *Carm.*2.14.15
Autumnus.   caput|Autumnus agris extulit,   *Epod.*2.18
autumnus.   iam tibi lividos|distinguet autumnus racemos|purpureo varius
    colore.   *Carm.*2.5.11
    pomifer autumnus fruges effuderit,   *Carm.*4.7.11
    autumnusque gravis, Libitinae quaestus acerbae.   *Serm.*2.6.19
auxili.   auxili|latura plus praesentibus.   *Epod.*1.21
auxilii.   adlapsus timet | magis relictis, non, ut adsit, auxili [auxilii]|latura
    plus praesentibus.   *var.Epod.*1.21
    adlapsus timet|magis relictis, non, ut adsit, auxili [ut sit auxilii]|latura
    plus praesentibus.   *var.Epod.*1.21
auxilio.   auxilio quae|sit mihi (nam multo plures sumus),   *Serm.*1.4.141
avarae.   vindex avarae fraudis   *Carm.*4.9.37
avaras.   terret ambustus Phaethon avaras|spes   *Carm.*4.11.25
    qui|frustis et pomis viduas venentur avaras   *Epist.*1.1.78
avarior.   viveret in terris te siquis avarior uno.   *Epist.*2.2.157
avaris.   "danda est ellebori multo pars maxima avaris: *Serm.*2.3.82
    Grais . . . praeter laudem nullius avaris.   *Ars Poet.*324
avaris.   nullus argento color est avaris|abdito terris,   *Carm.*2.2.1
avaritia.   aut ob avaritiam [ab avaritia] aut misera ambitione laborat.   *var.Serm.*1.4.26
    fervet avaritia miseroque cupidine pectus: *Epist.*1.1.33
avaritiam.   aut ob avaritiam aut misera ambitione laborat.   *Serm.*1.4.26
    si neque avaritiam neque sordes aut mala lustra | obiciet vere
    quisquam mihi,   *Serm.*1.6.68
avaro.   addant avaro divitias mari: *Carm.*3.29.61
    quidquid quaesierat ventri donabat avaro.   *Epist.*1.15.32
    scire volam . . . quantum discordet parcus avaro.   *Epist.*2.2.194
avarum.   avarum|cum veto te fieri,   *Serm.*1.1.103
    animum quod laudis avarum|subruit aut reficit.   *Epist.*2.1.179
avarus.   ultra|limites clientium|salis avarus?   *Carm.*2.18.26
    quod aut avarus ut Chremes terra premam,   *Epod.*1.33
    ⟨cum⟩ nemo, ut avarus,|se probet   *Serm.*1.1.108
    illuc, unde abii, redeo: ⟨cum⟩ nemo, ut avarus, [ne non ut avarus]|se
    probet   *var.Serm.*1.1.108
    'quid avarus?'|stultus et insanus.   *Serm.*2.3.158
    " 'quid, siquis non sit avarus,|continuo sanus?'   *Serm.*2.3.159
    semper avarus eget: certum voto pete finem.   *Epist.*1.2.56
    qui melior servo, qui liberior sit avarus,   *Epist.*1.16.63
    vatis avarus|non temere est animus;   *Epist.*2.1.119
    non es avarus: abi.   *Epist.*2.2.205
avebas.   finire laborem|incipias, parto quod avebas,   *Serm.*1.1.94
avellier.   pretiumque avellier ante|quam mercem ostendi?   *Serm.*1.2.104
avem.   aut in avem Procne vertatur, Cadmus in anguem.   *Ars Poet.*187
avenae.   neque ille|seposti ciceris nec longae invidit avenae   *Serm.*2.6.84
aventes.   Vrbis aventes|moenia nocturni subrepere.   *Serm.*2.6.99
aventi.   aventi|ponere signa novis praeceptis,   *Serm.*2.4.1
Aventino.   cubat hic in colle Quirini,|hic extremo in Aventino,   *Epist.*2.2.69
Aventinum.   quaeque Aventinum tenet Algidumque,   *Carm.Saec.*69
Avernalis.   spargens Avernalis aquas.   *Epod.*5.26
averrere.   nec satis est cara piscis averrere mensa   *Serm.*2.4.37
aversam.   sic lucro aversam potuisse nasci|matre pudenda.   *Carm.*2.4.19
aversis.   aut versis [aversis] animosum equis|Parthum dicere   *var.Carm.*1.19.11

aversos. mollivit aversos Penatis *Carm.*3.23.19
  aversos soliti conponere amicos. *Serm.*1.5.29
aversum. preces et aversum ad Iovem, ... *Epod.*10.18
aversus. emat . . . nautica vela|aversus mercaturis: . . . *Serm.*2.3.107
avertere. nec satis est cara piscis averrere [avertere] mensa|ignarum, . *var.Serm.*2.4.37
  ita commendare dicacis|conveniet Satyros, ita vertere [Satyros avertere]
    seria ludo, ... *var.Ars Poet.*226
avertit. avertit morbos, metuenda pericula pellit, . . . *Epist.*2.1.136
avertunt. mali culices ranaeque palustres|avertunt somnos; . . *Serm.*1.5.15
aves. queruntur in silvis aves *Epod.*2.26
avet. ara castis|vincta verbenis avet immolato|spargier agno; . . *Carm.*4.11.7
  e quibus unus avet quavis aspergere cunctos|praeter eum qui praebet
    aquam; *Serm.*1.4.87
  istuc mens animusque|fert et amat [avet] spatiis obstantia rumpere
    claustra. *coni.Epist.*1.14.9
avi. avi cur atque parentis|praeclaram ingrata stringat malus ingluvie rem, *Serm.*1.2.7
avi. 'mala ducis avi domum *Carm.*1.15.5
avibus. piscibus atque avibus quae natura et foret aetas, . . . *Serm.*2.4.45
avibus. non ut | serpentes avibus geminentur, tigribus agni. . . *Ars Poet.*13
avida. horna|fruge Laris avidaque porca: *Carm.*3.23.4
avidas. cuncta manus avidas fugient heredis *Carm.*4.7.19
avide. pransus non avide, quantum interpellet inani|ventre diem durare, . *Serm.*1.6.127
avidi. cum fas atque nefas exiguo fine libidinum|discernunt avidi. . *Carm.*1.18.11
Avidienus. Aufidienus [Avidienus],|cui Canis ex vero dictum cognomen
    adhaeret, ... *var.Serm.*2.2.55
avidis. exitio est avidum [avidis] mare nautis; *var.Carm.*1.28.18
avidos. avidos vicinum funus ut aegros|exanimat . . . *Serm.*1.4.126
  convivas avidos cenam servosque timentis|tum rapere . . . velle *Serm.*1.5.75
avidum. exitio est avidum mare nautis; *Carm.*1.28.18
avidum. latius regnes avidum domando|spiritum *Carm.*2.2.9
avidus. hinc avidus stetit|Volcanus *Carm.*3.4.58
  'ni tua custodis, avidus iam haec auferet heres.' . . . *Serm.*2.3.151
  dilator, spe longus, iners avidusque futuri, ... *Ars Poet.*172
aviis. quaerenti pavidam montibus aviis|matrem *Carm.*1.23.2
avis. imbrium divina avis imminentium, ... *Carm.*3.27.10
  Ityn flebiliter gemens,|infelix avis *Carm.*4.12.6
  ut adsidens inplumibus pullis avis *Epod.*1.19
  non Afra avis descendat in ventrem meum, ... *Epod.*2.53
  quia veneat auro|rara avis *Serm.*2.2.26
  fiet aper, modo avis, modo saxum et, cum volet, arbor. . . *Serm.*2.3.73
avis. ego apis [avis] Matinae|more modoque . . . carmina fingo. . *var.Carm.*4.2.27
avis. cui rex deorum regnum in avis vagas|permisit . . . *Carm.*4.4.2
  nos, inquam, cenamus avis, conchylia, piscis, ... *Serm.*2.8.27
avis. aetas parentum, peior avis, ... *Carm.*3.6.46
avita. avita|ex re praeberi sumptus mihi crederet illos. . . *Serm.*1.6.79
avitae. avitae|tecta velint reparare Troiae. *Carm.*3.3.59
avitis. depromere Caecubum|cellis avitis, ... *Carm.*1.37.6
avitus. saeva paupertas et avitus apto|cum lare fundus. . . *Carm.*1.12.43
avium. non avium citharaeque cantus|somnum reducent: . . *Carm.*3.1.20
  deus inde ego, furum aviumque|maxima formido: . . . *Serm.*1.8.3
  si forte suas repetitum venerit olim|grex avium plumas, . . *Epist.*1.3.19
avolsos. cum ripa simul avolsos ferat Aufidus acer. . . . *Serm.*1.1.58
  et leporum avolsos, ut multo suavius, armos, . . . *Serm.*2.8.89
avos. nec quod avos tibi maternus fuit atque paternus . . *Serm.*1.6.3
  suavius ac si|quaestor avos pater atque meus patruosque fuissent. . *Serm.*1.6.131

B

Babylonios. Leuconoe, nec Babylonios|temptaris numeros. . . . *Carm.*1.11.2
baca. viridique certat|baca Venafro, ... *Carm.*2.6.16
  pressa Venafranae quod baca remisit olivae. *Serm.*2.4.69
bacam. aceto|diluit insignem bacam: *Serm.*2.3.241
bacchabor. non ego sanius|bacchabor Edonis: *Carm.*2.7.27
Bacchae. ab ovo|usque ad mala citaret 'io Bacchae' . . . *Serm.*1.3.7
bacchante. Thracio bacchante magis sub inter-|lunia vento, . . *Carm.*1.25.11
Baccharum. o Naiadum potens|Baccharumque valentium . . *Carm.*3.25.15
Bacche. quis non te potius, Bacche pater, teque, decens Venus? . *Carm.*1.18.6
  euhoe, parce Liber, [? heu hoe, Bacche, precor,] . . . *? var.Carm.*2.19.7

hac te merentem, Bacche pater, ... Carm.3.3.13
quo me, Bacche, rapis tui | plenum? Carm.3.25.1
si conlibuisset, ab ovo | usque ad mala citaret 'io Bacchae [Bacche]' . var.Serm.1.3.7
Bacchi. plenoque Bacchi pectore turbidum | laetatur. Carm.2.19.6
rite cliens Bacchi somno gaudentis et umbra: Epist.2.2.78
Bacchius. non | conpositum melius cum Bitho Bacchius. . . . Serm.1.7.20
Baccho. vel Baccho Thebas vel Apolline Delphos | insignis . . Carm.1 7.3
amicus Aulon | fertili Baccho Carm.2.6.19
Bacchum. verecundumque Bacchum | sanguineis prohibete rixis. . Carm.1.27.3
Bacchum in remotis carmina rupibus | vidi docentem, . . . Carm.2.19.1
Bacchus. nec Laestrygonia Bacchus in amphora | languescit mihi . Carm.3.16.34
Bache. si conlibuisset, ab ovo | usque ad mala citaret 'io Bacchae [Bache]' . var.Serm.1.3.7
bacis. marita, quae rotundioribus | onusta bacis ambulet. . . Epod.8.14
arvo pascat erum an bacis opulentet olivae. Epist.1.16.2
Bactra. quid Seres et regnata Cyro | Bactra parent Carm.3.29.28
Baiae. seu liquidae placuere Baiae. Carm.3.4.24
Baiano. murice Baiano melior Lucrina peloris, ... Serm.2.4.32
Baianus. murice Baiano [murex Baianus] melior Lucrina peloris, . coni.Serm.2.4.32
Baias. (nam mihi Baias | Musa supervacuas Antonius, . . . Epist.1.15.2
non mihi Cumas | est iter aut Baias' Epist.1.15.12
Bais. marisque Bais obstrepentis urges | submovere litora, . . Carm.2.18.20
'nullus in orbe sinus Bais praelucet amoenis' Epist.1.1.83
Baius. 'nonne vides, Albi ut male vivat filius utque | Baius inops? . Serm.1.4.110
balanus. pressa tuis balanus capillis Carm.3.29.4
balathrones. mendici, mimae, balatrones [balathrones], hoc genus omne |
    maestum ac sollicitum est var.Serm.1.2.2
Balatro. invertunt Allifanis vinaria tota | Vibidius Balatroque . . Serm.2.8.40
Balatro suspendens omnia naso Serm.2.8.64
Balatrone. cum Servilio Balatrone | Vibidius quos Maecenas adduxerat
    umbras. Serm.2.8.21
dumque | ridetur fictis rerum Balatrone secundo, ... Serm.2.8.83
balatrones. ambubaiarum collegia, pharmacopolae, | mendici, mimae,
    balatrones, ... Serm.1.2.2
Balatroni. quid enim differt, barathrone [Balatroni] | dones quidquid habes
    an numquam utare paratis? var.Serm.2.3.166
tum Vibidius Balatroni | "nos nisi damnose bibimus, moriemur inulti," Serm.2.8.33
balba. ut pueros elementa docentem | occupet extremis in vicis balba
    senectus. Epist.1.20.18
balba. quid? cum balba feris annoso verba palato, ... Serm.2.3.274
Balbinum. delectant, veluti Balbinum polypus Hagnae. . . . Serm.1.3.40
balbum. os tenerum pueri balbumque poeta figurat, ... Epist.2.1.126
Balbus. 'nonne vides, Albi ut male vivat filius utque | Baius [Balbus]
    inops? var.Serm.1.4.110
balbutit. illum | balbutit scaurum pravis fultum male talis. . . Serm.1.3.48
balnea. mutat cenacula, lectos, | balnea, tonsores, ... Epist.1.1.92
nec qui | frigus collegit, furnos et balnea laudat Epist.1.11.13
nunc Vrbem et ludos et balnea vilicus optas; Epist.1.14.15
secreta petit loca, balnea vitat. . . . . Ars Poet.298
Bandusiae. o fons Bandusiae splendidior vitro, ... Carm.3.13.1
Bantinos. saltusque Bantinos et arvom | pingue tenent humilis Forenti, . Carm.3.4.15
barathro. quid enim differt, barathrone | dones quidquid habes an
    numquam utare paratis? — Serm.2.3.166
Barathroni. quid enim differt, barathrone [Barathroni] | dones quidquid
    habes an numquam utare paratis? — var.Serm.2.3.166
barathrum. pernicies et tempestas barathrumque macelli, . . . Epist.1.15.31
baratrones. mendici, mimae, balatrones [baratrones], hoc genus omne |
    maestum ac sollicitum est var.Serm.1.2.2
barba. nil illi larva [barba] aut tragicis opus esse cothurnis. . . var.Serm.1.5.64
barbam. vellunt tibi barbam | lascivi pueri. Serm.1.3.133
utque lupi barbam variae cum dente colubrae Serm.1.8.42
iussit sapientem pascere barbam Serm.2.3.35
bona pars non unguis ponere curat, | non barbam, ... Ars Poet.298
barbara. quae tibi virginum | sponso necato barbara serviet. . . Carm.1.29.6
barbara. milesne Crassi coniuge barbara Carm.3.5.5
barbara. flumina dicere et arces | montibus inpositas et barbara regna . Epist.2.1.253
barbarae. cur dira barbarae minus | venena Medeae valent, . . Epod.5.61
barbarae. dominaeque tradi | barbarae paelex." ' Carm.3.27.66
barbarae. barbarae postquam cecidere turmae Carm.2.4.9
barbaras. barbaras Syrtis, ubi Maura semper | aestuat unda: . . Carm.2.6.3

    male barbaras│regum est ulta libidines. *Carm.*4.12.7
barbare. speres perpetuom dulcia barbare│laedentem oscula, . . *Carm.*1.13.14
barbariae. Graecia barbariae lento collisa duello, . . . *Epist.*1.2.7
barbaro. pede barbaro│lustratam Rhodopen, ... *Carm.*3.25.11
barbarorum. regumque matres barbarorum *Carm.*1.35.11
    ut barbarorum Claudius agmina│ferrata vasto diruit impetu . *Carm.*4.14.29
barbarum. pugnare Thracum est: tollite barbarum│morem . . *Carm.*1.27.2
barbarum. tu flectis amnis, tu mare barbarum, . . . *Carm.*2.19.17
    hac Dorium, illis barbarum? *Epod.*9.6
barbarus. quae sibi barbarus│tortor pararet: *Carm.*3.5.49
    barbarus heu cineres insistet victor *Epod.*16.11
    ut siqui aegrotet quo morbo Barrus [barbarus], . . *var.Serm.*1.6.30
barbas. bona pars non unguis ponere curat,│non barbam [barbas], . *var.Ars Poet.*298
barbatum. siquem delectet barbatum: amentia verset. . . *Serm.*2.3.249
barbite. age dic Latinum,│barbite, carmen, . . . *Carm.*1.32.4
barbiton. nec Polyhymnia│Lesboum refugit tendere barbiton. . *Carm.*1.1.34
    arma defunctumque bello│barbiton hic paries habebit, . *Carm.*3.26.4
Bari. via peior ad usque│Bari moenia piscosi; . . . *Serm.*1.5.97
Barinae. ulla si iuris tibi peierati │ poena, Barine [Barinae], nocuisset
    umquam, ... *var.Carm.*2.8.2
Barine. ulla si iuris tibi peierati│poena, Barine, nocuisset umquam, . *Carm.*2.8.2
barris. quid tibi vis, mulier nigris dignissima barris? . . *Epod.*12.1
Barros. Sisennas, Barros ut equis praecurreret albis. . . *Serm.*1.7.8
Barrus. 'nonne vides, Albi ut male vivat filius utque│Baius [Barrus] inops? *var.Serm.*1.4.110
    ut siqui aegrotet quo morbo Barrus, ... *Serm.*1.6.30
Barus. 'nonne vides, Albi ut male vivat filius utque│Baius [Barus] inops? . *var.Serm.*1.4.110
Bassareu. non ego te, candide Bassareu,│invitum quatiam . . *Carm.*1.18.11
Bassum. Bassum Threicia vincat amystide . . . *Carm.*1.36.14
Bathyllo. non aliter Samio dicunt arsisse Bathyllo│Anacreonta Teium, . *Epod.*14.9
batillum. insani ridentes praemia scribae, │ praetextam et latum clavom
    prunaeque vatillum [batillum]. *var.Serm.*1.5.36
beabit. fundet opes Latiumque beabit divite lingua: . . *Epist.*2.2.121
bearis. bearis│interiore nota Falerni. *Carm.*2.3.7
beat. dignum laude virum Musa vetat mori,│caelo Musa beat. . *Carm.*4.8.29
beata. adparetque beata pleno│Copia cornu. . . . *Carm.Saec.*59
    esto beata, ... *Epod.*8.11
    quaeritur argentum puerisque beata creandis│uxor . . *Epist.*1.2.44
beata. arva beata│petamus, arva divites et insulas, . . *Epod.*16.41
beatae. beatae coniugis additum│stellis honorem . . *Carm.*2.19.13
    omitte mirari beatae│fumum et opes strepitumque Romae. . *Carm.*3.29.11
    atque haurire queam vitae praecepta beatae.' . . *Serm.*2.4.95
beatae. ille te mecum locus et beatae│postulant arces: . . *Carm.*2.6.21
beatam. o quae beatam diva tenes Cyprum . . . *Carm.*3.26.9
beate. o beate Sesti,│vitae summa brevis spem nos vetat incohare longam; *Carm.*1.4.14
    quando . . . beate Maecenas, bibam *Epod.*9.4
beati. rectius occupat│nomen beati qui deorum│muneribus sapienter uti *Carm.*4.9.47
    'ut Nasidieni iuvit te cena beati? *Serm.*2.8.1
beati. nescias an te generum beati│Phyllidis flavae decorent parentes: *Carm.*2.4.13
    qualibet exsules│in parte regnanto beati; . . . *Carm.*3.3.39
    utrumne│divitiis homines an sint virtute beati; . . *Serm.*2.6.74
    agricolae prisci, fortes parvoque beati, . . . *Epist.*2.1.139
    si taceas, laudant quidquid scripsere beati. . . *Epist.*2.2.108
beatior. Persarum vigui rege beatior.' *Carm.*3.9.4
    fallit sorte beatior. *Carm.*3.16.32
beatis. Icci, beatis nunc Arabum invides│gazis . . *Carm.*1.29.1
    quid statis?' — nolint. atqui licet esse beatis. . . *Serm.*1.1.19
beato. novistine locum potiorem rure beato? . . . *Epist.*1.10.14
beatorum. dissidens plebi numero beatorum│eximit Virtus . *Carm.*2.2.18
beatum. nihil est ab omni│parte beatum. . . . *Carm.*2.16.28
beatum. quem tibi, . . . primo restituent vere Favonii │ Thyna merce
    beatum, ... *Carm.*3.7.3
    non possidentem multa vocaveris│recte beatum; . . *Carm.*4.9.46
    inde fit, ut raro, qui se vixisse beatum│dicat . . *Serm.*1.1.117
    quae possit facere et servare beatum. . . . *Epist.*1.6.2
    si res sola potest facere et servare beatum, . . *Epist.*1.6.47
    rure ego viventem, tu dicis in Vrbe beatum: . . *Epist.*1.14.10
    iactamus iam pridem omnis te Roma beatum; . . *Epist.*1.16.18
    neve putes alium sapiente bonoque beatum . . *Epist.*1.16.20
beatus. quo beatus│volnere, qua pereat sagitta. . . *Carm.*1.27.11
    satis beatus unicis Sabinis. *Carm.*2.18.14

'beatus ille qui procul negotiis, ... *Epod.*2.1
privatusque magis vivam te rege beatus. *Serm.*1.3.142
beatus Fannius ultro|delatis capsis et imagine, ... *Serm.*1.4.21
voltum habitumque hominis, quem tu vidisse beatus|non magni pendis, *Serm.*2.4.92
dum licet, in rebus iucundis vive beatus, ... *Serm.*2.6.96
ut salvos regnet vivatque beatus, ... *Epist.*1.2.10
beatus enim iam|cum pulchris tunicis sumet nova consilia et spes, *Epist.*1.18.32
mirabor, si sciet inter-|noscere mendacem verumque beatus amicum. . *Ars Poet.*425
beet. ne dominus . . . munere te parvo beet aut incommodus angat. . *Epist.*1.18.75
bella. bellaque matribus|detestata. *Carm.*1.1.24
tristia bella|quo scribi possent numero, ... *Ars Poet.*73
bella. nolis longa ferae bella Numantiae *Carm.*2.12.1
et pugnata sacro bella sub Ilio: *Carm.*3.19.4
intermissa, Venus, diu|rursus bella moves? *Carm.*4.1.2
Raetis bella sub Alpibus|Drusum gerentem *Carm.*4.4.17
bella quis et paces longum diffundit in aevom? *Epist.*1.3.8
siquis bella tibi terra pugnata marique|dicat *Epist.*1.16.25
saevam|militiam puer et Cantabrica bella tulisti *Epist.*1.18.55
dum . . . aspera bella|conponunt, agros adsignant, oppida condunt, . *Epist.*2.1.7
et post Punica bella quietus quaerere coepit, ... *Epist.*2.1.162
mares animos in Martia bella|versibus exacuit; . . . . *Ars Poet.*402
bella. 'deprensi non bella est fama Treboni' *Serm.*1.4.114
ut pueros elementa docentem | occupet extremis in vicis balba [bella]
senectus. *var.Epist.*1.20.18
bellante. bellante prior, iacentem|lenis in hostem. . . . *Carm.Saec.*51
bellantis. matrona bellantis tyranni|prospiciens *Carm.*3.2.7
belle. hoc quidam non belle: numquid ego illi|inprudens olim faciam simile?' *Serm.*1.4.136
Bellerophontae. falsis inpulerit criminibus nimis | casto Bellerophonte
[Bellerophontae]|maturare necem, ... *var.Carm.*3.7.15
Bellerophonte. nimis|casto Bellerophonte|maturare necem, . . *Carm.*3.7.15
Bellerophonte. eques ipso melior Bellerophonte, ... *Carm.*3.12.8
Bellerophontem. Pegasus terrenum equitem gravatus|Bellerophontem, *Carm.*4.11.28
Bellerophonti. falsis inpulerit criminibus nimis | casto Bellerophonte
[Bellerophonti]|maturare necem, ... *var.Carm.*3.7.15
belli. bellique causas et vitia et modos *Carm.*2.1.2
quae flumina lugubris|ignara belli? *Carm.*2.1.34
dura fugae mala, dura belli. *Carm.*2.13.28
sed idem|pacis eras mediusque belli. *Carm.*2.19.28
curae sagaces|expediunt per acuta belli'. *Carm.*4.4.76
belli secundos reddidit exitus *Carm.*4.14.38
nam fuit ante Helenam cunnus taeterrima belli|causa, . . . *Serm.*1.3.107
ut si solvas 'postquam Discordia taetra|belli ferratos postis portasque
refregit,' *Serm.*1.4.61
Troiani belli scriptorem, Maxime Lolli, ... *Epist.*1.2.1
Antenor censet belli praecidere causam: *Epist.*1.2.9
me primis Vrbis belli placuisse domique, ... *Epist.*1.20.23
qualis|aedituos habeat belli spectata domique|virtus, . . . *Epist.*2.1.230
civilisque rudem belli tulit aestus in arma *Epist.*2.2.47
bellica. neque res bellica . . . ostendet Capitolio: . . . *Carm.*4.3.6
bellicosis. sed bellicosis fata Quiritibus|hac lege dico, . . . *Carm.*3.3.57
bellicosus. quid bellicosus Cantaber et Scythes, . . . cogitet . *Carm.*2.11.1
bellis. altera iam teritur bellis civilibus aetas, ... *Epod.*16.1
male salsus|ridens dissimulare; meum iecur urere bilis [bellis]. . *var.Serm.*1.9.66
ut primum positis nugari Graecia bellis|coepit *Epist.*2.1.93
bello. incomptis Curium capillis|utilem bello tulit . . . *Carm.*1.12.42
in pace, ut sapiens, aptarit idonea bello? *Serm.*2.2.111
bello. qui ferox bello tamen, inter arma *Carm.*1.32.6
otium bello furiosa Thrace, ... *Carm.*2.16.5
nunc arma defunctumque bello|barbiton *Carm.*3.26.3
nec Iugurthino parem|bello reportasti ducem *Epod.*9.24
nominaque invenere; dehinc absistere bello, ... *Serm.*1.3.104
Bellona. hunc circumtonuit gaudens Bellona cruentis. . . . *Serm.*2.3.223
bellum. nostrisque ductum seditionibus|bellum resedit; . . . *Carm.*3.3.30
libenter hoc et omne militabitur|bellum *Epod.*1.24
quibus adversum bellum incidit: *Serm.*1.7.11
aut si disparibus bellum incidat, ... *Serm.*1.7.16
in amore haec sunt mala, bellum,|pax rursum: *Serm.*2.3.267
bellum. haec bellum lacrimosum, hic miseram famem . . . aget . *Carm.*1.21.13
te rursus in bellum resorbens *Carm.*2.7.15

quis ferae | bellum curet Hiberiae? *Carm.*4.5.28
hic ego propter aquam, quod erat deterrima, ventri | indico bellum, . *Serm.*1.5.8
seu quod Lucania bellum | incuteret violenta. *Serm.*2.1.38
ira truces inimicitias et funebre bellum. *Epist.*1.19.49
'fortunam Priami cantabo et nobile bellum.' . . . . . *Ars Poet.*137
nec gemino bellum Troianum orditur ab ovo; . . . . . *Ars Poet.*147
quae | partes in bellum missi ducis: . . . . *Ars Poet.*315
belua. demittit atras belua centiceps | auris *Carm.*2.13.34
uti | petita ferro belua?' *Epod.*5.10
ut ingens | belua cognatos eliserit: *Serm.*2.3.316
quae belua ruptis, | cum semel effugit, reddit se prava catenis? . *Serm.*2.7.70
belua multorum es capitum. *Epist.*1.1.76
beluis. saevis inimica virgo | beluis, ... *Carm.*1.12.23
beluis. scatentem | beluis pontum *Carm.*3.27.27
beluosus. beluosus qui remotis | obstrepit Oceanus Britannis, . *Carm.*4.14.47
bene. relicta non bene parmula, ... *Carm.*2.7.10
sperat infestis, metuit secundis | alteram sortem bene praeparatum |
   pectus. *Carm.*2.10.14
bene mutuis | fidum pectus amoribus; *Carm.*2.12.15
vivitur parvo bene cui paternum | splendet in mensa tenui salinum . *Carm.*2.16.13
bene est cui deus obtulit | parca quod satis est manu. . . . *Carm.*3.16.43
scelerum si bene paenitet. *Carm.*3.24.50
potes hac ab orno | pendulum zona bene te secuta e- | lidere collum. . *Carm.*3.27.59
bene ferre magnam | disce fortunam; *Carm.*3.27.74
indecorant bene nata culpae. *Carm.*4.4.36
si chartae sileant quod bene feceris, ... *Carm.*4.8.21
pro bene sano | ac non incauto fictum astutumque vocamus. . . *Serm.*1.3.61
di bene fecerunt, inopis me quodque pusilli | finxerunt animi, . *Serm.*1.4.17
bene siquis | et vivat puris manibus, ... *Serm.*1.4.67
'si bene me novi, non Viscum pluris amicum, ... *Serm.*1.9.22
hinc repetit, 'paucorum hominum et mentis bene sanae; . . . *Serm.*1.9.44
'memini bene, sed meliore | tempore dicam; *Serm.*1.9.68
neque, si male cesserat, usquam | decurrens alio neque, si bene: . *Serm.*2.1.32
cum sale panis | latrantem stomachum bene leniet. *Serm.*2.2.18
in primis valeas bene: *Serm.*2.2.71
bene erat non piscibus Vrbe petitis, ... *Serm.*2.2.120
sed unde | tam bene me nosti?' *Serm.*2.3.18
si male rem gerere insani est, contra bene sani: *Serm.*2.3.74
columbino limum bene colligit ovo, ... *Serm.*2.4.56
bene est. nil amplius oro, | Maia nate, ... *Serm.*2.6.4
et quae rimosa bene deponuntur in aure. *Serm.*2.6.46
quo, bone, [bene] circa, | dum licet, in rebus iucundis vive beatus, . *var.Serm.*2.6.95
iurat bene solis esse maritis. *Epist.*1.1.89
si conportatis rebus bene cogitat uti. *Epist.*1.2.50
me pinguem et nitidum bene curata cute vises, ... *Epist.*1.4.15
cum bene notum | porticus Agrippae, via te conspexerit Appi, . *Epist.*1.6.25
ac bene nummatum decorat Suadela Venusque. *Epist.*1.6.38
si bene qui cenat bene vivit, ... *Epist.*1.6.56
si bene qui cenat bene vivit [? vivit bene], lucet, eamus | quo ducit gula; *var.Epist.*1.6.56
Celso gaudere et bene rem gerere Albinovano *Epist.*1.8.1
navibus atque | quadrigis petimus bene vivere. *Epist.*1.11.29
si ventri bene, si lateri est pedibusque tuis, ... *Epist.*1.12.5
vos sapere et solos aio bene vivere, ... *Epist.*1.15.45
si bene te novi, metues, liberrime Lolli, | scurrantis speciem praebere, . *Epist.*1.18.1
ad bene dicendum delectandumque redacti. *Epist.*2.1.155
clamabit enim 'pulchre, bene, recte,' . . . . . . *Ars Poet.*428
Beneventum. tendimus hinc recta Beneventum, ... *Serm.*1.5.71
benigna. at fides et ingeni | benigna vena est *Carm.*2.18.10
nunc mihi nunc alii benigna. *Carm.*3.29.52
benigna. deus haec fortasse benigna | reducet in sedem vice. . *Epod.*13.7
benignae. egens benignae Tantalus semper dapis, . . . *Epod.*17.66
benignae. quid si rubicunda benigni [benignae] | corna vepres et pruna ferant, *var.Epist.*1.16.8
benigne. 'at tu, quantum vis, tolle' 'benigne' *Epist.*1.7.16
quid multa? 'benigne' | respondet. *Epist.*1.7.62
quid si rubicunda benigni [benigne] | corna vepres et pruna ferant, . *var.Epist.*1.16.8
benigni. quid si rubicunda benigni | corna vepres et pruna ferant, . *Epist.*1.16.8
benignis. dabimusque divis | tura benignis. *Carm.*4.2.52
benignitas. satis superque me benignitas tua | ditavit, . . *Epod.*1.31
benignius. atque benignius | deprome quadrimum Sabina, . . *Carm.*1.9.6

53

pauloque benignius ipsum|te tractare voles, ... *Epist.*1.17.11
benigno. copia | manabit ad plenum benigno | ruris honorum opulenta
    cornu. *Carm.*1.17.15
quas et benigno numine Iuppiter|defendit *Carm.*4.4.74
aestivam sermone benigno tendere noctem. *Epist.*1.5.11
benignum. dum licet ac voltum servat Fortuna benignum, . . . *Epist.*1.11.20
benignus. quippe benignus erat. *Serm.*1.2.4
at hic si, . . . vellet bonus atque benignus|esse, . . . *Serm.*1.2.51
quod vini somnique benignus *Serm.*2.3.3
Berecyntia. lyraeque [lyraque] et Berecyntiae [Berecyntia] | delectabere
    tibiae [tibia] | mixtis carminibus non sine fistula; . . . *var.Carm.*4.1.22
Berecyntiae. cur Berecyntiae|cessant flamina tibiae? *Carm.*3.19.18
Berecyntiae|delectabere tibiae *Carm.*4.1.22
Berecyntio. saeva tene cum Berecyntio|cornu tympana. . . . *Carm.*1.18.13
Beselli. est inter Tanain quiddam socerumque Viselli [Beselli]: . . *var.Serm.*1.1.105
Bestius. ut ventres lamna candente nepotum | diceret urendos correctus
    Bestius. *Epist.*1.15.37
bibam. cessat voluntas? non alia bibam|mercede. *Carm.*1.27.13
quando . . . beate Maecenas, bibam *Epod.*9.4
bibant. collectosne bibant imbris puteosne perennis|iugis aquae . *Epist.*1.15.15
bibendi. quem Venus arbitrum|dicet bibendi? *Carm.*2.7.26
bibendum. nunc est bibendum, nunc pede libero|pulsanda tellus; . *Carm.*1.37.1
bibentem. neque me sub arta|vite bibentem. *Carm.*1.38.8
bibenti. quin etiam canet indoctum, sed dulce bibenti. . . . *Epist.*2.2.9
bibere. amphorae fumum bibere institutae|consule Tullo. . . *Carm.*3.8.11
biberent. quodsi|pallerem casu, biberent exsangue cuminum. . *Epist.*1.19.18
biberes. extremum Tanain si biberes, Lyce, ... *Carm.*3.10.1
biberis. nisi Hymettia mella Falerno|ne biberis diluta. . . . *Serm.*2.2.16
bibes. prelo domitam Caleno|tu bibes uvam: *Carm.*1.20.10
Caecubum et prelo domitam Caleno|tu bibes [non bibes] uvam: . *coni.Carm.*1.20.10
vina bibes iterum Tauro diffusa palustris|inter Minturnas . *Epist.*1.5.4
bibet. Augustus recumbens|purpureo bibet ore nectar, . . *Carm.*3.3.12
bibimus. "nos nisi damnose bibimus, moriemur inulti," . . *Serm.*2.8.34
bibis. Caecubum et prelo domitam Caleno|tu bibes [bibis] uvam: . *var.Carm.*1.20.10
ludisque et bibis inpudens *Carm.*4.13.4
bibisset. quae si cum sociis stultus cupidusque bibisset, . . *Epist.*1.2.24
bibisti. lusisti satis, edisti satis atque bibisti: *Epist.*2.2.214
bibit. densum umeris bibit aure volgus. *Carm.*2.13.32
quos inter Augustus recumbens|purpureo bibet [bibit] ore nectar, . *var.Carm.*3.3.12
quem Mandela bibit, rugosus frigore pagus, . . . *Epist.*1.18.105
Bibule. vos, Bibule et Servi, simul his te, candide Furni, . . *coni.Serm.*1.10.86
Bibuli. cessantem Bibuli consulis amphoram, ... *Carm.*3.28.8
Bibuli. ambitione relegata te dicere possum, | Pollio, . . . vos, Bibule
    [Bibuli] et Servi, ... *var.Serm.*1.10.86
bibuli. [potores bibuli media de nocte Falerni] *var.Epist.*1.18.91
bibulum. quem bibulum liquidi media de luce Falerni: . . . *Epist.*1.14.34
bibunt. qui profundum Danuvium bibunt *Carm.*4.15.21
bicornis. siderum regina bicornis, audi,|Luna, puellas. . . *Carm.Saec.*35
bidental. an triste bidental|moverit incestus: . . . . *Ars Poet.*471
bidentium. temptare multa caede bidentium *Carm.*3.23.14
biformis. biformis per liquidum aethera|vates *Carm.*2.20.2
bile. fervens difficili bile tumet iecur. *Carm.*1.13.4
bilem. dulcia se in bilem vertent *Serm.*2.2.75
ut mihi saepe|bilem, saepe iocum vestri movere tumultus! . *Epist.*1.19.20
expulit elleboro morbum bilemque meraco *Epist.*2.2.137
qui purgor bilem sub verni temporis horam. . . . *Ars Poet.*302
bilibri. cornu ipse bilibri|caulibus instillat, ... *Serm.*2.2.61
bilinguis. Canusini more bilinguis? *Serm.*1.10.30
bilis. 'quodsi meis inaestuet praecordiis|libera bilis, . . . *Epod.*11.16
meum iecur urere bilis. *Serm.*1.9.66
iussit quod splendida bilis. *Serm.*2.3.141
bimaris. laudabunt alii . . . bimarisve Corinthi|moenia . . *Carm.*1.7.2
bimenstri. cras genium mero|curabis et porco bimenstri . . *Carm.*3.17.15
bimi. bimi cum patera meri. *Carm.*1.19.15
bini. 'dicat|filius Albini [bini]: . . . . *var.Ars Poet.*327
Bioneis. hic delectatur iambis,|ille Bioneis sermonibus et sale nigro. . *Epist.*2.2.60
bipedalis. ab imo|ad summum totus moduli bipedalis, . . *Serm.*2.3.309
bipennibus. duris ut ilex tonsa bipennibus *Carm.*4.4.57
biremis. tunc me biremis praesidio scaphae *Carm.*3.29.62

Birri. ut sis tu similis Caeli Birrique latronum. *Serm*.1.4.69
bis. te bis Afro|murice tinctae|vestiunt lanae: *Carm*.2.16.35
   iam bis Monaeses et Pacori manus|inauspicatos contudit impetus . *Carm*.3.6.9
   pro quo bis patiar mori, ... *Carm*.3.9.15
   illic bis pueri die . . . ter quatient humum. *Carm*.4.1.25
   cum bis trium ulnarum toga, ... *Epod*.4.8
   longo die bis terque mutatae dapis *Epod*.5.33
   canis|ignavos adversum lupos [ignavus vel bis hostis lupos adversum]? *var.Epod*.6.2
   ad hunc frementis verterunt bis mille equos *Epod*.9.17
   'solventur risu [solventur bis sex] tabulae, tu missus abibis.' . . *coni.Serm*.2.1.86
   quas bis quinque viri sanxerunt, ... *Epist*.2.1.24
   accipit et bis dena super sestertia nummum. *Epist*.2.2.33
   quem bis terve bonum cum risu miror; . . . . . *Ars Poet*.358
   melius te posse negares|bis terque expertum frustra: . . . *Ars Poet*.440
Bistonidum. nodo coerces viperino|Bistonidum sine fraude crinis. . *Carm*.2.19.20
Bitho. non|conpositum melius cum Bitho Bacchius. . . . *Serm*.1.7.20
Bithyna. quicumque Bithyna lacessit|Carpathium pelagus carina; . *Carm*.1.35.7
Bithyna. ne Cibyratica, ne Bithyna negotia perdas; . . . *Epist*.1.6.33
bitumen. uti|bitumen atris ignibus.' *Epod*.5.82
blanda. saxa movere sono testudinis et prece blanda|ducere, . . *Ars Poet*.395
blandae. quo blandae iuvenum te revocant preces. . . . *Carm*.4.1.8
blandi. ut pueris olim dant crustula blandi|doctores, . . . *Serm*.1.1.25
blandienti. cessit immanis tibi blandienti|ianitor aulae . . . *Carm*.3.11.15
blandior. non sumptuosa blandior hostia, ... *Carm*.3.23.18
blandius. quid? si Threicio blandius Orpheo *Carm*.1.24.13
blandos. caelestis inplorat aquas docta prece blandus, [blandos] | avertit
    morbos. *var.Epist*.2.1.135
blandum. blandum et auritas fidibus canoris|ducere quercus. . . *Carm* 1.12.11
blandus. caelestis inplorat aquas docta prece blandus, . . . *Epist*.2.1.135
Blandusia. o fons Bandusiae [? Blandusia et] splendidior vitro, . . *? var.Carm*.3.13.1
Blandusiae. o fons Bandusiae [Blandusiae] splendidior vitro, . . *var.Carm*.3.13.1
blateras. cum magno blateras clamore fugisque. . . . *Serm*.2.7.35
blattarum. stragula vestis, blattarum ac tinearum epulae, . . *Serm*.2.3.119
bobus. et iuga demeret|bubus [bobus] fatigatis *var.Carm*.3.6.43
   quaeque vos bubus [bobus] veneratur albis *var.Carm.Saec*.49
   'beatus ille qui . . . paterna rura bubus [bobus] exercet suis . . *var.Epod*.2.3
Boeotum. Boeotum in crasso iurares aere natum. . . . *Epist*.2.1.244
Boetum. Boeotum [Boetum] in crasso iurares aere natum. . . *var.Epist*.2.1.244
Bolane. 'o te, Bolane, cerebri|felicem' *Serm*.1.9.11
bona. pluribus hisce,|si modo plura mihi bona sunt, inclinet, . . *Serm*.1.3.71
bona. cum mea conpensat vitiis bona, ... *Serm*.1.3.70
   dividit ut bona diversis, fugienda petendis; *Serm*.1.3.114
   in cicere atque faba bona tu perdasque lupinis, . . . *Serm*.2.3.182
   'non hercule miror,'|aiebat, 'siqui comedunt bona, . . . *Epist*.1.15.42
   'adimam bona.' *Epist*.1.16.75
bona. tum meae, . . . vocis accedet bona pars *Carm*.4.2.46
   ut bona pars hominum decepta cupidine falso . . . *Serm*.1.1.61
   sit bona librorum et provisae frugis in annum|copia . . . *Epist*.1.18.109
   bona pars non unguis ponere curat,|non barbam, . . . *Ars Poet*.297
bona. bona iam peractis|iungite fata. *Carm.Saec*.27
   sed bona siquis|iudice condiderit laudatus Caesare? . . . *Serm*.2.1.83
bonae. non sum qualis eram bonae|sub regno Cinarae. . . . *Carm*.4.1.3
bonae. hoc paces habuere bonae ventique secundi. . . . *Epist*.2.1.102
   adiecere bonae paulo plus artis Athenae, ... *Epist*.2.2.43
bonam. spem bonam certamque domum reporto *Carm.Saec*.74
   bonam deperdere famam,|rem patris oblimare malum est ubicumque. . *Serm*.1.2.61
bone. lucem redde tuae, dux bone, patriae: *Carm*.4.5.5
   'longas o utinam, dux bone, ferias|praestes Hesperiae!' . . *Carm*.4.5.37
   'o bone, ne te|frustrere: insanis et tu stultique prope omnes, . . *Serm*.2.3.31
   'o bone (nam te|scire, . . . oportet), ... *Serm*.2.6.51
   quo, bone, circa,|dum licet, in rebus iucundis vive beatus, . . *Serm*.2.6.95
   'i bone, quo virtus tua te vocat, i pede fausto, . . . *Epist*.2.2.37
boni. et quae sit natura boni summumque quid eius. . . . *Serm*.2.6.76
boni. nihil maius meliusve terris|fata donavere bonique divi . . *Carm*.4.2.38
   oderunt peccare boni virtutis amore: *Epist*.1.16.52
boni. quae virtus et quanta, boni, sit vivere parvo . . . *Serm*.2.2.1
bonis. multis ille bonis flebilis occidit, ... *Carm*.1.24.9
   fortes creantur fortibus et bonis: *Carm*.4.4.29
   vita redit bonis|post mortem ducibus, ... *Carm*.4.8.14

quae virtus et quanta, boni, [bonis] sit vivere parvo . . . discite . . . *var.Serm*.2.2.1
vilis amicorum est annona, bonis ubi quid deest. . . . . . *Epist* 1.12.24
ille bonis faveatque et consilietur amice . . . . . . *Ars Poet*.196
bonis. non secus in bonis|ab insolenti temperatam|laetitia, . . . *Carm*.2.3.2
divis orte bonis, optume Romulae|custos gentis, ... *Carm*.4.5.1
bonisque|rebus agit laetum convivam, ... *Serm*.2.6.110
bono. Flore, bono claroque fidelis amice Neroni, ... *Epist*.2.2.1
bono. moveri digna bono die, ... *Carm*.3.21.6
curantem quidquid dignum sapiente bonoque est? *Epist*.1.4.5
neve putes alium sapiente bonoque beatum *Epist*.1.16.20
bonorum. horum|semper ego optarim pauperrimus esse bonorum. . . *Serm*.1.1.79
bonos. Liber vota bonos ducit ad exitus. *Carm*.4.8.34
quinque bonos solitum Variam dimittere patres, ... *Epist*.1.14.3
bonum. curantem quidquid dignum sapiente bonoque [bonumque] est? . . *var.Epist*.1.4.5
bonum. scribe tui gregis hunc et fortem crede bonumque. . . . *Epist*.1.9.13
quem bis terve bonum cum risu miror; . . . . . . *Ars Poet*.358
bonus. quotiens bonus atque fidus|iudex honestum praetulit utili, . . *Carm*.4.9.40
at hic si, . . . vellet bonus atque benignus|esse, . . . *Serm*.1.2.51
at est bonus, ut melior vir|non alius quisquam, ... *Serm*.1.3.32
et sutor bonus et solus formosus et est rex, ... *Serm*.1.3.125
sed des veniam bonus, oro. *Serm*.2.4.5
ita vir bonus es convivaque comis" *Serm*.2.8.76
vir bonus et sapiens dignis ait esse paratus *Epist*.1.7.22
'nempe|vir bonus et prudens dici delector ego ac tu.' . . . *Epist*.1.16.32
vir bonus est quis? *Epist*.1.16.40
'sum bonus et frugi.' renuit negitatque Sabellus. *Epist*.1.16.49
vir bonus, omne forum quem spectat et omne tribunal, . . . *Epist*.1.16.57
vir bonus et sapiens audebit dicere: *Epist*.1.16.73
obscurata diu populo bonus eruet *Epist*.2.2.115
bonus sane vicinus, amabilis hospes, ... *Epist*.2.2.132
indignor, quandoque bonus dormitat Homerus. . . . . *Ars Poet*.359
vir bonus et prudens versus reprendet inertis, ... *Ars Poet*.445
Boreae. nec Boreae finitimum latus *Carm*.3.24.38
bos. tutus bos etenim rura perambulat, ... *Carm*.4.5.17
ut neque calce lupus quemquam neque dente petit bos), . . . *Serm*.2.1.55
spem mentita seges, bos est enectus arando: *Epist*.1.7.87
optat ephippia bos, piger optat arare caballus: *Epist*.1.14.43
Bospori. visam gementis litora Bospori *Carm*.2.20.14
Bosporum. navita Bosporum|Poenus perhorrescit *Carm*.2.13.14
insanientem navita Bosporum|temptabo *Carm*.3.4.30
bove. festus in pratis vacat otioso|cum bove pagus, ... *Carm*.3.18.12
quandocumque deos vel porco vel bove placat, ... *Epist*.1.16.58
bovem. bovemque|disiunctum curas et strictis frondibus exples. . . *Epist*.1.14.27
boves. te, boves olim nisi reddidisses|per dolum amotas, . . . *Carm*.1.10.9
videre fessos vomerem inversum boves|collo trahentis languido . . *Epod*.2.63
tu moraris aureos|currus et intactas boves? *Epod*.9.22
bovis. podex velut crudae bovis. *Epod*.8.6
bracchia. neque iam livida gestat armis|bracchia *Carm*.1.8.11
cerea Telephi|laudas bracchia, vae, ... *Carm*.1.13.3
bracchia et voltum teretesque suras|integer laudo: . . . *Carm*.2.4.21
dare bracchia|ludentem nitidis virginibus *Carm*.2.12.18
vidi ego civium|retorta tergo bracchia libero *Carm*.3.5.22
nec quisquam potior bracchia candidae|cervici iuvenis dabat, . . *Carm*.3.9.2
et pressare manu lentissima bracchia, ... *Serm*.1.9.64
bracchia. 'o crus, o bracchia.' *Serm*.1.2.92
bracchiis. fidens iuventus horrida bracchiis *Carm*.3.4.50
lentis adhaerens bracchiis, ... *Epod*.15.6
Breseis. prius insolentem | serva Briseis [Breseis] niveo colore | movit
   Achillem, ... *var.Carm*.2.4.3
Breunos. Breunosque velocis et arcis . . . deiecit *Carm*.4.14.11
breve. neu vivax apium neu breve lilium. *Carm*.1.36.16
quod pulcrae clunes, breve quod caput, ardua cervix. . . . *Serm*.1.2.89
breve. illis|maiorem natura modum dedit, his breve pondus: . . *Serm*.2.2.37
scis|in breve te cogi, cum plenus languet amator. . . . *Epist*.1.20.8
brevem. neque . . . ulla brevem dominum sequetur. . . . *Carm*.2.14.24
brevem. misce stultitiam consiliis brevem: *Carm*.4.12.27
curam redde brevem, si munus Apolline dignum|vis conplere libris *Epist*.2.1.216
brevi. syllaba longa brevi subiecta vocatur iambus, ... *Ars Poet*.251
brevi. qui vel mense brevi vel toto est iunior anno.' *Epist*.2.1.44

brevi.   sapias, vina liques et spatio brevi|spem longam reseces.   *Carm.*1.11.6

quid brevi fortes iaculamur aevo|multa?   *Carm.*2.16.17

verum|depugis, nasuta, brevi latere ac pede longo est.   *Serm.*1.2.93

brevi.   quid Titius? Romana brevi venturus in ora,   *Epist.*1.3.9

brevibus.   brevibus illigata viperis|crinis   *Epod.*5.15

brevioribus.   ac ne me foliis ideo brevioribus ornes,   *Epist.*1.19.26

brevis.   privatus illis census erat brevis,   *Carm.*2.15.13

ira furor brevis est: *Epist.*1.2.62

brevis esse laboro,|obscurus fio;   *Ars Poet.*25

quidquid praecipies, esto brevis,   *Ars Poet.*335

brevis.   vitae summa brevis spem nos vetat incohare longam;   *Carm.*1.4.15

et lapathi brevis herba, sed albo non sine Coo.   *Serm.*2.4.29

cena brevis iuvat et prope rivom somnus in herba;   *Epist.*1.14.35

brevis.   ille dapes laudet mensae brevis,   *Ars Poet.*198

brevis.   vive memor, quam sis aevi brevis."   *Serm.*2.6.97

Silvanum lacte piabant,|floribus et vino Genium memorem brevis aevi.   *Epist.*2.1.144

brevis.   nimium brevis|flores amoenae ferre iube rosae,   *Carm.*2.3.13

Cinarae brevis|annos fata dederunt,   *Carm.*4.13.22

brevitate.   est brevitate opus, ut currat sententia   *Serm.*1.10.9

Briseis.   serva Briseis niveo colore|movit Achillem,   *Carm.*2.4.3

Britannis.   qui remotis|obstrepit Oceanus Britannis,   *Carm.*4.14.48

Britannis.   adiectis Britannis|imperio   *Carm.*3.5.3

Britannos.   in|Persas atque Britannos|vestra motus aget prece.   *Carm.*1.21.15

serves iturum Caesarem in ultimos|orbis Britannos   *Carm.*1.35.30

visam Britannos hospitibus feros   *Carm.*3.4.33

Britannus.   intactus aut Britannus ut descenderet   *Epod.*7.7

bruma.   mox|bruma recurrit iners.   *Carm.*4.7.12

seu bruma nivalem|interiore diem gyro trahit,   *Serm.*2.6.25

quodsi bruma nives Albanis inlinet agris,   *Epist.*1.7.10

brumam.   facit quod . . . per brumam Tiberis, Sextili mense caminus.   *Epist.*1.11.19

brumas.   ver ubi longum tepidasque praebet|Iuppiter brumas   *Carm.*2.6.18

Brundisium.   Brundisium longae finis chartaeque viaeque est.   *Serm.*1.5.104

Brundisium.   Brundisium comes aut Surrentum ductus amoenum   *Epist.*1.17.52

Brundisium Minuci melius via ducat an Appi.   *Epist.*1.18.20

bruta.   quo bruta tellus et vaga flumina,   *Carm.*1.34.9

Brutam.   Butram [Brutam] tibi Septiciumque . . . adsumam;   *var.Epist.*1.5.26

Brute.   'per magnos, Brute, deos te|oro,   *Serm.*1.7.33

Bruto.   deducte Bruto militiae duce,   *Carm.*2.7.2

Bruto praetore tenente|ditem Asiam,   *Serm.*1.7.18

Brutum.   laudat Brutum laudatque cohortem,   *Serm.*1.7.23

solem Asiae Brutum appellat   *Serm.*1.7.24

bubus.   et iuga demeret|bubus fatigatis   *Carm.*3.6.43

quaeque vos bubus veneratur albis   *Carm.Saec.*49

'beatus ille qui . . . paterna rura bubus exercet suis   *Epod.*2.3

buccas.   merito quin illis Iuppiter ambas|iratus buccas inflet   *Serm.*1.1.21

Buccillus.   facetus|pastillos Rufillus [? Buccillus] olet,   *? var.Serm.*1.2.27

Bullati.   quid tibi visa Chios, Bullati, notaque Lesbos,   *Epist.*1.11.1

Bupalo.   aut acer hostis Bupalo.   *Epod.*6.14

busto.   dum Priami Paridisque busto|insultet armentum   *Carm.*3.3.40

Butram.   Butram tibi Septiciumque . . . adsumam;   *Epist.*1.5.26

Byzantia.   non alia quam qua Byzantia putuit orca.   *Serm.*2.4.66

C

caballi.   plures calones atque caballi|pascendi, ducenda petorrita.   *Serm.*1.6.103

caballo.   non ego circum|me Satureiano vectari rura caballo,   *Serm.*1.6.59

caballum.   media de nocte caballum|arripit   *Epist.*1.7.88

Thraex erit aut holitoris aget mercede caballum.   *Epist.*1.18.36

caballus.   optat ephippia bos, piger optat arare caballus: *Epist.*1.14.43

cacatum.   in me veniat mictum atque cacatum   *Serm.*1.8.38

cachinnum.   Romani tollent equites peditesque cachinnum.   *Ars Poet.*113

cacumina.   quando|Padus Matina laverit cacumina,   *Epod.*16.28

cadant.   quo promissa cadant et somnia Pythagorea;   *Epist.*2.1.52

nova fictaque nuper habebunt verba fidem, si|Graeco fonte cadent

[cadant] parce detorta.   *var.Ars Poet.*53

cadat.   atque haec rara cadat dura inter saepe pericla.   *Serm.*1.2.40

dum cadat elusus ratione ruentis acervi   *Epist.*2.1.47

cadat an recto stet fabula talo.   *Epist.*2.1.176

cadaver. cadaver | unctum oleo largo nudis umeris tulit heres, .   .   .   *Serm.*2.5.85
cadavera. huc prius angustis eiecta cadavera cellis *Serm.*1.8.8
cadens. neque ut superni villa candens [cadens] Tusculi | Circaea tangat
    moenia: *var.Epod.*1.29
cadent. si | Graeco fonte cadent parce detorta. .   .   .   .   .   *Ars Poet.*53
    cadentque | quae nunc sunt in honore vocabula, .   .   .   *Ars Poet.*70
cadentia. sic iterat voces et verba cadentia tollit, .   .   .   *Epist.*1.18.12
cadentis. nec saevos Arcturi cadentis | impetus *Carm.*3.1.27
cadi. nec poti, vetulam, faece tenus cadi. *Carm.*3.15.16
cadis. nec | parce cadis tibi destinatis. *Carm.*2.7.20
cadis. diffugiunt cadis | cum faece siccatis amici, .   .   .   *Carm.*1.35.26
    si positis intus Chii veterisque Falerni | mille cadis, .   .   *Serm.*2.3.116
cadit. si tener pleno cadit haedus anno *Carm.*3.18.5
    cur facunda parum decoro | inter verba cadit lingua silentio? .   *Carm.*4.1.36
    qua tristis Orion cadit; *Epod.*10.10
Cadmo. deicere de saxo civis aut tradere Cadmo?' .   .   .   *Serm.*1.6.39
Cadmus. aut in avem Procne vertatur, Cadmus in anguem. .   .   *Ars Poet.*187
cado. non ante verso lene merum cado *Carm.*3.29.2
caduco. fulmine sustulerit caduco *Carm.*3.4.44
caducum. triste lignum, te, caducum | in domini caput inmerentis. .   *Carm.*2.13.11
cadum. et cadum Marsi memorem duelli, ...   *Carm.*3.14.18
    quo Chium pretio cadum | mercemur, ...   *Carm.*3.19.5
    nardi parvos onyx eliciet cadum, ...   *Carm.*4.12.17
    das nummos, accipis uvam, | pullos, ova, cadum temeti: .   .   *Epist.*2.2.163
cadunt. pullos, ova, cadum [cadunt] temeti: nempe modo isto .   .   *var.Epist.*2.2.163
    prima cadunt: ita verborum vetus interit aetas, .   .   .   *Ars Poet.*61
cadus. est mihi nonum superantis annum | plenus Albani cadus, .   *Carm.*4.11.2
caeca. caeca fluitantia sorte *Serm.*2.3.269
    fervet [? ardet] avaritia miseroque [? caecaque] cupidine pectus: .   *? var.Epist.*1.1.33
caeca. neque ultra | caeca timet aliunde fata, ...   *Carm.*2.13.16
Caecilio. Caecilio Plautoque dabit Romanus ademptum | Vergilio Varioque? *Ars Poet.*54
Caecilius. vincere Caecilius gravitate, Terentius arte. .   .   .   *Epist.*2.1.59
caecior. Hypsaea caecior illa, | quae mala sunt, spectes. .   .   *Serm.*1.2.91
caecos. hostium uxores puerique caecos | sentiant motus .   .   *Carm.*3.27.21
    furorne caecos an rapit vis acrior | an culpa? .   .   .   *Epod.*7.13
Caecuba. absumet heres Caecuba dignior *Carm.*2.14.25
    procedit fuscus Hydaspes | Caecuba vina ferens, .   .   .   *Serm.*2.8.15
Caecubum. Caecubum et prelo domitam Caleno | tu bibes uvam: .   *Carm.*1.20.9
    antehac nefas depromere Caecubum | cellis avitis, .   .   .   *Carm.*1.37.5
    prome reconditum, | Lyde, strenua Caecubum .   .   .   *Carm.*3.28.3
    quando repositum Caecubum ad festas dapes . . . bibam .   *Epod.*9.1
    metire nobis Caecubum. *Epod.*9.36
caecum. amatorem quod amicae | turpia decipiunt caecum vitia .   .   *Serm.*1.3.39
    quemcumque inscitia veri | caecum agit, ...   *Serm.*2.3.44
caecus. quae subsequitur caecus Amor sui *Carm.*1.18.14
    furorne caecos [caecus] an rapit vis acrior | an culpa? .   .   *var.Epod.*7.13
    ut si | caecus iter monstrare velit, ...   *Epist.*1.17.4
caedam. (ut vineta egomet caedam mea), ...   *Epist.*2.1.220
caedas. ut ferula caedas meritum maiora subire | verbera .   .   *Serm.*1.3.120
caede. arma | militibus sine caede' dixit | 'derepta vidi, .   .   *Carm.*3.5.20
    temptare multa caede bidentium *Carm.*3.23.14
    te caede gaudentes Sygambri | conpositis venerantur armis. .   *Carm.*4.14.51
caedebat. viribus editior caedebat ut in grege taurus. .   .   *Serm.*1.3.110
caedem. ne virilis | cultus in caedem et Lycias proriperet catervas? .   *Carm.*1.8.16
caedere. populum si caedere saxis | incipias *Serm.*2.3.128
caedes. quod mare Dauniae | non decoloravere caedes? .   .   *Carm.*2.1.35
caedes. quem cruenta | per medias rapit ira caedes.' .   .   .   *Carm.*3.2.12
caedibus. caedibus et victu foedo deterruit Orpheus, .   .   .   *Ars Poet.*392
caedimur. caedimur et totidem plagis consumimus hostem .   .   *Epist.*2.2.97
caedis. inpias | caedis et rabiem tollere civicam, .   .   .   *Carm.*3.24.26
    per caedis ab ipso | ducit opes animumque ferro. .   .   *Carm.*4.4.59
caelatum. mirabile visu | caelatumque novem Musis opus. .   .   *Epist.*2.2.92
caelebs. platanusque caelebs | evincet ulmos; *Carm.*2.15.4
    Martiis caelebs quid agam kalendis, ...   *Carm.*3.8.1
caelestia. damna tamen celeres reparant caelestia lunae: .   .   *Carm.*4.7.13
    attingit solium Iovis et caelestia temptat: .   .   .   *Epist.*1.17.34
caelestis. quo te caelestis sapientia duceret, ires. .   .   .   *Epist.*1.3.27
caelestis. non hoc semper erit liminis aut aquae | caelestis patiens latus. *Carm.*3.10.20
caelestis. sive quos Elea domum reducit | palma caelestis .   .   *Carm.*4.2.18

caelestis. caelestis inplorat aquas docta prece blandus, ...   *Epist*.2.1.135
Caeli. ut sis tu similis Caeli Birrique latronum, ...   *Serm*.1.4.69
caeli. lucidum caeli decus, ...   *Carm.Saec*.2
   deos id│tristis ex alto caeli demittere tecto. *Serm*.1.5.103
   iamque tenebat│nox medium caeli spatium, ...   *Serm*.2.6.101
caelibe. nil ait esse prius, melius nil caelibe vita; *Epist*.1.1.88
caelibis. ne manifestum│caelibis obsequium nudet te, ...   *Serm*.2.5.47
caelitum. utrumque rege temperante caelitum. *Epod*.16.56
caelo. quem virum . . . acri│tibia sumis celebrare, Clio [caelo]? . .   *var.Carm*.1.12.2
   quis te redonavit Quiritem │ dis patriis Italoque caelo, . . .   *Carm*.2.7.4
   caelo supinas si tuleris manus *Carm*.3.23.1
   Massica si caelo suppones vina sereno, ...   *Serm*.2.4.51
caelo. albus ut obscuro deterget nubila caelo│saepe Notus . . .   *Carm*.1.7.15
   toto taciturna noctis│signa cum caelo *Carm*.2.8.11
   descende caelo et dic age tibia *Carm*.3.4.1
   caelo tonantem credidimus Iovem│regnare; *Carm*.3.5.1
   dignum laude virum Musa vetat mori,│caelo Musa beat. . . .   *Carm*.4.8.29
   'at o deorum quidquid in caelo regit *Epod*.5.1
   lunamque caelo deripit. *Epod*.5.46
   nox erat et caelo fulgebat Luna sereno *Epod*.15.1
   refixa caelo devocare sidera, ...   *Epod*.17.5
   caelo diffundere signa parabat; *Serm*.1.5.10
caelum. priusque caelum sidet inferius mari *Epod*.5.79
   quae sit hiems Veliae, quod caelum, Vala, Salerni, . . .   *Epist*.1.15.1
caelum. serus in caelum redeas *Carm*.1.2.45
   caelum ipsum petimus stultitia *Carm*.1.3.38
   Virtus, recludens inmeritis mori│caelum, ...   *Carm*.3.2.22
   horrida tempestas caelum contraxit *Epod*.13.1
   donec "ohe iam"│ad caelum manibus sublatis dixerit, . . .   *Serm*.2.5.97
   arvom caelumque Sabinum│non cessat laudare. *Epist*.1.7.77
   quae vos ad caelum fertis rumore secundo, ...   *Epist*.1.10.9
   caelum, non animum mutant, qui trans mare currunt. . . .   *Epist*.1.11.27
caementa. huc frequens│caementa demittit redemptor *Carm*.3.1.35
caementis. caementis licet occupes│terrenum omne tuis et mare publicum: *Carm*.3.24.3
caeno. haeres│nequiquam caeno cupiens evellere plantam. . . .   *Serm*.2.7.27
caepe. verum seu piscis seu porrum et caepe trucidas, ...   *Epist*.1.12.21
Caerite. Caerite cera│digni, remigium vitiosum Ithacensis Vlixei, . .   *Epist*.1.6.62
caerula. nec mater domum caerula te revehet. *Epod*.13.16
caerulea. nec fera caerulea domuit Germania pube *Epod*.16.7
caesa. vel agna festis caesa Terminalibus *Epod*.2.59
Caesar. Caesar ab Italia volantem│remis adurgens, ...   *Carm*.1.37.16
   Caesar Hispana repetit penatis│victor ab ora. *Carm*.3.14.3
   Caesar, qui cogere posset, ...   *Serm*.1.3.4
   militibus promissa Triquetra │ praedia Caesar an est Itala tellure
      daturus?' *Serm*.2.6.56
Caesar. neu sinas Medos equitare inultos│te duce, Caesar. . .   *Carm*.1.2.52
   tua, Caesar, aetas│fruges et agris rettulit uberes *Carm*.4.15.4
   si longo sermone morer tua tempora, Caesar. *Epist*.2.1.4
Caesare. tu secundo│Caesare regnes *Carm*.1.12.52
   pestemque a populo et principe Caesare *Carm*.1.21.14
   nec mori per vim metuam tenente│Caesare terras. *Carm*.3.14.16
   'o sol│pulcer, o laudande!' canam recepto│Caesare felix. . .   *Carm*.4.2.48
   quis Parthum paveat, . . . incolumi Caesare? *Carm*.4.5.27
   custode rerum Caesare *Carm*.4.15.17
   victore laetus Caesare *Epod*.9.2
   sed bona siquis│iudice condiderit laudatus Caesare? . . .   *Serm*.2.1.84
   cras nato Caesare festus│dat veniam somnumque dies; . . .   *Epist*.1.5.9
Caesarem. serves iturum Caesarem in ultimos│orbis Britannos . .   *Carm*.1.35.29
   Caesarem altum, . . . finire quaerentem labores *Carm*.3.4.37
   concines maiore poeta plectro│Caesarem, ...   *Carm*.4.2.34
   quaerit patria Caesarem. *Carm*.4.5.16
   Galli canentes Caesarem *Epod*.9.18
caesariem. nequiquam Veneris praesidio ferox│pectes caesariem . .   *Carm*.1.15.14
Caesaris. filius Maiae, patiens vocari│Caesaris ultor: *Carm*.1.2.44
   laudes egregii Caesaris et tuas *Carm*.1.6.11
   orte Saturno, tibi cura magni│Caesaris fatis data: *Carm*.1.12.51
   potius nova│cantemus Augusti tropaea│Caesaris *Carm*.2.9.20
   tuque pedestribus│dices historiis proelia Caesaris, ...   *Carm*.2.12.10
   quibus│antris egregii Caesaris audiar│aeternum meditans decus . .   *Carm*.3.25.4

paratus omne Caesaris periculum | subire *Epod.*1.3
curam metumque Caesaris rerum *Epod.*9.37
trans Tiberim longe cubat is prope Caesaris hortos.' *Serm.*1.9.18
aude | Caesaris invicti res dicere, ... *Serm.*2.1.11
Flacci | verba per attentam non ibunt Caesaris aurem, ... *Serm.*2.1.19
ius imperiumque Phraates | Caesaris accepit genibus minor; . . . *Epist.*1.12.28
carmina quae possint oculos aurisque morari | Caesaris. . . . *Epist.*1.13.18
Caesaris Augusti non responsura lacertis. *Epist.*2.2.48
caespite. positusque carbo in | caespite vivo, ... *Carm.*3.8.4
caespitem. hic vivom mihi caespitem, ... *Carm.*1.19.13
nec fortuitum spernere caespitem *Carm.*2.15.17
caesus. ille flagellis | ad mortem caesus, ... *Serm.*1.2.42
pugnis caesus ferroque petitus, ... *Serm.*1.2.66
Calaber. non quo more piris vesci Calaber iubet hospes . . . *Epist.*1.7.14
Calabrae. quamquam nec Calabrae mella ferunt apes *Carm.*3.16.33
non . . . clarius indicant | laudes quam Calabrae Pierides . . *Carm.*4.8.20
Calabriae. non aestuosae grata Calabriae | armenta, ... *Carm.*1.31.5
Calabris. quidve Calabris | saltibus adiecti Lucani, ... *Epist.*2.2.177
Calabris. pecusve Calabris ante sidus fervidum | Lucana mutet pascuis . *Epod.*1.27
Calabros. fretis acrior Hadriae | curvantis Calabros sinus. . . . *Carm.*1.33.16
Calais. Thurini Calais filius Ornyti, ... *Carm.*3.9.14
calami. hastas et calami spicula Cnosii | vitabis *Carm.*1.15.17
calami. culpantur frustra calami *Serm.*2.3.7
calamo. incomptis adlinet atrum | transverso calamo signum, . . *Ars Poet.*447
calamum. prius orto | sole vigil calamum et chartas et scrinia posco. . *Epist.*2.1.113
calcanda. et calcanda semel via leti. *Carm.*1.28.16
calcar. vatibus addere calcar, | ut studio maiore petant Helicona virentem. *Epist.*2.1.217
calce. ut neque calce lupus quemquam neque dente petit bos), . . *Serm.*2.1.55
calceus. male laxus | in pede calceus haeret— *Serm.*1.3.32
cui non conveniet sua res, ut calceus olim, ... *Epist.*1.10.42
caldior. caldior est: acris inter numeretur: *Serm.*1.3.53
calebo. (non enim posthac alia calebo | femina) *Carm.*4.11.33
calefactat. emptis | sub noctem gelidam lignis calefactat aenum; . . *Epist.*2.2.169
Calena. premant Calenam [Calena] falce quibus dedit | fortuna vitem, . *var.Carm.*1.31.9
Calenam. premant Calenam falce quibus dedit | fortuna vitem, . . *Carm.*1.31.9
Caleno. prelo domitam Caleno | tu bibes uvam: *Carm.*1.20.9
calentem. ibi tu calentem | debita sparges lacrima favillam | vatis amici. . *Carm.*2.6.22
calentia. luxuriantia conpescet, nimis aspera sano | levabit cultu, virtute
carentia [calentia] tollet: *var.Epist.*2.2.123
calentis. simul calentis inverecundus deus | fervidiore mero . . . *Epod.*11.13
calentis. quid terras alio calentis | sole mutamus? *Carm.*2.16.18
cales. cales venenis officina Colchicis. *Epod.*17.35
calet. quo calet iuventus | nunc omnis et mox virgines tepebunt. . . *Carm.*1.4.19
quisquis luxuria tristive superstitione | aut alio mentis morbo calet: . *Serm.*2.3.80
populus . . . calet uno | scribendi studio: *Epist.*2.1.108
caliandrum. Canidiae dentis, altum Saganae caliendrum [caliandrum] |
excidere *var.Serm.*1.8.48
Calibus. pressum Calibus ducere Liberum | si gestis, ... *Carm.*4.12.14
calicem. puer unctis | tractavit calicem manibus, ... *Serm.*2.4.79
calices. facundi calices quem non fecere disertum, ... *Epist.*1.5.19
calices. siccat inaequalis calices conviva solutus | legibus insanis, . . *Serm.*2.6.68
calices poscit maiores. *Serm.*2.8.35
calidae. 'abstineto' | dixit 'irarum calidaeque rixae, ... *Carm.*3.27.70
calidus. non ego hoc ferrem calidus iuventa | consule Planco. . . *Carm.*3.14.27
seu calidus sanguis seu rerum inscitia vexat *Epist.*1.3.33
festinat calidus mulis gerulisque redemptor, ... *Epist.*2.2.72
caliendrum. altum Saganae caliendrum | excidere *Serm.*1.8.48
caliginosa. caliginosa nocte premit deus *Carm.*3.29.30
callemus. legitimumque sonum digitis callemus et aure. . . . *Ars Poet.*274
callet. duramque callet pauperiem pati *Carm.*4.9.49
callida. tuque testudo resonare septem | callida nervis, . . . *Carm.*3.11.4
notum si callida verbum | reddiderit iunctura novom. . . . *Ars Poet.*47
callidi. horrida callidi | vincunt aequora navitae, ... *Carm.*3.24.40
callidum. callidum, quidquid placuit, iocoso | condere furto. . . *Carm.*1.10.7
nec satelles Orci | callidum Promethea | revexit auro captus; . . *Carm.*2.18.35
callidus. ultra | callidus ut soleat umeris portare viator. . . . *Serm.*1.5.90
callidus huic signo ponebam milia centum; *Serm.*2.3.23
subtilis veterum iudex et callidus audis. *Serm.*2.7.101
qui Sidonio contendere callidus ostro | nescit *Epist.*1.10.26

Callimachus. ille meo quis?│quis nisi Callimachus? *Epist*.2.2.100
Calliope. dic age tibia│regina longum Calliope melos, ... *Carm*.3.4.2
callosa. namque marem cohibent callosa vitellum. *Serm*.2.4.14
calo. invidet usum│lignorum et pecoris tibi calo argutus .   .   . *Epist*.1.14.42
calones. hunc perminxerunt calones; *Serm*.1.2.44
    plures calones atque caballi│pascendi, ducenda petorrita. .   . *Serm*.1.6.103
calor. dum ficus prima calorque│dissignatorem decorat .   .   . *Epist*.1.7.5
calores. conmissi calores│Aeoliae fidibus puellae. *Carm*.4.9.11
caloribus. si neque fervidis│pars inclusa caloribus│mundi .   .   . *Carm*.3.24.37
caluisse. prisci Catonis│saepe mero caluisse virtus. *Carm*.3.21.12
Calvom. nil praeter Calvom et doctus cantare Catullum. .   .   . *Serm*.1.10.19
camelo. divorsum confusa genus panthera camelo . . . converteret ora; . *Epist*.2.1.195
Camena. prima dicte mihi, summa dicende Camena, ... *Epist*.1.1.1
camena. gratus insigni referam camena│Fabriciumque. .   .   . *Carm*.1.12.39
Camenae. spiritum Graiae tenuem Camenae *Carm*.2.16.38
    Dauniae defende decus Camenae, ... *Carm*.4.6.27
    surge et inhumanae senium depone Camenae, ... *Epist*.1.18.47
    ignotum tragicae genus invenisse Camenae .   .   .   . *Ars Poet*.275
Camenae. Stesichorive graves Camenae *Carm*.4.9.8
    Vergilio adnuerunt gaudentes rure Camenae. *Serm*.1.10.45
    vina fere dulces oluerunt mane Camenae. *Epist*.1.19.5
Camenae. vester, Camenae, vester in arduos│tollor Sabinos, .   . *Carm*.3.4.21
Camenis. acceptusque novem Camenis, ... *Carm.Saec*.62
cameram. gaudes, si cameram percusti forte, penes te es? .   . *Serm*.2.3.273
    per angustam tenuis volpecula rimam│repserat in cumeram [cameram]
       frumenti, ... *var.Epist*.1.7.30
Camillis. et maribus Curiis et decantata Camillis? *Epist*.1.1.64
Camillum. Curium . . . bello tulit et Camillum│saeva paupertas . *Carm* 1.12.42
camino. adde poemata nunc, hoc est, oleum adde camino, .   .   . *Serm*.2.3.321
camino. udos cum foliis ramos urente camino. *Serm*.1.5.81
caminus. facit quod . . . per brumam Tiberis, Sextili mense caminus. . *Epist*.1.11.19
Campana. adstat echinus│vilis, cum patera guttus, Campana supellex. . *Serm*.1.6.118
Campana. festis potare diebus│Campana solitus trulla *Serm*.2.3.144
Campanis. pulveris atri│quantum non Aquilo Campanis excitat agris. . *Serm*.2.8.56
Campano. proxima Campano ponti quae villula, tectum│praebuit . *Serm*.1.5.45
Campanum. Campanum in morbum, in faciem permulta iocatus, . *Serm*.1.5.62
campestre. facit quod│paenula solstitio, campestre nivalibus auris, . *Epist*.1.11.18
campestres. campestres melius Scythae, . . . vivont *Carm*.3.24.9
campestria. quo clamore coronae│proelia sustineas campestria; .   . *Epist*.1.18.54
campestribus. ludere qui nescit, campestribus abstinet armis .   . *Ars Poet*.379
Campi. gaudet equis canibusque et aprici gramine Campi, .   .   . *Ars Poet*.162
campi. per gramina Martii│campi, ... *Carm*.4.1.40
campi. an pingues Asiae campi collesque morantur? *Epist*.1.3.5
campis. si Mygdoniis regnum Alyattei│campis continuem. .   .   . *Carm*.3.16.42
    redeunt iam gramina campis *Carm*.4.7.1
campis. pone me pigris ubi nulla campis│arbor *Carm*.1.22.17
    leporem citus│venator in campis nivalis│Haemoniae, .   .   . *Carm*.1.37.19
    exiguis equitare campis. *Carm*.2.9.24
    iam Scythae laxo meditantur arcu│cedere campis. *Carm*.3.8.24
    quae velut latis equa trima campis│ludit exsultim *Carm*.3.11.9
    parumne campis atque Neptuno super│fusum est Latini sanguinis, . *Epod*.7.3
Campo. gaudentem . . . ludis et post decisa negotia Campo. .   . *Epist*.1.7.59
    cunctane prae Campo et Tiberino flumine sordent? *Epist*.1.11.4
campo. ludit herboso pecus omne campo *Carm*.3.18.9
    ille gravem duro terram qui vertit aratro,│perfidus hic caupo [fervidus hic
       campol], ... *var.Serm*.1.1.29
    ut siquis asellum│in campo doceat parentem currere frenis? .   . *Serm*.1.1.91
    ut rupes fluviosque in campo obstare queratur; *Serm*.2.3.55
    ludos spectaverat, una│luserat in campo: *Serm*.2.6.49
campos. circa virentis est animus tuae│campos iuvencae .   .   . *Carm*.2.5.6
    visam . . . canorus│ales Hyperboreosque campos. *Carm*.2.20.16
campum. cur apricum│oderit campum patiens pulveris atque solis, . *Carm*.1.8.4
    hic generosior│descendat in campum petitor, ... *Carm*.3.1.11
    ut siquis asellum│in campo [campum] doceat parentem currere frenis? *var.Serm*.1.1.91
    fugio campum lusumque trigonem. *Serm*.1.6.126
    servos│differtum transire forum populumque [campumque] iubebat, . *coni.Epist*.1 6.59
campus. nec tam Larisae percussit campus opimae *Carm*.1.7.11
    nunc et campus et areae . . . repetantur *Carm*.1.9.18
    quis non Latino sanguine pinguior│campus *Carm*.2.1.30

cana. Furius "hibernas cana nive conspuet Alpis."			*Serm*.2.5.41
canam. te canam, magni Iovis et deorum | nuntium			*Carm*.1.10.5
'o sol | pulcer, o laudande!' canam recepto | Caesare felix.			*Carm*.4.2.47
'ipsa memor praecepta canam, celabitur auctor.			*Serm*.2.4.11
canas. seu voce nunc mavis [canas] acuta			*var.Carm*.3.4.3
nil dignum sermone canas.			*Serm*.2.3.4
candens. neque ut superni villa candens Tusculi | Circaea tangat moenia:			*Epod*.1.29
candente. ut ventres lamna candente nepotum | diceret urendos			*Epist*.1.15.36
candentibus. subimus | inpositum saxis late candentibus Anxur.			*Serm*.1.5.26
candentis. nube candentis umeros amictus | augur Apollo;			*Carm*.1.2.31
canderet. rubro ubi cocco | tincta super lectos canderet vestis eburnos			*Serm*.2.6.103
candida. candida rectaque sit, munda hactenus,			*Serm*.1.2.123
candida. quem tibi, candida, | primo restituent vere Favonii			*Carm*.3.7.1
candidae. alius ardor aut puellae candidae | aut teretis pueri			*Epod*.11.27
candidae. nec quisquam potior bracchia candidae | cervici iuvenis dabat,			*Carm*.3.9.2
candidam. Hebrum prospiciens et nive candidam | Thracen			*Carm*.3.25.10
candide. non ego te, candide Bassareu, | invitum quatiam			*Carm*.1.18.11
candide Maecenas, occidis saepe rogando:			*Epod*.14.5
vos, Bibule et Servi, simul his te, candide Furni,			*Serm*.1.10.86
Albi, nostrorum sermonum candide iudex,			*Epist*.1.4.1
candidi. quid fles, Asterie, quem tibi, candida, [candidi] | primo restituent vere Favonii			*var.Carm*.3.7.1
iam nec prata rigent nec fluvii strepunt | hiberna nive turgidi [? candidi].			*? var.Carm*.4.12.4
candidior. o fons Bandusiae splendidior [candidior] vitro,			*var.Carm*.3.13.1
candidiores. animae qualis neque candidiores | terra tulit			*Serm*.1.5.41
candidis. et stellis nebulam spargere candidis.			*Carm*.3.15.6
candido. pede candido | in morem Salium ter quatient humum.			*Carm*.4.1.27
candidos. seu tibi candidos | turparunt umeros inmodicae mero | rixae			*Carm*.1.13.9
candidum. vides ut alta stet nive candidum | Soracte			*Carm*.1.9.1
candidum. candidum | Medea mirata est ducem,			*Epod*.3.9
candidum. 'contrane lucrum nil valere candidum | pauperis ingenium'			*Epod*.11.11
candidus. siquid novisti rectius istis, | candidus inperti;			*Epist*.1.6.68
'hic et | candidus et talos a vertice pulcher ad imos | fiet			*Epist*.2.2.4
cane. trudit acris hinc et hinc multa cane | apros			*Epod*.2.31
alter Mileti textam cane peius et angui | vitabit chlanidem,			*Epist*.1.17.30
canebat. Liberum et Musas Veneremque et illi | semper haerentem puerum canebat			*Carm*.1.32.10
Canem. Canem illum, | invisum agricolis sidus,			*Serm*.1.7.25
canem. vel cursu superare canem vel viribus aprum | possis.			*Epist*.1.18.51
canemus. almae | progeniem Veneris canemus.			*Carm*.4.15.32
canendo. te docilis magistro | movit Amphion lapides canendo,			*Carm*.3.11.2
'num furis? an prudens ludis me obscura canendo?'			*Serm*.2.5.58
canentes. rite Latonae puerum canentes,			*Carm*.4.6.37
Galli canentes Caesarem			*Epod*.9.18
canere. vis canere et contacta sequi vestigia vatum?			*Epist*.2.2.80
canerent. quae canerent agerentque peruncti faecibus ora.			*Ars Poet*.277
caneret. obruit otio | ventos ut caneret fera | Nereus fata.			*Carm*.1.15.4
canes. senem, . . . adulterum | latrent Suburanae canes			*Epod*.5.58
canes. serpentes atque videres | infernas errare canes			*Serm*.1.8.35
educet in agros | Aetolis onerata plagis iumenta canesque,			*Epist*.1.18.46
canet. quin etiam canet indoctum, sed dulce bibenti.			*Epist*.2.2.9
canibus. additum feris atque canibus homicidam Hectorem,			*Epod*.17.12
canibus. domus alta Molossis | personuit canibus.			*Serm*.2.6.115
gaudet equis canibusque et aprici gramine Campi,			*Ars Poet*.162
Canicula. seu rubra Canicula findet | infantis statuas,			*Serm*.2.5.39
Caniculae. hic in reducta valle Caniculae | vitabis aestus			*Carm*.1.17.17
te flagrantis atrox hora Caniculae | nescit tangere,			*Carm*.3.13.9
Canidia. an malas | Canidia tractavit dapes?			*Epod*.3.8
Canidia, . . . iubet sepulcris caprificos erutas,			*Epod*.5.15
hic inresectum saeva dente livido | Canidia rodens pollicem			*Epod*.5.48
minitatur . . . Canidia Albuci, quibus est inimica, venenum,			*Serm*.2.1.48
velut illis | Canidia adflasset, peior serpentibus Afris.'			*Serm*.2.8.95
Canidia. oro . . . refixa caelo devocare sidera, | Canidia:			*Epod*.17.6
Canidiae. Canidiae dentis, altum Saganae caliendrum | excidere			*Serm*.1.8.48
Canidiam. vidi egomet nigra succinctam vadere palla | Canidiam			*Serm*.1.8.24
Canis. cui Canis ex vero dictum cognomen adhaeret,			*Serm*.2.2.56
Canis. ubi gratior aura | leniat et rabiem Canis et momenta Leonis,			*Epist*.1.10.16
canis. inpios parrae recinentis omen | ducat et praegnans canis			*Carm*.3.27.2
canis | ignavos adversum lupos?			*Epod*.6.1

quam canis acer ubi lateat sus. *Epod.*12.6
ianua frangatur, latret canis, ... *Serm.*1.2.128
nec vereor, ne, dum futuo, vir rure recurrat,|ianua frangatur, latret
    canis [canis latret]. *var.Serm.*1.2.128
hac urget lupus, hac canis, aiunt, ... *Serm.*2.2.64
ut canis a corio numquam absterrebitur uncto. *Serm.*2.5.83
vixisset canis inmundus vel amica luto sus. *Epist.*1.2.26
hac rabiosa fugit canis, hac lutulenta ruit sus: . . . *Epist.*2.2.75
canis. et ossa ab ore rapta ieiunae canis *Epod.*5.23
canis. nec prata canis albicant pruinis. *Carm.*1.4.4
canistris. quae procul exstructis inerant hesterna canistris. . *Serm.*2.6.105
canit. seu deos regesque canit, deorum|sanguinem, . . . *Carm.*4.2.13
    Pollio regum|facta canit pede ter percusso; *Serm.*1.10.43
canitie. arida|pellente lascivos amores|canitie facilemque somnum. . *Carm.*2.11.8
canities. donec virenti canities abest|morosa. *Carm.*1.9.17
canopium. interque signa turpe militaria|sol adspicit conopium [canopium]. *var.Epod.*9.16
canorae. quam versus inopes rerum nugaeque canorae. . . . *Ars Poet.*322
canoris. blandum et auritas fidibus canoris|ducere quercus. . . *Carm.*1.12.11
canoros. i nunc et versus tecum meditare canoros. . . . *Epist.*2.2.76
canorus. visam . . . litora Bospori|Syrtisque Gaetulas canorus|ales . *Carm.*2.20.15
canos. rosa|canos odorati capillos, ... *Carm.*2.11.15
    senem, [? senes] quod omnes rideant, adulterum|latrent Suburanae canes
      [? rideant cunctos canos] . . . . ? *var.Epod.*5.58
Cantaber. quid bellicosus Cantaber et Scythes, . . . cogitet . . *Carm.*2.11.1
    servit . . . Cantaber, sera domitus catena, ... *Carm.*3.8.22
    te Cantaber non ante domabilis . . . miratur, . . . *Carm.*4.14.41
    Cantaber Agrippae, Claudi virtute Neronis|Armenius cecidit; . . *Epist.*1.12.26
cantabimus. nos cantabimus invicem|Neptunum *Carm.*3.28.9
cantabitur. flebit et insignis tota cantabitur Vrbe. *Serm.*2.1.46
cantabo. 'fortunam Priami cantabo et nobile bellum.' . . . *Ars Poet.*137
Cantabrica. saevam|militiam puer et Cantabrica bella tulisti . . *Epist.*1.18.55
Cantabrum. Cantabrum indoctum iuga ferre nostra . . . *Carm.*2.6.2
cantamus. nos convivia, nos proelia virginum . . . cantamus, . . *Carm.*1.6.19
cantarat. 'fortunam Priami cantabo et [cantarat] nobile bellum'. . *var.Ars Poet.*137
cantare. vinique fontem lactis et uberes|cantare rivos . . . *Carm.*2.19.11
    ut numquam inducant animum cantare rogati, . . . *Serm.*1.3.2
    nil praeter Calvom et doctus cantare Catullum . . . *Serm.*1.10.19
    'forum pute que Libonis|mandabo siccis, adimam cantare severis' . *Epist.*1.19.9
cantat. solos felicis viventis clamat [cantat] in Vrbe. . . . *var.Serm.*1.1.12
    cantat et adponit 'meus est amor huic similis: . . . *Serm.*1.2.107
    absentem ut cantat amicam|multa prolutus vappa nauta . . *Serm.*1.5.15
    qui Pythia cantat|tibicen, didicit prius . . . . *Ars Poet.*414
cantata. tu me inter strepitus nocturnos atque diurnos|vis canere et
    contacta [cantata] sequi vestigia vatum? *var.Epist.*2.2.80
cantemus. potius nova|cantemus Augusti tropaea . . . *Carm.*2.9.19
cantent. ut numquam inducant animum cantare rogati [? rogati ut
    numquam cantent],|iniussi numquam desistant. . . . ? *var.Serm.*1.3.2
cantharis. vile potabis modicis Sabinum|cantharis, . . . *Carm.*1.20.2
cantharus. ne non et cantharus et lanx|ostendat tibi te, . . *Epist.*1.5.23
canto. dum meam canto Lalagen *Carm.*1.22.10
    virginibus puerisque canto. *Carm.*3.1.4
    invideat quod et Hermogenes, ego canto.' *Serm.*1.9.25
cantor. cantor tamen atque|optimus est modulator; . . . *Serm.*1.3.129
    sessuri, donec cantor 'vos plaudite' dicat: . . . . *Ars Poet.*155
    ne forte pudori|sit tibi Musa lyrae sollers et cantor Apollo. . *Ars Poet.*407
cantoribus. omnibus hoc vitium est cantoribus. . . . *Serm.*1.3.1
cantoris. hoc genus omne|maestum ac sollicitum est cantoris morte Tigelli. *Serm.*1.2.3
cantu. neque in vias|sub cantu querulae despice tibiae . . *Carm.*3.7.30
    et cantu tremulo pota Cupidinem|lentum sollicitas. . . *Carm.*4.13.5
    illic omne malum vino cantuque levato, ... *Epod.*13.17
cantum. prima nocte domum claude neque in vias|sub cantu [cantum]
    querulae despice tibiae *var.Carm.*3.7.30
    sub galli cantum consultor ubi ostia pulsat. . . . *Serm.*1.1.10
cantus. non avium citharaeque cantus|somnum reducent: . . *Carm.*3.1.20
cantus. praecipe lugubris|cantus, Melpomene, ... *Carm.*1.24.3
    me dulcis dominae Musa Licymniae|cantus, . . . voluit dicere . *Carm.*2.12.14
    orbis ut cantus referatque ludos *Carm.Saec.*22
canum. inclusam Danaen turris aenea . . . et vigilum canum | tristes
    excubiae munierant *Carm.*3.16.2

Canusi. nam Canusi lapidosus, aquae non ditior urna, ... *Serm.*1.5.91
    Canusi duo praedia, . . . gnatis divisse duobus *Serm.*2.3.168
Canusini. Canusini more bilinguis? *Serm.*1.10.30
capacibus. funde capacibus|unguenta de conchis. *Carm.*2.7.22
capaciores. capaciores adfer huc, puer, scyphos *Epod.*9.33
capax. omne capax movet urna nomen. *Carm.*3.1.16
cape. dona praesentis cape laetus horae ⟨ac⟩ | linque severa. . . . *Carm.*3.8.27
capella. quodque aliena capella gerat distentius uber, ... *Serm.*1.1.110
capellae. illic iniussae veniunt ad mulctra capellae *Epod.*16.49
    verum ubi oves furto, morbo periere capellae, ... *Epist.*1.7.86
capellis. defendit aestatem capellis|usque meis *Carm.*1.17.3
caper. libidinosus immolabitur caper *Epod.*10.23
capescens. pars multa natat, modo recta capessens [capescens],|interdum
    pravis obnoxia. *var.Serm.*2.7.7
capessens. pars multa natat, modo recta capessens, | interdum pravis
    obnoxia. *Serm.*2.7.7
capiat. si propius stes,|te capiat magis, ... *Ars Poet.*362
capiet. non tuos hoc capiet venter plus ac meus, ... *Serm.*1.1.46
    'qui species alias veris scelerisque tumultu|permixtas capiet, . . *Serm.*2.3.209
capilli. quem tenues decuere togae nitidique capilli, . . . *Epist.*1.14.32
capillis. intorti capillis|Eumenidum recreantur angues? . . . *Carm.*2.13.35
    pressa tuis balanus capillis *Carm.*3.29.4
capillis. hunc et incomptis Curium capillis *Carm.*1.12.41
    puer quis ex aula capillis|ad cyathum statuetur unctis . . . *Carm.*1.29.7
    sparsum odoratis umerum capillis, ... *Carm.*3.20.14
    horret capillis ut marinus asperis|echinus *Epod.*5.27
capillo. quali|sit facie, sura quali, pede, dente, capillo: . . . *Serm.*1.6.33
    pedibus nudis passoque capillo, ... *Serm.*1.8.24
    spectandum nigris oculis nigroque capillo. . . . . . *Ars Poet.*37
capillos. coronatus nitentis|malobathro Syrio capillos, . . *Carm.*2.7.8
    rosa|canos odorati capillos, ... *Carm.*2.11.15
    intonsosque agitaret Apollinis aura capillos, ... *Epod.*15.9
    si curatus inaequali tonsore capillos|occurri, ... *Epist.*1.1.94
    reddes|forte latus, nigros angusta fronte capillos, . . . *Epist.*1.7.26
    unguis|exprimet et mollis imitabitur aere capillos, . . . *Ars Poet.*33
capillus. lenit albescens animos capillus *Carm.*3.14.25
    tuis capillus albus est odoribus, ... *Epod.*17.23
capit. hunc capit argenti splendor; stupet Albius aere; . . *Serm.*1.4.28
    seu quis capit acria fortis|pocula *Serm.*2.6.69
    te coniunx aliena capit, meretricula Davom: *Serm.*2.7.46
capitalis. ira fuit capitalis, ut ultima divideret mors, . . . *Serm.*1.7.13
capite. mittere operto|me capite in flumen, ... *Serm.*2.3.38
    incolumi capite es? quid enim? *Serm.*2.3.132
    stes capite obstipo, multum similis metuenti. *Serm.*2.5.92
    Rufus posito capite, ut si|filius inmaturus obisset, flere. . . *Serm.*2.8.58
capiti. vagae ne parce malignus harenae | ossibus et capiti inhumato |
    particulam dare: *Carm.*1.28.24
    quinas hic capiti mercedes exsecat *Serm.*1.2.14
    detrahere . . . haerentem capiti cum multa laude coronam. . . *Serm.*1.10.49
    accessit fervor capiti numerusque lucernis; *Serm.*2.1.25
    infirmo capiti fluit utilis, utilis alvo. *Epist.*1.16.14
    humano capiti cervicem pictor equinam|iungere si velit . . *Ars Poet.*1
capitis. quis desiderio sit pudor aut modus|tam cari capitis? . . *Carm.*1.24.2
    fertur . . . parvosque natos ut capitis minor|ab se removisse . *Carm.*3.5.42
    te quia rugae|turpant et capitis nives. *Carm.*4.13.12
    in cor|traiecto lateris miseri capitisve dolore, ... *Serm.*2.3.29
    quanto devites animi capitisque labore *Epist.*1.1.44
Capito. Capitoque simul Fonteius, ad unguem|factus homo, . . *Serm.*1.5.32
Capitolini. mentio siquae|de Capitolini furtis iniecta Petilli . . *Serm.*1.4.94
Capitolinis. mentio siquae|de Capitolini [Capitolinis] furtis iniecta Petilli |
    te coram fuerit, defendas, ... *var.Serm.*1.4.94
Capitolinus. 'me Capitolinus convictore usus amicoque|a puero est . *Serm.*1.4.96
Capitolio. dum Capitolio|regina dementis ruinas, . . . parabat . *Carm.*1.37.6
    neque res bellica . . . ostendet Capitolio: *Carm.*4.3.9
Capitolium. stet Capitolium|fulgens *Carm.*3.3.42
Capitolium. vel nos in Capitolium, . . . summi materiem mali,|mittamus, *Carm.*3.24.45
    dum Capitolium|scandet cum tacita virgine pontifex. . . . *Carm.*3.30.8
Capitone. Murena praebente domum, Capitone culinam. . . . *Serm.*1.5.38
capitum. quot capitum vivont, totidem studiorum|milia: . . . *Serm.*2.1.27

  belua multorum es capitum. *Epist.*1.1.76
Cappadocum. mancupiis locuples eget aeris Cappadocum rex: . . *Epist.*1.6.39
Caprae. post insana Caprae sidera *Carm.*3.7.6
caprae. sed nimis arta premunt olidae convivia caprae. . . *Epist.*1.5.29
caprea. qualemve laetis caprea pascuis|intenta . . . *Carm.*4.4.13
capreae. illam cogit amor Nothi|lascivae similem ludere capreae, . . *Carm.*3.15.12
capreae. sed prius Apulis|iungentur capreae lupis *Carm.*1.33.8
  ut pavet acris|agna lupos capreaeque leones !' *Epod.*12.26
capreas. vinea submittit capreas non semper edulis. . . . *Serm.*2.4.43
Capri. non ego sim Capri neque Sulci: cur metuas me? . . . *Serm.*1.4.70
Capricornus. tyrannus|Hesperiae Capricornus undae: . . *Carm.*2.17.20
caprificos. iubet sepulcris caprificos erutas, ... *Epod.*5.17
caprina. alter rixatur, de lana saepe caprina, ... *Epist.*1.18.15
capripedum. vidi . . . auris|capripedum Satyrorum acutas. . . *Carm.*2.19.4
Caprius. Sulcius acer|ambulat et Caprius, rauci male cumque libellis, . *Serm.*1.4.66
caprum. voveram dulcis epulas et album|Libero caprum . . . *Carm.*3.8.7
capsa. ne . . . capsa porrectus operta|deferar in vicum . . *Epist.*2.1.268
capsis. beatus Fannius ultro|delatis capsis et imagine, . . . *Serm.*1.4.22
  capsis quem fama est esse librisque|ambustum propriis. . . *Serm.*1.10.63
capta. ter uxor|capta virum puerosque ploret.' . . . *Carm.*3.3.68
  erus "haec gravida" inquit|"capta est, ... *Serm.*2.8.44
  Graecia capta ferum victorem cepit *Epist.*2.1.156
capta. di tibi dent capta classem redducere Troia. . . . *Serm.*2.3.191
  'maxime regum,|di tibi dent capta classem [classem capta] redducere
    Troia. *var.Serm.*2.3.191
captae. captae post tempora Troiae . . . . . *Ars Poet.*141
captas. 'Tantalus a labris sitiens fugientia captat [captas]|flumina' — quid
    rides? *coni.Serm.*1.1.68
  quae parvo sumi nequeunt, obsonia captas? *Serm.*2.7.106
captat. iucunda captat praemia. *Epod.*2.36
  'Tantalus a labris sitiens fugientia captat|flumina' — . . . *Serm.*1.1.68
  nam|transvolat in medio posita et fugientia captat.' . . . *Serm.*1.2.108
  solutos|qui captat risus hominum famamque dicacis, . . . *Serm.*1.4.83
captator. captatorque dabit risus Nasica Corano.' . . . *Serm.*2.5.57
captes. captes astutus ubique|testamenta senum . . . *Serm.*2.5.23
captet. aut, dum vitat humum, nubis et inania captet. . . . *Ars Poet.*230
captis. sed palam captis gravis, heu nefas, heu, . . . *Carm.*4.6.17
captiva. si non periret iam miserabilis|captiva pubes. . . . *Carm.*3.5.18
  captivom portatur ebur, captiva Corinthus. . . . *Epist.*2.1.193
captivae. movit . . . forma captivae dominum Tecmessae, . . *Carm.*2.4.6
captivom. captivom portatur ebur, captiva Corinthus. . . . *Epist.*2.1.193
captivom. vendere cum possis captivom, occidere noli: . . *Epist.*1.16.69
captivos. amaras|porrecto iugulo historias captivos ut audit. . *Serm.*1.3.89
capto. cum scribo et supplex populi suffragia capto; . . . *Epist.*2.2.103
captos. res gerere et captos ostendere civibus hostis . . . *Epist.*1.17.33
captum. iam captum teneo, ... *Carm.*4.1.38
captus. nec satelles Orci|callidum Promethea|revexit auro captus; . *Carm.*2.18.36
  lupus hic Tiberinus an alto|captus hiet? *Serm.*2.2.32
  'in primis Lucanus aper: leni fuit Austro|captus, . . . *Serm.*2.8.7
Capua. qui Capua Romam petit, imbre lutoque|adspersus . . *Epist.*1.11.11
Capuae. aemula nec virtus Capuae nec Spartacus acer . . *Epod.*16.5
  hinc muli Capuae clitellas tempore ponunt. . . . *Serm.*1.5.47
caput. quod pulcrae clunes, breve quod caput, ardua cervix. . *Serm.*1.2.89
  atqui rerum caput hoc erat, hic fons. *Epist.*1.17.45
  ut nec pes nec caput uni|reddatur formae. . . . *Ars Poet.*8
caput. stratus, nunc ad aquae lene caput sacrae. . . . *Carm.*1.1.22
  nunc decet aut viridi nitidum caput impedire myrto . . *Carm.*1.4.9
  nullum|saeva caput Proserpina fugit: *Carm.*1.28.20
  tu simul obligasti|perfidum votis caput, ... *Carm.*2.8.6
  caducum|in domini caput inmerentis. *Carm.*2.13.12
  furiale centum|muniant angues caput eius *Carm.*3.11.18
  non mortis laqueis expedies caput. *Carm.*3.24.8
  vel cum decorum mitibus pomis caput|Autumnus agris extulit, . *Epod.*2.17
  brevibus illigata viperis|crinis et incomptum caput, . . *Epod.*5.16
  caputque Marsa dissiliret nenia. *Epod.*17.29
  ac mulae nautaeque caput lumbosque saligno|fuste dolat: . . *Serm.*1.5.22
  Messius 'accipio,' caput et movet. *Serm.*1.5.58
  merdis caput inquiner albis|corvorum *Serm.*1.8.37
  diffingit Rheni luteum caput, ... *Serm.*1.10.37

in versu faciendo|saepe caput scaberet,　　.　　.　　.　　.　　.　　. *Serm.*1.10.71
caputque|coeperis inpexa foedum porrigine?　　.　　.　　.　　.　　. *Serm.*2.3.125
spargisque mola caput, inprobe, salsa,　　.　　.　　.　　.　　.　　. *Serm.*2.3.200
caput abscissum demens cum portat Agaue|gnati infelicis,　.　　.　　. *Serm.*2.3.303
vincit longe prius ipsum|expugnare caput.　　.　　.　　.　　.　　. *Serm.*2.5.74
cautus uti velet carum caput;　　.　　.　　.　　.　　.　　.　　. *Serm.*2.5.94
aliena negotia centum|per caput et circa saliunt latus.　.　　.　　. *Serm.*2.6.34
turpis odoratum caput obscurante lacerna,　　.　　.　　.　　.　　. *Serm.*2.7.55
contractum genibus tangas caput?　　.　　.　　.　　.　　.　　. *Serm.*2.7.61
qui caput et stomachum supponere fontibus audent|Clusinis　.　　. *Epist.*1.15.8
naturae deus humanae, mortalis in unum|quodque caput,　.　　. *Epist.*2.2.189
si tribus Anticyris caput insanabile numquam|tonsori Licino conmiserit. *Ars Poet.*300
caput.　o multa fleturum caput,　　.　　.　　.　　.　　.　　. *Epod.*5.74
cara.　nec satis est cara piscis averrere mensa　.　　.　　.　　. *Serm.*2.4.37
carae.　dominus pueri pulchri caraeve puellae　.　　.　　.　　. *Epist.*1.18.74
carae.　cur, inprobe, carae|non aliquid patriae tanto emetiris acervo?　. *Serm.*2.2.104
carbo.　positusque carbo in|caespite vivo,　　.　　.　　.　　. *Carm.*3.8.3
carbone.　quorsum abeant? sani ut creta, an carbone notati?　.　　. *Serm.*2.3.246
proelia rubrica picta aut carbone　.　　.　　.　　.　　.　　. *Serm.*2.7.98
carceribus.　ut, cum carceribus missos rapit ungula currus,　.　　. *Serm.*1.1.114
cardiacus.　'non est cardiacus . . . hic aeger.'　　.　　.　　. *Serm.*2.3.161
cardines.　quae prius multum facilis movebat|cardines.　　.　　. *Carm.*1.25.6
care.　clare [care] Maecenas eques,　　.　　.　　.　　.　　. *var.Carm.*1.20.5
care.　poema|qui tam ridiculum tam care prodigus emit.　　.　　. *Epist.*2.1.238
caream.　quota|Paelignis caream frigoribus, taces.　.　　.　　. *Carm.*3.19.8
careat.　Cressa ne careat pulcra dies nota　.　　.　　.　　.　　. *Carm.*1.36.10
carebimus.　frustra cruento marte carebimus　.　　.　　.　　. *Carm.*2.14.13
carent.　carent quia vate sacro.　　.　　.　　.　　.　　.　　. *Carm.*4.9.28
quaeque carent ventis et solibus ossa Quirini,　.　　.　　.　　. *Epod.*16.13
carentem.　nec turpem senectam|degere nec cithara carentem.　. *Carm.*1.31.20
Memphin carentem Sithonia nive,　　.　　.　　.　　.　　.　　. *Carm.*3.26.10
vitiis carentem|ludit imago|vana,　　.　　.　　.　　.　　.　　. *Carm.*3.27.39
carentia.　virtute carentia tollet:　　.　　.　　.　　.　　.　　. *Epist.*2.2.123
carentibus.　matre carentibus|privignis mulier temperat　.　　. *Carm.*3.24.17
carentis.　te maris et terrae numeroque carentis harenae | mensorem
cohibent,　　.　　.　　.　　.　　.　　.　　.　　.　　. *Carm.*1.28.1
aut operae celeris nimium curaque carentis　.　　.　　.　　. *Ars Poet.*261
carentis.　gelidaque divos|morte carentis.　　.　　.　　.　　. *Carm.*2.8.12
carere.　forte quid expediat communiter aut melior pars|malis carere
quaeritis laboribus;　.　　.　　.　　.　　.　　.　　.　　. *Epod.*16.16
caret.　quae caret ora cruore nostro?　.　　.　　.　　.　　.　　. *Carm.*2.1.36
tutus caret obsoleti|sordibus tecti,　　.　　.　　.　　.　　. *Carm.*2.10.6
caret invidenda|sobrius aula.　　.　　.　　.　　.　　.　　. *Carm.*2.10.7
caretque|ripa vagis taciturna ventis.　　.　　.　　.　　.　　. *Carm.*3.29.23
'molestus|communi sensu plane caret' inquimus.　.　　.　　. *Serm.*1.3.66
qui pauperiem veritus potiore metallis|libertate caret,　　.　　. *Epist.*1.10.40
caret tibi pectus inani|ambitione?　　.　　.　　.　　.　　.　　. *Epist.*2.2.206
caret mortis formidine et ira?　　.　　.　　.　　.　　.　　. *Epist.*2.2.207
in vitium ducit culpae fuga, si caret arte.　.　　.　　.　　. *Ars Poet.*31
ut scriptor si peccat idem librarius usque,|quamvis est monitus, venia
caret　.　　.　　.　　.　　.　　.　　.　　.　　.　　.　　. *Ars Poet.*355
cari.　prodeat . . . soror clari [cari] ducis　.　　.　　.　　. *var.Carm.*3.14.7
cari.　quis desiderio sit pudor aut modus|tam cari capitis?　.　　. *Carm.*1.24.2
cari.　nec cari lapides tempora,　　.　　.　　.　　.　　.　　. *Carm.*4.13.14
si patriae volumus, si nobis vivere cari.　.　　.　　.　　.　　. *Epist.*1.3.29
carina.　quicumque Bithyna lacessit|Carpathium pelagus carina;　. *Carm.*1.35.8
carinae.　sine funibus|vix durare carinae|possint imperiosius|aequor? *Carm.*1.14.7
carinam.　cum remugiens sinus|Noto carinam ruperit.　.　　. *Epod.*10.20
Carinas.　foro nimium distare Carinas|iam grandis natu queritur,　. *Epist.*1.7.48
carinas.　trahuntque siccas machinae carinas　.　　.　　.　　. *Carm.*1.4.2
caris.　caris multa sodalibus, . . . dividit oscula　.　　.　　. *Carm.*1.36.5
ut te|suscitet ac reddat gnatis carisque propinquis?　.　　. *Serm.*1.1.83
caris.　non ille pro caris amicis|aut patria timidus perire　.　　. *Carm.*4.9.51
carmen.　natura fieret laudabile carmen an arte,　.　　.　　. *Ars Poet.*408
carmen.　age dic Latinum,|barbite, carmen,　.　　.　　.　　. *Carm.*1.32.4
princeps Aeolium carmen ad Italos|deduxisse modos.　.　　. *Carm.*3.30.13
'ego dis amicum . . . reddidi carmen,　　.　　.　　.　　.　　. *Carm.*4.6.43
dis, quibus septem placuere colles,|dicere carmen.　.　　. *Carm.Saec.*8
sonante mixtum tibiis carmen lyra,　　.　　.　　.　　.　　. *Epod.*9.5

inceptos, olim promissum carmen, iambos *Epod.*14.7
seu condis amabile carmen, ... *Epist.*1.3.24
iam Saliare Numae carmen qui laudat *Epist.*2.1.86
neque parvom|carmen maiestas recipit tua *Epist.*2.1.258
rectius Iliacum carmen deducis in actus . . . . . . *Ars Poet.*129
ex noto fictum carmen sequar, ... *Ars Poet.*240
carmen reprehendite, quod non|multa dies et multa litura coercuit . *Ars Poet.*292
carmina. nulla placere diu nec vivere carmina possunt,|quae scribuntur
    aquae potoribus. *Epist.*1.19.2
carmina. prece qua fatigent|virgines sanctae minus audientem|carmina
    Vestam? *Carm.*1.2.28
inbelli cithara carmina divides; *Carm.*1.15.15
Bacchum in remotis carmina rupibus|vidi docentem, . . . *Carm.*2.19.1
carmina non prius|audita . . . canto. *Carm.*3.1.2
operosa parvos|carmina fingo. *Carm.*4.2.32
gaudes carminibus; carmina possumus|donare *Carm.*4.8.11
dicunt in tenero gramine pinguium|custodes ovium carmina fistula . *Carm.*4.12.10
Sabella pectus increpare carmina *Epod.*17.28
an tua demens|vilibus in ludis dictari carmina malis? . . . *Serm.*1.10.75
primus in hunc operis conponere carmina morem, ... *Serm.*2.1.63
si mala condiderit in quem quis carmina, ... *Serm.*2.1.82
scribet mala carmina vecors:|laudato. *Serm.*2.5.74
ferendo|carmina quae possint oculos aurisque morari|Caesaris. . *Epist.*1.13.17
non equidem insector delendave carmina Livi|esse reor, . . *Epist.*2.1.69
fronde comas vincti cenant et carmina dictant. *Epist.*2.1.110
media inter carmina poscunt|aut ursum aut pugiles: . . . *Epist.*2.1.185
ut simul atque|carmina rescieris nos fingere, ... *Epist.*2.1.227
exspectata tibi non mittam carmina mendax. *Epist.*2.2.25
carmina conpono, hic elegos: *Epist.*2.2.91
ridentur mala qui conponunt carmina; *Epist.*2.2.106
speremus carmina fingi|posse linenda cedro . . . . . *Ars Poet.*331
dictae per carmina sortes . . . . *Ars Poet.*403
si carmina condes,|numquam te fallent animi sub volpe latentes. . *Ars Poet.*436
carmine. intactae Palladis urbem|carmine perpetuo celebrare . *Carm.*1.7.6
dum grato Danai puellas|carmine mulces. *Carm.*3.11.24
summo carmine quae Cnidon|fulgentisque tenet Cycladas . . *Carm.*3.28.13
et spissae nemorum comae|fingent Aeolio carmine nobilem. . . *Carm.*4.3.12
minuentur atrae|carmine curae. *Carm.*4.11.36
Lydis remixto carmine tibiis *Carm.*4.15.30
solutus ambulat veneficae|scientioris carmine. *Epod.*5.72
quae carmine gratior aurem|occupet humanam? *Serm.*2.2.94
nec sponsae laqueum famoso carmine nectit. *Epist.*1.19.31
carmine di superi placantur, carmine Manes. *Epist.*2.1.138
malo quae nollet carmine quemquam|describi: *Epist.*2.1.153
fere scriptores carmine foedo|splendida facta linunt. . . . *Epist.*2.1.236
carmine tu gaudes, hic delectatur iambis, ... *Epist.*2.2.59
carmine qui tragico vilem certavit ob hircum, ... *Ars Poet.*220
verum ubi plura nitent in carmine, ... *Ars Poet.*351
carminibus. sic honor et nomen divinis vatibus atque|carminibus venit. . *Ars Poet.*401
carminibus. quid mirum, ubi illis carminibus stupens . . . *Carm.*2.13.33
tibiae|mixtis carminibus non sine fistula; *Carm.*4.1.24
gaudes carminibus; carmina possumus|donare *Carm.*4.8.11
quantum carminibus quae versant atque venenis|humanos animos. . *Serm.*1.8.19
privatis ac prope socco|dignis carminibus narrari cena Thyestae: . *Ars Poet.*91
carminis. Vario . . . Maeonii carminis alite, ... *Carm.*1.6.2
mihi Phoebus artem|carminis nomenque dedit poetae. . . . *Carm.*4.6.30
quam rudis et Graecis intacti carminis auctor *Serm.*1.10.66
tu carminis esto|principium. *Serm.*2.6.22
quod timui mutare modos et carminis artem: *Epist.*1.19.27
hoc amet, hoc spernat promissi carminis auctor. . . . *Ars Poet.*45
carminum. per atque libros carminum valentium *Epod.*17.4
carne. carne tamen quamvis distat nil, ... *Serm.*2.2.29
deterior post partum carne futura. *Serm.*2.8.44
carnem. curvat aper lances carnem vitantis inertem: . . . *Serm.*2.4.41
caro. nec Lethaea valet Theseus abrumpere caro|vincula Perithoo. . *Carm.*4.7.27
caro. non in caro nidore voluptas|summa, sed in te ipso est. . *Serm.*2.2.19
Carpathii. Carpathii trans maris aequora *Carm.*4.5.10
Carpathium. quicumque Bithyna lacessit|Carpathium pelagus carina; . *Carm.*1.35.8
carpe. carpe diem quam minimum credula postero. . . . *Carm.*1.11.8

carpe viam, mihi crede, comes, ... *Serm.*2.6.93
carpentes. uptote longum|carpentes iter et factum corruptius imbri. . *Serm.*1.5.95
carpentis. grata carpentis thyma per laborem|plurimum . . . *Carm.*4.2.29
carpere. supremum|carpere iter comites parati. *Carm.*2.17.12
meliusne fluctus|ire per longos fuit an recentis|carpere flores? . *Carm.*3.27.44
nisi erile mavis|carpere pensum *Carm.*3.27.64
patiar labores|inpune, Lolli, carpere lividas|obliviones. . . *Carm.*4.9.33
carperet. Maenius absentem Novium cum carperet, . . . *Serm.*1.3.21
carpsisse. dicitur ex collo furtim carpsisse coronas, . . . *Serm.*2.3.256
Carthago. o magna Carthago, probrosis|altior Italiae ruinis.' . *Carm.*3.5.39
caruere. per quem tot iuvenes patrio caruere sepulcro?' . . *Serm.*2.3.196
caruisse. virtus est vitium fugere et sapientia prima|stultitia caruisse. *Epist.*1.1.42
carum. cautus uti velet carum caput; *Serm.*2.5.94
carus. mercator . . . dis carus ipsis, ... *Carm.*1.31.13
nec carus aeque nec superstes|integer? *Carm.*2.17.7
purus et insons|(ut me collaudem), si et vivo carus amicis: . *Serm.*1.6.70
mihi carus et illum|qui pulcre nosset. *Serm.*1.9.61
carus eris Romae, donec te deserat aetas; *Epist.*1.20.10
casas. "aedificare casas, plostello adiungere muris, . . . *Serm.*2.3.247
aedificante casas qui sanior? *Serm.*2.3.275
Cascellius. nec scit quantum Cascellius Aulus, . . . *Ars Poet.*371
Caspium. aut mare Caspium|vexant inaequales procellae|usque . *Carm.*2.9.2
cassa. te|contemptum cassa nuce pauperet; *Serm.*2.5.36
Cassi. Etrusci|quale fuit Cassi rapido ferventius amni|ingenium, . *Serm.*1.10.62
scribere quod Cassi Parmensis opuscula vincat . . . *Epist.*1.4.3
casta. nullis polluitur casta domus stupris, ... *Carm.*4.5.21
castae. mihi|castaeque damnatum Minervae *Carm.*3.3.23
Castaliae. qui rore puro Castaliae lavit|crinis solutos, . . *Carm.*3.4.61
castellum. castellum evertere praetor|nescio quod cupiens . *Epist.*2.2.34
castigator. laudator temporis acti|se puero, castigator censorque minorum. *Ars Poet.*174
castigavit. praesectum decies non castigavit ad unguem. . . *Ars Poet.*294
castis. tu parum castis inimica mittes|fulmina lucis. . . *Carm.*1.12.59
castis. castis cum pueris ignara puella mariti|disceret unde preces, . *Epist.*2.1.132
castis. ara castis|vincta verbenis *Carm.*4.11.6
castitas. metuens alterius viri|certo foedere castitas, . . . *Carm.*3.24.23
casto. nimis|casto Bellerophonte|maturare necem, . . . *Carm.*3.7.15
Castor. infamis Helenae Castor offensus vice *Epod.*17.42
Castor gaudet equis, ovo prognatus eodem|pugnis; . . *Serm.*2.1.26
Castor. ambigitur quid enim? Castor sciat an Docilis plus; . *Epist.*1.18.19
Castore. Romulus et Liber pater et cum Castore Pollux, . . *Epist.*2.1.5
Castoris. uti Graecia Castoris|et magni memor Herculis. . . *Carm.*4.5.35
Castor . . . fraterque magni Castoris, victi prece, . . *Epod.*17.43
castos. virgines lectas puerosque castos *Carm.Saec.*6
castra. multos castra iuvant et lituo tubae|permixtus sonitus . *Carm.*1.1.23
seu te fulgentia signis|castra tenent *Carm.*1.7.20
castra. Thessalosque ignis et iniqua Troiae|castra fefellit. . . *Carm.*1.10.16
nil cupientium|nudus castra peto *Carm.*3.16.23
castus. castus Aeneas patriae superstes *Carm.Saec.*42
et frugi castusque verecundusque coibat. . . . . *Ars Poet.*207
casu. celsae graviore casu|decidunt turres *Carm.*2.10.10
casu quod te sortitus amicum: *Serm.*1.6.53
casu tum respondere vadato|debebat, ... *Serm.*1.9.36
casu venit obvius illi|adversarius *Serm.*1.9.74
quodsi|pallerem casu, biberent exsangue cuminum. . . *Epist.*1.19.18
casus. aut alius casus lecto te adfixit, ... *Serm.*1.1.81
casus medicusve levarit|aegrum ex praecipiti: . . . *Serm.*2.3.292
siquis casus puerum egerit Orco, ... *Serm.*2.5.49
casus. uterne|ad casus dubios fidet sibi certius? . . . *Serm.*2.2.108
adde hos praeterea casus, aulaea ruant si,|ut modo; . . *Serm.*2.8.71
catellam. saepe catellam,|saepe periscelidem raptam sibi flentis, . *Epist.*1.17.55
catelle. 'sume, catelle': negat; si non des, optet. . . . *Serm.*2.3.259
catena. Cantaber, sera domitus catena, ... *Carm.*3.8.22
hunc frenis, hunc tu conpesce catena. *Epist.*1.2.63
catenae. amatorem trecentae|Pirithoum cohibent catenae. . *Carm.*3.4.80
catenam. donasset iamne catenam|ex voto Laribus, quaerebat; . *Serm.*1.5.65
catenas. horribilique Medo|nectis catenas? *Carm.*1.29.5
catenas Parthus et Italum|robur; *Carm.*2.13.18
mille adde catenas; *Serm.*2.3.70
catenatus. Britannus ut descenderet|sacra catenatus via, . . *Epod.*7.8

catenis.   daret ut catenis|fatale monstrum. *Carm.*1.37.20
    cum semel effugit, reddit se prava catenis? *Serm.*2.7.71
catenis.   me pater saevis oneret catenis, ...   *Carm.*3.11.45
    hunc frenis, hunc tu conpesce catena [catenis]. *var.Epist.*1.2.63
catervae.   diu|lateque victrices catervae *Carm.*4.4.23
    dum fugiunt equitum turmae peditumque catervae;   .   .   .   *Epist.*2.1.190
catervas.   ne virilis|cultus in caedem et Lycias proriperet catervas?   .   *Carm.*1.8.16
    ducente victrices catervas|coniuge me Iovis et sorore.   .   .   *Carm.*3.3.63
    cum per obstantis iuvenum catervas|ibit *Carm.*3.20.5
    per obstantis catervas|explicuit sua victor arma.   .   .   .   *Carm.*4.9.43
    magnas Graecorum malis inplere catervas.' *Serm.*1.10.35
cathedras.   discipularum inter iubeo plorare cathedras. .   .   .   *Serm.*1.10.91
Cathilli.   circa mite solum Tiburis et moenia Catili [Cathilli];   .   .   *var.Carm.*1.18.2
Cati.   'docte Cati, per amicitiam divosque rogatus *Serm.*2.4.88
Catia.   nil cernere possis|cetera, ni Catia est, demissa veste tegentis. .   *Serm.*1.2.95
Catienis.   Catienis mille ducentis|'mater, te appello' clamantibus.   .   *Serm.*2.3.61
Catili.   circa mite solum Tiburis et moenia Catili; *Carm.*1.18.2
catillis.   puris circumposuisse catillis. *Serm.*2.4.75
catillum.   conminxit lectum potus mensave catillum | Euandri manibus
    tritum deiecit: *Serm.*1.3.90
catini.   aut positum ante mea quia pullum in parte catini|sustulit esuriens,   *Serm.*1.3.92
catino.   'porrectum magno magnum spectare catino|vellem'   .   .   *Serm.*2.2.39
    angustoque vagos piscis urgere catino. *Serm.*2.4.77
catinum.   ad porri et ciceris refero laganique catinum;   .   .   .   *Serm.*1.6.115
Catius.   'unde et quo Catius?' *Serm.*2.4.1
Catone.   *Lucili, quam sis mendosus, teste Catone|defensore tuo pervincam,*   *Serm.*1.10.*1
Catonem.   siquis . . . pede nudo | exiguaeque togae simulet textore
    Catonem. *Epist.*1.19.13
Catonibus.   quae priscis memorata Catonibus atque Cethegis   .   .   *Epist.*2.2.117
Catonis.   Romuli|praescriptum et intonsi Catonis|auspiciis .   .   .   *Carm.*2.15.11
    prisci Catonis|saepe mero caluisse virtus. *Carm.*3.21.11
    'macte|virtute esto' inquit sententia dia Catonis;   .   .   .   *Serm.*1.2.32
    virtutemne repraesentet moresque Catonis? *Epist.*1.19.14
    cum lingua Catonis et Enni|sermonem patrium ditaverit   .   .   *Ars Poet.*56
Catonis.   Tarquini fascis, dubito, an Catonis|nobile letum: .   .   *Carm.*1.12.35
    cuncta terrarum subacta|praeter atrocem animum Catonis.   .   *Carm.*2.1.24
catulis.   seu visa est catulis cerva fidelibus *Carm.*1.1.27
Catullum.   nil praeter Calvom et doctus cantare Catullum. .   .   .   *Serm.*1.10.19
catulos.   catulos ferae|celent inultae, ...   *Carm.*3.3.41
    quanto moveas periclo,|Pyrrhe, Gaetulae catulos leaenae?   .   *Carm.*3.20.2
catulus.   venaticus, ex quo|tempore cervinam pellem [? ex quo|cervinam
    catulus pellem] latravit in aula, ...   *? var.Epist.*1.2.66
    militat in silvis catulus. *Epist.*1.2.67
catus.   voce formasti catus et decorae|more palaestrae,   .   .   *Carm.*1.10.3
    catus idem per apertum fugientis agitato grege cervos iaculari   .   *Carm.*3.12.10
    post haec ille catus, quantumvis rusticus, ...   *Epist.*2.2.39
Caucasum.   sive facturus per inhospitalem|Caucasum .   .   .   *Carm.*1.22.7
    per Alpium iuga|inhospitalem et Caucasum . . . sequemur .   .   *Epod.*1.12
cauda.   picta pandat spectacula cauda: *Serm.*2.2.26
caudae.   quaecumque excepit turgentis verbera caudae|clunibus .   .   *Serm.*2.7.49
    caudaeque pilos ut equinae|paulatim vello *Epist.*1.45
caudam.   Cerberus . . . leniter atterens|caudam *Carm.*2.19.31
    accidit ut cuidam testis caudamque salacem|demeterent ferro.   .   *Serm.*1.2.45
    nihilo ut sapientior ille|qui te deridet caudam trahat.   .   .   *Serm.*2.3.53
Caudi.   villa,|quae super est Caudi cauponas *Serm.*1.5.51
caule.   caule suburbano qui siccis crevit in agris|dulcior,   .   .   *Serm.*2.4.15
caulibus.   cornu ipse bilibri|caulibus instillat, ...   *Serm.*2.2.62
caulis.   qui teneros caulis alieni fregerit horti *Serm.*1.3.116
    unguere si caulis oleo meliore *Serm.*2.3.125
caupo.   perfidus hic caupo, miles nautaeque, ...   *Serm.*1.1.29
caupona.   si laedit caupona, Ferentinum ire iubebo: .   .   .   *Epist.*1.17.8
caupona.   neque, . . . volet in caupona vivere; *Epist.*1.11.12
cauponas.   villa,|quae super est Caudi cauponas *Serm.*1.5.51
cauponibus.   inde Forum Appi|differtum nautis cauponibus atque malignis.   *Serm.*1.5.4
causa.   nec sitim pellit, nisi causa morbi|fugerit venis   .   .   .   *Carm.*2.2.14
    nam fuit ante Helenam cunnus taeterrima belli|causa,   .   .   *Serm.*1.3.108
    causa fuit pater his, ...   *Serm.*1.6.71
    dura tibi peragenda rei sit causa Petilli? *Serm.*1.10.26
causa.   causaque mea permulta rogatus|fecit *Serm.*1.4.97

fama civem causaque priorem|sperne, ... *Serm*.2.5.30
ficta voluptatis causa sint proxima veris: . . . . . . *Ars Poet*.338
causae. quid causae est, merito quin illis Iuppiter ambas|iratus buccas inflet *Serm*.1.1.20
causae. altis urbibus ultimae|stetere causae, cur perirent . . . *Carm*.1.16.19
quae mare conpescant causae, quid temperet annum, . . . *Epist*.1.12.16
quo res sponsore et quo causae teste tenentur.' *Epist*.1.16.43
causam. non aliam ob causam, ... *Serm*.1.7.14
Persius exponit causam; *Serm*.1.7.22
Antenor censet belli praecidere causam: *Epist*.1.2.9
mitte levis spes et certamina divitiarum|et Moschi causam: . . *Epist*.1.5.9
causarum. actor|causarum mediocris abest virtute diserti|Messallae . *Ars Poet*.370
causas. bellique causas et vitia et modos *Carm*.2.1.2
'sapiens, vitatu quidque petitu|sit melius, causas reddet tibi; . . *Serm*.1.4.116
cum Pedius causas exsudet Poplicola atque|Corvinus, . . . *Serm*.1.10.28
ius anceps novi, causas defendere possum; *Serm*.2.5.34
si non causas narraret earum et|naturas dominus; . . . *Serm*.2.8.92
causatur. stultus uterque locum inmeritum causatur inique: . . *Epist*.1.14.12
causis. seu linguam causis acuis *Epist*.1.3.23
causis. strenuos et fortis causisque Philippus agendis|clarus, . . *Epist*.1.7.46
cauta. olim quod volpes aegroto cauta leoni|respondit, . . . *Epist*.1.1.73
cautius. cur olivom|sanguine viperino|cautius vitat . . . *Carm*.1.8.10
cautos. 'matutina parum cautos iam frigora mordent'; . . . *Serm*.2.6.45
cautos nominibus rectis expendere nummos, . . . *Epist*.2.1.105
cautum. numquam homini satis|cautum est in horas: . . . *Carm*.2.13.14
cautum. praesertim cautum dignos adsumere, prava|ambitione procul. . *Serm*.1.6.51
cautus. dum procellas|cautus horrescis, ... *Carm*.2.10.3
cautus adito|neu desis operae neve inmoderatus abundes. . . *Serm*.2.5.88
cautus uti velet carum caput; *Serm*.2.5.94
cautus enim metuit foveam lupus *Epist*.1.16.50
serpit humi tutus [cautus] nimium timidusque procellae: . . *coni.Ars Poet*.28
in verbis etiam tenuis cautusque serendis . . . . *Ars Poet*.46
tutus et intra|spem veniae cautus? . . . . . *Ars Poet*.267
cava. qui persaepe cava testudine flevit amorem *Epod*.14.11
mella cava manant ex ilice. *Epod*.16.47
cave. tu, nisi ventis|debes ludibrium, cave. *Carm*.1.14.16
ne vicinus Enipeus|plus iusto placeat cave; *Carm*.3.7.24
cave, cave, namque in malos asperrimus|parata tollo cornua, . *Epod*.6.11
"cave faxis|te quicquam indignum. *Serm*.2.3.38
tu cave ne minuas, tu ne maius facias id *Serm*.2.3.177
cave te roget; ultro|Penelopam facilis potiori trade.' . . . *Serm*.2.5.75
cave ne portus occupet alter, ... *Epist*.1.6.32
vale, cave ne titubes mandataque frangas. *Epist*.1.13.19
caveae. obiectos caveae valuit si frangere clatros, . . . *Ars Poet*.473
caveant. silvis deducti caveant me iudice Fauni, . . . *Ars Poet*.244
caveas. sed tamen ut monitus caveas, ... *Serm*.2.1.80
cavebis. evasti: credo, metues doctusque cavebis — . . . *Serm*.2.7.68
caverat. hoc caverat mens provida Reguli *Carm*.3.5.13
cavere. parce privatus nimium cavere *Carm*.3.8.26
cavet. conmisisse cavet quod mox mutare laboret. . . . *Ars Poet*.168
caveto. hic niger est, hunc tu, Romane, caveto.' . . . *Serm*.1.4.85
cavis. me dicente cavis inpositam ilicem|saxis, . . . *Carm*.3.13.14
cavis. truncis|lapsa cavis iterare mella; *Carm*.2.19.12
cavis. te, Tiberi, numerare, cavis abscondere tristem, . . *Serm*.2.3.173
cavit. cavit nihil acrius *Serm*.2.3.92
maculis, quas aut incuria fudit|aut humana parum cavit natura. . *Ars Poet*.353
cavo. rusticus urbanum murem mus paupere fertur|accepisse cavo, . *Serm*.2.6.81
cavom. macra cavom repetes artum, quem macra subisti.' . . *Epist*.1.7.33
cavos. me silva cavosque|tutus ab insidiis tenui solabitur ervo."' . *Serm*.2.6.116
Ceae. Ceae retractes munera neniae, ... *Carm*.2.1.38
Ceae. Pindaricae latent|Ceaeque et Alcaei minaces . . . *Carm*.4.9.7
cecidere. barbarae postquam cecidere turmae *Carm*.2.4.9
per quos cecidere iusta|morte Centauri, ... *Carm*.4.2.14
multa renascentur quae iam cecidere . . . . . *Ars Poet*.70
cecidit. cecidit tremendae|flamma Chimaerae, ... *Carm*.4.2.15
Claudi virtute Neronis|Armenius cecidit; *Epist*.1.12.27
cecidit. Pyrrhumque et ingentem cecidit|Antiochum . . . *Carm*.3.6.35
cecinisse. vosque, veraces cecinisse Parcae, ... *Carm.Saec*.25
cecinit. nobilis ut grandi cecinit Centaurus alumno: . . . *Epod*.13.11
nobilis ut grandi cecinit [cecinit grandi] Centaurus alumno: . . *var.Epod*.13.11

quod puero cecinit divina mota anus urna: .   .   .   *Serm*.1.9.30
Cecropiae. Cecropiae domus|aeternum opprobrium,   .   .   *Carm*.4.12.6
Cecropio. grande munus|Cecropio repetes cothurno,   .   .   *Carm*.2.1.12
cedat. grande certamen, tibi praeda cedat,|maior an illa.   . *Carm*.3.20.7
    cedat uti conviva satur, reperire queamus.   .   .   *Serm*.1.1.119
    permutet dominos et cedat in altera iura. .   .   *Epist*.2.2.174
cede. tu cede potentis amici|lenibus imperiis,   .   .   *Epist*.1.18.44
cedentem. seu te discus agit (pete cedentem aera disco) — .   *Serm*.2.2.13
cedere. gravem|Pelidae stomachum cedere nescii .   . *Carm*.1.6.6
    iam Scythae laxo meditantur arcu|cedere campis. .   . *Carm*.3.8.24
cederet. nitidus qua quisque per ora|cederet, .   .   *Serm*.2.1.65
    non ut de sede secunda|cederet aut quarta socialiter.   . *Ars Poet*.258
cedes. cedes coemptis saltibus et domo .   .   *Carm*.2.3.17
    cedes et exstructis in altum|divitiis potietur heres. .   *Carm*.2.3.19
cedet. nec semel offensi cedet constantia formae, .   . *Epod*.15.15
    meaeque terra cedet insolentiae. .   .   .   *Epod*.17.75
    sed cedet in usum|nunc mihi, nunc alii. .   .   *Serm*.2.2.134
    tamquam|sit proprium quicquam, puncto quod mobilis horae|nunc
      prece, nunc pretio, . . . cedat [cedet] in altera iura. . *var.Epist*.2.2.174
cedit. volgus infidum et meretrix retro|periura cedit, .   *Carm*.1.35.26
cedro. carmina fingi|posse linenda cedro .   .   *Ars Poet*.332
cedunt. nec tibi vespero|surgente decedunt [cedunt] amores . *var.Carm*.2.9.11
    Picenis cedunt pomis Tiburtia suco: .   .   *Serm*.2.4.70
celabitur. 'ipsa memor praecepta canam, celabitur auctor.   *Serm*.2.4.11
celantia. piscis,|longe dissimilem noto celantia sucum, .   *Serm*.2.8.28
celare. est|gaudia prodentem voltum celare. .   . *Serm*.2.5.104
    ingenium res|adversae nudare solent, celare secundae." . *Serm*.2.8.74
celas. curru nitido diem qui|promis et celas .   .   *Carm.Saec*.10
celat. sic melius situm, | cum terra celat, .   .   *Carm*.3.3.50
    te fontium qui celat origines|Nilusque et Hister, .   *Carm*.4.14.45
    stultorum incurata pudor malus ulcera celat. .   . *Epist*.1.16.24
celata. paulum sepultae distat inertiae|celata virtus — .   *Carm*.4.9.30
celeberrima. quidlibet indutus celeberrima per loca vadet *Epist*.1.17.28
celebrabitur. 'ipsa memor praecepta canam, celabitur [celebrabitur] auctor. *var.Serm*.2.4.11
celebrare. intactae Palladis urbem|carmine perpetuo celebrare . *Carm*.1.7.6
    quem virum aut heroa lyra vel acri|tibia sumis celebrare, Clio? . *Carm*.1.12.2
    meruere decus vestigia Graeca|ausi deserere et celebrare domestica facta *Ars Poet*.287
celebret. (licebit|ille repotia, natalis aliosve dierum|festos albatus celebret) *Serm*.2.2.61
celebris. sacro|Dianae celebris die. .   .   . *Carm*.2.12.20
celent. catulos ferae|celent inultae, .   .   . *Carm*.3.3.42
    utra magis piscis et echinos aequora celent, .   *Epist*.1.15.23
celer. sed me per hostis Mercurius celer . . . sustulit .   *Carm*.2.7.13
    nec peredit|inpositam celer ignis Aetnen .   . *Carm*.3.4.76
    celer arto latitantem fruticeto excipere aprum. .   *Carm*.3.12.11
    hunc medicus multum celer atque fidelis|excitat .   *Serm*.2.3.147
celeratus. effugiet tamen haec sceleratus [hic celeratus] vincula Proteus. . *var.Serm*.2.3.71
celerem. nequiquam . . . calami spicula Cnosii|vitabis strepitumque et
    celerem sequi|Aiacem: *Carm*.1.15.18
    irasci celerem, tamen ut placabilis essem. .   . *Epist*.1.20.25
celerem. tecum Philippos et celerem fugam|sensi .   *Carm*.2.7.9
    miles sagittas et celerem fugam|Parthi, .   . *Carm*.2.13.17
    prosperam frugum celeremque pronos|volvere mensis. . *Carm*.4.6.39
celeres. oderunt . . . sedatum celeres, agilem navomque remissi; . *Epist*.1.18.90
celeres. damna tamen celeres reparant caelestia lunae: . *Carm*.4.7.13
    'celeres fugae|reiectaeque retrorsum Hannibalis minae', . *Carm*.4.8.15
celeres. rapidos morantem|fluminum lapsus celeresque ventos, *Carm*.1.12.10
    ingrato celeres obruit otio|ventos .   .   *Carm*.1.15.3
    me . . . in celeres iambos|misit furentem. .   *Carm*.1.16.24
    rivos celeres morari; *Carm*.3.11.14
celeres. interim, dum tu celeres sagittas|promis, .   *Carm*.3.20.9
    si celeres quatit|pennas, .   .   .   *Carm*.3.29.53
celeri. et malus celeri saucius Africo .   .   . *Carm*.1.14.5
celeris. non 'celeres fugae [celeris fuga] | reiectaeque retrorsum Hannibalis
    minae', ... *var.Carm*.4.8.15
celeris. tu curva recines lyra|Latonam et celeris spicula Cynthiae; . *Carm*.3.28.12
celeris. aut operae celeris nimium curaque carentis .   *Ars Poet*.261
    aut operae celeris nimium [nimium celeris] curaque carentis . *var.Ars Poet*.261
celeris. 'qui species alias veris scelerisque [celerisque] tumultu | permixtas
    capiet, commotus habebitur, .   .   . *var.Serm*.2.3.208

celet.   nec, siquid honesti est.│iactat habetque palam, quaerit, quo turpia
  celet. *Serm.*1.2.85
cella.   oleo, quod prima Venafri│pressit cella; *Serm.*2.8.46
Cellenea.   et fide Cyllenea [Cellenea]│levare diris pectora sollicitudinibus, .   *var.Epod.*13.9
cellis.   depromere Caecubum│cellis avitis, ...   *Carm.*1.37.6
  huc prius angustis eiecta cadavera cellis *Serm.*1.8.8
celsae.   quicumque celsae nidum Aceruntiae *Carm.*3.4.14
celsae.   celsae graviore casu│decidunt turres *Carm.*2.10.10
Celse.   ut tu fortunam, sic nos te, Celse, feremus. *Epist.*1.8.17
celsi.   celsi praetereunt austera poemata Ramnes: .   .   .   *Ars Poet.*342
Celso.   Celso gaudere et bene rem gerere Albinovano   .   .   .   *Epist.*1.8.1
Celsus.   quid mihi Celsus agit? *Epist.*1.3.15
celsus.   in mare seu celsus procurrerit Appenninus *Epod.*16.29
cena.   cena ministratur pueris tribus *Serm.*1.6.116
  'ut Nasidieni iuvit te cena beati? *Serm.*2.8.1
  nisi cena prior potiorque puella Sabinum│detinet adsumam;   .   .   *Epist.*1.5.27
  cena brevis iuvat et prope rivom somnus in herba;   .   .   .   *Epist.*1.14.35
  rupit Iarbitam Timagenis aemula lingua [cena],│dum studet urbanus
    tenditque disertus haberi. *var.Epist.*1.19.15
  privatis ac prope socco│dignis carminibus narrari cena Thyestae: .   .   *Ars Poet.*91
  poterat duci quia cena sine istis: .   .   .   .   .   .   *Ars Poet.*376
cena.   ut pallidus omnis│cena desurgat dubia? *Serm.*2.2.77
  cupiens varia fastidia cena│vincere *Serm.*2.6.86
  multaque de magna superessent fercula cena, ...   *Serm.*2.6.104
cenacula.   quid pauper? ride: mutat cenacula, lectos,   .   .   .   *Epist.*1.1.91
cenae.   ut aiebat cenae pater: *Serm.*2.8.7
cenae.   mundaeque . . . cenae sine aulaeis et ostro   .   .   .   *Carm.*3.29.15
cenae.   o noctes cenaeque deum, ...   *Serm.*2.6.65
cenam.   prorsus iucunde cenam producimus illam.   .   .   .   *Serm.*1.5.70
  convivas avidos cenam servosque timentis│tum rapere . . . velle   .   *Serm.*1.5.75
  si nusquam es forte vocatus│ad cenam, ...   *Serm.*2.7.30
  dic,│ad cenam veniat.' *Epist.*1.7.61
  ut ventum ad cenam est, dicenda tacenda locutus   .   .   .   *Epist.*1.7.72
cenamus.   nos, inquam, cenamus avis, conchylia, piscis,   .   .   .   *Serm.*2.8.27
cenant.   pueri patresque severi │ fronde comas vincti cenant et carmina
  dictant. *Epist.*2.1.110
cenantibus.   sed quis cenantibus una,│Fundani, pulcre fuerit tibi,   .   *Serm.*2.8.18
cenantis.   cenantis haud animo aequo│exspectans comites.   .   .   *Serm.*1.5.8
  quodque│posset cenantis offendere: *Serm.*2.8.13
cenare.   saepe tribus lectis videas cenare quaternos,   .   .   .   *Serm.*1.4.86
  nec modica cenare times holus omne patella, ...   *Epist.*1.5.2
cenarum.   nec sibi cenarum quivis temere arroget artem,   .   .   *Serm.*2.4.35
  inpensis cenarum et tritae munere vestis; *Epist.*1.19.38
cenas.   si cenas hodie mecum.' *Epist.*1.7.70
cenat.   si bene qui cenat bene vivit, ...   *Epist.*1.6.56
  emptor Aricini quondam Veientis et arvi│emptum cenat holus,   .   *Epist.*2.2.168
cenatus.   amet scripsisse ducentos│ante cibum versus, totidem cenatus;   *Serm.*1.10.61
cenebat.   patinas cenebat omasi│vilis et agninae,   .   .   .   *Epist.*1.15.34
cenem.   ut aprum│cenem ego; *Serm.*2.3.235
cenes.   cenes ut pariter pulmenta laboribus empta: .   .   .   *Epist.*1.18.48
cenis.   tibi ingens│virtus atque animus cenis responsat opimis?   .   *Serm.*2.7.103
cenis.   pontificum potiore cenis. *Carm.*2.14.28
censebo.   quam scit uterque, libens, censebo, exerceat artem.   .   *Epist.*1.14.44
censes.   quid censes munera terrae, ...   *Epist.*1.6.5
  praeter cetera me Romaene poemata censes│scribere posse   .   .   *Epist.*2.2.65
censet.   Antenor censet belli praecidere causam: .   .   .   *Epist.*1.2.9
  si, Mimnermus uti censet, sine amore iocisque│nil est iucundum, .   *Epist.*1.6.65
  munere cum fungi proprioris censet amici: *Epist.*1.9.5
  disce, docendus adhuc quae censet amiculus, ...   *Epist.*1.17.3
censor.   censorque moveret│Appius, ingenuo si non essem patre natus: *Serm.*1.6.20
  laudator temporis acti│se puero, castigator censorque minorum. .   .   *Ars Poet.*174
Censorine.   donarem pateras grataque commodus,│Censorine, meis aera
  sodalibus, ...   *Carm.*4.8.2
censoris.   cum tabulis animum censoris sumet honesti.   .   .   *Epist.*2.2.110
censu.   dives│antiquo censu, gnatis divisse duobus .   .   .   *Serm.*2.3.169
  'cultum│maiorem censu' — *Serm.*2.3.324
  praeconem, tenui censu, sine crimine, notum *Epist.*1.7.56
censum.   quidquid sum ego, quamvis│infra Lucili censum ingeniumque,   *Serm.*2.1.75
  exiguom censum turpemque repulsam,│quanto devites   .   .   .   *Epist.*1.1.43

census. privatus illis census erat brevis,   *Carm*.2.15.13
  praesertim census equestrem | summam nummorum   *Ars Poet*.383
Centaurea. Centaurea monet cum Lapithis rixa super mero | debellata,   *Carm*.1.18.8
Centauri. per quos cecidere iusta | morte Centauri,   *Carm*.4.2.15
Centaurus. nobilis ut grandi cecinit Centaurus alumno: *Epod*.13.11
centena. deciens centena dedisses | huic parco, paucis contento: *Serm*.1.3.15
centiceps. demittit atras belua centiceps | auris   *Carm*.2.13.34
centimanus. nec si resurgat centimanus gigas | divellet umquam: *Carm*.2.17.14
  testis mearum centimanus gigas | sententiarum,   *Carm*.3.4.69
centum. servata centum clavibus   *Carm*.2.14.26
  te greges centum Siculaeque circum | mugiunt vaccae,   *Carm*.2.16.33
  sume, Maecenas, cyathos amici | sospitis centum   *Carm*.3.8.14
  quamvis furiale centum | muniant angues caput eius   *Carm*.3.11.17
  quae simul centum tetigit potentem | oppidis Creten,   *Carm*.3.27.33
  et centum puer artium   *Carm*.4.1.15
  et centum potiore signis | munere donat,   *Carm*.4.2.19
  aut ille centum nobilem Cretam urbibus   *Epod*.9.29
  seu poposceris | centum iuvencos   *Epod*.17.39
  milia frumenti tua triverit area centum: *Serm*.1.1.45
  iugera centum an | mille aret?   *Serm*.1.1.50
  callidus huic signo ponebam milia centum;   *Serm*.2.3.23
  adde Cicutae | nodosi tabulas, centum,   *Serm*.2.3.70
  gladiatorum dare centum | damnati populo paria   *Serm*.2.3.85
  aliena negotia centum | per caput et circa saliunt latus.   *Serm*.2.6.33
  chlamydas . . . si posset centum scaenae praebere rogatus,   *Epist*.1.6.41
  scriptor abhinc annos centum qui decidit,   *Epist*.2.1.36
  'est vetus atque probus, centum qui perficit annos.'   *Epist*.2.1.39
  assem | discunt in partis centum diducere.   *Ars Poet*.326
centuriae. centuriae seniorum agitant expertia frugis,   *Ars Poet*.341
centurionibus. magni | quo pueri magnis e centurionibus orti,   *Serm*.1.6.73
cepere. hunc socci cepere pedem grandesque cothurni,   *Ars Poet*.80
cepisset. si vacuum tepido cepisset villula tecto.   *Serm*.2.3.10
cepit. quem cepit vitrea fama,   *Serm*.2.3.222
  Graecia capta ferum victorem cepit   *Epist*.2.1.156
cera. quid prima secundo | cera velit versu;   *Serm*.2.5.54
cera. Caerite cera | digni, remigium vitiosum Ithacensis Vlixei,   *Epist*.1.6.62
ceratis. ceratis ope Daedalea | nititur pennis   *Carm*.4.2.2
Ceraunia. qui vidit mare turgidum et | infamis scopulos Acroceraunia
  [? Ceraunia]?   *? var.Carm*.1.3.20
Cerberus. te vidit insons Cerberus aureo | cornu decorum   *Carm*.2.19.29
  cessit immanis tibi blandienti | ianitor aulae | Cerberus,   *Carm*.3.11.17
cerea. lanea et effigies erat, altera cerea: *Serm*.1.8.30
  cerea suppliciter stabat,   *Serm*.1.8.32
cerea. imagine cerea | largior arserit ignis   *Serm*.1.8.43
cerea. cervicem roseam, cerea Telephi | laudas bracchia,   *Carm*.1.13.2
cereas. an quae movere cereas imagines,   *Epod*.17.76
cerebri. 'o te, Bolane, cerebri | felicem'   *Serm*.1.9.11
cerebro. me truncus inlapsus cerebro   *Carm*.2.17.27
cerebrosus. donec cerebrosus prosilit unus   *Serm*.1.5.21
cerebrum. putidius multo cerebrum est, mihi crede, Perelli   *Serm*.2.3.75
Cererem. fruges et Cererem ferunt   *Carm*.3.24.13
  spicea donet Cererem corona;   *Carm.Saec*.30
cererem. reddit ubi cererem tellus inarata quotannis   *Epod*.16.43
Cereris. qui Cereris sacrum | volgarit arcanae,   *Carm*.3.2.26
  ut Attica virgo | cum sacris Cereris   *Serm*.2.8.14
Ceres. nutrit rura Ceres almaque Faustitas,   *Carm*.4.5.18
  ac venerata Ceres, ita culmo surgeret alto,   *Serm*.2.2.124
cereus. neque ficto | in peius voltu proponi cereus usquam   *Epist*.2.1.265
  cereus in vitium flecti, monitoribus asper,   *Ars Poet*.163
Cerinthe. nec magis . . . Cerinthe, tuo tenerum est femur aut crus | rectius;   *Serm*.1.2.81
  nec magis . . . Cerinthe, tuo tenerum est femur [? femur, Cerinthe,
  tuum]   *? var.Serm*.1.2.81
cernere. matronae praeter faciem nil cernere possis | cetera,   *Serm*.1.2.94
cernis. cur in amicorum vitiis tam cernis acutum   *Serm*.1.3.26
cerritus. Marius cum praecipitat se, | cerritus fuit?   *Serm*.2.3.278
certa. segetis certa fides meae   *Carm*.3.16.30
certa. nec te, metuende certa | Phoebe sagitta.   *Carm*.1.12.23
  nec mens mihi nec color | certa sede manent,   *Carm*.1.13.6
  insanire paret certa ratione modoque.'   *Serm*.2.3.271

certa. neque certa fulgent|sidera nautis, ... *Carm.*2.16.3
   sunt certa piacula, quae te|ter pure lecto poterunt recreare libello. . *Epist.*1.1.36
certa. eripias si|tempora certa modosque, ... *Serm.*1.4.58
   laboret|reddere certa sibi, ... *Serm.*2.3.270
certabitur. magna minorve foro si res certabitur olim: *Serm.*2.5.27
certam. spem bonam certamque domum reporto *Carm.Saec.*74
certamen. grande certamen, tibi praeda cedat,|maior an illa. . . *Carm.*3.20.7
certamen. ludus enim genuit trepidum certamen et iram, . . *Epist.*1.19.48
certamina. mitte levis spes et certamina divitiarum . . . *Epist.*1.5.8
certamine. spectandus in certamine Martio *Carm.*4.14.17
   donec minor in certamine longo|inploravit opes . . . *Epist.*1.10.35
   et pugilem victorem et equom certamine primum . . . *Ars Poet.*84
certans. haud ita Troiae|me gessi, certans semper melioribus.' . . *Serm.*2.5.19
certant. grammatici certant et adhuc sub iudice lis est. . . *Ars Poet.*78
certantem. certantem et uvam purpurae, ... *Epod.*2.20
certantia. quae neque in aede sonent certantia iudice Tarpa . *Serm.*1.10.38
certare. nec certare ioco nec dare bracchia *Carm.*2.12.18
   nec certare iuvat mero *Carm.*4.1.31
   desinet inparibus certare submotus pudor.' . . . *Epod.*11.18
   tanto dissimilem et tanto certare minorem? . . . *Serm.*2.3.313
   arta decet sanum comitem toga; desine mecum|certare.' . *Epist.*1.18.31
   non cessavere poetae|nocturno certare mero, putere diurno. . *Epist.*1.19.11
certas. post certas hiemes uret Achaicus|ignis †Iliacas domos.' . *Carm.*1.15.35
certat. si mobilium turba Quiritium|certat tergeminis tollere honoribus, . *Carm.*1.1.8
   viridique certat|baca Venafro, ... *Carm.*2.6.15
certatim. absentem ut cantat amicam|multa prolutus vappa nauta atque
   viator|certatim, ... *Serm.*1.5.17
certavit. carmine qui tragico vilem certavit ob hircum, . . *Ars Poet.*220
certe. regium certe genus, et penatis|maeret iniquos. . . *Carm.*2.4.15
   certus undenos [certe sunt denos] deciens per annos|orbis . *var.Carm.Saec.*21
   'certe nescio quid secreto velle loqui te|aiebas mecum.' . . *Serm.*1.9.67
   postremum expellet certe vivacior heres. . . . *Serm.*2.2.132
   certe furit ac velut ursus, ... *Ars Poet.*472
certemus. certemus, spinas animone ego fortius an tu|evellas agro, . *Epist.*1.14.4
certes. grande malum Turius, siquid se iudice certes. . . *Serm.*2.1.49
certi. post effert [post et certi] animi motus interprete lingua. . *var.Ars Poet.*111
certi. est modus in rebus, sunt certi denique fines, . . *Serm.*1.1.106
certior. nulla certior tamen|rapacis Orci sede destinata|aula . *Carm.*2.18.29
certis. qua populus adsita certis|limitibus vicina refugit iurgia; . *Epist.*2.2.170
certis. certis medium et tolerabile rebus|recte concedi . . *Ars Poet.*368
certis. a certis annis aevom remeare peractum . . . *Serm.*1.6.94
certis. decedentia certis|tempora momentis *Epist.*1.6.3
certius. certius accipiet damnum propiusve medullis . . *Epist.*1.10.28
certius. uterne|ad casus dubios fidet sibi certius? . . . *Serm.*2.2.108
certo. nisi quod pede certo|differt sermoni, sermo merus. . . *Serm.*1.4.47
   ubi passim|palantis error certo de tramite pellit, . . *Serm.*2.3.49
   gaudentem parvisque sodalibus et lare certo . . . *Epist.*1.7.58
   reddere qui voces iam scit puer et pede certo|signat humum, . *Ars Poet.*158
certo. metuens alterius viri|certo foedere castitas, . . . *Carm.*3.24.23
   unde tibi reditum certo subtemine Parcae|rupere, . . *Epod.*13.15
certos. certus [certos] undenos deciens per annos|orbis ut cantus referatque
   ludos *var.Carm.Saec.*21
certum. semper avarus eget: certum voto pete finem. . . *Epist.*1.2.56
certum. et certum vigilans "quartae sit partis Vlixes"|audieris "heres": . *Serm.*2.5.100
   postmodo quod mi obsit clare certumque locuto . . *Serm.*2.6.27
   scurra vagus, non qui certum praesepe teneret, . . *Epist.*1.15.28
certus. certus enim promisit Apollo *Carm.*1.7.28
   certus undenos deciens per annos|orbis *Carm.Saec.*21
   si certus intrarit dolor. *Epod.*15.16
   mane cliens et iam certus conviva, ... *Epist.*1.7.75
   quaelibet in quemvis opprobria fingere saevos [certus], . *var.Epist.*1.15.30
   ergo|quem sua culpa premet, deceptus [? certus] omitte tueri, . *? var.Epist.*1.18.79
cerva. seu visa est catulis cerva fidelibus *Carm.*1.1.27
   si pugnat extricata densis|cerva plagis, ... *Carm.*3.5.32
cervi. 'cervi, luporum praeda rapacium, ... *Carm.*4.4.50
cervice. nondum subacta ferre iugum valet|cervice, . . *Carm.*2.5.2
   destrictus ensis cui super inpia|cervice pendet, . . *Carm.*3.1.18
   pontificum securis|cervice tinguet: *Carm.*3.23.13
   fingit equom tenera docilem cervice magister . . . *Epist.*1.2.64

rerum inscitia vexat|indomita cervice feros? *Epist.*1.3.34
cervicem. Telephi|cervicem roseam, cerea Telephi|laudas bracchia, . . *Carm.*1.13.2
  cum flagrantia detorquet ad oscula|cervicem *Carm.*2.12.26
  illum et parentis crediderim sui|fregisse cervicem *Carm.*2.13.6
  humano capiti cervicem pictor equinam|iungere si velit . . . *Ars Poet.*1
cervici. nec quisquam potior bracchia candidae|cervici iuvenis dabat, . *Carm.*3.9.3
cervinam. ex quo|tempore cervinam pellem latravit in aula, . . . *Epist.*1.2.66
  venaticus, ex quo|tempore cervinam pellem [? ex quo|cervinam catulus
    pellem] latravit in aula, ... *? var.Epist.*1.2.66
cervis. iuvet ut tigris subsidere cervis, ... *Epod.*16.31
cervis. ocior cervis et agente nimbos|ocior Euro. *Carm.*2.16.23
Cervius. Cervius iratus leges minitatur et urnam, ... *Serm.*2.1.47
  Cervius haec inter vicinus garrit anilis|ex re fabellas. . . . *Serm.*2.6.77
cervix. quod pulcrae clunes, breve quod caput, ardua cervix. . . *Serm.*1.2.89
cervos. cervos uti vallis in altera|visum parte lupum . . . *Carm.*1.15.29
  cervos equom pugna melior communibus herbis|pellebat, . . . *Epist.*1.10.34
cervos. per apertum fugientis agitato grege cervos iaculari . . *Carm.*3.12.11
  fugacis|lyncas et cervos cohibentis arcu, ... *Carm.*4.6.34
cessant. cur Berecyntiae|cessant flamina tibiae? *Carm.*3.19.19
cessantem. cui pulcrum fuit in medios dormire dies et|ad strepitum citharae
    cessatum [cessantem] ducere curam [somnum]. *var.Epist.*1.2.31
  dictaque cessantem nervis elidere morbum *Epist.*1.15.6
cessantem. parcis deripere horreo|cessantem Bibuli consulis amphoram. . *Carm.*3.28.8
cessantis. neu populus frequens|'ad arma', cessantis 'ad arma'|concitet . *Carm.*1.35.15
cessare. et properare loco et cessare et quaerere et uti, . . . *Epist.*1.7.57
  ubi plura|cogere quam satis est ac non cessare videbor. . . *Epist.*1.10.46
  cur alter fratrum cessare et ludere et ungui|praeferat . . . *Epist.*2.2.183
cessas. "quid mori cessas? *Carm.*3.27.58
  tu cessas? agedum, sume hoc ptisanarium oryzae.' . . . *Serm.*2.3.155
  quodsi cessas aut strenuos anteis, ... *Epist.*1.2.70
cessat. cessat voluntas? non alia bibam|mercede. *Carm.*1.27.13
  arvom caelumque Sabinum|non cessat laudare. *Epist.*1.7.78
  sic mihi, qui multum cessat, fit Choerilus ille, ... *Ars Poet.*357
cessator. nequam et cessator Davos; *Serm.*2.7.100
cessatum. ad strepitum citharae cessatum ducere curam. . . *Epist.*1.2.31
cessavere. non cessavere poetae|nocturno certare mero, putere diurno. . *Epist.*1.19.10
cessavit. semel hic cessavit et, ut fit,|in scalis latuit . . . *Epist.*2.2.14
cesserat. inulta cesserat inpotens|tellure *Carm.*2.1.26
  neque, si male cesserat, usquam|decurrens alio neque, si bene: . *Serm.*2.1.31
cessisse. fraternis cessisse putatur|moribus Amphion: . . . *Epist.*1.18.43
cessisset. cui saepe viator|cessisset magna conpellans voce cuculum. . *Serm.*1.7.31
cessit. cessit immanis tibi blandienti|ianitor aulae|Cerberus, . . *Carm.*3.11.15
cetaria. plures adnabunt thynni et cetaria crescent. . . . *Serm.*2.5.44
cetera. nam cetera turba,|nos, inquam, cenamus avis, . . . *Serm.*2.8.26
cetera. cetera fluminis|ritu feruntur, ... *Carm.*3.29.33
  cetera de genere hoc, adeo sunt multa, loquacem | delassare valent
    Fabium. *Serm.*1.1.13
  cetera item nequeunt stultis haerentia, ... *Serm.*1.3.77
  cetera iam simul isto|cum vitio fugere? *Epist.*2.2.205
cetera. permitte divis cetera, ... *Carm.*1.9.9
  qua notam duxit, niveus videri,|cetera fulvos. *Carm.*4.2.60
  cetera mitte loqui: *Epod.*13.7
  matronae praeter faciem nil cernere possis|cetera, . . . *Serm.*1.2.95
  nec tamen hoc tribuens dederim quoque cetera: . . . *Serm.*1.10.5
  pingue pecus domino facias et cetera praeter|ingenium, . . *Serm.*2.6.14
  nunc itaque et versus et cetera ludicra pono, ... *Epist.*1.1.10
  at cetera paene gemelli|fraternis animis: *Epist.*1.10.3
  excepto quod non simul esses, cetera laetus. *Epist.*1.10.50
  cetera nequaquam simili ratione modoque|aestimat . . . *Epist.*2.1.20
  praeter cetera me Romane poemata censes|scribere posse . . *Epist.*2.2.65
  cetera qui vitae servaret munia recto|more, ... *Epist.*2.2.131
ceteris. Pthius Achilles,|ceteris maior, tibi miles inpar, . . . *Carm.*4.6.5
Cethegis. quae priscis memorata Catonibus atque Cethegis . . *Epist.*2.2.117
  fingere cinctutis non exaudita Cethegis|continget . . . *Ars Poet.*50
ceu. ceu flamma per taedas *Carm.*4.4.43
charta. charta laudatur eadem. *Serm.*1.10.4
chartae. Brundisium longae finis chartaeque viaeque est. . . *Serm.*1.5.104
  si te forte meae gravis uret sarcina chartae, ... *Epist.*1.13.6
chartae. si chartae sileant quod bene feceris, ... *Carm.*4.8.21

rem tibi Socraticae poterunt ostendere chartae . . . . . *Ars Poet.*310
chartas. prius orto|sole vigil calamum et chartas et scrinia posco. . *Epist.*2.1.113
chartis. et quodcumque semel chartis inleverit, ... *Serm.*1.4.36
ubi quid datur oti,|inludo chartis. *Serm.*1.4.139
scire velim, chartis pretium quotus arroget annus. . . . *Epist.*2.1.35
serus enim Graecis admovit acumina chartis *Epist.*2.1.161
chartis. non ego te meis|chartis inornatum sileri . . . *Carm.*4.9.31
quod vitium procul afore chartis|atque animo prius, . . *Serm.*1.4.101
piper et quidquid chartis amicitur ineptis. *Epist.*2.1.270
Charybdi. quanta laboras in Charybdi, ... *Carm.*1.27.19
Charybdin. miracula promat,|Antiphaten Scyllamque et cum Cyclope
Charybdin; . . . . *Ars Poet.*145
cheragra. postquam illi iusta cheragra|contudit articulos, . *Serm.*2.7.15
cheragra. nec, . . . nodosa corpus nolis prohibere cheragra. . *Epist.*1.1.31
Chia. et Chia vina aut Lesbia *Epod.*9.34
Chiae. Chiae|pulcris excubat in genis. *Carm.*4.13.7
Chii. si positis intus Chii veterisque Falerni|mille cadis, . *Serm.*2.3.115
Chimaera. vix inligatum te triformi|Pegasus expediet Chimaera. . *Carm.*1.27.24
Chimaerae. me nec Chimaerae spiritus igneae . . . divellet umquam: . *Carm.*2.17.13
cecidit tremendae|flamma Chimaerae, ... *Carm.*4.2.16
Chio. ut Chio nota si conmixta Falerni est.' . . . *Serm.*1.10.24
Chios. quid tibi visa Chios, Bullati, notaque Lesbos, . . *Epist.*1.11.1
Romae laudetur Samos et Chios et Rhodos absens. . *Epist.*1.11.21
chiragra. postquam illi iusta cheragra [chiragra]|contudit articulos, . *var.Serm.*2.7.15
chiragra. nec, . . . nodosa corpus nolis prohibere cheragra [chiragra]. . *var.Epist.*1.1.31
Chium. (cocto Chium sic convenit, ut non|hoc magis ullum aliud); . *Serm.*2.8.48
Chium. quo Chium pretio cadum|mercemur, . . . *Carm.*3.19.5
Chium. Hydaspes|Caecuba vina ferens, Alcon Chium maris expers. . *Serm.*2.8.15
chlamydas. chlamydas Lucullus, ut aiunt, | si posset centum scaenae
praebere rogatus, ... *coni.Epist.*1.6.40
chlamydem. alter Mileti textam cane peius et angui|vitabit chlanidem
[chlamydem]. *var.Epist.*1.17.31
chlamydes. chlamydas [chlamydes] Lucullus, ut aiunt, | si posset centum
scaenae praebere rogatus, ... *var.Epist.*1.6.40
chlamydum. scribit sibi milia quinque|esse domi chlamydum; . *Epist.*1.6.44
chlanidem. alter Mileti textam cane peius et angui|vitabit chlanidem, . *Epist.*1.17.31
Chloe. 'me nunc Thressa Chloe regit, ... *Carm.*3.9.9
'me nunc Thressa Chloe regit [regit Chloe], . . . *coni.Carm.*3.9.9
si flava excutitur Chloe *Carm.*3.9.19
puro te similem, Telephe, Vespero|tempestiva petit Rhode [Chloe]; . *var.Carm.*3.19.27
Chloe. vitas hinnuleo me similis, Chloe, ... *Carm.*1.23.1
Chloen. suspirare Chloen et miseram tuis|dicens ignibus uri, . *Carm.*3.7.10
neque erat Lydia post Chloen, ... *Carm.*3.9.6
sublimi flagello|tange Chloen semel arrogantem. . . *Carm.*3.26.12
Chlori. non, siquid Pholoen, satis|et te, Chlori, decet: . . *Carm.*3.15.8
Chloris. non Chloris albo sic umero nitens *Carm.*2.5.18
Choerilus. gratus Alexandro regi magno fuit ille|Choerilus, . *Epist.*2.1.233
sic mihi, qui multum cessat, fit Choerilus ille, . . *Ars Poet.*357
Cholchos. herbasque, quas Iolcos [Cholchos] atque Hiberia | mittit
venenorum ferax, ... *var.Epod.*5.21
chorda. nam neque chorda sonum reddit quem volt manus et mens, . *Ars Poet.*348
chorda. citharoedus|ridetur, chorda qui semper oberrat eadem: . *Ars Poet.*356
chordis. verba loquor socianda chordis: *Carm.*4.9.4
modo summa|voce, modo hac, resonat quae chordis quattuor ima. . *Serm.*1.3.8
choreas. sperne puer neque tu choreas, ... *Carm.*1.9.16
choreis. quamquam choreis aptior et iocis|ludoque dictus . *Carm.*2.19.25
Troas et laetam Priami choreis|falleret aulam, . . *Carm.*4.6.15
chori. me gelidum nemus | Nympharumque leves cum Satyris chori|
secernunt populo, ... *Carm.*1.1.31
choris. vestris amicum fontibus et choris *Carm.*3.4.25
choris. quam nec ferre pedem dedecuit choris . . . *Carm.*2.12.17
adspirare et adesse choris erat utilis . . . . *Ars Poet.*204
choro. quem si puellarum insereres choro, ... *Carm.*2.5.21
Pleiadum choro|scindente nubis, ... *Carm.*4.14.21
et polo [choro]|deripere lunam vocibus possim meis, . *var.Epod.*17.77
choros. iam Cytherea choros ducit Venus imminente luna . *Carm.*1.4.5
inter amabilis|vatum ponere me choros *Carm.*4.3.15
Gratia . . . audet|ducere nuda choros: *Carm.*4.7.6
chorus. doctus et Phoebi chorus et Dianae|dicere laudes. . *Carm.Saec.*75

poscit opem chorus et praesentia numina sentit, ... *Epist*.2.1.134
scriptorum chorus omnis amat nemus et fugit Vrbem, . . . *Epist*.2.2.77
actoris partes chorus officiumque virile|defendat, ... *Ars Poet*.193
chorusque|turpiter obticuit sublato iure nocendi. . . . . *Ars Poet*.283
Chremes. quod aut avarus ut Chremes terra premam, . . . *Epod*.1.33
iratusque Chremes tumido delitigat ore; . . . . . *Ars Poet*.94
Chremeta. arguta meretrice potes Davoque Chremeta | eludente senem
comis garrire libellos *Serm*.1.10.40
Chrysippi. insanum Chrysippi porticus et grex|autumat. . . *Serm*.2.3.44
dum, quae Crispini [Chrysippi] docuit me ianitor, edo. . . *var.Serm*.2.7.45
Chrysippo. planius ac melius Chrysippo et Crantore dicit. . . *Epist*.1.2.4
Chrysippus. 'non nosti, quid pater,' inquit,|'Chrysippus dicat: . *Serm*.1.3.127
hoc quoque volgus|Chrysippus ponit fecunda in gente Meneni. — *Serm*.2.3.287
chyragra. postquam illi iusta cheragra [chyragra]|contudit articulos, *var.Serm*.2.7.15
nec, . . . nodosa corpus nolis prohibere cheragra [chyragra]. . *var.Epist*.1.1.31
cibaria. cum sibi sint congesta cibaria: *Serm*.1.1.32
cibaria. urbana diaria [cibaria] rodere mavis, ... *var.Epist*.1.14.40
cibo. interminato cum semel fixae cibo *Epod*.5.39
ciboria. oblivioso levia Massico|ciboria exple, ... *Carm*.2.7.22
cibum. proiectum odoraris cibum. *Epod*.6.10
amet scripsisse ducentos|ante cibum versus. . . . *Serm*.1.10.61
siccus, inanis|sperne cibum vilem; *Serm*.2.2.15
cibus. ni cibus atque|ingens accedit stomacho fultura ruenti. . *Serm*.2.3.153
Cibyratica. ne Cibyratica, ne Bithyna negotia perdas; . . *Epist*.1.6.33
cicatricem. heu heu, cicatricum et sceleris pudet|fratrumque. . *Carm*.1.35.33
cicatrix. at illi foeda cicatrix|saetosam laevi frontem turpaverat oris. *Serm*.1.5.60
Cicerci. nunc mihi paucis | Sarmenti scurrae pugnam Messique Cicirri
[Cicerci],|musa, velim memores *var.Serm*.1.5.52
cicere. in cicere atque faba bona tu perdasque lupinis, . . *Serm*.2.3.182
ciceris. ad porri et ciceris refero laganique catinum; . . *Serm*.1.6.115
neque ille|sepositi ciceris nec longae invidit avenae, . . *Serm*.2.6.84
neque ille|sepositi ciceris nec longae [? nec ciceris nec longae] invidit
avenae, ... *? var.Serm*.2.6.84
nec, siquid fricti ciceris probat et nucis emptor, . . . *Ars Poet*.249
Cicerri. nunc mihi paucis | Sarmenti scurrae pugnam Messique Cicirri
[Cicerri],|musa, velim memores *var.Serm*.1.5.52
Cicerrus. multa Cicirrus [Cicerrus] ad haec: . . . *var.Serm*.1.5.65
cichorea. me pascunt olivae,|me cichorea levesque malvae. . *Carm*.1.31.16
Cicirri. Sarmenti scurrae pugnam Messique Cicirri, . . *Serm*.1.5.52
Cicirrus. multa Cicirrus ad haec: *Sevm*.1.5.65
ciconia. tutus erat rhombus tutoque ciconia nido, . . . *Serm*.2.2.49
cicuta. sed mala tollet anum vitiato melle cicuta. . . . *Serm*.2.1.56
Cicutae. adde Cicutae|nodosi tabulas, centum, . . . *Serm*.2.3.69
cicutae. quae poterunt umquam satis expurgare cicutae, . . *Epist*.2.2.53
Cicutam. tu Nomentanum, tu ne sequerere Cicutam. . . *Serm*.2.3.175
cicutis. edit cicutis alium nocentius *Epod*.3.3
cimex. men moveat cimex Pantilius *Serm*.1.10.78
Cinarae. non sum qualis eram bonae|sub regno Cinarae. . . *Carm*.4.1.4
inter vina fugam Cinarae maerere protervae. . . . *Epist*.1.7.28
Cinarae. Cinarae brevis|annos fata dederunt, . . . *Carm*.4.13.22
quem scis inmunem Cinarae placuisse rapaci, . . . *Epist*.1.14.33
Cinaram. felix post Cinaram notaque et artium|gratarum facies? . *Carm*.4.13.21
Cinare. reddes ridere decorum et | inter vina fugam Cinarae [Cinare]
maerere protervae. *var.Epist*.1.7.28
cinctos. iacentes sic temere et rosa|canos [cinctos] odorati capillos, . *coni.Carm*.2.11.15
cinctus. puer alte cinctus acernam|gausape purpureo mensam pertersit *Serm*.2.8.10
cinctutis. fingere cinctutis non exaudita Cethegis|continget . *Ars Poet*.50
Cinerae. reddes ridere decorum et | inter vina fugam Cinarae [Cinerae]
maerere protervae. *var.Epist*.1.7.28
quem scis inmunem Cinarae [Cinerae] placuisse rapaci, . *var.Epist*.1.14.33
cinerem. verterat in fumum et cinerem, ... *Epist*.1.15.41
cineres. expedit matris cineres opertos|fallere . . . *Carm*.2.8.9
dilapsam in cineres facem. *Carm*.4.13.28
barbarus heu cineres insistet victor *Epod*.16.11
utrum|minxerit in patrios cineres . . . . . *Ars Poet*.471
cineri. incedis per ignis|suppositos cineri doloso. . . . *Carm*.2.1.8
cinge. mihi Delphica|lauro cinge volens, Melpomene, comam. . *Carm*.3.30.16
cingentem. deum|cingentem viridi tempora pampino. . . *Carm*.3.25.20
ciniflones. custodes, lectica, ciniflones, parasitae, . . . *Serm*.1.2.98

Cinirae. reddes ridere decorum et | inter vina fugam Cinarae [Cinirae]
  maerere protervae. *var.Epist.*1.7.28
cinis. tu, donec cinis|iniuriosis aridus ventis ferar, ... *Epod.*17.33
Cinyrae. reddes ridere decorum et | inter vina fugam Cinarae [Cinyrae]
  maerere protervae. *var.Epist.*1.7.28
Cinyrae. quem scis inmunem Cinarae [Cinyrae] placuisse rapaci, . . *var.Epist.*1.14.33
Cinyre. reddes ridere decorum et | inter vina fugam Cinarae [Cinyre]
  maerere protervae. *var.Epist.*1.7.28
Cinyre. quem scis inmunem Cinarae [Cinyre] placuisse rapaci, . . *var.Epist.*1.14.33
cippus. trecentos cippus in agrum|hic dabat, ... *Serm.*1.8.12
ciprus. mille pedes in fronte, trecentos cippus [ciprus] in agrum | hic
  dabat, ... *var.Serm.*1.8.12
ciragra. postquam illi iusta cheragra [ciragra]|contudit articulos, . *var.Serm.*2.7.15
Circa. saetosa duris exuere pellibus . . . volente Circa membra; . . *Epod.*17.17
circa. illi robur et aes triplex|circa pectus erat, ... *Carm.*1.3.10
  circa mite solum Tiburis et moenia Catili; *Carm.*1.18.2
  saeviet circa iecur ulcerosum|non sine questu, ... *Carm.*1.25.15
  circa virentis est animus tuae|campos iuvencae . . . *Carm.*2.5.5
  circa lustra decem flectere mollibus|iam durum imperiis: . . *Carm.*4.1.6
  circa nemus uvidique|Tiburis ripas *Carm.*4.2.30
  aliena negotia centum|per caput et circa saliunt latus. . . *Serm.*2.6.34
  Aemilium circa ludum faber imus . . . . . *Ars Poet.*32
  si|non circa vilem patulumque moraberis orbem . . . *Ars Poet.*132
Circae. saetosa duris exuere pellibus|laboriosi remiges Vlixei|volente Circa
  [Circae] membra; *var.Epod.*17.17
  Sirenum voces et Circae pocula nosti; *Epist.*1.2.23
Circaea. Circaea tangat moenia: *Epod.*1.30
Circe. saetosa duris exuere pellibus|laboriosi remiges Vlixei|volente Circa
  [Circe] membra; *var.Epod.*17.17
Circeis. ostrea Circeis, Miseno oriuntur echini, ... *Serm.*2.4.33
Circen. dices laborantis in uno|Penelopen vitreamque Circen; . . *Carm.*1.17.20
circiter. ab officiis octavam circiter horam|dum redit . . . *Epist.*1.7.47
circo. latus ut in circo spatiere et aeneus ut stes, ... *Serm.*2.3.183
circum. curas laqueata circum|tecta volantis. *Carm.*2.16.11
  circum renidentis Laris.' *Epod.*2.66
  urgeris turba circum te stante *Serm.*1.3.135
  ipse mihi custos incorruptissimus omnis|circum doctores aderat. . . *Serm.*1.6.82
  iam circum loculos et clavis laetus ovansque . . . *Serm.*2.3.146
  qui circum compita siccus|lautis mane senex manibus currebat . *Serm.*2.3.281
  et Tyrias dare circum inluta toralia vestis. *Serm.*2.4.84
  quis circum pagos et circum compita pugnax *Epist.*1.1.49
circum. quam Iocus circum volat et Cupido; *Carm.*1.2.34
  te greges centum Siculaeque circum|mugiunt vaccae, . . *Carm.*2.16.33
  nos manet Oceanus circum vagus: *Epod.*16.41
  circum|me Satureiano vectari rura caballo, ... *Serm.*1.6.58
  acria circum|rapula, lactucae, radices, ... *Serm.*2.8.7
circum. fallacem circum vespertinumque pererro|saepe forum, . . *Serm.*1.6.113
circumagi. 'nil opus est te|circumagi: *Serm.*1.9.17
circumdata. ad talos stola demissa et circumdata palla, . . . *Serm.*1.2.99
circumdata. si interdicta petes, vallo circumdata *Serm.*1.2.96
circumgemit. nec vespertinus circumgemit ursus ovile . . . *Epod.*16.51
circumlita. musco circumlita saxa nemusque. *Epist.*1.10.7
circumposuisse. puris circumposuisse catillis. *Serm.*2.4.75
circumroditur. qui|dente Theonino cum circumroditur. . . . *Epist.*1.18.82
circumspectemus. quanto molimine circum-|spectemus vacuam Romanis
  vatibus aedem; *Epist.*2.2.93.94
circumtonuit. hunc circumtonuit gaudens Bellona cruentis. . . *Serm.*2.3.223
circumveniunt. multa senem circumveniunt incommoda, . . . *Ars Poet.*169
circumvolat. seu mors atris circumvolat alis, ... *Serm.*2.1.58
circumvolitas. quae circumvolitas agilis thyma? *Epist.*1.3.21
Cirei. nunc mihi paucis|Sarmenti scurrae pugnam Messique Cicirri [Cirei],|
  musa, velim memores *var.Serm.*1.5.52
cistam. aut cistam effractam et subducta viatica plorat, . . . *Epist.*1.17.54
cita. abstulit clarum cita mors Achillem, ... *Carm.*2.16.29
  horae|momento cita mors venit aut victoria laeta.' . . . *Serm.*1.1.8
cita. nec latentis|classe cita reparavit oras. *Carm.*1.37.24
citae. hostiliumque navium portu latent|puppes sinistrorsum citae. . *Epod.*9.20
citaret. ab ovo|usque ad mala citaret 'io Bacchae' *Serm.*1.3.7
citata. tibi triplex,|unde uxor media currit de nocte vocata [citata].' — . *var.Serm.*2.3.238

cithara. inbelli cithara carmina divides; *Carm.*1.15.15
 cui liquidam pater|vocem cum cithara dedit. *Carm.*1.24.4
 nec turpem senectam|degere nec cithara carentem. *Carm.*1.31.20
 quondam cithara tacentem|suscitat Musam *Carm.*2.10.18
 seu fidibus citharave Phoebi. *Carm.*3.4.4
citharae. mollibus|aptari citharae modis *Carm.*2.12.4
 non avium citharaeque cantus|somnum reducent: *Carm.*3.1.20
 dulcis docta modos et citharae sciens, ... *Carm.*3.9.10
 nec studio citharae nec Musae deditus ulli, ... *Serm.*2.3.105
 ad strepitum citharae cessatum ducere curam. *Epist.*1.2.31
citharae. non citharae decent *Carm.*3.15.14
 auriculas citharae collecta sorde dolentis. *Epist.*1.2.53
citharas. siquis emat cithara, emptas conportet in unum, .   .   . *Serm.*2.3.104
citharoedus. citharoedus|ridetur, chorda qui semper oberrat eadem: . *Ars Poet.*355
citius. suprema citius solvet amor die. *Carm.*1.13.20
 nam quis me scribere plures|aut citius possit versus? .   .   . *Serm.*1.9.24
 ubi dicto citius curata sopori|membra dedit, ... *Serm.*2.2.80
 eripiet quivis oculos citius mihi quam te | contemptum cassa nuce
  pauperet; *Serm.*2.5.35
 pingimus atque|psallimus et luctamur Achivis doctius [citius] unctis. . *var.Epist.*2.1.33
 discit enim citius meminitque libentius *Epist.*2.1.262
cito. ut cito dicta|percipiant animi dociles .   .   .   .   . *Ars Poet.*335
citra. quos ultra citraque nequit consistere rectum. .   .   . *Serm.*1.1.107
 atque ego cum graecos facerem, natus mare citra,|versiculos, . *Serm.*1.10.31
 vino quinquenni, verum citra mare nato,|dum coquitur .   .   . *Serm.*2.8.47
citrea. Albanos prope te lacus|ponet marmoream sub trabe citrea. . *Carm.*4.1.20
citum. citumque retro solve, solve turbinem. *Epod.*17.7
citus. leporem citus|venator in campis nivalis *Carm.*1.37.18
 nec quisquam citus aeque|Tusco denatat alveo. *Carm.*3.7.27
 i, puer, atque meo citus haec subscribe libello. *Serm.*1.10.92
 syllaba longa brevi subiecta vocatur iambus,|pes citus: .   .   . *Ars Poet.*252
civem. fama civem causaque priorem|sperne. *Serm.*2.5.30
 inpransus non qui civem dignosceret hoste, ... *Epist.*1.15.29
cives. 'o cives, cives, quaerenda pecunia primum est; .   .   . *Epist.*1.1.53
 licet 'succurrite' longum|clamet 'io cives,' .   .   .   .   . *Ars Poet.*460
civi. Lesbio primum modulate civi, ... *Carm.*1.32.5
civibus. res gerere et captos ostendere civibus hostis .   .   . *Epist.*1.17.33
civica. seu civica iura|respondere paras *Epist.*1.3.23
civicam. caedis et rabiem tollere civicam, ... *Carm.*3.24.26
civicum. motum ex Metello consule civicum *Carm.*2.1.1
civilia. si|aut valeo stare aut novi civilia iura; *Serm.*1.9.39
civilibus. nunc agilis fio et mersor civilibus undis, ... *Epist.*1.1.16
civilibus. altera iam teritur bellis civilibus aetas, ... *Epod.*16.1
civilis. non furor|civilis aut vis exiget otium, ... *Carm.*4.15.18
civilis. civilisque rudem belli tulit aestus in arma *Epist.*2.2.47
civilis. mitte civilis super Vrbe curas: *Carm.*3.8.17
civis. audiet civis acuisse ferrum, ... *Carm.*1.2.21
 sic qui promittit civis, Vrbem sibi curae,|imperium fore .   .   . *Serm.*1.6.34
 deicere de saxo civis aut tradere Cadmo?' *Serm.*1.6.39
civitas. 'io trumphe'|civitas omnis dabimusque divis|tura benignis. . *Carm.*4.2.51
 Phocaeorum|velut profugit exsecrata civitas *Epod.*16.18
 eamus omnis exsecrata civitas *Epod.*16.36
civitatem. tu civitatem quis deceat status|curas *Carm.*3.29.25
civium. non civium ardor prava iubentium, ... *Carm.*3.3.2
 civium|retorta tergo bracchia libero *Carm.*3.5.21
 superba civium|potentiorum limina. *Epod.*2.7
clade. fortuna tristi clade iterabitur *Carm.*3.3.62
 stravit humum sine clade victor, ... *Carm.*4.14.32
clades. hoc fonte derivata clades|in patriam populumque fluxit. . *Carm.*3.6.19
clamabit. clamabit enim 'pulchre, bene, recte,' .   .   .   . *Ars Poet.*428
clamans. et Menelaum una mecum se occidere clamans.' .   . *Serm.*2.3.198
clamantibus. Catienis mille ducentis|'mater, te appello' clamantibus. *Serm.*2.3.62
clamas. aut quia non sentis, quod clamas, rectius esse, .   .   . *Serm.*2.7.25
clamat. solos felicis viventis clamat in Vrbe. *Serm.*1.1.12
 qui dicit, clamat 'victum date.' *Epist.*1.17.48
clament. insanum te omnes pueri clamentque puellae; .   .   . *Serm.*2.3.130
 clament periisse pudorem|cuncti paene patres, ... *Epist.*2.1.80
clamet. desiliat mulier, miseram se conscia clamet, ... *Serm.*1.2.130
 clamet amica,|mater, honesta soror cum cognatis, pater, uxor: . *Serm.*2.3.57

idem si clamet furem, neget esse pudicum, ... *Epist.*1.16.36
  licet 'succurrite' longum|clamet 'io cives,' . . . . . *Ars Poet.*460
clamo. qui me conmorit (melius non tangere, clamo), . . . *Serm.*2.1.45
  'displicet iste locus' clamo et diludia posco. *Epist.*1.19.47
clamor. quem iuvat clamor galeaeque leves *Carm.*1.2.38
  procul omnis esto|clamor et ira. *Carm.*3.8.16
  quo clamor vocat et turba faventium, ... *Carm.*3.24.46
  rapit in ius; clamor utrimque,|undique concursus. . . . *Serm.*1.9.77
clamore. non sine montium|clamore vicinaeque silvae, . . *Carm.*3.29.39
  cum magno blateras clamore fugisque. *Serm.*2.7.35
  quo clamore coronae|proelia sustineas campestria; . . *Epist.*1.18.53
clamorem. inpium|lenite clamorem sodales *Carm.*1.27.7
  conpesce clamorem ac sepulcri|mitte supervacuos honores. . *Carm.*2.20.23
clamydem. alter Mileti textam cane peius et angui | vitabit chlanidem
  [clamydem], ... *var.Epist.*1.17.31
clamydes. chlamydas [clamydes] Lucullus, ut aiunt, | si posset centum
  scaenae praebere rogatus, ... *var.Epist.*1.6.40
clara. sub clara nuda lucerna|quaecumque excepit . . . *Serm.*2.7.48
clarabit. illum non labor Isthmius|clarabit pugilem, . . *Carm.*4.3.4
claram. laudabunt alii claram Rhodon aut Mytilenen . . *Carm.*1.7.1
clare. cum tibi plausus,|clare Maecenas eques, . . . *Carm.*1.20.5
clare. postmodo quod mi obsit clare certumque locuto . . *Serm.*2.6.27
  'Iane pater' clare, clare cum dixit 'Apollo,' . . . *Epist.*1.16.59
clari. imperium est Iovis,|clari giganteo triumpho, . . *Carm.*3.1.7
  et soror clari ducis et decorae|supplice vitta|virginum matres . *Carm.*3.14.7
clari. nec Coae referunt iam tibi purpurae|nec cari [clari] lapides tempora, *var.Carm.*4.13.14
clarior. nec purpurarum sidere clarior|delenit usus . . *Carm.*3.1.42
  'quamquam sidere pulcrior [clarior]|ille est, . . . *var.Carm.*3.9.21
clarior. Romana vigui clarior Ilia.' *Carm.*3.9.8
claris. parum claris lucem dare coget, ... *Ars Poet.*448
claris. virginum primae puerique claris|patribus orti, . . *Carm.*4.6.31
  nec virtute foret clarisve potentius armis|quam lingua Latium, . *Ars Poet.*289
clarius. non . . . clarius indicant|laudes quam Calabrae Pierides . *Carm.*4.8.19
claro. Flore, bono claroque fidelis amice Neroni, . . . *Epist.*2.2.1
claro. ter die claro totiensque grata|nocte frequentis. . . *Carm.Saec.*23
  non ego me claro natum patre, ... *Serm.*1.6.58
clarorum. quam per vatis opus mores animique virorum | clarorum
  adparent. *Epist.*2.1.250
claros. quod non ingenuos habeat clarosque parentes, . . *Serm.*1.6.91
clarum. clarum Tyndaridae sidus ab infimis | quassas eripiunt aequoribus
  rates, ... *Carm.*4.8.31
  Messi clarum genus Osci; *Serm.*1.5.54
clarum. abstulit clarum cita mors Achillem, ... *Carm.*2.16.29
  non ego me claro [clarum] natum patre, ... *var.Serm.*1.6.58
clarus. audeat|refrenare licentiam,|clarus postgenitis: . . *Carm.*3.24.30
  iam clarus occultum Andromedae pater|ostendit ignem, . *Carm.*3.29.17
  clarus Anchisae Venerisque sanguis|inpetret, . . . *Carm.Saec.*50
  ille|clarus erit, fortis, iustus.' *Serm.*2.3.97
  totiens servatis clarus Achivis, ... *Serm.*2.3.194
  strenuos et fortis causisque Philippus agendis|clarus, . . *Epist.*1.7.47
  clarus ob id factum donis ornatur honestis, . . . *Epist.*2.2.32
classe. nec latentis|classe cita reparavit oras. . . . *Carm.*1.37.24
  hic classe formidatus, ille|missilibus melior sagittis. . . *Carm.*3.6.15
  me vel extremos Numidarum in agros|classe releget: . . *Carm.*3.11.48
  tutior at quanto merx est in classe secunda, . . . *Serm.*1.2.47
classem. di tibi dent capta classem redducere Troia. . . *Serm.*2.3.191
  'maxime regum, | di tibi dent capta classem [classem capta] redducere
  Troia. *var.Serm.*2.3.191
classico. neque excitatur classico miles truci *Epod.*2.5
classis. iracunda diem proferet Ilio|matronisque Phrygum classis Achillei; *Carm.*1.15.34
classis. receptus|terra Neptunus classis Aquilonibus arcet, . *Ars Poet.*64
clatros. obiectos caveae valuit si frangere clatros, . . *Ars Poet.*473
claude. prima nocte domum claude *Carm.*3.7.29
claudens. claudensque textis cratibus laetum pecus . . *Epod.*2.45
claudere. cuius octavom trepidavit aetas|claudere lustrum. . *Carm.*2.4.24
  mollius ac siquis pedibus quid claudere senis, . . . *Serm.*1.10.59
  me pedibus delectat claudere verba *Serm.*2.1.28
Claudi. hinc nos Coccei recipit plenissima villa, | quae super est Caudi
  [Claudi] cauponas. *var.Serm.*1.5.51

Claudi virtute Neronis|Armenius cecidit; *Epist.1.12.26*
Claudi. Septimius, Claudi, nimirum intellegit unus,|quanti me facias; *Epist.1.9.1*
Claudiae. nil Claudiae non perficient manus, ... *Carm.4.4.73*
Claudius. ut barbarorum Claudius agmina|ferrata vasto diruit impetu *Carm.4.14.29*
quibus terrarum militet oris|Claudius *Epist.1.3.2*
claudo. raro antecedentem scelestum|deseruit pede Poena claudo. . *Carm.3.2.32*
claudum. 'credite, non ludo; crudeles, tollite claudum.' . . *Epist.1.17.61*
clausa. omni| abiecto instrumento artis clausaque taberna|sutor erat: *Serm.1.3.131*
clausas. vidi . . . portasque non clausas *Carm.3.5.23*
clausit. vacuom duellis|Ianum Quirini clausit . . . *Carm.4.15.9*
claustra. nec te feriam neque intra|claustra tenebo. . . *Carm.3.11.44*
amat spatiis obstantia rumpere claustra. *Epist.1.14.9*
claustraque custodem pacis cohibentia Ianum . . *Epist.2.1.255*
clausus. an turpi clausus in arca, ... *Serm.2.7.59*
clavibus. absumet heres Caecuba dignior|servata centum clavibus . *Carm.2.14.26*
clavis. ut heres|iam circum loculos et clavis laetus ovansque|curreret. *Serm.2.3.146*
odisti clavis et grata sigilla pudico; *Epist.1.20.3*
clavom. praetextam et latum clavom prunaeque vatillum. . . *Serm.1.5.36*
sumere depositum clavom fierique tribuno? . . . *Serm.1.6.25*
latum demisit pectore clavom, ... *Serm.1.6.28*
clavom ut mutaret in horas, ... *Serm.2.7.10*
clavos. clavos trabalis et cuneos manu|gestans aena . . *Carm.1.35.18*
si figit adamantinos|summis verticibus dira Necessitas|clavos, . *Carm.3.24.7*
Clazomenis. Persius hic permagna negotia dives habebat|Clazomenis, *Serm.1.7.5*
clemens. quod viro clemens misero peperci, ... *Carm.3.11.46*
cliens. mane cliens et iam certus conviva, ... *Epist.1.7.75*
rite cliens Bacchi somno gaudentis et umbra: . . . *Epist.2.2.78*
cliens. iuvenum nobilium cliens, ... *Carm.4.12.15*
clientae. nec Laconicas mihi|trahunt honestae purpuras clientae. . *Carm.2.18.8*
clientem. atria servantem postico falle clientem. . . . *Epist.1.5.31*
clientes. nec Laconicas mihi|trahunt honestae purpuras clientae [clientes]. *var.Carm.2.18.8*
clienti. Romae dulce diu fuit . . . clienti promere iura, . . *Epist.2.1.104*
clientiae. nec Laconicas mihi|trahunt honestae purpuras clientae [clientiae]. *var.Carm.2.18.8*
clientium. ultra|limites clientium|salis avarus? . . . *Carm.2.18.25*
illi turba clientium|sit maior: *Carm.3.1.13*
quam si clientium [clientium] longa negotia|diiudicata lite relinqueret . *var.Carm.3.5.53*
clientum. quam si clientum longa negotia *Carm.3.5.53*
Clio. quem virum aut heroa lyra vel acri|tibia sumis celebrare, Clio? . *Carm.1.12.2*
clipeo. quamvis clipeo Troiana refixo|tempora testatus . . *Carm.1.28.11*
clitellas. hinc muli Capuae clitellas tempore ponunt. . *Serm.1.5.47*
quam quo perferre iuberis|clitellas ferus inpingas . . *Epist.1.13.8*
clivom. per sacrum clivom merita decorus|fronde . . *Carm.4.2.35*
clivos. viribus uteris per clivos flumina lamas. . . *Epist.1.13.10*
clivum. seu mihi frigidum | Praeneste seu Tibur supinum [? clivumque
supinum] . . . . *? var.Carm.3.4.23*
cloacam. illud idem in rapidum flumen iaceretve cloacam? — . *Serm.2.3.242*
clune. vidimus et merulas poni et sine clune palumbis, . *Serm.2.8.91*
clunes. quod pulcrae clunes, breve quod caput, ardua cervix. . *Serm.1.2.89*
clunibus. quaecumque excepit turgentis verbera caudae|clunibus . *Serm.2.7.50*
Clusinis. qui caput et stomachum supponere fontibus audent|Clusinis . *Epist.1.15.9*
Clusinos. qui caput et stomachum supponere fontibus audent|Clusinis
[Clusinos] Gabiosque petunt et frigida rura. . . . *var.Epist.1.15.9*
Cnidi. o Venus regina Cnidi Paphique, ... *Carm.1.30.1*
Cnidius. Cnidiusve Gyges,|quem si puellarum insereres choro, . *Carm.2.5.20*
Cnidon. quae Cnidon|fulgentisque tenet Cycladas . . *Carm.3.28.13*
Cnosii. hastas et calami spicula Cnosii|vitabis . . . *Carm.1.15.17*
Coa. siser, hallec, faecula Coa. *Serm.2.8.9*
coactor. si praeco parvas aut, ut fuit ipse, coactor|mercedes sequerer; . *Serm.1.6.86*
coactus. fertur Prometheus addere principi|limo coactus particulam . *Carm.1.16.14*
nec recito cuiquam nisi amicis idque coactus, . . . *Serm.1.4.73*
Coae. nec Coae referunt iam tibi purpurae . . . *Carm.4.13.13*
Coccei. hinc nos Coccei recipit plenissima villa, . . . *Serm.1.5.50*
Cocceius. huc venturus erat Maecenas optimus atque|Cocceius, . *Serm.1.5.28*
interea Maecenas advenit atque|Cocceius . . . *Serm.1.5.32*
cocco. rubro ubi cocco|tincta super lectos canderet vestis eburnos . *Serm.2.6.102*
coclea. tostis marcentem squillis recreabis et Afra|potorem coclea: . *Serm.2.4.59*
cocto. cocto num adest honor idem? *Serm.2.2.28*
(cocto Chium sic convenit, ut non|hoc magis ullum aliud); . *Serm.2.8.48*
Cocytia. inultus ut tu riseris Cotytia [Cocytia]|volgata, . . *var.Epod.17.56*

Cocytos. ater flumine languido|Cocytos errans *Carm.*2.14.18
Codrus. Codrus pro patria non timidus mori *Carm.*3.19.2
coeant. sed non ut placidis coeant inmitia, ... *Ars Poet.*12
coeat. ut coeat par|iungaturque pari: *Epist.*1.5.25
coemens. omnia conductis coemens obsonia nummis: *Serm.*1.2.9
coemptas. luscinias soliti inpenso prandere coemptas, ... *Serm.*2.3.245
coemptis. cedes coemptis saltibus et domo *Carm.*2.3.17
coemptos. coemptos undique nobilis|libros Panaeti *Carm.*1.29.13
coeperis. caputque|coeperis inpexa foedum porrigine? . . . *Serm.*2.3.126
   contrectatus ubi manibus sordescere volgi|coeperis, . . . *Epist.*1.20.12
coeperunt. oppida coeperunt munire et ponere leges, . . . *Serm.*1.3.105
   pullam divellere mordicus agnam|coeperunt; *Serm.*1.8.28
coepi. vellere coepi|et pressare manu lentissima bracchia, . . . *Serm.*1.9.63
coepit. 'non faciam' ille,|et praecedere coepit; *Serm.*1.9.42
   ex quo Maecenas me coepit habere suorum|in numero, . . *Serm.*2.6.41
   dimidium facti, qui coepit, habet: sapere aude, . . . *Epist.*1.2.40
   ut . . . urbanus coepit haberi, ... *Epist.*1.15.27
   ut primum positis nugari Graecia bellis|coepit . . . *Epist.*2.1.94
   donec iam saevos apertam|in rabiem coepit verti iocus . . *Epist.*2.1.149
   donec iam saevos apertam|in rabiem coepit verti [verti coepit] iocus . *var.Epist.*2.1.149
   et post Punica bella quietus quaerere coepit, . . . *Epist.*2.1.162
   castellum evertere praetor|nescio quod cupiens hortari coepit . *Epist.*2.2.35
   amphora coepit|institui: currente rota cur urceus exit? . . *Ars Poet.*21
   postquam coepit agros extendere victor . . . . *Ars Poet.*208
coerceat. vel quod fluentem nauseam coerceat *Epod.*9.35
coerces. virgaque levem coerces|aurea turbam, ... *Carm.*1.10.18
   nodo coerces viperino|Bistonidum sine fraude crinis. . . *Carm.*2.19.19
   quos tu nisi fuste coerces, ... *Serm.*1.3.134
coercet. hic superbum|Tantalum atque Tantali|genus coercet, . . *Carm.*2.18.38
   res|ut quaeque est, ita suppliciis delicta coercet? . . *Serm.*1.3.79
   nam fures dextra coercet *Serm.*1.8.4
   quod satis esse putat pater et natura coercet. . . . *Serm.*2.3.178
coercuit. quod non|multa dies et multa litura coercuit . . *Ars Poet.*293
coetus. coetusque volgaris et udam|spernit humum . . . *Carm.*3.2.23
cogas. commodus ultro|arcessas et egere vetes et scribere cogas. *Epist.*2.1.228
cogat. illam cogit [cogat] amor Nothi|lasciuae similem ludere capreae, . *coni.Carm.*3.15.11
   omnis mortalis curare et quaerere cogit [cogat]. . . *var.Serm.*1.6.37
   cogat trans pondera dextram|porrigere: *Epist.*1.6.51
cogemus. veluti te|Iudaei cogemus in hanc concedere turbam. . *Serm.*1.4.143
cogere. quam cogere humanos in usus *Carm.*3.3.51
   Caesar, qui cogere posset, ... *Serm.*1.3.4
   ubi plura|cogere quam satis est ac non cessare videbor. . *Epist.*1.10.46
cogeris. tamquam parcere sacris|cogeris *Serm.*1.1.72
coges. quid me perferre patique|indignum coges?' . . . *Epist.*1.16.75
coget. omnis mortalis curare et quaerere cogit [? coget]. . . *? var.Serm.*1.6.37
   parum claris lucem dare coget, ... *Ars Poet.*448
cogi. ut salvos regnet vivatque beatus,|cogi posse negat. . . *Epist.*1.2.11
   et scis|in breve te cogi, cum plenus languet amator. . . *Epist.*1.20.8
cogimur. omnes eodem cogimur, ... *Carm.*2.3.25
cogit. diductosque iugo cogit aeneo? *Carm.*3.9.18
   illam cogit amor Nothi|lasciuae similem ludere capreae, . . *Carm.*3.15.11
   mortisque metu sibi parcere cogit, ... *Serm.*1.4.127
   omnis mortalis curare et quaerere cogit. . . . *Serm.*1.6.37
   nam cum rogat et prece cogit, ... *Epist.*1.9.2
   ut praeco, ad merces turbam qui cogit emendas, . . *Ars Poet.*419
cogitat. si conportatis rebus bene cogitat uti. *Epist.*1.2.50
   non fraudem socio puerove incogitat [puero vel cogitat] ullam|pupillo; *var.Epist.*2.1.122
   non fumum ex fulgore, sed ex fumo dare lucem|cogitat, . . *Ars Poet.*144
cogitet. quid bellicosus Cantaber et Scythes,|Hirpine Quinti, cogitet . *Carm.*2.11.2
cognata. o quando faba Pythagorae cognata . . . ponentur . *Serm.*2.6.63
cognata. ex more inponens cognata vocabula rebus? . . . *Serm.*2.3.280
cognati. 'est tibi mater,|cognati, quis te salvo est opus?' . . *Serm.*1.9.27
cognatis. clamet amica,|mater, honesta soror cum cognatis, pater, uxor: . *Serm.*2.3.58
cognatorum. hic ubi cognatorum opibus curisque refectus|expulit . *Epist.*2.2.136
cognatos. an si cognatos, . . . retinere velis servareque amicos . *Serm.*1.1.88
   ut ingens|belua cognatos eliserit: *Serm.*2.3.316
cognatum. numquid ego a te | magno prognatum [cognatum] deposco
   consule cunnum|velatumque stola, ... *var.Serm.*1.2.70
cognitor. fi cognitor ipse,|persta atque obdura: *Serm.*2.5.38

cognomen. cui Canis ex vero dictum cognomen adhaeret, ... *Serm.*2.2.56
cognomen. illi|'tardo' cognomen, 'pingui' damus. *Serm.*1.3.58
   unde frequentia Mercuriale|inposuere mihi cognomen compita.' . . *Serm.*2.3.26
   cognomen vertas in risum et fabula fias. *Epist.*1.13.9
cognomine. fit Mimnermus et optivo cognomine crescit. . . . *Epist.*2.2.101
cognoscere. sed tamen est operae pretium cognoscere, . . . *Epist.*2.1.229
cogor. iterare cursus|cogor relectos: *Carm.*1.34.5
coheredum. siquis|forte coheredum senior male tussiet, . . *Serm.*2.5.107
coheres. solus multisne coheres,|veloci percurre oculo. . . . *Serm.*2.5.54
cohibebor. nec Stygia cohibebor unda. *Carm.*2.20.8
cohibent. te maris et terrae numeroque carentis harenae|mensorem cohibent, *Carm.*1.28.2
   amatorem trecentae|Pirithoum cohibent catenae. . . . *Carm.*3.4.80
   namque marem cohibent callosa vitellum. *Serm.*2.4.14
cohibente. dic et argutae properet Neaerae | murreum nodo cohibere
   [cohibente] crinem; *coni.Carm.*3.14.22
cohibentia. claustraque custodem pacis cohibentia Ianum . . . *Epist.*2.1.255
cohibentis. lyncas et cervos cohibentis arcu, ... *Carm.*4.6.34
cohibere. murreum nodo cohibere crinem; *Carm.*3.14.22
cohibet. si neque tibias|Euterpe cohibet *Carm.*1.1.33
cohors. nova febrium|terris incubuit cohors *Carm.*1.3.31
   cum parentis regna per arduom|cohors gigantum scanderet inpia, *Carm.*2.19.22
   laboriosa nec cohors Vlixei. *Epod.*16.60
   quid studiosa cohors operum struit? hoc quoque curo. . . *Epist.*1.3.6
cohortem. laudat Brutum laudatque cohortem, ... *Serm.*1.7.23
cohortes. militia simul|fessas cohortes abdidit oppidis, . . . *Carm.*3.4.38
cohorti. ut placeat iuveni, percontare utque cohorti. . . . *Epist.*1.8.14
cohortis. qui dissimulat metum|Marsae cohortis Dacus . . *Carm.*2.20.18
coibat. populus . . . et frugi castusque verecundusque coibat. . . *Ars Poet.*207
Cois. Cois tibi paene videre est|ut nudam, ... *Serm.*1.2.101
coit. an male sarta|gratia nequiquam coit et rescinditur . . . *Epist.*1.3 32
Colcha. ille venena Colcha . . . tractavit, ... *Carm.*2.13.8
Colchi. monstrumve submisere Colchi|maius *Carm.*4.4.63
Colchica. ille venena Colcha [Colchica] . . . tractavit, . . *var.Carm.*2.13.8
Colchicis. flammis aduri Colchicis. *Epod.*5.24
   cales venenis officina Colchicis. *Epod.*17.35
Colchis. neque inpudica Colchis intulit pedem, ... *Epod.*16.58
Colchos. herbasque, quas Iolcos [Colchos] atque Hiberia|mittit venenorum
   ferax, ... *var.Epod.*5.21
Colchus. me Colchus et qui dissimulat metum|Marsae cohortis Dacus *Carm.*2.20.17
   Colchus an Assyrius, Thebis nutritus an Argis. . . . *Ars Poet.*118
Colcos. herbasque, quas Iolcos [Colcos] atque Hiberia|mittit venenorum
   ferax, ... *var.Epod.*5.21
cole. caule [cole] suburbano qui siccis crevit in agris|dulcior, . . *var.Serm.*2.4.15
colendi. o colendi|semper et culti, ... *Carm.Saec.*2
coli. arva|Marte coli populata nostro. *Carm.*3.5.24
colis. harum quas colis arborum *Carm.*2.14.22
colit. te Spes et albo rara Fides colit|velata panno . . . *Carm.*1.35.21
colla. regum colla minacium. *Carm.*2.12.12
   eripe turpi|colla iugo, ... *Serm.*2.7.92
collatis. varias inducere plumas,|undique collatis membris . . *Ars Poet.*3
collaudem. purus et insons|(ut me collaudem), si et vivo carus amicis: *Serm.*1.6.70
colle. caule [colle] suburbano qui siccis crevit in agris|dulcior, . . *var.Serm.*2.4.15
colle. cubat hic in colle Quirini,|hic extremo in Aventino, . . *Epist.*2.2.68
collecta. imperat aut servit collecta pecunia cuique, . . . *Epist.*1.1.10.47
collecta. auriculas citharae collecta sorde dolentis. . . . *Epist.*1.2.53
collecta. Luculli miles collecta viatica multis|aerumnis, . . . perdiderat: *Epist.*2.2.26
collectos. collectosne bibant imbris puteosne perennis|iugis aquae . *Epist.*1.15.15
collectus. fertur uti pulvis collectus turbine, ... *Serm.*1.4.31
collega. 'at Novius collega gradu post me sedet uno: . . . *Serm.*1.6.40
collegam. collegam Lepidum quo duxit Lollius anno. . . . *Epist.*1.20.28
collegia. ambubaiarum collegia, pharmacopolae,|mendici, mimae, bala-
   trones, ... *Serm.*1.2.1
collegisse. quos curriculo pulverem Olympicum|collegisse iuvat . . *Carm.*1.1.4
collegit. nec qui|frigus collegit, furnos et balnea laudat . . *Epist.*1.11.13
colles. mea nec Falernae|temperant vites neque Formiani|pocula colles. . *Carm.*1.20.12
   cui pecus et nigri|colles Arcadiae placent. . . . *Carm.*4.12.12
   dis, quibus septem placuere colles,|dicere carmen. . . . *Carm.Saec.*7
   an pingues Asiae campi collesque morantur? . . . *Epist.*1.3.5
collibus. condit quisque diem collibus in suis *Carm.*4.5.29

quam nova collibus arbor inhaeret. *Epod.*12.20
collige. imperet hoc natura potens, sic collige mecum. *Serm.*2.1.51
levis haec insania quantas|virtutes habeat, sic collige: . . . *Epist.*2.1.119
colligis. fructibus Agrippae Siculis, quos colligis, Icci,|si recte frueris, . *Epist.*1.12.1
colligit. columbino limum bene colligit ovo, ... *Serm.*2.4.56
iram|colligit ac ponit temere et mutatur in horas. . . . . *Ars Poet.*160
collines. adulteros|cultus pulvere collines. *Carm.*1.15.20
collisa. Graecia barbariae lento collisa duello, ... *Epist.*1.2.7
collo. tuae|vexere tigres indocili iugum|collo trahentes, . . . *Carm.*3.3.15
collo trahentis languido *Epod.*2.64
dicitur ex collo furtim carpsisse coronas. *Serm.*2.3.256
collocare. optat supremo collocare Sisyphus|in monte saxum; . . *Epod.*17.68
collum. potes hac ab orno|pendulum zona bene te secuta e-|lidere collum. *Carm.*3.27.60
procidit late posuitque collum in|pulvere Teucro; . . . *Carm.*4.6.11
contendat laqueo collum pressisse paternum: *Epist.*1.16.37
collyria. hic oculis ego nigra meis collyria lippus|inlinere; . . . *Serm.*1.5.30
coloni. sive reges|sive inopes erimus coloni. *Carm.*2.14.12
colono. Tibur Argeo positum colono *Carm.*2.6.5
colonum. cum pecore et gnatis fortem mercede colonum . . . *Serm.*2.2.115
colonus. te pauper ambit sollicita prece|ruris colonus, . . . *Carm.*1.35.6
nam Venusinus arat finem sub utrumque colonus, . . . *Serm.*2.1.35
Colophon. Zmyrna quid et Colophon, maiora minorane fama? . . *Epist.*1.11.3
color. tunc nec mens mihi nec color|certa sede manent, . . . *Carm.*1.13.5
nullus argento color est avaris|abdito terris, ... *Carm.*2.2.1
nunc et qui color est puniceae flore prior rosae *Carm.*4.10.4
quove color, decens|quo motus? *Carm.*4.13.17
colorque|stercore fucatus crocodili *Epod.*12.10
verecundus color|reliquit ossa pelle amicta lurida, . . . *Epod.*17.21
quisquis erit vitae scribam color.' *Serm.*2.1.60
cocto num adest honor [color] idem? *var.Serm.*2.2.28
dum ficus prima calorque [colorque] | dissignatorem decorat lictoribus
atris, ... *var.Epist.*1.7.5
omnis Aristippum decuit color et status et res, ... *Epist.*1.17.23
colore. serva Briseis niveo colore|movit Achillem, ... *Carm.*2.4.3
iam tibi lividos|distinguet autumnus racemos|purpureo varius colore. *Carm.*2.5.12
viribus, ingenio, specie, virtute, loco, re [colore]|extremi primorum, *var.Epist.*2.2.203
colores. neque amissos colores|lana refert *Carm.*3.5.27
cum gemmis Tyrios mirare colores; *Epist.*1.6.18
mordear opprobriis falsis mutemque colores? *Epist.*1.16.38
discriptas servare vices operumque colores . . . . *Ars Poet.*86
colori. nec sic enitar tragico differre colori, ... *Ars Poet.*236
coloribus. hic saxo, liquidis ille coloribus|sollers *Carm.*4.8.7
moveat corrnicula risum|furtivis nudata coloribus. . . . *Epist.*1.3.20
colubrae. utque lupi barbam variae cum dente colubrae|abdiderint . *Serm.*1.8.42
colubras. nec viridis metuunt colubras *Carm.*1.17.8
columba. adulteretur et columba miluo, ... *Epod.*16.32
columbam. neque inbellem feroces|progenerant aquilae columbam. . *Carm.*4.4.32
columbas. accipiter velut|mollis columbas *Carm.*1.37.18
columbi. vetuli notique columbi|tu nidum servas, ... *Epist.*1.10.5
columbino. columbino limum bene colligit ovo, ... *Serm.*2.4.56
columbis. nota quae sedes fuerat columbis, ... *Carm.*1.2.10
vetuli notique columbi [vetulis notisque columbis]|tu nidum servas, *var.Epist.*1.10.5
columen. Maecenas, mearum|grande decus columenque rerum. . *Carm.*2.17.4
columnae. mediocribus esse poetis|non homines, non di, non concessere
columnae. . . . . *Ars Poet.*373
columnam. iniurioso ne pede proruas|stantem columnam . . . *Carm.*1.35.14
columnas. premunt columnas ultima recisas|Africa *Carm.*2.18.4
nempe inter varias nutritur silva columnas *Epist.*1.10.22
colunt. dum terras hominumque colunt genus, ... *Epist.*2.1.7
coma. vos laetam fluviis et nemorum coma *Carm.*1.21.5
spissa te nitidum coma, ... *Carm.*3.19.25
comae. maturet, in comptum Lacaenae|more comas [comae] religata nodum. *var.Carm.*2.11.24
et spissae nemorum comae|fingent Aeolio carmine nobilem. . . *Carm.*4.3.11
arboribusque comae; *Carm.*4.7.2
et, quae nunc umeris involitant, deciderint comae, . . . *Carm.*4.10.3
comam. cui flavam religas comam *Carm.*1.5.4
vos laetam fluviis et nemorum coma [comam] *var.Carm.*1.21.5
maturet, in comptum Lacaenae|more comas [comam] religata nodum. . *var.Carm.*2.11.24
mihi Delphica|lauro cinge volens, Melpomene, comam. . . . *Carm.*3.30.16

aut teretis pueri longam renodantis comam. *Epod.*11.28
comas. in comptum Lacaenae|more comas religata nodum. . . *Carm.*2.11.24
    nos cantabimus invicem|Neptunum et viridis Nereidum comas; . . *Carm.*3.28.10
    fronde comas vincti cenant et carmina dictant. . . . *Epist.*2.1.110
comedenda. 'ut libet: haec porcis hodie comedenda relinques.' . . *Epist.*1.7.19
comedunt. 'non hercule miror,'|aiebat, 'siqui comedunt bona, . . *Epist.*1.15.42
comes. me quoque devexi rapidus comes Orionis | Illyricis Notus obruit
        undis. *Carm.*1.28.21
    culpam poena premit comes. *Carm.*4.5.24
    comes minore sum futurus in metu, ... *Epod.*1.17
    rhetor comes Heliodorus,|Graecorum longe doctissimus; . . *Serm.*1.5.2
    ducendus et unus|et comes alter, ... *Serm.*1.6.102
    ne tamen illi|tu comes exterior, si postulet, ire recuses.' . . *Serm.*2.5.17
    frustra: nam comes atra premit sequiturque fugacem.' . . *Serm.*2.7.115
    rura suburbana indictis comes ire Latinis. . . . *Epist.*1.7.76
    Brundisium comes aut Surrentum ductus amoenum . . *Epist.*1.17.52
    scit Genius, natale comes qui temperat astrum, . . *Epist.*2.2.187
comes. carpe viam, mihi crede, comes, ... *Serm.*2.6.93
comica. versibus exponi tragicis res comica non volt; . . *Ars Poet.*89
comicus. Davos sis comicus atque|stes capite obstipo, . . *Serm.*2.5.91
comis. et parum comis sine te Iuventas|Mercuriusque. . . *Carm.*1.30.7
    hic tibi comis et urbanus liberque videtur, . . . *Serm.*1.4.90
    nil comis tragici mutat Lucilius Acci? *Serm.*1.10.53
    fuerit Lucilius, inquam,|comis et urbanus, . . . *Serm.*1.10.65
    ita vir bonus es convivaque comis" *Serm.*2.8.76
    comis in uxorem, posset qui ignoscere servis . . *Epist.*2.2.133
comis. comis garrire libellos *Serm.*1.10.41
comisabere. tempestivius in domum | Pauli purpureis ales oloribus|
        comissabere [comisabere] Maximi, ... *var.Carm.*4.1.11
comissabere. purpureis ales oloribus|comissabere . . . *Carm.*4.1.11
comitabere. tempestivius in domum|Pauli purpureis ales oloribus|
        comissabere [comitabere] Maximi, . . . *var.Carm.*4.1.11
comitem. albo rara Fides colit|velata panno nec comitem abnegat, . *Carm.*1.35.22
    arta decet sanum comitem toga; *Epist.*1.18.30
comites. supremum|carpere iter comites parati. . . . *Carm.*2.17.12
    iam veris comites, quae mare temperant, . . . *Carm.*4.12.1
comites. tu potes tigris comitesque silvas|ducere . . *Carm.*3.11.13
    regalisque cultus|et comites *Carm.*4.9.16
    cenantis haud animo aequo|exspectans comites. . . *Serm.*1.5.9
    stellasque salubris|appellat comites *Serm.*1.7.25
    Eupolin, Archilochum, comites educere tantos? . . *Serm.*2.3.12
comites. o socii comitesque,|nil desperandum Teucro duce et auspice: . *Carm.*1.7.26
comiti. musa rogata refer, comiti scribaeque Neronis. . . *Epist.*1.8.2
commendare. ita commendare dicacis|conveniet Satyros, . . *Ars Poet.*225
commendat. quod me Lucanae iuvenem commendet [commendat] amicae); *var.Epist.*1.15.21
    quae se commendat tonsa cute, dentibus atris, . . *Epist.*1.18.7
    praecipue cum se numeris commendat et arte. . . *Epist.*2.1.261
commendes. qualem commendes, etiam atque etiam aspice, . . *Epist.*1.18.76
commendet. quod me Lucanae iuvenem commendet amicae); . *Epist.*1.15.21
comminxit. conminxit [comminxit] lectum potus mensave catillum|
        Euandri manibus tritum deiecit: . . . *var.Serm.*1.3.90
committis. cum prudens scelus ob titulos admittis [committis] inanis, . *var.Serm.*2.3.212
committit. cum prudens scelus ob titulos admittis [committit] inanis, . *var.Serm.*2.3.212
commixit. conminxit [commixit] lectum potus mensave catillum|Euandri
        manibus tritum deiecit: *var.Serm.*1.3.90
commixti. conminxit [commixti] lectum potus mensave catillum|Euandri
        manibus tritum deiecit: *var.Serm.*1.3.90
commoda. "tibi di, quaecumque preceris|commoda dent: . . *Serm.*2.8.76
    non istic obliquo oculo mea commoda quisquam|limat, . . *Epist.*1.14.37
    in publica commoda peccem, ... *Epist.*2.1.3
    intervalla vides humane commoda. *Epist.*2.2.70
    multa ferunt anni venientes commoda secum, . . *Ars Poet.*175
commodet. si modo culturae patientem commodet aurem. . . *Epist.*1.1.40
commodis. tribus aut novem|miscentur cyathis pocula commodis. . *Carm.*3.19.12
    donarem pateras grataque commodus [commodis], | Censorine, meis
        aera sodalibus, ... *var.Carm.*4.8.1
commodius. hoc ego commodius quam tu, praeclare senator,|milibus atque
        aliis vivo. *Serm.*1.6.110
    hospes|tardius adveniens vitiatum commodius . . . consumeret. . *Serm.*2.2.91

commodus. donarem pateras grataque commodus,|Censorine, meis aera
  sodalibus, ...   *Carm.*4.8.1
 dissimulator opis propriae, mihi commodus uni.   .   .   .   *Epist.*1.9.9
 commodus ultro|arcessas et egere vetes et scribere cogas.   .   .   *Epist.*2.1.227
 spondeos stabilis in iura paterna recepit|commodus et patiens,   .   *Ars Poet.*257
commorit. at ille,|qui me conmorit [commorit] . . . flebit   .   .   *var.Serm.*2.1.45
commotae. commotae crimine mentis|absolves hominem   .   .   *Serm.*2.3.278
commotus. 'qui species alias veris . . . capiet, commotus habebitur,   .   *Serm.*2.3.209
commune. privatus illis census erat brevis,|commune magnum: .   .   *Carm.*2.15.14
 hoc miserae plebi stabat commune sepulcrum,   .   .   .   *Serm.*1.8.10
communi. 'molestus|communi sensu plane caret' inquimus.   .   *Serm.*1.3.66
communi. 'de re communi scribae magna atque nova te|orabant   .   *Serm.*2.6.36
 fuit intactis quoque cura|condicione super communi,   .   .   *Epist.*2.1.152
communia. paucis ostendi gemis et communia laudas,   .   .   *Epist.*1.20.4
 difficile est proprie communia dicere;   .   .   .   .   *Ars Poet.*128
communibus. cervos equom pugna melior communibus herbis|pellebat,   .   *Epist.*1.10.34
communiter. forte quid expediat communiter aut melior pars . . . quaeritis   *Epod.*16.15
 hunc amor, ira quidem communiter urit utrumque.   .   .   *Epist.*1.2.13
comoedia. atque alii, quorum comoedia prisca virorum est, .   .   *Serm.*1.4.2
 idcirco quidam comoedia necne poema|esset quaesivere,   .   *Serm.*1.4.45
 illi, scripta quibus comoedia prisca viris est,   .   .   *Serm.*1.10.16
 habet comoedia tanto|plus oneris, quanto veniae minus: .   *Epist.*2.1.169
 interdum tamen et vocem comoedia tollit   .   .   .   *Ars Poet.*93
 successit vetus his comoedia, non sine multa|laude;   .   .   *Ars Poet.*281
compede. ipsum . . . grata detinuit compede Myrtale|libertina,   .   *Carm.*1.33.14
 tenetque grata|compede vinctum. *Carm.*4.11.24
 et crura dura compede. *Epod.*4.4
 Hebrusque nivali compede vinctus *Epist.*1.3.3
compedibus. 'in manicis et|compedibus saevo te sub custode tenebo.'   *Epist.*1.16.77
compellens. cessisset magna conpellans [compellens] voce cuculum.   .   *var.Serm.*1.7.31
compenset. amicus dulcis, ut aequom est,|cum mea conpensat [compenset]
  vitiis bona, ...   *var.Serm.*1.3.70
comperit. comperit invidiam supremo fine domari.   .   .   *Epist.*2.1.12
compita. unde frequentia Mercuriale|inposuere mihi cognomen compita.'   *Serm.*2.3.26
compita. qui circum compita siccus|lautis mane senex manibus currebat   .   *Serm.*2.3.281
 frigidus a rostris manat per compita rumor: .   .   *Serm.*2.6.50
 quis circum pagos et circum compita pugnax   .   .   *Epist.*1.1.49
complere. nondum spissa nimis complere sedilia flatu;   .   .   *Ars Poet.*205
complesti. tu, cum timenda voce complesti nemus,   .   .   *Epod.*6.9
compos. post etiam inclusa est voti sententia compos;   .   .   *Ars Poet.*76
compositus. Rupili et Persi par pugnat, uti non|conpositum [compositus]
  melius cum Bitho Bacchius. *var.Serm.*1.7.20
compti. ut omnes|praecincti recte pueri comptique ministrent?   .   *Serm.*2.8.70
comptos. non sola comptos arsit adulteri|crinis   .   .   .   *Carm.*4.9.13
 num illius, num rerum dura negarit|versiculos natura magis factos
  [comptos] et euntis|mollius *var.Serm.*1.10.58
comptum. in comptum Lacaenae|more comas religata nodum.   .   *Carm.*2.11.23
comptus. coronatus [comptus] nitentis|malobathro Syrio capillos,   .   *var.Carm.*2.7.7
conamur. nos, Agrippa, neque haec dicere . . . conamur, tenues grandia,   *Carm.*1.6.9
conbiberet. ut atrum|corpore conbiberet venenum,   .   .   *Carm.*1.37.28
Concanum. et laetum equino sanguine Concanum,   .   .   *Carm.*3.4.34
concedas. paulum deliquit amicus,|quod nisi concedas, habeare insuavis: *Serm.*1.3.85
concedere. cui si concedere nolis, ...   *Serm.*1.4.140
 veluti te|Iudaei cogemus in hanc concedere turbam.   .   .   *Serm.*1.4.143
 'stultum me fateor (liceat concedere veris)   .   .   .   *Serm.*2.3.305
 et tempestivom pueris concedere ludum.   .   .   .   *Epist.*2.2.142
concedes. te, dulcis amice, reviset|cum Zephyris, si concedes,   .   *Epist.*1.7.13
concedi. certis medium et tolerabile rebus|recte concedi   .   *Ars Poet.*369
conceditur. quo mihi fortunam, si non conceditur uti?   .   .   *Epist.*1.5.12
concentum. nunc age, quid nostrum concentum dividat, audi.   .   *Epist.*1.14.31
concessa. ne sequerer moechas, concessa cum venere uti|possem: .   *Serm.*1.4.113
concesserat. quamvis . . . nihil ultra | nervos atque cutem morti
  concesserat atrae, ...   *Carm.*1.28.13
concessere. mediocribus esse poetis|non homines, non di, non concessere
  columnae. .   .   .   .   *Ars Poet.*373
concha. 'sit mihi mensa tripes et|concha salis puri   .   .   *Serm.*1.3.14
conchae. mitulus et viles pellent obstantia conchae   .   .   *Serm.*2.4.28
conchis. funde capacibus|unguenta de conchis.   .   .   .   *Carm.*2.7.23
conchylia. non me Lucrina iuverint conchylia   .   .   .   *Epod.*2.49

conchylia. simul assis|miscueris elixa, simul conchylia turdis, . . . *Serm.*2.2.74
 lubrica nascentes inplent conchylia lunae; *Serm.*2.4.30
 nos, inquam, cenamus avis, conchylia, piscis, ... *Serm.*2.8.27
concidit. concidit auguris|Argivi domus ob lucrum|demersa exitio; . . *Carm.*3.16.11
concidunt. concidunt venti fugiuntque nubes *Carm.*1.12.30
concilio. aeternum meditans decus|stellis inserere et consilio [concilio] Iovis? *var.Carm.*3.25.6
 maturum reditum pollicitus patrum|sancto concilio redi. . . *Carm.*4.5.4
concines. concines maiore poeta plectro|Caesarem, . . . *Carm.*4.2.33
 concines laetosque dies *Carm.*4.2.41
concinet. concines [concinet] maiore poeta plectro|Caesarem, . . *coni.Carm.*4.2.33
 concines [concinet] laetosque dies *coni.Carm.*4.2.41
concinna. quid concinna Samos, quid Croesi regia Sardis, . . *Epist.*1.11.2
concinnior. si versus paulo concinnior unus et alter, . . *Epist.*2.1.74
concinnus. concinnus amicis|postulat ut videatur; . . . *Serm.*1.3.50
 'at sermo lingua concinnus utraque|suavior, . . . *Serm.*1.10.23
concipitur. quidquid usquam concipitur nefas *Carm.*2.13.9
concita. pulso Thyias uti concita tympano. *Carm.*3.15.10
concitet. neu populus frequens|'ad arma', cessantis 'ad arma'|concitet . *Carm.*1.35.16
conclave. currere per totum pavidi conclave *Serm.*2.6.113
concludere. neque enim concludere versum|dixeris esse satis . *Serm.*1.4.40
conclusas. at tu conclusas hircinis follibus auras, . . . *Serm.*1.4.19
conclusus. suave locus voci resonat conclusus. . . . *Serm.*1.4.76
concordia. quid velit et possit rerum concordia discors, . . *Epist.*1.12.19
concredere. cui concredere nugas|hoc genus: 'hora quota est?' . *Serm.*2.6.43
concubitu. concubitu prohibere vago, dare iura maritis, . . *Ars Poet.*398
concupiveris. at siquid umquam tale concupiveris, . . . *Epod.*3.19
concurrant. si plostra ducenta|concurrantque foro tria funera, . *Serm.*1.6.43
concurrit. actor|cum stetit in scaena, concurrit dextera laevae. . *Epist.*2.1.205
concurritur. 'militia est potior. quid enim? concurritur: . . *Serm.*1.1.7
concurrunt. in ius|acres concurrunt, ... *Serm.*1.7.21
concursus. rapit in ius; clamor utrimque,|undique concursus. . *Serm.*1.9.78
concussa. quone malo mentem concussa? timore deorum." . . *Serm.*2.3.295
concute. denique te ipsum|concute, numqua tibi vitiorum inseverit olim|
 natura *Serm.*1.3.35
concutitur. quo Styx et invisi horrida Taenari|sedes Atlanteusque finis|
 concutitur. *Carm.*1.34.12
condere. callidum, quidquid placuit, iocoso|condere furto. . . *Carm.*1.10.8
conderet. aedibus ex magnis subito se conderet . . . *Serm.*2.7.11
condes. si carmina condes,|numquam te fallent animi sub volpe latentes. *Ars Poet.*436
condet. in apricum proferet aetas,|defodiet condetque nitentia. . . *Epist.*1.6.25
condicio. "haec est condicio vivendi" aiebat, ... *Serm.*2.8.65
 cui sit condicio dulcis sine pulvere palmae? . . . *Epist.*1.1.51
condicione. fuit intactis quoque cura|condicione super communi, . *Epist.*2.1.152
condicionibus. dissentientis condicionibus|foedis . . . *Carm.*3.5.14
condicionibus. Attalicis condicionibus|numquam demoveas, . . *Carm.*1.1.12
condiderit. si mala condiderit in quem quis carmina, . . *Serm.*2.1.82
 sed bona siquis|iudice condiderit laudatus Caesare? . . *Serm.*2.1.84
condidit. illum, si proprio condidit horreo *Carm.*1.1.9
 simul atra nubes|condidit lunam *Carm.*2.16.3
 cui super Karthaginem|virtus sepulcrum condidit. . . . *Epod.*9.26
condis. seu condis amabile carmen, ... *Epist.*1.3.24
condiscat. robustus acri militia puer|condiscat . . . *Carm.*3.2.3
condisce. condisce modos, amanda|voce quos reddas: . . *Carm.*4.11.34
condit. condit quisque diem collibus in suis *Carm.*4.5.29
 aut pressa puris mella condit amphoris *Epod.*2.15
condita. quae semel|notis condita fastis|inclusit volucris dies. . *Carm.*4.13.15
 condita cum verax aperit praecordia Liber. . . . *Serm.*1.4.89
 condita post frumenta levantes tempore festo . . . *Epist.*2.1.140
conditi. aut cur dexteris|aptantur enses conditi? . . . *Epod.*7.2
condito. condito mitis placidusque telo *Carm.Saec.*33
conditor. dictus et Amphion, Thebanae conditor urbis,|saxa movere . *Ars Poet.*394
conditum. ne male conditum ius adponatur, ... *Serm.*2.8.69
conditum. Graeca quod ego ipse testa|conditum levi, . . *Carm.*1.20.3
conditus. qui locus a forti Diomede est conditus olim. . . *Serm.*1.5.92
condo. condo et conpono quae mox depromere possim. . . *Epist.*1.1.12
condoluit. at si condoluit temptatum frigore corpus . . . *Serm.*1.1.80
conducat. quod non proposito conducat et haereat apte. . . *Ars Poet.*195
conducere. pars hominum gestit conducere publica; . . . *Epist.*1.1.77
conductae. qui conducti [quae conductae] plorant in funere . . *coni.Ars Poet.*431

conducti. ut qui conducti plorant in funere dicunt . . . . . *Ars Poet.*431
conductis. omnia conductis coemens obsonia nummis: *Serm.*1.2.9
conducto. conducto navigio aeque|nauseat ac locuples, . . . *Epist.*1.1.92
conductum. qui pro se tolleret atque|mitteret in phimum talos, mercede
    diurna|conductum pavit: *Serm.*2.7.18
condunt. dum . . . agros adsignant, oppida condunt, . . . *Epist.*2.1.8
conectere. verba lyrae motura sonum conectere digner? . . . *Epist.*2.2.86
coner. quem cur destringere coner *Serm.*2.1.41
    scilicet ut tibi se laudare et tradere coner, ... *Epist.*1.9.3
    ea cum reprendere coner, . . . quae doctus Roscius egit: . *Epist.*2.1.81
coneris. clament periisse pudorem|cuncti paene patres, ea cum reprendere
    coner [? respondere coneris], ... ? *var.Epist.*2.1.81
confecta. tuisque|auspiciis totum confecta duella per orbem . . *Epist.*2.1.254
conferbuit. mea cum conferbuit ira?' *Serm.*1.2.71
confestim. ut te|confestim liquidus Fortunae rivos inauret. . . *Epist.*1.12.9
confice. confice: namque instat fatum mihi triste, ... *Serm.*1.9.29
confidens. confidens tumidus, adeo sermonis amari, . . . *Serm.*1.7.7
confundet. nec Semeleius|cum Marte confundet Thyoneus|proelia . . *Carm.*1.17.23
confusa. divorsum confusa genus panthera camelo . . . converteret ora; . *Epist.*2.1.195
confusum. hoc ubi confusum sectis inferbuit herbis . . . *Serm.*2.4.67
confusus. cruor in fossam confusus, ... *Serm.*1.8.28
    rusticus urbano confusus, turpis honesto? . . . . *Ars Poet.*213
congesta. cum sibi sint congesta cibaria: *Serm.*1.1.32
congestis. congestis undique saccis|indormis inhians . . . *Serm.*1.1.70
coniuge. coniuge me Iovis et sorore. *Carm.*3.3.64
    milesne Crassi coniuge barbara|turpis maritus vixit . . *Carm.*3.5.5
    cum sociis operum et pueris et coniuge fida . . . *Epist.*2.1.142
coniugibus. proelia coniugibus loquenda. *Carm.*4.4.68
    excepit ictus pro pudicis|coniugibus puerisque . . . *Carm.*4.9.24
coniugis. venator tenerae coniugis inmemor, ... *Carm.*1.1.26
    beatae coniugis additum|stellis honorem *Carm.*2.19.13
    fertur pudicae coniugis osculum . . . ab se removisse . *Carm.*3.5.41
coniunx. nec dotata regit virum|coniunx *Carm.*3.24.20
    domi si gnatus erit fecundave coniux. *Serm.*2.5.31
    te coniunx aliena capit, meretricula Davom: . . . *Serm.*2.7.46
coniurat. alterius sic|altera poscit opem res et coniurat amice. . . *Ars Poet.*411
coniurata. coniurata tuas rumpere nuptias *Carm.*1.15.7
coniux. domi si gnatus erit fecundave coniux. *Serm.*2.5.31
conlata. ut premerer sacra|lauroque conlataque myrto . . . *Carm.*3.4.19
conlibuisset. si conlibuisset, ab ovo|usque ad mala citaret 'io Bacchae' . *Serm.*1.3.6
conludere. gestit paribus conludere . . . . . . *Ars Poet.*159
conminuas. 'quod, si conminuas, vilem redigatur ad assem.' . . *Serm.*1.1.43
conminxit. conminxit lectum potus mensave catillum|Euandri manibus
    tritum deiecit: *Serm.*1.3.90
conmiserit. si tribus Anticyris caput insanabile numquam|tonsori Licino
    conmiserit. . . . . *Ars Poet.*301
conmisisse. conmisisse cavet quod mox mutare laboret. . . *Ars Poet.*168
conmisit. qui fragilem truci|conmisit pelago ratem|primus: . . *Carm.*1.3.11
    maior Neronum mox grave proelium|conmisit . . . *Carm.*4.14.15
conmissa. si|prodiderit conmissa fide sponsumve negarit? . . *Serm.*1.3.95
    conmissa tacere|qui nequit: *Serm.*1.4.84
    nec retinent patulae conmissa fideliter aures . . . *Epist.*1.18.70
    ille tegat conmissa deosque precetur et oret, . . . *Ars Poet.*200
conmissi. vivontque conmissi calores|Aeoliae fidibus puellae. . . *Carm.*4.9.11
conmissum. vigilansne ploro|turpe conmissum *Carm.*3.27.39
    conmissumque teges et vino tortus et ira. . . . *Epist.*1.18.38
conmittenda. indigno non conmittenda poetae. *Epist.*2.1.231
conmittere. neglegis inmeritis nocituram | postmodo te natis fraudem
    conmittere? *Carm.*1.28.31
    quoniam vacuis conmittere venis|nil nisi lene decet: . . *Serm.*2.4.25
conmittes. dominoque furenti|conmittes rem omnem . . . *Serm.*2.7.67
conmittis. siquid inexpertum scaenae conmittis . . . . *Ars Poet.*125
conmixta. ut Chio nota si conmixta Falerni est.' . . . *Serm.*1.10.24
conmorit. qui me conmorit (melius non tangere, clamo), . . *Serm.*2.1.45
conopeum. interque signa turpe militaria|sol adspicit conopium [conopeum]. *var.Epod.*9.16
conopium. interque signa turpe militaria|sol adspicit conopium. . *Epod.*9.16
conor. et mihi res, non me rebus subiungere conor. . . . *Epist.*1.1.19
conparat. at cum tonantis annus hibernus Iovis|imbris nivisque conparat, *Epod.*2.30
conparet. neque se maiori pauperiorum|turbae conparet, . . . *Serm.*1.1.112

ut nihil anteferat, nihil illis conparet:	*Epist.*2.1.65
conparis. nondum munia conparis|aequare	*Carm.*2.5.2
conpellans. cessisset magna conpellans voce cuculum. . . .	*Serm.*1.7.31
conpellarer. posthac ne conpellarer inultus.	*Serm.*2.3.297
conpellor. hac ego si conpellor imagine, cuncta resigno: . . .	*Epist.*1.7.34
conpensat. amicus dulcis, ut aequom est,|cum mea conpensat vitiis bona,	*coni.Serm.*1.3.70
conpescant. quae mare conpescant causae, quid temperet annum, . .	*Epist.*1.12.16
conpesce. conpesce mentem:	*Carm.*1.16.22
conpesce clamorem ac sepulcri|mitte supervacuos honores. . . .	*Carm.*2.20.23
hunc frenis, hunc tu conpesce catena.	*Epist.*1.2.63
conpescere. Varius mappa conpescere risum|vix poterat. . .	*Serm.*2.8.63
conpesceret. maior|lanea, quae poenis conpesceret inferiorem; . .	*Serm.*1.8.31
conpescet. luxuriantia conpescet, nimis aspera sano|levabit cultu, . .	*Epist.*2.2.122
conpescit. qui ter amplum|Geryonen Tityonque tristi|conpescit unda, .	*Carm.*2.14.9
conpilasse. ne me Crispini scrinia lippi|conpilasse putes, . . .	*Serm.*1.1.121
conpilent. ne te conpilent fugientes, ...	*Serm.*1.1.78
conplere. si munus Apolline dignum|vis conplere libris . . .	*Epist.*2.1.217
nondum spissa nimis conplere sedilia flatu; . . .	*Ars Poet.*205
conplexus. o qui conplexus et gaudia quanta fuerunt. . . .	*Serm.*1.5.43
conplures. conpluris [conplures] alios, doctos ego quos et amicos|prudens	
praetereo, ...	*var.Serm.*1.10.87
conpluris [conpluresque] alios, doctos ego quos et amicos|prudens	
praetereo, ...	*var.Serm.*1.10.87
conpluris. conpluris alios, doctos ego quos et amicos|prudens praetereo, .	*Serm.*1.10.87
conpone. dum potes, aridum|conpone lignum: . . .	*Carm.*3.17.14
conponere. quod adest memento|conponere aequos; . . .	*Carm.*3.29.33
pergis pugnantia secum|frontibus adversis conponere: . . .	*Serm.*1.1.103
facetus,|emunctae naris, durus conponere versus. . . .	*Serm.*1.4.8
aversos soliti conponere amicos. . . .	*Serm.*1.5.29
cum est Lucilius ausus|primus in hunc operis conponere carmina morem,	*Serm.*2.1.63
audire atque togam iubeo conponere, . . .	*Serm.*2.3.77
Nestor conponere litis|inter Peliden festinat et inter Atriden. . .	*Epist.*1.2.11
nec sermones ego mallem|repentis per humum quam res conponere	
gestas	*Epist.*2.1.251
hunc ego me, siquid conponere curem,|non magis esse velim . .	*Ars Poet.*35
conpono. condo et conpono quae mox depromere possim. . . .	*Epist.*1.1.12
carmina conpono, hic elegos: . . .	*Epist.*2.2.91
conponunt. dum . . . aspera bella | conponunt, agros adsignant, oppida	
condunt, ...	*Epist.*2.1.8
ridentur mala qui conponunt carmina; . . .	*Epist.*2.2.106
conportatis. si conportatis rebus bene cogitat uti. . . .	*Epist.*1.2.50
conportet. siquis emat citharas, emptas conportet in unum, . .	*Serm.*2.3.104
conposita. conposita repetantur hora, . . .	*Carm.*1.9.20
conpositis. te caede gaudentes Sygambri|conpositis venerantur armis. .	*Carm.*4.14.52
nescius uti|conpositis	*Serm.*2.3.110
conpositum. uti non|conpositum melius cum Bitho Bacchius. . .	*Serm.*1.7.20
non quia crasse|conpositum inlepideve putetur, . . .	*Epist.*2.1.77
conposui. 'haud mihi quisquam.|omnis conposui.' . . .	*Serm.*1.9.28
sine nervis altera quidquid|conposui pars esse putat . .	*Serm.*2.1.3
conpressis. haec ego mecum|conpressis agito labris; . . .	*Serm.*1.4.138
conpulerit. nigro conpulerit Mercurius gregi?	*Carm.*1.24.18
conscia. desiliat mulier, miseram se conscia clamet, . . .	*Serm.*1.2.130
quo te demisit peccati conscia erilis, . . .	*Serm.*2.7.60
conscientia. abacta nulla Veia conscientia . . .	*Epod.*5.29
conscio. sed iussa coram non sine conscio|surgit marito, . . .	*Carm.*3.6.29
conscire. nil conscire sibi, nulla pallescere culpa. . . .	*Epist.*1.1.61
conscripti. quod sit conscripti, quod iudicis officium, . . .	*Ars Poet.*314
consecrat. lingua potentium|vatum divitibus consecrat insulis. . .	*Carm.*4.8.27
consentire. consentire suis studiis qui crediderit te|fautor, . .	*Epist.*1.18.65
consentit. utrumque nostrum incredibili modo|consentit astrum; . .	*Carm.*2.17.22
consenuit. hostium . . . consenuit socerorum in armis. . .	*Carm.*3.5.8
conservos. conservos vili portanda locabat in arca; . . .	*Serm.*1.8.9
sive vicarius est, qui servo paret, . . . seu conservos, . .	*Serm.*2.7.80
considere. vetatque novis considere in hortis. . . .	*Serm.*1.8.7
consili. vis consili expers mole ruit sua, . . .	*Carm.*3.4.65
consilia. non amicorum queant|libera consilia nec contumeliae graves,	*Epod.*11.26
consilia. beatus enim iam|cum pulchris tunicis sumet nova consilia et spes,	*Epist.*1.18.33
consiliantibus. gratum elocuta consiliantibus|Iunone divis: . . .	*Carm.*3.3.17
consilietur. ille bonis faveatque et consilietur amice . . .	*Ars Poet.*196

consiliis.   misce stultitiam consiliis brevem: *Carm.*4.12.27
consiliis.   quid aeternis minorem|consiliis animum fatigas? . . . *Carm.*2.11.12
   consiliis iuvenis revictae *Carm.*4.4.24
consilio.   aeternum meditans decus|stellis inserere et consilio Iovis? . *Carm.*3.25.6
   maturum reditum pollicitus patrum|sancto concilio [consilio] redi. *var.Carm.*4.5.4
consilio.   donec labantis consilio patres|firmaret auctor numquam alias
   dato *Carm.*3.5.45
consilium.   fortassis et istinc|largiter abstulerit longa aetas, liber amicus,|
   consilium proprium: *Serm.*1.4.133
consilium.   vos lene consilium et datis et dato|gaudetis, almae. . . *Carm.*3.4.41
   arcanum iocoso|consilium retegis Lyaeo, ... *Carm.*3.21.16
   te consilium et tuos|praebente divos. *Carm.*4.14.33
   'di te, Damasippe, deaeque|verum ob consilium donent tonsore. . *Serm.*2.3.17
   quae res|nec modum habet neque consilium, ... *Serm.*2.3.266
   quae spem|consiliumque morantur agendi naviter . . . *Epist.*1.1.24
consistere.   quos ultra citraque nequit consistere rectum. . . *Serm.*1.1.107
   ire modo ocius, interdum consistere, ... *Serm.*1.9.9
consistimus.   consistimus. 'unde venis' et|'quo tendis?' rogat et respondet. *Serm.*1.9.62
consistit.   vilibus in scopis, in mappis, in scobe quantus|consistit sumptus? *Serm.*2.4.82
consociare.   umbram hospitalem consociare amant|ramis? . . . *Carm.*2.3.10
consolor.   his me consolor victurum suavius *Serm.*1.6.130
consortem.   consortem socium fallat et hospites *Carm.*3.24.60
conspectus.   regali conspectus in auro nuper et ostro, . . . *Ars Poet.*228
conspexerit.   cum bene notum|porticus Agrippae, via te conspexerit Appi, *Epist.*1.6.26
conspexit.   conspexit, ut aiunt,|adrasum quendam vacua tonsoris in umbra *Epist.*1.7.49
conspicitur.   quamvis non alius flectere equom sciens|aeque conspicitur . *Carm.*3.7.26
   quorum|conspicitur nitidis fundata pecunia villis. . . . *Epist.*1.15.46
conspicuom.   late conspicuom tollere verticem, ... *Carm.*3.16.19
conspuet.   Furius "hibernas cana nive conspuet Alpis." . . . *Serm.*2.5.41
constanter.   'pars hominum vitiis gaudet constanter . . . *Serm.*2.7.6
constantia.   nec semel offensi cedet constantia formae, . . . *Epod.*15.15
constantior.   cuius in indomito constantior inguine nervos . . *Epod.*12.19
   quanto constantior isdem|in vitiis, ... *Serm.*2.7.18
constantis.   constantis iuvenem fide|Gygen? *Carm.*3.7.4
constare.   me constare mihi scis et discedere tristem . . . *Epist.*1.14.16
constat.   simplex e dulci constat olivo, ... *Serm.*2.4.64
constet.   servetur ad imum|qualis ab incepto processerit et sibi constet. *Ars Poet.*127
constiterint.   geluque|flumina constiterint acuto? . . . *Carm.*1.9.4
constitit.   constitit|insignibus raptis puer, ... *Epod.*5.11
constrictos.   sed fulgente trahit constrictos Gloria curru . . *Serm.*1.6.23
constructus.   at ni id fit, quid habet pulcri constructus acervos? . *Serm.*1.1.44
construxerit.   quas qui construxerit, ille|clarus erit, . . . *Serm.*2.3.96
consueris.   qui reges consueris tollere, ... *Serm.*1.7.34
consuetudo.   numqua tibi vitiorum inseverit olim | natura aut etiam
   consuetudo mala; *Serm.*1.3.36
consul.   consulque non unius anni, ... *Carm.*4.9.39
consularis.   non enim gazae neque consularis|submovet lictor . . *Carm.*2.16.9
consule.   motum ex Metello consule civicum *Carm.*2.1.1
   amphorae fumum bibere institutae|consule Tullo. . . *Carm.*3.8.12
   non ego hoc ferrem calidus iuventa|consule Planco. . . *Carm.*3.14.28
   o nata mecum consule Manlio, ... *Carm.*3.21.1
   tu vina Torquato move consule pressa meo. . . . *Epod.*13.6
   numquid ego a te|magno prognatum deposco consule cunnum . *Serm.*1.2.70
consule.   ergo consulere et mox respondere licebit?'|'consule.' . *Serm.*2.3.193
consulenti.   insigne maestis praesidium reis|et consulenti, Polio, curiae, *Carm.*2.1.14
consulere.   ergo consulere et mox respondere licebit?' . . *Serm.*2.3.192
consulis.   cessantem Bibuli consulis amphoram. . . . *Carm.*3.28.8
consulis.   quamvis, Scaeva, satis per te tibi consulis . . . *Epist.*1.17.1
consulit.   quicumque obvius est, me consulit: *Serm.*2.6.51
   servet in ambiguo qui consulit et tibi et Vrbi|Iuppiter,' . . *Epist.*1.16.28
consulta.   'qui consulta patrum, qui leges iuraque servat, . . *Epist.*1.16.41
consulti.   frater erat Romae consulti rhetor, ... *Epist.*2.2.87
consultis.   quaedam, si credis consultis, mancipat usus: . . *Epist.*2.2.159
consulto.   parcentis viribus atque|extenuantis eas consulto. . . *Serm.*1.10.14
consultor.   sub galli cantum consultor ubi ostia pulsat. . . *Serm.*1.1.10
consultus.   insanientis dum sapientiae|consultus erro, . . . *Carm.*1.34.3
   tu, consultus modo, rusticus: *Serm.*1.1.17
   (consultus iuris et actor|causarum mediocris abest . . *Ars Poet.*369
consumere.   nequaquam satis in re una consumere curam, . . *Serm.*2.4.48

nos numerus sumus et fruges consumere nati, ... *Epist.*1.2.27
consumeret. quam│integrum edax dominus consumeret. . . . *Serm.*2.2.92
consumet. garrulus hunc quando consumet cumque: . . . *Serm.*1.9.33
consumimus. caedimur et totidem plagis consumimus hostem . . *Epist.*2.2.97
contacta. vis canere et contacta sequi vestigia vatum? . . . *Epist.*2.2.80
contagia. nulla nocent pecori contagia, ... *Epod.*16.61
contagia. cum tu inter scabiem tantam et contagia lucri│nil parvom sapias *Epist.*1.12.14
contaminato. contaminato cum grege turpium│morbo virorum . . *Carm.*1.37.9
contemnas. non tamen idcirco contemnas lippus inungui; . . . *Epist.*1.1.29
contemnat. at bene siquis│et vivat puris manibus, contemnat utrumque. . *Serm.*1.4.68
quis . . . pugnax│magna coronari contemnat Olympia, . . . *Epist.*1.1.50
contemnere. populi contemnere voces│sic solitus *Serm.*1.1.65
contemnere miser. *Serm.*2.3.14
responsare cupidinibus, contemnere honores│fortis, ... *Serm.*2.7.85
contemni. sulpura contemni vicus gemit, ... *Epist.*1.15.7
contemplare. ne corporis optima Lyncei│contemplere [contemplare] oculis, *var.Serm.*1.2.91
contemplere. ne corporis optima Lyncei│contemplere oculis, . . *Serm.*1.2.91
contempleris. Aefulae│declive contempleris arvom . . . *Carm.*3.29.7
contemplor. simul ac nummos contemplor in arca.' . . . *Serm.*1.1.67
contemptae. contemptae dominus splendidior rei, . . . *Carm.*3.16.25
contemptis. ut audax,│contemptis aliis, explosa Arbuscula dixit. . *Serm.*1.10.77
contempto. Othone contempto sedet. *Epod.*4.16
contemptum. te│contemptum cassa nuce pauperet; . . . *Serm.*2.5.36
contendat. moribus hic meliorque fama│contendat, . . . *Carm.*3.1.13
contendat laqueo collum pressisse paternum: *Epist.*1.16.37
contendere. ut contendere durum ⟨est⟩│cum victore, . . . *Serm.*1.9.42
non possis oculo quantum contendere Lynceus: . . . *Epist.*1.1.28
qui Sidonio contendere callidus ostro│nescit *Epist.*1.10.26
'meae (contendere noli)│stultitiam patiuntur opes; . . . *Epist.*1.18.28
contendit. non huc Argoo contendit remige pinus . . . *Epod.*16.57
contenta. me libertina, nec uno│contenta, Phryne macerat. . . *Epod.*14.16
contento. deciens centena dedisses│huic parco, paucis contento: . . *Serm.*1.3.16
contento. qui iam contento, iam laxo fune laborat.' . . . *Serm.*2.7.20
Pacideiani contento poplite miror│proelia rubrica picta . . *Serm.*2.7.97
contentus. ut nemo, . . . illa│contentus vivat, . . . *Serm.*1.1.3
exacto contentus tempore vita│cedat uti conviva satur, . . . *Serm.*1.1.118
viverem uti contentus eo quod mi ipse parasset: . . . *Serm.*1.4.108
meis contentus honestos│fascibus et sellis nollem mihi sumere, . *Serm.*1.6.96
siquis pedibus quid claudere senis,│hoc tantum contentus, . *Serm.*1.10.60
contentus paucis lectoribus. *Serm.*1.10.74
an qui contentus parvo metuensque futuri *Serm.*2.2.110
conticuit. donec suspecta severo│conticuit lyra. . . . *Epist.*1.18.43
contigerit. quod satis est cui contingit [contigerit], nihil amplius optet. . *coni.Epist.*1.2.46
contigit. Rhodio quod Pitholeonti│contigit? *Serm.*1.10.23
non magni pendis, quia contigit; *Serm.*2.4.93
quod satis est cui contingit [contigit], nihil amplius optet. . . *var.Epist.*1.2.46
Romae nutriri mihi contigit atque doceri, ... *Epist.*2.2.41
continente. parum locuples continente ripa; *Carm.*2.18.22
continet. stultorum regum et populorum continet aestus. . . *Epist.*1.2.8
contingat. cui│gratia fama valetudo contingat abunde . . *Epist.*1.4.10
contingere. metuensque velut contingere sacrum? . . . *Serm.*2.3.110
audeat esuriens dominus contingere granum . . . *Serm.*2.3.113
quae nisi divitibus nequeant contingere mensis?' . . . *Serm.*2.4.87
qui studet optatam cursu contingere metam, . . . *Ars Poet.*412
continget. fingere cinctutis non exaudita Cethegis│continget . . *Ars Poet.*51
contingis. (nam te│scire, deos quoniam propius contingis, oportet), . *Serm.*2.6.52
contingit. quod satis est cui contingit, nihil amplius optet. . . *Epist.*1.2.46
verum ubi quid melius contingit et unctius, . . . *Epist.*1.15.40
non cuivis homini contingit adire Corinthum. . . . *Epist.*1.17.36
contingunt. nam neque divitibus contingunt gaudia solis . . *Epist.*1.17.9
continuat. continuatque dapes nec non verniliter ipsis│fungitur officiis, . *Serm.*2.6.108
continuem. si Mygdoniis regnum Alyattei│campis continuem. . *Carm.*3.16.42
continui. continui montes, ni dissocientur opaca│valle, . . . *Epist.*1.16.5
continuit. grata detinuit [? continuit] compede Myrtale│libertina, . *? var.Carm.*1.33.14
unde manum iuventus│metu deorum continuit? . . . *Carm.*1.35.37
continuo. impetus in quem│continuo fiat, ... *Serm.*1.2.118
audit continuo 'quis homo hic' et 'quo patre natus?' . . . *Serm.*1.6.29
nam mihi continuo maior quaerenda foret res . . . *Serm.*1.6.100
" 'quid, siquis non sit avarus,│continuo sanus?' *Serm.*2.3.160

ut vel continuo patuit, ... *Serm.*2.8.29
contra. contra sonantem Palladis aegida *Carm.*3.4.57
contra latrones atque servilem manum *Epod.*4.19
'contrane lucrum nil valere candidum|pauperis ingenium' . . . *Epod.*11.11
ut esset opem qui ferre poetis|antiquis posset contra fastidia nostra, . *Serm.*1.10.*7
contra. quibus te vita sit superstite|iucunda, si contra, gravis? . . . *Epod.*1.6
contra mercator, navim iactantibus Austris,|'militia est potior. . . *Serm.*1.1.6
contra hic, ne prodigus esse|dicatur metuens, ... *Serm.*1.2.4
contra alius nullam nisi olenti in fornice stantem. *Serm.*1.2.30
at tibi contra|evenit, inquirant vitia ut tua rursus et illi. . . . *Serm.*1.3.27
agedum, pauca accipe contra. *Serm.*1.4.38
contra Laevinum, Valeri genus, ... *Serm.*1.6.12
si male rem gerere insani est, contra bene sani: *Serm.*2.3.74
accipe quid contra haec iuvenis responderit aequos. . . . *Serm.*2.3.233
contra, . . . mirabor, vitae via si conversa decebit. . . . *Epist.*1.17.25
contracta. contracta quem non in paupertate solutum? . . . *Epist.*1.5.20
contracta. contracta pisces aequora sentiunt *Carm.*3.1.33
tu me inter strepitus nocturnos atque diurnos|vis canere et contacta
[contracta] sequi vestigia vatum? *var.Epist.*2.2.80
contractae. explicuit vino contractae seria frontis. . . . *Serm.*2.2.125
contracto. contracto melius parva cupidine|vectigalia porrigam . . *Carm.*3.16.39
contractu. an turpi clausus in arca, . . . contractum [contractu] genibus
tangas caput? *var.Serm.*2.7.61
contractum. contractum genibus tangas caput? *Serm.*2.7.61
contractus. sibi parcet|contractusque leget; *Epist.*1.7.12
contrahes. contrahes vento nimium secundo|turgida vela. . . *Carm.*2.10.23
contraria. dum vitant stulti vitia, in contraria currunt. . . *Serm.*1.2.24
contraxerit. quas qui construxerit [contraxerit], ille|clarus erit, fortis,
iustus.' *var.Serm.*2.3.96
contraxit. horrida tempestas caelum contraxit *Epod.*13.1
contrectatus. contrectatus ubi manibus sordescere volgi|coeperis, . *Epist.*1.20.11
contremuit. fulgens contremuit domus|Saturni veteris: . . . *Carm.*2.12.8
contristat. quae, simul inversum contristat Aquarius annum, . *Serm.*1.1.36
contuderit. quod regum tumidas contuderit minas, . . . *Carm.*4.3.8
haud quia grando|contuderit vitis *Epist.*1.8.5
contudit. Pacori manus|inauspicatos contudit impetus|nostros . *Carm.*3.6.10
postquam illi iusta cheragra|contudit articulos, . . . *Serm.*2.7.16
diram qui contudit hydram *Epist.*2.1.10
contulerim. nil ego contulerim iucundo sanus amico. . . *Serm.*1.5.44
contulerit. quo patre natus uterque|contulerit litis. . . . *Serm.*1.5.54
contulit. diram qui contudit [contulit] hydram . . . comperit invidiam
supremo fine domari. *var.Epist.*2.1.10
contumeliae. non amicorum queant|libera consilia nec contumeliae graves, *Epod.*11.26
contundat. vos turba vicatim hinc et hinc saxis petens|contundet [con-
tundat] obscaenas anus; *var.Epod.*5.98
contundet. vos turba vicatim hinc et hinc saxis petens|contundet . . *Epod.*5.98
contundit. diram qui contudit [contundit] hydram . . . comperit invidiam
supremo fine domari. *var.Epist.*2.1.10
conveniat. sit tibi curae|quantae conveniat Munatius. . . . *Epist.*1.3.31
convenienter. vivere naturae si convenienter oportet . . . *Epist.*1.10.12
convenientia. aut famam sequere aut sibi convenientia finge, . *Ars Poet.*119
ille profecto|reddere personae scit convenientia cuique. . . *Ars Poet.*316
conveniet. non hoc iocosae conveniet lyrae — *Carm.*3.3.69
cui non conveniet sua res, ut calceus olim, ... *Epist.*1.10.42
ita commendare dicacis|conveniet Satyros, ... *Ars Poet.*226
convenisse. dicitur Afrani toga convenisse Menandro, . . *Epist.*2.1.57
convenit. postquam nihil inter utrumque|convenit . . . *Serm.*1.7.10
venucula convenit ollis;|rectius Albanam fumo duraveris uvam. . *Serm.*2.4.71
(cocto Chium sic convenit, ut non|hoc magis ullum aliud); . . *Serm.*2.8.48
conventu. ridetur ab omni|conventu; *Serm.*1.7.23
conversa. mirabor, vitae via si conversa decebit. . . . *Epist.*1.17.26
conversa. neu conversa domum pigeat dare lintea, . . . *Epod.*16.27
conversis. conversis studiis aetas animusque virilis|quaerit opes . *Ars Poet.*166
converso. fore enim tutum iter et patens|converso in pretium deo. . *Carm.*3.16.8
convertere. non valent|convertere humanam vicem. . . . *Epod.*5.88
converteret. sive elephans albus volgi converteret ora; . . . *Epist.*1.1.196
converterit. sive elephans albus volgi converteret [converterit] ora; . *var.Epist.*2.1.196
convertimus. at nos virtutes ipsas invertimus [convertimus] . *var.Serm.*1.3.55
convicia. tum pueri nautis, pueris convicia nautae|ingerere . . *Serm.*1.5.11

expressa arbusto regerit convicia, ... *Serm.*1.7.29
convictor. nunc, quia sim tibi, Maecenas, convictor, . . . *Serm.*1.6.47
convictore. 'me Capitolinus convictore usus amicoque|a puero est . . *Serm.*1.4.96
conviva. occidit et Pelopis genitor, conviva deorum, . . . *Carm.*1.28.7
  ne foret aequalis inter conviva, ... *Epod.*12.23
  exacto contentus tempore vita|cedat uti conviva satur, . . . *Serm.*1.1.119
  quod ineptus|Fannius Hermogenis laedat conviva Tigelli? . . *Serm.*1.10.80
  sive operum vacuo gratus conviva per imbrem|vicinus, . . *Serm.*2.2.119
  languidus in cubitum iam se conviva reponet. *Serm.*2.4.39
  siccat inaequalis calices conviva solutus|legibus insanis, . . . *Serm.*2.6.68
  ita vir bonus es convivaque comis" *Serm.*2.8.76
  si potes Archiacis conviva recumbere lectis *Epist.*1.5.1
  mane cliens et iam certus conviva, ... *Epist.*1.7.75
  ut cum pileolo soleas conviva tribulis. *Epist.*1.13.15
convivae. imi|convivae lecti nihilum nocuere lagoenis. . . . *Serm.*2.8.41
  tres mihi convivae prope dissentire videntur *Epist.*2.2.61
convivam. bonisque|rebus agit laetum convivam, . . . *Serm.*2.6.111
  iusserit ad se|Maecenas . . . venire|convivam: . . . *Serm.*2.7.34
  nam mihi quaerenti convivam dictus here illic|de medio potare die.' . *Serm.*2.8.2
  nam mihi quaerenti convivam [? convivam quaerenti] dictus here illic|de
    medio potare die.' . . . . *? var.Serm.*2.8.2
convivas. convivas avidos cenam servosque timentis|tum rapere . . . velle *Serm.*1.5.75
convivatoris. convivatoris, uti ducis, ingenium *Serm.*2.8.73
convivia. nos convivia, nos proelia virginum . . . cantamus, . . *Carm.*1.6.17
  sed nimis arta premunt olidae convivia caprae. . . . *Epist.*1.5.29
  eripuere iocos, venerem, convivia, ludum; *Epist.*2.2.56
conviviorum. heu me, per Vrbem . . . fabula quanta fui, conviviorum et
  paenitet, ... *Epod.*11.8
convivis. nec sic ut simplex Naevius unctam|convivis praebebit aquam: . *Serm.*2.2.69
Coo. et lapathi brevis herba, sed albo non sine Coo. . . . *Serm.*2.4.29
cooperto. famosisque Lupo cooperto versibus? *Serm.*2.1.68
Copia. adparetque beata pleno|Copia cornu. *Carm.Saec.*60
  aurea fruges|Italiae pleno defudit Copia cornu. . . . *Epist.*1.12.29
copia. hinc tibi copia|manabit ad plenum *Carm.*1.17.14
  myrtus et omnis copia narium *Carm.*2.15.6
  plenior ut siquos delectet copia iusto, ... *Serm.*1.1.57
  nil cernere possis|cetera, ni Catia [copia] est, demissa veste tegentis. . *var.Serm.*1.2.95
  mala copia quando|aegrum sollicitat stomachum, . . . *Serm.*2.2.42
  non est ut copia maior|ab Iove donari possit tibi. . . . *Epist.*1.12.2
  maior utrum populum frumenti copia pascat, . . . *Epist.*1.15.14
  sit bona librorum et provisae frugis in annum|copia . . *Epist.*1.18.110
  si tibi nulla sitim finiret copia lymphae, ... *Epist.*2.2.146
copiam. fastidiosam desere copiam *Carm.*3.29.9
copias. te copias, te consilium et tuos|praebente divos. . . . *Carm.*4.14.33
copula. quos inrupta tenet copula *Carm.*1.13.18
coquat. aut humana palam coquat exta nefarius Atreus . . *Ars Poet.*186
coquite. at vos,|praesentes, Austri, coquite horum obsonia. . . *Serm.*2.2.41
coquitur. vino quinquenni, verum citra mare nato,|dum coquitur . *Serm.*2.8.48
cor. stas animo et purum est vitio tibi, cum tumidum est cor?' . *Serm.*2.3.213
cor. in cor|traiecto lateris miseri capitisve dolore, . . . *Serm.*2.3.28
  si curat cor spectantis tetigisse querella. . . . . *Ars Poet.*98
coram. sed iussa coram non sine conscio|surgit marito, . . *Carm.*3.6.29
  ut veni coram, singultim pauca locutus *Serm.*1.6.56
  rexque paterque|audisti coram, nec verbo parcius absens: . *Epist.*1.7.38
coram. non ubivis coramve quibuslibet. *Serm.*1.4.74
  mentio siquae|de Capitolini furtis iniecta Petilli|te coram fuerit, . *Serm.*1.4.95
  coram rege suo de paupertate tacentes|plus poscente ferent: . *Epist.*1.17.43
  ne pueros coram populo Medea trucidet . . . . *Ars Poet.*185
Corano. captatorque dabit risus Nasica Corano.' . . . *Serm.*2.5.57
  forti nubet procera Corano|filia Nasicae, ... *Serm.*2.5.64
corde. et corde et genibus tremit. *Carm.*1.23.8
cordi. dis pietas mea|et musa cordi est. *Carm.*1.17.14
Corinthi. laudabunt alii claram Rhodon . . . bimarisve Corinthi|moenia *Carm.*1.7.2
Corinthum. non cuivis homini contingit adire Corinthum. . . *Epist.*1.17.36
Corinthus. captivom portatur ebur, captiva Corinthus. . . *Epist.*2.1.193
corio. ut canis a corio numquam absterrebitur uncto. . . *Serm.*2.5.83
corna. quinquennis oleas est et silvestria corna . . . *Serm.*2.2.57
  quid si rubicunda benigni|corna vepres et pruna ferant, . . *Epist.*1.16.9
cornibus. cui frons turgida cornibus|primis *Carm.*3.13.4

cornicis. servatura diu parem|cornicis vetulae temporibus Lycen,   .   .   *Carm.*4.13.25
corricula. moveat cornicula risum|furtivis nudata coloribus.   .   .   .   *Epist.*1.3.19
cornix. aquae nisi fallit augur|annosa cornix. *Carm.*3.17.13
   teque nec laevos vetet ire picus|nec vaga cornix. *Carm.*3.27.16
cornu. copia . . . benigno|ruris honorum opulenta cornu.   .   .   .   *Carm.*1.17.16
   saeva tene cum Berecyntio|cornu tympana, ...   *Carm.*1.18.14
   te vidit insons Cerberus aureo|cornu decorum *Carm.*2.19.30
   adparetque beata pleno|Copia cornu. *Carm.Saec.*60
   'faenum habet in cornu, longe fuge; *Serm.*1.4.34
   'o, tua cornu|ni foret exsecto frons,' *Serm.*1.5.58
   dente lupus, cornu taurus petit: *Serm.*2.1.52
   cornu ipse bilibri|caulibus instillat, ...   *Serm.*2.2.61
   . aurea fruges|Italiae pleno defudit Copia cornu. *Epist.*1.12.29
cornua. addis cornua pauperi *Carm.*3.21.18
   frangere enitar modo multum amati|cornua monstri.   .   .   .   *Carm.*3.27.48
   cum tibi invisus laceranda reddet|cornua taurus. *Carm.*3.27.72
   parata tollo cornua, ...   *Epod.*6.12
   non huc Sidonii torserunt cornua nautae, ...   *Epod.*16.59
   magna sonabit|cornua quod vincatque tubas: *Serm.*1.6.44
cornuom. iam nunc minaci murmure cornuom|perstringis auris,   .   .   *Carm.*2.1.17
corona. uda Lyaeo|tempora populea fertur vinxisse corona .   .   .   *Carm.*1.7.23
   spicea donet Cereris corona;   .   .   .   .   *Carm.Saec.*
   aequis accipiunt animis donantve corona.   .   .   .   .   .   *Ars Poet.*250
coronae. debitae Nymphis opifex coronae *Carm.*3.27.30
   quo clamore coronae|proelia sustineas campestria;   .   .   .   *Epist.*1.18.53
coronae. displicent nexae philyra coronae, ...   *Carm.*1.38.2
   ne spissae risum tollant inpune coronae: .   .   .   .   .   *Ars Poet.*381
coronam. et scindat haerentem coronam|crinibus *Carm.*1.17.27
   necte meo Lamiae coronam, ...   *Carm.*1.26.8
   neque ego illi detrahere ausim|haerentem capiti cum multa laude
     coronam. *Serm.*1.10.49
   quid ferat et quare sibi nectat uterque coronam. *Epist.*2.2.96
coronantem. parvos coronantem marino|rore deos *Carm.*3.23.15
coronari. magna coronari contemnat Olympia. *Epist.*1.1.50
coronas. quis udo|deproperare apio coronas|curatve myrto?   .   .   *Carm.*2.7.24
   i pete unguentum, puer, et coronas *Carm.*3.14.17
   dicitur ex collo furtim carpsisse coronas, ...   *Serm.*2.3.256
coronatus. coronatus nitentis|malobathro Syrio capillos,   .   .   .   *Carm.*2.7.7
coronet. donec|alterutrum velox Victoria fronde coronet.   .   .   .   *Epist.*1.18.64
coronis. est in horto,|Phylli, nectendis apium coronis, ...   *Carm.*4.11.3
corpora. quantum exstant aqua|suspensa mento corpora;   .   .   .   *Epod.*5.36
corpore. ut atrum|corpore conbiberet venenum, ...   *Carm.*1.37.28
   nisi causa morbi|fugerit venis et aquosus albo|corpore languor.   .   *Carm.*2.2.16
   ut tuto ab atris corpore viperis|dormirem *Carm.*3.4.17
   non hydra secto corpore firmior *Carm.*4.4.61
   dedit hic pro corpore nummos, ...   *Serm.*1.2.43
   at ingenium ingens|inculto latet hoc sub corpore. *Serm.*1.3.34
   egregio inspersos reprendas corpore naevos, ...   *Serm.*1.6.67
   corpore maiorem rides Turbonis in armis|spiritum *Serm.*2.3.310
   dominoque furenti | conmittes rem omnem et vitam et cum corpore
     famam. *Serm.*2.7.67
   aegroto domini deduxit corpore febris, ...   *Epist.*1.2.48
   si, . . . defixis oculis animoque et corpore torpet?   .   .   .   *Epist.*1.6.14
   ire foras pleno tendebat corpore frustra. *Epist.*1.7.31
   sed quia mente minus validus quam corpore toto *Epist.*1.8.7
   dum peregre est animus sine corpore velox? *Epist.*1.12.13
   ut parvis animis et parvo corpore maius; *Epist.*1.17.40
corpori. gravi|malvae salubres corpori *Epod.*2.58
corporibus. nocentem|corporibus metuemus austrum: .   .   .   *Carm.*2.14.16
corporis. qui salutari levat arte fessos|corporis artus,   .   .   .   *Carm.Saec.*64
   ne corporis optima Lyncei|contemplere oculis, ...   *Serm.*1.2.90
   corporis exigui, praecanum, solibus aptum, ...   *Epist.*1.20.24
corpus. inpube corpus, quale posset inpia|mollire Thracum pectora: .   *Epod.*5.13
   at si condoluit temptatum frigore corpus *Serm.*1.1.80
   quin corpus onustum|hesternis vitiis animum quoque praegravat una .   *Serm.*2.2.77
   non tu corpus eras sine pectore: *Epist.*1.4.6
corpus. imo tollere de gradu|mortale corpus *Carm.*1.35.3
   haec ubi supposuit dextro corpus mihi laevom,|Ilia et Egeria est;   *Serm.*1.2.125
   inriguomque mero sub noctem corpus habento. *Serm.*2.1.9

seu recreare volet tenuatum corpus *Serm*.2.2.84
hic qui|pluribus adsuerit mentem corpusque superbum . . . *Serm*.2.2.109
inlusique pedes vitiosum ferre recusant|corpus. *Serm*.2.7.109
nec, . . . nodosa corpus nolis prohibere cheragra. . . . *Epist*.1.1.31
levantes tempore festo|corpus et ipsum animum *Epist*.2.1.141
corrector. scilicet ut ventres lamna candente nepotum|diceret urendos
     correctus [corrector] Bestius. *var.Epist*.1.15.37
asperitatis et invidiae corrector et irae; *Epist*.2.1.129
correctus. scilicet ut ventres lamna candente nepotum|dicerct urendos
     correctus Bestius. *Epist*.1.15.37
correptos. scilicet ut ventres lamna candente nepotum|diceret urendos
     correctus [correptos] Bestius. *var.Epist*.1.15.37
correptus. postquam est inpransi correptus voce magistri? . . . *Serm*.2.3.257
scilicet ut ventres lamna candente nepotum|diceret urendos correctus
     [correptus] Bestius. *var.Epist*.1.15.37
corrige. 'corrige, sodes,|hoc' aiebat 'et hoc.' . . . . . *Ars Poet*.438
corrigere. sed levius fit patientia|quidquid corrigere est nefas. . . *Carm*.1.24.20
corripuit. necessitas|Leti corripuit gradum; *Carm*.1.3.33
corruget. ne sordida mappa|corruget naris, ... *Epist*.1.5.23
corrumpam. muneribus servos corrumpam; *Serm*.1.9.57
corrupta. utque illis multo corrupta dolore voluptas . . . *Serm*.1.2.39
corruptius. utpote longum|carpentes iter et factum corruptius imbri. . *Serm*.1.5.95
corruptorem. in corruptorem vel iustior? *Serm*.2.7.63
corruptus. male verum examinat omnis|corruptus iudex. . . . *Serm*.2.2.9
corruptus vanis rerum, quia veneat auro|rara avis · . . *Serm*.2.2.25
postquam est inpransi correptus [? corruptus] voce magistri? . . *? var.Serm*.2.3.257
cortice. tu levior cortice et inprobo|iracundior Hadria: . . . *Carm*.3.9.22
simul ac duraverit aetas|membra animumque tuom, nabis sine cortice.' *Serm*.1.4.120
corticem. corticem adstrictum pice dimovebit *Carm*.3.8.10
corusco. Diespiter,|igni corusco nubila dividens|plerumque, . . *Carm*.1.34.6
ut inpios | Titanas immanemque turbam | fulmine sustulerit caduco
     [corusco] *coni.Carm*.3.4.44
Corvino. descende Corvino iubente *Carm*.3.21.7
Corvinus. cum Pedius causas exsudet Poplicola atque|Corvinus, . . *Serm*.1.10.29
corvom. oscinem corvom prece suscitabo|solis ab ortu. . . . *Carm*.3.27.11
plerumque recoctus|scriba ex quinqueviro corvom deludet hiantem . *Serm*.2.5.56
corvorum. merdis caput inquiner albis|corvorum *Serm*.1.8.38
corvos. sed tacitus pasci si posset corvos, ... *Epist*.1.17.50
corvos. 'non hominem occidi.' 'non pasces in cruce corvos.' . . *Epist*.1.16.48
Corybantes. non acuta|si geminant Corybantes aera, . . . *Carm*.1.16.8
Corycio. Corycioque croco sparsum stetit. *Serm*.2.4.68
costum. nec Falerna|vitis Achaemeniumque costum, . . . *Carm*.3.1.44
cote. semper ardentis acuens sagittas|cote cruenta. . . . *Carm*.2.8.16
cothurni. hunc socci cepere pedem grandesque cothurni, . . *Ars Poet*.80
cothurnis. nil illi larva aut tragicis opus esse cothurnis. . . *Serm*.1.5.64
cothurno. grande munus|Cecropio repetes cothurno, . . . *Carm*.2.1.12
et docuit magnumque loqui nitique cothurno. . . . . *Ars Poet*.280
cotis. ergo fungar vice cotis, ... *Ars Poet*.304
Cotisonis. occidit Daci Cotisonis agmen, ... *Carm*.3.8.18
Cotytia. inultus ut tu riseris Cotytia|volgata, ... *Epod*.17.56
Cous. cum mihi Cous adesset Amyntas, ... *Epod*.12.18
Cragi. nigris aut Erymanthi|silvis aut viridis Cragi; . . . *Carm*.1.21.8
Crantore. planius ac melius Chrysippo et Crantore dicit. . . *Epist*.1.2.4
cras. cras ingens iterabimus aequor.' *Carm*.1.7.32
quid sit futurum cras, fuge quaerere *Carm*.1.9.13
cras donaberis haedo, ... *Carm*.3.13.3
cras foliis nemus . . . tempestas ab Euro|sternet, . . . *Carm*.3.17.9
cras genium mero|curabis et porco bimenstri *Carm*.3.17.14
cras vel atra|nube polum Pater occupato|vel sole puro; . . *Carm*.3.29.43
non sollicitus mihi quod cras|surgendum sit mane, . . . *Serm*.1.6.119
id crede tuom et vel nunc pete vel cras.' *Serm*.2.3.232
'ante secundam|Roscius orabat sibi adesses ad Puteal cras.' . . *Serm*.2.6.35
cras ferramenta Teanum|tolletis, fabri. *Epist*.1.1.86
cras nato Caesare festus|dat veniam somnumque dies; . . *Epist*.1.5.9
qui dedit hoc hodie, cras si volet auferet, ... *Epist*.1.16.33
crassa. toga, quae defendere frigus|quamvis crassa queat.' . . *Serm*.1.3.15
crassa. Ofellus|rusticus, ab normis sapiens crassaque Minerva), . *Serm*.2.2.3
crasse. non quia crasse|conpositum inlepideve putetur, . . *Epist*.2.1.76
Crassi. milesne Crassi coniuge barbara *Carm*.3.5.5

crassi. nocturna siquid crassi est tenuabitur aura *Serm.*2.4.52
crasso. Boeotum in crasso iurares aere natum. *Epist.*2.1.244
crassum. crassum unguentum et Sardo cum melle papaver|offendunt, . *Ars Poet.*375
crastina. quis scit an adiciant hodiernae crastina summae|tempora di
  superi? *Carm.*4.7.17
craterae. larga nec desunt Veneris sodali|vina craterae, . . . *Carm.*3.18.7
  sive gravis veteri craterae limus adhaesit. *Serm.*2.4.80
Craterum. (Craterum dixisse putato) *Serm.*2.3.161
cratibus. claudensque textis cratibus laetum pecus *Epod.*2.45
Cratino. prisco si credis, Macenas docte, Cratino, . . . *Epist.*1.19.1
Cratinus. Eupolis atque Cratinus Aristophanesque poetae . . *Serm.*1.4.1
creandis. quaeritur argentum puerisque beata creandis|uxor . . *Epist.*1.2.44
creantur. fortes creantur fortibus et bonis: *Carm.*4.4.29
crebris. quatiunt fenestras|iactibus crebris iuvenes protervi . . *Carm.*1.25.2
crebro. est mihi purgatam crebro qui personet aurem: . . *Epist.*1.1.7
credam. ergo negatum vincor ut credam miser, . . . *Epod.*17.27
  quae nocuere sequar, fugiam quae profore credam; . . *Epist.*1.8.11
credas. ne forte credas interitura quae . . . verba loquor . *Carm.*4.9.1
  nam variae res|ut noceant homini, credas, . . . *Serm.*2.2.72
  quo magis his credas, ... *Serm.*2.2.112
  sed vereor, ne cui de te plus quam tibi credas . . *Epist.*1.16.19
  ut puerum saevo credas dictata magistro|reddere . . *Epist.*1.18.13
  quid placet aut odio est, quod non mutabile credas? . *Epist.*2.1.101
credat. credat Iudaeus Apella,|non ego: *Serm.*1.5.100
  cum te formidet mulier neque credat amanti. . . *Serm.*2.7.65
crede. crede non illam tibi de scelesta|plebe dilectam . . *Carm.*2.4.17
  age te procellae|crede veloci, ... *Carm.*3.27.63
  operum hoc, mihi crede, tuorum est.' *Serm.*1.7.35
  Scaevae vivacem crede nepoti|matrem: *Serm.*2.1.53
  hoc te|crede modo insanum, ... *Serm.*2.3.52
  putidius multo cerebrum est, mihi crede, Perelli . . *Serm.*2.3.75
  id crede tuom et vel nunc pete vel cras.' . . . *Serm.*2.3.232
  carpe viam, mihi crede, comes, ... *Serm.*2.6.93
  omnem crede diem tibi diluxisse supremum: . . . *Epist.*1.4.13
  scribe tui gregis hunc et fortem crede bonumque. . . *Epist.*1.9.13
credebat. ille velut fidis arcana sodalibus olim|credebat libris . *Serm.*2.1.31
  qui se credebat miros audire tragoedos . . . *Epist.*2.2.129
credere. vix credere possis,|quam sibi non sit amicus, . . *Serm.*1.2.19
  discere et audire et meliori credere non vis? . . . *Epist.*1.1.48
  non sane credere Mena,|mirari secum tactitus. . . *Epist.*1.7.61
  verum age et his, qui se lectori credere malunt . . *Epist.*2.1.214
crederem. dente si nigro fieres vel uno|turpior ungui,|crederem: . *Carm.*2.8.5
crederet. avita|ex re praeberi sumptus mihi crederet illos. . *Serm.*1.6.80
credet. credat [credet] Iudaeus Apella,|non ego: . . . *var.Serm.*1.5.100
credi. ne quodcumque velit poscat sibi fabula credi . . *Ars Poet.*339
credibile. 'magnum narras, vix credibile.' *Serm.*1.9.52
crediderim. illum et parentis crediderim sui|fregisse cervicem . *Carm.*2.13.5
  cur ita crediderim, nisi quid te detinet, audi. . . *Epist.*1.2.5
crediderit. consentire suis studiis qui crediderit te|fautor, . *Epist.*1.18.65
credidimus. caelo tonantem credidimus Iovem|regnare; . . *Carm.*3.5.1
credidit. qui perfidis se credidit hostibus *Carm.*3.5.33
  sic et Europe niveum doloso|credidit tauro latus . . *Carm.*3.27.26
  et otiosa credidit Neapolis *Epod.*5.43
  credidit ingens|pauperiem vitium *Serm.*2.3.91
credimus. caelo tonantem credidimus [credimus] Iovem|regnare; . *var.Carm.*3.5.1
credis. quae maxima credis|esse mala, ... *Epist.*1.1.42
  nec medici credis nec curatoris egere . . . *Epist.*1.1.102
  quo spectanda modo, quo sensu credis et ore? . . *Epist.*1.6.8
  nam quae deserta et inhospita tesqua|credis, . . . *Epist.*1.14.20
  hae latebrae dulces et, iam si credis, amoenae . . *Epist.*1.16.15
  quid sentire putas, quid credis, amice, precari? . . *Epist.*1.18.106
  prisco si credis, Maecenas docte, Cratino, . . . *Epist.*1.19.1
  quaedam, si credis consultis, mancipat usus: . . *Epist.*2.2.159
credit. si pleraque dure|dicere credit eos, ... *Epist.*2.1.67
  ingenium misera quia fortunatius arte|credit . . . Democritus, . *Ars Poet.*296
credite. Bacchum . . . vidi docentem, credite posteri, | Nymphasque
  discentis *Carm.*2.19.2
  'credite, non ludo; crudeles, tollite claudum.' . . . *Epist.*1.17.61
  credite Pisones, isti tabulae fore librum|persimilem, . . *Ars Poet.*6

creditor. integer est mentis Damasippi creditor? esto.	*Serm.*2.3.65
creditum. navis, quae tibi creditum│debes Vergilium;	*Carm.*1.3.5
heu non ita creditum│poscis Quintilium deos.	*Carm.*1.24.11
creditur. pratensibus optima fungis│natura est; aliis male creditur.	*Serm.*2.4.21
creditur, ex medio quia res accersit, habere│sudoris minimum, comoedia	*Epist.*2.1.168
credo. non quia nasus│illis nullus erat, sed, credo, hac mente,	*Serm.*2.2.90
credo,│hoc Staberi prudentem animum vidisse.	*Serm.*2.3.88
credo,│quod nimium institerat viventi.	*Serm.*2.5.87
evasti: credo, metues doctusque cavebis —	*Serm.*2.7.68
credula. carpe diem quam minimum credula postero.	*Carm.*1.11.8
iam nec spes animi credula mutui	*Carm.*4.1.30
credula. credula nec ravos timeant armenta leones	*Epod.*16.33
credulum. ut Proetum mulier perfida credulum│falsis inpulerit criminibus	*Carm.*3.7.13
credulus. qui nunc te fruitur credulus aurea,	*Carm.*1.5.9
cremato. gens, quae cremato fortis ab Ilio	*Carm.*4.4.53
crematos. possim crematos excitare mortuos	*Epod.*17.79
Creontis. magni Creontis filiam,	*Epod.*5.64
crepante. montibus altis│levis crepante lympha desilit pede.	*Epod.*16.48
crepat. quis post vina gravem militiam aut pauperiem crepat?	*Carm.*1.18.5
siquid Stertinius veri crepat,	*Serm.*2.3.33
sulcos et vineta crepat mera, praeparat ulmos,	*Epist.*1.7.84
crepent. aut inmunda crepent ignominiosaque dicta.	*Ars Poet.*247
crepet. quis post vina gravem militiam aut pauperiem crepat [? crepet]?	*? var.Carm.*1.18.5
crepidas. sapiens crepidas sibi numquam│nec soleas fecit;	*Serm.*1.3.127
crepuit. cum populus frequens│laetum theatris ter crepuit sonum;	*Carm.*2.17.26
crescam. usque ego postera│crescam laude recens,	*Carm.*3.30.8
crescat. qui sudor vietis et quam malus undique membris│crescit [crescat] odor,	*var.Epod.*12.8
crescent. plures adnabunt thynni et cetaria crescent.	*Serm.*2.5.44
crescentem. crescentem tumidis infla sermonibus utrem.	*Serm.*2.5.98
crescentem. crescentem sequitur cura pecuniam	*Carm.*3.16.17
rite Latonae puerum canentes,│rite crescentem face Noctilucam,	*Carm.*4.6.38
crescere. per quae│crescere res posset, minui damnosa libido.	*Epist.*2.1.107
crescit. crescit occulto velut arbor aevo│fama Marcellis;	*Carm.*1.12.45
crescit indulgens sibi dirus hydrops	*Carm.*2.2.13
adde quod pubes tibi crescit omnis,	*Carm.*2.8.17
servitus crescit nova	*Carm.*2.8.18
crescit Albanis in herbis│victima,	*Carm.*3.23.11
quam malus undique membris│crescit odor,	*Epod.*12.8
multis occulto crescit res faenore.	*Epist.*1.1.80
fit Mimnermus et optivo cognomine crescit.	*Epist.*2.2.101
crescunt. nec pinguia Gallicis│crescunt vellera pascuis:	*Carm.*3.16.36
scilicet inprobae│crescunt divitiae,	*Carm.*3.24.63
Cressa. Cressa ne careat pulcra dies nota	*Carm.*1.36.10
creta. neque illi│iam manet umida creta	*Epod.*12.10
quorsum abeant? sani ut creta, an carbone notati?	*Serm.*2.3.246
Cretam. aut ille centum nobilem Cretam urbibus . . . iturus	*Epod.*9.29
Creten. quae simul centum tetigit potentem│oppidis Creten,	*Carm.*3.27.34
creterrae. larga nec desunt Veneris sodali│vina craterae [creterrae],	*var.Carm.*3.18.7
sive gravis veteri craterae [creterrae] limus adhaesit.	*var.Serm.*2.4.80
Creticum. tristitiam et metus│tradam protervis in mare Creticum│portare ventis,	*Carm.*1.26.2
crevere. per quas Latinum nomen et Italae│crevere vires	*Carm.*4.15.14
(sic etiam fidibus voces crevere severis)	*Ars Poet.*216
crevit. Romana pubes crevit	*Carm.*4.4.46
non hydra secto corpore firmior│vinci dolentem crevit in Herculem	*Carm.*4.4.62
caule suburbano qui siccis crevit in agris│dulcior,	*Serm.*2.4.15
crimina. ubi acris│invidia atque vigent ubi crimina:	*Serm.*1.3.61
ut penitus notum, si temptent crimina, serves	*Epist.*1.18.80
crimine. commotae crimine mentis│absolves hominem	*Serm.*2.3.278
praeconem, tenui censu, sine crimine, notum	*Epist.*1.7.56
aut ignoratae premit artis crimine turpi.	*Ars Poet.*262
criminibus. ut Proetum mulier perfida credulum│falsis inpulerit criminibus	*Carm.*3.7.14
criminosis. quem criminosis cumque voles modum│pones iambis,	*Carm.*1.16.2
crine. et Lycum nigris oculis nigroque│crine decorum.	*Carm.*1.32.12
Mygdonias opes│permutare velis crine Licymniae	*Carm.*2.12.23
crinem. murreum nodo cohibere crinem;	*Carm.*3.14.22
crines. tamen, heu serus, adulteros│cultus [crines] pulvere collines.	*var.Carm.*1.15.20

Phoebe, qui Xantho lavis amne crinis [crines], ... *var.Carm.*4.6.26
crinibus. scindat haerentem coronam|crinibus inmeritamque vestem. . *Carm.*1.17.28
crinibus. solutis|crinibus ambiguoque voltu. *Carm.*2.5.24
crinis. nodo coerces viperino|Bistonidum sine fraude crinis. . . *Carm.*2.19.20
qui rore puro Castaliae lavit|crinis solutos, ... *Carm.*3.4.62
Phoebe, qui Xantho lavis amne crinis, ... *Carm.*4.6.26
non sola comptos arsit adulteri|crinis *Carm.*4.9.14
qua crinis religata fulges, ... *Carm.*4.11.5
brevibus illigata viperis|crinis *Epod.*5.16
Crispe. inimice lamnae|Crispe Sallusti, ... *Carm.*2.2.3
Crispini. ne me Crispini scrinia lippi|conpilasse putes, . . *Serm.*1.1.120
dum, quae Crispini docuit me ianitor, edo. . . . *Serm.*2.7.45
Crispinum. neque te quisquam stipator ineptum | praeter Crispinum
sectabitur, ... *Serm.*1.3.139
Crispinus. Crispinus minimo me provocat *Serm.*1.4.14
critici. Ennius, . . . 'alter Homerus',|ut critici dicunt, . . *Epist.*2.1.51
croco. Corycioque croco sparsum stetit, ... *Serm.*2.4.68
crocodili. colorque|stercore fucatus crocodili *Epod.*12.11
crocum. recte necne crocum floresque perambulet Attae|fabula . . *Epist.*2.1.79
Croesi. quid concinna Samos, quid Croesi regia Sardis, . . *Epist.*1.11.2
cruce. siquis eum servom, . . . in cruce suffigat, . . *Serm.*1.3.82
peccat uter nostrum cruce dignius? *Serm.*2.7.47
'non hominem occidi.' 'non pasces in cruce corvos.' . . *Epist.*1.16.48
cruciatibus. novis ut usque suppetas laboribus [cruciatibus]. . *var.Epod.*17.64
cruciaverit. ut pater ille, . . . non se peius cruciaverit atque hic. . *Serm.*1.2.22
cruciet. aut cruciet quod|vellicet absentem Demetrius . . . *Serm.*1.10.78
cruda. nuptiarum expers et adhuc protervo|cruda marito. . . *Carm.*3.11.12
crudae. podex velut crudae bovis. *Epod.*8.6
crudeles. 'credite, non ludo; crudeles, tollite claudum.' . . *Epist.*1.17.61
crudelior. "heu, Fortuna, quis est crudelior in nos|te deus? . . *Serm.*2.8.61
crudelis. o crudelis adhuc et Veneris muneribus potens, . . *Carm.*4.10.1
crudi. crudi tumidique lavemur, ... *Epist.*1.6.61
crudis. namque pila lippis inimicum et ludere crudis. . . *Serm.*1.5.49
cruenta. quem cruenta|per medias rapit ira caedes.' . . *Carm.*3.2.11
cruenta. semper ardentis acuens sagittas|cote cruenta. . . *Carm.*2.8.16
cruentis. hunc circumtonuit gaudens Bellona cruentis. . . *Serm.*2.3.223
cruento. frustra cruento marte carebimus *Carm.*2.14.13
doluere cruento|dente lacessiti, ... *Epist.*2.1.150
cruentum. acer et Marsi peditis cruentum|voltus in hostem. . *Carm.*1.2.39
cruentus. quamvis periurus erit, sine gente, cruentus|sanguine fraterno, . *Serm.*2.5.15
crumina. mundus victus non deficiente crumina? . . . *Epist.*1.4.11
cruor. num viperinus his cruor|incoctus herbis me fefellit? . . *Epod.*3.6
ut inmerentis fluxit in terram Remi|sacer nepotibus cruor. . *Epod.*7.20
cruor in fossam confusus, ... *Serm.*1.8.28
cruore. quae caret ora cruore nostro? *Carm.*2.1.36
penetralia|sparsisse nocturno cruore|hospitis; . . . *Carm.*2.13.7
quantum neque atro delibutus Hercules|Nessi cruore . . *Epod.*17.32
tuo|cruore rubros obstetrix pannos lavit, ... *Epod.*17.51
cruorem. adde cruorem|stultitiae atque ignem gladio scrutare. . *Serm.*2.3.275
cruoribus. arma|nondum expiatis uncta cruoribus, . . *Carm.*2.1.5
cruoris. non missura cutem nisi plena cruoris hirudo'. . *Ars Poet.*476
crura. recedentis trilingui|ore pedes tetigitque crura. . . *Carm.*2.19.32
et crura dura compede. *Epod.*4.4
crure. Cois tibi paene videre est|ut nudam, ne crure malo, ne sit pede turpi; *Serm.*1.2.102
nec semel inrisus triviis attollere curat| fracto crure planum, . *Epist.*1.17.59
cruribus. iam iam residunt cruribus asperae|pelles . . *Carm.*2.20.9
cruribus haec metuat, doti deprensa, egomet mi. . *Serm.*1.2.131
cruribus. hunc varum distortis cruribus. . . . *Serm.*1.3.47
crus. nec magis huic, . . . Cerinthe, tuo tenerum est femur aut crus|
rectius; *Serm.*1.2.81
crus. nam ut quisque insanus nigris medium impediit crus|pellibus . *Serm.*1.6.27
crus. 'o crus, o bracchia.' *Serm.*1.2.92
crustis. sunt qui|frustis [crustis] et pomis viduas venentur avaras . *var.Epist.*1.1.78
crustula. ut pueris olim dant crustula blandi|doctores, . . *Serm.*1.1.25
sunt quorum ingenium nova tantum crustula promit. . *Serm.*2.4.47
Crysippi. dum, quae Crispini [Crysippi] docuit me ianitor, edo. . *var.Serm.*2.7.45
cubans. ille cubans gaudet mutata sorte *Serm.*2.6.110
cubantis. Vsticae cubantis|levia personuere saxa. . . . *Carm.*1.17.11
mater ait pueri mensis iam quinque cubantis, . . . *Serm.*2.3.289

cubat. trans Tiberim longe cubat is prope Caesaris hortos.' *Serm.*1.9.18
     cubat hic in colle Quirini,|hic extremo in Aventino, ... *Epist.*2.2.68
cubet. extrema et in sponda cubet. *Epod.*3.22
     polypus an gravis hirsutis cubet hircus in alis, ... *Epod.*12.5
cubili. ad ortus|solis ab Hesperio cubili. *Carm.*4.15.16
cubilia. iamque subando|tenta cubilia tectaque rumpit. . . . *Epod.*12.12
     mollis et exspes|inominata perpremat cubilia. *Epod.*16.38
     glandem atque cubilia propter|unguibus et pugnis, . . . pugnabant . *Serm.*1.3.100
cubilibus. indormit unctis omnium cubilibus|oblivione paelicum? . . *Epod.*5.69
cubital. ponas insignia morbi,|fasciolas, cubital, focalia, . . . *Serm.*2.3.255
cubitale. ponas insignia morbi,|fasciolas, cubital [cubitale], focalia, . . *var.Serm.*2.3.255
cubito. et cubito remanete presso. *Carm.*1.27.8
     aliquis cubito stantem prope tangens|inquiet, ... *Serm.*2.5.42
cubitum. languidus in cubitum iam se conviva reponet. . . . *Serm.*2.4.39
cuculum. cessisset magna conpellans voce cuculum. . . . *Serm.*1.7.31
cuderet. nequis . . . alius Lysippo duceret [cuderet] aera|fortis Alexandri
     voltum simulantia. *coni.Epist.*2.1.240
cui. cui Pudor et Iustitiae soror . . . quando ullum inveniet parem? . *Carm.*1.24.6
     cui laurus aeternos honores|Delmatico peperit triumpho. . . *Carm.*2.1.15
     cui paternum|splendet in mensa tenui salinum *Carm.*2.16.13
     cum [cui] populus frequens|laetum theatris ter crepuit sonum; . *coni.Carm.*2.17.25
     destrictus ensis cui super inpia|cervice pendet, ... *Carm.*3.1.17
     cui frons turgida cornibus|primis *Carm.*3.13.4
     bene est cui deus obtulit|parca quod satis est manu. . . . *Carm.*3.16.43
     cui licet in diem|dixisse 'vixi. *Carm.*3.29.42
     cui rex deorum regnum in avis vagas|permisit *Carm.*4.4.2
     cui pecus et nigri|colles Arcadiae placent. *Carm.*4.12.11
     cui super Karthaginem|virtus sepulcrum condidit. . . . *Epod.*9.25
     ingenium cui sit, cui mens divinior atque os|magna sonaturum, . . *Serm.*1.4.43
     cui satis una|farris libra foret, ... *Serm.*1.5.68
     mantica cui lumbos onere ulceret atque eques armos: . . . *Serm.*1.6.106
     cui saepe viator|cessisset magna conpellans voce cuculum. . . *Serm.*1.7.30
     cui male si palpere, recalcitrat undique tutus.' . . . *Serm.*2.1.20
     cui Canis ex vero dictum cognomen adhaeret, . . . *Serm.*2.2.56
     cui stragula vestis, . . . putrescat in arca: . . . *Serm.*2.3.118
     cui concredere nugas|hoc genus: 'hora quota est?' . . . *Serm.*2.6.43
     cui spes,|cui sit condicio dulcis sine pulvere palmae? . . *Epist.*1.1.50
     cui sit condicio dulcis sine pulvere palmae? *Epist.*1.1.51
     cui si vitiosa libido|fecerit auspicium, ... *Epist.*1.1.85
     quod satis est cui contingit, nihil amplius optet. . . . *Epist.*1.2.46
     cui|gratia fama valetudo contingat abunde *Epist.*1.4.9
     cui libet hic fascis dabit *Epist.*1.6.53
     eripietque curule|cui volet inportunus ebur.' *Epist.*1.6.54
     cui non conveniet sua res, ut calceus olim, ... *Epist.*1.10.42
     pauper enim non est, cui rerum suppetit usus. . . . *Epist.*1.12.4
     cui placet alterius, sua nimirum est odio sors. . . . *Epist.*1.14.11
     'cui sic extorta voluptas|et demptus per vim . . . *Epist.*2.2.139
     cui|rem di donarent, illi decedere pravam|stultitiam; . . . *Epist.*2.2.151
     cui lecta potenter erit res, ... *Ars Poet.*40
cui. Melpomene, cui liquidam pater|vocem cum cithara dedit. . . *Carm.*1.24.3
     cui placet inpares|formas atque animos sub iuga aenea . . . mittere . *Carm.*1.33.10
     ego cui timebo,|providus auspex, ... *Carm.*3.27.7
     cui per ardentem sine fraude Troiam *Carm.Saec.*41
     iuventus,|cui pulcrum fuit in medios dormire dies . . . *Epist.*1.2.30
     cui mustela procul 'si vis' ait 'effugere istinc, . . . *Epist.*1.7.32
cui. cui si concedere nolis, ... *Serm.*1.4.140
     cui potior patria fuit interdicta voluptas. *Epist.*1.6.64
cui. cui dabit partis scelus expiandi|Iuppiter? *Carm.*1.2.29
     cui flavam religas comam *Carm.*1.5.4
     cui donet inpermissa raptim|gaudia *Carm.*3.6.27
     muricibus Tyriis iteratae vellera lanae|cui properabantur? . . *Epod.*12.22
     quid de quoque viro et cui dicas, saepe videto. . . . *Epist.*1.18.68
cui. sed vereor, ne cui de te plus quam tibi credas . . . *Epist.*1.16.19
     tu seu donaris seu quid donare voles cui, ... *Ars Poet.*426
cui. dives ut aureis|mercator exsiccet culillis [cui illis]|vina Syra reparata
     merce. *var.Carm.*1.31.11
cuicumque. Eutrapelus cuicumque nocere volebat|vestimenta dabat
     pretiosa; *Epist.*1.18.31
cuidam. accidit ut cuidam testis caudamque salacem|demeterent ferro. . *Serm.*1.2.45

cui.illis. dives ut aureis | mercator exsiccet culillis [cui.illis] | vina Syra
    reparata merce, ... *var.Carm.*1.31.11
reges dicuntur multis urgere culillis [cui.illis] | et torquere mero, . . *var.Ars Poet.*434
cuilibet. litterulis Graecis imbutus, idoneus arti | cuilibet: *Epist.*2.2.8
cū illis. reges dicuntur multis urgere culillis [cū illis] | et torquere mero, . *var.Ars Poet.*434
cuiquam. dummodo risum | excutiat sibi non, non cuiquam parcet amico . *Serm.*1.4.35
nec recito cuiquam nisi amicis idque coactus, ... *Serm.*1.4.73
cuique. o laborum | dulce lenimen †mihicumque [mihi, cuique] salve | rite
    vocanti. *coni.Carm.*1.32.15
est locus uni | cuique suos.' *Serm.*1.9.52
quidquid et horum | cuique domi est, ... *Serm.*2.3.232
prout cuique libido est, ... *Serm.*2.6.67
'frater' 'pater' adde; | ut cuique est aetas, ita quemque facetus adopta. . *Epist.*1.6.55
imperat aut servit collecta pecunia cuique, ... *Epist.*1.10.47
ille profecto | reddere personae scit convenientia cuique. . . . *Ars Poet.*316
cuius. cuius octavom trepidavit aetas | claudere lustrum. . . . *Carm.*2.4.23
cuius in indomito constantior inguine nervos *Epod.*12.19
cuius, velut aegri somnia, vanae | fingentur species, . . . *Ars Poet.*7
cuius. nec meretrix tibicina cuius | ad strepitum salias terrae gravis; . *Epist.*1.14.25
cuius. cuius odorem olei nequeas perferre, ... *Serm.*2.2.59
cuius. cuius recinet iocosa | nomen imago *Carm.*1.12.3
cuius. cuius fortunae, quo sit patre quove patrono.' *Epist.*1.7.54
cuiusque. aetatis cuiusque notandi sunt tibi mores, ... *Ars Poet.*156
cuivis. non cuivis homini contingit adire Corinthum. . . . *Epist.*1.17.36
culices. mali culices ranaeque palustres | avertunt somnos; . . . *Serm.*1.5.14
culillis. dives ut aureis | mercator exsiccet culillis *Carm.*1.31.11
reges dicuntur multis urgere culillis . . . . . . *Ars Poet.*434
culinae. nec tantum veneris quantum studiosa culinae. . . . *Serm.*2.5.80
culinam. Murena praebente domum, Capitone culinam. . . . *Serm.*1.5.38
nam vaga per veterem dilapso flamma culinam | Volcano . . . *Serm.*1.5.73
culmo. ac venerata Ceres, ita culmo surgeret alto, ... *Serm.*2.2.124
culpa. si non supplicio culpa reciditur, ... *Carm.*3.24.34
furorne caecos an rapit vis acrior | an culpa? *Epod.*7.14
quem sua culpa premet, deceptus omitte tueri, ... *Epist.*1.18.79
culpa. vetat | laudes egregii Caesaris et tuas | culpa deterere ingeni. . *Carm.*1.6.12
levis una mors est | virginum culpae [culpa]. *var.Carm.*3.27.38
post hoc ludus erat †culpa potare magistra *Serm.*2.2.123
nec sum facturus vitio culpave minorem; *Serm.*2.6.7
nil conscire sibi, nulla pallescere culpa. *Epist.*1.1.61
in culpa est animus, qui se non effugit umquam. . . . *Epist.*1.14.13
culpabit. vir bonus et prudens versus reprendet inertis, | culpabit duros, *Ars Poet.*446
culpae. fecunda culpae saecula nuptias | primum inquinavere . . *Carm.*3.6.17
maioris fugiens opprobria culpae, ... *Epist.*1.9.10
in vitium ducit culpae fuga, si caret arte. . . . . *Ars Poet.*31
culpae. levis una mors est | virginum culpae. *Carm.*3.27.38
culpae. indecorant bene nata culpae. *Carm.*4.4.36
culpam. culpam poena premit comes. *Carm.*4.5.24
vitavi denique culpam, | non laudem merui. . . . . *Ars Poet.*267
culpante. 'absentem qui rodit, amicum | qui non defendit alio culpante, *Serm.*1.4.82
culpante. arbore nunc aquas | culpante, nunc torrentia agros | sidera, . *Carm.*3.1.31
culpantur. culpantur frustra calami *Serm.*2.3.7
culpari. culpari metuit fides. *Carm.*4.5.20
utpote plures | culpari dignos. *Serm.*1.4.25
culpas. quae manent culpas etiam sub Orco. *Carm.*3.11.29
emovitque culpas | et veteres revocavit artis, ... *Carm.*4.15.11
culpatur. laudatur ab his, culpatur ab illis. *Serm.*1.2.11
culta. si Democriti pecus edit agellos | cultaque, ... *Epist.*1.12.13
cultello. cultello proprios purgantem leniter unguis. . . . *Epist.*1.7.51
culti. o colendi | semper et culti, ... *Carm.Saec.*3
cultis. horrendamque cultis | diluviem meditatur agris, . . . *Carm.*4.14.27
cultor. parcus deorum cultor et infrequens, ... *Carm.*1.34.1
mercatorne vagus cultorne virentis agelli, ... *Ars Poet.*117
cultro. me | sub cultro linquit. *Serm.*1.9.74
cultu. luxuriantia conpescet, nimis aspera sano | levabit cultu, . . *Epist.*2.2.123
cultum. 'cultum | maiorem censu' — *Serm.*2.3.323
cultura. nec cultura placet longior annua *Carm.*3.24.14
dulcis inexpertis cultura potentis amici, | expertus metuet. . . *Epist.*1.18.86
culturae. si modo culturae patientem commodet aurem. . . . *Epist.*1.1.40
cultus. quoscumque feret cultus tibi fundus honores . . . *Serm.*2.5.13

cultus. ne virilis|cultus in caedem et Lycias proriperet catervas? . . *Carm.*1.8.16
cultus. in neutram partem cultus miser. *Serm.*2.2.66
cultus. rectique cultus pectora roborant; *Carm.*4.4.34
cultus. qui feros cultus hominum recentum|voce formasti catus . . . *Carm.*1.10.2
    adulteros|cultus pulvere collines. *Carm.*1.15.20
    aurum vestibus illitum|mirata regalisque cultus|et comites . . . *Carm.*4.9.15
cululis. dives ut aureis | mercator exsiccet culillis [cululis] | vina Syra
    reparata merce, ... *var.Carm.*1.31.11
    reges dicuntur multis urgere culillis [cululis]|et torquere mero, . . *var.Ars Poet.*434
culullis. dives ut aureis | mercator exsiccet culillis [culullis] | vina Syra
    reparata merce, ... *var.Carm.*1.31.11
    reges dicuntur multis urgere culillis [culullis]|et torquere mero, . . *var.Ars Poet.*434
cum. *Carm.*1.1.31; 1.12.44; 1.17.23; 1.18.8; 1.18.13; 1.19.15; 1.24.4; 1.31.19; 1.33.12; 1.34.15;
    *Carm.*1.35.27; 1.37.9; 2.5.8; 2.7.6; 2.8.11; 2.11.22; 3.1.36; 3.3.24; 3.17.16; 3.18.12;
    *Carm.*3.19.20; 3.29.3; 3.29.21; 3.29.35; 3.30.9; 4.1.26; 4.4.67; 4.7.5; 4.12.21; 4.15.27;
    *Epod.*4.8; 17.37; *Serm.*1.1.58; 1.2.57; 1.2.58 (*bis*); 1.3.70; 1.4.5; 1.4.50; 1.4.52; 1.4.66;
    *Serm.*1.4.81; 1.4.105; 1.5.81; 1.6.117; 1.6.118; 1.7.5; 1.7.17; 1.7.20; 1.8.25; 1.8.41; 1.8.42;
    *Serm.*1.8.50; 1.9.43; 1.10.85; 2.1.73; 2.1.76; 2.2.17; 2.2.96; 2.2.115; 2.2.117;
    *Serm.*2.2.122; 2.3.25; 2.3.58; 2.3.112; 2.3.229 (*bis*); 2.4.73; 2.4.74; 2.5.8; 2.7.9; 2.7.35;
    *Serm.*2.7.67; 2.8.14; 2.8.21; 2.8.90; *var.Serm.*2.8.90; *Epist.*1.2.24; 1.2.35; 1.6.18; 1.6.36;
    *Epist.*1.7.13; 1.10.21; 1.13.15; 1.14.40; 1.15.19; 1.18.33; 2.1.5; 2.1.25; 2.1.132;
    *Epist.*2.1.142; 2.1.203; 2.1.246; 2.1.268; 2.2.93; 2.2.110; 2.2.179; 2.2.206; *Ars Poet.*145;
    *Ars Poet.*260; 358; 375
cum. *Carm.*1.7.31; 1.30.5; 1.32.2; 2.1.39; 2.6.1; 2.6.21; 2.7.1; 2.7.9; 3.2.28; 3.4.29; 3.9.24 (*bis*);
    *Carm.*3.21.1; *Epod.*1.8; 4.2; 9.3; *Serm.*1.1.102; 1.3.57; 1.4.137; 1.9.43; 1.9.68; 2.1.51;
    *Serm.*2.2.7; 2.2.70; 2.3.198; 2.3.224; 2.3.260; 2.5.82; 2.7.112; *Epist.*1.1.97; 1.6.68;
    *Epist.*1.7.62; 1.7.70; 1.14.20; 1.18.30; 2.1.68; 2.1.87; 2.2.3; 2.2.23; 2.2.76; 2.2.145;
    *Ars Poet.*153; 175
cum. *Carm.*1.2.7; 1.13.1; 1.18.10; 1.25.13; 1.29.13; 2.7.11; 2.12.25; 2.17.25; 3.3.50; 3.5.29;
    *Carm.*3.18.10; 3.20.5; 3.27.71; 3.29.40; *var.Carm.*4.2.6; *? var.Carm.*4.2.10; *Carm.*4.5.40;
    *Carm.*4.7.21; 4.10.2; 4.14.27; *Epod.*2.17; 2.29; 5.52; 5.55; 5.65; 6.9; 9.7; 10.13;
    *Epod.*10.19; 12.8; 12.13; 15.3; *Serm.*1.1.104; 1.1.114; 1.2.71; 1.2.114; 1.2.114; 1.2.122;
    *Serm.*1.3.87; 1.3.97; 1.3.99; 1.4.89; 1.4.133; 1.5.20; 1.6.7; 1.6.108; 1.8.2; 1.8.17; 1.9.21;
    *Serm.*1.10.55; 2.1.18; 2.1.23; 2.1.62; 2.2.5 (*bis*); 2.2.14; 2.2.43; 2.2.98; 2.3.30; 2.3.61;
    *var.Serm.*2.3.230; *Serm.*2.3.258; 2.3.262; 2.3.272; 2.3.274; 2.3.277; 2.3.303; 2.5.99;
    *var.Serm.*2.6.67; *Serm.*2.6.101; 2.6.111; 2.7.53; 2.7.71; 2.7.95; 2.7.96; 2.8.29; *Epist.*1.1.97;
    *Epist.*1.1.108; 1.4.16; 1.9.2; 1.9.5; 1.10.17; 1.15.4; 1.15.18; 1.15.42; 1.16.30; 1.16.55;
    *Epist.*1.16.59; 1.16.64; 1.18.40; 1.18.82; 1.18.84; 1.20.8; 1.20.19; 2.1.205; 2.1.220;
    *Epist.*2.1.221; 2.1.223; 2.1.224; 2.1.226; 2.1.261; 2.2.103; 2.2.161; *Ars Poet.*16; 96
cum. *Carm.*1.7.22; 1.15.1; 1.33.13; 2.19.21; 3.24.59; *Epod.*5.35; 5.39; 8.3; 12.18; *Serm.*1.1.32;
    *Serm.*1.1.38; 1.1.86; 1.1.92; *coni.Serm.*1.1.108; *Serm.*1.2.31; 1.2.67; 1.3.21; 1.3.25; 1.3.60;
    *Serm.*1.3.121; 1.4.11; 1.4.22; 1.4.107; 1.4.112; 1.4.113; 1.4.125; 1.5.59; *var.Serm.*1.6.31;
    *Serm.*1.9.6; 1.9.10; 1.9.12; 1.10.25 (*bis*); 1.10.31; 2.3.37; 2.3.286; 2.3.318;
    *Serm.*2.4.4; 2.6.88; 2.7.40; 2.7.65; *Epist.*1.1.104; 1.6.25; 1.12.14; 1.15.39; 1.16.69;
    *Epist.*1.18.50; 2.1.1; 2.1.81; *coni.Epist.*2.1.174; *Epist.*2.1.209; 2.2.153; *Ars Poet.*56; 253;
    *Ars Poet.*331
cum. *Carm.*1.20.4; *Serm.*1.10.33
Cumas. non mihi Cumas|est iter aut Baias' *Epist.*1.15.11
cumeram. tenuis volpecula . . . repserat in cumeram frumenti, . . *Epist.*1.7.30
cumeris. cur tua plus laudes cumeris granaria nostris? . . . *Serm.*1.1.53
cuminum. quodsi|pallerem casu, biberent exsangue cuminum. . . *Epist.*1.19.18
cumque. quam rem cumque ferox navibus aut equis *Carm.*1.6.3
    'quo nos cumque feret melior fortuna parente, ... *Carm.*1.7.25
    quem Fors dierum cumque dabit, ... *Carm.*1.9.14
    quem criminosis cumque voles modum|pones iambis, . . . *Carm.*1.16.2
    quae te cumque domat Venus, ... *Carm.*1.27.14
    o laborum|dulce [quale] lenimen mihi cumque salve|rite vocanti. . *coni.Carm.*1.32.15
    garrulus hunc quando consumet cumque: *Serm.*1.9.33
    qui testamentum tradet tibi cumque legendum, . . . *Serm.*2.5.51
    quo me cumque rapit tempestas, deferor hospes. . . . *Epist.*1.1.15
cuncta. cuncta festinat manus, ... *Carm.*4.11.9
cuncta. cuncta manus avidas fugient heredis *Carm.*4.7.19
    cunctane prae Campo et Tiberino flumine sordent? . . . *Epist.*1.11.4
cuncta. audire . . . cuncta terrarum subacta *Carm.*2.1.23
    cuncta supercilio moventis. *Carm.*3.1.8
    abstinens|ducentis ad se cuncta pecuniae, ... *Carm.*4.9.38
    huic ego volgus|errori similem cunctum [similis cuncta] insanire docebo. *var.Serm.*2.3.63
    quo pacto cuncta tenerem *Serm.*2.4.8

	nam quamvis memori referas mihi pectore cuncta,	*Serm.*2.4.90
	hac ego si conpellor imagine, cuncta resigno:	*Epist.*1.7.34
	vel quia cuncta putas una virtute minora..	*Epist.*1.12.11
	inter cuncta leges et percontabere doctos,	*Epist.*1.18.96
cunctantem.	cunctantem spatio longius annuo	*Carm.*4.5.11
cunctata.	tu me inter strepitus nocturnos atque diurnos | vis canere et contacta [cunctata] sequi vestigia vatum?	*var.Epist.*2.2.80
cunctetur.	neque cunctetur, cum est iussa, venire..	*Serm.*1.2.122
cuncti.	clament periisse pudorem | cuncti paene patres,	*Epist.*2.1.81
cunctos.	haec Iovem sentire deosque cunctos	*Carm.Saec.*73
	senem, [? senes] quod omnes rideant, adulterum | latrent Suburanae canes [? rideant cunctos canos]	*? var.Epod.*5.57
	avet quavis aspergere cunctos | praeter eum qui praebet aquam;	*Serm.*1.4.87
cunctum.	huic ego volgus | errori similem cunctum insanire docebo.	*Serm.*2.3.63
cuneos.	clavos trabalis et cuneos manu | gestans aena	*Carm.*1.35.18
cunni.	'nolim laudarier' inquit | 'sic me' mirator cunni Cupiennius albi.	*Serm.*1.2.36
cunnum.	numquid ego a te | magno prognatum deposco consule cunnum	*Serm.*1.2.70
cunnus.	nam fuit ante Helenam cunnus taeterrima belli | causa,	*Serm.*1.3.107
cupa.	post hoc ludus erat †culpa [cupa] potare magistra	*var.Serm.*2.2.123
Cupiennius.	mirator cunni Cupiennius [Cupennius] albi.	*var.Serm.*1.2.36
cuperem.	si quantum cuperem possem quoque;	*Epist.*2.1.257
cupiam.	'accendis quare cupiam magis illi | proximus esse.'	*Serm.*1.9.53
cupias.	cum pateris [cupias] sapiens emendatusque vocari, | respondesne tuo, dic, sodes, nomine?	*var.Epist.*1.16.30
cupiat.	haberi | et cupiat formosus,	*Serm.*1.6.31
	utrum | gaudeat an doleat, cupiat metuatne,	*Epist.*1.6.12
cupide.	quod cupide petiit, mature plena reliquit.	*Epist.*2.1.100
cupidine.	contracto melius parva cupidine | vectigalia porrigam	*Carm.*3.16.39
	ut bona pars hominum decepta cupidine falso	*Serm.*1.1.61
	fervet avaritia miseroque cupidine pectus:	*Epist.*1.1.33
Cupidinem.	et cantu tremulo pota Cupidinem | lentum sollicitas.	*Carm.*4.13.5
cupidinem.	tolle cupidinem | inmitis uvae:	*Carm.*2.5.9
cupidinibus.	nonne, cupidinibus statuat natura modum quem,	*Serm.*1.2.111
	responsare cupidinibus, contemnere honores | fortis,	*Serm.*2.7.85
Cupidinis.	sacrum liberi Cupidinis,	*Epod.*17.57
cupidinis.	eradenda cupidinis | pravi sunt elementa	*Carm.*3.24.51
Cupidinum.	mater saeva Cupidinum	*Carm.*1.19.1
	desine, dulcium | mater saeva Cupidinum,	*Carm.*4.1.5
Cupido.	quam Iocus circum volat et Cupido;	*Carm.*1.2.34
	ferus et Cupido | semper ardentis acuens sagittas	*Carm.*2.8.14
cupido.	cum tibi flagrans amor et libido [cupido], . . . saeviet circa iecur ulcerosum	*var.Carm.*1.25.13
	nec levis somnos timor aut cupido | sordidus aufert.	*Carm.*2.16.15
	nec quisquam noceat cupido mihi pacis!	*Serm.*2.1.44
	num te semper inops agitet vexetque cupido,	*Epist.*1.18.98
cupidos.	lenit albescens animos capillus | litium et rixae cupidos protervae;	*Carm.*3.14.26
cupidum.	'cupidum, pater optime, vires | deficiunt;	*Serm.*2.1.12
	te tibi iniquom | et frustra mortis cupidum,	*Serm.*2.2.98
	si cupidum timidumque minus te:	*Epist.*2.2.156
cupidus.	quae si cum sociis stultus cupidusque bibisset,	*Epist.*1.2.24
	sublimis cupidusque et amata relinquere pernix.	*Ars Poet.*165
Cupiennius.	'nolim laudarier' inquit | 'sic me' mirator cunni Cupiennius albi.	*Serm.*1.2.36
cupiens.	cupiens varia fastidia cena | vincere	*Serm.*2.6.86
	cupiens tibi dicere servos | pauca reformido.'	*Serm.*2.7.1
	haeres | nequiquam caeno cupiens evellere plantam.	*Serm.*2.7.27
	fere miratur eodum, | quo cupiens, pacto;	*Epist.*1.6.10
	castellum evertere praetor | nescio quod cupiens	*Epist.*2.2.35
cupientium.	nil cupientium | nudus castra peto	*Carm.*3.16.22
Cupienus.	mirator cunni Cupiennius [Cupienus] albi.	*var.Serm.*1.2.36
cupiet.	nam qui cupiet, metuet quoque;	*Epist.*1.16.65
	at qui legitimum cupiet fecisse poema,	*Epist.*2.2.109
cupimus.	at nos virtutes ipsas invertimus atque | sincerum furimus [cupimus] vas incrustare..	*var.Serm.*1.3.56
cupio.	'suaviter, ut nunc est,' inquam, 'et cupio omnia quae vis.'	*Serm.*1.9.5
cupis.	'misere cupis' inquit 'abire.	*Serm.*1.9.14
	quanto plura parasti, | tanto plura cupis,	*Epist.*2.2.148
cupit.	dum flamma sine tura liquescere limine sacro | persuadere cupit.	*Serm.*1.5.100
	qui cupit aut metuit, iuvat illum sic domus et res	*Epist.*1.2.51

qui variare cupit rem prodigialiter unam, ... *Ars Poet.*29
'deus inmortalis haberi│dum cupit Empedocles, ... *Ars Poet.*465
cupressi. nec cupressi│nec veteres agitantur orni. *Carm.*1.9.11
cupresso. carmina fingi│posse linenda cedro et levi servanda cupresso? . *Ars Poet.*332
cupressos. praeter invisas cupressos *Carm.*2.14.23
iubet cupressos funebris . . . aduri *Epod.*5.18
cupressum. neque harum quas colis arborum│te [? nec te] praeter invisas
     cupressos [? invisam cupressum]│ulla . . . sequetur. . . . ? *var.Carm.*2.14.23
et fortasse cupressum│scis simulare: . . . . . . *Ars Poet.*19
cupressus. icta ferro│pinus aut inpulsa cupressus Euro, ... *Carm.*4.6.10
iubet cupressos [cupressus] . . . aduri *var.Epod.*5.18
cur. *Carm.*1.8.2; 1.8.3; 1.8.5; 1.8.8 (*bis*); 1.16.19; 1.33.3; 2.11.13; 2.17.1; 3.1.45; 3.1.47; 3.19.18;
     *Carm.*3.19.20; *var.Carm.*3.27.7; *Carm.*4.1.33 (*bis*); 4.1.35; 4.10.7; 4.10.8; *Epod.*5.61; 7.1;
     *var.Epod.*12.2 (*bis*); *Epod.*14.1; *Serm.*1.1.53; *coni.Serm.*1.1.108; *Serm.*1.2.7; 1.3.26; 1.3.77;
     *Serm.*1.3.126; 1.4.70; 1.5.68; 1.7.34; 2.1.41; 2.2.7; 2.2.103; 2.2.104; 2.3.160; 2.3.187;
     *Serm.*2.3.193; 2.7.104; *Epist.*1.1.70; 1.2.5; 1.2.37; 1.8.10; 1.9.7; 1.17.17; 1.19.35; 2.2.183;
     *Ars Poet.*22; 55; 87; 88; 450; 470
Cura. scandit aeratas vitiosa navis│Cura *Carm.*2.16.22
post equitem sedet atra Cura. *Carm.*3.1.40
cura. tibi cura magni│Caesaris fatis data: *Carm.*1.12.50
nunc desiderium curaque non levis, ... *Carm.*1.14.18
iuvenumque prodis│publica cura. *Carm.*2.8.8
crescentem sequitur cura pecuniam *Carm.*3.16.17
quae cura patrum quaeve Quiritium *Carm.*4.14.1
at mihi cura│non mediocris inest, ... *Serm.*2.4.93
haec mea cura est,│nequid tu perdas *Serm.*2.5.36
est ubi divellat somnos minus invida cura? *Epist.*1.10.18
me quamvis Lamiae pietas et cura moratur│fratrem maerentis, . *Epist.*1.14.6
fuit intactis quoque cura│condicione super communi, . . . *Epist.*2.1.151
haec animos aerugo et cura peculi│cum semel imbuerit, . . *Ars Poet.*330
cura. cum te servitio longo curaque levarit, ... *Serm.*2.5.99
aut operae celeris nimium curaque carentis . . . . *Ars Poet.*261
cura. simplici myrto nihil adlabores│sedulus curo [cura]: . . . *coni.Carm.*1.38.6
'inprimat his cura Maecenas signa tabellis.' *Serm.*2.6.38
curabis. cras genium mero│curabis et porco bimenstri . . . *Carm.*3.17.15
nec verbo verbum curabis reddere fidus│interpres . . . *Ars Poet.*133
curae. sic qui promittit civis, Vrbem sibi curae,│imperium fore . *Serm.*1.6.34
curae sunt atque labori, ... *Serm.*1.8.18
'quin id erat curae, ... *Serm.*2.4.8
sit tibi curae│quantae conveniat Munatius. *Epist.*1.3.30
curae. curae sagaces│expediunt per acuta belli.' *Carm.*4.4.75
minuentur atrae│carmine curae. *Carm.*4.11.36
curam. curam metumque Caesaris rerum iuvat│dulci Lyaeo solvere. . *Epod.*9.37
puellis│iniciat curam quaerendi singula, ... *Serm.*1.6.32
nequaquam satis in re una consumere curam, ... *Serm.*2.4.48
quanto curam sumptumque minorem│haec habeant, . . . *Serm.*2.4.85
iam vino quaerens, iam somno fallere curam; *Serm.*2.7.114
ad strepitum citharae cessatum ducere curam. *Epist.*1.2.31
inter spem curamque, timores inter et iras *Epist.*1.4.12
parcus ob heredis curam nimiumque severus│adsidet insano: . *Epist.*1.5.13
curam redde brevem, si munus Apolline dignum│vis conplere libris . *Epist.*2.1.216
curanda. in cute curanda plus aequo operata iuventus, . . . *Epist.*1.2.29
curandi. differs curandi tempus in annum? *Epist.*1.2.39
curantem. curantem quidquid dignum sapiente bonoque est? . . *Epist.*1.4.5
curare. laetus in praesens animus quod ultra est│oderit curare . *Carm.*2.16.26
omnis mortalis curare et quaerere cogit. *Serm.*1.6.37
ire domum atque│pelliculam curare iube: *Serm.*2.5.38
'alter Homerus,' . . . leviter curare videtur,│quo promissa cadant . *Epist.*2.1.51
curarier. fugeres radice vel herba│proficiente nihil curarier: . . *Epist.*2.2.151
curarum. amaraque│curarum eluere efficax. *Carm.*4.12.20
quodsi│frigida curarum fomenta relinquere posses, . . . *Epist.*1.3.26
curas. nunc vino pellite curas; *Carm.*1.7.31
dissipat Euhius│curas edacis. *Carm.*2.11.18
neque consularis│submovet lictor . . . curas laqueata circum│tecta
     volantis. *Carm.*2.16.11
mitte civilis super Vrbe curas: *Carm.*3.8.17
hic dies vere mihi festus atras│exiget curas: *Carm.*3.14.14
sapientium│curas et arcanum iocoso│consilium retegis Lyaeo, . *Carm.*3.21.15
quis non malarum quas amor curas habet *Epod.*2.37

atque aestus curasque gravis e pectore pelli? *Serm.1.2.110*
deduxit . . . non animo curas; *Epist.1.2.49*
si ratio et prudentia curas, . . . aufert, ...   *Epist.1.11.25*
requiro, | quod curas abigat, ...   *Epist.1.15.19*
quid minuat curas, quid te tibi reddat amicum, ...   *Epist.1.18.101*
scribere posse inter tot curas totque labores? *Epist.2.2.66*
et iuvenum curas et libera vina referre — — .   .   .   .   *Ars Poet.85*
curas. tu civitatem quis deceat status | curas *Carm.3.29.26*
bovemque | disiunctum curas et strictis frondibus exples. .   *Epist.1.14.28*
tu recte vivis, si curas esse quod audis. *Epist.1.16.17*
quamvis nil extra numerum fecisse modumque | curas: .   .   *Epist.1.18.60*
si curat [curas] cor spectantis tetigisse querella. .   .   .   *var.Ars Poet.98*
curat. quis udo | deproperare apio coronas | curatve myrto? .   *Carm.2.7.25*
nec curat Orion leones | aut timidos agitare lyncas. .   .   .   *Carm.2.13.39*
nec vera virtus, cum semel excidit, | curat reponi deterioribus. .   *Carm.3.5.30*
quindecim Diana preces virorum | curat *Carm.Saec.71*
nec semel inrisus triviis attollere curat | fracto crure planum, .   *Epist.1.17.58*
sunt qui non habeant, est qui non curat habere. .   .   .   *Epist.2.2.182*
si curat cor spectantis tetigisse querella. .   .   .   .   .   *Ars Poet.98*
bona pars non unguis ponere curat, | non barbam, .   .   .   *Ars Poet.297*
curata. me pinguem et nitidum bene curata cute vises, .   .   *Epist.1.4.15*
curata. ubi dicto citius curata sopori | membra dedit, .   .   .   *Serm.2.2.80*
curatoris. nec medici credis nec curatoris egere | a praetore dati, .   .   *Epist.1.1.102*
curatus. si curatus inaequali tonsore capillos | occurri, rides; .   .   *Epist.1.1.94*
curę. hunc ego me, siquid conponere curem [curę], | non magis esse velim .   *var.Ars Poet.35*
curem. hunc ego me, siquid conponere curem, | non magis esse velim .   *Ars Poet.35*
cures. ne cures ea quae stulte miraris et optas, ...   *Epist.1.1.47*
atqui | si noles sanus, curres [cures] hydropicus; *var.Epist.1.2.34*
nil parvom sapias et adhuc sublimia cures: *Epist.1.12.15*
siquid | et nos, quod cures proprium fecisse, loquamur. .   .   *Epist.1.17.5*
curet. quis ferae | bellum curet Hiberiae? *Carm.4.5.28*
quindecim Diana preces virorum | curat [curet] et votis puerorum amicas
       | adplicat [applicet] auris: *var.Carm.Saec.71*
non sit qui tollere curet. .   .   .   .   *Ars Poet.460*
si curet quis opem ferre et demittere funem: .   .   .   .   *Ars Poet.461*
curia. (pro curia inversique mores) *Carm.3.5.7*
curiae. insigne maestis praesidium reis | et consulenti, Polio, curiae, .   .   *Carm.2.1.14*
Curii. studiis annos septem dedit insenuitque | libris et curis, [Curii] statua
       taciturnius exit *var.Epist.2.2.83*
Curiis. et maribus Curiis et decantata Camillis? *Epist.1.1.64*
curiosus. ut ipse nosti curiosus, ...   *Epod.17.77*
ut ipse nosti curiosus [curiosus nosti], ...   *var.Epod.17.77*
curis. studiis annos septem dedit insenuitque | libris et curis, .   .   *Epist.2.2.83*
curis. ultra | terminum curis vagor expeditis, ...   *Carm.1.22.11*
hic ubi cognatorum opibus curisque refectus *Epist.2.2.136*
Curium. hunc et incomptis Curium capillis | utilem bello tulit . . . saeva
       paupertas *Carm.1.12.41*
curo. simplici myrto nihil adlabores | sedulus curo: .   .   .   *Carm.1.38.6*
aliena negotia curo | excussus propriis. *Serm.2.3.19*
quid verum atque decens, curo et rogo et omnis in hoc sum: .   .   *Epist.1.1.11*
quid studiosa cohors operum struit? hoc quoque curo. .   .   *Epist.1.3.6*
curras. licebit | iniecto ter pulvere curras. *Carm.1.28.36*
currat. est brevitate opus, ut currat sententia *Serm.1.10.9*
currebat. saepe velut | currebat fugiens hostem, ...   *Serm.1.3.10*
qui circum compita siccus | lautis mane senex manibus currebat .   *Serm.2.3 282*
currens. horret capillis ut marinus asperis | echinus aut Laurens [currens]
       aper. *var.Epod.5.28*
currente. ne currente retro funis eat rota: *Carm.3.10.10*
amphora coepit | institui: currente rota cur urceus exit? .   .   *Ars Poet.22*
currentia. an freta vicinas inter currentia turris *Epist.1.3.4*
currere. in campo doceat parentem currere frenis? .   .   .   *Serm.1.1.91*
at illae currere in Vrbem. *Serm.1.8.47*
nempe inconposito dixi pede currere versus | Lucili. .   .   .   *Serm.1.10.1*
currere per totum pavidi conclave *Serm.2.6.113*
curreret. saepe velut qui | currebat fugiens [curreret aufugiens] hostem, .   *coni.Serm.1.3.10*
ut heres | iam circum loculos . . . curreret. *Serm.2.3.147*
curres. atqui | si noles sanus, curres hydropicus; *Epist.1.2.34*
curret. (currit [curret] enim ferox | aetas et illi quod tibi dempserit | adponet
       annus), ...   *var.Carm.2.5.13*

curriculo. sunt quos curriculo pulverem Olympicum|collegisse iuvat . .	*Carm.*1.1.3
curris. (inpiger extremos curris mercator ad Indos, ...	*Epist.*1.1.45
currit. (currit enim ferox|aetas	*Carm.*2.5.13
unde uxor media currit de nocte vocata.' —	*Serm.*2.3.238
caelum, non animum mutant [? mutat], qui trans mare currunt	
[? currit].	*? var.Epist.*1.11.27
curru. tu gravi curru quaties Olympum, ...	*Carm.*1.12.58
pone sub curru nimium propinqui|solis	*Carm.*1.22.21
tempus agens abeunte curru.	*Carm.*3.6.44
non equos inpiger|curru ducet Achaico|victorem . . .	*Carm.*4.3.5
alme Sol, curru nitido diem qui|promis et celas . . .	*Carm.Saec.*9
sed fulgente trahit constrictos Gloria curru . . .	*Serm.*1.6.23
laevom discedens curru fugiente vaporet. . . .	*Epist.*1.16.7
quem tulit ad scaenam ventoso Gloria curru, . . .	*Epist.*2.1.177
currum. per purum tonantis|egit equos volucremque currum, . .	*Carm.*1.34.8
currunt. per omne|audaces mare qui currunt, . . .	*Serm.*1.1.30
dum vitant stulti vitia, in contraria currunt . . .	*Serm.*1.2.24
caelum, non animum mutant, qui trans mare currunt. . .	*Epist.*1.11.27
currus. iam galeam Pallas et aegida|currusque et rabiem parat. . .	*Carm.*1.15.12
tu moraris aureos|currus et intactas boves? . . .	*Epod.*9.22
ut, cum carceribus missos rapit ungula currus, . . .	*Serm.*1.1.114
cursitant. huc et illuc|cursitant mixtae pueris puellae, . . .	*Carm.*4.11.10
cursitat. veluti succinctus cursitat hospes . . .	*Serm.*2.6.107
cursu. iussa pars mutare Lares et urbem|sospite cursu, . .	*Carm.Saec.*40
quam nequiere proci recto depellere cursu?' . . .	*Serm.*2.5.78
adspiciat sol,|laevom discedens curru [cursu] fugiente vaporet. .	*var.Epist.*1.16.7
vel cursu superare canem vel viribus aprum|possis. . .	*Epist.*1.18.51
qui studet optatam cursu contingere metam, . . .	*Ars Poet.*412
cursum. rectum animi servas cursum?	*coni.Serm.*2.3.201
seu cursum mutavit iniquom frugibus amnis|doctus iter melius: .	*Ars Poet.*67
cursus. nec cursus duplicis per mare Vlixei . . .	*Carm.*1.6.7
iterare cursus|cogor relectos:	*Carm.*1.34.4
curtabit. quantulum enim summae curtabit quisque dierum, . .	*Serm.*2.3.124
curtae. curtae nescio quid semper abest rei. . . .	*Carm.*3.24.64
Curti. an superbos|Tarquini fascis, dubito, an Catonis [anne Curti]|nobile	
letum:	*coni.Carm.*1.12.35
Curtillus. inulas . . . monstravi incoquere; inlutos Curtillus echinos, .	*Serm.*2.8.52
curtis. vin tu|curtis Iudaeis oppedere?'	*Serm.*1.9.70
curto. nunc mihi curto|ire licet mulo	*Serm.*1.6.104
gaudentem parvisque sodalibus et lare certo [curto] . . .	*var.Epist.*1.7.58
curto. unde tibi reditum certo [curto] subtemine Parcae|rupere, . .	*coni.Epod.*13.15
curule. eripietque curule|cui volet inportunus ebur.' . .	*Epist.*1.6.53
curva. tu curva recines lyra|Latonam	*Carm.*3.28.11
curvae. deorum|nuntium curvaeque lyrae parentem, . . .	*Carm.*1.10.6
curvantis. fretis acrior Hadriae|curvantis Calabros sinus. . .	*Carm.*1.33.16
curvat. nec vir Pieria paelice saucius|curvat, . . .	*Carm.*3.10.16
Vmber . . . curvat aper lances	*Serm.*2.4.41
curvatos. fronte curvatos imitatus ignis	*Carm.*4.2.57
curvis. petamque voltus umbra curvis unguibus, . . .	*Epod.*5.93
Curvius. Cervius [Curvius] haec inter vicinus garrit anilis|ex re fabellas. .	*var.Serm.*2.6.77
curvo. curvo nec faciem litore dimovet:	*Carm.*4.5.14
opima quodsi praeda curvo litore|porrecta mergos iuverit, . .	*Epod.*10.21
curvo. scilicet ut vellem curvo dignoscere rectum . . .	*Epist.*2.2.44
cuspide. Dardanas turris quateret tremenda|cuspide pugnax — . .	*Carm.*4.6.8
nec fracta pereuntis cuspide Gallos	*Serm.*2.1.14
custode. ab Iove Neptunoque sacri custode Tarenti. . . .	*Carm.*1.28.29
custode rerum Caesare non furor|civilis aut vis exiget otium, .	*Carm.*4.15.17
'in manicis et|compedibus saevo te sub custode tenebo.' . .	*Epist.*1.16.77
inberbis iuvenis, tandem custode remoto, ...	*Ars Poet.*161
custodem. Acrisium virginis abditae|custodem pavidum . . .	*Carm.*3.16.6
claustraque custodem pacis cohibentia Ianum . . .	*Epist.*2.1.255
custodes. dicunt in tenero gramine pinguium|custodes ovium carmina	*Carm.*4.12.10
custodes, lectica, ciniflones, parasitae, ...	*Serm.*1.2.98
detur nobis locus, hora,|custodes;	*Serm.*1.4.16
custodes. et ture et fidibus iuvat|placare . . . custodes Numidae deos, .	*Carm.*1.36.3
custodia. ut piger annus|pupillis, quos dura premit custodia matrum: .	*Epist.*1.1.22
custodiet. me veluti custodiet ensis|vagina tectus: . . .	*Serm.*2.1.40
custodis. tuamque,|dum custodis eges, vitam famamque tueri|incolumem .	*Serm.*1.4.118
custodis. dis inimice senex, custodis? ne tibi desit? . . .	*Serm.*2.3.123

'ni tua custodis, avidus iam haec auferet heres.' *Serm.*2.3.151
custodit. laevom marinae qui Veneris latus|custodit. *Carm.*3.26.6
custos. Faunus . . . Mercurialium|custos virorum. *Carm.*2.17.30
   ales, nequitiae additus|custos; *Carm.*3.4.79
   ipse mihi custos incorruptissimus omnis|circum doctores aderat. . . *Serm.*1.6.81
   utque soles, custos mihi maximus adsis, ... *Serm.*2.6.15
   virtutis verae custos rigidusque satelles; *Epist.*1.1.17
   an custos famulusque dei Silenus alumni. . . . . . *Ars Poet.*239
custos. gentis humanae pater atque custos, ... *Carm.*1.12.49
   montium custos nemorumque, virgo, ... *Carm.*3.22.1
   optume Romulae|custos gentis, ... *Carm.*4.5.2
cute. in cute curanda plus aequo operata iuventus. *Epist.*1.2.29
   me pinguem et nitidum bene curata cute vises, ... *Epist.*1.4.15
   quae se commendat tonsa cute, dentibus atris, ... *Epist.*1.18.7
cutem. nihil ultra|nervos atque cutem morti concesserat atrae, . . *Carm.*1.28.13
   non missura cutem nisi plena cruoris hirudo'. . . . . *Ars Poet.*476
cyathis. tribus aut novem|miscentur cyathis pocula commodis. . . *Carm.*3.19.12
cyatho. ut tibi si sit opus liquidi non amplius urna|vel cyatho . . *Serm.*1.1.55
   pocula cum cyatho duo sustinet, ... *Serm.*1.6.117
cyathos. sume, Maecenas, cyathos amici|sospitis centum . . . *Carm.*3.8.13
   ternos ter cyathos attonitus petet|vates; *Carm.*3.19.14
   ternos ter cyathos attonitus [attonitus cyathos] petet|vates; . . *var.Carm.*3.19.14
cyathum. puer quis ex aula capillis|ad cyathum statuetur unctis . *Carm.*1.29.8
Cycladas. interfusa nitentis|vites aequora Cycladas. . . . *Carm.*1.14.20
   fulgentisque tenet Cycladas *Carm.*3.28.14
cyclicus. nec sic incipies, ut scriptor cyclicus olim: . . . *Ars Poet.*136
cyclius. nec sic incipies, ut scriptor cyclicus [cyclius] olim: . . *var.Ars Poet.*136
Cyclopa. pastorem saltaret uti Cyclopa rogabat: *Serm.*1.5.63
   qui|nunc Satyrum, nunc agrestem Cyclopa movetur. . . *Epist.*2.2.125
Cyclope. miracula promat, | Antiphaten Scyllamque et cum Cyclope
   Charybdin; . . . . *Ars Poet.*145
Cyclopum. dum gravis Cyclopum|Volcanus ardens visit officinas. . *Carm.*1.4.7
cycni. donatura cycni, si libeat, sonum, ... *Carm.*4.3.20
cycnum. multa Dircaeum levat aura cycnum, ... *Carm.*4.2.25
Cydonio. primusve Teucer tela Cydonio|derexit arcu; . . . *Carm.*4.9.17
Cyllena. fide Cyllenea [Cyllena]|levare diris pectora sollicitudinibus, . *var.Epod.*13.9
Cyllenea. et fide Cyllenea|levare diris pectora sollicitudinibus, . . *Epod.*13.9
Cyllenia. et fide Cyllenea [Cyllenia]|levare diris pectora sollicitudinibus, . *var.Epod.*13.9
cymbae. nos in aeternum|exilium inpositura cymbae. . . . *Carm.*2.3.28
Cynicum. mordacem Cynicum sic eludebat, ut aiunt: . . . *Epist.*1.17.18
Cynthiae. tu curva recines lyra|Latonam et celeris spicula Cynthiae; . *Carm.*3.28.12
Cynthium. intonsum pueri dicite Cynthium *Carm.*1.21.2
Cyprea. Albanos prope te lacus | ponet marmoream sub trabe citrea
   [Cyprea]. *var.Carm.*4.1.20
Cypri. sic te diva potens Cypri, . . . regat *Carm.*1.3.1
Cypria. ut trabe Cypria|Myrtoum pavidus nauta secet mare. . . *Carm.*1.1.13
Cypriae. ne Cypriae Tyriaeque merces|addant avaro divitias mari: . *Carm.*3.29.60
Cypron. o Venus . . . sperne dilectam Cypron *Carm.*1.30.2
Cyprum. in me tota ruens Venus|Cyprum deseruit . . . *Carm.*1.19.10
   o quae beatam diva tenes Cyprum *Carm.*3.26.9
cyragra. postquam illi iusta cheragra [cyragra]|contudit articulos, . *var.Serm.*2.7.15
Cyri. redditum Cyri solio Phraaten *Carm.*2.2.17
Cyri. insignem tenui fronte Lycorida|Cyri torret amor, . . . *Carm.*1.33.6
Cyro. quid Seres et regnata Cyro|Bactra parent . . . *Carm.*3.29.27
Cyrum. nec metues protervom|suspecta Cyrum, ... *Carm.*1.17.25
Cyrus. Cyrus in asperam|declinat Pholoen: *Carm.*1.33.6
cytharae. quondam cithara [cytharae] tacentem|suscitat Musam . . *var.Carm.*2.10.18
cythare. quondam cithara [cythare] tacentem|suscitat Musam . . *var.Carm.*2.10.18
Cytherea. iam Cytherea choros ducit Venus imminente luna . . *Carm.*1.4.5
Cythereae. tibi qualum Cythereae puer ales, . . . aufert, . . . *Carm.*3.12.4

D

da. da lunae propere novae, ... *Carm.*3.19.9
   da noctis mediae, da, puer, auguris|Murenae: . . . *Carm.*3.19.10
   'da, si grave non est, ... *Serm.*2.8.4
   da mihi fallere, da iusto sanctoque videri, ... *Epist.*1.16.61
dabat. nec quisquam potior bracchia candidae|cervici iuvenis dabat, . *Carm.*3.9.3

trecentos cippus in agrum|hic dabat, ... *Serm.*1.8.13
Eutrapelus cuicumque nocere volebat|vestimenta dabat pretiosa: . . *Epist.*1.1.18.32
dabimus. civitas omnis dabimusque divis|tura benignis. . . . *Carm.*4.2.51
dabis. hoc mihi iuris|cum venia dabis: *Serm.*1.4.105
dabis aegrotare timenti,|Maecenas, veniam, ... *Epist.*1.7.4
dabit. cui dabit partis scelus expiandi|Iuppiter? . . . *Carm.*1.2.29
quem Fors dierum cumque dabit, ... *Carm.*1.9.14
captatorque dabit risus Nasica Corano.' *Serm.*2.5.57
tabulas socero dabit atque|ut legat orabit; *Serm.*2.5.66
cui libet hic fascis dabit *Epist.*1.6.53
ludentis speciem dabit et torquebitur, ... *Epist.*2.2.124
Caecilio Plautoque dabit Romanus ademptum|Vergilio Varioque? . *Ars Poet.*54
dabitur. turdus|sive aliud privom dabitur tibi, . . . *Serm.*2.5.11
dabiturque licentia sumpta pudenter, ... *Ars Poet.*51
dabunt. nec dabunt, quamvis redeant in aurum|tempora priscum. . . *Carm.*4.2.39
Daci. occidit Daci Cotisonis agmen, ... *Carm.*3.8.18
Dacis. numquid de Dacis audisti?' *Serm.*2.6.53
Dacus. te Dacus asper, te profugi Scythae . . . metuont . . *Carm.*1.35.9
qui dissimulat metum|Marsae cohortis Dacus . . . *Carm.*2.20.18
paene . . . delevit Vrbem Dacus et Aethiops, . . . *Carm.*3.6.14
Daedalea. ceratis ope Daedalea|nititur pennis . . . *Carm.*4.2.2
Daedaleo. iam Daedaleo notior Icaro|visam gementis litora Bospori . *Carm.*2.20.13
Daedalus. expertus vacuom Daedalus aera *Carm.*1.3.34
Dalmatico. cui laurus aeternos honores | Delmatico [Dalmatico] peperit
triumpho. *var.Carm.*2.1.16
Dama. "ergo nunc Dama sodalis|nusquam est? . . . *Serm.*2.5.101
prodis ex iudice Dama, ... *Serm.*2.7.54
Damae. 'tune, Syri, Damae aut Dionysi filius, audes . . *Serm.*1.6.38
'utne tegam spurco Damae latus? *Serm.*2.5.18
Damalin. omnes in Damalin putris|deponent oculos . . *Carm.*1.36.17
Damalis. neu multi Damalis meri|Bassum Threicia vincat amystide . *Carm.*1.36.13
nec Damalis novo|divelletur adultero *Carm.*1.36.18
Damasippe. 'di te, Damasippe, deaeque | verum ob consilium donent
tonsore. *Serm.*2.3.16
'teneas, Damasippe, tuis te' — *Serm.*2.3.324
Damasippi. integer est mentis Damasippi creditor? esto. . . *Serm.*2.3.65
Damasippus. insanit veteres statuas Damasippus emendo: . . *Serm.*2.3.64
dammae. et superiecto pavidae natarunt|aequore dammae. . . *Carm.*1.2.12
damna. per damna, per caedis ab ipso|ducit opes animumque ferro. . *Carm.*4.4.59
damna tamen celeres reparant caelestia lunae: . . . *Carm.*4.7.13
damnabis. sceleris damnabis eundem *Serm.*2.3.279
damnatam. mihi|castaeque damnatum [damnatam] Minervae|cum populo
et duce fraudulento. *coni.Carm.*3.3.23
damnati. ni sic fecissent, gladiatorum dare centum|damnati populo paria . *Serm.*2.3.86
damnatum. mihi|castaeque damnatum Minervae . . . *Carm.*3.3.23
damnatus. damnatusque longi|Sisyphus Aeolides laboris. . . *Carm.*2.14.19
damnis. uti mox|nulla fides damnis verisque doloribus adsit. . . *Epist.*1.17.57
damnis. offensus damnis media de nocte caballum|arripit . . *Epist.*1.7.88
damno. daret quantum satis esset nec sibi damno|dedecorique foret. . *Serm.*1.2.52
damno. grandes rhombi patinaeque|grande ferunt una cum damno dedecus. *Serm.*2.2.96
damnosa. damnosa quid non inminuit dies? *Carm.*3.6.45
quem damnosa venus, quem praeceps alea nudat, . . . *Epist.*1.18.21
per quae|crescere res posset, minui damnosa libido. . . *Epist.*2.1.107
damnose. "nos nisi damnose bibimus, moriemur inulti," . . *Serm.*2.8.34
damnum. damnum est, non facinus, mihi pacto lenius isto. . . *Epist.*1.16.56
damnum. flagitio additis|damnum; *Carm.*3.5.27
'Stoice, post damnum sic vendas omnia pluris, . . . *Serm.*2.3.300
certius accipiet damnum propiusve medullis . . . *Epist.*1.10.28
damus. illi|'tardo' cognomen, 'pingui' damus. . . . *Serm.*1.3.58
cum tibi librum|sollicito damus aut fesso; . . . *Epist.*2.1.221
scimus, et hanc veniam petimusque damusque vicissim; . *Ars Poet.*11
Danaen. inclusam Danaen turris aenea|robustaeque fores . . . munierant
satis *Carm.*3.16.1
Danai. Cocytos errans et Danai genus|infame . . . *Carm.*2.14.18
dum grato Danai puellas|carmine mulces. . . . *Carm.*3.11.23
danda. "danda est ellebori multo pars maxima avaris: . . *Serm.*2.3.82
dandus. mobilibusque decor naturis dandus et annis. . . *Ars Poet.*157
dant. dant alios Furiae torvo spectacula Marti, . . . *Carm.*1.28.17
ut pueris olim dant crustula blandi|doctores, . . . *Serm.*1.1.25

107

dante.   tu poscis vilia, verum es|dante minor, ... *Epist.*1.17.22
dantis.   munera, quae multa dantis cum laude tulerunt . . . *Epist.*2.1.246
dantur.   quod sibi poscenti non dentur [dantur] pocula, . . *var.Serm.*2.8.82
Danuvium. qui profundum Danuvium bibunt *Carm.*4.15.21
dapem.   ergo obligatam redde Iovi dapem *Carm.*2.7.17
dapes.   non Siculae dapes|dulcem elaborabunt saporem, . . *Carm.*3.1.18
dapes.   dapes inemptas adparet: *Epod.*2.48
         an malas|Canidia tractavit dapes? *Epod.*3.8
         repositum Caecubum ad festas dapes *Epod.*9.1
         continuatque dapes nec non verniliter ipsis|fungitur officiis, . . *Serm.*2.6.108
         ille dapes laudet mensae brevis, ... *Ars Poet.*198
dapibus. o decus Phoebi et dapibus supremi|grata testudo Iovis, . . *Carm.*1.32.13
dapibus. Saliaribus|ornare pulvinar deorum|tempus erat dapibus, . . *Carm.*1.37.4
         vernasque procacis|pasco libatis dapibus. *Serm.*2.6.67
dapis.   egit amor dapis atque pugnae; *Carm.*4.4.12
         longo die bis terque mutatae dapis|inemori spectaculo, . . *Epod.*5.33
         egens benignae Tantalus semper dapis, . . . *Epod.*17.66
         esset ador loliumque, dapis meliora relinquens. . . *Serm.*2.6.89
         haberet|plus dapis et rixae multo minus invidiaeque. . . *Epist.*1.17.51
Dardanae. quanta moves funera Dardanae|genti. . . . *Carm.*1.15.10
Dardanas. Dardanas turris quateret tremenda|cuspide pugnax — . *Carm.*4.6.7
Dardanias. post certas hiemes uret Achaicus|ignis †Iliacas [Dardanias]
         domos.' *var.Carm.*1.15.36
dare.   vagae ne parce malignus harenae|ossibus . . . particulam dare: *Carm.*1.28.25
         retrorsum|vela dare atque iterare cursus|cogor relectos: . . *Carm.*1.34.4
         nec dare bracchia|ludentem nitidis virginibus . . *Carm.*2.12.18
         triumphatisque possit|Roma ferox dare iura Medis. . . *Carm.*3.3.44
         miserarum est neque amori dare ludum . . . *Carm.*3.12.1
         nec, si plura velim, tu dare deneges. . . . *Carm.*3.16.38
         non feret adsiduas potiori te dare noctes . . . *Epod.*15.13
         neu conversa domum pigeat dare lintea, . . . *Epod.*16.27
         inopi dare nolit amico, ... *Serm.*1.2.5
         an ut ignotum dare nobis|verba putas?' . . . *Serm.*1.3.22
         gladiatorum dare centum|damnati populo paria . . *Serm.*2.3.85
         inmane est vitium dare milia terna macello . . *Serm.*2.4.76
         et Tyrias dare circum inluta toralia vestis, . . . *Serm.*2.4.84
         si virtus hoc una potest dare, ... *Epist.*1.6.30
         fons etiam rivo dare nomen idoneus, . . . *Epist.*1.16.12
         habrotonum aegro|non audet nisi qui didicit dare, . . *Epist.*2.1.115
         non fumum ex fulgore, sed ex fumo dare lucem|cogitat, . . *Ars Poet.*143
         concubitu prohibere vago, dare iura maritis, . . *Ars Poet.*398
         parum claris lucem dare coget, ... *Ars Poet.*448
darem.   ne parva Tyrrhenum per aequor|vela darem. . . *Carm.*4.15.4
dares.   Caecubum et prelo domitam Caleno|tu bibes [dares] uvam: . *coni.Carm.*1.20.10
daret.   daret ut catenis|fatale monstrum. . . . *Carm.*1.37.20
         daret quantum satis esset nec sibi damno|dedecorique foret. . . *Serm.*1.2.52
das.   das aliquid famae, quae carmine gratior aurem|occupet humanam? . *Serm.*2.2.94
         'Iuppiter, ingentis qui das adimisque dolores,' . . *Serm.*2.3.288
         quam mihi das aegro, dabis aegrotare timenti,|Maecenas, veniam, . *Epist.*1.7.4
         si das hoc, parvis quoque rebus magna iuvari. . . *Epist.*2.1.125
         das nummos, accipis uvam,|pullos, ova, cadum temeti: . . *Epist.*2.2.162
dat.   cognatos, nullo natura labore|quos tibi dat, . . *Serm.*1.1.89
         ut neque longa|nec magis alba velit quam dat natura videri. . *Serm.*1.2.124
         qui stultus honores|saepe dat indignis . . . *Serm.*1.6.16
         festus|dat veniam somnumque dies; *Epist.*1.5.10
data.   tibi cura magni|Caesaris fatis data: . . . *Carm.*1.12.51
         et data Romanis venia est indigna poetis. . . *Ars Poet.*264
date.   date quae precamur|tempore sacro, . . . *Carm.Saec.*3
         Romulae genti date remque prolemque|et decus omne. . *Carm.Saec.*47
         responsum date. *Epod.*7.14
         clamat 'victum date.' *Epist.*1.17.48
dati.   nec curatoris egere|a praetore dati, . . . *Epist.*1.1.103
datis.   vos lene consilium et datis et dato|gaudetis, almae. . *Carm.*3.4.41
datis.   ille, datis vadibus qui rure extractus in Vrbem est. . *Serm.*1.1.11
datis.   pennis non homini datis; *Carm.*1.3.35
datis.   quod non plura datis invenerit; *Epist.*2.2.192
dato.   vos lene consilium et datis et dato|gaudetis, almae. . *Carm.*3.4.41
         consilio patres|firmaret auctor numquam alias dato . *Carm.*3.5.46
         si fractis enatat exspes|navibus, aere dato qui pingitur? . *Ars Poet.*21

datum. narrat paene datum Pelea Tartaro, ... *Carm.*3.7.17
datum. unde datum sentis, lupus hic Tiberinus an alto | captus hiet? . . *Serm.*2.2.31
datur. quorum | piis secunda vate me datur fuga. *Epod.*16.66
    ubi quid datur oti, | inludo chartis. *Serm.*1.4.138
    est quadam prodire tenus, si non datur ultra. *Epist.*1.1.32
    si⟨c⟩ quia perpetuos nulli datur usus *Epist.*2.2.175
daturas. ut inde | manis elicerent animas responsa daturas. . . *Serm.*1.8.29
    cum segetes occat tibi mox frumenta daturus [daturas], . . *var.Epist.*2.2.161
daturos. tulit | nos nequiores, mox daturos | progeniem vitiosiorem. . *Carm.*3.6.47
daturus. nititur pennis vitreo daturus | nomina ponto. *Carm.*4.2.3
    liberum munivit iter, daturus | plura relictis: *Carm.Saec.*43
    militibus promissa Triquetra | praedia Caesar an est Itala tellure daturus?’ *Serm.*2.6.56
    cum segetes occat tibi mox frumenta daturus, ... *Epist.*2.2.161
datus. datus in theatro | cum tibi plausus. *Carm.*1.20.3
Dauni. qui regna Dauni praefluit Apuli, ... *Carm.*4.14.26
Dauniae. Dauniae defende decus Camenae, ... *Carm.*4.6.27
Dauniae. quod mare Dauniae | non decoloravere caedes? . . . *Carm.*2.1.34
Daunias. neque militaris | Daunias latis alit aesculetis . . . *Carm.*1.22.14
Daunus. qua pauper aquae Daunus agrestium | regnavit populorum, . *Carm.*3.30.11
Davo. arguta meretrice potes Davoque Chremeta | eludente senem comis
    garrire libellos *Serm.*1.10.40
Davom. te coniunx aliena capit, meretricula Davom: *Serm.*2.7.46
Davos. Davos sis comicus atque | stes capite obstipo, ... *Serm.*2.5.91
    ‘Davosne?’ ’ita; Davos, amicum | mancipium domino . . . *Serm.*2.7.2
    nequam et cessator Davos; *Serm.*2.7.100
    ut nihil intersit, Davosne loquatur et audax | Pythias, . . *Ars Poet.*237
Davus. intererit multum, divosne [Davusne] loquatur an heros, . . *var.Ars Poet.*114
de. *Carm.*1.1.10; 1.1.20; 1.31.2; 1.35.2; 2.3.23; 2.4.17; 2.7.23; 2.13.25; 3.6.24; 3.11.33; 4.7.21;
    *Epod.*2.55; 13.4; *Serm.*1.1.13; 1.1.55; 1.1.69; 1.4.94; 1.4.102; 1.5.28; 1.6.39; 1.10.55;
    *var.Serm.*2.2.116; *Serm.*2.3.49; 2.3.238; 2.5.82; 2.6.36; 2.6.53; 2.6.71; 2.6.104; 2.8.3;
    *Serm.*2.8.46; 2.8.81; *Epist.*1.1.105; 1.2.32; 1.4.16; 1.7.88; 1.14.7; 1.14.34; 1.16.19;
    *Epist.*1.16.55; 1.17.43; 1.18.15; 1.18.68; *var.Epist.*1.18.91; *Epist.*2.1.245; 2.2.55; 2.2.191;
    *Epist.*2.2.212; *Ars Poet.*243; 257; 327; 337
dea. ’invicte, mortalis dea nate puer Thetide, ... *Epod.*13.12
deae. Deliae tutela deae, ... *Carm.*4.6.33
deae. indicat uvida | suspendisse potenti | vestimenta maris deo [deae]. . *coni.Carm.*1.5.16
deae. ’di te, Damasippe, deaeque | verum ob consilium donent tonsore. . *Serm.*2.3.16
debacchentur. qua parte debacchentur ignes, ... *Carm.*3.3.55
debeas. quid debeas, o Roma, Neronibus, ... *Carm.*4.4.37
debeat. qui didicit, patriae quid debeat et quid amicis, . . . *Ars Poet.*312
debebat. casu tum respondere vadato | debebat, ... *Serm.*1.9.37
debellata. Centaurea monet cum Lapithis rixa super mero | debellata, . *Carm.*1.18.9
debemur. debemur morti nos nostraque: . . . . . . *Ars Poet.*63
debemus. sic nos debemus amici | siquod sit vitium non fastidire: . *Serm.*1.3.43
    debemur [debemus] morti nos nostraque: . . . . . *var.Ars Poet.*63
debent. tectum | praebuit et parochi, quae debent, ligna salemque. . *Serm.*1.5.46
debentia. ut iam nunc dicat iam nunc debentia dici, ... *Ars Poet.*43
debentibus. diesque | longa videtur opus debentibus, ... *Epist.*1.1.21
debes. navis, quae tibi creditum | debes Vergilium; *Carm.*1.3.6
    tu, nisi ventis | debes ludibrium, cave. *Carm.*1.14.16
    debes hoc etiam rescribere, ... *Epist.*1.3.30
debet. scriptor . . . inter | perfectos veteresque referri debet . . *Epist.*2.1.37
debetur. laus illi debetur et a me gratia maior. *Serm.*1.6.88
debilitat. quae nunc oppositis debilitat pumicibus mare | Tyrrhenum: . *Carm.*1.11.5
debita. ibi tu calentem | debita sparges lacrima favillam | vatis amici. . *Carm.*2.6.23
debita. fors et | debita iura vicesque superbae | te maneant ipsum: . *Carm.*1.28.32
debitae. debitae Nymphis opifex coronae *Carm.*3.27.30
debito. fidibus iuvat | placare et vituli sanguine debito . . . *Carm.*1.36.2
debitor. acerbus | odisti et fugis ut Rusonem debitor aeris, . . *Serm.*1.3.86
decantata. nenia, . . . et maribus Curiis et decantata Camillis? . *Epist.*1.1.64
decantes. neu miserabilis | decantes elegos, ... *Carm.*1.33.3
deceat. tu civitatem quis deceat status | curas *Carm.*3.29.25
    quid deceat, quid non, obliti, ... *Epist.*1.6.62
    quo tandem pacto deceat maioribus uti, ... *Epist.*1.17.2
    quid deceat, quid non, quo virtus, quo ferat error. . . . *Ars Poet.*308
decebit. quod pingui miscere mero muriaque decebit *Serm.*2.4.65
    mirabor, vitae via si conversa decebit. *Epist.*1.17.26
decede. vivere si recte nescis, decede peritis. *Epist.*2.2.213
decedens. adspiciat sol, | laevom discedens [decedens] curru fugiente vaporet. *coni.Epist.*1.16.7

decedentia. decedentia certis|tempora momentis *Epist.*1.6.3
decedere. cui|rem di donarent, illi decedere pravam|stultitiam; . . *Epist.*2.2.152
decedet. et decedet odor nervis inimicus; *Serm.*2.4.53
decedit. neque|decedit aerata triremi . . . atra Cura. . . . *Carm.*3.1.39
decedite. hinc vos,|vos hinc mutatis discedite [decedite] partibus. . *coni.Serm.*1.1.18
decedunt. ubi non Hymetto|mella decedunt *Carm.*2.6.15
  nec tibi vespero|surgente decedunt amores *Carm.*2.9.11
decem. circa lustra decem flectere mollibus|iam durum imperiis: . . *Carm.*4.1.6
  te decem tauri totidemque vaccae, ... *Carm.*4.2.53
  quindecim [quin decem] Diana preces virorum|curat . . . *var.Carm.Saec.*70
  habebat saepe ducentos,|saepe decem servos; *Serm.*1.3.12
  scribe decem a Nerio: non est satis; *Serm.*2.3.69
  dives amicus,|saepe decem vitiis instructior, odit et horret, . . *Epist.*1.18.25
December. hic tertius December, ex quo destiti|Inachia furere, . . *Epod.*11.5
Decembres. cum tibi nonae redeunt Decembres, ... *Carm.*3.18.10
decembri. libertate decembri,|quando ita maiores voluerunt, utere: . *Serm.*2.7.4
decembris. me quater undenos sciat inplevisse decembris, . . . *Epist.*1.20.27
decempedis. nulla decempedis|metata privatis opacam|porticus excipiebat
  arcton *Carm.*2.15.14
decens. namque et nobilis et decens . . . late signa feret . . *Carm.*4.1.13
  quove color, decens|quo motus? *Carm.*4.13.17
decens. quis non te potius, Bacche pater, teque, decens Venus? . . *Carm.*1.18.6
decens. quid verum atque decens, curo et rogo et omnis in hoc sum: *Epist.*1.1.11
decent. non citharae decent *Carm.*3.15.14
  parvom parva decent: *Epist.*1.7.44
  tristia maestum|voltum verba decent, ... *Ars Poet.*106
decentem. singula quaeque locum teneant sortita decentèr [decentem]. *var.Ars Poet.*92
decenter. singula quaeque locum teneant sortita decenter. . . *Ars Poet.*92
decentes. Gratiae decentes|alterno terram quatiunt pede, . . . *Carm.*1.4.6
decentis. antequam turpis macies decentis|occupet malas . . . *Carm.*3.27.53
decentius. ne potum largius aequo|rideat et pulset lasciva decentius aetas. *Epist.*2.2.216
decepta. ut bona pars hominum decepta cupidine falso . . . *Serm.*1.1.61
deceptum. hac magis illam|inparibus formis deceptum te petere esto: . *Serm.*2.2.30
deceptus. Villius in Fausta Syllae gener, hoc miser uno|nomine deceptus,
  poenas dedit *Serm.*1.2.65
  quem sua culpa premet, deceptus omitte tueri, ... *Epist.*1.18.79
decerpens. ut gaudet insitiva decerpens pira *Epod.*2.19
decerpere. unde laboris|plus haurire mali est quam ex re decerpere fructus. *Serm.*1.2.79
decerptae. undique decerptam fronti [decerptae frondi] praeponere olivam; *coni.Carm.*1.7.7
decerptam. undique decerptam fronti praeponere olivam; . . . *Carm.*1.7.7
decertantem. nec timuit praecipitem Africum|decertantem Aquilonibus . *Carm.*1.3.13
decessit. si paulum summo decessit, vergit ad imum. . . . *Ars Poet.*378
decet. nunc decet aut viridi nitidum caput impedire myrto . . . *Carm.*1.4.9
  nunc et in umbrosis Fauno decet immolare lucis, ... *Carm.*1.4.11
  teque tuasque decet sorores. *Carm.*1.26.12
  non, siquid Pholoen, satis|et te, Chlori, decet: *Carm.*3.15.8
  decet|qua ferre non mollis viros? *Epod.*1.9
  dumque virent genua|et decet. *Epod.*13.5
  quoniam vacuis conmittere venis|nil nisi lene decet: . . . *Serm.*2.4.26
  arta decet sanum comitem toga; *Epist.*1.18.30
deciderint. et, quae nunc umeris involitant, deciderint comae, . . *Carm.*4.10.3
decidimus. nos ubi decidimus|quo pius Aeneas, ... *Carm.*4.7.14
decidit. fugiens hic decidit acrem|praedonum in turbam, . . . *Serm.*1.2.42
  addit opus pigro rivos, si decidit imber, ... *Epist.*1.14.29
  scriptor abhinc annos centum qui decidit, ... *Epist.*2.1.36
  si veluti merulis intentus decidit auceps|in puteum . . . *Ars Poet.*458
decidunt. celsae graviore casu|decidunt turres *Carm.*2.10.11
deciens. certus undenos deciens per annos|orbis *Carm.Saec.*21
  deciens centena dedisses|huic parco, paucis contento: . . . *Serm.*1.3.15
  sume tibi deciens; *Serm.*2.3.237
  scilicet ut deciens solidum absorberet, ... *Serm.*2.3.240
  haec placuit semel, haec deciens repetita placebit. . . . *Ars Poet.*365
decies. praesectum decies non castigavit ad unguem. . . . *Ars Poet.*294
Decio. populus Laevino mallet honorem|quam Decio mandare novo . *Serm.*1.6.20
decipimur. maxima pars vatum, pater et iuvenes patre digni,|decipimur
  specie recti. . . . . *Ars Poet.*25
decipit. decipit exemplar vitiis imitabile: *Epist.*1.19.17
decipitur. quin et Prometheus et Pelopis parens|dulci laborem decipitur
  sono *Carm.*2.13.38

decipiunt. amatorem quod amicae|turpia decipiunt caecum vitia . . *Serm.*1.3.39
decisa. ludis et post decisa negotia Campo. . . . *Epist.*1.7.59
decisis. decisis humilem pennis inopemque paterni|et laris et fundi, . . *Epist.*2.2.50
declamas. dum tu declamas Romae, Praeneste relegi; *Epist.*1.2.2
declinat. Cyrus in asperam|declinat Pholoen: *Carm.*1.33.7
declive. nec semper . . . Aefulae|declive contempleris arvom . . *Carm.*3.29.7
decoloravere. quod mare Dauniae|non decoloravere caedes? . . *Carm.*2.1.35
decoqueretur. donec|decoqueretur holus, ... *Serm.*2.1.74
decor. fugit retro|levis iuventas et decor *Carm.*2.11.6
mobilibusque decor naturis dandus et annis. . . . *Ars Poet.*157
decora. ne si facies, ut saepe, decora|molli fulta pede est, emptorem inducat
hiantem, ... *Serm.*1.2.87
decora. introrsum turpem, speciosum pelle decora. . . *Epist.*1.16.45
decorae. voce formasti catus et decorae|more palaestrae, . . *Carm.*1.10.3
decorae. et soror clari ducis et decorae|supplice vitta|virginum matres . *Carm.*3.14.7
decoram. vocantis|ture te multo Glycerae decoram|transfer in aedem. . *Carm.*1.30.3
decorare. deorum|templa novo decorare saxo. . . . *Carm.*2.15.20
decorari. nec prave factis decorari versibus opto, . . *Epist.*2.1.266
decorat. ac bene nummatum decorat Suadela Venusque. . . *Epist.*1.6.38
dum ficus prima calorque|dissignatorem decorat lictoribus atris, . *Epist.*1.7.6
decorent. an te generum beati|Phyllidis flavae decorent parentes: . *Carm.*2.4.14
decori. otium Medi pharetra decori, ... *Carm.*2.16.6
decoris. verbisque decoris|obvolvas vitium?" *Serm.*2.7.41
decoro. cur facunda parum decoro|inter verba cadit lingua silentio? . *Carm.*4.1.35
decoros. quandoque trahet ferocis | per sacrum clivom merita decorus
[decoros]|fronde Sygambros; *var.Carm.*4.2.35
decorum. dulce et decorum est pro patria mori: . . . *Carm.*3.2.13
inter quae verbum emicuit si forte decorum . . . *Epist.*2.1.73
decorum. et Lycum nigris oculis nigroque|crine decorum. . . *Carm.*1.32.12
te vidit insons Cerberus aureo|cornu decorum . . . *Carm.*2.19.30
decorum. vel cum decorum mitibus pomis caput | Autumnus agris extulit, *Epod.*2.17
vaga Luna decorum|protulit os, ... *Serm.*1.8.21
decorum. reddes dulce loqui, reddes ridere decorum . . *Epist.*1.7.27
decorus. per sacrum clivom merita decorus|fronde . . *Carm.*4.2.35
augur et fulgente decorus arcu|Phoebus . . . *Carm.Saec.*61
decrescentia. decrescentia ripas|flumina praetereunt; . . *Carm.*4.7.3
decreta. patrumque|prosperes decreta super iugandis|feminis . *Carm.Saec.*18
decuere. quem tenues decuere togae nitidique capilli, . . *Epist.*1.14.32
decuit. omnis Aristippum decuit color et status et res, . . *Epist.*1.17.23
decurrens. monte decurrens velut amnis, ... *Carm.*4.2.5
neque, si male cesserat, usquam|decurrens alio neque, si bene: . *Serm.*2.1.32
decurrens. ab agro|rava decurrens lupa Lanuvino . . . *Carm.*3.27.3
decurrere. ad miseras preces|decurrere *Carm.*3.29.59
hic ubi saepe|occultum visus decurrere piscis ad hamum, . *Epist.*1.7.74
decus. virtus, fama, decus, divina humanaque pulcris | divitiis parent; *Serm.*2.3.95
ac bene nummatum decorat [? decus] Suadela Venusque. . . *? var.Epist.*1.6.38
decus. egregii Caesaris audiar|aeternum meditans decus|stellis inserere . *Carm.*3.25.5
Dauniae defende decus Camenae. *Carm.*4.6.27
optatum peractis|imperiis decus adrogavit. . . . *Carm.*4.14.40
Romulae genti date remque prolemque|et decus omne. . . *Carm.Saec.*48
per hoc inane purpurae decus precor, ... *Epod.*5.7
aut decus et pretium recte petit experiens vir. . . *Epist.*1.17.42
nec minimum meruere decus vestigia Graeca|ausi deserere . . *Ars Poet.*286
decus. o et praesidium et dulce decus meum: . . . *Carm.*1.1.2
o decus Phoebi et dapibus supremi|grata testudo Iovis, . . *Carm.*1.32.13
Maecenas, mearum|grande decus columenque rerum. . . *Carm.*2.17.4
Maecenas, equitum decus. *Carm.*3.16.20
Phoebe silvarumque potens Diana,|lucidum caeli decus, . . *Carm.Saec.*2
decutit. hic tertius December, . . . silvis honorem decutit. . *Epod.*11.6
dedat. siquis infamem mihi nunc iuvencum|dedat iratae, . . *Carm.*3.27.46
dedecet. neque te ministrum|dedecet myrtus *Carm.*1.38.7
dedecorant. utcumque defecere mores,|indecorant [dedecorant] bene nata
culpae. *var.Carm.*4.4.36
at neque dedecorant tua de se iudicia *Epist.*2.1.245
dedecori. nec sibi damno|dedecorique foret. . . . *Serm.*1.2.53
dedecorum. dedecorum pretiosus emptor. *Carm.*3.6.32
dedecuit. quam nec ferre pedem dedecuit choris . . . *Carm.*2.12.17
dedecus. ebrius et, magnum quod dedecus, ambulet ante|noctem cum
facibus.' *Serm.*1.4.51

111

grandes rhombi patinaeque|grande ferunt una cum damno dedecus. . *Serm.*2.2.96
dederant. di tibi divitias dederunt [dederant] artemque fruendi.   . . *var.Epist.*1.4.7
dederim. ego me illorum, dederim quibus esse poetis,|excerpam numero: . *Serm.*1.4.39
  nec tamen hoc tribuens dederim quoque cetera: *Serm.*1.10.5
dederint. quem mihi, quem tibi|finem di dederint, Leuconoe, . *Carm.*1.11.2
dederis. amico|quae dederis animo. *Carm.*4.7.20
dederit. quam sibi sortem|seu ratio dederit seu fors obiecerit, . . *Serm.*1.1.2
dederunt. di multa neglecti dederunt|Hesperiae mala luctuosae. . *Carm.*3.6.7
  Cinarae brevis|annos fata dederunt, ... *Carm.*4.13.23
  di tibi divitias dederunt artemque fruendi. *Epist.*1.4.7
dedi. dedi satis superque poenarum tibi, ... *Epod.*17.19
dedicatum. quid dedicatum poscit Apollinem|vates?   .   . *Carm.*1.31.1
dedicere. quem legis expertes Latinae|Vindelici didicere [dedicere] nuper|
  quid Marte posses. *var.Carm.*4.14.8
dedicet. aridas frondes hiemis sodali|dedicet Euro. .   . *Carm.*1.25.20
dedisses. deciens centena dedisses|huic parco, paucis contento: . . *Serm.*1.3.15
dedisset. deciens centena dedisses [dedisset]|huic parco, paucis contento: *var.Serm.*1.3.15
  disceret unde preces, caveant me ni Musa dedisset? .   .   . *Epist.*2.1.133
dedit. cui liquidam pater|vocem cum cithara dedit.   .   .   . *Carm.*1.24.4
  premant Calenam falce quibus dedit|fortuna vitem,   .   . *Carm.*1.31.9
  spiritum Graiae tenuem Camenae|Parca non mendax dedit . *Carm.*2.16.39
  resigno quae dedit *Carm.*3.29.54
  mihi Phoebus artem|carminis nomenque dedit poetae. .   . *Carm.*4.6.30
  hic se praecipitem tecto dedit, ... *Serm.*1.2.41
  dedit hic pro corpore nummos, ... *Serm.*1.2.43
  poenas dedit usque superque|quam satis est,   .   .   . *Serm.*1.2.65
  dein Gnatia Lymphis|iratis exstructa dedit risusque iocosque, . *Serm.*1.5.98
  nil sine magno|vita labore dedit mortalibus.'   .   .   . *Serm.*1.9.60
  illis|maiorem natura modum dedit, his breve pondus: . . *Serm.*2.2.37
  hic neque servis|Albuci senis exemplo, dum munia didit [dedit],|saevos
    erit, ... *var.Serm.*2.2.67
  ubi dicto citius curata sopori|membra dedit,   .   .   . *Serm.*2.2.81
  'mille ovium insanus morti dedit, ... *Serm.*2.3.197
  'haec mihi Stertinius, sapientum octavos, amico|arma dedit, . *Serm.*2.3.297
  aridum et ore ferens acinum semesaque lardi|frusta dedit, . *Serm.*2.6.86
  qui dedit hoc hodie, cras si volet auferet, ... *Epist.*1.16.33
  studiis annos septem dedit insenuitque|libris et curis,   . *Epist.*2.2.82
  Musa dedit fidibus divos puerosque deorum   .   .   . *Ars Poet.*83
  Grais dedit ore rotundo|Musa loqui, ... *Ars Poet.*323
deditus. nec studio citharae nec Musae deditus ulli,   .   . *Serm.*2.3.105
dedocet. populumque falsis|dedocet uti|vocibus,   .   . *Carm.*2.2.20
deducam. ne te morer, audi,|quo rem deducam.   .   . *Serm.*1.1.15
  tempora quaeram,|occurram in triviis, deducam.   .   . *Serm.*1.9.59
deducere. ergo non satis est risu diducere [deducere] rictum|auditoris *var.Serm.*1.10.7
  'maxime regum|di tibi dent capta classem redducere [deducere] Troia. *var.Serm.*2.3.191
deduci. invidens|privata deduci superbo,|non humilis mulier, triumpho. *Carm.*1.37.31
  similisque meorum|mille die versus deduci posse.   .   .   . *Serm.*2.1.4
deducis. rectius Iliacum carmen deducis in actus   .   . *Ars Poet.*129
deducit. ad humum maerore gravi deducit et angit;   .   . *Ars Poet.*110
deducta. non adparere labores|nostros et tenui deducta poemata filo; . *Epist.*2.1.225
deducte. deducte Bruto militiae duce, ... *Carm.*2.7.2
deducti. silvis deducti caveant me iudice Fauni,   .   . *Ars Poet.*244
deductus. quibus|mos unde deductus per omne|tempus   . *Carm.*4.4.19
deducunt. imbres|nivesque deducunt Iovem;   .   .   . *Epod.*13.2
deduxisse. princeps Aeolium carmen ad Italos|deduxisse modos. *Carm.*3.30.14
deduxit. non aeris acervos et auri|aegroto domini deduxit corpore febris, *Epist.*1.2.48
deerit. cum deerit egenti|as, laquei pretium.   .   .   . *Serm.*2.2.98
deero. 'haud mihi deero:|muneribus servos corrumpam;   . *Serm.*1.9.56
  'haud mihi deero,|cum res ipsa feret: *Serm.*2.1.17
deest. vilis amicorum est annona, bonis ubi quid deest. . *Epist.*1.12.24
defecere. utcumque defecere mores. *Carm.*4.4.35
defendam. eoque|non, . . . sic me defendam.   .   .   . *Serm.*1.6.92
defendas. defendas, ut tuos est mos: *Serm.*1.4.95
defendat. actoris partes chorus officiumque virile|defendat,   . *Ars Poet.*194
defende. Dauniae defende decus Camenae,   .   .   . *Carm.*4.6.27
defendens. atrum|defendens piscis hiemat mare: .   . *Serm.*2.2.17
defendente. defendente vicem modo rhetoris atque poetae,   . *Serm.*1.10.12
defendere. toga, quae defendere frigus|quamvis crassa queat.' . *Serm.*1.3.14
  ius anceps novi, causas defendere possum.   .   .   . *Serm.*2.5.34

si defendere delictum quam vertere malles,   .   .   .   *Ars Poet.*442
defendis. aut quia non firmus rectum defendis   .   .   .   *Serm.*2.7.26
defendit. Lucretilem|mutat Lycaeo Faunus et igneam|defendit aestatem
    capellis   *Carm.*1.17.3
  quas et benigno numine Iuppiter|defendit *Carm.*4.4.75
  'absentem qui rodit, amicum|qui non defendit alio culpante,   .   *Serm.*1.4.82
defensor. illius esto|defensor; *Serm.*2.5.30
defensore. *Lucili, quam sis mendosus, teste Catone | defensore tuo
    pervincam,*   *Serm.*1.10.*2
defer. siquid petet, ultro|defer: *Epist.*1.12.23
deferar. ne . . . deferar in vicum vendentem tus et odores   .   *Epist.*2.1.269
deferens. regnum et diadema tutum|deferens uni propriamque laurum . *Carm.*2.2.22
deferor. quo me cumque rapit tempestas, deferor hospes.   .   *Epist.*1.1.15
deficiant. 'deficient [deficiant] inopem venae te, ni cibus atque|ingens
    accedit stomacho fultura ruenti.   .   .   .   *var.Serm.*2.3.153
deficient. 'deficient inopem venae te,   .   .   .   *Serm.*2.3.153
deficiente. et mundus victus non deficiente crumina?   .   .   *Epist.*1.4.11
deficit. animus si te non deficit aequos.   .   .   .   *Epist.*1.11.30
deficiunt. 'cupidum, pater optime, vires|deficiunt: .   *Serm.*2.1.13
  cum res deficiunt, satis inter vilia fortis: .   .   *Epist.*1.15.39
  sectantem levia nervi|deficiunt animique;   .   .   .   *Ars Poet.*27
defindit. turgidus Alpinus iugulat dum Memnona dumque | diffingit
    [defindit] Rheni luteum caput,   .   .   .   *var.Serm.*1.10.37
defingas. o utinam nova|incude diffingas [defingas] retusum in|Massagetas
    Arabasque ferrum. *var.Carm.*1.35.39
defingit. turgidus Alpinus iugulat dum Memnona dumque | diffingit
    [defingit] Rheni luteum caput,   .   .   .   *var.Serm.*1.10.37
defit. sed quod non desit [defit] habentem|quae poterunt umquam satis
    expurgare cicutae, ...   *coni.Epist.*2.2.52
defixa. per atque libros carminum valentium|refixa [defixa] caelo devocare
    sidera,   *var.Epod.*17.5
defixis. si, . . . defixis oculis animoque et corpore torpet?   .   *Epist.*1.6.14
defluat. multaque merces|unde potest tibi defluat aequo|ab Iove . *Carm.*1.28.28
  antequam turpis macies decentis | occupet malas teneraeque sucus |
    defluat praedae,   *Carm.*3.27.55
  rusticus exspectat, dum defluat amnis;   .   .   .   *Epist.*1.2.42
defluet. antequam turpis macies decentis|occupet malas teneraeque sucus|
    defluat [defluet] praedae,   .   .   .   *var.Carm.*3.27.55
defluit. defluit saxis agitatus umor,   .   .   .   *Carm.*1.12.29
  teneraeque sucus|defluat [defluit] praedae,   .   .   *var.Carm.*3.27.55
  rideri possit eo quod|rusticius tonso toga defluit   .   *Serm.*1.3.31
defluxit. sic horridus ille|defluxit numerus Saturnius   .   *Epist.*2.1.158
defodiet. in apricum proferet aetas,|defodiet condetque nitentia. . *Epist.*1.6.25
deformis. deformis aegrimoniae dulcibus adloquiis.'   .   *Epod.*13.18
defossa. furtim defossa timidum deponere terra?   .   .   *Serm.*1.1.42
defricuit. quod sale multo|Vrbem defricuit,   .   .   *Serm.*1.10.4
defudit. aurea fruges|Italiae pleno defudit Copia cornu.   .   *Epist.*1.12.29
defuisse. non defuisse masculae libidinis|Ariminensem Foliam   .   *Epod.*5.41
defuncta. quae terris semota suisque|temporibus defuncta videt, . *Epist.*2.1.22
defunctum. defunctumque laboribus|aequali recreat sorte vicarius. . *Carm.*3.24.15
  nunc arma defunctumque bello|barbiton hic paries habebit, . *Carm.*3.26.3
defundere. ac nisi mutatum parcit defundere vinum   .   *Serm.*2.2.58
defundit. aurea fruges|Italiae pleno defudit [defundit] Copia cornu. . *var.Epist.*1.12.29
defuso. te prosequitur mero|defuso pateris   .   .   *Carm.*4.5.34
degere. nec turpem senectam|degere nec cithara carentem.   .   *Carm.*1.31.20
deget. ille potens sui|laetusque deget   .   .   .   *Carm.*3.29.42
dehinc. aere, dehinc ferro duravit saecula,   .   .   *Epod.*16.65
  donec verba, . . . nominaque invenere; dehinc absistere bello, . *Serm.*1.3.104
  dein [dehinc] Gnatia Lymphis|iratis exstructa dedit risusque iocosque, . *var.Serm.*1.5.97
  ut speciosa dehinc miracula promat,   .   .   .   *Ars Poet.*144
dei. dein [dei] Gnatia Lymphis|iratis exstructa dedit risusque iocosque, . *var.Serm.*1.5.97
  an custos famulusque dei Silenus alumni.   .   .   *Ars Poet.*239
deicere. audes|deicere de saxo civis aut tradere Cadmo?'   .   *Serm.*1.6.39
deiecerit. 'qui scis, an prudens huc se deiecerit   .   .   *Ars Poet.*462
deiecit. Drusus . . . arcis|Alpibus inpositas tremendis|deiecit   .   *Carm.*4.14.13
  conminxit lectum potus mensave catillum | Euandri manibus tritum
    deiecit: *Serm.*1.3.91
  praesidium regale loco deiecit, ut aiunt,   .   .   *Epist.*2.2.30
deiectum. ire deiectum monumenta regis|templaque Vestae,   .   .   *Carm.*1.2.15

dein. unguibus et pugnis, dein fustibus atque ita porro|pugnabant armis .   *Serm.*1.3.101
    dein Gnatia Lymphis|iratis exstructa dedit risusque iocosque,   .   .   *Serm.*1.5.97
deinc. dein [deinc] Gnatia Lymphis|iratis exstructa dedit risusque iocosque,   *var.Serm.*1.5.97
deinceps. sed illa|redde, age, quae deinceps risisti.' *Serm.*2.8.80
deinde. in Mamurrarum lassi deinde urbe manemus, ...   *Serm.*1.5.37
    deinde eo dormitum, ...   *Serm.*1.6.119
    deinde secuti|mazonomo pueri magno discerpta ferentes|membra gruis   *Serm.*2.8.85
Deiphobus. vel acer Deiphobus gravis|excepit ictus . . . primus.   .   .   *Carm.*4.9.22
delabentis. cum pace delabentis Etruscum|in mare, ...   *Carm.*3.29.35
delapsam. possent ut iuvenes visere fervidi . . . dilapsam [delapsam] in
    cineres facem. *var.Carm.*4.13.28
delapso. nam vaga per veterem dilapso [delapso] flamma culinam|Volcano
    summum properabat lambere tectum. *var.Serm.*1.5.73
delapsus. si foret hoc nostrum fato delapsus in aevom,   .   .   .   *Serm.*1.10.68
delassare. loquacem|delassare valent Fabium. *Serm.*1.1.14
delatam. possent ut iuvenes visere fervidi . . . dilapsam [delatam] in
    cineres facem. *var.Carm.*4.13.28
delatis. beatus Fannius ultro|delatis capsis et imagine,   .   .   .   *Serm.*1.4.22
delecta. me docuit melimela rubere minorem|ad lunam delecta.   .   .   *Serm.*2.8.32
delectabere. lyraeque et Berecyntiae|delectabere tibiae|mixtis carminibus   *Carm.*4.1.23
delectam. crede non illam tibi de scelesta|plebe dilectam [delectam] .   .   *var.Carm.*2.4.18
delectando. lectorem delectando pariterque monendo.   .   .   .   *Ars Poet.*344
delectandum. ad bene dicendum delectandumque redacti.   .   .   *Epist.*2.1.155
delectant. sive te rupes et acuta leto|saxa delectant,   .   .   .   *Carm.*3.27.62
    delectantque deum, cui pecus et nigri|colles Arcadiae placent.   .   *Carm.*4.12.11
    aut etiam ipsa haec|delectant, veluti Balbinum polypus Hagnae. .   *Serm.*1.3.40
delectante. dicunt . . . pinguium | custodes ovium carmina fistula |
    delectantque [delectante] deum, ...   *var.Carm.*4.12.11
delectantem. dicunt . . . pinguium | custodes ovium carmina fistula |
    delectantque [delectantem] deum, ...   *var.Carm.*4.12.11
delectare. aut prodesse volunt aut delectare poetae   .   .   .   *Ars Poet.*333
delectat. plenior ut siquos delectet [delectat] copia iusto,   .   .   *var.Serm.*1.1.57
    me pedibus delectat claudere verba *Serm.*2.1.28
    "aedificare casas, plostello adiungere muris, . . . siquem delectet
    [delectat] barbatum: *var.Serm.*2.3.249
    sive Falernum|te magis adpositis delectat: *Serm.*2.8.17
    si te grata quies et primam sommus in horam|delectat,   .   .   *Epist.*1.17.7
delectatur. carmine tu gaudes, hic delectatur iambis,   .   .   .   *Epist.*2.2.59
delectavere. quem res plus nimio delectavere secundae,   .   .   .   *Epist.*1.10.30
delectent. dum mea delectent mala me vel denique fallant,   .   .   *Epist.*2.2.127
delectet. plenior ut siquos delectet copia iusto, ...   *Serm.*1.1.57
    equitare in harundine longa|siquem delectet barbatum: amentia verset.   *Serm.*2.3.249
delector. 'nempe|vir bonus et prudens dici delector ego ac tu.'   .   .   *Epist.*1.16.32
delenda. non equidem insector delendave carmina Livi|esse reor,   .   *Epist.*2.1.69
delenit. nec purpurarum sidere clarior|delenit usus   .   .   .   *Carm.*3.1.43
delere. delere licebit,|quod non edideris; .   .   .   .   .   *Ars Poet.*389
    delere iubebat|et male tornatos incudi reddere versus.   .   .   *Ars Poet.*440
delevit. paene . . . delevit Vrbem Dacus et Aethiops,   .   .   .   *Carm.*3.6.14
    nec siquid olim lusit Anacreon|delevit aetas;   .   .   .   *Carm.*4.9.10
Deliae. Deliae tutela deae, ...   *Carm.*4.6.33
deliberata. deliberata morte ferocior; *Carm.*1.37.29
delibutis. hoc delibutis ulta donis paelicem *Epod.*3.13
delibutus. quantum neque atro delibutus Hercules|Nessi cruore   .   *Epod.*17.31
deliciarum. non tibi talium|res est aut animus deliciarum egens.   .   *Carm.*4.8.10
deliciis. fortis omissis|hoc age deliciis. *Epist.*1.6.31
delicta. sunt delicta tamen, quibus ignovisse velimus: .   .   *Ars Poet.*347
delicta. delicta maiorum inmeritus lues, ...   *Carm.*3.6.1
    res|ut quaeque est, ita suppliciis delicta coercet?   .   .   .   *Serm.*1.3.79
    inque vicem illorum patiar delicta libenter   .   .   .   *Serm.*1.3.141
delictum. si defendere delictum quam vertere malles,   .   .   .   *Ars Poet.*442
Deliis. Deliis|ornatum foliis ducem, ...   *Carm.*4.3.6
delinit. quodsi dolentem . . . nec purpurarum sidere clarior | delenit
    [delinit] usus *var.Carm.*3.1.43
deliquit. paulum deliquit amicus,|quod nisi concedas, habeare insuavis: .   *Serm.*1.3.84
delira. mater delira necabit|in gelida fixum ripa   .   .   .   *Serm.*2.3.293
delirant. quidquid delirant reges, plectuntur Achivi.   .   .   .   *Epist.*1.2.14
deliret. Empedocles an Stertinium deliret acumen.   .   .   .   *Epist.*1.12.20
delirum. libertusve senem delirum temperet. *Serm.*2.5.71
delirus. delirus et amens|undique dicatur merito. *Serm.*2.3.107

praetulerim scriptor delirus inersque videri, ... *Epist.2.2.126*
delitigat. iratusque Chremes tumido delitigat ore; . . . . . *Ars Poet.94*
Delius. Delius et Patareus Apollo. *Carm.3.4.64*
Delli. moriture Delli,|seu maestus omni tempore vixeris . . *Carm.2.3.4*
Delmatico. cui laurus aeternos honores|Delmatico peperit triumpho. . *Carm.2.1.16*
Delon. vos Tempe totidem tollite laudibus | natalemque, mares, Delon
    Apollinis *Carm.1.21.10*
Delphica. mihi Delphica|lauro cinge volens, Melpomene, comam. . *Carm.3.30.15*
delphinum. delphinum silvis adpingit, fluctibus aprum. . . . *Ars Poet.30*
Delphis. sortilegis non discrepuit sententia Delphis. . . . *Ars Poet.219*
Delphos. vel Baccho Thebas vel Apolline Delphos|insignis . . *Carm.1.7.3*
delubra. Vrbem sibi curae,|imperium fore et Italiam, delubra deorum, . *Serm.1.6.35*
delubris. 'signa ego Punicis|adfixa delubris *Carm.3.5.19*
deludet. plerumque recoctus|scriba ex quinqueviro corvom deludet hiantem *Serm.2.5.56*
dem. quid dem? quid non dem? renuis quod tu, iubet alter; . . *Epist.2.2.63*
demas. ut, quantum generi demas, virtutibus addas; . . . *Epist.1.20.22*
deme. deme supercilio nubem: *Epist.1.18.94*
demens. demens|iudicio volgi, sanus fortasse tuo, ... *Serm.1.6.97*
    an tua demens|vilibus in ludis dictari carmina malis? . . *Serm.1.10.74*
    nec ferro ut demens genetricem occidis Orestes . . . *Serm.2.3.133*
demens. caput abscissum demens cum portat Agaue|gnati infelicis, . *Serm.2.3.303*
dementem. audiat invidus|dementem strepitum Lycus . . . *Carm.3.19.23*
    ac non ante malis dementem actum Furiis *Serm.2.3.135*
dementia. et tu, potes nam, solve me dementia. *Epod.17.45*
dementis. dum Capitolio|regina dementis ruinas, ... *Carm.1.37.7*
demere. nec partem solido demere de die|spernit, ... *Carm.1.1.20*
    nam cur|quae laedunt oculum, festinas demere: . . . *Epist.1.2.38*
demeret. iuga demeret|bubus fatigatis *Carm.3.6.42*
demersa. concidit auguris|Argivi domus ob lucrum|demersa exitio; . *Carm.3.16.13*
demeterent. accidit ut cuidam testis caudamque salacem|demeterent ferro. *Serm.1.2.46*
demeteret. accidit ut cuidam [quidam] testis caudamque salacem|
    demeterent [demeteret] ferro. *var.Serm.1.2.46*
Demetri. Demetri, teque, Tigelli, | discipularum inter iubeo plorare
    cathedras. *Serm.1.10.90*
    'Demetri,' . . . 'abi, quaere et refer, ... *Epist.1.7.52*
Demetrius. quod|vellicet absentem Demetrius *Serm.1.10.79*
demisit. demisit hostem vividus impetus, ... *Carm.4.4.10*
    latum demisit pectore clavom, ... *Serm.1.6.28*
    quo te demisit peccati conscia erilis, ... *Serm.2.7.60*
    quo te demisit peccati conscia erilis [peccati conscia erilis demisit], . *var.Serm.2.7.60*
demissa. demissa tempestas ab Euro *Carm.3.17.11*
    ad talos stola demissa et circumdata palla, ... *Serm.1.2.99*
demissa. nil cernere possis|cetera, ni Catia est, demissa veste tegentis. *Serm.1.2.95*
demissa. segnius irritant animos demissa per aurem . . . *Ars Poet.180*
demissis. Maltinus tunicis demissis ambulat; *Serm.1.2.25*
demissum. iuvenis Parthis horrendus, ab alto|demissum genus Aenea, *Serm.2.5.63*
demissum. habentque|Tartara Panthoiden iterum Orco|demissum, . *Carm.1.28.11*
demissus. probus quis|nobiscum vivit, multum demissus homo: . *Serm.1.3.57*
demittere. deos id|tristis ex alto caeli demittere tecto. . . *Serm.1.5.103*
    gestit enim nummum in loculos demittere, ... *Epist.2.1.175*
    si curet quis opem ferre et demittere funem: . . . *Ars Poet.461*
demittit. demittit atras belua centiceps|auris *Carm.2.13.34*
    huc frequens|caementa demittit redemptor *Carm.3.1.35*
    in triviis fixum cum se demittit ob assem. *Epist.1.16.64*
demitto. demitto auriculas, ut iniquae mentis asellus, . . . *Serm.1.9.20*
demo. pilos ut . . . paulatim vello et demo unum, demo etiam unum, . *Epist.2.1.46*
Democriti. si Democriti pecus edit agellos|cultaque, . . . *Epist.1.12.12*
Democritus. si foret in terris, rideret Democritus, . . . *Epist.2.1.194*
    excludit sanos Helicone poetas|Democritus, ... *Ars Poet.297*
demoveas. Attalicis condicionibus|numquam demoveas, . . . *Carm.1.1.13*
demoveat. cum te neque fervidus aestus|demoveat lucro . . *Serm.1.1.39*
demovebit. hic dies anno redeunte festus | corticem adstrictum pice
    dimovebit [demovebit]|amphorae *var.Carm.3.8.10*
demovet. curvo nec faciem litore dimovet [demovet]: . . . *var.Carm.4.5.14*
dempserit. illi quod tibi dempserit|adponet annus, . . . *Carm.2.5.14*
demptus. et demptus per vim mentis gratissimus error.' . . *Epist.2.2.140*
demum. quarta vix demum exponimur hora. *Serm.1.5.23*
dena. accipit et bis dena super sestertia nummum. . . . *Epist.2.2.33*
denarrat. matri denarrat, ut ingens|belua cognatos eliserit: . . *Serm.2.3.315*

denatat. nec quisquam citus aeque|Tusco denatat alveo. *Carm.*3.7.28
deneges. nec, si plura velim, tu dare deneges. *Carm.*3.16.38
denique. denique sit finis quaerendi *Serm.*1.1.92
   est modus in rebus, sunt certi denique fines, ... *Serm.*1.1.106
   ne nummi pereant aut puga aut denique fama. . . . *Serm.*1.2.133
   denique te ipsum|concute, ... *Serm.*1.3.34
   denique, quatenus excidi penitus vitium irae, ... *Serm.*1.3.76
   est auctor quis denique eorum,|vixi cum quibus? . . . *Serm.*1.4.80
   rogabat|denique, cur umquam fugisset, ... *Serm.*1.5.68
   sapiens . . . liber, honoratus, pulcer, rex denique regum, . . *Epist.*1.1.107
   denique quod non|providisset eum. *Epist.*1.7.68
   si validus, si laetus erit, si denique poscet; *Epist.*1.13.3
   denique saevam|militiam puer et Cantabrica bella tulisti . . *Epist.*1.18.54
   denique non omnes eadem mirantur amantque. . . . *Epist.*2.2.58
   dum mea delectent mala me vel denique fallant, . . . *Epist.*2.2.127
   denique sit quod vis, simplex dumtaxat et unum. . . . *Ars Poet.*23
   vitavi denique culpam,|non laudem merui. . . . . *Ars Poet.*267
denominatos. quando et priores hinc Lamias ferunt|denominatos . *Carm.*3.17.3
denormat. 'o si angulus ille|proximus accedat, qui nunc denormat agellum!' *Serm.*2.6.9
dens. cum sit tibi dens ater *Epod.*8.3
densa. seu densa tenebit|Tiburis umbra tui. *Carm.*1.7.20
densentur. mixta senum ac iuvenum densentur funera, . . . *Carm.*1.28.19
densis. si pugnat extricata densis|cerva plagis, ... *Carm.*3.5.31
denso. me . . . denso paventem sustulit aere, ... *Carm.*2.7.14
densum. densum umeris bibit aure volgus. *Carm.*2.13.32
dent. di tibi dent capta classem redducere Troia. . . . *Serm.*2.3.191
   "tibi di, quaecumque preceris,|commoda dent: . . . *Serm.*2.8.76
dente. inpressit memorem dente labris notam. *Carm.*1.13.12
   dente si nigro fieres vel uno|turpior ungui, ... *Carm.*2.8.3
   et iam dente minus mordeor invido. *Carm.*4.3.16
   caprea . . . dente novo peritura *Carm.*4.4.16
   hic inresectum saeva dente livido|Canidia rodens pollicem . *Epod.*5.47
   an si quis atro dente me petiverit, ... *Epod.*6.15
   quali|sit facie, sura quali, pede, dente, capillo: . . . *Serm.*1.6.33
   utque lupi barbam variae cum dente colubrae|abdiderint . *Serm.*1.8.42
   dente lupus, cornu taurus petit: *Serm.*2.1.52
   (mirum,|ut neque calce lupus quemquam neque dente petit bos), *Serm.*2.1.55
   tangentis male singula dente superbo; *Serm.*2.6.87
   qui|dente Theonino cum circumroditur, ... *Epist.*1.18.82
   doluere cruento|dente lacessiti, ... *Epist.*2.1.151
dentem. fragili quaerens illidere dentem|offendet solido, . . *Serm.*2.1.77
dentes. refugit te quia luridi|dentes, te quia rugae|turpant . . *Carm.*4.13.11
dentibus. quae se commendat tonsa cute, dentibus atris, . . *Epist.*1.18.7
   ieiunis dentibus acer, ... *Epist.*2.2.29
dentis. haec dentis acuit timendos, ... *Carm.*3.20.10
   Canidiae dentis, altum Saganae caliendrum|excidere . . . videres. *Serm.*1.8.48
dentur. detur [dentur] nobis locus, hora,|custodes; . . . *var.Serm.*1.4.15
   quod sibi poscenti non dentur pocula. *Serm.*2.8.82
deo. uvida|suspendisse potenti|vestimenta maris deo. . . . *Carm.*1.5.16
   fore enim tutum iter et patens|converso in pretium deo. . *Carm.*3.16.8
deorum. te canam, magni Iovis et deorum|nuntium . . . *Carm.*1.10.5
   superis deorum|gratus et imis. *Carm.*1.10.19
   qui res hominum ac deorum, . . . temperat . . . *Carm.*1.12.14
   occidit et Pelopis genitor, conviva deorum, ... *Carm.*1.28.7
   parcus deorum cultor et infrequens, ... *Carm.*1.34.1
   unde manum iuventus|metu deorum continuit? . . . *Carm.*1.35.37
   Saliaribus|ornare pulvinar deorum|tempus erat dapibus, . . *Carm.*1.37.3
   Iuno et deorum quisquis amicior|Afris *Carm.*2.1.25
   deorum|templa novo decorare saxo. *Carm.*2.15.19
   adscribi quietis|ordinibus patiar deorum. *Carm.*3.3.36
   desine pervicax|referre sermones deorum *Carm.*3.3.71
   donec templa refeceris|aedisque labentis deorum . . . *Carm.*3.6.3
   o deorum|siquis haec audis, ... *Carm.*3.27.50
   seu deos regesque canit, deorum|sanguinem, ... *Carm.*4.2.13
   cui rex deorum regnum in avis vagas|permisit . . . *Carm.*4.4.2
   qui deorum|muneribus sapienter uti . . . callet . . *Carm.*4.9.47
   'at o deorum quidquid in caelo regit *Epod.*5.1
   quae vis deorum est Manium, ... *Epod.*5.94
   cum tu, magnorum numen laesura deorum, ... *Epod.*15.3

Vrbem sibi curae,|imperium fore et Italiam, delubra deorum, . . *Serm*.1.6.35
quone malo mentem concussa? timore deorum." *Serm*.2.3.295
post ingentia facta deorum in templa recepti, ... *Epist*.2.1.6
Musa dedit fidibus divos puerosque deorum . . . . . *Ars Poet*.83
sacer interpresque deorum|caedibus et victu foedo deterruit Orpheus, . *Ars Poet*.391
deos. terrarum dominos evehit ad deos|hunc, ... *Carm*.1.1.6
heu quotiens fidem|mutatosque deos flebit *Carm*.1.5.6
dic per omnis|hoc deos vere, ... *Carm*.1.8.2
non ita creditum|poscis Quintilium deos. *Carm*.1.24.12
iuvat|placare . . . custodes Numidae deos, ... *Carm*.1.36.3
nihil supra|deos lacesso *Carm*.2.18.12
paternos|in sinu ferens deos *Carm*.2.18.27
ex quo destituit deos|mercede pacta Laomedon, . . . *Carm*.3.3.21
parvos coronantem marino|rore deos *Carm*.3.23.16
seu deos regesque canit, deorum|sanguinem, ... *Carm*.4.2.13
fana deos habuere rectos. *Carm*.4.4.48
rite deos prius adprecati, ... *Carm*.4.15.28
haec Iovem sentire deosque cunctos *Carm.Saec*.73
namque deos didici securum agere aevom *Serm*.1.5.101
nec, . . . deos id|tristis ex alto caeli demittere tecto. . . *Serm*.1.5.102
'per magnos, Brute, deos te|oro, ... *Serm*.1.7.33
(nam te|scire, deos quoniam propius contingis, oportet), . . *Serm*.2.6.52
quod te per Genium dextramque deosque Penatis|obsecro . *Epist*.1.7.94
quandocumque deos vel porco vel bove placat, . . . *Epist*.1.16.58
ille tegat conmissa deosque precetur et oret, ... *Ars Poet*.200
depellat. est ubi divellat [depellat] somnos minus invida cura? . *var.Epist*.1.10.18
depellere. frigus quo duramque famem propellere [depellere] possit. . *var.Serm*.1.2.6
quam nequiere proci recto depellere cursu?' . . . *Serm*.2.5.78
deperdat. nequid|summa deperdat metuens aut ampliet ut rem. . *Serm*.1.4.32
deperdere. bonam deperdere famam, | rem patris oblimare malum est
ubicumque. *Serm*.1.2.61
deperiit. qui deperiit minor uno mense vel anno, . . . *Epist*.2.1.40
depetere. hac magis illam|inparibus formis deceptum te petere [depetere]
esto: *var.Serm*.2.2.30
depigis. verum|depugis [depigis], nasuta, brevi latere ac pede longo est. . *var.Serm*.1.2.93
deponas. aut spem deponas aut artem inlusus omittas. . . *Serm*.2.5.26
depone. deprome [depone] quadrimum Sabina, . . . merum diota. . *var.Carm*.1.9.7
quidquid habes, age,|depone tutis auribus. . . . *Carm*.1.27.18
fessum militia latus|depone sub lauru mea . . . *Carm*.2.7.19
surge et inhumanae senium depone Camenae, . . *Epist*.1.18.47
deponent. omnes in Damalin putris|deponent oculos . . *Carm*.1.36.18
deponere. argenti pondus et auri|furtim defossa timidum deponere terra? *Serm*.1.1.42
lenire dolorem|possis et magnam morbi deponere partem. . *Epist*.1.1.35
deponuntur. et quae rimosa bene deponuntur in aure. . . *Serm*.2.6.46
deposco. numquid ego a te|magno prognatum deposco consule cunnum . *Serm*.1.2.70
depositum. sumere depositum clavom fierique tribuno? . . *Serm*.1.6.25
quodsi|depositum laudas ob amici iussa pudorem, . . *Epist*.1.9.12
deprenderis. si me stultior ipso|quingentis empto drachmis deprenderis? . *Serm*.2.7.43
deprendi. deprendi miserum est: Fabio vel iudice vincam. . *Serm*.1.2.134
deprensa. cruribus haec metuat, doti deprensa, egomet mi. . *Serm*.1.2.131
deprensi. 'deprensi non bella est fama Treboni' . . . *Serm*.1.4.114
deproeliantis. ventos aequore fervido|deproeliantis, . . *Carm*.1.9.11
deprome. deprome quadrimum Sabina, . . . merum diota. . *Carm*.1.9.7
depromere. antehac nefas depromere Caecubum . . . *Carm*.1.37.5
condo et conpono quae mox depromere possim. . . *Epist*.1.1.12
deproperare. quis udo|deproperare apio coronas|curatve myrto? . *Carm*.2.7.24
depugis. verum|depugis, nasuta, brevi latere ac pede longo est. . *Serm*.1.2.93
depugnare. depugnare parati,|si discordet eques, . . *Epist*.2.1.184
depulit. non equitem dorso, non frenum depulit ore. . . *Epist*.1.10.38
depulsum. matris ab ubere|iam lacte depulsum leonem . *Carm*.4.4.15
depygis. verum|depugis [depygis], nasuta, brevi latere ac pede longo est. . *var.Serm*.1.2.93
derepta. arma|militibus sine caede' dixit 'derepta vidi, . *Carm*.3.5.21
signa . . . derepta Parthorum superbis|postibus . . *Carm*.4.15.7
dereptum. pignusque dereptum lacertis *Carm*.1.9.23
derexit. primusve Teucer tela Cydonio|derexit arcu; . . *Carm*.4.9.18
deridet. nihilo ut sapientior ille|qui te deridet caudam trahat. . *Serm*.2.3.53
meminitque libentius illud | quod quis deridet quam quod probat et
veneratur. *Epist*.2.1.263
deripere. parcis deripere horreo . . . amphoram. . . . *Carm*.3.28.7

polo | deripere lunam vocibus possim meis, ... *Epod.*17.78
deripit. lunamque caelo deripit. *Epod.*5.46
derisor. 'ut tu | semper eris derisor.' *Serm.*2.6.54
imi | derisor lecti sic nutum divitis horret, ... *Epist.*1.18.11
sic | derisor vero plus laudatore movetur. . . . . . . *Ars Poet.*433
derisum. in mala derisum semel exceptumque sinistre. . . . *Ars Poet.*452
derivata. hoc fonte derivata clades *Carm.*3.6.19
des. des nominis huius honorem. *Serm.*1.4.44
'sume, catelle': negat; si non des, optet. *Serm.*2.3.259
sed des veniam bonus, oro. *Serm.*2.4.5
des nummos, excepta nihil te si fuga laedat: . . . *Epist.*2.2.16
desaeviet. interdum tamen et vocem comoedia tollit | iratusque Chremes
tumido delitigat [desaeviet] ore; . . . . . . *var.Ars Poet.*94
desaevit. an tragica desaevit et ampullatur in arte? . . . *Epist.*1.3.14
descendat. hic generosior | descendat in campum petitor, . . . *Carm.*3.1.11
non Afra avis descendat in ventrem meum, ... *Epod.*2.53
in Maeci descendat iudicis auris | et patris et nostras . . *Ars Poet.*387
descende. descende caelo et dic age tibia *Carm.*3.4.1
descende Corvino iubente | promere languidiora vina. . . . *Carm.*3.21.7
descendens. adspiciat sol, | laevom discedens [descendens] curru fugiente
vaporet. *var.Epist.*1.16.7
descendere. huc iuvenes aequom est descendere, ... *Serm.*1.2.34
fuge quo descendere gestis: | non erit emisso reditus tibi. . . . *Epist.*1.20.5
descenderet. intactus aut Britannus ut descenderet | sacra catenatus via, . *Epod.*7.7
descendet. ad mare descendet vates tuos *Epist.*1.7.11
descendi. frontis ad urbanae descendi praemia. *Epist.*1.9.11
describat. aut labentis equo describit [describat] volnera Parthi.' . . *var.Serm.*2.1.15
describet. aut labentis equo describit [describet] volnera Parthi.' . . *var.Serm.*2.1.15
describi. siquis erat dignus describi, quod malus ac fur, . . . *Serm.*1.4.3
malo quae nollet carmine quemquam | describi: . . . *Epist.*2.1.154
describit. aut labentis equo describit volnera Parthi.' *Serm.*2.1.15
describitur. aut flumen Rhenum aut plovius describitur arcus; . . *Ars Poet.*18
descripsi. unde ego mira | descripsi docilis praecepta haec, . . . *Serm.*2.3.34
descripta. votiva pateat veluti descripta tabella *Serm.*2.1.33
descriptas. quam paene . . . vidimus Aeacum | sedesque discriptas
[descriptas] piorum *var.Carm.*2.13.23
discriptas [descriptas] servare vices operumque colores | cur ego si nequeo
ignoroque, poeta salutor? . . . . *var.Ars Poet.*86
desectam. fertur Prometheus addere principi | limo coactus particulam
undique | desectam *Carm.*1.16.15
deserat. carus eris Romae, donec te deserat aetas; *Epist.*1.20.10
desere. fastidiosam desere copiam *Carm.*3.29.9
deserere. magnum pauperies opprobrium iubet | quidvis et facere et pati |
virtutisque viam deserit [deserere] arduae. *coni.Carm.*3.24.44
meruere decus vestigia Graeca | ausi deserere . . . . *Ars Poet.*287
deseret. carus eris Romae, donec te deserat [deseret] aetas; . . *var.Epist.*1.20.10
nec facundia deseret hunc nec lucidus ordo. . . . . *Ars Poet.*41
deserit. virtutisque viam deserit arduae. *Carm.*3.24.44
deserta. nunc situs informis premit et deserta vetustas; . . . *Epist.*2.2.118
deserta. nam quae deserta et inhospita tesqua | credis, . . . *Epist.*1.14.19
desertior. Gabiis desertior atque | Fidenis vicus; *Epist.*1.11.7
deseruit. in me tota ruens Venus | Cyprum deseruit *Carm.*1.19.10
raro antecedentem scelestum | deseruit pede Poena claudo. . . *Carm.*3.2.32
perdidit arma, locum virtutis deseruit, ... *Epist.*1.16.67
desiderantem. desiderantem quod satis est neque | tumultuosum sollicitat
mare *Carm.*3.1.25
desideret. tu, quid ego et populus mecum desideret, audi. . . . *Ars Poet.*153
desideri. desiderique temperare pocula, ... *Epod.*17.80
desideriis. sic desideriis icta fidelibus *Carm.*4.5.15
desiderio. quis desiderio sit pudor aut modus | tam cari capitis? . . *Carm.*1.24.1
desiderium. nunc desiderium curaque non levis, ... *Carm.*1.14.18
desiderium. fornix tibi et uncta popina | incutiunt Vrbis desiderium, . . *Epist.*1.14.22
desideror. Sextilem totum mendax desideror. *Epist.*1.7.2
desidia. vitanda est inproba Siren | desidia *Serm.*2.3.15
designat. quid non ebrietas dissignat [designat]? *var.Epist.*1.5.16
designatorem. dum ficus prima calorque | dissignatorem [designatorem]
decorat lictoribus atris, ... *var.Epist.*1.7.6
desiliat. vepallida lecto | desiliat mulier, ... *Serm.*1.2.130
desilies. nec desilies imitator in artum, ... *Ars Poet.*134

desilire. voles modo altis desilire turribus, ... *Epod.*17.70
desilit. montibus altis│levis crepante lympha desilit pede. *Epod.*16.48
desiliunt. unde loquaces│lymphae desiliunt tuae. *Carm.*3.13.16
desinat. ut turpiter atrum│desinat in piscem mulier formosa superne: . *Ars Poet.*4
desine. tandem desine matrem│tempestiva sequi viro. *Carm.*1.23.11
      desine mollium│tandem querellarum *Carm.*2.9.17
      desine pervicax│referre sermones deorum *Carm.*3.3.70
      maturo propior desine funeri│inter ludere virgines *Carm.*3.15.4
      desine, dulcium│mater saeva Cupidinum, ... *Carm.*4.1.4
      quare, ne paeniteat te,│desine sectari matronas, ... *Serm.*1.2.78
      'iam desine' — *Serm.*2.3.323
      arta decet sanum comitem toga; desine mecum│certare.' . . *Epist.*1.18.30
desinet. desinet inparibus certare submotus pudor.' *Epod.*11.18
desint. neu desint epulis rosae *Carm.*1.36.15
      sed quadringentis sex septem milia desunt [desint]:│plebs eris. . . *var.Epist.*1.1.57
desipere. dulce est desipere in loco. *Carm.*4.12.28
desipiant. nunc accipe, quare│desipiant omnes aeque ac tu, . . . *Serm.*2.3.47
desipit. Aiax cum inmeritos occidit desipit agnos; *Serm.*2.3.211
      quodsi non odio peccantis desipit augur, ... *Epist.*1.20.9
desis. neu desis operae neve inmoderatus abundes. *Serm.*2.5.89
desistam. non, hodie si│exclusus fuero, desistam; *Serm.*1.9.58
desistant. iniussi numquam desistant. *Serm.*1.3.3
desit. paulum severae musa tragoediae│desit theatris: *Carm.*2.1.10
      dis inimice senex, custodis? ne tibi desit? *Serm.*2.3.123
      quod non desit habentem *Epist.*2.2.52
desperandum. nil desperandum Teucro duce et auspice: *Carm.*1.7.27
desperat. quae│desperat tractata nitescere posse, relinquit . . . *Ars Poet.*150
desperes. quia desperes invicti membra Glyconis, ... *Epist.*1.1.30
despice. neque in vias│sub cantu querulae despice tibiae . . . *Carm.*3.7.30
destinat. cui frons turgida cornibus│primis et venerem et proelia destinat. *Carm.*3.13.5
destinata. rapacis Orci sede destinata *Carm.*2.18.30
destinatis. nec│parce cadis tibi destinatis. *Carm.*2.7.20
destinet. nescio an Anticyram ratio illis destinet omnem. . . . *Serm.*2.3.83
      siquis lectica nitidam gestare amet agnam, . . . fortique marito│
          destinet uxorem: *Serm.*2.3.217
      cur ita crediderim, nisi quid te detinet [destinet], audi. . . . *var.Epist.*1.2.5
destiti. ex quo destiti│Inachia furere, ... *Epod.*11.5
destituit. ex quo destituit deos│mercede pacta Laomedon, . . . *Carm.*3.3.21
destrictus. destrictus ensis cui super inpia│cervice pendet, . . . *Carm.*3.1.17
destringere. quem cur destringere coner *Serm.*2.1.41
desum. neque enim, cum lectulus aut me│porticus excepit, desum mihi. *Serm.*1.4.134
desumpsit. ingenium, sibi quod vacuas desumpsit Athenas . . . *Epist.*2.2.81
desunt. multa petentibus│desunt multa: *Carm.*3.16.43
      larga nec desunt Veneris sodali│vina craterae, ... *Carm.*3.18.6
      sed quadringentis sex septem milia desunt: *Epist.*1.1.57
desurgat. ut pallidus omnis│cena desurgat dubia? *Serm.*2.2.77
det. ut neque longa│nec magis alba velit quam dat [det] natura videri. *var.Serm.*1.2.124
      det vitam, det opes; aequom mi animum ipse parabo. . . . *Epist.*1.18.112
deterere. laudes egregii Caesaris et tuas│culpa deterere ingeni. . . *Carm.*1.6.12
detereret. detereret sibi multa, ... *Serm.*1.10.69
deterget. albus ut obscuro deterget nubila caelo│saepe Notus . . *Carm.*1.7.15
deterior. deterior post partum carne futura. *Serm.*2.8.44
deterioribus. nec vera virtus, . . . curat reponi deterioribus. . . *Carm.*3.5.30
deterius. nilo deterius dominae ius esse: *Serm.*1.5.67
deterius. doliturus, si placeant spe│deterius nostra. *Serm.*1.10.90
      deterius Libycis olet aut nitet herba lapillis? *Epist.*1.10.19
deterreret. a turpi meretricis amore│cum deterreret: *Serm.*1.4.112
deterret. quas neque Noricus│deterret ensis nec mare naufragum . . *Carm.*1.16.10
deterrima. nam fuit ante Helenam cunnus taeterrima [deterrima] belli│
          causa, ... *var.Serm.*1.3.107
      hic ego propter aquam, quod erat deterrima, ventri│indico bellum, *Serm.*1.5.7
deterruit. silvestris homines . . . caedibus et victu foedo deterruit
          Orpheus, ... *Ars Poet.*392
detestanda. bellaque matribus│detestata [detestanda]. . . . *var.Carm.*1.1.25
detestata. bellaque matribus│detestata. *Carm.*1.1.25
detestatio. dira detestatio│nulla expiatur victima. *Epod.*5.89
detinet. cur ita crediderim, nisi quid te detinet, audi. . . . *Epist.*1.2.5
      nisi cena prior potiorque puella Sabinum│detinet adsumam; . . *Epist.*1.5.28
detinuit. ipsum . . . grata detinuit compede Myrtale│libertina, . . *Carm.*1.33.14

detorquet. cum flagrantia detorquet ad oscula|cervicem	. . .	*Carm.*2.12.25
detorseris. si te alio pravom detorseris.	. . .	*Serm.*2.2.55
detorta. si|Graeco fonte cadent parce detorta.	. . .	*Ars Poet.*53
detractam. detractam ex aure Metellae, . . . bacam:	. .	*Serm.*2.3.239
detrahat. si|detulerit fasces indigno, detrahet [detrahat] idem.	. .	*var.Epist.*1.16.34
detrahere. neque ego illi detrahere ausim | haerentem capiti cum multa laude coronam.	. . . . . .	*Serm.*1.10.48
detrahere et pellem, nitidus qua quisque per ora|cederet,	. .	*Serm.*2.1.64
detrahet. si|detulerit fasces indigno, detrahet idem.	. .	*Epist.*1.16.34
detrahit. si|detulerit fasces indigno, detrahet [detrahit] idem.	. .	*var.Epist.*1.16.34
detraxerat. quae detraxerat|servis amicus perfidis.	. . .	*Epod.*9.9
detrimenta. detrimenta, fugas servorum, incendia ridet,	. .	*Epist.*2.1.121
detulerit. si|detulerit fasces indigno, detrahet idem.	. .	*Epist.*1.16.34
detur. ne longus tibi somnus unde|non times detur;	. .	*Carm.*3.11.39
detur nobis locus, hora,|custodes;	. . .	*Serm.*1.4.15
deum. quem virum . . . lyra vel acri|tibia sumis celebrare, Clio?|quem deum?	. . . .	*Carm.*1.12.3
sequi deum|cingentem viridi tempora pampino.	. . .	*Carm.*3.25.19
alteris|te mensis adhibet deum;	. . .	*Carm.*4.5.32
sollers nunc hominem ponere, nunc deum.	. .	*Carm.*4.8.8
delectantque deum, cui pecus et nigri|colles Arcadiae placent.	.	*Carm.*4.12.11
maluit esse deum.	. . .	*Serm.*1.8.3
deum. quare|templa ruont antiqua deum?	. . .	*Serm.*2.2.104
o noctes cenaeque deum,	. . .	*Serm.*2.6.65
deus. nequiquam deus abscidit|prudens oceano dissociabili|terras,	.	*Carm.*1.3.21
siccis omnia nam dura deus proposuit . .	. .	*Carm.*1.18.3
quis te solvere Thessalis|magus venenis, quis poterit deus?	.	*Carm.*1.27.22
valet ima summis|mutare et insignem attenuat deus|obscura promens;	*Carm.*1.34.13
bene est cui deus obtulit|parca quod satis est manu.	.	*Carm.*3.16.43
prudens futuri temporis exitum|caliginosa nocte premit deus	*Carm.*3.29.30
simul calentis inverecundus deus|fervidiore mero arcana promorat loco.	*Epod.*11.13
deus haec fortasse benigna|reducet in sedem vice.	.	*Epod.*13.7
deus, deus nam me vetat	. .	*Epod.*14.6
si quis deus 'en ego' dicat,	. . .	*Serm.*1.1.15
deus inde ego, furum aviumque|maxima formido:	.	*Serm.*1.8.3
siquis ad illa deus subito te agat, usque recuses,	. .	*Serm.*2.7.24
"heu, Fortuna, quis est crudelior in nos|te deus?	.	*Serm.*2.8.62
tu quamcumque deus tibi fortunaverit horam	.	*Epist.*1.11.22
'ipse deus, simulatque volam, me solvet.'	. .	*Epist.*1.16.78
naturae deus humanae, mortalis in unum|quodque caput,	.	*Epist.*2.2.188
nec deus intersit, nisi dignus vindice nodus|inciderit;	.	*Ars Poet.*191
ne, quicumque deus, quicumque adhibebitur heros,	.	*Ars Poet.*227
'deus inmortalis haberi|dum cupit Empedocles,	.	*Ars Poet.*464
devenit. ire tamen restat, Numa quo devenit et Ancus.	. .	*Epist.*1.6.27
deversoria. mutandus locus est et deversoria nota|praeteragendus equos.	*Epist.*1.15.10
devexi. me quoque devexi rapidus comes Orionis|Illyricis Notus obruit undis.	. . .	*Carm.*1.28.21
deviae. tutum per nemus arbutos|quaerunt latentis et thyma deviae .	.	*Carm.*1.17.6
devictis. acrem militiam paras|non ante devictis Sabaeae|regibus	.	*Carm.*1.29.3
devictus. testis Metaurum flumen et Hasdrubal|devictus	. .	*Carm.*4.4.39
devinctior. neque quis me sit devinctior alter.	. .	*Serm.*1.5.42
devio. ut mihi devio|ripas et vacuom nemus|mirari libet.	. .	*Carm.*3.25.12
devites. quanto devites animi capitisque labore	. .	*Epist.*1.1.44
devium. quis devium scortum eliciet domo|Lyden?	.	*Carm.*2.11.21
devocare. refixa caelo devocare sidera,	. . .	*Epod.*17.5
devolet. devolet illuc,|res ubi magna nitet domino sene;	.	*Serm.*2.5.11
devolvit. seu per audacis nova dithyrambos|verba devolvit	.	*Carm.*4.2.11
devota. devota non extinxit arbor	. . .	*Carm.*3.4.27
quae nivali pascitur Algido|devota	. .	*Carm.*3.23.10
devota. devota morti pectora liberae	. . .	*Carm.*4.14.18
devoti. inpia perdemus devoti sanguinis aetas	. .	*Epod.*16.9
devovet. siquis gnatam pro muta devovet agna,	. .	*Serm.*2.3.219
dexter. dexter stetit et "cave faxis|te quicquam indignum..	.	*Serm.*2.3.38
dextera. nil faciet sceleris pia dextera	. . .	*Serm.*2.1.54
actor|cum stetit in scaena, concurrit dextera laevae.	.	*Epist.*2.1.205
dextera. rubente|dextera sacras iaculatus arcis|terruit Vrbem,	.	*Carm.*1.2.3
sua|Vrbs haec periret dextera? . . .	. .	*Epod.*7.10
dexteras. parcentis ego dexteras|odi: . .	. .	*Carm.*3.19.21
dexteris. aut cur dexteris|aptantur enses conditi?	. .	*Epod.*7.1

dexterius.   nemo dexterius fortuna est usus. *Serm.*1.9.45
dextra.   nam fures dextra coercet *Serm.*1.8.4
dextra.   nisi Faunus ictum│dextra levasset, ... *Carm.*2.17.29
   omne sacrum rapiente dextra, ... *Carm.*3.3.52
dextram.   cogat trans pondera dextram│porrigere: *Epist.*1.6.51
   quod te per Genium dextramque deosque Penatis│obsecro . *Epist.*1.7.94
dextras.   Amazonia securi│dextras obarmet, ... *Carm.*4.4.21
dextris.   aut cur dexteris [dextris]│aptantur enses conditi? . . *var.Epod.*7.1
dextro.   haec ubi supposuit dextro corpus mihi laevom,│Ilia et Egeria est; *Serm.*1.2.125
dextro.   nisi dextro tempore, Flacci│verba per attentam non ibunt Caesaris
   aurem, ... *Serm.*2.1.18
dextrorsum.   ille sinistrorsum, hic dextrorsum abit, . . . *Serm.*2.3.50
dextrum.   haec ubi supposuit dextro [dextrum] corpus mihi laevom [laevo],│
   Ilia et Egeria est; *var.Serm.*1.2.125
   sed ut veniens dextrum latus adspiciat sol. *Epist.*1.16.6
di.   quem mihi, quem tibi│finem di dederint, Leuconoe, . . *Carm.*1.11.2
   non di, quos iterum pressa voces malo. *Carm.*1.14.10
   di me tuentur, dis pietas mea│et musa cordi est. . . . *Carm.*1.17.13
   vim temperatam di quoque provehunt│in maius; . . . *Carm.*3.4.66
   di multa neglecti dederunt│Hesperiae mala luctuosae. . . *Carm.*3.6.7
   an adiciant hodiernae crastina summae│tempora di superi? . . *Carm.*4.7.18
   audivere, Lyce, di mea vota, di│audivere, Lyce: . . . *Carm.*4.13.1
   di bene fecerunt, inopis me quodque pusilli│finxerunt animi, . . *Serm.*1.4.17
   'di te, Damasippe, deaeque│verum ob consilium donent tonsore. . *Serm.*2.3.16
   di tibi dent capta classem redducere Troia. *Serm.*2.3.191
   auctius atque│di melius fecere. *Serm.*2.6.4
   'at omnes di exagitent me,│si quicquam.' *Serm.*2.6.54
   "tibi di, quaecumque preceris,│commoda dent: . . . *Serm.*2.8.75
   di tibi formam,│di tibi divitias dederunt *Epist.*1.4.6
   di tibi divitias dederunt artemque fruendi. *Epist.*1.4.7
   quod superest aevi, siquid superesse volunt di; . . . *Epist.*1.18.108
   carmine di superi placantur, carmine Manes. *Epist.*2.1.138
   cui│rem di donarent, illi decedere pravam│stultitiam; . . *Epist.*2.2.152
   mediocribus esse poetis│non homines, non di, non concessere columnae. *Ars Poet.*373
di.   di, probos mores docili iuventae, . . . date . . . *Carm.Saec.*45
   di, senectuti placidae quietem, . . . date *Carm.Saec.*46
dia.   'macte│virtute esto' inquit sententia dia Catonis; . . . *Serm.*1.2.32
diadema.   regnum et diadema tutum│deferens uni . . . *Carm.*2.2.21
Diana.   infernis neque enim tenebris Diana pudicum│liberat Hippolytum . *Carm.*4.7.25
   quindecim Diana preces virorum│curat *Carm.Saec.*70
   aut morbus regius urget│aut fanaticus error et iracunda Diana, . . *Ars Poet.*454
Diana.   Phoebe silvarumque potens Diana, ... *Carm.Saec.*1
   Nox et Diana, quae silentium regis, ... *Epod.*5.51
Dianae.   sacro│Dianae celebris die. *Carm.*2.12.20
   notus et integrae│temptator Orion Dianae *Carm.*3.4.71
   doctus et Phoebi chorus et Dianae│dicere laudes. . . . *Carm.Saec.*75
   per et Dianae non movenda numina, ... *Epod.*17.3
   cum lucus et ara Dianae . . . aut plovius describitur arcus; . . *Ars Poet.*16
Dianam.   Dianam tenerae dicite virgines, ... *Carm.*1.21.1
diaria.   urbana diaria rodere mavis, ... *Epist.*1.14.40
dic.   Lydia, dic per omnis│hoc deos vere, ... *Carm.*1.8.1
   age dic Latinum,│barbite, carmen, ... *Carm.*1.32.3
   eburna, dic age, cum lyra│maturet, ... *Carm.*2.11.22
   descende caelo et dic age tibia *Carm.*3.4.1
   dic modos, Lyde quibus obstinatas│adplicet auris, . . . *Carm.*3.11.7
   dic et argutae properet Neaerae│murreum nodo cohibere crinem; . *Carm.*3.14.21
   vel dic, quid referat intra│naturae finis viventi, ... *Serm.*1.1.49
   sobrius ergo│dic aliquid dignum promissis. *Serm.*2.3.6
   unde│divitias aerisque ruam, dic augur, acervos.' . . . *Serm.*2.5.22
   huic tu│dic, . . . gaudentem nummo te addicere. . . *Serm.*2.5.108
   "liber liber sum," dic age. *Serm.*2.7.92
   'da [dic], si grave non est,│quae prima iratum ventrem pacaverit esca.' *var.Serm.*2.8.4
   Roscia, dic sodes, melior lex an puerorum est│nenia, . . . *Epist.*1.1.62
   dic,│ad cenam veniat.' *Epist.*1.7.60
   dic multa et pulcra minantem│vivere nec recte nec suaviter, . . *Epist.*1.8.3
   respondesne tuo, dic, sodes, nomine? *Epist.*1.16.31
   'dic mihi, Musa, virum, ... *Ars Poet.*141
dicacis.   qui captat risus hominum famamque dicacis, . . . *Serm.*1.4.83
   ita commendare dicacis│conveniet Satyros, ... *Ars Poet.*225

dicam. quid prius dicam solitis parentis|laudibus, ... *Carm.*1.12.13
    quid nunc te dicam facere in regione Pedana? *Epist.*1.4.2
    nimium patienter utrumque,|ne dicam stulte, mirati, ... *Ars Poet.*272
dicam. dicam et Alciden puerosque Ledae, ... *Carm.*1.12.25
    dicam insigne, recens, adhuc|indictum ore alio. *Carm.*3.25.7
    'memini bene, sed meliore|tempore dicam; *Serm.*1.9.69
    'cur hoc'?|dicam, si potero. *Serm.*2.2.8
    'accipe quod numquam reddas mihi' si tibi dicam: *Serm.*2.3.66
    'cur, Stoice?' dicam. *Serm.*2.3.160
    non dico [dicam] horrendam rabiem' — *var.Serm.*2.3.323
    'o Laertiade, quidquid dicam, aut erit aut non: *Serm.*2.5.59
    me sene quod dicam factum est. *Serm.*2.5.84
    'qui scis, an prudens huc se deiecerit atque|servari nolit?' dicam . *Ars Poet.*463
dicar. dicar, . . . princeps Aeolium carmen ad Italos|deduxisse modos. . *Carm.*3.30.10
dicas. dicas 'magno de flumine malim *Serm.*1.1.55
    cum dicas esse paris res|furta latrociniis *Serm.*1.3.121
    ut quocumque loco fueris vixisse libenter|te dicas: *Epist.*1.11.25
    dicas adductum propius frondere Tarentum. *Epist.*1.16.11
    tu|quid de quoque viro et cui dicas, saepe videto. *Epist.*1.18.68
dicat. dicat Opuntiae|frater Megillae, . . . qua pereat sagitta. . *Carm.*1.27.10
    si quis deus 'en ego' dicat, ... *Serm.*1.1.15
    neque se fore posthac|tam facilem dicat, ... *Serm.*1.1.22
    inde fit, ut raro, qui se vixisse beatum|dicat *Serm.*1.1.118
    nunc aliquis dicat mihi 'quid tu? *Serm.*1.3.19
    'non nosti, quid pater,' inquit,|'Chrysippus dicat: *Serm.*1.3.127
    siquis bella tibi terra pugnata marique|dicat *Epist.*1.16.26
    'nec furtum feci nec fugi,' si mihi dicat|servos: *Epist.*1.16.46
    per sanctum iuratus dicat Osirim: *Epist.*1.17.60
    annosa volumina vatum | dictitet [dicat et] Albano Musas in monte
      locutas. *var.Epist.*2.1.27
    ut iam nunc dicat iam nunc debentia dici, ... *Ars Poet.*43
    sessuri, donec cantor 'vos plaudite' dicat: . . . . . *Ars Poet.*155
    'dicat|filius Albini: si de quincunce remota est|uncia, . . . *Ars Poet.*326
dicatur. ne prodigus esse|dicatur metuens, ... *Serm.*1.2.5
    parcius hic vivit: frugi dicatur; *Serm.*1.3.49
    Labeone insanior inter|sanos dicatur. *Serm.*1.3.83
    delirus et amens|undique dicatur merito. *Serm.*2.3.108
dicemus. 'io triumphe'|non semel dicemus, ... *Carm.*4.2.50
dicenda. dicenda Musis proelia; *Carm.*4.9.21
    ut ventum ad cenam est, dicenda tacenda locutus *Epist.*1.7.72
    Ennius ipse pater numquam nisi potus ad arma|prosiluit dicenda. . *Epist.*1.19.8
dicende. prima dicte mihi, summa dicende Camena, ... *Epist.*1.1.1
dicendum. ad bene dicendum delectandumque redacti. . . . *Epist.*2.1.155
dicens. suspirare Chloen et miseram tuis|dicens ignibus uri, . . . *Carm.*3.7.11
dicente. me dicente cavis inpositam ilicem|saxis, ... *Carm.*3.13.14
dicentis. si dicentis erunt fortunis absona dicta, ... *Ars Poet.*112
dicere. nos, Agrippa, neque haec dicere . . . conamur, . . . *Carm.*1.6.5
    Parthum dicere nec quae nihil attinent. *Carm.*1.19.12
    me voluit dicere lucidum|fulgentis oculos *Carm.*2.12.14
    utrumque sacro digna silentio|mirantur umbrae dicere, . . . *Carm.*2.13.30
    carmina possumus|donare et pretium dicere muneri. . . . *Carm.*4.8.12
    dis, quibus septem placuere colles,|dicere carmen. . . . *Carm.Saec.*8
    doctus et Phoebi chorus et Dianae|dicere laudes. . . . *Carm.Saec.*76
    quamquam ridentem dicere verum|quid vetat? *Serm.*1.1.24
    mansuri oppidulo, quod versu dicere non est, ... *Serm.*1.5.87
    felicem dicere non hoc|me possim, ... *Serm.*1.6.52
    in aurem|dicere nescio quid puero, ... *Serm.*1.9.10
    ambitione relegata te dicere possum, ... *Serm.*1.10.84
    aude|Caesaris invicti res dicere, ... *Serm.*2.1.11
    inulto|dicere quod sentit permitto.' *Serm.*2.3.190
    cupiens tibi dicere servos|pauca reformido.' *Serm.*2.7.1
    discere [dicere] et audire et meliori credere non vis? . . . *var.Epist.*1.1.48
    'pol, me miserum, patrone, vocares,|si velles' inquit 'verum mihi ponere
      [dicere] nomen. *var.Epist.*1.7.93
    vir bonus et sapiens audebit dicere: *Epist.*1.16.73
    si pleraque dure|dicere credit eos, ... *Epist.*2.1.67
    Romae dulce diu fuit . . . maiores audire, minori dicere . . *Epist.*2.1.106
    flumina dicere et arces|montibus inpositas *Epist.*2.1.252
    difficile est proprie communia dicere; . . . . . *Ars Poet.*128

aut prodesse volunt aut delectare poetae|aut simul et iucunda et idonea
    dicere vitae. . . . .   *Ars Poet.*334
dicerer. occultare meis dicerer horreis,   *Carm.*3.16.27
diceret. huic si mutonis verbis mala tanta videnti|diceret haec animus
    'quid vis tibi? *Serm.*1.2.69
    scilicet ut ventres lamna candente nepotum|diceret urendos correctus
    Bestius. *Epist.*1.15.37
dices. fide Teia|dices laborantis in uno   *Carm.*1.17.19
    tuque pedestribus|dices historiis proelia Caesaris,   *Carm.*2.12.10
    nupta iam dices 'ego dis amicum . . . reddidi carmen, ... *Carm.*4.6.41
    dices 'heu', quotiens te in speculo videris alterum, ... *Carm.*4.10.6
    'non dices hodie, quorsum haec tam putida tendant, ... *Serm.*2.7.21
    'quid miser egi?|quid volui?' dices, ... *Epist.*1.20.7
    tu nihil invita dices faciesve Minerva: . . . . . *Ars Poet.*385
dicet. aptum dicet equis Argos ditisque Mycenas: *Carm.*1.7.9
    quem Venus arbitrum|dicet bibendi? *Carm.*2.7.26
    si dicet 'recte,' primum gaudere, ... *Epist.*1.8.15
    laeva stomachosus habena|dicet eques; *Epist.*1.15.13
    nec dicet 'cur ego amicum|offendam in nugis?' . . . . *Ars Poet.*450
dicetur. quae . . . Paphon | iunctis visit oloribus | dicetur, merita Nox
    quoque nenia. *Carm.*3.28.16
dici. hic ames dici pater atque princeps   *Carm.*1.2.50
    'nempe|vir bonus et prudens dici delector ego ac tu.' . . . *Epist.*1.16.32
    dum volt libertas dici mera veraque virtus. *Epist.*1.18.8
    ut iam nunc dicat iam nunc debentia dici, ... *Ars Poet.*43
dicimus. dicimus integro|sicci mane die, ... *Carm.*4.5.38
    dicimus uvidi,|cum sol Oceano subest. *Carm.*4.5.39
dicis. ita te felicem dicis   *Serm.*2.7.31
    rure ego viventem, tu dicis in Vrbe beatum: *Epist.*1.14.10
dicit. plurimus . . . aptum dicet [dicit] equis Argos   *var.Carm.*1.7.9
    quos Elea domum reducit|palma caelestis . . . dicit   *Carm.*4.2.19
    forte epos acer,|ut nemo, Varius ducit [? dicit]; . . . *? var.Serm.*1.10.44
    edicit [et dicit], piscator uti, pomarius, auceps, . . . mane domum
    veniant. *var.Serm.*2.3.227
    planius ac melius Chrysippo et Crantore dicit. *Epist.*1.2.4
    'nec furtum feci nec fugi,' si mihi dicat [dicit]|servos: . . . *var.Epist.*1.16.46
    'indotata mihi soror est, . . . qui dicit, clamat 'victum date.' . . *Epist.*1.17.48
    annosa volumina vatum|dictitet [dicit et] Albano Musas in monte locutas. *var.Epist.*2.1.27
dicite. Dianam tenerae dicite virgines,   *Carm.*1.21.1
    intonsum pueri dicite Cynthium *Carm.*1.21.2
dicitur. qui Formiarum moenia dicitur|princeps . . . tenuisse . . . *Carm.*3.17.6
    potus ut ille|dicitur ex collo furtim carpsisse coronas, . . . *Serm.*2.3.256
    dicitur Afrani toga convenisse Menandro, ... *Epist.*2.1.57
    ignotum tragicae genus invenisse Camenae|dicitur . . . Thespis, . *Ars Poet.*276
dico. bellicosis fata Quiritibus|hac lege dico,   *Carm.*3.3.58
    in classe secunda,|libertinarum dico, ... *Serm.*1.2.48
    'equi te|esse feri similem dico.' *Serm.*1.5.57
    non dico horrendam rabiem' — *Serm.*2.3.323
    'dixi equidem et dico: *Serm.*2.5.23
dicta. prudens emisti vitiosum, dicta tibi est lex: *Epist.*2.2.18
    prudens emisti vitiosum, dicta tibi est lex [dicta est tibi lex]: . *var.Epist.*2.2.18
    prudens emisti vitiosum, dicta tibi est lex [dicta tibi lex est]: . *var.Epist.*2.2.18
    prudens emisti vitiosum, dicta tibi est lex [est dicta tibi lex]: . *var.Epist.*2.2.18
dicta. dictaque cessantem nervis elidere morbum|sulpura . . . *Epist.*1.15.6
    ut cito dicta|percipiant animi dociles . . . . . *Ars Poet.*335
dicta. haec ubi dicta|agrestem pepulere,   *Serm.*2.6.97
    si dicentis erunt fortunis absona dicta, ... *Ars Poet.*112
dicta. qui dicta foras eliminet,   *Epist.*1.5.25
    aut inmunda crepent ignominiosaque dicta. . . . . *Ars Poet.*247
dictabam. haec tibi dictabam post fanum putre Vacunae,   *Epist.*1.10.49
dictabat. in hora saepe ducentos,|ut magnum, versus dictabat . . *Serm.*1.4.10
dictae. dictae per carmina sortes   *Ars Poet.*403
dictant. pueri patresque severi|fronde comas vincti cenant et carmina
    dictant. *Epist.*2.1.110
dictantis. cerebrum . . . Perelli|dictantis, quod tu numquam rescribere
    possis. *Serm.*2.3.76
dictare. memini quae plagosum mihi parvo|Orbilium dictare; . . *Epist.*2.1.71
dictari. an tua demens|vilibus in ludis dictari carmina malis? . . *Serm.*1.10.75
dictata. haec recinunt iuvenes dictata senesque *Epist.*1.1.55

ut puerum saevo credas dictata magistro|reddere	*Epist.*1.18.13
dicte. prima dicte mihi, summa dicende Camena, ...	*Epist.*1.1.1
dictet. mercemur servom, qui dictet nomina, ...	*Epist.*1.6.50
dictionibus. pingimus atque | psallimus et luctamur Achivis doctius [dictionibus] unctis..	*var.Epist.*2.1.33
dictis. sic me|formabat puerum dictis	*Serm.*1.4.121
adde super, dictis quod non levius valeat:	*Serm.*2.7.78
dictitet. si te populus sanum recteque valentem|dictitet, . .	*Epist.*1.16.22
dictitet Albano Musas in monte locutas.	*Epist.*2.1.27
dicto. ubi dicto citius curata sopori|membra dedit, . . .	*Serm.*2.2.80
scimus inurbanum lepido seponere dicto	*Ars Poet.*273
dictu. tristia maestum|voltum verba decent, . . . severum seria dictu.	*Ars Poet.*107
dictum. quod semel dictum est	*Carm.Saec.*26
cui Canis ex vero dictum cognomen adhaeret, ...	*Serm.*2.2.56
dictum. hunc ego, non alio dictum prius ore, Latinus|volgavi fidicen; .	*Epist.*1.19.32
dictum. hoc tibi dictum|tolle memor, ...	*Ars Poet.*367
arguet ambigue dictum, mutanda notabit, ...	*Ars Poet.*449
dictus. quamquam choreis aptior et iocis|ludoque dictus . .	*Carm.*2.19.26
Herculis ritu modo dictus, . . . Caesar	*Carm.*3.14.1
quod semel dictum [dictus] est stabilisque rerum|terminus servet, .	*var.Carm.Saec.*26
nunc ager Vmbreni sub nomine, nuper Ofelli|dictus, . .	*Serm.*2.2.134
nam mihi quaerenti convivam dictus here illic|de medio potare die.'	*Serm.*2.8.2
dictus ob hoc lenire tigres rabidosque leones;	*Ars Poet.*393
dictus et Amphion, Thebanae conditor urbis,|saxa movere .	*Ars Poet.*394
dicunt. ut marinae|filium dicunt Thetidis sub lacrimosa Troiae|funera,	*Carm.*1.8.14
dicunt in tenero gramine pinguium|custodes ovium carmina fistula .	*Carm.*4.12.9
non aliter Samio dicunt arsisse Bathyllo|Anacreonta Teium, .	*Epod.*14.9
Ennius, . . . 'alter Homerus',|ut critici dicunt, . . .	*Epist.*2.1.51
vel quia nil rectum, nisi quod placuit sibi, ducunt [dicunt] . .	*var.Epist.*2.1.83
ut qui conducti plorant in funere dicunt	*Ars Poet.*431
dicuntur. reges dicuntur multis urgere culillis	*Ars Poet.*434
didicere. Vindelici didicere nuper|quid Marte posses. . . .	*Carm.*4.14.8
quae|inberbes didicere, senes perdenda fateri. . . .	*Epist.*2.1.85
didici. namque deos didici securum agere aevom . . .	*Serm.*1.5.101
et quod non didici sane nescire fateri.'	*Ars Poet.*418
didicit. habrotonum aegro|non audet nisi qui didicit dare, . .	*Epist.*2.1.115
qui didicit, patriae quid debeat et quid amicis, . . .	*Ars Poet.*312
qui Pythia cantat|tibicen, didicit prius extimuitque magistrum. .	*Ars Poet.*415
didit. Albuci senis exemplo, dum munia didit, . . .	*Serm.*2.2.67
diducere. ergo non satis est risu diducere rictum|auditoris .	*Serm.*1.10.7
assem|discunt in partis centum diducere.	*Ars Poet.*326
diduci. similisque meorum|mille die versus deduci [diduci] posse. .	*var.Serm.*2.1.4
diductos. diductosque iugo cogit aeneo?	*Carm.*3.9.18
die. nec partem solido demere de die|spernit, . . .	*Carm.*1.1.20
suprema citius solvet amor die.	*Carm.*1.13.20
sacro|Dianae celebris die.	*Carm.*2.12.20
ille et nefasto te posuit die	*Carm.*2.13.1
truditur dies die	*Carm.*2.18.15
moveri digna bono die.	*Carm.*3.21.6
festo quid potius die|Neptuni faciam —	*Carm.*3.28.1
illic bis pueri die . . . ter quatient humum. . .	*Carm.*4.1.25
dicimus integro|sicci mane die, ...	*Carm.*4.5.39
nam tibi quo die|portus Alexandrea . . . patefecit . .	*Carm.*4.14.34
ter die claro totiensque grata|nocte frequentis. . . .	*Carm.Saec.*23
longo die bis terque mutatae dapis|inemori spectaculo, . .	*Epod.*5.33
rapiamus, amici,|occasionem de die	*Epod.*13.4
pars . . . putat similisque meorum|mille die versus deduci posse. .	*Serm.*2.1.4
illo|mane die, quo tu indicis ieiunia.	*Serm.*2.3.291
dictus here illic|de medio potare die.'	*Serm.*2.8.3
diebus. quinque diebus|nil erat in loculis.	*Serm.*1.3.16
qui Veientanum festis potare diebus	*Serm.*2.3.143
vinoque diurno|placari Genius festis inpune diebus, . .	*Ars Poet.*210
ut festis matrona moveri iussa diebus, ...	*Ars Poet.*232
diei. quarta iam parte diei|praeterita, ...	*Serm.*1.9.35
diem. carpe diem quam minimum credula postero. . . .	*Carm.*1.11.8
iracunda diem proferet Ilio . . . classis Achillei; . .	*Carm.*1.15.33
cum quo morantem saepe diem mero|fregi, . . .	*Carm.*2.7.6
cui licet in diem|dixisse 'vixi:	*Carm.*3.29.42
condit quisque diem collibus in suis	*Carm.*4.5.29

monet annus et almum|quae rapit hora diem. *Carm.4.7.8*
curru nitido diem qui|promis et celas *Carm.Saec.9*
urget diem nox et dies noctem *Epod.17.25*
noctis vigilabat ad ipsum|mane, diem totum stertebat. *Serm.1.3.18*
quantum interpellet inani|ventre diem durare, ... *Serm.1.6.128*
sive diem festum rediens advexerit annus, ... *Serm.2.2.83*
seu bruma nivalem|interiore diem gyro trahit, ... *Serm.2.6.26*
per totum hoc tempus subiectior in diem et horam|invidiae noster. . *Serm.2.6.47*
ni|posces ante diem librum cum lumine, ... *Epist.1.2.35*
omnem crede diem tibi diluxisse supremum: *Epist.1.4.13*
dierum.   quem Fors dierum cumque dabit, ... *Carm.1.9.14*
natalis aliosve dierum|festos albatus celebret) *Serm.2.2.60*
quantulum enim summae curtabit quisque dierum, ... *Serm.2.3.124*
dies.   Cressa ne careat pulcra dies nota *Carm.1.36.10*
ille dies utramque|ducet ruinam. *Carm.2.17.8*
truditur dies die *Carm.2.18.15*
damnosa quid non inminuit dies? *Carm.3.6.45*
hic dies anno redeunte festus *Carm.3.8.9*
hic dies vere mihi festus atras|exiget curas: *Carm.3.14.13*
veluti stet volucris dies, ... *Carm.3.28.6*
pulcher fugatis|ille dies Latio tenebris. *Carm.4.4.40*
gratior it dies *Carm.4.5.7*
qui dies mensem Veneris marinae|findit Aprilem, ... *Carm.4.11.15*
quae semel . . . inclusit volucris dies. *Carm.4.13.16*
urget diem nox et dies noctem *Epod.17.25*
iamque dies aderat, nil cum procedere lintrem|sentimus, . . . *Serm.1.5.20*
diesque|longa videtur opus debentibus, ... *Epist.1.1.20*
cras nato Caesare festus|dat veniam somnumque dies; *Epist.1.5.10*
si meliora dies, ut vina, poemata reddit, ... *Epist.2.1.34*
quod non|multa dies et multa litura coercuit . . . . . *Ars Poet.293*
dies.   non, si trecenis quotquot eunt dies, . . . tauris, . . . *Carm.2.14.5*
dies.   seu te in remoto gramine per dies|festos *Carm.2.3.6*
sole dies referente siccos; *Carm.3.29.20*
concines laetosque dies *Carm.4.2.41*
noctesque diesque|formidare malos fures, incendia, ... *Serm.1.1.76*
cui pulcrum fuit in medios dormire dies *Epist.1.2.30*
quinque dies tibi pollicitus me rure futurum *Epist.1.7.1*
Diespiter.   namque Diespiter,|igni corusco nubila dividens|plerumque, . *Carm.1.34.5*
saepe Diespiter|neglectus incesto addidit integrum, ... *Carm.3.2.29*
differ.   grata sume manu neu dulcia differ in annum, . . . *Epist.1.11.23*
differat.   fractosque remos differat; *Epod.10.6*
pleraque differat et praesens in tempus omittat. . . . . *Ars Poet.44*
different.   post insepulta membra different lupi *Epod.5.99*
differre.   si puerilius his ratio esse evincet amare|nec quicquam differre, . *Serm.2.3.251*
nec sic enitar tragico differre colori, ... *Ars Poet.236*
differs.   differs curandi tempus in annum? *Epist.1.2.39*
differt.   nisi quod pede certo|differt sermoni, sermo merus. . . . *Serm.1.4.48*
quid enim differt, barathrone|dones quidquid habes an numquam utare
paratis? — *Serm.2.3.166*
differtum.   inde Forum Appi|differtum nautis cauponibus atque malignis.. *Serm.1.5.4*
servos|differtum transire forum populumque iubebat, . . . *Epist.1.6.59*
difficile.   difficile est proprie communia dicere; . . . . . *Ars Poet.128*
difficile.   quine putetis|difficile et mirum, ... *Serm.1.10.22*
difficilem.   difficilem et morosum offendet garrulus: *Serm.2.5.90*
difficilem.   non te Penelopen difficilem procis|Tyrrhenus genuit parens. . *Carm.3.10.11*
difficili.   meum|fervens difficili bile tumet iecur. *Carm.1.13.4*
difficilis.   difficilis, querulus, laudator temporis acti|se puero, . . *Ars Poet.173*
difficilis.   te saepe vocanti|duram difficilis mane. *Carm.3.7.32*
difficilis.   eoque|difficilis aditus primos habet.' *Serm.1.9.56*
diffidere.   'equidem nihil hinc diffidere [difidere] possum. . . . *var.Serm.2.1.79*
diffidit.   diffidit urbium|portas vir Macedo *Carm.3.16.13*
diffigas.   o utinam nova|incude diffingas [diffigas] retusum in|Massagetas
Arabasque ferrum. *var.Carm.1.35.39*
diffindas.   o utinam nova|incude diffingas [diffindas] retusum in|Massagetas
Arabasque ferrum. *var.Carm.1.35.39*
diffindere.   'equidem nihil hinc diffindere possum. *Serm.2.1.79*
diffindit.   turgidus Alpinus iugulat dum Memnona dumque|diffingit
[diffindit] Rheni luteum caput, ... *coni.Serm.1.10.37*
diffingas.   utinam nova|incude diffingas retusum . . . ferrum. . . *Carm.1.35.39*

diffingere. 'equidem nihil hinc diffindere [diffingere] possum. .   .   .   *var.Serm.*2.1.79
diffinget. neque│diffinget infectumque reddet *Carm.*3.29.47
diffingit. dumque│diffingit Rheni luteum caput, ...   *Serm.*1.10.37
diffissa. pepedi│diffissa nate ficus; *Serm.*1.8.47
diffuderit. mollis inertia cur tantam diffuderit imis│oblivionem sensibus, .   *Epod.*14.1
diffudit. aurea fruges│Italiae pleno defudit [diffudit] Copia cornu.   .   *var.Epist.*1.12.29
diffugere. diffugere nives, ...   *Carm.*4.7.1
diffugiunt. mordaces aliter diffugiunt sollicitudines. *Carm.*1.18.4
 diffugiunt cadis│cum faece siccatis amici, ...   *Carm.*1.35.26
diffundere. caelo diffundere signa parabat; *Serm.*1.5.10
 'equidem nihil hinc diffindere [diffundere] possum.   .   .   *var.Serm.*2.1.79
diffundit. bella quis et paces longum diffundit in aevom?   .   .   *Epist.*1.3.8
diffusa. vina bibes iterum Tauro diffusa palustris │ inter Minturnas
 Sinuessanumque Petrinum. *Epist.*1.5.4
diffuso. te prosequitur mero│defuso [diffuso] *var.Carm.*4.5.34
difigit. turgidus Alpinus iugulat dum Memnona dumque│diffingit [difigit]
 Rheni luteum caput, ...   *var.Serm.*1.10.37
Digellus. Sardus habebat│ille Tigellius [Digellus] hoc: .   .   *var.Serm.*1.3.4
Digentia. me quoties reficit gelidus Digentia rivos,   .   .   .   *Epist.*1.18.104
digitis. legitimumque sonum digitis callemus et aure.   .   .   *Ars Poet.*274
digito. pignusque dereptum lacertis│aut digito male pertinaci.   .   *Carm.*1.9.24
 quod monstror digito praetereuntium *Carm.*4.3.22
 siquid forte lateret, │indice monstraret digito: .   .   *Serm.*2.8.26
digitos. nascunturque leves│per digitos umerosque plumae.   .   *Carm.*2.20.12
digna. una de multis face nuptiali│digna *Carm.*3.11.34
 moveri digna bono die, ...   *Carm.*3.21.6
 ait Harpyiis gula digna rapacibus. *Serm.*2.2.40
 tortum digna sequi potius quam ducere funem.   .   .   *Epist.*1.10.48
digna. iterum quae digna legi sint│scripturus,   .   .   .   *Serm.*1.10.72
digna. utrumque sacro digna silentio│mirantur umbrae dicere,   .   *Carm.*2.13.29
 semper ut te digna sequare *Carm.*4.11.29
 non tamen intus│digna geri promes in scaenam   .   .   *Ars Poet.*183
dignam. sed in vitium libertas excidit et vim│dignam lege regi: .   *Ars Poet.*283
dignatur. Romae principis urbium│dignatur suboles .   .   .   *Carm.*4.3.14
digne. digne puer meliore flamma. *Carm.*1.27.20
 dulci digne mero non sine floribus, ...   *Carm.*3.13.2
digne. quis Martem tunica tectum adamantina│digne scripserit .   *Carm.*1.6.14
 temptavit quoque rem si digne vertere posset   .   .   *Epist.*2.1.164
digner. verba lyrae motura sonum conectere digner?   .   .   *Epist.*2.2.86
digni. Caerite cera│digni, remigium vitiosum Ithacensis Vlixei,   .   *Epist.*1.6.63
 maxima pars vatum, pater et iuvenes patre digni,│decipimur specie recti. *Ars Poet.*24
dignior. absumet heres Caecuba dignior *Carm.*2.14.25
dignis. vir bonus et sapiens dignis ait esse paratus   .   .   .   *Epist.*1.7.22
dignis. privatis ac prope socco│dignis carminibus narrari   .   .   *Ars Poet.*91
dignissima. quid tibi vis, mulier nigris dignissima barris?   .   .   *Epod.*12.1
dignius. peccat uter nostrum cruce dignius? *Serm.*2.7.47
dignor. grammaticas ambire tribus et pulpita dignor: .   .   *Epist.*1.19.40
dignos. utpote plures│culpari dignos. *Serm.*1.4.25
 praesertim cautum dignos adsumere, prava│ambitione procul.   *Serm.*1.6.51
dignoscere. scilicet ut vellem curvo dignoscere rectum .   .   *Epist.*2.2.44
dignosceret. inpransus non qui civem dignosceret hoste,   .   .   *Epist.*1.15.29
dignum. curantem quidquid dignum sapiente bonoque est?   .   .   *Epist.*1.4.5
dignum. dignum laude virum Musa vetat mori,   .   .   .   *Carm.*4.8.28
 ne scutica dignum horribili sectere flagello.   .   .   *Serm.*1.3.119
 siquis│opprobriis dignum latraverit, integer ipse?'   .   .   *Serm.*2.1.85
 dignum praestabo me etiam pro laude merentis.   .   .   *Epist.*1.7.24
 dignum mente domoque legentis honesta Neronis,   .   .   *Epist.*1.9.4
 fallimur et quondam non dignum tradimus: .   .   .   *Epist.*1.18.78
dignum. quod vini somnique benignus│nil dignum sermone canas.   .   *Serm.*2.3.4
 sobrius ergo│dic aliquid dignum promissis.   .   .   .   *Serm.*2.3.6
 si munus Apolline dignum│vis conplere libris   .   .   .   *Epist.*2.1.216
 quid dignum tanto feret hic promissor hiatu?   .   .   *Ars Poet.*138
dignus. stultus et inprobus hic amor est dignusque notari.   .   .   *Serm.*1.3.24
 siquis erat dignus describi, quod malus ac fur,   .   .   *Serm.*1.4.3
 nec deus intersit, nisi dignus vindice nodus│inciderit;   .   *Ars Poet.*191
 an sit amicitia dignus;   .   .   .   .   .   .   *Ars Poet.*436
diiudicata. negotia│diiudicata lite relinqueret *Carm.*3.5.54
dilapsam. dilapsam in cineres facem. *Carm.*4.13.28
dilapso. nam vaga per veterem dilapso flamma culinam│Volcano .   *Serm.*1.5.73

dilapsus. sed ille,|si foret hoc nostrum fato delapsus [dilapsus] in aevom,|
    detereret sibi multa, ... *var.Serm.*1.10.68
dilator. dilator, spe longus, iners avidusque futuri, ... *Ars Poet.*172
dilatus. sed ille,|si foret hoc nostrum fato delapsus [dilatus] in aevom,|
    detereret sibi multa, ... *var.Serm.*1.10.68
dilecta. iam proterva|fronte petet Lalage maritum|dilecta, . . . *Carm.*2.5.17
dilectam. Latonamque supremo|dilectam penitus Iovi. *Carm.*1.21.4
    o Venus . . . sperne dilectam Cypron *Carm.*1.30.2
    crede non illam tibi de scelesta|plebe dilectam *Carm.*2.4.18
dilecte. ego, quem vocas,|dilecte Maecenas, ... *Carm.*2.20.7
dilecti. dilecti tibi Vergilius Variusque poetae, ... *Epist.*2.1.247
diligeret. magis quem|diligeret mulier sua quam te. *Epod.*12.24
diligit. auream quisquis mediocritatem|diligit, ... *Carm.*2.10.6
    nec sequar aut fugiam quae diligit ipse vel odit: . . . *Epist.*1.1.72
    sedulitas autem stulte quem diligit urget, ... *Epist.*2.1.260
diludia. 'displicet iste locus' clamo et diludia posco. . . . *Epist.*1.19.47
diluit. aceto|diluit insignem bacam: *Serm.*2.3.241
diluta. nisi Hymettia mella Falerno|ne biberis diluta. . . . *Serm.*2.2.16
diluviem. horrendamque cultis|diluviem meditatur agris, . . . *Carm.*4.14.28
diluvies. cum fera diluvies quietos|irritat amnis. *Carm.*3.29.40
diluxisse. omnem crede diem tibi diluxisse supremum: . . . *Epist.*1.4.13
dimidio. 'maior dimidio'. 'num tanto?' *Serm.*2.3.318
dimidium. et serves animae dimidium meae. *Carm.*1.3.8
    dimidium facti, qui coepit, habet: sapere aude, . . . *Epist.*1.2.40
dimisere. unde simul primum me dimisere Philippi *Epist.*2.2.49
dimisit. nam ut quisque insanus . . . latum demisit [dimisit] pectore
    clavom, ... *var.Serm.*1.6.28
    quo te demisit [dimisit] peccati conscia erilis, . . . *var.Serm.*2.7.60
dimissa. quantum dimissa petitis|praestent, ... *Epist.*1.7.96
dimittar. 'tam teneor dono, quam si dimittar onustus' . . . *Epist.*1.7.18
dimittere. nec, siquid miri faciat natura, deos id | tristis ex alto caeli
    demittere [dimittere] tecto. *var.Serm.*1.5.103
    quinque bonos solitum Variam dimittere patres, . . . *Epist.*1.14.3
    gestit enim nummum in loculos demittere [dimittere], . *var.Epist.*2.1.175
    si curet quis opem ferre et demittere [dimittere] funem: . *var.Ars Poet.*461
dimittes. nec me dimittes incastigatum, ... *Epist.*1.10.45
dimittis. nec me dimittes [dimittis] incastigatum, ubi plura|cogere quam
    satis est *var.Epist.*1.10.45
dimittit. huc frequens|caementa demittit [dimittit] redemptor . . *var.Carm.*3.1.35
    dimittit neque famosum neque sollicitum *Serm.*2.7.51
    in triviis fixum cum se demittit [dimittit] ob assem, . . *var.Epist.*1.16.64
dimittitur. tandem dormitum dimittitur. *Epist.*1.7.73
dimoveas. gaudentem . . . numquam demoveas [dimoveas], . . *var.Carm.*1.1.13
dimoveat. cum te neque fervidus aestus|demoveat [dimoveat] lucro neque
    hiemps *var.Serm.*1.1.39
dimovebit. corticem adstrictum pice dimovebit *Carm.*3.8.10
dimovere. seu virides rubum|dimovere lacertae, ... *Carm.*1.23.7
dimovet. curvo nec faciem litore dimovet: *Carm.*4.5.14
dimovit. non aliter tamen|dimovit obstantis propinquos . . . *Carm.*3.5.51
    emovitque [dimovitque] culpas|et veteres revocavit artis, . . *var.Carm.*4.15.11
Dindymene. non Dindymene, non adytis quatit | mentem sacerdotum
    incola Pythius, ... *Carm.*1.16.5
Diomede. qui locus a forti Diomede est conditus olim. . . . *Serm.*1.5.92
Diomedi. ut Diomedi|cum Lycio Glauco, ... *Serm.*1.7.16
Diomedis. nec reditum Diomedis ab interitu Meleagri . . . orditur . *Ars Poet.*146
Dionaeo. mecum Dionaeo sub antro *Carm.*2.1.39
Dionysi. 'tune, Syri, Damae aut Dionysi filius, audes . . . *Serm.*1.6.38
diota. deprome quadrimum Sabina,|o Thaliarche, merum diota. . *Carm.*1.9.8
dira. si figit adamantinos|summis verticibus dira Necessitas|clavos, . *Carm.*3.24.6
    dira detestatio|nulla expiatur victima. *Epod.*5.89
dira. cur dira barbarae minus|venena Medeae valent, . . . *Epod.*5.61
    "hunc neque dira venena nec hosticus auferet ensis . . *Serm.*1.9.31
dirae. iam satis terris nivis atque dirae|grandinis misit Pater . . *Carm.*1.2.1
diram. diram qui contudit hydram *Epist.*2.1.10
Dircaeum. multa Dircaeum levat aura cycnum, ... *Carm.*4.2.25
Dircaeus. post hos insignis Homerus|Tyrtaeusque [Dircaeusque] mares
    animos in Martia bella|versibus exacuit; . . . . *var.Ars Poet.*402
Dirceus. post hos insignis Homerus|Tyrtaeusque [Dirceusque] mares
    animos in Martia bella|versibus exacuit; . . . . *var.Ars Poet.*402

direpta. 'derepta [direpta] vidi, vidi ego civium | retorta tergo bracchia
    libero *var.Carm.*3.5.21
    et signa nostro restituit Iovi | derepta [direpta] Parthorum superbis |
    postibus *var.Carm.*4.15.7
direptum. pignusque dereptum [direptum] lacertis | aut digito male
    pertinaci. *var.Carm.*1.9.23
direxit. primusve Teucer tela Cydonio | derexit [direxit] arcu; . . . *var.Carm.*4.9.18
diris. diris agam vos: *Epod.*5.89
diris. levare diris pectora sollicitudinibus, ... *Epod.*13.10
diruere. non aquilo impotens | possit diruere *Carm.*3.30.4
diruit. Claudius agmina | ferrata vasto diruit impetu *Carm.*4.14.30
    diruit, aedificat, mutat quadrata rotundis? *Epist.*1.1.100
dirum. nec durum [dirum] Hannibalem nec Siculum mare . . . aptari
    citharae modis *var.Carm.*2.12.2
    cecidit | Antiochum Hannibalemque dirum, ... *Carm.*3.6.36
dirus. crescit indulgens sibi dirus hydrops *Carm.*2.2.13
    dirus per urbis Afer ut Italas . . . equitavit *Carm.*4.4.42
dis. me doctarum hederae praemia frontium | dis miscent superis, . . *Carm.*1.1.30
    dis pietas mea | et musa cordi est. *Carm.*1.17.13
    mercator . . . dis carus ipsis, ... *Carm.*1.31.13
    quis te redonavit . . . dis patriis Italoque caelo, ... *Carm.*2.7.4
    nec dis amicum est nec mihi te prius | obire, ... *Carm.*2.17.2
    'ego dis amicum . . . reddidi carmen, ... *Carm.*4.6.41
    dis, quibus septem placuere colles, | dicere carmen. . . . *Carm.Saec.*7
    dis inimice senex, custodis? ne tibi desit? *Serm.*2.3.123
    dis etenim facile est' *Serm.*2.3.284
    (sic dis placitum), ... *Serm.*2.6.22
dis. non sine dis animosus infans. *Carm.*3.4.20
    dis te minorem quod geris, imperas: *Carm.*3.6.5
    quanto quisque sibi plura negaverit, | ab dis plura feret: . . . *Carm.*3.16.22
    inmeritusque laborat | iratis natus paries dis atque poetis. . . *Serm.*2.3.8
disce. bene ferre magnam | disce fortunam; *Carm.*3.27.75
    disce, docendus adhuc quae censet amiculus, ... *Epist.*1.17.3
discedat. discedat — pulcrior, ultro | muneribus missis): . . . *Serm.*1.7.17
discedens. laevom discedens curru fugiente vaporet. *Epist.*1.16.7
discedere. misere discedere quaerens *Serm.*1.9.8
    quodsi me noles usquam discedere, ... *Epist.*1.7.25
    me constare mihi scis et discedere tristem *Epist.*1.14.16
discedit. flentibus hinc Varius discedit maestus amicis. *Serm.*1.5.93
discedite. hinc vos, | vos hinc mutatis discedite partibus. . . . *Serm.*1.1.18
discedo. discedo Alcaeus puncto illius; *Epist.*2.2.99
discedunt. Mulvius et scurrae, tibi non referenda precati, | discedunt. . *Serm.*2.7.37
discentis. Bacchum in remotis carmina rupibus | vidi docentem, . . .
    Nymphasque discentis *Carm.*2.19.3
discere. discere nectaris | sucos *Carm.*3.3.34
    quamquam ridentem dicere [discere] verum | quid vetat? . . *var.Serm.*1.1.24
    elementa velint ut discere prima; *Serm.*1.1.26
    discere et audire et meliori credere non vis? *Epist.*1.1.48
    nil audire velim, nil discere, quod levet aegrum; *Epist.*1.8.8
    cur nescire pudens prave quam discere malo? . . . . . *Ars Poet.*88
disceret. castis cum pueris ignara puella mariti | disceret unde preces, . *Epist.*2.1.133
discernunt. cum fas atque nefas exiguo fine libidinum | discernunt avidi. . *Carm.*1.18.11
discerpta. mazonomo pueri magno discerpta ferentes | membra gruis . *Serm.*2.8.86
discerpti. invenias etiam disiecti [discerpti] membra poetae. . . . *var.Serm.*1.4.62
disces. dices [disces] laborantis in uno | Penelopen vitreamque Circen; . *var.Carm.*1.17.19
discessit. sed postquam victor violens discessit ab hoste, . . . *Epist.*1.10.37
discet. me peritus | discet Hiber Rhodanique potor. *Carm.*2.20.20
    respicere ignoto discet pendentia tergo.' *Serm.*2.3.299
    discit [discet] enim citius meminitque libentius *var.Epist.*2.1.262
disci. indoctusque pilae discive trochive quiescit, ... *Ars Poet.*380
discincta. discincta tunica fugiendum est et pede nudo, . . . *Serm.*1.2.132
discincti. nugari cum illo et discincti ludere *Serm.*2.1.73
discinctus. discinctus aut perdam nepos. *Epod.*1.34
discipularum. discipularum inter iubeo plorare cathedras. . . . *Serm.*1.10.91
discipulorum. Demetri, teque, Tigelli, | discipularum [discipulorum] inter
    iubeo plorare cathedras. *var.Serm.*1.10.91
discit. discit enim citius meminitque libentius *Epist.*2.1.262
discite. discite non inter lancis mensasque nitentis, ... *Serm.*2.2.4
disco. neque iam livida gestat armis | bracchia saepe disco, . . *Carm.*1.8.11

seu te discus agit (pete cedentem aera disco) — *Serm.*2.2.13
discolor. ut matrona meretrici dispar erit atque|discolor,   .   .   *Epist.*1.18.4
disconvenit. aestuat et vitae disconvenit ordine toto, .   .   .   *Epist.*1.1.99
     eo disconvenit inter|meque et te: *Epist.*1.14.18
discordet. depugnare parati,|si discordet eques,   .   .   .   *Epist.*2.1.185
     quantum discordet parcus avaro. *Epist.*2.2.194
Discordia. ut si solvas 'postquam Discordia taetra | belli ferratos postis
     portasque refregit,' *Serm.*1.4.60
discordia. tecum mihi discordia est, ...   *Epod.*4.2
     duo si discordia vexet inertis *Serm.*1.7.15
discors. quid Seres et regnata Cyro|Bactra parent Tanaisque discors.   *Carm.*3.29.28
discors. extimui, ne vos ageret vesania discors,   .   .   .   *Serm.*2.3.174
     quid velit et possit rerum concordia discors,   .   .   .   *Epist.*1.12.19
     ut gratas inter mensas symphonia discors .   .   .   .   *Ars Poet.*374
discrepat. vino et lucernis Medus acinaces|immane quantum discrepat: *Carm.*1.27.6
     longe mea discrepat istis|et vox et ratio: .   .   .   *Serm.*1.6.92
     qui discrepat istis|qui nummos aurumque recondit,   .   .   *Serm.*2.3.108
discrepet. vino et lucernis Medus acinaces | immane quantum discrepat
     [discrepet]: *var.Carm.*1.27.6
     quantum simplex hilarisque nepoti|discrepet   .   .   .   *Epist.*2.2.194
     primo ne medium, medio ne discrepet imum.   .   .   .   *Ars Poet.*152
discrepuit. sortilegis non discrepuit sententia Delphis.   .   .   *Ars Poet.*219
discretas. quam paene . . . vidimus Aeacum | sedesque discriptas
     [discretas] piorum *var.Carm.*2.13.23
discrimen. mire sagacis falleret hospites|discrimen obscurum   .   *Carm.*2.5.23
discriptas. vidimus Aeacum|sedesque discriptas piorum   .   .   *Carm.*2.13.23
     discriptas servare vices operumque colores   .   .   .   *coni.Ars Poet.*86
discunt. Romani pueri longis rationibus assem|discunt in partis centum
     diducere.   .   .   .   .   *Ars Poet.*326
discus. seu te discus agit (pete cedentem aera disco) —   .   .   *Serm.*2.2.13
diserti. actor|causarum mediocris abest virtute diserti|Messallae   .   *Ars Poet.*370
disertum. facundi calices quem non fecere disertum,   .   .   .   *Epist.*1.5.19
disertus. dum studet urbanus tenditque disertus haberi.   .   .   *Epist.*1.19.16
disiecta. tectaque Penthei|disiecta non leni ruina   .   .   .   *Carm.*2.19.15
disiecti. invenias etiam disiecti membra poetae.   .   .   .   *Serm.*1.4.62
disiunctum. bovemque|disiunctum curas et strictis frondibus exples.   .   *Epist.*1.14.28
dispar. temperat Alcaeus, sed rebus et ordine dispar,   .   .   .   *Epist.*1.19.29
dispar. ut matrona meretrici dispar erit atque|discolor,   .   .   *Epist.*1.18.3
dispar. nec fuit leonibus|umquam nisi in dispar feris.   .   .   *Epod.*7.12
disparem. ultra|quam licet sperare nefas putando|disparem vites.   .   *Carm.*4.11.31
dispari. ne male dispari|incontinentis iniciat manus   .   .   .   *Carm.*1.17.25
disparibus. aut si disparibus bellum incidat, ...   *Serm.*1.7.16
dispensare. tu si modo recte|dispensare velis *Serm.*1.2.75
dispeream. dispeream, ni|summosses omnis.'   .   .   .   *Serm.*1.9.47
displicent. displicent nexae philyra coronae, ...   *Carm.*1.38.2
displicet. 'displicet iste locus' clamo et diludia posco.   .   .   *Epist.*1.19.47
displosa. displosa sonat quantum vesica, ...   *Serm.*1.8.46
disponuntur. et quae rimosa bene deponuntur [disponuntur] in aure.   .   *var.Serm.*2.6.46
disquirite. verum hic inpransi mecum disquirite.   .   .   .   *Serm.*2.2.7
dissentientis. Reguli|dissentientis condicionibus|foedis   .   .   *Carm.*3.5.14
dissentire. tres mihi convivae prope dissentire videntur   .   .   *Epist.*2.2.61
dissentis. nisi quid tu, docte Trebati,|dissentis.'   .   .   .   *Serm.*2.1.79
dissidens. Phraaten|dissidens plebi numero beatorum|eximit Virtus   .   *Carm.*2.2.18
dissidet. Medus infestus sibi luctuosis|dissidet armis,   .   .   *Carm.*3.8.20
     si toga dissidet inpar, ...   *Epist.*1.1.96
dissignat. quid non ebrietas dissignat? *Epist.*1.5.16
dissignatorem. dissignatorem decorat lictoribus atris,   .   .   *Epist.*1.7.6
dissiliat. vepallida lecto|desiliat [dissiliat] mulier, .   .   .   *var.Serm.*1.2.130
dissilire. caputque Marsa dissilire nenia. *Epod.*17.29
dissilit. montibus altis|levis crepante [? sonante] lympha desilit [? dissilit]
     pede. .   .   .   .   *? var.Epod.*16.4
dissiluit. gratia sic fratrum geminorum, Amphionis atque|Zethi, dissiluit,   *Epist.*1.18.42
dissimile. dissimile hoc illi est, ...   *Serm.*1.6.49
dissimilem. tanto dissimilem et tanto certare minorem?   .   .   *Serm.*2.3.313
     cenamus avis, conchylia, piscis,|longe dissimilem noto celantia sucum,   *Serm.*2.8.28
dissimiles. hac in re scilicet una|multum dissimiles,   .   .   *Epist.*1.10.3
dissimilis. 'Scetani dissimilis sis.' *Serm.*1.4.112
dissimulare. male salsus|ridens dissimulare;   .   .   .   *Serm.*1.9.66
dissimulat. qui dissimulat metum|Marsae cohortis Dacus   .   .   *Carm.*2.20.17

dissimulator.   dissimulator opis propriae, mihi commodus uni.   .   .   .   *Epist.*1.9.9
dissimules.   neu, . . . occultam febrim sub tempus edendi|dissimules,   .   *Epist.*1.16.23
dissipabit.   ossa Quirini,|(nefas videre) dissipabit insolens. *Epod.*16.14
dissipare.   prudens anus|novendialis dissipare pulveres.   .   .   .   *Epod.*17.48
dissipat.   dissipat Euhius|curas edacis. *Carm.*2.11.17
dissociabiles.   nequiquam   deus   abscidit | prudens   oceano   dissociabili
      [dissociabiles]|terras, ...   *coni.Carm.*1.3.22
dissociabili.   nequiquam deus abscidit|prudens oceano dissociabili|terras,   .   *Carm.*1.3.22
dissocientur.   continui montes, ni dissocientur opaca|valle,   .   .   .   *Epist.*1.16.5
dissolvas.   quem si dissolvas, quivis stomachetur eodem|quo personatus
      pacto pater. *Serm.*1.4.55
dissolve.   dissolve frigus ligna super foco|large reponens   .   .   .   *Carm.*1.9.5
distabat.   sordidus a tenui victu distabat Ofello|iudice: .   .   .   *Serm.*2.2.53
distabit.   sordidus a tenui victu distabat [distabit] Ofello|iudice:.   .   *var.Serm.*2.2.53
      stultitiane erret nihilum distabit an ira. *Serm.*2.3.210
      infido scurrae distabit amicus. *Epist.*1.18.4
distantia.   emendata videri|pulchraque et exactis minimum distantia miror.   *Epist.*2.1.72
distare.   foro nimium distare Carinas|iam grandis natu queritur,   .   .   *Epist.*1.7.48
distat.   quantum distet [distat] ab Inacho|Codrus *var.Carm.*3.19.1
      paulum sepultae distat inertiae|celata virtus —   .   .   .   *Carm.*4.9.29
      carne tamen quamvis distat nil, ...   *Serm.*2.2.29
      amator|exclusus qui distat, ...   *Serm.*2.3.260
      distat, sumasne pudenter|an rapias. *Epist.*1.17.44
      distat enim, spargas tua prodigus, an neque sumptum|invitus facias   *Epist.*2.2.195
distenet.   cur ita crediderim, nisi quid te detinet [distenet], audi.   .   *var.Epist.*1.2.5
distent.   nec tamen ignorat, quid distent aera lupinis.   .   .   .   *Epist.*1.7.23
distenta.   distenta siccet ubera *Epod.*2.46
distentius.   quodque aliena capella gerat distentius uber,   .   .   *Serm.*1.1.110
distet.   quantum distet ab Inacho|Codrus *Carm.*3.19.1
distinet.   quem Notus . . . dulci distinet a domo, ...   *Carm.*4.5.12
      cur ita crediderim, nisi quid te detinet [distinet], audi.   .   *var.Epist.*1.2.5
distinguere.   quam qui non poterit vero distinguere falsum.   .   .   *Epist.*1.10.29
distinguet.   iam tibi lividos|distinguet autumnus racemos|purpureo varius
      colore. *Carm.*2.5.11
distorquens.   distorquens oculos, ut me eriperet. *Serm.*1.9.65
distortis.   hunc varum distortis cruribus, ...   *Serm.*1.3.47
districtum.   tene, ut ego accipiar laute, torquerier omni | sollicitudine
      districtum, ...   *Serm.*2.8.68
districtus.   destrictus [districtus] ensis cui super inpia|cervice pendet,   .   *var.Carm.*3.1.17
distringere.   quem cur destringere [distringere] coner | tutus ab infestis
      latronibus? *var.Serm.*2.1.41
distuli.   quaerere distuli|nec scire fas est omnia,   .   .   .   *Carm.*4.4.21
ditantis.   quid maris extremos Arabas ditantis *Epist.*1.6.6
ditasse.   quid proderat ditasse Paelignas anus *Epod.*17.60
ditaverit.   cum lingua Catonis et Enni|sermonem patrium ditaverit   .   *Ars Poet.*57
ditavit.   satis superque me benignitas tua|ditavit, ...   *Epod.*1.32
ditem.   Bruto praetore tenente|ditem Asiam, ...   *Serm.*1.7.19
ditescere.   accipe qua ratione queas ditescere. *Serm.*2.5.10
dithyrambos.   seu per audacis nova dithyrambos|verba devolvit   .   *Carm.*4.2.10
ditior.   nil obstet tibi, dum ne sit te ditior alter.   .   .   .   *Serm.*1.1.40
      nam Canusi lapidosus, aquae non ditior urna,   .   .   .   *Serm.*1.5.91
      'ditior hic aut est quia doctior; *Serm.*1.9.51
      ditior aut formae melioris meiat eodem. *Serm.*2.7.52
ditis.   positosque vernas, ditis examen domus, ...   *Epod.*2.65
ditis.   aptum dicet equis Argos ditisque Mycenas: .   .   .   *Carm.*1.7.9
diu.   diuque|laetus intersis populo Quirini *Carm.*1.2.45
      intermissa, Venus, diu|rursus bella moves? *Carm.*4.1.1
      diu|lateque victrices catervae *Carm.*4.4.22
      abes iam nimium diu; *Carm.*4.5.2
      servatura diu parem|cornicis vetulae temporibus Lycen,   .   .   *Carm.*4.13.24
      quo semel est imbuta recens servabit odorem|testa diu.   .   *Epist.*1.2.70
      ut proficiscentem docui te saepe diuque. *Epist.*1.13.1
      nulla placere diu nec vivere carmina possunt,   .   .   .   *Epist.*1.19.2
      Romae dulce fuit et sollemne reclusa|mane domo vigilare,   .   *Epist.*2.1.103
      obscurata diu populo bonus eruet *Epist.*2.2.115
      versate diu, quid ferre recusent,|quid valeant umeri.   .   .   *Ars Poet.*39
      sterilisve diu palus aptaque remis|vicinas urbes alit   .   .   *Ars Poet.*65
      sterilisve diu palus [palus diu] aptaque remis|vicinas urbes alit   .   *coni.Ars Poet.*65

130

diurna. qui pro se tolleret atque│mitteret in phimum talos, mercede diurna│
    conductum pavit: *Serm.*2.7.17
    vos exemplaria Graeca│nocturna versate manu, versate diurna. . . *Ars Poet.*269
diurno. nocturno certare mero, putere diurno. *Epist.*1.19.11
    vinoque diurno│placari Genius festis inpune diebus, . . . *Ars Poet.*209
diurnos. tu me inter strepitus nocturnos atque diurnos│vis canere . *Epist.*2.2.79
diva. sic te diva potens Cypri, . . . regat *Carm.*1.3.1
diva. o diva, gratum quae regis Antium, ... *Carm.*1.35.1
    ter vocata audis adimisque leto,│diva triformis, ... *Carm.*3.22.4
    o quae beatam diva tenes Cyprum *Carm.*3.26.9
    diva, producas subolem *Carm.Saec.*17
dive. dive, quem proles Niobea magnae│vindicem linguae . . . sensit *Carm.*4.6.1
divellat. est ubi divellat somnos minus invida cura? . . . *Epist.*1.10.18
divellere. pullam divellere mordicus agnam│coeperunt; . . . *Serm.*1.8.27
divellet. me . . . nec si resurgat centimanus gigas│divellet umquam: . *Carm.*2.17.15
divelletur. nec Damalis novo│divelletur adultero *Carm.*1.36.19
diversa. laudet diversa sequentis? *Serm.*1.1.3
    potius laudet diversa sequentis *Serm.*1.1.109
    poscentes vario multum diversa palato. *Epist.*2.2.62
diversis. dividit ut bona diversis, fugienda petendis; . . . *Serm.*1.3.114
diversoria. mutandus locus est et deversoria [diversoria] nota│
    praeteragendus equos. *var.Epist.*1.15.10
diversum. est huic diversum vitio vitium prope maius, . . . *Epist.*1.18.5
dives. Ilio dives Priamus relicto . . . castra fefellit. . . . *Carm.*1.10.14
    dives ut aureis│mercator exsiccet culillis *Carm.*1.31.10
    divesne prisco natus ab Inacho│nil interest *Carm.*2.3.21
    num tu quae tenuit dives Achaemenes *Carm.*2.12.21
    pauperemque dives│me petit: *Carm.*2.18.10
    quo pius Aeneas, quo Tullus dives et Ancus, ... *Carm.*4.7.15
    nos ubi decidimus│quo . . . Tullus dives [dives Tullus] et Ancus,│
    pulvis et umbra sumus. *var.Carm.*4.7.15
    plena dives ut in domo. *Carm.*4.12.24
    sis pecore et multa dives tellure licebit *Epod.*15.19
    ut quidam memoratur Athenis│sordidus ac dives, . . . *Serm.*1.1.65
    dives│ut metiretur nummos, ... *Serm.*1.1.95
    dives agris, dives positis in faenore nummis. *Serm.*1.2.13
    at quanto meliora monet pugnantiaque istis│dives opis natura suae, *Serm.*1.2.74
    si dives, qui sapiens est. *Serm.*1.3.124
    Persius hic permagna negotia dives habebat│Clazomenis, . . *Serm.*1.7.4
    dives, inops, Romae seu fors ita iusserit exsul, . . . *Serm.*2.1.59
    dives│antiquo censu, gnatis divisse duobus│fertur . . . *Serm.*2.3.168
    ante Larem gustet venerabilior Lare dives. *Serm.*2.5.14
    mercatus aravit, dives amico│Hercule!', ... *Serm.*2.6.12
    'nullus in orbe sinus Bais praelucet amoenis'│si dixit dives, . *Epist.*1.1.84
    sapiens uno minor est Iove, dives, ... *Epist.*1.1.106
    quem paupertatis pudor et fuga, dives amicus, . . . odit *Epist.*1.18.24
    alter│dives et inportunus ad umbram lucis ab ortu . . . mitiget agrum, *Epist.*2.2.185
    'dives agris, dives positis in faenore nummis.' . . . . *Ars Poet.*421
dives. puella│dives et lasciva *Carm.*4.11.23
divi. nihil maius meliusve terris│fata donavere bonique divi . . *Carm.*4.2.38
dividat. ut haec ingrata ventis dividat│fomenta *Epod.*11.16
    nunc age, quid nostrum concentum dividat, audi. . . . *Epist.*1.14.31
dividens. Diespiter,│igni corusco nubila dividens│plerumque, . . *Carm.*1.34.6
divideret. ira fuit capitalis, ut ultima divideret mors, . . . *Serm.*1.7.13
divides. inbelli cithara carmina divides; *Carm.*1.15.15
dividit. nulli plura tamen dividit oscula *Carm.*1.36.6
    dividit ut bona diversis, fugienda petendis; *Serm.*1.3.114
dividuo. dividuo findetur munere quadra. *Epist.*1.17.49
divina. imbrium divina avis imminentium, ... *Carm.*3.27.10
    quod puero cecinit divina mota anus urna: *Serm.*1.9.30
    utiliumque sagax rerum et divina futuri . . . . . *Ars Poet.*218
divina. divina humanaque pulcris│divitiis parent; *Serm.*2.3.95
divinae. atque adfigit humo divinae particulam aurae. . . . *Serm.*2.2.79
divinare. divinare etenim magnus mihi donat Apollo.' . . . *Serm.*2.5.60
divinior. cui mens divinior atque os│magna sonaturum, . . . *Serm.*1.4.43
divinis. pererro│saepe forum, adsisto divinis, ... *Serm.*1.6.114
    sic honor et nomen divinis vatibus atque│carminibus venit. . . *Ars Poet.*400
divis. permitte divis cetera, ... *Carm.*1.9.9
    gratum elocuta consiliantibus│Iunone divis: *Carm.*3.3.18

unico gaudens mulier marito|prodeat iustis operata sacris [divis] .   .   *var.Carm.*3.14.6
'io triumphe'|civitas omnis dabimusque divis|tura benignis.   .   .   *Carm.*4.2.51
divis.   divis orte bonis, optume Romulae|custos gentis, ...   *Carm.*4.5.1
divisimus.   hoc iter ignavi divisimus, ...   *Serm.*1.5.5
divisisse.   Servius Oppidius Canusi duo praedia, dives | antiquo censu,
gnatis divisse [divisisse] duobus|fertur *var.Serm.*2.3.169
divisit.   at hunc liberta securi|divisit medium, fortissima Tyndaridarum. .   *Serm.*1.1.100
divisos.   stridere secreta divisos aure susurros.' *Serm.*2.8.78
divisse.   gnatis divisse duobus|fertur *Serm.*2.3.169
divisus.   quid bellicosus Cantaber . . . cogitet Hadria|divisus obiecto,   .   *Carm.*2.11.3
divite.   divite me scilicet artium *Carm.*4.8.5
cur eget indignus quisquam te divite? *Serm.*2.2.103
praesidium regale loco deiecit, . . . summe munito et multarum divite
rerum. *Epist.*2.2.31
divite.   quod cum spe divite manet|in venas animumque meum,   .   .   *Epist.*1.15.19
fundet opes Latiumque beabit divite lingua: .   .   .   *Epist.*2.2.121
nec studium sine divite vena|nec rude quid prosit video ingenium: .   *Ars Poet.*409
divitem.   aula divitem manet|erum. *Carm.*2.18.31
divites.   arva beata|petamus, arva divites et insulas,   .   .   .   *Epod.*16 42
divitiae.   scilicet inprobae|crescunt divitiae,   .   .   .   *Carm.*3.24.63
nil|divitiae poterunt regales addere maius.   .   .   .   *Epist.*1.12.6
tanto cum strepitu ludi spectantur et artes|divitiaeque peregrinae,   .   *Epist.*2.1.204
at si divitiae prudentem reddere possent,   .   .   .   *Epist.*2.2.155
divitiarum.   mitte levis spes et certamina divitiarum   .   .   .   *Epist.*1.5.8
divitias.   cur valle permutem Sabina|divitias operosiores?   .   .   *Carm.*3.1.48
addant avaro divitias mari: *Carm.*3.29.61
divitiasque habeo tribus amplas regibus.'   .   .   .   *Serm.*2.2.101
tu protinus, unde|divitias aerisque ruam, dic augur, acervos.'   .   *Serm.*2.5.22
'divitias miseras! *Serm.*2.8.18
di tibi divitias dederunt artemque fruendi.   .   .   .   *Epist.*1.4.7
divitibus.   plerumque gratae divitibus vices   .   .   .   *Carm.*3.29.13
nam neque divitibus contingunt gaudia solis   .   .   .   *Epist.*1.17.9
divitibus.   lingua potentium|vatum divitibus consecrat insulis.   .   .   *Carm.*4.8.27
quae nisi divitibus nequeant contingere mensis?'   .   .   *Serm.*2.4.87
divitiis.   'omnis enim res, . . . divitiis parent;   .   .   .   *Serm.*2.3.96
divitiis.   exstructis in altum|divitiis potietur heres.   .   .   .   *Carm.*2.3.20
utrumne|divitiis homines an sint virtute beati;   .   .   *Serm.*2.6.74
nec|otia divitiis Arabum liberrima muto.   .   .   .   *Epist.*1.7.36
divitis.   imi | derisor lecti sic nutum divitis horret,   .   .   .   *Epist.*1.18.11
divitis.   thesauris Arabum et divitis Indiae   .   .   .   *Carm.*3.24.2
divitum.   divitum mensis et amica templis,   .   .   .   *Carm.*3.11.6
transfuga divitum|partis linquere gestio,   .   .   .   *Carm.*3.16.23
divo.   an pauper et infima|de gente sub divo moreris: .   .   *Carm.*2.3.23
vitamque sub divo et trepidis agat|in rebus.   .   .   .   *Carm.*3.2.5
divolsos.   nec malis|divolsus [divolsos] querimoniis|suprema citius solvet
amor die. *coni.Carm.*1.13.19
divolsus.   nec malis|divolsus querimoniis . . . amor   .   .   *Carm.*1.13.19
divom.   nec variis obsita frondibus|sub divom rapiam.   .   .   *Carm.*1.18.13
divom.   quem vocet divom populus ruentis|imperi rebus?   .   .   *Carm.*1.2.25
divom pater adnuisset|rebus Aeneae *Carm.*4.6.22
et qui nocturnus sacra divom legerit. *Serm.*1.3.117
divorsum.   divorsum confusa genus panthera camelo . . . converteret ora;   *Epist.*2.1.195
divos.   gelidaque divos|morte carentis *Carm.*2.8.11
otium divos rogat in patenti|prensus Aegaeo,   .   .   .   *Carm.*2.16.1
divosque mortalisque turmas|imperio regit unus aequo.   .   .   *Carm.*3.4.47
praesens divos habebitur|Augustus *Carm.*3.5.2
te consilium et tuos|praebente divos.   .   .   .   *Carm.*4.14.34
quare per divos oratus uterque Penatis   .   .   .   *Serm.*2.3.176
prudens placavi sanguine divos.' *Serm.*2.3.206
'docte Cati, per amicitiam divosque rogatus   .   .   .   *Serm.*2.4.88
Musa dedit fidibus divos puerosque deorum   .   .   .   *Ars Poet.*83
intererit multum, divosne loquatur an heros,   .   .   .   *Ars Poet.*114
divum.   et qui nocturnus sacra divom [divum sacra] legerit. .   .   *var.Serm.*1.3.117
et qui nocturnus sacra divom [divum] legerit.   .   .   *var.Serm.*1.3.117
divus.   intererit multum, divom [divusne] loquatur an heros,   .   *var.Ars Poet.*114
dixere.   Vergilius, post hunc Varius dixere quid essem.   .   .   *Serm.*1.6.55
dixeris.   neque enim concludere versum|dixeris esse satis   .   .   *Serm.*1.4.41
integer est animi? ne dixeris. *Serm.*2.3.220
dixeris: 'experiar', 'si vis, potes,' addit et instat.   .   .   .   *Serm.*2.6.39

dixeris egregie, notum si callida verbum|reddiderit iunctura novom. . *Ars Poet.*47
dixerit. dixerit insanum qui me, totidem audiet *Serm.*2.3.298
donec "ohe iam"|ad caelum manibus sublatis dixerit, . . . *Serm.*2.5.97
"etenim fateor me" dixerit ille|"duci ventre levem, . . . *Serm.*2.7.37
dixeris [dixerit] egregie, notum si callida verbum|reddiderit iunctura
novom. . . . . *var.Ars Poet.*47
dixero. liberius si|dixero quid, si forte iocosius, ... *Serm.*1.4.104
dixi. non ego perfidum|dixi sacramentum: *Carm.*2.17.10
nempe inconposito dixi pede currere versus|Lucili. . . . *Serm.*1.10.1
at dixi fluere hunc lutulentum, ... *Serm.*1.10.50
'dixi equidem et dico: *Serm.*2.5.23
multa quidem dixi, cur excusatus abirem, ... *Epist.*1.9.7
scripta pudet recitare et nugis addere pondus'|si dixi, . . . *Epist.*1.19.43
dixi me pigrum proficiscenti tibi, dixi|talibus officiis prope mancum, *Epist.*2.2.20
dixisse. cui licet in diem|dixisse 'vixi: *Carm.*3.29.43
(Craterum dixisse putato) *Serm.*2.3.161
divisse . . . fertur et hoc moriens pueris dixisse vocatis|ad lectum: *Serm.*2.3.170
si de quincunce remota est|uncia, quid superat? poteras dixisse.' . *Ars Poet.*328
nunc satis est dixisse 'ego mira poemata pango; . . . *Ars Poet.*416
dixit. arma|militibus sine caede' dixit|'derepta vidi, . . . *Carm.*3.5.20
'surge' quae dixit iuveni marito, ... *Carm.*3.11.37
pietasque' dixit|'victa furore. *Carm.*3.27.35
'abstineto'|dixit 'irarum calidaeque rixae, ... *Carm.*3.27.70
dixitque tandem perfidus Hannibal: *Carm.*4.4.49
quid dixit aut quid tacuit? *Epod.*5.49
ut audax,|contemptis aliis, explosa Arbuscula dixit. . . *Serm.*1.10.77
olim quod volpes [? quod dixit volpes] aegroto cauta leoni|respondit,
referam: . . . . *? var.Epist.*1.1.73
'nullus in orbe sinus Bais praelucet amoenis'|si dixit dives, . *Epist.*1.1.84
'Iane pater' clare, clare cum dixit 'Apollo,' *Epist.*1.16.59
collegam Lepidum quo duxit [dixit] Lollius anno. . . . *var.Epist.*1.20.28
'dixit adhuc aliquid?' 'nil sane.' 'quid placet ergo?' . . *Epist.*2.1.206
do. 'iam iam efficaci do manus scientiae, ... *Epod.*17.1
Ilia et Egeria est; do nomen quodlibet illi. . . . *Serm.*1.2.126
doce. utrius horum|verba probes et facta, doce . . . *Epist.*1.17.16
doceat. in campo doceat parentem currere frenis? . . . *Serm.*1.1.91
quas doceat quivis eques atque senator|semet prognatos. . *Serm.*1.6.77
docebo: . . . quid alat formetque poetam,|quid deceat [doceat], quid
non, ... *var.Ars Poet.*308
docebo. huic ego volgus|errori similem cunctum insanire docebo. . *Serm.*2.3.63
munus et officium, nil scribens ipse, docebo: . . . *Ars Poet.*306
docendum. sed puerum est ausus Romam portare docendum|artis, . *Serm.*1.6.76
docendus. multa mole docendus aprico parcere prato. . . *Epist.*1.14.30
disce, docendus adhuc quae censet amiculus, . . . *Epist.*1.17.3
docentem. Bacchum in remotis carmina rupibus|vidi docentem, . *Carm.*2.19.2
ut pueros elementa docentem|occupet extremis in vicis balba senectus. *Epist.*1.20.17
docentis. et peccare docentis|fallax historias monet. . . . *Carm.*3.7.19
doceo. dum doceo insanire omnis, ... *Serm.*2.3.81
doceri. motus doceri gaudet Ionicos *Carm.*3.6.21
Romae nutriri mihi contigit atque doceri, ... *Epist.*2.2.41
docilem. fingit equom tenera docilem cervice magister . . *Epist.*1.2.64
dociles. ut cito dicta|percipiant animi dociles teneantque fideles; . *Ars Poet.*336
docili. di, probos mores docili iuventae, ... *Carm.Saec.*45
Docilis. ambigitur quid enim? Castor sciat an Docilis plus; . . *Epist.*1.18.19
docilis. te docilis magistro|movit Amphion lapides canendo, . *Carm.*3.11.1
reddidi carmen, docilis modorum|vatis Horati.' . . . *Carm.*4.6.43
parebit pravi docilis Romana iuventus. — *Serm.*2.2.52
unde ego mira|descripsi docilis praecepta haec, . . . *Serm.*2.3.34
docta. Sabellis docta ligonibus|versare glaebas . . . *Carm.*3.6.38
dulcis docta modos et citharae sciens, ... *Carm.*3.9.10
docta. caelestis inplorat aquas docta prece blandus, . . . *Epist.*2.1.135
doctae. doctae psallere Chiae *Carm.*4.13.7
doctarum. me doctarum hederae praemia frontium|dis miscent superis, *Carm.*1.1.29
docte. docte sermones utriusque linguae? *Carm.*3.8.5
nisi quid tu, docte Trebati,|dissentis.' *Serm.*2.1.78
'docte Cati, per amicitiam divosque rogatus *Serm.*2.4.88
prisco si credis, Maecenas docte, Cratino, ... *Epist.*1.19.1
docti. aufert|Pacuvius docti famam senis, ... *Epist.*2.1.56
docti. 'noris nos' inquit; 'docti sumus.' *Serm.*1.9.7

scribimus indocti doctique poemata passim. *Epist.2.1.117*
doctior. venarique timet, ludere doctior, ... *Carm.3.24.56*
  'ditior hic aut est quia doctior; *Serm.1.9.51*
doctissimus. rhetor comes Heliodorus,|Graecorum longe doctissimus; . *Serm.1.5.3*
  grammaticorum equitum doctissimus. *Serm.1.10.*8*
doctitet. annosa volumina vatum | dictitet [doctitet] Albano Musas in
  monte locutas. *var.Epist.2.1.27*
doctius. psallimus et luctamur Achivis doctius unctis. *Epist.2.1.33*
doctor. doctor argutae fidicen Thaliae|Phoebe, ... *Carm.4.6.25*
  iam moechus Romae, iam mallet doctus [doctor] Athenis|vivere, . *var.Serm.2.7.13*
doctores. ut pueris olim dant crustula blandi|doctores, . . . *Serm.1.1.26*
  ipse mihi custos incorruptissimus omnis|circum doctores aderat. . *Serm.1.6.82*
doctos. doctos ego quos et amicos|prudens praetereo, ... *Serm.1.10.87*
  inter cuncta leges et percontabere doctos, ... *Epist.1.18.96*
doctrina. doctrina sed vim promovet insitam *Carm.4.4.33*
  virtutem doctrina paret naturane donet, ... *Epist.1.18.100*
doctum. blandum [doctum] et auritas fidibus canoris|ducere quercus. *var.Carm.1.12.11*
  Pythagoran Anytique reum doctumque Platona.' *Serm.2.4.3*
  respicere exemplar vitae morumque iubebo|doctum imitatorem . *Ars Poet.318*
  indoctum doctumque fugat recitator acerbus; . . . . *Ars Poet.474*
doctus. doctus sagittas tendere Sericas|arcu paterno? . . . *Carm.1.29.9*
  doctus et Phoebi chorus et Dianae|dicere laudes. . . . *Carm.Saec.75*
  simius iste|nil praeter Calvom et doctus cantare Catullum. . . *Serm.1.10.19*
  tu nihil in magno doctus reprehendis Homero? *Serm.1.10.52*
  doctus eris vivam musto mersare Falerno: *Serm.2.4.19*
  iam mallet doctus Athenis|vivere, ... *Serm.2.7.13*
  evasti: credo, metues doctusque cavebis — *Serm.2.7.68*
  quae gravis Aesopus, quae doctus Roscius egit: . . . *Epist.2.1.82*
  seu cursum mutavit iniquom frugibus amnis|doctus iter melius: . *Ars Poet.68*
docuere. insolitos docuere nisus|venti paventem, ... *Carm.4.4.8*
  vel qui praetextas vel qui docuere togatas. . . . . *Ars Poet.288*
docui. ut proficiscentem docui te saepe diuque, ... *Epist.1.13.1*
docuit. donec vos auctor docuit praetorius. *Serm.2.2.50*
  dum, quae Crispini docuit me ianitor, edo. *Serm.2.7.45*
  me docuit melimela rubere minorem|ad lunam delecta. . . . *Serm.2.8.31*
  et docuit magnumque loqui nitique cothurno. . . . . *Ars Poet.280*
documentum. magnum documentum, ne patriam rem|perdere quis velit.' *Serm.1.4.110*
dolat. mulae nautaeque caput lumbosque saligno|fuste dolat: . *Serm.1.5.23*
doleas. Albi, ne doleas plus nimio memor|inmitis Glycerae . . *Carm.1.33.1*
doleat. quis humana sibi doleat natura negatis. *Serm.1.1.75*
  utrum|gaudeat an doleat, cupiat metuatne, ... *Epist.1.6.12*
dolendum. si vis me flere, dolendum est|primum ipsi tibi: . . *Ars Poet.102*
dolentem. quodsi dolentem nec Phrygius lapis . . . delenit . *Carm.3.1.41*
  vinci dolentem crevit in Herculem *Carm.4.4.62*
dolentes. ut lippum pictae tabulae, . . . auriculas citharae collecta sorde
  dolentis [dolentes]. *var.Epist.1.2.53*
dolentibus. faciunt prope plura dolentibus ex animo, . . . *Ars Poet.432*
dolentis. auriculas citharae collecta sorde dolentis. . . . *Epist.1.2.53*
  Lamiae pietas . . . rapto de fratre dolentis|insolabiliter, . *Epist.1.14.7*
dolet. iniecta monstris Terra dolet suis *Carm.3.4.73*
  et, tragicus plerumque, dolet sermone pedestri|Telephus et Peleus, *Ars Poet.95*
Dolichos. ambigitur quid enim? Castor sciat an Docilis [Dolichos] plus; *var.Epist.1.18.19*
Dolicis. ambigitur quid enim? Castor sciat an Docilis [Dolicis] plus; . *var.Epist.1.18.19*
dolio. et horna dulci vina promens dolio *Epod.2.47*
dolis, . . . Iliacos intra muros peccatur *Epist.1.2.15*
dolitura. quid latura sibi, quid sit dolitura negatum, . . . *Serm.1.2.112*
dolitura. o dolitura mea multum virtute Neaera: *Epod.15.11*
doliturus. doliturus, si placeant spe|deterius nostra. . . . *Serm.1.10.89*
dolium. inane lymphae|dolium fundo pereuntis imo . . . *Carm.3.11.27*
dolo. non, ut magna dolo factum negat esse suo pars, . . . *Serm.1.6.90*
dolor. si certus intrarit dolor. *Epod.15.16*
  nec laterum dolor aut tussis nec tarda podagra; . . . *Serm.1.9.32*
  infectum volet esse, dolor quod suaserit et mens, . . . *Epist.1.2.60*
dolore. utque illis multo corrupta dolore voluptas *Serm.1.2.39*
  in cor|traiecto lateris miseri capitisve dolore, . . . *Serm.2.3.29*
  sperne voluptates: nocet empta dolore voluptas. . . . *Epist.1.2.55*
dolorem. sunt verba et voces, quibus hunc lenire dolorem|possis . *Epist.1.1.34*
dolores. hiscine versiculis speras tibi posse dolores|atque aestus curasque
  gravis e pectore pelli? *Serm.1.2.109*

an potius mediter finire dolores? . . . .
'Iuppiter, ingentis qui das adimisque dolores,' *Serm.*2.3.263
doloribus. novis ut usque suppetas laboribus [doloribus]. . . *Serm.*2.3.288
uti mox | nulla fides damnis verisque doloribus adsit. . . . *var.Epod.*17.64
dolos. turdis edacibus dolos *Epist.*1.17.57
dolosa. mulier si forte dolosa | libertusve senem delirum temperet, . . *Epod.*2.34
dolosi. ferre iugum pariter dolosi: *Serm.*2.5.70
doloso. incedis per ignis | suppositos cineri doloso. . . . *Carm.*1.35.28
Europe niveum doloso | credidit tauro latus *Carm.*2.1.8
'iamne doloso | non satis est Ithacam revehi *Carm.*3.27.25
dolosos. 'iamne doloso [dolosos] | non satis est Ithacam revehi patriosque . . *Serm.*2.5.3
Penates | adspicere?' *var.Serm.*2.5.3
doluere. ingenio offensi aut laeso doluere Metello *Serm.*2.1.67
doluere cruento | dente lacessiti, ... *Epist.*2.1.150
dolum. boves olim nisi reddidisses | per dolum amotas, . . . *Carm.*1.10.10
domabilis. Cantaber non ante domabilis *Carm.*4.14.41
domando. latius regnes avidum domando | spiritum . . . *Carm.*2.2.9
domari. comperit invidiam supremo fine domari. *Epist.*2.1.12
domat. quae te cumque domat Venus, ... *Carm.*1.27.14
domestica. vestigia Graeca | ausi deserere et celebrare domestica facta . *Ars Poet.*287
domesticus. pransus non avide, . . . domesticus otior. . . *Serm.*1.6.128
domi. 'populus me sibilat, at mihi plaudo | ipse domi, . . . *Serm.*1.1.67
quidquid et horum | cuique domi est, ... *Serm.*2.3.232
domi si gnatus erit fecundave coniux. *Serm.*2.5.31
supremo te sole domi, Torquate, manebo. *Epist.*1.5.3
post paulo scribit sibi milia quinque | esse domi chlamydum; . . *Epist.*1.6.44
mea cur ingratus opuscula lector | laudet ametque domi, . . . *Epist.*1.19.36
me primis Vrbis belli placuisse domique, ... *Epist.*1.20.23
qualis | aedituos habeat belli spectata domique | virtus, . . *Epist.*2.1.230
domibus. in terra domibus negata: *Carm.*1.22.22
domibus. sermo oritur, non de villis domibusve alienis, . . *Serm.*2.6.71
domina. Sarmenti domina exstat: *Serm.*1.5.55
domina. sub domina meretrice fuisset turpis et excors, . . *Epist.*1.2.25
dominae. nec priores | inpiae tectum dominae relinquont, . . *Carm.*2.8.19
me dulcis dominae Musa Licymniae | cantus, . . . voluit dicere . *Carm.*2.12.13
o tutela praesens | Italiae dominaeque Romae. *Carm.*4.14.44
nilo deterius dominae ius esse: *Serm.*1.5.67
dominae. dominaeque tradi | barbarae paelex."' *Carm.*3.27.65
dominam. te dominam aequoris *Carm.*1.35.6
dominantia. inornata et dominantia nomina solum | verbaque, . *Ars Poet.*234
domini. caducum | in domini caput inmerentis. *Carm.*2.13.12
scriba quod esset, | nilo deterius dominae [domini] ius esse: . . *var.Serm.*1.5.67
non aeris acervos et auri | aegroto domini deduxit corpore febris, . *Epist.*1.2.48
domino. fertilibus domino priori, ... *Carm.*2.15.8
pingue pecus domino facias et cetera praeter | ingenium, . . *Serm.*2.6.14
Davos, amicum | mancipium domino *Serm.*2.7.3
dominoque furenti | conmittes rem omnem *Serm.*2.7.66
domino. res ubi magna nitet domino sene; *Serm.*2.5.12
dominos. terrarum dominos evehit ad deos | hunc, . . . *Carm.*1.1.6
permutet dominos et cedat in altera rura. *Epist.*2.2.174
dominum. movit Aiacem Telamone natum | forma captivae dominum
Tecmessae, ... *Carm.*2.4.6
neque . . . ulla brevem dominum sequetur. *Carm.*2.14.24
et dominum fallunt et prosunt furibus. *Epist.*1.6.46
dominum vehet inprobus atque | serviet aeternum, . . . *Epist.*1.10.40
⟨si⟩ quercus et ilex | multa fruge pecus, multa dominum iuvet umbra? . *Epist.*1.16.10
vilicus Orbi, . . . te dominum sentit. *Epist.*2.2.162
dominus. dominusque terrae | fastidiosus: *Carm.*3.1.36
Timor et Minae | scandunt eodem, quo dominus, . . . *Carm.*3.1.38
contemptae dominus splendidior rei, ... *Carm.*3.16.25
integrum edax dominus consumeret. *Serm.*2.2.92
audeat esuriens dominus contingere granum *Serm.*2.3.113
mentem, nisi litigiosus, | exciperet dominus, cum venderet. . . *Serm.*2.3.286
tune mihi dominus, ... *Serm.*2.7.75
urget enim dominus mentem non lenis *Serm.*2.7.93
si non causas narraret earum et | naturas dominus; . . . *Serm.*2.8.93
ne dominus pueri pulchri caraeve puellae | munere te parvo beet . *Epist.*1.18.74
ne dominus pueri [pueri dominus] pulchri . . . munere te parvo beet aut
incommodus angat. *var.Epist.*1.18.74

domita. 'qui domita nomen ab Africa|lucratus rediit,' *Carm*.4.8.18
domitam. prelo domitam Caleno|tu bibes uvam: *Carm*.1.20.9
domito. sed postquam victor violens [domito victor] discessit ab hoste,|
    . . . non frenum depulit ore. *coni.Epist*.1.10.37
domitor. qui domitor Troiae multorum providus urbes|et mores hominum
    inspexit *Epist*.1.2.19
domitos. Parthos Latio imminentis|egerit iusto domitos triumpho . . *Carm*.1.12.54
    domitosque Herculea manu|Telluris iuvenes, ... *Carm*.2.12.6
domitus. virginea domitus sagitta. *Carm*.3.4.72
    Cantaber, sera domitus catena, ... *Carm*.3.8.22
domo. ponendaeque domo quaerenda est area primum: . . *Epist*.1.10.13
domo. post ignem aetheria domo|subductum *Carm*.1.3.29
    cedes coemptis saltibus et domo *Carm*.2.3.17
    quis devium scortum eliciet domo|Lyden? *Carm*.2.11.21
    neque aureum|mea renidet in domo lacunar, . . . *Carm*.2.18.2
    tempestivius in domum [domo] | Pauli purpureis ales oloribus |
    comissabere Maximi, ... *var.Carm*.4.1.9
    dulci distinet a domo, ... *Carm*.4.5.12
    plena dives ut in domo. *Carm*.4.12.24
    tecum sub alta — sic Iovi gratum — domo, ... *Epod*.9.3
    agrestem pepulere, domo levis exsilit; *Serm*.2.6.98
    ponit uterque|in locuplete domo vestigia, ... *Serm*.2.6.102
    'abi, quaere et refer, unde domo, quis, ... *Epist*.1.7.53
    dignum mente domoque legentis honesta Neronis, . . . *Epist*.1.9.4
    Romae dulce diu fuit et sollemne reclusa|mane domo vigilare, . *Epist*.2.1.104
domos. uret Achaicus|ignis †Iliacas domos.' *Carm*.1.15.36
    nec quidquam tibi prodest|aerias temptasse domos . . *Carm*.1.28.5
    utcumque mutata potentis|veste domos inimica linquis, . . *Carm*.1.35.24
    plenas aut Arabum domos, ... *Carm*.2.12.24
    sepulcri|inmemor struis domos *Carm*.2.18.19
    non humilis domos|fastidit umbrosamque ripam, . . *Carm*.3.1.22
    nuptias|primum inquinavere et genus et domos: . . *Carm*.3.6.18
    filia rectius|expugnat iuvenum domos, ... *Carm*.3.15.9
    quorum plaustra vagas rite trahunt domos, . . . *Carm*.3.24.10
    stirpisque raptas et pecus et domos|volventis una, . . *Carm*.3.29.37
    in hostilis domos|iram atque numen vertite. . . . *Epod*.5.53
    hortos egregiasque domos mercarier unus|cum lucro noram: . *Serm*.2.3.24
    per honestas|ire domos inpune minax. *Epist*.2.1.150
domuit. nec fera caerulea domuit Germania pube *Epod*.16.7
domum. nec saevam Pelopis domum *Carm*.1.6.8
    'mala ducis avi domum *Carm*.1.15.5
    Socraticam et domum|mutare loricis Hiberis, . . . *Carm*.1.29.14
    prima nocte domum claude *Carm*.3.7.29
    quo praebente domum *Carm*.3.19.7
    tempestivius in domum|Pauli . . . Maximi, . . . *Carm*.4.1.9
    sive quos Elea domum reducit|palma caelestis . . . *Carm*.4.2.17
    spem bonam certamque domum reporto *Carm.Saec*.74
    in partem iuvet|domum atque dulcis liberos, . . . *Epod*.2.40
    pastas ovis|videre properantis domum, ... *Epod*.2.62
    per totam domum|spargens Avernalis aquas, . . . *Epod*.5.25
    iussus abire domum *Epod*.11.20
    nec mater domum caerula te revehet. *Epod*.13.16
    neu conversa domum pigeat dare lintea, ... *Epod*.16.27
    Murena praebente domum, Capitone culinam. . . . *Serm*.1.5.38
    inde domum me|ad porri et ciceris refero laganique catinum; . *Serm*.1.6.114
    mane domum veniant. *Serm*.2.3.230
    nudus inopsque domum redeam te vate, ... *Serm*.2.5.6
    ire domum atque|pelliculam curare *Serm*.2.5.37
    quod non mane domum venisset, ... *Epist*.1.7.68
    pinguis ut inde domum possim Phaeaxque reverti — . . *Epist*.1.15.24
domus. iam te premet nox fabulaeque Manes|et domus exilis Plutonia; . *Carm*.1.4.17
    quam domus Albuneae resonantis *Carm*.1.7.12
    sit modus [domus] lasso maris et viarum|militiaeque. . . *coni.Carm*.2.6.7
    fulgens contremuit domus|Saturni veteris: . . . *Carm*.2.12.8
    linquenda tellus et domus et placens|uxor . . . *Carm*.2.14.21
    nec Priami domus|periura pugnacis Achivos|Hectoreis opibus refringit *Carm*.3.3.26
    concidit auguris|Argivi domus ob lucrum|demersa exitio; . . *Carm*.3.16.12
    nullis polluitur casta domus stupris, ... *Carm*.4.5.21
    ridet argento domus, ... *Carm*.4.11.6

undique magno|pulsa domus strepitu resonet, ... *Serm.*1.2.129
domus hac nec purior ulla est *Serm.*1.9.49
domus alta Molossis|personuit canibus. *Serm.*2.6.114
non domus et fundus, non aeris acervos et auri . . . *Epist.*1.2.47
qui cupit aut metuit, iuvat illum sic domus et res . . . *Epist.*1.2.51
et mundus victus [et domus et victus] non deficiente crumina? . . *coni.Epist.*1.4.11
exilis domus est, ubi non et multa supersunt . . . *Epist.*1.6.45
laudaturque domus, longos quae prospicit agros: . . . *Epist.*1.10.23
sed videt hunc omnis domus et vicinia tota|introrsum turpem, . *Epist.*1.16.44
domus. Cecropiae domus|aeternum opprobrium, ... *Carm.*4.12.6
positosque vernas, ditis examen domus, ... *Epod.*2.65
ex parte tua seu fundi sive domus sit|emptor, . . . *Serm.*2.5.108
cum pater ipse domus palea porrectus in horna . . *Serm.*2.6.88
pauperies inmunda domus procul absit: *Epist.*2.2.199
dona. dona praesentis cape laetus horae ⟨ac⟩|linque severa. . *Carm.*3.8.27
reiecit alto dona nocentium|voltu, ... *Carm.*4.9.42
censes . . . quid plausus et amici dona Quiritis, . . *Epist.*1.6.7
Atride, magis apta tibi tua dona relinquam.' . . . *Epist.*1.7.43
ad libros et ad haec Musarum dona vocares, . . . *Epist.*2.1.243
donabat. quidquid quaesierat ventri donabat avaro. . . *Epist.*1.15.32
donaberis. cras donaberis haedo, ... *Carm.*3.13.3
donandi. 'venit enim magnum donandi parca iuventus . . *Serm.*2.5.79
donandus. laurea donandus Apollinari, ... *Carm.*4.2.9
donant. aequis accipiunt animis donantve corona. . . *Ars Poet.*250
donarat. quidquid quaesierat ventri donabat [donarat] avaro. . *var.Epist.*1.15.32
donare. carmina possumus|donare et pretium dicere muneri. . *Carm.*4.8.12
spes donare novas largus *Carm.*4.12.19
te talos, Aule, nucesque|ferre sinu laxo, donare et ludere vidi, . *Serm.*2.3.172
tu seu donaris seu quid donare voles cui, . . . *Ars Poet.*426
donarem. donarem pateras grataque commodus, | Censorine, meis aera
sodalibus, ... *Carm.*4.8.1
donarem tripodas, praemia fortium|Graiorum, . . *Carm.*4.8.3
donarent. cui|rem di donarent, illi decedere pravam|stultitiam; . *Epist.*2.2.152
donaret. quidquid quaesierat ventri donabat [donaret] avaro. . *coni.Epist.*1.15.32
donari. ut copia maior|ab Iove donari possit tibi. . . *Epist.*1.12.3
donarint. cui|rem di donarent [donarint], . . . *coni.Epist.*2.2.152
donaris. tu seu donaris seu quid donare voles cui, . . *Ars Poet.*426
donasset. donasset iamne catenam|ex voto Laribus, quaerebat; . *Serm.*1.5.65
donat. dicit et centum potiore signis|munere donat, . . *Carm.*4.2.20
qui patrium mimae donat fundumque Laremque, . . *Serm.*1.2.56
divinare etenim magnus mihi donat Apollo.' . . *Serm.*2.5.60
et genus et formam regina Pecunia donat . . . *Epist.*1.6.37
prodigus et stultus donat quae spernit et odit: . . *Epist.*1.7.20
dum septem donat sestertia, mutua septem|promittit, . *Epist.*1.7.80
sed satis est orare Iovem quae ponit [donat] et aufert, . *var.Epist.*1.18.111
donata. si me|palma negata macrum, donata reducit opimum. . *Epist.*2.1.181
donata. inspice, si possum donata reponere laetus. . *Epist.*1.7.39
donatum. spectatum satis et donatum iam rude . . *Epist.*1.1.2
donatura. donatura cycni, si libeat, sonum, . . . *Carm.*4.3.20
donatus. ne rubeam pingui donatus munere . . . *Epist.*2.1.267
donavere. nihil maius meliusve terris|fata donavere . . *Carm.*4.2.38
donec. donec virenti canities abest|morosa. . . . *Carm.*1.9.17
donec labantis consilio patres|firmaret auctor . . *Carm.*3.5.45
donec templa refeceris *Carm.*3.6.2
'donec gratus eram tibi *Carm.*3.9.1
'donec non alia magis|arsisti *Carm.*3.9.5
tu, donec cinis|iniuriosis aridus ventis ferar, . . . *Epod.*17.33
donec verba, quibus voces sensusque notarent,|nominaque invenere; . *Serm.*1.3.103
donec cerebrosus prosilit unus *Serm.*1.5.21
donec|decoqueretur holus *Serm.*2.1.73
donec vos auctor docuit praetorius. *Serm.*2.2.50
donec "ohe iam"|ad caelum manibus sublatis dixerit, . *Serm.*2.5.96
donec minor in certamine longo|inploravit opes . . *Epist.*1.10.35
donec manibus tremor incidat unctis . . . *Epist.*1.16.23
donec suspecta severo|conticuit lyra. . . . *Epist.*1.18.42
donec|alterutrum velox Victoria fronde coronet. . . *Epist.*1.18.63
carus eris Romae, donec te deserat aetas; . . . *Epist.*1.20.10
donec iam saevos apertam|in rabiem coepit verti iocus . . *Epist.*2.1.148
sessuri, donec cantor 'vos plaudite' dicat: . . . *Ars Poet.*155

donem.   verris obliquom meditantis ictum|sanguine donem.   .   .   .   *Carm.*3.22.8
donent.   'di te, Damasippe, deaeque|verum ob consilium donent tonsore. .   *Serm.*2.3.17
dones.   frui paratis et valido mihi,|Latoe, dones ac precor integra   .   .   *Carm.*1.31.18
   barathrone|dones quidquid habes *Serm.*2.3.167
donet.   cui donet inpermissa raptim|gaudia *Carm.*3.6.27
   spicea donet Cererem corona; *Carm.Saec.*30
   virtutem doctrina paret naturane donet, ...   *Epist.*1.18.100
donis.   hoc delibutis ulta donis paelicem *Epod.*3.13
   clarus ob id factum donis ornatur honestis, ...   *Epist.*2.2.32
dono.   'tam teneor dono, quam si dimittar onustus'   .   .   .   *Epist.*1.7.18
Dorium.   hac Dorium, illis barbarum? *Epod.*9.6
dormiet.   dormiet in lucem, scorto postponet honestum|officium,   .   .   *Epist.*1.18.34
dormire.   tandem fessus dormire viator|incipit *Serm.*1.5.17
   verum nequeo dormire.' *Serm.*2.1.7
   cui pulcrum fuit in medios dormire dies *Epist.*1.2.30
   ni melius dormire putem quam scribere versus?   .   .   .   *Epist.*2.2.54
dormirem.   ut tuto ab atris corpore viperis|dormirem et ursis,   .   .   *Carm.*3.4.18
dormis.   'me tuo longas pereunte noctes,|Lydia, dormis?'   .   .   *Carm.*1.25.8
   'tu nive Lucana dormis ocreatus, ...   *Serm.*2.3.234
dormitabo.   male si mandata loqueris,|aut dormitabo aut ridebo.   .   *Ars Poet.*105
dormitat.   quandoque bonus dormitat Homerus,   .   .   .   *Ars Poet.*359
dormitum.   lusum it Maecenas, dormitum ego Vergiliusque;   .   .   *Serm.*1.5.48
   deinde eo dormitum, ...   *Serm.*1.6.119
   tandem dormitum dimittitur. *Epist.*1.7.73
dorso.   cum gravius dorso subiit onus. *Serm.*1.9.21
   praerupti nemoris patientem vivere dorso? *Serm.*2.6.91
   non equitem dorso, non frenum depulit ore.   .   .   .   *Epist.*1.10.38
dos.   dos est magna parentium|virtus *Carm.*3.24.21
Dossennus.   quantus sit Dossennus edacibus in parasitis,   .   .   *Epist.*2.1.173
dotalibus.   ne plus frumenti dotalibus emetat agris   .   .   .   *Epist.*1.6.21
dotata.   nec dotata regit virum|coniunx *Carm.*3.24.19
dote.   probamque|pauperiem sine dote quaero.   .   .   .   *Carm.*3.29.56
   filius uxorem grandi cum dote recuset, ...   *Serm.*1.4.50
   scilicet uxorem cum dote . . . regina Pecunia donat   .   .   *Epist.*1.6.36
doti.   cruribus haec metuat, doti deprensa, egomet mi. .   .   .   *Serm.*1.2.131
drachmis.   si me stultior ipso|quingentis empto drachmis deprenderis?   .   *Serm.*2.7.43
dracones.   nunc in reluctantis dracones *Carm.*4.4.11
Drusum.   videre Raetis bella sub Alpibus|Drusum gerentem Vindelici.   .   *Carm.*4.4.18
Drusus.   Drusus Genaunos, . . . deiecit acer plus vice simplici; .   .   *Carm.*4.14.10
duarum.   horruerim voces Furiarum et facta duarum.   .   .   .   *Serm.*1.8.45
dubia.   ut pallidus omnis|cena desurgat dubia?   .   .   .   *Serm.*2.2.77
dubiae.   neu fluitem dubiae spe pendulus horae.'   .   .   .   *Epist.*1.18.110
dubiis.   secundis|temporibus dubiisque rectus, ...   *Carm.*4.9.36
dubios.   uterne|ad casus dubios fidet sibi certius?   .   .   .   *Serm.*2.2.108
dubitem.   recte necne crocum floresque perambulet Attae | fabula si
   dubitem, ...   *Epist.*2.1.80
dubito.   an superbos|Tarquini fascis, dubito, an Catonis|nobile letum: .   *Carm.*1.12.35
dubius.   sed dubius unde rumperet silentium, ...   *Epod.*5.85
   'dubius sum, quid faciam,' inquit, ...   *Serm.*1.9.40
ducant.   funus atque imagines|ducant triumphales tuom   .   .   .   *Epod.*8.12
ducat.   inpios parrae recinentis omen|ducat *Carm.*3.27.2
   ne si facies, ut saepe, decora|molli fulta pede est, emptorem inducat
   [ducat] hiantem, ...   *coni.Serm.*1.2.88
   ne|peccet ad extremum ridendus et ilia ducat.'   .   .   .   *Epist.*1.1.9
   Brundisium Minuci melius via ducat an Appi.   .   .   .   *Epist.*1.18.20
duce.   neu sinas Medos equitare inultos|te duce, Caesar.   .   .   *Carm.*1.2.52
   quam rem cumque ferox . . . miles te duce gesserit.   .   .   *Carm.*1.6.4
   nil desperandum Teucro duce et auspice: .   .   .   *Carm.*1.7.27
   quin et Atridas duce te superbos . . . fefellit.   .   .   .   *Carm.*1.10.13
   deducte Bruto militiae duce, ...   *Carm.*2.7.2
   cum populo et duce fraudulento. *Carm.*3.3.24
   ac ne forte roges, quo me duce, quo Lare tuter: .   .   .   *Epist.*1.1.13
   bella tulisti|sub duce, qui templis Parthorum signa refigit   .   .   *Epist.*1.18.56
   Actia pugna|te duce per pueros hostili more refertur;   .   .   *Epist.*1.18.62
ducem.   Deliis|ornatum foliis ducem, ...   *Carm.*4.3.7
   candidum|Medea mirata est ducem, ...   *Epod.*3.10
   nec Iugurthino parem|bello reportasti ducem   .   .   .   *Epod.*9.24
ducenda.   ingrata misero vita ducenda est in hoc,   .   .   .   *Epod.*17.63
   plures calones atque caballi|pascendi, ducenda petorrita.   .   .   *Serm.*1.6.104

ducendus. ducendus et unus|et comes alter, ... *Serm.*1.6.101
ducent. hae nugae seria ducent . . . . *Ars Poet.*451
ducenta. si plostra ducenta|concurrantque foro tria funera, . . . *Serm.*1.6.42
ducente. ducente victrices catervas|coniuge me Iovis et sorore. . . *Carm.*3.3.63
ducenter. singula quaeque locum teneant sortita decenter [ducenter]. . *var.Ars Poet.*92
ducentia. pocula Lethaeos ut si ducentia somnos *Epod.*14.3
ducentis. abstinens|ducentis ad se cuncta pecuniae, ... *Carm.*4.9.38
ducentis. Catienis mille ducentis|'mater, te appello' clamantibus. . *Serm.*2.3.61
ducentos. habebat saepe ducentos,|saepe decem servos; . . . *Serm.*1.3.11
in hora saepe ducentos,|ut magnum, versus dictabat . . . *Serm.*1.4.9
amet scripsisse ducentos|ante cibum versus, ... *Serm.*1.10.60
ducere. blandum et auritas fidibus canoris|ducere quercus. . . . *Carm.*1.12.12
illum ego lucidas|inire sedes, discere [ducere] nectaris|sucos . . . patiar *var.Carm.*3.3.34
tu potes tigris comitesque silvas|ducere *Carm.*3.11.14
audet|ducere nuda choros: *Carm.*4.7.6
pressum Calibus ducere Liberum|si gestis, ... *Carm.*4.12.14
ducere me auditum, perges quocumque, memento. *Serm.*2.4.89
quandoque licebit . . . ducere sollicitae iucunda oblivia vitae? . . *Serm.*2.6.62
ad strepitum citharae cessatum ducere curam. *Epist.*1.2.31
tortum digna sequi potius quam ducere funem. *Epist.*1.10.48
respicere . . . iubebo|doctum imitatorem et vivas hinc ducere voces. . *Ars Poet.*318
dictus et Amphion, Thebanae conditor urbis, | saxa . . . ducere, quo
vellet. . . . . *Ars Poet.*396
nolito ad versus tibi factos ducere plenum|laetitiae; . . . . *Ars Poet.*427
duceret. quo te caelestis sapientia duceret, ires. *Epist.*1.3.27
nequis . . . alius Lysippo duceret aera | fortis Alexandri voltum
simulantia. *Epist.*2.1.240
duceris. duceris ut nervis alienis mobile lignum. *Serm.*2.7.82
duces. innocentis pocula Lesbii|duces sub umbra *Carm.*1.17.22
illic plurima naribus|duces tura *Carm.*4.1.22
duces. audire magnos iam videor duces, ... *Carm.*2.1.21
munera navium|saevos inlaqueant duces. *Carm.*3.16.16
virtute functos more patrum duces . . . canemus. *Carm.*4.15.29
ducet. ille dies utramque|ducet ruinam. *Carm.*2.17.9
tua sectus orbis|nomina ducet.' *Carm.*3.27.76
non equos inpiger|curru ducet Achaico|victorem *Carm.*4.3.5
quotiensque educet [quotiens quoque ducet] in agros|Aetolis onerata
plagis iumenta canesque, ... *var.Epist.*1.18.45
duci. quid attinet tot ora navium gravi|rostrata duci pondere . . *Epod.*4.18
"etenim fateor me"dixerit ille|"duci ventre levem, ... *Serm.*2.7.38
poterat duci quia cena sine istis: . . . . *Ars Poet.*376
ducibus. vita redit bonis|post mortem ducibus, ... *Carm.*4.8.15
te nostris ducibus, te Grais anteferendo *Epist.*2.1.19
ducimus. non tamen adversis aetatem ducimus austris, ... *Epist.*2.2.202
ducis. 'mala ducis avi domum|quam multo repetet Graecia . . . *Carm.*1.15.5
auctore ab illo ducis originem, ... *Carm.*3.17.5
ducis. et soror clari ducis et decorae|supplice vitta|virginum matres . *Carm.*3.14.7
convivatoris, uti ducis, ingenium res | adversae nudare solent, celare
secundae." *Serm.*2.8.73
quae|partes in bellum missi ducis: . . . . *Ars Poet.*315
ducit. iam Cytherea choros ducit Venus imminente luna . . . *Carm.*1.4.5
auctore ab illo ducis [ducit] originem, ... *coni.Carm.*3.17.5
quae porta fugiens eburna|somnium ducit? *Carm.*3.27.42
per caedis ab ipso|ducit opes animumque ferro. *Carm.*4.4.60
et vitem viduas ducit ad arbores; *Carm.*4.5.30
Liber vota bonos ducit ad exitus. *Carm.*4.8.34
forte epos acer,|ut nemo, Varius ducit; *Serm.*1.10.44
ducit te species, video: *Serm.*2.2.35
locuples, quem ducit priva triremis. *Epist.*1.1.93
lucet, eamus|quo ducit gula; *Epist.*1.6.57
quotiensque educet [quotiens quoque ducit] in agros|Aetolis onerata
plagis iumenta canesque, ... *var.Epist.*1.18.45
iniuste totum ducit venditque poema. *Epist.*2.1.75
in vitium ducit culpae fuga, si caret arte. . . . . . *Ars Poet.*31
duco. magnum hoc ego duco,|quod placui tibi, ... *Serm.*1.6.62
ducor. nil ego, si ducor libo fumante: *Serm.*2.7.102
ducta. ductaque per vias|regum colla minacium. *Carm.*2.12.11
ductore. luctere [ductore], multa proruet integrum|cum laude victorem . *var.Carm.*4.4.66
ductos. potiore ductos|alite muros — *Carm.*4.6.23

ductu.   forte epos acer, | ut nemo, Varius ducit [ductu]; *var.Serm.*1.10.44

ductum.   nostrisque ductum seditionibus | bellum resedit;   . . . *Carm.*3.3.29

    Aufidienus, | cui Canis ex vero dictum [ductum] cognomen adhaeret.   *var.Serm.*2.2.56

ductus.   Brundisium comes aut Surrentum ductus amoenum   . . *Epist.*1.17.52

ducum.   res gestae regumque ducumque et tristia bella . . . *Ars Poet.*73

ducunt.   vel quia nil rectum, nisi quod placuit sibi, ducunt . . . *Epist.*2.1.83

duella.   tuisque | auspiciis totum confecta duella per orbem   . . . *Epist.*2.1.254

duelli.   et cadum Marsi memorem duelli, ... *Carm.*3.14.18

duellis.   vixi puellis [duellis] nuper idoneus | et militavi non sine gloria;   *coni.Carm.*3.26.1

    vacuom duellis | Ianum Quirini clausit .   . . *Carm.*4.15.8

duello.   pacem duello miscuit. *Carm.*3.5.38

    Graecia barbariae lento collisa duello,   .   .   *Epist.*1.2.7

    lento Samnites ad lumina prima duello.   .   . *Epist.*2.2.98

dulce.   recepto | dulce mihi furere est amico.   .   .   *Carm.*2.7.28

    dulce et decorum est pro patria mori: .   .   . *Carm.*3.2.13

    dulce periculum est, | o Lenaee,   .   .   . *Carm.*3.25.18

    dulce est desipere in loco.   .   .   . *Carm.*4.12.28

    quid pure tranquillet, honos ac dulce lucellum .   . *Epist.*1.18.102

    Romae dulce diu fuit et sollemne reclusa | mane domo vigilare,   *Epist.*2.1.103

dulce.   otium | non dulce, ni tecum simul.   .   . *Epod.*1.8

dulce.   dulce ridentem Lalagen amabo,   .   . *Carm.*1.22.23

    dulce loquentem. *Carm.*1.22.24

    dulce pellitis ovibus Galaesi | flumen   .   . *Carm.*2.6.10

    reddes dulce loqui, reddes ridere decorum   .   . *Epist.*1.7.27

    quin etiam canet indoctum, sed dulce bibenti. .   . *Epist.*2.2.9

dulce.   o et praesidium et dulce decus meum: .   .   *Carm.*1.1.2

    o laborum | dulce lenimen †mihicumque salve | rite vocanti.   *Carm.*1.32.15

dulcem.   non Siculae dapes | dulcem elaborabunt saporem,   . *Carm.*3.1.19

    dulcem quae strepitum, Pieri, temperas,   .   . *Carm.*4.3.18

dulcem.   pro vitula statuis dulcem Aulide natam | ante aras   *Serm.*2.3.199

dulces.   aut dulces alumni | pomifero grave tempus anno.   . *Carm.*3.23.7

    mihi dulces | ignoscent, siquid peccaro stultus, amici   . *Serm.*1.3.139

dulces.   hae latebrae dulces et, iam si credis, amoenae   . *Epist.*1.16.15

    vina fere dulces oluerunt mane Camenae.   . *Epist.*1.19.5

dulci.   nulli plura tamen dividit oscula | quam dulci Lamiae, .   *Carm.*1.36.7

    quid voveat dulci nutricula maius alumno.   . *Epist.*1.4.8

dulci.   dulci laborem decipitur sono .   .   . *Carm.*2.13.38

    dulci sopore languidae,   .   .   . *Epod.*5.56

    dulci Lyaeo solvere.   .   .   . *Epod.*9.38

dulci.   temptavit in dulci iuventa | fervor   .   . *Carm.*1.16.23

    utcumque dulci, Tyndari, fistula .   .   . *Carm.*1.17.10

    quidlibet inpotens | sperare fortunaque dulci | ebria.   . *Carm.*1.37.11

    dulci distinet a domo.   .   .   . *Carm.*4.5.12

dulci.   neque dulci mala vino lavere .   .   . *Carm.*3.12.1

    dulci digne mero non sine floribus,   .   . *Carm.*3.13.2

    et horna dulci vina promens dolio   .   . *Epod.*2.47

    simplex e dulci constat olivo.   .   . *Serm.*2.4.64

    omne tulit punctum, qui miscuit utile dulci   . *Ars Poet.*343

dulcia.   dulcia se in bilem vertent   .   .   *Serm.*2.2.75

    non satis est pulchra esse poemata; dulcia sunto   . *Ars Poet.*99

dulcia.   speres perpetuom dulcia barbare | laedentem oscula,   . *Carm.*1.13.14

    dulcia poma | et quoscumque feret cultus tibi fundus honores .   *Serm.*2.5.12

    grata sume manu neu dulcia differ in annum,   . *Epist.*1.11.23

dulcibus.   deformis aegrimoniae dulcibus adloquiis.'   . *Epod.*13.18

dulcior.   caule suburbano qui siccis crevit in agris | dulcior,   . *Serm.*2.4.16

dulcis.   amicus dulcis, ut aequom est, | cum mea conpensat vitiis bona,   . *Serm.*1.3.69

    sic dulcis amicis | occurram.   .   .   *Serm.*1.4.135

dulcis.   dulcis inexpertis cultura potentis amici, | expertus metuet.   *Epist.*1.18.86

dulcis.   cui sit condicio dulcis sine pulvere palmae?   . *Epist.*1.1.51

    collectosne bibant imbris puteosne perennis | iugis [dulcis] aquae   *var.Epist.*1.15.16

dulcis.   necte meo Lamiae coronam, | Piplei dulcis.   .   . *Carm.*1.26.9

    te, dulcis amice, reviset | cum Zephyris,   .   *Epist.*1.7.12

dulcis.   haec et quae poterunt reditus abscindere dulcis   . *Epod.*16.35

dulcis.   nec dulcis amores | sperne puer   .   . *Carm.*1.9.15

    me dulcis dominae Musa Licymniae | cantus, . . . voluit dicere   *Carm.*2.12.13

    voveram dulcis epulas et album | Libero caprum   . *Carm.*3.8.6

    dulcis docta modos et citharae sciens, .   .   *Carm.*3.9.10

    in partem iuvet | domum atque dulcis liberos,   . *Epod.*2.40

dulcissime.   arreptaque manu 'quid agis, dulcissime rerum?'   . . *Serm.*1.9.4

dulcium.   desine, dulcium | mater saeva Cupidinum, ...   *Carm.*4.1.4
dum.   *Carm.*1.2.17; 1.4.7; 1.6.9; 1.10.11; 1.11.7; 1.16.26; 1.22.10; 1.34.2; 1.37.6; 2.3.15; 2.10.2;
        *Carm.*2.11.16; *var.Carm.*2.12.25; *Carm.*3.3.37; 3.3.40; 3.7.18; 3.11.23; 3.11.50; 3.17.13;
        *Carm.*3.20.9; 3.21.24; 3.30.8; 4.2.49; 4.12.26; *Epod.*13.4; 15.7; *Serm.*1.1.40; 1.1.52;
        *Serm.*1.2.24; *var.Serm.*1.2.97; *Serm.*1.2.127; 1.3.137; 1.4.20; 1.4.118; 1.5.13(*bis*); 1.5.72;
        *Serm.*1.5.99; 1.6.8; 1.9.60; 1.10.36 (*bis*); *var.Serm.*2.1.18; *Serm.*2.2.67; 2.3.31; 2.3.81;
        *var.Serm.*2.3.230; *Serm.*2.4.79; 2.6.96; 2.7.45; *var.Serm.*2.7.105; *Serm.*2.8.48; 2.8.80;
        *Serm.*2.8.82; *Epist.*1.2.2; 1.2.21 (*bis*); 1.2.42; 1.2.61; 1.7.5; 1.7.7; 1.7.48; 1.7.79 (*bis*);
        *Epist.*1.7.80; 1.11.20; 1.12.13; 1.18.8; *Epist.*1.18.87; 1.19.16; 2.1.7; 2.1.47; 2.1.190;
        *Epist.*2.2.27; 2.2.127; *Ars Poet.*230; 457; 465
dumeta.   qui Lyciae tenet | dumeta natalemque silvam   .   .   .   *Carm.*3.4.63
        quaerit et horridi | dumeta Silvani *Carm.*3.29.23
dummodo.   dummodo risum | excutiat sibi non, non cuiquam parcet amico   *Serm.*1.4.34
dumtaxat.   dumtaxat ad hoc, quem tollere raeda | vellet iter faciens   .   *Serm.*2.6.42
        denique sit quod vis, simplex dumtaxat et unum.   .   .   .   *Ars Poet.*23
duo.   duo si discordia vexet inertis *Serm.*1.7.15
duo.   pocula cum cyatho duo sustinet, ...   *Serm.*1.6.117
        Canusi duo praedia, . . . gnatis divisse duobus   .   .   *Serm.*2.3.168
duobus.   gnatis divisse duobus | fertur *Serm.*2.3.169
        quod petis, id sane est invisum acidumque duobus.   .   .   *Epist.*2.2.64
duplice.   tum pensilis uva secundas | et nux ornabat mensas cum duplice ficu.   *Serm.*2.2.122
dupliceis.   nec cursus duplicis [dupliceis] per mare Vlixei   .   .   *var.Carm.*1.6.7
duplices.   nec cursus duplicis [duplices] per mare Vlixei .   .   .   *var.Carm.*1.6.7
duplici.   contra, quem duplici panno patientia velat,   .   .   *Epist.*1.17.25
duplicis.   nec cursus duplicis per mare Vlixei   .   .   .   *Carm.*1.6.7
duplicis.   est operae pretium duplicis pernoscere iuris | naturam.   .   *Serm.*2.4.63
dura.   quid nos dura refugimus | aetas?   .   .   .   *Carm.*1.35.34
        dura tibi peragenda rei sit causa Petilli?   .   .   *Serm.*1.10.26
        num rerum dura negarit | versiculos natura   .   .   *Serm.*1.10.57
        dura valetudo inciderit seu tarda senectus?   .   .   *Serm.*2.2.88
        ne gallina malum responset dura palato,   .   .   .   *Serm.*2.4.18
        si dura morabitur alvos, ...   *Serm.*2.4.27
        pupillis, quos dura premit custodia matrum: .   .   *Epist.*1.1.22
dura.   et crura dura compede. *Epod.*4.4
dura.   dura sed emovere loco me tempora grato   .   .   *Epist.*2.2.46
dura.   siccis omnia nam dura deus proposuit   .   .   .   *Carm.*1.18.3
        plectro dura navis, ...   *Carm.*2.13.27
        dura fugae mala, dura belli. *Carm.*2.13.28
        dura post paulo fugies inaudax | proelia raptor,   .   .   *Carm.*3.20.3
        limina dura, quibus lumbos et infregi latus.   .   .   *Epod.*11.22
        atque haec rara cadat dura inter saepe pericla. .   .   *Serm.*1.2.40
        corpus et ipsum animum spe finis dura ferentem   .   *Epist.*2.1.141
dura.   o dura messorum ilia. *Epod.*3.4
durae.   duraeque tellus audit Hiberiae,   .   .   .   *Carm.*4.14.50
duram.   te saepe vocanti | duram difficilis mane.   .   .   *Carm.*3.7.32
        duramque callet pauperiem pati *Carm.*4.9.49
        frigus quo duramque famem propellere possit. .   .   *Serm.*1.2.6
durare.   sine funibus | vix durare carinae | possint imperiosius | aequor? .   *Carm.*1.14.7
        quantum interpellet inani | ventre diem durare,   .   .   *Serm.*1.6.128
        idem eadem possunt horam durare probantes?   .   .   *Epist.*1.1.82
duratae.   durataeque solo nives | mercatorem abigunt?   .   .   *Carm.*3.24.39
duraveris.   rectius Albanam fumo duraveris uvam.   .   .   *Serm.*2.4.72
duraverit.   simul ac duraverit aetas | membra animumque tuom, .   *Serm.*1.4.119
duravit.   aere, dehinc ferro duravit saecula,   .   .   .   *Epod.*16.65
dure.   te per aquas, dure, volubilis. *Carm.*4.1.40
        si pleraque dure | dicere credit eos,   .   .   .   *Epist.*2.1.66
duri.   nil intra est olea, nil extra est in nuce duri;   .   .   *Epist.*2.1.31
duris.   ligonibus duris humum | exhauriebat,   .   .   .   *Epod.*5.30
        nomina sectatur modo sumpta veste virili | sub patribus duris tironum.   *Serm.*1.2.17
duris.   duris ut ilex tonsa bipennibus *Carm.*4.4.57
        saetosa duris exuere pellibus . . . membra;   .   .   *Epod.*17.15
durius.   quid sculptum infabre, quid fusum durius esset.   .   *Serm.*2.3.22
duro.   tu lene tormentum ingenio admoves | plerumque duro,   .   *Carm.*3.21.14
duro.   ut glaciet nives | puro [duro] numine Iuppiter?   .   .   *coni.Carm.*3.10.8
        inpiae sponsos potuere duro | perdere ferro.   .   .   *Carm.*3.11.31
        ille gravem duro terram qui vertit aratro,   .   .   .   *Serm.*1.1.28
duros.   versus reprendet inertis, | culpabit duros,   .   .   *Ars Poet.*446
durum.   durum: sed levius fit patientia *Carm.*1.24.19
        ut contendere durum ⟨est⟩ | cum victore,   .   .   .   *Serm.*1.9.42

durum. nec durum Hannibalem nec Siculum mare *Carm.*2.12.2
et ingentem cecidit|Antiochum Hannibalemque dirum [durum], . . *var.Carm.*3.6.36
flectere mollibus|iam durum imperiis: *Carm.*4.1.7
durus. dirus [durus] per urbis Afer ut Italas . . . equitavit . . *var.Carm.*4.4.42
facetus,|emunctae naris, durus conponere versus. *Serm.*1.4.8
durus homo atque odio qui posset vincere Regem, ... *Serm.*1.7.6
durus,|vindemiator et invictus, ... *Serm.*1.7.29
'durus', ait, 'Voltei, nimis attentusque videris|esse mihi.' . . *Epist.*1.7.91
serviet utiliter; sine pascat durus aretque, ... *Epist.*1.16.70
dux. dux inquieti turbidus Hadriae, ... *Carm.*3.3.5
Neptunius|dux fugit ustis navibus *Epod.*9.8
qui sibi fidet,|dux reget examen. *Epist.*1.19.23
dux. lucem redde tuae, dux bone, patriae: *Carm.*4.5.5
'longas o utinam, dux bone, ferias|praestes Hesperiae!' . . *Carm.*4.5.37
duxit. qua notam duxit, niveus videri,|cetera fulvos. . . . *Carm.*4.2.59
Liber vota bonos ducit [duxit] ad exitus. *var.Carm.*4.8.34
qui|duxit ab oppressa meritum Karthagine nomen . . . *Serm.*2.1.66
collegam Lepidum quo duxit Lollius anno. *Epist.*1.20.28
Dyrteus. Homerus | Tyrtaeusque [Dyrteusque] mares animos in Martia
bella|versibus exacuit; . . . . *var.Ars Poet.*402

E

e. *Serm.*1.2.110; 1.4.87; *var.Serm.*1.6.39; *Serm.*1.6.73; ? *var.Serm.*2.3.256; *Serm.*2.4.64;
*coni.Serm.*2.5.103; *Epist.*1.6.60; *var.Epist.*1.11.10
ea. id tibi iudicium est, ea mens. . . . . *Ars Poet.*386
ea. ne cures ea quae stulte miraris et optas, ... *Epist.*1.1.47
ea cum reprendere coner, . . . quae doctus Roscius egit: . . *Epist.*2.1.81
Eacum. ereptum Stygiis fluctibus Aeacum [Eacum] | virtus . . . vatum
divitibus consecrat insulis. *var.Carm.*4.8.25
eadem. 'quae mens est hodie, cur eadem non puero fuit . . *Carm.*4.10.7
non eadem est aetas, non mens. *Epist.*1.1.4
eadem. hac lege in trutina ponetur eadem. *Serm.*1.3.72
charta laudatur eadem. *Serm.*1.10.4
si, . . . Romani pensantur eadem|scriptores trutina, . . *Epist.*2.1.29
citharoedus|ridetur, chorda qui semper oberrat eadem: . . *Ars Poet.*356
eadem. idem eadem possunt horam durare probantes? . . *Epist.*1.1.82
non eadem miramur; *Epist.*1.14.18
denique non omnes eadem mirantur amantque. . . . *Epist.*2.2.58
eamus. eamus omnis exsecrata civitas *Epod.*16.36
lucet, eamus|quo ducit gula; *Epist.*1.6.56
earum. suavis res, si non causas narraret earum et|naturas dominus; . *Serm.*2.8.92
eas. parcentis viribus atque|extenuantis eas consulto. . . . *Serm.*1.10.14
eas. velut usquam | vinctus eas, ... *Serm.*2.7.31
uri virgis ferroque necari|auctoratus eas, ... *Serm.*2.7.59
eat. ne currente retro funis eat rota: *Carm.*3.10.10
eat quacumque, puellis|iniciat curam quaerendi singula, . . *Serm.*1.6.31
agit ubi secum, eat an non, ... *Serm.*2.3.260
ebibat. filius aut etiam haec libertus ut ebibat heres, . . . *Serm.*2.3.122
eboris. marmoris aut eboris fabros aut aeris amavit, . . . *Epist.*2.1.96
ebria. fortunaque dulci|ebria. *Carm.*1.37.12
ebrietas. quid non ebrietas dissignat? *Epist.*1.5.16
ebrius. ebrius et, magnum quod dedecus, ambulet ante | noctem cum
facibus.' *Serm.*1.4.51
non magis audierit, quam Fufius ebrius olim, ... *Serm.*2.3.60
ebur. non ebur neque aureum|mea renidet in domo lacunar, . . *Carm.*2.18.1
captivom portatur ebur, captiva Corinthus. *Epist.*2.1.193
ebur. non aurum aut ebur Indicum, ... *Carm.*1.31.6
eripietque curule|cui volet inportunus ebur.' *Epist.*1.6.54
gemmas, marmor, ebur, . . . sunt qui non habeant, . . *Epist.*2.2.180
eburna. eburna, dic age, cum lyra|maturet, ... *Carm.*2.11.22
quae porta fugiens eburna|somnium ducit? *Carm.*3.27.41
eburnos. rubro ubi cocco|tincta super lectos canderet vestis eburnos . *Serm.*2.6.103
ecce. ecce furit, te reperire atrox,|Tydides *Carm.*1.15.27
ecce,|Crispinus minimo me provocat *Serm.*1.4.13
ecce|Fuscus Aristius occurrit, ... *Serm.*1.9.60
ecce|servos, non paulo sapientior *Serm.*2.3.264
echini. ostrea Circeis, Miseno oriuntur echini, ... *Serm.*2.4.33
echinos. inulas . . . monstravi incoquere; inlutos Curtillus echinos, . *Serm.*2.8.52

utra magis piscis et echinos aequora celent, ... *Epist.*1.15.23
echinus. ut marinus asperis|echinus aut Laurens aper. *Epod.*5.28
   adstat echinus|vilis, cum patera guttus, ... *Serm.*1.6.117
Echioniae. monstrumve submisere Colchi|maius Echioniaeve Thebae. . *Carm.*4.4.64
ecqui. ecquid [ecqui]|ad te post paulo ventura pericula sentis? . . . *var.Epist.*1.18.82
ecquic. ecquid [ecquic]|ad te post paulo ventura pericula sentis? . . . *var.Epist.*1.18.82
ecquid. ecquid|ad te post paulo ventura pericula sentis? . . . *Epist.*1.18.82
ecquis. "nemon oleum fert ocius? ecquis|audit?" *Serm.*2.7.34
edacibus. turdis edacibus dolos *Epod.*2.34
edacibus. quantus sit Dossennus edacibus in parasitis, ... *Epist.*2.1.173
edacis. dissipat Euhius|curas edacis. *Carm.*2.11.18
edat. edit [edat] cicutis alium nocentius. *var.Epod.*3.3
  et leporum avolsos, ut multo suavius, armos,|quam si cum lumbis quis
    edit [edat]. *var.Serm.*2.8.90
edax. quod non imber edax, non aquilo impotens|possit diruere . . *Carm.*3.30.3
  integrum edax dominus consumeret. *Serm.*2.2.92
ede. 'ede hominis nomen, simul et, Romanus an hospes.' . . . *Serm.*2.4.10
  'quid tamen ista velit sibi fabula, si licet, ede.' *Serm.*2.5.61
edendi. neu, . . . occultam febrim sub tempus edendi|dissimules, . *Epist.*1.16.22
edi. 'non ego' narrantem 'temere edi luce profesta|quicquam praeter holus . *Serm.*2.2.116
edicit. edicit, piscator uti, pomarius, . . . mane domum veniant. . *Serm.*2.3.227
  hos ediscit [edicit] et hos arto stipata theatro|spectat Roma potens, . *var.Epist.*2.1.60
edicta. non qui profundum Danuvium bibunt|edicta rumpent Iulia, . *Carm.*4.15.22
edicto. edicto vetuit, nequis se praeter Apellen|pingeret . . . *Epist.*2.1.239
edideris. delere licebit,|quod non edideris; . . . . . . *Ars Poet.*390
ediscere. sed verae numerosque modosque ediscere vitae. . . . *Epist.*2.2.144
ediscet. hos ediscit [ediscet] et hos arto stipata theatro | spectat Roma
   potens, ... *var.Epist.*2.1.60
ediscit. hos ediscit et hos arto stipata theatro|spectat Roma potens, . *Epist.*2.1.60
edissere. tantum hoc edissere, quo me|aegrotare putes animi vitio.' . *Serm.*2.3.306
edisti. lusisti satis, edisti satis atque bibisti: *Epist.*2.2.214
edit. edit cicutis alium nocentius. *Epod.*3.3
  avolsos, ut multo suavius, armos,|quam si cum lumbis quis edit. . *Serm.*2.8.90
edit. si Democriti pecus edit agellos|cultaque, ... *Epist.*1.12.12
edite. Maecenas atavis edite regibus, ... *Carm.*1.1.1
editior. viribus editior caedebat ut in grege taurus. *Serm.*1.3.110
edixerit. siquis nunc mergos suavis edixerit assos, ... *Serm.*2.2.51
edixi. adimam cantare severis'|hoc simul edixi, ... *Epist.*1.19.10
edixit. 'forum puteaique Libonis|mandabo siccis, adimam cantare severis'|
   hoc simul edixi [edixit], ... *var.Epist.*1.19.10
edo. dum, quae Crispini docuit me ianitor, edo. *Serm.*2.7.45
edomuit. mos et lex maculosum edomuit nefas, ... *Carm.*4.5.22
Edoniis. non ego sanius|bacchabor Edonis [Edoniis]: . . . *var.Carm.*2.7.27
Edonis. non ego sanius|bacchabor Edonis: *Carm.*2.7.27
  non secus in iugis|Edonis stupet Euhias *coni.Carm.*3.25.9
edormit. Fufius ebrius olim,|cum Ilionam edormit, ... *Serm.*2.3.61
educere. Eupolin, Archilochum, comites educere tantos? . . . *Serm.*2.3.12
educet. tractus uter pluris lepores, uter educet apros; *Epist.*1.15.22
educet. quotiensque educet in agros|Aetolis onerata plagis iumenta . *Epist.*1.18.45
educit. moresque|aureos educit in astra *Carm.*4.2.23
edulce. 'non ego' narrantem 'temere edi luce [et edulce] profesta|quicquam
   praeter holus *var.Serm.*2.2.116
edulis. vinea submittit capreas non semper edulis. *Serm.*2.4.43
effare. effare; iussas cum fide poenas luam, ... *Epod.*17.37
efferet. natura . . . post effert [efferet] animi motus interprete lingua. . *var.Ars Poet.*111
effert. natura . . . post effert animi motus interprete lingua. . . *Ars Poet.*111
effertis. simul ista reliqui, | quae vos ad caelum fertis [effertis] rumore
   secundo, ... *var.Epist.*1.10.9
efficaci. 'iam iam efficaci do manus scientiae, ... *Epod.*17.1
efficacis. nec munus umeris efficacis Herculis|inarsit aestuosius. . . *Epod.*3.17
efficax. amaraque|curarum eluere efficax. *Carm.*4.12.20
efficiet. non tamen irritum|quodcumque retro est efficiet . . . *Carm.*3.29.46
effigies. lanea et effigies erat, altera cerea: *Serm.*1.8.30
effluat. quamvis furiale centum | muniant angues caput eius atque
   [effluatque]|spiritus taeter saniesque manet|ore trilingui; . . *coni.Carm.*3.11.18
effractam. aut cistam effractam et subducta viatica plorat, . . . *Epist.*1.17.54
effuderit. simul|pomifer autumnus fruges effuderit, ... *Carm.*4.7.11
effugere. fallere et effugere est triumphus. *Carm.*4.4.52
  cui mustela procul 'si vis' ait 'effugere istinc, ... *Epist.*1.7.32

effugerint.   neque hoc parentes, . . . effugerit [effugerint] spectaculum.'   *var.Epod.*5.102
effugerit.   neque hoc parentes, heu mihi superstites, | effugerit spectaculum.'   *Epod.*5.102
effugiet.   effugiet tamen haec sceleratus vincula Proteus. *Serm.*2.3.71
effugit.   in culpa est animus, qui se non effugit umquam. . . . *Epist.*1.14.13
effugit.   unus ubi effugit, matri denarrat,   *Serm.*2.3 315
       cum semel effugit, reddit se prava catenis? *Serm.*2.7.71
effundi.   mensam poni iubet atque | effundi saccos nummorum,   *Serm.*2.3.149
effusi.   non locus effusi late maris arbiter *Epist.*1.11.26
effutire.   effutire levis indigna tragoedia versus, . . . *Ars Poet.*231
egens.   non tibi talium | res est aut animus deliciarum egens.   *Carm.*4.8.10
       egens benignae Tantalus semper dapis, . . . *Epod.*17.66
egentem.   quamvis fers te nullius egentem.'   *Epist.*1.17.22
egenti.   cum deerit egenti | as, laquei pretium. . .   *Serm.*2.2.98
egeo.   pane egeo iam mellitis potiore placentis.   *Epist.*1.10.11
egere.   nec medici credis nec curatoris egere   *Epist.*1.1.102
       commodus ultro | arcessas et egere vetes et scribere cogas.   *Epist.*2.1.228
Egeria.   haec ubi supposuit dextro corpus mihi laevom, | Ilia et Egeria est;   *Serm.*1.2.126
egerit.   Parthos Latio imminentis | egerit iusto domitos triumpho   . *Carm.*1.12.54
       siquis casus puerum egerit Orco,   *Serm.*2.5.49
eges.   tuamque, | dum custodis eges, vitam famamque tueri | incolumem   *Serm.*1.4.118
       protinus ut moneam (siquid monitoris eges), . . *Epist.*1.18.67
       si plosoris eges aulaea manentis .   *Ars Poet.*154
eget.   non eget Mauris iaculis neque arcu .   *Carm.*1.22.2
       at qui tantuli eget quanto est opus,   *Serm.*1.1.59
       cur eget indignus quisquam te divite? . . *Serm.*2.2.103
       semper avarus eget: certum voto pete finem.   *Epist.*1.2.56
       mancupiis locuples eget aeris Cappadocum rex: *Epist.*1.6.39
egi.   'quid miser egi? | quid volui?' dices,   *Epist.*1.20.6
egit.   omne cum Proteus pecus egit altos | visere montis,   *Carm.*1.2.7
       per purum tonantis | egit equos volucremque currum,   *Carm.*1.34.8
       egit amor dapis atque pugnae;   *Carm.*4.4.12
       quae gravis Aesopus, quae doctus Roscius egit: . *Epist.*2.1.82
ego.   nunc ego mitibus | mutare quaero tristia,   *Carm.*1.16.25
       non ego te, candide Bassareu, | invitum quatiam   *Carm.*1.18.11
       Graeca quod ego ipse testa | conditum levi, . . *Carm.*1.20.2
       atqui non ego te tigris ut aspera | Gaetulusve leo frangere persequor: *Carm.*1.23.9
       non ego sanius | bacchabor Edonis: . . . *Carm.*2.7.26
       non ego perfidum | dixi sacramentum: . . *Carm.*2.17.9
       ego, pauperum | sanguis parentum,   *Carm.*2.20.5
       ego, quem vocas, | dilecte Maecenas,   *Carm.*2.20.6
       illum ego lucidas | inire sedes, . . . patiar   *Carm.*3.3.33
       'signa ego Punicis | adfixa delubris . . . vidi,   *Carm.*3.5.18
       vidi ego civium | retorta tergo bracchia   *Carm.*3.5.21
       ego illis | mollior nec te feriam   *Carm.*3.11.42
       ego nec tumultum | nec mori per vim metuam   *Carm.*3.14.14
       non ego hoc ferrem calidus iuventa | consule Planco.   *Carm.*3.14.27
       parcentis ego dexteras | odi: *Carm.*3.19.21
       quam per exactos ego laetus annos . . . sanguine donem.   *Carm.*3.22.6
       ego cui timebo, | providus auspex, . . . *Carm.*3.27.7
       ego quid sit ater | Hadriae novi sinus   *Carm.*3.27.18
       usque ego postera | crescam laude recens, . . *Carm.*3.30.7
       nocturnis ego somniis | iam captum teneo,   *Carm.*4.1.37
       ego apis Matinae | more modoque   *Carm.*4.2.27
       non ego nuntios | mittam superbos: . . . *Carm.*4.4.69
       'ego dis amicum . . . reddidi carmen,   *Carm.*4.6.41
       non ego te meis | chartis inornatum sileri . . . patiar   *Carm.*4.9.30
       non ego te meis | inmunem meditor tinguere poculis,   *Carm.*4.12.22
       o ego non felix, quam tu fugis,   *Epod.*12.25
       ast ego vicissim risero.   *Epod.*15.24
       vectabor umeris tunc ego inimicis eques . . *Epod.*17.74
       si quis deus 'en ego' dicat,   *Serm.*1.1.15
       horum | semper ego optarim pauperrimus esse bonorum.   *Serm.*1.1.79
       non ego, avarum | cum veto te fieri, vappam iubeo   *Serm.*1.1.103
       hoc amat et laudat 'matronam nullam ego tango.'   *Serm.*1.2.54
       numquid ego a te | magno prognatum deposco consule cunnum   *Serm.*1.2.69
       non ego: namque parabilem amo venerem facilemque. . *Serm.*1.2.119
       ego me illorum, dederim quibus esse poetis, | excerpam numero: *Serm.*1.4.39
       his, ego quae nunc, | olim quae scripsit Lucilius,   *Serm.*1.4.56
       non ego sim Capri neque Sulci: cur metuas me?   *Serm.*1.4.70

ego si risi, quod ineptus | 'pastillos Rufillus olet, Gargonius hircum,'   .   *Serm.*1.4.91
ex hoc ego sanus ab illis | perniciem quaecumque ferunt   .   .   .   *Serm.*1.4.129
numquid ego illi | inprudens olim faciam simile?'   .   .   .   *Serm.*1.4.136
haec ego mecum | conpressis agito labris; *Serm.*1.4.137
hic ego propter aquam, quod erat deterrima, ventri | indico bellum,   *Serm.*1.5.7
hic oculis ego nigra meis collyria lippus | inlinere;   .   .   .   *Serm.*1.5.30
nil ego contulerim iucundo sanus amico. *Serm.*1.5.44
lusum it Maecenas, dormitum ego Vergiliusque;   .   .   .   *Serm.*1.5.48
hic ego mendacem stultissimus usque puellam | ad mediam noctem
  exspecto; *Serm.*1.5.82
credat Iudaeus Apella, | non ego: *Serm.*1.5.101
non ego me claro natum patre, non ego circum | me Satureiano vectari
  rura caballo, . . . narro. *Serm.*1.6.58
magnum hoc ego duco, | quod placui tibi, ...   *Serm.*1.6.62
neque ego essem questus. *Serm.*1.6.87
hoc ego commodius quam tu, praeclare senator, | milibus atque aliis vivo.   *Serm.*1.6.110
ego, lecto | aut scripto quod me tacitum iuvet, unguor olivo,   .   .   *Serm.*1.6.122
deus inde ego, furum aviumque | maxima formido: .   .   *Serm.*1.8.3
hic ego 'pluris | hoc' inquam 'mihi eris.' *Serm.*1.9.7
invideat quod et Hermogenes, ego canto.' *Serm.*1.9.25
'felices.   nunc ego resto. *Serm.*1.9.28
ego, ut contendere durum ⟨est⟩ | cum victore, sequor.   .   .   *Serm.*1.9.42
ego vero | oppono auriculam. *Serm.*1.9.76
atque ego cum graecos facerem, natus mare citra, | versiculos,   .   *Serm.*1.10.31
dumque | diffingit Rheni luteum caput, haec ego ludo,   .   .   *Serm.*1.10.37
neque ego illi detrahere ausim | haerentem capiti cum multa laude
  coronam. *Serm.*1.10.48
non ego: nam 'satis est equitem mihi plaudere',   .   .   .   *Serm.*1.10.76
doctos ego quos et amicos | prudens praetereo,   .   .   .   *Serm.*1.10.87
quidquid sum ego, quamvis | infra Lucili censum ingeniumque,   .   *Serm.*2.1.74
ego vectigalia magna | divitiasque habeo *Serm.*2.2.100
puer hunc ego parvos Ofellum | integris opibus novi   .   .   *Serm.*2.2.112
'non ego' narrantem 'temere edi luce profesta   .   .   .   *Serm.*2.2.116
quanto ut ego parcius aut vos, | o pueri, nituistis,   .   .   *Serm.*2.2.127
unde ego mira | descripsi docilis praecepta haec.   .   .   *Serm.*2.3.33
huic ego volgus | errori similem cunctum insanire docebo.   .   *Serm.*2.3.62
'sive ego prave | seu recte hoc volui, ...   *Serm.*2.3.87
'verum ego, . . . prudens placavi sanguine divos.'   .   .   *Serm.*2.3.205
ut aprum | cenem ego; *Serm.*2.3.235
segnis ego, indignus qui tantum possideam: .   .   .   *Serm.*2.3.236
ego nam videor mihi sanus.' *Serm.*2.3.302
hanc ego cum malis, ego faecem primus et hallec,   .   .   *Serm.*2.4.73
o rus, quando ego te adspiciam, ...   *Serm.*2.6.60
tu cum sis quod ego et fortassis nequior,   .   .   .   *Serm.*2.7.40
neque ego, hercule, fur, ubi vasa | praetereo sapiens argentea.   .   *Serm.*2.7.72
tibi quid sum ego? *Serm.*2.7.80
qui peccas minus atque ego, ...   *Serm.*2.7.96
nil ego, si ducor libo fumante: *Serm.*2.7.102
'summus ego et prope me Viscus Thurinus   .   .   .   *Serm.*2.8.20
erucas viridis, inulas ego primus amaras | monstravi incoquere;   .   *Serm.*2.8.51
ut ego accipiar laute, ...   *Serm.*2.8.67
restat ut his ego me ipse regam solerque elementis.   .   .   *Epist.*1.1.27
haec ego procurare et idoneus imperor *Epist.*1.5.21
hac ego si conpellor imagine, cuncta resigno: .   .   .   *Epist.*1.7.34
sic ego, . . . frontis ad urbanae descendi praemia.   .   .   *Epist.*1.9.10
ego laudo ruris amoeni | rivos *Epist.*1.10.6
spinas animone ego fortius an tu | evellas agro,   .   .   .   *Epist.*1.14.4
rure ego viventem, tu dicis in Vrbe beatum: .   .   .   *Epist.*1.14.10
nimirum hic ego sum; nam tuta et parvola laudo,   .   .   *Epist.*1.15.44
'nempe | vir bonus et prudens dici delector ego ac tu.'   .   .   *Epist.*1.16.32
'scurror ego ipse mihi, populo tu: *Epist.*1.17.19
Parios ego primus iambos | ostendi Latio,   .   .   .   *Epist.*1.19.23
hunc ego, non alio dictum prius ore, Latinus | volgavi fidicen;   .   *Epist.*1.19.32
non ego ventosae plebis suffragia venor *Epist.*1.19.37
non ego, nobilium scriptorum auditor et ultor,   .   .   .   *Epist.*1.19.39
ad haec ego naribus uti | formido *Epist.*1.19.45
ipse ego, . . . invenior Parthis mendacior   .   .   .   *Epist.*2.1.111
nec sermones ego mallem | repentis per humum   .   .   .   *Epist.*2.1.250
hic ego rerum | fluctibus in mediis *Epist.*2.2.84

ego utrum | nave ferar magna an parva, ferar unus et idem.   *Epist.*2.2.199
hunc ego me, siquid conponere curem, | non magis esse velim .   *Ars Poet.*35
ordinis haec virtus erit et venus, aut ego fallor,   *Ars Poet.*42
ego cur, adquirere pauca | si possum, invideor, .   *Ars Poet.*55
cur ego si nequeo ignoroque, poeta salutor?   *Ars Poet.*87
tu, quid ego et populus mecum desideret, audi.   *Ars Poet.*153
non ego inornata et dominantia nomina solum . . . amabo   *Ars Poet.*234
si modo ego et vos | scimus   *Ars Poet.*272
o ego laevos, | qui purgor bilem sub verni temporis horam.   *Ars Poet.*301
non ego paucis | offendar maculis, .   *Ars Poet.*351
ego nec studium sine divite vena | nec rude quid prosit video ingenium: *Ars Poet.*409
nunc satis est dixisse 'ego mira poemata pango;   *Ars Poet.*416
'cur ego amicum | offendam in nugis?' .   *Ars Poet.*450
egomet. cruribus haec metuat, doti deprensa, egomet mi.   *Serm.*1.2.131
'egomet mi ignosco' Maenius inquit.   *Serm.*1.3.23
vidi egomet nigra succinctam vadere palla | Canidiam   *Serm.*1.8.23
(ut vineta egomet caedam mea), .   *Epist.*2.1.220
hunc ego me [egomet], siquid conponere curem, | non magis esse velim .   *var.Ars Poet.*35
egregias. hortos egregiasque domos mercarier unus | cum lucro noram: *Serm.*2.3.24
egregie. funus | egregie factum laudet vicinia.   *Serm.*2.5.106
dixeris egregie, notum si callida verbum | reddiderit iunctura novom.   *Ars Poet.*47
egregii. laudes egregii Caesaris et tuas   *Carm.*1.6.11
quibus | antris egregii Caesaris audiar | aeternum meditans decus   *Carm.*3.25.4
ut unum | scilicet egregii mortalem altique silenti.   *Serm.*2.6.58
egregio. egregio inspersos reprendas corpore naevos,   *Serm.*1.6.67
egregius. egregius properaret exul.   *Carm.*3.5.48
egressum. egressum magna me accepit Aricia Roma | hospitio modico,   *Serm.*1.5.1
eheu. heu heu [(h)eheu], quantus equis, quantus adest viris | sudor,   *var.Carm.*1.15.9
heu heu [(h)eheu], cicatricum et sceleris pudet | fratrumque.   *var.Carm.*1.35.33
eheu fugaces, Postume, Postume, | labuntur anni   *Carm.*2.14.1
'eheu, ne rudis agminum | sponsus lacessat regius   *Carm.*3.2.9
singulos eheu lacerant: *Carm.*3.11.42
Romanus eheu . . . fert vallum et arma miles .   *Epod.*9.11
heu heu [eheu], translatos alio maerebis amores,   *var.Epod.*15.23
heu heu [eheu eheu], translatos alio maerebis amores,   *var.Epod.*15.23
heu heu [eheu heu], translatos alio maerebis amores,   *var.Epod.*15.23
eheu, | quam temere in nosmet legem sancimus iniquam. .   *Serm.*1.3.66
'eheu, | quid refert, .   *Serm.*2.3.156
eia. eia, | quid statis?' — nolint. .   *Serm.*1.1.18
'eia, | ne prior officio quisquam respondeat, urge.'   *Serm.*2.6.23
eiecta. huc prius angustis eiecta cadavera cellis   *Serm.*1.8.8
eius. furiale centum | muniant angues caput eius   *Carm.*3.11.18
eius, . . . clarius indicant | laudes   *Carm.*4.8.18
scilicet uni aequos virtuti atque eius amicis.   *Serm.*2.1.70
et quae sit natura boni summumque quid eius.   *Serm.*2.6.76
elabi. scilicet elabi si posset mortua;   *Serm.*2.5.87
elaborabunt. non Siculae dapes | dulcem elaborabunt saporem,   *Carm.*3.1.19
elaboratum. non elaboratum ad pedem.   *Epod.*14.12
elata. anus inproba Thebis | ex testamento sic est elata: *Serm.*2.5.85
elatrem. vere quod placet ut non | acriter elatrem,   *Epist.*1.18.18
Elea. sive quos Elea domum reducit | palma caelestis   *Carm.*4.2.17
electi. (unum ex iudicibus selectis [electi] obiciebat)   *var.Serm.*1.4.123
electis. (unum ex iudicibus selectis [electis] obiciebat)   *var.Serm.*1.4.123
Electran. non Pyladen ferro violare aususve sororem | Electran,   *Serm.*2.3.140
elegos. neu miserabilis | decantes elegos,   *Carm.*1.33.3
carmina conpono, hic elegos: *Epist.*2.2.91
quis tamen exiguos elegos emiserit auctor,   *Ars Poet.*77
elementa. eradenda cupidinis | pravi sunt elementa   *Carm.*3.24.52
elementa. elementa velint ut discere prima;   *Serm.*1.1.26
ut pueros elementa docentem | occupet extremis in vicis balba senectus.   *Epist.*1.20.17
elementis. restat ut his ego me ipse regam solerque elementis.   *Epist.*1.1.27
elephans. sive elephans albus volgi converteret ora;   *Epist.*2.1.196
elevi. Graeca quod ego ipse testa | conditum levi [elevi],   *var.Carm.*1.20.3
elicerent. manis elicerent animas responsa daturas.   *Serm.*1.8.29
eliciet. quis devium scortum eliciet domo | Lyden?   *Carm.*2.11.21
nardi parvos onyx eliciet cadum,   *Carm.*4.12.17
elidere. potes hac ab orno | pendulum zona bene te secuta e- | lidere collum.   *coni.Carm.*3.27.59,60
dictaque cessantem nervis elidere morbum   *Epist.*1.15.6
elige. quemvis media erue [elige] turba: .   *var.Serm.*1.4.25

eligit.   neque eligit│cui donet inpermissa raptim│gaudia *Carm.*3.6.26
eliminet.   qui dicta foras eliminet, ...   *Epist.*1.5.25
elirant.   cruor in fossam confusus, ut inde│manis elicerent [elirant] animas
       responsa daturas. *var.Serm.*1.8.29
elirent.   cruor in fossam confusus, ut inde│manis elicerent [elirent] animas
       responsa daturas. *var.Serm.*1.8.29
eliserit.   ingens│belua cognatos eliserit: *Serm.*2.3.316
elixa.   simul assis│miscueris elixa, simul conchylia turdis,   .   .   *Serm.*2.2.74
ellebori.   "danda est ellebori multo pars maxima avaris: .   .   *Serm.*2.3.82
elleboro.   expulit elleboro morbum bilemque meraco   .   .   .   *Epist.*2.2.137
elocuta.   gratum elocuta consiliantibus│Iunone divis: .   .   .   *Carm.*3 3.17
eloquium.   et tulit eloquium insolitum facundia praeceps   .   .   *Ars Poet.*217
eludebat.   mordacem Cynicum sic eludebat, ut aiunt: .   .   .   *Epist.*1.17.18
eludente.   arguta meretrice potes Davoque Chremeta │ eludente senem
       comis garrire libellos *Serm.*1.10.41
eluere.   amaraque│curarum eluere efficax. *Carm.*4.12.20
elusus.   dum cadat elusus ratione ruentis acervi   .   .   .   *Epist.*2.1.47
elutius.   inriguo nihil est elutius horto. *Serm.*2.4.16
emancipatus.   emancipatus feminae│fert vallum et arma miles   .   *Epod.*9.12
emat.   siquis emat citharas, emptas conportet in unum,   .   .   *Serm.*2.3.104
ematur.   panis ematur, holus, vini sextarius, ...   *Serm.*1.1.74
emendare.   *Catone . . . qui male factos│emendare parat versus,*   .   *Serm.*1.10.*3
emendas.   ut praeco, ad merces turbam qui cogit emendas,   .   .   *Ars Poet.*419
emendata.   emendata videri│pulchraque et exactis minimum distantia miror.   *Epist.*2.1.71
emendaturus.   Nasidiene, . . . ut arte│emendaturus fortunam;   .   .   *Serm.*2.8.85
emendatus.   cum pateris sapiens emendatusque vocari,   .   .   .   *Epist.*1.16.30
emendes.   moribus ornes,│legibus emendes: *Epist.*2.1.3
emendo.   insanit veteres statuas Damasippus emendo: .   .   .   *Serm.*2.3.64
emetat.   ne plus frumenti dotalibus emetat agris│Mutus   .   .   *Epist.*1.6.21
emetiris.   cur, inprobe, carae│non aliquid patriae tanto emetiris acervo?   *Serm.*2.2.105
emicuit.   inter quae verbum emicuit si forte decorum   .   .   .   *Epist.*2.1.73
emirabitur.   aspera│nigris aequora ventis│emirabitur insolens   .   *Carm.*1.5.8
emiserit.   quis tamen exiguos elegos emiserit auctor,   .   .   .   *Ars Poet.*77
emisso.   fuge quo descendere gestis:│non erit emisso reditus tibi.   *Epist.*1.20.6
emissum.   et semel emissum volat inrevocabile verbum.   .   .   *Epist.*1.18.71
emisti.   prudens emisti vitiosum, dicta tibi est lex: .   .   .   *Epist.*2.2.18
emit.   poema│qui tam ridiculum tam care prodigus emit,   .   .   *Epist.*2.1.238
emovere.   dura sed emovere loco me tempora grato   .   .   .   *Epist.*2.2.46
emovit.   emovitque culpas│et veteres revocavit artis,   .   .   *Carm.*4.15.11
       emovit veterem mire novos, ...   *Serm.*2.3.28
Empedocles.   Empedocles an Stertinium deliret acumen.   .   .   *Epist.*1.12.20
       'deus inmortalis haberi │ dum cupit Empedocles, ardentem frigidus
       Aetnam│insiluit.   .   .   .   .   *Ars Poet.*465
empta.   sperne voluptates: nocet empta dolore voluptas.   .   .   *Epist.*1.2.55
empta.   cenes ut pariter pulmenta laboribus empta: .   .   .   *Epist.*1.18.48
emptae.   'quanti emptae?' 'parvo.' 'quanti ergo?' 'octussibus.'   .   *Serm.*2.3.156
emptas.   siquis emat citharas, emptas conportet in unum,   .   .   *Serm.*2.3.104
empti.   sume hoc ptisanarium oryzae.'│'quanti emptae [empti]?' 'parvo.'   *var.Serm.*2.3.156
emptis.   emptis│sub noctem gelidam lignis calefactat aenum;   .   *Epist.*2.2.168
empto.   si me stultior ipso│quingentis empto drachmis deprenderis?   *Serm.*2.7.43
emptor.   dedecorum pretiosus emptor. *Carm.*3.6.32
       ex parte tua seu fundi sive domus sit│emptor,   .   .   .   *Serm.*2.5.109
       emptor Aricini quondam Veientis et arvi│emptum cenat holus,   *Epist.*2.2.167
       nec, siquid fricti ciceris probat et nucis emptor,   .   .   *Ars Poet.*249
emptorem.   emptorem inducat hiantem, ...   *Serm.*1.2.88
emptum.   populo spectante referret│emptum mulus aprum),   .   .   *Epist.*1.6.61
       fortasse trecentis│aut etiam supra nummorum milibus emptum.   .   *Epist.*2.2.165
emptum.   emptor Aricini quondam Veientis et arvi│emptum cenat holus,   .   *Epist.*2.2.168
emunctae.   facetus,│emunctae naris, durus conponere versus.   .   *Serm.*1.4.8
emuncto.   Pythias, emuncto lucrata Simone talentum,   .   .   .   *Ars Poet.*238
en.   si quis deus 'en ego' dicat, ...   *Serm.*1.1.15
enatat.   si fractis enatat exspes│navibus, aere dato qui pingitur?   .   *Ars Poet.*20
enaviganda.   unda, scilicet omnibus . . . enaviganda,   .   .   .   *Carm.*2.14.11
Enceladus.   Enceladus iaculator audax *Carm.*3.4.56
enectus.   spem mentita seges, bos est enectus arando: .   .   .   *Epist.*1.7.87
enervet.   viris quid enervet meas, ...   *Epod.*8.2
enim.   certus enim promisit Apollo *Carm.*1.7.28
       iam te sequetur (currit enim ferox│aetas *Carm.*2.5.13
       non enim gazae neque consularis│submovet lictor   .   .   .   *Carm.*2.16.9

fore enim tutum iter et patens *Carm*.3.16.7
instar veris enim voltus ubi tuos *Carm*.4.5.6
infernis neque enim tenebris *Carm*.4.7.25
(non enim posthac alia calebo|femina) *Carm*.4.11.33
inportunus enim transvolat aridas|quercus *Carm*.4.13.9
'militia est potior.   quid enim? concurritur: *Serm*.1.1.7
neque enim concludere versum|dixeris esse satis . . . *Serm*.1.4.40
neque enim. cum lectulus aut me|porticus excepit, desum mihi. . . *Serm*.1.4.133
neque enim quivis . . . describit volnera Parthi.' . . . *Serm*.2.1.13
'omnis enim res, . . . divitiis parent; *Serm*.2.3.94
quantulum enim summae curtabit quisque dierum, . . . *Serm*.2.3.124
incolumi capite es?   quid enim? *Serm*.2.3.132
quid enim differt, barathrone|dones quidquid habes an numquam utare
    paratis? — *Serm*.2.3.166
insanus quid enim Aiax|fecit? *Serm*.2.3.201
vincet enim stultos ratio insanire nepotes. *Serm*.2.3.225
quid tum [enim]? venere frequentes,|verba facit leno: . . . *coni.Serm*.2.3.230
'venit enim magnum donandi parca iuventus *Serm*.2.5.79
urget enim dominus mentem non lenis *Serm*.2.7.93
tergo plector enim. *Serm*.2.7.105
pauper enim non est, cui rerum suppetit usus. *Epist*.1.12.4
cautus enim metuit foveam lupus *Epist*.1.16.50
ambigitur quid enim? Castor sciat an Docilis plus; . . . *Epist*.1.18.19
beatus enim iam|cum pulchris tunicis sumet nova consilia et spes, . *Epist*.1.18.32
fidis enim manare poetica mella|te solum, ... *Epist*.1.19.44
ludus enim genuit trepidum certamen et iram, ... *Epist*.1.19.48
quis enim invitum servare laboret? *Epist*.1.20.16
urit enim fulgore suo qui praegravat artes|infra se positas: . . *Epist*.2.1.13
serus enim Graecis admovit acumina chartis *Epist*.2.1.161
gestit enim nummum in loculos demittere, ... *Epist*.2.1.175
discit enim citius meminitque libentius *Epist*.2.1.262
distat enim, spargas tua prodigus, an neque sumptum|invitus facias . *Epist*.2.2.195
format enim natura prius nos intus ad omnem|fortunarum habitum: . *Ars Poet*.108
indoctus quid enim saperet liberque laborum|rusticus . . . *Ars Poet*.212
offenduntur enim, quibus est equos et pater et res . . . *Ars Poet*.248
nanciscetur enim pretium nomenque poetae, ... *Ars Poet*.299
clamabit enim 'pulchre, bene, recte,' . . . . . . *Ars Poet*.428
Enipeus.   ne vicinus Enipeus|plus iusto placeat *Carm*.3.7.23
enisus.   vagus Hercules|enisus arces attigit igneas, . . . *Carm*.3.3.10
enitar.   frangere enitar modo multum amati|cornua monstri. . . *Carm*.3.27.47
nec sic enitar tragico differre colori, ... *Ars Poet*.236
enitescis.   enitescis|pulcrior multo *Carm*.2.8.6
Enni.   non ridet versus Enni gravitate minores, ... *Serm*.1.10.54
cum lingua Catonis et Enni|sermonem patrium ditaverit . . *Ars Poet*.57
Enni|in scaenam missos cum magno pondere versus . . . *Ars Poet*.259
Ennius.   Ennius ipse pater numquam nisi potus ad arma|prosiluit dicenda. *Epist*.1.19.7
Ennius, et sapiens et fortis et 'alter Homerus', ... *Epist*.2.1.50
ense.   modo ense pectus Norico recludere *Epod*.17.71
ensem.   nec muliebriter|expavit ensem *Carm*.1.37.23
enses.   aut cur dexteris|aptantur enses conditi? *Epod*.7.2
enses.   nec muliebriter|expavit ensem [? enses] . . . . *? var.Carm*.1.37.23
ensis.   quas neque Noricus|deterret ensis *Carm*.1.16.10
destrictus ensis cui super inpia|cervice pendet, . . . *Carm*.3.1.17
"hunc neque dira venena nec hosticus auferet ensis . . . *Serm*.1.9.31
me veluti custodiet ensis|vagina tectus: *Serm*.2.1.40
ensis.   non ira, quae procudit ensis *Carm*.4.15.19
eo.   deinde eo dormitum, ... *Serm*.1.6.119
eo.   eo fit, . . . cum ripa simul avolsos ferat Aufidus acer. . . *Serm*.1.1.56
rideri possit eo quod|rusticius tonso toga defluit . . . *Serm*.1.3.30
eoque|non, . . . sic me defendam. *Serm*.1.6.89
eoque|difficilis aditus primos habet.' *Serm*.1.9.55
eo quod|maxima pars hominum morbo iactatur eodem. . . *Serm*.2.3.120
"eoque|responsura tuo numquam est par fama labori. . . *Serm*.2.8.65
cum speramus eo rem venturam, ... *Epist*.2.1.226
ibit eo, quo vis, qui zonam perdidit' inquit. *Epist*.2.2.40
eo quod|illecebris erat et grata novitate morandus|spectator . *Ars Poet*.222
eo.   viverem uti contentus eo quod mi ipse parasset: . . . *Serm*.1.4.108
eo disconvenit inter|meque et te: *Epist*.1.14.18
eodem.   omnes eodem cogimur, ... *Carm*.2.3.25

Timor et Minae|scandunt eodem, quo dominus, ... *Carm*.3.1.38
ditior aut formae melioris meiat eodem. *Serm*.2.7.52
eodem. eo quod|maxima pars hominum morbo iactatur eodem. . . *Serm*.2.3.121
eodem. quem si dissolvas, quivis stomachetur eodem|quo personatus pacto
pater. *Serm*.1.4.55
Castor gaudet equis, ovo prognatus eodem|pugnis; *Serm*.2.1.26
fere miratur eodem,|quo cupiens, pacto; *Epist*.1.6.9
Eois. examen Eois timendum|partibus Oceanoque rubro. . . . *Carm*.1.35.31
Eois intonata fluctibus|hiems *Epod*.2.51
eorum. est auctor quis denique eorum,|vixi cum quibus? . . *Serm*.1.4.80
eos. si pleraque dure|dicere credit eos, ... *Epist*.2.1.67
ephebi. quo pacto partis tutetur amantis ephebi, . . . *Epist*.2.1.171
Epheson. laudabunt alii claram Rhodon aut Mytilenen|aut Epheson . *Carm*.1.7.2
ephippia. optat ephippia bos, piger optat arare caballus: . . *Epist*.1.14.43
Epicharmi. Plautus ad exemplar Siculi properare Epicharmi, . . *Epist*.2.1.58
Epicuri. cum ridere voles, Epicuri de grege porcum. . . *Epist*.1.4.16
Epidaurius. acutum|quam aut aquila aut serpens Epidaurius? . . *Serm*.1.3.27
epistula. ne mea saevos|iurgares ad te quod epistula nulla rediret. . *Epist*.2.2.22
epos. forte epos acer,|ut nemo, Varius ducit; . . . *Serm*.1.10.43
epulae. stragula vestis,|blattarum ac tinearum epulae, . . *Serm*.2.3.119
nempe inamarescunt epulae sine fine petitae . . . *Serm*.2.7.107
epulas. voveram dulcis epulas et album|Libero caprum . . *Carm*.3.8.6
has inter epulas ut iuvat pastas ovis|videre . . . *Epod*.2.61
epulis. neu desint epulis rosae *Carm*.1.36.15
sic Iovis interest|optatis epulis inpiger Hercules, . . . *Carm*.4.8.30
epulis. necdum omnis abacta|pauperies epulis regum: . . *Serm*.2.2.45
epulum. dare . . . epulum arbitrio Arri, . . . *Serm*.2.3.86
equa. tibi tollit hinnitum|apta quadrigis equa, . . . *Carm*.2.16.35
quae velut latis equa trima campis *Carm*.3.11.9
eque. cineres insistet victor et Vrbem | eques [eque] sonante verberabit
ungula, ... *var.Epod*.16.12
eques. Parthos ferocis|vexet eques metuendus hasta . . *Carm*.3.2.4
eques ipso melior Bellerophonte, ... *Carm*.3.12.7
sedilibusque magnus in primis eques *Epod*.4.15
Vrbem|eques sonante verberabit ungula, ... *Epod*.16.12
vectabor umeris tunc ego inimicis eques *Epod*.17.74
quas doceat quivis eques atque senator|semet prognatos. . *Serm*.1.6.77
mantica cui lumbos onere ulceret atque eques armos: . . *Serm*.1.6.106
ire viam qua monstret eques; *Epist*.1.2.65
laeva stomachosus habena|dicet eques; *Epist*.1.15.13
depugnare parati,|si discordet eques, ... *Epist*.2.1.185
eques. datus in thearo|cum tibi plausus, | clare Maecenas eques, . *Carm*.1.20.5
equestrem. praesertim census equestrem|summam nummorum . . *Ars Poet*.383
equestri. tu cum proiectis insignibus, anulo equestri . . . *Serm*.2.7.53
equi. cineres insistet victor et Vrbem | eques [equi] sonante verberabit
ungula, ... *var.Epod*.16.12
'equi te|esse feri similem dico.' *Serm*.1.5.56
sed equi frenato est auris in ore); *Epist*.1.15.13
equidem. 'equidem nihil hinc diffindere possum. . . . *Serm*.2.1.79
'dixi equidem et dico: *Serm*.2.5.23
numquid de Dacis audisti?' 'nil equidem.' . . . *Serm*.2.6.53
non equidem insector delendave carmina Livi|esse reor, . . *Epist*.2.1.69
equina. mammae putres|equina quales ubera . . . *Epod*.8.8
equinae. caudaeque pilos ut equinae|paulatim vello . . . *Epist*.2.1.45
equinam. humano capiti cervicem pictor equinam|iungere si velit . *Ars Poet*.1
equino. et laetum equino sanguine Concanum. . . . *Carm*.3.4.34
equis. aptum dicet equis Argos ditisque Mycenas: . . *Carm*.1.7.9
heu heu, quantus equis, quantus adest viris|sudor, . . *Carm*.1.15.9
sive opus est imperitare equis,|non auriga piger. . . *Carm*.1.15.25
instat equis auriga suos vincentibus, ... *Serm*.1.1.115
'non est aptus equis Ithace locus, ... *Epist*.1.7.41
sed equi [equis] frenato est auris in ore); . . . *var.Epist*.1.15.13
equis. quam rem cumque ferox navibus aut equis . . *Carm*.1.6.3
hunc equis, illum superare pugnis|nobilem; . . . *Carm*.1.12.26
aut versis animosum equis|Parthum dicere . . . *Carm*.1.19.11
hac Quirinus|Martis equis Acheronta fugit, . . . *Carm*.3.3.16
est in equis patrum|virtus *Carm*.4.4.30
Sisennas, Barros ut equis praecurreret albis. . . . *Serm*.1.7.8
Castor gaudet equis, ovo prognatus eodem|pugnis; . . . *Serm*.2.1.26

gaudet equis canibusque et aprici gramine Campi, ... *Ars Poet.*162
equitare.   neu sinas Medos equitare inultos|te duce, Caesar. . . . *Carm.*1.2.51
exiguis equitare campis. *Carm.*2.9.24
ludere par inpar, equitare in harundine longa . . . *Serm.*2.3.248
equitat.   cur neque militaris|inter aequalis equitet [equitat], . . *var.Carm.*1.8.6
equitavit.   vel Eurus|per Siculas equitavit undas. . . . *Carm.*4.4.44
equitem.   post equitem sedet atra Cura. *Carm.*3.1.40
Pegasus terrenum equitem gravatus|Bellerophontem, . . *Carm.*4.11.27
non ego: nam 'satis est equitem mihi plaudere', . . . *Serm.*1.10.76
non equitem dorso, non frenum depulit ore. *Epist.*1.10.38
equites.   Romani tollent equites peditesque cachinnum. . . . *Ars Poet.*113
equitet.   cur neque militaris|inter aequalis equitet, . . . *Carm.*1.8.6
equitis.   verum equitis quoque iam migravit ab aure voluptas|omnis . . *Epist.*2.1.187
equitum.   terret equos equitumque voltus. *Carm.*2.1.20
nec turmas equitum relinquit *Carm.*2.16.22
Maecenas, equitum decus. *Carm.*3.16.20
grammaticorum equitum doctissimus. *Serm.*1.10.*8
dum fugiunt equitum turmae peditumque catervae; . . . *Epist.*2.1.190
equo.   nescit equo rudis|haerere ingenuos puer . . . *Carm.*3.24.54
ille non inclusus equo Minervae|sacra mentito . . . *Carm.*4.6.13
aut labentis equo describit volnera Parthi.' . . . *Serm.*2.1.15
leporem sectatus equove|lassus ab indomito . . . *Serm.*2.2.9
equom.   quamvis non alius flectere equom sciens . . . *Carm.*3.7.25
pugilemve equomve|dicit *Carm.*4.2.18
frementem|mittere equom medios per ignis. . . . *Carm.*4.14.24
agitavit equom lasciva supinum, ... *Serm.*2.7.50
'solve senescentem mature sanus equom, ... *Epist.*1.1.8
fingit equom tenera docilem cervice magister . . . *Epist.*1.2.64
cervos equom pugna melior communibus herbis|pellebat, . . *Epist.*1.10.34
et pugilem victorem et equom certamine primum . . . *Ars Poet.*84
equorum.   quae solet matres furiare equorum, . . . *Carm.*1.25.14
nunc athletarum studiis, nunc arsit equorum, . . . *Epist.*2.1.95
equos.   non equos inpiger|curru ducet Achaico|victorem . . *Carm.*4.3.4
deversoria nota|praeteragendus equos. *Epist.*1.15.11
equos ut me portet, alat rex,|officium facio; . . . *Epist.*1.17.20
offenduntur enim, quibus est equos et pater et res . . *Ars Poet.*248
equos.   per purum tonantis|egit equos volucremque currum, . . *Carm.*1.34.8
iam fulgor armorum fugacis|terret equos . . . *Carm.*2.1.20
ad hunc frementis verterunt bis mille equos . . . *Epod.*9.17
regibus hic mos est, ubi equos mercantur: . . . *Serm.*1.2.86
eradenda.   eradenda cupidinis|pravi sunt elementa . . *Carm.*3.24.51
eram.   'donec gratus eram tibi *Carm.*3.9.1
non sum qualis eram bonae|sub regno Cinarae. . . . *Carm.*4.1.3
sed quod eram narro. *Serm.*1.6.60
olim truncus eram ficulnus, inutile lignum, . . . *Serm.*1.8.1
eras.   pacis eras mediusque belli. *Carm.*2.19.28
non tu corpus eras sine pectore: *Epist.*1.4.6
erat.   robur et aes triplex|circa pectus erat, . . . *Carm.*1.3.10
Saliaribus|ornare pulvinar deorum|tempus erat dapibus, . . *Carm.*1.37.4
privatus illis census erat brevis, ... *Carm.*2.15.13
neque erat Lydia post Chloen, ... *Carm.*3.9.6
nox erat et caelo fulgebat Luna sereno *Epod.*15.1
quippe benignus erat. *Serm.*1.2.4
quinque diebus|nil erat in loculis. *Serm.*1.3.17
ut Alfenus vafer omni | abiecto instrumento artis clausaque taberna |
    sutor erat: *Serm.*1.3.132
siquis erat dignus describi, quod malus ac fur, . . . *Serm.*1.4.3
cum flueret lutulentus, erat quod tollere velles; . . . *Serm.*1.4.11
hic ego propter aquam, quod erat deterrima, . . . *Serm.*1.5.7
huc venturus erat Maecenas optimus atque|Cocceius, . . *Serm.*1.5.27
namque est ille, pater quod erat meus.' *Serm.*1.6.41
lanea et effigies erat, altera cerea: *Serm.*1.8.30
interpellandi locus hic erat *Serm.*1.9.26
ventum erat ad Vestae *Serm.*1.9.35
hoc erat, experto frustra Varrone Atacino . . . *Serm.*1.10.46
'peream male, si non|optimum erat; *Serm.*2.1.7
Galloni praeconis erat acipensere mensa|infamis. . . . *Serm.*2.2.47
tutus erat rhombus tutoque ciconia nido, ... *Serm.*2.2.49
non quia nasus|illis nullus erat, ... *Serm.*2.2.90

bene erat non piscibus Vrbe petitis, ... *Serm.*2.2.120
post hoc ludus erat †culpa potare magistra *Serm.*2.2.123
atqui voltus erat multa et praeclara minantis, ... *Serm.*2.3.9
quo rediturus erat non arcessitus, ... *Serm.*2.3.261
"libertinus erat, qui . . . currebat *Serm.*2.3.281
'quin id erat curae, ... *Serm.*2.4.8
hoc erat in votis: modus agri non ita magnus, ... *Serm.*2.6.1
Nomentanus erat super ipsum, Porcius infra, ... *Serm.*2.8.23
quidquid erat nactus praedae maioris, ... *Epist.*1.15.38
atqui rerum caput hoc erat, hic fons. *Epist.*1.17.45
frater erat Romae consulti rhetor, ... *Epist.*2.2.87
sed nunc non erat his locus. . . . . *Ars Poet.*19
tibia . . . adspirare et adesse choris erat utilis . . . *Ars Poet.*204
eo quod|illecebris erat et grata novitate morandus|spectator . *Ars Poet.*223
ere.   'o ere, quae res|nec modum habet neque consilium, . . *Serm.*2.3.265
ere.   hic meret aera [ere] liber Sosiis, hic et mare transit . . *var.Ars Poet.*345
ere.   haud ita pridem | Galloni praeconis erat acipensere [accipiens ere]
        mensa|infamis. *var.Serm.*2.2.47
erectum. Fortunae te responsare superbae|liberum et erectum . *Epist.*1.1.69
erepsemus. quos torret Atabulus et quos|nunquam erepsemus, . . *Serm.*1.5.79
ereptum. ereptum Stygiis fluctibus Aeacum *Carm.*4.8.25
ereptus. vel haedus ereptus lupo. *Epod.*2.60
ergo.   ergo Quintilium perpetuos sopor|urget? *Carm.*1.24.5
        ergo obligatam redde Iovi dapem *Carm.*2.7.17
        ergo aut adulta vitium propagine *Epod.*2.9
        ergo negatum vincor ut credam miser, ... *Epod.*17.27
        ergo|non satis est puris versum perscribere verbis, . . *Serm.*1.4.53
        ergo non satis est risu diducere rictum|auditoris . . *Serm.*1.10.7
        quo pertinet ergo|proceros odisse lupos? *Serm.*2.2.35
        ergo . . . parebit pravi docilis Romana iuventus. — . *Serm.*2.2.50
        ergo|quod superat non est melius quo insumere possis? . *Serm.*2.2.101
        sobrius ergo|dic aliquid dignum promissis. . . . *Serm.*2.3.5
        'quid ergo|sensit, ... *Serm.*2.3.89
        'quanti emptae?' 'parvo.' 'quanti ergo?' 'octussibus.' . *Serm.*2.3.156
        ergo consulere et mox respondere licebit?' *Serm.*2.3.192
        ergo ubi prava|stultitia, hic summa est insania; . . . *Serm.*2.3.220
        'ergo|pauper eris.' *Serm.*2.5.19
        "ergo nunc Dama sodalis|nusquam est? *Serm.*2.5.101
        ergo ubi me in montes et in arcem ex urbe removi — . . *Serm.*2.6.16
        ergo|sermo oritur, non de villis domibusve alienis, . . *Serm.*2.6.70
        ergo ubi purpurea porrectum in veste locavit|agrestem, . *Serm.*2.6.106
        ergo . . . hoc primus repetas opus, ... *Epist.*1.6.46
        'ergo|post nonam venies; *Epist.*1.7.70
        ergo|quem sua culpa premet, deceptus omitte tueri, . . *Epist.*1.18.78
        'dixit adhuc aliquid?' 'nil sane.' 'quid placet ergo?' . . *Epist.*2.1.206
        ergo fungar vice cotis, ... *Ars Poet.*304
        quid ergo est? . . . . *Ars Poet.*353
eri.   lacus et mare sentit amorem|festinantis eri; . . . *Epist.*1.1.85
erigimur. postquam nihil esse pericli|sensimus, erigimur; . . *Serm.*2.8.58
erigit. hominem sic erigit; addit et illud: *Serm.*2.3.150
erile.   nisi erile mavis|carpere pensum *Carm.*3.27.63
erilis. quo te demisit peccati conscia erilis, ... *Serm.*2.7.60
         quo te demisit peccati conscia erilis [peccati conscia erilis demisit], . *var.Serm.*2.7.60
erilis. verna ministeriis ad nutus aptus erilis, ... *Epist.*2.2.6
erimus. sive inopes erimus coloni. *Carm.*2.14.12
eripe.   eripe te morae *Carm.*3.29.5
         quemvis media erue [eripe] turba: *var.Serm.*1.4.25
         eripe turpi|colla iugo, ... *Serm.*2.7.91
eripere. possit . . . eripere artis|litibus inplicitum, . . . *Ars Poet.*423
eriperem. ut haerentis adverso litore navis|eriperem, . . . *Serm.*2.3.206
eriperet. distorquens oculos, ut me eriperet. *Serm.*1.9.65
eripi.   quae poscente magis gaudeat eripi, ... *Carm.*2.12.27
eripiam. vix tamen eripiam, posito pavone velis *Serm.*2.2.23
eripias. eripias si|tempora certa modosque, ... *Serm.*1.4.57
eripiet. eripiet quivis oculos citius mihi *Serm.*2.5.35
         eripietque curule|cui volet inportunus ebur.' . . . *Epist.*1.6.53
eripiunt. clarum Tyndaridae sidus ab infimis|quassas eripiunt aequoribus
         rates, ... *Carm.*4.8.32
eripuere. eripuere iocos, venerem, convivia, ludum; . . . *Epist.*2.2.56

eripuit. te Iovis inpio|tutela Saturno refulgens|eripuit *Carm*.2.17.24
eris. eris tu, qui modo miles,|mercator; *Serm*.1.1.16
　　'pluris|hoc' inquam 'mihi eris.' *Serm*.1.9.8
　　tune insanus eris, si acceperis, ... *Serm*.2.3.67
　　'non, si te ruperis,' inquit,|'par eris.' *Serm*.2.3.320
　　doctus eris vivam musto mersare Falerno: *Serm*.2.4.19
　　'ergo|pauper eris.' *Serm*.2.5.20
　　'ut tu|semper eris derisor.' *Serm*.2.6.54
　　plebs eris. at pueri ludentes 'rex eris' aiunt,|'si recte facies.' . . *Epist*.1.1.59
　　non tu corpus eras [eris] sine pectore: *coni.Epist*.1.4.6
　　carus eris Romae, donec te deserat aetas; *Epist*.1.20.10
erit. ut melius, quidquid erit, pati. *Carm*.1.11.3
　　non, si male nunc, et olim|sic erit: *Carm*.2.10.18
　　erit ille fortis|qui perfidis se credidit hostibus . . . *Carm*.3.5.32
　　non hoc semper erit liminis aut aquae|caelestis patiens latus. . . *Carm*.3.10.19
　　quisquis erit vitae scribam color.' *Serm*.2.1.60
　　mundus erit, qua non offendat sordibus *Serm*.2.2.65
　　hic neque servis . . . saevos erit, ... *Serm*.2.2.68
　　erit nulli proprius, sed cedet in usum|nunc mihi, nunc alii. . *Serm*.2.2.134
　　hoc si erit in te|solo, ... *Serm*.2.3.41
　　ille|clarus erit, fortis, iustus.' *Serm*.2.3.97
　　qui sceleratus,|et furiosus erit; *Serm*.2.3.222
　　longa quibus facies ovis erit, illa memento, ... *Serm*.2.4.12
　　quamvis periurus erit, sine gente, ... *Serm*.2.5.15
　　domi si gnatus erit fecundave coniux. *Serm*.2.5.31
　　'o Laertiade, quidquid dicam, aut erit aut non: *Serm*.2.5.59
　　iuvenis Parthis horrendus, . . . tellure marique|magnus erit, . *Serm*.2.5.64
　　scortator erit: cave te roget; *Serm*.2.5.75
　　si pede maior erit, subvertet, si minor, uret. *Epist*.1.10.43
　　si validus, si laetus erit, si denique poscet; *Epist*.1.13.3
　　qui metuens vivet, liber mihi non erit umquam. . . . *Epist*.1.16.66
　　ut matrona meretrici dispar erit atque|discolor, . . . *Epist*.1.18.3
　　ad imum|Thraex erit aut holitoris aget mercede caballum. . *Epist*.1.18.36
　　fuge quo descendere gestis:|non erit emisso reditus tibi. . . *Epist*.1.20.6
　　inter quos referendus erit? *Epist*.2.1.41
　　eritque tuos nummorum milibus octo, ... *Epist*.2.2.5
　　cui lecta potenter erit res, ... *Ars Poet*.40
　　ordinis haec virtus erit et venus, aut ego fallor, . . . *Ars Poet*.42
　　publica materies privati iuris erit, ... *Ars Poet*.131
　　erit quae, si propius stes,|te capiat magis, ... *Ars Poet*.361
　　nec semel hoc fecit, nec si retractus erit, ... *Ars Poet*.468
eritis. utcumque mecum vos eritis, ... *Carm*.3.4.29
errans. ater flumine languido|Cocytos errans *Carm*.2.14.18
errantis. mugientium|prospectat errantis greges . . . *Epod*.2.12
errare. audire et videor pios|errare per lucos, ... *Carm*.3.4.7
　　serpentes atque videres|infernas errare canes . . . *Serm*.1.8.35
erraremus. vellem in amicitia sic erraremus *Serm*.1.3.41
errat. inter audacis lupus errat agnos, ... *Carm*.3.18.13
　　si veteres ita miratur laudatque poetas, | ut nihil anteferat, nihil illis
　　　　conparet: errat; *Epist*.2.1.65
　　hic, dum sublimis versus ructatur et errat, ... *Ars Poet*.457
errem. utinam inter errem|nuda leones. *Carm*.3.27.51
errent. stellae sponte sua iussaene vagentur et errent, . . *Epist*.1.12.17
erret. stultitiane erret nihilum distabit an ira. . . . *Serm*.2.3.210
erro. insanientis dum sapientiae|consultus erro, . . . *Carm*.1.34.3
erro. teque ipsum vitas fugitivos et erro, ... *Serm*.2.7.113
error. error certo de tramite pellit, ... *Serm*.2.3.49
　　unus utrique|error, sed variis inludit partibus: . . . *Serm*.2.3.51
　　hic error tamen et levis haec insania quantas|virtutes habeat, . *Epist*.2.1.118
　　demptus per vim mentis gratissimus error.' *Epist*.2.2.140
　　quid deceat, quid non, quo virtus, quo ferat error. . . *Ars Poet*.308
　　urget|aut fanaticus error et iracunda Diana, . . . *Ars Poet*.454
errori. isti|errori nomen virtus posuisset honestum. . . *Serm*.1.3.42
　　huic ego volgus|errori similem cunctum insanire docebo. . *Serm*.2.3.63
eruam. tu protinus, unde | divitias aerisque ruam [eruam], dic augur,
　　　　acervos.' *var.Serm*.2.5.22
erubescendis. non erubescendis adurit|ignibus *Carm*.1.27.15
erucas. erucas viridis, inulas ego primus amaras|monstravi incoquere; . *Serm*.2.8.51
erue. quemvis media erue turba: *Serm*.1.4.25

eruet. obscurata diu populo bonus eruet *Epist.*2.2.115
erum. aula divitem manet|erum. *Carm.*2.18.32
    nam propriae telluris erum natura neque illum|nec me nec quemquam
      statuit: . . . .
    arvo pascat erum an bacis opulentet olivae, ... *Serm.*2.2.129
erunt. uni nimirum recte tibi semper erunt res, ... *Epist.*1.16.2
    quaecumque . . . sine pondere erunt et honore indigna ferentur,| *Serm.*2.2.106
      verba
    si dicentis erunt fortunis absona dicta, ... *Epist.*2.2.112
erus. hic erus "Albanum, Maecenas, sive Falernum | te magis adpositis *Ars Poet.*112
     delectat:
    sub hoc erus "haec gravida" inquit|"capta est, . . . *Serm.*2.8.16
erutas. iubet sepulcris caprificos erutas, ... *Serm.*2.8.43
ervo. me silva cavosque|tutus ab insidiis tenui solabitur ervo." ' . *Epod.*5.17
Erycina. sive tu mavis, Erycina ridens, ... *Serm.*2.6.117
Erymanthi. nigris aut Erymanthi|silvis *Carm.*1.2.33
es. et tu, quicumque es felicior *Carm.*1.21.7
    incolumi capite es? quid enim? *Epod.*15.17
    gaudes, si cameram percusti forte, penes te es? . . . *Serm.*2.3.132
    si nusquam es forte vocatus|ad cenam, ... *Serm.*2.3.273
    non es quod simulas? *Serm.*2.7.29
    ita vir bonus es convivaque comis" *Serm.*2.7.56
    belua multorum es capitum. *Serm.*2.8.76
    tu poscis vilia, verum es|dante minor, ... *Epist.*1.1.76
    cum sis nihilo sapientior ex quo|plenior es, ... *Epist.*1.17.21
    non es avarus: abi. *Epist.*2.2.154
esca. quae prima iratum ventrem pacaverit esca.' . . . *Epist.*2.2.205
escae. memor illius escae,|quae simplex olim tibi sederit. . . *Serm.*2.8.5
Esquilias. simul atras|ventum est Esquilias, ... *Serm.*2.2.72
Esquiliis. nunc licet Esquiliis habitare salubribus . . . *Serm.*2.6.33
Esquilinae. post insepulta membra different lupi|et Esquilinae alites *Serm.*1.8.14
Esquilini. et Esquilini pontifex venefici *Epod.*5.100
esse. uxor invicti Iovis esse nescis. *Epod.*17.58
    quid statis?' — nolint.   atqui licet esse beatis. . . *Carm.*3.27.73
    iubeas miserum esse, libenter|quatenus id facit. . . . *Serm.*1.1.19
    horum|semper ego optarim pauperrimus esse bonorum. . . *Serm.*1.1.63
    ne prodigus esse|dicatur metuens, ... *Serm.*1.1.79
    quaque modeste|munifico esse licet, ... *Serm.*1.2.4
    at hic si, . . . vellet bonus atque benignus|esse, . . *Serm.*1.2.51
    quis paria esse fere placuit peccata, ... *Serm.*1.2.52
    cum dicas esse paris res|furta latrociniis *Serm.*1.3.96
    ego me illorum, dederim quibus esse poetis,|excerpam numero: . *Serm.*1.3.121
    neque enim concludere versum|dixeris esse satis . . . *Serm.*1.4.39
    neque, siqui scribat uti nos|sermoni propiora, putes hunc esse poetam. *Serm.*1.4.41
    'equi te|esse feri similem dico.' *Serm.*1.4.42
    nil illi larva aut tragicis opus esse cothurnis. . . . *Serm.*1.5.57
    nilo deterius dominae ius esse: *Serm.*1.5.64
    iubesque|esse in amicorum numero. *Serm.*1.5.67
    non, ut magna dolo factum negat esse suo pars, . . . *Serm.*1.6.62
    opinor|omnibus et lippis notum et tonsoribus esse. . . *Serm.*1.6.90
    maluit esse deum. *Serm.*1.7.3
    'accendis quare cupiam magis illi|proximus esse.' . . *Serm.*1.8.3
    capsis quem fama est esse librisque|ambustum propriis. . *Serm.*1.9.54
    sine nervis altera quidquid|conposui pars esse putat . . *Serm.*1.10.63
    quod satis esse putat pater et natura coercet. . . . *Serm.*2.1.3
    si puerilius his ratio esse evincet amare *Serm.*2.3.178
    aut quia non sentis, quod clamas, rectius esse, . . . *Serm.*2.3.250
    non horam tecum esse potes, ... *Serm.*2.7.25
    postquam nihil esse pericli|sensimus, ... *Serm.*2.7.112
    quae maxima credis|esse mala. *Serm.*2.8.57
    nil ait esse prius, melius nil caelibe vita; *Epist.*1.1.43
    iurat bene solis esse maritis. *Epist.*1.1.88
    infectum volet esse, dolor quod suaserit et mens, . . . *Epist.*1.1.89
    spes iubet esse ratas, ad proelia trudit inertem, . . . *Epist.*1.2.60
    tu quotus esse velis rescribe *Epist.*1.5.17
    sibi milia quinque|esse domi chlamydum; *Epist.*1.5.30
    vir bonus et sapiens dignis ait esse paratus . . . *Epist.*1.6.44
    'durus,' ait, 'Voltei, nimis attentusque videris|esse mihi.' . *Epist.*1.7.22
    tu recte vivis, si curas esse quod audis. *Epist.*1.7.92
     . . . . *Epist.*1.16.17

idem si clamet furem, neget esse pudicum, ...   *Epist*.1.16.36
plus quam se sapere et virtutibus esse priorem|volt   .   .   *Epist*.1.18.27
non equidem insector delendave carmina Livi|esse reor,   .   .   *Epist*.2.1.70
brevis esse laboro,|obscurus fio;   .   .   .   .   .   *Ars Poet*.25
hunc ego me, siquid conponere curem,|non magis esse velim .   .   *Ars Poet*.36
non satis est pulchra esse poemata; dulcia sunto   .   .   .   *Ars Poet*.99
mediocribus esse poetis|non homines, non di, non concessere columnae. *Ars Poet*.372

esseda. esseda festinant, pilenta, petorrita, naves,   .   .   .   *Epist*.2.1.192

essem. ingenuo si non essem patre natus: .   .   .   *Serm*.1.6.21
Vergilius, post hunc Varius dixere quid essem.   .   .   *Serm*.1.6.55
neque ego essem questus. *Serm*.1.6.87
irasci celerem, tamen ut placabilis essem.   .   .   .   *Epist*.1.20.25

esses. excepto quod non simul esses, cetera laetus.   .   .   *Epist*.1.10.50

esset. aridum iecur|amoris esset poculum,   .   .   .   *Epod*.5.38
daret quantum satis esset nec sibi damno|dedecorique foret.   .   *Serm*.1.2.52
ne quis fur esset neu latro neu quis adulter.   .   .   *Serm*.1.3.106
idcirco quidam comoedia necne poema|esset quaesivere,   .   *Serm*.1.4.46
scriba quod esset,|nilo deterius dominae ius esse: .   .   *Serm*.1.5.66
invidia adcrevit, privato quae minor esset.   .   .   .   *Serm*.1.6.26
ut esset opem qui ferre poetis|antiquis posset contra fastidia nostra, *Serm*.1.10.*6
quid sculptum infabre, quid fusum durius esset.   .   .   *Serm*.2.3.22
si puerilius his ratio esse evincet [esset vincet] amare   .   *var.Serm*.2.3.250
quis esset|finis, ni sapiens . . . tolleret: .   .   .   *Serm*.2.8.59
tribus ursis quod satis esset; *Epist*.1.15.35
quod si tam Graecis novitas invisa fuisset|quam nobis, quid nunc esset
vetus? *Epist*.2.1.91

esset. cum pater ipse domus . . . esset ador loliumque,   .   *Serm*.2.6.89

est. Aufidienus, . . . quinquennis oleas est et silvestria corna   .   *Serm*.2.2.57
siquid|est animum, differs curandi tempus in annum?   .   *Epist*.1.2.39

est. *Carm*.1.1.19; 1.1.27; 1.3.37; 1.7.5; 1.15.25; 1.17.14; 1.24.20; 1.27.2; 1.28.18; 1.28.35; 1.37.1;
    Carm.2.2.1; 2.5.5; 2.7.28; 2.11.9; 2.13.14; 2.16.25; 2.16.27; 2.17.2; 2.18.10; 2.19.9;
    Carm.3.1.6; 3.1.9; 3.1.25; 3.2.13; 3.2.25; 3.9.22; 3.12.1; 3.16.43; 3.16.44; 3.24.21; 3.24.24;
    Carm.3.25.18; 3.27.37; 3.29.5; 3.29.46; 3.29.57; 4.3.21; 4.3.24; 4.4.22; 4.4.30 (*bis*);
    Carm.4.4.52; 4.8.10; 4.9.34; 4.10.4; 4.10.7; 4.11.1; 4.11.2; 4.11.4; 4.12.8; 4.12.28;
    Carm.Saec.26; 37; *Epod*.3.10; 4.2; 5.94; 7.4; 7.17; 8.20; 15.12; 16.39; 17.23; 17.25; 17.63;
    Serm.1.1.7; 1.1.11; 1.1.20; 1.1.33; 1.1.51; 1.1.59; 1.1.62; 1.1.95; 1.1.105; 1.1.106; 1.1.120;
    Serm.1.2.3; 1.2.15; 1.2.25; 1.2.28; 1.2.34; 1.2.37; 1.2.47; 1.2.58 (*bis*); 1.2.60; 1.2.62;
    Serm.1.2.66; 1.2.72; 1.2.79; 1.2.81; 1.2.82; 1.2.84; 1.2.86; 1.2.88; 1.2.93; 1.2.95; 1.2.101;
    Serm.1.2.107; 1.2.117; 1.2.122; 1.2.126; 1.2.132; 1.2.134; 1.3.1; 1.3.24; 1.3.29; 1.3.32;
    Serm.1.3.46; 1.3.50; 1.3.51; 1.3.53; 1.3.63; 1.3.68; 1.3.69; 1.3.74; 1.3.79; 1.3.84; 1.3.97;
    Serm.1.3.111; 1.3.124; 1.3.125; 1.3.128; 1.3.130; 1.3.133; 1.4.2; 1.4.54; 1.4.58; 1.4.80;
    Serm.1.4.85; 1.4.95; 1.4.97; 1.4.100; 1.4.114; 1.4.116; 1.4.134; 1.4.139; 1.5.6; 1.5.13;
    Serm.1.5.51; 1.5.87; 1.5.88; 1.5.92; 1.5.104; 1.6.2; *var.Serm*.1.6.29; *Serm*.1.6.41; 1.6.49;
    Serm.1.6.60; 1.6.66; 1.6.76; 1.6.111; 1.6.128; 1.7.32; 1.7.35; *var.Serm*.1.8.6; *Serm*.1.9.1;
    Serm.1.9.5; 1.9.16 (*bis*); 1.9.26; 1.9.27; 1.9.42; 1.9.45; 1.9.49; 1.9.51 (*bis*); 1.9.55;
    Serm.1.9.71; 1.10.*4; *coni.Serm*.1.10.*5; *Serm*.1.10.2; 1.10.7; 1.10.8; 1.10.9; 1.10.11;
    Serm.1.10.16; 1.10.24; 1.10.63; 1.10.76; 2.1.8; 2.1.23; 2.1.36; 2.1.48; 2.1.62; 2.1.82;
    Serm.2.2.2; 2.2.16; 2.2.20; 2.2.34; 2.2.46; 2.2.102; *coni.Serm*.2.3.6; *Serm*.2.3.14; 2.3.19;
    Serm.2.3.53; 2.3.59; 2.3.65; 2.3.69; 2.3.74; 2.3.75; 2.3.82; 2.3.102; 2.3.116; 2.3.127;
    Serm.2.3.137; 2.3.145; 2.3.161; 2.3.162; 2.3.164; 2.3.213 (*bis*); 2.3.220; 2.3.221; 2.3.232;
    Serm.2.3.257; 2.3.284; 2.3.301; 2.3.308; 2.3.312; 2.3.321; 2.4.1; 2.4.7; 2.4.16; 2.4.21;
    Serm.2.4.31; 2.4.37; 2.4.38; 2.4.42; 2.4.52; 2.4.63; 2.4.76; 2.5.4; 2.5.7; 2.5.8; 2.5.36;
    Serm.2.5.81; 2.5.84; 2.5.85; 2.5.102; 2.5.103; 2.6.4; 2.6.26; 2.6.32; 2.6.33; 2.6.44 (*bis*);
    Serm.2.6.51; 2.6.56; 2.6.67; 2.6.73; 2.6.94; 2.6.116; 2.7.3; *var.Serm*.2.7.19; *Serm*.2.7.61;
    Serm.2.7.79; *var.Serm*.2.7.79; *Serm*.2.7.104; 2.7.116; 2.8.4; 2.8.44; 2.8.45; 2.8.61; 2.8.65;
    Serm.2.8.66; *Epist*.1.1.4; 1.1.7; 1.1.32; 1.1.39; 1.1.41; 1.1.52; 1.1.53; 1.1.58;
    var.Epist.1.1.58; *Epist*.1.1.62; 1.1.87; 1.1.89; 1.1.106; 1.1.108; 1.2.46; 1.2.54; 1.2.62;
    Epist.1.2.69; 1.3.22; *coni.Epist*.1.3.30; *Epist*.1.4.5; 1.5.28; 1.6.1; 1.6.10; 1.6.16; 1.6.24;
    Epist.1.6.45; 1.6.55; 1.6.66; 1.7.16; 1.7.41; 1.7.72; *var.Epist*.1.7.73; *Epist*.1.7.83; 1.7.87;
    Epist.1.7.98; 1.10.13; 1.10.15; 1.10.18; 1.10.46; 1.11.29; 1.11.30; 1.12.2; 1.12.4; 1.12.5;
    Epist.1.12.13; 1.12.24; 1.14.11; 1.14.13; 1.15.10; 1.15.12; 1.15.13; 1.15.25; 1.16.35;
    Epist.1.16.40; 1.16.56; 1.16.79; 1.17.20; 1.17.35; 1.17.39; 1.17.41; 1.17.46; 1.18.5; 1.18.29;
    Epist.1.18.29; 1.18.53; 1.18.63; 1.18.69; *var.Epist*.1.18.81; *Epist*.1.18.87; 1.18.107;
    Epist.1.18.111; *var.Epist*.1.18.111; *Epist*.2.1.30; 2.1.31 (*bis*); 2.1.39; *Epist*.2.1.44; 2.1.53;
    Epist.2.1.54; 2.1.63; 2.1.98; 2.1.101; 2.1.115; 2.1.120; 2.1.179; 2.1.222; 2.1.229; 2.2.18;
    Epist.2.2.64; 2.2.141; 2.2.158 (*bis*); 2.2.160; 2.2.182; 2.2.215; *Ars Poet*.48; 72; 76;
    Ars Poet.78; 99; 102; 128; 248; 264; 283; 304; 309; 327; *var.Ars Poet*.328; *Ars Poet*.353;
    Ars Poet.355; 360; 372; 386; 404; 409; 416; 417; 422

esto. est [esto] ut viro vir latius ordinet|arbusta sulcis,   .   .   *coni.Carm*.3.1.9

procul omnis esto|clamor et ira. *Carm.*3.8.15
imminens villae tua pinus esto, ... *Carm.*3.22.5
esto beata, ... *Epod.*8.11
'macte|virtute esto' inquit sententia dia Catonis; . . . *Serm.*1.2.32
namque esto: populus Laevino mallet honorem|quam Decio mandare
    novo *Serm.*1.6.19
'esto, siquis mala; sed bona siquis | iudice condiderit laudatus
    Caesare? *Serm.*2.1.83
inparibus formis deceptum te petere esto: *Serm.*2.2.30
'dum nequid simile huic, esto ut libet.' *Serm.*2.3.31
integer est mentis Damasippi creditor? esto. *Serm.*2.3.65
is intestabilis et sacer esto.' *Serm.*2.3.181
illius esto|defensor; *Serm.*2.5.29
tu carminis esto|principium. *Serm.*2.6.22
hic murus aeneus esto: *Epist.*1.1.60
esto aliis alios rebus studiisque teneri: *Epist.*1.1.81
sedit qui timuit, ne non succederet. 'esto. *Epist.*1.17.37
quidquid praecipies, esto brevis, ... *Ars Poet.*335
id tibi iudicium est [esto], ea mens. . . . . . *coni.Ars Poet.*386
esuriens. num esuriens fastidis omnia praeter|pavonem rhombumque? *Serm.*1.2.115
positum ante mea quia pullum in parte catini|sustulit esuriens, . *Serm.*1.3.93
neque illinc|audeat esuriens dominus contingere granum . . *Serm.*2.3.113
et. *Carm.*1.1.16; 1.1.23; 1.2.2; 1.2.9; 1.2.11; 1.2.18; 1.2.34; 1.2.35; 1.2.39; 1.3.8; 1.3.9; 1.3.19;
    *Carm.*1.3.30; 1.4.1; 1.4.17; 1.4.20; 1.5.6; 1.6.1; 1.6.11; 1.7.6; 1.7.27; 1.8.16; 1.9.13;
    *Carm.*1.10.3; 1.10.5; 1.10.15; 1.10.20; 1.11.6; *var.Carm.*1.12.15; *Carm.*1.12.22; 1.12.31;
    *Carm.*1.12.37; 1.12.41; 1.12.42; 1.12.43; 1.12.56; 1.13.6; 1.13.17; 1.14.5; 1.15.8; 1.15.11;
    *Carm.*1.15.12; 1.15.17; 1.15.18; *var.Carm.*1.15.24; *Carm.*1.16.18; 1.16.18; 1.16.24;
    *Carm.*1.17.2; 1.17.6; 1.17.11; 1.17.14; 1.17.18; 1.17.27; 1.18.2; 1.18.15; 1.19.3; 1.19.8;
    *var.Carm.*1.19.11; *Carm.*1.20.6; 1.20.9; 1.21.5; 1.21.14; 1.22.10; 1.23.4; 1.24.6;
    *coni.Carm.*1.24.6; *Carm.*1.25.6; 1.25.13; 1.26.1; 1.27.5; 1.27.8; 1.28.1; 1.28.9; 1.28.16;
    *var.Carm.*1.28.19; *Carm.*1.28.24; 1.29.2; 1.29.12; 1.30.2; 1.30.5; 1.30.7; 1.31.13; 1.31.17;
    *Carm.*1.32.2; 1.32.3; 1.32.11; 1.32.13; 1.34.1; 1.34.9; *? var.Carm.*1.34.9; *Carm.*1.34.10;
    *Carm.*1.34.13; 1.35.10; 1.35.11; 1.35.18; 1.35.21; 1.35.25; 1.35.30; 1.35.33; 1.36.2; 1.37.25;
    *Carm.*1.37.26; 2.1.2 (*bis*); 2.1.4; 2.1.7; 2.1.14; 2.1.23; 2.1.25; 2.2.11; 2.2.15; 2.2.21;
    *Carm.*2.3.13 (*bis*); 2.3.17; 2.3.19; 2.3.22; 2.3.27; 2.4.10; 2.4.15; 2.4.21; 2.5.14; 2.6.1; 2.6.2;
    *Carm.*2.6.7; 2.6.11; 2.6.18; 2.6.21; 2.7.9; 2.7.11; 2.8.10; 2.8.14; 2.9.8; 2.9.18; 2.9.20;
    *Carm.*2.10.10; 2.11.1; 2.11.6; 2.11.14; 2.12.5; 2.12.15; 2.13.1; 2.13.2; 2.13.5; 2.13.6;
    *Carm.*2.13.9; 2.13.17; 2.13.18; 2.13.22; 2.13.23; 2.13.31; 2.13.35; 2.13.37; 2.14.3;
    *Carm.*2.14.18; 2.14.21 (*bis*); 2.14.26; 2.15.5; 2.15.6; 2.15.11; 2.15.19; 2.16.11; 2.16.23;
    *Carm.*2.16.26; 2.16.31; 2.16.37; 2.16.39; 2.18.9; 2.18.18; 2.18.24; 2.18.28 (*bis*); 2.19.3;
    *Carm.*2.19.10; 2.19.16; 2.19.25; 2.19.31; 2.20.10; 2.20.17; 2.20.18; 2.20.22; 3.1.1; 3.1.15;
    *Carm.*3.1.37; *? Carm.*3.1.39; *Carm.*3.1.45; 3.2.3; 3.2.5; 3.2.8; 3.2.13; 3.2.23; 3.3.1; 3.3.9;
    *Carm.*3.3.20; 3.3.24; 3.3.30; 3.3.31; 3.3.35; 3.3.41; 3.3.49; 3.3.64; 3.3.71; 3.4.1; 3.4.6;
    *Carm.*3.4.15; 3.4.18; 3.4.25; 3.4.31; 3.4.34; 3.4.36; 3.4.46; 3.4.53; 3.4.59; 3.4.64; 3.5.6;
    *Carm.*3.5.9; 3.5.12; 3.5.15; 3.5.19; 3.5.23; 3.5.34; 3.5.43; 3.5.52; 3.6.3; 3.6.9; 3.6.11;
    *Carm.*3.6.14; 3.6.22; 3.6.23; 3.6.35; 3.6.39; 3.6.42; 3.7.10; 3.7.19; 3.7.31; 3.8.2; 3.8.6; 3.8.14;
    *Carm.*3.8.16; 3.8.26; *var.Carm.*3.8.27; *Carm.*3.9.10; 3.9.22; 3.10.7; *? var.Carm.*3.10.14;
    *Carm.*3.11.11; 3.11.14; 3.11.26; 3.11.35; 3.11.39; 3.11.49; 3.11.50; 3.11.51; 3.12.11;
    *? var.Carm.*3.13.1; *Carm.*3.13.12; 3.14.10; 3.14.17; 3.14.18; 3.14.26; 3.15.6; 3.16.2; 3.16.6;
    *Carm.*3.16.7; 3.16.10; 3.16.14; 3.16.23; 3.16.30; 3.17.7; 3.17.10; 3.17.15; 3.18.2; 3.19.3;
    *Carm.*3.19.4; 3.19.7; 3.19.24; 3.20.13; 3.21.3; 3.21.15; 3.21.18; 3.21.21; 3.23.3; 3.23.10;
    *Carm.*3.24.2; 3.24.2; 3.24.4; 3.24.11; 3.24.13; 3.24.22; 3.24.24; 3.24.26; 3.24.46;
    *Carm.*3.24.48 (*? bis*); 3.24.52; 3.24.60; *var.Carm.*3.25.2; *Carm.*3.25.6; 3.25.10; 3.25.13;
    *Carm.*3.26.2; 3.26.7 (*bis*); 3.26.9; 3.27.2; 3.27.14; 3.27.19; 3.27.22; 3.27.23; 3.27.26;
    *Carm.*3.27.29; 3.27.32; 3.27.46; 3.27.61; 3.27.67; *var.Carm.*3.28.6; *Carm.*3.28.10; 3.28.12;
    *Carm.*3.28.14; 3.29.3; 3.29.6; 3.29.7; 3.29.9; 3.29.12; 3.29.15; 3.29.19; 3.29.22; 3.29.26;
    *Carm.*3.29.27; 3.29.37 (*bis*); 3.29.49; 3.29.54; 3.29.59; 3.30.5; 3.30.11; 3.30.17; 4.1.14;
    *Carm.*4.1.15; 4.1.17; 4.1.22; 4.2.19; 4.2.22; 4.2.41; 4.2.46; 4.3.11; 4.3.16; 4.3.24; 4.4.5;
    *Carm.*4.4.29; 4.4.38; 4.4.39; *var.Carm.*4.4.43; *Carm.*4.4.46; 4.4.52; 4.4.71; 4.5.8; 4.5.13;
    *Carm.*4.5.22; 4.5.30; 4.5.31; 4.5.34; 4.5.36; 4.6.3; 4.6.15; 4.6.34; 4.7.3; 4.7.7; 4.7.11;
    *Carm.*4.7.16; 4.7.21; 4.8.12; 4.8.14; 4.8.26 (*bis*); 4.9.7; 4.9.14; 4.9.16; 4.9.35; 4.9.37;
    *Carm.*4.10.1; 4.10.3; 4.10.4; 4.11.9; 4.11.23; 4.11.26; 4.11.29; 4.12.6; 4.12.11; 4.12.25;
    *Carm.*4.13.2; 4.13.4; 4.13.5; 4.13.6; 4.13.10; 4.13.12; 4.13.21; *var.Carm.*4.14.5;
    *Carm.*4.14.11; 4.14.27; 4.14.23; *? Carm.*4.14.31; 4.14.33; 4.14.36; 4.14.39;
    *Carm.*4.14.42; 4.14.46; 4.15.2; 4.15.5; 4.15.6; 4.15.8; 4.15.9; *var.Carm.*4.15.10;
    *Carm.*4.15.12; 4.15.13; 4.15.14; 4.15.20; *Carm.Saec.*10 (*bis*); 31; 32; 39; 48; 56; 57 (*bis*);
    *Carm.Saec.*58; 61; 71; *Epod.*1.11; 1.23; 2.7; 2.21; 2.31; 2.35; 2.47; 2.57; 4.1; 4.4; 4.9;
    *Epod.*4.14; 5.2; *var.Epod.*5.3; *Epod.*5.16; 5.19; 5.23; 5.37; 5.43; 5.44; 5.51; 5.95; 5.97;
    *Epod.*5.100; 6.4; 7.15; 8.3; 8.7; 8.9; 9.13 (*bis*); 9.22; 9.34; 10.17; 10.24; 11.21; 11.22;

*Epod.*12.7; 13.1; 13.5; 13.8; 13.9; 13.14; 15.1; 15.7; 15.14; 15.17; 15.19; 16.11; *var.Epod.*16.12; *Epod.*16.13; 16.20; 16.32; 16.35; 16.37; 16.42; 16.44; 17.3; 17.10; 17.17; *Epod.*17.20; 17.21; 17.25; 17.30; 17.45; 17.49; 17.50; 17.58; 17.77; *Serm.*1.1.37; 1.1.41; *Serm.*1.1.55; 1.1.71; 1.1.93; 1.1.118; 1.2.54; 1.2.99; 1.2.107; 1.2.108; 1.2.113; 1.2.126; *Serm.*1.2.132; 1.3.13; 1.3.14; 1.3.20; 1.3.24; 1.3.31; 1.3.41; 1.3.45; 1.3.50; 1.3.63; 1.3.86; *Serm.*1.3.98; 1.3.100; 1.3.101; 1.3.105; 1.3.117; 1.3.122; 1.3.125 (*ter*); 1.3.136; 1.3.139; *Serm.*1.4.18; 1.4.22; 1.4.36; 1.4.58; 1.4.66; 1.4.68; 1.4.79; 1.4.90; 1.4.93; 1.4.98; 1.4.121; *Serm.*1.4.124; 1.4.130; 1.5.10; 1.5.36; 1.5.40; 1.5.43; 1.5.46; 1.5.49; 1.5.53; 1.5.57; 1.5.78; *Serm.*1.5.95; 1.6.16; 1.6.17; 1.6.28; 1.6.29; 1.6.31; 1.6.35; 1.6.37; 1.6.42; 1.6.61; 1.6.64; *Serm.*1.6.69; *var.Serm.*1.6.73; *Serm.*1.6.88; 1.6.97; 1.6.102; 1.6.115; 1.6.116; *coni.Serm.*1.7.5; *Serm.*1.7.19; 1.7.30; 1.8.27; 1.8.30; 1.8.39; 1.8.41; 1.8.43; 1.8.44; 1.8.45; 1.9.5; 1.9.19; *Serm.*1.9.36; 1.9.40; 1.9.42; 1.9.44; 1.9.55; 1.9.61; 1.9.62; 1.9.63; 1.9.64; 1.9.75; 1.9.76; *var.Serm.*1.10.*4; *Serm.*1.10.*5; 1.10.8; 1.10.11; 1.10.15; 1.10.19; 1.10.22; *var.Serm.*1.10.24; *var.Serm.*1.10.50; *Serm.*1.10.58; 1.10.65; 1.10.66; 1.10.70; 1.10.81; 1.10.82; 1.10.83; *Serm.*1.10.86; 1.10.87; 2.1.1; 2.1.23; 2.1.40; 2.1.42; 2.1.46; 2.1.47; 2.1.61; *var.Serm.*2.1.65; *Serm.*2.1.71; 2.1.72; 2.1.73; 2.1.77; 2.2.1; 2.2.5; 2.2.16; 2.2.26; 2.2.57; 2.2.58; 2.2.63; *var.Serm.*2.2.85; *Serm.*2.2.87; 2.2.98; *?* *var.Serm.*2.2.99; *Serm.*2.2.115; *var.Serm.*2.2.116; *Serm.*2.2.122; 2.3.9; 2.3.27; 2.3.30; 2.3.38; 2.3.43; 2.3.44; 2.3.56 (*bis*); 2.3.73; 2.3.92; *Serm.*2.3.97; 2.3.98; 2.3.106; 2.3.107; 2.3.142; 2.3.146; 2.3.159; 2.3.165; 2.3.170; 2.3.172; *Serm.*2.3.178; 2.3.181; 2.3.183; 2.3.188; 2.3.192; 2.3.198; 2.3.203; 2.3.213; *?var.Serm.*2.3.216; *Serm.*2.3.218; 2.3.224; *var.Serm.*2.3.227; *Serm.*2.3.232; 2.3.244; 2.3.261; 2.3.269; 2.3.279; *Serm.*2.3.282; 2.3.309; 2.3.311; 2.3.313; 2.4.1; 2.4.13; 2.4.28; 2.4.29; 2.4.38; 2.4.40; 2.4.42; *Serm.*2.4.45; 2.4.53; 2.4.58; 2.4.60; 2.4.73; 2.4.84; 2.5.13; 2.5.21; 2.5.23; 2.5.24; 2.5.44; *Serm.*2.5.52; 2.5.68; 2.5.90; *var.Serm.*2.5.97; *Serm.*2.5.100; 2.5.103; 2.6.2; 2.6.3; 2.6.14; *Serm.*2.6.16; 2.6.28; 2.6.29; 2.6.32; 2.6.34; 2.6.39; 2.6.43; 2.6.46; 2.6.47; *var.Serm.*2.6.57; *Serm.*2.6.61; 2.6.73; 2.6.76; 2.6.82; 2.6.116; 2.7.1; 2.7.3; 2.7.6; 2.7.23 (*bis*); 2.7.26; *var.Serm.*2.7.34; *Serm.*2.7.36; 2.7.40; 2.7.67 (*bis*); 2.7.86; 2.7.93; 2.7.100; 2.7.101; *Serm.*2.7.113; 2.8.11; 2.8.20 (*bis*); 2.8.35; 2.8.77; 2.8.89; 2.8.92; *Epist.*1.1.2; 1.1.9; *Epist.*1.1.11 (*bis*); 1.1.12; 1.1.16; 1.1.19; 1.1.34; 1.1.35; 1.1.41; 1.1.47; 1.1.48 (*bis*); 1.1.49; *Epist.*1.1.58; 1.1.69 (*bis*); *var.Epist.*1.1.72; *Epist.*1.1.78; 1.1.84; 1.1.99; 1.1.104; 1.2.4; 1.2.8; *Epist.*1.2.12; 1.2.15; 1.2.16; 1.2.17; 1.2.20; 1.2.23; 1.2.25; 1.2.27; 1.2.30; 1.2.34; 1.2.36; *Epist.*1.2.43; 1.2.45; 1.2.47 (*bis*); 1.2.51; 1.2.60; 1.3.8; 1.3.11; 1.3.14; 1.3.16; 1.3.22; *Epis.*1.3.28; 1.3.32; 1.4.9 (*bis*); 1.4.11; *var.Epist.*1.4.11; *Epist.*1.4.12; 1.4.15; 1.5.7; 1.5.8; *Epist.*1.5.9; 1.5.14; *var.Epist.*1.5.25; *Epist.*1.5.27; 1.5.30; 1.6.2; 1.6.3 (*bis*); 1.6.6; 1.6.7; *Epist.*1.6.8; 1.6.14; 1.6.17 (*bis*); 1.6.20; 1.6.22; *var.Epist.*1.6.26; *Epist.*1.6.27; 1.6.31; *Epist.*1.6.36; 1.6.37 (*bis*); 1.6.47; 1.6.49; 1.6.51; 1.7.7; 1.7.8; 1.7.9; 1.7.11; 1.7.13; *Epist.*1.7.20 (*bis*); 1.7.21; 1.7.22; 1.7.27; 1.7.46; 1.7.53; 1.7.55; *var.Epist.*1.7.55; *Epist.*1.7.58; 1.7.59 (*bis*); 1.7.63; 1.7.66; 1.7.67; 1.7.75; 1.7.79; 1.7.84; 1.7.85; 1.7.95; *Epist.*1.8.1; 1.8.3; 1.8.13; 1.9.2; 1.9.3; 1.9.13; 1.10.7; 1.10.8; 1.10.25; 1.10.33; 1.11.3; 1.11.4; *var.Epist.*1.11.10; *Epist.*1.11.13; *var.Epist.*1.11.14; *Epist.*1.11.17; 1.11.21 (*bis*); 1.11.25; *Epist.*1.12.8; 1.12.14; 1.12.15; 1.12.17; 1.12.19; 1.12.21; 1.12.22; 1.12.23; 1.13.9; 1.14.1; *Epist.*1.14.2; 1.14.5; 1.14.6; 1.14.9; 1.14.15 (*bis*); 1.14.16; 1.14.19 (*bis*); 1.14.20; 1.14.21; *Epist.*1.14.22; 1.14.23; 1.14.26; 1.14.28; 1.14.35; 1.14.39; 1.14.42 (*bis*); 1.15.2; 1.15.3; *Epist.*1.15.8; 1.15.9; 1.15.10; 1.15.18; 1.15.23; 1.15.31; 1.15.33; 1.15.40; 1.15.41; 1.15.44; *Epist.*1.15.45; 1.16.3; 1.16.4; 1.16.9 (*bis*); *var.Epist.*1.16.9; 1.16.14; *Epist.*1.16.15; *Epist.*1.16.26; 1.16.32; 1.16.39; 1.16.40; 1.16.43; 1.16.44; 1.16.49; 1.16.51; 1.16.57; *Epist.*1.16.62; 1.16.68; 1.16.73; 1.16.76; 1.17.1; 1.17.6; 1.17.16; 1.17.19; 1.17.23 (*bis*); *Epist.*1.17.30; 1.17.32; 1.17.33; 1.17.34; 1.17.40; 1.17.41; 1.17.42; 1.17.47; 1.17.49; *Epist.*1.17.51; 1.17.53 (*bis*); 1.17.54; 1.18.6; 1.18.9; 1.18.10; 1.18.12; *coni.Epist.*1.18.17; *Epist.*1.18.17; 1.18.24; 1.18.25; 1.18.27; 1.18.28; 1.18.33; 1.18.47; 1.18.50 (*bis*); *Epist.*1.18.55; 1.18.57; 1.18.58; 1.18.68; 1.18.71; 1.18.78; *var.Epist.*1.18.82; *Epist.*1.18.85; *Epist.*1.18.96; 1.18.99; 1.18.103; *var.Epist.*1.18.107; *Epist.*1.18.109; 1.18.111; 1.19.12; *Epist.*1.19.25; 1.19.27; 1.19.29; 1.19.38; 1.19.39; 1.19.40; 1.19.42; 1.19.43; 1.19.46; *Epist.*1.19.47; 1.19.48; 1.19.49; 1.20.3; 1.20.4; 1.20.7; 1.20.20; 2.1.1; 2.1.5 (*bis*); *Epist.*2.1.18; 2.1.21; 2.1.22; 2.1.33; 2.1.48; 2.1.52; 2.1.53; 2.1.60; 2.1.72; 2.1.73; 2.1.74; *Epist.*2.1.78; 2.1.84; 2.1.86; 2.1.94; 2.1.103; 2.1.108; 2.1.110; 2.1.112; 2.1.113 (*bis*); *Epist.*2.1.118; 2.1.123; 2.1.124; 2.1.129 (*bis*); 2.1.131; 2.1.134; 2.1.141; 2.1.142 (*bis*); *Epist.*2.1.144; 2.1.149; 2.1.156; 2.1.158; 2.1.162; 2.1.163 (*bis*); 2.1.165 (*bis*); 2.1.166; *Epist.*2.1.183; 2.1.184; 2.1.188; 2.1.203; 2.1.213; 2.1.217; 2.1.225; 2.1.228 (*bis*); 2.1.233; *Epist.*2.1.243; 2.1.252 (*bis*); 2.1.253; 2.1.256; 2.1.261; 2.1.263; 2.1.267; 2.1.269; 2.1.270 (*bis*); *Epist.*2.2.3; 2.2.14; 2.2.19; 2.2.31; 2.2.60; 2.2.76; 2.2.77; 2.2.78; 2.2.80; 2.2.82; 2.2.83; *Epist.*2.2.84; 2.2.85; *var.Epist.*2.2.87; *Epist.*2.2.95; 2.2.96; 2.2.97; 2.2.101; 2.2.103; *Epist.*2.2.104; 2.2.107 (*bis*); 2.2.112 (*bis*); 2.2.114; 2.2.118; 2.2.120; 2.2.124; 2.2.128; *Epist.*2.2.134; 2.2.135; 2.2.138; 2.2.140; 2.2.142; 2.2.153; 2.2.158; 2.2.160; 2.2.174; *Epist.*2.2.175; 2.2.183 (*bis*); 2.2.185; 2.2.186; 2.2.189; 2.2.190; 2.2.192; 2.2.194; 2.2.200; *Epist.*2.2.207; 2.2.211; 2.2.216; *Ars Poet.*2; 11; 14; 15; 16; 17; 19; 23; 24; 39; 42; 44; 52; *Ars Poet.*56; 57; 62; 66; 69; 72 (*bis*); 73; 78; 81; 82; 84 (*bis*); 85 (*bis*); 95; 96 (*bis*); 97; 100; *Ars Poet.*110; *var.Ars Poet.*111; *Ars Poet.*116; 125; 127; 137; 142; 145; *?* *var.Ars Poet.*147; *Ars Poet.*148; 149; 153; 154; 158; 159; 160; 162; 165; 167; 170; 181; 190; 195; 196; 197(*bis*);

*Ars Poet.*199; 200; 204; 207; 208; 214; 217; 218; 221; 223; 224 (*bis*); 228; 230; 234; 237; *Ars Poet.*248 (*bis*); 249; 257; 264; 266; 272; 274; 276; 282; 287; 291; 293; 296; 306; 312; *Ars Poet.*313; 318; 320; 330; 332; 348; 355; 358; 362; 368; 369; 375 (*bis*); 383; 388 (*bis*); *Ars Poet.*392; 395; 400; 404 (*bis*); 406; 407; 411; 413; 414; 418; 423 (*bis*); 432; 435; 439; *Ars Poet.*441; 444; 445; 454; 457; 461; 469

et. *Carm.*1.12.11; 1.29.14; *var.Carm.*1.31.10; *Carm.*1.37.8; 3.4.70; 3.24.48; 3.27.5; 4.7.15; *Carm.Saec.*3; *Epod.*1.12; 2.20; 3.22; 10.18; 11.8; 16.2; 16.40; 17.2; *Serm.*1.4.51; 1.5.58; *Serm.*1.5.86; 1.6.70; 1.6.101; 1.10.71; 2.1.64; 2.3.231; 2.3.244; 2.4.74; 2.6.85; 2.8.88; *Epist.*1.11.9; 1.15.35; 2.1.46; *var.Epist.*2.1.46; 2.2.33; 2.2.167; *Ars Poet.*157; 394

et. *Carm.*1.1.2 (*bis*); 1.7.13 (*bis*); 1.9.18 (*bis*); 1.14.13 (*bis*); 1.23.8 (*bis*); 1.32.9 (*bis*); 1.36.1 (*bis*); *Carm.*2.3.15 (*bis*); 3.4.8 (*bis*); 3.4.41 (*bis*); 3.5.10 (*bis*); 3.6.18 (*bis*); 3.11.5; 3.11.6; *Carm.*3.13.5 (*bis*); 3.14.7 (*bis*); 3.17.2; 3.17.3; 3.24.43 (*bis*); 4.1.13 (*bis*); 4.4.74; 4.4.75; *var.Carm.*4.5.7; *Carm.*4.15.25 (*bis*); 4.15.31 (*bis*); *Carm.Saec.*75 (*bis*); *Epod.*11.9; 11.10; *Serm.*1.3.54 (*bis*); 1.4.38 (*bis*); 1.4.11 (*bis*); 1.6.93 (*bis*); 1.7.3 (*bis*); *var.Serm.*1.10.*5; *Serm.*2.1.16 (*bis*); 2.5.8 (*bis*); 2.5.48; 2.5.49; 2.8.91 (*bis*); *Epist.*1.1.10 (*bis*); 1.1.64 (*bis*); *Epist.*1.5.21 (*bis*); 1.5.23 (*bis*); 1.6.34; 1.6.35; 1.6.42 (*bis*); 1.6.45; 1.6.46 (*bis*); *Epist.*1.7.57 (*quater*); 1.10.16 (*bis*); 1.16.28 (*bis*); 1.18.22 (*bis*); 1.18.38 (*bis*); 2.1.42 (*bis*); *Epist.*2.1.50 (*ter*); 2.1.68 (*ter*); 2.1.137 (*bis*); 2.2.3; 2.2.4; 2.2.28 (*bis*); 2.2.51 (*bis*); *Ars Poet.*32; 33; 258; 259; 270 (*bis*); 279; 280; 309 (*bis*); 334 (*bis*); *? var.Ars Poet.*334; *Ars Poet.*345; 346; 366; 367

et. *Carm.*1.4.11; 1.9.21; 1.10.13; 1.12.25; 1.28.7; 1.28.31; 2.10.17; 2.13.37; 2.19.13; 3.2.14; 3.2.25; *Carm.*3.11.21; 3.14.21; 3.15.8; 3.21.11; 3.27.25; *var.Carm.*4.4.18; *var.Epod.*5.11; *Epod.*16.45; *Serm.*1.3.28; *var.Serm.*1.4.69; 1.4.116; *Serm.*1.4.131; *var.Serm.*1.6.6; *Serm.*1.9.25; 1.10.6; 1.10.25; 1.10.56; *var.Serm.*2.1.68; *Serm.*2.3.32; 2.3.117; 2.3.150; *Serm.*2.3.222; 2.3.322; 2.4.10; *var.Serm.*2.5.87; *Epist.*1.5.28; 1.10.4; *var.Epist.*1.10.42; *Epist.*1.17.5; *var. Epist.*2.1.27; *Epist.*2.1.214; *Ars Poet.*49; *? var.Ars Poet.*61; *Ars Poet.*93; *var.Ars Poet* 416

etenim. tutus bos etenim rura perambulat, ... *Carm.*4.5.17
nulla etenim mihi te fors obtulit; *Serm.*1.6.54
(hoc etenim sunt omnes iure molesti|quo fortes, ... *Serm.*1.7.10
dis etenim facile est' *Serm.*2.3.284
divinare etenim magnus mihi donat Apollo.' *Serm.*2.5.60
"etenim fateor me" dixerit ille|"duci ventre levem, . . . *Serm.*2.7.37

etiam. quae manent culpas etiam sub Orco. *Carm.*3.11.29
ureret flammis, etiam latentem|matris in alvo, ... *Carm.*4.6.19
quin etiam illud | accidit ut cuidam testis caudamque salacem |
demeterent ferro. *Serm.*1.2.44
atque etiam melius persaepe togatae ⟨est⟩. *Serm.*1.2.82
natura aut etiam consuetudo mala; *Serm.*1.3.36
turpia decipiunt caecum vitia aut etiam ipsa haec|delectant, . . *Serm.*1.3.39
invenias etiam disiecti membra poetae. *Serm.*1.4.62
etiam litis cum Rege molestas, ... *Serm.*1.7.5
'etiam et rex|et quidquid volet.' *Serm.*2.3.97
filius aut etiam haec libertus ut ebibat heres, ... *Serm.*2.3.122
'stultum me fateor . . . atque etiam insanum; *Serm.*2.3.306
ultra|"non" "etiam" sileas; *Serm.*2.5.91
debes hoc etiam rescribere, ... *Epist.*1.3.30
dignum praestabo me etiam pro laude merentis. *Epist.*1.7.24
mane cliens et iam [etiam] certus conviva, ... *var.Epist.*1.7.75
fons etiam rivo dare nomen idoneus, ... *Epist.*1.16.12
qualem commendes, etiam atque etiam aspice, ... *Epist.*1.18.76
'sit mihi, quod nunc est, etiam minus, ... *Epist.*1.18.107
demo unum, demo etiam unum, ... *Epist.*2.1.46
mox etiam pectus praeceptis format amicis, ... *Epist.*2.1.128
quin etiam lex|poenaque lata, ... *Epist.*2.1.152
saepe etiam audacem fugat hoc terretque poetam, . . . *Epist.*2.1.182
quin etiam canet indoctum, sed dulce bibenti. *Epist.*2.2.9
quereris super hoc etiam, ... *Epist.*2.2.24
mox etiam, si forte vacas, sequere et procul audi, . . . *Epist.*2.2.95
fortasse trecentis|aut etiam supra nummorum milibus emptum. . *Epist.*2.2.165
in verbis etiam tenuis cautusque serendis . . . . . *Ars Poet.*46
post etiam inclusa est voti sententia compos; . . . . *Ars Poet.*76
(sic etiam fidibus voces crevere severis) . . . . . *Ars Poet.*216
mox etiam agrestis Satyros nudavit . . . . . . *Ars Poet.*221
unde etiam trimetris accrescere iussit|nomen iambeis, . . . *Ars Poet.*252
etiam stillabit amicis|ex oculis rorem, ... *Ars Poet.*429
Etrusca. minacis aut Etrusca Porsenae manus, ... *Epod.*16.4
Etrusca. Etrusca praeter et volate litora. *Epod.*16.40
Etrusci. Etrusci|quale fuit Cassi rapido ferventius amni|ingenium, . . *Serm.*1.10.61

Etrusco. retortis|litore Etrusco violenter undis *Carm.*1.2.14
Etruscos. Lydorum quidquid Etruscos|incoluit finis, ... *Serm.*1.6.1
Etruscum. cum pace delabentis Etruscum|in mare, ... *Carm.*3.29.35
    Iliaeque|litus Etruscum tenuere turmae, ... *Carm.Saec.*38
etueri. ergo|quem sua culpa premet, deceptus omitte tueri [? praesens sua
    culpa ire deceptus omittit etueri], ... *? var.Epist.*1.18.79
eu. 'eu!|rem poteris servare tuam. . . . . *Ars Poet.*328
Euandri. conminxit lectum potus mensave catillum | Euandri manibus
    tritum deiecit: *Serm.*1.3.91
euhantes. condita post frumenta levantes [euhantes] tempore festo|corpus *coni.Epist.*2.1.140
Euhias. non secus in iugis|Edonis stupet Euhias *Carm.*3.25.9
Euhius. monet Sithoniis non levis Euhius, ... *Carm.*1.18.9
    dissipat Euhius|curas edacis. *Carm.*2.11.17
euhoe. euhoe, recenti mens trepidat metu, ... *Carm.*2.19.5
    euhoe, parce Liber, ... *Carm.*2.19.7
eum. siquis eum servom, . . . in cruce suffigat, ... *Serm.*1.3.80
    surgente a sole ad eum, quo|vespertina tepet regio . . . *Serm.*1.4.29
    avet quavis aspergere cunctos|praeter eum qui praebet aquam; . *Serm.*1.4.88
    an tu reris eum occisa insanisse parente *Serm.*2.3.134
    denique quod non|providisset eum. *Epist.*1.7.69
Eumenidum. intorti capillis|Eumenidum recreantur angues? . . *Carm.*2.13.36
eundem. an commotae crimine mentis | absolves hominem et sceleris
    damnabis eundem *Serm.*2.3.279
    hortari coepit eundem|verbis, ... *Epist.*2.2.35
eunt. non, si trecenis quotquot eunt dies, . . . tauris, . . . *Carm.*2.14.5
euntem. illum|praeteritum temnens extremos inter euntem: — . *Serm.*1.1.116
euntes. singula de nobis anni praedantur euntes: *Epist.*2.2.55
euntis. versiculos natura magis factos et euntis|mollius . . . *Serm.*1.10.58
euntium. ut ora vertat huc et huc euntium|liberrima indignatio? . . *Epod.*4.9
Eupolin. Eupolin, Archilochum, comites educere tantos? . . *Serm.*2.3.12
Eupolis. Eupolis atque Cratinus Aristophanesque poetae . . *Serm.*1.4.1
Euro. aridas frondes hiemis sodali|dedicet Euro. *Carm.*1.25.20
Euro. ocior cervis et agente nimbos|ocior Euro. *Carm.*2.16.24
    demissa tempestas ab Euro *Carm.*3.17.11
    aut inpulsa cupressus Euro, ... *Carm.*4.6.10
Europe. Europe niveum doloso|credidit tauro latus *Carm.*3.27.25
Europe. "vilis Europe" pater urget absens: *Carm.*3.27.57
Europen. qua medius liquor|secernit Europen ab Afro, . . . *Carm.*3.3.47
Eurus. sic quodcumque minabitur Eurus|fluctibus Hesperiis . . *Carm.*1.28.25
    vel Eurus|per Siculas equitavit undas. *Carm.*4.4.43
    niger rudentis Eurus inverso mari *Epod.*10.5
    ut neque largis|aquosus Eurus arva radat imbribus, . . . *Epod.*16.54
Euterpe. si neque tibias|Euterpe cohibet *Carm.*1.1.33
Eutrapelus. Eutrapelus cuicumque nocere volebat | vestimenta dabat
    pretiosa: *Epist.*1.18.31
evaganti. ordinem|rectum evaganti frena licentiae|iniecit . . . *Carm.*4.15.10
evaluere. nam quae pervincere voces|evaluere sonum. . . . *Epist.*2.1.201
evasti. evasti: credo, metues doctusque cavebis — *Serm.*2.7.68
evehit. terrarum dominos evehit ad deos|hunc, ... *Carm.*1.1.6
evellas. spinas animone ego fortius an tu|evellas agro, . . . *Epist.*1.14.5
evellere. haeres|nequiquam caeno cupiens evellere plantam. . . *Serm.*2.7.27
evenit. merses profundo, pulchrior evenit; *Carm.*4.4.65
    at tibi contra|evenit, inquirant vitia ut tua rursus et illi. . . *Serm.*1.3.28
eventum. semper ad eventum festinat . . . . *Ars Poet.*148
evertere. castellum evertere praetor|nescio quod cupiens . . . *Epist.*2.2.34
evincet. platanusque caelebs|evincet ulmos; *Carm.*2.15.5
    si puerilius his ratio esse evincet amare *Serm.*2.3.250
evitare. an tibi abunde|personam satis est, non illud, quidquid ubique|
    officit, evitare? *Serm.*1.2.61
evitata. metaque fervidis|evitata rotis palmaque nobilis. . . . *Carm.*1.1.5
evolsis. quid Rhoetus evolsisque truncis|Enceladus iaculator audax . *Carm.*3.4.55
evolvere. tempora si fastosque velis evolvere mundi. . . . *Serm.*1.3.112
ex. *Carm.*1.29.7; 2.1.1; 3.2.6; 3.3.21; 3.24.32; *var.Carm.*3.25.9; *Carm.*3.30.12; 4.11.18; *Epod.*11.5;
    *Epod.*16.47; *Serm.*1.1.51; 1.1.52; 1.1.56; 1.2.79; 1.4.123; 1.4.129; 1.4.140; 1.5.66; 1.5.77;
    *Serm.*1.5.103; *var.Serm.*1.6.29; *Serm.*1.6.80; 2.2.56; 2.3.137; 2.3.235; 2.3.239; 2.3.256;
    *Serm.*2.3.280; 2.3.293; 2.5.56; 2.5.85; 2.5.108; 2.6.16; 2.6.41; 2.6.78; 2.7.11; 2.7.54;
    *Serm.*2.7.89; *Epist.*1.2.65; 1.7.60; 1.7.83; 1.11.5; 1.11.10; *var.Epist.*1.19.13; *Epist.*2.1.168;
    *Epist.*2.2.153; 2.2.190; *Ars Poet.*143 (*bis*); 184; 240; 430; 432
exacta. non prius exacta tenui ratione saporum. *Serm.*2.4.36

exactis.   emendata videri | pulchraque et exactis minimum distantia miror.   *Epist.*2.1.72
exacto.   exacto contentus tempore vita *Serm.*1.1.118
exactos.   pugnas et exactos tyrannos | densum umeris bibit aure volgus.   *Carm.*2.13.31
    quam per exactos ego laetus annos *Carm.*3.22.6
exacuit.   post hos insignis Homerus . . . versibus exacuit;   .   .   .   *Ars Poet.*403
exagitant.   'at omnes di exagitent [exagitant] me, | si quicquam.'   .   .   *var.Serm.*2.6.54
exagitas.   cur [? quid] me querelis exanimas [? exagitas] tuis?   .   .   .   *var.Carm.*2.17.1
exagitent.   'at omnes di exagitent me, | si quicquam.' *Serm.*2.6.54
examen.   serves . . . iuvenum recens | examen Eois timendum | partibus   .   *Carm.*1.35.31
    positosque vernas, ditis examen domus, ...   *Epod.*2.65
    qui sibi fidet, | dux reget examen. *Epist.*1.19.23
examinat.   male verum examinat omnis | corruptus iudex. *Serm.*2.2.8
exanimari.   exanimari metuentis patruae verbera linguae.   .   .   .   *Carm.*3.12.2
exanimas.   cur me querelis exanimas tuis? *Carm.*2.17.1
exanimat.   avidos vicinum funus ut aegros | exanimat *Serm.*1.4.127
    exanimat lentus spectator, sedulus inflat: *Epist.*2.1.178
exanimem.   an vigilare metu exanimem, ...   *Serm.*1.1.76
exanimes.   magisque | exanimes trepidare, ...   *Serm.*2.6.114
exaret.   rugis vetus | frontem senectus exaret *Epod.*8.4
exaudita.   fingere cinctutis non exaudita Cethegis | continget   .   .   .   *Ars Poet.*50
exauditus.   ridebit monitor non exauditus, ...   *Epist.*1.20.14
excantata.   quae sidera excantata voce Thessala *Epod.*5.45
excepit.   non ferox | Hector vel acer Deiphobus gravis | excepit ictus . . .
    primus. *Carm.*4.9.23
    cum lectulus aut me | porticus excepit, ...   *Serm.*1.4.134
    egressum magna me accepit [excepit] Aricia Roma | hospitio modico,   .   *var.Serm.*1.5.1
    quaecumque excepit turgentis verbera caudae | clunibus   .   .   .   *Serm.*2.7.49
excepta.   des nummos, excepta nihil te si fuga laedat: *Epist.*2.2.16
excepto.   stellasque salubris | appellat comites excepto Rege;   .   .   .   *Serm.*1.7.25
    haec populos, haec magnos formula reges, | excepto sapiente, tenet.   .   *Serm.*2.3.46
excepto.   excepto quod non simul esses, cetera laetus. *Epist.*1.10.50
exceptum.   in mala derisum semel exceptumque sinistre.   .   .   .   .   *Ars Poet.*452
excerpam.   ego me illorum, dederim quibus esse poetis, | excerpam numero: *Serm.*1.4.40
excerpens.   quid? cum Picenis excerpens semina pomis *Serm.*2.3.272
excidere.   altum Saganae caliendrum | excidere *Serm.*1.8.49
excidi.   denique, quatenus excidi penitus vitium irae, ...   *Serm.*1.3.76
excidit.   nec vera virtus, cum semel excidit, ...   *Carm.*3.5.29
    in vitium libertas excidit et vim   .   .   .   .   *Ars Poet.*282
excidium.   non Laertiaden, exitium [excidium] tuae | gentis, . . . respicis?   *var.Carm.*1.15.21
excipere.   celer arto latitantem fruticeto excipere aprum.   .   .   .   *Carm.*3.12.12
exciperet.   mentem, nisi litigiosus, | exciperet dominus, cum venderet. .   *Serm.*2.3.286
excipiant.   excipiantque senes, quos in vivaria mittant; *Epist.*1.1.79
excipiebat.   nulla . . . porticus excipiebat arcton *Epist.*1.1.79
excipit.   egressum magna me accepit [excipit] Aricia Roma | hospitio modico,   *var.Serm.*1.5.1
excisus.   ter pereat meis | excisus Argivis, ...   *Carm.*3.3.67
excitare.   possim crematos excitare mortuos *Epod.*17.79
excitat.   hunc medicus multum celer atque fidelis | excitat   .   .   .   *Serm.*2.3.148
    pulveris atri | quantum non Aquilo Campanis excitat agris.   .   .   *Serm.*2.8.56
excitatur.   neque excitatur classico miles truci *Epod.*2.5
exclamat.   'maxime' quis non | 'Iuppiter' exclamat simul atque audivit?   *Serm.*1.2.18
    Persius exclamat: 'per magnos, Brute, deos te | oro,   .   .   .   *Serm.*1.7.33
    'quo tu, turpissime?' magna | inclamat [exclamat] voce, et 'licet
    antestari?' *var.Serm.*1.9.76
excludat.   excludat iurgia finis. *Epist.*2.1.38
excludere.   ubi plenius aequo | laudat venalis qui volt extrudere [excludere]
    merces: *var.Epist.*2.2.11
excludet.   spissa ramis laurea fervidos | excludet ictus. *Carm.*2.15.10
excludit.   excludit sanos Helicone poetas | Democritus, ...   *Ars Poet.*296
exclusit.   exclusit; revocat: redeam? non, si obsecret.' *Serm.*2.3.264
exclusus.   exclusus fore, cum Longarenus foret intus. *Serm.*1.2.67
    non, hodie si | exclusus fuero, desistam; *Serm.*1.9.58
    amator | exclusus qui distat, ...   *Serm.*2.3.260
excors.   an magis excors | reiecta praeda, ...   *Serm.*2.3.67
    sub domina meretrice fuisset turpis et excors, ...   *Epist.*1.2.25
excubat.   pulcris excubat in genis. *Carm.*4.13.8
excubiae.   inclusam Danaen . . . vigilum canum | tristes excubiae
    munierant *Carm.*3.16.3
excusare.   excusare laborem et mercennaria vincla, ...   *Epist.*1.7.67
excusatus.   multa quidem dixi, cur excusatus abirem, ...   *Epist.*1.9.7

excussit. cum subito ingens | valvarum strepitus lectis excussit utrumque. .   *Serm.2.6.112*
excussus. aliena negotia curo | excussus propriis. *Serm.2.3.20*
excutiat. dummodo risum | excutiat sibi non, non cuiquam parcet amico .   *Serm.1.4.35*
excutitur. si flava excutitur Chloe *Carm.3.9.19*
exeat. quamvis furiale centum | muniant angues caput eius atque
     [exeatque] | spiritus taeter saniesque manet | ore trilingui;   *coni.Carm.3.11.18*
execta. exsucta [execta] uti medulla et aridum iecur | amoris esset poculum,   *var.Epod.5.37*
exegi. exegi monumentum aere perennius *Carm.3.30.1*
exemplar. decipit exemplar vitiis imitabile: *Epist.1.19.17*
exemplar. utile proposuit nobis exemplar Vlixen, ...   *Epist.1.2.18*
     Plautus ad exemplar Siculi properare Epicharmi, . . .   *Epist.2.1.58*
     respicere exemplar vitae morumque . . . . . .   *Ars Poet.317*
exemplaria. vos exemplaria Graeca | nocturna versate manu, versate diurna.   *Ars Poet.268*
exempli. Reguli | dissentientis condicionibus | foedis et exemplo [exempli]
     trahentis | perniciem *coni.Carm.3.5.15*
exemplis. ut fugerem exemplis vitiorum quaeque notando. . .   *Serm.1.4.106*
     orientia tempora notis | instruit exemplis, inopem solatur et aegrum.   *Epist.2.1.131*
exemplo. exemplo trahentis | perniciem veniens in aevom, . . .   *Carm.3.5.15*
     parvola, nam exemplo est, magni formica laboris . . .   *Serm.1.1.33*
exemplo. hic neque servis | Albuci senis exemplo, dum munia didit, | saevos
     erit, ...   *Serm.2.2.67*
exemplum. nil agit exemplum, litem quod lite resolvit. . . .   *Serm.2.3.103*
exemplum. exemplum grave praebet ales | Pegasus . . .   *Carm.4.11.26*
exempta. quid te exempta iuvat spinis de pluribus una? . . .   *Epist.2.2.212*
exerceat. quam scit uterque, libens, censebo, exerceat artem. . .   *Epist.1.14.44*
exercet. indomitas prope qualis undas | exercet Auster . . .   *Carm.4.14.21*
     paterna rura bubus exercet suis *Epod.2.3*
     strenua nos exercet inertia: *Epist.1.11.28*
exercitatas. exercitatas aut petit Syrtis noto *Epod.9.31*
exercitus. inprimeretque muris | hostile aratrum exercitus insolens. .   *Carm.1.16.21*
     partitur lintres exercitus, ...   *Epist.1.18.61*
exesa. exsucta [exesa] uti medulla et aridum iecur | amoris esset poculum,   *coni.Epod.5.37*
exhauriebat. Veia . . . exhauriebat, ingemens laboribus, . . .   *Epod.5.31*
exhortatus. *qui multum puerum loris et funibus ussit | exoratus
     [exhortatus],* *var.Serm.1.10.*6*
exierit. illam 'post paulo' 'sed pluris' 'si exierit vir' | Gallis, . .   *Serm.1.2.120*
exiget. hic dies vere mihi festus atras | exiget curas: . . .   *Carm.3.14.14*
     non furor | civilis aut vis exiget otium, ...   *Carm.4.15.18*
exigit. hic dies vere mihi festus atras | exiget [exigit] curas: . .   *var.Carm.3.14.14*
     custode rerum Caesare non furor | civilis aut vis exiget [exigit] otium,   *var.Carm.4.15.18*
exigitur. dum aes exigitur, dum mula ligatur, | tota abit hora. .   *Serm.1.5.13*
exiguae. siquis . . . pede nudo | exiguaeque togae simulet textore Catonem,   *Epist.1.19.13*
exigui. pulveris exigui prope latum parva Matinum | munera . .   *Carm.1.28.3*
exigui. corporis exigui, praecanum, solibus aptum, . . . essem. .   *Epist.1.20 24*
exiguis. adiecisse praedam | torquibus exiguis renidet. . . .   *Carm.3.6.12*
exiguis. exiguis equitare campis. *Carm.2.9.24*
exiguo. cum fas atque nefas exiguo fine libidinum | discernunt avidi. .   *Carm.1.18.10*
exiguo. exiguo gratoque fruaris tempore raptim. *Epist.2.2.198*
exiguom. exiguom censum turpemque repulsam, | quanto devites   *Epist.1.1.43*
exiguos. quis tamen exiguos elegos emiserit auctor, . . .   *Ars Poet.77*
exile. femur tumentibus | exile suris additum. *Epod.8.10*
exilis. iam te premet nox fabulaeque Manes | et domus exilis Plutonia; .   *Carm.1.4.17*
     exilis domus est, ubi non et multa supersunt *Epist.1.6.45*
exilium. nos in aeternum | exilium inpositura cymbae. . . .   *Carm.2.3.28*
eximet. hic dies vere mihi festus atras | exiget [eximet] curas: . .   *var.Carm.3.14.14*
     custode rerum Caesar non furor | civilis aut vis exiget [eximet] otium, .   *var.Carm.4.15.18*
eximit. Phraaten . . . numero beatorum | eximit Virtus . . .   *Carm.2.2.19*
     sollicitis animis onus eximit, addocet artis. *Epist.1.5.18*
exirem. uti ne solus rusve peregre(ve) | exirem, ...   *Serm.1.6.103*
exiret. quidam notus homo cum exiret fornice, ...   *Serm.1.2.31*
     unde | mundior exiret vix libertinus honeste; *Serm.2.7.12*
exit. mala soluta navis exit alite *Epod.10.1*
     statua taciturnius exit | plerumque et risu populum quatit: . .   *Epist.2.2.83*
     amphora coepit | institui: currente rota cur urceus exit? . .   *Ars Poet.22*
exitio. exitio est avidum mare nautis; *Carm.1.28.18*
exitio. irae Thyesten exitio gravi | stravere *Carm.1.16.17*
     concidit auguris | Argivi domus ob lucrum | demersa exitio; . .   *Carm.3.16.13*
exitium. Laertiaden, exitium tuae | gentis, ...   *Carm.1.15.21*
     sors exitura et nos in aeternum | exilium [exitium] inpositura cymbae. .   *var.Carm.2.3.28*

Thracis et exitium Lycurgi. *Carm*.2.19.16
exitum. tectaque Penthei|disiecta non leni ruina|Thracis et exitium
  [exitum] Lycurgi. *var.Carm*.2.19.16
  hinc omne principium, huc refer exitum: *Carm*.3.6.6
  prudens futuri temporis exitum|caliginosa nocte premit deus . .   *Carm*.3.29.29
  plorem artis in te nil agentis exitus [exitum]?' *var.Epod*.17.81
exitura. omnium|versatur urna serius ocius|sors exitura . .   *Carm*.2.3.27
exitus. Liber vota bonos ducit ad exitus. *Carm*.4.8.34
  belli secundos reddidit exitus *Carm*.4.14.38
  plorem artis in te nil agentis exitus?' *Epod*.17.81
exlex. spectator functusque sacris et potus et exlex. . .   *Ars Poet*.224
exmens. infectum volet esse, dolor quod suaserit et mens [exmens], . .   *var.Epist*.1.2.60
exomnis. non secus in iugis|Edonis [exomnis] stupet Euhias . .   *var.Carm*.3.25.9
exorabilis. si metit Orcus|grandia cum parvis, non exorabilis auro? .   *Epist*.2.2.179
exoratus. *qui multum pueri loris et funibus ussit|exoratus,* .   *Serm*.1.10.*6
exorberet. scilicet ut deciens solidum absorberet [exorberet], aceto|diluit
  insignem bacam: *var.Serm*.2.3.240
exoret. ne populum extrema totiens exoret harena. . .   *Epist*.1.1.6
exornet. ne populum extrema totiens exoret [exornet] harena. .   *var.Epist*.1.1.6
exors. ergo fungar vice cotis, acutum|reddere quae ferrum valet exsors
  [exors] ipsa secandi; . . . .   *var.Ars Poet*.305
exortita. ergo fungar vice cotis, acutum|reddere quae ferrum valet exsors
  ipsa [exortita] secandi; . . . .   *var.Ars Poet*.305
expalluit. Pindarici fontis qui non expalluit haustus . .   *Epist*.1.3.10
expavit. nec muliebriter|expavit ensem *Carm*.1.37.23
expectant. o pueri et puellae|iam virum †expertae, [? (iam virum expectant)]
  male nominatis|parcite verbis. . . . . . .   ?*coni.Carm*.3.14.11
expectate. iam virum †expertae, male nominatis [expectate male ominatis]|
  parcite verbis. *coni.Carm*.3.14.11
expediat. forte quid expediat communiter aut melior pars|malis carere
  quaeritis laboribus; *Epod*.16.15
expedies. non mortis laqueis expedies caput. . . .   *Carm*.3.24.8
expediet. vix inligatum te triformi|Pegasus expediet Chimaera. .   *Carm*.1.27.24
expedire. unde expedire non amicorum queant|libera consilia .   *Epod*.11.25
expedit. expedit matris cineres opertos|fallere . . .   *Carm*.2.8.9
expedita. at expedita Sagana, per totam domum | spargens Avernalis
  aquas, ...   *Epod*.5.25
expeditis. ultra|terminum curis vagor expeditis, . . .   *Carm*.1.22.11
expedito. saepe trans finem iaculo nobilis expedito? . .   *Carm*.1.8.12
expeditus. et ultra|terminum curis vagor expeditis [expeditus], . .   *var.Carm*.1.22.11
expediunt. curae sagaces|expediunt per acuta belli'. . .   *Carm*.4.4.76
expellas. naturam expelles [expellas] furca, tamen usque recurret .   *var.Epist*.1.10.24
expelles. naturam expelles furca, tamen usque recurret . .   *Epist*.1.10.24
expellet. postremum expellet certe vivacior heres. . .   *Serm*.2.2.132
expendere. Romae dulce diu fuit . . . cautos nominibus rectis expendere
  nummos, ...   *Epist*.2.1.105
expergisceris. ut te ipsum serves, non expergisceris? . .   *Epist*.1.2.33
experiar. dixeris: 'experiar,' 'si vis, potes,' addit et instat. .   *Serm*.2.6.39
experiens. aut decus et pretium recte petit experiens vir. .   *Epist*.1.17.42
expers. mollis et exspes [expers]|inominata perpremat cubilia. .   *var.Epod*.16.37
  si fractis enatat exspes [expers]|navibus, aere dato qui pingitur? .   *var.Ars Poet*.20
expers. vis consili expers mole ruit sua, ...   *Carm*.3.4.65
  nuptiarum expers et adhuc protervo|cruda marito. . .   *Carm*.3.11.11
expers. Hydaspes|Caecuba vina ferens, Alcon Chium maris expers. .   *Serm*.2.8.15
expertae. o pueri et puellae|iam virum †expertae, . .   *Carm*.3.14.11
expertes. quem legis expertes Latinae|Vindelici . . .   *Carm*.4.14.7
expertia. centuriae seniorum agitant expertia frugis, . .   *Ars Poet*.341
experto. experto frustra Varrone Atacino *Serm*.1.10.46
expertum. melius te posse negares|bis terque expertum frustra: .   *Ars Poet*.440
expertus. expertus vacuom Daedalus aera *Carm*.1.3.34
  expertus fidelem|Iuppiter in Ganymede flavo, . . .   *Carm*.4.4.3
  dulcis inexpertis cultura potentis amici,|expertus metuet. .   *Epist*.1.18.87
expes. mollis et exspes [expes]|inominata perpremat cubilia. .   *var.Epod*.16.37
  quid hoc, si fractis enatat exspes [expes]|navibus, aere dato qui pingitur?   *var.Ars Poet*.20
expetit. amore, qui me praeter omnis expetit . . .   *Epod*.11.3
expiandi. cui dabit partis scelus expiandi|Iuppiter? . .   *Carm*.1.2.29
expiare. paratus expiare, seu poposceris|centum iuvencos . .   *Epod*.17.38
expiatis. arma|nondum expiatis uncta cruoribus, . . .   *Carm*.2.1.5
expiatur. dira detestatio|nulla expiatur victima. . . .   *Epod*.5.90

exple. oblivioso levia Massico|ciboria exple, ... *Carm.*2.7.22
exples. bovemque|disiunctum curas et strictis frondibus exples. . . *Epist.*1.14.28
explicet. nihilo plus explicet ac si|insanire paret certa ratione modoque.' . *Serm.*2.3.270
explicuere. cenae sine aulaeis et ostro|sollicitam explicuere frontem. . *Carm.*3.29.16
explicuit. per obstantis catervas|explicuit sua victor arma. . . . *Carm.*4.9.44
  explicuit vino contractae seria frontis. *Serm.*2.2.125
explosa. ut audax,|contemptis aliis, explosa Arbuscula dixit. . . *Serm.*1.10.77
exponi. versibus exponi tragicis res comica non volt; . . . *Ars Poet.*89
exponimur. quarta vix demum exponimur hora. *Serm.*1.5.23
exponit. Persius exponit causam; *Serm.*1.7.22
expressa. expressa arbusto regerit convicia, ... *Serm.*1.7.29
expressi. nec magis expressi voltus per aenea signa *Epist.*2.1.248
exprimet. faber imus et unguis|exprimet et mollis imitabitur aere capillos, *Ars Poet.*33
expugnabis. 'velis tantummodo: quae tua virtus,|expugnabis; . . *Serm.*1.9.55
expugnare. vincit longe prius ipsum|expugnare caput. . . . *Serm.*2.5.74
expugnat. filia rectius|expugnat iuvenum domos, ... *Carm.*3.15.9
expulit. nos expulit ille, | illum aut nequities aut vafri inscitia iuris, . . .
  expellet *Serm.*2.2.130
  expulit elleboro morbum bilemque meraco *Epist.*2.2.137
expurgare. quae poterunt umquam satis expurgare cicutae, . . *Epist.*2.2.53
exsangue. quodsi|pallerem casu, biberent exsangue cuminum. . *Epist.*1.19.18
exsecat. quinas hic capiti mercedes exsecat *Serm.*1.2.14
exsecrata. Phocaeorum|velut profugit exsecrata civitas . . *Epod.*16.18
  eamus omnis exsecrata civitas *Epod.*16.36
exsecta. exsucta [exsecta] uti medulla et aridum iecur | amoris esset
  poculum, ... *var.Epod.*5.37
exsecto. 'o, tua cornu|ni foret exsecto frons,' *Serm.*1.5.59
exsiccet. dives ut aureis|mercator exsiccet culillis *Carm.*1.31.11
exsilis. utcumque fortis exsilis puerpera.' *Epod.*17.52
exsilit. agrestem pepulere, domo levis exsilit; *Serm.*2.6.98
exsomnis. non secus in iugis|Edonis [exsomnis] stupet Euhias . . *var.Carm.*3.25.9
exsors. cotis, acutum|reddere quae ferrum valet exsors ipsa secandi; *Ars Poet.*305
exsortita. ergo fungar vice cotis, acutum|reddere quae ferrum valet exsors
  ipsa [exsortita] secandi; . . . . *var.Ars Poet.*305
exspectabit. alter purpureum non exspectabit amictum, . . . *Epist.*1.17.27
exspectanda. fabula, quae posci volt et spectanda [exspectanda] reponi; *var.Ars Poet.*190
exspectans. cenantis haud animo aequo|exspectans comites. . . *Serm.*1.5.9
exspectat. seu me tranquilla senectus|exspectat *Serm.*2.1.58
  rusticus exspectat, dum defluat amnis; *Epist.*1.2.42
exspectata. exspectata tibi non mittam carmina mendax. . . *Epist.*2.2.25
exspecto. mendacem stultissimus usque puellam | ad mediam noctem
  exspecto; *Serm.*1.5.83
exspes. mollis et exspes|inominata perpremat cubilia, . . . *Epod.*16.37
  si fractis enatat exspes|navibus, aere dato qui pingitur? . . *Ars Poet.*20
exspiravero. quin, ubi perire iussus exspiravero, ... *Epod.*5.91
exstant. quantum exstant aqua|suspensa mento corpora; . . *Epod.*5.35
exstat. Sarmenti domina exstat: *Serm.*1.5.55
exstinctus. exstinctus amabitur idem. *Epist.*2.1.14
exstruat. sacrum vetustis exstruat lignis focum *Epod.*2.43
exstrue. sepulcrum|permissum arbitrio sine sordibus exstrue: . *Serm.*2.5.105
exstructa. dein Gnatia Lymphis|iratis exstructa dedit risusque iocosque, *Serm.*1.5.98
exstructis. quae procul exstructis inerant hesterna canistris. . *Serm.*2.6.105
exstructis. exstructis in altum|divitiis potietur heres. . . *Carm.*2.3.19
exsucta. exsucta uti medulla et aridum iecur *Epod.*5.37
exsudet. cum Pedius causas exsudet Poplicola atque|Corvinus, . *Serm.*1.10.28
exsul. patriae quis exsul|se quoque fugit? *Carm.*2.16.19
  egregius properaret exul. *Carm.*3.5.48
  dives, inops, Romae seu fors ita iusserit exsul, . . . *Serm.*2.1.59
  cum pauper et exsul uterque|proicit ampullas . . . *Ars Poet.*96
exsules. qualibet exsules|in parte regnanto beati; . . . *Carm.*3.3.38
exsultim. ludit exsultim metuitque tangi *Carm.*3.11.10
exsurdant. fervida quod subtile exsurdant vina palatum. . . *Serm.*2.8.38
exta. aut humana palam coquat exta nefarius Atreus . . . *Ars Poet.*186
extendat. horrenda late nomen in ultimas|extendat oras, . . *Carm.*3.3.46
extendere. postquam coepit agros extendere victor . . . *Ars Poet.*208
extendisse. maiores pennas nido extendisse loqueris, . . . *Epist.*1.20.21
extenta. undique latius|extenta visentur Lucrino|stagna lacu . . *Carm.*2.15.3
extento. vivet extento Proculeius aevo, ... *Carm.*2.2.5
extentum. ille per extentum funem mihi posse videtur|ire poeta, . *Epist.*2.1.210

extenuantis. urbani, parcentis viribus atque|extenuantis eas consulto. . . *Serm*.1.10.14
exterior. ne tamen illi|tu comes exterior, si postulet, ire recuses.' . . *Serm*.2.5.17
externat. inprovisa simul species exterruit. utrum [externat utrumque.]|
    gaudeat an doleat, ... *coni.Epist*.1.6.11
externi. externi nequid valeat per leve morari, ... *Serm*.2.7.87
exterret. inprovisa simul species exterruit. utrum [exterret utrumque.]|
    gaudeat an doleat, ... *var.Epist*.1.6.11
exterrit. inprovisa simul species exterruit. utrum [exterrit utrumque.]|
    gaudeat an doleat, ... *var.Epist*.1.6.11
exterruit. inprovisa simul species exterruit. *Epist*.1.6.11
extimui. extimui, ne vos ageret vesania discors, ... *Epist*.1.6.11
extimuit. qui Pythia cantat|tibicen, didicit prius extimuitque magistrum. *Serm*.2.3.174
extinxit. devota non extinxit arbor . . . . *Ars Poet*.415
extiterat. credo,|quod nimium institerat [extiterat] viventi. . . *Carm*.3.4.27
extollens. et tollens [extollens] vacuom plus nimio Gloria verticem . . *var.Serm*.2.5.88
extore. siquis . . . pede nudo|exiguaeque togae simulet textore [extore] *var.Carm*.1.18.15
    Catonem, ... *var.Epist*.1.19.13
extorquere. tendunt extorquere poemata: quid faciam vis? . . *Epist*.2.2.57
extorta. 'cui sic extorta voluptas|et demptus per vim . . . *Epist*.2.2.139
extra. nutricis extra limina Pulliae *Carm*.3.4.10
    Iliacos intra muros peccatur et extra. *Epist*.1.2.16
    quamvis nil extra numerum fecisse modumque|curas: . . *Epist*.1.18.59
    laudet ametque domi, premat extra limen iniquos. . . *Epist*.1.19.36
extra. nil intra est olea, nil extra est in nuce duri; . . . *Epist*.2.1.31
extractus. ille, datis vadibus qui rure extractus in Vrbem est. . . *Serm*.1.1.11
extrahat. neu pransae Lamiae vivom puerum extrahat alvo. . . *Ars Poet*.340
extrahe. extrahe turba|oppositis umeris; *Serm*.2.5.94
extrema. extrema et in sponda cubet. *Epod*.3.22
    ne populum extrema totiens exoret harena. . . . *Epist*.1.1.6
extremi. extremi primorum, extremis usque priores. . . . *Epist*.2.2.204
extremis. ut pueros elementa docentem|occupet extremis in vicis balba
    senectus. *Epist*.1.20.18
    extremi primorum, extremis usque priores. . . . *Epist*.2.2.204
extremo. cubat hic in colle Quirini,|hic extremo in Aventino, . . *Epist*.2.2.69
extremos. me vel extremos Numidarum in agros|classe releget: . . *Carm*.3.11.47
    primosque et extremos metendo *Carm*.4.14.31
    illum|praeteritum temnens extremos inter euntem: — . . *Serm*.1.1.116
    (inpiger extremos curris mercator ad Indos, . . . *Epist*.1.1.45
    quid maris extremos Arabas ditantis *Epist*.1.6.6
extremum. extremum Tanain si biberes, Lyce, ... *Carm*.3.10.1
    cum senos redderet ictus|primus ad extremum similis sibi: . *Ars Poet*.254
    occupet extremum scabies; mihi turpe relinqui est . . *Ars Poet*.417
extremum. ne|peccet ad extremum ridendus et ilia ducat.' . . *Epist*.1.1.9
extricat. mercedem aut nummos unde unde extricat, . . . *Serm*.1.3.88
extricata. si pugnat extricata densis|cerva plagis, . . . *Carm*.3.5.31
extrudere. ubi plenius aequo|laudat venalis qui volt extrudere merces: . *Epist*.2.2.11
extuderit. cum labor extuderit fastidia: *Serm*.2.2.14
extulit. cum decorum mitibus pomis caput|Autumnus agris extulit, . *Epod*.2.18
exucta. exsucta [exucta] uti medulla et aridum iecur|amoris esset poculum, *var.Epod*.5.37
exuere. saetosa duris exuere pellibus|laboriosi remiges . . . membra; . *Epod*.17.15
exul. interque maerentis amicos|egregius properaret exul. . . *Carm*.3.5.48

F

faba. o quando faba Pythagorae cognata . . . ponentur . . *Serm*.2.6.63
faba. in cicere atque faba bona tu perdasque lupinis, . . . *Serm*.2.3.182
fabae. nam de mille fabae modiis cum surripis unum, . . . *Epist*.1.16.55
fabellam. scriptores autem narrare putaret asello|fabellam surdo. . . *Epist*.2.1.200
fabellas. Cervius haec inter vicinus garrit anilis|ex re fabellas. . . *Serm*.2.6.78
faber. cum faber, incertus scamnum faceretne Priapum, . . *Serm*.1.8.2
    quo vafer [faber] ille pedes lavisset Sisyphus aere,|quid sculptum infabre,
    . . . esset. *var.Serm*.2.3.21
    Aemilium circa ludum faber imus . . . . . *Ars Poet*.32
Fabia. 'hic multum in Fabia valet, ille Velina; *Epist*.1.6.52
Fabio. deprendi miserum est: Fabio vel iudice vincam. . . *Serm*.1.2.134
    deprendi miserum est: Fabio vel [Fabio hoc vel] iudice vincam. . *coni.Serm*.1.2.134
Fabium. loquacem|delassare valent Fabium. *Serm*.1.1.14
fabri. quod medicorum est|promittunt medici, tractant fabrilia fabri: . *Epist*.2.1.116

fabri.   cras ferramenta Teanum|tolletis, fabri. *Epist.*1.1.87
fabricaverat.   pugnabant armis quae post fabricaverat usus, . . *Serm.*1.3.102
Fabricio.   atque a Fabricio non tristem ponte reverti. . . . *Serm.*2.3.36
Fabricium.   gratus insigni referam camena|Fabriciumque. . . *Carm.*1.12.40
fabrilia.   quod medicorum est|promittunt medici, tractant fabrilia fabri: . *Epist.*2.1.116
fabros.   marmoris aut eboris fabros aut aeris amavit, ... *Epist.*2.1.96
fabula.   per Vrbem . . . fabula quanta fui, ... *Epod.*11.8
   mutato nomine de te|fabula narratur: *Serm.*1.1.70
   non longa est fabula. *Serm.*1.1.95
   Terenti|fabula quem miserum gnato vixisse fugato|inducit, . *Serm.*1.2.21
   'quid tamen ista velit sibi fabula, si licet, ede.' . . . *Serm.*2.5.61
   fabula, qua Paridis propter narratur amorem . . . • *Epist.*1.2.6
   cognomen vertas in risum et fabula fias. *Epist.*1.13.9
   recte necne crocum|floresque perambulet Attae|fabula . . *Epist.*2.1.80
   cadat an recto stet fabula talo. *Epist.*2.1.176
   neve minor neu sit quinto productior actu|fabula, . . *Ars Poet.*190
   fabula nullius veneris, sine pondere et arte,|valdius oblectat populum . *Ars Poet.*320
   ne quodcumque velit poscat sibi fabula credi . . . *Ars Poet.*339
fabulae.   iam te premet nox fabulaeque Manes *Carm.*1.4.16
fabulosae.   me fabulosae Volture in Apulo *Carm.*3.4.9
fabulosus.   quae loca fabulosus|lambit Hydaspes. . . . *Carm.*1.22.7
face.   'me torret face mutua|Thurini Calais filius Ornyti, . . *Carm.*3.9.13
   una de multis face nuptiali|digna *Carm.*3.11.33
   rite crescentem face Noctilucam, ... *Carm.*4.6.38
   ego faecem primus et hallec, | primus et invenior piper album [? ego
      primus face nec allec miscui] . . . . . . *? var.Serm.*2.4.73
facem.   dilapsam in cineres facem. *Carm.*4.13.28
facere.   iubet|quidvis et facere et pati *Carm.*3.24.43
   quid oportet|nos facere a volgo longe longeque remotos? . *Serm.*1.6.18
   quid nunc te dicam facere in regione Pedana? . . . *Epist.*1.4.2
   quae possit facere et servare beatum. *Epist.*1.6.2
   si res sola potest facere et servare beatum, ... *Epist.*1.6.47
   quae facere ipse recusem,|cum recte tractent alii, . . *Epist.*2.1.208
facerem.   sive iubebat|ut facerem quid, ... *Serm.*1.4.122
   atque ego cum graecos facerem, natus mare citra,|versiculos, . *Serm.*1.10.31
   paupertas inpulit audax|ut versus faacerem. *Epist.*2.2.52
faceres.   'o, tua cornu|ni foret exsecto frons,' inquit, 'quid faceres, . *Serm.*1.5.59
faceret.   cum faber, incertus scamnum faceretne Priapum, . . *Serm.*1.8.2
   nemo hoc mangonum faceret tibi; *Epist.*2.2.13
   non alius faceret meliora poemata: . . . . . *Ars Poet.*303
facetum.   molle atque facetum|Vergilio adnuerunt gaudentes rure Camenae. *Serm.*1.10.44
facetus.   facetus|pastillos Rufillus olet, Gargonius hircum: . . *Serm.*1.2.26
   facetus, emunctae naris, durus conponere versus. . . *Serm.*1.4.7
   'frater' 'pater' adde;|ut cuique est aetas, ita quemque facetus adopta. *Epist.*1.6.55
faciam.   festo quid potius die|Neptuni faciam — . . . *Carm.*3.28.2
   quid faciam, si furtum fecerit *Serm.*1.3.94
   ne longum faciam: dum tu quadrante lavatum|rex ibis . *Serm.*1.3.137
   'dubius sum, quid faciam,' inquit, ... *Serm.*1.9.40
   Trebati, | quid faciam? praescribe.' 'quiescas.' 'ne faciam, inquis, |
      omnino versus?' *Serm.*2.1.5
   'quid faciam? saltat Milonius, ... *Serm.*2.1.24
   ne longum faciam: *Serm.*2.1.57
   tendunt extorquere poemata: quid faciam vis? . . . *Epist.*2.2.57
faciam.   'iam faciam quod voltis: *Serm.*1.1.16
   numquid ego illi|inprudens olim faciam simile?' . . . *Serm.*1.4.137
   'non faciam' ille,|et praecedere coepit; *Serm.*1.9.41
faciamus.   quid faciam vis [faciamus]? *var.Epist.*2.2.57
faciant.   num sine sensu,|tempore num faciant alieno. . . *Serm.*1.4.78
facias.   quid facias illi? iubeas miserum esse, ... *Serm.*1.1.63
   ne facias quod|Vmmidius quidam. *Serm.*1.1.94
   quod prius ordine verbum est|posterius facias, . . . *Serm.*1.4.59
   'habes auctorem, quo facias hoc' *Serm.*1.4.122
   cum versus facias, te ipsum percontor, ... *Serm.*1.10.25
   tu cave ne minuas, tu ne maius facias id *Serm.*2.3.177
   faciasne quod olim|mutatus Polemon? *Serm.*2.3.253
   pingue pecus domino facias et cetera praeter|ingenium, . . *Serm.*2.6.14
   'rem facias, rem,|si possis, recte, ... *Epist.*1.1.65
   Septimius, Claudi, nimirum intellegit unus,|quanti me facias; . *Epist.*1.9.2
   neque sumptum|invitus facias *Epist.*2.2.196

faciat. siquid miri faciat natura, ... *Serm.*1.5.102
facibus. ambulet ante|noctem cum facibus.' *Serm.*1.4.52
facie. quali|sit facie, sura quali, pede, dente, capillo: . . . *Serm.*1.6.33
   Picenis cedunt pomis Tiburtia suco:|nam facie praestant. . . *Serm.*2.4.71
faciem. curvo nec faciem litore dimovet:. *Carm.*4.5.14
   mutatus, Ligurine, in faciem verterit hispidam, ... *Carm.*4.10.5
   mutatus, in faciem verterit [verterit in faciem] hispidam, . *var.Carm.*4.10.5
   matronae praeter faciem nil cernere possis|cetera, . . . *Serm.*1.2.94
   Campanum in morbum, in faciem permulta iocatus, . . . *Serm.*1.5.62
   vertere pallor|tum parochi faciem *Serm.*2.8.36
   ut turpiter atrum | desinat in piscem mulier [*?* faciem] formosa
     superne: . . . . *var.Ars Poet.*4
facienda. luctandum in turba et facienda iniuria tardis. . . . *Serm.*2.6.28
faciendo. in versu faciendo|saepe caput scaberet, ... *Serm.*1.10.70
faciens. hoc faciens vivam melius. *Serm.*1.4.135
   quem tollere raeda|vellet iter faciens *Serm.*2.6.43
facientia. mecum facientia iura|si tamen attemptas? . . . *Epist.*2.2.23
facientibus. nenia, quae regnum recte facientibus offert, . . *Epist.*1.1.63
facies. notaque et artium|gratarum facies? *Carm.*4.13.22
   ne si facies, ut saepe, decora|molli fulta pede est, emptorem inducat
     hiantem, ... *Serm.*1.2.87
   longa quibus facies ovis erit, illa memento, ... *Serm.*2.4.12
facies. non Viscum pluris amicum,|non Varium facies: . . *Serm.*1.9.23
   quae siquis sanus fecit, sanus facis et tu [sanus facit, et sanus facies tu]. *var.Serm.*2.3.322
   at pueri ludentes 'rex eris' aiunt,|'si recte facies.' . . . *Epist.*1.1.60
   tu nihil invita dices faciesve Minerva: . . . . . *Ars Poet.*385
faciet. nil faciet sceleris pia dextera *Serm.*2.1.54
   hoc teneram faciet. *Serm.*2.4.20
   tum gener hoc faciet: *Serm.*2.5.66
facile. dis etenim facile est' *Serm.*2.3.284
facilem. arida|pellente lascivos amores|canitie facilemque somnum. . *Carm.*2.11.8
   seu facilem, pia testa, somnum, ... *Carm.*3.21.4
   neque se fore posthac|tam facilem dicat, votis ut praebeat aurem? *Serm.*1.1.22
facilem. non ego: namque parabilem amo venerem facilemque. . *Serm.*1.2.119
faciles. quae prius multum facilis [faciles] movebat|cardines. . *var.Carm.*1.25.5
facili. aut facili saevitia negat *Carm.*2.12.26
facilis. quae prius multum facilis movebat|cardines. . . . *Carm.*1.25.5
   ultro|Penelopam facilis potiori trade.' *Serm.*2.5.76
facimus. multa quidem nobis facimus mala saepe poetae, . . *Epist.*2.1.219
facinus. damnum est, non facinus, mihi pacto lenius isto. . *Epist.*1.16.56
facio. equos ut me portet, alat rex,|officium facio; . . . *Epist.*1.17.21
facis. 'laedere gaudes,'|inquit, 'et hoc studio pravos facis.' . *Serm.*1.4.79
   neque tu hoc facis Argis *Serm.*2.3.132
   quae siquis sanus fecit, sanus facis et tu. *Serm.*2.3.322
facit. iubeas miserum esse, libenter|quatenus id facit. . . *Serm.*1.1.64
   'at in se|pro quaestu sumptum facit hic.' *Serm.*1.2.19
   si interdicta petes, vallo circumdata (nam te|hoc facit insanum), *Serm.*1.2.97
   verba facit leno: *Serm.*2.3.231
   an, quodcumque facit Maecenas, te quoque verum est, . . *Serm.*2.3.312
   quae siquis sanus fecit, sanus facis et tu [sanus facit, et sanus facies tu]. *var.Serm.*2.3.322
   'aut insanit homo aut versus facit.' *Serm.*2.7.117
   incolumi Rhodos et Mytilene pulcra facit *Epist.*1.11.17
   illis|me facit invisum, ... *Epist.*1.15.4
   et sapit et mecum facit et Iove iudicat aequo. . . . *Epist.*2.1.68
   invitum qui servat, idem facit occidenti. . . . . *Ars Poet.*467
faciunt. qui conducti plorant in funere dicunt | et faciunt prope plura
    dolentibus ex animo, ... *Ars Poet.*432
facta. doctus iter melius: mortalia facta peribunt, . . . *Ars Poet.*68
facta. nova fictaque [factaque] nuper habebunt verba fidem, . *var.Ars Poet.*52
facta. recte facta refert, orientia tempora notis|instruit exemplis, *Epist.*2.1.130
facta. horruerim voces Furiarum et facta duarum. . . . *Serm.*1.8.45
   Pollio regum|facta canit pede ter percusso; *Serm.*1.10.43
   utrius horum|verba probes et facta, doce *Epist.*1.17.16
   post ingentia facta deorum in templa recepti, . . . *Epist.*2.1.6
   fere scriptores carmine foedo|splendida facta linunt. . . *Epist.*2.1.237
   vestigia Graeca|ausi deserere et celebrare domestica facta . . *Ars Poet.*287
facti. dimidium facti, qui coepit, habet: sapere aude, . . *Epist.*1.2.40
factis. nec prave factis decorari versibus opto, ... *Epist.*2.1.266
factitet. nec satis adparet, cur versus factitet; . . . . *Ars Poet.*470

facto.   servavit ab omni | non solum facto, verum opprobrio quoque turpi .   *Serm.*1.6.84
factos.   *Catone . . . qui male factos | emendare parat versus,*   .   .   .   *Serm.*1.10.*2
num rerum dura negarit | versiculos natura magis factos *Serm.*1.10.58
nolito ad versus tibi factos ducere plenum | laetitiae;   .   .   .   .   *Ars Poet.*427
factu.   'an hoc inhonestum et inutile factu | necne sit addubites,   .   .   *Serm.*1.4.124
factum.   me sene quod dicam factum est. *Serm.*2.5.84
factum.   'an hoc inhonestum et inutile factu [factum] | necne sit addubites,   *var.Serm.*1.4.124
utpote longum | carpentes iter et factum corruptius imbri.   .   .   .   *Serm.*1.5.95
non, ut magna dolo factum negat esse suo pars, ...   *Serm.*1.6.90
funus | egregie factum laudet vicinia. *Serm.*2.5.106
factum.   clarus ob id factum donis ornatur honestis, ...   *Epist.*2.2.32
facturus.   sive facturus per inhospitalem | Caucasum *Carm.*1.22.6
nec sum facturus vitio culpave minorem; *Serm.*2.6.7
factus.   Capitoque simul Fonteius, ad unguem | factus homo,   .   .   *Serm.*1.5.33
facunda.   cur facunda parum decoro | inter verba cadit lingua silentio?   *Carm.*4.1.35
facunde.   Mercuri facunde nepos Atlantis, ...   *Carm.*1.10.1
facundi.   facundi calices quem non fecere disertum,   .   .   .   *Epist.*1.5.19
facundia.   non te facundia, non te | restituet pietas;   .   .   .   *Carm.*4.7.23
nec facundia deseret hunc nec lucidus ordo.   .   .   .   .   *Ars Poet.*41
quae mox narret facundia praesens: .   .   .   .   .   *Ars Poet.*184
et tulit eloquium insolitum facundia praeceps   .   .   .   .   *Ars Poet.*217
faece.   diffugiunt cadis | cum faece siccatis amici, ...   *Carm.*1.35.27
nec poti, vetulam, faece tenus cadi. *Carm.*3.15.16
Surrentina vafer qui miscet faece Falerna | vina, ...   *Serm.*2.4.55
faecem.   hanc ego cum malis, ego faecem primus et hallec,   .   .   *Serm.*2.4.73
faecibus.   quae canerent agerentque peruncti faecibus ora.   .   .   *Ars Poet.*277
faecula.   siser, hallec, faecula Coa. *Serm.*2.8.9
faenerator.   haec ubi locutus faenerator Alfius, ...   *Epod.*2.67
faenore.   solutus omni faenore *Epod.*2.4
dives agris, dives positis in faenore nummis. *Serm.*1.2.13
multis occulto crescit res faenore. *Epist.*1.1.80
'dives agris, dives positis in faenore nummis.'   .   .   .   .   *Ars Poet.*421
faenum.   'faenum habet in cornu, longe fuge; *Serm.*1.4.34
falce.   premant Calenam falce quibus dedit | fortuna vitem,   .   .   *Carm.*1.31.9
inutilisque falce ramos amputans *Epod.*2.13
magnis parva mineris | falce recisurum simili te, ...   *Serm.*1.3.123
Falerna.   nec Falerna | vitis Achaemeniumque costum.   .   .   .   *Carm.*3.1.43
Falerna.   Surrentina vafer qui miscet faece Falerna | vina,   .   .   .   *Serm.*2.4.55
Falernae.   mea nec Falernae | temperant vites *Carm.*1.20.10
nec purpurarum . . . delenit usus nec Falerna [Falernae] | vitis
Achaemeniumque costum, ...   *var.Carm.*3.1.43
Falerni.   voltis severi me quoque sumere | partem Falerni?   .   .   *Carm.*1.27.10
bearis | interiore nota Falerni. *Carm.*2.3.8
quis puer ocius | restinguet ardentis Falerni | pocula   .   .   .   *Carm.*2.11.19
arat Falerni mille fundi iugera *Epod.*4.13
ut Chio nota si conmixta Falerni est.' *Serm.*1.10.24
si positis intus Chii veterisque Falerni | mille cadis,   .   .   .   *Serm.*2.3.115
quem bibulum liquidi media de luce Falerni: *Epist.*1.14.34
[potores bibuli media de nocte Falerni] *var.Epist.*1.18.91
Falernis.   minimum Falernis | invidet uvis; *Carm.*2.6.19
Falerno.   nisi Hymettia mella Falerno | ne biberis diluta.   .   .   *Serm.*2.2.15
doctus eris vivam musto mersare Falerno: *Serm.*2.4.19
Aufidius forti miscebat mella Falerno, ...   *Serm.*2.4.24
Falernum.   "Albanum, Maecenas, sive Falernum | te magis adpositis
delectat: *Serm.*2.8.16
fallacem.   fallacem circum vespertinumque pererro | saepe forum,   .   *Serm.*1.6.113
fallacis.   sperat, nescius aurae | fallacis. *Carm.*1.5.12
fallant.   nec te Pythagorae fallant arcana renati *Epod.*15.21
dum mea delectent mala me vel denique fallant,   .   .   .   *Epist.*2.2.127
si carmina condes, | numquam te fallent [fallant] animi sub volpe
latentes.   .   .   .   .   *var.Ars Poet.*437
fallat.   cum periura patris fides | consortem socium fallat et hospites   .   *Carm.*3.24.60
fallax.   peccare docentis | fallax historias monet. *Carm.*3.7.20
falle.   socerum et scelestas | falle sorores, ...   *Carm.*3.11.40
atria servantem postico falle clientem. *Epist.*1.5.31
fallendi.   sit spes fallendi, miscebis sacra profanis.   .   .   .   *Epist.*1.16.54
fallent.   numquam te fallent animi sub volpe latentes.   .   .   .   *Ars Poet.*437
fallente.   molliter austerum studio fallente laborem,   .   .   .   *Serm.*2.2.12
fallentem.   atria servantem [fallentem] postico falle clientem.   .   .   *var.Epist.*1.5.31

fallentis. germinat et numquam fallentis termes olivae *Epod.*16.45
quid pure tranquillet, . . . secretum iter et fallentis semita vitae. . *Epist.*1.18.103
fallere. expedit matris cineres opertos | fallere *Carm.*2.8.10
Spartacum siqua potuit vagantem | fallere testa. *Carm.*3.14.20
fallere et effugere est triumphus. *Carm.*4.4.52
iam vino quaerens, iam somno fallere curam; *Serm.*2.7.114
da mihi fallere, da iusto sanctoque videri, ... *Epist.*1.16.61
falleret. mire sagacis falleret hospites | discrimen obscurum . . *Carm.*2.5.22
ille non . . . Troas et laetam Priami choreis | falleret aulam, . *Carm.*4.6.16
fallimur. fallimur et quondam non dignum tradimus: . . . *Epist.*1.18.78
fallit. segetis certa fides meae | fulgentem imperio fertilis Africae | fallit sorte
beatior. *Carm.*3.16.32
aquae nisi fallit augur | annosa cornix. *Carm.*3.17.12
perraro haec alea fallit. *Serm.*2.5.50
fallor. ordinis haec virtus erit et venus, aut ego fallor, . . . *Ars Poet.*42
fallunt. nec te Pythagorae fallant [fallunt] arcana renati . . *var.Epod.*15.21
et dominum fallunt et prosunt furibus. *Epist.*1.6.46
falsa. atque ita mentitur, sic veris falsa remiscet, . . . *Ars Poet.*151
falsis. acclinis falsis animus meliora recusat, ... *Serm.*2.2.6
falsis. irritat, mulcet, falsis terroribus inplet *Epist.*2.1.212
falsis. populumque falsis | dedocet uti | vocibus, ... *Carm.*2.2.19
falsis | dedocet uti | vocibus [? dedocet uti falsis vocibus], . *? var.Carm.*2.2.21
falsis. ut Proetum mulier perfida credulum | falsis inpulerit criminibus . *Carm.*3.7.14
mordear opprobriis falsis mutemque colores? *Epist.*1.16.38
falso. ut bona pars hominum decepta cupidine falso . . . *Serm.*1.1.61
falsum. quam qui non poterit vero distinguere falsum. . . *Epist.*1.10.29
falsus. falsus honor iuvat et mendax infamia terret . . . *Epist.*1.16.39
Fama. illum aget penna metuente solvi | Fama superstes. . . *Carm.*2.2.8
fama. crescit occulto velut arbor aevo | fama, Marcellis; . . *Carm.*1.12.46
famaque et imperi | porrecta maiestas ad ortus | solis . . *Carm.*4.15.14
unde | fama malum gravius quam res trahit. *Serm.*1.2.59
ne nummi pereant aut puga aut denique fama. . . . *Serm.*1.2.133
'deprensi non bella est fama Treboni' *Serm.*1.4.114
capsis quem fama est esse librisque | ambustum propriis. . *Serm.*1.10.63
missus ad hoc pulsis, vetus est ut fama, Sabellis, . . . *Serm.*2.1.36
fama, decus, divina humanaque pulcris | divitiis parent; . . *Serm.*2.3.95
quem cepit vitrea fama, ... *Serm.*2.3.222
"eoque | responsura tuo numquam est par fama labori. . . *Serm.*2.8.66
cui | gratia fama valetudo contingat abunde *Epist.*1.4.10
fama. moribus hic meliorque fama | contendat, ... *Carm.*3.1.12
fama civem causaque priorem | sperne, ... *Serm.*2.5.30
Zmyrna quid et Colophon, maiora minorane fama? . . *Epist.*1.11.3
famae. qui stultus honores | saepe dat indignis et famae servit ineptus, . *Serm.*1.6.16
das aliquid famae, quae carmine gratior aurem | occupet humanam? . *Serm.*2.2.94
Romanis sollemne viris opus, utile famae *Epist.*1.18.49
famam. Fufidius vappae famam timet ac nebulonis, . . . *Serm.*1.2.12
bonam deperdere famam, | rem patris oblimare malum est ubicumque. . *Serm.*1.2.61
qui captat risus hominum famamque dicacis, ... *Serm.*1.4.83
tuamque, | dum custodis eges, vitam famamque tueri | incolumem . *Serm.*1.4.118
conmittes rem omnem et vitam et cum corpore famam. . . *Serm.*2.7.67
aufert | Pacuvius docti famam senis, ... *Epist.*2.1.56
aut famam sequere aut sibi convenientia finge, . . . *Ars Poet.*119
famem. haec bellum lacrimosum, hic miseram famem | pestemque . *Carm.*1.21.13
frigus quo duramque famem propellere possit. . . . *Serm.*1.2.6
fames. crescentem sequitur cura pecuniam | maiorumque fames. . *Carm.*3.16.18
quem tenet argenti sitis inportuna famesque, . . . *Epist.*1.18.23
famosae. fiet homo et ponet famosae mortis amorem. . . *Ars Poet.*469
famosis. nequitiae fige modum tuae | famosisque laboribus; . . *Carm.*3.15.3
famosis. famosisque Lupo cooperto versibus? *Serm.*2.1.68
famoso. nec sponsae laqueum famoso carmine nectit. . . *Epist.*1.19.31
famosum. dimittit neque famosum neque sollicitum . . . *Serm.*2.7.51
famosus. nec Lacaenae splendet adulterae | famosus hospes . *Carm.*3.3.26
quod moechus foret aut sicarius aut alioqui | famosus, . . *Serm.*1.4.5
famulis. redemptor | cum famulis dominusque terrae | fastidiosus: . *Carm.*3.1.36
cum famulis operum solutis, ... *Carm.*3.17.16
famulus. an custos famulusque dei Silenus alumni . . . *Ars Poet.*239
fana. fana deos habuere rectos. *Carm.*4.4.48
fana. agros atque lares patrios habitandaque fana | apris reliquit . *Epod.*16.19
fanaticus. urget | aut fanaticus error et iracunda Diana, . . *Ars Poet.*454

Fannius.   beatus Fannius ultro|delatis capsis et imagine, ...   *Serm.*1.4.21
  quod ineptus|Fannius Hermogenis laedat conviva Tigelli?   .   .   .   *Serm.*1.10.80
fanum.   haec tibi dictabam post fanum putre Vacunae,   .   .   .   *Epist.*1.10.49
far.   percontor quanti holus ac far, ...   *Serm.*1.6.112
fari.   nescios fari pueros Achivis|ureret flammis,   .   .   .   *Carm.*4.6.18
  qui sapere et fari possit quae sentiat *Epist.*1.4.9
farra.   nutrit rura [farra] Ceres almaque Faustitas,   .   .   *coni.Carm.*4.5.18
farre.   farre pio et saliente mica. *Carm.*3.23.20
  membra gruis sparsi sale multo non sine farre,   .   .   .   *Serm.*2.8.87
farris.   cui satis una|farris libra foret, ...   *Serm.*1.5.69
fartor.   cum scurris fartor, cum Velabro omne macellum   .   .   *Serm.*2.3.229
fas.   fas pervicacis est mihi Thyiadas *Carm.*2.19.9
  cantare . . . fas et beatae coniugis additum|stellis honorem   .   *Carm.*2.19.13
  nec scire fas est omnia, ...   *Carm.*4.4.22
  'venena maga non fas nefasque, ...   *Epod.*5.87
  verum operi longo fas est obrepere somnum.   .   .   .   *Ars Poet.*360
fas.   cum fas atque nefas exiguo fine libidinum   .   .   .   *Carm.*1.18.10
  ridetque, si mortalis ultra|fas trepidat.   .   .   .   *Carm.*3.29.32
fasces.   si|detulerit fasces indigno, detrahet idem.   .   .   *Epist.*1.16.34
fascibus.   honestos|fascibus et sellis nollem mihi sumere,   .   *Serm.*1.6.97
fasciculum.   ne forte sub ala|fasciculum portes librorum,   .   .   *Epist.*1.13.13
fascinum.   minusve languet fascinum? *Epod.*8.18
fasciolas.   ponas insignia morbi,|fasciolas, cubital, focalia,   .   *Serm.*2.3.255
fascis.   an superbos|Tarquini fascis, dubito, an Catonis|nobile letum: *Carm.*1.12.35
  cui libet hic fascis dabit *Epist.*1.6.53
fastidia.   vel mea cum saevis agitat fastidia verbis: .   .   *Epod.*12.13
  ut esset opem qui ferre poetis|antiquis posset contra fastidia nostra,   *Serm.*1.10.*7
  cum labor extuderit fastidia: *Serm.*2.2.14
  magna movet stomacho fastidia *Serm.*2.4.78
  varia fastidia cena|vincere tangentis male singula dente superbo;   .   *Serm.*2.6.86
  et mala perrumpet furtim fastidia victrix.   .   .   .   *Epist.*1.10.25
  quam spectatoris fastidia ferre superbi,   .   .   .   *Epist.*2.1.215
fastidienti.   maius infundam tibi|fastidienti poculum   .   .   *Epod.*5.78
fastidiosa.   fastidiosa tristis aegrimonia.   .   .   .   *Epod.*17.73
fastidiosam.   fastidiosam desere copiam *Carm.*3.29.9
fastidiosus.   dominusque terrae|fastidiosus: .   .   .   *Carm.*3.1.37
fastidire.   sic nos debemus amici|siquod sit vitium non fastidire: *Serm.*1.3.44
  fastidire lacus et rivos ausus apertos,   .   .   .   *Epist.*1.3.11
fastidiret.   'si sciret regibus uti,|fastidiret holus, qui me notat.'   .   *Epist.*1.17.15
fastidis.   num esuriens fastidis omnia praeter|pavonem rhombumque?   *Serm.*1.2.115
  quem tu fastidis, habitatum quinque focis   .   .   .   *Epist.*1.14.2
fastidit.   somnus . . . non humilis domos|fastidit umbrosamque ripam,   .   *Carm.*3.1.23
  nisi quae terris semota suisque|temporibus defuncta videt, fastidit et
   odit, ...   *Epist.*2.1.22
fastidium.   praeconis ad fastidium *Epod.*4.12
fastigia.   naturam expelles furca, tamen usque recurret|et mala perrumpet
  furtim fastidia [fastigia] victrix. *var.Epist.*1.10.25
fastis.   notis condita fastis *Carm.*4.13.15
fastos.   nepotum|per memores genus omne fastos,   .   .   *Carm.*3.17.4
  per titulos memoresque fastos *Carm.*4.14.4
  tempora si fastosque velis evolvere mundi.   .   .   .   *Serm.*1.3.112
  qui redit in fastos et virtutem aestimat annis   .   .   *Epist.*2.1.48
fastu.   quanto cum fastu, quanto molimine circum-|spectemus   .   *Epist.*2.2.93
fastum.   ad fastum quoscumque parentes|optaret sibi quisque,   .   *Serm.*1.6.95
fastus.   et nepotum|per memores genus omne fastos [fastus],   .   *var.Carm.*3.17.4
  quae cura . . . tuas, | Auguste, virtutes in aevom | per titulos
   memoresque fastos [fastus]|aeternet,   .   .   .   *var.Carm.*4.14.4
  qui redit in fastos [fastus] et virtutem aestimat annis   .   .   *var.Epist.*2.1.48
fata.   si parcent animae fata superstiti.'   .   .   .   *Carm.*3.9.12
  si parcent puero fata superstiti.' *Carm.*3.9.16
  nihil maius meliusve terris|fata donavere   .   .   .   *Carm.*4.2.38
  Cinarae brevis|annos fata dederunt,   .   .   .   *Carm.*4.13.23
  sic est: acerba fata Romanos agunt *Epod.*7.17
  sed tardiora fata te votis manent: *Epod.*17.62
fata.   obruit otio|ventos ut caneret fera|Nereus fata.   .   .   *Carm.*1.15.5
  non lenis precibus fata recludere *Carm.*1.24.17
  neque ultra|caeca timet aliunde fata,   .   .   .   *Carm.*2.13.16
  sed bellicosis fata Quiritibus|hac lege dico,   .   .   *Carm.*3.3.57
  audiat Lyde scelus . . . seraque fata,|quae manent culpas etiam sub Orco.   *Carm.*3.11.28

bona iam peractis | iungite fata. *Carm.Saec.*28
Pollio regum | facta [fata] canit pede ter percusso; *var.Serm.*1.10.43
fatale.   daret ut catenis | fatale monstrum. *Carm.*1.37.21
fatali.   notaque fatali portenta labore subegit, ...   *Epist.*2.1.11
fatalis.   fatalis incestusque iudex *Carm.*3.3.19
fateare.   iura inventa metu iniusti fateare necesse est,   .   .   .   *Serm.*1.3.111
fateatur.   quis tam Lucili fautor inepte est, | ut non hoc fateatur?   .   .   *Serm.*1.10.3
fatebitur.   me | cum magnis vixisse invita fatebitur usque | invidia   .   *Serm.*2.1.76
fatentes.   nil oriturum alias, nil ortum tale fatentes.   .   .   .   *Epist.*2.1.17
fateor.   'stultum me fateor (liceat concedere veris) *Serm.*2.3.305
'peccatum fateor, cum te sic tempore laevo | interpellarim;   .   .   *Serm.*2.4.4
"etenim fateor me" dixerit ille | "duci ventre levem,   .   .   .   *Serm.*2.7.37
fateri.   quae | inberbes didicere, senes perdenda fateri.   .   .   .   *Epist.*2.1.85
et quod non didici sane nescire fateri.'   .   .   .   .   .   *Ars Poet.*418
faterier.   nulline faterier audes? *Epist.*2.2.148
fatetur.   si pleraque dure | dicere credit eos, ignave multa fatetur: .   *Epist.*2.1.67
Fati.   volucrisque Fati | tardavit alas, ...   *Carm.*2.17.24
fatigarat.   devota morti pectora liberae | quantis fatigaret [fatigarat] ruinis,   *var.Carm.*4.14.19
fatigaret.   quantis fatigaret ruinis, ...   *Carm.*4.14.19
fatigas.   quid aeternis minorem | consiliis animum fatigas?   .   .   *Carm.*2.11.12
fatigat.   (si Romana fatigat | militia adsuetum graecari) .   .   .   *Serm.*2.2.10
fatigatis.   iuga demeret | bubus fatigatis *Carm.*3.6.43
fatigatum.   ludo fatigatumque somno *Carm.*3.4.11
fatigent.   prece qua fatigent | virgines sanctae minus audientem | carmina
Vestam? *Carm.*1.2.26
fatiget.   (si Romana fatigat [fatiget] | militia adsuetum graecari) .   .   *var.Serm.*2.2.10
fatis.   tibi cura magni | Caesaris fatis data: *Carm.*1.12.51
fato.   si foret hoc nostrum fato delapsus in aevom,   .   .   .   *Serm.*1.10.68
fatum.   namque instat fatum mihi triste, ...   *Serm.*1.9.29
fauce.   arente fauce traxerim, ...   *Epod.*14.4
faucis.   num, tibi cum faucis urit sitis, aurea quaeris | pocula?   .   *Serm.*1.2.114
Faune.   Faune, Nympharum fugientum amator,   .   .   .   *Carm.*3.18.1
Fauni.   silvis deducti caveant me iudice Fauni,   .   .   .   *Ars Poet.*244
Faunis.   ut male sanos | adscripsit Liber Satyris Faunisque poetas,   .   *Epist.*1.19.4
Fauno.   nunc et in umbrosis Fauno decet immolare lucis,   .   .   *Carm.*1.4.11
Faunus.   velox amoenum saepe Lucretilem | mutat Lycaeo Faunus   .   *Carm.*1.17.2
nisi Faunus ictum | dextra levasset, Mercurialium | custos virorum.   .   *Carm.*2.17.28
Fausta.   Villius in Fausta Syllae gener, . . . poenas dedit   .   .   *Serm.*1.2.64
faustis.   quid indoles | nutrita faustis sub penetralibus | posset,   .   .   *Carm.*4.4.26
Faustitas.   nutrit rura Ceres almaque Faustitas,   .   .   .   *Carm.*4.5.18
fausto.   'i bone, quo virtus tua te vocat, i pede fausto, .   .   .   *Epist.*2.2.37
fautor.   quis tam Lucili fautor inepte est, ...   *Serm.*1.10.2
consentire suis studiis qui crediderit te | fautor,   .   .   .   *Epist.*1.18.66
sic fautor veterum, ut tabulas peccare vetantis,   .   .   .   *Epist.*2.1.23
frater [fautor] erat Romae consulti rhetor, ...   *coni.Epist.*2.2.87
fautoribus.   hic ubi nequitiae fautoribus et timidis nil | aut paulum
abstulerat, ...   *Epist.*1.15.33
faveat.   ille bonis faveatque et consilietur amice   .   .   .   *Ars Poet.*196
faventium.   quo clamor vocat et turba faventium, .   .   .   *Carm.*3.24.46
favet.   dum favet Nox et Venus, ...   *Carm.*3.11.50
ingeniis non ille favet plauditque sepultis, ...   *Epist.*2.1.88
favete.   favete linguis: carmina non prius | audita   .   .   .   *Carm.*3.1.2
favillam.   ibi tu calentem | debita sparges lacrima favillam | vatis amici.   *Carm.*2.6.23
Favoni.   solvitur acris hiems grata vice veris et Favoni .   .   .   *Carm.*1.4.1
Favonii.   candida, | primo restituent vere Favonii   .   .   .   *Carm.*3.7.2
favor.   virtus et favor et lingua potentium | vatum   .   .   .   *Carm.*4.8.26
favorem.   ploravere suis non respondere favorem | speratum meritis.   .   *Epist.*2.1.9
faxis.   "cave faxis | te quicquam indignum. *Serm.*2.3.38
nisi ut propria haec mihi munera faxis. *Serm.*2.6.5
febrem.   mater delira necabit | in gelida fixum ripa febrimque [febremque]
reducet. *var.Serm.*2.3.294
non aeris acervos et auri | aegroto domini deduxit corpore febris [febrem],   *var.Epist.*1.2.48
febres.   non aeris acervos et auri | aegroto domini deduxit corpore febris
[febres], ...   *var.Epist.*1.2.48
febrim.   mater delira necabit | in gelida fixum ripa febrim reducet.   .   *Serm.*2.3.294
neu, . . . occultam febrim sub tempus edendi | dissimules,   .   .   *Epist.*1.16.22
febris.   aegroto domini deduxit corpore febris,   .   .   .   *Epist.*1.2.48
opella forensis | adducit febris *Epist.*1.7.9
febrium.   nova febrium | terris incubuit cohors *Carm.*1.3.30

fecerat. pallor utrasque|fecerat horrendas adspectu. *Serm.*1.8.26
fecere. auctius atque|di melius fecere. *Serm.*2.6.4
  interea suspensa gravis aulaea ruinas|in patinam fecere, . . . *Serm.*2.8.55
  facundi calices quem non fecere disertum, ... *Epist.*1.5.19
feceris. si chartae sileant quod bene feceris, ... *Carm.*4.8.21
fecerit. de te, splendide, Minos|fecerit arbitria, . . . *Carm.*4.7.22
  quid faciam, si furtum fecerit *Serm.*1.3.94
  cui si vitiosa libido|fecerit auspicium. *Epist.*1.1.86
fecerunt. di bene fecerunt, inopis me quodque pusilli|finxerunt animi, . *Serm.*1.4.17
feci. si neque maiorem feci ratione mala rem *Serm.*2.6.6
  'nec furtum feci nec fugi,' si mihi dicat|servos: *Epist.*1.16.46
fecisse. siquid|et nos, quod cures proprium fecisse, loquamur. . . *Epist.*1.17.5
  quamvis nil extra numerum fecisse modumque|curas: . . . *Epist.*1.18.59
  at qui legitimum cupiet fecisse poema, ... *Epist.*2.2.109
fecissent. fecissent, gladiatorum dare centum|damnati populo paria . . *Serm.*2.3.85
fecisset. debebat, quod ni fecisset, perdere litem. *Serm.*1.9.37
fecisti. tu me fecisti locupletem: *Epist.*1.7.15
fecit. sapiens crepidas sibi numquam|nec soleas fecit; . . . *Serm.*1.3.128
  causaque mea permulta rogatus|fecit *Serm.*1.4.98
  'at magnum fecit, quod verbis graeca latinis|miscuit.' . . . *Serm.*1.10.20
  nil sane fecit quod tu reprehendere possis: . . . *Serm.*2.3.138
  insanus quid enim Aiax|fecit? *Serm.*2.3.202
  quae siquis sanus fecit, sanus facis et tu. . . . *Serm.*2.3.322
  "tibi me virtus tua fecit amicum. *Serm.*2.5.33
  qui pervenit fecitne viriliter?' *Epist.*1.17.38
  multa tulit fecitque puer, sudavit et alsit, . . . *Ars Poet.*413
  nec semel hoc fecit, nec si retractus erit, . . . *Ars Poet.*468
fecunda. nec pestilentem sentiet Africum|fecunda vitis . . *Carm.*3.23.6
  domi si gnatus erit fecundave coniux. *Serm.*2.5.31
fecunda. Chrysippus ponit fecunda in gente Meneni. — . . . *Serm.*2.3.287
fecunda. fecunda culpae saecula nuptias|primum inquinavere . . *Carm.*3.6.17
fecundae. fecundae leporis sapiens sectabitur armos. . . *Serm.*2.4.44
fecundi. fecundae [fecundi] leporis sapiens sectabitur armos. . . *var.Serm.*2.4.44
fecundi. facundi [fecundi] calices quem non fecere disertum, . . *var.Epist.*1.5.19
fefellit. Priamus . . . Thessalosque ignis et iniqua Troiae|castra fefellit. *Carm.*1.10.16
  num viperinus his cruor|incoctus herbis me fefellit? . . . *Epod.*3.7
  nec latens in asperis|radix fefellit me locis. . . . *Epod.*5.68
  nec vixit male, qui natus moriensque fefellit. . . . *Epist.*1.17.10
felicem. felicem dicere non hoc|me possim, ... *Serm.*1.6.52
  'o te, Bolane, cerebri|felicem' *Serm.*1.9.12
  ita te felicem dicis *Serm.*2.7.31
felices. felices ter et amplius *Carm.*1.13.17
  pluraque felices mirabimur, ... *Epod.*16.53
  'felices. nunc ego resto. *Serm.*1.9.28
felicior. et tu, quicumque es felicior *Epod.*15.17
feliciores. ramos amputans|feliciores inserit *Epod.*2.14
felicis. solos felicis viventis clamat in Vrbe. . . . *Serm.*1.1.12
feliciter. nam spirat tragicum satis et feliciter audet, . . . *Epist.*2.1.166
felix. sis licet felix, ubicumque mavis, ... *Carm.*3.27.13
  'o sol|pulcer, o laudande!' canam recepto|Caesare felix. . . *Carm.*4.2.48
  felix post Cinaram notaque et artium|gratarum facies? . . *Carm.*4.13.21
  o ego non felix, quam tu fugis, ... *Epod.*12.25
felix. remque Romanam Latiumque felix *Carm.Saec.*66
femina. me nec femina nec puer . . . iuvat . . . *Carm.*4.1.29
femina. (non enim posthac alia calebo|femina) . . . *Carm.*4.11.34
feminae. emancipatus feminae|fert vallum et arma miles . . *Epod.*9.12
feminis. grataque feminis|inbelli cithara carmina . . . *Carm.*1.15.14
feminis. prosperes decreta super iugandis|feminis . . . *Carm.Saec.*19
femur. femur tumentibus|exile suris additum. . . . *Epod.*8.9
  nec magis huic, . . . Cerinthe, tuo tenerum est femur aut crus|rectius; *Serm.*1.2.81
  nec magis . . . Cerinthe, tuo tenerum est femur [? femur, Cerinthe,
    tuum] . . . . *? var.Serm.*1.2.81
fenestras. parcius iunctas quatiunt fenestras . . . *Carm.*1.25.1
fer. si melius quid habes, arcesse, vel imperium fer. . . *Epist.*1.5.6
fera. quaecumque praecedet fera; *Epod.*6.8
fera. cum fera diluvies quietos|irritat amnis. . . . *Carm.*3.29.40
  nec fera caerulea domuit Germania pube . . . *Epod.*16.7
fera. obruit otio|ventos ut caneret fera|Nereus fata. . . . *Carm.*1.15.4
feraci. nigrae feraci frondis in Algido, ... *Carm.*4.4.58

prolisque novae feraci|lege marita, ... *Carm.Saec.*19
feracis. non opimae|Sardiniae segetes feracis, ... *Carm.*1.31.4
ferae. catulos ferae|celent inultae, ... *Carm.*3.3.41
 formidulosis cum latent silvis ferae *Epod.*5.55
 feraeque suetae|hunc vexare locum *Serm.*1.8.17
ferae. nolis longa ferae bella Numantiae *Carm.*2.12.1
 quis ferae|bellum curet Hiberiae? *Carm.*4.5.27
ferant. quid si rubicunda benigni|corna vepres et pruna ferant, . . *Epist.*1.16.9
ferar. non usitata nec tenui ferar|penna *Carm.*2.20.1
 donec cinis|iniuriosis aridus ventis ferar, ... *Epod.*17.34
 ego utrum|nave ferar magna an parva, ferar unus et idem. . . *Epist.*2.2.200
ferarum. quos venerem incertam rapientis more ferarum . . . *Serm.*1.3.109
feras. 'in silvam non ligna feras insanius *Serm.*1.10.34
 scilicet ut plausus quos fert Agrippa feras tu, ... *Serm.*2.3.185
ferat. cum ripa simul avolsos ferat Aufidus acer. *Serm.*1.1.58
 insani sapiens nomen ferat, aequos iniqui, ... *Epist.*1.6.15
 hoc age, ne mutata retrorsum te ferat aura. *Epist.*1.18.88
 ille ferat pretium poenae securus, opinor. *Epist.*2.2.17
 quid ferat et quare sibi nectat uterque coronam. . . . *Epist.*2.2.96
 quid deceat, quid non, quo virtus, quo ferat error. . . . *Ars Poet.*308
feratur. quietiore nec feratur aequore *Epod.*10.11
ferax. Hiberia|mittit venenorum ferax, ... *Epod.*5.22
ferbuit. mea cum conferbuit [ferbuit] ira?' *var.Serm.*1.2.71
fercula. multaque de magna superessent fercula cena, . . . *Serm.*2.6.104
fere. quis paria esse fere placuit peccata, ... *Serm.*1.3.96
 fere miratur eodem,|quo cupiens, pacto; *Epist.*1.6.9
 temptantem maiora fere, praesentibus aequom. *Epist.*1.17.24
 vina fere dulces oluerunt mane Camenae. *Epist.*1.19.5
 fere scriptores carmine foedo|splendida facta linunt. . . . *Epist.*2.1.236
ferebar. ferebar incerto pede|ad non amicos heu mihi postis . . *Epod.*11.20
ferebaris. non sat idoneus|pugnae ferebaris; *Carm.*2.19.27
feremus. feremus et te vel per Alpium iuga . . . sequemur . . *Epod.*1.11
 ut tu fortunam, sic nos te, Celse, feremus. *Epist.*1.8.17
ferendo. ne volgo narres, te sudavisse ferendo|carmina . . *Epist.*1.13.16
ferens. paternos|in sinu ferens deos|et uxor et vir sordidosque natos. . *Carm.*2.18.27
 mala soluta navis exit alite|ferens olentem Mevium. . . . *Epod.*10.2
 aridum et ore ferens acinum semesaque lardi|frusta dedit, . . *Serm.*2.6.85
 procedit fuscus Hydaspes|Caecuba vina ferens, . . . *Serm.*2.8.15
ferent. ire, pedes quocumque ferent, ... *Epod.*16.21
 suo de paupertate tacentes|plus poscente ferent: . . . *Epist.*1.17.44
ferentem. saepe ferentem|plura quidem tollenda relinquendis. . . *Serm.*1.10.50
 iuvat inmemorata ferentem|ingenuis oculisque legi manibusque teneri. *Epist.*1.19.33
 corpus et ipsum animum spe finis dura ferentem . . . *Epist.*2.1.141
ferentes. mazonomo pueri magno discerpta ferentes|membra gruis . *Serm.*2.8.86
Ferenti. et arvom|pingue tenent humilis Forenti [Ferenti], . *var.Carm.*3.4.16
Ferentinum. si laedit caupona, Ferentinum ire iubebo: . . . *Epist.*1.17.8
ferentur. cetera fluminis|ritu feruntur [ferentur], . . *var.Carm.*3.29.34
 sine pondere erunt et honore indigna ferentur,|verba . . . *Epist.*2.2.112
feres. prima feres hederae victricis praemia. *Epist.*1.3.25
 'non invisa feres pueris munuscula parvis' *Epist.*1.7.17
feret. 'quo nos cumque feret melior fortuna parente, . . . *Carm.*1.7.25
 quanto quisque sibi plura negaverit,|ab dis plura feret: . . *Carm.*3.16.22
 tutum per Aegaeos tumultus|aura feret *Carm.*3.29.64
 late signa feret militiae tuae *Carm.*4.1.16
 non feret adsiduas potiori te dare noctes *Epod.*15.13
 'haud mihi deero,|cum res ipsa feret: *Serm.*2.1.18
 stomachoque tumultum|lenta feret pitvita. *Serm.*2.2.76
 quoscumque feret cultus tibi fundus honores *Serm.*2.5.13
 ''nemon oleum fert [feret] ocius? *var.Serm.*2.7.34
 haec seges ingratos tulit et feret omnibus annis. . . . *Epist.*1.7.21
 angulus iste feret piper et tus ocius uva *Epist.*1.14.23
 personamque feret non inconcinnus utramque; *Epist.*1.17.29
 quid dignum tanto feret hic promissor hiatu? . . . . *Ars Poet.*138
feri. 'equi te|esse feri similem dico.' *Serm.*1.5.57
feriam. sublimi feriam sidera vertice *Carm.*1.1.36
 nec te feriam neque intra|claustra tenebo. *Carm.*3.11.43
feriant. velut si. . . feriant vitentque moventes|arma viri? . . *Serm.*2.7.99
ferias. 'longas o utinam, dux bone, ferias|praestes Hesperiae!' . . *Carm.*4.5.37
feriat. maiorum nequis amicus|frigore te feriat.' *Serm.*2.1.62

feriatos. male feriatos|Troas . . . falleret *Carm.*4.6.14
feriemus. nos humilem feriemus agnam. *Carm.*2.17.32
ferient. inpavidum ferient ruinae. *Carm.*3.3.8
feriet. nec semper feriet quodcumque minabitur arcus. . . . . *Ars Poet.*350
feris. quid? cum balba feris annoso verba palato, ... *Serm.*2.3.274
feris. umquam nisi in dispar feris. *Epod.*7.12
    additum feris|alitibus atque canibus homicidam Hectorem, . . . *Epod.*17.11
    vis tu homines Vrbemque feris praeponere silvis? *Serm.*2.6.92
feris. ferisque rursus occupabitur solum: *Epod.*16.10
feriunt. feriuntque summos|fulgura montis. *Carm.*2.10.11
fero. multa fero, ut placem genus irritabile vatum. *Epist.*2.2.102
feroces. neque inbellem feroces|progenerant aquilae columbam. . . *Carm.*4.4.31
ferocior. deliberata morte ferocior; *Carm.*1.37.29
ferocis. Parthos ferocis|vexet eques metuendus hasta *Carm.*3.2.3
    quandoque trahet ferocis|per sacrum clivom . . . Sygambros; . . *Carm.*4.2.34
Feronia. ora manusque tua lavimus, Feronia, lympha; *Serm.*1.5.24
feros. qui feros cultus hominum recentum|voce formasti catus . . *Carm.*1.10.2
    visam Britannos hospitibus feros *Carm.*3.4.33
    rerum inscitia vexat|indomita cervice feros? *Epist.*1.3.34
ferox. quam rem cumque ferox navibus aut equis|miles . . . gesserit. . *Carm.*1.6.3
    nequiquam Veneris praesidio ferox *Carm.*1.15.13
    qui ferox bello tamen, inter arma *Carm.*1.32.6
    non ferox|Hector . . . primus. *Carm.*4.9.21
ferox. iam te sequetur (currit enim ferox|aetas *Carm.*2.5.13
    triumphatisque possit|Roma ferox dare iura Medis. *Carm.*3.3.44
    sit Medea ferox invictaque, flebilis Ino, ... *Ars Poet.*123
ferox. urbesque gentesque et Latium ferox *Carm.*1.35.10
ferramenta. cras ferramenta Teanum|tolletis, fabri. *Epist.*1.1.86
ferrata. barbarorum Claudius agmina|ferrata vasto diruit impetu . . *Carm.*4.14.30
ferratos. ut si solvas 'postquam Discordia taetra|belli ferratos postis
    portasque refregit,' *Serm.*1.4.61
ferre. ferre iugum pariter dolosi: *Carm.*1.35.28
    nimium brevis|flores amoenae ferre iube rosae, ... *Carm.*2.3.14
    nondum subacta ferre iugum valet|cervice, ... *Carm.*2.5.1
    Cantabrum indoctum iuga ferre nostra *Carm.*2.6.2
    quam nec ferre pedem dedecuit choris *Carm.*2.12.17
    bene ferre magnam|disce fortunam; *Carm.*3.27.74
    decet|qua ferre non mollis viros? *Epod.*1.10
    hac mente laborem|sese ferre, . . . aiunt, ... *Serm.*1.1.31
    garrulus atque piger scribendi ferre laborem, ... *Serm.*1.4.12
    qui se|voltum ferre negat Noviorum posse minoris. *Serm.*1.6.121
    magnum adiutorem, posset qui ferre secundas, ... *Serm.*1.9.46
    ut esset opem qui ferre poetis|antiquis posset contra fastidia nostra, . *Serm.*1.10.*6
    te talos, Aule, nucesque|ferre sinu laxo, donare et ludere vidi, . . *Serm.*2.3.172
    inlusique pedes vitiosum ferre recusant|corpus. *Serm.*2.7.108
    quam spectatoris fastidia ferre superbi, ... *Epist.*2.1.215
    nec meus audet|rem temptare pudor quam vires ferre recusent. . . *Epist.*2.1.259
    quid ferre recusent,|quid valeant umeri. . . . . . . *Ars Poet.*39
    si curet quis opem ferre et demittere funem: . . . . . *Ars Poet.*461
ferrem. non ego hoc ferrem calidus iuventa|consule Planco. . . . *Carm.*3.14.27
ferrent. quid Sophocles et Thespis et Aeschylos utile ferrent; . . *Epist.*2.1.163
ferres. neque tu pessuma munerum|ferres, ... *Carm.*4.8.5
ferret. persaepe velut qui|Iunonis sacra ferret; *Serm.*1.3.11
    non temere a me|quivis ferret idem. *Epist.*2.2.14
ferro. audiet civis acuisse ferrum [iacuisse ferro], ... *coni.Carm.*1.2.21
    inpiae sponsos potuere duro|perdere ferro. *Carm.*3.11.32
    lacerare ferro et|frangere enitar . . . cornua *Carm.*3.27.46
    per caedis ab ipso|ducit opes animumque ferro. *Carm.*4.4.60
    mordaci velut icta ferro|pinus *Carm.*4.6.9
    uti|petita ferro belua?' *Epod.*5.10
    aere, dehinc ferro duravit saecula, ... *Epod.*16.65
    accidit ut cuidam testis caudamque salacem|demeterent ferro. . *Serm.*1.2.46
    pugnis caesus ferroque petitus, ... *Serm.*1.2.66
    nec ferro ut demens genetricem occidis Orestes. *Serm.*2.3.133
    non Pyladen ferro violare aususve sororem|Electran, ... *Serm.*2.3.139
    cum stravit ferro pecus, ... *Serm.*2.3.202
    uri virgis ferroque necari|auctoratus eas, ... *Serm.*2.7.58
    silvestrem flammis et ferro mitiget agrum, ... *Epist.*2.2.186
ferrum. neque hiemps ignis mare ferrum, ... *Serm.*1.1.39

o pater et rex|Iuppiter, ut pereat positum robigine telum [? ferrum] . *? var.Serm.*2.1.43
ferrum. audiet civis acuisse ferrum, ... *Carm.*1.2.21
diffingas retusum in|Massagetas Arabasque ferrum. . . . *Carm.*1.35.40
usque laborantis, dum ferrum molliat ignis, ... *Serm.*1.4.20
in matris iugulo ferrum tepefecit acutum? *Serm.*2.3.136
acutum|reddere quae ferrum valet . . . . . . *Ars Poet.*305
fers. quamvis fers te nullius egentem.' *Epist.*1.17.22
fert. quid iste fert tumultus *Epod.*5.3
fert vallum et arma miles *Epod.*9.13
quam praesens Mercurius fert? *Serm.*2.3.68
scilicet ut plausus quos fert Agrippa feras tu, . . . *Serm.*2.3.185
"nemon oleum fert ocius? *Serm.*2.7.34
tamen istuc mens animusque|fert *Epist.*1.14.9
fertile. sed non omne mare est generosae fertile testae: . . *Serm.*2.4.31
fertile. sed quae Tibur aquae fertile praefluont . . . *Carm.*4.3.10
fertili. amicus Aulon|fertili Baccho *Carm.*2.6.19
fertilibus. spargent olivetis odorem|fertilibus domino priori, . *Carm.*2.15.8
fertilis. et amicus Aulon|fertili [fertilis] Baccho minimum Falernis|invidet
uvis; *var.Carm.*2.6.19
fertilis. fertilis frugum pecorisque tellus *Carm.Saec.*29
fertilis. fulgentem imperio fertilis Africae *Carm.*3.16.31
fertis. quae vos ad caelum fertis rumore secundo, . . . *Epist.*1.10.9
fertur. uda Lyaeo|tempora populea fertur vinxisse corona . . *Carm.*1.7.23
fertur Prometheus addere principi|limo coactus . . . *Carm.*1.16.13
fertur pudicae coniugis osculum . . . ab se removisse . *Carm.*3.5.41
arbiter pugnae posuisse nudo|sub pede palmam|fertur . . *Carm.*3.20.13
verba devolvit numerisque fertur|lege solutis, . . . *Carm.*4.2.11
aut fertur incerto mari. *Epod.*9.32
quin per mala praeceps|fertur uti pulvis collectus turbine, . . *Serm.*1.4.31
fertur quo rara securis. *Serm.*1.7.27
Servius Oppidius . . . gnatis divisse duobus|fertur . . *Serm.*2.3.170
rusticus urbanum murem mus paupere fertur|accepisse cavo, . *Serm.*2.6.80
ferula. ferula caedas meritum maiora subire|verbera . . *Serm.*1.3.120
ferum. Graecia capta ferum victorem cepit *Epist.*2.1.156
ferunt. flore, terrae quem ferunt solutae, ... *Carm.*1.4.10
quamquam nec Calabrae mella ferunt apes *Carm.*3.16.33
quando et priores hinc Lamias ferunt|denominatos . . *Carm.*3.17.2
fruges et Cererem ferunt *Carm.*3.24.13
ex hoc ego sanus ab illis|perniciem quaecumque ferunt . . *Serm.*1.4.130
grandes rhombi patinaeque|grande ferunt una cum damno dedecus. . *Serm.*2.2.96
coram rege suo de paupertate tacentes|plus poscente ferent [ferunt]: . *var.Epist.*1.17.44
multa ferunt anni venientes commoda secum, . . . *Ars Poet.*175
feruntur. cetera fluminis|ritu feruntur, ... *Carm.*3.29.34
audebit, quaecumque . . . honore indigna ferentur [feruntur],|verba
movere loco, ... *var.Epist.*2.2.112
ferus. ferus et Cupido|semper ardentis acuens sagittas . . *Carm.*2.8.14
nemo adeo ferus est, ut non mitescere possit, . . . *Epist.*1.1.39
quam quo perferre iuberis|clitellas ferus inpingas . . . *Epist.*1.13.8
quid? siquis voltu torvo ferus et pede nudo . . . *Epist.*1.19.12
fervens. fervens difficili bile tumet iecur. *Carm.*1.13.4
fervent. quaecumque inmundis fervent adlata popinis. . . *Serm.*2.4.62
ferventius. quale fuit Cassi rapido ferventius amni|ingenium, . *Serm.*1.10.62
fervet. fervet inmensusque ruit profundo|Pindarus ore, . . *Carm.*4.2.7
fervet avaritia miseroque cupidine pectus: *Epist.*1.1.33
fervida. nec Sicana fervida|virens in Aetna flamma; . . *Epod.*17.32
fervida. fervida quod subtile exsurdant vina palatum. . . *Serm.*2.8.38
fervidi. possent ut iuvenes visere fervidi *Carm.*4.13.26
fervidiore. simul calentis inverecundus deus|fervidiore mero . *Epod.*11.14
fervidis. si neque fervidis|pars inclusa caloribus|mundi . . *Carm.*3.24.36
fervidis. metaque fervidis|evitata rotis *Carm.*1.1.4
fervido. stravere ventos aequore fervido|deproeliantis, . . *Carm.*1.9.10
fervidos. tum spissa ramis laurea fervidos|excludet ictus. . *Carm.*2.15.9
fervidum. pecusve Calabris ante sidus fervidum|Lucana mutet pascuis . *Epod.*1.27
fervidus. fervidus tecum puer et solutis|Gratiae zonis properentque . *Carm.*1.30.5
ille gravem duro terram qui vertit aratro,|perfidus hic caupo [fervidus hic
campo] *var.Serm.*1.1.29
cum te neque fervidus aestus|demoveat lucro . . . *Serm.*1.1.38
maturusne senex an adhuc florente iuventa|fervidus, . . *Ars Poet.*116
fervit. fervet [fervit] inmensusque ruit profundo|Pindarus ore, . . *var.Carm.*4.2.7

fervor. temptavit in dulci iuventa|fervor *Carm.*1.16.24
   ut semel icto|accessit fervor capiti numerusque lucernis; . . . *Serm.*2.1.25
Fescennina. Fescennina per hunc inventa licentia morem . . . *Epist.*2.1.145
fessas. militia simul|fessas cohortes abdidit oppidis, ... *Carm.*3.4.38
fessi. inde Rubos fessi pervenimus, ... *Serm.*1.5.94
fessis. tradidit fessis leviora tolli|Pergama Grais. *Carm.*2.4.11
   frigus amabile|fessis vomere tauris|praebes *Carm.*3.13.11
fesso. cum tibi librum|sollicito damus aut fesso; *Epist.*2.1.221
fessos. qui salutari levat arte fessos|corporis artus, ... *Carm.Saec.*63
   fessos vomerem inversum boves|collo trahentis languido . . *Epod.*2.63
fessum. ast ubi me fessum sol acrior ire lavatum|admonuit, . . *Serm.*1.6.125
fessum. longaque fessum militia latus *Carm.*2.7.18
fessus. pastor umbras cum grege languido|rivomque fessus quaerit . . *Carm.*3.29.22
   tandem fessus dormire viator|incipit *Serm.*1.5.17
festas. saeculo festas referente luces *Carm.*4.6.42
   repositum Caecubum ad festas dapes *Epod.*9.1
festinant. esseda festinant, pilenta, petorrita, naves, ... *Epist.*2.1.192
festinanti. (sic festinanti semper locupletior obstat), . . . *Serm.*1.1.113
festinantis. lacus et mare sentit amorem|festinantis eri; . . . *Epist.*1.1.85
festinas. quamquam festinas, non est mora longa; *Carm.*1.28.35
   quae laedunt oculum, festinas demere: *Epist.*1.2.38
festinat. cuncta festinat manus, ... *Carm.*4.11.9
   Nestor conponere litis|inter Peliden festinat et inter Atriden. . *Epist.*1.2.12
   dum poenas odio per vim festinat inulto. *Epist.*1.2.61
   qui|semper in augenda festinat et obruitur re. *Epist.*1.16.68
   festinat calidus mulis gerulisque redemptor, ... *Epist.*2.2.72
   semper ad eventum festinat . . . . *Ars Poet.*148
festis. qui Veientanum festis potare diebus *Serm.*2.3.143
   puer ut festis Quinquatribus olim, ... *Epist.*2.2.197
   vinoque diurno|placari Genius festis inpune diebus, . . . *Ars Poet.*210
   ut festis matrona moveri iussa diebus, ... *Ars Poet.*232
festis. vel agna festis caesa Terminalibus *Epod.*2.59
festivam. inpune licebit | aestivam [festivam] sermone benigno tendere
   noctem. *var.Epist.*1.5.11
festo. festo quid potius die|Neptuni faciam — *Carm.*3.28.1
festo. condita post frumenta levantes tempore festo . . . *Epist.*2.1.140
festos. in remoto gramine per dies|festos reclinatum . . . *Carm.*2.3.7
   natalis aliosve dierum|festos albatus celebret) *Serm.*2.2.61
festum. sive diem festum rediens advexerit annus, ... *Serm.*2.2.83
festus. hic dies anno redeunte festus *Carm.*3.8.9
   hic dies vere mihi festus atras|exiget curas: *Carm.*3.14.13
   festus in pratis vacat otioso|cum bove pagus, ... *Carm.*3.18.11
   festus|dat veniam somnumque dies; *Epist.*1.5.9
feta. ab agro|rava decurrens lupa Lanuvino|fetaque volpes; . . *Carm.*3.27.4
fetus. Germania quos horrida parturit|fetus *Carm.*4.5.27
   nutriant fetus et aquae salubres|et Iovis aurae. . . . *Carm.Saec.*31
fi. fi cognitor ipse,|persta atque obdura: *Serm.*2.5.38
fias. dum mihi|fias recantatis amica|opprobriis *Carm.*1.16.27
   cognomen vertas in risum et fabula fias. *Epist.*1.13.9
fiat. impetus in quem|continuo fiat, ... *Serm.*1.2.118
ficis. pinguibus et ficis pastum iecur anseris albae *Serm.*2.8.88
fico. tum pensilis uva secundas | et nux ornabat mensas cum duplice ficu
   [fico]. *var.Serm.*2.2.122
ficos. cum quidlibet ille|garriret, vicos [ficos], Vrbem laudaret. . . *var.Serm.*1.9.13
ficta. nova fictaque nuper habebunt verba fidem, ... *Ars Poet.*52
   ficta voluptatis causa sint proxima veris: . . . . . *Ars Poet.*338
fictis. ridetur fictis rerum Balatrone secundo, ... *Serm.*2.8.83
ficto. neque ficto|in peius voltu proponi cereus usquam . . . *Epist.*2.1.264
fictum. pro bene sano|ac non incauto fictum astutumque vocamus. . *Serm.*1.3.62
   ex noto fictum carmen sequar, ... *Ars Poet.*240
ficu. tum pensilis uva secundas | et nux ornabat mensas cum duplice
   ficu. *Serm.*2.2.122
ficulnus. olim truncus eram ficulnus, inutile lignum, . . . *Serm.*1.8.1
ficus. suamque pulla ficus ornat arborem, ... *Epod.*16.46
   pepedi|diffissa nate ficus; *Serm.*1.8.47
   dum ficus prima calorque|dissignatorem decorat . . . *Epist.*1.7.5
fida. cum sociis operum et pueris et coniuge fida *Epist.*2.1.142
fide. constantis iuvenem fide|Gygen? *Carm.*3.7.4
   si|prodiderit conmissa fide sponsumve negarit? *Serm.*1.3.95

fide. cur tibi iunior|laesa praeniteat fide. *Carm*.1.33.4
   effare; iussas cum fide poenas luam, ... *Epod*.17.37
fide. fide Teia|dices laborantis in uno *Carm*.1.17.18
   fide Cyllenea|levare diris pectora sollicitudinibus, . . . *Epod*.13.9
fidei. quid fles, . . . constantis iuvenem fide [fidei]|Gygen? . . *var.Carm*.3.7.4
fidelem. expertus fidelem|Iuppiter in Ganymede flavo, . . . *Carm*.4.4.3
   unde mihi tam fortem tamque fidelem?" *Serm*.2.5.102
fidelem. neque sic fidelem,|sic lucro aversam *Carm*.2.4.18
fideles. ut cito dicta|percipiant animi dociles teneantque fideles; *Ars Poet*.336
fideli. est et fideli tuta silentio|merces: *Carm*.3.2.25
fidelibus. seu visa est catulis cerva fidelibus *Carm*.1.1.27
   quam quae sunt oculis subiecta fidelibus . . . . *Ars Poet*.181
fidelibus. sic desideriis icta fidelibus *Carm*.4.5.15
fidelis. hunc medicus multum celer atque fidelis|excitat . . *Serm*.2.3.147
fidelis. Flore, bono claroque fidelis amice Neroni, . . . *Epist*.2.2.1
fideliter. nec retinent patulae conmissa fideliter aures . . *Epist*.1.18.70
fidem. heu quotiens fidem|mutatosque deos flebit . . . *Carm*.1.5.5
   fidemque et amicos . . . regina Pecunia donat . . . *Epist*.1.6.36
   multa fidem promissa levant, ... *Epist*.2.2.10
   nova fictaque nuper habebunt verba fidem, . . . *Ars Poet*.52
fidem. auditam moderere arboribus fidem, ... *Carm*.1.24.14
Fidenis. Gabiis desertior atque|Fidenis vicus; *Epist*.1.11.8
fidens. fidens iuventus horrida bracchiis *Carm*.3.4.50
fidens. ut penitus notum, si temptent crimina, serves | tuterisque tuo
   fidentem [fidens est] praesidio: *var.Epist*.1.18.81
fidentem. serves|tuterisque tuo fidentem praesidio: . . . *Epist*.1.18.81
fidenter. ut penitus notum, si temptent crimina, serves|tuterisque tuo
   fidentem [fidenter] praesidio: *var.Epist*.1.18.81
fidentes. ne nimium pii|rebusque fidentes *Carm*.3.3.59
Fides. arcanique Fides prodiga, perlucidior vitro. . . . *Carm*.1.18.16
   incorrupta Fides nudaque Veritas *Carm*.1.24.7
   te Spes et albo rara Fides colit|velata panno . . . *Carm*.1.35.21
   iam Fides et Pax et Honor Pudorque *Carm.Saec*.57
fides. at fides et ingeni|benigna vena est *Carm*.2.18.9
   segetis certa fides meae *Carm*.3.16.30
   cum periura patris fides *Carm*.3.24.59
   culpari metuit fides, ... *Carm*.4.5.20
   est animus tibi, sunt mores et lingua fidesque, . . *Epist*.1.1.58
   uti mox|nulla fides damnis verisque doloribus adsit. . *Epist*.1.17.57
   'scilicet, ut non|sit mihi prima fides *Epist*.1.18.17
fidet. uterne|ad casus dubios fidet sibi certius? . . . *Serm*.2.2.108
   qui sibi fidet,|dux reget examen. *Epist*.1.19.22
fidibus. conmissi calores|Aeoliae fidibus puellae. . . . *Carm*.4.9.12
   fidibusne Latinis|Thebanos aptare modos studet auspice Musa, *Epist*.1.3.12
   ac non verba sequi fidibus modulanda Latinis, . . *Epist*.2.2.143
   Musa dedit fidibus divos puerosque deorum . . . *Ars Poet*.83
   (sic etiam fidibus voces crevere severis) . . . . *Ars Poet*.216
fidibus. blandum et auritas fidibus canoris|ducere quercus. . *Carm*.1.12.11
   hunc fidibus novis,|hunc Lesbio sacrare plectro . . *Carm*.1.26.10
   et ture et fidibus iuvat *Carm*.1.36.1
   Aeoliis fidibus querentem|Sappho *Carm*.2.13.24
   seu fidibus citharave Phoebi. *Carm*.3.4.4
fidicen. quod monstror digito praetereuntium|Romanae fidicen lyrae: *Carm*.4.3.23
   doctor argutae fidicen Thaliae *Carm*.4.6.25
   hunc ego, non alio dictum prius ore, Latinus|volgavi fidicen; *Epist*.1.19.33
fidis. fidis enim manare poetica mella|te solum, . . . *Epist*.1.19.44
fidis. ille velut fidis arcana sodalibus olim|credebat libris . *Serm*.2.1.30
fidis. fidis offendar medicis, irascar amicis, ... *Epist*.1.8.9
fidit. nil pictis timidus navita puppibus|fidit. . . . *Carm*.1.14.15
   nec nitido fidit adultero; *Carm*.3.24.20
   qui sibi fidet [fidit],|dux reget examen. *var.Epist*.1.19.22
fidos. ne fidos inter amicos|sit *Epist*.1.5.24
fidum. bene mutuis|fidum pectus amoribus; *Carm*.2.12.16
fidus. quotiens bonus atque fidus|iudex honestum praetulit utili, *Carm*.4.9.40
   nec verbo verbum curabis reddere fidus|interpres . . *Ars Poet*.133
fieres. dente si nigro fieres vel uno|turpior ungui, . . *Carm*.2.8.3
fieret. si volnus tibi monstrata radice vel herba|non fieret levius, *Epist*.2.2.150
   natura fieret laudabile carmen an arte, ... *Ars Poet*.408
fieri. avarum|cum veto te fieri, ... *Serm*.1.1.104

an tibi mavis | insidias fieri pretiumque avellier ante | quam mercem
    ostendi? *Serm.*1.2.104
sumere depositum clavom fierique tribuno? *Serm.*1.6.25
fies. fies nobilium tu quoque fontium *Carm.*3.13.13
fiet. si per invisum mora ianitorem | fiet, abito. *Carm.*3.14.24
uterne | ad casus dubios fidet [fiet] sibi certius? *var.Serm.*2.2.108
quid fiet? at ipsis | Saturnalibus huc fugisti. *Serm.*2.3.4
fiet aper, modo avis, modo saxum et, cum volet, arbor. . . .   *Serm.*2.3.73
'hic et | candidus et talos a vertice pulcher ad imos | fiet . . .   *Epist.*2.2.5
fiet Aristarchus nec dicet 'cur ego amicum | offendam in nugis?' .   *Ars Poet.*450
fiet homo et ponet famosae mortis amorem. . . . .   *Ars Poet.*469
fige. tandem nequitiae fige modum tuae *Carm.*3.15.2
figit. si figit adamantinos | summis verticibus dira Necessitas | clavos, .   *Carm.*3.24.5
figura. sive mutata iuvenem figura | ales in terris imitaris almae | filius Maiae,   *Carm.*1.2.41
figurat. os tenerum pueri balbumque poeta figurat, . . .   *Epist.*2.1.126
fila. dum res et aetas et sororum | fila trium patiuntur atra. . .   *Carm.*2.3.16
filex. namque | neglectis urenda filix [filex] innascitur agris. . .   *var.Serm.*1.3.37
filia. Pontica pinus, | silvae filia nobilis, ...   *Carm.*1.14.12
filia rectius | expugnat iuvenum domos, ...   *Carm.*3.15.8
forti nubet procera Corano | filia Nasicae, ...   *Serm.*2.5.65
filia. o matre pulcra filia pulcrior, ...   *Carm.*1.16.1
filiae. 'pater, o relictum | filiae nomen *Carm.*3.27.35
filiam. magni Creontis filiam, ...   *Epod.*5.64
filium. ut marinae | filium dicunt Thetidis sub lacrimosa Troiae | funera,   *Carm.*1.8.14
filius. almae | filius Maiae, patiens vocari | Caesaris ultor: . .   *Carm.*1.2.43
Thurini Calais filius Ornyti, ...   *Carm.*3.9.14
perfidum ridens Venus et remisso | filius arcu. . . .   *Carm.*3.27.68
filius quamvis Thetidis marinae *Carm.*4.6.6
non uxor salvom te volt, non filius; *Serm.*1.1.84
appellat . . . pullum, male parvos | sicui filius est, . .   *Serm.*1.3.46
filius uxorem grandi cum dote recuset, ...   *Serm.*1.4.50
'nonne vides, Albi ut male vivat filius utque | Baius inops? .   *Serm.*1.4.109
'tune, Syri, Damae aut Dionysi filius, audes . . .   *Serm.*1.6.38
filius aut etiam haec libertus ut ebibat heres, . . .   *Serm.*2.3.122
filius Aesopi . . . aceto | diluit insignem bacam: . . .   *Serm.*2.3.239
sicui praeterea validus male filius in re | praeclara sublatus aletur, .   *Serm.*2.5.45
una | luserat in campo: 'fortunae filius' omnes. . . .   *Serm.*2.6.49
ut si | filius inmaturus obisset, ...   *Serm.*2.8.59
'dicat | filius Albini: si de quincunce remota est | uncia, . .   *Ars Poet.*327
filix. neglectis urenda filix innascitur agris. . . .   *Serm.*1.3.37
filo. non adparere labores | nostros et tenui deducta poemata filo; .   *Epist.*2.1.225
findere. gaudentem patrios findere sarculo | agros . . .   *Carm.*1.1.11
findet. seu rubra Canicula findet | infantis statuas, . . .   *Serm.*2.5.39
findetur. dividuo findetur munere quadra. *Epist.*1.17.49
findit. qui dies mensem Veneris marinae | findit Aprilem, . .   *Carm.*4.11.16
seu rubra Canicula findet [? findit] | infantis [infantes] statuas, .   *? var.Serm.*2.5.39
findunt. quam frigida parvi | findunt Scamandri flumina . .   *Epod.*13.14
fine. cum fas atque nefas exiguo fine libidinum | discernunt avidi. .   *Carm.*1.18.10
nulla certior tamen | rapacis Orci sede [fine] destinata | aula divitem
    manet | erum. *var.Carm.*2.18.30
nempe inamarescunt epulae sine fine petitae . . .   *Serm.*2.7.107
comperit invidiam supremo fine domari. *Epist.*2.1.12
finem. saepe trans finem iaculo nobilis expedito? . . .   *Carm.*1.8.12
quem mihi, quem tibi | finem di dederint, Leuconoe, . .   *Carm.*1.11.2
nam Venusinus arat finem sub utrumque colonus, . .   *Serm.*2.1.35
semper avarus eget: certum voto pete finem. . . .   *Epist.*1.2.56
fines. est modus in rebus, sunt certi denique fines, . .   *Serm.*1.1.106
finge. aut famam sequere aut sibi convenientia finge, . .   *Ars Poet.*119
fingent. fingent Aeolio carmine nobilem. *Carm.*4.3.12
fingentur. cuius, velut aegri somnia, vanae | fingentur species, .   *Ars Poet.*8
fingere. fingere qui non visa potest, ...   *Serm.*1.4.84
quaelibet in quemvis opprobria fingere saevos, . . .   *Epist.*1.15.30
ut simul atque | carmina rescieris nos fingere, . . .   *Epist.*2.1.227
fingere cinctutis non exaudita Cethegis | continget . .   *Ars Poet.*50
qui nescit, versus tamen audet fingere. . . . .   *Ars Poet.*382
fingeris. quamvis et voce paterna | fingeris ad rectum . .   *Ars Poet.*367
fingi. speremus carmina fingi | posse linenda cedro . .   *Ars Poet.*331
fingit. fingit equom tenera docilem cervice magister . .   *Epist.*1.2.64
fingitur. matura virgo et fingitur artibus *Carm.*3.6.22

fingo. operosa parvos│carmina fingo. *Carm.*4.2.32
finibus. finibus Atticis│reddas incolumem precor *Carm.*1.3.6
finiet. qui nigris prandia moris│finiet, ... *Serm.*2.4.23
finire. sic tu sapiens finire memento│tristitiam vitaeque labores . . *Carm.*1.7.17
    finire quaerentem labores *Carm.*3.4.39
    finire laborem│incipias, parto quod avebas, ... *Serm.*1.1.93
    an potius mediter finire dolores? *Serm.*2.3.263
finiret. si tibi nulla sitim finiret copia lymphae, ... *Epist.*2.2.146
finis. Taenari│sedes Atlanteusque finis│concutitur. . . . *Carm.*1.34.11
    quae finis aut quod me manet stipendium? *Epod.*17.36
    denique sit finis quaerendi *Serm.*1.1.92
    Brundisium longae finis chartaeque viaeque est. . . . *Serm.*1.5.104
    quis esset│finis, ni sapiens . . . tolleret: *Serm.*2.8.60
    excludat iurgia finis. *Epist.*2.1.38
    ludusque repertus│et longorum operum finis: . . . *Ars Poet.*406
finis. corpus et ipsum animum spe finis dura ferentem . . *Epist.*2.1.141
finis. age iam, meorum│finis amorum, ... *Carm.*4.11.32
finis. per meos finis et aprica rura│lenis incedas . . . *Carm.*3.18.2
    quid referat intra│naturae finis viventi, ... *Serm.*1.1.50
    Lydorum quidquid Etruscos│incoluit finis, ... *Serm.*1.6.2
finitimi. quam neque finitimi valuerunt perdere Marsi . . *Epod.*16.3
finitimum. nec Boreae finitimum latus *Carm.*3.24.38
finitis. finitis animum reddere amoribus. *Carm.*1.19.4
finitis. idem finitis studiis et mente recepta *Epist.*2.2.104
finium. pater│Silvane, tutor finium. *Epod.*2.22
finxerunt. inopis me quodque pusilli│finxerunt animi, . . *Serm.*1.4.18
finxisse. sed timui, mea ne finxisse minora putarer, . . *Epist.*1.9.8
fio. nunc agilis fio et mersor civilibus undis, ... *Epist.*1.1.16
    brevis esse laboro,│obscurus fio; . . . . . *Ars Poet.*26
firmandae. et tenerae nimis │ mentes asperioribus │ formandae [firmandae]
    studiis. *coni.Carm.*3.24.54
firmaret. donec labantis consilio patres│firmaret auctor . . *Carm.*3.5.46
firmior. non hydra secto corpore firmior *Carm.*4.4.61
firmo. nec firmo iuveni neque naris obesae? *Epod.*12.3
firmus. inbellis ac firmus parum? *Epod.*1.16
    aut quia non firmus rectum defendis *Serm.*2.7.26
    et fundus nec vendibilis nec pascere firmus' *Epist.*1.17.47
fis. fis anus et tamen│vis formosa videri *Carm.*4.13.2
    lenior et melior fis accedente senecta? *Epist.*2.2.211
fistula. cur pendet tacita fistula cum lyra? *Carm.*3.19.20
fistula. utcumque dulci, Tyndari, fistula *Carm.*1.17.10
    tibiae│mixtis carminibus non sine fistula; *Carm.*4.1.24
    dicunt in tenero gramine pinguium│custodes ovium carmina fistula . *Carm.*4.12.10
fit. durum: sed levius fit patientia *Carm.*1.24.19
    qui fit, Maecenas, ut nemo, . . . contentus vivat, . . *Serm.*1.1.1
    at ni id fit, quid habet pulcri constructus acervos? . . *Serm.*1.1.44
    eo fit, . . . cum ripa simul avolsos ferat Aufidus acer. . *Serm.*1.1.56
    inde fit, ut raro, qui se vixisse beatum│dicat . . . *Serm.*1.1.117
    quo fit ut omnis│votiva pateat veluti descripta tabella│vita senis. . *Serm.*2.1.32
    ut lethargicus hic cum fit pugil et medicum urget.' . . *Serm.*2.3.30
    ex nitido fit rusticus *Epist.*1.7.83
    semel hic cessavit et, ut fit,│in scalis latuit . . . *Epist.*2.2.14
    fit Mimnermus et optivo cognomine crescit. . . . *Epist.*2.2.101
    redit uncia, quid fit?'│'semis.' . . . . . . *Ars Poet.*329
    sic mihi, qui multum cessat, fit Choerilus ille, . . . *Ars Poet.*357
fiunt. arcana cum fiunt sacra, ... *Epod.*5.52
fixa. ast inportunas volucris in vertice harundo│terret fixa . *Serm.*1.8.7
fixae. interminato cum semel fixae cibo *Epod.*5.39
fixis. armis│Herculis ad postem fixis *Epist.*1.1.5
fixum. mater delira necabit│in gelida fixum ripa febrimque reducet. *Serm.*2.3.294
    in triviis fixum cum se demittit ob assem, . . . *Epist.*1.16.64
Flacci. Flacci│verba per attentam non ibunt Caesaris aurem, . *Serm.*2.1.18
Flacco. nam siquid in Flacco viri est, ... *Epod.*15.12
flagellis. 'sectus flagellis hic triumviralibus *Epod.*4.11
    ille flagellis│ad mortem caesus, ... *Serm.*1.2.41
flagello. sublimi flagello│tange Chloen *Carm.*3.26.11
    ne scutica dignum horribili sectere flagello. . . . *Serm.*1.3.119
flagitat. perna magis et magis hillis│flagitat inmorsus refici, . *Serm.*2.4.61
flagitio. flagitio additis│damnum; *Carm.*3.5.26

flagitium. peiusque leto flagitium timet, ... *Carm.*4.9.50
 neglectis flagitium ingens. *Serm.*2.4.82
flagito. nec potentem amicum | largiora flagito, ... *Carm.*2.18.13
flagrans. cum tibi flagrans amor et libido, ... *Carm.*1.25.13
flagrantia. cum flagrantia detorquet ad oscula | cervicem *Carm.*2.12.25
flagrantis. flagrantis atrox hora Caniculae *Carm.*3.13.9
flagres. quam non amore sic meo flagres *Epod.*5.81
flagret. flagret rumore malo cum | hic atque ille?' *Serm.*1.4.125
flamina. cur Berecyntiae | cessant flamina tibiae? *Carm.*3.19.19
flamma. cecidit tremendae | flamma Chimaerae, ... *Carm.*4.2.16
 ceu flamma per taedas *Carm.*4.4.43
 nec Sicana fervida | virens in Aetna flamma; *Epod.*17.33
 nam vaga per veterem dilapso flamma culinam | Volcano . . . *Serm.*1.5.73
flamma. pones iambis, sive flamma | sive mari libet Hadriano. . . . *Carm.*1.16.3
 digne puer meliore flamma. *Carm.*1.27.20
 dum flamma sine tura liquescere limine sacro | persuadere cupit. . . *Serm.*1.5.99
flammae. sordidum flammae trepidant rotantes | vertice fumum. . . *Carm.*4.11.11
flammis. nescios fari pueros Achivis | ureret flammis, ... *Carm.*4.6.19
 flammis aduri Colchicis. *Epod.*5.24
 silvestrem flammis et ferro mitiget agrum. *Epist.*2.2.186
flatu. quem Notus invido | flatu . . . dulci distinet a domo, . . . *Carm.*4.5.10
 nondum spissa nimis complere sedilia flatu; . . . . . *Ars Poet.*205
flava. si flava excutitur Chloe *Carm.*3.9.19
flavae. an te generum beati | Phyllidis flavae decorent parentes: . . *Carm.*2.4.14
flavam. cui flavam religas comam *Carm.*1.5.4
Flavi. noluit in Flavi ludum me mittere, ... *Serm.*1.6.72
flavo. expertus fidelem | Iuppiter in Ganymede flavo, ... *Carm.*4.4.4
flavom. vidimus flavom Tiberim retortis | litore Etrusco violenter undis | ire *Carm.*1.2.13
 cur timet flavom Tiberim tangere? *Carm.*1.8.8
flavos. villaque, flavos quam Tiberis lavit, ... *Carm.*2.3.18
 credula nec ravos [flavos] timeant armenta leones *var.Epod.*16.33
flebili. flebili sponsae iuvenemve raptum | plorat *Carm.*4.2.21
flebilibus. tu semper urges flebilibus modis *Carm.*2.9.9
flebilior. nulli flebilior quam tibi, Vergili. *Carm.*1.24.10
flebilis. multis ille bonis flebilis occidit, ... *Carm.*1.24.9
 sit Medea ferox invictaque, flebilis Ino, ... *Ars Poet.*123
flebiliter. Ityn flebiliter gemens, | infelix avis *Carm.*4.12.5
flebis. flebis in solo levis angiportu *Carm.*1.25.10
flebit. heu quotiens fidem | mutatosque deos flebit *Carm.*1.5.6
 flebit et insignis tota cantabitur Vrbe. *Serm.*2.1.46
flebo. inultus ut flebo puer? *Epod.*6.16
flectantur. Venusinae | plectantur [flectantur] silvae te sospite . . *var.Carm.*1.28.27
flectere. quamvis non alius flectere equum sciens *Carm.*3.7.25
 flectere mollibus | iam durum imperiis: *Carm.*4.1.6
flecti. cereus in vitium flecti, monitoribus asper, ... *Ars Poet.*163
flectis. tu flectis amnis, tu mare barbarum, ... *Carm.*2.19.17
flentibus. flentibus hinc Varius discedit maestus amicis. . . . *Serm.*1.5.93
 ut ridentibus adrident, ita flentibus adflent | humani voltus. . . *Ars Poet.*101
flentis. saepe perisceledim raptam sibi flentis, ... *Epist.*1.17.56
flere. Rufus posito capite, ut si | filius inmaturus obisset, flere. . . *Serm.*2.8.59
 si vis me flere, dolendum est | primum ipsi tibi: . . . . *Ars Poet.*102
fles. quid fles, Asterie, quem tibi, candida, | primo restituent vere Favonii *Carm.*3.7.1
fleturum. o multa fleturum caput, ... *Epod.*5.74
flevere. aut Phrygiae sorores | flevere semper. *Carm.*2.9.17
flevit. qui persaepe cava testudine flevit amorem *Epod.*14.11
flexus. ni tuis victus [flexus] Venerisque gratae | vocibus divom pater
 adnuisset *var.Carm.*4.6.21
Flore. Iuli Flore, quibus terrarum militet oris . . . scire laboro. . *Epist.*1.3.1
 Flore, bono claroque fidelis amice Neroni, ... *Epist.*2.2.1
flore. decet aut viridi nitidum caput impedire myrto | aut flore, . . *Carm.*1.4.10
 cum flore, Maecenas, rosarum *Carm.*3.29.3
 nunc et qui color est puniceae flore prior rosae. *Carm.*4.10.4
florent. et iuvenum ritu florent modo nata vigentque. . . . *Ars Poet.*62
florente. maturusne senex an adhuc florente iuventa | fervidus, . . *Ars Poet.*115
flores. apricos necte flores, ... *Carm.*1.26.7
 nimium brevis | flores amoenae ferre iube rosae, ... *Carm.*2.3.14
 quid velint flores et acerra turis *Carm.*3.8.2
 recentis | carpere flores? *Carm.*3.27.44
 potare et spargere flores | incipiam *Epist.*1.5.14

recte necne crocum floresque perambulet Attae|fabula *Epist.*2.1.79
ut silvae foliis [? flores] pronos mutantur in annos,|prima [? et prima]
   cadunt: . . . . *? var.Ars Poet.*60
floret. et inputata floret usque vinea, ... *Epod.*16.44
floribus. non semper idem floribus est honor|vernis . . . *Carm.*2.11.9
floribus. dulci digne mero non sine floribus, ... *Carm.*3.13.2
   nec vincire novis tempora floribus. *Carm.*4.1.32
   piabant,|floribus et vino Genium memorem brevis aevi. . . *Epist.*2.1.144
florum. nuper in pratis studiosa florum *Carm.*3.27.29
flos. nec flos purpureus rosae *Carm.*3.15.15
fluat. tibique Pactolus fluat *Epod.*15.20
fluctibus. luctantem Icariis fluctibus Africum *Carm.*1.1.15
   sic quodcumque minabitur Eurus|fluctibus Hesperiis . . . *Carm.*1.28.26
   ereptum Stygiis fluctibus Aeacum *Carm.*4.8.25
   Eois intonata fluctibus|hiems *Epod.*2.51
   delphinum silvis adpingit, fluctibus aprum. . . . . *Ars Poet.*30
fluctibus. fractisque rauci fluctibus Hadriae, ... *Carm.*2.14.14
   ut horridis utrumque verberes latus,|Auster, memento fluctibus; . . *Epod.*10.4
   rerum|fluctibus in mediis et tempestatibus Vrbis . . . *Epist.*2.2.85
fluctus. o navis, referent in mare te novi|fluctus. . . . *Carm.*1.14.2
fluctus. meliusne fluctus|ire per longos fuit *Carm.*3.27.42
fluentem. vel quod fluentem nauseam coerceat . . . *Epod.*9.35
fluenti. tum Praenestinus salso multoque fluenti . . . *Serm.*1.7.28
fluere. at dixi fluere hunc lutulentum, ... *Serm.*1.10.50
flueret. cum flueret lutulentus, erat quod tollere velles; . . *Serm.*1.4.11
fluit. infirmo capiti fluit utilis, utilis alvo. *Epist.*1.16.14
fluitantia. siquis . . . caeca fluitantia sorte laboret|reddere certa sibi, . *Serm.*2.3.269
fluitem. neu fluitem dubiae spe pendulus horae.' . . . *Epist.*1.18.110
flumen. testis Metaurum flumen et Hasdrubal|devictus . . *Carm.*4.4.38
   ruebat|flumen ut hibernum, ... *Serm.*1.7.27
   aut flumen Rhenum aut plovius describitur arcus; . . . *Ars Poet.*18
flumen. dulce pellitis ovibus Galaesi|flumen . . . petam . *Carm.*2.6.11
   Medumque flumen gentibus additum|victis . . . *Carm.*2.9.21
   non Tanain prope flumen orti *Carm.*4.15.24
   mittere operto|me capite in flumen, ... *Serm.*2.3.38
   illud idem in rapidum flumen iaceretve cloacam? — . . *Serm.*2.3.242
flumina. geluque|flumina constiterint acuto? *Carm.*1.9.4
   quo bruta tellus et vaga flumina, ... *Carm.*1.34.9
   qui gurges aut quae flumina lugubris|ignara belli? . . . *Carm.*2.1.33
   decrescentia ripas|flumina praetereunt, ... *Carm.*4.7.4
   quam frigida parvi|findunt Scamandri flumina . . . *Epod.*13.14
flumina. 'Tantalus a labris sitiens fugientia captat|flumina'— . *Serm.*1.1.69
   viribus uteris per clivos flumina lamas. *Epist.*1.13.10
   flumina dicere et arces|montibus inpositas . . . *Epist.*2.1.252
flumine. visendus ater flumine languido|Cocytos errans . . *Carm.*2.14.17
   dicas 'magno de flumine malim *Serm.*1.1.55
   dum flamma sine tura liquescere limine [flumine] sacro | persuadere
   cupit. *var.Serm.*1.5.99
   cunctane prae Campo et Tiberino flumine sordent? . . *Epist.*1.11.4
fluminis. ut paterni|fluminis ripae simul et iocosa|redderet laudes . *Carm.*1.20.6
   cetera fluminis|ritu feruntur, ... *Carm.*3.29.33
fluminum. rapidos morantem|fluminum lapsus celeresque ventos, . *Carm.*1.12.10
fluont. sic mihi tarda fluont ingrataque tempora . . . *Epist.*1.1.23
fluvii. nec fluvii strepunt|hiberna nive turgidi. . . . *Carm.*4.12.3
fluviis. vos laetam fluviis et nemorum coma *Carm.*1.21.5
   nunc fluviis gravem|solantis aestum, ... *Carm.*2.5.6
fluvios. ut rupes fluviosque in campo obstare queratur; . . *Serm.*2.3.55
   ignis|per medios fluviosque ruentis: *Serm.*2.3.57
fluvius. aut flumen Rhenum aut plovius [fluvius] describitur arcus; . *var.Ars Poet.*18
fluxit. clades|in patriam populumque fluxit. *Carm.*3.6.20
   ut inmerentis fluxit in terram Remi|sacer nepotibus cruor. . *Epod.*7.19
focalia. ponas insignia morbi,|fasciolas, cubital, focalia, . . *Serm.*2.3.255
focis. quem tu fastidis, habitatum quinque focis . . . *Epist.*1.14.2
foco. dissolve frigus ligna super foco|large reponens . . . *Carm.*1.9.5
focum. sacrum vetustis exstruat lignis focum . . . *Epod.*2.43
focus. iamdudum splendet focus et tibi munda supellex. . . *Epist.*1.5.7
fodicet. laevom|qui fodicet latus *Epist.*1.6.51
foeda. at illi foeda cicatrix|saetosam laevi frontem turpaverat oris. . *Serm.*1.5.60
foeda. foeda nigro simulacra fumo. *Carm.*3.6.4

foedera.   foedera regum|vel Gabiis vel cum rigidis aequata Sabinis, . . .
　　　　dictitet *Epist.*2.1.24
foedere.   metuens alterius viri|certo foedere castitas, ...   *Carm.*3.24.23
foedis.   dissentientis condicionibus|foedis *Carm.*3.5.15
foedo.   caedibus et victu foedo deterruit Orpheus, ...   *Ars Poet.*392
foedo.   fere scriptores carmine foedo|splendida facta linunt.   .   .   .   *Epist.*2.1.236
foedum.   caputque|coeperis inpexa foedum porrigine? *Serm.*2.3.126
foedus.   indigni fraternum rumpere foedus, ...   *Epist.*1.3.35
folia.   ut silvae foliis [? ut folia in silvis] pronos mutantur in annos,|prima
　　　　cadunt: .   .   .   .   ? *var.Ars Poet.*60
Foliam.   non defuisse masculae libidinis|Ariminensem Foliam   .   .   .   *Epod.*5.42
foliis.   seu mobilibus vepris inhorruit|ad ventum foliis *Carm.*1.23.6
　　　　et foliis viduantur orni: *Carm.*2.9.8
　　　　foliis nemus|multis . . . tempestas ab Euro|sternet,   .   .   .   *Carm.*3.17.9
　　　　Deliis|ornatum foliis ducem, ...   *Carm.*4.3.7
　　　　udos cum foliis ramos urente camino. *Serm.*1.5.81
　　　　ac potius foliis parcus vescatur amaris; *Serm.*2.3.114
　　　　ac ne me foliis ideo brevioribus ornes, ...   *Epist.*1.19.26
　　　　ut silvae foliis pronos mutantur in annos, ...   *Ars Poet.*60
folis.   ut silvae foliis [silve folis] pronos mutantur in annos,|prima cadunt: *var.Ars Poet.*60
follibus.   at tu conclusas hircinis follibus auras, ...   *Serm.*1.4.19
fomenta.   ut lippum pictae tabulae, fomenta podagrum,   .   .   .   *Epist.*1.2.52
fomenta.   ut haec ingrata ventis dividat|fomenta *Epod.*11.17
　　　　habes qui|adsideat, fomenta paret, ...   *Serm.*1.1.82
　　　　quodsi|frigida curarum fomenta relinquere posses,   .   .   .   *Epist.*1.3.26
fons.   hortus ubi et tecto vicinus iugis aquae fons *Serm.*2.6.2
　　　　fons etiam rivo dare nomen idoneus, ...   *Epist.*1.16.12
　　　　atqui rerum caput hoc erat, hic fons. *Epist.*1.17.45
　　　　scribendi recte sapere est et principium et fons.   .   .   .   *Ars Poet.*309
fons.   o fons Bandusiae splendidior vitro, ...   *Carm.*3.13.1
fonte.   hoc fonte derivata clades *Carm.*3.6.19
　　　　si|Graeco fonte cadent parce detorta.   .   .   .   .   .   .   *Ars Poet.*53
Fonteius.   Capitoque simul Fonteius, ad unguem|factus homo,   .   .   *Serm.*1.5.32
fontem.   vinique fontem lactis et uberes|cantare rivos *Carm.*2.19.10
fontes.   frondesque [fontesque] lymphis obstrepunt manantibus,   .   .   *var.Epod.*2.27
　　　　fontes ut adire remotos *Serm.*2.4.94
fontibus.   vestris amicum fontibus et choris *Carm.*3.4.25
　　　　qui caput et stomachum supponere fontibus audent|Clusinis   .   *Epist.*1.15.8
fontibus.   o quae fontibus integris|gaudes, ...   *Carm.*1.26.6
fonticulo.   quam ex hoc fonticulo tantundem sumere.' *Serm.*1.1.56
fontis.   Pindarici fontis qui non expalluit haustus *Epist.*1.3.10
fontium.   fies nobilium tu quoque fontium *Carm.*3.13.13
　　　　fontium qui celat origines|Nilusque *Carm.*4.14.45
foramine.   tibia . . . tenuis simplexque foramine pauco   .   .   .   .   *Ars Poet.*203
foras.   qui dicta foras eliminet, ...   *Epist.*1.5.25
　　　　ire foras pleno tendebat corpore frustra. *Epist.*1.7.31
fore.   fore enim tutum iter et patens *Carm.*3.16.7
　　　　fore hunc amorem mutuom, ...   *Epod.*15.10
　　　　neque se fore posthac|tam facilem dicat, ...   *Serm.*1.1.21
　　　　exclusus fore, cum Longarenus foret intus. *Serm.*1.2.67
　　　　qui promittit civis, Vrbem sibi curae,|imperium fore   .   .   .   *Serm.*1.6.35
　　　　cum speramus eo rem venturam [item fore venturum], . . . commodus
　　　　　　ultro|arcessas *var.Epist.*2.1.226
　　　　hoc, veluti virtute paratum,|speravit magnae laudi fore.   .   .   *Serm.*2.3.99
　　　　isti tabulae fore librum|persimilem, ...   *Ars Poet.*6
forem.   cum speramus eo rem venturam [forem venturam], . . .
　　　　commodus ultro|arcessas *var.Epist.*2.1.226
forenses.   ne velut innati triviis ac paene forenses   .   .   .   .   .   *Ars Poet.*245
forensis.   opella forensis|adducit febris *Epist.*1.7.8
Forenti.   arvom|pingue tenent humilis Forenti, ...   *Carm.*3.4.16
fores.   robustaeque fores et vigilum canum|tristes excubiae munierant   *Carm.*3.16.2
foret.   mirum quod foret omnibus *Carm.*3.4.13
　　　　quid foret Iliae|Mavortisque puer, ...   *Carm.*4.8.22
　　　　ne foret aequalis inter conviva, ...   *Epod.*12.23
　　　　nec sibi damno|dedecorique foret. *Serm.*1.2.53
　　　　exclusus fore, cum Longarenus foret intus. *Serm.*1.2.67
　　　　quod moechus foret aut sicarius aut alioqui|famosus,   .   .   .   *Serm.*1.4.4
　　　　'o, tua cornu|ni foret exsecto frons,' *Serm.*1.5.59
　　　　cui satis una|farris libra foret, ...   *Serm.*1.5.69

nam mihi continuo maior quaerenda foret res *Serm.*1.6.100
ne foret his testis, post magna latere sepulcra. *Serm.*1.8.36
si foret hoc nostrum fato delapsus in aevom, ... *Serm.*1.10.68
piscibus atque avibus quae natura et foret aetas, . . . *Serm.*2.4.45
et paulum silvae super his foret. *Serm.*2.6.3
si foret in terris, rideret Democritus, ... *Epist.*2.1.194
Gracchus ut hic illi, foret huic ut Mucius ille. . . . *Epist.*2.2.89
nec virtute foret clarisve potentius armis|quam lingua Latium, . *Ars Poet.*289
foribus. vectis et †arcus|oppositis foribus minacis. . . . *Carm.*3.26.8
haeret|invisis foribus? *Serm.*2.3.262
foribusque repulsum|perfundit gelida, ... *Serm.*2.7.90
foris. me tamen asperas|porrectum ante foris . . . *Carm.*3.10.3
foris. patriis intermiscere petita|verba foris malis, . . . *Serm.*1.10.30
foris est promus, et atrum|defendens piscis hiemat mare: . *Serm.*2.2.16
forma. movit . . . forma captivae dominum Tecmessae, . *Carm.*2.4.6
scribetur tibi forma loquaciter et situs agri. . . . *Epist.*1.16.4
forma. formaque vincas Nirea, ... *Epod.*15.22
formabat. sic me|formabat puerum dictis . . . *Serm.*1.4.121
formae. ditior aut formae melioris meiat eodem. . . *Serm.*2.7.52
formae. nec semel offensi cedet constantia formae, . . *Epod.*15.15
ut nec pes nec caput uni|reddatur formae. . . . *Ars Poet.*9
formam. di tibi formam,|di tibi divitias dederunt . . *Epist.*1.4.6
et genus et formam regina Pecunia donat . . . *Epist.*1.6.37
formandae. mentes asperioribus|formandae studiis. . . *Carm.*3.24.54
formare. audes|personam formare novam, . . . *Ars Poet.*126
formas. inpares|formas atque animos sub iuga aenea|saevo mittere . *Carm.*1.33.11
emat . . . si scalpra et formas non sutor, . . . *Serm.*2.3.106
pictor . . . si velit et varias inducere plumas [formas],|undique collatis
membris . . . . *coni.Ars Poet.*2
formasti. voce formasti catus et decorae|more palaestrae, . . *Carm.*1.10.3
format. mox etiam pectus praeceptis format amicis, . . *Epist.*2.1.128
format enim natura prius nos intus ad omnem|fortunarum habitum: . *Ars Poet.*108
formet. unde parentur opes, quid alat formetque poetam, . *Ars Poet.*307
Formiani. mea nec Falernae|temperant vites neque Formiani|pocula colles. *Carm.*1.20.11
Formiarum. qui Formiarum moenia dicitur|princeps . . . tenuisse . *Carm.*3.17.6
formica. magni formica laboris|ore trahit quodcumque potest . *Serm.*1.1.33
formidare. formidare malos fures, incendia, . . . *Serm.*1.1.77
quamvis|nocturnos iures te formidare tepores. . . *Epist.*1.18.93
formidat. iudicis argutum quae non formidat acumen; . . *Ars Poet.*364
formidatam. et formidatam Parthis te principe Romam, . . *Epist.*2.1.256
formidatus. hic classe formidatus, ... *Carm.*3.6.15
formidet. cum te formidet mulier neque credat amanti. . *Serm.*2.7.65
formidine. haud umquam misera formidine privet? . . *Serm.*2.7.77
sunt qui formidine nulla|imbuti spectent: . . . *Epist.*1.6.4
tu nihil admittes in te formidine poenae; . . . *Epist.*1.16.53
vertere modum formidine fustis|ad bene dicendum delectandumque
redacti. *Epist.*2.1.154
caret mortis formidine et ira? . . . . . *Epist* 2.2.207
formido. deus inde ego, furum aviumque|maxima formido: . *Serm.*1.8.4
formido. ad haec ego naribus uti|formido . . . *Epist.*1.19.46
formidolosae. formidulosis [formidolosae] cum latent silvis ferae|dulci
sopore languidae, ... *var.Epod.*5.55
formidolosis. formidulosis [formidolosis] cum latent silvis ferae|dulci
sopore languidae, ... *var.Epod.*5.55
formidolosus. seu me Scorpios adspicit|formidolosus, . . *Carm.*2.17.18
formidulosis. formidulosis cum latent silvis ferae . . *Epod.*5.55
formis. inparibus formis deceptum te petere esto: . . *Serm.*2.2.30
formosa. vis formosa videri *Carm.*4.13.3
ut turpiter atrum|desinat in piscem mulier formosa superne: . *Ars Poet.*4
formosus. et sutor bonus et solus formosus et est rex, . *Serm.*1.3.125
haberi|et cupiat formosus. *Serm.*1.6.31
formula. haec populos, haec magnos formula reges,|excepto sapiente, tenet. *Serm.*2.3.45
fornice. contra alius nullam nisi olenti in fornice stantem. . *Serm.*1.2.30
quidam notus homo cum exiret fornice, . . . *Serm.*1.2.31
fornix. fornix tibi et uncta popina|incutiunt Vrbis desiderium, . *Epist.*1.14.21
foro. in medio qui|scripta foro recitent *Serm.*1.4.75
si plostra ducenta|concurrantque foro tria funera, . . *Serm.*1.6.43
magna minorve foro si res certabitur olim: . . . *Serm.*2.5.27
foro nimium distare Carinas|iam grandis natu queritur, . . *Epist.*1.7.48

Fors. quem Fors dierum cumque dabit, ... *Carm.*1.9.14
fors. fors et | debita iura vicesque superbae | te maneant ipsum: . . . *Carm.*1.28.31
seu ratio dederit seu fors obiecerit, ... *Serm.*1.1.2
nulla etenim mihi te fors obtulit; *Serm.*1.6.54
dives, inops, Romae seu fors ita iusserit exsul, ... *Serm.*2.1.59
'o si urnam argenti fors quae mihi monstret, ... *Serm.*2.6.10
forsan. fors et [forsan] | debita iura vicesque superbae | te maneant ipsum: . *var.Carm.*1.28.31
et mihi forsan tibi quod negarit | porriget hora. *Carm.*2.16.31
forset. et mihi forsan [forset] tibi quod negarit | porriget hora. . . . *var.Carm.*2.16.31
forsit. fors et [forsit] | debita iura vicesque superbae | te maneant ipsum: . *var.Carm.*1.28.31
ut forsit honorem | iure mihi invideat quivis, ... *Serm.*1.6.49
fortasse. deus haec fortasse benigna | reducet in sedem vice. . . . *Epod.*13.7
nullane habes vitia?' immo alia et fortasse minora. . . . *Serm.*1.3.20
demens | iudicio volgi, sanus fortasse tuo, ... *Serm.*1.6.98
fortasse trecentis | aut etiam supra nummorum milibus emptum. . *Epist.*2.2.164
et fortasse cupressum | scis simulare: . . . . *Ars Poet.*19
fortassis. fortassis et istinc | largiter abstulerit longa aetas, . . . *Serm.*1.4.131
tu cum sis quod ego et fortassis nequior, ... *Serm.*2.7.40
forte. ne forte credas interitura quae . . . verba loquor . . . *Carm.*4.9.1
forte quid expediat communiter aut melior pars | malis carere quaeritis
laboribus; *Epod.*16.15
si | reticulum panis venalis inter onusto | forte vehas umero, . . *Serm.*1.1.48
ut forte legentem | aut tacitum inpellat quovis sermone: . . . *Serm.*1.3.64
liberius si | dixero quid, si forte iocosius, ... *Serm.*1.4.104
ibam forte via sacra, sicut meus est mos, ... *Serm.*1.9.1
ne forte negoti | incutiat tibi quid sanctarum inscitia legum: . . *Serm.*2.1.80
forte minus locuples uno quadrante perisset, ... *Serm.*2.3.93
gaudes, si cameram percusti forte, penes te es? *Serm.*2.3.273
mulier si forte dolosa | libertusve senem delirum temperet, . . *Serm.*2.5.70
siquis | forte coheredum senior male tussiet, ... *Serm.*2.5.107
si nusquam es forte vocatus | ad cenam, ... *Serm.*2.7.29
siquid forte lateret, | indice monstraret digito: *Serm.*2.8.25
ac ne forte roges, quo me duce, quo Lare tuter: *Epist.*1.1.13
quodsi me populus Romanus forte roget, ... *Epist.*1.1.70
si forte subucula pexae | trita subest tunicae *Epist.*1.1.95
si forte suas repetitum venerit olim | grex avium plumas, . . *Epist.*1.3.18
forte per angustam tenuis volpecula rimam | repserat . . . *Epist.*1.7.29
si forte in medio positorum *Epist.*1.12.7
si te forte meae gravis uret sarcina chartae, ... *Epist.*1.13.6
ne forte sub ala | fasciculum portes librorum, ut rusticus agnum, . *Epist.*1.13.12
forte meum siquis te percontabitur aevom: *Epist.*1.20.26
inter quae verbum emicuit si forte decorum *Epist.*2.1.73
ne forte putes me, . . . laudare maligne: *Epist.*2.1.208
siquis forte velit puerum tibi vendere *Epist.*2.2.2
forte sub hoc tempus castellum evertere praetor | nescio quod cupiens . *Epist.*2.2.34
mox etiam, si forte vacas, sequere et procul audi, ... *Epist.*2.2.95
si forte necesse est | indiciis monstrare recentibus abdita rerum: . . *Ars Poet.*48
honoratum si forte reponis Achillem, ... *Ars Poet.*120
ne forte seniles | mandentur iuveni partes . . . . . . *Ars Poet.*176
ne forte pudori | sit tibi Musa lyrae sollers et cantor Apollo. . . *Ars Poet.*406
forte. forte epos acer, | ut nemo, Varius ducit; *Serm.*1.10.43
reddes | forte latus, nigros angusta fronte capillos, ... *Epist.*1.7.26
fortem. 'attamen et iustum poteras et scribere fortem, ... *Serm.*2.1.16
cum pecore et gnatis fortem mercede colonum *Serm.*2.2.115
'fortem hoc animum tolerare iubebo; *Serm.*2.5.20
unde mihi tam fortem tamque fidelem?'' *Serm.*2.5.102
scribe tui gregis hunc et fortem crede bonumque. *Epist.*1.9.13
fortes. o fortes peioraque passi | mecum saepe viri, ... *Carm.*1.7.30
quid brevi fortes iaculamur aevo | multa? *Carm.*2.16.17
fortes creantur fortibus et bonis; *Carm.*4.4.29
vixere fortes ante Agamemnona | multi; *Carm.*4.9.25
(hoc etenim sunt omnes iure molesti | quo fortes, ... *Serm.*1.7.11
quocirca vivite fortes *Serm.*2.2.135
agricolae prisci, fortes parvoque beati, ... *Epist.*2.1.139
forti. fortique marito | destinet uxorem: *Serm.*2.3.216
forti nubet procera Corano | filia Nasicae, ... *Serm.*2.5.64
forti. qui locus a forti Diomede est conditus olim. *Serm.*1.5.92
forti. forti sequemur pectore. *Epod.*1.14
Aufidius forti miscebat mella Falerno, ... *Serm.*2.4.24

fortia. fortiaque adversis opponite pectora rebus.' *Serm*.2.2.136
fortibus. fortes creantur fortibus et bonis: *Carm*.4.4.29
fortior. spernere fortior | quam cogere humanos in usus . . . *Carm*.3.3.50
fortis. scriberis Vario fortis et hostium | victor *Carm*.1.6.1
   rebus angustis animosus atque | fortis adpare: *Carm*.2.10.22
   erit ille fortis | qui perfidis se credidit hostibus . . . *Carm*.3.5.32
   plus aequo liber: simplex fortisque habeatur; . . . *Serm*.1.3.52
   ille | clarus erit, fortis, iustus.' *Serm*.2.3.97
   seu quis capit acria fortis | pocula *Serm*.2.6.69
   responsare cupidinibus, contemnere honores | fortis, . . *Serm*.2.7.86
   fortis omissis | hoc age deliciis. *Epist*.1.6.30
   strenuos et fortis causisque Philippus agendis | clarus, . *Epist*.1.7.46
   cum res deficiunt, satis inter vilia fortis: . . . *Epist*.1.15.39
   Ennius, et sapiens et fortis et 'alter Homerus', . . . *Epist*.2.1.50
fortis. fortis et asperas | tractare serpentes, ... *Carm*.1.37.26
   gens, quae cremato fortis ab Ilio *Carm*.4.4.53
   utcumque fortis exsilis puerpera.' *Epod*.17.52
fortis. super inpetrato | fortis Augusti reditu *Carm*.4.2.43
   nequis . . . alius Lysippo duceret aera | fortis Alexandri voltum
      simulantia. *Epist*.2.1.241
fortissima. at hunc liberta securi | divisit medium, fortissima Tyndaridarum. *Serm*.1.1.100
fortiter. o quid agis? fortiter occupa | portum. *Carm*.1.14.2
   nil verbi, pereas quin fortiter, addam. — . . . *Serm*.2.3.42
   rebus maternis atque paternis | fortiter absumptis . . *Epist*.1.15.27
fortium. tripodas, praemia fortium | Graiorum, ... *Carm*.4.8.3
fortius. fortius et melius magnas plerumque secat res. . . *Serm*.1.10.15
   spinas animone ego fortius an tu | evellas agro, . . . *Epist*.1.14.4
fortuitum. nec fortuitum spernere caespitem *Carm*.2.15.17
Fortuna. hinc apicem rapax | Fortuna cum stridore acuto | sustulit, . *Carm*.1.34.15
   Fortuna saevo laeta negotio *Carm*.3.29.49
   Fortuna lustro prospera tertio *Carm*.4.14.37
   saeviat atque novos moveat Fortuna tumultus: . . . *Serm*.2.2.126
   dum licet ac voltum servat Fortuna benignum, . . . *Epist*.1.11.20
   ut redeat miseris, abeat Fortuna superbis. . . . *Ars Poet*.201
Fortuna. "heu, Fortuna, quis est crudelior in nos | te deus? . *Serm*.2.8.61
fortuna. 'quo nos cumque feret melior fortuna parente. . . *Carm*.1.7.25
   premant Calenam falce quibus dedit | fortuna vitem, . . *Carm*.1.31.10
   Troiae renascens alite lugubri | fortuna tristi clade iterabitur . *Carm*.3.3.62
   occidit | spes omnis et fortuna nostri | nominis . . . *Carm*.4.4.71
   fortuna non mutat genus. *Epod*.4.6
   in quem manca ruit semper fortuna. *Serm*.2.7.88
   mox trahitur manibus regum fortuna retortis, . . . *Epist*.2.1.191
fortuna. quidlibet inpotens | sperare fortunaque dulci | ebria. . *Carm*.1.37.11
   nemo dexterius fortuna est usus. *Serm*.1.9.45
   quo mihi fortunam [fortuna], si non conceditur uti? . *var*.*Epist*.1.5.12
   in vitium fortuna labier aequa: *Epist*.2.1.94
Fortunae. ludumque Fortunae gravisque | principum amicitias . *Carm*.2.1.3
   ut te | confestim liquidus Fortunae rivos inauret, . . *Epist*.1.12.9
Fortunae. Fortunae te responsare superbae | liberum et erectum . *Epist*.1.1.68
fortunae. una | luserat in campo: 'fortunae filius' omnes. . *Serm*.2.6.49
   cuius fortunae, quo sit patre quove patrono.' . . . *Epist*.1.7.54
   venimus ad summum fortunae, ... *Epist*.2.1.32
fortunam. bene ferre magnam | disce fortunam; . . . *Carm*.3.27.75
   'laudas | fortunam et mores antiquae plebis, . . . *Serm*.2.7.23
   ut arte | emendaturus fortunam; *Serm*.2.8.85
   quo mihi fortunam, si non conceditur uti? . . . *Epist*.1.5.12
   ut tu fortunam, sic nos te, Celse, feremus. . . . *Epist*.1.8.17
   'fortunam Priami cantabo et nobile bellum.' . . . *Ars Poet*.137
fortunarum. format enim natura prius nos intus ad omnem | fortunarum
      habitum: . . . . *Ars Poet*.109
fortunas. quo mihi fortunam [fortunas], si non conceditur uti? . *var*.*Epist*.1.5.12
fortunatam. ut fortunatam plene praestantia vitam; . . . *Epist*.1.11.14
fortunati. 'o fortunati mercatores' gravis armis | miles ait, . *Serm*.1.1.4
fortunatius. ingenium misera quia fortunatius arte | credit . *Ars Poet*.295
fortunatum. si fortunatum species et gratia praestat, . . *Epist*.1.6.49
fortunaverit. tu quamcumque deus tibi fortunaverit horam . *Epist*.1.11.22
fortunis. si dicentis erunt fortunis absona dicta, . . . *Ars Poet*.112
Forum. inde Forum Appi | differtum nautis cauponibus atque malignis. . *Serm*.1.5.3
forum. vir bonus, omne forum quem spectat et omne tribunal, . *Epist*.1.16.57

forum. fortis Augusti reditu forumque|litibus orbum. .   .   .   *Carm.*4.2.43
    forumque vitat et superba civium|potentiorum limina. .   .   *Epod.*2.7
    fallacem circum vespertinumque pererro|saepe forum,   .   .   *Serm.*1.6.114
    navos mane forum et vespertinus pete tectum, .   .   .   *Epist.*1.6.20
    servos|differtum transire forum populumque iubebat,   .   .   *Epist.*1.6.59
    'forum putealque Libonis|mandabo siccis, ...   *Epist.*1.19.8
fossa. 'hic fossa est ingens, hic rupes maxima: serva!'   .   .   *Serm.*2.3.59
fossam. cruor in fossam confusus,   .   *Serm.*1.8.28
fossor. gaudet invisam pepulisse fossor|ter pede terram.   .   .   *Carm.*3.18.15
foveam. cautus enim metuit foveam lupus   .   .   .   *Epist.*1.16.50
    si veluti merulis intentus decidit auceps|in puteum foveamve,   .   *Ars Poet.*459
fracta. relicta non bene parmula,|cum fracta virtus,   .   .   *Carm.*2.7.11
    'postquam omnis res mea Ianum|ad medium fracta est,   .   *Serm.*2.3.19
    num sit quoque fracta lagoena,   .   *Serm.*2.8.81
fracta. nec fracta pereuntis cuspide Gallos   .   .   *Serm.*2.1.14
fracti. siquid fricti [fracti] ciceris probat et nucis emptor,   .   *var.Ars Poet.*249
fractis. fractisque rauci fluctibus Hadriae,   .   *Carm.*2.14.14
fractis. si fractis enatat exspes|navibus, aere dato qui pingitur?   .   *Ars Poet.*20
fracto. nec semel inrisus triviis attollere curat|fracto crure planum, .   *Epist.*1.17.59
fractos. fractosque remos differat;   .   .   *Epod.*10.6
fractus. si fractus inlabatur orbis,   .   *Carm.*3.3.7
    miles ait, multo iam fractus membra labore.   .   .   *Serm.*1.1.5
fragilem. qui fragilem truci|conmisit pelago ratem|primus: .   *Carm.*1.3.10
    fragilemque mecum|solvat phaselon; *Carm.*3.2.28
fragili. fragili quaerens illidere dentem   .   .   .   *Serm.*2.1.77
fragili. parvos coronantem marino|rore deos fragilique myrto.   .   *Carm.*3.23.16
fragilis. Iulius et fragilis Pediatia furque Voranus.   .   *Serm.*1.8.39
fraglet. flagret [fraglet] rumore malo cum|hic atque ille?'   .   *var.Serm.*1.4.125
frangas. vale, cave ne titubes mandataque frangas.   .   *Epist.*1.13.19
frangat. neu populus frequens . . . imperiumque frangat;   .   *Carm.*1.35.16
    si patinam pede lapsus frangat agaso.   .   .   .   *Serm.*2.8.72
frangatur. ianua frangatur, latret canis,   .   *Serm.*1.2.128
frangere. non ego te tigris ut aspera|Gaetulusve leo frangere persequor: .   *Carm.*1.23.10
    frangere enitar modo multum amati|cornua monstri.   .   .   *Carm.*3.27.47
    obiectos caveae valuit si frangere clatros,   .   .   *Ars Poet.*473
frangit. quantus altis montibus|frangit trementis ilices;   .   .   *Epod.*10.8
frater. dicat ˎOpuntiae˳| frater Megillae, quo beatus | volnere, qua pereat
    sagitta. *Carm.*1.27.11
    fraterque magni Castoris, victi prece,   .   .   .   *Epod.*17.43
    'frater' 'pater' adde;|ut cuique est aetas,   .   .   *Epist.*1.6.54
    adversarius est frater, lacus Hadria,   .   .   .   *Epist.*1.18.63
    frater erat Romae consulti rhetor,   .   .   .   *Epist.*2.2.87
    quo sit amore parens, quo frater amandus et hospes,   .   *Ars Poet.*313
fraterna. insignemque pharetra|fraternaque umerum lyra.   .   .   *Carm.*1.21.12
fraternae. scelusque fraternae necis,   .   *Epod.*7.18
fraternis. fraternis cessisse putatur|moribus Amphion: .   *Epist.*1.18.43
    at cetera paene gemelli|fraternis animis: .   .   *Epist.*1.10.4
fraterno. cruentus|sanguine fraterno,   .   *Serm.*2.5.16
fraternum. indigni fraternum rumpere foedus.   .   .   *Epist.*1.3.35
fratre. te, Messalla, tuo cum fratre,   .   *Serm.*1.10.85
    rapto de fratre dolentis|insolabiliter,   .   .   .   *Epist.*1.14.7
fratrem. me quamvis Lamiae pietas et cura moratur|fratrem maerentis,   .   *Epist.*1.14.7
fratres. te . . . sic fratres Helenae, lucida sidera, . . . regat   .   *Carm.*1.3.2
    fratresque tendentes opaco|Pelion inposuisse Olympo.   .   *Carm.*3.4.51
fratres. notus in fratres animi paterni: .   *Carm.*2.2.6
fratrum. heu heu, cicatricum et sceleris pudet|fratrumque.   .   .   *Carm.*1.35.34
    Quinti progenies Arri, par nobile fratrum,   .   .   *Serm.*2.3.243
    gratia sic fratrum geminorum, Amphionis atque|Zethi, dissiluit, .   *Epist.*1.18.41
    cur alter fratrum cessare et ludere et ungui|praeferat   .   *Serm.*1.6.124
fraudatis. non quo fraudatis inmundus Natta lucernis.   .   *Carm.*1.3.28
fraude. ignem fraude mala gentibus intulit;   .   .   *Carm.*1.3.28
    nodo coerces viperino|Bistonidum sine fraude crinis.   .   *Carm.*2.19.20
    cui per ardentem sine fraude Troiam   .   .   *Carm.Saec.*41
fraudem. neglegis inmeritis nocituram | postmodo te natis fraudem
    conmittere? *Carm.*1.28.31
    non fraudem socio puerove incogitat ullam|pupillo;   .   .   *Epist.*2.1.122
fraudes. scatentem|beluis pontum mediasque fraudes|palluit audax.   .   *Carm.*3.27.27
fraudibus. noctem peccatis et fraudibus obice nubem.'   .   *Epist.*1.16.62
fraudis. ˲vindex avarae fraudis   .   *Carm.*4.9.37

fraudulento. cum populo et duce fraudulento. *Carm.*3.3.24
fraxinos. valentium|proceras manibus vertere fraxinos,   .   .   . *Carm.*3.25.16
fraxinus. o Naiadum potens|Baccharumque valentium|proceras manibus
    vertere fraxinos [fraxinus], ... *var.Carm.*3.25.16
fregerit. parentis olim siquis inpia manu|senile guttur fregerit,   .   . *Epod.*3.2
    qui teneros caulis alieni fregerit horti *Serm.*1.3.116
fregi. cum quo morantem saepe diem mero|fregi, ... *Carm.*2.7.7
fregisse. illum et parentis crediderim sui|fregisse cervicem .   .   . *Carm.*2.13.6
frementem. frementem|mittere equom medios per ignis.   .   .   . *Carm.*4.14.23
frementis. ad hunc frementis verterunt bis mille equos .   .   . *Epod.*9.17
fremitum. aequoris nigri fremitum et trementis|verbere ripas.   .   . *Carm.*3.27.23
frena. ordinem|rectum evaganti frena licentiae|iniecit .   .   . *Carm.*4.15.10
frenato. sed equi frenato est auris in ore); *Epist.*1.15.13
frenis. in campo doceat parentem currere frenis? *Serm.*1.1.91
frenis. Gallica nec lupatis|temperet ora frenis? *Carm.*1.8.7
    iam vaga prosiliet frenis natura remotis.   .   .   . *Serm.*2.7.74
    hunc frenis, hunc tu conpesce catena. *Epist.*1.2.63
frenum. inploravit opes hominis frenumque recepit.   .   .   . *Epist.*1.10.36
    non equitem dorso, non frenum depulit ore.   .   .   . *Epist.*1.10.38
frequens. neu populus frequens|'ad arma,' cessantis 'ad arma'|concitet . *Carm.*1.35.14
    cum populus frequens|laetum theatris ter crepuit sonum;   . *Carm.*2.17.25
    huc frequens|caementa demittit redemptor   .   .   . *Carm.*3.1.34
frequentes. quid tum? venere frequentes, ... *Serm.*2.3.230
frequentia. unde frequentia Mercuriale|inposuere mihi cognomen compita.' *Serm.*2.3.25
frequentis. ter die claro totiensque grata|nocte frequentis.   .   . *Carm.Saec.*24
freta. cum fracta [freta] virtus, et minaces|turpe solum tetigere mento; . *var.Carm.*2.7.11
freta. an freta vicinas inter currentia turris *Epist.*1.3.4
freta. tollere seu ponere volt freta; *Carm.*1.3.16
    pastor cum traheret per freta navibus|Idaeis Helenen   .   . *Carm.*1.15.1
fretis. fretis acrior Hadriae|curvantis Calabros sinus.   .   .   . *Carm.*1.33.15
    unda fretis tulit aestuosis. *Carm.*2.7.16
freto. ut nuper, actus cum freto Neptunius *Epod.*9.7
fricti. nec, siquid fricti ciceris probat et nucis emptor,   .   .   . *Ars Poet.*249
frigida. 'frigida si puerum quartana reliquerit, ... *Serm.*2.3.290
frigida. quam frigida parvi|findunt Scamandri flumina   .   .   . *Epod.*13.13
frigida. quodsi|frigida curarum fomenta relinquere posses,   .   . *Epist.*1.3.26
    Gabiosque petunt et frigida rura. *Epist.*1.15.9
frigidas. frigidas|noctes non sine multis|insomnis lacrimis .   .   . *Carm.*3.7.6
frigidior. ut nec|frigidior Thraecam nec purior ambiat Hebrus, .   . *Epist.*1.16.13
frigido. manet sub Iove frigido *Carm.*1.1.25
frigidum. seu mihi frigidum|Praeneste seu Tibur supinum .   .   . *Carm.*3.4.22
frigidus. frigidus a rostris manat per compita rumor: .   .   . *Serm.*2.6.50
    Empedocles, ardentem frigidus Aetnam|insiluit.   .   .   . *Ars Poet.*465
frigora. frigora mitescunt Zephyris, ... *Carm.*4.7.9
    'matutina parum cautos iam frigora mordent';   .   .   . *Serm.*2.6.45
frigore. at si condoluit temptatum frigore corpus *Serm.*1.1.80
    maiorum nequis amicus|frigore te feriat.' *Serm.*2.1.62
    morietur frigore, si non|rettuleris pannum.   .   .   . *Epist.*1.17.31
    quem Mandela bibit, rugosus frigore pagus,   .   .   . *Epist.*1.18.105
frigoribus. quota|Paelignis caream frigoribus, taces.   .   .   . *Carm.*3.19.8
frigus. dissolve frigus ligna super foco|large reponens   .   .   . *Carm.*1.9.5
    tu frigus amabile|fessis vomere tauris|praebes .   .   . *Carm.*3.13.10
    frigus quo duramque famem propellere possit.   .   .   . *Serm.*1.2.6
    toga, quae defendere frigus|quamvis crassa queat.'   .   . *Serm.*1.3.14
    nec qui|frigus collegit, furnos et balnea laudat .   .   . *Epist.*1.11.13
    gelida cum perluor unda|per medium frigus.   .   .   . *Epist.*1.15.5
    qui queritur salebras et acerbum frigus et imbris   .   . *Epist.*1.17.53
fronde. fronde nova puerum palumbes|texere. *Carm.*3.4.12
    per sacrum clivom merita decorus|fronde *Carm.*4.2.36
    donec|alterutrum velox Victoria fronde coronet.   .   .   . *Epist.*1.18.64
    fronde comas vincti cenant et carmina dictant.   .   .   . *Epist.*2.1.110
frondere. dicas adductum propius frondere Tarentum.   .   .   . *Epist.*1.16.11
frondes. frondesque lymphis obstrepunt manantibus,   .   .   . *coni.Epod.*2.27
frondes. aridas frondes hiemis sodali|dedicet Euro.   .   .   . *Carm.*1.25.19
    spargit agrestis tibi silva frondes, ... *Carm.*3.18.14
frondi. undique decerptam fronti [decerptae frondi] praeponere olivam; . *coni.Carm.*1.7.7
frondibus. nec variis obsita frondibus|sub divom rapiam.   .   . *Carm.*1.18.12
    bovemque|disiunctum curas et strictis frondibus exples.   .   . *Epist.*1.14.28
frondis. nigrae feraci frondis in Algido, ... *Carm.*4.4.58

frons.   cui frons turgida cornibus|primis *Carm.*3.13.4
  'o, tua cornu|ni foret exsecto frons,' *Serm.*1.5.59
fronte.   insignem tenui fronte Lycorida *Carm.*1.33.5
  iam proterva|fronte petet Lalage maritum|dilecta, ... *Carm.*2.5.16
  fronte curvatos imitatus ignis *Carm.*4.2.57
  obducta solvatur fronte senectus. *Epod.*13.5
  mille pedes in fronte, ... *Serm.*1.8.12
  reddes|forte latus, nigros angusta fronte capillos, . . . *Epist.*1.7.26
frontem.   sollicitam explicuere frontem. *Carm.*3.29.16
  rugis vetus|frontem senectus exaret *Epod.*8.4
  at illi foeda cicatrix|saetosam laevi frontem turpaverat oris. . . *Serm.*1.5.61
fronti.   undique decerptam fronti praeponere olivam; *Carm.*1.7.7
frontibus.   pergis pugnantia secum|frontibus adversis conponere: . . *Serm.*1.1.103
frontis.   explicuit vino contractae seria frontis. *Serm.*2.2.125
  Nasidiene, redis mutatae frontis, ... *Serm.*2.8.84
  frontis ad urbanae descendi praemia. *Epist.*1.9.11
frontium.   me doctarum hederae praemia frontium *Carm.*1.1.29
fruar.   ut porticibus sic iudiciis fruar *Epist.*1.1.71
fruaris.   exiguo gratoque fruaris tempore raptim. *Epist.*2.2.198
fructibus.   fructibus Agrippae Siculis, quos colligis, Icci,|si recte frueris, . *Epist.*1.12.1
fructus.   unde laboris|plus haurire mali est quam ex re decerpere fructus. *Serm.*1.2.79
fruendi.   di tibi divitias dederunt artemque fruendi. *Epist.*1.4.7
frueris.   fructibus Agrippae Siculis, quos colligis, Icci,|si recte frueris, . *Epist.*1.12.2
frugaliter.   cum me hortaretur, parce frugaliter atque|viverem uti contentus
  eo *Serm.*1.4.107
fruge.   si ture placaris et horna|fruge Laris *Carm.*3.23.4
  ⟨si⟩ quercus et ilex|multa fruge pecus, multa dominum iuvet umbra? . *Epist.*1.16.10
fruges.   liberas|fruges et Cererem ferunt *Carm.*3.24.13
  pomifer autumnus fruges effuderit, ... *Carm.*4.7.11
  fruges et agris rettulit uberes *Carm.*4.15.5
  nos numerus sumus et fruges consumere nati, ... *Epist.*1.2.27
  aurea fruges|Italiae pleno defudit Copia cornu. . . . *Epist.*1.12.28
frugi.   parcius hic vivit: frugi dicatur: *Serm.*1.3.49
  perduci poterit tam frugi tamque pudica, ... *Serm.*2.5.77
  sic tibi Penelope frugi est; *Serm.*2.5.81
  frugi quod sit satis, hoc est,|ut vitale putes.' *Serm.*2.7.3
  'ita; Davos, amicum|mancipium domino et frugi quod [domino? et
   frugi? 'quod] sit satis, hoc est,|ut vitale putes.' . . . *coni.Serm.*2.7.3
  'sum bonus et frugi.' renuit negitatque Sabellus. . . . *Epist.*1.16.49
  et frugi castusque verecundusque coibat. . . . . *Ars Poet.*207
frugibus.   seu cursum mutavit iniquom frugibus amnis|doctus iter melius: *Ars Poet.*67
frugibus.   inpetrat et pacem et locupletem frugibus annum: . . *Epist.*2.1.137
frugis.   sit bona librorum et provisae frugis in annum|copia . . *Epist.*1.18.109
  centuriae seniorum agitant expertia frugis, ... *Ars Poet.*341
frugum.   prosperam frugum celeremque pronos|volvere mensis. . *Carm.*4.6.39
  fertilis frugum pecorisque tellus *Carm.Saec.*29
frui.   frui paratis et valido mihi,|Latoe, dones *Carm.*1.31.17
fruitur.   qui nunc te fruitur credulus aurea, ... *Carm.*1.5.9
frumenta.   annonae prosit, portet frumenta penusque. . . . *Epist.*1.16.72
  condita post frumenta levantes tempore festo . . . *Epist.*2.1.140
  cum segetes occat tibi mox frumenta daturus, . . . *Epist.*2.2.161
frumenti.   milia frumenti tua triverit area centum: *Serm.*1.1.45
  frumenti quantum metit Africa. *Serm.*2.3.87
  siquis ad ingentem frumenti semper acervom|porrectus vigilet . *Serm.*2.3.111
  ne plus frumenti dotalibus emetat agris *Epist.*1.6.21
  repserat in cumeram frumenti, ... *Epist.*1.7.30
  maior utrum populum frumenti copia pascat, ... *Epist.*1.15.14
frusta.   aridum et ore ferens acinum semesaque lardi|frusta dedit, . *Serm.*2.6.86
frustis.   qui|frustis et pomis viduas venentur avaras . . . *Epist.*1.1.78
frustra.   tu, frustra pius, heu non ita creditum *Carm.*1.24.11
  frustra cruento marte carebimus *Carm.*2.14.13
  frustra per autumnos nocentem|corporibus metuemus austrum: . *Carm.*2.14.15
  frustra: nam scopulis surdior Icari|voces audit . . . *Carm.*3.7.21
  frustra, nam gelidos inficiet tibi|rubro sanguine rivos . . *Carm.*3.13.6
  frustraque vincla gutturi innectes tuo *Epod.*17.72
  experto frustra Varrone Atacino *Serm.*1.10.46
  nam frustra vitium vitaveris illud, ... *Serm.*2.2.54
  te tibi iniquom|et frustra mortis cupidum, ... *Serm.*2.2.98
  culpantur frustra calami *Serm.*2.3.7

aridum et ore ferens acinum semesaque lardi|frusta [frustra] dedit, . *var.Serm.*2.6.86
frustra: nam comes atra premit sequiturque fugacem.' . . . *Serm.*2.7.115
ire foras pleno tendebat corpore frustra. *Epist.*1.7.31
sudet multum frustraque laboret|ausus idem: . . . . *Ars Poet.*241
melius te posse negares|bis terque expertum frustra: . . . *Ars Poet.*440
frustrere. 'o bone, ne te|frustrere: insanis et tu stultique prope omnes, . *Serm.*2.3.32
fruticeto. celer arto latitantem fruticeto excipere aprum. . . . *Carm.*3.12.11
fucatus. colorque|stercore fucatus crocodili *Epod.*12.11
fucis. adde huc quod mercem sine fucis gestat, ... *Serm.*1.2.83
fuco. neque amissos colores|lana refert medicata fuco . . . *Carm.*3.5.28
fucum. nescit Aquinatem potantia vellera fucum, ... *Epist.*1.10.27
fudit. versibus alternis opprobria rustica fudit *Epist.*2.1.146
maculis, quas aut incuria fudit . . . . . . *Ars Poet.*352
fuerat. nota quae sedes fuerat columbis, ... *Carm.*1.2.10
fueris. ut quocumque loco fueris vixisse libenter|te dicas: . . *Epist.*1.11.24
fueris. ne fueris hic tu. *Epist.*1.6.40
fuerit. uter aedilis fueritve|vestrum praetor, ... *Serm.*2.3.180
fuerit. 'nil fuerit mi' inquit 'cum uxoribus umquam alienis.' . . *Serm.*1.2.57
mentio siquae|de Capitolini furtis iniecta Petilli|te coram fuerit, . *Serm.*1.4.95
fuerit Lucilius, inquam,|comis et urbanus, ... *Serm.*1.10.64
fuerit limatior idem *Serm.*1.10.65
'sic, ut mihi numquam|in vita fuerit melius.' *Serm.*2.8.4
sed quis cenantibus una,|Fundani, pulcre fuerit tibi, . . *Serm.*2.8.19
fuero. non, hodie si|exclusus fuero, desistam; *Serm.*1.9.58
fuerunt. o qui conplexus et gaudia quanta fuerunt. . . . *Serm.*1.5.43
Fufidius. Fufidius vappae famam timet ac nebulonis, . . . *Serm.*1.2.12
Fufius. non magis audierit, quam Fufius ebrius olim, . . . *Serm.*2.3.60
fuga. innumerabilis|annorum series et fuga temporum. . . *Carm.*3.30.5
non 'celeres fugae [celeris fuga] | reiectaeque retrorsum Hannibalis
  minae,' *var.Carm.*4.8.15
quorum|piis secunda vate me datur fuga. *Epod.*16.66
neque ulla est|aut magno aut parvo leti fuga: *Serm.*2.6.95
quem paupertatis pudor et fuga, dives amicus, . . . odit . . *Epist.*1.18.24
des nummos, excepta nihil te si fuga laedat: *Epist.*2.2.16
in vitium ducit culpae fuga, si caret arte. . . . . *Ars Poet.*31
fuga. ne nummi pereant aut puga [fuga] aut denique fama. . . *var.Serm.*1.2.133
fugacem. mors et fugacem persequitur virum *Carm.*3.2.14
frustra: nam comes atra premit sequiturque fugacem.' . . . *Serm.*2.7.115
fugaces. eheu fugaces, Postume, Postume,|labuntur anni . . *Carm.*2.14.1
fugacis. iam fulgor armorum fugacis|terret equos . . . *Carm.*2.1.19
fugacis|lyncas et cervos cohibentis arcu, ... *Carm.*4.6.33
fugae. dura fugae mala, dura belli. *Carm.*2.13.28
fugae. 'celeres fugae|reiectaeque retrorsum Hannibalis minae', . . *Carm.*4.8.15
fugam. tecum Philippos et celerem fugam|sensi *Carm.*2.7.9
miles sagittas et celerem fugam|Parthi, ... *Carm.*2.13.17
quaere fugam morbi. vis recte vivere (quis non?): . . . *Epist.*1.6.29
inter vina fugam Cinarae maerere protervae. . . . *Epist.*1.7.28
fugas. detrimenta, fugas servorum, incendia ridet, . . . *Epist.*2.1.121
fugat. dum rediens fugat astra Phoebus. *Carm.*3.21.24
saepe etiam audacem fugat hoc terretque poetam, . . . *Epist.*2.1.182
indoctum doctumque fugat recitator acerbus; . . . *Ars Poet.*474
fugatis. pulcher fugatis|ille dies Latio tenebris. *Carm.*4.4.39
fugato. Terenti|fabula quem miserum gnato vixisse fugato|inducit, . *Serm.*1.2.21
fugax. quid obliquo laborat|lympha fugax trepidare rivo? . . *Carm.*2.3.12
quantum non Pholoe fugax, ... *Carm.*2.5.17
fuge. quid sit futurum cras, fuge quaerere *Carm.*1.9.13
fuge suspicari|cuius octavom trepidavit aetas|claudere lustrum. . *Carm.*2.4.22
'faenum habet in cornu, longe fuge; *Serm.*1.4.34
fuge magna: licet sub paupere tecto *Epist.*1.10.32
fuge quo descendere gestis:|non erit emisso reditus tibi. . . *Epist.*1.20.5
cetera iam simul isto|cum vitio fugere [fuge rite]? . . . *var.Epist.*2.2.206
fugere. cetera iam simul isto|cum vitio fugere? *Epist.*2.2.206
fugere. virtus est vitium fugere et sapientia prima|stultitia caruisse. *Epist.*1.1.41
fugerem. ut fugerem exemplis vitiorum quaeque notando. . . *Serm.*1.4.106
fugeres. fugeres radice vel herba|proficiente nihil curarier: . . *Epist.*2.2.150
fugeret. Teucer Salamina patremque|cum fugeret, . . . *Carm.*1.7.22
fugerit. dum loquimur, fugerit invida|aetas: *Carm.*1.11.7
nisi causa morbi|fugerit venis et aquosus albo|corpore languor. . *Carm.*2.2.15
sed tamen admiror, quo pacto iudicium illud|fugerit': . . . *Serm.*1.4.100

si vafer unus et alter|insidiatorem praeroso fugerit hamo,   .   .   .   *Serm.2.5.25*

septimus octavo propior iam fugerit annus, ...   *Serm.2.6.40*

fugi.   'nec furtum feci nec fugi,' si mihi dicat|servos: *Epist.1.16.46*

fugiam.   nec sequar aut fugiam quae diligit ipse vel odit: .   .   .   *Epist.1.1.72*

quae nocuere sequar, fugiam quae profore credam; *Epist.1.8.11*

fugienda.   tu si modo recte | dispensare velis ac non fugienda petendis |

inmiscere. *Serm.1.2.75*

dividit ut bona diversis, fugienda petendis; *Serm.1.3.114*

fugiendum.   discincta tunica fugiendum est et pede nudo,   .   .   .   *Serm.1.2.132*

fugiens.   fugiens hic decidit acrem|praedonum in turbam,   .   .   .   *Serm.1.2.42*

saepe velut qui|currebat fugiens hostem, ...   *Serm.1.3.10*

per mare pauperiem fugiens, per saxa, per ignis): *Epist.1.1.46*

sic ego, maioris fugiens opprobria culpae, ...   *Epist.1.9.10*

fugiens.   quae porta fugiens eburna|somnium ducit? *Carm.3.27.41*

quod fugiens semel hora vexit. *Carm.3.29.48*

fugient.   cuncta manus avidas fugient heredis *Carm.4.7.19*

vesanum tetigisse timent fugiuntque [fugientque] poetam|qui sapiunt;   *var.Ars Poet.455*

fugiente.   nec rapidum fugiente solem. *Carm.2.9.12*

laevom discedens curru fugiente vaporet. *Epist.1.16.7*

fugiente.   spernit humum fugiente penna. *Carm.3.2.24*

fugientes.   servos,|ne te conpilent fugientes, ...   *Serm.1.1.78*

fugientia.   'Tantalus a labris sitiens fugientia captat|flumina'—   .   .   *Serm.1.1.68*

nam|transvolat in medio posita et fugientia captat.'   .   .   .   *Serm.1.2.108*

fugientis.   per apertum fugientis agitato grege cervos iaculari   .   .   *Carm.3.12.10*

fugientum.   Faune, Nympharum fugientum amator, ...   *Carm.3.18.1*

fugies.   sublimi fugies mollis anhelitu, ...   *Carm.1.15.31*

dura post paulo fugies inaudax|proelia raptor, ...   *Carm.3.20.3*

aut fugies Vticam aut vinctus mitteris Ilerdam. *Epist.1.20.13*

fugimus.   at nos virtutes ipsas invertimus atque|sincerum furimus [fugimus]

vas incrustare. *var.Serm.1.3.56*

quem nos sic fugimus ulti, ...   *Serm.2.8.93*

fugio.🔲fugio campum lusumque trigonem. *Serm.1.6.126*

fugis.   o ego non felix, quam tu fugis, ...   *Epod.12.25*

acerbus|odisti et fugis ut Rusonem debitor aeris, ...   *Serm.1.3.86*

cum magno blateras clamore fugisque. *Serm.2.7.35*

fugisset.   rogabat|denique, cur umquam fugisset, ...   *Serm.1.5.68*

fugisti.   at ipsis|Saturnalibus huc fugisti. *Serm.2.3.5*

fugit.   fugit retro|levis iuventas *Carm.2.11.5*

Magnessam Hippolyten dum fugit abstinens, ...   *Carm.3.7.18*

hic fugit omnis|insidias *Serm.1.3.58*

unde Superbus|Tarquinius regno pulsus fugit, ...   *Serm.1.6.13*

fugit inprobus ac me|sub cultro linquit. *Serm.1.9.73*

hac rabiosa fugit canis, hac lutulenta ruit sus: *Epist.2.2.75*

scriptorum chorus omnis amat nemus et fugit Vrbem,   .   .   .   *Epist.2.2.77*

secreta petit [fugit] loca, balnea vitat.   .   .   .   .   .   .   *var.Ars Poet.298*

fugit.   me silva lupus in Sabina, . . . fugit inermem;   .   .   .   *Carm.1.22.12*

nullum|saeva caput Proserpina fugit: *Carm.1.28.20*

patriae quis exsul|se quoque fugit? *Carm.2.16.20*

hac Quirinus|Martis equis Acheronta fugit, ...   *Carm.3.3.16*

quo fugit venus, heu, ...   *Carm.4.13.17*

serpente fugit alite. *Epod.3.14*

quibus superbam fugit ulta paelicem, ...   *Epod.5.63*

dux fugit ustis navibus *Epod.9.8*

fugit iuventas et verecundus color|reliquit ossa *Epod.17.21*

fugitivos.   quamvis periurus erit, . . . fugitivos, ...   *Serm.2.5.16*

teque ipsum vitas fugitivos et erro, ...   *Serm.2.7.113*

utque sacerdotis fugitivos liba recuso: *Epist.1.10.10*

fugito.   percontatorem fugito: nam garrulus idem est   .   .   .   *Epist.1.18.69*

fugiunt.   concidunt venti fugiuntque nubes *Carm.1.12.30*

diffugiunt [fugiunt] cadis|cum faece siccatis amici,   .   .   .   *var.Carm.1.35.26*

dum fugiunt equitum turmae peditumque catervae;   .   .   .   *Epist.2.1.190*

vesanum tetigisse timent fugiuntque poetam|qui sapiunt;   .   .   *Ars Poet.455*

fui.   per Vrbem . . . fabula quanta fui, ...   *Epod.11.8*

fuissent.   si|quaestor avos pater atque meus patruosque fuissent.   .   *Serm.1.6.131*

fuisset.   victurum suavius ac si|quaestor avos pater atque meus patruosque

fuissent [fuisset]. *var.Serm.1.6.131*

num tantum, sufflans se, magna fuisset? *Serm.2.3.317*

sub domina meretrice fuisset turpis et excors, ...   *Epist.1.2.25*

quod si tam Graecis novitas invisa fuisset|quam nobis,   .   .   .   *Epist.2.1.90*

fuit. periurum fuit in parentem│splendide mendax *Carm.*3.11.34
qualis aut Nireus fuit aut aquosa│raptus ab Ida. *Carm.*3.20.15
meliusne fluctus│ire per longos fuit *Carm.*3.27.43
'quae mens est hodie, cur eadem non puero fuit . . . *Carm.*4.10.7
neque hic lupis mos nec fuit leonibus *Epod.*7.11
nil aequale homini fuit illi: *Serm.*1.3.9
nil fuit unquam│sic inpar sibi. *Serm.*1.3.18
ut abortivos fuit olim│Sisyphus; *Serm.*1.3.46
nam fuit ante Helenam cunnus taeterrima belli│causa, . . *Serm.*1.3.107
nam fuit hoc vitiosus: *Serm.*1.4.9
nec quod avos tibi maternus fuit atque paternus . . . *Serm.*1.6.3
Laevinum, Valeri genus, unde Superbus│Tarquinius regno pulsus fugit
  [fuit], ... *var.Serm.*1.6.13
causa fuit pater his, ... *Serm.*1.6.71
si praeco parvas aut, ut fuit ipse, coactor│mercedes sequerer; . *Serm.*1.6.86
ira fuit capitalis, ut ultima divideret mors, . . . *Serm.*1.7.13
quod virtus in utroque│summa fuit; *Serm.*1.7.15
quale fuit Cassi rapido ferventius amni│ingenium, . . . *Serm.*1.10.62
Marius cum praecipitat se,│cerritus fuit? *Serm.*2.3.278
leni fuit Austro│captus, ... *Serm.*2.8.6
cui pulcrum fuit in medios dormire dies *Epist.*1.2.30
cui potior patria fuit interdicta voluptas. *Epist.*1.6.64
Romae dulce diu fuit et sollemne reclusa│mane domo vigilare, . *Epist.*2.1.103
fuit intactis quoque cura│condicione super communi, . . . *Epist.*2.1.151
gratus Alexandro regi magno fuit ille│Choerilus, . . . *Epist.*2.1.232
fuit haud ignobilis Argis, ... *Epist.*2.2.128
'pictoribus atque poetis│quidlibet audendi semper fuit aequa potestas.' *Ars Poet.*10
fuit haec sapientia quondam│publica privatis secernere, . . *Ars Poet.*396
fulgebat. nox erat et caelo fulgebat Luna sereno . . . *Epod.*15.1
fulgens. fulgens contremuit domus│Saturni veteris: . . . *Carm.*2.12.8
fulgens. stet Capitolium│fulgens *Carm.*3.3.43
fulgent. neque certa fulgent│sidera nautis, ... *Carm.*2.16.3
fulgente. augur et fulgente decorus arcu│Phoebus . . . *Carm.Saec.*61
sed fulgente trahit constrictos Gloria curru . . . *Serm.*1.6.23
fulgentem. fulgentem imperio fertilis Africae│fallit . . . *Carm.*3.16.31
fulgentia. molli, Plance, mero, seu te fulgentia signis│castra tenent . *Carm.*1.7.19
fulgentis. dicere lucidum│fulgentis oculos *Carm.*2.12.15
fulgentis. fulgentisque tenet Cycladas *Carm.*3.28.14
fulges. qua crinis religata fulges, ... *Carm.*4.11.5
fulget. Virtus, repulsae nescia sordidae,│intaminatis fulget honoribus . *Carm.*3.2.18
fulgor. iam fulgor armorum fugacis│terret equos . . . *Carm.*2.1.19
fulgore. urit enim fulgore suo qui praegravat artes│infra se positas: . *Epist.*2.1.13
non fumum ex fulgore, sed ex fumo dare lucem│cogitat, . *Ars Poet.*143
fulgoribus. cum stupet insanis acies fulgoribus . . . *Serm.*2.2.5
fulgura. feriuntque summos│fulgura montis. . . . *Carm.*2.10.12
fulmina. per nostrum patimur scelus│iracunda Iovem ponere fulmina. . *Carm.*1.3.40
tu parum castis inimica mittes│fulmina lucis. . . . *Carm.*1.12.60
spectandus in certamine Martio [inter fulmina Martia] . . *coni.Carm.*4.14.17
fulminantis. nec fulminantis magna manus Iovis: . . . *Carm.*3.3.6
fulmine. fulmine sustulerit caduco *Carm.*3.4.44
maeretque partus fulmine luridum│missos ad Orcum; . . *Carm.*3.4.74
fulmineo. perrumpere amat saxa potentius│ictu fulmineo: . . *Carm.*3.16.11
fulminis. qualem ministrum fulminis alitem, ... *Carm.*4.4.1
fulta. ne si facies, ut saepe, decora│molli fulta pede est, emptorem induct
  hiantem, ... *Serm.*1.2.88
fultum. illum│balbutit scaurum pravis fultum male talis. . . *Serm.*1.3.48
fultura. ni cibus atque│ingens accedit stomacho fultura ruenti. . *Serm.*2.3.154
fulvae. fulvae matris ab ubere│iam lacte depulsum . . . *Carm.*4.4.14
Fulvi. cum Fulvi Rutubaeque . . . miror│proelia rubrica picta . *Serm.*2.7.96
fulvos. qua notam duxit, niveus videri,│cetera fulvos. . . *Carm.*4.2.60
nam qualis aut Molossus aut fulvos Lacon, . . . *Epod.*6.5
fumante. nil ego, si ducor libo fumante: *Serm.*2.7.102
fumat. vetus ara multo│fumat odore. *Carm.*3.18.8
fumo. foeda nigro simulacra fumo. *Carm.*3.6.4
lacrimoso non sine fumo, ... *Serm.*1.5.80
rectius Albanam fumo duraveris uvam. *Serm.*2.4.72
non fumum ex fulgore, sed ex fumo dare lucem│cogitat, . . *Ars Poet.*143
fumosae. quicquam praeter holus fumosae cum pede pernae. . *Serm.*2.2.117
fumum. amphorae fumum bibere institutae│consule Tullo. . . *Carm.*3.8.11

mirari beatae|fumum et opes strepitumque Romae.	*Carm.*3.29.12
sordidum flammae trepidant rotantes|vertice fumum.	*Carm.*4.11.12
verterat in fumum et cinerem,	*Epist.*1.15.41
non fumum ex fulgore, sed ex fumo dare lucem|cogitat,	*Ars Poet.*143
funalia. hic, hic ponite lucida|funalia	*Carm.*3.26.7
functos. virtute functos more patrum duces . . . canemus.	*Carm.*4.15.29
functum. hic levare functum|pauperem laboribus	*Carm.*2.18.38
functus. at non ter aevo functus . . . senex	*Carm.*2.9.13
spectator functusque sacris et potus et exlex.	*Ars Poet.*224
Fundani. comis garrire libellos|unus vivorum, Fundani;	*Serm.*1.10.42
sed quis cenantibus una,|Fundani, pulcre fuerit tibi,	*Serm.*2.8.19
fundata. quorum|conspicitur nitidis fundata pecunia villis.	*Epist.*1.15.46
funde. funde capacibus|unguenta de conchis.	*Carm.*2.7.22
fundens. quid orat de patera novom|fundens liquorem?	*Carm.*1.31.3
fundere. ac nisi mutatum parcit defundere [fundere] vinum	*var.Serm.*2.2.58
fundet. fundet opes Latiumque beabit divite lingua:	*Epist.*2.2.121
fundi. arat Falerni mille fundi iugera	*Epod.*4.13
ex parte tua seu fundi sive domus sit|emptor,	*Serm.*2.5.108
decisis humilem pennis inopemque paterni|et laris et fundi,	*Epist.*2.2.51
fundis. 'quid obseratis auribus fundis preces?	*Epod.*17.53
funditus. causae, cur perirent|funditus	*Carm.*1.16.20
fundo. inane lymphae|dolium fundo pereuntis imo	*Carm.*3.11.27
Fundos. Fundos Aufidio Lusco praetore libenter|linquimus,	*Serm.*1.5.34
fundum. qui patrium mimae donat fundumque Laremque,	*Serm.*1.2.56
fundus. saeva paupertas et avitus apto|cum lare fundus.	*Carm.*1.12.44
non verberatae grandine vineae|fundusque mendax	*Carm.*3.1.30
quoscumque feret cultus tibi fundus honores	*Serm.*2.5.13
non domus et fundus, non aeris acervos et auri	*Epist.*1.2.47
ne percontexis, fundus meus, optime Quinti,|arvo pascat erum	*Epist.*1.16.1
et fundus nec vendibilis nec pascere firmus'	*Epist.*1.17.47
fune. qui iam contento, iam laxo fune laborat.'	*Serm.*2.7.20
funebre. ira truces inimicitias et funebre bellum.	*Epist.*1.19.49
funebris. iubet cupressos funebris . . . aduri	*Epod.*5.18
funem. tortum digna sequi potius quam ducere funem.	*Epist.*1.10.48
ille per extentum funem mihi posse videtur|ire poeta,	*Epist.*2.1.210
si curet quis opem ferre et demittere funem:	*Ars Poet.*461
funera. mixta senum ac iuvenum densentur funera.	*Carm.*1.28.19
si plostra ducenta|concurrantque foro tria funera,	*Serm.*1.6.43
tristia robustis luctantur funera plaustris,	*Epist.*2.2.74
funera. sub lacrimosa Troiae|funera,	*Carm.*1.8.15
quanta moves funera Dardanae|genti.	*Carm.*1.15.10
non paventes funera Galliae	*Carm.*4.14.49
funeratus. prope funeratus|arboris ictu.	*Carm.*3.8.7
funere. absint inani funere neniae	*Carm.*2.20.21
ut qui conducti plorant in funere dicunt	*Ars Poet.*431
funeri. maturo propior desine funeri|inter ludere virgines	*Carm.*3.15.4
funeribus. superbos|vertere funeribus triumphos:	*Carm.*1.35.4
funesto. cur me funesto properent arcere veterno;	*Epist.*1.8.10
fungar. ergo fungar vice cotis,	*Ars Poet.*304
fungi. munere cum fungi proprioris censet amici:	*Epist.*1.9.5
fungis. pratensibus optima fungis|natura est;	*Serm.*2.4.20
fungitur. nec non verniliter ipsis|fungitur officiis,	*Serm.*2.6.109
funibus. ac sine funibus|vix durare carinae|possint imperiosius|aequor?	*Carm.*1.14.6
Hibericis peruste funibus latus	*Epod.*4.3
qui multum puerum loris et funibus ussit|exoratus,	*Serm.*1.10.*5
funis. ne currente retro funis eat rota:	*Carm.*3.10.10
funus. avidos vicinum funus ut aegros|exanimat	*Serm.*1.4.126
funus. funus et imperio parabat	*Carm.*1.37.8
tu secanda marmora|locas sub ipsum funus	*Carm.*2.18.18
funus atque imagines|ducant triumphales tuom	*Epod.*8.11
funus|egregie factum laudet vicinia.	*Serm.*2.5.105
fur. ne quis fur esset neu latro neu quis adulter.	*Serm.*1.3.106
siquis erat dignus describi, quod malus ac fur,	*Serm.*1.4.3
Iulius et fragilis Pediatia furque Voranus.	*Serm.*1.8.39
neque ego, hercule, fur, ubi vasa|praetereo sapiens argentea.	*Serm.*2.7.72
furatis. unguor olivo, | non quo fraudatis [furatis] inmundus Natta lucernis.	*var.Serm.*1.6.124
furca. naturam expelles furca, tamen usque recurret	*Epist.*1.10.24
furcam. ibis sub furcam prudens	*Serm.*2.7.66
furcifer. 'non dices hodie, quorsum haec tam putida tendant,|furcifer?'	*Serm.*2.7.22

furem. idem si clamet furem, neget esse pudicum, · · · ·	Epist.1.16.36
furens. sive puer furens|inpressit memorem dente labris notam. · ·	Carm.1.13.11
furens. nec Sicana fervida|virens [furens] in Aetna flamma; · ·	var.Epod.17.33
furentem. me . . . in celeres iambos|misit furentem. · ·	Carm.1.16.25
Neptunum procul ex terra spectare furentem.' · · · ·	Epist.1.11.10
furenti. dominoque furenti|conmittes rem omnem · · · ·	Serm.2.7.66
furere. recepto|dulce mihi furere est amico. · · · ·	Carm.2.7.28
ex quo destiti|Inachia furere · · · ·	Epod.11.6
primum nam inquiram, quid sit furere: · · · ·	Serm.2.3.41
fures. furesque feraeque suetae|hunc vexare locum · · ·	Serm.1.8.17
fures. formidare malos fures, incendia, servos, · · ·	Serm.1.1.77
nam fures dextra coercet · · · ·	Serm.1.8.4
Furiae. dant alios Furiae torvo spectacula Marti, · · ·	Carm.1.28.17
furiale. furiale centum|muniant angues caput eius · · ·	Carm.3.11.17
Furiam. vocando|hanc Furiam, hunc aliud, · · ·	Serm.2.3.141
furiare. quae solet matres furiare equorum, · · · ·	Carm.1.25.14
Furiarum. horruerim voces Furiarum et facta duarum. · ·	Serm.1.8.45
furibundus. cum semel accepit Solem furibundus acutum? · ·	Epist.1.10.17
furibus. et dominum fallunt et prosunt furibus. · · ·	Epist.1.6.46
Furiis. ac non ante malis dementem actum Furiis · · ·	Serm.2.3.135
furimus. sincerum furimus vas incrustare. · · · ·	Serm.1.3.56
furiosa. otium bello furiosa Thrace, · · · ·	Carm.2.16.5
sibi tunc furiosa videtur?' · · · ·	Serm.2.3.304
furiose. 'nempe tuo, furiose?' 'meo, sed non furiosus.' · ·	Serm.2.3.207
furiosius. quanto hoc furiosius atque|maius peccatum est: · ·	Serm.1.3.83
furiosus. 'nempe tuo, furiose?' 'meo, sed non furiosus.' · ·	Serm.2.3.207
qui sceleratus, et furiosus erit: · · · ·	Serm.2.3.222
furis. 'num furis? an prudens ludis me obscura canendo?' · ·	Serm.2.5.58
cum magno blateras clamore fugisque [furisque]. · · ·	var.Serm.2.7.35
furit. ecce furit, te reperire atrox,|Tydides · · ·	Carm.1.15.27
iam Procyon furit · · · ·	Carm.3.29.18
hac rabiosa fugit [furit] canis, hac lutulenta ruit sus: · ·	var.Epist.2.2.75
certe furit ac velut ursus, · · · ·	Ars Poet.472
Furius. pingui tentus omaso|Furius "hibernas cana nive conspuet Alpis."	Serm.2.5.41
Furni. vos, Bibule et Servi, simul his te, candide Furni, · ·	Serm.1.10.86
furno. omnis|gestiet a furno redeuntis scire lacunque · ·	Serm.1.4.37
furnos. nec qui|frigus collegit, furnos et balnea laudat · ·	Epist.1.11.13
Furor. nocturnus occurram Furor · · · ·	Epod.5.92
furor. non furor|civilis aut vis exiget otium, · · ·	Carm.4.15.17
furorne caecos an rapit vis acrior · · · ·	Epod.7.13
ira furor brevis est: · · · ·	Epist.1.2.62
qui minus argutos vexat furor iste poetas? · · ·	Epist.2.2.90
furore. pietasque' dixit|'victa furore. · · · ·	Carm.3.27.36
furorem. sed minuit furorem|vix una sospes navis ab ignibus ·	Carm.1.37.12
furores. 'mille puellarum, puerorum mille furores' — · ·	Serm.2.3.325
furta. cum dicas esse paris res|furta latrociniis · · ·	Serm.1.3.122
puer unctis|tractavit calicem manibus, dum furta ligurrit, ·	Serm.2.4.79
furtim. umor et in genas|furtim labitur arguens, · · ·	Carm.1.13.7
furtim defossa timidum deponere terra? · · ·	Serm.1.1.42
abdiderint furtim terris · · · ·	Serm.1.8.43
dicitur ex collo furtim carpsisse coronas, · · ·	Serm.2.3.256
nunc in Aristippi furtim praecepta relabor · · ·	Epist.1.1.18
et mala perrumpet furtim fastidia victrix. · · ·	Epist.1.10.25
furtis. mentio siquae|de Capitolini furtis iniecta Petilli · ·	Serm.1.4.94
quid refert, morbo an furtis pereamque rapinis?' · ·	Serm.2.3.157
furtiva. sub noctem qui puer uvam|furtiva mutat strigili: · ·	Serm.2.7.110
furtivae. ut vinosa glomus furtivae †Pirria lanae, · ·	Epist.1.13.14
furtivis. moveat cornicula risum|furtivis nudata coloribus. · ·	Epist.1.3.20
furto. callidum, quidquid placuit, iocoso|condere furto. · ·	Carm.1.10.8
verum ubi oves furto, morbo periere capellae, · · ·	Epist.1.7.86
furtum. quid faciam, si furtum fecerit · · · ·	Serm.1.3.94
'nec furtum feci nec fugi,' si mihi dicat|servos: · ·	Epist.1.16.46
furum. deus inde ego, furum aviumque|maxima formido: · ·	Serm.1.8.3
furvae. quam paene furvae regna Proserpinae · · ·	Carm.2.13.21
Fusce. nec venenatis gravida sagittis,|Fusce, pharetra, · ·	Carm.1.22.4
Fuscum. urbis amatorem Fuscum salvere iubemus|ruris amatores, ·	Epist.1.10.1
Fuscus. ecce|Fuscus Aristius occurrit. · · · ·	Serm.1.9.61
Fuscus et haec utinam Viscorum laudet uterque. · ·	Serm.1.10.83
fuscus. procedit fuscus Hydaspes|Caecuba vina ferens, · ·	Serm.2.8.14

Fusidius.   Fufidius [Fusidius] vappae famam timet ac nebulonis,   .   .   .   *var.Serm.*1.2.12
fuste.   quos tu nisi fuste coerces, ...   *Serm.*1.3.134
    mulae nautaeque caput lumbosque saligno|fuste dolat: *Serm.*1.5.23
    porrectus vigilet cum longo fuste *Serm.*2.3.112
fustibus.   unguibus et pugnis, dein fustibus atque ita porro | pugnabant
    armis *Serm.*1.3.101
fustis.   vertere modum formidine fustis|ad bene dicendum delectandumque
    redacti. *Epist.*2.1.154
fustis.   matris ad arbitrium recisos|portare fustis, ...   *Carm.*3.6.41
fusum.   parumne campis atque Neptuno super|fusum est Latini sanguinis,   *Epod.*7.4
    quid sculptum infabre, quid fusum durius esset. *Serm.*2.3.22
Futidius.   Fufidius [Futidius] vappae famam timet ac nebulonis,   .   .   *var.Serm.*1.2.12
futuo.   nec vereor, ne, dum futuo, vir rure recurrat, ...   *Serm.*1.2.127
futura.   deterior post partum carne futura. *Serm.*2.8.44
futuram.   ambiguam tellure nova Salamina futuram. *Carm.*1.7.29
futuri.   prudens futuri temporis exitum|caliginosa nocte premit deus .   .   *Carm.*3.29.29
    haud ignara ac non incauta futuri. *Serm.*1.1.35
    an qui contentus parvo metuensque futuri *Serm.*2.2.110
    dilator, spe longus, iners avidusque futuri, ...   *Ars Poet.*172
    utiliumque sagax rerum et divina futuri   .   .   .   .   .   .   *Ars Poet.*218
futurum.   quid sit futurum cras, fuge quaerere *Carm.*1.9.13
futurum.   quinque dies tibi pollicitus me rure futurum *Epist.*1.7.1
futurus.   comes minore sum futurus in metu, ...   *Epod.*1.17
    iam iam futurus rusticus, ...   *Epod.*2.68

G

Gabiis.   Gabiis desertior atque|Fidenis vicus; *Epist.*1.11.7
    foedera regum|vel Gabiis vel cum rigidis aequata Sabinis,   .   .   *Epist.*2.1.25
    puerum tibi vendere natum|Tibure vel Gabiis *Epist.*2.2.3
Gabios.   Gabiosque petunt et frigida rura. *Epist.*1.15.9
Gadibus.   quam si Libyam remotis|Gadibus iungas *Carm.*2.2.11
Gadis.   Septimi, Gadis aditure mecum *Carm.*2.6.1
Gaetulae.   Gaetulae catulos leaenae? *Carm.*3.20.2
Gaetulas.   visam . . . litora Bospori|Syrtisque Gaetulas canorus|ales   *Carm.*2.20.15
Gaetulo.   argentum, vestis Gaetulo murice tinctas|sunt qui non habeant, .   *Epist.*2.2.181
Gaetulus.   non ego te tigris ut aspera|Gaetulusve leo frangere persequor: .   *Carm.*1.23.10
Galaesi.   dulce pellitis ovibus Galaesi|flumen *Carm.*2.6.10
Galatea.   et memor nostri, Galatea, vivas *Carm.*3.27.14
Galba.   'iure' omnes; Galba negabat. *Serm.*1.2.46
galeae.   quem iuvat clamor galeaeque leves *Carm.*1.2.38
galeam.   iam galeam Pallas et aegida . . . parat. *Carm.*1.15.11
Galli.   Galli canentes Caesarem *Epod.*9.18
galli.   sub galli cantum consultor ubi ostia pulsat. *Serm.*1.1.10
Galliae.   non paventes funera Galliae *Carm.*4.14.49
Gallica.   Gallica nec lupatis|temperet ora frenis? *Carm.*1.8.6
Gallicis.   nec pinguia Gallicis|crescunt vellera pascuis: *Carm.*3.16.35
Gallina.   nugas|hoc genus: 'hora quota est?' 'Thraex est Gallina Syro par?'   *Serm.*2.6.44
gallina.   ne gallina malum responset dura palato, ...   *Serm.*2.4.18
gallina.   hoc potius quam gallina tergere palatum, ...   *Serm.*2.2.24
Gallis.   illam 'post paulo' 'sed pluris' 'si exierit vir'|Gallis,   .   .   .   *Serm.*1.2.121
Galloni.   Galloni praeconis erat acipensere mensa|infamis.   .   .   .   *Serm.*2.2.47
Gallos.   nec fracta pereuntis cuspide Gallos . . . describit   .   .   .   *Serm.*2.1.14
Ganymede.   expertus fidelem|Iuppiter in Ganymede flavo,   .   .   .   *Carm.*4.4.4
Gargani.   aut aquilonibus|querceta Gargani laborant *Carm.*2.9.7
Garganius.   facetus|pastillos Rufillus olet, Gargonius [Garganius] hircum: *var.Serm.*1.2.27
Garganum.   Garganum mugire putes nemus aut mare Tuscum: .   .   .   *Epist.*2.1.202
Gargilius.   piscemur, venemur, ut olim|Gargilius *Epist.*1.6.58
Gargonius.   pastillos Rufillus olet, Gargonius hircum: *Serm.*1.2.27
    ego si risi, quod ineptus|'pastillos Rufillus olet, Gargonius hircum',   *Serm.*1.4.92
garo.   garo de sucis piscis Hiberi; *Serm.*2.8.46
garrire.   potes . . . comis garrire libellos *Serm.*1.10.41
garriret.   cum quidlibet ille|garriret, ...   *Serm.*1.9.13
garrit.   Cervius haec inter vicinus garrit anilis|ex re fabellas.   .   .   .   *Serm.*2.6.77
garrulus.   garrulus atque piger scribendi ferre laborem, ...   *Serm.*1.4.12
    garrulus hunc quando consumet cumque: *Serm.*1.9.33
    difficilem et morosum offendet garrulus: *Serm.*2.5.90
    percontatorem fugito: nam garrulus idem est *Epist.*1.18.69

gaude. gaude sorte tua; *Epod.*14.15
gaude quod spectant oculi te mille loquentem; *Epist.*1.6.19
gaudeat. laeta quod pubes hedera virenti|gaudeat pulla magis atque myrto, *Carm.*1.25.18
quae poscente magis gaudeat eripi, ... *Carm.*2.12.27
gaudeat ut populus Priami Priamusque inhumato, ... *Serm.*2.3.195
utrum|gaudeat an doleat, ... *Epist.*1.6.12
gaudens. ut gaudet [gaudens] insitiva decerpens pira *var.Epod.*2.19
gaudens. unico gaudens mulier marito *Carm.*3.14.5
hunc circumtonuit gaudens Bellona cruentis. *Serm.*2.3.223
gaudent. (gaudent praenomine molles|auriculae) *Serm.*2.5.32
verum|gaudent scribentes et se venerantur *Epist.*2.2.107
gaudentem. gaudentem patrios findere sarculo|agros . . . *Carm.*1.1.11
dic, . . . gaudentem nummo te addicere. *Serm.*2.5.109
gaudentem parvisque sodalibus et lare certo *Epist.*1.7.58
gaudentes. te caede gaudentes Sygambri|conpositis venerantur armis. *Carm.*4.14.51
gaudentes. Vergilio adnuerunt gaudentes rure Camenae. . . *Serm.*1.10.45
gaudentis. rite cliens Bacchi somno gaudentis et umbra: . . *Epist.*2.2.78
gaudere. aut pictis tamquam gaudere tabellis. *Serm.*1.1.72
Celso gaudere et bene rem gerere Albinovano *Epist.*1.8.1
si dicet 'recte,' primum gaudere, ... *Epist.*1.8.15
gaudes. o quae fontibus integris|gaudes, ... *Carm.*1.26.7
gaudes carminibus; carmina possumus|donare *Carm.*4.8.11
'laedere gaudes,'|inquit, 'et hoc studio pravos facis.' . . *Serm.*1.4.78
gaudes, si cameram percusti forte, penes te es? . . . *Serm.*2.3.273
ut semper gaudes inludere rebus|humanis!" *Serm.*2.8.62
carmine tu gaudes, hic delectatur iambis. *Epist.*2.2.59
gaudet. ac neque iam stabulis gaudet pecus aut arator igni . . *Carm.*1.4.3
hic posuisse gaudet. *Carm.*1.34.16
motus doceri gaudet Ionicos|matura virgo *Carm.*3.6.21
gaudet invisam pepulisse fossor|ter pede terram. . . . *Carm.*3.18.15
ut gaudet insitiva decerpens pira *Epod.*2.19
Castor gaudet equis, ovo prognatus eodem|pugnis; . . . *Serm.*2.1.26
ille cubans gaudet mutata sorte *Serm.*2.6.110
'pars hominum vitiis gaudet constanter *Serm.*2.7.6
aut ursum aut pugiles: his nam plebecula gaudet. . . . *Epist.*2.1.186
gaudet equis canibusque et aprici gramine Campi. . . . *Ars Poet.*162
gaudetis. vos lene consilium et datis et dato|gaudetis, almae. . *Carm.*3.4.42
gaudia. o qui conplexus et gaudia quanta fuerunt. . . . *Serm.*1.5.43
nam neque divitibus contingunt gaudia solis *Epist.*1.17.9
gaudia. donet inpermissa raptim|gaudia luminibus remotis, . . *Carm.*3.6.28
ad quae si properas gaudia, ... *Carm.*4.12.21
est|gaudia prodentem voltum celare. *Serm.*2.5.104
migravit ab aure voluptas|omnis ad incertos oculos et gaudia vana. *Epist.*2.1.188
gaudiis. ut tamen noris, quibus advoceris|gaudiis: . . . *Carm.*4.11.14
gausape. acernam|gausape purpureo mensam pertersit . . *Serm.*2.8.11
gavisa. nunc tibicinibus, nunc est gavisa tragoedis; . . . *Epist.*2.1.98
gazae. non enim gazae neque consularis|submovet lictor . . *Carm.*2.16.9
gazis. beatis nunc Arabum invides|gazis *Carm.*1.29.2
gelida. gelidaque divos|morte carentis. *Carm.*2.8.11
mater delira necabit|in gelida fixum ripa febrimque reducet. . *Serm.*2.3.294
foribusque repulsum|perfundit gelida, ... *Serm.*2.7.91
gelida cum perluor unda|per medium frigus. *Epist.*1.15.4
gelidae. quis sub Arcto|rex gelidae metuatur orae, . . . *Carm.*1.26.4
gelidam. emptis|sub noctem gelidam lignis calefactat aenum; . *Epist.*2.2.169
gelide. vel quod res omnis timide gelideque ministrat, . . *Ars Poet.*171
gelido. aut super Pindo gelidove in Haemo? *Carm.*1.12.6
quaecumque aut gelido prominet Algido *Carm.*1.21.6
gelidos. gelidos inficiet tibi|rubro sanguine rivos . . . *Carm.*3.13.6
gelidum. gelidum nemus|Nympharumque leves cum Satyris chori *Carm.*1.1.30
gelidum. quis Parthum paveat, quis gelidum Scythen, . . . *Carm.*4.5.25
gelidus. me quotiens reficit gelidus Digentia rivos, . . . *Epist.*1.18.104
Gelli. non secus in bonis|ab insolenti temperatam|laetitia, moriture Delli
[Gelli], ... *coni.Carm.*2.3.4
Geloni. me . . . ultimi|noscent Geloni, ... *Carm.*2.20.19
Gelonos. intraque praescriptum Gelonos|exiguis equitare campis. *Carm.*2.9.23
visam pharetratos Gelonos *Carm.*3.4.35
gelu. geluque|flumina constiterint acuto? *Carm.*1.9.3
gemant. antemnaeque gemant ac sine funibus *Carm.*1.14.6
gemelli. at cetera paene gemelli|fraternis animis: . . . *Epist.*1.10.3

gemellum. nequitia et nugis, pravorum et amore gemellum, · · · *Serm.*2.3.244
gemens. Ityn flebiliter gemens,|infelix avis · · · · · *Carm.*4.12.5
gementis. visam gementis litora Bospori . · · · · · *Carm.*2.20.14
geminant. non acuta|si geminant Corybantes aera, · · · *Carm.*1.16.8
geminentur. non ut|serpentes avibus geminentur, tigribus agni. · · *Ars Poet.*13
geminis. Gratia cum Nymphis geminisque sororibus · · · *Carm.*4.7.5
gemino. nec gemino bellum Troianum orditur ab ovo; . · · *Ars Poet.*147
geminorum. gratia sic fratrum geminorum, Amphionis atque | Zethi,
  dissiluit, · · · · · · · · · · *Epist.*1.18.41
geminus. aura feret geminusque Pollux.' · · · · · *Carm.*3.29.64
gemis. paucis ostendi gemis et communia laudas, . · · · *Epist.*1.20.4
gemit. sulpura contemni vicus gemit, · · · · · *Epist.*1.15.7
gemmas. gemmas et lapides aurum et inutile, · · · · *Carm.*3.24.48
  gemmas, marmor, ebur, . . . sunt qui non habeant, · · *Epist.*2.2.180
gemmis. Grosphe, non gemmis neque purpura ve-|nale nec auro. · *Carm.*2.16.7
  cum gemmis Tyrios mirare colores; · · · · · *Epist.*1.6.18
genae. vel cur his animis incolumes non redeunt genae?' · · *Carm.*4.10.8
genas. umor et in genas|furtim labitur arguens, · · · *Carm.*1.13.6
  cur|manat rara meas lacrima per genas? · · · · *Carm.*4.1.34
Genaunos. Drusus Genaunos, inplacidum genus, . . . deiecit acer · *Carm.*4.14.10
gener. qualis Lycambae spretus infido gener · · · · *Epod.*6.13
  Villius in Fausta Syllae gener, . . . poenas dedit · · · *Serm.*1.2.64
  tum gener hoc faciet: · · · · · · · · *Serm.*2.5.66
generat. nec Iubae tellus generat, leonum|arida nutrix. · · *Carm.*1.22.15
generatur. unde nil maius generatur ipso · · · · *Carm.*1.12.17
genere. cetera de genere hoc, adeo sunt multa, · · · *Serm.*1.1.13
  Villius in Fausta Syllae gener [genere], hoc miser uno|nomine deceptus, *coni.Serm.*1.2.64
generi. ut, quantum generi demas, virtutibus addas; · · · *Epist.*1.20.22
genero. Villius in Fausta Syllae gener [genero], hoc miser uno | nomine
  deceptus, · · · · · · · · · · *coni.Serm.*1.2.64
generosae. sed non omne mare est generosae fertile testae: . · *Serm.*2.4.31
generosior. hic generosior|descendat in campum petitor, · · *Carm.*3.1.10
  nemo generosior est te · · · · · · · *Serm.*1.6.2
generosis. non minus ignotos generosis. · · · · · *Serm.*1.6.24
generosius. quae generosius|perire quaerens · · · · *Carm.*1.37.21
generosum. ad mare cum veni, generosum et lene requiro, · · *Epist.*1.15.18
generum. nescias an te generum beati|Phyllidis flavae decorent parentes: *Carm.*2.4.13
genetricem. nec ferro ut demens genetricem occidis Orestes. · *Serm.*2.3.133
Genetyllis. sive tu Lucina probas vocari|seu Genitalis [Genetyllis]: · *coni.Carm.Saec.*16
genialis. lectus genialis in aula est: · · · · · *Epist.*1.1.87
genibus. et corde et genibus tremit. . · · · · · *Carm.*1.23.8
  contractum genibus tangas caput? · · · · · *Serm.*2.7.61
  ius imperiumque Phraates|Caesaris accepit genibus minor; · *Epist.*1.12.28
genis. pulcris excubat in genis. · · · · · · *Carm.*4.13.8
Genitalis. sive tu Lucina probas vocari|seu Genitalis: · · · *Carm.Saec.*16
genitor. occidit et Pelopis genitor, conviva deorum, · · *Carm.*1.28.7
  adsciscet nova, quae genitor produxerit usus. · · · *Epist.*2.2.119
Genium. quod te per Genium dextramque deosque Penatis|obsecro . *Epist.*1.7.94
  piabant,|floribus et vino Genium memorem brevis aevi. · *Epist.*2.1.144
genium. cras genium mero|curabis et porco bimenstri · · *Carm.*3.17.14
Genius. scit Genius, natale comes qui temperat astrum, · · *Epist.*2.2.187
  vinoque diurno|placari Genius festis inpune diebus, · · *Ars Poet.*210
gens. gens humana ruit per vetitum nefas: · · · · *Carm.*1.3.26
  gens, quae cremato fortis ab Ilio . · · · · · *Carm.*4.4.53
  ut prisca gens mortalium, · · · · · · · *Epod.*2.2
  sive quod Apula gens seu quod Lucania bellum|incuteret violenta. *Serm.*2.1.38
gente. an pauper et infima|de gente sub divo moreris: · · *Carm.*2.3.23
  Chrysippus ponit fecunda in gente Meneni. — · · · *Serm.*2.3.287
  quamvis periurus erit, sine gente, · · · · · *Serm.*2.5.15
gentes. urbesque gentesque et Latium ferox · · · · *Carm.*1.35.10
genti. quanta moves funera Dardanae|genti. · · · · *Carm.*1.15.11
  non Laertiaden, exitium tuae|gentis [genti], . . . respicis? · *var.Carm.*1.15.22
  Romulae genti date remque prolemque|et decus omne. · · *Carm.Saec.*47
  Iuppiter illa piae secrevit litora genti, · · · · *Epod.*16.63
gentibus. ignem fraude mala gentibus intulit; · · · *Carm.*1.3.28
  Medumque flumen gentibus additum|victis · · · · *Carm.*2.9.21
gentis. gentis humanae pater atque custos, · · · · *Carm.*1.12.49
  non Laertiaden, exitium tuae|gentis, . . . respicis? · · *Carm.*1.15.22
  optume Romulae|custos gentis, · · · · · · *Carm.*4.5.2

gentis. terruit gentis, grave ne rediret|saeculum Pyrrhae . . . *Carm.*1.2.5
 inprovisa leti|vis rapuit rapietque gentis. *Carm.*2.13.20
genua. dumque virent genua|et decet. *Epod.*13.4
genuit. non te Penelopen difficilem procis|Tyrrhenus genuit parens. . *Carm.*3.10.12
 ludus enim genuit trepidum certamen et iram, . . . *Epist.*1.19.48
genus. piscium et summa genus haesit ulmo, ... *Carm.*1.2.9
 audax Iapeti genus|ignem fraude mala gentibus intulit; . . *Carm.*1.3.27
 Cocytos errans et Danai genus|infame *Carm.*2.14.18
 non, Torquate, genus, non te facundia, non te|restituet pietas; . *Carm.*4.7.23
 hoc genus omne|maestum ac sollicitum est cantoris morte Tigelli. . *Serm.*1.2.2
 quod sunt quos genus hoc minime iuvat, ... *Serm.*1.4.24
 meritone tibi sit|suspectum genus hoc scribendi. . . . *Serm.*1.4.65
 Messi clarum genus Osci; *Serm.*1.5.54
 "est genus unum|stultitiae nihilum metuenda timentis, . . . *Serm.*2.3.53
 qua me stultitia, quoniam non est genus unum,|insanire putas? . *Serm.*2.3.301
 et genus et virtus, nisi cum re, vilior alga est.' . . . *Serm.*2.5.8
 iuvenis Parthis horrendus, ab alto|demissum genus Aenea, . *Serm.*2.5.63
 divorsum confusa genus panthera camelo . . . converteret ora; . *Epist.*2.1.195
genus. sive neglectum genus et nepotes|respicis, auctor . . *Carm.*1.2.35
 iactes et genus et nomen inutile: *Carm.*1.14.13
 regium certe genus, et penatis|maeret iniquos. . . . *Carm.*2.4.15
 hic superbum|Tantalum atque Tantali|genus coercet, . . *Carm.*2.18.38
 nuptias|primum inquinavere et genus et domos: . . . *Carm.*3.6.18
 nepotum|per memores genus omne fastos, . . . *Carm.*3.17.4
 narras et genus Aeaci *Carm.*3.19.3
 Drusus Genaunos, inplacidum genus, . . . deiecit acer. . *Carm.*4.14.10
 fortuna non mutat genus. *Epod.*4.6
 regit|terras et humanum genus, ... *Epod.*5.2
 cum genus hoc inter vitae versetur, ... *Serm.*1.3.60
 contra Laevinum, Valeri genus, ... *Serm.*1.6.12
 nugas|hoc genus: 'hora quota est?' *Serm.*2.6.44
 et genus et formam regina Pecunia donat *Epist.*1.6.37
 dum terras hominumque colunt genus, ... *Epist.*2.1.7
 multa fero, ut placem genus irritabile vatum, . . . *Epist.*2.2.102
 ignotum tragicae genus invenisse Camenae . . . . *Ars Poet.*275
gerat. quodque aliena capella gerat distentius uber, . . . *Serm.*1.1.110
 post haec, ut valeat, quo pacto rem gerat et se, . . . *Epist.*1.8.13
gerentem. Raetis bella sub Alpibus|Drusum gerentem . . *Carm.*4.4.18
gerere. si male rem gerere insani est, contra bene sani: . . *Serm.*2.3.74
 Celso gaudere et bene rem gerere Albinovano . . . *Epist.*1.8.1
 res gerere et captos ostendere civibus hostis . . . *Epist.*1.17.33
geret. geretque|proelia coniugibus loquenda . . . *Carm.*4.4.67
geri. non tamen intus|digna geri promes in scaenam . . *Ars Poet.*183
geris. dis te minorem quod geris, imperas: . . . *Carm.*3.6.5
 seu tu querelas sive geris iocos *Carm.*3.21.2
gerit. geretque [geritque]|proelia coniugibus loquenda . . *var.Carm.*4.4.67
Germania. Germania quos horrida parturit|fetus . . . *Carm.*4.5.26
 nec fera caerulea domuit Germania pube *Epod.*16.7
germinat. germinat et numquam fallentis termes olivae . . *Epod.*16.45
gerulis. festinat calidus mulis gerulisque redemptor, . . *Epist.*2.2.72
Geryonem. qui ter amplum | Geryonen [Geryonem] Tityonque tristi |
 conpescit unda, ... *var.Carm.*2.14.8
Geryonen. ter amplum|Geryonen Tityonque . . . *Carm.*2.14.8
gesserat. arcana . . . credebat libris neque, si male cesserat [gesserat],
 usquam|decurrens alio neque, si bene: . . . *var.Serm.*2.1.31
gesserit. quam rem cumque ferox . . . miles te duce gesserit. . *Carm.*1.6.4
gessi. haud ita Troiae|me gessi, certans semper melioribus.' . *Serm.*2.5.19
gesta. nam male re gesta cum vellem mittere operto|me capite in flumen, . *Serm.*2.3.37
gestae. res gestae regumque ducumque et tristia bella . . *Ars Poet.*73
gestans. clavos trabalis et cuneos manu|gestans aena . . *Carm.*1.35.19
gestare. siquis lectica nitidam gestare amet agnam, . . *Serm.*2.3.214
gestas. quis sibi res gestas Augusti scribere sumit? . . *Epist.*1.3.7
 quam res conponere gestas|terrarumque situs . . . *Epist.*2.1.251
gestat. neque iam livida gestat armis|bracchia . . . *Carm.*1.8.10
 adde huc quod mercem sine fucis gestat, . . . *Serm.*1.2.83
gestiens. hunc tanget armis, visere gestiens, . . . *Carm.*3.3.54
gestiet. omnis|gestiet a furno redeuntis scire lacuque . . *Serm.*1.4.37
gestio. transfuga divitum|partis linquere gestio, . . . *Carm.*3.16.24
gestis. pressum Calibus ducere Liberum|si gestis, . . . *Carm.*4.12.15

fuge quo descendere gestis:│non erit emisso reditus tibi. *Epist.*1.20.5
gestit. pars hominum gestit conducere publica; *Epist.*1.1.77
gestit enim nummum in loculos demittere, ... *Epist.*2.1.175
gestit paribus conludere . . . . *Ars Poet.*159
Getae. melius Scythae, . . . vivont et rigidi Getae, ... *Carm.*3.24.11
non Getae,│non Seres infidique Persae, ... *Carm.*4.15.22
giganteo. clari giganteo triumpho, ... *Carm.*3.1.7
gigantum. cum parentis regna per arduom│cohors gigantum scanderet inpia, *Carm.*2.19.22
gigas. nec si resurgat centimanus gigas│divellet umquam: . . . *Carm.*2.17.14
testis mearum centimanus gigas│sententiarum, ... *Carm.*3.4.69
Glabiis. Gabiis [Glabiis] desertior atque│Fidenis vicus; *var.Epist.*1.11.7
Glabios. invidus aegris│qui . . . Clusinis Gabiosque [Glabiosque] petunt
et frigida rura. *var.Epist.*1.15.9
glacies. stat glacies iners│mensis per omnis *Carm.*2.9.5
glaciet. glaciet nives│puro numine Iuppiter? *Carm.*3.10.7
gladiatorum. gladiatorum dare centum│damnati populo paria . . . *Serm.*2.3.85
gladio. adde cruorem│stultitiae atque ignem gladio scrutare. . . . *Serm.*2.3.276
glaebas. Sabellis docta ligonibus│versare glaebas *Carm.*3.6.39
rident vicini glaebas et saxa moventem *Epist.*1.14.39
glaebis. pinguia nec siccis urantur semina glaebis, ... *Epod.*16.55
glande. Vmber et iligna nutritus glande rotundas│curvat aper . . . *Serm.*2.4.40
glandem. glandem atque cubilia propter │ unguibus et pugnis, . . .
pugnabant *Serm.*1.3.100
Glauco. ut Diomedi│cum Lycio Glauco, ... *Serm.*1.7.17
glomes. ut vinosa glomus [glomes] furtivae †Pirria lanae [Pyrria lenae], . *var.Epist.*1.13.14
glomos. ut vinosa glomus [glomos] furtivae †Pirria [Pyrria] lanae, . *var.Epist.*1.13.14
glomus. ut vinosa glomus furtivae †Pirria lanae, ... *Epist.*1.13.14
Gloria. et tollens vacuom plus nimio Gloria verticem *Carm.*1.18.15
sed fulgente trahit constrictos Gloria curru *Serm.*1.6.23
quem tulit ad scaenam ventoso Gloria curru, ... *Epist.*2.1.177
gloria. praeterea ne vos titillet gloria, ... *Serm.*2.3.179
gloria quem supra vires et vestit et unguit, ... *Epist.*1.18.22
gloria. et militavi non sine gloria; *Carm.*3.26.2
gloriantis. gloriantis quamlibet mulierculam│vincere mollitia amor Lycisci *Epod.*11.23
Glycerae. urit me Glycerae nitor *Carm.*1.19.5
vocantis│ture te multo Glycerae decoram│transfer in aedem. . *Carm.*1.30.3
ne doleas plus nimio memor│inmitis Glycerae *Carm.*1.33.2
me lentus Glycerae torret amor meae. *Carm.*3.19.28
Glyconis. quia desperes invicti membra Glyconis, ... *Epist.*1.1.30
Gnantia. dein Gnatia [Gnantia] Lymphis │ iratis exstructa dedit risusque
iocosque, ... *var.Serm.*1.5.97
gnatae. huic vestem ut gnatae, paret ancillas, paret aurum, . . . *Serm.*2.3.215
gnatam. siquis gnatam pro muta devovet agna, ... *Serm.*2.3.219
gnati. ac pater ut gnati, sic nos debemus amici│siquod sit vitium non
fastidire: *Serm.*1.3.43
caput abscissum demens cum portat Agaue│gnati infelicis, . . *Serm.*2.3.304
Gnatia. dein Gnatia Lymphis│iratis exstructa dedit risusque iocosque, *Serm.*1.5.97
gnatis. ut te│suscitet ac reddat gnatis carisque propinquis? . . *Serm.*1.1.83
habes qui . . . medicum roget, ut te│suscitet ac reddat gnatis [gnatis
reddat] *var.Serm.*1.1.83
gnatis divisse duobus│fertur *Serm.*2.3.169
gnatis. videas metato in agello│cum pecore et gnatis *Serm.*2.2.115
vivet uter locuples sine gnatis, ... *Serm.*2.5.28
gnato. abstinuit vim│uxore et gnato; *Serm.*2.3.203
gnato. Terenti│fabula quem miserum gnato vixisse fugato│inducit, . *Serm.*1.2.21
gnatus. domi si gnatus erit fecundave coniux. *Serm.*2.5.31
Gnidius. ut pura nocturno renidet│luna mari Cnidiusve [Gnidiusve] Gyges, *var.Carm.*2.5.20
Gorgonius. facetus│pastillos Rufillus olet, Gargonius [Gorgonius] hircum: *var.Serm.*1.2.27
ego si risi, quod ineptus│'pastillos Rufillus olet, Gargonius [Gorgonius]
hircum', ... *var.Serm.*1.4.92
Gracchus. Gracchus ut hic illi, foret huic ut Mucius ille. . . . *Epist.*2.2.89
gracili. gracili sic tamque pusillo *Serm.*1.5.69
gracilis. quis multa gracilis te puer in rosa│perfusus liquidis urget odoribus *Carm.*1.5.1
gradu. praesens vel imo tollere de gradu│mortale corpus . . . *Carm.*1.35.2
'at Novius collega gradu post me sedet uno: *Serm.*1.6.40
gradum. quem mortis timuit gradum *Carm.*1.3.17
necessitas│Leti corripuit gradum; *Carm.*1.3.33
Graeca. Graeca quod ego ipse testa│conditum levi, ... *Carm.*1.20.2
Graeca. vos exemplaria Graeca│nocturna versate manu, versate diurna. . *Ars Poet.*268

meruere decus vestigia Graeca│ausi deserere . . . . . . *Ars Poet.*286
graeca. quod verbis graeca latinis│miscuit.' *Serm.*1.10.20
graecari. (si Romana fatigat│militia adsuetum graecari) *Serm.*2.2.11
Graecia. quam multo repetet Graecia milite *Carm.*1.15.6
uti Graecia Castoris│et magni memor Herculis. *Carm.*4.5.35
Graecia barbariae lento collisa duello, ... *Epist.*1.2.7
ut primum positis nugari Graecia bellis│coepit *Epist.*2.1.93
Graecia capta ferum victorem cepit *Epist.*2.1.156
Graecis. quam rudis et Graecis intacti carminis auctor *Serm.*1.10.66
quod si tam Graecis novitas invisa fuisset│quam nobis, . . . *Epist.*2.1.90
Graecis. serus enim Graecis admovit acumina chartis *Epist.*2.1.161
Graecis. litterulis Graecis imbutus, idoneus arti│cuilibet: . . . *Epist.*2.2.7
Graeco. seu Graeco iubeas trocho *Carm.*3.24.57
si│Graeco fonte cadent parce detorta. . . . . . . *Ars Poet.*53
Graecorum. rhetor comes Heliodorus,│Graecorum longe doctissimus; . *Serm.*1.5.3
magnas Graecorum malis inplere catervas.' *Serm.*1.10.35
quia Graiorum [Graecorum] sunt antiquissima quaeque │ scripta vel
optima, ... *var.Epist.*2.1.28
graecos. atque ego cum graecos facerem, natus mare citra,│versiculos, . *Serm.*1.10.31
Graecus. at Graecus, postquam est Italo perfusus aceto, . . . *Serm.*1.7.32
quid simile isti│Graecus Aristippus? *Serm.*2.3.100
Gragilius. piscemur, venemur, ut olim│Gargilius [Gragilius] . . . *var.Epist.*1.6.58
Graia. quam Graia victorum manus. *Epod.*10.12
Graiae. spiritum Graiae tenuem Camenae *Carm.*2.16.38
Graiorum. Graiorum, neque tu pessuma munerum│ferres, . . . *Carm.*4.8.4
quia Graiorum sunt antiquissima quaeque│scripta vel optima, . *Epist.*2.1.28
Grais. tradidit fessis leviora tolli│Pergama Grais. *Carm.*2.4.12
te nostris ducibus, te Grais anteferendo *Epist.*2.1.19
iratus Grais quantum nocuisset Achilles. *Epist.*2.2.42
Grais ingenium, Grais dedit ore rotundo│Musa loqui, . . . *Ars Poet.*323
gramina. per gramina Martii│campi, ... *Carm.*4.1.39
redeunt iam gramina campis *Carm.*4.7.1
gramine. seu te in remoto gramine per dies│festos reclinatum . . *Carm.*2.3.6
aeque conspicitur gramine Martio *Carm.*3.7.26
in tenero gramine pinguium│custodes ovium *Carm.*4.12.9
modo in tenaci gramine: *Epod.*2.24
gaudet equis canibusque et aprici gramine Campi, . . . *Ars Poet.*162
graminis. cervos uti vallis in altera│visum parte lupum graminis inmemor, *Carm.*1.15.30
grammaticas. grammaticas ambire tribus et pulpita dignor: . . *Epist.*1.19.40
grammatici. grammatici certant et adhuc sub iudice lis est. . . *Ars Poet.*78
grammaticorum. *grammaticorum equitum doctissimus.* . . . *Serm.*1.10.*8
granaria. cur tua plus laudes cumeris granaria nostris? . . . *Serm.*1.1.53
grande. grande certamen, tibi praeda cedat,│maior an illa. . . *Carm.*3.20.7
grande. grande munus│Cecropio repetes cothurno, ... *Carm.*2.1.11
grande malum Turius, siquid se iudice certes. *Serm.*2.1.49
grandes rhombi patinaeque│grande ferunt una cum damno dedecus. . *Serm.*2.2.96
grande. mearum│grande decus columenque rerum. *Carm.*2.17.4
grandem. saevit, quod meretrice nepos insanus [insanit] amica │ filius
uxorem grandi [grandem] cum dote recuset, ... *var.Serm.*1.4.50
grandes. grandes rhombi patinaeque │ grande ferunt una cum damno
dedecus. *Serm.*2.2.95
hunc socci cepere pedem grandesque cothurni, ... *Ars Poet.*80
grandi. nobilis ut grandi cecinit Centaurus alumno: *Epod.*13.11
nobilis ut grandi cecinit [cecinit grandi] Centaurus alumno: . . *var.Epod.*13.11
grandi. quondam lethargo grandi est oppressus, ... *Serm.*2.3.145
grandi. filius uxorem grandi cum dote recuset, ... *Serm.*1.4.50
grandia. nos, . . . conamur, tenues grandia. *Carm.*1.6.9
grandia laturus meritorum praemia. quid stas?' *Epist.*2.2.38
si metit Orcus│grandia cum parvis, ... *Epist.*2.2.179
professus grandia turget; . . . . *Ars Poet.*27
grandine. non verberatae grandine vineae *Carm.*3.1.29
grandinis. iam satis terris nivis atque dirae│grandinis misit Pater . *Carm.*1.2.2
grandis. foro nimium distare Carinas│iam grandis natu queritur, . . *Epist.*1.7.49
grando. haud quia grando│contuderit vitis *Epist.*1.8.4
granum. audeat esuriens dominus contingere granum . . . *Serm.*2.3.113
grassare. obsequio grassare; mone, si increbruit aura, . . . *Serm.*2.5.93
grata. urit grata protervitas *Carm.*1.19.7
nec loquax olim neque grata, ... *Carm.*3.11.5
grata superveniet, quae non sperabitur hora. *Epist.*1.4.14

si te grata quies et primam somnus in horam│delectat, ... *Epist.*1.17.6
grata. o decus Phoebi et dapibus supremi│grata testudo Iovis, . . . *Carm.*1.32.14
grata. solvitur acris hiems grata vice veris et Favoni *Carm.*1.4.1
grata detinuit compede Myrtale│libertina, ... *Carm.*1.33.14
tenetque grata│compede vinctum. *Carm.*4.11.23
ter die claro totiensque grata│nocte frequentis. *Carm.Saec.*23
grata sume manu neu dulcia differ in annum, ... *Epist.*1.11.23
eo quod│illecebris erat et grata novitate morandus│spectator . *Ars Poet.*223
grata. grataque feminis│inbelli cithara carmina divides; . . . *Carm.*1.15.14
non aestuosae grata Calabriae│armenta, ... *Carm.*1.31.5
grata carpentis thyma per laborem│plurimum *Carm.*4.2.29
donarem pateras grataque commodus,│Censorine, meis aera sodalibus, . *Carm.*4.8.1
odisti clavis et grata sigilla pudico; *Epist.*1.20.3
gratae. tuis victus Venerisque gratae│vocibus *Carm.*4.6.21
gratae. plerumque gratae divitibus vices *Carm.*3.29.13
gratarum. notaque et artium│gratarum facies? *Carm.*4.13.22
gratas. ut gratas inter mensas symphonia discors . . . *Ars Poet.*374
grate. natalis grate numeras? *Epist.*2.2.210
Gratia. Gratia│nudis iuncta sororibus. *Carm.*3.19.16
Gratia cum Nymphis geminisque sororibus *Carm.*4.7.5
dein Gnatia [Grata] Lymphis│iratis exstructa dedit risusque iocosque, *var.Serm.*1.5.97
gratia. laus illi debetur et a me gratia maior. *Serm.*1.6.88
an male sarta│gratia nequiquam coit et rescinditur . . . *Epist.*1.3.32
cui│gratia fama valetudo contingat abunde *Epist.*1.4.10
si fortunatum species et gratia praestat, ... *Epist.*1.6.49
gratia sic fratrum geminorum, Amphionis atque│Zethi, dissiluit, . *Epist.*1.18.41
nedum sermonum stet honos et gratia vivax. . . . . *Ars Poet.*69
gratia regum│Pieriis temptata modis . . . . . . *Ars Poet.*404
Gratiae. iunctaeque Nymphis Gratiae decentes │ alterno terram quatiunt
pede, ... *Carm.*1.4.6
solutis│Gratiae zonis properentque Nymphae *Carm.*1.30.6
segnesque nodum solvere Gratiae *Carm.*3.21.22
gratiae. militabitur│bellum in tuae spem gratiae, . . . *Epod.*1.24
gratior. gratior it dies *Carm.*4.5.7
quae carmine gratior aurem│occupet humanam? . . . *Serm.*2.2.94
ubi gratior aura│leniat et rabiem Canis *Epist.*1.10.15
gratissima. postera lux oritur multo gratissima: . . . *Serm.*1.5.39
gratissimus. demptus per vim mentis gratissimus error.' . . *Epist.*2.2.140
grato. dura sed emovere loco me tempora grato . . . *Epist.*2.2.46
grato. grato, Pyrrha, sub antro? *Carm.*1.5.3
dum grato Danai puellas│carmine mulces. *Carm.*3.11.23
exiguo gratoque fruaris tempore raptim. *Epist.*2.2.198
gratum. tecum sub alta — sic Iovi gratum — domo, . . . *Epod.*9.3
si quod adest gratum iuvat (hac prece te oro): . . . *Serm.*2.6.13
gratum. o diva, gratum quae regis Antium, ... *Carm.*1.35.1
gratum elocuta consiliantibus│Iunone divis: *Carm.*3.3.17
gratus. gratus puellae risus ab angulo *Carm.*1.9.22
superis deorum│gratus et imis. *Carm.*1.10.20
gratus insigni referam camena│Fabriciumque. . . . *Carm.*1.12.39
'donec gratus eram tibi *Carm.*3.9.1
sive operum vacuo gratus conviva per imbrem│vicinus, . . *Serm.*2.2.119
gratus Alexandro regi magno fuit ille│Choerilus, . . . *Epist.*2.1.232
gravat. nil moror officium quod me gravat *Epist.*2.1.264
gravatus. Pegasus terrenum equitem gravatus│Bellerophontem, . . *Carm.*4.11.27
grave. terruit gentis, grave ne rediret│saeculum Pyrrhae . . *Carm.*1.2.5
'da, si grave non est, ... *Serm.*2.8.4
grave. pomifero grave tempus anno. *Carm.*3.23.8
exemplum grave praebet ales│Pegasus *Carm.*4.11.26
maior Neronum mox grave proelium│conmisit . . . *Carm.*4.14.14
grave virus│munditiae pepulere; *Epist.*2.1.158
vicinas urbes alit et grave sentit aratrum, ... *Ars Poet.*66
gravem. neque haec dicere nec gravem│Pelidae stomachum . . *Carm.*1.6.5
nunc fluviis gravem│solantis aestum, ... *Carm.*2.5.6
ante gravem quae legerit arbore solem. *Serm.*2.4.23
poscentique gravem persaepe remittit acutum . . . *Ars Poet.*349
gravem. quis post vina gravem militiam aut pauperiem crepat? . . *Carm.*1.18.5
ille gravem duro terram qui vertit aratro, ... *Serm.*1.1.28
graves. quo graves Persae melius perirent, ... *Carm.*1.2.22
graves. Stesichorive graves Camenae *Carm.*4.9.8

non amicorum queant|libera consilia nec contumeliae graves, . . *Epod.*11.26
gravi. gravi|malvae salubres corpori *Epod.*2.57
gravi. tu gravi curru quaties Olympum, ... *Carm.*1.12.58
parce gravi metuende thyrso. *Carm.*2.19.8
amore percussum gravi, ... *Epod.*11.2
aut ad humum maerore gravi deducit et angit; . . . *Ars Poet.*110
gravi. vita solutorum misera ambitione gravique; . . . *Serm.*1.6.129
gravi. irae Thyesten exitio gravi|stravere . . . *Carm.*1.16.17
tot ora navium gravi|rostrata duci pondere . . . *Epod.*4.17
gravibus. inceptis gravibus plerumque et magna professis|purpureus, . . .
adsuitur pannus, ... *Ars Poet.*14
gravibus. adiectis Britannis|imperio gravibusque Persis. . . . *Carm.*3.5.4
gravida. erus "haec gravida" inquit|"capta est, . . . *Serm.*2.8.43
gravida. nec venenatis gravida sagittis,|Fusce, pharetra, . . *Carm.*1.22.3
gravior. tardior ut paullo graviorque veniret ad auris, . . *Ars Poet.*255
graviore. celsae graviore casu|decidunt turres . . . *Carm.*2.10.10
gravis. sed palam captis gravis, heu nefas, heu, . . . *Carm.*4.6.17
polypus an gravis hirsutis cubet hircus in alis, . . . *Epod.*12.5
'o fortunati mercatores' gravis armis|miles ait, . . . *Serm.*1.1.4
sive gravis veteri craterae limus adhaesit. . . . *Serm.*2.4.80
autumnusque gravis, Libitinae quaestus acerbae. . . *Serm.*2.6.19
nec meretrix tibicina cuius|ad strepitum salias terrae gravis; . *Epist.*1.14.26
quae gravis Aesopus, quae doctus Roscius egit: . . *Epist.*2.1.82
gravis. quibus te vita sit superstite|iucunda, si contra, gravis? . *Epod.*1.6
minus est gravis Appia tardis. *Serm.*1.5.6
si te forte meae gravis uret sarcina chartae, . . . *Epist.*1.13.6
asperitas agrestis et inconcinna gravisque, . . . *Epist.*1.18.6
gravis. vel acer Deiphobus gravis|excepit ictus . . *Carm.*4.9.22
gravis. dum gravis Cyclopum|Volcanus ardens visit officinas. . *Carm.*1.4.7
nequiquam thalamo gravis|hastas . . . vitabis . . *Carm.*1.15.16
ludumque Fortunae gravisque|principum amicitias . . *Carm.*2.1.3
gravis|iras et invisum nepotem, ... *Carm.*3.3.30
atque aestus curasque gravis e pectore pelli? . . *Serm.*1.2.110
interea suspensa gravis aulaea ruinas|in patinam fecere, . *Serm.*2.8.54
gravitate. non ridet versus Enni gravitate minores, . . *Serm.*1.10.54
vincere Caecilius gravitate, Terentius arte. . . . *Epist.*2.1.59
asper|incolumi gravitate iocum temptavit . . . *Ars Poet.*222
gravius. unde|fama malum gravius quam res trahit. . . *Serm.*1.2.59
cum gravius dorso subiit onus. *Serm.*1.9.21
gravos. credula nec ravos [gravos] timeant armenta leones . *var.Epod.*16.33
grege. contaminato cum grege turpium|morbo virorum . *Carm.*1.37.9
per apertum fugientis agitato grege cervos iaculari . . *Carm.*3.12.10
pastor umbras cum grege languido|rivomque fessus quaerit . *Carm.*3.29.21
aut pars indocili melior grege; *Epod.*16.37
viribus editior caedebat ut in grege taurus. . . . *Serm.*1.3.110
cum ridere voles, Epicuri de grege porcum. . . . *Epist.*1.4.16
gregem. nullius astri|gregem aestuosa torret inpotentia. . *Epod.*16.62
greges. te greges centum Siculaeque circum|mugiunt vaccae, . *Carm.*2.16.33
greges. regum timendorum in proprios greges . . . *Carm.*3.1.5
mugientium|prospectat errantis greges . . . *Epod.*2.12
gregi. nigro conpulerit Mercurius gregi? . . . *Carm.*1.24.18
gregis. lascivi suboles gregis. *Carm.*3.13.8
scribe tui gregis hunc et fortem crede bonumque. . . *Epist.*1.9.13
grex. refertque tenta grex amicus ubera . . . *Epod.*16.50
insanum Chrysippi porticus et grex|autumat. . . *Serm.*2.3.44
si forte suas repetitum venerit olim|grex avium plumas, . *Epist.*1.3.19
Grosphe. Grosphe, non gemmis neque purpura ve-|nale nec auro. . *Carm.*2.16.7
Grospho. utere Pompeio Grospho et, siquid petet, ultro|defer: . *Epist.*1.12.22
Grosphus. nil Grosphus nisi verum orabit et aequom. . *Epist.*1.12.23
gruem. pavidumque leporem et advenam laqueo gruem | iucunda captat
praemia. *Epod.*2.35
gruis. mazonomo pueri magno discerpta ferentes|membra gruis . *Serm.*2.8.87
gula. ait Harpyiis gula digna rapacibus. . . . *Serm.*2.2.40
lucet, eamus|quo ducit gula; *Epist.*1.6.57
gulae. nil servile gulae parens habet? *Serm.*2.7.111
gurges. qui gurges aut quae flumina lugubris|ignara belli? . *Carm.*2.1.33
gustaremus. ut nihil omnino gustaremus, . . . *Serm.*2.8.94
gustarit. quae si semel uno|de sene gustarit tecum partita lucellum, . *Serm.*2.5.82
gustet. ante Larem gustet venerabilior Lare dives. . . *Serm.*2.5.14

guttur.   parentis olim siquis inpia manu│senile guttur fregerit,   .   .   .   *Epod.*3.2
gutturi.   frustraque vincla gutturi innectes tuo *Epod.*17.72
guttus.   adstat echinus│vilis, cum patera guttus, ...   *Serm.*1.6.118
Gyas.   nec si resurgat centimanus gigas [Gyas]│divellet umquam: .   .   *coni.Carm.*2.17.14
   testis mearum centimanus gigas [Gyas]│sententiarum,   .   .   .   *coni.Carm.*3.4.69
Gygen.   constantis iuvenem fide│Gygen? *Carm.*3.7.5
Gyges.   Cnidiusve Gyges,│quem si puellarum insereres choro,   .   .   *Carm.*2.5.20
gyro.   seu bruma nivalem│interiore diem gyro trahit, ...   *Serm.*2.6.26

H

habeant.   quanto curam sumptumque minorem│haec habeant,   .   .   .   *Serm.*2.4.86
   sunt qui non habeant, est qui non curat habere. *Epist.*2.2.182
habeare.   paulum deliquit amicus,│quod nisi concedas, habeare insuavis: .   *Serm.*1.3.85
habeas.   'nil satis est,' inquit, 'quia tanti quantum habeas sis':   .   .   *Serm.*1.1.62
   cumque habeas plus,│pauperiem metuas minus *Serm.*1.1.92
habeat.   nulla taberna meos habeat neque pila libellos, ...   *Serm.*1.4.71
   quod non ingenuos habeat clarosque parentes, ...   *Serm.*1.6.91
   levis haec insania quantas│virtutes habeat, sic collige: .   .   *Epist.*2.1.119
   qualis│aedituos habeat belli spectata domique│virtus,   .   .   *Epist.*2.1.230
habeatur.   plus aequo liber: simplex fortisque habeatur;   .   .   .   *Serm.*1.3.52
habebas.   et finire laborem│incipias, parto quod avebas [habebas], ne facias
      quod│Vmmidius quidam. *var.Serm.*1.1.94
habebat.   Sardus habebat│ille Tigellius hoc: *Serm.*1.3.3
   habebat saepe ducentos,│saepe decem servos; *Serm.*1.3.11
   Persius hic permagna negotia dives habebat│Clazomenis,   .   .   *Serm.*1.7.4
habebit.   barbiton hic paries habebit, ...   *Carm.*3.26.4
habebitur.   praesens divos habebitur│Augustus *Carm.*3.5.2
   'qui species alias veris . . . capiet, commotus habebitur   .   .   *Serm.*2.3.209
habebo.   'tamen et quaeram et quot habebo│mittam'; *Epist.*1.6.42
habebunt.   quaecumque parum splendoris habebunt *Epist.*2.2.111
   nova fictaque nuper habebunt verba fidem, ...   *Ars Poet.*52
habemus.   "Albanum, Maecenas, sive Falernum . . . habemus utrumque."   *Serm.*2.8.17
habena.   laeva stomachosus habena│dicet eques; *Epist.*1.15.12
habenae.   in scalis latuit metuens pendentis habenae'—   .   .   .   *Epist.*2.2.15
habendi.   inmoritur studiis et amore senescit habendi.   .   .   .   *Epist.*1.7.85
habent.   habentque│Tartara Panthoiden iterum Orco│demissum,   .   .   *Carm.*1.28.9
habentem.   quod non desit habentem *Epist.*2.2.52
habentis.   plorem artis in te nil agentis [habentis] exitus?'   .   .   *var.Epod.*17.81
habento.   iriguomque mero sub noctem corpus habento.   .   .   .   *Serm.*2.1.9
habeo.   'nil habeo quod agam et non sum piger: usque sequar te.'   .   *Serm.*1.9.19
   divitiasque habeo tribus amplas regibus.' *Serm.*2.2.101
habere.   Maecenas me coepit habere suorum│in numero,   .   .   .   *Serm.*2.6.41
   creditur, ex medio quia res accersit, habere│sudoris minimum,   .   .   .
      comoedia *Epist.*2.1.168
   sunt qui non habeant, est qui non curat habere. *Epist.*2.2.182
haberes.   haberes│magnum adiutorem, ...   *Serm.*1.9.45
   aut quid haberet [haberes],│quod legeret tereretque viritim publicus usus?   *var.Epist.*2.1.91
haberet.   sed tacitus pasci si posset corvos, haberet│plus dapis   .   .   *Epist.*1.17.50
   quid haberet,│quod legeret tereretque viritim publicus usus?   .   .   *Epist.*2.1.91
haberi.   sordidus atque animi quod parvi nolit haberi,│respondet.   .   .   *Serm.*1.2.10
   haberi│et cupiat formosus, ...   *Serm.*1.6.30
   insanos qui inter vereare insanus haberi. *Serm.*2.3.40
   patiarque vel inconsultus haberi. *Epist.*1.5.15
   ut . . . urbanus coepit haberi, ...   *Epist.*1.15.27
   dum studet urbanus tenditque disertus haberi. *Epist.*1.19.16
   'deus inmortalis haberi│dum cupit Empedocles, ...   *Ars Poet.*464
habes.   quidquid habes, age,│depone tutis auribus. *Carm.*1.27.17
   quid habes illius, illius. *Carm.*4.13.18
   habes qui│adsideat, fomenta paret, ...   *Serm.*1.1.81
   'quid tu?│nullane habes vitia?' *Serm.*1.3.20
   cur optas quod habes? *Serm.*1.3.126
   'habes auctorem, quo facias hoc' *Serm.*1.4.122
   barathrone│dones quidquid habes *Serm.*2.3.167
   si melius quid habes, arcesse, vel imperium fer. *Epist.*1.5.6
   'habes pretium, loris non ureris,' aio. *Epist.*1.16.47
habet.   ara castis│vincta verbenis avet [habet] immolato│spargier agno;   *var.Carm.*4.11.7
   qui maior absentis habet: *Epod.*1.18

200

quis non malarum quas amor curas habet *Epod.*2.37
sic placet? an melius quis habet suadere? *Epod.*16.23
at ni id fit, quid habet pulcri constructus acervos? . . . *Serm.*1.1.44
aperte|quod venale habet ostendit *Serm.*1.2.84
nec, siquid honesti est,|iactat habetque palam, . . . *Serm.*1.2.85
'faenum habet in cornu, longe fuge; *Serm.*1.4.34
'atqui|sic habet.' *Serm.*1.9.53
eoque|difficilis aditus primos habet.' *Serm.*1.9.56
quae res|nec modum habet neque consilium, . . . *Serm.*2.3.266
qui praedia vendit,|nil servile gulae parens habet? . . . *Serm.*2.7.111
dimidium facti, qui coepit, habet: sapere aude,|incipe. . . *Epist.*1.2.40
habet hos numeratque poetas *Epist.*2.1.61
habet comoedia tanto|plus oneris, quanto veniae minus: . *Epist.*2.1.169
habeto. inriguomque mero sub noctem corpus habento [habeto]. . *var.Serm.*2.1.9
habili. audiat invidus | dementem strepitum Lycus | et vicina seni non
habilis [habili] Lyco. *var.Carm.*3.19.24
habilis et vicina seni non habilis Lyco. *Carm.*3.19.24
habitabilis. qua sol habitabilis|inlustrat oras, ... *Carm.*4.14.5
habitanda. agros atque lares patrios habitandaque fana|apris reliquit . *Epod.*16.19
habitare. nunc licet Esquiliis habitare salubribus . . . *Serm.*1.8.14
habitatum. quem tu fastidis, habitatum quinque focis . . . *Epist.*1.14.2
habitu. tu cum proiectis insignibus, anulo equestri|Romanoque habitu, . *Serm.*2.7.54
illa tamen se|non habitu mutatve loco peccatve superne, . . *Serm.*2.7.64
habitum. adde|voltum habitumque hominis, ... *Serm.*2.4.92
format enim natura prius nos intus ad omnem|fortunarum habitum: . *Ars Poet.*109
habitus. quin, ex quo est habitus male tutae mentis Orestes, . . *Serm.*2.3.137
habrotonum. habrotonum aegro|non audet nisi qui didicit dare, . *Epist.*2.1.114
habuere. fana deos habuere rectos. *Carm.*4.4.48
hoc paces habuere bonae ventique secundi. *Epist.*2.1.102
hac. sub alta vel platano vel hac|pinu iacentes *Carm.*2.11.13
hac arte Pollux et vagus Hercules|enisus arces attigit igneas, . *Carm.*3.3.9
hac te merentem, Bacche pater, ... *Carm.*3.3.13
hac Quirinus|Martis equis Acheronta fugit, ... *Carm.*3.3.15
bellicosis fata Quiritibus|hac lege dico, ... *Carm.*3.3.58
potes hac ab orno|pendulum *Carm.*3.27.58
quod ex hac|luce Maecenas meus adfluentis|ordinat annos. . . *Carm.*4.11.18
sonante mixtum tibiis carmen lyra,|hac Dorium, illis barbarum? . *Epod.*9.6
nulla sit hac potior sententia: *Epod.*16.17
hac mente laborem|sese ferre, . . . aiunt, ... *Serm.*1.1.30
huc [hac] iuvenes aequom est descendere, ... *var.Serm.*1.2.34
modo summa|voce, modo hac, resonat quae chordis quattuor ima. . *Serm.*1.3.8
hac lege in trutina ponetur eadem. *Serm.*1.3.72
domus hac nec purior ulla est *Serm.*1.9.49
hac magis illam|inparibus formis deceptum te petere . . *Serm.*2.2.29
hac urget lupus, hac canis, aiunt. *Serm.*2.2.64
non quia nasus|illis nullus erat, sed, credo, hac mente, . . *Serm.*2.2.90
si quod adest gratum iuvat (hac prece te oro). . . . *Serm.*2.6.13
"haud mihi vita|est opus hac" *Serm.*2.6.116
hac ego si conpellor imagine, cuncta resigno: *Epist.*1.7.34
hac in re scilicet una|multum dissimiles, ... *Epist.*1.10.2
hac rabiosa fugit canis, hac lutulenta ruit sus: *Epist.*2.2.75
hactenus. candida rectaque sit, munda hactenus, . . . *Serm.*1.2.123
hactenus haec: alias, iustum sit necne poema. . . . *Serm.*1.4.63
Hadria. adversarius est frater, lacus Hadria, ... *Epist.*1.18.63
Hadria. quid bellicosus Cantaber et Scythes, | Hirpine Quinti, cogitet
Hadria|divisus obiecto *Carm.*2.11.2
inprobo|iracundior Hadria: *Carm.*3.9.23
Hadriae. quo non arbiter Hadriae|maior *Carm.*1.3.15
fretis acrior Hadriae|curvantis Calabros sinus. . . . *Carm.*1.33.15
fractisque rauci fluctibus Hadriae, ... *Carm.*2.14.14
dux inquieti turbidus Hadriae, ... *Carm.*3.3.5
quid sit ater|Hadriae novi sinus *Carm.*3.27.19
Hadriano. sive flamma|sive mari libet Hadriano. . . . *Carm.*1.16.4
hae. hae latebrae dulces et, iam si credis, amoenae . . . *Epist.*1.16.15
hae nugae seria ducent . . . . *Ars Poet.*451
haec. coni.*Carm.*1.21.13; *Carm.*3.20.10; 4.8.9; *Epod.*7.10; *Serm.*1.2.23; 1.2.40; 1.2.125; 1.2.131;
*Serm.*1.3.54; 1.4.100; 1.6.128; 2.3.45 (*bis*); 2.3.320; 2.5.36; 2.5.50; 2.8.43; 2.8.65;
*Epist.*1.7.21; 2.1.118; *Ars Poet.*42; 330; 363 (*bis*); 365 (*bis*); 396
haec. *Serm.*1.3.39; 1.4.63; 2.3.267; 2.4.86; 2.6.97; 2.7.21

haec.   *Carm.*1.6.5; 3.27.51; *Carm.Saec.*73; *Epod.*2.38; 2.67; 5.8; 5.11; 5.83; 11.16; 11.19; 13.7;
  *Epod.*16.25; 16.35; *Serm.*1.2.69; 1.4.137; 1.5.65; *var.Serm.*1.6.87; *Serm.*1.9.60; 1.10.37;
  *Serm.*1.10.82; 1.10.83; 1.10.88; 1.10.92; 2.3.34; 2.3.71; 2.3.122; 2.3.151; *var.Serm.*2.3.170;
  *Serm.*2.3.233; 2.3.268; 2.3.296; 2.5.70; 2.6.5; 2.6.59; 2.6.77; 2.8.75; *Epist.*1.1.54; 1.1.55;
  *Epist.*1.5.21; 1.7.19; 1.8.13; 1.10.49; 1.19.45; 2.1.243; 2.2.39; 2.2.145

Haedi.   nec saevos Arcturi cadentis|impetus aut orientis Haedi, ...   *Carm.*3.1.28
haedilia.   nec viridis metuont colubras | nec Martialis haediliae [haedilia]
  lupos, ...   *var.Carm.*1.17.9
haediliae.   nec Martialis haediliae lupos, ...   *Carm.*1.17.9
haedo.   seu poscat agna sive malit haedo. *Carm.*1.4.12
  cras donaberis haedo, ...   *Carm.*3.13.3
  bene erat non piscibus Vrbe petitis,|sed pullo atque haedo;   .   .   *Serm.*2.2.121
haedus.   si tener pleno cadit haedus anno *Carm.*3.18.5
  vel haedus ereptus lupo. *Epod.*2.60
Haemo.   aut super Pindo gelidove in Haemo? *Carm.*1.12.6
Haemoniae.   venator in campis nivalis|Haemoniae, ...   *Carm.*1.37.20
haereat.   quod non proposito conducat et haereat apte. .   .   .   .   *Ars Poet.*195
haerentem.   Veneremque et illi|semper haerentem puerum canebat   .   .   *Carm.*1.32.10
haerentem.   et scindat haerentem coronam|crinibus *Carm.*1.17.27
  haerentem capiti cum multa laude coronam. *Serm.*1.10.49
haerentia.   cetera item nequeunt stultis haerentia, ...   *Serm.*1.3.77
haerentis.   ut haerentis adverso litore navis|eriperem,   .   .   .   *Serm.*2.3.205
haerere.   nescit equo rudis|haerere ingenuos puer *Carm.*3.24.55
haeres.   haeres|nequiquam caeno cupiens evellere plantam. .   .   *Serm.*2.7.26
haeret.   male laxus|in pede calceus haeret — *Serm.*1.3.32
  haeret|invisis foribus? *Serm.*2.3.261
  Naevius in manibus non est et mentibus haeret *Epist.*2.1.53
haesit.   piscium et summa genus haesit ulmo, ...   *Carm.*1.2.9
Hagnae.   delectant, veluti Balbinum polypus Hagnae. *Serm.*1.3.40
hallec.   siser, hallec, faecula Coa. *Serm.*2.8.9
hallec.   hanc ego cum malis, ego faecem primus et hallec, . . . invenior   *Serm.*2.4.73
hallece.   pipere albo [? hallece], non sine aceto, ...   ? *var.Serm.*2.8.49
Halyattii.   quam si Mygdoniis regnum Alyattei [Halyattii]|campis continuem.   *var.Carm.*3.16.41
hamo.   si vafer unus et alter|insidiatorem praeroso fugerit hamo,   .   *Serm.*2.5.25
hamum.   occultum visus decurrere piscis ad hamum,   .   .   .   *Epist.*1.7.74
  metuit foveam lupus . . . et opertum miluos hamum.   .   .   *Epist.*1.16.51
hanc.   hanc Philodamus ait sibi, ...   *Serm.*1.2.121
  ob hanc rem,|aut positum ante mea quia pullum in parte catini|sustulit   *Serm.*1.3.91
  cum mea nemo|scripta legat volgo recitare timentis ob hanc rem,   .   *Serm.*1.4.23
  te|Iudaei cogemus in hanc concedere turbam. *Serm.*1.4.143
  post hanc vagor aut ego, . . . unguor olivo, ...   *Serm.*1.6.122
  tantum maledicit utrique vocando|hanc Furiam, ...   *Serm.*2.3.141
  hanc ego cum malis, . . . primus et invenior . . . circumposuisse   *Serm.*2.4.73
  et hanc veniam petimusque damusque vicissim;   .   .   .   .   *Ars Poet.*11
Hannibal.   dixitque tandem perfidus Hannibal: *Carm.*4.4.49
  parentibusque abominatus Hannibal: *Epod.*16.8
Hannibalem.   nec durum Hannibalem nec Siculum mare   .   .   .   *Carm.*2.12.2
  cecidit|Antiochum Hannibalemque dirum, ...   *Carm.*3.6.36
Hannibalis.   'celeres fugae|reiectaeque retrorsum Hannibalis minae', .   .   *Carm.*4.8.16
harena.   ne populum extrema totiens exoret harena. *Epist.*1.1.6
harenae.   te maris et terrae numeroque carentis harenae|mensorem cohibent,   *Carm.*1.28.1
  at tu, nauta, vagae ne parce malignus harenae . . . particulam dare: .   *Carm.*1.28.23
harenas.   urentis harenas|litoris Assyrii viator, ...   *Carm.*3.4.31
Harpyiis.   ait Harpyiis gula digna rapacibus. *Serm.*2.2.40
harum.   harum quas colis arborum *Carm.*2.14.22
harundine.   ludere par inpar, equitare in harundine longa   .   .   .   *Serm.*2.3.248
  nam Laurens malus est, ulvis et harundine pinguis. .   .   .   *Serm.*2.4.42
harundo.   ast inportuna volucris in vertice harundo|terret fixa   .   .   *Serm.*1.8.6
has.   has inter epulas ut iuvat pastas ovis|videre *Epod.*2.61
  has nullo perdere possum|nec prohibere modo. *Serm.*1.8.20
Hasdrubal.   testis Metaurum flumen et Hasdrubal|devictus   .   .   .   *Carm.*4.4.38
Hasdrubale.   occidit . . . fortuna nostri|nominis Hasdrubale interempto.   *Carm.*4.4.72
hasta.   Parthos ferocis|vexet eques metuendus hasta   .   .   .   *Carm.*3.2.4
hastas.   hastas et calami spicula Cnosii|vitabis *Carm.*1.15.17
haud.   haud paravero|quod aut avarus ut Chremes terra premam,   .   *Epod.*1.32
  haud ignara ac non incauta futuri. *Serm.*1.1.35
  haud illud quaerentis, num sine sensu, ...   *Serm.*1.4.77
  cenantis haud animo aequo|exspectans comites. *Serm.*1.5.8
  nollem onus haud umquam solitus portare molestum.   .   .   .   *Serm.*1.6.99

'haud mihi quisquam.|omnis conposui.' *Serm.*1.9.27
'haud mihi deero:|muneribus servos corrumpam; *Serm.*1.9.56
'haud mihi deero,|cum res ipsa feret: *Serm.*2.1.17
sed hic stilus haud petet ultro|quemquam animantem . . . *Serm.*2.1.39
haud ita pridem|Galloni praeconis erat acipensere mensa|infamis. . *Serm.*2.2.46
haud ita Troiae|me gessi, certans semper melioribus.' . . . *Serm.*2.5.18
"haud mihi vita|est opus hac" *Serm.*2.6.115
haud umquam misera formidine privet? *Serm.*2.7.77
haud male Telemachus, proles patientis Vlixei: *Epist.*1.7.40
haud quia grando|contuderit vitis *Epist.*1.8.4
intervalla vides humane [haud sane] commoda. *coni.Epist.*2.2.70
fuit haud ignobilis Argis, ... *Epist.*2.2.128
ordinis haec virtus erit et venus, aut [haud] ego fallor, . . . *var.Ars Poet.*42
haurire. dum ex parvo nobis tantundem haurire relinquas, . . . *Serm.*1.1.52
unde laboris|plus haurire mali est quam ex re decerpere fructus. . *Serm.*1.2.79
cura . . . atque haurire queam vitae praecepta beatae.' . . *Serm.*2.4.95
haurit. is neque limo|turbatam haurit aquam *Serm.*1.1.60
haustu. Pindarici fontis qui non expalluit haustus [? haustu] . . *? var.Epist.*1.3.10
haustus. Pindarici fontis qui non expalluit haustus . . . *Epist.*1.3.10
haut. 'quid tu? | nullane habes vitia?' immo alia et [alia haut] fortasse
 minora. *var.Serm.*1.3.20
ut [haut] forte legentem|aut tacitum inpellat quovis sermone: . . *var.Serm.*1.3.64
ordinis haec virtus erit et venus, aut [haut] ego fallor, . . . *var.Ars Poet.*42
Hebri. studium aufert, Neobule, Liparaei nitor Hebri, . . . *Carm.*3.12.6
Hebro. aridas frondes hiemis sodali|dedicet Euro [Hebro]. . . *var.Carm.*1.25.20
Hebrum. Hebrum prospiciens et nive candidam|Thracen . . . *Carm.*3.25.10
Hebrus. Hebrusque nivali compede vinctus *Epist.*1.3.3
ut nec|frigidior Thraecam nec purior ambiat Hebrus, . . . *Epist.*1.16.13
Hecaten. Hecaten vocat altera, saevam|altera Tesiphonen: . . *Serm.*1.8.33
Hector. ademptus Hector|tradidit fessis leviora tolli|Pergama Grais. . *Carm.*2.4.10
non ferox|Hector . . . primus. *Carm.*4.9.22
Hectora. inter|Hectora Priamiden, animosum atque inter Achillem|ira fuit *Serm.*1.7.12
Hectoreis. pugnacis Achivos|Hectoreis opibus refringit . . . *Carm.*3.3.28
Hectorem. unxere matres Iliae additum feris | alitibus atque canibus
 homicidam Hectorem. *Epod.*17.12
hedera. laeta quod pubes hedera virenti|gaudeat . . . *Carm.*1.25.17
artius atque hedera procera adstringitur ilex *Epod.*15.5
hederae. est hederae vis|multa, ... *Carm.*4.11.4
prima feres hederae victricis praemia. *Epist.*1.3.25
hederae. me doctarum hederae praemia frontium|dis miscent superis, . *Carm.*1.1.29
hederis. nec Damalis novo|divelletur adultero|lascivis hederis ambitiosior. *Carm.*1.36.20
heheu. heu heu [heheu], quantus equis, quantus adest viris|sudor, . *var.Carm.*1.15.9
heu heu [heheu], cicatricum et sceleris pudet|fratrumque. . . *var.Carm.*1.35.33
heiulatio. et illa non virilis heiulatio *Epod.*10.17
Helenae. te . . . sic fratres Helenae, lucida sidera, . . . regat . *Carm.*1.3.2
infamis Helenae Castor offensus vice *Epod.*17.42
Helenam. nam fuit ante Helenam cunnus taeterrima belli|causa. . *Serm.*1.3.107
Helene. non sola comptos arsit adulteri|crinis . . . Helene Lacaena . *Carm.*4.9.16
Helenen. pastor cum traheret per freta navibus|Idaeis Helenen perfidus
 hospitam, ... *Carm.*1.15.2
Helicona. ut studio maiore petant Helicona virentem. . . . *Epist.*2.1.218
Helicone. excludit sanos Helicone poetas|Democritus, . . . *Ars Poet.*296
Heliconis. aut in umbrosis Heliconis oris *Carm.*1.12.5
Heliodorus. rhetor comes Heliodorus,|Graecorum longe doctissimus; . *Serm.*1.5.2
Hellade. Hellade percussa Marius cum praecipitat se, . . . *Serm.*2.3.277
herba. aut herba lapathi prata amantis *Epod.*2.57
nec herba nec latens in asperis|radix fefellit me locis. . . *Epod.*5.67
pellent obstantia conchae|et lapathi brevis herba, sed albo non sine Coo. *Serm.*2.4.29
deterius Libycis olet aut nitet herba lapillis? *Epist.*1.10.19
herba. cena brevis iuvat et prope rivom somnus in herba; . . *Epist.*1.14.35
si volnus tibi monstrata radice vel herba|non fieret levius, . . *Epist.*2.2.149
fugeres radice vel herba|proficiente nihil curarier: . . . *Epist.*2.2.150
herbae. locus, . . . nec multae prodigus herbae; . . . *Epist.*1.7.42
herbas. herbasque, quas Iolcos atque Hiberia|mittit . . . *Epod.*5.21
quin ossa legant herbasque nocentis. *Serm.*1.8.22
herbas atque incantata lacertis|vincula *Serm.*1.8.49
herbis. num viperinus his cruor|incoctus herbis me fefellit? . . *Epod.*3.7
herbis. crescit Albanis in herbis|victima, ... *Carm.*3.23.11
relicta|matre qui largis iuvenescit herbis *Carm.*4.2.55

hoc ubi confusum sectis inferbuit herbis	*Serm.*2.4.67
cervos equom pugna melior communibus herbis|pellebat, . . .	*Epist.*1.10.34
abstemius herbis|vivis et urtica, ...	*Epist.*1.12.7
herboso. ludit herboso pecus omne campo	*Carm.*3.18.9
Hercule. mercatus aravit, dives amico|Hercule!', ...	*Serm.*2.6.13
hercule. neque ego, hercule, fur, ubi vasa|praetereo sapiens argentea.	*Serm.*2.7.72
'non hercule miror,'|aiebat, 'siqui comedunt bona, ...	*Epist.*1.15.41
Herculea. domitosque Herculea manu|Telluris iuvenes, . . .	*Carm.*2.12.6
Herculem. vinci dolentem crevit in Herculem	*Carm.*4.4.62
Hercules. vagus Hercules|enisus arces attigit igneas, . . .	*Carm.*3.3.9
sic Iovis interest|optatis epulis inpiger Hercules, ...	*Carm.*4.8.30
quantum neque atro delibutus Hercules|Nessi cruore . . .	*Epod.*17.31
Herculeus. perrupit Acheronta Herculeus labor —	*Carm.*1.3.36
Herculis. Herculis ritu modo dictus, ...	*Carm.*3.14.1
et magni memor Herculis.	*Carm.*4.5.36
nec munus umeris efficacis Herculis|inarsit aestuosius. . . .	*Epod.*3.17
armis|Herculis ad postem fixis	*Epist.*1.1.5
here. dictus here illic|de medio potare die.'	*Serm.*2.8.2
herebis. cuncta manus avidas fugient heredis [herebis] amico|quae dederis animo.	*var.Carm.*4.7.19
herebit. cuncta manus avidas fugient heredis [herebit] amico|quae dederis animo.	*var.Carm.*4.7.19
heredem. heres|heredem alterius velut unda supervenit undam, . .	*Epist.*2.2.176
heredes. heredes Staberi summam incidere sepulcro, ...	*Serm.*2.3.84
heredes. heredes monumentum ne sequeretur.	*Serm.*1.8.13
cum summam patrimoni insculpere saxo|heredes voluit?' . .	*Serm.*2.3.91
heredi. indignoque pecuniam|heredi properet.	*Carm.*3.24.62
heredis. cuncta manus avidas fugient heredis	*Carm.*4.7.19
parcus ob heredis curam nimiumque severus|adsidet insano: .	*Epist.*1.5.13
heres. divitiis potietur heres.	*Carm.*2.3.20
absumet heres Caecuba dignior	*Carm.*2.14.25
neque Attali|ignotus heres regiam occupavi	*Carm.*2.18.6
postremum expellet certe vivacior heres.	*Serm.*2.2.132
filius aut etiam haec libertus ut ebibat heres, ...	*Serm.*2.3.122
ut heres|iam circum loculos . . . curreret.	*Serm.*2.3.145
'ni tua custodis, avidus iam haec auferet heres.'	*Serm.*2.3.151
scribare secundus|heres	*Serm.*2.5.49
cadaver|unctum oleo largo nudis umeris tulit heres, . . .	*Serm.*2.5.86
"quartae sit partis Vlixes"|audieris "heres":	*Serm.*2.5.101
heres|heredem alterius velut unda supervenit undam, . . .	*Epist.*2.2.175
nec metuam, quid de me iudicet heres, ...	*Epist.*2.2.191
heri. nam mihi quaerenti convivam dictus here [heri] illic|de medio potare die.'	*var.Serm.*2.8.2
Hermogenes. 'ut quamvis tacet Hermogenes, ...	*Serm.*1.3.129
invideat quod et Hermogenes, ego canto.'	*Serm.*1.9.25
quos neque pulcer|Hermogenes umquam legit	*Serm.*1.10.18
Hermogenis. quis manus insudet volgi Hermogenisque Tigelli, . .	*Serm.*1.4.72
quod ineptus|Fannius Hermogenis laedat conviva Tigelli? . .	*Serm.*1.10.80
heroa. quem virum aut heroa lyra vel acri|tibia sumis celebrare, Clio?	*Carm.*1.12.1
heroas. hos utinam inter|heroas natum tellus me prima tulisset. . .	*Serm.*2.2.93
Herodis. praeferat Herodis palmetis pinguibus, ...	*Epist.*2.2.184
heros. 'cur Aiax, heros ab Achille secundus,|putescit, . . .	*Serm.*2.3.193
intererit multum, divosne loquatur an heros, ...	*Ars Poet.*114
ne, quicumque deus, quicumque adhibebitur heros, . . .	*Ars Poet.*227
Hesperia. qui nunc Hesperia sospes ab ultima	*Carm.*1.36.4
Hesperiae. Hesperiae sonitum ruinae?	*Carm.*2.1.32
tyrannus|Hesperiae Capricornus undae:	*Carm.*2.17.20
Hesperiae. di multa neglecti dederunt|Hesperiae mala luctuosae. .	*Carm.*3.6.8
'longas o utinam, dux bone, ferias|praestes Hesperiae!' . .	*Carm.*4.5.38
Hesperiis. sic quodcumque minabitur Eurus|fluctibus Hesperiis .	*Carm.*1.28.26
Hesperio. ad ortus|solis ab Hesperio cubili.	*Carm.*4.15.16
hesterna. quae procul exstructis inerant hesterna canistris. . .	*Serm.*2.6.105
hesternis. quin corpus onustum|hesternis vitiis animum quoque praegravat una	*Serm.*2.2.78
heu. auctor|heu nimis longo satiate ludo, ...	*Carm.*1.2.37
heu quotiens fidem|mutatosque deos flebit	*Carm.*1.5.5
heu heu, quantus equis, quantus adest viris|sudor, . . .	*Carm.*1.15.9
tamen, heu serus, adulteros|cultus pulvere collines . . .	*Carm.*1.15.19
heu non ita creditum|poscis Quintilium deos.	*Carm.*1.24.11

heu heu, cicatricum et sceleris pudet|fratrumque. *Carm*.1.35.33
eheu [? heu heu] fugaces, Postume, Postume,|labuntur anni . . . *? var.Carm*.2.14.1
eheu [? heu] fugaces, Postume, Postume,|labuntur anni . . . *? var.Carm*.2.14.1
euhoe, parce Liber, [? heu hoe, Bacche, precor,] . . . . *? var.Carm*.2.19.7
quatenus, heu nefas,|virtutem incolumem odimus, ... *Carm*.3.24.30
sed cur heu, Ligurine. *Carm*.4.1.33
sed palam captis gravis, heu nefas, heu, ... *Carm*.4.6.17
dices 'heu,' quotiens te in speculo videris alterum, ... *Carm*.4.10.6
quo fugit venus, heu, ... *Carm*.4.13.17
neque hoc parentes, heu mihi superstites, ... *Epod*.5.101
heu me, per Vrbem . . . fabula quanta fui, ... *Epod*.11.7
ad non amicos heu mihi postis et heu|limina dura, ... *Epod*.11.21
heu heu, translatos alio maerebis amores, ... *Epod*.15.23
barbarus heu cineres insistet victor *Epod*.16.11
heu pervicacis ad pedes Achillei. *Epod*.17.14
'o [heu] si urnam argenti fors quae mihi monstret, ... *var.Serm*.2.6.10
"heu, Fortuna, quis est crudelior in nos|te deus? *Serm*.2.8.61
seu [heu] linguam causis acuis seu [heu] civica iura|respondere paras . *var.Epist*.1.3.23
ac vos|seu [heu] calidus sanguis seu [heu] rerum inscitia vexat|indomita
    cervice feros? *var.Epist*.1.3.33
'triens.' 'eu [heu]!|rem poteris servare tuam. . . . . . *var.Ars Poet*.328
heus. 'heus, tu'|quidam ait 'ignoras te *Serm*.1.3.21
hi. omnes hi metuont versus, odere poetas. *Serm*.1.4.33
hiantem. emptorem inducat hiantem, ... *Serm*.1.2.88
  plerumque recoctus|scriba ex quinqueviro corvom deludet hiantem . *Serm*.2.5.56
hiatu. quid dignum tanto feret hic promissor hiatu? . . . *Ars Poet*.138
Hiber. me peritus|discet Hiber Rhodanique potor. . . . *Carm*.2.20.20
Hiberi. garo de sucis piscis Hiberi; *Serm*.2.8.46
Hiberia. herbasque, quas Iolcos atque Hiberia|mittit . . . *Epod*.5.21
Hiberiae. quis ferae|bellum curet Hiberiae? *Carm*.4.5.28
  duraeque tellus audit Hiberiae, ... *Carm*.4.14.50
Hibericis. Hibericis peruste funibus latus *Epod*.4.3
Hiberis. libros Panaeti Socraticam et domum|mutare loricis Hiberis, . *Carm*.1.29.15
hiberna. nec fluvii strepunt|hiberna nive turgidi. . . . *Carm*.4.12.4
hibernas. Furius "hibernas cana nive conspuet Alpis." . . . *Serm*.2.5.41
hiberno. tu piscis hiberno ex aequore verris. *Serm*.2.3.235
hibernum. ruebat|flumen ut hibernum, ... *Serm*.1.7.27
hibernum. turbaret hibernum mare *Epod*.15.8
hibernus. tonantis annus hibernus Iovis *Epod*.2.29
  Neptunus alto tundit hibernus salo. *Epod*.17.55
hibrida. hibrida quo pacto sit Persius ultus, ... *Serm*.1.7.2
hic. *Carm*.1.21.13; *var.Carm*.1.21.13; *Carm*.2.18.36; 2.18.38; 3.1.10; 3.1.12; 3.5.37; 3.6.15;
  Carm.3.8.9; 3.14.13; 3.26.4; 4.8.7; *Epod*.4.11; 7.11; 11.5; *Serm*.1.1.29; 1.2.4; 1.2.14;
  Serm.1.2.19; 1.2.22; 1.2.41; 1.2.42; 1.2.43; 1.2.49; 1.2.86; 1.3.24; 1.3.49; 1.3.50; 1.3.58;
  Serm.1.4.27 (*bis*); 1.4.29; *var.Serm*.1.4.35; *Serm*.1.4.85; 1.4.90; 1.4.100; 1.4.126; 1.6.29;
  Serm.1.6.42; 1.7.4; 1.9.51; 2.1.39; 2.2.2; 2.2.31; 2.2.66; 2.2.82; 2.2.108; 2.3.30; 2.3.50;
  var.Serm.2.3.71; *Serm*.2.3.162; 2.3.165; 2.3.226; 2.7.109; *Epist*.1.1.60; 1.6.23; 1.6.40;
  Epist.1.6.52; 1.7.52; 1.7.73; 1.15.33; 1.15.44; 1.17.39; 1.17.41; 1.17.45; 2.1.18;
  Epist.2.1.118; 2.2.3; 2.2.14; 2.2.59; 2.2.67 (*bis*); 2.2.68; 2.2.69; 2.2.89; *var.Epist*.2.2.89;
  Epist.2.2.91; 2.2.136; *Ars Poet*.138; 140; 258; 345 (*bis*); 457
hic. *Carm*.1.2.49; 1.2.50; *var.Carm*.1.17.14; *Carm*.1.17.17; 1.17.21; 1.19.13 (*bis*); 1.34.16;
  Carm.3.26.6 (*bis*); *coni.Carm*.3.29.6; *Epod*.5.47; *Serm*.1.5.7; 1.5.30; 1.5.82; 1.5.89;
  var.Serm.1.5.93; 1.6.87; *Serm*.1.8.13; 1.9.7; 1.9.26; 1.10.8; 2.2.7; 2.3.59 (*bis*);
  Serm.2.3.221; 2.8.16; *Epist*.1.11.29; 1.17.39; 2.2.84
hiemat. atrum|defendens piscis hiemat mare: *Serm*.2.2.17
hiemes. est ubi plus tepeant hiemes, ... *Epist*.1.10.15
hiemes. seu pluris hiemes seu tribuit Iuppiter ultimam, . . . *Carm*.1.11.4
  post certas hiemes uret Achaicus|ignis †Iliacas domos.' . . . *Carm*.1.15.35
  informis hiemes reducit|Iuppiter, ... *Carm*.2.10.15
  culpante, . . . nunc hiemes iniquas. *Carm*.3.1.32
hiemet. naviget ac mediis hiemet mercator in undis, . . . *Epist*.1.16.71
hiemis. aridas frondes hiemis sodali|dedicet Euro. . . . *Carm*.1.25.19
hiemps. neque hiemps ignis mare ferrum, ... *Serm*.1.1.39
hiems. solvitur acris hiems grata vice veris et Favoni . . . *Carm*.1.4.1
  Eois intonata fluctibus|hiems *Epod*.2.52
  quae sit hiems Veliae, quod caelum, Vala, Salerni, . . . *Epist*.1.15.1
hiet. hietque turpis inter aridas natis|podex *Epod*.8.5
  lupus hic Tiberinus an alto|captus hiet? *Serm*.2.2.32
hilarem. oderunt hilarem tristes tristemque iocosi, . . . *Epist*.1.18.89

hilaris. quantum simplex hilarisque nepoti|discrepet *Epist.*2.2.193
hillis. magis hillis|flagitat inmorsus refici, ...   *Serm.*2.4.60
hinc. hinc tibi copia|manabit ad plenum *Carm.*1.17.14
   haec [hinc] bellum lacrimosum, . . . aget *var.Carm.*1.21.13
   hinc apicem rapax|Fortuna cum stridore acuto|sustulit, .   .   .   *Carm.*1.34.14
   hinc avidus stetit|Volcanus, ...   *Carm.*3.4.58
   hinc matrona Iuno *Carm.*3.4.59
   hinc omne principium, huc refer exitum: *Carm.*3.6.6
   quando et priores hinc Lamias ferunt|denominatos *Carm.*3.17.2
   hinc ad vina redit laetus *Carm.*4.5.31
   trudit acris hinc et hinc multa cane|apros *Epod.*2.31
   vos turba vicatim hinc et hinc saxis petens *Epod.*5.97
   ad hunc [at hinc] frementis verterunt bis mille equos|Galli .   .   *coni.Epod.*9.17
   hinc vos,|vos hinc mutatis discedite partibus. *Serm.*1.1.17
   vos hinc mutatis discedite partibus. *Serm.*1.1.18
   hinc omnis pendet Lucilius, hosce secutus *Serm.*1.4.6
   hinc muli Capuae clitellas tempore ponunt. *Serm.*1.5.47
   hinc nos Coccei recipit plenissima vılla, ...   *Serm.*1.5.50
   tendimus hinc recta Beneventum, ...   *Serm.*1.5.71
   quattuor hinc rapimur viginti et milia raedis, ...   *Serm.*1.5.86
   flentibus hinc Varius discedit maestus amicis. *Serm.*1.5.93
   persequar hinc quo nunc iter est tibi.' *Serm.*1.9.16
   hinc repetit, 'paucorum hominum et mentis bene sanae; .   .   .   *Serm.*1.9.44
   'equidem nihil hinc diffindere possum. *Serm.*2.1.79
   quantum hinc inminuet? *Serm.*2.2.127
   'ocius hinc te|ni rapis, ...   *Serm.*2.7.117
   hic [hinc] ubi saepe|occultum visus decurrere piscis ad hamum, . . .
      iubetur *var.Epist.*1.7.73
   hinc illae lacrimae. *Epist.*1.19.41
   vivas hinc ducere voces. .   .   .   .   *Ars Poet.*318
hinnitum. tibi tollit hinnitum|apta quadrigis equa, ...   *Carm.*2.16.34
hinnuleo. vitas hinnuleo me similis, Chloe, ...   *Carm.*1.23.1
Hiolcos. herbasque, quas Iolcos [Hiolcos] atque Hiberia|mittit venenorum
      ferax, ...   *var.Epod.*5.21
Hippolyten. Magnessam Hippolyten dum fugit abstinens, .   .   .   *Carm.*3.7.18
Hippolytum. neque enim tenebris Diana pudicum|liberat Hippolytum .   *Carm.*4.7.26
hircinis. at tu conclusas hircinis follibus auras, ...   *Serm.*1.4.19
hircum. pastillos Rufillus olet, Gargonius hircum: *Serm.*1.2.27
   ego si risi, quod ineptus|'pastillos Rufillus olet, Gargonius hircum', .   *Serm.*1.4.92
   carmine qui tragico vilem certavit ob hircum, ...   *Ars Poet.*220
hircus. polypus an gravis hirsutis cubet hircus in alis, .   .   .   *Epod.*12.5
   ametque salsa levis hircus aequora.' *Epod.*16.34
Hirpine. quid bellicosus Cantaber et Scythes,|Hirpine Quinti, cogitet .   *Carm.*2.11.2
hirsutis. polypus an gravis hirsutis cubet hircus in alis, .   .   .   *Epod.*12.5
hirtum. non tibi parvom|ingenium, non incultum est et turpiter hirtum: .   *Epist.*1.3.22
hirudo. non missura cutem nisi plena cruoris hirudo'. .   .   .   *Ars Poet.*476
hirundine. te, dulcis amice, reviset|cum Zephyris, si concedes, et hirundine
      prima. *Epist.*1.7.13
his. vel cur his animis incolumes non redeunt genae?' .   .   .   *Carm.*4.10.8
   illis|maiorem natura modum dedit, his breve pondus: .   .   .   *Serm.*2.2.37
   cui libet hic [his] fascis dabit eripietque curule|cui volet inportunus
      ebur.' *var.Epist.*1.6.53
   verum age et his, qui se lectori credere malunt . . . curam redde brevem, *Epist.*2.1.214
   successit vetus his comoedia, non sine multa|laude; .   .   .   *Ars Poet.*281
his. num viperinus his cruor|incoctus herbis me fefellit? .   .   .   *Epod.*3.6
   'inprimat his cura Maecenas signa tabellis.' *Serm.*2.6.38
his. his, ego cunque nunc,|olim quae scripsit Lucilius, eripias si|tempora *Serm.*1.4.56
   causa fuit pater his, ...   *Serm.*1.6.71
   ne foret his testis, post magna latere sepulcra. *Serm.*1.8.36
   quo magis his credas, ...   *Serm.*2.2.112
   qui timet his adversa, ...   *Epist.*1.6.9
   sed nunc non erat his locus. .   .   .   .   *Ars Poet.*19
his. non his iuventus orta parentibus *Carm.*3.6.33
   laudatur ab his, culpatur ab illis. *Serm.*1.2.11
   ab his maioribus orti|ad pugnam venere. *Serm.*1.5.55
   vos, Bibule et Servi, simul his te, candide Furni, .   .   .   *Serm.*1.10.86
   'nullos his mallem ludos spectasse; *Serm.*2.8.79
his. his me consolor victurum suavius *Serm.*1.6.130
   nec magis his aliena malis; *Serm.*1.9.50

si puerilius his ratio esse evincet amare *Serm.2.3.250*
et paulum silvae super his foret. *Serm.2.6.3*
potesne|ex his ut proprium quid noscere? *Serm.2.7.89*
his ut sublatis puer alte cinctus *Serm.2.8.10*
his mixtum ius est: *Serm.2.8.45*
restat ut his ego me ipse regam solerque elementis. . . . *Epist.1.1.27*
his utere mecum. *Epist.1.6.68*
his verbis vacuas permulceat auris; *Epist.1.16.26*
aut ursum aut pugiles: his nam plebecula gaudet. *Epist.2.1.186*
pallescet super his, etiam stillabit amicis|ex oculis rorem, . . . *Ars Poet.429*
hisce. pluribus hisce,|si modo plura mihi bona sunt, inclinet, . . *Serm.1.3.70*
hiscine. hiscine versiculis speras tibi posse dolores|atque aestus curasque
gravis e pectore pelli? *Serm.1.2.109*
Hispana. Caesar Hispana repetit penatis|victor ab ora. . . . *Carm.3.14.3*
Hispanae. seu navis Hispanae magister, ... *Carm.3.6.31*
servit Hispanae vetus hostis orae *Carm.3.8.21*
hispidam. Ligurine, in faciem verterit hispidam, ... *Carm.4.10.5*
hispidos. non semper imbres nubibus hispidos|manant in agros . . *Carm.2.9.1*
Hister. Nilusque et Hister, . . . audit *Carm.4.14.46*
historias. peccare docentis|fallax historias monet. *Carm.3.7.20*
amaras|porrecto iugulo historias captivos ut audit. . . . *Serm.1.3.89*
historiis. dices historiis proelia Caesaris, ... *Carm.2.12.10*
hoc. *Carm.*3.3.69; 3.10.19; 4.3.21; *Epod.*1.23; 3.5; 5.101; *Serm.*1.1.78; 1.2.2; 1.2.81; 1.2.97;
*Serm.*1.3.1; 1.3.83; 1.4.24; 1.4.65; 1.4.77; 1.4.124; 1.4.134; 1.4.139; 1.6.44; 1.6.49;
*Serm.*1.7.35; 1.8.10; 1.10.46; 2.1.21; 2.2.69; 2.3.41; 2.3.308; 2.3.321; 2.4.7; 2.4.20; 2.4.67;
*Serm.*2.5.73; 2.6.1; 2.6.32; 2.7.3; 2.8.32; *Epist.*1.17.19; 1.17.45; 1.20.17; 2.1.182;
*Ars Poet.*20
hoc. *Carm.*1.8.2; 1.15.32; 2.8.13; 3.5.13; 3.14.27; 4.4.45; *Epod.*2.52; 5.7; *coni.Epod.*9.17;
*Epod.*17.63; *var.Serm.*1.2.19; 1.2.54; 1.2.90; 1.3.4; 1.3.60; 1.3.115; 1.4.79; 1.4.80;
*Serm.*1.4.104; 1.4.105; 1.4.122; 1.4.135; 1.4.136; 1.5.5; 1.6.8; 1.6.62; 1.10.3; 1.10.5;
*Serm.*1.10.68; 2.1.36; 2.1.51; 2.2.7; 2.2.123; 2.3.88; 2.3.89; 2.3.98; 2.3.132; 2.3.152;
*Serm.*2.3.155; 2.3.170; 2.3.286; 2.3.306; 2.4.49; 2.5.1; 2.5.20; 2.5.66; 2.6.42; 2.6.44;
*Serm.*2.6.47; 2.8.25; 2.8.31; 2.8.43; *Epist.*1.3.6; 1.3.28 (*bis*); 1.3.30; 1.6.30; 1.6.31;
*Epist.*1.6.48 (*bis*); 1.8.16; 1.16.33; 1.16.79; 1.18.88; 1.19.10; 2.1.102; 2.1.120; 2.1.125;
*Epist.*2.1.175; 2.2.13; 2.2.24; 2.2.28; 2.2.34; *Ars Poet.*45 (*bis*); 367; 393; 439 (*bis*);
*Ars Poet.*468
hoc. *Carm.*3.6.19; *Epod.*4.20 (*bis*); *Serm.*1.1.56; 2.2.24; 2.3.51
hoc. *Epod.*3.12; 3.13; *Serm.*1.1.13; 1.1.46; 1.2.53; 1.2.64; *coni.Serm.*1.2.134; 1.3.34; 1.3.93;
*Serm.*1.4.9; 1.4.129; 1.6.41; 1.6.52; 1.6.87; 1.6.110; 1.7.10; 1.9.8; 1.10.*3; 1.10.17 (*bis*);
*Serm.*1.10.60; 2.3.148; 2.8.49; *Epist.*1.1.11; *var.Epist.*2.1.18
hoccupat. das aliquid famae, quae carmine gratior aurem | occupet
[hoccupat] humanam? *var.Serm.2.2.95*
hodie. 'quae mens est hodie, cur eadem non puero fuit . . . *Carm.4.10.7*
non, hodie si|exclusus fuero, desistam; *Serm.1.9.57*
hodie tricesima sabbata: *Serm.1.9.69*
nigrisque est oleis hodie locus. *Serm.2.2.46*
orabant hodie meminisses, Quinte, reverti.' *Serm.2.6.37*
'non dices hodie, quorsum haec tam putida tendant, . . . *Serm.2.7.21*
'ut libet: haec porcis hodie comedenda relinques.' *Epist.1.7.19*
si cenas hodie mecum.' *Epist.1.7.70*
qui dedit hoc hodie, cras si volet auferet, ... *Epist.1.16.33*
manserunt hodieque manent vestigia ruris. *Epist.2.1.160*
hodiernae. an adiciant hodiernae crastina summae|tempora . . *Carm.4.7.17*
hoe. euhoe, parce Liber, [*?* heu hoe, Bacche, precor,] . . . *? var.Carm.2.19.7*
holitoris. Thraex erit aut holitoris aget mercede caballum. . . *Epist.1.18.36*
holus. panis ematur, holus, vini sextarius, ... *Serm.1.1.74*
percontor quanti holus ac far, ... *Serm.1.6.112*
donec|decoqueretur holus, ... *Serm.2.1.74*
holus. quicquam praeter holus fumosae cum pede pernae. . . *Serm.2.2.117*
laudas securum holus *Serm.2.7.30*
nec modica cenare times holus omne patella, ... *Epist.1.5.2*
'si pranderet holus patienter, regibus uti|nollet Aristippus.' . . *Epist.1.17.13*
'si sciret regibus uti,|fastidiret holus, qui me notat.' . . . *Epist.1.17.15*
emptor Aricini quondam Veientis et arvi|emptum cenat holus. . *Epist.2.2.168*
holuscula. uncta satis pingui ponentur holuscula lardo? . . *Serm.2.6.64*
homaso. infantis statuas, seu pingui tentus omaso [homaso] . . *var.Serm.2.5.40*
Homereum. honoratum [Homereum] si forte reponis Achillem, . *coni.Ars Poet.*120
Homeriacum. honoratum [Homeriacum] si forte reponis Achillem, . *coni.Ars Poet.*120
Homero. tu nihil in magno doctus reprehendis Homero? . . . *Serm.1.10.52*

207

Homerus. si priores Maeonius tenet|sedes Homerus, ... *Carm.*4.9.6
   laudibus arguitur vini vinosus Homerus; *Epist.*1.19.6
   Ennius, et sapiens et fortis et 'alter Homerus', ... *Epist.*2.1.50
   quo scribi possent numero, monstravit Homerus. . . . *Ars Poet.*74
   indignor, quandoque bonus dormitat Homerus, . . . *Ars Poet.*359
   post hos insignis Homerus|Tyrtaeusque . . . versibus exacuit; . *Ars Poet.*401
homicidam. additum feris|alitibus atque canibus homicidam Hectorem, . *Epod.*17.12
hominem. sollers nunc hominem ponere, nunc deum. *Carm.*4.8.8
   hunc hominem velles si tradere: *Serm.*1.9.47
   hominem sic erigit; addit et illud: *Serm.*2.3.150
   commotae crimine mentis|absolves hominem *Serm.*2.3.279
   ut iugulent hominem, surgunt de nocte latrones: . . . *Epist.*1.2.32
   'non hominem occidi.' 'non pasces in cruce corvos.' . . *Epist.*1.16.48
homines. si tibi regnum|permittant homines. *Serm.*1.3.124
   unde homines operum primos vitaeque labores|instituont . *Serm.*2.6.21
   utrumne|divitiis homines an sint virtute beati; . . . *Serm.*2.6.74
   mediocribus esse poetis|non homines, non di, non concessere columnae. *Ars Poet.*373
homines. vis tu homines Vrbemque feris praeponere silvis? . . . *Serm.*2.6.92
   ut iugulent hominem [homines], surgunt de nocte latrones: . . *var.Epist.*1.2.32
   silvestris homines . . . victu foedo deterruit Orpheus, . . . *Ars Poet.*391
homini. pennis non homini datis; *Carm.*1.3.35
   numquam homini satis|cautum est in horas: *Carm.*2.13.13
   nil aequale homini fuit illi: *Serm.*1.3.9
   nam variae res|ut noceant homini, ... *Serm.*2.2.72
   non cuivis homini contingit adire Corinthum. *Epist.*1.17.36
hominibus. ut mater iuvenem, . . . votis ominibusque [hominibusque] et
     precibus vocat *var.Carm.*4.5.13
hominis. 'ede hominis nomen, simul et, Romanus an hospes.' . . *Serm.*2.4.10
   adde|voltum habitumque hominis, ... *Serm.*2.4.92
   inploravit opes hominis frenumque recepit. *Epist.*1.10.36
hominum. qui feros cultus hominum recentum|voce formasti catus . *Carm.*1.10.2
   qui res hominum ac deorum, . . . temperat *Carm.*1.12.14
   ut bona pars hominum decepta cupidine falso *Serm.*1.1.61
   minus aptus acutis|naribus horum hominum, ... *Serm.*1.3.30
   solutos|qui captat risus hominum famamque dicacis, . . *Serm.*1.4.83
   hinc repetit, 'paucorum hominum et mentis bene sanae; . . *Serm.*1.9.44
   maxima pars hominum morbo iactatur eodem. *Serm.*2.3.121
   'pars hominum vitiis gaudet constanter *Serm.*2.7.6
   rerum imperiis hominumque|tot tantisque minor, . . . *Serm.*2.7.75
   pars hominum gestit conducere publica; *Epist.*1.1.77
   multorum providus urbes|et mores hominum inspexit . . *Epist.*1.2.20
   quorum hominum regio et qualis via *Epist.*1.15.2
   dum terras hominumque colunt genus, ... *Epist.*2.1.7
   qui mores hominum multorum vidit et urbes.' . . . . *Ars Poet.*142
homo. quidam notus homo cum exiret fornice, ... *Serm.*1.2.31
   probus quis|nobiscum vivit, multum demissus homo: . . *Serm.*1.3.57
   Capitoque simul Fonteius, ad unguem|factus homo, . . . *Serm.*1.5.33
   audit continuo 'quis homo hic' et 'quo patre natus?' . . *Serm.*1.6.29
   durus homo atque odio qui posset vincere Regem, . . . *Serm.*1.7.6
   'aut insanit homo aut versus facit.' *Serm.*2.7.117
   fiet homo et ponet famosae mortis amorem. . . . . *Ars Poet.*469
honesta. clamet amica,|mater, honesta soror cum cognatis, pater, uxor: *Serm.*2.3.58
honesta. dignum mente domoque legentis honesta Neronis. . . *Epist.*1.9.4
honestae. post hunc personae pallaeque repertor honestae|Aeschylus *Ars Poet.*278
honestae. nec Laconicas mihi|trahunt honestae purpuras clientae. . *Carm.*2.18.8
honestas. per honestas|ire domos inpune minax. *Epist.*2.1.149
honeste. unde|mundior exiret vix libertinus honeste; . . . *Serm.*2.7.12
   'iste quidem veteres inter ponetur honeste, ... *Epist.*2.1.43
honesti. cum tabulis animum censoris sumet honesti. . . . *Epist.*2.2.110
honesti. nec, siquid honesti est,|iactat habetque palam, . . *Serm.*1.2.84
honestis. si non|intendes animum studiis et rebus honestis, . . *Epist.*1.2.36
honestis. clarus ob id factum donis ornatur honestis, . . . *Epist.*2.2.32
honesto. rusticus urbano confusus, turpis honesto? . . . *Ars Poet.*213
honestos. honestos|fascibus et sellis nollem mihi sumere, . . *Serm.*1.6.96
honestum. quoties bonus atque fidus|iudex honestum praetulit utili, *Carm.*4.9.41
   isti|errori nomen virtus posuisset honestum. . . . *Serm.*1.3.42
   qui turpi secernis honestum|non patre praeclaro, . . . *Serm.*1.6.63
   scorto postponet honestum|officium, ... *Epist.*1.18.34
Honor. iam Fides et Pax et Honor Pudorque *Carm.Saec.*57

honor. non semper idem floribus est honor|vernis *Carm*.2.11.9
  notus in voltus honor. *Epod*.17.18
  cocto num adest honor idem? *Serm*.2.2.28
  falsus honor iuvat et mendax infamia terret *Epist*.1.1.16.39
  sic honor et nomen divinis vatibus atque|carminibus venit. . . *Ars Poet*.400
honoratum. honoratum si forte reponis Achillem, . . . *Ars Poet*.120
honoratus. sapiens . . . liber, honoratus, pulcer, rex denique regum, . *Epist*.1.1.107
honore. plurimus in Iunonis honorem [honore]|aptum dicet equis Argos . *coni.Carm*.1.7.8
  hinc tibi copia | manabit ad plenum benigno | ruris honorum [honore]
    opulenta cornu. *var.Carm*.1.17.16
  quod numero plures, virtute et honore minores, ... *Epist*.2.1.183
  sine pondere erunt et honore indigna ferentur, ... *Epist*.2.2.112
  cadentque|quae nunc sunt in honore vocabula, ... *Ars Poet*.71
honorem. plurimus in Iunonis honorem|aptum dicet equis Argos . *Carm*.1.7.8
  beatae coniugis additum|stellis honorem *Carm*.2.19.14
  silvis honorem decutit. *Epod*.11.6
  des nominis huius honorem. *Serm*.1.4.44
  populus Laevino mallet honorem|quam Decio mandare novo . *Serm*.1.6.19
  ut forsit honorem|iure mihi invideat quivis, ... *Serm*.1.6.49
  nec veniam antiquis sed honorem et praemia posci. . . . *Epist*.2.1.78
honores. nil sine te mei|prosunt honores: *Carm*.1.26.10
honores. proximos illi tamen occupavit|Pallas honores . . *Carm*.1.12.20
  cui laurus aeternos honores|Delmatico peperit triumpho. . . *Carm*.2.1.15
  sepulcri|mitte supervacuos honores. *Carm*.2.20.24
  transmutat incertos honores, ... *Carm*.3.29.51
  qui stultus honores|saepe dat indignis *Serm*.1.6.15
  quoscumque feret cultus tibi fundus honores *Serm*.2.5.13
  responsare cupidinibus, contemnere honores|fortis, . . . *Serm*.2.7.85
  praesenti tibi maturos largimur honores *Epist*.2.1.15
  ut alter|alterius sermone meros audiret honores, . . . *Epist*.2.2.88
honori. quaerit opes et amicitias, inservit honori, . . . *Ars Poet*.167
honoribus. certat tergeminis tollere honoribus, . . . *Carm*.1.1.8
  intaminatis fulget honoribus *Carm*.3.2.18
  et vixisse probos, amplis et honoribus auctos; *Serm*.1.6.11
honoris. tantum de medio sumptis accedit honoris. . . . *Ars Poet*.243
honorum. copia . . . benigno|ruris honorum opulenta cornu. . *Carm*.1.17.16
  plenis honorum muneribus *Carm*.4.14.2
Honos. Honor [Honos] Pudorque|priscus et neglecta redire Virtus|audet *var.Carm.Saec*.57
honos. pudicum,|qui primus virtutis honos, ... *Serm*.1.6.83
  quid pure tranquillet, honos ac dulce lucellum . . . *Epist*.1.18.102
  nedum sermonum stet honos et gratia vivax. . . . . *Ars Poet*.69
  sic honor [honos] et nomen divinis vatibus atque|carminibus venit. *var.Ars Poet*.400
honustos. meis contentus honestos [honustos]|fascibus et sellis nollem mihi
    sumere, ... *var.Serm*.1.6.96
hora. et mihi forsan tibi quod negarit|porriget hora. . . . *Carm*.2.16.32
  flagrantis atrox hora Caniculae *Carm*.3.13.9
  quod fugiens semel hora vexit. *Carm*.3.29.48
  almum|quae rapit hora diem. *Carm*.4.7.8
  detur nobis locus, hora,|custodes; *Serm*.1.4.15
  dum aes exigitur, dum mula ligatur,|tota abit hora. . . . *Serm*.1.5.14
  nugas|hoc genus: 'hora quota est?' *Serm*.2.6.44
  grata superveniet, quae non sperabitur hora. *Epist*.1.4.14
hora. conposita repetantur hora, ... *Carm*.1.9.20
  in hora saepe ducentos,|ut magnum, versus dictabat . . *Serm*.1.4.9
  quarta vix demum exponimur hora. *Serm*.1.5.23
horae. pars violentior|natalis horae, ... *Carm*.2.17.19
  dona praesentis cape laetus horae ⟨ac⟩|linque severa. . . *Carm*.3.8.27
  horae|momento cita mors venit aut victoria laeta.' . . . *Serm*.1.1.7
  neu fluitem dubiae spe pendulus horae.' *Epist*.1.18.110
  puncto quod mobilis horae . . . permutet dominos . . . *Epist*.2.2.172
horam. per totum hoc tempus subiectior in diem et horam|invidiae noster. *Serm*.2.6.47
  non horam tecum esse potes, ... *Serm*.2.7.112
  idem eadem possunt horam durare probantes? *Epist*.1.1.82
  qui recte vivendi prorogat horam, ... *Epist*.1.2.41
  ab officiis octavam circiter horam|dum redit *Epist*.1.7.47
  tu quamcumque deus tibi fortunaverit horam *Epist*.1.11.22
  si te grata quies et primam somnus in horam|delectat, . . *Epist*.1.17.6
  qui purgor bilem sub verni temporis horam. . . . . *Ars Poet*.302
horas. numquam homini satis|cautum est in horas: . . . *Carm*.2.13.14

clavom ut mutaret in horas, ... *Serm.*2.7.10
quattuor aut plures aulaea premuntur in horas, ... *Epist.*2.1.189
iram│colligit ac ponit temere et mutatur in horas. . . . . *Ars Poet.*160
Horati. ibi tu calentem │ debita sparges lacrima favillam │ vatis amici
[Horati]. *var.Carm.*2.6.24
reddidi carmen, docilis modorum│vatis Horati.' . . . *Carm.*4.6.44
Horatius. melior sit Horatius an res. *Epist.*1.14.5
horis. qui mare ac terras variisque mundum│temperat horis? . *Carm.*1.12.16
nunc veterum libris, nunc somno et inertibus horis . . . *Serm.*2.6.61
incolumem tibi me praestant septembribus horis. . . . *Epist.*1.16.16
horna. si ture placaris et horna│fruge Laris *Carm.*3.23.3
cum pater ipse domus palea porrectus in horna . . . *Serm.*2.6.88
horna. et horna dulci vina promens dolio *Epod.*2.47
horrea. quid vici prosunt aut horrea? *Epist.*2.2.177
horreis. qui nunc Sulpiciis adcubat horreis, ... *Carm.*4.12.18
horreis. occultare meis dicerer horreis, ... *Carm.*3.16.27
horrenda. horrenda late nomen in ultimas│extendat oras, . . *Carm.*3.3.45
horrendam. horrendamque cultis│diluviem meditatur agris, . . *Carm.*4.14.27
non dico horrendam rabiem' — *Serm.*2.3.323
horrendas. pallor utrasque│fecerat horrendas adspectu. . . *Serm.*1.8.26
horrendus. iuvenis Parthis horrendus, ab alto│demissum genus Aenea, . *Serm.*2.5.62
horrentia. horrentia pilis│agmina *Serm.*2.1.13
horreo. illum, si proprio condidit horreo *Carm.*1.1.9
parcis deripere horreo│cessantem Bibuli consulis amphoram. . *Carm.*3.28.7
horres. 'quando pauperiem missis ambagibus horres, . . . *Serm.*2.5.9
horrescis. dum procellas│cautus horrescis, nimium premendo│litus iniquom. *Carm.*2.10.3
horret. neque horret iratum mare *Epod.*2.6
horret capillis ut marinus asperis│echinus *Epod.*5.27
'negat inprobus et te│neglegit aut horret.' *Epist.*1.7.64
hic onus horret,│ut parvis animis et parvo corpore maius; . . *Epist.*1.17.39
imi│derisor lecti sic nutum divitis horret. *Epist.*1.18.11
quem paupertatis pudor et fuga, dives amicus, . . . odit et horret, *Epist.*1.18.25
horribilem. Rhoetum retorsisti leonis│unguibus horribilemque mala; . *coni.Carm.*2.19.24
horribili. horribilique Medo│nectis catenas? *Carm.*1.29.4
horribili. Rhoetum retorsisti leonis│unguibus horribilemque [horribilique]
mala; *var.Carm.*2.19.24
horribili. ne scutica dignum horribili sectere flagello. . . . *Serm.*1.3.119
horribilis. Rhoetum retorsisti leonis│unguibus horribilemque [horribilisque]
mala; *var.Carm.*2.19.24
horrida. quo Styx et invisi horrida Taenari│sedes . . . *Carm.*1.34.10
fidens iuventus horrida bracchiis *Carm.*3.4.50
Germania quos horrida parturit│fetus *Carm.*4.5.26
horrida tempestas caelum contraxit *Epod.*13.1
horrida. quam virga semel horrida *Carm.*1.24.16
horrida. horrida callidi│vincunt aequora navitae, . . . *Carm.*3.24.40
horridam. horrendamque [? et horridam] cultis│diluviem meditatur agris, . *? var.Carm.*4.14.27
horridi. horridi│dumeta Silvani *Carm.*3.29.22
horridis. ut horridis utrumque verberes latus,│Auster, memento fluctibus; *Epod.*10.3
horridus. non ille, . . . te neglegit horridus: *Carm.*3.21.10
sic horridus ille│defluxit numerus Saturnius . . . *Epist.*2.1.157
horruerim. horruerim voces Furiarum et facta duarum. . . . *Serm.*1.8.45
hortaretur. cum me hortaretur, parce frugaliter atque │ viverem uti
contentus eo *Serm.*1.4.107
hortari. castellum evertere praetor│nescio quod cupiens hortari coepit . *Epist.*2.2.35
hortatur. qui Fortunae te responsare . . . praesens hortatur et aptat? *Epist.*1.1.69
horti. qui teneros caulis alieni fregerit horti *Serm.*1.3.116
invidet usum│lignorum et pecoris tibi calo argutus et horti. . *Epist.*1.14.42
hortis. vetatque novis considere in hortis. *Serm.*1.8.7
nunc somno et inertibus horis [hortis]│ducere sollicitae iucunda oblivia
vitae? *var.Serm.*2.6.61
horto. est in horto,│Phylli, nectendis apium coronis, . . . *Carm.*4.11.2
inriguo nihil est elutius horto. *Serm.*2.4.16
hortos. trans Tiberim longe cubat is prope Caesaris hortos.' . *Serm.*1.9.18
hortos egregiasque domos mercarier unus│cum lucro noram: . *Serm.*2.3.24
hortus. hortus ubi et tecto vicinus iugis aquae fons . . . *Serm.*2.6.2
horum. minus aptus acutis│naribus horum hominum, . . *Serm.*1.3.30
praesentes, Austri, coquite horum obsonia. . . . *Serm.*2.2.41
quali igitur victu sapiens utetur et horum│utrum imitabitur? . *Serm.*2.2.63
uter est insanior horum? *Serm.*2.3.102

quidquid et horum|cuique domi est, ... *Serm.*2.3.231
horum tu in numerum voto ruis; *Epist.*1.14.41
utrius horum|verba probes et facta, doce *Epist.*1.17.15
horum. horum|semper ego optarim pauperrimus esse bonorum. . . *Serm.*1.1.78
  si veneror stultus nihil horum *Serm.*2.6.8
hos. Romulum post hos prius . . . dubito, ... *Carm.*1.12.33
  hos utinam inter|heroas natum tellus me prima tulisset. . *Serm.*2.2.92
  adde hos praeterea casus, aulaea ruant si, ... *Serm.*2.8.71
  hos ediscit et hos arto stipata theatro|spectat Roma potens, . *Epist.*2.1.60
  habet hos numeratque poetas *Epist.*2.1.61
  post hos insignis Homerus|Tyrtaeusque . . . versibus exacuit; . *Ars Poet.*401
hosce. hinc omnis pendet Lucilius, hosce secutus . . . *Serm.*1.4.6
hospes. nec Lacaenae splendet adulterae|famosus hospes . *Carm.*3.3.26
  ubi sedulus hospes|paene macros arsit *Serm.*1.5.71
  quod hospes|tardius adveniens vitiatum commodius . . . consumeret. *Serm.*2.2.90
  ac mihi seu longum post tempus venerat hospes . . . *Serm.*2.2.118
  'ede hominis nomen, simul et, Romanus an hospes.' . *Serm.*2.4.10
  si vespertinus subito te oppresserit hospes, . . . *Serm.*2.4.17
  veterem vetus hospes amicum, ... *Serm.*2.6.81
  veluti succinctus cursitat hospes *Serm.*2.6.107
  quo me cumque rapit tempestas, deferor hospes. . . *Epist.*1.1.15
  non quo more piris vesci Calaber iubet hospes . . . *Epist.*1.7.14
  bonus sane vicinus, amabilis hospes, ... *Epist.*2.2.132
  quo sit amore parens, quo frater amandus et hospes, . *Ars Poet.*313
hospitae. atqui sollicitae nuntius hospitae, . . . *Carm.*3.7.9
hospitale. tibi hospitale pectus et purae manus . . . *Epod.*17.49
hospitalem. umbram hospitalem consociare amant|ramis? . . *Carm.*2.3.10
hospitam. cum traheret per freta navibus | Idaeis Helenen perfidus
  hospitam, ... *Carm.*1.15.2
hospitem. cum periura patris fides | consortem socium fallat et hospites
  [hospitem] *var.Carm.*3.24.60
hospites. mire sagacis falleret hospites *Carm.*2.5.22
  consortem socium fallat et hospites *Carm.*3.24.60
  quid inmerentis hospites vexas, ... *Epod.*6.1
hospitibus. visam Britannos hospitibus feros . . . *Carm.*3.4.33
hospitiis. ut tamen artum|solveret hospitiis animum. . *Serm.*2.6.83
hospitio. egressum magna me accepit Aricia Roma|hospitio modico, . *Serm.*1.5.2
hospitis. penetralia|sparsisse nocturno cruore|hospitis; . *Carm.*2.13.8
  sume, Maecenas, cyathos amici|sospitis [hospitis] centum . *var.Carm.*3.8.14
hoste. sed postquam victor violens discessit ab hoste, . *Epist.*1.10.37
  inpransus non qui civem dignosceret hoste, . . . *Epist.*1.15.29
hostem. acer et Marsi peditis cruentum|voltus in hostem; . *Carm.*1.2.40
  demisit hostem vividus impetus, ... *Carm.*4.4.10
  bellante prior, iacentem|lenis in hostem. . . . *Carm.Saec.*52
  saepe velut qui|currebat fugiens hostem, . . . *Serm.*1.3.10
  caedimur et totidem plagis consumimus hostem . . *Epist.*2.2.97
hosti. vehemens lupus et sibi et hosti|iratus pariter, . *Epist.*2.2.28
hostia. mactata veniet lenior hostia. *Carm.*1.19.16
  non sumptuosa blandior hostia, ... *Carm.*3.23.18
hostibus. qui perfidis se credidit hostibus . . . *Carm.*3.5.33
hosticis. illum ex moenibus hosticis *Carm.*3.2.6
hosticus. "hunc neque dira venena nec hosticus auferet ensis . *Serm.*1.9.31
hostile. inprimeretque muris|hostile aratrum exercitus insolens. . *Carm.*1.16.21
hostili. Actia pugna|te duce per pueros hostili more refertur; . *Epist.*1.18.62
hostilis. in hostilis domos|iram atque numen vertite. . *Epod.*5.53
hostilium. hostiliumque navium portu latent|puppes . *Epod.*9.19
hostis. servit Hispanae vetus hostis orae . . . *Carm.*3.8.21
  aut acer hostis Bupalo. *Epod.*6.14
  terra marique victus hostis *Epod.*9.27
  quo ne per vacuom Romano incurreret hostis, . . *Serm.*2.1.37
hostis. sed me per hostis Mercurius celer . . . *Carm.*2.7.13
  res gerere et captos ostendere civibus hostis . . *Epist.*1.17.33
hostis. canis | ignavos adversum lupos [ignavus vel bis hostis lupos
  adversum]? *var.Epod.*6.2
hostium. scriberis Vario fortis et hostium|victor . . *Carm.*1.6.1
  hostium . . . consenuit socerorum in armis . . *Carm.*3.5.6
  hostium uxores puerique caecos|sentiant motus . . *Carm.*3.27.21
  inpiger hostium|vexare turmas *Carm.*4.14.22
huc. huc vina et unguenta et nimium brevis|flores . . *Carm.*2.3.13

huc frequens|caementa demittit redemptor *Carm*.3.1.34
hinc omne principium, huc refer exitum: *Carm*.3.6.6
huc et illuc|cursitant mixtae pueris puellae, ... *Carm*.4.11.9
ut ora vertat huc et huc euntium *Epod*.4.9
quin huc inanis, si potes, vertis minas *Epod*.6.3
ad hunc [at huc] frementis verterunt bis mille equos|Galli . . *var.Epod*.9.17
capaciores adfer huc, puer, scyphos *Epod*.9.33
non huc Argoo contendit remige pinus *Epod*.16.57
non huc Sidonii torserunt cornua nautae, ... *Epod*.16.59
huc iuvenes aequom est descendere, ... *Serm*.1.2.34
adde huc quod mercem sine fucis gestat, ... *Serm*.1.2.83
'huc adpelle'; 'trecentos inseris'; 'ohe,|iam satis est.' . . *Serm*.1.5.12
huc venturus erat Maecenas optimus atque|Cocceius, . . *Serm*.1.5.27
huc prius angustis eiecta cadavera cellis *Serm*.1.8.8
ut huc novos incola venit? *Serm*.2.2.128
at ipsis|Saturnalibus huc fugisti. *Serm*.2.3.5
huc propius me, . . . vos ordine adite. *Serm*.2.3.80
'qui scis, an prudens huc se deiecerit . . . . . . *Ars Poet*.462
hui. at hunc [at hui] frementis verterunt bis mille equos|Galli . *coni.Epod*.9.17
huic. huic si mutonis verbis mala tanta videnti|diceret haec animus . *Serm*.1.2.68
nec magis huic, . . . tuo tenerum est femur . . . *Serm*.1.2.80
cantat et adponit 'meus est amor huic similis: . . . *Serm*.1.2.107
deciens centena dedisses|huic parco, paucis contento: . . *Serm*.1.3.16
'dum nequid simile huic, esto ut libet.' *Serm*.2.3.31
huic ego volgus|errori similem cunctum insanire docebo. . . *Serm*.2.3.62
interdicto huic omne adimat ius|praetor *Serm*.2.3.217
huic tu|dic, . . . gaudentem nummo te addicere. . . . *Serm*.2.5.107
Gracchus ut hic illi, foret huic ut Mucius ille. . . . *Epist*.2.2.89
huic. huic vestem ut gnatae, paret ancillas, paret aurum, . . *Serm*.2.3.215
huic. vagae ne parce malignus harenae | ossibus et capiti inhumato [capiti
huic inhumato]|particulam dare: *coni.Carm*.1.28.24
callidus huic signo ponebam milia centum; *Serm*.2.3.23
alterum et huic varum et nihilo sapientius *Serm*.2.3.56
est huic diversum vitio vitium prope maius. *Epist*.1.18.5
huius. nil me paeniteat sanum patris huius, ... *Serm*.1.6.89
huius. des nominis huius honorem. *Serm*.1.4.44
humana. gens humana ruit per vetitum nefas: *Carm*.1.3.26
quis humana sibi doleat natura negatis *Serm*.1.1.75
maculis, quas aut incuria fudit|aut humana parum cavit natura. . *Ars Poet*.353
humana. divina humanaque pulcris|divitiis parent; *Serm*.2.3.95
humana. 'venena maga non fas nefasque, non valent|convertere humanam
vicem [humana invicem]. *coni.Epod*.5.88
aut humana palam coquat exta nefarius Atreus . . . *Ars Poet*.186
humanae. gentis humanae pater atque custos, ... *Carm*.1.12.49
intervalla vides humane [humanae] commoda. . . . *var.Epist*.2.2.70
naturae deus humanae, mortalis in unum|quodque caput, . . *Epist*.2.2.188
humanam. convertere humanam vicem. *Epod*.5.88
quae carmine gratior aurem|occupet humanam? . . . *Serm*.2.2.95
humanas. 'venena maga non fas nefasque, non valent|convertere humanam
[humanas] vicem [? vices]. *coni.Epod*.5.88
humane. intervalla vides humane commoda. *Epist*.2.2.70
humani. ut ridentibus adrident, ita flentibus adflent|humani voltus. . *Ars Poet*.102
humanis. ut semper gaudes inludere rebus|humanis!" . . *Serm*.2.8.63
humano. humano capiti cervicem pictor equinam|iungere si velit . *Ars Poet*.1
humanos. quam cogere humanos in usus *Carm*.3.3.51
carminibus quae versant atque venenis|humanos animos. . *Serm*.1.8.20
humanum. terras et humanum genus. *Epod*.5.2
humasse. 'nequis humasse velit Aiacem, Atrida, vetas cur?' . . *Serm*.2.3.187
humescit. seu quis capit acria fortis|pocula seu modicis uvescit [humescit]
laetius, ... *var.Serm*.2.6.70
humi. torvos humi posuisse voltum, ... *Carm*.3.5.44
primosque et extremos metendo | stravit humum [humi] sine clade
victor, ... *coni.Carm*.4.14.32
serpit humi tutus nimium timidusque procellae: . . . *Ars Poet*.28
humida. indicat uvida [humida]|suspendisse potenti|vestimenta maris deo. *var.Carm*.1.5.14
Humidius. ne facias quod|Vmmidius [Humidius] quidam. . . . *var.Serm*.1.1.95
humilem. me dimisere Philippi|decisis humilem pennis inopemque paterni|
et laris et fundi, ... *Epist*.2.2.50
humilem. nos humilem feriemus agnam. *Carm*.2.17.32

humili.   nil parvom aut humili modo, ...   *Carm.*3.25.17
  ex humili potens, | princeps Aeolium carmen ad Italos|deduxisse modos.   *Carm.*3.30.12
  migret in obscuras humili sermone tabernas . . . . . .   *Ars Poet.*229
humilis.   privata deduci superbo,|non humilis mulier, triumpho. . . .   *Carm.*1.37.32
humilis.   arvom|pingue tenent humilis Forenti, ...   *Carm.*3.4.16
humilis.   non humilis domos|fastidit umbrosamque ripam, ...   *Carm.*3.1.22
humo.   atque adfigit humo divinae particulam aurae. *Serm.*2.2.79
humum.   udam|spernit humum fugiente penna. *Carm.*3.2.24
  in morem Salium ter quatient humum. *Carm.*4.1.28
  stravit humum sine clade victor, ...   *Carm.*4.14.32
  ligonibus duris humum|exhauriebat, ...   *Epod.*5.30
  nec sermones ego mallem|repentis per humum *Epist.*2.1.251
  aut ad humum maerore gravi deducit et angit; . . . .   *Ars Poet.*110
  reddere qui voces iam scit puer et pede certo|signat humum, . .   *Ars Poet.*159
  aut, dum vitat humum, nubis et inania captet. . . . .   *Ars Poet.*230
humus.   nec intumescit alta viperis humus; *Epod.*16.52
hunc.   *Carm.*1.1.7; 1.12.26; 1.12.41; 1.26.10; 1.26.11; 1.32.2; 3.3.54; *Epod.*1.9; 9.17; 15.10;
  *Serm.*1.1.99; 1.1.112 (*bis*); 1.2.7; 1.2.44; 1.3.47; 1.4.28; 1.4.42; 1.4.85; 1.4.88; 1.6.55;
  *Serm.*1.7.35; 1.8.18; 1.9.31; 1.9.33; 1.9.47; 1.10.50; 2.1.34; 2.1.63; 2.2.112; 2.3.141;
  *Serm.*2.3.147; 2.3.223; 2.6.90; *Epist.*1.1.34; 1.2.13; 1.2.63 (*bis*); 1.6.3; 1.9.13; 1.16.44;
  var.*Epist.*1.16.45; *Epist.*1.19.32; 2.1.145; 2.2.19; *Ars Poet.*35; 41; 80; 278
huncine.   huncine solem|tam nigrum surrexe mihi! *Serm.*1.9.72
Hyadas.   timuit . . . nec tristis Hyadas nec rabiem Noti, . . .   *Carm.*1.3.14
Hydaspes.   quae loca fabulosus|lambit Hydaspes. *Carm.*1.22.8
Hydaspes.   procedit fuscus Hydaspes|Caecuba vina ferens, . . .   *Serm.*2.8.14
hydra.   non hydra secto corpore firmior *Carm.*4.4.61
hydram.   diram qui contudit hydram *Epist.*2.1.10
hydropicus.   si noles sanus, curres hydropicus; *Epist.*1.2.34
hydrops.   crescit indulgens sibi dirus hydrops *Carm.*2.2.13
Hylaeum.   nimium mero|Hylaeum domitosque Herculea manu . .   *Carm.*2.12.6
Hymettia.   nisi Hymettia mella Falerno|ne biberis diluta. . . .   *Serm.*2.2.15
Hymettiae.   non trabes Hymettiae|premunt columnas . . .   *Carm.*2.18.3
Hymetto.   ubi non Hymetto|mella decedunt *Carm.*2.6.14
Hyperboreos.   visam gementis litora Bospori|Syrtisque Gaetulas canorus|
  ales Hyperboreosque campos. *Carm.*2.20.16
Hypsaea.   Hypsaea caecior illa,|quae mala sunt, spectes. . . .   *Serm.*1.2.91

I (*vocal.*)

i.   i pedes quo te rapiunt et aurae, ...   *Carm.*3.11.49
  dum favet Nox et Venus, i secundo|omine *Carm.*3.11.50
  i pete unguentum, puer, et coronas *Carm.*3.14.17
  i, puer, atque meo citus haec subscribe libello. *Serm.*1.10.92
  i nunc, argentum et marmor vetus aeraque et artis|suspice, . .   *Epist.*1.6.17
  nunc i, rem strenuos auge.' *Epist.*1.7.71
  'i bone, quo virtus tua te vocat, i pede fausto, ...   *Epist.*2.2.37
  i nunc et versus tecum meditare canoros. *Epist.*2.2.76
iambeis.   unde etiam trimetris accrescere iussit|nomen iambeis, . .   *Ars Poet.*253
iambis.   quem criminosis cumque voles modum|pones iambis, . .   *Carm.*1.16.3
iambis.   hic delectatur iambis, | ille Bioneis sermonibus . . .   *Epist.*2.2.59
iambo.   Archilochum proprio rabies armavit iambo: . . . .   *Ars Poet.*79
iambos.   fervor et in celeres iambos|misit furentem. *Carm.*1.16.24
  inceptos, olim promissum carmen, iambos *Epod.*14.7
  Parios ego primus iambos|ostendi Latio. *Epist.*1.19.23
iambus.   syllaba longa brevi subiecta vocatur iambus, . . .   *Ars Poet.*251
Iapeti.   audax Iapeti genus *Carm.*1.3.27
Iapyga.   ventorumque regat pater|obstrictis aliis praeter Iapyga, . .   *Carm.*1.3.4
Iapyx.   quid albus|peccet Iapyx. *Carm.*3.27.20
Iarbitam.   rupit Iarbitam Timagenis aemula lingua, ...   *Epist.*1.19.15
Iasonem.   perunxit hoc Iasonem, ...   *Epod.*3.12
ibam.   ibam forte via sacra, sicut meus est mos, ...   *Serm.*1.9.1
ibant.   ibant octonos referentes idibus aeris, ...   *Serm.*1.6.75
ibi.   ibi tu calentem|debita sparges lacrima favillam|vatis amici. . .   *Carm.*2.6.22
ibimus.   'quo nos cumque feret melior fortuna parente,|ibimus— . .   *Carm.*1.7.26
  ibimus, ibimus,|utcumque praecedes, ...   *Carm.*2.17.10
ibis.   ibis Liburnis inter alta navium,|amice, propugnacula. . . .   *Epod.*1.1
  dum tu quadrante lavatum|rex ibis *Serm.*1.3.138
  ibis sub furcam prudens *Serm.*2.7.66

ibit. cum per obstantis iuvenum catervas|ibit *Carm.*3.20.6
'ibit,|ibit eo, quo vis, qui zonam perdidit' *Epist.*2.2.39
ibit eo, quo vis, qui zonam perdidit' inquit. *Epist.*2.2.40
ibunt. verba per attentam non ibunt Caesaris aurem, ... *Serm.*2.1.19
Ibyci. uxor pauperis Ibyci, ... *Carm.*3.15.1
Icareis. luctantem Icariis [Icareis] fluctibus Africum *var.Carm.*1.1.15
Icari. frustra: nam scopulis surdior Icari *Carm.*3.7.21
Icariis. luctantem Icariis fluctibus Africum *Carm.*1.1.15
Icaro. iam Daedaleo notior Icaro *Carm.*2.20.13
Icci. Icci, beatis nunc Arabum invides|gazis *Carm.*1.29.1
fructibus Agrippae Siculis, quos colligis, Icci,|si recte frueris, . . *Epist.*1.12.1
icta. sic desideriis icta fidelibus *Carm.*4.5.15
mordaci velut icta ferro|pinus *Carm.*4.6.9
icto. ut semel icto|accessit fervor capiti *Serm.*2.1.24
ictu. prope funeratus|arboris ictu. *Carm.*3.8.8
perrumpere amat saxa potentius|ictu fulmineo: *Carm.*3.16.11
ictum. nisi Faunus ictum|dextra levasset, ... *Carm.*2.17.28
verris obliquom meditantis ictum|sanguine donem. . . . *Carm.*3.22.7
Lesbium servate pedem meique|pollicis ictum *Carm.*4.6.36
ictus. spissa ramis laurea fervidos|excludet ictus. *Carm.*2.15.10
Deiphobus gravis|excepit ictus *Carm.*4.9.23
cum senos redderet ictus|primus ad extremum similis sibi: . . *Ars Poet.*253
id. at ni id fit, quid habet pulcri constructus acervos? . . . *Serm.*1.1.44
'quin id erat curae, ... *Serm.*2.4.8
quod petis, id sane est invisum acidumque duobus. . . . *Epist.*2.2.64
id tibi iudicium est, ea mens. . . . . . . *Ars Poet.*386
id. iubeas miserum esse, libenter|quatenus id facit. . . . *Serm.*1.1.64
nec recito cuiquam nisi amicis idque coactus, ... *Serm.*1.4.73
deos id|tristis ex alto caeli demittere tecto, ... *Serm.*1.5.102
tu cave ne minuas, tu ne maius facias id *Serm.*2.3.177
id crede tuom et vel nunc pete vel cras.' *Serm.*2.3.232
agendi naviter id quod|aeque pauperibus, prodest locupletibus aeque, . *Epist.*1.1.24
clarus ob id factum donis ornatur honestis, ... *Epist.*2.2.32
Ida. qualis aut Nireus fuit aut aquosa|raptus ab Ida. . . . *Carm.*3.20.16
Idaeis. cum traheret per freta navibus|Idaeis Helenen . . . *Carm.*1.15.2
idcirco. idcirco quidam comoedia necne poema|esset quaesivere, . *Serm.*1.4.45
non tamen idcirco contemnas lippus inungui; . . . *Epist.*1.1.29
idcirco navim trans Aegaeum mare vendas. *Epist.*1.11.16
idcircone vager scribamque licenter? . . . . . *Ars Poet.*265
idem. informis hiemes reducit|Iuppiter, idem|submovet. . . *Carm.*2.10.16
sapienter idem|contrahes vento nimium secundo|turgida vela. . *Carm.*2.10.22
non semper idem floribus est honor|vernis *Carm.*2.11.9
sed idem|pacis eras mediusque belli. *Carm.*2.19.27
catus idem per apertum fugientis agitato grege cervos iaculari . *Carm.*3.12.10
aliusque et idem|nasceris, ... *Carm.Saec.*10
at idem, quod sale multo|Vrbem defricuit, charta laudatur eadem. . *Serm.*1.10.3
fuerit limatior idem|quam rudis et Graecis intacti carminis auctor . *Serm.*1.10.65
cocto num adest honor idem? *Serm.*2.2.28
idem|corpore maiorem rides Turbonis in armis|spiritum . . *Serm.*2.3.309
quanto constantior isdem [idem]|in vitiis, ... *var.Serm.*2.7.18
idem,|siquis ad illa deus subito te agat, usque recuses, . . *Serm.*2.7.23
quod idem|non horam tecum esse potes, ... *Serm.*2.7.111
ut porticibus sic iudiciis fruar isdem [idem] *var.Epist.*1.1.71
idem,|quidquid erat nactus praedae maioris, ... *Epist.*1.15.37
idem|vos sapere et solos aio bene vivere, ... *Epist.*1.15.40
si|detulerit fasces indigno, detrahet idem. *Epist.*1.16.34
idem si clamet furem, neget esse pudicum, ... *Epist.*1.16.36
percontatorem fugito: nam garrulus idem est *Epist.*1.18.69
exstinctus amabitur idem. *Epist.*2.1.14
idem rex ille, poema|qui tam ridiculum . . . emit, . . *Epist.*2.1.237
idem finitis studiis et mente recepta *Epist.*2.2.104
tamen idem|scire volam, ... *Epist.*2.2.192
ego utrum|nave ferar magna an parva, ferar unus et idem. . *Epist.*2.2.200
idem|indignor, quandoque bonus dormitat Homerus, . . *Ars Poet.*358
idem. nec vincet ratio hoc, tantundem ut peccet idemque, . . *Serm.*1.3.115
illud idem in rapidum flumen iaceretve cloacam? — . . *Serm.*2.3.242
non temere a me|quivis ferret idem. *Epist.*2.2.14
ex noto fictum carmen sequar, ut sibi quivis|speret idem, . . *Ars Poet.*241
sudet multum frustraque laboret|ausus idem: . . . . *Ars Poet.*242

ut scriptor si peccat idem librarius usque, ... *Ars Poet*.354
invitum qui servat, idem facit occidenti. . . . . . *Ars Poet*.467
idem. idem odere viris|omne nefas animo moventis. . . . *Carm*.3.4.67
idem eadem possunt horam durare probantes? *Epist*.1.1.82
idem. paulatim vello et demo unum, demo etiam [et idem] unum, . *var.Epist*.2.1.46
ideo. ac ne me foliis ideo brevioribus ornes, ... *Epist*.1.19.26
idibus. omnem redegit idibus pecuniam, ... *Epod*.2.69
ibant octonos referentes idibus aeris, ... *Serm*.1.6.75
Idomeneus. non pugnavit ingens|Idomeneus Sthenelusve solus . *Carm*.4.9.20
idonea. in pace, ut sapiens, aptarit idonea bello? . . . *Serm*.2.2.111
aut simul et iucunda et idonea dicere vitae. . . . . *Ars Poet*.334
idoneum. si torrere iecur quaeris idoneum; *Carm*.4.1.12
idoneus. non sat idoneus|pugnae ferebaris; *Carm*.2.19.26
vixi puellis nuper idoneus *Carm*.3.26.1
haec ego procurare et idoneus imperor *Epist*.1.5.21
fons etiam rivo dare nomen idoneus, ... *Epist*.1.16.12
litterulis Graecis imbutus, idoneus arti|cuilibet: . . . *Epist*.2.2.7
Idus. Idus tibi sunt agendae, ... *Carm*.4.11.14
igitur. 'quid mi igitur suades? *Serm*.1.1.101
quali igitur victu sapiens utetur *Serm*.2.2.63
'ut vivas igitur, vigila. hoc age.' *Serm*.2.3.152
'quisnam igitur sanus?' qui non stultus. *Serm*.2.3.158
recte est igitur, surgetque? *Serm*.2.3.162
quisnam igitur liber? sapiens, sibi qui imperiosus, . . . *Serm*.2.7.83
ignara. haud ignara ac non incauta futuri. *Serm*.1.1.35
castis cum pueris ignara puella mariti|disceret unde preces, . *Epist*.2.1.132
ignara. quae flumina lugubris|ignara belli? *Carm*.2.1.34
ignarum. ignarum, quibus est ius aptius et quibus assis . *Serm*.2.4.38
ignarus. siquis nam laudat Arelli|sollicitas ignarus opes, . *Serm*.2.6.79
navem agere ignarus navis timet, ... *Epist*.2.1.114
ignave. si pleraque dure|dicere credit eos, ignave multa fatetur: . *Epist*.2.1.67
ignavi. hoc iter ignavi divisimus, ... *Serm*.1.5.5
ignavis. et piper et quidquid [? piperve|et si quid] chartis amicitur ineptis
[? ignavis]. . . . . *? var.Epist*.2.1.270
ignavos. canis|ignavos adversum lupos? *Epod*.6.2
ignavus. canis | ignavos adversum lupos [ignavus vel bis hostis lupos
adversum]? *var.Epod*.6.2
igneae. me nec Chimaerae spiritus igneae *Carm*.2.17.13
igneam. igneam|defendit aestatem capellis|usque meis . . *Carm*.1.17.2
igneas. vagus Hercules|enisus arces attigit igneas, . . . *Carm*.3.3.10
ignem. ignem fraude mala gentibus intulit; *Carm*.1.3.28
post ignem aetheria domo|subductum *Carm*.1.3.29
occultum Andromedae pater|ostendit ignem, ... *Carm*.3.29.18
adde cruorem|stultitiae atque ignem gladio scrutare. . . *Serm*.2.3.276
ignes. qua parte debacchentur ignes, ... *Carm*.3.3.55
igni. ac neque iam stabulis gaudet pecus aut arator igni . . *Carm*.1.4.3
Diespiter,|igni corusco nubila dividens|plerumque, . . *Carm*.1.34.6
dum turdos versat in igni: *Serm*.1.5.72
ignibus. quam lentis penitus macerer ignibus. *Carm*.1.13.8
non erubescendis adurit|ignibus *Carm*.1.27.16
vix una sospes navis ab ignibus *Carm*.1.37.13
miseram tuis|dicens ignibus uri, ... *Carm*.3.7.11
quis aquam temperet ignibus, ... *Carm*.3.19.6
uti|bitumen atris ignibus.' *Epod*.5.82
ignis. uret Achaicus|ignis †Iliacas domos.' *Carm*.1.15.36
quas neque Noricus|deterret ensis . . . nec saevos ignis . *Carm*.1.16.11
nec peredit|inpositam celer ignis Aetnen *Carm*.3.4.76
quodsi non pulcrior ignis|accendit obsessam Ilion, . . *Epod*.14.13
cum te neque fervidus aestus|demoveat lucro neque hiemps ignis mare
ferrum, ... *Serm*.1.1.39
usque laborantis, dum ferrum molliat ignis, ... *Serm*.1.4.20
imagine cerea|largior arserit ignis *Serm*.1.8.44
ignis. Thessalosque ignis et iniqua Troiae|castra fefellit. . . *Carm*.1.10.15
Iulium sidus velut inter ignis|luna minores. . . . *Carm*.1.12.47
incedis per ignis|suppositos cineri doloso. *Carm*.2.1.7
curvatos imitatus ignis|tertium lunae referentis ortum, . . *Carm*.4.2.57
frementem|mittere equom medios per ignis. . . . *Carm*.4.14.24
ut ignis,|ut rupes fluviosque in campo obstare queratur; . *Serm*.2.3.54
ignis|per medios fluviosque ruentis: *Serm*.2.3.56

  per mare pauperiem fugiens, per saxa, per ignis): *Epist*.1.1.46
ignium. nigrorumque memor, dum licet, ignium *Carm*.4.12.26
ignobile. ante potestatem Tulli atque ignobile regnum . . . *Serm*.1.6.9
ignobilis. fuit haud ignobilis Argis, ... *Epist*.2.2.128
ignominiosa. aut inmunda crepent ignominiosaque dicta. . . . *Ars Poet*.247
ignoras. 'heus, tu'|quidam ait 'ignoras te *Serm*.1.3.22
ignorat. nec tamen ignorat, quid distent aera lupinis. . . . *Epist*.1.7.23
  illud,|quod mecum ignorat, solus volt scire videri, . . *Epist*.2.1.87
ignoratae. aut ignoratae premit artis crimine turpi. . . . *Ars Poet*.262
ignores. ne tamen ignores, quo sit Romana loco res: . . *Epist*.1.12.25
ignoro. cur ego si nequeo ignoroque, poeta salutor? . . . *Ars Poet*.87
ignoscas. mediocribus et quis|ignoscas vitiis teneor; . . *Serm*.1.4.131
ignoscat. qui ne tuberibus propriis offendat amicum | postulat, ignoscet
  [ignoscat] verrucis illius: *var.Serm*.1.3.74
  ex hoc ego sanus ab illis|perniciem quaecumque ferunt mediocribus et
  quis|ignoscas [ignoscat] vitiis teneor; *var.Serm*.1.4.131
ignoscent. ignoscent, siquid peccaro stultus, amici . . *Serm*.1.3.140
ignoscere. comis in uxorem, posset qui ignoscere servis . *Epist*.2.2.133
ignosces. ignosces; alias loquar.' *Serm*.1.9.72
ignoscet. qui ne tuberibus propriis offendat amicum | postulat, ignoscet
  verrucis illius: *Serm*.1.3.74
ignoscis. natalis grate numeras? ignoscis amicis? . . *Epist*.2.2.210
ignosco. 'egomet mi ignosco' Maenius inquit. . . . *Serm*.1.3.23
ignota. quo patre sit natus, num ignota matre inhonestus, . *Serm*.1.6.36
ignota. ignota tauris inligaturum iuga *Epod*.3.11
  quam si proferres ignota indictaque primus. . . . *Ars Poet*.130
ignoti. omnes inlacrimabiles|urgentur ignotique longa|nocte, . *Carm*.4.9.27
ignotis. sed ignotis perierunt mortibus illi, . . . *Serm*.1.3.108
ignoto. naso suspendis adunco|ignotos ut [ignoto aut ut] me libertino patre
  natum. *coni.Serm*.1.6.6
ignoto. respicere ignoto discet pendentia tergo.' . . *Serm*.2.3.299
ignotos. naso suspendis adunco|ignotos ut me libertino patre natum. *Serm*.1.6.6
  non minus ignotos generosis. *Serm*.1.6.24
ignotum. 'ignoras te an ut ignotum dare nobis|verba putas?' . *Serm*.1.3.22
ignotum. ignotum tragicae genus invenisse Camenae . . *Ars Poet*.275
ignotus. neque Attali|ignotus heres regiam occupavi . . *Carm*.2.18.6
ignovisse. 'sic ignovisse putato|me tibi, . . . *Epist*.1.7.69
  sunt delicta tamen, quibus ignovisse velimus: . . *Ars Poet*.347
Ilerdam. aut fugies Vticam aut vinctus mitteris Ilerdam. . *Epist*.1.20.13
ilex. duris ut ilex tonsa bipennibus *Carm*.4.4.57
  artius atque hedera procera adstringitur ilex . . *Epod*.15.5
  ⟨si⟩ quercus et ilex|multa fruge pecus, multa dominum iuvet umbra? . *Epist*.1.16.9
Ilia. haec ubi supposuit dextro corpus mihi laevom,|Ilia et Egeria est; . *Serm*.1.2.126
Ilia. Romana vigui clarior Ilia.' *Carm*.3.9.8
ilia. o dura messorum ilia. *Epod*.3.4
  cum passeris atque|ingustata mihi porrexerat ilia rhombi. . *Serm*.2.8.30
  ne|peccet ad extremum ridendus et ilia ducat.' . . *Epist*.1.1.9
Iliacas. uret Achaicus|ignis †Iliacas domos.' . . *Carm*.1.15.36
Iliacos. Iliacos intra muros peccatur et extra. . . *Epist*.1.2.16
Iliacum. rectius Iliacum carmen deducis in actus . . *Ars Poet*.129
Iliae. quid foret Iliae|Mavortisque puer, . . . *Carm*.4.8.22
Iliae. Iliae dum se (nimium) querenti|iactat ultorem, . . *Carm*.1.2.17
Iliae. Iliaeque|litus Etruscum tenuere turmae . . *Carm.Saec*.37
  unxere matres Iliae additum feris | alitibus atque canibus homicidam
  Hectorem, ... *Epod*.17.11
ilice. libet iacere modo sub antiqua ilice, . . . *Epod*.2.23
  mella cava manant ex ilice, ... *Epod*.16.47
ilicem. me dicente cavis inpositam ilicem|saxis, . . *Carm*.3.13.14
ilices. devota quercus inter et ilices *Carm*.3.23.10
  frangit trementis ilices; *Epod*.10.8
iligna. Vmber et iligna nutritus glande rotundas|curvat aper . *Serm*.2.4.40
Ilio. iracunda diem proferet Ilio . . . classis Achillei; . *Carm*.1.15.33
Ilio. Ilio dives Priamus relicto *Carm*.1.10.14
  et pugnata sacro bella sub Ilio: *Carm*.3.19.4
  gens, quae cremato fortis ab Ilio *Carm*.4.4.53
  cum Pallas usto vertit iram ab Ilio *Epod*.10.13
Ilion. 'Ilion, Ilion . . . mulier peregrina vertit|in pulverem, . *Carm*.3.3.18
  dum longus inter saeviat Ilion|Romamque pontus, . . *Carm*.3.3.37
  quodsi non pulcrior ignis|accendit obsessam Ilion, . . *Epod*.14.14

Ilionam. Fufius ebrius olim, | cum Ilionam edormit, ... *Serm*.2.3.61
Ilios. non semel Ilios | vexata; *Carm*.4.9.18
Ilithyia. rite maturos aperire partus | lenis, Ilithyia, tuere matres, . . *Carm*.*Saec*.14
illa. magnum illa terrorem intulerat Iovi *Carm*.3.4.49
    grande certamen, tibi praeda cedat, | maior an illa. *coni*.*Carm*.3.20.8
    et illa non virilis heiulatio *Epod*.10.17
    illa rogare, | quantane? *Serm*.2.3.316
    illa tamen se | non habitu mutatve loco peccatve superne, . *Serm*.2.7.63
illa. ut nemo, . . . illa | contentus vivat, ... *Serm*.1.1.2
    Hypsaea caecior illa, ... *Serm*.1.2.91
    hac magis illam [illa] . . . te petere esto: *var*.*Serm*.2.2.29
illa. at illa | integrum perdunt lino vitiata saporem. . . . *Serm*.2.4.53
illa. Iuppiter illa piae secrevit litora genti, ... *Epod*.16.63
    longa quibus facies ovis erit, illa memento, ... *Serm*.2.4.12
    siqus ad illa deus subito te agat, usque recuses, . . . *Serm*.2.7.24
    qui tu inpunitior illa, . . . obsonia captas? *Serm*.2.7.105
    sed illa | redde, age, quae deinceps risisti.' *Serm*.2.8.79
illa. illam [illa] 'post paulo' 'sed pluris' 'si exierit vir' | Gallis, . . *var*.*Serm*.1.2.120
illae. at illae currere in Vrbem. *Serm*.1.8.47
    hinc illae lacrimae. *Epist*.1.19.41
illam. crede non illam tibi de scelesta | plebe dilectam . . . *Carm*.2.4.17
    illam cogit amor Nothi | lascivae similem ludere capreae: . . *Carm*.3.15.11
    illam 'post paulo' 'sed pluris' 'si exierit vir' | Gallis, . . *Serm*.1.2.120
    prorsus iucunde cenam producimus illam. *Serm*.1.5.70
    hac magis illam | inparibus formis deceptum te petere esto: . . *Serm*.2.2.29
illas. sunt qui nolint tetigisse nisi illas | quarum subsuta talos tegat instita
    veste, ... *Serm*.1.2.28
ille. *Carm*.1.12.53; 1.24.9; 2.6.13; 2.6.21; 2.13.1; 2.13.8; 2.17.8; 3.5.32; 3.6.15; 3.7.5; 3.9.22;
    Carm.3.21.9; 3.29.41; 4.4.40; 4.6.9; 4.6.13; 4.8.7; 4.9.51; 4.13.6; *Epod*.2.1; 9.29;
    Serm.1.1.11; 1.2.20; 1.2.41; 1.2.55; 1.3.4; *var*.*Serm*.1.3.57; *Serm*.1.3.68; 1.4.126;
    Serm.1.6.41; 1.9.6; 1.9.12; 1.9.21; 1.9.41; 1.10.*3; 1.10.67; 2.1.30; 2.1.44; 2.2.60; 2.2.130;
    Serm.2.3.21; 2.3.50; 2.3.52; 2.3.96; 2.3.204; 2.3.255; 2.4.21; 2.6.8; *var*.*Serm*.2.6.10;
    Serm.2.6.83; 2.6.110; 2.7.19; 2.7.37; *Epist*.1.2.42; 1.6.52; 1.7.63; 1.7.66; 1.18.40;
    var.*Epist*.1.19.47; *Epist*.1.20.14; 2.1.88; 2.1.157; 2.1.210; 2.1.232; 2.1.237; 2.2.17; 2.2.39;
    Epist.2.2.60; 2.2.89; 2.2.99; *Ars Poet*.196; 198 (*bis*); 200; 315; 357
illecebris. eo quod | illecebris erat et grata novitate morandus | spectator . *Ars Poet*.223
illi. illi robur et aes triplex | circa pectus erat, ... *Carm*.1.3.9
    proximos illi tamen occupavit | Pallas honores . . . *Carm*.1.12.19
    illi turba clientium | sit maior: *Carm*.3.1.13
    quid facias illi? iubeas miserum esse, ... *Serm*.1.1.63
    nil aequale homini fuit illi: *Serm*.1.3.9
    illi | 'tardo' cognomen, 'pingui' damus. *Serm*.1.3.57
    numquid ego illi | inprudens olim faciam simile?' . . . *Serm*.1.4.136
    at illi foeda cicatrix | saetosam laevi frontem turpaverat oris. . . *Serm*.1.5.60
    nil illi larva aut tragicis opus esse cothurnis. . . . *Serm*.1.5.64
    laus illi debetur et a me gratia maior. *Serm*.1.6.88
    ut illi | nil respondebam, ... *Serm*.1.9.13
    'accendis quare cupiam magis illi | proximus esse.' . . . *Serm*.1.9.53
    casu venit obvius illi | adversarius *Serm*.1.9.74
    neque ego illi detrahere ausim | haerentem capiti cum multa laude
    coronam. *Serm*.1.10.48
    ne tamen illi | tu comes exterior, si postulet, ire recuses.' . . *Serm*.2.5.16
    ut illi, | thesauro invento qui mercennarius agrum | illum ipsum mercatus
    aravit, ... *Serm*.2.6.10
    postquam illi iusta cheragra | contudit articulos, . . . *Serm*.2.7.15
    hic tibi sit potius quam tu mirabilis illi. *Epist*.1.6.23
    licet illi plurima manet | lacrima, ... *Epist*.1.17.59
    Gracchus ut hic illi, foret huic ut Mucius ille. . . . *Epist*.2.2.89
    Gracchus ut hic illi, foret huic [hic] ut Mucius ille [illi]. . . *var*.*Epist*.2.2.89
    cui | rem di donarent, illi decedere pravam | stultitiam; . . *Epist*.2.2.152
illi. Veneremque et illi | semper haerentem puerum canebat . . *Carm*.1.32.9
    illi quod tibi dempserit | adponet annus, ... *Carm*.2.5.14
    grande certamen, tibi praeda cedat, | maior an illa [illi]. . . *var*.*Carm*.3.20.8
    neque illi | iam manet umida creta *Epod*.12.9
    Ilia et Egeria est; do nomen quodlibet illi. . . . *Serm*.1.2.126
illi. dissimile hoc illi est, ... *Serm*.1.6.49
illi. hoc illi recte; ne corporis optima Lyncei | contemplere oculis, . . *Serm*.1.2.90
    inquirant vitia ut tua rursus et illi. *Serm*.1.3.28
    sed ignotis perierunt mortibus illi, ... *Serm*.1.3.108

illi, scripta quibus comoedia prisca viris est, ... *Serm*.1.10.16
illic. illic matre carentibus|privignis mulier temperat *Carm*.3.24.17
illic plurima naribus|duces tura *Carm*.4.1.21
illic bis pueri die . . . ter quatient humum. *Carm*.4.1.25
illic omne malum vino cantuque levato, ... *Epod*.13.17
illic iniussae veniunt ad mulctra capellae *Epod*.16.49
'non isto vivimus illic,|quo tu rere, modo; *Serm*.1.9.48
neque illic|aut apotheca procis intacta est aut pecus: *Serm*.2.5.6
dictus here illic|de medio potare die.' *Serm*.2.8.2
tamen illic vivere vellem *Epist*.1.11.8
illidere. fragili quaerens illidere dentem *Serm*.2.1.77
illigata. brevibus illigata viperis|crinis *Epod*.5.15
illinc. neque illinc|audeat esuriens dominus contingere granum . . *Serm*.2.3.112
illis. privatus illis census erat brevis, ... *Carm*.2.15.13
merito quin illis Iuppiter ambas|iratus buccas inflet . . . *Serm*.1.1.20
utque illis multo corrupta dolore voluptas *Serm*.1.2.39
illis|maiorem natura modum dedit, his breve pondus: . . . *Serm*.2.2.36
non quia nasus|illis nullus erat, ... *Serm*.2.2.90
nescio an Anticyram ratio illis destinet omnem. *Serm*.2.3.83
illis|accedas socius: laudes, lauderis ut absens. *Serm*.2.5.71
oblitusque meorum, obliviscendus et illis *Epist*.1.11.9
ut nihil anteferat, nihil illis conparet: *Epist*.2.1.65
illis. velut illis|Canidia adflasset, peior serpentibus Afris.' . . . *Serm*.2.8.94
tamen illis|me facit invisum, ... *Epist*.1.15.3
illis. laudatur ab his, culpatur ab illis. *Serm*.1.2.11
illis. ego illis|mollior nec te feriam *Carm*.3.11.42
sonante mixtum tibiis carmen lyra,|hac Dorium, illis barbarum? . *Epod*.9.6
nescio quid meditans nugarum, totus in illis: *Serm*.1.9.2
illis. quid mirum, ubi illis carminibus stupens *Carm*.2.13.33
illis utitur ante|quaesitis patiens, ... *Serm*.1.1.37
ex hoc ego sanus ab illis|perniciem quaecumque ferunt . . *Serm*.1.4.129
hoc est mediocribus illis|ex vitiis unum; *Serm*.1.4.139
tanto reprehendi iustius illis, ... *Serm*.2.4.86
illis. dives ut aureis|mercator exsiccet culillis [cui.illis]|vina Syra reparata
merce, ... *var.Carm*.1.31.11
perna magis et magis hillis [illis]|flagitat inmorsus refici, . . *var.Serm*.2.4.60
illitum. aurum vestibus illitum|mirata *Carm*.4.9.14
illius. qui ne tuberibus propriis offendat amicum|postulat, ignoscet verrucis
illius: *Serm*.1.3.74
num illius, num rerum dura negarit|versiculos natura . . . *Serm*.1.10.57
et miror morbi purgatum te illius.' *Serm*.2.3.27
illius esto|defensor; *Serm*.2.5.29
arcanum neque tu scrutaberis illius umquam, ... *Epist*.1.18.37
discedo Alcaeus puncto illius; *Epist*.2.2.99
illius. quid habes illius, illius,|quae spirabat amores, . . . *Carm*.4.13.18
memor illius escae,|quae simplex olim tibi sederit. . . . *Serm*.2.2.72
(nam vina nihil moror illius orae. *Epist*.1.15.16
illo. auctore ab illo ducis originem, ... *Carm*.3.17.5
hoc lenius ille,|quo melior vir est, longe subtilior illo, . . . *Serm*.1.10.*4
nugari cum illo et discincti ludere, ... *Serm*.2.1.73
illo|mane die, quo tu indicis ieiunia, ... *Serm*.2.3.290
qui ridiculus minus illo? *Serm*.2.3.311
tanto levius miser ac prior ille [illo]|qui iam contento, iam laxo fune
laborat.' *var.Serm*.2.7.19
illo. incipit ex illo montis Apulia notos|ostentare mihi, . . . *Serm*.1.5.77
illorum. inque vicem illorum patiar delicta libenter . . . *Serm*.1.3.141
ego me illorum, dederim quibus esse poetis,|excerpam numero: . *Serm*.1.4.39
illos. avita|ex re praeberi sumptus mihi crederet illos. . . . *Serm*.1.6.80
illuc. huc et illuc|cursitant mixtae pueris puellae, ... *Carm*.4.11.9
illuc, unde abii, redeo: ⟨cum⟩ nemo, ut avarus, ... *Serm*.1.1.108
siquis nunc quaerat 'quo res haec pertinet?' illuc: . . . *Serm*.1.2.23
illuc praevertamur, amatorem quod amicae|turpia decipiunt caecum
vitia *Serm*.1.3.38
ut redeam illuc: *Serm*.1.10.*8
devolet illuc,|res ubi magna nitet domino sene; *Serm*.2.5.11
victor propositi simul ac perveneris illuc, ... *Epist*.1.13.11
illud. quin etiam illud|accidit *Serm*.1.2.44
illud. non illud, quidquid ubique|officit, evitare? *Serm*.1.2.60
nunc illud tantum quaeram, ... *Serm*.1.4.64

inanis|hoc iuvat, haud illud quaerentis, ... *Serm*.1.4.77
admiror, quo pacto iudicium illud|fugerit': *Serm*.1.4.99
nam frustra vitium vitaveris illud, ... *Serm*.2.2.54
nos expulit ille,|illum [illud] aut nequities aut vafri inscitia iuris, . . .
 expellet *var.Serm*.2.2.131
addit et illud: *Serm*.2.3.150
qui sanior ac si|illud idem in rapidum flumen iaceretve cloacam?— *Serm*.2.3.242
illud ad haec iubeo: *Serm*.2.5.70
et illud, . . . solus volt scire videri, ... *Epist*.2.1.86
quodsi|iudicium . . . illud|ad libros . . . vocares, . . *Epist*.2.1.242
meminitque libentius illud|qoud quis deridet . . . *Epist*.2.1.262

illum. iuvat . . . illum, si proprio condidit horreo | quidquid de Libycis
 verritur areis. *Carm*.1.1.9
dicam . . . illum superare pugnis|nobilem; . . . *Carm*.1.12.26
illum aget penna metuente solvi|Fama superstes. . . *Carm*.2.2.7
illum et parentis crediderim sui|fregisse cervicem . . *Carm*.2.13.5
illum ex moenibus hosticis|matrona bellantis tyranni|prospiciens . *Carm*.3.2.6
illum ego lucidas|inire sedes, . . . patiar . . . *Carm*.3.3.33
illum non labor Isthmius|clarabit pugilem, . . . *Carm*.4.3.3
illum|praeteritum temnens extremos inter euntem:— . . *Serm*.1.1.115
illum|balbutit scaurum pravis fultum male talis. . . *Serm*.1.3.47
Canem illum,|invisum agricolis sidus, venisse: . . *Serm*.1.7.25
et illum|qui pulcre nosset. *Serm*.1.9.61
nam propriae telluris erum natura neque illum | nec me nec quemquam
 statuit: *Serm*.2.2.129
nos expulit ille,|illum aut nequities aut vafri inscitia iuris, . . *Serm*.2.2.131
qui mercennarius agrum|illum ipsum mercatus aravit, . . *Serm*.2.6.12
iuvat illum sic domus et res *Epist*.1.2.51

Illyricis. me quoque devexi rapidus comes Orionis | Illyricis Notus obruit
 undis. *Carm*.1.28.22
ima. modo summa|voce, modo hac, resonat quae chordis quattuor ima. . *Serm*.1.3.8
ima. valet ima summis|mutare . . . deus . . . *Carm*.1.34.12
quatenus ima petit volvens aliena vitellus. . . . *Serm*.2.4.57
imagine. beatus Fannius ultro|delatis capsis et imagine, . . *Serm*.1.4.22
imagine cerea|largior arserit ignis *Serm*.1.8.43
hac ego si conpellor imagine, cuncta resigno: . . . *Epist*.1.7.34
imagines. funus atque imagines|ducant triumphales tuom . . *Epod*.8.11
imagines. an quae movere cereas imagines, . . . *Epod*.17.76
imagini. num vanae redeat sanguis imagini, . . . *Carm*.1.24.15
imaginibus. qui stupet in titulis et imaginibus. . . . *Serm*.1.6.17
imago. cuius recinet iocosa|nomen imago . . . *Carm*.1.12.4
iocosa|redderet laudes tibi Vaticani|montis imago. . . *Carm*.1.20.8
vitiis carentem|ludit imago|vana, ... *Carm*.3.27.40
haec a te non multum abludit imago. *Serm*.2.3.320
imbecilla. tractari mollius aetas|imbecilla volet: . . . *Serm*.2.2.86
imbecillus. "etenim fateor me" . . . imbecillus, iners, . . *Serm*.2.7.39
imber. quod non imber edax, non aquilo impotens|possit diruere . *Carm*.3.30.3
ut te | confestim liquidus Fortunae rivos [? confestim largus imber]
 inauret, ... *? var.Epist*.1.12.9
addit opus pigro rivos, si decidit imber, ... *Epist*.1.14.29
imberbus. inberbis [imberbus] iuvenis, tandem custode remoto, | gaudet
 equis . . . . *var.Ars Poet*.161
imbre. qui Capua Romam petit, imbre lutoque|adspersus . . *Epist*.1.11.11
imbrem. sive operum vacuo gratus conviva per imbrem|vicinus, . *Serm*.2.2.119
imbres. non semper imbres nubibus hispidos|manant in agros . *Carm*.2.9.1
imbres|quem super notas aluere ripas, ... *Carm*.4.2.5
imbres|nivesque deducunt Iovem; *Epod*.13.1
imbri. utpote longum|carpentes iter et factum corruptius imbri. . *Serm*.1.5.95
imbribus. ut neque largis|aquosus Eurus arva radat imbribus, . *Epod*.16.54
imbris. Notus neque parturit imbris|perpetuos, . . . *Carm*.1.7.16
at cum tonantis annus hibernus Iovis|imbris nivisque conparat, . *Epod*.2.30
collectosne bibant imbris puteosne perennis|iugis aquae . . *Epist*.1.15.15
qui queritur salebras et acerbum frigus et imbris . . . *Epist*.1.17.53
imbrium. imbrium divina avis imminentium, ... *Carm*.3.27.10
imbuerit. haec animos aerugo et cura peculi|cum semel imbuerit, *Ars Poet*.331
imbuit. quae Venus|quinta parte sui nectaris imbuit. . . . *Carm*.1.13.16
imbuta. quo semel est imbuta recens servabit odorem|testa diu. . *Epist*.1.2.69
imbuti. sunt qui formidine nulla|imbuti spectent: . . . *Epist*.1.6.5
imbutum. cum palla, tabo munus imbutum, ... *Epod*.5.65

imbutus. litterulis Graecis imbutus, idoneus arti | cuilibet: *Epist.2.2.7*
imi. imi | convivae lecti nihilum nocuere lagoenis. *Serm.2.8.40*
    imi | derisor lecti sic nutum divitis horret, ... *Epist.1.18.10*
imis. superis deorum | gratus et imis. *Carm.1.10.20*
    mollis inertia cur tantam diffuderit imis | oblivionem sensibus, . *Epod.14.1*
    Vibidius Balatroque secutis omnibus: imi [imis] | convivae lecti nihilum
      nocuere lagoenis. *var.Serm.2.8.40*
imis. 'simul imis saxa renarint | vadis levata, ... *Epod.16.25*
imitaberis. argilla quidvis imitaberis uda; *Epist.2.2.8*
imitabile. decipit exemplar vitiis imitabile: *Epist.1.19.17*
imitabimur. argilla quidvis imitaberis [imitabimur] uda; *var.Epist.2.2.8*
imitabitur. quali igitur victu sapiens utetur et horum | utrum imitabitur? . *Serm.2.2.64*
    argilla quidvis imitaberis [imitabitur] uda; *var.Epist.2.2.8*
    faber imus et unguis | exprimet et mollis imitabitur aere capillos, . . *Ars Poet.33*
imitandi. hoc stabant, hoc sunt imitandi; *Serm.1.10.17*
imitare. tu conclusas hircinis follibus auras, . . . ut mavis, imitare. . *Serm.1.4.21*
    'lana Tarentino violas imitata [imitare] veneno.' *var.Epist.2.1.207*
imitaris. mutata iuvenem figura | ales in terris imitaris almae | filius Maiae, *Carm.1.2.42*
    aedificas, hoc est longos imitaris, ... *Serm.2.3.308*
imitata. astuta ingenuom volpes imitata leonem? — *Serm.2.3.186*
    'lana Tarentino violas imitata veneno.' *Epist.2.1.207*
imitator. nec desilies imitator in artum, ... *Ars Poet.134*
imitatorem. respicere exemplar vitae morumque iubebo | doctum imitatorem *Ars Poet.318*
imitatores. o imitatores, servom pecus, ... *Epist.1.19.19*
imitatus. fronte curvatos imitatus ignis *Carm.4.2.57*
immane. vino et lucernis Medus acinaces | immane quantum discrepat: . *Carm.1.27.6*
immanem. inpios | Titanas immanemque turbam *Carm.3.4.43*
immanis. cessit immanis tibi blandienti | ianitor aulae *Carm.3.11.15*
immanis. immanisque Raetos | auspiciis pepulit secundis, . . . *Carm.4.14.15*
imminens. imminens villae tua pinus esto, ... *Carm.3.22.5*
imminente. iam Cytherea choros ducit Venus imminente luna . . *Carm.1.4.5*
imminentis. ille seu Parthos Latio imminentis *Carm.1.12.53*
imminentium. imbrium divina avis imminentium, ... *Carm.3.27.10*
immo. nullane habes vitia?' immo alia et fortasse minora. . . . *Serm.1.3.20*
immolabitur. libidinosus immolabitur caper | et agna Tempestatibus. . *Epod.10.23*
immolare. nunc et in umbrosis Fauno decet immolare lucis, . . *Carm.1.4.11*
immolato. ara castis | vincta verbenis avet immolato | spargier agno; . . *Carm.4.11.7*
imo. praesens vel imo tollere de gradu | mortale corpus . . . *Carm.1.35.2*
    inane lymphae | dolium fundo pereuntis imo *Carm.3.11.27*
    haec Ianus summus ab imo | prodocet, ... *Epist.1.1.54*
imo. latere petitus imo spiritus. *Epod.11.10*
    ab imo | ad summum totus moduli bipedalis, ... *Serm.2.3.308*
imos. aequa lege Necessitas | sortitur insignis et imos, . . . *Carm.3.1.15*
    cum sudor ad imos | manaret talos. *Serm.1.9.10*
    'hic et | candidus et talos a vertice pulcher ad imos | fiet . . *Epist.2.2.4*
imparis. qui Musas amat imparis, ... *Carm.3.19.13*
impariter. versibus inpariter [impariter] iunctis . . . . *var.Ars Poet.75*
impatiens. cur apricum | oderit campum patiens [impatiens] pulveris atque
    solis, ... *coni.Carm.1.8.4*
impediat. ut forte legentem | aut tacitum inpellat [impediat] quovis sermone: *coni.Serm.1.3.65*
impediet. nam ut quisque insanus nigris medium impediit [impediet] crus |
    pellibus *var.Serm.1.6.27*
impediit. nam ut quisque insanus nigris medium impediit crus | pellibus . *Serm.1.6.27*
impedire. nunc decet aut viridi nitidum caput impedire myrto . . *Carm.1.4.9*
impellat. ut forte legentem | aut tacitum inpellat [impellat] quovis sermone: *var.Serm.1.3.65*
imperas. dis te minorem quod geris, imperas: *Carm.3.6.5*
imperat. animum rege; qui nisi paret, | imperat; *Epist.1.2.63*
    imperat aut servit collecta pecunia cuique, ... *Epist.1.10.47*
imperet. quaeque vos bubus veneratur albis . . . inpetret [imperet],
    bellante prior, ... *var.Carm.Saec.51*
    utque | imperet hoc natura potens, sic collige mecum. . . . *Serm.2.1.51*
imperi. quem vocet divom populus ruentis | imperi rebus? . . *Carm.1.2.26*
    imperi | porrecta maiestas ad ortus | solis *Carm.4.15.14*
imperiis. tu cede potentis amici | lenibus imperiis, ... *Epist.1.18.45*
imperiis. flectere mollibus | iam durum imperiis: *Carm.4.1.7*
    optatum peractis | imperiis decus adrogavit. *Carm.4.14.40*
    rerum imperiis hominumque | tot tantisque minor, . . . *Serm.2.7.75*
imperio. funus et imperio parabat *Carm.1.37.8*
    adiectis Britannis | imperio gravibusque Persis. *Carm.3.5.4*

imperio. imperio regit unus aequo. *Carm.*3.4.48
    fulgentem imperio fertilis Africae *Carm.*3.16.31
imperiosa. sed me|imperiosa trahit Proserpina: *Serm.*2.5.110
imperiosius. vix durare carinae|possint imperiosius|aequor? . . . *Carm.*1.14.8
imperiosus. seu vocat institor | seu navis Hispanae magister, | dedecorum
    pretiosus [imperiosus] emptor. *coni.Carm.*3.6.32
    quisnam igitur liber? sapiens, sibi qui imperiosus, ... *Serm.*2.7.83
imperitare. sive opus est imperitare equis,|non auriga piger. . . . *Carm.*1.15.25
imperitarent. nec quod avos tibi maternus fuit atque paternus | olim qui
    magnis legionibus imperitarint [imperitarent], ... *var.Serm.*1.6.4
imperitarint. olim qui magnis legionibus imperitarint, ... *Serm.*1.6.4
imperitas. tu, mihi qui imperitas, aliis servis miser *Serm.*2.7.81
imperito. 'rex sum.' . . . 'et aequam|rem imperito *Serm.*2.3.189
imperium. reges in ipsos imperium est Iovis, ... *Carm.*3.1.6
imperium. neu populus frequens . . . imperiumque frangat; . . . *Carm.*1.35.16
    qui promittit civis, Vrbem sibi curae,|imperium fore . . . *Serm.*1.6.35
    si melius quid habes, arcesse, vel imperium fer. . . . *Epist.*1.5.6
    ius imperiumque Phraates|Caesaris accepit genibus minor; . . *Epist.*1.12.27
imperor. haec ego procurare et idoneus imperor *Epist.*1.5.21
impetu. agmina|ferrata vasto diruit impetu *Carm.*4.14.30
impetus. nec saevos Arcturi cadentis|impetus aut orientis Haedi, . *Carm.*3.1.28
    demisit hostem vividus impetus, ... *Carm.*4.4.10
    impetus in quem|continuo fiat, ... *Serm.*1.2.117
impetus. inauspicatos contudit impetus|nostros *Carm.*3.6.10
impingas. quam quo perferre iuberis|clitellas ferus inpingas [impingas] . *var.Epist.*1.13.8
impium. inpium [impium]|lenite clamorem sodales *var.Carm.*1.27.6
implicata. Canidia, brevibus illigata [implicata] viperis|crinis . . *var.Epod.*5.15
impotens. non aquilo impotens|possit diruere *Carm.*3.30.3
impransi. postquam est inpransi [impransi] correptus voce magistri? . *var.Serm.*2.3.257
imum. primo ne medium, medio ne discrepet imum. . . . *Ars Poet.*152
imum. ad imum|Thraex erit aut holitoris aget mercede caballum. . *Epist.*1.18.35
    servetur ad imum|qualis ab incepto processerit . . . *Ars Poet.*126
    si paulum summo decessit, vergit ad imum. . . . . *Ars Poet.*378
imus. e quibus unus [imus] avet quavis aspergere cunctos|praeter eum qui
    praebet aquam; *var.Serm.*1.4.87
    Aemilium circa ludum faber imus . . . . . *Ars Poet.*32
in. *Carm.*1.2.40; 1.2.45; 1.6.18; 1.7.8; 1.8.16; 1.13.6; 1.14.1; 1.16.24; 1.19.9; 1.21.14;
    *var.Carm.*1.21.15; *Carm.*1.26.2; 1.27.1; 1.28.8; 1.30.4; 1.32.2; 1.33.6; 1.35.29; 1.35.39;
    *Carm.*1.36.12; 1.36.17; 1.37.15; 2.2.6; 2.3.19; 2.3.27; 2.5.4; 2.7.1; 2.7.15; 2.9.2; 2.11.4;
    *Carm.*2.11.23; 2.13.3; 2.13.12; 2.13.14; 2.16.25; 2.20.10; 3.1.5; 3.1.6; 3.1.11; 3.1.34;
    *Carm.*3.3.21; 3.3.45; 3.3.51; 3.4.21; 3.4.67; 3.5.16; 3.5.55; 3.6.20; 3.7.29; 3.8.15;
    *Carm.*3.11.34; 3.11.35; 3.11.47; 3.16.8; 3.24.45; 3.24.47; 3.25.2; *var.Carm.*3.28.9;
    *Carm.*3.29.36; 3.29.42; 4.1.9; 4.1.28; 4.2.23; 4.2.26; 4.2.39; 4.2.56; 4.4.2; 4.4.9; 4.4.11;
    *Carm.*4.4.28; 4.4.62; 4.10.5; 4.13.28; 4.14.3; *Carm.Saec.*52; 67; *Epod.*1.24; 2.32; 2.39;
    *Epod.*2.53; 5.4; 5.53; 6.11; 7.12; 7.19; 10.14; 13.8; 15.4; 16.25; 16.29; 17.9; 17.10; 17.18;
    *Epod.*17.81; *Serm.*1.1.11; 1.1.31; 1.2.18; 1.2.24; 1.2.43; 1.2.48; 1.2.117; 1.3.67; 1.3.141;
    *Serm.*1.4.80; 1.4.143; 1.5.62 (*bis*); 1.6.72; 1.7.20; 1.8.12; 1.8.28; 1.8.38; 1.8.47; 1.9.9;
    *Serm.*1.9.77; 1.10.34; 1.10.68; 2.1.63; 2.1.71; 2.1.82; 2.2.34; 2.2.66; 2.2.75; 2.2.134;
    *Serm.*2.3.28; 2.3.38; 2.3.72; 2.3.104; 2.3.242; *coni.Serm.*2.3.276; *Serm.*2.4.39;
    *var.Serm.*2.4.61; *Serm.*2.5.29; 2.5.47; 2.5.50; 2.6.16 (*bis*); 2.6.47; 2.7.10; 2.7.17; 2.7.62;
    *Serm.*2.7.63; 2.7.88; 2.8.55; 2.8.61; *Epist.*1.1.14; 1.1.18; 1.1.79; 1.2.30; 1.2.39; 1.2.43;
    *Epist.*1.3.8; 1.3.9; 1.3.36; 1.6.24; 1.7.30; 1.11.5; 1.11.23; 1.13.9; 1.14.41; 1.15.20;
    *Epist.*1.15.30; 1.15.41; 1.16.53; 1.17.6; 1.18.10; 1.18.34; 1.18.45; 1.18.109; 1.20.8;
    *Epist.*1.20.15; 2.1.3; 2.1.6; 2.1.48; 2.1.94; 2.1.149; 2.1.159; 2.1.175; 2.1.189; 2.1.265;
    *Epist.*2.1.269; 2.2.47; 2.2.116; 2.2.133; 2.2.174; 2.2.188; *Ars Poet.*4; 31; 44; 60; 129;
    *Ars Poet.*134; 148; 160; 163; 183; 187 (*bis*); 229; 256; 260; 282; 315; 326; 387; 388;
    *Ars Poet.*402; 452; 459; 471
in. *Carm.*1.2.42; 1.4.11; 1.5.1; 1.12.5; 1.12.6; 1.15.29; 1.16.23; 1.17.17; 1.17.19; 1.20.3; 1.22.9;
    *Carm.*1.22.22; 1.25.10; 1.27.19; 1.37.19; 2.3.1; 2.3.2; 2.3.6; 2.4.7; 2.5.7; 2.9.4;
    *Carm.*2.16.1; 2.16.14; 2.18.2; 2.18.27; 2.19.1; 2.19.18; 2.20.3; 3.2.6; 3.3.39; 3.4.9;
    *Carm.*3.5.8; 3.8.3; *var.Carm.*3.8.4; *Carm.*3.12.7; 3.16.34; 3.18.11; 3.23.11; 3.25.8; 3.27.29;
    *Carm.*4.4.4; 4.4.30 (*bis*); 4.4.58; 4.5.29; 4.6.11; 4.6.20; 4.10.6; 4.11.2; 4.12.9; 4.12.24;
    *Carm.*4.12.28; 4.13.8; 4.14.17; *Epod.*1.17; 2.11; 2.24; 2.26; 3.5; 3.22; 4.5; 5.1; 5.67;
    *Epod.*11.4 (*bis*); 11.9; 12.5; 12.19; 15.12; 17.33; 17.47; 17.63; 17.69; *Serm.*1.1.12;
    *Serm.*1.1.60; 1.1.67; 1.1.91; 1.1.106; 1.2.13; 1.2.30; 1.2.47; 1.2.63; 1.2.64; 1.2.106; 1.2.108;
    *Serm.*1.3.17; 1.3.26; 1.3.32; 1.3.41; 1.3.72; 1.3.82; 1.3.92; 1.3.110; 1.4.9; 1.4.10; 1.4.34;
    *Serm.*1.4.74; 1.4.98; 1.5.37; 1.5.72; 1.6.17; 1.6.22; 1.6.62; 1.6.79; 1.7.14; 1.8.6; 1.8.7;
    *Serm.*1.8.9; 1.8.12; 1.8.15; 1.9.2; 1.9.59; 1.10.38; 1.10.52; 1.10.70; 1.10.75; 2.1.1; 2.2.19;
    *Serm.*2.2.20; *var.Serm.*2.2.31; *Serm.*2.2.71; 2.2.111; 2.2.114; 2.3.41; 2.3.55; *var.Serm.*2.3.98;

*Serm.*2.3.101; 2.3.119; 2.3.136; 2.3.182; 2.3.183; *var.Serm.*2.3.234; *Serm.*2.3.248;
*Serm.*2.3.251; 2.3.267; 2.3.287; 2.3.292; 2.3.294; 2.3.310; 2.4.15; 2.4.48; 2.4.81 (*ter*);
*Serm.*2.5.45; 2.6.1; 2.6.28; 2.6.42; 2.6.46; 2.6.49; 2.6.88; 2.6.96; 2.6.102; 2.6.106; 2.7.19;
*Serm.*2.7.59; 2.7.86; 2.8.4; 2.8.6; 2.8.43; *var.Serm.*2.8.52; *Serm.*2.8.77; *Epist.*1.1.11;
*Epist.*1.1.83; 1.1.87; 1.2.29; 1.2.66; 1.2.67; 1.3.14; 1.4.2; 1.5.20; 1.6.52; 1.6.66; 1.7.50;
*Epist.*1.8.6; 1.10.2; 1.10.20; 1.10.35; 1.11.12; 1.11.15; 1.12.7; 1.14.10; 1.14.13; 1.14.35;
*Epist.*1.15.13; 1.16.28; 1.16.48; 1.16.64; 1.16.68; 1.16.71; 1.16.76; *var.Epist.*1.16.76;
*Epist.*1.18.87; 1.20.18; 1.20.20; 2.1.18; 2.1.27; 2.1.31; 2.1.53; 2.1.173; 2.1.194; 2.1.205;
*Epist.*2.1.244; 2.2.12; 2.2.15; 2.2.68; 2.2.69; 2.2.85; 2.2.130; 2.2.157; *Ars Poet.*46;
*? var.Ars Poet.*60; *Ars Poet.*71; 178; 179; 228; 258; 351; *var.Ars Poet.*360; *Ars Poet.*372;
*Ars Poet.*421; 431; 451

Inachia. ex quo destiti | Inachia furere, ... *Epod.*11.6
    'Inachia langues minus ac me; *Epod.*12.14
Inachiam. Inachiam ter nocte potes, mihi semper ad unum | mollis opus. . *Epod.*12.15
Inacho. divesne prisco natus ab Inacho | nil interest *Carm.*2.3.21
    quantum distet ab Inacho | Codrus *Carm.*3.19.1
inaequales. aut mare Caspium | vexant inaequales procellae | usque . . *Carm.*2.9.3
inaequali. si curatus inaequali tonsore capillos | occurri, . . . *Epist.*1.1.94
inaequalis. saepe notatus | cum tribus anellis, modo laeva Priscus inani |
    vixit inaequalis, clavom ut mutaret in horas, ... *Serm.*2.7.10
inaequalis. siccat inaequalis calices conviva solutus | legibus insanis, . . *Serm.*2.6.68
inaestuet. 'quodsi meis inaestuet praecordiis | libera bilis, . . . *Epod.*11.15
inamarescunt. nempe inamarescunt epulae sine fine petitae . . . *Serm.*2.7.107
inane. aut virtus nomen inane est, ... *Epist.*1.17.41
inane. inane lymphae | dolium fundo pereuntis imo *Carm.*3.11.26
    per hoc inane purpurae decus precor, ... *Epod.*5.7
    quaerere plus prodest et inane abscindere soldo? *Serm.*1.2.113
inanem. nullum ultra verbum aut operam insumebat inanem, . . . *Ars Poet.*443
inani. quantum interpellet inani | ventre diem durare, ... *Serm.*1.6.127
inani. saepe notatus | cum tribus anellis, modo laeva Priscus inani . *Serm.*2.7.9
    caret tibi pectus inani | ambitione? *Epist.*2.2.206
inani. absint inani funere neniae *Carm.*2.20.21
inania. aut, dum vitat humum, nubis et inania captet. . . . *Ars Poet.*230
inanis. siccus, inanis | sperne cibum vilem; *Serm.*2.2.14
inanis. inanis | hoc iuvat, haud illud quaerentis, ... *Serm.*1.4.76
    cum prudens scelus ob titulos admittis inanis, ... *Serm.*2.3.212
inanis. quin huc inanis, si potes, vertis minas *Epod.*6.3
inaniter. meum qui pectus inaniter angit, ... *Epist.*2.1.211
inarata. reddit ubi cererem tellus inarata quotannis *Epod.*16.43
inarsit. nec munus umeris efficacis Herculis | inarsit aestuosius. . . *Epod.*3.18
inaudax. dura post paulo fugies inaudax | proelia raptor, . . . *Carm.*3.20.3
inauret. ut te | confestim liquidus Fortunae rivos inauret, . . . *Epist.*1.12.9
inauspicatos. inauspicatos contudit impetus | nostros *Carm.*3.6.10
inbelle. sed vacuom Tibur placet aut inbelle Tarentum. . . . *Epist.*1.7.45
inbellem. neque inbellem feroces | progenerant aquilae columbam. . . *Carm.*4.4.31
inbelli. inbelli cithara carmina divides; *Carm.*1.15.15
inbellis. inbellis ac firmus parum? *Epod.*1.16
inbellis. pudor | inbellisque lyrae Musa potens vetat . . . *Carm.*1.6.10
    nec parcit inbellis iuventae | poplitibus timidove tergo. . . *Carm.*3.2.15
inberbes. quae | inberbes didicere, senes perdenda fateri. . . . *Epist.*2.1.85
inberbi. quae | inberbes [inberbi] didicere, senes perdenda fateri. . . *coni.Epist.*2.1.85
inberbis. inberbis iuvenis, tandem custode remoto, ... *Ars Poet.*161
incaluisse. narratur et prisci Catonis | saepe mero caluisse [incaluisse] virtus. *var.Carm.*3.21.12
incantata. herbas atque incantata lacertis | vincula . . . *Serm.*1.8.49
incastigatum. nec me dimittes incastigatum, ... *Epist.*1.10.45
incauta. haud ignara ac non incauta futuri. *Serm.*1.1.35
incauti. agitant pueri incautique sequontur. . . . . . *Ars Poet.*456
incauto. pro bene sano | ac non incauto fictum astutumque vocamus. . *Serm.*1.3.62
incedas. lenis incedas abeasque parvis | aequos alumnis, . . . *Carm.*3.18.3
incederet. detrahere et pellem, nitidus qua quisque per ora | cederet [? per
    ora in- | cederet], introrsum turpis: . . . . . *? var.Serm.*2.1.64, 65
incedis. incedis per ignis | suppositos cineri doloso. *Carm.*2.1.7
    meo nunc | superbus incedis malo, ... *Epod.*15.18
incedo. quacumque libido est, | incedo solus; *Serm.*1.6.112
incelebris. eo quod | illecebris [incelebris] erat et grata novitate morandus |
    spectator . . . . *var.Ars Poet.*223
incendia. non 'incendia Karthaginis inpiae' *Carm.*4.8.17
    et neglecta solent incendia sumere vires. *Epist.*1.18.85
incendia. formidare malos fures, incendia, servos, ... *Serm.*1.1.77

detrimenta, fugas servorum, incendia ridet, ... *Epist.*2.1.121
incendio. novam|incendio nuptam abstulit? *Epod.*5.66
incendit. acris ubi me|natura intendit [incendit], ... *var.Serm.*2.7.48
inceptis. inceptis gravibus plerumque et magna professis|purpureus, . . .
  adsuitur pannus, ... *Ars Poet.*14
incepto. servetur ad imum|qualis ab incepto processerit . . . *Ars Poet.*127
inceptos. inceptos, olim promissum carmen, iambos *Epod.*14.7
incertam. quos venerem incertam rapientis more ferarum . . . *Serm.*1.3.109
incerto. ferebar incerto pede|ad non amicos heu mihi postis . . . *Epod.*11.20
incerto. aut fertur incerto mari. *Epod.*9.32
incertos. transmutat incertos honores, ... *Carm.*3.29.51
  migravit ab aure voluptas|omnis ad incertos oculos et gaudia vana. . . *Epist.*2.1.188
incertus. cum faber, incertus scamnum faceretne Priapum, ... *Serm.*1.8.2
incessum. rides Turbonis in armis|spiritum et incessum: . . . *Serm.*2.3.311
incesto. saepe Diespiter|neglectus incesto addidit integrum, . . . *Carm.*3.2.30
incestos. incestos amores|de tenero meditatur ungui. *Carm.*3.6.23
  migravit ab aure voluptas|omnis ad incertos [incestos] oculos et gaudia
  vana. *coni.Epist.*2.1.188
incestus. fatalis incestusque iudex *Carm.*3.3.19
  an triste bidental|moverit incestus: . . . . *Ars Poet.*472
incidat. aut si disparibus bellum incidat, ... *Serm.*1.7.16
  donec manibus tremor incidat unctis. *Epist.*1.1.16.23
incidere. heredes Staberi summam incidere sepulcro, . . . *Serm.*2.3.84
incidere. nec lusisse pudet, sed non incidere ludum. . . . *Epist.*1.14.36
  oppida moliri, leges incidere ligno. . . . . . . *Ars Poet.*399
inciderit. dura valetudo inciderit seu tarda senectus? . . . *Serm.*2.2.88
  nisi dignus vindice nodus|inciderit; . . . . *Ars Poet.*192
incidit. quibus adversum bellum incidit: *Serm.*1.7.11
incipe. dic aliquid dignum promissis. incipe. nil est? . . . *Serm.*2.3.6
  sapere aude,|incipe. *Epist.*1.2.41
incipiam. potare et spargere flores|incipiam *Epist.*1.5.15
incipias. finire laborem|incipias, parto quod avebas, . . . *Serm.*1.1.94
  populum si caedere saxis|incipias *Serm.*2.3.129
incipies. nec sic incipies, ut scriptor cyclicus olim: . . . *Ars Poet.*136
incipit. tandem fessus dormire viator|incipit *Serm.*1.5.18
  incipit ex illo montis Apulia notos|ostentare mihi, . . . *Serm.*1.5.77
  incipit ille:|'si bene me novi, ... *Serm.*1.9.21
  sic incipit: 'olim . . . fertur *Serm.*2.6.79
incisa. non incisa notis marmora publicis, ... *Carm.*4.8.13
incitat. sed incitat me pectus *Epod.*8.7
inclamat. 'quo tu, turpissime?' magna|inclamat voce, . . . *Serm.*1.9.76
inclinare. inclinare meridiem|sentis *Carm.*3.28.5
inclinet. pluribus hisce,|si modo plura mihi bona sunt, inclinet, . . *Serm.*1.3.71
inclitum. inclitum Vlixen|et Menelaum una mecum se occidere clamans.' *Serm.*2.3.197
includere. quaeris,|Maecenas, iterum antiquo me includere ludo? . . *Epist.*1.1.3
includo. ubi quid datur oti,|inludo [includo] chartis. . . . *coni.Serm.*1.4.139
inclusa. si neque fervidis|pars inclusa caloribus|mundi . . . *Carm.*3.24.37
  post etiam inclusa est voti sententia compos; . . . . *Ars Poet.*76
inclusam. inclusam Danaen turris aenea|robustaeque fores . . . munierant
  satis *Carm.*3.16.1
inclusit. quae semel . . . inclusit volucris dies. *Carm.*4.13.16
inclusus. ille non inclusus equo Minervae|sacra mentito . . *Carm.*4.6.13
incoctus. num viperinus his cruor|incoctus herbis me fefellit? . . *Epod.*3.7
incogitat. non fraudem socio puerove incogitat ullam|pupillo; . . *Epist.*2.1.122
incohare. vitae summa brevis spem nos vetat incohare longam; . . *Carm.*1.4.15
incola. non adytis quatit|mentem sacerdotum incola Pythius, . . *Carm.*1.16.6
  ut huc novos incola venit? *Serm.*2.2.128
incolis. me . . . obicere incolis|plorares Aquilonibus. . . . *Carm.*3.10.3
incoluit. Lydorum quidquid Etruscos|incoluit finis, ... *Serm.*1.6.2
incolumem. finibus Atticis|reddas incolumem precor . . . *Carm.*1.3.7
  incolumem tibi me praestant septembribus horis. . . . *Epist.*1.16.16
incolumem. virtutem incolumem odimus, ... *Carm.*3.24.31
  si . . . vitam famamque tueri|incolumem possum; . . . *Serm.*1.4.119
incolumes. vel cur his animis incolumes non redeunt genae?' . . *Carm.*4.10.8
incolumi. incolumi Rhodos et Mytilene pulcra facit . . . *Epist.*1.11.17
incolumi. incolumi Iove et urbe Roma? *Carm.*3.5.12
  quis Parthum paveat, . . . incolumi Caesare? *Carm.*4.5.27
incolumi. asper|incolumi gravitate iocum temptavit . . . . *Ars Poet.*222
incolumi. incolumi capite es? quid enim? *Serm.*2.3.132

incolumis. incolumis laetor quod vivit in Vrbe; *Serm*.1.4.98
incommoda. multa senem circumveniunt incommoda, ... *Ars Poet*.169
incommodus. munere te parvo beet aut incommodus angat. . . *Epist*.1.18.75
incomptam. maturet, in comptum [incomptam] Lacaenae | more comas [comam] religata nodum [nodo]. *coni.Carm*.2.11.23
incomptis. versus . . . incomptis adlinet atrum | transverso calamo signum, *Ars Poet*.446
incomptis. hunc et incomptis Curium capillis *Carm*.1.12.41
incomptum. brevibus illigata viperis | crinis et incomptum caput, *Epod*.5.16
inconcinna. asperitas agrestis et inconcinna gravisque, ... *Epist*.1.18.6
inconcinnus. personamque feret noa inconcinnus utramque; . *Epist*.1.17.29
inconposito. nempe inconposito dixi pede currere versus | Lucili. . . *Serm*.1.10.1
inconsultus. patiarque vel inconsultus haberi. *Epist*.1.5.15
incontinentis. ne male dispari | incontinentis iniciat manus . . . *Carm*.1.17.26
   incontinentis nec Tityi iecur | reliquit ales, . *Carm*.3.4.77
incoquere. erucas viridis, inulas ego primus amaras | monstravi incoquere; *Serm*.2.8.52
incorrupta. incorrupta Fides nudaque Veritas *Carm*.1.24.7
incorruptissimus. ipse mihi custos incorruptissimus omnis | circum doctores aderat. *Serm*.1.6.81
increbruit. mone, si increbruit aura, | cautus uti velet carum caput; . *Serm*.2.5.93
increbuit. mone, si increbruit [increbuit] aura, | cautus uti velet carum caput; *var.Serm*.2.5.93
incredibili. utrumque nostrum incredibili modo | consentit astrum; . *Carm*.2.17.21
incredulus. quodcumque ostendis mihi sic, incredulus odi. . . *Ars Poet*.188
increpare. Sabella pectus increpare carmina *Epod*.17.28
increpat. quis post vina gravem militiam aut pauperiem crepat [increpat]? *var.Carm*.1.18.5
increpuit. Phoebus volentem proelia me loqui | victas et urbis increpuit lyra, *Carm*.4.15.2
incretum. piper album cum sale nigro | incretum *Serm*.2.4.75
incrustare. sincerum furimus vas incrustare. *Serm*.1.3.56
incubet. si et stramentis incubet unde- | octoginta annos natus, . *Serm*.2.3.117
incubuit. nova febrium | terris incubuit cohors *Carm*.1.3.31
incude. utinam nova | incude diffingas retusum . . . ferrum. . . *Carm*.1.35.39
incudi. male tornatos incudi reddere versus. . . . . . *Ars Poet*.441
incultae. incultae pacantur vomere silvae: *Epist*.1.2.45
incultis. incultis qui versibus et male natis | rettulit . . . Philippos. *Epist*.2.1.233
inculto. at ingenium ingens | inculto latet hoc sub corpore. . *Serm*.1.3.34
incultum. non tibi parvom | ingenium, non incultum est et turpiter hirtum: *Epist*.1.3.22
incumbo. ubi quid datur oti, | inludo [incumbo] chartis. . . . *var.Serm*.1.4.139
incurata. stultorum incurata pudor malus ulcera celat. . . *Epist*.1.16.24
incuria. maculis, quas aut incuria fudit . . . . . . *Ars Poet*.352
incurreret. quo ne per vacuom Romano incurreret hostis, . . *Serm*.2.1.37
incurtare. at nos virtutes ipsas invertimus atque | sincerum furimus vas incrustare [incurtare]. *var.Serm*.1.3.56
incuteret. seu quod Lucania bellum | incuteret violenta. . . . *Serm*.2.1.39
incutiant. ne mox | incutiant aliena tibi peccata pudorem. . . *Epist*.1.18.77
incutiat. ne forte negoti | incutiat tibi quid sanctarum inscitia legum: *Serm*.2.1.81
incutiunt. fornix tibi et uncta popina | incutiunt Vrbis desiderium, . *Epist*.1.14.22
inde. urbem . . . celebrare et | undique [celebrare | indeque] decerptam fronti praeponere olivam; *coni.Carm*.1.7.7
   inde fit, ut raro, qui se vixisse beatum | dicat *Serm*.1.1.117
   qui nisi, . . . mercedem aut nummos unde unde [inde unde] extricat, . *var.Serm*.1.3.88
   inde Forum Appi | differtum nautis cauponibus atque malignis. . *Serm*.1.5.3
   inde Rubos fessi pervenimus, ... *Serm*.1.5.94
   inde domum me | ad porri et ciceris refero laganique catinum; . *Serm*.1.6.114
   deus inde ego, furum aviumque | maxima formido: . . *Serm*.1.8.3
   ut inde | manis elicerent animas responsa daturas. . . . *Serm*.1.8.28
   inde | ambo propositum peragunt iter, ... *Serm*.2.6.98
   pinguis ut inde domum possim Phaeaxque reverti — . . *Epist*.1.15.24
indecorant. indecorant bene nata culpae. *Carm*.4.4.36
indecoro. non indecoro pulvere sordidos *Carm*.2.1.22
Indi. iam Scythae responsa petunt, superbi | nuper, et Indi. . . *Carm.Saec*.56
Indiae. thesauris Arabum et divitis Indiae *Carm*.3.24.2
indicant. non . . . clarius indicant | laudes *Carm*.4.8.19
indicat. me tabula sacer | votiva paries indicat *Carm*.1.5.14
indice. siquid forte lateret, | indice monstraret digito: . . . *Serm*.2.8.26
indiciis. indiciis monstrare recentibus abdita rerum: . . . *Ars Poet*.49
indicis. illo | mane die, quo tu indicis ieiunia, ... *Serm*.2.3.291
indico. hic ego propter aquam, quod erat deterrima, ventri | indico bellum, *Serm*.1.5.8
indicta. quam si proferres ignota indictaque primus . . . *Ars Poet*.130
indictis. rura suburbana indictis comes ire Latinis. *Epist*.1.7.76

indictum.   dicam insigne, recens, adhuc|indictum ore alio. *Carm.*3.25.8
Indicum.   non aurum aut ebur Indicum, ...   *Carm.*1.31.6
indigna.   effutire levis indigna tragoedia versus, ...   *Ars Poet.*231
   et data Romanis venia est indigna poetis.   .   .   .   .   .   *Ars Poet.*264
indigna.   sine pondere erunt et honore indigna ferentur,   .   .   .   *Epist.*2.2.112
indigna.   'spissis indigna theatris|scripta pudet recitare   .   .   .   *Epist.*1.19.41
indignatio.   ut ora vertat huc et huc euntium|liberrima indignatio?   .   .   *Epod.*4.10
indignatur.   indignatur item privatis ac prope socco | dignis carminibus
      narrari cena Thyestae: .   .   .   .   *Ars Poet.*90
indigni.   indigni fraternum rumpere foedus, ...   *Epist.*1.3.35
indignis.   qui stultus honores|saepe dat indignis *Serm.*1.6.16
indigno.   indignoque pecuniam|heredi properet. *Carm.*3.24.61
   si|detulerit fasces indigno, detrahet idem. *Epist.*1.16.34
   indigno non conmittenda poetae. *Epist.*2.1.231
indignor.   indignor quicquam reprendi, non quia crasse|conpositum   .   *Epist.*2.1.76
   idem|indignor, quandoque bonus dormitat Homerus,   .   .   .   *Ars Poet.*359
indignum.   (indignum, quod sit peioribus ortus) *Epist.*1.6.22
indignum.   quid me perferre patique|indignum coges?'   .   .   .   *Epist.*1.16.75
indignum.   "cave faxis|te quicquam indignum. *Serm.*2.3.39
indignus.   cur eget indignus quisquam te divite? *Serm.*2.2.103
   segnis ego, indignus qui tantum possideam: *Serm.*2.3.236
   (indignum [indignus], quod sit peioribus ortus)|hic tibi sit potius quam
      tu mirabilis illi. *var.Epist.*1.6.22
indiguus.   cur eget indignus [indiguus] quisquam te divite?   .   .   *coni.Serm.*2.2.103
indocili.   aut pars indocili melior grege; *Epod.*16.37
indocili.   tuae|vexere tigres indocili iugum|collo trahentes,   .   .   *Carm.*3.3.14
indocilis.   quassas indocilis pauperiem pati. *Carm.*1.1.18
indocti.   scribimus indocti doctique poemata passim.   .   .   .   *Epist.*2.1.117
   indocti stolidique et depugnare parati, ...   *Epist.*2.1.184
indoctum.   Cantabrum indoctum iuga ferre nostra *Carm.*2.6.2
   indoctum doctumque fugat recitator acerbus;   .   .   .   .   *Ars Poet.*474
indoctum.   quin etiam canet indoctum, sed dulce bibenti.   .   .   *Epist.*2.2.9
indoctus.   indoctus quid enim saperet liberque laborum|rusticus   .   *Ars Poet.*212
   indoctusque pilae discive trochive quiescit, ...   *Ars Poet.*380
indoles.   quid indoles|nutrita faustis sub penetralibus|posset,   .   .   *Carm.*4.4.25
indomita.   rerum inscitia vexat|indomita cervice feros?   .   .   .   *Epist.*1.3.34
indomitae.   nec pietas moram|rugis . . . adferet indomitaeque morti,   .   *Carm.*2.14.4
indomitam.   indomitam audeat|refrenare licentiam, ...   *Carm.*3.24.28
   cum pene soluto|indomitam properat rabiem sedare,   .   .   .   *Epod.*12.9
indomitas.   indomitas prope qualis undas|exercet Auster   .   .   .   *Carm.*4.14.20
indomito.   leporem sectatus equove|lassus ab indomito *Serm.*2.2.10
indomito.   cuius in indomito constantior inguine nervos   .   .   .   *Epod.*12.19
indomitus.   indomitas [indomitus] prope qualis undas|exercet Auster .   *var.Carm.*4.14.20
indormis.   congestis undique saccis|indormis inhians   .   .   .   *Serm.*1.1.71
indormit.   indormit unctis omnium cubilibus|oblivione paelicum?   .   *Epod.*5.69
Indos.   sive subiectos Orientis orae|Seras et Indos,   .   .   .   *Carm.*1.12.56
   (inpiger extremos curris mercator ad Indos, ...   *Epist.*1.1.45
   censes . . . quid maris extremos Arabas ditantis et Indos|ludicra,   .   *Epist.*1.6.6
indotata.   'indotata mihi soror est, paupercula mater,   .   .   .   *Epist.*1.17.46
inducant.   ut numquam inducant animum cantare rogati,   .   .   .   *Serm.*1.3.2
inducat.   emptorem inducat hiantem, ...   *Serm.*1.2.88
inducere.   iam nox inducere terris|umbras et caelo diffundere signa parabat;   *Serm.*1.5.9
   varias inducere plumas,|undique collatis membris   .   .   .   *Ars Poet.*2
induceris.   metuens induceris atque | altercante libidinibus tremis ossa
      pavore. *Serm.*2.7.56
inducit.   Terenti|fabula quem miserum gnato vixisse fugato|inducit, .   *Serm.*1.2.22
indulgens.   crescit indulgens sibi dirus hydrops *Carm.*2.2.13
Indus.   Medusque et Indus, te profugus Scythes|miratur,   .   .   .   *Carm.*4.14.42
indutus.   quidlibet indutus celeberrima per loca vadet   .   .   .   *Epist.*1.17.28
inemori.   posset . . . dapis|inemori spectaculo, ...   *Epod.*5.34
inemptas.   dapes inemptas adparet: *Epod.*2.48
inemptis.   et piper et quidquid chartis amicitur ineptis [inemptis].   .   *var.Epist.*2.1.270
inepte.   quis tam Lucili fautor inepte est, ...   *Serm.*1.10.2
   quanto rectius hic, qui nil molitur inepte: .   .   .   .   *Ars Poet.*140
inepti.   quis tam Lucili fautor inepte [inepti] est,|ut non hoc fateatur?   *var.Serm.*1.10.2
ineptis.   piper et quidquid chartis amicitur ineptis.   .   .   .   *Epist.*2.1.270
ineptum.   neque te quisquam stipator ineptum|praeter Crispinum sectabitur,   *Serm.*1.3.138
ineptus.   ineptus|et iactantior hic paullo est: *Serm.*1.3.49
   ego si risi, quod ineptus|'pastillos Rufillus olet, Gargonius hircum,'   .   *Serm.*1.4.91

qui . . . famae servit ineptus, ... *Serm*.1.6.16
aut quod ineptus│Fannius Hermogenis laedat conviva Tigelli? . . *Serm*.1.10.79
morietur frigore, si non│rettuleris pannum. refer et sine vivat ineptus. *Epist*.1.17.32
inerant. quae procul exstructis inerant hesterna canistris. . . . *Serm*.2.6.105
inerit. ita [? ita et] verborum vetus interit [? inerit] aetas, . . . *? var.Ars Poet*.61
inermem. me silva lupus in Sabina, . . . fugit inermem; . . . *Carm*.1.22.12
quid non ebrietas dissignat? . . . ad proelia trudit inertem [inermem], *var.Epist*.1.5.17
iners. qui lora restrictis lacertis│sensit iners *Carm*.3.5.36
"etenim fateor me" . . . imbecillus, iners, ... *Serm*.2.7.39
iners, vinosus, amator —│nemo adeo ferus est, ... *Epist*.1.1.38
praetulerim scriptor delirus inersque videri, ... *Epist*.2.2.126
dilator, spe longus, iners avidusque futuri, ... *Ars Poet*.172
iners. stat glacies iners│mensis per omnis *Carm*.2.9.5
mox│bruma recurrit iners. *Carm*.4.7.12
inertem. quae te│Lesbia quaerenti taurum monstravit inertem, . *Epod*.12.17
spes iubet esse ratas, ad proelia trudit inertem, ... *Epist*.1.5.17
inertem. qui terram inertem, qui mare temperat *Carm*.3.4.45
curvat aper lances carnem vitantis inertem: *Serm*.2.4.41
inertia. mollis inertia cur tantam diffuderit imis│oblivionem sensibus, *Epod*.14.1
strenua nos exercet inertia: *Epist*.1.11.28
inertiae. paulum sepultae distat inertiae│celata virtus— . . *Carm*.4.9.29
inertibus. nunc veterum libris, nunc somno et inertibus horis . *Serm*.2.6.61
inertis. duo si discordia vexet inertis *Serm*.1.7.15
vir bonus et prudens versus reprendet inertis, ... *Ars Poet*.445
inertis. aut tineas pasces taciturnus inertis *Epist*.1.20.12
inest. quod acer spiritus ac vis│nec verbis nec rebus inest, . . *Serm*.1.4.47
at mihi cura│non mediocris inest, ... *Serm*.2.4.94
inexcusabilis. ac ne te retrahas et inexcusabilis absis, . . . *Epist*.1.18.58
inexorabilis. Achillem,│inpiger iracundus, inexorabilis acer, . . *Ars Poet*.121
inexpertis. dulcis inexpertis cultura potentis amici, . . . *Epist*.1.18.86
inexpertum. siquid inexpertum scaenae committis . . . . *Ars Poet*.125
infabre. quid sculptum infabre, quid fusum durius esset. . . *Serm*.2.3.22
infame. Cocytos errans et Danai genus│infame *Carm*.2.14.19
infamem. siquis infamem mihi nunc iuvencum│dedat iratae, . . *Carm*.3.27.45
infamia. falsus honor iuvat et mendax infamia terret . . . *Epist*.1.16.39
infamis. Galloni praeconis erat acipensere mensa│infamis. . . *Serm*.2.2.48
infamis. infamis Helenae Castor offensus vice *Epod*.17.42
infamis. qui vidit . . . infamis scopulos Acroceraunia? . . . *Carm*.1.3.20
infamis. seu rubra Canicula findet│infantis [infamis] statuas, . . *coni.Serm*.2.5.40
infans. non sine dis animosus infans. *Carm*.3.4.20
(infans namque pudor prohibebat plura profari) *Serm*.1.6.57
sub nutrice puella velut si luderet infans, ... *Epist*.2.1.99
infantes. seu rubra Canicula findet│infantis [infantes] statuas, . . *var.Serm*.2.5.40
infantis. seu rubra Canicula findet│infantis statuas, . . . *Serm*.2.5.40
infecit. non his iuventus orta parentibus│infecit aequor sanguine Punico . *Carm*.3.6.34
infecti. quae canerent agerentque peruncti [infecti] faecibus ora. . *var.Ars Poet*.277
infectum. neque│diffinget infectumque reddet *Carm*.3.29.47
cum palla, tabo munus imbutum [infectum], novam│incendio nuptam
abstulit? *var.Epod*.5.65
infectum volet esse, dolor quod suaserit et mens, . . . *Epist*.1.2.60
infelicis. caput abscissum demens cum portat Agaue│gnati infelicis, . *Serm*.2.3.304
infelix. o ego non felix, quam [? infelix, quem] tu fugis, ut pavet acris│agna
lupos . . . . *? var.Epod*.12.25
infelix, operam perdas, ... *Serm*.1.1.90
infelix operis summa, quia ponere totum│nesciet: . . . *Ars Poet*.34
infelix. Ityn flebiliter gemens,│infelix avis *Carm*.4.12.6
inferbuit. hoc ubi confusum sectis inferbuit herbis . . . *Serm*.2.4.67
inferias. victorum nepotes│rettulit inferias Iugurthae. . . . *Carm*.2.1.28
inferiorem. quae poenis conpesceret inferiorem; *Serm*.1.8.31
inferius. priusque caelum sidet inferius mari *Epod*.5.79
infernas. serpentes atque videres│infernas errare canes . . . *Serm*.1.8.35
infernis. infernis neque enim tenebris Diana pudicum│liberat Hippolytum *Carm*.4.7.25
infestis. sperat infestis, metuit secundis│alteram sortem . . *Carm*.2.10.13
infestis. tutus ab infestis latronibus? *Serm*.2.1.42
infesto. hic tibi comis et urbanus liberque videtur,│infesto 'nigris'; . *Serm*.1.4.91
infestus. Medus infestus sibi luctuosis│dissidet armis, . . . *Carm*.3.8.19
dum pecori lupus et nautis infestus Orion *Epod*.15.7
inficiet. nam gelidos inficiet tibi│rubro sanguine rivos . . . *Carm*.3.13.6
inficit. tacent et albus ora pallor inficit *Epod*.7.15
infideles. 'o rebus meis│non infideles arbitrae, ... *Epod*.5.50

infidelis. novisque rebus infidelis Allobrox	*Epod.*16.6
infidi. optat quietem Pelopis infidi pater,	*Epod.*17.65
infidi. non Seres infidique Persae,	*Carm.*4.15.23
infido. qualis Lycambae spretus infido gener	*Epod.*6.13
infido scurrae distabit amicus.	*Epist.*1.18.4
infidum. at volgus infidum et meretrix retro|periura cedit,	*Carm.*1.35.25
infima. an pauper et infima|de gente sub divo moreris:	*Carm.*2.3.22
infimis. ab infimis|quassas eripiunt aequoribus rates,	*Carm.*4.8.31
infirmas. aut tondet infirmas ovis.	*Epod.*2.16
infirmior. sum paulo infirmior, unus|multorum.	*Serm.*1.9.71
infirmo. infirmo capiti fluit utilis, utilis alvo.	*Epist.*1.16.14
infla. crescentem tumidis infla sermonibus utrem.	*Serm.*2.5.98
inflaret. cum magis atque|se magis inflaret,	*Serm.*2.3.319
inflat. exanimat lentus spectator, sedulus inflat:	*Epist.*2.1.178
inflavit. 'nam simul ac venas inflavit taetra libido,	*Serm.*1.2.33
inflet. merito quin illis Iuppiter ambas|iratus buccas inflet	*Serm.*1.1.21
informem. albis informem spectabant ossibus agrum;	*Serm.*1.8.16
informis. nunc situs informis premit et deserta vetustas;	*Epist.*2.2.118
informis. informis hiemes reducit|Iuppiter,	*Carm.*2.10.15
infortunia. tum tua me infortunia laedent,	*Ars Poet.*103
infossus. quo posset infossus puer	*Epod.*5.32
infra. infra Lucili censum ingeniumque,	*Serm.*2.1.75
infra,|si memini, Varius;	*Serm.*2.8.20
Nomentanus erat super ipsum, Porcius infra,	*Serm.*2.8.23
qui praegravat artes|infra se positas:	*Epist.*2.1.14
infregi. limina dura, quibus lumbos et infregi latus.	*Epod.*11.22
infrequens. parcus deorum cultor et infrequens,	*Carm.*1.34.1
infundam. maius infundam tibi|fastidienti poculum	*Epod.*5.77
infundis. sincerum est nisi vas, quodcumque infundis acescit.	*Epist.*1.2.54
ingemens. exhauriebat, ingemens laboribus,	*Epod.*5.31
ingeni. culpa deterere ingeni.	*Carm.*1.6.12
at fides et ingeni|benigna vena est	*Carm.*2.18.9
ingeniis. ingeniis non ille favet plauditque sepultis,	*Epist.*2.1.88
ingeniis. iuvat inmemorata ferentem|ingenuis [ingeniis] oculisque legi manibusque teneri.	*var.Epist.*1.19.34
ingenio. tu lene tormentum ingenio admoves|plerumque duro,	*Carm.*3.21.13
ingenio. ingenio offensi aut laeso doluere Metello	*Serm.*2.1.67
ingenio, specie, virtute, loco, re|extremi primorum,	*Epist.*2.2.203
ingenium. at ingenium ingens|inculto latet hoc sub corpore.	*Serm.*1.3.33
ingenium cui sit, cui mens divinior atque os|magna sonaturum,	*Serm.*1.4.43
quale fuit Cassi rapido ferventius amni|ingenium,	*Serm.*1.10.63
sunt quorum ingenium nova tantum crustula promit.	*Serm.*2.4.47
non tibi parvom|ingenium,	*Epist.*1.3.22
ingenium, sibi quod vacuas desumpsit Athenas	*Epist.*2.2.81
nec rude quid prosit video ingenium:	*Ars Poet.*410
ingenium. 'contrane lucrum nil valere candidum|pauperis ingenium'	*Epod.*11.12
infra Lucili censum ingeniumque,	*Serm.*2.1.75
pingue pecus domino facias et cetera praeter|ingenium,	*Serm.*2.6.15
sed convivatoris, uti ducis, ingenium res|adversae nudare solent,	*Serm.*2.8.73
ingenium misera quia fortunatius arte|credit	*Ars Poet.*295
Grais ingenium, Grais dedit ore rotundo|Musa loqui,	*Ars Poet.*323
ingens. non pugnavit ingens|Idomeneus Sthenelusve solus	*Carm.*4.9.19
subito ingens|valvarum strepitus lectis excussit utrumque.	*Serm.*2.6.111
ingens. quo pinus ingens albaque populus	*Carm.*2.3.9
saepius ventis agitatur ingens|pinus	*Carm.*2.10.9
'hic fossa est ingens, hic rupes maxima: serva!'	*Serm.*2.3.59
ni cibus atque|ingens accedit stomacho fultura ruenti.	*Serm.*2.3.154
ingens|belua cognatos eliserit:	*Serm.*2.3.315
tibi ingens|virtus atque animus cenis responsat opimis?	*Serm.*2.7.102
ingens. at ingenium ingens|inculto latet hoc sub corpore.	*Serm.*1.3.33
neglectis flagitium ingens.	*Serm.*2.4.82
ingens. cras ingens iterabimus aequor.'	*Carm.*1.7.32
credidit ingens|pauperiem vitium	*Serm.*2.3.91
torquet nunc lapidem, nunc ingens machina tignum,	*Epist.*2.2.73
ingentem. Pyrrhumque et ingentem cecidit|Antiochum	*Carm.*3.6.35
siquis ad ingentem frumenti semper acervom|porrectus vigilet	*Serm.*2.3.111
ingentia. post ingentia facta deorum in templa recepti,	*Epist.*2.1.6
ingentis. quisquis ingentis oculo inretorto|spectat acervos.	*Carm.*2.2.23
'Iuppiter, ingentis qui das adimisque dolores,'	*Serm.*2.3.288

ingenuis. iuvat inmemorata ferentem | ingenuis oculisque legi manibusque
  teneri. *Epist.*1.19.34
ingenuo. ingenuoque semper | amore peccas. *Carm.*1.27.16
  ingenuo si non essem patre natus: *Serm.*1.6.21
ingenuom. astuta ingenuom volpes imitata leonem? — *Serm.*2.3.186
ingenuos. nescit equo rudis | haerere ingenuos puer *Carm.*3.24.55
  cum referre negas, quali sit quisque parente | natus, dum ingenuos, *Serm.*1.6.8
  liber et ingenuos, praesertim census equestrem | summam nummorum . *Ars Poet.*383
ingenuos. quod non ingenuos habeat clarosque parentes, . . . *Serm.*1.6.91
ingerere. tum pueri nautis, pueris convicia nautae | ingerere . *Serm.*1.5.12
ingluvie. avi cur atque parentis | praeclaram ingrata stringat malus ingluvie
  rem, ... *Serm.*1.2.8
ingrata. ingrata misero vita ducenda est in hoc. *Epod.*17.63
ingrata. avi cur atque parentis | praeclaram ingrata stringat malus ingluvie
  rem, ... *Serm.*1.2.8
ingrata. sic mihi tarda fluont ingrataque tempora *Epist.*1.1.23
ingrata. ut haec ingrata ventis dividat | fomenta *Epod.*11.16
ingratam. ingratam Veneri pone superbiam, ... *Carm.*3.10.9
ingratis. haec seges ingratos [ingratis] tulit et feret omnibus annis. . *var.Epist.*1.7.21
ingrato. ingrato celeres obruit otio | ventos *Carm.*1.15.3
ingrato. haec seges ingratos [ingrato] tulit et feret omnibus annis. . *var.Epist.*1.7.21
ingratos. haec seges ingratos tulit et feret omnibus annis. . . *Epist.*1.7.21
ingratus. mea cur ingratus opuscula lector | laudet ametque domi, . *Epist.*1.19.35
inguen. est qui | inguen ad obscaenum subductis usque; . . . *Serm.*1.2.26
inguina. tument tibi cum inguina, ... *Serm.*1.2.116
inguine. quod ut superbo provoces ab inguine, ... *Epod.*8.19
  cuius in indomito constantior inguine nervos *Epod.*12.19
  obscaenoque ruber porrectus ab inguine palus, ... *Serm.*1.8.5
ingustata. cum passeris atque | ingustata mihi porrexerat ilia rhombi. . *Serm.*2.8.30
inhaeret. quam nova collibus arbor inhaeret. *Epod.*12.20
inhians. congestis undique saccis | indormis inhians *Serm.*1.1.71
inhonestum. 'an hoc inhonestum et inutile factu | necne sit addubites, . *Serm.*1.4.124
inhonestus. quo patre sit natus, num ignota matre inhonestus, . *Serm.*1.6.36
inhorruit. nam seu mobilibus vepris inhorruit | ad ventum foliis . . *Carm.*1.23.5
inhospita. nam quae deserta et inhospita tesqua | credis, . . *Epist.*1.14.19
inhospitalem. sive facturus per inhospitalem | Caucasum . . *Carm.*1.22.6
  per Alpium iuga | inhospitalem et Caucasum . . . sequemur . *Epod.*1.12
inhumanae. surge et inhumanae senium depone Camenae, . . . *Epist.*1.18.47
inhumato. vagae ne parce malignus harenae | ossibus et capiti inhumato |
  particulam dare: *Carm.*1.28.24
inhumato. gaudeat ut populus Priami Priamusque inhumato, . . *Serm.*2.3.195
iniciat. ne male dispari | incontinentis iniciat manus . . . *Carm.*1.17.26
  puellis | iniciat curam quaerendi singula, |. *Serm.*1.6.32
iniecit. ordinem | rectum evaganti frena licentiae | iniecit . . *Carm.*4.15.11
iniecta. iniecta monstris Terra dolet suis *Carm.*3.4.73
  mentio siquae | de Capitolini furtis iniecta Petilli . . . *Serm.*1.4.94
iniecto. licebit | iniecto ter pulvere curras. *Carm.*1.28.36
inimica. saevis inimica virgo | beluis, ... *Carm.*1.12.22
  utcumque mutata potentis | veste domos inimica linquis, . . *Carm.*1.35.24
  Canidia Albuci, quibus est inimica, venenum, ... *Serm.*2.1.48
inimica. tu parum castis inimica mittes | fulmina lucis. . . *Carm.*1.12.59
inimicat. et miseras inimicat urbis. *Carm.*4.15.20
inimice. inimice lamnae | Crispe Sallusti, ... *Carm.*2.2.2
  dis inimice senex, custodis? ne tibi desit? *Serm.*2.3.123
inimicis. o magnus posthac inimicis risus. *Serm.*2.2.107
inimicis. vectabor umeris tunc ego inimicis eques *Epod.*17.74
inimicitias. ira truces inimicitias et funebre bellum. . . . *Epist.*1.19.49
inimicum. namque pila lippis inimicum et ludere crudis. . . *Serm.*1.5.49
inimicus. et decedet odor nervis inimicus; *Serm.*2.4.53
iniqua. insequeris tamen hunc et lite moraris iniqua? — . . *Epist.*2.2.19
iniqua. Thessalosque ignis et iniqua Troiae | castra fefellit. . . *Carm.*1.10.15
iniquae. demitto auriculas, ut iniquae mentis asellus, . . . *Serm.*1.9.20
iniquae. unde si Parcae prohibent iniquae, ... *Carm.*2.6.9
iniquam. quam temere in nosmet legem sancimus iniquam. . . *Serm.*1.3.67
iniquas. nunc torrentia agros | sidera, nunc hiemes iniquas. . . *Carm.*3.1.32
inique. stultus uterque locum inmeritum causatur inique: . . *Epist.*1.14.12
iniqui. insani sapiens nomen ferat, aequos iniqui, ... *Epist.*1.6.15
iniquis. Vertumnis, quotquot sunt, natus iniquis. *Srem.*2.7.14
iniquom. neve te nostris vitiis iniquom | ocior aura | tollat; . . *Carm.*1.2.47

te tibi iniquom|et frustra mortis cupidum, ... *Serm.*2.2.97
seu cursum mutavit iniquom frugibus amnis|doctus iter melius: . . *Ars Poet.*67
iniquom. nimium premendo|litus iniquom. *Carm.*2.10.4
nec natura potest iusto secernere iniquom, ... *Serm.*1.3.113
iniquos. laudet ametque domi, premat extra limen iniquos. . . *Epist.*1.19.36
iniquos. regium certe genus, et penatis|maeret iniquos. . . *Carm.*2.4.16
inire. illum ego lucidas|inire sedes, ... *Carm.*3.3.34
iniuria. luctandum in turba et facienda iniuria tardis. . . *Serm.*2.6.28
iniuriosis. donec cinis|iniuriosis aridus ventis ferar, . . . *Epod.*17.34
iniurioso. iniurioso ne pede proruas|stantem columnam . . *Carm.*1.35.13
iniussae. illic iniussae veniunt ad mulctra capellae . . . *Epod.*16.49
iniussi. numquam inducant animum cantare rogati, | iniussi numquam
desistant. *Serm.*1.3.3
iniuste. iniuste totum ducit venditque poema. . . . *Epist.*2.1.75
iniusti. iura inventa metu iniusti fateare necesse est, . . . *Serm.*1.3.111
inlabatur. si fractus inlabatur orbis, ... *Carm.*3.3.7
inlabetur. si fractus inlabatur [inlabetur] orbis, . . . *var.Carm.*3.3.7
inlacrima. sparge subinde et, si paullum potes inlacrimare, est [inlacrima: e
re est]|gaudia prodentem voltum celare. . . . *coni.Serm.*2.5.103
inlacrimabilem. amice, places inlacrimabilem|Plutona tauris, . *Carm.*2.14.6
inlacrimabiles. omnes inlacrimabiles|urgentur ignotique longa|nocte, . *Carm.*4.9.26
inlacrimare. sparge subinde et, si paullum potes inlacrimare, . . *Serm.*2.5.103
inlapsus. me truncus inlapsus cerebro *Carm.*2.17.27
inlaqueant. munera navium|saevos inlaqueant duces. . . *Carm.*3.16 16
inlecebris. eo quod|illecebris [inlecebris] erat et grata novitate morandus|
spectator . . . . *var.Ars Poet.*223
inlectos. migravit ab aure voluptas|omnis ad incertos [inlectos] oculos et
gaudia vana. *coni.Epist.*2.1.188
inlepide. non quia crasse|conpositum inlepideve putetur, . . . *Epist.*2.1.77
inleverit. et quodcumque semel chartis inleverit, . . . *Serm.*1.4.36
inliciat. puellis|iniciat [inliciat] curam quaerendi singula, . . *var.Serm.*1.6.32
inligata. non ut iuvencis inligata pluribus|aratra nitantur meis . *Epod.*1.25
inligatum. vix inligatum te triformi|Pegasus expediet Chimaera. . . *Carm.*1.27.23
inligaturum. ignota tauris inligaturum iuga *Epod.*3.11
inlinere. hic oculis ego nigra meis collyria lippus|inlinere; . . *Serm.*1.5.31
inlinet. quodsi bruma nives Albanis inlinet agris, . . . *Epist.*1.7.10
inlitterati. inlitterati num minus nervi rigent *Epod.*8.17
inlota. et Tyrias dare circum inluta [inlota] toralia vestis, . *var.Serm.*2.4.84
inlotos. inlutos [inlotos] Curtillus echinos,|ut melius muria quod testa
marina remittat." *var.Serm.*2.8.52
inludens. sed postquam victor violens [victo inludens] discessit ab hoste,
. . . non frenum depulit ore. *coni.Epist.*1.10.37
inludere. ut semper gaudes inludere rebus|humanis!" . . . *Serm.*2.8.62
inludit. unus utrique|error, sed variis inludit partibus: . . . *Serm.*2.3.51
inludo. ubi quid datur oti,|inludo chartis. *Serm.*1.4.139
inlusi. inlusique pedes vitiosum ferre recusant|corpus. . . *Serm.*2.7.108
inlustrat. qua sol habitabilis|inlustrat oras, ... *Carm.*4.14.6
inlustrem. (quid prius inlustrem saturis musaque pedestri) . . *Serm.*2.6.17
inlusus. aut spem deponas aut artem inlusus omittas. . . *Serm.*2.5.26
inluta. et Tyrias dare circum inluta toralia vestis, . . . *Serm.*2.4.84
inlutos. inulas . . . monstravi incoquere; inlutos Curtillus echinos, . *Serm.*2.8.52
inmane. inmane est vitium dare milia terna macello . . . *Serm.*2.4.76
inmaturus. ut si|filius inmaturus obisset, ... *Serm.*2.8.59
inmemor. venator tenerae coniugis inmemor, ... *Carm.*1.1.26
cervos uti vallis in altera|visum parte lupum graminis inmemor, . *Carm.*1.15.30
sepulcri|inmemor struis domos *Carm.*2.18.19
inmemorata. iuvat inmemorata ferentem | ingenuis oculisque legi
manibusque teneri. *Epist.*1.19.33
inmemori. quo posset infossus puer|longo die bis terque mutatae dapis|
inemori [inmemori] spectaculo, ... *var.Epod.*5.34
inmensum. quid iuvat inmensum te argenti pondus et auri . . *Serm.*1.1.41
inmensus. fervet inmensusque ruit profundo|Pindarus ore, . . *Carm.*4.2.7
inmerentis. caducum|in domini caput inmerentis. . . . *Carm.*2.13.12
ut inmerentis fluxit in terram Remi|sacer nepotibus cruor. . . *Epod.*7.19
inmerentis. quid inmerentis hospites vexas, ... *Epod.*6.1
inmeritam. scindat haerentem coronam|crinibus inmeritamque vestem. . *Carm.*1.17.28
inmeritis. neglegis inmeritis nocituram | postmodo te natis fraudem
conmittere? *Carm.*1.28.30
Virtus, recludens inmeritis mori|caelum, ... *Carm.*3.2.21

inmeritos. Aiax cum inmeritos occidit desipit agnos; *Serm.2.3.211*
     Aiax cum inmeritos [inmeritos cum] occidit desipit agnos; . . . *var.Serm.2.3.211*
inmeritum. stultus uterque locum inmeritum causatur inique: . . . *Epist.1.14.12*
inmeritus. delicta maiorum inmeritus lues, ... *Carm.3.6.1*
     inmeritusque laborat | iratis natus paries dis atque poetis. . . . *Serm.2.3.7*
inmersabilis. adversis rerum inmersabilis undis. *Epist.1.2.22*
inmetata. inmetata quibus iugera liberas | fruges et Cererem ferunt . . *Carm.3.24.12*
inminentium. antequam stantis repetat paludes | imbrium divina avis
         imminentium [inminentium], ... *var.Carm.3.27.10*
inminentum. antequam stantis repetat paludes | imbrium divina avis
         imminentium [inminentum], ... *var.Carm.3.27.10*
inminuet. quantum hinc inminuet? *Serm.2.2.127*
inminuit. damnosa quid non inminuit dies? *Carm.3.6.45*
inmiscere. tu si modo recte | dispensare velis ac non fugienda petendis
     inmiscere. *Serm.1.2.76*
inmiserabilis. si non periret iam miserabilis [inmiserabilis] | captiva pubes. . *var.Carm.3.5.17*
inmitia. sed non ut placidis coeant inmitia, ... *Ars Poet.12*
inmitis. ne doleas plus nimio memor | inmitis Glycerae *Carm.1.33.2*
     tolle cupidinem | inmitis uvae: *Carm.2.5.10*
inmoderatus. neu desis operae neve inmoderatus abundes. . . . *Serm.2.5.89*
inmodicae. turparunt umeros inmodicae mero | rixae *Carm.1.13.10*
inmodulata. non quivis videt inmodulata poemata iudex . . . *Ars Poet.263*
inmolet. inmolet aequis | hic porcum Laribus; *Serm.2.3.164*
inmoritur. inmoritur studiis et amore senescit habendi. . . . *Epist.1.7.85*
inmorsus. perna magis et magis hillis | flagitat inmorsus refici, . . *Serm.2.4.61*
inmortalia. inmortalia ne speres, monet annus *Carm.4.7.7*
inmortalis. 'deus inmortalis haberi | dum cupit Empedocles, . . . *Ars Poet.464*
inmunda. pauperies inmunda domus procul absit: *Epist.2.2.199*
inmunda. aut inmunda crepent ignominiosaque dicta. . . . . *Ars Poet.247*
inmundis. quaecumque inmundis fervent adlata popinis. . . . *Serm.2.4.62*
inmundo. tum inmundo somnia visu | nocturnam vestem maculant . *Serm.1.5.84*
inmundus. unguor olivo, | non quo fraudati inmundus Natta lucernis. *Serm.1.6.124*
     vixisset canis inmundus vel amica luto sus. *Epist.1.2.26*
inmunem. non ego te meis | inmunem meditor tinguere poculis, . . *Carm.4.12.23*
     quem scis inmunem Cinarae placuisse rapaci, ... *Epist.1.14.33*
inmunis. inmunis aram si tetigit manus, ... *Carm.3.23.17*
innantem. princeps et innantem Maricae | litoribus tenuisse Lirim, . . *Carm.3.17.7*
innascitur. neglectis urenda filix innascitur agris. *Serm.1.3.37*
innatat. nam lactuca innatat acri | post vinum stomacho; . . . *Serm.2.4.59*
innati. ne velut innati triviis ac paene forenses . . . . . *Ars Poet.245*
innectes. frustraque vincla gutturi innectes tuo *Epod.17.72*
innisus. hac arte Pollux et vagus Hercules | enisus [innisus] arces attigit igneas, *var.Carm.3.3.10*
innocens. matre carentibus | privignis mulier temperat innocens . . *Carm.3.24.18*
innocentis. hic innocentis pocula Lesbii *Carm.1.17.21*
innominata. mollis et exspes | inominata [innominata] perpremat cubilia. . *var.Epod.16.38*
innumerabilis. innumerabilis | annorum series et fuga temporum. . . *Carm.3.30.4*
Ino. sit Medea ferox invictaque, flebilis Ino, ... *Ars Poet.123*
inominata. mollis et exspes | inominata perpremat cubilia. . . . *Epod.16.38*
inominatis. o pueri et puellae | iam virum †expertae, male nominatis
     [inominatis] | parcite verbis. *coni.Carm.3.14.11*
inopem. 'deficient inopem venae te, ... *Serm.2.3.153*
     orientia tempora notis | instruit exemplis, inopem solatur et aegrum. *Epist.2.1.131*
     me dimisere Philippi | decisis humilem pennis inopemque paterni | et
     laris et fundi, ... *Epist.2.2.50*
inopes. sive reges | sive inopes erimus coloni. *Carm.2.14.12*
     quam versus inopes rerum nugaeque canorae. . . . . *Ars Poet.322*
inopi. inopi dare nolit amico, ... *Serm.1.2.5*
inopis. inopis me quodque pusilli | finxerunt animi, ... *Serm.1.4.17*
inops. magnas inter opes inops. *Carm.3.16.28*
     'nonne vides, Albi ut male vivat filius utque | Baius inops? . . *Serm.1.4.110*
     dives, inops, Romae seu fors ita iusserit exsul, ... *Serm.2.1.59*
     nudus inopsque domum redeam te vate, ... *Serm.2.5.6*
inops. num te semper inops agitet vexetque cupido, ... *Epist.1.18.98*
inornata. inornata et dominantia nomina solum | verbaque, . . . *Ars Poet.234*
inornatum. non ego te meis | chartis inornatum sileri *Carm.4.9.31*
inpar. ceteris maior, tibi miles inpar, ... *Carm.4.6.5*
     nil fuit unquam | sic inpar sibi. *Serm.1.3.19*
     si toga dissidet inpar, | rides: *Epist.1.1.96*
inpar. ludere par inpar, equitare in harundine longa *Serm.2.3.248*

inpares. inpares|formas atque animos sub iuga . . . mittere	*Carm.*1.33.10
inparibus. desinet inparibus certare submotus pudor.'	*Epod.*11.18
inparibus. inparibus formis deceptum te petere esto:	*Serm.*2.2.30
inpariter. versibus inpariter iunctis querimonia primum,	*Ars Poet.*75
inpavidi. urgent inpavidi te Salaminius|Teucer, te Sthenelus,	*Carm.*1.15.23
inpavidum. inpavidum ferient ruinae.	*Carm.*3.3.8
inpediat. inpediat verbis lassas onerantibus auris,	*Serm.*1.10.10
inpellat. ut forte legentem|aut tacitum inpellat quovis sermone:	*Serm.*1.3.65
inpellit. natura . . . iuvat aut inpellit ad iram	*Ars Poet.*109
inpellunt. inpellunt animae lintea Thraciae,	*Carm.*4.12.2
inpensis. inpensis cenarum et tritae munere vestis;	*Epist.*1.19.38
inpenso. luscinias soliti inpenso prandere coemptas,	*Serm.*2.3.245
inpermissa. cui donet inpermissa raptim|gaudia	*Carm.*3.6.27
inperti. siquid novisti rectius istis,|candidus inperti;	*Epist.*1.6.68
inpetrat. inpetrat et pacem et locupletem frugibus annum:	*Epist.*2.1.137
inpetrato. super inpetrato|fortis Augusti reditu	*Carm.*4.2.42
inpetret. clarus Anchisae Venerisque sanguis|inpetret,	*Carm.Saec.*51
inpexa. caputque|coeperis inpexa foedum porrigine?	*Serm.*2.3.126
inpia. cum parentis regna per arduom|cohors gigantum scanderet inpia,	*Carm.*2.19.22
inpia perdemus devoti sanguinis aetas	*Epod.*16.9
unguentarius ac Tusci turba inpia vici,	*Serm.*2.3.228
inpia. destrictus ensis cui super inpia|cervice pendet,	*Carm.*3.1.17
parentis olim siquis inpia manu|senile guttur fregerit,	*Epod.*3.1
inpia. campus sepulcris inpia proelia|testatur	*Carm.*2.1.30
quale posset inpia|mollire Thracum pectora:	*Epod.*5.13
inpiae. nec priores|inpiae tectum dominae relinquont,	*Carm.*2.8.19
non 'incendia Karthaginis inpiae'	*Carm.*4.8.17
inpiae. si tamen inpiae|non tangenda rates transiliunt vada.	*Carm.*1.3.23
inpiae nam (quid potuere maius?),	*Carm.*3.11.30
inpiae sponsos potuere duro|perdere ferro.	*Carm.*3.11.31
inpiam. in inpiam Aiacis ratem.	*Epod.*10.14
inpias. inpias|caedis et rabiem tollere civicam,	*Carm.*3.24.25
mollibus|lenire verbis inpias,	*Epod.*5.84
inpiger. quam si quidquid arat inpiger Apulus	*Carm.*3.16.26
non equos inpiger|curru ducet Achaico|victorem	*Carm.*4.3.4
sic Iovis interest|optatis epulis inpiger Hercules,	*Carm.*4.8.30
inpiger hostium|vexare turmas	*Carm.*4.14.22
(inpiger extremos curris mercator ad Indos,	*Epist.*1.1.45
Achillem,|inpiger iracundus, inexorabilis acer,	*Ars Poet.*121
inpingas. quam quo perferre iuberis|clitellas ferus inpingas	*Epist.*1.13.8
inpio. te Iovis inpio|tutela Saturno refulgens|eripuit	*Carm.*2.17.22
inpio. inpio|vastata Poenorum tumultu|fana	*Carm.*4.4.46
inpios. inpios|Titanas immanemque turbam	*Carm.*3.4.42
inpios parrae recinentis omen|ducat	*Carm.*3.27.1
inpium. inpium|lenite clamorem sodales	*Carm.*1.27.6
inplacidum. Genaunos, inplacidum genus,	*Carm.*4.14.10
inplent. lubrica nascentes inplent conchylia lunae;	*Serm.*2.4.30
inplere. magnas Graecorum malis inplere catervas.'	*Serm.*1.10.35
inpleris. inpune ut Vrbem nomine inpleris meo?	*Epod.*17.59
inplet. poeta, meum qui pectus . . . irritat, mulcet, falsis terroribus inplet	*Epist.*2.1.212
inplevisse. me quater undenos sciat inplevisse decembris,	*Epist.*1.20.27
inplicitum. eripere artis|litibus inplicitum,	*Ars Poet.*424
inplorat. caelestis inplorat aquas docta prece blandus,	*Epist.*2.1.135
inploravit. donec minor in certamine longo|inploravit opes	*Epist.*1.10.36
inplumibus. ut adsidens inplumibus pullis avis	*Epod.*1.19
inponens. ex more inponens cognata vocabula rebus?	*Serm.*2.3.280
inportes. odiumque libellis|sedulus inportes opera vehemente minister.	*Epist.*1.13.5
inportuna. inportuna tamen pauperies abest	*Carm.*3.16.37
quem tenet argenti sitis inportuna famesque,	*Epist.*1.18.23
inportunas. ast inportunas volucris in vertice harundo|terret fixa	*Serm.*1.8.6
inportunus. inportunus enim transvolat aridas|quercus	*Carm.*4.13.9
inportunus amat laudari:	*Serm.*2.5.96
eripietque curule|cui volet inportunus ebur.'	*Epist.*1.6.54
dives et inportunus ad umbram lucis ab ortu	*Epist.*2.2.185
inposita. quem ter vindicta quaterque|inposita	*Serm.*2.7.77
inpositam. nec peredit|inpositam celer ignis Aetnen	*Carm.*3.4.76
me dicente cavis inpositam ilicem|saxis,	*Carm.*3.13.14
inpositas. arcis|Alpibus inpositas tremendis . . . deiecit	*Carm.*4.14.12
flumina dicere et arces|montibus inpositas	*Epist.*2.1.253

inpositum. subimus|inpositum saxis late candentibus Anxur. . . . *Serm.*1.5.26
inpositura. nos in aeternum|exilium inpositura cymbae. . . . *Carm.*2.3.28
inpositus. inpositus mannis arvom caelumque Sabinum|non cessat laudare. *Epist.*1.7.77
inposuere. unde frequentia Mercuriale|inposuere mihi cognomen compita.' *Serm.*2.3.26
inposuisse. tendentes opaco|Pelion inposuisse Olympo. . . . *Carm.*3.4.52
inpotens. quidlibet inpotens|sperare fortunaque dulci|ebria. . . *Carm.*1.37.10
  inulta cesserat inpotens|tellure *Carm.*2.1.26
  non aquilo impotens|possit diruere *Carm.*3.30.3
inpotentia. nullius astri|gregem aestuosa torret inpotentia. . . . *Epod.*16.62
inpransi. postquam est inpransi correptus voce magistri? . . . *Serm.*2.3.257
inpransi. verum hic inpransi mecum disquirite. *Serm.*2.2.7
inpransus. inpransus non qui civem dignosceret hoste, . . . *Epist.*1.15.29
inpressa. mordaci velut icta ferro|pinus aut inpulsa [inpressa] cupresso
  Euro, ... *var.Carm.*4.6.10
inpressit. sive puer furens|inpressit memorem dente labris notam. . *Carm.*1.13.12
inprimat. 'inprimat his cura Maecenas signa tabellis.' . . . *Serm.*2.6.38
inprimeret. inprimeretque muris|hostile aratrum exercitus insolens. . *Carm.*1.16.20
inprimet. inprimeretque [? inprimetque] muris|hostile aratrum . . *? var.Carm.*1.16.20
inproba. vitanda est inproba Siren|desidia *Serm.*2.3.14
  anus inproba Thebis|ex testamento sic est elata: . . . *Serm.*2.5.84
inprobae. scilicet inprobae|crescunt divitiae, ... *Carm.*3.24.62
inprobaturum. per inprobaturum haec Iovem, ... *Epod.*5.8
inprobe. cur, inprobe, carae|non aliquid patriae tanto emetiris acervo? *Serm.*2.2.104
  spargisque mola caput, inprobe, salsa, ... *Serm.*2.3.200
inprobo. inprobo|iracundior Hadria: *Carm.*3.9.22
inprobus. stultus et inprobus hic amor est dignusque notari. . . *Serm.*1.3.24
  fugit inprobus ac me|sub cultro linquit. *Serm.*1.9.73
  inprobus, ultro|qui meliorem audax vocet in ius, . . . *Serm.*2.5.28
  inprobus urget|iratis precibus: *Serm.*2.6.29
  'negat inprobus et te|neglegit aut horret.' *Epist.*1.7.63
  dominum vehet inprobus atque|serviet aeternum, . . . *Epist.*1.10.40
inprorsum. sed videt hunc omnis domus . . . introrsum [inprorsum]
  turpem, speciosum pelle decora. *var.Epist.*1.16.45
inprovisa. inprovisa leti|vis rapuit rapietque gentis. . . . *Carm.*2.13.19
  inprovisa simul species exterruit. *Epist.*1.6 11
inprudens. numquid ego illi|inprudens olim faciam simile?' . . *Serm.*1.4.137
inpube. inpube corpus, quale posset inpia|mollire Thracum pectora: . *Epod.*5.13
inpubem. nec inpubem parentes | Troilon aut Phrygiae sorores | flevere
  semper. *Carm.*2.9.15
inpudens. inpudens liqui patrios Penates, ... *Carm.*3.27.49
  inpudens Orcum moror. *Carm.*3.27.50
  ludisque et bibis inpudens *Carm.*4.13.4
inpudica. neque inpudica Colchis intulit pedem, ... *Epod.*16.58
inpugnat. nostra sed inpugnat, nos nostraque lividus odit. . . *Epist.*2.1.89
inpulerit. ut Proetum mulier perfida credulum|falsis inpulerit criminibus . *Carm.*3.7.14
inpulit. paupertas inpulit audax|ut versus facerem. . . . *Epist.*2.2.51
inpulsa. aut inpulsa cupressus Euro, ... *Carm.*4.6.10
inpune. inpune tutum per nemus arbutos|quaerunt . . . *Carm.*1.17.5
  revisens aequor Atlanticum|inpune. *Carm.*1.31.15
  totve tuos patiar labores|inpune, Lolli, carpere . . . *Carm.*4.9.33
  inpune ut Vrbem nomine inpleris meo? *Epod.*17.59
  inpune licebit|aestivam sermone benigno tendere noctem. . . *Epist.*1.5.10
  per honestas|ire domos inpune minax. *Epist.*2.1.150
  obturem patulas inpune legentibus auris. *Epist.*2.2.105
  vinoque diurno|placari Genius festis inpune diebus, . . *Ars Poet.*210
  ne spissae risum tollant inpune coronae: . . . . *Ars Poet.*381
inpunitior. qui tu inpunitior illa, . . . obsonia captas? . . *Serm.*2.7.105
inputata. et inputata floret usque vinea, ... *Epod.*16.44
inquam. ridet hoc, inquam, Venus ipsa, ... *Carm.*2.8.13
  'suaviter, ut nunc est,' inquam, 'et cupio omnia quae vis.' . *Serm.*1.9.5
  'pluris|hoc' inquam 'mihi eris.' *Serm.*1.9.8
  nil mi officit,' inquam, |'ditior hic aut est quia doctior; . . *Serm.*1.9.50
  'nulla mihi' inquam|'religio est.' *Serm.*1.9.70
  fuerit Lucilius, inquam,|comis et urbanus, ... *Serm.*1.10.64
  modo, inquam,|Hellade percussa Marius *Serm.*2.3.276
  'ad te, inquam.' *Serm.*2.7.22
  nos, inquam, cenamus avis, conchylia, piscis, . . . *Serm.*2.8.27
inquid. 'laedere gaudes,'|inquit, [inquid] 'et hoc studio pravos facis.' . *var.Serm.*1.4.79
inquiet. aliquis cubito stantem prope tangens|inquiet, . . . *Serm.*2.5.43

inquieti. dux inquieti turbidus Hadriae,	*Carm.*3.3.5
inquietis. et inquietis adsidens praecordiis	*Epod.*5.95
inquimus. 'molestus│communi sensu plane caret' inquimus.	*Serm.*1.3.66
inquinavere. fecunda culpae saecula nuptias│primum inquinavere	*Carm.*3.6.18
inquinavit. ut inquinavit aere tempus aureum,	*Epod.*16.64
inquiner. merdis caput inquiner albis│corvorum	*Serm.*1.8.37
inquiram. primum nam inquiram, quid sit furere:	*Serm.*2.3.41
inquirant. inquirant vitia ut tua rursus et illi.	*Serm.*1.3.28
inquis. 'laedere gaudes,'│inquit [inquis], 'et hoc studio pravos facis.'	*var.Serm.*1.4.79
'ne faciam, inquis,│omnino versus?'	*Serm.*2.1.5
inquit. 'nil satis est', inquit, 'quia tanti quantum habeas sis':	*Serm.*1.1.62
'macte│virtute esto' inquit sententia dia Catonis;	*Serm.*1.2.32
'nolim laudarier' inquit│'sic me' mirator cunni Cupiennius albi.	*Serm.*1.2.35
'nil fuerit mi' inquit 'cum uxoribus umquam alienis.'	*Serm.*1.2.57
'egomet mi ignosco' Maenius inquit.	*Serm.*1.3.23
'non nosti, quid pater,' inquit,│'Chrysippus dicat:	*Serm.*1.3.126
'laedere gaudes,'│inquit, 'et hoc studio pravos facis.'	*Serm.*1.4.79
'o, tua cornu│ni foret exsecto frons,' inquit,	*Serm.*1.5.59
'noris nos' inquit; 'docti sumus.'	*Serm.*1.9.7
'misere cupis' inquit 'abire.	*Serm.*1.9.14
'si me amas,' inquit, 'paulum hic ades.'	*Serm.*1.9.38
'dubius sum, quid faciam,' inquit,	*Serm.*1.9.40
'iure' inquit 'Trausius istis│iurgatur verbis;	*Serm.*2.2.99
pudor'' inquit ''te malus angit,	*Serm.*2.3.39
'non, si te ruperis,' inquit,│'par eris.'	*Serm.*2.3.319
tandem urbanus ad hunc ''quid te iuvat'' inquit, ''amice,	*Serm.*2.6.90
erus ''haec gravida'' inquit│''capta est,	*Serm.*2.8.43
si velles' inquit 'verum mihi ponere nomen.	*Epist.*1.7.93
'pone, meum est,' inquit: pono tristisque recedo.	*Epist.*1.16.35
ibit eo, quo vis, qui zonam perdidit' inquit.	*Epist.*2.2.40
inrepertum. aurum inrepertum et sic melius situm,	*Carm.*3.3.49
inresectum. hic inresectum saeva dente livido│Canidia rodens pollicem	*Epod.*5.47
inretorto. quisquis ingentis oculo inretorto│spectat acervos.	*Carm.*2.2.23
inrevocabile. et semel emissum volat inrevocabile verbum.	*Epist.*1.18.71
inrevocati. cum loca iam recitata revolvimus inrevocati;	*Epist.*2.1.223
inriguo. inriguo nihil est elutius horto.	*Serm.*2.4.16
inriguom. inriguomque mero sub noctem corpus habento.	*Serm.*2.1.9
inrisus. nec semel inrisus triviis attollere curat│fracto crure planum,	*Epist.*1.17.58
inroget. regula, peccatis quae poenas inroget aequas,	*Serm.*1.3.118
inrupta. felices ter et amplius│quos inrupta tenet copula	*Carm.*1.13.18
insana. post insana Caprae sidera	*Carm.*3.7.6
insanabile. tribus Anticyris caput insanabile	*Ars Poet.*300
insane. laudas, insane, trilibrem│mullum,	*Serm.*2.2.33
nudus agris, nudus nummis, insane, paternis;	*Serm.*2.3.184
'o maior tandem parcas, insane, minori.'	*Serm.*2.3.326
'quid tibi vis, insane, et quam rem agis?'	*Serm.*2.6.29
vel cum Pausiaca torpes, insane, tabella,	*Serm.*2.7.95
insani. insani leonis│vim stomacho adposuisse nostro.	*Carm.*1.16.15
insani ridentes praemia scribae,	*Serm.*1.5.35
si male rem gerere insani est, contra bene sani:	*Serm.*2.3.74
insani sapiens nomen ferat, aequos iniqui,	*Epist.*1.6.15
insani. insanus [insani] quid enim Aiax│fecit?	*coni.Serm.*2.3.201
insania. auditis? an me ludit amabilis│insania?	*Carm.*3.4.6
ne vos ageret vesania [insania] discors,	*var.Serm.*2.3.174
ubi prava│stultitia, hic summa est insania;	*Serm.*2.3.221
levis haec insania quantas│virtutes habeat,	*Epist.*2.1.118
insanientem. insanientem navita Bosporum│temptabo	*Carm.*3.4.30
insanientis. insanientis dum sapientiae│consultus erro,	*Carm.*1.34.2
insanior. Labeone insanior inter│sanos dicatur.	*Serm.*1.3.82
uter est insanior horum?	*Serm.*2.3.102
insanire. insanire iuvat:	*Carm.*3.19.18
huic ego volgus│errori similem cunctum insanire docebo.	*Serm.*2.3.63
dum doceo insanire omnis,	*Serm.*2.3.81
vincet enim stultos ratio insanire nepotes.	*Serm.*2.3.225
insanire paret certa ratione modoque.'	*Serm.*2.3.271
qua me stultitia, quoniam non est genus unum,│insanire putas?	*Serm.*2.3.302
insanire putas sollemnia me neque rides	*Epist.*1.1.101
et signo laeso non insanire lagoenae,	*Epist.*2.2.134
insanis. insanis et tu stultique prope omnes,	*Serm.*2.3.32

insanis. cum stupet insanis acies fulgoribus *Serm*.2.2.5
insanis. siccat inaequalis calices conviva solutus|legibus insanis, . . *Serm*.2.6.69
insanisse. an tu reris eum occisa insanisse parente *Serm*.2.3.134
insanit. Sallustius in quas|non minus insanit quam qui moechatur. . . *Serm*.1.2.49
    hic nuptarum insanit amoribus, hic puerorum; *Serm*.1.4.27
    saevit, quod meretrice nepos insanus [insanit] amica | filius uxorem
      grandi cum dote recuset, ... *var.Serm*.1.4.49
    insanit veteres statuas Damasippus emendo: *Serm*.2.3.64
    'aut insanit homo aut versus facit.' *Serm*.2.7.117
insanius. 'in silvam non ligna feras insanius *Serm*.1.10.34
insano. qui tibi nomen|insano posuere. *Serm*.2.3.48
    parcus ob heredis curam nimiumque severus|adsidet insano: . . *Epist*.1.5.14
insanos. seu rixam et insanos amores *Carm*.3.21.3
    insanos qui inter vereare insanus haberi. *Serm*.2.3.40
insanum. si interdicta petes, vallo circumdata (nam te|hoc facit insanum), *Serm*.1.2.97
    insanum Chrysippi porticus et grex|autumat. *Serm*.2.3.44
    hoc te|crede modo insanum, ... *Serm*.2.3.52
    insanum te omnes pueri clamentque puellae; *Serm*.2.3.130
    dixerit insanum qui me, totidem audiet *Serm*.2.3.298
    'stultum me fateor . . . atque etiam insanum; *Serm*.2.3.306
insanus. quod meretrice nepos insanus amica|filius uxorem . . . recuset, *Serm*.1.4.49
    nam ut quisque insanus nigris medium impediit crus|pellibus . *Serm*.1.6.27
    insanos qui inter vereare insanus haberi. *Serm*.2.3.40
    tune insanus eris, si acceperis, ... *Serm*.2.3.67
    nimirum insanus paucis videatur, ... *Serm*.2.3.120
    quare,|si quidvis satis est, periuras, surripis, aufers|undique? tun sanus
      [tu insanus]? *var.Serm*.2.3.128
    'quid avarus?'|stultus et insanus. *Serm*.2.3.159
    'mille ovium insanus morti dedit, ... *Serm*.2.3.197
    insanus quid enim Aiax|fecit? *Serm*.2.3.201
inscitae. sed turpem putat inscite [inscitae] metuitque lituram. . . *var.Epist*.2.1.167
inscite. sed turpem putat inscite metuitque lituram. *Epist*.2.1.167
inscitia. incutiat tibi quid sanctarum inscitia legum: . . . *Serm*.2.1.81
    illum aut nequities aut vafri inscitia iuris, ... *Serm*.2.2.131
    quemcumque inscitia veri|caecum agit, ... *Serm*.2.3.43
    seu calidus sanguis seu rerum inscitia vexat *Epist*.1.3.33
inscitiae. sed turpem putat inscite [inscitiae] metuitque lituram. . *var.Epist*.2.1.167
inscium. nido laborum protulit inscium *Carm*.4.4.6
inscius. hic, unde vitam sumeret inscius, ... *Carm*.3.5.37
inscriptis. sed turpem putat inscite [inscriptis] metuitque lituram. . *var.Epist*.2.1.167
insculpere. cum summam patrimoni insculpere saxo|heredes voluit?' . *Serm*.2.3.90
insectere. tu cum sis quod ego et fortassis nequior, ultro | insectere velut
    melior *Serm*.2.7.41
insector. non equidem insector delendave carmina Livi|esse reor, . . *Epist*.1.1.69
insecutae. unde vocalem temere insecutae|Orphea silvae, . . . *Carm*.1.12.7
insederit. numqua tibi vitiorum inseverit [insederit] olim|natura aut etiam
    consuetudo mala; *var.Serm*.1.3.35
insedit. nec tantus umquam siderum insedit vapor *Epod*.3.15
insenuit. studiis annos septem dedit insenuitque|libris et curis, . . *Epist*.2.2.82
insepulta. post insepulta membra different lupi *Epod*.5.99
insequeris. insequeris tamen hunc et lite moraris iniqua? — . . *Epist*.2.2.19
inserere. aeternum meditans decus|stellis inserere et consilio Iovis? . *Carm*.3.25.6
insereres. quem si puellarum insereres choro, ... *Carm*.2.5.21
inseres. quodsi me lyricis vatibus inseres, ... *Carm*.1.1.35
inseris. quodsi me lyricis vatibus inseres [inseris], ... *var.Carm*.1.1.35
    'huc adpelle'; 'trecentos inseris'; 'ohe, |iam satis est.' . . . *Serm*.1.5.12
inserit. inutilisque falce ramos amputans|feliciores inserit . . . *Epod*.2.14
inservit. quaerit opes et amicitias, inservit honori, ... *Ars Poet*.167
inseverit. numqua tibi vitiorum inseverit olim|natura *Serm*.1.3.35
insevit. insuevit [insevit] pater optimus hoc me, | ut fugerem exemplis
    vitiorum quaeque notando. *var.Serm*.1.4.105
insidere. ast inportunas volucris in vertice harundo|terret fixa vetatque
    novis considere [insidere] in hortis. *var.Serm*.1.8.7
insidias. an tibi mavis|insidias fieri pretiumque avellier ante|quam mercem
    ostendi? *Serm*.1.2.104
    hic fugit omnis|insidias *Serm*.1.3.59
insidiatorem. si vafer unus et alter|insidiatorem praeroso fugerit hamo, . *Serm*.2.5.25
insidiis. me silva cavosque|tutus ab insidiis tenui solabitur ervo." ' . *Serm*.2.6.117
insidiosi. ut patris attenti, lenonis ut insidiosi, ... *Epist*.2.1.172

insigne. insigne maestis praesidium reis *Carm.*2.1.13
insigne. valet ima summis | mutare et insignem [insigne] attenuat deus | obscura promens; *coni.Carm.*1.34.13
    dicam insigne, recens, adhuc | indictum ore alio. *Carm.*3.25.7
insignem. insignemque pharetra | fraternaque umerum lyra. . . . *Carm.*1.21.11
    insignem tenui fronte Lycorida | Cyri torret amor, . . . *Carm.*1.33.5
    insignem attenuat deus | obscura promens; *Carm.*1.34.13
    ibit insignem repetens Nearchum: *Carm.*3.20.6
insignem. aceto | diluit insignem bacam: *Serm.*2.3.241
insigni. gratus insigni referam camena | Fabriciumque. . . . *Carm.*1.12.39
insignia. ponas insignia morbi, | fasciolas, cubital, focalia, . . *Serm.*2.3.254
insignibus. ut haec trementi questus ore constitit | insignibus raptis puer, *Epod.*5.12
    tu cum proiectis insignibus, . . . prodis *Serm.*2.7.53
insignis. flebit et insignis tota cantabitur Vrbe. *Serm.*2.1.46
    post hos insignis Homerus | Tyrtaeusque . . . versibus exacuit; . *Ars Poet.*401
insignis. vel Baccho Thebas vel Apolline Delphos | insignis . . . *Carm.*1.7.4
    aequa lege Necessitas | sortitur insignis et imos, . . . *Carm.*3.1.15
insiluit. Empedocles, ardentem frigidus Aetnam | insiluit. . . . *Ars Poet.*466
insistet. barbarus heu cineres insistet victor *Epod.*16.11
insitam. doctrina sed vim promovet insitam *Carm.*4.4.33
insitiva. ut gaudet insitiva decerpens pira *Epod.*2.19
insolabiliter. rapto de fratre dolentis | insolabiliter, . . . *Epist.*1.14.8
insolens. aspera | nigris aequora ventis | emirabitur insolens . . *Carm.*1.5.8
    inprimeretque muris | hostile aratrum exercitus insolens. . . *Carm.*1.16.21
    ossa Quirini, | (nefas videre) dissipabit insolens. . . . *Epod.*16.14
insolentem. prius insolentem | serva Briseis niveo colore | movit Achillem, . *Carm.*2.4.2
    ludum insolentem ludere pertinax *Carm.*3.29.50
insolenti. non secus in bonis | ab insolenti temperatam | laetitia, . *Carm.*2.3.3
insolentiae. meaeque terra cedet insolentiae. *Epod.*17.75
insolitos. insolitos docuere nisus | venti paventem, . . . *Carm.*4.4.8
insolitum. et tulit eloquium insolitum facundia praeceps . . *Ars Poet.*217
insomnis. noctes non sine multis | insomnis lacrimis . . . *Carm.*3.7.8
insons. te vidit insons Cerberus aureo | cornu decorum . . *Carm.*2.19.29
    purus et insons | (ut me collaudem), si et vivo . . . *Serm.*1.6.69
insonuit. studiis annos septem dedit insenuitque [insonuitque] | libris et curis. *var.Epist.*2.2.82
insperata. insperata tuae cum veniet pluma superbiae . . . *Carm.*4.10.2
inspersos. egregio inspersos reprendas corpore naevos, . . *Serm.*1.6.67
inspexit. qui domitor Troiae multorum providus urbes | et mores hominum inspexit *Epist.*1.2.20
inspice. inspice, si possum donata reponere laetus, . . . *Epist.*1.7.39
inspiciunt. opertos | inspiciunt, ... *Serm.*1.2.87
instanti. nec pietas moram | rugis et instanti senectae | adferet . . *Carm.*2.14.3
instantis. non voltus instantis tyranni *Carm.*3.3.3
instar. instar veris enim voltus ubi tuos *Carm.*4.5.6
instat. o quantus instat navitis sudor tuis *Epod.*10.15
    instat equis auriga suos vincentibus, ... *Serm.*1.1.115
    namque instat fatum mihi triste, ... *Serm.*1.9.29
    dixeris: 'experiar', 'si vis, potes,' addit et instat. . . . *Serm.*2.6.39
instillare. praeceptum auriculis hoc instillare memento: . . *Epist.*1.8.16
instillat. cornu ipse bilibri | caulibus instillat, ... *Serm.*2.2.62
instita. nisi illas | quarum subsuta talos tegat instita veste, . . *Serm.*1.2.29
institerat. quod nimium institerat viventi. *Serm.*2.5.88
institor. non sine conscio | surgit marito, seu vocat institor . . *Carm.*3.6.30
institoribus. amata nautis multum et institoribus. . . . *Epod.*17.20
institui. amphora coepit | institui: currente rota cur urceus exit? . . *Ars Poet.*22
instituistis. quanto aut ego parcius aut vos, | o pueri, nituistis [instituistis], *var.Serm.*2.2.128
instituont. unde homines operum primos vitaeque labores | instituont *Serm.*2.6.22
institutae. amphorae fumum bibere institutae | consule Tullo. . *Carm.*3.8.11
institutum. rumpit et serpens iter institutum, ... *Carm.*3.27.5
insto. nec tardum opperior nec praecedentibus insto. . . *Epist.*1.2.71
instravit. Aeschylus et modicis instravit pulpita tignis . . *Ars Poet.*279
instructior. dives amicus, | saepe decem vitiis instructior, . . *Epist.*1.18.25
instruit. orientia tempora notis | instruit exemplis, inopem solatur et aegrum. *Epist.*2.1.131
instrumento. omni | abiecto instrumento artis clausaque taberna | sutor erat: *Serm.*1.3.131
insuavis. paulum deliquit amicus, | quod nisi concedas, habeare insuavis: . *Serm.*1.3.85
insudet. quis manus insudet volgi Hermogenisque Tigelli, . . . *Serm.*1.4.72
insuevit. insuevit pater optimus hoc me, ... *Serm.*1.4.105

insulas. arva beata|petamus, arva divites et insulas, ... *Epod.*16.42
insulis. lingua potentium|vatum divitibus consecrat insulis. . . . *Carm.*4.8.27
insultet. dum Priami Paridisque busto|insultet armentum *Carm.*3.3.41
insumebat. nullum ultra verbum aut operam insumebat inanem, . . *Ars Poet.*443
insumere. quod superat non est melius quo insumere possis? . . . *Serm.*2.2.102
insuper. insuper addes|pressa Venafranae quod baca remisit olivae. . *Serm.*2.4.68
insurgat. insurgat Aquilo, quantus altis montibus|frangit trementis ilices; *Epod.*10.7
intabuissent. interminato cum semel fixae cibo|intabuissent pupulae. . *Epod.*5.40
intacta. neque illic|aut apotheca procis intacta est aut pecus: . . . *Serm.*2.5.7
intactae. intactae Palladis urbem|carmine perpetuo celebrare . . *Carm.*1.7.5
intactas. tu moraris aureos|currus et intactas boves? *Epod.*9.22
intacti. quam rudis et Graecis intacti carminis auctor *Serm.*1.10.66
intactis. fuit intactis quoque cura|condicione super communi, . . *Epist.*2.1.151
intactis. intactis opulentior|thesauris Arabum *Carm.*3.24.1
intactum. quid intactum nefasti|liquimus? *Carm.*1.35.35
intactus. intactus aut Britannus ut descenderet *Epod.*7.7
    cum sibi quisque timet, quamquam est intactus, et odit.' . . *Serm.*2.1.23
intaminatis. intaminatis fulget honoribus *Carm.*3.2.18
integer. integer vitae scelerisque purus *Carm.*1.22.1
    bracchia et voltum teretesque suras|integer laudo: . . . *Carm.*2.4.22
    nec carus aeque nec superstes|integer? *Carm.*2.17.8
    voces audit adhuc integer. *Carm.*3.7.22
    siquis|opprobriis dignum latraverit, integer ipse?' . . . *Serm.*2.1.85
    integer est mentis Damasippi creditor? esto. *Serm.*2.3.65
    integer est animi? ne dixeris. *Serm.*2.3.220
integra. Latoe, dones ac precor integra|cum mente . . . *Carm.*1.31.18
integra. non tibi sunt integra lintea, ... *Carm.*1.14.9
integrae. notus et integrae|temptator Orion Dianae . . . *Carm.*3.4.70
integris. o quae fontibus integris|gaudes, ... *Carm.*1.26.6
integris. Ofellum|integris opibus novi non latius usum . . . *Serm.*2.2.113
integro. dicimus integro|sicci mane die, ... *Carm.*4.5.38
integrum. saepe Diespiter|neglectus incesto addidit integrum, . . *Carm.*3.2.30
    multa proruet integrum|cum laude victorem *Carm.*4.4.66
    integrum edax dominus consumeret. *Serm.*2.2.92
    integrum perdunt lino vitiata saporem. *Serm.*2.4.54
intellegit. Septimius, Claudi, nimirum intellegit unus,|quanti me facias; *Epist.*1.9.1
intemptata. miseri, quibus|intemptata nites. *Carm.*1.5.13
intemptatum. nil intemptatum nostri liquere poetae . . . *Ars Poet.*285
intendens. si non|intendes [intendens] animum studiis et rebus honestis,|
    invidia vel amore vigil torquebere. *var.Epist.*1.2.36
intendere. 'sunt quibus in satura videar nimis acer et ultra|legem tendere
    [intendere] opus; *coni.Serm.*2.1.2
intendes. si non|intendes animum studiis et rebus honestis, . . *Epist.*1.2.36
intendit. acris ubi me|natura intendit, ... *Serm.*2.7.48
intenta. laetis caprea pascuis|intenta *Carm.*4.4.14
intentum. somnus tamen aufert|intentum veneri: *Serm.*1.5.84
intentus. si veluti merulis intentus decidit auceps|in puteum . . *Ars Poet.*458
inter. *Carm.*1.8.6; 1.12.46; 1.12.47; 1.32.6; 3.3.11; 3.3.37; 3.5.47; 3.6.26; 3.10.6; 3.15.5; 3.16.28;
    *Carm.*3.18.13; 3.23.10; 3.27.51; 4.1.36; 4.3.14; *coni.Carm.*4.14.17; *Carm.*4.15.26;
    *Epod.*1.1; 2.38; 2.61; 8.5; 8.15; 9.15; 12.23; 15.2; *Serm.*1.1.47; 1.1.105; 1.1.116; 1.2.40;
    *Serm.*1.2.80; 1.3.1; 1.3.53; 1.3.60; 1.3.82; 1.7.9; 1.7.11; 1.7.12; 1.10.91; 2.2.4; 2.2.32;
    *Serm.*2.2.92; 2.3.40; 2.6.59; 2.6.77; 2.8.42; *Epist.*1.2.12 (*bis*); 1.3.4; 1.4.4; 1.4.12 (*bis*);
    *Epist.*1.5.5; 1.5.24; 1.7.28; 1.10.22; 1.12.14; 1.14.18; 1.15.39; 1.18.96; 2.1.36; 2.1.37;
    *Epist.*2.1.41; 2.1.43; 2.1.73; 2.1.185; 2.2.45; 2.2.66; 2.2.79; *var.Epist.*2.2.114; *Ars Poet.*374
interat. ut silvae foliis [? flores] . . . ita verborum vetus interit [? interat]
    aetas, ... *? var.Ars Poet.*61
interciderit. quodsi interciderit tibi nunc aliquid, repetes mox, . . *Serm.*2.4.6
intercinat. neu quid medios intercinat actus . . . . *Ars Poet.*194
interdicta. cui potior patria fuit interdicta voluptas. . . . *Epist.*1.6.64
interdicta. si interdicta petes, vallo circumdata *Serm.*1.2.96
interdicto. interdicto huic omne adimat ius|praetor . . . *Serm.*2.3.217
interdum. interdum rapere occupet? *Carm.*2.12.28
    ire modo ocius, interdum consistere, ... *Serm.*1.9.9
    interdum urbani, parcentis viribus *Serm.*1.10.13
    pars multa natat, modo recta capessens,|interdum pravis obnoxia. *Serm.*2.7.8
    interdum nugaris rure paterno. *Epist.*1.18.60
    interdum volgus rectum videt, est ubi peccat. . . . *Epist.*2.1.63
    interdum tamen et vocem comoedia tollit . . . . *Ars Poet.*93
    interdum speciosa locis morataque recte|fabula . . . *Ars Poet.*319

quandoque bonus [? interdum magnus] dormitat Homerus, . . . *? var.Ars Poet.*359
interea. interea Maecenas advenit atque|Cocceius . . . *Serm.*1.5.31
    interea suspensa gravis aulaea ruinas|in patinam fecere, . . *Serm.*2.8.54
inteream. 'inteream, si|aut valeo stare *Serm.*1.9.38
interempto. Hasdrubale interempto. *Carm.*4.4.72
intererit. intererit multum, divosne loquatur an heros, . . *Ars Poet.*114
    intererit Satyris paulum pudibunda protervis. . . . *Ars Poet.*233
interest. divesne prisco natus ab Inacho|nil interest an pauper . *Carm.*2.3.22
    sic Iovis interest|optatis epulis inpiger Hercules, . . . *Carm.*4.8.29
    quid inter-|est in matrona, ancilla peccesne togata? . . *Serm.*1.2.62,63
interfusa. interfusa nitentis|vites aequora Cycladas. . . *Carm.*1.14.19
interim. interim, dum tu celeres sagittas|promis, . . . *Carm.*3.20.9
    labuntur altis interim ripis aquae, ... *Epod.*2.25
interimis. cum laqueo uxorem interimis matremque veneno, . . *Serm.*2.3.131
interiore. seu bruma nivalem|interiore diem gyro trahit, . . *Serm.*2.6.26
interiore. bearis|interiore nota Falerni. *Carm.*2.3.8
interire. novaeque pergunt interire lunae: *Carm.*2.18.16
interit. prima cadunt: ita verborum vetus interit aetas, . . *Ars Poet.*61
interitu. nec reditum Diomedis ab interitu Meleagri . . . *Ars Poet.*146
interitum. dicam Siculique poetae|narrabo interitum. . . *Ars Poet.*464
interitura. aestas|interitura, simul|pomifer autumnus fruges effuderit, *Carm.*4.7.10
interitura. ne forte credas interitura quae . . . verba loquor . *Carm.*4.9.1
interlunia. Thracio bacchante magis sub inter-|lunia vento, . *Carm.*1.25.11,12
interminato. interminato cum semel fixae cibo . . . *Epod.*5.39
intermiscere. patriis intermiscere petita|verba foris malis, . . *Serm.*1.10.29
intermissa. cui donet inpermissa [intermissa] raptim | gaudia luminibus
    remotis, ... *var.Carm.*3.6.27
    intermissa, Venus, diu|rursus bella moves? . . . *Carm.*4.1.1
intermori. quo posset infossus puer | longo die bis terque mutatae dapis |
    inemori [intermori] spectaculo, ... *coni.Epod.*5.34
internoscere. mirabor, si sciet inter-|noscere mendacem verumque beatus
    amicum. . . . . *Ars Poet.*424,425
interpellandi. interpellandi locus hic erat 'est tibi mater, . . *Serm.*1.9.26
interpellarem. 'peccatum fateor, cum te sic tempore laevo | interpellarim
    [interpellarem]; *var.Serm.*2.4.5
interpellarim. cum te sic tempore laevo|interpellarim; . . . *Serm.*2.4.5
interpellet. quantum interpellet inani|ventre diem durare, . . *Serm.*1.6.127
interpres. non tamen interpres tantundem iuveris. . . . *Serm.*2.4.91
    nec verbo verbum curabis reddere fidus|interpres . . *Ars Poet.*134
    sacer interpresque deorum|caedibus et victu foedo deterruit Orpheus, *Ars Poet.*391
interprete. post effert animi motus interprete lingua. . . *Ars Poet.*111
intersis. diuque|laetus intersis populo Quirini . . . *Carm.*1.2.46
intersit. quid hoc intersit, ab ipso|audieris melius. . . *Serm.*2.8.32
    nec deus intersit, nisi dignus vindice nodus|inciderit; . . *Ars Poet.*191
    ut nihil intersit, Davosne loquatur et audax|Pythias, . . *Ars Poet.*237
intervalla. intervalla vides humane commoda. . . . *Epist.*2.2.70
intestabilis. is intestabilis et sacer esto.' *Serm.*2.3.181
intimo. latentis proditor intumo [intimo]|gratus puellae risus ab angulo *var.Carm.*1.9.21
intonata. Eois intonata fluctibus|hiems *Epod.*2.51
intonsi. Romuli|praescriptum et intonsi Catonis|auspiciis . . *Carm.*2.15.11
intonsis. incomptis [intonsis] Curium capillis|utile bello . . *var.Carm.*1.12.41
intonsos. intonsosque agitaret Apollinis aura capillos, . . *Epod.*15.9
intonsum. intonsum pueri dicite Cynthium *Carm.*1.21.2
    quem simul adspexit scabrum intonsumque Philippus, . *Epist.*1.7.90
intorti. intorti capillis|Eumenidum recreantur angues? . . *Carm.*2.13.35
intra. intraque praescriptum Gelonos *Carm.*2.9.23
    nec te feriam neque intra|claustra tenebo, . . . *Carm.*3.11.43
    quid referat intra|naturae finis viventi, . . . *Serm.*1.1.49
    Iliacos intra muros peccatur et extra. . . . *Epist.*1.2.16
    intra marmoreum venerandi limen amici, . . . *Epist.*1.18.73
    nil intra est olea, nil extra est in nuce duri; . . . *Epist.*2.1.31
    et versentur adhuc intra penetralia Vestae; . . . *Epist.*2.2.114
    tutus et intra|spem veniae cautus? . . . . *Ars Poet.*266
intrarit. si certus intrarit dolor. *Epod.*15.16
introrsum. nitidus qua quisque per ora|cederet, introrsum turpis: *Serm.*2.1.65
    introrsum turpem, speciosum pelle decora. . . . *Epist.*1.16.45
introrsus. sed videt hunc omnis domus . . . introrsum [introrsus] turpem,
    speciosum pelle decora. *var.Epist.*1.16.45
intueris. quid ut noverca me intueris *Epod.*5.9

intulerat. magnum illa terrorem intulerat Iovi | fidens iuventus horrida
 bracchiis *Carm.*3.4.49
intulit. audax Iapeti genus|ignem fraude mala gentibus intulit; . . *Carm.*1.3.28
 neque inpudica Colchis intulit pedem, ... *Epod.*16.58
 Graecia capta ferum victorem cepit et artes|intulit agresti Latio: *Epist.*2.1.157
intumescit. nec intumescit alta viperis humus; *Epod.*16.52
intumo. nunc et latentis proditor intumo|gratus puellae risus ab angulo *Carm.*1.9.21
intumulato. ossibus et capiti inhumato [intumulato]|particulam dare: . *coni.Carm.*1.28.24
intus. exclusus fore, cum Longarenus foret intus. *Serm.*1.2.67
 in ius [intus]|acres concurrunt, magnum spectaculum uterque. . *var.Serm.*1.7.20
 cornu taurus petit: unde nisi intus|monstratum? . . . *Serm.*2.1.52
 si positis intus Chii veterisque Falerni|mille cadis, . . . *Serm.*2.3.115
 pauper Opimius argenti positi intus et auri, ... *Serm.*2.3.142
 format enim natura prius nos intus ad omnem|fortunarum habitum: . *Ars Poet.*108
 non tamen intus|digna geri promes in scaenam . . . *Ars Poet.*182
 nonumque prematur in annum|membranis intus positis; . . *Ars Poet.*389
inulas. cum rapula plenus|atque acidas mavolt inulas. . . *Serm.*2.2.44
 erucas viridis, inulas ego primus amaras|monstravi incoquere; . *Serm.*2.8.51
inulta. inulta cesserat inpotens|tellure *Carm.*2.1.26
inultae. catulos ferae|celent inultae, ... *Carm.*3.3.42
inulti. "nos nisi damnose bibimus, moriemur inulti." . . . *Serm.*2.8.34
inultis. precibus non linquar inultis *Carm.*1.28.33
inulto. inulto|dicere quod sentit permitto.' *Serm.*2.3.189
inulto. dum poenas odio per vim festinat inulto. . . . *Epist.*1.2.61
inultos. neu sinas Medos equitare inultos|te duce, Caesar. . . *Carm.*1.2.51
inultus. inultus ut flebo puer? *Epod.*6.16
 inultus ut tu riseris Cotytia|volgata, ... *Epod.*17.56
 ut non testis inultus *Serm.*1.8.44
 posthac ne conpellarer inultus. *Serm.*2.3.297
inunctis. cum tua pervideas oculis mala lippus inunctis, . . *Serm.*1.3.25
inunctum. si prodesse tuis pauloque benignius ipsum | te tractare voles,
 accedes siccus ad unctum [inunctum]. *var.Epist.*1.17.12
inungui. non tamen idcirco contemnas lippus inungui; . . *Epist.*1.1.29
inurbanum. scimus inurbanum lepido seponere dicto . . *Ars Poet.*273
inutile. 'an hoc inhonestum et inutile factu|necne sit addubites, . *Serm.*1.4.124
 olim truncus eram ficulnus, inutile lignum, . . . *Serm.*1.8.1
 sublegit quodcumque iaceret inutile *Serm.*2.8.12
inutile. iactes et genus et nomen inutile: *Carm.*1.14.13
 gemmas et lapides aurum et inutile, ... *Carm.*3.24.48
inutili. alga litus inutili|demissa tempestas ab Euro|sternet, . *Carm.*3.17.10
inutilis. inutilisque falce ramos amputans *Epod.*2.13
invecta. Fescennina per hunc inventa [invecta] licentia morem|versibus
 alternis opprobria rustica fudit *coni.Epist.*2.1.145
invenere. donec verba, quibus voces sensusque notarent, | nominaque
 invenere; *Serm.*1.3.104
 invidia Siculi non invenere tyranni|maius tormentum. . . *Epist.*1.2.58
invenerit. quod non plura datis invenerit; *Epist.*2.2.192
inveni. primus et invenior [inveni] piper album cum sale nigro|incretum *var.Serm.*2.4.74
invenias. invenias etiam disiecti membra poetae. . . . *Serm.*1.4.62
inveniet. cui . . . quando ullum inveniet parem? . . . *Carm.*1.24.8
 invenietque|nil sibi legatum praeter plorare suisque. . . *Serm.*2.5.68
invenior. primus et invenior piper album cum sale nigro|incretum . *Serm.*2.4.74
 ipse ego, . . . invenior Parthis mendacior . . . *Epist.*2.1.112
invenisse. ignotum tragicae genus invenisse Camenae|dicitur . . . Thespis, *Ars Poet.*275
invenit. primus et invenior [invenit] piper album cum sale nigro|incretum *var.Serm.*2.4.74
inventa. Fescennina per hunc inventa licentia morem . . . *Epist.*2.1.145
inventa. iura inventa metu iniusti fateare necesse est, . . *Serm.*1.3.111
inventis. quod|quaerit et inventis miser abstinet ac timet uti, . *Ars Poet.*170
invento. thesauro invento qui mercennarius agrum|illum ipsum mercatus
 aravit, ... *Serm.*2.6.11
inventor. primus et invenior [inventor] piper album cum sale nigro|
 incretum *var.Serm.*2.4.74
inventore. quod scribere possem,|inventore minor; . . . *Serm.*1.10.48
inventum. sic animis natum inventumque poema iuvandis, . *Ars Poet.*377
inverecundum. tollite barbarum|morem verecundumque [inverecundumque]
 Bacchum|sanguineis prohibete rixis. *coni.Carm.*1.27.3
inverecundus. simul calentis inverecundus deus|fervidiore mero . *Epod.*11.13
inversi. (pro curia inversique mores) *Carm.*3.5.7
inverso. niger rudentis Eurus inverso mari *Epod.*10.5

inversum. fessos vomerem inversum boves|collo trahentis languido . . *Epod.*2.63
quae, simul inversum contristat Aquarius annum, . . . *Serm.*1.1.36
invertimus. at nos virtutes ipsas invertimus *Serm.*1.3.55
invertunt. invertunt Allifanis vinaria tota|Vibidius Balatroque . . *Serm.*2.8.39
invicem. invicem moechos anus arrogantis|flebis *Carm.*1.25.9
nos cantabimus invicem|Neptunum *Carm.*3.28.9
'venena maga non fas nefasque, non valent|convertere humanam vicem
[humana invicem]. *coni.Epod.*5.88
invicta. sit Medea ferox invictaque, flebilis Ino, ... *Ars Poet.*123
invicte. 'invicte, mortalis dea nate puer Thetide, ... *Epod.*13.12
invicti. uxor invicti Iovis esse nescis. *Carm.*3.27.73
aude|Caesaris invicti res dicere, ... *Serm.*2.1.11
quia desperes invicti membra Glyconis, ... *Epist.*1.1.30
invictus. durus,|vindemiator et invictus, ... *Serm.*1.7.30
invida. dum loquimur, fugerit invida|aetas: *Carm.*1.11.7
si taciturnitas|obstaret meritis invida Romuli? . . *Carm.*4.8.24
est ubi divellat somnos minus invida cura? . . . *Epist.*1.10.18
invidae. superbas invidae Karthaginis|Romanus arces ureret, . *Epod.*7.5
invideant. plurima, quae invideant pure adparere tibi rem. . . *Serm.*1.2.100
invideat. ut forsit honorem|iure mihi invideat quivis, . . . *Serm.*1.6.50
invideat quod et Hermogenes, ego canto.' . . . *Serm.*1.9.25
invidenda. caret invidenda|sobrius aula. *Carm.*2.10.7
invidendis. cur invidendis postibus et novo|sublime ritu moliar atrium? . *Carm.*3.1.45
invidens. saevis Liburnis scilicet invidens|privata deduci . . *Carm.*1.37.30
invideor. ego cur, adquirere pauca|si possum, invideor, . . *Ars Poet.*56
invides. Icci, beatis nunc Arabum invides|gazis . . . *Carm.*1.29.1
invidet. amicus Aulon|fertili Baccho minimum Falernis|invidet uvis; . *Carm.*2.6.20
moresque|aureos educit in astra nigroque|invidet Orco — . *Carm.*4.2.24
invidet usum|lignorum et pecoris tibi calo argutus . *Epist.*1.14.41
invidi. sublatam ex oculis quaerimus invidi. *Carm.*3.24.32
invidia. ubi acris|invidia atque vigent ubi crimina: . . *Serm.*1.3.61
invidia adcrevit, privato quae minor esset, . . . *Serm.*1.6.26
me|cum magnis vixisse invita fatebitur usque|invidia . *Serm.*2.1.77
invidia. invidiaque maior|urbis relinquam. *Carm.*2.20.4
invidia vel amore vigil torquebere. *Epist.*1.2.37
invidia Siculi non invenere tyranni|maius tormentum. . *Epist.*1.2.58
invidiae. haberet|plus dapis et rixae multo minus invidiaeque. . *Epist.*1.17.51
asperitatis et invidiae corrector et irae; . . . *Epist.*2.1.129
invidiae. per totum hoc tempus subiectior in diem et horam | invidiae
noster. *Serm.*2.6.48
invidiam. invidiam placare paras virtute relicta? . . . *Serm.*2.3.13
comperit invidiam supremo fine domari. . . . *Epist.*2.1.12
invidit. neque ille|sepositi ciceris nec longae invidit avenae, . *Serm.*2.6.84
invido. et iam dente minus mordeor invido. *Carm.*4.3.16
quem Notus invido|flatu . . . dulci distinet a domo, . *Carm.*4.5.9
invidus. audiat invidus|dementem strepitum Lycus . . *Carm.*3.19.22
invidus, iracundus, iners, vinosus, amator —|nemo adeo ferus est, . *Epist.*1.1.38
invidus alterius macrescit rebus opimis; . . . *Epist.*1.2.57
sulpura contemni vicus gemit, invidus aegris . . *Epist.*1.15.7
inviolatus. visam . . . Scythicum inviolatus amnem. . . *Carm.*3.4.36
invisa. quod si tam Graecis novitas invisa fuisset|quam nobis, . *Epist.*2.1.90
invisa. quandocumque trahunt invisa negotia Romam. . . *Epist.*1.14.17
invisa. 'non invisa feres pueris munuscula parvis' . . . *Epist.*1.7.17
invisam. neque harum quas colis arborum|te [? nec te] praeter invisas
cupressos [? invisam cupressum]|ulla . . . sequetur. . . *? var.Carm.*2.14.23
gaudet invisam pepulisse fossor|ter pede terram. . . *Carm.*3.18.15
invisas. praeter invisas cupressos *Carm.*2.14.23
invisi. quo Styx et invisi horrida Taenari|sedes . . . *Carm.*1.34.10
invisis. haeret|invisis foribus? *Serm.*2.3.262
invisum. quod petis, id sane est invisum acidumque duobus . *Epist.*2.2.64
invisum. gravis|iras et invisum nepotem, ... *Carm.*3.3.31
si per invisum mora ianitorem|fiet, abito. . . . *Carm.*3.14.23
illis|me facit invisum, ... *Epist.*1.15.4
invisum. Canem illum,|invisum agricolis sidus, . . . *Serm.*1.7.26
invisus. cum tibi invisus laceranda reddet|cornua taurus. . . *Carm.*3.27.71
invita. me|cum magnis vixisse invita fatebitur usque|invidia . *Serm.*2.1.76
invita. tu nihil invita dices faciesve Minerva: . . . *Ars Poet.*385
invita. verba movere loco, quamvis invita recedant . . *Epist.*2.2.113
verbaque provisam rem non invita sequentur. . . *Ars Poet.*311

invitet. somnos quod invitet levis. *Epod.*2.28
invito. quin et Ixion Tityosque voltu | risit invito, ... *Carm.*3.11.22
invitum. non ego te, candide Bassareu, | invitum quatiam . . . *Carm.*1.18.12
  quis enim invitum servare laboret? *Epist.*1.20.16
  invitum qui servat, idem facit occidenti. . . . . . . *Ars Poet.*467
invitus. haec ego procurare et idoneus imperor et non | invitus, . . *Epist.*1.5.22
  siquid mirabere, pones | invitus. *Epist.*1.10.32
  neque sumptum | invitus facias *Epist.*2.2.196
involitant. et, quae nunc umeris involitant, deciderint comae, . . . *Carm.*4.10.3
involvo. mea | virtute me involvo *Carm.*3.29.55
Io. perfidus Ixion, Io vaga, tristis Orestes. . . . . . *Ars Poet.*124
io. †teque, dum procedis, 'io triumphe' *Carm.*4.2.49
  †teque [ioque], dum procedis, 'io triumphe' | non semel dicemus, . . *coni.Carm.*4.2.49
  non semel dicemus, 'io triumphe' *Carm.*4.2.50
  io Triumphe, tu moraris aureos | currus *Epod.*9.21
  io Triumphe, nec Iugurthino parem | bello reportasti ducem . . *Epod.*9.23
  ab ovo | usque ad mala citaret 'io Bacchae' *Serm.*1.3.7
  licet 'succurrite' longum | clamet 'io cives,' . . . . *Ars Poet.*460
Iolcos. quas Iolcos atque Hiberia | mittit *Epod.*5.21
Ionicos. motus doceri gaudet Ionicos *Carm.*3.6.21
Ionicus. non attagen Ionicus | iucundior *Epod.*2.54
Ionius. Ionius udo cum remugiens sinus | Noto carinam ruperit. . . *Epod.*10.19
ipsa. ridet hoc, inquam, Venus ipsa, ... *Carm.*2.8.13
  suis et ipsa Roma viribus ruit. *Epod.*16.2
  sensus moresque repugnant | atque ipsa utilitas, . . . *Serm.*1.3.98
  'haud mihi deero, | cum res ipsa feret: *Serm.*2.1.18
  cotis, acutum | reddere quae ferrum valet exsors ipsa secandi; . . *Ars Poet.*305
ipsa. turpia decipiunt caecum vitia aut etiam ipsa haec | delectant, . . *Serm.*1.3.39
ipsa. 'ipsa memor praecepta canam, celabitur auctor. . . . *Serm.*2.4.11
ipsam. ultra quam satis est virtutem si petat ipsam. . . . *Epist.*1.6.16
ipsas. at nos virtutes ipsas invertimus *Serm.*1.3.55
ipse. nec tremendo | Iuppiter ipse ruens tumultu. *Carm.*1.16.12
  Graeca quod ego ipse testa | conditum levi, ... *Carm.*1.20.2
  ureris ipse miser: *Epod.*14.13
  ut ipse nosti curiosus, ... *Epod.*17.77
  'populus me sibilat, at mihi plaudo | ipse domi, . . . *Serm.*1.1.67
  viverem uti contentus eo quod mi ipse parasset: . . . *Serm.*1.4.108
  ipse | Messius 'accipio,' caput et movet. *Serm.*1.5.57
  ipse mihi custos incorruptissimus omnis | circum doctores aderat. . . *Serm.*1.6.81
  si praeco parvas aut, ut fuit ipse, coactor | mercedes sequerer; . . *Serm.*1.6.86
  siquis | opprobriis dignum latraverit, integer ipse?' . . . *Serm.*2.1.85
  cornu ipse bilibri | caulibus instillat, ... *Serm.*2.2.61
  ipse videretur sibi nequior: *Serm.*2.3.94
  'ipsa [ipse] memor praecepta canam, celabitur auctor. . . *var.Serm.*2.4.11
  fi cognitor ipse, | persta atque obdura: *Serm.*2.5.38
  quibus ipse meique | ante Larem proprium vescor . . . *Serm.*2.6.65
  cum pater ipse domus palea porrectus in horna . . . *Serm.*2.6.88
  continuatque dapes nec non verniliter ipsis [ipse] | fungitur officiis, . . *coni.Serm.*2.6.108
  quid, si me stultior ipso [ipse] | quingentis empto drachmis deprenderis? . *var.Serm.*2.7.42
  at ipse | subtilis veterum iudex *Serm.*2.7.100
  restat ut his ego me ipse regam solerque elementis. . . . *Epist.*1.1.27
  nec sequar aut fugiam quae diligit ipse vel odit: . . . *Epist.*1.1.72
  ipse quid audes? *Epist.*1.3.20
  'ipse deus, simulatque volam, me solvet.' *Epist.*1.16.78
  'scurror ego ipse mihi, populo tu: *Epist.*1.17.19
  det vitam, det opes; aequom mi animum ipse parabo. . . *Epist.*1.18.112
  Ennius ipse pater numquam nisi potus ad arma | prosiluit dicenda. . *Epist.*1.19.7
  ipse ego, . . . invenior Parthis mendacior *Epist.*2.1.111
  quae facere ipse recusem, | cum recte tractent alii, . . . *Epist.*2.1.208
  quae | ipse sibi tradit spectator; . . . . *Ars Poet.*182
  munus et officium, nil scribens ipse, docebo: . . . . *Ars Poet.*306
ipsi. si vis me flere, dolendum est | primum ipsi tibi: . . . *Ars Poet.*103
ipsis. mercator . . . dis carus ipsis, ... *Carm.*1.31.13
ipsis. spectaret populum ludis attentius ipsis, ... *Epist.*2.1.197
ipsis. at ipsis | Saturnalibus huc fugisti. *Serm.*2.3.4
  nec non verniliter ipsis | fungitur officiis, ... *Serm.*2.6.108
ipso. unde nil maius generatur ipso *Carm.*1.12.17
  eques ipso melior Bellerophonte, ... *Carm.*3.12.8
  non in caro nidore voluptas | summa, sed in te ipso est. . . . *Serm.*2.2.20

si me stultior ipso|quingentis empto drachmis deprenderis? . . . *Serm.*2.7.42
et in se ipso totus, teres atque rotundus, ... *Serm.*2.7.86
quid hoc intersit, ab ipso|audieris melius. *Serm.*2.8.32
'scitari libet ex ipso quodcumque refers: *Epist.*1.7.60
quid possim videt ac novit me valdius ipso. *Epist.*1.9.6

ipso. per caedis ab ipso|ducit opes animumque ferro. . . . *Carm.*4.4.59
ipsos. reges in ipsos imperium est Iovis, ... *Carm.*3.1.6
ipsum. fors et|debita iura vicesque superbae|te maneant ipsum: . *Carm.*1.28.33
ipsum me . . . grata detinuit compede Myrtale|libertina, . . *Carm.*1.33.13
denique te ipsum|concute, ... *Serm.*1.3.34
cum versus facias, te ipsum percontor, ... *Serm.*1.10.25
non ille aut Teucrum aut ipsum violavit Vlixen.' . . . *Serm.*2.3.204
qui mercennarius agrum|illum ipsum mercatus aravit, . . . *Serm.*2.6.12
teque ipsum vitas fugitivos et erro, ... *Serm.*2.7.113
Nomentanus erat super ipsum, Porcius infra, ... *Serm.*2.8.23
ut te ipsum serves, non expergisceris? *Epist.*1.2.33
pauloque benignius ipsum|te tractare voles, ... *Epist.*1.17.11
corpus et ipsum animum spe finis dura ferentem . . . *Epist.*2.1.141

ipsum. caelum ipsum petimus stultitia *Carm.*1.3.38
tu secanda marmora|locas sub ipsum funus *Carm.*2.18.18
noctis vigilabat ad ipsum|mane, diem totum stertebat. . . *Serm.*1.3.17
vincit longe prius ipsum|expugnare caput. *Serm.*2.5.73

ira. quem cruenta|per medias rapit ira caedes.' *Carm.*3.2.12
procul omnis esto|clamor et ira. *Carm.*3.8.16
non ira, quae procudit ensis *Carm.*4.15.19
mea cum conferbuit ira?' *Serm.*1.2.71
ira fuit capitalis, ut ultima divideret mors, ... *Serm.*1.7.13
hunc amor, ira quidem communiter urit utrumque. . . *Epist.*1.2.13
ira furor brevis est: *Epist.*1.2.62
ira truces inimicitias et funebre bellum. *Epist.*1.19.49

ira. stultitiane erret nihilum distabit an ira. *Serm.*2.3.210
ira|Iliacos intra muros peccatur *Epist.*1.2.15
conmissumque teges et vino tortus et ira. *Epist.*1.18.38
caret mortis formidine et ira? *Epist.*2.2.207

iracunda. iracunda diem proferet Ilio|matronisque Phrygum classis Achillei; *Carm.*1.15.33
urget|aut fanaticus error et iracunda Diana, . . . *Ars Poet.*454
iracunda. per nostrum patimur scelus|iracunda Iovem ponere fulmina. *Carm.*1.3.40
iracundior. inprobo|iracundior Hadria: *Carm.*3.9.23
iracundior est paullo, minus aptus acutis|naribus horum hominum, *Serm.*1.3.29
iracundus. iracundus, iners, vinosus, amator —|nemo adeo ferus est, *Epist.*1.1.38
Achillem,|inpiger iracundus, inexorabilis acer, . . . *Ars Poet.*121
irae. denique, quatenus excidi penitus vitium irae, . . . *Serm.*1.3.76
asperitatis et invidiae corrector et irae; *Epist.*2.1.129
irae. qui non moderabitur irae,|infectum volet esse, . . . *Epist.*1.2.59
irae. tristes ut irae, quas neque Noricus|deterret ensis . . *Carm.*1.16.9
irae Thyesten exitio gravi|stravere *Carm.*1.16.17
iram. nunc in hostilis domos|iram atque numen vertite. . . *Epod.*5.54
cum Pallas usto vertit iram ab Ilio *Epod.*10.13
qui non moderabitur irae [iram],|infectum volet esse, dolor quod suaserit
et mens, ... *var.Epist.*1.2.59
ludus enim genuit trepidum certamen et iram, . . . *Epist.*1.19.48
iuvat aut inpellit ad iram . . . . *Ars Poet.*109
iram|colligit ac ponit temere et mutatur in horas. . . *Ars Poet.*159
irarum. 'abstineto'|dixit 'irarum calidaeque rixae, . . . *Carm.*3.27.70
iras. gravis|iras et invisum nepotem, ... *Carm.*3.3.31
inter spem curamque, timores inter et iras *Epist.*1.4.12
irascar. fidis offendar medicis, irascar amicis, ... *Epist.*1.8.9
irasci. irasci celerem, tamen ut placabilis essem. . . . *Epist.*1.20.25
iratae. siquis infamem mihi nunc iuvencum|dedat iratae, . . *Carm.*3.27.46
iratis. inmeritusque laborat|iratis natus paries dis atque poetis. . *Serm.*2.3.8
iratis. dein Gnatia Lymphis|iratis exstructa dedit risusque iocosque, *Serm.*1.5.98
inprobus urget|iratis precibus: *Serm.*2.6.30
irato. porrigis irato puero cum poma, recusat; *Serm.*2.3.258
iratos. neque iratos trementi|regum apices *Carm.*3.21.19
et regat iratos et amet pacare timentis; . . . . *Ars Poet.*197
iratum. adde|iratum patruom, vicinos, ... *Serm.*2.2.97
quae prima iratum ventrem pacaverit esca.' *Serm.*2.8.5
tristia maestum|voltum verba decent, iratum plena minarum, . *Ars Poet.*106
iratum. neque horret iratum mare *Epod.*2.6

iratus. et quaeret iratus parem *Epod.*15.14
    merito quin illis Iuppiter ambas│iratus buccas inflet   .   .   .   *Serm.*1.1.21
    Cervius iratus leges minitatur et urnam, ...   *Serm.*2.1.47
    scriptorum quaeque retexens,│iratus tibi, ...   *Serm.*2.3.3
    iratusque Philippi tendit ad aedis. *Epist.*1.7.89
    qui male parentem in rupis protusit asellum│iratus: .   .   .   *Epist.*1.20.16
    vehemens lupus et sibi et hosti│iratus pariter, ...   *Epist.*2.2.29
    iratus Grais quantum nocuisset Achilles. *Epist.*2.2.42
    iratusque Chremes tumido delitigat ore; . . . . .   *Ars Poet.*94
ire. vidimus flavom Tiberim . . . ire deiectum monumenta regis│templaque
       Vestae, ...   *Carm.*1.2.15
    Virtus, . . . negata temptat iter [ire] via *var.Carm.*3.2.22
    aurum per medios ire satellites *Carm.*3.16.9
    teque nec laevos vetet ire picus│nec vaga cornix. . . .   *Carm.*3.27.15
    meliusne fluctus│ire per longos fuit *Carm.*3.27.43
    ire, pedes quocumque ferent, ...   *Epod.*16.21
    nunc mihi curto│ire licet mulo *Serm.*1.6.105
    ast ubi me fessum sol acrior ire lavatum│admonuit, . . .   *Serm.*1.6.125
    ire modo ocius, interdum consistere, ...   *Serm.*1.9.9
    ne tamen illi│tu comes exterior, si postulet, ire recuses.'.   .   *Serm.*2.5.17
    ire domum atque│pelliculam curare iube; *Serm.*2.5.37
    ire necesse est. *Serm.*2.6.26
    fingit equom . . . ire viam qua monstret eques; . . .   *Epist.*1.2.65
    ire tamen restat, Numa quo devenit et Ancus. *Epist.*1.6.27
    ire foras pleno tendebat corpore frustra. *Epist.*1.7.31
    iubetur│rura suburbana indictis comes ire Latinis. . . .   *Epist.*1.7.76
    si laedit caupona, Ferentinum ire iubebo: *Epist.*1.17.8
    ergo│quem sua culpa premet, deceptus omitte tueri [? praesens sua
       culpa ire deceptus omittit etueri], ...   *? var.Epist.*1.18.79
    per honestas│ire domos inpune minax. *Epist.*2.1.150
    ille per extentum funem mihi posse videtur│ire poeta, . .   *Epist.*2.1.211
    adsentatores iubet ad lucrum ire poeta . . . . .   *Ars Poet.*420
irent. quia tardius irent│propter onus segnes. *Serm.*2.3.101
ires. quo te caelestis sapientia duceret, ires. *Epist.*1.3.27
irritabile. multa fero, ut placem genus irritabile vatum, . . .   *Epist.*2.2.102
irritant. segnius irritant animos demissa per aurem . . .   *Ars Poet.*180
irritat. cum fera diluvies quietos│irritat amnis. *Carm.*3.29.41
    irritat, mulcet, falsis terroribus inplet *Epist.*2.1.212
irritum. non erat irritum│quodcumque retro est efficiet . .   *Carm.*3.29.45
is. †teque, dum procedis, [isque, dum procedit,] 'io triumphe'│non semel
       dicemus, ...   *coni.Carm.*4.2.49
    is neque limo│turbatam haurit aquam *Serm.*1.1.59
    trans Tiberim longe cubat is prope Caesaris hortos.' . . .   *Serm.*1.9.18
    is intestabilis et sacer esto.' *Serm.*2.3.181
    isne tibi melius suadet, ...   *Epist.*1.1.65
    quod satis est cui contingit [contigit is], nihil amplius optet. . .   *var.Epist.*1.2.46
    cui libet hic [is] fascis dabit eripietque curule│cui volet inportunus ebur.'   *var.Epist.*1.6.53
isdem. tamen uteris monitoribus isdem? *Epist.*2.2.154
isdem. sub isdem│sit trabibus *Carm.*3.2.27
isdem. quanto constantior isdem│in vitiis, ...   *Serm.*2.7.18
    isdem│nec sequar aut fugiam quae diligit ipse vel odit: . . .   *Epist.*1.1.71
ista. 'quid tamen ista velit sibi fabula, si licet, ede.' *Serm.*2.5.61
ista. num vesceris ista,│quam laudas, pluma? *Serm.*2.2.27
ista. simul ista reliqui,│quae vos ad caelum fertis *Epist.*1.10.8
    'rides' ait, 'et Iovis auribus ista│servas? *Epist.*1.19.43
istam. tibi quidnam accedet ad istam, . . . mollitiem, . .   *Serm.*2.2.86
iste. quid iste fert tumultus *Epod.*5.3
    simius iste│nil praeter Calvom et doctus cantare Catullum. . .   *Serm.*1.10.18
    qui discrepat istis [iste]│qui nummos aurumque recondit, . .   *var.Serm.*2.3.108
    angulus iste feret piper et tus ocius uva *Epist.*1.14.23
    'displicet iste locus' clamo et diludia posco. *Epist.*1.19.47
    'iste quidem veteres inter ponetur honeste, ...   *Epist.*2.1.43
    qui minus argutos vexat furor iste poetas? *Epist.*2.2.90
Isthmius. illum non labor Isthmius│clarabit pugilem, . . .   *Carm.*4.3.3
isti. isti│errori nomen virtus posuisset honestum. . . .   *Serm.*1.3.41
    quid simile isti│Graecus Aristippus? *Serm.*2.3.99
isti. isti tabulae fore librum│persimilem, ...   *Ars Poet.*6
istic. non istic obliquo oculo mea commoda quisquam│limat, . .   *Epist.*1.14.37
istinc. fortassis et istinc│largiter abstulerit longa aetas, . . .   *Serm.*1.4.131

cui mustela procul 'si vis' ait 'effugere istinc, ... *Epist.*1.7.32
istis. at quanto meliora monet pugnantiaque istis|dives opis natura suae, *Serm.*1.2.73
longe mea discrepat istis|et vox et ratio: *Serm.*1.6.92
qui discrepat istis|qui nummos aurumque recondit, . . . *Serm.*2.3.108
istis. numquid Pomponius istis|audiret leviora, pater si viveret? . . *Serm.*1.4.52
fortassis et istinc [istis] | largiter abstulerit longa aetas, liber amicus,|
consilium proprium: *var.Serm.*1.4.131
'iure' inquit 'Trausius istis|iurgatur verbis; *Serm.*2.2.99
siquid novisti rectius istis,|candidus inperti; *Epist.*1.6.67
poterat duci quia cena sine istis: . . . . *Ars Poet.*376
isto. 'non isto vivimus illic,|quo tu rere, modo; *Serm.*1.9.48
nempe modo isto|paulatim mercaris agrum, ... *Epist.*2.2.163
isto. damnum est, non facinus, mihi pacto lenius isto. . . . *Epist.*1.16.56
cetera iam simul isto|cum vitio fugere? *Epist.*2.2.205
istuc. tamen istuc mens animusque|fert *Epist.*1.14.8
it. gratior it dies *Carm.*4.5.7
lusum it Maecenas, dormitum ego Vergiliusque; *Serm.*1.5.48
it, redit et narrat, ... *Epist.*1.7.55
ita. tu, frustra pius, heu non ita creditum|poscis Quintilium deos. . . *Carm.*1.24.11
non ita Romuli|praescriptum et intonsi Catonis|auspiciis . . *Carm.*2.15.10
ita sordidus ut se|non umquam servo melius vestiret, . . . *Serm.*1.1.96
ita, ut pater ille, Terenti | fabula quem miserum gnato vixisse fugato |
inducit, ... *Serm.*1.2.20
res|ut quaeque est, ita suppliciis delicta coercet? *Serm.*1.3.79
ita porro|pugnabant armis quae post fabricaverat usus, . . . *Serm.*1.3.101
ita te quoque amicum, ... *Serm.*1.6.50
dives, inops, Romae seu fors ita iusserit exsul, ... *Serm.*2.1.59
haud ita pridem|Galloni praeconis erat acipensere mensa|infamis. *Serm.*2.2.46
ac venerata Ceres, ita culmo surgeret alto, ... *Serm.*2.2.124
haud ita Troiae|me gessi, certans semper melioribus.' . . . *Serm.*2.5.18
hoc erat in votis: modus agri non ita magnus, ... *Serm.*2.6.1
'Davosne?' 'ita; Davos, amicum|mancipium domino . . . *Serm.*2.7.2
libertate decembri,|quando ita maiores voluerunt, utere: . . *Serm.*2.7.5
ita te felicem dicis *Serm.*2.7.31
ita vir bonus es convivaque comis" *Serm.*2.8.76
cur ita crediderim, nisi quid te detinet, audi. *Epist.*1.2.5
'frater' 'pater' adde;|ut cuique est aetas, ita quemque facetus adopta. . *Epist.*1.6.55
paucis ostendi gemis et communia laudas,|non ita nutritus. . . *Epist.*1.20.5
si veteres ita miratur laudatque poetas, ... *Epist.*2.1.64
prima cadunt: ita verborum vetus interit aetas, ... *Ars Poet.*61
ut ridentibus adrident, ita flentibus adflent|humani voltus. . . *Ars Poet.*101
atque ita mentitur, sic veris falsa remiscet, ... *Ars Poet.*151
verum ita risores, ita commendare dicacis|conveniet Satyros, . *Ars Poet.*225
ita vertere seria ludo, ... *Ars Poet.*226
non ita pridem,|tardior ut paullo graviorque veniret ad auris, . *Ars Poet.*254
Itacae. 'non est aptus equis Ithace [Itacae] locus, ... *var.Epist.*1.7.41
Itace. 'non est aptus equis Ithace [Itace] locus, ... *var.Epist.*1.7.41
Itala. militibus promissa Triquetra | praedia Caesar an est Itala tellure
daturus?' *Serm.*2.6.56
Italae. per quas Latinum nomen et Italae|crevere vires . . . *Carm.*4.15.13
Italas. dirus per urbis Afer ut Italas *Carm.*4.4.42
res Italas armis tuteris, moribus ornes, ... *Epist.*2.1.2
Italia. Caesar ab Italia volantem|remis adurgens, ... *Carm.*1.37.16
Italiae. probrosis|altior Italiae ruinis.' *Carm.*3.5.40
o tutela praesens|Italiae dominaeque Romae. *Carm.*4.14.44
aurea fruges|Italiae pleno defudit Copia cornu. . . . *Epist.*1.12.29
Italiam. Vrbem sibi curae,|imperium fore et Italiam, delubra deorum, . *Serm.*1.6.35
Italis. siquid abest, Italis adiudicat armis. *Epist.*1.18.57
Italo. dis patriis Italoque caelo, ... *Carm.*2.7.4
Italo. at Graecus, postquam est Italo perfusus aceto, . . . *Serm.*1.7.32
Italos. princeps Aeolium carmen ad Italos|deduxisse modos. . . *Carm.*3.30.13
Italum. catenas Parthus et Italum|robur; *Carm.*2.13.18
itaque. nunc itaque et versus et cetera ludicra pono, . . . *Epist.*1.1.10
item. cetera item nequeunt stultis haerentia, ... *Serm.*1.3.77
paulatim vello et demo unum, demo etiam [et item] unum, . . *var.Epist.*2.1.46
paulatim vello et demo unum, demo etiam [demo etiam item] unum, . *var.Epist.*2.1.46
cum speramus eo rem venturam [item fore venturum], . . . commodus
ultro|arcessas *var.Epist.*2.1.226
indignatur item privatis ac prope socco|dignis carminibus narrari . *Ars Poet.*90

iter. persequar hinc quo nunc iter est tibi.' *Serm.*1.9.16
    non mihi Cumas|est iter aut Baias' *Epist.*1.15.12
    quid pure tranquillet, . . . secretum iter et fallentis semita vitae. . . *Epist.*1.18.103
iter. sive per Syrtis iter aestuosas *Carm.*1.22.5
    supremum|carpere iter comites parati. *Carm.*2.17.12
    Virtus, . . . negata temptat iter via *Carm.*3.2.22
    fore enim tutum iter et patens *Carm.*3.16.7
    rumpit et serpens iter institutum, ... *Carm.*3.27.5
    liberum munivit iter, daturus|plura relictis: *Carm.Saec.*43
    hoc iter ignavi divisimus, ... *Serm.*1.5.5
    utpote longum|carpentes iter et factum corruptius imbri. . . *Serm.*1.5.95
    quem tollere raeda|vellet iter faciens *Serm.*2.6.43
    inde|ambo propositum peragunt iter, ... *Serm.*2.6.99
    ut si|caecus iter monstrare velit, ... *Epist.*1.17.4
    seu cursum mutavit iniquom frugibus amnis|doctus iter melius: . *Ars Poet.*68
iterabimus. cras ingens iterabimus aequor.' *Carm.*1.7.32
iterabitur. fortuna tristi clade iterabitur *Carm.*3.3.62
iterare. iterare cursus|cogor relectos: *Carm.*1.34.4
    truncis|lapsa cavis iterare mella; *Carm.*2.19.12
iterat. sic iterat voces et verba cadentia tollit, ... *Epist.*1.18.12
iteratae. muricibus Tyriis iteratae vellera lanae|cui properabantur? . *Epod.*12.21
iterum. non di, quos iterum pressa voces malo. *Carm.*1.14.10
    habentque|Tartara Panthoiden iterum Orco|demissum, . . *Carm.*1.28.10
    nec redeant iterum atque iterum spectanda theatris. . . *Serm.*1.10.39
    iterum quae legi sint|scripturus, ... *Serm.*1.10.72
    quando iterum paveas iterumque perire|possis, . . . *Serm.*2.7.69
    quaeris,|Maecenas, iterum antiquo me includere ludo? . . *Epist.*1.1.3
    vina bibes iterum Tauro diffusa palustris|inter Minturnas . *Epist.*1.5.4
Ithacae. 'non est aptus equis Ithace [Ithacae] locus, . . . *var.Epist.*1.7.41
Ithacam. non satis est Ithacam revehi *Serm.*2.5.4
Ithace. 'non est aptus equis Ithace locus, ... *Epist.*1.7.41
Ithacensis. remigium vitiosum Ithacensis Vlixei, ... *Epist.*1.6.63
iturum. serves iturum Caesarem in ultimos|orbis Britannos . *Carm.*1.35.29
iturus. ventis iturus non suis *Epod.*9.30
Ityn. Ityn flebiliter gemens,|infelix avis *Carm.*4.12.5
Itys. nidum ponit, Ityn [Itys] flebiliter gemens,|infelix avis . *var.Carm.*4.12.5
Ixion. quin et Ixion Tityosque voltu|risit invito, ... *Carm.*3.11.21
    perfidus Ixion, Io vaga, tristis Orestes. . . . . . *Ars Poet.*124

I (cons.)

iacentem. bellante prior, iacentem|lenis in hostem. *Carm.Saec.*51
iacentem. ausa et iacentem visere regiam|voltu sereno, . . . *Carm.*1.37.25
iacentes. sub alta vel platano vel hac|pinu iacentes sic temere . . *Carm.*2.11.14
iaceo. ad quartam iaceo; post hanc vagor *Serm.*1.6.122
iacere. libet iacere modo sub antiqua ilice, ... *Epod.*2.23
    inter Sericos|iacere pulvillos amant, ... *Epod.*8.16
iaceret. si|illud idem in rapidum flumen iacveretve cloacam? — . . *Serm.*2.3.242
    sublegit quodcumque iaceret inutile *Serm.*2.8.12
iacet. manet [? iacet] sub Iove frigido|venator tenerae coniugis inmemor, *? var.Carm.*1.1.25
iacis. unde petitum|hoc in me iacis? *Serm.*1.4.80
iactamus. iactamus iam pridem omnis te Roma beatum; . . . *Epist.*1.16.18
iactantibus. contra mercator, navim iactantibus Austris, . . . *Serm.*1.1.6
iactantior. ineptus|et iactantior hic paullo est: *Serm.*1.3.50
iactat. Iliae dum se (nimium) querenti | iactat ultorem, . . . *Carm.*1.2.18
    nec, siquid honesti est,|iactat habetque palam, . . . *Serm.*1.2.85
    pectinibus patulis iactat se molle Tarentum. *Serm.*2.4.34
iactata. iactata Tuscis aequoribus sacra *Carm.*4.4.54
iactatam. sive iactatam religarat udo|litore navim, ... *Carm.*1.32.7
iactatur. quod|maxima pars hominum morbo iactatur eodem. . . *Serm.*2.3.121
iactatus. pontisne inter iactatus an amnis|ostia sub Tusci? . . *Serm.*2.2.32
iactaverit. nec si te validus iactaverit Auster in alto, . . . *Epist.*1.11.15
iactes. iactes et genus et nomen inutile: *Carm.*1.14.13
iactibus. iactibus crebris iuvenes protervi *Carm.*1.25.2
iactis. iactis in altum molibus: *Carm.*3.1.34
iacto. superiecto [super iacto] pavidae natarunt|aequore dammae. . *var.Carm.*1.2.11
iacuisse. audiet civis acuisse ferrum [iacuisse ferro], . . . *coni.Carm.*1.2.21
iaculamur. quid brevi fortes iaculamur aevo|multa? *Carm.*2.16.17

iaculari.   catus idem per apertum fugientis agitato grege cervos iaculari   . *Carm.*3.12.11
iaculator.   Enceladus iaculator audax *Carm.*3.4.56
iaculatus.   rubente|dextera sacras iaculatus arcis|terruit Vrbem,   .   .   *Carm.*1.2.3
iaculis.   non eget Mauris iaculis neque arcu *Carm.*1.22.2
iaculo.   saepe trans finem iaculo nobilis expedito? *Carm.*1.8.12
iam.   *Carm.*1.2.1; 1.4.3; 1.4.5; 1.4.16; 1.8.10; 1.9.2; 1.15.11; 1.25.6.; 2.1.18; 2.1.19; 2.1.21; 2.5.10;
     *Carm.*2.5.13; 2.5.15; 2.15.1; 2.20.9 (*bis*); 2.20.13; 3.3.25; *coni.Carm.*3.5.17; *Carm.*3.6.9;
     *Carm.*3.8.23; 3.14.11; 3.29.17; 3.29.18; 3.29.21; 4.1.7; 4.1.30; 4.1.38 (*bis*); 4.3.16; 4.4.7;
     *Carm.*4.4.15; 4.4.69; 4.5.2; 4.6.41; 4.7.1; 4.11.31; 4.12.1; 4.12.3; 4.13.13; *Carm.Saec.*27;
     *Carm.Saec.*53; 55; 57; *Epod.*2.68 (*bis*); 5.83; 12.10; 12.11; 16.1; 17.1 (*bis*); *Serm.*1.1.5;
     *Serm.*1.1.16; 1.1.120; *var.Serm.*1.4.15; *Serm.*1.5.9; 1.5.13; 1.5.20; 1.5.65; *coni.Serm.*1.7.5;
     *Serm.*1.8.33; 1.9.35; 2.3.146; 2.3.151; 2.3.289; 2.3.323; 2.4.39; 2.5.3; 2.5.96; 2.6.40;
     *Serm.*2.6.45; 2.6.100; 2.7.13 (*bis*); 2.7.20 (*bis*); 2.7.74; 2.7.114 (*bis*); *Epist.*1.1.2;
     *Epist.*1.7.16; 1.7.44; 1.7.49; 1.7.75; 1.10.11; 1.16.15; 1.18.32; 2.1.86; 2.1.148; 2.1.187;
     *Epist.*2.1.223; 2.2.205; *var.Ars Poet.*38; *Ars Poet.*70; 158; 468
iam.   *Carm.*2.1.17; 3.6.23; *Epist.*2.1.127; *Ars Poet.*43 (*bis*)
iam.   *Epist.*1.16.18
iamdudum.   iamdudum apud me est: *Carm.*3.29.5
     iamdudum video; sed nil agis: usque tenebo; *Serm.*1.9.15
     'iamdudum ausculto et cupiens tibi dicere servos|pauca reformido.'   .   *Serm.*2.7.1
     iamdudum splendet focus et tibi munda supellex.   .   .   .   *Epist.*1.5.7
iampridem.   urges|iampridem non tacta ligonibus arva *Epist.*1.14.27
Iane.   Matutine pater, seu 'Iane' libentius audis.   .   .   .   *Serm.*2.6.20
     'Iane pater' clare, clare cum dixit 'Apollo,' *Epist.*1.16.59
ianitor.   cessit immanis tibi blandienti|ianitor aulae|Cerberus,   .   .   *Carm.*3.11.16
     dum, quae Crispini docuit me ianitor, edo. *Serm.*2.7.45
ianitorem.   si per invisum mora ianitorem|fiet, abito.   .   .   .   *Carm.*3.14.23
ianua.   nec tibi somnos adimunt amatque|ianua limen,   .   .   .   *Carm.*1.25.4
     reiectaeque patet ianua Lydiae?' *Carm.*3.9.20
     audis, quo strepitu ianua, . . . remugiat *Carm.*3.10.5
     ianua frangatur, latret canis, ...   *Serm.*1.2.128
Ianum.   vacuom duellis|Ianum Quirini clausit *Carm.*4.15.9
     'postquam omnis res mea Ianum|ad medium fracta est,   .   .   *Serm.*2.3.18
     Vortumnum Ianumque, liber, spectare videris,   .   .   .   *Epist.*1.20.1
     claustraque custodem pacis cohibentia Ianum *Epist.*2.1.255
Ianus.   haec Ianus summus ab imo|prodocet, ...   *Epist.*1.1.54
iecur.   fervens difficili bile tumet iecur. *Carm.*1.13.4
     exsucta uti medulla et aridum iecur *Epod.*5.37
iecur.   libido, . . . saeviet circa iecur ulcerosum|non sine questu,   .   *Carm.*1.25.15
     incontinentis nec Tityi iecur *Carm.*3.4.77
     si torrere iecur quaeris idoneum; *Carm.*4.1.12
     meum iecur urere bilis. *Serm.*1.9.66
     pinguibus et ficis pastum iecur anseris albae *Serm.*2.8.88
     non ancilla tuom iecur ulceret ulla puerve *Epist.*1.18.72
ieiunae.   et ossa ab ore rapta ieiunae canis *Epod.*5.23
ieiunia.   illo|mane die, quo tu indicis ieiunia, ...   *Serm.*2.3.291
ieiunis.   ieiunis dentibus acer, ...   *Epist.*2.2.29
ieiunus.   ieiunus raro stomachus volgaria temnit.   .   .   .   *Serm.*2.2.38
ioca.   quidlibet indutus celeberrima per loca [ioca] vadet   .   .   *var.Epist.*1.17.28
iocatus.   Campanum in morbum, in faciem permulta iocatus,   .   .   *Serm.*1.5.62
iocis.   quamquam choreis aptior et iocis|ludoque dictus   .   .   .   *Carm.*2.19.25
iocis.   sed ne relictis, Musa procax, iocis *Carm.*2.1.37
     si, . . . sine amore iocisque|nil est iucundum,   .   .   .   *Epist.*1.6.65
     vivas in amore iocisque. *Epist.*1.6.66
     interdum speciosa locis [iocis] morataque recte|fabula   .   .   *var.Ars Poet.*319
ioco.   sub iuga aenea|saevo mittere cum ioco. *Carm.*1.33.12
     nec certare ioco nec dare bracchia *Carm.*2.12.18
     cum magno risuque iocoque videres. *Serm.*1.8.50
iocos.   seu tu querelas sive geris iocos *Carm.*3.21.2
     dein Gnatia Lymphis|iratis exstructa dedit risusque iocosque,   .   *Serm.*1.5.98
     eripuere iocos, venerem, convivia, ludum; *Epist.*2.2.56
iocosa.   cuius recinet iocosa|nomen imago *Carm.*1.12.3
     iocosa|redderet laudes tibi Vaticani|montis imago.   .   .   .   *Carm.*1.20.6
     iocose [iocosa] Maecenas, precor,|manum puella savio opponat tuo,   .   *coni.Epod.*3.20
iocosae.   non hoc iocosae conveniet lyrae — *Carm.*3.3.69
iocose.   iocose Maecenas, precor, ...   *Epod.*3.20
iocosi.   inter iocosi munera Liberi *Carm.*4.15.26
iocosi.   oderunt hilarem tristes tristemque iocosi,   .   .   .   *Epist.*1.18.89
iocosius.   liberius si|dixero quid, si forte iocosius, ...   *Serm.*1.4.104

iocoso.   arcanum iocoso|consilium retegis Lyaeo, ... *Carm.*3.21.15
  et sermone opus est modo tristi, saepe iocoso, ... *Serm.*1.10.11
iocoso.   callidum, quidquid placuit, iocoso|condere furto. *Carm.*1.10.7
iocularia.   (ne sic ut qui iocularia ridens|percurram, ... *Serm.*1.1.23
iocum.   ut mihi saepe|bilem, saepe iocum vestri movere tumultus! . . *Epist.*1.19.20
  asper|incolumi gravitate iocum temptavit . . . . . . *Ars Poet.*222
Iocus.   quam Iocus circum volat et Cupido; *Carm.*1.2.34
iocus.   nequid tu perdas neu sis iocus." *Serm.*2.5.37
  donec iam saevos apertam|in rabiem coepit verti iocus . . . *Epist.*2.1.149
Iove.   manet sub Iove frigido *Carm.*1.1.25
  vagus et sinistra|labitur ripa Iove non probante u-|xorius amnis. . *Carm.*1.2.19
  defluat aequo|ab Iove Neptunoque sacri custode Tarenti. . . *Carm.*1.28.29
  incolumi Iove et urbe Roma? *Carm.*3.5.12
  sapiens uno minor est Iove, dives, ... *Epist.*1.1.106
  ut copia maior|ab Iove donari possit tibi. *Epist.*1.12.3
  et sapit et mecum facit et Iove iudicat aequo. *Epist.*2.1.68
Iovem.   per nostrum patimur scelus|iracunda Iovem ponere fulmina. . *Carm.*1.3.40
  caelo tonantem credidimus Iovem|regnare; *Carm.*3.5.1
  haec Iovem sentire deosque cunctos *Carm.Saec.*73
  per inprobaturum haec Iovem, ... *Epod.*5.8
  preces et aversum ad Iovem, ... *Epod.*10.18
  imbres|nivesque deducunt Iovem; *Epod.*13.2
  sed satis est orare Iovem quae ponit et aufert, ... *Epist.*1.18.111
Iovi.   Latonamque supremo|dilectam penitus Iovi. *Carm.*1.21.4
  ergo obligatam redde Iovi dapem *Carm.*2.7.17
  magnum illa terrorem intulerat Iovi|fidens iuventus horrida bracchiis *Carm.*3.4.49
  signa nostro restituit Iovi *Carm.*4.15.6
  tecum sub alta — sic Iovi gratum — domo, ... *Epod.*9.3
Iovis.   te canam, magni Iovis et deorum|nuntium *Carm.*1.10.5
  et Iovis arcanis Minos admissus *Carm.*1.28.9
  dapibus supremi|grata testudo Iovis, ... *Carm.*1.32.14
  te Iovis inpio|tutela Saturno refulgens|eripuit *Carm.*2.17.22
  reges in ipsos imperium est Iovis, ... *Carm.*3.1.6
  nec fulminantis magna manus Iovis: *Carm.*3.3.6
  coniuge me Iovis et sorore. *Carm.*3.3.64
  aeternum meditans decus|stellis inserere et consilio Iovis? . . *Carm.*3.25.6
  uxor invicti Iovis esse nescis. *Carm.*3.27.73
  sic Iovis interest|optatis epulis inpiger Hercules, ... *Carm.*4.8.29
  nutriant fetus et aquae salubres|et Iovis aurae. *Carm.Saec.*32
  tonantis annus hibernus Iovis *Epod.*2.29
  sed vetant leges Iovis. *Epod.*17.69
  attingit solium Iovis et caelestia temptat: *Epist.*1.17.34
  'rides' ait, 'et Iovis auribus ista|servas: *Epist.*1.19.43
Iubae.   nec Iubae tellus generat, leonum|arida nutrix. *Carm.*1.22.15
iube.   nimium brevis|flores amoenae ferre iube rosae, ... *Carm.*2.3.14
  ire domum atque|pelliculam curare iube; *Serm.*2.5.38
iubeas.   seu Graeco iubeas trocho *Carm.*3.24.57
  iubeas miserum esse, libenter|quatenus id facit. *Serm.*1.1.63
iubebat.   sive iubebat|ut facerem quid, ... *Serm.*1.4.121
  servos|differtum transire forum populumque iubebat, . . . *Epist.*1.6.59
  delere iubebat|et male tornatos incudi reddere versus. . . . *Ars Poet.*440
iubebo.   'fortem hoc animum tolerare iubebo; *Serm.*2.5.20
  si laedit caupona, Ferentinum ire iubebo: *Epist.*1.17.8
  respicere exemplar vitae morumque iubebo|doctum imitatorem . *Ars Poet.*317
iubemus.   urbis amatorem Fuscum salvere iubemus|ruris amatores, . *Epist.*1.10.1
iubent.   mater saeva Cupidinum|Thebanaeque iubet [iubent] me Semelae
  puer *var.Carm.*1.19.2
iubente.   descende Corvino iubente *Carm.*3.21.7
iubentes.   oppida publico|sumptu iubentes . . . decorare . . . *Carm.*2.15.19
iubentium.   non civium ardor prava iubentium, ... *Carm.*3.3.2
iubeo.   non ego, avarum|cum veto te fieri, vappam iubeo ac nebulonem. . *Serm.*1.1.104
  discipularum inter iubeo plorare cathedras. *Serm.*1.10.91
  audire atque togam iubeo conponere, ... *Serm.*2.3.77
  illud ad haec iubeo: *Serm.*2.5.70
iuberet.   nam si natura iuberet|a certis annis aevom remeare peractum . *Serm.*1.6.93
iuberis.   quam quo perferre iuberis|clitellas ferus inpingas . . . *Epist.*1.13.7
iubes.   Caecubum et prelo domitam Caleno|tu bibes [iubes] uvam: . . *coni.Carm.*1.20.10
  iubesque|esse in amicorum numero. *Serm.*1.6.61
iubet.   Thebanaeque iubet me Semelae puer *Carm.*1.19.2

magnum pauperies opprobrium iubet *Carm.*3.24.42
iubet sepulcris caprificos erutas, ... *Epod.*5.17
iubet cupressos funebris . . . flammis aduri Colchicis. . . . *Epod.*5.18
mensam poni iubet *Serm.*2.3.148
ebrietas . . . spes iubet esse ratas, ad proelia trudit inertem, . . *Epist.*1.5.17
non quo more piris vesci Calaber iubet hospes *Epist.*1.7.14
Volteium mane Philippus . . . occupat et salvere iubet prior; . *Epist.*1.7.66
quid dem? quid non dem? renuis quod tu, iubet alter; . . . *Epist.*2.2.63
adsentatores iubet ad lucrum ire poeta . . . . . *Ars Poet.*420
adsentatores iubet ad lucrum [ad lucrum iubet] ire poeta . . *var.Ars Poet.*420
iubetur. iubetur|rura suburbana indictis comes ire Latinis. . . *Epist.*1.7.75
iucunda. quibus te vita sit superstite|iucunda, ... *Epod.*1.6
iucunda. iucunda captat praemia. *Epod.*2.36
ducere sollicitae iucunda oblivia vitae? *Serm.*2.6.62
aut simul et iucunda et idonea dicere vitae. . . . . *Ars Poet.*334
iucunde. prorsus iucunde cenam producimus illam. . . . *Serm.*1.5.70
iucundior. non Afra avis descendat in ventrem meum, . . . iucundior   *Epod.*2.55
iucundis. dum licet, in rebus iucundis vive beatus, . . . *Serm.*2.6.96
iucundo. nil ego contulerim iucundo sanus amico. . . . *Serm.*1.5.44
iucundum. si, . . . sine amore iocisque|nil est iucundum, . . *Epist.*1.6.66
iucundus. minus hoc iucundus amicus|sit mihi? . . . *Serm.*1.3.93
Iudaei. veluti te|Iudaei cogemus in hanc concedere turbam. . *Serm.*1.4.143
Iudaeis. vin tu|curtis Iudaeis oppedere?' *Serm.*1.9.70
Iudaeus. credat Iudaeus Apella,|non ego: *Serm.*1.5.100
iudex. fatalis incestusque iudex *Carm.*3.3.19
quotiens bonus atque fidus|iudex honestum praetulit utili, . *Carm.*4.9.41
male verum examinat omnis|corruptus iudex. . . . *Serm.*2.2.9
subtilis veterum iudex et callidus audis. *Serm.*2.7.101
non quivis videt inmodulata poemata iudex . . . . *Ars Poet.*263
iudex. Albi, nostrorum sermonum candide iudex, . . . *Epist.*1.4.1
iudicantem. et iudicantem vidimus Aeacum *Carm.*2.13.22
iudicat. et sapit et mecum facit et Iove iudicat aequo. . . *Epist.*2.1.68
iudice. iudice te non sordidus auctor|naturae verique. . . *Carm.*1.28.14
deprendi miserum est: Fabio vel iudice vincam. . . *Serm.*1.2.134
notante|iudice quo nosti populo, ... *Serm.*1.6.15
quae neque in aede sonent certantia iudice Tarpa . . *Serm.*1.10.38
grande malum Turius, siquid se iudice certes . . . *Serm.*2.1.49
sed bona siquis|iudice condiderit laudatus Caesare? . . *Serm.*2.1.84
sordidus a tenui victu distabat Ofello|iudice: . . . *Serm.*2.2.54
prodis ex iudice Dama, ... *Serm.*2.7.54
quo multae magnaeque secantur iudice lites, . . . *Epist.*1.16.42
grammatici certant et adhuc sub iudice lis est. . . . *Ars Poet.*78
silvis deducti caveant me iudice Fauni, ... *Ars Poet.*244
iudicet. nec metuam, quid de me iudicet heres, . . . *Epist.*2.2.191
iudicia. at neque dedecorant tua de se iudicia . . . *Epist.*2.1.245
iudicibus. (unum ex iudicibus selectis obiciebat) . . . *Serm.*1.4.123
iudiciis. ut porticibus sic iudiciis fruar *Epist.*1.1.71
iudicio. demens|iudicio volgi, sanus fortasse tuo, . . . *Serm.*1.6.98
iudicis. quod sit conscripti, quod iudicis officium, . . . *Ars Poet.*314
iudicis argutum quae non formidat acumen; . . . *Ars Poet.*364
in Maeci descendat iudicis auris|et patris et nostras . . *Ars Poet.*387
iudicium. si mala condiderit in quem quis carmina, ius est|iudiciumque.' . *Serm.*2.1.83
id tibi iudicium est, ea mens. . . . . . . *Ars Poet.*386
iudicium. sed tamen admiror, quo pacto iudicium illud|fugerit': . *Serm.*1.4.99
quodsi|iudicium subtile videndis artibus illud|. . . vocares, . *Epist.*2.1.242
iuga. inpares|formas atque animos sub iuga aenea|saevo mittere . *Carm.*1.33.11
Cantabrum indoctum iuga ferre nostra *Carm.*2.6.2
iuga demeret|bubus fatigatis *Carm.*3.6.42
nec semper . . . contempleris arvom et|Telegoni iuga parricidae. . *Carm.*3.29.8
te vel per Alpium iuga . . . sequemur *Epod.*1.11
ignota tauris inligaturum iuga *Epod.*3.11
iugandis. prosperes decreta super iugandis|feminis . . . *Carm.Saec.*18
iugera. inmetata quibus iugera liberas|fruges et Cererem ferunt . *Carm.*3.24.12
iugera. iam pauca aratro iugera regiae|moles relinquent, . . *Carm.*2.15.1
arat Falerni mille fundi iugera *Epod.*4.13
iugera centum an|mille aret? *Serm.*1.1.50
iugerum. purae rivos aquae silvaque iugerum|paucorum . . *Carm.*3.16.29
iugis. hortus ubi et tecto vicinus iugis aquae fons . . . *Serm.*2.6.2
collectosne bibant imbris puteosne perennis|iugis aquae . . *Epist.*1.15.16

iugis. tu separatis uvidus in iugis *Carm.*2.19.18
    non secus in iugis|Edonis stupet Euhias *Carm.*3.25.8
iugo. diductosque iugo cogit aeneo? *Carm.*3.9.18
    eripe turpi|colla iugo, ... *Serm.*2.7.92
iugulas. cur non|hunc Regem iugulas? *Serm.*1.7.35
iugulat. turgidus Alpinus iugulat dum Memnona . . . *Serm.*1.10.36
iugulent. ut iugulent hominem, surgunt de nocte latrones: . *Epist.*1.2.32
iugulo. amaras|porrecto iugulo historias captivos ut audit. . . *Serm.*1.3.89
    in matris iugulo ferrum tepefecit acutum? *Serm.*2.3.136
iugum. ferre iugum pariter dolosi: *Carm.*1.35.28
    nondum subacta ferre iugum valet|cervice, ... *Carm.*2.5.1
    tuae|vexere tigres indocili iugum|collo trahentes, . . . *Carm.*3.3.14
Iugurthae. victorum nepotes|rettulit inferias Iugurthae. . . *Carm.*2.1.28
Iugurthino. nec Iugurthino parem|bello reportasti ducem . *Epod.*9.23
Iule. Pindarum quisquis studet aemulari,|Iulle [Iule]. . . *var.Carm.*4.2.2
Iuli. Iuli Flore, quibus terrarum militet oris . . . scire laboro. . *Epist.*1.3.1
Iulia. non qui profundum Danuvium bibunt|edicta rumpent Iulia, *Carm.*4.15.22
Iulium. Iulium sidus velut inter ignis|luna minores. . . . *Carm.*1.12.47
Iulius. Iulius et fragilis Pediatia furque Voranus. . . . *Serm.*1.8.39
Iulle. Pindarum quisquis studet aemulari,|Iulle, . . . *Carm.*4.2.2
Iulus. nos ubi decidimus|quo . . . Tullus dives [dives Iulus] et Ancus,|
    pulvis et umbra sumus. *var.Carm.*4.7.15
iumenta. educet in agros|Aetolis onerata plagis iumenta canesque, . *Epist.*1.18.46
iuncta. Gratia|nudis iuncta sororibus. *Carm.*3.19.17
    tibia non, ut nunc, orichalco vincta [iuncta] tubaeque|aemula, . *var.Ars Poet.*202
iunctae. iunctaeque Nymphis Gratiae decentes | alterno terram quatiunt
    pede, ... *Carm.*1.4.6
iunctas. parcius iunctas quatiunt fenestras *Carm.*1.25.1
iunctis. Paphon|iunctis visit oloribus *Carm.*3.28.15
    versibus inpariter iunctis querimonia primum, . . . *Ars Poet.*75
    versibus inpariter iunctis querimonia primum, | post etiam inclusa est
    [etiam iunctis] voti sententia compos; . . . . *var.Ars Poet.*76
iunctos. haec res et iungit, iunctos et servat amicos. . . *Serm.*1.3.54
iunctura. notum si callida verbum|reddiderit iunctura novom. . . *Ars Poet.*48
    tantum series iuncturaque pollet, ... *Ars Poet.*242
iunctus. versibus inpariter iunctis querimonia primum,|post etiam inclusa
    est [etiam iunctus] voti sententia compos; . . . . *var.Ars Poet.*76
iungas. quam si Libyam remotis|Gadibus iungas . . . *Carm.*2.2.11
iungatur. ut coeat par|iungaturque pari: *Epist.*1.5.26
iungentur. sed prius Apulis|iungentur capreae lupis . . *Carm.*1.33.8
iungere. humano capiti cervicem pictor equinam|iungere si velit . *Ars Poet.*2
iungit. haec res et iungit, iunctos et servat amicos. . . *Serm.*1.3.54
iungite. bona iam peractis|iungite fata. *Carm.Saec.*28
iunior. cur tibi iunior|laesa praeniteat fide. . . . *Carm.*1.33.3
    iunior audi,|cur sit Aristippi potior sententia. . . . *Epist.*1.17.16
    qui vel mense brevi vel toto est iunior anno.' . . . *Epist.*2.1.44
iuniores. mox iuniores quaerit adulteros *Carm.*3.6.25
Iuno. Iuno et deorum quisquis amicior|Afris *Carm.*2.1.25
    hinc matrona Iuno *Carm.*3.4.59
Iunone. gratum elocuta consiliantibus|Iunone divis: . . *Carm.*3.3.18
Iunonis. plurimus in Iunonis honorem|aptum dicet equis Argos . *Carm.*1.7.8
    persaepe velut qui|Iunonis sacra ferret; *Serm.*1.3.11
iunxerit. novaque monstra iunxerit libidine|mirus amor, . . *Epod.*16.30
Iuppiter. cui dabit partis scelus expiandi|Iuppiter? . . . *Carm.*1.2.30
    seu pluris hiemes seu tribuit Iuppiter ultimam, . . . *Carm.*1.11.4
    nec tremendo|Iuppiter ipse ruens tumultu. . . . *Carm.*1.16.12
    quod latus mundi nebulae malusque|Iuppiter urget; . . *Carm.*1.22.20
    ver ubi longum tepidasque praebet|Iuppiter brumas . . *Carm.*2.6.18
    informis hiemes reducit|Iuppiter, idem|submovet. . . *Carm.*2.10.16
    glaciet nives|puro numine Iuppiter? *Carm.*3.10.8
    custodem pavidum Iuppiter et Venus|risissent: . . . *Carm.*3.16.6
    expertus fidelem|Iuppiter in Ganymede flavo, . . . *Carm.*4.4.4
    quas et benigno numine Iuppiter|defendit . . . *Carm.*4.4.74
    Iuppiter illa piae secrevit litora genti, ... *Epod.*16.63
    merito quin illis Iuppiter ambas|iratus buccas inflet . . *Serm.*1.1.20
    qui consulit et tibi et Vrbi|Iuppiter,' *Epist.*1.16.29
Iuppiter. 'at o deorum quidquid [? Iuppiter] in caelo regit|terras . *? var.Epod.*5.1
    'maxime' quis non|'Iuppiter' exclamat simul atque audivit? . *Serm.*1.2.18
    o pater et rex|Iuppiter, ... *Serm.*2.1.43

'Iuppiter, ingentis qui das adimisque dolores,' *Serm.2.3.288*
iura. fors et | debita iura vicesque superbae | te maneant ipsum: . . . *Carm.1.28.32*
iura. triumphatisque possit | Roma ferox dare iura Medis. . . . *Carm.3.3.44*
nec semper udum Tibur et Aefulae | declive contempleris arvom et |
  Telegoni iuga [iura] parricidae. *var.Carm.3.29.8*
iura inventa metu iniusti fateare necesse est, ... *Serm.1.3.111*
si | aut valeo stare aut novi civilia iura; *Serm.1.9.39*
cum rapies in ius [iura] malis ridentem alienis, | fiet aper, modo avis, modo
  saxum *var.Serm.2.3.72*
seu civica iura | respondere paras *Epist.1.3.23*
'qui consulta patrum, qui leges iuraque servat, ... *Epist.1.16.41*
Romae dulce diu fuit . . . clienti promere iura, ... *Epist.2.1.104*
mecum facientia iura | si tamen attemptas? *Epist.2.2.23*
permutet dominos et cedat in altera iura. *Epist.2.2.174*
iura neget sibi nata, nihil non arroget armis. . . . . *Ars Poet.122*
spondeos stabilis in iura paterna recepit . . . . . *Ars Poet.256*
concubitu prohibere vago, dare iura maritis, ... *Ars Poet.398*
iurabas. in verba iurabas mea, ... *Epod.15.4*
iurandas. iurandasque tuom per numen ponimus aras, ... *Epist.2.1.16*
iurando. iure | iurando obstringam ambo: *Serm.2.3.180*
iurantem. iurantem me scire nihil mirantur *Serm.2.6.57*
iurare. nullius adductus iurare in verba magistri, ... *Epist.1.1.14*
iurares. Boeotum in crasso iurares aere natum. *Epist.2.1.244*
iurat. iurat bene solis esse maritis. *Epist.1.1.89*
iuratus. per sanctum iuratus dicat Osirim: *Epist.1.17.60*
iure. iure perhorrui | late conspicuom tollere verticem, ... *Carm.3.16.18*
iure sollemnis mihi sanctiorque *Carm.4.11.17*
'iure' omnes; Galba negabat. *Serm.1.2.46*
ut forsit honorem | iure mihi invideat quivis, ... *Serm.1.6.50*
(hoc etenim sunt omnes iure molesti | quo fortes, ... *Serm.1.7.10*
'iure' inquit 'Trausius istis | iurgatur verbis; *Serm.2.2.99*
chorusque | turpiter obticuit sublato iure nocendi. . . . . *Ars Poet.284*
iure. iure | iurando obstringam ambo: *Serm.2.3.179*
iuremus. sed iuremus in haec: *Epod.16.25*
iures. quamvis | nocturnos iures te formidare tepores. . . . *Epist.1.18.93*
iurgares. ne mea saevos | iurgares ad te quod epistula nulla rediret. . *Epist.2.2.22*
iurgatur. 'iure' inquit 'Trausius istis | iurgatur verbis; *Serm.2.2.100*
iurgia. excludat iurgia finis. *Epist.2.1.38*
qua populus adsita certis | limitibus vicina refugit iurgia; . . *Epist.2.2.171*
iuris. est operae pretium duplicis pernoscere iuris | naturam. . . *Serm.2.4.63*
iuris. ulla si iuris tibi peierati | poena, ... *Carm.2.8.1*
agricolam laudat iuris legumque peritus, ... *Serm.1.1.9*
hoc mihi iuris | cum venia dabis; *Serm.1.4.104*
illum aut nequities aut vafri inscitia iuris, ... *Serm.2.2.131*
publica materies privati iuris erit, ... *Ars Poet.131*
(consultus iuris et actor | causarum mediocris abest . . . *Ars Poet.369*
ius. ignarum, quibus est ius aptius et quibus assis *Serm.2.4.38*
his mixtum ius est: *Serm.2.8.45*
ne male conditum ius adponatur, ... *Serm.2.8.69*
ius. si mala condiderit in quem quis carmina, ius est | iudiciumque.' . *Serm.2.1.82*
quem penes arbitrium est et ius et norma loquendi. . . . *Ars Poet.72*
sit ius liceatque perire poetis: . . . . *Ars Poet.466*
ius. semesos piscis tepidumque ligurrierit ius, ... *Serm.1.3.81*
ius. nilo deterius dominae ius esse: *Serm.1.5.67*
in ius | acres concurrunt, ... *Serm.1.7.20*
rapit in ius; clamor utrimque, | undique concursus. . . . *Serm.1.9.77*
cum rapies in ius malis ridentem alienis, ... *Serm.2.3.72*
interdicto huic omne adimat ius | praetor *Serm.2.3.217*
ultro | qui meliorem audax vocet in ius, ... *Serm.2.5.29*
ius anceps novi, causas defendere possum: *Serm.2.5.34*
ius imperiumque Phraates | Caesaris accepit genibus minor; . . *Epist.1.12.27*
iussa. sed iussa coram non sine conscio | surgit marito, . . . *Carm.3.6.29*
iussa pars mutare Lares et urbem | sospite cursu . . . *Carm.Saec.39*
neque cunctetur, cum est iussa, venire. *Serm.1.2.122*
ut festis matrona moveri iussa diebus, ... *Ars Poet.232*
iussa. (puer hic non laeve iussa Philippi | accipiebat). . . . *Epist.1.7.52*
quodsi | depositum laudas ob amici iussa pudorem, . . . *Epist.1.9.12*
iussae. stellae sponte sua iussaene vagentur et errent, . . . *Epist.1.12.17*
iussas. iussas cum fide poenas luam, ... *Epod.17.37*

iusserit. dives, inops, Romae seu fors ita iusserit exsul, ... *Serm.*2.1.59
   iusserit ad se|Maecenas serum *Serm.*2.7.32
iussi. utrumne iussi persequemur otium *Epod.*1.7
iussit. iussit sapientem pascere barbam *Serm.*2.3.35
   qui servos proicere aurum|in media iussit Libya, . . . *Serm.*2.3.101
   iussit quod splendida bilis. *Serm.*2.3.141
   unde etiam trimetris accrescere iussit|nomen iambeis, . . . *Ars Poet.*252
iussus. quin, ubi perire iussus exspiravero, ... *Epod.*5.91
   iussus abire domum *Epod.*11.20
   eum servom, patinam qui tollere iussus *Serm.*1.3.80
iusta. postquam illi iusta cheragra|contudit articulos, ... *Serm.*2.7.15
   estne marito|matronae peccantis in ambo iusta potestas, . . . *Serm.*2.7.62
iusta. per quos cecidere iusta|morte Centauri, ... *Carm.*4.2.14
iusti. ipsa utilitas, iusti prope mater et aequi. *Serm.*1.3.98
iustior. in ambo iusta potestas,|in corruptorem vel iustior? . . . *Serm.*2.7.63
iustis. prodeat iustis operata sacris *Carm.*3.14.6
Iustitia. cui Pudor et Iustitiae [Iustitia et] soror|incorrupta Fides . . *coni.Carm.*1.24.6
Iustitiae. Pudor et Iustitiae soror|incorrupta Fides . . . *Carm.*1.24.6
Iustitiae. sic potenti|Iustitiae placitumque Parcis. *Carm.*2.17.16
iustitiam. laudet . . . salubrem|iustitiam legesque et apertis otia portis; *Ars Poet.*199
iustius. tanto reprehendi iustius illis, ... *Serm.*2.4.86
iusto. da mihi fallere, da iusto sanctoque videri, ... *Epist.*1.16.61
iusto. Parthos Latio imminentis|egerit iusto domitos triumpho . . . *Carm.*1.12.54
iusto. at tibi|ne vicinus Enipeus|plus iusto placeat cave; . . . *Carm.*3.7.24
   plenior ut siquos delectet copia iusto, ... *Serm.*1.1.57
   nec natura potest iusto secernere iniquom, ... *Serm.*1.3.113
iustum. hactenus haec: alias, iustum sit necne poema. *Serm.*1.4.63
iustum. iustum et tenacem propositi virum *Carm.*3.3.1
   'attamen et iustum poteras et scribere fortem, ... *Serm.*2.1.16
   'pulchra Laverna, | da mihi fallere, da iusto sanctoque [iustum
     sanctumque] videri, ... *var.Epist.*1.16.61
iustus. ille|clarus erit, fortis, iustus.' *Serm.*2.3.97
   sicui videor non iustus, ... *Serm.*2.3.189
   sed tuos hic populus sapiens et iustus in uno *Epist.*2.1.18
iuvandis. sic animis natum inventumque poema iuvandis, . . . *Ars Poet.*377
iuvant. multos castra iuvant et lituo tubae|permixtus sonitus . . *Carm.*1.1.23
iuvare. nec scarus aut poterit peregrina iuvare lagois. . . . *Serm.*2.2.22
iuvari. si das hoc, parvis quoque rebus magna iuvari. *Epist.*2.1.125
iuvat. sunt quos curriculo pulverem Olympicum|collegisse iuvat . *Carm.*1.1.4
   quem iuvat clamor galeaeque leves *Carm.*1.2.38
   et ture et fidibus iuvat|placare *Carm.*1.36.1
   insanire iuvat: *Carm.*3.19.18
   nec certare iuvat mero *Carm.*4.1.31
   iuvat pastas ovis|videre properantis domum, ... *Epod.*2.61
   iuvat dulci Lyaeo solvere. *Epod.*9.37
   nihil me sicut antea iuvat|scribere versiculos *Epod.*11.1
   nunc et Achaemenio|perfundi nardo iuvat *Epod.*13.9
   quid iuvat inmensum te argenti pondus et auri . . . *Serm.*1.1.41
   an vigilare metu exanimem, . . . hoc iuvat? *Serm.*1.1.78
   quod sunt quos genus hoc minime iuvat, ... *Serm.*1.4.24
   inanis|hoc iuvat, haud illud quaerentis, num sine sensu, . . *Serm.*1.4.77
   si quod adest gratum iuvat (hac prece te oro): . . . *Serm.*2.6.13
   hoc iuvat et melli est, non mentiar. *Serm.*2.6.32
   tandem urbanus ad hunc "quid te iuvat" inquit, "amice, . . *Serm.*2.6.90
   qui cupit aut metuit, iuvat illum sic domus et res . . . *Epist.*1.2.51
   cena brevis iuvat et prope rivom somnus in herba; . . . *Epist.*1.14.35
   falsus honor iuvat et mendax infamia terret *Epist.*1.16.39
   iuvat inmemorata ferentem|ingenuis oculisque legi manibusque teneri. *Epist.*1.19.33
   quid te exempta iuvat spinis de pluribus una? *Epist.*2.2.212
   natura . . . iuvat aut inpellit ad iram . . . . . *Ars Poet.*109
iuvem. roges, tuom labore quid iuvem meo, ... *Epod.*1.15
iuvenca. pascitur in vestrum reditum votiva iuvenca. *Epist.*1.3.36
iuvencae. circa virentis est animus tuae|campos iuvencae . . . *Carm.*2.5.6
iuvencis. te suis matres metuont iuvencis, ... *Carm.*2.8.21
   non ut iuvencis inligata pluribus|aratra nitantur meis . . . *Epod.*1.25
iuvencis. est in iuvencis, est in equis patrum|virtus *Carm.*4.4.30
   seu poposceris | centum iuvencos [iuvencis] sive mendaci lyra | voles
     sonare: *var.Epod.*17.39

iuvencos. seu poposceris | centum iuvencos *Epod.*17.39
iuvencum. siquis infamem mihi nunc iuvencum | dedat iratae, . . . *Carm.*3.27.45
iuvenem. sive mutata iuvenem figura | ales in terris imitaris almae | filius
  Maiae, ... *Carm.*1.2.41
  constantis iuvenem fide | Gygen? *Carm.*3.7.4
  flebili sponsae iuvenemve raptum | plorat *Carm.*4.2.21
  ut mater iuvenem, . . . precibus vocat *Carm.*4.5.9
  non tuae sortis iuvenem *Carm.*4.11.22
  quod me Lucanae iuvenem commendet amicae); . . . *Epist.*1.15.21
iuvenentur. aut nimium teneris iuvenentur versibus umquam . . *Ars Poet.*246
iuvenes. quatiunt fenestras | iactibus crebris iuvenes protervi . . *Carm.*1.25.2
  possent ut iuvenes visere fervidi *Carm.*4.13.26
  per quem tot iuvenes patrio caruere sepulcro?' . . . *Serm.*2.3.196
  haec recinunt iuvenes dictata senesque *Epist.*1.1.55
iuvenes. proelia virginum | sectis in iuvenes unguibus acrium . . *Carm.*1.6.18
  domitosque Herculea manu | Telluris iuvenes, . . . *Carm.*2.12.7
  huc iuvenes aequom est descendere, ... *Serm.*1.2.34
iuvenes. maxima pars vatum, pater et iuvenes patre digni, | decipimur
  specie recti. . . . . *Ars Poet.*24
iuvenescit. relicta | matre qui largis iuvenescit herbis . . . *Carm.*4.2.55
iuveni. 'surge' quae dixit iuveni marito, ... *Carm.*3.11.37
  nec firmo iuveni neque naris obesae? *Epod.*12.3
  ut placeat iuveni, percontare utque cohorti. . . . *Epist.*1.8.14
  ne forte seniles | mandentur iuveni partes pueroque viriles: . *Ars Poet.*177
iuvenis. nec quisquam potior bracchia candidae | cervici iuvenis dabat, *Carm.*3.9.3
  accipe quid contra haec iuvenis responderit aequos. . . *Serm.*2.3.233
  iuvenis Parthis horrendus, ab alto | demissum genus Aenea, . . *Serm.*2.5.62
  inberbis iuvenis, tandem custode remoto, | gaudet equis . . *Ars Poet.*161
iuvenis. consiliis iuvenis revictae *Carm.*4.4.24
iuventa. temptavit in dulci iuventa | fervor *Carm.*1.16.23
  non ego hoc ferrem calidus iuventa | consule Planco. . . *Carm.*3.14.27
  maturusne senex an adhuc florente iuventa | fervidus, . . *Ars Poet.*115
iuventae. nec parcit inbellis iuventae | poplitibus timidove tergo. . *Carm.*3.2.15
  di, probos mores docili iuventae, . . . date . . . *Carm.Saec.*45
Iuventas. et parum comis sine te Iuventas | Mercuriusque. . . *Carm.*1.30.7
iuventas. fugit retro | levis iuventas et decor *Carm.*2.11.6
  olim iuventas et patrius vigor *Carm.*4.4.5
  fugit iuventas et verecundus color | reliquit ossa . . . *Epod.*17.21
iuventus. audiet pugnas vitio parentum | rara iuventus. . . *Carm.*1.2.24
  quo calet iuventus | nunc omnis et mox virgines tepebunt. . *Carm.*1.4.19
  unde manum iuventus | metu deorum continuit? . . . *Carm.*1.35.36
  fidens iuventus horrida bracchiis *Carm.*3.4.50
  non his iuventus orta parentibus *Carm.*3.6.33
  parebit pravi docilis Romana iuventus. — *Serm.*2.2.52
  'venit enim magnum donandi parca iuventus . . . *Serm.*2.5.79
  Alcinoique | in cute curanda plus aequo operata iu ventus, . *Epist.*1.2.29
iuvenum. mixta senum ac iuvenum densentur funera, . . *Carm.*1.28.19
  iuvenum recens | examen *Carm.*1.35.30
  iuvenumque prodis | publica cura. *Carm.*2.8.7
  virginum matres iuvenumque nuper | sospitum; . . . *Carm.*3.14.9
  filia rectius | expugnat iuvenum domos, ... *Carm.*3.15.9
  cum per obstantis iuvenum catervas *Carm.*3.20.5
  quo blandae iuvenum te revocant preces. . . . *Carm.*4.1.8
  iuvenum nobilium cliens, ... *Carm.*4.12.15
  et iuvenum ritu florent modo nata vigentque. . . . *Ars Poet.*62
  et iuvenum curas et libera vina referre — — . . . *Ars Poet.*85
  o maior iuvenum, quamvis et voce paterna | fingeris ad rectum *Ars Poet.*366
iuverint. non me Lucrina iuverint conchylia *Epod.*2.49
iuveris. opima quodsi praeda curvo litore | porrecta mergos iuverit [iuveris], *var.Epod.*10.22
  non tamen interpres tantundem iuveris. *Serm.*2.4.91
iuverit. porrecta mergos iuverit. *Epod.*10.22
iuvet. quodsi pudica mulier in partem iuvet | domum . . . *Epod.*2.39
  iuvet ut tigris subsidere cervis, ... *Epod.*16.31
  lecto | aut scripto quod me tacitum iuvet, ... *Serm.*1.6.123
  ⟨si⟩ quercus et ilex | multa fruge pecus, multa dominum iuvet umbra? *Epist.*1.16.10
iuvit. 'ut Nasidieni iuvit te cena beati? *Serm.*2.8.1

K

kalendae. qui nisi, cum tristes misero venere kalendae, ... *Serm.*1.3.87
kalendis. Martiis caelebs quid agam kalendis, ... *Carm.*3.8.1
  omnem redegit idibus pecuniam,|quaerit kalendis ponere. . . . *Epod.*2.70
Karthagine. duxit ab oppressa meritum Karthagine nomen . . . *Serm.*2.1.66
Karthaginem. cui super Karthaginem|virtus sepulcrum condidit. . . *Epod.*9.25
Karthagini. Karthagini iam non ego nuntios|mittam superbos: . . . *Carm.*4.4.69
Karthaginis. non 'incendia Karthaginis inpiae' *Carm.*4.8.17
  superbas invidae Karthaginis|Romanus arces ureret, ... *Epod.*7.5

L

labantis. donec labantis consilio patres|firmaret auctor *Carm.*3.5.45
labem. veluti tractata notam labemque remittunt|atramenta, . . . *Epist.*2.1.235
labentis. aut labentis equo describit volnera Parthi.' *Serm.*2.1.15
labentis. refeceris|aedisque labentis deorum *Carm.*3.6.3
Labeone. Labeone insanior inter|sanos dicatur. *Serm.*1.3.82
Laberi. et Laberi mimos ut pulcra poemata mirer. *Serm.*1.10.6
labetur. at ille|labitur et labetur in omne volubilis aevom. . . . *Epist.*1.2.43
labi. cadaver | unctum oleo largo nudis umeris tulit heres, | scilicet elabi
  [et labi] si posset mortua; *var.Serm.*2.5.87
labier. in vitium fortuna labier aequa: *Epist.*2.1.94
labitur. vagus et sinistra|labitur ripa Iove non probante u-|xorius amnis. . *Carm.*1.2.19
  umor et in genas|furtim labitur arguens, ... *Carm.*1.13.7
  at ille|labitur et labetur in omne volubilis aevom. *Epist.*1.2.43
labor. perrupit Acheronta Herculeus labor — *Carm.*1.3.36
  illum non labor Isthmius|clarabit pugilem, ... *Carm.*4.3.3
  cum labor extuderit fastidia: *Serm.*2.2.14
  si non offenderet unum|quemque poetarum limae labor et mora. . . *Ars Poet.*291
laborabas. quanta laboras in [laborabas] Charybdi, ... *var.Carm.*1.27.19
laborant. aut aquilonibus|querceta Gargani laborant *Carm.*2.9.7
  laborant,|cum ventum ad verum est: *Serm.*1.3.96
  torquere mero, quem perspexisse laborant . . . . . *Ars Poet.*435
laborantes. nec iam sustineant onus|silvae laborantes *Carm.*1.9.3
laborantis. fide Teia|dices laborantis in uno|Penelopen vitreamque Circen; *Carm.*1.17.19
  quae laborantis utero puellas *Carm.*3.22.2
  tu conclusas . . . auras,|usque laborantis, dum ferrum molliat ignis, . *Serm.*1.4.20
laborarint. quale non perfectius|meae laborarint manus. . . . *Epod.*5.60
laborarunt. nardo perunctum, quale non perfectius | meae laborarint
  [laborarunt] manus. *var.Epod.*5.60
laboras. quanta laboras in Charybdi, ... *Carm.*1.27.19
  quanta laboras in [quanta laboras] Charybdi, ... *var.Carm.*1.27.19
laborat. quid obliquo laborat|lympha fugax trepidare rivo? . . . *Carm.*2.3.11
  aut ob avaritiam aut misera ambitione laborat. *Serm.*1.4.26
  inmeritusque laborat|iratis natus paries dis atque poetis. . . . *Serm.*2.3.7
  qui iam contento, iam laxo fune laborat.' *Serm.*2.7.20
labore. roges, tuom labore quid iuvem meo, ... *coni.Epod.*1.15
  nullum a labore me reclinat otium; *Epod.*17.24
  miles ait, multo iam fractus membra labore. *Serm.*1.1.5
  nullo natura labore|quos tibi dat, ... *Serm.*1.1.88
  nil sine magno|vita labore dedit mortalibus.' *Serm.*1.9.60
  nil [? nihil] sine magno|vita labore [? vita vita] dedit mortalibus.' . *? var.Serm.*1.9.60
  molliter austerum studio fallente laborem [? labore], . . . *? var.Serm.*2.2.12
  quanto devites animi capitisque labore *Epist.*1.1.44
  notaque fatali portenta labore subegit, ... *Epist.*2.1.11
laborem. dulci laborem decipitur sono *Carm.*2.13.38
  grata carpentis thyma per laborem|plurimum *Carm.*4.2.29
  an hunc laborem mente laturi, ... *Epod.*1.9
  roges, tuom labore [laborem] quid iuvem meo,|inbellis ac firmus parum? *var.Epod.*1.15
  hac mente laborem|sese ferre, . . . aiunt, ... *Serm.*1.1.30
  finire laborem|incipias, parto quod avebas, ... *Serm.*1.1.93
  garrulus atque piger scribendi ferre laborem, ... *Serm.*1.4.12
  molliter austerum studio fallente laborem, ... *Serm.*2.2.12
  exiguom censum turpemque repulsam [laborem],|quanto devites animi
  capitisque labore [repulsam] *var.Epist.*1.1.43
  excusare laborem et mercennaria vincla, ... *Epist.*1.7.67
laborent. audire est operae pretium, . . . ut omni parte laborent . . *Serm.*1.2.38

quem perspexisse laborant [laborent] | an sit amicitia dignus; . . . *var.Ars Poet.*435
labores. tu sapiens finire memento | tristitiam vitaeque labores . . *Carm.*1.7.18
finire quaerentem labores *Carm.*3.4.39
totve tuos patiar labores | inpune, Lolli, carpere . . . *Carm.*4.9.32
unde homines operum primos vitaeque labores | instituont . . *Serm.*2.6.21
cum lamentamur non adparere labores | nostros . . . *Epist.*2.1.224
scribere posse inter tot curas totque labores? . . . *Epist.*2.2.66
labores. tuo vitio rerumne labores, | nil referre putas? . . . *Serm.*1.2.76
neque te ut miretur turba labores, ... *Serm.*1.10.73
neque plura parare labores *Epist.*2.2.196
laboret. neglegens, ne qua populus laboret, ... *Carm.*3.8.25
hunc atque hunc superare laboret *Serm.*1.1.112
siquis . . . caeca fluitantia sorte laboret | reddere certa sibi, . . *Serm.*2.3.269
ut siquis solum hoc, mala ne sint vina, laboret, . . . *Serm.*2.4.49
quis enim invitum servare laboret? *Epist.*1.20.16
conmisisse cavet quod mox mutare laboret. . . . . *Ars Poet.*168
nec quarta loqui persona laboret. . . . . . *Ars Poet.*192
sudet multum frustraque laboret | ausus idem: . . . *Ars Poet.*241
labori. curae sunt atque labori, ... *Serm.*1.8.18
"eoque | responsura tuo numquam est par fama labori. . . *Serm.*2.8.66
laboribus. tandem nequitiae fige modum tuae | famosisque laboribus; . *Carm.*3.15.3
novis ut usque suppetas laboribus. *Epod.*17.64
laboribus. hic levare functum | pauperem laboribus . . . *Carm.*2.18.39
defunctumque laboribus | aequali recreat sorte vicarius. . . *Carm.*3.24.15
post hoc secundis usque laboribus *Carm.*4.4.45
exhauriebat, ingemens laboribus, ... *Epod.*5.31
malis carere quaeritis laboribus; *Epod.*16.16
cenes ut pariter pulmenta laboribus empta: . . . *Epist.*1.18.48
laboriosa. laboriosa nec cohors Vlixei. *Epod.*16.60
laboriosi. laboriosi remiges Vlixei *Epod.*17.16
laboris. damnatusque longi | Sisyphus Aeolides laboris. . . *Carm.*2.14.20
magni formica laboris | ore trahit quodcumque potest . . *Serm.*1.1.33
unde laboris | plus haurire mali est quam ex re decerpere fructus. . *Serm.*1.2.78
laboro. sed quis cenantibus una, | Fundani, pulcre fuerit tibi, nosse laboro.' *Serm.*2.8.19
quibus terrarum militet oris | Claudius Augusti privignus, scire laboro. *Epist.*1.3.2
brevis esse laboro, | obscurus fio; . . . . . *Ars Poet.*25
laborum. o laborum | dulce lenimen *Carm.*1.32.14
quin et Prometheus et Pelopis parens | dulci laborem [laborum] decipitur
sono *var.Carm.*2.13.38
nido laborum protulit inscium *Carm.*4.4.6
multa laborum | praemia laturus.' *Serm.*2.1.11
indoctus quid enim saperet liberque laborum | rusticus . . *Ars Poet.*212
labra. labra movet metuens audiri: 'pulchra Laverna, . . *Epist.*1.16.60
labris. inpressit memorem dente labris notam. . . . *Carm.*1.13.12
labris. 'Tantalus a labris sitiens fugientia captat | flumina'— . *Serm.*1.1.68
haec ego mecum | conpressis agito labris; . . . *Serm.*1.4.138
labuntur. eheu fugaces, Postume, Postume, | labuntur anni . *Carm.*2.14.2
labuntur altis interim ripis aquae, ... *Epod.*2.25
Lacaena. non sola comptos arsit adulteri | crinis . . . Helene Lacaena . *Carm.*4.9.16
Lacaenae. in comptum Lacaenae | more comas religata nodum. . *Carm.*2.11.23
iam nec Lacaenae splendet adulterae | famosus hospes . *Carm.*3.3.25
Lacedaemon. me nec tam patiens Lacedaemon . . . percussit . *Carm.*1.7.10
Lacedaemonium. aut Lacedaemonium Tarentum. . . . *Carm.*3.5.56
laceranda. cum tibi invisus laceranda reddet | cornua taurus. . *Carm.*3.27.71
lacerant. quae velut nactae vitulos leaenae | singulos eheu lacerant: . *Carm.*3.11.42
lacerare. lacerare ferro et | frangere enitar . . . cornua . *Carm.*3.27.46
laceraverit. siquis | opprobriis dignum latraverit [laceraverit], integer ipse? *var.Serm.*2.1.85
laceravit. venaticus, ex quo | tempore cervinam pellem latravit [laceravit]
in aula, ... *var.Epist.*1.2.66
lacerna. turpis odoratum caput obscurante lacerna, . . . *Serm.*2.7.55
lacertae. seu virides rubum | dimovere lacertae, . . . *Carm.*1.23.7
lacertis. pignusque dereptum lacertis *Carm.*1.9.23
Caesaris Augusti non responsura lacertis. . . . *Epist.*2.2.48
lacertis. qui lora restrictis lacertis | sensit iners . . . *Carm.*3.5.35
herbas atque incantata lacertis | vincula . . . *Serm.*1.8.49
lacerto. laevo suspensi loculos tabulamque lacerto, . . *Serm.*1.6.74
'laevo suspensi loculos tabulamque lacerto.' . . . *Epist.*1.1.56
lacessat. ne rudis agminum | sponsus lacessat regius asperum | tactu leonem, *Carm.*3.2.10
lacessit. quicumque Bithyna lacessit | Carpathium pelagus carina; . . *Carm.*1.35.7

lacessiti. doluere cruento|dente lacessiti, ... *Epist.*2.1.151
lacesso. nihil supra|deos lacesso *Carm.*2.18.12
Laco. nam qualis aut Molossus aut fulvos Lacon [Laco], . . . *var.Epod.*6.5
Lacon. nam qualis aut Molossus aut fulvos Lacon, . . . *Epod.*6.5
Laconi. regnata petam Laconi|rura Phalantho. *Carm.*2.6.11
Laconicas. nec Laconicas mihi|trahunt honestae purpuras clientae. . . *Carm.*2.18.7
lacrima. cur|manat rara meas lacrima per genas? . . . *Carm.*4.1.34
 licet illi plurima manet|lacrima, ... *Epist.*1.17.60
lacrima. ibi tu calentem|debita sparges lacrima favillam|vatis amici. . *Carm.*2.6.23
lacrimae. hinc illae lacrimae. *Epist.*1.19.41
lacrimis. noctes non sine multis|insomnis lacrimis . . . *Carm.*3.7.8
lacrimosa. filium dicunt Thetidis sub lacrimosa Troiae|funera, . . *Carm.*1.8.14
 ut propius spectes lacrimosa poemata Pupi; *Epist.*1.1.67
lacrimoso. lacrimoso non sine fumo, ... *Serm.*1.5.80
lacrimosum. haec bellum lacrimosum, hic miseram famem . . *Carm.*1.21.13
lacte. fulvae matris ab ubere|iam lacte depulsum . . . *Carm.*4.4.15
 Tellurem porco, Silvanum lacte piabant, ... *Epist.*2.1.143
lactea. cerea [lactea] Telephi|laudas bracchia, . . . *var.Carm.*1.13.2
lactis. vinique fontem lactis et uberes|cantare rivos . . . *Carm.*2.19.10
lactuca. lactuca innatat acri|post vinum stomacho; . . . *Serm.*2.4.59
lactucae. acria circum|rapula, lactucae, radices, . . . *Serm.*2.8.8
lacu. undique latius|extenta visentur Lucrino|stagna lacu . . *Carm.*2.15.4
 omnis|gestiet a furno redeuntis scire lacuque . . . *Serm.*1.4.37
lacunar. neque aureum|mea renidet in domo lacunar, . . *Carm.*2.18.2
lacus. lacus et mare sentit amorem|festinantis eri; . . *Epist.*1.1.84
 adversarius est frater, lacus Hadria, ... *Epist.*1.18.63
lacus. Albanos prope te lacus|ponet marmoream . . . *Carm.*4.1.19
 fastidire lacus et rivos ausus apertos. *Epist.*1.3.11
laedat. quod ineptus|Fannius Hermogenis laedat conviva Tigelli? . *Serm.*1.10.80
 des nummos, excepta nihil te si fuga laedat: . . . *Epist.*2.2.16
laedent. tum tua me infortunia laedent, ... *Ars Poet.*103
laedentem. speres perpetuom dulcia barbare|laedentem oscula, . *Carm.*1.13.15
laedere. potes hac ab orno|pendulum zona bene te secuta e-|lidere [secuta
 laedere] collum. *var.Carm.*3.27.60
 'laedere gaudes,'|inquit, 'et hoc studio pravos facis.' . . *Serm.*1.4.78
 'quanto rectius hoc quam tristi laedere versu . . . *Serm.*2.1.21
laedet. si te pulvis . . . si laedit [laedet] caupona, Ferentinum ire iubebo: *var.Epist.*1.17.8
laedimur. cum laedimur, unum | siquis amicorum est ausus reprehendere
 versum; *Epist.*2.1.221
laedit. si laedit caupona, Ferentinum ire iubebo: . . . *Epist.*1.17.8
 des nummos, excepta nihil te si fuga laedat [laedit]: . . *var.Epist.*2.2.16
laedunt. quae laedunt oculum, festinas demere: . . . *Epist.*1.2.38
Laeli. virtus Scipiadae et mitis sapientia Laeli, . . . *Serm.*2.1.72
Laelius. num Laelius . . . ingenio offensi *Serm.*2.1.65
Laertiade. 'o Laertiade, quidquid dicam, aut erit aut non: . . *Serm.*2.5.59
Laertiaden. Laertiaden, exitium tuae|gentis, . . . respicis? . . *Carm.*1.15.21
laesa. cur tibi iunior|laesa praeniteat fide. . . . *Carm.*1.33.4
laeserit. quid volui?' dices, ubi quid te laeserit; . . . *Epist.*1.20.7
laeso. ingenio offensi aut laeso doluere Metello . . . *Serm.*2.1.67
laeso. et signo laeso non insanire lagoenae, . . . *Epist.*2.2.134
Laestrygonia. nec Laestrygonia Bacchus in amphora|languescit mihi . *Carm.*3.16.34
laesura. cum tu, magnorum numen laesura deorum, . . *Epod.*15.3
laeta. laeta quod pubes hedera virenti|gaudeat . . . *Carm.*1.25.17
 si laeta aderit Venus *Carm.*3.21.21
 Fortuna saevo laeta negotio *Carm.*3.29.49
 horae|momento cita mors venit aut victoria laeta.' . . *Serm.*1.1.8
laetam. vos laetam fluviis et nemorum coma . . . *Carm.*1.21.5
 Troas et laetam Priami choreis|falleret aulam, . . . *Carm.*4.6.15
laetas. quo Sibyllini monuere versus | virgines lectas [laetas] . . . dicere
 carmen. *var.Carm.Saec.*6
laetatur. plenoque Bacchi pectore turbidum|laetatur. . . *Carm.*2.19.7
laetis. tu pias laetis animas reponis|sedibus . . . *Carm.*1.10.17
 tu pias laetis animas [animas laetis] reponis|sedibus . . *var.Carm.*1.10.17
laetis. qualemve laetis caprea pascuis|intenta . . . *Carm.*4.4.13
laetitia. non secus in bonis|ab insolenti temperatam|laetitia, . *Carm.*2.3.4
laetitiae. natis in usum laetitiae scyphis *Carm.*1.27.1
 nolito ad versus tibi factos ducere plenum|laetitiae; . . *Ars Poet.*428
laetius. seu modicis uvescit laetius. *Serm.*2.6.70
laetor. incolumis laetor quod vivit in Vrbe, . . . *Serm.*1.4.98

laetos. concines laetosque dies *Carm*.4.2.41
laetum. te minor laetum reget aequos orbem: *Carm*.1.12.57
  cum populus frequens|laetum theatris ter crepuit sonum; . . *Carm*.2.17.26
  et laetum equino sanguine Concanum, ... *Carm*.3.4.34
  bonisque|rebus agit laetum convivam, ... *Serm*.2.6.111
laetum. claudensque textis cratibus laetum pecus *Epod*.2.45
laetus. diuque|laetus intersis populo Quirini *Carm*.1.2.46
  laetus in praesens animus *Carm*.2.16.25
  dona praesentis cape laetus horae ⟨ac⟩|linque severa. . . . *Carm*.3.8.27
  quam per exactos ego laetus annos . . . sanguine donem. . . *Carm*.3.22.6
  ille potens sui|laetusque deget *Carm*.3.29.42
  hinc ad vina redit laetus *Carm*.4.5.31
  Dauniae defende decus Camenae,|levis [laetus] Agyieu. . . . *var.Carm*.4.6.28
  victore laetus Caesare *Epod*.9.2
  heres|iam circum loculos et clavis laetus ovansque|curreret. . . *Serm*.2.3.146
  inspice, si possum donata reponere laetus. *Epist*.1.7.39
  laetus sorte tua vives sapienter, Aristi, ... *Epist*.1.10.44
  excepto quod non simul esses, cetera laetus. *Epist*.1.10.50
  si validus, si laetus erit, si denique poscet; *Epist*.1.13.3
  in vacuo laetus sessor plausorque theatro. *Epist*.2.2.130
laeva. saepe notatus|cum tribus anellis, modo laeva Priscus inani . . *Serm*.2.7.9
  laeva stomachosus habena|dicet eques; *Epist*.1.15.12
  cum stetit in scaena, concurrit dextera laevae [laeva]. . . . *var.Epist*.2.1.205
laevae. actor|cum stetit in scaena, concurrit dextera laevae. . . . *Epist*.2.1.205
laeve. (puer hic non laeve iussa Philippi|accipiebat) *Epist*.1.7.52
Laevi. non equidem insector delendave carmina Livi [Laevi]|esse reor, . . *var.Epist*.2.1.69
laevi. at illi foeda cicatrix|saetosam laevi frontem turpaverat oris. . *Serm*.1.5.61
Laevino. populus Laevino mallet honorem|quam Decio mandare novo . *Serm*.1.6.19
Laevinum. contra Laevinum, Valeri genus, ... *Serm*.1.6.12
laevo. laevo suspensi loculos tabulamque lacerto, ... *Serm*.1.6.74
  'laevo suspensi loculos tabulamque lacerto.' *Epist*.1.1.56
laevo. haec ubi supposuit dextro [dextrum] corpus mihi laevom [laevo],|Ilia
  et Egeria est; *var.Serm*.1.2.125
  cum te sic tempore laevo|interpellarim; *Serm*.2.4.4
laevom. laevom marinae qui Veneris latus|custodit, ... *Carm*.3.26.5
  haec ubi supposuit dextro corpus mihi laevom,|Ilia et Egeria est; . *Serm*.1.2.125
  mercemur servom, qui dictet nomina, laevom|qui fodicet latus . *Epist*.1.6.50
  adspiciat sol,|laevom discedens curru fugiente vaporet. . . . *Epist*.1.16.7
laevos. teque nec laevos vetet ire picus|nec vaga cornix. . . . *Carm*.3.27.15
  o ego laevos,|qui purgor bilem sub verni temporis horam. . . *Ars Poet*.301
laevum. mercemur servom, qui dictet nomina, laevom [laevum] | qui
  fodicet latus *var.Epist*.1.6.50
lagani. ad porri et ciceris refero laganique catinum; . . . *Serm*.1.6.115
lagoena. num sit quoque fracta lagoena, ... *Serm*.2.8.81
lagoenae. et signo laeso non insanire lagoenae, ... *Epist*.2.2.134
lagoenis. imi|convivae lecti nihilum nocuere lagoenis. . . . *Serm*.2.8.41
lagois. nec scarus aut poterit peregrina iuvare lagois. . . . *Serm*.2.2.22
lagonis. pinguem vitiis albumque neque ostrea | nec scarus aut poterit
  peregrina iuvare lagois [lagonis]. *var.Serm*.2.2.22
Lalage. iam proterva|fronte petet Lalage maritum|dilecta, . . . *Carm*.2.5.16
Lalagen. dum meam canto Lalagen *Carm*.1.22.10
  dulce ridentem Lalagen amabo,|dulce loquentem. . . . *Carm*.1.22.23
lamae. inimice lamnae [lamae]|Crispe Sallusti, ... *var.Carm*.2.2.2
lamas. viribus uteris per clivos flumina lamas. *Epist*.1.13.10
lambere. summum properabat lambere tectum. *Serm*.1.5.74
lambit. quae loca fabulosus|lambit Hydaspes. *Carm*.1.22.8
lamentamur. cum lamentamur non adparere labores|nostros . . *Epist*.2.1.224
Lamiae. me quamvis Lamiae pietas et cura moratur|fratrem maerentis, . *Epist*.1.14.6
Lamiae. necte meo Lamiae coronam, ... *Carm*.1.26.8
  nulli plura tamen dividit oscula|quam dulci Lamiae, . . . *Carm*.1.36.7
Lamiae. neu pransae Lamiae vivom puerum extrahat alvo. . . *Ars Poet*.340
Lamias. quando et priores hinc Lamias ferunt|denominatos . . *Carm*.3.17.2
lammae. inimice lamnae [lammae]|Crispe Sallusti, ... *var.Carm*.2.2.2
lamna. ut ventres lamna candente nepotum|diceret urendos . . *Epist*.1.15.36
lamnae. inimice lamnae|Crispe Sallusti, ... *Carm*.2.2.2
Lamo. Aeli vetusto nobilis ab Lamo — *Carm*.3.17.1
lana. neque amissos colores|lana refert medicata fuco . . . *Carm*.3.5.28
  'lana Tarentino violas imitata veneno.' *Epist*.2.1.207
lana. alter rixatur, de lana saepe caprina, ... *Epist*.1.18.15

lanae. muricibus Tyriis iteratae vellera lanae|cui properabantur? . . *Epod*.12.21
    ut vinosa glomus furtivae †Pirria lanae, ... *Epist*.1.13.14
lanae. te bis Afro|murice tinctae|vestiunt lanae: *Carm*.2.16.37
    te lanae prope nobilem|tonsae Luceriam, ... *Carm*.3.15.13
lances. curvat aper lances carnem vitantis inertem: *Serm*.2.4.41
lancis. discite non inter lancis mensasque nitentis, ... *Serm*.2.2.4
lanea. lanea et effigies erat, altera cerea: *Serm*.1.8.30
    maior|lanea, quae poenis conpesceret inferiorem; . . . *Serm*.1.8.31
langues. 'Inachia langues minus ac me; *Epod*.12.14
languescit. nec Laestrygonia Bacchus in amphora|languescit mihi . *Carm*.3.16.35
languet. minusve languet fascinum? *Epod*.8.18
    scis|in breve te cogi, cum plenus languet amator. . . . *Epist*.1.20.8
languidae. cum latent silvis ferae|dulci sopore languidae, . . . *Epod*.5.56
languidiora. promere languidiora vina. *Carm*.3.21.8
languido. pastor umbras cum grege languido|rivomque fessus quaerit . *Carm*.3.29.21
languido. visendus ater flumine languido|Cocytos errans . . *Carm*.2.14.17
    fessos vomerem inversum boves|collo trahentis languido . . *Epod*.2.64
languidus. languidus in cubitum iam se conviva reponet. . . *Serm*.2.4.39
languor. causa morbi|fugerit venis et aquosus albo|corpore languor. . *Carm*.2.2.16
    in quis amantem languor et silentium|arguit *Epod*.11.9
Lanuvino. ab agro|rava decurrens lupa Lanuvino *Carm*.3.27.3
lanx. ne non et cantharus et lanx|ostendat tibi te, ... *Epist*.1.5.23
Laomedon. ex quo destituit deos|mercede pacta Laomedon, . . *Carm*.3.3.22
lapathi. aut herba lapathi prata amantis *Epod*.2.57
    et lapathi brevis herba, sed albo non sine Coo. . . . *Serm*.2.4.29
lapidem. 'unde mihi lapidem?' *Serm*.2.7.116
    torquet nunc lapidem, nunc ingens machina tignum, . . *Epist*.2.2.73
lapides. nec cari lapides tempora, ... *Carm*.4.13.14
lapides. te docilis magistro|movit Amphion lapides canendo, . . *Carm*.3.11.2
    gemmas et lapides aurum et inutile, . . . mittamus, . . *Carm*.3.24.48
    nunc lapides adeos|stirpisque raptas et pecus et domos|volventis una, *Carm*.3.29.36
    ten lapides varios lutulenta radere palma *Serm*.2.4.83
lapidosus. panis . . . nam Canusi lapidosus, aquae non ditior urna, *Serm*.1.5.91
lapillis. deterius Libycis olet aut nitet herba lapillis? . . . *Epist*.1.10.19
lapillos. inter niveos viridisque lapillos|sit licet, . . . *Serm*.1.2.80
lapis. nec Phrygius lapis|nec purpurarum sidere clarior|delenit usus . *Carm*.3.1.41
    lapis albus|pocula cum cyatho duo sustinet, . . . *Serm*.1.6.116
Lapithas. nec saevos Lapithas et nimium mero|Hylaeum . . *Carm*.2.12.5
Lapithis. Centaurea monet cum Lapithis rixa super mero . . *Carm*.1.18.8
lapsa. truncis|lapsa cavis iterare mella; *Carm*.2.19.12
lapsus. rapidos morantem|fluminum lapsus celeresque ventos, . . *Carm*.1.12.10
    si patinam pede lapsus frangat agaso. *Serm*.2.8.72
laqueata. curas laqueata circum|tecta volantis. . . . *Carm*.2.16.11
laquei. cum deerit egenti|as, laquei pretium. *Serm*.2.2.99
laqueis. non mortis laqueis expedies caput. *Carm*.3.24.8
laqueo. pavidumque leporem et advenam laqueo gruem . . *Epod*.2.35
    cum laqueo uxorem interimis matremque veneno, . . . *Serm*.2.3.131
    contendat laqueo collum pressisse paternum: . . . *Epist*.1.16.37
laqueos. metuit foveam lupus accipiterque|suspectos laqueos . . *Epist*.1.16.51
laqueum. nec sponsae laqueum famoso carmine nectit. . . *Epist*.1 19.31
lardi. aridum et ore ferens acinum semesaque lardi|frusta dedit, . *Serm*.2.6.85
lardo. uncta satis pingui ponentur holuscula lardo? . . . *Serm*.2.6.64
Lare. ante Larem gustet venerabilior Lare dives. . . . *Serm*.2.5.14
    ac ne forte roges, quo me duce, quo Lare tuter: . . . *Epist*.1.1.13
lare. saeva paupertas et avitus apto|cum lare fundus. . . . *Carm*.1.12.44
    mundaeque parvo sub lare pauperum|cenae . . . *Carm*.3.29.14
    gaudentem parvisque sodalibus et lare certo . . . *Epist*.1.7.58
Larem. qui patrium mimae donat fundumque Laremque, . . *Serm*.1.2.56
    ante Larem gustet venerabilior Lare dives. . . . *Serm*.2.5.14
    quibus ipse meique|ante Larem proprium vescor . . . *Serm*.2.6.66
Lares. si ture placaris et horna|fruge Laris [? Lares] . . . *? var.Carm*.3.23.4
    iussa pars mutare Lares et urbem|sospite cursu, . . . *Carm.Saec*.39
lares. agros atque lares patrios habitandaque fana|apris reliquit . *Epod*.16.19
larga. larga nec desunt Veneris sodali|vina craterae, . . . *Carm*.3.18.6
large. dissolve frigus ligna super foco|large reponens . . . *Carm*.1.9.6
largi. quandoque potentior|largi muneribus riserit aemuli, . . *Carm*.4.1.18
largimur. praesenti tibi maturos largimur honores . . . *Epist*.2.1.15
largior. imagine cerea|largior arserit ignis *Serm*.1.8.44
largiora. nec potentem amicum|largiora flagito, ... *Carm*.2.18.13

largiri.   dissolve frigus ligna super foco|large reponens [largiri potis]   .   .   *var.Carm*.1.9.6
largis.   relicta|matre qui largis iuvenescit herbis *Carm*.4.2.55
 ut neque largis|aquosus Eurus arva radat imbribus,   .   .   .   *Epod*.16.53
largis.   quandoque potentior|largi [largis] muneribus riserit aemuli,   .   .   *var.Carm*.4.1.18
largiter.   fortassis et istinc|largiter abstulerit longa aetas,   .   .   .   *Serm*.1.4.132
largius.   ne potum largius aequo|rideat *Epist*.2.2.215
largo.   cadaver|unctum oleo largo nudis umeris tulit heres,   .   .   .   *Serm*.2.5.86
largus.   spes donare novas largus *Carm*.4.12.19
 ut te|confestim liquidus [? largus] Fortunae rivos inauret,   .   .   *? var.Epist*.1.12.9
Laribus.   Laribus tuom|miscet numen, ...   *Carm*.4.5.34
 donasset iamne catenam|ex voto Laribus, quaerebat;   .   .   *Serm*.1.5.66
 inmolet aequis|hic porcum Laribus; *Serm*.2.3.165
Laris.   si ture placaris et horna|fruge Laris   .   .   .   *Carm*.3.23.4
 circum renidentis Laris.' *Epod*.2.66
laris.   decisis humilem pennis inopemque paterni|et laris et fundi,   .   .   *Epist*.2.2.51
Larisae.   nec tam Larisae percussit campus opimae   .   .   *Carm*.1.7.11
larva.   nil illi larva aut tragicis opus esse cothurnis.   .   .   *Serm*.1.5.64
lasanum.   pueri, lasanum portantes oenophorumque.   .   .   *Serm*.1.6.109
lasciva.   iubet me Semelae puer|et lasciva Licentia   .   .   *Carm*.1.19.3
 puella|dives et lasciva *Carm*.4.11.23
 agitavit equom lasciva supinum, ...   *Serm*.2.7.50
 ne potum largius aequo|rideat et pulset lasciva decentius aetas.   .   *Epist*.2.2.216
lasciva.   tristia maestum|voltum verba decent, . . . ludentem lasciva,   *Ars Poet*.107
lascivae.   lascivae similem ludere capreae,   .   .   .   *Carm*.3.15.12
lascivi.   lascivi suboles gregis. *Carm*.3.13.8
lascivi.   vellunt tibi barbam|lascivi pueri,   .   .   .   *Serm*.1.3.134
lascivis.   lascivis hederis ambitiosior.   .   .   .   *Carm*.1.36.20
lascivos.   pellente lascivos amores *Carm*.2.11.7
lassas.   inpediat verbis lassas onerantibus auris,   .   .   *Serm*.1.10.10
lassi.   lassi sub adventum viri *Epod*.2.44
lassi.   in Mamurrarum lassi deinde urbe manemus,   .   .   *Serm*.1.5.37
lasso.   sit modus lasso maris et viarum|militiaeque.   .   .   *Carm*.2.6.7
 acris|subiectat lasso stimulos *Serm*.2.7.94
lassum.   qualia lassum|pervellunt stomachum,   .   .   .   *Serm*.2.8.8
lassus.   leporem sectatus equove|lassus ab indomito   .   .   *Serm*.2.2.10
 lassus dum noctu stertit, ad assem|perdiderat: .   .   *Epist*.2.2.27
lata.   quin etiam lex|poenaque lata,   .   .   .   *Epist*.2.1.153
late.   horrenda late nomen in ultimas|extendat oras,   .   .   *Carm*.3.3.45
 late conspicuum tollere verticem,   .   .   .   *Carm*.3.16.19
 tenuisse Lirim,|late tyrannus —:   .   .   .   *Carm*.3.17.9
 late signa feret militiae tuae *Carm*.4.1.16
 diu|lateque victrices catervae *Carm*.4.4.23
 procidit late posuitque collum in|pulvere Teucro;   .   .   *Carm*.4.6.11
 subimus|inpositum saxis late candentibus Anxur.   .   .   *Serm*.1.5.26
 atque subimus|inpositum saxis late [late saxis] candentibus Anxur.   *var.Serm*.1.5.26
 quid oportet|nos facere a volgo longe longeque [lateque] remotos?   *var.Serm*.1.6.18
 non locus effusi late maris arbiter   .   .   .   *Epist*.1.11.26
 purpureus, late qui splendeat, unus et alter|adsuitur pannus,   .   *Ars Poet*.15
lateat.   quam canis acer ubi lateat sus.   .   .   .   *Epod*.12.6
latebrae.   hae latebrae dulces et, iam si credis, amoenae   .   .   *Epist*.1.16.15
latens.   nec latens in asperis|radix fefellit me locis.   .   .   *Epod*.5.67
latent.   non, . . . Pindaricae latent *Carm*.4.9.6
 formidulosis cum latent silvis ferae   .   .   .   *Epod*.5.55
 hostiliumque navium portu latent|puppes   .   .   .   *Epod*.9.19
latentem.   ureret flammis, etiam latentem|matris in alvo,   .   .   *Carm*.4.6.19
latentes.   numquam te fallent animi sub volpe latentes.   .   .   *Ars Poet*.437
latentis.   nunc et latentis proditor intumo|gratus puellae risus ab angulo   *Carm*.1.9.21
latentis.   tutum per nemus arbutos|quaerunt latentis et thyma deviae   *Carm*.1.17.6
 nec latentis|classe cita reparavit oras.   .   .   .   *Carm*.1.37.23
latere.   latere petitus imo spiritus.   .   .   .   *Epod*.11.10
 verum|depugis, nasuta, brevi latere ac pede longo est.   .   *Serm*.1.2.93
latere.   Lunamque rubentem,|ne foret his testis, post magna latere sepulcra.   *Serm*.1.8.36
lateret.   siquid forte lateret,|indice monstraret digito: .   .   *Serm*.2.8.25
lateri.   si ventri bene, si lateri est pedibusque tuis,   .   .   *Epist*.1.12.5
lateris.   in cor|traiecto lateris miseri capitisve dolore,   .   .   *Serm*.2.3.29
laterum.   nec laterum dolor aut tussis nec tarda podagra;   .   .   *Serm*.1.9.32
latet.   quid latet, ut marinae|filium dicunt Thetidis   .   .   *Carm*.1.8.13
 at ingenium ingens|inculto latet hoc sub corpore.   .   .   *Serm*.1.3.34
 Veianius armis|Herculis ad postem fixis latet abditus agro,   .   .   *Epist*.1.1.5

Latinae. quem legis expertes Latinae | Vindelici didicere *Carm.*4.14.7
    scilicet oblitos patriaeque patrisque Latini [Latinae], ... *var.Serm.*1.10.27
Latine. scilicet oblitos patriaeque patrisque Latini [Latine], ... *var.Serm.*1.10.27
Latini. parumne campis atque Neptuno super | fusum est Latini sanguinis, *Epod.*7.4
    scilicet oblitos patriaeque patrisque Latini, ... *Serm.*1.10.27
Latinis. fidibusne Latinis | Thebanos aptare modos studet auspice Musa, . *Epist.*1.3.12
Latinis. rura suburbana indictis comes ire Latinis. *Epist.*1.7.76
    ac non verba sequi fidibus modulanda Latinis, ... *Epist.*2.2.143
Latinis. hunc ego, non alio dictum prius ore, Latinus [Latinis] | volgavi
    fidicen; . . . . *? var.Epist.*1.19.32
latinis. quod verbis graeca latinis | miscuit.' *Serm.*1.10.20
Latino. quis non Latino sanguine pinguior | campus *Carm.*2.1.29
Latinum. age dic Latinum, | barbite, carmen, ... *Carm.*1.32.3
    per quas Latinum nomen et Italae | crevere vires *Carm.*4.15.13
Latinus. hunc ego, non alio dictum prius ore, Latinus | volgavi fidicen; *Epist.*1.19.32
Latio. ille seu Parthos Latio imminentis *Carm.*1.12.53
    Parios ego primus iambos | ostendi Latio, ... *Epist.*1.19.24
    Graecia capta ferum victorem cepit et artes | intulit agresti Latio: . *Epist.*2.1.157
Latio. pulcher fugatis | ille dies Latio tenebris. *Carm.*4.4.40
latior. urbis | latior amplecti murus . . . . *Ars Poet.*209
latis. quae velut latis equa trima campis *Carm.*3.11.9
latis. neque militaris | Daunias latis alit aesculetis *Carm.*1.22.14
latitantem. celer arto latitantem fruticeto excipere aprum. . . . *Carm.*3.12.11
Latium. urbesque gentesque et Latium ferox *Carm.*1.35.10
    nec virtute foret clarisve potentius armis | quam lingua Latium, . *Ars Poet.*290
Latium. remque Romanam Latiumque felix . . . prorogat . . . *Carm.Saec.*66
    fundet opes Latiumque beabit divite lingua: *Epist.*2.2.121
latius. latius regnes avidum domando | spiritum *Carm.*2.2.9
    undique latius | extenta visentur Lucrino | stagna lacu . . . *Carm.*2.15.2
    est ut viro vir latius ordinet | arbusta sulcis, ... *Carm.*3.1.9
    Ofellum | integris opibus novi non latius usum | quam nunc accisis. . *Serm.*2.2.113
Latoe. frui paratis et valido mihi, | Latoe, dones ac precor integra . *Carm.*1.31.18
Latonae. rite Latonae puerum canentes *Carm.*4.6.37
Latonam. Latonamque supremo | dilectam penitus Iovi. . . . *Carm.*1.21.3
    tu curva recines lyra | Latonam *Carm.*3.28.12
latrantem. cum sale panis | latrantem stomachum bene leniet. . . *Serm.*2.2.18
latras. rumperis et latras, magnorum maxime regum. . . . *Serm.*1.3.136
latraverit. siquis | opprobriis dignum latraverit, integer ipse?' . . *Serm.*2.1.85
latravit. ex quo | tempore cervinam pellem latravit in aula, . . *Epist.*1.2.66
latrent. latrent Suburanae canes *Epod.*5.58
latret. ianua frangatur, latret canis, ... *Serm.*1.2.128
    nec vereor, ne, dum futuo, vir rure recurrat, | ianua frangatur, latret
    canis [canis latret], ... *var.Serm.*1.2.128
latro. ne quis fur esset neu latro neu quis adulter. *Serm.*1.3.106
latrociniis. cum dicas esse paris res | furta latrociniis . . . *Serm.*1.3.122
latrones. ut iugulent hominem, surgunt de nocte latrones: . . *Epist.*1.2.32
latrones. contra latrones atque servilem manum *Epod.*4.19
latronibus. magnus uterque timor latronibus; *Serm.*1.4.67
latronibus. tutus ab infestis latronibus? *Serm.*2.1.42
latronum. ut sis tu similis Caeli Birrique latronum, . . . *Serm.*1.4.69
latuit. in scalis latuit metuens pendentis habenae'— . . . *Epist.*2.2.15
latum. te minor laetum [latum] reget aequos orbem: . . . *var.Carm.*1.12.57
    pulveris exigui prope latum parva Matinum | munera . . . *Carm.*1.28.3
    praetextam et latum clavom prunaeque vatillum. . . . *Serm.*1.5.36
    latum demisit pectore clavom. *Serm.*1.6.28
latum. latumque per aequor, | dum sibi, dum sociis reditum parat, *Epist.*1.2.20
latura. non, ut adsit, auxili | latura plus praesentibus. . . . *Epod.*1.22
    quid latura sibi, quid sit dolitura negatum, ... *Serm.*1.2.112
laturi. an hunc laborem mente laturi, ... *Epod.*1.9
laturus. multa laborum | praemia laturus.' *Serm.*2.1.12
    i pede fausto, | grandia laturus meritorum praemia. quid stas?' . *Epist.*2.2.38
latus. nonne vides, ut | nudum remigio latus *Carm.*1.14.4
    non hoc semper erit liminis aut aquae | caelestis patiens latus. . *Carm.*3.10.20
    nec Boreae finitimum latus *Carm.*3.24.38
    quod latus aut renes morbo temptentur acuto. *Serm.*2.3.163
    si latus aut renes morbo temptantur acuto, ... *Epist.*1.6.28
latus. quod latus mundi nebulae malusque | Iuppiter urget; . . *Carm.*1.22.19
    longaque fessum militia latus | depone sub lauru mea . . . *Carm.*2.7.18
    laevom marinae qui Veneris latus | custodit. *Carm.*3.26.5

Europe niveum doloso | credidit tauro latus	*Carm*.3.27.26
Hibericis peruste funibus latus	*Epod*.4.3
utrumque verberes latus, | Auster, memento	*Epod*.10.3
limina dura, quibus lumbos et infregi latus.	*Epod*.11.22
metiri possis oculo latus.	*Serm*.1.2.103
nullique malo latus obdit apertum,	*Serm*.1.3.59
'utne tegam spurco Damae latus?	*Serm*.2.5.18
aliena negotia centum | per caput et circa saliunt latus.	*Serm*.2.6.34
laevom | qui fodicet latus	*Epist*.1.6.51
reddes | forte latus, nigros angusta fronte capillos,	*Epist*.1.7.26
sed ut veniens dextrum latus adspiciat sol,	*Epist*.1.16.6
latus. pulveris exigui prope latum [latus] parva Matinum | munera	*var.Carm*.1.28.3
latus. latus ut in circo spatiere et aeneus ut stes,	*Serm*.2.3.183
laudabant. rancidum aprum antiqui laudabant,	*Serm*.2.2.89
laudabile. natura fieret laudabile carmen an arte,	*Ars Poet*.408
laudabis. nec tua laudabis studia aut aliena reprendes,	*Epist*.1.18.39
laudabit. utroque tuom laudabit pollice ludum.	*Epist*.1.18.66
laudabunt. laudabunt alii claram Rhodon aut Mytilenen	*Carm*.1.7.1
laudande. 'o sol | pulcer, o laudande!'	*Carm*.4.2.47
laudant. si taceas, laudant quidquid scripsere beati.	*Epist*.2.2.108
laudantes. bis pueri die | numen cum teneris virginibus tuom | laudantes	*Carm*.4.1.27
laudantur. laudantur simili prole puerperae,	*Carm*.4.5.23
laudare. arvom caelumque Sabinum | non cessat laudare.	*Epist*.1.7.78
scilicet ut tibi se laudare et tradere coner,	*Epist*.1.9.3
ne forte putes me, . . . laudare maligne:	*Epist*.2.1.209
laudaret. garriret, vicos, Vrbem laudaret.	*Serm*.1.9.13
laudari. inportunus amat laudari:	*Serm*.2.5.96
laudarier. 'nolim laudarier' inquit | 'sic me' mirator cunni Cupiennius albi.	*Serm*.1.2.35
laudas. cerea Telephi | laudas bracchia, vae,	*Carm*.1.13.3
num vesceris ista, | quam laudas, pluma?	*Serm*.2.2.28
laudas, insane, trilibrem | mullum,	*Serm*.2.2.33
'laudas | fortunam et mores antiquae plebis,	*Serm*.2.7.22
laudas securum holus	*Serm*.2.7.30
quodsi | depositum laudas ob amici iussa pudorem,	*Epist*.1.9.12
Lebedum laudas odio maris atque viarum?	*Epist*.1.11.6
paucis ostendi gemis et communia laudas,	*Epist*.1.20.4
laudasti. saepe verecundum laudasti,	*Epist*.1.7.37
laudat. mercator metuens otium et oppidi | laudat rura sui;	*Carm*.1.1.17
agricolam laudat iuris legumque peritus,	*Serm*.1.1.9
hoc amat et laudat 'matronam nullam ego tango.'	*Serm*.1.2.54
laudat Brutum laudatque cohortem,	*Serm*.1.7.23
siquis nam laudat Arelli | sollicitas ignarus opes,	*Serm*.2.6.78
nec qui | frigus collegit, furnos et balnea laudat	*Epist*.1.11.13
si veteres ita miratur laudatque poetas,	*Epist*.2.1.64
iam Saliare Numae carmen qui laudat	*Epist*.2.1.86
ubi plenius aequo | laudat venalis qui volt extrudere merces:	*Epist*.2.2.11
laudato. scribet mala carmina vecors: | laudato.	*Serm*.2.5.75
laudator. laudator temporis acti | se puero,	*Ars Poet*.173
laudatore. derisor vero plus laudatore movetur.	*Ars Poet*.433
laudatur. laudatur ab his, culpatur ab illis.	*Serm*.1.2.11
at idem, quod sale multo | Vrbem defricuit, charta laudatur eadem.	*Serm*.1.10.4
laudaturque domus, longos quae prospicit agros:	*Epist*.1.10.23
laudatus. sed bona siquis | iudice condiderit laudatus Caesare?	*Serm*.2.1.84
laudaveram. ubi haec severus te palam laudaveram,	*Epod*.11.19
laudavere. at vestri proavi Plautinos et numeros et | laudavere sales,	*Ars Poet*.271
laude. usque ego postera | crescam laude recens,	*Carm*.3.30.8
multa proruet integrum | cum laude victorem	*Carm*.4.4.67
dignum laude virum Musa vetat mori,	*Carm*.4.8.28
haerentem capiti cum multa laude coronam.	*Serm*.1.10.49
dignum praestabo me etiam pro laude merentis.	*Epist*.1.7.24
munera, quae multa dantis cum laude tulerunt	*Epist*.2.1.246
successit vetus his comoedia. non sine multa | laude;	*Ars Poet*.282
laudem. laudemque et optatum peractis | imperiis decus adrogavit.	*Carm*.4.14.39
vitavi denique culpam, | non laudem merui.	*Ars Poet*.268
praeter laudem nullius avaris.	*Ars Poet*.324
lauderis. illis | accedas socius: laudes, lauderis ut absens.	*Serm*.2.5.72
laudes. cur tua plus laudes cumeris granaria nostris?	*Serm*.1.1.53
illis | accedas socius: laudes, lauderis ut absens.	*Serm*.2.5.72
'quo pacto, pessime?' 'laudas [laudes] | fortunam et mores antiquae plebis,	*var.Serm*.2.7.22

temperiem laudes. *Epist.*1.16.8
laudes. laudes egregii Caesaris et tuas *Carm.*1.6.11
   redderet laudes tibi Vaticani|montis imago. *Carm.*1.20.7
   non . . . clarius indicant|laudes *Carm.*4.8.20
   doctus et Phoebi chorus et Dianae|dicere laudes. . . . *Carm.Saec.*76
   Augusti laudes agnoscere possis; *Epist.*1.16.29
laudet. laudet diversa sequentis? *Serm.*1.1.3
   potius laudet diversa sequentis *Serm.*1.1.109
   Fuscus et haec utinam Viscorum laudet uterque. . . . *Serm.*1.10.83
   funus|egregie factum laudet vicinia. *Serm.*2.5.106
   mea cur ingratus opuscula lector|laudet ametque domi, . . *Epist.*1.19.36
   ille dapes laudet mensae brevis, ... *Ars Poet.*198
laudetur. Romae laudetur Samos et Chios et Rhodos absens. . . *Epist.*1.11.21
laudi. speravit magnae laudi fore. *Serm.*2.3.99
laudibus. quid prius dicam solitis parentis|laudibus, . . . *Carm.*1.12.14
   vos Tempe totidem tollite laudibus *Carm.*1.21.9
   laudibus arguitur vini vinosus Homerus; *Epist.*1.19.6
laudis. laudis amore tumes: *Epist.*1.1.36
   animum quod laudis avarum|subruit aut reficit. . . . *Epist.*2.1.179
laudo. bracchia et voltum teretesque suras|integer laudo: . . *Carm.*2.4.22
   laudo manentem; *Carm.*3.29.53
   nec somnum plebis laudo satur altilium *Epist.*1.7.35
   ego laudo ruris amoeni|rivos *Epist.*1.10.6
   nimirum hic ego sum; nam tuta et parvola laudo, . . . *Epist.*1.15.44
laurea. tum spissa ramis laurea fervidos|excludet ictus. . . *Carm.*2.15.9
laurea. laurea donandus Apollinari, ... *Carm.*4.2.9
Laurens. echinus aut Laurens aper. *coni.Epod.*5.28
   aper . . . nam Laurens malus est, ulvis et harundine pinguis. . *Serm.*2.4.42
lauro. longaque fessum militia latus|depone sub lauru [lauro] mea . . *var.Carm.*2.7.19
   ut premerer sacra|lauroque conlataque myrto *Carm.*3.4.19
   mihi Delphica|lauro cinge volens, Melpomene, comam. . . *Carm.*3.30.16
lauru. latus|depone sub lauru mea *Carm.*2.7.19
laurum. diadema tutum|deferens uni propriamque laurum . . . *Carm.*2.2.22
   morte venalem petiisse laurum *Carm.*3.14.2
laurus. cui laurus aeternos honores|Delmatico peperit triumpho. . *Carm.*2.1.15
laus. laus illi debetur et a me gratia maior. *Serm.*1.6.88
   principibus placuisse viris non ultima laus est. . . . *Epist.*1.17.35
laute. ut ego accipiar laute, ... *Serm.*2.8.67
lautis. lautis mane senex manibus currebat *Serm.*2.3.282
lavantes. sunt multi quique lavantes: *Serm.*1.4.75
lavat. villaque, flavos quam Tiberis lavit [lavat], ... *var.Carm.*2.3.18
lavatum. dum tu quadrante lavatum|rex ibis *Serm.*1.3.137
   ast ubi me fessum sol acrior ire lavatum|admonuit, . . . *Serm.*1.6.125
lavemur. crudi tumidique lavemur, ... *Epist.*1.6.61
lavere. neque dulci mala vino lavere *Carm.*3.12.2
laverit. quando|Padus Matina laverit cacumina, ... *Epod.*16.28
Laverna. labra movet metuens audiri: 'pulchra Laverna, . . *Epist.*1.16.60
lavimus. ore manusque tua lavimus, Feronia, lympha; . . . *Serm.*1.5.24
lavis. Phoebe, qui Xantho lavis amne crinis, ... *Carm.*4.6.26
lavisset. quo vafer ille pedes lavisset Sisyphus aere, . . . *Serm.*2.3.21
lavit. villaque, flavos quam Tiberis lavit, ... *Carm.*2.3.18
   qui rore puro Castaliae lavit|crinis solutos, ... *Carm.*3.4.61
   Phoebe, qui Xantho lavis [? lavit] amne crinis [crines], . . *var.Carm.*4.6.26
   tuo|cruore rubros obstetrix pannos lavit, ... *Epod.*17.51
lavit. simul unctos Tiberinis umeros lavit in undis, . . . *Carm.*3.12.7
laxo. iam Scythae laxo meditantur arcu|cedere campis. . . *Carm.*3.8.23
   te talos, Aule, nucesque|ferre sinu laxo, ... *Serm.*2.3.172
   qui iam contento, iam laxo fune laborat.' *Serm.*2.7.20
laxus. male laxus|in pede calceus haeret — *Serm.*1.3.31
leaenae. non vides, quanto moveas periclo, | Pyrrhe, Gaetulae catulos
   leaenae? *Carm.*3.20.2
leaenae. quae velut nactae vitulos leaenae|singulos eheu lacerant: . *Carm.*3.11.41
Lebedum. an Lebedum laudas odio maris atque viarum? . . . *Epist.*1.11.6
Lebedus. 'scis, Lebedus quid sit: Gabiis desertior atque|Fidenis vicus; . *Epist.*1.11.7
lecta. lecta de pinguissimis|oliva ramis arborum . . . *Epod.*2.55
   cui lecta potenter erit res, ... *Ars Poet.*40
lectas. virgines lectas puerosque castos *Carm.Saec.*6
lecti. imi|convivae lecti nihilum nocuere lagoenis. . . . *Serm.*2.8.41
   imi|derisor lecti sic nutum divitis horret, ... *Epist.*1.18.11

lectica.   custodes, lectica, ciniflones, parasitae, ...   *Serm.*1.2.98
lectica.   siquis lectica nitidam gestare amet agnam, ...   *Serm.*2.3.214
lectis.   saepe tribus lectis videas cenare quaternos, ...   *Serm.*1.4.86
   valvarum strepitus lectis excussit utrumque. *Serm.*2.6.112
   si potes Archiacis conviva recumbere lectis *Epist.*1.5.1
lecto.   aut alius casus lecto te adfixit, ...   *Serm.*1.1.81
lecto.   vepallida lecto│desiliat mulier, ...   *Serm.*1.2.129
   tum in lecto quoque videres *Serm.*2.8.77
lecto.   sunt certa piacula, quae te│ter pure lecto poterunt recreare libello.   *Epist.*1.1.37
lecto.   lecto│aut scripto quod me tacitum iuvet, ...   *Serm.*1.6.122
lector.   mea cur ingratus opuscula lector│laudet ametque domi,   .   .   *Epist.*1.19.35
lectorem.   lectorem delectando pariterque monendo.   .   .   .   .   *Ars Poet.*344
lectori.   verum age et his, qui se lectori credere malunt *Epist.*2.1.214
lectoribus.   contentus paucis lectoribus. *Serm.*1.10.74
lectos.   rubro ubi cocco│tincta super lectos canderet vestis eburnos   .   .   *Serm.*2.6.103
   quid pauper? ride: mutat cenacula, lectos, ...   *Epist.*1.1.91
   'nempe pecus, rem,│lectos, argentum: tollas licet.' *Epist.*1.16.76
lectulus.   cum lectulus aut me│porticus excepit, ...   *Serm.*1.4.133
lectum.   conminxit lectum potus mensave catillum│Euandri manibus tritum
   deiecit: *Serm.*1.3.90
   hoc moriens pueris dixisse vocatis│ad lectum: *Serm.*2.3.171
lectum.   quocumque lectum nomine Massicum│servas, ...   *Carm.*3.21.5
lectum.   an Catonis│nobile letum [lectum]: *var.Carm.*1.12.36
lectus.   lectus genialis in aula est: *Epist.*1.1.87
Ledae.   dicam et Alciden puerosque Ledae, ...   *Carm.*1.12.25
ledit.   si te pulvis . . . si laedit [ledit] caupona, Ferentinum ire iubebo: .   *var.Epist.*1.17.8
legant.   quin ossa legant herbasque nocentis. *Serm.*1.8.22
legat.   cum mea nemo│scripta legat *Serm.*1.4.23
   tabulas socero dabit atque│ut legat orabit; *Serm.*2.5.67
legati.   missi magnis de rebus uterque│legati, ...   *Serm.*1.5.29
legatum.   nil sibi legatum praeter plorare suisque. *Serm.*2.5.69
lege.   aequa lege Necessitas│sortitur insignis et imos,   .   .   .   *Carm.*3.1.14
   bellicosis fata Quiritibus│hac lege dico, ...   *Carm.*3.3.58
   verba devolvit numerisque fertur│lege solutis,   .   .   .   *Carm.*4.2.12
   prolisque novae feraci│lege marita, ...   *Carm.Saec.*20
   hac lege in trutina ponetur eadem. *Serm.*1.3.72
   in vitium libertas excidit et vim│dignam lege regi: .   .   .   *Ars Poet.*283
legem.   quam temere in nosmet legem sancimus iniquam.   .   .   .   *Serm.*1.3.67
   ultra│legem tendere opus; *Serm.*2.1.2
legendo.   quem vero arripuit, tenet occiditque legendo,   .   .   .   *Ars Poet.*475
legendum.   qui testamentum tradet tibi cumque legendum,   .   .   .   *Serm.*2.5.51
legentem.   ut forte legentem│aut tacitum inpellat quovis sermone: .   .   *Serm.*1.3.64
legentibus.   obturem patulas inpune legentibus auris.   .   .   .   *Epist.*2.2.105
legentis.   dignum mente domoque legentis honesta Neronis,   .   .   *Epist.*1.9.4
legentis.   quid vetat et nosmet Lucili scripta legentis   .   .   .   *Serm.*1.10.56
legere.   atque alios legere, ad fastum quoscumque parentes │ optaret sibi
   quisque, ...   *Serm.*1.6.95
legeret.   quod legeret tereretque viritim publicus usus?   .   .   .   *Epist.*2.1.92
legerit.   et qui nocturnus sacra divom legerit. *Serm.*1.3.117
   ante gravem quae legerit arbore solem. *Serm.*2.4.23
leges.   inter cuncta leges et percontabere doctos, ...   *Epist.*1.18.96
leges.   nec fortuitum spernere caespitem│leges sinebant,   .   .   .   *Carm.*2.15.18
   quid leges sine moribus│vanae proficiunt, ...   *Carm.*3.24.35
   sed vetant leges Iovis. *Epod.*17.69
leges.   oppida coeperunt munire et ponere leges, ...   *Serm.*1.3.105
   Cervius iratus leges minitatur et urnam, ...   *Serm.*2.1.47
   'qui consulta patrum, qui leges iuraque servat,   .   .   .   *Epist.*1.16.41
   laudet . . . iustitiam legesque et apertis otia portis;   .   .   .   *Ars Poet.*199
   oppida moliri, leges incidere ligno.   .   .   .   .   .   *Ars Poet.*399
leget.   at qui tantuli eget [tanto leget] quanto est opus,   .   .   .   *var.Serm.*1.1.59
   multum Nasica negatas│accipiet tandem et tacitus leget   .   .   *Serm.*2.5.68
   sibi parcet│contractusque leget; *Epist.*1.7.12
legi.   iterum quae digna legi sint│scripturus, ...   *Serm.*1.10.72
   iuvat inmemorata ferentem│ingenuis oculisque legi manibusque teneri.   *Epist.*1.19.34
legibus.   seu malis vetita legibus alea, ...   *Carm.*3.24.58
   siccat inaequalis calices conviva solutus│legibus insanis, .   .   .   *Serm.*2.6.69
   moribus ornes,│legibus emendes: *Epist.*2.1.3
legio.   quod mihi pareret legio Romana tribuno. *Serm.*1.6.48
legionibus.   olim qui magnis legionibus imperitarint,   .   .   .   *Serm.*1.6.4

261

legis.   quem legis expertes Latinae│Vindelici didicere *Carm.*4.14.7
legit.   quos neque pulcer│Hermogenes umquam legit *Serm.*1.10.18
legitimum.   at qui legitimum cupiet fecisse poema, ... *Epist.*2.2.109
   legitimumque sonum digitis callemus et aure. . . . . *Ars Poet.*274
legum.   agricolam laudat iuris legumque peritus, ... *Serm.*1.1.9
   incutiat tibi quid sanctarum inscitia legum: *Serm.*2.1.81
lemures.   nocturnos lemures portentaque Thessala rides? . . . *Epist.*2.2.209
Lenaee.   dulce periculum est,│o Lenaee, ... *Carm.*3.25.19
lene.   non ante verso lene merum cado *Carm.*3.29.2
lene.   nunc ad aquae lene caput sacrae. *Carm.*1.1.22
   vos lene consilium et datis et dato│gaudetis, almae. . . *Carm.*3.4.41
   tu lene tormentum ingenio admoves│plerumque duro, . . *Carm.*3.21.13
   quoniam vacuis conmittere venis│nil nisi lene decet: . . . *Serm.*2.4.26
   ad mare cum veni, generosum et lene requiro, ... *Epist.*1.15.18
lene.   nec male necne Lepos [nec male nec lene post] saltet; . . *var.Serm.*2.6.72
lenes.   lenesque sub noctem susurri *Carm.*1.9.19
leni.   leni recreare vento *Carm.*3.20.13
   leni fuit Austro│captus, ... *Serm.*2.8.6
leni.   disiecta non leni ruina *Carm.*2.19.15
leni.   leni praecordia mulso│prolueris melius. *Serm.*2.4.26
lenia.   sectantem levia [lenia] nervi│deficiunt animique; . . . *var.Ars Poet.*26
leniat.   ubi gratior aura│leniat et rabiem Canis et momenta Leonis, . *Epist.*1.10.16
lenibus.   tu cede potentis amici│lenibus imperiis, . . . *Epist.*1.18.45
leniet.   cum sale panis│latrantem stomachum bene leniet. . . . *Serm.*2.2.18
lenimen.   o laborum│dulce lenimen †mihicumque salve│rite vocanti. . . *Carm.*1.32.15
lenior.   mactata veniet lenior hostia. *Carm.*1.19.16
   lenior et melior fis accedente senecta? *Epist.*2.2.211
lenire.   mollibus│lenire verbis inpias, ... *Epod.*5.84
   sunt verba et voces, quibus hunc lenire dolorem│possis . . *Epist.*1.1.34
   dictus ob hoc lenire tigres rabidosque leones; . . . . *Ars Poet.*393
lenis.   non lenis precibus fata recludere *Carm.*1.24.17
   somnus agrestium│lenis virorum *Carm.*3.1.22
   lenis incedas abeasque parvis│aequos alumnis, . . . *Carm.*3.18.3
   bellante prior, iacentem│lenis in hostem *Carm.Saec.*52
   urget enim dominus mentem non lenis *Serm.*2.7.93
lenis.   rite maturos aperire partus│lenis, Ilithyia, tuere matres, . *Carm.Saec.*14
lenit.   lenit albescens animos capillus *Carm.*3.14.25
lenite.   inpium│lenite clamorem sodales *Carm.*1.27.7
leniter.   Cerberus . . . leniter atterens│caudam *Carm.*2.19.30
   leniter in spem│adrepe officiosus, ... *Serm.*2.5.47
   cultello proprios purgantem leniter unguis. . . . *Epist.*1.7.51
   qua ratione queas traducere leniter aevom, . . . *Epist.*1.18.97
lenius.   damnum est, non facinus, mihi pacto lenius isto. . . . *Epist.*1.16.56
lenius.   *hoc lenius ille,│quo melior vir est, longe subtilior illo,* . *Serm.*1.10.*3
leno.   verba facit leno: *Serm.*2.3.231
lenonis.   ut patris attenti, lenonis ut insidiosi, ... *Epist.*2.1.172
lenta.   stomachoque tumultum│lenta feret pitvita. . . . *Serm.*2.2.76
lentis.   quam lentis penitus macerer ignibus. *Carm.*1.13.8
lentis.   lentis adhaerens bracchiis, ... *Epod.*15.6
lentissima.   et pressare manu lentissima bracchia, ... *Serm.*1.9.64
lento.   amara lento│temperet risu: *Carm.*2.16.26
lento.   Graecia barbariae lento collisa duello, ... *Epist.*1.2.7
   lento Samnites ad lumina prima duello. . . . *Epist.*2.2.98
lentum.   cantu tremulo pota Cupidinem│lentum sollicitas. . . *Carm.*4.13.6
lentus.   me lentus Glycerae torret amor meae. *Carm.*3.19.28
   exanimat lentus spectator, sedulus inflat: *Epist.*2.1.178
leo.   non ego te tigris ut aspera│Gaetulusve leo frangere persequor: . *Carm.*1.23.10
leonem.   ne rudis agminum│sponsus lacessat regius asperum│tactu leonem, . *Carm.*3.2.11
   matris ab ubere│iam lacte depulsum leonem *Carm.*4.4.15
   astuta ingenuom volpes imitata leonem? *Serm.*2.3.186
leones.   nec curat Orion leones│aut timidos agitare lyncas. . . *Carm.*2.13.39
   utinam inter errem│nuda leones. *Carm.*3.27.52
   ut pavet acris│agna lupos capreaeque leones!' *Epod.*12.26
   credula nec ravos timeant armenta leones *Epod.*16.33
   dictus ob hoc lenire tigres rabidosque leones; . . . . *Ars Poet.*393
leoni.   olim quod volpes aegroto cauta leoni│respondit, . . . *Epist.*1.1.73
leonibus.   neque hic lupis mos nec fuit leonibus *Epod.*7.11
Leonis.   et stella vesani Leonis *Carm.*3.29.19
   ubi gratior aura│leniat et rabiem Canis et momenta Leonis, . . *Epist.*1.10.16

leonis.   insani leonis|vim stomacho adposuisse nostro. *Carm*.1.16.15
          Rhoetum retorsisti leonis|unguibus *Carm*.2.19.23
leonum.   nec Iubae tellus generat, leonum|arida nutrix.   .   .   .   *Carm*.1.22.15
lepido.   scimus inurbanum lepido seponere dicto   .   .   .   .   .   *Ars Poet*.273
Lepidum.   collegam Lepidum quo duxit Lollius anno. *Epist*.1.20.28
leporem.   leporem citus|venator in campis nivalis *Carm*.1.37.18
          pavidumque leporem et advenam laqueo gruem|iucunda captat praemia.   *Epod*.2.35
          'leporem venator ut alta|in nive sectetur, ...   *Serm*.1.2.105
          leporem sectatus equove|lassus ab indomito *Serm*.2.2.9
lepores.   tractus uter pluris lepores, uter educet apros;   .   .   .   *Epist*.1.15.22
leporis.   fecundae leporis sapiens sectabitur armos. *Serm*.2.4.44
leporum.   et leporum avolsos, ut multo suavius, armos,   .   .   .   *Serm*.2.8.89
Lepos.   nec male necne Lepos saltet; *Serm*.2.6.72
Lesbia.   quae te|Lesbia quaerenti taurum monstravit inertem,   .   .   *Epod*.12.17
Lesbia.   et Chia vina aut Lesbia *Epod*.9.34
Lesbii.   hic innocentis pocula Lesbii *Carm*.1.17.21
Lesbio.   Lesbio primum modulate civi, ...   *Carm*.1.32.5
Lesbio.   hunc Lesbio sacrare plectro   .   .   .   .   .   .   , .   *Carm*.1.26.11
Lesbium.   Lesbium servate pedem meique|pollicis ictum   .   .   .   *Carm*.4.6.35
Lesbos.   quid tibi visa Chios, Bullati, notaque Lesbos,   .   .   .   *Epist*.1.11.1
Lesboum.   nec Polyhymnia|Lesboum refugit tendere barbiton.   .   .   *Carm*.1.1.34
letas.   quo Sibyllini monuere versus | virgines lectas [letas] . . . dicere
         carmen. *var.Carm.Saec*.6
Lethaea.   nec Lethaea valet Theseus abrumpere caro|vincula Perithoo.   .   *Carm*.4.7.27
Lethaeos.   pocula Lethaeos ut si ducentia somnos *Epod*.14.3
lethargicus.   ut lethargicus hic cum fit pugil et medicum urget.'   .   .   *Serm*.2.3.30
lethargo.   quondam lethargo grandi est oppressus, ...   *Serm*.2.3.145
Leti.   necessitas|Leti corripuit gradum; *Carm*.1.3.33
leti.   sed omnis una manet nox|et calcanda semel via leti.   .   .   .   *Carm*.1.28.16
        inprovisa leti|vis rapuit rapietque gentis. *Carm*.2.13.19
        neque ulla est|aut magno aut parvo leti fuga: *Serm*.2.6.95
leto.   ter vocata audis adimisque leto,|diva triformis,   .   .   .   *Carm*.3.22.3
        sive te rupes et acuta leto|saxa delectant, ...   *Carm*.3.27.61
leto.   peiusque leto flagitium timet, ...   *Carm*.4.9.50
letum.   an superbos|Tarquini fascis, dubito, an Catonis|nobile letum: .   *Carm*.1.12.36
Leuconoe.   quem mihi, quem tibi|finem di dederint, Leuconoe,   .   .   *Carm*.1.11.2
leva.   quibus oblitus actor | cum stetit in scaena, concurrit dextera laevae
        [leva]. *var.Epist*.2.1.205
levabit.   luxuriantia conpescet, nimis aspera sano|levabit cultu,   .   .   *Epist*.2.2.123
levae.   quibus oblitus actor|cum stetit in scaena,|concurrit dextera laevae
        [levae]. *var.Epist*.2.1.205
levant.   multa fidem promissa levant, ...   *Epist*.2.2.10
levantes.   condita post frumenta levantes tempore festo|corpus   .   .   *Epist*.2.1.140
levantia.   volnus nil malum levantia, ...   *Epod*.11.17
levare.   hic levare functum|pauperem laboribus *Carm*.2.18.38
          levare diris pectora sollicitudinibus, ...   *Epod*.13.10
          neque est|levare tenta spiritu praecordia. *Epod*.17.26
levarit.   casus medicusve levarit|aegrum ex praecipiti: .   .   .   *Serm*.2.3.292
          cum te servitio longo curaque levarit, ...   *Serm*.2.5.99
levasset.   nisi Faunus ictum|dextra levasset, ...   *Carm*.2.17.29
levat.   multa Dircaeum levat aura cycnum, ...   *Carm*.4.2.25
         qui salutari levat arte fessos|corporis artus, ...   *Carm.Saec*.63
         quid te exempta iuvat [levat] spinis de pluribus una?   .   .   *var.Epist*.2.2.212
levata.   'simul imis saxa renarint|vadis levata, ...   *Epod*.16.26
levato.   illic omne malum vino cantuque levato, ...   *Epod*.13.17
leve.   (puer hic non laeve [leve] iussa Philippi|accipiebat)   .   .   .   *var.Epist*.1.7.52
leve.   sic leve, sic parvom est, animum quod laudis avarum|subruit   .   *Epist*.2.1.179
leve.   externi nequid valeat per leve morari, ...   *Serm*.2.7.87
levem.   "etenim fateor me" dixerit ille|"duci ventre levem,   .   .   ·   .   *Serm*.2.7.38
levem.   virgaque levem coerces|aurea turbam, ...   *Carm*.1.10.18
leves.   Nympharumque leves cum Satyris chori *Carm*.1.1.31
         non praeter solitum leves. *Carm*.1.6.20
leves.   me pascunt olivae,|me cichorea levesque malvae.   .   .   .   *Carm*.1.31.16
         quem iuvat clamor galeaeque leves *Carm*.1.2.38
         nascunturque leves|per digitos umerosque plumae.   .   .   .   *Carm*.2.20.11
levet.   nil audire velim, nil discere, quod levet aegrum;   .   .   .   *Epist*.1.8.8
Livi.   non equidem insector delendave carmina Livi [Levi]|esse reor,   .   *var.Epist*.2.1.69
levi.   et spondere levi pro paupere   .   .   .   .   *Ars Poet*.423
levi.   seu fidibus citharave Phoebi [levi]. *var.Carm*.3.4.4

aut amite levi rara tendit retia *Epod*.2.33
levi. (puer hic non laeve [levi] iussa Philippi|accipiebat) . . . *var.Epist*.1.7.52
levi. carmina fingi|posse linenda cedro et levi servanda cupresso? . . *Ars Poet*.332
levi. Graeca quod ego ipse testa|conditum levi, ... *Carm*.1.20.3
levia. Vsticae cubantis|levia personuere saxa. *Carm*.1.17.12
oblivioso levia Massico|ciboria exple, ... *Carm*.2.7.21
sectantem levia nervi|deficiunt animique; . . . . . *Ars Poet*.26
levior. tu levior cortice et inprobo|iracundior Hadria: . . . *Carm*.3.9.22
leviora. tradidit fessis leviora tolli|Pergama Grais. . . . *Carm*.2.4.11
numquid Pomponius istis|audiret leviora, pater si viveret? . . *Serm*.1.4.53
leviore. quaere modos leviore plectro. *Carm*.2.1.40
levis. monet Sithoniis non levis Euhius, ... *Carm*.1.18.9
agrestem pepulere, domo levis exsilit; *Serm*.2.6.98
Romae rus optas; absentem rusticus Vrbem|tollis ad astra levis. . *Serm*.2.7.29
mutavit mentem populus levis, ... *Epist*.2.1.108
levis. nunc desiderium curaque non levis, ... *Carm*.1.14.18
flebis in solo levis angiportu *Carm*.1.25.10
levis una mors est|virginum culpae. *Carm*.3.27.37
montibus altis|levis crepante lympha desilit pede. . . . *Epod*.16.48
levis haec insania quantas|virtutes habeat, ... *Epist*.2.1.118
levis. nec levis somnos timor aut cupido|sordidus aufert. . . *Carm*.2.16.15
somnos quod invitet levis. *Epod*.2.28
effutire levis indigna tragoedia versus, ... *Ars Poet*.231
levis. mitte levis spes et certamina divitiarum *Epist*.1.5.8
levis. ametque salsa levis hircus aequora.' *Epod*.16.34
levis. fugit retro|levis iuventas et decor *Carm*.2.11.6
levis. Dauniae defende decus Camenae,|levis Agyieu. . . . *Carm*.4.6.28
leviter. leviter curare videtur,|quo promissa cadant . . . *Epist*.2.1.51
levius. durum: sed levius fit patientia *Carm*.1.24.19
tanto levius miser ac prior ille *Serm*.2.7.19
adde super, dictis quod non levius valeat: *Serm*.2.7.78
si volnus tibi monstrata radice vel herba|non fieret levius, . . *Epist*.2.2.150
lex. mos et lex maculosum edomuit nefas *Carm*.4.5.22
Roscia, dic sodes, melior lex an puerorum est|nenia, . . *Epist*.1.1.62
quin etiam lex|poenaque lata, ... *Epist*.2.1.152
prudens emisti vitiosum, dicta tibi est lex: *Epist*.2.2.18
prudens emisti vitiosum, dicta tibi est lex [est dicta tibi lex]: . *var.Epist*.2.2.18
prudens emisti vitiosum, dicta tibi est lex [dicta tibi lex est]: . *var.Epist*.2.2.18
prudens emisti vitiosum, dicta tibi est lex [dicta est tibi lex]: . *var.Epist*.2.2.18
unde pedem proferre pudor vetet aut operis lex, . . . *Ars Poet*.135
lex est accepta chorusque|turpiter obticuit . . . . *Ars Poet*.283
liba. utque sacerdotis fugitivos liba recuso: *Epist*.1.10.10
libatis. vernasque procacis|pasco libatis dapibus. *Serm*.2.6.67
libeat. donatura cycni, si libeat, sonum, ... *Carm*.4.3.20
libelli. quod libelli Stoici inter Sericos|iacere pulvillos amant, . . *Epod*.8.15
libellis. odiumque libellis|sedulus inportes opera vehemente minister. . *Epist*.1.13.4
libellis. Sulcius acer|ambulat et Caprius, rauci male cumque libellis, . *Serm*.1.4.66
libello. i, puer, atque meo citus haec subscribe libello. . . . *Serm*.1.10.92
libello. ter pure lecto poterunt recreare libello. *Epist*.1.1.37
libellos. nulla taberna meos habeat neque pila libellos, . . . *Serm*.1.4.71
comis garrire libellos *Serm*.1.10.41
libens. libens|insanientem navita Bosporum|temptabo . . . *Carm*.3.4.29
quam scit uterque, libens, censebo, exerceat artem. . . *Epist*.1.14.44
libenter. libenter hoc et omne militabitur|bellum *Epod*.1.23
iubeas miserum esse, libenter|quatenus id facit. . . . *Serm*.1.1.63
qualem me saepe libenter|obtulerim tibi, Maecenas, . . . *Serm*.1.3.63
inque vicem illorum patiar delicta libenter *Serm*.1.3.141
Fundos Aufidio Lusco praetore libenter|linquimus, . . . *Serm*.1.5.34
ut quocumque loco fueris vixisse libenter|te dicas: . . . *Epist*.1.11.24
libentius. Matutine pater, seu 'Iane' libentius audis, . . . *Serm*.2.6.20
discit enim citius meminitque libentius *Epist*.2.1.262
Liber. quatit|mentem sacerdotum . . . non Liber aeque, . . *Carm*.1.16.7
te Liber . . . segnesque nodum solvere Gratiae | vivaeque producent
lucernae, ... *Carm*.3.21.21
Liber vota bonos ducit ad exitus. *Carm*.4.8.34
condita cum verax aperit praecordia Liber. *Serm*.1.4.89
ut male sanos|adscripsit Liber Satyris Faunisque poetas, . . *Epist*.1.19.4
Romulus et Liber pater . . . ploravere suis non respondere favorem|
speratum meritis. *Epist*.2.1.5

Liber. neque te silebo,	Liber	*Carm.*1.12.22
euhoe, parce Liber, .	*Carm.*2.19.7
liber. at est truculentior atque	plus aequo liber:	*Serm.*1.3.52
hic tibi comis et urbanus liberque videtur,	*Serm.*1.4.90
longa aetas, liber amicus,	consilium proprium: .	*Serm.*1.4.132
quisnam igitur liber? sapiens, sibi qui imperiosus,	*Serm.*2.7.83
"liber liber sum," dic age.	*Serm.*2.7.92
sapiens . . . liber, honoratus, pulcer, rex denique regum,	*Epist.*1.1.107
qui metuens vivet, liber mihi non erit umquam.	*Epist.*1.16.66
indoctus quid enim saperet liberque laborum	rusticus	*Ars Poet.*212
liber et ingenuos, praesertim census equestrem	summam nummorum .	*Ars Poet.*383
liber. hic meret aera liber Sosiis, hic et mare transit	*Ars Poet.*345
liber. Vortumnum Ianumque, liber, spectare videris,	*Epist.*1.20.1
libera. 'quodsi meis inaestuet praecordiis	libera bilis,	*Epod.*11.16
libera. non amicorum queant	libera consilia nec contumeliae graves,	*Epod.*11.26
libera per vacuum posui vestigia princeps,	*Epist.*1.19.21
et iuvenum curas et libera vina referre —— .	*Ars Poet.*85
liberae. devota morti pectora liberae	*Carm.*4.14.18
liberas. liberas	fruges et Cererem ferunt	*Carm.*3.24.12
liberat. neque enim tenebris Diana pudicum	liberat Hippolytum	*Carm.*4.7.26
Liberi. ac ne quis modici transiliat munera Liberi,	*Carm.*1.18.7
inter iocosi munera Liberi	*Carm.*4.15.26
liberi. sacrum liberi Cupidinis,	*Epod.*17.57
liberior. qui melior servo, qui liberior sit avarus,	*Epist.*1.16.63
liberius. liberius si	dixero quid, si forte iocosius,	*Serm.*1.4.103
vel quod maledicunt liberius	*Serm.*2.8.37
Libero. voveram dulcis epulas et album	Libero caprum	*Carm.*3.8.7
libero. nunc pede libero	pulsanda tellus;	*Carm.*1.37.1
libero. retorta tergo bracchia libero .	*Carm.*3.5.22
liberos. quodsi pudica mulier in partem iuvet	domum atque dulcis liberos,	*Epod.*2.40
per liberos te, si vocata partubus	Lucina veris adfuit,	*Epod.*5.5
liberrima. ut ora vertat huc et huc euntium	liberrima indignatio?	*Epod.*4.10
liberrima. nec	otia divitiis Arabum liberrima muto.	*Epist.*1.7.36
liberrime. metues, liberrime Lolli,	scurrantis speciem praebere.	*Epist.*1.18.1
liberta. at hunc liberta securi	divisit medium, fortissima Tyndaridarum. .	*Serm.*1.1.99
libertas. dum volt libertas dici mera veraque virtus.	*Epist.*1.18.8
libertasque recurrentis accepta per annos	lusit amabiliter,	*Epist.*2.1.147
in vitium libertas excidit et vim	dignam lege regi:	*Ars Poet.*282
libertate. multa cum libertate notabant. .	*Serm.*1.4.5
libertate decembri,	quando ita maiores voluerunt, utere:	*Serm.*2.7.4
qui pauperiem veritus potiore metallis	libertate caret,	*Epist.*1.10.40
libertina. grata detinuit compede Myrtale	libertina.	*Carm.*1.33.15
me libertina, nec uno	contenta, Phryne macerat.	*Epod.*14.15
libertinarum. in classe secunda,	libertinarum dico,	*Serm.*1.2.48
libertino. ignotos ut me libertino patre natum.	*Serm.*1.6.6
nunc ad me redeo libertino patre natum,	*Serm.*1.6.45
quem rodunt omnes libertino patre natum,	*Serm.*1.6.46
me libertino natum patre et in tenui re . . . loqueris,	*Epist.*1.20.20
libertinus. "libertinus erat, qui . . . currebat	*Serm.*2.3.281
unde	mundior exiret vix libertinus honeste;	*Serm.*2.7.12
libertus. filius aut etiam haec libertus ut ebibat heres,	*Serm.*2.3.122
libertusve senem delirum temperet,	*Serm.*2.5.71
Liberum. Liberum et Musas Veneremque . . . canebat	*Carm.*1.32.9
pressum Calibus ducere Liberum	si gestis,	*Carm.*4.12.14
liberum. Fortunae te responsare superbae	liberum et erectum	*Epist.*1.1.69
liberum. liberum munivit iter, daturus	plura relictis:	*Carm.Saec.*43
libet. sive flamma	sive mari libet Hadriano.	*Carm.*1.16.4
ut mihi devio	ripas et vacuom nemus	mirari libet.	*Carm.*3.25.14
libet iacere modo sub antiqua ilice,	*Epod.*2.23
nunc mihi curto	ire licet mulo vel si libet usque Tarentum,	*Serm.*1.6.105
'dum nequid simile huic, esto ut libet.'	*Serm.*2.3.31
cui libet hic fascis dabit	*Epist.*1.6.53
'ut libet: haec porcis hodie comedenda relinques.'	*Epist.*1.7.19
'scitari libet ex ipso quodcumque refers:	*Epist.*1.7.60
'sic ignovisse putato	me tibi, si cenas hodie mecum.' 'ut libet.'	*Epist.*1.7.70
libidine. novaque monstra iunxerit libidine	mirus amor,	*Epod.*16.30
libidine . . . Iliacos intra muros peccatur	*Epist.*1.2.15
libidines. male barbaras	regum est ulta libidines. .	*Carm.*4.12.8

265

libidinibus. altercante libidinibus tremis ossa pavore. *Serm*.2.7.57
libidinis. non defuisse masculae libidinis *Epod*.5.41
libidinosus. libidinosus immolabitur caper *Epod*.10.23
libidinum. cum fas atque nefas exiguo fine libidinum | discernunt avidi. . *Carm*.1.18.10
libido. cum tibi flagrans amor et libido, ... *Carm*.1.25.13
  'nam simul ac venas inflavit taetra libido, ... *Serm*.1.2.33
  quacumque libido est, | incedo solus; *Serm*.1.6.111
  prout cuique libido est, ... *Serm*.2.6.67
  cui si vitiosa libido | fecerit auspicium, ... *Epist*.1.1.85
  per quae | crescere res posset, minui damnosa libido. . . *Epist*.2.1.107
Libitina. miraturque nihil nisi quod Libitina sacravit. . . *Epist*.2.1.49
Libitinae. autumnusque gravis, Libitinae quaestus acerbae. . *Serm*.2.6.19
Libitinam. multaque pars mei | vitabit Libitinam; . . . *Carm*.3.30.7
libo. nil ego, si ducor libo fumante: *Serm*.2.7.102
Libonis. 'forum putealque Libonis | mandabo siccis, . . *Epist*.1.19.8
Libra. seu Libra seu me Scorpios adspicit *Carm*.2.17.17
libra. cui satis una | farris libra foret, ... *Serm*.1.5.69
libra. si proprium est, quod quis libra mercatus et aere est, . . *Epist*.2.2.158
librarius. ut scriptor si peccat idem librarius usque, . . *Ars Poet*.354
libris. ille velut fidis arcana sodalibus olim | credebat libris . *Serm*.2.1.31
  studiis annos septem dedit insenuitque | libris et curis, . *Epist*.2.2.83
libris. capsis quem fama est esse librisque | ambustum propriis. . *Serm*.1.10.63
  nunc veterum libris, nunc somno et inertibus horis . . *Serm*.2.6.61
  si munus Apolline dignum | vis conplere libris . . *Epist*.2.1.217
librorum. ne forte sub ala | fasciculum portes librorum, . . *Epist*.1.13.13
  sit bona librorum et provisae frugis in annum | copia . *Epist*.1.18.109
libros. coemptos undique nobilis | libros Panaeti . . *Carm*.1.29.14
  per atque libros carminum valentium *Epod*.17.4
  pontificum libros, annosa volumina vatum | dictitet . . *Epist*.2.1.26
  quodsi | iudicium . . . illud | ad libros et ad haec Musarum dona vocares, *Epist*.2.1.243
librum. ni | posces ante diem librum cum lumine, . . . *Epist*.1.2.35
  cum tibi librum | sollicito damus aut fesso; . . . *Epist*.2.1.220
  isti tabulae fore librum | persimilem, ... *Ars Poet*.6
Liburnis. saevis Liburnis scilicet invidens | privata deduci . *Carm*.1.37.30
Liburnis. ibis Liburnis inter alta navium, amice, propugnacula, . *Epod*.1.1
Libya. qui servos proicere aurum | in media iussit Libya, . . *Serm*.2.3.101
Libyam. quam si Libyam remotis | Gadibus iungas . . *Carm*.2.2.10
Libycis. deterius Libycis olet aut nitet herba lapillis? . . *Epist*.1.10.19
Libycis. quidquid de Libycis verritur areis. . . . *Carm*.1.1.10
liceat. 'stultum me fateor (liceat concedere veris) . . *Serm*.2.3.305
  sit ius liceatque perire poetis: . . . . . *Ars Poet*.466
licebit. licebit | iniecto ter pulvere curras. . . . *Carm*.1.28.35
  sis pecore et multa dives tellure licebit . . . *Epod*.15.19
  (licebit | ille repotia, . . . celebret) . . . *Serm*.2.2.59
  ergo consulere et mox respondere licebit?' . . . *Serm*.2.3.192
  quandoque licebit . . . ducere sollicitae iucunda oblivia vitae? . *Serm*.2.6.60
  inpune licebit | aestivam sermone benigno tendere noctem. . *Epist*.1.5.10
  licuit semperque licebit | signatum praesente nota producere nomen. . *Ars Poet*.58
  delere licebit, | quod non edideris; . . . . *Ars Poet*.389
licenter. idcircone vager scribamque licenter? . . . *Ars Poet*.265
Licentia. iubet me Semelae puer | et lasciva Licentia . . *Carm*.1.19.3
licentia. Fescennina per hunc inventa licentia morem . . *Epist*.2.1.145
  dabiturque licentia sumpta pudenter, ... *Ars Poet*.51
  accessit numerisque modisque licentia maior. . . *Ars Poet*.211
licentiae. ordinem | rectum evaganti frena licentiae | iniecit . *Carm*.4.15.10
licentiam. indomitam audeat | refrenare licentiam, . . *Carm*.3.24.29
licet. dum licet, Assyriaque nardo | potamus uncti? . . *Carm*.2.11.16
  caementis licet occupes *Carm*.3.24.3
  sis licet felix, ubicumque mavis, ... *Carm*.3.27.13
  cui licet in diem | dixisse 'vixi: *Carm*.3.29.42
  ultra | quam licet sperare nefas putando . . . *Carm*.4.11.30
  nigrorumque memor, dum licet, ignium . . . *Carm*.4.12.26
  licet superbus ambules pecunia, ... *Epod*.4.5
  quid statis?' — nolint. atqui licet esse beatis. . . *Serm*.1.1.19
  quaque modeste | munifico esse licet, ... *Serm*.1.2.51
  inter niveos viridisque lapillos | sit licet, . . . *Serm*.1.2.81
  nunc mihi curto | ire licet mulo vel si libet usque Tarentum, . *Serm*.1.6.105
  nunc licet Esquiliis habitare salubribus . . . *Serm*.1.8.14
  'licet antestari?' ego vero | oppono auriculam. . . *Serm*.1.9.76

'quid tamen ista velit sibi fabula, si licet, ede.' *Serm.*2.5.61
dum licet, in rebus iucundis vive beatus, ... *Serm.*2.6.96
licet sub paupere tecto|reges et regum vita praecurrere amicos. . . *Epist.*1.10.32
dum licet ac voltum servat Fortuna benignum, ... *Epist.*1.11.20
'nempe pecus, rem,|lectos, argentum: tollas licet.' *Epist.*1.16.76
licet illi plurima manet|lacrima, ... *Epist.*1.17.59
licet 'succurrite' longum|clamet 'io cives,' . . . . . . *Ars Poet.*459
Licini. rectius vives, Licini, neque altum|semper urgendo *Carm.*2.10.1
Licino. si tribus Anticyris caput insanabile numquam | tonsori Licino
conmiserit. . . . . *Ars Poet.*301
lictor. neque consularis|submovet lictor miseros tumultus|mentis . . *Carm.*2.16.10
lictoribus. dissignatorem decorat lictoribus atris, ... *Epist.*1.7.6
licuisse. unius assis|non umquam pretio pluris licuisse, ... *Serm.*1.6.14
licuit. licuit semperque licebit|signatum praesente nota producere nomen. *Ars Poet.*58
Licymniae. me dulcis dominae Musa Licymniae|cantus, . . . voluit dicere *Carm.*2.12.13
permutare velis crine Licymniae *Carm.*2.12.23
ligatur. dum aes exigitur, dum mula ligatur,|tota abit hora. . . . *Serm.*1.5.13
ligna. dissolve frigus ligna super foco|large reponens *Carm.*1.9.5
tectum|praebuit et parochi, quae debent, ligna salemque. . . *Serm.*1.5.46
'in silvam non ligna feras insanius *Serm.*1.10.34
virtutem verba putas et|lucum ligna: *Epist.*1.6.32
lignis. sacrum vetustis exstruat lignis focum *Epod.*2.43
emptis|sub noctem gelidam lignis calefactat aenum; . . . *Epist.*2.2.169
ligno. oppida moliri, leges incidere ligno. . . . . . . *Ars Poet.*399
lignorum. invidet usum|lignorum et pecoris tibi calo argutus . . . *Epist.*1.14.42
lignum. olim truncus eram ficulnus, inutile lignum, ... *Serm.*1.8.1
duceris ut nervis alienis mobile lignum. *Serm.*2.7.82
lignum. dum potes, aridum|conpone lignum: *Carm.*3.17.14
lignum. agro qui statuit meo|te, triste lignum, ... *Carm.*2.13.11
ligonibus. Sabellis docta ligonibus|versare glaebas *Carm.*3.6.38
ligonibus duris humum|exhauriebat, ... *Epod.*5.30
urges|iampridem non tacta ligonibus arva *Epist.*1.14.27
Ligurine. sed cur heu, Ligurine, cur|manat rara . . . lacrima . . *Carm.*4.1.33
Ligurine, in faciem verterit hispidam, ... *coni.Carm.*4.10.5
Ligurinum. mutatus, Ligurine, [mutatus Ligurinum] in faciem verterit
hispidam, ... *var.Carm.*4.10.5
ligurrierat. patinam qui tollere iussus|semesos piscis tepidumque ligurrierit
[? ligurrierat] ius, ... ? *var.Serm.*1.3.81
ligurrierit. semesos piscis tepidumque ligurrierit ius, ... *Serm.*1.3.81
ligurrit. puer unctis|tractavit calicem manibus, dum furta ligurrit, . *Serm.*2.4.79
lilium. neu desint epulis rosae|neu vivax apium neu breve lilium. . . *Carm.*1.36.16
limae. si non offenderet unum|quemque poetarum limae labor et mora. . *Ars Poet.*291
limat. non istic obliquo oculo mea commoda quisquam|limat, . . . *Epist.*1.14.38
limatior. fuerit limatior idem|quam rudis et Graecis intacti carminis auctor *Serm.*1.10.65
limen. nec tibi somnos adimunt amatque|ianua limen, ... *Carm.*1.25.4
nutricis extra limina Pulliae [limen Apuliae] *var.Carm.*3.4.10
intra marmoreum venerandi limen amici, ... *Epist.*1.18.73
laudet ametque domi, premat extra limen iniquos. *Epist.*1.19.36
limina. nutricis extra limina Pulliae *Carm.*3.4.10
forumque vitat et superba civium|potentiorum limina. . . . *Epod.*2.8
limina dura, quibus lumbos et infregi latus. *Epod.*11.22
limine. dum flamma sine tura liquescere limine sacro|persuadere cupit. *Serm.*1.5.99
liminis. non hoc semper erit liminis aut aquae|caelestis patiens latus. . *Carm.*3.10.19
limis. ut limis rapias, quid prima secundo|cera velit versu; . . . *Serm.*2.5.53
limitem. et ultra|limites [limitem] clientium|salis avarus? . . . *var.Carm.*2.18.25
limites. ultra|limites clientium|salis avarus? *Carm.*2.18.25
limitibus. qua populus adsita certis|limitibus vicina refugit iurgia; . *Epist.*2.2.171
limo. Prometheus addere principi|limo coactus particulam . . . *Carm.*1.16.14
limo. is neque limo|turbatam haurit aquam *Serm.*1.1.59
limum. columbino limum bene colligit ovo, ... *Serm.*2.4.56
limus. sive gravis veteri craterae limus adhaesit. *Serm.*2.4.80
linea. mors ultima linea rerum est. *Epist.*1.16.79
linenda. carmina fingi|posse linenda cedro . . . . . . *Ars Poet.*332
lingua. inter verba cadit lingua silentio? *Carm.*4.1.36
virtus et favor et lingua potentium|vatum *Carm.*4.8.26
est animus tibi, sunt mores et lingua fidesque, ... *Epist.*1.1.58
rupit Iarbitam Timagenis aemula lingua, ... *Epist.*1.19.15
cum lingua Catonis et Enni|sermonem patrium ditaverit . . . *Ars Poet.*56
lingua. 'at sermo lingua concinnus utraque|suavior, ... *Serm.*1.10.23

 fundet opes Latiumque beabit divite lingua: *Epist.*2.2.121
 post effert animi motus interprete lingua. . . . . *Ars Poet.*111
 nec virtute foret clarisve potentius armis|quam lingua Latium, . . *Ars Poet.*290
linguae. docte sermones utriusque linguae? *Carm.*3.8.5
 exanimari metuentis patruae verbera linguae. . . . *Carm.*3.12.3
 proles Niobea magnae|vindicem linguae Tityosque raptor|sensit . *Carm.*4.6.2
 rhetor comes Heliodorus,|Graecorum longe [linguae] doctissimus; . *var.Serm.*1.5.3
linguam. seu linguam causis acuis *Epist.*1.3.23
linguis. favete linguis: carmina non prius|audita . . . *Carm.*3.1.2
lino. integrum perdunt lino vitiata saporem. *Serm.*2.4.54
linquar. precibus non linquar inultis *Carm.*1.28.33
linque. dona praesentis cape laetus horae ⟨ac⟩|linque severa. . . *Carm.*3.8.28
linquenda. linquenda tellus et domus et placens|uxor . . . *Carm.*2.14.21
linquere. transfuga divitum|partis linquere gestio. . . . *Carm.*3.16.24
linquimus. quid intactum nefasti|liquimus [linquimus]? . . . *var.Carm.*1.35.36
  Fundos Aufidio Lusco praetore libenter|linquimus, . . . *Serm.*1.5.35
linquis. utcumque mutata potentis|veste domos inimica linquis, . *Carm.*1.35.24
linquit. fugit inprobus ac me|sub cultro linquit. . . . *Serm.*1.9.74
lintea. non tibi sunt integra lintea, ... *Carm.*1.14.9
 inpellunt animae lintea Thraciae, ... *Carm.*4.12.2
lintea. neu conversa domum pigeat dare lintea, . . . *Epod.*16.27
lintrem. nil cum procedere lintrem|sentimus, ... *Serm.*1.5.20
lintres. partitur lintres exercitus, ... *Epist.*1.18.61
linum. columbino limum [linum] bene colligit ovo, . . . *var.Serm.*2.4.56
linunt. fere scriptores carmine foedo|splendida facta linunt. . *Epist.*2.1.237
Liparaei. studium aufert, Neobule, Liparaei nitor Hebri, . . *Carm.*3.12.6
lippi. ne me Crispini scrinia lippi|conpilasse putes, . . . *Serm.*1.1.120
lippis. namque pila lippis inimicum et ludere crudis. . . *Serm.*1.5.49
 omnibus et lippis notum et tonsoribus esse. . . . *Serm.*1.7.3
lippum. ne me Crispini scrinia lippi [lippum]|conpilasse putes, verbum non
  amplius addam. *coni.Serm.*1.1.120
 ut lippum pictae tabulae, fomenta podagrum, . . . *Epist.*1.2.52
lippus. cum tua pervideas oculis mala lippus inunctis . . *Serm.*1.3.25
 hic oculis ego nigra meis collyria lippus|inlinere; . . . *Serm.*1.5.30
 non tamen idcirco contemnas lippus inungui; . . . *Epist.*1.1.29
liquere. nil intemptatum nostri liquere poetae . . . . *Ars Poet.*285
liques. sapias, vina liques et spatio brevi|spem longam reseces. . *Carm.*1.11.6
  Caecubum et prelo domitam Caleno|tu bibes [liques] uvam: . *coni.Carm.*1.20.10
liquescere. dum flamma sine tura liquescere limine sacro|persuadere cupit. *Serm.*1.5.99
liqui. inpudens liqui patrios Penates, ... *Carm.*3.27.49
liquidae. seu Tibur supinum|seu liquidae placuere Baiae. . . *Carm.*3.4.24
liquidam. Melpomene, cui liquidam pater|vocem cum cithara dedit. . *Carm.*1.24.3
liquidi. ut tibi si sit opus liquidi non amplius urna . . . *Serm.*1.1.54
 quem bibulum liquidi media de luce Falerni: . . . *Epist.*1.14.34
 [potores bibuli [liquidi] media de nocte [luce] Falerni] . . *coni.Epist.*1.18.91
liquidis. quis multa gracilis te puer in rosa|perfusus liquidis urget odoribus *Carm.*1.5.2
 hic saxo, liquidis ille coloribus | sollers nunc hominem ponere, nunc
  deum. *Carm.*4.8.7
liquidum. nec severus|uncus abest liquidumque plumbum; . . *Carm.*1.35.20
liquidum. biformis per liquidum aethera|vates . . . *Carm.*2.20.2
liquidus. ut te|confestim liquidus Fortunae rivos inauret, . . *Epist.*1.12.9
 vemens et liquidus puroque simillimus amni . . . *Epist.*2.2.120
 vemens et liquidus [et vehemens liquidus] puroque simillimus amni . *var.Epist.*2.2.120
liquimus. quid intactum nefasti|liquimus? *Carm.*1.35.36
liquor. qua medius liquor|secernit Europen ab Afro, . . *Carm.*3.3.46
liquorem. quid orat de patera novom|fundens liquorem? . . *Carm.*1.31.3
Lirim. princeps et innantem Maricae|litoribus tenuisse Lirim, . *Carm.*3.17.8
Liris. non rura, quae Liris quieta|mordet aqua taciturnus amnis. . *Carm.*1.31.7
lis. grammatici certant et adhuc sub iudice lis est. . . *Ars Poet.*78
lite. negotia|diiudicata lite relinqueret *Carm.*3.5.54
 nil agit exemplum, litem quod lite resolvit. . . . *Serm.*2.3.103
 insequeris tamen hunc et lite moraris iniqua? — . . *Epist.*2.2.19
litem. debebat, quod ni fecisset, perdere litem. . . . *Serm.*1.9.37
 nil agit exemplum, litem quod lite resolvit. . . . *Serm.*2.3.103
lites. quo multae magnaeque secantur iudice lites, . . *Epist.*1.16.42
litibus. fortis Augusti reditu forumque|litibus orbum. . . *Carm.*4.2.44
 eripere artis|litibus inplicitum, ... *Ars Poet.*424
litigiosus. mentem, nisi litigiosus,|exciperet dominus, . . *Serm.*2.3.285
litis. velim memores et quo patre natus uterque|contulerit litis. . *Serm.*1.5.54

etiam litis cum Rege molestas, ... *Serm.*1.7.5
Nestor conponere litis|inter Peliden festinat et inter Atriden. . . *Epist.*1.2.11
litium. litium et rixae cupidos protervae; *Carm.*3.14.26
litora. marisque Bais obstrepentis urges|submovere litora, ... *Carm.*2.18.21
visam gementis litora Bospori *Carm.*2.20.14
Etrusca praeter et volate litora. *Epod.*16.40
Iuppiter illa piae secrevit litora genti, ... *Epod.*16.63
litore. retortis|litore Etrusco violenter undis *Carm.*1.2.14
sive iactatam religarat udo|litore navim, ... *Carm.*1.32.8
curvo nec faciem litore dimovet: *Carm.*4.5.14
opima quodsi praeda curvo litore *Epod.*10.21
ut haerentis adverso litore navis|eriperem, ... *Serm.*2.3.205
litoribus. princeps et innantem Maricae|litoribus tenuisse Lirim, . . *Carm.*3.17.8
litoris. urentis harenas|litoris Assyrii viator, ... *Carm.*3.4.32
litterulis. litterulis Graecis imbutus, idoneus arti|cuilibet: . . . *Epist.*2.2.7
litui. perstringis auris, iam litui strepunt, ... *Carm.*2.1.18
lituo. lituo tubae|permixtus sonitus *Carm.*1.1.23
litura. quod non|multa dies et multa litura coercuit . . . *Ars Poet.*293
lituram. sed turpem putat inscite metuitque lituram. . . . *Epist.*2.1.167
litus. pulveris exigui prope latum [litus] parva Matinum|munera . *var.Carm.*1.28.3
nimium premendo|litus iniquom. *Carm.*2.10.4
alga litus inutili|demissa tempestas ab Euro|sternet, . . . *Carm.*3.17.10
Iliaeque|litus Etruscum tenuere turmae, ... *Carm.Saec.*38
Livi. ad nostrum tempus Livi scriptoris ab aevo. *Epist.*2.1.62
non equidem insector delendave carmina Livi|esse reor, . . *Epist.*2.1.69
livida. neque iam livida gestat armis|bracchia *Carm.*1.8.10
lividas. patiar labores|inpune, Lolli, carpere lividas|obliviones. . . *Carm.*4.9.33
livido. hic inresectum saeva dente livido|Canidia rodens pollicem . *Epod.*5.47
lividos. iam tibi lividos | distinguet autumnus racemos | purpureo varius
colore. *Carm.*2.5.10
lividus. lividus et mordax videor tibi? *Serm.*1.4.93
nostra sed inpugnat, nos nostraque lividus odit. . . . *Epist.*2.1.89
Livii. non equidem insector delendave carmina Livi [Livii]|esse reor, . *var.Epist.*2.1.69
loca. quae loca fabulosus|lambit Hydaspes. *Carm.*1.22.7
quidlibet indutus celeberrima per loca vadet *Epist.*1.17.28
cum loca iam recitata revolvimus inrevocati; *Epist.*2.1.223
secreta petit loca, balnea vitat. . . . . . . *Ars Poet.*298
locabat. conservos vili portanda locabat in arca; *Serm.*1.8.9
locas. tu secanda marmora|locas sub ipsum funus . . . *Carm.*2.18.18
locavit. ergo ubi purpurea porrectum in veste locavit|agrestem, . . *Serm.*2.6.106
locis. nec latens in asperis|radix fefellit me locis. . . . *Epod.*5.68
interdum speciosa locis morataque recte|fabula . . . *Ars Poet.*319
loco. dulce est desipere in loco. *Carm.*4.12.28
simul calentis inverecundus deus|fervidiore mero arcana promorat loco. *Epod.*11.14
illa tamen se|non habitu mutatve loco peccatve superne, . . *Serm.*2.7.64
notum|et properare loco et cessare et quaerere et uti, . . *Epist.*1.7.57
ut quocumque loco fueris vixisse libenter|te dicas: . . *Epist.*1.11.24
ne tamen ignores, quo sit Romana loco res: . . . *Epist.*1.12.25
praesidium regale loco deiecit, ut aiunt, ... *Epist.*2.2.30
dura sed emovere loco me tempora grato *Epist.*2.2.46
verba movere loco, quamvis invita recedant *Epist.*2.2.113
viribus, ingenio, specie, virtute, loco, re|extremi primorum, . . *Epist.*2.2.203
locorum. mitte sectari, rosa quo locorum|sera moretur. . . . *Carm.*1.38.3
ubicumque locorum|vivitis, indigni fraternum rumpere foedus, . *Epist.*1.3.34
loculis. quinque diebus|nil erat in loculis. *Serm.*1.3.17
loculos. laevo suspensi loculos tabulamque lacerto, . . . *Serm.*1.6.74
iam circum loculos et clavis laetus ovansque . . . *Serm.*2.3 146
'laevo suspensi loculos tabulamque lacerto.' *Epist.*1.1.56
gestit enim nummum in loculos demittere, ... *Epist.*2.1.175
locum. feraeque suetae|hunc vexare locum *Serm.*1.8.18
notum|et properare loco [locum] et cessare et quaerere et uti, . *var.Epist.*1.7.57
novistine locum potiorem rure beato? *Epist.*1.10.14
stultus uterque locum inmeritum causatur inique: . . . *Epist.*1.14.12
perdidit arma, locum virtutis deseruit, ... *Epist.*1.16.67
singula quaeque locum teneant sortita decenter. . . . *Ars Poet.*92
asper | incolumi gravitate iocum [locum] temptavit eo quod | illecebris
erat . . . . *var.Ars Poet.*222
locuples. parum locuples continente ripa; *Carm.*2.18.22
forte minus locuples uno quadrante perisset, ... *Serm.*2.3.93

vivet uter locuples sine gnatis, ... *Serm*.2.5.28
locuples, quem ducit priva triremis. *Epist*.1.1.93
mancupiis locuples eget aeris Cappadocum rex: *Epist*.1.6.39
locuplete. ponit uterque|in locuplete domo vestigia, . . . *Serm*.2.6.102
locupletem. tu me fecisti locupletem: *Epist*.1.7.15
inpetrat et pacem et locupletem frugibus annum: *Epist*.2.1.137
locupletibus. id quod|aeque pauperibus, prodest locupletibus aeque, . *Epist*.1.1.25
locupletior. (sic festinanti semper locupletior obstat), ... *Serm*.1.1.113
locus. ille te mecum locus et beatae|postulant arces: . . . *Carm*.2.6.21
detur nobis locus, hora,|custodes; *Serm*.1.4.15
suave locus voci resonat conclusus. *Serm*.1.4.76
qui locus a forti Diomede est conditus olim. *Serm*.1.5.92
interpellandi locus hic erat *Serm*.1.9.26
est locus uni|cuique suos.' *Serm*.1.9.51
nigrisque est oleis hodie locus. *Serm*.2.2.46
locus est et pluribus umbris; *Epist*.1.5.28
'non est aptus equis Ithace locus, ... *Epist*.1.7.41
non locus effusi late maris arbiter *Epist*.1.11.26
mutandus locus est et deversoria nota|praeteragendus equos. . *Epist*.1.15.10
'displicet iste locus' clamo et diludia posco. *Epist*.1.19.47
sed nunc non erat his locus. . . . . *Ars Poet*.19
locutas. dictitet Albano Musas in monte locutas. *Epist*.2.1.27
locuti. postmodo quod mi obsit clare certumque locuto [? locuti]|luctandum
in turba et facienda iniuria tardis. . . . . . *? var.Serm*.2.6.27
locuto. postmodo quod mi obsit clare certumque locuto . . . *Serm*.2.6.27
locutus. haec ubi locutus faenerator Alfius, ... *Epod*.2.67
ut veni coram, singultim pauca locutus *Serm*.1.6.56
ut ventum ad cenam est, dicenda tacenda locutus . . . *Epist*.1.7.72
loetalis. seu me Scorpios adspicit | formidolosus, pars violentior | natalis
[loetalis] horae, ... *var.Carm*.2.17.19
lolium. esset ador loliumque, dapis meliora relinquens. . . . *Serm*.2.6.89
Lolli. totve tuos patiar labores|inpune, Lolli, carpere . . . *Carm*.4.9.33
Troiani belli scriptorem, Maxime Lolli, ... *Epist*.1.2.1
metues, liberrime Lolli,|scurrantis speciem praebere, . . . *Epist*.1.18.1
lolliginis. hic nigrae sucus lolliginis, haec est|aerugo mera; . . *Serm*.1.4.100
Lollius. collegam Lepidum quo duxit Lollius anno. *Epist*.1.20.28
longa. quamquam festinas, non est mora longa; *Carm*.1.28.35
longa Tithonum minuit senectus *Carm*.2.16.30
non longa est fabula. *Serm*.1.1.95
ut neque longa|nec magis alba velit quam dat natura videri. . . *Serm*.1.2.123
fortassis et istinc|largiter abstulerit longa aetas, . . . *Serm*.1.4.132
longa quibus facies ovis erit, illa memento, ... *Serm*.2.4.12
ut nox longa quibus mentitur amica *Epist*.1.1.20
diesque|longa videtur opus debentibus, ... *Epist*.1.1.21
syllaba longa brevi subiecta vocatur iambus, ... *Ars Poet*.251
longa. longaque fessum militia latus *Carm*.2.7.18
omnes inlacrimabiles|urgentur ignotique longa|nocte, . . . *Carm*.4.9.27
ludere par inpar, equitare in harundine longa *Serm*.2.3.248
longa. nolis longa ferae bella Numantiae *Carm*.2.12.1
quam si clientum longa negotia *Carm*.3.5.53
longae. Brundisium longae finis chartaeque viaeque est. . . . *Serm*.1.5.104
neque ille|seposito ciceris nec longae invidit avenae, . . . *Serm*.2.6.84
longam. vitae summa brevis spem nos vetat incohare longam; . . *Carm*.1.4.15
spatio brevi|spem longam reseces. *Carm*.1.11.7
teretis pueri longam renodantis comam. *Epod*.11.28
Longarenus. exclusus fore, cum Longarenus foret intus. . . . *Serm*.1.2.67
longas. 'me tuo longas pereunte noctes,|Lydia, dormis?' . . *Carm*.1.25.7
'longas o utinam, dux bone, ferias|praestes Hesperiae!' . . *Carm*.4.5.37
longe. longe sonantem natus ad Aufidum *Carm*.4.9.2
'faenum habet in cornu, longe fuge; *Serm*.1.4.34
rhetor comes Heliodorus,|Graecorum longe doctissimus; . . *Serm*.1.5.3
venit vilissima rerum|hic aqua, sed panis longe pulcerrimus, . *Serm*.1.5.89
quid oportet|nos facere a volgo longe longeque remotos? . . *Serm*.1.6.18
longe mea discrepat istis|et vox ratio: *Serm*.1.6.92
trans Tiberim longe cubat is prope Caesaris hortos.' . . . *Serm*.1.9.18
hoc lenius ille,|quo melior vir est, longe subtilior illo, . . *Serm*.1.10.*4
vincit longe prius ipsum|expugnare caput. *Serm*.2.5.73
piscis,|longe dissimilem noto celantia sucum, ... *Serm*.2.8.28
longi. damnatusque longi|Sisyphus Aeolides laboris. . . . *Carm*.2.14.19

longinquis.   nec quia longinquis armentum aegrotet in agris;   *Epist.*1.8.6
longior.   nec cultura placet longior annua   *Carm.*3.24.14
longis.   ne te longis ambagibus ultra|quam satis est morer: *Epist.*1.7.82
     longis rationibus assem|discunt in partis centum diducere.   *Ars Poet.*325
longius.   neque in terris morabor|longius .   *Carm.*2.20.4
     cunctantem spatio longius annuo   *Carm.*4.5.11
     erit quae, si propius stes,|te capiat magis, et quaedam, si longius abstes.   *Ars Poet.*362
longo.   verum operi longo fas est obrepere somnum.   *Ars Poet.*360
longo.   auctor|heu nimis longo satiate ludo,   *Carm.*1.2.37
     longo die bis terque mutatae dapis   *Epod.*5.33
     verum|depugis, nasuta, brevi latere ac pede longo est.   *Serm.*1.2.93
     porrectus vigilet cum longo fuste .   *Serm.*2.3.112
     si longo sermone morer tua tempora, Caesar.   *Epist.*2.1.4
longo.   rogare longo putidam te saeculo,   *Epod.*8.1
     cum te servitio longo curaque levarit,   *Serm.*2.5.99
     donec minor in certamine longo|inploravit opes   *Epist.*1.10.35
longorum.   ludusque repertus|et longorum operum finis: *Ars Poet.*406
longos.   meliusne fluctus|ire per longos fuit   *Carm.*3.27.43
     aedificas, hoc est longos imitaris,   *Serm.*2.3.308
     laudaturque domus, longos quae prospicit agros: *Epist.*1.10.23
longum.   ver ubi longum tepidasque praebet|Iuppiter brumas   *Carm.*2.6.17
     dic age tibia|regina longum Calliope melos,   *Carm.*3.4.2
     ne longum faciam: dum tu quadrante lavatum|rex ibis .   *Serm.*1.3.137
     utpote longum|carpentes iter et factum corruptius imbri.   *Serm.*1.5.94
     ne longum faciam: .   *Serm.*2.1.57
     ac mihi seu longum post tempus venerat hospes   *Serm.*2.2.118
     bella quis et paces longum diffundit in aevom?   *Epist.*1.3.8
     sed in longum tamen aevom|manserunt   *Epist.*2.1.159
     et longum noto scriptori prorogat aevom: *Ars Poet.*346
     licet 'succurrite' longum|clamet 'io cives,' .   *Ars Poet.*459
longus.   dum longus inter saeviat Ilion|Romamque pontus,   *Carm.*3.3.37
     ne longus tibi somnus unde|non times detur;   *Carm.*3.11.38
     dilator, spe longus, iners avidusque futuri.   *Ars Poet.*172
loquacem.   loquacem|delassare valent Fabium.   *Serm.*1.1.13
     extrahe turba|oppositis umeris; aurem substringe loquaci [loquacem]. .   *var.Serm.*2.5.95
loquaces.   unde loquaces|lymphae desiliunt tuae.   *Carm.*3.13.15
loquaci.   aurem substringe loquaci.   *Serm.*2.5.95
loquacis.   loquacis,|si sapiat, vitet,   *Serm.*1.9.33
loquaciter.   scribetur tibi forma loquaciter et situs agri.   *Epist.*1.16.4
loquamur.   siquid|et nos, quod cures proprium fecisse, loquamur.   *Epist.*1.17.5
     non est quod multa loquamur: *Epist.*2.1.30
loquar.   nil mortale loquar.   *Carm.*3.25.18
     siquid loquar audiendum,   *Carm.*4.2.45
     verba loquor [loquar] socianda chordis: *var.Carm.*4.9.4
     ignosces; alias loquar.'   *Serm.*1.9.72
loquatur.   intererit multum, divosne loquatur an heros,   *Ars Poet.*114
     ut nihil intersit, Davosne loquatur et audax|Pythias,   *Ars Poet.*237
loquax.   nec loquax olim neque grata,   *Carm.*3.11.5
loquenda.   geretque|proelia coniugibus loquenda.   *Carm.*4.4.68
loquendi.   quem penes arbitrium est et ius et norma loquendi.   *Ars Poet.*72
     lex est accepta chorusque | turpiter obticuit sublato iure nocendi
     [loquendi].   *var.Ars Poet.*284
loquens.   modo reges atque tetrarchas,|omnia magna loquens.   *Serm.*1.3.13
loquentem.   dulce ridentem Lalagen amabo,|dulce loquentem.   *Carm.*1.22.24
     di bene fecerunt, inopis me quodque pusilli | finxerunt animi, raro et
       perpauca loquentis [loquentem].   *coni.Serm.*1.4.18
     gaude quod spectant oculi te mille loquentem;   *Epist.*1.6.19
loquentes.   quo pacto alterna loquentes|umbrae cum Sagana resonarint   *Serm.*1.8.40
loquentis.   finxerunt animi, raro et perpauca loquentis;   *Serm.*1.4.18
loqueris.   maiores pennas nido extendisse loqueris,   *Epist.*1.20.21
     male si mandata loqueris,|aut dormitabo aut ridebo.   *Ars Poet.*104
loqui.   volentem proelia me loqui   *Carm.*4.15.1
     cetera mitte loqui: .   *Epod.*13.7
     'certe nescio quid secreto velle loqui te|aiebas mecum.'   *Serm.*1.9.67
     reddes dulce loqui, reddes ridere decorum   *Epist.*1.7.27
     nec quarta loqui persona laboret.   *Ars Poet.*192
     et docuit magnumque loqui nitique cothurno.   *Ars Poet.*280
     Grais dedit ore rotundo|Musa loqui,   *Ars Poet.*324
loquimur.   dum loquimur, fugerit invida|aetas: *Carm.*1.11.7

loquitur. cum de se loquitur non ut maiore reprensis? *Serm.*1.10.55
loquor. tum meae, siquid loquar [loquor] audiendum,|vocis accedet bona
    pars *var.Carm.*4.2.45
    verba loquor socianda chordis: *Carm.*4.9.4
    quocirca mecum loquor haec. tacitusque recordor: *Epist.*2.2.145
lora. qui lora restrictis lacertis|sensit iners *Carm.*3.5.35
loricis. libros Panaeti Socraticam et domum|mutare loricis Hiberis,   .   .   *Carm.*1.29.15
loris. *qui multum puerum loris et funibus ussit|exoratus,*   .   .   .   *Serm.*1.10.*5
    'habes pretium, loris non ureris,' aio. *Epist.*1.16.47
luam. iussas cum fide poenas luam, ...   *Epod.*17.37
lubens. tecum vivere amem, tecum obeam lubens.' *Carm.*3.9.24
lubrica. lubrica nascentes inplent conchylia lunae; *Serm.*2.4.30
lubricus. et voltus nimium lubricus adspici. *Carm.*1.19.8
    findunt Scamandri flumina lubricus et Simois, ...   *Epod.*13.14
Lucana. 'tu nive Lucana dormis ocreatus, ...   *Serm.*2.3.234
Lucana. pecusve Calabris ante sidus fervidum|Lucana mutet pascuis   .   .   *Epod.*1.28
Lucanae. quod me Lucanae iuvenem commendet amicae); *Epist.*1.15.21
Lucani. quidve Calabris|saltibus adiecti Lucani, ...   *Epist.*2.2.178
Lucania. seu quod Lucania bellum|incuteret violenta. *Serm.*2.1.38
Lucanus. sequor hunc, Lucanus an Apulus anceps: *Serm.*2.1.34
    'in primis Lucanus aper: *Serm.*2.8.6
luce. ex hac|luce Maecenas meus adfluentis|ordinat annos.   .   .   .   *Carm.*4.11.19
    'non ego' narrantem 'temere edi luce profesta *Serm.*2.2.116
    quem bibulum liquidi media de luce Falerni: *Epist.*1.14.34
    [potores bibuli [liquidi] media de nocte [luce] Falerni]   .   .   .   *coni.Epist.*1.18.91
    haec amat obscurum; volet haec sub luce videri, ...   *Ars Poet.*363
lucellum. quid pure tranquillet, honos ac dulce lucellum | an secretum iter   *Epist.*1.18.102
lucellum. quae si semel uno|de sene gustarit tecum partita lucellum,   .   *Serm.*2.5.82
lucem. vigiles lucernas|perfer in lucem: *Carm.*3.8.15
    lucem redde tuae, dux bone, patriae: *Carm.*4.5.5
    rite Latonae puerum canentes,|rite crescentem face Noctilucam [nocte
    lucem], ...   *var.Carm.*4.6.38
    dormiet in lucem, scorto postponet honestum|officium,   .   .   .   *Epist.*1.18.34
    proferet in lucem speciosa vocabula rerum, ...   *Epist.*2.2.116
    non fumum ex fulgore, sed ex fumo dare lucem|cogitat,   .   .   .   *Ars Poet.*143
    parum claris lucem dare coget, ...   *Ars Poet.*448
Luceriam. lanae prope nobilem|tonsae Luceriam, ...   *Carm.*3.15.14
lucerna. sub clara nuda lucerna|quaecumque *Serm.*2.7.48
    sub clara nuda lucerna [lucerna nuda] | quaecumque excepit turgentis
    verbera caudae|clunibus *var.Serm.*2.7.48
    cum . . . prodis ex iudice Dama, | turpis odoratum caput obscurante
    lacerna [lucerna],|non es quod simulas? *var.Serm.*2.7.55
lucernae. segnesque nodum solvere Gratiae|vivaeque producent lucernae,   *Carm.*3.21.23
lucernas. vigiles lucernas|perfer in lucem: *Carm.*3.8.14
lucernis. accessit fervor capiti numerusque lucernis; *Serm.*2.1.25
lucernis. vino et lucernis Medus acinaces|immane quantum discrepat: .   *Carm.*1.27.5
    non quo fraudatis inmundus Natta lucernis. *Serm.*1.6.124
luces. saeculo festas referente luces *Carm.*4.6.42
lucet. lucet, eamus|quo ducit gula; *Epist.*1.6.56
lucibus. nosque et profestis lucibus et sacris *Carm.*4.15.25
lucida. sic fratres Helenae, lucida sidera, ...   *Carm.*1.3.2
lucida. hic, hic ponite lucida|funalia *Carm.*3.26.6
lucidas. illum ego lucidas|inire sedes, ...   *Carm.*3.3.33
lucidum. me voluit dicere lucidum|fulgentis oculos *Carm.*2.12.14
lucidum. Phoebe sylvarumque potens Diana,|lucidum caeli decus,   .   *Carm.Saec.*2
lucidus. nec facundia deseret hunc nec lucidus ordo.   .   .   .   .   *Ars Poet.*41
Lucili. nempe inconposito dixi pede currere versus|Lucili. quis tam Lucili
    fautor inepte est, ...   *Serm.*1.10.2
    quid vetat et nosmet Lucili scripta legentis|quaerere,   .   .   .   *Serm.*1.10.56
    me pedibus delectat claudere verba|Lucili ritu, ...   *Serm.*2.1.29
    quamvis|infra Lucili censum ingeniumque, ...   *Serm.*2.1.75
Lucili. *Lucili, quam sis mendosus, teste Catone|defensore tuo pervincam,*   *Serm.*1.10.*1
Lucilius. hinc omnis pendet Lucilius, hosce secutus *Serm.*1.4.6
    his, ego quae nunc,|olim quae scripsit Lucilius, ...   *Serm.*1.4.57
    nil comis tragici mutat Lucilius Acci? *Serm.*1.10.53
    fuerit Lucilius, inquam,|comis et urbanus, ...   *Serm.*1.10.64
    scribere fortem,|Scipiadam ut sapiens Lucilius.' *Serm.*2.1.17
    cum est Lucilius ausus|primus in hunc operis *Serm.*2.1.62
Lucina. sive tu Lucina probas vocari|seu Genitalis: *Carm.Saec.*15

si vocata partubus|Lucina veris adfuit, ... *Epod.*5.6
Lucinam. sive tu [? te] Lucina [? Lucinam] probas vocari . . . *var.Carm.Saec.*15
lucinias. luscinias [lucinias] soliti inpenso prandere coemptas, . . *var.Serm.*2.3.245
lucis. tu parum castis inimica mittes|fulmina lucis. *Carm.*1.12.60
lucis. nunc et in umbrosis Fauno decet immolare lucis, . . . *Carm.*1.4.11
lucis. dives et inportunus ad umbram lucis ab ortu *Epist.*2.2.185
lucos. audire et videor pios|errare per lucos, ... *Carm.*3.4.7
lucrata. Pythias, emuncto lucrata Simone talentum, ... *Ars Poet.*238
lucratus. 'qui domita nomen ab Africa|lucratus rediit,' . . . *Carm.*4.8.19
Lucretilem. velox amoenum saepe Lucretilem|mutat Lycaeo Faunus . *Carm.*1.17.1
lucri. verum pone moras et studium lucri *Carm.*4.12.25
at ni id fit, quid habet pulcri [lucri] constructus acervos? . . *coni.Serm.*1.1.44
cum tu inter scabiem tantam et contagia lucri *Epist.*1.12.14
Lucrina. murice Baiano melior Lucrina peloris, ... *Serm.*2.4.32
Lucrina. non me Lucrina iuverint conchylia *Epod.*2.49
Lucrino. undique latius|extenta visentur Lucrino|stagna lacu . . *Carm.*2.15.3
lucro. quem Fors dierum cumque dabit, lucro|adpone . . . *Carm.*1.9.14
sic lucro aversam potuisse nasci|matre pudenda *Carm.*2.4.19
lucro. cum te neque fervidus aestus|demoveat lucro *Serm.*1.1.39
domos mercarier unus|cum lucro noram: *Serm.*2.3.25
lucrum. concidit auguris|Argivi domus ob lucrum|demersa exitio; . *Carm.*3.16.12
'contrane lucrum nil valere candidum|pauperis ingenium' . . *Epod.*11.11
adsentatores iubet ad lucrum ire poeta . . . . . *Ars Poet.*420
adsentatores iubet ad lucrum [ad lucrum iubet] ire poeta . . *var.Ars Poet.*420
luctamur. psallimus et luctamur Achivis doctius unctis. . . . *Epist.*2.1.33
luctandum. luctandum in turba et facienda iniuria tardis. . . . *Serm.*2.6.28
luctantem. luctantem Icariis fluctibus Africum *Carm.*1.1.15
luctantis. luctantis acuto ne secer ungui, ... *Epist.*1.19.46
luctantur. tristia robustis luctantur funera plaustris, ... *Epist.*2.2.74
luctere. luctere, multa proruet integrum|cum laude victorem . . *Carm.*4.4.66
luctum. vos, quibus est virtus, muliebrem tollite luctum, . . . *Epod.*16.39
luctuosae. di multa neglecti dederunt|Hesperiae mala luctuosae. . *Carm.*3.6.8
luctuosis. Medus infestus sibi luctuosis|dissidet armis . . . *Carm.*3.8.19
luctus. luctusque turpes et querimoniae; *Carm.*2.20.22
luculenta. ten lapides varios lutulenta [luculenta] radere palma . . *var.Serm.*2.4.83
Luculli. Luculli miles collecta viatica multis|aerumnis, . . . *Epist.*2.2.26
Lucullus. chlamydas Lucullus, ut aiunt,|si posset centum scaenae praebere
rogatus. *Epist.*1.6.40
lucum. virtutem verba putas et|lucum ligna: *Epist.*1.6.32
lucus. et praeceps Anio ac Tiburni lucus *Carm.*1.7.13
cum lucus et ara Dianae . . . describitur . . . . *Ars Poet.*16
ludas. in pulvere, trimus|quale prius, ludas opus, ... *Serm.*2.3.252
ludentem. dare bracchia|ludentem nitidis virginibus *Carm.*2.12.19
tristia maestum|voltum verba decent, . . . ludentem lasciva, . *Ars Poet.*107
ludentes. at pueri ludentes 'rex eris' aiunt,|'si recte facies.' . . *Epist.*1.1.59
ludentis. ludentis speciem dabit et torquebitur, ... *Epist.*2.2.124
ludere. in udo|ludere cum vitulis salicto|praegestientis. . . . *Carm.*2.5.8
inter ludere virgines *Carm.*3.15.5
lascivae similem ludere capreae, ... *Carm.*3.15.12
venarique timet, ludere doctior, ... *Carm.*3.24.56
ludum insolentem ludere pertinax *Carm.*3.29.50
namque pila lippis inimicum et ludere crudis. *Serm.*1.5.49
nugari cum illo et discincti ludere, . . . soliti. . . . *Serm.*2.1.73
te talos, Aule, nucesque|ferre sinu laxo, donare et ludere vidi, . *Serm.*2.3.172
ludere par inpar, equitare in harundine longa *Serm.*2.3.248
cur alter fratrum cessare et ludere et ungui|praeferat . . . *Epist.*2.2.183
ludere qui nescit, campestribus abstinet armis . . . . *Ars Poet.*379
luderet. sub nutrice puella velut si luderet infans, ... *Epist.*2.1.99
ludi. tanto cum strepitu ludi spectantur *Epist.*2 1.203
ludibrium. nisi ventis|debes ludibrium, cave. *Carm.*1.14.16
ludicra. valeat res ludicra, si me | palma negata macrum, donata reducit
opimum. *Epist.*2.1.180
ludicra. nunc itaque et versus et cetera ludicra pono, . . . *Epist.*1.1.10
quid maris extremos Arabas ditantis et Indos|ludicra, . . *Epist.*1.6.7
ludis. ludisque et bibis inpudens *Carm.*4.13.4
'num furis? an prudens ludis me obscura canendo?' . . . *Serm.*2.5.58
ludis. an tua demens|vilibus in ludis dictari carmina malis? . . *Serm.*1.10.75
gaudentem . . . ludis et post decisa negotia Campo. . . *Epist.*1.7.59
spectaret populum ludis attentius ipsis, ... *Epist.*2.1.197

ludit. auditis? an me ludit amabilis|insania? *Carm.*3.4.5
    ludit exsultim metuitque tangi *Carm.*3.11.10
    ludit herboso pecus omne campo *Carm.*3.18.9
    vitiis carentem|ludit imago|vana, ... *Carm.*3.27.40
ludo. dumque|diffingit Rheni luteum caput, haec ego ludo, . . *Serm.*1.10.37
    'credite, non ludo; crudeles, tollite claudum.' . . . *Epist.*1.17.61
ludo. quamquam choreis aptior et iocis|ludoque dictus . . *Carm.*2.19.26
ludo. auctor|heu nimis longo satiate ludo, ... *Carm.*1.2.37
    ludo fatigatumque somno *Carm.*3.4.11
    sed tamen amoto quaeramus seria ludo): . . . *Serm.*1.1.27
    quaeris,|Maecenas, iterum antiquo me includere ludo? . *Epist.*1.1.3
    ita vertere seria ludo. . . . . *Ars Poet.*226
ludos. orbis ut cantus referatque ludos *Carm.Saec.*22
    ludos spectaverat, una|luserat in campo: . . . *Serm.*2.6.48
    'nullos his mallem ludos spectasse; *Serm.*2.8.79
    nunc Vrbem et ludos et balnea vilicus optas; . . *Epist.*1.14.15
ludum. ludumque Fortunae gravisque|principum amicitias . *Carm.*2.1.3
    miserarum est neque amori dare ludum . . . *Carm.*3.12.1
    ludum insolentem ludere pertinax *Carm.*3.29.50
    concines laetosque dies et Vrbis|publicum ludum . *Carm.*4.2.42
    noluit in Flavi ludum me mittere, ... *Serm.*1.6.72
    nec lusisse pudet, sed non incidere ludum. . . *Epist.*1.14.36
    utroque tuom laudabit pollice ludum. . . . *Epist.*1.18.66
    eripuere iocos, venerem, convivia, ludum; . . *Epist.*2.2.56
    et tempestivom pueris concedere ludum . . *Epist.*2.2.142
    Aemilium circa ludum faber imus . . . . *Ars Poet.*32
ludus. post hoc ludus erat †culpa potare magistra . . *Serm.*2.2.123
    ludus enim genuit trepidum certamen et iram, . . *Epist.*1.19.48
    ludusque repertus|et longorum operum finis: . . *Ars Poet.*405
lues. delicta maiorum inmeritus lues, ... *Carm.*3.6.1
lugubre. hostis Punico|lugubre mutavit sagum. . . *Epod.*9.28
lugubri. Troiae renascens alite lugubri|fortuna . . *Carm.*3.3.61
lugubris. qui gurges aut quae flumina lugubris|ignara belli? . *Carm.*2.1.33
lugubris. praecipe lugubris|cantus, Melpomene. . . *Carm.*1.24.2
lumbis. avolsos, ut multo suavius, armos,|quam si cum lumbis quis edit.   *Serm.*2.8.90
lumbos. limina dura, quibus lumbos et infregi latus. . *Epod.*11.22
    ac mulae nautaeque caput lumbosque saligno|fuste dolat: . *Serm.*1.5.22
    mantica cui lumbos onere ulceret atque eques armos: . *Serm.*1.6.106
lumina. adempta vati reddidere lumina: . . . *Epod.*17.44
    serum sub lumina prima venire|convivam: . . *Serm.*2.7.33
    lento Samnites ad lumina prima duello. . . *Epist.*2.2.98
lumine. nascentem placido lumine videris, . . . *Carm.*4.3.2
    ni|posces ante diem librum cum lumine, . . *Epist.*1.2.35
luminibus. cui donet inpermissa raptim|gaudia luminibus remotis, . *Carm.*3.6.28
Luna. nox erat et caelo fulgebat Luna sereno . . *Epod.*15.1
    vaga Luna decorum|protulit os, ... *Serm.*1.8.21
Luna. siderum regina bicornis, audi,|Luna, puellas. . *Carm.Saec.*36
luna. Iulium sidus velut inter ignis|luna minores. . *Carm.*1.12.48
    ut pura nocturno renidet|luna mari . . . *Carm.*2.5.20
    neque uno luna rubens nitet|voltu: . . *Carm.*2.11.10
luna. iam Cytherea choros ducit Venus imminente luna . *Carm.*1.4.5
    caelo supinas si tuleris manus|nascente luna, . *Carm.*3.23.2
luna. dissolve frigus ligna [luna] super foco|large reponens . *var.Carm.*1.9.5
lunae. curvatos imitatus ignis|tertium lunae referentis ortum, . *Carm.*4.2.58
    quid premat obscurum lunae, quid proferat orbem, . *Epist.*1.12.18
lunae. da lunae propere novae, ... *Carm.*3.19.9
lunae. novaeque pergunt interire lunae: . . . *Carm.*2.18.16
    damna tamen celeres reparant caelestia lunae: . *Carm.*4.7.13
    lubrica nascentes inplent conchylia lunae; . . *Serm.*2.4.30
Lunam. Lunamque rubentem, | ne foret his testis, post magna latere
    sepulcra. *Serm.*1.8.35
lunam. simul atra nubes|condidit lunam . . . *Carm.*2.16.3
    lunamque caelo deripit. *Epod.*5.46
    polo|deripere lunam vocibus possim meis, . *Epod.*17.78
    me docuit melimela rubere minorem|ad lunam delecta. . *Serm.*2.8.32
lupa. ab agro|rava decurrens lupa Lanuvino . . *Carm.*3.27.3
lupatis. Gallica nec lupatis|temperet ora frenis? . *Carm.*1.8.6
lupi. utque lupi barbam variae cum dente colubrae . *Serm.*1.8.42
lupi. post insepulta membra different lupi . . *Epod.*5.99

lupinis. in cicere atque faba bona tu perdasque lupinis, ... *Serm.2.3.182*
   nec tamen ignorat, quid distent aera lupinis. *Epist.1.7.23*
lupis. sed prius Apulis|iungentur capreae lupis *Carm.1.33.8*
   lupis et agnis quanta sortito obtigit, ... *Epod.4.1*
   neque hic lupis mos nec fuit leonibus *Epod.7.11*
   apris reliquit et rapacibus lupis, ... *Epod.16.20*
Lupo. famosisque Lupo cooperto versibus? *Serm.2.1.68*
lupo. vel haedus ereptus lupo. *Epod.2.60*
luporum. 'cervi, luporum praeda rapacium, ... *Carm.4.4.50*
lupos. nec viridis metuont colubras|nec Martialis haediliae lupos, . . *Carm.1.17.9*
   canis|ignavos adversum lupos? *Epod.6.2*
   ut pavet acris|agna lupos capreaeque leones!' *Epod.12.26*
lupos. quo pertinet ergo|proceros odisse lupos? *Serm.2.2.36*
lupum. cervos uti vallis in altera|visum parte lupum graminis inmemor, . *Carm.1.15.30*
lupus. namque me silva lupus in Sabina, . . . fugit inermem; . . *Carm.1.22.9*
   inter audacis lupus errat agnos, ... *Carm.3.18.13*
   dum pecori lupus et nautis infestus Orion *Epod.15.7*
   dente lupus, cornu taurus petit: *Serm.2.1.52*
   ut neque calce lupus quemquam neque dente petit bos), . . *Serm.2.1.55*
   hac urget lupus, hac canis, aiunt. *Serm.2.2.64*
   cautus enim metuit foveam lupus *Epist.1.16.50*
   vehemens lupus et sibi et hosti|iratus pariter, . . . *Epist.2.2.28*
lupus. lupus hic Tiberinus an alto|captus hiet? . . . *Serm.2.2.31*
lurida. reliquit ossa pelle amicta lurida, ... *Epod.17.22*
luridi. refugit te quia luridi|dentes, ... *Carm.4.13.10*
luridum. maeretque partus fulmine luridum|missos ad Orcum; . . *Carm.3.4.74*
luscinias. luscinias soliti inpenso prandere coemptas, . . . *Serm.2.3.245*
Lusco. Fundos Aufidio Lusco praetore libenter|linquimus, . . *Serm.1.5.34*
luserat. ludos spectaverat, una|luserat in campo: . . *Serm.2.6.49*
luserit. ludos spectaverat [spectaverit], una|luserat [luserit] in campo: . *var.Serm.2.6.49*
lusimus. si quid vacui sub umbra|lusimus tecum, . . . *Carm.1.32.2*
lusisse. nec lusisse pudet, sed non incidere ludum. . . . *Epist.1.14.36*
lusisti. lusisti satis, edisti satis atque bibisti: . . . *Epist.2.2.214*
lusit. mox ubi lusit satis, 'abstineto'|dixit . . . *Carm.3.27.69*
   nec siquid olim lusit Anacreon|delevit aetas; . . . *Carm.4.9.9*
   ast ubi me fessum sol acrior ire lavatum | admonuit, fugio campum
    lusumque [lusitque] trigonem. *var.Serm.1.6.126*
   libertasque recurrentis accepta per annos|lusit amabiliter, . . *Epist.2.1.148*
lustra. circa lustra decem flectere mollibus|iam durum imperiis: . *Carm.4.1.6*
lustra. si neque avaritiam neque sordes aut mala lustra | obiciet vere
   quisquam mihi, ... *Serm.1.6.68*
lustratam. pede barbaro|lustratam Rhodopen, . . . *Carm.3.25.12*
lustro. Fortuna lustro prospera tertio *Carm.4.14.37*
lustrum. cuius octavom trepidavit aetas|claudere lustrum. . . *Carm.2.4.24*
   alterum in lustrum meliusque semper|prorogat aevom, . . *Carm.Saec.67*
lusum. lusum it Maecenas, dormitum ego Vergiliusque; . . *Serm.1.5.48*
lusum. fugio campum lusumque trigonem. . . . *Serm.1.6.126*
luteum. diffingit Rheni luteum caput, ... *Serm.1.10.37*
luteus. tibique pallor luteus *Epod.10.16*
luto. vixisset canis inmundus vel amica luto sus. . . *Epist.1.2.26*
luto. erucas viridis, inulas ego primus amaras | monstravi incoquere;
   inlutos Curtillus [incoquere in luto Scurtillus] echinos, . . *var.Serm.2.8.52*
   qui Capua Romam petit, imbre lutoque|adspersus . . *Epist.1.11.11*
lutulenta. hac rabiosa fugit canis, hac lutulenta ruit sus: . . *Epist.2.2.75*
lutulenta. ten lapides varios lutulenta radere palma . . *Serm.2.4.83*
lutulentum. at dixi fluere hunc lutulentum, . . . *Serm.1.10.50*
lutulentus. cum flueret lutulentus, erat quod tollere velles; . *Serm.1.4.11*
lux. o, qua sol [lux] habitabilis|inlustrat oras, . . . *var.Carm.4.14.5*
   postera lux oritur multo gratissima: *Serm.1.5.39*
   perditur haec inter misero lux non sine votis: . . . *Serm.2.6.59*
luxere. unxere [luxere] matres Iliae additum feris|alitibus . . . Hectorem, *var.Epod.17.11*
luxuria. quisquis luxuria tristive superstitione|aut alio mentis morbo calet: *Serm.2.3.79*
luxuriam. "nunc age, luxuriam et Nomentanum arripe mecum: . *Serm.2.3.224*
   sic priscae motumque et luxuriem [luxuriam] addidit arti|tibicen . *var.Ars Poet.214*
luxuriantia. luxuriantia conpescet, nimis aspera sano|levabit cultu, . *Epist.2.2.122*
luxuriem. sic priscae motumque et luxuriem addidit arti|tibicen . *Ars Poet.214*
Lyaeo. tamen uda Lyaeo|tempora populea fertur vinxisse corona *Carm.1.7.22*
   arcanum iocoso|consilium retegis Lyaeo, . . . *Carm.3.21.16*
   dulci Lyaeo solvere. *Epod.9.38*

Lycaeo.   amoenum saepe Lucretilem | mutat Lycaeo Faunus   .   .   .   *Carm*.1.17.2
Lycambae.   qualis Lycambae spretus infido gener *Epod*.6.13
Lycamben.   secutus . . . non res et agentia verba Lycamben.   .   .   *Epist*.1.19.25
Lyce.   extremum Tanain si biberes, Lyce, ...   *Carm*.3.10.1
   audivere, Lyce, di mea vota, di | audivere, Lyce: *Carm*.4.13.1
   audivere, Lyce, di mea vota, di | audivere, Lyce: *Carm*.4.13.2
Lycen.   servatura diu parem | cornicis vetulae temporibus Lycen,   .   .   *Carm*.4.13.25
Lyciae.   qui Lyciae tenet | dumeta natalemque silvam *Carm*.3.4.62
Lycias.   ne virilis | cultus in caedem et Lycias properiret catervas?   .   *Carm*.1.8.16
Lycidan.   quo simul mearis, . . . | nec tenerum Lycidan mirabere,   .   .   *Carm*.1.4.19
Lycio.   aut si disparibus bellum incidat, ut Diomedi | cum Lycio Glauco,   .   *Serm*.1.7.17
Lycisci.   amor Lycisci me tenet; *Epod*.11.24
Lycius.   qui Lyciae tenet | dumeta natalemque silvam | Delius [? Lycius] et
   Patareus Apollo.   .   .   .   .   ? *var.Carm*.3.4.64
Lyco.   et vicina seni non habilis Lyco. *Carm*.3.19.24
Lycorida.   insignem tenui fronte Lycorida | Cyri torret amor,   .   .   *Carm*.1.33.5
Lycum.   et Lycum nigris oculis nigroque | crine decorum.   .   .   .   *Carm*.1.32.11
Lycurgi.   Thracis et exitium Lycurgi. *Carm*.2.19.16
Lycus.   audiat invidus | dementem strepitum Lycus *Carm*.3.19.23
Lyde.   dic modos, Lyde quibus obstinatas | adplicet auris,   .   .   .   *Carm*.3.11.7
   audiat Lyde scelus atque notas | virginum poenas   .   .   .   *Carm*.3.11.25
Lyde.   prome reconditum, | Lyde, strenua Caecubum *Carm*.3.28.3
Lyden.   quis devium scortum eliciet domo | Lyden? *Carm*.2.11.22
Lydia.   neque erat Lydia post Chloen, ...   *Carm*.3.9.6
   multi Lydia nominis, | Romana vigui clarior Ilia.'   .   .   .   *Carm*.3.9.7
Lydia.   Lydia, dic per omnis | hoc deos vere, ...   *Carm*.1.8.1
   cum tu, Lydia, Telephi | cervicem roseam, . . . laudas   .   .   *Carm*.1.13.1
   'me tuo longas pereunte noctes, | Lydia, dormis?'   .   .   .   *Carm*.1.25.8
Lydiae.   reiectaeque patet ianua Lydiae?' *Carm*.3.9.20
Lydis.   Lydis remixto carmine tibiis *Carm*.4.15.30
Lydorum.   Lydorum quidquid Etruscos | incoluit finis,   .   .   .   *Serm*.1.6.1
lympha.   quid obliquo laborat | lympha fugax trepidare rivo?   .   .   *Carm*.2.3.12
   montibus altis | levis crepante lympha desilit pede.   .   .   .   *Epod*.16.48
lympha.   restinguet ardentis Falerni | pocula praetereunte lympha?   .   *Carm*.2.11.20
   ora manusque tua lavimus, Feronia, lympha; *Serm*.1.5.24
lymphae.   inane lymphae | dolium fundo pereuntis imo   .   .   .   *Carm*.3.11.26
   si tibi nulla sitim finiret copia lymphae, ...   *Epist*.2.2.146
lymphae.   unde loquaces | lymphae desiliunt tuae. *Carm*.3.13.16
lymphatam.   mentemque lymphatam Mareotico | redegit in veros timores   .   *Carm*.1.37.14
Lymphis.   dein Gnatia Lymphis | iratis exstructa dedit risusque iocosque,   .   *Serm*.1.5.97
lymphis.   frondesque lymphis obstrepunt manantibus, ...   *Epod*.2.27
lyncas.   aut timidos agitare lyncas. *Carm*.2.13.40
   fugacis | lyncas et cervos cohibentis arcu, ...   *Carm*.4.6.34
Lyncei.   ne corporis optima Lyncei | contemplere oculis,   .   .   .   *Serm*.1.2.90
Lynceis.   ne corporis optima Lyncei [Lynceis] | contemplere oculis,   .   *var.Serm*.1.2.90
Lynceus.   non possis oculo quantum contendere Lynceus: .   .   .   *Epist*.1.1.28
lynx.   cur in amicorum vitiis tam cernis acutum | quam aut aquila aut
   [| ? ut lynx vel] serpens Epidaurius?   .   .   .   .   .   ? *var.Serm*.1.3.27
lyra.   donec suspecta severo | conticuit lyra. *Epist*.1.18.43
lyra.   quem virum aut heroa lyra vel acri | tibia sumis celebrare,   .   .   *Carm*.1.12.1
   insignemque pharetra | fraternaque umerum lyra.   .   .   .   *Carm*.1.21.12
   eburna, dic age, cum lyra | maturet, ...   *Carm*.2.11.22
   cur pendet tacita fistula cum lyra? *Carm*.3.19.20
   tu curva recines lyra | Latonam *Carm*.3.28.11
   lyraeque [lyraque] et Berecyntiae [Berecyntia] | delectabere tibiae [tibia] |
   mixtis carminibus non sine fistula; *var.Carm*.4.1.22
   Phoebus volentem proelia me loqui | victas et urbis increpuit lyra,   .   *Carm*.4.15.2
   sonante mixtum tibiis carmen lyra, ...   *Epod*.9.5
   sive mendaci lyra | voles sonare: *Epod*.17.39
lyrae.   pudor | inbellisque lyrae Musa potens vetat   .   .   .   *Carm*.1.6.10
   deorum | nuntium curvaeque lyrae parentem,   .   .   .   *Carm*.1.10.6
   lyraeque et Berecyntiae | delectabere tibiae | mixtis carminibus   .   *Carm*.4.1.22
   Romanae fidicen lyrae: *Carm*.4.3.23
   verba lyrae motura sonum conectere digner? *Epist*.2.2.86
   ne forte pudori | sit tibi Musa lyrae sollers et cantor Apollo.   .   *Ars Poet*.407
lyrae.   non hoc iocosae conveniet lyrae — *Carm*.3.3.69
lyricis.   quodsi me lyricis vatibus inseres, ...   *Carm*.1.1.35
Lysippo.   nequis . . . alius Lysippo duceret aera | fortis Alexandri voltum
   simulantia. *Epist*.2.1.240

M

Macedo.   diffidit urbium | portas vir Macedo *Carm.*3.16.14
macelli.   pernicies et temptestas barathrumque macelli, ... *Epist.*1.15.31
macello.   inmane est vitium dare milia terna macello *Serm.*2.4.76
macellum.   cum scurris fartor, cum Velabro omne macellum *Serm.*2.3.229
macerat.   me libertina, nec uno | contenta, Phryne macerat. *Epod.*14.16
macerer.   quam lentis penitus macerer ignibus. *Carm.*1.13.8
machina.   torquet nunc lapidem, nunc ingens machina tignum, ... *Epist.*2.2.73
machinae.   trahuntque siccas machinae carinas *Carm.*1.4.2
Machinus.   Maltinus [Machinus] tunicis demissis ambulat; *var.Serm.*1.2.25
macies.   macies et nova febrium | terris incubuit cohors *Carm.*1.3.30
   antequam turpis macies decentis | occupet malas *Carm.*3.27.53
macra.   macra cavom repetes artum, quem macra subisti.' *Epist.*1.7.33
macrescit.   invidus alterius macrescit rebus opimis; *Epist.*1.2.57
macro.   qui macro pauper agello | noluit in Flavi ludum me mittere, . . *Serm.*1.6.71
macros.   ubi sedulus hospes | paene macros arsit *Serm.*1.5.72
macrum.   si me | palma negata macrum, donata reducit opimum. . . . *Epist.*2.1.181
mactata.   mactata veniet lenior hostia. *Carm.*1.19.16
macte.   'macte | virtute esto' inquit sententia dia Catonis; *Serm.*1.2.31
maculant.   tum inmundo somnia visu | nocturnam vestem maculant
   ventremque supinum. *Serm.*1.5.85
maculis.   non ego paucis | offendar maculis, ... *Ars Poet.*352
maculosum.   mos et lex maculosum edomuit nefas, ... *Carm.*4.5.22
madet.   quamquam Socraticis madet | sermonibus, ... *Carm.*3.21.9
Maecenas.   ex hac | luce Maecenas meus adfluentis | ordinat annos. . *Carm.*4.11.19
   huc venturus erat Maecenas optimus atque | Cocceius, ... *Serm.*1.5.27
   interea Maecenas advenit atque | Cocceius *Serm.*1.5.31
   lusum it Maecenas, dormitum ego Vergiliusque; *Serm.*1.5.48
   'Maecenas quomodo tecum?' *Serm.*1.9.43
   Plotius et Varius, Maecenas Vergiliusque, ... *Serm.*1.10.81
   an, quodcumque facit Maecenas, te quoque verum est, ... *Serm.*2.3.312
   'inprimat his cura Maecenas signa tabellis.' *Serm.*2.6.38
   Maecenas me coepit habere suorum | in numero, ... *Serm.*2.6.41
   iusserit ad se | Maecenas serum . . . venire | convivam: *Serm.*2.7.33
   cum Servilio Balatrone | Vibidius quos Maecenas adduxerat umbras. *Serm.*2.8.22
Maecenas.   Maecenas atavis edite regibus, ... *Carm.*1.1.1
   cum tibi plausus, | clare Maecenas eques, ... *Carm.*1.20.5
   dices historiis proelia Caesaris, | Maecenas, ... *Carm.*2.12.11
   Maecenas, mearum | grande decus columenque rerum. *Carm.*2.17.3
   ego, quem vocas, | dilecte Maecenas, obibo *Carm.*2.20.7
   sume, Maecenas, cyathos amici | sospitis centum *Carm.*3.8.13
   Maecenas, equitum decus. *Carm.*3.16.20
   Tyrrhena regum progenies, . . . Maecenas, ... *Carm.*3.29.3
   paratus omne Caesaris periculum | subire, Maecenas, tuo: *Epod.*1.4
   iocose Maecenas, precor. *Epod.*3.20
   quando . . . beate Maecenas, bibam *Epod.*9.4
   candide Maecenas, occidis saepe rogando: *Epod.*14.5
   qui fit, Maecenas, ut nemo, . . . contentus vivat, ... *Serm.*1.1.1
   qualem me saepe libenter | obtulerim tibi, Maecenas, ... *Serm.*1.3.64
   non quia, Maecenas, . . . nemo generosior est te *Serm.*1.6.1
   nunc, quia sim tibi, Maecenas, convictor, ... *Serm.*1.6.47
   "Albanum, Maecenas, sive Falernum | te magis adpositis delectat: *Serm.*2.8.16
   quaeris, | Maecenas, iterum antiquo me includere ludo? *Epist.*1.1.3
   dabis aegrotare timenti, | Maecenas, veniam, ... *Epist.*1.7.5
   prisco si credis, Maecenas docte, Cratino, ... *Epist.*1.19.1
Maecenatem.   ad Maecenatem memori mi mente recurras.' *Serm.*2.6.31
Maeci.   in Maeci descendat iudicis auris | et patris et nostras . . . *Ars Poet.*387
Maenius.   ut vivam Naevius [Maenius] aut sic | ut Nomentanus?' . *coni.Serm.*1.1.101
   Maenius absentem Novium cum carperet, ... *Serm.*1.3.21
   'egomet mi ignosco' Maenius inquit. *Serm.*1.3.23
   Maenius, . . . urbanus coepit haberi, | scurra, ... *Epist.*1.15.26
Maeonii.   Vario . . . Maeonii carminis alite, ... *Carm.*1.6.2
Maeonius.   si priores Maeonius tenet | sedes Homerus, ... *Carm.*4.9.5
maerebis.   heu heu, translatos alio maerebis amores, ... *Epod.*15.23
maerentis.   me quamvis Lamiae pietas et cura moratur | fratrem maerentis, *Epist.*1.14.7
maerentis.   interque maerentis amicos *Carm.*3.5.47
maerere.   reddes . . . inter vina fugam Cinarae maerere protervae. . *Epist.*1.7.28
maeret.   regium certe genus, et penatis | maeret iniquos. *Carm.*2.4.16

maeretque partus fulmine luridum | missos ad Orcum; *Carm*.3.4.74
maerore. aut ad humum maerore gravi deducit et angit; . . . . *Ars Poet*.110
maestis. insigne maestis praesidium reis *Carm*.2.1.13
maestum. hoc genus omne | maestum ac sollicitum est cantoris morte
    Tigelli. *Serm*.1.2.3
maestum. tristia maestum | voltum verba decent, ... *Ars Poet*.105
maestus. seu maestus omni tempore vixeris *Carm*.2.3.5
    flentibus hinc Varius discedit maestus amicis. *Serm*.1.5.93
Maevium. mala soluta navis exit alite | ferens olentem Mevium [Maevium]. *var.Epod*.10.2
maga. 'venena maga non fas nefasque, non valent | convertere humanam
    vicem. *coni.Epod*.5.87
magicos. somnia, terrores magicos, . . . rides? *Epist*.2.2.208
magis. Thracio bacchante magis sub inter- | lunia vento, . . . *Carm*.1.25.11
    laeta quod pubes hedera virenti ! gaudeat pulla magis atque myrto, . *Carm*.1.25.18
    quae poscente magis gaudeat eripi, ... *Carm*.2.12.27
    magis | pugnas et exactos tyrannos *Carm*.2.13.30
    'donec non alia magis | arsisti *Carm*.3.9.5
    ut adsidens inplumibus pullis avis | serpentium adlapsus timet | magis
    relictis. *Epod*.1.21
    magisve rhombus aut scari, ... *Epod*.2.50
    inlitterati num minus [magis] nervi rigent | minusve languet fascinum? . *coni.Epod*.8.17
    magis quem | diligeret mulier sua quam te. *Epod*.12.23
    nec magis huic, . . . tuo tenerum est femur *Serm*.1.2.80
    ut neque longa | nec magis alba velit quam dat natura videri. . *Serm*.1.2.124
    privatusque magis vivam rege beatus. *Serm*.1.3.142
    Antoni, non ut magis alter, amicus. *Serm*.1.5.33
    nec magis his aliena malis; *Serm*.1.9.50
    'accendis quare cupiam magis illi | proximus esse.' . . . *Serm*.1.9.53
    num rerum dura negarit | versiculos natura magis factos . . *Serm*.1.10.58
    hac magis illam | inparibus formis deceptum te petere . . . *Serm*.2.2.29
    quo magis his credas, ... *Serm*.2.2.112
    non magis audierit, quam Fufius ebrius olim, ... *Serm*.2.3.60
    tune insanus eris, si acceperis, an magis excors | reiecta praeda, . *Serm*.2.3.67
    cum magis atque | se magis inflaret, ... *Serm*.2.3.318
    cum magis atque | se magis inflaret, ... *Serm*.2.3.319
    ut suci melioris et ut magis alba rotundis, ... *Serm*.2.4.13
    perna magis et magis hillis | flagitat inmorsus refici, . . . *Serm*.2.4.60
    quod magis ad nos | pertinet *Serm*.2.6.72
    magisque | exanimes trepidare, ... *Serm*.2.6.113
    "Albanum, Maecenas, sive Falernum | te magis adpositis delectat: . *Serm*.2.8.17
    (cocto Chium sic convenit, ut non | hoc magis ullum aliud); . *Serm*.2.8.49
    Atride, magis apta tibi tua dona relinquam.' *Epist*.1.7.43
    utra magis piscis et echinos aequora celent, ... *Epist*.1.15.23
    'tene magis salvom populus velit an populum tu, . . . *Epist*.1.16.27
    nec magis expressi voltus per aenea signa *Epist*.2.1.248
    hunc ego me, siquid conponere curem, | non magis esse velim . *Ars Poet*.36
    si propius stes, | te capiat magis, ... *Ars Poet*.362
magister. seu navis Hispanae magister, ... *Carm*.3.6.31
    fingit equom tenera docilem cervice magister *Epist*.1.2.64
magistra. post hoc ludus erat †culpa potare magistra . . . *Serm*.2.2.123
magistri. postquam est inpransi correptus voce magistri? . . *Serm*.2.3.257
    nullius adductus iurare in verba magistri, ... *Epist*.1.1.14
magistro. ut puerum saevo credas dictata magistro | reddere . *Epist*.1.18.13
magistro. Mercuri, nam te docilis magistro | movit Amphion lapides
    canendo, ... *Carm*.3.11.1
magistrum. didicit prius extimuitque magistrum. . . . . *Ars Poet*.415
magna. nec fulminantis magna manus Iovis: *Carm*.3.3.6
    dos est magna parentium | virtus *Carm*.3.24.21
    non, ut magna dolo factum negat esse suo pars, . . . *Serm*.1.6.90
    num tantum, sufflans se, magna fuisset? *Serm*.2.3.317
    res ubi magna nitet domino sene; *Serm*.2.5.12
    magna minorve foro si res certabitur olim: *Serm*.2.5.27
magna. o magna Carthago, probrosis | altior Italiae ruinis.' . . *Carm*.3.5.39
magna. egressum magna me accepit Aricia Roma | hospitio modico, . *Serm*.1.5.1
    cessisset magna conpellans voce cuculum. *Serm*.1.7.31
    'quo tu, turpissime?' magna | inclamat voce, ... *Serm*.1.9.75
    'de re communi scribae magna atque nova te | orabant . . *Serm*.2.6.36
    multaque de magna superessent fercula cena, ... *Serm*.2.6.104
    ego utrum | nave ferar magna an parva, ferar unus et idem. . *Epist*.2.2.200

magna. magna modis tenuare parvis. *Carm*.3.3.72
    modo reges atque tetrarchas,|omnia magna loquens, . . . *Serm*.1.3.13
    cui mens divinior atque os|magna sonaturum, ... *Serm*.1.4.44
    magna sonabit|cornua quod vincatque tubas: *Serm*.1.6.43
    ne foret his testis, post magna latere sepulcra. . . . *Serm*.1.8.36
    ego vectigalia magna|divitiasque habeo *Serm*.2.2.100
    magna movet stomacho fastidia *Serm*.2.4.78
    magna coronari contemnat Olympia, ... *Epist*.1.1.50
    fuge magna: licet sub paupere tecto | reges et regum vita praecurrere
      amicos. *Epist*.1.10.32
    si das hoc, parvis quoque rebus magna iuvari. . . . *Epist*.2.1.125
    inceptis gravibus plerumque et magna professis | purpureus, . . .
      adsuitur pannus. . . . . *Ars Poet*.14
magnae. animaeque magnae|prodigum Paulum superante Poeno . *Carm*.1.12.37
    proles Niobea magnae|vindicem linguae . . . sensit . . *Carm*.4.6.1
magnae. speravit magnae laudi fore. *Serm*.2.3.99
magnae. quo multae magnaeque secantur iudice lites, . . . *Epist*.1.16.42
magnam. bene ferre magnam|disce fortunam; *Carm*.3.27.74
    magnam morbi deponere partem. *Epist*.1.1.35
magnas. magnas inter opes inops. *Carm*.3.16.28
    ridiculum acri|fortius et melius magnas plerumque secat res. . *Serm*.1.10.15
    magnas Graecorum malis inplere catervas.' *Serm*.1.10.35
magne. illo | mane [magne] die, quo tu indicis ieiunia, nudus | in Tiberi
    stabit.' *var*.*Serm*.2.3.291
Magnessam. Magnessam Hippolyten dum fugit abstinens, . . *Carm*.3.7.18
magni. te canam, magni Iovis et deorum|nuntium . . . *Carm*.1.10.5
    tibi cura magni|Caesaris fatis data: *Carm*.1.12.50
    et magni memor Herculis. *Carm*.4.5.36
    magni Creontis filiam, ... *Epod*.5.64
    fraterque magni Castoris, victi prece, ... *Epod*.17.43
    magni formica laboris|ore trahit quodcumque potest . . *Serm*.1.1.33
magni. non magni pendis, quia contigit; *Serm*.2.4.93
magni. magni|quo pueri magnis e centurionibus orti, . . *Serm*.1.6.72
magnis. olim qui magnis legionibus imperitarint, . . . *Serm*.1.6.4
magnis. magnis parva mineris|falce recisurum simili te, . . *Serm*.1.3.122
magnis. magni|quo pueri magnis e centurionibus orti, . . *Serm*.1.6.73
    me|cum magnis vixisse invita fatebitur usque|invidia . . *Serm*.2.1.76
magnis. missi magnis de rebus uterque|legati, ... *Serm*.1.5.28
    aedibus ex magnis subito se conderet *Serm*.2.7.11
magno. neque ulla est|aut magno aut parvo leti fuga: . . *Serm*.2.6.95
    gratus Alexandro regi magno fuit ille|Choerilus, . . . *Epist*.2.1.232
magno. 'at suave est ex magno tollere acervo.' . . . *Serm*.1.1.51
    numquid ego a te|magno prognatum deposco consule cunnum . *Serm*.1.2.70
    quid responderet? 'magno patre nata puella est.' . . . *Serm*.1.2.72
    undique magno|pulsa domus strepitu resonet, . . . *Serm*.1.2.128
    in magno ut populo, siqui vidisset, ... *Serm*.1.6.79
    cum magno risuque iocoque videres. *Serm*.1.8.50
    nil sine magno|vita labore dedit mortalibus.' . . . *Serm*.1.9.59
    tu nihil in magno doctus reprehendis Homero? . . . *Serm*.1.10.52
    'porrectum magno magnum spectare catino|vellem' . . *Serm*.2.2.39
    illo|mane [magno] die, quo tu indicis ieiunia, nudus|in Tiberi stabit.' . *var*.*Serm*.2.3.291
    cum magno blateras clamore fugisque. *Serm*.2.7.35
    mazonomo pueri magno discerpta ferentes|membra gruis . *Serm*.2.8.86
magno. dicas 'magno de flumine malim|quam ex hoc fonticulo tantundem
    sumere.' *Serm*.1.1.55
    quae neque magno|stet pretio *Serm*.1.2.121
    Enni|in scaenam missos cum magno pondere versus . . *Ars Poet*.260
magnorum. cum tu, magnorum numen laesura deorum, . . *Epod*.15.3
    rumperis et latras, magnorum maxime regum. . . . *Serm*.1.3.136
magnos. hic magnos potius triumphos,|hic ames dici pater . . *Carm*.1.2.49
    audire magnos iam videor duces, ... *Carm*.2.1.21
    'per magnos, Brute, deos te|oro, ... *Serm*.1.7.33
    haec populos, haec magnos formula reges,|excepto sapiente, tenet. *Serm*.2.3.45
magnum. privatus illis census erat brevis,|commune magnum: . . *Carm*.2.15.14
    magnum pauperies opprobrium iubet *Carm*.3.24.42
    'venena maga non [magnum] fas nefasque, non valent|convertere
      humanam vicem. *var*.*Epod*.5.87
    ebrius et, magnum quod dedecus, ambulet ante|noctem cum facibus.' *Serm*.1.4.51
    magnum documentum, ne patriam rem|perdere quis velit.' . . *Serm*.1.4.110

magnum spectaculum uterque. *Serm.*1.7.21
vitium hoc quoque magnum. *Serm.*2.2.69
('quid tam magnum?' addens), 'unum me surpite morti! . . *Serm.*2.3.283
magnum. magnum illa terrorem intulerat Iovi | fidens iuventus horrida
    bracchiis *Carm.*3.4.49
haberes | magnum adiutorem, ... *Serm.*1.9.46
'porrectum magno magnum spectare catino | vellem' . . *Serm.*2.2.39
magnum. in hora saepe ducentos, | ut magnum, versus dictabat . *Serm.*1.4.10
magnum hoc ego duco, | quod placui tibi, ... *Serm.*1.6.62
'magnum narras, vix credibile.' *Serm.*1.9.52
'at magnum fecit, quod verbis graeca latinis | miscuit.' . . *Serm.*1.10.20
'venit enim magnum donandi parca iuventus . . . *Serm.*2.5.79
et docuit magnumque loqui nitique cothurno. . . . *Ars Poet.*280
magnus. sedilibusque magnus in primis eques . . . *Epod.*4.15
magnus uterque timor latronibus; *Serm.*1.4.67
o magnus posthac inimicis risus. *Serm.*2.2.107
divinare etenim magnus mihi donat Apollo.' . . . *Serm.*2.5.60
iuvenis Parthis horrendus, . . . tellure marique | magnus erit, . *Serm.*2.5.64
hoc erat in votis: modus agri non ita magnus, . . . *Serm.*2.6.1
quandoque bonus [? interdum magnus] dormitat Homerus, . . *? var.Ars Poet.*359
magus. quis te solvere Thessalis | magus venenis, quis poterit deus? . *Carm.*1.27.22
ut magus, et modo me Thebis, modo ponit Athenis. . . *Epist.*2.1.213
Maia. nil amplius oro, | Maia nate. *Serm.*2.6.5
Maiae. almae | filius Maiae, patiens vocari | Caesaris ultor: . . *Carm.*1.2.43
maiestas. imperi | porrecta maiestas ad ortus | solis ab Hesperio cubili. . *Carm.*4.15.15
neque parvom | carmen maiestas recipit tua . . . *Epist.*2.1.258
maior. quo non arbiter Hadriae | maior, ... *Carm.*1.3.16
longius invidiaque maior | urbis relinquam. . . . *Carm.*2.20.4
ceteris maior, tibi miles inpar, ... *Carm.*4.6.5
maior Neronum mox grave proelium | conmisit . . . *Carm.*4.14.14
qui maior absentis habet: *Epod.*1.18
si pede maior erit, subvertet, si minor, uret. . . . *Epist.*1.10.43
maior. illi turba clientium | sit maior: *Carm.*3.1.14
grande certamen, tibi praeda cedat, | maior an illa. . . *Carm.*3.20.8
laus illi debetur et a me gratia maior. *Serm.*1.6.88
nam mihi continuo maior quaerenda foret res . . . *Serm.*1.6.100
lanea et effigies erat, altera cerea: maior | lanea, . . *Serm.*1.8.30
'maior dimidio.' 'num tanto?' *Serm.*2.3.318
non est ut copia maior | ab Iove donari possit tibi. . . *Epist.*1.12.2
maior utrum populum frumenti copia pascat, . . . *Epist.*1.15.14
accessit numerisque modisque licentia maior. . . . *Ars Poet.*211
maior. 'o maior tandem parcas, insane, minori.' . . . *Serm.*2.3.326
o maior iuvenum, quamvis et voce paterna | fingeris ad rectum . *Ars Poet.*366
maiora. Zmyrna quid et Colophon, maiora minorane fama? . . *Epist.*1.11.3
maiora. ut ferula caedas meritum maiora subire | verbera non vereor, . *Serm.*1.3.120
et quondam maiora tuli⟨t⟩. *Serm.*2.5.21
temptantem maiora fere, praesentibus aequom. . . *Epist.*1.17.24
maiore. cum de se loquitur non ut maiore reprensis? . . *Serm.*1.10.55
maiore. cum Sagana maiore ululantem: *Serm.*1.8.25
maiore. concines maiore poeta plectro | Caesarem, . . . *Carm.*4.2.33
et idem | corpore maiorem [? maiore] rides Turbonis in armis | spiritum et
    incessum: . . . . *? var.Serm.*2.3.310
ut studio maiore petant Helicona virentem. . . . *Epist.*2.1.218
maiorem. illis | maiorem natura modum dedit, his breve pondus: . *Serm.*2.2.37
corpore maiorem rides Turbonis in armis | spiritum . . *Serm.*2.3.310
'cultum | maiorem censu' — *Serm.*2.3.324
maiorem. si neque maiorem feci ratione mala rem . . . *Serm.*2.6.6
maiores. libertate decembri, | quando ita maiores voluerunt, utere: . *Serm.*2.7.5
maiores. calices poscit maiores. *Serm.*2.8.35
Romae dulce diu fuit . . . maiores audire, minori dicere . *Epist.*2.1.106
maiores. maiores pennas nido extendisse loqueris, . . . *Epist.*1.20.21
maiori. neque se maiori pauperiorum | turbae conparet, . . *Serm.*1.1.111
maioribus. ab his maioribus orti | ad pugnam venere. . . *Serm.*1.5.55
multos saepe viros nullis maioribus ortos . . . *Serm.*1.6.10
maioribus. quo tandem pacto deceat maioribus uti, . . *Epist.*1.17.2
maioris. maioris fugiens opprobria culpae, ... *Epist.*1.9.10
quidquid erat nactus praedae maioris, ... *Epist.*1.15.38
maiorum. delicta maiorum inmeritus lues, ... *Carm.*3.6.1
maiorum nequis amicus | frigore te feriat.' . . . *Serm.*2.1.61

maiorum. crescentem sequitur cura pecuniam|maiorumque fames. . . . *Carm.*3.16.18
maius. unde nil maius generatur ipso *Carm.*1.12.17
  quanto hoc furiosius atque|maius peccatum est: *Serm.*1.3.84
  est huic diversum vitio vitium prope maius, ... *Epist.*1.18.5
maius. vim temperatam di quoque provehunt|in maius; . . . *Carm.*3.4.67
  (quid potuere maius?), ... *Carm.*3.11.30
  quo nihil maius meliusve terris|fata donavere *Carm.*4.2.37
  monstrumve submisere Colchi|maius *Carm.*4.4.64
  possis nihil urbe Roma|visere maius. *Carm.Saec.*12
  maius parabo, maius infundam tibi|fastidienti poculum . . . *Epod.*5.77
  tu cave ne minuas, tu ne maius facias id *Serm.*2.3.177
  nos maius veriti, postquam nihil esse pericli|sensimus, erigimur; . *Serm.*2.8.57
  invidia Siculi non invenere tyranni|maius tormentum. . . . *Epist.*1.2.59
  quid voveat dulci nutricula maius alumno, ... *Epist.*1.4.8
  nil|divitiae poterunt regales addere maius. *Epist.*1.12.6
  hic onus horret,|ut parvis animis et parvo corpore maius; . . *Epist.*1.17.40
mala. Rhoetum retorsisti leonis|unguibus horribilemque mala; . . *Carm.*2.19.24
mala. in amore haec sunt mala, bellum,|pax rursum: . . . *Serm.*2.3.267
  dum mea delectent mala me vel denique fallant, . . . *Epist.*2.2.127
mala. dura fugae mala, dura belli. *Carm.*2.13.28
  di multa neglecti dederunt|Hesperiae mala luctuosae. . . *Carm.*3.6.8
  neque dulci mala vino lavere *Carm.*3.12.2
  huic si mutonis verbis mala tanta videnti|diceret haec animus . *Serm.*1.2.68
  cum tua pervideas oculis mala lippus inunctis, . . . *Serm.*1.3.25
  quin per mala praeceps|fertur uti pulvis collectus turbine, . . *Serm.*1.4.30
  mala multa precatus Atridis *Serm.*2.3.203
  quae maxima credis|esse mala, ... *Epist.*1.1.43
  multa quidem nobis facimus mala saepe poetae, . . . *Epist.*2.1.219
  hae nugae seria ducent | in mala derisum semel exceptumque sinistre. *Ars Poet.*452
mala. ab ovo|usque ad mala citaret 'io Bacchae' *Serm.*1.3.7
mala. natura aut etiam consuetudo mala; *Serm.*1.3.36
  sed mala tollet anum vitiato melle cicuta. *Serm.*2.1.56
  mala copia quando|aegrum sollicitat stomachum, . . . *Serm.*2.2.42
  "quem mala stultitia et quemcumque inscitia veri|caecum agit, . *Serm.*2.3.43
  nec mala me ambitio perdit nec plumbeus auster . . . *Serm.*2.6.18
  ut mala quem scabies aut morbus regius urget . . . *Ars Poet.*453
mala. audax Iapeti genus|ignem fraude mala gentibus intulit; . . *Carm.*1.3.28
  'mala ducis avi domum|quam multo repetet Graecia milite . . *Carm.*1.15.5
  mala soluta navis exit alite|ferens olentem Mevium. . . . *Epod.*10.1
  ambitione mala aut argenti pallet amore, ... *Serm.*2.3.78
  si neque maiorem feci ratione mala rem *Serm.*2.6.6
mala. Hypsaea caecior illa,|quae mala sunt, spectes. . . . *Serm.*1.2.92
  ut siquis solum hoc, mala ne sint vina, laboret, . . . *Serm.*2.4.49
mala. si neque avaritiam neque sordes aut mala lustra|obiciet . . *Serm.*1.6.68
  si mala condiderit in quem quis carmina, ... *Serm.*2.1.82
  'esto, siquis mala; *Serm.*2.1.83
  scribet mala carmina vecors:|laudato. *Serm.*2.5.74
  et mala perrumpet furtim fastidia victrix. *Epist.*1.10.25
  ridentur mala qui conponunt carmina; *Epist.*2.2.106
malarum. quis non malarum quas amor curas habet | haec inter
    obliviscitur? *Epod.*2.37
malas. antequam turpis macies decentis|occupet malas . . *Carm.*3.27.54
malas. an malas|Canidia tractavit dapes? *Epod.*3.7
Malchinus. Maltinus [Malchinus] tunicis demissis ambulat; . . *var.Serm.*1.2.25
male. pignusque dereptum lacertis|aut digito male pertinaci. . . *Carm.*1.9.24
  ne male dispari|incontinentis iniciat manus *Carm.*1.17.25
  non, si male nunc, et olim|sic erit: *Carm.*2.10.17
  male nominatis|parcite verbis. *Carm.*3.14.11
  male feriatos|Troas . . . falleret *Carm.*4.6.14
  male barbaras|regum est ulta libidines. *Carm.*4.12.7
  pereat male quae te|Lesbia quaerenti taurum monstravit inertem, . *Epod.*12.16
  toga defluit et male laxus|in pede calceus haeret — . . . *Serm.*1.3.31
  pullum, male parvos|sicui filius est, ... *Serm.*1.3.45
  illum|balbutit scaurum pravis fultum male talis. . . . *Serm.*1.3.48
  Sulcius acer|ambulat et Caprius, rauci male cumque libellis, . . *Serm.*1.4.66
  'nonne vides, Albi ut male vivat filius utque|Baius inops? . . *Serm.*1.4.109
  male salsus|ridens dissimulare; *Serm.*1.9.65
  Catone . . . qui male factos|emendare parat versus, . . *Serm.*1.10.*2
  'peream male, si non|optimum erat; *Serm.*2.1.6

cui male si palpere, recalcitrat undique tutus.' *Serm.*2.1.20
neque, si male cesserat, usquam|decurrens alio neque, si bene: . . *Serm.*2.1.31
sed mala [male] tollet anum vitiato melle cicuta. *var.Serm.*2.1.56
male verum examinat omnis|corruptus iudex. *Serm.*2.2.8
nam male re gesta cum vellem mittere operto|me capite in flumen, . *Serm.*2.3.37
si male rem gerere insani est, contra bene sani: *Serm.*2.3.74
quin, ex quo est habitus male tutae mentis Orestes, . . . *Serm.*2.3.137
pratensibus optima fungis|natura est; aliis male creditur. . . *Serm.*2.4.21
sicui praeterea validus male filius in re|praeclara sublatus aletur, . *Serm.*2.5.45
siquis|forte coheredum senior male tussiet, ... *Serm.*2.5.107
nec male necne Lepos saltet; *Serm.*2.6.72
tangentis male singula dente superbo; *Serm.*2.6.87
ne male conditum ius adponatur, ... *Serm.*2.8.69
an male sarta|gratia nequiquam coit et rescinditur *Epist.*1.3.31
haud male Telemachus, proles patientis Vlixei: *Epist.*1.7.40
nec vixit male, qui natus moriensque fefellit. *Epist.*1.17.10
ut male sanos|adscripsit Liber Satyris Faunisque poetas, . . *Epist.*1.19.3
qui male parentem in rupis protrusit asellum|iratus: . . . *Epist.*1.20.15
incultis qui versibus et male natis|rettulit . . . Philippos. . *Epist.*2.1.233
male si mandata loqueris,|aut dormitabo aut ridebo. . . . *Ars Poet.*104
delere iubebat|et male tornatos incudi reddere versus. . . . *Ars Poet.*441
maledicit. tantum maledicit utrique *Serm.*2.3.140
maledicunt. vel quod maledicunt liberius *Serm.*2.8.37
mali. gemmas et lapides aurum et inutile,|summi materiem mali, . *Carm.*3.24.49
(nam pudet tanti mali) *Epod.*11.7
mali. unde laboris|plus haurire mali est quam ex re decerpere fructus. . *Serm.*1.2.79
mali. mali culices ranaeque palustres|avertunt somnos; . . . *Serm.*1.5.14
maligne. ne forte putes me, . . . laudare maligne: . . . *Epist.*2.1.209
malignis. inde Forum Appi|differtum nautis cauponibus atque malignis. . *Serm.*1.5.4
malignum. Parca non mendax dedit et malignum|spernere volgus. . *Carm.*2.16.39
malignus. at tu, nauta, vagae ne parce malignus harenae . . . particulam
dare: *Carm.*1.28.23
malim. dicas 'magno de flumine malim|quam ex hoc fonticulo tantundem
sumere.' *Serm.*1.1.55
malis. seu malis vetita legibus alea, ... *Carm.*3.24.58
malis tentigine rumpi? *Serm.*1.2.118
patriis intermiscere petita|verba foris malis, ... *Serm.*1.10.30
si|magnas Graecorum malis inplere catervas.' *Serm.*1.10.35
an tua demens|vilibus in ludis dictari carmina malis? . . . *Serm.*1.10.75
malis. cum rapies in ius malis ridentem alienis, ... *Serm.*2.3.72
malis. hanc ego cum malis, ego faecem primus et hallec, . . *Serm.*2.4.73
malis. nec magis his aliena malis; *Serm.*1.9.50
malis. malis carere quaeritis laboribus; *Epod.*16.16
malis. nec malis|divolsus querimoniis *Carm.*1.13.18
ac non ante malis dementem actum Furiis quam . . . *Serm.*2.3.135
malit. seu poscat agna sive malit haedo. *Carm.*1.4.12
quin omnia malit|quaecumque inmundis fervent adlata popinis. . *Serm.*2.4.61
malle. 'magno de flumine malim [malle]|quam ex hoc fonticulo tantundem
sumere.' *var.Serm.*1.1.55
mallem. 'magno de flumine malim [mallem] | quam ex hoc fonticulo
tantundem sumere.' *var.Serm.*1.1.55
'nullos his mallem ludos spectasse; *Serm.*2.8.79
nec sermones ego mallem|repentis per humum *Epist.*2.1.250
malles. si defendere delictum quam vertere malles, ... *Ars Poet.*442
mallet. populus Laevino mallet honorem|quam Decio mandare novo . *Serm.*1.6.19
iam moechus Romae, iam mallet doctus Athenis|vivere, . . *Serm.*2.7.13
Mallio. o nata mecum consule Manlio [Mallio], ... *var.Carm.*3.21.1
malo. cur nescire pudens prave quam discere malo? . . . *Ars Poet.*88
malo. nullique malo latus obdit apertum, ... *Serm.*1.3.59
malo. non di, quos iterum pressa voces malo. *Carm.*1.14.10
meo nunc|superbus incedis malo, ... *Epod.*15.18
quone malo mentem concussa? timore deorum." . . . *Serm.*2.3.295
malo. flagret rumore malo cum|hic atque ille?' *Serm.*1.4.125
ille [malo] et nefasto te posuit die|quicumque primum . . *var.Carm.*2.13.1
malo. Cois tibi paene videre est|ut nudam, ne crure malo, ne sit pede
turpi; *Serm.*1.2.102
malo quae nollet carmine quemquam|describi: *Epist.*2.1.153
malobathro. coronatus nitentis|malobathro Syrio capillos, . . *Carm.*2.7.8
malos. cave, cave, namque in malos asperrimus|parata tollo cornua, . *Epod.*6.11

formidare malos fures, incendia, ... *Serm.*1.1.77
Malthinus. Maltinus [Malthinus] tunicis demissis ambulat; . . . *var.Serm.*1.2.25
Maltinus. Maltinus tunicis demissis ambulat; *Serm.*1.2.25
maluit. cum faber, . . . maluit esse deum. *Serm.*1.8.3
malum. bonam deperdere famam, | rem patris oblimare malum est
    ubicumque. *Serm.*1.2.62
    quod magis ad nos | pertinet et nescire malum est, ... *Serm.*2.6.73
malum. illic omne malum vino cantuque levato, ... *Epod.*13.17
    unde | fama malum gravius quam res trahit. *Serm.*1.2.59
    grande malum Turius, siquid se iudice certes. *Serm.*2.1.49
malum. volnus nil malum levantia, ... *Epod.*11.17
malum. ne gallina malum responset dura palato, ... *Serm.*2.4.18
malunt. verum age et his, qui se lectori credere malunt . . . *Epist.*2.1.214
malus. quod latus mundi nebulae malusque | Iuppiter urget; . . *Carm.*1.22.19
    quam malus undique membris | crescit odor, ... *Epod.*12.7
    avi cur atque parentis | praeclaram ingrata stringat malus ingluvie rem, *Serm.*1.2.8
    siquis erat dignus describi, quod malus ac fur, ... *Serm.*1.4.3
    pudor" inquit "te malus angit, ... *Serm.*2.3.39
    nam Laurens malus est, ulvis et harundine pinguis. . . . *Serm.*2.4.42
    stultorum incurata pudor malus ulcera celat. *Epist.*1.16.24
    militiae quamquam piger et malus, utilis Vrbi, ... *Epist.*2.1.124
malus. et malus celeri saucius Africo *Carm.*1.14.5
    si mugiat Africis | malus procellis, ... *Carm.*3.29.58
malvae. me pascunt olivae, | me cichorea levesque malvae. . . *Carm.*1.31.16
    gravi | malvae salubres corpori *Epod.*2.58
mammae. mammae putres | equina quales ubera *Epod.*8.7
Mamurrarum. in Mamurrarum lassi deinde urbe manemus, . . *Serm.*1.5.37
manabit. tibi copia | manabit ad plenum *Carm.*1.17.15
manant. non semper imbres nubibus hispidos | manant in agros . *Carm.*2.9.2
    mella cava manant ex ilice, ... *Epod.*16.47
manantibus. frondesque lymphis obstrepunt manantibus, . . *Epod.*2.27
manare. fidis enim manare poetica mella | te solum, . . . *Epist.*1.19.44
manaret. cum sudor ad imos | manaret talos. *Serm.*1.9.11
manat. cur | manat rara meas lacrima per genas? *Carm.*4.1.34
    frigidus a rostris manat per compita rumor: *Serm.*2.6.50
    omne supervacuom pleno de pectore manat. . . . . *Ars Poet.*337
manca. in quem manca ruit semper fortuna. *Serm.*2.7.88
mancipat. quaedam, si credis consultis, mancipat usus: . . *Epist.*2.2.159
mancipium. Davos, amicum | mancipium domino *Serm.*2.7.3
mancum. me . . . dixi | talibus officiis prope mancum, . . . *Epist.*2.2.21
mancupiis. mancupiis locuples eget aeris Cappadocum rex: . . *Epist.*1.6.39
mandabo. 'forum putealque Libonis | mandabo siccis, . . . *Epist.*1.19.9
mandare. populus Laevino mallet honorem | quam Decio mandare novo . *Serm.*1.6.20
mandata. vale, cave ne titubes mandataque frangas. . . . *Epist.*1.13.19
    male si mandata loqueris, | aut dormitabo aut ridebo. . . . *Ars Poet.*104
Mandela. quem Mandela bibit, rugosus frigore pagus, . . . *Epist.*1.18.105
mandentur. ne forte seniles | mandentur iuveni partes pueroque viriles: . *Ars Poet.*177
mane. noctis vigilabat ad ipsum | mane, diem totum stertebat. . *Serm.*1.3.18
mane. dicimus integro | sicci mane die, dicimus uvidi, . . . *Carm.*4.5.39
    non sollicitus mihi quod cras | surgendum sit mane, . . . *Serm.*1.6.120
    mane domum veniant. *Serm.*2.3.230
    lautis mane senex manibus currebat *Serm.*2.3.282
    illo | mane die, quo tu indicis ieiunia, nudus | in Tiberi stabit.' . *Serm.*2.3.291
    navos mane forum et vespertinus pete tectum, ... *Epist.*1.6.20
    (qui mane plagas, . . . transire forum populumque iubebat, . *Epist.*1.6.58
    Volteium mane Philippus . . . occupat *Epist.*1.7.64
    quod non mane domum venisset, ... *Epist.*1.7.68
    mane cliens et iam certus conviva, ... *Epist.*1.7.75
    vina fere dulces oluerunt mane Camenae. *Epist.*1.19.5
    Romae dulce diu fuit et sollemne reclusa | mane domo vigilare, . *Epist.*2.1.104
mane. te saepe vocanti | duram difficilis mane. *Carm.*3.7.32
maneant. fors et | debita iura vicesque superbae | te maneant ipsum: . *Carm.*1.28.33
manebo. supremo te sole domi, Torquate, manebo. . . . *Epist.*1.5.3
manemus. in Mamurrarum lassi deinde urbe manemus, . . *Serm.*1.5.37
manent. nec mens mihi nec color | certa sede manent, . . . *Carm.*1.13.6
    quae manent culpas etiam sub Orco. *Carm.*3.11.29
    sed tardiora fata te votis manent: *Epod.*17.62
    manserunt hodieque manent vestigia ruris. *Epist.*2.1.160
manentem. laudo manentem; *Carm.*3.29.53

manentis. si plosoris eges aulaea manentis . . . . *Ars Poet.*154
Manes. iam te premet nox fabulaeque Manes *Carm.*1.4.16
    carmine di superi placantur, carmine Manes. *Epist.*2.1.138
manet. manet sub Iove frigido | venator *Carm.*1.1.25
    tunc nec mens mihi nec color | certa sede manent [manet], . . *var.Carm.*1.13.6
    sed omnis una manet nox *Carm.*1.28.15
    nulla certior . . . aula divitem manet | erum. *Carm.*2.18.31
    neque illi | iam manet umida creta *Epod.*12.10
    te manet Assaraci tellus, ... *Epod.*13.13
    nos manet Oceanus circum vagus: *Epod.*16.41
    quae finis aut quod me manet stipendium? *Epod.*17.36
    hoc quoque te manet, ... *Epist.*1.20.17
manet. spiritus taeter saniesque manet | ore trilingui; . . . *Carm.*3.11.19
    quod cum spe divite manet | in venas animumque meum, . . . *Epist.*1.15.19
    licet illi plurima manet | lacrima, ... *Epist.*1.17.59
mangonum. nemo hoc mangonum faceret tibi; *Epist.*2.2.13
manibus. cruor in fossam confusus, ut inde | manis [manibus] elicerent
    animas responsa daturas. *var.Serm.*1.8.29
manibus. donec manibus tremor incidat unctis. *Epist.*1.16.23
manibus. valentium | proceras manibus vertere fraxinos, . . *Carm.*3.25.16
    conminxit lectum potus mensave catillum | Euandri manibus tritum
      deiecit: *Serm.*1.3.91
    bene siquis | et vivat puris manibus, ... *Serm.*1.4.68
    lautis mane senex manibus currebat *Serm.*2.3.282
    'quid, caput abscissum demens [manibus] cum portat Agaue | gnati
      infelicis, ... *var.Serm.*2.3.303
    'quid, caput abscissum demens cum portat [abscissum manibus portavit]
      Agaue | gnati infelicis, ... *var.Serm.*2.3.303
    puer unctis | tractavit calicem manibus, ... *Serm.*2.4.79
    donec "ohe iam" | ad caelum manibus sublatis dixerit, . . *Serm.*2.5.97
    iuvat inmemorata ferentem | ingenuis oculisque legi manibusque teneri. *Epist.*1.19.34
    contrectatus ubi manibus sordescere volgi | coeperis, . . *Epist.*1.20.11
    Naevius in manibus non est et mentibus haeret | paene recens? . . *Epist.*2.1.53
    mox trahitur manibus regum fortuna retortis, . . . *Epist.*2.1.191
manicis. 'in manicis et | compedibus saevo te sub custode tenebo.' . *Epist.*1.16.76
manifestum. ne manifestum | caelibis obsequium nudet te, . . *Serm.*2.5.46
Manilio. o nata mecum consule Manlio [Manilio], . . . *var.Carm.*3.21.1
manis. ut inde | manis elicerent animas responsa daturas. . *Serm.*1.8.29
manium. quae vis deorum est Manium, ... *Epod.*5.94
Manlio. o nata mecum consule Manlio, ... *Carm.*3.21.1
mannis. inpositus mannis arvom caelumque Sabinum | non cessat laudare. *Epist.*1.7.77
mannis. et Appiam mannis terit *Epod.*4.14
mannos. si per obliquom similis sagittae | terruit mannos: . . *Carm.*3.27.7
manserunt. manserunt hodieque manent vestigia ruris. . . *Epist.*2.1.160
mansuri. mansuri oppidulo, quod versu dicere non est, . . *Serm.*1.5.87
mantica. mantica cui lumbos onere ulceret atque eques armos: . *Serm.*1.6.106
manu. clavos trabalis et cuneos manu | gestans aena . . *Carm.*1.35.18
    domitosque Herculea manu | Telluris iuvenes, . . . *Carm.*2.12.6
    sacrilega manu | produxit, arbos, ... *Carm.*2.13.2
    bene est cui deus obtulit | parca quod satis est manu. . *Carm.*3.16.44
    parentis olim siquis inpia manu | senile guttur fregerit, . . *Epod.*3.1
    arreptaque manu 'quid agis, dulcissime rerum?' . . . *Serm.*1.9.4
    et pressare manu lentissima bracchia, ... *Serm.*1.9.64
    grata sume manu neu dulcia differ in annum, . . . *Epist.*1.11.23
    vos exemplaria Graeca | nocturna versate manu, versate diurna. . *Ars Poet.*269
manum. unde manum iuventus | metu deorum continuit? . . *Carm.*1.35.36
    manum puella savio opponat tuo, ... *Epod.*3.21
    contra latrones atque servilem manum *Epod.*4.19
    manum stomachumque teneto, ... *Serm.*2.7.44
manus. nec fulminantis magna manus Iovis: *Carm.*3.3.6
    iam bis Monaeses et Pacori manus *Carm.*3.6.9
    inmunis aram si tetigit manus, ... *Carm.*3.23.17
    cuncta festinat manus, ... *Carm.*4.11.9
    quam Graia victorum manus, ... *Epod.*10.12
    minacis aut Etrusca Porsenae manus, ... *Epod.*16.4
    quis manus insudet volgi Hermogenisque Tigelli, . . *Serm.*1.4.72
    multa poetarum veniat manus, ... *Serm.*1.4.141
    nam neque chorda sonum reddit quem volt manus et mens, . . *Ars Poet.*348
manus. nil Claudiae non perficient manus, ... *Carm.*4.4.73

quale non perfectius|meae laborarint manus. *Epod.*5.60
tibi hospitale pectus et purae manus *Epod.*17.49
manus. ne male dispari|incontinentis iniciat manus *Carm.*1.17.26
caelo supinas si tuleris manus *Carm.*3.23.1
cuncta manus avidas fugient heredis *Carm.*4.7.19
manus potentis|Medus Albanasque timet securis, . . . *Carm.Saec.*53
'iam iam efficaci do manus scientiae, ... *Epod.*17.1
ora manusque tua lavimus, Feronia, lympha; *Serm.*1.5.24
mappa. ne sordida mappa|corruget naris, ... *Epist.*1.5.22
mappa. Varius mappa conpescere risum|vix poterat. . . . *Serm.*2.8.63
mappis. vilibus in scopis, in mappis, in scobe quantus|consistit sumptus? . *Serm.*2.4.81
Marcelli. crescit occulto velut arbor aevo|fama Marcellis [Marcelli]; . *var.Carm.*1.12.46
Marcellis. crescit occulto velut arbor aevo|fama Marcellis; . *coni.Carm.*1.12.46
marcentem. tostis marcentem squillis recreabis et Afra|potorem coclea: . *Serm.*2.4.58
mare. deterret ensis nec mare naufragum *Carm.*1.16.10
exitio est avidum mare nautis; *Carm.*1.28.18
tumultuosum sollicitat mare *Carm.*3.1.26
nunc mare, nunc siluae|Threicio Aquilone sonant. . . . *Epod.*13.2
cum te neque fervidus aestus|demoveat lucro neque hiemps ignis mare
ferrum, ... *Serm.*1.1.39
atrum|defendens piscis hiemat mare: *Serm.*2.2.17
sed non omne mare est generosae fertile testae: . . . *Serm.*2.4.31
lacus et mare sentit amorem|festinantis eri; *Epist.*1.1.84
mare. Myrtoum pavidus nauta secet mare. *Carm.*1.1.14
qui vidit mare turgidum *Carm.*1.3.19
nec cursus duplicis per mare Vlixei *Carm.*1.6.7
quae nunc oppositis debilitat pumicibus mare|Tyrrhenum: . *Carm.*1.11.5
qui mare ac terras variisque mundum|temperat horis? . . *Carm.*1.12.15
o navis, referent in mare te novi|fluctus. *Carm.*1.14.1
tristitiam et metus|tradam protervis in mare Creticum|portare ventis, *Carm.*1.26.2
quod mare Dauniae|non decoloravere caedes? . . . *Carm.*2.1.34
aut mare Caspium|vexant inaequales procellae|usque . . *Carm.*2.9.2
Siculum mare|Poeno purpureum sanguine *Carm.*2.12.2
tu flectis amnis, tu mare barbarum, ... *Carm.*2.19.17
qui terram inertem, qui mare temperat|ventosum . . . *Carm.*3.4.45
caementis licet occupes|terrenum omne tuis et mare publicum: . *Carm.*3.24.4
vel nos in mare proximum|gemmas . . . mittamus, . . *Carm.*3.24.47
cum pace delabentis Etruscum|in mare, ... *Carm.*3.29.36
pacatum volitant per mare navitae; *Carm.*4.5.19
iam veris comites, quae mare temperant, ... *Carm.*4.12.1
neque horret iratum mare *Epod.*2.6
hiems ad hoc vertat mare, ... *Epod.*2.52
nautis infestus Orion|turbaret hibernum mare *Epod.*15.8
in mare seu celsus procurrerit Appenninus *Epod.*16.29
per omne|audaces mare qui currunt, ... *Serm.*1.1.30
atque ego cum graecos facerem, natus mare citra,|versiculos, . *Serm.*1.10.31
vino quinquenni, verum citra mare nato,|dum coquitur . . *Serm.*2.8.47
per mare pauperiem fugiens, per saxa, per ignis): . . . *Epist.*1.1.46
ad mare descendet vates tuos *Epist.*1.7.11
idcirco navim trans Aegaeum mare vendas. *Epist.*1.11.16
caelum, non animum mutant, qui trans mare currunt. . . *Epist.*1.11.27
quae mare conpescant causae, quid temperet annum, . . *Epist.*1.12.16
ad mare cum veni, generosum et lene requiro, . . . *Epist.*1.15.18
Garganum mugire putes nemus aut mare Tuscum: . . . *Epist.*2.1.202
hic meret aera liber Sosiis, hic et mare transit . . . . *Ars Poet.*345
mare. o mare et terra, ardeo, ... *Epod.*17.30
mare. priusque caelum sidet inferius mari [mare]|tellure porrecta super . *var.Epod.*5.79
marem. namque marem cohibent callosa vitellum. . . . *Serm.*2.4.14
Mareotico. mentemque lymphatam Mareotico|redegit in veros timores|Caesar *Carm.*1.37.14
mares. mares animos in Martia bella|versibus exacuit; . . *Ars Poet.*402
mares. natalemque, mares, Delon Apollinis *Carm.*1.21.10
mari. addant avaro divitias mari: *Carm.*3.29.61
mari. sive flamma|sive mari libet Hadriano. *Carm.*1.16.4
ut pura nocturno renidet|luna mari *Carm.*2.5.20
iam mari terraque manus potentis|Medus Albanasque timet securis, . *Carm.Saec.*53
priusque caelum sidet inferius mari|tellure porrecta super . . *Epod.*5.79
terra marique victus hostis *Epod.*9.27
aut fertur incerto mari. *Epod.*9.32
niger rudentis Eurus inverso mari *Epod.*10.5

tellure marique|magnus erit,	*Serm.*2.5.63
siquis bella tibi terra pugnata marique|dicat	*Epist.*1.16.25
maribus. et maribus Curiis et decantata Camillis?	*Epist.*1.1.64
Maricae. princeps et innantem Maricae|litoribus tenuisse Lirim,	*Carm.*3.17.7
marina. ut melius muria quod testa marina remittat."	*Serm.*2.8.53
marinae. quid latet, ut marinae|filium dicunt Thetidis	*Carm.*1.8.13
laevom marinae qui Veneris latus|custodit.	*Carm.*3.26.5
filius quamvis Thetidis marinae	*Carm.*4.6.6
qui dies mensem Veneris marinae|findit Aprilem,	*Carm.*4.11.15
marino. parvos coronantem marino|rore deos.	*Carm.*3.23.15
marinus. ut marinus asperis|echinus aut Laurens aper.	*Epod.*5.27
maris. uvida|suspendisse potenti|vestimenta maris deo.	*Carm.*1.5.16
te maris et terrae numeroque carentis harenae|mensorem cohibent,	*Carm.*1.28.1
sit modus lasso maris et viarum|militiaeque.	*Carm.*2.6.7
marisque Bais obstrepentis urges|submovere litora,	*Carm.*2.18.20
Carpathii trans maris aequora	*Carm.*4.5.10
Hydaspes|Caecuba vina ferens, Alcon Chium maris expers.	*Serm.*2.8.15
censes munera terrae,|quid maris extremos Arabas ditantis	*Epist.*1.6.6
an Lebedum laudas odio maris atque viarum?	*Epist.*1.11.6
non locus effusi late maris arbiter	*Epist.*1.11.26
marita. nec sit marita, quae rotundioribus|onusta bacis ambulet.	*Epod.*8.13
marita. prolisque novae feraci|lege marita,	*Carm.Saec.*20
maritat. ergo aut adulta vitium propagine|altas maritat populos	*Epod.*2.10
mariti. olentis uxores mariti	*Carm.*1.17.7
iuniores quaerit adulteros|inter mariti vina	*Carm.*3.6.26
castis cum pueris ignara puella mariti|disceret unde preces,	*Epist.*2.1.132
maritis. iurat bene solis esse maritis.	*Epist.*1.1.89
concubitu prohibere vago, dare iura maritis,	*Ars Poet.*398
marito. nuptiarum expers et adhuc protervo|cruda marito.	*Carm.*3.11.12
'surge' quae dixit iuveni marito,	*Carm.*3.11.37
fortique marito|destinet uxorem:	*Serm.*2.3.216
estne marito|matronae peccantis in ambo iusta potestas,	*Serm.*2.7.61
marito. non sine conscio|surgit marito,	*Carm.*3.6.30
unico gaudens mulier marito	*Carm.*3.14.5
maritos. tua ne retardet|aura maritos.	*Carm.*2.8.24
maritum. iam proterva|fronte petet Lalage maritum|dilecta,	*Carm.*2.5.16
maritus. milesne Crassi coniuge barbara|turpis maritus vixit	*Carm.*3.5.6
Marius. Hellade percussa Marius cum praecipitat se,	*Serm.*2.3.277
marmor. argentum et marmor vetus aeraque et artis|suspice,	*Epist.*1.6.17
gemmas, marmor, ebur, . . . sunt qui non habeant,	*Epist.*2.2.180
marmora. non incisa notis marmora publicis,	*Carm.*4.8.13
marmora. tu secanda marmora|locas sub ipsum funus	*Carm.*2.18.17
marmore. splendentis Pario marmore purius,	*Carm.*1.19.6
marmoream. Albanos prope te lacus|ponet marmoream sub trabe citrea.	*Carm.*4.1.20
marmoreum. intra marmoreum venerandi limen amici,	*Epist.*1.18.73
marmoris. marmoris aut eboris fabros aut aeris amavit,	*Epist.*2.1.96
Marsa. caputque Marsa dissilire nenia.	*Epod.*17.29
Marsae. qui dissimulat metum|Marsae cohortis Dacus	*Carm.*2.20.18
Marsaeus. ut quondam Marsaeus, amator Originis ille,	*Serm.*1.2.55
Marsi. acer et Marsi peditis cruentum|voltus in hostem;	*coni.Carm.*1.2.39
Marsi. et cadum Marsi memorem duelli,	*Carm.*3.14.18
Marsi. quam neque finitimi valuerunt perdere Marsi	*Epod.*16.3
Marsis. nec vocata mens tua|Marsis redibit vocibus.	*Epod.*5.76
Marsus. seu rupit teretes Marsus aper plagas.	*Carm.*1.1.28
sub rege Medo Marsus et Apulus.	*Carm.*3.5.9
Marsya. Marsya, qui se|voltum ferre negat Noviorum posse minoris.	*Serm.*1.6.120
Marte. nec Semeleius|cum Marte confundet Thyoneus|proelia	*Carm.*1.17.23
arva|Marte coli populata nostro.	*Carm.*3.5.24
et Marte Poenos proteret altero;	*Carm.*3.5.34
quid Marte posses.	*Carm.*4.14.9
marte. frustra cruento marte carebimus	*Carm.*2.14.13
Martem. quis Martem tunica tectum adamantina|digne scripserit	*Carm.*1.6.13
Marti. dant alios Furiae torvo spectacula Marti,	*Carm.*1.28.17
gravis|iras et invisum nepotem, . . . Marti redonabo;	*Carm.*3.3.33
Martia. spectandus in certamine Martio [inter fulmina Martia]	*coni.Carm.*4.14.17
mares animos in Martia bella|versibus exacuit;	*Ars Poet.*402
Martialis. nec viridis metuont colubras|nec Martialis haediliae lupos,	*Carm.*1.17.9
Martii. per gramina Martii|campi,	*Carm.*4.1.39
Martiis. Martiis caelebs quid agam kalendis,	*Carm.*3.8.1

Martio. aeque conspicitur gramine Martio, ... *Carm.*3.7.26
  spectandus in certamine Martio *Carm.*4.14.17
Martis. hac Quirinus | Martis equis Acheronta fugit, ... *Carm.*3.3.16
mascula. sed rusticorum mascula militum | proles, ... *Carm.*3.6.37
  temperat Archilochi musam pede mascula Sappho, . . . *Epist.*1.19.28
masculae. non defuisse masculae libidinis *Epod.*5.41
Massagetas. diffingas retusum in | Massagetas Arabasque ferrum. . *Carm.*1.35.40
Massica. Massica si caelo suppones vina sereno, ... *Serm.*2.4.51
Massici. est qui nec veteris pocula Massici . . . spernit, . *Carm.*1.1.19
Massico. oblivioso levia Massico | ciboria exple, ... *Carm.*2.7.21
Massicum. quocumque lectum nomine Massicum | servas, . . *Carm.*3.21.5
mater. mater saeva Cupidinum *Carm.*1.19.1
  ut mater iuvenem, . . . precibus vocat *Carm.*4.5.9
  nec mater domum caerula te revehet. *Epod.*13.16
  ipsa utilitas, iusti prope mater et aequi. *Serm.*1.3.98
  'est tibi mater, | cognati, quis te salvo est opus?' . . . *Serm.*1.9.26
  clamet amica, | mater, honesta soror cum cognatis, pater, uxor: . *Serm.*2.3.58
  clamet amica, | mater, [clamet amica | mater,] honesta soror cum
    cognatis, pater, uxor: *var.Serm.*2.3.58
  mater ait pueri mensis iam quinque cubantis, . . . *Serm.*2.3.289
  mater delira necabit | in gelida fixum ripa *Serm.*2.3.293
  'indotata mihi soror est, paupercula mater, ... *Epist.*1.17.46
  veluti pia mater | plus quam se sapere . . . volt . . . *Epist.*1.18.26
mater. desine, dulcium | mater saeva Cupidinum, ... *Carm.*4.1.5
  Catienis mille ducentis | 'mater, te appello' clamantibus. . . *Serm.*2.3.62
mater. sumite materiam [iam mater] vestris, qui scribitis, aequam | viribus *var.Ars Poet.*38
matercula. dum pueris omnis pater et matercula pallet . . *Epist.*1.7.7
materiam. sumite materiam vestris, qui scribitis, aequam | viribus . *Ars Poet.*38
materiem. gemmas et lapides aurum et inutile, | summi materiem mali, . *Carm.*3.24.49
materies. publica materies privati iuris erit, ... *Ars Poet.*131
materna. arte materna rapidos morantem | fluminum lapsus . . *Carm.*1.12.9
maternis. rebus maternis atque paternis | fortiter absumptis . . *Epist.*1.15.26
maternus. nec quod avos tibi maternus fuit atque paternus . *Serm.*1.6.3
Matina. quando | Padus Matina laverit cacumina, . . . *Epod.*16.28
Matinae. ego apis Matinae | more modoque *Carm.*4.2.27
Matinum. pulveris exigui prope latum parva Matinum | munera . . *Carm.*1.28.3
matre. o matre pulcra filia pulcrior, ... *Carm.*1.16.1
  sic lucro aversam potuisse nasci | matre pudenda. . . *Carm.*2.4.20
  matre carentibus | privignis mulier temperat . . . *Carm.*3.24.17
  relicta | matre qui largis iuvenescit herbis *Carm.*4.2.55
  quo patre sit natus, num ignota matre inhonestus, . . *Serm.*1.6.36
matrem. quaerenti pavidam montibus aviis | matrem . . . *Carm.*1.23.3
  tandem desine matrem | tempestiva sequi viro. . . . *Carm.*1.23.11
  Scaevae vivacem crede nepoti | matrem: *Serm.*2.1.54
  cum laqueo uxorem interimis matremque veneno, . . *Serm.*2.3.131
matres. te Dacus asper, . . . regumque matres barbarorum et | purpurei
    metuont tyranni, ... *Carm.*1.35.11
  te suis matres metuont iuvencis, ... *Carm.*2.8.21
  virginum matres iuvenumque nuper | sospitum; . . . *Carm.*3.14.9
  unxere matres Iliae additum feris | alitibus atque canibus homicidam
    Hectorem, ... *Epod.*17.11
matres. quae solet matres furiare equorum, ... *Carm.*1.25.14
  Ilithyia, tuere matres, ... *Carm.Saec.*14
matri. matri denarrat, ut ingens | belua cognatos eliserit: . . *Serm.*2.3.315
matribus. bellaque matribus | detestata. *Carm.*1.1.24
matris. expedit matris cineres opertos | fallere *Carm.*2.8.9
  severae | matris ad arbitrium *Carm.*3.6.40
  fulvae matris ab ubere | iam lacte depulsum . . . *Carm.*4.4.14
  ureret flammis, etiam latentem | matris in alvo, . . . *Carm.*4.6.20
  in matris iugulo ferrum tepefecit acutum? *Serm.*2.3.136
matrona. matrona bellantis tyranni | prospiciens *Carm.*3.2.7
  hinc avidus stetit | Volcanus, hinc matrona Iuno . . *Carm.*3.4.59
  ut matrona meretrici dispar erit atque | discolor, . . . *Epist.*1.18.3
  matrona potens an sedula nutrix, ... *Ars Poet.*116
  ut festis matrona moveri iussa diebus, ... *Ars Poet.*232
matrona. quid inter- | est in matrona, ancilla peccesne togata? . *Serm.*1.2.63
matronae. matronae praeter faciem nil cernere possis | cetera, . *Serm.*1.2.94
  estne marito | matronae peccantis in ambo iusta potestas, . *Serm.*2.7.62
matronam. hoc amat et laudat 'matronam nullam ego tango.' . . *Serm.*1.2.54

matronas.	quare, ne paeniteat te,|desine sectari matronas,	*Serm.*1.2.78
matronis.	iracunda diem proferet Ilio|matronisque Phrygum classis Achillei;	*Carm.*1.15.34
matronis.	cum prole matronisque nostris,	*Carm.*4.15.27
matrum.	pupillis, quos dura premit custodia matrum:	*Epist.*1.1.22
matura.	motus doceri gaudet Ionicos|matura virgo	*Carm.*3.6.22
maturare.	nimis|casto Bellerophonte|maturare necem,	*Carm.*3.7.16
mature.	'solve senescentem mature sanus equom,	*Epist.*1.1.8
	mature redeat repetatque relicta.	*Epist.*1.7.97
	quod cupide petiit, mature plena reliquit.	*Epist.*2.1.100
maturet.	eburna, dic age, cum lyra|maturet,	*Carm.*2.11.23
maturior.	te meae si partem animae rapit|maturior vis,	*Carm.*2.17.6
maturis.	mobilibusque decor naturis [maturis] dandus et annis.	*var.Ars Poet.*157
maturo.	maturo propior desine funeri|inter ludere virgines	*Carm.*3.15.4
maturos.	natosque maturosque patres|pertulit Ausonias ad urbis,	*Carm.*4.4.55
	rite maturos aperire partus|lenis,	*Carm.Saec.*13
	praesenti tibi maturos largimur honores	*Epist.*2.1.15
maturum.	maturum reditum pollicitus patrum|sancto concilio	*Carm.*4.5.3
maturus.	maturusne senex an adhuc florente iuventa|fervidus,	*Ars Poet.*115
matutina.	'matutina parum cautos iam frigora mordent';	*Serm.*2.6.45
Matutine.	Matutine pater, seu 'Iane' libentius audis,	*Serm.*2.6.20
Maura.	barbaras Syrtis, ubi Maura semper|aestuat unda:	*Carm.*2.6.3
Mauri.	acer et Marsi [Mauri] peditis cruentum|voltus in hostem;	*var.Carm.*1.2.39
	non eget Mauris [Mauri] iaculis	*var.Carm.*1.22.2
Mauris.	nec Mauris animum mitior anguibus:	*Carm.*3.10.18
Mauris.	non eget Mauris iaculis neque arcu	*Carm.*1.22.2
mavis.	sive tu mavis, Erycina ridens,	*Carm.*1.2.33
	seu voce nunc mavis acuta|seu fidibus citharave Phoebi.	*Carm.*3.4.3
	sis licet felix, ubicumque mavis,	*Carm.*3.27.13
	nisi erile mavis|carpere pensum	*Carm.*3.27.63
	an tibi mavis | insidias fieri pretiumque avellier ante | quam mercem ostendi?	*Serm.*1.2.103
	tu conclusas hircinis follibus auras, . . . ut mavis, imitare.	*Serm.*1.4.21
	urbana diaria rodere mavis,	*Epist.*1.14.40
mavolt.	cum rapula plenus|atque acidas mavolt inulas.	*Serm.*2.2.44
Mavortis.	quid foret Iliae|Mavortisque puer,	*Carm.*4.8.23
maxima.	deus inde ego, furum aviumque|maxima formido:	*Serm.*1.8.4
	'hic fossa est ingens, hic rupes maxima: serva!'	*Serm.*2.3.59
	"danda est ellebori multo pars maxima avaris:	*Serm.*2.3.82
	maxima pars hominum morbo iactatur eodem.	*Serm.*2.3.121
	maxima pars vatum, pater et iuvenes patre digni,|decipimur specie recti.	*Ars Poet.*24
maxima.	quae maxima credis|esse mala,	*Epist.*1.1.42
Maxime.	Troiani belli scriptorem, Maxime Lolli,	*Epist.*1.2.1
maxime.	Auguste, . . . maxime principum,	*Carm.*4.14.6
	'maxime' quis non|'Iuppiter' exclamat simul atque audivit?	*Serm.*1.2.17
	rumperis et latras, magnorum maxime regum.	*Serm.*1.3.136
	'maxime regum,|di tibi dent	*Serm.*2.3.190
Maximi.	tempestivis in domum|Pauli . . . Maximi,	*Carm.*4.1.11
maximus.	utque soles, custos mihi maximus adsis.	*Serm.*2.6.15
mazonomo.	mazonomo pueri magno discerpta ferentes|membra gruis	*Serm.*2.8.86
me.	me doctarum hederae praemia frontium|dis miscent superis,	*Carm.*1.1.29
	me gelidum nemus|Nympharumque leves cum Satyris chori|secernunt populo,	*Carm.*1.1.30
	quodsi me lyricis vatibus inseres,	*Carm.*1.1.35
	me tabula sacer|votiva paries indicat	*Carm.*1.5.13
	me nec tam patiens Lacedaemon | nec tam Larisae percussit campus opimae	*Carm.*1.7.10
	me nec [? nec me] tam patiens Lacedaemon . . . percussit	*? var.Carm.*1.7.10
	non, si me satis audias,	*Carm.*1.13.13
	conpesce mentem: me quoque pectoris|temptavit	*Carm.*1.16.22
	di me tuentur, dis pietas mea|et musa cordi est.	*Carm.*1.17.13
	Thebanaeque iubet me Semelae puer	*Carm.*1.19.2
	urit me Glycerae nitor	*Carm.*1.19.5
	in me tota ruens Venus	*Carm.*1.19.9
	namque me silva lupus in Sabina, . . . fugit inermem;	*Carm.*1.22.9
	pone me pigris ubi nulla campis|arbor	*Carm.*1.22.17
	vitas hinnuleo me similis, Chloe,	*Carm.*1.23.1
	voltis severi me quoque sumere|partem Falerni?	*Carm.*1.27.9
	me quoque devexi rapidus comes Orionis|Illyricis Notus obruit undis.	*Carm.*1.28.21
	me pascunt olivae,	*Carm.*1.31.15

me pascunt olivae,|me cichorea levesque malvae.	*Carm.*1.31.16
me melior cum peteret Venus,	*Carm.*1.33.13
neque me sub arta|vite bibentem.	*Carm.*1.38.7
sed me per hostis Mercurius celer|denso paventem sustulit aere,	*Carm.*2.7.13
me dulcis dominae Musa Licymniae|cantus, . . . voluit dicere	*Carm.*2.12.13
me voluit dicere lucidum|fulgentis oculos	*Carm.*2.12.14
cur me querelis exanimas tuis?	*Carm.*2.17.1
me nec Chimaerae spiritus igneae . . . divellet umquam:	*Carm.*2.17.13
seu Libra seu me Scorpios adspicit|formidolosus,	*Carm.*2.17.17
me truncus inlapsus cerebro|sustulerat,	*Carm.*2.17.27
pauperemque dives|me petit:	*Carm.*2.18.11
me Colchus . . . et ultimi|noscent Geloni,	*Carm.*2.20.17
me peritus|discet Hiber Rhodanique potor.	*Carm.*2.20.19
auditis? an me ludit amabilis|insania?	*Carm.*3.4.5
me fabulosae Volture in Apulo	*Carm.*3.4.9
non me Philippis versa acies retro,	*Carm.*3.4.26
'me nunc Thressa Chloe regit,	*Carm.*3.9.9
'me torret face mutua|Thurini Calais filius Ornyti,	*Carm.*3.9.13
me tamen asperas|porrectum ante foris obicere	*Carm.*3.10.2
me pater saevis oneret catenis,	*Carm.*3.11.45
me vel extremos Numidarum in agros|classe releget:	*Carm.*3.11.47
me lentus Glycerae torret amor meae.	*Carm.*3.19.28
quo me, Bacche, rapis tui|plenum?	*Carm.*3.25.1
pressa tuis balanus capillis|iamdudum apud me est:	*Carm.*3.29.5
mea|virtute me involvo	*Carm.*3.29.55
tunc me biremis praesidio scaphae . . . aura feret	*Carm.*3.29.62
me nec femina nec puer . . . iuvat	*Carm.*4.1.29
me tener solvet vitulus,	*Carm.*4.2.54
inter amabilis|vatum ponere me choros	*Carm.*4.3.15
quae me surpuerat mihi	*Carm.*4.13.20
volentem proelia me loqui	*Carm.*4.15.1
satis superque me benignitas tua|ditavit,	*Epod.*1.31
non me Lucrina iuverint conchylia	*Epod.*2.49
num viperinus his cruor|incoctus herbis me fefellit?	*Epod.*3.7
quid omnium|voltus in unum me truces?	*Epod.*5.4
quid ut noverca me intueris	*Epod.*5.9
nec latens in asperis|radix fefellit me locis.	*Epod.*5.68
o multa fleturum caput,|ad me recurres	*Epod.*5.75
et me remorsurum petis?	*Epod.*6.4
an si quis atro dente me petiverit,	*Epod.*6.15
sed incitat me pectus	*Epod.*8.7
nihil me sicut antea iuvat|scribere versiculos	*Epod.*11.1
amore, qui me praeter omnis expetit	*Epod.*11.3
heu me, per Vrbem . . . fabula quanta fui,	*Epod.*11.7
amor Lycisci me tenet;	*Epod.*11.24
deus, deus nam me vetat	*Epod.*14.6
me libertina, nec uno|contenta, Phryne macerat.	*Epod.*14.15
nullum a labore me reclinat otium;	*Epod.*17.24
quae finis aut quod me manet stipendium?	*Epod.*17.36
et tu, potes nam, solve me dementia,	*Epod.*17.45
'populus me sibilat, at mihi plaudo|ipse domi,	*Serm.*1.1.66
ne me Crispini scrinia lippi|conpilasse putes,	*Serm.*1.1.120
'nolim laudarier' inquit|'sic me' mirator cunni Cupiennius albi.	*Serm.*1.2.36
qualem me saepe libenter|obtulerim tibi, Maecenas,	*Serm.*1.3.63
aut positum ante mea [me] quia pullum in parte catini|sustulit esuriens,	*var.Serm.*1.3.92
Crispinus minimo me provocat	*Serm.*1.4.14
inopis me quodque pusilli|finxerunt animi,	*Serm.*1.4.17
ego me illorum, dederim quibus esse poetis,|excerpam numero:	*Serm.*1.4.39
non ego sim Capri neque Sulci: cur metuas me?	*Serm.*1.4.70
unde petitum|hoc in me iacis?	*Serm.*1.4.80
insuevit pater optimus hoc me,	*Serm.*1.4.105
cum me hortaretur, parce frugaliter atque|viverem uti contentus eo	*Serm.*1.4.107
sic me|formabat puerum dictis	*Serm.*1.4.120
cum lectulus aut me|porticus excepit,	*Serm.*1.4.133
egressum magna me accepit Aricia Roma|hospitio modico,	*Serm.*1.5.1
ignotos ut me libertino patre natum.	*Serm.*1.6.6
'at Novius collega gradu post me sedet uno:	*Serm.*1.6.40
nunc ad me redeo libertino patre natum,	*Serm.*1.6.45
felicem dicere non hoc|me possim,	*Serm.*1.6.53

non ego me clare natum patre, ... *Serm.*1.6.58
circum | me Satureiano vectari rura caballo, ... *Serm.*1.6.59
purus et insons | (ut me collaudem), si et vivo carus amicis: . . . *Serm.*1.6.70
noluit in Flavi ludum me mittere, ... *Serm.*1.6.72
nil me paeniteat sanum patris huius, ... *Serm.*1.6.89
eoque | non, . . . sic me defendam. *Serm.*1.6.92
inde domum me | ad porri et ciceris refero laganique catinum; . . *Serm.*1.6.114
lecto | aut scripto quod me tacitum iuvet, ... *Serm.*1.6.123
ast ubi me fessum sol acrior ire lavatum | admonuit, ... *Serm.*1.6.125
his me consolor victurum suavius *Serm.*1.6.130
in me veniat mictum atque cacatum *Serm.*1.8.38
'si bene me novi, non Viscum pluris amicum, ... *Serm.*1.9.22
'si me amas,' inquit, 'paulum hic ades.' *Serm.*1.9.38
'tene relinquam an rem.' 'me, sodes.' *Serm.*1.9.41
distorquens oculos, ut me eriperet. *Serm.*1.9.65
fugit inprobus ac me | sub cultro linquit. *Serm.*1.9.73
sic me servavit Apollo. *Serm.*1.9.78
vetuit me tali voce Quirinus *Serm.*1.10.32
men moveat cimex Pantilius *Serm.*1.10.78
me pedibus delectat claudere verba *Serm.*2.1.28
me veluti custodiet ensis | vagina tectus: *Serm.*2.1.40
qui me conmorit (melius non tangere, clamo), ... *Serm.*2.1.45
seu me tranquilla senectus | exspectat *Serm.*2.1.57
tamen me | cum magnis vixisse invita fatebitur usque | invidia . . *Serm.*2.1.75
hos utinam inter | heroas natum tellus me prima tulisset. . . . *Serm.*2.2.93
propriae telluris erum natura nec illum | nec me nec quemquam statuit: *Serm.*2.2.130
unde | tam bene me nosti?' *Serm.*2.3.18
tempore quo me | solatus iussit sapientem pascere barbam . . . *Serm.*2.3.34
mittere operto | me capite in flumen, ... *Serm.*2.3.38
huc propius me, | dum doceo insanire omnis, vos ordine adite. . . *Serm.*2.3.80
'nec nunc, cum me vocat ultro, | accedam? *Serm.*2.3.262
('quid tam magnum?' addens), 'unum me surpite morti! . . . *Serm.*2.3.283
dixerit insanum qui me, totidem audiet *Serm.*2.3.298
qua me stultitia, quoniam non est genus unum, | insanire putas? . . *Serm.*2.3.301
'stultum me fateor (liceat concedere veris) *Serm.*2.3.305
quo me | aegrotare putes animi vitio.' *Serm.*2.3.306
ducere me auditum, perges quocumque, memento. *Serm.*2.4.89
haud ita Troiae | me gessi, certans semper melioribus.' . . . *Serm.*2.5.19
"tibi me virtus tua fecit amicum." *Serm.*2.5.33
'num furis? an prudens ludis me obscura canendo?' *Serm.*2.5.58
sed me | imperiosa trahit Proserpina: *Serm.*2.5.109
ergo ubi me in montes et in arcem ex urbe removi — . . . *Serm.*2.6.16
nec mala me ambitio perdit nec plumbeus auster *Serm.*2.6.18
Romae sponsorem me rapis. *Serm.*2.6.23
Maecenas me coepit habere suorum | in numero, ... *Serm.*2.6.41
quicumque obvius est, me consulit: *Serm.*2.6.51
'at omnes di exagitent me, | si quicquam.' *Serm.*2.6.54
iurantem me scire nihil mirantur *Serm.*2.6.57
me silva cavosque | tutus ab insidiis tenui solabitur ervo." ' . . *Serm.*2.6.116
"etenim fateor me" dixerit ille | "duci ventre levem, . . . *Serm.*2.7.37
aufer | me voltu terrere; *Serm.*2.7.44
dum, quae Crispini docuit me ianitor, edo. *Serm.*2.7.45
acris ubi me | natura intendit, ... *Serm.*2.7.47
'summus ego et prope me Viscus Thurinus *Serm.*2.8.20
me docuit melimela rubere minorem | ad lunam delecta. . . . *Serm.*2.8.31
quaeris, | Maecenas, iterum antiquo me includere ludo? . . . *Epist.*1.1.3
ac ne forte roges, quo me duce, quo Lare tuter: *Epist.*1.1.13
quo me cumque rapit tempestas, deferor hospes. *Epist.*1.1.15
et mihi res, non me rebus subiungere conor. *Epist.*1.1.19
restat ut his ego me ipse regam solerque elementis. *Epist.*1.1.27
quodsi me populus Romanus forte roget, ... *Epist.*1.1.70
'quia me vestigia terrent, ... *Epist.*1.1.74
insanire putas sollemnia me neque rides *Epist.*1.1.101
me pinguem et nitidum bene curata cute vises, ... *Epist.*1.4.15
quinque dies tibi pollicitus me rure futurum *Epist.*1.7.1
si me vivere vis sanum recteque valentem, ... *Epist.*1.7.3
tu me fecisti locupletem: *Epist.*1.7.15
dignum praestabo me etiam pro laude merentis. *Epist.*1.7.24
quodsi me noles usquam discedere, ... *Epist.*1.7.25

'sic ignovisse putato│me tibi, ... Epist.1.7.70
'pol, me miserum, patrone, vocares, ... Epist.1.7.92
obsecro et obtestor, vitae me redde priori.' Epist.1.7.95
cur me funesto properent arcere veterno; Epist.1.8.10
Septimius, Claudi, nimirum intellegit unus,│quanti me facias; . . Epist.1.9.2
nec me dimittes incastigatum, ... Epist.1.10.45
vilice silvarum et mihi me reddentis agelli, ... Epist.1.14.1
me quamvis Lamiae pietas et cura moratur│fratrem maerentis, . . Epist.1.14.6
me constare mihi scis et discedere tristem Epist.1.14.16
eo disconvenit inter│meque et te: Epist.1.14.19
illis│me facit invisum, ... Epist.1.15.4
quod me Lucanae iuvenem commendet amicae); Epist.1.15.21
incolumem tibi me praestant septembribus horis. Epist.1.16.16
quid me perferre patique│indignum coges?' Epist.1.16.74
'ipse deus, simulatque volam, me solvet.' Epist.1.16.78
'si sciret regibus uti,│fastidiret holus, qui me notat.' . . . Epist.1.17.15
equos ut me portet, alat rex,│officium facio; Epist.1.17.20
me quotiens reficit gelidus Digentia rivos, ... Epist.1.18.104
ac ne me foliis ideo brevioribus ornes, ... Epist.1.19.26
me libertino natum patre et in tenui re . . . loqueris, . . Epist.1.20.20
me primis Vrbis belli placuisse domique, ... Epist.1.20.23
me quater undenos sciat inplevisse decembris, ... Epist.1.20.27
ipse ego, qui nullos me adfirmo scribere versus, ... Epist.2.1.111
si me│palma negata macrum, donata reducit opimum. . . . Epist.2.1.180
ne forte putes me, . . . laudare maligne: Epist.2.1.208
ut magus, et modo me Thebis, modo ponit Athenis. . . . Epist.2.1.213
nil moror officium quod me gravat Epist.2.1.264
res urget me nulla: meo sum pauper in aere. Epist.2.2.12
dixi me pigrum proficiscenti tibi, ... Epist.2.2.20
dura sed emovere loco me tempora grato Epist.2.2.46
unde simul primum me dimisere Philippi Epist.2.2.49
praeter cetera me Romaene poemata censes│scribere posse . . Epist.2.2.65
tu me inter strepitus nocturnos atque diurnos│vis canere . . Epist.2.2.79
dum mea delectent mala me vel denique fallant, ... Epist.2.2.127
'pol, me occidistis, amici,│non servastis' Epist.2.2.138
hunc ego me, siquid conponere curem,│non magis esse velim . . Ars Poet.35
si vis me flere, dolendum est│primum ipsi tibi: . . . . Ars Poet.102
tum tua me infortunia laedent, ... Ars Poet.103
me. o fortes peioraque passi│mecum saepe viri, ... Carm.1.7.31
'me tuo longas pereunte noctes,│Lydia, dormis?' Carm.1.25.7
mecum Dionaeo sub antro Carm.2.1.39
Septimi, Gadis aditure mecum Carm.2.6.1
ille te mecum locus et beatae│postulant arces: Carm.2.6.21
o saepe mecum tempus in ultimum Carm.2.7.1
fragilemque mecum│solvat phaselon; Carm.3.2.28
coniuge me Iovis et sorore. Carm.3.3.64
utcumque mecum vos eritis, ... Carm.3.4.29
me dicente cavis inpositam ilicem│saxis, ... Carm.3.13.14
o nata mecum consule Manlio, ... Carm.3.21.1
divite me scilicet artium Carm.4.8.5
'Inachia langues minus ac me; Epod.12.14
quorum│piis secunda vate me datur fuga. Epod.16.66
'me Capitolinus convictore usus amicoque│a puero est . . . Serm.1.4.96
ut siquid promittere de me│possum aliud vere, promitto. . . Serm.1.4.102
haec ego mecum│conpressis agito labris; Serm.1.4.137
neque quis me sit devinctior alter. Serm.1.5.42
laus illi debetur et a me gratia maior. Serm.1.6.88
nam quis me scribere plures│aut citius possit versus? . . . Serm.1.9.23
'certe nescio quid secreto velle loqui te│aiebas mecum.' . . . Serm.1.9.68
imperet hoc natura potens, sic collige mecum. Serm.2.1.51
verum hic inpransi mecum disquirite. Serm.2.2.7
'men vivo?' 'ut vivas igitur, vigila. hoc age.' Serm.2.3.152
et Menelaum una mecum se occidere clamans.' Serm.2.3.198
"nunc age, luxuriam et Nomentanum arripe mecum: . . . Serm.2.3.224
me sene quod dicam factum est. Serm.2.5.84
si me stultior ipso│quingentis empto drachmis deprenderis? . . Serm.2.7.42
mea cum pugnat sententia secum [mecum], ... var.Epist.1.1.97
his utere mecum. Epist.1.6.68
si cenas hodie mecum.' Epist.1.7.70

quid possim videt ac novit me validus ipso. *Epist.*1.9.6
amoena vocat mecum qui sentit, ... *Epist.*1.14.20
arta decet sanum comitem toga; desine mecum|certare.' . . . *Epist.*1.18.30
et sapit et mecum facit et Iove iudicat aequo. *Epist.*2.1.68
illud,|quod mecum ignorat, solus volt scire videri, ... *Epist.*2.1.87
non temere a me|quivis ferret idem. *Epist.*2.2.13
mecum facientia iura|si tamen attemptas? *Epist.*2.2.23
quocirca mecum loquor haec. tacitusque recordor: *Epist.*2.2.145
nec metuam, quid de me iudicet heres, ... *Epist.*2.2.191
tu, quid ego et populus mecum desideret, audi. . . . . *Ars Poet.*153
silvis deducti caveant me iudice Fauni, ... *Ars Poet.*244
mea. dis pietas mea|et musa cordi est. *Carm.*1.17.13
mea cum conferbuit ira?' *Serm.*1.2.71
atqui si vitiis mediocribus ac mea paucis|mendosa est natura, . . *Serm.*1.6.65
longe mea discrepat istis|et vox et ratio: *Serm.*1.6.92
'postquam omnis res mea Ianum|ad medium fracta est, . . . *Serm.*2.3.18
haec mea cura est,|nequid tu perdas *Serm.*2.5.36
mea cum pugnat sententia secum, ... *Epist.*1.1.97
ne mea saevos|iurgares ad te quod epistula nulla rediret. . . . *Epist.*2.2.21
mea. latus|depone sub lauru mea *Carm.*2.7.19
neque aureum|mea renidet in domo lacunar, ... *Carm.*2.18.2
mea|virtute me involvo *Carm.*3.29.54
o dolitura mea multum virtute Neaera: *Epod.*15.11
aut positum ante mea quia pullum in parte catini|sustulit esuriens, . *Serm.*1.3.92
causaque mea permulta rogatus|fecit *Serm.*1.4.97
mea. non ut iuvencis inligata pluribus|aratra nitantur meis [mea] . . *var.Epod.*1.26
dum mea delectent mala me vel denique fallant, ... *Epist.*2.2.127
mea. mea nec Falernae|temperant vites neque Formiani|pocula colles. . *Carm.*1.20.10
me tener solvet vitulus, . . . in mea vota, ... *Carm.*4.2.56
audivere, Lyce, di mea vota, di|audivere, Lyce: *Carm.*4.13.1
vel mea cum saevis agitat fastidia verbis: *Epod.*12.13
in verba iurabas mea, ... *Epod.*15.4
cum mea conpensat vitiis bona, ... *Serm.*1.3.70
cum mea nemo|scripta legat *Serm.*1.4.22
sed timui, mea ne finxisse minora putarer, ... *Epist.*1.9.8
non istic obliquo oculo mea commoda quisquam|limat, . . . *Epist.*1.14.37
mea cur ingratus opuscula lector|laudet ametque domi, . . . *Epist.*1.19.35
(ut vineta egomet caedam mea), ... *Epist.*2.1.220
an omnis|visuros peccata putem mea, ... *Ars Poet.*266
meae. et serves animae dimidium meae. *Carm.*1.3.8
sit meae sedes utinam senectae, ... *Carm.*2.6.6
a, te meae si partem animae rapit|maturior vis, ... *Carm.*2.17.5
segetis certa fides meae *Carm.*3.16.30
me lentus Glycerae torret amor meae. *Carm.*3.19.28
tum meae, siquid loquar audiendum,|vocis accedet bona pars . . *Carm.*4.2.45
si te forte meae gravis uret sarcina chartae, ... *Epist.*1.13.6
meae. meaeque terra cedet insolentiae. *Epod.*17.75
meae. quale non perfectius|meae laborarint manus. *Epod.*5.60
'meae (contendere noli)|stultitiam patiuntur opes; *Epist.*1.18.28
meam. dum meam canto Lalagen *Carm.*1.22.10
mearis. quo simul mearis,|nec regna vini sortiere talis *Carm.*1.4.17
mearum. mearum|grande decus columenque rerum. *Carm.*2.17.3
testis mearum centimanus gigas|sententiarum, ... *Carm.*3.4.69
rerum tutela mearum|cum sis *Epist.*1.1.103
meas. cur|manat rara meas lacrima per genas? *Carm.*4.1.34
viris quid enervet meas, ... *Epod.*8.2
Medea. candidum|Medea mirata est ducem, ... *Epod.*3.10
sit Medea ferox invictaque, flebilis Ino, ... *Ars Poet.*123
ne pueros coram populo Medea trucidet . . . . . . *Ars Poet.*185
Medeae. cur dira barbarae minus|venena Medeae valent, . . . *Epod.*5.62
Medi. otium Medi pharetra decori, ... *Carm.*2.16.6
media. quemvis media erue turba: *Serm.*1.4.25
qui servos proicere aurum|in media iussit Libya, ... *Serm.*2.3.101
unde uxor media currit de nocte vocata.' — *Serm.*2.3.238
media de nocte caballum|arripit *Epist.*1.7.88
quem bibulum liquidi media de luce Falerni: *Epist.*1.14.34
[potores bibuli media de nocte Falerni] *var.Epist.*1.18.91
media. media inter carmina poscunt|aut ursum aut pugiles: . . . *Epist.*2.1.185
mediae. da noctis mediae, ... *Carm.*3.19.10

mediam. mendacem stultissimus usque puellam | ad mediam noctem
    exspecto; *Serm.*1.5.83
  post mediam noctem visus, cum somnia vera: *Serm.*1.10.33
medias. quem cruenta | per medias rapit ira caedes.' *Carm.*3.2.12
  scatentem | beluis pontum mediasque fraudes | palluit audax. . . *Carm.*3.27.27
  in medias res | non secus ac notas auditorem rapit . . . *Ars Poet.*148
mediastinus. tu mediastinus tacita prece rura petebas, . . . *Epist.*1.14.14
medicandum. quem nisi mendosum et medicandum? *Epist.*1.16.40
medicata. neque amissos colores | lana refert medicata fuco . . *Carm.*3.5.28
medici. nec medici credis nec curatoris egere | a praetore dati, . . *Epist.*1.1.102
medici. quod medicorum est | promittunt medici, . . . *Epist.*2.1.116
medicis. fidis offendar medicis, irascar amicis, . . . *Epist.*1.8.9
  si tibi nulla sitim finiret copia lymphae, | narrares medicis: . . *Epist.*2.2.147
medicorum. quod medicorum est | promittunt medici, . . . *Epist.*2.1.115
medicum. o laborum | dulce lenimen †mihicumque [medicumque] salve | rite
    vocanti. *coni.Carm.*1.32.15
  medicum roget, ut te | suscitet ac reddat gnatis carisque propinquis? . *Serm.*1.1.82
  ut lethargicus hic cum fit pugil et medicum urget.' . . . *Serm.*2.3.30
medicus. hunc medicus multum celer atque fidelis | excitat . . *Serm.*2.3.147
  casus medicusve levarit | aegrum ex praecipiti: . . . *Serm.*2.3.292
mediis. rerum | fluctibus in mediis et tempestatibus Vrbis . . *Epist.*2.2.85
mediis. naviget ac mediis hiemet mercator in undis, . . . *Epist.*1.16.71
medio. dictus here illic | de medio potare die.' *Serm.*2.8.3
medio. arsit Atrides medio in triumpho | virgine rapta, . . . *Carm.*2.4.7
  nunc medio aequore | cum pace delabentis *Carm.*3.29.34
medio. nam | transvolat in medio posita et fugientia captat.' . . *Serm.*1.2.108
  in medio qui | scripta foro recitent, ... *Serm.*1.4.74
  si forte in medio positorum *Epist.*1.12.7
  creditur, ex medio quia res accersit, habere | sudoris minimum, . . .
    comoedia *Epist.*2.1.168
  primo ne medium, medio ne discrepet imum. . . . . *Ars Poet.*152
  tantum de medio sumptis accedit honoris. . . . . . *Ars Poet.*243
mediocribus. mediocribus et quis | ignoscas vitiis teneor; . . *Serm.*1.4.130
  hoc est mediocribus illis | ex vitiis unum; *Serm.*1.4.139
  atqui si vitiis mediocribus ac mea paucis | mendosa est natura, . . *Serm.*1.6.65
  mediocribus esse poetis | non homines, non di, non concessere columnae. *Ars Poet.*372
mediocris. actor | causarum mediocris abest virtute diserti | Messallae . *Ars Poet.*370
mediocris. at mihi cura | non mediocris inest. *Serm.*2.4.94
mediocritatem. auream quisquis mediocritatem | diligit, . . *Carm.*2.10.5
mediocriter. num pavor et rerum mediocriter utilium spes, . . *Epist.*1.18.99
medios. aurum per medios ire satellites *Carm.*3.16.9
  frementem | mittere equom medios per ignis. *Carm.*4.14.24
  ignis | per medios fluviosque ruentis: *Serm.*2.3.57
  cui pulcrum fuit in medios dormire dies *Epist.*1.2.30
  neu quid medios intercinat actus . . . . *Ars Poet.*194
Medis. auditumque Medis | Hesperiae sonitum ruinae? . . . *Carm.*2.1.31
  triumphatisque possit | Roma ferox dare iura Medis. . . . *Carm.*3.3.44
meditans. aeternum meditans decus | stellis inserere . . . *Carm.*3.25.5
  nescio quid meditans nugarum, totus in illis: *Serm.*1.9.2
meditantibus. purae sunt plateae, nihil ut meditantibus obstet.' . *Epist.*2.2.71
meditantis. verris obliquom meditantis ictum | sanguine donem. . *Carm.*3.22.7
meditantur. iam Scythae laxo meditantur arcu | cedere campis. . *Carm.*3.8.23
meditare. i nunc et versus tecum meditare canoros. . . . *Epist.*2.2.76
meditatur. incestos amores | de tenero meditatur ungui. . . *Carm.*3.6.24
  horrendamque cultis | diluviem meditatur agris, . . . *Carm.*4.14.28
mediter. an potius mediter finire dolores? *Serm.*2.3.263
meditor. non ego te meis | inmunem meditor tinguere poculis, . . *Carm.*4.12.23
medium. pastillos Rufillus olet, Gargonius hircum: | nil medium est. . *Serm.*1.2.28
  virtus est medium vitiorum et utrimque reductum. . . . *Epist.*1.18.9
  primo ne medium, medio ne discrepet imum. . . . . *Ars Poet.*152
medium. at hunc liberta securi | divisit medium, . . . *Serm.*1.1.100
  'postquam omnis res mea Ianum | ad medium fracta est, . . *Serm.*2.3.19
medium. nam ut quisque insanus nigris medium impediit crus | pellibus *Serm.*1.6.27
  iamque tenebat | nox medium caeli spatium, ... *Serm.*2.6.101
  gelida cum perluor unda | per medium frigus *Epist.*1.15.5
  certis medium et tolerabile rebus | recte concedi . . . *Ars Poet.*368
medius. sed idem | pacis eras mediusque belli. *Carm.*2.19.28
  qua medius liquor | secernit Europen ab Afro, ... *Carm.*3.3.46
Medo. horribilique Medo | nectis catenas? *Carm.*1.29.4

Medo. sub rege Medo Marsus et Apulus, ... *Carm*.3.5.9
Medos. neu sinas Medos equitare inultos|te duce, Caesar. . . . *Carm*.1.2.51
medulla. exsucta uti medulla et aridum iecur *Epod*.5.37
medullis. certius accipiet damnum propiusve medullis *Epist*.1.10.28
Medum. Medumque flumen gentibus additum|victis *Carm*.2.9.21
Medus. vino et lucernis Medus acinaces|immane quantum discrepat: *Carm*.1.27.5
   Medus infestus sibi luctuosis|dissidet armis, ... *Carm*.3.8.19
   Medusque et Indus, te profugus Scythes|miratur, ... *Carm*.4.14.42
   manus potentis|Medus Albanasque timet securis, ... *Carm.Saec*.54
Megillae. dicat Opuntiae | frater Megillae, quo beatus | volnere, qua pereat
   sagitta. *Carm*.1.27.11
Megille. dicat Opuntiae|frater Megillae [Megille], ... *var.Carm*.1.27.11
Megyllae. dicat Opuntiae|frater Megillae [Megyllae], ... *var.Carm*.1.27.11
Megylle. dicat Opuntiae|frater Megillae [Megylle], ... *var.Carm*.1.27.11
mei. multaque pars mei|vitabit Libitinam; *Carm*.3.30.6
mei. Lesbium servate pedem meique|pollicis ictum *Carm*.4.6.35
mei. nil sine te mei|prosunt honores: *Carm*.1.26.9
   quibus ipse meique|ante Larem proprium vescor *Serm*.2.6.65
meiat. ne|ditior aut formae melioris meiat eodem. *Serm*.2.7.52
meis. donarem pateras grataque commodus,|Censorine, meis aera sodalibus, *Carm*.4.8.2
   hic oculis ego nigra meis collyria lippus|inlinere; *Serm*.1.5.30
meis. defendit aestatem capellis|usque meis pluviosque ventos. . . *Carm*.1.17.4
   'o rebus meis|non infideles arbitrae, ... *Epod*.5.49
meis. ter pereat meis|excisum Argivis, ... *Carm*.3.3.66
   meis contentus honestos|fascibus et sellis nollem mihi sumere, . *Serm*.1.6.96
meis. non ego te meis|chartis inornatum sileri *Carm*.4.9.30
   polo|deripere lunam vocibus possim meis, ... *Epod*.17.78
meis. occultare meis dicerer horreis, ... *Carm*.3.16.27
   non ego te meis|inmunem meditor tinguere poculis, . . . *Carm*.4.12.22
   non ut iuvencis inligata pluribus|aratra nitantur meis . . . *Epod*.1.26
   'quodsi meis inaestuet praecordiis|libera bilis, ... *Epod*.11.15
mel. hoc iuvat et melli [mel] est, non mentiar. *var.Serm*.2.6.32
Meleagri. nec reditum Diomedis ab interitu Meleagri . . . *Ars Poet*.146
melici. quod medicorum [melicorum] est|promittunt medici [melici], . *coni.Epist*.2.1.116
melicorum. quod medicorum [melicorum] est|promittunt medici [melici], . *coni.Epist*.2.1.115
melimela. me docuit melimela rubere minorem|ad lunam delecta. . *Serm*.2.8.31
melior. Tydides melior patre: *Carm*.1.15.28
   moribus hic meliorque fama|contendat, ... *Carm*.3.1.12
   ille|missilibus melior sagittis. *Carm*.3.6.16
   eques ipso melior Bellerophonte, ... *Carm*.3.12.8
   at est bonus, ut melior vir|non alius quisquam, ... *Serm*.1.3.32
   hoc lenius ille,|quo melior vir est, longe subtilior illo. . . . *Serm*.1.10.*4
   fortassis nequior, ultro|insectere velut melior *Serm*.2.7.41
   cervos equom pugna melior communibus herbis|pellebat, . . *Epist*.1.10.34
   melior sit Horatius an res. *Epist*.1.14.5
   qui melior servo, qui liberior sit avarus, ... *Epist*.1.16.63
   lenior et melior fis accedente senecta? *Epist*.2.2.211
melior. 'quo nos cumque feret melior fortuna parente, . . . *Carm*.1.7.25
   me melior cum peteret Venus, ... *Carm*.1.33.13
   forte quid expediat communiter aut melior pars | malis carere quaeritis
    laboribus; *Epod*.16.15
   aut pars indocili melior grege; *Epod*.16.37
   postera tempestas melior, via peior *Serm*.1.5.96
   murice Baiano melior Lucrina peloris, ... *Serm*.2.4.32
   Roscia, dic sodes, melior lex an puerorum est|nenia, . . *Epist*.1.1.62
meliora. cum tu . . . mutare loricis Hiberis,|pollicitus meliora, tendis? . *Carm*.1.29.16
   at quanto meliora monet pugnantiaque istis|dives opis natura suae, *Serm*.2.2.73
   acclinis falsis animus meliora recusat, ... *Serm*.2.2.6
   esset ador loliumque, dapis meliora relinquens. . . . *Serm*.2.6.89
   si meliora dies, ut vina, poemata reddit, ... *Epist*.2.1.34
   non alius faceret meliora poemata: . . . . . . *Ars Poet*.303
meliore. digne puer meliore flamma. *Carm*.1.27.20
   quidquid vita meliore parasti|ponendum aequo animo.' . . *Serm*.2.3.15
meliore. sed meliore|tempore dicam; *Serm*.1.9.68
   unguere si caulis oleo meliore *Serm*.2.3.125
meliorem. ultro|qui meliorem audax vocet in ius, ... *Serm*.2.5.29
meliori. discere et audire et meliori credere non vis? . . . *Epist*.1.1.48
meliori. 'memini bene, sed meliore [meliori]|tempore dicam; . . *var.Serm*.1.9.68
melioribus. haud ita Troiae|me gessi, certans semper melioribus.' . *Serm*.2.5.19

   nunc adbibe puro|pectore verba, puer, nunc te melioribus offer. . . *Epist*.1.2.68
melioris. Lucili ritu, nostrum melioris utroque. *Serm*.2.1.29
   ut suci melioris et ut magis alba rotundis, ... *Serm*.2.4.13
melioris. ditior aut formae melioris meiat eodem. *Serm*.2.7.52
melius. ut melius, quidquid erit, pati. *Carm*.1.11.3
   meliusne fluctus|ire per longos fuit an recentis|carpere flores? . *Carm*.3.27.42
   atque etiam melius persaepe togatae ⟨est⟩. *Serm*.1.2.82
   'sapiens, vitatu quidque petitu|sit melius, causas reddet tibi; . . *Serm*.1.4.116
   qui me conmorit (melius non tangere, clamo), ... *Serm*.2.1.45
   hoc iuvat et melli [melius] est, non mentiar . . . *var.Serm*.2.6.32
   quanto constantior isdem|in vitiis, tanto levius [tanto est melius] miser
      ac prior ille *var.Serm*.2.7.19
   verum ubi quid melius contingit et unctius, ... *Epist*.1.15.40
   cum sit obeso|nil melius turdo, ... *Epist*.1.15.43
melius. quo nihil maius meliusve terris|fata donavere . . . *Carm*.4.2.37
   alterum in lustrum meliusque semper|prorogat aevom, . . . *Carm.Saec*.67
   sic placet? an melius quis habet suadere? *Epod*.16.23
   hic tamen ad melius poterit transcurrere quondam, . . . *Serm*.2.2.82
   ut melius muria quod testa marina remittat." *Serm*.2.8.53
   nil ait esse prius, melius nil caelibe vita; *Epist*.1.1.88
   si melius quid habes, arcesse, vel imperium fer. . . . *Epist*.1.5.6
   quidquid vidit melius peiusve sua spe, ... *Epist*.1.6.13
   ni melius dormire putem quam scribere versus? *Epist*.2.2.54
   seu cursum mutavit iniquom frugibus amnis|doctus iter melius: . *Ars Poet*.68
melius. quo graves Persae melius perirent, ... *Carm*.1.2.22
   dices historiis proelia Caesaris,|Maecenas, melius . . . *Carm*.2.12.11
   aurum inrepertum et sic melius situm,|cum terra celat, . . *Carm*.3.3.49
   contracto melius parva cupidine|vectigalia porrigam . . . *Carm*.3.16.39
   campestres melius Scythae, . . . vivont *Carm*.3.24.9
   gratior it dies|et soles melius nitent. *Carm*.4.5.8
   ut se|non umquam servo melius vestiret, ... *Serm*.1.1.97
   hoc faciens vivam melius. *Serm*.1.4.135
   non|conpositum melius cum Bitho Bacchius. . . . *Serm*.1.7.20
   ridiculum acri|fortius et melius magnas plerumque secat res. . *Serm*.1.10.15
   melius quod scribere possem, ... *Serm*.1.10.47
   quod superat non est melius quo insumere possis? . . . *Serm*.2.2.102
   leni praecordia mulso|prolueris melius. *Serm*.2.4.27
   auctius atque|di melius fecere. *Serm*.2.6.4
   'sic, ut mihi numquam|in vita fuerit melius.' *Serm*.2.8.4
   quid hoc intersit, ab ipso|audieris melius. *Serm*.2.8.33
   isne tibi melius suadet, ... *Epist*.1.1.65
   planius ac melius Chrysippo et Crantore dicit. . . . *Epist*.1.2.4
   Brundisium Minuci melius via ducat an Appi. . . . *Epist*.1.18.20
   valdius oblectat populum meliusque moratur . . . . *Ars Poet*.321
   melius te posse negares|bis terque expertum frustra: . . . *Ars Poet*.439
mella. ubi non Hymetto|mella decedunt *Carm*.2.6.15
   mella cava manant ex ilice. *Epod*.16.47
mella. truncis|lapsa cavis iterare mella; *Carm*.2.19.12
   quamquam nec Calabrae mella ferunt apes *Carm*.3.16.33
   aut pressa puris mella condit amphoris *Epod*.2.15
   nisi Hymettia mella Falerno|ne biberis diluta. . . . *Serm*.2.2.15
   Aufidius forti miscebat mella Falerno, ... *Serm*.2.4.24
   fidis enim manare poetica mella|te solum, ... *Epist*.1.19.44
melle. sed mala tollet anum vitiato melle cicuta. . . . *Serm*.2.1.56
   crassum unguentum et Sardo cum melle papaver|offendunt, . *Ars Poet*.375
melli. hoc iuvat et melli est, non mentiar *Serm*.2.6.32
mellitis. pane egeo iam mellitis potiore placentis. . . . *Epist*.1.10.11
melos. dic age tibia|regina longum Calliope melos, . . . *Carm*.3.4.2
Melpomene. praecipe lugubris | cantus, Melpomene, cui liquidam pater |
      vocem cum cithara dedit. *Carm*.1.24.3
   mihi Delphica|lauro cinge volens, Melpomene, comam. . . *Carm*.3.30.16
   quem tu, Melpomene, semel|nascentem placido lumine videris, . *Carm*.4.3.1
membra. nunc viridi membra sub arbuto|stratus, . . . *Carm*.1.1.21
   post insepulta membra different lupi *Epod*.5.99
   saetosa duris exuere pellibus . . . membra; . . . *Epod*.17.17
   miles ait, multo iam fractus membra labore. *Serm*.1.1.5
   invenias etiam disiecti membra poetae. *Serm*.1.4.62
   simul ac duraverit aetas|membra animumque tuom, . . . *Serm*.1.4.120
   quis membra movere|mollius? *Serm*.1.9.24

ubi dicto citius curata sopori|membra dedit, ... *Serm.*2.2.81
mazonomo pueri magno discerpta ferentes|membra gruis . . . *Serm.*2.8.87
quia desperes invicti membra Glyconis, ... *Epist.*1.1.30
membranam. ut toto non quater anno|membranam poscas, . . . *Serm.*2.3.2
membranis. nonumque prematur in annum|membranis intus positis; . *Ars Poet.*389
membris. quam malus undique membris|crescit odor, ... *Epod.*12.7
utile famae|vitaeque et membris, praesertim cum valeas . . *Epist.*1.18.50
varias inducere plumas,|undique collatis membris . . . . *Ars Poet.*3
memento. sic tu sapiens finire memento|tristitiam vitaeque labores . *Carm.*1.7.17
aequam memento rebus in arduis|servare mentem, ... *Carm.*2.3.1
reddere victimas|aedemque votivam memento; *Carm.*2.17.31
quod adest memento|conponere aequos; *Carm.*3.29.32
ut horridis utrumque verberes latus,|Auster, memento fluctibus; . *Epod.*10.4
horae|momento [memento] cita mors venit [vehit] aut victoria laeta.' . *var.Serm.*1.1.8
longa quibus facies ovis erit, illa memento, . . . ponere: . *Serm.*2.4.12
ducere me auditum, perges quocumque, memento. *Serm.*2.4.89
abnuere et tabulas a te removere memento, ... *Serm.*2.5.52
praeceptum auriculis hoc instillare memento: *Epist.*1.8.16
memini. 'memini bene, sed meliore|tempore dicam; *Serm.*1.9.68
prope me Viscus Thurinus et infra,|si memini, Varius; . . . *Serm.*2.8.21
memini quae plagosum mihi parvo|Orbilium dictare; . . . *Epist.*2.1.70
meminisses. orabant hodie meminisses, Quinte, reverti.' . . *Serm.*2.6.37
meminit. ut valet? ut meminit nostri? *Epist.*1.3.12
discit enim citius meminitque libentius *Epist.*2.1.262
Memnona. turgidus Alpinus iugulat dum Memnona *Serm.*1.10.36
memor. Albi, ne doleas plus nimio memor|inmitis Glycerae . . *Carm.*1.33.1
memor|actae non alio rege puertiae *Carm.*1.36.7
nigrorumque memor, dum licet, ignium *Carm.*4.12.26
memor illius escae,|quae simplex olim tibi sederit. . . . *Serm.*2.2.72
'ipsa memor praecepta canam, celabitur auctor. *Serm.*2.4.11
vive memor, quam sis aevi brevis." *Serm.*2.6.97
hoc tibi dictum|tolle memor, ... *Ars Poet.*368
memor. et memor nostri, Galatea, vivas *Carm.*3.27.14
uti Graecia Castoris|et magni memor Herculis. *Carm.*4.5.36
memorata. quae priscis memorata Catonibus atque Cethegis . *Epist.*2.2.117
memoratur. ut quidam memoratur Athenis|sordidus ac dives, . *Serm.*1.1.64
memorem. prius an quietum|Pompili regnum memorem, . . . dubito, *Carm.*1.12.34
singula quid memorem, ... *Serm.*1.8.40
et cadum Marsi memorem duelli, ... *Carm.*3.14.18
memorem. inpressit memorem dente labris notam. *Carm.*1.13.12
nostri memorem sepulcro|scalpe querelam.' *Carm.*3.11.51
piabant,|floribus et vino Genium memorem brevis aevi. . . *Epist.*2.1.144
memores. Sarmenti scurrae pugnam Messique Cicirri, | musa, velim
memores *Serm.*1.5.53
memores. nepotum|per memores genus omne fastos, ... *Carm.*3.17.4
virtutes in aevom|per titulos memoresque fastos aeternet, . . *Carm.*4.14.4
memori. ad Maecenatem memori si mente recurras.' . . . *Serm.*2.6.31
memori. nam quamvis memori referas mihi pectore cuncta, . . *Serm.*2.4.90
Memphin. diva tenes Cyprum et|Memphin carentem Sithonia nive, . *Carm.*3.26.10
Mena. non sane credere Mena,|mirari secum tacitus. . . . *Epist.*1.7.61
Menam. it, redit et narrat, Volteium nomine Menam,|praeconem, . *Epist.*1.7.55
Menandro. dicitur Afrani toga convenisse Menandro, . . . *Epist.*2.1.57
Menandro. quorsum pertinuit stipare Platona Menandro? . . *Serm.*2.3.11
mendacem. falsus honor iuvat et mendax infamia terret | quem nisi
mendosum et medicandum [mendacem]? *var.Epist.*1.16.40
mirabor, si sciet inter-|noscere mendacem verumque beatus amicum. . *Ars Poet.*425
mendacem. hic ego mendacem stultissimus usque puellam | ad mediam
noctem exspecto; *Serm.*1.5.82
mendaci. sive mendaci lyra|voles sonare: *Epod.*17.39
mendacior. ipse ego, . . . invenior Parthis mendacior . . . *Epist.*2.1.112
mendax. non verberatae grandine vineae|fundusque mendax . . *Carm.*3.1.30
una de multis . . . periurum fuit in parentem|splendide mendax *Carm.*3.11.35
quinque dies tibi pollicitus me rure futurum | Sextilem totum mendax
desideror. *Epist.*1.7.2
exspectata tibi non mittam carmina mendax. *Epist.*2.2.25
mendax. spiritum Graiae tenuem Camenae|Parca non mendax dedit . *Carm.*2.16.39
falsus honor iuvat et mendax infamia terret *Epist.*1.16.39
mendicandum. falsus honor iuvat et mendax infamia terret|quem nisi
mendosum et medicandum [mendicandum]? *var.Epist.*1.16.40

mendici. ambubaiarum collegia, pharmacopolae, | mendici, mimae,
    balatrones, ... *Serm.*1.2.2
mendicum. falsus honor iuvat et mendax infamia terret | quem nisi
    mendosum et medicandum [mendicum]? *var.Epist.*1.16.40
mendosa. si vitiis mediocribus ac me paucis | mendosa est natura, . . *Serm.*1.6.66
mendose. Aufidius forti miscebat mella Falerno, | mendose, ... *Serm.*2.4.25
mendosum. quem nisi mendosum et medicandum? *Epist.*1.16.40
mendosus. *Lucili, quam sis mendosus, teste Catone | defensore tuo
    pervincam.* *Serm.*1.10.*1
Menelaum. et Menelaum una mecum se occidere clamans.' . . . *Serm.*2.3.198
Meneni. hoc quoque volgus | Chrysippus ponit fecunda in gente
    Meneni. — *Serm.*2.3.287
mens. tunc nec mens mihi nec color | certa sede manent, . . . *Carm.*1.13.5
    euhoe, recenti mens trepidat metu *Carm.*2.19.5
    hoc caverat mens provida Reguli *Carm.*3.5.13
    sensere, quid mens rite, . . . posset, ... *Carm.*4.4.25
    'quae mens est hodie, cur eadem non puero fuit . . *Carm.*4.10.7
    nec vocata mens tua | Marsis redibit vocibus. . . . *Epod.*5.75
    tunc mens et sonus | relapsus *Epod.*17.17
    cui mens divinior atque os | magna sonaturum, . . . *Serm.*1.4.43
    non eadem est aetas, non mens. *Epist.*1.1.4
    infectum volet esse, dolor quod suaserit et mens, . . *Epist.*1.2.60
    tamen istuc mens animusque | fert *Epist.*1.14.8
    nam neque chorda sonum reddit quem volt manus et mens, . *Ars Poet.*348
    id tibi iudicium est, ea mens. . . . . . . *Ars Poet.*386
mensa. 'sit mihi mensa tripes et | concha salis puri . . . *Serm.*1.3.13
    Galloni praeconis erat acipensere mensa | infamis. . . *Serm.*2.2.47
mensa. splendet in mensa tenui salinum *Carm.*2.16.14
    conminxit lectum potus mensave catillum | Euandri manibus tritum
    deiecit: *Serm.*1.3.90
    nec satis est cara piscis averrere mensa *Serm.*2.4.37
mensae. ille dapes laudet mensae brevis, ... *Ars Poet.*198
mensam. mensam poni iubet atque | effundi saccos nummorum, . . *Serm.*2.3.148
    acernam | gausape purpureo mensam pertersit . . . *Serm.*2.8.11
mensas. discite non inter lancis mensasque nitentis, . . . *Serm.*2.2.4
    tum pensilis uva secundas | et nux ornabat mensas . . *Serm.*2.2.122
    ut gratas inter mensas symphonia discors . . . . *Ars Poet.*374
mense. abeo, et revocas nono post mense *Serm.*1.6.61
    facit quod . . . per brumam Tiberis, Sextili mense caminus. . *Epist.*1.11.19
    qui deperiit minor uno mense vel anno, ... *Epist.*2.1.40
    qui vel mense brevi vel toto est iunior anno.' . . . *Epist.*2.1.44
mensem. qui dies mensem Veneris marinae | findit Aprilem, . . *Carm.*4.11.15
mensis. divitum mensis et amica templis, ... *Carm.*3.11.6
    alteris | te mensis adhibet deum; *Carm.*4.5.32
    quae nisi divitibus nequeant contingere mensis?' . . . *Serm.*2.4.87
mensis. stat glacies iners | mensis per omnis *Carm.*2.9.6
    prosperam frugum celeremque pronos | volvere mensis. . . *Carm.*4.6.40
    mater ait pueri mensis iam quinque cubantis, . . . *Serm.*2.3.289
mensorem. te maris et terrae numeroque carentis harenae | mensorem
    cohibent, ... *Carm.*1.28.2
mente. dones ac precor integra | cum mente *Carm.*1.31.19
    mente quatit solida neque Auster, ... *Carm.*3.3.4
    quae nemora aut quos agor in specus, | velox mente nova? . . *Carm.*3.25.3
    an hunc laborem mente laturi, decet | qua ferre non mollis viros? . *Epod.*1.9
    hac mente laborem | sese ferre, . . . aiunt, . . . *Serm.*1.1.30
    non quia nasus | illis nullus erat, sed, credo, hac mente, . . *Serm.*2.2.90
    ad Maecenatem memori si mente recurras.' . . . *Serm.*2.6.31
    sed quia mente minus validus quam corpore toto . . . *Epist.*1.8.7
    dignum mente domoque legentis honesta Neronis, . . . *Epist.*1.9.4
    idem finitis studiis et mente recepta *Epist.*2.2.104
menteis. hortari coepit eundem | verbis, quae timido quoque possent addere
    mentem [menteis]: *var.Epist.*2.2.36
mentem. mentemque lymphatam Mareotico | redegit in veros timores |
    Caesar *Carm.*1.37.14
    non adytis quatit | mentem sacerdotum incola Pythius, . . *Carm.*1.16.6
    conpesce mentem: me quoque pectoris | temptavit . . . fervor . *Carm.*1.16.22
    aequam memento rebus in arduis | servare mentem, . . . *Carm.*2.3.2
    pluribus adsuerit mentem corpusque superbum . . . *Serm.*2.2.109
    mentem, nisi litigiosus, | exciperet dominus. . . . *Serm.*2.3.285

quone malo mentem concussa?   timore deorum." *Serm.*2.3.295

urget enim dominus mentem non lenis *Serm.*2.7.93

suspendit picta voltum mentemque tabella,   .   .   . *Epist.*2.1.97

mutavit mentem populus levis, ... *Epist.*2.1.108

verbis, quae timido quoque possent addere mentem: .   . *Epist.*2.2.36

mentes.   tenerae nimis|mentes asperioribus|formandae studiis. .   . *Carm.*3.24.53

mentesque perculsae stupent. *Epod.*7.16

mentiar.   hoc iuvat et melli est, non mentiar. *Serm.*2.6.32

mentibus.   tu spem reducis mentibus anxiis   .   .   . *Carm.*3.21.17

mentibus.   Naevius in manibus non est et mentibus haeret|paene recens? *Epist.*2.1.53

mentio.   mentio siquae|de Capitolini furtis iniecta Petilli   .   . *Serm.*1.4.93

mentior.   mentior at siquid, ... *Serm.*1.8.37

mentis.   neque consularis|submovet lictor miseros tumultus|mentis *Carm.*2.16.11

demitto auriculas, ut iniquae mentis asellus,   .   .   . *Serm.*1.9.20

hinc repetit, 'paucorum hominum et mentis bene sanae; . *Serm.*1.9.44

integer est mentis Damasippi creditor?   esto. .   .   . *Serm.*2.3.65

aut alio mentis morbo calet: *Serm.*2.3.80

quin, ex quo est habitus male tutae mentis Orestes, . *Serm.*2.3.137

commotae crimine mentis|absolves hominem   .   . *Serm.*2.3.278

demptus per vim mentis gratissimus error.'   .   . *Epist.*2.2.140

mentita.   spem mentita seges, bos est enectus arando: .   . *Epist.*1.7.87

mentite.   'o nulli quicquam mentite, ... *Serm.*2.5.5

mentito.   ille non inclusus equo Minervae|sacra mentito . *Carm.*4.6.14

mentitur.   ut nox longa quibus mentitur amica   .   . *Epist.*1.1.20

atque ita mentitur, sic veris falsa remiscet,   .   . *Ars Poet.*151

mento.   minaces|turpe solum tetigere mento; . .   . *Carm.*2.7.12

quantum exstant aqua|suspensa mento corpora; .   . *Epod.*5.36

meo.   necte meo Lamiae coronam, ... *Carm.*1.26.8

agro qui statuit meo|te, triste lignum,   .   .   . *Carm.*2.13.10

i, puer, atque meo citus haec subscribe libello.   .   . *Serm.*1.10.92

meo.   roges, tuom labore quid iuvem meo,   .   .   . *Epod.*1.15

quam non amore sic meo flagres *Epod.*5.81

tu vina Torquato move consule pressa meo.   .   . *Epod.*13.6

placavi sanguine divos.'|'nempe tuo, furiose?'   'meo, sed non furiosus.' *Serm.*2.3.207

non aliena meo pressi pede. *Epist.*1.19.22

una|cum scriptore meo . . . deferar in vicum .   . *Epist.*2.1.268

meo.   meo nunc|superbus incedis malo,   .   .   . *Epod.*15.17

inpune ut Vrbem nomine inpleris meo?   .   .   . *Epod.*17.59

rure meo possum quidvis perferre patique;   .   . *Epist.*1.15.17

res urget me nulla: meo sum pauper in aere.   .   . *Epist.*2.2.12

ille meo quis?|quis nisi Callimachus?   .   .   . *Epist.*2.2.99

meorum.   Pompei, meorum prime sodalium?   .   . *Carm.*2.7.5

age iam, meorum|finis amorum, ... *Carm.*4.11.31

similisque meorum|mille die versus deduci posse. .   . *Serm.*2.1.3

oblitusque meorum, obliviscendus et illis   .   . *Epist.*1.11.9

meos.   per meos finis et aprica rura *Carm.*3.18.2

nulla taberna meos habeat neque pila libellos, .   . *Serm.*1.4.71

mera.   hic nigrae sucus lolliginis, haec est|aerugo mera; . *Serm.*1.4.101

dum volt libertas dici mera veraque virtus.   .   . *Epist.*1.18.8

mera.   sulcos et vineta crepat mera, praeparat ulmos, . *Epist.*1.7.84

meraco.   expulit elleboro morbum bilemque meraco   .   . *Epist.*2.2.137

mercantur.   regibus hic mos est, ubi equos mercantur: .   . *Serm.*1.2.86

mercarier.   domos mercarier unus|cum lucro noram: .   . *Serm.*2.3.24

mercaris.   miraris, . . . si nemo praestet, quem non merearis [mercaris],

amorem? *var.Serm.*1.1.87

nempe modo isto|paulatim mercaris agrum,   .   . *Epist.*2.2.164

mercator.   mercator metuens otium et oppidi|laudat rura sui; . *Carm.*1.1.16

dives ut aureis|mercator exsiccet culillis   .   . *Carm.*1.31.11

contra mercator, navim iactantibus Austris,|'militia est potior. . *Serm.*1.1.6

eris tu, qui modo miles,|mercator;   .   .   . *Serm.*1.1.17

(inpiger extremos curris mercator ad Indos,   .   . *Epist.*1.1.45

naviget ac mediis hiemet mercator in undis,   .   . *Epist.*1.16.71

mercatorne vagus cultorne virentis agelli,   .   . *Ars Poet.*117

mercatorem.   durataeque solo nives|mercatorem abigunt? .   . *Carm.*3.24.40

mercatores.   'o fortunati mercatores' gravis armis|miles ait, . *Serm.*1.1.4

mercatur.   persuadet uti mercetur agellum.|mercatur. .   . *Epist.*1.7.82

si proprium est, quod quis libra mercatus et aere est [mercatur et aere], . *var.Epist.*2.2.158

mercaturis.   emat . . . nautica vela|aversus mercaturis: .   . *Serm.*2.3.107

mercatus.   qui mercennarius agrum|illum ipsum mercatus aravit, . *Serm.*2.6.12

si proprium est, quod quis libra mercatus et aere est, ... *Epist.*2.2.158
merce. vina Syra reparata merce, ... *Carm.*1.31.12
   Thyna merce beatum, ... *Carm.*3.7.3
   cum tua | velox merce veni: *Carm.*4.12.22
mercede. cessat voluntas? non alia bibam | mercede. *Carm.*1.27.14
   ex quo destituit deos | mercede pacta Laomedon, ... *Carm.*3.3.22
   cum pecore et gnatis fortem mercede colonum *Serm.*2.2.115
   qui pro se tolleret atque | mitteret in phimum talos, mercede diurna |
     conductum pavit: *Serm.*2.7.17
   Thraex erit aut holitoris aget mercede caballum. *Epist.*1.18.36
mercedem. neque, | si chartae sileant quod bene feceris, | mercedem tuleris. *Carm.*4.8.22
   mercedem aut nummos unde unde extricat, ... *Serm.*1.3.88
mercedes. quinas hic capiti mercedes exsecat *Serm.*1.2.14
   si praeco parvas aut, ut fuit ipse, coactor | mercedes sequerer; . . *Serm.*1.6.87
mercem. adde huc quod mercem sine fucis gestat, ... *Serm.*1.2.83
   pretiumque avellier ante | quam mercem ostendi? *Serm.*1.2.105
mercemur. quo Chium pretio cadum | mercemur, ... *Carm.*3.19.6
   mercemur servom, qui dictet nomina, ... *Epist.*1.6.50
mercennaria. excusare laborem et mercennaria vincla, . . . *Epist.*1.7.67
mercennarius. qui mercennarius agrum | illum ipsum mercatus aravit, . *Serm.*2.6.11
merces. multaque merces | unde potest tibi defluat *Carm.*1.28.27
   est et fideli tuta silentio | merces: *Carm.*3.2.26
merces. ne Cypriae Tyriaeque merces | addant avaro divitias mari: . . *Carm.*3.29.60
merces. hic mutat merces surgente a sole *Serm.*1.4.29
   ubi plenius aequo | laudat venalis qui volt extrudere merces: . . *Epist.*2.2.11
   ut praeco, ad merces turbam qui cogit emendas, . . . *Ars Poet.*419
mercetur. persuadet uti mercetur agellum. *Epist.*1.7.81
Mercuri. Mercuri facunde nepos Atlantis, ... *Carm.*1.10.1
   Mercuri, nam te docilis magistro | movit Amphion lapides canendo . *Carm.*3.11.1
Mercuriale. unde frequentia Mercuriale | inposuere mihi cognomen compita.' *Serm.*2.3.25
Mercurialem. unde frequentia Mercuriale [Mercurialem] | inposuere mihi
   cognomen compita.' *var.Serm.*2.3.25
Mercuriali. unde frequentia Mercuriale [Mercuriali] | inposuere mihi
   cognomen compita.' *var.Serm.*2.3.25
Mercurialium. Mercurialium | custos virorum. *Carm.*2.17.29
Mercurius. nigro conpulerit Mercurius gregi? *Carm.*1.24.18
   et parum comis sine te Iuventas | Mercuriusque. . . . *Carm.*1.30.8
   sed me per hostis Mercurius celer | denso paventem sustulit aere, . *Carm.*2.7.13
   quam praesens Mercurius fert? *Serm.*2.3.68
merdis. merdis caput inquiner albis | corvorum *Serm.*1.8.37
merearis. si nemo praestet, quem non merearis, amorem? . . . *Serm.*1.1.87
merebere. nardo vina merebere. *Carm.*4.12.16
mereberis. sed pressum Calibus ducere Liberum | si gestis, . . . nardo vina
   merebere [mereberis]. *var.Carm.*4.12.16
merentem. hac te merentem, Bacche pater, ... *Carm.*3.3.13
merentis. dignum praestabo me etiam pro laude merentis. . . *Epist.*1.7.24
meret. hic meret aera liber Sosiis, hic et mare transit . . . *Ars Poet.*345
meretrice. quod meretrice nepos insanus amica | filius uxorem . . . recuset, *Serm.*1.4.49
   arguta meretrice potes Davoque Chremeta | eludente senem comis garrire
   libellos *Serm.*1.10.40
   sub domina meretrice fuisset turpis et excors, ... *Epist.*1.2.25
meretrici. ut matrona meretrici dispar erit atque | discolor, . . *Epist.*1.18.3
meretricibus. verum est cum mimis, est cum meretricibus, . . *Serm.*1.2.58
meretricis. a turpi meretricis amore | cum deterreret: . . . *Serm.*1.4.111
   an meretricis amore | sollicitus plores: *Serm.*2.3.252
   nota refert meretricis acumina, ... *Epist.*1.17.55
meretricula. te coniunx aliena capit, meretricula Davom: . . *Serm.*2.7.46
meretrix. at volgus infidum et meretrix retro | periura cedit, . . *Carm.*1.35.25
   nec meretrix tibicina cuius | ad strepitum salias terrae gravis; . . *Epist.*1.14.25
mergitur. perditur [mergitur] haec inter misero lux non sine votis: . *coni.Serm.*2.6.59
mergos. opima quodsi praeda curvo litore | porrecta mergos iuverit, . *Epod.*10.22
   siquis nunc mergos suavis edixerit assos, ... *Serm.*2.2.51
meri. bimi cum patera meri: *Carm.*1.19.15
   neu multi Damalis meri *Carm.*1.36.13
meridiem. inclinare meridiem | sentis *Carm.*3.28.5
Merionen. pulvere Troico | nigrum Merionen *Carm.*1.6.15
   Merionen quoque | nosces. *Carm.*1.15.26
merita. dicetur, merita Nox quoque nenia. *Carm.*3.28.16
   per sacrum clivom merita decorus | fronde *Carm.*4.2.35

meritis. si taciturnitas|obstaret meritis invida Romuli? . . . . *Carm* 4.8.24
    ploravere suis non respondere favorem|speratum meritis. . . . *Epist*.2.1.10
meritis. sume superbiam|quaesitam meritis *Carm*.3.30.15
merito. merito quin illis Iuppiter ambas|iratus buccas inflet . *Serm*.1.1.20
    nunc illud tantum quaeram, meritone tibi sit *Serm*.1.4.64
    vel merito, quoniam in propria non pelle quiessem. . . . *Serm*.1.6.22
    delirus et amens|undique dicatur merito. *Serm*.2.3.108
meritorum. grandia laturus meritorum praemia. quid stas?' . *Epist*.2.2.38
meritum. ut ferula caedas meritum maiora subire|verbera non vereor, . *Serm*.1.3.120
meritum. qui|duxit ab oppressa meritum Karthagine nomen . *Serm*.2.1.66
meritum. o laborum|dulce lenimen †mihicumque [meritumque] salve|rite
~~vocanti~~ vocanti. *coni.Carm*.1.32.15
mero. finire memento|tristitiam vitaeque labores|molli, Plance, mero, . *Carm*.1.7.19
    turparunt umeros inmodicae mero|rixae *Carm*.1.13.10
    Centaurea monet cum Lapithis rixa super mero *Carm*.1.18.8
    cum quo morantem saepe diem mero|fregi, ... *Carm*.2.7.6
    nec saevos Lapithas et nimium mero|Hylaeum *Carm*.2.12.5
    mero|tinguet pavimentum superbo, ... *Carm*.2.14.26
    dulci digne mero non sine floribus, ... *Carm*.3.13.2
    cras genium mero|curabis et porco bimenstri . . . *Carm*.3.17.14
    prisci Catonis|saepe mero caluisse virtus. *Carm*.3.21.12
    nec certare iuvat mero *Carm*.4.1.31
    te prosequitur mero|defuso pateris *Carm*.4.5.33
    simul calentis inverecundus deus|fervidiore mero . . . *Epod*.11.14
    inriguomque mero sub noctem corpus habento. . . . *Serm*.2.1.9
    quod pingui miscere mero muriaque decebit *Serm*.2.4.65
    nocturno certare mero, putere diurno. *Epist*.1.19.11
    reges dicuntur multis urgere culillis|et torquere mero, . . *Ars Poet*.435
meros. ut alter|alterius sermone meros audiret honores, . . *Epist*.2.2.88
mersae. merses [mersae] profundo, pulchrior evenit; . . . *var.Carm*.4.4.65
mersare. doctus eris vivam musto mersare Falerno: . . . *Serm*.2.4.19
merses. merses profundo, pulchrior evenit; *Carm*.4.4.65
mersor. nunc agilis fio et mersor civilibus undis, . . . *Epist*.1.1.16
mersus. merses [mersus] profundo, pulchrior evenit; . . . *var.Carm*.4.4.65
meruere. nec minimum meruere decus vestigia Graeca|ausi deserere *Ars Poet*.286
merui. vitavi denique culpam,|non laudem merui. . *Ars Poet*.268
merulas. tum pectore adusto|vidimus et merulas poni . . . *Serm*.2.8.91
merulis. si veluti merulis intentus decidit auceps|in puteum . *Ars Poet*.458
merum. non ante verso lene merum cado . . . iamdudum apud me est: *Carm*.3.29.2
merum. deprome quadrimum Sabina,|o Thaliarche, merum diota. . *Carm*.1.9.8
merus. nisi quod pede certo|differt sermoni, sermo merus. . . *Serm*.1.4.48
merx. tutior at quanto merx est in classe secunda, . . . *Serm*.1.2.47
Messalla. 'hoc tibi Paulus|et Messalla videris? *Serm*.1.6.42
Messalla. te, Messalla, tuo cum fratre, ... *Serm*.1.10.85
Messallae. actor|causarum mediocris abest virtute diserti|Messallae . *Ars Poet*.371
Messi. Messi clarum genus Osci; *Serm*.1.5.54
    Sarmenti scurrae pugnam Messique Cicirri, . . . *Serm*.1.5.52
Messius. ipse|Messius 'accipio,' caput et movet. . . . *Serm*.1.5.58
messorum. o dura messorum ilia. *Epod*.3.4
meta. metaque fervidis|evitata rotis *Carm*.1.1.4
metallis. qui pauperiem veritus potiore metallis|libertate caret, . . *Epist*.1.10.39
metam. qui studet optatam cursu contingere metam, . . . *Ars Poet*.412
metata. nulla decempedis | metata privatis opacam | porticus excipiebat
    arcton *Carm*.2.15.15
metato. videas metato in agello|cum pecore et gnatis . *Serm*.2.2.114
metatum. videas metato [metatum] in agello|cum pecore et gnatis fortem
    mercede colonum *var.Serm*.2.2.114
Metaurum. testis Metaurum flumen et Hasdrubal|devictus . *Carm*.4.4.38
Metellae. detractam ex aure Metellae, . . . bacam: . . *Serm*.2.3.239
Metello. ingenio offensi aut laeso doluere Metello . . . *Serm*.2.1.67
Metello. motum ex Metello consule civicum *Carm*.2.1.1
metendo. primosque et extremos metendo *Carm*.4.14.31
Methymnaeam. quod Methymnaeam vitio mutaverit uvam. . . *Serm*.2.8.50
metiente. videsne, sacram metiente te viam *Epod*.4.7
metire. metire nobis Caecubum. *Epod*.9.36
metiretur. dives|ut metiretur nummos, ... *Serm*.1.1.96
metiri. metiri possis oculo latus. . . . . . . *Serm* 1.2.103
    metiri se quemque suo modulo ac pede verum est. . . . *Epist*.1.7.98
metit. frumenti quantum metit Africa. *Serm*.2.3.87

si metit Orcus|grandia cum parvis, ... *Epist.*2.2.178
metu. non sine vano|aurarum et siluae metu. *Carm.*1.23.4
unde manum iuventus|metu deorum continuit? . . . *Carm.*1.35.37
euhoe, recenti mens trepidat metu *Carm.*2.19.5
non animum metu,|non mortis laqueis expedies caput. . . *Carm.*3.24.7
comes minore sum futurus in metu, ... *Epod.*1.17
an vigilare metu exanimem, noctesque diesque|formidare malos fures, *Serm.*1.1.76
iura inventa metu iniusti fateare necesse est, ... *Serm.*1.3.111
mortisque metu sibi parcere cogit, ... *Serm.*1.4.127
metuam. pro qua non metuam mori, ... *Carm.*3.9.11
nec mori per vim metuam tenente|Caesare terras. . . *Carm.*3.14.15
nec metuam, quid de me iudicet heres, ... *Epist.*2.2.191
metuas. cumque habeas plus,|pauperiem metuas minus . . *Serm.*1.1.93
non ego sim Capri neque Sulci: cur metuas me? . . . *Serm.*1.4.70
metuat. cruribus haec metuat, doti deprensa, egomet mi. . *Serm.*1.2.131
utrum|gaudeat an doleat, cupiat metuatne, . . . *Epist.*1.6.12
metuatur. quis sub Arcto|rex gelidae metuatur orae, . . *Carm.*1.26.4
metuebat. ne se penuria victus|opprimeret metuebat. . . *Serm.*1.1.99
metuemus. nocentem|corporibus metuemus austrum: . . *Carm.*2.14.16
metuenda. "est genus unum|stultitiae nihilum metuenda timentis, . *Serm.*2.3.54
avertit morbos, metuenda pericula pellit, ... *Epist.*2.1.136
metuende. nec te, metuende certa|Phoebe sagitta. . . *Carm.*1.12.23
parce gravi metuende thyrso. *Carm.*2.19.8
metuendus. Parthos ferocis|vexet eques metuendus hasta . *Carm.*3.2.4
metuens. luctantem Icariis fluctibus Africum|mercator metuens . *Carm.*1.1.16
ne prodigus esse|dicatur metuens, ... *Serm.*1.2.5
nequid|summa deperdat metuens aut ampliet ut rem. . . *Serm.*1.4.32
an qui contentus parvo metuensque futuri *Serm.*2.2.110
metuensque velut contingere sacrum? *Serm.*2.3.110
metuens induceris atque|altercante libidinibus tremis ossa pavore. *Serm.*2.7.56
credo, metues [metuens] doctusque cavebis — . . . *var.Serm.*2.7.68
labra movet metuens audiri: 'pulchra Laverna, . . . *Epist.*1.16.60
qui metuens vivet, liber mihi non erit umquam. . . . *Epist.*1.16.66
in scalis latuit metuens pendentis habenae'— . . . *Epist.*2.2.15
metuens. tris prohibet supra|rixarum metuens tangere Gratia . *Carm.*3.19.16
metuens alterius viri|certo foedere castitas, . . . *Carm.*3.24.22
metuente. illum aget penna metuente solvi|Fama superstes. . *Carm.*2.2.7
metuenti. stes capite obstipo, multum similis metuenti. . *Serm.*2.5.92
metuentis. filia Nasicae, metuentis reddere soldum. . . *Serm.*2.5.65
vertere pallor|tum parochi faciem nil sic metuentis ut acris|potores, *Serm.*2.8.36
metuentis. exanimari metuentis patruae verbera linguae. . *Carm.*3.12.2
metues. nec metues protervom|suspecta Cyrum, . . . *Carm.*1.17.24
credo, metues doctusque cavebis — *Serm.*2.7.68
metues, liberrime Lolli,|scurrantis speciem praebere, . . *Epist.*1.18.1
metuet. nam qui cupiet, metuet quoque, ... *Epist.*1.16.65
dulcis inexpertis cultura potentis amici,|expertus metuet. . *Epist.*1.18.87
metuit. sperat infestis, metuit secundis|alteram sortem . . *Carm.*2.10.13
ludit exsultim metuitque tangi *Carm.*3.11.10
culpari metuit fides, ... *Carm.*4.5.20
qui cupit aut metuit, iuvat illum sic domus et res . . *Epist.*1.2.51
cautus enim metuit foveam lupus *Epist.*1.16.50
dulcis inexpertis cultura potentis amici,|expertus metuet [metuit]. . *var.Epist.*1.18.87
sed turpem putat inscite metuitque lituram. . . . *Epist.*2.1.167
metum. qui dissimulat metum|Marsae cohortis Dacus . . *Carm.*2.20.17
curam metumque Caesaris rerum iuvat|dulci Lyaeo solvere. . *Epod.*9.37
metuo. nec vereor [metuo], ne, dum futuo, vir rure recurrat, . *var.Serm.*1.2.127
'o puer, ut sis|vitalis metuo *Serm.*2.1.61
metuont. nec viridis metuont colubras *Carm.*1.17.8
te . . . purpurei metuont tyranni, ... *Carm.*1.35.12
te suis matres metuont iuvencis, ... *Carm.*2.8.21
omnes hi metuont versus, odere poetas. *Serm.*1.4.33
metus. tristitiam et metus | tradam protervis in mare Creticum | portare
ventis. *Carm.*1.26.1
metuum. o laborum|dulce lenimen †mihicumque [metuumque] salve|rite
vocanti. *coni.Carm.*1.32.15
meum. vae, meum|fervens difficili bile tumet iecur. . . *Carm.*1.13.3
non est meum, . . . ad miseras preces|decurrere . . *Carm.*3.29.57
'pone, meum est,' inquit: pono tristisque recedo. . . *Epist.*1.16.35
meum. non Afra avis descendat in ventrem meum, . . . *Epod.*2.53

quod cum spe divite manet|in venas animumque meum,   . . .   *Epist.*1.15.20

meum.   meum iecur urere bilis. *Serm.*1.9.66

ante meum nulli patuit quaesita palatum. *Serm.*2.4.46

forte meum siquis te percontabitur aevom: *Epist.*1.20.26

meum qui pectus inaniter angit, ...   *Epist.*2.1.211

meum.   o et praesidium et dulce decus meum: *Carm.*1.1.2

meus.   ex hac|luce Maecenas meus adfluentis|ordinat annos. . .   *Carm.*4.11.19

non tuos hoc capiet venter plus ac meus, ...   *Serm.*1.1.46

cantat et adponit 'meus est amor huic similis: . . .   *Serm.*1.2.107

namque est ille, pater quod erat meus.' *Serm.*1.6.41

quaestor avos pater atque meus patruosque fuissent. . . .   *Serm.*1.6.131

ibam forte via sacra, sicut meus est mos, ...   *Serm.*1.9.1

(nec meus hic sermo est, sed quae praecepit Ofellus . .   *Serm.*2.2.2

ne perconteris, fundus meus, optime Quinti,|arvo pascat erum .   *Epist.*1.16.1

nec meus audet|rem temptare pudor quam vires ferre recusent. .   *Epist.*2.1.258

Mevium.   mala soluta navis exit alite|ferens olentem Mevium. . .   *Epod.*10.2

mi.   'quid mi igitur suades? *Serm.*1.1.101

'nil fuerit mi' inquit 'cum uxoribus umquam alienis.' . . .   *Serm.*1.2.57

cruribus haec metuat, doti deprensa, egomet mi. . . .   *Serm.*1.2.131

'egomet mi ignosco' Maenius inquit. *Serm.*1.3.23

viverem uti contentus eo quod mi ipse parasset: . . .   *Serm.*1.4.108

mi satis est si|traditum ab antiquis morem servare . .   possum;   *Serm.*1.4.116

nil mi officit,' inquam,|'ditior hic aut est quia doctior; . . .   *Serm.*1.9.50

'at mi: sum paulo infirmior, unus|multorum. . . .   *Serm.*1.9.71

postmodo quod mi obsit clare certumque locuto . . .   *Serm.*2.6.27

det vitam, det opes; aequom mi animum ipse parabo. . . .   *Epist.*1.18.112

mica.   farre pio et saliente mica. *Carm.*3.23.20

micat.   micat inter omnis|Iulium sidus velut inter ignis|luna minores. .   *Carm.*1.12.46

mictum.   in me veniat mictum atque cacatum . . .   *Serm.*1.8.38

migravit.   verum equitis quoque iam migravit ab aure voluptas|omnis   *Epist.*2.1.187

migret.   migret in obscuras humili sermone tabernas . . .   *Ars Poet.*229

mihi.   quem mihi, quem tibi|finem di dederint, . . .   *Carm.*1.11.1

tunc nec mens mihi nec color|certa sede manent, . . .   *Carm.*1.13.5

nuper sollicitum quae mihi taedium, ...   *Carm.*1.14.17

dum mihi|fias recantatis amica|opprobriis *Carm.*1.16.26

hic vivom mihi caespitem, hic|verbenas, pueri, ponite . .   *Carm.*1.19.13

frui paratis et valido mihi,|Latoe, dones *Carm.*1.31.17

o laborum|dulce lenimen †mihicumque salve|rite vocanti. .   *Carm.*1.32.15

ille terrarum mihi praeter omnis|angulus ridet, . . .   *Carm.*2.6.13

recepto|dulce mihi furere est amico. *Carm.*2.7.28

et mihi forsan tibi quod negarit|porriget hora. . . .   *Carm.*2.16.31

mihi parva rura et|spiritum Graiae tenuem Camenae . .   dedit   *Carm.*2.16.37

nec dis amicum est nec mihi te prius|obire, ...   *Carm.*2.17.2

nec Laconicas mihi|trahunt honestae purpuras clientae. . .   *Carm.*2.18.7

fas pervicacis est mihi Thyiadas *Carm.*2.19.9

mihi|castaeque damnatum Minervae *Carm.*3.3.22

seu mihi frigidum | Praeneste seu Tibur supinum | seu liquidae placuere

     Baiae. *Carm.*3.4.22

hic dies vere mihi festus atras|exiget curas: . . .   *Carm.*3.14.13

nec Laestrygonia Bacchus in amphora|languescit mihi . .   *Carm.*3.16.35

ut mihi devio|ripas et vacuom nemus|mirari libet. . .   *Carm.*3.25.12

siquis infamem mihi nunc iuvencum|dedat iratae, . . .   *Carm.*3.27.45

nunc mihi nunc alii benigna. *Carm.*3.29.52

mihi Delphica|lauro cinge volens, Melpomene, comam. . .   *Carm.*3.30.15

spiritum Phoebus, mihi Phoebus artem | carminis nomenque dedit

     poetae. *Carm.*4.6.29

sed non haec mihi vis, ...   *Carm.*4.8.9

est mihi nonum superantis annum|plenus Albani cadus, . .   *Carm.*4.11.1

iure sollemnis mihi sanctiorque|paene natali proprio, . .   *Carm.*4.11.17

quae me surpuerat mihi *Carm.*4.13.20

tecum mihi discordia est, ...   *Epod.*4.2

neque hoc parentes, heu mihi superstites, ...   *Epod.*5.101

ad non amicos heu mihi postis *Epod.*11.21

munera quid mihi quidve tabellas *Epod.*12.2

Inachiam ter nocte potes, mihi semper ad unum|mollis opus. .   *Epod.*12.15

cum mihi Cous adesset Amyntas, ...   *Epod.*12.18

'populus me sibilat, at mihi plaudo|ipse domi, . . .   *Serm.*1.1.66

haec ubi supposuit dextro corpus mihi laevom,|Ilia et Egeria est;   *Serm.*1.2.125

'sit mihi mensa tripes et|concha salis puri *Serm.*1.3.13

nunc aliquis dicat mihi 'quid tu? *Serm*.1.3.19
pluribus hisce,|si modo plura mihi bona sunt, inclinet, . . . *Serm*.1.3.71
minus hoc iucundus amicus|sit mihi? *Serm*.1.3.94
mihi dulces|ignoscent, siquid peccaro stultus, amici . . . *Serm*.1.3.139
hoc mihi iuris|cum venia dabis: *Serm*.1.4.104
mi [mihi] satis est si|traditum ab antiquis morem servare . . . possum; *var.Serm*.1.4.116
mi satis est [sed mihi sat] si|traditum ab antiquis morem servare . . .
    possum; *var.Serm*.1.4.116
neque enim, cum lectulus aut me|porticus excepit, desum mihi. . . *Serm*.1.4.134
auxilio quae|sit mihi (nam multo plures sumus), ... *Serm*.1.4.142
nunc mihi paucis | Sarmenti scurrae pugnam Messique Cicirri, | musa,
    velim memores *Serm*.1.5.51
incipit ex illo montis Apulia notos|ostentare mihi, ... *Serm*.1.5.78
quod mihi pareret legio Romana tribuno. *Serm*.1.6.48
ut forsit honorem|iure mihi invideat quivis, ... *Serm*.1.6.50
nulla etenim mihi te fors obtulit; *Serm*.1.6.54
obiciet vere quisquam mihi, ... *Serm*.1.6.69
avita|ex re praeberi sumptus mihi crederet illos. . . . *Serm*.1.6.80
ipse mihi custos incorruptissimus omnis|circum doctores aderat. . *Serm*.1.6.81
honestos|fascibus et sellis nollem mihi sumere, ... *Serm*.1.6.97
nam mihi continuo maior quaerenda foret res *Serm*.1.6.100
nunc mihi curto|ire licet mulo *Serm*.1.6.104
obiciet nemo sordis mihi, quas tibi, Tilli, ... *Serm*.1.6.107
non sollicitus mihi quod cras|surgendum sit mane, . . . *Serm*.1.6.119
operum hoc, mihi crede, tuorum est.' *Serm*.1.7.35
mihi non tantum furesque feraeque suetae|hunc vexare locum curae sunt *Serm*.1.8.17
accurrit quidam notus mihi nomine tantum *Serm*.1.9.3
'pluris|hoc' inquam 'mihi eris.' *Serm*.1.9.8
'haud mihi quisquam.|omnis conposui.' *Serm*.1.9.27
namque instat fatum mihi triste, ... *Serm*.1.9.29
'nil mi [mihi] officit,' inquam,|'ditior hic aut est quia doctior; . *var.Serm*.1.9.50
'haud mihi deero:|muneribus servos corrumpam; *Serm*.1.9.56
mihi carus et illum|qui pulcre nosset. *Serm*.1.9.61
'nulla mihi' inquam|'religio est.' *Serm*.1.9.70
huncine solem|tam nigrum surrexe mihi! *Serm*.1.9.73
non ego: nam 'satis est equitem mihi plaudere', ... *Serm*.1.10.76
'haud mihi deero,|cum res ipsa feret: *Serm*.2.1.17
nec quisquam noceat cupido mihi pacis! *Serm*.2.1.44
ac mihi seu longum post tempus venerat hospes . . . *Serm*.2.2.118
sed cedet in usum|nunc mihi, nunc alii. *Serm*.2.2.135
inposuere mihi cognomen compita.' *Serm*.2.3.26
'accipe quod numquam reddas mihi' si tibi dicam: . . . *Serm*.2.3.66
putidius multo cerebrum est, mihi crede, Perelli . . . *Serm*.2.3.75
'sive ego prave|seu recte hoc volui, ne sis patruos mihi': . . *Serm*.2.3.88
'quidquid mihi, quidquid et horum|cuique domi est, id crede tuom *Serm*.2.3.231
'haec mihi Stertinius, sapientum octavos, amico|arma dedit, . *Serm*.2.3.296
ego nam videor mihi sanus.' *Serm*.2.3.302
'non est mihi tempus *Serm*.2.4.1
nam quamvis memori referas mihi pectore cuncta, . . . *Serm*.2.4.90
at mihi cura|non mediocris inest, ... *Serm*.2.4.93
eripiet quivis oculos citius mihi *Serm*.2.5.35
divinare etenim magnus mihi donat Apollo.' *Serm*.2.5.60
unde mihi tam fortem tamque fidelem?" *Serm*.2.5.102
nisi ut propria haec mihi munera faxis. *Serm*.2.6.5
'o si urnam argenti fors quae mihi monstret, ... *Serm*.2.6.10
utque soles, custos mihi maximus adsis. *Serm*.2.6.15
carpe viam, mihi crede, comes, ... *Serm*.2.6.93
"haud mihi vita|est opus hac" *Serm*.2.6.115
tune mihi dominus, ... *Serm*.2.7.75
tu, mihi qui imperitas, aliis servis miser *Serm*.2.7.81
obsequium ventris mihi perniciosius est cur? *Serm*.2.7.104
'unde mihi lapidem?' *Serm*.2.7.116
mihi quaerenti convivam dictus here illic|de medio potare die.' . *Serm*.2.8.2
'sic, ut mihi numquam|in vita fuerit melius.' *Serm*.2.8.3
cum passeris atque|ingustata mihi porrexerat ilia rhombi. . . *Serm*.2.8.30
prima dicte mihi, summa dicende Camena, ... *Epist*.1.1.1
est mihi purgatam crebro qui personet aurem: . . . *Epist*.1.1.7
et mihi res, non me rebus subiungere conor. *Epist*.1.1.19
sic mihi tarda fluont ingrataque tempora *Epist*.1.1.23

quid mihi Celsus agit? *Epist.*1.3.15
quo mihi fortunam, si non conceditur uti? *Epist.*1.5.12
quam mihi das aegro, dabis aegrotare timenti, | Maecenas, veniam, . *Epist.*1.7.4
mihi iam non regia Roma, | sed vacuom Tibur placet . . . *Epist.*1.7.44
'neget ille mihi?' *Epist.*1.7.63
'durus,' ait, 'Voltei, nimis attentusque videris | esse mihi.' . . *Epist.*1.7.92
si velles' inquit 'verum mihi ponere nomen. *Epist.*1.7.93
dissimulator opis propriae, mihi commodus uni. *Epist.*1.9.9
vilice silvarum et mihi me reddentis agelli, ... *Epist.*1.14.1
me constare mihi scis et discedere tristem *Epist.*1.14.16
(nam mihi Baias | Musa supervacuas Antonius, ... *Epist.*1.15.2
non mihi Cumas | est iter aut Baias' *Epist.*1.15.11
'nec furtum feci nec fugi,' si mihi dicat | servos: . . . *Epist.*1.16.46
damnum est, non facinus, mihi pacto lenius isto. . . . *Epist.*1.16.56
da mihi fallere, da iusto sanctoque videri, ... *Epist.*1.16.61
qui metuens vivet, liber mihi non erit umquam. . . . *Epist.*1.16.66
'scurror ego ipse mihi, populo tu: *Epist.*1.17.19
'indotata mihi soror est, paupercula mater, ... *Epist.*1.17.46
clamat 'victum date.' succinit alter | 'et mihi.' . . . *Epist.*1.17.49
'scilicet, ut non | sit mihi prima fides *Epist.*1.18.17
'sit mihi, quod nunc est, etiam minus, ut mihi vivam | quod superest aevi, *Epist.*1.18.107
ut mihi saepe | bilem, saepe iocum vestri movere tumultus! . . *Epist.*1.19.19
memini quae plagosum mihi parvo | Orbilium dictare; . . . *Epist.*2.1.70
ille per extentum funem mihi posse videtur | ire poeta, . . *Epist.*2.1.210
Romae nutriri mihi contigit atque doceri, ... *Epist.*2.2.41
tres mihi convivae prope dissentire videntur *Epist.*2.2.61
'dic mihi, Musa, virum, ... *Ars Poet.*141
quodcumque ostendis mihi sic, incredulus odi. . . . . *Ars Poet.*188
sic mihi, qui multum cessat, fit Choerilus ille, . . . *Ars Poet.*357
sic mihi, qui multum [multum mihi qui] cessat, fit Choerilus ille, . *var.Ars Poet.*357
occupet extremum scabies; mihi turpe relinqui est . . . *Ars Poet.*417
mihicumque. dulce lenimen †mihicumque salve | rite vocanti. . . *Carm.*1.32.15
miles. quam rem cumque ferox . . . miles te duce gesserit. . *Carm.*1.6.4
miles sagittas et celerem fugam | Parthi, ... *Carm.*2.13.17
milesne Crassi coniuge barbara | turpis maritus vixit . . *Carm.*3.5.5
auro repensus scilicet acrior | miles redibit: *Carm.*3.5.26
ceteris maior, tibi miles inpar, ... *Carm.*4.6.5
neque excitatur classico miles truci *Epod.*2.5
Romanus eheu . . . fert vallum et arma miles . . . *Epod.*9.13
'o fortunati mercatores' gravis armis | miles ait, . . . *Serm.*1.1.5
eris tu, qui modo miles, | mercator; *Serm.*1.1.16
perfidus hic caupo, miles nautaeque, ... *Serm.*1.1.29
Luculli miles collecta viatica multis | aerumnis, . . . *Epist.*2.2.26
Mileti. alter Mileti textam cane peius et angui | vitabit chlanidem, *Epist.*1.17.30
milia. quot capitum vivont, totidem studiorum | milia: . . *Serm.*2.1.28
sed quadringentis sex septem milia desunt: . . . *Epist.*1.1.57
milia. milia frumenti tua triverit area centum: . . . *Serm.*1.1.45
milia tum pransi tria repimus *Serm.*1.5.25
quattuor hinc rapimur viginti et milia raedis, . . . *Serm.*1.5.86
callidus huic signo ponebam milia centum; . . . *Serm.*2.3.23
inmane est vitium dare milia terna macello . . . *Serm.*2.4.76
sibi milia quinque | esse domi chlamydum; . . . *Epist.*1.6.43
milibus. commodius quam tu, praeclare senator, | milibus atque aliis vivo. *Serm.*1.6.111
an tua demens | vilibus [milibus] in ludis dictari carmina malis? . *var.Serm.*1.10.75
mille cadis, nihil est, tercentum milibus, ... *Serm.*2.3.116
eritque tuos nummorum milibus octo, ... *Epist.*2.2.5
fortasse trecentis | aut etiam supra nummorum milibus emptum. . *Epist.*2.2.165
militabitur. libenter hoc et omne militabitur | bellum . . *Epod.*1.23
militaria. interque signa turpe militaria | sol adspicit conopium. . *Epod.*9.15
militaris. quale portentum neque militaris | Daunias latis alit aesculetis *Carm.*1.22.13
militaris. cur neque militaris | inter aequalis equitet, . . *Carm.*1.8.5
militat. venaticus, . . . militat in silvis catulus. . . *Epist.*1.2.67
militavi. et militavi non sine gloria; *Carm.*3.26.2
milite. quam multo repetet Graecia milite *Carm.*1.15.6
milite nam tuo | Drusus Genaunos, . . . deiecit acer . *Carm.*4.14.9
militet. quibus terrarum militet oris | Claudius . . . *Epist.*1.3.1
militia. 'militia est potior. quid enim? concurritur: . . *Serm.*1.1.7
(si Romana fatigat | militia adsuetum graecari) . . . *Serm.*2.2.11
militia. longaque fessum militia latus *Carm.*2.7.18

robustus acri militia puer | condiscat *Carm.*3.2.2
militia simul | fessas cohortes abdidit oppidis, ... *Carm.*3.4.37
militiae. sit modus lasso maris et viarum | militiaeque. *Carm.*2.6.8
o saepe mecum tempus in ultimum | deducte Bruto militiae duce, . *Carm.*2.7.2
late signa feret militiae tuae *Carm.*4.1.16
militiae quamquam piger et malus, utilus Vrbi, | si das hoc, . . *Epist.*2.1.124
militiam. quis post vina gravem militiam aut pauperiem crepat? . . *Carm.*1.18.5
et acrem militiam paras *Carm.*1.29.2
saevam | militiam puer et Cantabrica bella tulisti . . . *Epist.*1.18.55
militibus. arma | militibus sine caede' dixit | 'derepta vidi, . . *Carm.*3.5.20
militibus promissa Triquetra | praedia Caesar an est Itala tellure
daturus?' *Serm.*2.6.55
militum. sed rusticorum mascula militum | proles. *Carm.*3.6.37
neque iratos trementi | regum apices neque militum arma. . . *Carm.*3.21.20
hoc, hoc tribuno militum?' *Epod.*4.20
mille. temptat mille vafer modis. *Carm.*3.7.12
arat Falerni mille fundi iugera *Epod.*4.13
ad hunc frementis verterunt bis mille equos *Epod.*9.17
iugera centum an | mille aret? *Serm.*1.1.51
mille pedes in fronte, trecentos cippus in agrum | hic dabat, . . *Serm.*1.8.12
mille die versus deduci posse. *Serm.*2.1.4
Catienis mille ducentis | 'mater, te appello' clamantibus. . . . *Serm.*2.3.61
mille adde catenas; *Serm.*2.3.70
si positis intus Chii veterisque Falerni | mille cadis, . . . *Serm.*2.3.116
hic simul accepit patrimoni mille talenta, ... *Serm.*2.3.226
'mille puellarum, puerorum mille furores' — *Serm.*2.3.325
gaude quod spectant oculi te mille loquentem; *Epist.*1.6.19
mille talenta rotundentur, totidem altera, ... *Epist.*1.6.34
nam de mille fabae modiis cum surripis unum, ... *Epist.*1.16.55
mille. 'mille ovium insanus morti dedit, ... *Serm.*2.3.197
Millonius. saltat Milonius [Millonius], ut semel icto | accessit fervor capiti
numerusque lucernis; *var.Serm.*2.1.24
Milonis. quia desperes invicti membra Glyconis [Milonis], . . *var.Epist.*1.1.30
Milonius. saltat Milonius, ut semel icto | accessit fervor capiti . *Serm.*2.1.24
miluo. adulteretur et columba miluo, ... *Epod.*16.32
miluos. metuit foveam lupus . . . et opertum miluos hamum. . *Epist.*1.16.51
mimae. qui patrium mimae donat fundumque Laremque, . . *Serm.*1.2.56
mimae. ambubaiarum collegia, pharmacopolae, | mendici, mimae,
balatrones, ... *Serm.*1.2.2
Mimas. sed quid Typhoeus et validus Mimas . . . possent . . *Carm.*3.4.53
mimis. verum est cum mimis, est cum meretricibus, . . . *Serm.*1.2.58
Mimnermus. si, Mimnermus uti censet, sine amore iocisque | nil est
iucundum, ... *Epist.*1.6.65
fit Mimnermus et optivo cognomine crescit. *Epist.*2.2.101
mimo. ut sibi praebentem mimo spectacula plura, ... *Epist.*2.1.198
mimos. et Laberi mimos ut pulcra poemata mirer. . . . *Serm.*1.10.6
mimum. partis mimum tractare secundas; *Epist.*1.18.14
minabitur. sic quodcumque minabitur Eurus | fluctibus Hesperiis . *Carm.*1.28.25
nec semper feriet quodcumque minabitur arcus. . . . *Ars Poet.*350
minaces. minaces | turpe solum tetigere mento; *Carm.*2.7.11
Pindaricae latent | Ceaeque et Alcaei minaces *Carm.*4.9.7
minaci. aut quid minaci Porphyrion statu, ... *Carm.*3.4.54
minaci. puerum minaci | voce dum terret, ... *Carm.*1.10.10
minaci. iam nunc minaci murmure cornuom | perstringis auris, . *Carm.*2.1.17
minacis. minacis aut Etrusca Porsenae manus, ... *Epod.*16.4
minacis. vectis et †arcus | oppositis foribus minacis. . . . *Carm.*3.26.8
minacium. regum colla minacium. *Carm.*2.12.12
Minae. sed Timor et Minae | scandunt eodem, quo dominus, . . *Carm.*3.1.37
minae. 'celeres fugae | reiectaeque retrorsum Hannibalis minae', . . *Carm.*4.8.16
minantem. dic multa et pulcra minantem | vivere nec recte nec suaviter, . *Epist.*1.8.3
minantis. atqui voltus erat multa et praeclara minantis, . . *Serm.*2.3.9
minarum. tristia maestum | voltum verba decent, iratum plena minarum, . *Ars Poet.*106
minas. quod regum tumidas contuderit minas, ... *Carm.*4.3.8
quin huc inanis, si potes, vertis minas *Epod.*6.3
minati. nec priores | inpiae tectum dominae relinquont, | saepe minati. . *Carm.*2.8.20
Minatius. sit tibi curae | quantae conveniat Munatius [Minatius]. . *var.Epist.*1.3.31
minatur. horrendamque cultis | diluviem meditatur [? minatur] agris, . *? var.Carm.*4.14.28
minatus. dux fugit ustis navibus | minatus Vrbi vincla, . . . *Epod.*9.9
minax. et minax, †quia sic voluere, ponto | unda recumbit. . . *Carm.*1.12.31

per honestas|ire domos inpune minax. *Epist.*2.1.150
mineris. magnis parva mineris|falce recisurum simili te, . . . *Serm.*1.3.122
Minerva. Ofellus|rusticus, ab normis sapiens crassaque Minerva), . . *Serm.*2.2.3
tu nihil invita dices faciesve Minerva: . . . . . . *Ars Poet.*385
Minervae. mihi|castaeque damnatum Minervae *Carm.*3.3.23
Minervae. tibi telas operosaeque Minervae studium aufert, . . . *Carm.*3.12.5
ille non inclusus equo Minervae|sacra mentito *Carm.*4.6.13
minime. quod sunt quos genus hoc minime iuvat, ... *Serm.*1.4.24
" 'quid, siquis non sit avarus,|continuo sanus?' minime. . . *Serm.*2.3.160
minimis. vitiis nemo sine nascitur; optimus ille est,|qui minimis urgetur. *Serm.*1.3.69
minimo. Crispinus minimo me provocat *Serm.*1.4.14
minimum. creditur, ex medio quia res accersit, habere|sudoris minimum,
. . . comoedia *Epist.*2.1.169
nec minimum meruere decus vestigia Graeca|ausi deserere . . *Ars Poet.*286
minimum. carpe diem quam minimum credula postero. . . . *Carm.*1.11.8
amicus Aulon|fertili Baccho minimum Falernis|invidet uvis; . . *Carm.*2.6.19
emendata videri|pulchraque et exactis minimum distantia miror. . *Epist.*2.1.72
minister. odiumque libellis|sedulus inportes opera vehemente minister. . *Epist.*1.13.5
ministeriis. verna ministeriis ad nutus aptus erilis, ... *Epist.*2.2.6
ministrat. vel quod res omnis timide gelideque ministrat, . . . *Ars Poet.*171
ministratur. cena ministratur pueris tribus *Serm.*1.6.116
ministrent. ut omnes|praecincti recte pueri comptique ministrent? . *Serm.*2.8.70
ministret. requiro, . . . quod verba ministret, ... *Epist.*1.15.20
ministrum. neque te ministrum|dedecet myrtus *Carm.*1.38.6
qualem ministrum fulminis alitem, ... *Carm.*4.4.1
minitaris. cum|sic mutilus minitaris?' *Serm.*1.5.60
minitatur. horrendamque cultis|diluviem meditatur [minitatur] agris, . *var.Carm.*4.14.28
Cervius iratus leges minitatur et urnam, ... *Serm.*2.1.47
miniteris. 'quid faceres, cum|sic mutilus minitaris [miniteris]?' . . *var.Serm.*1.5.60
minor. te minor laetum reget aequos orbem: *Carm.*1.12.57
parvosque natos ut capitis minor|ab se removisse . . . *Carm.*3.5.42
quod scribere possem,|inventore minor; *Serm.*1.10.48
rerum imperiis hominumque|tot tantisque minor, . . . *Serm.*2.7.76
sapiens uno minor est Iove, dives,|liber, honoratus, . . . *Epist.*1.1.106
donec minor in certamine longo|inploravit opes . . . *Epist.*1.10.35
si pede maior erit, subvertet, si minor, uret. *Epist.*1.10.43
ius imperiumque Phraates|Caesaris accepit genibus minor; . *Epist.*1.12.28
tu poscis vilia, verum es|dante minor, ... *Epist.*1.17.22
qui deperiit minor uno mense vel anno, ... *Epist.*2.1.40
cur alter [? curque minor] fratrum cessare et ludere et ungui|praeferat
Herodis palmetis pinguibus, ... *? var.Epist.*2.2.183
neve minor neu sit quinto productior actu|fabula, . . . *Ars Poet.*189
minor. invidia adcrevit, privato quae minor esset. . . . *Serm.*1.6.26
magna minorve foro si res certabitur olim; *Serm.*2.5.27
minora. Zmyrna quid et Colophon, maiora minorane fama? . . *Epist.*1.11.3
minora. caelo fulgebat Luna sereno|inter minora sidera, . . *Epod.*15.2
nullane habes vitia?' immo alia et fortasse minora. . . *Serm.*1.3.20
sed timui, mea ne finxisse minora putarer, ... *Epist.*1.9.8
vel quia cuncta putas una virtute minora. *Epist.*1.12.11
minore. comes minore sum futurus in metu, ... *Epod.*1.17
minorem. quid aeternis minorem|consiliis animum fatigas? . . *Carm.*2.11.11
dis te minorem quod geris, imperas: *Carm.*3.6.5
tanto dissimilem et tanto certare minorem? *Serm.*2.3.313
quanto curam sumptumque minorem|haec habeant, . . . *Serm.*2.4.85
minorem. rem|nec sam facturus vitio culpave minorem; . . *Serm.*2.6.7
me docuit melimela rubere minorem|ad lunam delecta. . . *Serm.*2.8.31
minores. quod numero plures, virtute et honore minores, . . *Epist.*2.1.183
minores. Iulium sidus velut inter ignis|luna minores. . . . *Carm.*1.12.48
flumen gentibus additum|victis minores volvere vertices . . *Carm.*2.9.22
non ridet versus Enni gravitate minores, ... *Serm.*1.10.54
minori. 'o maior tandem parcas, insane, minori.' *Serm.*2.3.326
Romae dulce diu fuit . . . maiores audire, minori dicere . *Epist.*2.1.106
minoribus. vel quia turpe putant parere minoribus . . . *Epist.*2.1.84
minoris. qui se|voltum ferre negat Noviorum posse minoris. . *Serm.*1.6.121
minoris. non ridet versus Enni gravitate minores [minoris], . . *var.Serm.*1.10.54
minorum. laudator temporis acti|se puero, castigator censorque minorum. *Ars Poet.*174
Minos. et Iovis arcanis Minos admissus *Carm.*1.28.9
de te, splendide, Minos|fecerit arbitria, ... *Carm.*4.7.21
Minturnas. palustris|inter Minturnas Sinuessanumque Petrinum. . *Epist.*1.5.5

minuas. in singula quem minuas pulmenta necesse est. *Serm.2.2.34*
   tu cave ne minuas, tu ne maius facias id *Serm.2.3.177*
minuat. quid minuat curas, quid te tibi reddat amicum, ... *Epist.1.18.101*
Minuci. Brundisium Minuci melius via ducat an Appi. *Epist.1.18.20*
minuentur. minuentur atrae | carmine curae. *Carm.4.11.35*
minuere. at nos virtutes ipsas invertimus atque | sincerum furimus vas
   incrustare [minuere]. *var.Serm.1.3.56*
minui. per quae | crescere res posset, minui damnosa libido. . . . *Epist.2.1.107*
minuit. sed minuit furorem | vix una sospes navis ab ignibus . . *Carm.1.37.12*
   longa Tithonum minuit senectus *Carm.2.16.30*
minus. 'sit mihi, quod nunc est, etiam minus, ... *Epist.1.18.107*
minus. haberet | plus dapis et rixae multo minus invidiaeque. . . *Epist.1.17.51*
   habet comoedia tanto | plus oneris, quanto veniae minus. . . *Epist.2.1.170*
minus. prece qua fatigent | virgines sanctae minus audientem | carmina
   Vestam? *Carm.1.2.27*
   audis minus et minus iam: *Carm.1.25.6*
   et iam dente minus mordeor invido. *Carm.4.3.16*
   cur dira barbarae minus | venena Medeae valent, ... *Epod.5.61*
   inlitterati num minus nervi rigent *Epod.8.17*
   minusve languet fascinum? *Epod.8.18*
   'Inachia langues minus ac me; *Epod.12.14*
   cumque habeas plus, | pauperiem metuas minus *Serm.1.1.93*
   Sallustius in quas | non minus insanit quam qui moechatur. . . *Serm.1.2.49*
   minus aptus acutis | naribus horum hominum, ... *Serm.1.3.29*
   minus hoc iucundus amicus | sit mihi? *Serm.1.3.93*
   minus est gravis Appia tardis. *Serm.1.5.6*
   sed fulgente trahit constrictos Gloria curru | non minus ignotos
   generosis. *Serm.1.6.24*
   quid? tunc rhombos minus aequor alebat? *Serm.2.2.48*
   forte minus locuples uno quadrante perisset, ... *Serm.2.3.93*
   qui ridiculus minus illo? *Serm.2.3.311*
   qui peccas minus atque ego, ... *Serm.2.7.96*
   sed quia mente minus validus quam corpore toto *Epist.1.8.7*
   est ubi divellat somnos minus invida cura? *Epist.1.10.18*
   qui minus argutos vexat furor iste poetas? *Epist.2.2.90*
   si cupidum timidumque minus te: *Epist.2.2.156*
minxerit. utrum | minxerit in patrios cineres . . . . . . *Ars Poet.471*
mira. unde ego mira | descripsi docilis praecepta haec, ... *Serm.2.3.33*
   nunc satis est dixisse 'ego mira poemata pango; . . . . *Ars Poet.416*
mirabere. quo simul mearis, . . . nec tenerum Lycidan mirabere, . *Carm.1.4.19*
   siquid mirabere, pones | invitus. *Epist.1.10.31*
mirabile. mirabile visu | caelatumque novem Musis opus. . . . *Epist.2.2.91*
mirabilis. hic tibi sit potius quam tu mirabilis illi. *Epist.1.6.23*
mirabimur. pluraque felices mirabimur. *Epod.16.53*
mirabor. mirabor, vitae via si conversa decebit. *Epist.1.17.26*
   mirabor, si sciet inter- | noscere mendacem verumque beatus amicum. . *Ars Poet.424*
miracula. somnia, terrores magicos, miracula, sagas, . . . rides? . *Epist.2.2.208*
   ut speciosa dehinc miracula promat, ... *Ars Poet.144*
miramur. miramur, si Democriti pecus edit agellos | cultaque, . . *Epist.1.12.12*
   non eadem miramur; *Epist.1.14.18*
mirantur. utrumque sacro digna silentio | mirantur umbrae dicere, . *Carm.2.13.30*
   iurantem me scire nihil mirantur *Serm.2.6.57*
   denique non omnes eadem mirantur amantque. *Epist.2.2.58*
mirare. cum gemmis Tyrios mirare colores; *Epist.1.6.18*
mirari. ut mihi devio | ripas et vacuum nemus | mirari libet. . . *Carm.3.25.14*
   omitte mirari beatae | fumum et opes strepitumque Romae. . *Carm.3.29.11*
   non sane credere Mena, | mirari secum tacitus. *Epist.1.7.62*
miraris. quid velint flores et acerra turis | plena miraris . . . *Carm.3.8.3*
   miraris, cum tu argento post omnia ponas, ... *Serm.1.1.86*
   ne cures ea quae stulte miraris et optas, ... *Epist.1.1.47*
miras. 'divitias miseras [miras]! sed quis cenantibus una, | Fundani, pulcre
   fuerit tibi, nosse laboro.' *coni.Serm.2.8.18*
mirata. aurum vestibus illitum | mirata *Carm.4.9.15*
   candidum | Medea mirata est ducem, ... *Epod.3.10*
mirati. nimium patienter utrumque, | ne dicam stulte, mirati, . . *Ars Poet.272*
mirator. 'nolim laudarier' inquit | 'sic me' mirator cunni Cupiennius albi. . *Serm.1.2.36*
miratur. te profugus Scythes | miratur, ... *Carm.4.14.43*
   iurantem me scire nihil mirantur [miratur] ut unum | scilicet egregii
   mortalem altique silenti. *var.Serm.2.6.57*

qui timet his adversa, fere miratur eodem, | quo cupiens, pacto; . . . *Epist.*1.6.9
miraturque nihil nisi quod Libitina sacravit. *Epist.*2.1.49
si veteres ita miratur laudatque poetas, ... *Epist.*2.1.64
mire. mire sagacis falleret hospites *Carm.*2.5.22
emovit veterem mire novos, ... *Serm.*2.3.28
mirer. et Laberi mimos ut pulcra poemata mirer. *Serm.*1.10.6
miretur. neque te ut miretur turba labores, ... *Serm.*1.10.73
miri. siquid miri faciat natura, ... *Serm.*1.5.102
miror. et miror morbi purgatum te illius.' *Serm.*2.3.27
cum . . . miror | proelia rubrica picta *Serm.*2.7.97
'non hercule miror,' | aiebat, 'siqui comedunt bona, ... *Epist.*1.15.41
sed emendata videri | pulchraque et exactis minimum distantia miror. . *Epist.*2.1.72
quem bis terve bonum cum risu miror; . . . . . *Ars Poet.*358
miros. qui se credebat miros audire tragoedos *Epist.*2.2.129
mirum. quid mirum, ubi illis carminibus stupens *Carm.*2.13.33
mirum quod foret omnibus *Carm.*3.4.13
(mirum, | ut neque calce lupus quemquam neque dente petit bos), . *Serm.*2.1.54
mirum. o seri studiorum, quine putetis | difficile et mirum, . . . *Serm.*1.10.22
mirus. novaque monstra iunxerit libidine | mirus amor, . . . *Epod.*16.31
sive est naturae hoc sive artis, mirus utroque.' *Serm.*2.4.7
misce. misce stultitiam consiliis brevem: *Carm.*4.12.27
miscebat. Aufidius forti miscebat mella Falerno, ... *Serm.*2.4.24
miscebis. sit spes fallendi, miscebis sacra profanis. *Epist.*1.16.54
miscent. me doctarum hederae praemia frontium | dis miscent superis, . *Carm.*1.1.30
miscentor. tribus aut novem | miscentur [miscentor] cyathis pocula
commodis. *coni.Carm.*3.19.12
miscentur. tribus aut novem | miscentur cyathis pocula commodis. . . *Carm.*3.19.12
miscere. quod pingui miscere mero muriaque decebit . . . *Serm.*2.4.65
miscet. Laribus tuom | miscet numen, ... *Carm.*4.5.35
Surrentina vafer qui miscet faece Falerna | vina, . . . *Serm.*2.4.55
miscueris. simul assis | miscueris elixa, simul conchylia turdis, . . *Serm.*2.2.74
miscui. ego faecem primus et hallec, | primus et invenior piper album [? ego
primus face nec allec miscui] . . . . . . *? var.Serm.*2.4.74
miscuisse. quid proderat ditasse Paelignas anus | velociusve miscuisse
toxicum? *Epod.*17.61
miscuit. hic, unde vitam sumeret inscius, | pacem duello miscuit. . . *Carm.*3.5.38
quod verbis graeca latinis | miscuit.' *Serm.*1.10.21
omne tulit punctum, qui miscuit utile dulci . . . . *Ars Poet.*343
Miseno. ostrea Circeis, Miseno oriuntur echini, ... *Serm.*2.4.33
miser. ureris ipse miser: *Epod.*14.13
ergo negatum vincor ut credam miser, ... *Epod.*17.27
Villius in Fausta Syllae gener, hoc miser uno | nomine deceptus, . *Serm.*1.2.64
miserque | rumperis et latras magnorum maxime regum. . . *Serm.*1.3.135
aut ob avaritiam aut misera [miser] ambitione laborat. . . *var.Serm.*1.4.26
in neutram partem cultus miser. *Serm.*2.2.66
tanto levius miser ac prior ille *Serm.*2.7.19
tu, mihi qui imperitas, aliis servis miser *Serm.*2.7.81
'quid miser egi? | quid volui?' dices, ... *Epist.*1.20.6
quod | quaerit et inventis miser abstinet ac timet uti, . . . *Ars Poet.*170
miser. a miser, | quanta laboras in Charybdi, ... *Carm.*1.27.18
invidiam placare paras virtute relicta? | contemnere miser. . . *Serm.*2.3.14
misera. aut ob avaritiam aut misera ambitione laborat. . . . *Serm.*1.4.26
vita solutorum misera ambitione gravique; *Serm.*1.6.129
haud umquam misera formidine privet? *Serm.*2.7.77
ingenium misera quia fortunatius arte | credit . . . . *Ars Poet.*295
miserabilis. si non periret iam miserabilis | captiva pubes. . . . *coni.Carm.*3.5.17
miserabilis. neu miserabilis | decantes elegos, ... *Carm.*1.33.2
miserae. hoc miserae plebi stabat commune sepulcrum, . . . *Serm.*1.8.10
miserae. miseraeque nuper | virgines nuptae, ... *Carm.*2.8.22
miseram. haec bellum lacrimosum, hic miseram famem . . . *Carm.*1.21.13
miseram tuis | dicens ignibus uri, ... *Carm.*3.7.10
iubeas miserum [miseram] esse, libenter | quatenus id facit. . . *var.Serm.*1.1.63
desiliat mulier, miseram se conscia clamet. *Serm.*1.2.130
miserantis. victima nil miserantis Orci. *Carm.*2.3.24
miserarum. miserarum est neque amori dare ludum . . . *Carm.*3.12.1
miseras. ad miseras preces | decurrere *Carm.*3.29.58
et miseras inimicat urbis. *Carm.*4.15.20
'divitias miseras! *Serm.*2.8.18
misere. misere discedere quaerens *Serm.*1.9.8

'misere cupis' inquit 'abire. *Serm.*1.9.14
miseri. in cor|traiecto lateris miseri capitisve dolore, . . . *Serm.*2.3.29
miseri. miseri, quibus|intemptata nites. *Carm.*1.5.12
miseris. ut redeat miseris, abeat Fortuna superbis. . . . *Ars Poet.*201
misero. quod viro clemens misero peperci, ... *Carm.*3.11.46
ingrata misero vita ducenda est in hoc, ... *Epod.*17.63
qui nisi, cum tristes misero venere kalendae, ... *Serm.*1.3.87
perditur haec inter misero lux non sine votis: . . . *Serm.*2.6.59
fervet avaritia miseroque cupidine pectus: *Epist.*1.1.33
miseros. neque consularis|submovet lictor miseros tumultus|mentis . *Carm.*2.16.10
miserum. deprendi miserum est: Fabio vel iudice vincam. . . *Serm.*1.2.134
miserum. iubeas miserum esse, libenter|quatenus id facit. . . *Serm.*1.1.63
Terenti|fabula quem miserum gnato vixisse fugato|inducit, . *Serm.*1.2.21
'pol, me miserum, patrone, vocares, ... *Epist.*1.7.92
misisset. si non Acrisium . . . Iuppiter et Venus|risissent [? misisset]: . ? *var.Carm.*3.16.7
misit. satis terris nivis atque dirae|grandinis misit Pater . . . *Carm.*1.2.2
in celeres iambos|misit furentem. *Carm.*1.16.25
misit Thyesteas preces: *Epod.*5.86
missa. delere licebit,|quod non edideris; nescit vox missa reverti. . *Ars Poet.*390
missae. missae pastum retinacula mulae|nauta piger saxo religat . *Serm.*1.5.18
missi. quae|partes in bellum missi ducis: . . . . *Ars Poet.*315
missi. missi magnis de rebus uterque|legati, ... *Serm.*1.5.28
spectatum admissi [missi] risum teneatis, amici? . . . *var.Ars Poet.*5
missilibus. ille|missilibus melior sagittis. *Carm.*3.6.16
missis. 'quando pauperiem missis ambagibus horres, . . . *Serm.*2.5.9
missis. pulcrior, ultro|muneribus missis): *Serm.*1.7.18
missos. partus fulmine luridum|missos ad Orcum; . . . *Carm.*3.4.75
ut, cum carceribus missos rapit ungula currus, . . . *Serm.*1.1.114
Enni|in scaenam missos cum magno pondere versus . *Ars Poet.*260
missura. non missura cutem nisi plena cruoris hirudo'. . . *Ars Poet.*476
missus. missus ad hoc pulsis, vetus est ut fama, Sabellis, . . *Serm.*2.1.36
'solventur risu tabulae, tu missus abibis.' *Serm.*2.1.86
mite. circa mite solum Tiburis et moenia Catili; . . . *Carm.*1.18.2
mitescere. nemo adeo ferus est, ut non mitescere possit, . . *Epist.*1.1.39
mitescunt. frigora mitescunt Zephyris, ... *Carm.*4.7.9
decorum mitibus pomis caput *Carm.*1.16.25
mitiget. silvestrem flammis et ferro mitiget agrum, . . . *Epod.*2.17
mitior. nec Mauris animum mitior anguibus: . . . *Epist.*2.2.186
mitis. condito mitis placidusque telo . . . Apollo; . . . *Carm.*3.10.18
mitis. virtus Scipiadae et mitis sapientia Laeli, . . . *Carm.Saec.*33
mittam. non ego nuntios|mittam superbos: *Serm.*2.1.72
'tamen et quaeram et quot habebo|mittam'; . . . *Carm.*4.4.70
exspectata tibi non mittam carmina mendax. . . . *Epist.*1.6.43
mittamus. in mare proximum|gemmas . . . mittamus, . . *Epist.*2.2.25
mittant. excipiantque senes, quos in vivaria mittant; . . *Carm.*3.24.50
mitte. mitte sectari, rosa quo locorum|sera moretur. . . *Epist.*1.1.79
sepulcri|mitte supervacuos honores. *Carm.*1.38.3
mitte civilis super Vrbe curas: *Carm.*2.20.24
mitte singultus, bene ferre magnam|disce fortunam; . . *Carm.*3.8.17
cetera mitte loqui: *Carm.*3.27.74
mitte levis spes et certamina divitiarum *Epod.*13.7
mittere. cui placet inpares|formas atque animos sub iuga aenea|saevo *Epist.*1.5.8
mittere *Carm.*1.33.12
frementem|mittere equom medios per ignis. . . . *Carm.*4.14.24
noluit in Flavi ludum me mittere, ... *Serm.*1.6.72
cum vellem mittere operto|me capite in flumen, . . *Serm.*2.3.37
mitteret. qui pro se tolleret atque|mitteret in phimum talos, . *Serm.*2.7.17
mitteris. aut fugies Vticam aut vinctus mitteris Ilerdam. . . *Epist.*1.20.13
mittes. tu parum castis inimica mittes|fulmina lucis. . . *Carm.*1.12.59
munera quid mihi . . . mittis [mittes] nec firmo iuveni neque naris
obesae? *var.Epod.*12.3
mittis. munera quid mihi quidve tabellas|mittis . . . *Epod.*12.3
mittit. Hiberia|mittit venenorum ferax, ... *Epod.*5.22
mitulus. mitulus et viles pellent obstantia conchae . . . *Serm.*2.4.28
mixta. mixta senum ac iuvenum densentur funera, . . . *Carm.*1.28.19
mixtae. cursitant mixtae pueris puellae, ... *Carm.*4.11.10
mixtis. tibiae|mixtis carminibus non sine fistula; . . . *Carm.*4.1.24
mixto. doctus eris vivam musto [mixto] mersare Falerno: . . *var.Serm.*2.4.19

mixtum. his mixtum ius est: *Serm.2.8.45*
mixtum. sonante mixtum tibiis carmen lyra, ... *Epod.9.5*
mobile. duceris ut nervis alienis mobile lignum. *Serm.2.7.82*
mobilia. haec siquis tempestatis prope ritu|mobilia . . . laboret|reddere
    certa sibi, ... *Serm.2.3.269*
mobilibus. mobilibusque decor naturis dandus et annis. . . *Ars Poet.157*
mobilibus. nam seu mobilibus vepris inhorruit|ad ventum foliis . *Carm.1.23.5*
mobilibus. uda|mobilibus pomaria rivis. *Carm.1.7.14*
mobilis. puncto quod mobilis horae . . . permutet dominos . . *Epist.2.2.172*
mobilium. hunc, si mobilium turba Quiritium | certat tergeminis tollere
    honoribus, ... *Carm.1.1.7*
moderabitur. qui non moderabitur irae,|infectum volet esse, . . *Epist.1.2.59*
moderere. auditam moderere arboribus fidem, ... *Carm.1.24.14*
modeste. qua res, qua ratio suaderet quaque modeste|munifico esse licet, *Serm.1.2.50*
modestus. 'molestus [modestus]|communi sensu plane caret' inquimus. . *var.Serm.1.3.65*
    modestus|occupat obscuri speciem, taciturnus acerbi. . . *Epist.1.18.94*
modica. nec modica cenare times holus omne patella, . . *Epist.1.5.2*
modici. ac ne quis modici transiliat munera Liberi, . . . *Carm.1.18.7*
modicis. Aeschylus et modicis instravit pulpita tignis . . *Ars Poet.279*
modicis. vile potabis modicis Sabinum|cantharis, . . . *Carm.1.20.1*
modicis. seu modicis uvescit laetius. *Serm.2.6.70*
modico. ex modico, quantum res poscet, acervo|tollam . . *Epist.2.2.190*
modico. egressum magna me accepit Aricia Roma|hospitio modico, . *Serm.1.5.2*
modicum. ut lethargicus hic cum sit pugil et medicum [modicum] urget.' . *var.Serm.2.3.30*
modicus. qua medius [modicus] liquor|secernit Europen ab Afro, . *coni.Carm.3.3.46*
modiis. nam de mille fabae modiis cum surripis unum, . . *Epist.1.16.55*
modis. mollibus|aptari citharae modis *Carm.2.12.4*
    accessit numerisque modisque licentia maior. . . . *Ars Poet.211*
modis. tu semper urges flebilibus modis *Carm.2.9.9*
    magna modis tenuare parvis. *Carm.3.3.72*
    temptat mille vafer modis. *Carm.3.7.12*
    servilibus ut quae|iam peritura modis. *Serm.1.8.33*
    quibus amissas reparare queam res|artibus atque modis. . *Serm.2.5.3*
    gratia regum|Pieriis temptata modis . . . . *Ars Poet.405*
modo. Herculis ritu modo dictus, ... *Carm.3.14.1*
    frangere enitar modo multum amati|cornua monstri. . . *Carm.3.27.47*
    libet iacere modo sub antiqua ilice, ... *Epod.2.23*
    modo in tenaci gramine: *Epod.2.24*
    voles modo altis desilire turribus, ... *Epod.17.70*
    modo ense pectus Norico recludere *Epod.17.71*
    eris tu, qui modo miles,|mercator; *Serm.1.1.16*
    tu, consultus modo, rusticus: *Serm.1.1.17*
    nomina sectatur modo sumpta veste virili|sub patribus duris tironum. . *Serm.1.2.16*
    tu si modo recte|dispensare velis *Serm.1.2.74*
    modo summa|voce, ... *Serm.1.3.7*
    modo hac, resonat quae chordis quattuor ima. . . . *Serm.1.3.8*
    habebat . . . modo reges atque tetrarchas,|omnia magna loquens, *Serm.1.3.12*
    modo 'sit mihi mensa tripes et|concha salis puri . . *Serm.1.3.13*
    pluribus hisce,|si modo plura mihi bona sunt, inclinet, . . *Serm.1.3.71*
    qua modo tristes|albis informem spectabant ossibus agrum; . . *Serm.1.8.15*
    ire modo ocius, interdum consistere, ... *Serm.1.9.9*
    'velis tantummodo [modo velis]: quae tua virtus,|expugnabis; . *var.Serm.1.9.54*
    et sermone opus est modo tristi, saepe iocoso, . . . *Serm.1.10.11*
    defendente vicem modo rhetoris atque poetae, . . . *Serm.1.10.12*
    fiet aper, modo avis, modo saxum et, cum volet, arbor. . . *Serm.2.3.73*
    modo, inquam,|Hellade percussa Marius *Serm.2.3.276*
    pars multa natat, modo recta capessens,|interdum pravis obnoxia. . *Serm.2.7.7*
    saepe notatus|cum tribus anellis, modo laeva Priscus inani . *Serm.2.7.9*
    adde hos praeterea casus, aulaea ruant si,|ut modo; . . *Serm.2.8.72*
    si modo culturae patientem commodet aurem. . . . *Epist.1.1.40*
    ut magus, et modo me Thebis, modo ponit Athenis. . . *Epist.2.1.213*
    pauperies inmunda domus procul absit [inmunda modo ⟨ut⟩ procul
    absit]: *coni.Epist.2.2.199*
    et iuvenum ritu florent modo nata vigentque. . . . *Ars Poet.62*
    si modo ego et vos|scimus inurbanum lepido seponere dicto . . *Ars Poet.272*
modo. utrumque nostrum incredibili modo|consentit astrum; . . *Carm.2.17.21*
    nil parvom aut humili modo,|nil mortale loquar. . . *Carm.3.25.17*
    ego apis Matinae|more modoque *Carm.4.2.28*
    has nullo perdere possum|nec prohibere modo, . . . *Serm.1.8.21*

'non isto vivimus illic,|quo tu rere, modo;   *Serm.*1.9.49
hoc te|crede modo insanum,   *Serm.*2.3.52
ratione modoque|tractari non volt.   *Serm.*2.3.266
insanire paret certa ratione modoque.'   *Serm.*2.3.271
'rem facias, rem,|si possis, recte, si non, quocumque modo, rem,'   *Epist.*1.1.66
quo spectanda modo, quo sensu credis et ore?   *Epist.*1.6.8
cetera nequaquam simili ratione modoque|aestimat   *Epist.*2.1.20
nempe modo isto|paulatim mercaris agrum,   *Epist.*2.2.163
modorum. reddidi carmen, docilis modorum|vatis Horati.'   *Carm.*4.6.43
modos. bellique causas et vitia et modos .   *Carm.*2.1.2
quaere modos leviore plectro.   *Carm.*2.1.40
dulcis docta modos et citharae sciens,   *Carm.*3.9.10
dic modos, Lyde quibus obstinatas|adplicet auris,   *Carm.*3.11.7
princeps Aeolium carmen ad Italos|deduxisse modos.   *Carm.*3.30.14
condisce modos, amanda|voce quos reddas: *Carm.*4.11.34
eripias si|tempora certa modosque,   *Serm.*1.4.58
fidibusne Latinis|Thebanos aptare modos studet auspice Musa,   *Epist.*1.3.13
quod timui mutare modos et carminis artem: *Epist.*1.19.27
sed verae numerosque modosque ediscere vitae.   *Epist.*2.2.144
modulanda. ac non verba sequi fidibus modulanda Latinis,   *Epist.*2.2.143
modulate. Lesbio primum modulate civi,   *Carm.*1.32.5
modulator. cantor tamen atque|optimus est modulator;   *Serm.*1.3.130
moduli. ab imo|ad summum totus moduli bipedalis,   *Serm.*2.3.309
modulis. cur non|ponderibus modulisque suis ratio utitur   *Serm.*1.3.78
modulo. metiri se quemque suo modulo ac pede verum est.   *Epist.*1.7.98
modum. quem criminosis cumque voles modum|pones iambis,   *Carm.*1.16.2
tandem nequitiae fige modum tuae   *Carm.*3.15.2
nonne, cupidinibus statuat natura modum quem,   *Serm.*1.2.111
illis|maiorem natura modum dedit, his breve pondus: *Serm.*2.2.37
quae res|nec modum habet neque consilium,   *Serm.*2.3.266
quamvis nil extra numerum fecisse modumque|curas: *Epist.*1.18.59
vertere modum formidine fustis | ad bene dicendum delectandumque
    redacti.   *Epist.*2.1.154
modus. quis desiderio sit pudor aut modus|tam cari capitis?   *Carm.*1.24.1
neu promptae modus amphorae   *Carm.*1.36.11
sit modus lasso maris et viarum|militiaeque.   *Carm.*2.6.7
est modus in rebus, sunt certi denique fines,   *Serm.*1.1.106
hoc erat in votis: modus agri non ita magnus,   *Serm.*2.6.1
et mundus victus [et modus et victus] non deficiente crumina?   *var.Epist.*1.4.11
moechas. ne sequerer moechas, concessa cum venere uti|possem: *Serm.*1.4.113
moechatur. Sallustius in quas|non minus insanit quam qui moechatur.   *Serm.*1.2.49
moechis. procedere recte|qui moechis non voltis,   *Serm.*1.2.38
moechos. invicem moechos anus arrogantis|flebis   *Carm.*1.25.9
audire est operae pretium, procedere recte|qui moechis [moechos] non
    voltis,   *var.Serm.*1.2.38
moechus. quod moechus foret aut sicarius aut alioqui|famosus,   *Serm.*1.4.4
iam moechus Romae, iam mallet doctus Athenis|vivere,   *Serm.*2.7.13
"non sum moechus" ais.   *Serm.*2.7.72
moenia. laudabunt alii . . . bimarisve Corinthi|moenia   *Carm.*1.7.3
circa mite solum Tiburis et moenia Catili;   *Carm.*1.18.2
qui Formiarum moenia dicitur|princeps . . . tenuisse   *Carm.*3.17.6
Tusculi|Circaea tangat moenia: *Epod.*1.30
via peior ad usque|Bari moenia piscosi,   *Serm.*1.5.97
Vrbis aventes|moenia nocturni subrepere.   *Serm.*2.6.100
virum, captae post tempora [moenia] Troiae | qui mores hominum
    multorum vidit et urbes.'   *var.Ars Poet.*141
moenibus. ex moenibus hosticis|matrona bellantis tyranni|prospiciens   *Carm.*3.2.6
postquam relictis moenibus rex procidit   *Epod.*17.13
mola. spargisque mola caput, inprobe, salsa,   *Serm.*2.3.200
mole. vis consili expers mole ruit sua,   *Carm.*3.4.65
multa mole docendus aprico parcere prato.   *Epist.*1.14.30
Actia pugna|te duce per pueros hostili more [mole] refertur;   *var.Epist.*1.18.62
molem. molem propinquam nubibus arduis,   *Carm.*3.29.10
moles. iam pauca aratro iugera regiae|moles relinquent,   *Carm.*2.15.2
molesta. praecipue sanus, nisi cum pitvita molesta est.   *Epist.*1.1.108
molestas. etiam litis cum Rege molestas,   *Serm.*1.7.5
molesti. (hoc etenim sunt omnes iure molesti|quo fortes,   *Serm.*1.7.10
molestum. nollem onus haud umquam solitus portare molestum.   *Serm.*1.6.99
molestus. 'molestus|communi sensu plane caret'   *Serm.*1.3.65

pavor est utrubique molestus,	*Epist.*1.6.10
moliar. cur invidendis postibus et novo|sublime ritu moliar atrium?	*Carm.*3.1.46
molibus. contracta pisces aequora sentiunt|iactis in altum molibus:	*Carm.*3.1.34
molimine. quanto cum fastu, quanto molimine circum-|spectemus	*Epist.*2.2.93
moliri. oppida moliri, leges incidere ligno.	*Ars Poet.*399
molitur. quanto rectius hic, qui nil molitur inepte:	*Ars Poet.*140
molle. pectinibus patulis iactat se molle Tarentum.	*Serm.*2.4.34
molle. molle atque facetum|Vergilio adnuerunt gaudentes rure Camenae.	*Serm.*1.10.44
molles. (gaudent praenomine molles|auriculae)	*Serm.*2.5.32
molli. ne si facies, ut saepe, decora|molli fulta pede est, emptorem inducat	*Serm.*1.2.88
molli. finire memento|tristitiam vitaeque labores|molli, Plance, mero,	*Carm.*1.7.19
molliat. usque laborantis, dum ferrum molliat ignis,	*Serm.*1.4.20
mollivit. mollivit [mollibit] aversos Penatis|farre pio et saliente mica.	*var.Carm.*3.23.19
mollibus. mollibus|aptari citharae modis	*Carm.*2.12.3
mollibus. mollibus in pueris aut in puellis	*Epod.*11.4
mollibus. flectere mollibus|iam durum imperiis:	*Carm.*4.1.6
mollibus|lenire verbis inpias,	*Epod.*5.83
mollior. nec rigida mollior aesculo	*Carm.*3.10.17
ego illis|mollior nec te feriam neque intra|claustra tenebo.	*Carm.*3.11.43
mollire. quale posset inpia|mollire Thracum pectora:	*Epod.*5.14
mollis. sublimi fugies mollis anhelitu,	*Carm.*1.15.31
sed incitat me pectus . . . venterque mollis	*Epod.*8.9
Inachiam ter nocte potes, mihi semper ad unum|mollis opus.	*Epod.*12.16
mollis et exspes|inominata perpremat cubilia.	*Epod.*16.37
mollis. mollis inertia cur tantam diffuderit imis|oblivionem sensibus,	*Epod.*14.1
mollis. decet|qua ferre non mollis viros?	*Epod.*1.10
unguis|exprimet et mollis imitabitur aere capillos,	*Ars Poet.*33
mollis. accipiter velut|mollis columbas	*Carm.*1.37.18
molliter. molliter austerum studio fallente laborem,	*Serm.*2.2.12
mollitia. gloriantis quamlibet mulierculam|vincere mollitia	*Epod.*11.24
mollitie. nunc gloriantis quamlibet mulierculam|vincere mollitia [mollitie] amor Lycisci me tenet;	*var.Epod.*11.24
mollitiem. quis post vina gravem militiam [? mollitiem] aut pauperiem crepat?	*? var.Carm.*1.18.5
tibi quidnam accedet ad istam, . . . mollitiem,	*Serm.*2.2.87
mollium. desine mollium|tandem querellarum	*Carm.*2.9.17
mollius. quis membra movere|mollius?	*Serm.*1.9.25
euntis|mollius ac siquis pedibus quid claudere senis,	*Serm.*1.10.59
tractari mollius aetas|imbecilla volet:	*Serm.*2.2.85
mollivit. mollivit aversos Penatis	*Carm.*3.23.19
Molossis. domus alta Molossis|personuit canibus.	*Serm.*2.6.114
Molossus. nam qualis aut Molossus aut fulvos Lacon,	*Epod.*6.5
momen. unde etiam trimetris accrescere iussit|nomen [momen] iambeis,	*coni.Ars Poet.*253
momenta. ubi gratior aura|leniat et rabiem Canis et momenta Leonis,	*Epist.*1.10.16
momentis. decedentia certis|tempora momentis	*Epist.*1.6.4
momento. horae|momento cita mors venit aut victoria laeta.'	*Serm.*1.1.8
momorderit. oleamque momorderit aestus,	*Epist.*1.8.5
Monaeses. iam bis Monaeses et Pacori manus	*Carm.*3.6.9
Monaesis. Monaeses [Monaesis] et Pacori manus . . . contudit impetus	*var.Carm.*3.6.9
Monaesses. iam bis Monaeses [Monaesses] et Pacori manus|inauspicatos contudit impetus|nostros	*var.Carm.*3.6.9
Monaessis. iam bis Monaeses [Monaessis] et Pacori manus|inauspicatos contudit impetus|nostros	*var.Carm.*3.6.9
mone. mone, si increbruit aura,|cautus uti velet carum caput;	*Serm.*2.5.93
moneam. protinus ut moneam (siquid monitoris eges),	*Epist.*1.18.67
monendo. lectorem delectando pariterque monendo.	*Ars Poet.*344
monendus. monitus multumque monendus,|privatas ut quaerat opes	*Epist.*1.3.15
Moneses. Monaeses [Moneses] et Pacori manus . . . contudit impetus	*var.Carm.*3.6.9
Monesis. Monaeses [Monesis] et Pacori manus . . . contudit impetus	*var.Carm.*3.6.9
Monesses. Monaeses [Monesses] et Pacori manus . . . contudit impetus	*var.Carm.*3.6.9
Monessis. Monaeses [Monessis] et Pacori manus . . . contudit impetus	*var.Carm.*3.6.9
monet. Centaurea monet cum Lapithis rixa super mero|debellata,	*Carm.*1.18.8
monet Sithoniis non levis Euhius,	*Carm.*1.18.9
peccare docentis|fallax historias monet.	*Carm.*3.7.20
inmortalia ne speres, monet annus	*Carm.*4.7.7
at quanto meliora monet pugnantiaque istis|dives opis natura suae,	*Serm.*1.2.73
monimenta. monumenta [monimenta] regis|templaque Vestae,	*var.Carm.*1.2.15
monitor. ridebit monitor non exauditus,	*Epist.*1.20.14
monitoribus. cereus in vitium flecti, monitoribus asper,	*Ars Poet.*163

monitoribus. tamen uteris monitoribus isdem? *Epist*.2.2.154
monitoris. protinus ut moneam (siquid monitoris eges), . . . *Epist*.1.18.67
monitus. sed tamen ut monitus caveas, ... *Serm*.2.1.80
  monitus multumque monendus,│privatas ut quaerat opes . *Epist*.1.3.15
  ut scriptor si peccat idem librarius usque,│quamvis est monitus, . *Ars Poet*.355
monstra. grave ne rediret│saeculum Pyrrhae nova monstra questae, . *Carm*.1.2.6
  qui siccis oculis monstra natantia, . . . vidit . . *Carm*.1.3.18
  novaque monstra iunxerit libidine│mirus amor, . . . *Epod*.16.30
monstrare. ut si│caecus iter monstrare velit, ... *Epist*.1.17.4
  si forte necesse est│indiciis monstrare recentibus abdita rerum: . *Ars Poet*.49
monstraret. qui, siquid forte lateret,│indice monstraret digito: . *Serm*.2.8.26
monstrata. dictae per carmina sortes│et vitae monstrata via est . *Ars Poet*.404
monstrata. si volnus tibi monstrata radice vel herba│non fieret levius, . *Epist*.2.2.149
monstratam. dente lupus, cornu taurus petit: unde nisi intus│monstratum
  [monstratam]? *var.Serm*.2.1.53
monstratum. dente lupus, cornu taurus petit: unde nisi intus│monstratum? *Serm*.2.1.53
monstravi. erucas viridis, inulas ego primus amaras│monstravi incoquere; *Serm*.2.8.52
monstravit. quae te│Lesbia quaerenti taurum monstravit inertem, . *Epod*.12.17
  quo scribi possent numero, monstravit Homerus. . . . *Ars Poet*.74
monstret. 'o si urnam argenti fors quae mihi monstret, . . *Serm*.2.6.10
  equom . . . ire viam qua monstret eques; . . . *Epist*.1.2.65
monstri. frangere enitar modo multum amati│cornua monstri. . *Carm*.3.27.48
monstris. iniecta monstris Terra dolet suis *Carm*.3.4.73
monstror. quod monstror digito praetereuntium *Carm*.4.3.22
monstrum. daret ut catenis│fatale monstrum. . . . *Carm*.1.37.21
  monstrumve submisere Colchi│maius *Carm*.4.4.63
monte. monte decurrens velut amnis, ... *Carm*.4.2.5
  optat supremo collocare Sisyphus│in monte saxum; . . *Epod*.17.69
  dictitet Albano Musas in monte locutas. *Epist*.2.1.27
montes. continui montes, ni dissocientur opaca│valle, . . *Epist*.1.16.5
  parturient montes, nascetur ridiculus mus. . . . *Ars Poet*.139
montes. omne cum Proteus pecus egit altos│visere montis [montes], . *var.Carm*.1.2.8
  ergo ubi me in montes et in arcem ex urbe removi — . . *Serm*.2.6.16
montibus. quis neget arduis│pronos relabi posse rivos│montibus . *Carm*.1.29.12
  flumina dicere et arces│montibus inpositas . . . *Epist*.2.1.253
montibus. quaerenti pavidam montibus aviis│matrem . . *Carm*.1.23.2
  quantus altis montibus│frangit trementis ilices; . . *Epod*.10.7
  montibus altis│levis crepante lympha desilit pede. . . *Epod*.16.47
montis. redderet laudes tibi Vaticani│montis imago. . . *Carm*.1.20.8
montis. omne cum Proteus pecus egit altos│visere montis, . . *Carm*.1.2.8
  feriuntque summos│fulgura montis. *Carm*.2.10.12
  incipit ex illo montis Apulia notos│ostentare mihi, . . *Serm*.1.5.77
montium. sol ubi montium│mutaret umbras *Carm*.3.6.41
  montium custos nemorumque, virgo, ... *Carm*.3.22.1
  non sine montium│clamore vicinaeque silvae, . . . *Carm*.3.29.38
monuere. quo Sibyllini monuere versus *Carm.Saec*.5
monumenta. ire deiectum monumenta regis│templaque Vestae, . *Carm*.1.2.15
monumentum. heredes monumentum ne sequeretur. . . *Serm*.1.8.13
monumentum. exegi monumentum aere perennius . . . *Carm*.3.30.1
mora. quamquam festinas, non est mora longa; . . . *Carm*.1.28.35
  si per invisum mora ianitorem│fiet, abito. . . . *Carm*.3.14.23
  si non offenderet unum│quemque poetarum limae labor et mora. . *Ars Poet*.291
moraberis. si│non circa vilem patulumque moraberis orbem . *Ars Poet*.132
morabimur. semper in adiunctis aevoque morabitur [morabimur] aptis. *var.Ars Poet*.178
morabitur. si dura morabitur alvos, ... *Serm*.2.4.27
  semper in adiunctis aevoque morabitur aptis. . . . *Ars Poet*.178
morabor. neque in terris morabor│longius *Carm*.2.20.3
morae. eripe te morae *Carm*.3.29.5
moram. nec pietas moram│rugis et instanti senectae│adferet . *Carm*.2.14.2
moramur. secunda│ratem occupare quid moramur alite? . . *Epod*.16.24
morandus. eo quod│illecebris erat et grata novitate morandus│spectator *Ars Poet*.223
morantem. arte materna rapidos morantem│fluminum lapsus . *Carm*.1.12.9
  cum quo morantem saepe diem mero│fregi, . . . *Carm*.2.7.6
  et populum reditus morantem *Carm*.3.5.52
morantur. tempora quae spem│consiliumque morantur . . *Epist*.1.1.24
  an pingues Asiae campi collesque morantur? . . . *Epist*.1.3.5
morari. tu potes . . . rivos celeres morari; *Carm*.3.11.14
  externi nequid valeat per leve morari, ... *Serm*.2.7.87
  carmina quae possint oculos aurisque morari│Caesaris. . . *Epist*.1.13.17

moraris. tu moraris aureos|currus et intactas boves? *Epod.*9.21
  insequeris tamen hunc et lite moraris iniqua? — *Epist.*2.2.19
moras. verum pone moras et studium lucri *Carm.*4.12.25
morata. interdum speciosa locis morataque recte|fabula .   .   .   . *Ars Poet.*319
moratur. me quamvis Lamiae pietas et cura moratur|fratrem maerentis, . *Epist.*1.14.6
  fabula . . . valdius oblectat populum meliusque moratur .   .   . *Ars Poet.*321
morbi. nec sitim pellit, nisi causa morbi|fugerit venis *Carm.*2.2.14
  et miror morbi purgatum te illius.' *Serm.*2.3.27
  ponas insignia morbi,|fasciolas, cubital, focalia, ... *Serm.*2.3.254
  magnam morbi deponere partem. *Epist.*1.1.35
  quaere fugam morbi. vis recte vivere (quis non?): *Epist.*1.6.29
morbo. contaminato cum grege turpium|morbo virorum *Carm.*1.37.10
  ut siqui aegrotet quo morbo Barrus, ... *Serm.*1.6.30
  aut alio mentis morbo calet: *Serm.*2.3.80
  maxima pars hominum morbo iactatur eodem. *Serm.*2.3.121
  quid refert, morbo an furtis pereamque rapinis?' *Serm.*2.3.157
  quod latus aut renes morbo temptentur acuto. *Serm.*2.3.163
  si latus aut renes morbo temptantur acuto, ... *Epist.*1.6.28
  verum ubi oves furto, morbo periere capellae, ... *Epist.*1.7.86
morbos. avertit morbos, metuenda pericula pellit, ... *Epist.*2.1.136
morbum. Campanum in morbum, in faciem permulta iocatus, .   .   . *Serm.*1.5.62
  dictaque cessantem nervis elidere morbum *Epist.*1.15.6
  expulit elleboro morbum bilemque meraco *Epist.*2.2.137
morbus. ut mala quem scabies aut morbus regius urget .   .   . *Ars Poet.*453
mordacem. mordacem Cynicum sic eludebat, ut aiunt: .   .   . *Epist.*1.17.18
mordaces. mordaces aliter diffugiunt sollicitudines. .   .   . *Carm.*1.18.4
mordaci. mordaci velut icta ferro|pinus *Carm.*4.6.9
mordax. lividus et mordax videor tibi? *Serm.*1.4.93
mordear. mordear opprobriis falsis mutemque colores? .   .   . *Epist.*1.16.38
mordent. 'matutina parum cautos iam frigora mordent'; .   .   . *Serm.*2.6.45
mordeor. et iam dente minus mordeor invido. *Carm.*4.3.16
mordet. quae Liris quieta|mordet aqua taciturnus amnis. .   .   . *Carm.*1.31.8
mordicus. pullam divellere mordicus agnam *Serm.*1.8.27
more. voce formasti catus et decorae|more palaestrae, .   .   . *Carm.*1.10.4
  in comptum Lacaenae|more comas religata nodum. .   .   . *Carm.*2.11.24
  ego apis Matinae|more modoque *Carm.*4.2.28
  virtute functos more patrum duces . . . canemus. .   .   . *Carm.*4.15.29
  quos venerem incertam rapientis more ferarum *Serm.*1.3.109
  patriis intermiscere petita|verba foris malis, Canusini more bilinguis? *Serm.*1.10.30
  ex more inponens cognata vocabula rebus? *Serm.*2.3.280
  non quo more piris vesci Calaber iubet hospes *Epist.*1.7.14
  Actia pugna|te duce per pueros hostili more refertur; .   .   . *Epist.*1.18.62
  cetera qui vitae servaret munia recto|more, ... *Epist.*2.1.2.132
morem. pugnare Thracum est: tollite barbarum|morem .   .   . *Carm.*1.27.3
  neu morem in Salium sit requies pedum *Carm.*1.36.12
  pede candido|in morem Salium ter quatient humum. .   .   . *Carm.*4.1.28
  traditum ab antiquis morem servare *Serm.*1.4.117
  primus in hunc operis conponere carmina morem .   .   . *Serm.*2.1.63
  Fescennina per hunc inventa licentia morem *Epist.*2.1.145
morer. ne te morer, audi,|quo rem deducam. *Serm.*1.1.14
  ne te longis ambagibus ultra|quam satis est morer: .   .   . *Epist.*1.7.83
  si longo sermone morer tua tempora, Caesar. *Epist.*2.1.4
moreris. an pauper et infima|de gente sub divo moreris: .   .   . *Carm.*2.3.23
mores. (pro curia inversique mores) *Carm.*3.5.7
  utcumque defecere mores, ... *Carm.*4.4.35
  sensus moresque repugnant|atque ipsa utilitas, ... *Serm.*1.3.97
  est animus tibi, sunt mores et lingua fidesque, ... *Epist.*1.1.58
  quam per vatis opus mores animique virorum|clarorum adparent. *Epist.*2.1.249
  aetatis cuiusque notandi sunt tibi mores, ... *Ars Poet.*156
mores. viris animumque moresque|aureos educit *Carm.*4.2.22
  di, probos mores docili iuventae, . . . date *Carm.Saec.*45
  'laudas|fortunam et mores antique plebis, ... *Serm.*2.7.23
  multorum providus urbes|et mores hominum inspexit .   .   . *Epist.*1.2.20
  virtutemne repraesentet moresque Catonis? *Epist.*1.19.14
  qui mores hominum multorum vidit et urbes.' .   .   .   . *Ars Poet.*142
moretur. mitte sectari, rosa quo locorum|sera moretur. .   .   . *Carm.*1.38.4
mori. dulce et decorum est pro patria mori: *Carm.*3.2.13
  Virtus, recludens inmeritis mori|caelum, ... *Carm.*3.2.21
  pro qua non metuam mori, ... *Carm.*3.9.11

pro quo bis patiar mori, ... *Carm.*3.9.15
nec mori per vim metuam tenente|Caesare terras. *Carm.*3.14.15
Codrus pro patria non timidus mori *Carm.*3.19.2
et peccare nefas aut pretium est mori. *Carm.*3.24.24
"quid mori cessas? *Carm.*3.27.58
dignum laude virum Musa vetat mori, ... *Carm.*4.8.28
moriamur. "nos nisi damnose bibimus, moriemur [moriamur] inulti," . *var.Serm.*2.8.34
moriar. non omnis moriar multaque pars mei|vitabit Libitinam; . . *Carm.*3.30.6
  opinor,|hoc sentit 'moriar.' *Epist.*1.16.79
moribus. fraternis cessisse putatur|moribus Amphion: . . . *Epist.*1.18.44
moribus. moribus hic meliorque fama|contendat, ... *Carm.*3.1.12
quid leges sine moribus|vanae proficiunt, ... *Carm.*3.24.35
res Italas armis tuteris, moribus ornes, ... *Epist.*2.1.2
moriemur. "nos nisi damnose bibimus, moriemur inulti," . . . *Serm.*2.8.34
moriens. hoc moriens pueris dixisse vocatis|ad lectum: . . . *Serm.*2.3.170
nec vixit male, qui natus moriensque fefellit. *Epist.*1.17.10
morientes. velut si|re vera pugnent, feriant vitentque moventes [morientes]|
  arma viri? *var.Serm.*2.7.99
morietur. morietur frigore, si non|rettuleris pannum. . . . *Epist.*1.17.31
moris. qui nigris prandia moris|finiet, ... *Serm.*2.4.22
moriture. moriture Delli,|seu maestus omni tempore vixeris . . *Carm.*2.3.4
morituro. nec quidquam tibi prodest . . . animoque rotundum|percurrisse
  polum morituro. *Carm.*1.28.6
moror. te meae si partem animae rapit|maturior vis, quid moror altera, . *Carm.*2.17.6
inpudens liqui patrios Penates,|inpudens Orcum moror. . . *Carm.*3.27.50
scribendi recte: nam ut multum, nil moror. *Serm.*1.4.13
(nam vina nihil moror illius orae. *Epist.*1.15.16
nil moror officium quod me gravat *Epist.*2.1.264
morosa. donec virenti canities abest|morosa. *Carm.*1.9.18
morosum. difficilem et morosum offendet garrulus: . . . *Serm.*2.5.90
Mors. pallida Mors aequo pulsat pede pauperum tabernas|regumque turris. *Carm.*1.4.13
mors. sed omnis una manet nox [mors] *var.Carm.*1.28.15
abstulit clarum cita mors Achillem, ... *Carm.*2.16.29
mors et fugacem persequitur virum *Carm.*3.2.14
levis una mors est|virginum culpae. *Carm.*3.27.37
horae|momento cita mors venit aut victoria laeta.' . . . *Serm.*1.1.8
ira fuit capitalis, ut ultima divideret mors, ... *Serm.*1.7.13
seu mors atris circumvolat alis, ... *Serm.*2.1.58
quem neque pauperies neque mors neque vincula terrent, . . *Serm.*2.7.84
mors ultima linea rerum est. *Epist.*1.16.79
morsu. non odio obscuro morsuque venenat: *Epist.*1.14.38
morsus. perna magis et magis hillis|flagitat inmorsus [in morsus] refici, . *var.Serm.*2.4.61
mortale. imo tollere de gradu|mortale corpus *Carm.*1.35.3
nil parvom aut humili modo,|nil mortale loquar. . . . *Carm.*3.25.18
mortalem. ut unum|scilicet egregii mortalem altique silenti. . . *Serm.*2.6.58
mortalia. mortalia facta peribunt,|nedum sermonum stet honos et gratia
  vivax. . . . . *Ars Poet.*68
mortalibus. nil mortalibus ardui est: *Carm.*1.3.37
nil sine magno|vita labore dedit mortalibus.' *Serm.*1.9.60
mortalis. ridetque, si mortalis ultra|fas trepidat. *Carm.*3.29.31
naturae deus humanae, mortalis in unum|quodque caput. . . *Epist.*2.2.188
mortalis. 'invicte, mortalis dea nate puer Thetide, . . . *Epod.*13.12
mortalis. omnis mortalis curare et quaerere cogit. *Serm.*1.6.37
mortalis. mortalisque turmas|imperio regit unus aequo. . . . *Carm.*3.4.47
terrestria quando|mortalis animas vivont sortita *Serm.*2.6.94
mortalium. ut prisca gens mortalium,|paterna rura bubus exercet suis . *Epod.*2.2
morte. deliberata morte ferocior; *Carm.*1.37.29
gelidaque divos|morte carentis. *Carm.*2.8.12
morte venalem petiisse laurum *Carm.*3.14.2
per quos cecidere iusta|morte Centauri, ... *Carm.*4.2.15
hoc genus omne|maestum ac sollicitum est cantoris morte Tigelli. . *Serm.*1.2.3
nunc morte suprema|permutet dominos *Epist.*2.2.173
mortem. sensit iners timuitque mortem, ... *Carm.*3.5.36
vita redit bonis|post mortem ducibus, ... *Carm.*4.8.15
ille flagellis|ad mortem caesus. *Serm.*1.2.42
morti. nihil ultra|nervos atque cutem morti concesserat atrae, . . *Carm.*1.28.13
nec pietas moram|rugis . . . adferet indomitaeque morti, . . *Carm.*2.14.4
devota morti pectora liberae *Carm.*4.14.18
'mille ovium insanus morti dedit, ... *Serm.*2.3.197

('quid tam magnum?' addens), 'unum me surpite morti!   .   .   .   *Serm*.2.3.283
debemur morti nos nostraque: .   .   .   .   .   .   *Ars Poet*.63
mortibus. sed ignotis perierunt mortibus illi, ...   *Serm*.1.3.108
mortis. quem mortis timuit gradum *Carm*.1.3.17
non mortis laqueis expedies caput. *Carm*.3.24.8
mortisque metu sibi parcere cogit, ...   *Serm*.1.4.127
te tibi iniquom|et frustra mortis cupidum, ...   *Serm*.2.2.98
caret mortis formidine et ira? *Epist*.2.2.207
fiet homo et ponet famosae mortis amorem.   .   .   .   .   *Ars Poet*.469
mortua. scilicet elabi si posset mortua; *Serm*.2.5.87
mortuos. possim crematos excitare mortuos *Epod*.17.79
morum. respicere exemplar vitae morumque   .   .   .   .   .   *Ars Poet*.317
mos. quibus|mos unde deductus per omne|tempus   .   .   .   *Carm*.4.4.19
mos et lex maculosum edomuit nefas, ...   *Carm*.4.5.22
neque hic lupis mos nec fuit leonibus *Epod*.7.11
regibus hic mos est, ubi equos mercantur: *Serm*.1.2.86
defendas, ut tuos est mos: *Serm*.1.4.95
respondes, ut tuos est mos,|pauca: *Serm*.1.6.60
ibam forte via sacra, sicut meus est mos, ...   *Serm*.1.9.1
uti mos|vester ait, ...   *Serm*.2.7.79
Moschi. mitte levis spes et certamina divitiarum|et Moschi causam: *Epist*.1.5.9
mota. quod puero cecinit divina mota anus urna: .   .   .   *Serm*.1.9.30
motat. et iuvenum ritu florent modo nata vigentque [? et nova iuvenum
[image]   ritu florent motat augentque].   .   .   .   .   *? var.Ars Poet*.62
motaverit. pipere albo, non sine aceto, | quod Methymnaeam vitio
mutaverit [motaverit] uvam. *var.Serm*.2.8.50
motionis. huic si mutonis [motionis] verbis mala tanta videnti|diceret haec
animus *var.Serm*.1.2.68
motum. motum ex Metello consule civicum *Carm*.2.1.1
sic priscae motumque et luxuriem addidit arti|tibicen   .   .   *Ars Poet*.214
motura. verba lyrae motura sonum conectere digner?   .   .   *Epist*.2.2.86
motus. quo fugit venus, heu, quove color, decens|quo motus?   .   *Carm*.4.13.18
motus. motus doceri gaudet Ionicos *Carm*.3.6.21
caecos|sentiant motus orientis Austri *Carm*.3.27.22
post effert animi motus interprete lingua.   .   .   .   .   *Ars Poet*.111
motus. in|Persas atque Britannos|vestra motus aget prece.   .   *Carm*.1.21.16
move. tu vina Torquato move consule pressa meo.   .   .   .   *Epod*.13.6
moveas. quanto moveas periclo,|Pyrrhe, Gaetulae catulos leaenae?   .   *Carm*.3.20.1
moveat. men moveat cimex Pantilius *Serm*.1.10.78
saeviat atque novos moveat Fortuna tumultus: .   .   .   *Serm*.2.2.126
ne, . . . moveat cornicula risum|furtivis nudata coloribus.   .   .   *Epist*.1.3.19
movebat. quae prius multum facilis movebat|cardines.   .   .   .   *Carm*.1.25.5
movenda. per et Dianae non movenda numina, ...   *Epod*.17.3
movent. magna movet [movent] stomacho fastidia   .   .   .   *var.Serm*.2.4.78
moventem. rident vicini glaebas et saxa moventem   .   .   .   *Epist*.1.14.39
moventes. velut si|re vera pugnent, feriant vitentque moventes|arma viri?   *Serm*.2.7.99
moventis. Iovis, . . .   cuncta supercilio moventis.   .   .   .   *Carm*.3.1.8
moventis. odere viris|omne nefas animo moventis.   .   .   .   *Carm*.3.4.68
movere. an quae movere cereas imagines, ...   *Epod*.17.76
quis membra movere|mollius? *Serm*.1.9.24
ut mihi saepe|bilem, saepe iocum vestri movere tumultus!   .   .   *Epist*.1.19.20
audebit, . . . verba movere loco, quamvis invita recedant   .   .   *Epist*.2.2.113
dictus et Amphion, Thebanae conditor urbis,|saxa movere   .   .   *Ars Poet*.395
moveret. censorque moveret|Appius, ingenuo si non essem patre natus: *Serm*.1.6.20
moveri. moveri digna bono die, ...   *Carm*.3.21.6
ut festis matrona moveri iussa diebus, ...   *Ars Poet*.232
moverit. an triste bidental|moverit incestus: .   .   .   .   *Ars Poet*.472
moves. quanta moves funera Dardanae|genti. *Carm*.1.15.10
Caecubum et prelo domitam Caleno|tu bibes [moves] uvam: .   *coni.Carm*.1.20.10
intermissa, Venus, diu|rursus bella moves? *Carm*.4.1.2
movet. omne capax movet urna nomen. *Carm*.3.1.16
et peccare docentis|fallax historias monet [movet].   .   .   .   *var.Carm*.3.7.20
Messius 'accipio,' caput et movet. *Serm*.1.5.58
magna movet stomacho fastidia *Serm*.2.4.78
labra movet metuens audiri: 'pulchra Laverna,   .   .   .   *Epist*.1.16.60
movetur. qui|nunc Satyrum, nunc agrestem Cyclopa movetur.   .   *Epist*.2.2.125
derisor vero plus laudatore movetur.   .   .   .   .   *Ars Poet*.433
movit. serva Briseis niveo colore|movit Achillem,   .   .   .   *Carm*.2.4.4
movit Aiacem Telamone natum|forma captivae dominum Tecmessae,   *Carm*.2.4.5

te docilis magistro|movit Amphion lapides canendo, ... *Carm.*3.11.2
movit nepotem Telephus Nereium, ... *Epod.*17.8
mox. mox reficit rates|quassas indocilis pauperiem pati. . . . *Carm.*1.1.17
quo calet iuventus|nunc omnis et mox virgines tepebunt. . . *Carm.*1.4.20
mox ubi publicas|res ordinaris, ... *Carm.*2.1.10
mox iuniores quaerit adulteros *Carm.*3.6.25
mox daturos|progeniem vitiosiorem. *Carm.*3.6.47
mox ubi lusit satis, 'abstineto'|dixit *Carm.*3.27.69
mox in ovilia|demisit hostem vividus impetus, ... *Carm.*4.4.9
mox|bruma recurrit iners. *Carm.*4.7.11
maior Neronum mox grave proelium|conmisit *Carm.*4.14.14
ergo consulere et mox respondere licebit?' *Serm.*2.3.192
quodsi interciderit tibi nunc aliquid, repetes mox, . . . *Serm.*2.4.6
condo et conpono quae mox depromere possim. . . . *Epist.*1.1.12
uti mox|nulla fides damnis verisque doloribus adsit. . . . *Epist.*1.17.56
ne mox|incutiant aliena tibi peccata pudorem. *Epist.*1.18.76
mox etiam pectus praeceptis format amicis, ... *Epist.*2.1.128
mox trahitur manibus regum fortuna retortis, ... *Epist.*2.1.191
mox etiam, si forte vacas, sequere et procul audi, . . . *Epist.*2.2.95
cum segetes occat tibi mox frumenta daturus, ... *Epist.*2.2.161
conmisisse cavet quod mox mutare laboret. . . . . *Ars Poet.*168
quae mox narret facundia praesens: . . . . . *Ars Poet.*184
mox etiam agrestis Satyros nudavit . . . . . *Ars Poet.*221
Mucius. Gracchus ut hic illi, foret huic ut Mucius ille. . . . *Epist.*2.2.89
mugiat. si mugiat Africis|malus procellis, ... *Carm.*3.29.57
mugientium. mugientium|prospectat errantis greges . . . *Epod.*2.11
mugire. Garganum mugire putes nemus aut mare Tuscum: . . *Epist.*2.1.202
muguiunt. te greges centum Siculaeque circum|muguiunt vaccae, . . *Carm.*2.16.34
mula. dum aes exigitur, dum mula ligatur,|tota abit hora. . *Serm.*1.5.13
mulae. retinacula mulae|nauta piger saxo religat *Serm.*1.5.18
ac mulae nautaeque caput lumbosque saligno|fuste dolat: . . *Serm.*1.5.22
mulae. hinc muli [mulae] Capuae clitellas tempore ponunt. . *var.Serm.*1.5.47
mulces. dum grato Danai puellas|carmine mulces. . . . *Carm.*3.11.24
mulcet. irritat, mulcet, falsis terroribus inplet . . . *Epist.*2.1.212
mulctra. illic iniussae veniunt ad mulctra capellae . . *Epod.*16.49
muli. hinc muli Capuae clitellas tempore ponunt. . . . *Serm.*1.5.47
muliebrem. vos, quibus est virtus, muliebrem tollite luctum, . *Epod.*16.39
muliebriter. nec muliebriter|expavit ensem *Carm.*1.37.22
mulier. privata deduci superbo,|non humilis mulier, triumpho. . *Carm.*1.37.32
Ilion . . . mulier peregrina vertit|in pulverem, . . . *Carm.*3.3.20
ut Proetum mulier perfida credulum|falsis inpulerit criminibus . *Carm.*3.7.13
unico gaudens mulier marito *Carm.*3.14.5
matre carentibus|privignis mulier temperat innocens . . . *Carm.*3.24.18
quodsi pudica mulier in partem iuvet|domum *Epod.*2.39
quid tibi vis, mulier nigris dignissima barris? *Epod.*12.1
magis quem|diligeret mulier sua quam te. *Epod.*12.24
vepallida lecto|desiliat mulier, miseram se conscia clamet, . . *Serm.*1.2.130
mulier si forte dolosa|libertusve senem delirum temperet, . *Serm.*2.5.70
cum te formidet mulier neque credat amanti. *Serm.*2.7.65
quinque talenta|poscit te mulier, ... *Serm.*2.7.90
ut turpiter atrum|desinat in piscem mulier formosa superne: . *Ars Poet.*4
mulierculam. gloriantis quamlibet mulierculam|vincere mollitia . *Epod.*11.23
mulis. festinat calidus mulis gerulisque redemptor, . . . *Epist.*2.2.72
mullum. laudas, insane, trilibrem|mullum, ... *Serm.*2.2.34
mulo. nunc mihi curto|ire licet mulo *Serm.*1.6.105
mulso. leni praecordia mulso|prolueris melius. . . . *Serm.*2.4.26
multa. multaque merces|unde potest tibi defluat . . . *Carm.*1.28.27
multaque pars mei|vitabit Libitinam; *Carm.*3.30.6
multa Dircaeum levat aura cycnum, ... *Carm.*4.2.25
est hederae vis|multa, ... *Carm.*4.11.5
multa poetarum veniat manus. *Serm.*1.4.141
pars multa natat, modo recta capessens,|interdum pravis obnoxia. *Serm.*2.7.7
quod non|multa dies et multa litura coercuit . . . *Ars Poet.*293
multa. quis multa gracilis te puer in rosa|perfusus liquidis urget odoribus . *Carm.*1.5.1
temptare multa caede bidentium *Carm.*3.23.14
multa proruet integrum|cum laude victorem *Carm.*4.4.66
te multa prece, te prosequitur mero *Carm.*4.5.33
trudit acris hinc et hinc multa cane|apros *Epod.*2.31
sis pecore et multa dives tellure licebit *Epod.*15.19

multa cum libertate notabant. *Serm*.1.4.5
absentem ut cantat amicam│multa prolutus vappa nauta . . . *Serm*.1.5.16
haerentem capiti cum multa laude coronam. *Serm*.1.10.49
oratus multa prece nitere, porro│vade; *Epist*.1.13.18
multa mole docendus aprico parcere prato. *Epist*.1.14.30
⟨si⟩ quercus et ilex│multa fruge pecus, multa dominum iuvet umbra? . *Epist*.1.16.10
munera, quae multa dantis cum laude tulerunt *Epist*.2.1.246
successit vetus his comoedia, non sine multa│laude; . . . *Ars Poet*.281
multa. multa petentibus│desunt multa: *Carm*.3.16.43
cetera de genere hoc, adeo sunt multa, ... *Serm*.1.1.13
multaque de magna superessent fercula cena, ... *Serm*.2.6.104
exilis domus est, ubi non et multa supersunt *Epist*.1.6.45
multa fidem promissa levant, ... *Epist*.2.2.10
multa renascentur quae iam cecidere . . . . . . *Ars Poet*.70
multa senem circumveniunt incommoda, ... *Ars Poet*.169
multa. caris multa sodalibus,│nulli plura tamen dividit oscula│quam dulci
Lamiae, ... *Carm*.1.36.5
quid brevi fortes iaculamur aevo│multa? *Carm*.2.16.18
di multa neglecti dederunt│Hesperiae mala luctuosae. . . . *Carm*.3.6.7
multa petentibus│desunt multa: *Carm*.3.16.42
non possidentem multa vocaveris│recte beatum; *Carm*.4.9.45
o multa fleturum caput, ... *Epod*.5.74
multa Cicirrus ad haec: *Serm*.1.5.65
quid multa? *Serm*.1.6.82
detereret sibi multa, ... *Serm*.1.10.69
multa laborum│praemia laturus.' *Serm*.2.1.11
atqui voltus erat multa et praeclara minantis, ... *Serm*.2.3.9
mala multa precatus Atridis *Serm*.2.3.203
quid multa? *Serm*.2.6.83
dum sibi, dum sociis reditum parat, aspera multa│pertulit, . . *Epist*.1.2.21
quid multa? 'benigne'│respondet. *Epist*.1.7.62
dic multa et pulcra minantem│vivere nec recte nec suaviter, . . *Epist*.1.8.3
multa quidem dixi, cur excusatus abirem. *Epist*.1.9.7
non est quod multa loquamur: *Epist*.2.1.30
si pleraque dure│dicere credit eos, ignave multa fatetur: . . *Epist*.2.1.67
multa quidem nobis facimus mala saepe poetae, . . . *Epist*.2.1.219
multa fero, ut placem genus irritabile vatum, ... *Epist*.2.2.102
multa ferunt anni venientes commoda secum, ... *Ars Poet*.175
multa recedentes adimunt: . . . . *Ars Poet*.176
multaque tolles│ex oculis, ... *Ars Poet*.183
multa tulit fecitque puer, sudavit et alsit, ... *Ars Poet*.413
multae. locus, . . . nec multae prodigus herbae; . . . *Epist*.1.7.42
multae. multae tibi tum officient res: *Serm*.1.2.97
quo multae magnaeque secantur iudice lites, ... *Epist*.1.16.42
multarum. summe munito et multarum divite rerum. . . . *Epist*.2.2.31
multi. neu multi Damalis meri *Carm*.1.36.13
multi Lydia nominis, ... *Carm*.3.9.7
multi. vixere fortes ante Agamemnona│multi; *Carm*.4.9.26
sunt multi quique lavantes: *Serm*.1.4.75
multis. multis ille bonis flebilis occidit, ... *Carm*.1.24.9
quid prima secundo│cera velit versu; solus multisne coheres, . . *Serm*.2.5.54
multis occulto crescit res faenore. *Epist*.1.1.80
multis. unus ut e multis populo spectante referret│emptum mulus aprum), *Epist*.1.6.60
reges dicuntur multis urgere culillis . . . . . . *Ars Poet*.434
multis. noctes non sine multis│insomnis lacrimis *Carm*.3.7.7
una de multis face nuptiali│digna *Carm*.3.11.33
Luculli miles collecta viatica multis│aerumnis, ... *Epist*.2.2.26
multis. foliis nemus│multis . . . tempestas ab Euro│sternet, . *Carm*.3.17.10
multo. tum Praenestinus salso multoque fluenti *Serm*.1.7.28
multo. quam multo repetet Graecia milite *Carm*.1.15.6
vetus ara multo│fumat odore. *Carm*.3.18.7
multo non sine risu *Carm*.4.13.27
miles ait, multo iam fractus membra labore. *Serm*.1.1.5
utque illis multo corrupta dolore voluptas *Serm*.1.2.39
quod sale multo│Vrbem defricuit, ... *Serm*.1.10.3
membra gruis sparsi sale multo non sine farre, ... *Serm*.2.8.87
multo. vocantis│ture te multo Glycerae decoram│transfer in aedem. . *Carm*.1.30.3
multo. enitescis│pulcrior multo . . . ▨ *Carm*.2.8.7
illam 'post paulo [? paulum]' 'sed pluris [? multo]' . . . . *? var.Serm*.1.2.120

auxilio quae|sit mihi (nam multo plures sumus), ... *Serm*.1.4.142
postera lux oritur multo gratissima: *Serm*.1.5.39
putidius multo cerebrum est, mihi crede, Perelli . . . *Serm*.2.3.75
"danda est ellebori multo pars maxima avaris: *Serm*.2.3.82
avolsos, ut multo suavius, armos,|quam si cum lumbis quis edit. . *Serm*.2.8.89
rectius hoc et|splendidius multo est. *Epist*.1.17.20
haberet|plus dapis et rixae multo minus invidiaeque. . . *Epist*.1.17.51
multorum.   sum paulo infirmior, unus|multorum. *Serm*.1.9.72
qui domitor Troiae multorum providus urbes | et mores hominum
    inspexit *Epist*.1.2.19
qui mores hominum multorum vidit et urbes.' . . . *Ars Poet*.142
multorum.   belua multorum es capitum. *Epist*.1.1.76
multos.   multos castra iuvant et lituo tubae|permixtus sonitus . *Carm*.1.1.23
multos saepe viros nullis maioribus ortos *Serm*.1.6.10
multum.   intererit multum, divosne loquatur an heros, . . *Ars Poet*.114
multum.   quae prius multum facilis movebat|cardines. . . *Carm*.1.25.5
frangere enitar modo multum amati|cornua monstri. . . *Carm*.3.27.47
o dolitura mea multum virtute Neaera: *Epod*.15.11
amata nautis multum et institoribus. *Epod*.17.20
probus quis|nobiscum vivit, multum demissus homo: . . *Serm*.1.3.57
scribendi recte: nam ut multum, nil moror. . . . *Serm*.1.4.13
tum Praenestinus salso multoque [multumque] fluenti | expressa
    arbusto regerit convicia, ... *var.Serm*.1.7.28
qui multum puerum loris et funibus ussit|exoratus, . . *Serm*.1.10.*5
hunc medicus multum celer atque fidelis|excitat . . . *Serm*.2.3.147
haec a te non multum abludit imago. *Serm*.2.3.320
multum Nasica negatas|accipiet tandem et tacitus leget . . *Serm*.2.5.67
stes capite obstipo, multum similis metuenti. . . . *Serm*.2.5.92
si paullum potes inlacrimare, est|gaudia prodentem voltum [multum]
    celare. *var.Serm*.2.5.104
postmodo quod mi obsit clare certumque [multumque] locuto |
    luctandum in turba et facienda iniuria tardis. . . *var.Serm*.2.6.27
monitus multumque monendus,|privatas ut quaerat opes . *Epist*.1.3.15
'hic multum in Fabia valet, ille Velina; *Epist*.1.6.52
hac in re scilicet una|multum dissimiles, ... *Epist*.1.10.3
poscentes vario multum diversa palato. *Epist*.2.2.62
sudet multum frustraque laboret|ausus idem: . . . *Ars Poet*.241
sic mihi, qui multum cessat, fit Choerilus ille, . . . *Ars Poet*.357
sic mihi, qui multum [multum mihi qui] cessat, fit Choerilus ille, . *var.Ars Poet*.357
mulus.   unus ut e multis populo spectante referret|emptum mulus aprum), *Epist*.1.6.61
Mulvius.   Mulvius et scurrae, tibi non referenda precati,|discedunt. *Serm*.2.7.36
Munatius.   sit tibi curae|quantae conveniat Munatius. . . *Epist*.1.3.31
munda.   candida rectaque sit, munda hactenus, . . . *Serm*.1.2.123
iamdudum splendet focus et tibi munda supellex. . . *Epist*.1.5.7
mundae.   mundaeque parvo sub lare pauperum|cenae . . *Carm*.3.29.14
mundi.   quod latus mundi nebulae malusque|Iuppiter urget; . *Carm*.1.22.19
si neque fervidis|pars inclusa caloribus|mundi . . . *Carm*.3.24.38
tempora si fastosque velis evolvere mundi. . . . *Serm*.1.3.112
mundior.   unde|mundior exiret vix libertinus honeste; . . *Serm*.2.7.12
munditiae.   defluxit numerus Saturnius et grave virus|munditiae pepulere; *Epist*.2.1.159
munditiis.   cui flavam religas comam|simplex munditiis? . . *Carm*.1.5.5
mundo.   quicumque mundo terminus obstitit, . . . *Carm*.3.3.53
mundum.   qui mare ac terras variisque mundum|temperat horis? *Carm*.1.12.15
mundus.   mundus erit, qua non offendat sordibus . . *Serm*.2.2.65
mundus victus non deficiente crumina *Epist*.1.4.11
scilicet ut prostes Sosiorum pumice mundus. . . . *Epist*.1.20.2
munera.   pulveris exigui prope latum parva Matinum|munera . *Carm*.1.28.4
o quamvis neque te munera nec preces *Carm*.3.10.13
munera navium|saevos inlaqueant duces. . . . *Carm*.3.16.15
munera.   ac ne quis modici transiliat munera Liberi, . . *Carm*.1.18.7
Ceae retractes munera neniae, ... *Carm*.2.1.38
inter iocosi munera Liberi *Carm*.4.15.26
munera quid mihi quidve tabellas|mittis . . . *Epod*.12.2
nisi ut propria haec mihi munera faxis. *Serm*.2.6.5
quid censes munera terrae *Epist*.1.6.5
at neque dedecorant tua de se iudicia atque|munera . . *Epist*.2.1.246
munere.   quicumque terrae munere vescimur . . . *Carm*.2.14.10
da, puer, auguris|Murenae [munere]: *var.Carm*.3.19.11
dicit et centum potiore signis|munere donat, . . . *Carm*.4.2.20

munere cum fungi propioris censet amici: *Epist.*1.9.5
dividuo findetur munere quadra. *Epist.*1.17.49
munere te parvo beet aut incommodus angat. . . . *Epist.*1.18.75
inpensis cenarum et tritae munere vestis; *Epist.*1.19.38
ne rubeam pingui donatus munere *Epist.*2.1.267
muneret. qua muneretur [muneret] te, Priape, et te, pater|Silvane, . . *var.Epod.*2.21
muneretur. qua muneretur te, Priape, ... *Epod.*2.21
muneri. carmina possumus|donare et pretium dicere muneri. . . . *Carm.*4.8.12
muneribus. subruit aemulos|reges muneribus; *Carm.*3.16.15
quandoque potentior|largi muneribus riserit aemuli, . . . *Carm.*4.1.18
qui deorum|muneribus sapienter uti *Carm.*4.9.48
o crudelis adhuc et Veneris muneribus potens, . . . *Carm.*4.10.1
plenis honorum muneribus *Carm.*4.14.2
pulcrior, ultro|muneribus missis): *Serm.*1.7.18
muneribus servos corrumpam; *Serm.*1.9.57
muneris. totum muneris hoc tui est, ... *Carm.*4.3.21
carmina possumus|donare et pretium dicere muneri [muneris]. . . *var.Carm.*4.8.12
munerum. neque tu pessuma munerum|ferres, . . . *Carm.*4.8.4
munia. nondum munia conparis|aequare *Carm.*2.5.2
hic neque servis|Albuci senis exemplo, dum munia didit,|saevos erit, . *Serm.*2.2.67
vegetus praescripta ad munia surgit. *Serm.*2.2.81
cetera qui vitae servaret munia recto|more, . . . *Epist.*2.2.131
muniant. quamvis furiale centum|muniant angues caput eius . . *Carm.*3.11.18
munierant. munierant satis|nocturnis ab adulteris, . . . *Carm.*3.16.3
munifico. quaque modeste|munifico esse licet, . . . *Serm.*1.2.51
munificum. qua res, qua ratio suaderet quaque modeste | munifico
[munificum] esse licet, ... *var.Serm.*1.2.51
munire. oppida coeperunt munire et ponere leges, . . . *Serm.*1.3.105
munitae. munitaeque adhibe vim sapientiae. . . . *Carm.*3.28.4
munito. summe munito et multarum divite rerum. . . . *Epist.*2.2.31
munivit. castus Aeneas patriae superstes|liberum munivit iter, . *Carm.Saec.*43
munus. nec munus umeris efficacis Herculis|inarsit aestuosius. . *Epod.*3.17
cum palla, tabo munus imbutum, novam|incendio nuptam abstulit? . *Epod.*5.65
munus. grande munus|Cecropio repetes cothurno, . . . *Carm.*2.1.11
si munus Apolline dignum|vis conplere libris . . . *Epist.*2.1.216
munus et officium, nil scribens ipse, docebo: . . . *Ars Poet.*306
munuscula. 'non invisa feres pueris munuscula parvis' . . . *Epist.*1.7.17
murem. rusticus urbanum murem mus paupere fertur|accepisse cavo, . *Serm.*2.6.80
Murena. Murena praebente domum, Capitone culinam. . . *Serm.*1.5.38
murena. adfertur squillas inter murena natantis|in patina porrecta. . *Serm.*2.8.42
Murenae. da, puer, auguris|Murenae: *Carm.*3.19.11
murex. murice Baiano [murex Baianus] melior Lucrina peloris, . . *coni.Serm.*2.4.32
muria. quod pingui miscere mero muriaque decebit . . . *Serm.*2.4.65
ut melius muria quod testa marina remittat." . . . *Serm.*2.8.53
murice. te bis Afro|murice tinctae|vestiunt lanae: . . . *Carm.*2.16.36
murice Baiano melior Lucrina peloris, ... *Serm.*2.4.32
argentum, vestis Gaetulo murice tinctas|sunt qui non habeant, . *Epist.*2.2.181
muricibus. muricibus Tyriis iteratae vellera lanae|cui properabantur? . *Epod.*12.21
muris. inprimeretque muris|hostile aratrum exercitus insolens. . . *Carm.*1.16.20
muris. "aedificare casas, plostello adiungere muris, . . . *Serm.*2.3.247
murmure. iam nunc minaci murmure cornuom|perstringis auris, . *Carm.*2.1.17
quam quae per pronum trepidat cum murmure rivom? . . *Epist.*1.10.21
muros. adnuisset|rebus Aeneae potiore ductos|alite muros — . . *Carm.*4.6.24
Iliacos intra muros peccatur et extra. *Epist.*1.2.16
murreum. murreum nodo cohibere crinem; *Carm.*3.14.22
murteta. sane murteta relinqui . . . vicus gemit, . . . *Epist.*1.15.5
murus. ter si resurgat murus aeneus *Carm.*3.3.65
hic murus aeneus esto: *Epist.*1.1.60
urbis|latior amplecti murus . . . . . . *Ars Poet.*209
mus. rusticus urbanum murem mus paupere fertur|accepisse cavo, . *Serm.*2.6.80
parturient montes, nascetur ridiculus mus. . . . *Ars Poet.*139
Musa. pudor|inbellisque lyrae Musa potens vetat . . . *Carm.*1.6.10
me dulcis dominae Musa Licymniae|cantus, . . . voluit dicere . *Carm.*2.12.13
dignum laude virum Musa vetat mori, ... *Carm.*4.8.28
caelo Musa beat. *Carm.*4.8.29
disceret unde preces, vatem ni Musa dedisset? . . . *Epist.*2.1.133
Musa dedit fidibus divos puerosque deorum . . . *Ars Poet.*83
Grais dedit ore rotundo|Musa loqui, ... *Ars Poet.*324
ne forte pudori|sit tibi Musa lyrae sollers et cantor Apollo. . . *Ars Poet.*407

Musa. sed ne relictis, Musa procax, iocis *Carm*.2.1.37
   quo, Musa, tendis? *Carm*.3.3.70
   'dic mihi, Musa, virum, ... *Ars Poet*.141
Musa. fidibusne Latinis | Thebanos aptare modos studet auspice Musa, . . *Epist*.1.3.13
Musa. (nam mihi Baias | Musa supervacuas Antonius, ... *Epist*.1.15.3
musa. dis pietas mea | et musa cordi est. *Carm*.1.17.14
   paulum severae musa tragoediae | desit theatris: *Carm*.2.1.9
musa. Sarmenti scurrae pugnam Messique Cicirri, | musa, velim memores *Serm*.1.5.53
   musa rogata refer, comiti scribaeque Neronis. *Epist*.1.8.2
musa. (quid prius inlustrem saturis musaque pedestri) *Serm*.2.6.17
Musae. nec studio citharae nec Musae deditus ulli, ... *Serm*.2.3.105
Musam. quondam cithara tacentem | suscitat Musam *Carm*.2.10.19
musam. temperat Archilochi musam pede mascula Sappho, . . . *Epist*.1.19.28
Musarum. Musarum sacerdos | virginibus puerisque canto. . . . *Carm*.3.1.3
   ad libros et ad haec Musarum dona vocares, ... *Epist*.2.1.243
Musas. Liberum et Musas Veneremque . . . canebat *Carm*.1.32.9
   qui Musas amat imparis, ... *Carm*.3.19.13
   dictitet Albano Musas in monte locutas. *Epist*.2.1.27
musco. musco circumlita saxa nemusque. *Epist*.1.10.7
Musis. Musis amicus tristitiam et metus | tradam . . . ventis, . . *Carm*.1.26.1
   dicenda Musis proelia; *Carm*.4.9.21
   mirabile visu | caelatumque novem Musis opus. *Epist*.2.2.92
mustela. cui mustela procul 'si vis' ait 'effugere istinc, . . . *Epist*.1.7.32
musto. doctus eris vivam musto mersare Falerno: *Serm*.2.4.19
muta. siquis gnatam pro muta devovet agna. *Serm*.2.3.219
mutabile. quid placet aut odio est, quod non mutabile credas? . . *Epist*.2.1.101
mutabilis. voltu mutabilis, albus et ater. *Epist*.2.2.189
mutabit. victus hostis Punico | lugubre mutavit [mutabit] sagum. . . *coni.Epod*.9.28
mutamus. quid terras alio calentis | sole mutamus? *Carm*.2.16.19
mutanda. arguet ambigue dictum, mutanda notabit, ... *Ars Poet*.449
mutandus. mutandus locus est et deversoria nota | praeteragendus equos. . *Epist*.1.15.10
mutant. caelum, non animum mutant, qui trans mare currunt. . . *Epist*.1.11.27
mutantem. quo teneam voltus mutantem Protea nodo? . . . *Epist*.1.1.90
mutantur. ut silvae foliis pronos mutantur in annos, ... *Ars Poet*.60
mutare. nunc ego mitibus | mutare quaero tristia, ... *Carm*.1.16.26
   libros Panaeti Socraticam et domum | mutare loricis Hiberis, . . *Carm*.1.29.15
   valet ima summis | mutare et insignem attenuat deus | obscura promens; *Carm*.1.34.13
   iussa pars mutare Lares et urbem | sospite cursu, ... *Carm.Saec*.39
   vel quia naturam mutare pecunia nescit *Epist*.1.12.10
   quod timui mutare modos et carminis artem: *Epist*.1.19.27
   conmisisse cavet quod mox mutare laboret. . . . . . *Ars Poet*.168
mutaret. sol ubi montium | mutaret umbras *Carm*.3.6.42
   clavom ut mutaret in horas. *Serm*.2.7.10
mutat. amoenum saepe Lucretilem | mutat Lycaeo Faunus . . . *Carm*.1.17.2
   mutat terra vices et decrescentia ripas | flumina praetereunt; . . *Carm*.4.7.3
   fortuna non mutat genus. *Epod*.4.6
   hic mutat merces surgente a sole *Serm*.1.4.29
   nil comis tragici mutat Lucilius Acci? *Serm*.1.10.53
   illa tamen se | non habitu mutatve loco peccatve superne, . . *Serm*.2.7.64
   sub noctem qui puer uvam | furtiva mutat strigili: *Serm*.2.7.110
   quid pauper? ride: mutat cenacula, lectos, ... *Epist*.1.1.91
   diruit, aedificat, mutat quadrata rotundis? *Epist*.1.1.100
   caelum, non animum mutant [? mutat], qui trans mare currunt [? currit]. *? var.Epist*.1.11.27
mutata. hoc age, ne mutata retrorsum te ferat aura. . . . *Epist*.1.18.88
mutata. sive mutata iuvenem figura | ales in terris imitaris almae | filius
   Maiae, ... *Carm*.1.2.41
   utcumque mutata potentis | veste domos inimica linquis, . . . *Carm*.1.35.23
   ille cubans gaudet mutata sorte *Serm*.2.6.110
mutatae. memor | actae non alio rege puertiae | mutataeque simul togae. . *Carm*.1.36.9
   longo die bis terque mutatae dapis *Epod*.5.33
   Nasidiene, redis mutatae frontis, ... *Serm*.2.8.84
mutatae. quem res plus nimio delectavere secundae, | mutatae quatient. . *Epist*.1.10.31
mutatis. hosce secutus | mutatis tantum pedibus numerisque, . . *Serm*.1.4.7
mutatis. hinc vos, | vos hinc mutatis discedite partibus. . . . *Serm*.1.1.18
mutato. mutato nomine de te | fabula narratur: *Serm*.1.1.69
mutatos. heu quotiens fidem | mutatosque deos flebit *Carm*.1.5.6
mutatum. ac nisi mutatum parcit defundere vinum *Serm*.2.2.58
mutatur. iram | colligit ac ponit temere et mutatur in horas. . . *Ars Poet*.160
mutatus. qui color est puniceae flore prior rosae | mutatus, . . . *Carm*.4.10.5

faciasne quod olim | mutatus Polemon? *Serm.*2.3.254
mutaverit. quod Methymnaeam vitio mutaverit uvam. . . .   *Serm.*2.8.50
mutavit. hostis Punico | lugubre mutavit sagum. *Epod.*9.28
   mutavit mentem populus levis, ...   *Epist.*2.1.108
   seu cursum mutavit iniquum frugibus amnis . . . .   *Ars Poet.*67
mutem. mordear opprobriis falsis mutemque colores? . . .   *Epist.*1.16.38
mutet. pecusve Calabris ante sidus fervidum | Lucana mutet pascuis .   *Epod.*1.28
mutilus. cum | sic mutilus minitaris?' *Serm.*1.5.60
mutis. o mutis quoque piscibus | donatura cycni, si libeat, sonum, . .   *Carm.*4.3.19
muto. nec | otia divitiis Arabum liberrima muto. . . .   *Epist.*1.7.36
mutonis. huic si mutonis verbis mala tanta videnti | diceret haec animus .   *Serm.*1.2.68
mutor. album mutor in alitem | superne *Carm.*2.20.10
muttonis. huic si mutonis [muttonis] verbis mala tanta videnti | diceret
   haec animus *var.Serm.*1.2.68
mutua. 'me torret face mutua | Thurini Calais filius Ornyti, . .   *Carm.*3.9.13
mutua. dum septem donat sestertia, mutua septem | promittit, .   *Epist.*1.7.80
mutui. iam nec spes animi credula mutui . . . iuvat . .   *Carm.*4.1.30
mutuis. bene mutuis | fidum pectus amoribus; *Carm.*2.12.15
mutum. cum prorepserunt primis animalia terris, | mutum et turpe pecus, .   *Serm.*1.3.100
mutuom. fore hunc amorem mutuom, ...   *Epod.*15.10
Mutus. ne plus frumenti dotalibus emetat agris | Mutus . . .   *Epist.*1.6.22
Mycenas. aptum dicet equis Argos ditisque Mycenas: . . .   *Carm.*1.7.9
Mygdonias. aut pinguis Phrygiae Mygdonias opes . . .   *Carm.*2.12.22
Mygdoniis. si Mygdoniis regnum Alyattei | campis continuem. .   *Carm.*3.16.41
Myrtale. grata detinuit compede Myrtale | libertina, . . .   *Carm.*1.33.14
myrto. simplici myrto nihil adlabores | sedulus curo: . . .   *Carm.*1.38.5
myrto. nunc decet aut viridi nitidum caput impedire myrto . .   *Carm.*1.4.9
   laeta quod pubes hedera virenti | gaudeat pulla magis atque myrto,   *Carm.*1.25.18
   quis udo | deproperare apio coronas | curatve myrto? . . .   *Carm.*2.7.25
   ut premerer sacra | lauroque conlataque myrto . . .   *Carm.*3.4.19
   parvos coronantem marino | rore deos fragilique myrto. . .   *Carm.*3.23.16
Myrtoum. Myrtoum pavidus nauta secet mare. *Carm.*1.1.14
myrtus. neque te ministrum | dedecet myrtus *Carm.*1.38.7
myrtus. myrtus et omnis copia narium *Carm.*2.15.6
Mysorum. in quem superbus ordinarat agmina | Mysorum . .   *Epod.*17.10
Mysten. semper urges flebilibus modis | Mysten ademptum . .   *Carm.*2.9.10
Mytilene. incolumi Rhodos et Mytilene pulcra facit . . .   *Epist.*1.11.17
Mytilenen. laudabunt alii claram Rhodon aut Mytilenen . .   *Carm.*1.7.1

N

nabis. simul ac duraverit aetas | membra animumque tuom, nabis sine
   cortice.' *Serm.*1.4.120
nactae. quae velut nactae vitulos leaenae | singulos eheu lacerant: . .   *Carm.*3.11.41
nactus. quidquid erat nactus praedae maioris, ...   *Epist.*1.15.38
Naevius. ut vivam Naevius aut sic | ut Nomentanus?' . .   *Serm.*1.1.101
   nec sic ut simplex Naevius unctam | convivis praebebit aquam: .   *Serm.*2.2.68
Naevius. Naevius in manibus non est et mentibus haeret | paene recens?   *Epist.*2.1.53
naevos. egregio inspersos reprendas corpore naevos, . . .   *Serm.*1.6.67
Naiadum. o Naiadum potens | Baccharumque valentium . .   *Carm.*3.25.14
Naidum. o Naiadum [Naidum] potens | Baccharumque valentium | proceras
   manibus vertere fraxinos, ...   *var.Carm.*3.25.14
nam. *Carm.*1.18.3; 1.23.5; 3.7.21; 3.11.1; 3.11.30; 3.13.6; 3.23.9; 4.14.9; 4.14.34; *Epod.*6.5;
   *Epod.*11.7; 14.6; 15.12; 17.45; *Serm.*1.1.33; 1.2.33; 1.2.96; *var.Serm.*1.2.99; *Serm.*1.2.107;
   *Serm.*1.3.68; 1.3.107; 1.3.120; 1.4.9; 1.4.13; 1.4.142; 1.5.73; 1.5.91; 1.6.27; 1.6.93;
   *Serm.*1.6.100; 1.8.4; 1.8.46; 1.9.23; 1.10.5; 1.10.76; 2.1.35; 2.2.45; 2.2.54; 2.2.71; 2.2.129;
   *Serm.*2.3.20; 2.3.37; 2.3.41; 2.3.302; 2.4.42; 2.4.59; 2.4.71; 2.4.90; 2.6.51; 2.6.78; 2.7.78;
   *Serm.*2.7.115; 2.8.2; 2.8.26; *Epist.*1.1.76; 1.2.37; 1.9.2; 1.11.25; 1.14.19; 1.15.2; 1.15.16;
   *Epist.*1.15.44; 1.16.55; 1.16.65; 1.17.9; 1.18.69; 1.18.84; 2.1.166; 2.1.186; 2.1.200;
   *Ars Poet.*348
namque. namque me silva lupus in Sabina, . . . fugit inermem; .   *Carm.*1.22.9
   namque Diespiter | igni corusco nubila dividens | plerumque, .   *Carm.*1.34.5
   namque et nobilis et decens *Carm.*4.1.13
   cave, cave, namque in malos asperrimus | parata tollo cornua, .   *Epod.*6.11
   namque sagacius unus odoror, ...   *Epod.*12.4
   non ego: namque parabilem amo venerem facilemque. . .   *Serm.*1.2.119
   namque | neglectis urenda filix innascitur agris. . . .   *Serm.*1.3.36
   namque | Plotius et Varius Sinuessae Vergiliusque | occurrunt, . .   *Serm.*1.5.39

namque pila lippis inimicum et ludere crudis. *Serm.*1.5.49
namque deos didici securum agere aevom *Serm.*1.5.101
namque esto: populus Laevino mallet honorem|quam Decio mandare
  novo *Serm.*1.6.19
namque est ille, pater quod erat meus.' *Serm.*1.6.41
(infans namque pudor prohibebat plura profari) . . . *Serm.*1.6.57
namque instat fatum mihi triste, ... *Serm.*1.9.29
namque marem cohibent callosa vitellum. *Serm.*2.4.14
nam quae [namque] deserta et inhospita tesqua|credis, . . *var.Epist.*1.14.19
namque|mordacem Cynicum sic eludebat, ut aiunt: . . *Epist.*1.17.17
nanciscetur. nanciscetur enim pretium nomenque poetae, . . *Ars Poet.*299
nardi. nardi parvos onyx eliciet cadum, ... *Carm.*4.12.17
nardo. dum licet, Assyriaque nardo|potamus uncti? . . *Carm.*2.11.16
  nardo vina merebere. *Carm.*4.12.16
  nardo perunctum, quale non perfectius|meae laborarint manus. *Epod.*5.59
  nunc et Achaemenio|perfundi nardo iuvat *Epod.*13.9
naribus. minus aptus acutis|naribus horum hominum, . . *Serm.*1.3.30
naribus. illic plurima naribus|duces tura *Carm.*4.1.21
  ad haec ego naribus uti|formido *Epist.*1.19.45
naris. nec firmo iuveni neque naris obesae? . . . *Epod.*12.3
  facetus,|emunctae naris, durus conponere versus. . *Serm.*1.4.8
naris. ne sordida mappa|corruget naris, ... *Epist.*1.5.23
narium. myrtus et omnis copia narium *Carm.*2.15.6
narra. libertate decembri,|quando ita maiores voluerunt, utere: narra.' *Serm.*2.7.5
narrabo. dicam Siculique poetae|narrabo interitum. . . *Ars Poet.*464
narrantem. 'non ego' narrantem 'temere edi luce profesta . . *Serm.*2.2.116
narrare. scriptores autem narrare putaret asello|fabellam surdo. . *Epist.*2.1.199
narrares. si tibi nulla sitim finiret copia lymphae,|narrares medicis: . *Epist.*2.2.147
narraret. si non causas narraret earum et|naturas dominus; . *Serm.*2.8.92
narrari. indignatur item privatis ac prope socco|dignis carminibus narrari
  cena Thyestae: . . . . *Ars Poet.*91
narras. quantum distet ab Inacho|Codrus . . . narras . *Carm.*3.19.3
  'magnum narras, vix credibile.' *Serm.*1.9.52
narrat. narrat paene datum Pelea Tartaro, ... *Carm.*3.7.17
  it, redit et narrat, Volteium nomine Menam,|praeconem, . *Epist.*1.7.55
narrata. 'hoc quoque, Teresia, praeter narrata petenti|responde, . *Serm.*2.5.1
narratur. narratur et prisci Catonis|saepe mero caluisse virtus. . *Carm.*3.21.11
  mutato nomine de te|fabula narratur: *Serm.*1.1.70
  qua Paridis propter narratur amorem|Graecia barbariae lento collisa
  duello, ... *Epist.*1.2.6
narres. ne volgo narres, te sudavisse ferendo|carmina . . *Epist.*1.13.16
narret. quae mox narret facundia praesens: . . . *Ars Poet.*184
narro. non ego me claro natum patre, . . . sed quod eram narro. *Serm.*1.6.60
nascente. caelo supinas si tuleris manus|nascente luna, . *Carm.*3.23.2
nascentem. quem tu, Melpomene, semel|nascentem placido lumine videris, *Carm.*4.3.2
nascentes. lubrica nascentes inplent conchylia lunae; . *Serm.*2.4.30
nasceris. aliusque et idem|nasceris, ... *Carm.Saec.*11
nascetur. parturient montes, nascetur ridiculus mus. . *Ars Poet.*139
nasci. sic lucro aversam potuisse nasci|matre pudenda. . *Carm.*2.4.19
nascitur. nam vitiis nemo sine nascitur; *Serm.*1.3.68
nascuntur. nascunturque leves|per digitos umerosque plumae. *Carm.*2.20.11
Nasica. captatorque dabit risus Nasica Corano.' . . *Serm.*2.5.57
  multum Nasica negatas|accipiet tandem et tacitus leget . *Serm.*2.5.67
Nasicae. filia Nasicae, metuentis reddere soldum. . . *Serm.*2.5.65
Nasice. forti nubet procera Corano|filia Nasicae [Nasice]. . *var.Serm.*2.5.65
Nasidiene. Nasidiene, redis mutatae frontis, ut arte|emendaturus fortunam; *Serm.*2.8.84
Nasidieni. 'ut Nasidieni iuvit te cena beati? . . . *Serm.*2.8.1
Nasidienus. Nasidienus ad haec "tibi di, quaecumque preceris,|commoda
  dent: *Serm.*2.8.75
naso. ut plerique solent, naso suspendis adunco|ignotos . *Serm.*1.6.5
  Balatro suspendens omnia naso *Serm.*2.8.64
  naso vivere pravo|spectandum nigris oculis . . . *Ars Poet.*36
nasum. "etenim fateor me" . . . nasum nidore supinor, . *Serm.*2.7.38
nasus. non quia nasus|illis nullus erat, ... *Serm.*2.2.89
nasuta. verum|depugis, nasuta, brevi latere ac pede longo est. . *Serm.*1.2.93
nata. quid responderet? 'magno patre nata puella est.' . *Serm.*1.2.72
  quin etiam lex | poenaque lata [nata], malo quae nollet carmine
  quemquam|describi: *var.Epist.*2.1.153
nata. o nata mecum consule Manlio, ... *Carm.*3.21.1

nata. et iuvenum ritu florent modo nata vigentque. . . . . . . *Ars Poet*.62
nata. indecorant bene nata culpae. *Carm*.4.4.36
 iura neget sibi nata, nihil non arroget armis. . . . . . . *Ars Poet*.122
natale. scit Genius, natale comes qui temperat astrum, ... *Epist*.2.2.187
natalem. Tempe . . . tollite laudibus|natalemque, mares, Delon Apollinis *Carm*.1.21.10
 qui Lyciae tenet|dumeta natalemque silvam *Carm*.3.4.63
natali. sanctiorque|paene natali proprio, ... *Carm*.4.11.18
natalis. pars violentior|natalis horae, ... *Carm*.2.17.19
natalis. natalis aliosve dierum|festos albatus celebret) *Serm*.2.2.60
 natalis grate numeras? *Epist*.2.2.210
natam. pro vitula statuis dulcem Aulide natam|ante aras *Serm*.2.3.199
natantia. qui siccis oculis monstra natantia, . . . vidit . . . *Carm*.1.3.18
natantis. adfertur squillas inter murena natantis|in patina porrecta. *Serm*.2.8.42
natarunt. et superiecto pavidae natarunt|aequore dammae. . . *Carm*.1.2.11
natat. pars multa natat, modo recta capessens,|interdum pravis obnoxia. *Serm*.2.7.7
nate. 'invicte, mortalis dea nate puer Thetide, ... *Epod*.13.12
 nil amplius oro,|Maia nate, ... *Serm*.2.6.5
nate. pepedi|diffissa nate ficus; *Serm*.1.8.47
nati. nos numerus sumus et fruges consumere nati, ... *Epist*.1.2.27
natis. hietque turpis inter aridas natis|podex *Epod*.8.5
natis. neglegis inmeritis nocituram|postmodo te natis fraudem conmittere? *Carm*.1.28.31
 habes qui . . . medicum roget, ut te|suscitet ac reddat gnatis [natis]
  carisque propinquis? *var.Serm*.1.1.83
 habes qui . . . medicum roget, ut te|suscitet ac reddat gnatis [natis
  reddat] carisque propinquis? *var.Serm*.1.1.83
 incultis qui versibus et male natis|rettulit . . . Philippos. . . *Epist*.2.1.233
natis. natis in usum laetitiae scyphis *Carm*.1.27.1
nato. cras nato Caesare festus|dat veniam somnumque dies; . . *Epist*.1.5.9
nato. vino quinquenni, verum citra mare nato,|dum coquitur . . *Serm*.2.8.47
natos. ferens deos|et uxor et vir sordidosque natos. *Carm*.2.18.28
 parvosque natos ut capitis minor|ab se removisse *Carm*.3.5.42
 natosque maturosque patres|pertulit Ausonias ad urbis, . . . *Carm*.4.4.55
 nec . . . naso suspendis adunco|ignotos ut me libertino patre natum
  [natos]. *var.Serm*.1.6.6
 delere iubebat|et male tornatos [ter natos] incudi reddere versus. . . *coni.Ars Poet*.441
Natta. non quo fraudatis inmundus Natta lucernis. *Serm*.1.6.124
natu. foro nimium distare Carinas|iam grandis natu queritur, . . *Epist*.1.7.49
natum. sic animis natum inventumque poema iuvandis . . . . *Ars Poet*.377
natum. movit Aiacem Telamone natum | forma captivae dominum
  Tecmessae, ... *Carm*.2.4.5
 ignotos ut me libertino patre natum. *Serm*.1.6.6
 nunc ad me redeo libertino patre natum, ... *Serm*.1.6.45
 quem rodunt omnes libertino patre natum, ... *Serm*.1.6.46
 non ego me claro natum patre, . . . sed quod eram narro. . . *Serm*.1.6.58
 hos utinam inter|heroas natum tellus me prima tulisset. . . *Serm*.2.2.93
 me libertino natum patre et in tenui re . . . loqueris, . . . *Epist*.1.20.20
 Boeotum in crasso iurares aere natum. *Epist*.2.1.244
 puerum tibi vendere natum|Tibure vel Gabiis *Epist*.2.2.2
 vincentem strepitus et natum rebus agendis. . . . . . . *Ars Poet*.82
natura. quis humana sibi doleat natura negatis. *Serm*.1.1.75
 nullo natura labore|quos tibi dat, ... *Serm*.1.1.88
 at quanto meliora monet pugnantiaque istis|dives opis natura suae, *Serm*.1.2.74
 nonne, cupidinibus statuat natura modum quem, ... *Serm*.1.2.111
 ut neque longa|nec magis alba velit quam dat natura videri. . . *Serm*.1.2.124
 numqua tibi vitiorum inseverit olim|natura *Serm*.1.3.36
 nec natura potest iusto secernere iniquom, ... *Serm*.1.3.113
 siquid miri faciat natura, ... *Serm*.1.5.102
 atqui si vitiis mediocribus ac mea paucis|mendosa est natura, . . *Serm*.1.6.66
 nam si natura iuberet|a certis annis aevom remeare peractum . *Serm*.1.6.93
 num rerum dura negarit|versiculos natura magis factos *Serm*.1.10.58
 imperet hoc natura potens, sic collige mecum. *Serm*.2.1.51
 illis|maiorem natura modum dedit, his breve pondus: *Serm*.2.2.37
 nam propriae telluris erum natura neque illum|nec me nec quemquam
  statuit: *Serm*.2.2.129
 quod satis esse putat pater et natura coercet *Serm*.2.3.178
 pratensibus optima fungis|natura est; *Serm*.2.4.21
 piscibus atque avibus quae natura et foret aetas, ... *Serm*.2.4.45
 et quae sit natura boni summumque quid eius. *Serm*.2.6.76
 acris ubi me|natura intendit, ... *Serm*.2.7.48

iam vaga prosiliet frenis natura remotis. *Serm*.2.7.74
virtutem doctrina paret naturane donet, ... *Epist*.1.18.100
format enim natura prius nos intus ad omnem|fortunarum habitum: . *Ars Poet*.108
maculis, quas aut incuria fudit|aut humana parum cavit natura. . *Ars Poet*.353
natura. et placuit sibi, natura sublimis et acer: *Epist*.2.1.165
    natura fieret laudabile carmen an arte, ... *Ars Poet*.408
naturae. iudice te non sordidus auctor|naturae verique. . . . *Carm*.1.28.15
    quid referat intra|naturae finis viventi, ... *Serm*.1.1.50
    sive est naturae hoc sive artis, mirus utroque.' . . . *Serm*.2.4.7
    naturae deus humanae, mortalis in unum|quodque caput, . . *Epist*.2.2.188
naturae. vivere naturae si convenienter oportet *Epist*.1.10.12
naturam. est operae pretium duplicis pernoscere iuris|naturam. . . *Serm*.2.4.64
    naturam expelles furca, tamen usque recurret . . . *Epist*.1.10.24
    vel quia naturam mutare pecunia nescit *Epist*.1.12.10
naturas. si non causas narraret earum et|naturas dominus; . . . *Serm*.2.8.93
naturis. mobilibusque decor naturis dandus et annis. . . . *Ars Poet*.157
natus. divesne prisco natus ab Inacho|nil interest . . . *Carm*.2.3.21
    longe sonantem natus ad Aufidum *Carm*.4.9.2
    velim memores et quo patre natus uterque|contulerit litis. . . *Serm*.1.5.53
    nec . . . naso suspendis adunco | ignotos ut me libertino patre natum
    [natus]. *var.Serm*.1.6.6
    cum referre negas, quali sit quisque parente|natus, . . . *Serm*.1.6.8
    ingenuo si non essem patre natus: *Serm*.1.6.21
    audit continuo 'quis homo hic' et 'quo patre natus?' . . . *Serm*.1.6.29
    quo patre sit natus, num ignota matre inhonestus, . . . *Serm*.1.6.36
    quem rodunt omnes libertino patre natum [natus], . . . *var.Serm*.1.6.46
    atque ego cum graecos facerem, natus mare citra,|versiculos, . . *Serm*.1.10.31
    inmeritusque laborat|iratis natus paries dis atque poetis. . . *Serm*.2.3.8
    si et stramentis incubet unde-|octoginta annos natus, . . *Serm*.2.3.118
    Vertumnis, quotquot sunt, natus iniquis. *Serm*.2.7.14
    nec vixit male, qui natus moriensque fefellit. . . . *Epist*.1.17.10
naufragum. quas neque Noricus|deterret ensis nec mare naufragum . *Carm*.1.16.10
nauseam. vel quod fluentem nauseam coerceat *Epod*.9.35
nauseat. conducto navigio aeque|nauseat ac locuples, . . . *Epist*.1.1.93
nausiam. vel quod fluentem nauseam [nausiam] coerceat | metire nobis
    Caecubum. *var.Epod*.9.35
nauta. Myrtoum pavidus nauta secet mare. *Carm*.1.1.14
    absentem ut cantat amicam|multa prolutus vappa nauta . . *Serm*.1.5.16
    retinacula mulae|nauta piger saxo religat stertitque supinus. . . *Serm*.1.5.19
nauta. at tu, nauta, vagae ne parce malignus harenae . . . particulam dare: *Carm*.1.28.23
nautae. ac mulae nautaeque caput lumbosque saligno|fuste dolat: . . *Serm*.1.5.22
nautae. non huc Sidonii torserunt cornua nautae, . . . *Epod*.16.59
    nautaeque, per omne|audaces mare qui currunt, . . . *Serm*.1.1.29
    tum pueri nautis, pueris convicia nautae|ingerere . . . *Serm*.1.5.11
nautica. emat . . . nautica vela|aversus mercaturis: . . . *Serm*.2.3.106
nautis. quorum simul alba nautis|stella refulsit, . . . *Carm*.1.12.27
    exitio est avidum mare nautis; *Carm*.1.28.18
    neque certa fulgent|sidera nautis, ... *Carm*.2.16.4
    dum pecori lupus et nautis infestus Orion, . . . *Epod*.15.7
    tum pueri nautis, pueris convicia nautae|ingerere . . . *Serm*.1.5.11
nautis. amata nautis multum et institoribus. *Epod*.17.20
    inde Forum Appi|differtum nautis cauponibus atque malignis. . *Serm*.1.5.4
nave. ego utrum|nave ferar magna an parva, ferar unus et idem. . *Epist*.2.2.200
navem. navem agere ignarus navis timet, ... *Epist*.2.1.114
naves. esseda festinant, pilenta, petorrita, naves, . . . *Epist*.2.1.192
navibus. quam rem cumque ferox navibus aut equis|miles . . . gesserit. *Carm*.1.6.3
    pastor cum traheret per freta navibus|Idaeis Helenen . . *Carm*.1.15.1
    dux fugit ustis navibus *Epod*.9.8
    navibus atque|quadrigis petimus bene vivere. . . . *Epist*.1.11.28
    si fractis enatat exspes|navibus, aere dato qui pingitur? . . *Ars Poet*.21
naviget. verum ambitiosus et audax:|naviget Anticyram. . . *Serm*.2.3.166
    naviget ac mediis hiemet mercator in undis, . . . *Epist*.1.16.71
navigio. conducto navigio aeque|nauseat ac locuples, . . . *Epist*.1.1.92
navim. sive iactatam religarat udo|litore navim, . . . *Carm*.1.32.8
    contra mercator, navim iactantibus Austris, . . . *Serm*.1.1.6
    idcirco navim trans Aegaeum mare vendas. . . . *Epist*.1.11.16
navis. sed minuit furorem|vix una sospes navis ab ignibus . . *Carm*.1.37.13
    mala soluta navis exit alite *Epod*.10.1
    dum tua navis in alto est, ... *Epist*.1.18.87

navis. et te sonantem plenius aureo,|Alcaee, plectro dura navis, . . *Carm.*2.13.27
   seu navis Hispanae magister, ... *Carm.*3.6.31
   navem agere ignarus navis timet, ... *Epist.*2.1.114
navis. navis, quae tibi creditum|debes Vergilium; *Carm.*1.3.5
   o navis, referent in mare te novi|fluctus. *Carm.*1.14.1
navis. scandit aeratas vitiosa navis|Cura *Carm.*2.16.21
   ut haerentis adverso litore navis|eriperem, ... *Serm.*2.3.205
navita. nil pictis timidus navita puppibus|fidit. . . . *Carm.*1.14.14
   navita Bosporum|Poenus perhorrescit *Carm.*2.13.14
   insanientem navita Bosporum|temptabo *Carm.*3.4.30
navitae. horrida callidi|vincunt aequora navitae, . . . *Carm.*3.24.41
   pacatum volitant per mare navitae; *Carm.*4.5.19
naviter. quae spem|consiliumque morantur agendi naviter . . *Epist.*1.1.24
navitis. o quantus instat navitis sudor tuis *Epod.*10.15
navitis. non saxa nudis surdiora navitis *Epod.*17.54
navium. munera navium|saevos inlaqueant duces. *Carm.*3.16.15
   ibis Liburnis inter alta navium,|amice, propugnacula, . . *Epod.*1.1
   tot ora navium gravi|rostrata duci pondere . . . *Epod.*4.17
   hostiliumque navium portu latent|puppes *Epod.*9.19
navom. oderunt . . . sedatum celeres, agilem navomque remissi; . . *Epist.*1.18.90
navos. navos mane forum et vespertinus pete tectum, . . *Epist.*1.6.20
ne. *Carm.*1.2.5; 1.8.15; 1.11.1; 1.17.25; 1.18.7; 1.28.23; 1.33.1; 1.35.13; 1.36.10; 2.1.37; 2.4.1;
   *Carm.*2.8.23; 3.2.9; 3.3.58; 3.7.23; 3.8.25; 3.10.10; 3.11.38; *var.Carm.*3.29.6;
   *Carm.*3.29.60; 4.7.7; 4.9.1; 4.15.3; *Epod.*12.23; 16.26; *Serm.*1.1.14; 1.1.23; 1.1.40;
   *Serm.*1.1.78; 1.1.94; 1.1.98; *var.Serm.*1.1.108; *Serm.*1.1.120; 1.2.4; 1.2.77; 1.2.87; 1.2.90;
   *Serm.*1.2.102 (*bis*); 1.2.127; *var.Serm.*1.2.129; *Serm.*1.2.133; 1.3.73; 1.3.106; 1.3.119;
   *Serm.*1.3.137; 1.4.31; 1.4.110; 1.4.113; *coni.Serm.*1.6.70; *Serm.*1.6.85; 1.6.102; 1.18.13;
   *Serm.*1.8.36; *? var.Serm.*1.10.34; *Serm.*2.1.5; 2.1.37; 2.1.57; 2.1.61; 2.1.80; 2.2.16;
   *Serm.*2.3.31 (*bis*); 2.3.88; 2.3.123; 2.3.174; 2.3.175; 2.3.177 (*bis*); 2.3.179; 2.3.187; 2.3.220;
   *var.Serm.*2.3.262; *Serm.*2.3.297; 2.4.18; 2.4.49; 2.5.16; 2.5.37; 2.5.46; 2.6.24; 2.7.51;
   *Serm.*2.7.87; 2.8.68; 2.8.69; *Epist.*1.1.6; 1.1.8; 1.1.13; 1.1.47; 1.3.18; 1.5.22 (*bis*); 1.5.23;
   Epist. 1.5.24; 1.6.21; 1.6.32; 1.6.33 (*bis*); 1.6.40; 1.7.82; 1.9.8; 1.12.25; 1.13.4; 1.13.12;
   Epist. 1.13.16; 1.16.11; 1.16.19; 1.17.37; *? var.Epist.*1.18.40; *Epist.*1.18.58;
   *Epist.*1.18.74; 1.18.76; 1.18.88; *var.Epist.*1.18.98; 1.18.99; 1.18.110; *Epist.*1.19.26;
   *Epist.*1.19.46; *var.Epist.*2.1.79; *Epist.*2.1.208; 2.1.239; 2.1.267; 2.2.21; *? var.Epist.*2.2.54;
   *Epist.*2.2.215; *Ars Poet.*152 (*bis*); 176; 185; *? var.Ars Poet.*192; *Ars Poet.*227; 245;
   Ars Poet. 272; 339; 381; 406
-ne. *coni.Carm.*1.12.35; *Carm.*2.3.21; 3.5.5; *coni.Carm.*3.9.20; *Carm.*3.27.38; 3.27.42; *Epod.*1.7;
   *Epod.*4.7; 7.3; 7.13; 11.11; *var.Serm.*1.1.108; *Serm.*1.2.63; 1.2.76; 1.2.109; 1.3.20;
   *Serm.*1.4.64; 1.5.65; 1.6.38; 1.8.2; 1.9.41; 1.9.69; 1.9.72; 1.10.21; 1.10.78; 2.2.32;
   *Serm.*2.2.107; 2.3.67; 2.3.97; 2.3.128; 2.3.152; 2.3.166; 2.3.210; *var.Serm.*2.3.246;
   *Serm.*2.3.251; 2.3.253; 2.3.295; 2.3.317; 2.4.83; 2.5.3; 2.5.18; 2.5.54; 2.5.76; 2.6.73;
   Serm. 2.6.75; 2.7.2; 2.7.34; 2.7.61; 2.7.75; 2.7.88; 2.8.67; *Epist.*1.1.65; 1.3.3; 1.3.12;
   *Epist.*1.6.12; *var.Epist.*1.6.13; *Epist.*1.10.14; 1.11.3; 1.11.4; 1.12.17; 1.14.4; 1.15.15 (*bis*);
   *Epist.*1.16.3; 1.16.27; 1.16.31; 1.17.38; 1.17.44; 1.18.100; 1.19.14; *var.Epist.*2 1.37;
   *Epist.*2.1.41; 2.2.65; 2.2.148; *Ars Poet.*114; 115; 117 (*bis*); 237; 265; *var.Ars Poet.*422
Neaera. o dolitura mea multum virtute Neaera: *Epod.*15.11
Neaerae. dic et argutae properet Neaerae *Carm.*3.14.21
Neapolis. et otiosa credidit Neapolis *Epod.*5.43
Nearchum. ibit insignem repetens Nearchum: *Carm.*3.20.6
nebulae. quod latus mundi nebulae malusque|Iuppiter urget; . . *Carm.*1.22.19
   qua parte debacchentur ignes,|qua nebulae pluviique rores. . . *Carm.*3.3.56
nebulam. et stellis nebulam spargere candidis. *Carm.*3.15.6
nebulonem. non ego, avarum | cum veto te fieri, vappam iubeo ac
   nebulonem. *Serm.*1.1.104
nebulones. sponsi Penelopae nebulones *Epist.*1.2.28
nebulonis. Fufidius vappae famam timet ac nebulonis, . . *Serm.*1.2.12
nec. *Carm.*1.1.19; 1.1.20; 1.1.33; 1.3.12; 1.3.14 (*bis*); 1.4.4; 1.4.18; 1.4.19; 1.6.5; 1.6.7; 1.6.8;
   *Carm.*1.7.10; 1.7.11; 1.8.6; 1.9.2; 1.9.11; 1.9.12; 1.9.15; 1.11.2; 1.12.18; 1.12.23;
   *Carm.*1.13.5 (*bis*); 1.13.18; *? var.Carm.*1.14.5; *Carm.*1.16.10; 1.16.11 (*bis*); 1.17.8; 1.17.9;
   *Carm.*1.17.22; 1.17.24; 1.18.12; 1.19.10; 1.19.12; 1.20.10; 1.22.3; 1.22.15; 1.25.3;
   *Carm.*1.28.4; 1.31.19; 1.31.20; 1.35.19; 1.35.22; *var.Carm.*1.36.11; 1.36.12; 1.36.13;
   *var.Carm.*1.36.15; *Carm.*1.36.18; 1.37.22; 1.37.23; 2.2.14; 2.5.3; 2.7.19; 2.8.18; 2.9.4;
   *Carm.*2.9.10; 2.9.12; 2.9.15; 2.11.4; 2.12.2 (*bis*); 2.12.5; 2.12.17; 2.12.18 (*bis*); 2.13.39;
   *Carm.*2.14.2; *? var.Carm.*2.14.23; *Carm.*2.15.17; 2.16.8; 2.16.15; *? var.Carm.*2.16.15;
   *Carm.*2.16.22; 2.17.2 (*bis*); 2.17.7 (*bis*); 2.17.13; 2.17.14; *? var.Carm.*2.18.2; *Carm.*2.18.7;
   *Carm.*2.18.12; 2.18.34; 2.20.1; 2.20.8; 3.1.27; 3.1.42; 3.1.43; 3.2.15; 3.3.24;
   *Carm.*3.3.6; 3.3.25; 3.3.26; 3.4.28; 3.4.75; 3.4.77; 3.5.29; *var.Carm.*3.7.23; *Carm.*3.7.27;
   *Carm.*3.9.2; 3.10.13; 3.10.14; 3.10.15; 3.10.17; 3.10.18; 3.11.5; 3.11.43; 3.14.14; 3.14.15;

*Carm.*3.15.15; 3.15.16; 3.16.33; 3.16.34; 3.16.35; 3.16.38; 3.18.6; 3.23.5; 3.23.6; 3.24.14;
*Carm.*3.24.19; 3.24.20; 3.24.38; 3.27.15; 3.27.16; 3.29.6; 4.1.29 (*bis*); 4.1.30; 4.1.31;
*Carm.*4.1.32; 4.2.39; 4.4.22; 4.5.14; 4.7.27; *var.Carm.*4.8.9; *Carm.*4.9.9; *var.Carm.*4.9.19;
*Carm.*4.12.3 (*bis*); 4.13.13; 4.13.14; *Epod.*3.15; 3.17; 5.67 (*bis*); 5.75; 7.11; 8.13; 9.23;
*Epod.*10.9; 10.11; 11.26; 12.3; 13.16; 14.15; 15.15; 15.21; 16.5 (*bis*); 16.7; 16.33; 16.51;
*Epod.*16.52; 16.55; 16.60; 17.32; 17.46; *var.Serm.*1.1.23; 1.1.78; *Serm.*1.2.52; 1.2.80;
*Serm.*1.2.84; 1.2.124; 1.2.127; 1.3.113; 1.3.115; 1.3.128; 1.4.47 (*bis*); 1.4.73; 1.5.102;
*Serm.*1.6.3; *var.Serm.*1.6.68; *Serm.*1.6.85; 1.8.21; 1.9.31; 1.9.32 (*bis*); 1.9.49; 1.9.50; 1.10.5;
*Serm.*1.10.39; 2.1.14; 2.1.44; 2.2.2; 2.2.22; 2.2.68; 2.2.130 (*bis*); 2.3.105 (*bis*);
*Serm.*2.3.133; 2.3.251; 2.3.262; 2.3.266; 2.4.35; 2.4.37; ? *var.Serm.*2.4.73; *Serm.*2.5.80;
*Serm.*2.6.7; 2.6.18 (*bis*); 2.6.72; *var.Serm.*2.6.72; *Serm.*2.6.84; 2.6.108; *Epist.*1.1.30;
*Epist.*1.1.72; 1.1.102 (*bis*); 1.2.71 (*bis*); *var.Epist.*1.3.22; *Epist.*1.5.2; 1.7.23; 1.7.35 (*bis*);
*Epist.*1.7.38; 1.7.42; *var.Epist.*1.7.82; *Epist.*1.8.4 (*bis*); 1.8.6; 1.10.45; 1.11.12; 1.11.15;
*var.Epist.*1.13.16; *Epist.*1.14.24; 1.14.25; 1.14.36; 1.16.12; 1.16.13; 1.16.46 (*bis*);
*Epist.*1.17.10; 1.17.47 (*bis*); 1.17.58; 1.18.39; 1.18.40; 1.18.70; 1.19.2; 1.19.30; 1.19.31;
*Epist.*2.1.78; *var.Epist.*2.1.79; *Epist.*2.1.248; 2.1.250; 2.1.258; 2.1.266; 2.2.191;
*Ars Poet.*8 (*bis*); 41 (*bis*); 133; 134; 136; 146; 147; 191; 192; 236; 249; 286; 289;
*var.Ars Poet.*339; *Ars Poet.*350; 371; 409; 410; *var.Ars Poet.*416; *Ars Poet.*450; 468 (*bis*);
*Ars Poet.*470

necabit. mater delira necabit | in gelida fixum ripa febrimque reducet.   . *Serm.*2.3.293
necari. uri virgis ferroque necari | auctoratus eas, ... *Serm.*2.7.58
necato. quae tibi virginum | sponso necato barbara serviet, . . . *Carm.*1.29.6
necdum. necdum omnis abacta | pauperies epulis regum: . . . *Serm.*2.2.44
necem. nimis | casto Bellerophonte | maturare necem, . . . *Carm.*3.7.16
necesse. iura inventa metu iniusti fateare necesse est. . . . *Serm.*1.3.111
in singula quem minuas pulmenta necesse est. *Serm.*2.2.34
ire necesse est. *Serm.*2.6.26
si forte necesse est | indiciis monstrare recentibus abdita rerum: . *Ars Poet.*48
Necessitas. te semper anteit serva Necessitas, ... *Carm.*1.35.17
aequa lege Necessitas | sortitur insignis et imos, ... *Carm.*3.1.14
si figit adamantinos | summis verticibus dira Necessitas | clavos, . *Carm.*3.24.6
necessitas. semotique prius tarda necessitas | Leti corripuit gradum; . *Carm.*1.3.32
necis. acerba fata Romanos agunt | scelusque fraternae necis, . . *Epod.*7.18
necne. idcirco quidam comoedia necne poema | esset quaesivere, . *Serm.*1.4.45
hactenus haec: alias, iustum sit necne poema *Serm.*1.4.63
'an hoc inhonestum et inutile factu | necne sit addubites, . . *Serm.*1.4.125
nec male necne Lepos saltet; *Serm.*2.6.72
recte necne crocum floresque perambulet Attae | fabula . . *Epist.*2.1.79
necnepos. ergo | sermo oritur, non de villis domibusve alienis, | nec male
necne Lepos [necnepos] saltet; *var.Serm.*2.6.72
nectar. purpureo bibet ore nectar *Carm.*3.3.12
nectaris. oscula, quae Venus | quinta parte sui nectaris imbuit. . . *Carm.*1.13.16
discere nectaris | sucos . . | patiar *Carm.*3.3.34
nectat. quid ferat et quare sibi nectat uterque coronam. . . *Epist.*2.2.96
necte. apricos necte flores, ... *Carm.*1.26.7
necte meo Lamiae coronam, ... *Carm.*1.26.8
nectendis. est in horto, | Phylli, nectendis apium coronis, . . *Carm.*4.11.3
nectes. frustraque vincla gutturi innectes [nectes] tuo . . . *var.Epod.*17.72
nectis. horribilique Medo | nectis catenas? *Carm.*1.29.5
nectit. nec sponsae laqueum famoso carmine nectit. . . . *Epist.*1.19.31
nedum. nedum sermonum stet honos et gratia vivax. . . . *Ars Poet.*69
nefarius. aut humana palam coquat exta nefarius Atreus . . . *Ars Poet.*186
nefas. tu ne quaesieris, scire nefas, quem mihi, quem tibi | finem di dederint, *Carm.*1.11.1
quidquid corrigere est nefas. *Carm.*1.24.20
antehac nefas depromere Caecubum *Carm.*1.37.5
quidquid usquam concipitur nefas *Carm.*2.13.9
et peccare nefas aut pretium est mori. *Carm.*3.24.24
quatenus, heu nefas, | virtutem incolumem odimus, . . *Carm.*3.24.30
sed palam captis gravis, heu nefas, heu, | nescios fari pueros Achivis |
ureret flammis, ... *Carm.*4.6.17
ossa Quirini, | (nefas videre) dissipabit insolens. . . . *Epod.*16.14
ne redire sit nefas; *Epod.*16.26
nefas. gens humana ruit per vetitum nefas: *Carm.*1.3.26
cum fas atque nefas exiguo fine libidinum | discernunt avidi. . . *Carm.*1.18.10
omne nefas animo moventis. *Carm.*3.4.68
mos et lex maculosum edomuit nefas, ... *Carm.*4.5.22
ultra | quam licet sperare nefas putando *Carm.*4.11.30
'venena maga non fas nefasque, non valent | convertere humanam vicem. *Epod.*5.87
nefasti. quid intactum nefasti | liquimus? *Carm.*1.35.35

nefasto. ille et nefasto te posuit die *Carm.*2.13.1
negabat. 'iure' omnes; Galba negabat. *Serm.*1.2.46
negabit. recte est igitur, surgetque? negabit, ... *Serm.*2.3.162
negabitis. Romanus eheu — posteri negabitis — . . . fert vallum et arma
    miles *Epod.*9.11
negantem. acris|subiectat lasso stimulos versatque negantem. . . *Serm.*2.7.94
    oderunt porrecta negantem pocula, ... *Epist.*1.18.92
negares. melius te posse negares|bis terque expertum frustra: . . *Ars Poet.*439
negarit. et mihi forsan tibi quod negarit|porriget hora. . . . *Carm.*2.16.31
    si|prodiderit conmissa fide sponsumve negarit? . . *Serm.*1.3.95
    num rerum dura negarit|versiculos natura . . *Serm.*1.10.57
negas. cum referre negas, quali sit quisque parente|natus, . . *Serm.*1.6.7
negat. aut facili saevitia negat|quae poscente magis gaudeat eripi, . *Carm.*2.12.26
    non, ut magna dolo factum negat esse suo pars, . . *Serm.*1.6.90
    qui se|voltum ferre negat Noviorum posse minoris. . *Serm.*1.6.121
    'sume, catelle': negat; si non des, optet. . . . *Serm.*2.3.259
    ut salvos regnet vivatque beatus,|cogi posse negat. . . *Epist.*1.2.11
    'negat inprobus et te|neglegit aut horret.' . . *Epist.*1.7.63
    'neget [negat] ille mihi?' 'negat inprobus et te|neglegit aut horret.' *var.Epist.*1.7.63
    quidquid negat alter, et alter,|adnuimus pariter. . *Epist.*1.10.4
    'sum bonus et frugi.' renuit negitatque [negat atque] Sabellus. . *var.Epist.*1.16.49
    iura neget [negat] sibi nata, nihil non arroget armis. . *var.Ars Poet.*122
negata. si me|palma negata macrum, donata reducit opimum. . *Epist.*2.1.181
negata. in terra domibus negata: *Carm.*1.22.22
    negata temptat iter via *Carm.*3.2.22
negatas. multum Nasica negatas|accipiet tandem et tacitus leget . *Serm.*2.5.67
negatis. quis humana sibi doleat natura negatis. . . . *Serm.*1.1.75
negatum. ergo negatum vincor ut credam miser, . . . *Epod.*17.27
    quid latura sibi, quid sit dolitura negatum, . . *Serm.*1.2.112
negaverit. quanto quisque sibi plura negaverit, . . . *Carm.*3.16.21
neget. quis neget arduis|pronos relabi posse rivos|montibus . *Carm.*1.29.10
    'neget ille mihi?' *Epist.*1.7.63
    idem si clamet furem, neget esse pudicum, . . *Epist.*1.16.36
    iura neget sibi nata, nihil non arroget armis. . . *Ars Poet.*122
negit. 'sum bonus et frugi.' renuit negitatque [negit atque] Sabellus. *var.Epist.*1.16.49
    'sum bonus et frugi.' renuit negitatque [negit negit atque] Sabellus. . *var.Epist.*1.16.49
negitat. 'sum bonus et frugi.' renuit negitatque Sabellus. . . *Epist.*1.16.49
neglecta. neglecta redire Virtus|audet *Carm.Saec.*58
neglecta. et neglecta solent incendia sumere vires. . . *Epist.*1.18.85
neglecti. di multa neglecti dederunt|Hesperiae mala luctuosae. . *Carm.*3.6.7
neglectis. neglectis urenda filix innascitur agris. . . *Serm.*1.3.37
neglectis. neglectis flagitium ingens. *Serm.*2.4.82
neglectum. id quod . . . aeque neglectum pueris senibusque nocebit. . *Epist.*1.1.26
neglectum. sive neglectum genus et nepotes|respicis, auctor . *Carm.*1.2.35
neglectus. saepe Diespiter|neglectus incesto addidit integrum, . *Carm.*3.2.30
neglegens. neglegens, ne qua populus laboret, . . . *Carm.*3.8.25
negleget. non ille, quamquam Socraticis madet | sermonibus, te neglegit
    [negleget] horridus: *var.Carm.*3.21.10
neglegis. neglegis inmeritis nocituram | postmodo te natis fraudem
    conmittere? *Carm.*1.28.30
neglegit. non ille, . . . te neglegit horridus: . . . *Carm.*3.21.10
    'negat inprobus et te|neglegit aut horret.' . . *Epist.*1.7.64
negoti. ne forte negoti|incutiat tibi quid sanctarum inscitia legum: . *Serm.*2.1.80
negotia. aliena negotia centum|per caput et circa saliunt latus. . *Serm.*2.6.33
    quandocumque trahunt invisa negotia Romam. . *Epist.*1.14.17
negotia. negotia|diiudicata lite relinqueret . . . *Carm.*3.5.53
    Persius hic permagna negotia dives habebat|Clazomenis, . *Serm.*1.7.4
    aliena negotia curo|excussus propriis. . . . *Serm.*2.3.19
    ne Cibyratica, ne Bithyna negotia perdas; . . *Epist.*1.6.33
    ludis et post decisa negotia Campo. . . . *Epist.*1.7.59
    cum tot sustineas et tanta negotia solus, . . *Epist.*2.1.1
negotiis. 'beatus ille qui procul negotiis, ... *Epod.*2.1
negotio. Fortuna saevo laeta negotio *Carm.*3.29.49
    'beatus ille qui procul negotiis [negotio], . . *var.Epod.*2.1
nemo. qui fit, Maecenas, ut nemo, . . . contentus vivat, . *Serm.*1.1.1
    si nemo praestet, quem non merearis, amorem? . *Serm.*1.1.87
    ⟨cum⟩ nemo, ut avarus,|se probet . . . *coni.Serm.*1.1.108
    illuc, unde abii, redeo: ⟨cum⟩ nemo [qui nemo], ut avarus,|se probet . *var.Serm.*1.1.108
    illuc, unde abii, redeo: ⟨cum⟩ nemo [cur nemo], ut avarus,|se probet . *coni.Serm.*1.1.108

illuc, unde abii, redeo: ⟨cum⟩ nemo, [redeo: nemon] ut avarus, |se probet   *var.Serm.*1.1.108
illuc, unde abii, redeo: ⟨cum⟩ nemo [si nemo], ut avarus, |se probet   *Coni.Serm.*1.1.108
nam vitiis nemo sine nascitur; *Serm.*1.3.68
cum mea nemo|scripta legat *Serm.*1.4.22
nemo generosior est te *Serm.*1.6.2
obiciet nemo sordis mihi, quas tibi, Tilli, ...   *Serm.*1.6.107
nemo dexterius fortuna est usus. *Serm.*1.9.45
forte epos acer, |ut nemo, Varius ducit; *Serm.*1 10.44
"nemon oleum fert ocius? *Serm.*2.7.34
nemo adeo ferus est, ut non mitescere possit,   .   .   *Epist.*1.1.39
nemo hoc mangonum faceret tibi; *Epist.*2.2.13
nemora. quae nemora aut quos agor in specus,   .   .   *Carm.*3.25.2
nemoris. praerupti nemoris patientem vivere dorso?   .   *Serm.*2.6.91
nemorum. vos laetam fluviis et nemorum coma   .   .   *Carm.*1.21.5
montium custos nemorumque, virgo,   .   .   .   *Carm.*3.22.1
et spissae nemorum comae *Carm.*4.3.11
nempe. cui properabantur? tibi nempe,   .   .   .   *Epod.*12.22
nempe inconposito dixi pede currere versus|Lucili.   .   *Serm.*1.10.1
'nempe tuo, furiose?' 'meo, sed non furiosus.'   .   .   *Serm.*2.3.207
nempe|tu, mihi qui imperitas, aliis servis miser   .   *Serm.*2.7.80
nempe inamarescunt epulae sine fine petitae   .   .   *Serm.*2.7.107
nempe inter varias nutritur silva columnas   .   .   *Epist.*1.10.22
'nempe|vir bonus et prudens dici delector ego ac tu.'   .   *Epist.*1.16.31
'nempe pecus, rem, |lectos, argentum: tollas licet.'   .   *Epist.*1.16.75
nempe ruberes, |viveret in terris te siquis avarior uno.   *Epist.*2.2.156
nempe modo isto|paulatim mercaris agrum,   .   .   *Epist.*2.2.163
nemus. gelidum nemus|Nympharumque leves cum Satyris chori   .   *Carm.*1.1.30
quo nemus|inter pulcra satum tecta remugiat   .   .   *Carm.*3.10.5
nemus. inpune tutum per nemus arbutos|quaerunt   .   *Carm.*1.17.5
foliis nemus|multis . . . tempestas ab Euro|sternet,   .   *Carm.*3.17.9
ut mihi devio|ripas et vacuom nemus|mirari libet.   .   *Carm.*3.25.13
circa nemus uvidique|Tiburis ripas *Carm.*4.2.30
tu, cum timenda voce complesti nemus,   .   .   .   *Epod.*6.9
ego laudo ruris amoeni|rivos et musco circumlita saxa nemusque.   .   *Epist.*1.10.7
Garganum mugire putes nemus aut mare Tuscum: .   *Epist.*2.1.202
scriptorum chorus omnis amat nemus et fugit Vrbem.   .   *Epist.*2.2.77
nenia. nenia, quae regnum recte facientibus offert,   .   *Epist.*1.1.63
nenia. dicetur, merita Nox quoque nenia.   .   .   .   *Carm.*3.28.16
caputque Marsa dissilire nenia. *Epod.*17.29
neniae. Ceae retractes munera neniae,   .   .   .   *Carm.*2.1.38
neniae. absint inani funere neniae *Carm.*2.20.21
Neobule. tibi telas operosaeque Minervae studium aufert, Neobule,   .   *Carm.*3.12.5
nepos. discinctus aut perdam nepos. *Epod.*1.34
quod aut avarus ut Chremes terra premam, | discinctus aut perdam
     nepos [perdam ut nepos]. *var.Epod.*1.34
quod meretrice nepos insanus amica|filius uxorem . . . recuset,   .   *Serm.*1.4.49
nec male necne Lepos [nepos] saltet;   .   .   .   *var.Serm.*2.6.72
nec male necne Lepos [nec nepos] saltet;   .   .   *var.Serm.*2.6.72
nepos. Mercuri facunde nepos Atlantis,   .   .   .   *Carm.*1.10.1
nepotem. invisum nepotem, | Troica quem peperit sacerdos, | Marti
     redonabo; *Carm.*3.3.31
movit nepotem Telephus Nereium, ...   *Epod.*17.8
Pantolabum scurram Nomentanumque nepotem,   .   .   *Serm.*2.1.22
nepotes. sive neglectum genus et nepotes|respicis, auctor   .   *Carm.*1.2.35
victorum nepotes|rettulit inferias Iugurthae.   .   .   *Carm.*2.1.27
vincet enim stultos ratio insanire nepotes.   .   .   *Serm.*2.3.225
nepoti. Pantolabo scurrae Nomentanoque nepoti.   .   .   *Serm.*1.8.11
Scaevae vivacem crede nepoti|matrem: .   .   .   *Serm.*2.1.53
quantum simplex hilarisque nepoti|discrepet   .   .   *Epist.*2.2.193
nepotibus. ut inmerentis fluxit in terram Remi|sacer nepotibus cruor.   *Epod.*7.20
nepotum. in nepotum|perniciem opprobriumque pagi;   .   *Carm.*2.13.3
nepotum|per memores genus omne fastos,   .   .   *Carm.*3.17.3
ut ventres lamna candente nepotum|diceret urendos   .   *Epist.*1.15.36
Neptuni. festo quid potius die|Neptuni faciam —   .   .   *Carm.*3.28.2
Neptunius. ut nuper, actus cum freto Neptunius   .   .   *Epod.*9.7
Neptuno. ab Iove Neptunoque sacri custode Tarenti.   .   *Carm.*1.28.29
parumne campis atque Neptuno super|fusum est Latini sanguinis,   *Epod.*7.3
Neptunum. nos cantabimus invicem|Neptunum   .   .   *Carm.*3.28.10
Neptunum procul ex terra spectare furentem.'   .   .   *Epist.*1.11.10

Neptunus. Neptunus alto tundit hibernus salo. *Epod.*17.55
    receptus | terra Neptunus classis Aquilonibus arcet, ... *Ars Poet.*64
nequam. nequam et cessator Davos; *Serm.*2.7.100
nequaquam. nequaquam satis in re una consumere curam, ... *Serm.*2.4.48
    cetera nequaquam simili ratione modoque | aestimat *Epist.*2.1.20
neque. *Carm.*1.1.32; 1.3.38; 1.4.3; 1.6.5; 1.7.16; 1.8.5; 1.8.10; 1.9.16; 1.12.21; 1.16.9; 1.18.3;
    *Carm.*1.20.11; 1.22.2; 1.22.13; 1.38.6; 1.38.7; 2.4.18; 2.10.1; 2.10.2; 2.10.19; 2.11.10;
    *Carm.*2.13.15; 2.14.22; 2.16.3; 2.16.7; 2.16.9; 2.18.1; 2.18.5; 2.20.3; 3.1.25; 3.1.38;
    *Carm.*3.3.4; 3.5.27; 3.6.26; 3.7.29; 3.9.6; 3.10.13; 3.11.5; 3.11.43; 3.12.1 (*bis*); 3.12.8 (*bis*);
    *Carm.*3.21.19; 3.21.20; 3.24.36; 3.29.46; 4.3.6; 4.4.31; 4.7.25; 4.8.4; 4.8.20;
    *Epod.*1.29; 2.5; 2.6; 5.101; 7.11; 9.25; 12.3; 12.9; 16.3; 16.53; 16.58; 17.25;
    *Epod.*17.31; 17.47; *Serm.*1.1.21; 1.1.38; 1.1.39; 1.1.59; 1.1.60; 1.1.111; 1.2.121;
    *Serm.*1.2.122; 1.2.123; 1.3.138; 1.4.40; 1.4.41; 1.4.70; 1.4.71; 1.4.133; 1.5.41; 1.5.42;
    *Serm.*1.6.68 (*bis*); 1.6.87; 1.9.31; 1.10.17; 1.10.18; 1.10.38; 1.10.48; 1.10.73; 2.1.13;
    *Serm.*2.1.31; 2.1.32; 2.1.55 (*bis*); 2.2.21; 2.2.66; 2.2.129; 2.3.112; 2.3.132; 2.3.164; 2.3.266;
    *Serm.*2.5.6; 2.6.6; 2.6.83; 2.6.94; 2.7.51 (*bis*); 2.7.65; 2.7.72; 2.7.84 (*ter*); *Epist.*1.1.101;
    *Epist.*1.7.41; 1.11.11; 1.17.9; 1.18.37; 2.1.245; 2.1.257; 2.1.264; 2.2.195; 2.2.196;
    *Ars Poet.*348
nequeant. quae nisi divitibus nequeant contingere mensis?'   .   .   . *Serm.*2.4.87
nequeas. cuius odorem olei nequeas perferre, ... *Serm.*2.2.59
nequeo. verum nequeo dormire.' *Serm.*2.1.7
    cur ego si nequeo ignoroque, poeta salutor?   .   .   .   .   . *Ars Poet.*87
nequeunt. cetera item nequeunt stultis haerentia, ... *Serm.*1.3.77
    quae nisi divitibus nequeant [nequeunt] contingere mensis?'   .   . *var.Serm.*2.4.87
    quae parvo sumi nequeunt, obsonia captas? *Serm.*2.7.106
nequid. nequid | summa deperdat metuens aut ampliet ut rem.   .   . *Serm.*1.4.31
    'dum nequid simile huic, esto ut libet.' *Serm.*2.3.31
    nequid tu perdas neu sis iocus." *Serm.*2.5.37
    externi nequid valeat per leve morari, ... *Serm.*2.7.87
nequiere. quam nequiere proci recto depellere cursu?'   .   .   . *Serm.*2.5.78
nequior. ipse videretur sibi nequior: *Serm.*2.3.94
    tu cum sis quod ego et fortassis nequior, ... *Serm.*2.7.40
nequiores. aetas parentum, peior avis, tulit | nos nequiores, .   . *Carm.*3.6.47
nequiquam. nequiquam deus abscidit | prudens oceano dissociabili | terras, . *Carm.*1.3.21
    nequiquam Veneris praesidio ferox *Carm.*1.15.13
    nequiquam thalamo gravis | hastas . . . vitabis *Carm.*1.15.16
    haeres | nequiquam caeno cupiens evellere plantam.   .   .   . *Serm.*2.7.27
    an male sarta | gratia nequiquam coit et rescinditur *Epist.*1.3.32
nequis. maiorum nequis amicus | frigore te feriat.' *Serm.*2.1.61
    'nequis humasse velit Aiacem, Atrida, vetas cur?'   .   .   . *Serm.*2.3.187
    nequis se praeter Apellen | pingeret *Epist.*2.1.239
nequit. quos ultra citraque nequit consistere rectum.   .   .   . *Serm.*1.1.107
    conmissa tacere | qui nequit: *Serm.*1.4.85
nequitia. nequitia et nugis, pravorum et amore gemellum, .   .   . *Serm.*2.3.244
nequitiae. ales, nequitiae additus | custos; *Carm.*3.4.78
    tandem nequitiae fige modum tuae *Carm.*3.15.2
    hic ubi nequitiae fautoribus et timidis nil | aut paulum abstulerat, . *Epist.*1.15.33
nequities. illum aut nequities aut vafri inscitia iuris, ... *Serm.*2.2.131
nequivere. 'putasne, | perduci poterit tam frugi tamque pudica, | quam
    nequiere [nequivere] proci recto depellere cursu?'   .   .   . *var.Serm.*2.5.78
Nerea. formaque vincas Nirea [Nerea], ... *var.Epod.*15.22
Nereidum. nos cantabimus invicem | Neptunum et viridis Nereidum comas; *Carm.*3.28.10
Nereium. movit nepotem Telephus Nereium, ... *Epod.*17.8
Nereus. obruit otio | ventos ut caneret fera | Nereus fata.   .   . *Carm.*1.15.5
    qualis ab Nireus [Nereus] fuit aut aquosa | raptus ab Ida.   . *var.Carm.*3.20.15
Nerio. scribe decem a Nerio: non est satis; *Serm.*2.3.69
Nerones. quid Augusti paternus | in pueros animus Nerones.   .   . *Carm.*4.4.28
Neroni. Flore, bono claroque fidelis amice Neroni, ... *Epist.*2.2.1
Neronibus. quid debeas, o Roma, Neronibus, ... *Carm.*4.4.37
Neronis. musa rogata refer, comiti scribaeque Neronis, .   .   . *Epist.*1.8.2
    dignum mente domoque legentis honesta Neronis, ... *Epist.*1.9.4
    Claudi virtute Neronis | Armenius cecidit; *Epist.*1.12.26
Neronum. maior Neronum mox grave proelium | conmisit   .   .   . *Carm.*4.14.14
nervi. inlitterati num minus nervi rigent *Epod.*8.17
    sectantem levia nervi | deficiunt animique; .   .   .   .   . *Ars Poet.*26
nervis. et decedet odor nervis inimicus; *Serm.*2.4.53
    dictaeque cessantem nervis elidere morbum *Epist.*1.15.6
nervis. tuque testudo resonare septem | callida nervis, .   .   . *Carm.*3.11.4
    sine nervis altera quidquid | conposui pars esse putat   .   .   . *Serm.*2.1.2

duceris ut nervis alienis mobile lignum. *Serm.*2.7.82
nervos. nihil ultra|nervos atque cutem morti concesserat atrae, . . *Carm.*1.28.13
cuius in indomito constantior inguine nervos *Epod.*12.19
nescia. Virtus, repulsae nescia sordidae, ... *Carm.*3.2.17
nescias. nescias an te generum beati|Phyllidis flavae decorent parentes: . *Carm.*2.4.13
nesciet. quia parvo nesciet uti. *Epist.*1.10.41
infelix operis summa, quia ponere totum|nesciet: . . . . *Ars Poet.*35
nescii. gravem|Pelidae stomachum cedere nescii *Carm.*1.6.6
nescio. curtae nescio quid semper abest rei. *Carm.*3.24.64
nescio quid meditans nugarum, totus in illis: *Serm.*1.9.2
in aurem|dicere nescio quid puero, ... *Serm.*1.9.10
'certe nescio quid secreto velle loqui te|aiebas mecum.' . . . *Serm.*1.9.67
nescio an Anticyram ratio illis destinet omnem. *Serm.*2.3.83
castellum evertere praetor|nescio quod cupiens *Epist.*2.2.35
nescios. nescios fari pueros Achivis|ureret flammis, ... *Carm.*4.6.18
nescire. nec scire [nescire] fas est omnia, ... *var.Carm.*4.4.22
quod magis ad nos|pertinet et nescire malum est, ... *Serm.*2.6.73
cur nescire pudens prave quam discere malo? . . . . *Ars Poet.*88
et quod non didici sane nescire fateri.' . . . . . *Ars Poet.*418
nescis. uxor invicti Iovis esse nescis. *Carm.*3.27.73
nescis quo valeat nummus, quem praebeat usum? *Serm.*1.1.73
vivere si recte nescis, decede peritis. *Epist.*2.2.213
nescit. te flagrantis atrox hora Caniculae|nescit tangere, . . . *Carm.*3.13.10
nescit equo rudis|haerere ingenuos puer *Carm.*3.24.54
ut siquis solum hoc, mala ne sint [mala nescit] vina, laboret,|quali
  perfundat piscis securus olivo. *var.Serm.*2.4.49
qui Sidonio contendere callidus ostro|nescit *Epist.*1.10.27
vel quia naturam mutare pecunia nescit *Epist.*1.12.10
actor|causarum mediocris . . . nec scit [nescit] quantum Cascellius
  Aulus, ... *var.Ars Poet.*371
ludere qui nescit, campestribus abstinet armis . . . . *Ars Poet.*379
qui nescit, versus tamen audet fingere. . . . . . *Ars Poet.*382
delere licebit,|quod non edideris; nescit vox missa reverti. . . *Ars Poet.*390
nescius. sperat, nescius aurae|fallacis. *Carm.*1.5.11
qui nummos aurumque recondit, nescius uti|conpositis . . . *Serm.*2.3.109
Nessi. quantum neque atro delibutus Hercules|Nessi cruore . . *Epod.*17.32
Nestor. Nestor conponere litis|inter Peliden festinat et inter Atriden. . *Epist.*1.2.11
Nestora. non Pylium Nestora respicis? *Carm.*1.15.22
non Pylium Nestora [? Nestora Pylium] respicis? . . . *? var.Carm.*1.15.22
neu. neu sinas Medos equitare inultos|te duce, Caesar. . . . *Carm.*1.2.51
neu miserabilis|decantes elegos, ... *Carm.*1.33.2
neu populus frequens|'ad arma,' cessantis 'ad arma'|concitet . . *Carm.*1.35.14
neu promptae modus amphorae *Carm.*1.36.11
neu morem in Salium sit requies pedum *Carm.*1.36.12
neu multi Damalis meri *Carm.*1.36.13
neu desint epulis rosae *Carm.*1.36.15
neu vivax apium neu breve lilium. *Carm.*1.36.16
nec [neu] Damalis novo|divelletur adultero *var.Carm.*1.36.18
neu conversa domum pigeat dare lintea, ... *Epod.*16.27
ne quis fur esset neu latro neu quis adulter. *Serm.*1.3.106
neu se|inpediat verbis lassas onerantibus auris, ... *Serm.*1.10.9
neu, . . . aut spem deponas aut artem inlusus omittas. . . . *Serm.*2.5.24
nequid tu perdas neu sis iocus." *Serm.*2.5.37
cautus adito|neu desis operae neve inmoderatus abundes. . . *Serm.*2.5.89
grata sume manu neu dulcia differ in annum, ... *Epist.*1.11.23
ne [neu] volgo narres, te sudavisse ferendo|carmina . . *var.Epist.*1.13.16
neu, . . . occultam febrim sub tempus edendi|dissimules, . . *Epist.*1.16.21
neu fluitem dubiae spe pendulus horae.' *Epist.*1.18.110
neve minor neu sit quinto productior actu|fabula, . . . *Ars Poet.*189
neu quid medios intercinat actus . . . . . . *Ars Poet.*194
neu pransae Lamiae vivom puerum extrahat alvo. . . . *Ars Poet.*340
neutram. in neutram partem cultus miser. *Serm.*2.2.66
neve. neve te nostris vitiis iniquom|ocior aura|tollat; . . . *Carm.*1.2.47
cautus adito|neu desis operae neve inmoderatus abundes. . . *Serm.*2.5.89
neve putes alium sapiente bonoque beatum *Epist.*1.16.20
neve minor neu sit quinto productior actu|fabula, . . . *Ars Poet.*189
nevel. cautus adito|neu desis operae neve [nevel] inmoderatus abundes. *var.Serm.*2.5.89
Nevi. non equidem insector delendave carmina Livi [Nevi]|esse reor, . *var.Epist.*2.1.69
Nevius. ut vivam Naevius [Nevius] aut sic|ut Nomentanus?' . . *var.Serm.*1.1.101

nexae. displicent nexae philyra coronae, ... *Carm.*1.38.2
ni. Sybarin cur properes [ni properas] amando | perdere, ... *coni.Carm.*1.8.2
ni tuis victus Venerisque gratae | vocibus divom pater adnuisset . . *Carm.*4.6.21
otium | non dulce, ni tecum simul, ... *Epod.*1.8
at ni id fit, quid habet pulcri constructus acervos? *Serm.*1.1.44
nil cernere possis | cetera, ni Catia est, demissa veste tegentis. . . *Serm.*1.2.95
'o, tua cornu | ni foret exsecto frons,' *Serm.*1.5.59
debebat, quod ni fecisset, perdere litem. *Serm.*1.9.37
dispeream, ni | summoses omnis.' *Serm.*1.9.47
ni sic fecissent, gladiatorum dare centum | damnati populo paria . *Serm.*2.3.85
'ni tua custodis, avidus iam haec auferet heres.' *Serm.*2.3.151
ni cibus atque | ingens accedit stomacho fultura ruenti. . . . *Serm.*2.3.153
'ocius hinc te | ni rapis, accedes opera agro nona Sabino.' . . *Serm.*2.7.118
quis esset | finis, ni sapiens sic Nomentanus amicum | tolleret: . . *Serm.*2.8.60
ni | posces ante diem librum cum lumine, ... *Epist.*1.2.34
continui montes, ni dissocientur opaca | valle, ... *Epist.*1.16.5
disceret unde preces, vatem ni Musa dedisset? *Epist.*2.1.133
ni melius dormire putem quam scribere versus? *Epist.*2.2.54
nido. nido laborum protulit inscium *Carm.*4.4.6
tutus erat rhombus tutoque ciconia nido, ... *Serm.*2.2.49
maiores pennas nido extendisse loqueris, ... *Epist.*1.20.21
nidore. non in caro nidore voluptas | summa, sed in te ipso est. . . *Serm.*2.2.19
"etenim fateor me" . . . nasum nidore supinor, ... *Serm.*2.7.38
nidos. me libertino natum patre et in tenui re | maiores pennas nido [nidos]
extendisse loqueris, ... *var.Epist.*1.20.21
nidum. quicumque celsae nidum Aceruntiae *Carm.*3.4.14
nidum ponit, Ityn flebiliter gemens, | infelix avis *Carm.*4.12.5
tu nidum servas, ego laudo ruris amoeni | rivos *Epist.*1.10.6
niger. niger rudentis Eurus inverso mari *Epod.*10.5
hic niger est, hunc tu, Romane, caveto.' *Serm.*1.4.85
nigra. vidi egomet nigra succinctam vadere palla | Canidiam . . *Serm.*1.8.23
nigra. hic oculis ego nigra meis collyria lippus | inlinere; . . . *Serm.*1.5.30
nigrae. nigrae feraci frondis in Algido, ... *Carm.*4.4.58
delectantque deum, cui pecus et nigri [nigrae] | colles Arcadiae placent. . *var.Carm.*4.12.11
hic nigrae sucus lolliginis, haec est | aerugo mera; *Serm.*1.4.100
nigri. aequoris nigri fremitum et trementis | verbere ripas. . . . *Carm.*3.27.23
nigri. nigri | colles Arcadiae placent. *Carm.*4.12.11
nigris. hic tibi comis et urbanus liberque videtur, | infesto 'nigris'; . . *Serm.*1.4.91
nigris. nam vilibus ovis | nigrisque est oleis hodie locus. . . . *Serm.*2.2.46
nigris. aspera | nigris aequora ventis *Carm.*1.5.7
et Lycum nigris oculis nigroque | crine decorum. *Carm.*1.32.11
quid tibi vis, mulier nigris dignissima barris? *Epod.*12.1
spectandum nigris oculis nigroque capillo. . . . . . . *Ars Poet.*37
nigris. nigris aut Erymanthi | silvis *Carm.*1.21.7
nam ut quisque insanus nigris medium impediit crus | pellibus . . *Serm.*1.6.27
nigris. qui nigris prandia moris | finiet, ... *Serm.*2.4.22
nigro. nigro conpulerit Mercurius gregi? *Carm.*1.24.18
moresque | aureos educit in astra nigroque | invidet Orco — . . *Carm.*4.2.23
nigro. et Lycum nigris oculis nigroque | crine decorum. . . . *Carm.*1.32.11
dente si nigro fieres vel uno | turpior ungui, ... *Carm.*2.8.3
foeda nigro simulacra fumo. *Carm.*3.6.4
invenior piper album cum sale nigro | incretum *Serm.*2.4.74
hic delectatur iambis, | ille Bioneis sermonibus et sale nigro. . . *Epist.*2.2.60
spectandum nigris oculis nigroque capillo. . . . . . . *Ars Poet.*37
nigrorum. nigrorumque memor, dum licet, ignium *Carm.*4.12.26
nigros. reddes | forte latus, nigros angusta fronte capillos, . . . *Epist.*1.7.26
nigrum. pulvere Troico | nigrum Merionen *Carm.*1.6.15
huncine solem | tam nigrum surrexe mihi! *Serm.*1.9.73
nihil. Parthum dicere nec quae nihil attinent. *Carm.*1.19.12
nihil ultra | nervos atque cutem morti concesserat atrae, . . . *Carm.*1.28.12
simplici myrto nihil adlabores *Carm.*1.38.5
nihil est ab omni | parte beatum. *Carm.*2.16.27
nihil supra | deos lacesso *Carm.*2.18.11
te nihil attinet | temptare multa caede bidentium *Carm.*3.23.13
nocte sublustri nihil astra praeter | vidit et undas. *Carm.*3.27.31
quo nihil maius meliusve terris | fata donavere *Carm.*4.2.37
possis nihil urbe Roma | visere maius *Carm.Saec.*11
nihil me sicut antea iuvat | scribere versiculos *Epod.*11.1
postquam nihil inter utrumque | convenit *Serm.*1.7.9

nil [? nihil] sine magno|vita labore [? labore vita] dedit mortalibus.' . . *? var.Serm.*1.9.59
tu nihil in magno doctus reprehendis Homero? *Serm.*1.10.52
'equidem nihil hinc diffindere possum. *Serm.*2.1.79
credidit ingens|pauperiem vitium et cavit nihil acrius, . . . *Serm.*2.3.92
mille cadis, nihil est, tercentum milibus, ... *Serm.*2.3.116
inriguo nihil est elutius horto. *Serm.*2.4.16
si veneror stultus nihil horum *Serm.*2.6.8
iurantem me scire nihil mirantur *Serm.*2.6.57
postquam nihil esse pericli|sensimus, ... *Serm.*2.8.57
ut nihil omnino gustaremus, ... *Serm.*2.8.94
quod satis est cui contingit, nihil amplius optet. *Epist.*1.2.46
(nam vina nihil moror illius orae. *Epist.*1.15.16
tu nihil admittes in te formidine poenae; *Epist.*1.16.53
miraturque nihil nisi quod Libitina sacravit. *Epist.*2.1.49
ut nihil anteferat, nihil illis conparet: *Epist.*2.1.65
des nummos, excepta nihil te si fuga laedat: *Epist.*2.2.16
purae sunt plateae, nihil ut meditantibus obstet.' *Epist.*2.2.71
fugeres radice vel herba|proficiente nihil curarier: *Epist.*2.2.151
iura neget sibi nata, nihil non arroget armis. . . . . *Ars Poet.*122
ut nihil intersit, Davosne loquatur et audax|Pythias, . . . *Ars Poet.*237
tu nihil invita dices faciesve Minerva: . . . . . . *Ars Poet.*385
nihilo. nihilo plus accipias quam|qui nil portarit. *Serm.*1.1.48
nihilo ut sapientior ille|qui te derident caudam trahat. . . . *Serm.*2.3.52
alterum et huic varum et nihilo sapientius *Serm.*2.3.56
nihilo plus explicet *Serm.*2.3.270
cum sis nihilo sapientior ex quo|plenior es, ... *Epist.*2.2.153
nihilum. "est genus unum|stultitiae nihilum metuenda timentis, . . *Serm.*2.3.54
stultitiane erret nihilum distabit an ira. *Serm.*2.3.210
imi|convivae lecti nihilum nocuere lagoenis. *Serm.*2.8.41
nil. nil mortalibus ardui est: *Carm.*1.3.37
nil desperandum Teucro duce et auspice: *Carm.*1.7.27
unde nil maius generatur ipso *Carm.*1.12.17
nil pictis timidus navita puppibus|fidit. *Carm.*1.14.14
nil sine te mei|prosunt honores: *Carm.*1.26.9
divesne prisco natus ab Inacho|nil interest *Carm.*2.3.22
victima nil miserantis Orci. *Carm.*2.3.24
nihil [? nil] est ab omni|parte beatum. . . . . . *? var.Carm.*2.16.27
nil cupientium|nudus castra peto *Carm.*3.16.22
nil parvom aut humili modo,. *Carm.*3.25.17
nil mortale loquar. *Carm.*3.25.18
nil Claudiae non perficient manus, ... *Carm.*4.4.73
'contrane lucrum nil valere candidum|pauperis ingenium' . . . *Epod.*11.11
volnus nil malum levantia, ... *Epod.*11.17
plorem artis in te nil agentis exitus?' *Epod.*17.81
nil obstet tibi, dum ne sit te ditior alter. *Serm.*1.1.40
nihilo plus accipias quam|qui nil portarit. *Serm.*1.1.49
'nil satis est', inquit, 'quia tanti quantum habeas sis': . . . *Serm.*1.1.62
pastillos Rufillus olet, Gargonius hircum:|nil medium est. . . . *Serm.*1.2.28
'nil fuerit mi' inquit 'cum uxoribus umquam alienis.' . . . *Serm.*1.2.57
tuo vitio rerumne labores,|nil referre putas? *Serm.*1.2.77
matronae praeter faciem nil cernere possis|cetera, ... *Serm.*1.2.94
altera, nil obstat: Cois tibi paene videre est|ut nudam, . . . *Serm.*1.2.101
nil aequale homini fuit illi: *Serm.*1.3.9
quinque diebus|nil erat in loculis. *Serm.*1.3.17
nil fuit unquam|sic inpar sibi. *Serm.*1.3.18
scribendi recte: nam ut multum, nil moror. *Serm.*1.4.13
nil cum procedere lintrem|sentimus, ... *Serm.*1.5.20
nil ego contulerim iucundo sanus amico. *Serm.*1.5.44
nil illi larva aut tragicis opus esse cothurnis. *Serm.*1.5.64
nil me paeniteat sanum patris huius, ... *Serm.*1.6.89
ut illi|nil respondebam, ... *Serm.*1.9.14
iamdudum video; sed nil agis: usque tenebo; *Serm.*1.9.15
'nil opus est te|circumagi: *Serm.*1.9.16
'nil habeo quod agam et non sum piger: usque sequar te.' . . *Serm.*1.9.19
nil mi officit,' inquam,|'ditior hic aut est quia doctior; . . . *Serm.*1.9.50
nil sine magno|vita labore dedit mortalibus.' *Serm.*1.9.59
neque simius iste|nil praeter Calvom et doctus cantare Catullum. . *Serm.*1.10.19
nil comis tragici mutat Lucilius Acci? *Serm.*1.10.53
nil faciet sceleris pia dextera *Serm.*2.1.54

carne tamen quamvis distat nil, ... *Serm*.2.2.29
nil dignum sermone canas. *Serm*.2.3.4
dic aliquid dignum promissis. incipe. nil est? *coni.Serm*.2.3.6
nil verbi, pereas quin fortiter, addam. — *Serm*.2.3.42
nil agit exemplum, litem quod lite resolvit. *Serm*.2.3.103
nil sane fecit quod tu reprehendere possis: *Serm*.2.3.138
'rex sum.' 'nil ultra quaero plebeius.' *Serm*.2.3.188
quoniam vacuis conmittere venis│nil nisi lene decet: . . . *Serm*.2.4.26
invenietque│nil sibi legatum praeter plorare suisque. . . *Serm*.2.5.69
nil amplius oro,│Maia nate, ... *Serm*.2.6.4
numquid de Dacis audisti?' 'nil equidem.' *Serm*.2.6.53
nil ego, si ducor libo fumante: *Serm*.2.7.102
nil servile gulae parens habet? *Serm*.2.7.111
nil sic metuentis ut acris│potores, ... *Serm*.2.8.36
nil conscire sibi, nulla pallescere culpa. *Epist*.1.1.61
nil ait esse prius, melius nil caelibe vita; *Epist*.1.1.88
nil admirari prope res est una, Numici, ... *Epist*.1.6.1
si, . . . sine amore iocisque│nil est iucundum, . . . *Epist*.1.6.66
siquid novisti rectius istis,│candidus inperti; si nil, his utere mecum. *Epist*.1.6.68
nil audire velim, nil discere, quod levet aegrum; . . . *Epist*.1.8.8
nil│divitiae poterunt regales addere maius. . . . *Epist*.1.12.5
nil parvom sapias et adhuc sublimia cures: *Epist*.1.12.15
nil Grosphus nisi verum orabit et aequom. . . . *Epist*.1.12.23
hic ubi nequitiae fautoribus et timidis nil│aut paulum abstulerat, . *Epist*.1.15.33
cum sit obeso│nil melius turdo, nil volva pulchrius ampla.' . *Epist*.1.15.43
quamvis nil extra numerum fecisse modumque│curas: . . *Epist*.1.18.59
nil oriturum alias, nil ortum tale fatentes. *Epist*.2.1.17
nil intra est olea, nil extra est in nuce duri; *Epist*.2.1.31
vel quia nil rectum, nisi quod placuit sibi, ducunt . . *Epist*.2.1.83
'dixit adhuc aliquid?' 'nil sane.' 'quid placet ergo?' . . *Epist*.2.1.206
nil moror officium quod me gravat *Epist*.2.1.264
ni [? nil] melius dormire putem quam scribere versus? . . *? var.Epist*.2.2.54
quanto rectius hic, qui nil molitur inepte: . . . . *Ars Poet*.140
nil intemptatum nostri liquere poetae . . . . *Ars Poet*.285
non alius faceret meliora poemata: verum│nil tanti est. . *Ars Poet*.304
munus et officium, nil scribens ipse, docebo: . . . *Ars Poet*.306
nilo. nilo deterius dominae ius esse: *Serm*.1.5.67
Nilus. qua tumidus rigat arva Nilus. *Carm*.3.3.48
fontium qui celat origines│Nilusque *Carm*.4.14.46
nimbis. vernique iam nimbis remotis . . . venti . . *Carm*.4.4.7
nimbos. ocior cervis et agente nimbos│ocior Euro. . . *Carm*.2.16.23
nimio. et tollens vacuom plus nimio Gloria verticem . . *Carm*.1.18.15
Albi, ne doleas plus nimio memor│inmitis Glycerae . . *Carm*.1.33.1
quem res plus nimio delectavere secundae, . . . *Epist*.1.10.30
spectaret populum ludis attentius ipsis, │ ut sibi praebentem mimo
[nimio] spectacula plura, ... *var.Epist*.2.1.198
nimirum. uni nimirum recte tibi semper erunt res, . . *Serm*.2.2.106
nimirum insanus paucis videatur. *Serm*.2.3.120
Septimius, Claudi, nimirum intellegit unus,│quanti me facias; . *Epist*.1.9.1
cui placet alterius, sua nimirum est odio sors. . . . *Epist*.1.14.11
nimirum hic ego sum; nam tuta et parvola laudo, . . *Epist*.1.15.44
nimirum sapere est abiectis utile nugis. *Epist*.2.2.141
nimis. auctor│heu nimis longo satiate ludo, . . . *Carm*.1.2.37
nimis│casto Bellerophonte│maturare necem, . . . *Carm*.3.7.14
tenerae nimis│mentes asperioribus│formandae studiis. . *Carm*.3.24.52
'sunt quibus in satura videar nimis acer *Serm*.2.1.1
sed nimis arta premunt olidae convivia caprae. . . . *Epist*.1.5.29
'durus,' ait, 'Voltei, nimis attentusque videris│esse mihi.' . *Epist*.1.7.91
si quaedam nimis antique, si pleraque dure│dicere credit eos, . *Epist*.2.1.66
luxuriantia conpescet, nimis aspera sano│levabit cultu, . . *Epist*.2.2.122
nondum spissa nimis complere sedilia flatu; . . . *Ars Poet*.205
nimium. Iliae dum se (nimium) querenti│iactat ultorem, . *Carm*.1.2.17
et voltus nimium lubricus adspici. *Carm*.1.19.8
pone sub curru nimium propinqui│solis *Carm*.1.22.21
nimium brevis│flores amoenae ferre iube rosae, . . . *Carm*.2.3.13
et amicus Aulon │ fertili [fertilis] Baccho minimum [nimium] Falernis │
invidet uvis; *var.Carm*.2.6.19
nimium premendo│litus iniquom. *Carm*.2.10.3
contrahes vento nimium secundo│turgida vela. . . . *Carm*.2.10.23

ne nimium pii|rebusque fidentes *Carm.*3.3.58
parce privatus nimium cavere *Carm.*3.8.26
abes iam nimium diu; *Carm.*4.5.2
quod nimium institerat viventi. *Serm.*2.5.88
parcus ob heredis curam nimiumque severus|adsidet insano: . . *Epist.*1.5.13
foro nimium distare Carinas|iam grandis natu queritur, . . *Epist.*1.7.48
serpit humi tutus nimium timidusque procellae: . . . *Ars Poet.*28
aut nimium teneris iuvenentur versibus umquam . . . *Ars Poet.*246
aut operae celeris nimium curaque carentis . . . *Ars Poet.*261
aut operae celeris nimium [nimium celeris] curaque carentis | aut
    ignoratae premit artis crimine turpi. . . . . . *var.Ars Poet.*261
nimium patienter utrumque,|ne dicam stulte, mirati, . . . *Ars Poet.*271
nimium. nec saevos Lapithas et nimium mero|Hylaeum . . . *Carm.*2.12.5
Niobea. proles Niobea magnae|vindicem linguae . . . sensit . . *Carm.*4.6.1
Niphaten. nova|cantemus Augusti tropaea|Caesaris et rigidum Niphaten *Carm.*2.9.20
Nirea. formaque vincas Nirea, ... *Epod.*15.22
Nireus. qualis aut Nireus fuit aut aquosa|raptus ab Ida. . . *Carm.*3.20.15
nisi. *Carm.*1.10.9; 1.14.15; 2.2.3; 2.2.14; 2.17.28; 3.17.12; 3.27.63; *Epod.*7.12; *Serm.*1.2.28;
    *Serm.*1.2.30; 1.3.85; 1.3.87; 1.3.134; 1.4.47; 1.4.73; 1.5.79; 1.7.14; 2.1.18; 2.1.52; 2.1.78;
    *Serm.*2.2.15; 2.2.58; 2.3.285; 2.4.26; 2.4.87; 2.5.8; 2.6.5; 2.8.34; *Epist.*1.1.108; 1.2.5;
    *Epist.*1.2.54; 1.2.62; 1.5.27; 1.12.23; 1.16.40; 1.19.7; 2.1.21; 2.1.49; 2.1.83; 2.1.115;
    *Epist.*2.2.100; *Ars Poet.*191; 476
nisu. carmina conpono, hic elegos: mirabile visu [nisu]|caelatumque novem
    Musis opus. *coni.Epist.*2.2.91
nisus. insolitos docuere nisus|venti paventem, . . . *Carm.*4.4.8
nitantur. non ut iuvencis inligata pluribus|aratra nitantur meis . . *Epod.*1.26
nitedula. per angustam tenuis volpecula [nitedula] rimam | repserat in
    cumeram frumenti, ... *coni.Epist.*1.7.29
nitens. non Chloris albo sic umero nitens . . . *Carm.*2.5.18
nitent. gratior it dies|et soles melius nitent. . . . *Carm.*4.5.8
verum ubi plura nitent in carmine, . . . *Ars Poet.*351
nitentia. aetas,|defodiet condetque nitentia. . . . *Epist.*1.6.25
nitentis. coronatus nitentis|malobathro Syrio capillos, . . *Carm.*2.7.7
nitentis. interfusa nitentis|vites aequora Cycladas. . . *Carm.*1.14.19
discite non inter lancis mensasque nitentis, . . . *Serm.*2.2.4
nitere. oratus multa prece nitere, porro|vade; . . . *Epist.*1.13.18
nites. miseri, quibus|intemptata nites. . . . *Carm.*1.5.13
nitescere. quae|desperat tractata nitescere posse, relinquit . . . *Ars Poet.*150
nitet. neque uno luna rubens nitet|voltu: . . . *Carm.*2.11.10
res ubi magna nitet domino sene; . . . *Serm.*2.5.12
deterius Libycis olet aut nitet herba lapillis? . . *Epist.*1.10.19
niti. et docuit magnumque loqui nitique cothurno. . . . *Ars Poet.*280
nitidam. siquis lectica nitidam gestare amet agnam, . . . *Serm.*2.3.214
nitidi. quem tenues decuere togae nitidique capilli, . . *Epist.*1.14.32
nitidis. dare bracchia|ludentem nitidis virginibus . . . *Carm.*2.12.19
nitidis. quorum|conspicitur nitidis fundata pecunia villis. . . *Epist.*1.15.46
nitido. nec nitido fidit adultero; . . . *Carm.*3.24.20
nitido. curru nitido diem qui|promis et celas . . . *Carm.Saec.*9
ex nitido fit rusticus *Epist.*1.7.83
nitidum. spissa te nitidum coma, . . . *Carm.*3.19.25
me pinguem et nitidum bene curata cute vises, . . *Epist.*1.4.15
nitidum. nunc decet aut viridi nitidum caput impedire myrto . . *Carm.*1.4.9
nitidus. nitidus qua quisque per ora|cederet, . . . *Serm.*2.1.64
nititur. ceratis ope Daedalea|nititur pennis . . . *Carm.*4.2.3
nitor. urit me Glycerae nitor . . . *Carm.*1.19.5
studium aufert, Neobule, Liparaei nitor Hebri, . . *Carm.*3.12.6
nituistis. quanto aut ego parcius aut vos,|o pueri, nituistis, . . *Serm.*2.2.128
nivalem. seu bruma nivalem|interiore diem gyro trahit, . . *Serm.*2.6.25
nivali. nam quae nivali pascitur Algido|devota . . . *Carm.*3.23.9
nivali. Hebrusque nivali compede vinctus . . . *Epist.*1.3.3
nivalibus. facit quod|paenula solstitio, campestre nivalibus auris, . . *Epist.*1.11.18
nivalis. leporem citus|venator in campis nivalis|Haemoniae, . . *Carm.*1.37.19
nive. vides ut alta stet nive candidum|Soracte . . . *Carm.*1.9.1
Hebrum prospiciens et nive candidam|Thracen . . . *Carm.*3.25.10
Memphin carentem Sithonia nive, . . . *Carm.*3.26.10
nec fluvii strepunt|hiberna nive turgidi. . . . *Carm.*4.12.4
'leporem venator ut alta|in nive sectetur, . . . *Serm.*1.2.106
'tu nive Lucana dormis ocreatus, . . . *Serm.*2.3.234
"hibernas cana nive conspuet Alpis." *Serm.*2.5.41

niveo.   serva Briseis niveo colore|movit Achillem, ... *Carm.*2.4.3
niveos.   inter niveos viridisque lapillos|sit licet, ... *Serm.*1.2.80
nives.   durataeque solo nives|mercatorem abigunt? *Carm.*3.24.39
   diffugere nives, redeunt iam gramina campis *Carm.*4.7.1
   te quia rugae|turpant et capitis nives. *Carm.*4.13.12
   imbres|nivesque deducunt Iovem; *Epod.*13.2
nives.   positas ut glaciet nives|puro numine Iuppiter? *Carm.*3.10.7
   quodsi bruma nives Albanis inlinet agris, ... *Epist.*1.7.10
niveum.   Europe niveum doloso|credidit tauro latus *Carm.*3.27.25
niveus.   qua notam duxit, niveus videri,|cetera fulvos. . . . *Carm.*4.2.59
nivis.   iam satis terris nivis atque dirae|grandinis misit Pater . . *Carm.*1.2.1
nivis.   cum tonantis annus hibernus Iovis|imbris nivisque conparat, . . *Epod.*2.30
   agam per altas aure sublata nivis *Epod.*6.7
nobile.   Quinti progenies Arri, par nobile fratrum, ... *Serm.*2.3.243
nobile.   an superbos|Tarquini fascis, dubito, an Catonis|nobile letum: . *Carm.*1.12.36
   'fortunam Priami cantabo et nobile bellum.' . . . . *Ars Poet.*137
nobilem.   hunc equis, illum superare pugnis|nobilem; *Carm.*1.12.27
   fingent Aeolio carmine nobilem. *Carm.*4.3.12
nobilem.   te lanae prope nobilem|tonsae Luceriam, ... *Carm.*3.15.13
   aut ille centum nobilem Cretam urbibus *Epod.*9.29
nobiles.   nobilis [nobiles] | libros Panaeti Socraticam et domum | mutare
      loricis Hiberis, ... *var.Carm.*1.29.13
nobilibus.   hic et in Acci|nobilibus trimetris adparet rarus . . *Ars Poet.*259
nobilis.   namque et nobilis et decens *Carm.*4.1.13
   nobilis ut grandi cecinit Centaurus alumno: *Epod.*13.11
nobilis.   metaque fervidis|evitata rotis palmaque nobilis. . . . *Carm.*1.1.5
   saepe trans finem iaculo nobilis expedito? *Carm.*1.8.12
   splendide mendax et in omne virgo|nobilis aevom, . . . *Carm.*3.11.36
nobilis.   coemptos undique nobilis|libros Panaeti *Carm.*1.29.13
nobilis.   Pontica pinus,|silvae filia nobilis, ... *Carm.*1.14.12
nobilis.   Aeli vetusto nobilis ab Lamo — *Carm.*3.17.1
nobilium.   si mobilium [nobilium] turba Quiritium|certat tergeminis tollere
      honoribus; *var.Carm.*1.1.7
   fies nobilium tu quoque fontium *Carm.*3.13.13
   iuvenum nobilium cliens, ... *Carm.*4.12.15
   non ego, nobilium scriptorum auditor et ultor, ... *Epist.*1.19.39
nobis.   metire nobis Caecubum. *Epod.*9.36
   dum ex parvo nobis tantundem haurire relinquas, . . . *Serm.*1.1.52
   an ut ignotum dare nobis|verba putas?' *Serm.*1.3.22
   detur nobis locus, hora,|custodes; *Serm.*1.4.15
   utile proposuit nobis exemplar Vlixen, ... *Epist.*1.2.18
   si patriae volumus, si nobis vivere cari. *Epist.*1.3.29
   scribere te nobis, tibi nos adcredere par est. *Epist.*1.15.25
   quod si tam Graecis novitas invisa fuisset|quam nobis, . . . *Epist.*2.1.91
   multa quidem nobis facimus mala saepe poetae, . . . *Epist.*2.1.219
nobis.   probus quis|nobiscum vivit, multum demissus homo: . . *Serm.*1.3.57
   singula de nobis anni praedantur euntes: *Epist.*2.2.55
noceant.   nam variae res|ut noceant homini, credas, . . . *Serm.*2.2.72
noceat.   nec quisquam noceat cupido mihi pacis! *Serm.*2.1.44
nocebit.   id quod . . . aeque neglectum pueris senibusque nocebit. . . *Epist.*1.1.26
nocendi.   chorusque|turpiter obticuit sublato iure nocendi. . . *Ars Poet.*284
nocent.   nulla nocent pecori contagia, ... *Epod.*16.61
nocentem.   nocentem|corporibus metuemus austrum: . . . *Carm.*2.14.15
nocentis.   quin ossa legant herbasque nocentis. *Serm.*1.8.22
nocentium.   reiecit alto dona nocentium|voltu, ... *Carm.*4.9.42
nocentius.   edit cicutis alium nocentius. *Epod.*3.3
nocere.   Eutrapelus cuicumque nocere volebat|vestimenta dabat pretiosa: *Epist.*1.18.31
nocet.   sperne voluptates: nocet empta dolore voluptas. . . . *Epist.*1.2.55
nocituram.   neglegis inmeritis nocituram | postmodo te natis fraudem
      conmittere? *Carm.*1.28.30
nocte.   amicum|tempus agens abeunte curru [? nocte]. . . . *? var.Carm.*3.6.44
   prima nocte domum claude *Carm.*3.7.29
   nocte sublustri nihil astra praeter|vidit et undas. . . . *Carm.*3.27.31
   prudens futuri temporis exitum|caliginosa nocte premit deus . *Carm.*3.29.30
   rite Latonae puerum canentes,|rite crescentem face Noctilucam [nocte
      lucem], ... *var.Carm.*4.6.38
   omnes inlacrimabiles|urgentur ignotique longa|nocte, . . . *Carm.*4.9.28
   ter die claro totiensque grata|nocte frequentis. . . . *Carm.Saec.*24
   nec sidus atra nocte amicum adpareat, ... *Epod.*10.9

Inachiam ter nocte potes, mihi semper ad unum|mollis opus. . . . *Epod.*12.15
unde uxor media currit de nocte vocata.' — *Serm.*2.3.238
ut iugulent hominem, surgunt de nocte latrones: *Epist.*1.2.32
media de nocte caballum|arripit *Epist.*1.7.88
[potores bibuli media de nocte Falerni] *var.Epist.*1.18.91
noctem. lenesque sub noctem susurri *Carm.*1.9.19
urget diem nox et dies noctem *Epod.*17.25
ambulet ante|noctem cum facibus.' *Serm.*1.4.52
mendacem stultissimus usque puellam|ad mediam noctem exspecto; . *Serm.*1.5.83
post mediam noctem visus, cum somnia vera: *Serm.*1.10.33
inriguomque mero sub noctem corpus habento. *Serm.*2.1.9
sub noctem qui puer uvam|furtiva mutat strigili: *Serm.*2.7.109
inpune licebit|aestivam sermone benigno tendere noctem. . . *Epist.*1.5.11
noctem peccatis et fraudibus obice nubem.' *Epist.*1.16.62
emptis|sub noctem gelidam lignis calefactat aenum; . . . *Epist.*2.2.169
noctes. 'me tuo longas pereunte noctes,|Lydia, dormis?' . . . *Carm.*1.25.7
frigidas|noctes non sine multis|insomnis lacrimis agit. . . . *Carm.*3.7.7
non feret adsiduas potiori te dare noctes *Epod.*15.13
noctesque diesque|formidare malos fures, incendia, . . . *Serm.*1.1.76
noctes. o noctes cenaeque deum, ... *Serm.*2.6.65
Noctiluca. rite Latonae puerum canentes,|rite crescentem face Noctilucam
[Noctiluca], ... *var.Carm.*4.6.38
Noctilucam. rite crescentem face Noctilucam, ... *Carm.*4.6.38
noctis. toto taciturna noctis|signa cum caelo *Carm.*2.8.10
da noctis mediae, ... *Carm.*3.19.10
noctis. noctis vigilabat ad ipsum|mane, diem totum stertebat. . . *Serm.*1.3.17
noctu. lassus dum noctu stertit, ad assem|perdiderat: . . . *Epist.*2.2.27
nocturna. nocturna siquid crassi est tenuabitur aura . . . *Serm.*2.4.52
vos exemplaria Graeca|nocturna versate manu, versate diurna. . *Ars Poet.*269
nocturnae. plumamque nocturnae strigis . . . aduri . . . *Epod.*5.20
plumamque nocturnae strigis [strigis nocturnae] . . . aduri . *var.Epod.*5.20
nocturnam. tum inmundo somnia visu | nocturnam vestem maculant
ventremque supinum. *Serm.*1.5.85
nocturni. Vrbis aventes|moenia nocturni subrepere. . . . *Serm.*2.6.100
nocturnis. munierant satis|nocturnis ab adulteris, . . . *Carm.*3.16.4
nocturnis. nocturnis ego somniis|iam captum teneo, . . . *Carm.*4.1.37
nocturno. penetralia|sparsisse nocturno cruore|hospitis; . . *Carm.*2.13.7
nocturno. ut pura nocturno renidet|luna mari *Carm.*2.5.19
nocturno certare mero, putere diurno. *Epist.*1.19.11
nocturnos. quamvis|nocturnos iures te formidare tepores. . . *Epist.*1.18.93
tu me inter strepitus nocturnos atque diurnos|vis canere . . *Epist.*2.2.79
nocturnos lemures portentaque Thessala rides? . . . *Epist.*2.2.209
nocturnus. nocturnus occurram Furor *Epod.*5.92
et qui nocturnus sacra divom legerit. *Serm.*1.3.117
nocuere. imi|convivae lecti nihilum nocuere lagoenis. . . . *Serm.*2.8.41
quae nocuere sequar, fugiam quae profore credam; . . . *Epist.*1.8.11
nocuisset. ulla si iuris tibi peierati|poena, Barine, nocuisset umquam, *Carm.*2.8.2
iratus Grais quantum nocuisset Achilles. *Epist.*2.2.42
nodo. maturet, in comptum [incomptam] Lacaenae|more comas [comam]
religata nodum [nodo]. *coni.Carm.*2.11.24
nodo coerces viperino|Bistonidum sine fraude crinis. . . . *Carm.*2.19.19
murreum nodo cohibere crinem; *Carm.*3.14.22
quo teneam voltus mutantem Protea nodo? *Epist.*1.1.90
nodosa. nec, . . . nodosa corpus nolis prohibere cheragra. . . *Epist.*1.1.31
nodosi. adde Cicutae|nodosi tabulas, centum, mille adde catenas; . *Serm.*2.3.70
nodum. in comptum Lacaenae|more comas religata nodum. . . *Carm.*2.11.24
segnesque nodum solvere Gratiae *Carm.*3.21.22
nodus. nec deus intersit, nisi dignus vindice nodus|inciderit; . . *Ars Poet.*191
nolent. eia,|quid statis?' — nolint [nolent]. *var.Serm.*1.1.19
noles. si noles sanus, curres hydropicus; *Epist.*1.2.34
quodsi me noles usquam discedere, reddes|forte latus, . . *Epist.*1.7.25
noli. vendere cum possis captivom, occidere noli: . . . *Epist.*1.16.69
'meae (contendere noli)|stultitiam patiuntur opes; . . . *Epist.*1.18.28
nolim. 'nolim laudarier' inquit|'sic me' mirator cunni Cupiennius albi. *Serm.*1.2.35
nolint. quid statis?' — nolint. atqui licet esse beatis. . . . *Serm.*1.1.19
sunt qui nolint tetigisse nisi illas *Serm.*1.2.28
nolis. nolis longa ferae bella Numantiae *Carm.*2.12.1
cui si concedere nolis,|multa poetarum veniat manus, . . *Serm.*1.4.140
nec, . . . nodosa corpus nolis prohibere cheragra. . . . *Epist.*1.1.31

atqui|si noles [nolis] sanus, curres hydropicus;	*var.Epist.*1.2.34
nolit. ne prodigus esse|dicatur metuens, inopi dare nolit amico,	*Serm.*1.2.5
sordidus atque animi quod parvi nolit haberi,|respondet.	*Serm.*1.2.10
'leporem venator ut alta|in nive sectetur, positum sic tangere nolit'	*Serm.*1.2.106
'qui scis, an prudens huc se deiecerit atque|servari nolit?'	*Ars Poet.*463
nolito. nolito ad versus tibi factos ducere plenum|laetitiae;	*Ars Poet.*427
nollem. honestos|fascibus et sellis nollem mihi sumere,	*Serm.*1.6.97
quod|nollem onus haud umquam solitus portare molestum.	*Serm.*1.6.99
nolles. quodsi me noles [nolles] usquam discedere,	*var.Epist.*1.7.25
nollet. 'si pranderet holus patienter, regibus uti|nollet Aristippus.'	*Epist.*1.17.14
malo quae nollet carmine quemquam|describi:	*Epist.*2.1.153
noluit. noluit in Flavi ludum me mittere,	*Serm.*1.6.72
nolunt. sunt qui nolint [nolunt] tetigisse nisi illas | quarum subsuta talos tegat instita veste.	*var.Serm.*1.2.28
nomen. 'pater, o relictum|filiae nomen	*Carm.*3.27.35
per quas Latinum nomen et Italae|crevere vires	*Carm.*4.15.13
aut virtus nomen inane est,	*Epist.*1.17.41
sic honor et nomen divinis vatibus atque|carminibus venit.	*Ars Poet.*400
nomen. cuius recinet iocosa|nomen imago	*Carm.*1.12.4
iactes et genus et nomen inutile:	*Carm.*1.14.13
omne capax movet urna nomen.	*Carm.*3.1.16
horrenda late nomen in ultimas|extendat oras,	*Carm.*3.3.45
mihi Phoebus artem|carminis nomenque dedit poetae.	*Carm.*4.6.30
'qui|domita nomen ab Africa|lucratus rediit,'	*Carm.*4.8.18
rectius occupat|nomen beati qui deorum|muneribus sapienter uti	*Carm.*4.9.47
Ilia et Egeria est; do nomen quodlibet illi.	*Serm.*1.2.126
isti|errori nomen virtus posuisset honestum.	*Serm.*1.3.42
qui|duxit ab oppressa meritum Karthagine nomen	*Serm.*2.1.66
qui tibi nomen|insano posuere.	*Serm.*2.3.47
"nunc age, luxuriam et Nomentanum [nomen vanum] arripe mecum:	*var.Serm.*2.3.224
'ede hominis nomen, simul et, Romanus an hospes.'	*Serm.*2.4.10
insani sapiens nomen ferat, aequos iniqui,	*Epist.*1.6.15
si velles' inquit 'verum mihi ponere nomen.	*Epist.*1.7.93
fons etiam rivo dare nomen idoneus,	*Epist.*1.16.12
iurandasque tuom per numen [nomen] ponimus aras,	*var.Epist.*2.1.16
signatum praesente nota procudere nomen.	*Ars Poet.*59
unde etiam trimetris accrescere iussit|nomen iambeis,	*Ars Poet.*253
nanciscetur enim pretium nomenque poetae,	*Ars Poet.*299
Nomentano. Pantolabo scurrae Nomentanoque nepoti.	*Serm.*1.8.11
Nomentanum. Pantolabum scurram Nomentanumque nepotem,	*Serm.*2.1.22
tu Nomentanum, tu ne sequerere Cicutam.	*Serm.*2.3.175
"nunc age, luxuriam et Nomentanum arripe mecum:	*Serm.*2.3.224
Nomentanus. ut vivam Naevius aut sic|ut Nomentanus?'	*Serm.*1.1.102
Nomentanus erat super ipsum, Porcius infra,	*Serm.*2.8.23
Nomentanus ad hoc, qui, siquid forte lateret,|indice monstraret digito:	*Serm.*2.8.25
ni sapiens sic Nomentanus amicum|tolleret:	*Serm.*2.8.60
nomina. tua sectus orbis|nomina ducet.'	*Carm.*3.27.76
nititur pennis vitreo daturus|nomina ponto.	*Carm.*4.2.4
nomina sectatur modo sumpta veste virili|sub patribus duris tironum.	*Serm.*1.2.16
donec verba, quibus voces sensusque notarent,|nominaque invenere;	*Serm.*1.3.104
mercemur servom, qui dictet nomina,	*Epist.*1.6.50
nova rerum|nomina protulerit?	*Ars Poet.*58
non ego inornata et dominantia nomina solum . . . amabo	*Ars Poet.*234
nominatis. male nominatis|parcite verbis.	*Carm.*3.14.11
nomine. quocumque lectum nomine Massicum|servas,	*Carm.*3.21.5
inpune ut Vrbem nomine inpleris meo?	*Epod.*17.59
mutato nomine de te|fabula narratur:	*Serm.*1.1.69
Villius in Fausta Syllae gener, hoc miser uno|nomine deceptus, poenas dedit	*Serm.*1.2.65
accurrit quidam notus mihi nomine tantum	*Serm.*1.9.3
nunc ager Vmbreni sub nomine, nuper Ofelli|dictus,	*Serm.*2.2.133
it, redit et narrat, Volteium nomine Menam,|praeconem,	*Epist.*1.7.55
respondesne tuo, dic, sodes, nomine?	*Epist.*1.16.31
nominibus. cautos nominibus rectis expendere nummos,	*Epist.*2.1.105
nominis. anciliorum et nominis et togae|oblitus	*Carm.*3.5.10
multi Lydia nominis,	*Carm.*3.9.7
occidit|spes omnis et fortuna nostri|nominis	*Carm.*4.4.72
des nominis huius honorem.	*Serm.*1.4.44
nomisma. rettulit acceptos, regale nomisma, Philippos.	*Epist.*2.1.234

non. *Carm.*1.2.19; 1.3.15; 1.3.24; 1.3.35; 1.6.20; 1.13.13; 1.14.9; 1.14.10; 1.14.18; 1.15.21; *Carm.*1.15.22; 1.15.26; 1.15.32; 1.16.5 (*bis*); 1.16.7 (*bis*); 1.18.6; 1.18.9; 1.18.11; *coni.Carm.*1.20.10; *Carm.*1.22.2; 1.23.3; 1.23.9; 1.24.11; 1.24.17; 1.25.16; 1.27.13; *Carm.*1.27.15; 1.28.14; 1.28.33; 1.28.35; 1.29.3; 1.31.3; 1.31.5; 1.31.6; 1.31.7; 1.36.8; *Carm.*1.37.32; 2.1.22; 2.1.29; 2.1.35; 2.3.2; 2.4.17; 2.5.17; 2.5.18; 2.6.14; 2.7.10; 2.7.26; *Carm.*2.9.1; 2.9.13; 2.10.17; 2.11.9; 2.11.13; 2.14.5; 2.15.10; 2.16.7; 2.16.9; 2.16.39; *Carm.*2.17.9; 2.18.1; 2.18.3; 2.18.40; 2.19.15; 2.19.26; 2.20.1; 2.20.5; 2.20.6; 3.1.2; *Carm.*3.1.18; 3.1.20; 3.1.22; 3.1.24; 3.1.29; 3.3.2; 3.3.3; 3.3.69; 3.4.20; 3.4.26; 3.4.27; *Carm.*3.5.17; *coni.Carm.*3.5.23; 3.5.50; *var.Carm.*3.6.10; *Carm.*3.6.29; *Carm.*3.6.33; 3.6.45; 3.7.7; 3.7.25; 3.9.5; 3.9.11; 3.10.11; 3.10.19; 3.11.39; 3.13.2; *coni.Carm.*3.14.11; *Carm.*3.14.27; 3.15.7; 3.15.14; 3.16.5; 3.19.2; 3.19.24; 3.20.1; 3.21.9; *Carm.*3.23.18; 3.24.7; 3.24.8; 3.24.34; 3.25.8; 3.26.2; 3.29.2; 3.29.38; 3.29.45; 3.29.57; *Carm.*3.30.3 (*bis*); 3.30.6; 4.1.3; 4.1.14; 4.1.24; 4.2.50; 4.3.3; 4.3.4; 4.4.61; 4.4.69; 4.4.73; *Carm.*4.6.13; 4.7.23 (*ter*); 4.8.9 (*bis*); 4.8.13; 4.8.15; 4.8.17; 4.9.3; 4.9.5; 4.9.13; *Carm.*4.9.18; 4.9.19; 4.9.21; 4.9.30; 4.9.39; 4.9.45; 4.9.51; 4.10.7; 4.10.8; 4.11.22; 4.11.33; *Carm.*4.12.22; 4.13.27; 4.14.41; 4.14.49; 4.15.17; 4.15.19; 4.15.21; 4.15.22; 4.15.23; *Carm.*4.15.24; *Epod.*1.8; 1.10; 1.21; 1.25; 2.37; 2.49; 2.53; 2.54; 4.6; 5.41; 5.50; 5.59; *Epod.*5.73; 5.81; 5.83; 5.87; *coni.Epod.*5.87; *Epod.*7.5; 9.30; 10.17; 11.21; 11.25; 12.25; *Epod.*14.9;*var.Epod.*14.10;*Epod.*14.12;14.13;15.13;16.57;16.59;17.3;17.54;*Serm.*1.1.35; *Serm.*1.1.37; 1.1.46; 1.1.54; 1.1.84 (*bis*); 1.1.87; 1.1.95; 1.1.97; 1.1.103; *var.Serm.*1.1.108; *Serm.*1.1.121; 1.2.17; 1.2.20; 1.2.22; 1.2.34; 1.2.38; 1.2.49; 1.2.60; 1.2.75; 1.2.119; 1.3.5; *var.Serm.*1.3.25; *Serm.*1.3.33; 1.3.44; 1.3.62; 1.3.77; 1.3.121; 1.3.126; 1.4.35 (*bis*); *Serm.*1.4.54; 1.4.60; 1.4.70; *var.Serm.*1.4.73; *Serm.*1.4.74; 1.4.82; 1.4.84; 1.4.114; 1.4.136; *Serm.*1.5.33; 1.5.80; 1.5.87; 1.5.91; 1.5.101; 1.6.1; 1.6.14; 1.6.21; 1.6.22; 1.6.24; 1.6.49; *Serm.*1.6.52; 1.6.58 (*bis*); 1.6.64; 1.6.84; 1.6.90; 1.6.91; 1.6.119; 1.6.124; 1.6.127; 1.7.14; *Serm.*1.7.19; 1.7.34; 1.8.17; 1.8.44; 1.9.17; 1.9.19; 1.9.22; 1.9.23; 1.9.41; 1.9.48; 1.9.57; *Serm.*1.10.3; 1.10.7; 1.10.34; 1.10.54; 1.10.55; 1.10.76; 2.1.6; 2.1.19; 2.1.45; 2.2.4; 2.2.19; *Serm.*2.2.62; 2.2.65; 2.2.89; 2.2.102; 2.2.105; 2.2.113; 2.2.116; 2.2.120; 2.3.1; 2.3.36; *Serm.*2.3.60; 2.3.69; 2.3.106; 2.3.135; 2.3.139; 2.3.158; 2.3.159; 2.3.161; 2.3.164; 2.3.189; *Serm.*2.3.204; 2.3.207; 2.3.259; 2.3.260; 2.3.261; *var.Serm.*2.3.262; *Serm.*2.3.264; 2.3.265; *Serm.*2.3.267; 2.3.301; 2.3.319; 2.3.320; 2.3.323; 2.4.1; 2.4.29; 2.4.31; 2.4.36; 2.4.43; *Serm.*2.4.66; 2.4.91; 2.4.93; 2.4.94; 2.5.4; 2.5.59; 2.5.91; 2.6.1; 2.6.32; 2.6.59; 2.6.71; *Serm.*2.6.108; 2.7.21; 2.7.25; 2.7.26; 2.7.36; 2.7.56; 2.7.64; 2.7.72; 2.7.78; 2.7.92; 2.7.93; *Serm.*2.7.112 (*bis*); 2.8.4; 2.8.48; 2.8.49; 2.8.56; 2.8.82; 2.8.87; 2.8.92; *Epist.*1.1.4 (*bis*); *Epist.*1.1.19; 1.1.28; 1.1.29; 1.1.32; 1.1.39; 1.1.48; 1.1.66; 1.1.71; 1.1.89; 1.2.3; 1.2.33; *Epist.*1.2.35; 1.2.47 (*bis*); 1.2.49; 1.2.58; 1.2.59; 1.3.10; 1.3.21; 1.3.22; 1.4.6; 1.4.11; *Epist.*1.4.14; 1.5.12; 1.5.16; 1.5.19; 1.5.20; 1.5.21; 1.5.23; 1.6.29; 1.6.45; 1.6.62; *var.Epist.*1.6.68; *Epist.*1.7.14; 1.7.17; 1.7.41; 1.7.44; 1.7.52; 1.7.61; 1.7.68 (*bis*); 1.7.78; *var.Epist.*1.9.8; *Epist.*1.10.26; 1.10.29; 1.10.38 (*bis*); 1.10.42; 1.10.46; 1.10.50; 1.11.26; *Epist.*1.11.27; 1.11.30; 1.12.2; 1.12.4; 1.14.13; 1.14.18; 1.14.27; 1.14.36; 1.14.37; 1.14.38; *Epist.*1.15.11; 1.15.28; 1.15.29; 1.15.41; 1.16.47; 1.16.48 (*bis*); 1.16.56; 1.16.65; 1.16.66; *Epist.*1.17.27; 1.17.29; 1.17.31; 1.17.35; 1.17.36; 1.17.37; 1.17.61; 1.18.16; 1.18.17; *Epist.*1.18.26; 1.18.53; 1.18.72; 1.18.78; 1.19.10; 1.19.32; 1.19.25; 1.19.32; *Epist.*1.19.39; 1.20.5; 1.20.6; 1.20.9; 1.20.14; 2.1.9; 2.1.30; 2.1.53; 2.1.69; 2.1.76; 2.1.88; *Epist.*2.1.101; 2.1.115; 2.1.120; 2.1.122; 2.1.174; 2.1.224; 2.1.231; 2.2.13; 2.2.25; 2.2.48; *Epist.*2.2.52; 2.2.58; 2.2.63; *coni.Epist.*2.2.80; *Epist.*2.2.134; 2.2.139; 2.2.143; 2.2.150; *Epist.*2.2.179; 2.2.182 (*bis*); 2.2.192; 2.2.201; 2.2.202; 2.2.205; *Ars Poet.*12 (*bis*); 19; *Ars Poet.*36; 50; 89; 99; 122; 132; 143; 149; 182; 195; 202; 219; 234; 254; 257; 263; *Ars Poet.*268; 281; 290; 292; 294; 297; 298; 303; 308; 311; 351; 364; 373 (*ter*); *Ars Poet.*390; 418; *var.Ars Poet.*450; *Ars Poet.*460; 476

nona. accedes opera agro nona Sabino.'	. . . . .	*Serm.*2.7.118
nonae. cum tibi nonae redeunt Decembres,	. . . . .	*Carm.*3.18.10
nonam. 'ergo | post nonam venies;	. . . . .	*Epist.*1.7.71
nondum. arma | nondum expiatis uncta cruoribus,	. . . . .	*Carm.*2.1.5
nondum subacta ferre iugum valet | cervice,	. . . . .	*Carm.*2.5.1
nondum munia conparis | aequare	. . . . .	*Carm.*2.5.2
nondum spissa nimis complere sedilia flatu;	. . . . .	*Ars Poet.*205
nonne. nonne vides, ut | nudum remigio latus	. . . . .	*Carm.*1.14.3
nonne, . . . quaerere plus prodest	. . . . .	*Serm.*1.2.111
'nonne vides, Albi ut male vivat filius utque | Baius inops?	. . . . .	*Serm.*1.4.109
''nonne vides'' . . . ''ut patiens, ut amicis aptus,	. . . . .	*Serm.*2.5.42
nono. abeo, et revocas nono post mense	. . . . .	*Serm.*1.6.61
nonum. nonum superantis annum | plenus Albani cadus,	. . . . .	*Carm.*4.11.1
nonumque prematur in annum | membranis intus positis;	. . . . .	*Ars Poet.*388
noram. domos mercarier unus | cum lucro noram:	. . . . .	*Serm.*2.3.25
Norico. modo ense pectus Norico recludere	. . . . .	*Epod.*17.71
Noricus. tristes ut irae, quas neque Noricus | deterret ensis	. . . . .	*Carm.*1.16.9
noris. ut tamen noris, quibus advoceris | gaudiis:	. . . . .	*Carm.*4.11.13
'noris nos' inquit; 'docti sumus.'	. . . . .	*Serm.*1.9.7

norma. quem penes arbitrium est et ius et norma loquendi. .   .   . *Ars Poet.*72
norma. intonsi Catonis|auspiciis veterumque norma. *Carm.*2.15.12
normis. Ofellus|rusticus, ab normis sapiens crassaque Minerva),   .   . *Serm.*2.2.3
nos. nos, Agrippa, neque haec dicere . . . conamur, ... *Carm.*1.6.5
     nos convivia, nos proelia virginum . . . cantamus, ... *Carm.*1.6.17
     quid nos dura refugimus|aetas? *Carm.*1.35.34
     nos humilem feriemus agnam. *Carm.*2.17.32
     vel nos in Capitolium, . . . gemmas . . . mittamus,   .   .   . *Carm.*3.24.45
     vel nos in mare proximum|gemmas . . . mittamus,   .   .   . *Carm.*3.24.47
     nos cantabimus invicem|Neptunum *Carm.*3.28.9
     nos ubi decidimus . . . pulvis et umbra sumus. *Carm.*4.7.14
     nosque et profestis lucibus et sacris . . . progeniem Veneris canemus. *Carm.*4.15.25
     quid nos, quibus te vita sit superstite|iucunda, ... *Epod.*1.5
     sic nos debemus amici|siquod sit vitium non fastidire: .   .   . *Serm.*1.3.43
     at nos virtutes ipsas invertimus *Serm.*1.3.55
     siqui scribat uti nos|sermoni propiora, ... *Serm.*1.4.41
     altius ac nos|praecinctis unum: *Serm.*1.5.5
     nos, inquam, cenamus avis, conchylia, piscis, ... *Serm.*2.8.27
     "nos nisi damnose bibimus, moriemur inulti," *Serm.*2.8.34
     nos maius veriti, postquam nihil esse pericli|sensimus, erigimur;   . *Serm.*2.8.57
                                                                                 *Serm.*2.8.93
     quem nos sic fugimus ulti, ... *Epist.*1.2.27
     nos numerus sumus et fruges consumere nati, ... *Epist.*1.8.17
     ut tu fortunam, sic nos te, Celse, feremus. *Epist.*1.17.5
     siquid|et nos, quod cures proprium fecisse, loquamur.   .   . *Ars Poet.*63
     debemur morti nos nostraque: *Carm.*1.4.15
nos. vitae summa brevis spem nos vetat incohare longam;   .   .   . *Carm.*1.7.25
     'quo nos cumque feret melior fortuna parente, ... *Carm.*2.3.27
     nos in aeternum|exilium inpositura cymbae. *Carm.*3.6.47
     aetas parentum, peior avis, tulit|nos nequiores,   .   .   . *Epod.*16.41
     nos manet Oceanus circum vagus: *Serm.*1.3.67
     quam temere in nosmet legem sancimus iniquam.   .   .   . *Serm.*1.5.50
     hinc nos Coccei recipit plenissima villa, ... *Serm.*1.5.79
     nisi nos vicina Trivici|villa recepisset *Serm.*1.6.18
     quid oportet|nos facere a volgo longe longeque remotos?   .   . *Serm.*1.6.44
     saltem tenet hoc nos.' *Serm.*1.9.7
     'noris nos' inquit; 'docti sumus.' *Serm.*1.10.56
     quid vetat et nosmet Lucili scripta legentis|quaerere,   .   . *Serm.*2.2.130
     natura nec illum|nec me nec quemquam statuit: nos expulit ille,   . *Serm.*2.6.72
     quod magis ad nos|pertinet *Serm.*2.6.75
     quidve ad amicitias, usus rectumne, trahat nos   .   .   . *Serm.*2.8.61
     "heu, Fortuna, quis est crudelior in nos|te deus?   .   .   . *Epist.*1.11.28
     strenua nos exercet inertia: *Epist.*1.15.25
     scribere te nobis, tibi nos adcredere par est. *Epist.*2.1.89
     nostra sed inpugnat, nos nostraque lividus odit.   .   .   . *Epist.*2.1.227
     ut simul atque|carmina rescieris nos fingere, ... *Ars Poet.*108
     format enim natura prius nos intus ad omnem|fortunarum habitum: *Carm.*2.20.19
noscent. me . . . ultimi|noscent Geloni, ... *Serm.*2.7.89
noscere. potesne|ex his ut proprium quid noscere? *Carm.*1.15.27
nosces. Merionen quoque|nosces. *Serm.*1.3.67
nosmet. quam temere in nosmet legem sancimus iniquam.   .   . *Serm.*1.10.56
     quid vetat et nosmet Lucili scripta legentis|quaerere,   .   . *Serm.*2.8.19
nosse. sed quis cenantibus una,|Fundani, pulcre fuerit tibi, nosse laboro.'. *Serm.*1.9.62
nosset. illum|qui pulcre nosset. *Serm.*2.6.48
noster. per totum hoc tempus subiectior in diem et horam|invidiae noster. *Epod.*17.77
nosti. ut ipse nosti curiosus, ... *var.Epod.*17.77
     ut ipse nosti curiosus [curiosus nosti], ... *Serm.*1.3.126
     'non nosti, quid pater,' inquit,|'Chrysippus dicat: .   .   . *Serm.*1.6.15
     notante|iudice quo nosti populo, ... *Serm.*2.3.18
     unde|tam bene me nosti?' *Epist.*1.2.23
     Sirenum voces et Circae pocula nosti; *Serm.*1.10.90
nostra. si placeant spe|deterius nostra. *Epist.*2.1.201
nostra. sonum, referunt quem nostra theatra?   .   .   .   . *Ars Poet.*63
     debemur morti nos nostraque: *Carm.*2.6.2
nostra. Cantabrum indoctum iuga ferre nostra *Serm.*1.10.*7
     ut esset opem qui ferre poetis|antiquis posset contra fastidia nostra, . *Epist.*2.1.89
     nostra sed inpugnat, nos nostraque lividus odit.   .   .   . *Ars Poet.*388
nostras. in Maeci descendat iudicis auris|et patris et nostras   .   . *Carm.*3.11.51
nostri. nostri memorem sepulcro|scalpe querelam.'   .   .   . *Carm.*3.27.14
     et memor nostri, Galatea, vivas   .   .   .   .   .   .

ut valet? ut meminit nostri? *Epist.*1.3.12
ne studio nostri pecces *Epist.*1.13.4
nostri. occidit|spes omnis et fortuna nostri|nominis . . . *Carm.*4.4.71
nostri. nil intemptatum nostri liquere poetae . . . . *Ars Poet.*285
nostris. inauspicatos [non auspicatos] contudit impetus|nostros [? nostris] *? var.Carm.*3.6.11
te nostris ducibus, te Grais anteferendo *Epist.*2.1.19
nostris. neve te nostris vitiis iniquom|ocior aura|tollat; . . . *Carm.*1.2.47
nostris. nostrisque ductum seditionibus|bellum resedit; . . . *Carm.*3.3.29
cum prole matronisque nostris, ... *Carm.*4.15.27
cur tua plus laudes cumeris granaria nostris? *Serm.*1.1.53
nostro. insani leonis|vim stomacho adposuisse nostro. . . . *Carm.*1.16.16
signa nostro restituit Iovi *Carm.*4.15.6
nostro. quae caret ora cruore nostro? *Carm.*2.1.36
arva|Marte coli populata nostro. *Carm.*3.5.24
nostrorum. Albi, nostrorum sermonum candide iudex, . . . *Epist.*1.4.1
nostros. inauspicatos contudit impetus|nostros *Carm.*3.6.11
cum lamentamur non adparere labores|nostros . . . *Epist.*2.1.225
nostrum. utrumque nostrum incredibili modo|consentit astrum; . . *Carm.*2.17.21
Lucili ritu, nostrum melioris utroque. *Serm.*2.1.29
peccat uter nostrum cruce dignius? *Serm.*2.7.47
nostrum. nunc age, quid nostrum concentum dividat, audi. . . *Epist.*1.14.31
nostrum. per nostrum patimur scelus|iracunda Iovem ponere fulmina. . *Carm.*1.3.39
si foret hoc nostrum fato delapsus in aevom, . . . *Serm.*1.10.68
ad nostrum tempus Livi scriptoris ab aevo. . . . *Epist.*2.1.62
Nota. Ionius udo cum remugiens sinus|Noto [Nota] carinam ruperit. . *var.Epod.*10.20
nota. ut Chio nota si conmixta Falerni est.' *Serm.*1.10.24
nota. Cressa ne careat pulcra dies nota *Carm.*1.36.10
bearis|interiore nota Falerni. *Carm.*2.3.8
signatum praesente nota procudere nomen. . . . *Ars Poet.*59
nota. nota quae sedes fuerat columbis, ... *Carm.*1.2.10
notaque et artium|gratarum facies? *Carm.*4.13.21
quid tibi visa Chios, Bullati, notaque Lesbos, . . . *Epist.*1.11.1
nota. deversoria nota|praeteragendus equos. *Epist.*1.15.10
nota refert meretricis acumina. *Epist.*1.17.55
notaque fatali portenta labore subegit, ... *Epist.*2.1.11
notabant. multa cum libertate notabant. *Serm.*1.4.5
notabit. arguet ambigue dictum, mutanda notabit, . . . *Ars Poet.*449
notam. inpressit memorem dente labris notam. *Carm.*1.13.12
qua notam duxit, niveus videri,|cetera fulvos. . . . *Carm.*4.2.59
veluti tractata notam labemque remittunt|atramenta, . . *Epist.*2.1.235
notandi. aetatis cuiusque notandi sunt tibi mores, . . . *Ars Poet.*156
notando. ut fugerem exemplis vitiorum quaeque notando. . . *Serm.*1.4.106
notante. notante|iudice quo nosti populo, ... *Serm.*1.6.14
notarent. donec verba, quibus voces sensusque notarent, . . *Serm.*1.3.103
notari. stultus et inprobus hic amor est dignusque notari. . . *Serm.*1.3.24
notas. audiat Lyde scelus atque notas|virginum poenas . . *Carm.*3.11.25
imbres|quem super notas aluere ripas, ... *Carm.*4.2.6
in medias res|non secus ac notas auditorem rapit . . *Ars Poet.*149
notat. 'si sciret regibus uti,|fastidiret holus, qui me notat.' . . *Epist.*1.17.15
notati. quorsum abeant? sani ut creta, an carbone notati? . . *Serm.*2.3.246
notatus. saepe notatus|cum tribus anellis, modo laeva Priscus inani . *Serm.*2.7.8
Nothi. illam cogit amor Nothi *Carm.*3.15.11
Noti. timuit . . . nec tristis Hyadas nec rabiem Noti, . . *Carm.*1.3.14
noti. omnes|vicini oderunt, noti, pueri atque puellae. . . *Serm.*1.1.85
vetuli notique columbi|tu nidum servas, ... *Epist.*1.10.5
notior. iam Daedaleo notior Icaro *Carm.*2.20.13
Notis. ille Notis actus ad Oricum *Carm.*3.7.5
notis. non incisa notis marmora publicis, ... *Carm.*4.8.13
notis. vetuli notique columbi [? vetulis notisque columbis]|tu nidum servas, *? var.Epist.*1.10.5
notis. tempora, quae semel|notis condita fastis|inclusit volucris dies. *Carm.*4.13.15
notis. orientia tempora notis|instruit exemplis, inopem solatur et aegrum. *Epist.*2.1.130
Noto. Ionius udo cum remugiens sinus|Noto carinam ruperit. . *Epod.*10.20
noto. exercitatas aut petit Syrtis noto|aut fertur incerto mari. . *Epod.*9.31
noto. piscis,|longe dissimilem noto celantia sucum, . . . *Serm.*2.8.28
et longum noto scriptori prorogat aevom. . . . *Ars Poet.*346
noto. ex noto fictum carmen sequar, ... *Ars Poet.*240
notos. incipit ex illo montis Apulia notos|ostentare mihi, . . *Serm.*1.5.77
notum. quendam volo visere non tibi notum; *Serm.*1.9.17
cum bene notum|porticus Agrippae, via te conspexerit Appi, . *Epist.*1.6.25

praeconem, . . . notum | et properare loco et cessare et quaerere et uti,   *Epist.*1.7.56
  ut penitus notum, si temptent crimina, serves *Epist.*1.18.80
notum. omnibus et lippis notum et tonsoribus esse. *Serm.*1.7.3
  notum si callida verbum | reddiderit iunctura novom. . . .   *Ars Poet.*47
Notus. deterget nubila caelo | saepe Notus neque parturit imbris . .   *Carm.*1.7.16
  me quoque devexi rapidus comes Orionis | Illyricis Notus obruit undis. .   *Carm.*1.28.22
  quem Notus invido | flatu . . . dulci distinet a domo, ...   *Carm.*4.5.9
  Ionius udo cum remugiens sinus | Noto [sinu | Notus] carinam ruperit.   *var.Epod.*10.20
  quocumque per undas | Notus vocabit aut protervos Africus. . .   *Epod.*16.22
notus. notus in fratres animi paterni: *Carm.*2.2.6
  notus et integrae | temptator Orion Dianae *Carm.*3.4.70
  notus in voltus honor. *Epod.*17.18
  quidam notus homo cum exiret fornice, ...   *Serm.*1.2.31
  accurrit quidam notus mihi nomine tantum *Serm.*1.9.3
nova. nova febrium | terris incubuit cohors *Carm.*1.3.30
  servitus crescit nova *Carm.*2.8.18
  cum palla, tabo munus imbutum, novam [nova] | incendio nuptam
    abstulit? *var.Epod.*5.65
  quam nova collibus arbor inhaeret. *Epod.*12.20
nova. ambiguam tellure nova Salamina futuram. *Carm.*1.7.29
  o utinam nova | incude diffingas retusum . . . ferrum. . . .   *Carm.*1.35.38
  fronde nova puerum palumbes | texere, ...   *Carm.*3.4.12
  quae nemora aut quos agor in specus, | velox mente nova? . . .   *Carm.*3.25.3
  novaque monstra iunxerit libidine | mirus amor. *Epod.*16.30
nova. nova fictaque nuper habebunt verba fidem, ...   *Ars Poet.*52
  et iuvenum ritu florent modo nata vigentque [? et nova iuvenum ritu
    florent motat augentque]. . . . .   ? *var.Ars Poet.*62
nova. grave ne rediret | saeculum Pyrrhae nova monstra questae, .   *Carm.*1.2.6
  potius nova | cantemus Augusti tropaea *Carm.*2.9.18
  seu per audacis nova dithyrambos | verba devolvit *Carm.*4.2.10
  sunt quorum ingenium nova tantum crustula promit. . . .   *Serm.*2.4.47
  'de re communi scribae magna atque nova te | orabant . . .   *Serm.*2.6.36
  beatus enim iam | cum pulchris tunicis sumet nova consilia et spes, .   *Epist.*1.18.33
  adsciscet nova, quae genitor produxerit usus. *Epist.*2.2.119
  nova rerum | nomina protulerit? . . . .   *Ars Poet.*57
novae. prolisque novae feraci | lege marita, ...   *Carm.Saec.*19
novae. da lunae propere novae, ...   *Carm.*3.19.9
novae. novaeque pergunt interire lunae: *Carm.*2.18.16
novam. novam | incendio nuptam abstulit? *Epod.*5.65
  audes | personam formare novam, ...   *Ars Poet.*126
novare. 'de re communi scribae magna atque nova te [novare] | orabant
    hodie meminisse, Quinte, reverti.' *var.Serm.*2.6.36
novas. spes donare novas largus *Carm.*4.12.19
novatae. 'de re communi scribae magna atque nova te [novatae] | orabant
    hodie meminisse, Quinte, reverti.' *var.Serm.*2.6.36
novavit. mox etiam agrestis Satyros nudavit [novavit] et asper | incolumi
    gravitate iocum temptavit . . . .   *var.Ars Poet.*221
novem. tribus aut novem | miscentur cyathis pocula commodis. . .   *Carm.*3.19.11
  acceptusque novem Camenis, ...   *Carm.Saec.*62
  mirabile visu | caelatumque novem Musis opus. *Epist.*2.2.92
novendiales. neque in sepulcris pauperum prudens anus | novendialis
    [novendiales] dissipare pulveres. *var.Epod.*17.48
novendialis. novendialis dissipare pulveres. *Epod.*17.48
noverca. quid ut noverca me intueris *Epod.*5.9
novi. ego quid sit ater | Hadriae novi sinus *Carm.*3.27.19
  'si bene me novi, non Viscum pluris amicum, ...   *Serm.*1.9.22
  si | aut valeo stare aut novi civilia iura; *Serm.*1.9.39
  Ofellum | integris opibus novi non latius usum *Serm.*2.2.113
  'novi | et miror morbi purgatum te illius.' *Serm.*2.3.26
  ius anceps novi, causas defendere possum; *Serm.*2.5.34
  si bene te novi, metues, liberrime Lolli, | scurrantis speciem praebere, .   *Epist.*1.18.1
novi. o navis, referent in mare te novi | fluctus. *Carm.*1.14.1
Noviorum. qui se | voltum ferre negat Noviorum posse minoris. . .   *Serm.*1.6.121
novis. novis ut usque suppetas laboribus. *Epod.*17.64
  ponere signa novis praeceptis, ...   *Serm.*2.4.2
novis. nec vincire novis tempora floribus. *Carm.*4.1.32
  vetatque novis considere in hortis. *Serm.*1.8.7
novis. hunc fidibus novis, | hunc Lesbio sacrare plectro *Carm.*1.26.10
  novisque rebus infidelis Allobrox *Epod.*16.6

novisti. siquid novisti rectius istis,|candidus inperti; *Epist.*1.6.67
novistine locum potiorem rure beato? *Epist.*1.10.14
novit. quid possim videt ac novit me valdius ipso. *Epist.*1.9.6
novitas. quod si tam Graecis novitas invisa fuisset|quam nobis, . . *Epist.*2.1.90
novitate. eo quod|illecebris erat et grata novitate morandus|spectator . *Ars Poet.*223
Novium. Maenius absentem Novium cum carperet, ... *Serm.*1.3.21
Novius. 'at Novius collega gradu post me sedet uno: *Serm.*1.6.40
novo. populus Laevino mallet honorem|quam Decio mandare novo . . *Serm.*1.6.20
novo. nec Damalis novo|divelletur adultero *Carm.*1.36.18
novo|sublime ritu moliar atrium? *Carm.*3.1.45
caprea . . . leonem|dente novo peritura vidit: *Carm.*4.4.16
novo. deorum|templa novo decorare saxo. *Carm.*2.15.20
novom. quid orat de patera novom|fundens liquorem? . . . *Carm.*1.31.2
novom. notum si callida verbum|reddiderit iunctura novom. . . *Ars Poet.*48
novos. ut huc novos incola venit? *Serm.*2.2.128
'atqui|emovit veterem mire novos, ... *Serm.*2.3.28
novos. saeviat atque novos moveat Fortuna tumultus: . . . *Serm.*2.2.126
referri debet an inter|vilis atque novos? *Epist.*2.1.38
novum. notum si callida verbum|reddiderit iunctura novom [novum]. . *var.Ars Poet.*48
Nox. dum favet Nox et Venus, ... *Carm.*3.11.50
dicetur, merita Nox quoque nenia. *Carm.*3.28.16
Nox erat et caelo fulgebat Luna sereno *Epod.*15.1
Nox. Nox et Diana, quae silentium regis, ... *Epod.*5.51
nox. iam te premet nox fabulaeque Manes *Carm.*1.4.16
sed omnis una manet nox *Carm.*1.28.15
urget diem nox et dies noctem *Epod.*17.25
iam nox inducere terris|umbras *Serm.*1.5.9
iamque tenebat|nox medium caeli spatium, ... *Serm.*2.6.101
ut nox longa quibus mentitur amica *Epist.*1.1.20
nube. nube candentis umeros amictus|augur Apollo; . . . *Carm.*1.2.31
cras vel atra|nube polum Pater occupato|vel sole puro; . . *Carm.*3.29.44
nubem. noctem peccatis et fraudibus obice nubem.' . . . *Epist.*1.16.62
deme supercilio nubem: *Epist.*1.18.94
nubes. simul atra nubes|condidit lunam *Carm.*2.16.2
nubes. concidunt venti fugiuntque nubes *Carm.*1.12.30
nubet. forti nubet procera Corano|filia Nasicae, ... *Serm.*2.5.64
nubibus. non semper imbres nubibus hispidos|manant in agros . . *Carm.*2.9.1
desere copiam et|molem propinquam nubibus arduis, . . *Carm.*3.29.10
nubila. albus ut obscuro deterget nubila caelo|saepe Notus . . *Carm.*1.7.15
Diespiter, |igni corusco nubila dividens|plerumque, . . *Carm.*1.34.6
nubis. Pleiadum choro|scindente nubis, ... *Carm.*4.14.22
aut, dum vitat humum, nubis et inania captet. . . . *Ars Poet.*230
nubium. tendit, Antoni, quotiens in altos|nubium tractus: . . *Carm.*4.2.27
nuce. te|contemptum cassa nuce pauperet; *Serm.*2.5.36
nil intra est olea, nil extra est in nuce duri; *Epist.*2.1.31
nuces. te talos, Aule, nucesque|ferre sinu laxo, ... *Serm.*2.3.171
nucis. siquid fricti ciceris probat et nucis emptor, . . . *Ars Poet.*249
nuda. incorrupta Fides nudaque Veritas *Carm.*1.24.7
utinam inter errem|nuda leones *Carm.*3.27.52
Gratia . . . audet|ducere nuda choros: *Carm.*4.7.6
sub clara nuda lucerna|quaecumque *Serm.*2.7.48
sub clara nuda lucerna [lucerna nuda]|quaecumque excepit turgentis
verbera caudae|clunibus *var.Serm.*2.7.48
nudam. Cois tibi paene videre est|ut nudam, ne crure malo, ne sit pede
turpi; *Serm.*1.2.102
nudare. ingenium res|adversae nudare solent. *Serm.*2.8.74
nudat. quem damnosa venus, quem praeceps alea nudat, . . *Epist.*1.18.21
nudata. moveat cornicula risum|furtivis nudata coloribus. . . *Epist.*1.3.20
nudavit. mox etiam agrestis Satyros nudavit . . . . *Ars Poet.*221
nudet. ne manifestum|caelibis obsequium nudet te, . . . *Serm.*2.5.47
nudis. non saxa nudis surdiora navitis *Epod.*17.54
nudis. Gratia|nudis iuncta sororibus. *Carm.*3.19.17
nudis. Canidiam pedibus nudis passoque capillo, . . . *Serm.*1.8.24
cadaver|unctum oleo largo nudis umeris tulit heres, . . *Serm.*2.5.86
nudo. arbiter pugnae posuisse nudo|sub pede palmam . . *Carm.*3.20.11
discincta tunica fugiendum est et pede nudo, . . . *Serm.*1.2.132
quid? siquis voltu torvo ferus et pede nudo . . . *Epist.*1.19.12
nudum. nonne vides, ut|nudum remigio latus *Carm.*1.14.4
nudus. nil cupientium|nudus castra peto *Carm.*3.16.23

nudus agris, nudus nummis, insane, paternis; *Serm*.2.3.184
nudus|in Tiberi stabit.' *Serm*.2.3.291
nudus inopsque domum redeam te vate, ... *Serm*.2.5.6
Vortumnum Ianumque, liber, spectare videris, | scilicet ut prostes
    Sosiorum pumice mundus [nudus]. *var.Epist*.1.20.2
nugae. quam versus inopes rerum nugaeque canorae. .   .   .   . *Ars Poet*.322
hae nugae seria ducent .   .   .   . *Ars Poet*.451
nugari. nugari cum illo et discincti ludere, . . . soliti. .   .   . *Serm*.2.1.73
ut primum positis nugari Graecia bellis|coepit *Epist*.2.1.93
nugaris. interdum nugaris rure paterno. *Epist*.1.18.60
nugarum. nescio quid meditans nugarum, totus in illis: .   .   . *Serm*.1.9.2
nugas. cui concredere nugas|hoc genus: 'hora quota est?' .   .   . *Serm*.2.6.43
nugis. scripta pudet recitare et nugis addere pondus' .   .   . *Epist*.1.19.42
nugis. nequitia et nugis, pravorum et amore gemellum, .   .   . *Serm*.2.3.244
propugnat nugis armatus: *Epist*.1.18.16
nimirum sapere est abiectis utile nugis *Epist*.2.2.141
'cur ego amicum|offendam in nugis?' .   .   .   . *Ars Poet*.451
nulla. pone me pigris ubi nulla campis|arbor aestiva recreatur aura, . *Carm*.1.22.17
nulla decempedis|metata privatis opacam|porticus excipiebat arcton . *Carm*.2.15.14
nulla certior tamen | rapacis Orci sede destinata | aula divitem manet |
    erum. *Carm*.2.18.29
nulla sit hac potior sententia: *Epod*.16.17
nulla taberna meos habeat neque pila libellos, ... *Serm*.1.4.71
nulla etenim mihi te fors obtulit: *Serm*.1.6.54
'nulla mihi' inquam|'religio est.' *Serm*.1.9.70
uti mox|nulla fides damnis verisque doloribus adsit. .   .   . *Epist*.1.17.57
res urget me nulla: meo sum pauper in aere. *Epist*.2.2.12
ne mea saevos|iurgares ad te quod epistula nulla rediret. .   . *Epist*.2.2.22
si tibi nulla sitim finiret copia lymphae, ... *Epist*.2.2.146
nulla. abacta nulla Veia conscientia *Epod*.5.29
dira detestatio|nulla expiatur victima. *Epod*.5.90
post hoc ludus erat †culpa [nulla] potare magistra .   .   . *coni.Serm*.2.2.123
nil conscire sibi, nulla pallescere culpa. *Epist*.1.1.61
sunt qui formidine nulla|imbuti spectent: *Epist*.1.6.4
nulla. teque piacula nulla resolvent. *Carm*.1.28.34
nulla nocent pecori contagia, ... *Epod*.16.61
omnia te adversum spectantia, nulla retrorsum.' *Epist*.1.1.75
nulla placere diu nec vivere carmina possunt, ... *Epist*.1.19.2
nulla. 'quid tu?|nullane habes vitia?' *Serm*.1.3.20
nullam. nullam, Vare, sacra vite prius severis arborem .   .   . *Carm*.1.18.1
contra alius nullam nisi olenti in fornice stantem. *Serm*.1.2.30
hoc amat et laudat 'matronam nullam ego tango.' *Serm*.1.2.54
nulli. nulli flebilior quam tibi, Vergili. *Carm*.1.24.10
caris multa sodalibus, | nulli plura tamen dividit oscula | quam dulci
    Lamiae, ... *Carm*.1.36.6
erit nulli proprius, sed cedet in usum|nunc mihi, nunc alii. .   . *Serm*.2.2.134
'o nulli quicquam mentite, ... *Serm*.2.5.5
nulline faterier audes? *Epist*.2.2.148
si(c) quia perpetuos nulli datur usus *Epist*.2.2.175
nulli. nullique malo latus obdit apertum, ... *Serm*.1.3.59
ante meum nulli patuit quaesita palatum. *Serm*.2.4.46
nullis. multos saepe viros nullis maioribus ortos *Serm*.1.6.10
nullis. nullis polluitur casta domus stupris, ... *Carm*.4.5.21
nullius. nullius adductus iurare in verba magistri, ... *Epist*.1.1.14
nullius. fabula nullius veneris, sine pondere et arte, ... *Ars Poet*.320
nullius. nullius astri|gregem aestuosa torret inpotentia. .   .   . *Epod*.16.61
nullius. quamvis fers te nullius egentem.' *Epist*.1.17.22
praeter laudem nullius avaris .   .   .   . *Ars Poet*.324
nullo. nullo natura labore|quos tibi dat, ... *Serm*.1.1.88
has nullo perdere possum|nec prohibere modo, ... *Serm*.1.8.20
nullos. 'nullos his mallem ludos spectasse: *Serm*.2.8.79
ipse ego, qui nullos me adfirmo scribere versus, ... *Epist*.2.1.111
nullum. nullum a labore me reclinat otium; *Epod*.17.24
nullum. nullum|saeva caput Proserpina fugit: *Carm*.1.28.19
nullum ultra verbum aut operam insumebat inanem, .   .   . *Ars Poet*.443
nullus. nullus argento color est avaris|abdito terris, ... *Carm*.2.2.1
non quia nasus|illis nullus erat, ... *Serm*.2.2.90
'nullus in orbe sinus Bais praelucet amoenis' *Epist*.1.1.83
num. num vanae redeat sanguis imagini, ... *Carm*.1.24.15

num tu quae tenuit dives Achaemenes . . . permutare velis crine
    Licymniae *Carm.*2.12.21
num viperinus his cruor | incoctus herbis me fefellit? . . . *Epod.*3.6
inlitterati num minus nervi rigent *Epod.*8.17
num, tibi cum faucis urit sitis, aurea quaeris | pocula? . . . *Serm.*1.2.114
num esuriens fastidis omnia praeter | pavonem rhombumque? . *Serm.*1.2.115
num, . . . malis tentigine rumpi? *Serm.*1.2.116
haud illud quaerentis, num sine sensu, ... *Serm.*1.4.77
tempore num faciant alieno. *Serm.*1.4.78
quo patre sit natus, num ignota matre inhonestus, . . *Serm.*1.6.36
nam [num] sic | et Laberi mimos ut pulcra poemata mirer. . *var.Serm.*1.10.5
num illius, num rerum dura negarit | versiculos natura . . *Serm.*1.10.57
num Laelius . . . ingenio offensi *Serm.*2.1.65
num vesceris ista, | quam laudas, pluma? *Serm.*2.2.27
cocto num adest honor idem? *Serm.*2.2.28
num tantum, sufflans se, magna fuisset? *Serm.*2.3.317
'maior dimidio.' 'num tanto?' *Serm.*2.3.318
'num furis? an prudens ludis me obscura canendo?' . . *Serm.*2.5.58
num sit quoque fracta lagoena, ... *Serm.*2.8.81
num te semper inops agitet vexetque cupido, . . . *Epist.*1.18.98
num pavor et rerum mediocriter utilium spes, . . . *Epist.*1.18.99
ne, . . . dum [num] vitat humum, nubis et inania captet. . . *var.Ars Poet.*230
Numa. ire tamen restat, Numa quo devenit et Ancus. . . *Epist.*1.6.27
Numae. iam Saliare Numae carmen qui laudat . . . *Epist.*2.1.86
Numantiae. nolis longa ferae bella Numantiae . . . *Carm.*2.12.1
numen. numen cum teneris virginibus tuom | laudantes . . *Carm.*4.1.26
Laribus tuom | miscet numen, ... *Carm.*4.5.35
nunc in hostilis domos | iram atque numen vertite. . . *Epod.*5.54
cum tu, magnorum numen laesura deorum, . . . *Epod.*15.3
iurandasque tuom per numen ponimus aras, . . *Epist.*2.1.16
numerabilis. quo sane populus numerabilis, utpote parvos, . . *Ars Poet.*206
numerandum. effundi saccos nummorum, accedere plures | ad numerandum: *Serm.*2.3.150
numerare. vidi, | te, Tiberi, numerare, cavis abscondere tristem, . *Serm.*2.3.173
numeras. natalis grate numeras? *Epist.*2.2.210
numerat. habet hos numeratque poetas *Epist.*2.1.61
numerato. quid refert, vivas numerato nuper an olim? . *Epist.*2.2.166
numeretur. caldior est: acris inter numeretur: . . *Serm.*1.3.53
numeris. accessit numerisque modisque licentia maior. . . *Ars Poet.*211
numeris. verba devolvit numerisque fertur | lege solutis, . . *Carm.*4.2.11
mutatis tantum pedibus numerisque, ... *Serm.*1.4.7
sic horridus ille | defluxit numerus [numeris] Saturnius . . *var.Epist.*2.1.158
praecipue cum se numeris commendat et arte. . . . *Epist.*2.1.261
numero. te maris et terrae numeroque carentis harenae | mensorem cohibent, *Carm.*1.28.1
dissidens plebi numero beatorum | eximit Virtus . . *Carm.*2.2.18
ego me illorum, dederim quibus esse poetis, | excerpam numero: . *Serm.*1.4.40
iubesque | esse in amicorum numero. *Serm.*1.6.62
Maecenas me coepit habere suorum | in numero, . . *Serm.*2.6.42
quod numero plures, virtute et honore minores, . . *Epist.*2.1.183
quo scribi possent numero, monstravit Homerus. . . *Ars Poet.*74
numeros. Leuconoe, nec Babylonios | temptaris numeros. . . *Carm.*1.11.3
numeros animosque secutus | Archilochi, . . . *Epist.*1.19.24
sed verae numerosque modosque ediscere vitae. . . *Epist.*2.2.144
at vestri proavi Plautinos et numeros et | laudavere sales, . . *Ars Poet.*270
numerum. horum tu in numerum voto ruis; . . . *Epist.*1.14.41
quamvis nil extra numerum fecisse modumque | curas: . *Epist.*1.18.59
numerus. accessit fervor capiti numerusque lucernis; . . *Serm.*2.1.25
nos numerus sumus et fruges consumere nati, . . *Epist.*1.2.27
sic horridus ille | defluxit numerus Saturnius . . . *Epist.*2.1.158
Numici. nil admirari prope res est una, Numici, . . *Epist.*1.6.1
Numidae. custodes Numidae deos, ... *Carm.*1.36.3
Numidarum. me vel extremos Numidarum in agros | classe releget: . *Carm.*3.11.47
numina. per et Dianae non movenda numina, . . . *Epod.*17.3
poscit opem chorus et praesentia numina sentit, . . *Epist.*2.1.134
numine. glaciet nives | puro numine Iuppiter? . . *Carm.*3.10.8
quocumque lectum nomine [numine] Massicum | servas, . . *var.Carm.*3.21.5
quem tu, Melpomene, semel | nascentem placido lumine [numine]
    videris, ... *var.Carm.*4.3.2
quas et benigno numine Iuppiter | defendit . . . *Carm.*4.4.74
nummatum. ac bene nummatum decorat Suadela Venusque. . . *Epist.*1.6.38

nummi. ne nummi pereant aut puga aut denique fama. *Serm.*1.2.133
nummis. omnia conductis coemens obsonia nummis: *Serm.*1.2.9
   dives agris, dives positis in faenore nummis. *Serm.*1.2.13
   nudus agris, nudus nummis, insane, paternis; *Serm.*2.3.184
   'dives agris, dives positis in faenore nummis.' . . . . *Ars Poet.*421
nummo. dic, . . . gaudentem nummo te addicere. *Serm.*2.5.109
   semper avarus eget [*?* eget nummo]: . . . . . *? var.Epist.*1.2.56
nummorum. effundi saccos nummorum, accedere plures│ad numerandum: *Serm.*2.3.149
   eritque tuos nummorum milibus octo, ... *Epist.*2.2.5
   fortasse trecentis│aut etiam supra nummorum milibus emptum. . *Epist.*2.2.165
   praesertim census equestrem│summam nummorum . . . *Ars Poet.*384
nummos. simul ac nummos contemplor in arca.' *Serm.*1.1.67
   dives│ut metiretur nummos, ... *Serm.*1.1.96
   dedit hic pro corpore nummos, ... *Serm.*1.2.43
   mercedem aut nummos unde unde extricat, ... *Serm.*1.3.88
   qui nummos aurumque recondit, ... *Serm.*2.3.109
   quaerenda pecunia primum est;│virtus post nummos': . . *Epist.*1.1.54
   scorto postponet honestum│officium, nummos alienos pascet, . *Epist.*1.18.35
   cautos nominibus rectis expendere nummos, ... *Epist.*2.1.105
   des nummos, excepta nihil te si fuga laedat: . . . *Epist.*2.2.16
   das nummos, accipis uvam,│pullos, ova, cadum temeti: . . *Epist.*2.2.162
nummum. gestit enim nummum in loculos demittere, ... *Epist.*2.1.175
   licuit semperque licebit │ signatum praesente nota procudere nomen
    [nummum]. . . . . *coni.Ars Poet.*59
nummum. accipit et bis dena super sestertia nummum. . . . *Epist.*2.2.33
nummus. nescis quo valeat nummus, quem praebeat usum? . . *Serm.*1.1.73
numqua. numqua tibi vitiorum inseverit olim│natura . . . *Serm.*1.3.35
numquam. Attalicis condicionibus│numquam demoveas, . . *Carm.*1.1.13
   numquam homini satis│cautum est in horas: . . . *Carm.*2.13.13
   numquam umeris positurus arcum *Carm.*3.4.60
   consilio patres│firmaret auctor numquam alias dato . . *Carm.*3.5.46
   neque hic lupis mos nec fuit leonibus│umquam [numquam] nisi in dispar
    feris. *var.Epod.*7.12
   germinat et numquam fallentis termes olivae . . . *Epod.*16.45
   ut numquam inducant animum cantare rogati, . . . *Serm.*1.3.2
   ut numquam inducant animum cantare rogati [*?* rogati ut numquam
    cantent],│iniussi numquam desistant. . . . . *? var.Serm.*1.3.2
   iniussi numquam desistant. *Serm.*1.3.3
   sapiens crepidas sibi numquam│nec soleas fecit; . . . *Serm.*1.3.127
   unius assis│non umquam [non numquam] pretio pluris licuisse, . *var.Serm.*1.6.14
   'accipe quod numquam reddas mihi' si tibi dicam: . . . *Serm.*2.3.66
   quod tu numquam rescribere possis. *Serm.*2.3.76
   quid enim differt, barathrone│dones quidquid habes an numquam utare
    paratis? *Serm.*2.3.167
   ut canis a corio numquam absterrebitur uncto. . . . *Serm.*2.5.83
   'sic, ut mihi numquam│in vita fuerit melius.' . . . *Serm.*2.8.3
   "eoque│responsura tuo numquam est par fama labori. . . *Serm.*2.8.66
   Ennius ipse pater numquam nisi potus ad arma│prosiluit dicenda. *Epist.*1.19.7
   si tribus Anticyris caput insanabile numquam│tonsori Licino conmiserit. *Ars Poet.*300
   numquam te fallent animi sub volpe latentes. . . . *Ars Poet.*437
numqui. numquid [numqui] Pomponius istis │ audiret leviora, pater si
   viveret? *var.Serm.*1.4.52
numquid. numquid ego a te│magno prognatum deposco consule cunnum . *Serm.*1.2.69
   numquid Pomponius istis│audiret leviora, pater si viveret? . *Serm.*1.4.52
   numquid ego illi│inprudens olim faciam simile?' . . . *Serm.*1.4.136
   cum adsectaretur, 'numquid vis?' occupo. *Serm.*1.9.6
   numquid de Dacis audisti?' *Serm.*2.6.53
nunc. nunc viridi membra sub arbuto│stratus, ... *Carm.*1.1.21
   nunc ad aquae lene caput sacrae. *Carm.*1.1.22
   nunc decet aut viridi nitidum caput impedire myrto│aut flore, . *Carm.*1.4.9
   nunc et in umbrosis Fauno decet immolare lucis, . . . *Carm.*1.4.11
   quo calet iuventus│nunc omnis et mox virgines tepebunt. . *Carm.*1.4.20
   qui nunc te fruitur credulus aurea, ... *Carm.*1.5.9
   nunc vino pellite curas; *Carm.*1.7.31
   nunc et campus et areae . . . repetantur *Carm.*1.9.18
   nunc et latentis proditor intumo│gratus puellae risus ab angulo . *Carm.*1.9.21
   quae nunc oppositis debilitat pumicibus mare│Tyrrhenum: . *Carm.*1.11.5
   nunc desiderium curaque non levis, ... *Carm.*1.14.18
   nunc ego mitibus│mutare quaero tristia, ... *Carm.*1.16.25

Icci, beatis nunc Arabum invides|gazis *Carm.*1.29.1
nunc retrorsum|vela dare . . . cogor *Carm.*1.34.3
qui nunc Hesperia sospes ab ultima *Carm.*1.36.4
nunc est bibendum, nunc pede libero|pulsanda tellus; . . . *Carm.*1.37.1
nunc Saliaribus|ornare pulvinar deorum|tempus erat dapibus, . . *Carm.*1.37.2
iam nunc minaci murmure cornuom|perstringis auris, . . . *Carm.*2.1.17
nunc fluviis gravem|solantis aestum, ... *Carm.*2.5.6
nunc in udo|ludere cum vitulis salicto|praegestientis. . . . *Carm.*2.5.7
non, si male nunc, et olim|sic erit: *Carm.*2.10.17
arbore nunc aquas|culpante, ... *Carm.*3.1.30
nunc torrentia agros|sidera, ... *Carm.*3.1.31
nunc hiemes iniquas. *Carm.*3.1.32
seu voce nunc mavis acuta *Carm.*3.4.3
iam nunc et incestos amores|de tenero meditatur ungui. . . *Carm.*3.6.23
'me nunc Thressa Chloe regit, ... *Carm.*3.9.9
nunc et|divitum mensis et amica templis, ... *Carm.*3.11.5
nunc arma defunctumque bello|barbiton hic paries habebit, . . *Carm.*3.26.3
siquis infamem mihi nunc iuvencum|dedat iratae, . . . *Carm.*3.27.45
nunc medio aequore|cum pace delabentis *Carm.*3.29.34
nunc lapides adesos|stirpisque raptas et pecus et domos volventis una, . *Carm.*3.29.36
nunc mihi nunc alii benigna. *Carm.*3.29.52
nunc in reluctantis dracones|egit amor dapis atque pugnae; . . *Carm.*4.4.11
sollers nunc hominem ponere, nunc deum. *Carm.*4.8.8
et, quae nunc umeris involitant, deciderint comae, . . . *Carm.*4.10.3
nunc et qui color est puniceae flore prior rosae *Carm.*4.10.4
qui nunc Sulpiciis adcubat horreis, ... *Carm.*4.12.18
nunc, nunc adeste, nunc in hostilis domos|iram atque numen vertite. *Epod.*5.53
nunc gloriantis quamlibet mulierculam|vincere mollitia amor Lycisci
  me tenet; *Epod.*11.23
nunc mare, nunc siluae|Threicio Aquilone sonant. . . . *Epod.*13.2
nunc et Achaemenio|perfundi nardo iuvat *Epod.*13.8
meo nunc|superbus incedis malo, ... *Epod.*15.17
siquis quaerat 'quo res haec pertinet?' illuc: *Serm.*1.2.23
nunc aliquis dicat mihi 'quid tu? *Serm.*1.3.19
his, ego quae nunc,|olim quae scripsit Lucilius, . . . *Serm.*1.4.56
nunc illud tantum quaeram, meritone tibi sit *Serm.*1.4.64
nunc mihi paucis|Sarmenti scurrae pugnam Messique Cicirri, . *Serm.*1.5.51
nunc ad me redeo libertino patre natum, ... *Serm.*1.6.45
nunc, quia sim tibi, Maecenas, convictor, ... *Serm.*1.6.47
at hoc nunc|laus illi debetur et a me gratia maior. . . . *Serm.*1.6.87
nunc mihi curto|ire licet mulo *Serm.*1.6.104
nunc licet Esquiliis habitare salubribus *Serm.*1.8.14
'suaviter, ut nunc est,' inquam, 'et cupio omnia quae vis.' . . *Serm.*1.9.5
persequar hinc quo nunc iter est tibi.' *Serm.*1.9.16
omnis conposui.' 'felices.   nunc ego resto. *Serm.*1.9.28
siquis nunc mergos suavis edixerit assos, ... *Serm.*2.2.51
accipe nunc, victus tenuis quae quantaque secum|adferat. . . *Serm.*2.2.70
Ofellum|integris opibus novi non latius usum|quam nunc accisis. . *Serm.*2.2.114
nunc ager Vmbreni sub nomine, nuper Ofelli|dictus, . . . *Serm.*2.2.133
erit nulli proprius, sed cedet in usum|nunc mihi, nunc alii. . . *Serm.*2.2.135
nunc accipe, quare|desipiant omnes aeque ac tu, . . . *Serm.*2.3.46
"nunc age, luxuriam et Nomentanum arripe mecum: . . *Serm.*2.3.224
id crede tuom et vel nunc pete vel cras.' *Serm.*2.3.232
'nec nunc, cum me vocat ultro,|accedam? *Serm.*2.3.262
adde poemata nunc, hoc est, oleum adde camino, . . . *Serm.*2.3.321
quodsi interciderit tibi nunc aliquid, repetes mox, . . . *Serm.*2.4.6
"ergo nunc Dama sodalis|nusquam est? *Serm.*2.5.101
'o si angulus ille|proximus accedat, qui nunc denormat agellum!' . *Serm.*2.6.9
nunc veterum libris, nunc somno et inertibus horis . . . *Serm.*2.6.61
nunc itaque et versus et cetera ludicra pono, ... *Epist.*1.1.10
nunc agilis fio et mersor civilibus undis, ... *Epist.*1.1.16
nunc in Aristippi furtim praecepta relabor *Epist.*1.1.18
hunc [nunc] amor, ira quidem communiter urit utrumque. . *var.Epist.*1.2.13
nunc adbibe puro|pectore verba, puer, ... *Epist.*1.2.67
nunc te melioribus offer. *Epist.*1.2.68
quid nunc te dicam facere in regione Pedana? *Epist.*1.4.2
i nunc, argentum et marmor vetus aeraque et artis|suspice, . *Epist.*1.6.17
'ergo|post nonam venies; nunc i, rem strenuos auge.' . . *Epist.*1.7.71
nunc Vrbem et ludos et balnea vilicus optas; *Epist.*1.14.15

nunc age, quid nostrum concentum dividat, audi. *Epist*.1.14.31
sub duce, qui templis Parthorum signa refigit|nunc *Epist*.1.18.57
'sit mihi, quod nunc est, etiam minus, ... *Epist*.1.18.107
quod si tam Graecis novitas invisa fuisset|quam nobis, quid nunc esset
    vetus? *Epist*.2.1.91
nunc athletarum studiis, nunc arsit equorum, ... *Epist*.2.1.95
nunc tibicinibus, nunc est gavisa tragoedis; *Epist*.2.1.98
torquet ab obscaenis iam nunc sermonibus aurem, . . . *Epist*.2.1.127
torquet nunc lapidem, nunc ingens machina tignum, . . . *Epist*.2.2.73
i nunc et versus tecum meditare canoros. *Epist*.2.2.76
nunc situs informis premit et deserta vetustas; *Epist*.2.2.118
qui|nunc Satyrum, nunc agrestem Cyclopa movetur. . . . *Epist*.2.2.125
nunc prece, nunc pretio, nunc vi, nunc morte suprema | permutet
    dominos *Epist*.2.2.173
sed nunc non erat his locus. . . . . *Ars Poet*.19
sed nunc non [non nunc] erat his locus. . . . . . . *var.Ars Poet*.19
ut iam nunc dicat iam nunc debentia dici, ... *Ars Poet*.43
cadentque|quae nunc sunt in honore vocabula, ... *Ars Poet*.71
tibia non, ut nunc, orichalco vincta tubaeque|aemula, . . . *Ars Poet*.202
nunc satis est dixisse 'ego mira poemata pango; . . . . *Ars Poet*.416
nuncquam. numqua [nuncquam] tibi vitiorum inseverit olim | natura aut
    etiam consuetudo mala; *var.Serm*.1.3.35
nunquam. numqua [nunquam] tibi vitiorum inseverit olim | natura aut
    etiam consuetudo mala; *var.Serm*.1.3.35
quos torret Atabulus et quos|nunquam erepsemus, ... *Serm*.1.5.79
nuntios. Karthagini iam non ego nuntios|mittam superbos: . . *Carm*.4.4.69
nuntium. magni Iovis et deorum|nuntium curvaeque lyrae parentem, . *Carm*.1.10.6
nuntius. atqui sollicitae nuntius hospitae, ... *Carm*.3.7.9
nuper. nuper sollicitum quae mihi taedium, ... *Carm*.1.14.17
te suis matres metuont iuvencis, | te senes parci miseraeque nuper |
    virgines nuptae, ... *Carm*.2.8.22
virginum matres iuvenumque nuper|sospitum; *Carm*.3.14.9
vixi puellis nuper idoneus *Carm*.3.26.1
nuper in pratis studiosa florum *Carm*.3.27.29
Vindelici didicere nuper|quid Marte posses. *Carm*.4.14.8
iam Scythae responsa petunt, superbi|nuper, et Indi. . . . *Carm.Saec*.56
ut nuper, actus cum freto Neptunius|dux fugit *Epod*.9.7
nunc ager Vmbreni sub nomine, nuper Ofelli|dictus, . . . *Serm*.2.2.133
quod petiit spernit, repetit quod nuper omisit, ... *Epist*.1.1.98
non quia crasse|conpositum inlepideve putetur, sed quia nuper, . . *Epist*.2.1.77
quid refert, vivas numerato nuper an olim? *Epist*.2.2.166
nova fictaque nuper habebunt verba fidem, ... *Ars Poet*.52
regali conspectus in auro nuper et ostro, ... *Ars Poet*.228
nupta. Tanain si biberes, Lyce,|saevo nupta viro, ... *Carm*.3.10.2
nupta iam dices 'ego dis amicum . . . reddidi carmen, . . *Carm*.4.6.41
nuptae. te suis matres metuont iuvencis,|te senes parci miseraeque nuper|
    virgines nuptae, ... *Carm*.2.8.23
nuptam. novam|incendio nuptam abstulit? *Epod*.5.66
nuptarum. hic nuptarum insanit amoribus, hic puerorum; . . *Serm*.1.4.27
nuptiali. una de multis face nuptiali|digna *Carm*.3.11.33
nuptiarum. nuptiarum expers et adhuc protervo|cruda marito. . *Carm*.3.11.11
nuptias. coniurata tuas rumpere nuptias *Carm*.1.15.7
fecunda culpae saecula nuptias|primum inquinavere . . . *Carm*.3.6.17
nusquam. non usquam [nusquam] prorepit et illis utitur ante . *var.Serm*.1.1.37
"ergo nunc Dama sodalis|nusquam est? *Serm*.2.5.102
si nusquam es forte vocatus|ad cenam, ... *Serm*.2.7.29
quod nusquam tibi sit potandum. *Serm*.2.7.32
hic est aut nusquam, quod quaerimus. *Epist*.1.17.39
nutans. nutans,|distorquens oculos, ut me eriperet. . . . *Serm*.1.9.64
nutriant. nutriant fetus et aquae salubres|et Iovis aurae. . . *Carm.Saec*.31
nutrice. sub nutrice puella velut si luderet infans, . . . *Epist*.2.1.99
nutricis. nutricis extra limina Pulliae *Carm*.3.4.10
nutricula. quid voveat dulci nutricula maius alumno, . . . *Epist*.1.4.8
nutriri. Romae nutriri mihi contigit atque doceri, . . . *Epist*.2.2.41
nutrit. nutrit rura Ceres almaque Faustitas, ... *Carm*.4.5.18
nutrita. quid indoles|nutrita faustis sub penetralibus|posset, . . *Carm*.4.4.26
nutritur. nempe inter varias nutritur silva columnas . . . *Epist*.1.10.22
nutritura. nutrit rura [nutritura] Ceres almaque Faustitas, . . *var.Carm*.4.5.18
nutritus. Vmber et iligna nutritus glande rotundas|curvat aper . *Serm*.2.4.40

paucis ostendi gemis et communia laudas, | non ita nutritus. . . . *Epist.*1.20.5
Colchus an Assyrius, Thebis nutritus an Argis. . . . . *Ars Poet.*118
nutrix. nec Iubae tellus generat, leonum | arida nutrix. *Carm.*1.22.16
loquatur . . . matrona potens an sedula nutrix, ... *Ars Poet.*116
nutum. imi | derisor lecti sic nutum divitis horret, ... *Epist.*1.18.11
nutus. verna ministeriis ad nutus aptus erilis, ... *Epist.*2.2.6
nux. tum pensilis uva secundas | et nux ornabat mensas . . *Serm.*2.2.122
nympha. montibus altis | levis crepante lympha [nympha] desilit pede. *var.Epod.*16.48
Nymphae. solutis | Gratiae zonis properentque Nymphae . . . *Carm.*1.30.6
rident | simplices Nymphae, ... *Carm.*2.8.14
nymphae. unde loquaces | lymphae [nymphae] desiliunt tuae. . *va·.Carm.*3.13.16
Nympharum. Nympharumque leves cum Satyris chori *Carm.*1.1.31
Faune, Nympharum fugientum amator, ... *Carm.*3.18.1
Nymphas. Bacchum . . . vidi docentem, . . . Nymphasque discentis . *Carm.*2.19.3
Nymphis. iunctaeque Nymphis Gratiae decentes | alterno terram quatiunt
pede, ... *Carm.*1.4.6
debitae Nymphis opifex coronae *Carm.*3.27.30
Nymphis. Gratia cum Nymphis geminisque sororibus *Carm.*4.7.5

O

o. *Carm.*1.1.2; 1.4.14; 1.7.26; 1.7.30; 1.9.8; 1.14.1; 1.14.2; 1.16.1; 1.26.6; 1.30.1; 1.32.13; 1.32.14;
*Carm.*1.35.1; 1.35.38; 2.7.1; 3.5.38; 3.5.39; 3.10.13; 3.13.1; 3.14.1; 3.14.10; 3.21.1;
*Carm.*3.24.25; 3.25.14; 3.25.19; 3.26.9; 3.27.34; 3.27.50; 4.2.46; 4.2.47; 4.3.17; 4.3.19;
*Carm.*4.4.37; 4.5.37; 4.10.1; 4.14.5; 4.14.43; *Carm.Saec.*2; *Epod.*3.4; 5.1; 5.49; 5.74;
*Epod.*10.15; 12.25; 15.11; 17.30; *var.Epod.*17.30; *Epod.*17.46; *Serm.*1.1.4; 1.2.92 (*bis*);
*Serm.*1.5.43; 1.5.58; 1.9.11; 1.10.21; 2.1.42; 2.1.60; 2.2.107; 2.2.128; 2.3.31; 2.3.265;
*Serm.*2.3.326; 2.5.5; 2.5.59; 2.6.8; 2.6.10; 2.6.51; 2.6.60; 2.6.63; 2.6.65; 2.7.70;
*Epist.*1.1.53; 1.19.19; *Ars Poet.*291; 301; 366
ob. concidit auguris | Argivi domus ob lucrum | demersa exitio; . . *Carm.*3.16.12
ob hanc rem, . . . minus hoc iucundus amicus | sit mihi? . . . *Serm.*1.3.91
volgo recitare timentis ob hanc rem, ... *Serm.*1.4.23
aut ob avaritiam aut misera ambitione laborat. *Serm.*1.4.26
non aliam ob causam, ... *Serm.*1.7.14
'di te, Damasippe, deaeque | verum ob consilium donent tonsore. . *Serm.*2.3.17
cum prudens scelus ob titulos admittis inanis, ... *Serm.*2.3.212
prave sectum stomacheris ob unguem *Epist.*1.1.104
parcus ob heredis curam nimiumque severus | adsidet insano: . *Epist.*1.5.13
quodsi | depositum laudas ob amici iussa pudorem, ... *Epist.*1.9.12
in triviis fixum cum se demittit ob assem, ... *Epist.*1.16.64
clarus ob id factum donis ornatur honestis, ... *Epist.*2.2.32
carmine qui tragico vilem certavit ob hircum, ... *Ars Poet.*220
dictus ob hoc lenire tigres rabidosque leones; . . . . *Ars Poet.*393
obarmet. Amazonia securi | dextras obarmet, ... *Carm.*4.4.21
obdit. nullique malo latus obdit apertum. *Serm.*1.3.59
obducta. obducta solvatur fronte senectus. *Epod.*13.5
obdura. fi cognitor ipse, | persta atque obdura: *Serm.*2.5.39
obeam. tecum vivere amem, tecum obeam lubens.' *Carm.*3.9.24
oberrat. citharoedus | ridetur, chorda qui semper oberrat eadem: . *Ars Poet.*356
obesae. nec firmo iuveni neque naris obesae? *Epod.*12.3
obeso. cum sit obeso | nil melius turdo, ... *Epist.*1.15.42
obeundus. non sollicitus mihi quod cras | surgendum sit mane, obeundus
Marysa, ... *Serm.*1.6.120
obibo. obibo | nec Stygia cohibebor unda. *Carm.*2.20.7
obice. noctem peccatis et fraudibus obice nubem.' *Epist.*1.16.62
obicere. me . . . obicere incolis | plorares Aquilonibus. . . . *Carm.*3.10.3
obiciebat. (unum ex iudicibus selectis obiciebat) *Serm.*1.4.123
obiciet. si neque avaritiam neque sordes . . . obiciet vere quisquam mihi, *Serm.*1.6.69
obiciet nemo sordis mihi, quas tibi, Tilli, ... *Serm.*1.6.107
obiecerit. seu ratio dederit seu fors obiecerit, ... *Serm.*1.1.2
obiecta. quid bellicosus Cantaber et Scythes, . . . cogitet Hadria | divisus
obiecto [obiecta], ... *var.Carm.*2.11.3
obiectas. ursus, | obiectos [obiectas] caveae valuit si frangere clatros, . *var.Ars Poet.*473
obiecto. Hadria | divisus obiecto, ... *Carm.*2.11.3
obiectos. obiectos caveae valuit si frangere clatros, ... *Ars Poet.*473
obire. nec dis amicum est nec mihi te prius | obire, ... *Carm.*2.17.3
obisset. ut si | filius inmaturus obisset, ... *Serm.*2.8.59
oblectat. fabula . . . valdius oblectat populum meliusque moratur . *Ars Poet.*321

obligasti. sed tu simul obligasti | perfidum votis caput, ... *Carm.*2.8.5
obligatam. ergo obligatam redde Iovi dapem *Carm.*2.7.17
obligatus. optat Prometheus obligatus aliti, ... *Epod.*17.67
oblimare. bonam deperdere famam, | rem patris oblimare malum est
  ubicumque. *Serm.*1.2.62
oblinat. nec socerum quaerit, quem versibus oblinat atris, . . . *Epist.*1.19.30
obliquo. quid obliquo laborat | lympha fugax trepidare rivo? . . . *Carm.*2.3.11
  non istic obliquo oculo mea commoda quisquam | limat, . . *Epist.*1.14.37
obliquom. verris obliquom meditantis ictum | sanguine donem. . . *Carm.*3.22.7
obliquom. si per obliquom similis sagittae | terruit mannos: . . *Carm.*3.27.6
obliti. quid deceat, quid non, obliti, ... *Epist.*1.6.62
oblitis. scilicet oblitis [oblitis] patriaeque patrisque Latini, . . . *coni.Serm.*1.10.27
oblitos. scilicet oblitos patriaeque patrisque Latini, ... *coni.Serm.*1.10.27
oblitum. oblitum, . . . tanto reprehendi iustius illis, . . . *Serm.*2.4.85
oblitus. anciliorum et nominis et togae | oblitus [? anciliorum oblitus
  nominis et togae] . . . . *? var.Carm.*3.5.10
  togae | oblitus aeternaeque Vestae, ... *Carm.*3.5.11
  scilicet oblitos [oblitus] patriaeque patrisque Latini, . . . *var.Serm.*1.10.27
  oblitusque meorum, obliviscendus et illis *Epist.*1.11.9
  quibus oblitus actor | cum stetit in scaena, ... *Epist.*2.1.204
oblivia. ducere sollicitae iucunda oblivia vitae? *Serm.*2.6.62
oblivione. unctis omnium cubilibus | oblivione paelicum? . . . *Epod.*5.70
oblivionem. mollis inertia cur tantam diffuderit imis | oblivionem sensibus, *Epod.*14.2
obliviones. patiar labores | inpune, Lolli, carpere lividas | obliviones. . *Carm.*4.9.34
oblivioso. oblivioso levia Massico | ciboria exple, ... *Carm.*2.7.21
obliviscendus. oblitusque meorum, obliviscendus et illis . . . *Epist.*1.11.9
obliviscitur. quis non malarum quas amor curas habet | haec inter
  obliviscitur? *Epod.*2.38
obnoxia. pars multa natat, modo recta capessens, | interdum pravis
  obnoxia. *Serm.*2.7.8
obpedere. vin tu | curtis Iudaeis oppedere [obpedere]?' . . . *var.Serm.*1.9.70
obrepere. verum operi longo fas est obrepere somnum. . . . *Ars Poet.*360
obruit. ingrato celeres obruit otio | ventos *Carm.*1.15.3
  me quoque devexi rapidus comes Orionis | Illyricis Notus obruit undis. . *Carm.*1.28.22
obruitur. qui | semper in augenda festinat et obruitur re. . . . *Epist.*1.16.68
obscaenas. vos turba vicatim hinc et hinc saxis petens | contundet
  obscaenas anus; *Epod.*5.98
obscaenis. torquet ab obscaenis iam nunc sermonibus aurem, . . *Epist.*2.1.127
obscaeno. obscaenoque ruber porrectus ab inguine palus. . . *Serm.*1.8.5
obscaenum. est qui | inguen ad obscaenum subductis usque; . . *Serm.*1.2.26
obscenis. torquet ab obscaenis [obscenis] iam nunc sermonibus aurem, *var.Epist.*2.1.127
obscura. insignem attenuat deus | obscura promens; . . . *Carm.*1.34.14
  'num furis? an prudens ludis me obscura canendo?' . . . *Serm.*2.5.58
obscurante. turpis odoratum caput obscurante lacerna, . . . *Serm.*2.7.55
obscuras. migret in obscuras humili sermone tabernas . . . *Ars Poet.*229
obscurata. verba . . . obscurata diu populo bonus eruet . . . *Epist.*2.2.115
obscuri. modestus | occupat obscuri speciem, taciturnus acerbi. . *Epist.*1.18.95
obscuro. albus ut obscuro deterget nubila caelo | saepe Notus . *Carm.*1.7.15
  non odio obscuro morsuque venenat: *Epist.*1.14.38
obscurum. mire sagacis falleret hospites | discrimen obscurum . *Carm.*2.5.23
obscurum. quid premat obscurum lunae, quid proferat orbem, . *Epist.*1.12.18
  haec amat obscurum; volet haec sub luce videri, . . . *Ars Poet.*363
obscurus. brevis esse laboro, | obscurus fio; . . . . . *Ars Poet.*26
obsecret. exclusit; revocat: redeam? non, si obsecret.' . . . *Serm.*2.3.264
obsecro. te . . . obsecro et obtestor, vitae me redde priori.' . . *Epist.*1.7.95
obsequio. obsequio grassare; mone, si increbruit aura, . . . *Serm.*2.5.93
obsequium. ne manifestum | caelibis obsequium nudet te, . . *Serm.*2.5.47
  obsequium ventris mihi perniciosius est cur? . . . *Serm.*2.7.104
obsequium. alter in obsequium plus aequo pronus . . . *Epist.*1.18.10
obseratis. 'quid obseratis auribus fundis preces? . . . *Epod.*17.53
obsessam. quodsi non pulcrior ignis | accendit obsessam Ilion, . *Epod.*14.14
obsit. postmodo quod mi obsit clare certumque locuto . . . *Serm.*2.6.27
obsita. nec variis obsita frondibus | sub divom rapiam. . . *Carm.*1.18.12
obsoleta. o nec paternis obsoleta sordibus *Epod.*17.46
obsoleti. tutus caret obsoleti | sordibus tecti, ... *Carm.*2.10.6
obsoletis. tutus caret obsoleti [obsoletis] | sordibus tecti, . . *var.Carm.*2.10.6
obsonia. omnia conductis coemens obsonia nummis: . . . *Serm.*1.2.9
  praesentes, Austri, coquite horum obsonia. . . . *Serm.*2.2.41
  quae parvo sumi nequeunt, obsonia captas? *Serm.*2.7.106

obsorbere. Porcius infra, | ridiculus totas semel absorbere [obsorbere]
    placentas; *var.Serm.*2.8.24
obsorberet. scilicet ut deciens solidum absorberet [obsorberet], aceto | diluit
    insignem bacam: *var.Serm.*2.3.240
obstantia. mitulus et viles pellent obstantia conchae . . .   *Serm.*2.4.28
    amat spatiis obstantia rumpere claustra *Epist.*1.14.9
obstantis. dimovit obstantis propinquos *Carm.*3.5.51
obstantis. cum per obstantis iuvenum catervas . . .   *Carm.*3.20.5
    per obstantis catervas | explicuit sua victor arma. . .   *Carm.*4.9.43
    apros in obstantis plagas *Epod.*2.32
obstare. ut rupes fluviosque in campo obstare queratur; .   *Serm.*2.3.55
obstaret. si taciturnitas | obstaret meritis invida Romuli? .   *Carm.*4.8.24
obstat. (sic festinanti semper locupletior obstat), .   *Serm.*1.1.113
    altera, nil obstat: Cois tibi paene videre est | ut nudam, .   *Serm.*1.2.101
    'tu pulses omne quod obstat, ...   *Serm.*2.6.30
obstet. nil obstet tibi, dum ne sit te ditior alter. .   *Serm.*1.1.40
    hunc atque hunc superare laboret | (sic festinanti semper locupletior
    obstat [obstet]), ...   *var.Serm.*1.1.113
    'verum | purae sunt plateae, nihil ut meditantibus obstet'. .   *Epist.*2.2.71
obstetrix. tuo | cruore rubros obstetrix pannos lavit, .   *Epod.*17.51
obstinatas. dic modos, Lyde quibus obstinatas | adplicet auris, .   *Carm.*3.11.7
obstipo. stes capite obstipo, multum similis metuenti. .   *Serm.*2.5.92
obstitit. quicumque mundo terminus obstitit, . .   *Carm.*3.3.53
obstrepentis. marisque Bais obstrepentis urges | submovere litora, .   *Carm.*2.18.20
obstrepit. qua violens obstrepit Aufidus . . .   *Carm.*3.30.10
    qui remotis | obstrepit Oceanus Britannis, . .   *Carm.*4.14.48
obstrepunt. frondesque lymphis obstrepunt manantibus, .   *Epod.*2.27
obstrictis. ventorumque regat pater | obstrictis aliis praeter Iapyga, .   *Carm.*1.3.4
obstringam. iure | iurando obstringam ambo: . . .   *Serm.*2.3.180
obtestor. te . . . obsecro et obtestor, vitae me redde priori.' .   *Epist.*1.7.95
obticuit. chorusque | turpiter obticuit sublato iure nocendi. .   *Ars Poet.*284
obtigit. lupis et agnis quanta sortito obtigit, . .   *Epod.*4.1
obtinet. nec socerum quaerit, quem versibus oblinat [obtinet] atris .   *var.Epist.*1.19.30
obtulerim. qualem me saepe libenter | obtulerim tibi, Maecenas, .   *Serm.*1.3.64
obtulit. cui deus obtulit | parca quod satis est manu. .   *Carm.*3.16.43
    nulla etenim mihi te fors obtulit; . . .   *Serm.*1.6.54
obturem. obturem patulas inpune legentibus auris. .   *Epist.*2.2.105
obvius. casu venit obvius illi | adversarius . . .   *Serm.*1.9.74
    quicumque obvius est, me consulit: . .   *Serm.*2.6.51
obvolvas. verbisque decoris | obvolvas vitium?" .   *Serm.*2.7.42
occasionem. rapiamus, amici, | occasionem de die .   *Epod.*13.4
occat. cum segetes occat tibi mox frumenta daturus, .   *Epist.*2.2.161
occidenti. invitum qui servat, idem facit occidenti. .   *Ars Poet.*467
occidentis. vel occidentis usque ad ultimum sinum | forti sequemur pectore. *Epod.*1.13
occidere. et Menelaum una mecum se occidere clamans.' .   *Serm.*2.3.198
    vendere cum possis captivom, occidere noli: .   *Epist.*1.16.69
occideris. cum semel occideris et de te, splendide, Minos | fecerit arbitria, . *Carm.*4.7.21
occidi. 'non hominem occidi.' 'non pasces in cruce corvos.' .   *Epist.*1.16.48
occidis. candide Maecenas, occidis saepe rogando: . .   *Epod.*14.5
    nec ferro ut demens genetricem occidis Orestes. .   *Serm.*2.3.133
occidistis. 'pol, me occidistis, amici, | non servastis' .   *Epist.*2.2.138
occidit. multis ille bonis flebilis occidit, . . .   *Carm.*1.24.9
    occidit et Pelopis genitor, conviva deorum, .   *Carm.*1.28.7
    occidit Daci Cotisonis agmen *Carm.*3.8.18
    occidit, occidit | spes omnis et fortuna nostri | nominis .   *Carm.*4.4.70
occidit. Aiax cum inmeritos occidit desipit agnos; .   *Serm.*2.3.211
    quem vero arripuit, tenet occiditque legendo, .   *Ars Poet.*475
occisa. an tu reris eum occisa insanisse parente .   *Serm.*2.3.134
occultam. neu, . . . occultam febrim sub tempus edendi | dissimules, . *Epist.*1.16.22
occultare. arat inpiger Apulus | occultare meis dicerer horreis, .   *Carm.*3.16.27
occulto. crescit occulto velut arbor aevo | fama Marcellis; .   *Carm.*1.12.45
    multis occulto crescit res faenore. . .   *Epist.*1.1.80
occultum. occultum Andromedae pater | ostendit ignem, .   *Carm.*3.29.17
    occultum visus decurrere piscis ad hamum, .   *Epist.*1.7.74
occupa. o quid agis? fortiter occupa | portum. .   *Carm.*1.14.2
occupabit. proximos illi tamen occupavit [occupabit] | Pallas honores . *coni.Carm.*1.12.19
occupabitur. ferisque rursus occupabitur solum: .   *Epod.*16.10
occupare. secunda | ratem occupare quid moramur alite? . .   *Epod.*16.24

occupat. quae poscente magis gaudeat eripi, | interdum rapere occupet
  [occupat]? *var.Carm.*2.12.28
  rectius occupat | nomen beati qui deorum | muneribus sapienter uti . *Carm.*4.9.46
  das aliquid famae, quae carmine gratior aurem | occupet [occupat]
  humanam? *var.Serm.*2.2.95
  Volteium mane Philippus . . . occupat *Epist.*1.7.66
  modestus | occupat obscuri speciem, taciturnus acerbi. *Epist.*1.18.95
occupatam. paene occupatam seditionibus | delevit Vrbem . . . *Carm.*3.6.13
occupato. vel atra | nube polum Pater occupato | vel sole puro; . . *Carm.*3.29.44
occupavi. neque Attali | ignotus heres regiam occupavi *Carm.*2.18.6
occupavit. proximos illi tamen occupavit | Pallas honores . . . *Carm.*1.12.19
  occupavit . . . puella | dives et lasciva *Carm.*4.11.21
occupes. caementis licet occupes | terrenum omne tuis et mare publicum: . *Carm.*3.24.3
occupet. quae poscente magis gaudeat eripi, | interdum rapere occupet? . *Carm.*2.12.28
  antequam turpis macies decentis | occupet malas *Carm.*3.27.54
  quae carmine gratior aurem | occupet humanam? *Serm.*2.2.95
  cave ne portus occupet alter, ... *Epist.*1.6.32
  ut pueros elementa docentem | occupet extremis in vicis balba senectus. *Epist.*1.20.18
  occupet extremum scabies; mihi turpe relinqui est . . . . *Ars Poet.*417
occupo. cum adsectaretur, 'numquid vis?' occupo. *Serm.*1.9.6
occurram. nocturnus occurram Furor *Epod.*5.92
  sic dulcis amicis | occurram. *Serm.*1.4.136
  tempora quaeram, | occurram in triviis, deducam. *Serm.*1.9.59
occurri. si curatus inaequali tonsore capillos | occurri, . . . *Epist.*1.1.95
occurrit. accurrit [occurrit] quidam notus mihi nomine tantum . . *var.Serm.*1.9.3
  Fuscus Aristius occurrit, ... *Serm.*1.9.61
  si curatus inaequali tonsore capillos | occurri [occurrit], rides; . . *var.Epist.*1.1.95
occurro. si curatus inaequali tonsore capillos | occurri [occurro], rides; . *var.Epist.*1.1.95
occurrunt. Plotius et Varius Sinuessae Vergiliusque | occurrunt, . . *Serm.*1.5.41
Oceano. Eois timendum | partibus Oceanoque rubro. *Carm.*1.35.32
Oceano. cum sol Oceano subest. *Carm.*4.5.40
oceano. nequiquam deus abscidit | prudens oceano dissociabili | terras, . *Carm.*1.3.22
Oceanus. qui remotis | obstrepit Oceanus Britannis, ... *Carm.*4.14.48
  nos manet Oceanus circum vagus: *Epod.*16.41
ocior. neve te nostris vitiis iniquom | ocior aura | tollat; . . . *Carm.*1.2.48
  ocior cervis et agente nimbos | ocior Euro. *Carm.*2.16.23
  ocior cervis et agente nimbos | ocior Euro. *Carm.*2.16.24
  iam Daedaleo notior [ocior] Icaro | visam gementis litora Bospori . *var.Carm.*2.20.13
ocius. omnium | versatur urna serius ocius | sors exitura . . . *Carm.*2.3.26
  quis puer ocius | restinguet ardentis Falerni | pocula . . . *Carm.*2.11.18
  ire modo ocius, interdum consistere, ... *Serm.*1.9.9
  "nemon oleum fert ocius? *Serm.*2.7.34
  'ocius hinc te | ni rapis, ... *Serm.*2.7.117
  angulus iste feret piper et tus ocius uva *Epist.*1.14.23
ocreatus. 'tu nive Lucana dormis ocreatus, ... *Serm.*2.3.234
octavam. ab officiis octavam circiter horam | dum redit . . . *Epist.*1.7.47
Octavius. Valgius et probet haec Octavius optimus atque | Fuscus . *Serm.*1.10.82
octavo. septimus octavo propior iam fugerit annus, ... *Serm.*2.6.40
octavom. cuius octavom trepidavit aetas | claudere lustrum. . . . *Carm.*2.4.23
octavos. 'haec mihi Stertinius, sapientum octavos, amico | arma dedit, . *Serm.*2.3.296
octenos. ibant octonos [octenos] referentes idibus aeris [aeri], . . *var.Serm.*1.6.75
octo. 'quanti emptae?' 'parvo.' 'quanti ergo?' 'octussibus [octo assibus].' *var.Serm.*2.3.156
  'quanti emptae?' 'parvo.' 'quanti ergo?' 'octussibus [oct. assibus].' *var.Serm.*2.3.156
  eritque tuos nummorum milibus octo, ... *Epist.*2.2.5
octoginta. si et stramentis incubet unde- | octoginta annos natus, . . *Serm.*2.3.118
octonis. ibant octonos [octonis] referentes idibus aeris [aera], . . *var.Serm.*1.6.75
octonos. ibant octonos referentes idibus aeris, ... *Serm.*1.6.75
octussibus. 'quanti emptae?' 'parvo.' 'quanti ergo?' 'octussibus.' . *Serm.*2.3.156
oculi. gaude quod spectant oculi te mille loquentem; . . . *Epist.*1.6.19
oculis. hic oculis ego nigra meis collyria lippus | inlinere; . . . *Serm.*1.5.30
  quam quae sunt oculis subiecta fidelibus . . . . . *Ars Poet.*181
oculis. qui siccis oculis monstra natantia, . . . vidit . . . *Carm.*1.3.18
  et Lycum nigris oculis nigroque | crine decorum. *Carm.*1.32.11
  sublatam ex oculis quaerimus invidi. *Carm.*3.24.32
  ne corporis optima Lyncei | contemplere oculis, ... *Serm.*1.2.91
  cum tua pervideas oculis mala lippus inunctis, ... *Serm.*1.3.25
  sanus utrisque | auribus atque oculis; *Serm.*2.3.285
  si, . . . defixis oculis animoque et corpore torpet? *Epist.*1.6.14
  iuvat inmemorata ferentem | ingenuis oculisque legi manibusque teneri. *Epist.*1.19.34

spectandum nigris oculis nigroque capillo. . . . . . *Ars Poet.*37
multaque tolles|ex oculis, ... *Ars Poet.*184
etiam stillabit amicis|ex oculis rorem, ... *Ars Poet.*430
oculo. quisquis ingentis oculo inretorto|spectat acervos. . *Carm.*2.2.23
metiri possis oculo latus. *Serm.*1.2.103
solus multisne coheres,|veloci percurre oculo. . . . *Serm.*2.5.55
non possis oculo quantum contendere Lynceus: . . . *Epist.*1.1.28
non istic obliquo oculo mea commoda quisquam|limat, . *Epist.*1.14.37
oculos. omnes in Damalin putris|deponent oculos . . . *Carm.*1.36.18
dicere lucidum|fulgentis oculos *Carm.*2.12.15
distorquens oculos, ut me eriperet. *Serm.*1.9.65
eripiet quivis oculos citius mihi *Serm.*2.5.35
non possis oculo [oculos] quantum contendere Lynceus: . . *var.Epist.*1.1.28
nam cur|quae laedunt oculum [oculos], festinas demere: . . *var.Epist.*1.2.38
carmina quae possint oculos aurisque morari|Caesaris. . *Epist.*1.13.17
migravit ab aure voluptas|omnis ad incertos oculos et gaudia vana. *Epist.*2.1.188
oculum. quae laedunt oculum, festinas demere: . . . *Epist.*1.2.38
odere. idem odere viris|omne nefas animo moventis. . . *Carm.*3.4.67
omnes hi metuont versus, odere poetas. *Serm.*1.4.33
oderit. cur apricum|oderit campum patiens pulveris atque solis, . *Carm.*1.8.4
animus quod ultra est|oderit curare *Carm.*2.16.26
oderunt. omnes|vicini oderunt, noti, pueri atque puellae. . *Serm.*1.1.85
oderunt peccare boni virtutis amore: *Epist.*1.16.52
oderunt hilarem tristes tristemque iocosi, ... *Epist.*1.18.89
oderunt porrecta negantem pocula, ... *Epist.*1.18.92
odi. Persicos odi, puer, adparatus, ... *Carm.*1.38.1
odi profanum volgus et arceo. *Carm.*3.1.1
parcentis ego dexteras|odi: *Carm.*3.19.22
quodcumque ostendis mihi sic, incredulus odi. . . . *Ars Poet.*188
odimus. virtutem incolumem odimus, ... *Carm.*3.24.31
odio. cui placet alterius, sua nimirum est odio sors. . . *Epist.*1.14.11
quid placet aut odio est, quod non mutabile credas? . . *Epist.*2.1.101
odio. durus homo atque odio qui posset vincere Regem, . . *Serm.*1.7.6
dum poenas odio per vim festinat inulto. . . . *Epist.*1.2.61
an Lebedum laudas odio maris atque viarum? . . . *Epist.*1.11.6
non odio obscuro morsuque venenat: *Epist.*1.14.38
quodsi non odio peccantis desipit augur, ... *Epist.*1.20.9
odisse. quo pertinet ergo|proceros odisse lupos? . . . *Serm.*2.2.36
odisti. acerbus|odisti et fugis ut Rusonem debitor aeris, . . *Serm.*1.3.86
odisti clavis et grata sigilla pudico; *Epist.*1.20.3
odit. cum sibi quisque timet, quamquam est intactus, et odit.' . . *Serm.*2.1.23
nec sequar aut fugiam quae diligit ipse vel odit: . . *Epist.*1.1.72
prodigus et stultus donat quae spernit et odit: . . . *Epist.*1.7.20
odit|quae tu pulchra putas. *Epist.*1.14.20
quem paupertatis pudor et fuga, dives amicus, . . . odit et horret, *Epist.*1.18.25
aut, si non odit, regit *Epist.*1.18.26
nisi quae terris semota suisque|temporibus defuncta videt, fastidit et
odit, ... *Epist.*2.1.22
nostra sed inpugnat, nos nostraque lividus odit. . . *Epist.*2.1.89
odium. odiumque libellis|sedulus inportes opera vehemente minister. *Epist.*1.13.4
odor. quam malus undique membris|crescit odor, . . . *Epod.*12.8
et decedet odor nervis inimicus; *Serm.*2.4.53
odoraris. proiectum odoraris cibum. *Epod.*6.10
odorati. rosa|canos odorati capillos, ... *Carm.*2.11.15
odoratis. sparsum odoratis umerum capillis, ... *Carm.*3.20.14
odoratum. turpis odoratum caput obscurante lacerna, . . *Serm.*2.7.55
odore. vetus ara multo|fumat odore. *Carm.*3.18.8
odorem. spargent olivetis odorem *Carm.*2.15.7
cuius odorem olei nequeas perferre, ... *Serm.*2.2.59
quo semel est imbuta recens servabit odorem|testa diu. . . *Epist.*1.2.69
odores. ne . . . deferar in vicum vendentem tus et odores . . *Epist.*2.1.269
odoribus. quis multa gracilis te puer in rosa | perfusus liquidis urget
odoribus *Carm.*1.5.2
tuis capillus albus est odoribus, ... *Epod.*17.23
odoror. namque sagacius unus odoror, ... *Epod.*12.4
oenophorum. pueri, lasanum portantes oenophorumque. . . *Serm.*1.6.109
Ofelli. nunc ager Vmbreni sub nomine, nuper Ofelli|dictus, . *Serm.*2.2.133
Ofello. sordidus a tenui victu distabat Ofello|iudice: . . *Serm.*2.2.53
Ofellum. puer hunc ego parvos Ofellum|integris opibus novi . *Serm.*2.2.112

Ofellus.   (nec meus hic sermo est, sed quae praecepit Ofellus│rusticus,   .   *Serm*.2.2.2
offendam.   'cur ego amicum│offendam in nugis?'   .   .   .   .   .   *Ars Poet*.451
offendar.   fidis offendar medicis, irascar amicis, ...   *Epist*.1.8.9
   non ego paucis│offendar maculis, ...   *Ars Poet*.352
offendat.   qui ne tuberibus propriis offendat amicum│postulat,   .   .   *Serm*.1.3.73
   mundus erit, qua non offendat sordibus *Serm*.2.2.65
offendere.   quodque│posset cenantis offendere: *Serm*.2.8.13
offenderet.   si non offenderet unum│quemque poetarum limae labor et mora.   *Ars Poet*.290
offendes.   difficilem et morosum offendet [offendes] garrulus: .   .   *coni.Serm*.2.5.90
offendet.   fragili quaerens illidere dentem│offendet solido,   .   .   .   *Serm*.2.1.78
   difficilem et morosum offendet garrulus: *Serm*.2.5.90
offendit.   difficilem et morosum offendet [offendit] garrulus: .   .   .   *var.Serm*.2.5.90
offendunt.   ut gratas inter mensas symphonia discors│et crassum unguentum
   . . offendunt, ...   *Ars Poet*.376
offenduntur.   offenduntur enim, quibus est equos et pater et res   .   .   *Ars Poet*.248
offensae.   nec semel offensi [offensae] cedet constantia formae,   .   .   *var.Epod*.15.15
offensi.   nec semel offensi cedet constantia formae,   .   .   .   *Epod*.15.15
offensi.   ingenio offensi aut laeso doluere Metello *Serm*.2.1.67
offensus.   infamis Helenae Castor offensus vice│fraterque magni Castoris,   *Epod*.17.42
   offensus damnis media de nocte caballum│arripit   .   .   .   *Epist*.1.7.88
offer.   nunc adbibe puro│pectore verba, puer, nunc te melioribus offer.   .   *Epist*.1.2.68
offert.   nenia, quae regnum recte facientibus offert,   .   .   .   *Epist*.1.1.63
officient.   multae tibi tum officient res: *Serm*.1.2.97
officiis.   nec non verniliter ipsis│fungitur officiis, ...   *Serm*.2.6.109
   ab officiis octavam circiter horam│dum redit *Epist*.1.7.47
   me . . . dixi│talibus officiis prope mancum *Epist*.2.2.21
   hic sponsum vocat, hic auditum scripta relictis│omnibus officiis;   .   *Epist*.2.2.68
officina.   cales venenis officina Colchicis. *Epod*.17.35
officinas.   gravis Cyclopum│Volcanus ardens visit officinas.   .   .   *Carm*.1.4.8
officio.   'eia,│ne prior officio quisquam respondeat, urge.'   .   .   .   *Serm*.2.6.24
officiosa.   officiosaque sedulitas et opella forensis│adducit febris   .   .   *Epist*.1.7.8
officiosus.   leniter in spem│adrepe officiosus, ...   *Serm*.2.5.48
officit.   an tibi abunde │ personam satis est, non illud, quidquid ubique │
   officit, evitare? *Serm*.1.2.61
   nil mi officit,' inquam,│'ditior hic aut est quia doctior;   .   .   *Serm*.1.9.50
officium.   quod sit conscripti, quod iudicis officium.   .   .   .   *Ars Poet*.314
officium.   equos ut me portet, alat rex,│officium facio;   .   .   .   *Epist*.1.17.21
   dormiet in lucem, scorto postponet honestum│officium,   .   .   *Epist*.1.18.35
   nil moror officium quod me gravat *Epist*.2.1.264
   actoris partes chorus officiumque virile│defendat,   .   .   .   *Ars Poet*.193
   munus et officium, nil scribens ipse, docebo: .   .   .   *Ars Poet*.306
officiunt.   si interdicta petes, . . . multae tibi tum officient [officiunt] res: .   *var.Serm*.1.2.97
ohe.   ingerere 'huc adpelle'; 'trecentos inseris'; 'ohe,│iam satis est.'   .   *Serm*.1.5.12
   donec "ohe iam"│ad caelum manibus sublatis dixerit,   .   .   *Serm*.2.5.96
oherequires.   'o ere, quae res [oherequires] │ nec modum habet neque
   consilium, ...   *var.Serm*.2.3.265
olea.   nil intra est olea, nil extra est in nuce duri;   .   .   .   *Epist*.2.1.31
oleam.   undique decerptam fronti praeponere olivam [oleam];   .   .   *var.Carm*.1.7.7
   oleamque momorderit aestus, ...   *Epist*.1.8.5
   nil intra est olea [oleam], nil extra est in nuce duri;   .   .   .   *var.Epist*.2.1.31
oleas.   quinquennis oleas est et silvestria corna *Serm*.2.2.57
olei.   cuius odorem olei nequeas perferre, ...   *Serm*.2.2.59
oleis.   nam vilibus ovis│nigrisque est oleis hodie locus.   .   .   .   *Serm*.2.2.46
olentem.   mala soluta navis exit alite│ferens olentem Mevium.   .   .   *Epod*.10.2
olenti.   contra alius nullam nisi olenti in fornice stantem.   .   .   *Serm*.1.2.30
olentis.   olentis uxores mariti *Carm*.1.17.7
oleo.   unguere si caulis oleo meliore *Serm*.2.3.125
   cadaver│unctum oleo largo nudis umeris tulit heres,   .   .   .   *Serm*.2.5.86
   oleo, quod prima Venafri│pressit cella; *Serm*.2.8.45
olet.   facetus│pastillos Rufillus olet, Gargonius hircum: .   .   .   *Serm*.1.2.27
   ego si risi, quod ineptus│'pastillos Rufillus olet, Gargonius hircum',   *Serm*.1.4.92
   et│cuius odorem olei [olet] nequeas perferre,   .   .   .   *var.Serm*.2.2.59
   deterius Libycis olet aut nitet herba lapillis?   .   .   .   *Epist*.1.10.19
oleum.   adde poemata nunc, hoc est, oleum adde camino,   .   .   .   *Serm*.2.3.321
   "nemon oleum fert ocius? *Serm*.2.7.34
olidae.   sed nimis arta premunt olidae convivia caprae.   .   .   .   *Epist*.1.5.29
olim.   te, boves olim nisi reddidisses│per dolum amotas,   .   .   .   *Carm*.1.10.9
   non, si male nunc, et olim│sic erit: *Carm*.2.10.17
   nec loquax olim neque grata, ...   *Carm*.3.11.5

olim iuventas et patrius vigor|nido laborum protulit inscium . . *Carm.*4.4.5
nec siquid olim lusit Anacreon|delevit aetas; *Carm.*4.9.9
parentis olim siquis inpia manu|senile guttur fregerit, . . . *Epod.*3.1
inceptos, olim promissum carmen, iambos *Epod.*14.7
ut pueris olim dant crustula blandi|doctores, . . . *Serm.*1.1.25
numqua tibi vitiorum inseverit olim|natura *Serm.*1.3.35
male parvos|sicui filius est, ut abortivos fuit olim|Sisyphus; . *Serm.*1.3.46
his, ego quae nunc,|olim quae scripsit Lucilius, . . . *Serm.*1.4.57
numquid ego illi|inprudens olim faciam simile?' . . . *Serm.*1.4.137
qui locus a forti Diomede est conditus olim. . . . *Serm.*1.5.92
olim qui magnis legionibus imperitarint, ... *Serm.*1.6.4
at olim,|quod mihi pareret legio Romana tribuno. . . *Serm.*1.6.47
optimus olim|Vergilius, post hunc Varius dixere quid essem. . *Serm.*1.6.54
olim|si praeco parvas . . . mercedes sequerer; . . . *Serm.*1.6.85
olim truncus eram ficulnus, inutile lignum, . . . *Serm.*1.8.1
ille velut fidis arcana sodalibus olim|credebat libris . . *Serm.*2.1.30
quae simplex olim tibi sederit. *Serm.*2.2.73
olim nam quaerere amabam, . . . aere, ... *Serm.*2.3.20
non magis audierit, quam Fufius ebrius olim, . . . *Serm.*2.3.60
faciasne quod olim|mutatus Polemon? *Serm.*2.3.253
magna minorve foro si res certabitur olim: . . . *Serm.*2.5.27
'olim|rusticus urbanum murem mus paupere fertur|accepisse cavo, . *Serm.*2.6.79
olim quod volpes aegroto cauta leoni|respondit, . . *Epist.*1.1.73
si forte suas repetitum venerit olim|grex avium plumas, . . *Epist.*1.3.18
piscemur, venemur, ut olim|Gargilius *Epist.*1.6.57
ut calceus olim,|si pede maior erit, subvertet, . . . *Epist.*1.10.42
quid refert, vivas numerato nuper an olim? . . . *Epist.*2.2.166
puer ut festis Quinquatribus olim, ... *Epist.*2.2.197
sterilisve diu palus [palus olim] aptaque remis|vicinas urbes alit et grave
  sentit aratrum, ... *coni.Ars Poet.*65
nec sic incipies, ut scriptor cyclicus olim: . . . *Ars Poet.*136
siquid tamen olim|scripseris, ... *Ars Poet.*386
oliva. lecta de pinguissimis|oliva ramis arborum . . . *Epod.*2.56
olivae. germinat et numquam fallentis termes olivae . . *Epod.*16.45
 pressa Venafranae quod baca remisit olivae. . . . *Serm.*2.4.69
 arvo pascat erum an bacis opulentet olivae, . . . *Epist.*1.16.2
olivae. me pascunt olivae,|me cichorea levesque malvae. . . *Carm.*1.31.15
olivam. undique decerptam fronti praeponere olivam; . . *Carm.*1.7.7
olivetis. spargent olivetis odorem *Carm.*2.15.7
olivo. lecto|aut scripto quod me tacitum iuvet, unguor olivo, . *Serm.*1.6.123
 quali perfundat piscis securus olivo. *Serm.*2.4.50
 simplex e dulci constat olivo, ... *Serm.*2.4.64
olivom. cur olivom|sanguine viperino|cautius vitat . . *Carm.*1.8.8
ollis. venucula convenit ollis;|rectius Albanam fumo duraveris uvam. . *Serm.*2.4.71
oloribus. Paphon|iunctis visit oloribus *Carm.*3.28.15
 purpureis ales oloribus|comissabere *Carm.*4.1.10
oluerunt. vina fere dulces oluerunt mane Camenae. . . *Epist.*1.19.5
Olympia. magna coronari contemnat Olympia, . . . *Epist.*1.1.50
Olympicum. sunt quos curriculo pulverem Olympicum|collegisse iuvat . *Carm.*1.1.3
Olympo. opaco|Pelion inposuisse Olympo. . . . *Carm.*3.4.52
Olympum. tu gravi curru quaties Olympum, . . . *Carm.*1.12.58
omasi. patinas cenabat omasi|vilis et agninae, . . . *Epist.*1.15.34
omaso. pingui tentus omaso|Furius *Serm.*2.5.40
omen. inpios parrae recinentis omen|ducat . . . *Carm.*3.27.1
ominatis. o pueri et puellae | iam virum †expertae, male nominatis
  [ominatis]|parcite verbis. *var.Carm.*3.14.11
omine. dum favet Nox et Venus, i secundo|omine . . . *Carm.*3.11.51
ominibus. votis ominibusque et precibus vocat . . . *Carm.*4.5.13
omisit. quod petiit spernit, repetit quod nuper omisit, . . *Epist.*1.1.98
omissis. rebus omissis|atria servantem postico falle clientem. . *Epist.*1.5.30
 fortis omissis|hoc age deliciis. *Epist.*1.6.30
omittas. aut spem deponas aut artem inlusus omittas. . . *Serm.*2.5.26
 hoc primus repetas opus, hoc postremus omittas. . . *Epist.*1.6.48
omittat. pleraque differat et praesens in tempus omittat. . . *Ars Poet.*44
omitte. omitte mirari beatae|fumum et opes strepitumque Romae. . *Carm.*3.29.11
 quem sua culpa premet, deceptus omitte tueri, . . *Epist.*1.18.79
omittit. ergo|quem sua culpa premet, deceptus omitte tueri [? praesens sua
  culpa ire deceptus omittit etueri], ... *? var.Epist.*1.18.79
omne. nepotum|per memores genus omne fastos, . . . *Carm.*3.17.4

ludit herboso pecus omne campo *Carm.*3.18.9
libenter hoc et omne militabitur|bellum *Epod.*1.23
et omne vicinum oppidum, ... *Epod.*5.44
hoc genus omne|maestum ac sollicitum est cantoris morte Tigelli. . *Serm.*1.2.2
cum scurris fartor, cum Velabro omne macellum *Serm.*2.3.229
sed non omne mare est generosae fertile testae: *Serm.*2.4.31
vir bonus, omne forum quem spectat et omne tribunal, . . . *Epist.*1.16.57
adeo sanctum est vetus omne poema. *Epist.*2.1.54
omne supervacuum pleno de pectore manat. . . . . . *Ars Poet.*337
omne. omne cum Proteus pecus egit altos|visere montis, . . . *Carm.*1.2.7
omne capax movet urna nomen. *Carm.*3.1.16
omne sacrum rapiente dextra, ... *Carm.*3.3.52
omne nefas animo moventis. *Carm.*3.4.68
hinc omne principium, huc refer exitum: *Carm.*3.6.6
splendide mendax et in omne virgo|nobilis aevom, ... *Carm.*3.11.35
caementis licet occupes|terrenum omne tuis et mare publicum: . . *Carm.*3.24.4
quibus|mos unde deductus per omne|tempus *Carm.*4.4.19
Romulae genti date remque prolemque|et decus omne. . . . *Carm.Saec.*48
paratus omne Caesaris periculum|subire, ... *Epod.*1.3
illic omne malum vino cantuque levato, ... *Epod.*13.17
nautaeque, per omne|audaces mare qui currunt, ... *Serm.*1.1.29
recideret omne, quod ultra|perfectum traheretur, ... *Serm.*1.10.69
interdicto huic omne adimat ius|praetor *Serm.*2.3.217
'tu pulses omne quod obstat, ... *Serm.*2.6.30
praelambens omne quod adfert. *Serm.*2.6.109
labitur et labetur in omne volubilis aevom. *Epist.*1.2.43
nec modica cenare times holus omne patella, ... *Epist.*1.5.2
ubi omne|verterat in fumum et cinerem, ... *Epist.*1.15.38
omne tulit punctum, qui miscuit utile dulci . . . . . *Ars Poet.*343
omnem. omnem crede diem tibi diluxisse supremum: *Epist.*1.4.13
format enim natura prius nos intus ad omnem|fortunarum habitum: . *Ars Poet.*108
omnem. omnem redegit idibus pecuniam, ... *Epod.*2.69
nescio an Anticyram ratio illis destinet omnem. *Serm.*2.3.83
conmittes rem omnem et vitam et cum corpore famam. . . . *Serm.*2.7.67
omnes. omnes in Damalin putris|deponent oculos . . . *Carm.*1.36.17
omnes eodem cogimur, ... *Carm.*2.3.25
omnes inlacrimabiles|urgentur ignotique longa|nocte, . . . *Carm.*4.9.26
senem, quod omnes rideant, adulterum *Epod.*5.57
haec et quae poterunt reditus abscindere dulcis|eamus omnis [omnes]
  exsecrata civitas *var.Epod.*16.36
omnes|vicini oderunt, noti, pueri atque puellae. *Serm.*1.1.84
'iure' omnes; Galba negabat. *Serm.*1.2.46
omnes hi metuont versus, odere poetas. *Serm.*1.4.33
quem rodunt omnes libertino patre natum, ... *Serm.*1.6.46
(hoc etenim sunt omnes iure molesti|quo fortes, ... *Serm.*1.7.10
insanis et tu stultique prope omnes, ... *Serm.*2.3.32
nunc accipe, quare|desipiant omnes aeque ac tu, ... *Serm.*2.3.47
insanum te omnes pueri clamentque puellae; *Serm.*2.3.130
una|luserat in campo: 'fortunae filius' omnes. *Serm.*2.6.49
'at omnes di exagitent me,|si quicquam.' *Serm.*2.6.54
ut omnes|praecincti recte pueri comptique ministrent? . . . *Serm.*2.8.69
denique non omnes eadem mirantur amantque. *Epist.*2.2.58
omnes. dispeream, ni|summosses omnis [omnes].' *var.Serm.*1.9.48
omni. ridetur ab omni|conventu; *Serm.*1.7.22
omni. nihil est ab omni|parte beatum. *Carm.*2.16.27
audire est operae pretium, . . . ut omni parte laborent . . *Serm.*1.2.38
tene, ut ego accipiar laute, torquerier omni|sollicitudine districtum, . *Serm.*2.8.67
omni. seu maestus omni tempore vixeris *Carm.*2.3.5
paterna rura bubus exercet suis|solutus omni faenore . . . *Epod.*2.4
omni|abiecto instrumento artis clausaque taberna|sutor erat: . . *Serm.*1.3.130
servavit ab omni|non solum facto, verum opprobrio quoque turpi . *Serm.*1.6.83
praesertim census equestrem | summam nummorum vitioque remotus
  ab omni. . . . . *Ars Poet.*384
omnia. omnia te adversum spectantia, nulla retrorsum.' . . . *Epist.*1.1.75
omnia. audax omnia perpeti|gens humana ruit per vetitum nefas: . *Carm.*1.3.25
siccis omnia nam dura deus proposuit *Carm.*1.18.3
nec scire fas est omnia, ... *Carm.*4.4.22
miraris, cum tu argento post omnia ponas, ... *Serm.*1.1.86
omnia conductis coemens obsonia nummis: *Serm.*1.2.9

num esuriens fastidis omnia praeter | pavonem rhombumque?   .   .   *Serm.*1.2.115
modo reges atque tetrarchas, | omnia magna loquens,   .   .   .   *Serm.*1.3.13
'suaviter, ut nunc est,' inquam, 'et cupio omnia quae vis.'   .   .   *Serm.*1.9.5
'Stoice, post damnum sic vendas omnia pluris,   .   .   .   *Serm.*2.3.300
quin omnia malit | quaecumque inmundis fervent adlata popinis.   .   *Serm.*2.4.61
Balatro suspendens omnia naso *Serm.*2.8.64
omnibus. omnibus | quicumque terrae munere vescimur | enaviganda, .   .   *Carm.*2.14.9
  mirum quod foret omnibus *Carm.*3.4.13
  omnibus hoc vitium est cantoribus, ...   *Serm.*1.3.1
  omnibus et lippis notum et tonsoribus esse.   .   .   .   *Serm.*1.7.3
omnibus. invertunt Allifanis vinaria tota || Vibidius Balatroque secutis
  omnibus: *Serm.*2.8.40
  haec seges ingratos tulit et feret omnibus annis.   .   .   *Epist.*1.7.21
omnibus. ut mater iuvenem, . . . votis ominibusque [omnibusque] et
  precibus vocat   .   .   .   *var.Carm.*4.5.13
  hic sponsum vocat, hic auditum scripta relictis | omnibus officiis;   .   *Epist.*2.2.68
omnino. 'ne faciam, inquis, | omnino versus?' *Serm.*2.1.6
  ut nihil omnino gustaremus, ...   *Serm.*2.8.94
omnis. procul omnis esto | clamor et ira. *Carm.*3.8.15
  non omnis moriar multaque pars mei | vitabit Libitinam;   .   .   *Carm.*3.30.6
  hinc omnis pendet Lucilius, hosce secutus   .   .   .   *Serm.*1.4.6
  male verum examinat omnis | corruptus iudex.   .   .   .   *Serm.*2.2.8
  ut pallidus omnis | cena desurgat dubia?   .   .   .   *Serm.*2.2.76
  quid verum atque decens, curo et rogo et omnis in hoc sum: .   *Epist.*1.1.11
  dum pueris omnis pater et matercula pallet   .   .   .   *Epist.*1.7.7
  omnis Aristippum decuit color et status et res,   .   .   *Epist.*1.17.23
  scriptorum chorus omnis amat nemus et fugit Vrbem,   .   .   *Epist.*2.2.77
omnis. quo calet iuventus | nunc omnis et mox virgines tepebunt.   .   *Carm.*1.4.20
  adde quod pubes tibi crescit omnis, ...   *Carm.*2.8.17
  myrtus et omnis copia narium *Carm.*2.15.6
  civitas omnis dabimusque divis | tura benignis.   .   .   .   *Carm.*4.2.51
  occidit | spes omnis et fortuna nostri | nominis   .   .   .   *Carm.*4.4.71
  eamus omnis exsecrata civitas *Epod.*16.36
  omnis | votiva pateat veluti descripta tabella | vita senis. .   .   *Serm.*2.1.32
  necdum omnis abacta | pauperies epulis regum: .   .   .   *Serm.*2.2.44
  'postquam omnis res mea Ianum | ad medium fracta est,   .   .   *Serm.*2.3.18
  'omnis enim res, . . . divina humanaque pulcris | divitiis parent;   .   *Serm.*2.3.94
  iactamus iam pridem omnis te Roma beatum;   .   .   *Epist.*1.16.18
  sed videt hunc omnis domus et vicinia tota | introrsum turpem,   .   *Epist.*1.16.44
  migravit ab aure voluptas | omnis ad incertos oculos et gaudia vana.   .   *Epist.*2.1.188
omnis. sapiens operis sic optimus omnis | est opifex,   .   .   .   *Serm.*1.3.132
omnis. Lydia, dic per omnis | hoc deos vere,   .   .   *Carm.*1.8.1
  micat inter omnis | Iulium sidus velut inter ignis | luna minores.   .   *Carm.*1.12.46
  sed omnis una manet nox *Carm.*1.28.15
  ille terrarum mihi praeter omnis | angulus ridet,   .   .   *Carm.*2.6.13
  stat glacies iners | mensis per omnis *Carm.*2.9.6
  non . . . ploravit omnis Antilochum senex | annos   .   .   *Carm.*2.9.14
  ut Argonautas praeter omnis candidum | Medea mirata est ducem,   .   *Epod.*3.9
  amore, qui me praeter omnis expetit *Epod.*11.3
  omnis | gestiet a furno redeuntis scire lacuque   .   .   .   *Serm.*1.4.36
  omnis restinguere velle videres. *Serm.*1.5.76
  omnis mortalis curare et quaerere cogit.   .   .   .   *Serm.*1.6.37
  ipse mihi custos incorruptissimus omnis | circum doctores aderat. .   *Serm.*1.6.81
  'haud mihi quisquam. | omnis conposui.'   .   .   .   *Serm.*1.9.28
  dispeream, ni | summosses omnis.' *Serm.*1.9.48
  dum doceo insanire omnis, ...   *Serm.*2.3.81
  an omnis | visuros peccata putem mea,   .   .   .   *Ars Poet.*265
omnis. hic fugit omnis | insidias *Serm.*1.3.58
  partem vel tolleret omnis. *Epist.*1.6.44
  vel quod res omnis timide gelideque ministrat,   .   .   *Ars Poet.*171
omnium. omnium | versatur urna serius ocius | sors exitura   .   .   *Carm.*2.3.25
  quid omnium | voltus in unum me truces?   .   .   .   *Epod.*5.3
  unctis omnium cubilibus | oblivione paelicum?   .   .   .   *Epod.*5.69
onerantibus. inpediat verbis lassas onerantibus auris,   .   .   *Serm.*1.10.10
onerata. educet in agros | Aetolis onerata plagis iumenta canesque,   .   *Epist.*1.18.46
onere. mantica cui lumbos onere ulceret atque eques armos: .   *Serm.*1.6.106
oneret. me pater saevis oneret catenis,   .   .   .   *Carm.*3.11.45
oneris. habet comoedia tanto | plus oneris, quanto veniae minus: .   *Epist.*2.1.170
onus. nec iam sustineant onus | silvae laborantes   .   .   *Carm.*1.9.2

nollem onus haud umquam solitus portare molestum. *Serm.*1.6.99
cum gravius dorso subiit onus. *Serm.*1.9.21
quia tardius irent | propter onus segnes. *Serm.*2.3.102
sollicitis animis onus eximit, addocet artis. *Epist.*1.5.18
sic positum servabis onus, ... *Epist.*1.13.12
hic onus horret, | ut parvis animis et parvo corpore maius; . . . *Epist.*1.17.39
onusta. marita, quae rotundioribus | onusta bacis ambulet. . . *Epod.*8.14
onusto. si | reticulum panis venalis inter onusto | forte vehas umero, . *Serm.*1.1.47
onustos. meis contentus honestos [onustos] | fascibus et sellis nollem mihi
sumere, ... *var.Serm.*1.6.96
onustum. quin corpus onustum | hesternis vitiis animum quoque praegravat
una *Serm.*2.2.77
onustus. 'tam teneor dono, quam si dimittar onustus' . . . *Epist.*1.7.18
onyx. nardi parvos onyx eliciet cadum, ... *Carm.*4.12.17
opaca. continui montes, ni dissocientur opaca | valle, . . . *Epist.*1.16.5
opacam. nulla . . . metata privatis opacam | porticus excipiebat arcton . *Carm.*2.15.15
opaco. opaco | Pelion inposuisse Olympo. *Carm.*3.4.51
ope. ope Palladis | Tydiden superis parem? *Carm.*1.6.15
ceratis ope Daedalea | nititur pennis *Carm.*4.2.2
opella. opella forensis | adducit febris *Epist.*1.7.8
opem. *ut esset opem qui ferre poetis | antiquis posset contra fastidia
nostra,* *Serm.*1.10.*6
poscit opem chorus et praesentia numina sentit, . . . *Epist.*2.1.134
alterius sic | altera poscit opem res . . . . . . *Ars Poet.*411
si curet quis opem ferre et demittere funem: . . . . *Ars Poet.*461
opera. accedes opera agro nona Sabino.' *Serm.*2.7.118
opera. cautus adito | neu desis operae [opera] neve inmoderatus abundes. . *coni.Serm.*2.5.89
odiumque libellis | sedulus inportes opera vehemente minister. . *Epist.*1.13.5
operae. audire est operae pretium, procedere recte | qui moechis non voltis, *Serm.*1.2.37
est operae pretium duplicis pernoscere iuris | naturam. . . *Serm.*2.4.63
sed tamen est operae pretium cognoscere, ... *Epist.*2.1.229
aut operae celeris nimium curaque carentis . . . . *Ars Poet.*261
operae. neu desis operae neve inmoderatus abundes. . . . *Serm.*2.5.89
operam. infelix, operam perdas, ... *Serm.*1.1.90
nullum ultra verbum aut operam insumebat inanem, . . *Ars Poet.*443
operata. prodeat iustis operata sacris *Carm.*3.14.6
in cute curanda plus aequo operata iuventus, ... *Epist.*1.2.29
opere. verum operi [opere] longo fas est obrepere somnum. . . *var.Ars Poet.*360
operi. verum operi longo fas est obrepere somnum. . . . *Ars Poet.*360
operis. sapiens operis sic optimus omnis | est opifex, . . . *Serm.*1.3.132
primus in hunc operis conponere carmina morem, . . . *Serm.*2.1.63
infelix operis summa, quia ponere totum | nesciet: . . . *Ars Poet.*34
unde pedem proferre pudor vetet aut operis lex, . . . *Ars Poet.*135
operosa. operosa parvos | carmina fingo. *Carm.*4.2.31
operosae. tibi telas operosaeque Minervae studium aufert, . . *Carm.*3.12.5
operosiores. cur valle permutem Sabina | divitias operosiores? . . *Carm.*3.1.48
operta. ne . . . capsa porrectus operta | deferar in vicum . . *Epist.*2.1.268
operta. quid non ebrietas dissignat? operta recludit, . . . *Epist.*1.5.16
operto. mittere operto | me capite in flumen, ... *Serm.*2.3.37
opertos. expedit matris cineres opertos | fallere *Carm.*2.8.9
opertos | inspiciunt, ... *Serm.*1.2.86
opertum. metuit foveam lupus . . . et opertum miluos hamum. . *Epist.*1.16.51
operum. cum famulis operum solutis. *Carm.*3.17.16
operum hoc, mihi crede, tuorum est.' *Serm.*1.7.35
sive operum vacuo gratus conviva per imbrem | vicinus, . . *Serm.*2.2.119
unde homines operum primos vitaeque labores | instituont . *Serm.*2.6.21
quid studiosa cohors operum struit? hoc quoque curo. . . *Epist.*1.3.6
cum sociis operum et pueris et coniuge fida *Epist.*2.1.142
discriptas servare vices operumque colores . . . . *Ars Poet.*86
ludusque repertus | et longorum operum finis: . . . . *Ars Poet.*406
opes. 'meae (contendere noli) | stultitiam patiuntur opes; . . *Epist.*1.18.29
unde parentur opes, quid alat formetque poetam, . . . *Ars Poet.*307
opes. aut pinguis Phrygiae Mygdonias opes *Carm.*2.12.22
magnas inter opes inops. *Carm.*3.16.28
mirari beatae | fumum et opes strepitumque Romae. . . . *Carm.*3.29.12
per caedis ab ipso | ducit opes animumque ferro. . . . *Carm.*4.4.60
siquis nam laudat Arelli | sollicitas ignarus opes, . . . *Serm.*2.6.79
privatas ut quaerat opes et tangere vitet | scripta, . . . *Epist.*1.3.16
inploravit opes hominis frenumque recepit, ... *Epist.*1.10.36

det vitam, det opes; aequom mi animum ipse parabo. *Epist.*1.18.112
fundet opes Latiumque beabit divite lingua: *Epist.*2.2.121
quaerit opes et amicitias, inservit honori, ... *Ars Poet.*167
opibus. pugnacis Achivos|Hectoreis opibus refringit . . . *Carm.*3.3.28
Ofellum|integris opibus novi non latius usum *Serm.*2.2.113
hic ubi cognatorum opibus curisque refectus|expulit . . . *Epist.*2.2.136
opifex. debitae Nymphis opifex coronae *Carm.*3.27.30
sapiens operis sic optimus omnis|est opifex, ... *Serm.*1.3.133
opima. opima quodsi praeda curvo litore *Epod.*10.21
opimae. nec tam Larisae percussit campus opimae . . . *Carm.*1.7.11
non opimae|Sardiniae segetes feracis, ... *Carm.*1.31.3
opimis. virtus atque animus cenis responsat opimis? . . . *Serm.*2.7.103
opimis. invidus alterius macrescit rebus opimis; *Epist.*1.2.57
opimis. clarus ob id factum donis ornatur honestis [opimis], . . *var.Epist.*2.2.32
Opimius. pauper Opimius argenti positi intus et auri, . . *Serm.*2.3.142
opimum. si me|palma negata macrum, donata reducit opimum. . *Epist.*2.1.181
opimus. quos opimus|fallere et effugere est triumphus. . . . *Carm.*4.4.51
pauper Opimius [opimus] argenti positi intus et auri, . . *var.Serm.*2.3.142
opinor. opinor,|haec res et iungit, iunctos et servat amicos. . . *Serm.*1.3.53
opinor|omnibus et lippis notum et tonsoribus esse. . . . *Serm.*1.7.2
opinor,|hoc sentit 'moriar.' *Epist.*1.16.78
ille ferat pretium poenae securus, opinor. *Epist.*2.2.17
opis. at quanto meliora monet pugnantiaque istis|dives opis natura suae, . *Serm.*1.2.74
dissimulator opis propriae, mihi commodus uni. . . . *Epist.*1.9.9
oportet. quid oportet|nos facere a volgo longe longeque remotos? . . *Serm.*1.6.17
(nam te|scire, deos quoniam propius contingis, oportet), . . *Serm.*2.6.52
valeat possessor oportet, ... *Epist.*1.2.49
vivere naturae si convenienter oportet *Epist.*1.10.12
oppedere. vin tu|curtis Iudaeis oppedere?' *Serm.*1.9.70
opperior. nec tardum opperior nec praecedentibus insto. . . . *Epist.*1.2.71
oppetiverit. an si quis atro dente me petiverit [oppetiverit], | inultus ut
flebo puer? *var.Epod.*6.15
oppida. oppida publico|sumptu iubentes . . . decorare . . *Carm.*2.15.18
oppida coeperunt munire et ponere leges, ... *Serm.*1.3.105
dum . . . agros adsignant, oppida condunt, ... *Epist.*2.1.8
oppida moliri, leges incidere ligno. . . . . . *Ars Poet.*399
oppidi. mercator metuens otium et oppidi|laudat rura sui; . . . *Carm.*1.1.16
oppidis. militia simul|fessas cohortes abdidit oppidis, . . . *Carm.*3.4.38
quae simul centum tetigit potentem|oppidis Creten, . . . *Carm.*3.27.34
Oppidius. Servius Oppidius Canusi duo praedia, . . . gnatis divisse duobus|
fertur *Serm.*2.3.168
oppidulo. mansuri oppidulo, quod versu dicere non est, . . . *Serm.*1.5.87
oppidum. et omne vicinum oppidum, ... *Epod.*5.44
opponat. manum puella savio opponat tuo, ... *Epod.*3.21
opponite. fortiaque adversis opponite pectora rebus.' . . . *Serm.*2.2.136
oppono. ego vero|oppono auriculam. *Serm.*1.9.77
oppositis. vectis et †arcus|oppositis foribus minacis. . . . *Carm.*3.26.8
oppositis. quae nunc oppositis debilitat pumicibus mare|Tyrrhenum: . *Carm.*1.11.5
extrahe turba|oppositis umeris; *Serm.*2.5.95
oppressa. duxit ab oppressa meritum Karthagine nomen . . *Serm.*2.1.66
oppresserit. si vespertinus subito te oppresserit hospes, . . . *Serm.*2.4.17
oppressus. quondam lethargo grandi est oppressus, . . . *Serm.*2.3.145
opprimeret. ne se penuria victus|opprimeret metuebat. . . . *Serm.*1.1.99
opprobria. sic teneros animos aliena opprobria saepe|absterrent vitiis. . *Serm.*1.4.128
opprobria. maioris fugiens opprobria culpae, ... *Epist.*1.9.10
quaelibet in quemvis opprobria fingere saevos, . . . *Epist.*1.15.30
versibus alternis opprobria rustica fudit *Epist.*2.1.146
opprobriis. dum mihi|fias recantatis amica|opprobriis . . . *Carm.*1.16.28
siquis|opprobriis dignum latraverit, integer ipse?' . . . *Serm.*2.1.85
mordear opprobriis falsis mutemque colores? . . . *Epist.*1.16.38
opprobrio. servavit ab omni | non solum facto, verum opprobrio quoque
turpi *Serm.*1.6.84
opprobrium. magnum pauperies opprobrium iubet . . . *Carm.*3.24.42
Cecropiae domus|aeternum opprobrium, ... *Carm.*4.12.7
opprobrium. in nepotum|perniciem opprobriumque pagi; . . . *Carm.*2.13.4
optarem. horum|semper ego optarim [optarem] pauperrimus esse bonorum. *var.Serm.*1.1.79
optaret. ad fastum quoscumque parentes|optaret sibi quisque, . . *Serm.*1.6.96
optarim. horum|semper ego optarim pauperrimus esse bonorum. . *Serm.*1.1.79
optas. cur optas quod habes? *Serm.*1.3.126

Romae rus optas;	*Serm.*2.7.28
ne cures ea quae stulte miraris et optas,	*Epist.*1.1.47
nunc Vrbem et ludos et balnea vilicus optas;	*Epist.*1.14.15
optat. optat quietem Pelopis infidi pater,	*Epod.*17.65
optat Prometheus obligatus aliti,	*Epod.*17.67
optat supremo collocare Sisyphus|in monte saxum;	*Epod.*17.68
qui Fortunae te responsare superbae | liberum et erectum praesens hortatur et aptat [optat]?	*var.Epist.*1.1.69
optat ephippia bos, piger optat arare caballus:	*Epist.*1.14.43
optatam. qui studet optatam cursu contingere metam,	*Ars Poet.*412
optatis. sic Iovis interest|optatis epulis inpiger Hercules,	*Carm.*4.8.30
optatum. laudemque et optatum peractis|imperiis decus adrogavit.	*Carm.*4.14.39
optet. hunc atque hunc superare laboret|(sic festinanti semper locupletior obstat [optet]),	*var.Serm.*1.1.113
'sume, catelle': negat; si non des, optet.	*Serm.*2.3.259
quod satis est cui contingit, nihil amplius optet.	*Epist.*1.2.46
optima. pratensibus optima fungis|natura est;	*Serm.*2.4.20
optima. quia Graiorum sunt antiquissima quaeque|scripta vel optima,	*Epist.*2.1.29
optima. ne corporis optima Lyncei|contemplere oculis,	*Serm.*1.2.90
optime. 'cupidum, pater optime, vires|deficiunt:	*Serm.*2.1.12
ne perconteris, fundus meus, optime Quinti,	*Epist.*1.16.1
optimum. 'peream male, si non|optimum erat;	*Serm.*2.1.7
optimus. nam vitiis nemo sine nascitur; optimus ille est, | qui minimis urgetur.	*Serm.*1.3.68
cantor tamen atque|optimus est modulator;	*Serm.*1.3.130
sapiens operis sic optimus omnis|est opifex,	*Serm.*1.3.132
insuevit pater optimus hoc me,	*Serm.*1.4.105
huc venturus erat Maecenas optimus atque|Cocceius,	*Serm.*1.5.27
optimus olim|Vergilius, post hunc Varius dixere quid essem.	*Serm.*1.6.54
Valgius et probet haec Octavius optimus atque|Fuscus	*Serm.*1.10.82
optivo. fit Mimnermus et optivo cognomine crescit.	*Epist.*2.2.101
opto. nec prave factis decorari versibus opto,	*Epist.*2.1.266
optume. optume Romulae|custos gentis,	*Carm.*4.5.1
opulenta. copia . . . benigno|ruris honorum opulenta cornu.	*Carm.*1.17.16
opulentet. arvo pascat erum an bacis opulentet olivae,	*Epist.*1.16.2
opulentior. intactis opulentior|thesauris Arabum	*Carm.*3.24.1
Opuntiae. dicat Opuntiae|frater Megillae,	*Carm.*1.27.10
opus. sunt quibus unum opus est intactae Palladis urbem|carmine perpetuo celebrare	*Carm.*1.7.5
Roma si vestrum est opus	*Carm.Saec.*37
Romanis sollemne viris opus, utile famae	*Epist.*1.18.49
classis Aquilonibus arcet,|regis opus,	*Ars Poet.*65
opus. periculosae plenum opus aleae,	*Carm.*2.1.6
Inachiam ter nocte potes, mihi semper ad unum|mollis opus.	*Epod.*12.16
ultra|legem tendere opus;	*Serm.*2.1.2
in pulvere, trimus|quale prius, ludas opus,	*Serm.*2.3.252
diesque|longa videtur opus debentibus,	*Epist.*1.1.21
hoc opus, hoc studium parvi properemus et ampli,	*Epist.*1.3.28
hoc primus repetas opus, hoc postremus omittas.	*Epist.*1.6.48
addit opus pigro rivos, si decidit imber,	*Epist.*1.14.29
quam per vatis opus mores animique virorum|clarorum adparent.	*Epist.*2.1.249
mirabile visu|caelatumque novem Musis opus.	*Epist.*2.2.92
opus. sive opus est imperitae equis,|non auriga piger.	*Carm.*1.15.25
ut tibi si sit opus liquidi non amplius urna	*Serm.*1.1.54
at qui tantuli eget quanto est opus,	*Serm.*1.1.59
nil illi larva aut tragicis opus esse cothurnis.	*Serm.*1.5.64
'nil opus est te|circumagi:	*Serm.*1.9.16
'est tibi mater,|cognati, quis te salvo est opus?'	*Serm.*1.9.27
est brevitate opus, ut currat sententia	*Serm.*1.10.9
et sermone opus est modo tristi, saepe iocoso,	*Serm.*1.10.11
transnanto Tiberim, somno quibus est opus alto,	*Serm.*2.1.8
"haud mihi vita|est opus hac"	*Serm.*2.6.116
'unde mihi lapidem?' 'quorsum est opus?'	*Serm.*2.7.116
opuscula. scribere quod Cassi Parmensis opuscula vincat	*Epist.*1.4.3
mea cur ingratus opuscula lector|laudet ametque domi,	*Epist.*1.19.35
ora. quae caret ora cruore nostro?	*Carm.*2.1.36
ora. Caesar Hispana repetit penatis|victor ab ora.	*Carm.*3.14.4
ora. tua ne retardet|aura [retardent|ora] maritos.	*coni.Carm.*2.8.24
ut ora vertat huc et huc euntium	*Epod.*4.9

ora. Gallica nec lupatis|temperet ora frenis?	*Carm*.1.8.7
tot ora navium gravi|rostrata duci pondere	*Epod*.4.17
tacent et albus ora pallor inficit	*Epod*.7.15
tacent et albus ora pallor [ora pallor albus] inficit	*var.Epod*.7.15
ora manusque tua lavimus, Feronia, lympha;	*Serm*.1.5.24
nitidus qua quisque per ora|cederet,	*Serm*.2.1.64
quid Titius? Romana brevi venturus in ora,	*Epist*.1.3.9
sive elephans albus volgi converteret ora;	*Epist*.2.1.196
quae canerent agerentque peruncti faecibus ora.	*Ars Poet*.277
ora. aridum et ore [? asperum et ora] ferens acinum semesaque lardi	? *var.Serm*.2.6.85
orabant. scribae . . . te|orabant hodie meminisses, Quinte, reverti.'	*Serm*.2.6.37
orabat. 'unum me surpite morti|dis etenim facile est' orabat,	*Serm*.2.3.284
'ante secundam|Roscius orabat sibi adesses ad Puteal cras.'	*Serm*.2.6.35
orabit. tabulas socero dabit atque|ut legat orabit;	*Serm*.2.5.67
nil Grosphus nisi verum orabit et aequum.	*Epist*.1.12.23
orae. quis sub Arcto|rex gelidae metuatur orae,	*Carm*.1.26.4
servit Hispanae vetus hostis orae	*Carm*.3.8.21
(nam vina nihil moror illius orae.	*Epist*.1.15.16
orae. sive subiectos Orientis orae|Seras et Indos,	*Carm*.1.12.55
orare. sed satis est orare Iovem quae ponit et aufert,	*Epist*.1.18.111
oras. nec latentis|classe cita reparavit oras.	*Carm*.1.37.24
horrenda late nomen in ultimas|extendat oras,	*Carm*.3.3.46
qua sol habitabilis|inlustrat oras,	*Carm*.4.14.6
orat. quid orat de patera novom|fundens liquorem?	*Carm*.1.31.2
oratus. quare per divos oratus uterque Penatis	*Serm*.2.3.176
oratus multa prece nitere, porro|vade;	*Epist*.1.13.18
orbe. 'nullus in orbe sinus Bais praelucet amoenis'	*Epist*.1.1.83
orbem. te minor laetum reget aequos orbem:	*Carm*.1.12.57
fronte curvatos imitatus ignis|tertium lunae referentis ortum [orbem], .	*var.Carm*.4.2.58
quid premat obscurum lunae, quid proferat orbem,	*Epist*.1.12.18
tuisque|auspiciis totum confecta duella per orbem	*Epist*.2.1.254
si|non circa vilem patulumque moraberis orbem	*Ars Poet*.132
Orbi. vilicus Orbi, . . . te dominum sentit.	*Epist*.2.2.160
Orbilium. memini quae plagosum mihi parvo|Orbilium dictare;	*Epist*.2.1.71
orbis. si fractus inlabatur orbis,	*Carm*.3.3.7
tua sectus orbis|nomina ducet.'	*Carm*.3.27.75
certus undenos deciens per annos|orbis	*Carm.Saec*.22
orbis. serves iturum Caesarem in ultimos|orbis Britannos	*Carm*.1.35.30
orbum. fortis Augusti reditu forumque|litibus orbum.	*Carm*.4.2.44
orca. non alia quam qua Byzantia putuit orca.	*Serm*.2.4.66
Orci. victima nil miserantis Orci.	*Carm*.3.3.24
rapacis Orci sede destinata	*Carm*.2.18.30
nec satelles Orci|callidum Promethea|revexit auro captus;	*Carm*.2.18.34
Orco. habentque|Tartara Panthoiden iterum Orco|demissum,	*Carm*.1.28.10
moresque|aureos educit in astra nigroque|invidet Orco —	*Carm*.4.2.24
siquis casus puerum egerit Orco.	*Serm*.2.5.49
Orco. quae manent culpas etiam sub Orco.	*Carm*.3.11.29
Orcum. partus fulmine luridum|missos ad Orcum;	*Carm*.3.4.75
inpudens Orcum moror.	*Carm*.3.27.50
Orcus. si metit Orcus|grandia cum parvis,	*Epist*.2.2.178
ordinarat. in quem superbus ordinarat agmina|Mysorum	*Epod*.17.9
ordinaris. mox ubi publicas|res ordinaris,	*Carm*.2.1.11
ordinat. ex hac|luce Maecenas meus adfluentis|ordinat annos.	*Carm*.4.11.20
ordine. quod prius ordine verbum est|posterius facias,	*Serm*.1.4.58
huc propius me, . . . vos ordine adite.	*Serm*.2.3.81
aestuat et vitae disconvenit ordine toto.	*Epist*.1.1.99
temperat Alcaeus, sed rebus et ordine dispar,	*Epist*.1.19.29
ordinem. ordinem|rectum evaganti frena licentiae|iniecit	*Carm*.4.15.9
ordinet. est ut viro vir latius ordinet|arbusta sulcis,	*Carm*.3.1.9
ordinibus. adscribi quietis|ordinibus patiar deorum.	*Carm*.3.3.36
ordinis. ordinis haec virtus erit et venus, aut ego fallor,	*Ars Poet*.42
orditur. nec gemino bellum Troianum orditur ab ovo;	*Ars Poet*.147
ordo. nec facundia deseret hunc nec lucidus ordo.	*Ars Poet*.41
ore. recedentis trilingui|ore pedes tetigitque crura.	*Carm*.2.19.32
purpureo bibet ore nectar,	*Carm*.3.3.12
spiritus taeter saniesque manet|ore trilingui;	*Carm*.3.11.20
dicam insigne, recens, adhuc|indictum ore alio.	*Carm*.3.25.8
fervet inmensusque ruit profundo|Pindarus ore,	*Carm*.4.2.8
ut haec trementi questus ore	*Epod*.5.11

et ossa ab ore rapta ieiunae canis	*Epod.*5.23
cum promineret ore,	*Epod.*5.35
ore adlaborandum est tibi.	*Epod.*8.20
magni formica laboris|ore trahit quodcumque potest	*Serm.*1.1.34
aridum et ore ferens acinum semesaque lardi|frusta dedit,	*Serm.*2.6.85
quo spectanda modo, quo sensu credis et ore?	*Epist.*1.6.8
non equitem dorso, non frenum depulit ore.	*Epist.*1.10.38
sed equi frenato est auris in ore);	*Epist.*1.15.13
siquis . . . pede nudo | exiguaeque togae simulet textore [ex ore] Catonem,	*var.Epist.*1.19.13
hunc ego, non alio dictum prius ore, Latinus|volgavi fidicen;	*Epist.*1.19.32
iratusque Chremes tumido delitigat ore;	*Ars Poet.*94
Grais dedit ore rotundo|Musa loqui,	*Ars Poet.*323
orerequeres. 'o ere, quae res [orerequeres] | nec modum habet neque consilium,	*var.Serm.*2.3.265
orerequires. 'o ere, quae res [orerequires] | nec modum habet neque consilium,	*var.Serm.*2.3.265
Orestes. nec ferro ut demens genetricem occidis Orestes.	*Serm.*2.3.133
quin, ex quo est habitus male tutae mentis Orestes,	*Serm.*2.3.137
perfidus Ixion, Io vaga, tristis Orestes.	*Ars Poet.*124
oret. ille tegat conmissa deosque precetur et oret,	*Ars Poet.*200
orichalco. tibia non, ut nunc, orichalco vincta tubaeque|aemula,	*Ars Poet.*202
Oricum. ille Notis actus ad Oricum	*Carm.*3.7.5
orientia. orientia tempora notis|instruit exemplis, inopem solatur et aegrum.	*Epist.*2.1.130
Orientis. sive subiectos Orientis orae|Seras et Indos,	*Carm.*1.12.55
orientis. nec saevos Arcturi cadentis|impetus aut orientis Haedi,	*Carm.*3.1.28
sentiant motus orientis Austri	*Carm.*3.27.22
originem. auctore ab illo ducis originem,	*Carm.*3.17.5
origines. fontium qui celat origines|Nilusque	*Carm.*4.14.45
Originis. ut quondam Marsaeus, amator Originis ille,	*Serm.*1.2.55
Orion. nec curat Orion leones|aut timidos agitare lyncas.	*Carm.*2.13.39
notus et integrae|temptator Orion Dianae	*Carm.*3.4.71
quanto trepidet tumultu|pronus Orion	*Carm.*3.27.18
qua tristis Orion cadit;	*Epod.*10.10
dum pecori lupus et nautis infestus Orion	*Epod.*15.7
Orionis. me quoque devexi rapidus comes Orionis|Illyricis Notus obruit undis.	*Carm.*1.28.21
oris. aut in umbrosis Heliconis oris	*Carm.*1.12.5
nec Armeniis in oris,|amice Valgi, stat glacies iners	*Carm.*2.9.4
trahentia pulveris atri | quantum non Aquilo Campanis excitat agris [oris].	*var.Serm.*2.8.56
quibus terrarum militet oris|Claudius	*Epist.*1.3.1
oris. at illi foeda cicatrix|saetosam laevi frontem turpaverat oris.	*Serm.*1.5.61
oris. si plosoris [plus oris] eges aulaea manentis et usque|sessuri,	*var.Ars Poet.*154
oritur. postera lux oritur multo gratissima:	*Serm.*1.5.39
sermo oritur, non de villis domibusve alienis,	*Serm.*2.6.71
oriturum. nil oriturum alias, nil ortum tale fatentes.	*Epist.*2.1.17
oriuntur. ostrea Circeis, Miseno oriuntur echini,	*Serm.*2.4.33
orize. agedum, sume hoc ptisanarium [tysanarium] oryzae [orize].'	*var.Serm.*2.3.155
ornabat. tum pensilis uva secundas|et nux ornabat mensas	*Serm.*2.2.122
ornamenta. ambitiosa recidet|ornamenta,	*Ars Poet.*448
ornare. Saliaribus|ornare pulvinar deorum|tempus erat dapibus,	*Carm.*1.37.3
ornat. suamque pulla ficus ornat arborem,	*Epod.*16.46
ornatum. Deliis|ornatum foliis ducem,	*Carm.*4.3.7
ornatur. clarus ob id factum donis ornatur honestis,	*Epist.*2.2.32
ornatus. ornatus viridi tempora pampino	*Carm.*4.8.33
ornes. ac ne me foliis ideo brevioribus ornes,	*Epist.*1.19.26
res Italas armis tuteris, moribus ornes,	*Epist.*2.1.2
orni. nec veteres agitantur orni.	*Carm.*1.9.12
et foliis viduantur orni:	*Carm.*2.9.8
orno. potes hac ab orno|pendulum	*Carm.*3.27.58
Ornyti. Thurini Calais filius Ornyti,	*Carm.*3.9.14
oro. dic per omnis|hoc deos vere [oro],	*var.Carm.*1.8.2
dic per omnis|hoc deos vere [te deos oro],	*var.Carm.*1.8.2
supplex et oro regna per Proserpinae,	*Epod.*17.2
'per magnos, Brute, deos te|oro,	*Serm.*1.7.34
sed des veniam bonus, oro.	*Serm.*2.4.5
nil amplius oro,|Maia nate,	*Serm.*2.6.4
si quod adest gratum iuvat (hac prece te oro):	*Serm.*2.6.13

Orphea. unde vocalem temere insecutae|Orphea silvae, ... *Carm*.1.12.8
Orpheo. quid? si Threicio blandius Orpheo *Carm*.1.24.13
Orpheus. sacer interpresque deorum | caedibus et victu foedo deterruit
    Orpheus, ... *Ars Poet*.392
orta. non his iuventus orta parentibus *Carm*.3.6.33
orte. gentis humanae pater atque custos,|orte Saturno, . . . *Carm*.1.12.50
    divis orte bonis, optume Romulae|custos gentis, . . . *Carm*.4.5.1
orti. non Tanain prope flumen orti. *Carm*.4.15.24
    ab his maioribus orti|ad pugnam venere. *Serm*.1.5.55
    magni|quo pueri magnis e centurionibus orti, . . . ibant . . *Serm*.1.6.73
orti. virginum primae puerique claris|patribus orti, . . . *Carm*.4.6.32
orto. prius orto|sole vigil calamum et chartas et scrinia posco. . . *Epist*.2.1.112
ortos. multos saepe viros nullis maioribus ortos *Serm*.1.6.10
ortu. oscinem corvom prece suscitabo|solis ab ortu. *Carm*.3.27.12
    dives et inportunus ad umbram lucis ab ortu *Epist*.2.2.185
ortum. nil oriturum alias, nil ortum tale fatentes. *Epist*.2.1.17
ortum. tertium lunae referentis ortum, ... *Carm*.4.2.58
    famaque et imperi|porrecta maiestas ad ortus [ortum]|solis ab Hesperio
    cubili. *var.Carm*.4.15.15
ortus. ad ortus|solis ab Hesperio cubili. *Carm*.4.15.15
ortus. (indignum, quod sit peioribus ortus) *Epist*.1.6.22
oryzae. tu cessas? agedum, sume hoc ptisanarium oryzae.' . . *Serm*.2.3.155
os. cui mens divinior atque os|magna sonaturum, ... *Serm*.1.4.43
os. vaga Luna decorum|protulit os, ... *Serm*.1.8.22
    os tenerum pueri balbumque poeta figurat, ... *Epist*.2.1.126
Osci. Messi clarum genus Osci; *Serm*.1.5.54
oscinem. oscinem corvom prece suscitabo|solis ab ortu. . . *Carm*.3.27.11
oscula. speres perpetuom dulcia barbare|laedentem oscula, . . *Carm*.1.13.15
    caris multa sodalibus, | nulli plura tamen dividit oscula | quam dulci
    Lamiae, ... *Carm*.1.36.6
    cum flagrantia detorquet ad oscula|cervicem . . . *Carm*.2.12.25
osculum. fertur pudicae coniugis osculum . . . ab se removisse . . *Carm*.3.5.41
Osirim. per sanctum iuratus dicat Osirim: *Epist*.1.17.60
ossa. quaeque carent ventis et solibus ossa Quirini, . . . *Epod*.16.13
ossa. et ossa ab ore rapta ieiunae canis *Epod*.5.23
    reliquit ossa pelle amicta lurida, ... *Epod*.17.22
    quin ossa legant herbasque nocentis. *Serm*.1.8.22
    altercante libidinibus tremis ossa pavore. *Serm*.2.7.57
ossibus. vagae ne parce malignus harenae | ossibus et capiti inhumato |
    particulam dare: *Carm*.1.28.24
ossibus. albis informem spectabant ossibus agrum; . . . *Serm*.1.8.16
ostendat. ne non et cantharus et lanx|ostendat tibi te, . . . *Epist*.1.5.24
ostendere. res gerere et captos ostendere civibus hostis . . *Epist*.1.17.33
    rem tibi Socraticae poterunt ostendere chartae . . . . *Ars Poet*.310
ostendet. neque res bellica . . . ostendet Capitolio: . . . *Carm*.4.3.9
ostendi. Parios ego primus iambos|ostendi Latio, . . . *Epist*.1.19.24
ostendi. pretiumque avellier ante|quam mercem ostendi? . . *Serm*.1.2.105
    paucis ostendi gemis et communia laudas, ... *Epist*.1.20.4
ostendis. quodcumque ostendis mihi sic, incredulus odi. . . *Ars Poet*.188
ostendit. Andromedae pater|ostendit ignem, ... *Carm*.3.29.18
    aperte|quod venale habet ostendit *Serm*.1.2.84
ostentare. incipit ex illo montis Apulia notos|ostentare mihi, . . *Serm*.1.5.78
ostia. sub galli cantum consultor ubi ostia pulsat. . . . *Serm*.1.1.10
    pontisne inter iactatus an amnis|ostia sub Tusci? . . . *Serm*.2.2.33
ostrea. neque ostrea|nec scarus aut poterit peregrina iuvare lagois. . *Serm*.2.2.21
ostrea. ostrea Circeis, Miseno oriuntur echini, ... *Serm*.2.4.33
ostro. cenae sine aulaeis et ostro *Carm*.3.29.15
    qui Sidonio contendere callidus ostro|nescit *Epist*.1.10.26
    regali conspectus in auro nuper et ostro, ... *Ars Poet*.228
Othone. magnus in primis eques|Othone contempto sedet. . . *Epod*.4.16
oti. ubi quid datur oti,|inludo chartis. *Serm*.1.4.138
otia. senes ut in otia tuta recedant, ... *Serm*.1.1.31
    non otia recte|ponere *Serm*.2.7.112
    nec|otia divitiis Arabum liberrima muto. *Epist*.1.7.36
    iustitiam legesque et apertis otia portis; . . . . *Ars Poet*.199
otio. ingrato celeres obruit otio|ventos *Carm*.1.15.3
otior. pransus non avide, . . . domesticus otior. . . . *Serm*.1.6.128
otiosa. et otiosa credidit Neapolis *Epod*.5.43
otioso. festus in pratis vacat otioso|cum bove pagus, . . . *Carm*.3.18.11

otium. nullum a labore me reclinat otium; *Epod.*17.24
otium. mercator metuens otium et oppidi|laudat rura sui; . . . *Carm.*1.1.16
   otium divos rogat in patenti|prensus Aegaeo, ... *Carm.*2.16.1
   otium bello furiosa Thrace, ... *Carm.*2.16.5
   otium Medi pharetra decori, ... *Carm.*2.16.6
   non furor|civilis aut vis exiget otium, ... *Carm.*4.15.18
   utrumne iussi persequemur otium|non dulce, ... *Epod.*1.7
ova. et uncta turpis ova ranae sanguine . . . aduri . . . *Epod.*5.19
   das nummos, accipis uvam,|pullos, ova, cadum temeti: . . . *Epist.*2.2.163
ovans. heres|iam circum loculos et clavis laetus ovansque|curreret. . *Serm.*2.3.146
oves. verum ubi oves furto, morbo periere capellae, . . . *Epist.*1.7.86
ovibus. dulce pellitis ovibus Galaesi|flumen *Carm.*2.6.10
ovile. nec vespertinus circumgemit ursus ovile . . . *Epod.*16.51
ovili. nec vespertinus circumgemit ursus ovile [ovili] . . . *var.Epod.*16.51
ovilia. mox in ovilia|demisit hostem vividus impetus, . . . *Carm.*4.4.9
ovis. aut tondet infirmas ovis. *Epod.*2.16
   pastas ovis|videre properantis domum, ... *Epod.*2.61
ovis. nam vilibus ovis|nigrisque est oleis hodie locus. . . . *Serm.*2.2.45
   longa quibus facies ovis erit, illa memento, ... *Serm.*2.4.12
ovium. in tenero gramine pinguium|custodes ovium . . . *Carm.*4.12.10
   'mille ovium insanus morti dedit, ... *Serm.*2.3.197
ovo. ab ovo|usque ad mala citaret 'io Bacchae' *Serm.*1.3.6
   Castor gaudet equis, ovo prognatus eodem|pugnis; . . . *Serm.*2.1.26
   columbino limum bene colligit ovo, ... *Serm.*2.4.56
   nec gemino bellum Troianum orditur ab ovo; . . . . *Ars Poet.*147

P

pacantur. incultae pacantur vomere silvae: *Epist.*1.2.45
pacare. et regat iratos et amet pacare timentis; . . . . *Ars Poet.*197
pacatum. pacatum volitant per mare navitae; *Carm.*4.5.19
pacaverit. quae prima iratum ventrem pacaverit esca.' . . *Serm.*2.8.5
pace. nunc medio aequore|cum pace delabentis Etruscum|in mare, . *Carm.*3.29.35
   in pace, ut sapiens, aptarit idonea bello? *Serm.*2.2.111
pacem. pacem duello miscuit. *Carm.*3.5.38
   inpetrat et pacem et locupletem frugibus annum: . . . *Epist.*2.1.137
paces. hoc paces habuere bonae ventique secundi. . . . *Epist.*2.1.102
paces. bella quis et paces longum diffundit in aevom? . . . *Epist.*1.3.8
Pacideiani. Pacideiani contento poplite miror|proelia rubrica picta . *Serm.*2.7.97
pacis. idem|pacis eras mediusque belli. *Carm.*2.19.28
   nec quisquam noceat cupido mihi pacis! *Serm.*2.1.44
   claustraque custodem pacis cohibentia Ianum *Epist.*2.1.255
pacisci. non est meum, . . . ad miseras preces|decurrere et votis pacisci *Carm.*3.29.59
Pacori. iam bis Monaeses et Pacori manus|inauspicatos contudit impetus|
   nostros *Carm.*3.6.9
pacta. ex quo destituit deos|mercede pacta Laomedon, . . . *Carm.*3.3.22
pacto. quivis stomachetur eodem|quo personatus pacto pater. . . *Serm.*1.4.56
   sed tamen admiror, quo pacto iudicium illud|fugerit': . . . *Serm.*1.4.99
   hibrida quo pacto sit Persius ultus, ... *Serm.*1.7.2
   quo pacto alterna loquentes|umbrae cum Sagana resonarint . . *Serm.*1.8.40
   hunc medicus multum celer atque fidelis|excitat hoc pacto: . . *Serm.*2.3.148
   quo pacto cuncta tenerem *Serm.*2.4.8
   'quo pacto, pessime?' *Serm.*2.7.22
   fere miratur eodem,|quo cupiens, pacto; *Epist.*1.6.10
   post haec, ut valeat, quo pacto rem gerat et se, . . . *Epist.*1.8.13
   damnum est, non facinus, mihi pacto lenius isto. . . . *Epist.*1.16.56
   quo tandem pacto deceat maioribus uti, ... *Epist.*1.17.2
   quo pacto partis tutetur amantis ephebi, ... *Epist.*2.1.171
Pactolus. tibique Pactolus fluat *Epod.*15.20
Pactumeius. tuosque venter Pactumeius et tuo|cruore rubros obstetrix
   pannos lavit, ... *Epod.*17.50
Pacuvius. aufert|Pacuvius docti famam senis, ... *Epist.*2.1.56
Padus. quando|Padus Matina laverit cacumina, ... *Epod.*16.28
paelex. dominaeque tradi|barbarae paelex." ' *Carm.*3.27.66
paelice. nec vir Pieria paelice saucius *Carm.*3.10.15
paelicem. hoc delibutis ulta donis paelicem *Epod.*3.13
   quibus superbam fugit ulta paelicem, ... *Epod.*5.63
paelicum. unctis omnium cubilibus|oblivione paelicum? . . . *Epod.*5.70

Paelignas. quid proderat ditasse Paelignas anus *Epod.*17.60
Paelignis. quota│Paelignis caream frigoribus, taces.   .   .   .   *Carm.*3.19.8
paene. quam paene furvae regna Proserpinae *Carm.*2.13.21
  paene occupatam seditionibus│delevit Vrbem *Carm.*3.6.13
  narrat paene datum Pelea Tartaro, ...   *Carm.*3.7.17
  sanctiorque│paene natali proprio, ...   *Carm.*4.11.18
  Cois tibi paene videre est│ut nudam, ...   *Serm.*1.2.101
  ubi sedulus hospes│paene macros arsit *Serm.*1.5.72
  at cetera paene gemelli│fraternis animis: *Epist.*1.10.3
  Naevius in manibus non est et mentibus haeret│paene recens?   .   .   *Epist.*2.1.54
  clament periisse pudorem│cuncti paene patres, ...   *Epist.*2.1.81
  ne velut innati triviis ac paene forenses   .   .   .   .   Ars *Poet.*245
paeniteat. quare, ne paeniteat te,│desine sectari matronas,   .   .   *Serm.*1.2.77
  nil me paeniteat sanum patris huius, ...   *Serm.*1.6.89
paenitet. scelerum si bene paenitet. *Carm.*3.24.50
  conviviorum et paenitet, ...   *Epod.*11.8
paenula. facit quod│paenula solstitio, campestre nivalibus auris,   .   .   *Epist.*1.11.18
paetum. strabonem│appellat paetum pater, ...   *Serm.*1.3.45
pagi. in nepotum│perniciem opprobriumque pagi; *Carm.*2.13.4
pagos. quis circum pagos et circum compita pugnax   .   .   .   *Epist.*1.1.49
pagus. festus in pratis vacat otioso│cum bove pagus,   .   .   .   *Carm.*3.18.12
  quem Mandela bibit, rugosus frigore pagus, ...   *Epist.*1 18.105
palaestrae. voce formasti catus et decorae│more palaestrae,   .   .   *Carm.*1.10.4
palam. sed palam captis gravis, heu nefas, heu, ...   *Carm.*4.6.17
  nec, siquid honesti est,│iactat habetque palam,   .   .   .   *Serm.*1.2.85
  aut humana palam coquat exta nefarius Atreus   .   .   .   Ars *Poet.*186
palam. ubi haec severus te palam laudaveram, ...   *Epod.*11.19
palantis. ubi passim│palantis error certo de tramite pellit, .   .   .   *Serm.*2.3.49
Palatinas. si Palatinas videt aequos aras *Carm.Saec.*65
Palatinus. scripta, Palatinus quaecumque recepit Apollo,   .   .   *Epist.*1.3.17
palato. quid? cum balba feris annoso verba palato,   .   .   .   *Serm.*2.3.274
  ne gallina malum responset dura palato, ...   *Serm.*2.4.18
  poscentes vario multum diversa palato. *Epist.*2.2.62
palatum. hoc potius quam gallina tergere palatum,   .   .   .   *Serm.*2.2.24
  ante meum nulli patuit quaesita palatum. *Serm.*2.4.46
  fervida quod subtile exsurdant vina palatum. *Serm.*2.8.38
palea. cum pater ipse domus palea porrectus in horna   .   .   *Serm.*2.6.88
Palinurus. me . . . devota non extinxit arbor│nec Sicula Palinurus unda.   *Carm.*3.4.28
palla. cum palla, . . . novam│incendio nuptam abstulit?   .   .   .   *Epod.*5.65
  ad talos stola demissa et circumdata palla, ...   *Serm.*1.2.99
palla. vidi egomet nigra succinctam vadere palla│Canidiam   .   .   *Serm.*1.8.23
Palladis. ope Palladis│Tydiden superis parem? *Carm.*1.6.15
  intactae Palladis urbem│carmine perpetuo celebrare   .   .   .   *Carm.*1.7.5
  quid . . . contra sonantem Palladis aegida│possent ruentes?   .   .   *Carm.*3.4.57
pallae. post hunc personae pallaeque repertor honestae│Aeschylus   .   Ars *Poet.*278
Pallas. proximos illi tamen occupavit│Pallas honores│proeliis audax.   .   *Carm.*1.12.20
  iam galeam Pallas et aegida│currusque et rabiem parat.   .   .   *Carm.*1.15.11
  cum Pallas usto vertit iram ab Ilio│in inpiam Aiacis ratem.   .   .   *Epod.*10.13
pallerem. quodsi│pallerem casu, biberent exsangue cuminum.   .   .   *Epist.*1.19.18
pallerent. quodsi│pallerem [pallerent] casu, biberent exsangue cuminum.   .   .   *var.Epist.*1.19.18
palleret. quodsi│pallerem [palleret] casu, biberent exsangue cuminum.   .   *coni.Epist.*1.19.18
pallescere. nil conscire sibi, nulla pallescere culpa.   .   .   .   *Epist.*1.1.61
pallescet. pallescet super his, etiam stillabit amicis│ex oculis rorem,   .   Ars *Poet.*429
pallet. quisquis│ambitione mala aut argenti pallet amore,   .   .   *Serm.*2.3.78
  dum pueris omnis pater et matercula pallet *Epist.*1.7.7
pallida. pallida Mors aequo pulsat pede pauperum tabernas │ regumque
     turris. *Carm.*1.4.13
  vepallida [vae pallida] lecto│desiliat mulier,   .   .   .   *var.Serm.*1.2.129
  vepallida [ve pallida] lecto│desiliat mulier,   .   .   .   *var.Serm.*1.2.129
pallidus. ut pallidus omnis│cena desurgat dubia? *Serm.*2.2.76
pallor. nec tinctus viola pallor amantium *Carm.*3.10.14
  tacent et albus ora pallor inficit *Epod.*7.15
  tacent et albus ora pallor [ora pallor albus] inficit   .   .   .   *var.Epod.*7.15
  o quantus instat navitis sudor tuis│tibique pallor luteus   .   .   *Epod.*10.16
  pallor utrasque│fecerat horrendas adspectu. *Serm.*1.8.25
  vertere pallor│tum parochi faciem *Serm.*2.8.35
palluit. scatentem│beluis pontum mediasque fraudes│palluit audax.   .   .   *Carm.*3.27.28
palma. metaque fervidis│evitata rotis palmaque nobilis.   .   .   .   *Carm.*1.1.5
  sive quos Elea domum reducit│palma caelestis *Carm.*4.2.18

si me│palma negata macrum, donata reducit opimum. *Epist.*2.1.181
palma. ten lapides varios lutulenta radere palma *Serm.*2.4.83
palmae. cui sit condicio dulcis sine pulvere palmae? *Epist.*1.1.51
palmam. arbiter pugnae posuisse nudo│sub pede palmam .   .   . *Carm.*3.20.12
palmetis. praeferat Herodis palmetis pinguibus, ... *Epist.*2.2.184
palpere. cui male si palpere, recalcitrat undique tutus.' .   .   . *Serm.*2.1.20
paludes. antequam stantis repetat paludes *Carm.*3.27.9
palumbes. fronde nova puerum palumbes│texere, ... *Carm.*3.4.12
palumbis. nota quae sedes fuerat columbis [palumbis], .   .   . *var.Carm.*1.2.10
palumbis. vidimus et merulas poni et sine clune palumbis, .   .   . *Serm.*2.8.91
palus. obscaenoque ruber porrectus ab inguine palus, .   .   . *Serm.*1.8.5
palus. sterilisve diu palus aptaque remis│vicinas urbes alit .   . *Ars Poet.*65
sterilisve diu palus [palus diu] aptaque remis│vicinas urbes alit . *coni.Ars Poet.*65
palustres. mali culices ranaeque palustres│avertunt somnos; .   . *Serm.*1.5.14
palustri. vina bibes iterum Tauro diffusa palustris [palustri] │ inter
   Minturnas Sinuessanumque Petrinum. *var.Epist.*1.5.4
palustris. palustris│inter Minturnas Sinuessanumque Petrinum. .   . *Epist.*1.5.4
pampino. deum│cingentem viridi tempora pampino. *Carm.*3.25.20
ornatus viridi tempora pampino│Liber *Carm.*4.8.33
Panaeti. coemptos undique nobilis│libros Panaeti *Carm.*1.29.14
pandat. picta pandat spectacula cauda: *Serm.*2.2.26
pane. pane egeo iam mellitis potiore placentis. *Epist.*1.10.11
vivit siliquis et pane secundo: *Epist.*2.1.123
vivit siliquis et pane secundo [? secundo pane]: .   . *? var.Epist.*2.1.123
pangas. nec, cum venari volet ille, poemata panges [pangas]. . *var.Epist.*1.18.40
panges. nec, cum venari volet ille, poemata panges. .   .   . *Epist.*1.18.40
pango. nunc satis est dixisse 'ego mira poemata pango; .   . *Ars Poet.*416
panis. panis ematur. holus, vini sextarius *Serm.*1.174
sed panis longe pulcerrimus, ... *Serm.*1.5.89
cum sale panis│latrantem stomachum bene leniet. .   . *Serm.*2.2.17
ne panis adustus,│ne male conditum ius adponatur, .   . *Serm.*2.8.68
panis. si│reticulum panis venalis inter onusto│forte vehas umero, . *Serm.*1.1.47
panno. albo rara Fides colit│velata panno *Carm.*1.35.22
contra, quem duplici panno patientia velat, .   .   . *Epist.*1.17.25
pannos. tuo│cruore rubros obstetrix pannos lavit, .   .   . *Epod.*17.51
pannum. morietur frigore, si non│rettuleris pannum. .   .   . *Epist.*1.17.32
pannus. purpureus, late qui splendeat, unus et alter│adsuitur pannus, . *Ars Poet.*16
panthera. divorsum confusa genus panthera camelo . . . converteret ora; *Epist.*2.1.195
Panthoidae. nec te Pythagorae [Panthoidae] fallant arcana renati . *coni.Epod.*15.21
Panthoiden. habentque│Tartara Panthoiden iterum Orco│demissum, . *Carm.*1.28.10
Pantilius. men moveat cimex Pantilius *Serm.*1.10.78
Pantolabo. hoc miserae plebi stabat commune sepulcrum, │ Pantolabo
   scurrae Nomentanoque nepoti. *Serm.*1.8.11
Pantolabum. Pantolabum scurram Nomentanumque nepotem, .   . *Serm.*2.1.22
papaver. crassum unguentum et Sardo cum melle papaver│offendunt, . *Ars Poet.*375
Paphi. o Venus regina Cnidi Paphique, ... *Carm.*1.30.1
Paphon. Paphon│iunctis visit oloribus *Carm.*3.28.14
par. Rupili et Persi par pugnat, ... *Serm.*1.7.19
Quinti progenies Arri, par nobile fratrum, ... *Serm.*2.3.243
par. 'non, si te ruperis,'inquit,│'par eris.' *Serm.*2.3.320
nugas│hoc genus: 'hora quota est?' 'Thraex est Gallina Syro par?' . *Serm.*2.6.44
ut coeat par│iungaturque pari: *Epist.*1.5.25
par. "eoque│responsura tuo numquam est par fama labori. .   . *Serm.*2.8.66
par. scribere te nobis, tibi nos adcredere par est. .   .   . *Epist.*1.15.25
par. ludere par inpar, equitare in harundine longa .   .   . *Serm.*2.3.248
parabat. dum Capitolio│regina dementis ruinas,│funus et imperio parabat *Carm.*1.37.8
iam nox inducere terris│umbras et caelo diffundere signa parabat; . *Serm.*1.5.10
parabilem. non ego: namque parabilem amo venerem facilemque. . *Serm.*1.2.119
parabo. maius parabo, maius infundam tibi│fastidienti poculum . *Epod.*5.77
det vitam, det opes; aequom ni animum ipse parabo. .   .   . *Epist.*1.18.112
parare. neque plura parare labores *Epist.*2.2.196
pararet. quae sibi barbarus│tortor pararet: *Carm.*3.5.50
pararis. servosve tuos, quos aere pararis, ... *Serm.*2.3.129
paras. et acrem militiam paras *Carm.*1.29.2
invidiam placare paras virtute relicta? *Serm.*2.3.13
seu civica iura│respondere paras *Epist.*1.3.24
parasitae. custodes, lectica, ciniflones, parasitae, ... *Serm.*1.2.98
parasitis. quantus sit Dossennus edacibus in parasitis, .   .   . *Epist.*2.1.173

parassem. parce frugaliter atque|viverem uti contentus eo quod mi ipse
    parasset [parassem]: *var.Serm.*1.4.108
parasset. viverem uti contentus eo quod mi ipse parasset: . . . *Serm.*1.4.108
parasti. quidquid vita meliore parasti|ponendum aequo animo.' . . *Serm.*2.3.15
    quanto plura parasti,|tanto plura cupis, ... *Epist.*2.2.147
parat. iam galeam Pallas et aegida|currusque et rabiem parat. . . . *Carm.*1.15.12
    Catone . . . qui male factos|emendare parat versus, . . . *Serm.*1.10.*3
    dum sibi, dum sociis reditum parat, ... *Epist.*1.2.21
parata. cave, namque in malos asperrimus|parata tollo cornua, . . *Epod.*6.12
parati. supremum|carpere iter comites parati. *Carm.*2.17.12
    depugnare parati,|si discordet eques, ... *Epist.*2.1.184
paratis. frui paratis et valido mihi,|Latoe, dones . . . *Carm.*1.31.17
    barathrone|dones quidquid habes an numquam utare paratis? — . *Serm.*2.3.167
paratum. hoc, veluti virtute paratum,|speravit magnae laudi fore. . *Serm.*2.3.98
paratus. paratus omne Caesaris periculum|subire, Maecenas, tuo: . *Epod.*1.3
    paratus expiare, seu poposceris|centum iuvencos *Epod.*17.38
    vir bonus et sapiens dignis ait esse paratus *Epist.*1.7.22
paravero. haud paravero|quod aut avarus ut Chremes terra premam, . *Epod.*1.32
Parca. spiritum Graiae tenuem Camenae|Parca non mendax dedit . *Carm.*2.16.39
parca. 'venit enim magnum donandi parca iuventus *Serm.*2.5.79
parca. cui deus obtulit|parca quod satis est manu. . . . *Carm.*3.16.44
Parcae. unde si Parcae prohibent iniquae, ... *Carm.*2.6.9
    unde tibi reditum certo subtemine Parcae|rupere, ... *Epod.*13.15
Parcae. vosque, veraces cecinisse Parcae, ... *Carm.Saec.*25
parcas. supplicibus tuis|parcas, ... *Carm.*3.10.17
    'o maior tandem parcas, insane, minori.' *Serm.*2.3.326
parce. at tu, nauta, vagae ne parce malignus harenae . . . particulam dare: *Carm.*1.28.23
    nec|parce cadis tibi destinatis. *Carm.*2.7.20
    euhoe, parce Liber, ... *Carm.*2.19.7
    parce gravi metuende thyrso. *Carm.*2.19.8
    parce privatus nimium cavere *Carm.*3.8.26
    parce, precor, precor. *Carm.*4.1.2
    Canidia: parce vocibus tandem sacris *Epod.*17.6
parce. cum me hortaretur, parce frugaliter atque|viverem uti contentus eo *Serm.*1.4.107
    si|Graeco fonte cadent parce detorta. . . . . *Ars Poet.*53
parcent. si parcent animae fata superstiti.' *Carm.*3.9.12
    si parcent puero fata superstiti.' *Carm.*3.9.16
parcentis. urbani, parcentis viribus atque|extenuantis eas consulto. . *Serm.*1.10.13
parcentis. parcentis ego dexteras|odi: *Carm.*3.19.21
parcere. tamquam parcere sacris|cogeris *Serm.*1.1.71
    mortisque metu sibi parcere cogit, ... *Serm.*1.4.127
    multa mole docendus aprico parcere prato. . . . *Epist.*1.14.30
parcet. dummodo risum|excutiat sibi non, non cuiquam parcet amico *Serm.*1.4.35
    sibi parcet|contractusque leget; *Epist.*1.7.11
parci. te suis matres metuont invencis,|te senes parci . . . *Carm.*2.8.22
Parcis. sic potenti|Iustitiae placitumque Parcis. . . . *Carm.*2.17.16
parcis. parcis deripere horreo|cessantem . . . amphoram. . . *Carm.*3.28.7
parcit. mors . . . nec parcit inbellis iuventae|poplitibus timidove tergo. . *Carm.*3.2.15
    ac nisi mutatum parcit defundere vinum *Serm.*2.2.58
parcite. male nominatis|parcite verbis. *Carm.*3.14.12
parcius. parcius iunctas quatiunt fenestras *Carm.*1.25.1
    parcius hic vivit: frugi dicatur; *Serm.*1.3.49
    quanto aut ego parcius aut vos,|o pueri, nituistis, . . . *Serm.*2.2.127
    rexque paterque|audisti coram, nec verbo parcius absens: . *Epist.*1.7.38
parco. deciens centena dedisses|huic parco, paucis contento: . . *Serm.*1.3.16
parcus. parcus deorum cultor et infrequens, ... *Carm.*1.34.1
    veteris non parcus aceti. *Serm.*2.2.62
    ac potius foliis parcus vescatur amaris; *Serm.*2.3.114
    parcus ob heredis curam nimiumque severus|adsidet insano: . *Epist.*1.5.13
    quantum discordet parcus avaro. *Epist.*2.2.194
pardus. festus in pratis vacat otioso|cum bove pagus [pardus], . . *var.Carm.*3.18.12
parebit. parebit pravi docilis Romana iuventus. — . . *Serm.*2.2.52
parem. ope Palladis|Tydiden superis parem? *Carm.*1.6.16
    cui . . . quando ullum inveniet parem? *Carm.*1.24.8
    nec Iugurthino parem|bello reportasti ducem . . . *Epod.*9.23
    et quaeret iratus parem *Epod.*15.14
parem. servatura diu parem|cornicis vetulae temporibus Lycen, . *Carm.*4.13.24
parens. quin et Prometheus et Pelopis parens . . . *Carm.*2.13.37
    non te Penelopen difficilem procis|Tyrrhenus genuit parens. . *Carm.*3.10.12

quo sit amore parens, quo frater amandus et hospes, ... *Ars Poet.*313
parens. nil servile gulae parens habet? *Serm.*2.7.111
parent. quid Seres et regnata Cyro|Bactra parent *Carm.*3.29.28
'omnis enim res,|virtus, fama, decus, . . . divitiis parent; . . . *Serm.*2.3.96
parente. 'quo nos cumque feret melior fortuna parente, ... *Carm.*1.7.25
cum referre negas, quali sit quisque parente|natus, ... *Serm.*1.6.7
an tu reris eum occisa insanisse parente *Serm.*2.3.134
parentem. deorum|nuntium curvaeque lyrae parentem, ... *Carm.*1.10.6
periurum fuit in parentem|splendide mendax *Carm.*3.11.34
parentem. posset qui rupem et puteum vitare patentem [parentem]. . *var.Epist.*2.2.135
parentem. in campo doceat parentem currere frenis? *Serm.*1.1.91
qui male parentem in rupis protusit asellum|iratus: . . . *Epist.*1.20.15
parentes. an te generum beati|Phyllidis flavae decorent parentes: . *Carm.*2.4.14
nec inpubem parentes|Troilon aut Phrygiae sorores|flevere semper. . *Carm.*2.9.15
parentes. neque hoc parentes, heu mihi superstites,|effugerit spectaculum.' *Epod.*5.101
quod non ingenuos habeat clarosque parentes, ... *Serm.*1.6.91
ad fastum quoscumque parentes|optaret sibi quisque, . . . *Serm.*1.6.95
parentes. illum et parentis [parentes] crediderim sui|fregisse cervicem . *var.Carm.*2.13.5
parentibus. non his iuventus orta parentibus *Carm.*3.6.33
parentibusque abominatus Hannibal. *Epod.*16.8
parentis. quid prius dicam solitis parentis|laudibus, ... *Carm.*1.12.13
illum et parentis crediderim sui|fregisse cervicem *Carm.*2.13.5
cum parentis regna per arduom|cohors gigantum scanderet inpia, . *Carm.*2.19.21
parentis olim siquis inpia manu|senile guttur fregerit, . . . *Epod.*3.1
avi cur atque parentis|praeclaram ingrata stringat malus ingluvie rem, *Serm.*1.2.7
parentium. dos est magna parentium|virtus *Carm.*3.24.21
parentum. audiet pugnas vitio parentum|rara iuventus. . . . *Carm.*1.2.23
quid prius dicam solitis parentis [parentum]|laudibus, . . . *var.Carm.*1.12.13
ego, pauperum|sanguis parentum, ... *Carm.*2.20.6
aetas parentum, peior avis, tulit|nos nequiores, ... *Carm.*3.6.46
dos est magna parentium [parentum]|virtus *var.Carm.*3.24.21
parentur. unde parentur opes, quid alat formetque poetam, . . *Ars Poet.*307
parere. vel quia turpe putant parere minoribus *Epist.*2.1.84
pareret. quod mihi pareret legio Romana tribuno. *Serm.*1.6.48
paret. habes qui|adsideat, fomenta paret, ... *Serm.*1.1.82
siquis . . . paret ancillas, paret aurum, ... *Serm.*2.3.215
si|insanire paret certa ratione modoque.' *Serm.*2.3.271
sive vicarius est, qui servo paret, . . . seu conservos, . . *Serm.*2.7.79
animum rege; qui nisi paret,|imperat; *Epist.*1.2.62
virtutem doctrina paret naturane donet, ... *Epist.*1.18.100
pari. ut coeat par|iungaturque pari: *Epist.*1.5.26
paria. gladiatorum dare centum|damnati populo paria . . . *Serm.*2.3.86
paria. quis paria esse fere placuit peccata, ... *Serm.*1.3.96
paribus. gestit paribus conludere . . . . *Ars Poet.*159
Paridis. dum Priami Paridisque busto|insultet armentum . . *Carm.*3.3.40
qua Paridis propter narratur amorem|Graecia barbariae lento collisa
duello, ... *Epist.*1.2.6
paries. me tabula sacer|votiva paries indicat *Carm.*1.5.14
barbiton hic paries habebit, ... *Carm.*3.26.4
inmeritusque laborat|iratis natus paries dis atque poetis. . . *Serm.*2.3.8
nam tua res agitur, paries cum proximus ardet, ... *Epist.*1.18.84
Pario. splendentis Pario marmore purius, ... *Carm.*1.19.6
Parios. Parios ego primus iambos|ostendi Latio, ... *Epist.*1.19.23
Paris. Antenor censet belli praecidere causam:|quid Paris? . . *Epist.*1.2.10
paris. cum dicas esse paris res|furta latrociniis *Serm.*1.3.121
pariter. ferre iugum pariter dolosi: *Carm.*1.35.28
quidquid negat alter, et alter,|adnuimus pariter. . . . *Epist.*1.10.5
cenes ut pariter pulmenta laboribus empta, ... *Epist.*1.18.48
vehemens lupus et sibi et hosti|iratus pariter, ... *Epist.*2.2.29
lectorem delectando pariterque monendo. . . . . . *Ars Poet.*344
Parmensis. scribere quod Cassi Parmensis opuscula vincat . . *Epist.*1.4.3
parmula. relicta non bene parmula, ... *Carm.*2.7.10
parochi. vertere pallor|tum parochi faciem *Serm.*2.8.36
parochi. tectum|praebuit et parochi, quae debent, ligna salemque. . *Serm.*1.5.46
parrae. inpios parrae recinentis omen|ducat *Carm.*3.27.1
Parrhasius. quas aut Parrhasius protulit aut Scopas, . . . *Carm.*4.8.6
parricidae. Telegoni iuga parricidae. *Carm.*3.29.8
pars. pars violentior|natalis horae, ... *Carm.*2.17.18
si neque fervidis|pars inclusa caloribus|mundi *Carm.*3.24.37

non omnis moriar multaque pars mei | vitabit Libitinam; . . . *Carm.*3.30.6
tum meae, . . . vocis accedet bona pars *Carm.*4.2.46
iussa pars mutare Lares et urbem | sospite cursu, . . . *Carm.Saec.*39
forte quid expediat communiter aut melior pars . . . *Epod.*16.15
aut pars indocili melior grege; *Epod.*16.37
ut bona pars hominum decepta cupidine falso . . . *Serm.*1.1.61
non, ut magna dolo factum negat esse suo pars, . . *Serm.*1.6.90
sine nervis altera quidquid | conposui pars esse putat . . *Serm.*2.1.3
"danda est ellebori multo pars maxima avaris: . . . *Serm.*2.3.82
maxima pars hominum morbo iactatur eodem. . . . *Serm.*2.3.121
'pars hominum vitiis gaudet constanter . . . *Serm.*2.7.6
pars multa natat, modo recta capessens, | interdum pravis obnoxia. . *Serm.*2.7.7
pars hominum gestit conducere publica; *Epist.*1.1.77
tertia succedant et quae pars quadret acervom. . . *Epist.*1.6.35
maxima pars vatum, pater et iuvenes patre digni, | decipimur specie recti. *Ars Poet.*24
bona pars non unguis ponere curat, | non barbam, . . *Ars Poet.*297
parte.   quae Venus | quinta parte sui nectaris imbuit. . . *Carm.*1.13.16
cervos uti vallis in altera | visum parte lupum graminis inmemor, . *Carm.*1.15.30
nihil est ab omni | parte beatum. *Carm.*2.16.28
qualibet exsules | in parte regnanto beati; . . . *Carm.*3.3.39
qua parte debacchentur ignes, ... *Carm.*3.3.55
audire est operae pretium, . . . ut omni parte laborent . . *Serm.*1.2.38
aut positum ante mea quia pullum in parte catini | sustulit esuriens, . *Serm.*1.3.92
quarta iam parte diei | praeterita. *Serm.*1.9.35
ex parte tua seu fundi sive domus sit | emptor, . . *Serm.*2.5.108
partem.   nec partem solido demere de die | spernit, . . *Carm.*1.1.20
voltis severi me quoque sumere | partem Falerni? . . *Carm.*1.27.10
a, te meae si partem animae rapit | maturior vis, . . *Carm.*2.17.5
quodsi pudica mulier in partem iuvet | domum . . *Epod.*2.39
in neutram partem cultus miser. *Serm.*2.2.66
aut spem deponas aut artem [partem] inlusus omittas. . *var.Serm.*2.5.26
magnam morbi deponere partem. *Epist.*1.1.35
partem vel tolleret omnis. *Epist.*1.6.44
partes.   ne forte seniles | mandentur iuveni partes pueroque viriles: . *Ars Poet.*177
quae | partes in bellum missi ducis; . . . *Ars Poet.*315
partes.   actoris partes chorus officiumque virile | defendat, . . *Ars Poet.*193
Parthi.   miles sagittas et celerem fugam | Parthi, . . *Carm.*2.13.18
aut labentis equo describit volnera Parthi.' . . . *Serm.*2.1.15
Parthis.   iuvenis Parthis horrendus, ab alto | demissum genus Aenea, . *Serm.*2.5.62
et formidatam Parthis te principe Romam, . . . *Epist.*2.1.256
Parthis.   ipse ego, . . . invenior Parthis mendacior . . *Epist.*2.1.112
Parthorum.   derepta Parthorum superbis | postibus . . *Carm.*4.15.7
sed ut secundum vota Parthorum *Epod.*7.9
sub duce, qui templis Parthorum signa refigit . . *Epist.*1.18.56
Parthos.   ille seu Parthos Latio imminentis | egerit . . *Carm.*1.12.53
Parthos ferocis | vexet eques metuendus hasta . . *Carm.*3.2.3
Parthum.   Parthum dicere nec quae nihil attinent . . *Carm.*1.19.12
quis Parthum paveat, quis gelidum Scythen, . . *Carm.*4.5.25
Parthus.   catenas Parthus et Italum | robur; . . . *Carm.*2.13.18
partibus.   Eois timendum | partibus Oceanoque rubro. . *Carm.*1.35.32
hinc vos, | vos hinc mutatis discedite partibus. . . *Serm.*1.1.18
unus utrique | error, sed variis inludit partibus: . . *Serm.*2.3.51
particulam.   Prometheus addere . . . coactus particulam undique | desectam *Carm.*1.16.14
vagae ne parce malignus harenae . . . particulam dare: . *Carm.*1.28.25
atque adfigit humo divinae particulam aurae. . . *Serm.*2.2.79
partis.   "quartae sit partis Vlixes" | audieris "heres": . . *Serm.*2.5.100
partis.   cui dabit partis scelus expiandi | Iuppiter? . . *Carm.*1.2.29
transfuga divitum | partis linquere gestio, . . . *Carm.*3.16.24
partis mimum tractare secundas; *Epist.*1.18.14
quo pacto partis tutetur amantis ephebi, . . . *Epist.*2.1.171
actoris partes chorus officiumque virile | defendat, . . *Ars Poet.*193
assem | discunt in partis centum diducere. . . *Ars Poet.*326
partita.   quae si semel uno | de sene gustarit tecum partita lucellum, . *Serm.*2.5.82
partitur.   partitur lintres exercitus, ... *Epist.*1.18.61
parto.   finire laborem | incipias, parto quod avebas, . . *Serm.*1.1.94
partubus.   si vocata partubus | Lucina veris adfuit, . . *Epod.*5.5
partum.   unde putas aut | qui partum? . . . *Serm.*2.2.19
partum.   deterior post partum carne futura. . . . *Serm.*2.8.44
parturient.   parturient montes, nascetur ridiculus mus. . . *Ars Poet.*139

parturit.	Notus neque parturit imbris|perpetuos,	*Carm.*1.7.16
	Germania quos horrida parturit|fetus	*Carm.*4.5.26
parturiunt.	parturient [parturiunt] montes, nascetur ridiculus mus.	*var.Ars Poet.*139
partus.	maeretque partus fulmine luridum|missos ad Orcum;	*Carm.*3.4.74
	rite maturos aperire partus|lenis,	*Carm.Saec.*13
parum.	tu parum castis inimica mittes|fulmina lucis.	*Carm.*1.12.59
	et parum comis sine te Iuventas|Mercuriusque.	*Carm.*1.30.7
	parum locuples continente ripa;	*Carm.*2.18.22
	parum decoro|inter verba cadit lingua silentio?	*Carm.*4.1.35
	inbellis ac firmus parum?	*Epod.*1.16
	parumne campis atque Neptuno super|fusum est Latini sanguinis,	*Epod.*7.3
	'matutina parum cautos iam frigora mordent';	*Serm.*2.6.45
	quaecumque parum splendoris habebunt	*Epist.*2.2.111
	maculis, quas aut incuria fudit|aut humana parum cavit natura.	*Ars Poet.*353
	parum claris lucem dare coget,	*Ars Poet.*448
parva.	ego utrum|nave ferar magna an parva, ferar unus et idem.	*Epist.*2.2.200
parva.	pulveris exigui prope latum parva Matinum|munera	*Carm.*1.28.3
	parvom parva decent?	*Epist.*1.7.44
parva.	mihi parva rura et|spiritum Graiae tenuem Camenae	*Carm.*2.16.37
	contracto melius parva cupidine|vectigalia porrigam	*Carm.*3.16.39
	ne parva Tyrrhenum per aequor|vela darem.	*Carm.*4.15.3
	magnis parva mineris|falce recisurum simili te,	*Serm.*1.3.122
parvas.	si praeco parvas aut, ut fuit ipse, coactor|mercedes sequerer;	*Serm.*1.6.86
parvi.	quam frigida parvi|findunt Scamandri flumina	*Epod.*13.13
	sordidus atque animi quod parvi nolit haberi, |respondet.	*Serm.*1.2.10
parvi.	hoc opus, hoc studium parvi properemus et ampli,	*Epist.*1.3.28
parvis.	lenis incedas abeasque parvis|aequos alumnis,	*Carm.*3.18.3
	'non invisa feres pueris munuscula parvis'	*Epist.*1.7.17
parvis.	magna modis tenuare parvis.	*Carm.*3.3.72
	gaudentem parvisque sodalibus et lare certo	*Epist.*1.7.58
	ut parvis animis et parvo corpore maius;	*Epist.*1.17.40
parvis.	si das hoc, parvis quoque rebus magna iuvari.	*Epist.*2.1.125
parvis.	si metit Orcus|grandia cum parvis,	*Epist.*2.2.179
parvo.	neque ulla est|aut magno aut parvo leti fuga:	*Serm.*2.6.95
	memini quae plagosum mihi parvo|Orbilium dictare;	*Epist.*2.1.70
parvo.	mundaeque parvo sub lare pauperum|cenae	*Carm.*3.29.14
	dum ex parvo nobis tantundem haurire relinquas,	*Serm.*1.1.52
	naso vivere pravo [parvo]|spectandum nigris oculis nigroque capillo.	*var.Ars Poet.*36
parvo.	vivitur parvo bene cui paternum|splendet in mensa tenui salinum	*Carm.*2.16.13
	quae virtus et quanta, boni, sit vivere parvo	*Serm.*2.2.1
	an qui contentus parvo metuensque futuri	*Serm.*2.2.110
	'quanti emptae?' 'parvo.' 'quanti ergo?' 'octussibus.'	*Serm.*2.3.156
	quae parvo sumi nequeunt, obsonia captas?	*Serm.*2.7.106
	serviet aeternum, quia parvo nesciet uti.	*Epist.*1.10.41
	ut parvis animis et parvo corpore maius;	*Epist.*1.17.40
	munere te parvo beet aut incommodus angat.	*Epist.*1.18.75
	agricolae prisci, fortes parvoque beati,	*Epist.*2.1.139
	tenuis simplexque foramine pauco [parvo]|adspirare et adesse choris erat utilis	*var.Ars Poet.*203
parvola.	parvola, nam exemplo est, magni formica laboris	*Serm.*1.1.33
	tibi parvola res est:	*Epist.*1.18.29
parvola.	nimirum hic ego sum; nam tuta et parvola laudo,	*Epist.*1.15.44
parvom.	non tibi parvom|ingenium,	*Epist.*1.3.21
	sic leve, sic parvom est, animum quod laudis avarum|subruit	*Epist.*2.1.179
parvom.	parvom parva decent?	*Epist.*1.7.44
parvom.	nil parvom aut humili modo,|nil mortale loquar.	*Carm.*3.25.17
	nil parvom sapias et adhuc sublimia cures:	*Epist.*1.12.15
	neque parvom|carmen maiestas recipit tua	*Epist.*2.1.257
parvos.	operosa parvos|carmina fingo.	*Carm.*4.2.31
	nardi parvos onyx eliciet cadum,	*Carm.*4.12.17
	pullum, male parvos|sicui filius est,	*Serm.*1.3.45
	puer hunc ego parvos Ofellum|integris opibus novi	*Serm.*2.2.112
	quo sane populus numerabilis, utpote parvos,	*Ars Poet.*206
parvos.	parvosque natos ut capitis minor|ab se removisse	*Carm.*3.5.42
	parvos coronantem marino|rore deos	*Carm.*3.23.15
pascat.	maior utrum populum frumenti copia pascat,	*Epist.*1.15.14
	arvo pascat erum an bacis opulentet olivae,	*Epist.*1.16.2
	serviet utiliter; sine pascat durus aretque.	*Epist.*1.16.70
pascendi.	plures calones atque caballi|pascendi, ducenda petorrita.	*Serm.*1.6.104

pascere. speciosa quaero|pascere tigris. *Carm.*3.27.56
  iussit sapientem pascere barbam *Serm.*2.3.35
  et fundus nec vendibilis nec pascere firmus' *Epist.*1.17.47
pasces. 'non hominem occidi.' 'non pasces in cruce corvos.' . . . *Epist.*1.16.48
  aut tineas pasces taciturnus inertis *Epist.*1.20.12
pascet. scorto postponet honestum|officium, nummos alienos pascet, . *Epist.*1.18.35
pasci. sed tacitus pasci si posset corvos, ... *Epist.*1.17.50
pascit. qui te pascit ager tuos est, ... *Epist.*2.2.160
pascitur. nam quae nivali pascitur Algido|devota *Carm.*3.23.9
  pascitur in vestrum reditum votiva iuvenca. *Epist.*1.3.36
pasco. vernasque procacis|pasco libatis dapibus. *Serm.*2.6.67
pascua. pecusve Calabris ante sidus fervidum | Lucana mutet pascuis
    [pascua] *var.Epod.*1.28
pascuis. qualemve laetis caprea pascuis|intenta *Carm.*4.4.13
pascuis. nec pinguia Gallicis|crescunt vellera pascuis: *Carm.*3.16.36
  pecusve Calabris ante sidus fervidum|Lucana mutet pascuis . *Epod.*1.28
pascula. pecusve Calabris ante sidus fervidum | Lucana mutet pascuis
    [pascula] *var.Epod.*1.28
pascunt. me pascunt olivae,|me cichorea levesque malvae. . . . *Carm.*1.31.15
passeris. cum passeris atque|ingustata mihi porrexerat ilia rhombi. . *Serm.*2.8.29
passi. o fortes peioraque passi|mecum saepe viri, ... *Carm.*1.7.30
passim. ubi passim|palantis error certo de tramite pellit, . . . *Serm.*2.3.48
  scribimus indocti doctique poemata passim. *Epist.*2.1.117
passo. pedibus nudis passoque capillo, ... *Serm.*1.8.24
pasta. pastaque rursus|ire foras pleno tendebat corpore frustra. . . *Epist.*1.7.30
pastas. pastas ovis|videre properantis domum, ... *Epod.*2.61
pastillos. facetus|pastillos Rufillus olet, Gargonius hircum: . . . *Serm.*1.2.27
  ego si risi, quod ineptus 'pastillos Rufillus olet, Gargonius hircum', *Serm.*1.4.92
pastor. pastor cum traheret per freta navibus | Idaeis Helenen perfidus
    hospitam, ... *Carm.*1.15.1
  pastor umbras cum grege languido|rivomque fessus quaerit . . *Carm.*3.29.21
pastorem. pastorem saltaret uti Cyclopa rogabat: *Serm.*1.5.63
pastoribus. amica vis pastoribus, ... *Epod.*6.6
pastum. pinguibus et ficis pastum iecur anseris albae *Serm.*2.8.88
pastum. missae pastum retinacula mulae|nauta piger saxo religat . *Serm.*1.5.18
Patareus. Delius et Patareus Apollo. *Carm.*3.4.64
pateat. omnis|votiva pateat veluti descripta tabella|vita senis. . . *Serm.*2.1.33
patefecit. portus Alexandrea supplex|et vacuam patefecit aulam, . *Carm.*4.14.36
patella. nec modica cenare times holus omne patella, ... *Epist.*1.5.2
patens. fore enim tutum iter et patens *Carm.*3.16.7
patentem. posset qui rupem et puteum vitare patentem. . . . *Epist.*2.2.135
patenti. otium divos rogat in patenti|prensus Aegaeo, ... *Carm.*2.16.1
Pater. satis terris nivis atque dirae|grandinis misit Pater . . . *Carm.*1.2.2
  si quaeret Pater urbium|subscribi statuis, ... *Carm.*3.24.27
  vel atra|nube polum Pater occupato|vel sole puro; *Carm.*3.29.44
pater. hic ames dici pater atque princeps *Carm.*1.2.50
  te . . . ventorumque regat pater *Carm.*1.3.3
  Melpomene, cui liquidam pater|vocem cum cithara dedit. . . *Carm.*1.24.3
  me pater saevis oneret catenis, ... *Carm.*3.11.45
  "vilis Europe" pater urget absens: *Carm.*3.27.57
  clarus occultum Andromedae pater|ostendit ignem, . . . *Carm.*3.29.17
  divom pater adnuisset|rebus Aeneae *Carm.*4.6.22
  nos ubi decidimus|quo pius [pater] Aeneas, quo Tullus dives et Ancus, . *var.Carm.*4.7.15
  optat quietem Pelopis infidi pater, ... *Epod.*17.65
  ut pater ille, Terenti|fabula quem miserum gnato vixisse fugato|inducit, *Serm.*1.2.20
  ac pater ut gnati, sic nos debemus amici|siquod sit vitium non fastidire: *Serm.*1.3.43
  strabonem|appellat paetum pater, ... *Serm.*1.3.45
  'non nosti, quid pater,' inquit,|'Chrysippus dicat: *Serm.*1.3.126
  'at pater ardens|saevit, ... *Serm.*1.4.48
  numquid Pomponius istis|audiret leviora, pater si viveret? . . *Serm.*1.4.53
  quivis stomachetur eodem|quo personatus pacto pater. . . . *Serm.*1.4.56
  insuevit pater optimus hoc me, ... *Serm.*1.4.105
  namque est ille, pater quod erat meus.' *Serm.*1.6.41
  causa fuit pater his, ... *Serm.*1.6.71
  quaestor avos pater atque meus patruosque fuissent. . . . *Serm.*1.6.131
  clamet amica,|mater, honesta soror cum cognatis, pater, uxor: . *Serm.*2.3.58
  quod satis esse putat pater et natura coercet. *Serm.*2.3.178
  cum pater ipse domus palea porrectus in horna *Serm.*2.6.88
  ut aiebat cenae pater: *Serm.*2.8.7

dum pueris omnis pater et matercula pallet *Epist*.1.7.7
Ennius ipse pater numquam nisi potus ad arma│prosiluit dicenda. . *Epist*.1.19.7
Romulus et Liber pater . . . ploravere suis non respondere favorem│
   speratum meritis. *Epist*.2.1.5
offenduntur enim, quibus est equos et pater et res . . . . . *Ars Poet*.248

pater. gentis humanae pater atque custos, ... *Carm*.1.12.49
quis non te potius, Bacche pater, teque, decens Venus? . . . *Carm*.1.18.6
hac te merentem, Bacche pater, ... *Carm*.3.3.13
'pater, o relictum│filiae nomen *Carm*.3.27.34
te, pater│Silvane, tutor finium. *Epod*.2.21
'cupidum, pater optime, vires│deficiunt: *Serm*.2.1.12
o pater et rex│Iuppiter, ... *Serm*.2.1.42
Matutine pater, seu 'Iane' libentius audis, ... *Serm*.2.6.20
'frater' 'pater' adde;│ut cuique est aetas, ... *Epist*.1.6.54
rexque paterque│audisti coram, ... *Epist*.1.7.37
'Iane pater' clare, clare cum dixit 'Apollo,' *Epist*.1.16.59
maxima pars vatum, pater et iuvenes patre digni,│decipimur specie recti . *Ars Poet*.24

patera. turaque│bimi cum patera meri: *Carm*.1.19.15
quid orat de patera novom│fundens liquorem? *Carm*.1.31.2
adstat echinus│vilis, cum patera guttus, ... *Serm*.1.6.118

pateras. donarem pateras grataque commodus, │ Censorine, meis aera
   sodalibus, ... *Carm*.4.8.1

pateris. te prosequitur mero│defuso pateris *Carm*.4.5.34

pateris. cum pateris sapiens emendatusque vocari, ... *Epist*.1.16.30

paterna. quamvis et voce paterna│fingeris ad rectum . . . *Ars Poet*.366

paterna. paterna rura bubus exercet suis *Epod*.2.3
spondeos stabilis in iura paterna recepit . . . . . . *Ars Poet*.256

paterni. notus in fratres animi paterni: *Carm*.2.2.6
decisis humilem pennis inopemque paterni│et laris et fundi, . . *Epist*.2.2.50

paterni. ut paterni│fluminis ripae simul et iocosa│redderet laudes . . *Carm*.1.20.5

paternis. nudus agris, nudus nummis, insane, paternis; . . . *Serm*.2.3.184

paternis. o nec paternis obsoleta sordibus *Epod*.17.46
rebus maternis atque paternis│fortiter absumptis *Epist*.1.15.26

paterno. doctus sagittas tendere Sericas│arcu paterno? . . . *Carm*.1.29.10

paterno. interdum nugaris rure paterno. *Epist*.1.18.60

paterno. vivitur parvo bene cui paternum [paterno]│splendet in mensa tenui
   salinum *var.Carm*.2.16.13

paternos. paternos│in sinu ferens deos *Carm*.2.18.26

paternum. cui paternum│splendet in mensa tenui salinum . . . *Carm*.2.16.13

paternum. Asinaeque paternum│cognomen vertas in risum . . . *Epist*.1.13.8
contendat laqueo collum pressisse paternum: *Epist*.1.16.37

paternus. quid . . . posset, quid Augusti paternus │ in pueros animus
   Nerones. *Carm*.4.4.27
nec quod avos tibi maternus fuit atque paternus *Serm*.1.6.3

patet. reiectaeque patet ianua Lydiae?' *Carm*.3.9.20
hic mutat merces surgente a sole ad eum, quo│vespertina tepet [patet]
   regio, ... *var.Serm*.1.4.30
hac magis illam│inparibus formis deceptum te petere [te patet] esto: . *var.Serm*.2.2.30

pati. quassas indocilis pauperiem pati. *Carm*.1.1.18
ut melius, quidquid erit, pati. *Carm*.1.11.3
angustam amice pauperiem pati *Carm*.3.2.1
iubet│quidvis et facere et pati *Carm*.3.24.43
duramque callet pauperiem pati *Carm*.4.9.49
rure meo possum quidvis perferre patique; *Epist*.1.15.17
quid me perferre patique│indignum coges?' *Epist*.1.16.74

patiar. adscribi quietis│ordinibus patiar deorum. *Carm*.3.3.36
pro quo bis patiar mori, ... *Carm*.3.9.15
totve tuos patiar labores│inpune, Lolli, carpere *Carm*.4.9.32
inque vicem illorum patiar delicta libenter *Serm*.1.3.141
potare et spargere flores│incipiam patiarque vel inconsultus haberi. . *Epist*.1.5.15

patiens. filius Maiae, patiens vocari│Caesaris ultor: *Carm*.1.2.43
me nec tam patiens Lacedaemon . . . percussit *Carm*.1.7.10
cur apricum│oderit campum patiens pulveris atque solis, . . . *Carm*.1.8.4
"ut patiens, ut amicis aptus, ut acer?" *Serm*.2.5.43
spondeos stabilis in iura paterna recepit│commodus et patiens, . . *Ars Poet*.257

patiens. illis utitur ante│quaesitis patiens, ... *Serm*.1.1.38

patiens. non hoc semper erit liminis aut aquae│caelestis patiens latus. . *Carm*.3.10.20

patientem. praerupti nemoris patientem vivere dorso? *Serm*.2.6.91

patientem. si modo culturae patientem commodet aurem. . . . *Epist*.1.1.40

patienter. 'si pranderet holus patienter, regibus uti|nollet Aristippus.' . *Epist*.1.17.13
  nimium patienter utrumque,|ne dicam stulte, mirati, ... *Ars Poet*.271
patientia. contra, quem duplici panno patientia velat, ... *Epist*.1.17.25
patientia. durum: sed levius fit patientia *Carm*.1.24.19
patientis. haud male Telemachus, proles patientis Vlixei: . . . *Epist*.1.7.40
patimur. per nostrum patimur scelus|iracunda Iovem ponere fulmina. . *Carm*.1.3.39
patina. adfertur squillas inter murena natantis|in patina porrecta. . . *Serm*.2.8.43
patinae. grandes rhombi patinaeque | grande ferunt una cum damno
    dedecus. *Serm*.2.2.95
patinam. eum servom, patinam qui tollere iussus *Serm*.1.3.80
  interea suspensa gravis aulaea ruinas|in patinam fecere, . . *Serm*.2.8.55
  si patinam pede lapsus frangat agaso. *Serm*.2.8.72
patinas. patinas cenabat omasi|vilis et agninae, ... *Epist*.1.15.34
patitur. Venus|Cyprum deseruit nec patitur Scythas . . . dicere . *Carm*.1.19.10
patiuntur. dum res et aetas et sororum|fila trium patiuntur atra. . *Carm*.2.3.16
  'meae (contendere noli)|stultitiam patiuntur opes; . . . *Epist*.1.18.29
patre. Tydides melior patre: *Carm*.1.15.28
  quid responderet? 'magno patre nata puella est.' . . . *Serm*.1.2.72
  velim memores et quo patre natus uterque|contulerit litis. . . *Serm*.1.5.53
  ignotos ut me libertino patre natum. *Serm*.1.6.6
  ingenuo si non essem patre natus: *Serm*.1.6.21
  audit continuo 'quis homo hic' et 'quo patre natus?' . . . *Serm*.1.6.29
  quo patre sit natus, num ignota matre inhonestus, . . . *Serm*.1.6.36
  nunc ad me redeo libertino patre natum, ... *Serm*.1.6.45
  quem rodunt omnes libertino patre natum, ... *Serm*.1.6.46
  non ego me claro natum patre, . . . sed quod eram narro. . *Serm*.1.6.58
  qui turpi secernis honestum|non patre praeclaro, . . . *Serm*.1.6.64
  cuius fortunae, quo sit patre quove patrono.' *Epist*.1.7.54
  me libertino natum patre et in tenui re . . . loqueris, . . *Epist*.1.20.20
  maxima pars vatum, pater et iuvenes patre digni,|decipimur specie recti. *Ars Poet*.24
patrem. Teucer Salamina patremque|cum fugeret, ... *Carm*.1.7.21
patres. clament periisse pudorem|cuncti paene patres, . . . *Epist*.2.1.81
  pueri patresque severi|fronde comas vincti cenant . . . *Epist*.2.1.109
patres. donec labantis consilio patres|firmaret auctor . . . *Carm*.3.5.45
  natosque maturosque patres|pertulit Ausonias ad urbis, . . *Carm*.4.4.55
  quinque bonos solitum Variam dimittere patres, . . . *Epist*.1.14.3
patria. quaerit patria Caesarem. *Carm*.4.5.16
patria. dulce et decorum est pro patria mori: *Carm*.3.2.13
  Codrus pro patria non timidus mori *Carm*.3.19.2
  Codrus pro patria non timidus [non timidus pro patria] mori . *var.Carm*.3.19.2
  non ille pro caris amicis|aut patria timidus perire. . . . *Carm*.4.9.52
  cui potior patria fuit interdicta voluptas. *Epist*.1.6.64
patriae. patriae quis exsul|se quoque fugit? *Carm*.2.16.19
  scilicet oblitos patriaeque patrisque Latini, ... *Serm*.1.10.27
  cui potior patria [patriae] fuit interdicta voluptas. . . . *var.Epist*.1.6.64
patriae. lucem redde tuae, dux bone, patriae: *Carm*.4.5.5
  castus Aeneas patriae superstes *Carm.Saec*.42
  cur, inprobe, carae|non aliquid patriae tanto emetiris acervo? . *Serm*.2.2.105
  si patriae volumus, si nobis vivere cari. *Epist*.1.3.29
  qui didicit, patriae quid debeat et quid amicis, . . . *Ars Poet*.312
patriam. in patriam populumque fluxit. *Carm*.3.6.20
patriam. magnum documentum, ne patriam rem|perdere quis velit.' . *Serm*.1.4.110
patribus. virginum primae puerique claris|patribus orti, . . . *Carm*.4.6.32
  nomina sectatur modo sumpta veste virili|sub patribus duris tironum. . *Serm*.1.2.17
patriis. quis te redonavit Quiritem|dis patriis Italoque caelo, . . *Carm*.2.7.4
patriis. patriis intermiscere petita|verba foris malis, . . . *Serm*.1.10.29
patrimoni. cum summam patrimoni insculpere saxo|heredes voluit?' . *Serm*.2.3.90
  hic simul accepit patrimoni mille talenta. *Serm*.2.3.226
patrio. per quem tot iuvenes patrio caruere sepulcro?' . . . *Serm*.2.3.196
patrios. gaudentem patrios findere sarculo|agros *Carm*.1.1.11
  inpudens liqui patrios Penates, ... *Carm*.3.27.49
  agros atque lares patrios habitandaque fana|apris reliquit . . *Epod*.16.19
  non satis est Ithacam revehi patriosque Penates|adspicere?' . . *Serm*.2.5.4
  Parios [patrios] ego primus iambos|ostendi Latio, . . . *var.Epist*.1.19.23
  utrum|minxerit in patrios cineres . . . . . *Ars Poet*.471
patris. illum et parentis [patris] crediderim sui|fregisse cervicem . *var.Carm*.2.13.5
  cum periura patris fides|consortem socium fallat et hospites . . *Carm*.3.24.59
  bonam deperdere famam,|rem patris oblimare malum est ubicumque. *Serm*.1.2.62
  si peteret per amicitiam patris atque suam, ... *Serm*.1.3.5

nil me paeniteat sanum patris huius, ... *Serm.*1.6.89
scilicet oblitos patriaeque patrisque Latini, ... *Serm.*1.10.27
quo pacto partis tutetur amantis ephebi, | ut patris attenti, . . *Epist.*2.1.172
in Maeci descendat iudicis auris | et patris et nostras . . . *Ars Poet.*388
patrium. qui patrium mimae donat fundumque Laremque, . . . *Serm.*1.2.56
cum lingua Catonis et Enni | sermonem patrium ditaverit . . *Ars Poet.*57
patrius. olim iuventas et patrius vigor | nido laborum protulit inscium . *Carm.*4.4.5
patrone. 'pol, me miserum, patrone, vocares, ... *Epist.*1.7.92
patrono. cuius fortunae, quo sit patre quove patrono.' *Epist.*1.7.54
patruae. exanimari metuentis patruae verbera linguae. . . . *Carm.*3.12.2
patruis. victurum suavius ac si | quaestor avos pater atque meus patruosque
[patruisque] fuissent. *var.Serm.*1.6.131
patrum. est in equis patrum | virtus *Carm.*4.4.30
maturum reditum pollicitus patrum | sancto concilio . . . *Carm.*4.5.3
quae cura patrum quaeve Quiritium *Carm.*4.14.1
virtute functos more patrum duces . . . canemus. . . . *Carm.*4.15.29
patrumque | prosperes decreta *Carm.Saec.*17
'qui consulta patrum, qui leges iuraque servat, . . . *Epist.*1.16.41
patruom. adde | iratum patruom, vicinos, ... *Serm.*2.2.97
patruos. quaestor avos pater atque meus patruosque fuissent. . *Serm.*1.6.131
'sive ego prave | seu recte hoc volui, ne sis patruos mihi': . . *Serm.*2.3.88
patruus. victurum suavius ac si | quaestor avos pater atque meus patruosque
[patruusque] fuissent. *var.Serm.*1.6.131
patuit. ante meum nulli patuit quaesita palatum. *Serm.*2.4.46
ut vel continuo patuit, ... *Serm.*2.8.29
patulae. nec retinent patulae conmissa fideliter aures . . . *Epist.*1.18.70
patulas. obturem patulas inpune legentibus auris. . . . *Epist.*2.2.105
patulis. pectinibus patulis iactat se molle Tarentum. . . . *Serm.*2.4.34
patulum. si | non circa vilem patulumque moraberis orbem . . *Ars Poet.*132
pauca. nec trepides in usum | poscentis aevi pauca: . . . *Carm.*2.11.5
iam pauca aratro iugera regiae | moles relinquent, . . . *Carm.*2.15.1
agedum, pauca accipe contra. *Serm.*1.4.38
ut veni coram, singultim pauca locutus *Serm.*1.6.56
respondes, ut tuos est mos, | pauca: *Serm.*1.6.61
cupiens tibi dicere servos | pauca reformido.' *Serm.*2.7.2
ego cur, adquirere pauca | si possum, invideor, . . . *Ars Poet.*55
paucis. nimirum insanus paucis videatur, ... *Serm.*2.3.120
paucis ostendi gemis et communia laudas, ... *Epist.*1.20.4
paucis. contentus paucis lectoribus. *Serm.*1.10.74
paucis. non ego paucis | offendar maculis, ... *Ars Poet.*351
paucis. deciens centena dedisses | huic parco, paucis contento: . . *Serm.*1.3.16
mihi paucis | Sarmenti scurrae pugnam Messique Cicirri, . . . memores *Serm.*1.5.51
atqui si vitiis mediocribus ac mea paucis | mendosa est natura, . . *Serm.*1.6.65
pauco. tibia . . . tenuis simplexque foramine pauco . . . *Ars Poet.*203
paucorum. hinc repetit, 'paucorum hominum et mentis bene sanae; . . *Serm.*1.9.44
paucorum. purae rivos aquae silvaque iugerum | paucorum . . *Carm.*3.16.30
paulatim. caudaeque pilos ut equinae | paulatim vello . . . *Epist.*2.1.46
nempe modo isto | paulatim mercaris agrum, ... *Epist.*2.2.164
Pauli. tempestivius in domum | Pauli . . . Maximi, . . . *Carm.*4.1.10
paullo. iracundior est paullo, minus aptus acutis | naribus horum hominum, *Serm.*1.3.29
ineptus | et iactantior hic paullo est: *Serm.*1.3.50
tardior ut paullo graviorque veniret ad auris, ... *Ars Poet.*255
paullum. sparge subinde et, si paullum potes inlacrimare, . . *Serm.*2.5.103
paulo. dura post paulo fugies inaudax | proelia raptor, . . . *Carm.*3.20.3
illam 'post paulo' 'sed pluris' 'si exierit vir' | Gallis, . . . *Serm.*1.2.120
sum paulo infirmior, unus | multorum. *Serm.*1.9.71
ecce | servos, non paulo sapientior *Serm.*2.3.265
post paulo scribit sibi milia quinque | esse domi chlamydum; . . *Epist.*1.6.43
pauloque benignius ipsum | te tractare voles, ... *Epist.*1.17.11
ad te post paulo ventura pericula sentis? *Epist.*1.18.83
si versus paulo concinnior unus et alter, ... *Epist.*2.1.74
adiecere bonae paulo plus artis Athenae, ... *Epist.*2.2.43
Paulum. animaeque magnae | prodigum Paulum superante Poeno . . .
referam *Carm.*1.12.38
paulum. paulum severae musa tragoediae | desit theatris: . . *Carm.*2.1.9
stetit urna paulum | sicca, ... *Carm.*3.11.22
dura post paulo [paulum] fugies inaudax | proelia raptor, . . *var.Carm.*3.20.3
paulum sepultae distat inertiae | celata virtus — *Carm.*4.9.29
illam 'post paulo [? paulum]' 'sed pluris [? multo]' . . . . *? var.Serm.*1.2.120

paulum deliquit amicus,|quod nisi concedas, habeare insuavis: .   .   *Serm.*1.3.84
'si me amas,' inquit, 'paulum hic ades.' *Serm.*1.9.38
intererit Satyris paulum pudibunda protervis.   .   .   .   .   *Ars Poet.*233
si paulum summo decessit, vergit ad imum.   .   .   .   .   *Ars Poet.*378
paulum. et paulum silvae super his foret. *Serm.*2.6.3
paulum. hic ubi nequitiae fautoribus et timidis nil|aut paulum abstulerat,   *Epist.*1.15.34
Paulus. 'hoc tibi Paulus|et Messalla videris? *Serm.*1.6.41
pauper. te pauper ambit sollicita prece|ruris colonus,   .   .   .   *Carm.*1.35.5
an pauper et infima|de gente sub divo moreris: *Carm.*2.3.22
qua pauper aquae Daunus agrestium|regnavit populorum,   .   .   *Carm.*3.30.11
qui macro pauper agello|noluit in Flavi ludum me mittere,   .   *Serm.*1.6.71
pauper Opimius argenti positi intus et auri, ...   *Serm.*2.3.142
'ergo|pauper eris.' *Serm.*2.5.20
quid pauper? ride: mutat cenacula, lectos, ...   *Epist.*1.1.91
pauper enim non est, cui rerum suppetit usus.   .   .   .   *Epist.*1.12.4
res urget me nulla: meo sum pauper in aere. *Epist.*2.2.12
cum pauper et exsul uterque|proicit ampullas   .   .   .   .   *Ars Poet.*96
paupercula. 'indotata mihi soror est, paupercula mater,   .   .   .   *Epist.*1.17.46
paupere. rusticus urbanum murem mus paupere fertur|accepisse cavo,   .   *Serm.*2.6.80
licet sub paupere tecto|reges et regum vita praecurrere amicos.   .   *Epist.*1.10.32
et spondere levi pro paupere   .   .   .   .   *Ars Poet.*423
pauperem. pauperemque dives|me petit: *Carm.*2.18.10
hic levare functum|pauperem laboribus *Carm.*2.18.39
pauperet. quam te|contemptum cassa nuce pauperet;   .   .   .   *Serm.*2.5.36
pauperi. aequa tellus|pauperi recluditur|regumque pueris   .   .   .   *Carm.*2.18.33
addis cornua pauperi *Carm.*3.21.18
pauperibus. id quod|aeque pauperibus, prodest locupletibus aeque,   .   *Epist.*1.1.25
pauperiem. quassas indocilis pauperiem pati. *Carm.*1.1.18
quis post vina gravem militiam aut pauperiem crepat?   .   .   *Carm.*1.18.5
angustam amice pauperiem pati *Carm.*3.2.1
probamque|pauperiem sine dote quaero. *Carm.*3.29.56
duramque callet pauperiem pati *Carm.*4.9.49
cumque habeas plus,|pauperiem metuas minus   .   .   .   *Serm.*1.1.93
credidit ingens|pauperiem vitium *Serm.*2.3.92
'quando pauperiem missis ambagibus horres, ...   *Serm.*2.5.9
per mare pauperiem fugiens, per saxa, per ignis):   .   .   .   *Epist.*1.1.46
qui pauperiem veritus potiore metallis|libertate caret,   .   .   *Epist.*1.10.39
pauperies. inportuna tamen pauperies abest *Carm.*3.16.37
magnum pauperies opprobrium iubet *Carm.*3.24.42
necdum omnis abacta|pauperies epulis regum: .   .   .   *Serm.*2.2.45
quem neque pauperies neque mors neque vincula terrent,   .   *Serm.*2.7.84
pauperies inmunda domus procul absit: *Epist.*2.2.199
pauperiorum. neque se maiori pauperiorum|turbae conparet,   .   .   *Serm.*1.1.111
pauperis. uxor pauperis Ibyci, ...   *Carm.*3.15.1
'contrane lucrum nil valere candidum|pauperis ingenium'   .   *Epod.*11.12
pauperrimus. horum|semper ego optarim pauperrimus esse bonorum.   *Serm.*1.1.79
paupertas. tulit et Camillum | saeva paupertas et avitus apto | cum lare
fundus. *Carm.*1.12.43
paupertas inpulit audax|ut versus facerem. *Epist.*2.2.51
paupertate. contracta quem non in paupertate solutum?   .   .   .   *Epist.*1.5.20
suo de paupertate tacentes|plus poscente ferent: .   .   .   *Epist.*1.17.43
paupertatis. quem paupertatis pudor et fuga, dives amicus, . . . odit   *Epist.*1.18.24
pauperum. pallida Mors aequo pulsat pede pauperum tabernas|regumque
turris. *Carm.*1.4.13
ego, pauperum|sanguis parentum, ...   *Carm.*2.20.5
mundaeque parvo sub lare pauperum|cenae *Carm.*3.29.14
neque in sepulcris pauperum prudens anus|novendialis dissipare
pulveres. *Epod.*17.47
Pausiaca. vel cum Pausiaca torpes, insane, tabella.   .   .   .   *Serm.*2.7.95
paveas. quaeris, quando iterum paveas iterumque perire|possis,   .   *Serm.*2.7.69
paveat. quis Parthum paveat, quis gelidum Scythen,   .   .   .   *Carm.*4.5.25
paventem. denso paventem sustulit aere, ...   *Carm.*2.7.14
insolitos docuere nisus|venti paventem, ...   *Carm.*4.4.9
paventes. non paventes funera Galliae *Carm.*4.14.49
paventis. te non paventes [paventis] funera Galliae|duraeque tellus audit
Hiberiae, ...   *var.Carm.*4.14.49
pavet. ut pavet acris|agna lupos *Epod.*12.25
pavidae. et superiecto pavidae natarunt|aequore dammae.   .   .   .   *Carm.*1.2.11
pavidam. quaerenti pavidam montibus aviis|matrem *Carm.*1.23.2

pavidi. currere per totum pavidi conclave *Serm.*2.6.113
pavidum. Acrisium virginis abditae|custodem pavidum *Carm.*3.16.6
    pavidumque leporem et advenam laqueo gruem *Epod.*2.35
pavidus. Myrtoum pavidus nauta secet mare. *Carm.*1.1.14
    spe longus, iners avidusque [pavidusque] futuri,|difficilis, querulus, . *coni.Ars Poet.*172
pavimentum. mero|tinguet pavimentum superbo, ... *Carm.*2.14.27
pavit. qui pro se tolleret atque|mitteret in phimum talos, mercede diurna|
    conductum pavit: *Serm.*2.7.18
pavone. posito pavone velis quin|hoc potius quam gallina tergere palatum, *Serm.*2.2.23
pavonem. num esuriens fastidis omnia praeter|pavonem rhombumque? . *Serm.*1.2.116
pavor. pavor est utrubique molestus, ... *Epist.*1.6.10
    num pavor et rerum mediocriter utilium spes, ... *Epist.*1.18.99
pavore. inquietis adsidens praecordiis|pavore somnos auferam. . . *Epod.*5.96
    altercante libidinibus tremis ossa pavore. *Serm.*2.7.57
Pax. iam Fides et Pax et Honor Pudorque *Carm.Saec.*57
pax. in amore haec sunt mala, bellum,|pax rursum: *Serm.*2.3.268
peccabo. et mihi dulces|ignoscent, siquid peccaro [peccabo] stultus, . *var.Serm.*1.3.140
peccantis. quodsi non odio peccantis desipit augur, ... *Epist.*1.20.9
peccantis. estne marito|matronae peccantis in ambo iusta potestas, . *Serm.*2.7.62
peccare. peccare docentis|fallax historias monet. *Carm.*3.7.19
    et peccare nefas aut pretium est mori. *Carm.*3.24.24
    oderunt peccare boni virtutis amore: *Epist.*1.16.52
    sic fautor veterum, ut tabulas peccare vetantis, ... *Epist.*2.1.23
    et regat iratos et amet pacare [peccare] timentis; . . . *var.Ars Poet.*197
peccaro. ignoscent, siquid peccaro stultus, amici *Serm.*1.3.140
peccas. ingenuoque semper|amore peccas. *Carm.*1.27.17
    qui peccas minus atque ego, ... *Serm.*2.7.96
peccat. peccat uter nostrum cruce dignius? *Serm.*2.7.47
    illa tamen se|non habitu mutatve loco peccatve superne, . . *Serm.*2.7.64
    an hic peccat, sub noctem qui puer uvam|furtiva mutat strigili: . *Serm.*2.7.109
    interdum volgus rectum videt, est ubi peccat. *Epist.*2.1.63
    ut scriptor si peccat idem librarius usque, ... *Ars Poet.*354
peccata. ne mox|incutiant aliena tibi peccata pudorem. . . . *Epist.*1.18.77
peccata. quis paria esse fere placuit peccata, ... *Serm.*1.3.96
    an omnis|visuros peccata putem mea, ... *Ars Poet.*266
peccati. quo te demisit peccati conscia erilis, ... *Serm.*2.7.60
peccatis. peccatis veniam poscentem reddere rursus. . . . *Serm.*1.3.75
    regula, peccatis quae poenas inroget aequas, ... *Serm.*1.3.118
    noctem peccatis et fraudibus obice nubem.' *Epist.*1.16.62
peccatum. quanto hoc furiosius atque|maius peccatum est: . . *Serm.*1.3.84
peccatum. 'peccatum fateor, cum te sic tempore laevo|interpellarim; *Serm.*2.4.4
peccatur. Iliacos intra muros peccatur et extra. *Epist.*1.2.16
peccaverit. 'da, si grave non est,|quae prima iratum ventrem pacaverit
    [peccaverit] esca.' *var.Serm.*2.8.5
peccavit. an hic peccat [? peccavit], sub noctem qui puer uvam|furtiva
    mutat strigili: . . . . *? var.Serm.*2.7.109
peccem. in publica commoda peccem, ... *Epist.*2.1.3
pecces. quid inter-|est in matrona, ancilla peccesne togata? . . *Serm.*1.2.63
    ne studio nostri pecces *Epist.*1.13.4
peccet. quam turpi Pholoe peccet adultero. *Carm.*1.33.9
    quid albus|peccet Iapyx. *Carm.*3.27.20
    nec vincet ratio hoc, tantundem ut peccet idemque, . . . *Serm.*1.3.115
    ne|peccet ad extremum ridendus et ilia ducat.' . . . *Epist.*1.1.9
pecore. sis pecore et multa dives tellure licebit *Epod.*15.19
    videas metato in agello|cum pecore et gnatis *Serm.*2.2.115
pecori. fessis vomere tauris|praebes et pecori vago. *Carm.*3.13.12
    dum pecori lupus et nautis infestus Orion *Epod.*15.7
    nulla nocent pecori contagia. *Epod.*16.61
pecoris. fertilis frugum pecorisque tellus *Carm.Saec.*29
    invidet usum|lignorum et pecoris tibi calo argutus . . . *Epist.*1.14.42
pectes. nequiquam Veneris praesidio ferox|pectes caesariem . . *Carm.*1.15.14
Pecti. Petti [Pecti], nihil me sicut antea iuvat|scribere versiculos . *var.Epod.*11.1
pectinibus. pectinibus patulis iactat se molle Tarentum. . . . *Serm.*2.4.34
pectora. rectique cultus pectora roborant; *Carm.*4.4.34
    devota morti pectora liberae|quantis fatigaret ruinis, . . . *Carm.*4.14.18
    quale posset inpia|mollire Thracum pectora: *Epod.*5.14
    levare diris pectora sollicitudinibus, ... *Epod.*13.10
    fortiaque adversis opponite pectora rebus.' *Serm.*2.2.136
pectore. plenoque Bacchi pectore turbidum|laetatur. . . . *Carm.*2.19.6

forti sequemur pectore. *Epod.*1.14
atque aestus curasque gravis e pectore pelli? *Serm.*1.2.110
at ingenium ingens|inculto latet hoc sub corpore [pectore]. . . *var.Serm.*1.3.34
latum demisit pectore clavom, ... *Serm.*1.6.28
secernis honestum|non patre praeclaro, sed vita et pectore puro. . *Serm.*1.6.64
nam quamvis memori referas mihi pectore cuncta, ... *Serm.*2.4.90
tum pectore adusto|vidimus et merulas poni *Serm.*2.8.90
nunc adbibe puro|pectore verba, puer, nunc te melioribus offer. . *Epist.*1.2.68
non tu corpus eras sine pectore: *Epist.*1.4.6
omne supervacuom pleno de pectore manat. . . . . *Ars Poet.*337
pectoris. conpesce mentem: me quoque pectoris|temptavit . . *Carm.*1.16.22
pectus. sperat infestis, metuit secundis|alteram sortem bene praeparatum|
    pectus. *Carm.*2.10.15
sed incitat me pectus *Epod.*8.7
tibi hospitale pectus et purae manus *Epod.*17.49
fervet avaritia miseroque cupidine pectus: *Epist.*1.1.33
caret tibi pectus inani|ambitione? *Epist.*2.2.206
pectus. illi robur et aes triplex|circa pectus erat, ... *Carm.*1.3.10
me voluit dicere . . . bene mutuis| fidum pectus amoribus; . *Carm.*2.12.16
Sabella pectus increpare carmina *Epod.*17.28
modo ense pectus Norico recludere *Epod.*17.71
occultam febrim sub tempus [pectus] edendi|dissimules, . . *var.Epist.*1.16.22
mox etiam pectus praeceptis format amicis, ... *Epist.*2.1.128
meum qui pectus inaniter angit, ... *Epist.*2.1.211
peculi. haec animos aerugo et cura peculi|cum semel imbuerit, . . *Ars Poet.*330
Pecunia. et genus et formam regina Pecunia donat . . . *Epist.*1.6.37
pecunia. 'o cives, cives, quaerenda pecunia primum est; . . *Epist.*1.1.53
imperat aut servit collecta pecunia cuique, ... *Epist.*1.10.47
vel quia naturam mutare pecunia nescit *Epist.*1.12.10
quorum|conspicitur nitidis fundata pecunia villis. . . . *Epist.*1.15.46
pecunia. licet superbus ambules pecunia, ... *Epod.*4.5
pecuniae. abstinens|ducentis ad se cuncta pecuniae, . . . *Carm.*4.9.38
pecuniam. crescentem sequitur cura pecuniam *Carm.*3.16.17
indignoque pecuniam|heredi properet. *Carm.*3.24.61
omnem redegit idibus pecuniam, ... *Epod.*2.69
pecus. ac neque iam stabulis gaudet pecus aut arator igni . . *Carm.*1.4.3
ludit herboso pecus omne campo *Carm.*3.18.9
cui pecus et nigri|colles Arcadiae placent. *Carm.*4.12.11
pecusve Calabris ante sidus fervidum|Lucana mutet pascuis . . *Epod.*1.27
cum prorepserunt primis animalia terris,|mutum et turpe pecus, . *Serm.*1.3.100
neque illic|aut apotheca procis intacta est aut pecus: . . . *Serm.*2.5.7
si Democriti pecus edit agellos|cultaque, ... *Epist.*1.12.12
pecus. omne cum Proteus pecus egit altos|visere montis, . . *Carm.*1.2.7
stirpisque raptas et pecus et domos|volventis una, . . . *Carm.*3.29.37
claudensque textis cratibus laetum pecus *Epod.*2.45
cum stravit ferro pecus, ... *Serm.*2.3.202
pingue pecus domino facias et cetera praeter|ingenium, . . *Serm.*2.6.14
⟨si⟩ quercus et ilex|multa fruge pecus, multa dominum iuvet umbra? . *Epist.*1.16.10
'nempe pecus, rem,|lectos, argentum: tollas licet.' . . . *Epist.*1.16.75
pecus. o imitatores, servom pecus, ... *Epist.*1.19.19
Pedana. quid nunc te dicam facere in regione Pedana? . . . *Epist.*1.4.2
pede. iunctaeque Nymphis Gratiae decentes|alterno terram quatiunt pede, *Carm.*1.4.7
pallida Mors aequo pulsat pede pauperum tabernas|regumque turris. . *Carm.*1.4.13
iniurioso ne pede proruas|stantem columnam *Carm.*1.35.13
nunc pede libero|pulsanda tellus; *Carm.*1.37.1
raro antecedentem scelestum|deseruit pede Poena claudo. . . *Carm.*3.2.32
neque pugno neque segni pede victus, ... *Carm.*3.12.9
gaudet invisam pepulisse fossor|ter pede terram. . . . *Carm.*3.18.16
arbiter pugnae posuisse nudo|sub pede palmam *Carm.*3.20.12
pede barbaro|lustratam Rhodopen, ... *Carm.*3.25.11
pede candido|in morem Salium ter quatient humum. . . . *Carm.*4.1.27
ferebar incerto pede|ad non amicos heu mihi postis . . . *Epod.*11.20
montibus altis|levis crepante lympha desilit pede. . . . *Epod.*16.48
ne si facies, ut saepe, decora|molli fulta pede est, emptorem inducat
    hiantem, ... *Serm.*1.2.88
verum|depugis, nasuta, brevi latere ac pede longo est. . . *Serm.*1.2.93
Cois tibi paene videre est|ut nudam, ne crure malo, ne sit pede turpi; *Serm.*1.2.102
discincta tunica fugiendum est et pede nudo, ... *Serm.*1.2.132
male laxus|in pede calceus haeret — *Serm.*1.3.32

versus dictabat stans pede in uno. *Serm.*1.4.10
nisi quod pede certo|differt sermoni, sermo merus. *Serm.*1.4.47
quali|sit facie, sura quali, pede, dente, capillo: *Serm.*1.6.33
nempe inconposito dixi pede currere versus|Lucili. *Serm.*1.10.1
Pollio regum|facta canit pede ter percusso; *Serm.*1.10.43
quicquam praeter holus fumosae cum pede pernae. . . . *Serm.*2.2.117
absentis ranae pullis vituli pede pressis *Serm.*2.3.314
si patinam pede lapsus frangat agaso. *Serm.*2.8.72
metiri se quemque suo modulo ac pede verum est. . . . *Epist.*1.7.98
ut calceus olim,|si pede maior erit, subvertet, si minor, uret. . . *Epist.*1.10.43
quid? siquis voltu torvo ferus et pede nudo *Epist.*1.19.12
non aliena meo pressi pede. *Epist.*1.19.22
temperat Archilochi musam pede mascula Sappho, . . . *Epist.*1.19.28
'i bone, quo virtus tua te vocat, i pede fausto, ... *Epist.*2.2.37
reddere qui voces iam scit puer et pede certo|signat humum, . . *Ars Poet.*158
saliet, tundet pede terram. . . . . *Ars Poet.*430
pedem. quam nec ferre pedem dedecuit choris . . . *Carm.*2.12.17
Lesbium servate pedem meique|pollicis ictum . . . *Carm.*4.6.35
non elaboratum ad pedem. *Epod.*14.12
neque inpudica Colchis intulit pedem, ... *Epod.*16.58
hunc socci cepere pedem grandesque cothurni, . . . *Ars Poet.*80
unde pedem proferre pudor vetet aut operis lex, . . . *Ars Poet.*135
pedes. i pedes quo te rapiunt et aurae, ... *Carm.*3.11.49
ire, pedes quocumque ferent, ... *Epod.*16.21
inlusique pedes vitiosum ferre recusant|corpus. . . . *Serm.*2.7.108
pedes. recedentis trilingui|ore pedes tetigitque crura. . . . *Carm.*2.19.32
heu pervicacis ad pedes Achillei. *Epod.*17.14
mille pedes in fronte, trecentos cippus in agrum|hic dabat, . . *Serm.*1.8.12
quo vafer ille pedes lavisset Sisyphus aere, ... *Serm.*2.3.21
pedestri. tragicus plerumque, dolet sermone pedestri|Telephus . . *Ars Poet.*95
pedestri. (quid prius ilustrem saturis musaque pedestri) . . *Serm.*2.6.17
pedestribus. tuque pedestribus|dices historiis proelia Caesaris, . . *Carm.*2.12.9
Pediatia. in me veniat . . . Iulius et fragilis Pediatia furque Voranus. . *Serm.*1.8.39
pedibus. si ventri bene, si lateri est pedibusque tuis, ... *Epist.*1.12.5
pedibus. mutatis tantum pedibus numerisque, ... *Serm.*1.4.7
pedibus nudis passoque capillo *Serm.*1.8.24
pedibus quid claudere senis, . . . contentus, . . . *Serm.*1.10.59
me pedibus delectat claudere verba|Lucili ritu, . . . *Serm.*2.1.28
pedites. Romani tollent equites peditesque cachinnum. . . . *Ars Poet.*113
peditis. acer et Marsi peditis cruentum|voltus in hostem; . . *Carm.*1.2.39
peditum. dum fugiunt equitum turmae peditumque catervae; . . *Epist.*2.1.190
Pedius. cum Pedius causas exsudet Poplicola atque|Corvinus, . . *Serm.*1.10.28
pedum. neu morem in Salium sit requies pedum . . . *Carm.*1.36.12
Pegasus. vix inligatum te triformi|Pegasus expediet Chimaera. . *Carm.*1.27.24
Pegasus terrenum equitem gravatus|Bellerophontem, . . *Carm.*4.11.27
peierati. ulla si iuris tibi peierati|poena, ... *Carm.*2.8.1
peior. aetas parentum, peior avis, tulit|nos nequiores, . . . *Carm.*3.6.46
via peior ad usque|Bari moenia piscosi; *Serm.*1.5.96
velut illis|Canidia adflasset, peior serpentibus Afris.' . . *Serm.*2.8.95
peiora. o fortes peioraque passi|mecum saepe viri, . . . *Carm.*1.7.30
peioribus. (indignum, quod sit peioribus ortus) . . . *Epist.*1.6.22
peius. quidquid vidit melius peiusve sua spe, . . . *Epist.*1.6.13
neque ficto|in peius voltu proponi cereus usquam . . *Epist.*2.1.265
peius. peiusque leto flagitium timet, ... *Carm.*4.9.50
non se peius cruciaverit atque hic. *Serm.*1.2.22
alter Mileti textam cane peius et angui|vitabit chlanidem, . . *Epist.*1.17.30
pelago. qui fragilem truci|conmisit pelago ratem|primus: . . *Carm.*1.3.11
pelagus. quicumque Bithyna lacessit|Carpathium pelagus carina; . . *Carm.*1.35.8
Pelea. narrat paene datum Pelea Tartaro, . . . *Carm.*3.7.17
Peleu. tum tua me infortunia laedent,|Telephe vel Peleu; . . . *Ars Poet.*104
Peleus. tragicus plerumque, dolet sermone pedestri|Telephus et Peleus, . *Ars Poet.*96
Pelidae. gravem|Pelidae stomachum cedere nescii . . *Carm.*1.6.6
Peliden. Nestor conponere litis|inter Peliden festinat et inter Atriden. . *Epist.*1.2.12
Pelion. Pelion inposuisse Olympo. *Carm.*3.4.52
pellas. nec sitim pellit [pellas], nisi causa morbi|fugerit venis . *coni.Carm.*2.2.14
pelle. reliquit ossa pelle amicta lurida, ... *Epod.*17.22
vel merito, quoniam in propria non pelle quiessem. . . *Serm.*1.6.22
introrsum turpem, speciosum pelle decora. . . . *Epist.*1.16.45
pellebat. cervos equom pugna melior communibus herbis|pellebat, . *Epist.*1.10.35

pellem. detrahere et pellem, nitidus qua quisque per ora|cederet, . . *Serm.*2.1.64
    ex quo|tempore cervinam pellem latravit in aula, ... *Epist.*1.2.66
    venaticus, ex quo|tempore cervinam pellem [*?* ex quo cervinam catulus
       pellem] latravit in aula, ... *? var.Epist.*1.2.66
pellent. mitulus et viles pellent obstantia conchae *Serm.*2.4.28
pellente. arida|pellente lascivos amores|canitie *Carm.*2.11.7
pellere. has nullo perdere [pellere] possum|nec prohibere modo, . . *coni.Serm.*1.8.20
pelles. iam residunt cruribus asperae|pelles *Carm.*2.20.10
pelli. atque aestus curasque gravis e pectore pelli? *Serm.*1.2.110
pellibus. saetosa duris exuere pellibus . . . membra; *Epod.*17.15
    nam ut quisque insanus nigris medium impediit crus|pellibus . . *Serm.*1.6.28
pelliculam. ire domum atque|pelliculam curare iube; *Serm.*2.5.38
pellis. nec sitim pellit [pellis], nisi causa morbi|fugerit venis . . *coni.Carm.*2.2.14
pellit. nec sitim pellit, nisi causa morbi|fugerit venis *Carm.*2.2.14
    error certo de tramite pellit, ... *Serm.*2.3.49
    avertit morbos, metuenda pericula pellit, ... *Epist.*2.1.136
pellite. nunc vino pellite curas; *Carm.*1.7.31
pellitis. dulce pellitis ovibus Galaesi|flumen *Carm.*2.6.10
pellitur. pellitur paternos|in sinu ferens deos|et uxor et vir . . *Carm.*2.18.26
pellunt. si dura morabitur alvos, | mitulus et viles pellent [*?* pellunt]
    obstantia conchae . . . . *? var.Serm.*2.4.28
Pelopis. nec saevam Pelopis domum *Carm.*1.6.8
    occidit et Pelopis genitor, conviva deorum, ... *Carm.*1.28.7
    quin et Prometheus et Pelopis parens *Carm.*2.13.37
    optat quietem Pelopis infidi pater, ... *Epod.*17.65
peloris. murice Baiano melior Lucrina peloris, ... *Serm.*2.4.32
Penates. inpudens liqui patrios Penates. *Carm.*3.27.49
    non satis est Ithacam revehi patriosque Penates|adspicere?' . . *Serm.*2.5.4
Penatis. mollivit aversos Penatis|farre pio et saliente mica. . . *Carm.*3.23.19
    quare per divos oratus uterque Penatis *Serm.*2.3.176
    quod te per Genium dextramque deosque Penatis|obsecro . . *Epist.*1.7.94
penatis. regium certe genus, et penatis|maeret iniquos . . . *Carm.*2.4.15
    Caesar Hispana repetit penatis|victor ab ora. *Carm.*3.14.3
pendentia. respicere ignoto discet pendentia tergo.' . . . *Serm.*2.3.299
pendentis. de te pendentis, te respicientis amici? *Epist.*1.1.105
pendentis. in scalis latuit metuens pendentis habenae'— . . *Epist.*2.2.15
pendet. destrictus ensis cui super inpia|cervice pendet, . . . *Carm.*3.1.18
    cur pendet tacita fistula cum lyra? *Carm.*3.19.20
    hinc omnis pendet Lucilius, hosce secutus *Serm.*1.4.6
pendis. quem tu vidisse beatus|non magni pendis, quia contigit; . . *Serm.*2.4.93
pendulum. potes hac ab orno|pendulum zona bene te secuta e-|lidere
    collum. *Carm.*3.27.59
pendulus. neu fluitem dubiae spe pendulus horae.' . . . *Epist.*1.18.110
pene. cum pene soluto|indomitam properat rabiem sedare, . . . *Epod.*12.8
Penelopa. sic tibi Penelope [*?* Penelopa] frugi est; . . . . *? var.Serm.*2.5.81
Penelopae. sponsi Penelopae nebulones *Epist.*1.2.28
Penelopam. ultro|Penelopam facilis potiori trade.' *Serm.*2.5.76
Penelope. sic tibi Penelope frugi est; *Serm.*2.5.81
Penelopen. dices laborantis in uno|Penelopen vitreamque Circen; . *Carm.*1.17.20
    non te Penelopen difficilem procis|Tyrrhenus genuit parens. . . *Carm.*3.10.11
penes. gaudes, si cameram percusti forte, penes te es? . . . *Serm.*2.3.273
    quem penes arbitrium est et ius et norma loquendi. . . . *Ars Poet.*72
penetralia. penetralia|sparsisse nocturno cruore|hospitis; . . *Carm.*2.13.6
    et versentur adhuc intra penetralia Vestae; *Epist.*2.2.114
penetralibus. quid indoles|nutrita faustis sub penetralibus|posset, . *Carm.*4.4.26
penetravit. nec latentis|classe cita reparavit [penetravit] oras. . . *coni.Carm.*1.37.24
penitus. quam lentis penitus macerer ignibus. *Carm.*1.13.8
    Latonamque supremo|dilectam penitus Iovi. *Carm.*1.21.4
    denique, quatenus excidi penitus vitium irae, ... *Serm.*1.3.76
    ut penitus notum, si temptent crimina, serves *Epist.*1.18.80
penna. illum aget penna metuente solvi|Fama superstes. . . . *Carm.*2.2.7
    non usitata nec tenui ferar|penna *Carm.*2.20.2
    coetusque volgaris et udam|spernit humum fugiente penna. . . *Carm.*3.2.24
pennas. si celeres quatit|pennas, ... *Carm.*3.29.54
    maiores pennas nido extendisse loqueris, ... *Epist.*1.20.21
pennis. pennis non homini datis; *Carm.*1.3.35
    ceratis ope Daedalea|nititur pennis *Carm.*4.2.3
    decisis humilem pennis inopemque paterni|et laris et fundi, . . *Epist.*2.2.50
pensantur. si, . . . Romani pensantur eadem|scriptores trutina, . . *Epist.*2.1.29

pensare. vellere coepi|et pressare [pensare] manu lentissima bracchia,   .   *var.Serm.*1.9.64
pensilis. tum pensilis uva secundas|et nux ornabat mensas *Serm.*2.2.121
pensum. nisi erile mavis|carpere pensum *Carm.*3.27.64
Penthei. tectaque Penthei|disiecta non leni ruina *Carm.*2.19.14
Pentheu. 'Pentheu|rector Thebarum, quid me perferre patique|indignum
            coges?' *Epist.*1.16.73
penuria. ne se penuria victus|opprimeret metuebat. *Serm.*1.1.98
penus. annonae prosit, portet frumenta penusque. *Epist.*1.16.72
pepedi. nam, displosa sonat quantum vesica, pepedi|diffissa nate ficus;   .   *Serm.*1.8.46
peperci. quod viro clemens misero peperci, ...   *Carm.*3.11.46
pepercit. quibus|pepercit aris? *Carm.*1.35.38
peperere. sic horridus ille | defluxit numerus Saturnius et grave virus |
            munditiae pepulere [peperere]; *var.Epist.*2.1.159
peperit. cui laurus aeternos honores|Delmatico peperit triumpho.   .   .   *Carm.*2.1.16
       Troica quem peperit sacerdos, ...   *Carm.*3.3.32
pepulere. haec ubi dicta|agrestem pepulere, ...   *Serm.*2.6.98
       grave virus|munditiae pepulere; *Epist.*2.1.159
pepulisse. gaudet invisam pepulisse fossor|ter pede terram.   .   .   .   *Carm.*3.18.15
pepulit. immanisque Raetos|auspiciis pepulit secundis, ...   *Carm.*4.14.16
per.   *Carm.*1.3.26; 1.3.39; 1.6.7; 1.8.1; 1.10.10; 1.15.1; 1.17.5; 1.22.5; 1.22.6; 1.34.7; 2.1.7; 2.3.6;
            *Carm.*2.7.13; 2.9.6; 2.12.11; 2.14.15; 2.19.21; 2.20.2; 2.20.12; 3.2.12; 3.4.7; 3.12.10;
            *Carm.*3.14.15; 3.14.23; 3.16.9; 3.17.4; 3.18.2; 3.20.5; 3.22.6; 3.27.6; 3.27.43; 3.29.63;
            *Carm.*4.1.34; 4.1.39; 4.1.40; 4.2.10; 4.2.14; 4.2.29; 4.2.35; 4.4.19; 4.4.42; 4.4.43;
            *var.Carm.*4.4.43; *Carm.*4.4.44; 4.4.59 (*bis*); 4.4.76; 4.5.19; 4.8.14; 4.9.3; 4.9.43; 4.14.4;
            *Carm.*4.14.24; 4.15.3; 4.15.13; *Carm.Saec.*21; *coni.Carm.Saec.*26; *Carm.Saec.*41; *Epod.*1.11;
            *Epod.*5.5; 5.7; 5.8; 5.25; 6.7; 11.7; 16.21; 17.2; 17.3; 17.4; *Serm.*1.1.29; 1.3.5; 1.4.30;
            *Serm.*1.5.73; 1.7.33; 2.1.19; 2.1.37; 2.1.64; 2.2.119; 2.3.57; 2.3.176; 2.3.196; 2.4.88;
            *Serm.*2.6.34; 2.6.47; 2.6.50; 2.6.113; 2.7.87; *Epist.*1.1.46 (*ter*); 1.2.20; 1.2.61; 1.7.29;
            *Epist.*1.7.94; 1.10.21; 1.11.19; 1.13.10; 1.15.5; 1.17.1; 1.17.28; 1.17.60; 1.18.62; 1.19.21;
            *Epist.*2.1.16; 2.1.106; 2.1.145; 2.1.147; 2.1.149; 2.1.210; 2.1.248; 2.1.249; 2.1.251;
            *Epist.*2.1.254; 2.2.140; *Ars Poet.*17; 180; 215; 367; 403
peractas. utpote res tenuis, tenui sermone peractas.' *Serm.*2.4.9
peractis. optatum peractis|imperiis decus adrogavit. *Carm.*4.14.39
       bona iam peractis|iungite fata. *Carm.Saec.*27
peractum. a certis annis aevom remeare peractum *Serm.*1.6.94
peragenda. dura tibi peragenda rei sit causa Petilli? *Serm.*1.10.26
peraget. ille salubris|aestates peraget *Serm.*2.4.22
peragit. ille salubris | aestates peraget [peragit] qui nigris prandia moris|
            finiet, ...   *var.Serm.*2.4.22
peragunt. inde|ambo propositum peragunt iter, ...   *Serm.*2.6.99
perambulabis. "tu pudica, tu proba|perambulabis astra sidus aureum."   .   *Epod.*17.41
perambulat. tutus bos etenim rura perambulat, ...   *Carm.*4.5.17
       recte necne crocum floresque perambulet [perambulat] Attae|fabula si
            dubitem, ...   *var.Epist.*2.1.79
perambulet. recte necne crocum floresque perambulet Attae | fabula si
            dubitem, ...   *Epist.*2.1.79
percipiant. ut cito dicta|percipiant animi dociles teneantque fideles;   .   .   *Ars Poet.*336
percontabere. inter cuncta leges et percontabere doctos, ...   *Epist.*1.18.96
percontabitur. forte meum siquis te percontabitur aevom: .   .   .   *Epist.*1.20.26
percontare. ut placeat iuveni, percontare utque cohorti. *Epist.*1.8.14
percontatorem. percontatorem fugito: nam garrulus idem est   .   .   .   *Epist.*1.18.69
perconteris. hunc si perconteris, avi cur atque parentis|praeclaram ingrata
            stringat malus ingluvie rem, ...   *Serm.*1.2.7
       ne perconteris, fundus meus, optime Quinti,|arvo pascat erum   .   .   *Epist.*1.16.1
percontor. percontor quanti holus ac far, ...   *Serm.*1.6.112
       cum versus facias, te ipsum percontor, ...   *Serm.*1.10.25
perculsae. mentesque perculsae stupent. *Epod.*7.16
perculsum. Petti, nihil me sicut antea iuvat | scribere versiculos amore
            percussum [perculsum] gravi, ...   *var.Epod.*11.2
percurram. (ne sic ut qui iocularia ridens|percurram, ...   *Serm.*1.1.24
percurrat. quam non adstricto percurrat pulpita socco, ...   *Epist.*2.1.174
percurre. memento, . . . solus multisne coheres,|veloci percurre oculo.   .   *Serm.*2.5.55
percurrisse. animoque rotundum|percurrisse polum morituro.   .   .   .   *Carm.*1.28.6
percussa. Hellade percussa Marius cum praecipitat se, ...   *Serm.*2.3.277
percussit. nec tam Larisae percussit campus opimae *Carm.*1.7.11
percusso. Pollio regum|facta canit pede ter percusso; *Serm.*1.10.43
percussum. amore percussum gravi, ...   *Epod.*11.2
percusti. gaudes, si cameram percusti forte, penes te es?   .   .   .   *Serm.*2.3.273
perdam. discinctus aut perdam nepos. *Epod.*1.34

perdas. infelix, operam perdas, ... *Serm.*1.1.90
    in cicere atque faba bona tu perdasque lupinis, ... *Serm.*2.3.182
    nequid tu perdas neu sis iocus." *Serm.*2.5.37
    ne Cibyratica, ne Bithyna negotia perdas; *Epist.*1.6.33
perdemus. inpia perdemus devoti sanguinis aetas *Epod.*16.9
perdenda. quae|inberbes didicere, senes perdenda fateri. . . . *Epist.*2.1.85
perdere. Sybarin cur properes amando|perdere, ... *Carm.*1.8.3
    inpiae sponsos potuere duro|perdere ferro. *Carm.*3.11.32
    quam neque finitimi valuerunt perdere Marsi *Epod.*16.3
    magnum documentum, ne patriam rem|perdere quis velit.' . . *Serm.*1.4.111
    has nullo perdere possum|nec prohibere modo, ... *Serm.*1.8.20
    debebat, quod ni fecisset, perdere litem. *Serm.*1.9.37
perdiderat. lassus dum noctu stertit, ad assem|perdiderat: . . *Epist.*2.2.28
perdidit. perdidit arma, locum virtutis deseruit, ... *Epist.*1.16.67
    ibit eo, quo vis, qui zonam perdidit' inquit. *Epist.*2.2.40
perdit. nec mala me ambitio perdit nec plumbeus auster . . . *Serm.*2.6.18
perditior. atque|quanto perditior quisque est, tanto acrius urget; . . *Serm.*1.2.15
perditur. perditur haec inter misero lux non sine votis: . . . *Serm.*2.6.59
perduci. perduci poterit tam frugi tamque pudica, ... *Serm.*2.5.77
perdunt. integrum perdunt lino vitiata saporem. *Serm.*2.4.54
pereram. 'pereram male, si non|optimum erat; *Serm.*2.1.6
    quid refert, morbo an furtis pereamque rapinis?' . . . *Serm.*2.3.157
pereant. ne nummi pereant aut puga aut denique fama. . . . *Serm.*1.2.133
pereas. nil verbi, pereas quin fortiter, addam. — *Serm.*2.3.42
pereat. quo beatus|volnere, qua pereat sagitta. *Carm.*1.27.12
    ter pereat meis|excisus Argivis, ... *Carm.*3.3.66
    pereat male quae te|Lesbia quaerenti taurum monstravit inertem, . *Epod.*12.16
    o pater et rex|Iuppiter, ut pereat positum robigine telum . . *Serm.*2.1.43
peredit. nec peredit|inpositam celer ignis Aetnen *Carm.*3.4.75
peregre. uti ne solus rusve peregre⟨ve⟩|exirem, ... *Serm.*1.6.102
    uti ne solus rusve peregre⟨ve⟩ [ne rus solusve peregre]|exirem, . *coni.Serm.*1.6.102
    uti ne solus rusve peregre⟨ve⟩ [rusve aut peregre]|exirem, . . *var.Serm.*1.6.102
    dum peregre est animus sine corpore velox? *Epist.*1.12.13
peregrina. Ilion . . . mulier peregrina vertit|in pulverem, . . *Carm.*3.3.20
    nec scarus aut poterit peregrina iuvare lagois. *Serm.*2.2.22
peregrinae. tanto cum strepitu ludi spectantur et artes | divitiaeque
    peregrinae, ... *Epist.*2.1.204
peregrinum. 'quaere peregrinum' vicinia rauca reclamat. . . *Epist.*1.17.62
Perelli. putidius multo cerebrum est, mihi crede, Perelli|dictantis, . *Serm.*2.3.75
perennis. collectosne bibant imbris puteosne perennis|iugis aquae . . *Epist.*1.15.15
perennius. exegi monumentum aere perennius *Carm.*3.30.1
pererro. fallacem circum vespertinumque pererro|saepe forum, . . *Serm.*1.6.113
pereunte. 'me tuo longas pereunte noctes,|Lydia, dormis?' . . *Carm.*1.25.7
pereuntis. inane lymphae|dolium fundo pereuntis imo . . . *Carm.*3.11.27
pereuntis. nec fracta pereuntis cuspide Gallos *Serm.*2.1.14
perfacile. signis perfacile est: venit vilissima rerum|hic aqua, . . *Serm.*1.5.88
perfectius. quale non perfectius|meae laborarint manus. . . *Epod.*5.59
perfectos. inter|perfectos veteresque referri debet *Epist.*2.1.37
perfectum. quod ultra|perfectum traheretur, ... *Serm.*1.10.70
    praesectum [perfectum] decies non castigavit ad unguem. . . *var.Ars Poet.*294
perfer. vigiles lucernas|perfer in lucem: *Carm.*3.8.15
perferre. cuius odorem olei nequeas perferre, ... *Serm.*2.2.59
    quam quo perferre iuberis|clitellas ferus inpingas . . . *Epist.*1.13.7
    rure meo possum quidvis perferre patique; *Epist.*1.15.17
    quid me perferre patique|indignum coges?' *Epist.*1.16.74
perfert. onus . . . hic subit et perfert. *Epist.*1.17.41
perficiant. nil Claudiae non perficient [perficiant] manus, . . *var.Carm.*4.4.73
perficient. nil Claudiae non perficient manus, ... *Carm.*4.4.73
perficit. 'est vetus atque probus, centum qui perficit annos.' . . *Epist.*2.1.39
perficiunt. nil Claudiae non perficient [perficiunt] manus, . . *var.Carm.*4.4.73
perfida. ut Proetum mulier perfida credulum|falsis inpulerit criminibus . *Carm.*3.7.13
perfidis. qui perfidis se credidit hostibus *Carm.*3.5.33
    quae detraxerat|servis amicus perfidis. *Epod.*9.10
perfidum. tu simul obligasti|perfidum votis caput, . . . *Carm.*2.8.6
    non ego perfidum|dixi sacramentum: *Carm.*2.17.9
    aderat querenti|perfidum ridens Venus *Carm.*3.27.67
perfidus. pastor cum traheret per freta navibus | Idaeis Helenen perfidus
    hospitam, ... *Carm.*1.15.2
    dixitque tandem perfidus Hannibal: *Carm.*4.4.49

perfidus hic caupo, miles nautaeque, ... *Serm.*1.1.29
sit . . . perfidus Ixion, Io vaga, tristis Orestes. . . . . *Ars Poet.*124
perfundat. quali perfundat piscis securus olivo. *Serm.*2.4.50
perfundi. nunc et Achaemenio|perfundi nardo iuvat *Epod.*13.9
perfundit. te mulier, . . . perfundit gelida, rursus vocat: . . *Serm.*2.7.91
perfusus. quis multa gracilis te puer in rosa | perfusus liquidis urget
    odoribus *Carm.*1.5.2
at Graecus, postquam est Italo perfusus aceto, ... *Serm.*1.7.32
Pergama. tradidit fessis leviora tolli|Pergama Grais. . . . *Carm.*2.4.12
Pergameas. post certas hiemes uret Achaicus | ignis †Iliacas [Pergameas]
    domos.' *coni.Carm.*1.15.36
perges. ducere me auditum, perges quocumque, memento. . . . *Serm.*2.4.89
pergis. pergis pugnantia secum|frontibus adversis conponere: . . *Serm.*1.1.102
pergit. poema . . . si paulum summo decessit, vergit [pergit] ad imum. . *var.Ars Poet.*378
pergunt. novaeque pergunt interire lunae: *Carm.*2.18.16
perhorrescit. navita Bosporum|Poenus perhorrescit *Carm.*2.13.15
perhorrui. iure perhorrui|late conspicuom tollere verticem, . . *Carm.*3.16.18
peribit. non ille pro caris amicis|aut patria timidus perire [peribit]. . *var.Carm.*4.9.52
peribunt. mortalia facta peribunt,|nedum sermonum stet honos et gratia
    vivax. . . . . *Ars Poet.*68
pericla. atque haec rara cadat dura inter saepe pericla. . . . *Serm.*1.2.40
pericli. postquam nihil esse pericli|sensimus, ... *Serm.*2.8.57
periclo. quanto moveas periclo,|Pyrrhe, Gaetulae catulos leaenae? . . *Carm.*3.20.1
periclum. tolle periclum:|iam vaga prosiliet frenis natura remotis. . *Serm.*2.7.73
pericula. ecquid|ad te post paulo ventura pericula sentis? . . . *Epist.*1.18.83
avertit morbos, metuenda pericula pellit, ... *Epist.*2.1.136
periculo. non vides, quanto moveas periclo [periculo],|Pyrrhe, Gaetulae
    catulos leaenae? *var.Carm.*3.20.1
periculosae. periculosae plenum opus aleae, ... *Carm.*2.1.6
periculum. dulce periculum est,|o Lenaee, ... *Carm.*3.25.18
periculum. unde periculum|fulgens contremuit domus *Carm.*2.12.7
paratus omne Caesaris periculum|subire, ... *Epod.*1.3
periere. verum ubi oves furto, morbo periere capellae, . . . *Epist.*1.7.86
perierunt. sed ignotis perierunt mortibus illi, ... *Serm.*1.3.108
periisse. clament periisse pudorem|cuncti paene patres, . . *Epist.*2.1.80
Perilli. putidius multo cerebrum est, mihi crede, Perelli [Perilli]|dictantis, . *var.Serm.*2.3.75
perire. quae generosius|perire quaerens *Carm.*1.37.22
non ille pro caris amicis|aut patria timidus perire. . . *Carm.*4.9.52
quin, ubi perire iussus exspiravero, ... *Epod.*5.91
quando iterum paveas iterumque perire|possis, . . . *Serm.*2.7.69
sit ius liceatque perire poetis: . . . . *Ars Poet.*466
perirent. quo graves Persae melius perirent, ... *Carm.*1.2.22
stetere causae, cur perirent|funditus *Carm.*1.16.19
si non periret iam miserabilis [perirent inmiserabilis]|captiva pubes. *coni.Carm.*3.5.17
perires. si non periret iam miserabilis [perires inmiserabilis]|captiva pubes. *coni.Carm.*3.5.17
periret. si non periret iam miserabilis|captiva pubes. . . . *Carm.*3.5.17
sua|Vrbs haec periret dextera? *Epod.*7.10
si|forte minus locuples uno quadrante perisset [periret], . . *var.Serm.*2.3.93
periscelidem. saepe periscelidem raptam sibi flentis, . . . *Epist.*1.17.56
perisset. si|forte minus locuples uno quadrante perisset. . . *Serm.*2.3.93
Perithoo. nec Lethaea valet Theseus abrumpere caro|vincula Perithoo. . *Carm.*4.7.28
peritis. vivere si recte nescis, decede peritis. *Epist.*2.2.213
peritura. caprea . . . leonem|dente novo peritura vidit: . . . *Carm.*4.4.16
servilibus ut quae|iam peritura modis. *Serm.*1.8.33
peritus. me peritus|discet Hiber Rhodanique potor. . . . *Carm.*2.20.19
agricolam laudat iuris legumque peritus, ... *Serm.*1.1.9
periura. meretrix retro|periura cedit, ... *Carm.*1.35.26
nec Priami domus|periura pugnacis Achivos|Hectoreis opibus refringit *Carm.*3.3.27
cum periura patris fides *Carm.*3.24.59
periuras. quare, . . . periuras, surripis, aufers|undique? . . . *Serm.*2.3.127
periurum. periurum fuit in parentem|splendide mendax . . . *Carm.*3.11.34
periurus. non est periurus neque sordidus, ... *Serm.*2.3.164
quamvis periurus erit, sine gente, ... *Serm.*2.5.15
perlucidior. arcanique Fides prodiga, perlucidior vitro. . . . *Carm.*1.18.16
perluor. gelida cum perluor unda|per medium frigus. . . . *Epist.*1.15.4
permagna. Persius hic permagna negotia dives habebat|Clazomenis, . *Serm.*1.7.4
perminxerunt. hunc perminxerunt calones; *Serm.*1.2.44
permisit. cui rex deorum regnum in avis vagas|permisit . . . *Carm.*4.4.3
permisso. utor permisso caudaeque pilos ut equinae|paulatim vello . . *Epist.*2.1.45

permissum. sepulcrum|permissum arbitrio sine sordibus exstrue: .   .   *Serm*.2.5.105
permittant. si tibi regnum|permittant homines. *Serm*.1.3.124
permitte. permitte divis cetera, ...   *Carm*.1.9.9
permitto. inulto|dicere quod sentit permitto.' *Serm*.2.3.190
permixerunt. dedit hic pro corpore nummos, | hunc perminxerunt
    [permixerunt] calones; *var.Serm*.1.2.44
permixtas. 'qui species alias veris scelerisque tumultu|permixtas capiet, .   *Serm*.2.3.209
permixtus. lituo tubae|permixtus sonitus bellaque matribus|detestata. .   *Carm*.1.1.24
permolere. non alienas|permolere uxores.' *Serm*.1.2.35
permulceat. siquis . . . his verbis vacuas permulceat auris;   .   .   *Epist*.1.16.26
permulta. causaque mea permulta rogatus|fecit *Serm*.1.4.97
    Campanum in morbum, in faciem permulta iocatus,   .   .   .   *Serm*.1.5.62
permutare. permutare velis crine Licymniae *Carm*.2.12.23
    conmisisse cavet quod mox mutare [permutare] laboret. .   .   .   *var.Ars Poet*.168
permutat. tamquam | sit proprium quicquam, puncto quod mobilis horae
    . . . morte suprema|permutet [permutat] dominos   .   .   *var.Epist*.2.2.174
permutem. cur valle permutem Sabina|divitias operosiores?   .   .   *Carm*.3.1.47
permutet. permutet dominos et cedat in altera iura.   .   .   .   *Epist*.2.2.174
perna. perna magis et magis hillis|flagitat inmorsus refici,   .   .   *Serm*.2.4.60
pernae. quicquam praeter holus fumosae cum pede pernae.   .   .   *Serm*.2.2.117
perniciem. in nepotum|perniciem opprobriumque pagi;   .   .   *Carm*.2.13.4
    exemplo trahentis|perniciem veniens in aevom,   .   .   .   *Carm*.3.5.16
    ex hoc ego sanus ab illis|perniciem quaecumque ferunt   .   .   *Serm*.1.4.130
pernicies. pernicies et tempestas barathrumque macelli,   .   .   *Epist*.1.15.31
perniciosius. obsequium ventris mihi perniciosius est cur?   .   .   *Serm*.2.7.104
pernicis. perusta solibus|pernicis uxor Apuli, ...   *Epod*.2.42
pernix. sublimis cupidusque et amata relinquere pernix.   .   .   *Ars Poet*.165
pernoscere. est operae pretium duplicis pernoscere iuris|naturam.   .   *Serm*.2.4.63
perpauca. finxerunt animi, raro et perpauca loquentis; .   .   .   *Serm*.1.4.18
perpeti. audax omnia perpeti|gens humana ruit per vetitum nefas;   .   *Carm*.1.3.25
perpetuo. intactae Palladis urbem|carmine perpetuo celebrare   .   *Carm*.1.7.6
perpetuo. neque parturit imbris|perpetuos [perpetuo],   .   .   .   *var.Carm*.1.7.17
perpetuom. speres perpetuom dulcia barbare|laedentem oscula, .   .   *Carm*.1.13.14
perpetuos. ergo Quintilium perpetuos sopor|urget?.   .   .   .   *Carm*.1.24.5
    si⟨c⟩ quia perpetuos nulli datur usus *Epist*.2.2.175
perpetuos. Notus neque parturit imbris|perpetuos,   .   .   .   *Carm*.1.7.17
perpremat. mollis et exspes|inominata perpremat cubilia.   .   .   *Epod*.16.38
perprimat. mollis et exspes|inominata perpremat [perprimat]cubilia. .   *var.Epod*.16.38
perraro. perraro haec alea fallit. *Serm*.2.5.50
perrivor. gelida cum perluor [perrivor] unda|per medium frigus.   .   *var.Epist*.1.15.4
perrumpere. perrumpere amat saxa potentius|ictu fulmineo: .   .   *Carm*.3.16.10
perrumpet. et mala perrumpet furtim fastidia victrix.   .   .   .   *Epist*.1.10.25
perrupit. perrupit Acheronta Herculeus labor — *Carm*.1.3.36
Persae. quo graves Persae melius perirent, ...   *Carm*.1.2.22
    non Seres infidique Persae, ...   *Carm*.4.15.23
persaepe. qui persaepe cava testudine flevit amorem   .   .   .   *Epod*.14.11
    atque etiam melius persaepe togatae ⟨est⟩.   .   .   .   *Serm*.1.2.82
    persaepe velut qui|Iunonis sacra ferret; *Serm*.1.3.10
    poscentique gravem persaepe remittit acutum   .   .   .   *Ars Poet*.349
Persarum. Persarum vigui rege beatior.' *Carm*.3.9.4
Persas. in|Persas atque Britannos|vestra motus aget prece.   .   .   *Carm*.1.21.15
perscribere. non satis est puris versum perscribere verbis,   .   .   *Serm*.1.4.54
persequar. persequar hinc quo nunc iter est tibi.' *Serm*.1.9.16
persequemur. utrumne iussi persequemur otium *Epod*.1.7
persequitur. mors et fugacem persequitur virum *Carm*.3.2.14
persequor. non ego te tigris ut aspera|Gaetulusve leo frangere persequor: *Carm*.1.23.10
Persi. Rupili et Persi par pugnat, ...   *Serm*.1.7.19
Persicos. Persicos odi, puer, adparatus, ...   *Carm*.1.38.1
persimilem. isti tabulae fore librum|persimilem, ...   *Ars Poet*.7
Persis. adiectis Britannis|imperio gravibusque Persis.   .   .   .   *Carm*.3.5.4
Persius. hibrida quo pacto sit Persius ultus, ...   *Serm*.1.7.2
    Persius hic permagna negotia dives habebat|Clazomenis,   .   .   *Serm*.1.7.4
    Persius exponit causam; *Serm*.1.7.22
    Persius exclamat: 'per magnos, Brute, deos te|oro,   .   .   *Serm*.1.7.33
persona. nec quarta loqui persona laboret.   .   .   .   .   *Ars Poet*.192
personae. post hunc personae pallaeque repertor honestae|Aeschylus   *Ars Poet*.278
personae. ille profecto|reddere personae scit convenientia cuique.   .   *Ars Poet*.316
personam. an tibi abunde|personam satis est, non illud, quidquid ubique|
    officit, evitare? *Serm*.1.2.60

personamque feret non inconcinnus utramque; *Epist.*1.17.29
audes|personam formare novam, ... *Ars Poet.*126
personatus. quivis stomachetur eodem|quo personatus pacto pater. . . *Serm.*1.4.56
personet. est mihi purgatam crebro qui personet aurem: *Epist.*1.1.7
personuere. Vsticae cubantis|levia personuere saxa. *Carm.*1.17.12
personuit. simul domus alta Molossis|personuit canibus. *Serm.*2.6.115
perspexisse. torquere mero, quem perspexisse laborant . . . . *Ars Poet.*435
persta. fi cognitor ipse,|persta atque obdura: *Serm.*2.5.39
perstringis. iam nunc minaci murmure cornuom|perstringis auris, . . *Carm.*2.1.18
persuadere. dum flamma sine tura liquescere limine sacro|persuadere cupit. *Serm.*1.5.100
persuades. persuades hoc tibi vere, ... *Serm.*1.6.8
persuadet. persuadet uti mercetur agellum. *Epist.*1.7.81
pertersit. puer alte cinctus acernam|gausape purpureo mensam pertersit . *Serm.*2.8.11
pertinaci. pignusque dereptum lacertis|aut digito male pertinaci. . . *Carm.*1.9.24
pertinax. ludum insolentem ludere pertinax *Carm.*3.29.50
pertinet. siquis nunc quaerat 'quo res haec pertinet?' illuc: . . . *Serm.*1.2.23
quo pertinet ergo|proceros odisse lupos? *Serm.*2.2.35
quod magis ad nos|pertinet *Serm.*2.6.73
pertinuit. quorsum pertinuit stipare Platona Menandro? . . . *Serm.*2.3.11
pertulit. pertulit Ausonias ad urbis, ... *Carm.*4.4.56
aspera multa|pertulit, ... *Epist.*1.2.22
peruncti. quae canerent agerentque peruncti faecibus ora. . . . *Ars Poet.*277
perunctum. senem, quod omnes rideant, adulterum . . . nardo perunctum, *Epod.*5.59
perunxit. perunxit hoc Iasonem, ... *Epod.*3.12
perusta. perusta solibus|pernicis uxor Apuli, ... *Epod.*2.41
peruste. Hibericis peruste funibus latus *Epod.*4.3
pervellunt. qualia lassum|pervellunt stomachum, ... *Serm.*2.8.9
perveneris. victor propositi simul ac perveneris illuc, ... *Epist.*1.13.11
pervenerit. 'esto.|quid? qui pervenit [pervenerit] fecitne viriliter?' . *var.Epist.*1.17.38
pervenimus. inde Rubos fessi pervenimus, ... *Serm.*1.5.94
pervenit. qui pervenit fecitne viriliter?' *Epist.*1.17.38
pervicaces. fas pervicacis [pervicaces] est mihi Thyiadas . . . cantare *var.Carm.*2.19.9
pervicaci. fas pervicacis est [pervicaci sit] mihi Thyiadas . . . cantare *coni.Carm.*2.19.9
pervicacis. heu pervicacis ad pedes Achillei. *Epod.*17.14
pervicacis. fas pervicacis est mihi Thyiadas . . . cantare . . *Carm.*2.19.9
pervicax. desine pervicax|referre sermones deorum *Carm.*3.3.70
pervideas. cum tua pervideas oculis mala lippus inunctis, . . . *Serm.*1.3.25
pervincam. *Lucili, quam sis mendosus, teste Catone | defensore tuo
pervincam,* *Serm.*1.10.*2
pervincere. nam quae pervincere voces|evaluere sonum, . . . *Epist.*2.1.200
pes. ut nec pes nec caput uni|reddatur formae. . . . . . *Ars Poet.*8
syllaba longa brevi subiecta vocatur iambus,|pes citus: . . . *Ars Poet.*252
pessime. 'quo pacto, pessime?' *Serm.*2.7.22
pessuma. neque tu pessuma munerum|ferres, ... *Carm.*4.8.4
pestem. hic miseram famem|pestemque a populo et principe Caesare . *Carm.*1.21.14
pestilentem. nec pestilentem sentiet Africum|fecunda vitis . . . *Carm.*3.23.5
petam. regnata petam Laconi|rura Phalantho. *Carm.*2.6.11
petamque voltus umbra curvis unguibus. *Epod.*5.93
petamus. arva beata|petamus, arva divites et insulas, ... *Epod.*16.42
petant. ut studio maiore petant Helicona virentem. *Epist.*2.1.218
petat. (mirum,|ut neque calce lupus quemquam neque dente petit [petat]
bos), ... *var.Serm.*2.1.55
ultra quam satis est virtutem si petat ipsam. *Epist.*1.6.16
pete. i pete unguentum, puer, et coronas *Carm.*3.14.17
quin huc inanis, si potes, vertis [verte] minas|et me remorsurum petis
[pete]? *var.Epod.*6.4
seu te discus agit (pete cedentem aera disco) — *Serm.*2.2.13
id crede tuom et vel nunc pete vel cras.' *Serm.*2.3.232
semper avarus eget: certum voto pete finem. *Epist.*1.2.56
navos mane forum et vespertinus pete tectum, ... *Epist.*1.6.20
peteat. ultra quam satis est virtutem si petat [peteat] ipsam. . . *var.Epist.*1.6.16
petebas. tu mediastinus tacita prece rura petebas, ... *Epist.*1.14.14
Petelli. an et cum|dura tibi peragenda rei sit causa Petilli [Petelli]? . *var.Serm.*1.10.26
petendis. tu si modo recte | dispensare velis ac non fugienda petendis|
inmiscere. *Serm.*1.2.75
dividit ut bona diversis, fugienda petendis; *Serm.*1.3.114
petens. vos turba vicatim hinc et hinc saxis petens *Epod.*5.97
petenti. 'hoc quoque, Teresia, praeter narrata petenti|responde, . . *Serm.*2.5.1
petentibus. multa petentibus|desunt multa: *Carm.*3.16.42

petere.   inparibus formis deceptum te petere esto: *Serm.*2.2.30
peteret.   me melior cum peteret Venus, ... *Carm.*1.33.13
   si peteret per amicitiam patris atque suam, ... *Serm.*1.3.5
petes.   quin huc inanis, si potes, vertis minas | et me remorsurum petis
   [petes]? *var.Epod.*6.4
   si interdicta petes, vallo circumdata *Serm.*1.2.96
petet.   iam proterva | fronte petet Lalage maritum | dilecta, . . . *Carm.*2.5.16
   ternos ter cyathos attonitus petet | vates; *Carm.*3.19.14
   teque nec laevos vetet [petet] ire picus | nec vaga cornix. . . *var.Carm.*3.27.15
   sed hic stilus haud petet ultro | quemquam animantem . . *Serm.*2.1.39
   ultra quam satis est virtutem si petat [petet] ipsam. . . *var.Epist.*1.6.16
   siquid petet, ultro | defer: *Epist.*1.12.22
Peti.   Petti [? Peti], nihil me sicut antea iuvat | scribere versiculos . *var.Epod.*11.1
petiisse.   dictus. . . morte venalem petiisse laurum . . . *Carm.*3.14.2
petiit.   quod petiit spernit, repetit quod nuper omisit, . . . *Epist.*1.1.98
   quod cupide petiit, mature plena reliquit. *Epist.*2.1.100
Petilli.   mentio siquae | de Capitolini furtis iniecta Petilli . . *Serm.*1.4.94
   dura tibi peragenda rei sit causa Petilli? *Serm.*1.10.26
petimus.   caelum ipsum petimus stultitia *Carm.*1.3.38
   navibus atque | quadrigis petimus bene vivere. . . . *Epist.*1.11.29
   scimus, et hanc veniam petimusque damusque vicissim; . . *Ars Poet.*11
petis.   Telephum, quem tu petis, ... *Carm.*4.11.21
   et me remorsurum petis? *Epod.*6.4
   quod petis, hic est, | est Vlubris, ... *Epist.*1.11.29
   quod petis, id sane est invisum acidumque duobus. . . *Epist.*2.2.64
petit.   iam proterva | fronte petet [petit] Lalage maritum | dilecta, . *var.Carm.*2.5.16
   pauperemque dives | me petit: *Carm.*2.18.11
   tempestiva petit Rhode; *Carm.*3.19.27
   exercitatas aut petit Syrtis noto *Epod.*9.31
   dente lupus, cornu taurus petit: *Serm.*2.1.52
   ut neque calce lupus quemquam neque dente petit bos), . *Serm.*2.1.55
   quatenus ima petit volvens aliena vitellus. . . . *Serm.*2.4.57
   qui Capua Romam petit, imbre lutoque | adspersus . . *Epist.*1.11.11
   aut decus et pretium recte petit experiens vir. . . . *Epist.*1.17.42
   secreta petit loca, balnea vitat. . . . . . *Ars Poet.*298
petita.   uti | petita ferro belua?' *Epod.*5.10
petita.   patriis intermiscere petita | verba foris malis, . . . *Serm.*1.10.29
petitae.   nempe inamarescunt epulae sine fine petitae . . . *Serm.*2.7.107
petitis.   bene erat non piscibus Vrbe petitis, ... *Serm.*2.2.120
petitis.   quantum dimissa petitis | praestent, ... *Epist.*1.7.96
petitor.   hic generosior | descendat in campum petitor, . . . *Carm.*3.1.11
petitu.   'sapiens, vitatu quidque petitu | sit melius, causas reddet tibi; . *Serm.*1.4.115
petitum.   unde petitum | hoc in me iacis? *Serm.*1.4.79
petitus.   latere petitus imo spiritus *Epod.*11.10
   pugnis caesus ferroque petitus, ... *Serm.*1.2.66
petiverit.   an si quis atro dente me petiverit, ... *Epod.*6.15
peto.   nil cupientium | nudus castra peto *Carm.*3.16.23
petorrita.   plures calones atque caballi | pascendi, ducenda petorrita. . *Serm.*1.6.104
   esseda festinant, pilenta, petorrita, naves, . . . *Epist.*2.1.192
Petrinum.   palustris | inter Minturnas Sinuessanumque Petrinum. . *Epist.*1.5.5
Petti.   Petti, nihil me sicut antea iuvat | scribere versiculos . . *Epod.*11.1
petunt.   iam Scythae responsa petunt, superbi | nuper, et Indi. . *Carm.Saec.*55
   quatenus ima petit [petunt] volvens aliena vitellus. . . *var.Serm.*2.4.57
   Gabiosque petunt et frigida rura. *Epist.*1.15.9
pexae.   si forte subucula pexae | trita subest tunicae . . . *Epist.*1.1.95
Phaeax.   pinguis ut inde domum possim Phaeaxque reverti — . *Epist.*1.15.24
Phaethon.   terret ambustus Phaethon avaras | spes . . . *Carm.*4.11.25
Phalantho.   regnata petam Laconi | rura Phalantho. . . . *Carm.*2.6.12
pharetra.   puerum minaci | voce dum terret, viduos pharetra | risit Apollo. *Carm.*1.10.11
   insignemque pharetra | fraternaque umerum lyra. . . *Carm.*1.21.11
   nec venenatis gravida sagittis, | Fusce, pharetra, . . *Carm.*1.22.4
   otium Medi pharetra decori, ... *Carm.*2.16.6
pharetratos.   visam pharetratos Gelonos | et Scythicum inviolatus amnem. . *Carm.*3.4.35
pharmacopolae.   ambubaiarum collegia, pharmacopolae, | mendici, mimae,
   balatrones, ... *Serm.*1.2.1
phaselon.   fragilemque mecum | solvat phaselon; . . . *Carm.*3.2.29
Phidyle.   rustica Phidyle, | si ture placaris *Carm.*3.23.2
Phidyli.   caelo supinas si tuleris manus | nascente luna, rustica Phidyle
   [Phidyli], | si ture placaris *coni.Carm.*3.23.2

Philippi. (puer hic non laeve iussa Philippi|accipiebat) *Epist.*1.7.52
   iratusque Philippi tendit ad aedis. *Epist.*1.7.89
Philippi. unde simul primum me dimisere Philippi *Epist.*2.2.49
Philippis. non me Philippis versa acies retro, ... *Carm.*3.4.26
   me dimisere Philippi [Philippis] | decisis humilem pennis inopemque
     paterni|et laris et fundi, ... *var.Epist.*2.2.49
Philippo. ille Philippo|excusare laborem et mercennaria vincla,   .   .   . *Epist.*1.7.66
Philippos. tecum Philippos et celerem fugam|sensi *Carm.*2.7.9
   rettulit acceptos, regale nomisma, Philippos. *Epist.*2.1.234
Philippus. strenuos et fortis causisque Philippus agendis|clarus,   .   .   . *Epist.*1.7.46
   Volteium mane Philippus . . . occupat *Epist.*1.7.64
   videt ridetque Philippus, ... *Epist.*1.7.78
   quem simul adspexit scabrum intonsumque Philippus,   .   .   . *Epist.*1.7.90
Philodamus. hanc Philodamus ait sibi, quae neque magno|stet pretio   . *Serm.*1.2.121
Philodemus. hanc Philodamus [Philodemus] ait sibi, quae neque magno|
   stet pretio *var.Serm.*1.2.121
philyra. displicent nexae philyra coronae, ... *Carm.*1.38.2
phimum. qui pro se tolleret atque|mitteret in phimum talos,   .   . *Serm.*2.7.17
Phocaeorum. Phocaeorum|velut profugit exsecrata civitas   .   . *Epod.*16.17
Phoceu. ne sit ancillae tibi amor pudori,|Xanthia Phoceu: .   . *Carm.*2.4.2
Phoebe. nec te, metuende certa|Phoebe sagitta. *Carm.*1.12.24
   Phoebe, qui Xantho lavis amne crinis, ... *Carm.*4.6.26
   Phoebe silvarumque potens Diana, ... *Carm.Saec.*1
Phoebi. o decus Phoebi et dapibus supremi|grata testudo Iovis,   .   . *Carm.*1.32.13
   seu fidibus citharave Phoebi. *Carm.*3.4.4
   doctus et Phoebi chorus et Dianae|dicere laudes.   .   .   . *Carm.Saec.*75
Phoebo. ter si resurgat murus aeneus|auctore Phoebo,   .   .   . *Carm.*3.3.66
Phoebus. dum rediens fugat astra Phoebus. *Carm.*3.21.24
   spiritum Phoebus, mihi Phoebus artem|carminis nomenque dedit poetae. *Carm.*4.6.29
   Phoebus volentem proelia me loqui|victas et urbis increpuit lyra,   . *Carm.*4.15.1
   augur et fulgente decorus arcu|Phoebus *Carm.Saec.*62
Pholoe. quam turpi Pholoe peccet adultero. *Carm.*1.33.9
   dilecta, quantum non Pholoe fugax, ... *Carm.*2.5.17
Pholoen. Cyrus in asperam|declinat Pholoen: *Carm.*1.33.7
   non, siquid Pholoen, satis|et te, Chlori, decet: .   .   . *Carm.*3.15.7
Phraaten. redditum Cyri solio Phraaten . . . numero beatorum| eximit *Carm.*2.2.17
Phraates. ius imperiumque Phraates|Caesaris accepit genibus minor;   . *Epist.*1.12.27
Phrahates. ius imperiumque Phraates [Phrahates]|Caesaris accepit genibus
   minor; *var.Epist.*1.12.27
Phrygiae. aut pinguis Phrygiae Mygdonias opes *Carm.*2.12.22
Phrygiae. aut Phrygiae sorores|flevere semper. *Carm.*2.9.16
Phrygius. nec Phrygius lapis|nec purpurarum sidere clarior|delenit usus . *Carm.*3.1.41
Phrygum. iracunda diem proferet Ilio | matronisque Phrygum classis
   Achillei; *Carm.*1.15.34
Phryne. me libertina, nec uno|contenta, Phryne macerat.   .   . *Epod.*14.16
Phylli. est in horto,|Phylli, nectendis apium coronis,   .   .   . *Carm.*4.11.3
Phyllidis. an te generum beati|Phyllidis flavae decorent parentes: . *Carm.*2.4.14
pia. nil faciet sceleris pia dextera *Serm.*2.1.54
   veluti pia mater|plus quam se sapere . . . volt   .   .   . *Epist.*1.18.26
pia. seu facilem, pia testa, somnum, ... *Carm.*3.21.4
piabant. Tellurem porco, Silvanum lacte piabant, ... *Epist.*2.1.143
piacula. teque piacula nulla resolvent. *Carm.*1.28.34
   sunt certa piacula, quae te|ter pure lecto poterunt recreare libello.   . *Epist.*1.1.36
piae. Iuppiter illa piae secrevit litora genti, ... *Epod.*16.63
pias. tu pias laetis animas reponis|sedibus *Carm.*1.10.17
pice. corticem adstrictum pice dimovebit *Carm.*3.8.10
Picenis. quid? cum Picenis excerpens semina pomis|gaudes,   .   . *Serm.*2.3.272
   Picenis cedunt pomis Tiburtia suco: *Serm.*2.4.70
picta. picta pandat spectacula cauda: *Serm.*2.2.26
   suspendit picta voltum mentemque tabella, ... *Epist.*2.1.97
picta. miror|proelia rubrica picta aut carbone *Serm.*2.7.98
pictae. ut lippum pictae tabulae, fomenta podagrum,   .   .   . *Epist.*1.2.52
pictis. nil pictis timidus navita puppibus|fidit. *Carm.*1.14.14
   aut pictis tamquam gaudere tabellis. *Serm.*1.1.72
pictor. humano capiti cervicem pictor equinam|iungere si velit   . *Ars Poet.*1
pictoribus. 'pictoribus atque poetis | quidlibet audendi semper fuit aequa
   potestas.'   .   .   .   . *Ars Poet.*9
pictura. ut pictura poesis: erit quae, si propius stes,|te capiat magis,   . *Ars Poet.*361
picus. teque nec laevos vetet ire picus|nec vaga cornix.   .   .   . *Carm.*3.27.15

Pieri. dulcem quae strepitum, Pieri, temperas, ... *Carm*.4.3.18
Pieria. nec vir Pieria paelice saucius *Carm*.3.10.15
Pierides. non . . . clarius indicant|laudes quam Calabrae Pierides . *Carm*.4.8.20
Pieriis. gratia regum|Pieriis temptata modis . . . . . *Ars Poet*.405
Pierio. Pierio recreatis antro. *Carm*.3.4.40
pietas. dis pietas mea|et musa cordi est. *Carm*.1.17.13
   nec pietas moram|rugis et instanti senectae|adferet . . *Carm*.2.14.2
   pietasque' dixit|'victa furore. *Carm*.3.27.35
   non te|restituet pietas; *Carm*.4.7.24
   me quamvis Lamiae pietas et cura moratur|fratrem maerentis, . *Epist*.1.14.6
piga. ne nummi pereant aut puga [piga] aut denique fama. . . *var.Serm*.1.2.133
pigeat. neu conversa domum pigeat dare lintea, ... *Epod*.16.27
piger. sive opus est imperitare equis,|non auriga piger. . . *Carm*.1.15.26
   garrulus atque piger scribendi ferre laborem, ... *Serm*.1.4.12
   retinacula mulae|nauta piger saxo religat stertitque supinus. . *Serm*.1.5.19
   'nil habeo quod agam et non sum piger: usque sequar te.' . *Serm*.1.9.19
   ut piger annus|pupillis, quos dura premit custodia matrum: . *Epist*.1.1.21
   optat ephippia bos, piger optat arare caballus: *Epist*.1.14.43
   militiae quamquam piger et malus, utilis Vrbi, ... *Epist*.2.1.124
pignus. pignusque dereptum lacertis *Carm*.1.9.23
pigrior. discedat — pulcrior [pigrior], ultro|muneribus missis): . *var.Serm*.1.7.17
pigris. pone me pigris ubi nulla campis|arbor *Carm*.1.22.17
pigro. addit opus pigro rivos, si decidit imber, ... *Epist*.1.14.29
pigrum. dixi me pigrum proficiscenti tibi, ... *Epist*.2.2.20
pii. ne nimium pii|rebusque fidentes *Carm*.3.3.58
piis. quorum|piis secunda vate me datur fuga. *Epod*.16.66
pila. nulla taberna meos habeat neque pila libellos, . . . *Serm*.1.4.71
pila. seu pila velox|molliter austerum studio fallente laborem, . *Serm*.2.2.11
pila. namque pila lippis inimicum et ludere crudis. . . . *Serm*.1.5.49
pilae. indoctusque pilae discive trochive quiescit, . . . *Ars Poet*.380
pilenta. esseda festinant, pilenta, petorrita, naves, . . . *Epist*.2.1.192
pileolo. ut cum pileolo soleas conviva tribulis. *Epist*.1.13.15
pilis. horrentia pilis|agmina *Serm*.2.1.13
pilos. caudaeque pilos ut equinae|paulatim vello . . . *Epist*.2.1.45
Pindaricae. non, . . . Pindaricae latent *Carm*.4.9.6
Pindarici. Pindarici fontis qui non expalluit haustus . . . *Epist*.1.3.10
Pindarum. Pindarum quisquis studet aemulari, ... *Carm*.4.2.1
Pindarus. fervet inmensusque ruit profundo|Pindarus ore, . . *Carm*.4.2.8
Pindo. aut super Pindo gelidove in Haemo? *Carm*.1.12.6
pingeret. nequis se praeter Apellen|pingeret *Epist*.2.1.240
pingimus. pingimus atque|psallimus et luctamur Achivis doctius unctis. . *Epist*.2.1.32
pingitur. si fractis enatat exspes|navibus, aere dato qui pingitur? . *Ars Poet*.21
pingue. arvom|pingue tenent humilis Forenti, ... *Carm*.3.4.16
   pingue pecus domino facias et cetera praeter|ingenium, . . *Serm*.2.6.14
pinguem. pinguem vitiis albumque neque ostrea . . . iuvare . *Serm*.2.2.21
   me pinguem et nitidum bene curata cute vises, . . . *Epist*.1.4.15
pingues. an pingues Asiae campi collesque morantur? . . . *Epist*.1.3.5
pingues. aut pinguis [pingues] Phrygiae Mygdonias opes|permutare velis
   crine Licymniae *var.Carm*.2.12.22
pingui. illi|'tardo' cognomen, 'pingui' damus. *Serm*.1.3.58
pingui. quod pingui miscere mero muriaque decebit . . . *Serm*.2.4.65
   pingui tentus omaso|Furius *Serm*.2.5.40
   uncta satis pingui ponentur holuscula lardo? *Serm*.2.6.64
   ne rubeam pingui donatus munere *Epist*.2.1.267
pinguia. nec pinguia Gallicis|crescunt vellera pascuis: . . . *Carm*.3.16.35
   pinguia nec siccis urantur semina glaebis, ... *Epod*.16.55
pinguibus. pinguibus et ficis pastum iecur anseris albae . . *Serm*.2.8.88
pinguibus. praeferat Herodis palmetis pinguibus, ... *Epist*.2.2.184
pinguior. quis non Latino sanguine pinguior|campus . . . *Carm*.2.1.29
pinguis. nam Laurens malus est, ulvis et harundine pinguis. . *Serm*.2.4.42
   pinguis ut inde domum possim Phaeaxque reverti — . . *Epist*.1.15.24
pinguis. aut pinguis Phrygiae Mygdonias opes *Carm*.2.12.22
pinguissimis. lecta de pinguissimis|oliva ramis arborum . . *Epod*.2.55
pinguium. in tenero gramine pinguium|custodes ovium . . . *Carm*.4.12.9
pinu. sub . . . hac|pinu iacentes sic temere *Carm*.2.11.14
pinus. quamvis Pontica pinus,|silvae filia nobilis, . . . *Carm*.1.14.11
   quo pinus ingens albaque populus | umbram hospitalem consociare
   amant|ramis? *Carm*.2.3.9
   saepius ventis agitatur ingens|pinus *Carm*.2.10.10

imminens villae tua pinus esto, ... *Carm*.3.22.5
mordaci velut icta ferro|pinus *Carm*.4.6.10
non huc Argoo contendit remige pinus *Epod*.16.57
pio. mollivit aversos Penatis|farre pio et saliente mica. . *Carm*.3.23.20
piorum. iudicantem vidimus Aeacum|sedesque discriptas piorum . *Carm*.2.13.23
pios. audire et videor pios|errare per lucos, ... *Carm*.3.4.6
piper. piper album cum sale nigro|incretum *Serm*.2.4.74
angulus iste feret piper et tus ocius uva *Epist*.1.14.23
in vicum vendentem . . . piper et quidquid chartis amicitur ineptis. . *Epist*.2.1.270
pipere. pipere albo, non sine aceto, ... *Serm*.2.8.49
Piplea. necte meo Lamiae coronam,|Piplei [Piplea] dulcis. *var.Carm*.1.26.9
Piplei. necte meo Lamiae coronam,|Piplei dulcis. *Carm*.1.26.9
pira. ut gaudet insitiva decerpens pira *Epod*.2.19
piris. non quo more piris vesci Calaber iubet hospes . . *Epist*.1.7.14
Pirithoo. nec Lethaea valet Theseus abrumpere caro | vincula Perithoo
[Pirithoo]. *var.Carm*.4.7.28
Pirithoum. amatorem trecentae|Pirithoum cohibent catenae. . . . *Carm*.3.4.80
Pirria. ut vinosa glomus furtivae †Pirria lanae, ... *Epist*.1.13.14
piscator. edicit, piscator uti, pomarius, . . . mane domum veniant. . *Serm*.2.3.227
piscem. ut turpiter atrum|desinat in piscem mulier formosa superne: . *Ars Poet*.4
piscemur. piscemur, venemur, ut olim|Gargilius *Epist*.1.6.57
pisces. contracta pisces aequora sentiunt *Carm*.3.1.33
piscibus. o mutis quoque piscibus|donatura cycni, si libeat, sonum, . . *Carm*.4.3.19
piscibus atque avibus quae natura et foret aetas, . . *Serm*.2.4.45
piscibus. bene erat non piscibus Vrbe petitis, ... *Serm*.2.2.120
piscis. occultum visus decurrere piscis ad hamum, ... *Epist*.1.7.74
piscis. garo de sucis piscis Hiberi; *Serm*.2.8.46
piscis. semesos piscis tepidumque ligurrierit ius, ... *Serm*.1.3.81
atrum|defendens piscis hiemat mare: *Serm*.2.2.17
tu piscis hiberno ex aequore verris. *Serm*.2.3.235
nec satis est cara piscis averrere mensa *Serm*.2.4.37
quali perfundat piscis securus olivo. *Serm*.2.4.50
angustoque vagos piscis urgere catino. *Serm*.2.4.77
nos, inquam, cenamus avis, conchylia, piscis, . . . *Serm*.2.8.27
verum seu piscis seu porrum et caepe trucidas, . . *Epist*.1.12.21
utra magis piscis et echinos aequora celent, . . . *Epist*.1.15.23
piscium. piscium et summa genus haesit ulmo, ... *Carm*.1.2.9
piscosi. via peior ad usque|Bari moenia piscosi; *Serm*.1.5.97
Pisones. credite Pisones, isti tabulae fore librum|persimilem, . *Ars Poet*.6
non . . . dominantia nomina solum | verbaque, Pisones, Satyrorum
scriptor amabo . . . . *Ars Poet*.235
Pisonis. credite Pisones [Pisonis], isti tabulae fore librum|persimilem, . *var.Ars Poet*.6
non ego inornata et dominantia nomina solum | verbaque, Pisones
[Pisonis], Satyrorum scriptor amabo . . . . . *var.Ars Poet*.235
Pitholeonti. Rhodio quod Pitholeonti|contigit? *Serm*.1.10.22
pitvita. stomachoque tumultum|lenta feret pitvita. . . . *Serm*.2.2.76
praecipue sanus, nisi cum pitvita molesta est. . . *Epist*.1.1.108
pius. tu, frustra pius, heu non ita creditum *Carm*.1.24.11
quo pius Aeneas, quo Tullus dives et Ancus, . . . *Carm*.4.7.15
placabilis. irasci celerem, tamen ut placabilis essem. . . . *Epist*.1.20.25
placantur. carmine di superi placantur, carmine Manes. . . *Epist*.2.1.138
placare. et ture et fidibus iuvat|placare . . . custodes Numidae deos, . *Carm*.1.36.2
invidiam placare paras virtute relicta? *Serm*.2.3.13
placari. coepit . . . vinoque diurno|placari Genius festis inpune diebus, . *Ars Poet*.210
placaris. si ture placaris et horna|fruge Laris *Carm*.3.23.3
placat. quandocumque deos vel porco vel bove placat, . . . *Epist*.1.16.58
placaverit. 'da, si grave non est,|quae prima iratum ventrem pacaverit
[placaverit] esca.' *var.Serm*.2.8.5
placavi. prudens placavi sanguine divos.' *Serm*.2.3.206
placeant. si placeant spe|deterius nostra. *Serm*.1.10.89
placeat. ne vicinus Enipeus|plus iusto placeat cave; . . . *Carm*.3.7.24
ut placeat iuveni, percontare utque cohorti. . . . *Epist*.1.8.14
placebit. haec placuit semel, haec deciens repetita placebit. . *Ars Poet*.365
placem. multa fero, ut placem genus irritabile vatum, . . *Epist*.2.2.102
placens. linquenda tellus et domus et placens|uxor . . . *Carm*.2.14.21
placent. nigri|colles Arcadiae placent. *Carm*.4.12.12
placentas. ridiculus totas semel absorbere placentas; . . *Serm*.2.8.24
placentis. pane egeo iam mellitis potiore placentis. . . . *Epist*.1.10.11
placeo. quod spiro et placeo, si placeo, tuom est. *Carm*.4.3.24

placere. nulla placere diu nec vivere carmina possunt, ... *Epist.*1.19.2
places. non, . . . amice, places inlacrimabilem|Plutona tauris, . . . *Carm.*2.14.6
placet. cui placet inpares|formas atque animos sub iuga . . . mittere . *Carm.*1.33.10
    nec cultura placet longior annua *Carm.*3.24.14
    sic placet? an melius quis habet suadere? *Epod.*16.23
    sed vacuom Tibur placet aut inbelle Tarentum. *Epist.*1.7.45
    cui placet alterius, sua nimirum est odio sors. *Epist.*1.14.11
    vere quod placet ut non|acriter elatrem, ... *Epist.*1.18.17
    quid placet aut odio est, quod non mutabile credas? . . *Epist.*2.1.101
    'dixit adhuc aliquid?' 'nil sane.' 'quid placet ergo?' . . *Epist.*2.1.206
placidae. di, senectuti placidae quietem, ... *Carm.Saec.*46
Placideiani. cum . . . Pacideiani [Placideiani] contento poplite miror|
    proelia rubrica picta *var.Serm.*2.7.97
placidis. sed non ut placidis coeant inmitia, ... *Ars Poet.*12
placido. nascentem placido lumine videris, ... *Carm.*4.3.2
placidus. condito mitis placidusque telo *Carm.Saec.*33
placitum. sic potenti|Iustitiae placitumque Parcis. *Carm.*2.17.16
    (sic dis placitum), ... *Serm.*2.6.22
placuere. seu liquidae placuere Baiae. *Carm.*3.4.24
    dis, quibus septem placuere colles,|dicere carmen. . . *Carm.Saec.*7
placui. magnum hoc ego duco,|quod placui tibi, ... *Serm.*1.6.63
placuisse. quem scis inmunem Cinarae placuisse rapaci, . . *Epist.*1.14.33
    principibus placuisse viris non ultima laus est. . . . *Epist.*1.17.35
    me primis Vrbis belli placuisse domique, ... *Epist.*1.20.23
placuit. callidum, quidquid placuit, iocoso|condere furto. . . *Carm.*1.10.7
    quis paria esse fere placuit peccata, ... *Serm.*1.3.96
    vel quia nil rectum, nisi quod placuit sibi, ducunt . . *Epist.*2.1.83
    et placuit sibi, natura sublimis et acer: *Epist.*2.1.165
    haec placuit semel, haec deciens repetita placebit. . . *Ars Poet.*365
plagas. seu rupit teretes Marsus aper plagas. *Carm.*1.1.28
    apros in obstantis plagas *Epod.*2.32
    (qui mane plagas, . . . transire forum populumque iubebat, . *Epist.*1.6.58
plagis. caedimur et totidem plagis consumimus hostem . . *Epist.*2.2.97
plagis. si pugnat extricata densis|cerva plagis, ... *Carm.*3.5.32
    educet in agros|Aetolis onerata plagis iumenta canesque, . *Epist.*1.18.46
plagosum. memini quae plagosum mihi parvo|Orbilium dictare; . *Epist.*2.1.70
Plance. finire memento|tristitiam vitaeque labores|molli, Plance, mero, . *Carm.*1.7.19
Planco. non ego hoc ferrem calidus iuventa|consule Planco. . . *Carm.*3.14.28
plane. 'molestus|communi sensu plane caret' inquimus. . . *Serm.*1.3.66
plangas. nec, cum venari volet ille, poemata panges [plangas]. . *var.Epist.*1.18.40
planges. nec, cum venari volet ille, poemata panges [planges]. . *var.Epist.*1.18.40
planis. locus, ut neque planis|porrectus spatiis *Epist.*1.7.41
planius. planius ac melius Chrysippo et Crantore dicit. . . *Epist.*1.2.4
plantam. haeres|nequiquam caeno cupiens evellere plantam. . *Serm.*2.7.27
planum. nec semel inrisus triviis attollere curat|fracto crure planum, . *Epist.*1.17.59
platano. cur non sub alta vel platano vel hac|pinu iacentes . *Carm.*2.11.13
platanus. platanusque caelebs|evincet ulmos; *Carm.*2.15.4
plateae. 'verum|purae sunt plateae, nihil ut meditantibus obstet.' . *Epist.*2.2.71
Platona. quorsum pertinuit stipare Platona Menandro? . . *Serm.*2.3.11
    qualia vincent|Pythagoran Anytique reum doctumque Platona.' . *Serm.*2.4.3
plaudere. non ego: nam 'satis est equitem mihi plaudere', . . *Serm.*1.10.76
plaudet. aut ursum aut pugiles: his nam plebecula gaudet [plaudet]. . *var.Epist.*2.1.186
plaudit. ingeniis non ille favet plauditque sepultis, . . . *Epist.*2.1.88
plaudite. sessuri, donec cantor 'vos plaudite' dicat: . . . *Ars Poet.*155
plaudo. 'populus me sibilat, at mihi plaudo|ipse domi, . . *Serm.*1.1.66
plausis. dicitur et plaustris [plausis] vexisse poemata Thespis, . *var.Ars Poet.*276
plausor. in vacuo laetus sessor plausorque theatro, . . . *Epist.*2.2.130
plausoris. si plosoris [plausoris] eges aulaea manentis et usque|sessuri, . *var.Ars Poet.*154
plaustra. quorum plaustra vagas rite trahunt domos, . . . *Carm.*3.24.10
plaustris. tristia robustis luctantur funera plaustris, . . . *Epist.*2.2.74
plaustris. dicitur et plaustris vexisse poemata Thespis, . . *Ars Poet.*276
plausus. datus in theatro|cum tibi plausus, ... *Carm.*1.20.4
plausus. scilicet ut plausus quos fert Agrippa feras tu, . . . *Serm.*2.3.185
    quid censes . . . plausus et amici dona Quiritis, . . *Epist.*1.6.7
Plautinos. at vestri proavi Plautinos et numeros et|laudavere sales, . *Ars Poet.*270
Plauto. Caecilio Plautoque dabit Romanus ademptum|Vergilio Varioque? . *Ars Poet.*54
Plautus. Plautus ad exemplar Siculi properare Epicharmi, . . . *Epist.*2.1.58
    Plautus|quo pacto partis tutetur amantis ephebi, . . . *Epist.*2.1.170
plebe. crede non illam tibi de scelesta|plebe dilectam . . . *Carm.*2.4.18

plebecula. aut ursum aut pugiles: his nam plebecula gaudet. . . . *Epist*.2.1.**186**
plebeius. vetas cur?'|'rex sum.' 'nil ultra quaero plebeius.' . . . *Serm*.2.3.188
plebi. Phraaten|dissidens plebi numero beatorum|eximit Virtus . . *Carm*.2.2.18
   hoc miserae plebi stabat commune sepulcrum, ... *Serm*.1.8.10
plebis. Phraaten|dissidens plebi [plebis] numero beatorum|eximit Virtus . *var.Carm*.2.2.18
   fortunam et mores antiquae plebis, ... *Serm*.2.7.23
   nec somnum plebis laudo satur altilium *Epist*.1.7.35
   non ego ventosae plebis suffragia venor *Epist*.1.19.37
plebs. plebs eris. at pueri ludentes 'rex eris' aiunt, ... *Epist*.1.1.59
plebs. o plebs, . . . Caesar Hispana repetit penatis|victor ab ora. . *Carm*.3.14.1
plectantur. Venusinae|plectantur silvae te sospite *Carm*.1.28.27
plector. tergo plector enim. *Serm*.2.7.105
plectro. hunc Lesbio sacrare plectro *Carm*.1.26.11
   quaere modos leviore plectro. *Carm*.2.1.40
   te sonantem plenius aureo,|Alcaee, plectro dura navis, . . . *Carm*.2.13.27
   concines maiore poeta plectro|Caesarem, ... *Carm*.4.2.33
plectuntur. quidquid delirant reges, plectuntur Achivi. . . . *Epist*.1.2.14
Pleiadum. Pleiadum choro|scindente nubis, ... *Carm*.4.14.21
plena. quid velint flores et acerra turis|plena miraris . . . *Carm*.3.8.3
   quod cupide petiit, mature plena reliquit. *Epist*.2.1.100
   non missura cutem nisi plena cruoris hirudo.' . . . . *Ars Poet*.476
plena. plena dives ut in domo. *Carm*.4.12.24
plena. tristia maestum|voltum verba decent, iratum plena minarum, . *Ars Poet*.106
plenas. plenas aut Arabum domos, ... *Carm*.2.12.24
plene. ut fortunatam plene praestantia vitam; *Epist*.1.11.14
plenior. cum sis nihilo sapientior ex quo|plenior es, ... *Epist*.2.2.154
plenior. plenior ut siquos delectet copia iusto, ... *Serm*.1.1.57
plenis. plenis honorum muneribus *Carm*.4.14.2
plenissima. hinc nos Coccei recipit plenissima villa, ... *Serm*.1.5.50
plenius. et te sonantem plenius aureo, ... *Carm*.2.13.26
   planius [plenius] ac melius Chrysippo et Crantore dicit. . . . *var.Epist*.1.2.4
   ubi plenius aequo|laudat venalis qui volt extrudere merces: . . *Epist*.2.2.10
pleno. si tener pleno cadit haedus anno *Carm*.3.18.5
pleno. plenoque Bacchi pectore turbidum|laetatur. *Carm*.2.19.6
   adparetque beata pleno|Copia cornu. *Carm.Saec*.59
   ire foras pleno tendebat corpore frustra. *Epist*.1.7.31
   aurea fruges|Italiae pleno defudit Copia cornu. *Epist*.1.12.29
   omne supervacuom pleno de pectore manat. . . . . *Ars Poet*.337
plenum. quo me, Bacche, rapis tui|plenum? *Carm*.3.25.2
   plerumque [? plenumque] recoctus | scriba ex quinqueviro corvom
     deludet hiantem . . . . *? var.Serm*.2.5.55
   nolito ad versus tibi factos ducere plenum|laetitiae; . . . . *Ars Poet*.427
plenum. tibi copia|manabit ad plenum *Carm*.1.17.15
   periculosae plenum opus aleae, ... *Carm*.2.1.6
plenus. nonum superantis annum|plenus Albani cadus, . . . *Carm*.4.11.2
   cum rapula plenus|atque acidas mavolt inulas. *Serm*.2.2.43
   scis|in breve te cogi, cum plenus languet amator. . . . *Epist*.1.20.8
pleraque. si pleraque dure|dicere credit eos, ... *Epist*.2.1.66
   pleraque differat et praesens in tempus omittat. . . . . *Ars Poet*.44
plerique. ut plerique solent, naso suspendis adunco|ignotos . . *Serm*.1.6.5
plerumque. Diespiter,|igni corusco nubila dividens|plerumque, . . *Carm*.1.34.7
   tu lene tormentum ingenio admoves|plerumque duro, . . . *Carm*.3.21.14
   plerumque gratae divitibus vices *Carm*.3.29.13
   ridiculum acri|fortius et melius magnas plerumque secat res. . . *Serm*.1.10.15
   plerumque recoctus|scriba ex quinqueviro corvom deludet hiantem . *Serm*.2.5.55
   plerumque modestus|occupat obscuri speciem, taciturnus acerbi. . *Epist*.1.18.94
   statua taciturnius exit|plerumque et risu populum quatit: . . *Epist*.2.2.84
   inceptis gravibus plerumque et magna professis | purpureus, . . .
     adsuitur pannus, ... *Ars Poet*.14
   tragicus plerumque, dolet sermone pedestri|Telephus et Peleus, . *Ars Poet*.95
plorant. ut qui conducti plorant in funere dicunt . . . . *Ars Poet*.431
plorare. Demetri, teque, Tigelli,|discipularum inter iubeo plorare cathedras. *Serm*.1.10.91
   invenietque|nil sibi legatum praeter plorare suisque. . . . *Serm*.2.5.69
plorares. me . . . obicere incolis|plorares Aquilonibus. . . . *Carm*.3.10.4
plorat. flebili sponsae iuvenemve raptum|plorat *Carm*.4.2.22
   aut cistam effractam et subducta viatica plorat, ... *Epist*.1.17.54
ploravere. Romulus et Liber pater . . . ploravere suis non respondere
     favorem|speratum meritis. *Epist*.2.1.9
ploravit. non . . . ploravit omnis Antilochum senex|annos . . *Carm*.2.9.14

plorem.   plorem artis in te nil agentis exitus?' *Epod.*17.81
plores.   an meretricis amore|sollicitus plores: *Serm.*2.3.253
ploret.   ter uxor|capta virum puerosque ploret.' *Carm.*3.3.68
ploro.   vigilansne ploro|turpe conmissum *Carm.*3.27.38
plosoris.   si plosoris eges aulaea manentis . . . . . . *Ars Poet.*154
plostello.   "aedificare casas, plostello adiungere muris, . . . *Serm.*2.3.247
plostra.   si plostra ducenta|concurrantque foro tria funera, . . *Serm.*1.6.42
Plotius.   Plotius et Varius Sinuessae Vergiliusque|occurrunt, . . *Serm.*1.5.40
　　　Plotius et Varius, Maecenas Vergiliusque, . . . *Serm.*1.10.81
plovius.   aut flumen Rhenum aut plovius describitur arcus; . . *coni.Ars Poet.*18
pluma.   insperata tuae cum veniet pluma superbiae . . . *Carm.*4.10.2
pluma.   num vesceris ista,|quam laudas, pluma? . . . *Serm.*2.2.28
plumae.   nascunturque leves|per digitos umerosque plumae. . . *Carm.*2.20.12
plumam.   plumamque nocturnae strigis *Epod.*5.20
plumas.   si forte suas repetitum venerit olim|grex avium plumas, . *Epist.*1.3.19
　　　varias inducere plumas,|undique collatis membris . . *Ars Poet.*2
plumbeus.   nec mala me ambitio perdit nec plumbeus auster . . *Serm.*2.6.18
plumbum.   nec severus|uncus abest liquidumque plumbum; . . *Carm.*1.35.20
plumbum.   purior in vicis aqua tendit rumpere plumbum . . *Epist.*1.10.20
plura.   pluribus hisce,|si modo plura mihi bona sunt, inclinet, . . *Serm.*1.3.71
　　　verum ubi plura nitent in carmine, ... *Ars Poet.*351
plura.   nulli plura tamen dividit oscula|quam dulci Lamiae, . . *Carm.*1.36.6
　　　quanto quisque sibi plura negaverit, ... *Carm.*3.16.21
　　　ab dis plura feret: *Carm.*3.16.22
　　　nec, si plura velim, tu dare deneges. *Carm.*3.16.38
　　　liberum munivit iter, daturus|plura relictis: . . . *Carm.Saec.*44
　　　pluraque felices mirabimur. *Epod.*16.53
　　　(infans namque pudor prohibebat plura profari) . . *Serm.*1.6.57
　　　saepe ferentem|plura quidem tollenda relinquendis. . . *Serm.*1.10.51
　　　ubi plura|cogere quam satis est ac non cessare videbor. . *Epist.*1.10.45
　　　ut sibi praebentem mimo spectacula plura, . . . *Epist.*2.1.198
　　　quanto plura parasti, ... *Epist.*2.2.147
　　　tanto plura cupis, ... *Epist.*2.2.148
　　　quod non plura datis invenerit; *Epist.*2.2.192
　　　neque plura parare labores *Epist.*2.2.196
　　　faciunt prope plura dolentibus ex animo, . . . *Ars Poet.*432
plurae.   'verum|purae [plurae] sunt plateae, nihil ut meditantibus obstet.' . *var.Epist.*2.2.71
plures.   auxilio quae|sit mihi (nam multo plures sumus), . . *Serm.*1.4.142
　　　atque salutandi plures, ducendus et unus|et comes alter, . *Serm.*1.6.101
　　　plures calones atque caballi|pascendi, ducenda petorrita. . *Serm.*1.6.103
　　　plures adnabunt thynni et cetaria crescent. . . . *Serm.*2.5.44
　　　quod numero plures, virtute et honore minores, . . *Epist.*2.1.183
plures.   'verum|purae [plures] sunt plateae, nihil ut meditantibus obstet.' . *var.Epist.*2.2.71
plures.   quod et hunc in annum|vivat et plures, . . . *Carm.*1.32.3
　　　utpote plures|culpari dignos. *Serm.*1.4.24
　　　nam quis me scribere plures|aut citius possit versus? . . *Serm.*1.9.23
　　　effundi saccos nummorum, accedere plures|ad numerandum:. . *Serm.*2.3.149
plures.   quattuor aut plures aulaea premuntur in horas, . . *Epist.*2.1.189
pluribus.   non ut iuvencis inligata pluribus|aratra nitantur meis . *Epod.*1.25
　　　locus est et pluribus umbris; *Epist.*1.5.28
pluribus.   pluribus hisce,|si modo plura mihi bona sunt, inclinet, . *Serm.*1.3.70
　　　pluribus adsuerit mentem corpusque superbum . . *Serm.*2.2.109
pluribus.   quid te exempta iuvat spinis de pluribus una? . . *Epist.*2.2.212
plurima.   licet illi plurima manet|lacrima *Epist.*1.17.59
plurima.   plurima, quae invideant pure adparere tibi rem. . . *Serm.*1.2.100
plurima.   illic plurima naribus|duces tura *Carm.*4.1.21
plurimum.   grata carpentis thyma per laborem|plurimum . . *Carm.*4.2.30
plurimus.   plurimus in Iunonis honorem|aptum dicet equis Argos . *Carm.*1.7.8
pluris.   illam 'post paulo' 'sed pluris' 'si exierit vir'|Gallis, . . *Serm.*1.2.120
　　　unius assis|non umquam pretio pluris licuisse, . . *Serm.*1.6.14
　　　'pluris|hoc' inquam 'mihi eris.' *Serm.*1.9.7
　　　'si bene me novi, non Viscum pluris amicum, . . . *Serm.*1.9.22
　　　'Stoice, post damnum sic vendas omnia pluris, . . . *Serm.*2.3.300
pluris.   tractus uter pluris lepores, uter educet apros; . . *Epist.*1.15.22
pluris.   seu pluris hiemes seu tribuit Iuppiter ultimam, . . *Carm.*1.11.4
　　　cum tibi sol tepidus pluris admoverit auris, . . . *Epist.*1.20.19
plus.   unde laboris|plus haurire mali est quam ex re decerpere fructus. *Serm.*1.2.79
plus.   auxili|latura plus praesentibus. *Epod.*1.22
　　　non tuos hoc capiet venter plus ac meus, . . . *Serm.*1.1.46

nihilo plus accipias quam | qui nil portarit. *Serm*.1.1.48
cumque habeas plus, | pauperiem metuas minus *Serm*.1.1.92
videamus uter plus scribere possit.' *Serm*.1.4.16
ne plus frumenti dotalibus emetat agris *Epist*.1.6.21
suo de paupertate tacentes | plus poscente ferent: *Epist*.1.17.44
haberet | plus dapis et rixae multo minus invidiaeque. . . . *Epist*.1.17.51
ambigitur quid enim? Castor sciat an Docilis plus; . . . *Epist*.1.18.19
habet comoedia tanto | plus oneris, quanto veniae minus: . . *Epist*.2.1.170
adiecere bonae paulo plus artis Athenae, ... *Epist*.2.2.43
si plus adposcere visus, | fit Mimnermus *Epist*.2.2.100
plus. et tollens vacuom plus nimio Gloria verticem . . . *Carm*.1.18.15
Albi, ne doleas plus nimio memor | inmitis Glycerae . . . *Carm*.1.33.1
ne vicinus Enipeus | plus iusto placeat cave; *Carm*.3.7.24
Genaunos . . . deiecit acer plus vice simplici; *Carm*.4.14.13
cur tua plus laudes cumeris granaria nostris? *Serm*.1.1.53
quaerere plus prodest et inane abscindere soldo? . . . *Serm*.1.2.113
at est truculentior atque | plus aequo liber: *Serm*.1.3.52
nihilo plus explicet ac si | insanire paret certa ratione modoque.' . *Serm*.2.3.270
in cute curanda plus aequo operata iuventus, ... *Epist*.1.2.29
est ubi plus tepeant hiemes, ... *Epist*.1.10.15
quem res plus nimio delectavere secundae, ... *Epist*.1.10.30
sed vereor, ne cui de te plus quam tibi credas *Epist*.1.16.19
alter in obsequium plus aequo pronus *Epist*.1.18.10
plus quam se sapere et virtutibus esse priorem | volt . . . *Epist*.1.18.27
si plosoris [plus oris] eges aulaea manentis et usque | sessuri, . *var.Ars Poet*.154
derisor vero plus laudatore movetur. . . . . . . *Ars Poet*.433
Plutona. non, . . . places inlacrimabilem | Plutona tauris, . *Carm*.2.14.7
Plutonia. iam te premet nox fabulaeque Manes | et domus exilis Plutonia; . *Carm*.1.4.17
pluvii. qua nebulae pluviique rores. *Carm*.3.3.56
pluvios. defendit aestatem capellis | usque meis pluviosque ventos. . *Carm*.1.17.4
pluvius. aut flumen Rhenum aut plovius [pluvius] describitur arcus; | . *var.Ars Poet*.18
pocula. tribus aut novem | miscentur cyathis pocula commodis. . *Carm*.3.19.12
quod sibi poscenti non dentur pocula, ... *Serm*.2.8.82
pocula. est qui nec veteris pocula Massici . . . spernit, . . *Carm*.1.1.19
hic innocentis pocula Lesbii | duces *Carm*.1.17.21
mea nec Falernae | temperant vites neque Formiani | pocula colles. . *Carm*.1.20.12
restinguet ardentis Falerni | pocula praetereunte lympha? . . *Carm*.2.11.20
pocula Lethaeos ut si ducentia somnos | arente fauce traxerim, . *Epod*.14.3
desideriqne temperare pocula, ... *Epod*.17.80
num, tibi cum faucis urit sitis, aurea quaeris | pocula? . . *Serm*.1.2.115
pocula cum cyatho duo sustinet, ... *Serm*.1.6.117
seu quis capit acria fortis | pocula *Serm*.2.6.70
Sirenum voces et Circae pocula nosti; *Epist*.1.2.23
oderunt porrecta negantem pocula, ... *Epist*.1.18.92
poculis. non ego te meis | inmunem meditor tinguere poculis, . *Carm*.4.12.23
poculum. amoris esset poculum, ... *Epod*.5.38
poculum. maius infundam tibi | fastidienti poculum . . . *Epod*.5.78
possim crematos excitare mortuos | desideriqne temperare pocula
[poculum], ... *var.Epod*.17.80
podagra. nec laterum dolor aut tussis nec tarda podagra; . . *Serm*.1.9.32
podagram. qui cupit aut metuit, iuvat illum sic domus et res | ut . . .
fomenta podagrum [podagram], ... *var.Epist*.1.2.52
podagrum. ut lippum pictae tabulae, fomenta podagrum, . . *Epist*.1.2.52
podex. podex velut crudae bovis. *Epod*.8.6
poema. idcirco quidam comoedia necne poema | esset quaesivere, . *Serm*.1.4.45
hactenus haec: alias, iustum sit necne poema. . . . *Serm*.1.4.63
adeo sanctum est vetus omne poema. *Epist*.2.1.54
sic animis natum inventumque poema iuvandis, . . . *Ars Poet*.377
poema. iniuste totum ducit venditque poema. *Epist*.2.1.75
poema | qui tam ridiculum tam care prodigus emit, . . *Epist*.2.1.237
at qui legitimum cupiet fecisse poema, ... *Epist*.2.2.109
poemata. et Laberi mimos ut pulcra poemata mirer. . . *Serm*.1.10.6
adde poemata nunc, hoc est, oleum adde camino, . . *Serm*.2.3.321
ut propius spectes lacrimosa poemata Pupi; . . . *Epist*.1.1.67
nec, cum venari volet ille, poemata panges. . . . *Epist*.1.18.40
si meliora dies, ut vina, poemata reddit, ... *Epist*.2.1.34
scribimus indocti doctique poemata passim. . . . *Epist*.2.1.117
cum lamentamur non adparere . . . tenui deducta poemata filo; . *Epist*.2.1.225
tendunt extorquere poemata: quid faciam vis? . . . *Epist*.2.2.57

praeter cetera me Romaene poemata censes|scribere posse . . . *Epist.*2.2.65
non satis est pulchra esse poemata; dulcia sunto . . . . *Ars Poet.*99
non quivis videt inmodulata poemata iudex . . . . . *Ars Poet.*263
dicitur et plaustris vexisse poemata Thespis, ... *Ars Poet.*276
non alius faceret meliora poemata: . . . . . . *Ars Poet.*303
celsi praetereunt austera poemata Ramnes: . . . . *Ars Poet.*342
nunc satis est dixisse 'ego mira poemata pango; . . . . *Ars Poet.*416
Poena. raro antecedentem scelestum|deseruit pede Poena claudo. . . *Carm.*3.2.32
poena. ulla si iuris tibi peierati|poena, Barine, nocuisset umquam, . . *Carm.*2.8.2
culpam poena premit comes. *Carm.*4.5.24
quin etiam lex|poenaque lata, ... *Epist.*2.1.153
poenae. tu nihil admittes in te formidine poenae; *Epist.*1.16.53
ille ferat pretium poenae securus, opinor. *Epist.*2.2.17
poenarum. dedi satis superque poenarum tibi, ... *Epod.*17.19
poenas. audiat Lyde scelus atque notas|virginum poenas . . . *Carm.*3.11.26
effare; iussas cum fide poenas luam, ... *Epod.*17.37
poenas dedit usque superque|quam satis est, ... *Serm.*1.2.65
regula, peccatis quae poenas inroget aequas, ... *Serm.*1.3.118
faciasne quod olim|mutatus Polemon? ponas [? poenas] insignia morbi, *? var.Serm.*2.3.254
dum poenas odio per vim festinat inulto. *Epist.*1.2.61
poenis. quae poenis conpesceret inferiorem; *Serm.*1.8.31
Poeno. Siculum mare|Poeno purpureum sanguine . . . *Carm.*2.12.3
Poeno. animaeque magnae|prodigum Paulum superante Poeno . *Carm.*1.12.38
Poenorum. inpio|vastata Poenorum tumultu|fana . . . *Carm.*4.4.47
Poenos. et Marte Poenos proteret altero; *Carm.*3.5.34
Poenus. navita Bosporum|Poenus perhorrescit *Carm.*2.13.15
Poenus. quam si . . . uterque Poenus|serviat uni. . . . *Carm.*2.2.11
poesis. ut pictura poesis: erit quae, si propius stes,|te capiat magis, . *Ars Poet.*361
poeta. concines maiore poeta plectro|Caesarem, . . . *Carm.*4.2.33
os tenerum pueri balbumque poeta figurat, ... *Epist.*2.1.126
ille per extentum funem mihi posse videtur|ire poeta, . . *Epist.*2.1.211
cur ego si nequeo ignoroque, poeta salutor? . . . . *Ars Poet.*87
adsentatores iubet ad lucrum ire poeta . . . . . *Ars Poet.*420
poetae. mihi Phoebus artem|carminis nomenque dedit poetae. . . *Carm.*4.6.30
invenias etiam disiecti membra poetae. *Serm.*1.4.62
defendente vicem modo rhetoris atque poetae, . . . *Serm.*1.10.12
nanciscetur enim pretium nomenque poetae, ... *Ars Poet.*299
dicam Siculique poetae|narrabo interitum. . . . . *Ars Poet.*463
poetae. indigno non conmittenda poetae. *Epist.*2.1.231
poetae. Eupolis atque Cratinus Aristophanesque poetae . . *Serm.*1.4.1
non cessavere poetae|nocturno certare mero, putere diurno. . . *Epist.*1.19.10
multa quidem nobis facimus mala saepe poetae, . . . *Epist.*2.1.219
dilecti tibi Vergilius Variusque poetae, ... *Epist.*2.1.247
nil intemptatum nostri liquere poetae . . . . . *Ars Poet.*285
aut prodesse volunt aut delectare poetae . . . . *Ars Poet.*333
poetam. omnes hi metuont versus, odere poetas [poetam]. . . . *? coni.Serm.*1.4.33
neque, siqui scribat uti nos|sermoni propiora, putes hunc esse poetam. . *Serm.*1.4.42
saepe etiam audacem fugat hoc terretque poetam, . . . *Epist.*2.1.182
unde parentur opes, quid alat formetque poetam, . . . *Ars Poet.*307
vesanum tetigisse timent fugiuntque poetam|qui sapiunt; . . *Ars Poet.*455
poetarum. multa poetarum veniat manus, ... *Serm.*1.4.141
quamque poetarum seniorum turba; *Serm.*1.10.67
si non offenderet unum|quemque poetarum limae labor et mora. . *Ars Poet.*291
poetas. omnes hi metuont versus, odere poetas. . . . *Serm.*1.4.33
primum ego me illorum, dederim quibus esse poetis [poetas],|excerpam
numero; *var.Serm.*1.4.39
ut male sanos|adscripsit Liber Satyris Faunisque poetas, . . *Epist.*1.19.4
veteresne poetas|an quos et praesens et postera respuat aetas? . *Epist.*2.1.41
habet hos numeratque poetas *Epist.*2.1.61
si veteres ita miratur laudatque poetas, ... *Epist.*2.1.64
qui minus argutos vexat furor iste poetas? *Epist.*2.2.90
excludit sanos Helicone poetas|Democritus, ... *Ars Poet.*296
poetica. fidis enim manare poetica mella|te solum, . . . *Epist.*1.19.44
poetis. ego me illorum, dederim quibus esse poetis,|excerpam numero; *Serm.*1.4.39
*ut esset opem qui ferre poetis | antiquis posset contra fastidia
nostra,* *Serm.*1.10.*6
'pictoribus atque poetis|quidlibet audendi semper fuit aequa potestas.' *Ars Poet.*9
et data Romanis venia est indigna poetis. . . . . *Ars Poet.*264
mediocribus esse poetis|non homines, non di, non concessere columnae. *Ars Poet.*372

sit ius liceatque perire poetis: . . . . *Ars Poet.*466
poetis. inmeritusque laborat│iratis natus paries dis atque poetis. . . *Serm.*2.3.8
pol. 'pol, me miserum, patrone, vocares, ... *Epist.*1.7.92
'pol, me occidistis, amici,│non servastis' *Epist.*2.2.138
Polemon. faciasne quod olim│mutatus Polemon? . . . *Serm.*2.3.254
Polio. insigne maestis praesidium reis│et consulenti, Polio, curiae, . *Carm.*2.1.14
pollet. tantum series iuncturaque pollet, ... *Ars Poet.*242
pollice. utroque tuom laudabit pollice ludum. *Epist.*1.18.66
pollicem. hic inresectum saeva dente livido│Canidia rodens pollicem *Epod.*5.48
pollicis. Lesbium servate pedem meique│pollicis ictum . . . *Carm.*4.6.36
pollicitus. non hoc pollicitus tuae. *Carm.*1.15.32
cum tu . . . mutare loricis Hiberis,│pollicitus meliora, tendis? . *Carm.*1.29.16
maturum reditum pollicitus patrum│sancto concilio . . *Carm.*4.5.3
quinque dies tibi pollicitus me rure futurum *Epist.*1.7.1
Pollio. Pollio regum│facta canit pede ter percusso; . . . *Serm.*1.10.42
Pollio. ambitione relegata te dicere possum,│Pollio, . . . *Serm.*1.10.85
polluitur. nullis polluitur casta domus stupris, . . . *Carm.*4.5.21
Pollux. hac arte Pollux et vagus Hercules│enisus arces attigit igneas, *Carm.*3.3.9
me . . . tutum per Aegaeos tumultus│aura feret geminusque Pollux.' *Cam.*3.29.64
cum Castore Pollux, . . . ploravere suis non respondere favorem │
speratum meritis. *Epist.*2.1.5
polo. polo│deripere lunam vocibus possim meis, . . . *Epod.*17.77
polum. animoque rotundum│percurrisse polum morituro. . . *Carm.*1.28.6
vel atra│nube polum Pater occupato│vel sole puro; . . *Carm.*3.29.44
Polyhymnia. nec Polyhymnia│Lesboum refugit tendere barbiton. . *Carm.*1.1.33
polypus. polypus an gravis hirsutis cubet hircus in alis, . . *Epod.*12.5
delectant, veluti Balbinum polypus Hagnae. . . . *Serm.*1.3.40
poma. porrigis irato puero cum poma, recusat; . . . *Serm.*2.3.258
dulcia poma . . . gustet venerabilior Lare dives. . . . *Serm.*2.5.12
pomaria. uda│mobilibus pomaria rivis. *Carm.*1.7.14
pomarius. pomarius, auceps, . . . mane domum veniant. . . *Serm.*2.3.227
pomifer. pomifer autumnus fruges effuderit, ... *Carm.*4.7.11
pomifero. pomifero grave tempus anno. *Carm.*3.23.8
pomis. Picenis cedunt pomis Tiburtia suco: *Serm.*2.4.70
pomis. cum decorum mitibus pomis caput│Autumnus agris extulit, . *Epod.*2.17
quid? cum Picenis excerpens semina pomis│gaudes, . . *Serm.*2.3.272
qui│frustis et pomis viduas venentur avaras . . . *Epist.*1.1.78
an bacis opulentet olivae,│pomisne *Epist.*1.16.3
Pompei. Pompei, meorum prime sodalium? *Carm.*2.7.5
Pompeio. utere Pompeio Grospho et, siquid petet, ultro│defer: . *Epist.*1.12.22
Pompi. Pompei [Pompi], meorum prime sodalium? . . . *var.Carm.*2.7.5
Pompili. prius an quietum│Pompili regnum memorem, . . . dubito, *Carm.*1.12.34
Pompili. Pompei [Pompili], meorum prime sodalium? . . *var.Carm.*2.7.5
Pompilius. vos, o│Pompilius sanguis, carmen reprehendite, . . *Ars Poet.*292
Pomponius. numquid Pomponius istis│audiret leviora, pater si viveret? *Serm.*1.4.52
ponas. miraris, cum tu argento post omnia ponas, . . . *Serm.*1.1.86
ponas insignia morbi,│fasciolas, cubital, focalia, . . . *Serm.*2.3.254
pondera. cogat trans pondera dextram│porrigere: . . . *Epist.*1.6.51
pondere. tot ora navium gravi│rostrata duci pondere . . . *Epod.*4.18
cogat trans pondera [pondere] dextram│porrigere: . . *var.Epist.*1.6.51
sine pondere erunt et honore indigna ferentur, . . . *Epist.*2.2.112
Enni│in scaenam missos cum magno pondere versus . . *Ars Poet.*260
fabula nullius veneris, sine pondere et arte, . . . *Ars Poet.*320
ponderibus. cur non│ponderibus modulisque suis ratio utitur . *Serm.*1.3.78
pondus. nec tauri ruentis│in venerem tolerare pondus. . . *Carm.*2.5.4
quid iuvat inmensum te argenti pondus et auri . . . deponere terra? *Serm.*1.1.41
illis│maiorem natura modum dedit, his breve pondus: . . *Serm.*2.2.37
scripta pudet recitare et nugis addere pondus' . . . *Epist.*1.19.42
pone. pone me pigris ubi nulla campis│arbor . . . *Carm.*1.22.17
pone sub curru nimium propinqui│solis *Carm.*1.22.21
ingratam Veneri pone superbiam, ... *Carm.*3.10.9
tandem nequitiae fige [pone] modum tuae *var.Carm.*3.15.2
verum pone moras et studium lucri *Carm.*4.12.25
'pone, meum est,' inquit: pono tristisque recedo. . . . *Epist.*1.16.35
ponebam. callidus huic signo ponebam milia centum; . . *Serm.*2.3.23
ponenda. ponendaeque [ponendaque] domo quaerenda est area primum: . *var.Epist.*1.10.13
ponendae. ponendaeque domo quaerenda est area primum: . . *Epist.*1.10.13
ponendum. quidquid vita meliore parasti│ponendum aequo animo.' . *Serm.*2.3.16
ponentur. quando . . . uncta satis pingui ponentur holuscula lardo? . *Serm.*2.6.64

ponere. tollere seu ponere volt freta; *Carm.*1.3.16
  per nostrum patimur scelus|iracunda Iovem ponere fulmina. . . *Carm.*1.3.40
  inter amabilis|vatum ponere me choros *Carm.*4.3.15
  sollers nunc hominem ponere, nunc deum. *Carm.*4.8.8
  omnem redegit idibus pecuniam,|quaerit kalendis ponere. . : . *Epod.*2.70
  oppida coeperunt munire et ponere leges, ... *Serm.*1.3.105
  aventi|ponere signa novis praeceptis, ... *Serm.*2.4.2
  longa quibus facies ovis erit, illa memento, . . . ponere: . *Serm.*2.4.14
  potes, non otia recte|ponere *Serm.*2.7.113
  si velles' inquit 'verum mihi ponere nomen. *Epist.*1.7.93
  infelix operis summa, quia ponere totum|nesciet: . . . *Ars Poet.*34
  bona pars non unguis ponere curat,|non barbam, . . . *Ars Poet.*297
  si vero est, unctum qui recte ponere possit . . . . *Ars Poet.*422
pones. quem criminosis cumque voles modum|pones iambis, . . *Carm.*1.16.3
  siquid mirabere, pones|invitus. *Epist.*1.10.31
ponet. Albanos prope te lacus|ponet marmoream *Carm.*4.1.20
  fiet homo et ponet famosae mortis amorem. . . . . *Ars Poet.*469
ponetur. hac lege in trutina ponetur eadem. *Serm.*1.3.72
  'iste quidem veteres inter ponetur honeste, ... *Epist.*2.1.43
poni. mensam poni iubet atque|effundi saccos nummorum, . . *Serm.*2.3.148
  vidimus et merulas poni et sine clune palumbis, . . . *Serm.*2.8.91
  fabula, quae posci [poni] volt et spectanda [spectata] reponi [reposci]; . *coni.Ars Poet.*190
ponimus. iurandasque tuom per numen ponimus aras, . . . *Epist.*2.1.16
ponis. quem criminosis cumque voles modum|pones [ponis] iambis, . *var.Carm.*1.16.3
ponit. nec sumit aut ponit securis|arbitrio popularis aurae. . . *Carm.*3.2.19
  nidum ponit, Ityn flebiliter gemens,|infelix avis . . . *Carm.*4.12.5
  Chrysippus ponit fecunda in gente Meneni. — *Serm.*2.3.287
  cum ponit uterque|in locuplete domo vestigia, ... *Serm.*2.6.101
  sed satis est orare Iovem quae ponit et aufert, . . . *Epist.*1.18.111
  ut magus, et modo me Thebis, modo ponit Athenis. . . *Epist.*2.1.213
  iram|colligit ac ponit temere et mutatur in horas. . . . *Ars Poet.*160
ponite. hic|verbenas, pueri, ponite turaque *Carm.*1.19.14
  hic, hic ponite lucida|funalia *Carm.*3.26.6
pono. nunc itaque et versus et cetera ludicra pono, . . . *Epist.*1.1.10
  'pone, meum est,' inquit: pono tristisque recedo. . . . *Epist.*1.16.35
ponte. atque a Fabricio non tristem ponte reverti. . . . *Serm.*2.3.36
ponti. proxima Campano ponti quae villula, tectum|praebuit . . *Serm.*1.5.45
Pontica. quamvis Pontica pinus,|silvae filia nobilis, . . . *Carm.*1.14.11
Ponticum. caementis licet occupes | terrenum [Tyrrhenum] omne tuis et
    mare publicum [Ponticum]: *var.Carm.*3.24.4
pontifex. dum Capitolium|scandet cum tacita virgine pontifex. . *Carm.*3.30.9
  et Esquilini pontifex venefici|inpune ut Vrbem nomine inpleris meo? . *Epod.*17.58
pontificum. pontificum potiore cenis. *Carm.*2.14.28
  pontificum securis|cervice tinguet: *Carm.*3.23.12
  pontificum libros, annosa volumina vatum|dictitet . . . *Epist.*2.1.26
pontis. pontisne inter iactatus an amnis|ostia sub Tusci? . . *Serm.*2.2.32
ponto. nititur pennis vitreo daturus|nomina ponto. . . . *Carm.*4.2.4
ponto. et minax, †quia sic voluere, ponto|unda recumbit. . . *Carm.*1.12.31
  hostiliumque navium portu [ponto] latent|puppes sinistrorsum citae. . *coni.Epod.*9.19
pontum. scatentem|beluis pontum mediasque fraudes|palluit audax. . *Carm.*3.27.27
pontus. dum longus inter saeviat Ilion|Romamque pontus, . . *Carm.*3.3.38
ponunt. hinc muli Capuae clitellas tempore ponunt. . . . *Serm.*1.5.47
popello. vilia vendentem tunicato scruta popello . . . *Epist.*1.7.65
popina. fornix tibi et uncta popina|incutiunt Vrbis desiderium, . . *Epist.*1.14.21
popinis. quaecumque inmundis fervent adlata popinis. . . *Serm.*2.4.62
popino. imbecillus, iners, siquid vis, adde, popino. . . . *Serm.*2.7.39
Poplicola. cum Pedius causas exsudet Poplicola atque|Corvinus, . *Serm.*1.10.28
poplite. Pacideiani contento poplite miror|proelia rubrica picta . *Serm.*2.7.97
poplitibus. nec parcit inbellis iuventae|poplitibus timidove tergo. . *Carm.*3.2.16
poposceris. seu poposceris|centum iuvencos *Epod.*17.38
popularibus. querentem|Sappho puellis de popularibus . . *Carm.*2.13.25
popularis. nec sumit aut ponit securis|arbitrio popularis aurae. . *Carm.*3.2.20
popularis. popularis|vincentem strepitus et natum rebus agendis. . *Ars Poet.*81
populata. arva|Marte coli populata nostro. *Carm.*3.5.24
populea. uda Lyaeo|tempora populea fertur vinxisse corona . . *Carm.*1.7.23
populi. populi contemnere voces|sic solitus *Serm.*1.1.65
  primores populi arripuit populumque tributim, . . . *Serm.*2.1.69
  cum scribo et supplex populi suffragia capto; . . . *Epist.*2.2.103
populo. diuque|laetus intersis populo Quirini *Carm.*1.2.46

enim voltus ubi tuos | adfulsit populo, ... *Carm.*4.5.7
gladiatorum dare centum | damnati populo paria *Serm.*2.3.86
'scurror ego ipse mihi, populo tu: *Epist.*1.17.19
obscurata diu populo bonus eruet *Epist.*2.2.115
populo. me gelidum nemus | Nympharumque leves cum Satyris chori |
    secernunt populo, ... *Carm.*1.1.32
pestemque a populo et principe Caesare . . . aget *Carm.*1.21.14
cum populo et duce fraudulento. *Carm.*3.3.24
notante | iudice quo nosti populo, ... *Serm.*1.6.15
in magno ut populo, siqui vidisset, ... *Serm.*1.6.79
populo spectante referret | emptum mulus aprum), ... *Epist.*1.6.60
ne pueros coram populo Medea trucidet . . . . . . *Ars Poet.*185
populorum. qua pauper aquae Daunus agrestium | regnavit populorum, . *Carm.*3.30.12
stultorum regum et populorum continet aestus. *Epist.*1.2.8
populos. haec populos, haec magnos formula reges, | excepto sapiente, tenet. *Serm.*2.3.45
populos. adulta vitium propagine | altas maritat populos *Epod.*2.10
populum. populumque falsis | dedocet uti | vocibus, ... *Carm.*2.2.19
et populum reditus morantem *Carm.*3.5.52
hoc fonte derivata clades | in patriam populumque fluxit. . . . *Carm.*3.6.20
primores populi arripuit populumque tributim, ... *Serm.*2.1.69
populum si caedere saxis | incipias *Serm.*2.3.128
ne populum extrema totiens exoret harena. *Epist.*1.1.6
servos | differtum transire forum populumque iubebat, . . . *Epist.*1.6.59
maior utrum populum frumenti copia pascat, ... *Epist.*1.15.14
'tene magis salvom populus velit an populum tu, ... *Epist.*1.16.27
spectaret populum ludis attentius ipsis, ... *Epist.*2.1.197
statua taciturnius exit | plerumque et risu populum quatit: . . . *Epist.*2.2.84
valdius oblectat populum meliusque moratur . . . . *Ars Poet.*321
populus. quem vocet divom populus ruentis | imperi rebus? . . . *Carm.*1.2.25
neu populus frequens | 'ad arma', cessantis 'ad arma' | concitet . . *Carm.*1.35.14
cum populus frequens | laetum theatris ter crepuit sonum; . . . *Carm.*2.17.25
neglegens, ne qua populus laboret, ... *Carm.*3.8.25
'populus me sibilat, at mihi plaudo | ipse domi, ... *Serm.*1.1.66
populus Laevino mallet honorem | quam Decio mandare novo . *Serm.*1.6.19
gaudeat ut populus Priami Priamusque inhumato, ... *Serm.*2.3.195
quodsi me populus Romanus forte roget, ... *Epist.*1.1.70
si te populus sanum recteque valentem | dictitet, ... *Epist.*1.16.21
'tene magis salvom populus velit an populum tu, ... *Epist.*1.16.27
sed tuos hic populus sapiens et iustus in uno *Epist.*2.1.18
mutavit mentem populus levis, ... *Epist.*2.1.108
tu, quid ego et populus mecum desideret, audi. . . . . *Ars Poet.*153
quo sane populus numerabilis, utpote parvos, ... *Ars Poet.*206
populus. quo pinus ingens albaque populus *Carm.*2.3.9
qua populus adsita certis | limitibus vicina refugit iurgia; . . . *Epist.*2.2.170
porca. cras genium mero | curabis et porco [porca] bimenstri | cum famulis
    operum solutis. *var.Carm.*3.17.15
si ture placaris et horna | fruge Laris avidaque porca: . . . *Carm.*3.23.4
porcis. 'ut libet: haec porcis hodie comedenda relinques.' . . . *Epist.*1.7.19
Porcius. Nomentanus erat super ipsum, Porcius infra, . . . *Serm.*2.8.23
porco. cras genium mero | curabis et porco bimenstri . . . *Carm.*3.17.15
quandocumque deos vel porco vel bove placat, ... *Epist.*1.16.58
Tellurem porco, Silvanum lacte piabant, ... *Epist.*2.1.143
porcum. inmolet aequis | hic porcum Laribus; *Serm.*2.3.165
cum ridere voles, Epicuri de grege porcum. *Epist.*1.4.16
porgitur. perditur [porgitur] haec inter misero lux non sine votis: . . *coni.Serm.*2.6.59
Porphyreis. tempestivius in domum | Pauli purpureis [Porphyreis] ales
    oloribus | comissabere Maximi, ... *coni.Carm.*4.1.10
Porphyrion. aut quid minaci Porphyrion statu, ... *Carm.*3.4.54
porrecta. imperi | porrecta maiestas ad ortus | solis ab Hesperio cubili. . *Carm.*4.15.15
opima quodsi praeda curvo litore | porrecta mergos iuverit, . . *Epod.*10.22
adfertur squillas inter murena natantis | in patina porrecta. . . *Serm.*2.8.43
porrecta. priusque caelum sidet inferius mari | tellure porrecta super . *Epod.*5.80
porrecta. oderunt porrecta negantem pocula, ... *Epist.*1.18.92
porrecto. amaras | porrecto iugulo historias captivus ut audit. . . *Serm.*1.3.89
porrectum. me tamen asperas | porrectum ante foris . . . *Carm.*3.10.3
tu, cum timenda voce complesti nemus, | proiectum [porrectum] odoraris
    cibum. *coni.Epod.*6.10
'porrectum magno magnum spectare catino | vellem' . . . *Serm.*2.2.39
ergo ubi purpurea porrectum in veste locavit | agrestem, . . . *Serm.*2.6.106

porrectus. obscaenoque ruber porrectus ab inguine palus, ... *Serm.*1.8.5
    porrectus vigilet cum longo fuste *Serm.*2.3.112
    cum pater ipse domus palea porrectus in horna *Serm.*2.6.88
    locus, ut neque planis | porrectus spatiis *Epist.*1.7.42
    ne . . . capsa porrectus operta | deferar in vicum . . . *Epist.*2.1.268
porrexerat. cum passeris atque | ingustata mihi porrexerat ilia rhombi. . *Serm.*2.8.30
porrexerit. cum passeris atque | ingustata mihi porrexerat [porrexerit] ilia
    rhombi. *var.Serm.*2.8.30
porri. ad porri et ciceris refero laganique catinum; *Serm.*1.6.115
porrigam. contracto melius parva cupidine | vectigalia porrigam . . . *Carm.*3.16.40
porrigere. cogat trans pondera dextram | porrigere: *Epist.*1.6.52
porriget. et mihi forsan tibi quod negarit | porriget hora. . . . *Carm.*2.16.32
porrigine. caputque | coeperis inpexa foedum porrigine? . . . *Serm.*2.3.126
porrigis. porrigis irato puero cum poma, recusat; *Serm.*2.3.258
porro. ita porro | pugnabant armis quae post fabricaverat usus, . . *Serm.*1.3.101
    porro et | tertia succedant *Epist.*1.6.34
    oratus multa prece nitere, porro | vade; *Epist.*1.13.18
    porro | qui metuens vivet, liber mihi non erit umquam. . . . *Epist.*1.16.65
porrum. verum seu piscis seu porrum et caepe trucidas, . . . *Epist.*1.12.21
Porsenae. minacis aut Etrusca Porsenae manus, ... *Epod.*16.4
Porsennae. quam neque finitimi valuerunt perdere Marsi | minacis aut
    Etrusca Porsenae [Porsennae] manus, ... *var.Epod.*16.4
Porsinae. quam neque finitimi valuerunt perdere Marsi | minacis aut
    Etrusca Porsenae [Porsinae] manus, ... *var.Epod.*16.4
porta. quae porta fugiens eburna | somnium ducit? *Carm.*3.27.41
portanda. conservos vili portanda locabat in arca; *Serm.*1.8.9
portantes. pueri, lasanum portantes oenophorumque. . . . *Serm.*1.6.109
portare. tristitiam et metus | tradam protervis in mare Creticum | portare
    ventis, ... *Carm.*1.26.3
    matris ad arbitrium recisos | portare fustis, ... *Carm.*3.6.41
    ultra | callidus ut soleat umeris portare viator. . . . *Serm.*1.5.90
    sed puerum est ausus Romam portare docendum | artis, . . *Serm.*1.6.76
    nollem onus haud umquam solitus portare molestum. . . *Serm.*1.6.99
portarit. nihilo plus accipias quam | qui nil portarit. . . . *Serm.*1.1.49
portas. vidi . . . portasque non clausas *Carm.*3.5.23
    diffidit urbium | portas vir Macedo *Carm.*3.16.14
    ut si solvas 'postquam Discordia taetra | belli ferratos postis portasque
    refregit,' *Serm.*1.4.61
portat. caput abscissum demens cum portat Agaue | gnati infelicis, . . *Serm.*2.3.303
portatur. captivom portatur ebur, captiva Corinthus. . . . *Epist.*2.1.193
portavit. 'quid, caput abscissum demens cum portat [abscissum manibus
    portavit] Agaue | gnati infelicis, ... *var.Serm.*2.3.303
portenta. notaque fatali portenta labore subegit, ... *Epist.*2.1.11
    nocturnos lemures portentaque Thessala rides? . . . *Epist.*2.2.209
portentum. quale portentum neque militaris | Daunias latis alit aesculetis . *Carm.*1.22.13
portes. ne forte sub ala | fasciculum portes librorum, . . . *Epist.*1.13.13
portet. annonae prosit, portet frumenta penusque. . . . *Epist.*1.16.72
    equos ut me portet, alat rex, | officium facio; *Epist.*1.17.20
porticibus. ut porticibus sic iudiciis fruar *Epist.*1.1.71
porticus. nulla decempedis | metata privatis opacam | porticus excipiebat
    arcton *Carm.*2.15.16
    cum lectulus aut me | porticus excepit, ... *Serm.*1.4.134
    insanum Chrysippi porticus et grex | autumat. . . . *Serm.*2.3.44
    porticus Agrippae, via te conspexerit Appi, ... *Epist.*1.6.26
portis. laudet . . . iustitiam legesque et apertis otia portis; . . *Ars Poet.*199
portu. hostiliumque navium portu latent | puppes *Epod.*9.19
portum. o quid agis? fortiter occupa | portum. *Carm.*1.14.3
portus. portus Alexandrea supplex | et vacuam patefecit aulam, . . *Carm.*4.14.35
    cave ne portus occupet alter, ... *Epist.*1.6.32
poscas. ut toto non quater anno | membranam poscas, . . . *Serm.*2.3.2
poscat. seu poscat agna sive malit haedo. *Carm.*1.4.12
    ne quodcumque velit poscat sibi fabula credi . . . . *Ars Poet.*339
poscente. quae poscente magis gaudeat eripi, ... *Carm.*2.12.27
    suo de paupertate tacentes | plus poscente ferent: . . . *Epist.*1.17.44
poscentem. peccatis veniam poscentem reddere rursus. . . . *Serm.*1.3.75
poscentes. poscentes vario multum diversa palato *Epist.*2.2.62
poscenti. quod sibi poscenti non dentur pocula, ... *Serm.*2.8.82
    poscentique gravem persaepe remittit acutum . . . . *Ars Poet.*349
poscentis. nec trepides in usum | poscentis aevi pauca: . . . *Carm.*2.11.5

posces. ni|posces ante diem librum cum lumine, ... *Epist.*1.2.35
poscet. si validus, si laetus erit, si denique poscet; *Epist.*1.13.3
ex modico, quantum res poscet, acervo|tollam *Epist.*2.2.190
posci. nec veniam antiquis sed honorem et praemia posci. . . *Epist.*2.1.78
fabula, quae posci volt et spectanda reponi; . . . . *Ars Poet.*190
poscimur. poscimur. si quid vacui sub umbra|lusimus tecum, . . *Carm.*1.32.1
poscimus. poscimur [poscimus]. *var.Carm.*1.32.1
poscis. non ita creditum|poscis Quintilium deos. . . . *Carm.*1.24.12
tu poscis vilia, verum es|dante minor, ... *Epist.*1.17.21
poscit. quid dedicatum poscit Apollinem|vates? *Carm.*1.31.1
et est qui vinci possit [poscit] eoque|difficilis aditus primos habet.’ . *coni.Serm.*1.9.55
quinque talenta|poscit te mulier, ... *Serm.*2.7.90
calices poscit maiores. *Serm.*2.8.35
soleas poscit. *Serm.*2.8.77
poscit opem chorus et praesentia numina sentit, . . *Epist.*2.1.134
alterius sic|altera poscit opem res . . . . . *Ars Poet.*411
posco. ‘displicet iste locus’ clamo et diludia posco. . . . *Epist.*1.19.47
prius orto|sole vigil calamum et chartas et scrinia posco. . . *Epist.*2.1.113
poscunt. media inter carmina poscunt|aut ursum aut pugiles: . . *Epist.*2.1.185
Posillam. Rufam aut Pusillam [Posillam] appellet fortique marito|destinet
uxorem: *var.Serm.*2.3.216
posita. nam|transvolat in medio posita et fugientia captat.’ . . *Serm.*1.2.108
positas. positas ut glaciet nives|puro numine Iuppiter? . . *Carm.*3.10.7
qui praegravat artes|infra se positas: *Epist.*2.1.14
positi. pauper Opimius argenti positi intus et auri, . . . *Serm.*2.3.142
positis. dives agris, dives positis in faenore nummis. . . . *Serm.*1.2.13
positis intus Chii veterisque Falerni|mille cadis, . . *Serm.*2.3.115
‘dives agris, dives positis in faenore nummis.’ . . . *Ars Poet.*421
positis. nonumque prematur in annum|membranis intus positis; . . *Ars Poet.*389
positis. ut primum positis nugari Graecia bellis|coepit . . *Epist.*2.1.93
posito. posito pavone velis quin|hoc potius quam gallina tergere palatum, *Serm.*2.2.23
posito. Rufus posito capite, ut si|filius inmaturus obisset, flere. . *Serm.*2.8.58
positorum. si forte in medio positorum *Epist.*1.12.7
positos. positosque vernas, ditis examen domus, . . . *Epod.*2.65
urit enim fulgore suo qui praegravat artes [? arte] | infra se positas
[? positos]: . . . . *? var.Epist.*2.1.14
positum. Tibur Argeo positum colono *Carm.*2.6.5
Iuppiter, ut pereat positum robigine telum . . . *Serm.*2.1.43
positum. ‘leporem venator ut alta | in nive sectetur, positum sic tangere
nolit’ *Serm.*1.2.106
aut positum ante mea quia pullum in parte catini|sustulit esuriens, . *Serm.*1.3.92
positum. sic positum servabis onus, ... *Epist.*1.13.12
positurus. numquam umeris positurus arcum *Carm.*3.4.60
positus. positusque carbo in|caespite vivo, ... *Carm.*3.8.3
posse. quis neget arduis|pronos relabi posse rivos|montibus . . *Carm.*1.29.11
hiscine versiculis speras tibi posse dolores|atque aestus curasque gravis
e pectore pelli? *Serm.*1.2.109
qui se|voltum ferre negat Noviorum posse minoris. . . *Serm.*1.6.121
putat similisque meorum|mille die versus deduci posse. . . *Serm.*2.1.4
ut salvos regnet vivatque beatus,|cogi posse negat. . . *Epist.*1.2.11
ille per extentum funem mihi posse videtur|ire poeta, . . *Epist.*2.1.210
praeter cetera me Romaene poemata censes|scribere posse . . *Epist.*2.2.66
quae|desperat tractata nitescere posse, relinquit . . *Ars Poet.*150
speremus carmina fingi|posse linenda cedro . . . *Ars Poet.*332
melius te posse negares|bis terque expertum frustra: . . *Ars Poet.*439
possem. ne sequerer moechas, concessa cum venere uti|possem: . *Serm.*1.4.114
melius quod scribere possem, ... *Serm.*1.10.47
si quantum cuperem possem quoque; *Epist.*2.1.257
scilicet ut vellem [possem] curvo dignoscere rectum . . *var.Epist.*2.2.44
possent. contra sonantem Palladis aegida|possent ruentes? . . *Carm.*3.4.58
possent ut iuvenes visere fervidi . . dilapsam in cineres facem. . *Carm.*4.13.26
verbis, quae timido quoque possent addere mentem: . . *Epist.*2.2.36
at si divitiae prudentem reddere possent, . . . *Epist.*2.2.155
quo scribi possent numero, monstravit Homerus. . . *Ars Poet.*74
posses. quid Marte *Carm.*4.14.9
quodsi|frigida curarum fomenta relinquere posses, . . *Epist.*1.3.26
possessor. valeat possessor oportet, ... *Epist.*1.2.49
posset. quid indoles|nutrita faustis sub penetralibus|posset, . . *Carm.*4.4.27
quale posset inpia|mollire Thracum pectora: . . . *Epod.*5.13

quo posset infossus puer *Epod.*5.32
Caesar, qui cogere posset, ... *Serm.*1.3.4
durus homo atque odio qui posset vincere Regem, ... *Serm.*1.7.6
magnum adiutorem, posset qui ferre secundas, ... *Serm.*1.9.46
ut esset opem qui ferre poetis|antiquis posset contra fastidia nostra, . *Serm.*1.10.*7
scilicet elabi si posset mortua; *Serm.*2.5.87
quodque|posset cenantis offendere: *Serm.*2.8.13
chlamydas . . . si posset centum scaenae praebere rogatus. . . *Epist.*1.6.41
nec vicina subest vinum praebere taberna|quae possit [posset] tibi . *var.Epist.*1.14.25
sed tacitus pasci si posset corvos, ... *Epist.*1.17.50
per quae|crescere res posset, minui damnosa libido. . . . *Epist.*2.1.107
temptavit quoque rem si digne vertere posset *Epist.*2.1.164
comis in uxorem, posset qui ignoscere servis *Epist.*2.2.133
posset qui rupem et puteum vitare patentem. *Epist.*2.2.135
possideam. segnis ego, indignus qui tantum possideam: . . *Serm.*2.3.236
possidentem. non possidentem multa vocaveris|recte beatum; . *Carm.*4.9.45
possim. polo|deripere lunam vocibus possim meis, . . . *Epod.*17.78
possim crematos excitare mortuos *Epod.*17.79
mi satis est si . . . vitam famamque tueri|incolumem possum [possim]; *var.Serm.*1.4.119
felicem dicere non hoc|me possim, ... *Serm.*1.6.53
hoc erat, . . . melius quod scribere possem [possim],|inventore minor; *var.Serm.*1.10.47
condo et conpono quae mox depromere possim. *Epist.*1.1.12
quid possim videt ac novit me valdius ipso. *Epist.*1.9.6
pinguis ut inde domum possim Phaeaxque reverti — . . . *Epist.*1.15.24
scilicet ut vellem [possim] curvo dignoscere rectum . . . *var.Epist.*2.2.44
possint. vix durare carinae|possint imperiosius|aequor? . . *Carm.*1.14.8
possent [possint] ut iuvenes visere fervidi . . . dilapsam in cineres
facem. *var.Carm.*4.13.26
carmina quae possint oculos aurisque morari|Caesaris. . . *Epist.*1.13.17
possis. possis nihil urbe Roma|visere maius. *Carm.Saec.*11
vix credere possis,|quam sibi non sit amicus. *Serm.*1.2.19
matronae praeter faciem nil cernere possis|cetera, . . . *Serm.*1.2.94
metiri possis oculo latus. *Serm.*1.2.103
cum flueret lutulentus, erat quod tollere velles [? possis]; . . *? var.Serm.*1.4.11
quod superat non est melius quo insumere possis? . . . *Serm.*2.2.102
dictantis, quod tu numquam rescribere possis. *Serm.*2.3.76
nil sane fecit quod tu reprehendere possis: *Serm.*2.3.138
quando iterum paveas iterumque perire|possis. *Serm.*2.7.70
non possis oculo quantum contendere Lynceus: . . . *Epist.*1.1.28
lenire dolorem|possis et magnam morbi deponere partem. . . *Epist.*1.1.35
'rem facias, rem,|si possis, recte, si non, quocumque modo, rem,'. . *Epist.*1.1.66
Augusti laudes agnoscere possis; *Epist.*1.16.29
vendere cum possis captivom, occidere noli: *Epist.*1.16.69
cum valeas et|vel cursu superare canem vel viribus aprum|possis. . *Epist.*1.18.52
possit. triumphatisque possit|Roma ferox dare iura Medis. . . *Carm.*3.3.43
non aquilo impotens|possit diruere *Carm.*3.30.4
frigus quo duramque famem propellere possit. *Serm.*1.2.6
Caesar, qui [quod] cogere posset possit [possit], ... *var.Serm.*1.3.4
rideri possit eo quod|rusticius tonso toga defluit . . . *Serm.*1.3.30
videamus uter plus scribere possit.' *Serm.*1.4.16
nam quis me scribere plures|aut citius possit versus? . . . *Serm.*1.9.24
et est qui vinci possit *Serm.*1.9.55
nemo adeo ferus est, ut non mitescere possit, ... *Epist.*1.1.39
rursus, quid virtus et quid sapientia possit, ... *Epist.*1.2.17
qui sapere et fari possit quae sentiat *Epist.*1.4.9
quae possit facere et servare beatum. *Epist.*1.6.2
ut copia maior|ab Iove donari possit tibi. *Epist.*1.12.3
quid velit et possit rerum concordia discors, ... *Epist.*1.12.19
nec vicina subest vinum praebere taberna|quae possit tibi . . *Epist.*1.14.25
nec rude quid prosit [possit] video ingenium: . . . . *var.Ars Poet.*410
si vero est, unctum qui recte ponere possit . . . . *Ars Poet.*422
possum. ut siquid promittere de me|possum aliud vere, promitto. . *Serm.*1.4.103
si . . . vitam famamque tueri|incolumem possum; . . . *Serm.*1.4.119
felicem dicere non hoc | me possim [possum], casu quod te sortitus
amicum: *var.Serm.*1.6.53
has nullo perdere possum|nec prohibere modo. . . . *Serm.*1.8.20
ambitione relegata te dicere possum, ... *Serm.*1.10.84
'equidem nihil hinc diffindere possum. *Serm.*2.1.79
ius anceps novi, causas defendere possum; *Serm.*2.5.34

'qui possum tot?' ait; *Epist.*1.6.42
inspice, si possum donata reponere laetus. *Epist.*1.7.39
rure meo possum quidvis perferre patique; *Epist.*1.15.17
rure meo possum quidvis [? quidvis possum] perferre patique; . . *? var.Epist.*1.15.17
ego cur, adquirere pauca|si possum, invideor, ... *Ars Poet.*56
possumus. gaudes carminibus; carmina possumus|donare . . . *Carm.*4.8.11
possunt. vix durare carinae|possint [? possunt] imperiosius|aequor? . *? var.Carm.*1.14.8
nil sine te mei|prosunt [possunt] honores: *var.Carm.*1.26.10
felicem dicere non hoc | me possim [possunt], casu quod te sortitus
    amicum: *var.Serm.*1.6.53
idem eadem possunt horam durare probantes? *Epist.*1.1.82
nulla placere diu nec vivere carmina possunt, ... *Epist.*1.19.2
post. *Carm.*1.3.29; 1.12.33; 1.15.35; 1.18.5; 3.1.40; 3.7.6; 3.9.6; 3.21.19; 4.4.45; 4.8.15; 4.13.21;
    *Serm.*1.6.40; 1.6.55; 1.6.122; 1.8.36; 1.10.33; 2.2.118; 2.2.123; 2.3.300; 2.4.60; 2.8.31;
    *Serm.*2.8.44; *Epist.*1.1.54; 1.7.59; 1.7.71; 1.8.13; 1.10.49; 2.1.6; 2.1.140; 2.1.162; 2.1.175;
    *Epist.*2.2.28; 2.2.39; *Ars Poet.*141; 278; 401
post. *Carm.*3.20.3; *Epod.*5.99; *Serm.*1.1.86; 1.2.120; 1.3.102; 1.4.88; 1.6.61; *var.Serm.*2.6.72;
    *Epist.*1.6.43; 1.18.83; *Ars Poet.*76; 111
postella. "aedificare casas, plostello [postella] adiungere muris, . . . siquem
    delectet barbatum: *var.Serm.*2.3.247
postello. "aedificare casas, plostello [postello] adiungere muris, . . . siquem
    delectet barbatum: *var.Serm.*2.3.247
postem. armis|Herculis ad postem fixis *Epist.*1.1.5
postera. postera lux oritur multo gratissima: *Serm.*1.5.39
postera tempestas melior, via peior *Serm.*1.5.96
an quos et praesens et postera respuat aetas? *Epist.*2.1.42
postera. usque ego postera|crescam laude recens, ... *Carm.*3.30.7
posteri. Bacchum . . . vidi docentem, credite posteri, | Nymphasque
    discentis *Carm.*2.19.2
Romanus eheu — posteri negabitis — | emancipatus feminae . . *Epod.*9.11
posterius. quod prius ordine verbum est|posterius facias, . . . *Serm.*1.4.59
postero. carpe diem quam minimum credula postero. . . . *Carm.*1.11.8
postgenitis. audeat|refrenare licentiam,|clarus postgenitis: . . *Carm.*3.24.30
posthac. (non enim posthac alia calebo|femina) *Carm.*4.11.33
neque se fore posthac|tam facilem dicat, ... *Serm.*1.1.21
o magnus posthac inimicis risus. *Serm.*2.2.107
posthac ne conpellarer inultus. *Serm.*2.3.297
postibus. derepta Parthorum superbis|postibus *Carm.*4.15.8
postibus. cur invidendis postibus et novo|sublime ritu moliar atrium? . *Carm.*3.1.45
postico. atria servantem postico falle clientem. *Epist.*1.5.31
postis. ad non amicos heu mihi postis *Epod.*11.21
ut si solvas 'postquam Discordia taetra|belli ferratos postis portasque
    refregit,' *Serm.*1.4.61
postmodo. neglegis inmeritis nocituram | postmodo te natis fraudem
    conmittere? *Carm.*1.28.31
postmodo quod mi obsit clare certumque locuto . . . *Serm.*2.6.27
postponet. scorto postponet honestum|officium, ... *Epist.*1.18.34
postquam. barbarae postquam cecidere turmae *Carm.*2.4.9
postquam relictis moenibus rex procidit *Epod.*17.13
ut si solvas 'postquam Discordia taetra|belli ferratos postis portasque
    refregit,' *Serm.*1.4.60
postquam nihil inter utrumque|convenit *Serm.*1.7.9
at Graecus, postquam est Italo perfusus aceto, . . . *Serm.*1.7.32
'postquam omnis res mea Ianum|ad medium fracta est, . . *Serm.*2.3.18
'postquam te talos, Aule, nucesque|ferre sinu laxo, . . . vidi, . *Serm.*2.3.171
postquam est inpransi correptus voce magistri? . . . *Serm.*2.3.257
postquam illi iusta cheragra|contudit articulos, . . . *Serm.*2.7.15
postquam nihil esse pericli|sensimus, ... *Serm.*2.8.57
sed postquam victor violens discessit ab hoste, . . . *Epist.*1.10.37
postquam coepit agros extendere victor . . . . . *Ars Poet.*208
postremum. postremum expellet certe vivacior heres. . . . *Serm.*2.2.132
postremus. hoc primus repetas opus, hoc postremus omittas. . . *Epist.*1.6.48
postulant. ille te mecum locus et beatae|postulant arces: . . *Carm.*2.6.22
postulat. concinnus amicis|postulat ut videatur; *Serm.*1.3.51
qui ne tuberibus propriis offendat amicum|postulat, . . . *Serm.*1.3.74
postulet. ne tamen illi|tu comes exterior, si postulet, ire recuses.' . *Serm.*2.5.17
Postume. eheu fugaces, Postume, Postume,|labuntur anni . . *Carm.*2.14.1
postus. ponas insignia morbi,|fasciolas, cubital, focalia, potus [? postus] . *? var.Serm.*2.3.255
posuere. qui tibi nomen|insano posuere. *Serm.*2.3.48

posui. libera per vacuom posui vestigia princeps, ... *Epist.*1.19.21
posuisse. hinc apicem rapax | Fortuna cum stridore acuto | sustulit, hic
    posuisse gaudet. *Carm.*1.34.16
    torvos humi posuisse voltum, ... *Carm.*3.5.44
    arbiter pugnae posuisse nudo | sub pede palmam . . . *Carm.*3.20.11
posuisset. isti | errori nomen virtus posuisset honestum. . . . *Serm.*1.3.42
posuit. ille et nefasto te posuit die *Carm.*2.13.1
    procidit late posuitque collum in | pulvere Teucro; . . . *Carm.*4.6.11
pota. et cantu tremulo pota Cupidinem | lentum sollicitas. . . *Carm.*4.13.5
potabis. vile potabis modicis Sabinum | cantharis, . . . *Carm.*1.20.1
potamus. cur non . . . dum licet, Assyriaque nardo | potamus uncti? . *Carm.*2.11.17
potandum. quod nusquam tibi sit potandum. *Serm.*2.7.32
potantia. Aquinatem potantia vellera fucum, ... *Epist.*1.10.27
potare. post hoc ludus erat †culpa potare magistra . . . *Serm.*2.2.123
    qui Veientanum festis potare diebus | Campana solitus trulla . *Serm.*2.3.143
    dictus here illic | de medio potare die.' *Serm.*2.8.3
    potare et spargere flores | incipiam *Epist.*1.5.14
potavi. vile potabis [potavi] modicis Sabinum | cantharis, . . *coni.Carm.*1.20.1
potens. ille potens sui | laetusque deget *Carm.*3.29.41
    dicar, . . . ex humili potens, ... *Carm.*3.30.12
potens. sic te diva potens Cypri, . . . regat . . . *Carm.*1.3.1
    pudor | inbellisque lyrae Musa potens vetat . . . *Carm.*1.6.10
    imperet hoc natura potens, sic collige mecum. . . . *Serm.*2.1.51
    hos arto stipata theatro | spectat Roma potens, . . . *Epist.*2.1.61
    loquatur . . . matrona potens an sedula nutrix, . . *Ars Poet.*116
potens. o Naiadum potens | Baccharumque valentium . . *Carm.*3.25.14
potens. o crudelis adhuc et Veneris muneribus potens, . . *Carm.*4.10.1
    Phoebe silvarumque potens Diana, ... *Carm.Saec.*1
potentem. nec potentem amicum | largiora flagito, . . . *Carm.*2.18.12
    quae simul centum tetigit potentem | oppidis Creten, . . *Carm.*3.27.33
potenter. cui lecta potenter erit res, ... *Ars Poet.*40
potenti. uvida | suspendisse potenti | vestimenta maris deo. . . *Carm.*1.5.15
potenti. sic potenti | Iustitiae placitumque Parcis. . . . *Carm.*2.17.15
potentior. quandoque potentior | largi muneribus riserit aemuli, . *Carm.*4.1.17
potentiorum. superba civium | potentiorum limina. . . . *Epod.*2.8
potentis. tu cede potentis amici | lenibus imperiis, . . . *Epist.*1.18.44
    dulcis inexpertis cultura potentis amici. . . . *Epist.*1.18.86
potentis. utcumque mutata potentis | veste domos inimica linquis, . *Carm.*1.35.23
    manus potentis | Medus Albanasque timet securis. . . *Carm.Saec.*53
potentium. virtus et favor et lingua potentium | vatum . . *Carm.*4.8.26
potentius. et perrumpere amat saxa potentius | ictu fulmineo: . *Carm.*3.16.10
    nec virtute foret clarisve potentius armis | quam lingua Latium, . *Ars Poet.*289
poteras. 'attamen et iustum poteras et scribere fortem, . . *Serm.*2.1.16
    si de quincunce remota est | uncia, quid superat? poteras dixisse.' . *Ars Poet.*328
poterat. Varius mappa conpescere risum | vix poterat. . . . *Serm.*2.8.64
    si de quincunce remota est | uncia, quid superat? poteras [poterat]
    dixisse.' . . . . *var.Ars Poet.*328
    poterat duci quia cena sine istis: . . . . *Ars Poet.*376
poteris. 'quin id erat curae, quo pacto cuncta tenerem | utpote res [ut
    poteris] tenuis, tenui sermone peractas.' . . . *var.Serm.*2.4.9
    cum pateris [poteris] sapiens emendatusque vocari, | responsene tuo,
    dic, sodes, nomine? *var.Epist.*1.16.30
    rem poteris servare tuam. . . . . . *Ars Poet.*329
poterit. quis te solvere Thessalis | magus venenis, quis poterit deus? . *Carm.*1.27.22
    nec scarus aut poterit peregrina iuvare lagois. . . . *Serm.*2.2.22
    hic tamen ad melius poterit transcurrere quondam, . . . *Serm.*2.2.82
    'putasne, | perduci poterit tam frugi tamque pudica, . . *Serm.*2.5.77
    quam qui non poterit vero distinguere falsum. . . . *Epist.*1.10.29
potero. 'cur hoc'? | dicam, si potero. *Serm.*2.2.8
poterunt. haec et quae poterunt reditus abscindere dulcis . . *Epod.*16.35
    piacula, quae te | ter pure lecto poterunt recreare libello. . *Epist.*1.1.37
    nil | divitiae poterunt regales addere maius. . . . *Epist.*1.12.6
    quae poterunt umquam satis expurgare cicutae, . . . *Epist.*2.2.53
    rem tibi Socraticae poterunt ostendere chartae . . . *Ars Poet.*310
potes. tu potes tigris comitesque silvas | ducere . . . *Carm.*3.11.13
    dum potes, aridum | conpone lignum: *Carm.*3.17.13
    potes hac ab orno | pendulum zona bene te secuta e- | lidere collum. . *Carm.*3.27.58
    quin huc inanis, si potes, vertis minas . . . *Epod.*6.3
    Inachiam ter nocte potes, mihi semper ad unum | mollis opus. . *Epod.*12.15

et tu, potes nam, solve me dementia, ... *Epod.*17.45
arguta meretrice potes Davoque Chremeta | eludente senem comis
    garrire libellos *Serm.*1.10.40
sparge subinde et, si paullum potes inlacrimare, ... *Serm.*2.5.103
dixeris: 'experiar', 'si vis, potes,' addit et instat. *Serm.*2.6.39
potesne | ex his ut proprium quid noscere? *Serm.*2.7.88
quod idem | non horam tecum esse potes, ... *Serm.*2.7.112
si potes Archiacis conviva recumbere lectis *Epist.*1.5.1
potest. multaque merces | unde potest tibi defluat aequo | ab Iove . . *Carm.*1.28.28
spadonibus | servire rugosis potest *Epod.*9.14
magni formica laboris | ore trahit quodcumque potest . . . *Serm.*1.1.34
nec natura potest iusto secernere iniquom, ... *Serm.*1.3.113
fingere qui non visa potest, ... *Serm.*1.4.84
potes [potest] . . . comis garrire libellos | unus vivorum, Fundani; . *var.Serm.*1.10.40
potesne [potestne] | ex his ut proprium quid noscere? . . . *var.Serm.*2.7.88
si virtus hoc una potest dare, ... *Epist.*1.6.30
si res sola potest facere et servare beatum, ... *Epist.*1.6.47
potestas. estne marito | matronae peccantis in ambo iusta potestas, . *Serm.*2.7.62
'pictoribus atque poetis | quidlibet audendi semper fuit aequa potestas.' *Ars Poet.*10
potestatem. ante potestatem Tulli atque ignobile regnum . . . *Serm.*1.6.9
potet. si . . acre | potet acetum; *Serm.*2.3.117
poti. nec poti, vetulam, faece tenus cadi. *Carm.*3.15.16
potiens. ut cantus referatque ludos | ter die claro totiensque [potiensque]
    grata | nocte frequentis. *var.Carm.Saec.*23
potietur. exstructis in altum | divitiis potietur heres. . . . *Carm.*2.3.20
potionibus. non usitatis, Vare, potionibus, ... *Epod.*5.73
potior. nec quisquam potior bracchia candidae | cervici iuvenis dabat, . *Carm.*3.9.2
potior. nulla sit hac potior sententia: *Epod.*16.17
'militia est potior. quid enim? concurritur: *Serm.*1.1.7
nisi cena prior potiorque puella Sabinum | detinet adsumam; . . *Epist.*1.5.27
cui potior patria fuit interdicta voluptas. *Epist.*1.6.64
cur sit Aristippi potior sententia. *Epist.*1.17.17
potiore. pane egeo iam mellitis potiore placentis. *Epist.*1.10.11
potiore. potiore ductos | alite muros — *Carm.*4.6.23
qui pauperiem veritus potiore metallis | libertate caret, . . . *Epist.*1.10.39
potiore. mero | tinguet pavimentum superbo, | pontificum potiore cenis. *Carm.*2.14.28
dicit et centum potiore signis | munere donat, ... *Carm.*4.2.19
potiorem. novistine locum potiorem rure beato? *Epist.*1.10.14
potiori. non feret adsiduas potiori te dare noctes *Epod.*15.13
ultro | Penelopam facilis potiori trade.' *Serm.*2.5.76
potioribus. nulla placere diu nec vivere carmina possunt, | quae scribuntur
    aquae potoribus [potioribus]. *var.Epist.*1.19.3
potis. dissolve frigus ligna super foco | large reponens [largiri potis] . *var.Carm.*1.9.6
dum potes [potis], aridum | conpone lignum. *var.Carm.*3.17.13
potius. hic magnos potius triumphos, | hic ames dici pater . *Carm.*1.2.49
quis non te potius, Bacche pater, teque, decens Venus? . . . *Carm.*1.18.6
potius nova | cantemus Augusti tropaea *Carm.*2.9.18
festo quid potius die | Neptuni faciam — *Carm.*3.28.1
potius laudet diversa sequentis *Serm.*1.1.109
hoc potius quam gallina tergere palatum, ... *Serm.*2.2.24
ac potius foliis parcus vescatur amaris; *Serm.*2.3.114
an potius mediter finire dolores? *Serm.*2.3.263
hic tibi sit potius quam tu mirabilis illi. *Epist.*1.6.23
tortum digna sequi potius quam ducere funem. *Epist.*1.10.48
abicito potius, quam quo perferre iuberis | clitellas ferus inpingas . *Epist.*1.13.7
potius, . . . exiguo gratoque fruaris tempore raptim. . . . *Epist.*2.2.197
potor. me peritus | discet Hiber Rhodanique potor. . . . *Carm.*2.20.20
potorem. tostis marcentem squillis recreabis et Afra | potorem coclea: *Serm.*2.4.59
potores. [potores bibuli media de nocte Falerni] . . . *var.Epist.*1.18.91
potores. nil sic metuentis ut acris | potores. *Serm.*2.8.37
potoribus. quae scribuntur aquae potoribus. *Epist.*1.19.3
potuere. inpiae nam (quid potuere maius?), ... *Carm.*3.11.30
inpiae sponsos potuere duro | perdere ferro. *Carm.*3.11.31
potuisse. sic lucro aversam potuisse nasci | matre pudenda. . *Carm.*2.4.19
potuit. Spartacum siqua potuit vagantem | fallere testa. . . *Carm.*3.14.19
potum. ne potum largius aequo | rideat *Epist.*2.2.215
potus. conminxit lectum potus mensave catillum | Euandri manibus tritum
    deiecit: *Serm.*1.3.90

aspergere cunctos | praeter eum qui praebet aquam; post hunc quoque
   potus, ... *Serm.*1.4.88
  potus ut ille | dicitur ex collo furtim carpsisse coronas, . . . *Serm.*2.3.255
  Ennius ipse pater numquam nisi potus ad arma | prosiluit dicenda. . *Epist.*1.19.7
  spectator functusque sacris et potus et exlex. . . . *Ars Poet.*224
Praates. ius imperiumque Phraates [Praates] | Caesaris accepit genibus
  minor; *var.Epist.*1.12.27
prae. cunctane prae Campo et Tiberino flumine sordent? . . . *Epist.*1.11.4
praebeat. neque se fore posthac | tam facilem dicat, votis ut praebeat
  aurem? *Serm.*1.1.22
  nescis quo valeat nummus, quem praebeat usum? *Serm.*1.1.73
praebebit. nec sic ut simplex Naevius unctam | convivis praebebit aquam: *Serm.*2.2.69
praebente. quo praebente domum . . . taces. *Carm.*3.19.7
  te consilium et tuos | praebente divos. *Carm.*4.14.34
  Murena praebente domum, Capitone culinam. . . . *Serm.*1.5.38
praebentem. ut sibi praebentem mimo spectacula plura, . . . *Epist.*2.1.198
praebere. chlamydas . . . si posset centum scaenae praebere rogatus, . *Epist.*1.6.41
  nec vicina subest vinum praebere taberna | quae possit tibi . . *Epist.*1.14.24
  metues, liberrime Lolli, | scurrantis speciem praebere, professus amicum. *Epist.*1.18.2
praeberi. avita | ex re praeberi sumptus mihi crederet illos. . . . *Serm.*1.6.80
praebes. fessis vomere tauris | praebes et pecori vago. . . . *Carm.*3.13.12
praebet. ver ubi longum tepidasque praebet | Iuppiter brumas . . *Carm.*2.6.17
  exemplum grave praebet ales | Pegasus *Carm.*4.11.26
  avet quavis aspergere cunctos | praeter eum qui praebet aquam; . *Serm.*1.4.88
praebuit. proxima Campano ponti quae villula, tectum | praebuit . . *Serm.*1.5.46
praecanum. corporis exigui, praecanum, solibus aptum, . . . essem. . *Epist.*1.20.24
praecedentibus. nec tardum opperior nec praecedentibus insto. . . *Epist.*1.2.71
praecedere. 'non faciam' ille, | et praecedere coepit; . . . *Serm.*1.9.42
praecedes. ibimus, | utcumque praecedes, ... *Carm.*2.17.11
praecedet. quaecumque praecedet fera; *Epod.*6.8
praecepit. (nec meus hic sermo est, sed quae praecepit Ofellus | rusticus, *Serm.*2.2.2
praeceps. et praeceps Anio ac Tiburni lucus *Carm.*1.7.13
  quin per mala praeceps | fertur *Serm.*1.4.30
praeceps. quem damnosa venus, quem praeceps alea nudat, . . *Epist.*1.18.21
  et tulit eloquium insolitum facundia praeceps . . . *Ars Poet.*217
praecepta. unde ego mira | descripsi docilis praecepta haec, . . . *Serm.*2.3.34
  'ipsa memor praecepta canam, celabitur auctor. . . . *Serm.*2.4.11
  atque haurire queam vitae praecepta beatae.' . . . *Serm.*2.4.95
  nunc in Aristippi furtim praecepta relabor . . . *Epist.*1.1.18
praeceptis. ponere signa novis praeceptis, ... *Serm.*2.4.2
  mox etiam pectus praeceptis format amicis, . . . *Epist.*2.1.128
praeceptum. praeceptum auriculis hoc instillare memento: . . . *Epist.*1.8.16
praecidere. Antenor censet belli praecidere causam: . . . *Epist.*1.2.9
praecincti. ut omnes | praecincti recte pueri comptique ministrent? . *Serm.*2.8.70
praecinctis. altius ac nos | praecinctis unum: *Serm.*1.5.6
praecipe. praecipe lugubris | cantus, Melpomene, . . . *Carm.*1.24.2
praecipies. quidquid praecipies, esto brevis, . . . *Ars Poet.*335
praecipitat. Hellade percussa Marius cum praecipitat se, . . *Serm.*2.3.277
praecipitem. nec timuit praecipitem Africum | decertantem Aquilonibus . *Carm.*1.3.12
  hic se praecipitem tecto dedit, ... *Serm.*1.2.41
praecipiti. casus medicusve levarit | aegrum ex praecipiti: . . . *Serm.*2.3.293
praecipue. sapiens . . . praecipue sanus, nisi cum pitvita molesta est. . *Epist.*1.1.108
  praecipue cum se numeris commendat et arte. . . . *Epist.*2.1.261
praeclara. sicui praeterea validus male filius in re | praeclara sublatus aletur, *Serm.*2.5.46
praeclara. atqui voltus erat multa et praeclara minantis, . . . *Serm.*2.3.9
praeclaram. avi cur atque parentis | praeclaram ingrata stringat malus
  ingluvie rem, ... *Serm.*1.2.8
praeclare. hoc ego commodius quam tu, praeclare senator, . . . vivo. . *Serm.*1.6.110
praeclaro. qui turpi secernis honestum | non patre praeclaro, . . . *Serm.*1.6.64
praeco. si praeco parvas aut, ut fuit ipse, coactor | mercedes sequerer; . *Serm.*1.6.86
  ut praeco, ad merces turbam qui cogit emendas . . . *Ars Poet.*419
praeconem. praeconem, tenui censu, sine crimine, notum . . . *Epist.*1.7.56
praeconis. praeconis ad fastidium *Epod.*4.12
  Galloni praeconis erat acipensere mensa | infamis. . . . *Serm.*2.2.47
praecordia. neque est | levare tenta spiritu praecordia. . . . *Epod.*17.26
  condita cum verax aperit praecordia Liber. . . . *Serm.*1.4.89
  leni praecordia mulso | prolueris melius *Serm.*2.4.26
praecordiis. et inquietis adsidens praecordiis *Epod.*5.95
  'quodsi meis inaestuet praecordiis | libera bilis, . . . *Epod.*11.15

praecordiis. quid hoc veneni saevit in praecordiis? *Epod.*3.5
praecurrere. licet . . reges et regum vita praecurrere amicos. . . *Epist.*1.10.33
praecurreret. Sisennas, Barros ut equis praecurreret albis. . . *Serm.*1.7.8
praeda. grande certamen, tibi praeda cedat,|maior an illa. . . . *Carm.*3.20.7
    'cervi, luporum praeda rapacium, ... *Carm.*4.4.50
    opima quodsi praeda curvo litore|porrecta mergos iuverit, . *Epod.*10.21
praeda. an magis excors|reiecta praeda, quam praesens Mercurius fert? . *Serm.*2.3.68
praedae. quidquid erat nactus praedae maioris, ... *Epist.*1.15.38
praedae. teneraeque sucus|defluat praedae, ... *Carm.*3.27.55
praedam. adiecisse praedam|torquibus exiguis renidet. . . . *Carm.*3.6.11
praedantur. singula de nobis anni praedantur euntes: *Epist.*2.2.55
praedia. Canusi duo praedia, . . . gnatis divisse duobus . . *Serm.*2.3.168
    militibus promissa Triquetra | praedia Caesar an est Itala tellure
      daturus?' *Serm.*2.6.56
    qui praedia vendit,|nil servile gulae parens habet? . . *Serm.*2.7.110
praedonum. fugiens hic decidit acrem|praedonum in turbam, . *Serm.*1.2.43
praeferat. cur alter fratrum cessare et iudere et ungui|praeferat Herodis
    palmetis pinguibus, ... *Epist.*2.2.184
praefluent. sed quae Tibur aquae fertile praefluont [praefluent] . . *var.Carm.*4.3.10
praefluit. qui regna Dauni praefluit Apuli, ... *Carm.*4.14.26
praefluont. sed quae Tibur aquae fertile praefluont . . . *Carm.*4.3.10
praefluunt. sed quae Tibur aquae fertile praefluont [praefluunt] . . *var.Carm.*4.3.10
praegestientis. in udo|ludere cum vitulis salicto|praegestientis. . . *Carm.*2.5.9
praegnans. inpios parrae recinentis omen|ducat et praegnans canis . *Carm.*3.27.2
praegravat. quin corpus onustum | hesternis vitiis animum quoque
    praegravat una *Serm.*2.2.78
    qui praegravat artes|infra se positas: *Epist.*2.1.13
praelambens. praelambens omne quod adfert. *Serm.*2.6.109
praelucet. 'nullus in orbe sinus Bais praelucet amoenis' . . *Epist.*1.1.83
praemia. me doctarum hederae praemia frontium|dis miscent superis, . *Carm.*1.1.29
praemia. tripodas, praemia fortium|Graiorum, ... *Carm.*4.8.3
    pavidumque leporem et advenam laqueo gruem | iucunda captat
      praemia. *Epod.*2.36
    insani ridentes praemia scribae, ... *Serm.*1.5.35
    multa laborum|praemia laturus.' *Serm.*2.1.12
    prima feres hederae victricis praemia. *Epist.*1.3.25
    frontis ad urbanae descendi praemia. *Epist.*1.9.11
    nec veniam antiquis sed honorem et praemia posci. . . . *Epist.*2.1.78
    grandia laturus meritorum praemia. quid stas?' . . . *Epist.*2.2.38
Praeneste. seu mihi frigidum | Praeneste seu Tibur supinum | seu liquidae
    placuere Baiae. *Carm.*3.4.23
Praeneste. dum tu declamas Romae, Praeneste relegi; . . . *Epist.*1.2.2
Praenestinus. tum Praenestinus salso multoque fluenti . . *Serm.*1.7.28
praeniteat. cur tibi iunior|laesa praeniteat fide. *Carm.*1.33.4
praenomine. (gaudent praenomine molles|auriculae) . . . *Serm.*2.5.32
praeparat. sulcos et vineta crepat mera, praeparat ulmos, . . . *Epist.*1.7.84
praeparatum. sperat infestis, metuit secundis | alteram sortem bene
    praeparatum|pectus. *Carm.*2.10.14
praeponens. praeponens ultima primis, ... *Serm.*1.4.59
praeponere. undique decerptam fronti praeponere olivam; . . . *Carm.*1.7.7
    vis ut homines Vrbemque feris praeponere silvis? . . . *Serm.*2.6.92
praeroso. si vafer unus et alter|insidiatorem praeroso fugerit hamo, . *Serm.*2.5.25
praerupti. praerupti nemoris patientem vivere dorso? . . . *Serm.*2.6.91
praescribe. Trebati,|quid faciam? praescribe.' *Serm.*2.1.5
praescripta. vegetus praescripta ad munia surgit. . . . *Serm.*2.2.81
praescriptum. non ita Romuli|praescriptum et intonsi Catonis|auspiciis . *Carm.*2.15.11
praescriptum. intraque praescriptum Gelonos|exiguis equitare campis. . *Carm.*2.9.23
praesectum. praesectum decies non castigavit ad unguem. . . . *Ars Poet.*294
praesens. praesens divos habebitur|Augustus *Carm.*3.5.2
    quam praesens Mercurius fert? *Serm.*2.3.68
    qui Fortunae te responsare . . . praesens hortatur et aptat? . . *Epist.*1.1.69
    ergo | quem sua culpa premet, deceptus omitte tueri [? praesens sua
      culpa ire deceptus omittit etueri], ... *? var.Epist.*1.18.79
praesens. praesens vel imo tollere de gradu|mortale corpus . . *Carm.*1.35.2
    an quos et praesens et postera respuat aetas? . . . *Epist.*2.1.42
    quae mox narret facundia praesens: . . . . . *Ars Poet.*184
praesens. laetus in praesens animus *Carm.*2.16.25
    pleraque differat et praesens in tempus omittat. . . . *Ars Poet.*44⸗
praesens. o tutela praesens|Italiae dominaeque Romae. . . . *Carm.*4.14.43

praesente. signatum praesente nota procudere nomen. .   .   .   *Ars Poet*.59
praesentes. praesentes, Austri, coquite horum obsonia.   .   .   *Serm*.2.2.41
praesenti. praesenti tibi maturos largimur honores   .   .   . *Epist*.2.1.15
praesentia. poscit opem chorus et praesentia numina sentit,   .   . *Epist*.2.1.134
praesentibus. non, ut adsit, auxili | latura plus praesentibus.   .   . *Epod*.1.22
praesentibus. temptantem maiora fere, praesentibus aequom.   . *Epist*.1.17.24
praesentis. dona praesentis cape laetus horae ⟨ac⟩ | linque severa.   . *Carm*.3.8.27
praesepe. scurra vagus, non qui certum praesepe teneret,   . *Epist*.1.15.28
praesertim. praesertim cautum dignos adsumere, prava | ambitione procul.   *Serm*.1.6.51
    utile famae | vitaeque et membris, praesertim cum valeas   . *Epist*.1.18.50
    praesertim census equestrem | summam nummorum .   .   . *Ars Poet*.383
praesidio. nequiquam Veneris praesidio ferox *Carm*.1.15.13
    tunc me biremis praesidio scaphae | tutum . . . aura feret   *Carm*.3.29.62
    serves | tuterisque tuo fidentem praesidio: *Epist*.1.18.81
praesidium. praesidium regale loco deiecit, ut aiunt,   .   . *Epist*.2.2.30
praesidium. o et praesidium et dulce decus meum: .   .   *Carm*.1.1.2
    insigne maestis praesidium reis *Carm*.2.1.13
praestabo. dignum praestabo me etiam pro laude merentis.   . *Epist*.1.7.24
praestant. Picenis cedunt pomis Tiburtia suco: | nam facie praestant. . *Serm*.2.4.71
    incolumem tibi me praestant septembribus horis.   .   . *Epist*.1.16.16
praestantia. ut fortunatam plene praestantia vitam;   .   . *Epist*.1.11.14
praestat. si fortunatum species et gratia praestat,   .   . *Epist*.1.6.49
praestent. quantum dimissa petitis | praestent,   .   . *Epist*.1.7.97
praestes. 'longas o utinam, dux bone, ferias | praestes Hesperiae!'   . *Carm*.4.5.38
praestet. si nemo praestet, quem non merearis, amorem?   .   . *Serm*.1.1.87
praesto. si | ancilla aut verna est praesto puer,   .   .   *Serm*.1.2.117
praesumis. quam puer et validus praesumis, mollitiem,   . *Serm*.2.2.87
praeter. ventorumque regat pater | obstrictis aliis praeter Iapyga,   . *Carm*.1.3.4
    non praeter solitum leves.   *Carm*.1.6.20
    cuncta terrarum subacta | praeter atrocem animum Catonis. .   . *Carm*.2.1.24
    ille terrarum mihi praeter omnis | angulus ridet,   .   *Carm*.2.6.13
    praeter invisas cupressos   *Carm*.2.14.23
    nocte sublustri nihil astra praeter | vidit et undas.   .   *Carm*.3.27.31
    ut Argonautas praeter omnis   *Epod*.3.9
    amore, qui me praeter omnis expetit   .   . *Epod*.11.3
    Etrusca praeter et volate litora.   .   . *Epod*.16.40
    matronae praeter faciem nil cernere possis | cetera, .   . *Serm*.1.2.94
    num esuriens fastidis omnia praeter | pavonem rhombumque?   *Serm*.1.2.115
    neque te quisquam stipator ineptum | praeter Crispinum sectabitur,   *Serm*.1.3.139
    avet quavis aspergere cunctos | praeter eum qui praebet aquam; . *Serm*.1.4.88
    nil praeter Calvom et doctus cantare Catullum.   . *Serm*.1.10.19
    quicquam praeter holus fumosae cum pede pernae.   . *Serm*.2.2.117
    'hoc quoque, Teresia, praeter narrata petenti | responde, .   *Serm*.2.5.1
    nil sibi legatum praeter plorare suisque.   .   *Serm*.2.5.69
    pingue pecus domino facias et cetera praeter | ingenium,   . *Serm*.2.6.14
    nequis se praeter Apellen | pingeret   .   . *Epist*.2.1.239
    praeter cetera me Romaene poemata censes | scribere posse   *Epist*.2.2.65
    praeter laudem nullius avaris. .   .   .   *Ars Poet*.324
praeteragendus. deversoria nota | praeteragendus equos.   . *Epist*.1.15.11
praeterea. praeterea (ne sic ut qui iocularia ridens | percurram,   . *Serm*.1.1.23
    praeterea ne vos titillet gloria,   .   . *Serm*.2.3.179
    sicui praeterea validus male filius in re | praeclara sublatus aletur,   *Serm*.2.5.45
    adde hos praeterea casus, aulaea ruant si, | ut modo;   *Serm*.2.8.71
praetereas. cum tua pervideas [praetereas] oculis mala lippus inunctis, *coni.Serm*.1.3.25
praetereo. doctos ego quos et amicos | prudens praetereo,   *Serm*.1.10.88
    neque ego, hercule, fur, ubi vasa | praetereo sapiens argentea.   . *Serm*.2.7.73
praetereunt. decrescentia ripas | flumina praetereunt;   . *Carm*.4.7.4
    celsi praetereunt austera poemata Ramnes.   .   *Ars Poet*.342
praetereunte. restinguet ardentis Falerni | pocula praetereunte lympha? *Carm*.2.11.20
praetereuntium. quod monstror digito praetereuntium .   . *Carm*.4.3.22
praeterita. quarta iam parte diei | praeterita,   .   . *Serm*.1.9.36
praeteritum. illum | praeteritum temnens extremos inter euntem: — . *Serm*.1.1.116
praetextam. praetextam et latum clavom prunaeque vatillum.   . *Serm*.1.5.36
praetextas. vel qui praetextas vel qui docuere togatas. .   . *Ars Poet*.288
praetor. victurum suavius ac si | quaestor avos pater atque meus patruosque
    [praetorque] fuissent.   .   .   .   *coni.Serm*.1.6.131
    uter aedilis fueritve | vestrum praetor, .   .   . *Serm*.2.3.181
    interdicto huic omne adimat ius | praetor   .   . *Serm*.2.3.218
    castellum evertere praetor | nescio quod cupiens   .   . *Epist*.2.2.34

praetore. Fundos Aufidio Lusco praetore libenter|linquimus, ... *Serm.*1.5.34
   Bruto praetore tenente|ditem Asiam, ... *Serm.*1.7.18
   nec medici credis nec curatoris egere|a praetore dati, ... *Epist.*1.1.103
praetorem. cum Tiburte via praetorem quinque sequontur|te pueri, . . *Serm.*1.6.108
praetorius. donec vos auctor docuit praetorius. *Serm.*2.2.50
praetulerim. nil ego contulerim [praetulerim] iucundo sanus amico. . . *var.Serm.*1.5.44
   praetulerim scriptor delirus inersque videri, ... *Epist.*2.2.126
praetulit. quotiens bonus atque fidus|iudex honestum praetulit utili, . *Carm.*4.9.41
praevertamur. illuc praevertamur, amatorem quod amicae|turpia decipiunt
   caecum vitia *Serm.*1.3.38
praevidisset. ille Philippo | excusare laborem et mercennaria vincla, . . .
   quod non|providisset [praevidisset] eum. *var.Epist.*1.7.69
Prahaten. redditum Cyri solio Phraaten [Prahaten] . . . eximit Virtus . *var.Carm.*2.2.17
Prahates. ius imperiumque Phraates [Prahates] | Caesaris accepit genibus
   minor; *var.Epist.*1.12.27
prandere. luscinias soliti inpenso prandere coemptas, ... *Serm.*2.3.245
pranderet. 'si pranderet holus patienter, regibus uti|nollet Aristippus.' . *Epist.*1.17.13
prandia. qui nigris prandia moris|finiet, ... *Serm.*2.4.22
pransae. neu pransae Lamiae vivom puerum extrahat alvo. . . . *Ars Poet.*340
pransi. milia tum pransi tria repimus *Serm.*1.5.25
pransus. pransus non avide, quantum interpellet inani|ventre diem durare, *Serm.*1.6.127
prata. nec prata canis albicant pruinis. *Carm.*1.4.4
   iam nec prata rigent nec fluvii strepunt *Carm.*4.12.3
prata. aut herba lapathi prata amantis *Epod.*2.57
pratensibus. pratensibus optima fungis|natura est; *Serm.*2.4.20
pratis. festus in pratis vacat otioso|cum bove pagus, ... *Carm.*3.18.11
   nuper in pratis studiosa florum *Carm.*3.27.29
   an bacis opulentet olivae,|pomisne et pratis *Epist.*1.16.3
prato. multa mole docendus aprico parcere prato. *Epist.*1.14.30
prava. ubi prava|stultitia, hic summa est insania; *Serm.*2.3.220
   cum semel effugit, reddit se prava catenis? *Serm.*2.7.71
prava. praesertim cautum dignos adsumere, prava|ambitione procul.. . *Serm.*1.6.51
prava. non civium ardor prava iubentium, ... *Carm.*3.3.2
pravam. cui|rem di donarent, illi decedere pravam|stultitiam; . . *Epist.*2.2.152
prave. 'sive ego prave|seu recte hoc volui, ... *Serm.*2.3.87
   prave sectum stomacheris ob unguem *Epist.*1.1.104
   nec prave factis decorari versibus opto, ... *Epist.*2.1.266
   cur nescire pudens prave quam discere malo? . . . . *Ars Poet.*88
pravi. eradenda cupidinis|pravi sunt elementa *Carm.*3.24.52
pravi. parebit pravi docilis Romana iuventus. — *Serm.*2.2.52
pravis. pars multa natat, modo recta capessens,|interdum pravis obnoxia. *Serm.*2.7.8
pravis. illum|balbutit scaurum pravis fultum male talis. . . . *Serm.*1.3.48
pravo. naso vivere pravo|spectandum nigris oculis . . . . *Ars Poet.*36
pravom. si te alio pravom detorseris. *Serm.*2.2.55
pravorum. nequitia et nugis, pravorum et amore gemellum, . . *Serm.*2.3.244
pravos. credula nec ravos [pravos] timeant armenta leones . . *var.Epod.*16.33
pravos. 'laedere gaudes,'|inquit, 'et hoc studio pravos facis.' . . *Serm.*1.4.79
pravum. si te alio pravom [pravum] detorseris. *var.Serm.*2.2.55
pravus. nam frustra vitium vitaveris illud, | si te alio pravom [pravus]
   detorseris. *var.Serm.*2.2.55
precamur. tandem venias precamur . . . augur Apollo; . . . *Carm.*1.2.30
   date quae precamur|tempore sacro, ... *Carm.Saec.*3
precari. quid sentire putas, quid credis, amice, precari? . . . *Epist.*1.18.106
precaris. "tibi di, quaecumque preceris [precaris],|commoda dent: . . *var.Serm.*2.8.75
precati. Mulvius et scurrae, tibi non referenda precati,|discedunt. . *Serm.*2.7.36
precatus. mala multa precatus Atridis *Serm.*2.3.203
prece. prece qua fatigent | virgines sanctae minus audientem | carmina
   Vestam? *Carm.*1.2.26
   in|Persas atque Britannos|vestra motus aget prece. . . . *Carm.*1.21.16
   te pauper ambit sollicita prece|ruris colonus, ... *Carm.*1.35.5
   oscinem corvom prece suscitabo|solis ab ortu. *Carm.*3.27.11
   te multa prece, te prosequitur mero *Carm.*4.5.33
   infamis Helenae Castor offensus vice|fraterque magni Castoris, victi
   prece, ... *Epod.*17.43
   si quod adest gratum iuvat (hac prece te oro): *Serm.*2.6.13
   nam cum rogat et prece cogit, ... *Epist.*1.9.2
   oratus multa prece nitere, porro|vade; *Epist.*1.13.18
   tu mediastinus tacita prece rura petebas, ... *Epist.*1.14.14
   caelestis inplorat aquas docta prece blandus, ... *Epist.*2.1.135

nunc prece, nunc pretio, nunc vi, nunc morte suprema | permutet
    dominos *Epist.*2.2.173
  saxa movere sono testudinis et prece blanda|ducere, ... *Ars Poet.*395
preceris. "tibi di, quaecumque preceris,|commoda dent: . . *Serm.*2.8.75
preces. o quamvis neque te munera nec preces| nec tinctus viola pallor
    . . . curvat, ... *Carm.*3.10.13
  quo blandae iuvenum te revocant preces. *Carm.*4.1.8
  preces et aversum ad Iovem, ... *Epod.*10.18
preces. ad miseras preces|decurrere *Carm.*3.29.58
  quindecim Diana preces virorum|curat *Carm.Saec.*70
  misit Thyesteas preces: *Epod.*5.86
  'quid obseratis auribus fundis preces? *Epod.*17.53
  castis cum pueris ignara puella mariti|disceret unde preces, . . *Epist.*2.1.133
precetur. ille tegat conmissa deosque precetur et oret, . . . *Ars Poet.*200
precibus. non lenis precibus fata recludere *Carm.*1.24.17
  precibus non linquar inultis *Carm.*1.28.33
  votis ominibusque et precibus vocat *Carm.*4.5.13
  inprobus urget|iratis precibus: *Serm.*2.6.30
precor. finibus Atticis|reddas incolumem precor *Carm.*1.3.7
  Latoe, dones ac precor integra|cum mente *Carm.*1.31.18
  euhoe, parce Liber, [? heu hoe, Bacche, precor,] . . . ? *var.Carm.*2.19.7
  parce, precor, precor. *Carm.*4.1.2
  iocose Maecenas, precor, ... *Epod.*3.20
  per hoc inane purpurae decus precor, ... *Epod.*5.7
  pauperies inmunda domus procul [inmunda procul, precor,] absit: . *coni.Epist.*2.2.199
prelo. prelo domitam Caleno|tu bibes uvam: *Carm.*1.20.9
premam. quod aut avarus ut Chremes terra premam, . . . *Epod.*1.33
premant. premant Calenam falce quibus dedit|fortuna vitem, . . *Carm.*1.31.9
premat. quid premat obscurum lunae, quid proferat orbem, . . *Epist.*1.12.18
  mea cur ingratus opuscula lector|laudet ametque domi, premat extra
    limen iniquos. *Epist.*1.19.36
prematur. nonumque prematur in annum|membranis intus positis; . *Ars Poet.*388
premendo. nimium premendo|litus iniquom. *Carm.*2.10.3
premerer. ut premerer sacra|lauroque conlataque myrto . . *Carm.*3.4.18
premet. iam te premet nox fabulaeque Manes *Carm.*1.4.16
  quem sua culpa premet, deceptus omitte tueri, . . . *Epist.*1.18.79
premit. prudens futuri temporis exitum|caliginosa nocte premit deus . *Carm.*3.29.30
  culpam poena premit comes. *Carm.*4.5.24
  frustra: nam comes atra premit sequiturque fugacem.' . . *Serm.*2.7.115
  pupillis, quos dura premit custodia matrum: . . . *Epist.*1.1.22
  nunc situs informis premit et deserta vetustas; . . . *Epist.*2.2.118
  aut ignoratae premit artis crimine turpi. . . . . *Ars Poet.*262
premunt. non trabes Hymettiae|premunt columnas . . *Carm.*2.18.4
  acerba fata Romanos agunt [? premunt]|scelusque fraternae necis, ? *var.Epod.*7.17
  sed nimis arta premunt olidae convivia caprae. . . . *Epist.*1.5.29
premuntur. quattuor aut plures aulaea premuntur in horas, . . *Epist.*2.1.189
prensare. vellere coepi|et pressare [prensare] manu lentissima bracchia, . *var.Serm.*1.9.64
prensus. otium divos rogat in patenti|prensus Aegaeo, . . *Carm.*2.16.2
prerogat. Latiumque felix|alterum in lustrum meliusque semper|prorogat
    [prerogat] aevom *var.Carm.Saec.*68
pressa. non di, quos iterum pressa voces malo. . . . *Carm.*1.14.10
  pressa tuis balanus capillis *Carm.*3.29.4
  pressa Venafranae quod baca remisit olivae. . . . *Serm.*2.4.69
pressa. aut pressa puris mella condit amphoris . . . *Epod.*2.15
  tu vina Torquato move consule pressa meo. . . . *Epod.*13.6
pressare. vellere coepi|et pressare manu lentissima bracchia, . *Serm.*1.9.64
pressi. non aliena meo pressi pede. *Epist.*1.19.22
pressis. absentis ranae pullis vituli pede pressis . . . *Serm.*2.3.314
pressisse. contendat laqueo collum pressisse paternum: . . *Epist.*1.16.37
pressit. oleo, quod prima Venafri|pressit cella; . . . *Serm.*2.8.46
presso. et cubito remanete presso. *Carm.*1.27.8
pressum. pressum Calibus ducere Liberum|si gestis, . . *Carm.*4.12.14
presta. fi cognitor ipse,|persta [presta] atque obdura: . . . *var.Serm.*2.5.39
pretio. quo Chium pretio cadum|mercemur, . . . *Carm.*3.19.5
  quae neque magno|stet pretio neque cunctetur, cum est iussa, venire. *Serm.*1.2.122
  unius assis|non umquam pretio pluris licuisse, . . . *Serm.*1.6.14
  nunc pretio, nunc vi, nunc morte suprema|permutet dominos . *Epist.*2.2.173
  sed tamen in pretio est); . . . . *Ars Poet.*372
pretiosa. Eutrapelus cuicumque nocere volebat|vestimenta dabat pretiosa: *Epist.*1.18.32

pretiosus. dedecorum pretiosus emptor. *Carm.*3.6.32
pretium. et peccare nefas aut pretium est mori. *Carm.*3.24.24
    audire est operae pretium, procedere recte|qui moechis non voltis, . *Serm.*1.2.37
    et frustra mortis cupidum, cum deerit egenti|as, laquei pretium. . *Serm.*2.2.99
    est operae pretium duplicis pernoscere iuris|naturam. . . . *Serm.*2.4.63
    pretium aetas altera sordet.' *Epist.*1.18.18
    sed tamen est operae pretium cognoscere, ... *Epist.*2.1.229
pretium. fore enim tutum iter et patens|converso in pretium deo. . *Carm.*3.16.8
    carmina possumus|donare et pretium dicere muneri. . . . *Carm.*4.8.12
    pretiumque avellier ante|quam mercem ostendi? *Serm.*1.2.104
    'habes pretium, loris non ureris,' aio. *Epist.*1.16.47
    aut decus et pretium recte petit experiens vir. . . . *Epist.*1.17.42
    scire velim, chartis pretium quotus arroget annus. . . . *Epist.*2.1.35
    ille ferat pretium poenae securus, opinor. *Epist.*2.2.17
    nanciscetur enim pretium nomenque poetae, ... *Ars Poet.*299
pretore. a praetore [pretore] dati, rerum tutela mearum . . . *var.Epist.*1.1.103
Priami. tuas rumpere nuptias|et regnum Priami vetus. . . *Carm.*1.15.8
    nec Priami domus|periura pugnacis Achivos|Hectoreis opibus refringit *Carm.*3.3.26
    dum Priami Paridisque busto|insultet armentum . . . *Carm.*3.3.40
    Troas et laetam Priami choreis|falleret aulam, . . . *Carm.*4.6.15
    gaudeat ut populus Priami Priamusque inhumato, . . . *Serm.*2.3.195
    'fortunam Priami cantabo et nobile bellum.' . . . . *Ars Poet.*137
Priamiden. inter|Hectora Priamiden, animosum atque inter Achillem | ira
    fuit *Serm.*1.7.12
Priamus. Ilio dives Priamus relicto *Carm.*1.10.14
    gaudeat ut populus Priami Priamusque inhumato, . . . *Serm.*2.3.195
Priape. qua muneretur te, Priape, ... *Epod.*2.21
Priapum. cum faber, incertus scamnum faceretne Priapum, . . *Serm.*1.8.2
pridem. haud ita pridem|Galloni praeconis erat acipensere mensa|infamis. *Serm.*2.2.46
    iactamus iam pridem omnis te Roma beatum; . . . *Epist.*1.16.18
    non ita pridem,|tardior ut paullo graviorque veniret ad auris, . *Ars Poet.*254
prima. hos utinam inter|heroas natum tellus me prima tulisset. . *Serm.*2.2.93
    quid prima secundo|cera velit versu; *Serm.*2.5.53
    quae prima iratum ventrem pacaverit esca.' . . . *Serm.*2.8.5
    oleo, quod plena Venafri|pressit cella; *Serm.*2.8.45
    virtus est vitium fugere et sapientia prima|stultitia caruisse. . *Epist.*1.1.41
    dum ficus prima calorque|dissignatorem decorat . . . *Epist.*1.7.5
    'scilicet, ut non|sit mihi prima fides *Epist.*1.18.17
    versibus inpariter iunctis querimonia primum [prima], | post etiam
    inclusa est voti sententia compos; . . . . . *var.Ars Poet.*75
prima. prima nocte domum claude *Carm.*3.7.29
    prima dicte mihi, summa dicende Camena. *Epist.*1.1.1
    te, dulcis amice, reviset|cum Zephyris, si concedes, et hirundine prima. *Epist.*1.7.13
prima. ut silvae foliis pronos mutantur in annos,|prima cadunt: . *Ars Poet.*61
prima. elementa velint ut discere prima; *Serm.*1.1.26
    iusserit ad se|Maecenas serum sub lumina prima venire|convivam: *Serm.*2.7.33
    prima feres hederae victricis praemia. *Epist.*1.3.25
    lento Samnites ad lumina prima duello. *Epist.*2.2.98
primae. virginum primae puerique claris|patribus orti, . . *Carm.*4.6.31
primam. si te grata quies et primam somnus in horam|delectat, . *Epist.*1.17.6
prime. Pompei, meorum prime sodalium? *Carm.*2.7.5
primis. me primis Vrbis belli placuisse domique, . . . *Epist.*1.20.23
primis. praeponens ultima primis, ... *Serm.*1.4.59
primis. cum prorepserunt primis animalia terris, . . . *Serm.*1.3.99
primis. cui frons turgida cornibus|primis *Carm.*3.13.5
    sedilibusque magnus in primis eques|Othone contempto sedet. . *Epod.*4.15
    in primis valeas bene: *Serm.*2.2.71
    'in primis Lucanus aper. *Serm.*2.8.6
primo. primo restituent vere Favonii *Carm.*3.7.2
primo. primo ne medium, medio ne discrepet imum. . . . *Ars Poet.*152
primores. primores populi arripuit populumque tributim, . . *Serm.*2.1.69
primorum. extremi primorum, extremis usque priores. . . *Epist.*2.2.204
primos. primosque et extremos metendo *Carm.*4.14.31
    eoque|difficilis aditus primos habet.' *Serm.*1.9.56
    unde homines operum primos vitaeque labores|instituont . . *Serm.*2.6.21
primum. Lesbio primum modulate civi, ... *Carm.*1.32.5
    ille et nefasto te posuit die|quicumque primum, . . . *Carm.*2.13.2
    fecunda culpae saecula nuptias|primum inquinavere . . *Carm.*3.6.18
    primum ego me illorum, dederim quibus esse poetis,|excerpam numero: *Serm.*1.4.39

primum nam inquiram, quid sit furere: *Serm.*2.3.41
primum | aedificas, hoc est longos imitaris,   .   .   .   *Serm.*2.3.307
turdus | sive aliud privom [primum] dabitur tibi,   .   .   *var.Serm.*2.5.11
'o cives, cives, quaerenda pecunia primum est;   .   .   .   *Epist.*1.1.53
si dicet 'recte,' primum gaudere, ...   *Epist.*1.8.15
ponendaeque domo quaerenda est area primum: .   .   .   *Epist.*1.10.13
ut primum posiris nugari Graecia bellis | coepit   .   .   *Epist.*2.1.93
unde simul primum me dimisere Philippi *Epist.*2.2.49
adspice primum, | quanto cum fastu, ...   *Epist.*2.2.92
versibus inpariter iunctis querimonia primum,   .   .   .   *Ars Poet.*75
si vis me flere, dolendum est | primum ipsi tibi: .   .   *Ars Poet.*103
primum.   et pugilem victorem et equom certamine primum   .   *Ars Poet.*84
primum.   hoc primus [primum] repetas opus, hoc postremus omittas.   *var.Epist.*1.6.48
primus.   qui fragilem truci | conmisit pelago ratem | primus: .   *Carm.*1.3.12
qui primus alma risit adorea, ...   *Carm.*4.4.41
primusve Teucer tela Cydonio | derexit arcu;   .   .   *Carm.*4.9.17
non ferox | Hector . . . excepit ictus pro pudicis | coniugibus puerisque
    primus. *Carm.*4.9.24
pudicum, | qui primus virtutis honos, ...   *Serm.*1.6.83
primus in hunc operis conponere carmina morem,   .   .   *Serm.*2.1.63
utrumne in pulvere, trimus [primus] | quale prius, ludas opus, an
    meretricis amore | sollicitus plores: .   .   .   *var.Serm.*2.3.251
hanc ego cum malis, ego faecem primus et hallec,   .   .   *Serm.*2.4.73
ego faecem primus et hallec, | primus et invenior piper album [? ego
    primus face nec allec miscui]   .   .   .   .   *? var.Serm.*2.4.73
primus et invenior piper album cum sale nigro | incretum   .   *Serm.*2.4.74
erucas viridis, inulas ego primus amaras | monstravi incoquere;   .   *Serm.*2.8.51
hoc primus repetas opus, hoc postremus omittas.   .   .   *Epist.*1.6.48
Parios ego primus iambos | ostendi Latio, ...   *Epist.*1.19.23
quam si proferres ignota indictaque primus.   .   .   .   *Ars Poet.*130
cum senos redderet ictus | primus ad extremum similis sibi: .   *Ars Poet.*254
princeps.   hic ames dici pater atque princeps   .   .   .   *Carm.*1.2.50
princeps et innantem Maricae | litoribus tenuisse Lirim,   .   *Carm.*3.17.7
princeps Aeolium carmen ad Italos | deduxisse modos.   .   *Carm.*3.30.13
libera per vacuom posui vestigia princeps.   .   .   .   *Epist.*1.19.21
principe.   pestemque a populo et principe Caesare   .   .   *Carm.*1.21.14
et formidatam Parthis te principe Romam,   .   .   .   *Epist.*2.1.256
principi.   fertur Prometheus addere principi | limo coactus   .   *Carm.*1.16.13
principibus.   principibus placuisse viris non ultima laus est.   .   *Epist.*1.17.35
principis.   Romae principis urbium | dignatur suboles   .   .   *Carm.*4.3.13
principium.   tu carminis esto | principium.   .   .   .   *Serm.*2.6.23
scribendi recte sapere est et principium et fons.   .   .   *Ars Poet.*309
principium.   hinc omne principium, huc refer exitum: .   .   *Carm.*3.6.6
principum.   gravisque | principum amicitias et arma   .   .   *Carm.*2.1.4
Auguste, . . . maxime principum, ...   *Carm.*4.14.6
prior.   nunc et qui color est puniceae flore prior rosae   .   *Carm.*4.10.4
bellante prior, iacentem | lenis in hostem.   .   .   .   *Carm.Saec.*51
prior Sarmentus 'equi te | esse feri similem dico.'   .   .   *Serm.*1.5.56
ne prior officio quisquam respondeat, urge.'   .   .   .   *Serm.*2.6.24
tanto levius miser ac prior ille *Serm.*2.7.19
occupat et salvere iubet prior; *Epist.*1.7.66
ambigitur quotiens, uter utro sit prior, ...   *Epist.*2.1.55
prior.   nisi cena prior potiorque puella Sabinum | detinet adsumam;   *Epist.*1.5.27
priorem.   fama civem causaque priorem | sperne,   .   .   *Serm.*2.5.30
plus quam se sapere et virtutibus esse priorem | volt   .   .   *Epist.*1.18.27
priores.   priores | inpiae tectum dominae relinquont,   .   .   *Carm.*2.8.18
extremi primorum, extremis usque priores.   .   .   .   *Epist.*2.2.204
priores.   quando et priores hinc Lamias ferunt | denominatos   .   *Carm.*3.17.2
priores.   si priores Maeonius tenet | sedes Homerus,   .   .   *Carm.*4.9.5
priori.   spargent oliveti odorem | fertilibus domino priori,   .   *Carm.*2.15.8
priori.   obsecro et obtestor, vitae me redde priori.'   .   .   *Epist.*1.7.95
prisca.   'quid si prisca redit Venus *Carm.*3.9.17
ut prisca gens mortalium, ...   *Epod.*2.2
atque alii, quorum comoedia prisca virorum est,   .   .   *Serm.*1.4.2
illi, scripta quibus comoedia prisca viris est,   .   .   .   *Serm.*1.10.16
priscae.   sic priscae motumque et luxuriem addidit arti | tibicen   .   *Ars Poet.*214
prisci.   prisci Catonis | saepe mero caluisse virtus.   .   .   *Carm.*3.21.11
prisci.   agricolae prisci, fortes parvoque beati,   .   .   *Epist.*2.1.139
priscis.   quae priscis memorata Catonibus atque Cethegis   .   *Epist.*2.2.117

prisco.   prisco si credis, Maecenas docte, Cratino, ... *Epist.*1.19.1
prisco.   divesne prisco natus ab Inacho|nil interest *Carm.*2.3.21
prisco.   date quae precamur|tempore sacro [? prisco], ... *? var.Carm.Saec.*4
priscum. nec dabunt, quamvis redeant in aurum|tempora priscum. . . *Carm.*4.2.40
Priscus. saepe notatus|cum tribus anellis, modo laeva Priscus inani . . *Serm.*2.7.9
priscus. Pudorque|priscus et neglecta redire Virtus|audet . . . *Carm.Saec.*58
prius.   quod prius ordine verbum est|posterius facias, ... *Serm.*1.4.58
prius.   nil ait esse prius, melius nil caelibe vita; *Epist.*1.1.88
prius.   semotique prius tarda necessitas|Leti corripuit gradum; . . *Carm.*1.3.32
          quid prius dicam solitis parentis|laudibus, ... *Carm.*1.12.13
          Romulum post hos prius . . . dubito, ... *Carm.*1.12.33
          nullam, Vare, sacra vite prius severis arborem *Carm.*1.18.1
          quae prius multum facilis movebat|cardines. *Carm.*1.25.5
          sed prius Apulis|iungentur capreae lupis *Carm.*1.33.7
          prius insolentem|serva Briseis niveo colore|movit Achillem, . . *Carm.*2.4.2
          nec dis amicum est nec mihi te prius|obire, Maecenas, . . *Carm.*2.17.2
          carmina non prius|audita *Carm.*3.1.2
          rite deos prius adprecati, ... *Carm.*4.15.28
          priusque caelum sidet inferius mari . . . quam non amore sic meo flagres *Epod.*5.79
          quod vitium procul afore chartis|atque animo prius, . . . *Serm.*1.4.102
          quod vitium procul afore chartis|atque animo prius, ut siquid [animo,
              prius ut, siquid] promittere de me|possum aliud vere, promitto. . *coni.Serm.*1.4.102
          huc prius angustis eiecta cadavera cellis *Serm.*1.8.8
          in pulvere, trimus|quale prius, ludas opus. *Serm.*2.3.252
          non prius exacta tenui ratione saporum. *Serm.*2.4.36
          vincit longe prius ipsum|expugnare caput. *Serm.*2.5.73
          (quid prius inlustrem saturis musaque pedestri) *Serm.*2.6.17
          hunc ego, non alio dictum prius ore, Latinus|volgavi fidicen; . . *Epist.*1.19.32
          prius orto|sole vigil calamum et chartas et scrinia posco. . . *Epist.*2.1.112
          sterilisve diu palus [palus prius] aptaque remis|vicinas urbes alit et
              grave sentit aratrum. . . . . *coni.Ars Poet.*65
          format enim natura prius nos intus ad omnem|fortunarum habitum: . *Ars Poet.*108
          qui Pythia cantat|tibicen, didicit prius . . . . . . *Ars Poet.*415
priva.   locuples, quem ducit priva triremis. *Epist.*1.1.93
privata. privata deduci superbo,|non humilis mulier, triumpho. . . *Carm.*1.37.31
privatas. privatas ut quaerat opes et tangere vitet|scripta, . . . *Epist.*1.3.16
privati. publica materies privati iuris erit, ... *Ars Poet.*131
privatim. privatusque [privatimque] magis vivam te rege beatus. . . *var.Serm.*1.3.142
privatis. nulla . . . metata privatis opacam|porticus excipiebat arcton . *Carm.*2.15.15
privatis. privatis ac prope socco|dignis carminibus narrari . . . *Ars Poet.*90
          publica privatis secernere, sacra profanis, ... *Ars Poet.*397
privato. invidia adcrevit, privato quae minor esset. *Serm.*1.6.26
privatus. privatus illis census erat brevis,|commune magnum: . . *Carm.*2.15.13
          parce privatus nimium cavere *Carm.*3.8.26
          privatusque magis vivam te rege beatus. *Serm.*1.3.142
privet.   quem ter vindicta quaterque | inposita haud umquam misera
              formidine privet? *Serm.*2.7.77
privignis. matre carentibus|privignis mulier temperat innocens . . *Carm.*3.24.18
privignus. quibus terrarum militet oris|Claudius Augusti privignus, . *Epist.*1.3.2
privom.   turdus|sive aliud privom dabitur tibi, ... *Serm.*2.5.11
privum.   turdus|sive aliud privom [privum] dabitur tibi, ... *var.Serm.*2.5.11
pro.   dulce et decorum est pro patria mori: *Carm.*3.2.13
          pro qua non metuam mori, ... *Carm.*3.9.11
          pro quo bis patiar mori, ... *Carm.*3.9.15
          Codrus pro patria non timidus mori *Carm.*3.19.2
          Codrus pro patria non timidus [non timidus pro patria] mori . . *var.Carm.*3.19.2
          et pro sollicitis non tacitus reis *Carm.*4.1.14
          excepit ictus pro pudicis|coniugibus puerisque *Carm.*4.9.23
          non ille pro caris amicis|aut patria timidus perire. . . . *Carm.*4.9.51
          'at in se|pro quaestu sumptum facit hic.' *Serm.*1.2.19
          dedit hic pro corpore nummos, ... *Serm.*1.2.43
          pro bene sano|ac non incauto fictum astutumque vocamus. . *Serm.*1.3.61
          pro vitula statuis dulcem Aulide natam|ante aras . . . *Serm.*2.3.199
          siquis gnatam pro muta devovet agna, ... *Serm.*2.3.219
          qui pro se tolleret atque|mitteret in phimum talos, . . . *Serm.*2.7.16
          'summus ego et prope [pro] me Viscus Thurinus et infra,|si memini,
              Varius; *var.Serm.*2.8.20
          dignum praestabo me etiam pro laude merentis. *Epist.*1.7.24
          et spondere levi pro paupere . . . . *Ars Poet.*423

pro.   (pro curia inversique mores) *Carm.*3.5.7
proavi.   at vestri proavi Plautinos et numeros et|laudavere sales,   .   .   *Ars Poet.*270
proba.   "tu pudica, tu proba|perambulabis astra sidus aureum."   .   .   *Epod.*17.40
probam.   probamque|pauperiem sine dote quaero. *Carm.*3.29.55
probante.   vagus et sinistra|labitur ripa Iove non probante u-|xorius amnis.   *Carm.*1.2.19
probantes.   idem eadem possunt horam durare probantes?   .   .   .   *Epist.*1.1.82
probas.   sive tu Lucina probas vocari|seu Genitalis: *Carm.Saec.*15
probat.   meminitque libentius illud|quod quis deridet quam quod probat et
                veneratur. *Epist.*2.1.263
          nec, siquid fricti ciceris probat et nucis emptor,   .   .   .   *Ars Poet.*249
probes.   utrius horum|verba probes et facta, doce *Epist.*1.17.16
probet.   ⟨cum⟩ nemo, ut avarus,|se probet *Serm.*1.1.109
          Valgius et probet haec Octavius optimus atque|Fuscus   .   .   *Serm.*1.10.82
probos.   di, probos mores docili iuventae, ...   *Carm.Saec.*45
          et vixisse probos, amplis et honoribus auctos;   .   .   .   *Serm.*1.6.11
          veteresne poetas [veteresne probosque]|an quos et praesens et postera
                respuat aetas? *coni.Epist.*2.1.41
probrosis.   o magna Carthago, probrosis|altior Italiae ruinis.'   .   .   *Carm.*3.5.39
probus.   probus quis|nobiscum vivit, multum demissus homo: .   .   *Serm.*1.3.56
          'est vetus atque probus, centum qui perficit annos.'   .   .   *Epist.*2.1.39
procacis.   vernasque procacis|pasco libatis dapibus.   .   .   .   *Serm.*2.6.66
procax.   sed ne relictis, Musa procax, iocis *Carm.*2.1.37
procedere.   procedere recte|qui moechis non voltis,   .   .   .   *Serm.*1.2.37
          nil cum procedere lintrem|sentimus, ...   *Serm.*1.5.20
procedis.   †teque, dum procedis, 'io triumphe'|non semel dicemus,   .   *Carm.*4.2.49
procedit.   †teque, dum procedis [procedit], 'io triumphe'|non semel dicemus,   *var.Carm.*4.2.49
          procedit fuscus Hydaspes|Caecuba vina ferens,   .   .   .   *Serm.*2.8.14
procedunt.   in ius|acres concurrunt [? procedunt], ...   *? var.Serm.*1.7.21
procellae.   serpit humi tutus nimium timidusque procellae: .   .   *Ars Poet.*28
procellae.   age te procellae|crede veloci, ...   *Carm.*3.27.62
procellae.   aut mare Caspium|vexant inaequales procellae|usque   .   *Carm.*2.9.3
procellas.   dum procellas|cautus horrescis, ...   *Carm.*2.10.2
procellis.   si mugiat Africis|malus procellis, ...   *Carm.*3.29.58
procera.   artius atque hedera procera adstringitur ilex   .   .   .   *Epod.*15.5
          forti nubet procera Corano|filia Nasicae, ...   *Serm.*2.5.64
proceras.   valentium|proceras manibus vertere fraxinos,   .   .   .   *Carm.*3.25.16
proceros.   quo pertinet ergo|proceros odisse lupos?   .   .   .   *Serm.*2.2.36
processerit.   servetur ad imum|qualis ab incepto processerit   .   .   *Ars Poet.*127
proci.   quam nequiere proci recto depellere cursu?'   .   .   .   *Serm.*2.5.78
procidit.   procidit late posuitque collum in|pulvere Teucro;   .   .   *Carm.*4.6.11
          postquam relictis moenibus rex procidit *Epod.*17.13
procis.   non te Penelopen difficilem procis|Tyrrhenus genuit parens.   .   *Carm.*3.10.11
procis.   neque illic|aut apotheca procis intacta est aut pecus: .   .   *Serm.*2.5.7
Procne.   aut in avem Procne vertatur, Cadmus in anguem.   .   .   *Ars Poet.*187
procudere.   licuit semperque licebit | signatum praesente nota procudere
                nomen.   .   .   .   .   *Ars Poet.*59
procudit.   non ira, quae procudit ensis *Carm.*4.15.19
procul.   procul omnis esto|clamor et ira. *Carm.*3.8.15
          'beatus ille qui procul negotiis,   .   .   paterna rura bubus exercet suis .   *Epod.*2.1
          quod vitium procul afore chartis|atque animo prius,   .   .   *Serm.*1.4.101
          praesertim cautum dignos adsumere, prava|ambitione procul.   .   *Serm.*1.6.52
          quae procul exstructis inerant hesterna canistris.   .   .   *Serm.*2.6.105
          cui mustela procul 'si vis' ait 'effugere istinc,   .   .   .   *Epist.*1.7.32
          Neptunum procul ex terra spectare furentem.'   .   .   .   *Epist.*1.11.10
          mox etiam, si forte vacas, sequere et procul audi,   .   .   *Epist.*2.2.95
          pauperies inmunda domus procul absit: *Epist.*2.2.199
          pauperies inmunda domus procul [inmunda procul procul] absit: .   *var.Epist.*2.2.199
Proculeius.   vivet extento Proculeius aevo, ...   *Carm.*2.2.5
procurare.   haec ego procurare et idoneus imperor *Epist.*1.5.21
procurrerit.   in mare seu celsus procurrerit Appenninus   .   .   .   *Epod.*16.29
procurrunt.   in ius | acres concurrunt [procurrunt], magnum spectaculum
                uterque. *var.Serm.*1.7.21
Procyon.   iam Procyon furit *Carm.*3.29.18
prodeat.   unico gaudens mulier marito|prodeat iustis operata sacris   .   *Carm.*3.14.6
prodentem.   est|gaudia prodentem voltum celare. *Serm.*2.5.104
proderat.   quid proderat ditasse Paelignas anus *Epod.*17.60
proderis.   quid proderat [proderis] ditasse Paelignas anus | velociusve
                miscuisse toxicum? *var.Epod.*17.60
proderit.   quid proderat [proderit] ditasse Paelignas anus   .   .   .   *var.Epod.*17.60

prodesse. si prodesse tuis pauloque benignius ipsum|te tractare voles,   .   *Epist.*1.17.11
aut prodesse volunt aut delectare poetae .   .   .   .   *Ars Poet.*333
prodest. nec quidquam tibi prodest|aerias temptasse domos   .   .   .   *Carm.*1.28.4
quaerere plus prodest et inane abscindere soldo?   .   .   .   *Serm.*1.2.113
id quod|aeque pauperibus, prodest locupletibus aeque,   .   .   *Epist.*1.1.25
prodiderit. si|prodiderit conmissa fide sponsumve negarit?   .   .   .   *Serm.*1.3.95
prodidit. quas aut [? qualis] Parrhasius protulit [prodidit] aut Scopas,   .   *var.Carm.*4.8.6
prodiga. arcanique Fides prodiga, perlucidior vitro. *Carm.*1.18.16
prodigialiter. qui variare cupit rem prodigialiter unam,   .   .   .   *Ars Poet.*29
prodigum. animaeque magnae|prodigum Paulum superante Poeno   .   *Carm.*1.12.38
prodigus. ne prodigus esse|dicatur metuens, ...   *Serm.*1.2.4
prodigus et stultus donat quae spernit et odit: .   .   .   *Epist.*1.7.20
locus, . . . nec multae prodigus herbae; *Epist.*1.7.42
poema|qui tam ridiculum tam care prodigus emit,   .   .   .   *Epist.*2.1.238
distat enim, spargas tua prodigus, ...   *Epist.*2.2.195
utilium tardus provisor, prodigus aeris, ...   *Ars Poet.*164
prodire. est quadam prodire tenus, si non datur ultra.   .   .   .   *Epist.*1.1.32
prodis. iuvenumque prodis|publica cura. *Carm.*2.8.7
tu cum proiectis insignibus, . . . prodis ex iudice Dama,   .   *Serm.*2.7.54
proditor. nunc et latentis proditor intumo|gratus puellae risus ab angulo .   *Carm.*1.9.21
proditur. perditur [proditur] haec inter misero lux non sine votis: .   *coni.Serm.*2.6.59
prodocet. haec Ianus summus ab imo|prodocet, ...   *Epist.*1.1.55
producas. diva, producas subolem patrumque | prosperes decreta super
iugandis|feminis *Carm.Saec.*17
producent. te . . . vivaeque producent lucernae, ...   *Carm.*3.21.23
producere. licuit semperque licebit | signatum praesente nota procudere
[producere] nomen.   .   .   .   .   *var.Ars Poet.*59
producimus. prorsus iucunde cenam producimus illam.   .   .   .   *Serm.*1.5.70
productior. neve minor neu sit quinto productior actu|fabula,   .   .   *Ars Poet.*189
produxerit. adsciscet nova, quae genitor produxerit usus.   .   .   .   *Epist.*2.2.119
produxit. sacrilega manu|produxit, arbos, ...   *Carm.*2.13.3
proelia. nos convivia, nos proelia virginum . . . cantamus,   .   .   *Carm.*1.6.17
nec Semeleius|cum Marte confundet Thyoneus|proelia   .   .   *Carm.*1.17.24
campus sepulcris inpia proelia|testatur *Carm.*2.1.30
dices historiis proelia Caesaris, ...   *Carm.*2.12.10
et venerem et proelia destinat. *Carm.*3.13.5
dura post paulo fugies inaudax|proelia raptor,   .   .   .   *Carm.*3.20.4
geretque|proelia coniugibus loquenda. *Carm.*4.4.68
non pugnavit ingens|Idomeneus . . . dicenda Musis proelia;   .   *Carm.*4.9.21
volentem proelia me loqui *Carm.*4.15.1
miror|proelia rubrica picta aut carbone *Serm.*2.7.98
spes iubet esse ratas, ad proelia trudit inertem,   .   .   .   *Epist.*1.5.17
quo clamore coronae|proelia sustineas campestria;   .   .   *Epist.*1.18.54
proeliis. proximos illi tamen occupavit|Pallas honores|proeliis audax.   .   *Carm.*1.12.21
proelium. maior Neronum mox grave proelium|conmisit   .   .   .   *Carm.*4.14.14
Proetum. ut Proetum mulier perfida credulum|falsis inpulerit criminibus   *Carm.*3.7.13
profanis. sit spes fallendi, miscebis sacra profanis. *Epist.*1.16.54
publica privatis secernere, sacra profanis, ...   *Ars Poet.*397
profanum. odi profanum volgus et arceo. *Carm.*3.1.1
profari. (infans namque pudor prohibebat plura profari)   .   .   .   *Serm.*1.6.57
profeci. quid tum profeci, mecum facientia iura|si tamen attemptas?   .   *Epist.*2.2.23
profecto. ille profecto|reddere personae scit convenientia cuique.   .   *Ars Poet.*315
profer. et vigiles lucernas|perfer [profer] in lucem: .   .   .   *var.Carm.*3.8.15
proferat. quidquid sub terra est, in apricum proferet [proferat] aetas,   *var.Epist.*1.6.24
quid premat obscurum lunae, quid proferat orbem,   .   .   *Epist.*1.12.18
proferet. iracunda diem proferet Ilio . . . classis Achillei;   .   .   .   *Carm.*1.15.33
quidquid sub terra est, in apricum proferet aetas,   .   .   .   *Epist.*1.6.24
proferet in lucem speciosa vocabula rerum, ...   *Epist.*2.2.116
proferre. unde pedem proferre pudor vetet aut operis lex,   .   .   .   *Ars Poet.*135
proferres. quam si proferres ignota indictaque primus.   .   .   .   *Ars Poet.*130
professis. inceptis gravibus plerumque et magna professis|purpureus, . . .
adsuitur pannus, ...   *Ars Poet.*14
professus. metues, liberrime Lolli,|scurrantis speciem praebere, professus
amicum. *Epist.*1.18.2
professus grandia turget;   .   .   .   .   *Ars Poet.*27
profesta. 'non ego' narrantem 'temere edi luce profesta   .   .   .   *Serm.*2.2.116
profestis. potare . . . Campana solitus trulla vappamque profestis,   .   *Serm.*2.3.144
profestis. nosque et profestis lucibus et sacris *Carm.*4.15.25
proficeret. Caesar, . . . non|quicquam proficeret;   .   .   .   *Serm.*1.3.6

proficiente. fugeres radice vel herba | proficiente nihil curarier: . . . *Epist.*2.2.151
proficiscentem. ut proficiscentem docui te saepe diuque, ... *Epist.*1.13.1
proficiscenti. dixi me pigrum proficiscenti tibi, ... *Epist.*2.2.20
proficiunt. quid leges sine moribus | vanae proficiunt, ... *Carm.*3.24.36
profluunt. sed quae Tibur aquae fertile praefluont [profluunt] . . . *var.Carm.*4.3.10
profore. quae nocuere sequar, fugiam quae profore credam; . . . *Epist.*1.8.11
profugi. te Dacus asper, te profugi Scythae *Carm.*1.35.9
profugit. Phocaeorum | velut profugit exsecrata civitas *Epod.*16.18
profugus. te profugus Scythes | miratur, ... *Carm.*4.14.42
profundat. quali perfundat [profundat] piscis securus olivo. *var.Serm.*2.4.50
profundo. fervet inmensusque ruit profundo | Pindarus ore, . . . *Carm.*4.2.7
    merses profundo, pulchrior evenit; *Carm.*4.4.65
profundum. qui profundum Danuvium bibunt *Carm.*4.15.21
progenerant. neque inbellem feroces | progenerant aquilae columbam. . *Carm.*4.4.32
progeniem. mox daturos | progeniem vitiosiorem. *Carm.*3.6.48
    almae | progeniem Veneris canemus. *Carm.*4.15.32
progenies. Quinti progenies Arri, par nobile fratrum, ... *Serm.*2.3.243
progenies. Tyrrhena regum progenies, ... *Carm.*3.29.1
prognatos. quas doceat quivis eques atque senator | semet prognatos. . *Serm.*1.6.78
prognatum. numquid ego a te | magno prognatum deposco consule cunnum *Serm.*1.2.70
prognatus. Castor gaudet equis, ovo prognatus eodem | pugnis; . . . *Serm.*2.1.26
prohibebat. (infans namque pudor prohibebat plura profari) . . . *Serm.*1.6.57
prohibent. unde is Parcae prohibent iniquae, ... *Carm.*2.6.9
    namque marem cohibent [prohibent] callosa vitellum. *var.Serm.*2.4.14
prohibere. has nullo perdere possum | nec prohibere modo, ... *Serm.*1.8.21
    nec, . . . nodosa corpus nolis prohibere cheragra. *Epist.*1.1.31
    concubitu prohibere vago, dare iura maritis. . . . . . . *Ars Poet.*398
prohibet. tris prohibet supra | rixarum metuens tangere Gratia . . . *Carm.*3.19.15
prohibete. verecundumque Bacchum | sanguineis prohibete rixis. . . *Carm.*1.27.4
proicere. qui servos proicere aurum | in media iussit Libya, . . . *Serm.*2.3.100
proicit. uterque | proicit ampullas et sesquipedalia verba, . . . *Ars Poet.*97
proiecerit. 'qui scis, an prudens huc se deiecerit [proiecerit] atque | servari
    nolit?' . . . . *var.Ars Poet.*462
proiecit. conminxit lectum potus mensave catillum | Euandri manibus
    tritum deiecit [proiecit]: *var.Serm.*1.3.91
proiectis. tu cum proiectis insignibus, . . . prodis ex iudice Dama, . . *Serm.*2.7.53
proiectum. proiectum odoraris cibum. *Epod.*6.10
proiectus. siquis ad ingentem frumenti semper acervom | porrectus
    [proiectus] vigilet cum longo fuste *var.Serm.*2.3.112
prole. laudantur simili prole puerperae, ... *Carm.*4.5.23
    cum prole matronisque nostris, ... *Carm.*4.15.27
prolem. Romulae genti date remque prolemque | et decus omne. . . . *Carm.Saec.*47
proles. sed rusticorum mascula militum | proles, ... *Carm.*3.6.38
    quem proles Niobea magnae | vindicem linguae Tityosque raptor | sensit *Carm.*4.6.1
    haud male Telemachus, proles patientis Vlixei: *Epist.*1.7.40
prolis. prolisque novae feraci | lege marita. *Carm.Saec.*19
prolueris. leni praecordia mulso | prolueris melius. *Serm.*2.4.27
prolutus. absentem ut cantat amicam | multa prolutus vappa nauta . . *Serm.*1.5.16
promat. ut speciosa dehinc miracula promat, ... *Ars Poet.*144
prome. prome reconditum, | Lyde, strenua Caecubum *Carm.*3.28.2
promens. insignem attenuat deus | obscura promens; *Carm.*1.34.14
promens. et horna dulci vina promens dolio *Epod.*2.47
promere. promere languidiora vina. *Carm.*3.21.8
    Romae dulce diu fuit . . . clienti promere iura, ... *Epist.*2.1.104
promes. non tamen intus | digna geri promes in scaenam . . . . *Ars Poet.*183
Promethea. nec satelles Orci | callidum Promethea | revexit auro captus; . *Carm.*2.18.35
Prometheus. fertur Prometheus addere principi | limo coactus . . . *Carm.*1.16.13
    quin et Prometheus et Pelopis parens *Carm.*2.13.37
    optat Prometheus obligatus aliti, ... *Epod.*17.67
promineret. cum promineret ore, ... *Epod.*5.35
prominet. quaecumque aut gelido prominet Algido *Carm.*1.21.6
promis. dum tu celeres sagittas | promis, ... *Carm.*3.20.10
    curru nitido diem qui | promis et celas *Carm.Saec.*10
promisit. certus enim promisit Apollo *Carm.*1.7.28
promissa. quo promissa cadant et somnia Pythagorea; *Epist.*2.1.52
    multa fidem promissa levant, ... *Epist.*2.2.10
promissa. militibus promissa Triquetra | praedia Caesar an est Itala tellure
    daturus?' *Serm.*2.6.55
promissi. hoc amet, hoc spernat promissi carminis auctor. . . . *Ars Poet.*45

promissis. sobrius ergo|dic aliquid dignum promissis. *Serm*.2.3.6
promissor. quid dignum tanto feret hic promissor hiatu? . . . *Ars Poet*.138
promissum. inceptos, olim promissum carmen, iambos *Epod*.14.7
promit. sunt quorum ingenium nova tantum crustula promit. . . *Serm*.2.4.47
promittere. ut siquid promittere de me|possum aliud vere, promitto. . *Serm*.1.4.102
promittit. sic qui promittit civis, Vrbem sibi curae,|imperium fore . *Serm*.1.6.34
    dum septem donat sestertia, mutua septem|promittit, . . . *Epist*.1.7.81
promitto. ut siquid promittere de me|possum aliud vere, promitto. . *Serm*.1.4.103
promittunt. quod medicorum est|promittunt medici, ... *Epist*.2.1.116
promorat. inverecundus deus . . . arcana promorat loco. . . . *Epod*.11.14
promovet. doctrina sed vim promovet insitam *Carm*.4.4.33
promptae. neu promptae modus amphorae *Carm*.1.36.11
promus. foris est promus, et atrum|defendens piscis hiemat mare: . *Serm*.2.2.16
proni. quam frigida parvi [proni]|findunt Scamandri flumina lubricus et
    Simois, ... *coni.Epod*.13.13
pronos. quis neget arduis|pronos relabi posse rivos|montibus . . *Carm*.1.29.11
    prosperam frugum celeremque pronos|volvere mensis. . . . *Carm*.4.6.39
    ut silvae foliis pronos mutantur in annos, ... *Ars Poet*.60
pronum. quam quae per pronum trepidat cum murmure rivom? . . *Epist*.1.10.21
pronus. quanto trepidet tumultu|pronus Orion. *Carm*.3.27.18
    alter in obsequium plus aequo pronus *Epist*.1.18.10
propagine. adulta vitium propagine|altas maritat populos . . *Epod*.2.9
prope. pulveris exigui prope latum parva Matinum|munera . . *Carm*.1.28.3
    te lanae prope nobilem|tonsae Luceriam, ... *Carm*.3.15.13
    Albanos prope te lacus|ponet marmoream *Carm*.4.1.19
    non Tanain prope flumen orti. *Carm*.4.15.24
    trans Tiberim longe cubat is prope Caesaris hortos.' . . *Serm*.1.9.18
    'summus ego et prope me Viscus Thurinus *Serm*.2.8.20
    cena brevis iuvat et prope rivom somnus in herba; . . *Epist*.1.14.35
prope. prope funeratus|arboris ictu. *Carm*.3.8.7
    Troiae prope victor altae|Pthius Achilles, ... *Carm*.4.6.3
    indomitas prope qualis undas|exercet Auster *Carm*.4.14.20
    ipsa utilitas, iusti prope mater et aequi. *Serm*.1.3.98
    insanis et tu stultique prope omnes, ... *Serm*.2.3.32
    haec siquis tempestatis prope ritu|mobilia *Serm*.2.3.268
    aliquis cubito stantem prope tangens|inquiet, . . . *Serm*.2.5.42
    nil admirari prope res est una, Numici, ... *Epist*.1.6.1
    est huic diversum vitio vitium prope maius, ... *Epist*.1.18.5
    ait prope vera: 'meae (contendere noli)|stultitiam patiuntur opes; *Epist*.1.18.28
    me . . . dixi|talibus officiis prope mancum, . . . *Epist*.2.2.21
    tres mihi convivae prope dissentire videntur . . . *Epist*.2.2.61
    privatis ac prope socco|dignis carminibus . . . . *Ars Poet*.90
    faciunt prope plura dolentibus ex animo, ... *Ars Poet*.432
propellere. frigus quo duramque famem propellere possit. . . *Serm*.1.2.6
properabantur. muricibus Tyriis iteratae vellera lanae|cui properabantur? *Epod*.12.22
properabat. dilapso flamma culinam|Volcano summum properabat lambere
    tectum, ... *Serm*.1.5.74
properabuntur. muricibus Tyriis iteratae vellera lanae|cui properabantur
    [properabuntur]? *var.Epod*.12.22
properantis. properantis aquae per amoenos ambitus agros . . *Ars Poet*.17
properantis. pastas ovis|videre properantis domum, . . . *Epod*.2.62
properare. et properare loco et cessare et quaerere et uti, . . *Epist*.1.7.57
    dicitur . . . Plautus ad exemplar Siculi properare Epicharmi, . *Epist*.2.1.58
properaret. interque maerentis amicos|egregius properaret exul. . *Carm*.3.5.48
properas. Sybarin cur properes [properas] amando|perdere, . . *var.Carm*.1.8.2
    Sybarin cur properes [ni properas] amando|perdere, . . *coni.Carm*.1.8.2
    ad quae si properas gaudia, ... *Carm*.4.12.21
properat. cum pene soluto|indomitam properat rabiem sedare, . *Epod*.12.9
properavit. nec latentis|classe cita reparavit [properavit] oras. . *coni.Carm*.1.37.24
propere. da lunae propere novae, ... *Carm*.3.19.9
properemus. hoc opus, hoc studium parvi properemus et ampli, . *Epist*.1.3.28
properent. solutis|Gratiae zonis properentque Nymphae . . *Carm*.1.30.6
    cur me funesto properent arcere veterno; *Epist*.1.8.10
properes. Sybarin cur properes amando|perdere, ... *Carm*.1.8.2
properet. dic et argutae properet Neaerae *Carm*.3.14.21
    indignoque pecuniam|heredi properet. *Carm*.3.24.62
propero. et propero quo scis.' *Serm*.1.9.40
propinquam. molem propinquam nubibus arduis, ... *Carm*.3.29.10
propinqui. pone sub curru nimium propinqui|solis . . . *Carm*.1.22.21

propinquis. suscitet ac reddat gnatis carisque propinquis? . . . *Serm.*1.1.83
propinquos. dimovit obstantis propinquos *Carm.*3.5.51
   ad sanos abeat tutela propinquos. *Serm.*2.3.218
propior. septimus octavo propior iam fugerit annus, . . . *Serm.*2.6.40
propior. maturo propior desine funeri|inter ludere virgines . . . *Carm.*3.15.4
propiora. siqui scribat uti nos|sermoni propiora, ... *Serm.*1.4.42
propioris. munere cum fungi propioris censet amici: *Epist.*1.9.5
propius. certius accipiet damnum propiusve medullis . . . *Epist.*1.10.28
propius. huc propius me, . . . vos ordine adite. *Serm.*2.3.80
   (nam te|scire, deos quoniam propius contingis, oportet), . . *Serm.*2.6.52
   ut propius spectes lacrimosa poemata Pupi; . . . *Epist.*1.1.67
   dicas adductum propius frondere Tarentum. . . . *Epist.*1.16.11
   si propius stes,|te capiat magis, ... *Ars Poet.*361
proponi. neque ficto|in peius voltu proponi cereus usquam . . *Epist.*2.1.265
propositi. iustum et tenacem propositi virum *Carm.*3.3.1
   victor propositi simul ac perveneris illuc, . . . *Epist.*1.13.11
proposito. quod non proposito conducat et haereat apte. . . *Ars Poet.*195
propositum. inde|ambo propositum peragunt iter, . . . *Serm.*2.6.99
propositum. 'pars hominum vitiis gaudet constanter et urget|propositum; *Serm.*2.7.7
proposuit. siccis omnia nam dura deus proposuit *Carm.*1.18.3
   utile proposuit nobis exemplar Vlixen, . . . *Epist.*1.2.18
propria. vel merito, quoniam in propria non pelle quiessem. . . *Serm.*1.6.22
propria. nisi ut propria haec mihi munera faxis. . . . *Serm.*2.6.5
propriae. nam propriae telluris erum natura neque illum | nec me nec
   quemquam statuit: *Serm.*2.2.129
   dissimulator opis propriae, mihi commodus uni. . . . *Epist.*1.9.9
propriam. diadema tutum|deferens uni propriamque laurum . . *Carm.*2.2.22
proprie. difficile est proprie communia dicere; . . . *Ars Poet.*128
propriis. capsis quem fama est esse librisque|ambustum propriis. . *Serm.*1.10.64
propriis. qui ne tuberibus propriis offendat amicum|postulat, . *Serm.*1.3.73
   aliena negotia curo|excussus propriis. *Serm.*2.3.20
proprio. sanctiorque|paene natali proprio, ... *Carm.*4.11.18
   cultello proprios [proprio] purgantem leniter unguis. . . *var.Epist.*1.7.51
   Archilochum proprio rabies armavit iambo: . . . *Ars Poet.*79
proprio. illum, si proprio condidit horreo *Carm.*1.1.9
proprior. septimus octavo propior [proprior] iam fugerit annus, . *var.Serm.*2.6.40
proprios. regum timendorum in proprios greges, . . . *Carm.*3.1.5
   cultello proprios purgantem leniter unguis. . . . *Epist.*1.7.51
proprium. longa aetas, liber amicus,|consilium proprium: . . *Serm.*1.4.133
   si proprium est, quod quis libra mercatus et aere est, . . *Epist.*2.2.158
   tamquam|sit proprium quicquam, ... *Epist.*2.2.172
proprium. quibus ipse meique|ante Larem proprium vescor . . *Serm.*2.6.66
proprium. potesne|ex his ut proprium quid noscere? . . . *Serm.*2.7.89
   siquid|et nos, quod cures proprium fecisse, loquamur. . . *Epist.*1.17.5
proprius. erit nulli proprius, sed cedet in usum|nunc mihi, nunc alii. . *Serm.*2.2.134
   (nam te|scire, deos quoniam propius [proprius] contingis, oportet), *var.Serm.*2.6.52
propter. hic ego propter aquam, quod erat deterrima, . . *Serm.*1.5.7
   quia tardius irent|propter onus segnes. . . . *Serm.*2.3.102
   qua Paridis propter narratur amorem|Graecia barbariae lento collisa
   duello, ... *Epist.*1.2.6
propter. glandem atque cubilia propter|unguibus et pugnis, . . . pugnabant *Serm.*1.3.100
propugnacula. ibis Liburnis inter alta navium,|amice, propugnacula, . *Epod.*1.2
propugnat. propugnat nugis armatus: *Epist.*1.18.16
propulit. olim iuventas et patrius vigor|nido . . . protulit [propulit] *var.Carm.*4.4.6
prorepit. non usquam prorepit et illis utitur ante|quaesitis patiens, . *Serm.*1.1.37
prorepserunt. cum prorepserunt primis animalia terris, . . *Serm.*1.3.99
proriperet. ne virilis|cultus in caedem et Lycias proriperet catervas? . *Carm.*1.8.16
prorogat. alterum in lustrum meliusque semper|prorogat aevom, . *Carm.Saec.*68
   qui recte vivendi prorogat horam, ... *Epist.*1.2.41
   et longum noto scriptori prorogat aevom. . . . *Ars Poet.*346
proroget. Latiumque felix|alterum in lustrum meliusque semper|prorogat
   [proroget] aevom, ... *var.Carm.Saec.*68
prorsus. prorsus iucunde cenam producimus illam. . . . *Serm.*1.5.70
   sed videt hunc omnis domus . . . introrsum [hunc prorsus] turpem,
   speciosum pelle decora. *var.Epist.*1.16.45
proruas. iniurioso ne pede proruas|stantem columnam. . . *Carm.*1.35.13
proruet. multa proruet integrum|cum laude victorem . . *Carm.*4.4.66
proruit. luctere, multa proruet [proruit] integrum|cum laude victorem *var.Carm.*4.4.66
proscripti. proscripti Regis Rupili pus atque venenum . . . *Serm.*1.7.1

prosequar. persequar [prosequar] hinc quo nunc iter est tibi.' . . . *var.Serm.*1.9.16
prosequitur. te prosequitur mero│defuso pateris *Carm.*4.5.33
Proserpina. nullum│saeva caput Proserpina fugit: *Carm.*1.28.20
   sed me│imperiosa trahit Proserpina: *Serm.*2.5.110
Proserpinae. quam paene furvae regna Proserpinae *Carm.*2.13.21
   supplex et oro regna per Proserpinae. *Epod.*17.2
prosiliet. iam vaga prosiliet frenis natura remotis. *Serm.*2.7.74
prosilit. donec cerebrosus prosilit unus *Serm.*1.5.21
prosiluit. Ennius ipse pater numquam nisi potus ad arma│prosiluit dicenda. *Epist.*1.19.8
prosit. annonae prosit, portet frumenta penusque. *Epist.*1.16.72
   nec rude quid prosit video ingenium: . . . . . . *Ars Poet.*410
prospectat. mugientium│prospectat errantis greges *Epod.*2.12
prospera. Fortuna lustro prospera tertio *Carm.*4.14.37
prosperam. prosperam frugum celeremque pronos│volvere mensis. . *Carm.*4.6.39
prosperes. prosperes decreta super iugandis│feminis . . . *Carm.Saec.*18
prospiciens. matrona bellantis tyranni│prospiciens et adulta virgo . *Carm.*3.2.8
   Euhias│Hebrum prospiciens et nive candidam│Thracen . . . *Carm.*3.25.10
prospicit. laudaturque domus, longos quae prospicit agros: . . . *Epist.*1.10.23
prostes. scilicet ut prostes Sosiorum pumice mundus. . . . *Epist.*1.20.2
prosunt. nil sine te mei│prosunt honores: *Carm.*1.26.10
   et dominum fallunt et prosunt furibus. *Epist.*1.6.46
   quid vici prosunt aut horrea? *Epist.*2.2.177
Protea. quo teneam voltus mutantem Protea nodo? . . . *Epist.*1.1.90
proteret. et Marte Poenos proteret altero; *Carm.*3.5.34
proterit. frigora mitescunt Zephyris, ver proterit aestas│interitura, . *Carm.*4.7.9
proterva. iam proterva│fronte petet Lalage maritum│dilecta, . . *Carm.*2.5.15
protervae. litium et rixae cupidos protervae; *Carm.*3.14.26
   inter vina fugam Cinarae maerere protervae. . . . *Epist.*1.7.28
protervi. iactibus crebris iuvenes protervi *Carm.*1.25.2
protervis. tristitiam et metus│tradam protervis in mare Creticum│portare
    ventis, ... *Carm.*1.26.2
   intererit Satyris paulum pudibunda protervis. . . . . *Ars Poet.*233
protervitas. urit grata protervitas *Carm.*1.19.7
protervo. nuptiarum expers et adhuc protervo│cruda marito. . . *Carm.*3.11.11
protervom. nec metues protervom│suspecta Cyrum, . . . *Carm.*1.17.24
protervos. Notus vocabit aut protervos Africus. *Epod.*16.22
Proteus. omne cum Proteus pecus egit altos│visere montis . . *Carm.*1.2.7
   ut caneret fera│Nereus [Proteus] fata. *var.Carm.*1.15.5
   effugiet tamen haec sceleratus vincula Proteus. . . . *Serm.*2.3.71
protinus. protinus et gravis│iras et invisum nepotem, . . . Marti redonabo; *Carm.*3.3.30
   tu protinus, unde│divitias aerisque ruam, dic augur, acervos.' . *Serm.*2.5.21
   si . . . herbis│vivis et urtica, sic vives protinus, . . *Epist.*1.12.8
   protinus ut moneam (siquid monitoris eges), . . . *Epist.*1.18.67
protrudit. qui male parentem in rupis protrusit [protrudit] asellum│iratus: *var.Epist.*1.20.15
protrusit. qui male parentem in rupis protrusit asellum│iratus: . . *Epist.*1.20.15
protulerit. nova rerum│nomina protulerit? . . . . . *Ars Poet.*58
protulit. patrius vigor│nido laborum protulit inscium . . . *Carm.*4.4.6
   quas aut Parrhasius protulit aut Scopas, ... *Carm.*4.8.6
   simul ac vaga Luna decorum│protulit os, ... *Serm.*1.8.22
prout. prout cuique libido est, ... *Serm.*2.6.67
provehunt. vim temperatam di quoque provehunt│in maius; . . *Carm.*3.4.66
provida. hoc caverat mens provida Reguli *Carm.*3.5.13
providisset. denique quod non│providisset eum. *Epist.*1.7.69
providus. ego cui timebo│providus auspex, ... *Carm.*3.27.8
   qui domitor Troiae multorum providus urbes │ et mores hominum
    inspexit *Epist.*1.2.19
provisae. sit bona librorum et provisae frugis in annum│copia . . *Epist.*1.18.109
provisam. verbaque provisam rem non invita sequentur. . . . *Ars Poet.*311
provisor. utilium tardus provisor, prodigus aeris, ... *Ars Poet.*164
provocat. Crispinus minimo me provocat *Serm.*1.4.14
provoces. quod ut superbo provoces ab inguine, ... *Epod.*8.19
proxima. postera [proxima] lux oritur multo gratissima: . . *var.Serm.*1.5.39
   proxima Campano ponti quae villula, tectum│praebuit . . *Serm.*1.5.45
proxima. ficta voluptatis causa sint proxima veris: . . . . *Ars Poet.*338
proximos. proximos illi tamen occupavit│Pallas honores . . *Carm.*1.12.19
   quid quod usque proximos│revellis agri terminos . . . *Carm.*2.18.23
proximum. vel nos in mare proximum│gemmas . . . mittamus, . *Carm.*3.24.47
proximus. 'accendis quare cupiam magis illi│proximus esse.' . . *Serm.*1.9.54
   'o si angulus ille│proximus accedat, qui nunc denormat agellum!' . *Serm.*2.6.9

nam tua res agitur, paries cum proximus ardet, ... *Epist*.1.18.84
prudens. nequiquam deus abscidit|prudens oceano dissociabili|terras, . *Carm*.1.3.22
  prudens futuri temporis exitum|caliginosa nocte premit deus . . *Carm*.3.29.29
  est animus tibi|rerumque prudens *Carm*.4.9.35
  doctos ego quos et amicos|prudens praetereo, ... *Serm*.1.10.88
  prudens placavi sanguine divos.' *Serm*.2.3.206
  cum prudens scelus ob titulos admittis inanis, ... *Serm*.2.3.212
  'num furis? an prudens ludis me obscura canendo?' . . . *Serm*.2.5.58
  ibis sub furcam prudens *Serm*.2.7.66
  neque ego, hercule, fur, ubi vasa|praetereo sapiens [*?* prudens] argentea. *? var.Serm*.2.7.73
  'nempe|vir bonus et prudens dici delector ego ac tu.' . . *Epist*.1.16.32
  prudens emisti vitiosum, dicta tibi est lex: *Epist*.2.2.18
  vir bonus et prudens versus reprendet inertis, ... *Ars Poet*.445
  'qui scis, an prudens huc se deiecerit . . . . . *Ars Poet*.462
prudens. neque in sepulcris pauperum prudens anus|novendialis dissipare
  pulveres. *Epod*.17.47
prudens. aeque pauperibus, prodest [*?* prudens] locupletibus aeque, . . *? var.Epist*.1.1.25
prudentem. hoc Staberi prudentem animum vidisse. *Serm*.2.3.89
  si paullum potes inlacrimare, est|gaudia prodentem [prudentem] voltum
  celare. *var.Serm*.2.5.104
  at si divitiae prudentem reddere possent, ... *Epist*.2.2.155
prudentia. si ratio et prudentia curas, . . . aufert, . . . *Epist*.1.11.25
pruinis. nec prata canis albicant pruinis. *Carm*.1.4.4
pruna. quid si rubicunda benigni|corna vepres et pruna ferant, . . *Epist*.1.16.9
prunae. praetextam et latum clavom prunaeque vatillum. . . . *Serm*.1.5.36
psallere. ille virentis et|doctae psallere Chiae|pulcris excubat in genis. . *Carm*.4.13.7
psallimus. psallimus et luctamur Achivis doctius unctis. . . . *Epist*.2.1.33
Pthius. Troiae prope victor altae|Pthius Achilles, ... *Carm*.4.6.4
ptisanarium. tu cessas? agedum, sume hoc ptisanarium oryzae.' . . *Serm*.2.3.155
pube. nec fera caerulea domuit Germania pube *Epod*.16.7
pubes. laeta quod pubes hedera virenti|gaudeat *Carm*.1.25.17
  adde quod pubes tibi crescit omnis, ... *Carm*.2.8.17
  si non periret iam miserabilis|captiva pubes. *Carm*.3.5.18
  post hoc secundis usque laboribus|Romana pubes crevit . . *Carm*.4.4.46
Publi. "Quinte" puta aut "Publi" (gaudent praenomine molles|auriculae) *Serm*.2.5.32
publica. iuvenumque prodis|publica cura. *Carm*.2.8.8
  publica materies privati iuris erit. . . . . . *Ars Poet*.131
publica. pars hominum gestit conducere publica; *Epist*.1.1.77
  in publica commoda peccem, ... *Epist*.2.1.3
  publica privatis secernere, sacra profanis, ... *Ars Poet*.397
publicas. mox ubi publicas|res ordinaris, ... *Carm*.2.1.10
publicis. non incisa notis marmora publicis, ... *Carm*.4.8.13
publico. oppida publico|sumptu iubentes . . . decorare . . *Carm*.2.15.18
publicum. concines laetosque dies et Vrbis|publicum ludum . . *Carm*.4.2.42
publicum. caementis licet occupes|terrenum omne tuis et mare publicum: *Carm*.3.24.4
publicus. quod legeret tereretque viritim publicus usus? . . . *Epist*.2.1.92
pudenda. sic lucro aversam potuisse nasci|matre pudenda. . . *Carm*.2.4.20
pudens. cur nescire pudens prave quam discere malo? . . . *Ars Poet*.88
pudenter. distat, sumasne pudenter|an rapias. *Epist*.1.17.44
  dabiturque licentia sumpta pudenter. . . . . . *Ars Poet*.51
pudet. heu heu, cicatricum et sceleris pudet|fratrumque. . . *Carm*.1.35.33
  (nam pudet tanti mali) *Epod*.11.7
  nec lusisse pudet, sed non incidere ludum. *Epist*.1.14.36
  'spissis indigna theatris|scripta pudet recitare et nugis addere pondus' . *Epist*.1.19.42
pudibunda. intererit Satyris paulum pudibunda protervis. . . *Ars Poet*.233
pudica. quodsi pudica mulier in partem iuvet|domum . . . *Epod*.2.39
  "tu pudica, tu proba|perambulabis astra sidus aureum." . . *Epod*.17.40
  'putasne,|perduci poterit tam frugi tamque pudica, . . . *Serm*.2.5.77
pudicae. fertur pudicae coniugis osculum . . . ab se removisse . . *Carm*.3.5.41
pudicis. excepit ictus pro pudicis|coniugibus puerisque . . . *Carm*.4.9.23
pudico. odisti clavis et grata sigilla pudico? *Epist*.1.20.3
pudicum. neque enim tenebris Diana pudicum|liberat Hippolytum . *Carm*.4.7.25
  pudicum,|qui primus virtutis honos, ... *Serm*.1.6.82
  idem si clamet furem, neget esse pudicum, ... *Epist*.1.16.36
Pudor. cui Pudor et Iustitiae soror . . . quando ullum inveniet parem? *Carm*.1.24.6
  iam Fides et Pax et Honor Pudorque|priscus et neglecta redire Virtus|
  audet
  . . . . *Carm.Saec*.57
pudor. dum pudor|inbellisque lyrae Musa potens vetat . . . *Carm*.1.6.9
  quis desiderio sit pudor aut modus|tam cari capitis? . . *Carm*.1.24.1

desinet inparibus certare submotus pudor.'	*Epod.*11.18
(infans namque pudor prohibebat plura profari)	*Serm.*1.6.57
pudor'' inquit "te malus angit,	*Serm.*2.3.39
stultorum incurata pudor malus ulcera celat.	*Epist.*1.16.24
quem paupertatis pudor et fuga, dives amicus, . . . odit	*Epist.*1.18.24
nec meus audet|rem temptare pudor quam vires ferre recusent.	*Epist.*2.1.259
unde pedem proferre pudor vetet aut operis lex,	*Ars Poet.*135
pudor. o pudor,|o magna Carthago,	*Carm.*3.5.38
pudorem. quodsi|depositum laudas ob amici iussa pudorem,	*Epist.*1.9.12
ne mox|incutiant aliena tibi peccata pudorem.	*Epist.*1.18.77
clament periisse pudorem|cuncti paene patres,	*Epist.*2.1.80
pudori. ne sit ancillae tibi amor pudori,	*Carm.*2.4.1
ne forte pudori|sit tibi Musa lyrae sollers et cantor Apollo.	*Ars Poet.*406
puella. puella|dives et lasciva	*Carm.*4.11.22
manum puella savio opponat tuo,	*Epod.*3.21
quid responderet? 'magno patre nata puella est.'	*Serm.*1.2.72
nisi cena prior potiorque puella Sabinum|detinet adsumam;	*Epist.*1.5.27
sub nutrice puella velut si luderet infans,	*Epist.*2.1.99
castis cum pueris ignara puella mariti|disceret unde preces,	*Epist.*2.1.132
puellae. latentis proditor intumo|gratus puellae risus ab angulo	*Carm.*1.9.22
conmissi calores|Aeoliae fidibus puellae.	*Carm.*4.9.12
alius ardor aut puellae candidae|aut teretis pueri	*Epod.*11.27
dominus pueri pulchri caraeve puellae	*Epist.*1.18.74
puellae. cursitant mixtae pueris puellae,	*Carm.*4.11.10
omnes|vicini oderunt, noti, pueri atque puellae.	*Serm.*1.1.85
insanum te omnes pueri clamentque puellae;	*Serm.*2.3.130
puellae. vos, o pueri et puellae|iam virum †expertae,	*Carm.*3.14.10
puellam. hic ego mendacem stultissimus usque puellam|ad mediam noctem	
exspecto;	*Serm.*1.5.82
puellarum. quem si puellarum insereres choro,	*Carm.*2.5.21
'mille puellarum, puerorum mille furores'—	*Serm.*2.3.325
puellas. dum grato Danai puellas|carmine mulces.	*Carm.*3.11.23
quae laborantis utero puellas|ter vocata audis	*Carm.*3.22.2
siderum regina bicornis, audi,|Luna, puellas.	*Carm.Saec.*36
puellis. vixi puellis nuper idoneus	*Carm.*3.26.1
puellis|iniciat curam quaerendi singula,	*Serm.*1.6.31
puellis. querentem|Sappho puellis de popularibus	*Carm.*2.13.25
mollibus in pueris aut in puellis urere.	*Epod.*11.4
puer. quis multa gracilis te puer in rosa|perfusus liquidis urget odoribus	*Carm.*1.5.1
nec dulcis amores|sperne puer neque tu choreas,	*Carm.*1.9.16
sive puer furens|inpressit memorem dente labris notam.	*Carm.*1.13.11
Thebanaeque iubet me Semelae puer	*Carm.*1.19.2
puer quis ex aula capillis|ad cyathum statuetur unctis	*Carm.*1.29.7
fervidus tecum puer et solutis|Gratiae zonis properentque Nymphae	*Carm.*1.30.5
quis puer ocius | restinguet ardentis Falerni | pocula praetereunte	
lympha?	*Carm.*2.11.18
robustus acri militia puer|condiscat	*Carm.*3.2.2
tibi qualum Cythereae puer ales, . . . aufert,	*Carm.*3.12.4
nescit equo rudis|haerere ingenuos puer	*Carm.*3.24.55
et centum puer artium|late signa feret militiae tuae	*Carm.*4.1.15
me nec femina nec puer . . . iuvat	*Carm.*4.1.29
quid foret Iliae|Mavortisque puer,	*Carm.*4.8.23
ut haec trementi questus ore constitit|insignibus raptis puer,	*Epod.*5.12
quo posset infossus puer	*Epod.*5.32
sub haec puer iam non, ut ante, mollibus|lenire verbis inpias.	*Epod.*5.83
inultus ut flebo puer?	*Epod.*6.16
si|ancilla aut verna est praesto puer,	*Serm.*1.2.117
qui multum puerum [puer et] loris et funibus ussit|exoratus,	*var.Serm.*1.10.*5
quam puer et validus praesumis, mollitiem,	*Serm.*2.2.87
puer hunc ego parvos Ofellum|integris opibus novi	*Serm.*2.2.112
puer unctis|tractavit calicem manibus,	*Serm.*2.4.78
sub noctem qui puer uvam|furtiva mutat strigili:	*Serm.*2.7.109
puer alte cinctus acernam|gausape purpureo mensam pertersit	*Serm.*2.8.10
(puer hic non laeve iussa Philippi|accipiebat)	*Epist.*1.7.52
saevam|militiam puer et Cantabrica bella tulisti	*Epist.*1.18.55
non ancilla tuom iecur ulceret ulla puerve	*Epist.*1.18.72
puer ut festis Quinquatribus olim,	*Epist.*2.2.197
reddere qui voces iam scit puer	*Ars Poet.*158
multa tulit fecitque puer, sudavit et alsit,	*Ars Poet.*413

puer. digne puer meliore flamma. *Carm.*1.27.20
Persicos odi, puer, adparatus, ... *Carm.*1.38.1
i pete unguentum, puer, et coronas *Carm.*3.14.17
da, puer, auguris|Murenae: *Carm.*3.19.10
capaciores adfer huc, puer, scyphos *Epod.*9.33
'invicte, mortalis dea nate puer Thetide, ... *Epod.*13.12
i, puer, atque meo citus haec subscribe libello. . . *Serm.*1.10.92
'o puer, ut sis|vitalis metuo *Serm.*2.1.60
nunc adbibe puro|pectore verba, puer, ... *Epist.*1.2.68
pueri. alius ardor aut puellae candidae|aut teretis pueri . *Epod.*11.28
mater ait pueri mensis iam quinque cubantis, . . . *Serm.*2.3.289
dominus pueri pulchri caraeve puellae *Epist.*1.18.74
ne dominus pueri [pueri dominus] pulchri . . . munere te parvo beet
    aut incommodus angat. *var.Epist.*1.18.74
os tenerum pueri balbumque poeta figurat, . . . *Epist.*2.1.126
pueri. hostium uxores puerique caecos|sentiant motus orientis Austri . *Carm.*3.27.21
illic bis pueri die . . . ter quatient humum. . . *Carm.*4.1.25
vicini oderunt, noti, pueri atque puellae. . . . *Serm.*1.1.85
vellunt tibi barbam|lascivi pueri, ... *Serm.*1.3.134
tum pueri nautis, pueris convicia nautae|ingerere . *Serm.*1.5.11
magni|quo pueri magnis e centurionibus orti, . . *Serm.*1.6.73
cum Tiburte via praetorem quinque sequontur|te pueri, . *Serm.*1.6.109
insanum te omnes pueri clamentque puellae; . . *Serm.*2.3.130
ut omnes|praecincti recte pueri comptique ministrent? . *Serm.*2.8.70
ut omnes|praecincti recte pueri [pueri recte] comptique ministrent? . *var.Serm.*2.8.70
mazonomo pueri magno discerpta ferentes|membra gruis . *Serm.*2.8.86
at pueri ludentes 'rex eris' aiunt,|'si recte facies.' . . *Epist.*1.1.59
pueri patresque severi|fronde comas vincti cenant . *Epist.*2.1.109
Romani pueri longis rationibus assem | discunt in partis centum
    diducere. . . . . *Ars Poet.*325
agitant pueri incautique sequontur. . . . . *Ars Poet.*456
pueri. hic|verbenas, pueri, ponite turaque . . . *Carm.*1.19.14
intonsum pueri dicite Cynthium *Carm.*1.21.2
vos, o pueri et puellae|iam virum †expertae, . . *Carm.*3.14.10
virginum primae puerique claris|patribus orti, . . *Carm.*4.6.31
quanto aut ego parcius aut vos,|o pueri, nituistis, . *Serm.*2.2.128
puerilius. si puerilius his ratio esse evincet amare . *Serm.*2.3.250
pueris. aequa tellus|pauperi recluditur|regumque pueris . *Carm.*2.18.34
carminia non prius|audita . . . virginibus puerisque canto. . *Carm.*3.1.4
ut pueris olim dant crustula blandi|doctores, . . *Serm.*1.1.25
ergo|non satis est puris [pueris] versum perscribere verbis, . *var.Serm.*1.4.54
tum pueri nautis, pueris convicia nautae|ingerere . *Serm.*1.5.11
hoc moriens pueris dixisse vocatis|ad lectum: . . *Serm.*2.3.170
id quod . . . aeque neglectum pueris senibusque nocebit. . *Epist.*1.1.26
quaeritur argentum puerisque beata creandis|uxor . *Epist.*1.2.44
dum pueris omnis pater et matercula pallet . . *Epist.*1.7.7
'non invisa feres pueris munuscula parvis' . . . *Epist.*1.7.17
et tempestivom pueris concedere ludum . . . *Epist.*2.2.142
pueris. excepit ictus pro pudicis|coniugibus puerisque . *Carm.*4.9.24
huc et illuc|cursitant mixtae pueris puellae, . . *Carm.*4.11.10
mollibus in pueris aut in puellis urere. . . . *Epod.*11.4
cena ministratur pueris tribus *Serm.*1.6.116
'Vibidius dum|quaerit de pueris, num sit quoque fracta lagoena, . *Serm.*2.8.81
castis cum pueris ignara puella mariti|disceret unde preces, . *Epist.*2.1.132
cum sociis operum et pueris et coniuge fida . . *Epist.*2.1.142
pueritiae. memor | actae non alio rege puertiae [pueritiae] | mutataeque
    simul togae. *var.Carm.*1.36.8
puero. si parcent puero fata superstiti.' . . . *Carm.*3.9.16
'quae mens est hodie, cur eadem non puero fuit . *Carm.*4.10.7
in aurem|dicere nescio quid puero, ... *Serm.*1.9.10
quod puero cecinit divina mota anus urna: . . *Serm.*1.9.30
porrigis irato puero cum poma, recusat; . . . *Serm.*2.3.258
non fraudem socio puerove incogitat ullam|pupillo; . *Epist.*2.1.122
non fraudem socio puerove incogitat [puero vel cogitat] ullam|pupillo; . *var.Epist.*2.1.122
ne forte seniles|mandentur iuveni partes pueroque viriles: . *Ars Poet.*177
puero. 'me Capitolinus convictore usus amicoque|a puero est . *Serm.*1.4.97
laudator temporis acti|se puero, ... *Ars Poet.*174
puerorum. votis puerorum amicas|adplicat auris: . . *Carm.Saec.*71
hic nuptarum insanit amoribus, hic puerorum; . . *Serm.*1.4.27

'mille puellarum, puerorum mille furores' — *Serm.*2.3.325
Roscia, dic sodes, melior lex an puerorum est|nenia, ... *Epist.*1.1.62
pueros. dicam et Alciden puerosque Ledae, ... *Carm.*1.12.25
ter uxor|capta virum puerosque ploret.' *Carm.*3.3.68
quid Augusti paternus|in pueros animus Nerones. *Carm.*4.4.28
nescios fari pueros Achivis|ureret flammis, ... *Carm.*4.6.18
virgines lectas puerosque castos *Carm.Saec.*6
supplices audi pueros, Apollo; *Carm.Saec.*34
a furno redeuntis scire lacuque|et pueros et anus.' *Serm.*1.4.38
Actia pugna|te duce per pueros hostili more refertur; *Epist.*1.18.62
ut pueros elementa docentem|occupet extremis in vicis balba senectus. *Epist.*1.20.17
Musa dedit fidibus divos puerosque deorum . . . . . *Ars Poet.*83
ne pueros coram populo Medea trucidet . . . . . *Ars Poet.*185
puerpera. utcumque fortis exsilis puerpera.' *Epod.*17.52
puerperae. laudantur simili prole puerperae. *Carm.*4.5.23
puertiae. memor|actae non alio rege puertiae|mutataeque simul togae. . *Carm.*1.36.8
puerum. puerum minaci|voce dum terret, ... *Carm.*1.10.10
Veneremque et illi|semper haerentem puerum canebat . . . *Carm.*1.32.10
fronde nova puerum palumbes|texere, ... *Carm.*3.4.12
rite Latonae puerum canentes, ... *Carm.*4.6.37
sic me|formabat puerum dictis *Serm.*1.4.121
sed puerum est ausus Romam portare docendum|artis, . . . *Serm.*1.6.76
qui multum puerum loris et funibus ussit|exoratus, . . . *Serm.*1.10.*5
puer [puerum] hunc ego parvos Ofellum|integris opibus novi non latius
   usum|quam nunc accisis. *var.Serm.*2.2.112
'frigida si puerum quartana reliquerit, ... *Serm.*2.3.290
siquis casus puerum egerit Orco, ... *Serm.*2.5.49
ut puerum saevo credas dictata magistro|reddere *Epist.*1.18.13
siquis forte velit puerum tibi vendere *Epist.*2.2.2
neu pransae Lamiae vivom puerum extrahat alvo. . . . . *Ars Poet.*340
puga. ne nummi pereant aut puga aut denique fama. . . . *Serm.*1.2.133
pugil. ut lethargicus hic cum fit pugil et medicum urget.' . . . *Serm.*2.3.30
pugilem. pugilemve equomve|dicit *Carm.*4.2.18
illum non labor Isthmius|clarabit pugilem, ... *Carm.*4.3.4
et pugilem victorem et equom certamine primum . . . . *Ars Poet.*84
pugiles. media inter carmina poscunt|aut ursum aut pugiles: . . *Epist.*2.1.186
pugna. Actia pugna|te duce per pueros hostili more refertur; . . *Epist.*1.18.61
pugna. cervos equom pugna melior communibus herbis|pellebat, . . *Epist.*1.10.34
pugnabant. ita porro|pugnabant armis quae post fabricaverat usus, . *Serm.*1.3.102
pugnacis. Priami domus | periura pugnacis Achivos | Hectoreis opibus
   refringit *Carm.*3.3.27
pugnae. urgent . . . te Sthenelus, sciens|pugnae *Carm.*1.15.25
arbiter pugnae posuisse nudo|sub pede palmam *Carm.*3.20.11
egit amor dapis atque pugnae; *Carm.*4.4.12
pugnae. non sat idoneus|pugnae ferebaris; *Carm.*2.19.27
pugnam. Sarmenti scurrae pugnam Messique Cicirri,|musa, velim memores *Serm.*1.5.52
ab his maioribus orti|ad pugnam venere. *Serm.*1.5.56
pugnantia. pergis pugnantia secum|frontibus adversis conponere: . *Serm.*1.1.102
at quanto meliora monet pugnantiaque istis|dives opis natura suae, . *Serm.*1.2.73
pugnare. natis in usum laetitiae scyphis|pugnare Thracum est: . . *Carm.*1.27.2
pugnas. audiet pugnas vitio parentum|rara iuventus. . . . *Carm.*1.2.23
pugnas et exactos tyrannos|densum umeris bibit aure volgus. . . *Carm.*2.13.31
pugnat. si pugnat extricata densis|cerva plagis, ... *Carm.*3.5.31
Rupili et Persi par pugnat, ... *Serm.*1.7.19
mea cum pugnat sententia secum, ... *Epist.*1.1.97
pugnata. narras et genus Aeaci|et pugnata sacro bella sub Ilio: . *Carm.*3.19.4
siquis bella tibi terra pugnata marique|dicat *Epist.*1.16.25
pugnavit. non pugnavit ingens | Idomeneus Sthenelusve solus | dicenda
   Musis proelia; *Carm.*4.9.19
pugnax. Dardanas turris quateret tremenda|cuspide pugnax — . . *Carm.*4.6.8
quis circum pagos et circum compita pugnax *Epist.*1.1.49
pugnent. velut si|re vera pugnent, . . . viri? *Serm.*2.7.99
pugnis. hunc equis, illum superare pugnis|nobilem; *Carm.*1.12.26
pugnis caesus ferroque petitus, ... *Serm.*1.2.66
unguibus et pugnis, dein fustibus atque ita porro|pugnabant armis . *Serm.*1.3.101
Castor gaudet equis, ovo prognatus eodem|pugnis; *Serm.*2.1.27
pugno. neque pugno neque segni pede victus, ... *Carm.*3.12.8
pulcer. quos neque pulcer|Hermogenes umquam legit . . . *Serm.*1.10.17
sapiens . . . liber, honoratus, pulcer, rex denique regum, . . *Epist.*1.1.107

pulcer. 'o sol | pulcer, o laudande!' *Carm.*4.2.47
pulcerrimus. venit vilissima rerum | hic aqua, sed panis longe pulcerrimus,   *Serm.*1.5.89
pulcher. pulcher fugatis | ille dies Latio tenebris. . . .   *Carm.*4.4.39
  fidis enim manare poetica mella | te solum, tibi pulcher.' . .   *Epist.*1.19.45
  'hic et | candidus et talos a vertice pulcher ad imos | fiet .   *Epist.*2.2.4
pulchra. labra movet metuens audiri: 'pulchra Laverna, . .   *Epist.*1.16.60
pulchra. odit | quae tu pulchra putas. *Epist.*1.14.21
  emendata videri | pulchraque et exactis minimum distantia miror.   *Epist.*2.1.72
  non satis est pulchra esse poemata; dulcia sunto . . . .   *Ars Poet.*99
pulchre. clamabit enim 'pulchre, bene, recte,' . . .   *Ars Poet.*428
pulchri. dominus pueri pulchri caraeve puellae . . .   *Epist.*1.18.74
pulchri. at ni id fit, quid habet pulcri [pulchri] constructus acervos? .   *var.Serm.*1.1.44
pulchrior. merses profundo, pulchrior evenit; . . .   *Carm.*4.4.65
  discedat — pulcrior [pulchrior], ultro | muneribus missis): .   *var.Serm.*1.7.17
pulchris. beatus enim iam | cum pulchris tunicis sumet nova consilia et spes,   *Epist.*1.18.33
pulchrius. nil melius turdo, nil volva pulchrius ampla.' . .   *Epist.*1.15.43
pulcra. Cressa ne careat pulcra dies nota *Carm.*1.36.10
  incolumi Rhodos et Mytilene pulcra facit *Epist.*1.11.17
pulcra. o matre pulcra filia pulcrior, ...   *Carm.*1.16.1
pulcra. quo nemus | inter pulcra satum tecta remugiat . .   *Carm.*3.10.6
  et Laberi mimos ut pulcra poemata mirer. . . .   *Serm.*1.10.6
  dic multa et pulcra minantem | vivere nec recte nec suaviter, . .   *Epist.*1.8.3
pulcrae. quod pulcrae clunes, breve quod caput, ardua cervix. .   *Serm.*1.2.89
pulcre. illum | qui pulcre nosset. *Serm.*1.9.62
  sed quis cenantibus una, | Fundani, pulcre fuerit tibi, nosse laboro.'   *Serm.*2.8.19
pulcri. at ni id fit, quid habet pulcri constructus acervos? .   *Serm.*1.1.44
pulcrior. 'quamquam sidere pulcrior | ille est, . . .   *Carm.*3.9.21
  quodsi non pulcrior ignis | accendit obsessam Ilion, . .   *Epod.*14.13
  discedat — pulcrior, ultro | muneribus missis): . .   *Serm.*1.7.17
pulcrior. enitescis | pulcrior multo *Carm.*2.8.7
pulcrior. o matre pulcra filia pulcrior, . . .   *Carm.*1.16.1
pulcris. divina humanaque pulcris | divitiis parent; . .   *Serm.*2.3.95
pulcris. ille virentis et | doctae psallere Chiae | pulcris excubat in genis.   *Carm.*4.13.8
pulcrum. quid sit pulcrum, quid turpe, quid utile, quid non, .   *Epist.*1.2.3
  cui pulcrum fuit in medios dormire dies . . .   *Epist.*1.2.30
pulla. suamque pulla ficus ornat arborem, . . .   *Epod.*16.46
pulla. laeta quod pubes hedera virenti | gaudeat pulla magis atque myrto,   *Carm.*1.25.18
pullam. pullam divellere mordicus agnam | coeperunt; . .   *Serm.*1.8.27
Pulliae. nutricis extra limina Pulliae *Carm.*3.4.10
pullis. ut adsidens inplumibus pullis avis . . .   *Epod.*1.19
pullis. absentis ranae pullis vituli pede pressis . . .   *Serm.*2.3.314
pullo. bene erat non piscibus Vrbe petitis, | sed pullo atque haedo; .   *Serm.*2.2.121
pullos. das nummos, accipis uvam, | pullos, ova, cadum temeti: .   *Epist.*2.2.163
pullum. appellat . . . pullum, male parvos | sicui filius est, .   *Serm.*1.3.45
  aut positum ante mea quia pullum in parte catini | sustulit esuriens, .   *Serm.*1.3.92
pulmenta. in singula quem minuas pulmentum necesse est. .   *Serm.*2.2.34
  cenes ut pariter pulmenta laboribus empta. . . .   *Epist.*1.18.48
pulmentaria. tu pulmentaria quaere | sudando: . . .   *Serm.*2.2.20
pulmenti. per angustam tenuis volpecula rimam | repserat in cumeram
  frumenti [pulmenti], ...   *coni.Epist.*1.7.30
pulpa. post hoc ludus erat †culpa [pulpa] potare magistra .   *coni.Serm.*2.2.123
pulpita. grammaticas ambire tribus et pulpita dignor: . .   *Epist.*1.19.40
  quam non adstricto percurrat pulpita socco; . . .   *Epist.*2.1.174
  traxitque vagus per pulpita vestem . . . .   *Ars Poet.*215
  Aeschylus et modicis instravit pulpita tignis . . .   *Ars Poet.*279
pulsa. undique magno | pulsa domus strepitu resonet, . .   *Serm.*1.2.129
pulsanda. nunc pede libero | pulsanda tellus; . . .   *Carm.*1.37.2
pulsat. pallida Mors aequo pulsat pede pauperum tabernas | regumque
  turris. *Carm.*1.4.13
  sub galli cantum consultor ubi ostia pulsat. . . .   *Serm.*1.1.10
pulses. 'tu pulses omne quod obstat, ...   *Serm.*2.6.30
pulset. ne potum largius aequo | rideat et pulset lasciva decentius aetas.   *Epist.*2.2.216
pulsis. missus ad hoc pulsis, vetus est ut fama, Sabellis, . .   *Serm.*2.1.36
pulso. pulso Thyias uti concita tympano. . . .   *Carm.*3.15.10
pulsus. unde Superbus | Tarquinius regno pulsus fugit, . .   *Serm.*1.6.13
  unde Superbus | Tarquinius regno pulsus [pulsus regno] fugit, .   *var.Serm.*1.6.13
pulvere. digne scripserit aut pulvere Troico | nigrum Merionen . .   *Carm.*1.6.14
  adulteros | cultus pulvere collines. *Carm.*1.15.20
  licebit | iniecto ter pulvere curras. *Carm.*1.28.36

non indecoro pulvere sordidos *Carm.*2.1.22
procidit late posuitque collum in|pulvere Teucro; *Carm.*4.6.12
in pulvere, trimus|quale prius, ludas opus, ... *Serm.*2.3.251
cui sit condicio dulcis sine pulvere palmae? *Epist.*1.1.51
pulverem. sunt quos curriculo pulverem Olympicum|collegisse iuvat . *Carm.*1.1.3
Ilion . . . mulier peregrina vertit|in pulverem, ... *Carm.*3.3.21
pulveres. neque in sepulcris pauperum prudens anus|novendialis dissipare
pulveres. *Epod.*17.48
pulveris. cur apricum|oderit campum patiens pulveris atque solis, . . *Carm.*1.8.4
pulveris exigui prope latum parva Matinum|munera . . . *Carm.*1.28.3
trahentia pulveris atri|quantum non Aquilo Campanis excitat agris. . *Serm.*2.8.55
pulvillos. inter Sericos|iacere pulvillos amant, ... *Epod.*8.16
pulvinar. Saliaribus|ornare pulvinar deorum|tempus erat dapibus, . . *Carm.*1.37.3
pulvis. pulvis et umbra sumus. *Carm.*4.7.16
fertur uti pulvis collectus turbine, ... *Serm.*1.4.31
si te pulvis strepitusque rotarum,|si laedit caupona, . . . *Epist.*1.17.7
pumice. scilicet ut prostes Sosiorum pumice mundus. . . . *Epist.*1.20.2
pumicibus. quae nunc oppositis debilitat pumicibus mare|Tyrrhenum: . *Carm.*1.11.5
puncto. discedo Alcaeus puncto illius; *Epist.*2.2.99
puncto quod mobilis horae . . . permutet dominos . . . *Epist.*2.2.172
punctum. omne tulit punctum, qui miscuit utile dulci . . . *Ars Poet.*343
Punica. et post Punica bella quietus quaerere coepit, . . . *Epist.*2.1.162
puniceae. nunc et qui color est puniceae flore prior rosae . . . *Carm.*4.10.4
Punicis. 'signa ego Punicis|adfixa delubris *Carm.*3.5.18
Punico. infecit aequor sanguine Punico *Carm.*3.6.34
hostis Punico|lugubre mutavit sagum. *Epod.*9.27
Pupi. ut propius spectes lacrimosa poemata Pupi; *Epist.*1.1.67
pupillis. ut piger annus|pupillis, quos dura premit custodia matrum: . *Epist.*1.1.22
pupillo. non fraudem socio puerove incogitat ullam|pupillo; . . *Epist.*2.1.123
puppes. hostiliumque navium portu latent|puppes *Epod.*9.20
puppibus. nil pictis timidus navita puppibus|fidit. *Carm.*1.14.14
pupulae. interminato cum semel fixae cibo|intabuissent pupulae. . *Epod.*5.40
pura. ut pura nocturno renidet|luna mari *Carm.*2.5.19
purae. purae rivos aquae silvaque iugerum|paucorum . . . *Carm.*3.16.29
purae. tibi hospitale pectus et purae manus *Epod.*17.49
'verum|purae sunt plateae, nihil ut meditantibus obstet.' . . *Epist.*2.2.71
pure. plurima, quae invideant pure adparere tibi rem. . . . *Serm.*1.2.100
sunt certa piacula, quae te|ter pure lecto poterunt recreare libello. . *Epist.*1.1.37
quid pure tranquillet, honos ac dulce lucellum *Epist.*1.18.102
purgantem. cultello proprios purgantem leniter unguis. . . . *Epist.*1.7.51
purgatam. est mihi purgatam crebro qui personet aurem: . . *Epist.*1.1.7
purgatum. et miror morbi purgatum te illius.' *Serm.*2.3.27
purgor. qui purgor bilem sub verni temporis horam. . . . *Ars Poet.*302
puri. quam frigida parvi [puri] | findunt Scamandri flumina lubricus et
Simois, ... *coni.Epod.*13.13
puri. 'sit mihi mensa tripes et|concha salis puri *Serm.*1.3.14
purior. ut nec|frigidior Thraecam nec purior ambiat Hebrus, . . *Epist.*1.16.13
purior. domus hac nec purior ulla est|nec magis his aliena malis; . *Serm.*1.9.49
purior in vicis aqua tendit rumpere plumbum *Epist.*1.10.20
puris. puris circumposuisse catillis. *Serm.*2.4.75
puris. aut pressa puris mella condit amphoris *Epod.*2.15
bene siquis|et vivat puris manibus, contemnat utrumque. . *Serm.*1.4.68
puris. non satis est puris versum perscribere verbis, . . . *Serm.*1.4.54
purius. urit me Glycerae nitor|splendentis Pario marmore purius, . *Carm.*1.19.6
puro. puro te similem, Telephe, Vespero|tempestiva petit Rhode; . *Carm.*3.19.26
vemens et liquidus puroque simillimus amni *Epist.*2.2.120
puro. qui rore puro Castaliae lavit|crinis solutos, ... *Carm.*3.4.61
vel atra|nube polum Pater occupato|vel sole puro; . . . *Carm.*3.29.45
puro. glaciet nives|puro numine Iuppiter? *Carm.*3.10.8
secernis honestum|non patre praeclaro, sed vita et pectore puro. . *Serm.*1.6.64
nunc adbibe puro|pectore verba, puer, ... *Epist.*1.2.67
purpura. Grosphe, non gemmis neque purpura ve-|nale nec auro. . *Carm.*2.16.7
ut gaudet insitiva decerpens pira | certantem et uvam purpurae
[purpura], ... *var.Epod.*2.20
purpurae. per hoc inane purpurae decus precor, ... *Epod.*5.7
purpurae. certantem et uvam purpurae, ... *Epod.*2.20
purpurae. nec Coae referunt iam tibi purpurae *Carm.*4.13.13
purpurarum. nec purpurarum sidere clarior|delenit usus . . . *Carm.*3.1.42
purpuras. nec Laconicas mihi|trahunt honestae purpuras clientae. . *Carm.*2.18.8

purpurea.   ergo ubi purpurea porrectum in veste locavit | agrestem,   .   .   .   *Serm.*2.6.106
purpurei.   te . . . purpurei metuont tyranni, ...   *Carm.*1.35.12
purpureis.   purpureis ales oloribus | comissabere *Carm.*4.1.10
purpureo.   tibi lividos | distinguet autumnus racemos | purpureo varius
colore. *Carm.*2.5.12
purpureo.   purpureo bibet ore nectar, ...   *Carm.*3.3.12
acernam | gausape purpureo mensam pertersit *Serm.*2.8.11
purpureos.   regumque matres barbarorum et | purpurei metuont tyranni
[? purpureos tyrannos], ...   ? *var.Carm.*1.35.12
purpureum.   alter purpureum non exspectabit amictum,   .   .   .   *Epist.*1.17.27
purpureum.   Siculum mare | Poeno purpureum sanguine   .   .   .   *Carm.*2.12.3
purpureus.   nec flos purpureus rosae *Carm.*3.15.15
purpureus, late qui splendeat, unus et alter | adsuitur pannus,   .   *Ars Poet.*15
Purria.   ut vinosa glomus furtivae †Pirria [Purria] lanae,   .   .   *var.Epist.*1.13.14
purum.   stas animo et purum est vitio tibi, cum tumidum est cor?'   .   *Serm.*2.3.213
purum.   per purum tonantis | egit equos *Carm.*1.34.7
purus.   integer vitae scelerisque purus *Carm.*1.22.1
purus et insons | (ut me collaudem), si et vivo carus amicis: .   .   *Serm.*1.6.69
pus.   proscripti Regis Rupili pus atque venenum *Serm.*1.7.1
Pusillam.   Rufam aut Pusillam appellet fortique marito | destinet uxorem: *Serm.*2.3.216
pusilli.   inopis me quodque pusilli | finxerunt animi, ...   *Serm.*1.4.17
pusillo.   cui satis una | farris libra foret, gracili sic tamque pusillo.   .   *Serm.*1.5.69
puta.   "Quinte" puta aut "Publi" (gaudent praenomine molles | auriculae)   *Serm.*2.5.32
putando.   ultra | quam licet sperare nefas putando *Carm.*4.11.30
putant.   vel quia turpe putant parere minoribus *Epist.*2.1.84
putarer.   sed timui, mea ne finxisse minora putarer, ...   *Epist.*1.9.8
putaret.   Democritus, . . . scriptores autem narrare putaret asello |
fabellam surdo. *Epist.*2.1.199
putas.   ne me Crispini scrinia lippi | conpilasse putes [putas], verbum non
amplius addam. *var.Serm.*1.1.121
tuo vitio rerumne labores, | nil referre putas? *Serm.*1.2.77
an ut ignotum dare nobis | verba putas?' *Serm.*1.3.23
unde putas aut | qui partum? *Serm.*2.2.18
qua me stultitia, quoniam non est genus unum, | insanire putas?   .   *Serm.*2.3.302
'putasne, | perduci poterit tam frugi tamque pudica,   .   .   .   *Serm.*2.5.76
insanire putas sollemnia me neque rides *Epist.*1.1.101
virtutem verba putas et | lucum ligna: *Epist.*1.6.31
vel quia cuncta putas una virtute minora. *Epist.*1.12.11
odit | quae tu pulchra putas. *Epist.*1.14.21
quid sentire putas, quid credis, amice, precari? *Epist.*1.18.106
putat.   sine nervis altera quidquid | conposui pars esse putat .   .   .   *Serm.*2.1.3
quod satis esse putat pater et natura coercet. *Serm.*2.3.178
insanire putas [putat] sollemnia me neque rides | nec medici credis . . .
egere *var.Epist.*1.1.101
sed turpem putat inscite metuitque lituram. *Epist.*2.1.167
emptum cenat holus, quamvis aliter putat: *Epist.*2.2.168
putato.   'non est cardiacus (Craterum dixisse putato) | hic aeger.'   .   *Serm.*2.3.161
'sic ignovisse putato | me tibi, si cenas hodie mecum.'   .   .   .   *Epist.*1.7.69
putatur.   fraternis cessisse putatur | moribus Amphion: .   .   .   *Epist.*1.18.43
Puteal.   'ante secundam | Roscius orabat sibi adesses ad Puteal cras.'   .   *Serm.*2.6.35
puteal.   'forum puteal que Libonis | mandabo siccis, ...   *Epist.*1.19.8
putem.   ni melius dormire putem quam scribere versus?   .   .   .   *Epist.*2.2.54
an omnis | visuros peccata putem mea, ...   *Ars Poet.*266
puteos.   collectosne bibant imbris puteosne perennis | iugis aquae   .   *Epist.*1.15.15
putere.   non cessavere poetae | nocturno certare mero, putere diurno.   .   *Epist.*1.19.11
putes.   ne me Crispini scrinia lippi | conpilasse putes,   .   .   .   *Serm.*1.1.121
neque, siqui scribat uti nos | sermoni propiora, putes hunc esse poetam.   .   *Serm.*1.4.42
quo me | aegrotare putes animi vitio.' *Serm.*2.3.307
frugi quod sit satis, hoc est, | ut vitale putes.' *Serm.*2.7.4
virtutem verba putas [putes] et | lucum ligna: *var.Epist.*1.6.31
neve putes alium sapiente bonoque beatum *Epist.*1.16.20
Garganum mugire putes nemus aut mare Tuscum: .   .   .   *Epist.*2.1.202
ne forte putes me, . . . laudare maligne: *Epist.*2.1.208
putescit.   'cur Aiax, heros ab Achille secundus, | putescit,   .   .   .   *Serm.*2.3.194
putet.   quamquam | putet aper rhombusque recens, ...   *Serm.*2.2.42
putetis.   quine putetis | difficile et mirum, ...   *Serm.*1.10.21
putetur.   non quia crasse | conpositum inlepideve putetur,   .   .   .   *Epist.*2.1.77
puteum.   posset qui rupem et puteum vitare patentem.   .   .   .   *Epist.*2.2.135
si veluti merulis intentus decidit auceps | in puteum foveamve,   .   .   *Ars Poet.*459

putida.   'non dices hodie, quorsum haec tam putida tendant,|furcifer?'   .   *Serm.*2.7.21
putidam.   rogare longo putidam te saeculo, ...   *Epod.*8.1
putidius.   putidius multo cerebrum est, mihi crede, Perelli   .   .   *Serm.*2.3.75
putre.   haec tibi dictabam post fanum putre Vacunae,   .   .   .   *Epist.*1.10.49
putres.   mammae putres|equina quales ubera *Epod.*8.7
putrescat.   cui stragula vestis,|blattarum ac tinearum epulae, putrescat in
    arca: *Serm.*2.3.119
putris.   omnes in Damalin putris|deponent oculos *Carm.*1.36.17
putuit.   non alia quam qua Byzantia putuit orca.   .   .   .   *Serm.*2.4.66
pyga.   ne nummi pereant aut puga [pyga] aut denique fama.   .   .   *var.Serm.*1.2.133
pygae.   ne nummi pereant aut puga [pygae] aut denique fama.   .   .   *var.Serm.*1.2.133
pyge.   ne nummi pereant aut puga [pyge] aut denique fama.   .   .   *var.Serm.*1.2.133
Pyladen.   non Pyladen ferro violare aususve sororem|Electran,   .   *Serm.*2.3.139
Pylium.   non Pylium Nestora respicis? *Carm.*1.15.22
    non Pylium Nestora [? Nestora Pylium] respicis?   .   .   *? var.Carm.*1.15.22
pyramidum.   regalique situ pyramidum altius, ...   *Carm.*3.30.2
Pyrcaeus.   post hos insignis Homerus | Tyrtaeusque [Pyrcaeusque] mares
    animos in Martia bella|versibus exacuit;   .   .   .   *var.Ars Poet.*402
Pyrceus.   post hos insignis Homerus | Tyrtaeusque [Pyrceusque] mares
    animos in Martia bella|versibus exacuit;   .   .   .   *var.Ars Poet.*402
pyrgum.   qui pro se tolleret atque|mitteret in phimum [pyrgum] talos,   *var.Serm.*2.7.17
Pyrrha.   grato, Pyrrha, sub antro? *Carm.*1.5.3
Pyrrhae.   saeculum Pyrrhae nova monstra questae,   .   .   .   *Carm.*1.2.6
Pyrrhe.   quanto moveas periclo,|Pyrrhe, Gaetulae catulos leaenae?   .   *Carm.*3.20.2
Pyrrhia.   ut vinosa glomus furtivae †Pirria [Pyrrhia] lanae,   .   .   *coni.Epist.*1.13.14
Pyrrhum.   Pyrrhumque et ingentem cecidit|Antiochum   .   .   .   *Carm.*3.6.35
Pyrria.   ut vinosa glomus [glomes] furtivae †Pirria [Pyrria] lanae,   .   *var.Epist.*1.13.14
Pytagoria.   quo promissa cadant et somnia Pythagorea [Pytagoria];   .   *var.Epist.*2.1.52
Pythagorae.   nec te Pythagorae fallant arcana renati   .   .   .   *Epod.*15.21
    o quando faba Pythagorae cognata . . . ponentur   .   .   *Serm.*2.6.63
Pythagoran.   qualia vincent | Pythagoran Anytique reum doctumque
    Platona.' *Serm.*2.4.3
Pythagorea.   quo promissa cadant et somnia Pythagorea;   .   .   *Epist.*2.1.52
Pythia.   qui Pythia cantat|tibicen, didicit prius   .   .   .   .   *Ars Poet.*414
Pythias.   ut nihil intersit, Davosne loquatur et audax|Pythias,   .   *Ars Poet.*238
Pythius.   non adytis quatit|mentem sacerdotum incola Pythius,   .   .   *Carm.*1.16.6

Q

qua.   minax, †quia [qua] sic voluere, ponto|unda recumbit.   .   .   *coni.Carm.*1.12.31
    qua medius liquor|secernit Europen ab Afro,   .   .   .   *Carm.*3.3.46
    qua tumidus rigat arva Nilus. *Carm.*3.3.48
    neglegens, ne qua populus laboret, ...   *Carm.*3.8.25
    qua violens obstrepit Aufidus *Carm.*3.30.10
    et qua pauper aquae Daunus agrestium|regnavit populorum,   .   *Carm.*3.30.11
    qua notam duxit, niveus videri,|cetera fulvos.   .   .   .   *Carm.*4.2.59
    sed quae [qua] Tibur aquae fertile praefluont   .   .   .   *var.Carm.*4.3.10
    qua sol habitabilis|inlustrat oras, ...   *Carm.*4.14.5
    qua res, qua ratio suaderet quaque modeste|munifico esse licet,   .   *Serm.*1.2.50
    ruebat|flumen ut hibernum, fertur quo [? qua] rara securis.   .   *? var.Serm.*1.7.27
    qua modo tristes|albis informem spectabant ossibus agrum;   .   *coni.Serm.*1.8.15
    mundus erit, qua non offendat sordibus *Serm.*2.2.65
    ire viam qua monstret eques; *Epist.*1.2.65
    nam quae [qua] deserta et inhospita tesqua|credis, amoena vocat
      mecum qui sentit, ...   *var.Epist.*1.14.19
    sed satis est orare Iovem quae [qua] ponit et aufert,   .   .   *var.Epist.*1.18.111
    sed vocat usque suom qua populus adsita certis|limitibus vicina refugit
      iurgia; *Epist.*2.2.170
qua.   pro qua non metuam mori, ...   *Carm.*3.9.11
    hederae vis|multa, qua crinis religata fulges,   .   .   .   *Carm.*4.11.5
    an hunc laborem mente laturi, decet|qua ferre non mollis viros?   *Epod.*1.10
    uvam purpurae,|qua muneretur te, Priape,   .   .   .   *Epod.*2.21
    qua tristis Orion cadit; *Epod.*10.10
    Sallustius in quas [qua]|non minus insanit quam qui moechatur.   *var.Serm.*1.2.48
    nitidus qua quisque per ora|cederet, ...   *Serm.*2.1.64
    non alia quam qua Byzantia putuit orca. *Serm.*2.4.66
    fabula, qua Paridis propter narratur amorem   .   .   .   *Epist.*1.2.6
qua.   prece qua fatigent|virgines sanctae minus audientem|carmina Vestam?   *Carm.*1.2.26

424

qua.   quo beatus│volnere, qua pereat sagitta. *Carm.*1.27.12
   qua parte debacchentur ignes, ... *Carm.*3.3.55
   qua nebulae pluviique rores. *Carm.*3.3.56
   qua me stultitia, quoniam non est genus unum,│insanire putas? . . *Serm.*2.3.301
   accipe qua ratione queas ditescere. *Serm.*2.5.10
   qua ratione queas traducere leniter aevom, ... *Epist.*1.18.97
qua.   Spartacum siqua potuit vagantem│fallere testa. *Carm.*3.14.19
   mentio siquae [siqua]│de Capitolini furtis iniecta Petilli│te coram fuerit,
   defendas, ... *var.Serm.*1.4.93
quacumque.   quam [qua] rem cumque . . . miles te duce gesserit. . . *var.Carm.*1.6.3
   eat quacumque, puellis│iniciat curam quaerendi singula, . . . *Serm.*1.6.31
   quacumque libido est,│incedo solus; *Serm.*1.6.111
quadam.   est quadam prodire tenus, si non datur ultra. . . . *Epist.*1.1.32
quadra.   dividuo findetur munere quadra. *Epist.*1.17.49
quadrante.   dum tu quadrante lavatum│rex ibis *Serm.*1.3.137
   forte minus locuples uno quadrante perisset, ... *Serm.*2.3.93
quadrat.   porro et│tertia succedant et quae pars quadret [quadrat] acervom. *var.Epist.*1.6.35
quadrata.   diruit, aedificat, mutat quadrata rotundis? *Epist.*1.1.100
quadret.   tertia succedant et quae pars quadret acervom. . . . *Epist.*1.6.35
quadrigis.   tibi tollit hinnitum│apta quadrigis equa, ... *Carm.*2.16.35
quadrigis.   navibus atque│quadrigis petimus bene vivere. . . . *Epist.*1.11.29
quadrimum.   deprome quadrimum Sabina, ... *Carm.*1.9.7
quadringentis.   sed quadringentis sex septem milia desunt: . . . *Epist.*1.1.57
quae.   *Carm.*1.2.10; 1.3.5; 1.11.5; 1.14.17; 1.25.5; 1.25.14; 1.26.6; 1.35.1; 1.37.21; 3.11.9; 3.11.37;
   *Carm.*3.22.2; 3.23.9; 3.26.9; 3.27.33; 3.27.41; 3.28.13; 4.3.18; 4.4.53; 4.7.8; 4.10.7;
   *Carm.*4.13.19; 4.13.20; 4.15.19; *Carm.Saec.*69; *Epod.*5.45; 5.51; 5.94; 8.13; 12.16; 17.76;
   *Serm.*1.1.36; 1.2.121; 1.3.8; 1.3.14; 1.3.118; 1.4.141; 1.5.51; 1.6.26; 1.8.31;
   *Serm.*1.8.32; 1.9.54; 2.2.73; 2.2.94; 2.3.265; *var.Serm.*2.4.66; *Serm.*2.5.81; *Epist.*1.1.63;
   *Epist.*1.4.14; 1.6.2; 1.6.35; 1.10.21; 1.10.23; 1.14.25; 1.18.7; 2.1.153; *Ars Poet.*190; 305;
   *Ars Poet.*361; 364
quae.   *Carm.*3.11.41; 4.3.10; 4.10.3; 4.12.1; *Serm.*1.8.19; *coni.Ars Poet.*431
quae.   *Carm.*1.19.12; 3.11.29; *Epod.*16.13; 16.35; *Serm.*1.2.92; 1.2.100; 1.10.38; 1.10.72; 2.4.87;
   *Serm.*2.6.46; 2.6.105; 2.7.106; *Epist.*1.1.23; 1.1.36; 1.2.38; 1.8.11 (*bis*); 1.13.17; 1.19.3;
   *Epist.*2.2.36; *Ars Poet.*70; 71; 181
quae.   *Carm.*1.13.15; 1.18.14; 1.22.7; 1.31.7; 2.12.21; 2.12.27; 3.29.54; 4.7.20; 4.8.14; 4.9.1;
   *Carm.*4.12.21; 4.13.14; *Carm.Saec.*3; 49; *Epod.*9.9; *Serm.*1.3.102; 1.4.56; 1.4.57; 1.5.46;
   *Serm.*1.9.5; 2.2.2; *var.Serm.*2.3.190; *Serm.*2.3.322; 2.4.23; 2.7.45; 2.8.80; *Epist.*1.1.12;
   *Epist.*1.1.42; 1.1.47; 1.1.72; 1.4.9; 1.7.20; 1.10.9; 1.14.19; 1.14.21; 1.17.3; 1.18.111;
   *Epist.*2.1.21; 2.1.70; 2.1.73; 2.1.82 (*bis*); 2.1.84; 2.1.208; 2.1.246; 2.2.117; 2.2.119;
   *Ars Poet.*149; 181; 184; 277
quae.   *Carm.*1.29.5; 2.1.36; 4.14.1 (*bis*); *Epod.*17.36; *Serm.*2.7.70
quae.   *Epist.*2.1.200; 2.2.53
quae.   *Carm.*2.1.33
quae.   *Carm.*3.25.2; *Epist.*1.3.21
quae.   *var.Serm.*1.2.50 (*ter*); *Serm.*2.2.1; 2.4.45; 2.6.76; 2.8.5; *Epist.*1.15.1
quae.   *Epist.*1.12.16; *Ars Poet.*314
quae.   *Carm.*3.5.49; *Serm.*2.2.70; *Epist* 2.1.106
quae.   *Carm.*1.27.21
quae.   *var.Epist.*1.1.76
quae.   *Serm.*1.4.93; 2.6.10
quaecumque.   quaecumque aut gelido prominet Algido *Carm.*1.21.6
   quae te cumque domat Venus, ... *Carm.*1.27.14
   quaecumque praecedet fera; *Epod.*6.8
   quaecumque excepit turgentis verbera caudae│clunibus . . . *Serm.*2.7.49
quaecumque.   ex hoc ego sanus ab illis│perniciem quaecumque ferunt . *Serm.*1.4.130
   quaecumque inmundis fervent adlata popinis. *Serm.*2.4.62
   quaecumque parum splendoris habebunt . . . verba . . . *Epist.*2.2.111
quaecumque.   "tibi di, quaecumque preceris,│commoda dent: . . . *Serm.*2.8.75
   scripta, Palatinus quaecumque recepit Apollo, ... *Epist.*1.3.17
quaedam.   (et est quaedam tamen hic quoque virtus): *Serm.*1.10.8
   erit quae, si propius stes,│te capiat magis, et quaedam, si longius abstes. *Ars Poet.*362
quaedam.   si quaedam nimis antique, si pleraque dure│dicere credit eos, . *Epist.*2.1.66
   quaedam, si credis consultis, mancipat usus: *Epist.*2.2.159
quaelibet.   quaelibet in quemvis opprobria fingere saevos, . . . *Epist.*1.15.30
   'pictoribus atque poetis│quidlibet [quaelibet] audendi semper fuit aequa
   potestas.' . . . . *var.Ars Poet.*10
quaeque.   res│ut quaeque est, ita suppliciis delicta coercet? . . . *Serm.*1.3.79
quaeque.   quia Graiorum sunt antiquissima quaeque│scripta vel optima, . *Epist.*2.1.28
   singula quaeque locum teneant sortita decenter. . . . . *Ars Poet.*92

quaeque. ut fugerem exemplis vitiorum quaeque notando. . . . *Serm*.1.4.106
 scriptorum quaeque retexens,│iratus tibi, ... *Serm*.2.3.2
quaeram. nunc illud tantum quaeram, meritone tibi sit . . . *Serm*.1.4.64
 tempora quaeram,│occurram in triviis, ... *Serm*.1.9.58
 'tamen et quaeram et quot habebo│mittam'; *Epist*.1.6.42
quaeramus. sed tamen amoto quaeramus seria ludo): . . . *Serm*.1.1.27
quaerat. siquis nunc quaerat 'quo res haec pertinet?' illuc: . . *Serm*.1.2.23
 privatas ut quaerat opes et tangere vitet│scripta, . . . *Epist*.1.3.16
quaere. quaere modos leviore plectro. *Carm*.2.1.40
 tu pulmentaria quaere│sudando: *Serm*.2.2.20
 'rex sum.' 'nil ultra quaero [quaere] plebeius.' . . . *var.Serm*.2.3.188
 quaere fugam morbi. vis recte vivere (quis non?): . . *Epist*.1.6.29
 'abi, quaere et refer, unde domo, quis,│cuius fortunae, . . *Epist*.1.7.53
 'quaere peregrinum' vicinia rauca reclamat. . . . *Epist*.1.17.62
quaerebat. donasset iamne catenam│ex voto Laribus, quaerebat; . *Serm*.1.5.66
quaerenda. nam mihi continuo maior quaerenda foret res . *Serm*.1.6.100
 'o cives, cives, quaerenda pecunia primum est; . . *Epist*.1.1.53
 ponendaeque domo quaerenda est area primum: . . *Epist*.1.10.13
quaerendi. denique sit finis quaerendi *Serm*.1.1.92
 puellis│iniciat curam quaerendi singula, . . . *Serm*.1.6.32
quaerens. misere discedere quaerens *Serm*.1.9.8
 iam vino quaerens, iam somno fallere curam; . . . *Serm*.2.7.114
quaerens. quae generosius│perire quaerens *Carm*.1.37.22
 fragili quaerens illidere dentem *Serm*.2.1.77
quaerentem. Caesarem altum, . . . finire quaerentem labores . . *Carm*.3.4.39
quaerenti. vitas hinnuleo me similis, Chloe,│quaerenti pavidam montibus
 aviis│matrem *Carm*.1.23.2
 quae te│Lesbia quaerenti taurum monstravit inertem, . *Epod*.12.17
 nam mihi quaerenti convivam dictus here illic│de medio potare die.' . *Serm*.2.8.2
 nam mihi quaerenti convivam [? convivam quaerenti] dictus here illic│
 de medio potare die.' . . . . . *? var.Serm*.2.8.2
quaerentis. haud illud quaerentis, num sine sensu, . . . *Serm*.1.4.77
quaerere. quid sit futurum cras, fuge quaerere . . . *Carm*.1.9.13
 remittas│quaerere nec trepides in usum│poscentis aevi pauca: . *Carm*.2.11.4
 quaerere distuli│nec scire fas est omnia, . . . *Carm*.4.4.21
 quaerere plus prodest et inane abscindere soldo? . . *Serm*.1.2.113
 omnis mortalis curare et quaerere cogit. . . . *Serm*.1.6.37
 quid vetat et nosmet Lucili scripta legentis│quaerere, . *Serm*.1.10.57
 olim nam quaerere amabam, . . . aere, . . . *Serm*.2.3.20
 et properare loco et cessare et quaerere et uti, . . . *Epist*.1.7.57
 et post Punica bella quietus quaerere coepit, . . . *Epist*.2.1.162
 atque inter silvas Academi quaerere verum. . . . *Epist*.2.2.45
quaeres. quaeris [quaeres], quando iterum paveas iterumque perire│possis,
 o totiens servos. *var.Serm*.2.7.69
quaeret. si quaeret Pater urbium│subscribi statuis, . . . *Carm*.3.24.27
 et quaeret iratus parem *Epod*.15.14
 si quaeret quid agam, dic . . . vivere nec recte nec suaviter, . *Epist*.1.8.3
quaerimus. sublatam ex oculis quaerimus invidi. . . . *Carm*.3.24.32
 hic est aut nusquam, quod quaerimus. . . . *Epist*.1.17.39
quaeris. si torrere iecur quaeris idoneum; . . . *Carm*.4.1.12
 num, tibi cum faucis urit sitis, aurea quaeris│pocula? . *Serm*.1.2.114
 quaeris, quando iterum paveas iterumque perire│possis, . *Serm*.2.7.69
 quaeris,│Maecenas, iterum antiquo me includere ludo? . *Epist*.1.1.2
 quid quaeris? vivo et regno, simul ista reliqui, . . *Epist*.1.10.8
quaerit. mox iuniores quaerit adulteros *Carm*.3.6.25
 si quaeret [quaerit] Pater urbium│subscribi statuis, . . *var.Carm*.3.24.27
 pastor umbras cum grege languido│rivomque fessus quaerit . *Carm*.3.29.22
 quaerit patria Caesarem. *Carm*.4.5.16
 omnem redegit idibus pecuniam,│quaerit kalendis ponere. . *Epod*.2.70
 non feret adsiduas potiori te dare noctes│et quaeret [quaerit] iratus
 parem *var.Epod*.15.14
 nec, siquid honesti est,│iactat habetque palam, quaerit, quo turpia celet. . *Serm*.1.2.85
 'Vibidius dum│quaerit de pueris, num sit quoque fracta lagoena, . *Serm*.2.8.81
 sibi dum requiem, dum risus undique quaerit, . . . *Epist*.1.7.79
 si quaeret [quaerit] quid agam, dic . . . vivere nec recte nec suaviter, . *var.Epist*.1.8.3
 nec socerum quaerit, quem versibus oblinat atris . . *Epist*.1.19.30
 aetas animusque virilis│quaerit opes et amicitias, . . *Ars Poet*.167
 quod│quaerit et inventis miser abstinet ac timet uti, . . *Ars Poet*.170
quaeritis. malis carere quaeritis laboribus; . . . *Epod*.16.16

quaeritur. quaeritur argentum puerisque beata creandis|uxor . . . *Epist.*1.2.44
quaero. nunc ego mitibus|mutare quaero tristia, ... *Carm.*1.16.26
  speciosa quaero|pascere tigris. *Carm.*3.27.55
  probamque|pauperiem sine dote quaero. *Carm.*3.29.56
  age, quaeso [quaero],|tu nihil in magno doctus reprehendis Homero? . *var.Serm.*1.10.51
  'rex sum.' 'nil ultra quaero plebeius.' *Serm.*2.3.188
  quaero, faciasne quod olim|mutatus Polemon? *Serm.*2.3.253
quaerunt. tutum per nemus arbutos|quaerunt latentis et thyma deviae . *Carm.*1.17.6
quaesierat. quidquid quaesierat ventri donabat avaro. . . . *Epist.*1.15.32
quaesieris. tu ne quaesieris, scire nefas, quem mihi, quem tibi | finem di
    dederint, ... *Carm.*1.11.1
quaesita. ante meum nulli patuit quaesita palatum. *Serm.*2.4.46
quaesitam. sume superbiam|quaesitam meritis *Carm.*3.30.15
quaesitis. asper et attentus quaesitis, ... *Serm.*2.6.82
quaesitis. illis utitur ante|quaesitis patiens, ... *Serm.*1.1.38
quaesitum. natura fieret laudabile carmen an arte,|quaesitum est: . *Ars Poet.*409
quaesivere. idcirco quidam comoedia necne poema|esset quaesivere, . *Serm.*1.4.46
quaeso. age, quaeso,|tu nihil in magno doctus reprehendis Homero? . *Serm.*1.10.51
quaestor. quaestor avos pater atque meus patruosque fuissent. . . *Serm.*1.6.131
quaestu. 'at in se|pro quaestu sumptum facit hic.' . . . *Serm.*1.2.19
quaestus. autumnusque gravis, Libitinae quaestus acerbae. . . *Serm.*2.6.19
quale. quale posset inpia|mollire Thracum pectora: . . . *Epod.*5.13
  quale fuit Cassi rapido ferventius amni|ingenium, . . . *Serm.*1.10.62
quale. quale portentum neque militaris|Daunias latis alit aesculetis . *Carm.*1.22.13
  nardo peruncti, quale non perfectius|meae laborarint manus. . *Epod.*5.59
  in pulvere, trimus|quale prius, ludas opus, ... *Serm.*2.3.252
qualecumque. o laborum|dulce [quale] lenimen †mihicumque [mihi cumque]
    salve|rite vocanti. *coni.Carm.*1.32.15
qualem. qualem ministrum fulminis alitem, ... *Carm.*4.4.1
  qualemve laetis caprea pascuis|intenta . . . leonem . . . vidit: . *Carm.*4.4.13
  qualem me saepe libenter|obtulerim tibi, Maecenas, . . *Serm.*1.3.63
  qualem commendes, etiam atque etiam aspice, . . . *Epist.*1.18.76
quales. mammae putres|equina quales ubera *Epod.*8.8
quali. quali igitur victu sapiens utetur *Serm.*2.2.63
quali. cum referre negas, quali sit quisque parente|natus, . . *Serm.*1.6.7
  quali|sit facie, sura quali, pede, dente, capillo: . . . *Serm.*1.6.32
  quali|sit facie, sura quali, pede, dente, capillo: . . . *Serm.*1.6.33
quali. quali perfundat piscis securus olivo. *Serm.*2.4.50
qualia. praeceptis, qualia vincent|Pythagoran Anytique reum . *Serm.*2.4.2
  qualia lassum|pervellunt stomachum, ... *Serm.*2.8.8
qualiacumque. quibus haec, sint qualiacumque,|adridere velim, . *Serm.*1.10.88
qualibet. qualibet exsules|in parte regnanto beati: . . . *Carm.*3.3.38
qualis. qualis aut Nireus fuit aut aquosa|raptus ab Ida. . . *Carm.*3.20.15
  non sum qualis eram bonae|sub regno Cinarae. . . . *Carm.*4.1.3
  nam qualis aut Molossus aut fulvos Lacon, . . . *Epod.*6.5
  qualis Lycambae spretus infido gener *Epod.*6.13
qualis. Sabina qualis aut perusta solibus|pernicis uxor Apuli, . . *Epod.*2.41
  quorum hominum regio et qualis via *Epist.*1.15.2
  servetur ad imum|qualis ab incepto processerit . . . *Ars Poet.*127
qualis. sed incitat me pectus et mammae putres|equina quales [qualis] ubera *var.Epod.*8.8
qualis. qualis|aedituos habeat belli spectata domique|virtus, . . *Epist.*2.1.229
qualis. quas aut [? qualis] Parrhasius protulit aut Scopas, . . *? var.Carm.*4.8.6
  indomitas prope qualis undas|exercet Auster . . . *Carm.*4.14.20
  animae qualis neque candidiores|terra tulit . . . *Serm.*1.5.41
qualum. tibi qualum Cythereae puer ales, . . . aufert, . . *Carm.*3.12.4
quam. *Carm.*1.7.12; 1.11.8; 1.13.8; 1.24.10; 1.33.9; 1.36.7; 2.2.10; 2.13.21; 3.3.51; 3.5.53; 3.16.26;
    *Carm.*3.16.41; *var.Carm.*3.25.12; *Carm.*4.8.20; 4.11.30; *Epod.*2.55; 5.81; 10.12; 12.6;
    *Epod.*12.7; 12.20; 12.24; *var.Serm.*1.1.46; *Serm.*1.1.48; 1.1.56; 1.2.20; 1.2.49; 1.2.59;
    *Serm.*1.2.66; 1.2.79; 1.2.105; 1.2.124; 1.3.27; 1.3.67; 1.6.20; 1.6.110; 1.10.*1; 1.10.66;
    *Serm.*1.10.67; 2.1.21; 2.2.24; 2.2.91; 2.2.114; 2.3.60; 2.3.135; 2.4.66; 2.5.35; 2.6.97;
    *var.Serm.*2.7.20; *Serm.*2.8.90; *Epist.*1.6.16; 1.6.23; 1.7.18; 1.7.83; 1.8.7; 1.10.21; 1.10.29;
    *Epist.*1.10.46; 1.10.48; 1.13.7; 1.16.19; 1.18.27; 2.1.91; 2.1.174; 2.1.215; 2.1.249; 2.1.251;
    *Epist.*2.1.263; 2.2.54; 2.2.128; *Ars Poet.*36; 88; 130; 181; 290; 322; 442
quam. *Carm.*1.2.34; 1.15.6; 1.24.16; 2.3.18; 2.12.17; 3.22.6; *coni.Carm.*3.27.41; *Epod.*12.25;
    *Epod.*13.13; 16.3; *Serm.*1.1.1; 2.2.28; 2.2.87; 2.3.68; 2.5.78; *coni.Serm.*2.6.29;
    *var.Serm.*2.8.53; *var.Epist.*1.2.65; 1.4.9; *Epist.*1.7.4; 1.14.44; 2.1.259; *var.Ars Poet.*72
quamcumque. tu quamcumque deus tibi fortunaverit horam . . *Epist.*1.11.22
  quam rem cumque . . . miles te duce gesserit. . . . *Carm.*1.6.3
quamlibet. gloriantis quamlibet mulierculam|vincere mollitia . . *Epod.*11.23

quamquam. quamquam festinas, non est mora longa; *Carm.*1.28.35
quamquam choreis aptior et iocis|ludoque dictus *Carm.*2.19.25
'quamquam sidere pulcrior|ille est, ... *Carm.*3.9.21
quamquam nec Calabrae mella ferunt apes *Carm.*3.16.33
quamquam Socraticis madet|sermonibus, ... *Carm.*3.21.9
quamquam ridentem dicere verum|quid vetat? *Serm.*1.1.24
cum sibi quisque timet, quamquam est intactus, et odit.' . . *Serm.*2.1.23
quamquam|putet aper rhombusque recens, ... *Serm*2.2.41
militiae quamquam piger et malus, utilis Vrbi, ... *Epist.*2.1.124
quamvis. quamvis Pontica pinus,|silvae filia nobilis, ... *Carm.*1.14.11
quamvis . . . nihil ultra|nervos atque cutem morti concesserat atrae, . *Carm.*1.28.11
quamvis non alius flectere equom sciens|aeque conspicitur . . *Carm.*3.7.25
'quamquam [quamvis] sidere pulcrior|ille est, ... *var.Carm.*3.9.21
o quamvis neque te munera nec preces . . . curvat, . . . *Carm.*3.10.13
quamvis furiale centum|muniant angues caput eius . . . *Carm.*3.11.17
nec dabunt, quamvis redeant in aurum|tempora priscum. . . *Carm.*4.2.39
filius quamvis Thetidis marinae *Carm.*4.6.6
toga, quae defendere frigus|quamvis crassa queat.' . . . *Serm.*1.3.15
'ut quamvis tacet Hermogenes, cantor tamen atque | optimus est
    modulator; *Serm.*1.3.129
quamvis|infra Lucili censum ingeniumque, ... *Serm.*2.1.74
carne tamen quamvis distat nil, ... *Serm.*2.2.29
quamquam [quamvis]|putet aper rhombusque recens, . . . *var.Serm.*2.2.41
nam quamvis memori referas mihi pectore cuncta, . . . *Serm.*2.4.90
quamvis periurus erit, sine gente, ... *Serm.*2.5.15
me quamvis Lamiae pietas et cura moratur|fratrem maerentis, . *Epist.*1.14.6
quamvis, Scaeva, satis per te tibi consulis *Epist.*1.17.1
quamvis fers te nullius egentem.' *Epist.*1.17.22
quamvis nil extra numerum fecisse modumque|curas: . . *Epist.*1.18.59
quamvis|nocturnos iures te formidare tepores. *Epist.*1.18.92
verba movere loco, quamvis invita recedant *Epist.*2.2.113
emptum cenat holus, quamvis aliter putat: *Epist.*2.2.168
ut scriptor si peccat idem librarius usque,|quamvis est monitus, . *Ars Poet.*355
quamvis et voce paterna|fingeris ad rectum . . . . *Ars Poet.*366
quando. cui . . . quando ullum inveniet parem? *Carm.*1.24.8
quando et priores hinc Lamias ferunt|denominatos . . . *Carm.*3.17.2
quando repositum Caecubum ad festas dapes . . . bibam . . *Epod.*9.1
quando|Padus Matina laverit cacumina *Epod.*16.27
mala copia quando|aegrum sollicitat stomachum, . . . *Serm.*2.2.42
'quando pauperiem missis ambagibus horres, ... *Serm.*2.5.9
o rus, quando ego te adspiciam quandoque licebit . . . ducere sollicitae
    iucunda oblivia vitae? *Serm.*2.6.60
o quando faba Pythagorae cognata . . . ponentur . . . *Serm.*2.6.63
terrestria quando|mortalis animas vivont sortita . . . *Serm.*2.6.93
libertate decembri,|quando ita maiores voluerunt, utere: . . *Serm.*2.7.5
quando iterum paveas iterumque perire|possis, ... *Serm.*2.7.69
quandocumque. quandocumque trahunt invisa negotia Romam. . *Epist.*1.14.17
quandocumque deos vel porco vel bove placat, ... *Epist.*1.16.58
quandocumque. garrulus hunc quando consumet cumque: . . *Serm.*1.9.33
quandoque. quandoque potentior|largi muneribus riserit aemuli, . *Carm.*4.1.17
quandoque trahet ferocis|per sacrum clivom . . . Sygambros; . *Carm.*4.2.34
indignor, quandoque bonus dormitat Homerus, . . . *Ars Poet.*359
quanta. lupis et agnis quanta sortito obtigit, ... *Epod.*4.1
per Vrbem . . . fabula quanta fui, ... *Epod.*11.8
quae virtus et quanta, boni, sit vivere parvo *Serm.*2.2.1
illa rogare,|quantane? num tantum, sufflans se, magna fuisset? . *Serm.*2.3.317
quanta. quae Venus|quinta [quanta] parte sui nectaris imbuit. . *coni.Carm.*1.13.16
quanta laboras in Charybdi, ... *Carm.*1.27.19
quanta. o qui conplexus et gaudia quanta fuerunt. . . . *Serm.*1.5.43
quanta. quanta moves funera Dardanae|genti. *Carm.*1.15.10
▨ victus tenuis quae quantaque secum|adferat. *Serm.*2.2.70
quantae. sit tibi curae|quantae conveniat Munatius. . . . *Epist.*1.3.31
quantas. levis haec insania quantas|virtutes habeat, . . . *Epist.*2.1.118
quanti. percontor quanti holus ac far, ... *Serm.*1.6.112
'quanti emptae?' 'parvo.' 'quanti ergo?' 'octussibus.' . . *Serm.*2.3.156
Septimius, Claudi, nimirum intellegit unus,|quanti me facias; . *Epist.*1.9.2
quantis. quantis fatigaret ruinis, ... *Carm.*4.14.19
quanto. quanto trepidet tumultu|pronus Orion. *Carm.*3.27.17
quanto devites animi capitisque labore *Epist.*1.1.44

adspice primum, | quanto cum fastu, . . . circum- | spectemus vacuam
  Romanis vatibus aedem; *Epist.*2.2.93
quanto.   quanto quisque sibi plura negaverit, ... *Carm.*3.16.21
  quanto moveas periclo, | Pyrrhe, Gaetulae catulos leaenae?   .   . *Carm.*3.20.1
  at qui tantuli eget quanto est opus, ... *Serm.*1.1.59
  atque | quanto perditior quisque est, tanto acrius urget;   .   .   . *Serm.*1.2.15
  tutior at quanto merx est in classe secunda, ... *Serm.*1.2.47
  at quanto meliora monet pugnantiaque istis | dives opis natura suae,   . *Serm.*1.2.73
  quanto hoc furiosius atque | maius peccatum est: *Serm.*1.3.83
  'quanto rectius hoc quam tristi laedere versu *Serm.*2.1.21
  quanto aut ego parcius aut vos, | o pueri, nituistis, ... *Serm.*2.2.127
  tanto dissimilem et tanto [tam te dissimilem quanto] certare minorem? . *coni.Serm.*2.3.313
  quanto curam sumptumque minorem | haec habeant, ... *Serm.*2.4.85
  quanto constantior isdem | in vitiis, ... *Serm.*2.7.18
  habet comoedia tanto | plus oneris, quanto veniae minus: .   .   . *Epist.*2.1.170
  adspice primum, . . . quanto molimine circum- | spectemus vacuam
    Romanis vatibus aedem; *Epist.*2.2.93
  quanto plura parasti, | tanto plura cupis, ... *Epist.*2.2.147
  quanto rectius hic, qui nil molitur inepte: .   .   .   .   .   . *Ars Poet.*140
quantulum.   quantulum enim summae curtabit quisque dierum,   .   . *Serm.*2.3.124
quantum.   vino et lucernis Medus acinaces | immane quantum discrepat: . *Carm.*1.27.6
  dilecta, quantum non Pholoe fugax, ... *Carm.*2.5.17
  quantum distet ab Inacho | Codrus *Carm.*3.19.1
  quantum exstant aqua | suspensa mento corpora; *Epod.*5.35
  quantum neque atro delibutus Hercules | Nessi cruore   .   .   . *Epod.*17.31
  quantum carminibus quae versant atque venenis | humanos animos.   . *Serm.*1.8.19
  displosa sonat quantum vesica, ... *Serm.*1.8.46
  nec tantum veneris quantum studiosa culinae. *Serm.*2.5.80
  non possis oculo quantum contendere Lynceus: *Epist.*1.1.28
  qui semel adspexit, quantum dimissa petitis | praestent,   .   .   . *Epist.*1.7.96
  si quantum cuperem possem quoque; *Epist.*2.1.257
  iratus Grais quantum nocuisset Achilles. *Epist.*2.2.42
  quantum simplex hilarisque nepoti | discrepet *Epist.*2.2.193
  et quantum discordet parcus avaro. *Epist.*2.2.194
  nec scit quantum Cascellius Aulus, ... *Ars Poet.*371
quantum.   daret quantum satis esset nec sibi damno | dedecorique foret.   . *Serm.*1.2.52
  quantum interpellet inani | ventre diem durare, ... *Serm.*1.6.127
quantum.   'nil satis est', inquit, 'quia tanti quantum habeas sis':   .   . *Serm.*1.1.62
  quantum hinc inminuet? *Serm.*2.2.127
  quanto [quantum] aut ego parcius aut vos, | o pueri, nituistis,   .   . *var.Serm.*2.2.127
  dare . . . frumenti quantum metit Africa. *Serm.*2.3.87
  pulveris atri | quantum non Aquilo Campanis excitat agris.   .   . *Serm.*2.8.56
  'at tu, quantum vis, tolle' 'benigne' *Epist.*1.7.16
  ut, quantum generi demas, virtutibus addas; *Epist.*1.20.22
  ex modico, quantum res poscet, acervo | tollam *Epist.*2.2.190
quantumvis.   post haec ille catus, quantumvis rusticus,   .   .   . *Epist.*2.2.39
quantus.   heu heu, quantus equis, quantus adest viris | sudor,   .   . *Carm.*1.15.9
  quantus altis montibus | frangit trementis ilices; *Epod.*10.7
  o quantus instat navitis sudor tuis | tibique pallor luteus   .   .   . *Epod.*10.15
  vilibus in scopis, in mappis, in scobe quantus | consistit sumptus? . *Serm.*2.4.81
  quantus sit Dossennus edacibus in parasitis: *Epist.*2.1.173
quare.   quare, ne paeniteat te, | desine sectari matronas,   .   .   . *Serm.*1.2.77
  'accendis quare cupiam magis illi | proximus esse.' *Serm.*1.9.53
  quare | templa ruont antiqua deum? *Serm.*2.2.103
  nunc accipe, quare | desipiant omnes aeque ac tu, ... *Serm.*2.3.46
  quare, | si quidvis satis est, periuras, surripis, aufers | undique?   . *Serm.*2.3.126
  quare per divos oratus uterque Penatis *Serm.*2.3.176
  quid ferat et quare sibi nectat uterque coronam. *Epist.*2.2.96
quarta.   nec quarta loqui persona laboret.   .   .   .   .   .   . *Ars Poet.*192
quarta.   quarta vix demum exponimur hora. *Serm.*1.5.23
  quarta iam parte diei | praeterita, ... *Serm.*1.9.35
  non ut de sede secunda | cederet aut quarta socialiter.   .   .   . *Ars Poet.*258
quartae.   "quartae sit partis Vlixes" | audieris "heres":   .   .   . *Serm.*2.5.100
quartam.   ad quartam iaceo; post hanc vagor *Serm.*1.6.122
quartana.   'frigida si puerum quartana reliquerit, ... *Serm.*2.3.290
quarum.   nisi illas | quarum subsuta talos tegat instita veste,   .   . *Serm.*1.2.29
quas.   tristes ut irae, quas neque Noricus | deterret ensis   .   .   . *Carm.*1.16.9
  neque harum quas colis arborum | te praeter invisas cupressos . . .
    sequetur.   .   .   .   .   * . *Carm.*2.14.22

quas et benigno numine Iuppiter | defendit *Carm.*4.4.74
quas aut Parrhasius protulit aut Scopas, ... *Carm.*4.8.6
per quas Latinum nomen et Italae | crevere vires *Carm.*4.15.13
quis non malarum quas amor curas habet *Epod.*2.37
quis non malarum quas amor [Roma quas] curas habet | haec inter
   obliviscitur? *coni.Epod.*2.37
herbasque, quas Iolcos atque Hiberia | mittit *Epod.*5.21
Sallustius in quas | non minus insanit quam qui moechatur. . . *Serm.*1.2.48
artis, quas doceat quivis eques atque senator | semet prognatos. . *Serm.*1.6.77
obiciet nemo sordis mihi, quas tibi, Tilli, ... *Serm.*1.6.107
divitiis parent; quas qui construxerit, ille | clarus erit, . . . *Serm.*2.3.96
'quid tibi vis [quid vis], insane, et quam rem [quas res] agis?' . *var.Serm.*2.6.29
'quid tibi vis, insane, et quam rem agis [et quas res]?' . . *var.Serm.*2.6.29
cum Servilio Balatrone | Vibidius quos [quas] Maecenas adduxerat
   umbras. *var.Serm.*2.8.22
quas bis quinque viri sanxerunt, . . . dictitet . . . *Epist.*2.1.24
maculis, quas aut incuria fudit | aut humana parum cavit natura. . *Ars Poet.*352
quassa. eripiet quivis oculos citius mihi quam te | contemptum cassa [quassa]
   nuce pauperet; *var.Serm.*2.5.36
quassas. mox reficit rates | quassas indocilis pauperiem pati. . . *Carm.*1.1.18
ab infimis | quassas eripiunt aequoribus rates, ... *Carm.*4.8.32
quatenus. quatenus, heu nefas, | virtutem incolumem odimus, . . *Carm.*3.24.30
iubeas miserum esse, libenter | quatenus id facit. . . . *Serm.*1.1.64
denique, quatenus excidi penitus vitium irae, ... *Serm.*1.3.76
quatenus ima petit volvens aliena vitellus. *Serm.*2.4.57
quater. quippe ter et quater | anno revisens aequor Atlanticum | inpune. . *Carm.*1.31.13
ut toto non quater anno | membranam poscas, ... *Serm.*2.3.1
quem ter vindicta quaterque | inposita *Serm.*2.7.76
me quater undenos sciat inplevisse decembris, ... *Epist.*1.20.27
quateret. Dardanas turris quateret tremenda | cuspide pugnax — . *Carm.*4.6.7
quaternos. saepe tribus lectis videas cenare quaternos. . . . *Serm.*1.4.86
quatiam. non ego te, candide Bassareu, | invitum quatiam . . *Carm.*1.18.12
quatient. in morem Salium ter quatient humum. *Carm.*4.1.28
quem res plus nimio delectavere secundae, | mutatae quatient. . *Epist.*1.10.31
quaties. tu gravi curru quaties Olympum, ... *Carm.*1.12.58
quatinus. quatenus [quatinus] excidi penitus vitium irae, . . *var.Serm.*1.3.76
quatit. non adytis quatit | mentem sacerdotum incola Pythius, . . *Carm.*1.16.5
non . . . mente quatit solida neque Auster, ... *Carm.*3.3.4
si celeres quatit | pennas, ... *Carm.*3.29.53
statua taciturnius exit | plerumque et risu populum quatit: . . . *Epist.*2.2.84
quatiunt. iunctaeque Nymphis Gratiae decentes | alterno terram quatiunt
   pede, ... *Carm.*1.4.7
parcius iunctas quatiunt fenestras *Carm.*1.25.1
pede candido | in morem Salium ter quatient [quatiunt] humum. . *var.Carm.*4.1.28
quattuor. modo summa | voce, modo hac, resonat quae chordis quattuor
   ima. *Serm.*1.3.8
quattuor hinc rapimur viginti et milia raedis, ... *Serm.*1.5.86
quattuor aut plures aulaea premuntur in horas, ... *Epist.*2.1.189
quavis. avet quavis aspergere cunctos | praeter eum qui praebet aquam; . *Serm.*1.4.87
-que. *Carm.*1.1.4; 1.1.5; 1.1.24; 1.1.31; 1.2.16; 1.2.38; 1.2.45; 1.3.3; 1.3.32; 1.4.2; 1.4.6; 1.4.14;
   *Carm.*1.4.16; 1.5.6; 1.6.10; *coni.Carm.*1.7.7; *Carm.*1.7.9; 1.7.18; 1.7.21; 1.7.26; 1.7.30;
   *Carm.*1.9.3; 1.9.19; 1.9.23; 1.10.6; 1.10.15; 1.10.18; 1.12.10; 1.12.15; 1.12.25; 1.12.30;
   *Carm.*1.12.37; 1.12.40; 1.14.6; 1.14.18; 1.15.12; 1.15.14; 1.15.18; 1.15.34; 1.16.20;
   *Carm.*1.16.28; 1.17.4; 1.17.20; 1.17.28; 1.18.6; 1.18.16; 1.19.2; 1.19.14; 1.21.3; 1.21.10;
   *Carm.*1.21.11; 1.21.12; 1.21.14; 1.22.1; 1.22.19; 1.24.7; 1.25.3; 1.27.3; 1.27.16; 1.28.1;
   *Carm.*1.28.5; 1.28.8; 1.28.9; 1.28.15; 1.28.27; 1.28.29; 1.28.32; 1.28.34; 1.29.4; 1.30.1;
   *Carm.*1.30.8; 1.31.16; 1.32.9; 1.32.11; *coni.Carm.*1.32.15; *Carm.*1.34.8; 1.34.11;
   *Carm.*1.35.11; 1.35.16; 1.35.20; 1.35.32; 1.35.34; 1.35.40; 1.36.9; 1.37.11; 1.37.14;
   *Carm.*2.1.2; 2.1.20; 2.1.31; 2.2.19; 2.2.22; 2.3.9; 2.3.18; 2.4.21; 2.5.24; 2.6.8; 2.6.15;
   *Carm.*2.6.17; 2.7.4; 2.7.18; 2.8.7; 2.8.11; 2.8.22; 2.9.21; 2.9.23; 2.10.11; 2.11.8; 2.11.16;
   *Carm.*2.12.6; 2.12.9; 2.12.11; 2.13.4; 2.13.20; 2.13.23; 2.14.4; 2.14.8; 2.14.14; 2.14.19;
   *Carm.*2.15.4; 2.15.12; 2.16.33; 2.17.4; 2.17.16; 2.17.24; 2.17.31; 2.18.10; 2.18.16; 2.18.20;
   *Carm.*2.18.28; 2.18.34; 2.19.3; 2.19.6; 2.19.10; 2.19.14; 2.19.24; 2.19.26; 2.19.28; 2.19.32;
   *Carm.*2.20.4; 2.20.11; 2.20.12; 2.20.15; 2.20.16; 2.20.20; 2.20.22; 3.1.4; 3.1.12; 3.1.20;
   *Carm.*3.1.30; 3.1.36; 3.1.44; 3.2.5; *var.Carm.*3.2.16; *Carm.*3.2.23; 3.2.28; 3.3.19;
   *Carm.*3.3.23; 3.3.29; 3.3.38; 3.3.40; 3.3.43; 3.3.56; 3.3.59; 3.3.68; *var.Carm.*3.4.4;
   *Carm.*3.4.11; 3.4.15; *? var.Carm.*3.4.23; *Carm.*3.4.43; 3.4.46; 3.4.51; 3.4.55; 3.4.63; 3.4.74;
   *Carm.*3.5.4; 3.5.7; 3.5.11; 3.5.23; 3.5.36; 3.5.42; 3.5.47; 3.6.3; 3.6.20; 3.6.35; 3.6.36;
   *Carm.*3.8.3; 3.9.18; 3.9.20; 3.11.3; 3.11.10; 3.11.13; *coni.Carm.*3.11.18; *Carm.*3.11.19;

*Carm.*3.11.21; 3.11.28; 3.12.5; 3.14.9; 3.15.3; 3.16.2; 3.16.18; 3.16.29; 3.18.3; 3.21.18;
*Carm.*3.21.22; 3.21.23; 3.22.1; 3.22.3; 3.23.4; 3.23.16; 3.24.15; 3.24.39; 3.24.44; 3.24.56;
*Carm.*3.24.61; 3.25.15; 3.26.3; *coni.Carm.*3.26.7; *Carm.*3.27.4; 3.27.15; 3.27.21; 3.27.27;
*Carm.*3.27.35; 3.27.54; 3.27.65; 3.27.70; 3.28.4; 3.28.14; 3.29.12; 3.29.14; 3.29.22;
*Carm.*3.29.23; 3.29.28; 3.29.31; 3.29.37; 3.29.39; 3.29.42; 3.29.47; 3.29.55; 3.29.60;
*Carm.*3.29.64; 3.30.2; 3.30.6; 4.1.22; 4.2.7; 4.2.11; 4.2.13; 4.2.23; 4.2.28; 4.2.30; 4.2.38;
*Carm.*4.2.41; 4.2.43; 4.2.49; 4.2.51; 4.2.53; 4.4.7; 4.4.23; 4.4.34; 4.4.49; 4.4.60; 4.4.67;
*Carm.*4.5.13; 4.5.18; 4.6.2; 4.6.11; 4.6.21; 4.6.30; 4.6.31; 4.6.35; 4.6.39; 4.7.2; 4.7.5;
*Carm.*4.8.1; 4.8.16; 4.8.23; 4.9.7; *var.Carm.*4.9.8; *Carm.*4.9.11; 4.9.15; *var.Carm.*4.9.17;
*var.Carm.*4.9.20; *Carm.*4.9.24; 4.9.27; 4.9.35; 4.9.36; 4.9.39; 4.9.49; 4.9.50; 4.11.17;
*Carm.*4.11.23; 4.12.11; 4.12.19; 4.12.26; 4.13.4; 4.13.21; 4.14.4; 4.14.11; 4.14.15; 4.14.27;
*Carm.*4.14.31; 4.14.39; 4.14.42; 4.14.44; 4.14.46; 4.14.50; 4.15.11; 4.15.14; 4.15.23;
*Carm.*4.15.25; 4.15.27; 4.15.31; *Carm.Saec.*1; 6; 10; 17; 19; 22; 23; 25; 26; 29; 33; 37;
*Carm.Saec.*49; 50; 53; 54; 57; 59; 62; 67; 73; 74; *Epod.*1.31; 2.7; 2.13; 2.27;
*Epod.*2.30; 2.35; 2.45; 2.65; 4.15; 5.20; 5.21; 5.33; 5.46; 5.79; 5.87; 5.93; 7.16; 7.18;
*Epod.*8.5; 8.9; 9.15; 9.19; 9.27; 9.37; 10.6; 10.16; *var.Epod.*11.11; *Epod.*12.10; 12.11;
*Epod.*12.12; 12.26; 13.2; 13.4; 13.17; 15.9; 15.20; 15.22; 16.6; 16.8; 16.10; 16.13; 16.19;
*Epod.*16.30; 16.34; 16.46; 16.50; 16.53; 17.7; 17.19; 17.29; 17.43; 17.50; 17.71; 17.75;
*Epod.*17.80; *Serm.*1.1.9; 1.1.29; 1.1.83; 1.1.89; 1.1.92; 1.1.105; 1.1.107; 1.1.110; 1.2.6;
*Serm.*1.2.39; 1.2.45; 1.2.50; 1.2.53; 1.2.65; 1.2.66; 1.2.71; 1.2.73; 1.2.80; 1.2.85; 1.2.104;
*Serm.*1.2.110; 1.2.116; 1.2.119; 1.2.123; 1.3.24; 1.3.52; 1.3.59; 1.3.62; 1.3.78; 1.3.81; 1.3.97;
*Serm.*1.3.103; 1.3.104; 1.3.112; 1.3.115; 1.3.131; 1.3.135; 1.3.141; 1.3.142; 1.4.1; 1.4.7; 1.4.17;
*Serm.*1.4.37; 1.4.58; 1.4.61; 1.4.66; 1.4.69; 1.4.72; 1.4.73; 1.4.75; 1.4.83; 1.4.90; 1.4.96;
*Serm.*1.4.97; 1.4.109; 1.4.115; 1.4.120; 1.4.127; 1.5.14; 1.5.19; 1.5.20; 1.5.22 (*bis*); 1.5.24;
*Serm.*1.5.32; 1.5.36; 1.5.40; 1.5.46; 1.5.48; 1.5.52; 1.5.69; 1.5.75; 1.5.85; 1.6.18; 1.6.20;
*Serm.*1.6.25; 1.6.43; 1.6.44; 1.6.61; 1.6.74; 1.6.78; 1.6.89; 1.6.91; 1.6.109; 1.6.113;
*Serm.*1.6.115; 1.6.126; 1.6.129; 1.6.131; *var.Serm.*1.7.7; 1.7.23; 1.7.24; 1.7.28; 1.8.3;
*Serm.*1.8.5; 1.8.7; 1.8.11; 1.8.22; 1.8.24; *var.Serm.*1.8.32; *Serm.*1.8.35; 1.8.39; 1.8.42;
*Serm.*1.9.4; 1.9.55; 1.10.36; 1.10.40; 1.10.63; 1.10.67; 1.10.81; 1.10.85; *var.Serm.*1.10.87;
*Serm.*1.10.90; 2.1.3; 2.1.9; 2.1.22; 2.1.25; 2.1.50; 2.1.68; 2.1.69; 2.1.75; 2.1.83; 2.2.3;
*Serm.*2.2.4; 2.2.21; 2.2.42; 2.2.46; 2.2.49; 2.2.70; 2.2.75; 2.2.84; 2.2.95; *var.Serm.*2.2.99;
*Serm.*2.2.101; 2.2.109; 2.2.110; 2.2.136; 2.3.3; 2.3.7; 2.3.16; 2.3.24; *var.Serm.*2.3.29;
*Serm.*2.3.32; 2.3.55; 2.3.57; 2.3.95; *var.Serm.*2.3.97; *Serm.*2.3.109; 2.3.110; 2.3.115;
*Serm.*2.3.125; 2.3.130; 2.3.131; 2.3.144; 2.3.146; 2.3.157; 2.3.162; 2.3.171; 2.3.182;
*Serm.*2.3.195; 2.3.200; 2.3.208; 2.3.216; 2.3.266; 2.3.271; 2.3.288; *var.Serm.*2.3.292;
*Serm.*2.3.294; 2.4.65; 2.4.68; 2.4.77; 2.4.85; 2.4.88; 2.4.92; 2.5.4; 2.5.6; 2.5.22; 2.5.30;
*Serm.*2.5.57; 2.5.63; 2.5.68; 2.5.69; 2.5.77; 2.5.99; 2.5.102; 2.5.110; *var.Serm.*2.6.7;
*Serm.*2.6.15; 2.6.17; 2.6.19; 2.6.21; 2.6.27; 2.6.58; 2.6.60; 2.6.63; 2.6.66; 2.6.76;
*Serm.*2.6.85; 2.6.89; 2.6.92; 2.6.100; 2.6.104; 2.6.108; 2.6.110; 2.6.113; 2.6.116;
*Serm.*2.7.31; 2.7.35; 2.7.41; 2.7.44; 2.7.54; 2.7.58; *var.Serm.*2.7.64; *Serm.*2.7.66; 2.7.68;
*Serm.*2.7.69; 2.7.75; 2.7.76 (*bis*); *var.Serm.*2.7.83; *Serm.*2.7.90; 2.7.94; 2.7.96; 2.7.99;
*Serm.*2.7.108; 2.7.113; 2.7.115; 2.8.12; 2.8.40; 2.8.65; 2.8.70; 2.8.76; 2.8.82; *Epist.*1.1.17;
*Epist.*1.1.20; 1.1.23; 1.1.24; 1.1.26; 1.1.27; 1.1.33; 1.1.43; 1.1.44; 1.1.55; 1.1.56; 1.1.58;
*Epist.*1.1.79; 1.1.81; 1.2.10; 1.2.20; 1.2.24; 1.2.28; 1.2.44; 1.3.3; 1.3.5; 1.3.15; 1.4.5;
*Epist.*1.4.7; 1.4.12; 1.5.5; 1.5.19; 1.5.15; 1.5.26 (*bis*); 1.5.27; 1.6.2; 1.6.14; 1.6.17;
*Epist.*1.6.25; 1.6.36; 1.6.38; 1.6.53; 1.6.59; 1.6.61; 1.6.65; 1.6.66; 1.7.3; 1.7.5; 1.7.8; 1.7.12;
*Epist.*1.7.30; 1.7.46; 1.7.58; 1.7.77; 1.7.78; 1.7.89; 1.7.90; 1.7.91; 1.7.97; 1.8.2; 1.8.5;
*Epist.*1.8.14; 1.9.4; 1.9.13; 1.10.5; 1.10.7; 1.10.10; 1.10.13; 1.10.23; *var.Epist.*1.10.28;
*Epist.*1.10.36; 1.11.1; *var.Epist.*1.11.3; 1.11.4; *Epist.*1.11.9; 1.11.11; 1.12.5; 1.12.13;
*Epist.*1.12.27; 1.13.1; 1.13.4; 1.13.8; 1.13.17; 1.13.19; 1.14.8; 1.14.19; 1.14.27; 1.14.32;
*Epist.*1.14.38; 1.15.6; 1.15.9; 1.15.17; 1.15.20; 1.15.24; 1.15.31; 1.16.20; 1.16.21; 1.16.25;
*Epist.*1.16.30; 1.16.35; 1.16.38; 1.16.41; 1.16.42; 1.16.49; 1.16.50; 1.16.61; 1.16.70;
*Epist.*1.16.72; 1.16.74; 1.17.7; 1.17.10; 1.17.11; 1.17.29; 1.17.51; 1.17.57; 1.18.6; 1.18.8;
*Epist.*1.18.23; 1.18.38; 1.18.45; 1.18.46; 1.18.50; 1.18.59; 1.18.68; 1.18.81; 1.18.89;
*Epist.*1.18.90; 1.18.98; 1.19.4; 1.19.8; 1.19.13; 1.19.14; 1.19.16; 1.19.24; 1.19.36; 1.20.1;
*Epist.*1.20.23; 2.1.7; 2.1.11; 2.1.20; 2.1.37; *coni.Epist.*2.1.41; *Epist.*2.1.45;
*Epist.*2.1.49; 2.1.61; 2.1.64; *var.Epist.*2.1.69; *Epist.*2.1.72; 2.1.75; *var.Epist.*2.1.77;
*Epist.*2.1.79; 2.1.88; 2.1.89; 2.1.92; 2.1.97; 2.1.102; 2.1.109; *var.Epist.*2.1.109;
*Epist.*2.1.117; *var.Epist.*2.1.122; *Epist.*2.1.126; 2.1.139; 2.1.147; 2.1.153; 2.1.155;
*Epist.*2.1.160; 2.1.167; 2.1.182; 2.1.184; 2.1.190; 2.1.204; 2.1.230; 2.1.235; 2.1.247;
*Epist.*2.1.249; 2.1.252; 2.1.253; 2.1.255; 2.1.262; 2.2.1; 2.2.5; 2.2.47; 2.2.50; 2.2.58;
*Epist.*2.2.64; 2.2.66; 2.2.72; 2.2.82; 2.2.92; 2.2.120; 2.2.121; 2.2.126; 2.2.130; 2.2.136;
*Epist.*2.2.137; 2.2.145; 2.2.156; ? *var.Epist.*2.2.183; *Epist.*2.2.193; 2.2.198; 2.2.209;
*Ars Poet.*27; 28; 37; 46; 51; 52; 54; 55; 58; 62; 63; 65; *var.Ars Poet.*65; *Ars Poet.*70; 80;
*Ars Poet.*83; 86; 87; 94; 113; 123; 128; 130; 132; 145; 157; 162; 165; 166; 171; 172;
*Ars Poet.*174; 177; 178; 183; 193; 196; 199; 200; 202; 203; 209; 212; 214; 215; 218; 224;
*Ars Poet.*235; 239; 241; 242; 247; *var.Ars Poet.*250; *Ars Poet.*255; 261; 265; 274; 277;
*Ars Poet.*278; 283; *var.Ars Poet.*289; *Ars Poet.*299; 307; 311; 317; 319; 321; 322; 336;

Ars Poet.344; 349; var.Ars Poet.358; Ars Poet.377; 380; 384; 388; 391; 393; 402; 405;
Ars Poet.413; 415; 425; 440; 444; 452; 455; 456; 463; 466; 474; 475
-que. Carm.1.26.12 (bis); 1.35.10 (bis); 2.1.3 (bis); 3.4.19 (bis); 3.4.47 (bis); 4.2.22 (bis); 4.4.55 (bis);
Carm.Saec.47 (bis); 66 (bis); 69 (bis); Serm.1.1.76 (bis); 1.2.56 (bis); 1.4.117; 1.4.118;
Serm.1.5.98 (bis); 1.5.104 (bis); 1.8.17 (bis); 1.8.50 (bis); 1.10.27 (bis); 2.4.3 (bis);
Serm.2.6.65 (bis); Epist.1.7.37 (bis); 1.7.94 (bis); 1.19.34 (bis); 2.2.144 (bis);
Ars Poet.11 (bis); 73 (bis); 207 (bis); 280 (bis)

queam. atque haurire queam vitae praecepta beatae.'   .   .   .   Serm.2.4.95
quibus amissas reparare queam res|artibus atque modis.   .   .   Serm.2.5.2
queamus. cedat uti conviva satur, reperire queamus.   .   .   .   Serm.1.1.119
queant. unde expedire non amicorum queant|libera consilia   .   .   Epod.11.25
queas. accipe qua ratione queas ditescere. Serm.2.5.10
qua ratione queas traducere leniter aevom, ...   Epist.1.18.97
queat. toga, quae defendere frigus|quamvis crassa queat.'   .   .   Serm.1.3.15
quem. auctor . . . quem iuvat clamor galeaeque leves   .   .   .   Carm.1.2.38
flore, terrae quem ferunt solutae, ...   Carm.1.4.10
Gyges,|quem si puellarum insereres choro, ...   Carm.2.5.21
ego, quem vocas,|dilecte Maecenas, ...   Carm.2.20.6
leonem, quem cruenta|per medias rapit ira caedes.'   .   .   .   Carm.3.2.11
invisum nepotem,|Troica quem peperit sacerdos,   .   .   .   Carm.3.3.32
quid fles, Asterie, quem tibi, candida.|primo restituent vere Favonii   Carm.3.7.1
amnis, imbres|quem super notas aluere ripas,   .   .   .   Carm.4.2.6
quem tu, Melpomene, semel|nascentem placido lumine videris,   .   Carm.4.3.1
iuvenem, quem Notus invido|flatu . . . dulci distinet a domo,   .   Carm.4.5.9
dive, quem proles Niobea magnae|vindicem linguae . . . sensit   .   Carm.4.6.1
Telephum, quem tu petis, ...   Carm4.11.21
maxime principum,|quem legis expertes Latinae   .   .   .   Carm.4.14.7
an hunc laborem mente laturi, decet|qua [quem] ferre non mollis viros?   var.Epod.1.10
magis quem|diligeret mulier sua quam te. Epod.12.23
o ego non felix, quam [? infelix, quem] tu fugis, ut pavet acris|agna
lupos   .   .   .   .   ? var.Epod.12.25
in quem superbus ordinarat agmina|Mysorum Epod.17.9
in quem tela acuta torserat. Epod.17.10
addit acervo|quem struit. Serm.1.1.35
si nemo praestet, quem non merearis, amorem?   .   .   .   Serm.1.1.87
Terenti|fabula quem miserum gnato vixisse fugato|inducit,   .   Serm.1.2.21
ancilla aut verna est praesto puer, impetus in quem|continuo fiat,   Serm.1.2.117
non satis est puris versum perscribere verbis,|quem si dissolvas,   .   Serm.1.4.55
me . . . quem rodunt omnes libertino patre natum,   .   .   Serm.1.6.46
capsis quem fama est esse librisque|ambustum propriis.   .   .   Serm.1.10.63
ensis . . . quem cur destringere coner Serm.2.1.41
trilibrem|mullum, in singula quem minuas pulmenta necesse est.   .   Serm.2.2.34
"quem mala stultitia et quemcumque inscitia veri|caecum agit,   .   Serm.2.3.43
inhumato,|per quam tot iuvenes patrio caruere sepulcro?'   .   .   Serm.2.3.196
quem cepit vitrea fama,|hunc circumtonuit gaudens Bellona cruentis   Serm.2.3.222
adde cruorem|stultitiae atque ignem gladio scrutare. modo, inquam,
[scrutare modo, in quem] . . . cum praecipitat se,   .   .   .   coni.Serm.2.3.276
voltum habitumque hominis, quem tu vidisse beatus   .   .   Serm.2.4.92
quem tollere raeda|vellet iter faciens Serm.2.6.42
quem ter vindicta quaterque|inposita haud umquam misera formidine
privet? Serm.2.7.76
quem neque pauperies neque mors neque vincula terrent,   .   .   Serm.2.7.84
in quem manca ruit semper fortuna. Serm.2.7.88
quem nos sic fugimus ulti, ...   Serm.2.8.93
nec sequar aut fugiam quae [quem] diligit ipse vel odit: .   .   var.Epist.1.1.72
locuples, quem ducit priva triremis. Epist.1.1.93
macra cavom repetes artum, quem macra subisti.'   .   .   .   Epist.1.7.33
quem simul adspexit scabrum intonsumque Philippus,   .   .   Epist.1.7.90
quem res plus nimio delectavere secundae, ...   Epist.1.10.30
agelli,|quem tu fastidis, habitatum quinque focis   .   .   .   Epist.1.14.2
quem tenues decuere togae nitidique capilli,   .   .   .   Epist.1.14.32
quem scis inmunem Cinarae placuisse rapaci,   .   .   .   Epist.1.14.33
quem bibulum liquidi media de luce Falerni: Epist.1.14.34
vir bonus, omne forum quem spectat et omne tribunal,   .   .   Epist.1.16.57
contra, quem duplici panno patientia velat, ...   Epist.1.17.25
quem damnosa venus, quem praeceps alea nudat,   .   .   .   Epist.1.18.21
gloria quem supra vires et vestit et unguit, ...   Epist.1.18.22
quem tenet argenti sitis inportuna famesque,   .   .   .   Epist.1.18.23
quem paupertatis pudor et fuga, dives amicus, . . . odit   .   .   Epist.1.18.24

quem sua culpa premet, deceptus omitte tueri, ...   *Epist*.1.18.79
quem Mandela bibit, rugosus frigore pagus, ...   *Epist*.1.18.105
nec socerum quaerit, quem versibus oblinat atris,   .   .   .   *Epist*.1.19.30
quem tulit ad scaenam ventoso Gloria curru, ...   *Epist*.2.1.177
sonum, referunt quem nostra theatra? *Epist*.2.1.201
sedulitas autem stulte quem diligit urget, ...   *Epist*.2.1.260
si volet usus,|quem penes arbitrium est et ius et norma loquendi.   *Ars Poet*.72
nam neque chorda sonum reddit quem volt manus et mens,   .   *Ars Poet*.348
quem bis terve bonum cum risu miror;   .   .   .   .   *Ars Poet*.358
torquere mero, quem perspexisse laborant   .   .   .   .   *Ars Poet*.435
ut mala quem scabies aut morbus regius urget   .   .   .   *Ars Poet*.453
quem vero arripuit, tenet occiditque legendo,   .   .   .   *Ars Poet*.475
quem.   quem vocet divom populus ruentis|imperi rebus?   .   .   *Carm*.1.2.25
quem mortis timuit gradum *Carm*.1.3.17
quem virum aut heroa lyra vel acri|tibia   .   .   .   *Carm*.1.12.1
lyra vel acri|tibia sumis celebrare, Clio?|quem deum?   .   *Carm*.1.12.3
quem Venus arbitrum|dicet bibendi? *Carm*.2.7.25
nam quid sequar aut quem? *Epist*.1.1.76
facundi calices quem non fecere disertum,   .   .   .   *Epist*.1.5.19
contracta quem non in paupertate solutum?   .   .   *Epist*.1.5.20
falsus honor iuvat et mendax infamia terret|quem nisi mendosum et
   medicandum? *Epist*.1.16.40
quem.   quem mihi, quem tibi|finem di dederint,   .   .   *Carm*.1.11.1
nescis quo valeat nummus, quem praebeat usum?   .   *Serm*.1.1.73
nonne, cupidinibus statuat natura modum quem,   .   .   *Serm*.1.2.111
quem.   quem mala condiderit in quem quis carmina,   .   *Serm*.2.1.82
equitare in harundine longa|siquem delectet barbatum: .   *Serm*.2.3.249
quemcumque.   quem Fors dierum cumque dabit,   .   *Carm*.1.9.14
quem tu, cervos uti vallis in altera|visum parte lupum . . . fugies   .   *Carm*.1.15.29
quem criminosis cumque voles modum|pones iambis,   .   *Carm*.1.16.2
quemcumque inscitia veri|caecum agit,   .   .   .   *Serm*.2.3.43
quemquam.   hic stilus haud petet ultro|quemquam animantem   .   *Serm*.2.1.40
(mirum,|ut neque calce lupus quemquam neque dente petit bos),   *Serm*.2.1.55
erum natura neque illum|nec me nec quemquam statuit: .   *Serm*.2.2.130
malo quae nollet carmine quemquam|describi: .   .   *Epist*.2.1.153
quemque.   'frater' 'pater' adde;|ut cuique est aetas, ita quemque facetus
   adopta. *Epist*.1.6.55
metiri se quemque suo modulo ac pede verum est.   .   .   *Epist*.1.7.98
si non offenderet unum|quemque poetarum limae labor et mora.   .   *Ars Poet*.291
quemvis.   quemvis media erue turba: *Serm*.1.4.25
quaelibet in quemvis opprobria fingere saevos,   .   .   *Epist*.1.15.30
quendam.   quendam volo visere non tibi notum;   .   .   *Serm*.1.9.17
conspexit, ut aiunt,|adrasum quendam vacua tonsoris in umbra   *Epist*.1.7.50
queratur.   ut rupes fluviosque in campo obstare queratur;   .   *Serm*.2.3.55
querceta.   aut aquilonibus|querceta Gargani laborant   .   *Carm*.2.9.7
quercus.   ⟨si⟩ quercus et ilex | multa fruge pecus, multa dominum iuvet
   umbra? *Epist*.1.16.9
quercus.   blandum et auritas fidibus canoris|ducere quercus.   .   *Carm*.1.12.12
devota quercus inter et ilices . . . victima,   .   .   *Carm*.3.23.10
inportunus enim transvolat aridas|quercus   .   .   *Carm*.4.13.10
querebar.   querebar adplorans tibi, ...   *Epod*.11.12
querelam.   nostri memorem sepulcro|scalpe querelam.'   .   *Carm*.3.11.52
querelas.   seu tu querelas sive geris iocos   .   .   .   *Carm*.3.21.2
querelis.   cur me querelis exanimas tuis?   .   .   .   *Carm*.2.17.1
querella.   si curat cor spectantis tetigisse querella.   .   *Ars Poet*.98
querellarum.   desine mollium|tandem querellarum   .   *Carm*.2.9.18
querellas.   tolle querellas; *Epist*.1.12.3
querentem.   Aeoliis fidibus querentem|Sappho puellis de popularibus   *Carm*.2.13.24
querenti.   Iliae dum se (nimium) querenti|iactat ultorem,   .   *Carm*.1.2.17
aderat querenti|perfidum ridens Venus   .   .   *Carm*.3.27.66
quereris.   quereris super hoc etiam,   .   .   .   *Epist*.2.2.24
querimonia.   versibus inpariter iunctis querimonia primum,   .   *Ars Poet*.75
querimoniae.   luctusque turpes et querimoniae;   .   *Carm*.2.20.22
quid tristes querimoniae, . . . proficiunt,   .   *Carm*.3.24.33
querimoniis.   nec malis|divolsus querimoniis   .   *Carm*.1.13.19
querit.   si quaeret [querit] Pater urbium|subscribi statuis,   .   *var.Carm*.3.24.27
queritur.   foro nimium distare Carinas|iam grandis natu queritur,   .   *Epist*.1.7.49
qui queritur salebras et acerbum frigus et imbris   .   *Epist*.1.17.53
querqueta.   aut aquilonibus|querceta [querqueta] Gargani laborant   .   *var.Carm*.2.9.7

querulae. neque in vias|sub cantu querulae despice tibiae *Carm.*3.7.30
querulus. difficilis, querulus, laudator temporis acti|se puero, . . . *Ars Poet.*173
queruntur. queruntur in silvis aves *Epod.*2.26
questae. saeculum Pyrrhae nova monstra questae, ... *Carm.*1.2.6
questu. saeviet circa iecur ulcerosum|non sine questu, ... *Carm.*1.25.16
questus. ut haec trementi questus ore constitit|insignibus raptis puer, . *Epod.*5.11
neque ego essem questus. *Serm.*1.6.87
qui. *Carm.*1.1.19; 1.3.10; 1.3.18; 1.3.19; 1.5.9; 1.5.10; 1.10.2; var.*Carm.*1.11.5; *Carm.*1.12.14;
*Carm.*1.12.15; 1.32.6; 1.36.4; 2.13.10; 2.14.7; 2.20.17; 3.2.26; 3.4.45 (*bis*); 3.4.61; 3.4.62;
*Carm.*3.5.33; 3.5.35; 3.17.6; 3.19.13; 3.26.5; 4.2.55; 4.4.41; 4.6.26; 4.8.18; 4.9.47; 4.10.4;
*Carm.*4.11.15; 4.12.18; 4.14.26; 4.14.45; 4.14.47; *Carm.Saec.*9; 63; *Epod.*1.18; 2.1; 11.3;
*Epod.*14.11; var.*Epod.*16.12; *Serm.*1.1.11; 1.1.16; 1.1.23; 1.1.28; 1.1.49; 1.1.59; 1.1.81;
*Serm.*1.1.117; 1.2.25; 1.2.49; 1.2.56; 1.3.4; 1.3.9; 1.3.10; 1.3.69; 1.3.73; 1.3.80; 1.3.87;
*Serm.*1.3.116; 1.3.117; 1.3.124; 1.4.81; 1.4.82; 1.4.83; 1.4.84; 1.4.85; 1.4.88; 1.5.92;
*Serm.*1.6.15; 1.6.17; 1.6.34; 1.6.63; 1.6.71; 1.6.83; 1.6.120; 1.7.6; 1.7.34; 1.9.46;
*Serm.*1.9.55; 1.9.62; 1.10.*2; 1.10.*5; 1.10.*6; 2.1.45; 2.1.65; var.*Serm.*2.1.68; 2.2.65;
*Serm.*2.2.108; 2.2.110; 2.3.40; 2.3.53; 2.3.96; 2.3.100; 2.3.109; 2.3.143; 2.3.158; 2.3.208;
*Serm.*2.3.221; 2.3.236; 2.3.281; 2.3.288; 2.3.298; 2.4.15; 2.4.22; 2.4.55; 2.5.15; 2.5.29;
*Serm.*2.6.9; 2.6.11; 2.7.16; 2.7.20; 2.7.79; 2.7.81; 2.7.83; 2.7.109; 2.7.110; 2.8.25;
*Epist.*1.1.7; 1.1.65; 1.1.68; 1.2.3; 1.2.19; 1.2.40; 1.2.41; 1.2.51; 1.2.59; 1.2.62; 1.3.10;
*Epist.*1.4.9; 1.5.25; 1.6.9; 1.6.50; 1.6.51; 1.6.56; 1.6.58; 1.7.96; 1.10.26; 1.10.29;
*Epist.*1.10.39; 1.11.11; 1.11.12; 1.14.13; 1.14.20; 1.15.28; 1.15.29; 1.16.28; 1.16.33;
*Epist.*1.16.41 (*bis*); 1.16.65; 1.16.66; 1.16.67; 1.17.10; 1.17.15; 1.17.37; 1.17.38; 1.17.48;
*Epist.*1.17.53; 1.18.53; 1.18.56; 1.18.65; 1.18.81; var.*Epist.*1.18.111; *Epist.*1.19.22;
*Epist.*1.20.15; 2.1.10; 2.1.13; 2.1.36; 2.1.39; 2.1.40; 2.1.44; 2.1.48; 2.1.86; 2.1.111;
*Epist.*2.1.115; 2.1.211; 2.1.233; 2.1.238; 2.2.11; 2.2.40; 2.2.109; 2.2.124; 2.2.129; 2.2.131;
*Epist.*2.2.133; 2.2.135; 2.2.160; 2.2.182; 2.2.187; *Ars Poet.*15; 21; 29; 140; 142; 158;
*Ars Poet.*220; 302; 312; 343; 356; 357; 379; 382; 412; 414; 419; 422; var.*Ars Poet.*426;
*Ars Poet.*460; 467
qui. *Carm.*1.9.9; var.*Carm.*1.12.31; 4.3.10; *Carm.*4.15.21; *Serm.*1.1.30; 1.2.28; 1.2.38; 1.4.74;
*Serm.*1.4.75; 1.6.4; coni.*Serm.*1.8.15; *Serm.*2.3.47; var.*Serm.*2.3.230; *Epist.*1.1.77;
*Epist.*1.6.4; 1.11.27; 1.15.8; 2.1.214; 2.2.106; 2.2.182; *Ars Poet.*38; coni.*Ars Poet.*277;
*Ars Poet.*288 (*bis*); 431; 456
qui. *Carm.*2.1.33; *Epod.*12.7
qui. *Serm.*1.5.43
qui. var.*Carm.*4.7.17; *Serm.*1.1.1; var.*Serm.*1.1.108; *Serm.*1.3.128; 1.10.21; 2.2.19; 2.3.108;
*Serm.*2.3.241; 2.3.260; var.*Serm.*2.3.272; *Serm.*2.3.275; 2.3.311; var.*Serm.*2.5.7;
*Serm.*2.7.96; 2.7.105; *Epist.*1.6.42; 1.16.63 (*bis*); *Epist.*2.2.90; *Ars Poet.*462
qui. *Serm.*1.4.41; 1.6.30; 1.6.79
qui. *Epist.*1.15.42
quia. et minax, †quia sic voluere, ponto|unda recumbit. *Carm.*1.12.31
carent quia vate sacro. *Carm.*4.9.28
refugit te quia luridi|dentes, ... *Carm.*4.13.10
te quia rugae|turpant et capitis nives. *Carm.*4.13.11
'nil satis est', inquit, 'quia tanti quantum habeas sis': . . . *Serm.*1.1.62
aut positum ante mea quia pullum in parte catini|sustulit esuriens, . *Serm.*1.3.92
non quia, Maecenas, . . . nemo generosior est te . . . *Serm.*1.6.1
nunc, quia sim tibi, Maecenas, convictor, ... *Serm.*1.6.47
quia non, ut forsit honorem | iure mihi invideat quivis, ita te quoque
amicum, ... *Serm.*1.6.49
'ditior hic aut est quia doctior; *Serm.*1.9.51
quia veneat auro|rara avis *Serm.*2.2.25
quia scilicet illis|maiorem natura modum dedit, ... *Serm.*2.2.36
non quia nasus|illis nullus erat, ... *Serm.*2.2.89
quia tardius irent|propter onus segnes. *Serm.*2.3.101
non magni pendis, quia contigit; *Serm.*2.4.93
aut quia non sentis, quod clamas, rectius esse, ... *Serm.*2.7.25
aut quia non firmus rectum defendis *Serm.*2.7.26
quia desperes invicti membra Glyconis, ... *Epist.*1.1.30
'quia me vestigia terrent, | omnia te adversum spectantia, nulla
retrorsum.' *Epist.*1.1.74
fingit equom . . . ire viam qua [quia] monstret eques; . . *? var.Epist.*1.2.65
haud quia grando|contuderit vitis *Epist.*1.8.4
nec quia longinquis armentum aegrotet in agris; . . . *Epist.*1.8.6
sed quia mente minus validus quam corpore toto . . . *Epist.*1.8.7
quia parvo nesciet uti. *Epist.*1.10.41
vel quia naturam mutare pecunia nescit *Epist.*1.12.10
vel quia cuncta putas una virtute minora. *Epist.*1.12.11
quia Graiorum sunt antiquissima quaeque|scripta vel optima, . *Epist.*2.1.28

non quia crasse|conpositum inlepideve putetur, ... *Epist.*2.1.76
non quia crasse|conpositum inlepideve putetur, sed quia nuper, . . . *Epist.*2.1.77
vel quia nil rectum, nisi quod placuit sibi, ducunt *Epist.*2.1.83
vel quia turpe putant parere minoribus *Epist.*2.1.84
creditur, ex medio quia res accersit, habere | sudoris minimum, . . .
    comoedia *Epist.*2.1.168
sed vocaɩ usque suom qua [quia] populus adsita certis|limitibus vicina
    refugit iurgia; *var.Epist.*2.2.170
si⟨c⟩ quia perpetuos nulli datur usus *Epist.*2.2.175
infelix operis summa, quia ponere totum|nesciet: . . . . . *Ars Poet.*34
ingenium misera quia fortunatius arte|credit . . . . . . *Ars Poet.*295
poterat duci quia cena sine istis: . . . . *Ars Poet.*376
quibus. miseri, quibus|intemptata nites. *Carm.*1.5.12
  sunt quibus unum opus est intactae Palladis urbem|carmine perpetuo
    celebrare *Carm.*1.7.5
  premant Calenam falce quibus dedit|fortuna vitem, ... *Carm.*1.31.9
  dic modos, Lyde quibus obstinatas|adplicet auris, ... *Carm.*3.11.7
  inmetata quibus iugera liberas|fruges et Cererem ferunt . . . *Carm.*3.24.12
  quibus|mos unde deductus *Carm.*4.4.18
  dis, quibus septem placuere colles, |dicere carmen. *Carm.Saec.*7
  quibus te vita sit superstite|iucunda, ... *Epod.*1.5
  vos, quibus est virtus, muliebrem tollite luctum, ... *Epod.*16.39
  ego me illorum, dederim quibus esse poetis, |excerpam numero: . *Serm.*1.4.39
  quibus adversum bellum incidit: *Serm.*1.7.11
  illi, scripta quibus comoedia prisca viris est, ... *Serm.*1.10.16
  quibus haec, sint qualiacumque, |adridere velim, ... *Serm.*1.10.88
  'sunt quibus in satura videar nimis acer *Serm.*2.1.1
  'ter uncti|transnanto Tiberim, somno quibus est opus alto, . . *Serm.*2.1.8
  Canidia Albuci, quibus est inimica, venenum, ... *Serm.*2.1.48
  ignarum, quibus est ius aptius et quibus assis *Serm.*2.4.38
  ut nox longa quibus mentitur amica *Epist.*1.1.20
  offenduntur enim, quibus est equos et pater et res . . . . *Ars Poet.*248
quibus. longa quibus facies ovis erit, illa memento, . . . ponere: . *Serm.*2.4.12
  sunt delicta tamen, quibus ignovisse velimus: . . . . . . *Ars Poet.*347
quibus. est auctor quis denique eorum, |vixi cum quibus? . . . *Serm.*1.4.81
  e quibus unus avet quavis aspergere cunctos|praeter eum qui praebet
    aquam; *Serm.*1.4.87
quibus. quibus amissas reparare queam res|artibus atque modis. . . *Serm.*2.5.2
  o noctes cenaeque deum, quibus ipse meique | ante Larem proprium
    vescor *Serm.*2.6.65
  sunt verba et voces, quibus hunc lenire dolorem|possis *Epist.*1.1.34
  divitiaeque peregrinae, quibus oblitus actor . . . concurrit dextera laevae. *Epist.*2.1.204
quibus. quibus superbam fugit ulta paelicem, ... *Epod.*5.63
  heu|limina dura, quibus lumbos et infregi latus. *Epod.*11.22
  donec verba, quibus voces sensusque notarent, |nominaque invenere; . *Serm.*1.3.103
quibus. quibus|pepercit aris? *Carm.*1.35.37
quibus. quibus terrarum militet oris|Claudius *Epist.*1.3.1
quibus. quibus|antris egregii Caesaris audiar *Carm.*3.25.3
quibus. ut tamen noris, quibus advoceris|gaudiis: *Carm.*4.11.13
quibusdam. experto frustra Varrone Atacino|atque quibusdam aliis, . *Serm.*1.10.47
quibuslibet. recito . . . non ubivis coramve quibuslibet. *Serm.*1.4.74
quicquam. tamquam|sit proprium quicquam, ... *Epist.*2.2.172
quicquam. si peteret per amicitiam patris atque suam, non | quicquam
    proficeret; *Serm.*1.3.6
  'non . . . edi luce profesta|quicquam praeter holus *Serm.*2.2.117
  "cave faxis|te quicquam indignum. *Serm.*2.3.39
  si puerilius his ratio esse evincet amare|nec quicquam differre, . . *Serm.*2.3.251
  'o nulli quicquam mentite, ... *Serm.*2.5.5
  'at omnes di exagitent me, |si quicquam.' *Serm.*2.6.55
  quicquam reprendi, non quia crasse|conpositum *Epist.*2.1.76
quicumque. quicumque Bithyna lacessit|Carpathium pelagus carina; . *Carm.*1.35.7
  ille et nefasto te posuit die|quicumque primum, ... *Carm.*2.13.2
  quicumque mundo terminus obstitit, ... *Carm.*3.3.53
  et tu, quicumque es felicior *Epod.*15.17
  qui testamentum tradet tibi cumque legendum, ... *Serm.*2.5.51
  quicumque obvius est, me consulit: *Serm.*2.6.51
  ne, quicumque deus, quicumque adhibebitur heros, ... *Ars Poet.*227
quicumque. quicumque terrae munere vescimur *Carm.*2.14.10
  quicumque celsae nidum Aceruntiae . . . tenent *Carm.*3.4.14

quid. Carm.1.8.13; 1.9.13; 1.26.5; 2.11.11; 2.13.33; 2.18.23; 2.18.32; 3.27.18; 3.27.58; 4.8.22;
Epod.5.61; 6.1; 8.2; Serm.1.1.20; 1.1.25; 1.2.62; 1.3.19; 1.4.115; 1.6.55; 1.10.56;
var.Serm.2.2.35; Serm.2.3.4; 2.3.22 (bis); 2.3.41; var.Serm.2.3.108; Serm.2.3.157;
Serm.2.3.166; 2.3.283; 2.6.75; 2.6.76; 2.6.90; 2.7.58; 2.7.80; 2.8.32; Epist.1.1.11;
Epist.1.2.3 (quater); 1.6.62 (bis); 1.11.1; 1.11.2 (bis); 1.11.3; 1.11.7; 1.12.16; 1.12.18 (bis);
Epist.1.14.31; 1.18.19; 1.18.101 (bis); 1.18.102; 2.1.101; 2.1.206; 2.2.166; 2.2.212;
Ars Poet.307; 308 (bis); 328; 329; 353

quid. ? var.Carm.1.8.2; Carm.1.12.13; 1.14.2; 1.24.13; 1.31.1; 1.31.2; 1.35.34; 1.35.35; 2.3.11;
Carm.2.11.1; 2.13.13; 2.16.17; 2.16.18; ? var.Carm.2.17.1; Carm.2.17.6; 3.4.53; 3.4.54;
Carm.3.4.55; 3.6.45; 3.7.1; 3.8.1; 3.8.2; 3.9.17; 3.11.30; 3.24.33; 3.24.35; 3.27.19; 3.28.1;
Carm.3.29.27; 4.4.25 (bis); 4.4.27; 4.4.37; 4.13.18; 4.14.9; Epod.1.5; 1.15; 3.5; 4.17;
Epod.5.3 (bis); 5.9; 5.49 (bis); 8.15; 12.1; 12.2 (bis); 16.24; 17.30; 17.53; 17.60;
Serm.1.1.7; 1.1.19; 1.1.41; 1.1.44; 1.1.49; 1.1.63; 1.1.69; 1.1.101; 1.2.69; 1.2.72;
Serm.1.2.112; 1.3.94; 1.3.126; 1.5.59; 1.6.17; 1.6.82; 1.8.40; 1.9.4; 1.9.40; 2.1.5;
Serm.2.1.24; 2.1.62; 2.2.48; 2.3.89; 2.3.99; 2.3.132; 2.3.152; 2.3.158; 2.3.159; 2.3.201;
Serm.2.3.219; 2.3.230; 2.3.233; 2.3.272; 2.3.274; 2.3.303; 2.5.3; 2.5.53; 2.5.61; 2.6.17;
Serm.2.6.29; 2.6.55; 2.6.83; 2.7.42; var.Serm.2.7.105; Epist.1.1.76; 1.1.91; 1.1.97; 1.2.10;
Epist.1.2.17 (bis); 1.3.6; 1.3.9; 1.3.15; 1.3.20; 1.4.2; 1.4.8; 1.5.16; 1.6.5; 1.6.6; 1.6.7;
Epist.1.6.12; 1.7.23; 1.7.62; 1.8.3; 1.9.6; 1.10.8; 1.12.19; 1.16.8; 1.16.74; 1.17.38; 1.18.68;
var.Epist.1.18.82; Epist.1.18.106 (bis); 1.19.12; 1.20.6; 1.20.7; 2.1.40; 2.1.91 (bis);
Epist.2.1.163; 2.2.23; 2.2.38; 2.2.57; 2.2.63 (bis); 2.2.96; 2.2.177 (bis); 2.2.191; 2.2.205;
Ars Poet.20; 39; 40; 53; 138; 153; 212; 312 (bis); 410

quid. Carm.3.15.7; 3.24.64; Epod.15.12; Serm.1.2.84; 1.4.138; 2.3.31; 2.4.52; 2.7.87; 2.8.25;
Epist.1.2.5; 1.2.38; 1.12.24; 1.15.40; 1.18.57; 1.20.7.

quid. Carm.1.6.19; 1.32.1; var.Carm.3.27.7; Carm.4.2.45; 4.9.9; Epod.3.19; 16.15; Serm.1.3.140;
Serm.1.4.31; 1.4.102; coni.Serm.1.4.102; Serm.1.4.104; 1.4.122; 1.5.102; 1.8.37; 1.9.2;
Serm.1.9.10; 1.9.67; 1.10.59; 2.1.49; 2.1.78; 2.1.81; 2.3.33; 2.5.37; 2.7.39; 2.7.89;
Epist.1.5.6; 1.6.67; 1.10.31; 1.12.22; 1.17.4; 1.18.67; 1.18.108; Ars Poet.35; 125; 194;
Ars Poet.249; 386; 426; 438

quidam. quod aut avarus ut Chremes terra premam, | discinctus aut perdam
[? quidam] nepos. . . . . *? var.Epod.1.34*
ut quidam memoratur Athenis | sordidus ac dives, ... *Serm.1.1.64*
ne facias quod | Vmmidius quidam. *Serm.1.1.95*
quidam notus homo cum exiret fornice, ... *Serm.1.2.31*
accidit ut cuidam [quidam] testis caudamque salacem | demeterent
[demeteret] ferro. *var.Serm.1.2.45*
'heus, tu' | quidam ait 'ignoras te *Serm.1.3.22*
hoc quidam non belle: numquid ego illi | inprudens olim faciam simile?' *Serm.1.4.136*
accurrit quidam notus mihi nomine tantum *Serm.1.9.3*
quidam. idcirco quidam comoedia necne poema | esset quaesivere, . . . *Serm.1.4.45*
quiddam. est inter Tanain quiddam socerumque Viselli: *Serm.1.1.105*
et 'unum', | ('quid tam [quiddam] magnum?' addens), 'unum me surpite
morti! *var.Serm.2.3.283*
quidem. saepe ferentem | plura quidem tollenda relinquendis. *Serm.1.10.51*
hunc amor, ira quidem communiter urit utrumque. *Epist.1.2.13*
multa quidem dixi, cur excusatus abirem, ... *Epist.1.9.7*
'iste quidem veteres inter ponetur honeste, ... *Epist.2.1.43*
multa quidem nobis facimus mala saepe poetae, ... *Epist.2.1.219*
quidlibet. quidlibet inpotens | sperare fortunaque dulci | ebria. . . . *Carm.1.37.10*
cum quidlibet ille | garriret, ... *Serm.1.9.12*
quidlibet indutus celeberrima per loca vadet *Epist.1.17.28*
'pictoribus atque poetis | quidlibet audendi semper fuit aequa potestas.' *Ars Poet.10*
quidnam. tibi quidnam accedet ad istam, . . . mollitiem, ... *Serm.2.2.86*
quidni. qui nescit, versus tamen audet fingere. quidni? . . . . . *Ars Poet.382*
quidquam. nec viget quidquam simile aut secundum. *Carm.1.12.18*
quidquam. nec quidquam tibi prodest | aerias temptasse domos . . *Carm.1.28.4*
tamquam ad rem attineat quidquam. *Serm.2.2.27*
quidquid. quidquid de Libycis verritur areis. *Carm.1.1.10*
callidum, quidquid placuit, iocoso | condere furto. *Carm.1.10.7*
ut melius, quidquid erit, pati. *Carm.1.11.3*
quidquid usquam concipitur nefas *Carm.2.13.9*
'at o deorum quidquid in caelo regit *Epod.5.1*
an tibi abunde | personam satis est, non illud, quidquid ubique | officit,
evitare? *Serm.1.2.60*
Lydorum quidquid Etruscos | incoluit finis, ... *Serm.1.6.1*
quidquid sum ego, quamvis | infra Lucili censum ingeniumque, *Serm.2.1.74*
'quidquid mihi, quidquid et horum | cuique domi est, ... *Serm.2.3.231*
curantem quidquid dignum sapiente bonoque est? *Epist.1.4.5*
quidquid sub terra est, in apricum proferet aetas, ... *Epist.1.6.24*

in vicum vendentem . . . piper et quidquid chartis amicitur ineptis. .	*Epist.*2.1.270
quidquid. quidquid corrigere est nefas.	*Carm.*1.24.20
quidquid habes, age,|depone tutis auribus.	*Carm.*1.27.17
quam si quidquid arat inpiger Apulus	*Carm.*3.16.26
sine nervis altera quidquid|conposui pars esse putat	*Serm.*2.1.2
quidquid vita meliore parasti|ponendum aequo animo.'	*Serm.*2.3.15
'etiam et rex|et quidquid volet.'	*Serm.*2.3.98
barathrone|dones quidquid habes	*Serm.*2.3.167
'o Laertiade, quidquid dicam, aut erit aut non:	*Serm.*2.5.59
qudquid delirant reges, plectuntur Achivi.	*Epist.*1.2.14
quidquid vidit melius peiusve sua spe,	*Epist.*1.6.13
quidquid negat alter, et alter,|adnuimus pariter.	*Epist.*1.10.4
quidquid quaesierat ventri donabat avaro.	*Epist.*1.15.32
quidquid erat nactus praedae maioris,	*Epist.*1.15.38
si taceas, laudant quidquid scripsere beati.	*Epist.*2.2.108
quidquid praecipies, esto brevis,	*Ars Poet.*335
quidvis. si quidvis satis est,	*Serm.*2.3.127
denique sit quod vis [quidvis], simplex dumtaxat et unum.	*var.Ars Poet.*23
quidvis. iubet|quidvis et facere et pati	*Carm.*3.24.43
rure meo possum quidvis perferre patique;	*Epist.*1.15.17
rure meo possum quidvis [? quidvis possum] perferre patique;	*? var.Epist.*1.15.17
argilla quidvis imitaberis uda;	*Epist.*2.2.8
quies. si te grata quies et primam somnus in horam|delectat,	*Epist.*1.17.6
quiescas. 'quiescas.' 'ne faciam, inquis,|omnino versus?'	*Serm.*2.1.5
quiescit. indoctusque pilae discive trochive quiescit,	*Ars Poet.*380
quiessem. vel merito, quoniam in propria non pelle quiessem.	*Serm.*1.6.22
quieta. non rura, quae Liris quieta|mordet aqua taciturnus amnis.	*Carm.*1.31.7
quietem. di, senectuti placidae quietem, . . . date	*Carm.Saec.*46
optat quietem Pelopis infidi pater,	*Epod.*17.65
quietiore. quietiore nec feratur aequore	*Epod.*10.11
quietis. adscribi quietis|ordinibus patiar deorum.	*Carm.*3.3.35
quietos. cum fera diluvies quietos|irritat amnis.	*Carm.*3.29.40
quietum. prius an quietum|Pompili regnum memorem, . . . dubito,	*Carm.*1.12.33
quietus. et post Punica bella quietus quaerere coepit,	*Epist.*2.1.162
quin. quin et Atridas duce te superbos . . . fefellit.	*Carm.*1.10.13
quin et Prometheus et Pelopis parens|dulci laborem decipitur sono	*Carm.*2.13.37
quin et Ixion Tityosque voltu|risit invito,	*Carm.*3.11.21
quindecim [quin decem] Diana preces virorum|curat	*var.Carm.Saec.*70
quin, ubi perire iussus exspiravero,|nocturnus occurram Furor	*Epod.*5.91
quin huc inanis, si potes, vertis minas	*Epod.*6.3
quin etiam illud|accidit ut cuidam testis caudamque salacem|demeterent ferro. .	*Serm.*1.2.44
quin per mala praeceps|fertur	*Serm.*1.4.30
quin ubi se a volgo et scaena in secreta remorant	*Serm.*2.1.71
quin corpus onustum|hesternis vitiis animum quoque praegravat una .	*Serm.*2.2.77
invidiam [? quin tu invidiam] placare paras virtute relicta?|contemnere miser. .	*? var.Serm.*2.3.13
quin, ex quo est habitus male tutae mentis Orestes,	*Serm.*2.3.137
'quin id erat curae,	*Serm.*2.4.8
quin omnia malit|quaecumque inmundis fervent adlata popinis.	*Serm.*2.4.61
quin etiam lex|poenaque lata,	*Epist.*2.1.152
quin etiam canet indoctum, sed dulce bibenti.	*Epist.*2.2.9
quin. merito quin illis Iuppiter ambas|iratus buccas inflet	*Serm.*1.1.20
quin ossa legant herbasque nocentis.	*Serm.*1.8.22
posito pavone velis quin|hoc potius quam gallina tergere palatum,	*Serm.*2.2.23
nil verbi, pereas quin fortiter, addam. —	*Serm.*2.3.42
qui [quin] sapere et fari possit quae sentiat	*var.Epist.*1.4.9
quin sine rivali teque et tua solus amares.	*Ars Poet.*444
quinas. quinas hic capiti mercedes exsecat	*Serm.*1.2.14
Quincti. quid bellicosus Cantaber et Scythes, | Hirpine Quinti [Quincti], cogitet	*var.Carm.*2.11.2
quincunce. si de quincunce remota est|uncia, quid superat?	*Ars Poet.*327
quindecim. quindecim Diana preces virorum|curat	*Carm.Saec.*70
quingentis. si me stultior ipso|quingentis empto drachmis deprenderis?	*Serm.*2.7.43
Quinquatribus. puer ut festis Quinquatribus olim,	*Epist.*2.2.197
quinque. quinque diebus|nil erat in loculis.	*Serm.*1.3.16
cum Tiburte via praetorem quinque sequontur|te pueri,	*Serm.*1.6.108
mater ait pueri mensis iam quinque cubantis,	*Serm.*2.3.289
quinque talenta|poscit te mulier,	*Serm.*2.7.89

post paulo scribit sibi milia quinque|esse domi chlamydum;	*Epist.*1.6.43
quinque dies tibi pollicitus me rure futurum	*Epist.*1.7.1
agelli,|quem tu fastidis, habitatum quinque focis	*Epist.*1.14.2
quinque bonos solitum Variam dimittere patres,	*Epist.*1.14.3
quas bis quinque viri sanxerunt,	*Epist.*2.1.24

quinquenni. vino quinquenni, verum citra mare nato,\|dum coquitur   *Serm.*2.8.47

quinquennis. quinquennis oleas est et silvestria corna   *Serm.*2.2.57

quinqueviro. plerumque recoctus \| scriba ex quinqueviro corvom deludet
hiantem   *Serm.*2.5.56

quinta. quae Venus\|quinta parte sui nectaris imbuit.   *Carm.*1.13.16

Quinte. quid bellicosus Cantaber et Scythes, \| Hirpine Quinti [Quinte],
cogitet   *var.Carm.*2.11.2

"Quinte" puta aut "Publi" (gaudent praenomine molles\|auriculae)   *Serm.*2.5.32

orabant hodie meminisses, Quinte, reverti.'   *Serm.*2.6.37

Quinti. quid bellicosus Cantaber et Scythes,\|Hirpine Quinti, cogitet   *Carm.*2.11.2

ne perconteris, fundus meus, optime Quinti,   *Epist.*1.16.1

Quinti. Quinti progenies Arri, par nobile fratrum,   *Serm.*2.3.243

Quintilio. Quintilio siquid recitares, 'corrige, sodes,\|hoc' aiebat 'et hoc.'   *Ars Poet.*438

Quintilium. ergo Quintilium perpetuos sopor\|urget?   *Carm.*1.24.5

non ita creditum\|poscis Quintilium deos.   *Carm.*1.24.12

quinto. neve minor neu sit quinto productior actu\|fabula,   *Ars Poet.*189

quippe. quippe ter et quater\|anno revisens aequor Atlanticum\|inpune.   *Carm.*1.31.13

quippe benignus erat.   *Serm.*1.2.4

Quirini. diuque\|laetus intersis populo Quirini   *Carm.*1.2.46

vacuom duellis\|Ianum Quirini clausit   *Carm.*4.15.9

quaeque carent ventis et solibus ossa Quirini,   *Epod.*16.13

cubat hic in colle Quirini,\|hic extremo in Aventino.   *Epist.*2.2.68

Quirinum. et vacuom duellis\|Ianum Quirini [Quirinum] clausit   *coni.Carm.*4.15.9

Quirinus. hac Quirinus\|Martis equis Acheronta fugit,   *Carm.*3.3.15

vetuit me tali voce Quirinus   *Serm.*1.10.32

Quiritem. quis te redonavit Quiritem\|dis patriis Italoque caelo,   *Carm.*2.7.3

Quiritibus. sed bellicosis fata Quiritibus\|hac lege dico,   *Carm.*3.3.57

Quiritis. quid plausus et amici dona Quiritis,   *Epist.*1.6.7

Quiritium. hunc, si mobilium turba Quiritium\|certat tergeminis tollere
honoribus,   *Carm.*1.1.7

quae cura patrum quaeve Quiritium . . . aeternet,   *Carm.*4.14.1

Quiritum. aut quid haberet,\|quod legeret tereretque viritim [Quiritum]
publicus usus?   *coni.Epist.*2.1.92

quis. *Carm.*1.5.1; 1.6.13; 1.18.5; 1.18.6; 1.24.1; 1.27.21; 1.27.22; 1.29.7; 1.29.10; 2.1.29; 2.7.3;
    *Carm.*2.7.23; 2.11.18; 2.11.21; 2.16.19; 3.19.6; 3.29.25; 4.5.25 (*bis*); 4.5.26; 4.5.27;
    *Carm.*4.7.17; *Epod.*2.37; *Serm.*1.2.17; 1.6.29; 1.9.23; 1.9.24; 1.10.2; *var.Serm.*2.7.34;
    *Serm.*2.8.59; 2.8.61; *Epist.*1.1.49; 1.3.7; 1.3.8; 1.6.29; 1.7.53; 1.16.40; 1.20.16; 2.2.99;
    *Epist.*2.2.100; *Ars Poet.*77

quis. *Carm.*1.18.7; *var.Carm.*3.24.25 (*bis*); *Carm.*3.27.45; 3.27.51; *Epod.*3.1; 6.15; 16.23;
    *Serm.*1.1.15; 1.1.90; 1.2.23; 1.3.56; 1.3.63; 1.3.80; 1.3.106 (*bis*); 1.4.3; 1.4.67; 1.4.80;
    *Serm.*1.4.111; *var.Serm.*1.6.79; *Serm.*1.6.85; 1.10.59; 2.1.61; 2.1.82; 2.1.83 (*bis*); 2.1.84;
    *Serm.*2.2.51; 2.3.104; 2.3.111; 2.3.159; 2.3.187; 2.3.214; 2.3.219; 2.3.268; 2.3.322;
    *Serm.*2.4.49; 2.5.49; 2.5.106; 2.6.69; 2.6.78; 2.7.24; 2.8.90; *Epist.*1.16.25; 1.19.12;
    *var.Epist.*1.20.7; *Epist.*1.20.26; 2.1.222; 2.1.239; 2.1.263; 2.2.2; 2.2.157; 2.2.158;
    *Ars Poet.*461

quis. *Carm.*1.26.3; *var.Epod.*12.7; *Serm.*1.3.96; 1.4.72; 1.4.130; 1.5.42

quis. *Epod.*11.9; *Serm.*1.1.75; *var.Serm.*1.2.48; *Serm.*1.9.27; 2.8.18

quis. "liber liber sum," dic age. non quis.   *Serm.*2.7.92

quisnam. 'quisnam igitur sanus?' qui non stultus.   *Serm.*2.3.158

quisnam igitur liber? sapiens, sibi qui imperiosus,   *Serm.*2.7.83

quisquam. nec quisquam citus aeque\|Tusco denatat alveo.   *Carm.*3.7.27

nec quisquam potior bracchia candidae\|cervici iuvenis dabat,   *Carm.*3.9.2

at est bonus, ut melior vir\|non alius quisquam,   *Serm.*1.3.33

neque te quisquam stipator ineptum\|praeter Crispinum sectabitur,   *Serm.*1.3.138

si neque avaritiam neque sordes . . . obiciet vere quisquam mihi,   *Serm.*1.6.69

si neque avaritiam neque sordes aut mala lustra\|obiciet vere quisquam
[quisquam vere] mihi,   *var.Serm.*1.6.69

'haud mihi quisquam.\|omnis conposui.'   *Serm.*1.9.27

nec quisquam noceat cupido mihi pacis!   *Serm.*2.1.44

cur eget indignus quisquam te divite?   *Serm.*2.2.103

ne prior officio quisquam respondeat, urge.'   *Serm.*2.6.24

non istic obliquo oculo mea commoda quisquam\|limat,   *Epist.*1.14.37

quisque. quid quisque vitet, numquam homini satis\|cautum est   *Carm.*2.13.13

quanto quisque sibi plura negaverit,   *Carm.*3.16.21

condit quisque diem collibus in suis *Carm.*4.5.29
atque|quanto perditior quisque est, tanto acrius urget; . . . *Serm.*1.2.15
cum referre negas, quali sit quisque parente|natus, . . . *Serm.*1.6.7
nam ut quisque insanus nigris medium impediit crus|pellibus . . *Serm.*1.6.27
ad fastum quoscumque parentes|optaret sibi quisque, . . . *Serm.*1.6.96
cum sibi quisque timet, quamquam est intactus, et odit.' . . . *Serm.*2.1.23
ut quo quisque valet suspectos terreat *Serm.*2.1.50
nitidus qua quisque per ora|cederet, ... *Serm.*2.1.64
quantulum enim summae curtabit quisque dierum, . . . *Serm.*2.3.124
quisquis. Iuno et deorum quisquis amicior|Afris . . . *Carm.*2.1.25
quisquis ingentis oculo inretorto|spectat acervos. . . . *Carm.*2.2.23
auream quisquis mediocritatem|diligit, ... *Carm.*2.10.5
o quisquis volet inpias|caedis et rabiem tollere civicam, . . *Carm.*3.24.25
Pindarum quisquis studet aemulari, ... *Carm.*4.2.1
quisquis erit vitae scribam color.' *Serm.*2.1.60
quisquis|ambitione mala aut argenti pallet amore, . . . *Serm.*2.3.77
quisquis luxuria tristive superstitione|aut alio mentis morbo calet: *Serm.*2.3.79
quivis. quem si dissolvas, quivis stomachetur eodem|quo personatus pacto
  pater. *Serm.*1.4.55
ut forsit honorem|iure mihi invideat quivis, ... *Serm.*1.6.50
quas doceat quivis eques atque senator|semet prognatos. . . *Serm.*1.6.77
neque enim quivis . . . describit volnera Parthi.' . . . *Serm.*2.1.13
nec sibi cenarum quivis temere arroget artem, ... *Serm.*2.4.35
eripiet quivis oculos citius mihi *Serm.*2.5.35
non temere a me|quivis ferret idem. *Epist.*2.2.14
ex noto fictum carmen sequar, ut sibi quivis|speret idem, . . *Ars Poet.*240
non quivis videt inmodulata poemata iudex . . . . *Ars Poet.*263
quo. *Carm.*1.3.15; 1.4.19; 1.34.9; 1.34.10; 2.7.6; 3.9.15; 4.2.37; 4.14.34; *Serm.*1.4.29; 1.4.122;
  *Serm.*1.6.15; 1.6.30; *var.Serm.*1.8.15; *Serm.*1.9.49; 2.3.291; *coni.Serm.*2.7.88; *Epist.*1.2.69;
  *Epist.*1.7.14; 1.16.42; 1.16.43 (*bis*); 1.20.28
quo. *Carm.*1.2.22; 3.3.21; *Carm.Saec.*5; *Epod.*11.5; *Serm.*1.2.6; 1.2.85; 1.4.56; 1.6.124; 1.7.11;
  *Serm.*1.10.*4; 2.1.50; 2.3.34; 2.3.137; 2.5.62; 2.6.41; *var.Serm.*2.8.53; *Epist.*1.2.65; 1.6.10;
  *var.Epist.*1.16.63 (*bis*); *Epist.*2.2.153
quo. *Serm.*1.6.29; *Epist.*1.1.90; 1.6.8 (*bis*)
quo. *Serm.*2.3.295; 2.7.22
quo. *Carm.*1.38.3; 3.10.5 (*bis*); *Serm.*1.5.53; 1.6.36; *Epist.*1.1.13 (*bis*); 1.7.54 (*bis*); 1.12.25;
  *Epist.*1.18.53; *Ars Poet.*74; 313 (*bis*)
quo. *Carm.*1.27.11; 3.19.5; *Serm.*1.4.99; 1.7.2; 1.8.40; 2.3.21; 2.3.306; 2.4.8; *Epist.*1.8.13;
  *Epist.*1.17.17; 2.1.171
quo. *Carm.*3.19.7
quo. *Carm.*1.4.17; 2.3.9; *var.Carm.*2.3.11; *Carm.*3.1.38; 3.3.70; 3.11.49; 3.24.46; 3.25.1; 3.27.37;
  *Carm.*4.1.8; 4.7.15 (*bis*); 4.13.17 (*bis*); 4.13.18; *Epod.*5.32; 7.1 (*bis*); *Serm.*1.1.15; 1.1.73;
  *Serm.*1.2.23; *var.Serm.*1.3.128; *Serm.*1.6.24; 1.6.73; 1.7.27; 1.9.16; 1.9.40; 1.9.63; 1.9.75;
  *Serm.*2.1.37; 2.2.35; 2.2.102; *var.Serm.*2.3.91; *Serm.*2.3.261; 2.4.1; 2.7.60; *Epist.*1.3.27;
  *Epist.*1.5.12; 1.6.27; 1.6.57; 1.13.7; 1.15.11; 1.20.5; 2.1.52; 2.2.37; 2.2.40; *Ars Poet.*206;
  *Ars Poet.*308 (*bis*); 396
quo. *Serm.*2.1.32; 2.2.112
quoad. quoad vixit, credidit ingens|pauperiem vitium *Serm.*2.3.91
amicum|mancipium domino et frugi quod [quoad] sit satis, hoc est,|ut
  vitale putes.' *var.Serm.*2.7.3
quocirca. quocirca vivite fortes|fortiaque adversis opponite pectora rebus.' *Serm.*2.2.135
quo, bone, circa,|dum licet, in rebus iucundis vive beatus, . . *Serm.*2.6.95
quocirca mecum loquor haec. tacitusque recordor: . . . *Epist.*2.2.145
quocumque. 'rem facias, rem,|si possis, recte, si non, quocumque modo,
  rem,' *Epist.*1.1.66
ut quocumque loco fueris vixisse libenter|te dicas: . . . *Epist.*1.11.24
quocumque. quocumque lectum nomine Massicum|servas, . . *Carm.*3.21.5
quocumque. ire, pedes quocumque ferent, quocumque per undas | Notus
  vocabit *Epod.*16.21
ducere me auditum, perges quocumque, memento. . . . *Serm.*2.4.89
et quocumque volent animum auditoris agunto. . . . *Ars Poet.*100
quocumque. 'quo nos cumque feret melior fortuna parente,|ibimus — *Carm.*1.7.25
quo me cumque rapit tempestas, deferor hospes. . . . *Epist.*1.1.15
quod. *Carm.*1.32.2; 2.16.25; 3.1.25; 3.4.13; 3.16.44; 3.29.32; *Carm.Saec.*26; *Epod.*2.28; 9.35;
  *var.Epod.*16.15; *Serm.*1.1.43; 1.4.51; 1.4.58; 1.6.41; 1.6.44; 1.6.60; 1.6.123; 1.10.22;
  *Serm.*1.10.69; 2.2.102; 2.3.103; 2.6.13; 2.6.27; 2.6.30; 2.6.72; 2.7.3; 2.7.40; 2.7.78;
  *Serm.*2.8.12; 2.8.50; *Epist.*1.1.24; 1.2.46; 1.4.3; 1.8.8; 1.15.19 (*bis*); 1.15.20; 1.15.21;
  *Epist.*1.15.35; 1.18.17; 1.18.107; 1.18.108; 2.1.83; 2.1.115; 2.1.179; 2.1.264; 2.2.52;
  *Epist.*2.2.81; 2.2.172; *Ars Poet.*195

quod. Carm.1.20.2; 1.22.19; coni.Carm.2.5.14; Carm.2.16.31; 3.29.48; 3.30.3; 4.8.21; Epod.1.33;
   Epod.5.57; 8.19; Serm.1.1.16; 1.1.94 (bis); 1.2.84; var.Serm.1.3.4; Serm.1.3.85; 1.3.126;
   Serm.1.4.11; 1.4.101; 1.4.108; 1.5.87; 1.9.19; 1.9.25; 1.9.30; 1.9.37; 1.10.47; 2.3.66;
   Serm.2.3.76; 2.3.138; 2.3.141; var.Serm.2.3.152; Serm.2.3.178; 2.3.190; 2.3.253; 2.4.65;
   Serm.2.4.69; 2.5.84; 2.6.109; 2.7.25; 2.7.56; 2.8.45; 2.8.53; Epist.1.1.73; 1.1.98 (bis);
   var.Epist.1.2.10; Epist.1.2.60; 1.7.94; 1.11.17; 1.11.29; 1.16.17; 1.17.5; 1.17.39;
   Epist.2.1.49; 2.1.87; 2.1.92; 2.1.100; 2.1.101; 2.1.263 (bis); 2.2.63; 2.2.64; 2.2.158;
   var.Epist.2.2.170; Ars Poet.23; 168; 292; 390; 418
quod. Epod.17.36
quod. Carm.2.1.34
quod. var.Serm.2.7.80; Epist.1.15.1; Ars Poet.314 (bis)
quod. Serm.1.3.44; var.Epist.1.2.38
quod. Serm.2.1.38 (bis); Epist.2.1.90; 2.2.35
quod. var.Carm.1.12.31; Carm.1.25.17; var.Carm.2.3.11; Carm.2.8.17; 2.18.23; 3.6.5; 3.11.46;
   Carm.4.3.8; 4.3.22; 4.3.24; 4.11.18; 4.12.7; var.Carm.Saec.5; Epod.8.15; Serm.1.1.110;
   Serm.1.2.10; 1.2.83; 1.2.89 (bis); 1.3.30; 1.3.38; 1.4.3; 1.4.4; 1.4.17; 1.4.24; 1.4.46;
   Serm.1.4.47; 1.4.49; 1.4.91; 1.4.98; 1.5.7; 1.5.66; 1.6.3; 1.6.48; 1.6.53; 1.6.63; 1.6.91;
   Serm.1.6.98; 1.6.119; 1.7.14; 1.10.3; 1.10.20; 1.10.78; 1.10.79; 2.2.90; 2.3.3; var.Serm.2.3.91;
   Serm.2.3.120; 2.3.163; 2.5.88; 2.7.32; 2.7.111; 2.8.37; 2.8.38; 2.8.82; Epist.1.6.19; 1.6.22;
   Epist.1.7.68 (bis); 1.10.50; 1.14.22; 1.18.52; 1.19.27; 2.1.30; 2.1.183; 2.2.22; 2.2.24;
   var.Epist.2.2.139; Epist.2.2.147; 2.2.192; Ars Poet.169; 171; 222
quodam. est quadam [quodam] prodire tenus, si non datur ultra. var.Epist.1.1.32
quodcumque. non tamen irritum|quodcumque retro est efficiet . . . Carm.3.29.46
  sublegit quodcumque iaceret inutile   Serm.2.8.12
quodcumque. sic quodcumque minabitur Eurus|fluctibus Hesperiis . . Carm.1.28.25
  magni formica laboris|ore trahit quodcumque potest   . Serm.1.1.34
  et quodcumque semel chartis inleverit,   . Serm.1.4.36
  an, quodcumque facit Maecenas, te quoque verum est, . . Serm.2.3.312
  sincerum est nisi vas, quodcumque infundis acescit. . Epist.1.2.54
  'scitari libet ex ipso quodcumque refers: . . . Epist.1.7.60
  quodcumque ostendis mihi sic, incredulus odi. . . Ars Poet.188
  ne quodcumque velit poscat sibi fabula credi   . . Ars Poet.339
  nec semper feriet quodcumque minabitur arcus.   . Ars Poet.350
quodlibet. Ilia et Egeria est; do nomen quodlibet illi. . . . Serm.1.2.126
  'pictoribus atque poetis|quidlibet [quodlibet] audendi semper fuit aequa
   potestas.'   var.Ars Poet.10
quodque. naturae deus humanae, mortalis in unum|quodque caput, . Epist.2.2.189
quodsi. quodsi me lyricis vatibus inseres,   . Carm.1.1.35
  quodsi dolentem nec Phrygius lapis . . . delenit   . Carm.3.1.41
  quodsi pudica mulier in partem iuvet|domum   . . Epod.2.39
  opima quodsi praeda curvo litore|porrecta mergos iuverit, . Epod.10.21
  'quodsi meis inaestuet praecordiis|libera bilis,   . Epod.11.15
  quodsi non pulcrior ignis|accendit obsessam Ilion, . Epod.14.13
  quodsi interciderit tibi nunc aliquid, repetes mox, . Serm.2.4.6
  quodsi me populus Romanus forte roget,   . Epist.1.1.70
  quodsi cessas aut strenuos anteis, .   . Epist.1.2.70
  quodsi|frigida curarum fomenta relinquere posses, . Epist.1.3.25
  quodsi bruma nives Albanis inlinet agris,   . Epist.1.7.10
  quodsi me noles usquam discedere, .   . Epist.1.7.25
  quodsi|depositum laudas ob amici iussa pudorem, . Epist.1.9.11
  quodsi|pallerem casu, biberent exsangue cuminum. . Epist.1.19.17
  quodsi non odio peccantis desipit augur,   . Epist.1.20.9
  quod si tam Graecis novitas invisa fuisset|quam nobis, . Epist.2.1.90
  quodsi|iudicium subtile videndis artibus illud . . . vocares, . Epist.2.1.241
quodvis. (nam vina nihil moror illius orae.|rure meo possum quidvis
  [quodvis] perferre patique;   coni.Epist.1.15.17
quoi. tu seu donaris seu quid donare voles cui [quoi],|nolito ad versus tibi
  factos ducere plenum|laetitiae;   . var.Ars Poet.426
quom. quam [quom] non adstricto percurrat pulpita socco; . . coni.Epist.2.1.174
quomodo. 'Maecenas quomodo tecum?'   . Serm.1.9.43
quondam. quondam cithara tacentem|suscitat Musam   Carm.2.10.18
  ut quondam Marsaeus, amator Originis ille,   . Serm.1.2.55
  hic tamen ad melius poterit transcurrere quondam, . . Serm.2.2.82
  quondam lethargo grandi est oppressus,   . . Serm.2.3.145
  et quondam maiora tuli⟨t⟩. Serm.2.5.21
  fallimur et quondam non dignum tradimus: . Epist.1.18.78
  emptor Aricini quondam Veientis et arvi|emptum cenat holus. . Epist.2.2.167
  fuit haec sapientia quondam|publica privatis secernere, . . Ars Poet.396
quoniam. vel merito, quoniam in propria non pelle quiessem. . . Serm.1.6.22

qua me stultitia, quoniam non est genus unum,|insanire putas? . . *Serm.*2.3.301
quoniam vacuis conmittere venis|nil nisi lene decet: *Serm.*2.4.25
(nam te|scire, deos quoniam propius contingis, oportet), . . . *Serm.*2.6.52
emptor Aricini quondam [quoniam] Veientis et arvi|emptum cenat holus, *var.Epist.*2.2.167
quoque. tum in lecto quoque videres|stridere secreta divisos aure susurros.' *Serm.*2.8.77
tu quid de quoqe viro et cui dicas, saepe videto. *Epist.*1.18.68
quoque. Merionen quoque|nosces. *Carm.*1.15.26
conpesce mentem: me quoque pectoris|temptavit in dulci iuventa *Carm.*1.16.22
voltis severi me quoque sumere|partem Falerni? *Carm.*1.27.9
me quoque devexi rapidus comes Orionis|Illyricis Notus obruit undis. . *Carm.*1.28.21
patriae quis exsul|se quoque fugit? *Carm.*2.16.20
vim temperatam di quoque provehunt|in maius; *Carm.*3.4.66
fies nobilium tu quoque fontium *Carm.*3.13.13
dicetur, merita Nox quoque nenia. *Carm.*3.28.16
o mutis quoque piscibus|donatura cycni, si libeat, sonum, . . . *Carm.*4.3.19
aspergere cunctos|praeter eum qui praebet aquam; post hunc quoque
    potus, ... *Serm.*1.4.88
quia non, ut forsit honorem | iure mihi invideat quivis, ita te quoque
    amicum, ... *Serm.*1.6.50
servavit ab omni|non solum facto, verum opprobrio quoque turpi . *Serm.*1.6.84
nec tamen hoc tribuens dederim quoque cetera: *Serm.*1.10.5
(et est quaedam tamen hic quoque virtus): *Serm.*1.10.8
vitium hoc quoque magnum. *Serm.*2.2.69
quin corpus onustum|hesternis vitiis animum quoque praegravat una . *Serm.*2.2.78
hoc quoque volgus|Chrysippus ponit fecunda in gente Meneni. — *Serm.*2.3.286
an, quodcumque facit Maecenas, te quoque verum est, . . *Serm.*2.3.312
'hoc quoque, Teresia, praeter narrata petenti|responde, . . . *Serm.*2.5.1
adiuvat hoc quoque, sed vincit longe prius ipsum|expugnare caput. . *Serm.*2.5.73
num sit quoque fracta lagoena, ... *Serm.*2.8.81
quid studiosa cohors operum struit? hoc quoque curo. . . . *Epist.*1.3.6
nam qui cupiet, metuet quoque; *Epist.*1.16.65
quotiensque educet [quotiens quoque ducit] in agros | Aetolis onerata
    plagis iumenta canesque, ... *var.Epist.*1.18.45
hoc quoque te manet, ... *Epist.*1.20.17
si das hoc, parvis quoque rebus magna iuvari. *Epist.*2.1.125
fuit intactis quoque cura|condicione super communi, . . . *Epist.*2.1.151
temptavit quoque rem si digne vertere posset *Epist.*2.1.164
verum equitis quoque iam migravit ab aure voluptas|omnis . . *Epist.*2.1.187
si quantum cuperem possem quoque; *Epist.*2.1.257
verbis, quae timido quoque possent addere mentem: . . . *Epist.*2.2.36
quorsum. quorsum pertinuit stipare Platona Menandro? . . *Serm.*2.3.11
rectum animi servas cursum? [servas?' 'quorsum?'] 'insanus quid enim
    Aiax|fecit? *var.Serm.*2.3.201
quorsum abeant? sani ut creta, an carbone notati? . . . *Serm.*2.3.246
'non dices hodie, quorsum haec tam putida tendant,|furcifer?' . *Serm.*2.7.21
'unde mihi lapidem?' 'quorsum est opus?' *Serm.*2.7.116
quorum. puerosque Ledae, . . . quorum simul alba nautis|stella refulsit, *Carm.*1.12.27
Scythae,|quorum plaustra vagas rite trahunt domos, . . . *Carm.*3.24.10
atque alii, quorum comoedia prisca virorum est, ... *Serm.*1.4.2
sunt quorum ingenium nova tantum crustula promit. . . . *Serm.*2.4.47
quorum|conspicitur nitidis fundata pecunia villis. *Epist.*1.15.45
quorum. quorum|piis secunda vate me datur fuga. *Epod.*16.65
rectum animi servas cursum? [quorum] insanus quid enim Aiax | fecit? *var.Serm.*2.3.201
quorum. quorum hominum regio et qualis via *Epist.*1.15.2
quos. sunt quos curriculo pulverem Olympicum|collegisse iuvat . *Carm.*1.1.3
felices ter et amplius|quos inrupta tenet copula *Carm.*1.13.18
non di, quos iterum pressa voces malo. *Carm.*1.14.10
(currit enim ferox|aetas et illi quod [quos] tibi dempserit|adponet annus
    [annos]), ... *var.Carm.*2.5.14
quos inter Augustus recumbens *Carm.*3.3.11
amoenae|quos et aquae subeunt et aurae. *Carm.*3.4.8
per quos cecidere iusta|morte Centauri, ... *Carm.*4.2.14
sive quos Elea domum reducit|palma caelestis *Carm.*4.2.17
quos opimus|fallere et effugere est triumphus. *Carm.*4.4.51
Germania quos horrida parturit|fetus *Carm.*4.5.26
modos, amanda|voce quos reddas: *Carm.*4.11.35
quo [quos] Sibyllini monuere versus | virgines lectas puerosque castos
    . . . dicere carmen. *var.Carm.Saec.*5
cognatos, nullo natura labore|quos tibi dat, ... *Serm.*1.1.89

quos ultra citraque nequit consistere rectum. *Serm.*1.1.107
quos venerem incertam rapientis more ferarum│viribus editior caedebat *Serm.*1.3.109
pueri, quos tu nisi fuste coerces, ... *Serm.*1.3.134
quod sunt quos genus hoc minime iuvat, ... *Serm.*1.4.24
montis . . . quos torret Atabulus et quos│nunquam erepsemus, . . *Serm.*1.5.78
quos neque pulcer│Hermogenes umquam legit *Serm.*1.10.17
doctos ego quos et amicos│prudens praetereo, ... *Serm.*1.10.87
servosve tuos, quos aere pararis, ... *Serm.*2.3.129
scilicet ut plausus quos fert Agrippa feras tu, ... *Serm.*2.3.185
cum Servilio Balatrone│Vibidius quos Maecenas adduxerat umbras. . *Serm.*2.8.22
ut piger annus│pupillis, quos dura premit custodia matrum: . . . *Epist.*1 1.22
excipiantque senes, quos in vivaria mittant; *Epist.*1.1.79
fructibus Agrippae Siculis, quos colligis, Icci,│si recte frueris, . *Epist.*1.12.1
veteresne poetas│an quos et praesens et postera respuat aetas? . . *Epist.*2.1.42
quos. quae nemora aut quos agor in specus, ... *Carm.*3.25.2
inter quos referendus erit? *Epist.*2.1.41
quos. siquos Eois intonata fluctibus│hiems ad hoc vertat mare, . . *Epod.*2.51
eo fit,│plenior ut siquos delectet copia iusto, ... *Serm.*1.1.57
quoscumque. ad fastum quoscumque parentes│optaret sibi quisque, . *Serm.*1.6.95
quoscumque feret cultus tibi fundus honores *Serm.*2.5.13
quot. quot capitum vivont, totidem studiorum│milia: . . . *Serm.*2.1.27
'tamen et quaeram et quot habebo│mittam'; *Epist.*1.6.42
quota. nugas│hoc genus: 'hora quota est?' *Serm.*2.6.44
quota. quota│Paelignis caream frigoribus, ... *Carm.*3.19.7
quotannis. reddit ubi cererem tellus inarata quotannis . . . *Epod.*16.43
quotiens. heu quotiens fidem│mutatosque deos flebit . . . *Carm.*1.5.5
tendit, Antoni, quotiens in altos│nubium tractus: . . . *Carm.*4.2.26
quotiens bonus atque fidus│iudex honestum praetulit utili, . . *Carm.*4.9.40
dices 'heu', quotiens te in speculo videris alterum, . . . *Carm.*4.10.6
quotiensque educet in agros│Aetolis onerata plagis iumenta canesque, *Epist.*1.18.45
me quotiens reficit gelidus Digentia rivos, ... *Epist.*1.18.104
ambigitur quotiens, uter utro sit prior, ... *Epist.*2.1.55
quotquot. non, si trecenis quotquot eunt dies, . . . tauris, . . *Carm.*2.14.5
Vertumnis, quotquot sunt, natus iniquis. *Serm.*2.7.14
quotus. tu quotus esse velis rescribe *Epist.*1.5.30
scire velim, chartis pretium quotus arroget annus. . . . *Epist.*2.1.35
quovis. ut forte legentem│aut tacitum inpellat quovis sermone: . . *Serm.*1.3.65

R

rabidos. dictus ob hoc lenire tigres rabidosque leones; . . . . *Ars Poet.*393
rabidus. me quoque devexi rapidus [rabidus] comes Orionis│Illyricis Notus
  obruit undis. *var.Carm.*1.28.21
rabiem. timuit . . . nec tristis Hyadas nec rabiem Noti, . . . *Carm.*1.3.14
Pallas et aegida│currusque et rabiem parat. *Carm.*1.15.12
o quisquis volet inpias│caedis et rabiem tollere civicam, . . *Carm.*3.24.26
cum pene soluto│indomitam properat rabiem sedare, . . . *Epod.*12.9
non dico horrendam rabiem' — *Serm.*2.3.323
ubi gratior aura│leniat et rabiem Canis et momenta Leonis, . . *Epist.*1.10.16
donec iam saevos apertam│in rabiem coepit verti iocus . . . *Epist.*2.1.149
rabies. Archilochum proprio rabies armavit iambo: . . . . *Ars Poet.*79
rabiosa. hac rabiosa fugit canis, hac lutulenta ruit sus: . . . *Epist.*2.2.75
rabiosi. fugio campum lusumque trigonem [fugio rabiosi tempora signi]. . *var.Serm.*1.6.126
racemos. iam tibi lividos│distinguet autumnus racemos│purpureo varius
  colore. *Carm.*2.5.11
radat. ut neque largis│aquosus Eurus arva radat imbribus, . . . *Epod.*16.54
radere. ten lapides varios lutulenta radere palma . . . *Serm.*2.4.83
radice. si volnus tibi monstrata radice vel herba│non fieret levius, . *Epist.*2.2.149
fugeres radice vel herba│proficiente nihil curarier: . . . *Epist.*2.2.150
radices. acria circum│rapula, lactucae, radices, ... *Serm.*2.8.8
radit. sive aquilo radit terras *Serm.*2.6.25
radix. nec latens in asperis│radix fefellit me locis. . . . *Epod.*5.68
raeda. quem tollere raeda│vellet iter faciens *Serm.*2.6.42
raedis. quattuor hinc rapimur viginti et milia raedis, . . . *Serm.*1.5.86
Raeti. videre Raetis [Raeti] bella sub Alpibus│Drusum gerentem Vindelici
  [gerentem et Vindelici]. *var.Carm.*4.4.17
videre Raetis [videre Raeti et] bella sub Alpibus│Drusum gerentem
  Vindelici. *var.Carm.*4.4.17

Raetii. videre Raetis [Raetii] bella sub Alpibus│Drusum gerentem Vindelici
    [gerentem et Vindelici]. *var.Carm.*4.4.17
Raetis. Raetis bella sub Alpibus│Drusum gerentem *Carm.*4.4.17
Raetos. immanisque Raetos│auspiciis pepulit secundis, . . . *Carm.*4.14.15
ramis. umbram hospitalem consociare amant│ramis? *Carm.*2.3.11
   tum spissa ramis laurea fervidos│excludet ictus. *Carm.*2.15.9
   lecta de pinguissimus│oliva ramis arborum *Epod.*2.56
Ramnes. celsi praetereunt austera poemata Ramnes: . . . *Ars Poet.*342
ramos. inutilisque falce ramos amputans *Epod.*2.13
   udos cum foliis ramos urente camino. *Serm.*1.5.81
ranae. et uncta turpis ova ranae sanguine *Epod.*5.19
   absentis ranae pullis vituli pede pressis *Serm.*2.3.314
ranae. mali culices ranaeque palustres│avertunt somnos; . *Serm.*1.5.14
rancidum. rancidum aprum antiqui laudabant, . . . *Serm.*2.2.89
rapaci. quem scis inmunem Cinarae placuisse rapaci, . . *Epist.*1.14.33
rapacibus. apris reliquit et rapacibus lupis, ... *Epod.*16.20
rapacibus. ait Harpyiis gula digna rapacibus. . . . *Serm.*2.2.40
rapacis. rapacis Orci sede destinata *Carm.*2.18.30
rapacium. 'cervi, luporum praeda rapacium, ... *Carm.*4.4.50
rapax. hinc apicem rapax│Fortuna cum stridore acuto│sustulit, . *Carm.*1.34.14
rape. dona praesentis cape [rape] laetus horae . . . *var.Carm.*3.8.27
rapere. quae poscente magis gaudeat eripi,│interdum rapere occupet? *Carm.*2.12.28
   convivas avidos cenam servosque timenti│tum rapere . . . velle . *Serm.*1.5.76
rapiam. nec variis obsita frondibus│sub divom rapiam. . . *Carm.*1.18.13
rapiamus. rapiamus, amici,│occasionem de die . . . *Epod.*13.3
rapias. ut limis rapias, quid prima secundo│cera velit versu; . *Serm.*2.5.53
   distat, sumasne pudenter│an rapias. *Epist.*1.17.45
rapido. quale fuit Cassi rapido ferventius amni│ingenium, . *Serm.*1.10.62
rapidos. arte materna rapidos morantem│fluminum lapsus . . *Carm.*1.12.9
   Orpheus,│dictus ob hoc lenire tigres rabidosque [rapidosque] leones; . *var.Ars Poet.*393
rapidum. nec rapidum fugiente solem. *Carm.*2.9.12
rapidum. illud idem in rapidum flumen iaceretve cloacam? — . . *Serm.*2.3.242
rapidus. me quoque devexi rapidus comes Orionis│Illyricis Notus obruit
    undis. *Carm.*1.28.21
   te rapidus Tigris, . . . audit *Carm.*4.14.46
rapiente. omne sacrum rapiente dextra, ... *Carm.*3.3.52
rapientis. quos venerem incertam rapientis more ferarum . *Serm.*1.3.109
rapies. cum rapies in ius malis ridentem alienis, . . . *Serm.*2.3.72
rapiet. inprovisa leti│vis rapuit rapietque gentis. . . *Carm.*2.13.20
rapimur. quattuor hinc rapimur viginti et milia raedis, . *Serm.*1.5.86
rapinis. quid refert, morbo an furtis pereamque rapinis?' . *Serm.*2.3.157
rapis. quo me, Bacche, rapis tui│plenum? *Carm.*3.25.1
   Romae sponsorem me rapis. *Serm.*2.6.23
   'ocius hinc te│ni rapis, ... *Serm.*2.7.118
rapit. a, te meae si partem animae rapit│maturior vis, . *Carm.*2.17.5
   quem cruenta│per medias rapit ira caedes.' . . . *Carm.*3.2.12
   almum│quae rapit hora diem. *Carm.*4.7.8
   furorne caecos an rapit vis acrior│an culpa? . . . *Epod.*7.13
   ut, cum carceribus missos rapit ungula currus, . . *Serm.*1.1.114
   rapit in ius; clamor utrimque,│undique concursus. . *Serm.*1.9.77
   aut si tantus amor scribendi te rapit, ... *Serm.*2.1.10
   quo me cumque rapit tempestas, deferor hospes. . . *Epist.*1.1.15
   in medias res│non secus ac notas auditorem rapit . *Ars Poet.*149
rapiunt. i pedes quo te rapiunt et aurae, ... *Carm.*3.11.49
rapta. arsit Atrides medio in triumpho│virgine rapta, . *Carm.*2.4.8
rapta. et ossa ab ore rapta ieiunae canis *Epod.*5.23
raptam. saepe periscelidem raptam sibi flentis, . . . *Epist.*1.17.56
raptantur. aut cur dexteris│optantur [raptantur] enses conditi? . *coni.Epod.*7.2
raptas. stirpisque raptas et pecus et domos│volventis una, . *Carm.*3.29.37
raptim. cui donet inpermissa raptim│gaudia luminibus remotis, . *Carm.*3.6.27
   exiguo gratoque fruaris tempore raptim. . . . *Epist.*2.2.198
raptis. insignibus raptis puer, ... *Epod.*5.12
rapto. rapto de fratre dolentis│insolabiliter, . . . *Epist.*1.14.7
raptor. dura post paulo fugies inaudax│proelia raptor, . *Carm.*3.20.4
   proles Niobea magnae│vindicem linguae Tityosque raptor│sensit . *Carm.*4.6.2
raptum. flebili sponsae iuvenemve raptum│plorat . . *Carm.*4.2.21
raptus. qualis aut Nireus fuit aut aquosa│raptus ab Ida. . *Carm.*3.20.16
rapuisse. audiet civis acuisse [rapuisse] ferrum, . . . *coni.Carm.*1.2.21
rapuit. inprovisa leti│vis rapuit rapietque gentis. . . *Carm.*2.13.20

rapula. acria circum|rapula, lactucae, radices, ...			*Serm.*2.8.8
rapula. cum rapula plenus|atque acidas mavolt inulas. . .			*Serm.*2.2.43
rara. audiet pugnas vitio parentum|rara iuventus. . .			*Carm.*1.2.24
te Spes et albo rara Fides colit|velata panno . .			*Carm.*1.35.21
cur|manat rara meas lacrima per genas? . .			*Carm.*4.1.34
atque haec rara cadat dura inter saepe pericla. . .			*Serm.*1.2.40
ruebat|flumen ut hibernum, fertur quo rara securis. . .			*Serm.*1.7.27
quia veneat auro|rara avis			*Serm.*2.2.26
rara. aut amite levi rara tendit retia . . .			*Epod.*2.33
rare. ieiunus raro [rare] stomachus volgaria temnit. . .			*var.Serm.*2.2.38
raris. ieiunus raro [raris] stomachus volgaria temnit. .			*var.Serm.*2.2.38
raro. raro antecedentem scelestum|deseruit pede Poena claudo. .			*Carm.*3.2.31
inde fit, ut raro, qui se vixisse beatum|dicat .			*Serm.*1.1.117
finxerunt animi, raro et perpauca loquentis; . .			*Serm.*1.4.18
ieiunus raro stomachus volgaria temnit. . .			*Serm.*2.2.38
'sic raro scribis, ut toto non quater anno|membranam poscas. .			*Serm.*2.3.1
rarus. hic et in Acci|nobilibus trimetris adparet rarus . .			*Ars Poet.*259
rata. atque haec rara [rata] cadat dura inter saepe pericla. . .			*var.Serm.*1.2.40
ratas. spes iubet esse ratas, ad proelia trudit inertem, . .			*Epist.*1.5.17
ratem. qui fragilem truci|conmisit pelago ratem|primus: .			*Carm.*1.3.11
in inpiam Aiacis ratem. . .			*Epod.*10.14
secunda|ratem occupare quid moramur alite? . .			*Epod.*16.24
rates. si tamen inpiae|non tangenda rates transiliunt vada. .			*Carm.*1.3.24
rates. mox reficit rates|quassas indocilis pauperiem pati. .			*Carm.*1.1.17
ab infimis|quassas eripiunt aequoribus rates, .			*Carm.*4.8.32
ratio. seu ratio dederit seu fors obiecerit, . .			*Serm.*1.1.2
qua res, qua ratio suaderet quaque modeste|munifico esse licet, .			*Serm.*1.2.50
cur non|ponderibus modulisque suis ratio utitur . .			*Serm.*1.3.78
nec vincet ratio hoc, tantundem ut peccet idemque, .			*Serm.*1.3.115
longe mea discrepat istis|et vox et ratio: . .			*Serm.*1.6.93
nescio an Anticyram ratio illis destinet omnem. .			*Serm.*2.3.83
vincet enim stultos ratio insanire nepotes. . .			*Serm.*2.3.225
si puerilius his ratio esse evincet amare . .			*Serm.*2.3.250
si ratio et prudentia curas, . . . aufert, .			*Epist.*1.11.25
ratione. ratione modoque|tractari non volt. . .			*Serm.*2.3.266
insanire paret certa ratione modoque.' . .			*Serm.*2.3.271
non prius exacta tenui ratione saporum. . .			*Serm.*2.4.36
accipe qua ratione queas ditescere. . .			*Serm.*2.5.10
si neque maiorem feci ratione mala rem . .			*Serm.*2.6.6
qua ratione queas traducere leniter aevom, .			*Epist.*1.18.97
cetera nequaquam simili ratione modoque|aestimat .			*Epist.*2.1.20
dum cadat elusus ratione ruentis acervi .			*Epist.*2.1.47
rationibus. longis rationibus assem|discunt in partis centum diducere.			*Ars Poet.*325
rauca. 'quaere peregrinum' vicinia rauca reclamat. .			*Epist.*1.17.62
rauci. fractisque rauci fluctibus Hadriae, . . .			*Carm.*2.14.14
rauci. Sulcius acer|ambulat et Caprius, rauci male cumque libellis, .			*Serm.*1.4.66
raucis. frustra cruento marte carebimus|fractisque rauci [raucis] fluctibus			
Hadriae, ...			*var.Carm.*2.14.14
rava. ab agro|rava decurrens lupa Lanuvino . .			*Carm.*3.27.3
ravos. credula nec ravos timeant armenta leones . .			*Epod.*16.33
re. unde laboris|plus haurire mali est quam ex re decerpere fructus. .			*Serm.*1.2.79
avita|ex re praeberi sumptus mihi crederet illos. . .			*Serm.*1.6.80
nam male re gesta cum vellem mittere operto|me capite in flumen,			*Serm.*2.3.37
nequaquam satis in una consumere curam, . .			*Serm.*2.4.48
et genus et virtus, nisi cum re, vilior alga est.' .			*Serm.*2.5.8
sicui praeterea validus male filius in re|praeclara sublatus aletur, .			*Serm.*2.5.45
sparge subinde et, si paullum potes inlacrimare, est [inlacrima: e re est]|			
gaudia prodentem voltum celare. . .			*coni.Serm.*2.5.103
'de re communi scribae magna atque nova te|orabant .			*Serm.*2.6.36
Cervius haec inter vicinos garrit anilis|ex re fabellas. .			*Serm.*2.6.78
velut si|re vera pugnent, . . .			*Serm.*2.7.99
hac in re scilicet una|multum dissimiles, . .			*Epist.*1.10.2
qui|semper in augenda festinat et obruitur re. .			*Epist.*1.16.68
me libertino natum patre et in tenui re . . . loqueris, .			*Epist.*1.20.20
loco, re|extremi primorum, extremis usque priores. .			*Epist.*2.2.203
rebus. quem vocet divom populus ruentis|imperi rebus? .			*Carm.*1.2.26
divom pater adnuisset|rebus Aeneae . .			*Carm.*4.6.23
'o rebus meis|non infideles arbitrae, . .			*Epod.*5.49
quod acer spiritus ac vis|nec verbis nec rebus inest, .			*Serm.*1.4.47

fortiaque adversis opponite pectora rebus.' *Serm.2.2.136*
ex more inponens cognata vocabula rebus? *Serm.2.3.280*
ut semper gaudes inludere rebus|humanis!" *Serm.2.8.62*
et mihi res, non me rebus subiungere conor. *Epist.1.1.19*
si non|intendes animum studiis et rebus honestis, . . . *Epist.1.2.36*
vincentem strepitus et natum rebus agendis. . . . . . *Ars Poet.82*
certis medium et tolerabile rebus|recte concedi . . . *Ars Poet.368*
rebus. aequam memento rebus in arduis|servare mentem, . . . *Carm.2.3.1*
    rebus angustis animosus atque|fortis adpare: . . . *Carm.2.10.21*
    vitamque sub divo et trepidis agat|in rebus. *Carm.3.2.6*
    ne nimium pii|rebusque fidentes avitae|tecta velint reparare Troiae. . *Carm.3.3.59*
    novisque rebus infidelis Allobrox *Epod.16.6*
    est modus in rebus, sunt certi denique fines, ... *Serm.1.1.106*
    missi magnis de rebus uterque|legati, ... *Serm.1.5.28*
    dum licet, in rebus iucundis vive beatus, ... *Serm.2.6.96*
    bonisque|rebus agit laetum convivam, ... *Serm.2.6.111*
    esto aliis alios rebus studiisque teneri: *Epist.1.1.81*
    si conportatis rebus bene cogitat uti. *Epist.1.2.50*
    invidus alterius macrescit rebus opimis; *Epist.1.2.57*
    rebus omissis|atria servantem postico falle clientem. . . *Epist.1.5.30*
    rebus maternis atque paternis|fortiter absumptis . . . *Epist.1.15.26*
    temperat Alcaeus, sed rebus et ordine dispar, ... *Epist.1.19.29*
    si das hoc, parvis quoque rebus magna iuvari. . . . *Epist.2.1.125*
recalcitrat. cui male si palpere, recalcitrat undique tutus.' . . *Serm.2.1.20*
recalcitret. cui male si palpere, recalcitrat [recalcitret] undique tutus.' . *var.Serm.2.1.20*
recantatis. dum mihi|fias recantatis amica|opprobriis . . . *Carm.1.16.27*
recedant. senes ut in otia tuta recedant, ... *Serm.1.1.31*
    verba movere loco, quamvis invita recedant *Epist.2.2.113*
recedentes. multa ferunt anni venientes commoda secum,|multa recedentes
        adimunt: . . . . *Ars Poet.176*
recedentis. recedentis trilingui|ore pedes tetigitque crura. . . *Carm.2.19.31*
recedo. 'pone, meum est,' inquit: pono tristisque recedo. . . *Epist.1.16.35*
recens. non, si trecenis [sit recens] quotquot eunt dies, . . . places
        inlacrimabilem|Plutona tauris, ... *var.Carm.2.14.5*
    usque ego postera|crescam laude recens, ... *Carm.3.30.8*
    putet aper rhombusque recens, ... *Serm.2.2.42*
    Naevius in manibus non est et mentibus haeret|paene recens? . *Epist.2.1.54*
recens. quo semel est imbuta recens servabit odorem | testa diu. . *Epist.1.2.69*
recens. iuvenum recens|examen Eois timendum *Carm.1.35.30*
    dicam insigne, recens, adhuc|indictum ore alio. . . . *Carm.3.25.7*
recenti. euhoe, recenti mens trepidat metu *Carm.2.19.5*
recentibus. indiciis monstrare recentibus abdita rerum: . . . *Ars Poet.49*
recentis. recentis|carpere flores? *Carm.3.27.43*
recentum. qui feros cultus hominum recentum|voce formasti catus . *Carm.1.10.2*
recepisset. nisi nos vicina Trivici|villa recepisset *Serm.1.5.80*
recepit. scripta, Palatinus quaecumque recepit Apollo, . . . *Epist.1.3.17*
    inploravit opes hominis frenumque recepit. *Epist.1.10.36*
    spondese stabilis in iura paterna recepit . . . . . *Ars Poet.256*
recepta. idem finitis studiis et mente recepta *Epist.2.2.104*
recepti. post ingentia facta deorum in templa recepti, . . . *Epist.2.1.6*
recepto. recepto|dulce mihi furere est amico. *Carm.2.7.27*
    'o sol|pulcer, o laudande!' canam recepto|Caesare felix. . . *Carm.4.2.47*
receptus. sive receptus|terra Neptunus classis Aquilonibus arcet, . *Ars Poet.63*
recideret. recideret omne, quod ultra|perfectum traheretur, . . *Serm.1.10.69*
recidet. ambitiosa recidet|ornamenta. . . . . . . *Ars Poet.447*
reciditur. si non supplicio culpa reciditur, ... *Carm.3.24.34*
recinentis. inpios parrae recinentis omen|ducat *Carm.3.27.1*
recines. tu curva recines lyra|Latonam *Carm.3.28.11*
recinet. cuius recinet iocosa|nomen imago *Carm.1.12.3*
recinit. cuius recinet [recinit] iocosa|nomen imago *var.Carm.1.12.3*
recinunt. haec recinunt iuvenes dictata senesque *Epist.1.1.55*
recipit. hinc nos Coccei recipit plenissima villa, ... *Serm.1.5.50*
    neque parvom|carmen maiestas recipit tua *Epist.2.1.258*
recisas. columnas ultima recisas|Africa *Carm.2.18.4*
recisos. matris ad arbitrium recisos|portare fustis *Carm.3.6.40*
recisurum. magnis parva mineris|falce recisurum simili te, . . *Serm.1.3.123*
recitare. volgo recitare timentis ob hanc rem, ... *Serm.1.4.23*
    'spissis indigna theatris|scripta pudet recitare *Epist.1.19.42*
recitares. Quintilio siquid recitares, 'corrige, sodes,|hoc' aiebat 'et hoc.' . *Ars Poet.438*

recitata. cum loca iam recitata revolvimus inrevocati; *Epist*.2.1.223
recitator. indoctum doctumque fugat recitator acerbus; . . . . *Ars Poet*.474
recitent. in medio qui|scripta foro recitent, ... *Serm*.1.4.75
recito. nec recito cuiquam nisi amicis idque coactus, ... *Serm*.1.4.73
reclamat. 'quaere peregrinum' vicinia rauca reclamat. *Epist*.1.17.62
reclinat. nullum a labore me reclinat otium; *Epod*.17.24
reclinatum. in remoto gramine per dies|festos reclinatum *Carm*.2.3.7
recludens. Virtus, recludens inmeritis mori|caelum, ... *Carm*.3.2.21
recludere. non lenis precibus fata recludere | nigro conpulerit Mercurius
      gregi? *Carm*.1.24.17
    modo ense pectus Norico recludere *Epod*.17.71
recludit. quid non ebrietas dissignat? operta recludit, ... *Epist*.1.5.16
recluditur. aequa tellus|pauperi recluditur|regumque pueris . . *Carm*.2.18.33
reclusa. Romae dulce diu fuit et sollemne reclusa|mane domo vigilare, . *Epist*.2.1.103
recoctus. plerumque recoctus | scriba ex quinqueviro corvom deludet
      hiantem *Serm*.2.5.55
recondit. qui nummos aurumque recondit, ... *Serm*.2.3.109
reconditum. prome reconditum,|Lyde, strenua Caecubum . . . *Carm*.3.28.2
recordor. quocirca mecum loquor haec. tacitusque recordor: . . *Epist*.2.2.145
recreabis. tostis marcentem squillis recreabis et Afra|potorem coclea: . *Serm*.2.4.58
recreantur. intorti capillis|Eumenidum recreantur angues? . . . *Carm*.2.13.36
recreare. leni recreare vento *Carm*.3.20.13
    seu recreare volet tenuatum corpus *Serm*.2.2.84
    ter pure lecto poterunt recreare libello. *Epist*.1.1.37
recreat. aequali recreat sorte vicarius. *Carm*.3.24.16
recreatis. Caesarem altum, . . . Pierio recreatis antro. . . . *Carm*.3.4.40
recreatur. ubi nulla campis|arbor aestiva recreatur aura, . . . *Carm*.1.22.18
recreetur. pone me pigris ubi nulla campis | arbor aestiva recreatur aura
      [? recreetur umbra], ... *? var.Carm*.1.22.18
recta. candida rectaque sit, munda hactenus, ... *Serm*.1.2.123
    mendosa est natura, alioqui recta, ... *Serm*.1.6.66
recta. tendimus hinc recta Beneventum, ... *Serm*.1.5.71
recta. pars multa natat, modo recta capessens,|interdum pravis obnoxia. . *Serm*.2.7.7
rectae. uni nimirum recte [rectae] tibi semper erunt res,|o magnus posthac
      inimicis risus. *var.Serm*.2.2.106
recte. non possidentem multa vocaveris|recte beatum; . . . *Carm*.4.9.46
    procedere recte|qui moechis non voltis, ... *Serm*.1.2.37
    tu si modo recte|dispensare velis *Serm*.1.2.74
    hoc illi recte; ne corporis optima Lyncei|contemplere oculis, . . *Serm*.1.2.90
    scribendi recte: nam ut multum, nil moror. *Serm*.1.4.13
    tendimus hinc recta [recte] Beneventum, ... *var.Serm*.1.5.71
    uni nimirum recte tibi semper erunt res, ... *Serm*.2.2.106
    uni nimirum recte tibi [tibi recte] semper erunt res,|o magnus posthac
      inimicis risus. *var.Serm*.2.2.106
    'sive ego prave|seu recte hoc volui, ne sis patruos mihi': . . *Serm*.2.3.88
    recte est igitur, surgetque? *Serm*.2.3.162
    non otia recte|ponere *Serm*.2.7.112
    ut omnes|praecincti recte pueri comptique ministrent? . . . *Serm*.2.8.70
    ut omnes|praecincti recte pueri [pueri recte] comptique ministrent? . *var.Serm*.2.8.70
    at pueri ludentes 'rex eris' aiunt,|'si recte facies.' *Epist*.1.1.60
    nenia, quae regnum recte facientibus offert, ... *Epist*.1.1.63
    'rem facias, rem,|si possis, recte, si non, quocumque modo, rem,' . *Epist*.1.1.66
    qui recte vivendi prorogat horam, ... *Epist*.1.2.41
    qui recte vivendi [vivendi qui recte] prorogat horam,|rusticus expectat,
      dum defluat amnis; *var.Epist*.1.2.41
    quaere fugam morbi. vis recte vivere (quis non?): . . . *Epist*.1.6.29
    si me vivere vis sanum recteque valentem. *Epist*.1.7.3
    dic multa et pulcra minantem|vivere nec recte nec suaviter, . . *Epist*.1.8.4
    si dicet 'recte,' primum gaudere, ... *Epist*.1.8.15
    fructibus Agrippae Siculis, quos colligis, Icci,|si recte frueris, . . *Epist*.1.12.2
    tu recte vivis, si curas esse quod audis. *Epist*.1.16.17
    si te populus sanum recteque valentem|dictitet, ... *Epist*.1.16.21
    aut decus et pretium recte petit experiens vir. *Epist*.1.17.42
    recte necne crocum floresque perambulet Attae|fabula si dubitem, . *Epist*.2.1.79
    recte facta refert. *Epist*.2.1.130
    quae facere ipse recusem,|cum recte tractent alii, ... *Epist*.2.1.209
    vivere si recte nescis, decede peritis. *Epist*.2.2.213
    scribendi recte sapere est et principium et fons. . . . . *Ars Poet*.309
    interdum speciosa locis morataque recte|fabula . . . . *Ars Poet*.319

certis medium et tolerabile rebus|recte concedi . . . . . *Ars Poet.*369
si vero est, unctum qui recte ponere possit . . . . . *Ars Poet.*422
clamabit enim 'pulchre, bene, recte,' . . . . . . *Ars Poet.*428
recti. maxima pars vatum, pater et iuvenes patre digni,|decipimur specie
recti. . . . . *Ars Poet.*25
recti. rectique cultus pectora roborant; *Carm.*4.4.34
rectis. qui siccis [rectis] oculis monstra natantia, . . . vidit . . *coni.Carm.*1.3.18
rectis. cautos nominibus rectis expendere nummos. *Epist.*2.1.105
rectius. nec magis huic, . . . Cerinthe, tuo tenerum est femur aut crus|
rectius; *Serm.*1.2.82
'rectius hoc est.|hoc faciens vivam melius. *Serm.*1.4.134
'quanto rectius hoc quam tristi laedere versu *Serm.*2.1.21
rectius hoc et|splendidius multo est. *Epist.*1.17.19
rectius. aut quia non sentis, quod clamas, rectius esse, . . . *Serm.*2.7.25
siquid novisti rectius istis,|candidus inperti; *Epist.*1.6.67
rectius. rectius vives, Licini, neque altum|semper urgendo . . *Carm.*2.10.1
filia rectius|expugnat iuvenum domos, ... *Carm.*3.15.8
rectius occupat|nomen beati qui deorum|muneribus sapienter uti . *Carm.*4.9.46
rectius Albanam fumo duraveris uvam. *Serm.*2.4.72
rectius Iliacum carmen deducis in actus . . . . . *Ars Poet.*129
quanto rectius hic, qui nil molitur inepte: . . . . *Ars Poet.*140
recto. quam nequiere proci recto depellere cursu?' *Serm.*2.5.78
cadat an recto stet fabula talo. *Epist.*2.1.176
cetera qui vitae servaret munia recto|more, ... *Epist.*2.2.131
rector. 'Pentheu | rector Thebarum, quid me perferre patique | indignum
coges?' *Epist.*1.16.74
rectos. fana deos habuere rectos. *Carm.*4.4.48
rectum. quos ultra citraque nequit consistere rectum. . . . *Serm.*1.1.107
quidve ad amicitias, usus rectumne, trahat nos *Serm.*2.6.75
rectum. ordinem|rectum evaganti frena licentiae|iniecit . . . *Carm.*4.15.10
rectum animi servas cursum? *Serm.*2.3.201
rectum. aut quia non firmus rectum defendis *Serm.*2.7.26
interdum volgus rectum videt, est ubi peccat. *Epist.*2.1.63
vel quia nil rectum, nisi quod placuit sibi, ducunt . . . *Epist.*2.1.83
scilicet ut vellem curvo dignoscere rectum *Epist.*2.2.44
quamvis et voce paterna|fingeris ad rectum . . . . *Ars Poet.*367
rectus. secundis|temporibus dubiisque rectus, ... *Carm.*4.9.36
recumbens. quos inter Augustus recumbens|purpureo bibet ore nectar, . *Carm.*3.3.11
recumbere. si potes Archiacis conviva recumbere lectis . . . *Epist.*1.5.1
recumbit. et minax, †quia sic voluere, ponto|unda recumbit. . . *Carm.*1.12.32
recurras. ad Maecenatem memori si mente recurras.' . . . *Serm.*2.6.31
recurrat. nec vereor, ne, dum futuo, vir rure recurrat, . . . *Serm.*1.2.127
recurrentis. libertasque recurrentis accepta per annos|lusit amabiliter, . *Epist.*2.1.147
recurres. o multa fleturum caput,|ad me recurres *Epod.*5.75
recurret. naturam expelles furca, tamen usque recurret . . . *Epist.*1.10.24
recurrit. mox|bruma recurrit iners. *Carm.*4.7.12
recusant. inlusique pedes vitiosum ferre recusant|corpus. . . . *Serm.*2.7.108
recusat. cum|acclinis falsis animus meliora recusat, . . . *Serm.*2.2.6
porrigis irato puero cum poma, recusat; *Serm.*2.3.258
recusem. quae facere ipse recusem,|cum recte tractent alii, . . *Epist.*2.1.208
recusent. nec meus audet|rem temptare pudor quam vires ferre recusent. *Epist.*2.1.259
quid ferre recusent,|quid valeant umeri. . . . . *Ars Poet.*39
recuses. ne tamen illi|tu comes exterior, si postulet, ire recuses.' . *Serm.*2.5.17
siquis ad illa deus subito te agat, usque recuses, . . . *Serm.*2.7.24
recuset. filius uxorem grandi cum dote recuset, ... *Serm.*1.4.50
recuso. utque sacerdotis fugitivos liba recuso: *Epist.*1.10.10
redacti. ad bene dicendum delectandumque redacti. . . . *Epist.*2.1.155
reddas. finibus Atticis|reddas incolumem precor *Carm.*1.3.7
fias recantatis amica|opprobriis animumque reddas. . . . *Carm.*1.16.28
modos amanda|voce quos reddas: *Carm.*4.11.35
'accipe quod numquam reddas mihi' si tibi dicam: . . . *Serm.*2.3.66
Augusto reddes [reddas] signata volumina, Vinni, . . . *var.Epist.*1.13.2
reddat. medicum roget, ut te|suscitet ac reddat gnatis carisque propinquis? *Serm.*1.1.83
habes qui . . . medicum roget, ut te | suscitet ac reddat gnatis [gnatis
reddat] carisque propinquis? *var.Serm.*1.1.83
quid minuat curas, quid te tibi reddat amicum, . . . *Epist.*1.18.101
reddatur. ut nec pes nec caput uni|reddatur formae. . . . *Ars Poet.*9
redde. ergo obligatam redde Iovi dapem *Carm.*2.7.17
lucem redde tuae, dux bone, patriae: *Carm.*4.5.5

illa | redde, age, quae deinceps risisti.' *Serm.*2.8.80
obsecro et obtestor, vitae me redde priori.' *Epist.*1.7.95
curam redde brevem si munus Apolline dignum | vis conplere libris . *Epist.*2.1.216
reddentis.   vilice silvarum et mihi me reddentis agelli, ... *Epist.*1.14.1
reddere.   iubet me . . . finitis animum reddere amoribus. . . . *Carm.*1.19.4
reddere victimas | aedemque votivam memento; *Carm.*2.17.30
aequom est | peccatis veniam poscentem reddere rursus. . . . *Serm.*1.3.75
laboret | reddere certa sibi. *Serm.*2.3.270
filia Nasicae, metuentis reddere soldum. *Serm.*2.5.65
ut puerum saevo credas dictata magistro | reddere . . . *Epist.*1.18.14
at si divitiae prudentem reddere possent, ... *Epist.*2.2.155
nec verbo verbum curabis reddere fidus | interpres . . . *Ars Poet.*133
reddere qui voces iam scit puer . . . . *Ars Poet.*158
acutum | reddere quae ferrum valet . . . . *Ars Poet.*305
ille profecto | reddere personae scit convenientia cuique. . . *Ars Poet.*316
delere iubebat | et male tornatos incudi reddere versus. . . *Ars Poet.*441
redderet.   redderet laudes tibi Vaticani | montis imago. . . . *Carm.*1.20.7
cum senos redderet ictus | primus ad extremum similis sibi: . . *Ars Poet.*253
reddes.   reddes | forte lacus, nigros angusta fronte capillos, . . *Epist.*1.7.25
reddes dulce loqui, reddes ridere decorum *Epist.*1.7.27
Augusto reddes signata volumina, Vinni, ... *Epist.*1.13.2
reddet.   cum tibi invisus laceranda reddet | cornua taurus. . . . *Carm.*3.27.71
neque | diffinget infectumque reddet | quod fugiens semel hora vexit. . *Carm.*3.29.47
'sapiens, vitatu quidque petitu | sit melius, causas reddet tibi; . . *Serm.*1.4.116
reddidere.   adempta vati reddidere lumina: *Epod.*17.44
reddiderit.   notum si callida verbum | reddiderit iunctura novom. . . *Ars Poet.*48
reddidi.   reddidi carmen, docilis modorum | vatis Horati.' . . . *Carm.*4.6.43
reddidisses.   te, boves olim nisi reddidisses | per dolum amotas, . . *Carm.*1.10.9
reddidit.   militia simul | fessas cohortes abdidit [reddidit] oppidis, . . *var.Carm.*3.4.38
Fortuna . . . belli secundos reddidit exitus *Carm.*4.14.38
reddit.   cum tibi invisus laceranda reddet [reddit] | cornua taurus. . . *var.Carm.*3.27.71
reddit ubi cererem tellus inarata quotannis *Epod.*16.43
quae belua ruptis, | cum semel effugit, reddit se prava catenis? . . *Serm.*2.7.71
si meliora dies, ut vina, poemata reddit, ... *Epist.*2.1.34
nam neque chorda sonum reddit quem volt manus et mens, . . *Ars Poet.*348
redditis.   militia simul | fessas cohortes abdidit [redditis] oppidis, . . *var.Carm.*3.4.38
redditum.   redditum Cyri solio Phraaten *Carm.*2.2.17
redducere.   di tibi dent capta classem redducere Troia. . . . *Serm.*2.3.191
redeam.   *ut redeam illuc:* *Serm.*1.10.*8
exclusit; revocat: redeam? non, si obsecret.' — . . . *Serm.*2.3.264
vides ut | nudus inopsque domum redeam te vate, . . . *Serm.*2.5.6
redeant.   nec dabunt, quamvis redeant in aurum | tempora priscum. . *Carm.*4.2.39
nec redeant iterum atque iterum spectanda theatris. . . . *Serm.*1.10.39
redeas.   serus in caelum redeas *Carm.*1.2.45
redeat.   num vanae redeat sanguis imagini, ... *Carm.*1.24.15
vides ut | nudus inopsque domum redeam [redeat] te vate, . . *var.Serm.*2.5.6
mature redeat repetatque relicta. *Epist.*1.7.97
ut redeat miseris, abeat Fortuna superbis. . . . . . *Ars Poet.*201
redegit.   mentemque lymphatam Mareotico | redegit in veros timores |
Caesar *Carm.*1.37.15
omnem redegit idibus pecuniam, | quaerit kalendis ponere. . . *Epod.*2.69
redemptor.   caementa demittit redemptor | cum famulis . . . *Carm.*3.1.35
festinat calidus mulis gerulisque redemptor, ... *Epist.*2.2.72
redeo.   illuc, unde abii, redeo: ⟨cum⟩ nemo, ut avarus, . . . *Serm.*1.1.108
nunc ad me redeo libertino patre natum, ... *Serm.*1.6.45
ad Regem redeo. *Serm.*1.7.9
redeunt.   cum tibi nonae redeunt Decembres, ... *Carm.*3.18.10
redeunt iam gramina campis *Carm.*4.7.1
vel cur his animis incolumes non redeunt genae?' . . . *Carm.*4.10.8
redeunte.   hic dies anno redeunte festus *Carm.*3.8.9
redeuntis.   omnis | gestiet a furno redeuntis scire lacuque . . . *Serm.*1.4.37
redi.   maturum reditum pollicitus patrum | sancto concilio redi. . . *Carm.*4.5.4
redibit.   auro repensus scilicet acrior | miles redibit: . . . *Carm.*3.5.26
nec vocata mens tua | Marsis redibit vocibus. . . . *Epod.*5.76
rediens.   dum rediens fugat astra Phoebus. *Carm.*3.21.24
sive diem festum rediens advexerit annus, ... *Serm.*2.2.83
redigatur.   'quod, si conminuas, vilem redigatur ad assem.' . . . *Serm.*1.1.43
rediit.   'qui domita nomen ab Africa | lucratus rediit,' . . . *Carm.*4.8.19
redire.   neglecta redire Virtus | audet *Carm.Saec.*58

    ne redire sit nefas; *Epod.*16.26
rediret. grave ne rediret|saeculum Pyrrhae *Carm.*1.2.5
    ne mea saevos|iurgares ad te quod epistula nulla rediret. . . *Epist.*2.2.22
redis. Nasidiene, redis mutatae frontis, ut arte | emendaturus fortunam; . *Serm.*2.8.84
redit. 'quid si prisca redit Venus *Carm.*3.9.17
    hinc ad vina redit laetus *Carm.*4.5.31
    per quae spiritus et vita redit *Carm.*4.8.14
    ab officiis octavam circiter horam | dum redit . . . *Epist.*1.7.48
    it, redit et narrat, Volteium nomine Menam, ... *Epist.*1.7.55
    qui redit in fastos et virtutem aestimat annis . . . *Epist.*2.1.48
    et redit ad sese, 'pol, me occidistis, amici, | non servastis' . . *Epist.*2.2.138
    redit uncia, quid fit?' | 'semis.' . . . . . . *Ars Poet.*329
reditu. super inpetrato|fortis Augusti reditu *Carm.*4.2.43
reditum. maturum reditum pollicitus patrum|sancto concilio . . *Carm.*4.5.3
    unde tibi reditum certo subtemine Parcae|rupere, . . . *Epod.*13.15
    dum sibi, dum sociis reditum parat, ... *Epist.*1.2.21
    pascitur in vestrum reditum votiva iuvenca. . . . *Epist.*1.3.36
    nec reditum Diomedis ab interitu Meleagri . . . orditur . *Ars Poet.*146
rediturus. quo rediturus erat non arcessitus, ... *Serm.*2.3.261
reditus. fuge quo descendere gestis:|non erit emisso reditus tibi. . *Epist.*1.20.6
reditus. et populum reditus morantem *Carm.*3.5.52
    haec et quae poterunt reditus abscindere dulcis . . . *Epod.*16.35
redonabo. gravis|iras et invisum nepotem, . . . Marti redonabo; . *Carm.*3.3.33
redonavit. quis te redonavit Quiritem|dis patriis Italoque caelo . *Carm.*2.7.3
reducent. non avium citharaeque cantus|somnum reducent: . *Carm.*3.1.21
reducere. 'maxime regum,|di tibi dent capta classem redducere [reducere]
    Troia. *var.Serm.*2.3.191
reducet. deus haec fortasse benigna|reducet in sedem vice. . . *Epod.*13.8
    mater delira necabit | in gelida fixum ripa febrimque reducet. . *Serm.*2.3.294
reducis. tu spem reducis mentibus anxiis *Carm.*3.21.17
reducit. informis hiemes reducit|Iuppiter, ... *Carm.*2.10.15
    sive quos Elea domum reducit|palma caelestis . . . *Carm.*4.2.17
    et viris animumque moresque|aureos educit [reducit] in astra nigroque|
    invidet Orco — *var.Carm.*4.2.23
    si me|palma negata macrum, donata reducit opimum. . . *Epist.*2.1.181
reducta. hic in reducta valle Caniculae|vitabis aestus . . *Carm.*1.17.17
    aut in reducta valle mugientium|prospectat errantis greges . . *Epod.*2.11
reductae. sed diu | lateque victrices catervae | consiliis iuvenis revictae
    [reductae]|sensere, ... *var.Carm.*4.4.24
reductum. virtus est medium vitiorum et utrimque reductum. . . *Epist.*1.18.9
refeceris. donec templa refeceris | aedisque labentis deorum . . *Carm.*3.6.2
refectus. hic ubi cognatorum opibus curisque refectus|expulit . . *Epist.*2.2.136
refer. hinc omne principium, huc refer exitum: . . . *Carm.*3.6.6
    'abi, quaere et refer, unde domo, quis, ... *Epist.*1.7.53
    musa rogata refer, comiti scribaeque Neronis. . . . *Epist.*1.8.2
    morietur frigore, si non | rettuleris pannum. refer et sine vivat ineptus. *Epist.*1.17.32
referam. gratus insigni referam camena|Fabriciumque. . . *Carm.*1.12.39
    olim quod volpes aegroto cauta leoni|respondit, referam: . . *Epist.*1.1.74
referas. nam quamvis memori referas mihi pectore cuncta, . . *Serm.*2.4.90
referat. orbis ut cantus referatque ludos *Carm.Saec.*22
    quid referat intra|naturae finis viventi, ... *Serm.*1.1.49
referenda. Mulvius et scurrae, tibi non referenda precati,|discedunt. . *Serm.*2.7.36
referendus. inter quos referendus erit? *Epist.*2.1.41
referent. o navis, referent in mare te novi|fluctus. . . . *Carm.*1.14.1
referente. sole dies referente siccos; *Carm.*3.29.20
referente. saeculo festas referente luces *Carm.*4.6.42
referentes. ibant octonos referentes idibus aeris, . . . *Serm.*1.6.75
referentis. tertium lunae referentis ortum, ... *Carm.*4.2.58
refero. ad porri et ciceris refero laganique catinum; . . *Serm.*1.6.115
referre. desine pervicax|referre sermones deorum . . . *Carm.*3.3.71
    tuo vitio rerumne labores,|nil referre putas? . . . *Serm.*1.2.77
    cum referre negas, quali sit quisque parente|natus, . . . *Serm.*1.6.7
    et iuvenum curas et libera vina referre — . . . *Ars Poet.*85
referret. unus ut e multis populo spectante referret|emptum mulus aprum), *Epist.*1.6.60
referri. inter|perfectos veteresque referri debet . . . *Epist.*2.1.37
refers. 'scitari libet ex ipso quodcumque refers: . . . *Epist.*1.7.60
refert. neque amissos colores|lana refert medicata fuco . . *Carm.*3.5.28
    ut Proetum mulier perfida credulum | falsis inpulerit criminibus . . .
    refert; *Carm.*3.7.16

refertque tenta grex amicus ubera	*Epod.*16.50
quid refert, morbo an furtis pereamque rapinis?' . . .	*Serm.*2.3.157
quid refert, uri virgis ferroque necari|auctoratus eas, . .	*Serm.*2.7.58
nota refert meretricis acumina, ...	*Epist.*1.17.55
poeta . . . recte facta refert, ...	*Epist.*2.1.130
quid refert, vivas numerata nuper an olim? . . .	*Epist.*2.2.166
refertur. Actia pugna|te duce per pueros hostili more refertur; . .	*Epist.*1.18.62
aut agitur res in scaenis aut acta refertur.	*Ars Poet.*179
referunt. nec Coae referunt iam tibi purpurae . . .	*Carm.*4.13.13
sonum, referunt quem nostra theatra?	*Epist.*2.1.201
referuntur. cetera fluminis|ritu feruntur [referuntur], . .	*var.Carm.*3.29.34
refici. perna magis et magis hillis|flagitat inmorsus refici, . .	*Serm.*2.4.61
reficit. mox reficit rates|quassas indocilis pauperiem pati. .	*Carm.*1.1.17
me quotiens reficit gelidus Digentia rivos, . . .	*Epist.*1.18.104
animum quod laudis avarum|subruit aut reficit. . . .	*Epist.*2.1.180
refigit. sub duce, qui templis Parthorum signa refigit|nunc .	*Epist.*1.18.56
qua populus adsita certis|limitibus vicina refugit [refigit] iurgia; . .	*var.Epist.*2.2.171
refixa. refixa caelo devocare sidera, ...	*Epod.*17.5
refixo. quamvis clipeo Troiana refixo|tempora testatus . .	*Carm.*1.28.11
reformido. cupiens tibi dicere servos|pauca reformido.' . .	*Serm.*2.7.2
refregit. ut si solvas 'postquam Discordia taetra | belli ferratos postis	
portasque refregit,'.	*Serm.*1.4.61
refrenanda. Mulvius et scurrae, tibi non referenda [refrenanda] precati,|	
discedunt.	*var.Serm.*2.7.36
refrenare. indomitam audeat|refrenare licentiam, . . .	*Carm.*3.24.29
refringit. nec Priami domus | periura pugnacis Achivos | Hectoreis opibus	
refringit	*Carm.*3.3.28
qua populus adsita certis|limitibus vicina refugit [refringit] iurgia; .	*coni.Epist.*2.2.171
refugimus. quid nos dura refugimus|aetas?	*Carm.*1.35.34
refugit. nec Polyhymnia|Lesboum refugit tendere barbiton. . .	*Carm.*1.1.34
refugit te quia luridi|dentes, ...	*Carm.*4.13.10
qua populus adsita certis|limitibus vicina refugit iurgia; . .	*Epist.*2.2.171
refulgens. te Iovis inpio|tutela Saturno refulgens|eripuit . .	*Carm.*2.17.23
refulsit. quorum simul alba nautis|stella refulsit, . . .	*Carm.*1.12.28
refutat. qua populus adsita certis | limitibus vicina refugit [refutat] iurgia;	*coni.Epist.*2.2.171
regale. incultis qui versibus et male natis | rettulit acceptos, regale	
nomisma, Philippos.	*Epist.*2.1.234
praesidium regale loco deiecit, ut aiunt, ...	*Epist.*2.2.30
regales. nil|divitiae poterunt regales addere maius. . .	*Epist.*1.12.6
regali. regalique situ pyramidum altius, ...	*Carm.*3.30.2
regali. regali conspectus in auro nuper et ostro, . . .	*Ars Poet.*228
regalis. et aurum vestibus illitum|mirata regalisque cultus|et comites	*Carm.*4.9.15
regam. restat ut his ego me ipse regam solerque elementis. . .	*Epist.*1.1.27
regat. te . . . ventorumque regat pater	*Carm.*1.3.3
et regat iratos et amet pacare timentis;	*Ars Poet.*197
rege. animum rege; qui nisi paret,|imperat;	*Epist.*1.2.62
Rege. etiam litis cum Rege molestas, ...	*Serm.*1.7.5
stellasque salubris|appellat comites excepto Rege; . .	*Serm.*1.7.25
rege. memor|actae non alio rege puertiae . . .	*Carm.*1.36.8
sub rege Medo Marsus et Apulus, ...	*Carm.*3.5.9
Persarum vigui rege beatior.'	*Carm.*3.9.4
utrumque rege temperante caelitum.	*Epod.*16.56
privatusque magis vivam te rege beatus.	*Serm.*1.3.142
coram rege suo de paupertate tacentes|plus poscente ferent: .	*Epist.*1.17.43
Regem. durus homo atque odio qui posset vincere Regem, . .	*Serm.*1.7.6
ad Regem redeo.	*Serm.*1.7.9
cur non|hunc Regem iugulas?	*Serm.*1.7.35
regerit. expressa arbusto regerit convicia, . . .	*Serm.*1.7.29
reges. sive reges|sive inopes erimus coloni. . . .	*Carm.*2.14.11
quidquid delirant reges, plectuntur Achivi. . . .	*Epist.*1.2.14
reges dicuntur multis urgere culillis	*Ars Poet.*434
reges. reges in ipsos imperium est Iovis, . . .	*Carm.*3.1.6
subruit aemulos|reges muneribus;	*Carm.*3.16.15
seu deos regesque canit, deorum|sanguinem, . . .	*Carm.*4.2.13
modo reges atque tetrarchas,|omnia magna loquens, . .	*Serm.*1.3.12
qui reges consueris tollere, ...	*Serm.*1.7.34
haec populos, haec magnos formula reges,|excepto sapiente, tenet. .	*Serm.*2.3.45
reges et regum vita praecurrere amicos.	*Epist.*1.10.33
reget. te minor laetum reget aequos orbem: . . .	*Carm.*1.12.57

    qui sibi fidet,|dux reget examen. *Epist.*1.19.23

regi.   in vitium libertas excidit et vim|dignam lege regi: .   .   .   *Ars Poet.*283

regi.   gratus Alexandro regi magno fuit ille|Choerilus,   .   .   *Epist.*2.1.232

regia.   mihi iam non regia Roma,|sed vacuom Tibur placet   .   .   *Epist.*1.7.44

    quid concinna Samos, quid Croesi regia Sardis,   .   .   *Epist.*1.11.2

regiae.   iam pauca aratro iugera regiae|moles relinquent,   .   *Carm.*2.15.1

regiam.   ausa et iacentem visere regiam|voltu sereno,   .   .   *Carm.*1.37.25

    neque Attali|ignotus heres regiam occupavi   .   .   *Carm.*2.18.6

regibus.   militiam paras | non ante devictis Sabaeae | regibus horribilique

    Medo | nectis catenas? *Carm.*1.29.4

    regibus hic mos est, ubi equos mercantur: .   .   .   *Serm.*1.2.86

    divitiasque habeo tribus amplas regibus.'   .   .   .   *Serm.*2.2.101

regibus.   Maecenas atavis edite regibus,   .   .   .   *Carm.*1.1.1

    'si pranderet holus patienter, regibus uti|nollet Aristippus.'   .   *Epist.*1.17.13

    'si sciret regibus uti,|fastidiret holus, qui me notat.'   .   *Epist.*1.17.14

    'scurror ego ipse mihi, populo tu: rectius [regibus] hoc et|splendidius

    multo est. *var.Epist.*1.17.19

regina.   dum Capitolio|regina dementis ruinas, . . . parabat   .   *Carm.*1.37.7

    et genus et formam regina Pecunia donat   .   .   .   *Epist.*1.6.37

regina.   o Venus regina Cnidi Paphique,   .   .   .   *Carm.*1.30.1

    regina longum Calliope melos,   .   .   .   *Carm.*3.4.2

    regina, sublimi flagello|tange Chloen semel arrogantem.   .   *Carm.*3.26.11

    siderum regina bicornis, audi,|Luna, puellas.   .   .   *Carm.Saec.*35

regio.   surgente a sole ad eum, quo|vespertina tepet regio,   .   *Serm.*1.4.30

    quorum hominum regio et qualis via   .   .   .   *Epist.*1.15.2

regione.   quid nunc te dicam facere in regione Pedana?   .   .   *Epist.*1.4.2

Regis.   proscripti Regis Rupili pus atque venenum   .   .   *Serm.*1.7.1

regis.   ire deiectum monumenta regis|templaque Vestae,   .   *Carm.*1.2.15

    classis Aquilonibus arcet,|regis opus,   .   .   .   *Ars Poet.*65

regis.   o diva, gratum quae regis Antium,   .   .   .   *Carm.*1.35.1

    o quae beatam diva tenes [regis] Cyprum   .   .   *var.Carm.*3.26.9

    'at o deorum quidquid in caelo regit [regis]|terras   .   *var.Epod.*5.1

    Nox et Diana, quae silentium regis,   .   .   .   *Epod.*5.51

regit.   te minor laetum reget [regit] aequos orbem:.   .   *var.Carm.*1.12.57

    divosque mortalisque turmas|imperio regit unus aequo   .   *Carm.*3.4.48

    'me nunc Thressa Chloe regit,   .   .   .   *Carm.*3.9.9

    'me nunc Thressa Chloe regit [regit Chloe],   .   *coni.Carm.*3.9.9

    nec dotata regit virum|coniunx   .   .   .   *Carm.*3.24.19

    'at o deorum quidquid in caelo regit|terras   .   .   *Epod.*5.1

    aut, si non odit, regit *Epist.*1.18.26

    qui sibi fidet,|dux reget [regit] examen.   .   .   *var.Epist.*1.19.23

regium.   regium certe genus, et penatis|maeret iniquos.   .   *Carm.*2.4.15

regius.   ne rudis agminum|sponsus lacessat regius asperum|tactu leonem,   .   *Carm.*3.2.10

    regius sanguis dominaeque tradi|barbarae paelex." '   .   *Carm.*3.27.65

    ut mala quem scabies aut morbus regius urget   .   *Ars Poet.*453

regna.   quo simul mearis,|nec regna vini sortiere talis   .   *Carm.*1.4.18

    quam paene furvae regna Proserpinae . . . vidimus   .   *Carm.*2.13.21

    cum parentis regna per arduom|cohors gigantum scanderet inpia,   .   *Carm.*2.19.21

    qui mare temperat|ventosum et urbis regnaque tristia   .   *Carm.*3.4.46

    qui regna Dauni praefluit Apuli,   .   .   .   *Carm.*4.14.26

    supplex et oro regna per Proserpinae,   .   .   *Epod.*17.2

    flumina dicere et arces|montibus inpositas et barbara regna   .   *Epist.*2.1.253

regnanto.   qualibet exsules|in parte regnanto beati;   .   .   *Carm.*3.3.39

regnare.   caelo tonantem credidimus Iovem|regnare;   .   .   *Carm.*3.5.2

regnata.   quid Seres et regnata Cyro|Bactra parent   .   *Carm.*3.29.27

regnata.   regnata petam Laconi|rura Phalantho.   .   .   *Carm.*2.6.11

regnator.   qua violens obstrepit Aufidus | et qua . . . Daunus agrestium |

    regnavit [regnator] populorum,   .   .   .   *var.Carm.*3.30.12

regnavit.   qua pauper aquae Daunus agrestium|regnavit populorum,   .   *Carm.*3.30.12

regnes.   tu secundo|Caesare regnes.   .   .   .   *Carm.*1.12.52

    latius regnes avidum domando|spiritum   .   .   *Carm.*2.2.9

regnet.   ut salvos regnet vivatque beatus|cogi posse negat.   .   *Epist.*1.2.10

regno.   vivo et regno, simul ista reliqui,   .   .   .   *Epist.*1.10.8

regno.   non sum qualis eram bonae|sub regno Cinarae.   .   *Carm.*4.1.4

    unde Superbus|Tarquinius regno pulsus fugit,   .   .   *Serm.*1.6.13

    unde Superbus|Tarquinius regno pulsus [pulsus regno] fugit,   .   *var.Serm.*1.6.13

regnum.   prius an quietum|Pompili regnum memorem, . . . dubito,   .   *Carm.*1.12.34

    coniurata tuas rumpere nuptias|et regnum Priami vetus.   .   *Carm.*1.15.8

    regnum et diadema tutum|deferens uni   .   .   *Carm.*2.2.21

si Mygdoniis regnum Alyattei│campis continuem. *Carm.*3.16.41
cui rex deorum regnum in avis vagas│permisit *Carm.*4.4.2
si tibi regnum│permittant homines. *Serm.*1.3.123
ante potestatem Tulli atque ignobile regnum *Serm.*1.6.9
nenia, quae regnum recte facientibus offert, ... *Epist.*1.1.63
regula. adsit│regula, peccatis quae poenas inroget aequas, . . *Serm.*1.3.118
Reguli. hoc caverat mens provida Reguli *Carm.*3.5.13
Regulum. Regulum et Scauros . . . referam *Carm.*1.12.37
regum. pallida Mors aequo pulsat pede pauperum tabernas │ regumque
turris. *Carm.*1.4.14
regumque matres barbarorum et│purpurei metuont tyranni, . . *Carm.*1.35.11
ductaque per vias│regum colla minacium. *Carm.*2.12.12
aequa tellus│pauperi recluditur│regumque pueris . . . *Carm.*2.18.34
regum timendorum in proprios greges, ... *Carm.*3.1.5
neque iratos trementi│regum apices *Carm.*3.21.20
Tyrrhena regum progenies, ... *Carm.*3.29.1
quod regum tumidas contuderit minas, ... *Carm.*4.3.8
male barbaras│regum est ulta libidines. *Carm.*4.12.8
rumperis et latras, magnorum maxime regum. *Serm.*1.3.136
Pollio regum│facta canit pede ter percusso; *Serm.*1.10.42
necdum omnis abacta│pauperies epulis regum: *Serm.*2.2.45
'maxime regum,│di tibi dent capta classem redducere Troia. . *Serm.*2.3.190
sapiens . . . liber, honoratus, pulcer, rex denique regum, . . *Epist.*1.1.107
stultorum regum et populorum continet aestus. *Epist.*1.2.8
reges et regum vita praecurrere amicos. *Epist.*1.10.33
foedera regum│vel Gabiis vel cum rigidis aequata Sabinis, . . *Epist.*2.1.24
mox trahitur manibus regum fortuna retortis, ... *Epist.*2.1.191
res gestae regumque ducumque et tristis bella . . . . *Ars Poet.*73
gratia regum│Pieriis temptata modis . . . . . . *Ars Poet.*404
rei. contemptae dominus splendidior rei, ... *Carm.*3.16.25
rei. curtae nescio quid semper abest rei. *Carm.*3.24.64
rei. dura tibi peragenda rei sit causa Petilli? *Serm.*1.10.26
reiecit. reiecit alto dona nocentium│voltu, ... *Carm.*4.9.42
reiecta. tune insanus eris, si acceperis, an magis excors│reiecta praeda, *Serm.*2.3.68
reiectae. reiectaeque patet ianua Lydiae?' *Carm.*3.9.20
reiectae. 'celeres fugae│reiectaeque retrorsum Hannibalis minae', . *Carm.*4.8.16
reis. insigne maestis praesidium reis *Carm.*2.1.13
reis. et pro sollicitis non tacitus reis *Carm.*4.1.14
relabi. quis neget arduis│pronos relabi posse rivos│montibus . . *Carm.*1.29.11
relabor. nunc in Aristippi furtim praecepta relabor . . . *Epist.*1.1.18
relapsus. tunc mens et sonus│relapsus atque notus in voltus honor. . *Epod.*17.18
relatus. tunc mens et sonus│relapsus [relatus] atque notus in voltus honor. *var.Epod.*17.18
relectos. iterare cursus│cogor relectos: *coni.Carm.*1.34.5
relegata. ambitione relegata te dicere possum, ... *Serm.*1.10.84
releget. me vel extremos Numidarum in agros│classe releget: . . *Carm.*3.11.48
relegi. dum tu declamas Romae, Praeneste relegi; . . . *Epist.*1.2.2
relicta. relicta non bene parmula, ... *Carm.*2.7.10
vitulus, relicta│matre qui largis iuvenescit herbis . . . *Carm.*4.2.54
invidiam placare paras virtute relicta? *Serm.*2.3.13
relicta. mature redeat repetatque relicta. *Epist.*1.7.97
relictis. serpentium adlapsus timet│magis relictis, . . . *Epod.*1.21
relictis. sed ne relictis, Musa procax, iocis *Carm.*2.1.37
relictis. liberum munivit iter, daturus│plura relictis: . . . *Carm.Saec.*44
postquam relictis moenibus rex procidit *Epod.*17.13
hic sponsum vocat, hic auditum scripta relictis│omnibus officiis; . *Epist.*2.2.67
relicto. Ilio dives Priamus relicto *Carm.*1.10.14
relictos. nunc retrorsum │ vela dare atque iterare cursus │ cogor relectos
[relictos]: *var.Carm.*1.34.5
relictum. 'pater, o relictum│filiae nomen *Carm.*3.27.34
religarat. sive iactatam religarat udo│litore navim, . . . *Carm.*1.32.7
religas. cui flavam religas comam│simplex munditiis? . . . *Carm.*1.5.4
religat. retinacula mulae│nauta piger saxo religat stertitque supinus. . *Serm.*1.5.19
religata. in comptum Lacaenae│more comas religata nodum. . . *Carm.*2.11.24
est hederae vis│multa, qua crinis religata fulges, . . . *Carm.*4.11.5
religio. 'nulla mihi│inquam│'religio est.' *Serm.*1.9.71
relinquam. invidiaque maior│urbis relinquam. *Carm.*2.20.5
Atride, magis apta tibi tua dona relinquam.' *Epist.*1.7.43
relinquam. 'dubius sum, quid faciam,' inquit,│'tene relinquam an rem.' . *Serm.*1.9.41
relinquas. dum ex parvo nobis tantundem haurire relinquas, . . *Serm.*1.1.52

relinquendis. saepe ferentem|plura quidem tollenda relinquendis. . . *Serm.*1.10.51
relinquens. esset ador loliumque, dapis meliora relinquens. . . *Serm.*2.6.89
   'ut libet: haec porcis hodie comedenda relinques [relinquens].' . . *var.Epist.*1.7.19
relinquent. iam pauca aratro iugera regiae|moles relinquent, . . . *Carm.*2.15.2
relinquere. quodsi|frigida curarum fomenta relinquere posses, . . *Epist.*1.3.26
   sublimis cupidusque et amata relinquere pernix. . . . *Ars Poet.*165
relinqueret. quam si clientum longa negotia|diiudicata lite relinqueret . *Carm.*3.5.54
relinques. 'ut libet: haec porcis hodie comedenda relinques.' . . *Epist.*1.7.19
relinqui. sane murteta relinqui . . . vicus gemit, . . . *Epist.*1.15.5
   occupet extremum scabies; mihi turpe relinqui est . . . *Ars Poet.*417
relinquis. 'ut libet: haec porcis hodie comedenda relinques [relinquis].' . *var.Epist.*1.7.19
relinquit. nec turmas equitum relinquit *Carm.*2.16.22
   quae|desperat tractata nitescere posse, relinquit . . . *Ars Poet.*150
relinquont. nec priores|inpiae tectum dominae relinquont, . . *Carm.*2.8.19
reliquerit. 'frigida si puerum quartana reliquerit, . . . *Serm.*2.3.290
reliqui. vivo et regno, simul ista reliqui,|quae vos ad caelum fertis . *Epist.*1.10.8
reliquit. nec Tityi iecur|reliquit ales, ... *Carm.*3.4.78
   apris reliquit et rapacibus lupis, ... *Epod.*16.20
   verecundus color|reliquit ossa pelle amicta lurida, . . . *Epod.*17.22
   quod cupide petiit, mature plena reliquit. *Epist.*2.1.100
reluctantis. nunc in reluctantis dracones *Carm.*4.4.11
rem. quam rem cumque ferox navibus aut equis|miles te duce gesserit. . *Carm.*1.6.3
   Romulae genti date remque prolemque|et decus omne. . . *Carm.Saec.*47
   remque Romanam Latiumque felix . . . prorogat . . . *Carm.Saec.*66
   ne te morer, audi,|quo rem deducam. *Serm.*1.1.15
   avi cur atque parentis|praeclaram ingrata stringat malus ingluvie rem, *Serm.*1.2.8
   bonam deperdere famam,|rem patris oblimare malum est ubicumque. . *Serm.*1.2.62
   plurima, quae invideant pure adparere tibi rem. . . . *Serm.*1.2.100
   ob hanc rem, . . . minus hoc iucundus amicus|sit mihi? . . *Serm.*1.3.91
   volgo recitare timentis ob hanc rem, ... *Serm.*1.4.23
   nequid|summa deperdat metuens aut ampliet ut rem. . . *Serm.*1.4.32
   magnum documentum, ne patriam rem|perdere quis velit.' . . *Serm.*1.4.110
   'dubius sum, quid faciam', inquit,|'tene relinquam an rem.' . . *Serm.*1.9.41
   tamquam ad rem attineat quidquam. *Serm.*2.2.27
   si male rem gerere insani est, contra bene sani: . . . *Serm.*2.3.74
   aequam|rem imperito *Serm.*2.3.189
   si neque maiorem feci ratione mala rem *Serm.*2.6.6
   'quid tibi vis, insane, et quam rem agis?' . . . *coni.Serm.*2.6.29
   conmittes rem omnem et vitam et cum corpore famam. . . *Serm.*2.7.67
   'rem facias, rem,|si possis, recte, ... *Epist.*1.1.65
   si possis, recte, si non, quocumque modo, rem,' . . . *Epist.*1.1.66
   utrum|gaudeat an doleat, cupiat metuatne, quid ad rem, . . *Epist.*1.6.12
   nunc i, rem strenuos auge.' *Epist.*1.7.71
   Celso gaudere et bene rem gerere Albinovano . . . *Epist.*1.8.1
   post haec, ut valeat, quo pacto rem gerat et se, . . . *Epist.*1.8.13
   'nempe pecus, rem,|lectos, argentum: tollas licet.' . . . *Epist.*1.16.75
   temptavit quoque rem si digne vertere posset . . . *Epist.*2.1.164
   cum speramus eo rem venturam, ... *Epist.*2.1.226
   nec meus audet|rem temptare pudor quam vires ferre recusent. . *Epist.*2.1.259
   cui|rem di donarent, illi decedere pravam|stultitiam; . . *Epist.*2.2.152
   qui variare cupit rem prodigialiter unam, ... *Ars Poet.*29
   rem tibi Socraticae poterunt ostendere chartae . . . . *Ars Poet.*310
   verbaque provisam rem non invita sequentur. . . . *Ars Poet.*311
   rem poteris servare tuam. . . . . . *Ars Poet.*329
remanete. et cubito remanete presso. *Carm.*1.27.8
remeare. si natura iuberet|a certis annis aevom remeare peractum . *Serm.*1.6.94
Remi. ut inmerentis fluxit in terram Remi|sacer nepotibus cruor. . *Epod.*7.19
remige. non huc Argoo contendit remige pinus . . . *Epod.*16.57
remiges. saetosa duris exuere pellibus | laboriosi remiges Vlixei | volente
     Circa membra; *Epod.*17.16
remigio. nonne vides, ut|nudum remigio latus . . . *Carm.*1.14.4
remigium. remigium vitiosum Ithacensis Vlixei, . . . *Epist.*1.6.63
remis. sterilisve diu palus aptaque remis . . . . *Ars Poet.*65
remis. Caesar ab Italia volantem, sic veris falsa remiscet, . . *Carm.*1.37.17
remiscet. atque ita mentitur, sic veris falsa remiscet, . . *Ars Poet.*151
remisit. pressa Venafranae quod baca remisit olivae. . . . *Serm.*2.4.69
remissi. oderunt . . . sedatum celeres, agilem navomque remissi; . *Epist.*1.18.90
remisso. perfidum ridens Venus et remisso|filius arcu. . . *Carm.*3.27.67
remittas. remittas|quaerere *Carm.*2.11.3

inlutos Curtillus echinos,│ut melius muria quod testa marina remittat [remittas]." *var.Serm.*2.8.53

remittat. ut melius muria quod testa marina remittat." . . . *Serm.*2.8.53

remittit. inlutos Curtillus echinos, │ ut melius muria quod testa marina remittat [remittit]." *var.Serm.*2.8.53

poscentique gravem persaepe remittit acutum . . . . *Ars Poet.*349

remittunt. veluti tractata notam labemque remittunt│atramenta, . . *Epist.*2.1.235

remixto. Lydis remixto carmine tibiis *Carm.*4.15.30

remorant. in secreta remorant│virtus Scipiadae et mitis sapientia Laeli, . *Serm.*2.1.71

remorsurum. et me remorsurum petis? *Epod.*6.4

remos. fractosque remos differat; *Epod.*10.6

remota. si de quincunce remota est│uncia, quid superat? . . *Ars Poet.*327

remotis. qui remotis│obstrepit Oceanus Britannis, ... *Carm.*4.14.47

remotis. quam si Libyam remotis│Gadibus iungas *Carm.*2.2.10

remotis. Bacchum in remotis carmina rupibus│vidi docentem, . . *Carm.*2.19.1

remotis. vernique iam nimbis remotis │ . . . venti . . . *Carm.*4.4.7

remotis. cui donet inpermissa raptim│gaudia luminibus remotis, . . *Carm.*3.6.28

iam vaga prosiliet frenis natura remotis. . . . *Serm.*2.7.74

remoto. inberbis iuvenis, tandem custode remoto, ... *Ars Poet.*161

remoto. seu te in remoto gramine per dies│festos reclinatum . . *Carm.*2.3.6

remotos. quid oportet│nos facere a volgo longe longeque remotos? . *Serm.*1.6.18

fontes ut adire remotos *Serm.*2.4.94

remotus. Tithonusque remotus in auras *Carm.*1.28.8

praesertim census equestrem│summam nummorum vitioque remotus ab omni. . . . . *Ars Poet.*384

removere. abnuere et tabulas a te removere memento, . . . *Serm.*2.5.52

removi. ergo ubi me in montes et in arcem ex urbe removi — . . *Serm.*2.6.16

removisse. fertur pudicae coniugis osculum . . . ab se removisse . *Carm.*3.5.43

remugiat. quo nemus│inter pulcra satum tecta remugiat . . *Carm.*3.10.6

remugiens. Ionius udo cum remugiens sinus│Noto carinam ruperit. . *Epod.*10.19

renarint. 'simul imis saxa renarint│vadis levata, . . . *Epod.*16.25

renascens. Troiae renascens alite lugubri│fortuna . . . *Carm.*3.3.61

renascentur. multa renascentur quae iam cecidere . . . *Ars Poet.*70

renati. nec te Pythagorae fallant arcana renati *Epod.*15.21

renes. quod latus aut renes morbo temptentur acuto. . . . *Serm.*2.3.163

si latus aut renes morbo temptantur acuto, . . . *Epist.*1.6.28

renident. et adiecisse praedam│torquibus exiguis renidet [renident]. . *var.Carm.*3.6.12

renidentis. circum renidentis Laris.' *Epod.*2.66

renidet. ut pura nocturno renidet│luna mari *Carm.*2.5.19

non ebur neque aureum│mea renidet in domo lacunar, . . *Carm.*2.18.2

adiecisse praedam│torquibus exiguis renidet. . . . *Carm.*3.6.12

renitet. ut pura nocturno renidet [renitet]│luna mari . . . *var.Carm.*2.5.19

et adiecisse praedam│torquibus exiguis renidet [renitet]. . . *var.Carm.*3.6.12

renodantis. teretis pueri longam renodantis comam. . . . *Epod.*11.28

renuis. quid dem? quid non dem? renuis quod tu, iubet alter; . . *Epist.*2.2.63

renuit. 'sum bonus et frugi.' renuit negitatque Sabellus. . . *Epist.*1.16.49

reor. non equidem insector delendave carmina Livi│esse reor, . . *Epist.*2.1.70

reparant. damna tamen celeres reparant caelestia lunae: . . . *Carm.*4.7.13

reparare. avitae│tecta velint reparare Troiae. *Carm.*3.3.60

quibus amissas reparare queam res│artibus atque modis. . *Serm.*2.5.2

reparata. vina Syra reparata merce, ... *Carm.*1.31.12

reparavit. nec latentis│classe cita reparavit oras. . . . *Carm.*1.37.24

repensus. auro repensus scilicet acrior│miles redibit: . . . *Carm.*3.5.25

repentis. nec sermones ego mallem│repentis per humum . . *Epist.*2.1.251

reperire. ecce furit, te reperire atrox,│Tydides . . . *Carm.*1.15.27

cedat uti conviva satur, reperire queamus. . . . *Serm.*1.1.119

repertor. post hunc personae pallaeque repertor honestae│Aeschylus . *Ars Poet.*278

repertus. ludusque repertus│et longorum operum finis: . . . *Ars Poet.*405

repetantur. et campus et areae │ lenesque sub noctem susurri │ conposita repetantur hora, ... *Carm.*1.9.20

repetas. hoc primus repetas opus, hoc postremus omittas . . . *Epist.*1.6.48

repetat. antequam stantis repetat paludes│imbrium divina avis . . *Carm.*3.27.9

mature redeat repetatque relicta. *Epist.*1.7.97

repetens. ibit insignem repetens Nearchum: *Carm.*3.20.6

repetes. grande munus│Cecropio repetes cothurno, . . . *Carm.*2.1.12

quodsi interciderit tibi nunc aliquid, repetes mox, . . *Serm.*2.4.6

macra cavom repetes artum, quem macra subisti.' . . *Epist.*1.7.33

repetet. quam multo repetet Graecia milite *Carm.*1.15.6

repetit. Caesar Hispana repetit penatis│victor ab ora. . . . *Carm.*3.14.3

hinc repetit, 'paucorum hominum et mentis bene sanae; .   .   . *Serm.*1.9.44
    quod petit spernit, repetit quod nuper omisit, ... *Epist.*1.1.98
repetita. haec placuit semel, haec deciens repetita placebit. .   .   . *Ars Poet.*365
repetitum. si forte suas repetitum venerit olim | grex avium plumas, . *Epist.*1.3.18
repimus. milia tum pransi tria repimus *Serm.*1.5.25
reponens. dissolve frigus ligna super foco | large reponens .   . *Carm.*1.9.6
reponere. inspice, si possum donata reponere laetus. .   .   . *Epist.*1.7.39
repones. dissolve frigus ligna super foco | large reponens [repones] . *var.Carm.*1.9.6
reponet. languidus in cubitum iam se conviva reponet. .   .   . *Serm.*2.4.39
reponi. curat reponi deterioribus. *Carm.*3.5.30
    fabula, quae posci volt et spectanda reponi; .   .   . *Ars Poet.*190
reponis. tu pias laetis animas reponis | sedibus *Carm.*1.10.17
    honoratum si forte reponis Achillem, ... *Ars Poet.*120
reponit. ligna super foco | large reponens [? reponit] .   .   . *? var.Carm.*1.9.6
    ignarum, . . . quibus assis | languidus in cubitum iam se conviva
    reponet [reponit]. *var.Serm.*2.4.39
reportasti. nec Iugurthino parem | bello reportasti ducem .   . *Epod.*9.24
reportia. (licebit | ille repotia [reportia], natalis aliosve dierum | festos albatus
    celebret) *var.Serm.*2.2.60
reporto. spem bonam certamque domum reporto *Carm.Saec.*74
reposci. fabula, quae posci [poni] volt et spectanda [spectata] reponi
    [reposci]; .   .   .   . *coni.Ars Poet.*190
repositum. quando repositum Caecubum ad festas dapes . . . bibam . *Epod.*9.1
repostum. quando repositum [repostum] Caecubum ad festas dapes . . .
    bibam *var.Epod.*9.1
repotia. ille repotia, natalis aliosve dierum | festos albatus celebret) . *Serm.*2.2.60
repraesentet. virtutemne repraesentet moresque Catonis? .   .   . *Epist.*1.19.14
reprehendere. nil sane fecit quod tu reprehendere possis: .   . *Serm.*2.3.138
    unum | siquis amicorum est ausus reprehendere versum; .   .   . *Epist.*2.1.222
reprehendet. vir bonus et prudens versus reprendet [reprehendet] inertis, . *var.Ars Poet.*445
reprehendi. tanto reprehendi iustius illis, ... *Serm.*2.4.86
reprehendis. tu nihil in magno doctus reprehendis Homero? .   . *Serm.*1.10.52
reprehendit. vir bonus et prudens versus reprendet [reprehendit] inertis, . *var.Ars Poet.*445
reprehendite. vos, o | Pompilius sanguis, carmen reprehendite, .   .   . *Ars Poet.*292
reprendas. velut si | egregio inspersos reprendas corpore naevos, . *Serm.*1.6.67
reprendere. ea cum reprendere coner, . . . quae doctus Roscius egit: . *Epist.*2.1.81
reprendes. nec tua laudabis studia aut aliena reprendes, .   .   . *Epist.*1.18.39
reprendet. vir bonus et prudens versus reprendet inertis, .   . *Ars Poet.*445
reprendi. quicquam reprendi, non quia crasse | conpositum .   .   . *Epist.*2.1.76
reprendit. vir bonus et prudens versus reprendet [reprendit] inertis, . *var.Ars Poet.*445
reprensis. cum de se loquitur non ut maiore reprensis? .   .   . *Serm.*1.10.55
repressae. sed diu | lateque victrices catervae | consiliis iuvenis revictae
    [repressae] | sensere, ... *var.Carm.*4.4.24
repserat. per angustam tenuis volpecula rimam | repserat in cumeram
    frumenti, ... *Epist.*1.7.30
reptare. an tacitum silvas inter reptare salubris *Epist.*1.4.4
repugnant. sensus moresque repugnant | atque ipsa utilitas, .   . *Serm.*1.3.97
repulsae. Virtus, repulsae nescia sordidae, ... *Carm.*3.2.17
repulsam. exiguom censum turpemque repulsam, | quanto devites . *Epist.*1.1.43
    exiguom censum turpemque repulsam [laborem], | quanto devites animi
    capitisque labore [repulsam] *var.Epist.*1.1.44
repulsum. foribusque repulsum | perfundit gelida, ... *Serm.*2.7.90
requiem. sibi dum requiem, dum risus undique quaerit, .   . *Epist.*1.7.79
requies. neu morem in Salium sit requies pedum *Carm.*1.36.12
requiro. ad mare cum veni, generosum et lene requiro, .   . *Epist.*1.15.18
rere. 'non isto vivimus illic, | quo tu rere, modo; *Serm.*1.9.49
reris. an tu reris eum occisa insanisse parente *Serm.*2.3.134
rerum. mearum | grande decus columenque rerum. .   .   . *Carm.*2.17.4
    est animus tibi | rerumque prudens et secundis | temporibus dubiisque
    rectus, ... *Carm.*4.9.35
    custode rerum Caesare *Carm.*4.15.17
    stabilisque rerum | terminus servet, ... *Carm.Saec.*26
    curam metumque Caesaris rerum *Epod.*9.37
    tuo vitio rerumne labores, | nil referre putas? .   .   . *Serm.*1.2.76
    venit vilissima rerum | hic aqua, ... *Serm.*1.5.88
    arreptaque manu 'quid agis, dulcissime rerum?' .   .   . *Serm.*1.9.4
    num rerum dura negarit | versiculos natura magis factos .   . *Serm.*1.10.57
    corruptus vanis rerum, quia veneat auro | rara avis .   . *Serm.*2.2.25
    rerum imperiis hominumque | tot tantisque minor, .   .   . *Serm.*2.7.75

ridetur fictis rerum Balatrone secundo, ... *Serm.*2.8.83
rerum tutela mearum|cum sis *Epist.*1.1.103
adversis rerum inmersabilis undis. *Epist.*1.2.22
seu calidus sanguis seu rerum inscitia vexat . . . *Epist.*1.3.33
pauper enim non est, cui rerum suppetit usus. . . *Epist.*1.12.4
quid velit et possit rerum concordia discors, . . . *Epist.*1.12.19
mors ultima linea rerum est. *Epist.*1.16.79
tu poscis vilia, verum es [vilia rerum] | dante minor, quamvis fers te
    nullius egentem.' *var.Epist.*1.17.21
atqui rerum caput hoc erat, hic fons. *Epist.*1.17.45
num pavor et rerum mediocriter utilium spes, . . *Epist.*1.18.99
summe munito et multarum divite rerum. . . . *Epist.*2.2.31
rerum|fluctibus in mediis et tempestatibus Vrbis . *Epist.*2.2.84
proferet in lucem speciosa vocabula rerum, . . . *Epist.*2.2.116
si forte necesse est|indiciis monstrare recentibus abdita rerum: . *Ars Poet.*49
nova rerum|nomina protulerit? . . . . . *Ars Poet.*57
utiliumque sagax rerum et divina futuri . . . *Ars Poet.*218
quam versus inopes rerum nugaeque canorae. . . *Ars Poet.*322
res. dum res et aetas et sororum|fila trium patiuntur atra. . *Carm.*2.3.15
neque res bellica . . . ostendet Capitolio: . . . *Carm.*4.3.6
non tibi talium|res est aut animus deliciarum egens. . *Carm.*4.8.10
siquis nunc quaerat 'quo res haec pertinet?' illuc . . *Serm.*1.2.23
qua res, qua ratio suaderet quaque modeste|munifico esse licet, *Serm.*1.2.50
qua res, qua [quae res, quae] ratio suaderet quaque [quaeque] modeste|
    munifico esse licet, ... *var.Serm.*1.2.50
unde|fama malum gravius quam res trahit. . . . *Serm.*1.2.59
haec res et iungit, iunctos et servat amicos. . . . *Serm.*1.3.54
res|ut quaeque est, ita suppliciis delicta coercet? . *Serm.*1.3.78
nam mihi continuo maior quaerenda foret res . . *Serm.*1.6.100
'haud mihi deero,|cum res ipsa feret. *Serm.*2.1.18
'postquam omnis res mea Ianum|ad medium fracta est, . *Serm.*2.3.18
'omnis enim res,|virtus, fama, decus, . . . divitiis parent; . *Serm.*2.3.94
quae res|nec modum habet neque consilium, . . . *Serm.*2.3.265
res ubi magna nitet domino sene; *Serm.*2.5.12
magna minorve foro si res certabitur olim: . . . *Serm.*2.5.27
multis occulto crescit res faenore. *Epist.*1.1.80
qui cupit aut metuit, iuvat illum sic domus et res | ut lippum pictae
    tabulae, ... *Epist.*1.2.51
nil admirari prope res est una, Numici, . . . *Epist.*1.6.1
si res sola potest facere et servare beatum, . . . *Epist.*1.6.47
cui non conveniet sua res, ut calceus olim, . . . *Epist.*1.10.42
ne tamen ignores, quo sit Romana loco res: . . . *Epist.*1.12.25
melior sit Horatius an res. *Epist.*1.14.5
cui placet alterius, sua nimirum est odio sors [res]. . . *var.Epist.*1.14.11
omnis Aristippum decuit color et status et res, . . *Epist.*1.17.23
tibi parvola res est: *Epist.*1.18.29
nam tua res agitur, paries cum proximus ardet, . . *Epist.*1.18.84
per quae|crescere res posset, minui damnosa libido. . . *Epist.*2.1.107
creditur, ex medio quia res accersit, habere | sudoris minimum, . . .
    comoedia *Epist.*2.1.168
valeat res ludicra, si me|palma negata macrum, donata reducit opimum. *Epist.*2.1.180
res urget me nulla: meo sum pauper in aere. . . . *Epist.*2.2.12
ex modico, quantum res poscet, acervo|tollam . . *Epist.*2.2.190
cui lecta potenter erit res, ... *Ars Poet.*40
versibus exponi tragicis res comica non volt; . . . *Ars Poet.*89
aut agitur res in scaenis aut acta refertur. . . . *Ars Poet.*179
offenduntur enim, quibus est equos et pater et res . . *Ars Poet.*248
alterius sic [? res] | altera poscit opem res et [? poscit opem sociam et]
    coniurat amice. . . . . . . ? *var.Ars Poet.*410
alterius sic|altera poscit opem res . . . . *Ars Poet.*411
res. multae tibi tum officient res: *Serm.*1.2.97
nam variae res|ut noceant homini, ... *Serm.*2.2.71
uni nimirum recte tibi semper erunt res, . . . *Serm.*2.2.106
ingenium res|adversae nudare solent, celare secundae." *Serm.*2.8.73
quem res plus nimio delectavere secundae, . . . *Epist.*1.10.30
cum res deficiunt, satis inter vilia fortis: . . . *Epist.*1.15.39
quo res sponsore et quo causae teste tenentur.' . . *Epist.*1.16.43
res gestae regumque ducumque et tristia bella | quo scribi possent
    numero, ... *Ars Poet.*73

res. qui res hominum ac deorum, . . . temperat *Carm.*1.12.14
  mox ubi publicas|res ordinaris, ... *Carm.*2.1.11
  cum dicas esse paris res|furta latrociniis *Serm.*1.3.121
  fortius et melius magnas plerumque secat res. *Serm.*1.10.15
  aude|Caesaris invicti res dicere, ... *Serm.*2.1.11
  utpote res tenuis, tenui sermone peractas.' *Serm.*2.4.9
  quibus amissas reparare queam res|artibus atque modis. . . *Serm.*2.5.2
  'quid tibi vis [quid vis], insane, et quam rem [quas res] agis?' . *var.Serm.*2.6.29
  'quid tibi vis, insane, et quam rem agis [et quas res]?' . . *var.Serm.*2.6.29
  merulas poni et sine clune palumbis,|suavis res, . . . *Serm.*2.8.92
  et mihi res, non me rebus subiungere conor. *Epist.*1.1.19
  quis sibi res gestas Augusti scribere sumit? *Epist.*1.3.7
  res gerere et captos ostendere civibus hostis *Epist.*1.17.33
  secutus . . . non res et agentia verba Lycamben. . . . *Epist.*1.19.25
  res Italas armis tuteris, moribus ornes, ... *Epist.*2.1.2
  quam res conponere gestas|terrarumque situs *Epist.*2.1.251
  in medias res|non secus ac notas auditorem rapit . . . *Ars Poet.*148
  vel quod res omnis timide gelideque ministrat, . . . *Ars Poet.*171
rescieris. ut simul atque|carmina rescieris nos fingere, . . *Epist.*2.1.227
rescinditur. an male sarta|gratia nequiquam coit et rescinditur . *Epist.*1.3.32
rescribe. tu quotus esse velis rescribe *Epist.*1.5.30
rescribere. dictantis, quod tu numquam rescribere possis. . . *Serm.*2.3.76
  debes hoc etiam rescribere, ... *Epist.*1.3.30
resecantem. cultello proprios purgantem [resecantem] leniter unguis. . *var.Epist.*1.7.51
reseces. spatio brevi|spem longam reseces. *Carm.*1.11.7
resedit. nostrisque ductum seditionibus|bellum resedit; . . *Carm.*3.3.30
residunt. iam iam resident cruribus asperae|pelles . . . *Carm.*2.20.9
resignat. opella forensis|adducit febris et testamenta resignat. . *Epist.*1.7.9
resigno. resigno quae dedit *Carm.*3.29.54
  hac ego si conpellor imagine, cuncta resigno: . . . *Epist.*1.7.34
resolvent. teque piacula nulla resolvent. *Carm.*1.28.34
resolvit. nil agit exemplum, litem quod lite resolvit. . . . *Serm.*2.3.103
resonantis. quam domus Albuneae resonantis *Carm.*1.7.12
resonare. tuque testudo resonare septem|callida nervis, . . *Carm.*3.11.3
resonarent. quo pacto alterna loquentes | umbrae cum Sagana resonarint
  [resonarent] triste et acutum *var.Serm.*1.8.41
resonaret. quo pacto alterna loquentes | umbrae cum Sagana resonarint
  [resonaret] triste et acutum *var.Serm.*1.8.41
resonarint. umbrae cum Sagana resonarint triste et acutum . . *Serm.*1.8.41
resonat. modo summa | voce, modo hac, resonat quae chordis quattuor ima. *Serm.*1.3.8
  suave locus voci resonat conclusus. *Serm.*1.4.76
resonet. undique magno|pulsa domus strepitu resonet, . . *Serm.*1.2.129
  citaret 'io Bacchae' modo summa | voce, modo hac, resonat [resonet]
  quae chordis quattuor ima. *var.Serm.*1.3.8
resorbens. te rursus in bellum resorbens|unda . . . *Carm.*2.7.15
respicere. respicere ignoto discet pendentia tergo.' . . . *Serm.*2.3.299
  respicere exemplar vitae morumque iubebo|doctum imitatorem . *Ars Poet.*317
respicientis. de te pendentis, te respicientis amici· . . . *Epist.*1.1.105
respicis. sive neglectum genus et nepotes|respicis, auctor . . *Carm.*1.2.36
  non Laertiaden, exitium tuae|gentis, non Pylium Nestora respicis? *Carm.*1.15.22
respondat. tibi ingens | virtus atque animus cenis responsat [respondat]
  opimis? *var.Serm.*2.7.103
responde. 'hoc quoque, Teresia, praeter narrata petenti|responde, . *Serm.*2.5.2
respondeat. ne prior officio quisquam respondeat, urge.' . . *Serm.*2.6.24
respondebam. ut illi|nil respondebam, ... *Serm.*1.9.14
respondere. casu tum respondere vadato|debebat, . . . *Serm.*1.9.36
  ergo consulere et mox respondere licebit?' *Serm.*2.3.192
  seu civica iura|respondere paras *Epist.*1.3.24
  ploravere suis non respondere favorem|speratum meritis. . . *Epist.*2.1.9
  clament periisse pudorem|cuncti paene patres, ea cum reprendere coner
  [? respondere coneris], ... *? var.Epist.*2.1.81
responderet. quid responderet? 'magno patre nata puella est.' . . *Serm.*1.2.72
responderit. accipe quid contra haec iuvenis responderit aequos. . *Serm.*2.3.233
respondes. respondes, ut tuos est mos, | pauca: . . . *Serm.*1.6.60
  respondesne tuo, dic, sodes, nomine? *Epist.*1.16.31
respondet. sordidus atque animi quod parvi nolit haberi,|respondet. . *Serm.*1.2.11
  'unde venis' et|'quo tendis?' rogat et respondet. . . . *Serm.*1.9.63
  ne gallina malum responset [respondet] dura palato, . . *var.Serm.*2.4.18
  dic, | ad cenam veniat.' . . . 'benigne' | respondet. . . *Epist.*1.7.63

respondit. olim quod volpes aegroto cauta leoni|respondit,   .   .   .   *Epist.*1.1.74
    dic,|ad cenam veniat.' . . . 'benigne'|respondet [respondit].   .   .   *var.Epist.*1.7.63
responsa. iam Scythae responsa petunt, superbi|nuper, et Indi.   .   .   *Carm.Saec.*55
    manis elicerent animas responsa daturas. *Serm.*1.8.29
responsare. responsare cupidinibus, contemnere honores|fortis,   .   .   *Serm.*2.7.85
    Fortunae te responsare superbae|liberum et erectum   .   .   .   *Epist.*1.1.68
    seu civica iura|respondere [responsare] paras *var.Epist.*1.3.24
responsat. ne gallina malum responset [responsat] dura palato,   .   .   *var.Serm.*2.4.18
    virtus atque animus cenis responsat opimis? *Serm.*2.7.103
responset. ne gallina malum responset dura palato, ...   *Serm.*2.4.18
responsore. vir bonus est quis? . . . quo res sponsore [responsore] et quo
    causae teste tenentur.' *var.Epist.*1.16.43
responsum. responsum date. *Epod.*7.14
responsura. "eoque|responsura tuo numquam est par fama labori.   .   .   *Serm.*2.8.66
responsura. Caesaris Augusti non responsura lacertis.   .   .   .   *Epist.*2.2.48
respuat. veteresne poetas|an quos et praesens et postera respuat aetas?   .   *Epist.*2.1.42
respuet. veteresne poetas|an quos et praesens et postera respuat [respuet]
    aetas? *var.Epist.*2.1.42
restat. restat ut his ego me ipse regam solerque elementis.   .   .   .   *Epist.*1.1.27
    ire tamen restat, Numa quo devenit et Ancus. *Epist.*1.6.27
restinget. quis puer ocius|restinguet [restinget] ardentis Falerni|pocula   .   *var.Carm.*2.11.19
restinguere. convivas . . . servosque . . . omnis restinguere velle videres.   .   *Serm.*1.5.76
restinguet. quis puer ocius|restinguet ardentis Falerni|pocula   .   .   *Carm.*2.11.19
restinguit. quis puer ocius|restinguet [restinguit] ardentis Falerni|pocula   *var.Carm.*2.11.19
restituent. quem tibi, candida, | primo restituent vere Favonii   .   .   *Carm.*3.7.2
restituet. non te|restituet pietas; *Carm.*4.7.24
restituit. signa nostro restituit Iovi *Carm.*4.15.6
resto. 'felices. nunc ego resto. *Serm.*1.9.28
restrictis. qui lora restrictis lacertis|sensit iners *Carm.*3.5.35
restringet. quis puer ocius|restinguet [restringet] ardentis Falerni|pocula   *var.Carm.*2.11.19
restringuet. quis puer ocius|restinguet [restringuet] ardentis Falerni|pocula   *var.Carm.*2.11.19
resurgat. nec si resurgat centimanus gigas|divellet umquam: .   .   *Carm.*2.17.14
    ter si resurgat murus aeneus | auctore Phoebo, ter pereat   .   .   *Carm.*3.3.65
retardent. tua ne retardet|aura [retardent|ora] maritos.   .   .   .   *coni.Carm.*2.8.23
retardet. tua ne retardet|aura maritos. *Carm.*2.8.23
retegis. arcanum iocoso|consilium retegis Lyaeo, ...   *Carm.*3.21.16
retexens. scriptorum quaeque retexens,|iratus tibi,   .   .   .   *Serm.*2.3.2
Reti. videre Raetis [Reti] bella sub Alpibus]|Drusum gerentem Vindelici
    [gerentem et Vindelici]. *var.Carm.*4.4.17
retia. aut amite levi rara tendit retia *Epod.*2.33
reticulum. si|reticulum panis venalis inter onusto|forte vehas umero,   .   *Serm.*1.1.47
Retii. videre Raetis [Retii] bella sub Alpibus|Drusum gerentem Vindelici
    [gerentem et Vindelici]. *var.Carm.*4.4.17
retinacula. retinacula mulae|nauta piger saxo religat   .   .   .   *Serm.*1.5.18
retinent. nec retinent patulae conmissa fideliter aures   .   .   .   *Epist.*1.18.70
retinere. an si cognatos, . . . retinere velis servareque amicos   .   .   *Serm.*1.1.89
retinet. cuius recinet [retinet] iocosa|nomen imago   .   .   .   *var.Carm.*1.12.3
retorsisti. Rhoetum retorsisti leonis|unguibus horribilemque mala;   .   *Carm.*2.19.23
retorta. vidi ego civium | retorta tergo bracchia libero   .   .   .   *Carm.*3.5.22
retortis. retortis|litore Etrusco violenter undis *Carm.*1.2.13
    mox trahitur manibus regum fortuna retortis, ...   *Epist.*2.1.191
retractes. Ceae retractes munera neniae, ...   *Carm.*2.1.38
retractus. nec semel hoc fecit, nec si retractus erit,   .   .   .   *Ars Poet.*468
retrahas. ac ne te retrahas et inexcusabilis absis, ...   *Epist.*1.18.58
retro. at volgus infidum et meretrix retro|periura cedit,   .   .   .   *Carm.*1.35.25
    fugit retro|levis iuventas *Carm.*2.11.5
    non me Philippis versa acies retro, ...   *Carm.*3.4.26
    ne currente retro funis eat rota: *Carm.*3.10.10
    non tamen irritum|quodcumque retro est efficiet   .   .   .   *Carm.*3.29.46
    citumque retro solve, solve turbinem. *Epod.*17.7
retrorsum. nunc retrorsum|vela dare *Carm.*1.34.3
    'celeres fugae|reiectaeque retrorsum Hannibalis minae',   .   .   *Carm.*4.8.16
    vestigia . . . omnia te adversum spectantia, nulla retrorsum.'   .   *Epist.*1.1.75
    hoc age, ne mutata retrorsum te ferat aura. *Epist.*1.18.88
rettuleris. morietur frigore, si non|rettuleris pannum.   .   .   .   *Epist.*1.17.32
rettulit. victorum nepotes|rettulit inferias Iugurthae.   .   .   .   *Carm.*2.1.28
    tua, Caesar, aetas|fruges et agris rettulit uberes   .   .   .   *Carm.*4.15.5
    incultis qui versibus et male natis | rettulit acceptos, regale nomisma,
    Philippos. *Epist.*2.1.234

retusum. utinam nova|incude diffingas retusum . . . ferrum.   .   .   . *Carm*.1.35.39
reum. qualia vincent|Pythagoran Anytique reum doctumque Platona.'   . *Serm*.2.4.3
revehet. nec mater domum caerula te revehet. *Epod*.13.16
revehi. non satis est Ithacam revehi *Serm*.2.5.4
revellis. usque proximos|revellis agri terminos *Carm*.2.18.24
reverti. quis neget arduis | pronos relabi posse rivos | montibus et Tiberim
          reverti, ... *Carm*.1.29.12
       atque a Fabricio non tristem ponte reverti. *Serm*.2.3.36
       orabant hodie meminisses, Quinte, reverti.' *Serm*.2.6.37
       pinguis ut inde domum possim Phaeaxque reverti —   .   .   . *Epist*.1.15.24
       delere licebit,|quod non edideris; nescit vox missa reverti.   . *Ars Poet*.390
revexit. nec satelles Orci|callidum Promethea|revexit auro captus;   . *Carm*.2.18.36
revictae. consiliis iuvenis revictae *Carm*.4.4.24
revinctae. sed diu | lateque victrices catervae | consiliis iuvenis revictae
          [revinctae]|sensere, ... *coni.Carm*.4.4.24
revinxit. nec satelles Orci | callidum Promethea | revexit [revinxit] auro
          captus; *var.Carm*.2.18.36
revisens. ter et quater|anno revisens aequor Atlanticum|inpune.   .   . *Carm*.1.31.14
reviset. te, dulcis amice, reviset|cum Zephyris, ... *Epist*.1.7.12
revixit. nec satelles Orci|callidum Promethea|revexit [revixit] auro captus; *var.Carm*.2.18.36
revocant. quo blandae iuvenum te revocant preces. *Carm*.4.1.8
revocas. abeo, et revocas nono post mense *Serm*.1.6.61
revocat. exclusit; revocat: redeam? non, si obscret.'   .   .   . *Serm*.2.3.264
revocavit. emovitque culpas | et veteres revocavit artis,   .   .   . *Carm*.4.15.12
revolvimus. cum loca iam recitata revolvimus inrevocati;   .   .   . *Epist*.2.1.223
rex. quis sub Arcto|rex gelidae metuatur orae, ... *Carm*.1.26.4
       cui rex deorum regnum in avis vagas|permisit *Carm*.4.4.2
       postquam relictis moenibus rex procidit|heu pervicacis ad pedes Achillei. *Epod*.17.13
       et sutor bonus et solus formosus et est rex, ... *Serm*.1.3.125
       sapiens operis sic optimus omnis|est opifex, solus sic rex.'   .   . *Serm*.1.3.133
       dum tu quadrante lavatum|rex ibis *Serm*.1.3.138
       'etiam et rex|et quidquid volet.' *Serm*.2.3.97
       'nequis humasse velit Aiacem, Atrida, vetas cur?'|'rex sum.'   .   . *Serm*.2.3.188
       at pueri ludentes 'rex eris' aiunt,|'si recte facies.'   .   .   . *Epist*.1.1.59
       sapiens . . . liber, honoratus, pulcer, rex denique regum,   .   . *Epist*.1.1.107
       mancupiis locuples eget aeris Cappadocum rex: *Epist*.1.6.39
       rexque paterque|audisti coram, nec verbo parcius absens: .   . *Epist*.1.7.37
       equos ut me portet, alat rex,|officium facio; *Epist*.1.17.20
       idem rex ille, poema|qui tam ridiculum tam care prodigus emit,   . *Epist*.2.1.237
rex. o pater et rex|Iuppiter, ... *Serm*.2.1.42
Rheni. diffingit Rheni luteum caput. *Serm*.1.10.37
Rhenum. aut flumen Rhenum aut plovius describitur arcus;   .   .   . *Ars Poet*.18
rhetor. rhetor comes Heliodorus,|Graecorum longe doctissimus;   .   . *Serm*.1.5.2
       frater erat Romae consulti rhetor, ... *Epist*.2.2.87
rhetoris. defendente vicem modo rhetoris atque poetae,   .   .   . *Serm*.1.10.12
Rhodani. me peritus|discet Hiber Rhodanique potor. *Carm*.2.20.20
Rhode. puro te similem, Telephe, Vespero|tempestiva petit Rhode;   .   . *Carm*.3.19.27
Rhodio. Rhodio quod Pitholeonti|contigit? *Serm*.1.10.22
Rhodon. laudabunt alii claram Rhodon aut Mytilenen *Carm*.1.7.1
Rhodopen. pede barbaro|lustratam Rhodopen, ... *Carm*.3.25.12
Rhodos. incolumi Rhodos et Mytilene pulcra facit *Epist*.1.11.17
       Romae laudetur Samos et Chios et Rhodos absens.   .   .   . *Epist*.1.11.21
Rhoetum. Rhoetum retorsisti leonis|unguibus *Carm*.2.19.23
Rhoetus. quid Rhoetus evolsisque truncis|Enceladus iaculator audax . . .
          possent *Carm*.3.4.55
rhombi. cum passeris atque|ingustata mihi porrexerat ilia rhombi.   .   . *Serm*.2.8.30
rhombi. grandes rhombi patinaeque | grande ferunt una cum damno
          dedecus. *Serm*.2.2.95
rhombos. quid? tunc rhombos minus aequor alebat? *Serm*.2.2.48
rhombum. num esuriens fastidis omnia praeter|pavonem rhombumque?   . *Serm*.1.2.116
rhombus. magisve rhombus aut scari, ... *Epod*.2.50
       putet aper rhombusque recens, ... *Serm*.2.2.42
       tutus erat rhombus tutoque ciconia nido, ... *Serm*.2.2.49
rictum. ergo non satis est risu diducere rictum|auditoris   .   .   . *Serm*.1.10.7
ride. quid pauper? ride: mutat cenacula, lectos, ... *Epist*.1.1.91
rideant. senem, quod omnes rideant, adulterum *Epod*.5.57
rideat. ne potum largius aequo|rideat et pulset lasciva decentius aetas.   . *Epist*.2.2.216
ridebit. ridebit monitor non exauditus, ... *Epist*.1.20.14
ridebo. male si mandata loqueris,|aut dormitabo aut ridebo.   .   .   . *Ars Poet*.105

ridemus.   ridemus, et ipse│Messius 'accipio,' caput et movet.   .   .   .   *Serm.*1.5.57
ridendus.   ne│peccet ad extremum ridendus et ilia ducat.'   .   .   .   *Epist.*1.1.9
ridens.   (nec sic ut qui iocularia ridens│percurram, ...   *Serm.*1.1.23
    male salsus│ridens dissimulare; *Serm.*1.9.66
    sed postquam victor violens [victo ridens] discessit ab hoste, . . . non
      frenum depulit ore. *coni.Epist.*1.10.37
ridens.   aderat querenti│perfidum ridens Venus *Carm.*3.27.67
ridens.   sive tu mavis, Erycina ridens, ...   *Carm.*1.2.33
rident.   rident│simplices Nymphae, ...   *Carm.*2.8.13
    rident vicini glaebas et saxa moventem│cum servis.   .   .   .   *Epist.*1.14.39
ridentem.   quamquam ridentem dicere verum│quid vetat?   .   .   .   *Serm.*1.1.24
    cum rapies in ius malis ridentem alienis, ...   *Serm.*2.3.72
ridentem.   dulce ridentem Lalagen amabo,│dulce loquentem.   .   .   *Carm.*1.22.23
ridentes.   insani ridentes praemia scribae, ...   *Serm.*1.5.35
ridentibus.   ut ridentibus adrident, ita flentibus adflent│humani voltus.   .   *Ars Poet.*101
ridentur.   ridentur mala qui conponunt carmina; *Epist.*2.2.106
ridere.   cum ridere voles, Epicuri de grege porcum.   .   .   .   *Epist.*1.4.16
    reddes dulce loqui, reddes ridere decorum *Epist.*1.7.27
rideret.   si foret in terris, rideret Democritus, ...   *Epist.*2.1.194
rideri.   rideri possit eo quod│rusticius tonso toga defluit   .   .   .   *Serm.*1.3.30
rides.   quid rides? mutato nomine de te│fabula narratur: .   .   .   *Serm.*1.1.69
    rides Turbonis in armis│spiritum et incessum: .   .   .   *Serm.*2.3.310
    quid rides?' *Serm.*2.5.3
    si curatus inaequali tonsore capillos│occurri, rides;   .   .   .   *Epist.*1.1.95
    si toga dissidet inpar,│rides: *Epist.*1.1.97
    insanire putas sollemnia me neque rides *Epist.*1.1.101
    'rides' ait, 'et Iovis auribus ista│servas: *Epist.*1.19.43
    nocturnos lemures portentaque Thessala rides?   .   .   .   *Epist.*2.2.209
ridet.   ille terrarum mihi praeter omnis│angulus ridet,   .   .   .   *Carm.*2.6.14
    ridet hoc, inquam, Venus ipsa, ...   *Carm.*2.8.13
    ridetque, si mortalis ultra│fas trepidat. *Carm.*3.29.31
    ridet argento domus, ...   *Carm.*4.11.6
    non ridet versus Enni gravitate minores, ...   *Serm.*1.10.54
    videt ridetque Philippus, ...   *Epist.*1.7.78
    detrimenta, fugas servorum, incendia ridet,   .   .   .   *Epist.*2.1.121
ridetur.   ridetur ab omni│conventu; *Serm.*1.7.22
    dumque│ridetur fictis rerum Balatrone secundo,   .   .   .   *Serm.*2.8.83
    citharoedus│ridetur, chorda qui semper oberrat eadem: .   .   *Ars Poet.*356
ridiculum.   ridiculum acri│fortius et melius magnas plerumque secat res.   .   *Serm.*1.10.14
ridiculum.   idem rex ille, poema│qui tam ridiculum tam care prodigus emit,│
    edicto vetuit, ...   *Epist.*2.1.238
ridiculus.   qui ridiculus minus illo? *Serm.*2.3.311
    Porcius infra,│ridiculus totas semel absorbere placentas;   .   .   *Serm.*2.8.24
    parturient montes, nascetur ridiculus mus.   .   .   .   .   *Ars Poet.*139
rigat.   qua tumidus rigat arva Nilus. *Carm.*3.3.48
rigent.   iam nec prata rigent nec fluvii strepunt │ hiberna nive turgidi,   .   *Carm.*4.12.3
    inlitterati num minus nervi rigent *Epod.*8.17
riget.   'me nunc Thressa Chloe regit [riget], ...   *var.Carm.*3.9.9
rigida.   nec rigida mollior aesculo *Carm.*3.10.17
rigidi.   melius Scythae, . . . vivont et rigidi Getae,   .   .   .   *Carm.*3.24.11
rigidis.   foedera regum│vel Gabiis vel cum rigidis aequata Sabinis,   .   .   *Epist.*2.1.25
rigidum.   cantemus Augusti tropaea│Caesaris et rigidum Niphaten   .   .   *Carm.*2.9.20
rigidus.   virtutis verae custos rigidusque satelles;   .   .   .   *Epist.*1.1.17
rimam.   forte per angustam tenuis volpecula rimam│repserat   .   .   *Epist.*1.7.29
rimosa.   et quae rimosa bene deponuntur in aure.   .   .   •   .   *Serm.*2.6.46
ringi.   praetulerim scriptor delirus inersque videri, . . . quam sapere et
    ringi? *Epist.*2.2.128
ripa.   caretque│ripa vagis taciturna ventis. *Carm.*3.29.24
ripa.   vagus et sinistra│labitur ripa Iove non probante u-│xorius amnis.   .   *Carm.*1.2.19
    parum locuples continente ripa;   .   .   .   .   .   *Carm* 2.18.22
    cum ripa simul avolsos ferat Aufidus acer. *Serm.*1.1.58
    mater delira necabit│in gelida fixum ripa febrimque reducet.   .   .   *Serm.*2.3.294
ripae.   ut paterni│fluminis ripae simul et iocosa│redderet laudes   .   .   *Carm.*1.20.6
ripam.   non humilis domos│fastidit umbrosamque ripam,   .   .   .   *Carm.*3.1.23
ripas.   ut mihi devio│ripas et vacuum nemus│mirari libet.   .   .   .   *Carm.*3.25.13
    aequoris nigri fremitum et trementis│verbere ripas.   .   .   .   *Carm.*3.27.24
    imbres│quem super notas aluere ripas, ...   *Carm.*4.2.6
    circa nemus uvidique│Tiburis ripas *Carm.*4.2.31
    decrescentia ripas│flumina praetereunt; *Carm.*4.7.3

ripis.	labuntur altis interim ripis aquae, ...	*Epod.*2 25
riseris.	inultus ut tu riseris Cotytia|volgata, ...	*Epod.*17.56
riserit.	quandoque potentior|largi muneribus riserit aemuli, . . .	*Carm.*4.1.18
risero.	ast ego vicissim risero.	*Epod.*15.24
risi.	ego si risi, quod ineptus|'pastillos Rufillus olet, Gargonius hircum,' .	*Serm.*1.4.91
risis.	labuntur altis interim ripis [risis] aquae, ...	*var.Epod.*2.25
risissent.	si non Acrisium . . . Iuppiter et Venus|risissent: . . .	*Carm.*3.16.7
risisset.	si non Acrisium . . . Iuppiter et Venus|risissent [risisset]: . .	*coni.Carm.*3.16.7
risisti.	illa|redde, age, quae deinceps risisti.'	*Serm.*2.8.80
risit.	puerum minaci|voce dum terret, viduos pharetra|risit Apollo. .	*Carm.*1.10.12
	quin et Ixion Tityosque voltu|risit invito, ...	*Carm.*3.11.22
	qui primus alma risit adorea, ...	*Carm.*4.4.41
risores.	verum ita risores, ita commendare dicacis|conveniet Satyros,	*Ars Poet.*225
risu.	amara lento|temperet risu:	*Carm.*2.16.27
	multo non sine risu	*Carm.*4.13.27
	cum magno risuque iocoque videres.	*Serm.*1.8.50
	ergo non satis est risu diducere rictum|auditoris . .	*Serm.*1.10.7
	'solventur risu tabulae, tu missus abibis.'	*Serm.*2.1.86
	statua taciturnius exit|plerumque et risu populum quatit: . .	*Epist.*2.2.84
	quem bis terve bonum cum risu miror; . . .	*Ars Poet.*358
risum.	dummodo risum|excutiat sibi non, non cuiquam parcet amico	*Serm.*1.4.34
	Varius mappa conpescere risum|vix poterat.	*Serm.*2.8.63
	moveat cornicula risum|furtivis nudata coloribus. . . .	*Epist.*1.3.19
	cognomen vertas in risum et fabula fias. . . .	*Epist.*1.13.9
	spectatum admissi risum teneatis, amici? . . .	*Ars Poet.*5
	ne spissae risum tollant inpune coronae:	*Ars Poet.*381
risus.	gratus puellae risus ab angulo	*Carm.*1.9.22
risus.	o magnus posthac inimicis risus.	*Serm.*2.2.107
risus.	solutos|qui captat risus hominum famamque dicacis, . .	*Serm.*1.4.83
	dein Gnatia Lymphis|iratis exstructa dedit risusque iocosque,	*Serm.*1.5.98
	captatorque dabit risus Nasica Corano.' . . .	*Serm.*2.5.57
	sibi dum requiem, dum risus undique quaerit, . .	*Epist.*1.7.79
rite.	dulce lenimen †mihicumque salve|rite vocanti. . . .	*Carm.*1.32.16
	quorum plaustra vagas rite trahunt domos, . . .	*Carm.*3.24.10
	sensere, quid mens rite, ...	*Carm.*4.4.25
	rite Latonae puerum canentes, ...	*Carm.*4.6.37
	rite crescentem face Noctilucam, ...	*Carm.*4.6.38
	rite deos prius adprecati, ...	*Carm.*4.15.28
	rite maturos aperire partus|lenis, Ilithyia, tuere matres, .	*Carm.Saec.*13
	rite cliens Bacchi somno gaudentis et umbra: . .	*Epist.*2.2.78
	cetera iam simul isto|cum vitio fugere [fuge rite]? . .	*var.Epist.*2.2.206
ritu.	cur invidendis postibus et novo|sublime ritu moliar atrium? .	*Carm.*3.1.46
	Herculis ritu modo dictus, ...	*Carm.*3.14.1
	cetera fluminis|ritu feruntur, ...	*Carm.*3.29.34
	me pedibus delectat claudere verba|Lucili ritu, . .	*Serm.*2.1.29
	haec siquis tempestatis prope ritu|mobilia . . .	*Serm.*2.3.268
	et iuvenum ritu florent modo nata vigentque. . .	*Ars Poet.*62
rivali.	quin sine rivali teque et tua solus amares. . . .	*Ars Poet.*444
rivis.	uda|mobilibus pomaria rivis.	*Carm.*1.7.14
	labuntur altis interim ripis [rivis] aquae, . . .	*var.Epod.*2.25
rivo.	fons etiam rivo dare nomen idoneus, . . .	*Epist.*1.16.12
rivo.	quid obliquo laborat|lympha fugax trepidare rivo? . .	*Carm.*2.3.12
rivom.	pastor umbras cum grege languido|rivomque fessus quaerit	*Carm.*3.29.22
	quam quae per pronum trepidat cum murmure rivom? . .	*Epist.*1.10.21
	cena brevis iuvat et prope rivom somnus in herba; . .	*Epist.*1.14.35
rivos.	purae rivos aquae silvaque iugerum|paucorum . .	*Carm.*3.16.29
	ut te|confestim liquidus Fortunae rivos inauret, . .	*Epist.*1.12.9
	addit opus pigro rivos, si decidit imber, . . .	*Epist.*1.14.29
	me quotiens reficit gelidus Digentia rivos, . . .	*Epist.*1.18.104
rivos.	quis neget arduis|pronos relabi posse rivos|montibus .	*Carm.*1.29.11
	vinique fontem lactis et uberes|cantare rivos . .	*Carm.*2.19.11
	rivos celeres morari;	*Carm.*3.11.14
	gelidos inficiet tibi|rubro sanguine rivos|lascivi suboles gregis. .	*Carm.*3.13.7
	fastidire lacus et rivos ausus apertos, . . .	*Epist.*1.3.11
	ego laudo ruris amoeni|rivos	*Epist.*1.10.7
rivus.	ut te|confestim liquidus Fortunae rivos [rivus] inauret, .	*var.Epist.*1.12.9
rixa.	Centaurea monet cum Lapithis rixa super mero|debellata, .	*Carm.*1.18.8
rixae.	litium et rixae cupidos protervae;	*Carm.*3.14.26
	'abstineto'|dixit 'irarum calidaeque rixae, . . .	*Carm.*3.27.70

haberet | plus dapis et rixae multo minus invidiaeque. *Epist.*1.17.51
rixae. turparunt umeros inmodicae mero | rixae *Carm.*1.13.11
rixam. seu tu querelas sive geris iocos | seu rixam et insanos amores . . *Carm.*3.21.3
rixarum. tris prohibet supra | rixarum metuens tangere Gratia . . *Carm.*3.19.16
rixator. alter rixatur [rixator], de lana saepe caprina, | propugnat nugis
    armatus: *coni.Epist.*1.18.15
rixatur. alter rixatur, de lana saepe caprina, | propugnat nugis armatus: . *Epist.*1.18.15
rixatus. alter rixatur [rixatus], de lana saepe caprina, | propugnat nugis
    armatus: *var.Epist.*1.18.15
rixis. verecundumque Bacchum | sanguineis prohibete rixis. *Carm.*1.27.4
robigine. o pater et rex | Iuppiter, ut pereat positum robigine telum . . *Serm.*2.1.43
robiginem. nec sterilem seges | robiginem *Carm.*3.23.7
roborant. rectique cultus pectora roborant; *Carm.*4.4.34
robur. illi robur et aes triplex | circa pectus erat, ... *Carm.*1.3.9
robur. timet . . . catenas Parthus et Italum | robur; *Carm.*2.13.19
robustae. robustaeque fores et vigilum canum | tristes excubiae munierant *Carm.*3.16.2
robustis. tristia robustis luctantur funera plaustris, ... *Epist.*2.2.74
robustus. robustus acri militia puer | condiscat *Carm.*3.2.2
Rode. puro te similem, Telephe, Vespero | tempestiva petit Rhode [Rode]; *var.Carm.*3.19.27
rodens. hic inresectum saeva dente livido | Canidia rodens pollicem . . *Epod.*5.48
rodere. urbana diaria rodere mavis, ... *Epist.*1.14.40
roderet. in versu faciendo | saepe caput scaberet, vivos et roderet unguis. . *Serm.*1.10.71
rodit. 'absentem qui rodit, amicum | qui non defendit alio culpante, . . *Serm.*1.4.81
rodunt. quem rodunt omnes libertino patre natum, ... *Serm.*1.6.46
rogabat. pastorem saltaret uti Cyclopa rogabat: *Serm.*1.5.63
    rogabat | denique, cur umquam fugisset, ... *Serm.*1.5.67
rogando. candide Maecenas, occidis saepe rogando: *Epod.*14.5
rogare. rogare longo putidam te saeculo, ... *Epod.*8.1
    matri denarrat, ut ingens | belua cognatos eliserit: illa rogare, | quantane? *Serm.*2.3.316
rogat. otium divos rogat in patenti | prensus Aegaeo, ... *Carm.*2.16.1
    'unde venis' et | 'quo tendis?' rogat et respondet. *Serm.*1.9.63
    nam cum rogat et prece cogit, ... *Epist.*1.9.2
rogata. musa rogata refer, comiti scribaeque Neronis. *Epist.*1.8.2
rogati. ut numquam inducant animum cantare rogati, ... *Serm.*1.3.2
    ut numquam inducant animum cantare rogati [? rogati ut numquam
      cantent], | iniussi numquam desistant. . . . . . *? var.Serm.*1.3.2
rogatus. causaque mea permulta rogatus | fecit *Serm.*1.4.97
    'docte Cati, per amicitiam divosque rogatus *Serm.*2.4.88
    chlamydas Lucullus, ut aiunt, | si posset centum scaenae praebere
      rogatus, ... *Epist.*1.6.41
roges. roges, tuom labore quid iuvem meo, ... *Epod.*1.15
    ac ne forte roges, quo me duce, quo Lare tuter: *Epist.*1.1.13
roget. medicum roget, ut te | suscitet ac reddat gnatis carisque propinquis? *Serm.*1.1.82
    cave te roget; ultro | Penelopam facilis potiori trade.' . . . *Serm.*2.5.75
    quodsi me populus Romanus forte roget, ... *Epist.*1.1.70
rogo. quid verum atque decens, curo et rogo et omnis in hoc sum: . *Epist.*1.1.11
Roma. triumphatisque possit | Roma ferox dare iura Medis. . . . *Carm.*3.3.44
    Roma si vestrum est opus *Carm.Saec.*37
    quis non malarum quas amor [Roma quas] curas habet | haec inter
      obliviscitur? *coni.Epod.*2.37
    suis et ipsa Roma viribus ruit. *Epod.*16.2
    mihi iam non regia Roma, | sed vacuom Tibur placet . . . *Epist.*1.7.44
    iactamus iam pridem omnis te Roma beatum; *Epist.*1.16.18
    hos arto stipata theatro | spectat Roma potens, ... *Epist.*2.1.61
Roma. incolumi Iove et urbe Roma? *Carm.*3.5.12
    alme Sol, . . . possis nihil urbe Roma | visere maius. . . . *Carm.Saec.*11
    egressum magna me accepit Aricia Roma | hospitio modico, . . *Serm.*1.5.1
Roma. quid debeas, o Roma, Neronibus, ... *Carm.*4.4.37
Romae. mirari beatae | fumum et opes strepitumque Romae. . . . *Carm.*3.29.12
    Romae principis urbium | dignatur suboles *Carm.*4.3.13
    o tutela praesens | Italiae dominaeque Romae. *Carm.*4.14.44
    dives, inops, Romae seu fors ita iusserit exsul, ... *Serm.*2.1.59
    Romae sponsorem me rapis. *Serm.*2.6.23
    iam moechus Romae, iam mallet doctus Athenis | vivere, . . *Serm.*2.7.13
    Romae rus optas, ... *Serm.*2.7.28
    dum tu declamas Romae, Praeneste relegi; *Epist.*1.2.2
    Romae Tibur amem, ventosus Tibure Romam. *Epist.*1.8.12
    Romae laudetur Samos et Chios et Rhodos absens. . . . *Epist.*1.11.21
    carus eris Romae, donec te deserat aetas; *Epist.*1.20.10

Romae dulce diu fuit et sollemne reclusa|mane domo vigilare, . . *Epist.*2.1.103
Romae nutriri mihi contigit atque doceri, ... *Epist.*2.2.41
praeter cetera me Romaene poemata censes|scribere posse . . *Epist.*2.2.65
frater erat Romae consulti rhetor, ... *Epist.*2.2.87
Romam. dum longus inter saeviat Ilion|Romamque pontus, . . *Carm.*3.3.38
sed puerum est ausus Romam portare docendum|artis, . . *Serm.*1.6.76
Romae Tibur amem, ventosus Tibure Romam. . . . *Epist.*1.8.12
qui Capua Romam petit, imbre lutoque|adspersus . . . *Epist.*1.11.11
quandocumque trahunt invisa negotia Romam. . . . *Epist.*1.14.17
et formidatam Parthis te principe Romam, . . . *Epist.*2.1.256
Romana. Romana pubes crevit *Carm.*4.4.46
quod mihi pareret legio Romana tribuno. . . . *Serm.*1.6.48
(si Romana fatigat|militia adsuetum graecari) . . . *Serm.*2.2.10
parebit pravi docilis Romana iuventus. — . . . *Serm.*2.2.52
ne tamen ignores, quo sit Romana loco res: . . . *Epist.*1.12.25
Romana. Romana vigui clarior Ilia.' *Carm.*3.9.8
Romana. quid Titius? Romana brevi venturus in ora, . . *Epist.*1.3.9
Romanae. quod monstror digito praetereuntium|Romanae fidicen lyrae: *Carm.*4.3.23
Romanam. remque Romanam Latiumque felix . . . semper prorogat . *Carm.Saec.*66
Romane. delicta maiorum inmeritus lues,|Romane, . . . *Carm.*3.6.2
hic niger est, hunc tu, Romane, caveto.' . . . *Serm.*1.4.85
Romani. si, . . . Romani pensantur eadem|scriptores trutina, . . *Epist.*2.1.29
Romani tollent equites peditesque cachinnum. . . . *Ars Poet.*113
Romani pueri longis rationibus assem | discunt in partis centum
    diducere. . . . . *Ars Poet.*325
Romanis. Romanis sollemne viris opus, utile famae . . . *Epist.*1.18.49
et data Romanis venia est indigna poetis. . . . *Ars Poet.*264
Romanis. circum-|spectemus vacuam Romanis vatibus aedem; . . *Epist.*2.2.94
Romano. quo ne per vacuom Romano incurreret hostis, . . *Serm.*2.1.37
Romano. tu cum proiectis insignibus, anulo equestri|Romanoque habitu, *Serm.*2.7.54
Romanos. sic est: acerba fata Romanos agunt . . . *Epod.*7.17
Romanus. non ut superbas invidiae Karthaginis|Romanus arces ureret, . *Epod.*7.6
Romanus eheu . . . fert vallum et arma miles . . . *Epod.*9.11
'ede hominis nomen, simul et, Romanus an hospes.' . . *Serm.*2.4.10
quodsi me populus Romanus forte roget, . . . *Epist.*1.1.70
Caecilio Plautoque dabit Romanus ademptum|Vergilio Varioque? . *Ars Poet.*54
Romulae. optume Romulae|custos gentis, ... *Carm.*4.5.1
Romulae. Romulae genti date remque prolemque|et decus omne. . *Carm.Saec.*47
Romuli. Romuli|praescriptum et intonsi Catonis|auspiciis . . *Carm.*2.15.10
si taciturnitas|obstaret meritis invida Romuli? . . . *Carm.*4.8.24
Romulum. Romulum post hos prius an quietum|Pompili regnum memorem,
    . . . dubito, ... *Carm.*1.12.33
Romulus. Romulus et Liber pater . . . ploravere suis non respondere
    favorem|speratum meritis. *Epist.*2.1.5
rore. qui rore puro Castaliae lavit|crinis solutos, . . . *Carm.*3.4.61
parvos coronantem marino|rore deos *Carm.*3.23.16
rorem. etiam stillabit amicis|ex oculis rorem, . . . *Ars Poet.*430
rores. qua parte debacchentur ignes,|qua nebulae pluviique rores. . *Carm.*3.3.56
rosa. mitte sectari, rosa quo locorum|sera moretur. . . . *Carm.*1.38.3
rosa. quis multa gracilis te puer in rosa|perfusus liquidis urget odoribus . *Carm.*1.5.1
rosa|canos odorati capillos. *Carm.*2.11.14
rosae. nimium brevis|flores amoenae ferre iube rosae, . . *Carm.*2.3.14
te . . . non citharae decent|nec flos purpureus rosae . . *Carm.*3.15.15
nunc et qui color est puniceae flore prior rosae . . *Carm.*4.10.4
rosae. neu desint epulis rosae *Carm.*1.36.15
rosarum. cum flore, Maecenas, rosarum *Carm.*3.29.3
rosas. parcentis ego dexteras|odi: sparge rosas, . . . *Carm.*3.19.22
Roscia. Roscia, dic sodes, melior lex an puerorum est|nenia, . . *Epist.*1.1.62
Roscius. quae gravis Aesopus, quae doctus Roscius egit: . . *Epist.*2.1.82
Roscius. 'ante secundam|Roscius orabat sibi adesses ad Puteal cras.' . *Serm.*2.6.35
roseam. Telephi|cervicem roseam, cerea Telephi|laudas bracchia . *Carm.*1.13.2
rostrata. tot ora navium gravi|rostrata duci pondere . . *Epod.*4.18
rostris. frigidus a rostris manat per compita rumor: . . *Serm.*2.6.50
rota. ne currente retro funis eat rota: *Carm.*3.10.10
amphora coepit|institui: currente rota cur urceus exit? . . *Ars Poet.*22
rotantes. sordidum flammae trepidant rotantes|vertice fumum. . *Carm.*4.11.11
rotarum. si te pulvis strepitusque rotarum,|si laedit caupona, . . *Epist.*1.17.7
rotas. magna sonabit|cornua quod vincatque tubas [rotas]: . . *coni.Serm.*1.6.44
rotis. metaque fervidis|evitata rotis palmaque nobilis. . . . *Carm.*1.1.5

rotundas.   Vmber et iligna nutritus glande rotundas|curvat aper   .   .   *Serm.*2.4.40
rotundentur.   mille talenta rotundentur, totidem altera,   .   .   *Epist.*1.6.34
rotundioribus.   marita, quae rotundioribus|onusta bacis ambulet.   .   .   *Epod.*8.13
rotundis.   ovis . . . ut suci melioris et ut magis alba rotundis,   .   *Serm.*2.4.13
    diruit, aedificat, mutat quadrata rotundis?   .   .   .   *Epist.*1.1.100
rotundo.   Grais dedit ore rotundo|Musa loqui,   .   .   .   *Ars Poet.*323
rotundum.   animoque rotundum|percurrisse polum morituro.   .   .   *Carm.*1.28.5
rotundus.   et in se ipso totus, teres atque rotundus,   .   .   *Serm.*2.7.86
ruam.   unde|divitias aerisque ruam, dic augur, acervos.'   .   .   *Serm.*2.5.22
ruant.   adde hos praeterea casus, aulaea ruant si,   .   .   *Serm.*2.8.71
rubeam.   ne rubeam pingui donatus munere   .   .   .   *Epist.*2.1.267
rubens.   neque uno luna rubens nitet|voltu: .   .   *Carm.*2.11.10
rubente.   rubente|dextera sacras iaculatus arcis   .   .   *Carm.*1.2.2
rubentem.   Lunamque rubentem,|ne foret his testis,   .   *Serm.*1.8.35
ruber.   obscaenoque ruber porrectus ab inguine palus,   .   *Serm.*1.8.5
rubere.   me docuit melimela rubere minorem|ad lunam delecta.   *Serm.*2.8.31
ruberes.   nempe ruberes,|viveret in terris te siquis avarior uno.   .   *Epist.*2.2.156
rubicunda.   quid si rubicunda benigni|corna vepres et pruna ferant,   .   *Epist.*1.16.8
Rubos.   inde Rubos fessi pervenimus,   .   .   .   *Serm.*1.5.94
rubra.   seu rubra Canicula findet|infantis statuas,   .   *Serm.*2.5.39
rubrica.   proelia rubrica picta aut carbone   .   .   *Serm.*2.7.98
rubro.   examen Eois timendum|partibus Oceanoque rubro.   .   *Carm.*1.35.32
rubro.   gelidos inficiet tibi|rubro sanguine rivos   .   *Carm.*3.13.7
    rubro ubi cocco|tincta super lectos canderet vestis eburnos   .   *Serm.*2.6.102
rubros.   tuo|cruore rubros obstetrix pannos lavit,   .   *Epod.*17.51
rubum.   seu virides rubum|dimovere lacertae,   .   .   *Carm.*1.23.6
ructatur.   hic, dum sublimis versus ructatur et errat,   .   *Ars Poet.*457
rude.   spectatum satis et donatum iam rude   .   .   *Epist.*1.1.2
rude.   nec rude quid prosit video ingenium: .   .   *Ars Poet.*410
rudem.   civilisque rudem belli tulit aestus in arma   .   *Epist.*2.2.47
rudentis.   niger rudentis Eurus inverso mari|fractosque remos differat;   *Epod.*10.5
rudis.   ne rudis agminum|sponsus lacessat regius asperum|tactu leonem,   *Carm.*3.2.9
    nescit equo rudis|haerere ingenuos puer   .   *Carm.*3.24.54
    quam rudis et Graecis intacti carminis auctor   .   *Serm.*1.10.66
ruebat.   ruebat|flumen ut hibernum,   .   .   .   *Serm.*1.7.26
ruens.   nec tremendo|Iuppiter ipse ruens tumultu.   .   *Carm.*1.16.12
ruens.   in me tota ruens Venus|Cyprum deseruit   .   *Carm.*1.19.9
ruentes.   quid . . . contra sonantem Palladis aegida|possent ruentes?   *Carm.*3.4.58
ruenti.   ni cibus atque|ingens accedit stomacho fultura ruenti.   .   *Serm.*2.3.154
ruentis.   nec tauri ruentis|in venerem tolerare pondus   .   *Carm.*2.5.3
    ignis|per medios fluviosque ruentis: .   .   *Serm.*2.3.57
    dum cadat elusus ratione ruentis acervi   .   .   *Epist.*2.1.47
ruentis.   quem vocet divom populus ruentis|imperi rebus?   *Carm.*1.2.25
Rufam.   Rufam aut Pusillam appellet   .   .   .   *Serm.*2.3.216
Rufillus.   facetus|pastillos Rufillus olet, Gargonius hircum: *Serm.*1.2.27
    ego si risi, quod ineptus|'pastillos Rufillus olet, Gargonius hircum',   *Serm.*1.4.92
Rufus.   Rufus posito capite, ut si|filius inmaturus obisset, flere.   *Serm.*2.8.58
rugae.   te quia rugae|turpant et capitis nives.   .   *Carm.*4.13.11
rugis.   nec pietas moram|rugis et instanti senectae|adferet   .   *Carm.*2.14.3
rugis.   rugis vetus|frontem senectus exaret   .   .   *Epod.*8.3
rugosis.   spadonibus|servire rugosis potest   .   .   *Epod.*9.14
rugosus.   quem Mandela bibit, rugosus frigore pagus,   *Epist.*1.18.105
ruina.   disiecta non leni ruina   .   .   .   *Carm.*2.19.15
ruinae.   testatur auditumque Medis|Hesperiae sonitum ruinae?   *Carm.*2.1.32
ruinae.   inpavidum ferient ruinae.   .   .   *Carm.*3.3.8
ruinam.   ille dies utramque|ducet ruinam.   .   .   *Carm.*2.17.9
ruinas.   dum Capitolio|regina dementis ruinas,|funus et imperio parabat   .   *Carm.*1.37.7
    interea suspensa gravis aulaea ruinas|in patinam fecere,   .   *Serm.*2.8.54
ruinis.   probrosis|altior Italiae ruinis.'   .   .   *Carm.*3.5.40
    devota morti pectora liberae|quantis fatigaret ruinis,   *Carm.*4.14.19
ruis.   horum tu in numerum voto ruis;   .   .   *Epist.*1.14.41
ruit.   gens humana ruit per vetitum nefas: .   .   *Carm.*1.3.26
    vis consili expers mole ruit sua,   .   .   *Carm.*3.4.65
    fervet inmensusque ruit profundo|Pindarus ore,   .   *Carm.*4.2.7
    suis et ipsa Roma viribus ruit.   .   .   *Epod.*16.2
    in quem manca ruit semper fortuna.   .   .   *Serm.*2.7.88
    hac rabiosa fugit canis, hac lutulenta ruit sus: .   *Epist.*2.2.75
ruitis.   quo, quo scelesti ruitis?   .   .   .   *Epod.*7.1
rumor.   frigidus a rostris manat per compita rumor: .   *Serm.*2.6.50

rumore. flagret rumore malo cum│hic atque ille?' *Serm.*1.4.125
 quae vos ad caelum fertis rumore secundo, ... *Epist.*1.10.9
rumpat. rumpit [rumpat] et serpens iter institutum, ... *var.Carm.*3.27.5
rumpent. non qui profundum Danuvium bibunt│edicta rumpent Iulia, . *Carm.*4.15.22
rumpere. coniurata tuas rumpere nuptias *Carm.*1.15.7
 indigni fraternum rumpere foedus, ... *Epist.*1.3.35
 purior in vicis aqua tendit rumpere plumbum . . . *Epist.*1.10.20
 amat spatiis obstantia rumpere claustra. *Epist.*1.14.9
rumperet. sed dubius unde rumperet silentium, ... *Epod.*5.85
rumperis. miserque│rumperis et latras, magnorum maxime regum. . *Serm.*1.3.136
rumpi. malis tentigine rumpi? *Serm.*1.2.118
rumpit. rumpit et serpens iter institutum, ... *Carm.*3.27.5
 iamque subando│tenta cubilia tectaque rumpit. . . . *Epod.*12.12
ruont. quare│templa ruont antiqua deum? *Serm.*2.2.104
rupem. posset qui rupem et puteum vitare patentem. . . . *Epist.*2.2.135
rupere. unde tibi reditum certo subtemine Parcae│rupere, . . *Epod.*13.16
ruperis. 'non, si te ruperis,' inquit,│'par eris.' *Serm.*2.3.319
ruperit. Ionius udo cum remugiens sinus│Noto carinam ruperit. . *Epod.*10.20
rupes. 'hic fossa est ingens, hic rupes maxima: serval' . . . *Serm.*2.3.59
rupes. sive te rupes et acuta leto│saxa delectant, . . . *Carm.*3.27.61
rupes. ut rupes fluviosque in campo obstare queratur; . . *Serm.*2.3.55
rupibus. Bacchum in remotis carmina rupibus│vidi docentem, . . *Carm.*2.19.1
Rupili. proscripti Regis Rupili pus atque venenum . . . *Serm.*1.7.1
 Rupili et Persi par pugnat, ... *Serm.*1.7.19
rupis. qui male parentem in rupis protrusit asellum│iratus: . . *Epist.*1.20.15
rupit. seu rupit teretes Marsus aper plagas, ... *Carm.*1.1.28
 rupit Iarbitam Timagenis aemula lingua, . . . *Epist.*1.19.15
ruptis. quae belua ruptis,│cum semel effugit, reddit . . *Serm.*2.7.70
rura. mercator metuens otium et oppidi│laudat rura sui; . . *Carm.*1.1.17
 non rura, quae Liris quieta│mordet aqua *Carm.*1.31.7
 regnata petam Laconi│rura Phalantho. *Carm.*2.6.12
 mihi parva rura . . . Parca non mendax dedit . . . *Carm.*2.16.37
 per meos finis et aprica rura│lenis incedas . . . *Carm.*3.18.2
 tutus bos etenim rura perambulat, ... *Carm.*4.5.17
 nutrit rura Ceres almaque Faustitas, ... *Carm.*4.5.18
 paterna rura bubus exercet suis *Epod.*2.3
 circum│me Satureiano vectari rura caballo . . . *Serm.*1.6.59
 rura suburbana indictis comes ire Latinis. . . . *Epist.*1.7.76
 tu mediastinus tacita prece rura petebas, . . . *Epist.*1.14.14
 Gabiosque petunt et frigida rura. *Epist.*1.15.9
rure. ille, datis vadibus qui rure extractus in Vrbem est. . . *Serm.*1.1.11
 nec vereor, ne, dum futuo, vir rure recurrat. . . . *Serm.*1.2.127
 Vergilio adnuerunt gaudentes rure Camenae. . . . *Serm.*1.10.45
 quinque dies tibi pollicitus me rure futurum . . . *Epist.*1.7.1
 novistine locum potiorem rure beato? *Epist.*1.10.14
 rure ego viventem, tu dicis in Vrbe beatum: . . . *Epist.*1.14.10
 rure meo possum quidvis perferre patique; . . . *Epist.*1.15.17
 interdum nugaris rure paterno. *Epist.*1.18.60
ruris. copia . . . benigno│ruris honorum opulenta cornu. . . *Carm.*1.17.16
 te pauper ambit sollicita prece│ruris colonus, . . *Carm.*1.35.6
 urbis amatorem Fuscum salvere iubemus│ruris amatores, . *Epist.*1.10.2
 ego laudo ruris amoeni│rivos *Epist.*1.10.6
 manserunt hodieque manent vestigia ruris. . . . *Epist.*2.1.160
rursum. in amore haec sunt mala, bellum,│pax rursum: . . *Serm.*2.3.268
rursus. te rursus in bellum resorbens *Carm.*2.7.15
 intermissa, Venus, diu│rursus bella moves? . . . *Carm.*4.1.2
 ferisque rursus occupabitur solum: *Epod.*16.10
 inquirant vitia ut tua rursus et illi. *Serm.*1.3.28
 aequom est│peccatis veniam poscentem reddere rursus. . . *Serm.*1.3.75
 perfundit gelida, rursus vocat: *Serm.*2.7.91
 rursus, quid virtus et quid sapientia possit, . . . *Epist.*1.2.17
 pastaque rursus│ire foras pleno tendebat corpore frustra. . *Epist.*1.7.30
rus. uti ne solus rusve peregre⟨ve⟩│exirem, ... *Serm.*1.6.102
 uti ne solus rusve peregre⟨ve⟩ [rusve aut peregre]│exirem, . *var.Serm.*1.6.102
 uti ne solus rusve peregre⟨ve⟩ [ne rus solusve peregre]│exirem, . *coni.Serm.*1.6.102
 Romae rus optas; *Serm.*2.7.28
rus. o rus, quando ego te adspiciam *Serm.*2.6.60
Rusonem. acerbus│odisti et fugis ut Rusonem debitor aeris, . . *Serm.*1.3 86
rustica. caelo supinas si tuleris manus│nascente luna, rustica Phidyle, . *Carm.*3.23.2

rustica. versibus alternis opprobria rustica fudit *Epist*.2.1.146
rusticius. rideri possit eo quod|rusticius tonso toga defluit . . . *Serm*.1.3.31
rusticorum. sed rusticorum mascula militum|proles, ... *Carm*.3.6.37
rusticus. iam iam futurus rusticus, ... *Epod*.2.68
    tu, consultus modo, rusticus: *Serm*.1.1.17
    Ofellus|rusticus, ab normis sapiens crassaque Minerva), . . *Serm*.2.2.3
    rusticus urbanum murem mus paupere fertur|accepisse cavo, . *Serm*.2.6.80
    tum rusticus: "haud mihi vita|est opus hac" ait et "valeas: . *Serm*.2.6.115
    absentem rusticus Vrbem|tollis ad astra *Serm*.2.7.28
    rusticus exspectat, dum defluat amnis; *Epist*.1.2.42
    ex nitido fit rusticus *Epist*.1.7.83
    fasciculum portes librorum, ut rusticus agnum, . . . *Epist*.1.13.13
    post haec ille catus, quantumvis rusticus, ... *Epist*.2.2.39
    indoctus quid enim saperet liberque laborum|rusticus . . . *Ars Poet*.213
Rutubae. cum Fulvi Rutubaeque . . . miror|proelia rubrica picta . *Serm*.2.7.96

S

Sabaeae. non ante devictis Sabaeae | regibus *Carm*.1.29.3
sabbata. hodie tricesima sabbata: *Serm*.1.9.69
Sabella. Sabella|quod puero cecinit divina mota anus urna: . . . *Serm*.1.9.29
Sabella. Sabella pectus increpare carmina *Epod*.17.28
Sabellis. Sabellis docta ligonibus|versare glaebas *Carm*.3.6.38
    missus ad hoc pulsis, vetus est ut fama, Sabellis, . . . *Serm*.2.1.36
Sabellus. 'sum bonus et frugi.' renuit negitatque Sabellus. . . *Epist*.1.16.49
Sabina. Sabina qualis aut perusta solibus|pernicis uxor Apuli, . . *Epod*.2.41
Sabina. deprome quadrimum Sabina, . . . merum diota. . . *Carm*.1.9.7
    namque me silva lupus in Sabina, . . . fugit inermem; . . *Carm*.1.22.9
    cur valle permutem Sabina | divitias operosiores? . . *Carm*.3.1.47
Sabinis. satis beatus unicis Sabinis. *Carm*.2.18.14
    foedera regum|vel Gabiis vel cum rigidis aequata Sabinis, . *Epist*.2.1.25
Sabino. accedes opera agro nona Sabino.' *Serm*.2.7.118
Sabinos. vester in arduos|tollor Sabinos, ... *Carm*.3.4.22
Sabinum. vile potabis modicis Sabinum|cantharis, ... *Carm*.1.20.1
    arvom caelumque Sabinum|non cessat laudare. *Epist*.1.7.77
Sabinum. nisi cena prior potiorque puella Sabinum | detinet adsumam; . *Epist*.1.5.27
saccis. congestis undique saccis|indormis inhians *Serm*.1.1.70
saccos. mensam poni iubet atque | effundi saccos nummorum, . . *Serm*.2.3.149
sacer. me tabula sacer|votiva paries indicat *Carm*.1.5.13
    ut inmerentis fluxit in terram Remi|sacer nepotibus cruor. . *Epod*.7.20
    is intestabilis et sacer esto.' *Serm*.2.3.181
    sacer interpresque deorum|caedibus et victu foedo deterruit Orpheus, *Ars Poet*.391
sacerdos. Musarum sacerdos|virginibus puerisque canto. . . *Carm*.3.1.3
    Troica quem peperit sacerdos, ... *Carm*.3.3.32
sacerdotis. utque sacerdotis fugitivos liba recuso: . . . *Epist*.1.10.10
sacerdotum. non adytis quatit|mentem sacerdotum incola Pythius, . *Carm*.1.16.6
sacra. nullam, Vare, sacra vite prius severis arborem . . . *Carm*.1.18.1
    ut premerer sacra|lauroque conlataque myrto . . . *Carm*.3.4.18
    intactus aut Britannus ut descenderet|sacra catenatus via, . *Epod*.7.8
    ibam forte via sacra, sicut meus est mos, ... *Serm*.1.9.1
sacra. sit spes fallendi, miscebis sacra profanis. *Epist*.1.16.54
    publica privatis secernere, sacra profanis, ... *Ars Poet*.397
sacra. arcana cum fiunt sacra, ... *Epod*.5.52
sacra. iactata Tuscis aequoribus sacra *Carm*.4.4.54
    ille non inclusus equo Minervae|sacra mentito . . . *Carm*.4.6.14
    inultus ut tu riseris Cotytia|volgata, sacrum [sacra] liberi Cupidinis, *var.Epod*.17.57
    persaepe velut qui|Iunonis sacra ferret; *Serm*.1.3.11
    et qui nocturnus sacra divom legerit. *Serm*.1.3.117
    et qui nocturnus sacra divom [divum sacra] legerit. . . . *var.Serm*.1.3.117
sacrae. nunc ad aquae lene caput sacrae. *Carm*.1.1.22
sacrae. prece qua fatigent | virgines sanctae [sacrae] minus audientem |
    carmina Vestam? *var.Carm*.1.2.27
sacram. videsne, sacram metiente te viam *Epod*.4.7
sacramentum. non ego perfidum|dixi sacramentum: . . . *Carm*.2.17.10
sacrare. hunc Lesbio sacrare plectro *Carm*.1.26.11
sacras. rubente|dextera sacras iaculatus arcis|terruit Vrbem, . . *Carm*.1.2.3
sacravit. miraturque nihil nisi quod Libitina sacravit. . . . *Epist*.2.1.49
sacri. ab Iove Neptunoque sacri custode Tarenti. *Carm*.1.28.29

sacrilega.	sacrilega manu|produxit, arbos,	*Carm.*2.13.2
sacris.	Canidia: parce vocibus tandem sacris	*Epod.*17.6
sacris.	nosque et profestis lucibus et sacris	*Carm.*4.15.25
sacris.	tamquam parcere sacris|cogeris	*Serm.*1.1.71
sacris.	ut Attica virgo|cum sacris Cereris	*Serm.*2.8.14
sacris.	prodeat iustis operata sacris	*Carm.*3.14.6
	spectator functusque sacris et potus et exlex.	*Ars Poet.*224
sacro.	sacro|Dianae celebris die.	*Carm.*2.12.19
	carent quia vate sacro.	*Carm.*4.9.28
sacro.	utrumque sacro digna silentio|mirantur umbrae dicere,	*Carm.*2.13.29
	et pugnata sacro bella sub Ilio:	*Carm.*3.19.4
	date quae precamur|tempore sacro,	*Carm.Saec.*4
	dum flamma sine tura liquescere limine sacro|persuadere cupit.	*Serm.*1.5.99
sacrum.	per sacrum clivom merita decorus|fronde	*Carm.*4.2.35
	sacrum vetustis exstruat lignis focum	*Epod.*2.43
sacrum.	qui Cereris sacrum|volgarit arcanae,	*Carm.*3.2.26
	omne sacrum rapiente dextra,	*Carm.*3.3.52
	sacrum liberi Cupidinis,	*Epod.*17.57
	metuensque velut contingere sacrum?	*Serm.*2.3.110
saecula.	fecunda culpae saecula nuptias|primum inquinavere	*Carm.*3.6.17
	aere, dehinc ferro duravit saecula,	*Epod.*16.65
saeculo.	saeculo festas referente luces	*Carm.*4.6.42
	rogare longo putidam te saeculo,	*Epod.*8.1
saeculum.	ne rediret|saeculum Pyrrhae nova monstra questae,	*Carm.*1.2.6
saepe.	deterget nubila caelo|saepe Notus neque parturit imbris	*Carm.*1.7.16
	o fortes peioraque passi|mecum saepe viri,	*Carm.*1.7.31
	neque iam livida gestat armis|bracchia saepe disco,	*Carm.*1.8.11
	saepe trans finem iaculo nobilis expedito?	*Carm.*1.8.12
	velox amoenum saepe Lucretilem|mutat Lycaeo Faunus	*Carm.*1.17.1
	o saepe mecum tempus in ultimum	*Carm.*2.7.1
	cum quo morantem saepe diem mero|fregi,	*Carm.*2.7.6
	nec priores|inpiae tectum dominae relinquont,|saepe minati.	*Carm.*2.8.20
	saepe Diespiter|neglectus incesto addidit integrum,	*Carm.*3.2.29
	et te saepe vocanti|duram	*Carm.*3.7.31
	narratur et prisci Catonis|saepe mero caluisse virtus.	*Carm.*3.21.12
	candide Maecenas, occidis saepe rogando:	*Epod.*14.5
	atque haec rara cadat dura inter saepe pericla.	*Serm.*1.2.40
	ne si facies, ut saepe, decora|molli fulta pede est, emptorem inducat	
	hiantem,	*Serm.*1.2.87
	saepe velut qui|currebat fugiens hostem,	*Serm.*1.3.9
	habebat saepe ducentos,|saepe decem servos;	*Serm.*1.3.11
	habebat saepe ducentos,|saepe decem servos;	*Serm.*1.3.12
	qualem me saepe libenter|obtulerim tibi, Maecenas,	*Serm.*1.3.63
	in hora saepe ducentos,|ut magnum, versus dictabat	*Serm.*1.4.9
	saepe tribus lectis videas cenare quaternos,	*Serm.*1.4.86
	sic teneros animos aliena opprobria saepe|absterrent vitiis.	*Serm.*1.4.128
	multos saepe viros nullis maioribus ortos	*Serm.*1.6.10
	qui stultus honores|saepe dat indignis et famae servit ineptus,	*Serm.*1.6.16
	fallacem circum vespertinumque pererro|saepe forum,	*Serm.*1.6.114
	cui saepe viator|cessisset magna conpellans voce cuculum.	*Serm.*1.7.30
	et sermone opus est modo tristi, saepe iocoso,	*Serm.*1.10.11
	saepe ferentem|plura quidem tollenda relinquendis.	*Serm.*1.10.50
	in versu faciendo|saepe caput scaberet,	*Serm.*1.10.71
	saepe stilum vertas, iterum quae digna legi sint|scripturus,	*Serm.*1.10.72
	saepe notatus|cum tribus anellis,	*Serm.*2.7.8
	saepe verecundum laudasti,	*Epist.*1.7.37
	ubi saepe|occultum visus decurrere piscis ad hamum,	*Epist.*1.7.73
	ut proficiscentem docui te saepe diuque,	*Epist.*1.13.1
	nota refert meretricis acumina, saepe catellam,	*Epist.*1.17.55
	saepe periscelidem raptam sibi flentis,	*Epist.*1.17.56
	alter rixatur, de lana saepe caprina,	*Epist.*1.18.15
	dives amicus,|saepe decem vitiis instructior,	*Epist.*1.18.25
	quid de quoque viro et cui dicas, saepe videto.	*Epist.*1.18.68
	ut mihi saepe|bilem, saepe iocum vestri movere tumultus!	*Epist.*1.19.19
	ut mihi saepe|bilem, saepe iocum vestri movere tumultus!	*Epist.*1.19.20
	saepe etiam audacem fugat hoc terretque poetam,	*Epist.*2.1.182
	multa quidem nobis facimus mala saepe poetae,	*Epist.*2.1.219
saepius.	saepius ventis agitatur ingens|pinus	*Carm.*2.10.9
saetosa.	saetosa duris exuere pellibus . . . membra;	*Epod.*17.15

saetosam. at illi foeda cicatrix│saetosam laevi frontem turpaverat oris.   .   *Serm.*1.5.61
saeva. tulit et Camillum│saeva paupertas et avitus apto│cum lare fundus.   *Carm.*1.12.43
    mater saeva Cupidinum *Carm.*1.19.1
    nullum│saeva caput Proserpina fugit: *Carm.*1.28.20
    te semper anteit serva [saeva] Necessitas, ...   *var.Carm.*1.35.17
    hic inresectum saeva dente livido│Canidia rodens pollicem   .   .   *Epod.*5.47
saeva. desine, dulcium│mater saeva Cupidinum, ...   *Carm.*4.1.5
saeva. saeva tene cum Berecyntio│cornu tympana,   .   .   .   *Carm.*1.18.13
saevam. nec saevam Pelopis domum *Carm.*1.6.8
    Hecaten vocat altera, saevam│altera Tesiphonen: .   .   .   *Serm.*1.8.33
    saevam│militiam puer et Cantabrica bella tulisti   .   .   .   *Epist.*1.18.54
saeviat. dum longus inter saeviat Ilion│Romamque pontus,   .   .   *Carm.*3.3.37
    saeviat atque novos moveat Fortuna tumultus: .   .   .   *Serm.*2.2.126
saeviet. saeviet circa iecur ulcerosum│non sine questu,   .   .   *Carm.*1.25.15
    dum longus inter saeviat [saeviet] Ilion│Romamque pontus,   .   .   *coni.Carm.*3.3.37
saevis. saevis inimica virgo│beluis, ...   *Carm.*1.12.22
    saevis Liburnis scilicet invidens│privata deduci   .   .   .   *Carm.*1.37.30
saevis. me pater saevis oneret catenis, ...   *Carm.*3.11.45
saevis. vel mea cum saevis agitat fastidia verbis: .   .   .   *Epod.*12.13
saevit. cum saevit horrendamque cultis│diluviem meditatur agris,   .   *Carm.*4.14.27
    quid hoc veneni saevit in praecordiis? *Epod.*3.5
    'at o deorum quidquid in caelo regit [? saevit]│terras   .   .   *? var.Epod.*5.1
    'at pater ardens│saevit, ...   *Serm.*1.4.49
saevitia. aut facili saevitia negat *Carm.*2.12.26
saevius. saepius [? saevius] ventis agitatur ingens│pinus   .   .   *? var.Carm.*2.10.9
saevo. Tanain si biberes, Lyce,│saevo nupta viro,   .   .   .   *Carm.*3.10.2
    ut puerum saevo credas dictata magistro│reddere   .   .   .   *Epist.*1.18.13
saevo. sub iuga aenea│saevo mittere cum ioco.   .   .   .   *Carm.*1.33.12
    'in manicis et│compedibus saevo te sub custode tenebo.'   .   *Epist.*1.16.77
saevo. Fortuna saevo laeta negotio *Carm.*3.29.49
saevos. quas neque Noricus│deterret ensis . . . nec saevos ignis   .   *Carm.*1.16.11
    nec saevos Arcturi cadentis│impetus *Carm.*3.1.27
    hic neque servis . . . saevos erit, ...   *Serm.*2.2.68
    quaelibet in quemvis opprobria fingere saevos,   .   .   .   *Epist.*1.15.30
    donec iam saevos apertam│in rabiem coepit verti iocus   .   .   *Epist.*2.1.148
    ne mea saevos│iurgares ad te quod epistula nulla rediret.   .   *Epist.*2.2.21
saevos. nec saevos Lapithas et nimium mero│Hylaeum   .   .   .   *Carm.*2.12.5
    munera navium│saevos inlaqueant duces. *Carm.*3.16.16
    credula nec ravos [saevos] timeant armenta leones   .   .   *var.Epod.*16.33
saevum. mercemur servom, qui dictet nomina, laevom [saevum]│qui fodicet
    latus *var.Epist.*1.6.50
saevus. quaelibet in quemvis opprobria fingere saevos [saevus],   .   *var.Epist.*1.15.30
saga. quae saga, quis te solvere Thessalis│magus venenis,   .   .   *Carm.*1.27.21
sagaces. curae sagaces│expediunt per acuta belli.'   .   .   .   *Carm.*4.4.75
sagaces. mire sagacis [sagaces] falleret hospites│discrimen obscurum   .   *var.Carm.*2.5.22
sagacis. mire sagacis falleret hospites *Carm.*2.5.22
sagacius. namque sagacius unus odoror, ...   *Epod.*12.4
Sagana. at expedita Sagana, per totam domum│spargens Avernalis aquas,   *Epod.*5.25
Sagana. cum Sagana maiore ululantem: *Serm.*1.8.25
    umbrae cum Sagana resonarint triste et acutum   .   .   .   *Serm.*1.8.41
Saganae. altum Saganae caliendrum│excidere *Serm.*1.8.48
sagas. terrores magicos, miracula, sagas, . . . rides?   .   .   *Epist.*2.2.208
sagax. utiliumque sagax rerum et divina futuri   .   .   .   *Ars Poet.*218
sagitta. nec te, metuende certa│Phoebe sagitta.   .   .   .   *Carm.*1.12.24
    quo beatus│volnere, qua pereat sagitta. *Carm.*1.27.12
    temptator Orion Dianae│virginea domitus sagitta.   .   .   *Carm.*3.4.72
sagittae. si per obliquom similis sagittae│terruit mannos: .   .   *Carm.*3.27.6
sagittas. doctus sagittas tendere Sericas│arcu paterno?   .   .   *Carm.*1.29.9
    semper ardentis acuens sagittas│cote cruenta.   .   .   .   *Carm.*2.8.15
    timet . . . miles sagittas et celerem fugam│Parthi,   .   .   *Carm.*2.13.17
    interim, dum tu celeres sagittas│promis,   .   .   .   *Carm.*3.20.9
    'unde sagittas? *Serm.*2.7.116
sagittis. nec venenatis gravida sagittis,│Fusce, pharetra,   .   .   *Carm.*1.22.3
    ille│missilibus melior sagittis. *Carm.*3.6.16
sagum. hostis Punico│lugubre mutavit sagum.   .   .   .   *Epod.*9.18
salacem. accidit ut cuidam testis caudamque salacem│demeterent ferro.   *Serm.*1.2.45
Salamina. Teucer Salamina patremque│cum fugeret,   .   .   .   *Carm.*1.7.21
    ambiguam tellure nova Salamina futuram. *Carm.*1.7.29
Salaminius. urgent inpavidi te Salaminius│Teucer,   .   .   .   *Carm.*1.15.23

sale. quod sale multo|Vrbem defricuit, ... *Serm.1.10.3*
    cum sale panis|latrantem stomachum bene leniet. *Serm.2.2.17*
    piper album cum sale nigro|incretum *Serm.2.4.74*
    membra gruis sparsi sale multo non sine farre, ... *Serm.2.8.87*
    hic delectatur iambis,|ille Bioneis sermonibus et sale nigro. . . *Epist.2.2.60*
salebras. qui queritur salebras et acerbum frigus et imbris . . *Epist.1.17.53*
salem. tectum|praebuit et parochi, quae debent, ligna salemque. . . *Serm.1.5.46*
Salerni. quae sit hiems Veliae, quod caelum, Vala, Salerni, . . . *Epist.1.15.1*
sales. at vestri proavi Plautinos et numeros et|laudavere sales, . . . *Ars Poet.271*
Saliare. iam Saliare Numae carmen qui laudat *Epist.2.1.86*
Saliaribus. nunc Saliaribus|ornare pulvinar deorum|tempus erat dapibus, *Carm.1.37.2*
salias. nec meretrix tibicina cuius|ad strepitum salias terrae gravis; . . *Epist.1.14.26*
salicto. in udo|ludere cum vitulis salicto|praegestientis. . . . *Carm.2.5.8*
saliente. farre pio et saliente mica. *Carm.3.23.20*
saliere. imbres|quem [cum] super notas aluere [saliere] ripas, . . . *var.Carm.4.2.6*
saliet. saliet, tundet pede terram. . . . . *Ars Poet.430*
saligno. ac mulae nautaeque caput lumbosque saligno|fuste dolat: . . *Serm.1.5.22*
salinum. cui paternum|splendet in mensa tenui salinum . . . *Carm.2.16.14*
salis. 'sit mihi mensa tripes et|concha salis puri *Serm.1.3.14*
salis. ultra|limites clientium|salis avarus? *Carm.2.18.26*
Salium. neu morem in Salium sit requies pedum *Carm.1.36.12*
    in morem Salium ter quatient humum. *Carm.4.1.28*
saliunt. aliena negotia centum|per caput et circa saliunt latus. . . . *Serm.2.6.34*
Salius. etiam stillabit amicis|ex oculis rorem, saliet [Salius], tundet pede
    terram. . . . . *coni.Ars Poet.430*
Sallusti. inimice lamnae|Crispe Sallusti, ... *Carm.2.2.3*
Sallustius. Sallustius in quas|non minus insanit quam qui moechatur. . *Serm.1.2.48*
salo. Neptunus alto tundit hibernus salo. *Epod.17.55*
salsa. spargisque mola caput, inprobe, salsa, ... *Serm.2.3.200*
salsa. ametque salsa levis hircus aequora.' *Epod.16.34*
salso. tum Praenestinus salso multoque fluenti *Serm.1.7.28*
salsus. male salsus|ridens dissimulare; *Serm.1.9.65*
saltamus. pingimus atque | psallimus et luctamur [? saltamus] Achivis
    doctius unctis. . . . . *? var.Epist.2.1.33*
saltaret. pastorem saltaret uti Cyclopa rogabat: *Serm.1.5.63*
saltat. saltat Milonius, ut semel icto|accessit fervor capiti . . . *Serm.2.1.24*
saltem. saltem tenet hoc nos.' *Serm.1.6.44*
saltet. nec male necne Lepos saltet; *Serm.2.6.72*
saltibus. quidve Calabris|saltibus adiecti Lucani, ... *Epist.2.2.178*
saltibus. cedes coemptis saltibus et domo *Carm.2.3.17*
saltus. saltusque Bantinos et arvom|pingue tenent humilis Forenti, . *Carm.3.4.15*
salubrem. ille dapes laudet mensae brevis, ille salubrem|iustitiam . *Ars Poet.198*
salubres. nutriant fetus et aquae salubres|et Iovis aurae. . . . *Carm.Saec.31*
    gravi|malvae salubres corpori *Epod.2.58*
salubribus. nunc licet Esquiliis habitare salubribus *Serm.1.8.14*
salubris. stellasque salubris|appellat comites *Serm.1.7.24*
    ille salubris|aestates peraget *Serm.2.4.21*
    an tacitum silvas inter reptare salubris *Epist.1.4.4*
saluere. imbres|quem super notas aluere [saluere] ripas, . . . *var.Carm.4.2.6*
    imbres|quem [cum] super notas aluere [saluere] ripas, . . . *var.Carm.4.2.6*
salutandi. atque salutandi plures, ducendus et unus|et comes alter, . *Serm.1.6.101*
salutari. qui salutari levat arte fessos|corporis artus, . . . *Carm.Saec.63*
salutor. cur ego si nequeo ignoroque, poeta salutor? . . . . *Ars Poet.87*
salvare. urbis amatorem Fuscum salvere [salvare] iubemus|ruris amatores, *var.Epist.1.10.1*
salve. dulce lenimen †mihicumque salve|rite vocanti. *Carm.1.32.15*
salvere. occupat et salvere iubet prior; *Epist.1.7.66*
    urbis amatorem Fuscum salvere iubemus|ruris amatores, . . *Epist.1.10.1*
salvo. 'est tibi mater,|cognati, quis te salvo est opus?' . . . *Serm.1.9.27*
salvom. non uxor salvom te volt, non filius; *Serm.1.1.84*
    'tene magis salvom populus velit an populum tu, . . . *Epist.1.16.27*
salvos. ut salvos regnet vivatque beatus, ... *Epist.1.2.10*
salvum. non uxor salvom te volt [salvum te vult], non filius; . . . *var.Serm.1.1.84*
    non uxor salvom te volt [te vult salvum], non filius; . . . *var.Serm.1.1.84*
Samio. non aliter Samio dicunt arsisse Bathyllo *Epod.14.9*
Samnites. lento Samnites ad lumina prima duello. *Epist.2.2.98*
Samos. quid concinna Samos, quid Croesi regia Sardis, . . . *Epist.1.11.2*
    Romae laudetur Samos et Chios et Rhodos absens. . . . *Epist.1.11.21*
sanae. hinc repetit, 'paucorum hominum et mentis bene sanae; . . *Serm.1.9.44*
sancimus. quam temere in nosmet legem sancimus iniquam. . . *Serm.1.3.67*

sanctae. prece qua fatigent | virgines sanctae minus audientem | carmina
    Vestam? .   *Carm*.1.2.27
sanctarum. incutiat tibi quid sanctarum inscitia legum: . . . *Serm*.2.1.81
sanctior. sanctiorque | paene natali proprio, ... *Carm*.4.11.17
sancto. da mihi fallere, da iusto sanctoque videri, .   .   *Epist*.1.16.61
sancto. maturum reditum pollicitus patrum | sancto concilio . *Carm*.4.5.4
sanctum. adeo sanctum est vetus omne poema. *Epist*.2.1.54
sanctum. da mihi fallere, da iusto sanctoque [iustum sanctumque] videri, *var.Epist*.1.16.61
sanctum. per sanctum iuratus dicat Osirim: .   .   .   *Epist*.1.17.60
sane. nil sane fecit quod tu reprehendere possis: .   .   *Serm*.2.3.138
    non sane credere Mena, | mirari secum tacitus. .   .   . *Epist*.1.7.61
    sane murteta relinqui . . . vicus gemit, ... *Epist*.1.15.5
    'dixit adhuc aliquid?' 'nil sane.' 'quid placet ergo?' .   . *Epist*.2.1.206
    quod petis, id sane est invisum acidumque duobus. .   . *Epist*.2.2.64
    intervalla vides humane [haud sane] commoda. .   . *coni.Epist*.2.2.70
    bonus sane vicinus, amabilis hospes, ... *Epist*.2.2.132
    quo sane populus numerabilis, utpote parvos, .   .   *Ars Poet*.206
    et quod non didici sane nescire fateri.' .   .   .   *Ars Poet*.418
sanguine. cur olivom | sanguine viperino | cautius vitat .   . *Carm*.1.8.9
    fidibus iuvat | placare et vituli sanguine debito | custodes Numidae deos, *Carm*.1.36.2
    quis non Latino sanguine pinguior | campus .   .   . *Carm*.2.1.29
    Siculum mare | Poeno purpureum sanguine .   .   . *Carm*.2.12.3
    et laetum equino sanguine Concanum, .   .   .   *Carm*.3.4.34
    infecit aequor sanguine Punico *Carm*.3.6.34
    gelidos inficiet tibi | rubro sanguine rivos .   .   . *Carm*.3.13.7
    verris obliquom meditantis ictum | sanguine donem. .   . *Carm*.3.22.8
    seu deos regesque canit, deorum | sanguinem [sanguine], *var.Carm*.4.2.14
    et uncta turpis ova ranae sanguine .   .   .   *Epod*.5.19
    prudens placavi sanguine divos.' .   .   .   *Serm*.2.3.206
    cruentus | sanguine fraterno, ... *Serm*.2.5.16
sanguineis. verecundumque Bacchum | sanguineis prohibete rixis. . *Carm*.1.27.4
sanguinem. seu deos regesque canit, deorum | sanguinem, . *Carm*.4.2.14
sanguinis. parumne campis atque Neptuno super | fusum est Latini
    sanguinis, ... *Epod*.7.4
    inpia perdemus devoti sanguinis aetas .   .   . *Epod*.16.9
sanguis. num vanae redeat sanguis imagini, .   .   . *Carm*.1.24.15
    ego, pauperum | sanguis parentum, .   .   . *Carm*.2.20.6
    regius sanguis dominaeque tradi | barbarae paelex." ' . *Carm*.3.27.65
    clarus Anchisae Venerisque sanguis | inpetret, .   . *Carm.Saec*.50
    seu calidus sanguis seu rerum inscitia vexat .   . *Epist*.1.3.33
sanguis. vos, o | Pompilius sanguis, carmen reprehendite, . *Ars Poet*.292
sani. si male rem gerere insani est, contra bene sani: .   . *Serm*.2.3.74
sani. quorsum abeant? sani ut creta, an carbone notati? . *Serm*.2.3.246
sanies. spiritus taeter saniesque manet | ore trilingui; . *Carm*.3.11.19
sanii. sani ut [sanii] creta, an carbone notati? .   . *var.Serm*.2.3.246
sanior. qui sanior ac si | illud idem in rapidum flumen iaceretve cloacam? — *Serm*.2.3.241
    aedificante casas qui sanior? *Serm*.2.3.275
sanius. non ego sanius | bacchabor Edonis: .   .   . *Carm*.2.7.26
sano. pro bene sano | ac non incauto fictum astutumque vocamus. . *Serm*.1.3.61
    luxuriantia conpescet, nimis aspera sano | levabit cultu, . *Epist*.2.2.122
sanos. Labeone insanior inter | sanos dicatur. .   .   . *Serm*.1.3.83
    ad sanos abeat tutela propinquos. .   .   . *Serm*.2.3.218
    ut male sanos | adscripsit Liber Satyris Faunisque poetas, *Epist*.1.19.3
    excludit sanos Helicone poetas | Democritus, .   . *Ars Poet*.296
sanum. nil me paeniteat sanum patris huius; .   .   . *Serm*.1.6.89
    si me vivere vis sanum recteque valentem, .   . *Epist*.1.7.3
    si te populus sanum recteque valentem | dictitet, . *Epist*.1.16.21
    arta decet sanum comitem toga; *Epist*.1.18.30
sanus. ex hoc ego sanus ab illis | perniciem quaecumque ferunt . *Serm*.1.4.129
    nil ego contulerim iucundo sanus amico. .   . *Serm*.1.5.44
    demens | iudicio volgi, sanus fortasse tuo, .   . *Serm*.1.6.98
    tun sanus? *Serm*.2.3.128
    'quisnam igitur sanus?' qui non stultus. .   .   . *Serm*.2.3.158
    " 'quid, siquis non sit avarus, | continuo sanus?'. . *Serm*.2.3.160
    sanus utrisque | auribus atque oculis; .   .   . *Serm*.2.3.284
    ego nam videor mihi sanus.' *Serm*.2.3.302
    quae siquis sanus fecit, sanus facis et tu. .   . *Serm*.2.3.322
    'solve senescentem mature sanus equom, .   . *Epist*.1.1.8
    sapiens . . . praecipue sanus, nisi cum pitvita molesta est. . *Epist*.1.1.108

si noles sanus, curres hydropicus; *Epist.*1.2.34
sanxerunt. quas bis quinque viri sanxerunt, ... *Epist.*2.1.24
sapere. dimidium facti, qui coepit, habet: sapere aude,|incipe. . . *Epist.*1.2.40
qui sapere et fari possit quae sentiat *Epist.*1.4.9
idem | vos sapere et solos aio bene vivere, ... *Epist.*1.15.45
plus quam se sapere et virtutibus esse priorem|volt . . . *Epist.*1.18.27
praetulerim scriptor delirus inersque videri, . . . quam sapere et ringi? *Epist.*2.2.128
nimirum sapere est abiectis utile nugis *Epist.*2.2.141
scribendi recte sapere est et principium et fons. . . . *Ars Poet.*309
saperet. indoctus quid enim saperet liberque laborum|rusticus . . *Ars Poet.*212
sapias. sapias, vina liques et spatio brevi|spem longam reseces. . . *Carm.*1.11.6
nil parvom sapias et adhuc sublimia cures: *Epist.*1.12.15
sapiat. loquacis,|si sapiat, vitet, ... *Serm.*1.9.34
sapiens. sic tu sapiens finire memento|tristitiam vitaeque labores . *Carm.*1.7.17
si dives, qui sapiens est, ... *Serm.*1.3.124
sapiens crepidas sibi numquam|nec soleas fecit; . . . *Serm.*1.3.127
sutor tamen est sapiens.' *Serm.*1.3.128
sapiens operis sic optimus omnis|est opifex, ... *Serm.*1.3.132
'sapiens, vitatu quidque petitu|sit melius, causas reddet tibi; . . *Serm.*1.4.115
Scipiadam ut sapiens Lucilius.' *Serm.*2.1.17
Ofellus|rusticus, ab normis sapiens crassaque Minerva), . . *Serm.*2.2.3
quali igitur victu sapiens utetur *Serm.*2.2.63
in pace, ut sapiens, aptarit idonea bello? *Serm.*2.2.111
'sapiensne?' 'etiam et rex|et quidquid volet.' . . . *Serm.*2.3.97
fecundae leporis sapiens sectabitur armos. *Serm.*2.4.44
neque ego, hercule, fur, ubi vasa|praetereo sapiens argentea. . . *Serm.*2.7.73
quisnam igitur liber? sapiens, sibi qui imperiosus, . . . *Serm.*2.7.83
ni sapiens sic Nomentanus amicum|tolleret: *Serm.*2.8.60
sapiens uno minor est Iove, dives,|liber, ... *Epist.*1.1.106
insani sapiens nomen ferat, aequos iniqui, ... *Epist.*1.6.15
vir bonus et sapiens dignis ait esse paratus *Epist.*1.7.22
cum pateris sapiens emendatusque vocari, ... *Epist.*1.16.30
vir bonus et sapiens audebit dicere: *Epist.*1.16.73
sed tuos hic populus sapiens et iustus in uno . . . *Epist.*2.1.18
Ennius, et sapiens et fortis et 'alter Homerus', . . . *Epist.*2.1.50
sapiens. non usquam prorepit et illis utitur ante|quaesitis patiens [sapiens], *var.Serm.*1.1.38
sapiente. haec populus, haec magnos formula reges,|excepto sapiente, tenet. *Serm.*2.3.46
curantem quidquid dignum sapiente bonoque est? . . . *Epist.*1.4.5
neve putes alium sapiente bonoque beatum *Epist.*1.16.20
sapientem. iussit sapientem pascere barbam *Serm.*2.3.35
sapienter. sapienter idem|contrahes vento nimium secundo|turgida vela. . *Carm.*2.10.22
qui deorum|muneribus sapienter uti *Carm.*4.9.48
laetus sorte tua vives sapienter, Aristi, ... *Epist.*1.10.44
sapientia. virtus Scipiadae et mitis sapientia Laeli, . . . *Serm.*2.1.72
virtus est vitium fugere et sapientia prima|stultitia caruisse. . . *Epist.*1.1.41
rursus, quid virtus et quid sapientia possit, ... *Epist.*1.2.17
quo te caelestis sapientia duceret, ires. *Epist.*1.3.27
fuit haec sapientia quondam|publica privatis secernere, . . *Ars Poet.*396
sapientiae. insanientis dum sapientiae|consultus erro, . . . *Carm.*1.34.2
sapientiae. munitaeque adhibe vim sapientiae. . . . *Carm.*3.28.4
sapientior. nihilo ut sapientior ille|qui te deridet caudam trahat. . *Serm.*2.3.52
ecce|servos, non paulo sapientior *Serm.*2.3.265
cum sis nihilo sapientior ex quo|plenior es, ... *Epist.*2.2.153
sapientis. Telemachus, proles patientis [sapientis] Vlixei: . . *var.Epist.*1.7.40
sapientium. tu sapientium | curas et arcanum iocoso | consilium retegis
Lyaeo, ... *Carm.*3.21.14
sapientius. alterum et huic varum et nihilo sapientius . . . *Serm.*2.3.56
sapientum. 'haec mihi Stertinius, sapientum octavos, amico|arma dedit, *Serm.*2.3.296
sapis. quamvis et voce paterna|fingeris ad rectum et per te sapis, . *Ars Poet.*367
sapit. et sapit et mecum facit et Iove iudicat aequo. . . . *Epist.*2.1.68
sapiunt. vesanum tetigisse timent fugiuntque poetam|qui sapiunt; . *Ars Poet.*456
saporem. non Siculae dapes|dulcem elaborabunt saporem, . . *Carm.*3.1.19
integrum perdunt lino vitiata saporem. *Serm.*2.4.54
saporum. non prius exacta tenui ratione saporum. . . . *Serm.*2.4.36
Sappho. temperat Archilochi musam pede mascula Sappho, . . *Epist.*1.19.28
Sappho. Aeoliis fidibus querentem|Sappho *Carm.*2.13.25
sarcina. si te forte meae gravis uret sarcina chartae, . . . *Epist.*1.13.6
sarculo. gaudentem patrios findere sarculo|agros . . . *Carm.*1.1.11
Sardiniae. non opimae|Sardiniae segetes feracis, . . . *Carm.*1.31.4

Sardis. quid concinna Samos, quid Croesi regia Sardis, . . . *Epist.*1.11.2
Sardo. crassum unguentum et Sardo cum melle papaver|offendunt, . . *Ars Poet.*375
Sardus. Sardus habebat|ille Tigellius hoc: . . . *Serm.*1.3.3
Sarmenti. Sarmenti scurrae pugnam Messique Cicirri, . . . *Serm.*1.5.52
   Sarmenti domina exstat: . . . *Serm.*1.5.55
Sarmentus. prior Sarmenti 'equi te|esse feri similem dico.' . . *Serm.*1.5.56
sarta. an male sarta|gratia nequiquam coit et rescinditur . . . *Epist.*1.3.31
sat. non sat idoneus|pugnae ferebaris; . . . *Carm.*2.19.26
   mi satis est [sed mihi sat] si|traditum ab antiquis morem servare . . .
     possum; *var.Serm.*1.4.116
satelles. nec satelles Orci|callidum Promethea|revexit auro captus; . *Carm.*2.18.34
   virtutis verae custos rigidusque satelles; *Epist.*1.1.17
satellis. virtutis verae custos rigidusque satelles [satellis]; . . *var.Epist.*1.1.17
satellites. aurum per medios ire satellites *Carm.*3.16.9
satiate. auctor|heu nimis longo satiate ludo, . . . *Carm.*1.2.37
satis. iam satis terris nivis atque dirae|grandinis misit Pater . . *Carm.*1.2.1
   non, si me satis audias, . . . *Carm.*1.13.13
   numquam homini satis|cautum est in horas: . . *Carm.*2.13.13
   satis beatus unicis Sabinis. . . . *Carm.*2.18.14
   desiderantem quod satis est . . . *Carm.*3.1.25
   non, siquid Pholoen, satis|et te, Chlori, decet: . . *Carm.*3.15.7
   munierant satis|nocturnis ab adulteris, . . *Carm.*3.16.3
   cui deus obtulit|parca quod satis est manu. . . *Carm.*3.16.44
   mox ubi lusit satis, 'abstineto'|dixit . . *Carm.*3.27.69
   satis superque me benignitas tua|ditavit, . . *Epod.*1.31
   dedi satis superque poenarum tibi, . . *Epod.*17.19
   'nil satis est', inquit, 'quia tanti quantum habeas sis': . *Serm.*1.1.62
   iam satis est. . . . verbum non amplius addam. . *Serm.*1.1.120
   daret quantum satis esset nec sibi damno|dedecorique foret. *Serm.*1.2.52
   an tibi abunde|personam satis est, non illud, quidquid ubique|officit,
     evitare? *Serm.*1.2.60
   poenas dedit usque superque|quam satis est, . . *Serm.*1.2.66
   neque enim concludere versum|dixeris esse satis . . *Serm.*1.4.41
   non satis est puris versum perscribere verbis, . . *Serm.*1.4.54
   mi satis est si|traditum ab antiquis morem servare . . . possum; *Serm.*1.4.116
   'huc adpelle'; 'trecentos inseris'; 'ohe,|iam satis est.' . *Serm.*1.5.13
   cui satis una|farris libra foret, . . *Serm.*1.5.68
   ergo non satis est risu diducere rictum|auditoris . *Serm.*1.10.7
   non ego: nam 'satis est equitem mihi plaudere', . *Serm.*1.10.76
   scribe decem a Nerio: non est satis; . . *Serm.*2.3.69
   si quidvis satis est, . . . *Serm.*2.3.127
   quod satis esse putat pater et natura coercet. . *Serm.*2.3.178
   nec satis est cara piscis averrere mensa . *Serm.*2.4.37
   nequaquam satis in re una consumere curam, . *Serm.*2.4.48
   non satis est Ithacam revehi . *Serm.*2.5.4
   uncta satis pingui ponentur holuscula lardo? . *Serm.*2.6.64
   frugi quod sit satis, hoc est,|ut vitale putes.' . *Serm.*2.7.3
   spectatum satis et donatum iam rude . *Epist.*1.1.2
   quod satis est cui contingit, nihil amplius optet. . *Epist.*1.2.46
   ultra quam satis est virtutem si petat ipsam. . *Epist.*1.6.16
   'vescere, sodes'|'iam satis est' . *Epist.*1.7.16
   ne te longis ambagibus ultra|quam satis est morer: . *Epist.*1.7.83
   ubi plura|cogere quam satis est ac non cessare videbor. . *Epist.*1.10.46
   tribus ursis quod satis esset; . . *Epist.*1.15.35
   cum res deficiunt, satis inter vilia fortis: . *Epist.*1.15.39
   quamvis, Scaeva, satis per te tibi consulis . *Epist.*1.17.1
   sed satis est orare Iovem quae ponit et aufert, . *Epist.*1.18.111
   nam spirat tragicum satis et feliciter audet, . *Epist.*2.1.166
   quae poterunt umquam satis expurgare cicutae, . *Epist.*2.2.53
   lusisti satis, edisti satis atque bibisti: . *Epist.*2.2.214
   non satis est pulchra esse poemata; dulcia sunto . *Ars Poet.*99
   nunc satis est dixisse 'ego mira poemata pango; . *Ars Poet.*416
   nec satis adparet, cur versus factitet; . *Ars Poet.*470
satum. quo nemus|inter pulcra satum tecta remugiat . *Carm.*3.10.6
satur. cedat uti conviva satur, reperire queamus. . *Serm.*1.1.119
   nec somnum plebis laudo satur altilium . *Epist.*1.7.35
satura. 'sunt quibus in satura videar nimis acer . *Serm.*2.1.1
Satureiano. circum|me Satureiano vectari rura caballo, . *Serm.*1.6.59
saturis. (quid prius inlustrem saturis musaque pedestri) . *Serm.*2.6.17

Saturnalibus. at ipsis|Saturnalibus huc fugisti. *Serm.*2.3.5
Saturni. fulgens contremuit domus|Saturni veteris: *Carm.*2.12.9
Saturnius. sic horridus ille|defluxit numerus Saturnius *Epist.*2.1.158
Saturno. te Iovis inpio|tutela Saturno refulgens|eripuit   .   .   .   *Carm.*2.17.23
Saturno. gentis humanae pater atque custos,|orte Saturno,   .   .   *Carm.*1.12.50
Satyris. ut male sanos|adscripsit Liber Satyris Faunisque poetas,   .   *Epist.*1.19.4
    intererit Satyris paulum pudibunda protervis.   .   .   .   *Ars Poet.*233
Satyris. Nympharumque leves cum Satyris chori *Carm.*1.1.31
Satyrorum. auris|capripedum Satyrorum acutas. *Carm.*2.19.4
    non . . . dominantia nomina solum | verbaque, Pisones, Satyrorum
        scriptor amabo   .   .   .   .   *Ars Poet.*235
Satyros. mox etiam agrestis Satyros nudavit .   .   .   .   .   .   *Ars Poet.*221
    ita commendare dicacis|conveniet Satyros, ...   *Ars Poet.*226
Satyrum. qui|nunc Satyrum, nunc agrestem Cyclopa movetur.   .   *Epist.*2.2.125
saucius. et malus celeri saucius Africo *Carm.*1.14.5
    nec vir Pieria paelice saucius *Carm.*3.10.15
savio. manum puella savio opponat tuo, ...   *Epod.*3.21
saxa. Vsticae cubantis|levia personuere saxa. *Carm.*1.17.12
    sive te rupes et acuta leto|saxa delectant, ...   *Carm.*3.27.62
    'simul imis saxa renarint|vadis levata, ...   *Epod.*16.25
saxa. et perrumpere amat saxa potentius|ictu fulmineo: .   .   *Carm.*3.16.10
    non saxa nudis surdiora navitis|Neptunus alto tundit hibernus salo. . *Epod.*17.54
    per mare pauperiem fugiens, per saxa, per ignis):   .   .   .   *Epist.*1.1.46
    ego ruris ruris amoeni|rivos et musco circumlita saxa nemusque.   .   *Epist.*1.10.7
    rident vicini glaebas et saxa moventem *Epist.*1.14.39
    saxa movere sono testudinis   .   .   .   .   *Ars Poet.*395
saxis. me dicente cavis inpositam ilicem|saxis, ...   *Carm.*3.13.15
    atque subimus|inpositum saxis late candentibus Anxur.   .   .   *Serm.*1.5.26
    atque subimus|inpositum saxis late [late saxis] candentibus Anxur.   *var.Serm.*1.5.26
saxis. defluit saxis agitatus umor, ...   *Carm.*1.12.29
    vos turba vicatim hinc et hinc saxis petens *Epod.*5.97
    populum si caedere saxis|incipias *Serm.*2.3.128
saxo. summam patrimoni insculpere saxo *Serm.*2.3.90
saxo. deorum|templa novo decorare saxo. *Carm.*2.15.20
    hic saxo, liquidis ille coloribus|sollers *Carm.*4.8.7
    retinacula mulae|nauta piger saxo religat stertitque supinus.   .   *Serm.*1.5.19
    deicere de saxo civis aut tradere Cadmo?' *Serm.*1.6.39
saxum. fiet aper, modo avis, modo saxum et, cum volet, arbor.   .   *Serm.*2.3.73
saxum. optat supremo collocare Sisyphus|in monte saxum;   .   .   *Epod.*17.69
scaberet. in versu faciendo|saepe caput scaberet,   .   .   .   *Serm.*1.10.71
scabiem. cum tu inter scabiem tantam et contagia lucri   .   .   *Epist.*1.12.14
scabies. occupet extremum scabies; mihi turpe relinqui est .   .   *Ars Poet.*417
    ut mala quem scabies aut morbus regius urget   .   .   .   *Ars Poet.*453
scabrum. quem simul adspexit scabrum intonsumque Philippus,   .   *Epist.*1.7.90
scaena. quin ubi se a volgo et scaena in secreta remorant   .   .   *Serm.*2.1.71
    actor|cum stetit in scaena, concurrit dextera laevae.   .   .   *Epist.*2.1.205
scaenae. chlamydas . . . si posset centum scaenae praebere rogatus,   *Epist.*1.6.41
    siquid inexpertum scaenae conmittis   .   .   .   .   .   *Ars Poet.*125
scaenam. quem tulit ad scaenam ventoso Gloria curru,   .   .   *Epist.*2.1.177
    non tamen intus|digna geri promes in scaenam   .   .   .   *Ars Poet.*183
    Enni|in scaenam missos cum magno pondere versus   .   .   *Ars Poet.*260
scaenis. aut agitur res in scaenis aut acta refertur.   .   .   .   *Ars Poet.*179
Scaeva. quamvis Scaeva, satis per te tibi consulis   .   .   .   *Epist.*1.17.1
Scaevae. Scaevae vivacem crede nepoti|matrem: .   .   .   *Serm.*2.1.53
scaevum. mercemur servom, qui dictet nomina, laevom [scaevum] | qui
        fodicet latus *coni.Epist.*1.6.50
scalis. in scalis latuit metuens pendentis habenae' —   .   .   *Epist.*2.2.15
scalpe. nostri memorem sepulcro|scalpe querelam.'   .   .   .   *Carm.*3.11.52
scalpere. scalpere terram|unguibus . . . coeperunt;   .   .   .   *Serm.*1.8.26
scalpra. emat . . . si scalpra et formas non sutor,   .   .   .   *Serm.*2.3.106
scalptum. olim nam quaerere amabam, . . . quid sculptum [scalptum]
        infabre, quid fusum durius esset. *var.Serm.*2.3.22
Scamandri. quam frigida parvi|findunt Scamandri flumina.   .   *Epod.*13.14
scamnum. cum faber, incertus scamnum faceretne Priapum,   .   .   *Serm.*1.8.2
scandens. neque ut superni villa candens [scandens] Tusculi | Circaea
        tangat moenia: *var.Epod.*1.29
scanderet. cum parentis regna per arduom | cohors gigantum scanderet
        inpia, ...   *Carm.*2.19.22
scandet. dum Capitolium|scandet cum tacita virgine pontifex. .   .   *Carm.*3.30.9

scandit. scandit aeratas vitiosa navis|Cura *Carm.*2.16.21
scandunt. Timor et Minae|scandunt eodem, quo dominus,   .   .   .   *Carm.*3.1.38
scaphae. tunc me biremis praesidio scaphae *Carm.*3.29.62
scari. non me Lucrina iuverint conchylia | magisve rhombus aut scari,   .   *Epod.*2.50
scarus. nec scarus aut poterit peregrina iuvare lagois.   .   .   .   *Serm.*2.2.22
scatentem. scatentem |. beluis pontum mediasque fraudes | palluit audax.   *Carm.*3.27.26
Scauros. Regulum et Scauros . . . referam *Carm.*1.12.37
scaurum. illum|balbutit scaurum pravis fultum male talis.   .   .   .   *Serm.*1.3.48
sceleratus. effugiet tamen haec sceleratus vincula Proteus.   .   .   .   *Serm.*2.3.71
  qui sceleratus,|et furiosus erit; *Serm.*2.3.221
scelere. scelere . . . Iliacos intra muros peccatur *Epist.*1.2.15
sceleris. integer vitae scelerisque purus *Carm.*1.22.1
  heu heu, cicatricum et sceleris pudet|fratrumque.   .   .   .   *Carm.*1.35.33
  nil faciet sceleris pia dextera *Serm.*2.1.54
  'qui species alias veris scelerisque tumultu|permixtas capiet,   .   *Serm.*2.3.208
  an commotae crimine mentis | absolves hominem et sceleris damnabis
  eundem *Serm.*2.3.279
scelerum. scelerum si bene paenitet. *Carm.*3.24.50
scelesta. crede non illam tibi de scelesta|plebe dilectam   .   .   .   *Carm.*2.4.17
scelestas. socerum et scelestas|falle sorores, ...   *Carm.*3.11.39
scelesti. quo, quo scelesti ruitis? *Epod.*7.1
scelestum. raro antecedentem scelestum|deseruit pede Poena claudo.   .   *Carm.*3.2.31
scelus. acerba fata Romanos agunt|scelusque fraternae necis,   .   .   *Epod.*7.18
scelus. cui dabit partis scelus expiandi|Iuppiter? *Carm.*1.2.29
  per nostrum patimur scelus|iracunda Iovem ponere fulmina.   .   *Carm.*1.3.39
  audiat Lyde scelus atque notas|virginum poenas *Carm.*3.11.25
  cum prudens scelus ob titulos admittis inanis, ...   *Serm.*2.3.212
Scetani. 'Scetani dissimilis sis.' *Serm.*1.4.112
sci. continui montes, ni [sci] dissocientur opaca|valle,   .   .   .   *var.Epist.*1.16.5
sciat. ambigitur quid enim? Castor sciat an Docilis plus;   .   .   *Epist.*1.18.19
  me quater undenos sciat inplevisse decembris, ...   *Epist.*1.20.27
  mirabor, si sciet [sciat] inter-|noscere mendacem verumque beatus
  amicum.   .   .   .   .   *var.Ars Poet.*424
sciebat. atqui sciebat, quae sibi barbarus|tortor pararet: .   .   .   *Carm.*3.5.49
sciens. urgent inpavidi te Salaminius|Teucer, te Sthenelus, sciens|pugnae   *Carm.*1.15.24
  quamvis non alius flectere equom sciens *Carm.*3.7.25
sciens. dulcis docta modos et citharae sciens, ...   *Carm.*3.9.10
scientiae. 'iam iam efficaci do manus scientiae, ...   *Epod.*17.1
scientioris. solutus ambulat veneficae|scientioris carmine.   .   .   .   *Epod.*5.72
sciet. mirabor, si sciet inter-|noscere mendacem verumque beatus amicum.   *Ars Poet.*424
scilicet. saevis Liburnis scilicet invidens|privata deduci   .   .   .   *Carm.*1.37.30
  unda, scilicet omnibus . . . enaviganda, ...   *Carm.*2.14.9
  auro repensus scilicet acrior|miles redibit: *Carm.*3.5.25
  scilicet inprobae|crescunt divitiae, ...   *Carm.*3.24.62
  divite me scilicet artium *Carm.*4.8.5
  scilicet oblitos patriaeque patrisque Latini, ...   *Serm.*1.10.27
  scilicet uni aequos virtuti atque eius amicis. *Serm.*2.1.70
  quia scilicet illis|maiorem natura modum dedit, his breve pondus: .   *Serm.*2.2.36
  scilicet ut plausus quos fert Agrippa feras tu, ...   *Serm.*2.3.185
  scilicet ut deciens solidum absorberet, ...   *Serm.*2.3.240
  'quid tamen ista velit sibi fabula, si licet [scilicet], ede.'   .   .   *var.Serm.*2.5.61
  scilicet elabi si posset mortua; *Serm.*2.5.87
  ut unum|scilicet egregii mortalem altique silenti,   .   .   .   *Serm.*2.6.58
  scilicet uxorem cum dote . . . regina Pecunia donat   .   .   .   *Epist.*1.6.36
  scilicet ut tibi se laudare et tradere coner, ...   *Epist.*1.9.3
  hac in re scilicet una|multum dissimiles, ...   *Epist.*1.10.2
  scilicet ut ventres lamna candente nepotum|diceret urendos   .   *Epist.*1.15.36
  'scilicet, ut non|sit mihi prima fides, ...   *Epist.*1.18.16
  scilicet ut prostes Sosiorum pumice mundus. *Epist.*1.20.2
  scilicet ut vellem curvo dignoscere rectum *Epist.*2.2.44
scimus. scimus, ut . . . fulmine sustulerit caduco *Carm.*3.4.42
  scimus, et hanc veniam petimusque damusque vicissim;   .   .   *Ars Poet.*11
  scimus inurbanum lepido seponere dicto   .   .   .   .   .   *Ars Poet.*273
scindat. et scindat haerentem coronam|crinibus *Carm.*1.17.27
scindente. Pleiadum choro|scindente nubis, ...   *Carm.*4.14.22
Scipiadae. virtus Scipiadae et mitis sapientia Laeli, ...   *Serm.*2.1.72
Scipiadam. scribere . . . Scipiadam ut sapiens Lucilius.'   .   .   .   *Serm.*2.1.17
scire. tu ne quaesieris, scire nefas, quem mihi, quem tibi|finem di dederint,   *Carm.*1.11.1
  nec scire fas est omnia, ...   *Carm.*4.4.22

omnis | gestiet a furno redeuntis scire lacuque *Serm.*1.4.37
(nam te | scire, deos quoniam propius contingis, oportet), . . . *Serm.*2.6.52
iurantem me scire nihil mirantur *Serm.*2.6.57
quibus terrarum militet oris | Claudius Augusti privignus, scire laboro. . *Epist.*1.3.2
scire velis, mea cur ingratus opuscula lector | laudet ametque domi, . *Epist.*1.19.35
scire velim, chartis pretium quotus arroget annus. *Epist.*2.1.35
illud, | quod mecum ignorat, solus volt scire videri, ... *Epist.*2.1.87
tamen idem | scire volam, ... *Epist.*2.2.193
sciret. 'si sciret regibus uti, | fastidiret holus, qui me notat.' . . *Epist.*1.17.14
scis. quis scit [qui scis] an adiciant hodiernae crastina summae | tempora di
    superi? *var.Carm.*4.7.17
et propero quo scis.' *Serm.*1.9.40
'scis, Lebedus quid sit: Gabiis desertior atque | Fidenis vicus; . . *Epist.*1.11.7
me constare mihi scis et discedere tristem *Epist.*1.14.16
quem scis inmunem Cinarae placuisse rapaci, ... *Epist.*1.14.33
quamvis, . . . scis, | quo tandem pacto deceat maioribus uti, . *Epist.*1.17.1
scis, quo clamore coronae | proelia sustineas campestria; . . . *Epist.*1.18.53
scis | in breve te cogi, cum plenus languet amator. . . . *Epist.*1.20.7
et fortasse cupressum | scis simulare: . . . . . . *Ars Poet.*20
'qui scis, an prudens huc se deiecerit . . . . . . *Ars Poet.*462
scit. quis scit an adiciant hodiernae crastina summae | tempora . . *Carm.*4.7.17
quam scit uterque, libens, censebo, exerceat artem. . . . *Epist.*1.14.44
scit Genius, natale comes qui temperat astrum, ... *Epist.*2.2.187
reddere qui voces iam scit puer . . . . *Ars Poet.*158
ille profecto | reddere personae scit convenientia cuique. . . . *Ars Poet.*316
nec scit quantum Cascellius Aulus, ... *Ars Poet.*371
scitari. 'scitari libet ex ipso quodcumque refers: *Epist.*1.7.60
scitius. pingimus atque | psallimus et luctamur Achivis doctius [scitius]
    unctis. *var.Epist.*2.1.33
scobe. vilibus in scopis, in mappis, in scobe quantus | consistit sumptus? *Serm.*2.4.81
Scopas. quas aut Parrhasius protulit aut Scopas, ... *Carm.*4.8.6
scopis. vilibus in scopis, in mappis, in scobe quantus | consistit sumptus? . *Serm.*2.4.81
scopulis. frustra: nam scopulis surdior Icari *Carm.*3.7.21
scopulos. qui vidit . . . infamis scopulos Acroceraunia? . . . *Carm.*1.3.20
Scorpios. seu Libra seu me Scorpios adspicit | formidolosus, . . . *Carm.*2.17.17
scortator. scortator erit: cave te roget; *Serm.*2.5.75
scorto. scorto postponet honestum | officium, ... *Epist.*1.18.34
scortum. quis devium scortum elicet domo | Lyden? *Carm.*2.11.21
scriba. scriba quod esset, | nilo deterius dominae ius esse: . . *Serm.*1.5.66
plerumque recoctus | scriba ex quinqueviro corvom deludet hiantem . *Serm.*2.5.56
scribae. insani ridentes praemia scribae, ... *Serm.*1.5.35
scribae. musa rogata refer, comiti scribaeque Neronis. . . . *Epist.*1.8.2
scribae. scribae . . . te orabant hodie meminisses, Quinte, reverti.' . *Serm.*2.6.36
scribam. quisquis erit vitae scribam color.' *Serm.*2.1.60
scribam. idcircone vager scribamque licenter? . . . . . *Ars Poet.*265
scribare. scribare secundus | heres *Serm.*2.5.48
scribat. siqui scribat uti nos | sermoni propiora, ... *Serm.*1.4.41
scribe. scribe decem a Nerio: non est satis; *Serm.*2.3.69
scribe tui gregis hunc et fortem crede bonumque. *Epist.*1.9.13
scribendi. garrulus atque piger scribendi ferre laborem, . . . *Serm.*1.4.12
scribendi recte: nam ut multum, nil moror. *Serm.*1.4.13
suspectum genus hoc scribendi. *Serm.*1.4.65
aut si tantus amor scribendi te rapit, ... *Serm.*2.1.10
calet uno | scribendi studio: *Epist.*2.1.109
scribendi recte sapere est et principium et fons. . . . . *Ars Poet.*309
scribens. munus et officium, nil scribens ipse, docebo: . . . *Ars Poet.*306
scribentes. verum | gaudent scribentes et se venerantur . . . *Epist.*2.2.107
scribere. nihil me sicut antea iuvat | scribere versiculos . . . *Epod.*11.2
videamus uter plus scribere possit.' *Serm.*1.4.16
nam quis me scribere plures | aut citius possit versus? . . . *Serm.*1.9.23
melius quod scribere possem, ... *Serm.*1.10.47
'attamen et iustum poteras et scribere fortem, ... *Serm.*2.1.16
quis sibi res gestas Augusti scribere sumit? *Epist.*1.3.7
scribere quod Cassi Parmensis opuscula vincat *Epist.*1.4.3
scribere te nobis, tibi nos adcredere par est. *Epist.*1.15.25
ipse ego, qui nullos me adfirmo scribere versus, ... *Epist.*2.1.111
commodus ultro | arcessas et egere vetes et scribere cogas. . . *Epist.*2.1.228
ni melius dormire putem quam scribere versus? *Epist.*2.2.54
praeter cetera me Romaene poemata censes | scribere posse . . *Epist.*2.2.66

scriberis. scriberis Vario fortis et hostium | victor *Carm*.1.6.1
scribes. 'sic raro scribis [scribes], ut toto non quater anno | membranam
    poscas, ... *var.Serm*.2.3.1
scribet. scribet mala carmina vecors: | laudato. *Serm*.2.5.74
scribetur. scribetur tibi forma loquaciter et situs agri. . . . *Epist*.1.16.4
scribi. res gestae regumque ducumque et tristia bella | quo scribi possent
    numero, ... *Ars Poet*.74
scribimus. scribimus indocti doctique poemata passim. . . . *Epist*.2.1.117
scribis. 'sic raro scribis, ut toto non quater anno | membranam poscas, . *Serm*.2.3.1
scribit. scribet [scribit] mala carmina vecors: *var.Serm*.2.5.74
    post paulo scribit sibi milia quinque | esse domi chlamydum; . . . *Epist*.1.6.43
scribitis. sumite materiam vestris, qui scribitis, aequam | viribus . . *Ars Poet*.38
scribo. cum scribo et supplex populi suffragia capto; *Epist*.2.2.103
scribuntur. quae scribuntur aquae potoribus. *Epist*.1.19.3
scrinia. ne me Crispini scrinia lippi | conpilasse putes, ... *Serm*.1.1.120
    prius orto | sole vigil calamum et chartas et scrinia posco. . . *Epist*.2.1.113
scripsere. si taceas, laudant quidquid scripsere beati. . . . *Epist*.2.2.108
scripseris. siquid tamen olim | scripseris, ... *Ars Poet*.387
scripserit. quis Martem tunica tectum adamantina | digne scripserit . . *Carm*.1.6.14
scripsisse. amet scripsisse ducentos | ante cibum versus, . . . *Serm*.1.10.60
scripsit. his, ego quae nunc, | olim quae scripsit Lucilius, . . . *Serm*.1.4.57
scripta. illi, scripta quibus comoedia prisca viris est, . . . *Serm*.1.10.16
scripta. quia Graiorum sunt antiquissima quaeque | scripta vel optima, . *Epist*.2.1.29
scripta. cum mea nemo | scripta legat *Serm*.1.4.23
    in medio qui | scripta foro recitent, ... *Serm*.1.4.75
    quid vetat et nosmet Lucili scripta legentis | quaerere, . . . *Serm*.1.10.56
    tangere vitet | scripta, Palatinus quaecumque recepit Apollo, . . *Epist*.1.3.17
    'spissis indigna theatris | scripta pudet recitare *Epist*.1.19.42
    hic sponsum vocat, hic auditum scripta relictis | omnibus officiis; . . *Epist*.2.2.67
scripto. lecto | aut scripto quod me tacitum iuvet, . . . *Serm*.1.6.123
scriptor. scriptor abhinc annos centum qui decidit, . . . *Epist*.2.1.36
    praetulerim scriptor delirus inersque videri, ... *Epist*.2.2.126
    nec sic incipies, ut scriptor cyclicus olim: . . . . *Ars Poet*.136
    non . . . dominantia nomina solum | verbaque, Pisones, Satyrorum
      scriptor amabo . . . . *Ars Poet*.235
    ut scriptor si peccat idem librarius usque, ... *Ars Poet*.354
scriptor. aut famam sequere aut sibi convenientia finge, | scriptor. . . *Ars Poet*.120
scriptore. una | cum scriptore meo . . . deferar in vicum . . . *Epist*.2.1.268
scriptorem. Troiani belli scriptorem, Maxime Lolli, . . . *Epist*.1.2.1
scriptores. si, . . . Romani pensantur eadem | scriptores trutina, . . *Epist*.2.1.30
    fere scriptores carmine foedo | splendida facta linunt. . . . *Epist*.2.1.236
scriptores. scriptores autem narrare putaret asello | fabellam surdo. . *Epist*.2.1.199
scriptori. et longum noto scriptori prorogat aevom. . . . *Ars Poet*.346
scriptoris. ad nostrum tempus Livi scriptoris ab aevo. . . . *Epist*.2.1.62
scriptorum. scriptorum quaeque retexens, | iratus tibi, . . . *Serm*.2.3.2
    non ego, nobilium scriptorum auditor et ultor, . . . *Epist*.1.19.39
    scriptorum chorus omnis amat nemus et fugit Vrbem, . . *Epist*.2.2.77
scripturus. iterum quae digna legi sint | scripturus, . . . *Serm*.1.10.73
scruta. vilia vendentem tunicato scruta popello *Epist*.1.7.65
scrutaberis. arcanum neque tu scrutaberis illius umquam, . . *Epist*.1.18.37
scrutare. adde cruorem | stultitiae atque ignem gladio scrutare. . . *Serm*.2.3.276
sculpe. et nostri memorem sepulcro | scalpe [sculpe] querelam.' . . *var.Carm*.3.11.52
sculptum. quid sculptum infabre, quid fusum durius esset. . . *Serm*.2.3.22
scurra. scurra Volanerius, postquam illi iusta cheragra | contudit articulos, *Serm*.2.7.15
    ut . . . urbanus coepit haberi, | scurra vagus, . . . *Epist*.1.15.28
scurrae. Sarmenti scurrae pugnam Messique Cicirri, . . . *Serm*.1.5.52
scurrae. Pantolabo scurrae Nomentanoque nepoti. . . . *Serm*.1.8.11
    infido scurrae distabit amicus. *Epist*.1.18.4
scurrae. Mulvius et scurrae, tibi non referenda precati, | discedunt. . *Serm*.2.7.36
scurram. Pantolabum scurram Nomentanumque nepotem, . . . *Serm*.2 1.22
scurrantis. metues, liberrime Lolli, | scurrantis speciem praebere, professus
    amicum. *Epist*.1.18.2
scurris. cum scurris fartor, cum Velabro omne macellum . . *Serm*.2.3.229
scurror. 'scurror ego ipse mihi, populo tu: *Epist*.1.17.19
Scurtillus. erucas viridis, inulas ego primus amaras | monstravi incoquere;
    inlutos Curtillus [incoquere in luto Scurtillus] echinos, . . *var.Serm*.2.8.52
scutica. ne scutica dignum horribili sectere flagello. . . . *Serm*.1.3.119
Scyllam. miracula promat, | Antiphaten Scyllamque . . . *Ars Poet*.145
scyphis. natis in usum laetitiae scyphis | pugnare Thracum est: . . *Carm*.1.27.1

scyphos. capaciores adfer huc, puer, scyphos *Epod.*9.33
Scythae. te Dacus asper, te profugi Scythae . . . metuont *Carm.*1.35.9
    iam Scythae laxo meditantur arcu│cedere campis. *Carm.*3.8.23
    campestres melius Scythae, . . . vivont *Carm.*3.24.9
    iam Scythae responsa petunt, superbi│nuper, et Indi. *Carm.Saec.*55
Scythas. Venus│Cyprum deseruit nec patitur Scythas . . . dicere . . *Carm.*1.19.10
Scythen. quis Parthum paveat, quis gelidum Scythen, ... *Carm.*4.5.25
Scythes. Scythes,│Hirpine Quinte, cogitet Hadria│divisus obiecto, . . *Carm.*2.11.1
    te profugus Scythes│miratur, ... *Carm.*4.14.42
Scythicum. et Scythicum inviolatus amnem. *Carm.*3.4.36
se. *Carm.*1.2.17; 2.16.20; 3.5.33; 4.9.38; *Serm.*1.1.21; 1.1.96; 1.1.98; 1.1.109; 1.1.111; 1.1.117;
    *Serm.*1.2.18; 1.2.22; 1.2.41; 1.2.53; 1.2.130; 1.6.120; 1.10.9; 2.1.71; 2.2.75; 2.3.198;
    *Serm.*2.3.277; 2.3.317; 2.3.319; 2.4.34; 2.4.39; 2.7.11; 2.7.32; 2.7.63; 2.7.71; *Epist.*1.7.98;
    *Epist.*1.8.13; 1.9.3; 1.14.13; 1.16.64; 1.18.7; 1.18.27; 2.1.14; 2.1.214; 2.1.239; 2.1.261;
    *Epist.*2.2.107; 2.2.129; *Ars Poet.*462
se. *Carm.*3.5.43; *Serm.*1.1.102; 1.10.55; 2.1.49; 2.2.70; 2.3.260; 2.7.16; 2.7.86; *Epist.*1.1.97;
    *Epist.*1.7.62; 2.1.245; *Ars Poet.*174; 175
secanda. tu secanda marmora│locas sub ipsum funus *Carm.*2.18.17
secandi. cotis, acutum│reddere quae ferrum valet exsors ipsa secandi; . *Ars Poet.*305
secantur. quo multae magnaeque secantur iudice lites, ... *Epist.*1.16.42
secat. ridiculum acri│fortius et melius magnas plerumque secat res. . . *Serm.*1.10.15
secer. luctantis acuto ne secer ungui, ... *Epist.*1.19.46
secernere. nec natura potest iusto secernere iniquom, ... *Serm.*1.3.113
    fuit haec sapientia quondam│publica privatis secernere, ... *Ars Poet.*397
secernis. qui turpi secernis honestum│non patre praeclaro, . . . *Serm.*1.6.63
secernit. qua medius liquor│secernit Europen ab Afro, ... *Carm.*3.3.47
secernunt. me gelidum nemus │ Nympharumque leves cum Satyris chori │
    secernunt populo, ... *Carm.*1.1.32
secet. Myrtoum pavidus nauta secet mare. *Carm.*1.1.14
secreta. stridere secreta divisos aure susurros.' *Serm.*2.8.78
secreta. quin ubi se a volgo et scaena in secreta remorant . . . *Serm.*2.1.71
    secreta petit loca, balnea vitat. . . . . *Ars Poet.*298
secreto. 'certe nescio quid secreto velle loqui te│aiebas mecum.' . . *Serm.*1.9.67
secretum. quid pure tranquillet, . . . secretum iter et fallentis semita
    vitae. *Epist.*1.18.103
secrevit. Iuppiter illa piae secrevit litora genti, ... *Epod.*16.63
sectabitur. neque te quisquam stipator ineptum │ praeter Crispinum
    sectabitur, ... *Serm.*1.3.139
    fecundae leporis sapiens sectabitur armos. *Serm.*2.4.44
sectamur. 'cervi, luporum praeda rapacium,│sectamur ultro . . . *Carm.*4.4.51
sectantem. sectantem levia nervi│deficiunt animique; . . . . *Ars Poet.*26
sectari. mitte sectari, rosa quo locorum│sera moretur. . . . *Carm.*1.38.3
    quare, ne paeniteat te,│desine sectari matronas, ... *Serm.*1.2.78
sectarier. quare, ne paeniteat te, │ desine sectari matronas [matronas
    sectarier], ... *var.Serm.*1.2.78
sectatur. nomina sectatur modo sumpta veste virili │ sub patribus duris
    tironum. *Serm.*1.2.16
    'leporem venator ut alta│in nive sectetur [sectatur], positum sic tangere
    nolit' *var.Serm.*1.2.106
sectatus. leporem sectatus equove│lassus ab indomito *Serm.*2.2.9
sectere. ne scutica dignum horribili sectere flagello. *Serm.*1.3.119
sectetur. 'leporem venator ut alta│in nive sectetur, ... *Serm.*1.2.106
sectis. sectis in iuvenes unguibus acrium *Carm.*1.6.18
sectis. hoc ubi confusum sectis inferbuit herbis *Serm.*2.4.67
secto. non hydra secto corpore firmior *Carm.*4.4.61
sectum. prave sectum stomacheris ob unguem *Epist.*1.1.104
sectus. tua sectus orbis│nomina ducet.' *Carm.*3.27.75
    'sectus flagellis hic triumviralibus *Epod.*4.11
secuisse. audiet civis acuisse [secuisse] ferrum, ... *coni.Carm.*1.2.21
secunda. quorum│piis secunda vate me datur fuga. *Epod.*16.66
secunda. secunda│ratem occupare quid moramur alite? *Epod.*16.23
    tutior at quanto merx est in classe secunda, ... *Serm.*1.2.47
    non ut de sede secunda│cederet aut quarta socialiter. . . . . *Ars Poet.*257
secundae. ingenium res│adversae nudare solent, celare secundae." . *Serm.*2.8.74
    quem res plus nimio delectavere secundae, ... *Epist.*1.10.30
secundam. 'ante secundam│Roscius orabat sibi adesses ad Puteal cras.' . *Serm.*2.6.34
secundas. magnum adiutorem, posset qui ferre secundas, . . . *Serm.*1.9.46
    tum pensilis uva secundas│et nux ornabat mensas *Serm.*2.2.121
    partis mimum tractare secundas; *Epist.*1.18.14

secundi. hoc paces habuere bonae ventique secundi. *Epist.*2.1.102
secundis. post hoc secundis usque laboribus . . . pubes crevit . . . *Carm.*4.4.45
secundis. dum licet, in rebus iucundis [? secundis] vive beatus, . . *? var.Serm.*2.6.96
secundis. sperat infestis, metuit secundis | alteram sortem . . . *Carm.*2.10.13
    secundis | temporibus dubiisque rectus, ... *Carm.*4.9.35
    immanisque Raetos | auspiciis pepulit secundis, ... *Carm.*4.14.16
secundo. tu secundo | Caesare regnes. *Carm.*1.12.51
    contrahes vento nimium secundo | turgida vela. . . . *Carm.*2.10.23
    quid prima secundo | cera velit versu; *Serm.*2.5.53
    ridetur fictis rerum Balatrone secundo, ... *Serm.*2.8.83
    quae vos ad caelum fertis rumore secundo, ... *Epist.*1.10.9
    vivit siliquis et pane secundo: *Epist.*2.1.123
    vivit siliquis et pane secundo [? secundo pane]: . . . *? var.Epist.*2.1.123
    non agimur tumidis velis aquilone secundo: *Epist.*2.2.201
secundo. dum favet Nox et Venus, i secundo | omine . . . *Carm.*3.11.50
secundos. belli secundos reddidit exitus *Carm.*4.14.38
secundum. nec viget quidquam simile aut secundum. . . . *Carm.*1.12.18
secundum. sed ut secundum vota Parthorum sua | Vrbs haec periret
    dextera? *Epod.*7.9
secundus. 'cur Aiax, heros ab Achille secundus, | putescit, . . . *Serm.*2.3.193
    scribare secundus | heres *Serm.*2.5.48
secures. hic ponite lucida | funalia et vectis et †arcus [vectis securesque] |
    oppositis foribus minacis. *coni.Carm.*3.26.7
securi. Amazonia securi | dextras obarmet, ... *Carm.*4.4.20
    at hunc liberta securi | divisit medium, ... *Serm.*1.1.99
securim. pontificum securis [securim] | cervice tinguet: . . . *var.Carm.*3.23.12
securis. fertur quo rara securis. *Serm.*1.7.27
securis. nec sumit aut ponit securis | arbitrio popularis aurae. . . *Carm.*3.2.19
    pontificum securis | cervice tinguet: *Carm.*3.23.12
    manus potentis | Medus Albanasque timet securis, . . . *Carm.Saec.*54
securum. namque deos didici securum agere aevom . . . *Serm.*1.5.101
    laudas securum holus *Serm.*2.7.30
securus. quid Tiridaten terreat, unice | securus. *Carm.*1.26.6
    quali perfundat piscis securus olivo *Serm.*2.4.50
    post hoc | securus, cadat an recto stet fabula talo. . . . *Epist.*2.1.176
    ille ferat pretium poenae securus, opinor. *Epist.*2.2.17
secus. non secus in bonis | ab insolenti temperatam | laetitia, . . *Carm.*2.3.2
    non secus in iugis | Edonis stupet Euhias *Carm.*3.25.8
    in medias res | non secus ac notas auditorem rapit . . . *Ars Poet.*149
secuta. potes hac ab orno | pendulum zona bene te secuta e- | lidere collum. *Carm.*3.27.59
secuti. deinde secuti | mazonomo pueri magno discerpta ferentes | membra
    gruis *Serm.*2.8.85
secutis. invertunt Allifanis vinaria tota | Vibidius Balatroque secutis
    omnibus: *Serm.*2.8.40
secutus. hinc omnis pendet Lucilius, hosce secutus . . . *Serm.*1.4.6
    numeros animosque secutus | Archilochi, ... *Epist.*1.19.24
sed. *Carm.*1.24.19; 1.28.15; 1.33.7; *coni.Carm.*1.35.22; *Carm.*1.37.12; 2.1.37; 2.7.13; 2.8.5;
    *Carm.*2.13.19; 2.13.30; 2.19.27; 3.1.37; 3.3.57; 3.4.53; 3.6.29; 3.6.37; 3.27.17; 4.1.33;
    *Carm.*4.3.10; 4.4.22; 4.4.33; 4.6.17; 4.8.9; 4.9.26; 4.9.40; 4.12.14; 4.13.22; *Epod.*5.85;
    *Epod.*7.9; 8.7; 11.27; 16.25; 17.62; 17.69; *Serm.*1.1.27; 1.2.120; 1.3.108; 1.4.99;
    *var.Serm.*1.4.116; *Serm.*1.5.89; 1.6.23; 1.6.60; 1.6.64; 1.6.76; 1.9.15; 1.9.68; 1.10.67;
    *Serm.*2.1.39; 2.1.56; 2.1.80; 2.1.83; 2.2.2; 2.2.20; 2.2.90; 2.2.121; 2.2.134; 2.3.17; 2.3.51;
    *Serm.*2.3.207; 2.4.5; 2.4.29; 2.4.31; 2.5.73; 2.5.109; 2.6.72; 2.8.18; 2.8.73; 2.8.79;
    *Epist.*1.1.57; 1.5.29; 1.7.45; 1.8.7; 1.9.8; 1.10.37; 1.11.11; 1.14.36; 1.15.13; 1.16.6;
    *Epist.*1.16.19; 1.16.44; 1.17.50; 1.18.111; 1.19.29; 2.1.18; 2.1.71; 2.1.77; 2.1.78; 2.1.89;
    *Epist.*2.1.159; 2.1.167; 2.1.169; 2.1.229; 2.1.235; 2.1.257; 2.2.9; 2.2.46; 2.2.52; 2.2.144;
    *Epist.*2.2.170; *Ars Poet.*12; 19; 143; 203; 282; 372
sedare. cum pene soluto | indomitam properat rabiem sedare, . . . *Epod.*12.9
sedatum. oderunt . . . sedatum celeres, agilem navomque remissi; . *Epist.*1.18.90
sede. nec mens mihi nec color | certa sede manent, ... *Carm.*1.13.6
    rapacis Orci sede destinata *Carm.*2.18.30
    non ut de sede secunda | cederet aut quarta socialiter. . . *Ars Poet.*257
sedem. deus haec fortasse benigna | reducet in sedem vice. . . . *Epod.*13.8
sederit. quae simplex olim tibi sederit. *Serm.*2.2.73
sedes. nota quae sedes fuerat columbis, ... *Carm.*1.2.10
    invisi horrida Taenari | sedes Atlanteusque finis *Carm.*1.34.11
    Tibur Argeo positum colono | sit meae sedes utinam senectae, . . *Carm.*2.6.6
sedes. sedesque discriptas piorum *Carm.*2.13.23
    illum ego lucidas | inire sedes, ... *Carm.*3.3.34

si priores Maeonius tenet | sedes Homerus, ... *Carm*.4.9.6
sedet. post equitem sedet atra Cura. *Carm*.3.1.40
sedilibusque magnus in primis eques | Othone contempto sedet. . . *Epod*.4.16
'at Novius collega gradu post me sedet uno: *Serm*.1.6.40
sedibus. tu pias laetis animas reponis | sedibus *Carm*.1.10.18
sedilia. nondum spissa nimis complere sedilia flatu; . . . . *Ars Poet*.205
sedilibus. sedilibusque magnus in primis eques | Othone contempto sedet. *Epod*.4.15
sedit. sedit qui timuit, ne non succederet. *Epist*.1.17.37
seditione. seditione, . . . Iliacos intra muros peccatur et extra. . *Epist*.1.2.15
seditionibus. nostrisque ductum seditionibus | bellum resedit; . . *Carm*.3.3.29
paene occupatam seditionibus | delevit Vrbem . . . *Carm*.3.6.13
sedula. matrona potens an sedula nutrix, ... *Ars Poet*.116
sedulitas. officiosaque sedulitas et opella forensis | adducit febris . *Epist*.1.7.8
sedulitas autem stulte quem diligit urget, ... *Epist*.2.1.260
sedulus. simplici myrto nihil adlabores | sedulus curo: . . . *Carm*.1.38.6
ubi sedulus hospes | paene macros arsit *Serm*.1.5.71
odiumque libellis | sedulus inportes opera vehemente minister. . *Epist*.1.13.5
exanimat lentus spectator, sedulus inflat: *Epist*.2.1.178
seges. nec sterilem seges | robiginem *Carm*.3.23.6
haec seges ingratos tulit et feret omnibus annis. . . . *Epist*.1.7.21
spem mentita seges, bos est enectus arando: *Epist*.1.7.87
segetes. non opimae | Sardiniae segetes feracis, ... *Carm*.1.31.4
cum segetes occat tibi mox frumenta daturus, . . . *Epist*.2.2.161
segetis. segetis certa fides meae *Carm*.3.16.30
segnes. quia tardius irent | propter onus segnes. *Serm*.2.3.102
segnes. segnesque nodum solvere Gratiae *Carm*.3.21.22
segni. neque pugno neque segni pede victus, ... *Carm*.3.12.9
segnis. segnis ego, indignus qui tantum possideam: . . . *Serm*.2.3.236
segnius. segnius irritant animos demissa per aurem . . . *Ars Poet*.180
selectis. (unum ex iudicibus selectis obiciebat) *Serm*.1.4.123
sellis. honestos | fascibus et sellis nollem mihi sumere, . . . *Serm*.1.6.97
semel. quam virga semel horrida *Carm*.1.24.16
et calcanda semel via leti. *Carm*.1.28.16
nec vera virtus, cum semel excidit, ... *Carm*.3.5.29
regina, sublimi flagello | tange Chloen semel arrogantem. . . *Carm*.3.26.12
quod fugiens semel hora vexit. *Carm*.3.29.48
'io triumphe' | non semel dicemus, 'io triumphe' *Carm*.4.2.50
quem . . . semel | nascentem placido lumine videris, . . . *Carm*.4.3.1
cum semel occideris *Carm*.4.7.21
non semel Ilios | vexata; *Carm*.4.9.18
quae semel | notis condita fastis | inclusit volucris dies. . . *Carm*.4.13.14
quod semel dictum est *Carm.Saec*.26
interminato cum semel fixae cibo | intabuissent pupulae. . . *Epod*.5.39
nec semel offensi cedet constantia formae, ... *Epod*.15.15
et quodcumque semel chartis inleverit, ... *Serm*.1.4.36
ut semel icto | accessit fervor capiti *Serm*.2.1.24
quae si semel uno | de sene gustarit tecum partita lucellum, . . *Serm*.2.5.81
quae belua ruptis, | cum semel effugit, reddit se prava catenis? . . *Serm*.2.7.71
ridiculus totas semel absorbere placentas; *Serm*.2.8.24
quo semel est imbuta recens servabit odorem | testa diu. . . *Epist*.1.2.69
qui semel adspexit, quantum dimissa petitis | praestent, . . *Epist*.1.7.96
cum semel accepit Solem furibundus acutum? *Epist*.1.10.17
nec semel inrisus triviis attollere curat | fracto crure planum, . . *Epist*.1.17.58
et semel emissum volat inrevocabile verbum. *Epist*.1.18.71
semel hic cessavit et, ut fit, | in scalis latuit *Epist*.2.2.14
haec animos aerugo et cura peculi | cum semel imbuerit, . . *Ars Poet*.331
haec placuit semel, haec deciens repetita placebit. . . . *Ars Poet*.365
in mala derisum semel exceptumque sinistre. . . . . *Ars Poet*.452
nec semel hoc fecit, nec si retractus erit, ... *Ars Poet*.468
Semelae. Thebanaeque iubet me Semelae puer *Carm*.1.19.2
Semeleius. nec Semeleius | cum Marte confundet Thyoneus | proelia . *Carm*.1.17.22
semesa. aridum et ore ferens acinum semesaque lardi | frusta dedit, . *Serm*.2.6.85
semesos. semesos piscis tepidumque ligurrierit ius, . . . *Serm*.1.3.81
semet. quas doceat quivis eques atque senator | semet prognatos. . *Serm*.1.6.78
semina. pinguia nec siccis urantur semina glaebis, . . . *Epod*.16.55
semina. quid? cum Picenis excerpens semina pomis | gaudes, . . *Serm*.2.3.272
semis. redit uncia, quid fit?' | 'semis.' . . . . . . *Ars Poet*.330
semita. quid pure tranquillet, . . . secretum iter et fallentis semita vitae. *Epist*.1.18.103
semota. quae terris semota suisque | temporibus defuncta videt, . . *Epist*.2.1.21

semoti.   semotique prius tarda necessitas | Leti corripuit gradum; . . *Carm.*1.3.32
semper.   te . . . qui semper vacuam, semper amabilem | sperat, . . *Carm.*1.5.10
   ingenuoque semper | amore peccas. *Carm.*1.27.16
   Veneremque et illi | semper haerentem puerum canebat . . . *Carm.*1.32.10
   te semper anteit serva Necessitas, ... *Carm.*1.35.17
   barbaras Syrtis, ubi Maura semper | aestuat unda: *Carm.*2.6.3
   semper ardentis acuens sagittas | cote cruenta. . . . *Carm.*2.8.15
   non semper imbres nubibus hispidos | manant in agros . . . *Carm.*2.9.1
   tu semper urges flebilibus modis *Carm.*2.9.9
   nec inpubem parentes | Troilon aut Phrygiae sorores | flevere semper. . . *Carm.*2.9.17
   neque altum | semper urgendo *Carm.*2.10.2
   suscitat Musam neque semper arcum | tendit Apollo. . . . *Carm.*2.10.19
   non semper idem floribus est honor | vernis . . . *Carm.*2.11.9
   non hoc semper erit liminis aut aquae | caelestis patiens latus. . . *Carm.*3.10.19
   curtae nescio quid semper abest rei. . . . *Carm.*3.24.64
   nec semper udum Tibur et Aefulae | declive contempleris arvom . . *Carm.*3.29.6
   semper ut te digna sequare *Carm.*4.11.29
   o colendi | semper et culti, ... *Carm.Saec.*3
   alterum in lustrum meliusque semper | prorogat aevom . . . *Carm.Saec.*67
   Inachiam ter nocte potes, mihi semper ad unum | mollis opus, . . *Epod.*12.15
   egens benignae Tantalus semper dapis, ... *Epod.*17.66
   horum | semper ego optarim pauperrimus esse bonorum. . . . *Serm.*1.1.79
   (sic festinanti semper locupletior obstat), ... *Serm.*1.1.113
   uni nimirum recte tibi semper erunt res, ... *Serm.*2.2.106
   siquis ad ingentem frumenti semper acervom | porrectus vigilet . . *Serm.*2.3.111
   vinea submittit capreas non semper edulis. . . . *Serm.*2.4.43
   haud ita Troiae | me gessi, certans semper melioribus.' . . . *Serm.*2.5.19
   'ut tu | semper eris derisor.' *Serm.*2.6.54
   in quem manca ruit semper fortuna. *Serm.*2.7.88
   ut semper gaudes inludere rebus | humanis!" . . . *Serm.*2.8.62
   semper avarus eget: certum voto pete finem. . . . *Epist.*1.2.56
   qui | semper in augenda festinat et obruitur re. . . . *Epist.*1.16.68
   num te semper inops agitet vexetque cupido, . . . *Epist.*1.18.98
   'pictoribus atque poetis | quidlibet audendi semper fuit aequa potestas.' . *Ars Poet.*10
   licuit semperque licebit | signatum praesente nota procudere nomen. . *Ars Poet.*58
   semper ad eventum festinat . . . . *Ars Poet.*148
   semper in adiunctis aevoque morabitur aptis. . . . *Ars Poet.*178
   nec semper feriet quodcumque minabitur arcus. . . . *Ars Poet.*350
   citharoedus | ridetur, chorda qui semper oberrat eadem: . . . *Ars Poet.*356
senator.   quas doceat quivis eques atque senator | semet prognatos. . . *Serm.*1.6.77
senator.   hoc ego commodius quam tu, praeclare senator, . . . vivo. . *Serm.*1.6.110
sene.   res ubi magna nitet domino sene; *Serm.*2.5.12
   quae si semel uno | de sene gustarit tecum partita lucellum, . . *Serm.*2.5.82
   me sene quod dicam factum est. *Serm.*2.5.84
senecta.   lenior et melior fis accedente senecta? . . . *Epist.*2.2.211
senectae.   Tibur Argeo positum colono | sit meae sedes utinam senectae, . *Carm.*2.6.6
senectae.   nec pietas moram | rugis et instanti senectae | adferet . . *Carm.*2.14.3
senectam.   nec turpem senectam | degere nec cithara carentem. . . *Carm.*1.31.19
senectus.   longa Tithonum minuit senectus *Carm.*2.16.30
   rugis vetus | frontem senectus exaret *Epod.*8.4
   obducta solvatur fronte senectus. *Epod.*13.5
   seu me tranquilla senectus | exspectat *Serm.*2.1.57
   dura valetudo inciderit seu tarda senectus? . . . *Serm.*2.2.88
   ut pueros elementa docentem | occupet extremis in vicis balba senectus. *Epist.*1.20.18
senectuti.   di, senectuti placidae quietem, . . . date . . . *Carm.Saec.*46
senectutis.   di, senectuti [senectutis] placidae quietem, . . . date . *var.Carm.Saec.*46
senem.   senem, quod omnes rideant, adulterum | latrent Suburanae canes . *Epod.*5.57
   arguta meretrice potes Davoque Chremeta | eludente senem comis garrire
      libellos *Serm.*1.10.41
   libertusve senem delirum temperet, ... *Serm.*2.5.71
   multa senem circumveniunt incommoda, . . . *Ars Poet.*169
senes.   metuont . . . te senes parci *Carm.*2.8.22
   senem, [? senes] quod omnes rideant, adulterum | latrent Suburanae
      canes [? rideant cunctos canos] . . . . ? *var.Epod.*5.57
   senes ut in otia tuta recedant, ... *Serm.*1.1.31
   haec recinunt iuvenes dictata senesque *Epist.*1.1.55
   quae | inberbes didicere, senes perdenda fateri. . . . *Epist.*2.1.85
senes.   excipiantque senes, quos in vivaria mittant; . . . *Epist.*1.1.79
senescentem.   'solve senescentem mature sanus equom, . . . *Epist.*1.1.8

senescit. inmoritur studiis et amore senescit habendi. *Epist*.1.7.85
senex. non ter aevo functus amabilem|ploravit omnis Antilochum senex|
  annos *Carm*.2.9.14
  siccus|lautis mane senex manibus currebat *Serm*.2.3.282
  maturusne senex an adhuc florente iuventa|fervidus,   .   .   . *Ars Poet*.115
senex. dis inimice senex, custodis? ne tibi desit? *Serm*.2.3.123
seni. et vicina seni non habilis Lyco. *Carm*.3.19.24
senibus. id quod . . . aeque neglectum pueris senibusque nocebit. . . *Epist*.1.1.26
senile. parentis olim siquis inpia manu|senile guttur fregerit,   .   . *Epod*.3.2
seniles. ne forte seniles|mandentur iuveni partes   .   .   .   . *Ars Poet*.176
senior. siquis|forte coheredum senior male tussiet,   .   .   . *Serm*.2.5.107
seniorum. quamque poetarum seniorum turba; *Serm*.1.10.67
  centuriae seniorum agitant expertia frugis, ... *Ars Poet*.341
senis. pateat veluti descripta tabella|vita senis. *Serm*.2.1.34
  hic neque servis|Albuci senis exemplo, dum munia didit,|saevos erit, . *Serm*.2.2.67
  aufert|Pacuvius docti famam senis, ... *Epist*.2.1.56
senis. mollius ac siquis pedibus quid claudere senis,   .   .   . *Serm*.1.10.59
senium. surge et inhumanae senium depone Camenae,   .   .   . *Epist*.1.18.47
senos. cum senos redderet ictus|primus ad extremum similis sibi: . *Ars Poet*.253
sensere. sensere, quid mens rite, ... *Carm*.4.4.25
sensi. tecum Philippos et celerem fugam|sensi *Carm*.2.7.10
sensibus. mollis inertia cur tantam diffuderit imis|oblivionem sensibus, . *Epod*.14.2
sensimus. postquam nihil esse pericli|sensimus, ... *Serm*.2.8.58
sensit. qui lora restrictis lacertis|sensit iners *Carm*.3.5.36
  proles Niobea magnae|vindicem linguae Tityosque raptor|sensit . . *Carm*.4.6.3
  'quid ergo | sensit, cum summam patrimoni insculpere saxo | heredes
    voluit?' *Serm*.2.3.90
sensu. 'molestus|communi sensu plane caret' inquimus.   .   .   . *Serm*.1.3.66
  num sine sensu,|tempore num faciant alieno. *Serm*.1.4.77
  quo spectanda modo, quo sensu credis et ore? *Epist*.1.6.8
sensus. sensus moresque repugnant|atque ipsa utilitas,   .   .   . *Serm*.1.3.97
sensus. donec verba, quibus voces sensusque notarent,   .   .   . *Serm*.1.3.103
  donec verba, quibus voces sensusque [sensus, vocesque,] notarent,|
    nominaque invenere; *coni.Serm*.1.3.103
sententia. 'macte|virtute esto' inquit sententia dia Catonis;   .   . *Serm*.1.2.32
  est brevitate opus, ut currat sententia *Serm*.1.10.9
  mea cum pugnat sententia secum, ... *Epist*.1.1.97
  cur sit Aristippi potior sententia. *Epist*.1.17.17
  post etiam inclusa est voti sententia compos;   .   .   .   . *Ars Poet*.76
  sortilegis non discrepuit sententia Delphis.   .   .   .   . *Ars Poet*.219
sententia. nulla sit hac potior sententia: *Epod*.16.17
sententiarum. testis mearum centimanus gigas|sententiarum,   .   . *Carm*.3.4.70
sentiant. hostium uxores puerique caecos|sentiant motus   .   . *Carm*.3.27.22
sentiat. qui sapere et fari possit quae sentiat *Epist*.1.4.9
sentiet. nec pestilentem sentiet Africum|fecunda vitis .   .   . *Carm*.3.23.5
sentimus. nil cum procedere lintrem|sentimus, ... *Serm*.1.5.21
sentire. haec Iovem sentire deosque cunctos *Carm.Saec*.73
  quid sentire putas, quid credis, amice, precari?   .   .   . *Epist*.1.18.106
sentis. inclinare meridiem|sentis *Carm*.3.28.6
  unde datum sentis, lupus hic Tiberinus an alto|captus hiet?   . *Serm*.2.2.31
  aut quia non sentis, quod clamas, rectius esse,   .   .   . *Serm*.2.7.25
  ecquid|ad te post paulo ventura pericula sentis?   .   .   . *Epist*.1.18.83
sentit. inulto|dicere quod sentit permitto.' *Serm*.2.3.190
  lacus et mare sentit amorem|festinantis eri; *Epist*.1.1.84
  nam quae deserta et inhospita tesqua | credis, amoena vocat mecum
    qui sentit, ... *Epist*.1.14.20
  opinor,|hoc sentit 'moriar.' *Epist*.1.16.79
  poscit opem chorus et praesentia numina sentit,   .   .   . *Epist*.2.1.134
  vilicus Orbi, . . . te dominum sentit *Epist*.2.2.162
  vicinas urbes alit et grave sentit aratrum, ... *Ars Poet*.66
sentiunt. contracta pisces aequora sentiunt | iactis in altum molibus: . *Carm*.3.1.33
senum. mixta senum ac iuvenum densentur funera,   .   .   . *Carm*.1.28.19
  captes astutus ubique|testamenta senum *Serm*.2.5.24
separatis. tu separatis uvidus in iugis *Carm*.2.19.18
seponere. scimus inurbanum lepido seponere dicto   .   .   . *Ars Poet*.273
sepositi. neque ille|sepositi ciceris nec longae invidit avenae,   . *Serm*.2.6.84
septem. tuque testudo resonare septem|callida nervis,   .   .   . *Carm*.3.11.3
  dis, quibus septem placuere colles,|dicere carmen.   .   .   . *Carm.Saec*.7
  sed quadringentis sex septem milia desunt: *Epist*.1.1.57

dum septem donat sestertia, mutua septem|promittit, ... *Epist.*1.7.80
studiis annos septem dedit insenuitque|libris et curis, ... *Epist.*2.2.82
septembribus. incolumem tibi me praestant septembribus horis. .   .   . *Epist.*1.16.16
Septicium. Butram tibi Septiciumque . . . adsumam; *Epist.*1.5.26
Septimi. Septimi, Gadis aditure mecum *Carm.*2.6.1
Septimius. Septimius, Claudi, nimirum intellegit unus, | quanti me facias; *Epist.*1.9.1
septimus. septimus octavo propior iam fugerit annus, ... *Serm.*2.6.40
sepulcra. ne foret his testis, post magna latere sepulcra. .   .   . *Serm.*1.8.36
sepulcri. sepulcri|inmemor struis domos *Carm.*2.18.18
sepulcri|mitte supervacuos honores. *Carm.*2.20.23
sepulcris. campus sepulcris inpia proelia|testatur *Carm.*2.1.30
iubet sepulcris caprificos erutas, ... *Epod.*5.17
neque in sepulcris pauperum prudens anus | novendialis dissipare
pulveres. *Epod.*17.47
sepulcro. nostri memorem sepulcro|scalpe querelam.' *Carm.*3.11.51
heredes Staberi summam incidere sepulcro, ... *Serm.*2.3.84
per quem tot iuvenes patrio caruere sepulcro?' *Serm.*2.3.196
sepulcrum. hoc miserae plebi stabat commune sepulcrum, .   .   . *Serm.*1.8.10
sepulcrum. cui super Karthaginem|virtus sepulcrum condidit. .   .   . *Epod.*9.26
sepulcrum|permissum arbitrio sine sordibus exstrue: .   .   . *Serm.*2.5.104
sepultae. paulum sepultae distat inertiae|celata virtus— .   .   . *Carm.*4.9.29
sepultis. ingeniis non ille favet plauditque sepultis, ... *Epist.*2.1.88
sequar. 'nil habeo quod agam et non sum piger: usque sequar te.' .   . *Serm.*1.9.19
ex noto fictum carmen sequar, ... *Ars Poet.*240
sequar. nec sequar aut fugiam quae diligit ipse vel odit: .   .   . *Epist.*1.1.72
nam quid sequar aut quem? *Epist.*1.1.76
quae nocuere sequar, fugiam quae profore credam; .   .   . *Epist.*1.8.11
sequare. semper ut te digna sequare *Carm.*4.11.29
sequemur. occidentis usque ad ultimum sinum|forti sequemur pectore. . *Epod.*1.14
sequentis. laudet diversa sequentis? *Serm.*1.1.3
potius laudet diversa sequentis *Serm.*1.1.109
vestem servosque sequentis,|in magno ut populo, siqui vidisset, . *Serm.*1.6.78
sequentur. verbaque provisam rem non invita sequentur. .   .   . *Ars Poet.*311
sequere. mox etiam, si forte vacas, sequere et procul audi, .   .   . *Epist.*2.2.95
aut famam sequere aut sibi convenientia finge, .   .   . *Ars Poet.*119
sequerentur. mille pedes in fronte, trecentos cippus in agrum|hic dabat,
heredes monumentum ne sequeretur [sequerentur]. .   .   . *var.Serm.*1.8.13
sequerer. ne sequerer moechas, concessa cum venere uti|possem: . *Serm.*1.4.113
si praeco parvas aut, ut fuit ipse, coactor|mercedes sequerer; . *Serm.*1.6.87
sequerere. tu Nomentanum, tu ne sequerere Cicutam. .   .   . *Serm.*2.3.175
sequeretur. heredes monumentum ne sequeretur. *Serm.*1.8.13
sequetur. iam te sequetur (currit enim ferox|aetas *Carm.*2.5.13
neque harum quas colis arborum|te . . . ulla brevem dominum sequetur. *Carm.*2.14.24
sequi. vitabis strepitumque et celerem sequi|Aiacem: .   .   . *Carm.*1.15.18
tandem desine matrem|tempestiva sequi viro. .   .   . *Carm.*1.23.12
sequi deum|cingentem viridi tempora pampino. .   .   . *Carm.*3.25.19
tortum digna sequi potius quam ducere funem. .   .   . *Epist.*1.10.48
vis canere et contacta sequi vestigia vatum? *Epist.*2.2.80
ac non verba sequi fidibus modulanda Latinis, .   .   . *Epist.*2.2.143
sequitur. iam te sequetur [sequitur] *var.Carm.*2.5.13
crescentem sequitur cura pecuniam *Carm.*3.16.17
frustra: nam comes atra premit sequiturque fugacem.' .   .   . *Serm.*2.7.115
sequntur. verbaque provisam rem non invita sequentur [sequntur]. . *var.Ars Poet.*311
sequontur. cum Tiburte via praetorem quinque sequontur|te pueri, . *Serm.*1.6.108
verbaque provisam rem non invita sequentur [sequontur]. .   . *var.Ars Poet.*311
agitant pueri incautique sequontur. .   .   .   .   .   . *Ars Poet.*456
sequor. iam volucrem sequor|te *Carm.*4.1.38
ego, ut contendere durum ⟨est⟩|cum victore, sequor. .   .   . *Serm.*1.9.43
sequor hunc, Lucanus an Apulus anceps: *Serm.*2.1.34
sequuntur. verbaque provisam rem non invita sequentur [sequuntur]. . *var.Ars Poet.*311
sera. mitte sectari, rosa quo locorum|sera moretur. *Carm.*1.38.4
sera. Cantaber, sera domitus catena, ... *Carm.*3.8.22
sera. seraque fata,|quae manent culpas etiam sub Orco. .   .   . *Carm.*3.11.28
Seras. sive subiectos Orientis orae|Seras et Indos. *Carm.*1.12.56
serendis. in verbis etiam tenuis cautusque serendis .   .   .   . *Ars Poet.*46
sereno. Massica si caelo suppones vina sereno, ... *Serm.*2.4.51
sereno. ausa et iacentem visere regiam|voltu sereno *Carm.*1.37.26
sereno. nox erat et caelo fulgebat Luna sereno *Epod.*15.1
Seres. quid Seres et regnata Cyro|Bactra parent *Carm.*3.29.27

non Seres infidique Persae, ...	*Carm.*4.15.23
seri. o seri studiorum, quine putetis|difficile et mirum, . . .	*Serm.*1.10.21
seria. tristia maestum|voltum verba decent, . . . severum seria dictu. .	*Ars Poet.*107
seria. sed tamen amoto quaeramus seria ludo):	*Serm.*1.1.27
explicuit vino contractae seria frontis.	*Serm.*2.2.125
ita vertere seria ludo, ...	*Ars Poet.*226
hae nugae seria ducent	*Ars Poet.*451
Sericas. doctus sagittas tendere Sericas|arcu paterno? . .	*Carm.*1.29.9
Sericos. inter Sericos|iacere pulvillos amant, ...	*Epod.*8.15
series. innumerabilis|annorum series et fuga temporum. . .	*Carm.*3.30.5
tantum series iuncturaque pollet, ...	*Ars Poet.*242
serius. omnium|versatur urna serius ocius|sors exitura . .	*Carm.*2.3.26
sermo. nisi quod pede certo|differt sermoni, sermo merus. . .	*Serm.*1.4.48
'at sermo lingua concinnus utraque|suavior, . . .	*Serm.*1.10.23
(nec meus hic sermo est, sed quae praecepit Ofellus . . .	*Serm.*2.2.2
sermo oritur, non de villis domibusve alienis, . . .	*Serm.*2.6.71
sermone. ut forte legentem|aut tacitum inpellat quovis sermone: .	*Serm.*1.3.65
et sermone opus est modo tristi, saepe iocoso, . . .	*Serm.*1.10.11
nil dignum sermone canas.	*Serm.*2.3.4
utpote res tenuis, tenui sermone peractas.' . . .	*Serm.*2.4.9
aestivam sermone benigno tendere noctem. . . .	*Epist.*1.5.11
si longo sermone morer tua tempora, Caesar. . . .	*Epist.*2.1.4
ut alter|alterius sermone meros audiret honores, . . .	*Epist.*2.2.88
tragicus plerumque, dolet sermone pedestri|Telephus et Peleus, .	*Ars Poet.*95
migret in obscuras humili sermone tabernas . . .	*Ars Poet.*229
sermonem. cum lingua Catonis et Enni|sermonem patrium ditaverit	*Ars Poet.*57
sermones. desine pervicax|referre sermones deorum . . .	*Carm.*3.3.71
docte sermones utriusque linguae?	*Carm.*3.8.5
nec sermones ego mallem|repentis per humum . . .	*Epist.*2.1.250
sermoni. siqui scribat uti nos|sermoni propiora, . . .	*Serm.*1.4.42
nisi quod pede certo|differt sermoni, sermo merus. . .	*Serm.*1.4.48
sermonibus. alternis aptum sermonibus	*Ars Poet.*81
sermonibus. quamquam Socraticis madet|sermonibus, . .	*Carm.*3.21.10
crescentem tumidis infla sermonibus utrem. . . .	*Serm.*2.5.98
torquet ab obscaenis iam nunc sermonibus aurem, . .	*Epist.*2.1.127
hic delectatur iambis, | ille Bioneis sermonibus et sale nigro. .	*Epist.*2.2.60
sermonis. docte sermones [sermonis] utriusque linguae? . .	*var.Carm.*3.8.5
confidens tumidus, adeo sermonis amari. . . .	*Serm.*1.7.7
sermonum. Albi, nostrorum sermonum candide iudex, . .	*Epist.*1.4.1
nedum sermonum stet honos et gratia vivax. . . .	*Ars Poet.*69
serpens. rumpit et serpens iter institutum, ...	*Carm.*3.27.5
acutum|quam aut aquila aut serpens Epidaurius? . . .	*Serm.*1.3.27
serpente. serpente fugit alite.	*Epod.*3.14
serpentes. non ut|serpentes avibus geminentur, tigribus agni. .	*Ars Poet.*13
serpentes. fortis et asperas|tractare serpentes, . . .	*Carm.*1.37.27
serpentes atque videres|infernas errare canes . . .	*Serm.*1.8.34
serpentibus. velut illis|Canidia adflasset, peior serpentibus Afris.' .	*Serm.*2.8.95
serpentium. serpentium adlapsus timet	*Epod.*1.20
serpit. serpit humi tutus nimium timidusque procellae: . .	*Ars Poet.*28
serum. serum sub lumina prima venire|convivam: . . .	*Serm.*2.7.33
serus. serus in caelum redeas	*Carm.*1.2.45
tamen, heu serus, adulteros|cultus pulvere collines. . .	*Carm.*1.15.19
serus enim Graecis admovit acumina chartis . . .	*Epist.*2.1.161
serva. te semper anteit serva Necessitas, ...	*Carm.*1.35.17
serva Briseis niveo colore|movit Achillem, . . .	*Carm.*2.4.3
serva. 'hic fossa est ingens, hic rupes maxima: serva!' . . .	*Serm.*2.3.59
servabat. pudicum, . . . servavit [servabat] ab omni | non solum facto, verum opprobrio quoque turpi	*var.Serm.*1.6.83
servabis. sic positum servabis onus, ...	*Epist.*1.13.12
servabit. pudicum, . . . servavit [servabit] ab omni | non solum facto, verum opprobrio quoque turpi	*var.Serm.*1.6.83
quo semel est imbuta recens servabit odorem|testa diu. . .	*Epist.*1.2.69
servanda. carmina fingi|posse linenda cedro et levi servanda cupresso?	*Ars Poet.*332
servantem. atria servantem postico falle clientem. . . .	*Epist.*1.5.31
servare. aequam memento rebus in arduis|servare mentem, . .	*Carm.*2.3.2
an si cognatos, . . . retinere velis servareque amicos . .	*Serm.*1.1.89
si|traditum ab antiquis morem servare . . . possum; . .	*Serm.*1.4.117
quae possit facere et servare beatum.	*Epist.*1.6.2
si res sola potest facere et servare beatum, . . .	*Epist.*1.6.47

quis enim invitum servare laboret? *Epist.*1.20.16
discriptas servare vices operumque colores . . . . *Ars Poet.*86
rem poteris servare tuam. . . . . *Ars Poet.*329
servaret. cetera qui vitae servaret munia recto│more, . . . *Epist.*2.2.131
servari. 'qui scis, an prudens huc se deiecerit atque│servari nolit?' . . *Ars Poet.*463
servas. quocumque lectum nomine Massicum│servas, . . . *Carm.*3.21.6
 rectum animi servas cursum? *Serm.*2.3.201
 tu nidum servas, ego laudo ruris amoeni│rivos . . . *Epist.*1.10.6
 'rides' ait, 'et Iovis auribus ista│servas: *Epist.*1.19.44
servastis. 'pol, me occidistis, amici,│non servastis' . . . *Epist.*2.2.139
servat. quod semel dictum est stabilisque rerum│terminus servet [servat], . *var.Carm.Saec.*27
 haec res et iungit, iunctos et servat amicos. *Serm.*1.3.54
 dum licet ac voltum servat Fortuna benignum, . . *Epist.*1.11.20
 'qui consulta patrum, qui leges iuraque servat, . . *Epist.*1.16.41
 invitum qui servat, idem facit occidenti. . . . . *Ars Poet.*467
servata. absumet heres Caecuba dignior│servata centum clavibus . *Carm.*2.14.26
servate. Lesbium servate pedem meique│pollicis ictum . . *Carm.*4.6.35
servatis. totiens servatis clarus Achivis, ... *Serm.*2.3.194
servatura. servatura diu parem│cornicis vetulae temporibus Lycen, . *Carm.*4.13.24
servavit. servavit ab omni│non solum facto, verum opprobrio quoque turpi *Serm.*1.6.83
 sic me servavit Apollo. *Serm.*1.9.78
serves. et serves animae dimidium meae. *Carm.*1.3.8
 serves iturum Caesarem in ultimos│orbis Britannos . . *Carm.*1.35.29
 ut te ipsum serves, non expergisceris? *Epist.*1.2.33
 serves│tuterisque tuo fidentem praesidio: . . . *Epist.*1.18.80
servet. stabilisque rerum│terminus servet, . . . *Carm.Saec.*27
 servet in ambiguo qui consulit et tibi et Vrbi│Iuppiter,' . . *Epist.*1.16.28
servetur. servetur ad imum│qualis ab incepto processerit . . *Ars Poet.*126
Servi. vos, Bibule et Servi, simul his te, candide Furni, . . *Serm.*1.10.86
serviat. quam si . . . uterque Poenus│serviat uni. . . *Carm.*2.2.12
serviet. quae tibi virginum│sponso necato barbara serviet, . . *Carm.*1.29.6
 dominum vehet inprobus atque│serviet aeternum, . . *Epist.*1.10.41
 serviet utiliter; sine pascat durus aretque, . . . *Epist.*1.16.70
servile. nil servile gulae parens habet? *Serm.*2.7.111
servilem. contra latrones atque servilem manum . . . *Epod.*4.19
servilibus. servilibus ut quae│iam peritura modis. . . . *Serm.*1.8.32
Servilio. cum Servilio Balatrone │ Vibidius quos Maecenas adduxerat
 umbras. *Serm.*2.8.21
servire. spadonibus│servire rugosis potest *Epod.*9.14
servis. tu, mihi qui imperitas, aliis servis miser . . . *Serm.*2.7.81
servis. quae detraxerat│servis amicus perfidis. . . . *Epod.*9.10
 hic neque servis . . . saevos erit, ... *Serm.*2.2.66
 comis in uxorem, posset qui ignoscere servis . . . *Epist.*2.2.133
servis. rident vicini glaebas et saxa moventem│cum servis. . . *Epist.*1.14.40
servit. servit Hispanae vetus hostis orae│Cantaber, . . *Carm.*3.8.21
 famae servit ineptus, ... *Serm.*1.6.16
 imperat aut servit collecta pecunia cuique, . . . *Epist.*1.10.47
servitio. cum te servitio longo curaque levarit, . . . *Serm.*2.5.99
servitus. tibi . . . servitus crescit nova *Carm.*2.8.18
Servius. Servius Oppidius Canusi duo praedia, . . . gnatis divisse duobus│
 fertur *Serm.*2.3.168
servo. sive vicarius est, qui servo paret, . . . seu conservos, . . *Serm.*2.7.79
servo. ut se│non umquam servo melius vestiret, . . . *Serm.*1.1.97
 qui melior servo, qui liberior sit avarus *Epist.*1.16.63
servom. siquis eum servom, . . . in cruce suffigat, . . . *Serm.*1.3.80
 mercemur servom, qui dictet nomina, ... *Epist.*1.6.50
servom. o imitatores, servom pecus, ... *Epist.*1.19.19
servorum. detrimenta, fugas servorum, incendia ridet, . . *Epist.*2.1.121
servos. ecce│servos, non paulo sapientior *Serm.*2.3.265
 cupiens tibi dicere servos│pauca reformido.' . . . *Serm.*2.7.1
 'nec furtum feci nec fugi,' si mihi dicat│servos: . . . *Epist.*1.16.47
servos. servos,│ne te conpilent fugientes, ... *Serm.*1.1.77
 habebat saepe ducentos,│saepe decem servos; . . . *Serm.*1.3.12
 convivas avidos cenam servosque timentis│tum rapere . . . velle *Serm.*1.5.75
 vestem servosque sequentis,│in magno ut populo, siqui vidisset, . *Serm.*1.6.78
 muneribus servos corrumpam; *Serm.*1.9.57
 qui servos proicere aurum│in media iussit Libya, . . . *Serm.*2.3.100
 populum si caedere saxis│incipias servosve tuos, . . . *Serm.*2.3.129
 servos│differtum transire forum populumque iubebat, . . *Epist.*1.6.58

servos. quaeris, quando iterum paveas iterumque perire | possis, o totiens
    servos. *Serm.*2.7.70
sese. hac mente laborem|sese ferre, . . . aiunt, ... *Serm.*1.1.31
    et redit ad sese, 'pol, me occidistis, amici, ... *Epist.*2.2.138
sesquipedalia. uterque|proicit ampullas et sesquipedalia verba, .   . *Ars Poet.*97
sessor. in vacuo laetus sessor plausorque theatro,   . . . *Epist.*2.2.130
sessuri. usque|sessuri, donec cantor 'vos plaudite' dicat: . . . *Ars Poet.*155
sestertia. dum septem donat sestertia. mutua septem|promittit,   . *Epist.*1.7.80
    accipit et bis dena super sestertia nummum.   . . . *Epist.*2.2.33
Sesti. o beate Sesti,|vitae summa brevis spem nos vetat incohare longam; *Carm.*1.4.14
seu. *Carm.*1.3.16; *Epod.*16.29; *Serm.*2.1.59; *var.Serm.*2.5.24; *Serm.*2.6.20; *Ars Poet.*67
seu. *Carm.Saec.*16; *Serm.*2.1.38; 2.2.84; 2.3.88; 2.6.25; 2.7.80
seu. *Carm.*1.4.12; 1.12.53; 1.13.9; *Epod.*17.38; *Serm.*2.2.118; 2.4.78; 2.5.108; *Epist.*2.1.194
seu. *Carm.*1.1.27; 1.1.28; 1.7.19; 1.7.20; 1.11.4 (*bis*); 1.23.5; 1.23.6; 2.3.5; 2.3.6; 2.17.17 (*bis*);
    *Carm.*2.17.19; 3.4.3; 3.4.4; 3.4.22; 3.4.23; 3.4.24; 3.6.30; 3.6.31; 3.21.2; 3.21.3; 3.21.4;
    *Carm.*3.24.57; 3.24.58; 4.2.10; 4.2.13; *Serm.*1.1.2 (*bis*); 2.1.57; 2.1.58; 2.2.11; 2.2.13;
    *Serm.*2.2.87; 2.2.88; 2.5.39; 2.5.40; 2.6.69; 2.6.70; *Epist.*1.3.23 (*bis*); 1.3.24; 1.3.33 (*bis*);
    *Epist.*1.12.21 (*bis*); *Ars Poet.*426 (*bis*)
seva. te semper anteit serva [seva] Necessitas, ... *var.Carm.*1.35.17
severa. dona praesentis cape laetus horae ⟨ac⟩|linque severa.   . . *Carm.*3.8.28
severae. paulum severae musa tragoediae|desit theatris: . . *Carm.*2.1.9
    severae|matris ad arbitrium *Carm.*3.6.39
severi. voltis severi me quoque sumere|partem Falerni?   . . *Carm.*1.27.9
severi. pueri patresque severi|fronde comas vincti cenant   . *Epist.*2.1.109
severis. nullam, Vare, sacra vite prius severis arborem   . *Carm.*1.18.1
severis. 'forum putealque Libonis|mandabo siccis, adimam cantare severis' *Epist.*1.19.9
severis. (sic etiam fidibus voces crevere severis)   . . . *Ars Poet.*216
severo. donec suspecta severo|conticuit lyra.   . . . *Epist.*1.18.42
severum. tristia maestum|voltum verba decent, . . . severum seria dictu. *Ars Poet.*107
severus. nec severus|uncus abest *Carm.*1.35.19
    ubi haec severus te palam laudaveram,   . . . *Epod.*11.19
    parcus ob heredis curam nimiumque severus|adsidet insano: . *Epist.*1.5.13
sevum. mercemur servom, qui dictet nomina, laevom [sevum]|qui fodicet
    latus *var.Epist.*1.6.50
sex. 'solventur risu [solventur bis sex] tabulae, tu missus abibis.'   . *coni.Serm.*2.1.86
    sed quadringentis sex septem milia desunt: . . . *Epist.*1.1.57
sextarius. panis ematur, holus, vini sextarius,   . . . *Serm.*1.1.74
Sextilem. Sextilem totum mendax desideror.   . . . *Epist.*1.7.2
Sextili. facit quod . . . per brumam Tiberis, Sextili mense caminus.   . *Epist.*1.11.19
si. *Carm.*1.1.7; 1.1.9; 1.1.32; 1.3.23; 1.13.13; 1.16.8; 1.24.13; 1.32.1; 2.2.10; 2.5.21; 2.6.9; 2.8.1;
    *Carm.*2.8.3; 2.10.17; 2.14.5; 2.17.5; 2.17.14; 3.3.7; 3.3.65; 3.5.17; 3.5.31; 3.5.53; 3.9.12;
    *Carm.*3.9.16; 3.9.17; 3.9.19; 3.10.1; 3.14.19; 3.14.23; 3.15.7; 3.16.5; 3.16.26; 3.16.38;
    *Carm.*3.16.41; 3.18.5; 3.21.21; 3.23.1; 3.23.3; 3.23.17; 3.24.5; 3.24.27; 3.24.34; 3.24.36;
    *Carm.*3.24.50; 3.27.6; 3.27.45; 3.27.51; 3.29.31; 3.29.53; 3.29.57; 4.1.12; 4.2.45; 4.3.20;
    *Carm.*4.3.24; 4.8.21; 4.8.23; 4.9.5; 4.9.9; 4.12.15; 4.12.21; *Carm.Saec.*37; 65; *var.Epod.*1.5;
    *Epod.*1.6; 2.51; 3.1; 3.19; 5.5; 6.3; 6.15; 14.3; 15.12; 15.16; *var.Epod.*17.62; *Serm.*1.1.15;
    *Serm.*1.1.43; 1.1.46; 1.1.54; 1.1.57; 1.1.80; 1.1.87; 1.1.88; 1.1.90; *coni.Serm.*1.1.108;
    *Serm.*1.2.7; 1.2.23; 1.2.49; 1.2.68; 1.2.74; 1.2.84; 1.2.87; 1.2.96; 1.2.116; 1.2.120;
    *Serm.*1.3.5; 1.3.6; 1.3.44; 1.3.71; 1.3.72; 1.3.80; 1.3.94 (*bis*); 1.3.112; 1.3.123; 1.3.124;
    *Serm.*1.3.140; 1.4.35; 1.4.14; 1.4.41; 1.4.53; 1.4.57; 1.4.60; 1.4.67; 1.4.91; 1.4.93;
    *var.Serm.*1.4.93; *Serm.*1.4.102; *coni.Serm.*1.4.102; *Serm.*1.4.103; 1.4.104; 1.4.116; 1.4.140;
    *Serm.*1.5.102; 1.6.21; 1.6.30; 1.6.42; 1.6.65; 1.6.66; 1.6.68; 1.6.70; 1.6.79; *var.Serm.*1.6.79;
    *Serm.*1.6.86; 1.6.93; *var.Serm.*1.6.96; *Serm.*1.6.105; 1.6.130; 1.7.15; 1.7.16; 1.8.37;
    *Serm.*1.9.22; 1.9.34 (*bis*); 1.9.38 (*bis*); 1.9.47; 1.9.57; 1.10.24; 1.10.34; 1.10.59; 1.10.68;
    *Serm.*1.10.89; 2.1.6; 2.1.10; 2.1.20; 2.1.31; 2.1.32; 2.1.49; 2.1.82; 2.1.83 (*bis*); 2.1.84;
    *Serm.*2.2.8; 2.2.10; 2.2.51; 2.2.55; *var.Serm.*2.3.1; *Serm.*2.3.10; 2.3.33; 2.3.41; 2.3.66;
    *Serm.*2.3.67; 2.3.74; 2.3.92; 2.3.104; 2.3.106; 2.3.111; 2.3.115; 2.3.117; 2.3.125; 2.3.127;
    *Serm.*2.3.128; 2.3.159; 2.3.214; 2.3.219; 2.3.241; 2.3.250; 2.3.259; 2.3.264;
    *Serm.*2.3.268; 2.3.270; 2.3.273; 2.3.290; *var.Serm.*2.3.317; *Serm.*2.3.319; 2.3.322; 2.4.17;
    *Serm.*2.4.27; 2.4.49; 2.4.51; 2.4.52; 2.5.17; 2.5.24; 2.5.27; 2.5.31; *var.Serm.*2.5.38;
    *Serm.*2.5.49; 2.5.61; 2.5.70; 2.5.81; 2.5.87; 2.5.93; 2.5.103; 2.5.106; 2.6.6; 2.6.8 (*bis*);
    *Serm.*2.6.10; 2.6.13; 2.6.31; 2.6.39; 2.6.55; 2.6.78; 2.7.24; 2.7.29; 2.7.39; 2.7.42; 2.7.98;
    *Serm.*2.7.102; 2.8.4; 2.8.21; 2.8.25; 2.8.58; 2.8.71; 2.8.72; 2.8.90; 2.8.92; *Epist.*1.1.32;
    *Epist.*1.1.40; *var.Epist.*1.1.57; *Epist.*1.1.60; 1.1.66 (*bis*); 1.1.84; 1.1.85; 1.1.89; 1.1.94;
    *Epist.*1.1.95; 1.1.96; 1.2.24; 1.2.34; 1.2.35; 1.2.38; *var.Epist.*1.2.38; *Epist.*1.2.50; 1.3.18;
    *Epist.*1.3.29 (*bis*); *coni.Epist.*1.3.30; *Epist.*1.5.1; 1.5.6; 1.5.12; 1.6.13; 1.6.16; 1.6.28;
    *Epist.*1.6.30; 1.6.41; 1.6.47; 1.6.49; 1.6.56; 1.6.65; 1.6.67; 1.6.68; 1.7.3; 1.7.13; 1.7.18;
    *Epist.*1.7.32; 1.7.34; 1.7.39; 1.7.70; 1.7.93; 1.8.3; 1.8.15; 1.10.12; 1.10.31; 1.10.43 (*bis*);
    *Epist.*1.11.15; 1.11.25; 1.11.30; 1.12.2; 1.12.5 (*bis*); 1.12.7; 1.12.12; 1.12.22; 1.13.3 (*ter*);

Epist.1.13.6; 1.14.29; 1.15.42; *var*.*Epist*.1.16.5; *Epist*.1.16.8; 1.16.9; 1.16.15; 1.16.17;
Epist.1.16.21; 1.16.25; 1.16.33 (*bis*); 1.16.36; 1.16.46; 1.17.3; 1.17.4; 1.17.6; 1.17.7;
Epist.1.17.8; 1.17.11; 1.17.13; 1.17.14; 1.17.26; 1.17.31; 1.17.50; 1.18.1; 1.18.26; 1.18.57;
Epist.1.18.67; 1.18.80; 1.18.108; 1.19.1; 1.19.12; 1.19.43; 1.20.26; 2.1.4; 2.1.28; 2.1.34;
Epist.2.1.64; 2.1.66 (*bis*); 2.1.73; 2.1.74; 2.1.80; 2.1.90; 2.1.99; 2.1.125; 2.1.164; 2.1.180;
Epist.2.1.185; 2.1.194; 2.1.216; 2.1.222; 2.1.257; 2.2.2; 2.2.16; 2.2.24; 2.2.95;
Epist.2.2.100; 2.2.108; 2.2.146; 2.2.149; 2.2.155; 2.2.156; 2.2.157; 2.2.158; 2.2.159;
var.*Epist*.2.2.175; *Epist*.2.2.178; 2.2.213; *Ars Poet*.2; 20; 31; 35; 47; 48; 52; 56; 71; 87;
Ars Poet.98; 102; 104; 112; 120; 125; 130; 131; 154; 249; 272; 290; 300; 327; 354; 361;
Ars Poet.362; 378; 386; 422; 424; 436; 438; 442; 458; 461; 468; 473

sibi.   crescit indulgens sibi dirus hydrops *Carm*.2.2.13
quae sibi barbarus | tortor pararet: *Carm*.3.5.49
Medus infestus sibi luctuosis | dissidet armis, ... *Carm*.3.8.19
quanto quisque sibi plura negaverit, | ab dis plura feret: . . *Carm*.3.16.21
quam sibi sortem | seu ratio dederit seu fors obiecerit, . . . *Serm*.1.1.1
cum sibi sint congesta cibaria: *Serm*.1.1.32
quis humana sibi doleat natura negatis. *Serm*.1.1.75
vix credere possis, | quam sibi non sit amicus, ... *Serm*.1.2.20
daret quantum satis esset nec sibi damno | dedecorique foret. . . *Serm*.1.2.52
quid latura sibi, quid sit dolitura negatum, ... *Serm*.1.2.112
hanc Philodamus ait sibi, quae neque magno | stet pretio . . *Serm*.1.2.121
nil fuit unquam | sic inpar sibi. *Serm*.1.3.19
sapiens crepidas sibi numquam | nec soleas fecit; . . . *Serm*.1.3.127
dummodo risum | excutiat sibi non, non cuiquam parcet amico . *Serm*.1.4.35
mortisque metu sibi parcere cogit, ... *Serm*.1.4.127
sic qui promittit civis, Vrbem sibi curae, | imperium fore . . *Serm*.1.6.34
nec timuit sibi ne vitio quis verteret, ... *Serm*.1.6.85
ad fastum quoscumque parentes | optaret sibi quisque, . . *Serm*.1.6.96
detereret sibi multa, ... *Serm*.1.10.69
cum sibi quisque timet, quamquam est intactus, et odit.' . . *Serm*.2.1.23
uterne | ad casus dubios fidet sibi certius? *Serm*.2.2.108
ipse videretur sibi nequior: *Serm*.2.3.94
haec siquis . . . laboret | reddere certa sibi, ... *Serm*.2.3.270
sibi tunc furiosa videtur?' *Serm*.2.3.304
nec sibi cenarum quivis temere arroget artem, . . . *Serm*.2.4.35
'quid tamen ista velit sibi fabula, si licet, ede.' . . . *Serm*.2.5.61
nil sibi legatum praeter plorare suisque. *Serm*.2.5.69
'ante secundam | Roscius orabat sibi adesses ad Puteal cras.' . *Serm*.2.6.35
quisnam igitur liber? sapiens, sibi qui imperiosus, . . . *Serm*.2.7.83
quod sibi poscenti non dentur pocula, ... *Serm*.2.8.82
nil conscire sibi, nulla pallescere culpa. *Epist*.1.1.61
dum sibi, dum sociis reditum parat, ... *Epist*.1.2.21
quis sibi res gestas Augusti scribere sumit? *Epist*.1.3.7
scribit sibi milia quinque | esse domi chlamydum; . . . *Epist*.1.6.43
ad mare descendet vates tuos et sibi parcet | contractusque leget; . *Epist*.1.7.11
sibi dum requiem, dum risus undique quaerit, . . . *Epist*.1.7.79
saepe periscelidem raptam sibi flentis, ... *Epist*.1.17.56
qui sibi fidet, | dux reget examen. *Epist*.1.19.22
vel quia nil rectum, nisi quod placuit sibi, ducunt . . . *Epist*.2.1.83
et placuit sibi, natura sublimis et acer: *Epist*.2.1.165
ut sibi praebentem mimo spectacula plura. *Epist*.2.1.198
vehemens lupus et sibi et hosti | iratus pariter, ... *Epist*.2.2.28
ingenium, sibi quod vacuas desumpsit Athenas . . . *Epist*.2.2.81
quid ferat et quare sibi nectat uterque coronam. . . . *Epist*.2.2.96
aut famam sequere aut sibi convenientia finge, . . . *Ars Poet*.119
iura neget sibi nata, nihil non arroget armis. . . . *Ars Poet*.122
servetur ad imum | qualis ab incepto processerit et sibi constet. . *Ars Poet*.127
quae | ipse sibi tradit spectator; . . . . . . *Ars Poet*.182
ex noto fictum carmen sequar, ut sibi quivis | speret idem, . . *Ars Poet*.240
cum senos redderet ictus | primus ad extremum similis sibi: . . *Ars Poet*.254
ne quodcumque velit poscat sibi fabula credi . . . *Ars Poet*.339
sibilat.   'populus me sibilat, at mihi plaudo | ipse domi, . . . *Serm*.1.1.66
Sibyllini.   quo Sibyllini monuere versus *Carm*.*Saec*.5
sic.   *Carm*.1.3.1; 1.3.2; 1.7.17; 1.7.24; 1.12.31; *var*.*Carm*.1.16.8; *Carm*.1.28.25; 1.33.10; 2.4.18;
    Carm.2.4.19; 2.5.18; 2.10.18; 2.11.14; 2.17.15; 3.3.49; 3.27.25; 4.5.15; 4.8.29; 4.14.25;
    Epod.5.81; 7.17; 9.3; 16.23; *Serm*.1.1.23; 1.1.66; *var*.*Serm*.1.1.88; *Serm*.1.1.101; 1.1.113;
    Serm.1.2.36; 1.2.106; 1.3.19; 1.3.41; 1.3.43; 1.3.132; 1.3.133; 1.4.120; 1.4.128; 1.4.135;
    Serm.1.5.60; 1.5.69; 1.6.34; 1.6.92; 1.9.53; 1.9.78; 1.10.5; 2.1.51; 2.2.68; 2.3.1; 2 3.85;
    Serm.2.3.150; *var*.*Serm*.2.3.250; *Serm*.2.3.300; *var*.*Serm*.2.3.317; *Serm*.2.4.4; 2.5.53;

*Serm.*2.5.81; 2.5.85; *var.Serm.*2.5.87; *Serm.*2.6.22; 2.6.79; 2.8.3; 2.8.36; 2.8.48; 2.8.60;
*Serm.*2.8.93; *Epist.*1.1.23; 1.1.71; 1.2.51; 1.7.69; 1.8.17; 1.9.10; *var.Epist.*1.10.12;
*Epist.*1.10.39; 1.12.8; 1.13.12; 1.17.18; 1.18.11; 1.18.12; 1.18.41; 2.1.23; 2.1.119; 2.1.157;
*Epist.*2.1.179 (*bis*); 2.2.3; 2.2.139; *var.Epist.*2.2.175; *Ars Poet.*136; 151; 188; 214; 216;
*Ars Poet.*236; 357; 377; 400; 410; 432; *var.Ars Poet.*458

Sicana.	nec Sicana fervida | virens in Aetna flamma;	*Epod.*17.32
sicarius.	quod moechus foret aut sicarius aut alioqui | famosus,	*Serm.*1.4.4
sicca.	stetit urna paulum | sicca,	*Carm.*3.11.23
siccas.	trahuntque siccas machinae carinas	*Carm.*1.4.2
siccat.	siccat inaequalis calices conviva solutus | legibus insanis,	*Serm.*2.6.68
siccatis.	diffugiunt cadis | cum faece siccatis amici,	*Carm.*1.35.27
siccet.	distenta siccet ubera	*Epod.*2.46
sicci.	dicimus integro | sicci mane die,	*Carm.*4.5.39
siccis.	siccis omnia nam dura deus proposuit	*Carm.*1.18.3
	'forum puteaique Libonis | mandabo siccis,	*Epist.*1.19.9
siccis.	qui siccis oculis monstra natantia, . . . vidit	*Carm.*1.3.18
	caule suburbano qui siccis crevit in agris | dulcior,	*Serm.*2.4.15
siccis.	pinguia nec siccis urantur semina glaebis,	*Epod.*16.55
siccos.	sole dies referente siccos;	*Carm.*3.29.20
siccus.	siccus, inanis | sperne cibum vilem;	*Serm.*2.2.14
	siccus | lautis mane senex manibus currebat	*Serm.*2.3.281
	accedes siccus ad unctum.	*Epist.*1.17.12
sictari.	quare, ne paeniteat te, | desine sectari matronas [matronas sictari],	*var.Serm.*1.2.78
sicui.	pullum, male parvos | sicui filius est,	*Serm.*1.3.46
	sicui videor non iustus,	*Serm.*2.3.189
	sicui praeterea validus male filius in re | praeclara sublatus aletur,	*Serm.*2.5.45
Sicula.	devota non extinxit arbor | nec Sicula Palinurus unda.	*Carm.*3.4.28
Siculae.	te greges centum Siculaeque circum | mugiunt vaccae,	*Carm.*2.16.33
	non Siculae dapes | dulcem elaborabunt saporem.	*Carm.*3.1.18
Siculas.	vel Eurus | per Siculas equitavit undas.	*Carm.*4.4.44
Siculi.	Plautus ad exemplar Siculi properare Epicharmi,	*Epist.*2.1.58
	dicam Siculique poetae | narrabo interitum.	*Ars Poet.*463
Siculi.	invidia Siculi non invenere tyranni | maius tormentum.	*Epist.*1.2.58
Siculis.	fructibus Agrippae Siculis, quos colligis, Icci, | si recte frueris,	*Epist.*1.12.1
Siculum.	Siculum mare | Poeno purpureum sanguine	*Carm.*2.12.2
sicut.	nec siquid [? sicut] olim lusit Anacreon | delevit aetas;	? *var.Carm.*4.9.9
	nihil me sicut antea iuvat | scribere versiculos	*Epod.*11.1
	sicut | parvola, nam exemplo est, magni formica laboris | ore trahit	*Serm.*1.1.32
	ibam forte via sacra, sicut meus est mos.	*Serm.*1.9.1
sidera.	te . . . sic fratres Helenae, lucida sidera, | ventorumque regat pater	*Carm.*1.3.2
	neque certa fulgent | sidera nautis,	*Carm.*2.16.4
sidera.	sublimi feriam sidera vertice.	*Carm.*1.1.36
	culpante, nunc torrentia agros | sidera,	*Carm.*3.1.32
	post insana Caprae sidera	*Carm.*3.7.6
	quae sidera excantata voce Thessala | lunamque caelo deripit.	*Epod.*5.45
	caelo fulgebat Luna sereno | inter minora sidera,	*Epod.*15.2
	refixa caelo devocare sidera,	*Epod.*17.5
sidere.	nec purpurarum sidere clarior | delenit usus	*Carm.*3.1.42
	'quamquam sidere pulcrior | ille est,	*Carm.*3.9.21
siderum.	siderum regina bicornis, audi, | Luna, puellas.	*Carm.Saec.*35
	nec tantus umquam siderum insedit vapor	*Epod.*3.15
sidet.	priusque caelum sidet inferius mari | tellure porrecta super	*Epod.*5.79
Sidonii.	non huc Sidonii torserunt cornua nautae,	*Epod.*16.59
Sidonio.	qui Sidonio contendere callidus ostro | nescit	*Epist.*1.10.26
sidus.	Iulium sidus velut inter ignis | luna minores.	*Carm.*1.12.47
	clarum Tyndaridae sidus	*Carm.*4.8.31
	nec sidus atra nocte amicum adpareat	*Epod.*10.9
	"tu pudica, tu proba | perambulabis astra sidus aureum."	*Epod.*17.41
sidus.	pecusve Calabris ante sidus fervidum | Lucana mutet pascuis	*Epod.*1.27
	Canem illum, | invisum agricolis sidus,	*Serm.*1.7.26
siet.	hoc si erit [hoc siet] in te | solo, nil verbi, pereas quin fortiter, addam. —	*var.Serm.*2.3.41
sigilla.	odisti clavis et grata sigilla pudico;	*Epist.*1.20.3
	Tyrrhena sigilla, tabellas, . . . sunt qui non habeant,	*Epist.*2.2.180
signa.	expedit . . . fallere et toto taciturna noctis | signa cum caelo	*Carm.*2.8.11
	'signa ego Punicis | adfixa delubris	*Carm.*3.5.18
	late signa feret militiae tuae	*Carm.*4.1.16
	signa nostro restituit Iovi | derepta Parthorum superbis | postibus	*Carm.*4.15.6
	interque signa turpe militaria | sol adspicit conopium.	*Epod.*9.15
	caelo diffundere signa parabat;	*Serm.*1.5.10

ponere signa novis praeceptis, ... *Serm.*2.4.2
'inprimat his cura Maecenas signa tabellis.' *Serm.*2.6.38
sub duce, qui templis Parthorum signa refigit *Epist.*1.18.56
nec magis expressi voltus per aenea signa *Epist.*2.1.248
signat. reddere qui voces iam scit puer et pede certo|signat humum, . *Ars Poet.*159
signata. Augusto reddes signata volumina, Vinni, . . . *Epist.*1.13.2
signatum. signatum praesente nota procudere nomen. . . . *Ars Poet.*59
signi. fugio campum lusumque trigonem [fugio rabiosi tempora signi]. . *var.Serm.*1.6.126
signis. molli, Plance, mero, seu te fulgentia signis|castra tenent . *Carm.*1.7.19
dicit et centum potiore signis|munere donat, ... *Carm.*4.2.19
signis perfacile est: venit vilissima rerum|hic aqua, . . . *Serm.*1.5.88
signo. callidus huic signo ponebam milia centum; . . . *Serm.*2.3.23
signo. et signo laeso non insanire lagoenae, ... *Epist.*2.2.134
signum. aliis servis miser atque | duceris ut nervis alienis mobile lignum
[signum]. *coni.Serm.*2.7.82
incomptis adlinet atrum|transverso calamo signum, . . . *Ars Poet.*447
sileant. si chartae sileant quod bene feceris, ... *Carm.*4.8.21
sileas. ultra|"non" "etiam" sileas; *Serm.*2.5.91
silebo. neque te silebo,|Liber *Carm.*1.12.21
non ego te meis | chartis inornatum sileri [silebo] | totve tuos patiar
labores . . . carpere lividas|obliviones. *var.Carm.*4.9.31
silenti. ut unum|scilicet egregii mortalem altique silenti. . . *Serm.*2.6.58
silentio. est et fideli tuta silentio|merces: *Carm.*3.2.25
silentio. utrumque sacro digna silentio|mirantur umbrae dicere, . *Carm.*2.13.29
parum decoro|inter verba cadit lingua silentio? . . . *Carm.*4.1.36
silentium. in quis amantem languor et silentium|arguit . . *Epod.*11.9
silentium. Nox et Diana, quae silentium regis, . . . *Epod.*5.51
sed dubius unde rumperet silentium, ... *Epod.*5.85
Silenus. an custos famulusque dei Silenus alumni. . . . *Ars Poet.*239
sileri. non ego te meis|chartis inornatum sileri . . . patiar . *Carm.*4.9.31
siliquis. vivit siliquis et pane secundo: *Epist.*2.1.123
siluae. non sine vano|aurarum et siluae metu. . . . *Carm.*1.23.4
siluae. nunc mare, nunc siluae|Threicio Aquilone sonant. . *Epod.*13.2
silva. purae rivos aquae silvaque iugerum|paucorum . . . *Carm.*3.16.29
spargit agrestis tibi silva frondes, ... *Carm.*3.18.14
me silva cavosque|tutus ab insidiis tenui solabitur ervo." ' . *Serm.*2.6.116
nempe inter varias nutritur silva columnas . . . *Epist.*1.10.22
silva. namque me silva lupus in Sabina, . . . fugit inermem; . *Carm.*1.22.9
silvae. Pontica pinus, silvae filia nobilis, ... *Carm.*1.14.12
non sine vano|aurarum et siluae metu. *Carm.*1.23.4
non sine montium|clamore vicinaeque silvae, . . . *Carm.*3.29.39
et paulum silvae super his foret. *Serm.*2.6.3
silvae. nec iam sustineat onus|silvae laborantes . . . *Carm.*1.9.3
unde vocalem temere insecutae|Orphea silvae, . . . *Carm.*1.12.8
Venusinae|plectantur silvae te sospite *Carm.*1.28.27
nunc mare, nunc siluae|Threicio Aquilone sonant. . . *Epod* 13.2
incultae pacantur vomere silvae: *Epist.*1.2.45
ut silvae foliis pronos mutantur in annos, ... *Ars Poet.*60
silvam. qui Lyciae tenet|dumeta natalemque silvam . . . Apollo. . *Carm.*3.4.63
'in silvam non ligna feras insanius *Serm.*1.10.34
Silvane. pater|Silvane, tutor finium. *Epod.*2.22
Silvani. horridi|dumeta Silvani *Carm.*3.29.23
Silvanum. Tellurem porco, Silvanum lacte piabant, . . . *Epist.*2.1.143
silvarum. Phoebe silvarumque potens Diana, ... *Carm.Saec.*1
vilice silvarum et mihi me reddentis agelli,. . . . *Epist.*1.14.1
silvas. tu potes tigris comitesque silvas|ducere . . . *Carm.*3.11.13
an tacitum silvas inter reptare salubris *Epist.*1.4.4
atque inter silvas Academi quaerere verum. . . . *Epist.*2.2.45
silve. ut silvae foliis [silve folis] pronos mutantur in annos,|prima cadunt: *var.Ars Poet.*60
silvestrem. silvestrem flammis et ferro mitiget agrum, . . *Epist.*2.2.186
silvestria. quinquennis oleas est et silvestria corna . . *Serm.*2.2.57
silvestris. silvestris homines . . . victu foedo deterruit Orpheus, . *Ars Poet.*391
silvis. silvis honorem decutit. *Epod.*11.6
vis tu homines Vrbemque feris praeponere silvis? . . *Serm.*2.6.92
delphinum silvis adpingit, fluctibus aprum. . . . *Ars Poet.*30
silvis. nigris aut Erymanthi|silvis aut viridis Cragi; . . *Carm.*1.21.8
queruntur in silvis aves *Epod.*2.26
formidulosis cum latent silvis ferae *Epod.*5.55
"velut silvis, ubi passim|palantis error certo de tramite pellit, . *Serm.*2.3.48

militat in silvis catulus. *Epist.*1.2.67
ut silvae foliis [? ut folia in silvis] pronos mutantur in annos,|prima
    cadunt: . . . . *var.Ars Poet.*60
silvis deducti caveant me iudice Fauni, ... *Ars Poet.*244
sim. comes minore sum [sim] futurus in metu, ... *var.Epod.*1.17
  non ego sim Capri neque Sulci: cur metuas me? . . . *Serm.*1.4.70
  nunc, quia sim tibi, Maecenas, convictor, ... *Serm.*1.6.47
simile. nec viget quidquam simile aut secundum. . . . *Carm.*1.12.18
  'dum nequid simile huic, esto ut libet.' *Serm.*2.3.31
simile. numquid ego illi|inprudens olim faciam simile?' . . . *Serm.*1.4.137
  quid simile isti|Graecus Aristippus? *Serm.*2.3.99
similem. puro te similem, Telephe, Vespero|tempestiva petit Rhode; *Carm.*3.19.26
  'equi te|esse feri similem dico.' *Serm.*1.5.57
  huic ego volgus|errori similem cunctum insanire docebo. . . *Serm.*2.3.63
similem. illam cogit amor Nothi|lascivae similem ludere capreae, . *Carm.*3.15.12
simili. cetera nequaquam simili ratione modoque|aestimat . *Epist.*2.1.20
simili. laudantur simili prole puerperae, ... *Carm.*4.5.23
  magnis parva mineris|falce recisurum simili te, . . . *Serm.*1.3.123
similis. si per obliquom similis sagittae|terruit mannos: . . *Carm.*3.27.6
  cantat et adponit 'meus est amor huic similis: . . . *Serm.*1.2.107
  ut sis tu similis Caeli Birrique latronum, ... *Serm.*1.4.69
  huic ego volgus|errori similem cunctum [similis cuncta] insanire docebo. *var.Serm.*2.3.63
  stes capite obstipo, multum similis metuenti. . . . *Serm.*2.5.92
  cum senos redderet ictus|primus ad extremum similis sibi: . . *Ars Poet.*254
similis. vitas hinnuleo me similis, Chloe, ... *Carm.*1.23.1
similis. similisque meorum|mille die versus deduci posse. . . *Serm.*2.1.3
simillimus. vemens et liquidus puroque simillimus amni . *Epist.*2.2.120
simius. simius iste|nil praeter Calvom et doctus cantare Catullum. . *Serm.*1.10.18
Simois. findunt Scamandri flumina lubricus et Simois, . . *Epod.*13.14
Simone. Pythias, emuncto lucrata Simone talentum, . . *Ars Poet.*238
simplex. plus aequo liber: simplex fortisque habeatur; . *Serm.*1.3.52
  nec sic ut simplex Naevius unctam|convivis praebebit aquam: . *Serm.*2.2.68
  quantum simplex hilarisque nepoti|discrepet . . . *Epist.*2.2.193
simplex. cui flavam religas comam|simplex munditiis? . . *Carm.*1.5.5
  quae simplex olim tibi sederit. *Serm.*2.2.73
  tibia . . . tenuis simplexque foramine pauco . . . *Ars Poet.*203
simplex. simplex e dulci constat olivo, ... *Serm.*2.4.64
  denique sit quod vis, simplex dumtaxat et unum. . . *Ars Poet.*23
simplices. rident|simplices Nymphae, ... *Carm.*2.8.14
simplici. simplici myrto nihil adlabores|sedulus curo: . . *Carm.*1.38.5
simplici. deiecit acer plus vice simplici; *Carm.*4.14.13
simplicior. simplicior quis et es, ... *Serm.*1.3.63
simul. ut paterni|fluminis ripae simul et iocosa|redderet laudes . *Carm.*1.20.6
  memor|actae non alio rege puertiae|mutataeque simul togae. . *Carm.*1.36.9
  otium|non dulce, ni tecum simul, ... *Epod.*1.8
  cum ripa simul avolsos ferat Aufidus acer. . . . *Serm.*1.1.58
  Capitoque simul Fonteius, ad unguem|factus homo, . . *Serm.*1.5.32
  'ede hominis nomen, simul et, Romanus an hospes.' . . *Serm.*2.4.10
  simulque|uncta satis pingui ponentur holuscula lardo? . . *Serm.*2.6.63
  Porcius infra,|ridiculus totas semel [simul] absorbere placentas; . *var.Serm.*2.8.24
  excepto quod non simul esses, cetera laetus. . . . *Epist.*1.10.50
  cetera iam simul isto|cum vitio fugere? *Epist.*2.2.205
  aut simul et iucunda et idonea dicere vitae. . . . *Ars Poet.*334
simul. simulque|vos, Bibule et Servi, ... *Serm.*1.10.85
  vos, Bibule et Servi, simul his te, candide Furni, . . *Serm.*1.10.86
simul. quo simul mearis,|nec regna vini sortiere talis . . *Carm.*1.4.17
  permitte divis cetera, qui simul|stravere ventos . . *Carm.*1.9.9
  quorum simul alba nautis|stella refulsit, . . . *Carm.*1.12.27
  sed tu simul obligasti|perfidum votis caput, enitescis . . *Carm.*2.8.5
  simul atra nubes|condidit lunam *Carm.*2.16.2
  militia simul|fessas cohortes abdidit oppidis, . . . *Carm.*3.4.37
  simul unctos Tiberinis umeros lavit in undis, . . . *Carm.*3.12.7
  quae simul centum tetigit potentem|oppidis Creten, . . *Carm.*3.27.33
  interitura, simul|pomifer autumnus fruges effuderit, . . *Carm.*4.7.10
  quod semel [simul] dictum est stabilisque rerum [stabilis per aevum]|
    terminus servet [servat], ... *coni.Carm.Saec.*26
  simul calentis inverecundus deus|fervidiore mero . . *Epod.*11.13
  'simul imis saxa renarint|vadis levata, ... *Epod.*16.25
  quae, simul inversum contristat Aquarius annum, . . *Serm.*1.1.36

simul assis | miscueris elixa, simul conchylia turdis, ... *Serm*.2.2.73
simul assis | miscueris elixa, simul conchylia turdis, ... *Serm*.2.2.74
hic simul accepit patrimoni mille talenta, ... *Serm*.2.3.226
simul atras | ventum est Esquilias, ... *Serm*.2.6.32
simul domus alta Molossis | personuit canibus. *Serm*.2.6.114
inprovisa simul species exterruit. *Epist*.1.6.11
quem simul adspexit scabrum intonsumque Philippus, . . . *Epist*.1.7.90
qui semel [simul] adspexit, quantum dimissa petitis | praestent, . . *var.Epist*.1.7.96
vivo et regno, simul ista reliqui, ... *Epist*.1.10.8
adimam cantare severis' | hoc simul edixi, ... *Epist*.1.19.10
unde simul primum me dimisere Philippi *Epist*.2.2.49
simul. simul ac nummos contemplor in arca.' *Serm*.1.1.67
'maxime' quis non | 'Iuppiter' exclamat simul atque audivit? . . *Serm*.1.2.18
'nam simul ac venas inflavit taetra libido, ... *Serm*.1.2.33
simul ac duraverit aetas | membra animumque tuom, nabis sine cortice.' *Serm*.1.4.119
simul ac vaga Luna decorum | protulit os, ... *Serm*.1.8.21
simul atque adoleverit aetas." ' *Serm*.1.9.34
victor propositi simul ac perveneris illuc, ... *Epist*.1.13.11
'ipse deus, simulatque volam, me solvet.' *Epist*.1.16.78
ut simul atque | carmina rescieris nos fingere, ... *Epist*.2.1.226
simulacra. refeceris . . . foeda nigro simulacra fumo. . . *Carm*.3.6.4
simulantia. nequis . . . alius Lysippo duceret aera | fortis Alexandri voltum
     simulantia. *Epist*.2.1.241
simulare. et fortasse cupressum | scis simulare: . . . . *Ars Poet*.20
simulas. non es quod simulas? *Serm*.2.7.56
simulet. siquis . . . pede nudo | exiguaeque togae simulet textore Catonem, *Epist*.1.19.13
sinas. neu sinas Medos equitare inultos | te duce, Caesar. . . *Carm*.1.2.51
sincerum. sincerum nisi vas, quodcumque infundis acescit. . . *Epist*.1.2.54
sincerum. sincerum furimus vas incrustare. *Serm*.1.3.56
sine. *Carm*.1.14.6; 1.23.3; 1.25.16; 1.26.9; 1.30.7; 2.19.20; 3.4.20; 3.5.20; 3.6.29; 3.7.7; 3.13.2;
     Carm.3.24.35; 3.26.2; 3.29.15; 3.29.38; 3.29.56; 4.1.24; 4.13.27; 4.14.32; *Carm.Saec*.41;
     Serm.1.2.83; 1.3.68; 1.4.77; 1.4.120; 1.5.80; 1.5.99; 1.9.59; 2.1.2; 2.4.29; 2.5.15; 2.5.28;
     Serm.2.5.105; 2.6.59; 2.7.107; 2.8.49; 2.8.87; 2.8.91; *Epist*.1.1.51; 1.4.6; 1.6.65; 1.7.56;
     Epist.1.12.13; 2.2.112; *Ars Poet*.281; 320; 376; 409; 444
sine. tandem nequitiae fige [sine] modum tuae *var.Carm*.3.15.2
sine pascat durus aretque, ... *Epist*.1.16.70
refer et sine vivat ineptus. *Epist*.1.17.32
sinebant. nec fortuitum spernere caespitem | leges sinebant, . . *Carm*.2.15.18
singula. singula quaeque locum teneant sortita decenter. . . *Ars Poet*.92
singula. puellis | iniciat curam quaerendi singula, . . . *Serm*.1.6.32
singula quid memorem, ... *Serm*.1.8.40
trilibrem | nullum, in singula quem minuas pulmenta necesse est. . *Serm*.2.2.34
tangentis male singula dente superbo; *Serm*.2.6.87
singula de nobis anni praedantur euntes: *Epist*.2.2.55
singulos. quae velut nactae vitulos leaenae | singulos eheu lacerant: . *Carm*.3.11.42
singultim. ut veni coram, singultim pauca locutus . . . *Serm*.1.6.56
singultus. mitte singultus, bene ferre magnam | disce fortunam; . *Carm*.3.27.74
sinistra. vagus et sinistra | labitur ripa . . . amnis. . . *Carm*.1.2.18
sinistre. ducent | in mala derisum semel exceptumque sinistre. . *Ars Poet*.452
sinistrorsum. puppes sinistrorsum citae. *Epod*.9.20
ille sinistrorsum, hic dextrorsum abit, ... *Serm*.2.3.50
sint. cum sibi sint congesta cibaria: *Serm*.1.1.32
cum mihi non tantum furesque feraeque suetae | hunc vexare locum curae
     sunt [sint] *var.Serm*.1.8.18
iterum quae digna legi sint | scripturus, ... *Serm*.1.10.72
quibus haec, sint qualiacumque, | adridere velim, . . . *Serm*.1.10.88
ut siquis solum hoc, mala ne sint vina, laboret, . . . *Serm*.2.4.49
utrumne | divitiis homines an sint virtute beati; . . . *Serm*.2.6.74
ficta voluptatis causa sint proxima veris: . . . . . *Ars Poet*.338
sinu. paternos | in sinu ferens deos *Carm*.2.18.27
Ionius udo cum remugiens sinus | Noto [sinu | Notus] carinam ruperit. . *var.Epod*.10.19
te talos, Aule, nucesque | ferre sinu laxo, ... *Serm*.2.3.172
Sinuessae. Plotius et Varius Sinuessae Vergiliusque | occurrunt, . . *Serm*.1.5.40
Sinuessanum. palustris | inter Minturnas Sinuessanumque Petrinum. . *Epist*.1.5.5
sinum. vel occidentis usque ad ultimum sinum | forti sequemur pectore. . *Epod*.1.13
sinus. quid sit ater | Hadriae novi sinus *Carm*.3.27.19
Ionius udo cum remugiens sinus | Noto carinam ruperit. . . *Epod*.10.19
'nullus in orbe sinus Bais praelucet amoenis' *Epist*.1.1.83
sinus. curvantis Calabros sinus. *Carm*.1.33.16

siqua. Spartacum siqua potuit vagantem|fallere testa. *Carm.*3.14.19
mentio siquae [siqua]|de Capitolini furtis iniecta Petilli|te coram fuerit,
    defendas, ... *var.Serm.*1.4.93
siquae. mentio siquae|de Capitolini furtis iniecta Petilli|te coram fuerit, . *Serm.*1.4.93
siquem. equitare in harundine longa|siquem delectet barbatum: . . *Serm.*2.3.249
siqui. siqui scribat uti nos|sermoni propiora, ... *Serm.*1.4.41
ut siqui aegrotet quo morbo Barrus, ... *Serm.*1.6.30
vestem servosque sequentis,|in magno ut populo, siqui vidisset, . . *Serm.*1.6.79
'non hercule miror,'|aiebat, 'siqui comedunt bona, ... *Epist.*1.15.42
siquid. non, siquid Pholoen, satis|et te, Chlori, decet: . . . *Carm.*3.15.7
nam siquid in Flacco viri est, ... *Epod.*15.12
nec, siquid honesti est,|iactat habetque palam, ... *Serm.*1.2.84
nocturna siquid crassi est tenuabitur aura *Serm.*2.4.52
qui, siquid forte lateret,|indice monstraret digito: *Serm.*2.8.25
siquid|est animum, differs curandi tempus in annum? . . . *Epist.*1.2.38
siquid abest, Italis adiudicat armis. *Epist.*1.18.57
siquid. siquid loquar audiendum, ... *Carm.*4.2.45
nec siquid olim lusit Anacreon|delevit aetas; *Carm.*4.9.9
at siquid umquam tale concupiveris, ... *Epod.*3.19
ignoscent, siquid peccaro stultus, amici *Serm.*1.3.140
ut siquid promittere de me|possum aliud vere, promitto. . . *Serm.*1.4.102
quod vitium procul afore chartis|atque animo prius, ut siquid [animo,
    prius ut, siquid] promittere de me|possum aliud vere, promitto. . *coni.Serm.*1.4.102
siquid miri faciat natura, ... *Serm.*1.5.102
mentior at siquid, ... *Serm.*1.8.37
grande malum Turius, siquid se iudice certes. *Serm.*2.1.49
siquid Stertinius veri crepat, ... *Serm.*2.3.33
imbecillus, iners, siquid vis, adde, popino. *Serm.*2.7.39
siquid novisti rectius istis,|candidus inperti; *Epist.*1.6.67
siquid mirabere, pones|invitus. *Epist.*1.10.31
siquid petet, ultro|defer: *Epist.*1.12.22
siquid|et nos, quod cures proprium fecisse, loquamur. . . *Epist.*1.17.4
protinus ut moneam (siquid monitoris eges), ... *Epist.*1.18.67
quod superest aevi, siquid superesse volunt di; . . . *Epist.*1.18.108
hunc ego me, siquid conponere curem,|non magis esse velim . . *Ars Poet.*35
siquid inexpertum scaenae conmittis . . . . . *Ars Poet.*125
nec, siquid fricti ciceris probat et nucis emptor, . . . *Ars Poet.*249
siquid tamen olim|scripseris, ... *Ars Poet.*386
Quintilio siquid recitares, 'corrige, sodes,|hoc' aiebat 'et hoc.' . *Ars Poet.*438
siquis. siquis infamem mihi nunc iuvencum|dedat iratae, . . *Carm.*3.27.45
o deorum|siquis haec audis, ... *Carm.*3.27.51
parentis olim siquis inpia manu|senile guttur fregerit, . . . *Epod.*3.1
si quis atro dente me petiverit, ... *Epod.*6.15
si quis deus 'en ego' dicat,|'iam faciam quod voltis: . . . *Serm.*1.1.15
ut siquis asellum|in campo doceat parentem currere frenis? . . *Serm.*1.1.90
siquis nunc quaerat 'quo res haec pertinet?' *Serm.*1.2.23
siquis eum servom, . . . in cruce suffigat, ... *Serm.*1.3.80
siquis erat dignus describi, quod malus ac fur, ... *Serm.*1.4.3
bene siquis|et vivat puris manibus, ... *Serm.*1.4.67
vestem servosque sequentis,|in magno ut populo, siqui [siquis] vidisset, *var.Serm.*1.6.79
mollius ac siquis pedibus quid claudere senis, ... *Serm.*1.10.59
si mala condiderit in quem quis carmina, ... *Serm.*2.1.82
'esto, siquis mala; sed bona siquis|iudice condiderit laudatus Caesare? *Serm.*2.1.83
siquis|opprobriis dignum latraverit, integer ipse?' . . . *Serm.*2.1.84
siquis nunc mergos suavis edixerit assos, ... *Serm.*2.2.51
siquis emat citharas, emptas conportet in unum, . . . *Serm.*2.3.104
siquis ad ingentem frumenti semper acervom|porrectus vigilet . *Serm.*2.3.111
" 'quid, siquis non sit avarus,|continuo sanus?' . . . *Serm.*2.3.159
siquis lectica nitidam gestare amet agnam, ... *Serm.*2.3.214
siquis gnatam pro muta devovet agna, ... *Serm.*2.3.219
haec siquis tempestatis prope ritu . . . laboret|reddere certa sibi, *Serm.*2.3.268
quae siquis sanus fecit, sanus facis et tu. *Serm.*2.3.322
ut siquis solum hoc, mala ne sint vina, laboret, . . . *Serm.*2.4.49
siquis casus puerum egerit Orco, ... *Serm.*2.5.49
siquis|forte coheredum senior male tussiet, ... *Serm.*2.5.106
siquis nam laudat Arelli|sollicitas ignarus opes, . . . *Serm.*2.6.78
siquis ad illa deus subito te agat, usque recuses, . . . *Serm.*2.7.24
leporum avolsos, ut multo suavius, armos,|quam si cum lumbis quis edit. *Serm.*2.8.90
siquis bella tibi terra pugnata marique|dicat *Epist.*1.16.25

siquis voltu torvo ferus et pede nudo|exiguaeque togae simulet textore
    Catonem, ... *Epist.*1.19.12
forte meum siquis te percontabitur aevom: *Epist.*1.20.26
unum|siquis amicorum est ausus reprehendere versum; . . . *Epist.*2.1.222
siquis forte velit puerum tibi vendere *Epist.*2.2.2
viveret in terris te siquis avarior uno. *Epist.*2.2.157
si curet quis opem ferre et demittere funem: . . . *Ars Poet.*461
siquod. sic nos debemus amici|siquod sit vitium non fastidire: . . *Serm.*1.3.44
    siquid [siquod]|est animum, differs curandi tempus in annum? . *var.Epist.*1.2.38
siquos. siquos Eois intonata fluctibus|hiems ad hoc vertat mare, . *Epod.*2.51
    plenior ut siquos delectet copia iusto, ... *Serm.*1.1.57
Siren. vitanda est inproba Siren|desidia *Serm.*2.3.14
Sirenum. Sirenum voces et Circae pocula nosti; . . . *Epist.*1.2.23
sis. sis licet felix, ubicumque mavis, ... *Carm.*3.27.13
    sis pecore et multa dives tellure licebit . . . *Epod.*15.19
    'nil satis est,' inquit, 'quia tanti quantum habeas sis': . . *Serm.*1.1.62
    ut sis tu similis Caeli Birrique latronum, . . . *Serm.*1.4.69
    'Scetani dissimilis sis.' *Serm.*1.4.112
    Lucili, quam sis mendosus, teste Catone|defensore tuo pervincam, . *Serm.*1.10.*1
    'o puer, ut sis|vitalis metuo *Serm.*2.1.60
    sive ego prave|seu recte hoc volui, ne sis patruos mihi': . . *Serm.*2.3.88
    nequid tu perdas neu sis iocus." *Serm.*2.5.37
    fi [sis] cognitor ipse,|persta atque obdura: . . . *var.Serm.*2.5.38
    Davos sis comicus atque|stes capite obstipo, . . . *Serm.*2.5.91
    vive memor, quam sis aevi brevis." *Serm.*2.6.97
    tu cum sis quod ego et fortassis nequior, . . . *Serm.*2.7.40
    rerum tutela mearum|cum sis *Epist.*1.1.104
    cum sis nihilo sapientior ex quo|plenior es, . . . *Epist.*2.2.153
Sisennas. adeo sermonis amari, | Sisennas, Barros ut equis praecurreret
    albis. *Serm.*1.7.8
siser. siser, hallec, faecula Coa. *Serm.*2.8.9
Sisyphus. damnatusque longi|Sisyphus Aeolides laboris. . . *Carm.*2.14.20
    optat supremo collocare Sisyphus|in monte saxum; . . *Epod.*17.68
    quo vafer ille pedes lavisset Sisyphus aere, . . . *Serm.*2.3.21
Sisyphus. male parvos|sicui filius est, ut abortivos fuit olim|Sisyphus; . *Serm.*1.3.47
sit. quid sit futurum cras, fuge quaerere . . . *Carm.*1.9.13
    quis desiderio sit pudor aut modus|tam cari capitis? . . *Carm.*1.24.1
    neu morem in Salium sit requies pedum . . . *Carm.*1.36.12
    ne sit ancillae tibi amor pudori, ... *Carm.*2.4.1
    Tibur . . . sit meae sedes utinam senectae, . . . *Carm.*2.6.6
    sit modus lasso maris et viarum|militiaeque. . . . *Carm.*2.6.7
    non, si trecenis [sit recens] quotquot eunt dies, . . *var.Carm.*2.14.5
    fas pervicacis est [pervicaci sit] mihi Thyiadas . . . cantare . *coni.Carm.*2.19.9
    illi turba clientium|sit maior: *Carm.*3.1.14
    sub isdem|sit trabibus *Carm.*3.2.28
    ego quid sit ater|Hadriae novi sinus *Carm.*3.27.18
    quibus te vita sit superstite|iucunda, . . . *coni.Epod.*1.5
    adlapsus timet|magis relictis, non, ut adsit, auxili [ut sit auxilii]|latura
        plus praesentibus. *var.Epod.*1.21
    cum sit tibi dens ater *Epod.*8.3
    nec sit marita, quae rotundioribus|onusta bacis ambulet. . . *Epod.*8.13
    nulla sit hac potior sententia: *Epod.*16.17
    ne redire sit nefas; *Epod.*16.26
    nil obstet tibi, dum ne sit te ditior alter. . . . *Serm.*1.1.40
    ut tibi si sit opus liquidi non amplius urna . . . *Serm.*1.1.54
    denique sit finis quaerendi *Serm.*1.1.92
    vix credere possis,|quam sibi non sit amicus, . . . *Serm.*1.2.20
    inter niveos viridisque lapillos|sit licet, . . . *Serm.*1.2.81
    Cois tibi paene videre est|ut nudam, ne crure malo, ne sit pede turpi; . *Serm.*1.2.102
    quid latura sibi, quid sit dolitura negatum, . . . *Serm.*1.2.112
    candida rectaque sit, munda hactenus, . . . *Serm.*1.2.123
    'sit mihi mensa tripes et|concha salis puri . . . *Serm.*1.3.13
    sic nos debemus amici|siquod sit vitium non fastidire: . . *Serm.*1.3.44
    siquod sit [sit quod] vitium non fastidire: . . . *var.Serm.*1.3.44
    minus hoc iucundus amicus|sit mihi? . . . *Serm.*1.3.94
    ingenium cui sit, cui mens divinior atque os|magna sonaturum, . *Serm.*1.4.43
    hactenus haec: alias, iustum sit necne poema. . . . *Serm.*1.4.63
    nunc illud tantum quaeram, meritone tibi sit | suspectum genus hoc
        scribendi. *Serm.*1.4.64

'sapiens, vitatu quidque petitu|sit melius, causas reddet tibi;   .   .   *Serm*.1.4.116
'an hoc inhonestum et inutile factu|necne sit addubites,   .   .   .   *Serm*.1.4.125
auxilio quae|sit mihi (nam multo plures sumus), ...   *Serm*.1.4.142
neque quis me sit devinctior alter. *Serm*.1.5.42
cum referre negas, quali sit quisque parente|natus, ...   *Serm*.1.6.7
quali|sit facie, sura quali, pede, dente, capillo: *Serm*.1.6.33
quo patre sit natus, num ignota matre inhonestus,   .   .   .   *Serm*.1.6.36
non sollicitus mihi quod cras|surgendum sit mane,   .   .   .   *Serm*.1.6.120
hibrida quo pacto sit Persius ultus, ...   *Serm*.1.7.2
an et cum|dura tibi peragenda rei sit causa Petilli?   .   .   *Serm*.1.10.26
quae virtus et quanta, boni, sit vivere parvo *Serm*.2.2.1
primum nam inquiram, quid sit furere: *Serm*.2.3.41
" 'quid, siquis non sit avarus,|continuo sanus?'   .   .   .   *Serm*.2.3.159
"quartae sit partis Vlixes"|audieris "heres":   .   .   .   *Serm*.2.5.100
ex parte tua seu fundi sive domus sit|emptor, ...   *Serm*.2.5.108
et quae sit natura boni summumque quid eius.   .   .   .   *Serm*.2.6.76
frugi quod sit satis, hoc est,|ut vitale putes.'   .   .   .   *Serm*.2.7.3
quod nusquam tibi sit potandum. *Serm*.2.7.32
num sit quoque fracta lagoena, ...   *Serm*.2.8.81
cui sit condicio dulcis sine pulvere palmae?   .   .   .   *Epist*.1.1.51
quid sit pulcrum, quid turpe, quid utile, quid non,   .   .   .   *Epist*.1.2.3
sit tibi curae|quantae conveniat Munatius.   .   .   .   *Epist*.1.3.30
ne fidos inter amicos|sit qui dicta foras eliminet,   .   .   .   *Epist*.1.5.25
(indignum, quod sit peioribus ortus) *Epist*.1.6.22
hic tibi sit potius quam tu mirabilis illi. *Epist*.1.6.23
cuius fortunae, quo sit patre quove patrono.'   .   .   .   *Epist*.1.7.54
'scis, Lebedus quid sit: Gabiis desertior atque|Fidenis vicus;   *Epist*.1.11.7
ne tamen ignores, quo sit Romana loco res: .   .   .   *Epist*.1.12.25
melior sit Horatius an res. *Epist*.1.14.5
quae sit hiems Veliae, quod caelum, Vala, Salerni,   .   .   *Epist*.1.15.1
cum sit obeso|nil melius turdo, ...   *Epist*.1.15.42
sit spes fallendi, miscebis sacra profanis.   .   .   .   *Epist*.1.16.54
qui melior servo, qui liberior sit avarus, ...   *Epist*.1.16.63
cur sit Aristippi potior sententia. *Epist*.1.17.17
'scilicet, ut non|sit mihi prima fides *Epist*.1.18.17
'sit mihi, quod nunc est, etiam minus, ...   *Epist*.1.18.107
sit bona librorum et provisae frugis in annum|copia   .   .   *Epist*.1.18.109
ambigitur quotiens, uter utro sit prior, ...   *Epist*.2.1.55
quantus sit Dossennus edacibus in parasitis,   .   .   .   *Epist*.2.1.173
tamquam|sit proprium quicquam, ...   *Epist*.2.2.172
denique sit quod vis, simplex dumtaxat et unum.   .   .   *Ars Poet*.23
sit Medea ferox invictaque, flebilis Ino, ...   *Ars Poet*.123
neve minor neu sit quinto productior actu|fabula,   .   .   *Ars Poet*.189
quo sit amore parens, quo frater amandus et hospes,   .   .   *Ars Poet*.313
quod sit conscripti, quod iudicis officium.   .   .   .   *Ars Poet*.314
ne forte pudori|sit tibi Musa lyrae sollers et cantor Apollo.   .   *Ars Poet*.407
an sit amicitia dignus;   .   .   .   .   .   .   *Ars Poet*.436
non sit qui tollere curet.   .   .   .   .   .   .   *Ars Poet*.460
sit ius liceatque perire poetis: .   .   .   .   .   *Ars Poet*.466
Sithonia.   Memphin carentem Sithonia nive,   .   .   .   *Carm*.3.26.10
Sithoniis.   monet Sithoniis non levis Euhius,   .   .   .   *Carm*.1.18.9
siticulosae.   nec tantus umquam siderum insedit vapor|siticulosae Apuliae   *Epod*.3.16
sitiens.   'Tantalus a labris sitiens fugientia captat|flumina' —   .   .   *Serm*.1.1.68
sitim.   nec sitim pellit, nisi causa morbi|fugerit venis   .   .   *Carm*.2.2.14
adduxere sitim tempora, Vergili: *Carm*.4.12.13
si tibi nulla sitim finiret copia lymphae,   .   .   .   *Epist*.2.2.146
sitis.   num, tibi cum faucis urit sitis, aurea quaeris|pocula?   .   .   *Serm*.1.2.114
quem tenet argenti sitis inportuna famesque,   .   .   .   *Epist*.1.18.23
situ.   regalique situ pyramidum altius, ...   *Carm*.3.30.2
situm.   sic melius situm,|cum terra celat,   .   .   .   *Carm*.3.3.49
audis, . . . quo nemus | inter pulcra satum [situm] tecta remugiat |
ventis *var.Carm*.3.10.6
situs.   scribetur tibi forma loquaciter et situs agri.   .   .   .   *Epist*.1.16.4
nunc situs informis premit et deserta vetustas;   .   .   *Epist*.2.2.118
situs.   quam res conponere gestas|terrarumque situs   .   .   .   *Epist*.2.1.252
sive.   *Carm*.1.4.12; 1.6.19; 1.12.55; 1.13.11; 1.15.25; 1.32.7; 3.21.2; 3.27.61; 4.2.17; *Carm.Saec*.15;
Epod.17.39; *Serm*.2.1.38; 2.2.83; 2.2.119; 2.3.87; 2.4.80; 2.5.11; 2.5.108; 2.6.25; 2.7.79;
Serm.2.8.16; *Epist*.2.1.196; *Ars Poet*.63

sive. *Carm.*1.2.33; 1.2.35; 1.2.41; 1.16.3; 1.16.4; 1.22.5; 1.22.6; 2.14.11; 2.14.12; *Serm.*1.4.121;
    1.4.124; 2.4.7 (*bis*)

sobrius. caret invidenda|sobrius aula.	*Carm.*2.10.8
sobrius ergo|dic aliquid dignum promissis.	*Serm.*2.3.5
socci. hunc socci cepere pedem grandesque cothurni,	*Ars Poet.*80
socco. quam non adstricto percurrat pulpita socco;	*Epist.*2.1.174
privatis ac prope socco|dignis carminibus .	*Ars Poet.*90
socero. tabulas socero dabit atque|ut legat orabit;	*Serm.*2.5.66
socerorum. hostium . . . consenuit socerorum in armis	*Carm.*3.5.8
socerum. socerum et scelestas|falle sorores,	*Carm.*3.11.39
est inter Tanain quiddam socerumque Viselli:	*Serm.*1.1.105
nec socerum quaerit, quem versibus oblinat atris,	*Epist.*1.19.30
socialiter. non ut de sede secunda|cederet aut quarta socialiter.	*Ars Poet.*258
sociam. alterius sic [*? res*]|altera poscit opem res et [*? poscit opem sociam et*] coniurat amice.	*? var.Ars Poet.*411
socianda. verba loquor socianda chordis:	*Carm.*4.9.4
socii. o socii comitesque,|nil desperandum Teucro duce et auspice:	*Carm.*1.7.26
sociis. dum sibi, dum sociis reditum parat,	*Epist.*1.2.21
sociis. quae si cum sociis stultus cupidusque bibisset,	*Epist.*1.2.24
cum sociis operum et pueris et coniuge fida	*Epist.*2.1.142
socio. non fraudem socio puerove incogitat ullam|pupillo;	*Epist.*2.1.122
socium. consortem socium fallat et hospites	*Carm.*3.24.60
socius. illis|accedas socius: laudes, lauderis ut absens.	*Serm.*2.5.72
Socraticae. rem tibi Socraticae poterunt ostendere chartae	*Ars Poet.*310
Socraticam. Socraticam et domum|mutare loricis Hiberis,	*Carm.*1.29.14
Socraticis. quamquam Socraticis madet|sermonibus,	*Carm.*3.21.9
sodales. inpium|lenite clamorem sodales	*Carm.*1.27.7
Saliaribus|ornare pulvinar deorum|tempus erat dapibus, sodales.	*Carm.*1.37.4
sodali. aridas frondes hiemis sodali|dedicet Euro.	*Carm.*1.25.19
larga nec desunt Veneris sodali|vina craterae,	*Carm.*3.18.6
sodalibus. caris multa sodalibus, . . . dividit oscula	*Carm.*1.36.5
donarem pateras grataque commodus,|Censorine, meis aera sodalibus,	*Carm.*4.8.2
ille velut fidis arcana sodalibus olim|credebat libris	*Serm.*2.1.30
sodalibus. gaudentem parvisque sodalibus et lare certo	*Epist.*1.7.58
sodalis. "ergo nunc Dama sodalis|nusquam est?	*Serm.*2.5.101
sodalium. Pompei, meorum prime sodalium?	*Carm.*2.7.5
sodes. 'tene relinquam an rem.' 'me, sodes.' .	*Serm.*1.9.41
Roscia, dic sodes, melior lex an puerorum est|nenia,	*Epist.*1.1.62
'vescere, sodes'|'iam satis est'	*Epist.*1.7.15
respondesne tuo, dic, sodes, nomine?	*Epist.*1.16.31
'corrige, sodes,|hoc' aiebat 'et hoc'.	*Ars Poet.*438
Sol. alme Sol, curru nitido diem qui|promis et celas	*Carm.Saec.*9
sol. sol ubi montium|mutaret umbras	*Carm.*3.6.41
cum sol Oceano subest. .	*Carm.*4.5.40
qua sol habitabilis|inlustrat oras,	*Carm.*4.14.5
interque signa turpe militaria|sol adspicit conopium.	*Epod.*9.16
ast ubi me fessum sol acrior ire lavatum|admonuit,	*Serm.*1.6.125
sed ut veniens dextrum latus adspiciat sol,	*Epist.*1.16.6
cum tibi sol tepidus pluris admoverit auris,	*Epist.*1.20.19
sol. 'o sol|pulcer, o laudande!'	*Carm.*4.2.46
sola. non sola comptos arsit adulteri|crinis . . . Helene	*Carm.*4.9.13
nil admirari prope res est una, Numici,|solaque,	*Epist.*1.6.2
si res sola potest facere et servare beatum,	*Epist.*1.6.47
solabitur. me silva cavosque|tutus ab insidiis tenui solabitur ervo." '	*Serm.*2.6.117
solantis. nunc fluviis gravem|solantis aestum,	*Carm.*2.5.7
solatur. orientia tempora notis|instruit exemplis, inopem solatur et aegrum.	*Epist.*2.1.131
solatus. tempore quo me|solatus iussit sapientem pascere barbam	*Serm.*2.3.35
soldo. quaerere plus prodest et inane abscindere soldo?	*Serm.*1.2.113
soldum. filia Nasicae, metuentis reddere soldum.	*Serm.*2.5.65
sole. quid terras alio calentis|sole mutamus?	*Carm.*2.16.19
sole dies referente siccos;	*Carm.*3.29.20
cras vel atra|nube polum Pater occupato|vel sole puro;	*Carm.*3.29.45
hic mutat merces surgente a sole ad eum, quo|vespertina tepet regio,	*Serm.*1.4.29
supremo te sole domi, Torquate, manebo.	*Epist.*1.5.3
prius orto|sole vigil calamum et chartas et scrinia posco	*Epist.*2.1.113
soleas. sapiens crepidas sibi numquam|nec soleas fecit;	*Serm.*1.3.128
et soleas poscit.	*Serm.*2.8.77
ut cum pileolo soleas conviva tribulis.	*Epist.*1.13.15
soleat. ultra|callidus ut soleat umeris portare viator.	*Serm.*1.5.90

Solem. cum semel accepit Solem furibundus acutum?	*Epist.*1.10.17
solem. nec rapidum fugiente solem.	*Carm.*2.9.12
solem Asiae Brutum appellat	*Serm.*1.7.24
huncine solem|tam nigrum surrexe mihi!	*Serm.*1.9.72
ante gravem quae legerit arbore solem.	*Serm.*2.4.23
hunc solem et stellas . . . spectent:	*Epist.*1.6.3
solent. ut plerique solent, naso suspendis adunco|ignotos . .	*Serm.*1.6.5
ingenium res|adversae nudare solent, celare secundae." . .	*Serm.*2.8.74
et neglecta solent incendia sumere vires. . . .	*Epist.*1.18.85
soler. restat ut his ego me ipse regam solerque elementis. . .	*Epist.*1.1.27
soles. gratior it dies|et soles melius nitent.	*Carm.*4.5.8
soles. utque soles, custos mihi maximus adsis. . . .	*Serm.*2.6.15
solet. flagrans amor et libido,|quae solet matres furiare equorum, .	*Carm.*1.25.14
ut solet, in cor|traiecto lateris miseri capitisve dolore, . .	*Serm.*2.3.28
solibus. corporis exigui, praecanum, solibus aptum, . . . essem. .	*Epist.*1.20.24
solibus. perusta solibus|pernicis uxor Apuli, ...	*Epod.*2.41
quaeque carent ventis et solibus ossa Quirini, ...	*Epod.*16.13
solida. non voltus instantis tyranni|mente quatit solida neque Auster, .	*Carm.*3.3.4
solido. fragili quaerens illidere dentem|offendet solido, . . .	*Serm.*2.1.78
solido. nec partem solido demere de die|spernit, . . .	*Carm.*1.1.20
solidum. non voltus instantis tyranni|mente quatit solida [? solidum] .	*? var.Carm.*3.3.4
scilicet ut deciens solidum absorberet, ...	*Serm.*2.3.240
solio. redditum Cyri solio Phraaten	*Carm.*2.2.17
solis. cur apricum|oderit campum patiens pulveris atque solis, . .	*Carm.*1.8.4
sub curru nimium propinqui|solis in terra domibus negata: . .	*Carm.*1.22.22
oscinem corvom prece suscitabo|solis ab ortu. . .	*Carm.*3.27.12
ad ortus|solis ab Hesperio cubili.	*Carm.*4.15.16
solis. iurat bene solis esse maritis.	*Epist.*1.1.89
nam neque divitibus contingunt gaudia solis	*Epist.*1.17.9
soliti. aversos soliti conponere amicos.	*Serm.*1.5.29
nugari cum illo et discincti ludere, . . . soliti. . . .	*Serm.*2.1.74
luscinias soliti inpenso prandere coemptas, ...	*Serm.*2.3.245
solitis. quid prius dicam solitis parentis|laudibus, . . .	*Carm.*1.12.13
solitum. quinque bonos solitum Variam dimittere patres, . .	*Epist.*1.14.3
solitum. non praeter solitum leves.	*Carm.*1.6.20
solitus. populi contemnere voces|sic solitus	*Serm.*1.1.66
nollem onus haud umquam solitus portare molestum. . .	*Serm.*1.6.99
festis potare diebus|Campana solitus trulla . . .	*Serm.*2.3.144
solium. attingit solium Iovis et caelestia temptat: . .	*Epist.*1.17.34
sollemne. Romanis sollemne viris opus. utile famae . .	*Epist.*1.18.49
Romae dulce diu fuit et sollemne reclusa|mane domo vigilare, .	*Epist.*2.1.103
sollemnia. insanire putas sollemnia me neque rides . . .	*Epist.*1.1.101
sollemnis. iure sollemnis mihi sanctiorque	*Carm.*4.11.17
sollers. liquidis ille coloribus | sollers nunc hominem ponere, nunc deum.	*Carm.*4 8.8
sollers. ne forte pudori|sit tibi Musa lyrae sollers et cantor Apollo. . .	*Ars Poet.*407
sollicita. te pauper ambit sollicita prece|ruris colonus, . . .	*Carm.*1.35.5
sollicitae. atqui sollicitae nuntius hospitae, . . .	*Carm.*3.7.9
ducere sollicitae iucunda oblivia vitae?	*Serm.*2.6.62
sollicitam. sollicitam explicuere frontem.	*Carm.*3.29.16
sollicitas. cantu tremulo pota Cupidinem|lentum sollicitas. .	*Carm.*4.13.6
sollicitas. siquis nam laudat Arelli|sollicitas ignarus opes, . .	*Serm.*2.6.79
sollicitat. tumultuosum sollicitat mare	*Carm.*3.1.26
mala copia quando|aegrum sollicitat stomachum, . .	*Serm.*2.2.43
sollicitis. sollicitis animis onus eximit, addocet artis. . .	*Epist.*1.5.18
sollicitis. et pro sollicitis non tacitus reis	*Carm.*4.1.14
sollicito. cum tibi librum|sollicito damus aut fesso; . .	*Epist.*2.1.221
sollicitudine. tene, ut ego accipiar laute, torquerier omni | sollicitudine	
districtum, ...	*Serm.*2.8.68
sollicitudines. mordaces aliter diffugiunt sollicitudines. . .	*Carm.*1.18.4
sollicitudinibus. levare diris pectora sollicitudinibus, . .	*Epod.*13.10
sollicitum. nuper sollicitum quae mihi taedium, . .	*Carm.*1.14.17
hoc genus omne|maestum ac sollicitum est cantoris morte Tigelli. .	*Serm.*1.2.3
sollicitum. sollicitum ne|ditior aut formae melioris meiat eodem. .	*Serm.*2.7.51
sollicitus. Vrbi sollicitus times, ...	*Carm.*3.29.26
non sollicitus mihi quod cras|surgendum sit mane, . . .	*Serm.*1.6.119
an meretricis amore|sollicitus plores:	*Serm.*2.3.253
solo. durataeque solo nives|mercatorem abigunt? . . .	*Carm.*3.24.39
solo. flebis in solo levis angiportu	*Carm.*1.25.10
hoc si erit in te|solo, ...	*Serm.*2.3.42

solos. solos felicis viventis clamat in Vrbe. *Serm.*1.1.12
    vos sapere et solos aio bene vivere, ...   *Epist.*1.15.45
solstitio. facit quod│paenula solstitio, campestre nivalibus auris,   .   .   *Epist.*1.11.18
solum. ferisque rursus occupabitur solum: *Epod.*16.10
solum. circa mite solum Tiburis et moenia Catili; *Carm.*1.18.2
    minaces│turpe solum tetigere mento; *Carm.*2.7.12
solum. fidis enim manare poetica mella│te solum, ...   *Epist.*1.19.45
solum. ut siquis solum hoc, mala ne sint vina, laboret,   .   .   .   *Serm.*2.4.49
solum. servavit ab omni│non solum facto, verum opprobrio quoque turpi   *Serm.*1.6.84
    inornata et dominantia nomina solum│verbaque, ...   *Ars Poet.*234
solus. non pugnavit ingens│Idomeneus Sthenelusve solus   .   .   .   *Carm.*4.9.20
    et sutor bonus et solus formosus et est rex, ...   *Serm.*1.3.125
    sapiens operis sic optimus omnis│est opifex, solus sic rex.'   .   .   *Serm.*1.3.133
    uti ne solus rusve peregre⟨ve⟩│exirem, ...   *Serm.*1.6.102
    uti ne solus rusve peregre⟨ve⟩ [ne rus solusve peregre]│exirem,   .   *coni.Serm.*1.6.102
    quacumque libido est,│incedo solus; *Serm.*1.6.112
    quid prima secundo│cera velit versu; solus multisne coheres,   .   *Serm.*2.5.54
    cum tot sustineas et tanta negotia solus, ...   *Epist.*2.1.1
    illud,│quod mecum ignorat, solus volt scire videri,   .   .   .   *Epist.*2.1.87
    quin sine rivali teque et tua solus amares.   .   .   .   .   *Ars Poet.*444
soluta. mala soluta navis exit alite *Epod.*10.1
solutae. flore, terrae quem ferunt solutae, ...   *Carm.*1.4.10
solutis. solutis│crinibus ambiguoque voltu. *Carm.*2.5.23
    cum famulis operum solutis. *Carm.*3.17.16
    verba devolvit numerisque fertur│lege solutis, ...   *Carm.*4.2.12
solutis. solutis│Gratiae zonis properentque Nymphae   .   .   .   *Carm.*1.30.5
soluto. cum pene soluto│indomitam properat rabiem sedare,   .   .   *Epod.*12.8
solutorum. vita solutorum misera ambitione gravique;   .   .   .   *Serm.*1.6.129
solutos. qui rore puro Castaliae lavit│crinis solutos,   .   .   .   *Carm.*3.4.62
    solutos│qui captat risus hominum famamque dicacis,   .   .   *Serm.*1.4.82
solutum. contracta quem non in paupertate solutum?   .   .   .   *Epist.*1.5.20
solutus. paterna rura bubus exercet suis│solutus omni faenore   .   .   *Epod.*2.4
    solutus ambulat veneficae│scientioris carmine.   .   .   .   *Epod.*5.71
    siccat inaequalis calices conviva solutus│legibus insanis,   .   .   *Serm.*2.6.68
solvas. ut si solvas 'postquam Discordia taetra │ belli ferratos postis
        portasque refregit,' *Serm.*1.4.60
solvat. fragilemque mecum│solvat phaselon; *Carm.*3.2.29
    'ipse deus, simulatque volam, me solvet.' opinor, [vola me solvet
        opinor.] *var.Epist.*1.16.78
solvatur. obducta solvatur fronte senectus. *Epod.*13.5
solve. citumque retro solve, solve turbinem. *Epod.*17.7
    et tu, potes nam, solve me dementia, ...   *Epod.*17.45
    'solve senescentem mature sanus equom, ...   *Epist.*1.1.8
solventur. 'solventur risu tabulae, tu missus abibis.'   .   .   .   *Serm.*2.1.86
solvere. quis te solvere Thessalis│magus venenis, quis poterit deus?   .   *Carm.*1.27.21
    segnesque nodum solvere Gratiae *Carm.*3.21.22
    curam metumque Caesaris rerum iuvat│dulci Lyaeo solvere.   .   *Epod.*9.38
solveret. ut tamen artum│solveret hospitiis animum.   .   .   .   *Serm.*2.6.83
solvet. suprema citius solvet amor die. *Carm.*1.13.20
    me tener solvet vitulus, ...   *Carm.*4.2.54
    'ipse deus, simulatque volam, me solvet.' *Epist.*1.16.78
solvi. illum aget penna metuente solvi│Fama superstes.   .   .   .   *Carm.*2.2.7
solvit. me tener solvet [solvit] vitulus, ...   *var.Carm.*4.2.54
solvitur. solvitur acris hiems grata vice veris et Favoni   .   .   .   *Carm.*1.4.1
somni. quod vini somnique benignus│nil dignum sermone canas.   .   *Serm.*2.3.3
somnia. tum inmundo somnia visu │ nocturnam vestem maculant
        ventremque supinum. *Serm.*1.5.84
    post mediam noctem visus, cum somnia vera: .   .   .   *Serm.*1.10.33
    quo promissa cadant et somnia Pythagorea;   .   .   .   *Epist.*2.1.52
    cuius, velut aegri somnia, vanae│fingentur species,   .   .   .   *Ars Poet.*7
somnia. somnia, terrores magicos, miracula . . . rides?   .   .   .   *Epist.*2.2.208
somniis. nocturnis ego somniis│iam captum teneo,   .   .   .   *Carm.*4.1.37
somnis. non secus in iugis│Edonis [ex somnis] stupet Euhias   .   .   *var.Carm.*3.25.9
somnium. quae porta fugiens eburna│somnium ducit?   .   .   .   *Carm.*3.27.42
somno. quin et Prometheus et Pelopis parens│dulci laborem decipitur sono
    [somno] *var.Carm.*2.13.38
    ludo fatigatumque somno *Carm.*3.4.11
    transnanto Tiberim, somno quibus est opus alto,   .   .   .   *Serm.*2.1.8
    nunc veterum libris, nunc somno et inertibus horis .   .   .   *Serm.*2.6.61

iam vino quaerens, iam somno fallere curam; *Serm.*2.7.114
rite cliens Bacchi somno gaudentis et umbra: *Epist.*2.2.78
somnos.   nec tibi somnos adimunt amatque|ianua limen,   .   .   . *Carm.*1.25.3
nec levis somnos timor aut cupido|sordidus aufert.   .   .   . *Carm.*2.16.15
somnos quod invitet levis. *Epod.*2.28
pavore somnos auferam. *Epod.*5.96
pocula Lethaeos ut si ducentia somnos *Epod.*14.3
mali culices ranaeque palustres|avertunt somnos;   .   .   . *Serm.*1.5.15
est ubi divellat somnos minus invida cura? *Epist.*1.10.18
somnum.   arida|pellente lascivos amores|canitie facilemque somnum.   . *Carm.*2.11.8
non avium citharaeque cantus|somnum reducent: .   .   . *Carm.*3.1.21
seu facilem, pia testa, somnum, ... *Carm.*3.21.4
cui pulcrum fuit in medios dormire dies et | ad strepitum citharae
cessatum ducere curam [somnum]. *var.Epist.*1.2.31
festus|dat veniam somnumque dies; *Epist.*1.5.10
nec somnum plebis laudo satur altilium *Epist.*1.7.35
verum operi longo fas est obrepere somnum.   .   .   . *Ars Poet.*360
somnus.   somnus agrestium|lenis virorum non humilis domos|fastidit   . *Carm.*3.1.21
ne longus tibi somnus unde|non times detur;   .   .   . *Carm.*3.11.38
somnus tamen aufert|intentum veneri: *Serm.*1.5.83
cena brevis iuvat et prope rivom somnus in herba;   .   .   . *Epist.*1.14.35
si te grata quies et primam somnus in horam|delectat,   .   .   . *Epist* 1.17.6
sonabit.   magna sonabit|cornua quod vincatque tubas: .   . *Serm.*1.6.43
sonant.   nunc mare, nunc siluae|Threicio Aquilone sonant.   .   .   . *Epod.*13.3
sonante.   sonante mixtum tibiis carmen lyra, ... *Epod.*9.5
Vrbem|eques sonante verberabit ungula, ... *Epod.*16.12
montibus altis|levis crepante [? sonante] lympha desilit [? dissilit] pede.   *? var.Epod.*16.48
sonantem.   et te sonantem plenius aureo, ... *Carm.*2.13.26
longe sonantem natus ad Aufidum *Carm.*4.9.2
sonantem.   quid . . . contra sonantem Palladis aegida|possent ruentes?   *Carm.*3.4.57
sonare.   sive mendaci lyra|voles sonare: *Epod.*17.40
sonari.   seu poposceris | centum iuvencos sive mendaci lyra | voles sonare
[sonari]: *var.Epod.*17.40
sonat.   displosa sonat quantum vesica, perpedi|diffissa nate ficus;   . *Serm.*1.8.46
sonaturum.   cui mens divinior atque os|magna sonaturum,   .   .   . *Serm.*1.4.44
sonent.   quae neque in aede sonent certantia iudice Tarpa   .   . *Serm.*1.10.38
sonitum.   Hesperiae sonitum ruinae? *Carm.*2.1.32
sonitus.   lituo tubae|permixtus sonitus bellaque matribus|detestata.   . *Carm.*1.1.24
sono.   dulci laborem decipitur sono *Carm.*2.13.38
saxa movere sono testudinis   .   .   .   . *Ars Poet.*395
sonum.   cum populus frequens|laetum theatris ter crepuit sonum;   .   . *Carm.*2.17.26
donatura cycni, si libeat, sonum, ... *Carm.*4.3.20
nam quae pervincere voces|evaluere sonum,   .   .   . *Epist.*2.1.201
verba lyrae motura sonum conectere digner?   .   .   . *Epist.*2.2.86
legitimumque sonum digitis callemus et aure.   .   .   . *Ars Poet.*274
nam neque chorda sonum reddit quem volt manus et mens,   . *Ars Poet.*348
sonus.   tunc mens et sonus|relapsus *Epod.*17.17
Sophocles.   quid Sophocles et Thespis et Aeschylos utile ferrent;   . *Epist.*2.1.163
sopor.   ergo Quintilium perpetuos sopor|urget?   .   .   . *Carm.*1.24.5
sopore.   cum latent silvis ferae|dulci sopore languidae,   .   .   . *Epod.*5.56
sopori.   ubi dicto citius curata sopori|membra dedit,   .   .   . *Serm.*2.2.80
Soracte.   alta stet nive candidum|Soracte *Carm.*1.9.2
sorde.   auriculas citharae collecta sorde dolentis.   .   .   . *Epist.*1.2.53
sordent.   cunctane prae Campo et Tiberino flumine sordent?   . *Epist.*1.11.4
sordes.   si neque avaritiam neque sordes aut mala lustra   .   . *Serm.*1.6.68
sordescere.   contrectatus ubi manibus sordescere volgi|coeperis,   .   . *Epist.*1.20.11
sordet.   pretium aetas altera sordet.' *Epist.*1.18.18
sordibus.   tutus caret obsoleti|sordibus tecti, ... *Carm.*2.10.7
o nec paternis obsoleta sordibus *Epod.*17.46
mundus erit, qua non offendat sordibus *Serm.*2.2.65
sepulcrum|permissum arbitrio sine sordibus exstrue: .   . *Serm.*2.5.105
sordida.   ne sordida mappa|corruget naris. *Epist.*1.5.22
sordidae.   Virtus, repulsae nescia sordidae, ... *Carm.*3.2.17
sordidos.   non indecoro pulvere sordidos *Carm.*2.1.22
ferens deos|et uxor et vir sordidosque natos.   .   .   . *Carm.*2.18.28
sordidum.   sordidum flammae trepidant rotantes|vertice fumum.   . *Carm.*4.11.11
sordidus.   iudice te non sordidus auctor|naturae verique.   .   . *Carm.*1.28.14
nec levis somnos timor aut cupido|sordidus aufert.   .   .   . *Carm.*2.16.16
ut quidam memoratur Athenis|sordidus ac dives,   .   .   . *Serm.*1.1.65

ita sordidus ut se|non umquam servo melius vestiret, . . . *Serm*.1.1.96
sordidus atque animi quod parvi nolit haberi,|respondet, . . *Serm*.1.2.10
sordidus a tenui victu distabat *Serm*.2.2.53
non est periurus neque sordidus, ... *Serm*.2.3.164
sordis. obiciet nemo sordis mihi, quas tibi, Tilli, . . . *Serm*.1.6.107
soror. Pudor et Iustitiae soror|incorrupta Fides *Carm*.1.24.6
et soror clari ducis et decorae|supplice vitta|virginum matres . *Carm*.3.14.7
clamet amica,|mater, honesta soror cum cognatis, pater, uxor: . *Serm*.2.3.58
'indotata mihi soror est, paupercula mater, ... *Epist*.1.17.46
sorore. ducente victrices catervas|coniuge me Iovis et sorore. . . *Carm*.3.3.64
sororem. non Pyladen ferro violare aususve sororem|Electran, . *Serm*.2.3.139
sorores. Troilon aut Phrygiae sorores|flevere semper. . . *Carm*.2.9.16
sorores. teque tuasque decet sorores. *Carm*.1.26.12
socerum et scelestas|falle sorores, ... *Carm*.3.11.40
sororibus. Gratia|nudis iuncta sororibus. *Carm*.3.19.17
sororibus. Gratia cum Nymphis geminisque sororibus . . *Carm*.4.7.5
sororum. dum res et aetas et sororum|fila trium patiuntur atra. . *Carm*.2.3.15
sors. omnium|versatur urna serius ocius|sors exitura . . . *Carm*.2.3.27
quam sibi sortem|seu ratio dederit seu fors [sors] obiecerit, . *var.Serm*.1.1.2
cui placet alterius, sua nimirum est odio sors. . . . *Epist*.1.14.11
sorte. fallit sorte beatior. *Carm*.3.16.32
aequali recreat sorte vicarius. *Carm*.3.24.16
gaude sorte tua; *Epod*.14.15
caeca fluitantia sorte *Serm*.2.3.269
ille cubans gaudet mutata sorte *Serm*.2.6.110
laetus sorte tua vives sapienter, Aristi, ... *Epist*.1.10.44
sortem. sperat infestis, metuit secundis|alteram sortem . . *Carm* 2.10.14
quam sibi sortem|seu ratio dederit seu fors obiecerit, . . *Serm*.1.1.1
sortes. dictae per carmina sortes . . . . . *Ars Poet*.403
sortiere. quo simul mearis,|nec regna vini sortiere talis . . *Carm*.1.4.18
sortilegis. sortilegis non discrepuit sententia Delphis. . . *Ars Poet*.219
sortis. non tuae sortis iuvenem *Carm*.4.11.22
sortita. terrestria quando|mortalis animas vivont sortita . . *Serm*.2.6.94
singula quaeque locum teneant sortita decenter. . . *Ars Poet*.92
sortito. lupis et agnis quanta sortito obtigit, ... *Epod*.4.1
sortitur. aequa lege Necessitas|sortitur insignis et imos, . . *Carm*.3.1.15
sortitus. casu quod te sortitus amicum: *Serm*.1.6.53
Sosiis. hic meret aera liber Sosiis, hic et mare transit . . *Ars Poet*.345
Sosiorum. scilicet ut prostes Sosiorum pumice mundus. . *Epist*.1.20.2
sospes. qui nunc Hesperia sospes ab ultima . . . *Carm*.1.36.4
sospes. vix una sospes navis ab ignibus *Carm*.1.37.13
sospite. Venusinae|plectantur silvae te sospite . . . *Carm*.1.28.27
iussa pars mutare Lares et urbem|sospite cursu, . . *Carm.Saec*.40
sospitis. sume, Maecenas, cyathos amici|sospitis centum . . *Carm*.3.8.14
sospitum. virginum matres iuvenumque nuper|sospitum; . . *Carm*.3.14.10
spadonibus. spadonibus|servire rugosis potest . . . *Epod*.9.13
spargas. distat enim, spargas tua prodigus, ... *Epist*.2.2.195
sparge. parcentis ego dexteras|odi: sparge rosas, . . . *Carm*.3.19.22
sparge subinde et, si paullum potes inlacrimare, est|gaudia . . . celare. *Serm*.2.5.103
spargens. spargens Avernalis aquas, ... *Epod*.5.26
spargent. myrtus et omnis copia narium|spargent olivetis odorem . *Carm*.2.15.7
spargere. et stellis nebulam spargere candidis. . . . *Carm*.3.15.6
potare et spargere flores|incipiam *Epist*.1.5.14
sparges. ibi tu calentem|debita sparges lacrima favillam|vatis amici. . *Carm*.2.6.23
spargier. vincta verbenis avet immolato|spargier agno; . . *Carm*.4.11.8
spargis. spargisque mola caput, inprobe, salsa, . . . *Serm*.2.3.200
spargit. spargit agrestis tibi silva frondes, . . . *Carm*.3.18.14
sparsi. membra gruis sparsi sale multo non sine farre, . . *Serm*.2.8.87
sparsisse. penetralia|sparsisse nocturno cruore|hospitis; . . *Carm*.2.13.7
sparsum. Corycioque croco sparsum stetit, . . . *Serm*.2.4.68
sparsum. sparsum odoratis umerum capillis, . . . *Carm*.3.20.14
Spartacum. Spartacum siqua potuit vagantem|fallere testa. . *Carm*.3.14.19
Spartacus. aemula nec virtus Capuae nec Spartacus acer . . *Epod*.16.5
spatiari. aggere in aprico spatiari, ... *Serm*.1.8.15
spatiere. latus ut in circo spatiere et aeneus ut stes, . . *Serm*.2.3.183
spatiis. locus, ut neque planis|porrectus spatiis . . . *Epist*.1.7.42
amat spatiis obstantia rumpere claustra. . . . *Epist*.1.14.9
spatio. sapias, vina liques et spatio brevi|spem longam reseces. . *Carm*.1.11.6
cunctantem spatio longius annuo *Carm*.4.5.11

spatium. iamque tenebat|nox medium caeli spatium, ... *Serm*.2.6.101
spe. si placeant spe|deterius nostra. *Serm*.1.10.89
    quidquid vidit melius peiusve sua spe, ... *Epist*.1.6.13
    quod cum spe divite manet|in venas animumque meum, . . . *Epist*.1.15.19
    neu fluitem dubiae spe pendulus horae.' *Epist*.1.18.110
    corpus et ipsum animum spe finis dura ferentem *Epist*.2.1.141
    dilator, spe longus, iners avidusque futuri, ... *Ars Poet*.172
specie. specie, virtute, loco, re|extremi primorum, ... *Epist*.2.2.203
    maxima pars vatum, pater et iuvenes patre digni, | decipimur specie
      recti. . . . . *Ars Poet*.25
speciem. metues, liberrime Lolli,|scurrantis speciem praebere, professus
      amicum. *Epist*.1.18.2
    modestus|occupat obscuri speciem, taciturnus acerbi. . . . *Epist*.1.18.95
    ludentis speciem dabit et torquebitur, ... *Epist*.2.2.124
species. ducit te species, video: *Serm*.2.2.35
    inprovisa simul species exterruit. *Epist*.1.6.11
    si fortunatum species et gratia praestat, ... *Epist*.1.6.49
species. cuius, velut aegri somnia, vanae|fingentur species, . . *Ars Poet*.8
species. 'qui species alias veris scelerisque tumultu|permixtas capiet, . *Serm*.2.3.208
speciosa. speciosa quaero|pascere tigris. *Carm*.3.27.55
    interdum speciosa locis morataque recte|fabula . . . . *Ars Poet*.319
speciosa. proferet in lucem speciosa vocabula rerum, . . . *Epist*.2.2.116
    ut speciosa dehinc miracula promat, ... *Ars Poet*.144
speciosius. virilia quod speciosius arma|non est qui tractet: . . *Epist*.1.18.52
speciosum. introrsum turpem, speciosum pelle decora. . . . *Epist*.1.16.45
spectabant. albis informem spectabant ossibus agrum; . . . *Serm*.1.8.16
spectacula. dant alios Furiae torvo spectacula Marti, . . . *Carm*.1.28.17
    picta pandat spectacula cauda: *Serm*.2.2.26
    ut sibi praebentem mimo spectacula plura, ... *Epist*.2.1.198
spectaculo. dapis|inemori spectaculo, ... *Epod*.5.34
spectaculum. neque hoc parentes, heu mihi superstites, | effugerit
      spectaculum.' *Epod*.5.102
    in ius|acres concurrant, magnum spectaculum uterque. . . *Serm*.1.7.21
spectanda. nec redeant iterum atque iterum spectanda theatris. . *Serm*.1.10.39
    quo spectanda modo, quo sensu credis et ore? *Epist*.1.6.8
    fabula, quae posci volt et spectanda reponi; . . . . . *Ars Poet*.190
spectandum. naso vivere pravo|spectandum nigris oculis nigroque capillo. *Ars Poet*.37
spectandus. spectandus in certamine Martio *Carm*.4.14.17
spectant. gaude quod spectant oculi te mille loquentem; . . . *Epist*.1.6.19
spectante. populo spectante referret|emptum mulus aprum), . . *Epist*.1.6.60
spectantia. nec redeant iterum atque iterum spectanda [spectantia]
      theatris. *var.Serm*.1.10.39
    omnia te adversum spectantia, nulla retrorsum.' *Epist*.1.1.75
spectantis. si curat cor spectantis tetigisse querella. . . . *Ars Poet*.98
spectantur. tanto cum strepitu ludi spectantur *Epist*.2.1.203
spectare. 'porrectum magno magnum spectare catino|vellem' . . *Serm*.2.2.39
    Neptunum procul ex terra spectare furentem.' *Epist*.1.11.10
    Vortumnum Ianumque, liber, spectare videris, ... *Epist*.1.20.1
spectaret. Democritus, . . . spectaret populum ludis attentius ipsis, . *Epist*.2.1.197
spectasse. 'nullos his mallem ludos spectasse; *Serm*.2.8.79
spectat. quisquis ingentis oculo inretorto|spectat acervos. . . *Carm*.2.2.24
    vir bonus, omne forum quem spectat et omne tribunal, . . *Epist*.1.16.57
    hos arto stipata theatro|spectat Roma potens, ... *Epist*.2.1.61
spectata. qualis|aedituos habeat belli spectata domique|virtus, . *Epist*.2.1.230
    fabula, quae posci volt et spectanda [spectata] reponi; . . . *var.Ars Poet*.190
spectata. nec redeant iterum atque iterum spectanda [spectata] theatris. . *var.Serm*.1.10.39
spectate. iam virum †expertae, male nominatis [spectate male ominatis]|
      parcite verbis. *coni.Carm*.3.14.11
spectator. exanimat lentus spectator, sedulus inflat: *Epist*.2.1.178
    quae|ipse sibi tradit spectator; . . . . *Ars Poet*.182
    spectator functusque sacris et potus et exlex. . . . . *Ars Poet*.224
spectatoris. quam spectatoris fastidia ferre superbi, ... *Epist*.2.1.215
spectatum. spectatum admissi risum teneatis, amici? . . . . *Ars Poet*.5
spectatum. spectatum satis et donatum iam rude *Epist*.1.1.2
spectaverat. ludos spectaverat, una|luserat in campo: . . . *Serm*.2.6.48
spectaverit. ludos spectaverat [spectaverit], una|luserat [luserit] in campo: *var.Serm*.2.6.48
spectent. sunt qui formidine nulla|imbuti spectent: *Epist*.1.6.5
    gaude quod spectant [spectent] oculi te mille loquentem; . . . *var.Epist*.1.6.19
spectes. Hypsaea caecior illa,|quae mala sunt, spectes. . . . *Serm*.1.2.92

ut propius spectes lacrimosa poemata Pupi; *Epist.*1.1.67
speculo. dices 'heu', quotiens te in speculo videris alterum, ...   *Carm.*4.10.6
specus. quae nemora aut quos agor in specus, ...   *Carm.*3.25.2
spem. vitae summa brevis spem nos vetat incohare longam;   .   .   .   *Carm.*1.4.15
spatio brevi | spem longam reseces. *Carm.*1.11.7
tu spem reducis mentibus anxiis *Carm.*3.21.17
spem bonam certamque domum reporto *Carm.Saec.*74
militabitur | bellum in tuae spem gratiae, ...   *Epod.*1.24
aut spem deponas aut artem inlusus omittas. *Serm.*2.5.26
leniter in spem | adrepe officiosus, ...   *Serm.*2.5.47
quae spem | consiliumque morantur agendi naviter .   .   .   *Epist.*1.1.23
inter spem curamque, timores inter et iras *Epist.*1.4.12
spem mentita seges, bos est enectus arando: *Epist.*1.7.87
tutus et intra | spem veniae cautus?   .   .   .   .   .   .   *Ars Poet.*267
sperabitur. grata superveniet, quae non sperabitur hora.   .   .   .   *Epist.*1.4.14
speramus. cum speramus eo rem venturam, ...   *Epist.*2.1.226
speremus [speramus] carmina fingi | posse linenda cedro .   .   *var.Ars Poet.*331
sperare. quidlibet inpotens | sperare fortunaque dulci | ebria. .   .   *Carm.*1.37.11
ultra | quam licet sperare nefas putando *Carm.*4.11.30
speras. hiscine versiculis speras tibi posse dolores | atque aestus curasque
gravis e pectore pelli? *Serm.*1.2.109
sperat. te . . . qui semper vacuam, semper amabilem | sperat, nescius
aurae | fallacis. *Carm.*1.5.11
sperat infestis, metuit secundis | alteram sortem *Carm.*2.10.13
speratum. ploravere suis non respondere favorem | speratum meritis. .   *Epist.*2.1.10
speravit. speravit magnae laudi fore. *Serm.*2.3.99
speremus. speremus carmina fingi | posse linenda cedro .   .   .   *Ars Poet.*331
speres. non, . . . speres perpetuom dulcia barbare | laedentem oscula,   *Carm.*1.13.14
inmortalia ne speres, monet annus *Carm.*4.7.7
speret. ex noto fictum carmen sequar, ut sibi quivis | speret idem,   .   *Ars Poet.*241
spernat. hoc amet, hoc spernat promissi carminis auctor. .   .   .   *Ars Poet.*45
sperne. nec dulcis amores | sperne puer neque tu choreas,   .   .   .   *Carm.*1.9.16
o Venus regina Cnidi Paphique, | sperne dilectam Cypron   .   .   *Carm.*1.30.2
siccus, inanis | sperne cibum vilem; *Serm.*2.2.15
fama civem causaque priorem | sperne, ...   *Serm.*2.5.31
sperne voluptates: nocet empta dolore voluptas. *Epist.*1.2.55
spernenda. quae | inberbes didicere, senes perdenda [spernenda] fateri.   .   *coni.Epist.*2.1.85
spernere. nec fortuitum spernere caespitem | leges sinebant,   .   .   *Carm.*2.15.17
mihi parva rura . . . Parca non mendax dedit et malignum | spernere
volgus. *Carm.*2.16.40
aurum . . . spernere fortior | quam cogere humanos in usus   .   .   *Carm.*3.3.50
spernet. in verbis etiam tenuis cautusque serendis | hoc amet, hoc spernat
[spernet] promissi carminis auctor. .   .   .   .   .   .   *var.Ars Poet.*45
spernit. nec partem solido demere de die | spernit, ...   *Carm.*1.1.21
Virtus, . . . udam | spernit humum fugiente penna. .   .   .   *Carm.*3.2.24
quod petiit spernit, repetit quod nuper omisit, ...   *Epist.*1.1.98
prodigus et stultus donat quae spernit et odit: *Epist.*1.7.20
Spes. te Spes et albo rara Fides colit *Carm.*1.35.21
spes. iam nec spes animi credula mutui *Carm.*4.1.30
occidit | spes omnis et fortuna nostri | nominis Hasdrubale interempto.   *Carm.*4.4.71
cui spes, | cui sit condicio dulcis sine pulvere palmae? .   .   .   *Epist.*1.1.50
sit spes fallendi, miscebis sacra profanis. *Epist.*1.16.54
num pavor et rerum mediocriter utilium spes, ...   *Epist.*1.18.99
spes. terret ambustus Phaethon avaras | spes *Carm.*4.11.26
spes donare novas largus *Carm.*4.12.19
mitte levis spes et certamina divitiarum *Epist.*1.5.8
spes iubet esse ratas, ad proelia trudit inertem, ...   *Epist.*1.5.17
beatus enim iam | cum pulchris tunicis sumet nova consilia et spes,   *Epist.*1.18.33
spicea. spicea donet Cererem corona *Carm.Saec.*30
spicula. hastas et calami spicula Cnosii | vitabis *Carm.*1.15.17
tu curva recines lyra | Latonam et celeris spicula Cynthiae;   .   .   *Carm.*3.28.12
spinas. spinas animone ego fortius an tu | evellas agro,   .   .   .   *Epist.*1.14.4
spinis. quid te exempta iuvat spinis de pluribus una?   .   .   .   *Epist.*2.2.212
spirabat. quid habes illius, illius, | quae spirabat amores,   .   .   .   *Carm.*4.13.19
spirat. spirat adhuc amor *Carm.*4.9.10
nam spirat tragicum satis et feliciter audet. *Epist.*2.1.166
spiritu. neque est | levare tenta spiritu praecordia. *Epod.*17.26
spiritum. latius regnes avidum domando | spiritum *Carm.*2.2.10
mihi . . . spiritum Graiae tenuem Camenae | Parca non mendax dedit   *Carm.*2.16.38

spiritum Phoebus, mihi Phoebus artem | carminis nomenque dedit
    poetae. *Carm*.4.6.29
  rides Turbonis in armis | spiritum et incessum: *Serm*.2.3.311
spiritus. me nec Chimaerae spiritus igneae | nec . . . gigas | divellet . . *Carm*.2.17.13
  spiritus taeter saniesque manet | ore trilingui; *Carm*.3.11.19
  per quae spiritus et vita redit bonis | post mortem ducibus, . . *Carm*.4.8.14
  latere petitus imo spiritus. *Epod*.11.10
  quod acer spiritus ac vis | nec verbis nec rebus inest, ... *Serm*.1.4.46
spiro. quod spiro et placeo, si placeo, tuom est. *Carm*.4.3.24
spissa. tum spissa ramis laurea fervidos | excludet ictus. . . . *Carm*.2.15.9
spissa. spissa te nitidum coma, ... *Carm*.3.19.25
spissa. nondum spissa nimis complere sedilia flatu; . . . . *Ars Poet*.205
spissae. et spissae nemorum comae *Carm*.4.3.11
  ne spissae risum tollant inpune coronae: . . . . . . *Ars Poet*.381
spissis. 'spissis indigna theatris | scripta pudet recitare . . . *Epist*.1.19.41
splendeat. inimice lamnae | Crispe Sallusti, nisi temperato | splendeat usu. . *Carm*.2.2.4
  purpureus, late qui splendeat, unus et alter | adsuitur pannus, . . *Ars Poet*.15
splendentis. splendentis Pario marmore purius, ... *Carm*.1.19.6
splendet. cui paternum | splendet in mensa tenui salinum . . . *Carm*.2.16.14
  iam nec Lacaenae splendet adulterae | famosus hospes . . . *Carm*.3.3.25
  iamdudum splendet focus et tibi munda supellex. *Epist*.1.5.7
splendida. iussit quod splendida bilis. *Serm*.2.3.141
splendida. de te, splendide, Minos [te splendida Minos] | fecerit arbitria, . *var.Carm*.4.7.21
  fere scriptores carmine foedo | splendida facta linunt. . . . *Epist*.2.1.237
splendide. de te, splendide, Minos | fecerit arbitria, ... *coni.Carm*.4.7.21
splendide. periurum fuit in parentem | splendide mendax . . . *Carm*.3.11.35
salendidior. contemptae dominus splendidior rei, ... *Carm*.3.16.25
splendidior. o fons Bandusiae splendidior vitro, ... *Carm*.3.13.1
splendidius. rectius hoc et | splendidius multo est. *Epist*.1.17.20
splendor. hunc capit argenti splendor; stupet Albius aere; . . . *Serm*.1.4.28
splendoris. quaecumque parum splendoris habebunt *Epist*.2.2.111
sponda. extrema et in sponda cubet. *Epod*.3.22
spondeos. spondeos stabilis in iura paterna recepit . . . . *Ars Poet*.256
spondere. possit | et spondere levi pro paupere . . . . . *Ars Poet*.423
sponsae. flebili sponsae iuvenemve raptum | plorat *Carm*.4.2.21
  nec sponsae laqueum famoso carmine nectit. *Epist*.1.19.31
sponsi. sponsi Penelopae nebulones *Epist*.1.2.28
sponso. quae tibi virginum | sponso necato barbara serviet, . . . *Carm*.1.29.6
sponsore. quo res sponsore et quo causae teste tenentur.' . . . *Epist*.1.16.43
sponsorem. Romae sponsorem me rapis. *Serm*.2.6.23
sponsos. inpiae sponsos potuere duro | perdere ferro. . . . *Carm*.3.11.31
sponsum. si | prodiderit conmissa fide sponsumve negarit? . . . *Serm*.1.3.95
sponsum. hic sponsum vocat, hic auditum scripta relictis | omnibus officiis; *Epist*.2.2.67
sponsus. ne rudis agminum | sponsus lacessat regius asperum | tactu leonem, *Carm*.3.2.10
sponte. stellae sponte sua iussaene vagentur et errent, . . . *Epist*.1.12.17
spretus. qualis Lycambae spretus infido gener *Epod*.6.13
spurco. 'utne tegam spurco Damae latus? *Serm*.2.5.18
squillas. adfertur squillas inter murena natantis | in patina porrecta. . *Serm*.2.8.42
squillis. tostis marcentem squillis recreabis et Afra | potorem coclea: . *Serm*.2.4.58
stabant. illi, . . . hoc stabant, hoc sunt imitandi, ... *Serm*.1.10.17
stabat. hoc miserae plebi stabat commune sepulcrum, ... *Serm*.1.8.10
  cerea suppliciter stabat, ... *Serm*.1.8.32
Staberi. heredes Staberi summam incidere sepulcro, ... *Serm*.2.3.84
  hoc Staberi prudentem animum vidisse. *Serm*.2.3.89
stabilis. stabilisque rerum | terminus servet, ... *Carm.Saec*.26
  quod semel [simul] dictum est stabilisque rerum [stabilis per aevum] |
    terminus servet [servat], ... *coni.Carm.Saec*.26
stabilis. spondeos stabilis in iura paterna recepit . . . . . *Ars Poet*.256
stabit. nudus | in Tiberi stabit.' *Serm*.2.3.292
stabulis. ac neque iam stabulis gaudet pecus aut arator igni . . *Carm*.1.4.3
stagna. undique latius | extenta visentur Lucrino | stagna lacu . . *Carm*.2.15.4
stans. ducentos, | ut magnum, versus dictabat stans pede in uno. . *Serm*.1.4.10
stante. urgeris turba circum te stante *Serm*.1.3.135
stantem. aliquis cubito stantem prope tangens | inquiet, . . . *Serm*.2.5.42
stantem. iniurioso ne pede proruas | stantem columnam . . . *Carm*.1.35.14
  contra alius nullam nisi olenti in fornice stantem. *Serm*.1.2.30
stantis. antequam stantis repetat paludes *Carm*.3.27.9
stare. si | aut valeo stare aut novi civilia iura; *Serm*.1.9.39
stas. stas animo et purum est vitio tibi, cum tumidum est cor?' . . *Serm*.2.3.213

grandia laturus meritorum praemia.   quid stas?' *Epist.2.2.38*
stat.   nec Armeniis in oris,│amice Valgi, stat glacies iners│mensis per omnis   *Carm.2.9.5*
statis.   quid statis?' — nolint.   atqui licet esse beatis. *Serm.1.1.19*
statu.   aut quid minaci Porphyrion statu, ...   *Carm.3.4.54*
statua.   statua taciturnius exit│plerumque et risu populum quatit: .   .   *Epist.2.2.83*
statuas.   insanit veteres statuas Damasippus emendo: *Serm.2.3.64*
seu rubra Canicula findet│infantis statuas, ...   *Serm.2.5.40*
statuat.   nonne, cupidinibus statuat natura modum quem,   .   .   .   *Serm.1.2.111*
statuetur.   puer quis ex aula capillis│ad cyathum statuetur unctis   .   .   *Carm.1.29.8*
statuis.   si quaeret Pater urbium│subscribi statuis, ...   *Carm.3.24.28*
statuis.   pro vitula statuis dulcem Aulide natam│ante aras   .   .   .   *Serm.2.3.199*
statuit.   agro qui statuit meo│te, ...   *Carm.2.13.10*
nam propriae telluris erum natura neque illum│nec me nec quemquam
    statuit: *Serm.2.2.130*
status.   tu civitatem quis deceat status│curas *Carm.3.29.25*
omnis Aristippum decuit color et status et res, ...   *Epist.1.17.23*
stella.   quorum simul alba nautis│stella refulsit, ...   *Carm.1.12.28*
et stella vesani Leonis *Carm.3.29.19*
stellae.   stellae sponte sua iussaene vagentur et errent,   .   .   .   *Epist.1.12.17*
stellas.   stellasque salubris│appellat comites *Serm.1.7.24*
hunc solem et stellas . . . sunt qui formidine nulla│imbuti spectent: .   *Epist.1.6.3*
stellis.   beatae coniugis additum│stellis honorem *Carm.2.19.14*
stellis.   et stellis nebulam spargere candidis. *Carm.3.15.6*
aeternum meditans decus│stellis inserere *Carm.3.25.6*
stercore.   colorque│stercore fucatus crocodili *Epod.12.11*
sterilem.   nec sterilem seges│robiginem *Carm.3.23.6*
sterilis.   sterilisve diu palus aptaque remis   .   .   .   .   .   *Ars Poet.65*
sternet.   alga litus inutili│demissa tempestas ab Euro│sternet,   .   .   *Carm.3.17.12*
stertebat.   noctis vigilabat ad ipsum│mane, diem totum stertebat.   .   .   *Serm.1.3.18*
Stertinium.   Empedocles an Stertinium deliret acumen.   .   .   .   *Epist.1.12.20*
Stertinius.   siquid Stertinius veri crepat, ...   *Serm.2.3.33*
'haec mihi Stertinius, sapientum octavos, amico│arma dedit,   .   .   *Serm.2.3.296*
Stertinum.   Empedocles an Stertinium [Stertinum] deliret acumen.   .   *var.Epist.1.12.20*
stertit.   retinacula mulae│nauta piger saxo religat stertitque supinus.   .   *Serm.1.5.19*
lassus dum noctu stertit, ad assem│perdiderat: *Epist.2.2.27*
stes.   latus ut in circo spatiere et aeneus ut stes, ...   *Serm.2.3.183*
stes capite obstipo, multum similis metuenti. *Serm.2.5.92*
si propius stes,│te capiat magis, ...   *Ars Poet.361*
Stesichori.   Stesichorive graves Camenae *Carm.4.9.8*
stet.   vides ut alta stet nive candidum│Soracte *Carm.1.9.1*
stet Capitolium│fulgens *Carm.3.3.42*
veluti stet volucris dies, ...   *Carm.3 28.6*
quae neque magno│stet pretio neque cunctetur, cum est iussa, venire.   .   *Serm.1.2.122*
cadat an recto stet fabula talo. *Epist.2.1.176*
nedum sermonum stet honos et gratia vivax.   .   .   .   .   .   *Ars Poet.69*
stetere.   altis urbibus ultimae│stetere causae, cur perirent   .   .   .   *Carm.1.16.19*
stetit.   hinc avidus stetit│Volcanus, ...   *Carm.3.4.58*
stetit urna paulum│sicca, ...   *Carm.3.11.22*
dexter stetit et "cave faxis│te quicquam indignum. *Serm.2 3.38*
Corycioque croco sparsum stetit, ...   *Serm.2.4.68*
actor│cum stetit in scaena, concurrit dextera laevae.   .   .   .   *Epist.2.1.205*
Sthenelus.   urgent . . . Teucer, te Sthenelus, sciens│pugnae   .   .   .   *Carm.1.15.24*
non pugnavit ingens│Idomeneus Sthenelusve solus *Carm.4.9.20*
stillabit.   etiam stillabit amicis│ex oculis rorem, ...   *Ars Poet.429*
stilum.   saepe stilum vertas, iterum quae digna legi sint│scripturus,   .   *Serm.1.10.72*
stilus.   sed hic stilus haud petet ultro│quemquam animantem   .   .   *Serm.2.1.39*
stimulos.   acris│subiectat lasso stimulos *Serm.2.7.94*
stipare.   quorsum pertinuit stipare Platona Menandro?   .   .   .   *Serm.2.3.11*
stipata.   hos arto stipata theatro│spectat Roma potens,   .   .   .   *Epist.2.1.60*
stipator.   neque te quisquam stipator ineptum│praeter Crispinum sectabitur,   *Serm.1.3.138*
stipendium.   quae finis aut quod me manet stipendium?   .   .   .   *Epod.17.36*
stirpes.   nunc lapides adesos│stirpisque [stirpesque] raptas et pecus et domos
    │volventis una, ...   *var.Carm.3.29.37*
stirpis.   nunc lapides adesos│stirpisque raptas et pecus et domos│volventis
    una, ...   *Carm.3.29.37*
Stoice.   'cur, Stoice?' dicam. *Serm.2.3.160*
'Stoice, post damnum sic vendas omnia pluris, ...   *Serm.2.3.300*
Stoici.   quod libelli Stoici inter Sericos│iacere pulvillos amant,   .   .   *Epod.8.15*
stola.   ad talos stola demissa et circumdata palla, ...   *Serm.1.2.99*

stola. numquid ego a te | magno prognatum deposco consule cunnum |
    velatumque stola, ... *Serm*.1.2.71
stolidi. indocti stolidique et depugnare parati, ... *Epist*.2.1.184
stomacheris. prave sectum stomacheris ob unguem *Epist*.1.1.104
stomachetur. quem si dissolvas, quivis stomachetur eodem | quo personatus
    pacto pater. *Serm*.1.4.55
stomacho. insani leonis | vim stomacho adposuisse nostro. . . . *Carm*.1.16.16
    stomachoque tumultum | lenta feret pituita. *Serm*.2.2.75
    ni cibus atque | ingens accedit stomacho fultura ruenti. . . *Serm*.2.3.154
    lactuca innatat acri | post vinum stomacho; *Serm*.2.4.60
    magna movet stomacho fastidia *Serm*.2.4.78
stomachosus. laeva stomachosus habena | dicet eques; . . . *Epist*.1.15.12
stomachum. gravem | Pelidae stomachum cedere nescii . . . *Carm*.1.6.6
    cum sale panis | latrantem stomachum bene leniet. . . *Serm*.2.2.18
    mala copia quando | aegrum sollicitat stomachum, . . . *Serm*.2.2.43
    manum stomachumque teneto, ... *Serm*.2.7.44
    qualia lassum | pervellunt stomachum, ... *Serm*.2.8.9
    qui caput et stomachum supponere fontibus audent | Clusinis . *Epist*.1.15.8
stomachus. ieiunus raro stomachus volgaria temnit. . . . *Serm*.2.2.38
strabonem. strabonem | appellat paetum pater, ... *Serm*.1.3.44
stragula. cui stragula vestis, . . . putrescat in arca: . . . *Serm*.2.3.118
stramentis. si et stramentis incubet unde- | octoginta annos natus, . *Serm*.2.3.117
stratus. nunc viridi membra sub arbuto | stratus, ... *Carm*.1.1.22
stravere. qui simul | stravere ventos aequore fervido . . . *Carm*.1.9.10
    irae Thyesten exitio gravi | stravere *Carm*.1.16.18
stravit. stravit humum sine clade victor, ... *Carm*.4.14.32
    ore trahit quodcumque potest atque addit acervo | quem struit [stravit], *var*.*Serm*.1.1.35
    cum stravit ferro pecus, ... *Serm*.2.3.202
strenua. prome reconditum, | Lyde, strenua Caecubum . . . *Carm*.3.28.3
    strenua nos exercet inertia: *Epist*.1.11.28
strenuos. quodsi cessas aut strenuos anteis, ... *Epist*.1.2.70
    strenuos et fortis causisque Philippus agendis | clarus, . . *Epist*.1.7.46
    nunc i, rem strenuos auge.' *Epist*.1.7.71
strepitu. audis, quo strepitu ianua, ... *Carm*.3.10.5
    undique magno | pulsa domus strepitu resonet, . . . *Serm*.1.2.129
    tanto cum strepitu ludi spectantur *Epist*.2.1.203
strepitum. vitabis strepitumque et celerem sequi | Aiacem: . . *Carm*.1.15.18
    audiat invidus | dementem strepitum Lycus . . . *Carm*.3.19.23
    mirari beatae | fumum et opes strepitumque Romae. . . *Carm*.3.29.12
    testudinis aureae | dulcem quae strepitum, Pieri, temperas, . *Carm*.4.3.18
    ad strepitum citharae cessatum ducere curam. . . . *Epist*.1.2.31
    nec meretrix tibicina cuius | ad strepitum salias terrae gravis; . *Epist*.1.14.26
strepitus. ingens | valvarum strepitus lectis excussit utrumque. . *Serm*.2.6.112
    si te pulvis strepitusque rotarum, | si laedit caupona, . . *Epist*.1.17.7
strepitus. tu me inter strepitus nocturnos atque diurnos | vis canere . *Epist*.2.2.79
    popularis | vincentem strepitus et natum rebus agendis. . . *Ars Poet*.82
strepunt. perstringis auris, iam litui strepunt, ... *Carm*.2.1.18
    nec fluvii strepunt | hiberna nive turgidi. *Carm*.4.12.3
stricti. siquid fricti [stricti] ciceris probat et nucis emptor, . . *var*.*Ars Poet*.249
strictis. nos proelia virginum | sectis [strictis] in iuvenes unguibus acrium |
    cantamus, ... *coni*.*Carm*.1.6.18
strictis. bovemque | disiunctum curas et strictis frondibus exples. . *Epist*.1.14.28
stridere. videres | stridere secreta divisos aure susurros.' . . . *Serm*.2.8.78
stridore. hinc apicem rapax | Fortuna cum stridore acuto | sustulit, . *Carm*.1.34.15
strigili. sub noctem qui puer uvam | furtiva mutat strigili: . . *Serm*.2.7.110
strigis. plumamque nocturnae strigis . . . aduri . . . *Epod*.5.20
    plumamque nocturnae strigis [strigis nocturnae] . . . aduri . *var*.*Epod*.5.20
stringat. avi cur atque parentis | praeclaram ingrata stringat malus ingluvie
    rem, ... *Serm*.1.2.8
struam. tu protinus, unde | divitias aerisque ruam [struam], dic augur,
    acervos.' *coni*.*Serm*.2.5.22
struis. sepulcri | inmemor struis domos *Carm*.2.18.19
struit. addit acervo | quem struit, ... *Serm*.1.1.35
    quid studiosa cohors operum struit? hoc quoque curo. . . *Epist*.1.3.6
studet. Pindarum quisquis studet aemulari, ... *Carm*.4.2.1
    fidibusne Latinis | Thebanos aptare modos studet auspice Musa, . *Epist*.1.3.13
    dum studet urbanus tenditque disertus haberi. . . . *Epist*.1.19.16
    versus amat, hoc studet unum; *Epist*.2.1.120
    qui studet optatam cursu contingere metam, . . . *Ars Poet*.412

studia.   nec tua laudabis studia aut aliena reprendes, ...   *Epist.*1.18.39
studiis.   si non | intendes animum studiis et rebus honestis,   .   .   .   *Epist.*1.2.36
   inmoritur studiis et amore senescit habendi. *Epist.*1.7.85
   consentire suis studiis qui crediderit te | fautor, ...   *Epist.*1.18.65
   studiis annos septem dedit insenuitque | libris et curis,   .   .   *Epist.*2.2.82
studiis.   mentes asperioribus | formandae studiis. *Carm.*3.24.54
   esto aliis alios rebus studiisque teneri: *Epist.*1.1.81
   nunc athletarum studiis, nunc arsit equorum, ...   *Epist.*2.1.95
   idem finitis studiis et mente recepta *Epist.*2.2.104
   conversis studiis aetas animusque virilis | quaerit opes   .   .   *Ars Poet.*166
studio.   nec studio citharae nec Musae deditus ulli, ...   *Serm.*2.3.105
studio.   'laedere gaudes,' | inquit, 'et hoc studio pravos facis.'   .   *Serm.*1.4.79
   molliter austerum studio fallente laborem, ...   *Serm.*2.2.12
   ne studio nostri pecces *Epist.*1.13.4
   calet uno | scribendi studio: *Epist.*2.1.109
   ut studio maiore petant Helicona virentem. *Epist.*2.1.218
studiorum.   o seri studiorum, quine putetis | difficile et mirum,   .   *Serm.*1.10.21
   quot capitum vivont, totidem studiorum | milia: *Serm.*2.1.27
studiosa.   nuper in pratis studiosa florum *Carm.*3.27.29
   nec tantum veneris quantum studiosa culinae. *Serm.*2.5.80
   quid studiosa cohors operum struit? hoc quoque curo.   .   .   .   *Epist.*1.3.6
studium.   nec studium sine divite vena | nec rude quid prosit video ingenium: *Ars Poet.*409
studium.   tibi telas operosaeque Minervae studium aufert,   .   .   .   *Carm.*3.12.5
   verum pone moras et studium lucri *Carm.*4.12.25
   hoc opus, hoc studium parvi properemus et ampli,   .   .   .   *Epist.*1.3.28
stulte.   ne cures ea quae stulte miraris et optas, ...   *Epist.*1.1.47
   sedulitas autem stulte quem diligit urget, ...   *Epist.*2.1.260
   nimium patienter utrumque, | ne dicam stulte, mirati,   .   .   .   *Ars Poet.*272
stulti.   dum vitant stulti vitia, in contraria currunt.   .   .   .   *Serm.*1.2.24
   insanis et tu stultique prope omnes, ...   *Serm.*2.3.32
stultior.   si me stultior ipso | quingentis empto drachmis deprenderis?   .   *Serm.*2.7.42
stultis.   cetera item nequeunt stultis haerentia, ...   *Serm.*1.3.77
stultissimus.   hic ego mendacem stultissimus usque puellam | ad mediam
   noctem exspecto; *Serm.*1.5.82
stultitia.   "quem mala stultitia et quemcumque inscitia veri | caecum agit,   *Serm.*2.3.43
   ubi prava | stultitia, hic summa est insania; *Serm.*2.3.221
stultitia.   caelum ipsum petimus stultitia *Carm.*1.3.38
   stultitiane erret nihilum distabit an ira. *Serm.*2.3.210
   qua me stultitia, quoniam non est genus unum, | insanire putas?   .   *Serm.*2.3.301
   virtus est vitium fugere et sapientia prima | stultitia caruisse.   .   *Epist.*1.1.42
stultitiae.   "est genus unum | stultitiae nihilum metuenda timentis,   .   *Serm.*2.3.54
stultitiae.   adde cruorem | stultitiae atque ignem gladio scrutare.   .   *Serm.*2.3.276
stultitiam.   misce stultitiam consiliis brevem: *Carm.*4.12.27
   'meae (contendere noli) | stultitiam patiuntur opes;   .   .   .   *Epist.*1.18.29
   cui | rem di donarent, illi decedere pravam | stultitiam;   .   .   *Epist.*2.2.153
stultorum.   stultorum regum et populorum continet aestus.   .   .   *Epist.*1.2.8
   stultorum incurata pudor malus ulcera celat. *Epist.*1.16.24
stultos.   vincet enim stultos ratio insanire nepotes.   .   .   .   *Serm.*2.3.225
stultum.   'stultum me fateor (liceat concedere veris)   .   .   .   *Serm.*2.3.305
stultus.   stultus et inprobus hic amor est dignusque notari.   .   .   *Serm.*1.3.24
   ignoscent, siquid peccaro stultus, amici *Serm.*1.3.140
   qui stultus honores | saepe dat indignis *Serm.*1.6.15
   'quisnam igitur sanus?' qui non stultus. *Serm.*2.3.158
   'quid avarus?' | stultus et insanus. *Serm.*2.3.159
   si veneror stultus nihil horum *Serm.*2.6.8
   quae si cum sociis stultus cupidusque bibisset, ...   *Epist.*1.2.24
   prodigus et stultus donat quae spernit et odit: .   .   .   *Epist.*1.7.20
   stultus uterque locum inmeritum causatur inique: .   .   .   *Epist.*1.14.12
stupens.   quid mirum, ubi illis carminibus stupens *Carm.*2.13.33
stupent.   mentesque perculsae stupent. *Epod.*7.16
stupet.   non secus in iugis | Edonis stupet Euhias *Carm.*3.25.9
   hunc capit argenti splendor; stupet Albius aere;   .   .   .   *Serm.*1.4.28
   qui stupet in titulis et imaginibus *Serm.*1.6.17
   cum stupet insanis acies fulgoribus *Serm.*2.2.5
stupris.   nullis polluitur casta domus stupris, ...   *Carm.*4.5.21
Stygia.   non ego, . . . obibo | nec Stygia cohibebor unda.   .   .   *Carm.*2.20.8
Stygiis.   ereptum Stygiis fluctibus Aeacum *Carm.*4.8.25
Styx.   quo Styx et invisi horrida Taenari | sedes . . . concutitur   .   .   *Carm.*1.34.10
sua.   magis quem | diligeret mulier sua quam te. *Epod.*12.24

cui non conveniet sua res, ut calceus olim, ... *Epist.*1.10.42
cui placet alterius, sua nimirum est odio sors. *Epist.*1.14.11
quem sua culpa premet, deceptus omitte tueri, ... *Epist.*1.18.79
sua. vis consili expers mole ruit sua, ... *Carm.*3.4.65
sua | Vrbs haec periret dextera? *Epod.*7.9
quidquid vidit melius peiusve sua spe, ... *Epist.*1.6.13
stellae sponte sua iussaene vagentur et errent, ... *Epist.*1.12.17
coram rege suo [sua] de paupertate tacentes | plus poscente ferent: . *var.Epist.*1.17.43
sua. per obstantis catervas | explicuit sua victor arma. *Carm.*4.9.44
Suadela. ac bene nummatum decorat Suadela Venusque. *Epist.*1.6.38
suadere. sic placet? an melius quis habet suadere? *Epod.*16.23
suaderet. qua res, qua ratio suaderet quaque modeste | munifico esse licet, *Serm.*1.2.50
suades. 'quid mi igitur suades? *Serm.*1.1.101
suadet. isne tibi melius suadet, ... *Epist.*1.1.65
suae. at quanto meliora monet pugnantiaque istis | dives opis natura suae, *Serm.*1.2.74
suam. suamque pulla ficus ornat arborem, ... *Epod.*16.46
si peteret per amicitiam patris atque suam, ... *Serm.*1.3.5
suas. si forte suas repetitum venerit olim | grex avium plumas, . . *Epist.*1.3.18
suaserit. infectum volet esse, dolor quod suaserit et mens, . . . *Epist.*1.2.60
suave. 'at suave est ex magno tollere acervo.' *Serm.*1.1.51
suave. suave locus voci resonat conclusus. *Serm.*1.4.76
suavior. 'at sermo lingua concinnus utraque | suavior, ... *Serm.*1.10.24
suavis. siquis nunc mergos suavis edixerit assos, ... *Serm.*2.2.51
merulas poni et sine clune palumbis, | suavis res, ... *Serm.*2.8.92
suaviter. 'suaviter, ut nunc est,' inquam, 'et cupio omnia quae vis.' . . *Serm.*1.9.5
dic multa et pulcra minantem | vivere nec recte nec suaviter, . *Epist.*1.8.4
suavius. avolsos, ut multo suavius, armos, | quam si cum lumbis quis edit. . *Serm.*2.8.89
suavius. his me consolor victurum suavius *Serm.*1.6.130
sub. *Carm.*1.8.14; 1.9.19; 1.18.13; 1.25.11; 1.33.11; 2.18.18; *Epod.*2.44; 5.83; *Serm.*1.1.10;
*Serm.*2.1.9; 2.1.35; 2.2.33; 2.7.33; 2.7.66; 2.7.109; 2.8.43; *Epist.*1.16.22; 2.2.34; 2.2.169;
*Ars Poet.*302
sub. *Carm.*1.1.21; 1.1.25; 1.5.3; 1.17.22; 1.22.21; 1.26.3; 1.32.1; 1.38.7; 2.1.39; 2.3.23; 2.7.19;
*Carm.*2.11.13; 3.2.5; 3.2.27; 3.5.9; 3.7.30; 3.11.29; *var.Carm.*3.13.11; *Carm.*3.19.4;
*Carm.*3.20.12; 3.29.14; 4.1.4; 4.1.20; 4.4.17; 4.4.26; *Epod.*2.23; 9.3; *Serm.*1.2.17; 1.3.34;
*Serm.*1.9.74; 2.2.133; 2.7.48; *Epist.*1.2.25; 1.6.24; 1.10.32; 1.13.12; 1.16.77; 1.18.56;
*Epist.*2.1.99; *Ars Poet.*78; 363; 437
subacta. nondum subacta ferre iugum valet | cervice, ... *Carm.*2.5.1
subacta. et cuncta terrarum subacta *Carm.*2.1.23
subando. iamque subando | tenta cubilia tectaque rumpit. *Epod.*12.11
subducta. aut cistam effractam et subducta viatica plorat, . . . *Epist.*1.17.54
subductis. est qui | inguen ad obscaenum subductis usque; . . . *Serm.*1.2.26
subductum. post ignem aetheria domo | subductum macies . . . *Carm.*1.3.30
subegit. notaque fatali portenta labore subegit, ... *Epist.*2.1.11
subest. cum sol Oceano subest. *Carm.*4.5.40
si forte subucula pexae | trita subest tunicae *Epist.*1.1.96
nec vicina subest vinum praebere taberna | quae possit tibi . . *Epist.*1.14.24
subeunt. amoenae | quos et aquae subeunt et aurae. *Carm.*3.4.8
subiecta. syllaba longa brevi subiecta vocatur iambus, | pes citus: . . *Ars Poet.*251
subiecta. quam quae sunt oculis subiecta fidelibus . . . . *Ars Poet.*181
subiectat. acris | subiectat lasso stimulos *Serm.*2.7.94
subiectior. per totum hoc tempus subiectior in diem et horam | invidiae
noster. *Serm.*2.6.47
subiectos. sive subiectos Orientis orae | Seras et Indos, ... *Carm.*1.12.55
subiit. cum gravius dorso subiit onus *Serm.*1.9.21
subimus. subimus | inpositum saxis late candentibus Anxur. . . . *Serm.*1.5.25
subinde. sparge subinde et, si paullum potes inlacrimare, est | gaudia . . .
celare. *Serm.*2.5.103
subinde | praeceptum auriculis hoc instillare memento: . . . *Epist.*1.8.15
subire. paratus omne Caesaris periculum | subire, ... *Epod.*1.4
ferula caedas meritum maiora subire | verbera *Serm.*1.3.120
subisti. macra cavom repetes artum, quem macra subisti.' . . . *Epist.*1.7.33
subit. hic onus horret, . . . hic subit et perfert. *Epist.*1.17.41
subito. si vespertinus subito te oppresserit hospes, ... *Serm.*2.4.17
cum subito ingens | valvarum strepitus lectis excussit utrumque. . *Serm.*2.6.111
aedibus ex magnis subito se conderet *Serm.*2.7.11
siquis ad illa deus subito te agat, usque recuses, ... *Serm.*2.7.24
subiungere. et mihi res, non me rebus subiungere conor. . . . *Epist.*1.1.19
sublata. agam per altas aure sublata nivis *Epod.*6.7
sublatam. sublatam ex oculis quaerimus invidi. *Carm.*3.24.32

sublatis.   donec "ohe iam"|ad caelum manibus sublatis dixerit, urge: .   *Serm*.2.5.97
sublatis.   his ut sublatis puer alte cinctus *Serm*.2.8.10
sublato.   chorusque|turpiter obticuit sublato iure nocendi.   .   .   .   *Ars Poet*.284
sublatus.   sicui praeterea validus male filius in re|praeclara sublatus aletur,   *Serm*.2.5.46
sublegit.   alter|sublegit quodcumque iaceret inutile *Serm*.2.8.12
sublime.   novo|sublime ritu moliar atrium? *Carm*.3.1.46
sublimi.   sublimi feriam sidera vertice. *Carm*.1.1.36
    sublimi fugies mollis anhelitu, ...   *Carm*.1.15.31
sublimi.   sublimi flagello|tange Chloen *Carm*.3.26.11
sublimia.   nil parvom sapias et adhuc sublimia cures: .   .   .   *Epist*.1.12.15
sublimis.   et placuit sibi, natura sublimis et acer: *Epist*.2.1.165
    sublimis cupidusque et amata relinquere pernix.   .   .   .   *Ars Poet*.165
    hic, dum sublimis versus ructatur et errat, ...   *Ars Poet*.457
sublustri.   nocte sublustri nihil astra praeter|vidit et undas.   .   .   *Carm*.3.27.31
submisere.   monstrumve submisere Colchi|maius *Carm*.4.4.63
submittit.   vinea submittit capreas non semper edulis.   .   .   .   *Serm*.2.4.43
submotus.   desinet inparibus certare submotus pudor.'   .   .   .   *Epod*.11.18
submovere.   marisque Bais obstrepentis urges|submovere litora,   .   .   *Carm*.2.18.21
submovet.   informis hiemes reducit|Iuppiter, idem|submovet.   .   .   *Carm*.2.10.17
    neque consularis|submovet lictor miseros tumultus|mentis   .   .   *Carm*.2.16.10
subolem.   diva, producas subolem *Carm.Saec*.17
suboles.   lascivi suboles gregis. *Carm*.3.13.8
    Romae principis urbium|dignatur suboles *Carm*.4.3.14
subrepere.   Vrbis aventes|moenia nocturni subrepere.   .   .   .   *Serm*.2.6.100
subruit.   subruit aemulos|reges muneribus; *Carm*.3.16.14
    animum quod laudis avarum|subruit aut reficit.   .   .   .   *Epist*.2.1.180
subscribe.   i, puer, atque meo citus haec subscribe libello.   .   .   *Serm*.1.10.92
subscribi.   si quaeret Pater urbium|subscribi statuis,   .   .   .   *Carm*.3.24.28
subsequitur.   quae subsequitur caecus Amor sui *Carm*.1.18.14
subsidere.   iuvet ut tigris subsidere cervis, ...   *Epod*.16.31
substringe.   aurem substringe loquaci. *Serm*.2.5.95
subsuta.   nisi illas|quarum subsuta talos tegat instita veste,   .   .   *Serm*.1.2.29
subtemine.   unde tibi reditum certo subtemine Parcae|rupere,   .   .   *Epod*.13.15
subtile.   fervida quod subtile exsurdant vina palatum.   .   .   .   *Serm*.2.8.38
    iudicium subtile videndis artibus illud *Epist*.2.1.242
subtilior.   *hoc lenius ille,|quo melior vir est, longe subtilior illo,*   .   .   *Serm*.1.10.*4
subtilis.   subtilis veterum iudex et callidus audis.   .   .   .   *Serm*.2.7.101
subucula.   si forte subucula pexae|trita subest tunicae   .   .   .   *Epist*.1.1.95
Suburanae.   senem, . . . adulterum|latrent Suburanae canes   .   .   *Epod*.5.58
suburbana.   rura suburbana indictis comes ire Latinis.   .   .   .   *Epist*.1.7.76
suburbanae.   senem, quod omnes rideant, adulterum|latrent Suburanae
    [suburbanae] canes *var.Epod*.5.58
suburbano.   caule suburbano qui siccis crevit in agris|dulcior,   .   .   *Serm*.2.4.15
subvertet.   si pede maior erit, subvertet, si minor, uret.   .   .   .   *Epist*.1.10.43
succedant.   tertia succedant et quae pars quadret acervom.   .   .   *Epist*.1.6.35
succederet.   sedit qui timuit, ne non succederet. *Epist*.1.17.37
successit.   successit vetus his comoedia, non sine multa|laude;   .   .   *Ars Poet*.281
succinctam.   vidi egomet nigra succinctam vadere palla|Canidiam   .   *Serm*.1.8.23
succinctus.   veluti succinctus cursitat hospes *Serm*.2.6.107
succinit.   clamat 'victum date.' succinit alter|'et mihi.'   .   .   .   *Epist*.1.17.48
succurrite.   licet 'succurrite' longum|clamet 'io cives',   .   .   .   *Ars Poet*.459
suci.   ut suci melioris et ut magis alba rotundis, ...   *Serm*.2.4.13
sucis.   garo de sucis piscis Hiberi; *Serm*.2.8.46
suco.   Picenis cedunt pomis Tiburtia suco: *Serm*.2.4.70
sucos.   discere nectaris|sucos *Carm*.3.3.35
sucum.   piscis,|longe dissimilem noto celantia sucum,   .   .   .   *Serm*.2.8.28
sucus.   teneraeque sucus|defluat praedae, ...   *Carm*.3.27.54
    hic nigrae sucus lolliginis, haec est|aerugo mera;   .   .   .   *Serm*.1.4.100
sudando.   tu pulmentaria quaere|sudando: *Serm*.2.2.21
sudare.   audire [sudare] magnos iam videor [video] duces,   .   .   *coni.Carm*.2.1.21
sudavisse.   ne volgo narres, te sudavisse ferendo|carmina   .   .   *Epist*.1.13.16
sudavit.   multa tulit fecitque puer, sudavit et alsit,   .   .   .   *Ars Poet*.413
sudet.   sudet multum frustraque laboret|ausus idem: .   .   .   *Ars Poet*.241
sudor.   quantus equis, quantus adest viris|sudor,   .   .   .   *Carm*.1.15.10
    o quantus instat navitis sudor tuis *Epod*.10.15
    qui sudor vietis et quam malus undique membris|crescit odor,   .   *Epod*.12.7
    cum sudor ad imos|manaret talos. *Serm*.1.9.10
sudoris.   creditur, ex medio quia res accersit, habere | sudoris minimum,
    . . . comoedia *Epist*.2.1.169

suetae. non tantum furesque feraeque suetae|hunc vexare locum curae sunt *Serm.*1.8.17
suffigat. siquis eum servom, . . . in cruce suffigat, ... *Serm.*1.3.82
sufflans. num tantum, sufflans se, magna fuisset? *Serm.*2.3.317
suffragia. non ego ventosae plebis suffragia venor *Epist.*1.19.37
   cum scribo et supplex populi suffragia capto; *Epist.*2.2.103
sui. illum . . . parentis crediderim sui|fregisse cervicem . . . *Carm.*2.13.5
sui. mercator . . . otium et oppidi|laudat rura sui; *Carm.*1.1.17
   oscula, quae Venus|quinta parte sui nectaris imbuit. . . . *Carm.*1.13.16
sui. saeva tene cum Berecyntio|cornu tympana, quae subsequitur caecus
      Amor sui *Carm.*1.18.14
   ille potens sui|laetusque deget *Carm.*3.29.41
suis. te suis matres metuont iuvencis, ... *Carm.*2.8.21
   nil sibi legatum praeter plorare suisque. *Serm.*2.5.69
suis. iniecta monstris Terra dolet suis *Carm.*3.4.73
   consentire suis studiis qui crediderit te|fautor, ... *Epist.*1.18.65
   ploravere suis non respondere favorem|speratum meritis. . . *Epist.*2.1.9
suis. condit quisque diem collibus in suis *Carm.*4.5.29
   paterna rura bubus exercet suis *Epod.*2.3
   ventis iturus non suis *Epod.*9.30
   ut, . . . instat equis auriga suos [suis] vincentibus, . . . *var.Serm.*1.1.115
   cur non|ponderibus modulisque suis ratio utitur *Serm.*1.3.78
suis. suis et ipsa Roma viribus ruit. *Epod.*16.2
suis. quae terris semota suisque|temporibus defuncta videt, . . *Epist.*2.1.21
Sulci. non ego sim Capri neque Sulci: cur metuas me? . . . *Serm.*1.4.70
sulcis. est ut viro vir latius ordinet|arbusta sulcis, ... *Carm.*3.1.10
Sulcius. Sulcius acer|ambulat et Caprius, rauci male cumque libellis, *Serm.*1.4.65
sulcos. sulcos et vineta crepat mera, praeparat ulmos, . . . *Epist.*1.7.84
Sulgi. ut sis tu similis Caeli Birrique latronum,|non ego sim Capri neque
      Sulci [Sulgi]: *var.Serm.*1.4.70
Sulgius. Sulcius [Sulgius] acer|ambulat et Caprius, ... *var.Serm.*1.4.65
Sulpiciis. qui nunc Sulpiciis adcubat horreis, ... *Carm.*4.12.18
sulpura. dictaque cessantem nervis elidere morbum|sulpura contemni vicus
      gemit, ... *Epist.*1.15.7
sum. non sum qualis eram bonae|sub regno Cinarae. . . . *Carm.*4.1.3
   comes minore sum futurus in metu, ... *Epod.*1.17
   ut sis tu similis Caeli Birrique latronum,|non ego sim [sum] Capri neque
      Sulci: *var.Serm.*1.4.70
   nunc, quia sim [sum] tibi, Maecenas, convictor, ... *var.Serm.*1.6.47
   'nil habeo quod agam et non sum piger: usque sequar te.' . . *Serm.*1.9.19
   'dubius sum, quid faciam,' inquit, ... *Serm.*1.9.40
   sum paulo infirmior, unus|multorum. *Serm.*1.9.71
   quidquid sum ego, quamvis|infra Lucili censum ingeniumque, . *Serm.*2.1.74
   'rex sum.' *Serm.*2.3.188
   nec sum facturus vitio culpave minorem; *Serm.*2.6.7
   "non sum moechus" ais. *Serm.*2.7.72
   tibi quid sum ego? *Serm.*2.7.80
   "liber liber sum," dic age. *Serm.*2.7.92
   quid verum atque decens, curo et rogo et omnis in hoc sum: . . *Epist.*1.1.11
   nimirum hic ego sum; nam tuta et parvola laudo, . . . *Epist.*1.15.44
   'sum bonus et frugi.' renuit negitatque Sabellus. . . . *Epist.*1.16.49
   res urget me nulla: meo sum pauper in aere. *Epist.*2.2.12
sumas. distat, sumasne pudenter|an rapias. *Epist.*1.17.44
sume. sume, Maecenas, cyathos amici|sospitis centum . . . *Carm.*3.8.13
   sume superbiam|quaesitam meritis *Carm.*3.30.14
   tu cessas? agedum, sume hoc ptisanarium oryzae.' . . . *Serm.*2.3.155
   sume tibi deciens; *Serm.*2.3.237
   'sume, catelle': negat; si non des, optet. *Serm.*2.3.259
   grata sume manu neu dulcia differ in annum, ... *Epist.*1.11.23
sumere. voltis severi me quoque sumere|partem Falerni? . . . *Carm.*1.27.9
   quam ex hoc fonticulo tantundem sumere.' *Serm.*1.1.56
   sumere depositum clavom fierique tribuno? *Serm.*1.6.25
   honestos|fascibus et sellis nollem mihi sumere, ... *Serm.*1.6.97
   et neglecta solent incendia sumere vires. *Epist.*1.18.85
sumeret. hic, unde vitam sumeret inscius,|pacem duello miscuit, . *Carm.*3.5.37
sumes. quem virum aut heroa lyra vel acri|tibia sumis [sumes] celebrare,
      Clio? *var.Carm.*1.12.2
sumet. beatus enim iam|cum pulchris tunicis sumet nova consilia et spes, *Epist.*1.18.33
   cum tabulis animum censoris sumet honesti. *Epist.*2.2.110
sumi. quae parvo sumi nequeunt, obsonia captas? *Serm.*2.7.106

sumis. quem virum aut heroa lyra vel acri|tibia sumis celebrare, Clio? . *Carm.*1.12.2
sumit. nec sumit aut ponit securis|arbitrio popularis aurae. . . . *Carm.*3.2.19
quis sibi res gestas Augusti scribere sumit? *Epist.*1.3.7
sumite. sumite materiam vestris, qui scribitis, aequam|viribus . . *Ars Poet.*38
summa. vitae summa brevis spem nos vetat incohare longam; . . *Carm.*1.4.15
summa. nequid|summa deperdat metuens aut ampliet ut rem. . . *Serm.*1.4.32
infelix operis summa, quia ponere totum|nesciet: . . . . *Ars Poet.*34
summa. quod virtus in utroque|summa fuit;. *Serm.*1.7.15
non in caro nidore voluptas|summa, sed in te ipso est. . . . *Serm.*2.2.20
ubi prava|stultitia, hic summa est insania; *Serm.*2.3.221
summa. piscium et summa genus haesit ulmo, ... *Carm.*1.2.9
modo summa|voce, modo hac, resonat quae chordis quattuor ima. . *Serm.*1.3.7
prima dicte mihi, summa dicende Camena, ... *Epist.*1.1.1
summae. quantulum enim summae curtabit quisque dierum, . *Serm.*2.3.124
summae. an adiciant hodiernae crastina summae|tempora . . . *Carm.*4.7.17
summam. heredes Staberi summam incidere sepulcro, . . . *Serm.*2.3.84
summam patrimoni insculpere saxo *Serm.*2.3.90
ad summam: sapiens uno minor est Iove, ... *Epist.*1.1.106
Butram tibi Septiciumque|et nisi cena prior potiorque puella Sabinum|
detinet adsumam [ad summam]; *var.Epist.*1.5.28
praesertim census equestrem|summam nummorum . . . . *Ars Poet.*384
summe. summe munito et multarum divite rerum. . . . *Epist.*2.2.31
summi. summi materiem mali, ... *Carm.*3.24.49
summis. si figit adamantinos|summis verticibus dira Necessitas|clavos, . *Carm.*3.24.6
summis. valet ima summis|mutare . . . deus *Carm.*1.34.12
summo. summo carmine quae Cnidon|fulgentisque tenet Cycladas . *Carm.*3.28.13
si paulum summo decessit, vergit ad imum. . . . . *Ars Poet.*378
summos. feriuntque summos|fulgura montis. *Carm.*2.10.11
summosses. dispeream, ni|summosses omnis.' *Serm.*1.9.48
summum. et quae sit natura boni summumque quid eius. . . *Serm.*2.6.76
summum. summum properabat lambere tectum. . . . *Serm.*1.5.74
ab imo|ad summum totus moduli bipedalis, ... *Serm.*2.3.309
venimus ad summum fortunae. *Epist.*2.1.32
summus. 'summus ego et prope me Viscus Thurinus . . . *Serm.*2.8.20
haec Ianus summus ab imo|prodocet, ... *Epist.*1.1.54
sumpta. dabiturque licentia sumpta pudenter, ... *Ars Poet.*51
sumpta. nomina sectatur modo sumpta veste virili | sub patribus duris
tironum. *Serm.*1.2.16
sumptis. tantum de medio sumptis accedit honoris.. . . . *Ars Poet.*243
sumptu. oppida publico|sumptu iubentes . . . decorare . . *Carm.*2.15.19
sumptum. 'at in se|pro quaestu sumptum facit hic.' . . . *Serm.*1.2.19
quanto curam sumptumque minorem|haec habeant, . . *Serm.*2.4.85
neque sumptum|invitus facias *Epist.*2.2.195
sumptuosa. non sumptuosa blandior hostia, ... *Carm.*3.23.18
sumptus. vilibus in scopis, in mappis, in scobe quantus|consistit sumptus? *Serm.*2.4.82
sumptus. avita|ex re praeberi sumptus mihi crederet illos. . . *Serm.*1.6.80
sumus. pulvis et umbra sumus. *Carm.*4.7.16
auxilio quae|sit mihi (nam multo plures sumus), . . . *Serm.*1.4.142
'noris nos' inquit; 'docti sumus.' *Serm.*1.9.7
nos numerus sumus et fruges consumere nati, ... *Epist.*1.2.27
sunt. *Carm.*1.1.3; 1.7.5; 1.14.9; 3.24.52; 4.11.14; *Serm.*1.1.13; 1.1.106; 1.2.28; 1.2.92; 1.3.71;
*Serm.*1.4.24; 1.4.75; 1.7.10; 1.8.18; 1.10.17; *var.Serm.*1.10.88; *Serm.*2.1.1; 2.3.267;
*Serm.*2.4.47; 2.7.14; *Epist.*1.1.34; 1.1.36; 1.1.58; 1.1.77; 1.6.4; 2.1.28; 2.2.71; 2.2.182;
*Ars Poet.*71; 156; 181; 347
sunto. non satis est pulchra esse poemata; dulcia sunto . . . *Ars Poet.*99
suo. non, ut magna dolo factum negat esse suo pars, . . . *Serm.*1.6.90
metiri se quemque suo modulo ac pede verum est. . . *Epist.*1.7.98
coram rege suo de paupertate tacentes|plus poscente ferent: . *Epist.*1.17.43
urit enim fulgore suo qui praegravat artes|infra se positas: . *Epist.*2.1.13
suom. sed vocat usque suom qua populus adsita certis|limitibus . *Epist.*2.2.170
suorum. Maecenas me coepit habere suorum|in numero, . . *Serm.*2.6.41
suos. est locus uni|cuique suos.' *Serm.*1.9.52
suos. instat equis auriga suos vincentibus, ... *Serm.*1.1.115
supellex. adstat echinus|vilis, cum patera guttus, Campana supellex. . *Serm.*1.6.118
iamdudum splendet focus et tibi munda supellex. . . *Epist.*1.5.7
super. imbres|quem super notas aluere ripas, ... *Carm.*4.2.6
cui super Karthaginem|virtus sepulcrum condidit. . . . *Epod.*9.25
villa,|quae super est Caudi cauponas. *Serm.*1.5.51
rubro ubi cocco|tincta super lectos canderet vestis eburnos . . *Serm.*2.6.103

Nomentanus erat super ipsum, Porcius infra, ... *Serm.*2.8.23
super. superiecto [super iacto] pavidae natarunt|aequore dammae. . . *var.Carm.*1.2.11
    dissolve frigus ligna super foco|large reponens *Carm.*1.9.5
    aut super Pindo gelidove in Haemo? *Carm.*1.12.6
    Centaurea monet cum Lapithis rixa super mero *Carm.*1.18.8
    destrictus ensis cui super inpia|cervice pendet, ... *Carm.*3.1.17
    mitte civilis super Vrbe curas: *Carm.*3.8.17
    super inpetrato|fortis Augusti reditu *Carm.*4.2.42
    prosperes decreta super iugandis|feminis *Carm.Saec.*18
    priusque caelum sidet inferius mari|tellure porrecta super . . *Epod.*5.80
    parumne campis atque Neptuno super|fusum est Latini sanguinis, . *Epod.*7.3
    et paulum silvae super his foret. *Serm.*2.6.3
    fuit intactis quoque cura|condicione super communi, . . . *Epist.*2.1.152
    quereris super hoc etiam, ... *Epist.*2.2.24
    pallescet super his, etiam stillabit amicis|ex oculis rorem, . . *Ars Poet.*429
super. satis superque me benignitas tua|ditavit, ... *Epod.*1.31
    dedi satis superque poenarum tibi, ... *Epod.*17.19
    poenas dedit usque superque|quam satis est, ... *Serm.*1.2.65
    adde super, dictis quod non levius valeat: *Serm.*2.7.78
    accipit et bis dena super sestertia nummum. *Epist.*2.2.33
superante. animaeque magnae|prodigum Paulum superante Poeno . *Carm.*1.12.38
superantis. est mihi nonum superantis annum|plenus Albani cadus, . *Carm.*4.11.1
superare. hunc equis, illum superare pugnis|nobilem; . . . *Carm.*1.12.26
    hunc atque hunc superare laboret *Serm.*1.1.112
    vel cursu superare canem vel viribus aprum|possis. . . . *Epist.*1.18.51
superat. quod superat non est melius quo insumere possis? . . . *Serm.*2.2.102
    si de quincunce remota est|uncia, quid superat? . . . *Ars Poet.*328
superba. quibus superbam [superba] fugit ulta paelicem, . . . *var.Epod.*5.63
superba. superba civium|potentiorum limina. *Epod.*2.7
superbae. Fortunae te responsare superbae|liberum et erectum . *Epist.*1.1.68
superbae. fors et|debita iura vicesque superbae|te maneant ipsum: . *Carm.*1.28.32
superbam. quibus superbam fugit ulta paelicem, ... *Epod.*5.63
superbas. superbas invidae Karthaginis|Romanus arces ureret, . . *Epod.*7.5
superbe. qui Fortunae te responsare superbae [superbe]|liberum et erectum
    praesens hortatur *var.Epist.*1.1.68
superbi. quam spectatoris fastidia ferre superbi, ... *Epist.*2.1.215
superbi. iam Scythae responsa petunt, superbi|nuper, et Indi. . . *Carm.Saec.*55
superbiae. insperata tuae cum veniet pluma superbiae . . . *Carm.*4.10.2
superbiam. ingratam Veneri pone superbiam, ... *Carm.*3.10.9
    sume superbiam|quaesitam meritis *Carm.*3.30.14
superbis. derepta Parthorum superbis|postibus *Carm.*4.15.7
    ut redeat miseris, abeat Fortuna superbis. . . . . *Ars Poet.*201
superbo. privata deduci superbo,|non humilis mulier, triumpho. . *Carm.*1.37.31
    tangentis male singula dente superbo; *Serm.*2.6.87
superbo. mero|tinguet pavimentum superbo, ... *Carm.*2.14.27
    quod ut superbo provoces ab inguine, ... *Epod.*8.19
superbos. quin et Atridas duce te superbos . . . fefellit. . . *Carm.*1.10.13
    an superbos|Tarquini fascis, dubito, ... *Carm.*1.12.34
    superbos|vertere funeribus triumphos: *Carm.*1.35.3
    non ego nuntios|mittam superbos: *Carm.*4.4.70
superbum. contra Laevinum, Valeri genus, unde Superbus [superbum] . *var.Serm.*1.6.12
    hic superbum|Tantalum atque Tantali|genus coercet, . . *Carm.*2.18.36
    pluribus adsuerit mentem corpusque superbum . . . *Serm.*2.2.109
Superbus. unde Superbus|Tarquinius regno pulsus fugit, . . *Serm.*1.6.12
superbus. heres . . . mero|tinguet pavimentum superbo [superbus], . *coni.Carm.*2.14.27
    licet superbus ambules pecunia, ... *Epod.*4.5
    meo nunc|superbus incedis malo, ... *Epod.*15.18
    in quem superbus ordinarat agmina|Mysorum . . . *Epod.*17.9
supercilio. cuncta supercilio moventis. *Carm.*3.1.8
    deme supercilio nubem: *Epist.*1.18.94
superesse. quod superest aevi, siquid superesse volunt di; . . *Epist.*1.18.108
superessent. multaque de magna superessent fercula cena, . . . *Serm.*2.6.104
superest. ut mihi vivam|quod superest aevi, ... *Epist.*1.18.108
superi. an adiciant hodiernae crastina summae|tempora di superi? . *Carm.*4.7.18
    carmine di superi placantur, carmine Manes. . . . *Epist.*2.1.138
superiecto. et superiecto pavidae natarunt|aequore dammae. . . *Carm.*1.2.11
superis. me doctarum hederae praemia frontium|dis miscent superis, . *Carm.*1.1.30
    ope Palladis|Tydiden superis parem? *Carm.*1.6.16
    superis deorum|gratus et imis. *Carm.*1.10.19

superne. album mutor in alitem|superne *Carm.*2.20.11
    neque ut superni [superne] villa candens Tusculi|Circaea tangat moenia: *var.Epod.*1.29
    illa tamen se|non habitu mutatve loco peccatve superne, . . *Serm.*2.7.64
    ut turpiter atrum|desinat in piscem mulier formosa superne: . . *Ars Poet.*4
superni. neque ut superni villa candens Tusculi|Circaea tangat moenia: . *Epod.*1.29
superstes. nec carus aeque nec superstes|integer? *Carm.*2.17.7
    castus Aeneas patriae superstes *Carm.Saec.*42
superstes. illum aget penna metuente solvi|Fama superstes. . . . *Carm.*2.2.8
superstite. quibus te vita sit superstite|iucunda, ... *Epod.*1.5
superstites. neque hoc parentes, heu mihi superstites, | effugerit
    spectaculum.' *Epod.*5.101
superstiti. si parcent puero fata superstiti.' *Carm.*3.9.16
superstiti. si parcent animae fata superstiti.' *Carm.*3.9.12
superstitione. tristive superstitione|aut alio mentis morbo calet: . . *Serm.*2.3.79
supersunt. exilis domus est, ubi non et multa supersunt . . . *Epist.*1.6.45
supervacuas. (nam mihi Baias|Musa supervacuas Antonius, . . . *Epist.*1.15.3
supervacuom. omne supervacuom pleno de pectore manat. . . . *Ars Poet.*337
supervacuos. ac sepulcri|mitte supervacuos honores. *Carm.*2.20.24
superveniet. grata superveniet, quae non sperabitur hora. . . . *Epist.*1.4.14
supervenit. heres|heredem alterius velut unda supervenit undam, . . *Epist.*2.2.176
supinas. caelo supinas si tuleris manus *Carm.*3.23.1
supini. neque ut superni [supini] villa candens Tusculi | Circaea tangat
    moenia: *coni.Epod.*1.29
supino. "etenim fateor me" . . . "duci ventre levem, nasum nidore
    supinor [supino], ... *var.Serm.*2.7.38
supinor. "etenim fateor me" . . . "duci ventre levem, nasum nidore
    supinor, ... *Serm.*2.7.38
supinum. seu mihi frigidum|Praeneste seu Tibur supinum . . . *Carm.*3.4.23
    seu mihi frigidum|Praeneste seu Tibur supinum [? clivumque supinum] *? var.Carm.*3.4.23
supinum. tum inmundo somnia visu | nocturnam vestem maculant
    ventremque supinum. *Serm.*1.5.85
    agitavit equom lasciva supinum, ... *Serm.*2.7.50
supinus. retinacula mulae|nauta piger saxo religat stertitque supinus. . *Serm.*1.5.19
suppetas. novis ut usque suppetas laboribus. *Epod.*17.64
suppetit. pauper enim non est, cui rerum suppetit usus. . . . *Epist.*1.12.4
supplex. portus Alexandrea supplex|et vacuam patefecit aulam, . . *Carm.*4.14.35
    supplex et oro regna per Proserpinae. *Epod.*17.2
    cum scribo et supplex populi suffragia capto; *Epist.*2.2.103
supplice. et soror clari ducis et decorae|supplice vitta|virginum matres . *Carm.*3.14.8
supplices. supplices audi pueros, Apollo; *Carm.Saec.*34
supplicibus. supplicibus tuis|parcas, ... *Carm.*3.10.16
suppliciis. res|ut quaeque est, ita suppliciis delicta coercet? . . *Serm.*1.3.79
supplicio. si non supplicio culpa reciditur, ... *Carm.*3.24.34
suppliciter. cerea suppliciter stabat, ... *Serm.*1.8.32
supponere. qui caput et stomachum supponere fontibus audent|Clusinis . *Epist.*1.15.8
suppones. Massica si caelo suppones vina sereno, ... *Serm.*2.4.51
suppositos. incedis per ignis|suppositos cineri doloso. *Carm.*2.1.8
supposuit. haec ubi supposuit dextro corpus mihi laevom,|Ilia et Egeria est; *Serm.*1.2.125
supra. tris prohibet supra|rixarum metuens tangere Gratia . . *Carm.*3.19.15
    gloria quem supra vires et vestit et unguit, ... *Epist.*1.18.22
supra. nihil supra|deos lacesso *Carm.*2.18.11
    adde super [supra], dictis quod non levius valeat: . . . *var.Serm.*2.7.78
    fortasse trecentis|aut etiam supra nummorum milibus emptum. . *Epist.*2.2.165
suprema. suprema citius solvet amor die. *Carm.*1.13.20
    nunc morte suprema|permutet dominos *Epist.*2.2.173
supremi. o decus Phoebi et dapibus supremi|grata testudo Iovis, . . *Carm.*1.32.13
supremo. Latonamque supremo|dilectam penitus Iovi. . . . *Carm.*1.21.3
    optat supremo collocare Sisyphus|in monte saxum; . . . *Epod.*17.68
    supremo te sole domi, Torquate, manebo. *Epist.*1.5.3
    comperit invidiam supremo fine domari. *Epist.*2.1.12
supremum. omnem crede diem tibi diluxisse supremum: . . . *Epist.*1.4.13
supremum. supremum|carpere iter comites parati. *Carm.*2.17.11
    ad usque|supremum tempus *Serm.*1.1.98
sura. quali|sit facie, sura quali, pede, dente, capillo: . . . *Serm.*1.6.33
suras. bracchia et voltum teretesque suras|integer laudo: . . . *Carm.*2.4.21
surdior. frustra: nam scopulis surdior Icari *Carm.*3.7.21
surdiora. non saxa nudis surdiora navitis *Epod.*17.54
surdo. scriptores autem narrare putaret asello|fabellam surdo. . . *Epist.*2.1.200
surge. 'surge' quae dixit iuveni marito, ... *Carm.*3.11.37

'surge, ne longus tibi somnus unde|non times detur; *Carm*.3.11.38
surge et inhumanae senium depone Camenae, ... *Epist*.1.18.47
surgendum. non sollicitus mihi quod cras|surgendum sit mane, . . *Serm*.1.6.120
surgente. nec tibi vespero|surgente decedunt amores . . . *Carm*.2.9.11
hic mutat merces surgente a sole ad eum, quo|vespertina tepet regio, . *Serm*.1.4.29
surgeret. ac venerata Ceres, ita culmo surgeret alto, ... *Serm*.2.2.124
surget. recte est igitur, surgetque? *Serm*.2.3.162
surgit. non sine conscio|surgit marito, ... *Carm*.3.6.30
vegetus praescripta ad munia surgit. *Serm*.2.2.81
sed vocat usque suom qua populus adsita certis [? surgit] | limitibus
vicina refugit iurgia; . . . . ? *var.Epist*.2.2.170
surgunt. ut iugulent hominem, surgunt de nocte latrones: . . . *Epist*.1.2.32
suris. femur tumentibus|exile suris additum. *Epod*.8.10
surpite. ('quid tam magnum?' addens), 'unum me surpite morti! . *Serm*.2.3.283
surpuerat. quae me surpuerat mihi *Carm*.4.13.20
Surrentina. Surrentina vafer qui miscet faece Falerna|vina, . . *Serm*.2.4.55
Surrentum. Brundisium comes aut Surrentum ductus amoenum . *Epist*.1.17.52
surrexe. huncine solem|tam nigrum surrexe mihi! *Serm*.1.9.73
surripis. quare, . . . periuras, surripis, aufers|undique? . . *Serm*.2.3.127
nam de mille fabae modiis cum surripis unum, ... *Epist*.1.16.55
sus. quam canis acer ubi lateat sus. *Epod*.12.6
vixisset canis inmundus vel amica luto sus. *Epist*.1.2.26
hac rabiosa fugit canis, hac lutulenta ruit sus: . . . *Epist*.2.2.75
suscipe. i nunc, argentum et marmor vetus aeraque et artis | suspice
[suscipe], ... *var.Epist*.1.6.18
suscitabo. oscinem corvom prece suscitabo|solis ab ortu. . . *Carm*.3.27.11
suscitat. quondam cithara tacentem|suscitat Musam . . . *Carm*.2.10.19
suscitet. ut te|suscitet ac reddat gnatis carisque propinquis? . . *Serm*.1.1.83
suspecta. nec metues protervom|suspecta Cyrum, . . . *Carm*.1.17.25
donec suspecta severo|conticuit lyra. *Epist*.1.18.42
suspectos. ut quo quisque valet suspectos terreat . . . *Serm*.2.1.50
metuit foveam lupus accipiterque|suspectos laqueos . . *Epist*.1.16.51
suspectum. quaeram, meritone tibi sit|suspectum genus hoc scribendi. *Serm*.1.4.65
suspectus. cautus enim metuit foveam lupus accipiterque | suspectos
[suspectus] laqueos *var.Epist*.1.16.51
suspendens. Balatro suspendens omnia naso . . . *Serm*.2.8.64
suspendis. ut plerique solent, naso suspendis adunco|ignotos . *Serm*.1.6.5
suspendisse. uvida|suspendisse potenti|vestimenta maris deo. . *Carm*.1.5.15
suspendit. suspendit picta voltum mentemque tabella, . . *Epist*.2.1.97
suspensa. quantum exstant aqua|suspensa mento corpora; . . *Epod*.5.36
interea suspensa gravis aulaea ruinas|in patinam fecere, . *Serm*.2.8.54
suspensi. laevo suspensi loculos tabulamque lacerto . . *Serm*.1.6.74
'laevo suspensi loculos tabulamque lacerto.' . . . *Epist*.1.1.56
suspicari. fuge suspicari|cuius octavom trepidavit aetas|claudere lustrum. *Carm*.2.4.22
suspice. argentum et marmor vetus aeraque et artis|suspice, . . *Epist*.1.6.18
suspirare. suspirare Chloen et miseram tuis|dicens ignibus uri, . *Carm*.3.7.10
suspiret. adulta virgo|suspiret: *Carm*.3.2.9
sustineant. nec iam sustineant onus|silvae laborantes . . *Carm*.1.9.2
sustineas. quo clamore coronae|proelia sustineas campestria; . *Epist*.1.18.54
cum tot sustineas et tanta negotia solus, ... *Epist*.2.1.1
sustinet. lapis albus|pocula cum cyatho duo sustinet, . . *Serm*.1.6.117
sustulerat. me truncus inlapsus cerebro|sustulerat, . . . *Carm*.2.17.28
sustulerit. fulmine sustulerit caduco *Carm*.3.4.44
sustulit. hinc apicem rapax|Fortuna cum stridore acuto|sustulit, . *Carm*.1.34.16
Mercurius celer|denso paventem sustulit aere, . . . *Carm*.2.7.14
positum ante mea quia pullum in parte catini|sustulit esuriens, . *Serm*.1.3.93
susurri. lenesque sub noctem susurri *Carm*.1.9.19
susurros. stridere secreta divisos aure susurros.' . . . *Serm*.2.8.78
sutor. et sutor bonus et solus formosus et est rex, . . . *Serm*.1.3.125
sutor tamen est sapiens.' *Serm*.1.3.128
ut Alfenus vafer omni | abiecto instrumento artis clausaque taberna |
sutor erat: *Serm*.1.3.132
emat . . . si scalpra et formas non sutor, . . . *Serm*.2.3.106
Sybarin. Sybarin cur properes amando|perdere, . . . *Carm*.1.8.2
Sygambri. te caede gaudentes Sygambri|conpositis venerantur armis. *Carm*.4.14.51
Sygambros. quandoque trahet ferocis|per sacrum clivom . . . Sygambros; *Carm*.4.2.36
syllaba. syllaba longa brevi subiecta vocatur iambus, . . . *Ars Poet*.251
Syllae. Villius in Fausta Syllae gener, . . . poenas dedit . . *Serm*.1.2.64

symphonia. ut gratas inter mensas symphonia discors | et crassum
    unguentum . . . offendunt, ... *Ars Poet.*374
Syra. vina Syra reparata merce, ... *Carm.*1.31.12
Syri. 'tune, Syri, Damae aut Dionysi filius, audes *Serm.*1.6.38
Syriae. et votis pacisci | ne Cypriae Tyriaeque [Syriaeque] merces | addant
    avaro divitias mari: *var.Carm.*3.29.60
Syrio. coronatus nitentis | malobathro Syrio capillos, ... *Carm.*2.7.8
Syro. nugas | hoc genus: 'hora quota est?' 'Thraex est Gallina Syro par?' . *Serm.*2.6.44
Syrtis. sive per Syrtis iter aestuosas *Carm.*1.22.5
    barbaras Syrtis, ubi Maura semper | aestuat unda: *Carm.*2.6.3
    visam . . . litora Bospori | Syrtisque Gaetulas canorus | ales . . *Carm.*2.20.15
    exercitatas aut petit Syrtis noto *Epod.*9.31

T

tabella. ut omnis | votiva pateat veluti descripta tabella | vita senis. . . *Serm.*2.1.33
    vel cum Pausiaca torpes, insane, tabella, ... *Serm.*2.7.95
    suspendit picta voltum mentemque tabella, ... *Epist.*2.1.97
tabellas. munera quid mihi quidve tabellas | mittis *Epod.*12.2
    'inprimat his cura Maecenas signa tabellis [tabellas].' . . . *var.Serm.*2.6.38
    Tyrrhena sigilla, tabellas, . . . sunt qui non habeant, . . . *Epist.*2.2.180
tabellis. 'inprimat his cura Maecenas signa tabellis.' *Serm.*2.6.38
tabellis. aut pictis tamquam gaudere tabellis. *Serm.*1.1.72
taberna. nulla taberna meos habeat neque pila libellos, . . . *Serm.*1.4.71
    nec vicina subest vinum praebere taberna | quae possit tibi . . *Epist.*1.14.24
taberna. omni | abiecto instrumento artis clausaque taberna | sutor erat: . *Serm.*1.3.131
tabernas. pallida Mors aequo pulsat pede pauperum tabernas | regumque
    turris. *Carm.*1.4.13
    migret in obscuras humili sermone tabernas . . . . . *Ars Poet.*229
tabescat. tabescat neque se maiori pauperiorum | turbae conparet, . *Serm.*1.1.111
tabo. cum palla, tabo munus imbutum, ... *Epod.*5.65
tabula. me tabula sacer | votiva paries indicat *Carm.*1.5.13
tabulae. isti tabulae fore librum | persimilem, ... *Ars Poet.*6
tabulae. 'solventur risu tabulae, tu missus abibis.' *Serm.*2.1.86
    ut lippum pictae tabulae, fomenta podagrum. *Epist.*1.2.52
tabulam. laevo suspensi loculos tabulamque lacerto, . . . *Serm.*1.6.74
    'laevo suspensi loculos tabulamque lacerto.' *Epist.*1.1.56
tabulas. 'accipe, si vis, | accipiam tabulas; *Serm.*1.4.15
    adde Cicutae | nodosi tabulas, centum, mille adde catenas; . . *Serm.*2.3.70
    abnuere et tabulas a te removere memento, ... *Serm.*2.5.52
    tabulas socero dabit atque | ut legat orabit; *Serm.*2.5.66
    sic fautor veterum, ut tabulas peccare vetantis, ... *Epist.*2.1.23
tabulis. cum tabulis animum censoris sumet honesti. . . . *Epist.*2.2.110
taceas. si taceas, laudant quidquid scripsere beati. *Epist.*2.2.108
tacenda. ut ventum ad cenam est, dicenda tacenda locutus . . *Epist.*1.7.72
tacent. tacent et albus ora pallor inficit *Epod.*7.15
tacentem. quondam cithara tacentem | suscitat Musam . . . *Carm.*2.10.18
tacentes. suo de paupertate tacentes | plus poscente ferent: . . *Epist.*1.17.43
tacere. conmissa tacere | qui nequit: *Serm.*1.4.84
taces. quota | Paelignis caream frigoribus, taces. *Carm.*3.19.8
tacet. 'ut quamvis tacet Hermogenes, ... *Serm.*1.3.129
tacita. cur pendet tacita fistula cum lyra? *Carm.*3.19.20
    dum Capitolium | scandet cum tacita virgine pontifex. . . . *Carm.*3.30.9
    tu mediastinus tacita prece rura petebas, ... *Epist.*1.14.14
tacitum. ut forte legentem | aut tacitum inpellat quovis sermone: . *Serm.*1.3.65
    lecto | aut scripto quod me tacitum iuvet, ... *Serm.*1.6.123
    an tacitum silvas inter reptare salubris *Epist.*1.4.4
taciturna. caretque | ripa vagis taciturna ventis. *Carm.*3.29.24
taciturna. toto taciturna noctis | signa cum caelo *Carm.*2.8.10
taciturnitas. si taciturnitas | obstaret meritis invida Romuli? . . *Carm.*4.8.23
taciturnius. statua taciturnius exit | plerumque et risu populum quatit: . *Epist.*2.2.83
taciturnus. quae Liris quieta | mordet aqua taciturnus amnis. . . *Carm.*1.31.8
    modestus | occupat obscuri speciem, taciturnus acerbi. . . *Epist.*1.18.95
    aut tineas pasces taciturnus inertis *Epist.*1.20.12
tacitus. et pro sollicitis non tacitus reis *Carm.*4.1.14
    'o te, Bolane, cerebri | felicem' aiebam tacitus, ... *Serm.*1.9.12
    multum Nasica negatas | accipiet tandem et tacitus leget . . *Serm.*2.5.68
    non sane credere Mena, | mirari secum tacitus. *Epist.*1.7.62

sed tacitus pasci si posset corvos, ... *Epist.*1.17.50
quocirca mecum loquor haec. tacitusque recordor: *Epist.*2.2.145
tacta. urges|iampridem non tacta ligonibus arva *Epist.*1.14.27
tu me inter strepitus nocturnos atque diurnos | vis canere et contacta
[non tacta] sequi vestigia vatum? *coni.Epist.*2.2.80
tactu. ne . . . sponsus lacessat regius asperum|tactu leonem, . . *Carm.*3.2.11
tacuit. quid dixit aut quid tacuit? *Epod.*5.49
taedas. ceu flamma per taedas *Carm.*4.4.43
taedium. nuper sollicitum quae mihi taedium, ... *Carm.*1.14.17
Taenari. quo Styx et invisi horrida Taenari|sedes *Carm.*1.34.10
taeter. spiritus taeter saniesque manet|ore trilingui; . . . *Carm.*3.11.19
taeterrima. nam fuit ante Helenam cunnus taeterrima belli|causa, . *Serm.*1.3.107
taetra. 'nam simul ac venas inflavit taetra libido, . . . *Serm.*1.2.33
ut si solvas 'postquam Discordia taetra|belli ferratos postis portasque
refregit,' *Serm.*1.4.60
tale. at siquid umquam tale concupiveris, ... *Epod.*3.19
nil oriturum alias, nil ortum tale fatentes. *Epist.*2.1.17
talenta. mille talenta rotundentur, totidem altera, . . . *Epist.*1.6.34
talenta. hic simul accepit patrimoni mille talenta, ... *Serm.*2.3.226
quinque talenta|poscit te mulier, ... *Serm.*2.7.89
talentum. Pythias, emuncto lucrata Simone talentum, . . . *Ars Poet.*238
tali. vetuit me tali voce Quirinus *Serm.*1.10.32
talibus. me . . . dixi|talibus officiis prope mancum, . . . *Epist.*2.2.21
talis. quo simul mearis,|nec regna vini sortiere talis . . . *Carm.*1.4.18
illum|balbutit scaurum pravis fultum male talis. . . . *Serm.*1.3.48
talium. non tibi talium|res est aut animus deliciarum egens. . . *Carm.*4.8.9
talo. cadat an recto stet fabula talo. *Epist.*2.1.176
talos. nisi illas|quarum subsuta talos tegat instita veste, . . *Serm.*1.2.29
ad talos stola demissa et circumdata palla, ... *Serm.*1.2.99
cum sudor ad imos|manaret talos. *Serm.*1.9.11
te talos, Aule, nucesque|ferre sinu laxo, donare et ludere vidi; . *Serm.*2.3.171
qui pro se tolleret atque|mitteret in phimum talos, . . . *Serm.*2.7.17
'hic et|candidus et talos a vertice pulcher ad imos|fiet . . . *Epist.*2.2.4
tam. *Carm.*1.7.10; 1.7.11; 1.24.2; *Serm.*1.1.22; 1.3.26; 1.5.69; 1.9.73; 1.10.2; 2.3.18; 2.3.283;
*coni.Serm.*2.3.313; *Serm.*2.5.77 (*bis*); 2.5.102 (*bis*); *var.Serm.*2.7.20; *Serm.*2.7.21;
*Epist.*1.7.18; 2.1.90; 2.1.238 (*bis*)
tamen. *Carm.*1.3.23; 1.7.22; 1.12.19; 1.15.19; 1.32.6; 1.36.6; 2.18.29; 3.5.50; 3.10.2; 3.16.37;
*Carm.*3.24.63; 3.29.45; 4.7.13; 4.11.13; 4.13.2; *Serm.*1.1.27; 1.3.128; 1.3.129; 1.4.99;
*Serm.*1.5.83; 1.10.5; 1.10.8; 2.1.75; 2.1.80; 2.2.23; 2.2.29; 2.2.82; 2.3.71; *var.Serm.*2.4.47;
*Serm.*2.4.91; 2.5.16; 2.5.53; 2.5.61; 2.6.82; 2.7.63; *Epist.*1.1.29; 1.6.27; 1.6.42; 1.7.23;
*Epist.*1.10.24; 1.11.8; 1.12.25; 1.14.8; 1.14.26; 1.15.3; 1.17.4; 1.20.25; 2.1.118; 2.1.159;
*Epist.*2.1.229; 2.2.19; 2.2.24; 2.2.154; 2.2.192; *coni.Epist.*2.2.199; *Epist.*2.2.202;
*Ars Poet.*77; 93; 182; 347; 372; 382; 386
tamquam. tamquam parcere sacris|cogeris *Serm.*1.1.71
aut pictis tamquam gaudere tabellis. *Serm.*1.1.72
tamquam ad rem attineat quidquam. *Serm.*2.2.27
tamquam|sit proprium quicquam, ... *Epist.*2.2.171
Tanain. extremum Tanain si biberes, Lyce, ... *Carm.*3.10.1
non Tanain prope flumen orti. *Carm.*4.15.24
est inter Tanain quiddam socerumque Viselli: . . . *Serm.*1.1.105
Tanais. Bactra parent Tanaisque discors. *Carm.*3.29.28
tandem. tandem venias precamur . . . augur Apollo; . . *Carm.*1.2.30
tandem desine matrem|tempestiva sequi viro. . . . *Carm.*1.23.11
desine mollium|tandem querellarum *Carm.*2.9.18
tandem nequitiae fige modum tuae *Carm.*3.15.2
dixitque tandem perfidus Hannibal: *Carm.*4.4.49
Canidia: parce vocibus tandem sacris *Epod.*17.6
tandem fessus dormire viator|incipit *Serm.*1.5.17
illa rogare,|quantane? num tantum [tandem], sufflans se, magna fuisset? *var.Serm.*2.3.317
'o maior tandem parcas, insane, minori.' *Serm.*2.3.326
multum Nasica negatas|accipiet tandem et tacitus leget . . *Serm.*2.5.68
tandem urbanus ad hunc "quid te iuvat" inquit, "amice, . . *Serm.*2.6.90
tandem dormitum dimittitur. *Epist.*1.7.73
quo tandem pacto deceat maioribus uti, ... *Epist.*1.17.2
inberbis iuvenis, tandem custode remoto, ... *Ars Poet.*161
tangas. contractum genibus tangas caput? *Serm.*2.7.61
tangat. quicumque mundo terminus obstitit,|hunc tanget [tangat] armis, *var.Carm.*3.3.54
neque ut superni villa candens Tusculi|Circaea tangat moenia: . *Epod.*1.30
tange. sublimi flagello|tange Chloen semel arrogantem. . . *Carm.*3.26.12

tangenda.   si tamen inpiae│non tangenda rates transiliunt vada.   .   .   *Carm*.1.3.24
tangens.   aliquis cubito stantem prope tangens│inquiet, ...   *Serm*.2.5.42
tangens.   neque ut superni villa candens [tangens] Tusculi│Circaea tangat
    moenia: *var.Epod*.1.29
tangentis.   cupiens varia fastidia cena│vincere tangentis male singula dente
    superbo; *Serm*.2.6.87
tangere.   cur timet flavom Tiberim tangere? *Carm*.1.8.8
    te flagrantis atrox hora Caniculae│nescit tangere,   .   .   .   *Carm*.3.13.10
    tris prohibet supra│rixarum metuens tangere Gratia   .   .   .   *Carm*.3.19.16
    'leporem venator ut alta│in nive sectetur, positum sic tangere nolit'   .   *Serm*.1.2.106
    qui me conmorit (melius non tangere, clamo), ...   *Serm*.2.1.45
    privatas ut quaerat opes et tangere vitet│scripta,   .   .   .   *Epist*.1.3.16
tanget.   hunc tanget armis, visere gestiens, ...   *Carm*.3.3.54
tangi.   ludit exsultim metuitque tangi *Carm*.3.11.10
tango.   hoc amat et laudat 'matronam nullam ego tango.'   .   .   .   *Serm*.1.2.54
tanta.   huic si mutonis verbis mala tanta videnti│diceret haec animus   .   *Serm*.1.2.68
    cum tot sustineas et tanta negotia solus, ...   *Epist*.2.1.1
Tantali.   hic superbum│Tantalum atque Tantali│genus coercet,   .   .   *Carm*.2.18.37
Tantalum.   hic superbum│Tantalum atque Tantali│genus coercet,   .   .   *Carm*.2.18.37
Tantalus.   egens benignae Tantalus semper dapis, ...   *Epod*.17.66
    'Tantalus a labris sitiens fugientia captat│flumina' —   .   .   *Serm*.1.1.68
tantam.   mollis inertia cur tantam diffuderit imis│oblivionem sensibus,   .   *Epod*.14.1
    cum tu inter scabiem tantam et contagia lucri *Epist*.1.12.14
tanti.   (nam pudet tanti mali) *Epod*.11.7
    'nil satis est', inquit, 'quia tanti quantum habeas sis':   .   .   *Serm*.1.1.62
    verum│nil tanti est.   .   .   .   .   *Ars Poet*.304
tantis.   rerum imperiis hominumque│tot tantisque minor,   .   .   .   *Serm*.2.7.76
tanto.   cur, inprobe, carae│non aliquid patriae tanto emetiris acervo?   .   *Serm*.2.2.105
    tanto cum strepitu ludi spectantur *Epist*.2.1.203
    quid dignum tanto feret hic promissor hiatu?   .   .   .   .   *Ars Poet*.138
tanto.   at qui tantuli eget [tanto leget] quanto est opus,   .   .   *var.Serm*.1.1.59
    atque│quanto perditior quisque est, tanto acrius urget;   .   .   *Serm*.1.2.15
    tanto dissimilem et tanto certare minorem? *Serm*.2.3.313
    'maior dimidio.'   'num tanto?' *Serm*.2.3.318
    tanto reprehendi iustius illis, ...   *Serm*.2.4.86
    tanto levius miser ac prior ille *Serm*.2.7.19
    habet comoedia tanto│plus oneris, quanto veniae minus: .   .   *Epist*.2.1.169
    quod quanto plura parasti,│tanto plura cupis, nulline faterier audes?   .   *Epist*.2.2.148
tantos.   Eupolin, Archilochum, comites educere tantos?   .   .   .   *Serm*.2.3.12
tantuli.   at qui tantuli eget quanto est opus, ...   *Serm*.1.1.59
tantulo.   at qui tantuli eget [tantulo eget] quanto est opus,   .   .   *var.Serm*.1.1.59
tantum.   mutatis tantum pedibus numerisque, ...   *Serm*.1.4.7
    nunc illud tantum quaeram, meritone tibi sit *Serm*.1.4.64
    mihi non tantum furesque feraeque suetae│hunc vexare locum curae sunt   *Serm*.1.8.17
    accurrit quidam notus mihi nomine tantum *Serm*.1.9.3
    siquis pedibus quid claudere senis,│hoc tantum contentus,   .   .   *Serm*.1.10.60
    tantum maledicit utrique *Serm*.2.3.140
    tantum hoc edissere, quo me│aegrotare putes animi vitio.'   .   *Serm*.2.3.306
    tanto [tantum] dissimilem et tanto certare minorem?   .   .   *var.Serm*.2.3.313
    illa rogare,│quantane? num tantum, sufflans se, magna fuisset?   .   *Serm*.2.3.317
    'maior dimidio.'   'num tanto [tantum]?' *var.Serm*.2.3.318
    sunt quorum ingenium nova tantum crustula promit.   .   .   *Serm*.2.4.47
    nec tantum veneris quantum studiosa culinae.   .   .   .   *Serm*.2.5.80
    tantum series iuncturaque pollet, ...   *Ars Poet*.242
    tantum de medio sumptis accedit honoris.   .   .   .   .   *Ars Poet*.243
tantum.   segnis ego, indignus qui tantum possideam: .   .   .   *Serm*.2.3.236
tantummodo.   'velis tantummodo: quae tua virtus,│expugnabis;   .   .   *Serm*.1.9.54
tantundem.   dum ex parvo nobis tantundem haurire relinquas,   .   .   *Serm*.1.1.52
    quam ex hoc fonticulo tantundem sumere.' *Serm*.1.1.56
    nec vincet ratio hoc, tantundem ut peccet idemque,   .   .   *Serm*.1.3.115
    sume tibi deciens; tibi tantundem; *Serm*.2.3.237
    non tamen interpres tantundem iuveris. *Serm*.2.4.91
tantus.   nec tantus umquam siderum insedit vapor   .   .   .   *Epod*.3.15
    aut si tantus amor scribendi te rapit, ...   *Serm*.2.1.10
tarda.   semotique prius tarda necessitas│Leti corripuit gradum;   .   .   *Carm*.1.3.32
    nec laterum dolor aut tussis nec tarda podagra;   .   .   .   *Serm*.1.9.32
    dura valetudo inciderit seu tarda senectus? *Serm*.2.2.88
tarda.   sic mihi tarda fluont ingrataque tempora   .   .   .   *Epist*.1.1.23
tardavit.   tutela . . . volucrisque Fati│tardavit alas,   .   .   .   *Carm*.2.17.25

514

tardi. quam frigida parvi [tardi] | findunt Scamandri flumina lubricus et
  Simois, ... *coni.Epod.*13.13
tardior. tardior ut paullo graviorque veniret ad auris, . . . *Ars Poet.*255
tardiora. sed tardiora fata te votis manent: *Epod.*17.62
tardis. minus est gravis Appia tardis. *Serm.*1.5.6
  luctandum in turba et facienda iniuria tardis. *Serm.*2.6.28
tardius. hospes | tardius adveniens vitiatum commodius . . . consumeret. *Serm.*2.2.91
  quia tardius irent | propter onus segnes. *Serm.*2.3.101
tardo. illi | 'tardo' cognomen, 'pingui' damus. *Serm.*1.3.58
tardum. nec tardum opperior nec praecedentibus insto. . . *Epist.*1.2.71
tardus. utilium tardus provisor, prodigus aeris, ... *Ars Poet.*164
Tarenti. ab Iove Neptunoque sacri custode Tarenti. . . . *Carm.*1.28.29
Tarentino. 'lana Tarentino violas imitata veneno.' . . . *Epist.*2.1.207
Tarentum. pectinibus patulis iactat se molle Tarentum. . . *Serm.*2.4.34
  sed vacuum Tibur placet aut inbelle Tarentum. *Epist.*1.7.45
Tarentum. tendens Venafranos in agros | aut Lacedaemonium Tarentum. . *Carm.*3.5.56
  nunc mihi curto | ire licet mulo vel si libet usque Tarentum, . . *Serm.*1.6.105
  dicas adductum propius frondere Tarentum. *Epist.*1.16.11
Tarpa. quae neque in aede sonent certantia iudice Tarpa . . *Serm.*1.10.38
Tarquini. an superbos | Tarquini fascis, dubito, an Catonis | nobile letum: . *Carm.*1.12.35
Tarquinius. unde Superbus | Tarquinius regno pulsus fugit, . . *Serm.*1.6.13
Tartara. habentque | Tartara Panthoiden iterum Orco | demissum, . *Carm.*1.28.10
Tartaro. narrat paene datum Pelea Tartaro, ... *Carm.*3.7.17
tauri. nec tauri ruentis | in venerem tolerare pondus. . . *Carm.*2.5.3
  lacerare ferro et | frangere enitar modo multum amati | cornua monstri
  [tauri]. *var.Carm.*3.27.48
tauri. te decem tauri totidemque vaccae. *Carm.*4.2.53
tauriformis. sic tauriformis volvitur Aufidus, ... *Carm.*4.14.25
tauris. tu frigus amabile | fessis vomere tauris | praebes . . *Carm.*3.13.11
  ignota tauris inligaturum iuga *Epod.*3.11
tauris. non, si trecenis . . . places inlacrimabilem | Plutona tauris, . *Carm.*2.14.7
Tauro. vina bibes iterum Tauro diffusa palustris | inter Minturnas . *Epist.*1.5.4
tauro. Europe niveum doloso | credidit tauro latus . . . *Carm.*3.27.26
taurum. quae te | Lesbia quaerenti taurum monstravit inertem, . *Epod.*12.17
taurus. cum tibi invisus laceranda reddet | cornua taurus. . *Carm.*3.27.72
  viribus editior caedebat ut in grege taurus. *Serm.*1.3.110
  dente lupus, cornu taurus petit: *Serm.*2.1.52
te. me [te] doctarum hederae praemia frontium | dis miscent superis, . *coni.Carm.*1.1.29
  neve te nostris vitiis iniquom | ocior aura | tollat; . . . *Carm.*1.2.47
  sic te diva potens Cypri, . . . regat *Carm.*1.3.1
  iam te premet nox fabulaeque Manes *Carm.*1.4.16
  quis multa gracilis te puer in rosa . . . Pyrrha, . . . *Carm.*1.5.1
  molli, Plance, mero, seu te fulgentia signis | castra tenent . . *Carm.*1.7.19
  dic per omnis | hoc deos vere [te deos oro], ... *var.Carm.*1.8.2
  te canam, magni Iovis et deorum | nuntium *Carm.*1.10.5
  te, boves olim nisi reddidisses . . . voce dum terret, . . *Carm.*1.10.9
  neque te silebo, | Liber *Carm.*1.12.21
  nec te, metuende certa | Phoebe sagitta. *Carm.*1.12.23
  o navis, referent in mare te novi | fluctus. *Carm.*1.14.1
  urgent inpavidi te Salaminius | Teucer, ... *Carm.*1.15.23
  te Sthenelus, sciens | pugnae *Carm.*1.15.24
  ecce furit, te reperire atrox, | Tydides *Carm.*1.15.27
  quis non te potius, Bacche pater, teque, decens Venus? . . *Carm.*1.18.6
  non ego te, candide Bassareu, | invitum quatiam. . . . *Carm.*1.18.11
  atqui non ego te tigris ut aspera | Gaetulusve leo frangere persequor: . *Carm.*1.23.9
  teque tuasque decet sorores. *Carm.*1.26.12
  quae te cumque domat Venus, ... *Carm.*1.27.14
  quae saga, quis te solvere Thessalis | magus venenis, . . *Carm.*1.27.21
  vix inligatum te triformi | Pegasus expediet Chimaera. . . *Carm.*1.27.23
  te maris et terrae numeroque carentis harenae | mensorem cohibent,
  Archyta, ... *Carm.*1.28.1
  fors et | debita iura vicesque superbae | te maneant ipsum: . . *Carm.*1.28.33
  precibus non linquar inultis | teque piacula nulla resolvent. . . *Carm.*1.28.34
  vocantis | ture te multo Glycerae decoram | transfer in aedem. . *Carm.*1.30.3
  insignem tenui fronte Lycorida | Cyri torret [te torret] amor, . *var.Carm.*1.33.6
  te pauper ambit sollicita prece | ruris colonus, . . . *Carm.*1.35.5
  te dominam aequoris *Carm.*1.35.6
  te Dacus asper, te profugi Scythae *Carm.*1.35.9
  te semper anteit serva Necessitas, ... *Carm.*1.35.17

te Spes et albo rara Fides colit | velata panno *Carm.*1.35.21
neque te ministrum | dedecet myrtus *Carm.*1.38.6
seu te in remoto gramine per dies | festos reclinatum bearis . . . *Carm.*2.3.6
nescias an te generum beati | Phyllidis flavae decorent parentes: . . *Carm.*2.4.13
iam te sequetur (currit enim ferox | aetas *Carm.*2.5.13
ille te mecum locus et beatae | postulant arces: *Carm.*2.6.21
quis te redonavit Quiritem *Carm.*2.7.3
te rursus in bellum resorbens *Carm.*2.7.15
te suis matres metuont iuvencis, ... *Carm.*2.8.21
te suis matres metuont invencis, | te senes parci *Carm.*2.8.22
ille et nefasto te posuit die . . . arbos, ... *Carm.*2.13.1
agro qui statuit meo | te, triste lignum, te, caducum | in domini caput
    inmerentis. *Carm.*2.13.11
te sonantem plenius aureo, | Alcaee, ... *Carm.*2.13.26
te praeter invisas cupressos | ulla brevem dominum sequetur. . . *Carm.*2.14.23
te greges centum Siculaeque circum | mugiunt vaccae, . . . *Carm.*2.16.33
te bis Afro | murice tinctae | vestiunt lanae: *Carm.*2.16.35
nec dis amicum est nec mihi te prius | obire, ... *Carm.*2.17.2
a, te meae si partem animae rapit | maturior vis, ... *Carm.*2.17.5
te Iovis inpio | tutela Saturno refulgens | eripuit *Carm.*2.17.22
te vidit insons Cerberus aureo | cornu decorum *Carm.*2.19.29
hac te merentem, Bacche pater, ... *Carm.*3.3.13
dis te minorem quod geris, imperas: *Carm.*3.6.5
et te saepe vocanti | duram *Carm.*3.7.31
non te Penelopen difficilem procis | Tyrrhenus genuit parens. . . *Carm.*3.10.11
o quamvis neque te munera nec preces . . curvat, . . . *Carm.*3.10.13
nec te feriam neque intra | claustra tenebo. *Carm.*3.11.43
i pedes quo te rapiunt et aurae, ... *Carm.*3.11.49
te flagrantis atrox hora Caniculae | nescit tangere, ... *Carm.*3.13.9
non, siquid Pholoen, satis | et te, Chlori, decet: *Carm.*3.15.8
te lanae prope nobilem | tonsae Luceriam, ... *Carm.*3.15.13
spissa te nitidum coma, ... *Carm.*3.19.25
puro te similem, Telephe, Vespero | tempestiva petit Rhode; . . *Carm.*3.19.26
non ille, . . . te neglegit horridus: *Carm.*3.21.10
post te neque iratos trementi | regum apices *Carm.*3.21.19
te Liber et . . . producent lucernae, ... *Carm.*3.21.21
te nihil attinet | temptare multa caede bidentium *Carm.*3.23.13
teque nec laevos vetet ire picus | nec vaga cornix. *Carm.*3.27.15
potes hac ab orno | pendulum zona bene te secuta e- | lidere collum. . *Carm.*3.27.59
sive te rupes et acuta leto | saxa delectant, ... *Carm.*3.27.61
age te procellae | crede veloci, ... *Carm.*3.27.62
eripe te morae *Carm.*3.29.5
abi, | quo blandae iuvenum te revocant preces. *Carm.*4.1.8
Albanos prope te lacus | ponet marmoream *Carm.*4.1.19
nocturnis ego somniis [ego te somniis] | iam captum teneo, . . *var.Carm.*4.1.37
iam volucrem sequor | te per gramina Martii | campi, . . . *Carm.*4.1.39
te per aquas, dure, volubilis. *Carm.*4.1.40
†teque, dum procedis, 'io triumphe' | non semel dicemus, . . *Carm.*4.2.49
te decem tauri totidemque vaccae, ... *Carm.*4.2.53
alteris | te mensis adhibet deum; *Carm.*4.5.32
te multa prece, te prosequitur mero *Carm.*4.5.33
non te facundia, non te | restituet pietas; *Carm.*4.7.23
non ego de meis | chartis inornatum sileri *Carm.*4.9.30
dices 'heu', quotiens te in speculo videris alterum, ... *Carm.*4.10.6
non ego te meis | inmunem meditor tinguere poculis, . . . *Carm.*4.12.22
refugit te quia luridi | dentes, ... *Carm.*4.13.10
te quia rugae | turpant *Carm.*4.13.11
te Cantaber non ante domabilis . . . miratur, ... *Carm.*4.14.41
te profugus Scythes | miratur, ... *Carm.*4.14.42
te fontium qui celat origines | Nilusque et Hister, ... *Carm.*4.14.45
te rapidus Tigris, . . . audit *Carm.*4.14.46
te beluosus qui remotis | obstrepit Oceanus Britannis, . . . audit . *Carm.*4.14.47
te non paventes funera Galliae . . . audit *Carm.*4.14.49
te caede gaudentes Sygambri | conpositis venerantur armis. . . *Carm.*4.14.51
sive tu [? te] Lucina [? Lucinam] probas vocari . . . . *? var.Carm.Saec.***15**
te vel per Alpium iuga . . . sequemur *Epod.*1.11
qua muneretur te, Priape, et te, pater | Silvane, ... *Epod.*2.21
per liberos te, si vocata partubus | Lucina veris adfuit, . . . *Epod.*5.5
rogare longo putidam te saeculo, ... *Epod.*8.1

quae te|Lesbia quaerenti taurum monstravit inertem, ...	*Epod.*12.16
magis quem|diligeret mulier sua quam te.	*Epod.*12.24
te manet Assaraci tellus, ...	*Epod.*13.13
nec mater domum caerula te revehet.	*Epod.*13.16
non feret adsiduas potiori te dare noctes	*Epod.*15.13
nec te Pythagorae fallant arcana renati	*Epod.*15.21
sed tardiora fata te votis manent:	*Epod.*17.62
ne te morer, audi,|quo rem deducam.	*Serm.*1.1.14
cum te neque fervidus aestus|demoveat lucro	*Serm.*1.1.38
quid iuvat inmensum te argenti pondus et auri . . .	*Serm.*1.1.41
servos,|ne te conpilent fugientes, ...	*Serm.*1.1.78
aut alius casus lecto te adfixit, ...	*Serm.*1.1.81
ut te|suscitet ac reddat gnatis carisque propinquis? . .	*Serm.*1.1.82
non uxor salvom te volt, non filius;	*Serm.*1.1.84
non uxor salvom te volt [te vult salvum], non filius; . . .	*var.Serm.*1.1.84
avarum|cum veto te fieri, ...	*Serm.*1.1.104
quare, ne paeniteat te,|desine sectari matronas, . . .	*Serm.*1.2.77
si interdicta petes, vallo circumdata (nam te|hoc facit insanum), .	*Serm.*1.2.96
ad talos stola demissa et circumdata palla, [circumdata nam te] .	*var.Serm.*1.2.99
'heus, tu'|quidam ait 'ignoras te	*Serm.*1.3.22
denique te ipsum|concute, ...	*Serm.*1.3.34
magnis parva mineris|falce recisurum simili te, . . .	*Serm.*1.3.123
urgeris turba circum te stante	*Serm.*1.3.135
neque te quisquam stipator ineptum|praeter Crispinum sectabitur, .	*Serm.*1.3.138
veluti te|Iudaei cogemus in hanc concedere turbam. . . .	*Serm.*1.4.142
'equi te|esse feri similem dico.'	*Serm.*1.5.56
ita te quoque amicum, ...	*Serm.*1.6.50
casu quod te sortitus amicum:	*Serm.*1.6.53
nulla etenim mihi te fors obtulit;	*Serm.*1.6.54
cum Tiburte via praetorem quinque sequontur|te pueri, . .	*Serm.*1.6.109
'per magnos, Brute, deos te|oro, ...	*Serm.*1.7.33
'o te, Bolane, cerebri|felicem'	*Serm.*1.9.11
'nil opus est te|circumagi:	*Serm.*1.9.16
'nil habeo quod agam et non sum piger: usque sequar te.' .	*Serm.*1.9.19
'si bene me [te] novi, non Viscum pluris amicum,|non Varium facies: .	*coni.Serm.*1.9.22
'dubius sum, quid faciam', inquit,|'tene relinquam an rem.' .	*Serm.*1.9.41
'certe nescio quid secreto velle loqui te|aiebas mecum.' . . .	*Serm.*1.9.67
cum versus facias, te ipsum percontor, ...	*Serm.*1.10.25
ambitione relegata te dicere possum,|Pollio, ...	*Serm.*1.10.84
te, Messalla, tuo cum fratre, ...	*Serm.*1.10.85
simulque|vos, Bibule et Servi, simul his te, candide Furni, . .	*Serm.*1.10.86
Demetri, teque, Tigelli,|discipularum inter iubeo plorare cathedras. .	*Serm.*1.10.90
aut si tantus amor scribendi te rapit, ...	*Serm.*2.1.10
maiorum nequis amicus|frigore te feriat.'	*Serm.*2.1.62
seu te discus agit (pete cedentem aera disco) — . . .	*Serm.*2.2.13
inparibus formis deceptum te petere esto:	*Serm.*2.2.30
ducit te species, video:	*Serm.*2.2.35
si te alio pravom detorseris.	*Serm.*2.2.55
te tibi iniquom|et frustra mortis cupidum, ...	*Serm.*2.2.97
'di te, Damasippe, deaeque|verum ob consilium donent tonsore. .	*Serm.*2.3.16
et miror morbi purgatum te illius.'	*Serm.*2.3.27
ne te|frustrere: insanis et tu stultique prope omnes, . . .	*Serm.*2.3.31
pudor" inquit "te malus angit, ...	*Serm.*2.3.39
hoc te|crede modo insanum, ...	*Serm.*2.3.51
nihilo ut sapientior ille|qui te deridet caudam trahat. . .	*Serm.*2.3.53
Catienis mille ducentis|'mater, te appello' clamantibus. . . .	*Serm.*2.3.62
insanum te omnes pueri clamentque puellae;	*Serm.*2.3.130
'deficient inopem venae te, ...	*Serm.*2.3.153
'postquam te talos, Aule, nucesque|ferre sinu laxo, donare et ludere vidi,	*Serm.*2.3.171
vidi,|te, Tiberi, numerare, cavis abscondere tristem, . . .	*Serm.*2.3.173
gaudes, si cameram percusti forte, penes te es?	*Serm.*2.3.273
an, quodcumque facit Maecenas, te quoque verum est, . .	*Serm.*2.3.312
tanto dissimilem et tanto [tam te dissimilem quanto] certare minorem?	*coni.Serm.*2.3.313
'non, si te ruperis,' inquit,|'par eris.'	*Serm.*2.3.319
— 'teneas, Damasippe, tuis te' —	*Serm.*2.3.324
cum sic tempore laevo|interpellarim;	*Serm.*2.4.4
si vespertinus subito te oppresserit hospes, ...	*Serm.*2.4.17
ten lapides varios lutulenta radere palma	*Serm.*2.4.83
quam te|contemptum cassa nuce pauperet;	*Serm.*2.5.35

ne manifestum|caelibis obsequium nudet te, ... *Serm*.2.5.47
cave te roget; ultro|Penelopam facilis potiori trade.' *Serm*.2.5.75
cum te servitio longo curaque levarit, ... *Serm*.2.5.99
dic, . . . gaudentem nummo te addicere. *Serm*.2.5.109
si quod adest gratum iuvat (hac prece te oro): *Serm*.2.6.13
te|orabant hodie meminisses, Quinte, reverti.' . . . *Serm*.2.6.36
(nam te|scire, deos quoniam propius contingis, oportet), . . . *Serm*.2.6.51
o rus, quando ego te adspiciam *Serm*.2.6.60
tandem urbanus ad hunc "quid te iuvat" inquit. . . . *Serm*.2.6.90
quorsum haec tam putida tendant,|furcifer?' 'ad te, inquam.' . . *Serm*.2.7.22
siquis ad illa deus subito te agat, usque recuses, ... *Serm*.2.7.24
ita te felicem dicis *Serm*.2.7.31
te coniunx aliena capit, meretricula Davom: *Serm*.2.7.46
tu [te] cum proiectis insignibus, . . . prodis ex iudice Dama, . . *var.Serm*.2.7.53
quo te demisit peccati conscia erilis, ... *Serm*.2.7.60
cum te formidet mulier neque credat amanti. *Serm*.2.7.65
quinque talenta|poscit te mulier, ... *Serm*.2.7.90
teque ipsum vitas fugitivos et erro, ... *Serm*.2.7.113
'ocius hinc te|ni rapis, ... *Serm*.2.7.117
'ut Nasidieni iuvit te cena beati? *Serm*.2.8.1
sive Falernum|te magis adpositis delectat: *Serm*.2.8.17
tene, ut ego accipiar laute, torquerier omni|sollicitudine districtum, . *Serm*.2.8.67
quae te|ter pure lecto poterunt recreare libello. . . . *Epist*.1.1.36
qui Fortunae te responsare superbae | liberum et erectum praesens
   hortatur *Epist*.1.1.68
omnia te adversum spectantia, nulla retrorsum.' *Epist*.1.1.75
de te pendentis, te respicientis amici? *Epist*.1.1.105
cur ita crediderim, nisi quid te detinet, audi. *Epist*.1.2.5
ut te ipsum serves, non expergisceris? *Epist*.1.2.33
puer, nunc te melioribus offer. *Epist*.1.2.68
quo te caelestis sapientia duceret, ires. *Epist*.1.3.27
quid nunc te dicam facere in regione Pedana? *Epist*.1.4.2
supremo te sole domi, Torquate, manebo. *Epist*.1.5.3
ne non et cantharus et lanx|ostendat tibi te, ... *Epist*.1.5.24
gaude quod spectant oculi te mille loquentem; *Epist*.1.6.19
cum bene notum|porticus Agrippae, via te conspexerit Appi, . . *Epist*.1.6.26
te, dulcis amice, reviset|cum Zephyris, ... *Epist*.1.7.12
'negat inprobus et te|neglegit aut horret.' *Epist*.1.7.63
ne te longis ambagibus ultra|quam satis est morer: . . . *Epist*.1.7.82
quod te per Genium dextramque deosque Penatis|obsecro . . *Epist*.1.7.94
ut tu fortunam, sic nos te, Celse, feremus. *Epist*.1.8.17
nec si te validus iactaverit Auster in alto, ... *Epist*.1.11.15
ut quocumque loco fueris vixisse libenter|te dicas: . . . *Epist*.1.11.25
animus si te non deficit aequos. *Epist*.1.11.30
ut te|confestim liquidus Fortunae rivos inauret, . . . *Epist*.1.12.8
ut proficiscentem docui te saepe diuque, ... *Epist*.1.13.1
si te forte meae gravis uret sarcina chartae, ... *Epist*.1.13.6
ne volgo narres, te sudavisse ferendo|carmina *Epist*.1.13.16
eo disconvenit inter|meque et te: *Epist*.1.14.19
scribere nobis, tibi nos adcredere par est. *Epist*.1.15.25
iactamus iam pridem omnis te Roma beatum; *Epist*.1.16.18
si te populus sanum recteque valentem|dictitet, . . . *Epist*.1.16.21
'tene magis salvom populus velit an populum tu, . . . *Epist*.1.16.27
tu nihil admittes in te formidine poenae; *Epist*.1.16.53
'in manicis et|compedibus saevo te sub custode tenebo.' . . *Epist*.1.16.77
quamvis, Scaeva, satis per te tibi consulis *Epist*.1.17.1
si grata quies et primam somnus in horam|delectat, . . . *Epist*.1.17.6
si te pulvis strepitusque rotarum,|si laedit caupona, . . *Epist*.1.17.7
pauloque benignius ipsum|te tractare voles, ... *Epist*.1.17.12
quamvis fers te nullius egentem.' *Epist*.1.17.22
si bene te novi, metues, liberrime Lolli,|scurrantis speciem praebere, . *Epist*.1.18.1
ac ne te retrahas et inexcusabilis absis, ... *Epist*.1.18.58
consentire suis studiis qui crediderit te|fautor, . . . *Epist*.1.18.65
munere te parvo beet aut incommodus angat. *Epist*.1.18.75
ad te post paulo ventura pericula sentis? *Epist*.1.18.83
hoc age, ne mutata retrorsum te ferat aura. *Epist*.1.18.88
quamvis|nocturnos iures te formidare tepores. *Epist*.1.18.93
num te semper inops agitet vexetque cupido, ... *Epist*.1.18.98
quid minuat curas, quid te tibi reddat amicum, . . . *Epist*.1.18.101

fidis enim manare poetica mella|te solum, tibi pulcher.' . . . *Epist.*1.19.45
quid volui?' dices, ubi quid te laeserit; *Epist.*1.20.7
scis|in breve te cogi, cum plenus languet amator. *Epist.*1.20.8
carus eris Romae, donec te deserat aetas; *Epist.*1.20.10
hoc quoque te manet, ... *Epist.*1.20.17
forte meum siquis te percontabitur aevom: *Epist.*1.20.26
te nostris ducibus, te Grais anteferendo *Epist.*2.1.19
des nummos, excepta nihil te si fuga laedat: *Epist.*2.2.16
ne mea saevos|iugares ad te quod epistula nulla rediret. . . *Epist.*2.2.22
'i bone, quo virtus tua te vocat, i pede fausto, ... *Epist.*2.2.37
si cupidum timidumque minus te: *Epist.*2.2.156
qui te pascit ager tuos est, ... *Epist.*2.2.160
et vilicus Orbi, . . . te dominum sentit. *Epist.*2.2.162
quid te exempta iuvat spinis de pluribus una? *Epist.*2.2.212
si propius stes,|te capiat magis, ... *Ars Poet.*362
quamvis et voce paterna|fingeris ad rectum et per te sapis, . . *Ars Poet.*367
numquam te fallent animi sub volpe latentes. . . . . *Ars Poet.*437
melius te posse negares|bis terque expertum frustra: . . . *Ars Poet.*439
quin sine rivali teque et tua solus amares. . . . . *Ars Poet.*444
te. neu sinas Medos equitare inultos|te duce, Caesar. . . . *Carm.*1.2.52
qui nunc te fruitur credulus aurea, ... *Carm.*1.5.9
quam rem cumque ferox . . . miles te duce gesserit. . . *Carm.*1.6.4
quin et Atridas duce te superbos . . . fefellit. . . . *Carm.*1.10.13
te minor laetum reget aequos orbem: *Carm.*1.12.57
nil sine te mei|prosunt honores: *Carm.*1.26.9
iudice te non sordidus auctor|naturae verique. *Carm.*1.28.14
Venusinae|plectantur silvae te sospite *Carm.*1.28.27
neglegis inmeritis nocituram|postmodo te natis fraudem conmittere? *Carm.*1.28.31
fervidus tecum puer et solutis|Gratiae zonis properentque Nymphae . *Carm.*1.30.5
et parum comis sine te Iuventas|Mercuriusque. . . . *Carm.*1.30.7
si quid vacui sub umbra|lusimus tecum, ... *Carm.*1.32.2
tecum Philippos et celerem fugam|sensi *Carm.*2.7.9
cum [te] populus frequens|laetum theatris ter crepuit sonum; *var.Carm.*2.17.25
tecum vivere amem, tecum obeam lubens.' *Carm.*3.9.24
Mercuri, nam te docilis magistro|movit Amphion lapides canendo, *Carm.*3.11.1
de te, splendide, Minos|fecerit arbitria, ... *Carm.*4.7.21
semper ut te digna sequare *Carm.*4.11.29
te copias, te consilium et tuos|praebente divos. . . . *Carm.*4.14.33
quibus te vita sit superstite|iucunda, ... *Epod.*1.5
otium|non dulce, ni tecum simul, ... *Epod.*1.8
tecum mihi discordia est, ... *Epod.*4.2
videsne, sacram metiente te viam, ... *Epod.*4.7
tecum sub alta — sic Iovi gratum — domo, ... *Epod.*9.3
ubi haec severus te palam laudaveram, ... *Epod.*11.19
plorem artis in te nil agentis exitus?' *Epod.*17.81
nil obstet tibi, dum ne sit te ditior alter. *Serm.*1.1.40
mutato nomine de te|fabula narratur: *Serm.*1.1.69
numquid ego a te|magno prognatum deposco consule cunnum . *Serm.*1.2.69
privatusque magis vivam te rege beatus. *Serm.*1.3.142
mentio siquae|de Capitolini furtis iniecta Petilli|te coram fuerit, . *Serm.*1.4.95
Maecenas, . . . nemo generosior est te *Serm.*1.6.2
'est tibi mater,|cognati, quis te salvo est opus?' . . . *Serm.*1.9.27
'Maecenas quomodo tecum?' *Serm.*1.9.43
neque te ut miretur turba labores, ... *Serm.*1.10.73
non in caro nidore voluptas|summa, sed in te ipso est. . . *Serm.*2.2.20
cur eget indignus quisquam te divite? *Serm.*2.2.103
"cave faxis|te quicquam indignum. *Serm.*2.3.39
hoc si erit in te|solo, ... *Serm.*2.3.41
haec a te non multum abludit imago. *Serm.*2.3.320
nudus inopsque domum redeam te vate, ... *Serm.*2.5.6
abnuere et tabulas a te removere memento, ... *Serm.*2.5.52
quae si semel uno|de sene gustarit tecum partita lucellum, . . *Serm.*2.5.82
non horam tecum esse potes, ... *Serm.*2.7.112
"heu, Fortuna, quis est crudelior in nos|te deus? . . . *Serm.*2.8.62
de te pendentis, te respicientis amici? *Epist.*1.1.105
sed vereor, ne cui de te plus quam tibi credas . . . *Epist.*1.16.19
Actia pugna|te duce per pueros hostili more refertur; . . *Epist.*1.18.62
et formidatam Parthis te principe Romam, ... *Epist.*2.1.256
tecum sic agat 'hic et|candidus *Epist.*2.2.3

i nunc et versus tecum meditare canoros. *Epist*.2.2.76
viveret in terris te siquis avarior uno. *Epist*.2.2.157
Teanum.   cras ferramenta Teanum | tolletis, fabri. *Epist*.1.1.86
Tecmessae.   movit Aiacem . . . forma captivae dominum Tecmessae,   . *Carm*.2.4.6
tecta.   curas laqueata circum | tecta volantis. *Carm*.2.16.12
tectaque Penthei | disiecta non leni ruina *Carm*.2.19.14
avitae | tecta velint reparare Troiae. *Carm*.3.3.60
quo nemus | inter pulcra satum tecta remugiat *Carm*.3.10.6
iamque subando | tenta cubilia tectaque rumpit. *Epod*.12.12
'nam simul ac venas inflavit taetra [*?* tecta] libido, ... *? var.Serm*.1.2.33
tecti.   tutus caret obsoleti | sordibus tecti, ... *Carm*.2.10.7
tecto.   hortus ubi et tecto vicinus iugis aquae fons *Serm*.2.6.2
tecto.   hic se praecipitem tecto dedit, ... *Serm*.1.2.41
deos id | tristis ex alto caeli demittere tecto. *Serm*.1.5.103
si vacuom tepido cepisset villula tecto. *Serm*.2.3.10
licet sub paupere tecto | reges et regum vita praecurrere amicos. . . *Epist*.1.10.32
tectum.   nec priores | inpiae tectum dominae relinquont, ... *Carm*.2.8.19
proxima Campano ponti quae villula, tectum | praebuit   . . . *Serm*.1.5.45
summum properabat lambere tectum. *Serm*.1.5.74
navos mane forum et vespertinus pete tectum, ... *Epist*.1.6.20
tectum.   quis Martem tunica tectum adamantina | digne scripserit   . . *Carm*.1.6.13
tectus.   me veluti custodiet ensis | vagina tectus: *Serm*.2.1.41
tegam.   'utne tegam spurco Damae latus? *Serm*.2.5.18
tegat.   nisi illas | quarum subsuta talos tegat instita veste, . . . *Serm*.1.2.29
ille tegat conmissa deosque precetur et oret, ... *Ars Poet*.200
Tegellus.   Sardus habebat | ille Tigellius [Tegellus] hoc: . . . *var.Serm*.1.3.4
tegentis.   nil cernere possis | cetera, ni Catia est, demissa veste tegentis. . *Serm*.1.2.95
teges.   conmissumque teges et vino tortus et ira. *Epist*.1.18.38
Tegilli.   hoc genus omne | maestum et sollicitum est cantoris morte Tigelli
[Tegilli]. *var.Serm*.1.2.3
tegit.   sunt qui nolint [nolunt] tetigisse nisi illas | quarum subsuta talos tegat
[tegit] instita veste, ... *var.Serm*.1.2.29
Tegmessae.   movit Aiacem Telamone natum | forma captivae dominum
Tecmessae [Tegmessae]. *var.Carm*.2.4.6
Teia.   et fide Teia | dices laborantis in uno | Penelopen vitreamque Circen; . *Carm*.1.17.18
Teium.   Anacreonta Teium, ... *Epod*.14.10
tela.   primusve Teucer tela Cydonio | derexit arcu; *Carm*.4.9.17
in quem tela acuta torserat. *Epod*.17.10
Telamone.   movit Aiacem Telamone natum | forma captivae . . . *Carm*.2.4.5
telas.   tibi telas operosaeque Minervae studium aufert, ... *Carm*.3.12.4
Telegoni.   Telegoni iuga parricidae. *Carm*.3.29.8
Telemachus.   haud male Telemachus, proles patientis Vlixei: . . . *Epist*.1.7.40
Telephe.   puro te similem, Telephe, Vespero *Carm*.3.19.26
Telephe.   tum tua me infortunia laedent, | Telephe vel Peleu; . . . *Ars Poet*.104
Telephi.   cum tu, Lydia, Telephi | cervicem roseam, ... *Carm*.1.13.1
cerea Telephi | laudas bracchia. *Carm*.1.13.2
Telephum.   Telephum, . . . non tuae sortis iuvenem *Carm*.4.11.21
Telephus.   movit nepotem Telephus Nereium, ... *Epod*.17.8
tragicus plerumque, dolet sermone pedestri | Telephus et Peleus, . . *Ars Poet*.96
tellure.   ambiguam tellure nova Salamina futuram. *Carm*.1.7.29
inulta cesserat inpotens | tellure *Carm*.2.1.27
priusque caelum sidet inferius mari | tellure porrecta super   . . . *Epod*.5.80
sis pecore et multa dives tellure licebit *Epod*.15.19
tellure marique | magnus erit, ... *Serm*.2.5.63
militibus promissa Triquetra | praedia Caesar an est Itala tellure
daturus?' *Serm*.2.6.56
Tellurem.   Tellurem porco, Silvanum lacte piabant, ... *Epist*.2.1.143
Telluris.   domitosque Herculea manu | Telluris iuvenes, ... *Carm*.2.12.7
telluris.   nam propriae telluris erum natura neque illum | nec me nec
quemquam statuit: *Serm*.2.2.129
tellus.   nec Iubae tellus generat, leonum | arida nutrix. *Carm*.1.22.15
quo bruta tellus et vaga flumina, ... *Carm*.1.34.9
nunc pede libero | pulsanda tellus; *Carm*.1.37.2
linquenda tellus et domus et placens | uxor *Carm*.2.14.21
aequa tellus | pauperi recluditur | regumque pueris *Carm*.2.18.32
duraeque tellus audit Hiberiae, ... *Carm*.4.14.50
fertilis frugum pecorisque tellus *Carm.Saec*.29
te manet Assaraci tellus, ... *Epod*.13.13
reddit ubi cererem tellus inarata quotannis *Epod*.16.43

hos utinam inter|heroas natum tellus me prima tulisset. . . . *Serm*.2.2.93
telo. condito mitis placidusque telo *Carm.Saec*.33
telum. Iuppiter, ut pereat positum robigine telum *Serm*.2.1.43
temere. unde vocalem temere insecutae|Orphea silvae, . . *Carm*.1.12.7
   cur non sub alta vel platano vel hac|pinu iacentes sic temere . *Carm*.2.11.14
   quam temere in nosmet legem sancimus iniquam. . . . *Serm*.1.3.67
   'non ego' narrantem 'temere edi luce profesta *Serm*.2.2.116
   nec sibi cenarum quivis temere arroget artem, ... *Serm*.2.4.35
   vatis avarus|non temere est animus; *Epist*.2.1.120
   non temere a me|quivis ferret idem. *Epist*.2.2.13
   iram|colligit ac ponit temere et mutatur in horas. . . *Ars Poet*.160
temeti. das nummos, accipis uvam, | pullos, ova, cadum temeti: . *Epist*.2.2.163
temnens. illum|praeteritum temnens extremos inter euntem: — . . *Serm*.1.1.116
temnit. ieiunus raro stomachus volgaria temnit. *Serm*.2.2.38
Tempe. laudabunt alii . . . Thessala Tempe; *Carm*.1.7.4
   vos Tempe totidem tollite laudibus *Carm*.1.21.9
   fastidit . . . non Zephyris agitata Tempe. *Carm*.3.1.24
temperant. mea nec Falernae | temperant vites neque Formiani | pocula
   colles. *Carm*.1.20.11
   iam veris comites, quae mare temperant, ... *Carm*.4.12.1
temperante. utrumque rege temperante caelitum. *Epod*.16.56
temperare. possim crematos excitare mortuos | desiderique temperare
   pocula, ... *Epod*.17.80
temperas. o testudinis aureae|dulcem quae strepitum, Pieri, temperas, . *Carm*.4.3.18
temperat. Gallica nec lupatis|temperet [temperat] ora frenis? . . *var.Carm*.1.8.7
   qui mare ac terras variisque mundum|temperat horis? . . *Carm*.1.12.16
   qui terram inertem, qui mare temperat|ventosum . . *Carm*.3.4.45
   matre carentibus|privignis mulier temperat innocens . . *Carm*.3.24.18
   adhuc sublimia cures: | quae mare conpescant causae, quid temperet
   [temperat] annum, ... *var.Epist*.1.12.16
   temperat Archilochi musam pede mascula Sappho, . . *Epist*.1.19.28
   temperat Alcaeus, sed rebus et ordine dispar, . . . *Epist*.1.19.29
   scit Genius, natale comes qui temperat astrum, . . . *Epist*.2.2.187
temperatam. non secus in bonis|ab insolenti temperatam|laetitia, . *Carm*.2.3.3
   vim temperatam di quoque provehunt|in maius; . . *Carm*.3.4.66
temperato. inimice lamnae|Crispe Sallusti, nisi temperato|splendeat usu. *Carm*.2.2.3
temperet. Gallica nec lupatis|temperet ora frenis? . . . *Carm*.1.8.7
   animus . . . amara lento|temperet risu: . . . *Carm*.2.16.27
   quis aquam temperet ignibus, ... *Carm*.3.19.6
   libertusve senem delirum temperet, ... *Serm*.2.5.71
   quae mare conpescant causae, quid temperet annum, . . *Epist*.1.12.16
temperiem. temperiem laudes. *Epist*.1.16.8
tempestas. demissa tempestas ab Euro *Carm*.3.17.11
   horrida tempestas caelum contraxit *Epod*.13.1
   postera tempestas melior, via peior *Serm*.1.5.96
   quo me cumque rapit tempestas, deferor hsopes. . . *Epist*.1.1.15
   pernicies et tempestas barathrumque macelli, . . . *Epist*.1.15.31
Tempestatibus. immolabitur caper|et agna Tempestatibus. . . *Epod*.10.24
tempestatibus. rerum|fluctibus in mediis et tempestatibus Vrbis . *Epist*.2.2.85
tempestatis. haec siquis tempestatis prope ritu|mobilia . . *Serm*.2.3.268
tempestiva. tandem desine matrem|tempestiva sequi viro. . . *Carm*.1.23.12
   puro te similem, Telephe, Vespero|tempestiva petit Rhode; . *Carm*.3.19.27
tempestivius. tempestivius in domum|Pauli . . . comissabere Maximi, . *Carm*.4.1.9
tempestivom. et tempestivom pueris concedere ludum . . . *Epist*.2.2.142
templa. quare|templa ruont antiqua deum? *Serm*.2.2.104
templa. ire deiectum monumenta regis|templaque Vestae, . . *Carm*.1.2.16
   deorum|templa novo decorare saxo. *Carm*.2.15.20
   donec templa refeceris *Carm*.3.6.2
   post ingentia facta deorum in templa recepti, . . . *Epist*.2.1.6
templis. divitum mensis et amica templis, ... *Carm*.3.11.6
templis. sub duce, qui templis Parthorum signa refigit . . *Epist*.1.18.56
tempora. nec dabunt, quamvis redeant in aurum|tempora priscum. . *Carm*.4.2.40
   adduxere sitim tempora, Vergili: *Carm*.4.12.13
   tempora quae spem|consiliumque morantur . . . *Epist*.1.1.23
   dura sed emovere loco me tempora grato . . . *Epist*.2.2.46
tempora. uda Lyaeo|tempora populea fertur vinxisse corona . . *Carm*.1.7.23
   clipeo Troiana refixo|tempora testatus *Carm*.1.28.12
   deum|cingentem viridi tempora pampino. *Carm*.3.25.20
   nec vincire novis tempora floribus. *Carm*.4.1.32

an adiciant hodiernae crastina summae|tempora *Carm.*4.7.18
ornatus viridi tempora pampino|Liber *Carm.*4.8.33
referunt iam tibi . . . nec cari lapides tempora, ... *Carm.*4.13.14
tempora si fastosque velis evolvere mundi. *Serm.*1.3.112
eripias si|tempora certa modosque, ... *Serm.*1.4.58
fugio campum lusumque trigonem [fugio rabiosi tempora signi]. . . *var.Serm.*1.6.126
tempora quaeram,|occurram in triviis, deducam. *Serm.*1.9.58
decedentia certis|tempora momentis . . . spectent: *Epist.*1.6.4
si longo sermone morer tua tempora, Caesar. *Epist.*2.1.4
orientia tempora notis|instruit exemplis, inopem solatur et aegrum. . *Epist.*2.1.130
captae post tempora Troiae . . . . *Ars Poet.*141
tempore. seu maestus omni tempore vixeris *Carm.*2.3.5
date quae precamur|tempore sacro, ... *Carm.Saec.*4
exacto contentus tempore vita *Serm.*1.1.118
num sine sensu,|tempore num faciant alieno. *Serm.*1.4.78
hinc muli Capuae clitellas tempore ponunt. *Serm.*1.5.47
sed meliore|tempore dicam; *Serm.*1.9.69
nisi dextro tempore, Flacci | verba per attentam non ibunt Caesaris
    aurem, ... *Serm.*2.1.18
tempore quo me|solatus iussit sapientem pascere barbam . . *Serm.*2.3.34
'peccatum fateor, cum te sic tempore laevo|interpellarim; . . . *Serm.*2.4.4
'tempore quo iuvenis Parthis horrendus, . . . tellure marique|magnus
    erit, ... *Serm.*2.5.62
ex quo|tempore cervinam pellem latravit in aula, ... *Epist.*1.2.66
condita post frumenta levantes tempore festo *Epist.*2.1.140
exiguo gratoque fruaris tempore raptim. *Epist.*2.2.198
temporibus. servatura diu parem|cornicis vetulae temporibus Lycen, . *Carm.*4.13.25
temporibus. secundis|temporibus dubiisque rectus, ... *Carm.*4.9.36
quae terris semota suisque|temporibus defuncta videt, . . . *Epist.*2.1.22
temporis. prudens futuri temporis exitum|caliginosa nocte premit deus . *Carm.*3.29.29
laudator temporis acti|se puero, ... *Ars Poet.*173
qui purgor bilem sub verni temporis horam. . . . . *Ars Poet.*302
temporum. innumerabilis|annorum series et fuga temporum. . . *Carm.*3.30.5
temptabo. insanientem navita Bosporum|temptabo *Carm.*3.4.31
temptantem. temptantem maiora fere, praesentibus aequom. . . *Epist.*1.17.24
temptantur. negabit,|quod latus aut renes morbo temptentur [temptantur]
    acuto. *var.Serm.*2.3.163
si latus aut renes morbo temptantur acuto, ... *Epist.*1.6.28
temptare. te nihil attinet|temptare multa caede bidentium . . . *Carm.*3.23.14
nec meus audet|rem temptare pudor quam vires ferre recusent. . . *Epist.*2.1.259
temptaris. Leuconoe, nec Babylonios|temptaris numeros. . . . *Carm.*1.11.3
temptasse. nec quidquam tibi prodest|aerias temptasse domos . . *Carm.*1.28.5
temptat. Virtus, recludens inmeritis mori|caelum, negata temptat iter via *Carm.*3.2.22
temptat mille vafer modis. *Carm.*3.7.12
res gerere et captos ostendere civibus hostis . . . caelestia temptat: . *Epist.*1.17.34
temptata. gratia regum|Pieriis temptata modis . . . . *Ars Poet.*405
temptator. notus et integrae|temptator Orion Dianae *Carm.*3.4.71
temptatum. at si condoluit temptatum frigore corpus *Serm.*1.1.80
temptavit. me quoque pectoris|temptavit in dulci iuventa|fervor . . *Carm.*1.16.23
temptavit quoque rem si digne vertere posset *Epist.*2.1.164
asper|incolumi gravitate iocum temptavit . . . . . *Ars Poet.*222
temptent. ut penitus notum, si temptent crimina, serves . . . *Epist.*1.18.80
temptentur. quod latus aut renes morbo temptentur acuto. . . *Serm.*2.3.163
tempus. Saliaribus|ornare pulvinar deorum|tempus erat dapibus, . . *Carm.*1.37.4
'non est mihi tempus *Serm.*2.4.1
tempus abire tibi est, ... *Epist.*2.2.215
tempus. o saepe mecum tempus in ultimum *Carm.*2.7.1
amicum|tempus agens abeunte curru. *Carm.*3.6.44
pomifero grave tempus anno. *Carm.*3.23.8
per omne|tempus Amazonia securi|dextras obarmet, . . . *Carm.*4.4.20
ut inquinavit aere tempus aureum, ... *Epod.*16.64
ad usque|supremum tempus *Serm.*1.1.98
ac mihi seu longum post tempus venerat hospes *Serm.*2.2.118
per totum hoc tempus subiectior in diem et horam|invidiae noster. . *Serm.*2.6.47
differs curandi tempus in annum? *Epist.*1.2.39
neu, . . . occultam febrim sub tempus edendi|dissimules, . . *Epist.*1.16.22
ad nostrum tempus Livi scriptoris ab aevo. *Epist.*2.1.62
forte sub hoc tempus castellum evertere praetor|nescio quod cupiens . *Epist.*2.2.34
pleraque differat et praesens in tempus omittat. . . . . *Ars Poet.*44

tenacem. iustum et tenacem propositi virum *Carm.*3.3.1
tenaci. modo in tenaci gramine: *Epod.*2.24
tendant. 'non dices hodie, quorsum haec tam putida tendant, . . . *Serm.*2.7.21
tendebat. ire foras pleno tendebat corpore frustra. *Epist.*1.7.31
tendens. tendens Venafranos in agros *Carm.*3.5.55
tendentes. fratresque tendentes opaco | Pelion inposuisse Olympo. . . *Carm.*3.4.51
tendere. nec Polyhymnia | Lesboum refugit tendere barbiton. . . *Carm.*1.1.34
    doctus sagittas tendere Sericas | arcu paterno? *Carm.*1.29.9
    ultra | legem tendere opus; *Serm.*2.1.2
    inpune licebit | aestivam sermone benigno tendere noctem. . . . *Epist.*1.5.11
tendimus. tendimus hinc recta Beneventum, ... *Serm.*1.5.71
tendis. cum tu . . . mutare loricis Hiberis, | pollicitus meliora, tendis? . *Carm.*1.29.16
    quid ultra tendis? *Carm.*2.18.32
    quo, Musa, tendis? *Carm.*3.3.70
    'unde venis' et | 'quo tendis?' rogat et respondet. *Serm.*1.9.63
    'quo tendis? non mihi Cumas | est iter aut Baias' . . . *Epist.*1.15.11
tendit. suscitat Musam neque semper arcum | tendit Apollo. . . *Carm.*2.10.20
    tendit, Antoni, quotiens in altos | nubium tractus: . . . *Carm.*4.2.26
    aut amite levi rara tendit retia *Epod.*2.33
    'unde venis' et | 'quo tendis?' [tendit] rogat et respondet. . . *var.Serm.*1.9.63
    iratusque Philippi tendit ad aedis. *Epist.*1.7.89
    purior in vicis aqua tendit rumpere plumbum *Epist.*1.10.20
    dum studet urbanus tenditque disertus haberi. . . . *Epist.*1.19.16
tendunt. tendunt extorquere poemata: quid faciam vis? . . . *Epist.*2.2.57
tene. saeva tene cum Berecyntio | cornu tympana, . . . *Carm.*1.18.13
teneam. quo teneam voltus mutantem Protea nodo? . . . *Epist.*1.1.90
teneant. singula quaeque locum teneant sortita decenter. . . . *Ars Poet.*92
    ut cito dicta | percipiant animi dociles teneantque fideles; . . *Ars Poet.*336
teneas. 'teneas, Damasippe, tuis te' — *Serm.*2.3.324
teneatis. spectatum admissi risum teneatis, amici? . . . *Ars Poet.*5
tenebat. iamque tenebat | nox medium caeli spatium, . . . *Serm.*2.6.100
tenebit. seu densa tenebit | Tiburis umbra tui. *Carm.*1.7.20
tenebo. nec te feriam neque intra | claustra tenebo. . . . *Carm.*3.11.44
    iamdudum video; sed nil agis: usque tenebo, . . . *Serm.*1.9.15
    'in manicis et | compedibus saevo te sub custode tenebo.' . *Epist.*1.16.77
tenebris. pulcher fugatis | ille dies Latio tenebris. *Carm.*4.4.40
    infernis neque enim tenebris Diana pudicum | liberat Hippolytum . *Carm.*4.7.25
tenent. seu te fulgentia signis | castra tenent *Carm.*1.7.20
    quicumque . . . arvom | pingue tenent humilis Forenti, . . . *Carm.*3.4.16
tenente. nec mori per vim metuam tenente | Caesare terras. . . *Carm.*3.14.15
    Bruto praetore tenente | ditem Asiam, ... *Serm.*1.7.18
tenentur. quo res sponsore et quo causae teste tenentur.' . . *Epist.*1.16.43
teneo. ego somniis | iam captum teneo, ... *Carm.*4.1.38
teneor. mediocribus et quis | ignoscas vitiis teneor; . . . *Serm.*1.4.131
    'tam teneor dono, quam si dimittar onustus' . . . *Epist.*1.7.18
tener. si tener pleno cadit haedus anno *Carm.*3.18.5
    me tener solvet vitulus, ... *Carm.*4.2.54
tenera. fingit equom tenera docilem cervice magister . . . *Epist.*1.2.64
tenerae. venator tenerae coniugis inmemor, ... *Carm.*1.1.26
    teneraeque sucus | defluat praedae, ... *Carm.*3.27.54
tenerae. tenerae nimis | mentes asperioribus | formandae studiis. . . *Carm.*3.24.52
tenerae. Dianam tenerae dicite virgines, ... *Carm.*1.21.1
teneram. hoc teneram faciet. *Serm.*2.4.20
tenerem. quo pacto cuncta tenerem *Serm.*2.4.8
teneret. scurra vagus, non qui certum praesepe teneret, . . . *Epist.*1.15.28
    aut quid haberet, | quod legeret tereretque [teneretque] viritim publicus
       usus? *var.Epist.*2.1.92
teneri. esto aliis alios rebus studiisque teneri: *Epist.*1.1.81
    iuvat inmemorata ferentem | ingenuis oculisque legi manibusque teneri. *Epist.*1.19.34
teneris. aut nimium teneris iuventur versibus umquam . . . *Ars Poet.*246
teneris. numen cum teneris virginibus tuom | laudantes . . . *Carm.*4.1.26
tenero. incestos amores | de tenero meditatur ungui. . . . *Carm.*3.6.24
tenero. in tenero gramine pinguium | custodes ovium . . . *Carm.*4.12.9
teneros. qui teneros caulis alieni fregerit horti . . . *Serm.*1.3.116
    sic teneros animos aliena opprobria saepe | absterrent vitiis. . . *Serm.*1.4.128
tenerum. nec magis huic, . . . Cerinthe, tuo tenerum est femur aut crus |
    rectius; *Serm.*1.2.81
tenerum. quo simul mearis, . . . nec tenerum Lycidan mirabere, . . *Carm.*1.4.19
tenerum. os tenerum pueri balbumque poeta figurat, . . . *Epist.*2.1.126

tenes. o quae beatam diva tenes Cyprum *Carm.*3.26.9
tenet. quos inrupta tenet copula *Carm.*1.13.18
  qui Lyciae tenet|dumeta natalemque silvam *Carm.*3.4.62
  fulgentisque tenet Cycladas *Carm.*3.28.14
  si priores Maeonius tenet|sedes Homerus, ... *Carm.*4.9.5
  tenetque grata|compede vinctum. *Carm.*4.11.23
  quaeque Aventinum tenet Algidumque, ... *Carm.Saec.*69
  amor Lycisci me tenet; *Epod.*11.24
  saltem tenet hoc nos.' *Serm.*1.6.44
  haec populos, haec magnos formula reges,|excepto sapiente, tenet. *Serm.*2.3.46
  quem tenet argenti sitis inportuna famesque, ... *Epist.*1.18.23
  quem vero arripuit, tenet occiditque legendo, ... *Ars Poet.*475
teneto. manum stomachumque teneto, ... *Serm.*2.7.44
tensa. †teque, dum procedis, [tensa dum procedit,] 'io triumphe'| non
  semel dicemus, ... *coni.Carm.*4.2.49
tenta. iamque subando|tenta cubilia tectaque rumpit. . . . *Epod.*12.12
  refertque tenta grex amicus ubera *Epod.*16.50
  neque est|levare tenta spiritu praecordia. *Epod.*17.26
tentigine. malis tentigine rumpi? *Serm.*1.2.118
tentus. pingui tentus omaso|Furius *Serm.*2.5.40
tenuabitur. nocturna siquid crassi est tenuabitur aura . . . *Serm.*2.4.52
tenuare. desine pervicax . . . magna modis tenuare parvis. . . *Carm.*3.3.72
tenuatum. seu recreare volet tenuatum corpus *Serm.*2.2.84
tenuem. spiritum Graiae tenuem Camenae *Carm.*2.16.38
  quamvis, Scaeva, satis per te tibi consulis et scis, | quo tandem [tenuem]
  pacto deceat maioribus uti, ... *coni.Epist.*1.17.2
tenuere. Iliaeque|litus Etruscum tenuere turmae, ... *Carm.Saec.*38
tenues. nos, Agrippa, neque haec dicere . . . conamur, tenues grandia, . *Carm.*1.6.9
tenues. quem tenues decuere togae nitidique capilli, ... *Epist.*1.14.32
tenui. sordidus a tenui victu distabat *Serm.*2.2.53
  utpote res tenuis, tenui sermone peractas.' *Serm.*2.4.9
  praeconem, tenui censu, sine crimine, notum *Epist.*1.7.56
tenui. insignem tenui fronte Lycorida *Carm.*1.33.5
  cui paternum|splendet in mensa tenui salinum *Carm.*2.16.14
  non usitata nec tenui ferar|penna *Carm.*2.20.1
  non prius exacta tenui ratione saporum. *Serm.*2.4.36
  me libertino natum patre et in tenui re . . . loqueris, . . *Epist.*1.20.20
tenui. me silva cavosque|tutus ab insidiis tenui solabitur ervo."' . *Serm.*2.6.117
  non adparere labores|nostros et tenui deducta poemata filo; . *Epist.*2.1.225
tenuis. victus tenuis quae quantaque secum|adferat. . . . *Serm.*2.2.70
  in verbis etiam tenuis cautusque serendis . . . . . *Ars Poet.*46
tenuis. utpote res tenuis, tenui sermone peractas.' *Serm.*2.4.9
  forte per angustam tenuis volpecula rimam|repserat . . . *Epist.*1.7.29
  tibia . . . tenuis simplexque foramine pauco . . . . *Ars Poet.*203
tenuisse. princeps et innantem Maricae|litoribus tenuisse Lirim, . *Carm.*3.17.8
tenuit. num tu quae tenuit dives Achaemenes *Carm.*2.12.21
tenus. nec poti, vetulam, faece tenus cadi. *Carm.*3.15.16
  est quadam prodire tenus, si non datur ultra. *Epist.*1.1.32
tepeant. est ubi plus tepeant hiemes, ... *Epist.*1.10.15
tepebunt. quo calet iuventus|nunc omnis et mox virgines tepebunt. . *Carm.*1.4.20
tepefecit. ante . . . quam|in matris iugulo ferrum tepefecit acutum? *Serm.*2.3.136
tepet. surgente a sole ad eum, quo|vespertina tepet regio, . . *Serm.*1.4.30
tepidas. ver ubi longum tepidasque praebet|Iuppiter brumas . . *Carm.*2.6.17
tepido. si vacuom tepido cepisset villula tecto. *Serm.*2.3.10
tepidum. semesos piscis tepidumque ligurrierit ius, ... *Serm.*1.3.81
tepidus. cum tibi sol tepidus pluris admoverit auris, ... *Epist.*1.20.19
tepores. quamvis|nocturnos iures te formidare tepores. . . . *Epist.*1.18.93
ter. felices ter et amplius|quos inrupta tenet copula . . . *Carm.*1.13.17
  licebit|iniecto ter pulvere curras. *Carm.*1.28.36
  quippe ter et quater|anno revisens aequor Atlanticum|inpune. . *Carm.*1.31.13
  at non ter aevo functus . . . senex *Carm.*2.9.13
  ter amplum|Geryonen Tityonque *Carm.*2.14.7
  cum populus frequens|laetum theatris ter crepuit sonum; . . *Carm.*2.17.26
  ter si resurgat murus aeneus *Carm.*3.3.65
  ter pereat meis|excisus Argivis, ... *Carm.*3.3.66
  ter uxor|capta virum puerosque ploret.' *Carm.*3.3.67
  gaudet invisam pepulisse fossor|ter pede terram. . . . *Carm.*3.18.16
  ternos ter cyathos attonitus petet|vates; *Carm.*3.19.14
  ter vocata audis adimisque leto,|diva triformis, ... *Carm.*3.22.3

in morem Salium ter quatient humum. *Carm.4.1.28*
†teque, dum procedis, [terque, dum procedit] 'io triumphe'|non semel
    dicemus, ... *coni.Carm.4.2.49*
ter die claro totiensque grata|nocte frequentis. *Carm.Saec.23*
sacram metiente te viam|cum bis trium [ter] ulnarum toga, . . . *var.Epod.4.8*
longo die bis terque mutatae dapis *Epod.5.33*
Inachiam ter nocte potes, mihi semper ad unum|mollis opus. . . *Epod.12.15*
Pollio regum|facta canit pede ter percusso; *Serm.1.10.43*
'ter uncti|transnanto Tiberim, ... *Serm.2.1.7*
quem ter vindicta quaterque|inposita *Serm.2.7.76*
ter pure lecto poterunt recreare libello. *Epist.1.1.37*
quem bis terve bonum cum risu miror; . . . . *Ars Poet.358*
melius te posse negares|bis terque expertum frustra: . . . . *Ars Poet.440*
delere iubebat|et male tornatos [ter natos] incudi reddere versus. . *coni.Ars Poet.441*
tercentum. mille cadis, nihil est, tercentum milibus, ... *Serm.2.3.116*
Terenti. ut pater ille, Terenti|fabula quem miserum gnato vixisse fugato|
    inducit, ... *Serm.1.2.20*
Terentino. 'lana Tarentino [Terentino] violas imitata veneno.' . . *var.Epist.2.1.207*
Terentius. vincere Caecilius gravitate, Terentius arte. . . . *Epist.2.1.59*
tereret. quod legeret tereretque viritim publicus usus? . . . *Epist.2.1.92*
teres. et in se ipso totus, teres atque rotundus, ... *Serm.2.7.86*
Teresia. 'hoc quoque, Teresia, praeter narrata petenti|responde, . *Serm.2.5.1*
teretes. seu rupit teretes Marsus aper plagas. *Carm.1.1.28*
    bracchia et voltum teretesque suras|integer laudo: . . . *Carm.2.4.21*
teretis. alius ardor aut puellae candidae|aut teretis pueri . . . *Epod.11.28*
tergeminis. certat tergeminis tollere honoribus, ... *Carm.1.1.8*
tergere. hoc potius quam gallina tergere palatum, ... *Serm.2.2.24*
tergo. nec parcit inbellis iuventae|poplitibus timidove tergo. . . *Carm.3.2.16*
tergo. retorta tergo bracchia libero *Carm.3.5.22*
    respicere ignoto discet pendentia tergo.' *Serm.2.3.299*
    tergo plector enim. *Serm.2.7.105*
terit. et Appiam mannis terit *Epod.4.14*
teritur. altera iam teritur bellis civilibus aetas, ... *Epod.16.1*
termes. germinat et numquam fallentis termes olivae . . . *Epod.16.45*
Terminalibus. vel agna festis caesa Terminalibus *Epod.2.59*
terminos. usque proximos|revellis agri terminos *Carm.2.18.24*
terminum. ultra|terminum curis vagor expeditis, ... *Carm.1.22.11*
terminus. quicumque mundo terminus obstitit, ... *Carm.3.3.53*
    stabilisque rerum|terminus servet, ... *Carm.Saec.27*
terna. inmane est vitium dare milia terna macello *Serm.2.4.76*
ternos. ternos ter cyathos attonitus petet|vates; *Carm.3.19.14*
Terra. iniecta monstris Terra dolet suis *Carm.3.4.73*
terra. sic melius situm,|cum terra celat, ... *Carm.3.3.50*
    mutat terra vices et decrescentia ripas|flumina praetereunt; . . *Carm.4.7.3*
    meaeque terra cedet insolentiae. *Epod.17.75*
    animae qualis neque candidiores|terra tulit *Serm.1.5.42*
terra. in terra domibus negata: *Carm.1.22.22*
    neque in terris [terra] morabor|longius *var.Carm.2.20.3*
    iam mari terraque manus potentis|Medus Albanasque timet securis, *Carm.Saec.53*
    quod aut avarus ut Chremes terra premam, ... *Epod.1.33*
    terra marique victus hostis *Epod.9.27*
    furtim defossa timidum deponere terra? *Serm.1.1.42*
    quidquid sub terra est, in apricum proferet aetas, ... *Epist.1.6.24*
    Neptunum procul ex terra spectare furentem.' *Epist.1.11.10*
    siquis bella tibi terra pugnata marique|dicat *Epist.1.16.25*
    receptus|terra Neptunus classis Aquilonibus arcet, . . . *Ars Poet.64*
terra. o mare et terra, ardeo, ... *Epod.17.30*
terrae. te maris et terrae numeroque carentis harenae|mensorem cohibent, *Carm.1.28.1*
    quicumque terrae munere vescimur *Carm.2.14.10*
    dominusque terrae|fastidiosus: *Carm.3.1.36*
    quid censes munera terrae, ... *Epist.1.6.5*
terrae. nec meretrix tibicina cuius|ad strepitum salias terrae gravis; . *Epist.1.14.26*
terrae. flore, terrae quem ferunt solutae, ... *Carm.1.4.10*
terram. iunctaeque Nymphis Gratiae decentes | alterno terram quatiunt
    pede, ... *Carm.1.4.7*
    qui mare ac terras [aut terram] variisque mundum|temperat horis? *var.Carm.1.12.15*
    qui terram inertem, qui mare temperat|ventosum *Carm.3.4.45*
    gaudet invisam pepulisse fossor|ter pede terram. . . . *Carm.3.18.16*
    ut inmerentis fluxit in terram Remi|sacer nepotibus cruor. . . *Epod.7.19*

ille gravem duro terram qui vertit aratro, ... *Serm.*1.1.28
scalpere terram│unguibus . . . coeperunt; *Serm.*1.8.26
saliet, tundet pede terram. . . . . *Ars Poet.*430
terrarum. terrarum dominos evehit ad deos│hunc, . . . *Carm.*1.1.6
et cuncta terrarum subacta *Carm.*2.1.23
ille terrarum mihi praeter omnis│angulus ridet, ... *Carm.*2.6.13
quibus terrarum militet oris│Claudius *Epist.*1.3.1
quam res conponere gestas│terrarumque situs *Epist.*2.1.252
terras. nequiquam deus abscidit│prudens oceano dissociabili│terras, . *Carm.*1.3.23
qui mare ac terras variisque mundum│temperat horis? . . . *Carm.*1.12.15
quid terras alio calentis│sole mutamus? *Carm.*2.16.18
nec mori per vim metuam tenente│Caesare terras. . . . *Carm.*3.14.16
regit│terras et humanum genus, ... *Epod.*5.2
sive aquilo radit terras *Serm.*2.6.25
an freta vicinas inter currentia turris [terras] *var.Epist.*1.3.4
dum terras hominumque colunt genus, ... *Epist.*2.1.7
terreat. quid Tiridaten terreat, unice│securus. *Carm.*1.26.5
ut quo quisque valet suspectos terreat *Serm.*2.1.50
terrent. quem neque pauperies neque mors neque vincula terrent, . *Serm.*2.7.84
'quia me vestigia terrent, ... *Epist.*1.1.74
terrenum. caementis licet occupes│terrenum omne tuis et mare publicum: *Carm.*3.24.4
Pegasus terrenum equitem gravatus│Bellerophontem, . . . *Carm.*4.11.27
terrere. aufer│me voltu terrere; *Serm.*2.7.44
terres. an freta vicinas inter currentia turris [terres] . . . *var.Epist.*1.3.4
terrestria. terrestria quando│mortalis animas vivont sortita . . *Serm.*2.6.93
terret. puerum minaci│voce dum terret, viduos pharetra│risit Apollo. *Carm.*1.10.11
iam fulgor armorum fugacis│terret equos equitumque voltus. . *Carm.*2.1.20
terret ambustus Phaethon avaras│spes *Carm.*4.11.25
quos torret [terret] Atabulus et quos│nunquam erepsemus, . . *var.Serm.*1.5.78
ast inportunas volucris in vertice harundo│terret fixa . . . *Serm.*1.8.7
falsus honor iuvat et mendax infamia terret *Epist.*1.16.39
aut quid haberet,│quod legeret tereretque [terretque] viritim publicus
usus? *var.Epist.*2.1.92
saepe etiam audacem fugat hoc terretque poetam, . . . *Epist.*2.1.182
terris. iam satis terris nivis atque dirae│grandinis misit Pater . . *Carm.*1.2.1
nova febrium│terris incubuit cohors *Carm.*1.3.31
quo nihil maius meliusve terris│fata donavere *Carm.*4.2.37
iam nox inducere terris│umbras *Serm.*1.5.9
an freta vicinas inter currentia turris [terris] *var.Epist.*1.3.4
terris. mutata iuvenem figura│ales in terris imitaris almae│filius Maiae, . *Carm.*1.2.42
nullus argento color est avaris│abdito terris, ... *Carm.*2.2.2
neque in terris morabor│longius *Carm.*2.20.3
cum proreserunt primis animalia terris, ... *Serm.*1.3.99
abdiderint furtim terris *Serm.*1.8.43
quae terris semota suisque│temporibus defuncta videt, . . *Epist.*2.1.21
si foret in terris, rideret Democritus, ... *Epist.*2.1.194
viveret in terris te siquis avarior uno. *Epist.*2.2.157
terrorem. magnum illa terrorem intulerat Iovi │ fidens iuventus horrida
bracchiis *Carm.*3.4.49
terrores. somnia, terrores magicos, miracula, sagas, . . . rides? . . *Epist.*2.2.208
terroribus. irritat, mulcet, falsis terroribus inplet *Epist.*2.1.212
terruit. Pater et rubente│dextera sacras iaculatus arcis│terruit Vrbem, . *Carm.*1.2.4
terruit gentis, grave ne rediret│saeculum Pyrrhae . . . *Carm.*1.2.5
si per obliquom similis sagittae│terruit mannos. . . . *Carm.*3.27.7
tertia. tertia succedant et quae pars quadret acervom. . . . *Epist.*1.6.35
tertio. Fortuna lustro prospera tertio *Carm.*4.14.37
tertium. tertium lunae referentis ortum, ... *Carm.*4.2.58
tertius. hic tertius December, ex quo destiti│Inachia furere, . . *Epod.*11.5
Tesiphonem. Hecaten vocat altera, saevam │ altera Tesiphonen
[Tesiphonem]: *var.Serm.*1.8.34
Tesiphonen. Hecaten vocat altera, saevam│altera Tesiphonen: . . *Serm.*1.8.34
tesqua. nam quae deserta et inhospita tesqua│credis, . . . *Epist.*1.14.19
testa. Spartacum siqua potuit vagantem│fallere testa. . . . *Carm.*3.14.20
ut melius muria quod testa marina remittat." . . . *Serm.*2.8.53
quo semel est imbuta recens servabit odorem│testa diu. . . *Epist.*1.2.70
testa. seu facilem, pia testa, somnum, ... *Carm.*3.21.4
testa. Graeca quod ego ipse testa│conditum levi, . . . *Carm.*1.20.2
testae. sed non omne mare est generosae fertile testae: . . . *Serm.*2.4.31
testamenta. captes astutus ubique│testamenta senum . . . *Serm.*2.5.24

opella forensis|adducit febris et testamenta resignat. *Epist.*1.7.9
testamento. anus inproba Thebis|ex testamento sic est elata: . . . *Serm.*2.5.85
testamentum. qui testamentum tradet tibi cumque legendum, . . . *Serm.*2.5.51
testatur. campus sepulcris inpia proelia|testatur *Carm.*2.1.31
testatus. clipeo Troiana refixo|tempora testatus *Carm.*1.28.12
teste. *Lucili, quam sis mendosus, teste Catone|defensore tuo pervincam,* *Serm.*1.10.*1
    quo res sponsore et quo causae teste tenentur.' *Epist.*1.16.43
testis. testis mearum centimanus gigas|sententiarum, . . . *Carm.*3.4.69
    testis Metaurum flumen et Hasdrubal|devictus . . . *Carm.*4.4.38
    ne foret his testis, post magna latere sepulcra. *Serm.*1.8.36
    ut non testis inultus *Serm.*1.8.44
testis. accidit ut cuidam testis caudamque salacem|demeterent ferro. . *Serm.*1.2.45
testudine. qui persaepe cava testudine flevit amorem . . *Epod.*14.11
testudinis. o testudinis aureae|dulcem quae strepitum, Pieri, temperas, . *Carm.*4.3.17
    saxa movere sono testudinis . . . . . . *Ars Poet.*395
testudo. dapibus supremi|grata testudo Iovis, ... *Carm.*1.32.14
    tuque testudo resonare septem|callida nervis, ... *Carm.*3.11.3
tetendit. aut amite levi rara tendit [tetendit] retia . . . *var.Epod.*2.33
teterrima. nam fuit ante Helenam cunnus taeterrima [teterrima] belli|
    causa, ... *var.Serm.*1.3.107
tetigere. minaces|turpe solum tetigere mento; . . . *Carm.*2.7.12
tetigisse. sunt qui nolint tetigisse nisi illas . . . *Serm.*1.2.28
    si curat cor spectantis tetigisse querella. . . . *Ars Poet.*98
    vesanum tetigisse timent fugiuntque poetam|qui sapiunt; . . *Ars Poet.*455
tetigit. recedentis trilingui|ore pedes tetigitque crura. . . . *Carm.*2.19.32
    inmunis aram si tetigit manus, ... *Carm.*3.23.17
    quae simul centum tetigit potentem|oppidis Creten. . *Carm.*3.27.33
tetra. 'nam simul ac venas inflavit taetra [tetra] libido, . . *var.Serm.*1.2.33
tetrarchas. modo reges atque tetrarchas,|omnia magna loquens, . . *Serm.*1.3.12
Teucer. Teucer Salamina patremque|cum fugeret, . . *Carm.*1.7.21
    urgent inpavidi te Salaminius|Teucer, te Sthenelus, sciens|pugnae . *Carm.*1.15.24
    primusve Teucer tela Cydonio|derexit arcu; . . . *Carm.*4.9.17
Teucri. Teucri|certus enim promisit Apollo . . *Carm.*1.7.27
Teucro. nil desperandum Teucro duce et auspice: . . *Carm.*1.7.27
    auspice: Teucri [auspice Teucro:] | certus enim promisit Apollo |
    ambiguam tellure nova Salamina futuram. . . . *var.Carm.*1.7.27
Teucro. procidit late posuitque collum in|pulvere Teucro; . . *Carm.*4.6.12
Teucrum. non ille aut Teucrum aut ipsum violavit Vlixen.' . *Serm* 2.3.204
texere. fronde nova puerum palumbes|texere, . . *Carm.*3.4.13
textam. alter Mileti textam cane peius et angui|vitabit chlanidem, . . *Epist.*1.17.30
textis. claudensque textis cratibus laetum pecus . . *Epod.*2.45
textore. siquis . . . pede nudo|exiguaeque togae simulet textore Catonem, *Epist.*1.19.13
thalamo. nequiquam thalamo gravis|hastas . . . vitabis . *Carm.*1.15.16
Thaliae. doctor argutae fidicen Thaliae *Carm.*4.6.25
Thaliarche. deprome quadrimum Sabina,|o Thaliarche, merum diota. . *Carm.*1.9.8
theatra. sonum, referunt quem nostra theatra? . . *Epist.*2.1.201
theatris. paulum severae musa tragoediae|desit theatris: . *Carm.*2.1.10
    nec redeant iterum atque iterum spectanda theatris. . . *Serm.*1.10.39
theatris. cum populus frequens|laetum theatris ter crepuit sonum; . *Carm.*2.17.26
    'spissis indigna theatris|scripta pudet recitare . . . *Epist.*1.19.41
theatro. datus in theatro|cum tibi plausus, . . . *Carm.*1.20.3
    hos arto stipata theatro|spectat Roma potens, . . . *Epist.*2.1.60
    in vacuo laetus sessor plausorque theatro, . . . *Epist.*2.2.130
Thebae. monstrumve submisere Colchi|maius Echioniaeve Thebae. . *Carm.*4.4.64
Thebanae. Thebanaeque iubet me Semelae puer . . *Carm.*1.19.2
    dictus et Amphion, Thebanae conditor urbis,|saxa movere . *Ars Poet.*394
Thebanos. fidibusne Latinis|Thebanos aptare modos studet auspice Musa, *Epist.*1.3.13
Thebarum. 'Pentheu|rector Thebarum, quid me perferre patique|indignum
    coges?' *Epist.*1.16.74
Thebas. vel Baccho Thebas vel Apolline Delphos|insignis . . *Carm.*1.7.3
Thebis. anus inproba Thebis|ex testamento sic est elata: . . *Serm.*2.5.84
    ut magus, et modo me Thebis, modo ponit Athenis. . *Epist.*2.1.213
    Colchus an Assyrius, Thebis nutritus an Argis. . . *Ars Poet.*118
Theonino. qui|dente Theonino cum circumroditur, . . *Epist.*1.18.82
thesauris. intactis opulentior|thesauris Arabum et divitis Indiae . *Carm.*3.24.2
thesauro. thesauro invento qui mercennarius agrum|illum ipsum mercatus
    aravit, ... *Serm.*2.6.11
Theseus. nec Lethaea valet Theseus abrumpere caro|vincula Perithoo. *Carm.*4.7.27
Thespis. quid Sophocles et Thespis et Aeschylos utile ferrent; . . *Epist.*2.1.163

527

dicitur et plaustris vexisse poemata Thespis, ... *Ars Poet.*276
Thessala. quae sidera excantata voce Thessala *Epod.*5.45
Thessala. laudabunt alii . . . Thessala Tempe; *Carm.*1.7.4
    nocturnos lemures portentaque Thessala rides? . . . *Epist.*2.2.209
Thessalis. quae saga, quis te solvere Thessalis|magus venenis, . . *Carm.*1.27.21
Thessalo. barbarae postquam cecidere turmae|Thessalo victore . *Carm.*2.4.10
Thessalos. Thessalosque ignis et iniqua Troiae|castra fefellit. . *Carm.*1.10.15
Thetide. 'invicte, mortalis dea nate puer Thetide, . . . *Epod.*13.12
Thetidis. marinae|filium dicunt Thetidis sub lacrimosa Troiae|funera, . *Carm.*1.8.14
    filius quamvis Thetidis marinae *Carm.*4.6.6
Thraca. Thracane vos Hebrusque nivali compede vinctus . . . morantur? *Epist.*1.3.3
Thrace. otium bello furiosa Thrace, ... *Carm.*2.16.5
Thracen. Hebrum prospiciens et nive candidam|Thracen . . . *Carm.*3.25.11
Thraciae. inpellunt animae lintea Thraciae, ... *Carm.*4.12.2
Thracio. Thracio bacchante magis sub inter-|lunia vento, . . *Carm.*1.25.11
Thracis. Thracis et exitium Lycurgi. *Carm.*2.19.16
Thracum. natis in usum laetitiae scyphis|pugnare Thracum est: . *Carm.*1.27.2
    quale posset inpia|mollire Thracum pectora: *Epod.*5.14
Thraecam. ut nec|frigidior Thraecam nec purior ambiat Hebrus, . *Epist.*1.16.13
Thraex. nugas|hoc genus: 'hora quota est?' 'Thraex est Gallina Syro par?' *Serm.*2.6.44
    ad imum|Thraex erit aut holitoris aget mercede caballum. . . *Epist.*1.18.36
Threca. Thracane [Threcane] vos Hebrusque nivali compede vinctus . . .
    morantur? *var.Epist.*1.3.3
Threcibus. regibus [Threcibus] hic mos est, ubi equos mercantur: . *coni.Serm.*1.2.86
Threicia. Bassum Threicia vincat amystide *Carm.*1.36.14
Threicio. quid? si Threicio blandius Orpheo|auditam moderere arboribus
    fidem, ... *Carm.*1.24.13
    nunc mare, nunc siluae|Threicio Aquilone sonant. *Epod.*13.3
Thressa. 'me nunc Thressa Chloe regit, ... *Carm.*3.9.9
Thurini. Thurini Calais filius Ornyti, ... *Carm.*3.9.14
Thurinus. 'summus ego et prope me Viscus Thurinus . . . *Serm.*2.8.20
Thyestae. privatis ac prope socco|dignis carminibus narrari cena Thyestae: *Ars Poet.*91
Thyesteas. misit Thyesteas preces: *Epod.*5.86
Thyesten. irae Thyesten exitio gravi|stravere *Carm.*1.16.17
Thyiadas. fas pervicacis est mihi Thyiadas *Carm.*2.19.9
Thyias. pulso Thyias uti concita tympano. *Carm.*3.15.10
thyma. tutum per nemus arbutos|quaerunt latentis et thyma deviae . *Carm.*1.17.6
    grata carpentis thyma per laborem|plurimum *Carm.*4.2.29
    quae circumvolitas agilis thyma? *Epist.*1.3.21
Thyna. Thyna merce beatum, ... *Carm.*3.7.3
thynni. plures adnabunt thynni et cetaria crescent. . . . *Serm.*2.5.44
Thynus. navita Bosporum|Poenus [Thynus] perhorrescit . . *coni.Carm.*2.13.15
Thyoneus. nec Semeleius|cum Marte confundet Thyoneus|proelia . *Carm.*1.17.23
thyrso. parce gravi metuende thyrso. *Carm.*2.19.8
Tiberi. nudus|in Tiberi stabit.' *Serm.*2.3.292
Tiberi. te, Tiberi, numerare, cavis abscondere tristem, . . . *Serm.*2.3.173
Tiberim. vidimus flavom Tiberim retortis . . . ire deiectum monumenta
    regis *Carm.*1.2.13
    cur timet flavom Tiberim tangere? *Carm.*1.8.8
    quis neget arduis | pronos relabi posse rivos | montibus et Tiberim
    reverti, ... *Carm.*1.29.12
    trans Tiberim longe cubat is prope Caesaris hortos.' . . . *Serm.*1.9.18
    'ter uncti|transnanto Tiberim, ... *Serm.*2.1.8
Tiberinis. simul unctos Tiberinis umeros lavit in undis, . . . *Carm.*3.12.7
Tiberino. cunctane prae Campo et Tiberino flumine sordent? . . *Epist.*1.11.4
Tiberinus. lupus hic Tiberinus an alto|captus hiet? . . . *Serm.*2.2.31
Tiberis. villaque, flavos quam Tiberis lavit, ... *Carm.*2.3.18
    facit quod . . . per brumam Tiberis, Sextili mense caminus. . *Epist.*1.11.19
tibi. navis, quae tibi creditum|debes Vergilium; *Carm.*1.3.5
    quem mihi, quem tibi|finem di dederint, ... *Carm.*1.11.1
    orte Saturno, tibi cura magni|Caesaris fatis data: . . . *Carm.*1.12.50
    seu tibi candidos|turparunt umeros inmodicae mero|rixae . . *Carm.*1.13.9
    non tibi sunt integra lintea, ... *Carm.*1.14.9
    hinc tibi copia|manabit ad plenum *Carm.*1.17.14
    datus in theatro|cum tibi plausus, ... *Carm.*1.20.4
    redderet laudes tibi Vaticani|montis imago. *Carm.*1.20.7
    nulli flebilior quam tibi, Vergili. *Carm.*1.24.10
    nec tibi somnos adimunt amatque|ianua limen, ... *Carm.*1.25.3
    cum tibi flagrans amor et libido, ... *Carm.*1.25.13

nec quidquam tibi prodest|aerias temptasse domos *Carm*.1.28.4
multaque merces|unde potest tibi defluat aequo|ab Iove . . . *Carm*.1.28.28
quae tibi virginum|sponso necato barbara serviet, ... *Carm*.1.29.5
cur tibi iunior|laesa praeniteat fide. *Carm*.1.33.3
ne sit ancillae tibi amor pudori,|Xanthia Phoceu: *Carm*.2.4.1
crede non illam tibi de scelesta|plebe dilectam *Carm*.2.4.17
iam tibi lividos|distinguet autumnus racemos|purpureo varius colore. . *Carm*.2.5.10
illi quod tibi dempserit|adponet annus) *Carm*.2.5.14
nec|parce cadis tibi destinatis. *Carm*.2.7.20
ulla si iuris tibi peierati|poena, ... *Carm*.2.8.1
adde quod pubes tibi crescit omnis, ... *Carm*.2.8.17
nec tibi vespero|surgente decedunt amores *Carm*.2.9.10
et mihi forsan tibi quod negarit|porriget hora. *Carm*.2.16.31
tibi tollit hinnitum|apta quadrigis equa, ... *Carm*.2.16.34
quem tibi, candida,|primo restituent vere Favonii *Carm*.3.7.1
at tibi|ne vicinus Enipeus|plus iusto placeat *Carm*.3.7.22
'donec gratus eram tibi *Carm*.3.9.1
cessit immanis tibi blandienti|ianitor aulae *Carm*.3.11.15
ne longus tibi somnus unde|non times detur; *Carm*.3.11.38
tibi qualum Cythereae puer ales, tibi telas operosaeque Minervae
    studium aufert, ... *Carm*.3.12.4
gelidos inficiet tibi|rubro sanguine rivos *Carm*.3.13.6
cum tibi nonae redeunt Decembres, ... *Carm*.3.18.10
spargit agrestis tibi silva frondes, ... *Carm*.3.18.14
grande certamen, tibi praeda cedat,|maior an illa. . . . *Carm*.3.20.7
cum tibi invisus laceranda reddet|cornua taurus. *Carm*.3.27.71
tibi|non ante verso lene merum cado *Carm*.3.29.1
ceteris maior, tibi miles inpar, ... *Carm*.4.6.5
non tibi talium|res est aut animus deliciarum egens. . . . *Carm*.4.8.9
est animus tibi|rerumque prudens *Carm*.4.9.34
Idus tibi sunt agendae, ... *Carm*.4.11.14
nec Coae referunt iam tibi purpurae *Carm*.4.13.13
nam tibi quo die|portus Alexandrea . . . patefecit . . . *Carm*.4.14.34
maius infundam tibi|fastidienti poculum *Epod*.5.77
cum sit tibi dens ater *Epod*.8.3
ore adlaborandum est tibi. *Epod*.8.20
tibique pallor luteus *Epod*.10.16
querebar adplorans tibi, ... *Epod*.11.12
quid tibi vis, mulier nigris dignissima barris? *Epod*.12.1
cui properabantur? tibi nempe, ... *Epod*.12.22
unde tibi reditum certo subtemine Parcae|rupere, ... *Epod*.13.15
tibique Pactolus fluat *Epod*.15.20
dedi satis superque poenarum tibi, ... *Epod*.17.19
tibi hospitale pectus et purae manus *Epod*.17.49
nil obstet tibi, dum ne sit te ditior alter. *Serm*.1.1.40
ut tibi si sit opus liquidi non amplius urna *Serm*.1.1.54
nullo natura labore|quos tibi dat, ... *Serm*.1.1.89
an tibi abunde|personam satis est, non illud, quidquid ubique|officit,
    evitare? *Serm*.1.2.59
huic si mutonis verbis . . . diceret haec animus 'quid vis tibi? . . *Serm*.1.2.69
multae tibi tum officient res: *Serm*.1.2.97
plurima, quae invideant pure adparere tibi rem. *Serm*.1.2.100
Cois tibi paene videre est|ut nudam, ... *Serm*.1.2.101
an tibi mavis | insidias fieri pretiumque avellier ante | quam mercem
    ostendi? *Serm*.1.2.103
hiscine versiculis speras tibi posse dolores|atque aestus curasque gravis
    e pectore pelli? *Serm*.1.2.109
num, tibi cum faucis urit sitis, aurea quaeris|pocula? . . . *Serm*.1.2.114
tument tibi cum inguina, ... *Serm*.1.2.116
at tibi contra|evenit, inquirant vitia ut tua rursus et illi. . . *Serm*.1.3.27
at est bonus, ut melior vir|non alius quisquam, at tibi amicus, . . *Serm*.1.3.33
numqua tibi vitiorum inseverit olim|natura *Serm*.1.3.35
qualem me saepe libenter|obtulerim tibi, Maecenas, . . . *Serm*.1.3.64
si tibi regnum|permittant homines. *Serm*.1.3.123
vellunt tibi barbam|lascivi pueri, ... *Serm*.1.3.133
dummodo risum|excutiat sibi [tibi] non, non cuiquam parcet amico . *coni.Serm*.1.4.35
nunc illud tantum quaeram, meritone tibi sit *Serm*.1.4.64
hic tibi comis et urbanus liberque videtur, ... *Serm*.1.4.90
lividus et mordax videor tibi? *Serm*.1.4.93

'sapiens, vitatu quidque petitu|sit melius, causas reddet tibi;	*Serm*.1.4.116
nec quod avos tibi maternus fuit atque paternus	*Serm*.1.6.3
persuades hoc tibi vere, .	*Serm*.1.6.8
quo tibi, Tilli,|sumere depositum clavom fierique tribuno?	*Serm*.1.6.24
'hoc tibi Paulus|et Messalla videris?	*Serm*.1.6.41
nunc, quia sim tibi, Maecenas, convictor, .	*Serm*.1.6.47
magnum hoc ego duco,|quod placui tibi, .	*Serm*.1.6.63
obiciet nemo sordis mihi, quas tibi, Tilli, .	*Serm*.1.6.107
persequar hinc quo nunc iter est tibi.'	*Serm*.1.9.16
quendam volo visere non tibi notum;	*Serm*.1.9.17
'est tibi mater,|cognati, quis te salvo est opus?'	*Serm*.1.9.26
dura tibi peragenda rei sit causa Petilli?	*Serm*.1.10.26
ne forte negoti|incutiat tibi quid sanctarum inscitia legum:	*Serm*.2.1.81
quae simplex olim tibi sederit. .	*Serm*.2.2.73
tibi quidnam accedet ad istam, . . . mollitiem,	*Serm*.2.2.86
te tibi iniquom|et frustra mortis cupidum, .	*Serm*.2.2.97
uni nimirum recte tibi semper erunt res, .	*Serm*.2.2.106
uni nimirum recte tibi [tibi recte] semper erunt res,|o magnus posthac 　　inimicis risus.	*var*.*Serm*.2.2.106
scriptorum quaeque retexens,|iratus tibi, .	*Serm*.2.3.3
qui tibi nomen|insano posuere. .	*Serm*.2.3.47
'accipe quod numquam reddas mihi' si tibi dicam: .	*Serm*.2.3.66
dis inimice senex, custodis? ne tibi desit?	*Serm*.2.3.123
di tibi dent capta classem redducere Troia.	*Serm*.2.3.191
stas animo et purum est vitio tibi, cum tumidum est cor?'	*Serm*.2.3.213
sume tibi deciens; tibi tantundem; tibi triplex, .	*Serm*.2.3.237
quodsi interciderit tibi nunc aliquid, repetes mox, .	*Serm*.2.4.6
turdus|sive aliud privom dabitur tibi, .	*Serm*.2.5.11
quoscumque feret cultus tibi fundus honores	*Serm*.2.5.13
"tibi me virtus tua fecit amicum. .	*Serm*.2.5.33
qui testamentum tradet tibi cumque legendum,	*Serm*.2.5.51
sic tibi Penelope frugi est; .	*Serm*.2.5.81
'quid tibi vis, insane, et quam rem agis?' .	*Serm*.2.6.29
cupiens tibi dicere servos|pauca reformido.'	*Serm*.2.7.1
quod nusquam tibi sit potandum. .	*Serm*.2.7.32
Mulvius et scurrae, tibi non referenda precati,|discedunt.	*Serm*.2.7.36
tibi quid sum ego? .	*Serm*.2.7.80
tibi ingens|virtus atque animus cenis responsat opimis? .	*Serm*.2.7.102
sed quis cenantibus una,|Fundani, pulcre fuerit tibi, nosse laboro.'	*Serm*.2.8.19
"tibi di, quaecumque preceris,|commoda dent: .	*Serm*.2.8.75
est animus tibi, sunt mores et lingua fidesque, .	*Epist*.1.1.58
isne tibi melius suadet, .	*Epist*.1.1.65
non tibi parvom|ingenium, .	*Epist*.1.3.21
sit tibi curae|quantae conveniat Munatius. .	*Epist*.1.3.30
di tibi formam, .	*Epist*.1.4.6
di tibi divitias dederunt artemque fruendi. .	*Epist*.1.4.7
omnem crede diem tibi diluxisse supremum: .	*Epist*.1.4.13
iamdudum splendet focus et tibi munda supellex. .	*Epist*.1.5.7
ne non et cantharus et lanx|ostendat tibi te, .	*Epist*.1.5.24
Butram tibi Septiciumque . . . adsumam; .	*Epist*.1.5.26
hic tibi sit potius quam tu mirabilis illi. .	*Epist*.1.6.23
quinque dies tibi pollicitus me rure futurum	*Epist*.1.7.1
Atride, magis apta tibi tua dona relinquam.'	*Epist*.1.7.43
'sic ignovisse putato|me tibi, .	*Epist*.1.7.70
scilicet ut tibi se laudare et tradere coner, .	*Epist*.1.9.3
haec tibi dictabam post fanum putre Vacunae, .	*Epist*.1.10.49
quid tibi visa Chios, Bullati, notaque Lesbos, .	*Epist*.1.11.1
tu quamcumque deus tibi fortunaverit horam .	*Epist*.1.11.22
ut copia maior|ab Iove donari possit tibi. .	*Epist*.1.12.3
fornix tibi et uncta popina|incutiunt Vrbis desiderium, .	*Epist*.1.14.21
nec vicina subest vinum praebere taberna|quae possit tibi .	*Epist*.1.14.25
invidet usum|lignorum et pecoris tibi calo argutus .	*Epist*.1.14.42
scribere te nobis, tibi nos adcredere par est. .	*Epist*.1.15.25
scribetur tibi forma loquaciter et situs agri. .	*Epist*.1.16.4
incolumem tibi me praestant septembribus horis. .	*Epist*.1.16.16
sed vereor, ne cui de te plus quam tibi credas .	*Epist*.1.16.19
siquis bella tibi terra pugnata marique|dicat .	*Epist*.1.16.25
qui consulit et tibi et Vrbi|Iuppiter,' .	*Epist*.1.16.28
quamvis, Scaeva, satis per te tibi consulis .	*Epist*.1.17.1

tibi parvola res est: *Epist*.1.18.29
ne mox|incutiant aliena tibi peccata pudorem.   .   .   .   *Epist*.1.18.77
quid minuat curas, quid te tibi reddat amicum,   .   .   .   *Epist*.1.18.101
fidis enim manare poetica mella|te solum, tibi pulcher.' .   .   *Epist*.1.19.45
fuge quo descendere gestis:|non erit emisso reditus tibi. .   .   *Epist*.1.20.6
cum tibi sol tepidus pluris admoverit auris,   .   .   .   *Epist*.1.20.19
praesenti tibi maturos largimur honores *Epist*.2.1.15
cum tibi librum|sollicito damus aut fesso; *Epist*.2.1.220
dilecti tibi Vergilius Variusque poetae, ...   *Epist*.2.1.247
siquis forte velit puerum tibi vendere *Epist*.2.2.2
nemo hoc mangonum faceret tibi; *Epist*.2.2.13
prudens emisti vitiosum, dicta tibi est lex: *Epist*.2.2.18
prudens emisti vitiosum, dicta tibi est lex [dicta tibi lex est]: .   *var.Epist*.2.2.18
prudens emisti vitiosum, dicta tibi est lex [dicta est tibi lex]: .   *var.Epist*.2.2.18
prudens emisti vitiosum, dicta tibi est lex [est dicta tibi lex]: .   *var.Epist*.2.2.18
dixi me pigrum proficiscenti tibi, ...   *Epist*.2.2.20
exspectata tibi non mittam carmina mendax. .   .   .   *Epist*.2.2.25
si tibi nulla sitim finiret copia lymphae, ...   *Epist*.2.2.146
si volnus tibi monstrata radice vel herba|non fieret levius, .   *Epist*.2.2.149
cum segetes occat tibi mox frumenta daturus,   .   .   .   *Epist*.2.2.161
caret tibi pectus inani|ambitione? *Epist*.2.2.206
tempus abire tibi est, ...   *Epist*.2.2.215
si vis me flere, dolendum est|primum ipsi tibi: .   .   .   *Ars Poet*.103
aetatis cuiusque notandi sunt tibi mores, ...   *Ars Poet*.156
rem tibi Socraticae poterunt ostendere chartae .   .   .   *Ars Poet*.310
hoc tibi dictum|tolle memor, ...   *Ars Poet*.367
id tibi iudicium est, ea mens. .   .   .   .   .   .   *Ars Poet*.386
ne forte pudori|sit tibi Musa lyrae sollers et cantor Apollo. .   *Ars Poet*.407
nolito ad versus tibi factos ducere plenum|laetitiae;   .   .   *Ars Poet*.427
tibia.   tibia non, ut nunc, orichalco vincta tubaeque|aemula,   .   *Ars Poet*.202
tibia.   quem virum aut heroa lyra vel acri|tibia sumis celebrare, Clio?   .   *Carm*.1.12.2
descende caelo et dic age tibia *Carm*.3.4.1
lyraeque et Berecyntiae|delectabere tibiae [tibia]|mixtis carminibus non
     sine fistula; *var.Carm*.4.1.23
lyraeque [lyraque] et Berecyntiae [Berecyntia]|delectabere tibiae [tibia]|
     mixtis carminibus non sine fistula; *var.Carm*.4.1.23
tibiae.   neque in vias|sub cantu querulae despice tibiae   .   .   *Carm*.3.7.30
cur Berecyntiae|cessant flamina tibiae? *Carm*.3.19.19
Berecyntiae|delectabere tibiae|mixtis carminibus .   .   .   *Carm*.4.1.23
tibias.   si neque tibias|Euterpe cohibet *Carm*.1.1.32
tibicen.   sic priscae motumque et luxuriem addidit arti|tibicen .   *Ars Poet*.215
qui Pythia cantat|tibicen, didicit prius .   .   .   .   *Ars Poet*.415
tibicina.   nec meretrix tibicina cuius|ad strepitum salias terrae gravis;   .   *Epist*.1.14.25
tibicinibus.   nunc tibicinibus, nunc est gavisa tragoedis;   .   .   *Epist*.2.1.98
tibiis.   Lydis remixto carmine tibiis *Carm*.4.15.30
sonante mixtum tibiis carmen lyra, ...   *Epod*.9.5
Tibur.   Tibur Argeo positum colono *Carm*.2.6.5
Praeneste seu Tibur supinum|seu liquidae placuere Baiae. .   *Carm*.3.4.23
sed vacuom Tibur placet aut inbelle Tarentum. .   .   .   *Epist*.1.7.45
Tibur.   nec semper udum Tibur et Aefulae|declive contempleris arvom .   *Carm*.3.29.6
sed quae Tibur aquae fertile praefluont *Carm*.4.3.10
Romae Tibur amem, ventosus Tibure Romam. .   .   *Epist*.1.8.12
Tibure.   Romae Tibur amem, ventosus Tibure Romam. .   .   *Epist*.1.8.12
puerum tibi vendere natum|Tibure vel Gabiis .   .   .   *Epist*.2.2.3
Tiburis.   seu densa tenebit|Tiburis umbra tui. *Carm*.1.7.21
circa mite solum Tiburis et moenia Catili; *Carm*.1.18.2
circa nemus uvidique|Tiburis ripas *Carm*.4.2.31
Tiburni.   et praeceps Anio ac Tiburni lucus *Carm*.1.7.13
Tiburte.   cum Tiburte via praetorem quinque sequontur|te pueri,   .   *Serm*.1.6.108
Tiburtia.   Picenis cedunt pomis Tiburtia suco: .   .   .   *Serm*.2.4.70
Tigelli.   hoc genus omne|maestum ac sollicitum est cantoris morte Tigelli.   .   *Serm*.1.2.3
Tigelli.   quis manus insudet volgi Hermogenisque Tigelli,   .   .   *Serm*.1.4.72
quod ineptus|Fannius Hermogenis laedat conviva Tigelli?   .   *Serm*.1.10.80
Tigelli.   Demetri, teque, Tigelli,|discipularum inter iubeo plorare cathedras.   .   *Serm*.1.10.90
Tigellius.   Sardus habebat|ille Tigellius hoc: *Serm*.1.3.4
Tigellus.   Sardus habebat|ille Tigellius [Tigellus] hoc: .   .   *var.Serm*.1.3.4
Tigilli.   hoc genus omne | maestum ac sollicitum est cantoris morte Tigelli
     [Tigilli]. *var.Serm*.1.2.3
Tigillius.   Sardus habebat|ille Tigellius [Tigillius] hoc: .   .   .   *var.Serm*.1.3.4

tignis.   Aeschylus et modicis instravit pulpita tignis   .   .   .   .   .   *Ars Poet*.279
tignum.   torquet nunc lapidem, nunc ingens machina tignum,   .   .   .   *Epist*.2.2.73
tigres.   tuae|vexere tigres indocili iugum|collo trahentes, ...   *Carm*.3.3.14
tigres.   dictus ob hoc lenire tigres rabidosque leones;   .   .   .   .   *Ars Poet*.393
tigribus.   non ut|serpentes avibus geminentur, tigribus agni.   .   .   .   *Ars Poet*.13
Tigris.   te rapidus Tigris, . . . audit *Carm*.4.14.46
tigris.   atqui non ego te tigris ut aspera|Gaetulusve leo frangere persequor: *Carm*.1.23.9
tigris.   tu potes tigris comitesque silvas|ducere *Carm*.3.11.13
    speciosa quaero|pascere tigris. *Carm*.3.27.56
    iuvet ut tigris subsidere cervis, ...   *Epod*.16.31
Tilli.   quo tibi, Tilli,|sumere depositum clavom fierique tribuno?   .   .   *Serm*.1.6.24
    obiciet nemo sordis mihi, quas tibi, Tilli, ...   *Serm*.1.6.107
Timagenis.   rupit Iarbitam Timagenis aemula lingua, ...   *Epist*.1.19.15
timeant.   credula nec ravos timeant armenta leones *Epod*.16.33
timebo.   ego cui timebo,|providus auspex, ...   *Carm*.3.27.7
timenda.   tu, cum timenda voce complesti nemus, ...   *Epod*.6.9
timendorum.   regum timendorum in proprios greges, ...   *Carm*.3.1.5
timendos.   haec dentis acuit timendos, ...   *Carm*.3.20.10
timendum.   examen Eois timendum|partibus Oceanoque rubro. .   .   .   *Carm*.1.35.31
timens.   neque ego, hercule, fur, ubi vasa | praetereo sapiens [timens]
    argentea. *var.Serm*.2.7.73
timent.   vesanum tetigisse timent fugiuntque poetam|qui sapiunt;   .   .   *Ars Poet*.455
timenti.   dabis aegrotare timenti,|Maecenas, veniam, ...   *Epist*.1.7.4
timentis.   volgo recitare timentis ob hanc rem, ...   *Serm*.1.4.23
    "est genus unum|stultitiae nihilum metuenda timentis, .   .   .   *Serm*.2.3.54
timentis.   convivas avidos cenam servosque timentis|tum rapere . . . velle   *Serm*.1.5.75
    et regat iratos et amet pacare timentis;   .   .   .   .   .   *Ars Poet*.197
times.   ne longus tibi somnus unde|non times detur; *Carm*.3.11.39
    Vrbi sollicitus times, ...   *Carm*.3.29.26
    nec modica cenare times holus omne patella, ...   *Epist*.1.5.2
timet.   cur timet flavom Tiberim tangere? *Carm*.1.8.8
    neque ultra|caeca timet aliunde fata, ...   *Carm*.2.13.16
    venarique timet, ludere doctior, ...   *Carm*.3.24.56
    peiusque leto flagitium timet, ...   *Carm*.4.9.50
    manus potentis|Medus Albanasque timet securis, ...   *Carm.Saec*.54
    avis|serpentium adlapsus timet *Epod*.1.20
    Fufidius vappae famam timet ac nebulonis, ...   *Serm*.1.2.12
    cum sibi quisque timet, quamquam est intactus, et odit.'   .   .   *Serm*.2.1.23
    qui timet his adversa, ...   *Epist*.1.6.9
    navem agere ignarus navis timet, ...   *Epist*.2.1.114
    quod|quaerit et inventis miser abstinet ac timet uti,   .   .   .   *Ars Poet*.170
timidas.   nec curat Orion leones|aut timidos [timidas] agitare lyncas.   .   *var.Carm*.2.13.40
timide.   vel quod res omnis timide gelideque ministrat,   .   .   .   *Ars Poet*.171
timidis.   hic ubi nequitiae fautoribus et timidis nil|aut paulum abstulerat,   *Epist*.1.15.33
timido.   nec parcit inbellis iuventae|poplitibus timidove tergo.   .   .   *Carm*.3.2.16
    verbis, quae timido quoque possent addere mentem: .   .   .   *Epist*.2.2.36
timidos.   aut timidos agitare lyncas. *Carm*.2.13.40
timidum.   furtim defossa timidum deponere terra? *Serm*.1.1.42
    si cupidum timidumque minus te: *Epist*.2.2.156
timidus.   nil pictis timidus navita puppibus|fidit. *Carm*.1.14.14
    Codrus pro patria non timidus mori *Carm*.3.19.2
    Codrus pro patria non timidus [non timidus pro patria] mori   .   *var.Carm*.3.19.2
    non ille pro caris amicis|aut patria timidus perire. *Carm*.4.9.52
    serpit humi tutus nimium timidusque procellae: .   .   .   .   *Ars Poet*.28
Timor.   sed Timor et Minae|scandunt eodem, quo dominus,   .   .   .   *Carm*.3.1.37
timor.   nec levis somnos timor aut cupido|sordidus aufert.   .   .   .   *Carm*.2.16.15
    magnus uterque timor latronibus; *Serm*.1.4.67
timore.   quone malo mentem concussa?   timore deorum."   .   .   .   *Serm*.2.3.295
timores.   mentemque lymphatam Mareotico | redegit in veros timores |
    Caesar *Carm*.1.37.15
    inter spem curamque, timores inter et iras *Epist*.1.4.12
timui.   sed timui, mea ne finxisse minora putarer, ...   *Epist*.1.9.8
    quod timui mutare modos et carminis artem: *Epist*.1.19.27
timuit.   nec timuit praecipitem Africum|decertantem Aquilonibus   .   .   *Carm*.1.3.12
    quem mortis timuit gradum *Carm*.1.3.17
    sensit iners timuitque mortem, ...   *Carm*.3.5.36
    nec timuit sibi ne vitio quis verteret, ...   *Serm*.1.6.85
    sedit qui timuit, ne non succederet. *Epist*.1.17.37
tincta.   rubro ubi cocco|tincta super lectos canderet vestis eburnos   .   .   *Serm*.2.6.103

tincta.   arma|nondum expiatis uncta [tincta] cruoribus,   .   .   .   *coni.Carm.*2.1.5
tinctae.   te bis Afro|murice tinctae|vestiunt lanae: *Carm.*2.16.36
tinctas.   argentum, vestis Gaetulo murice tinctas|sunt qui non habeant,   .   *Epist.*2.2.181
tinctus.   nec tinctus viola pallor amantium *Carm.*3.10.14
tinearum.   stragula vestis,|blattarum ac tinearum epulae,   .   .   .   *Serm.*2.3.119
tineas.   aut tineas pasces taciturnus inertis *Epist.*1.20.12
tinguere.   non ego te meis|inmunem meditor tinguere poculis,   .   .   *Carm.*4.12.23
tinguet.   mero|tinguet pavimentum superbo, ...   *Carm.*2.14.27
      pontificum securis|cervice tinguet: *Carm.*3.23.13
Tiridaten.   quid Tiridaten terreat, unice|securus.   .   .   .   *Carm.*1.26.5
tironum.   nomina sectatur modo sumpta veste virili | sub patribus duris
      tironum. *Serm.*1.2.17
tisanarium.   agedum, sume hoc ptisanarium [tisanarium] oryzae.'   .   *var.Serm.*2 3.155
Tisiphonem.   Hecaten vocat altera, saevam|altera Tesiphonen [Tisiphonem]:   *var.Serm.*1.8.34
Titanas.   inpios|Titanas immanemque turbam|fulmine sustulerit caduco   .   *Carm.*3.4.43
titerat.   credo,|quod nimium institerat [titerat] viventi.   .   .   *var.Serm.*2.5.88
Tithonum.   longa Tithonum minuit senectus *Carm.*2.16.30
Tithonus.   Tithonusque remotus in auras *Carm.*1.28.8
titillet.   praeterea ne vos titillet gloria, ...   *Serm.*2.3.179
Titius.   quid Titius? Romana brevi venturus in ora,   .   .   .   *Epist.*1.3.9
titubes.   vale, cave ne titubes mandataque frangas.   .   .   *Epist.*1.13.19
titulis.   qui stupet in titulis et imaginibus. *Serm.*1.6.17
titulos.   per titulos memoresque fastos *Carm.*4.14.4
      cum prudens scelus ob titulos admittis inanis,   .   .   .   *Serm.*2.3.212
Tityi.   incontinentis nec Tityi iecur *Carm.*3.4.77
Tityon.   Geryonen Tityonque tristi|conpescit unda,   .   .   .   *Carm.*2.14.8
Tityos.   quin et Ixion Tityosque voltu|risit invito,   .   .   .   *Carm.*3.11.21
      proles Niobea magnae|vindicem linguae Tityosque raptor|sensit .   *Carm.*4.6.2
toga.   toga, quae defendere frigus|quamvis crassa queat.'   .   .   *Serm.*1.3.14
      rideri possit eo quod|rusticius tonso toga defluit   .   .   .   *Serm.*1.3.31
      si toga dissidet inpar, ...   *Epist.*1.1.96
      arta decet sanum comitem toga; *Epist.*1.18.30
      dicitur Afrani toga convenisse Menandro, ...   *Epist.*2.1.57
toga.   cum bis trium ulnarum toga, ...   *Epod.*4.8
togae.   memor . . . mutataeque simul togae. *Carm.*1.36.9
      anciliorum et nominis et togae|oblitus *Carm.*3.5.10
      siquis . . . pede nudo|exiguaeque togae simulet textore Catonem,   .   *Epist.*1.19.13
togae.   quem tenues decuere togae nitidique capilli,   .   .   .   *Epist.*1.14.32
togam.   audire atque togam iubeo conponere, ...   *Serm.*2.3.77
togata.   quid inter-|est in matrona, ancilla peccesne togata?   .   .   *Serm.*1.2.63
togatae.   atque etiam melius persaepe togatae ⟨est⟩.   .   .   .   *Serm.*1.2.82
togatas.   vel qui praetextas vel qui docuere togatas.   .   .   .   *Ars Poet.*288
tolerabile.   certis medium et tolerabile rebus|recte concedi   .   .   *Ars Poet.*368
tolerare.   nec tauri ruentis|in venerem tolerare pondus.   .   .   *Carm.*2.5.4
      'fortem hoc animum tolerare iubebo; *Serm.*2.5.20
tollam.   ex modico, quantum res poscet, acervo|tollam   .   .   .   *Epist.*2.2.191
tollant.   ne spissae risum tollant inpune coronae: .   .   .   *Ars Poet.*381
tollas.   'nempe pecus, rem,|lectos, argentum: tollas licet.'   .   .   *Epist.*1.16.76
tollat.   neve te nostris vitiis iniquom|ocior aura|tollat;   .   .   *Carm.*1.2.49
tolle.   tolle cupidinem|inmitis uvae: *Carm.*2.5.9
      tolle periclum:|iam vaga prosiliet frenis natura remotis.   .   .   *Serm.*2.7.73
      'at tu, quantum vis, tolle' 'benigne' *Epist.*1.7.16
      tolle querellas; *Epist.*1.12.3
      hoc tibi dictum|tolle memor, ...   *Ars Poet.*368
tollenda.   saepe ferentem|plura quidem tollenda relinquendis.   .   .   *Serm.*1.10.51
tollens.   et tollens vacuom plus nimio Gloria verticem   .   .   .   *Carm.*1.18.15
tollent.   Romani tollent equites peditesque cachinnum. .   .   .   *Ars Poet.*113
tollere.   certat tergeminis tollere honoribus, ...   *Carm.*1.1.8
      tollere seu ponere volt freta; *Carm.*1.3.16
      praesens vel imo tollere de gradu|mortale corpus   .   .   .   *Carm.*1.35.2
      iure perhorrui|late conspicuom tollere verticem,   .   .   .   *Carm.*3.16.19
      caedis et rabiem tollere civicam, ...   *Carm.*3.24.26
      'at suave est ex magno tollere acervo.' *Serm.*1.1.51
      'leporem venator ut alta|in nive sectetur, positum sic tangere [tollere]
      nolit' *var.Serm.*1.2.106
      eum servom, patinam qui tollere iussus *Serm.*1.3.80
      cum flueret lutulentus, erat quod tollere velles;   .   .   .   *Serm.*1.4.11
      qui reges consueris tollere, ...   *Serm.*1.7.34
      quem tollere raeda|vellet iter faciens *Serm.*2.6.42

non sit qui tollere curet.　.　.　.　.　.　.　.　.　.　.　.　*Ars Poet.*460
tolleret.　qui pro se tolleret atque|mitteret in phimum talos,　.　.　.　*Serm.*2.7.16
ni sapiens sic Nomentanus amicum|tolleret:　.　.　.　.　.　*Serm.*2.8.61
partem vel tolleret omnis.　.　.　.　.　.　.　.　.　.　*Epist.*1.6.44
tolles.　multaque tolles|ex oculis,　.　.　.　.　.　.　.　*Ars Poet.*183
tollet.　sed mala tollet anum vitiato melle cicuta.　.　.　.　.　*Serm.*2.1.56
virtute carentia tollet:　.　.　.　.　.　.　.　.　*Epist.*2.2.123
tolletis.　cras ferramenta Teanum|tolletis, fabri.　.　.　.　.　*Epist.*1.1.87
tolli.　tradidit fessis leviora tolli|Pergama Grais.　.　.　.　.　*Carm.*2.4.11
hiscine versiculis speras tibi posse dolores . . . e pectore pelli [tolli]?　.　*var.Serm.*1.2.110
tollis.　absentem rusticus Vrbem|tollis ad astra　.　.　.　.　*Serm.*2.7.29
tollit.　tibi tollit hinnitum|apta quadrigis equa,　.　.　.　.　*Carm.*2.16.34
sic iterat voces et verba cadentia tollit,　.　.　.　.　.　*Epist.*1.18.12
interdum tamen et vocem comoedia tollit　.　.　.　.　.　*Ars Poet.*93
tollite.　vos Tempe totidem tollite laudibus　.　.　.　.　.　*Carm.*1.21.9
pugnare Thracum est: tollite barbarum|morem　.　.　.　.　*Carm.*1.27.2
vos, quibus est virtus, muliebrem tollite luctum,　.　.　.　.　*Epod.*16.39
'credite, non ludo; crudeles, tollite claudum.'　.　.　.　.　*Epist.*1.17.61
tollo.　namque in malos asperrimus|parata tollo cornua,　.　.　.　*Epod.*6.12
tollor.　vester, Camenae, vester in arduos|tollor Sabinos,　.　.　.　*Carm.*3.4.22
tomenta.　qui cupit aut metuit, iuvat illum sic domus et res|ut lippum pictae
tabulae, fomenta [tomenta] podagrum,　.　.　.　.　.　*coni.Epist.*1.2.52
tonantem.　caelo tonantem credidimus Iovem|regnare;　.　.　.　*Carm.*3.5.1
tonantis.　tonantis annus hibernus Iovis　.　.　.　.　.　*Epod.*2.29
tonantis.　per purum tonantis|egit equos　.　.　.　.　.　*Carm.*1.34.7
tondet.　aut tondet infirmas ovis.　.　.　.　.　.　.　*Epod.*2.16
tonsa.　duris ut ilex tonsa bipennibus　.　.　.　.　.　*Carm.*4.4.57
tonsa.　quae se commendat tonsa cute, dentibus atris,　.　.　.　*Epist.*1.18.7
tonsae.　lanae prope nobilem|tonsae Luceriam,　.　.　.　.　*Carm.*3.15.14
tonso.　rideri possit eo quod|rusticius tonso toga defluit　.　.　.　*Serm.*1.3.31
tonsor.　ut Alfenus vafer omni|abiecto instrumento artis clausaque taberna|
sutor [ustrina|tonsor] erat:　.　.　.　.　.　.　.　*var.Serm.*1.3.132
tonsore.　'di te, Damasippe, deaeque|verum ob consilium donent tonsore.　*Serm.*2.3.17
si curatus inaequali tonsore capillos|occurri,　.　.　.　.　*Epist.*1.1.94
tonsores.　mutat cenacula, lectos,|balnea, tonsores,　.　.　.　*Epist.*1.1.92
tonsori.　si tribus Anticyris caput insanabile numquam | tonsori Licino
conmiserit.　.　.　.　.　.　.　.　.　.　.　*Ars Poet.*301
tonsoribus.　omnibus et lippis notum et tonsoribus esse.　.　.　*Serm.*1.7.3
tonsoris.　adrasum quendam vacua tonsoris in umbra　.　.　.　*Epist.*1.7.50
toral.　ne turpe toral, ne sordida mappa|corruget naris,　.　.　.　*Epist.*1.5.22
toralia.　et Tyrias dare circum inluta toralia vestis,　.　.　.　*Serm.*2.4.84
tormentum.　tu lene tormentum ingenio admoves|plerumque duro,　.　*Carm.*3.21.13
invidia Siculi non invenere tyranni|maius tormentum.　.　.　*Epist.*1.2.59
tornatos.　male tornatos incudi reddere versus.　.　.　.　.　*Ars Poet.*441
torpes.　vel cum Pausiaca torpes, insane, tabella.　.　.　.　*Serm.*2.7.95
torpet.　si, . . . defixis oculis animoque et corpore torpet?　.　.　*Epist.*1.6.14
Torquate.　non, Torquate, genus, non te facundia, non te|restituet pietas;　*Carm.*4.7.23
supremo te sole domi, Torquate, manebo.　.　.　.　.　*Epist.*1.5.3
Torquato.　tu vina Torquato move consule pressa meo.　.　.　.　*Epod.*13.6
torquatos.　delere iubebat|et male tornatos [torquatos] incudi reddere versus.　*var.Ars Poet.*441
torquebere.　invidia vel amore vigil torquebere.　.　.　.　.　*Epist.*1.2.37
torquebitur.　ludentis speciem dabit et torquebitur,　.　.　.　*Epist.*2.2.124
torquere.　reges dicuntur multis urgere culillis|et torquere mero,　.　*Ars Poet.*435
torquerier.　tene, ut ego accipiar laute, torquerier omni | sollicitudine
districtum,　.　.　.　.　.　.　.　.　.　.　*Serm.*2.8.67
torquet.　torquet ab obscaenis iam nunc sermonibus aurem,　.　.　*Epist.*2.1.127
torquet nunc lapidem, nunc ingens machina tignum,　.　.　*Epist.*2.2.73
torquibus.　adiecisse praedam|torquibus exiguis renidet.　.　.　*Carm.*3.6.12
torrentia.　nunc torrentia agros|sidera,　.　.　.　.　.　*Carm.*3.1.31
torrere.　si torrere iecur quaeris idoneum;　.　.　.　.　.　*Carm.*4.1.12
torret.　insignem tenui fronte Lycorida|Cyri torret amor,　.　.　.　*Carm.*1.33.6
'me torret face mutua|Thurini Calais filius Ornyti,　.　.　.　*Carm.*3.9.13
me lentus Glycerae torret amor meae.　.　.　.　.　.　*Carm.*3.19.28
nullius astri|gregem aestuosa torret inpotentia.　.　.　.　*Epod.*16.62
quos torret Atabulus et quos|nunquam erepsemus,　.　.　.　*Serm.*1.5.78
torserat.　in quem tela acuta torserat.　.　.　.　.　.　*Epod.*17.10
torserunt.　non huc Sidonii torserunt cornua nautae,　.　.　.　*Epod.*16.59
tortor.　quae sibi barbarus|tortor pararet:　.　.　.　.　.　*Carm.*3.5.50
tortum.　tortum digna sequi potius quam ducere funem.　.　.　.　*Epist.*1.10.48

tortus.   conmissumque teges et vino tortus et ira. *Epist.*1.18.38
torvo.   dant alios Furiae torvo spectacula Marti, ...   *Carm.*1.28.17
torvo.   quid? siquis voltu torvo ferus et pede nudo *Epist.*1.19.12
torvos.   torvos humi posuisse voltum, ...   *Carm.*3.5.44
tostis.   tostis marcentem squillis recreabis et Afra | potorem coclea: .   .   *Serm.*2.4.58
tot.   totve tuos patiar labores | inpune, Lolli, carpere *Carm.*4.9.32
tot ora navium gravi | rostrata duci pondere *Epod.*4.17
per quem tot iuvenes patrio caruere sepulcro?' *Serm.*2.3.196
rerum imperiis hominumque | tot tantisque minor, ...   *Serm.*2.7.76
'qui possum tot?' ait; *Epist.*1.6.42
cum tot sustineas et tanta negotia solus, ...   *Epist.*2.1.1
scribere posse inter tot curas totque labores? *Epist.*2.2.66
tota.   in me tota ruens Venus *Carm.*1.19.9
dum aes exigitur, dum mula ligatur, | tota abit hora.   .   .   .   *Serm.*1.5.14
sed videt hunc omnis domus et vicinia tota | introrsum turpem,   .   .   *Epist.*1.16.44
tota.   flebit et insignis tota cantabitur Vrbe. *Serm.*2.1.46
tota.   invertunt Allifanis vinaria tota | Vibidius Balatroque   .   .   .   *Serm.*2.8.39
qui . . . notaque [totaque] fatali portenta labore subegit,   .   .   .   *var.Epist.*2.1.11
totam.   per totam domum | spargens Avernalis aquas,   .   .   .   *Epod.*5.25
totas.   ridiculus totas semel absorbere placentas; *Serm.*2.8.24
totidem.   vos Tempe totidem tollite laudibus *Carm.*1.21.9
te decem tauri totidemque vaccae, ...   *Carm.*4.2.53
ut cantus referatque ludos | ter die claro totiensque [totidemque] grata |
nocte frequentis. *var.Carm.Saec.*23
ducentos | ante cibum versus, totidem cenatus; *Serm.*1.10.61
quot capitum vivont, totidem studiorum | milia: *Serm.*2.1.27
dixerit insanum qui me, totidem audiet atque *Serm.*2.3.298
mille talenta rotundentur, totidem altera, ...   *Epist.*1.6.34
caedimur et totidem plagis consumimus hostem *Epist.*2.2.97
totiens.   ter die claro totiensque grata | nocte frequentis.   .   .   .   *Carm.Saec.*23
totiens servatis clarus Achivis, ...   *Serm.*2.3.194
quaeris, quando iterum paveas iterumque perire | possis, o totiens servos.   *Serm.*2.7.70
ne populum extrema totiens exoret harena. *Epist.*1.1.6
toto.   'sic raro scribis, ut toto non quater anno | membranam poscas, .   .   *Serm.*2.3.1
'sic raro scribis, ut toto non [toto non ut] quater anno | membranam
poscas, ...   *coni.Serm.*2.3.1
aestuat et vitae disconvenit ordine toto, ...   *Epist.*1.1.99
qui vel mense brevi vel toto est iunior anno.' *Epist.*2.1.44
toto.   toto taciturna noctis | signa cum caelo *Carm.*2.8.10
sed quia mente minus validus quam corpore toto *Epist.*1.8.7
totum.   totum muneris hoc tui est, ...   *Carm.*4.3.21
totum.   noctis vigilabat ad ipsum | mane, diem totum stertebat.   .   .   *Serm.*1.3.18
Sextilem totum mendax desideror. *Epist.*1.7.2
tuisque | auspiciis totum confecta duella per orbem   .   .   .   *Epist.*2.1.254
totum.   per totum hoc tempus subiectior in diem et horam | invidiae noster.   *Serm.*2.6.47
currere per totum pavidi conclave *Serm.*2.6.113
iniuste totum ducit venditque poema. *Epist.*2.1.75
infelix operis summa, quia ponere totum | nesciet: .   .   .   *Ars Poet.*34
totus.   nescio quid meditans nugarum, totus in illis: *Serm.*1.9.2
ab imo | ad summum totus moduli bipedalis, ...   *Serm.*2.3.309
et in se ipso totus, teres atque rotundus. *Serm.*2.7.86
toxicum.   velociusve miscuisse toxicum? *Epod.*17.61
trabalis.   clavos trabalis et cuneos manu | gestans aena   .   .   .   *Carm.*1.35.18
trabe.   ut trabe Cypria | Myrtoum pavidus nauta secet mare.   .   .   *Carm.*1.1.13
Albanos prope te lacus | ponet marmoream sub trabe citrea.   .   .   *Carm.*4.1.20
trabes.   non trabes Hymettiae | premunt columnas *Carm.*2.18.3
trabibus.   sub isdem | sit trabibus *Carm.*3.2.28
tractant.   quod medicorum est | promittunt medici, tractant fabrilia fabri: .   *Epist.*2.1.116
tractare.   fortis et asperas | tractare serpentes, ...   *Carm.*1.37.27
pauloque benignius ipsum | te tractare voles, ...   *Epist.*1.17.12
credas . . . partis mimum tractare secundas; *Epist.*1.18.14
tractari.   tractari mollius aetas | imbecilla volet: *Serm.*2.2.85
ratione modoque | tractari non volt. *Serm.*2.3.267
tractas.   periculosae plenum opus aleae, | tractas *Carm.*2.1.7
tractata.   veluti tractata notam labemque remittunt | atramenta, .   .   *Epist.*2.1.235
tractata.   quae | desperat tractata nitescere posse, relinquit   .   .   .   *Ars Poet.*150
tractavit.   quidquid usquam concipitur nefas | tractavit, .   .   .   *Carm.*2.13.10
an malas | Canidia tractavit dapes? *Epod.*3.8
puer unctis | tractavit calicem manibus, ...   *Serm.*2.4.79

tractent. quae facere ipse recusem,|cum recte tractent alii, ... *Epist.*2.1.209
tractet. virilia quod speciosius arma|non est qui tractet: . . . *Epist.*1.18.53
tractus. tractus uter pluris lepores, uter educet apros; *Epist.*1.15.22
tractus. tendit, Antoni, quotiens in altos|nubium tractus: . . *Carm.*4.2.27
tradam. tristitiam et metus|tradam protervis in mare Creticum|portare
    ventis, ... *Carm.*1.26.2
trade. ultro|Penelopam facilis potiori trade.' *Serm.*2.5.76
tradere. audes|deicere de saxo civis aut tradere Cadmo?' . . *Serm.*1.6.39
  hunc hominem velles si tradere: *Serm.*1.9.47
  scilicet ut tibi se laudare et tradere coner, ... *Epist.*1.9.3
tradet. qui testamentum tradet tibi cumque legendum, . . *Serm.*2.5.51
tradi. dominaeque tradi|barbarae paelex." ' . . . *Carm.*3.27.65
tradidit. ademptus Hector|tradidit fessis leviora tolli|Pergama Grais. . *Carm.*2.4.11
tradimus. fallimur et quondam non dignum tradimus: . . *Epist.*1.18.78
tradit. quae|ipse sibi tradit spectator; . . . . . *Ars Poet.*182
traditum. traditum ab antiquis morem servare *Serm.*1.4.117
traducere. qua ratione queas traducere leniter aevom, . . *Epist.*1.18.97
tragica. an tragica desaevit et ampullatur in arte? . . . *Epist.*1.3.14
tragicae. ignotum tragicae genus invenisse Camenae . . *Ars Poet.*275
tragici. nil comis tragici mutat Lucilius Acci? . . . *Serm.*1.10.53
tragicis. nil illi larva aut tragicis opus esse cothurnis. . . *Serm.*1.5.64
  versibus exponi tragicis res comica non volt; . . . *Ars Poet.*89
tragico. nec sic enitar tragico differre colori, ... *Ars Poet.*236
tragico. carmine qui tragico vilem certavit ob hircum, . . *Ars Poet.*220
tragicum. nam spirat tragicum satis et feliciter audet, . . *Epist.*2.1.166
tragicus. tragicus plerumque, dolet sermone pedestri|Telephus et Peleus, *Ars Poet.*95
tragoedia. effutire levis indigna tragoedia versus, . . *Ars Poet.*231
tragoediae. paulum severae musa tragoediae|desit theatris: . *Carm.*2.1.9
tragoedis. nunc tibicinibus, nunc est gavisa tragoedis; . . *Epist.*2.1.98
tragoedos. qui se credebat miros audire tragoedos . . *Epist.*2.2.129
trahat. nihilo ut sapientior ille|qui te deridet caudam trahat. . *Serm.*2.3.53
  quidve ad amicitias, usus rectumne, trahat nos . . *Serm.*2.6.75
trahentes. tuae|vexere tigres indocili iugum|collo trahentes, . . *Carm.*3.3.15
trahenti. Reguli | dissentientis condicionibus | foedis et exemplo trahentis
  [trahenti]|perniciem veniens in aevom, ... *coni.Carm.*3.5.15
trahentia. aulaea ruinas | in patinam fecere, trahentia pulveris atri |
  quantum *Serm.*2.8.55
trahentis. Reguli . . . exemplo trahentis|perniciem veniens in aevom, *Carm.*3.5.15
trahentis. videre fessos vomerem inversum boves|collo trahentis languido *Epod.*2.64
traheret. pastor cum traheret per freta navibus|Idaeis Helenen . . *Carm.*1.15.1
traheretur. quod ultra|perfectum traheretur, ... *Serm.*1.10.70
trahet. quandoque trahet ferocis|per sacrum clivom . . . Sygambros; . *Carm.*4.2.34
trahis. quo me, Bacche, rapis [trahis] tui|plenum? . . . *var.Carm.*3.25.1
trahit. magni formica laboris|ore trahit quodcumque potest . . *Serm.*1.1.34
  unde|fama malum gravius quam res trahit. *Serm.*1.2.59
  sed fulgente trahit constrictos Gloria curru . . . *Serm.*1.6.23
  hoc te | crede modo insanum, nihilo ut sapientior ille | qui te deridet
    caudam trahat [trahit]. *var.Serm.*2.3.53
  sed me|imperiosa trahit Proserpina: *Serm.*2.5.110
  seu bruma nivalem|interiore diem gyro trahit, . . . *Serm.*2.6.26
trahitur. mox trahitur manibus regum fortuna retortis, . . *Epist.*2.1.191
trahunt. trahuntque siccas machinae carinas *Carm.*1.4.2
  nec Laconicas mihi|trahunt honestae purpuras clientae. . *Carm.*2.18.8
  quorum plaustra vagas rite trahunt domos, . . . *Carm.*3.24.10
  quandocumque trahunt invisa negotia Romam. . . *Epist.*1.14.17
traiecto. in cor|traiecto lateris miseri capitisve dolore, . . *Serm.*2.3.29
tramite. error certo de tramite pellit, ... *Serm.*2.3.49
tranquilla. seu me tranquilla senectus|exspectat . . . *Serm.*2.1.57
tranquillet. quid pure tranquillet, honos ac dulce lucellum . . *Epist.*1.18.102
trans. saepe trans finem iaculo nobilis expedito? . . . *Carm.*1.8.12
  Carpathii trans maris aequora|cunctantem . . . *Carm.*4.5.10
  trans Tiberim longe cubat is prope Caesaris hortos.' . *Serm.*1.9.18
  cogat trans pondera dextram|porrigere: *Epist.*1.6.51
  idcirco navim trans Aegaeum mare vendas. . . . *Epist.*1.11.16
  caelum, non animum mutant, qui trans mare currunt. . *Epist.*1.11.27
transcurrere. hic tamen ad melius poterit transcurrere quondam, . *Serm.*2.2.82
transfer. vocantis|ture te multo Glycerae decoram|transfer in aedem. . *Carm.*1.30.4
transferre. (qui mane plagas, venabula, servos | differtum transire
  [transferre] forum populumque iubebat, ... *var.Epist.*1.6.59

transfuga. transfuga divitum | partis linquere gestio, ... *Carm*.3.16.23
transiliat. ac ne quis modici transiliat munera Liberi, ... *Carm*.1.18.7
transiliunt. si tamen inpiae | non tangenda rates transiliunt vada. . . *Carm*.1.3.24
transire. servos | differtum transire forum populumque iubebat, . . *Epist*.1.6.59
transit. hic meret aera liber Sosiis, hic et mare transit . . . . *Ars Poet*.345
translatos. heu heu, translatos alio maerebis amores, . . . *Epod*.15.23
transmutat. transmutat incertos honores, ... *Carm*.3.29.51
transnanto. 'ter uncti | transnanto Tiberim, ... *Serm*.2.1.8
transverso. incomptis adlinet atrum | transverso calamo signum, . . *Ars Poet*.447
transvolat. inportunus enim transvolat aridas | quercus . . . *Carm*.4.13.9
nam | transvolat in medio posita et fugientia captat.' . . . *Serm*.1.2.108
Trausius. 'iure' inquit 'Trausius istis | iurgatur verbis; . . . *Serm*.2.2.99
Travius. 'iure' inquit 'Trausius [Travius] istis | iurgatur verbis; . . *var.Serm*.2.2.99
traxerim. pocula Lethaeos ut si ducentia somnos | arente fauce traxerim, . *Epod*.14.4
traxit. traxitque vagus per pulpita vestem . . . . . *Ars Poet*.215
Trebati. Trebati, | quid faciam? praescribe.' *Serm*.2.1.4
nisi quid tu, docte Trebati, | dissentis.' *Serm*.2.1.78
Treboni. 'deprensi non bella est fama Treboni' *Serm*.1.4.114
trecenis. non, si trecenis quotquot eunt dies, | amice, places . . . tauris, . *Carm*.2.14.5
trecentae. amatorem trecentae | Pirithoum cohibent catenae. . . *Carm*.3.4.79
trecentis. non, si trecenis [trecentis] quotquot eunt dies, | amice, places
. . . tauris, ... *var.Carm*.2.14.5
fortasse trecentis | aut etiam supra nummorum milibus emptum. . . *Epist*.2.2.164
trecentos. 'huc adpelle'; 'trecentos inseris'; 'ohe, | iam satis est.' . . *Serm*.1.5.12
trecentos cippus in agrum | hic dabat, ... *Serm*.1.8.12
tremenda. Dardanas turris quateret tremenda | cuspide pugnax — . *Carm*.4.6.7
tremendae. cecidit tremendae | flamma Chimaerae, ... *Carm*.4.2.15
tremendis. arcis | Alpibus inpositas tremendis | deiecit . . . *Carm*.4.14.12
tremendo. nec tremendo | Iuppiter ipse ruens tumultu. . . . *Carm*.1.16.11
trementi. pauperi . . . neque iratos trementi | regum apices . . *Carm*.3.21.19
trementi. ut haec trementi questus ore *Epod*.5.11
trementis. aequoris nigri fremitum et trementis | verbere ripas. . . *Carm*.3.27.23
insurgat Aquilo, quantus altis montibus | frangit trementis ilices; . *Epod*.10.8
tremis. altercante libidinibus tremis ossa pavore. . . . *Serm*.2.7.57
tremit. et corde et genibus tremit. *Carm*.1.23.8
tremor. donec manibus tremor incidat unctis. *Epist*.1.16.23
tremulo. et cantu tremulo pota Cupidinem | lentum sollicitas. . . *Carm*.4.13.5
trepidant. sordidum flammae trepidant rotantes | vertice fumum. . *Carm*.4.11.11
trepidare. quid obliquo laborat | lympha fugax trepidare rivo? . . *Carm*.2.3.12
magisque | exanimes trepidare, ... *Serm*.2.6.114
trepidat. euhoe, recenti mens trepidat metu *Carm*.2.19.5
ridetque, si mortalis ultra | fas trepidat. *Carm*.3.29.32
quam quae per pronum trepidat cum murmure rivom? . . *Epist*.1.10.21
trepidavit. cuius octavom trepidavit aetas | claudere lustrum. . . *Carm*.2.4.23
trepides. nec trepides in usum | poscentis aevi pauca: . . . *Carm*.2.11.4
trepidet. quanto trepidet tumultu | pronus Orion. . . . *Carm*.3.27.17
trepidis. vitamque sub divo et trepidis agat | in rebus. . . . *Carm*.3.2.5
trepidum. ludus enim genuit trepidum certamen et iram, . . *Epist*.1.19.48
tres. tres mihi convivae prope dissentire videntur . . . *Epist*.2.2.61
tres. thesauro [tres auro] invento qui mercennarius agrum | illum ipsum
mercatus aravit, ... *var.Serm*.2.6.11
tria. si plostra ducenta | concurrantque foro tria funera, . . *Serm*.1.6.43
tria. milia tum pransi tria repimus *Serm*.1.5.25
tribuens. nec tamen hoc tribuens dederim quoque cetera: . . *Serm*.1.10.5
tribuit. seu pluris hiemes seu tribuit Iuppiter ultimam, . . *Carm*.1.11.4
tribulis. ut cum pileolo soleas conviva tribulis. . . . *Epist*.1.13.15
tribunal. vir bonus, omne forum quem spectat et omne tribunal, . *Epist*.1.16.57
tribuno. quo tibi, Tilli, | sumere depositum clavom fierique tribuno? . *Serm*.1.6.25
quod mihi pareret legio Romana tribuno. *Serm*.1.6.48
tribuno. hoc, hoc tribuno militum?' *Epod*.4.20
tribus. divitiasque habeo tribus amplas regibus.' . . . *Serm*.2.2.101
tribus ursis quod satis esset; *Epist*.1.15.35
tribus. tribus aut novem | miscentur cyathis pocula commodis. . . *Carm*.3.19.11
saepe tribus lectis videas cenare quaternos, . . . *Serm*.1.4.86
cena ministratur pueris tribus *Serm*.1.6.116
saepe notatus | cum tribus anellis, ... *Serm*.2.7.9
tribus. si tribus Anticyris caput insanabile numquam | tonsori Licino
conmiserit. . . . . *Ars Poet*.300
tribus. grammaticas ambire tribus et pulpita dignor: . . . *Epist*.1.19.40

tributim. atqui | primores populi arripuit populumque tributim, . . *Serm*.2.1.69
tributum. atqui | primores populi arripuit populumque tributim [tributum], *var.Serm*.2.1.69
tricenis. non, si trecenis [tricenis] quotquot eunt dies, | amice, places . . .
  tauris, ... *var.Carm*.2.14.5
tricesima. hodie tricesima sabbata: *Serm*.1.9.69
Tricivi. nisi nos vicina Trivici [Tricivi] | villa recepisset lacrimoso non sine
  fumo, ... *var.Serm*.1.5.79
trienem. si de quincunce remota est | uncia, quid superat? poteras dixisse.'
  'triens.' 'eu! [trienem] . . . . *var.Ars Poet*.328
triens. si de quincunce remota est | uncia, quid superat? poteras dixisse.'
  'triens.' . . . . *Ars Poet*.328
triformi. vix inligatum te triformi | Pegasus expediet Chimaera. . . . *Carm*.1.27.23
triformis. ter vocata audis adimisque leto, | diva triformis, . . . *Carm*.3.22.4
trigonem. fugio campum lusumque trigonem. *Serm*.1.6.126
trilibrem. laudas, insane, trilibrem | mullum, ... *Serm*.2.2.33
trilingui. recedentis trilingui | ore pedes tetigitque crura. . . . *Carm*.2.19.31
  spiritus taeter saniesque manet | ore trilingui; *Carm*.3.11.20
trima. quae velut latis equa trima campis *Carm*.3.11.9
trimetris. unde etiam trimetris accrescere iussit | nomen iambeis, . *Ars Poet*.252
trimetris. hic et in Acci | nobilibus trimetris adparet rarus . . *Ars Poet*.259
trimus. in pulvere, trimus | quale prius, ludas opus, . . . *Serm*.2.3.251
tripes. 'sit mihi mensa tripes et | concha salis puri *Serm*.1.3.13
triplex. illi robur et aes triplex | circa pectus erat, . . . *Carm*.1.3.9
  sume tibi deciens; tibi tantundem; tibi triplex, . . . *Serm*.2.3.237
tripodas. donarem tripodas, praemia fortium | Graiorum, . . . *Carm*.4.8.3
Triquetra. militibus promissa Triquetra | praedia Caesar an est Itala tellure
  daturus?' *Serm*.2.6.55
triremi. decedit aerata triremi *Carm*.3.1.39
triremis. locuples, quem ducit priva triremis. *Epist*.1.1.93
tris. tris prohibet supra | rixarum metuens tangere Gratia . . *Carm*.3.19.15
triste. namque instat fatum mihi triste, ... *Serm*.1.9.29
triste. umbrae cum Sagana resonarint triste et acutum . . *Serm*.1.8.41
  an triste bidental | moverit incestus: . . . . . *Ars Poet*.471
triste. agro qui statuit meo | te, triste lignum, te, caducum | in domini caput *Carm*.3.4.11
tristem. atque a Fabricio non tristem ponte reverti . . . *Serm*.2.3.36
  te, Tiberi, numerare, cavis abscondere tristem, . . . *Serm*.2.3.173
  me constare mihi scis et discedere tristem *Epist*.1.14.16
  oderunt hilarem tristes tristemque iocosi, ... *Epist*.1.18.89
tristes. qua modo tristes | albis informem spectabant ossibus agrum; . *Serm*.1.8.15
  oderunt hilarem tristes tristemque iocosi, ... *Epist*.1.18.89
tristes. tristes ut irae, quas neque Noricus | deterret ensis . . *Carm*.1.16.9
  vigilum canum | tristes excubiae *Carm*.3.16.3
  quid tristes querimoniae, ... *Carm*.3.24.33
  qui nisi, cum tristes misero venere kalendae, . . . *Serm*.1.3.87
tristi. et sermone opus est modo tristi, saepe iocoso, . . . *Serm*.1.10.11
  'quanto rectius hoc quam tristi laedere versu . . . *Serm*.2.1.21
tristi. Geryonen Tityonque tristi | conpescit unda, . . . *Carm*.2.14.8
  fortuna tristi clade iterabitur *Carm*.3.3.62
  tristive superstitione | aut alio mentis morbo calet: . . *Serm*.2.3.79
tristia. tristia robustis luctantur funera plaustris, . . . *Epist*.2.2.74
  tristia bella | quo scribi possent numero, ... *Ars Poet*.73
  tristia maestum | voltum verba decent, ... *Ars Poet*.105
tristia. nunc ego mitibus | mutare quaero tristia, . . . *Carm*.1.16.26
  qui mare temperat | ventosum et urbis regnaque tristia . *Carm*.3.4.46
tristis. qua tristis Orion cadit; *Epod*.10.10
  'pone, meum est,' inquit: pono tristisque recedo. . . *Epist*.1.16.35
  perfidus Ixion, Io vaga, tristis Orestes. . . . . *Ars Poet*.124
tristis. fastidiosa tristis aegrimonia. *Epod*.17.73
tristis. timuit . . . nec tristis Hyadas nec rabiem Noti, . . *Carm*.1.3.14
  sic tristis adfatus amicos: *Carm*.1.7.24
  deos id | tristis ex alto caeli demittere tecto. . . . *Serm*.1.5.103
tristitiam. tu sapiens finire memento | tristitiam vitaeque labores . *Carm*.1.7.18
  tristitiam et metus | tradam protervis in mare Creticum | portare ventis, *Carm*.1.26.1
trita. si forte subucula pexae | trita subest tunicae . . . *Epist*.1.1.96
tritae. inpensis cenarum et tritae munere vestis; . . . *Epist*.1.19.38
tritum. conminxit lectum potus mensave catillum | Euandri manibus tritum
  deiecit: *Serm*.1.3.91
trium. dum res et aetas et sororum | fila trium patiuntur atra. . . *Carm*.2.3.16
  cum bis trium ulnarum toga, ... *coni.Epod*.4.8

triumphales. funus atque imagines|ducant triumphales tuom   .   .   . *Epod.*8.12
triumphatis. triumphatisque possit|Roma ferox dare iura Medis.   .   . *Carm.*3.3.43
Triumphe. io Triumphe, tu moraris aureos|currus *Epod.*9.21
    io Triumphe, nec Iugurthino parem|bello reportasti ducem   .   . *Epod.*9.23
triumphe. †teque, dum procedis, 'io triumphe' *Carm.*4.2.49
    non semel dicemus, 'io triumphe' *Carm.*4.2.50
triumpho. Parthos Latio imminentis|egerit iusto domitos triumpho   . *Carm.*1.12.54
    privata deduci superbo,|non humilis mulier, triumpho.   .   . *Carm.*1.37.32
    cui laurus aeternos honores|Delmatico peperit triumpho.   .   . *Carm.*2.1.16
    arsit Atrides medio in triumpho|virgine rapta,   .   .   . *Carm.*2.4.7
    clari giganteo triumpho, ... *Carm.*3.1.7
triumphos. hic magnos potius triumphos,|hic ames dici pater   . *Carm.*1.2.49
    superbos|vertere funeribus triumphos: .   .   . *Carm.*1.35.4
triumphus. quos opimus|fallere et effugere est triumphus.   .   . *Carm.*4.4.52
triumviralibus. 'sectus flagellis hic triumviralibus   .   .   . *Epod.*4.11
triverit. milia frumenti tua triverit area centum: .   .   . *Serm.*1.1.45
Trivici. nisi nos vicina Trivici|villa recepisset   .   .   . *Serm.*1.5.79
triviis. ne velut innati triviis ac paene forenses   .   . *Ars Poet.*245
triviis. occurram in triviis, deducam. *Serm.*1.9.59
    in triviis fixum cum se demittit ob assem,   .   . *Epist.*1.16.64
    nec semel inrisus triviis attollere curat|fracto crure planum,   . *Epist.*1.17.58
Trivuci. nisi nos vicina Trivici [Trivuci]|villa recepisset lacrimoso non sine
    fumo, ... *var.Serm.*1.5.79
Troas. male feriatos|Troas et laetam Priami choreis|falleret aulam,   . *Carm.*4.6.15
trochi. indoctusque pilae discive trochive quiescit,   .   . *Ars Poet.*380
trocho. ludere doctior,|seu Graeco iubeas trocho|seu malis vetita legibus
    alea, ... *Carm.*3.24.57
Troia. di tibi dent capta classem redducere Troia.   .   . *Serm.*2.3.191
Troiae. filium dicunt Thetidis sub lacrimosa Troiae|funera,   .   . *Carm.*1.8.14
    avitae|tecta velint reparare Troiae. *Carm.*3.3.60
    Troiae renascens alite lugubri|fortuna   .   .   . *Carm.*3.3.61
    Troiae prope victor altae|Pthius Achilles,   .   .   . *Carm.*4.6.3
    haud ita Troiae|me gessi, certans semper melioribus.'   .   . *Serm.*2.5.18
    qui domitor Troiae multorum providus urbes|et mores hominum inspexit   *Epist.*1.2.19
    captae post tempora Troiae   .   .   .   .   . *Ars Poet.*141
Troiae. Thessalosque ignis et iniqua Troiae|castra fefellit.   .   . *Carm.*1.10.15
Troiam. Troiamque et Anchisen et almae|progeniem Veneris canemus.   . *Carm.*4.15.31
    cui per ardentem sine fraude Troiam   .   .   . *Carm.Saec.*41
Troiana. quamvis clipeo Troiana refixo|tempora testatus   .   . *Carm.*1.28.11
Troiani. Troiani belli scriptorem, Maxime Lolli,   .   . *Epist.*1.2.1
Troianum. nec gemino bellum Troianum orditur ab ovo;   . *Ars Poet.*147
Troica. invisum nepotem,|Troica quem peperit sacerdos,   . *Carm.*3.3.32
Troico. digne scripserit aut pulvere Troico|nigrum Merionen   . *Carm.*1.6.14
Troilon. nec inpubem parentes | Troilon aut Phrygiae sorores | flevere
    semper. *Carm.*2.9.16
tropaea. potius nova|cantemus Augusti tropaea|Caesaris   .   . *Carm.*2.9.19
truces. quid omnium|voltus in unum me truces?   .   .   . *Epod.*5.4
    ira truces inimicitias et funebre bellum.   .   . *Epist.*1.19.49
truci. qui fragilem truci|conmisit pelago ratem|primus: . *Carm.*1.3.10
truci. neque excitatur classico miles truci   .   .   . *Epod.*2.5
trucidas. verum seu piscis seu porrum et caepe trucidas,   .   . *Epist.*1.12.21
trucidet. ne pueros coram populo Medea trucidet   .   . *Ars Poet.*185
truculentior. at est truculentior atque|plus aequo liber: .   . *Serm.*1.3.51
trudit. trudit acris hinc et hinc multa cane|apros .   .   . *Epod.*2.31
    ebrietas . . . spes iubet esse ratas, ad proelia trudit inertem,   . *Epist.*1.5.17
truditur. truditur dies die *Carm.*2.18.15
trulla. festis potare diebus|Campana solitus trulla   .   . *Serm.*2.3.144
truncis. truncis|lapsa cavis iterare mella;   .   .   . *Carm.*2.19.11
    quid Rhoetus evolsisque truncis *Carm.*3.4.55
truncus. me truncus inlapsus cerebro   .   .   . *Carm.*2.17.27
    olim truncus eram ficulnus, inutile lignum,   .   . *Serm.*1.8.1
trutina. hac lege in trutina ponetur eadem.   .   .   . *Serm.*1.3.72
    si, . . . Romani pensantur eadem|scriptores trutina,   .   . *Epist.*2.1.30
tu. *Carm.*1.2.33; 1.7.17; 1.9.16; 1.10.17; 1.11.1; 1.12.51; 1.12.58; 1.12.59; 1.13.1; 1.14.15; 1.15.29;
    *Carm.*1.20.10; 1.24.11; 1.28.23; 1.29.13; 2.6.22; 2.8.5; 2.9.9; 2.12.9; 2.12.21; 2.18.17;
    *Carm.*2.19.17 (*bis*); 2.19.18; 2.19.21; 3.9.22; 3.11.3; 3.11.13; 3.13.10; 3.13.13; 3.16.38;
    *Carm.*3.20.9; 3.21.2; 3.21.13; 3.21.14; 3.21.17; 3.28.11; 3.29.25; 4.3.1; 4.8.4; 4.11.21;
    *Carm.Saec.*15; *Epod.*6.9; 9.21; 12.25; 13.6; 15.3; 15.17; 17.33; 17.40 (*bis*); 17.45; 17.56;
    *Serm.*1.1.16; 1.1.17; 1.1.86; 1.2.74; 1.3.19; 1.3.21; 1.3.134; 1.3.137; 1.4.19; 1.4.69; 1.4.85;

*Serm.*1.6.38; 1.6.110; 1.9.49; 1.9.69; 1.9.75; 1.10.52; 2.1.78; 2.1.86; 2.2.20; *? var.Serm.*2.3.13;
*Serm.*2.3.32; 2.3.47; 2.3.67; 2.3.76; 2.3.128; 2.3.132; 2.3.134; 2.3.138; 2.3.155; 2.3.175 (*bis*);
*Serm.*2.3.177 (*bis*); 2.3.182; 2.3.185; 2.3.199; *coni.Serm.*2.3.234; *Serm.*2.3.235; 2.3.291;
*Serm.*2.3.322; 2.4.92; 2.5.17; 2.5.21; 2.5.37; 2.5.107; 2.6.22; 2.6.30; 2.6.53; 2.6.92;
*Serm.*2.7.40; 2.7.53; 2.7.75; 2.7.81; 2.7.105; *Epist.*1.2.2; 1.2.63; 1.4.6; 1.5.30; 1.6.23; 1.6.40;
*Epist.*1.7.15; 1.7.16; 1.8.17; 1.10.6; 1.11.22; *var.Epist.*1.11.24; *Epist.*1.12.14; 1.14.2; 1.14.4;
*Epist.*1.14.10; 1.14.14; 1.14.21; 1.14.41; 1.16.17; 1.16.27; 1.16.32; 1.16.53; 1.17.19; 1.17.21;
*Epist.*1.18.37; 1.18.44; 1.18.67; 1.18.87; 2.2.59; 2.2.63; 2.2.79; *Ars Poet.*128; 153;
*Ars.Poet.*385; 426

tua.	tua ne retardet | aura maritos.	*Carm.*2.8.23
	imminens villae tua pinus esto,	*Carm.*3.22.5
	tua, Caesar, aetas | fruges et agris rettulit uberes	*Carm.*4.15.4
	satis superque me benignitas tua | ditavit,	*Epod.*1.31
	nec vocata mens tua | Marsis redibit vocibus.	*Epod.*5.75
	milia frumenti tua triverit area centum:	*Serm.*1.1.45
	'o, tua cornu | ni foret exsecto frons,' inquit, 'quid faceres,	*Serm.*1.5.58
	'velis tantummodo: quae tua virtus, | expugnabis;	*Serm.*1.9.54
	"tibi me virtus tua fecit amicum.	*Serm.*2.5.33
	nam tua res agitur, paries cum proximus ardet,	*Epist.*1.18.84
	dum tua navis in alto est,	*Epist.*1.18.87
	neque parvom | carmen maiestas recipit tua	*Epist.*2.1.258
	'i bone, quo virtus tua te vocat, i pede fausto,	*Epist.*2.2.37
tua.	cum tua | velox merce veni:	*Carm.*4.12.21
	gaude sorte tua;	*Epod.*14.15
	ora manusque tua lavimus, Feronia, lympha;	*Serm.*1.5.24
	ex parte tua seu fundi sive domus sit | emptor,	*Serm.*2.5.108
	laetus sorte tua vives sapienter, Aristi.	*Epist.*1.10.44
tua.	tum tua me infortunia laedent, | Telephe vel Peleu;	*Ars Poet.*103
tua.	tua sectus orbis | nomina ducet.'	*Carm.*3.27.75
	cur tua plus laudes cumeris granaria nostris?	*Serm.*1.1.53
	cum tua pervideas oculis mala lippus inunctis,	*Serm.*1.3.25
	inquirant vitia ut tua rursus et illi.	*Serm.*1.3.28
	an tua demens | vilibus in ludis dictari carmina malis?	*Serm.*1.10.74
	'ni tua custodis, avidus iam haec auferet heres.'	*Serm.*2.3.151
	Atride, magis apta tibi tua dona relinquam.'	*Epist.*1.7.43
	nec tua laudabis studia aut aliena reprendes.	*Epist.*1.18.39
	si longo sermone morer tua tempora, Caesar.	*Epist.*2.1.4
	at neque dedecorant tua de se iudicia	*Epist.*2.1.245
	distat enim, spargas tua prodigus,	*Epist.*2.2.195
	quin sine rivali teque et tua solus amares.	*Ars Poet.*444
tuae.	Laertiaden, exitium tuae | gentis,	*Carm.*1.15.21
	late signa feret militiae tuae	*Carm.*4.1.16
	non tuae sortis iuvenem	*Carm.*4.11.22
	militabitur | bellum in tuae spem gratiae,	*Epod.*1.24
tuae.	non hoc pollicitus tuae.	*Carm.*1.15.32
	circa virentis est animus tuae | campos iuvencae	*Carm.*2.5.5
	tandem nequitiae fige modum tuae	*Carm.*3.15.2
	lucem redde tuae, dux bone, patriae:	*Carm.*4.5.5
	insperata tuae cum veniet pluma superbiae	*Carm.*4.10.2
	nec magis huic, inter niveos viridisque lapillos | sit licet, hoc, Cerinthe, tuo [tuae] tenerum est femur	*coni.Serm.*1.2.81
tuae.	tuae | vexere tigres indocili iugum | collo trahentes,	*Carm.*3.3.13
	unde loquaces | lymphae desiliunt tuae.	*Carm.*3.13.16
tuam.	tuamque, | dum custodis eges, vitam famamque tueri | incolumem	*Serm.*1.4.117
	rem poteris servare tuam.	*Ars Poet.*329
tuas.	laudes egregii Caesaris et tuas	*Carm.*1.6.11
	coniurata tuas rumpere nuptias	*Carm.*1.15.7
	teque tuasque decet sorores.	*Carm.*1.26.12
	tuas, | Auguste, virtutes in aevom . . . aeternet,	*Carm.*4.14.2
tubae.	lituo tubae | permixtus sonitus	*Carm.*1.1.23
	tibia non, ut nunc, orichalco vincta tubaeque | aemula,	*Ars Poet.*202
tubas.	magna sonabit | cornua quod vincatque tubas:	*Serm.*1.6.44
tuberibus.	qui ne tuberibus propriis offendat amicum | postulat,	*Serm.*1.3.73
tuentur.	di me tuentur, dis pietas mea | et musa cordi est.	*Carm.*1.17.13
tuere.	Ilithyia, tuere matres,	*Carm.Saec.*14
tueri.	si . . . vitam famamque tueri | incolumem possum;	*Serm.*1.4.118
	quem sua culpa premet, deceptus omitte tueri,	*Epist.*1.18.79
tui.	quo me, Bacche, rapis tui | plenum?	*Carm.*3.25.1
tui.	scribe tui gregis hunc et fortem crede bonumque.	*Epist.*1.9.13

tui. seu densa tenebit|Tiburis umbra tui. *Carm.*1.7.21
totum muneris hoc tui est, ... *Carm.*4.3.21
tuis. supplicibus tuis|parcas, ... *Carm.*3.10.16
pressa tuis balanus capillis *Carm.*3.29.4
o quantus instat navitis sudor tuis *Epod.*10.15
si ventri bene, si lateri est pedibusque tuis, ... *Epist.*1.12.5
si prodesse tuis pauloque benignius ipsum|te tractare voles, . . *Epist.*1.17.11
tuis. miseram tuis|dicens ignibus uri, ... *Carm.*3.7.10
tuis capillus albus est odoribus, ... *Epod.*17.23
tuis. cur me querelis exanimas tuis? *Carm.*2.17.1
tuis victus Venerisque gratae|vocibus *Carm.*4.6.21
tuis. caementis licet occupes|terrenum omne tuis et mare publicum: *Carm.*3.24.4
'teneas, Damasippe, tuis te' — *Serm.*2.3.324
tuisque|auspiciis totum confecta duella per orbem *Epist.*2.1.253
tuleris. caelo supinas si tuleris manus *Carm.*3.23.1
neque,|si chartae sileant quod bene feceris,|mercedem tuleris. . *Carm.*4.8.22
tulerunt. munera, quae multa dantis cum laude tulerunt . . . *Epist.*2.1.246
tuli. 'fortem hoc animum tolerare iubebo;|et quondam maiora tulit [tuli]. . *var.Serm.*2.5.21
tulisset. hos utinam inter|heroas natum tellus me prima tulisset. . *Serm.*2.2.93
tulisti. saevam|militiam puer et Cantabrica bella tulisti|sub duce, . . *Epist.*1.18.55
tulit. incomptis Curium capillis | utilem bello tulit et Camillum | saeva
paupertas *Carm.*1.12.42
unda fretis tulit aestuosis. *Carm.*2.7.16
aetas parentum, peior avis, tulit | nos nequiores, ... *Carm.*3.6.46
animae qualis neque candidiores|terra tulit *Serm.*1.5.42
et quondam maiora tuli⟨t⟩. *Serm.*2.5.21
cadaver|unctum oleo largo nudis umeris tulit heres, . . . *Serm.*2.5.86
haec seges ingratos tulit et feret omnibus annis. *Epist.*1.7.21
quem tulit ad scaenam ventoso Gloria curru, ... *Epist.*2.1.177
civilibus rudem belli tulit aestus in arma *Epist.*2.2.47
et tulit eloquium insolitum facundia praeceps . . . . . *Ars Poet.*217
omne tulit punctum, qui miscuit utile dulci . . . . . *Ars Poet.*343
multa tulit fecitque puer, sudavit et alsit, ... *Ars Poet.*413
Tulli. ante potestatem Tulli atque ignobile regnum *Serm.*1.6.9
Tulli. quo tibi, Tilli [Tulli],|sumere depositum clavom fierique tribuno? . *var.Serm.*1.6.24
obiciet nemo sordis mihi, quas tibi, Tilli [Tulli], ... *var.Serm.*1.6.107
Tullius. quo pius Aeneas, quo Tullus [Tullius] dives et Ancus, . . *var.Carm.*4.7.15
Tullo. amphorae fumum bibere institutae|consule Tullo. . . . *Carm.*3.8.12
Tullus. nos ubi decidimus|quo pius Aeneas, quo Tullus dives et Ancus, . *Carm.*4.7.15
quo Tullus dives [dives Tullus] et Ancus, ... *var.Carm.*4.7.15
tum. tunc [tum] nec mens mihi nec color|certa sede manent, . . *var.Carm.*1.13.5
Caecubum et prelo domitam Caleno|tu [tum] bibes uvam: . . *var.Carm.*1.20.10
tum violaria et|myrtus et omnis copia narium *Carm.*2.15.5
tum spissa ramis laurea fervidos|excludet ictus. *Carm.*2.15.9
cum [tum] populus frequens|laetum theatris ter crepuit sonum; . *var.Carm.*2.17.25
tu [tum] curva recines lyra|Latonam et celeris spicula Cynthiae; . *coni.Carm.*3.28.11
tunc [tum] me . . . aura feret *var.Carm.*3.29.62
tum meae, . . . vocis accedet bona pars *Carm.*4.2.45
multae tibi tum officient res: *Serm.*1.2.97
tum pueri nautis, pueris convicia nautae|ingerere *Serm.*1.5.11
milia tum pransi tria repimus *Serm.*1.5.25
convivas avidos cenam servosque timentis|tum rapere . . . velle *Serm.*1.5.76
tum inmundo somnia visu | nocturnam vestem maculant ventremque
supinum. *Serm.*1.5.84
tum Praenestinus salso multoque fluenti *Serm.*1.7.28
casu tum respondere vadato|debebat, ... *Serm.*1.9.36
quid? tunc [tum] rhombos minus aequor alebat? *var.Serm.*2.2.48
tum pensilis uva secundas|et nux ornabat mensas *Serm.*2.2.121
quid tum? venere frequentes, ... *Serm.*2.3.230
caput abscissum demens cum portat Agaue|gnati infelicis, sibi tunc
[tum] furiosa videtur?' *var.Serm.*2.3.304
tum gener hoc faciet: *Serm.*2.5.66
tum rusticus: "haud mihi vita|est opus hac" ait *Serm.*2.6.115
tum Vibidius Balatroni | "nos nisi damnose bibimus, moriemur inulti," *Serm.*2.8.33
vertere pallor|tum parochi faciem *Serm.*2.8.36
tum in lecto quoque videres *Serm.*2.8.77
tum pectore adusto|vidimus et merulas poni *Serm.*2.8.90
quid tum profeci, mecum facientia iura|si tamen attemptas? . . *Epist.*2.2.23
tum tua me infortunia laedent, ... *Ars Poet.*103

tument. tument tibi cum inguina, ... *Serm*.1.2.116
tumentes. et regat iratos et amet pacare timentis [tumentes]; . . . *var.Ars Poet*.197
tumentibus. femur tumentibus|exile suris additum. *Epod*.8.9
tumes. laudis amore tumes: *Epist*.1.1.36
tumet. fervens difficili bile tumet iecur. *Carm*.1.13.4
tumidas. quod regum tumidas contuderit minas, ... *Carm*.4.3.8
tumidi. crudi tumidique lavemur, ... *Epist*.1.6.61
tumidis. crescentem tumidis infla sermonibus utrem. . . . *Serm*.2.5.98
tumidis. non agimur tumidis velis aquilone secundo: . . . *Epist*.2.2.201
tumido. iratusque Chremes tumido delitigat ore; . . . . *Ars Poet*.94
tumidum. stas animo et purum est vitio tibi, cum tumidum est cor?' *Serm*.2.3.213
tumidus. qua tumidus rigat arva Nilus. *Carm*.3.3.48
　　durus homo . . . confidens tumidus, adeo sermonis amari, . . . *Serm*.1.7.7
　　durus homo . . . confidens tumidus [tumidusque], adeo sermonis amari, *var.Serm*.1.7.7
tumultu. nec tremendo|Iuppiter ipse ruens tumultu. . . . *Carm*.1.16.12
　　non vides, quanto moveas periclo [tumultu],|Pyrrhe, Gaetulae catulos
　　　leaenae? *var.Carm*.3.20.1
　　quanto trepidet tumultu|pronus Orion. *Carm*.3.27.17
　　inpio|vastata Poenorum tumultu|fana *Carm*.4.4.47
　　'qui species alias veris scelerisque tumultu|permixtas capiet, . *Serm*.2.3.208
tumultum. nec tumultum|nec mori per vim metuam . . . *Carm*.3.14.14
　　stomachoque tumultum|lenta feret pitvita. *Serm*.2.2.75
tumultuosum. tumultuosum sollicitat mare *Carm*.3.1.26
tumultus. quid iste fert tumultus *Epod*.5.3
tumultus. ut mihi saepe|bilem, saepe iocum vestri movere tumultus! . *Epist*.1.19.20
tumultus. neque consularis|submovet lictor miseros tumultus|mentis *Carm*.2.16.10
　　tutum per Aegaeos tumultus|aura feret *Carm*.3.29.63
　　saeviat atque novos moveat Fortuna tumultus: *Serm*.2.2.126
tunc. tunc nec mens mihi nec color *Carm*.1.13.5
　　tunc me biremis praesidio scaphae *Carm*.3.29.62
　　tunc mens et sonus|relapsus *Epod*.17.17
　　vectabor umeris tunc ego inimicis eques *Epod*.17.74
　　quid? tunc rhombos minus aequor alebat? *Serm*.2.2.48
　　tum [tunc] pensilis uva secundas | et nux ornabat mensas cum duplice
　　　ficu. *var.Serm*.2.2.121
　　quare,|si quidvis satis est, periuras, surripis, aufers|undique? tun [tunc]
　　　sanus? *var.Serm*.2.3.128
　　sibi tunc furiosa videtur?' *Serm*.2.3.304
　　nunc [tunc] tibicinibus, nunc est gavisa tragoedis; . . . *var.Epist*.2.1.98
　　dolendum est|primum ipsi tibi: tum [tunc] tua me infortunia laedent,|
　　　Telephe vel Peleu; . . . . *var.Ars Poet*.103
tundet. saliet, tundet pede terram. . . . . . . *Ars Poet*.430
tundit. Neptunus alto tundit hibernus salo. *Epod*.17.55
tunica. quis Martem tunica tectum adamantina|digne scripserit . *Carm*.1.6.13
　　discincta tunica fugiendum est et pede nudo, ... *Serm*.1.2.132
tunicae. si forte subucula pexae|trita subest tunicae . . . *Epist*.1.1.96
tunicato. vilia vendentem tunicato scruta popello . . . *Epist*.1.7.65
tunicis. Maltinus tunicis demissis ambulat; *Serm*.1.2.25
　　beatus enim iam|cum pulchris tunicis sumet nova consilia et spes, . *Epist*.1.18.33
tuo. "eoque|responsura tuo numquam est par fama labori. . . *Serm*.2.8.66
tuo. manum puella savio opponat tuo, ... *Epod*.3.21
　　frustraque vincla gutturi innectes tuo *Epod*.17.72
tuo. 'me tuo longas pereunte noctes,|Lydia, dormis?' . . *Carm*.1.25.7
　　milite nam tuo|Drusus Genaunos, . . . deiecit acer . . *Carm*.4.14.9
　　tuo|cruore rubros obstetrix pannos lavit, ... *Epod*.17.50
　　Lucili, quam sis mendosus, teste Catone|defensore tuo pervincam, . *Serm*.1.10.*2
　　te, Messalla, tuo cum fratre, ... *Serm*.1.10.85
　　placavi sanguine divos.'|'nempe tuo, furiose?' *Serm*.2.3.207
tuo. paratus omne Caesaris periculum|subire, Maecenas, tuo: . . *Epod*.1.4
　　tuo vitio rerumne labores,|nil referre putas? *Serm*.1.2.76
　　nec magis huic, . . . Cerinthe, tuo tenerum est femur aut crus|rectius; *Serm*.1.2.81
　　demens|iudicio volgi, sanus fortasse tuo, ... *Serm*.1.6.98
　　populum si caedere saxis|incipias servosve tuos [tuo], quos aere pararis, *var.Serm*.2.3.129
　　respondesne tuo, dic, sodes, nomine? *Epist*.1.16.31
　　serves|tuterisque tuo fidentem praesidio: *Epist*.1.18.81
tuom. quod spiro et placeo, si placeo, tuom est. . . . *Carm*.4.3.24
tuom. roges, tuom labore quid iuvem meo, ... *Epod*.1.15
　　simul ac duraverit aetas|membra animumque tuom, . . . *Serm*.1.4.120
　　utroque tuom laudabit pollice ludum. *Epist*.1.18.66

tuom.   pueri . . . numen cum teneris virginibus tuom | laudantes   .   *Carm.*4.1.26
     Laribus tuom | miscet numen, ...   *Carm.*4.5.34
     funus atque imagines | ducant triumphales tuom   .   .   .   *Epod.*8.12
     id crede tuom et vel nunc pete vel cras.' *Serm.*2.3.232
     non ancilla tuom iecur ulceret ulla puerve *Epist.*1.18.72
     iurandasque tuom per numen ponimus aras,   .   .   .   *Epist.*2.1.16
tuorum.   operum hoc, mihi crede, tuorum est.'   .   .   .   *Serm.*1.7.35
tuos.   enim voltus ubi tuos | adfulsit populo,   .   .   .   *Carm.*4.5.6
     tuosque venter Pactumeius et tuo | cruore rubros obstetrix pannos lavit,   *Epod.*17.50
     non tuos hoc capiet venter plus ac meus, ...   *Serm.*1.1.46
     defendas, ut tuos est mos: *Serm.*1.4.95
     respondes, ut tuos est mos, | pauca: *Serm.*1.6.60
     ad mare descendet vates tuos *Epist.*1.7.11
     sed tuos hic populus sapiens et iustus in uno   .   .   *Epist.*2.1.18
     eritque tuos nummorum milibus octo,   .   .   .   *Epist.*2.2.5
     qui te pascit ager tuos est, ...   *Epist.*2.2.160
tuos.   totve tuos patiar labores | inpune, Lolli, carpere   .   .   *Carm.*4.9.32
     te consilium et tuos | praebente divos. *Carm.*4.14.33
     et tuo | cruore rubros [? et tuos rubros] obstetrix pannos lavit,   .   *? var.Epod.*17.50
     servosve tuos, quos aere pararis, ...   *Serm.*2.3.129
tura.   hic | verbenas, pueri, ponite turaque   .   .   .   *Carm.*1.19.14
     illic plurima naribus | duces tura *Carm.*4.1.22
     civitas omnis dabimusque divis | tura benignis.   .   .   *Carm.*4.2.52
     dum flamma sine tura liquescere limine sacro | persuadere cupit.   .   *Serm.*1.5.99
turba.   hunc, si mobilium turba Quiritium | certat tergeminis tollere
     honoribus, ...   *Carm.*1.1.7
     illi turba clientium | sit maior: *Carm.*3.1.13
     quo clamor vocat et turba faventium,   .   .   .   *Carm.*3.24.46
     quamque poetarum seniorum turba;   .   .   .   *Serm.*1.10.67
     neque te ut miretur turba labores,   .   .   .   *Serm.*1.10.73
     unguentarius ac Tusci turba inpia vici, . . . mane domum veniant.   .   *Serm.*2.3.228
     nam cetera turba, | nos, inquam, cenamus avis,   .   .   *Serm.*2.8.26
turba.   vos turba vicatim hinc et hinc saxis petens   .   .   *Epod.*5.97
     urgeris turba circum te stante *Serm.*1.3.135
     quemvis media erue turba: *Serm.*1.4.25
     extrahe turba | oppositis umeris; *Serm.*2.5.94
     luctandum in turba et facienda iniuria tardis.   .   .   *Serm.*2.6.28
turbae.   neque se maiori pauperiorum | turbae conparet,   .   .   *Serm.*1.1.112
turbam.   virgaque levem coerces | aurea turbam,   .   .   *Carm.*1.10.19
     ut inpios | Titanas immanemque turbam | fulmine sustulerit caduco   .   *Carm.*3.4.43
     fugiens hic decidit acrem | praedonum in turbam,   .   .   *Serm.*1.2.43
     veluti te | Iudaei cogemus in hanc concedere turbam.   .   *Serm.*1.4.143
     ut praeco, ad merces turbam qui cogit emendas,   .   .   *Ars Poet.*419
turbaret.   turbaret hibernum mare *Epod.*15.8
turbas.   divosque mortalisque turmas [turbas] | imperio regit unus aequo.   .   *var.Carm.*3.4.47
turbatam.   is neque limo | turbatam haurit aquam   .   .   .   *Serm.*1.1.60
turbidum.   qui vidit mare turgidum [turbidum]   .   .   .   *var.Carm* 1.3.19
     plenoque Bacchi pectore turbidum | laetatur.   .   .   .   *Carm.*2.19.6
turbidus.   dux inquieti turbidus Hadriae, ...   *Carm.*3.3.5
turbine.   fertur uti pulvis collectus turbine,   .   .   .   *Serm.*1.4.31
turbinem.   citumque retro solve, solve turbinem.   .   .   .   *Epod.*17.7
Turbonis.   corpore maiorem rides Turbonis in armis | spiritum et incessum: *Serm.*2.3.310
turdis.   aut amite levi rara tendit retia | turdis edacibus dolos   .   .   *Epod.*2.34
turdis.   simul assis | miscueris elixa, simul conchylia turdis,   .   .   *Serm.*2.2.74
turdo.   cum sit obeso | nil melius turdo, ...   *Epist.*1.15.43
turdos.   dum turdos versat in igni *Serm.*1.5.72
turdus.   turdus | sive aliud privom dabitur tibi,   .   .   .   *Serm.*2.5.10
ture.   vocantis | ture te multo Glycerae decoram | transfer in aedem.   .   *Carm.*1.30.3
     et ture et fidibus iuvat *Carm.*1.36.1
     si ture placaris et horna | fruge Laris *Carm.*3.23.3
turgentis.   quaecumque excepit turgentis verbera caudae | clunibus   .   *Serm.*2.7.49
turget.   professus grandia turget;   .   .   .   .   .   *Ars Poet.*27
turgida.   cui frons turgida cornibus | primis   .   .   .   *Carm.*3.13.4
turgida.   contrahes vento nimium secundo | turgida vela.   .   .   *Carm.*2.10.24
turgidi.   nec fluvii strepunt | hiberna nive turgidi.   .   .   .   *Carm.*4.12.4
turgidum.   qui vidit mare turgidum *Carm.*1.3.19
turgidus.   turgidus Alpinus iugulat dum Memnona   .   .   .   *Serm.*1.10.36
Turias.   Cervius iratus leges minitatur et urnam, . . . grande malum
     Turius [Turias], ...   *var.Serm.*2.1.49

turientis. quaecumque excepit turgentis [turientis] verbera caudae |
    clunibus *var.Serm.*2.7.49
turis. quid velint flores et acerra turis|plena *Carm.*3.8.2
Turius. minitatur . . . grande malum Turius, siquid se iudice certes. . *Serm.*2.1.49
turmae. barbarae postquam cecidere turmae *Carm.*2.4.9
    Iliaeque|litus Etruscum tenuere turmae, ... *Carm.Saec.*38
    dum fugiunt equitum turmae peditumque catervae; . . . *Epist.*2.1.190
turmam. ut inpios | Titanas immanemque turbam [turmam] | fulmine
    sustulerit caduco *var.Carm.*3.4.43
turmas. nec turmas equitum relinquit *Carm.*2.16.22
    mortalisque turmas|imperio regit unus aequo. . . . *Carm.*3.4.47
    inpiger hostium|vexare turmas *Carm.*4.14.23
turpant. te quia rugae|turpant et capitis nives. *Carm.*4.13.12
turparunt. seu tibi candidos|turparunt umeros inmodicae mero|rixae . *Carm.*1.13.10
turpaverat. at illi foeda cicatrix|saetosam laevi frontem turpaverat oris. . *Serm.*1.5.61
turpe. minaces|turpe solum tetigere mento; *Carm.*2.7.12
    cum prorepserunt primis animalia terris,|mutum et turpe pecus, . *Serm.*1.3.100
    quid sit pulcrum, quid turpe, quid utile, quid non, ... *Epist.*1.2.3
    ne turpe toral, ne sordida mappa|corruget naris, . . . *Epist.*1.5.22
    occupet extremum scabies; mihi turpe relinqui est . . . *Ars Poet.*417
turpe. vigilansne ploro|turpe conmissum *Carm.*3.27.39
    interque signa turpe militaria|sol adspicit conopium. . . *Epod.*9.15
    vel quia turpe putant parere minoribus *Epist.*2.1.84
turpem. introrsum turpem, speciosum pelle decora. . . . *Epist.*1.16.45
turpem. nec turpem senectam|degere nec cithara carentem. . . *Carm.*1.31.19
    exiguom censum turpemque repulsam,|quanto devites . . . *Epist.*1.1.43
    sed turpem putat inscite metuitque lituram. *Epist.*2.1.167
turpes. luctusque turpes et querimoniae; *Carm.*2.20.22
turpi. quam turpi Pholoe peccet adultero. *Carm.*1.33.9
    Cois tibi paene videre est|ut nudam, ne crure malo, ne sit pede turpi; . *Serm.*1.2.102
    a turpi meretricis amore|cum deterreret: *Serm.*1.4.111
turpi. an turpi clausus in arca, ... *Serm.*2.7.59
turpi. qui turpi secernis honestum|non patre praeclaro, . . *Serm.*1.6.63
    servavit ab omni|non solum facto, verum opprobrio quoque turpi . *Serm.*1.6.84
    eripe turpi|colla iugo, ... *Serm.*2.7.91
    aut ignoratae premit artis crimine turpi. . . . . . *Ars Poet.*262
turpia. amatorem quod amicae|turpia decipiunt caecum vitia . . *Serm.*1.3.39
turpia. nec, siquid honesti est,|iactat habetque palam, quaerit, quo turpia
    celet. *Serm.*1.2.85
turpior. dente si nigro fieres vel uno|turpior ungui, . . . *Carm.*2.8.4
turpis. milesne Crassi coniuge barbara|turpis maritus vixit . . . *Carm.*3.5.6
    hietque turpis inter aridas natis|podex *Epod.*8.5
    nitidus qua quisque per ora|cederet, introrsum turpis: . . *Serm.*2.1.65
    turpis odoratum caput obscurante lacerna, ... *Serm.*2.7.55
    sub domina meretrice fuisset turpis et excors, . . . *Epist.*1.2.25
    rusticus urbano confusus, turpis honesto? . . . . *Ars Poet.*213
turpis. antequam turpis macies decentis|occupet malas . . *Carm.*3.27.53
turpis. et uncta turpis ova ranae sanguine *Epod.*5.19
turpissime. 'quo tu, turpissime?' magna|inclamat voce, . . *Serm.*1.9.75
turpiter. non tibi parvom|ingenium, non incultum est et turpiter hirtum: . *Epist.*1.3.22
    ut turpiter atrum|desinat in piscem mulier formosa superne: . *Ars Poet.*3
    chorusque|turpiter obticuit sublato iure nocendi. . . . *Ars Poet.*284
turpium. contaminato cum grege turpium|morbo virorum . . *Carm.*1.37.9
turres. celsae graviore casu|decidunt turres *Carm.*2.10.11
turres. an freta vicinas inter currentia turris [turres] . . . *var.Epis.*1.3.4
turribus. voles modo altis desilire turribus, ... *Epod.*17.70
turris. inclusam Danaen turris aenea|robustaeque fores . . . munierant . *Carm.*3.16.1
turris. pallida Mors aequo pulsat pede pauperum tabernas | regumque
    turris. . . . . *Carm.* 1.4.14
    Dardanas turris quateret tremenda|cuspide pugnax — . . *Carm.*4.6.7
    an freta vicinas inter currentia turris *Epist.*1.3.4
tus. angulus iste feret piper et tus ocius uva *Epist.*1.14.23
    ne . . . deferar in vicum vendentem tus et odores . . . *Epist.*2.1.269
Tusci. pontisne inter iactatus an amnis|ostia sub Tusci? . . . *Serm.*2.2.33
    unguentarius ac Tusci turba inpia vici, ... *Serm.*2.3.228
Tuscis. iactata Tuscis aequoribus sacra *Carm.*4.4.54
Tusco. nec quisquam citus aeque|Tusco denatat alveo. . . *Carm.*3.7.28
Tusculi. neque ut superni villa candens Tusculi|Circaea tangat moenia: . *Epod.*1.29
Tuscum. Garganum mugire putes nemus aut mare Tuscum: . . *Epist.*2.1.202

tussiet. siquis|forte coheredum senior male tussiet, ...   *Serm.*2.5.107
tussis. nec laterum dolor aut tussis nec tarda podagra;   .   .   .   *Serm.*1.9.32
tuta. est et fideli tuta silentio|merces: *Carm.*3.2.25
tuta. senes ut in otia tuta recedant, ...   *Serm.*1.1.31
nimirum hic ego sum; nam tuta et parvola laudo, ...   *Epist.*1.15.44
tutae. quin, ex quo est habitus male tutae mentis Orestes,   .   .   *Serm.*2.3.137
tutela. te Iovis inpio|tutela Saturno refulgens|eripuit   .   .   .   *Carm.*2.17.23
ad sanos abeat tutela propinquos. *Serm.*2.3.218
rerum tutela mearum|cum sis *Epist.*1.1.103
tutela. Deliae tutela deae, ...   *Carm.*4.6.33
o tutela praesens|Italiae dominaeque Romae. *Carm.*4.14.43
tuter. ac ne forte roges, quo me duce, quo Lare tuter: .   .   .   *Epist.*1.1.13
tuteris. serves|tuterisque tuo fidentem praesidio: *Epist.*1.18.81
res Italas armis tuteris, moribus ornes, ...   *Epist.*2.1.2
tutetur. Plautus|quo pacto partis tutetur amantis ephebi,   .   .   .   *Epist.*2.1.171
tutior. iam Daedaleo notior [tutior] Icaro|visam gementis litora Bospori .   *coni.Carm.*2.20.13
tutior. tutior at quanto merx est in classe secunda, ...   *Serm.*1.2.47
tutis. quidquid habes, age,|depone tutis auribus. *Carm.*1.27.18
tuto. tutus erat rhombus tutoque ciconia nido, ...   *Serm.*2.2.49
tuto. ut tuto ab atris corpore viperis|dormirem *Carm.*3.4.17
tutor. pater|Silvane, tutor finium. *Epod.*2.22
tutum. tutum per Aegaeos tumultus|aura feret *Carm.*3.29.63
tutum. inpune tutum per nemus arbutos|quaerunt   .   .   .   *Carm.*1.17.5
regnum et diadema tutum|deferens uni *Carm.*2.2.21
fore enim tutum iter et patens *Carm.*3.16.7
tutus. tutus caret obsoleti|sordibus tecti, ...   *Carm.*2.10.6
tutus bos etenim rura perambulat, ...   *Carm.*4.5.17
cui male si palpere, recalcitrat undique tutus.' *Serm.*2.1.20
tutus ab infestis latronibus? *Serm.*2.1.42
tutus erat rhombus tutoque ciconia nido, ...   *Serm.*2.2.49
me silva cavosque|tutus ab insidiis tenui solabitur ervo."'   .   .   *Serm.*2.6.117
serpit humi tutus nimium timidusque procellae: .   .   .   *Ars Poet.*28
tutus et intra|spem veniae cautus?   .   .   .   .   .   .   *Ars Poet.*266
tuum. funus atque imagines|ducant triumphales tuom [tuum]   .   .   *var.Epod.*8.12
nec magis . . . Cerinthe, tuo [tuum] tenerum est femur   .   .   *var.Serm.*1.2.81
nec magis . . . Cerinthe, tuo tenerum est femur [? femur, Cerinthe,
tuum]   .   .   .   .   *? var.Serm.*1.2.81
Tydiden. ope Palladis|Tydiden superis parem? *Carm.*1.6.16
Tydides. ecce furit, te reperire atrox,|Tydides melior patre: .   .   *Carm.*1.15.28
tympana. saeva tene cum Berecyntio|cornu tympana, .   .   .   *Carm.*1.18.14
tympano. pulso Thyias uti concita tympano. *Carm.*3.15.10
Tyndari. utcumque dulci, Tyndari, fistula *Carm.*1.17.10
Tyndaridae. clarum Tyndaridae sidus *Carm.*4.8.31
Tyndaridarum. at hunc liberta securi | divisit medium, fortissima
Tyndaridarum. *Serm.*1.1.100
Typhoeus. sed quid Typhoeus et validus Mimas   .   .   .   *Carm.*3.4.53
tyranni. matrona bellantis tyranni|prospiciens *Carm.*3.2.7
non voltus instantis tyranni *Carm.*3.3.3
tyranni. te . . . purpurei metuont tyranni, ...   *Carm.*1.35.12
invidia Siculi non invenere tyranni|maius tormentum.   .   .   *Epist.*1.2.58
tyrannos. regumque matres barbarorum et | purpurei metuont tyranni
[? purpureos tyrannos], ...   *? var.Carm.*1.35.12
pugnas et exactos tyrannos|densum umeris bibit aure volgus.   .   *Carm.*2.13.31
tyrannus. seu tyrannus|Hesperiae Capricornus undae: .   .   .   *Carm.*2.17.19
tenuisse Lirim,|late tyrannus — : *Carm.*3.17.9
Tyrcaeus. post hos insignis Homerus | Tyrtaeusque [Tyrcaeusque] mares
animos in Martia bella|versibus exacuit;   .   .   .   .   *var.Ars Poet.*402
Tyrceus. post hos insignis Homerus | Tyrtaeusque [Tyrceusque] mares
animos in Martia bella|versibus exacuit;   .   .   .   .   *var.Ars Poet.*402
Tyriae. ne Cypriae Tyriaeque merces|addant avaro divitias mari: .   .   *Carm.*3.29.60
Tyrias. et Tyrias dare circum inluta toralia vestis,   .   .   .   *Serm.*2.4.84
Tyriis. muricibus Tyriis iteratae vellera lanae|cui properabantur?   .   .   *Epod.*12.21
Tyrios. cum gemmis Tyrios mirare colores; *Epist.*1.6.18
Tyrrhena. Tyrrhena regum progenies, ...   *Carm.*3.29.1
Tyrrhena. Tyrrhena sigilla, tabellas, . . . sunt qui non habeant,   .   *Epist.*2.2.180
Tyrrhenum. quae nunc oppositis debilat pumicibus mare|Tyrrhenum: .   *Carm.*1.11.6
caementis licet occupes | terrenum [Tyrrhenum] omne tuis et mare
publicum [Apulicum]: *var.Carm.*3.24.4
ne parva Tyrrhenum per aequor|vela darem. *Carm.*4.15.3

Tyrrhenus.   non te Penelopen difficilem procis | Tyrrhenus genuit parens. .   *Carm.*3.10.12
Tyrtaeus.   post hos insignis Homerus | Tyrtaeusque . . . versibus exacuit;   *Ars Poet.*402
Tyrteus.   post hos insignis Homerus | Tyrtaeusque [Tyrteusque] mares
      animos in Martia bella | versibus exacuit;   .   .   .   .   .   *var.Ars Poet.*402
tysanarium.   agedum, sume hoc ptisanarium [tysanarium] oryzae [orize].'   .   *var.Serm.*2.3.155

V (*vocal.*)

uber.   quodque aliena capella gerat distentius uber, ...   *Serm.*1.1.110
ubera.   mammae putres | equina quales ubera *Epod.*8.8
ubera.   claudensque textis cratibus laetum pecus | distenta siccet ubera   .   *Epod.*2.46
   refertque tenta grex amicus ubera *Epod.*16.50
ubere.   fulvae matris ab ubere | iam lacte depulsum leonem   .   .   .   *Carm.*4.4.14
uberes.   vinique fontem lactis et uberes | cantare rivos *Carm.*2.19.10
uberes.   fruges et agris rettulit uberes *Carm.*4.15.5
ubi.   pone me pigris ubi nulla campis | arbor aestiva recreatur aura,   .   *Carm.*1.22.17
   barbaras Syrtis, ubi Maura semper | aestuat unda: *Carm.*2.6 3
   ubi non Hymetto | mella decedunt viridique certat | baca Venafro,   .   *Carm.*2.6.14
   ver ubi longum tepidasque praebet | Iuppiter brumas *Carm.*2.6.17
   ibi [ubi] tu calentem | debita sparges lacrima favillam | vatis amici.   .   *var.Carm.*2.6.22
   quam canis acer ubi lateat sus. *Epod.*12.6
   reddit ubi cererem tellus inarata quotannis *Epod.*16.43
   ubi acris | invidia atque vigent ubi crimina: *Serm.*1.3.60
   ubi acris | invidia atque vigent ubi crimina: *Serm.*1.3.61
   ubi sedulus hospes | paene macros arsit *Serm.*1.5.71
   ubi passim | palantis error certo de tramite pellit,   .   .   .   *Serm.*2.3.48
   ubi prava | stultitia, hic summa est insania; *Serm.*2.3.220
   res ubi magna nitet domino sene; *Serm.*2.5.12
   hortus ubi et tecto vicinus iugis aquae fons *Serm.*2.6.2
   rubro ubi cocco | tincta super lectos canderet vestis eburnos   .   .   *Serm.*2.6.102
   exilis domus est, ubi non et multa supersunt *Epist.*1.6.45
   est ubi plus tepeant hiemes, ubi gratior aura | leniat et rabiem Canis et
      momenta Leonis, ...   *Epist.*1.10.15
   est ubi divellat somnos minus invida cura? *Epist.*1.10.18
   interdum volgus rectum videt, est ubi peccat. *Epist.*2.1.63
   verum ubi plura nitent in carmine, ...   *Ars Poet.*351
ubi.   mox ubi publicas | res ordinaris, ...   *Carm.*2.1.10
   ubi illis carminibus stupens | demittit atras belua centiceps | auris   .   *Carm.*2.13.33
   sol ubi montium | mutaret umbras *Carm.*3.6.41
   mox ubi lusit satis, 'abstineto' | dixit *Carm.*3.27.69
   enim voltus ubi tuos | adfulsit populo, ...   *Carm.*4.5.6
   nos ubi decidimus | quo pius Aeneas, quo Tullus dives et Ancus,   .   *Carm.*4.7.14
   haec ubi locutus faenerator Alfius, ...   *Epod.*2.67
   quin, ubi perire iussus exspiravero, ...   *Epod.*5.91
   ubi haec severus te palam laudaveram, ...   *Epod.*11.19
   sub galli cantum consultor ubi ostia pulsat. *Serm.*1.1.10
   regibus hic mos est, ubi equos mercantur: *Serm.*1.2.86
   haec ubi supposuit dextro corpus mihi laevom, | Ilia et Egeria est;   .   *Serm.*1.2.125
   ubi quid datur oti, | inludo chartis. *Serm.*1.4.138
   ast ubi me fessum sol acrior ire lavatum | admonuit,   .   .   .   *Serm.*1.6.125
   quin ubi se a volgo et scaena in secreta remorant   .   .   .   *Serm.*2.1.71
   ubi dicto citius curata sopori | membra dedit, ...   *Serm.*2.2.80
   ubique | accedent anni, tractari mollius aetas | imbecilla volet: .   *Serm.*2.2.84
   agit ubi secum, eat an non, ...   *Serm.*2.3.260
   unus ubi effugit, matri denarrat, ...   *Serm.*2.3.315
   hoc ubi confusum sectis inferbuit herbis *Serm.*2.4.67
   ergo ubi me in montes et in arcem ex urbe removi —   .   .   .   *Serm.*2.6.16
   haec ubi dicta | agrestem pepulere, ...   *Serm.*2.6.97
   ergo ubi purpurea porrectum in veste locavit | agrestem,   .   .   *Serm.*2.6.106
   acris ubi me | natura intendit. *Serm.*2.7.47
   neque ego, hercule, fur, ubi vasa | praetereo sapiens argentea.   .   *Serm.*2.7.72
   his ut [his ubi] sublatis puer alte cinctus acernam | gausape purpureo
      mensam pertersit *var.Serm.*2.8.10
   ubi saepe | occultum visus decurrere piscis ad hamum,   .   .   .   *Epist.*1.7.73
   verum ubi oves furto, morbo periere capellae, ...   *Epist.*1.7.86
   ubi plura | cogere quam satis est ac non cessare videbor.   .   .   *Epist.*1.10.45
   vilis amicorum est annona, bonis ubi quid deest. *Epist.*1.12.24
   hic ubi nequitiae fautoribus et timidis nil | aut paulum abstulerat,   .   *Epist.*1.15.33

ubi omne|verterat in fumum et cinerem, ...   *Epist*.1.15.38
verum ubi quid melius contingit et unctius, ...   *Epist*.1.15.40
quid volui?' dices, ubi quid te laeserit; *Epist*.1.20.7
contrectatus ubi manibus sordescere volgi|coeperis,   .   .   .   *Epist*.1.20.11
ubi plenius aequo|laudat venalis qui volt extrudere merces: .   .   *Epist*.2.2.10
hic ubi cognatorum opibus curisque refectus|expulit elleboro morbum .   *Epist*.2.2.136
ubicumque.   sis licet felix, ubicumque mavis, ...   *Carm*.3.27.13
bonam deperdere famam,|rem patris oblimare malum est ubicumque. .   *Serm*.1.2.62
ubicumque locorum|vivitis, indigni fraternum rumpere foedus,   .   *Epist*.1.3.34
ubique.   an tibi abunde|personam satis est, non illud, quidquid ubique|
officit, evitare? *Serm*.1.2.60
captes astutus ubique|testamenta senum *Serm*.2.5.23
ubivis.   non ubivis coramve quibuslibet. *Serm*.1.4.74
uda.   argilla quidvis imitaberis uda; *Epist*.2.2.8
uda.   uda|mobilibus pomaria rivis. *Carm*.1.7.13
uda.   cum fugeret, tamen uda Lyaeo|tempora populea fertur vinxisse corona   *Carm*.1.7.22
udam.   coetusque volgaris et udam|spernit humum   .   .   .   *Carm*.3.2.23
udis.   *qui multum puerum loris et funibus ussit [udis]|exoratus,*   .   *var.Serm*.1.10.*5
udo.   Ionius udo cum remugiens sinus|Noto carinam ruperit.   .   .   *Epod*.10.19
udo.   sive iactatam religarat udo|litore navim, ...   *Carm*.1.32.7
nunc in udo|ludere cum vitulis salicto|praegestientis.   .   .   *Carm*.2.5.7
quis udo|deproperare apio coronas|curatve myrto?   .   .   .   *Carm*.2.7.23
udos.   udos cum foliis ramos urente camino. *Serm*.1.5.81
udum.   nec semper udum Tibur et Aefulae|declive contempleris arvom   .   *Carm*.3.29.6
ulcera.   stultorum incurata pudor malus ulcera celat.   .   .   *Epist*.1.16.24
ulceret.   mantica cui lumbos onere ulceret atque eques armos: .   .   *Serm*.1.6.106
non ancilla tuom iecur ulceret ulla puerve *Epist*.1.18.72
ulcerosum.   saeviet circa iecur ulcerosum|non sine questu,   .   *Carm*.1.25.15
Vlius.   in me veniat mictum atque cacatum|Iulius [Vlius] et fragilis Pediatia
furque Voranus. *coni.Serm*.1.8.39
Vlixei.   nec cursus duplicis per mare Vlixei *Carm*.1.6.7
laboriosa nec cohors Vlixei *Epod*.16.60
laboriosi remiges Vlixei *Epod*.17.16
remigium vitiosum Ithacensis Vlixei, ...   *Epist*.1.6.63
haud male Telemachus, proles patientis Vlixei: .   .   .   *Epist*.1.7.40
Vlixen.   inclitum Vlixen|et Menelaum una mecum se occidere clamans.'   *Serm*.2.3.197
non ille aut Teucrum aut ipsum violavit Vlixen.'   .   .   .   *Serm*.2.3.204
utile proposuit nobis exemplar Vlixen, ...   *Epist*.1.2.18
Vlixes.   "quartae sit partis Vlixes"|audieris "heres":   .   .   *Serm*.2.5.100
Vlixi.   remigium vitiosum Ithacensis Vlixei [Vlixi],   .   .   .   *var.Epist*.1.6.63
Telemachus, proles patientis Vlixei [Vlixi]: *var.Epist*.1.7.40
Vlixis.   remigium vitiosum Ithacensis Vlixei [Vlixis],   .   .   *var.Epist*.1.6.63
Telemachus, proles patientis Vlixei [Vlixis]: *var.Epist*.1.7.40
ulla.   ulla si iuris tibi peierati|poena, ...   *Carm*.2.8.1
neque harum quas colis arborum . . . ulla brevem dominum sequetur.   *Carm*.2.14.24
domus hac nec purior ulla est *Serm*.1.9.49
neque ulla est|aut magno aut parvo leti fuga: *Serm*.2.6.94
non ancilla tuom iecur ulceret ulla puerve *Epist*.1.18.72
ullam.   non fraudem socio puerove incogitat ullam|pupillo;   .   .   *Epist*.2.1.122
ulli.   nec studio citharae nec Musae deditus ulli,   .   .   .   *Serm*.2.3.105
ullius.   arcanum neque tu scrutaberis illius [ullius] umquam,   .   *var.Epist*.1.18.37
ullum.   (cocto Chium sic convenit, ut non|hoc magis ullum aliud);   .   *Serm*.2.8.49
ullum.   cui . . . quando ullum inveniet parem? *Carm*.1.24.8
ulmo.   piscium et summa genus haesit ulmo, ...   *Carm*.1.2.9
opulentet . . . pratis an amicta vitibus ulmo: .   .   .   *Epist*.1.16.3
ulmos.   platanusque caelebs|evincet ulmos; *Carm*.2.15.5
sulcos et vineta crepat mera, praeparat ulmos,   .   .   .   *Epist*.1.7.84
ulnarum.   cum bis trium ulnarum toga, ...   *Epod*.4.8
ulta.   male barbaras|regum est ulta libidines.   .   .   .   *Carm*.4.12.8
hoc delibutis ulta donis paelicem *Epod*.3.13
quibus superbam fugit ulta paelicem, ...   *Epod*.5.63
ulti.   quem nos sic fugimus ulti, ...   *Serm*.2.8.93
ultima.   ira fuit capitalis, ut ultima divideret mors,   .   .   .   *Serm*.1.7.13
mors ultima linea rerum est. *Epist*.1.16.79
principibus placuisse viris non ultima laus est.   .   .   .   *Epist*.1.17.35
ultima.   qui nunc Hesperia sospes ab ultima *Carm*.1.36.4
columnas ultima recisas|Africa *Carm*.2.18.4
ultima.   praeponens ultima primis, ...   *Serm*.1.4.59
ultimae.   altis urbibus ultimae|stetere causae, cur perirent   .   .   *Carm*.1.16.18

ultimam. seu pluris hiemes seu tribuit Iuppiter ultimam, .   .   . *Carm*.1.11.4
ultimas. horrenda late nomen in ultimas | extendat oras, .   .   . *Carm*.3.3.45
ultimi. serves iturum Caesarem in ultimos [ultimi] | orbis Britannos . *coni.Carm*.1.35.29
ultimi. me . . . ultimi | noscent Geloni, ... *Carm*.2.20.18
ultimos. serves iturum Caesarem in ultimos | orbis Britannos .   . *Carm*.1.35.29
ultimum. vel occidentis usque ad ultimum sinum | forti sequemur pectore. *Epod*.1.13
ultimum. o saepe mecum tempus in ultimum *Carm*.2.7.1
ultor. filius Maiae, patiens vocari | Caesaris ultor: *Carm*.1.2.44
      non ego, nobilium scriptorum auditor et ultor, ... *Epist*.1.19.39
ultorem. Iliae dum se (nimium) querenti | iactat ultorem, .   .   . *Carm*.1.2.18
ultra. et ultra | terminum curis vagor expeditis, ... *Carm*.1.22.10
      nihil ultra | nervos atque cutem morti concesserat atrae, .   . *Carm*.1.28.12
      ultra | limites clientium | salis avarus? *Carm*.2.18.24
      ridetque, si mortalis ultra | fas trepidat. *Carm*.3.29.31
      quos ultra citraque nequit consistere rectum. *Serm*.1.1 107
      quod ultra | perfectum traheretur, ... *Serm*.1.10.69
      ultra | legem tendere opus; *Serm*.2.1.1
ultra. neque ultra | caeca timet aliunde fata, ... *Carm*.2.13.15
      animus quod ultra est | oderit curare *Carm*.2.16.25
      quid ultra tendis? *Carm*.2.18.32
      ultra | quam licet sperare nefas putando *Carm*.4.11 29
      ultra | callidus ut soleat umeris portare viator. *Serm*.1.5.89
      'rex sum.' 'nil ultra quaero plebeius.' *Serm*.2.3.188
      ultra | "non" "etiam" sileas; *Serm*.2.5.90
      est quadam prodire tenus, si non datur ultra. *Epist*.1.1.32
      ultra quam satis est virtutem si petat ipsam. *Epist*.1.6.16
      ne te longis ambagibus ultra | quam satis est morer: .   .   . *Epist*.1.7.82
      nullum ultra verbum aut operam insumebat inanem, .   .   . *Ars Poet*.443
ultro. 'cervi, luporum praeda rapacium, | sectamur ultro .   .   . *Carm*.4.4.51
      beatus Fannius ultro | delatis capsis et imagine, ... *Serm*.1.4.21
      pulcrior, ultro | muneribus missis): *Serm*.1.7.17
      sed hic stilus haud petet ultro | quemquam animantem .   .   . *Serm*.2.1.39
      'nec nunc, cum me vocat ultro, | accedam? *Serm*.2.3.262
      ultro | qui meliorem audax vocet in ius, ... *Serm*.2.5.28
      ultro | Penelopam facilis potiori trade.' *Serm*.2.5.75
      ultra [ultro] | "non" "etiam" sileas; *var.Serm*.2.5.90
      ultro | insectere velut melior *Serm*.2.7.40
      siquid petet, ultro | defer: *Epist*.1.12.22
      commodus ultro | arcessas et egere vetes et scribere cogas. . *Epist*.2.1.227
      se venerantur et ultro, | si taceas, laudant *Epist*.2.2.107
ultus. hibrida quo pacto sit Persius ultus, ... *Serm*.1.7.2
Vlubris. quod petis, hic est, | est Vlubris, ... *Epist*.1.11.30
ululantem. cum Sagana maiore ululantem: *Serm*.1.8.25
ulvis. nam Laurens malus est, ulvis et harundine pinguis. .   . *Serm*.2.4.42
Vmber. Vmber et iligna nutritus glande rotundas | curvat aper lances . *Serm*.2.4.40
umbilicum. ad umbilicum adducere. *Epod*.14.8
umbra. seu densa tenebit | Tiburis umbra tui. *Carm*.1.7.21
      pulvis et umbra sumus. *Carm*.4.7.16
      petamque voltus umbra curvis unguibus, ... *Epod*.5.93
umbra. innocentis pocula Lesbii | duces sub umbra *Carm*.1.17.22
      pone me pigris ubi nulla campis | arbor aestiva recreatur aura [*?* recreetur
      umbra], ... *? var.Carm*.1.22.18
      si quid vacui sub umbra | lusimus tecum, ... *Carm*.1.32.1
      adrasum quendam vacua tonsoris in umbra *Epist*.1.7.50
      ⟨si⟩ quercus et ilex | multa fruge pecus, multa dominum iuvet umbra? *Epist*.1.16.10
      rite cliens Bacchi somno gaudentis et umbra: *Epist*.2.2.78
umbrae. utrumque sacro digna silentio | mirantur umbrae dicere, . *Carm*.2.13.30
      umbrae cum Sagana resonarint triste et acutum *Serm*.1.8.41
umbram. umbram hospitalem consociare amant | ramis? .   .   . *Carm*.2.3.10
      dives et inportunus ad umbram lucis ab ortu *Epist*.2.2.185
umbras. ver ubi longum tepidasque praebet | Iuppiter brumas [umbras] *var.Carm*.2.6.18
      et urbis [umbras] regnaque tristia . . . imperio regit unus aequo. *coni.Carm*.3.4.46
      sol ubi montium | mutaret umbras *Carm*.3.6.42
      pastor umbras cum grege languido | rivomque fessus quaerit . *Carm*.3.29.21
      iam nox inducere terris | umbras *Serm*.1.5.10
      cum Servilio Balatrone | Vibidius quos Maecenas adduxerat umbras. *Serm*.2.8.22
Vmbreni. nunc ager Vmbreni sub nomine, ... *Serm*.2.2.133
umbris. locus est et pluribus umbris; *Epist*.1.5.28
umbrosam. non humilis domos | fastidit umbrosamque ripam, .   . *Carm*.3.1.23

umbrosis. nunc et in umbrosis Fauno decet immolare lucis,	. . .	*Carm.*1.4.11
umbrosis. aut in umbrosis Heliconis oris .	. . .	*Carm.*1.12.5
umeri. quid ferre recusent,|quid valeant umeri.	. . .	*Ars Poet.*40
umeris. numquam umeris positurus arcum	. . .	*Carm.*3.4.60
et, quae nunc umeris involitant, deciderint comae,	. . .	*Carm.*4.10.3
umbrosis. densum umeris bibit aure volgus.	. . .	*Carm.*2.13.32
nec munus umeris efficacis Herculis|inarsit aestuosius.	. . .	*Epod.*3.17
vectabor umeris tunc ego inimicis eques	. . .	*Epod.*17.74
ultra|callidus ut soleat umeris portare viator.	. . .	*Serm.*1.5.90
cadaver|unctum oleo largo nudis umeris tulit heres,	. . .	*Serm.*2.5.86
extrahe turba|oppositis umeris;	. . .	*Serm.*2.5.95
umero. non Chloris albo sic umero nitens	. . .	*Carm.*2.5.18
si|reticulum panis venalis inter onusto|forte vehas umero,	. . .	*Serm.*1.1.48
umeros. nube candentis umeros amictus|augur Apollo;	. . .	*Carm.*1.2.31
tibi candidos|turparunt umeros inmodicae mero|rixae	. . .	*Carm.*1.13.10
per digitos umerosque plumae.	. . .	*Carm.*2.20.12
simul unctos Tiberinis umeros lavit in undis,	. . .	*Carm.*3.12.7
umerum. insignemque pharetra|fraternaque umerum lyra.	. . .	*Carm.*1.21.12
leni recreare vento|sparsum odoratis umerum capillis,	. . .	*Carm.*3.20.14
umescit. seu quis capit acria fortis | pocula seu modicis uvescit [umescit]	.	*var.Serm.*2.6.70
umida. neque illi|iam manet umida creta	. . .	*Epod.*12.10
Vmidius. ne facias quod|Vmmidius [Vmidius] quidam.	. . .	*var.Serm.*1.1.95
Vmmidius. ne facias quod|Vmmidius quidam.	. . .	*Serm.*1.1.95
umor. defluit saxis agitatus umor.	. . .	*Carm.*1.12.29
umor et in genas|furtim labitur arguens,	. . .	*Carm.*1.13.6
umquam. ulla si iuris tibi peierati|poena, Barine, nocuisset umquam,	.	*Carm.*2.8.2
nec si resurgat centimanus gigas|divellet umquam:	. . .	*Carm.*2.17.15
nec tantus umquam siderum insedit vapor	. . .	*Epod.*3.15
at siquid umquam tale concupiveris,	. . .	*Epod.*3.19
umquam nisi in dispar feris.	. . .	*Epod.*7.12
ut se|non umquam servo melius vestiret,	. . .	*Serm.*1.1.97
'nil fuerit mi' inquit 'cum uxoribus umquam alienis.'	. . .	*Serm.*1.2.57
rogabat|denique, cur umquam fugisset,	. . .	*Serm.*1.5.68
unius assis|non umquam pretio pluris licuisse,	. . .	*Serm.*1.6.14
nollem onus haud umquam solitus portare molestum.	. . .	*Serm.*1.6.99
nil mi officit,' inquam, [umquam]|'ditior hic aut est quia doctior;	.	*var.Serm.*1.9.50
quos neque pulcer|Hermogenes umquam legit	. . .	*Serm.*1.10.18
credebat libris neque, si male cesserat, usquam [unquam]|decurrens alio	*var.Serm.*2.1.31
haud umquam misera formidine privet?	. . .	*Serm.*2.7.77
in culpa est animus, qui se non effugit umquam.	. . .	*Epist.*1.14.13
qui metuens vivet, liber mihi non erit umquam.	. . .	*Epist.*1.16.66
arcanum neque tu scrutaberis illius umquam,	. . .	*Epist.*1.18.37
quae poterunt umquam satis expurgare cicutae,	. . .	*Epist.*2.2.53
aut nimium teneris iuuenentur versibus umquam	. . .	*Ars Poet.*246
una. nunc lapides adesos|stirpisque raptas et pecus et domos|volventis una,	*Carm.*3.29.38
quin corpus onustum|hesternis vitiis animum quoque praegravat una .	*Serm.*2.2.78
grandes rhombi patinaeque|grande ferunt una cum damno dedecus.	*Serm.*2.2.96
et Menelaum una mecum se occidere clamans.'	. . .	*Serm.*2.3.198
ludos spectaverat, una|luserat in campo:	. . .	*Serm.*2.6.48
sed quis cenantibus una,| Fundani, pulcre fuerit tibi,	. . .	*Serm.*2.8.18
una|cum scriptore meo . . . deferar in vicum .	. . .	*Epist.*2.1.267
una. sed omnis una manet nox .	. . .	*Carm.*1.28.15
vix una sospes navis ab ignibus	. . .	*Carm.*1.37.13
una de multis face nuptiali|digna	. . .	*Carm.*3.11.33
levis una mors est|virginum culpae.	. . .	*Carm.*3.27.37
cui satis una|farris libra foret,	. . .	*Serm.*1.5.68
nil admirari prope res est una, Numici,	. . .	*Epist.*1.6.1
si virtus hoc una potest dare,	. . .	*Epist.*1.6.30
an venit in votum Attalicis ex urbibus una,	. . .	*Epist.*1.11.5
quid te exempta iuvat spinis de pluribus una?	. . .	*Epist.*2.2.212
una. nequaquam satis in re una consumere curam,	. . .	*Serm.*2.4.48
hac in re scilicet una|multum dissimiles,	. . .	*Epist.*1.10.2
vel quia cuncta putas una virtute minora. .	. . .	*Epist.*1.12.11
unam. nam de mille fabae modiis cum surripis unum [unam],	.	*coni.Epist.*1.16.55
qui variare cupit rem prodigialiter unam,	. . .	*Ars Poet.*29
uncia. si de quincunce remota est|uncia, quid superat?	. . .	*Ars Poet.*328
redit uncia, quid fit?'|'semis.'	. . .	*Ars Poet.*329
unco. dente si nigro fieres vel uno [unco]|turpior ungui,	. . .	*coni.Carm.*2.8.3
uncta. fornix tibi et uncta popina|incutiunt Vrbis desiderium,	. . .	*Epist.*1.14.21

uncta. uncta satis pingui ponentur holuscula lardo? *Serm.*2.6.64
uncta. arma|nondum expiatis uncta cruoribus, ... *Carm.*2.1.5
    et uncta turpis ova ranae sanguine *Epod.*5.19
unctam. nec sic ut simplex Naevius unctam|convivis praebebit aquam: . *Serm.*2.2.68
uncti. dum licet, Assyriaque nardo|potamus uncti? *Carm.*2.11.17
    'ter uncti|transnanto Tiberim, ... *Serm.*2.1.7
unctis. donec manibus tremor incidat unctis. *Epist.*1.16.23
unctis. indormit unctis omnium cubilibus|oblivione paelicum? . . *Epod.*5.69
unctis. puer quis ex aula capillis|ad cyathum statuetur unctis . . *Carm.*1.29.8
    psallimus et luctamur Achivis doctius unctis. *Epist.*2.1.33
unctis. puer unctis|tractavit calicem manibus. *Serm.*2.4.78
unctius. verum ubi quid melius contingit et unctius, ... *Epist.*1.15.40
uncto. ut canis a corio numquam absterrebitur uncto. . . . *Serm.*2.5.83
unctos. simul unctos Tiberinis umeros lavit in undis, . . . *Carm.*3.12.7
unctum. cadaver|unctum oleo largo nudis umeris tulit heres, . . *Serm.*2.5.86
    accedes siccus ad unctum. *Epist.*1.17.12
    si vero est, unctum qui recte ponere possit . . . . *Ars Poet.*422
uncus. nec severus|uncus abest liquidumque plumbum; . . . *Carm.*1.35.20
unda. et minax, †quia sic voluere, ponto|unda recumbit. . . . *Carm.*1.12.32
    barbaras Syrtis, ubi Maura semper|aestuat unda: . . . *Carm.*2.6.4
    unda fretis tulit aestuosis. *Carm.*2.7.16
    heres|heredem alterius velut unda supervenit undam, . . *Epist.*2.2.176
unda. Geryonen Tityonque tristi|conpescit unda, ... *Carm.*2.14.9
    nec Stygia cohibebor unda. *Carm.*2.20.8
    nec Sicula Palinurus unda. *Carm.*3.4.28
    gelida cum perluor unda|per medium frigus. *Epist.*1.15.4
undae. tyrannus|Hesperiae Capricornus undae: *Carm.*2.17.20
undam. heres|heredem alterius velut unda supervenit undam, . . *Epist.*2.2.176
undas. nocte sublustri nihil astra praeter|vidit et undas. . . *Carm.*3.27.32
    vel Eurus|per Siculas equitavit undas. *Carm.*4.4.44
    indomitas prope qualis undas|exercet Auster *Carm.*4.14.20
    quocumque per undas|Notus vocabit *Epod.*16.21
unde. unde manum iuventus|metu deorum continuit? . . . *Carm.*1.35.36
    unde quo veni? *Carm.*3.27.37
    quibus|mos unde deductus per omne|tempus *Carm.*4.4.19
    sed dubius unde rumperet silentium, ... *Epod.*5.85
    unde petitum|hoc in me iacis? *Serm.*1.4.79
    'unde venis' et|'quo tendis?' rogat et respondet. . . . *Serm.*1.9.62
    cornu taurus petit: unde nisi intus|monstratum? . . . *Serm.*2.1.52
    unde putas aut|qui partum? *Serm.*2.2.18
    unde datum sentis, lupus hic Tiberinus an alto|captus hiet? . *Serm.*2.2.31
    sed unde|tam bene me nosti?' *Serm.*2.3.17
    'unde et quo Catius?' *Serm.*2.4.1
    unde mihi tam fortem tamque fidelem?" *Serm.*2.5.102
    'unde mihi lapidem?' 'quorsum est opus?' 'unde sagittas?' . *Serm.*2.7.116
    'abi, quaere et refer, unde domo, quis, ... *Epist.*1.7.53
    castis cum pueris ignara puella mariti|disceret unde preces, . *Epist.*2.1.133
    unde parentur opes, quid alat formetque poetam, . . . *Ars Poet.*307
unde. unde vocalem temere insecutae|Orphea silvae, . . . *Carm.*1.12.7
    unde nil maius generatur ipso *Carm.*1.12.17
    multaque merces|unde potest tibi defluat aequo|ab Iove . . *Carm.*1.28.28
    unde si Parcae prohibent iniquae, ... *Carm.*2.6.9
    unde periculum|fulgens contremuit domus *Carm.*2.12.7
    hic, unde vitam sumeret inscius, ... *Carm.*3.5.37
    ne longus tibi somnus unde|non times detur; *Carm.*3.11.38
    unde loquaces|lymphae desiliunt tuae. *Carm.*3.13.15
    unde expedire non amicorum queant|libera consilia . . . *Epod.*11.25
    unde tibi reditum certo subtemine Parcae|rupere, . . . *Epod.*13.15
    illuc, unde abii, redeo: ⟨cum⟩ nemo, ut avarus,|se probet . *Serm.*1.1.108
    unde|fama malum gravius quam res trahit. *Serm.*1.2.58
    unde Superbus|Tarquinius regno pulsus fugit, ... *Serm.*1.6.12
    unde laboris|plus haurire mali est quam ex re decerpere fructus. . *Serm.*1.2.78
    unde frequentia Mercuriale|inposuere mihi cognomen compita.' . *Serm.*2.3.25
    unde ego mira|descripsi docilis praecepta haec, . . . *Serm.*2.3.33
    unde uxor media currit de nocte vocata.' — *Serm.*2.3.238
    unde|divitias aerisque ruam, dic augur, acervos.' . . . *Serm.*2.5.21
    unde homines operum primos vitaeque labores|instituont . . *Serm.*2.6.21
    unde|mundior exiret vix libertinus honeste; *Serm.*2.7.11
    unde simul primum me dimisere Philippi *Epist.*2.2.49

unde pedem proferre pudor vetet aut operis lex,	*Ars Poet.*135
unde etiam trimetris accrescere iussit|nomen iambeis,	*Ars Poet.*252
unde. mercedem aut nummos unde unde extricat,	*Serm.*1.3.88
unde. si et stramentis incubet unde-|octoginta annos natus,	*Serm.*2.3.117
undenos. certus undenos deciens per annos|orbis	*Carm.Saec.*21
me quater undenos sciat inplevisse decembris,	*Epist.*1.20.27
unde-octoginta. si et stramentis incubet unde-|octoginta annos natus,	*Serm.*2.3.117,118
undique. undique decerptam fronti praeponere olivam;	*Carm.*1.7.7
Prometheus addere principi|limo coactus particulam undique|desectam	*Carm.*1.16.14
coemptos undique nobilis|libros Panaeti	*Carm.*1.29.13
undique latius|extenta visentur Lucrino|stagna lacu	*Carm.*2.15.2
quam malus undique membris|crescit odor,	*Epod.*12.7
congestis undique saccis|indormis inhians	*Serm.*1.1.70
undique magno|pulsa domus strepitu resonet,	*Serm.*1.2.128
rapit in ius; clamor utrimque,|undique concursus.	*Serm.*1.9.78
cui male si palpere, recalcitrat undique tutus.'	*Serm.*2.1.20
delirus et amens|undique dicatur merito.	*Serm.*2.3.108
quare, . . . periuras, surripis, aufers|undique?	*Serm.*2.3.128
sibi dum requiem, dum risus undique quaerit,	*Epist.*1.7.79
varias inducere plumas,|undique collatis membris	*Ars Poet.*3
undis. retortis|litore Etrusco violenter undis .	*Carm.*1.2.14
me quoque devexi rapidus comes Orionis|Illyricis Notus obruit undis.	*Carm.*1.28.22
simul unctos Tiberinis umeros lavit in undis,	*Carm.*3.12.7
neque vitam amittit in undis.	*Serm.*1.1.60
nunc agilis fio et mersor civilibus undis,	*Epist.*1.1.16
adversis rerum inmersabilis undis.	*Epist.*1.2.22
naviget ac mediis hiemet mercator in undis,	*Epist.*1.16.71
unguem. Capitoque simul Fonteius, ad unguem|factus homo,	*Serm.*1.5.32
prave sectum stomacheris ob unguem	*Epist.*1.1.104
praesectum decies non castigavit ad unguem.	*Ars Poet.*294
unguenta. huc vina et unguenta et nimium brevis|flores . . . ferre iube	*Carm.*2.3.13
funde capacibus|unguenta de conchis.	*Carm.*2.7.23
unguentarius. unguentarius ac Tusci turba inpia vici, . . . mane domum veniant.	*Serm.*2.3.228
unguentum. crassum unguentum et Sardo cum melle papaver|offendunt, .	*Ars Poet.*375
unguentum. i pete unguentum, puer, et coronas	*Carm.*3.14.17
unguere. unguere si caulis oleo meliore . . . coeperis	*Serm.*2.3.125
ungui. dente si nigro fieres vel uno|turpior ungui,	*Carm.*2.8.4
incestos amores|de tenero meditatur ungui.	*Carm.*3.6.24
luctantis acuto ne secer ungui,	*Epist.*1.19.46
ungui. cur alter fratrum cessare et ludere et ungui|praeferat	*Epist.*2.2.183
unguibus. sectis in iuvenes unguibus acrium	*Carm.*1.6.18
Rhoetum retorsisti leonis|unguibus horribilemque mala;	*Carm.*2.19.24
petamque voltus umbra curvis unguibus,	*Epod.*5.93
unguibus et pugnis, dein fustibus atque ita porro|pugnabant armis	*Serm.*1.3.101
scalpere terram|unguibus	*Serm.*1.8.27
unguis. vivos et roderet unguis.	*Serm.*1.10.71
cultello proprios purgantem leniter unguis.	*Epist.*1.7.51
unguis|exprimet et mollis imitabitur aere capillos	*Ars Poet.*32
bona pars non unguis ponere curat,|non barbam,	*Ars Poet.*297
unguit. gloria quem supra vires et vestit et unguit,	*Epist.*1.18.22
ungula. ut, cum carceribus missos rapit ungula currus,	*Serm.*1.1.114
ungula. Vrbem|eques sonante verberabit ungula,	*Epod.*16.12
unguor. lecto|aut scripto quod me tacitum iuvet, unguor olivo,	*Serm.*1.6.123
uni. quam si . . . uterque Poenus|serviat uni.	*Carm.*2.2.12
diadema tutum|deferens uni propriamque laurum	*Carm.*2.2.22
uni nimirum recte tibi semper erunt res,	*Serm.*2.2.106
dissimulator opis propriae, mihi commodus uni.	*Epist.*1.9.9
uni. scilicet uni aequos virtuti atque eius amicis.	*Serm.*2.1.70
ut nec pes nec caput uni|reddatur formae.	*Ars Poet.*8
uni. est locus uni|cuique suos.'	*Serm.*1.9.51
unice. quid Tiridaten terreat, unice|securus.	*Carm.*1.26.5
unicis. satis beatus unicis Sabinis.	*Carm.*2.18.14
unico. unico gaudens mulier marito	*Carm.*3.14.5
unius. consulque non unius anni,	*Carm.*4.9.39
unius assis|non umquam pretio pluris licuisse,	*Serm.*1.6.13
uno. fide Teia|dices laborantis in uno|Penelopen vitreamque Circen;	*Carm.*1.17.19
dente si nigro fieres vel uno|turpior ungui,	*Carm.*2.8.3
neque uno luna rubens nitet|voltu:	*Carm.*2.11.10

me libertina, nec uno|contenta, Phryne macerat. *Epod.14.15*
versus dictabat stans pede in uno. *Serm.1.4.10*
'at Novius collega gradu post me sedet uno: *Serm.1.6.40*
forte minus locuples uno quadrante perisset, ...   *Serm.2.3.93*
quae si semel uno|de sene gustarit tecum partita lucellum,   .   .   *Serm.2.5.81*
sapiens uno minor est Iove, dives,|liber, ...   *Epist.1.1.106*
iustus in uno|te nostris ducibus, te Grais anteferendo .   .   *Epist.2.1.18*
qui deperiit minor uno mense vel anno, ...   *Epist.2.1.40*
viveret in terris te siquis avarior uno. *Epist.2.2.157*
uno.   verum hoc se amplectitur uno, ...   *Serm.1.2.53*
Villius in Fausta Syllae gener, hoc miser uno|nomine deceptus, poenas
    dedit *Serm.1.2.64*
calet uno|scribendi studio: *Epist.2.1.108*
unquam.   nil fuit unquam|sic inpar sibi. *Serm.1.3.18*
credebat libris neque, si male cesserat, usquam [unquam] | decurrens alio
    neque, si bene: *var.Serm.2.1.31*
unum.   sunt quibus unum opus est intactae Palladis urbem | carmine
    perpetuo celebrare *Carm.1.7.5*
hoc est mediocribus illis|ex vitiis unum; *Serm.1.4.140*
"est genus unum|stultitiae nihilum metuenda timentis,   .   .   *Serm.2.3.53*
qua me stultitia, quoniam non est genus unum,|insanire putas?   .   *Serm.2.3.301*
denique sit quod vis, simplex dumtaxat et unum.   .   .   .   *Ars Poet.23*
unum.   quid omnium|voltus in unum me truces?   .   .   .   *Epod.5.4*
(unum ex iudicibus selectis obiciebat) *Serm.1.4.123*
'unum',|('quid tam magnum?' addens), ...   *Serm.2.3.282*
'unum me surpite mortil *Serm.2.3.283*
ut unum|scilicet egregii mortalem altique silenti.   .   .   *Serm.2.6.57*
nam de mille fabae modiis cum surripis unum, .   .   .   *Epist.1.16.55*
paulatim vello et demo unum, demo etiam unum,   .   .   .   *Epist.2.1.46*
unum|siquis amicorum est ausus reprehendere versum;   .   .   *Epist.2.1.221*
unum.   Inachiam ter nocte potes, mihi semper ad unum|mollis opus.   .   *Epod.12.15*
altius ac nos|praecinctis unum: *Serm.1.5.6*
siquis emat citharas, emptas conportet in unum, .   .   .   *Serm.2.3.104*
versus amat, hoc studet unum; *Epist.2.1.120*
unum.   si non offenderet unum|quemque poetarum limae labor et mora.   .   *Ars Poet.290*
unum.   naturae deus humanae, mortalis in unum|quodque caput,   .   *Epist.2.2.188*
unus.   imperio regit unus aequo. *Carm.3.4.48*
namque sagacius unus odoror, ...   *Epod.12.4*
e quibus unus avet quavis aspergere cunctos|praeter eum qui praebet
    aquam; *Serm.1.4.87*
donec cerebrosus prosilit unus *Serm.1.5.21*
ducendus et unus|et comes alter, ...   *Serm.1.6.101*
sum paulo infirmior, unus|multorum. *Serm.1.9.71*
comis garrire libellos|unus vivorum, Fundani;   .   .   .   *Serm.1.10.42*
domos mercarier unus|cum lucro noram: .   .   .   *Serm.2.3.24*
unus utrique|error, sed variis inludit partibus: .   .   .   *Serm.2.3.50*
unus ubi effugit, matri denarrat, ...   *Serm.2.3.315*
si vafer unus et alter|insidiatorem praeroso fugerit hamo, .   .   *Serm.2.5.24*
unus ut e multis populo spectante referret|emptum mulus aprum),   .   *Epist.1.6.60*
Septimius, Claudi, nimirum intellegit unus,|quanti me facias;   .   *Epist.1.9.1*
si versus paulo concinnior unus et alter, ...   *Epist.2.1.74*
ego utrum|nave ferar magna an parva, ferar unus et idem.   .   *Epist.2.2.200*
purpureus, late qui splendeat, unus et alter|adsuitur pannus,   .   *Ars Poet.15*
Aemilium circa ludum faber imus [unus] . . . mollis imitabitur aere
    capillos,|infelix operis summa, ...   *var.Ars Poet.32*
unxere.   unxere matres Iliae additum feris|alitibus atque canibus homicidam
    Hectorem, ...   *Epod.17.11*
urantur.   pinguia nec siccis urantur semina glaebis, .   .   *Epod.16.55*
urat.   si te forte meae gravis uret [urat] sarcina chartae, .   .   *var.Epist.1.13.6*
urbana.   urbana diaria rodere mavis, ...   *Epist.1.14.40*
urbanae.   frontis ad urbanae descendi praemia.   .   .   .   *Epist.1.9.11*
urbane.   et sermone opus est modo tristi, saepe iocoso, . . . interdum
    urbani [urbane]. *var.Serm.1.10.13*
urbani.   interdum urbani, parcentis viribus *Serm.1.10.13*
urbanis.   fuerit Lucilius, inquam,|comis et urbanus [urbanis],   .   *var.Serm.1.10.65*
urbano.   rusticus urbano confusus, turpis honesto?   .   .   *Ars Poet.213*
urbanum.   rusticus urbanum murem mus paupere fertur|accepisse cavo,   .   *Serm.2.6.80*
urbanus.   hic tibi comis et urbanus liberque videtur,   .   .   *Serm.1.4.90*
fuerit Lucilius, inquam,|comis et urbanus,   .   .   .   *Serm.1.10.65*

tandem urbanus ad hunc "quid te iuvat" inquit.	*Serm.*2.6.90
ut . . . urbanus coepit haberi, | scurra vagus, ...	*Epist.*1.15.27
dum studet urbanus tenditque disertus haberi.	*Epist.*1.19.16
Vrbe. mitte civilis super Vrbe curas:	*Carm.*3.8.17
solos felicis viventis clamat in Vrbe.	*Serm.*1.1.12
incolumis laetor quod vivit in Vrbe;	*Serm.*1.4.98
flebit et insignis tota cantabitur Vrbe.	*Serm.*2.1.46
bene erat non piscibus Vrbe petitis, ...	*Serm.*2.2.120
rure ego viventem, tu dicis in Vrbe beatum:	*Epist.*1.14.10
urbe. incolumi Iove et urbe Roma?	*Carm.*3.5.12
possis nihil urbe Roma | visere maius.	*Carm.Saec.*11
in Mamurrarum lassi deinde urbe manemus, ...	*Serm.*1.5.37
ergo ubi me in montes et in arcem ex urbe removi — . . .	*Serm.*2.6.16
'nullus in orbe [urbe] sinus Bais praelucet amoenis'	*var.Epist.*1.1.83
Vrbem. rubente | dextera sacras iaculatus arcis | terruit Vrbem, . .	*Carm.*1.2.4
paene occupatam seditionibus | delevit Vrbem Dacus et Aethiops, .	*Carm.*3.6.14
per Vrbem . . . fabula quanta fui, ...	*Epod.*11.7
Vrbem | eques sonante verberabit ungula, ...	*Epod.*16.11
inpune ut Vrbem nomine inpleris meo?	*Epod.*17.59
ille, datis vadibus qui rure extractus in Vrbem est. . . .	*Serm.*1.1.11
sic qui promittit civis, Vrbem sibi curae, | imperium fore . .	*Serm.*1.6.34
at illae currere in Vrbem.	*Serm.*1.8.47
garriret, vicos, Vrbem laudaret.	*Serm.*1.9.13
quod sale multo | Vrbem defricuit, ...	*Serm.*1.10.4
vis tu homines Vrbemque feris praeponere silvis? . . .	*Serm.*2.6.92
absentem rusticus Vrbem | tollis ad astra	*Serm.*2.7.28
nunc Vrbem et ludos et balnea vilicus optas;	*Epist.*1.14.15
scriptorum chorus omnis amat nemus et fugit Vrbem, . . .	*Epist.*2.2.77
urbem. intactae Palladis urbem | carmine perpetuo celebrare . .	*Carm.*1.7.5
iussa pars mutare Lares et urbem | sospite cursu, . . .	*Carm.Saec.*39
et sermone opus est modo tristi, saepe iocoso, . . . interdum urbani [urbem],	*var.Serm.*1.10.13
postquam coepit agros extendere victor et urbis [urbem] | latior amplecti murus	*var.Ars Poet.*208
urbes. urbesque gentesque et Latium ferox	*Carm.*1.35.10
urbes. iussa pars mutare Lares et urbem [urbes] | sospite cursu, . .	*var.Carm.Saec.*39
multorum providus urbes | et mores hominum inspexit . .	*Epist.*1.2.19
scriptorum chorus omnis amat nemus et fugit Vrbem [urbes], .	*var.Epist.*2.2.77
vicinas urbes alit et grave sentit aratrum, ...	*Ars Poet.*66
qui mores hominum multorum vidit et urbes.'	*Ars Poet.*142
Vrbi. Vrbi sollicitus times, ...	*Carm.*3.29.26
minatus Vrbi vincla, ...	*Epod.*9.9
qui consulit et tibi et Vrbi | Iuppiter,'	*Epist.*1.16.28
militiae quamquam piger et malus, utilis Vrbi, . . .	*Epist.*2.1.124
urbibus. altis urbibus ultimae | stetere causae, cur perirent . .	*Carm.*1.16.18
urbibus. aut ille centum nobilem Cretam urbibus . . .	*Epod.*9.29
an venit in votum Attalicis ex urbibus una, . . .	*Epist.*1.11.5
Vrbis. concines laetosque dies et Vrbis | publicum ludum . .	*Carm.*4.2.41
Vrbis aventes | moenia nocturni subrepere. . . .	*Serm.*2.6.99
fornix tibi et uncta popina | incutiunt Vrbis desiderium, . .	*Epist.*1.14.22
me primis Vrbis belli placuisse domique, ...	*Epist.*1.20.23
rerum | fluctibus in mediis et tempestatibus Vrbis . . .	*Epist.*2.2.85
urbis. Amphion, Thebanae conditor urbis, | saxa movere . .	*Ars Poet.*394
urbis amatorem Fuscum salvere iubemus | ruris amatores, . .	*Epist.*1.10.1
urbis. invidiaque maior | urbis relinquam.	*Carm.*2.20.5
qui mare temperat | ventosum et urbis regnaque tristia . .	*Carm.*3.4.46
dirus per urbis Afer ut Italas	*Carm.*4.4.42
pertulit Ausonias ad urbis, ...	*Carm.*4.4.56
volentem proelia me loqui | victas et urbis . . .	*Carm.*4.15.2
et miseras inimicat urbis.	*Carm.*4.15.20
urbis | latior amplecti murus	*Ars Poet.*208
urbium. diffidit urbium | portas vir Macedo	*Carm.*3.16.13
si quaeret Pater urbium | subscribi statuis, . . .	*Carm.*3.24.27
Romae principis urbium | dignatur suboles . . .	*Carm.*4.3.13
Vrbs. sua | Vrbs haec periret dextera?	*Epod.*7.10
urceus. amphora coepit | institui: currente rota cur urceus exit? . .	*Ars Poet.*22
urenda. neglectis urenda filix innascitur agris. . . .	*Serm.*1.3.37
urendos. ut ventres lamna candente nepotum | diceret urendos correctus Bestius.	*Epist.*1.15.37

urens. nec Sicana fervida│virens [urens] in Aetna flamma; *var.Epod.*17.33
urente. udos cum foliis ramos urente camino. *Serm.*1.5.81
urentes. navita Bosporum │ temptabo et urentis [urentes] harenas │ litoris
    Assyrii viator, ... *var.Carm.*3.4.31
urentis. urentis harenas│litoris Assyrii viator, ... *Carm.*3.4.31
urere. expetit│mollibus in pueris aut in puellis urere. *Epod.*11.4
    meum iecur urere bilis. *Serm.*1.9.66
ureret. nescios fari pueros Achivis│ureret flammis, ... *Carm.*4.6.19
    non ut superbas invidae Karthaginis│Romanus arces ureret, . . *Epod.*7.6
ureris. ureris ipse miser: *Epod.*14.13
    'habes pretium, loris non ureris,' aio. *Epist.*1.16.47
uret. post certas hiemes uret Achaicus│ignis †Iliacas domos.' . . *Carm.*1.15.35
    ut calceus olim,│si pede maior erit, subvertet, si minor, uret. . *Epist.*1.10.43
    si te forte meae gravis uret sarcina chartae, ... *Epist.*1.13.6
urge. donec "ohe iam"│ad caelum manibus sublatis dixerit, urge: . *Serm.*2.5.97
    ne prior officio quisquam respondeat, urge.' *Serm.*2.6.24
urgendo. neque altum│semper urgendo *Carm.*2.10.2
urgent. urgent inpavidi te Salaminius│Teucer, ... *Carm.*1.15.23
urgentis. quaecumque excepit turgentis [urgentis] verbera caudae│clunibus *var.Serm.*2.7.49
urgentur. omnes inlacrimabiles│urgentur ignotique longa│nocte, . *Carm.*4.9.27
urgere. angustoque vagos piscis urgere catino. *Serm.*2.4.77
    cur me funesto properent arcere [urgere] veterno; . . . *var.Epist.*1.8.10
    reges dicuntur multis urgere culillis . . . . . *Ars Poet.*434
urgeris. urgeris turba circum te stante *Serm.*1.3.135
urges. tu semper urges flebilibus modis│Mysten ademptum . . *Carm.*2.9.9
    marisque Bais obstrepentis urges│submovere litora, . . . *Carm.*2.18.20
    tamen urges│iampridem non tacta ligonibus arva . . . *Epist.*1.14.26
urget. quis multa gracilis te puer in rosa│perfusus liquidis urget odoribus *Carm.*1.5.2
    quod latus mundi nebulae malusque│Iuppiter urget; . . . *Carm.*1.22.20
    ergo Quintilium perpetuos sopor│urget? *Carm.*1.24.6
    "vilis Europe" pater urget absens: *Carm.*3.27.57
    urget diem nox et dies noctem *Epod.*17.25
    atque│quanto perditior quisque est, tanto acrius urget; . . *Serm.*1.2.15
    hac urget lupus, hac canis, aiunt. *Serm.*2.2.64
    ut lethargicus hic cum fit pugil et medicum urget.' . . . *Serm.*2.3.30
    pudor" inquit "te malus angit [urget], ... *var.Serm.*2.3.39
    inprobus urget│iratis precibus: *Serm.*2.6.29
    'pars hominum vitiis gaudet constanter et urget│propositum; . *Serm.*2.7.6
    urget enim dominus mentem non lenis *Serm.*2.7.93
    sedulitas autem stulte quem diligit urget, ... *Epist.*2.1.260
    res urget me nulla: meo sum pauper in aere. *Epist.*2.2.12
    ut mala quem scabies aut morbus regius urget . . . *Ars Poet.*453
urgetur. vitiis nemo sine nascitur; optimus ille est,│qui minimis urgetur. . *Serm.*1.3.69
uri. miseram tuis│dicens ignibus uri, ... *Carm.*3.7.11
    uri virgis ferroque necari│auctoratus eas, ... *Serm.*2.7.58
urimur. cantamus, vacui sive quid urimur. *Carm.*1.6.19
urit. dum gravis Cyclopum│Volcanus ardens visit [urit] officinas. . *var.Carm.*1.4.8
    urit me Glycerae nitor│splendentis Pario marmore purius, . . *Carm.*1.19.5
    urit grata protervitas *Carm.*1.19.7
    num, tibi cum faucis urit sitis, aurea quaeris│pocula? . . *Serm.*1.2.114
    hunc amor, ira quidem communiter urit utrumque. . . . *Epist.*1.2.13
    si te forte meae gravis uret [urit] sarcina chartae, . . . *var.Epist.*1.13.6
    urit enim fulgore suo qui praegravat artes│infra se positas: . *Epist.*2.1.13
urna. omne capax movet urna nomen. *Carm.*3.1.16
    stetit urna paulum│sicca, ... *Carm.*3.11.22
urna. omnium│versatur urna serius ocius│sors exitura . . . *Carm.*2.3.26
    ut tibi si sit opus liquidi non amplius urna *Serm.*1.1.54
    nam Canusi lapidosus, aquae non ditior urna, ... *Serm.*1.5.91
    quod puero cecinit divina mota anus urna: *Serm.*1.9.30
urnam. Cervius iratus leges minitatur et urnam, ... *Serm.*2.1.47
    'o si urnam argenti fors quae mihi monstret, ... *Serm.*2.6.10
uror. uror, seu tibi candidos│turparunt umeros *Carm.*1.13.9
ursis. tribus ursis quod satis esset; *Epist.*1.15.35
ursis. ut tuto ab atris corpore viperis│dormirem et ursis, . . *Carm.*3.4.18
ursum. media inter carmina poscunt│aut ursum aut pugiles: . . *Epist.*2.1.186
ursus. nec vespertinus circumgemit ursus ovile *Epod.*16.51
    certe furit ac velut ursus, ... *Ars Poet.*472
urtica. abstemius herbis│vivis et urtica, ... *Epist.*1.12.8
usitata. non usitata nec tenui ferar│penna *Carm.*2.20.1

usitatis.   non usitatis, Vare, potionibus, ...   *Epod.*5.73
usquam.   quidquid usquam concipitur nefas *Carm.*2.13.9
     non usquam prorepit et illis utitur ante|quaesitis patiens, . .   *Serm.*1.1.37
     neque, si male cesserat, usquam|decurrens alio neque, si bene: .   *Serm.*2.1.31
     velut usquam|vinctus eas, ...   *Serm.*2.7.30
     quodsi me noles usquam discedere, ...   *Epist.*1.7.25
     neque ficto|in peius voltu proponi cereus usquam *Epist.*2.1.265
usque.   defendit aestatem capellis|usque meis pluviosque ventos. .   *Carm.*1.17.4
     aut mare Caspium|vexant inaequales procellae|usque . . .   *Carm.*2.9.4
     quid quod usque proximos|revellis agri terminos *Carm.*2.18.23
     usque ego postera|crescam laude recens, ...   *Carm.*3.30.7
     post hoc secundis usque laboribus *Carm.*4.4.45
     vel occidentis usque ad ultimum sinum|forti sequemur pectore. .   *Epod.*1.13
     et inputata floret usque vinea, ...   *Epod.*16.44
     novis ut usque suppetas laboribus. *Epod.*17.64
     ad usque|supremum tempus *Serm.*1.1.97
     est qui|inguen ad obscaenum subductis usque; . . .   *Serm.*1.2.26
     poenas dedit usque superque|quam satis est, . . .   *Serm.*1.2.65
     ab ovo|usque ad mala citaret 'io Bacchae' *Serm.*1.3.7
     at tu conclusas hircinis follibus auras,|usque laborantis, . . . ut mavis,
       imitare. *Serm.*1.4.20
     hic ego mendacem stultissimus usque puellam | ad mediam noctem
       exspecto; *Serm.*1.5.82
     via peior ad usque|Bari moenia piscosi; *Serm.*1.5.96
     nunc mihi curto|ire licet mulo vel si libet usque Tarentum, .   *Serm.*1.6.105
     iamdudum video; sed nil agis: usque tenebo; . . .   *Serm.*1.9.15
     'nil habeo quod agam et non sum piger: usque sequar te.' .   *Serm.*1.9.19
     me|cum magnis vixisse invita fatebitur usque|invidia . .   *Serm.*2.1.76
     siquis ad illa deus subito te agat, usque recuses, . .   *Serm.*2.7.24
     naturam expelles furca, tamen usque recurret . . .   *Epist.*1.10.24
     sed vocat usque suom qua populus adsita certis|limitibus .   *Epist.*2.2.170
     extremi primorum, extremis usque priores. *Epist.*2.2.204
     usque|sessuri, donec cantor 'vos plaudite' dicat: . .   *Ars Poet.*154
     ut scriptor si peccat idem librarius usque, ...   *Ars Poet.*354
ussit.   *qui multum puerum loris et funibus ussit|exoratus,* .   *Serm.*1.10.*5
Vsticae.   Vsticae cubantis|levia personuere saxa. *Carm.*1.17.11
ustis.   dux fugit ustis navibus *Epod.*9.8
usto.   cum Pallas usto vertit iram ab Ilio *Epod.*10.13
ustrina.   ut Alfenus vafer omni|abiecto instrumento artis clausaque taberna
       |sutor [ustrina|tonsor] erat: *var.Serm.*1.3.131
usu.   inimice lamnae|Crispe Sallusti, nisi temperato|splendeat usu. .   *Carm.*2.2.4
usum.   natis in usum laetitiae scyphis|pugnare Thracum est: .   *Carm.*1.27.1
     nec trepides in usum|poscentis aevi pauca: *Carm.*2.11.4
     nescis quo valeat nummus, quem praebeat usum? . .   *Serm.*1.1.73
     Ofellum|integris opibus novi non latius usum|quam nunc accisis. .   *Serm.*2.2.113
     sed cedet in usum|nunc mihi, nunc alii. *Serm.*2.2.134
     invidet usum|lignorum et pecoris tibi calo argutus . .   *Epist.*1.14.41
usus.   nec purpurarum sidere clarior|delenit usus . . .   *Carm.*3.1.43
     pugnabant armis quae post fabricaverat usus, . . .   *Serm.*1.3.102
     quidve ad amicitias, usus rectumne, trahat nos . . .   *Serm.*2.6.75
     pauper enim non est, cui rerum suppetit usus. . .   *Epist.*1.12.4
     quod legeret tereretque viritim publicus usus? . . .   *Epist.*2.1.92
     adsciscet nova, quae genitor produxerit usus. . . .   *Epist.*2.2.119
     quaedam, si credis consultis, mancipat usus: . . .   *Epist.*2.2.159
     si⟨c⟩ quia perpetuos nulli datur usus *Epist.*2.2.175
     si volet usus,|quem penes arbitrium est et ius et norma loquendi. .   *Ars Poet.*71
usus.   natis in usum [usus] laetitiae scyphis|pugnare Thracum est: .   *var.Carm.*1.27.1
     quam cogere humanos in usus *Carm.*3.3.51
usus.   'me Capitolinus convictore usus amicoque|a puero est .   *Serm.*1.4.96
     nemo dexterius fortuna est usus. *Serm.*1.9.45
ut.   *Carm.*1.7.15; 1.8.13; 1.9.1; 1.14.3; 1.16.9; 1.23.9; 2.5.19; 3.4.42; 3.5.42; 3.7.13; 3.10.7; 3.25.12;
     *Carm.*4.4.57; 4.5.9; 4.12.24; 4.14.29; *Epod.*1.19; 1.33; *var.Epod.*1.34; *Epod.*2.2; 4.9;
     *Epod.*5.9; 5.27; 5.83; 6.16; 9.7; 12.25; 13.11; 14.3; 17.77; *Serm.*1.1.23; 1.1.25; 1.1.46;
     *Serm.*1.1.54; 1.1.61; 1.1.64; 1.1.90; 1.1.102; 1.1.108; 1.1.114; *? var.Serm.*1.1.119;
     *Serm.*1.2.38; 1.2.39; 1.2.55; 1.2.87; 1.2.102; 1.2.105; 1.3.22; *? var.Serm.*1.3.27; *Serm.*1.3.43;
     *Serm.*1.3.46; 1.3.69; 1.3.79; 1.3.86; 1.3.89; 1.3.110; 1.3.114; 1.3.129; 1.3.130; 1.4.10;
     *Serm.*1.4.21; 1.4.60; 1.4.95; 1.4.102; 1.4.109 (*bis*); 1.4.126; 1.6.5; 1.6.6; 1.6.30; 1.6.49;
     *Serm.*1.6.60; 1.6.79; 1.6.86; 1.6.90; 1.7.16; 1.7.27; 1.8.32; 1.8.42; 1.8.44; 1.9.5; 1.9.20;
     *Serm.*1.9.42; 1.10.6; 1.10.24; 1.10.44; 1.10.55; 1.10.76; 2.1.17; 2.1.36; 2.1.50 (*bis*);

*Serm.*2.1.55; 2.2.68; 2.2.72; 2.2.76; 2.2.111; 2.3.28; 2.3.30; 2.3.31; 2.3.133; 2.3.215;
*Serm.*2.3.246; 2.3.255; 2.3.315; 2.4.13 (*bis*); 2.4.49; 2.5.5; 2.5.43 (*ter*); 2.5.83; 2.6.10; 2.6.15;
*Serm.*2.6.57; *var.Serm.*2.6.67; 2.7.79; *Serm.*2.7.82; 2.7.89; *var.Serm.*2.7.113; *Serm.*2.8.1;
*Serm.*2.8.7; 2.8.13; 2.8.29; 2.8.36; 2.8.53; 2.8.58; 2.8.72; 2.8.84; 2.8.89; *Epist.*1.1.20;
*Epist.*1.1.21; 1.1.71; 1.2.52; 1.3.12 (*bis*); *var.Epist.*1.6.31; *Epist.*1.6.40; 1.6.55; 1.6.57;
*Epist.*1.7.19; 1.7.41; 1.7.49; 1.7.70; 1.8.13; 1.8.14 (*bis*); 1.8.17; 1.10.10; 1.10.42; 1.11.14;
*Epist.*1.13.1; 1.13.13; 1.13.14; 1.13.15; 1.16.33; 1.17.3; 1.17.18; 1.17.40; 1.18.3; 1.20.14;
*Epist.*2.1.34; 2.1.45; 2.1.51; 2.1.172 (*bis*); 2.1.198; 2.1.213; 2.2.14; 2.2.30; 2.2.124;
*Epist.*2.2.197; *Ars Poet.*60; 101; 136; 202; 232; 354; *var.Ars Poet.*355; *Ars Poet.*361;
*Ars Poet.*374; 419; 431; 453

ut. ? *coni.Carm.*1.12.31; *Carm.*4.4.42; *Epod.*3.9; 5.11; 7.19; 16.64; *Serm.*1.5.15; 1.6.27;
*Serm.*1.6.56; 1.9.13; 2.1.24; 2.2.128; *var.Serm.*2.4.9; *coni.Serm.*2.4.40; *Serm.*2.8.10;
*Epist.*1.7.72; 1.15.26; 1.19.3; 2.1.93

ut. *Carm.*1.11.3; *Epod.*2.19; 2.61; *coni.Epod.*11.8; *Epod.*16.31; 16.53; 17.56; 17.59;
*var.Serm.*1.1.88; *Serm.*2.5.18; 2.6.53; 2.8.62; *Epist.*1.18.16; 1.18.17; 1.19.19

ut. *Carm.*1.1.13; 1.15.4; 1.20.5; 1.31.10; 1.37.20; 1.37.27; 3.1.9; 3.4.17; 3.4.18; 4.11.13; 4.11.29;
*Carm.*4.13.26; *Carm.Saec.*22; *Epod.*1.25; 1.29; 7.5; 7.7; 7.9; 8.19; 10.3; 11.16; 17.27; 17.64;
*Serm.*1.1.1; 1.1.22; 1.1.26; 1.1.31; 1.1.57; 1.1.82; 1.1.96 (*bis*); 1.1.101; 1.1.117; 1.2.20;
*Serm.*1.2.45; *var.Serm.*1.2.49; *Serm.*1.2.123; 1.3.2; 1.3.28; 1.3.32; 1.3.51; 1.3.64; 1.3.115;
*Serm.*1.3.120; 1.4.13; 1.4.32; 1.4.106; 1.4.122; 1.5.33; 1.5.90; *var.Serm.*1.6.31; *Serm.*1.6.70;
*Serm.*1.7.8; 1.7.13; 1.8.28; 1.9.65; 1.10.*6; 1.10.*8; 1.10.3; 1.10.9; 1.10.73; 2.1.32; 2.1.43;
*Serm.*2.1.60; 2.1.80; *var.Serm.*2.2.124; *Serm.*2.3.1; 2.3.52; 2.3.54; 2.3.55; 2.3.92; 2.3.122;
*Serm.*2.3.145; 2.3.152; 2.3.183 (*bis*); 2.3.185; 2.3.195; 2.3.205; 2.3.234; 2.3.240; 2.4.94;
*Serm.*2.5.48; 2.5.53; 2.5.67; 2.5.72; *var.Serm.*2.5.87; *Serm.*2.6.5; 2.6.82; 2.7.4; 2.7.10;
*var.Serm.*2.7.61; *Serm.*2.8.3; 2.8.48; 2.8.67; 2.8.69; 2.8.94; *Epist.*1.1.27; 1.1.39; 1.1.67;
*Epist.*1.2.32; 1.2.33; 1.3.16; 1.5.25; 1.6.60; 1.9.3; 1.11.24; 1.12.2; 1.12.8; 1.15.24; 1.15.36;
*Epist.*1.16.6; 1.16.12; 1.17.20; 1.18.13; 1.18.48; 1.18.67; 1.18.80; 1.18.107; 1.20.2; 1.20.17;
*Epist.*1.20.22; 1.20.25; 2.1.23; 2.1.65; 2.1.218; 2.1.220; 2.1.226; 2.2.44; 2.2.52; 2.2.71;
*Epist.*2.2.87; 2.2.89 (*bis*); 2.2.102; *Ars Poet.*3; 8; 12 (*bis*); 43; 144; 201; 237; 240; 255;
*Ars Poet.*257; 335

ut. *Epod.*1.21; *Serm.*1.4.69; *Epist.*1.2.10
ut. *coni.Epist.*2.2.199

utar.	utar et ex modico, quantum res poscet, acervo|tollam	*Epist.*2.2.190
utare.	an numquam utare paratis? —	*Serm.*2.3.167
utcumque.	utcumque dulci, Tyndari, fistula	*Carm.*1.17.10
	utcumque mutata potentis|veste domos inimica linquis,	*Carm.*1.35.23
	ibimus, ibimus,|utcumque praecedes,	*Carm.*2.17.11
	utcumque mecum vos eritis,	*Carm.*3.4.29
	utcumque defecere mores,	*Carm.*4.4.35
	utcumque fortis exsilis puerpera.'	*Epod.*17.52
uter.	videamus uter plus scribere possit.'	*Serm.*1.4.16
	uterne|ad casus dubios fidet sibi certius?	*Serm.*2.2.107
	uter est insanior horum?	*Serm.*2.3.102
	uter aedilis fueritve|vestrum praetor,	*Serm.*2.3.180
	vivet uter locuples sine gnatis,	*Serm.*2.5.28
	peccat uter nostrum cruce dignius?	*Serm.*2.7.47
	tractus uter pluris lepores, uter educet apros;	*Epist.*1.15.22
	ambigitur quotiens, uter utro sit prior,	*Epist.*2.1.55
utere.	libertate decembri,|quando ita maiores voluerunt, utere:	*Serm.*2.7.5
	his utere mecum.	*Epist.*1.6.68
	utere Pompeio Grospho et, siquid petet, ultro|defer:	*Epist.*1.12.22
uteris.	viribus uteris per clivos flumina lamas.	*Epist.*1.13.10
▨	tamen uteris monitoribus isdem?	*Epist.*2.2.154
utero.	quae laborantis utero puellas|ter vocata audis	*Carm.*3.22.2
uterque.	quam si . . . uterque Poenus|serviat uni.	*Carm.*2.2.11
	magnus uterque timor latronibus;	*Serm.*1.4.67
	missi magnis de rebus uterque|legati,	*Serm.*1.5.28
	velim memores et quo patre natus uterque|contulerit litis.	*Serm.*1.5.53
	magnum spectaculum uterque.	*Serm.*1.7.21
	et haec utinam Viscorum laudet uterque.	*Serm.*1.10.83
	quare per divos oratus uterque Penatis	*Serm.*2.3.176
	cum ponit uterque|in locuplete domo vestigia,	*Serm.*2.6.101
	stultus uterque locum inmeritum causatur inique:	*Epist.*1.14.12
	quam scit uterque, libens, censebo, exerceat artem.	*Epist.*1.14.44
	cubat hic in colle Quirini,|hic extremo in Aventino, visendus uterque;	*Epist.*2.2.69
	quid ferat et quare sibi nectat uterque coronam.	*Epist.*2.2.96
	cum pauper et exsul uterque|proicit ampullas	*Ars Poet.*96
utetur.	quali igitur victu sapiens utetur	*Serm.*2.2.63
uti.	cervos uti vallis in altera|visum parte lupum	*Carm.*1.15.29

pulso Thyias uti concita tympano. *Carm.*3.15.10
uti Graecia Castoris|et magni memor Herculis. . . . *Carm.*4.5.35
aut uti|petita ferro belua?' *Epod.*5.9
uti|bitumen atris ignibus.' *Epod.*5.81
pocula Lethaeos ut si [Lethaeos uti] ducentia somnos | arente fauce
    traxerim, ... *var.Epod.*14.3
cedat uti conviva satur, reperire queamus. *Serm.*1.1.119
fertur uti pulvis collectus turbine, ... *Serm.*1.4.31
siqui scribat uti nos|sermoni propiora, ... *Serm.*1.4.41
uti mos|vester ait, ... *Serm.*2.7.79
convivatoris, uti ducis, ingenium *Serm.*2.8.73
si, Mimnermus uti censet, sine amore iocisque|nil est iucundum, . *Epist.*1.6.65
uti. adlapsus timet | magis [timet. | magis] relictis, non, ut adsit, [uti sit]
    auxili|latura plus praesentibus. *var.Epod.*1.21
exsucta uti medulla et aridum iecur *Epod.*5.37
viverem uti contentus eo quod mi ipse parasset: . . . *Serm.*1.4.108
pastorem saltaret uti Cyclopa rogabat: *Serm.*1.5.63
uti ne solus rusve peregre⟨ve⟩|exirem, ... *Serm.*1.6.102
uti non|conpositum melius cum Bitho Bacchius. . . . *Serm.*1.7.19
ac venerata Ceres, ita [uti] culmo surgeret alto, . . . *var.Serm.*2.2.124
piscator uti, pomarius, auceps, . . . mane domum veniant. . . *Serm.*2.3.227
leniter in spem|adrepe officiosus, ut et [uti] scribare secundus|heres . *coni.Serm.*2.5.48
cautus uti velet carum caput; *Serm.*2.5.94
persuadet uti mercetur agellum. *Epist.*1.7.81
uti mox|nulla fides damnis verisque doloribus adsit. . . . *Epist.*1.17.56
uti. populumque falsis|dedocet uti|vocibus, ... *Carm.*2.2.20
qui deorum|muneribus sapienter uti *Carm.*4.9.48
ne sequerer moechas, concessa cum venere uti|possem: . . *Serm.*1.4.113
nescius uti|conpositis *Serm.*2.3.109
si conportatis rebus bene cogitat uti. *Epist.*1.2.50
quo mihi fortunam, si non conceditur uti? *Epist.*1.5.12
et properare loco et cessare et quaerere et uti, . . . *Epist.*1.7.57
quia parvo nesciet uti. *Epist.*1.10.41
quo tandem pacto deceat maioribus uti, ... *Epist.*1.17.2
'si pranderet holus patienter, regibus uti|nollet Aristippus.' . . *Epist.*1.17.13
'si sciret regibus uti,|fastidiret holus, qui me notat.' . . . *Epist.*1.17.14
ad haec ego naribus uti|formido *Epist.*1.19.45
quod|quaerit et inventis miser abstinet ac timet uti, . . . *Ars Poet.*170
Vticam. aut fugies Vticam aut vinctus mitteris Ilerdam. . . *Epist.*1.20.13
utile. quid sit pulcrum, quid turpe, quid utile, quid non, . . *Epist.*1.2.3
Romanis sollemne viris opus, utile famae *Epist.*1.18.49
nimirum sapere est abiectis utile nugis *Epist.*2.2.141
utile. utile proposuit nobis exemplar Vlixen, ... *Epist.*1.2.18
quid Sophocles et Thespis et Aeschylos utile ferrent; . . . *Epist.*2.1.163
omne tulit punctum, qui miscuit utile dulci . . . . *Ars Poet.*343
utilem. incomptis Curium capillis|utilem bello tulit . . . *Carm.*1.12.42
utili. quotiens bonus atque fidus|iudex honestum praetulit utili, . *Carm.*4.9.41
utilis. infirmo capiti fluit utilis, utilis alvo. *Epist.*1.16.14
militiae quamquam piger et malus, utilis Vrbi, . . . *Epist.*2.1.124
adspirare et adesse choris erat utilis . . . . . *Ars Poet.*204
utilitas. sensus moresque repugnant|atque ipsa utilitas, . . *Serm.*1.3.98
utiliter. serviet utiliter; sine pascat durus aretque, . . . *Epist.*1.16.70
utilium. num pavor et rerum mediocriter utilium spes, . . *Epist.*1.18.99
utiliumque sagax rerum et divina futuri . . . . *Ars Poet.*218
utilium. utilium tardus provisor, prodigus aeris, . . . *Ars Poet.*164
utinam. o utinam nova|incude diffingas retusum . . . ferrum. . *Carm.*1.35.38
sit meae sedes utinam senectae, ... *Carm.*2.6.6
utinam inter errem|nuda leones. *Carm.*3.27.51
'longas o utinam, dux bone, ferias|praestes Hesperiae!' . . *Carm.*4.5.37
Fuscus et haec utinam Viscorum laudet uterque. . . . *Serm.*1.10.83
hos utinam inter|heroas natum tellus me prima tulisset. . . *Serm.*2.2.92
utique. qualia vincent | Pythagoran Anytique [utique] reum doctumque
    Platona.' *var.Serm.*2.4.3
utitur. illis utitur ante|quaesitis patiens. *Serm.*1.1.37
cur non|ponderibus modulisque suis ratio utitur . . . *Serm.*1.3.78
utor. utor permisso caudaeque pilos ut equinae|paulatim vello . *Epist.*2.1.45
utpote. utpote plures|culpari dignos. *Serm.*1.4.24
utpote longum|carpentes iter et factum corruptius imbri. . . *Serm.*1.5.94
utpote res tenuis, tenui sermone peractas.' *Serm.*2.4.9

quo sane populus numerabilis, utpote parvos, ... *Ars Poet.*206
utra. utra magis piscis et echinos aequora celent, ... *Epist.*1.15.23
utraque. 'at sermo lingua concinnus utraque|suavior, ... *Serm.*1.10.23
utramque. ille dies utramque|ducet ruinam. *Carm.*2.17.8
personamque feret non inconcinnus utramque; *Epist.*1.17.29
utrasque. pallor utrasque|fecerat horrendas adspectu. *Serm.*1.8.25
utrem. crescentem tumidis infla sermonibus utrem. *Serm.*2.5.98
utrimque. rapit in ius; clamor utrimque,|undique concursus. . . *Serm.*1.9.77
virtus est medium vitiorum et utrimque reductum. . . . *Epist.*1.18.9
utrique. unus utrique|error, sed variis inludit partibus: . . . *Serm.*2.3.50
tantum maledicit utrique *Serm.*2.3.140
utrisque. ille sinistrorsum, hic dextrorsum abit, unus utrique [utrisque]|
error, sed variis inludit partibus: *var.Serm.*2.3.50
sanus utrisque|auribus atque oculis; *Serm.*2.3.284
utrius. utrius horum|verba probes et facta, doce *Epist.*1.17.15
utriusque. docte sermones utriusque linguae? *Carm.*3.8.5
utro. ambigitur quotiens, uter utro sit prior, ... *Epist.*2.1.55
utrobique. pavor est utrubique [utrobique] molestus, | inprovisa simul
species exterruit. *var.Epist.*1.6.10
utroque. quod virtus in utroque|summa fuit; *Serm.*1.7.14
Lucili ritu, nostrum melioris utroque. *Serm.*2.1.29
sive est naturae hoc sive artis, mirus utroque.' *Serm.*2.4.7
utroque tuom laudabit pollice ludum. *Epist.*1.18.66
utrubique. pavor est utrubique molestus, ... *Epist.*1.6.10
utrum. quali igitur victu sapiens utetur et horum | utrum imitabitur? . *Serm.*2.2.64
maior utrum populum frumenti copia pascat, ... *Epist.*1.15.14
utrum. utrum|gaudeat an doleat, ... *Epist.*1.6.11
ego utrum|nave ferar magna an parva, ferar unus et idem. . . *Epist.*2.2.199
utrum|minxerit in patrios cineres an triste bidental|moverit . *Ars Poet.*470
utrumne. utrumne iussi persequemur otium *Epod.*1.7
utrumne in pulvere, trimus|quale prius, ludas opus, . . . *Serm.*2.3.251
utrumne|divitiis homines an sint virtute beati; *Serm.*2.6.73
utrumque. utrumque nostrum incredibili modo|consentit astrum; . . *Carm.*2.17.21
virtus est medium vitiorum et utrimque reductum. . . . *var.Epist.*1.18.9
utrumque. utrumque sacro digna silentio|mirantur umbrae dicere, . . *Carm.*2.13.29
bene siquis|et vivat puris manibus, contemnat utrumque. . . *Serm.*1.4.68
postquam nihil inter utrumque|convenit *Serm.*1.7.9
nam Venusinus arat finem sub utrumque colonus, ... *Serm.*2.1.35
valvarum strepitus lectis excussit utrumque. *Serm.*2.6.112
hunc amor, ira quidem communiter urit utrumque. . . . *Epist.*1.2.13
inprovisa simul species exterruit. utrum [exterret utrumque.] | gaudeat
an doleat, ... *var.Epist.*1.6.11
inprovisa simul species exterruit. utrum [externat utrumque.]|gaudeat
an doleat, ... *coni.Epist.*1.6.11
carmina conpono, hic elegos: mirabile visu [mirabile utrumque]|
caelatumque novem Musis opus. *coni.Epist.*2.2.91
utrumque. utrumque verberes latus,|Auster, memento fluctibus; . . *Epod.*10.3
utrumque rege temperante caelitum. *Epod.*16.56
"Albanum, Maecenas, sive Falernum . . . habemus utrumque." ' . *Serm.*2.8.17
nimium patienter utrumque,|ne dicam stulte, mirati, . . . *Ars Poet.*271
uva. tum pensilis uva secundas|et nux ornabat mensas . . . *Serm.*2.2.121
uva. angulus iste feret piper et tus ocius uva *Epist.*1.14.23
uvae. tolle cupidinem|inmitis uvae: *Carm.*2.5.10
uvam. prelo domitam Caleno|tu bibes uvam: *Carm.*1.20.10
certantem et uvam purpurae, ... *Epod.*2.20
rectius Albanam fumo duraveris uvam. *Serm.*2.4.72
sub noctem qui puer uvam|furtiva mutat strigili: *Serm.*2.7.109
quod Methymnaeam vitio mutaverit uvam. *Serm.*2.8.50
das nummos, accipis uvam,|pullos, ova, cadum temeti: . . . *Epist.*2.2.162
uvescit. seu modicis uvescit laetius. *Serm.*2.6.70
uvida. indicat uvida|suspendisse potenti|vestimenta maris deo. . . *Carm.*1.5.14
uvidi. circa nemus uvidique|Tiburis ripas *Carm.*4.2.30
uvidi. dicimus uvidi,|cum sol Oceano subest. *Carm.*4.5.39
uvidus. tu separatis uvidus in iugis *Carm.*2.19.18
uvis. minimum Falernis|invidet uvis; *Carm.*2.6.20
uvis. vel cum decorum mitibus pomis caput|Autumnus agris [uvis] extulit, *var.Epod.*2.18
uxor. linquenda tellus et domus et placens|uxor *Carm.*2.14.22
pellitur paternos|in sinu ferens deos|et uxor et vir sordidosque natos. . *Carm.*2.18.28
ter uxor|capta virum puerosque ploret.' *Carm.*3.3.67

uxor invicti Iovis esse nescis.	Carm.3.27.73
perusta solibus|pernicis uxor Apuli,	Epod.2.42
non uxor salvom te volt, non filius;	Serm.1.1.84
clamet amica,|mater, honesta soror cum cognatis, pater, uxor:	Serm.2.3.58
unde uxor media currit de nocte vocata.' —	Serm.2.3.238
quaeritur argentum puerisque beata creandis|uxor	Epist.1.2.45
uxor. uxor pauperis Ibyci,	Carm.3.15.1
uxore. abstinuit vim|uxore et gnato;	Serm.2.3.203
uxorem. filius uxorem grandi cum dote recuset,	Serm.1.4.50
cum laqueo uxorem interimis matremque veneno,	Serm.2.3.131
fortique marito|destinet uxorem:	Serm.2.3.217
scilicet uxorem cum dote . . . regina Pecunia donat	Epist.1.6.36
comis in uxorem, posset qui ignoscere servis	Epist.2.2.133
uxores. olentis uxores mariti	Carm.1.17.7
hostium uxores puerique caecos|sentiant motus	Carm.3.27.21
uxores. non alienas|permolere uxores.'	Serm.1.2.35
uxoribus. 'nil fuerit mi' inquit 'cum uxoribus umquam alienis.'	Serm.1.2.57
uxorius. vagus et sinistra|labitur ripa Iove non probante u-|xorius amnis.	Carm.1.2.19,20

V (cons.)

vacas. mox etiam, si forte vacas, sequere et procul audi,	Epist.2.2.95
vacat. festus in pratis vacat otioso|cum bove pagus,	Carm.3.18.11
mox etiam, si forte vacas [vacat], sequere et procul audi,	var.Epist.2.2.95
vaccae. te greges centum Siculaeque circum|mugiunt vaccae,	Carm.2.16.34
te decem tauri totidemque vaccae,	Carm.4.2.53
vacua. adrasum quendam vacua tonsoris in umbra	Epist.1.7.50
vacuam. te . . . qui semper vacuam, semper amabilem|sperat,	Carm.1.5.10
et vacuam patefecit aulam,	Carm.4.14.36
circum-|spectemus vacuam Romanis vatibus aedem;	Epist.2.2.94
vacuas. his verbis vacuas permulceat auris;	Epist.1.16.26
ingenium, sibi quod vacuas desumpsit Athenas	Epist.2.2.81
vacui. cantamus, vacui sive quid urimur,	Carm.1.6.19
si quid vacui sub umbra|lusimus tecum,	Carm.1.32.1
vacuis. quoniam vacuis conmittere venis|nil nisi lene decet:	Serm.2.4.25
Vacunae. haec tibi dictabam post fanum putre Vacunae,	Epist.1.10.49
vacuo. sive operum vacuo gratus conviva per imbrem|vicinus,	Serm.2.2.119
vacuo. in vacuo laetus sessor plausorque theatro,	Epist.2.2.130
vacuom. sed vacuom Tibur placet aut inbelle Tarentum.	Epist.1.7.45
vacuom. expertus vacuom Daedalus aera	Carm.1.3.34
et tollens vacuom plus nimio Gloria verticem	Carm.1.18.15
vacuom duellis|Ianum Quirini clausit	Carm.4.15.8
si vacuom tepido cepisset villula tecto,	Serm.2.3.10
vacuom. ut mihi devio|ripas et vacuom nemus|mirari libet.	Carm.3.25.13
quo ne per vacuom Romano incurreret hostis,	Serm.2.1.37
ut . . . siquis casus puerum egerit Orco,|in vacuom venias:	Serm.2.5.50
libera per vacuom posui vestigia princeps,	Epist.1.19.21
vada. si tamen inpiae|non tangenda rates transiliunt vada.	Carm.1.3.24
vadato. casu tum respondere vadato|debebat,	Serm.1.9.36
vade. oratus multa prece nitere, porro|vade;	Epist.1.13.19
vadere. vidi egomet nigra succinctam vadere palla|Canidiam	Serm.1.8.23
vadet. quidlibet indutus celeberrima per loca vadet	Epist.1.17.28
vadibus. ille, datis vadibus qui rure extractus in Vrbem est.	Serm.1.1.11
vadis. 'simul imis saxa renarint|vadis levata,	Epod.16.26
vae. vae, meum|fervens difficili bile tumet iecur.	Carm.1.13.3
vepallida [vae pallida] lecto|desiliat mulier.	var.Serm.1.2.129
vaesania. ne vos ageret vesania [vaesania] discors,	var.Serm.2.3.174
vafer. temptat mille vafer modis.	Carm.3.7.12
ut Alfenus vafer omni|abiecto instrumento artis clausaque taberna|sutor erat:	Serm.1.3.130
quo vafer ille pedes lavisset Sisyphus aere,	Serm.2.3.21
Surrentina vafer qui miscet faece Falerna|vina,	Serm.2.4.55
si vafer unus et alter|insidiatorem praeroso fugerit hamo,	Serm.2.5.24
vafri. illum aut nequities aut vafri inscitia iuris,	Serm.2.2.131
vaga. teque nec laevos vetet ire picus|nec vaga cornix.	Carm.3.27.16
nam vaga per veterem dilapso flamma culinam|Volcano	Serm.1.5.73
vaga Luna decorum|protulit os,	Serm.1.8.21
iam vaga prosiliet frenis natura remotis.	Serm.2.7.74

perfidus Ixion, Io vaga, tristis Orestes.   .   .   .   .   .   .   *Ars Poet.*124
vaga.   quo bruta tellus et vaga flumina, ...   *Carm.*1.34.9
vagacem.   Spartacum siqua potuit vagantem [vagacem]|fallere testa.   *var.Carm.*3.14.19
vagae.   at tu, nauta, vagae ne parce malignus harenae . . . particulam dare: *Carm.*1.28.23
vagans.   Thracio bacchante magis [vagans] sub inter-|lunia vento,   .   .   *coni.Carm.*1.25.11
vagantem.   Spartacum siqua potuit vagantem|fallere testa.   .   .   .   *Carm.*3.14.19
vaganti.   et ordinem|rectum evaganti [et vaganti] frena licentiae|iniecit   .   *var.Carm.*4.15.10
vagas.   quorum plaustra vagas rite trahunt domos, ...   *Carm.*3.24.10
cui rex deorum regnum in avis vagas|permisit *Carm.*4.4.2
vagentur.   stellae sponte sua iussaene vagentur et errent,   .   .   .   *Epist.*1.12.17
vager.   idcircone vager scribamque licenter?   .   .   .   .   .   *Ars Poet.*265
vagina.   me veluti custodiet ensis|vagina tectus: *Serm.*2.1.41
vagis.   caretque|ripa vagis taciturna ventis. *Carm.*3.29.24
vago.   fessis vomere tauris|praebes et pecori vago. *Carm.*3.13.12
vago.   concubitu prohibere vago, dare iura maritis, ...   *Ars Poet.*398
vagor.   ultra|terminum curis vagor expeditis, ...   *Carm.*1.22.11
ad quartam iaceo; post hanc vagor *Serm.*1.6.122
vagos.   angustoque vagos piscis urgere catino. *Serm.*2.4.77
vagus.   vagus et sinistra|labitur ripa . . . amnis. *Carm.*1.2.18
vagus Hercules|enisus arces attigit igneas, ...   *Carm.*3.3.9
nos manet Oceanus circum vagus: *Epod.*16.41
scurra vagus, non qui certum praesepe teneret,   .   .   .   *Epist.*1.15.28
mercatorne vagus cultorne virentis agelli, ...   *Ars Poet.*117
traxitque vagus per pulpita vestem   .   .   .   .   .   .   *Ars Poet.*215
Vala.   quae sit hiems Veliae, quod caelum, Vala, Salerni,   .   .   .   *Epist.*1.15.1
valde.   oratus multa prece nitere, porro|vade; vale, [? valde, vale] cave ne
titubes mandataque frangas. *var.Epist.*1.13.19
valdius.   quid possim videt ac novit me valdius ipso. *Epist.*1.9.6
valdius oblectat populum meliusque moratur   .   .   .   .   *Ars Poet.*321
vale.   sed me|imperiosa trahit Proserpina: vive valeque.'   .   .   .   *Serm.*2.5.110
vive, vale. *Epist.*1.6.67
vale, cave ne titubes mandataque frangas. *Epist.*1.13.19
valeant.   quid ferre recusent,|quid valeant umeri.   .   .   .   .   *Ars Poet.*40
valeas.   in primis valeas bene: *Serm.*2.2.71
"haud mihi vita|est opus hac" ait et "valeas: .   .   .   *Serm.*2.6.116
utile famae|vitaeque et membris, praesertim cum valeas   .   .   *Epist.*1.18.50
valeat.   nescis quo valeat nummus, quem praebeat usum?   .   .   .   *Serm.*1.1.73
adde super, dictis quod non levius valeat: *Serm.*2.7.78
externi nequid valeat per leve morari, ...   *Serm.*2.7.87
valeat possessor oportet, ...   *Epist.*1.2.49
post haec, ut valeat, quo pacto rem gerat et se,   .   .   .   *Epist.*1.8.13
valeat res ludicra, ...   *Epist.*2.1.180
valent.   cur dira barbarae minus|venena Medeae valent,   .   .   .   *Epod.*5.62
non valent|convertere humanam vicem. *Epod.*5.87
loquacem|delassare valent Fabium. *Serm.*1.1.14
valentem.   si me vivere vis sanum recteque valentem,   .   .   .   *Epist.*1.7.3
si te populus sanum recteque valentem|dictitet,   .   .   .   *Epist.*1.16.21
valentium.   Baccharumque valentium|proceras manibus vertere fraxinos,   .   *Carm.*3.25.15
valentium.   per atque libros carminum valentium *Epod.*17.4
valeo.   'interam, si|aut valeo stare aut novi civilia iura;   .   .   *Serm.*1.9.39
valere.   'contrane lucrum nil valere candidum|pauperis ingenium'   .   .   *Epod.*11.11
Valeri.   contra Laevinum, Valeri genus, ...   *Serm.*1.6.12
valet.   valet ima summis|mutare . . . deus *Carm.*1.34.12
nondum subacta ferre iugum valet|cervice, ...   *Carm.*2.5.1
nec Lethaea valet Theseus abrumpere caro|vincula Perithoo.   .   .   *Carm.*4.7.27
ut quo quisque valet suspectos terreat *Serm.*2.1.50
ut valet? ut meminit nostri? *Epist.*1.3.12
'hic multum in Fabia valet, ille Velina; *Epist.*1.6.52
acutum|reddere quae ferrum valet   .   .   .   .   .   .   *Ars Poet.*305
valetudo.   dura valetudo inciderit seu tarda senectus?   .   .   .   *Serm.*2.2.88
cui|gratia fama valetudo contingat abunde *Epist.*1.4.10
Valgi.   amice Valgi, stat glacies iners *Carm.*2.9.5
Valgius.   Valgius et probet haec Octavius optimus *Serm.*1.10.82
valido.   frui paratis et valido mihi,|Latoe, dones *Carm.*1.31.17
validus.   sed quid Typhoeus et validus Mimas *Carm.*3.4.53
quam puer et validus praesumis, mollitiem, ...   *Serm.*2.2.87
sicui praeterea validus male filius in re|praeclara sublatus aletur,   .   *Serm.*2.5.45
sed quia mente minus validus quam corpore toto   .   .   .   *Epist.*1.8.7
nec si te validus iactaverit Auster in alto, ...   *Epist.*1.11.15

si validus, si laetus erit, si denique poscet;	. . . . .	*Epist.*1.13.3
valle. hic in reducta valle Caniculae|vitabis aestus	. . . .	*Carm.*1.17.17
cur valle permutem Sabina|divitias operosiores?	. . .	*Carm.*3.1.47
aut in reducta valle mugientium|prospectat errantis greges	. .	*Epod.*2.11
continui montes, ni dissocientur opaca|valle,	. . . .	*Epist.*1.16.6
valles. valles et Vsticae cubantis|levia personuere saxa.	. . .	*Carm.*1.17.11
vallis. cervos uti vallis in altera|visum parte lupum	. . .	*Carm.*1.15.29
vallis. quorum|conspicitur nitidis fundata pecunia villis [vallis].	. .	*var.Epist.*1.15.46
vallo. si interdicta petes, vallo circumdata	. . . .	*Serm.*1.2.96
vallum. fert vallum et arma miles	. . . . .	*Epod.*9.13
valuerunt. quam neque finitimi valuerunt perdere Marsi	. .	*Epod.*16.3
valuit. obiectos caveae valuit si frangere clatros,	. . .	*Ars Poet.*473
valvarum. ingens|valvarum strepitus lectis excussit utrumque.	. .	*Serm.*2.6.112
vana. vitiis carentem|ludit imago|vana,	. . . .	*Carm.*3.27.41
vana. migravit ab aure voluptas|omnis ad incertos oculos et gaudia vana.	*Epist.*2.1.188
vanae. num vanae redeat sanguis imagini,	. . . .	*Carm.*1.24.15
vanae. quid leges sine moribus|vanae proficiunt,	. . .	*Carm.*3.24.36
cuius, velut aegri somnia, vanae|fingentur species,	. . .	*Ars Poet.*7
vanis. corruptus vanis rerum, quia veneat auro|rara avis	. .	*Serm.*2.2.25
vano. non sine vano|aurarum et siluae metu.	. . .	*Carm.*1.23.3
vanum. "nunc age, luxuriam et Nomentanum [nomen vanum] arripe		
mecum:	. . . .	*var.Serm.*2.3.224
vapor. nec tantus umquam siderum insedit vapor	. . .	*Epod.*3.15
vapores. quamvis|nocturnos iures te formidare tepores [vapores].	.	*var.Epist.*1.18.93
vaporet. laevom discedens curru fugiente vaporet.	. . .	*Epist.*1.16.7
vappa. absentem ut cantat amicam|multa prolutus vappa nauta	.	*Serm.*1.5.16
vappae. Fufidius vappae famam timet ac nebulonis,	. . .	*Serm.*1.2.12
vappam. non ego, avarum|cum veto te fieri, vappam iubeo ac nebulonem.	*Serm.*1.1.104
potare . . . Campana solitus trulla vappamque profestis,	. .	*Serm.*2.3.144
Vare. nullam, Vare, sacra vite prius severis arborem	. . .	*Carm.*1.18.1
non usitatis, Vare, potionibus,	. . . . .	*Epod.*5.73
varia. cupiens varia fastidia cena|vincere	. . . .	*Serm.*2.6.86
variae. utque lupi barbam variae cum dente colubrae	. . .	*Serm.*1.8.42
variae. nam variae res|ut noceant homini,	. . . .	*Serm.*2.2.71
Variam. quinque bonos solitum Variam dimittere patres,	. .	*Epist.*1.14.3
variare. qui variare cupit rem prodigialiter unam,	. . .	*Ars Poet.*29
varias. nempe inter varias nutritur silva columnas	. . .	*Epist.*1.10.22
varias inducere plumas,|undique collatis membris	. . .	*Ars Poet.*2
variis. qui mare ac terras variisque mundum|temperat horis?	. .	*Carm.*1.12.15
nec variis obsita frondibus|sub divom rapiam.	. . .	*Carm.*1.18.12
unus utrique|error, sed variis inludit partibus:	. . .	*Serm.*2.3.51
Varina. ulla si iuris tibi peierati|poena, Barine [Varina], nocuisset umquam,	*var.Carm.*2.8.2
Varinae. ulla si iuris tibi peierati | poena, Barine [Varinae], nocuisset		
umquam,	. . . .	*var.Carm.*2.8.2
Varine. ulla si iuris tibi peierati|poena, Barine [Varine], nocuisset umquam,	*var.Carm.*2.8.2
Vario. scriberis Vario fortis et hostium|victor	. . .	*Carm.*1.6.1
Caecilio Plautoque dabit Romanus ademptum|Vergilio Varioque?	.	*Ars Poet.*55
vario. poscentes vario multum diversa palato.	. . .	*Epist.*2.2.62
varios. iam tibi lividos | distinguet autumnus racemos | purpureo varius		
[varios] colore.	. . . . .	*coni.Carm.*2.5.12
ten lapides varios lutulenta radere palma	. . . .	*Serm.*2.4.83
Varium. non Viscum pluris amicum,|non Varium facies:	. . .	*Serm.*1.9.23
varium. alterum et huic varum [varium] et nihilo sapientius ignis | per		
medios fluviosque ruentis:	. . . . .	*var.Serm.*2.3.56
Varius. Plotius et Varius Sinuessae Vergiliusque|occurrunt,	. .	*Serm.*1.5.40
flentibus hinc Varius discedit maestus amicis.	. . .	*Serm.*1.5.93
Vergilius, post hunc Varius dixere quid essem.	. . .	*Serm.*1.6.55
forte epos acer,|ut nemo, Varius ducit;	. . . .	*Serm.*1.10.44
Plotius et Varius, Maecenas Vergiliusque,	. . .	*Serm.*1.10.81
infra,|si memini, Varius;	. . . . .	*Serm.*2.8.21
Varius mappa conpescere risum|vix poterat.	. . .	*Serm.*2.8.63
dilecti tibi Vergilius Variusque poetae,	. . . .	*Epist.*2.1.247
varius. tibi lividos|distinguet autumnus racemos|purpureo varius colore.	*Carm.*2.5.12
Varrone. experto frustra Varrone Atacino	. . . .	*Serm.*1.10.46
Varros. adeo sermonis amari, | Sisennas, Barros [Varros] ut equis		
praecurreret albis.	. . . . . .	*var.Serm.*1.7.8
Varrus. ut siqui aegrotet quo morbo Barrus [Varrus],	. . .	*var.Serm.*1.6.30
varum. alterum et huic varum et nihilo sapientius	. . .	*Serm.*2.3.56
varum. hunc varum distortis cruribus,	. . . .	*Serm.*1.3.47

Varus. 'nonne vides, Albi ut male vivat filius utque | Baius [Varus] inops? . *var.Serm.*1.4.110
    namque | Plotius et Varius [Varus] Sinuessae Vergiliusque | occurrunt, . *var.Serm.*1.5.40
vas. sincerum est nisi vas, quodcumque infundis acescit. *Epist.*1.2.54
vas. sincerum furimus vas incrustare. *Serm.*1.3.56
vasa. neque ego, hercule, fur, ubi vasa | praetereo sapiens argentea. . . *Serm.*2.7.72
vastata. inpio | vastata Poenorum tumultu | fana *Carm.*4.4.47
vasto. agmina | ferrata vasto diruit impetu *Carm.*4.14.30
vate. carent quia vate sacro. *Carm.*4.9.28
    quorum | piis secunda vate me datur fuga. *Epod.*16.66
    nudus inopsque domum redeam te vate, ... *Serm.*2.5.6
vatem. Romae principis urbium | dignatur suboles inter amabilis | vatum
    [vatem] ponere me choros *coni.Carm.*4.3.15
    disceret unde preces, vatem ni Musa dedisset? *Epist.*2.1.133
vates. quid dedicatum poscit Apollinem | vates? *Carm.*1.31.2
    biformis per liquidum aethera | vates *Carm.*2.20.3
    ternos ter cyathos attonitus petet | vates; *Carm.*3.19.15
    ad mare descendet vates tuos *Epist.*1.7.11
vati. adempta vati reddidere lumina: *Epod.*17.44
vatibus. quodsi me lyricis vatibus inseres, ... *Carm.*1.1.35
    vatibus addere calcar, | ut studio maiore petent Helicona virentem. . *Epist.*2.1.217
    sic honor et nomen divinis vatibus atque | carminibus venit. . . *Ars Poet.*400
vatibus. circum- | spectemus vacuam Romanis vatibus aedem; . . *Epist.*2.2.94
Vaticani. redderet laudes tibi Vaticani | montis imago. . . . *Carm.*1.20.7
vatillum. praetextam et latum clavom prunaeque vatillum. . . *Serm.*1.5.36
vatis. ibi tu calentem | debita sparges lacrima favillam | vatis amici. . *Carm.*2.6.24
    reddidi carmen, docilis modorum | vatis Horati.' *Carm.*4.6.44
    vatis avarus | non temere est animus; *Epist.*2.1.119
    quam per vatis opus mores animique virorum | clarorum adparent. . *Epist.*2.1.249
vatum. inter amabilis | vatum ponere me choros *Carm.*4.3.15
    virtus et favor et lingua potentium | vatum *Carm.*4.8.27
    pontificum libros, annosa volumina vatum | dictitet *Epist.*2.1.26
    vis canere et contacta sequi vestigia vatum? *Epist.*2.2.80
    multa fero, ut placem genus irritabile vatum, ... *Epist.*2.2.102
    maxima pars vatum, pater et iuvenes patre digni, | decipimur specie
    recti. . . . . *Ars Poet.*24
-ve. *Carm.*1.7.2; 1.12.6; 1.23.10; 2.5.20; 2.7.25; *coni.Carm.*2.13.16; *Carm.*3.2.16; *coni.Carm.*3.2.28;
    *Carm.*3.4.4; *var.Carm.*4.2.13; *Carm.*4.2.18 (*bis*); 4.2.21; 4.2.37; 4.4.13; 4.4.63; 4.4.64;
    *Carm.*4.9.8; 4.9.17; 4.9.20; 4.9.32; 4.13.17; 4.14.1; *var.Carm.*4.15.23; *Epod.*1.27; 2.50;
    *Epod.*8.18; 12.2; 17.61; *var.Serm.*1.2.63; *Serm.*1.3.90; 1.3.95; 1.4.74; *var.Serm.*1.4.115;
    *Serm.*1.6.102; *var.Serm.*1.6.102; 2.1.22; *Serm.*2.2.9; 2.2.60; *coni.Serm.*2.2.84; 2.3.29;
    *Serm.*2.3.79; 2.3.129; 2.3.139; 2.3.180; 2.3.242; 2.3.292; 2.5.27; 2.5.31; 2.5.71; 2.6.7;
    *coni.Serm.*2.6.63; *Serm.*2.6.71; 2.6.75; 2.7.64 (*bis*); *coni.Epist.*1.5.27; *Epist.*1.6.13; 1.7.54;
    *var.Epist.*1.8.5; *Epist.*1.10.28; *var.Epist.*1.11.3; *Epist.*1.18.72; 1.18.74; 2.1.69; 2.1.77;
    *Epist.*2.1.122; 2.2.177; *var.Ars Poet.*37; *Ars Poet.*65; 250; 289; 358; 380 (*bis*); 385;
    *Ars Poet.*459
ve. vepallida [ve pallida] lecto | desiliat mulier, ... *var.Serm.*1.2.129
vecors. scribet mala carmina vecors: | laudato. *Serm.*2.5.74
vectabor. vectabor umeris tunc ego inimicis eques *Epod.*17.74
vectari. circum | me Satureiano vectari rura caballo, ... *Serm.*1.6.59
vectigalia. contracto melius parva cupidine | vectigalia porrigam . . *Carm.*3.16.40
    ego vectigalia magna | divitiasque habeo tribus amplas regibus.' . *Serm.*2.2.100
vectis. vectis et †arcus | oppositis foribus minacis. *Carm.*3.26.7
vegetis. qui sudor vietis [vegetis] et quam malus undique membris | crescit
    odor, ... *var.Epod.*12.7
vegetus. vegetus praescripta ad munia surgit. *Serm.*2.2.81
vehas. si | reticulum panis venalis inter onusto | forte vehas umero, . *Serm.*1.1.48
vehemens. vehemens lupus et sibi et hosti | iratus pariter, . . . *Epist.*2.2.28
    vemens [vehemens] et liquidus puroque simillimus amni . . . *var.Epist.*2.2.120
    vemens et liquidus [et vehemens liquidus] puroque simillimus amni . *var.Epist.*2.2.120
vehemente. odiumque libellis | sedulus inportes opera vehemente minister. . *Epist.*1.13.5
vehet. dominum vehet inprobus atque | serviet aeternum, . . . *Epist.*1.10.40
vehit. momento [memento] cita mors venit [vehit] aut victoria laeta.' . . *var.Serm.*1.1.8
    dominum vehet [vehit] inprobus atque | serviet aeternum, . . *var.Epist.*1.10.40
Veia. abacta nulla Veia conscientia *Epod.*5.29
Veianius. Veianius armis | Herculis ad postem fixis latet . . . *Epist.*1.1.4
Veientanum. qui Veientanum festis potare diebus *Serm.*2.3.143
Veientis. emptor Aricini quondam Veientis et arvi | emptum cenat holus, . *Epist.*2.2.167
vel. *Carm.*1.12.1; 1.22.7; 2.8.3; 3.11.47; 3.24.45; 3.24.47; 4.4.43; 4.9.22; 4.10.8; *Epod.*2.17;
    *var.Epod.*6.2; *Epod.*9.35; 12.13; *Serm.*1.1.49; 1.1.55; 1.2.134; *? var.Serm* 1.3.27;

   *Serm.*1.6.22; 1.6.105; 2.2.10; 2.7.63; 2.7.95; 2.8.29; *Epist.*1.1.72; 1.1.96; 1.2.26; 1.2.37;
   *Epist.*1.5.6; 1.5.15; 1.6.44; 1.17.16; 1.18.14; 2.1.29; 2.1.40; *var.Epist.*2.1.122; *Epist.*2.2.3;
   *Epist.*2.2.127; 2.2.149; 2.2.150; *Ars Poet.*104
vel. *Carm.*1.7.3 (*bis*); 1.35.2; 1.35.3; 2.11.13 (*bis*); 3.29.43; 3.29.45; *Epod.*1.11; 1.13; 2.59; 2.60;
   *Serm.*2.3.232 (*bis*); 2.8.37 (*bis*); *Epist.*1.12.10; 1.12.11; 1.16.58 (*bis*); 1.18.51 (*bis*);
   *Epist.*2.1.25 (*bis*); 2.1.44 (*bis*); 2.1.83; 2.1.84; *Ars Poet.*169; 171; 288 (*bis*)
vela. nunc retrorsum|vela dare *Carm.*1.34.4
  contrahes vento nimium secundo|turgida vela. *Carm.*2.10.24
  ne parva Tyrrhenum per aequor|vela darem. *Carm.*4.15.4
  emat . . . nautica vela|aversus mercaturis: *Serm.*2.3.106
Velabro. cum scurris fartor, cum Velabro omne macellum . . . *Serm.*2.3.229
velat. contra, quem duplici panno patientia velat, ... *Epist.*1.17.25
velata. albo rara Fides colit|velata panno *Carm.*1.35.22
velatum. numquid ego a te|magno prognatum deposco consule cunnum|
   velatumque stola, ... *Serm.*1.2.71
velet. mone, si increbruit aura,|cautus uti velet carum caput; . . *Serm.*2.5.94
Veliae. quae sit hiems Veliae, quod caelum, Vala, Salerni, . . *Epist.*1.15.1
velim. nec, si plura velim, tu dare deneges. *Carm.*3.16.38
  Sarmenti scurrae pugnam Messique Cicirri,|musa, velim memores . *Serm.*1.5.53
  quibus haec, sint qualiacumque,|adridere velim, doliturus, si placeant
   spe *Serm.*1.10.89
  nil audire velim, nil discere, quod levet aegrum; . . . *Epist.*1.8.8
  scire velim, chartis pretium quotus arroget annus. . . . *Epist.*2.1.35
  hunc ego me, siquid conponere curem,|non magis esse velim . . *Ars Poet.*36
velimus. sunt delicta tamen, quibus ignovisse velimus: . . . *Ars Poet.*347
Velina. 'hic multum in Fabia valet, ille Velina; *Epist.*1.6.52
velint. ne . . . avitae|tecta velint reparare Troiae. . . . *Carm.*3.3.60
  quid velint flores et acerra turis *Carm.*3.8.2
  elementa velint ut discere prima; *Serm.*1.1.26
velis. permutare velis crine Licymniae *Carm.*2.12.23
  an si cognatos, . . . retinere velis servareque amicos . . . *Serm.*1.1.89
  tu si modo recte|dispensare velis *Serm.*1.2.75
  tempora si fastosque velis evolvere mundi. *Serm.*1.3.112
  'velis tantummodo: quae tua virtus,|expugnabis; . . . *Serm.*1.9.54
  posito pavone velis quin|hoc potius quam gallina tergere palatum, . *Serm.*2.2.23
  tu quotus esse velis rescribe *Epist.*1.5.30
  scire velis, mea cur ingratus opuscula lector|laudet ametque domi, . *Epist.*1.19.35
velis. non agimur tumidis velis aquilone secundo: . . . *Epist.*2.2.201
velit. ut neque longa|nec magis alba velit quam dat natura videri. . *Serm.*1.2.124
  magnum documentum, ne patriam rem|perdere quis velit.' . . *Serm.*1.4.111
  'nequis humasse velit Aiacem, Atrida, vetas cur?' . . . *Serm.*2.3.187
  quid prima secundo|cera velit versu; *Serm.*2.5.54
  'quid tamen ista velit sibi fabula, si licet, ede.' . . . *Serm.*2.5.61
  quid velit et possit rerum concordia discors, ... *Epist.*1.12.19
  'tene magis salvom populus velit an populum tu, . . . *Epist.*1.16.27
  ut si|caecus iter monstrare velit, ... *Epist.*1.17.4
  siquis forte velit puerum tibi vendere. *Epist.*2.2.2
  humano capiti cervicem pictor equinam|iungere si velit . . . *Ars Poet.*2
  ne quodcumque velit poscat sibi fabula credi . . . . *Ars Poet.*339
velle. servosque . . . omnis restinguere velle videres. . . . *Serm.*1.5.76
  'certe nescio quid secreto velle loqui te|aiebas mecum.' . . *Serm.*1.9.67
vellem. vellem in amicitia sic erraremus *Serm.*1.3.41
  'porrectum magno magnum spectare catino|vellem' . . . *Serm.*2.2.40
  cum vellem mittere operto|me capite in flumen, . . . *Serm.*2.3.37
  tamen illic vivere vellem *Epist.*1.11.8
  scilicet ut vellem curvo dignoscere rectum *Epist.*2.2.44
vellera. nec pinguia Gallicis|crescunt vellera pascuis: . . *Carm.*3.16.36
  muricibus Tyriis iteratae vellera lanae|cui properabantur? . . *Epod.*12.21
vellera. qui Sidonio contendere callidus ostro | nescit Aquinatem potantia
   vellera fucum, ... *Epist.*1.10.27
vellere. vellere coepi|et pressare manu lentissima bracchia. . . *Serm.*1.9.63
velles. cum flueret lutulentus, erat quod tollere velles; . . *Serm.*1.4.11
  hunc hominem velles si tradere: *Serm.*1.9.47
  si velles' inquit 'verum mihi ponere nomen. *Epist.*1.7.93
vellet. at hic si, . . . vellet bonus atque benignus|esse, . . *Serm.*1.2.51
  quem tollere raeda|vellet iter faciens *Serm.*2.6.43
  saxa movere sono testudinis et prece blanda|ducere, quo vellet. . *Ars Poet.*396
vellicat. men moveat cimex Pantilius aut cruciet quod|vellicet [? vellicat]
   absentem Demetrius *var.Serm.*1.10.79

vellicet. quod | vellicet absentem Demetrius *Serm.*1.10.79
vellis. tu piscis hiberno ex aequore verris [vellis]. *var.Serm.*2.3.235
vello. caudaeque pilos ut equinae | paulatim vello *Epist.*2.1.46
vellunt. vellunt tibi barbam | lascivi pueri, ...   *Serm.*1.3.133
veloci. age te procellae | crede veloci, ...   *Carm.*3.27.63
veloci. solus multisne coheres, | veloci percurre oculo. . . .   *Serm.*2.5.55
velocis. Breunosque velocis et arcis | Alpibus inpositas tremendis . .   *Carm.*4.14.11
velocius. quid proderat ditasse Paelignas anus | velociusve miscuisse
    toxicum? *Epod.*17.61
velorum. Iliae dum se (nimium) querenti | iactat ultorem [velorum], . .   *var.Carm.*1.2.18
velox. velox amoenum saepe Lucretilem | mutat Lycaeo Faunus .   *Carm.*1.17.1
    quae nemora aut quos agor in specus, | velox mente nova? .   *Carm.*3.25.3
    cum tua | velox merce veni: *Carm.*4.12.22
    dum peregre est animus sine corpore velox? *Epist.*1.12.13
velox. seu pila velox | molliter austerum studio fallente laborem, .   *Serm.*2.2.11
    donec | alterutrum velox Victoria fronde coronet. . . .   *Epist.*1.18.64
velut. crescit occulto velut arbor aevo | fama Marcellis; . .   *Carm.*1.12.45
    micat inter omnis | Iulium sidus velut inter ignis | luna minores. .   *Carm.*1.12.47
    accipiter velut | mollis columbas *Carm.*1.37.17
    quae velut latis equa trima campis | ludit *Carm.*3.11.9
    quae velut nactae vitulos leaenae | singulos eheu lacerant: . .   *Carm.*3.11.41
    monte decurrens velut amnis, ...   *Carm.*4.2.5
    mordaci velut icta ferro | pinus *Carm.*4.6.9
    podex velut crudae bovis. *Epod.*8.6
    Phocaeorum | velut profugit exsecrata civitas . . .   *Epod.*16.18
    saepe velut qui | currebat fugiens hostem, ...   *Serm.*1.3.9
    persaepe velut qui | Iunonis sacra ferret; *Serm.*1.3.10
    velut si | egregio inspersos reprendas corpore naevos, . .   *Serm.*1.6.66
    ille velut fidis arcana sodalibus olim | credebat libris . .   *Serm.*2.1.30
    "velut silvis, ubi passim | palantis error certo de tramite pellit, .   *Serm.*2.3.48
    hoc, veluti [velut in] virtute paratum, | speravit magnae laudi fore. .   *var.Serm.*2.3.98
    metuensque velut contingere sacrum? *Serm.*2.3.110
    velut usquam | vinctus eas, ...   *Serm.*2.7.30
    ultro | insectere velut melior *Serm.*2.7.41
    proelia rubrica picta aut carbone velut si | re vera pugnent, . .   *Serm.*2.7.98
    velut illis | Canidia adflasset, peior serpentibus Afris.' . .   *Serm.*2.8.94
    sub nutrice puella velut si luderet infans, ...   *Epist.*2.1.99
    heres | heredem alterius velut unda supervenit undam, . .   *Epist.*2.2.176
    cuius, velut aegri somnia, vanae | fingentur species, . .   *Ars Poet.*7
    ne velut innati triviis ac paene forenses . . . .   *Ars Poet.*245
    certe furit ac velut ursus, ...   *Ars Poet.*472
veluti. veluti stet volucris dies, ...   *Carm.*3.28.6
    aut etiam ipsa haec | delectant, veluti Balbinum polypus Hagnae. .   *Serm.*1.3.40
    ac veluti te | Iudaei cogemus in hanc concedere turbam. . .   *Serm.*1.4.142
    votiva pateat veluti descripta tabella | vita senis. . .   *Serm.*2.1.33
    me veluti custodiet ensis | vagina tectus: . . .   *Serm.*2.1.40
    hoc, veluti virtute paratum, | speravit magnae laudi fore. . .   *Serm.*2.3.98
    veluti succinctus cursitat hospes *Serm.*2.6.107
    veluti pia mater | plus quam se sapere . . . volt . .   *Epist.*1.18.26
    veluti tractata notam labemque remittunt | atramenta, . .   *Epist.*2.1.235
    si veluti merulis intentus decidit auceps | in puteum . .   *Ars Poet.*458
vemens. vemens et liquidus puroque simillimus amni . . .   *Epist.*2.2.120
vena. at fides et ingeni | benigna vena est *Carm.*2.18.10
vena. nec studium sine divite vena | nec rude quid prosit video ingenium.   *Ars Poet.*409
venabula. venabula, servos | differtum transire forum populumque iubebat,   *Epist.*1.6.58
venae. 'deficient inopem venae te, ...   *Serm.*2.3.153
Venafranae. pressa Venafranae quod baca remisit olivae. . .   *Serm.*2.4.69
Venafranos. tendens Venafranos in agros *Carm.*3.5.55
Venafri. oleo, quod prima Venafri | pressit cella; . . .   *Serm.*2.8.45
Venafro. viridique certat | baca Venafro, ...   *Carm.*2.6.16
venale. Grosphe, non gemmis neque purpura ve- | nale nec auro. .   *Carm.*2.16.7,8
venale. aperte | quod venale habet ostendit *Serm.*1.2.84
venalem. morte venalem petiisse laurum *Carm.*3.14.2
venalis. si | reticulum panis venalis inter onusto | forte vehas umero, .   *Serm.*1.1.47
venalis. ubi plenius aequo | laudat venalis qui volt extrudere merces: *Epist.*2.2.11
venari. venarique timet, ludere doctior, ...   *Carm.*3.24.56
    nec, cum venari volet ille, poemata panges. . . .   *Epist.*1.18.40
venas. 'nam simul ac venas inflavit taetra libido, . . .   *Serm.*1.2.33
    quod cum spe divite manet | in venas animumque meum, . .   *Epist.*1.15.20

venaticus.   venaticus, . . . militat in silvis catulus. *Epist.*1.2.65
venator.   manet sub Iove frigido|venator tenerae coniugis inmemor, .   .   *Carm.*1.1.26
  leporem citus|venator in campis nivalis *Carm.*1.37.19
  'leporem venator ut alta|in nive sectetur, ...   *Serm.*1.2.105
vendas.   'Stoice, post damnum sic vendas omnia pluris,   .   .   .   *Serm.*2.3.300
  idcirco navim trans Aegaeum mare vendas. *Epist.*1.11.16
vendentem.   Volteium mane Philippus | vilia vendentem tunicato scruta
    popello|occupat *Epist.*1.7.65
  ne . . . deferar in vicum vendentem tus et odores *Epist.*2.1.269
vendere.   vendere cum possis captivom, occidere noli: .   .   .   *Epist.*1.16.69
  siquis forte velit puerum tibi vendere *Epist.*2.2.2
venderet.   exciperet dominus, cum venderet. *Serm.*2.3.286
vendibilis.   et fundus nec vendibilis nec pascere firmus'   .   .   .   *Epist.*1.17.47
vendit.   qui praedia vendit,|nil servile gulae parens habet?   .   .   *Serm.*2.7.110
  iniuste totum ducit venditque poema. *Epist.*2.1.75
veneat.   quia veneat auro|rara avis *Serm.*2.2.25
veneficae.   solutus ambulat veneficae|scientioris carmine.   .   .   .   *Epod.*5.71
venefici.   et Esquilini pontifex venefici *Epod.*17.58
venemur.   piscemur, venemur, ut olim|Gargilius *Epist.*1.6.57
venena.   cur dira barbarae minus|venena Medeae valent,   .   .   .   *Epod.*5.62
  'venena maga non fas nefasque, ...   *Epod.*5.87
  "hunc neque dira venena nec hosticus auferet ensis   .   .   .   *Serm.*1.9.31
venena.   ille venena Colcha . . . tractavit, ...   *Carm.*2.13.8
venenat.   non odio obscuro morsuque venenat: *Epist.*1.14.38
venenatis.   nec venenatis gravida sagittis,|Fusce, pharetra,   .   .   *Carm.*1.22.3
veneni.   quid hoc veneni saevit in praecordiis? *Epod.*3.5
venenis.   quis te solvere Thessalis|magus venenis, quis poterit deus? .   .   *Carm.*1.27.22
  cales venenis officina Colchicis. *Epod.*17.35
  quantum carminibus quae versant atque venenis *Serm.*1.8.19
veneno.   cum laqueo uxorem interimis matremque veneno,   .   .   .   *Serm.*2.3.131
  'lana Tarentino violas imitata veneno.' *Epist.*2.1.207
venenorum.   Hiberia|mittit venenorum ferax, ...   *Epod.*5.22
venentur.   qui|frustis et pomis viduas venentur avaras *Epist.*1.1.78
venenum.   ut atrum|corpore conbiberet venenum, ...   *Carm.*1.37.28
  proscripti Regis Rupili pus atque venenum *Serm.*1.7.1
  Canidia Albuci, quibus est inimica, venenum, ...   *Serm.*2.1.48
venerabilior.   ante Larem gustet venerabilior Lare dives.   .   .   .   *Serm.*2.5.14
venerandi.   intra marmoreum venerandi limen amici, ...   *Epist.*1.18.73
venerantur.   te caede gaudentes Sygambri|conpositis venerantur armis.   .   *Carm.*4.14.52
  verum|gaudent scribentes et se venerantur *Epist.*2.2.107
venerat.   ac mihi seu longum post tempus venerat hospes   .   .   .   *Serm.*2.2.118
venerata.   ac venerata Ceres, ita culmo surgeret alto,   .   .   .   *Serm.*2.2.124
venerati.   nec, cum venari [? venerati] volet ille, poemata panges.   .   *? var.Epist.*1.18.40
veneratione.   nec, cum venari [? ne cum veneratione] volet ille, poemata
    panges.   .   .   .   .   *? var.Epist.*1.18.40
veneratur.   quaeque vos bubus veneratur albis *Carm.Saec.*49
  meminitque libentius illud | quod quis deridet quam quod probat et
    veneratur. *Epist.*2.1.263
venere.   qui nisi, cum tristes misero venere kalendae, ...   *Serm.*1.3.87
  ab his maioribus orti|ad pugnam venere. *Serm.*1.5.56
  quid tum? venere frequentes, ...   *Serm.*2.3.230
venere.   ne sequerer moechas, concessa cum venere uti|possem: .   .   *Serm.*1.4.113
  abstinuit venere et vino;   .   .   .   .   *Ars Poet.*414
Venerem.   Liberum et Musas Veneremque . . . canebat   .   .   .   *Carm.*1.32.9
venerem.   nec tauri ruentis|in venerem tolerare pondus.   .   .   .   *Carm.*2.5.4
  et venerem et proelia destinat. *Carm.*3.13.5
  non ego: namque parabilem amo venerem facilemque.   .   .   .   *Serm.*1.2.119
  quos venerem incertam rapientis more ferarum *Serm.*1.3.109
  eripuere iocos, venerem, convivia, ludum; *Epist.*2.2.56
Veneri.   sic visum Veneri, cui placet inpares|formas atque animos sub iuga   *Carm.*1.33.10
  ingratam Veneri pone superbiam, ...   *Carm.*3.10.9
veneri.   somnus tamen aufert|intentum veneri: *Serm.*1.5.84
Veneris.   nequiquam Veneris praesidio ferox *Carm.*1.15.13
  larga nec desunt Veneris sodali|vina craterae, ...   *Carm.*3.18.6
  laevom marinae qui Veneris latus|custodit. *Carm.*3.26.5
  tuis victus Venerisque gratae|vocibus *Carm.*4.6.21
  o crudelis adhuc et Veneris muneribus potens, ...   *Carm.*4.10.1
  qui dies mensem Veneris marinae|findit Aprilem, ...   *Carm.*4.11.15
  almae|progeniem Veneris canemus. *Carm.*4.15.32

clarus Anchisae Venerisque sanguis|inpetret, ... *Carm.Saec.*50
veneris. nec tantum veneris quantum studiosa culinae. . . . *Serm.*2.5.80
fabula nullius veneris, sine pondere et arte, ... *Ars Poet.*320
venerit. si forte suas repetitum venerit olim|grex avium plumas, . . *Epist.*1.3.18
veneror. si veneror stultus nihil horum *Serm.*2.6.8
veni. unde quo veni? *Carm.*3.27.37
ut veni coram, singultim pauca locutus *Serm.*1.6.56
ad mare cum veni, generosum et lene requiro, ... *Epist.*1.15.18
veni. cum tua|velox merce veni: *Carm.*4.12.22
venia. et data Romanis venia est indigna poetis. . . . . *Ars Poet.*264
venia. hoc mihi iuris|cum venia dabis: *Serm.*1.4.105
ut scriptor si peccat idem librarius usque,|quamvis est monitus, venia
   caret . . . . *Ars Poet.*355
veniae. habet comoedia tanto|plus oneris, quanto veniae minus: . . *Epist.*2.1.170
tutus et intra|spem veniae cautus? . . . . . . *Ars Poet.*267
veniam. peccatis veniam poscentem reddere rursus *Serm.*1.3.75
sed des veniam bonus, oro. *Serm.*2.4.5
festus|dat veniam somnumque dies; *Epist.*1.5.10
dabis aegrotare timenti,|Maecenas, veniam, ... *Epist.*1.7.5
nec veniam antiquis sed honorem et praemia posci. . . . *Epist.*2.1.78
scimus, et hanc veniam petimusque damusque vicissim; . . . *Ars Poet.*11
veniant. in me veniat [veniant] mictum atque cacatum|Iulius et fragilis
   Pediatia furque Voranus. *var.Serm.*1.8.38
edicit, piscator uti, pomarius, . . . mane domum veniant. . . *Serm.*2.3.230
venias. tandem venias precamur . . . augur Apollo; . . . *Carm.*1.2.30
ut . . . siquis casus puerum egerit Orco,|in vacuom venias: . . *Serm.*2.5.50
veniat. multa poetarum veniat manus, ... *Serm.*1.4.141
in me veniat mictum atque cacatum *Serm.*1.8.38
dic,|ad cenam veniat.' *Epist.*1.7.61
veniens. sed ut veniens dextrum latus adspiciat sol, ... *Epist.*1.16.6
veniens. perniciem veniens in aevom, ... *Carm.*3.5.16
venientes. multa ferunt anni venientes commoda secum, . . . *Ars Poet.*175
venies. 'ergo|post nonam venies; *Epist.*1.7.71
veniet. mactata veniet lenior hostia. *Carm.*1.19.16
insperata tuae cum veniet pluma superbiae *Carm.*4.10.2
cui si concedere nolis,|multa poetarum veniat [veniet] manus, . . *var.Serm.*1.4.141
venimus. venimus ad summum fortunae, ... *Epist.*2.1.32
venire. neque cunctetur, cum est iussa, venire. *Serm.*1.2.122
iusserit ad se|Maecenas serum sub lumina prima venire|convivam: . *Serm.*2.7.33
veniret. ne mea saevos|iurgares at te quod epistula nulla rediret [veniret]. *var.Epist.*2.2.22
tardior ut paullo graviorque veniret ad auris, ... *Ars Poet.*255
venis. quoniam vacuis conmittere venis|nil nisi lene decet: . . . *Serm.*2.4.25
venis. causa morbi|fugerit venis et aquosus albo|corpore languor. . . *Carm.*2.2.15
venis. 'unde venis' et|'quo tendis?' rogat et respondet. . . . *Serm.*1.9.62
venisse. Canem illum,|invisum agricolis sidus, venisse: . . . *Serm.*1.7.26
venisset. 'unde venis' et [venisset]|'quo tendis?' rogat et respondet. . *var.Serm.*1.9.62
quod non mane domum venisset, ... *Epist.*1.7.68
venit. venit vilissima rerum|hic aqua, ... *Serm.*1.5.88
si versus paulo concinnior unus et alter,|iniuste totum ducit venditque
   [venitque] poema. *var.Epist.*2.1.75
venit. horae|momento cita mors venit aut victoria laeta.' . . . *Serm.*1.1.8
casu venit obvius illi|adversarius *Serm.*1.9.74
an venit in votum Attalicis ex urbibus una, ... *Epist.*1.11.5
venit. ut huc novos incola venit? *Serm.*2.2.128
'venit enim magnum donandi parca iuventus *Serm.*2.5.79
sic honor et nomen divinis vatibus atque|carminibus venit. . . *Ars Poet.*401
veniunt. illic iniussae veniunt ad mulctra capellae *Epod.*16.49
Venni. Augusto reddes signata volumina, Vinni [Venni], . . . *var.Epist.*1.13.2
vennucula. venucula [vennucula] convenit ollis; *var.Serm.*2.4.71
vennuncula. venucula [vennuncula] convenit ollis; *var.Serm.*2.4.71
venor. non ego ventosae plebis suffragia venor *Epist.*1.19.37
venter. sed incitat me pectus . . . venterque mollis . . . *Epod.*8.9
tuosque venter Pactumeius et tuo|cruore rubros obstetrix pannos lavit, *Epod.*17.50
non tuos hoc capiet venter plus ac meus, ... *Serm.*1.1.46
venti. concidunt venti fugiuntque nubes *Carm.*1.12.30
vernique iam nimbis remotis|insolitos docuere nisus|venti paventem, . *Carm.*4.4.9
hoc paces habuere bonae ventique secundi. *Epist.*2.1.102
ventis. tu, nisi ventis|debes ludibrium, cave. *Carm.*1.14.15
tristitiam et metus|tradam protervis in mare Creticum|portare ventis, *Carm.*1.26.3

ut haec ingrata ventis dividat|fomenta *Epod*.11.16
ventis. aspera|nigris aequora ventis *Carm*.1.5.7
saepius ventis agitatur ingens|pinus *Carm*.2.10.9
quo nemus|inter pulcra satum tecta remugiat|ventis . *Carm*.3.10.7
caretque|ripa vagis taciturna ventis. *Carm*.3.29.24
ventis iturus non suis *Epod*.9.30
quaeque carent ventis et solibus ossa Quirini, . . *Epod*.16.13
donec cinis|iniuriosis aridus ventis ferar, . . . *Epod*.17.34
vento. Thracio bacchante magis sub inter-|lunia vento, . *Carm*.1.25.12
contrahes vento nimium secundo|turgida vela. . . *Carm*.2.10.23
leni recreare vento *Carm*.3.20.13
ventorum. te . . . ventorumque regat pater . . . *Carm*.1.3.3
ventos. qui simul|stravere ventos aequore fervido|deproeliantis, . *Carm*.1.9.10
rapidos morantem|fluminum lapsus celeresque ventos, . *Carm*.1.12.10
ingrato celeres obruit otio|ventos *Carm*.1.15.4
defendit aestatem capellis|usque meis pluviosque ventos. . *Carm*.1.17.4
ventosae. non ego ventosae plebis suffragia venor . . *Epist*.1.19.37
ventoso. quem tulit ad scaenam ventoso Gloria curru, . . *Epist*.2.1.177
ventosum. qui mare temperat|ventosum *Carm*.3.4.46
ventosus. Romae Tibur amem, ventosus Tibure Romam. . *Epist*.1.8.12
ventre. quantum interpellet inani|ventre diem durare, . *Serm*.1.6.128
"etenim fateor me" dixerit ille|"duci ventre levem, . . *Serm*.2.7.38
ventrem. non Afra avis descendat in ventrem meum, . . *Epod*.2.53
tum inmundo somnia visu | nocturnam vestem maculant ventremque
supinum. *Serm*.1.5.85
quae prima iratum ventrem pacaverit esca.' . . *Serm*.2.8.5
ventres. ut ventres lamna candente nepotum|diceret urendos . *Epist*.1.15.36
ventri. hic ego propter aquam, quod erat deterrima, ventri|indico bellum, *Serm*.1.5.7
si ventri bene, si lateri est pedibusque tuis, . . . *Epist*.1.12.5
quidquid quaesierat ventri donabat avaro. . . . *Epist*.1.15.32
ventris. obsequium ventris mihi perniciosius est cur? . . *Serm*.2.7.104
ventum. seu mobilibus vepris inhorruit|ad ventum foliis . *coni.Carm*.1.23.6
ventum. laborant,|cum ventum ad verum est: . . . *Serm*.1.3.97
ventum erat ad Vestae *Serm*.1.9.35
simul atras|ventum est Esquilias, ... *Serm*.2.6.33
ut ventum ad cenam est, dicenda tacenda locutus . . *Epist*.1.7.72
ventura. ad te post paulo ventura pericula sentis? . . *Epist*.1.18.83
venturam. cum speramus eo rem venturam, . . . *Epist*.2.1.226
venturum. cum speramus eo rem venturam [item fore venturum], . . .
commodus ultro|arcessas *var.Epist*.2.1.226
venturus. huc venturus erat Maecenas optimus atque|Cocceius, . *Serm*.1.5.27
quid Titius? Romana brevi venturus in ora, . . *Epist*.1.3.9
Romae Tibur amem, ventosus [venturus] Tibure Romam. . *var.Epist*.1.8.12
venucula. venucula convenit ollis;|rectius Albanam fumo duraveris uvam. *Serm*.2.4.71
Venus. iam Cytherea choros ducit Venus imminente luna . *Carm*.1.4.5
oscula, quae Venus|quinta parte sui nectaris imbuit. . *Carm*.1.13.15
in me tota ruens Venus|Cyprum deseruit . . . *Carm*.1.19.9
quae te cumque·domat Venus, ... *Carm*.1.27.14
me melior cum peteret Venus, ... *Carm*.1.33.13
quem Venus arbitrum|dicet bibendi? *Carm*.2.7.25
ridet hoc, inquam, Venus ipsa, ... *Carm*.2.8.13
'quid si prisca redit Venus *Carm*.3.9.17
dum favet Nox et Venus, ... *Carm*.3.11.50
custodem pavidum Iuppiter et Venus|risissent: . . *Carm*.3.16.6
si laeta aderit Venus *Carm*.3.21.21
aderat querenti|perfidum ridens Venus . . . *Carm*.3.27.67
ac bene nummatum decorat Suadela Venusque. . . *Epist*.1.6.38
Venus. quis non te potius, Bacche pater, teque, decens Venus? . *Carm*.1.18.6
o Venus regina Cnidi Paphique, ... *Carm*.1.30.1
intermissa, Venus, diu|rursus bella moves? . . *Carm*.4.1.1
venus. quo fugit venus, heu, ... *Carm*.4.13.17
quem damnosa venus, quem praeceps alea nudat, . *Epist*.1.18.21
ordinis haec virtus erit et venus, aut ego fallor, . . *Ars Poet*.42
Venusinae. Venusinae|plectantur silvae te sospite . . *Carm*.1.28.26
Venusinus. nam Venusinus arat finem sub utrumque colonus, . *Serm*.2.1.35
vepallida. vepallida lecto|desiliat mulier, . . . *Serm*.1.2.129
vepres. quid si rubicunda benigni|corna vepres et pruna ferant, . *Epist*.1.16.9
vepris. nam seu mobilibus vepris inhorruit|ad ventum foliis . *coni.Carm*.1.23.5
ver. ver ubi longum tepidasque praebet|Iuppiter brumas . *Carm*.2.6.17

frigora mitescunt Zephyris, ver proterit aestas|interitura, .   .   .   *Carm.*4.7.9
vera. nec vera virtus, cum semel excidit, ...   *Carm.*3.5.29
   dum volt libertas dici mera veraque virtus. *Epist.*1.18.8
vera. velut si|re vera pugnent, ...   *Serm.*2.7.99
vera. post mediam noctem visus, cum somnia vera: *Serm.*1.10.33
vera. ait prope vera: 'meae (contendere noli)|stultitiam patiuntur opes; . *Epist.*1.18.28
veraces. vosque, veraces cecinisse Parcae, ...   *Carm.Saec.*25
verae. virtutis verae custos rigidusque satelles; *Epist.*1.1.17
   sed verae numerosque modosque ediscere vitae. *Epist.*2.2.144
veraliter. continuatque dapes nec non verniliter [veraliter] ipsis|fungitur
   officiis, ...   *var.Serm.*2.6.108
verax. condita cum verax aperit praecordia Liber. *Serm.*1.4.89
verba. Flacci|verba per attentam non ibunt Caesaris aurem,   .   .   *Serm.*2.1.19
   sunt verba et voces, quibus hunc lenire dolorem|possis   .   .   .   *Epist.*1.1.34
   nova fictaque nuper habebunt verba fidem, ...   *Ars Poet.*52
   tristia maestum|voltum verba decent.   .   .   .   .   .   .   *Ars Poet.*106
   verbaque provisam rem non invita sequentur.   .   .   .   .   *Ars Poet.*311
verba. cur facunda parum decoro|inter verba cadit lingua silentio?   .   .   *Carm.*4.1.36
   per audacis nova dithyrambos|verba devolvit *Carm.*4.2.11
   verba loquor socianda chordis: *Carm.*4.9.4
   in verba iurabas mea, ...   *Epod.*15.4
   an ut ignotum dare nobis|verba putas?' *Serm.*1.3.23
   donec verba, quibus voces sensusque notarent,|nominaque invenere; . *Serm.*1.3.103
   patriis intermiscere petita|verba foris malis, ...   *Serm.*1.10.30
   me pedibus delectat claudere verba *Serm.*2.1.28
   verba facit leno: *Serm.*2.3.231
   quid? cum balba feris annoso verba palato, ...   *Serm.*2.3.274
   nullius adductus iurare in verba magistri, ...   *Epist.*1.1.14
   nunc adbibe puro|pectore verba, puer, ...   *Epist.*1.2.68
   virtutem verba putas et|lucum ligna: *Epist.*1.6.31
   requiro, . . . quod verba ministret, ...   *Epist.*1.15.20
   utrius horum|verba probes et facta, doce *Epist.*1.17.16
   sic iterat voces et verba cadentia tollit, ...   *Epist.*1.18.12
   secutus . . . non res et agentia verba Lycamben.   .   .   .   *Epist.*1.19.25
   verba lyrae motura sonum conectere digner? *Epist.*2.2.86
   audebit, . . . verba movere loco, quamvis invita recedant   .   .   *Epist.*2.2.113
   ac non verba sequi fidibus modulanda Latinis, ...   *Epist.*2.2.143
   uterque|proicit ampullas et sesquipedalia verba, ...   *Ars Poet.*97
   non . . . dominantia nomina solum | verbaque, Pisones, Satyrorum
   scriptor amabo   .   .   .   .   *Ars Poet.*235
verbenas. hic|verbenas, pueri, ponite turaque *Carm.*1.19.14
verbenis. ara castis|vincta verbenis *Carm.*4.11.7
verbera. exanimari metuentis patruae verbera linguae.   .   .   .   *Carm.*3.12.3
   ferula caedas meritum maiora subire|verbera *Serm.*1.3.121
   quaecumque excepit turgentis verbera caudae|clunibus   .   .   *Serm.*2.7.49
verberabit. Vrbem|eques sonante verberabit ungula, ...   *Epod.*16.12
verberatae. non verberatae grandine vineae *Carm.*3.1.29
verbere. aequoris nigri fremitum et trementis|verbere ripas.   .   .   *Carm.*3.27.24
verberes. utrumque verberes latus,|Auster, memento   .   .   .   *Epod.*10.3
verbi. nil verbi, pereas quin fortiter, addam. — *Serm.*2.3.42
verbis. male nominatis|parcite verbis. *Carm.*3.14.12
   quod acer spiritus ac vis|nec verbis nec rebus inest,   .   .   .   *Serm.*1.4.47
   quod verbis graeca latinis|miscuit.' *Serm.*1.10.20
verbis. mollibus|lenire verbis inpias, ...   *Epod.*5.84
   vel mea cum saevis agitat fastidia verbis: *Epod.*12.13
   huic si mutonis verbis mala tanta videnti|diceret haec animus   .   *Serm.*1.2.68
   non satis est puris versum perscribere verbis, ...   *Serm.*1.4.54
   inpediat verbis lassas onerantibus auris, ...   *Serm.*1.10.10
   'iure' inquit 'Trausius istis|iurgatur verbis; *Serm.*2.2.100
   verbisque decoris|obvolvas vitium?'' *Serm.*2.7.41
   his verbis vacuas permulceat auris; *Epist.*1.16.26
   hortari coepit eundem | verbis, quae timido quoque possent addere
   mentem: *Epist.*2.2.36
   in verbis etiam tenuis cautusque serendis   .   .   .   .   .   *Ars Poet.*46
verbo. rexque paterque|audisti coram, nec verbo parcius absens: .   *Epist.*1.7.38
   nec verbo verbum curabis reddere fidus|interpres   .   .   .   *Ars Poet.*133
   nec verbo verbum [verbum verbo] curabis reddere fidus|interpres   .   *var.Ars Poet.*133
verborum. ita verborum vetus interit aetas, ...   *Ars Poet.*61
verbum. quod prius ordine verbum est|posterius facias,   .   .   .   *Serm.*1.4.58

et semel emissum volat irrevocabile verbum. *Epist.*1.18.71
inter quae verbum emicuit si forte decorum *Epist.*2.1.73
verbum. verbum non amplius addam. *Serm.*1.1.121
ergo|non satis est puris versum perscribere verbis [verbum], . . *var.Serm.*1.4.54
notum si callida verbum|reddiderit iunctura novum. . . *Ars Poet.*47
nec verbo verbum curabis reddere fidus|interpres . . *Ars Poet.*133
nec verbo verbum [verbum verbo] curabis reddere fidus|interpres . *var.Ars Poet.*133
nullum ultra verbum aut operam insumebat inanem, . . *Ars Poet.*443
vere. primo restituent vere Favonii *Carm.*3.7.2
vere. dic per omnis|hoc deos vere, ... *Carm.*1.8.2
hic dies vere mihi festus atras|exiget curas: . . . *Carm.*3.14.13
ut siquid promittere de me|possum aliud vere, promitto. . *Serm.*1.4.103
persuades hoc tibi vere, ... *Serm.*1.6.8
obiciet vere quisquam mihi, ... *Serm.*1.6.69
si neque avaritiam neque sordes aut mala lustra|obiciet vere quisquam
[quisquam vere] mihi, ... *var.Serm.*1.6.69
vere quod placet ut non|acriter elatrem, ... *Epist.*1.18.17
vereare. insanos qui inter vereare insanus haberi. . *Serm.*2.3.40
verecundum. verecundumque Bacchum|sanguineis prohibete rixis. . . *Carm.*1.27.3
saepe verecundum laudasti, ... *Epist.*1.7.37
verecundus. verecundus color|reliquit ossa pelle amicta lurida, . . *Epod.*17.21
et frugi castusque verecundusque coibat. . . . *Ars Poet.*207
vereor. nec vereor, ne, dum futuo, vir rure recurrat, . . *Serm.*1.2.127
nam ut ferula caedas meritum maiora subire|verbera non vereor, . . *Serm.*1.3.121
sed vereor, ne cui de te plus quam tibi credas . . . *Epist.*1.16.19
Vergili. nulli flebilior quam tibi, Vergili. . . . *Carm.*1.24.10
adduxere sitim tempora, Vergili: *Carm.*4.12.13
Vergilio. Vergilio adnuerunt gaudentes rure Camenae. . . *Serm.*1.10.45
Caecilio Plautoque dabit Romanus ademptum|Vergilio Varioque? . *Ars Poet.*55
Vergilium. navis, quae tibi creditum|debes Vergilium: . *Carm.*1.3.6
Vergilius. Plotius et Varius Sinuessae Vergiliusque|occurrunt, . *Serm.*1.5.40
lusum it Maecenas, dormitum ego Vergiliusque; . . *Serm.*1.5.48
optimus olim|Vergilius, post hunc Varius dixere quid essem. . *Serm.*1.6.55
Plotius et Varius, Maecenas Vergiliusque, . . . *Serm.*1.10.81
dilecti tibi Vergilius Variusque poetae, ... *Epist.*2.1.247
vergit. si paulum summo decessit, vergit ad imum. . . *Ars Poet.*378
veri. iudice te non sordibus auctor|naturae verique. . *Carm.*1.28.15
siquid Stertinius veri crepat, ... *Serm.*2.3.33
quemcumque inscitia veri|caecum agit, . . . *Serm.*2.3.43
'qui species alias veris [veri] scelerisque tumultu | permixtas capiet,
commotus habebitur, ... *var.Serm.*2.3.208
veris. solvitur acris hiems grata vice veris et Favoni . . *Carm.*1.4.1
seu mobilibus vepris [veris] inhorruit|ad ventum [adventus] foliis . *var.Carm.*1.23.5
instar veris enim voltus ubi tuos *Carm.*4.5.6
iam veris comites, quae mare temperant, . . . *Carm.*4.12.1
veris. si vocata partubus|Lucina veris adfuit, . . . *Epod.*5.6
uti mox|nulla fides damnis verisque doloribus adsit. . . *Epist.*1.17.57
veris. 'stultum me fateor (liceat concedere veris) . . *Serm.*2.3.305
ficta voluptatis causa sint proxima veris: . . . *Ars Poet.*338
veris. 'qui species alias veris scelerisque tumultu|permixtas capiet, . *Serm.*2.3.208
atque ita mentitur, sic veris falsa remiscet, . . . *Ars Poet.*151
Veritas. incorrupta Fides nudaque Veritas . . . *Carm.*1.24.7
veriti. nos maius veriti, postquam nihil esse pericli|sensimus, erigimur; . *Serm.*2.8.57
veritus. qui pauperiem veritus potiore metallis|libertate caret, . *Epist.*1.10.39
verna. si|ancilla aut verna est praesto puer, . . . *Serm.*1.2.117
verna ministeriis ad nutus aptus erilis, ... *Epist.*2.2.6
vernaliter. continuatque dapes nec non verniliter [vernaliter] ipsis|fungitur
officiis, ... *var.Serm.*2.6.108
vernas. positosque vernas, ditis examen domus, . . *Epod.*2.65
vernasque procacis|pasco libatis dapibus. . . . *Serm.*2.6.66
verni. qui purgor bilem sub verni temporis horam. . . *Ars Poet.*302
verni. vernique iam nimbis remotis|insolitos docuere nisus|venti paventem, *Carm.*4.4.7
verniliter. nec non verniliter ipsis|fungitur officiis, . . *Serm.*2.6.108
vernis. non semper idem floribus est honor|vernis . . *Carm.*2.11.10
vernis. vernique [vernisque] iam nimbis remotis | insolitos docuere nisus|
venti paventem, ... *var.Carm.*4.4.7
vero. ego vero|oppono auriculam. *Serm.*1.9.76
si vero est, unctum qui recte ponere possit . . . *Ars Poet.*422
quem vero arripuit, tenet occiditque legendo, . . . *Ars Poet.*475

vero. derisor vero plus laudatore movetur. . . . . *Ars Poet.*433
vero. cui Canis ex vero dictum cognomen adhaeret, ... *Serm.*2.2.56
    quam qui non poterit vero distinguere falsum. *Epist.*1.10.29
veros. mentemque lymphatam Mareotico | redegit in veros timores |
    Caesar *Carm.*1.37.15
verris. verris obliquom meditantis ictum|sanguine donem. . . . *Carm.*3.22.7
verris. tu piscis hiberno ex aequore verris. *Serm.*2.3.235
verritur. quidquid de Libycis verritur areis. *Carm.*1 1.10
verrucis. ignoscet verrucis illius: *Serm.*1.3.74
versa. non me Philippis versa acies retro, ... *Carm.*3.4.26
versant. quantum carminibus quae versant atque venenis . . . *Serm.*1.8.19
versare. Sabellis docta ligonibus|versare glaebas *Carm.*3.6.39
versat. ubi sedulus hospes|paene macros arsit dum turdos versat in igni: . *Serm.*1.5.72
    acris|subiectat lasso stimulos versatque negantem. *Serm.*2.7.94
versate. versate diu, quid ferre recusent,|quid valeant umeri. . . *Ars Poet.*39
    vos exemplaria Graeca|nocturna versate manu, versate diurna. . . *Ars Poet.*269
versatur. omnium|versatur urna serius ocius|sors exitura . . . *Carm.*2.3.26
versemur. cum genus hoc inter vitae versetur [versemur], ubi acris |
    invidia atque vigent ubi crimina: *var.Serm.*1.3.60
versent. mihi non tantum . . . curae sunt atque labori, | quantum
    carminibus quae versant [versent] atque venenis|humanos animos. *var.Serm.*1.8.19
versentur. et versentur adhuc intra penetralia Vestae; *Epist.*2.2.114
verset. siquem delectet barbatum: amentia verset. *Serm.*2.3.249
versetur. cum genus hoc inter vitae versetur, ... *Serm.*1.3.60
versibus. incultis qui versibus et male natis|rettulit acceptos, . . . Philippos. *Epist.*2.1.233
versibus. famosisque Lupo cooperto versibus? *Serm.*2.1.68
    nec socerum quaerit, quem versibus oblinat atris, ... *Epist.*1.19.30
    versibus alternis opprobria rustica fudit *Epist.*2.1.146
    nec prave factis decorari versibus opto, ... *Epist.*2.1.266
    versibus inpariter iunctis querimonia primum, ... *Ars Poet.*75
    versibus exponi tragicis res comica non volt; . . . . . *Ars Poet.*89
    aut nimium teneris iuven̄entur versibus umquam . . . . *Ars Poet.*246
    mares animos in Martia bella|versibus exacuit; . . . . *Ars Poet.*403
versiculis. hiscine versiculis speras tibi posse dolores | atque aestus
    curasque gravis e pectore pelli? *Serm.*1.2.109
versiculos. nihil me sicut antea iuvat|scribere versiculos amore percussum
    gravi, ... *Epod.*11.2
    ego cum graecos facerem, natus mare citra,|versiculos, . . . *Serm.*1.10.32
    num rerum dura negarit|versiculos natura magis factos . . . *Serm* 1.10.58
versis. aut versis animosum equis|Parthum dicere *Carm.*1.19.11
    aut versis [et versis] animosum equis|Parthum dicere . . . *var.Carm.*1.19.11
verso. non ante verso lene merum cado *Carm.*3.29.2
versu. mansuri oppidulo, quod versu dicere non est, ... *Serm.*1.5.87
    in versu faciendo|saepe caput scaberet, ... *Serm.*1.10.70
    'quanto rectius hoc quam tristi laedere versu *Serm.*2.1.21
    quid prima secundo|cera velit versu; *Serm.*2.5.54
versum. neque enim concludere versum|dixeris esse satis . . . *Serm.*1.4.40
    non satis est puris versum perscribere verbis, ... *Serm.*1.4.54
    eripias si | tempora certa modosque, et quod prius ordine verbum
    [versum] est|posterius facias, ... *var.Serm.*1.4.58
    unum|siquis amicorum est ausus reprehendere versum; . . . *Epist.*2.1.222
versum. tibi|non ante verso [versum] lene merum cado . . . *var.Carm.*3.29.2
versus. si versus paulo concinnior unus et alter, ... *Epist.*2.1.74
versus. quo Sibyllini monuere versus *Carm.Saec.*5
    quam versus inopes rerum nugaeque canorae. . . . . . *Ars Poet.*322
versus. facetus,|emunctae naris, durus conponere versus. . . . *Serm.*1.4.8
    in hora saepe ducentos,|ut magnum, versus dictabat . . . *Serm.*1.4.10
    omnes hi metuont versus, odere poetas. *Serm.*1.4.33
    nam quis me scribere plures|aut citius possit versus? . . . *Serm.*1.9.24
    Catone . . . qui male factos|emendare parat versus. . . . *Serm.*1.10.*3
    nempe inconposito dixi pede currere versus|Lucili. . . . *Serm.*1.10.1
    cum versus facias, te ipsum percontor, ... *Serm.*1.10.25
    non ridet versus Enni gravitate minores, ... *Serm.*1.10.54
    amet scripsisse ducentos|ante cibum versus, ... *Serm.*1.10.61
    mille die versus deduci posse. *Serm.*2.1.4
    'ne faciam, inquis,|omnino versus?' *Serm.*2.1.6
    'aut insanit homo aut versus facit.' *Serm.*2.7.117
    nunc itaque et versus et cetera ludicra pono, ... *Epist.*1.1.10
    ipse ego, qui nullos me adfirmo scribere versus, ... *Epist.*2.1.111

versus amat, hoc studet unum;	*Epist.*2.1.120
paupertas inpulit audax|ut versus facerem.	*Epist.*2.2.52
ni melius dormire putem quam scribere versus?	*Epist.*2.2.54
i nunc et versus tecum meditare canoros.	*Epist* 2.2.76
effutire levis indigna tragoedia versus,	*Ars Poet.*231
Enni|in scaenam missos cum magno pondere versus	*Ars Poet.*260
qui nescit, versus tamen audet fingere.	*Ars Poet.*382
nolito ad versus tibi factos ducere plenum|laetitiae;	*Ars Poet.*427
male tornatos incudi reddere versus.	*Ars Poet.*441
vir bonus et prudens versus reprendet inertis,	*Ars Poet.*445
hic, dum sublimis versus ructatur et errat,	*Ars Poet.*457
nec satis adparet, cur versus factitet;	*Ars Poet.*470
vertas. saepe stilum vertas, iterum quae digna legi sint|scripturus,	*Serm.*1.10.72
cognomen vertas in risum et fabula fias.	*Epist* 1.13.9
vertat. hiems ad hoc vertat mare,	*Epod.*2.52
ut ora vertat huc et huc euntium	*Epod.*4.9
saepe stilum vertas [? vertat], iterum quae digna legi sint|scripturus,	*? var.Serm.*1.10.72
vertatur. aut in avem Procne vertatur, Cadmus in anguem.	*Ars Poet.*187
verte. quin huc inanis, si potes, vertis [verte] minas|et me remorsurum petis [pete]?	*var.Epod.*6.3
vertent. dulcia se in bilem vertent	*Serm.*2.2.75
verterat. ubi omne|verterat in fumum et cinerem,	*Epist.*1.15.41
vertere. praesens . . . superbos|vertere funeribus triumphos:	*Carm.*1.35.4
valentium|proceras manibus vertere fraxinos,	*Carm.*3.25.16
vertere pallor|tum parochi faciem	*Serm.*2.8.35
vertere modum formidine fustis | ad bene dicendum delectandumque redacti.	*Epist.*2.1.154
temptavit quoque rem si digne vertere posset	*Epist.*2.1.164
ita vertere seria ludo,	*Ars Poet.*226
si defendere delictum quam vertere malles,	*Ars Poet* 442
verteret. nec timuit sibi ne vitio quis verteret,	*Serm.*1.6 85
ubi omne|verterat [verteret] in fumum et cinerem,	*var.Epist.*1.15.41
verterit. mutatus, Ligurine, in faciem verterit hispidam,	*Carm.*4.10.5
mutatus, Ligurine, [mutatus Ligurinum] in faciem verterit [verterit in faciem] hispidam,	*var.Carm.*4.10.5
verterunt. ad hunc frementis verterunt bis mille equos|Galli	*Epod.*9.17
verti. donec iam saevos apertam|in rabiem coepit verti iocus	*Epist.*2.1.149
donec iam saevos apertam|in rabiem coepit verti [verti coepit] iocus	*var.Epist.*2.1.149
vertice. sublimi feriam sidera vertice.	*Carm.*1.1.36
sordidum flammae trepidant rotantes|vertice fumum.	*Carm.*4.11.12
ast inportunas volucris in vertice harundo|terret fixa	*Serm.*1.8.6
'hic et|candidus et talos a vertice pulcher ad imos|fiet	*Epist.*2.2.4
verticem. et tollens vacuom plus nimio Gloria verticem	*Carm.*1.18.15
late conspicuom tollere verticem,	*Carm.*3.16.19
vertices. flumen gentibus additum|victis minores volvere vertices	*Carm.*2.9.22
verticibus. si figit adamantinos|summis verticibus dira Necessitas|clavos,	*Carm.*3.24.6
vertis. quin huc inanis, si potes, vertis minas	*Epod.*6.3
vertit. ille gravem duro terram qui vertit aratro,	*Serm.*1.1.28
vertit. Ilion . . . mulier peregrina vertit|in pulverem,	*Carm.*3.3.20
cum Pallas usto vertit iram ab Ilio	*Epod.*10.13
vertite. iram atque numen vertite.	*Epod.*5.54
Vertumnis. Vertumnis, quotquot sunt, natus iniquis.	*Serm.*2.7.14
verum. verum pone moras et studium lucri	*Carm.*4.12.25
verum hoc se amplectitur uno,	*Serm.*1.2.53
verum est cum mimis, est cum meretricibus,	*Serm.*1.2.58
verum|depugis, nasuta, brevi latere ac pede longo est.	*Serm.*1.2.92
servavit ab omni|non solum facto, verum opprobrio quoque turpi	*Serm.*1.6.84
verum nequeo dormire.'	*Serm.*2.1.7
verum hic inpransi mecum disquirite.	*Serm.*2.2.7
verum ambitiosus et audax:	*Serm.*2.3.165
'verum ego, . . . prudens placavi sanguine divos.'	*Serm.*2.3.205
vino quinquenni, verum citra mare nato,|dum coquitur	*Serm.*2.8.47
verum|esto aliis alios rebus studiisque teneri:	*Epist.*1.1.80
verum ubi oves furto, morbo periere capellae,	*Epist.*1.7.86
verum seu piscis seu porrum et caepe trucidas,	*Epist.*1.12.21
verum ubi quid melius contingit et unctius,	*Epist.*1.15.40
tu poscis vilia, verum es|dante minor,	*Epist.*1.17.21
verum equitis quoque iam migravit ab aure voluptas|omnis	*Epist.*2.1.187
verum age et his, qui se lectori credere malunt	*Epist.*2.1.214

'verum | purae sunt plateae, nihil ut meditantibus obstet.' . . . *Epist.*2.2.70
verum | gaudent scribentes et se venerantur *Epist.*2.2.106
verum ita risores, ita commendare dicacis | conveniet Satyros, . . *Ars Poet.*225
verum | nil tanti est. . . . . *Ars Poet.*303
verum ubi plura nitent in carmine, ... *Ars Poet.*351
verum operi longo fas est obrepere somnum. . . . . *Ars Poet.*360
verum. an, quodcumque facit Maecenas, te quoque verum est, . *Serm.*2.3.312
quid verum atque decens, curo et rogo et omnis in hoc sum: . . *Epist.*1.1.11
metiri se quemque suo modulo ac pede verum est. . . . *Epist.*1.7.98
verum. mirabor, si sciet inter- | noscere mendacem verumque beatus
amicum. . . . . *Ars Poet.*425
verum. quamquam ridentem dicere verum | quid vetat? . . . *Serm.*1.1.24
laborant, | cum ventum ad verum est: *Serm.*1.3.97
male verum examinat omnis | corruptus iudex. *Serm.*2.2.8
'di te, Damasippe, deaeque | verum ob consilium donent tonsore. . *Serm.*2.3.17
insanis et tu stultique prope omnes, | siquid Stertinius veri [verum]
crepat, ... *var.Serm.*2.3.33
si velles' inquit 'verum mihi ponere nomen. *Epist.*1.7.93
nil Grosphus nisi verum orabit et aequom. *Epist.*1.12.23
atque inter silvas Academi quaerere verum. *Epist.*2.2.45
vesani. et stella vesani Leonis *Carm.*3.29.19
vesania. extimui, ne vos ageret vesania discors, ... *Serm.*2.3.174
vesanum. vesanum tetigisse timent fugiuntque poetam | qui sapiunt; . *Ars Poet.*455
vescatur. ac potius foliis parcus vescatur amaris; *Serm.*2.3.114
vescere. 'vescere, sodes' | 'iam satis est' *Epist.*1.7.15
vesceris. num vesceris ista, | quam laudas, pluma? *Serm.*2.2.27
vesci. non quo more piris vesci Calaber iubet hospes . . . *Epist.*1.7.14
vescimur. quicumque terrae munere vescimur *Carm.*2.14.10
vescit. seu quis capit acria fortis | pocula seu modicis uvescit [vescit] laetius. *var.Serm.*2.6.70
vescor. quibus ipse meique | ante Larem proprium vescor . . *Serm.*2.6.66
Veselli. est inter Tanain quiddam socerumque Viselli [Veselli]: . . *var.Serm* 1.1.105
vesica. displosa sonat quantum vesica. *Serm.*1.8.46
Vespero. puro te similem, Telephe, Vespero | tempestiva petit Rhode; . *Carm.*3.19.26
vespero. nec tibi vespero | surgente decedunt amores . . . *Carm.*2.9.10
vespertina. surgente a sole ad eum, quo | vespertina tepet regio, . . *Serm.*1.4.30
vespertinum. fallacem circum vespertinumque pererro | saepe forum, . *Serm.*1.6.113
vespertinus. nec vespertinus circumgemit ursus ovile . . . *Epod.*16.51
fallacem circum vespertinumque [vespertinusque] pererro | saepe forum, *var.Serm.*1.6.113
si vespertinus subito te oppresserit hospes, ... *Serm.*2.4.17
navos mane forum et vespertinus pete tectum, . . . *Epist.*1.6.20
Vestae. ire deiectum monumenta regis | templaque Vestae, . . . *Carm.*1.2.16
togae | oblitus aeternaeque Vestae, ... *Carm.*3.5.11
ventum erat ad Vestae *Serm.*1.9.35
et versentur adhuc intra penetralia Vestae; *Epist.*2.2.114
Vestam. prece qua fatigent | virgines sanctae minus audientem | carmina
Vestam? *Carm.*1.2.28
veste. utcumque mutata potentis | veste domos inimica linquis, . . *Carm.*1.35.24
nomina sectatur modo sumpta veste virili | sub patribus duris tironum. *Serm.*1.2.16
nisi illas | quarum subsuta talos tegat instita veste, . . . *Serm.*1.2.29
nil cernere possis | cetera, ni Catia est, demissa veste tegentis. . *Serm.*1.2.95
ergo ubi purpurea porrectum in veste locavit | agrestem, . . *Serm.*2.6.106
vestem. scindat haerentem coronam | crinibus inmeritamque vestem. . *Carm.*1.17.28
tum inmundo somnia visu | nocturnam vestem maculant ventremque
supinum. *Serm.*1.5.85
vestem servosque sequentis, | in magno ut populo, siqui vidisset, . *Serm.*1.6.78
huic vestem ut gnatae, paret ancillas, paret aurum, . . . *Serm.*2.3.215
traxitque vagus per pulpita vestem . . . . . . *Ars Poet.*215
vester. vester, Camenae, vester in arduos | tollor Sabinos, . . . *Carm.*3.4.21
uti mos | vester ait, ... *Serm.*2.7.80
vestibus. aurum vestibus illitum | mirata *Carm.*4.9.14
vestigia. 'quia me vestigia terrent, ... *Epist.*1.1.74
manserunt hodieque manent vestigia ruris. *Epist.*2.1.160
vestigia. ponit uterque | in locuplete domo vestigia, . . . *Serm.*2.6.102
naturam expelles furca, tamen usque recurret | et mala perrumpet furtim
fastidia [vestigia] victrix. *var.Epist.*1.10.25
libera per vacuom posui vestigia princeps, ... *Epist.*1.19.21
vis canere et contacta sequi vestigia vatum? *Epist.*2.2.80
meruere decus vestigia Graeca | ausi deserere . . . . *Ars Poet.*286
vestimenta. uvida | suspendisse potenti | vestimenta maris deo. . . *Carm.*1.5.16

Eutrapelus cuicumque nocere volebat | vestimenta dabat pretiosa: . *Epist.*1.18.32
vestiret. ut se | non umquam servo melius vestiret, ... *Serm.*1.1.97
vestis. cui stragula vestis, . . . putrescat in arca: . . *Serm.*2.3.118
rubro ubi cocco | tincta super lectos canderet vestis eburnos . . . *Serm.*2.6.103
vestis. inpensis cenarum et tritae munere vestis; *Epist.*1.19.38
vestis. et Tyrias dare circum inluta toralia vestis, ... *Serm.*2.4.84
argentum, vestis Gaetulo murice tinctas | sunt qui non habeant, . . *Epist.*2.2.181
vestit. gloria quem supra vires et vestit et unguit, . . . *Epist.*1.18.22
vestiunt. te bis Afro | murice tinctae | vestiunt lanae: . . *Carm.*2.16.37
vestra. in | Persas atque Britannos | vestra motus aget prece. . . *Carm.*1.21.16
vestri. ut mihi saepe | bilem, saepe iocum vestri movere tumultus! . . *Epist.*1.19.20
at vestri proavi Plautinos et numeros et | laudavere sales, . . *Ars Poet.*270
vestris. vestris amicum fontibus et choris *Carm.*3.4.25
vestris. sumite materiam vestris, qui scribitis, aequam | viribus . . *Ars Poet.*38
vestrum. Roma si vestrum est opus *Carm.Saec.*37
vestrum. pascitur in vestrum reditum votiva iuvenca. . . . *Epist.*1.3.36
vestrum. uter aedilis fueritve | vestrum praetor, . . . *Serm.*2.3.181
vetabat. sive vetabat, 'an hoc inhonestum et inutile factu | necne sit
addubites, ... *Serm.*1.4.124
vetabo. vetabo, qui Cereris sacrum | volgarit arcanae, . . . *Carm.*3.2.26
vetant. sed vetant leges Iovis. *Epod.*17.69
vetantis. sic fautor veterum, ut tabulas peccare vetantis, . . . *Epist.*2.1.23
vetas. 'nequis humasse velit Aiacem, Atrida, vetas cur?' . . . *Serm.*2.3.187
vetat. vitae summa brevis spem nos vetat incohare longam; . . *Carm.*1.4.15
dum pudor | inbellisque lyrae Musa potens vetat . . *Carm.*1.6.10
teque nec laevos vetet [vetat] ire picus | nec vaga cornix. . . *var.Carm.*3.27.15
dignum laude virum Musa vetat mori, . . . *Carm.*4.8.28
deus, deus nam me vetat *Epod.*14.6
quamquam ridentem dicere verum | quid vetat? . . *Serm.*1.1.25
vetatque novis considere in hortis. *Serm.*1.8.7
quid vetat et nosmet Lucili scripta legentis | quaerere, . . *Serm.*1.10.56
veterem. emovit veterem mire novos, . . . *Serm.*2.3.28
veterem vetus hospes amicum, ... *Serm.*2.6.81
veterem. nam vaga per veterem dilapso flamma culinam | Volcano . *Serm.*1.5.73
veteres. nec cupressi | nec veteres agitantur orni. . . . *Carm.*1.9.12
veteres. inter | perfectos veteresque referri debet . . . *Epist.*2.1.37
veteresne poetas | an quos et praesens et postera respuat aetas? . . *Epist.*2.1.41
'iste quidem veteres inter ponetur honeste, ... *Epist.*2.1.43
si veteres ita miratur laudatque poetas, ... *Epist.*2.1.64
veteres. et veteres revocavit artis, ... *Carm.*4.15.12
insanit veteres statuas Damasippus emendo: *Serm.*2.3.64
veteri. sive gravis veteri craterae limus adhaesit. . . . *Serm.*2.4.80
veteris. fulgens contremuit domus | Saturni veteris: . . . *Carm.*2.12.9
veteris. est qui nec veteris pocula Massici . . . spernit, . . *Carm.*1.1.19
veteris non parcus aceti. *Serm.*2.2.62
si positis intus Chii veterisque Falerni | mille cadis, . . *Serm.*2.3.115
veterno. cur me funesto properent arcere veterno? . . . *Epist.*1.8.10
veterum. intonsi Catonis | auspiciis veterumque norma. . . *Carm.*2.15.12
nunc veterum libris, nunc somno et inertibus horis . . . *Serm.*2.6.61
subtilis veterum iudex et callidus audis. *Serm.*2.7.101
sic fautor veterum, ut tabulas peccare vetantis, . . . *Epist.*2.1.23
vetes. commodus ultro | arcessas et egere vetes et scribere cogas. . *Epist.*2.1.228
vetet. teque nec laevos vetet ire picus | nec vaga cornix. . . *Carm.*3.27.15
unde pedem proferre pudor vetet aut operis lex, . . . *Ars Poet.*135
vetita. seu malis vetita legibus alea, ... *Carm.*3.24.58
vetitum. gens humana ruit per vetitum nefas: . . . *Carm.*1.3.26
veto. avarum | cum veto te fieri, ... *Serm.*1.1.104
vetuit. vetuit me tali voce Quirinus *Serm.*1.10.32
edicto vetuit, nequis se praeter Apellen | pingeret . . . *Epist.*2.1.239
vetula. te . . . non citharae decent | nec flos purpureus rosae | nec poti,
vetulam [vetula], faece tenus cadi. *var.Carm.*3.15.16
vetulae. servatura diu parem | cornicis vetulae temporibus Lycen, . . *Carm.*4.13.25
vetulam. te lanae prope nobilem | tonsae Luceriam, non citharae decent . . .
vetulam, ... *Carm.*3.15.16
vetuli. adnuimus pariter. vetuli notique columbi | tu nidum servas, . *Epist.*1.10.5
vetulis. vetuli notique columbi [vetulis notisque columbis] | tu nidum
servas, ... *var.Epist.*1.10.5
vetus. servit Hispanae vetus hostis orae *Carm.*3.8.21
veterem vetus hospes amicum, ... *Serm.*2.6.81

'est vetus atque probus, centum qui perficit annos.' . . . *Epist.*2.1.39

vetus. vetus ara multo|fumat odore. *Carm.*3.18.7

 rugis vetus|frontem senectus exaret *Epod.*8.3

 missus ad hoc pulsis, vetus est ut fama, Sabellis, . . *Serm.*2.1.36

 ita verborum vetus interit aetas, ... *Ars Poet.*61

 successit vetus his comoedia, non sine multa|laude; . . *Ars Poet.*281

vetus. adeo sanctum est vetus omne poema. *Epist.*2.1.54

 quod si tam Graecis novitas invisa fuisset|quam nobis, quid nunc esset

  vetus? *Epist.*2.1.91

vetus. coniurata tuas rumpere nuptias|et regnum Priami vetus. . . *Carm.*1.15.8

 argentum et marmor vetus aeraque et artis|suspice, . . *Epist.*1.6.17

vetustas. nunc situs informis premit et deserta vetustas; . . *Epist.*2.2.118

vetustis. sacrum vetustis exstruat lignis focum *Epod.*2.43

vetusto. Aeli vetusto nobilis ab Lamo — *Carm.*3.17.1

vexant. aut mare Caspium|vexant inaequales procellae|usque . . *Carm.*2.9.3

 mihi non tantum . . . curae sunt atque labori, | quantum carminibus

  quae versant [vexant] atque venenis|humanos animos. . . . *var.Serm.*1.8.19

vexare. inpiger hostium|vexare turmas *Carm.*4.14.23

 feraeque suetae|hunc vexare locum *Serm.*1.8.18

vexas. quid inmerentis hospites vexas, ... *Epod.*6.1

vexat. quinque talenta | poscit te mulier, vexat foribusque repulsum |

  perfundit gelida, ... *Serm.*2.7.90

 seu calidus sanguis seu rerum inscitia vexat . . . *Epist.*1.3.33

 qui minus argutos vexat furor iste poetas? . . . *Epist.*2.2.90

vexata. non semel Ilios|vexata; *Carm.*4.9.19

vexatur. ac potius foliis parcus vescatur [vexatur] amaris; . . *var.Serm.*2.3.114

vexere. tuae|vexere tigres indocili iugum|collo trahentes, . . *Carm.*3.3.14

vexet. Parthos ferocis|vexet eques metuendus hasta . . . *Carm.*3.2.4

 duo si discordia vexet inertis *Serm.*1.7.15

 num te semper inops agitet vexetque cupido, . . . *Epist.*1.18.98

vexisse. dicitur et plaustris vexisse poemata Thespis, . . . *Ars Poet.*276

vexit. quod fugiens semel hora vexit. *Carm.*3.29.48

vi. nunc vi, nunc morte suprema|permutet dominos . . . *Epist.*2.2.173

via. et calcanda semel via leti. *Carm.*1.28.16

 via peior ad usque|Bari moenia piscosi; *Serm.*1.5.96

 porticus Agrippae, via te conspexerit Appi, . . . *Epist.*1.6.26

 quorum hominum regio et qualis via *Epist.*1.15.2

 mirabor, vitae via si conversa decebit. *Epist.*1.17.26

 Brundisium Minuci melius via ducat an Appi. . . . *Epist* 1.18.20

 dictae per carmina sortes|et vitae monstrata via est . . *Ars Poet.*404

via. negata temptat iter via *Carm.*3.2.22

 ut descenderet|sacra catenatus via, ... *Epod.*7.8

 cum Tiburte via praetorem quinque sequontur|te pueri, . . *Serm.*1.6.108

 ibam forte via sacra, sicut meus est mos, . . . *Serm.*1.9.1

viae. Brundisium longae finis chartaeque viaeque est. . . *Serm.*1.5.104

viam. virtutisque viam deserit arduae. *Carm.*3.24.44

 videsne, sacram metiente te viam *Epod.*4.7

 carpe viam, mihi crede, comes, ... *Serm.*2.6.93

 ire viam qua monstret eques; *Epist.*1.2.65

viarum. sit modus lasso maris et viarum|militiaeque. . . *Carm.*2.6.7

 an Lebedum laudas odio maris atque viarum? . . . *Epist.*1.11.6

vias. Maecenas, melius ductaque per vias|regum colla minacium. . *Carm.*2.12.11

 neque in vias|sub cantu querulae despice tibiae . . *Carm.*3.7.29

viatica. aut cistam effractam et subducta viatica plorat, . *Epist.*1.17.54

 Luculli miles collecta viatica multis|aerumnis, . . . *Epist.*2.2.26

viator. urentis harenas|litoris Assyrii viator, ... *Carm.*3.4.32

 absentem ut cantat amicam|multa prolutus vappa nauta atque viator|

  certatim, ... *Serm.*1.5.16

 tandem fessus dormire viator|incipit *Serm.*1.5.17

 ultra|callidus ut soleat umeris portare viator. . . . *Serm.*1.5.90

 cui saepe viator|cessisset magna conpellans voce cuculum. . *Serm.*1.7.30

Vibidius. cum Servilio Balatrone|Vibidius quos Maecenas adduxerat

  umbras. *Serm.*2.8.22

 tum Vibidius Balatroni|"nos nisi damnose bibimus, moriemur inulti,"|

  et calices poscit maiores. *Serm.*2.8.33

 invertunt Allifanis vinaria tota|Vibidius Balatroque secutis omnibus: . *Serm.*2.8.40

 'Vibidius dum|quaerit de pueris, ... *Serm.*2.8.80

vicarius. aequali recreat sorte vicarius. *Carm.*3.24.16

 sive vicarius est, qui servo paret, . . . seu conservos, . . *Serm.*2.7.79

vicatim. vos turba vicatim hinc et hinc saxis petens *Epod.*5.97
vice. solvitur acris hiems grata vice veris et Favoni *Carm.*1.4.1
    deiecit acer plus vice simplici; *Carm.*4.14.13
    deus haec fortasse benigna│reducet in sedem vice. *Epod.*13.8
    infamis Helenae Castor offensus vice *Epod.*17.42
    ergo fungar vice cotis, ... *Ars Poet.*304
vicem. non valent│convertere humanam vicem. *Epod.*5.88
    infamis Helenae Castor offensus vice [vicem]│fraterque magni Castoris, *var.Epod.*17.42
    inque vicem illorum patiar delicta libenter *Serm.*1.3.141
    defendente vicem modo rhetoris atque poetae, ... *Serm.*1.10.12
vices. fors et│debita iura vicesque superbae│te maneant ipsum: . . *Carm.*1.28.32
    plerumque gratae divitibus vices *Carm.*3.29.13
vices. non cantabimus invicem [in vices]│Neptunum et viridis Nereidum
        comas; *var.Carm.*3.28.9
    mutat terra vices et decrescentia ripas│flumina praetereunt; . . . *Carm.*4.7.3
    'venena maga non fas nefasque, non valent │ convertere humanam
        [humanas] vicem [? vices]. . . . . *? var.Epod.*5.88
    discriptas servare vices operumque colores . . . . . . *Ars Poet.*86
vici. unguentarius ac Tusci turba inpia vici, ... *Serm.*2.3.228
vici. quid vici prosunt aut horrea? *Epist.*2.2.177
vicina. et vicina seni non habilis Lyco. *Carm.*3.19.24
    nisi nos vicina Trivici│villa recepisset *Serm.*1.5.79
    nec vicina subest vinum praebere taberna│quae possit tibi . . . *Epist.*1.14.24
vicina. qua populus adsita certis│limitibus vicina refugit iurgia; . . *Epist.*2.2.171
vicinae. non sine montium│clamore vicinaeque silvae, ... *Carm.*3.29.39
vicinas. Cervius haec inter vicinus [vicinas] garrit anilis│ex re fabellas. . *var.Serm.*2.6.77
    an freta vicinas inter currentia turris *Epist.*1.3.4
    vicinas urbes alit et grave sentit aratrum, ... *Ars Poet.*66
vicini. omnes│vicini oderunt, noti, pueri atque puellae. *Serm.*1.1.85
    rident vicini glaebas et saxa moventem *Epist.*1.14.39
vicinia. funus│egregie factum laudet vicinia. *Serm.*2.5.106
    sed videt hunc omnis domus et vicinia tota│introrsum turpem, . . *Epist.*1.16.44
    'quaere peregrinum' vicinia rauca reclamat. *Epist.*1.17.62
vicino. Cervius haec inter vicinus [vicino] garrit anilis│ex re fabellas. . *var.Serm.*2.6.77
vicinos. adde│iratum patruom, vicinos, ... *Serm.*2.2.97
    Cervius haec inter vicinus [vicinos] garrit anilis│ex re fabellas. . *var.Serm.*2.6.77
vicinum. et omne vicinum oppidum, ... *Epod.*5.44
    avidos vicinum funus ut aegros│exanimat *Serm.*1.4.126
vicinus. ne vicinus Enipeus│plus iusto placeat *Carm.*3.7.23
    sive operum vacuo gratus conviva per imbrem│vicinus, . . . *Serm.*2.2.120
    hortus ubi et tecto vicinus iugis aquae fons *Serm.*2.6.2
    Cervius haec inter vicinus garrit anilis│ex re fabellas. . . . *Serm.*2.6.77
    bonus sane vicinus, amabilis hospes, ... *Epist.*2.2.132
vicis. purior in vicis aqua tendit rumpere plumbum *Epist.*1.10.20
    ut pueros elementa docentem│occupet extremis in vicis balba senectus. *Epist.*1.20.18
vicissim. ast ego vicissim risero. *Epod.*15.24
    scimus, et hanc veniam petimusque damusque vicissim; . . . *Ars Poet.*11
vicos. garriret, vicos, Vrbem laudaret. *Serm.*1.9.13
victa. pietasque' dixit│'victa furore. *Carm.*3.27.36
victas. volentem proelia me loqui│victas et urbis *Carm.*4.15.2
victi. fraterque magni Castoris, victi prece, ... *Epod.*17.43
victima. victima nil miserantis Orci. *Carm.*2.3.24
    crescit Albanis in herbis│victima, ... *Carm.*3.23.12
victima. dira detestatio│nulla expiatur victima. *Epod.*5.90
victimas. reddere victimas│aedemque votivam memento; *Carm.*2.17.30
victis. flumen gentibus additum│victis *Carm.*2.9.22
victo. sed postquam victor violens [victo ridens] discessit ab hoste, . . .
        non frenum depulit ore. *coni.Epist.*1.10.37
victor. scriberis Vario fortis et hostium│victor *Carm.*1.6.2
    Caesar Hispana repetit penatis│victor ab ora. *Carm.*3.14.4
    Troiae prope victor altae│Pthius Achilles *Carm.*4.6.3
    sed palam captis [victor] gravis, . . . nescios fari pueros Achivis│
        ureret flammis, ... *var.Carm.*4.6.17
    explicuit sua victor arma. *Carm.*4.9.44
    stravit humum sine clade victor, ... *Carm.*4.14.32
    barbarus heu cineres insistet victor *Epod.*16.11
    tutus erat rhombus tutoque ciconia nido, │ donec vos auctor [victor]
        docuit praetorius. *var.Serm.*2.2.50
    sed postquam victor violens discessit ab hoste, ... *Epist.*1.10.37

sed postquam victor violens [violens victor] discessit ab hoste,   .   . *var.Epist.*1.10.37
victor propositi simul ac perveneris illuc, ... *Epist.*1.13.11
postquam coepit agros extendere victor   .   .   .   .   . *Ars Poet.*208
victore.   barbarae postquam cecidere turmae | Thessalo victore   .   . *Carm.*2.4.10
     victore laetus Caesare *Epod.*9.2
     ut contendere durum ⟨est⟩ | cum victore, sequor.   .   .   . *Serm.*1.9.43
victorem.   non equos inpiger | curru ducet Achaico | victorem   .   . *Carm.*4.3.6
     multa proruet integrum | cum laude victorem   .   .   . *Carm.*4.4.67
     Graecia capta ferum victorem cepit *Epist.*2.1.156
     et pugilem victorem et equom certamine primum   .   .   . *Ars Poet.*84
Victoria.   donec | alterutrum velox Victoria fronde coronet.   .   . *Epist.*1.18.64
victoria.   horae | momento cita mors venit aut victoria laeta.'   .   . *Serm.*1.1.8
victorum.   victorum nepotes | rettulit inferias Iugurthae.   .   . *Carm.*2.1.27
     quam Graia victorum manus, ... *Epod.*10.12
victrices.   diu | lateque victrices catervae *Carm.*4.4.23
victrices.   ducente victrices catervas | coniuge me Iovis et sorore.   . *Carm.*3.3.63
victricis.   prima feres hederae victricis praemia.   .   .   . *Epist.*1.3.25
victrix.   et mala perrumpet furtim fastidia victrix.   .   .   . *Epist.*1.10.25
victu.   sordidus a tenui victu distabat *Serm.*2.2.53
     quali igitur victu sapiens utetur *Serm.*2.2.63
     caedibus et victu foedo deterruit Orpheus,   .   .   . *Ars Poet.*392
victum.   tenetque grata | compede vinctum [victum].   .   . *var.Carm.*4.11.24
victum.   qui dicit, clamat 'victum date.' *Epist.*1.17.48
victurum.   his me consolor victurum suavius *Serm.*1.6.130
victurus.   his me consolor victurum [victurus] suavius   .   . *var.Serm.*1.6.130
victus.   victus tenuis quae quantaque secum | adferat.   .   . *Serm.*2.2.70
     mundus victus non deficiente crumina? *Epist.*1.4.11
victus.   ne se penuria victus | opprimeret metuebat.   .   . *Serm.*1.1.98
victus.   neque pugno neque segni pede victus,   .   .   . *Carm.*3.12.9
     tuis victus Venerisque gratae | vocibus divom pater   .   . *Carm.*4.6.21
     terra marique victus hostis *Epod.*9.27
vicus.   Gabiis desertior atque | Fidenis vicus;   .   .   . *Epist.*1.11.8
     sulpura contemni vicus gemit, ... *Epist.*1.15.7
vicum.   ne . . . deferar in vicum vendentem tus et odores   .   . *Epist.*2.1.269
videamus.   videamus uter plus scribere possit.'   .   .   . *Serm.*1.4.16
videar.   'sunt quibus in satura videar nimis acer   .   .   . *Serm.*2.1.1
videas.   cum tua pervideas [non videas] oculis mala lippus inunctis,   . *var.Serm.*1.3.25
     saepe tribus lectis videas cenare quaternos,   .   .   . *Serm.*1.4.86
     videas metato in agello | cum pecore et gnatis   .   .   . *Serm.*2.2.114
videatur.   concinnus amicis | postulat ut videatur;   .   .   . *Serm.*1.3.51
     nimirum insanus paucis videatur, ... *Serm.*2.3.120
videbor.   ubi plura | cogere quam satis est ac non cessare videbor.   . *Epist.*1.10.46
videndis.   iudicium subtile videndis artibus illud   .   .   . *Epist.*2.1.242
videnti.   huic si mutonis verbis mala tanta videnti | diceret haec animus   . *Serm.*1.2.68
videntis.   huic si mutonis verbis mala tanta videnti [videntis] | diceret haec
     animus *var.Serm.*1.2.68
videntur.   tres mihi convivae prope dissentire videntur   .   . *Epist.*2.2.61
video.   audire [sudare] magnos iam videor [video] duces,   .   . *coni.Carm.*2.1.21
     iamdudum video; sed nil agis: usque tenebo;   .   .   . *Serm.*1.9.15
     ducit te species, video: *Serm.*2.2.35
     fornix tibi et uncta popina | incutiunt Vrbis desiderium, video,   . *Epist.*1.14.22
     qui melior servo, qui liberior sit avarus, . . . non video: .   . *Epist.*1.16.65
     nec rude quid prosit video ingenium: .   .   .   . *Ars Poet.*410
videor.   audire magnos iam videor duces, ... *Carm.*2.1.21
     audire et videor pios | errare per lucos, ... *Carm.*3.4.6
     lividus et mordax videor tibi? *Serm.*1.4.93
     'sunt quibus in satura videar [videor] nimis acer et ultra | legem tendere
         opus; *var.Serm.*2.1.1
     sicui videor non iustus, ... *Serm.*2.3.189
     ego nam videor mihi sanus.' *Serm.*2.3.302
videre.   videre Raetis bella sub Alpibus | Drusum gerentem Vindelici. . *Carm.*4.4.17
videre.   iuvat pastas ovis | videre properantis domum,   .   . *Epod.*2.62
     videre fessos vomerem inversum boves | collo trahentis languido   . *Epod.*2.63
     ossa Quirini, | (nefas videre) dissipabit insolens.   .   . *Epod.*16.14
     Cois tibi paene videre est | ut nudam, ... *Serm.*1.2.101
     si me vivere vis sanum recteque [vis recteque videre] valentem,   . *var.Epist.*1.7.3
videres.   servosque . . . omnis restinguere velle videres.   .   . *Serm.*1.5.76
     serpentes atque videres | infernas errare canes   .   .   . *Serm.*1.8.34
     cum magno risuque iocoque videres. *Serm.*1.8.50

videres|stridere secreta divisos aure susurros.' *Serm*.2.8.77
videretur. ipse videretur sibi nequior: *Serm*.2.3.94
videri. qua notam duxit, niveus videri,|cetera fulvos. . . . *Carm*.4.2.59
    vis formosa videri *Carm*.4.13.3
    quaeque carent ventis et solibus ossa Quirini,|(nefas videre [videri])
        dissipabit insolens. *var.Epod*.16.14
    ut neque longa|nec magis alba velit quam dat natura videri. . . *Serm*.1.2.124
    da mihi fallere, da iusto sanctoque videri, ... *Epist*.1.16.61
    emendata videri|pulchraque et exactis minimum distantia miror. . *Epist*.2.1.71
    illud,|quod mecum ignorat, solus volt scire videri, . . . *Epist*.2.1.87
    praetulerim scriptor delirus inersque videri, ... *Epist*.2.2.126
    haec amat obscurum; volet haec sub luce videri, ... *Ars Poet*.363
videris. Melpomene, semel|nascentem placido lumine videris, . . *Carm*.4.3.2
    dices 'heu', quotiens te in speculo videris alterum, . . . *Carm*.4.10.6
    'hoc tibi Paulus|et Messalla videris? *Serm*.1.6.42
    'durus', ait, 'Voltei, nimis attentusque videris|esse mihi.' . . *Epist*.1.7.91
    Vortumnum Ianumque, liber, spectare videris, ... *Epist*.1.20.1
vides. vides ut alta stet nive candidum|Soracte *Carm*.1.9.1
    nonne vides, ut|nudum remigio latus *Carm*.1.14.3
    Caecubum et prelo domitam Caleno|tu bibes [vides] uvam: . . *coni.Carm*.1.20.10
    non vides, quanto moveas periclo, ... *Carm*.3.20.1
    vides, quanto trepidet tumultu|pronus Orion. *Carm*.3.27.17
    videsne, sacram metiente te viam *Epod*.4.7
    'nonne vides, Albi ut male vivat filius utque|Baius inops? . . *Serm*.1.4.109
    avidos [vides] vicinum funus ut aegros|exanimat mortisque metu sibi
        parcere cogit, ... *var.Serm*.1.4.126
    vides, ut pallidus omnis|cena desurgat dubia? *Serm*.2.2.76
    vides ut|nudus inopsque domum redeam te vate, . . . *Serm*.2.5.5
    "nonne vides" . . . "ut patiens, ut amicis aptus, ut acer?" . . *Serm*.2.5.42
    vides, . . . quanto devites animi capitisque labore . . . *Epist*.1.1.42
    intervalla vides humane commoda. *Epist*.2.2.70
videt. si Palatinas videt aequos aras *Carm.Saec*.65
    videt ridetque Philippus, ... *Epist*.1.7.78
    quid possim videt ac novit me valdius ipso. *Epist*.1.9.6
    sed videt hunc omnis domus et vicinia tota|introrsum turpem, . *Epist*.1.16.44
    quae terris semota suisque|temporibus defuncta videt, . . *Epist*.2.1.22
    interdum volgus rectum videt, est ubi peccat. . . . *Epist*.2.1.63
    non quivis videt inmodulata poemata iudex . . . . *Ars Poet*.263
videto. quid de quoque viro et cui dicas, saepe videto. . . *Epist*.1.18.68
videtur. hic tibi comis et urbanus liberque videtur, . . . *Serm*.1.4.90
    sibi tunc furiosa videtur?' *Serm*.2.3.304
    ut . . . diesque|longa videtur opus debentibus, . . . *Epist*.1.1.21
    Ennius, . . . leviter curare videtur,|quo promissa cadant, . . *Epist*.2.1.51
    ille per extentum funem mihi posse videtur|ire poeta. . . *Epist*.2.1.210
vidi. Bacchum in remotis carmina rupibus|vidi docentem, . . *Carm*.2.19.2
    arma|militibus sine caede' dixit|'derepta vidi, vidi ego civium|retorta
        tergo bracchia *Carm*.3.5.21
    vidi egomet nigra succinctam vadere palla|Canidiam . . *Serm*.1.8.23
    'postquam te talos, Aule, nucesque|ferre sinu laxo, donare et ludere vidi, *Serm*.2.3.172
vidimus. vidimus flavom Tiberim retortis|litore Etrusco violenter undis . *Carm*.1.2.13
    quam paene . . . et iudicantem vidimus Aeacum . . . *Carm*.2.13.22
    vidimus et merulas poni et sine clune palumbis . . . *Serm*.2.8.91
vidisse. hoc Staberi prudentem animum vidisse. . . . *Serm*.2.3.89
    voltum habitumque hominis, quem tu vidisse beatus . . . *Serm*.2.4.92
vidisset. vestem servosque sequentis,|in magno ut populo, siqui vidisset, . *Serm*.1.6.79
vidit. qui vidit mare turgidum *Carm*.1.3.19
    te vidit insons Cerberus aureo|cornu decorum *Carm*.2.19.29
    nocte sublustri nihil astra praeter|vidit et undas. . . . *Carm*.3.27.32
    caprea . . . leonem|dente novo peritura vidit: . . . *Carm*.4.4.16
    quidquid vidit melius peiusve sua spe, ... *Epist*.1.6.13
    qui mores hominum multorum vidit et urbes.' . . . *Ars Poet*.142
viduantur. et foliis viduantur orni? *Carm*.2.9.8
viduas. qui|frustis et pomis viduas venentur avaras . . *Epist*.1.1.78
viduas. et vitem viduas ducit ad arbores; *Carm*.4.5.30
viduos. puerum minaci|voce dum terret, viduos pharetra|risit Apollo. . *Carm*.1.10.11
viduus. viduos [viduus] pharetra|risit Apollo. . . . *var.Carm*.1.1.11
vietis. qui sudor vietis et quam malus undique membris|crescit odor, . *Epod*.12.7
vigent. ubi acris|invidia atque vigent ubi crimina: . . *Serm*.1.3.61
    et iuvenum ritu florent modo nata vigentque. . . . *Ars Poet*.62

vigentis.   mercatorne vagus cultorne virentis [vigentis] agelli, .   .   .   *var.Ars Poet.*117
viget.   nec viget quidquam simile aut secundum. *Carm.*1.12.18
vigil.   invidia vel amore vigil torquebere.   .   .   .   ;   .   .   *Epist.*1.2.37
   prius orto|sole vigil calamum et chartas et scrinia posco.   .   .   *Epist.*2.1.113
vigila.   'ut vivas igitur, vigila. hoc age.' *Serm.*2.3.152
vigilabat.   noctis vigilabat ad ipsum|mane, diem totum stertebat.   .   *Serm.*1.3.17
vigilans.   vigilansne ploro|turpe conmissum *Carm.*3.27.38
   et certum vigilans "quartae sit partis Vlixes"|audieris "heres":   .   *Serm.*2.5.100
vigilant.   ut iugulent hominem, surgunt [vigilant] de nocte latrones: .   *var.Epist.*1.2.32
vigilare.   an vigilare metu exanimem, ...   *Serm.*1.1.76
   Romae dulce diu fuit et solemne reclusa|mane domo vigilare,   .   *Epist.*2.1.104
vigiles.   vigiles lucernas|perfer in lucem: *Carm.*3.8.14
vigilet.   siquis . . . porrectus vigilet cum longo fuste   .   .   .   *Serm.*2.3.112
vigilum.   turris aenea . . . et vigilum canum|tristes excubiae   .   .   *Carm.*3.16.2
viginti.   quattuor hinc rapimur viginti et milia raedis,   .   .   .   *Serm.*1.5.86
vigor.   olim iuventas et patrius vigor *Carm.*4.4.5
vigui.   Persarum vigui rege beatior.' *Carm.*3.9.4
   Romana vigui clarior Ilia.' *Carm.*3.9.8
vile.   vile potabis modicis Sabinum|cantharis, ...   *Carm.*1.20.1
vilem.   'quod, si conminuas, vilem redigatur ad assem.'   .   .   .   *Serm.*1.1.43
   siccus, inanis|sperne cibum vilem; *Serm.*2.2.15
   si|non circa vilem patulumque moraberis orbem   .   .   .   *Ars Poet.*132
   carmine qui tragico vilem certavit ob hircum, ...   *Ars Poet.*220
viles.   mitulus et viles pellent obstantia conchae *Serm.*2.4.28
vili.   conservos vili portanda locabat in arca; *Serm.*1.8.9
vilia.   vilia vendentem tunicato scruta popello *Epist.*1.7.65
   cum res deficiunt, satis inter vilia fortis: *Epist.*1.15.39
   tu poscis vilia, verum es|dante minor. *Epist.*1.17.21
vilibus.   nam vilibus ovis|nigrisque est oleis hodie locus.   .   .   *Serm.*2.2.45
vilibus.   vilibus in ludis dictari carmina malis? *Serm.*1.10.75
vilibus.   vilibus in scopis, in mappis, in scobe quantus|consistit sumptus?   .   *Serm.*2.4.81
vilice.   vilice silvarum et mihi me reddentis agelli,   .   .   .   *Epist.*1.14.1
vilicus.   nunc Vrbem et ludos et balnea vilicus optas;   .   .   .   *Epist.*1.14.15
   vilicus Orbi, . . . te dominum sentit. *Epist.*2.2.160
vilior.   et genus et virtus, nisi cum re, vilior alga est.'   .   .   .   *Serm.*2.5.8
vilis.   adstat echinus|vilis, cum patera guttus, ...   *Serm.*1.6.118
vilis.   vilis amicorum est annona, bonis ubi quid deest.   .   .   *Epist.*1.12.24
vilis.   patinas cenabat omasi|vilis et agninae, ...   *Epist.*1.15.35
vilis.   "vilis Europe" pater urget absens: *Carm.*3.27.57
vilis.   huc prius angustis eiecta cadavera cellis | conservos vili [vilis]
   portanda locabat in arca; *var.Serm.*1.8.9
   referri debet an inter|vilis atque novos? *Epist.*2.1.38
vilissima.   venit vilissima rerum|hic aqua, ...   *Serm.*1.5.88
vilius.   vilius argentum est auro, virtutibus aurum.   .   .   .   *Epist.*1.1.52
villa.   neque ut superni villa candens Tusculi|Circaea tangat moenia: .   *Epod.*1.29
   hinc nos Coccei recipit plenissima villa, ...   *Serm.*1.5.50
   nisi nos vicina Trivici|villa recepisset *Serm.*1.5.80
villa.   villaque, flavos quam Tiberis lavit. *Carm.*2.3.18
villae.   imminens villae tua pinus esto, ...   *Carm.*3.22.5
villis.   sermo oritur, non de villis domibusve alienis,   .   .   .   *Serm.*2.6.71
   quorum|conspicitur nitidis fundata pecunia villis.   .   .   *Epist.*1.15.46
Villius.   Villius in Fausta Syllae gener, . . . poenas dedit   .   .   *Serm.*1.2.64
   in me veniat mictum atque cacatum|Iulius [Villius] et fragilis Pediatia
   furque Voranus. *coni.Serm.*1.8.39
villula.   proxima Campano ponti quae villula, tectum|praebuit   .   .   *Serm.*1.5.45
   si vacuom tepido cepisset villula tecto. *Serm.*2.3.10
vim.   insani leonis|vim stomacho adposuisse nostro.   .   .   .   *Carm.*1.16.16
   vim temperatam di quoque provehunt|in maius;   .   .   .   *Carm.*3.4.66
   nec mori per vim metuam tenente|Caesare terras.   .   .   .   *Carm.*3.14.15
   munitaeque adhibe vim sapientiae. *Carm.*3.28.4
   doctrina sed vim promovet insitam *Carm.*4.4.33
   abstinuit vim|uxore et gnato; *Serm.*2.3.202
   dum poenas odio per vim festinat inulto. *Epist.*1.2.61
   demptus per vim mentis gratissimus error.' *Epist.*2.2.140
   in vitium libertas excidit et vim|dignam lege regi: .   .   .   *Ars Poet.*282
vin.   vin tu|curtis Iudaeis oppedere?' *Serm.*1.9.69
vina.   larga nec desunt Veneris sodali|vina craterae,   .   .   .   *Carm.*3.18.7
   ut siquis solum hoc, mala ne sint vina, laboret,   .   .   .   *Serm.*2.4.49
   fervida quod subtile exsurdant vina palatum.   .   .   .   *Serm.*2.8.38

vina.   dissolve frigus ligna [vina] super foco | large reponens *var.Carm.*1.9.5
sapias, vina liques et spatio brevi *Carm.*1.11.6
quis post vina gravem militiam aut pauperiem crepat? *Carm.*1.18.5
exsiccet culillis | vina Syra reparata merce, ...   *Carm.*1.31.12
huc vina et unguenta et nimium brevis | flores . . . ferre iube   .   .   *Carm.*2.3.13
iuniores quaerit adulteros | inter mariti vina *Carm.*3.6.26
promere languidiora vina. *Carm.*3.21.8
hinc ad vina redit laetus *Carm.*4.5.31
nardo vina merebere. *Carm.*4.12.16
et horna dulci vina promens dolio *Epod.*2.47
adfer . . . scyphos | et Chia vina aut Lesbia *Epod.*9.34
tu vina Torquato move consule pressa meo. *Epod.*13.6
Massica si caelo suppones vina sereno, ...   *Serm.*2.4.51
Surrentina vafer qui miscet faece Falerna | vina, ...   *Serm.*2.4.56
procedit fuscus Hydaspes | Caecuba vina ferens, ...   *Serm.*2.8.15
vina bibes iterum Tauro diffusa palustris | inter Minturnas   .   .   .   *Epist.*1.5.4
inter vina fugam Cinarae maerere protervae. *Epist.*1.7.28
(nam vina nihil moror illius orae. *Epist.*1.15.16
vina fere dulces oluerunt mane Camenae. *Epist.*1.19.5
si meliora dies, ut vina, poemata reddit, ...   *Epist.*2.1.34
et iuvenum curas et libera vina referre —— .   .   .   .   .   .   *Ars Poet.*85
vinaria.   invertunt Allifanis vinaria tota | Vibidius Balatroque   .   .   *Serm.*2.8.39
vincam.   deprendi miserum est: Fabio vel iudice vincam. *Serm.*1.2.134
vincant.   qualia vincent [vincant] | Pythagoran Anytique reum doctumque
    Platona.' *var.Serm.*2.4.2
vincas.   formaque vincas Nirea, ...   *Epod.*15.22
vincat.   neu multi Damalis meri | Bassum Threicia vincat amystide   .   .   *Carm.*1.36.14
magna sonabit | cornua quod vincatque tubas: *Serm.*1.6.44
scribere quod Cassi Parmensis opuscula vincat *Epist.*1.4.3
vincent.   qualia vincent | Pythagoran Anytique reum *Serm.*2.4.2
vincentem.   popularis | vincentem strepitus et natum rebus agendis.   .   .   *Ars Poet.*82
vincentibus.   instat equis auriga suos vincentibus, ...   *Serm.*1.1.115
vincere.   gloriantis quamlibet mulierculam | vincere mollitia   .   .   .   *Epod.*11.24
durus homo atque odio qui posset vincere Regem, ...   *Serm.*1.7.6
cupiens varia fastidia cena | vincere *Serm.*2.6.87
dicitur . . . vincere Caecilius gravitate, Terentius arte.   .   .   .   *Epist.*2.1.59
vincet.   nec vincet ratio hoc, tantundem ut peccet idemque,   .   .   .   *Serm.*1.3.115
vincet enim stultos ratio insanire nepotes. *Serm.*2.3.225
si puerilius his ratio esse evincet [esset vincet] amare   .   .   .   *var.Serm.*2.3.250
adiuvat hoc quoque, sed vincit [vincet] longe prius ipsum | expugnare
    caput. .   .   .   .   *var.Serm* 2.5.73
vinci.   vinci dolentem crevit in Herculem *Carm.*4.4.62
et est qui vinci possit *Serm.*1.9.55
vincire.   nec vincire novis tempora floribus. *Carm.*4.1.32
vincit.   vincet [vincit] enim stultos ratio insanire nepotes.   .   .   .   *var.Serm.*2.3.225
vincit longe prius ipsum | expugnare caput. *Serm.*2.5.73
vincla.   minatus Vrbi vincla, ...   *Epod.*9.9
frustraque vincla gutturi innectes tuo *Epod.*17.72
excusare laborem et mercennaria vincla, ...   *Epist.*1.7.67
vincor.   ergo negatum vincor ut credam miser, ...   *Epod.*17.27
vincta.   ara castis | vincta verbenis *Carm.*4.11.7
tibia non, ut nunc, orichalco vincta tubaeque | aemula,   .   .   .   *Ars Poet.*202
vincti.   fronde comas vincti cenant et carmina dictant. *Epist.*2.1.110
vinctum.   tenetque grata | compede vinctum. *Carm.*4.11.24
vinctus.   velut usquam | vinctus eas, ...   *Serm.*2.7.31
Hebrusque nivali compede vinctus *Epist.*1.3.3
aut fugies Vticam aut vinctus mitteris Ilerdam. *Epist.*1.20.13
vincula.   quem neque pauperies neque mors neque vincula terrent,   .   .   *Serm.*2.7.84
vincula.   nec Lethaea valet Theseus abrumpere caro | vincula Perithoo.   .   *Carm.*4.7.28
dux fugit ustis navibus | minatus Vrbi vincla [vincula],   .   .   .   *var.Epod.*9.9
herbas atque incantata lacertis | vincula *Serm.*1.8.50
effugiet tamen haec sceleratus vincula Proteus. *Serm.*2.3.71
vincunt.   horrida callidi | vincunt aequora navitae, ...   *Carm.*3.24.41
qualia vincent [vincunt] | Pythagoran Anytique reum doctumque
    Platona.' *var.Serm.*2.4.2
Vindelici.   videre Raetis bella sub Alpibus | Drusum gerentem Vindelici.   .   *Carm.*4.4.18
Vindelici didicere nuper *Carm.*4.14.8
vindemator.   tum Praenestinus . . . durus, | vindemiator [vindemator] et
invictus, ...   *var.Serm.*1.7.30

vindemiator. durus, | vindemiator et invictus, ... *Serm.*1.7.30
vindex. vindex avarae fraudis *Carm.*4.9.37
vindice. nisi dignus vindice nodus | inciderit; . . . . *Ars Poet.*191
vindicem. proles Niobea magnae | vindicem linguae Tityosque raptor |
    sensit *Carm.*4.6.2
vindicta. quem ter vindicta quaterque | inposita *Serm.*2.7.76
vinea. et inputata floret usque vinea, ... *Epod.*16.44
    vinea submittit capreas non semper edulis. *Serm.*2.4.43
vineae. non verberatae grandine vineae *Carm.*3.1.29
vineta. sulcos et vineta crepat mera, praeparat ulmos, ... *Epist.*1.7.84
    (ut vineta egomet caedam mea), ... *Epist.*2.1.220
vini. quo simul mearis, | nec regna vini sortiere talis . . . *Carm.*1.4.18
    vinique fontem lactis et uberes | cantare rivos *Carm.*2.19.10
    panis ematur, holus, vini sextarius, ... *Serm.*1.1.74
    quod vini somnique benignus *Serm.*2.3.3
    laudibus arguitur vini vinosus Homerus; *Epist.*1.19.6
Vinni. Augusto reddes signata volumina, Vinni, ... *Epist.*1.13.2
vino. vino et lucernis Medus acinaces | immane quantum discrepat: . . *Carm.*1.27.5
vino. nunc vino pellite curas; *Carm.*1.7.31
    neque dulci mala vino lavere *Carm.*3.12.2
    illic omne malum vino cantuque levato, ... *Epod.*13.17
    explicuit vino contractae seria frontis. *Serm.*2.2.125
    iam vino quaerens, iam somno fallere curam; *Serm.*2.7.114
    vino quinquenni, verum citra mare nato, | dum coquitur . . . *Serm.*2.8.47
    conmissumque teges et vino tortus et ira. *Epist.*1.18.38
    piabant, | floribus et vino Genium memorem brevis aevi. . . *Epist.*2.1.144
    vinoque diurno | placari Genius festis inpune diebus, . . . *Ars Poet.*209
    abstinuit venere et vino; . . . . *Ars Poet.*414
vinosa. ut vinosa glomus furtivae †Pirria lanae, ... *Epist.*1.13.14
vinosus. vinosus, amator — | nemo adeo ferus est, ... *Epist.*1.1.38
    laudibus arguitur vini vinosus Homerus; *Epist.*1.19.6
vinum. ac nisi mutatum parcit defundere vinum . . . *Serm.*2.2.58
    columbino limum [vinum] bene colligit ovo, ... *var.Serm.*2.4.56
    lactuca innatat acri | post vinum stomacho; *Serm.*2.4.60
    nec vicina subest vinum praebere taberna | quae possit tibi . . *Epist.*1.14.24
vinxere. unxere [vinxere] matres Iliae additum feris | alitibus . . .
    homicidam Hectorem, ... *var.Epod.*17.11
vinxisse. uda Lyaeo | tempora populea fertur vinxisse corona . . . *Carm.*1.7.23
viola. nec tinctus viola pallor amantium *Carm.*3.10.14
violare. non Pyladen ferro violare aususve sororem | Electran, . . *Serm.*2.3.139
violaria. violaria et | myrtus et omnis copia narium . . . *Carm.*2.15.5
violas. 'lana Tarentino violas imitata veneno.' *Epist.*2.1.207
violavit. non ille aut Teucrum aut ipsum violavit Vlixen.' . . *Serm.*2.3.204
violens. qua violens obstrepit Aufidus *Carm.*3.30.10
    sed postquam victor violens discessit ab hoste, ... *Epist.*1.10.37
    sed postquam victor violens [violens victor] discessit ab hoste, . . *var.Epist.*1.10.37
violenta. seu quod Lucania bellum | incuteret violenta. . . . *Serm.*2.1.39
violenter. retortis | litore Etrusco violenter undis *Carm.*1.2.14
violentior. pars violentior | natalis horae, ... *Carm.*2.17.18
viperino. cur olivom | sanguine viperino | cautius vitat . . . *Carm.*1.8.9
    nodo coerces viperino | Bistonidum sine fraude crinis. . . *Carm.*2.19.19
viperinus. num viperinus his cruor | incoctus herbis me fefellit? . . *Epod.*3.6
viperis. ut tuto ab atris corpore viperis | dormirem . . . *Carm.*3.4.17
    brevibus illigata viperis | crinis *Epod.*5.15
    nec intumescit alta viperis humus; *Epod.*16.52
vir. pellitur paternos | in sinu ferens deos | et uxor et vir sordidosque natos. *Carm.*2.18.28
    est ut viro vir latius ordinet | arbusta sulcis, ... *Carm.*3.1.9
    nec vir Pieria paelice saucius *Carm.*3.10.15
    diffidit urbium | portas vir Macedo *Carm.*3.16.14
    illam 'post paulo' 'sed pluris' 'si exierit vir' | Gallis, . . . *Serm.*1.2.120
    nec vereor, ne, dum futuo, vir rure recurrat, ... *Serm.*1.2.127
    at est bonus, ut melior vir | non alius quisquam, . . . *Serm.*1.3.32
    hoc lenius ille, | quo melior vir est, longe subtilior illo, . . *Serm.*1.10.*4
    ita vir bonus es convivaque comis" *Serm.*2.8.76
    vir bonus et sapiens dignis ait esse paratus . . . *Epist.*1.7.22
    'nempe | vir bonus et prudens dici delector ego ac tu.' . . *Epist.*1.16.32
    vir bonus est quis? *Epist.*1.16.40
    vir bonus, omne forum quem spectat et omne tribunal, . . *Epist.*1.16.57
    vir bonus et sapiens audebit dicere: *Epist.*1.16.73

aut decus et pretium recte petit experiens vir. *Epist*.1.17.42
vir bonus et prudens versus reprendet inertis, ... *Ars Poet*.445
virens. nec Sicana fervida|virens in Aetna flamma; . . . *Epod*.17.33
virent. dumque virent genua|et decet, ... *Epod*.13.4
virente. laeta quod pubes hedera virenti [virente]|gaudeat . . . *var.Carm*.1.25.17
virentem. ut studio maiore petant Helicona virentem . . . *Epist*.2.1.218
virenti. donec virenti canities abest|morosa. *Carm*.1.9.17
virenti. laeta quod pubes hedera virenti|gaudeat . . . *Carm*.1.25.17
virentis. virentis et|doctae psallere Chiae|pulcris excubat in genis. . . *Carm*.4.13.6
virentis. mercatorne vagus cultorne virentis agelli, . . . *Ars Poet*.117
virentis. circa virentis est animus tuae|campos iuvencae . . . *Carm*.2.5.5
vires. per quas Latinum nomen et Italae|crevere vires . . . *Carm*.4.15.14
'cupidum, pater optime, vires|deficiunt: *Serm*.2.1.12
nec meus audet|rem temptare pudor quam vires ferre recusent. . . *Epist*.2.1.259
vires. gloria quem supra vires et vestit et unguit, ... *Epist*.1.18.22
et neglecta solent incendia sumere vires. *Epist*.1.18.85
virga. virgaque levem coerces|aurea turbam, ... *Carm*.1.10.18
quam virga semel horrida *Carm*.1.24.16
virgine. arsit Atrides medio in triumpho|virgine rapta, . . . *Carm*.2.4.8
dum Capitolium|scandet cum tacita virgine pontifex. . . . *Carm*.3.30.9
virginea. integrae|temptator Orion Dianae|virginea domitus sagitta. . *Carm*.3.4.72
virgines. prece qua fatigent|virgines sanctae minus audientem|carmina
Vestam? *Carm*.1.2.27
quo calet iuventus|nunc omnis et mox virgines tepebunt. . . *Carm*.1.4.20
miseraeque nuper|virgines nuptae, ... *Carm*.2.8.23
virgines. inter ludere virgines *Carm*.3.15.5
virgines lectas puerosque castos *Carm.Saec*.6
virgines. Dianam tenerae dicite virgines, ... *Carm*.1.21.1
virginibus. dare bracchia|ludentem nitidis virginibus . . . *Carm*.2.12.19
carmina non prius|audita Musarum sacerdos|virginibus puerisque canto. *Carm*.3.1.4
virginibus. numen cum teneris virginibus tuom|laudantes . . . *Carm*.4.1.26
virginis. Acrisium virginis abditae|custodem *Carm*.3.16.5
virginum. nos convivia, nos proelia virginum . . . cantamus, . . *Carm*.1.6.17
quae tibi virginum|sponso necato barbara serviet, ... *Carm*.1.29.5
scelus atque notas|virginum poenas *Carm*.3.11.26
virginum matres iuvenumque nuper|sospitum; *Carm*.3.14.9
levis una mors est|virginum culpae. *Carm*.3.27.38
virginum primae puerique claris|patribus orti, ... *Carm*.4.6.31
virgis. uri virgis ferroque necari|auctoratus eas, ... *Serm*.2.7.58
virgo. adulta virgo|suspiret: *Carm*.3.2.8
motus doceri gaudet Ionicos|matura virgo *Carm*.3.6.22
splendide mendax et in omne virgo|nobilis aevom, . . . *Carm*.3.11.35
ut Attica virgo|cum sacris Cereris procedit fuscus Hydaspes . . *Serm*.2.8.13
virgo. saevis inimica virgo|beluis, ... *Carm*.1.12.22
montium custos nemorumque, virgo, ... *Carm*.3.22.1
viri. metuens alterius viri|certo foedere castitas, . . . *Carm*.3 24.22
lassi sub adventum viri *Epod*.2.44
nam siquid in Flacco viri est, ... *Epod*.15.12
viri. velut si|re vera pugnent, feriant vitentque moventes|arma viri? . *Serm*.2.7.100
quas bis quinque viri sanxerunt, ... *Epist*.2.1.24
viri. o fortes peioraque passi|mecum saepe viri, nunc vino pellite curas; *Carm*.1.7.31
viribus. parcentis viribus atque|extenuantis eas consulto. . . *Serm*.1.10.13
sumite materiam vestris, qui scribitis, aequam|viribus . . . *Ars Poet*.39
viribus. suis et ipsa Roma viribus ruit. *Epod*.16.2
viribus editior caedebat ut in grege taurus. *Serm*.1.3.110
viribus uteris per clivos flumina lamas *Epist*.1.13.10
vel cursu superare canem vel viribus aprum|possis. . . . *Epist*.1.18.51
viribus, ingenio, specie, virtute, loco, re|extremi primorum, . . *Epist*.2.2.203
virides. seu virides rubum|dimovere lacertae, ... *Carm*.1.23.6
viridi. viridique certat|baca Venafro, ... *Carm*.2.6.15
viridi. nunc viridi membra sub arbuto|stratus, . . . *Carm*.1.1.21
nunc decet aut viridi nitidum caput impedire myrto . . . *Carm*.1.4.9
cingentem viridi tempora pampino. *Carm*.3.25.20
ornatus viridi tempora pampino *Carm*.4.8.33
viridis. nigris aut Erymanthi|silvis aut viridis Cragi; . . . *Carm*.1.21.8
viridis. inter niveos viridisque lapillos|sit licet, . . . *Serm*.1.2.80
viridis. nec viridis metuont colubras *Carm*.1.17.8
cantabimus . . . Neptunum et viridis Nereidum comas; . . *Carm*.3.28.10
erucas viridis, inulas ego primus amaras|monstravi incoquere; . *Serm*.2.8.51

virile. actoris partes chorus officiumque virile|defendat, ... *Ars Poet.*193
virilem. virilem|torvos humi posuisse voltum, ... *Carm.*3.5.43
viriles. ne forte seniles|mandentur iuveni partes pueroque viriles: . . *Ars Poet.*177
virili. nomina sectatur modo sumpta veste virili | sub patribus duris
　　tironum. *Serm.*1 2.16
virilia. virilia quod speciosius arma|non est qui tractet: . . . *Epist.*1.18.52
virilis. ne virilis|cultus in caedem et Lycias proriperet catervas? . *Carm.*1.8.15
　　aetas animusque virilis|quaerit opes et amicitias, ... *Ars Poet.*166
virilis. et illa non virilis heiulatio *Epod.*10.17
viriliter. qui pervenit fecitne viriliter?' *Epist.*1.17.38
viris. heu heu, quantus equis, quantus adest viris|sudor, . . . *Carm.*1.15.9
　　illi, scripta quibus comoedia prisca viris est, ... *Serm.*1.10.16
　　principibus placuisse viris non ultima laus est. *Epist.*1.17.35
　　Romanis sollemne viris opus, utile famae *Epist.*1.18.49
viris. idem odere viris|omne nefas animo moventis. . . . *Carm.*3.4.67
　　tu spem reducis mentibus anxiis|virisque *Carm.*3.21.18
　　viris animumque moresque|aureos educit *Carm.*4.2.22
　　viris quid enervet meas, ... *Epod.*8.2
viritim. quod legeret tereretque viritim publicus usus? . . . *Epist.*2.1.92
virium. nam siquid in Flacco viri [virium] est, ... *var.Epod.*15.12
viro. tandem desine matrem|tempestiva sequi viro. *Carm.*1.23.12
　　Tanain si biberes, Lyce,|saevo nupta viro, ... *Carm.*3.10.2
　　quod viro clemens misero peperci, ... *Carm.*3.11.46
viro. est ut viro vir latius ordinet|arbusta sulcis, ... *Carm.*3.1.9
　　quid de quoque viro et cui dicas, saepe videto. *Epist.*1.18.68
virorum. contaminato cum grege turpium|morbo virorum . . . *Carm.*1.37.10
　　Mercurialium|custos virorum *Carm.*2.17.30
　　somnus agrestium|lenis virorum *Carm.*3.1.22
　　quindecim Diana preces virorum|curat *Carm.Saec.*70
　　atque alii, quorum comoedia prisca virorum est, ... *Serm.*1.4.2
　　quam per vatis opus mores animique virorum|clarorum adparent. *Epist.*2.1.249
viros. decet|qua ferre non mollis viros? *Epod.*1.10
　　multos saepe viros nullis maioribus ortos *Serm.*1.6.10
Virtus. dissidens plebi numero beatorum|eximit Virtus . . . *Carm.*2.2.19
　　Virtus, repulsae nescia sordidae, ... *Carm.*3.2.17
　　Virtus, recludens inmeritis mori|caelum, ... *Carm.*3.2.21
　　neglecta redire Virtus|audet *Carm.Saec.*58
virtus. relicta non bene parmula,|cum fracta virtus, . . . *Carm.*2.7.11
　　nec vera virtus, cum semel excidit, ... *Carm.*3.5.29
　　prisci Catonis|saepe mero caluisse virtus. *Carm.*3.21.12
　　dos est magna parentium|virtus *Carm.*3.24.22
　　est in equis patrum|virtus *Carm.*4.4.31
　　virtus et favor et lingua potentium|vatum *Carm.*4.8.26
　　paulum sepultae distat inertiae|celata virtus — *Carm.*4.9.30
　　cui super Karthaginem|virtus sepulcrum condidit. . . . *Epod.*9.26
　　aemula nec virtus Capuae nec Spartacus acer *Epod.*16.5
　　vos, quibus est virtus, muliebrem tollite luctum, . . . *Epod.*16.39
　　isti|errori nomen virtus posuisset honestum. *Serm.*1.3.42
　　quod virtus in utroque|summa fuit; *Serm.*1.7.14
　　'velis tantummodo: quae tua virtus,|expugnabis; . . . *Serm.*1.9.54
　　(et est quaedam tamen hic quoque virtus): *Serm.*1.10.8
　　virtus Scipiadae et mitis sapientia Laeli, ... *Serm.*2.1.72
　　quae virtus et quanta, boni, sit vivere parvo *Serm.*2.2.1
　　virtus, fama, decus, divina humanaque pulcris|divitiis parent; . *Serm.*2.3.95
　　et genus et virtus, nisi cum re, vilior alga est.' *Serm.*2.5.8
　　''tibi me virtus tua fecit amicum. *Serm.*2.5.33
　　tibi ingens|virtus atque animus cenis responsat opimis? . . *Serm.*2.7.103
　　virtus est vitium fugere et sapientia prima|stultitia caruisse. . *Epist.*1.1.41
　　quaerenda pecunia primum est;|virtus post nummos': . . *Epist.*1.1.54
　　rursus, quid virtus et quid sapientia possit, ... *Epist.*1.2.17
　　si virtus hoc una potest dare, ... *Epist.*1.6.30
　　aut virtus nomen inane est, ... *Epist.*1.17.41
　　dum volt libertas dici mera veraque virtus. *Epist.*1.18.8
　　virtus est medium vitiorum et utrimque reductum. . . . *Epist.*1.18.9
　　qualis|aedituos habeat belli spectata domique|virtus, . . *Epist.*2.1.231
　　'i bone, quo virtus tua te vocat, i pede fausto, . . . *Epist.*2.2.37
　　ordinis haec virtus erit et venus, aut ego fallor, . . . *Ars Poet.*42
　　quid deceat, quid non, quo virtus, quo ferat error. . . . *Ars Poet.*308
virtute. mea|virtute me involvo *Carm.*3.29.55

virtute functos more patrum duces . . . canemus. *Carm.*4.15.29
o dolitura mea multum virtute Neaera: *Epod.*15.11
'macte|virtute esto' inquit sententia dia Catonis; *Serm.*1.2.32
invidiam placare paras virtute relicta? *Serm.*2.3.13
hoc, veluti virtute paratum,|speravit magnae laudi fore. . . *Serm.*2.3.98
utrumne|divitiis homines an sint virtute beati; *Serm.*2.6.74
vel quia cuncta putas una virtute minora. *Epist.*1.12.11
Claudi virtute Neronis|Armenius cecidit; *Epist.*1.12.26
quod numero plures, virtute et honore minores, . . . *Epist.*2.1.183
virtute carentia tollet: *Epist.*2.2.123
virtute, loco, re|extremi primorum, ... *Epist.*2.2.203
nec virtute foret clarisve potentius armis|quam lingua Latium, . *Ars Poet.*289
actor|causarum mediocris abest virtute diserti|Messallae . . *Ars Poet.*370
virtutem. virtutem incolumem odimus, ... *Carm.*3.24.31
ultra quam satis est virtutem si petat ipsam. . . . *Epist.*1.6.16
virtutem verba putas et|lucum ligna: *Epist.*1.6.31
virtutem doctrina paret naturane donet, . . . *Epist.*1.18.100
virtutemne repraesentet moresque Catonis? . . . *Epist.*1.19.14
qui redit in fastos et virtutem aestimat annis . . . *Epist.*2.1.48
virtutes. tuas,|Auguste, virtutes in aevom . . . aeternet, . . *Carm.*4.14.3
at nos virtutes ipsas invertimus *Serm.*1.3.55
levis haec insania quantas|virtutes habeat, . . . *Epist.*2.1.119
virtuti. scilicet uni aequos virtuti atque eius amicis. . . . *Serm.*2.1.70
virtutibus. ut, quantum generi demas, virtutibus addas; . . . *Epist.*1.20.22
virtutibus. vilius argentum est auro, virtutibus aurum. . . *Epist.*1.1.52
plus quam se sapere et virtutibus esse priorem|volt . . *Epist.*1.18.27
virtutis. virtutisque viam deserit arduae. . . . *Carm.*3.24.44
pudicum,|qui primus virtutis honos, ... *Serm.*1.6.83
virtutis verae custos rigidusque satelles; *Epist.*1.1.17
oderunt peccare boni virtutis amore: *Epist.*1.16.52
perdidit arma, locum virtutis deseruit, ... *Epist.*1.16.67
virum. quem virum aut heroa lyra vel acri|tibia sumis celebrare, Clio? *Carm.*1.12.1
mors et fugacem persequitur virum *Carm.*3.2.14
iustum et tenacem propositi virum *Carm.*3.3.1
ter uxor|capta virum puerosque ploret.' *Carm.*3.3.68
o pueri et puellae|iam virum †expertae, ... *Carm.*3.14.11
nec dotata regit virum|coniunx *Carm.*3.24.19
dignum laude virum Musa vetat mori,|caelo Musa beat. . . *Carm.*4.8.28
'dic mihi, Musa, virum, ... *Ars Poet.*141
virus. grave virus|munditiae pepulere; *Epist.*2.1.158
vis. inprovisa leti|vis rapuit rapietque gentis. . . . *Carm.*2.13.20
te meae si partem animae rapit|maturior vis, . . . *Carm.*2.17.6
vis consili expers mole ruit sua, ... *Carm.*3.4.65
sed non haec mihi vis, ... *Carm.*4.8.9
est hederae vis|multa, ... *Carm.*4.11.4
non furor|civilis aut vis exiget otium, ... *Carm.*4.15.18
quae vis deorum est Manium, ... *Epod.*5.94
amica vis pastoribus, ... *Epod.*6.6
furorne caecos an rapit vis acrior|an culpa? . . . *Epod.*7.13
quod acer spiritus ac vis|nec verbis nec rebus inest, . . *Serm.*1.4.46
vis. vis formosa videri *Carm.*4.13.3
quid tibi vis, mulier nigris dignissima barris? . . . *Epod.*12.1
quid amplius vis? *Epod.*17.30
huic si mutonis verbis . . . diceret haec animus 'quid vis tibi? . *Serm.*1.2.69
'accipe, si vis,|accipiam tabulas; *Serm.*1.4.14
'suaviter, ut nunc est,' inquam, 'et cupio omnia quae vis.' . *Serm.*1.9.5
cum adsectaretur, 'numquid vis?' occupo. . . . *Serm.*1.9.6
vin tu|curtis Iudaeis oppedere?' *Serm.*1.9.69
hoc age.' 'quid vis?' *Serm.*2.3.152
'utne [visne] tegam spurco Damae latus? *var.Serm.*2.5.18
'quid tibi vis, insane, et quam rem agis?' . . . *Serm.*2.6.29
dixeris: 'experiar', 'si vis, potes,' addit et instat. . . *Serm.*2.6.39
vis tu homines Vrbemque feris praeponere silvis? . . *Serm.*2.6.92
imbecillus, iners, siquid vis, adde, popino. . . . *Serm.*2.7.39
discere et audire et meliori credere non vis? . . . *Epist.*1.1.48
quaere fugam morbi. vis recte vivere (quis non?): . . *Epist.*1.6.29
si me vivere vis sanum recteque valentem, . . . *Epist.*1.7.3
'at tu, quantum vis, tolle' 'benigne' *Epist.*1.7.16
cui mustela procul 'si vis' ait 'effugere istinc, . . . *Epist.*1.7.32

si munus Apolline dignum|vis conplere libris	*Epist.*2.1.217
ibit eo, quo vis, qui zonam perdidit' inquit.	*Epist.*2.2.40
tendunt extorquere poemata: quid faciam vis?	*Epist.*2.2.57
vis canere et contacta sequi vestigia vatum?	*Epist.*2.2.80
denique sit quod vis, simplex dumtaxat et unum.	*Ars Poet.*23
si vis me flere, dolendum est|primum ipsi tibi:	*Ars Poet.*102
visa. seu visa est catulis cerva fidelibus	*Carm.*1.1.27
quid tibi visa Chios, Bullati, notaque Lesbos, ...	*Epist.*1.11.1
visa. fingere qui non visa potest, ...	*Serm.*1.4.84
neque ego, hercule, fur, ubi vasa [visa]|praetereo sapiens argentea. .	*var.Serm.*2.7.72
visam. visam gementis litora Bospori	*Carm.*2.20.14
visam Britannos hospitibus feros|et laetum equino sanguine Concanum,	*Carm.*3.4.33
visam pharetratos Gelonos|et Scythicum inviolatus amnem. .	*Carm.*3.4.35
Viscorum. Fuscus et haec utinam Viscorum laudet uterque. . . .	*Serm.*1.10.83
Viscum. 'si bene me novi, non Viscum pluris amicum, ...	*Serm.*1.9.22
Viscus. 'summus ego et prope me Viscus Thurinus	*Serm.*2.8.20
Viselli. est inter Tanain quiddam socerumque Viselli:	*Serm.*1.1.105
visendus. visendus ater flumine languido|Cocytos errans . .	*Carm.*2.14.17
cubat hic in colle Quirini,|hic extremo in Aventino, visendus uterque; .	*Epist.*2.2.69
visentur. undique latius|extenta visentur Lucrino|stagna lacu . .	*Carm.*2.15.3
visere. omne cum Proteus pecus egit altos|visere montis, . .	*Carm.*1.2.8
ausa et iacentem visere regiam|voltu sereno, ...	*Carm.*1.37.25
hunc tanget armis, visere gestiens, ...	*Carm.*3.3.54
possent ut iuvenes visere fervidi	*Carm.*4.13.26
possis nihil urbe Roma|visere maius.	*Carm.Saec.*12
quendam volo visere non tibi notum;	*Serm.*1.9.17
vises. me pinguem et nitidum bene curata cute vises, ...	*Epist.*1.4.15
visit. dum gravis Cyclopum|Volcanus ardens visit officinas. . .	*Carm.*1.4.8
Paphon|iunctis visit oloribus	*Carm.*3.28.15
visitata. non usitata [visitata] nec tenui ferar|penna biformis per liquidum	
aethera|vates	*coni.Carm.*2 20.1
visu. tum inmundo somnia visu|nocturnam vestem maculant ventremque	
supinum.	*Serm.*1.5.84
mirabile visu|caelatumque novem Musis opus.	*Epist.*2.2.91
visum. sic visum Veneri, cui placet inpares|formas atque animos sub iuga	*Carm.*1.33.10
visum. cervos uti vallis in altera|visum parte lupum graminis inmemor, .	*Carm.*1.15.30
visuros. an omnis|visuros peccata putem mea, ...	*Ars Poet.*266
visus. cum tibi invisus [visus] laceranda reddet|cornua taurus. . .	*var.Carm.*3.27.71
Quirinus|post mediam noctem visus, cum somnia vera: . .	*Serm.*1.10.33
occultum visus decurrere piscis ad hamum, ...	*Epist.*1.7.74
si plus adposcere visus,|fit Mimnermus	*Epist.*2.2.100
vita. per quae spiritus et vita redit bonis|post mortem ducibus, . .	*Carm.*4.8.14
quibus te vita sit superstite|iucunda, ...	*Epod.*1.5
ingrata misero vita ducenda est in hoc, ...	*Epod.*17.63
vita solutorum misera ambitione gravique;	*Serm.*1.6.129
nil sine magno|vita labore dedit mortalibus.'	*Serm.*1.9.60
nil [? nihil] sine magno|vita labore [? labore vita] dedit mortalibus.' .	*? var.Serm.*1.9.60
omnis|votiva pateat veluti descripta tabella|vita senis. . .	*Serm.*2.1.34
vita. exacto contentus tempore vita|cedat uti conviva satur, . .	*Serm.*1.1.118
secernis honestum|non patre praeclaro, sed vita et pectore puro. .	*Serm.*1.6.64
quidquid vita meliore parasti|ponendum aequo animo.' . .	*Serm.*2.3.15
"haud mihi vita|est opus hac"	*Serm.*2.6.115
'sic, ut mihi numquam|in vita fuerit melius.'	*Serm.*2.8.4
nil ait esse prius, melius nil caelibe vita;	*Epist.*1.1.88
reges et regum vita praecurrere amicos	*Epist.*1.10.33
vitabat. alter Mileti textam cane peius et angui | vitabit [? vitabat]	
chlanidem [chlamydem], ...	*? var.Epist.*1.17.31
vitabis. hastas et calami spicula Cnosii|vitabis	*Carm.*1.15.18
in reducta valle Caniculae|vitabis aestus	*Carm.*1.17.18
vitabit. multaque pars mei|vitabit Libitinam;	*Carm.*3.30.7
alter Mileti textam cane peius et angui|vitabit chlanidem, . .	*Epist.*1.17.31
vitae. vitae summa brevis spem nos vetat incohare longam; . .	*Carm.*1.4.15
tu sapiens finire memento|tristitiam vitaeque labores . .	*Carm.*1.7.18
integer vitae scelerisque purus	*Carm.*1.22.1
et exacto contentus tempore vita [vitae]|cedat uti conviva satur, .	*var.Serm.*1.1.118
cum genus hoc inter vitae versetur, ...	*Serm.*1.3.60
quisquis erit vitae scribam color.'	*Serm.*2.1.60
atque haurire queam vitae praecepta beatae.'	*Serm.*2.4.95
unde homines operum primos vitaeque labores|instituont . .	*Serm.*2.6.21

ducere sollicitae iucunda oblivia vitae? *Serm*.2.6.62
aestuat et vitae disconvenit ordine toto, ... *Epist*.1.1.99
mirabor, vitae via si conversa decebit. *Epist*.1.17.26
quid pure tranquillet, . . . secretum iter et fallentis semita vitae. . *Epist*.1.18.103
cetera qui vitae servaret munia recto|more, ... *Epist*.2.2.131
sed verae numerosque modosque ediscere vitae. *Epist*.2.2.144
respicere exemplar vitae morumque . . . . . . *Ars Poet*.317
dictae per carmina sortes|et vitae monstrata via est . . *Ars Poet*.404
vitae. quis scit an adiciant hodiernae crastina summae [vitae]|tempora di
    superi? *var.Carm*.4.7.17
obsecro et obtestor, vitae me redde priori.' *Epist*.1.7.95
utile famae|vitaeque et membris, praesertim cum valeas . . *Epist*.1.18.50
aut simul et iucunda et idonea dicere vitae. . . . . *Ars Poet*.334
vitale. frugi quod sit satis, hoc est,|ut vitale putes.' . . . *Serm*.2.7.4
vitalis. 'o puer, ut sis|vitalis metuo *Serm*.2.1.61
vitam. vitamque sub divo et trepidis agat|in rebus. . . . *Carm*.3.2.5
hic, unde vitam sumeret inscius,|pacem duello miscuit. . . *Carm*.3.5.37
neque vitam amittit in undis. *Serm*.1.1.60
tuamque,|dum custodis eges, vitam famamque tueri|incolumem . *Serm*.1.4.118
conmittes rem omnem et vitam et cum corpore famam. . . *Serm*.2.7.67
ut fortunatam plene praestantia vitam; *Epist*.1.11.14
det vitam, det opes; aequom mi animum ipse parabo. . . *Epist*.1.18.112
vitanda. vitanda est inproba Siren|desidia *Serm*.2.3.14
vitant. dum vitant stulti vitia, in contraria currunt. . . . *Serm*.1.2.24
vitantis. curvat aper lances carnem vitantis inertem: . . . *Serm*.2.4.41
vitare. posset qui rupem et puteum vitare patentem. . . . *Epist*.2.2.135
vitas. vitas hinnuleo me similis, Chloe, ... *Carm*.1.23.1
teque ipsum vitas fugitivos et erro, ... *Serm*.2.7.113
vitat. cur olivom|sanguine viperino|cautius vitat *Carm*.1.8.10
vitas [vitat] hinnuleo me similis, Chloe, ... *var.Carm*.1.23.1
forumque vitat et superba civium|potentiorum limina. . . *Epod*.2.7
aut, dum vitat humum, nubis et inania captet. . . . *Ars Poet*.230
secreta petit loca, balnea vitat. . . . . . . *Ars Poet*.298
vitatu. 'sapiens, vitatu quidque petitu|sit melius, causas reddet tibi; . *Serm*.1.4.115
vitaveris. nam frustra vitium vitaveris illud. *Serm*.2.2.54
vitavi. vitavi denique culpam,|non laudem merui. . . . *Ars Poet*.267
vitavit. alter Mileti textam cane peius et angui|vitabit [vitavit] chlanidem, *var.Epist*.1.17.31
vite. nullam, Vare, sacra vite prius severis arborem . . . *Carm*.1.18.1
neque me sub arta|vite bibentem. *Carm*.1.38.8
vitellum. namque marem cohibent callosa vitellum. . . . *Serm*.2.4.14
vitellus. quatenus ima petit volvens aliena vitellus. . . . *Serm*.2.4.57
vitem. premant Calenam falce quibus dedit|fortuna vitem, . . *Carm*.1.31.10
et vitem viduas ducit ad arbores; *Carm*.4.5.30
vitent. velut si|re vera pugnent, feriant vitentque moventes|arma viri? . *Serm*.2.7.99
vites. interfusa nitentis|vites aequora Cycladas. *Carm*.1.14.20
mea nec Falernae|temperant vites neque Formiani|pocula colles. . *Carm*.1.20.11
nec Falerna [Falernae]|vitis [vites] Achaemeniumque costum, . *var.Carm*.3.1.44
ultra|quam licet sperare nefas putando|disparem vites. . . *Carm*.4.11.31
vitet. quid quisque vitet, numquam homini satis|cautum est . . *Carm*.2.13.13
loquacis,|si sapiat, vitet, ... *Serm*.1.9.34
privatas ut quaerat opes et tangere vitet|scripta, . . . *Epist*.1.3.16
vitia. amatorem quod amicae|turpia decipiunt caecum vitia . . *Serm*.1.3.39
vitia. bellique causas et vitia et modos *Carm*.2.1.2
dum vitant stulti vitia, in contraria currunt. . . . *Serm*.1.2.24
'quid tu?|nullane habes vitia?' *Serm*.1.3.20
inquirant vitia ut tua rursus et illi. *Serm*.1.3.28
vitiantis. Vmber et iligna nutritus glande rotundas | curvat aper lances
    carnem vitantis [vitiantis] inertem: *var.Serm*.2.4.41
vitiaret. quod hospes | tardius adveniens vitiatum [vitiaret] commodius
    quam|integrum edax dominus consumeret. *var.Serm*.2.2.91
vitiata. illa|integrum perdunt lino vitiata saporem. . . . *Serm*.2.4.54
vitiato. sed mala tollet anum vitiato melle cicuta. . . . *Serm*.2.1.56
vitiatum. hospes|tardius adveniens vitiatum commodius . . . consumeret. *Serm*.2.2.91
vitibus. opulentet . . . pratis an amicta vitibus ulmo: . . . *Epist*.1.16.3
vitiis. neve te nostris vitiis iniquom|ocior aura|tollat; . . . *Carm*.1.2.47
mediocribus et quis|ignoscas vitiis teneor; *Serm*.1.4.131
vitiis. vitiis carentem|ludit imago|vana, ... *Carm*.3.27.39
cur in amicorum vitiis tam cernis acutum *Serm*.1.3.26
nam vitiis nemo sine nascitur; *Serm*.1.3.68

    cum mea conpensat vitiis bona, ... *Serm*.1.3.70
    sic teneros animos aliena opprobria saepe|absterrent vitiis. . . . *Serm*.1.4.129
    hoc est mediocribus illis|ex vitiis unum; *Serm*.1.4.140
    atqui si vitiis mediocribus ac mea paucis|mendosa est natura, . . *Serm*.1.6.65
    pinguem vitiis albumque neque ostrea . . . iuvare . . . *Serm*.2.2.21
    quin corpus onustum|hesternis vitiis animum quoque praegravat una . *Serm*.2.2.78
    'pars hominum vitiis gaudet constanter *Serm*.2.7.6
    quanto constantior isdem|in vitiis, ... *Serm*.2.7.19
    dives amicus,|saepe decem vitiis instructior, ... *Epist*.1.18.25
    decipit exemplar vitiis imitabile: *Epist*.1.19.17
vitio.   nec timuit sibi ne vitio quis verteret, ... *Serm*.1.6.85
    est huic diversum vitio vitium prope maius, ... *Epist*.1.18.5
vitio.   audiet pugnas vitio parentum|rara iuventus. . . . *Carm*.1.2.23
    tuo vitio rerumne labores,|nil referre putas? *Serm*.1.2.76
    stas animo et purum est vitio tibi, cum tumidum est cor?' . . . *Serm*.2.3.213
    quo me|aegrotare putes animi vitio.' *Serm*.2.3.307
    nec sum facturus vitio culpave minorem; *Serm*.2.6.7
    quod Methymnaeam vitio mutaverit uvam. *Serm*.2.8.50
    cetera iam simul isto|cum vitio fugere? *Epist*.2.2.206
    praesertim census equestrem | summam nummorum vitioque remotus
      ab omni. . . . . *Ars Poet*.384
vitiorum.   numqua tibi vitiorum inseverit olim|natura . . . *Serm*.1.3.35
    ut fugerem exemplis vitiorum quaeque notando. *Serm*.1.4.106
    virtus est medium vitiorum et utrimque reductum. *Epist*.1.18.9
vitiosa.   scandit aeratas vitiosa navis|Cura *Carm*.2.16.21
    cui si vitiosa libido|fecerit auspicium, ... *Epist*.1.1.85
vitiosiorem.   mox daturos|progeniem vitiosiorem. *Carm*.3.6.48
vitiosum.   remigium vitiosum Ithacensis Vlixei, ... *Epist*.1.6.63
vitiosum.   inlusique pedes vitiosum ferre recusant|corpus. . . *Serm*.2.7.108
vitiosum.   prudens emisti vitiosum, dicta tibi est lex: . . . *Epist*.2.2.18
vitiosus.   nam fuit hoc vitiosus: *Serm*.1.4.9
vitis.   nam seu mobilibus vepris [vitis] inhorruit|ad ventum foliis . *coni.Carm*.1.23.5
    nec Falerna|vitis Achaemeniumque costum, ... *Carm*.3.1.44
    nec pestilentem sentiet Africum|fecunda vitis *Carm*.3.23.6
vitis.   haud quia grando|contuderit vitis *Epist*.1.8.5
vitium.   ergo aut adulta vitium propagine *Epod*.2.9
vitium.   omnibus hoc vitium est cantoribus. *Serm*.1.3.1
    sic nos debemus amici|siquid sit vitium non fastidire: . . . *Serm*.1.3.44
    denique, quatenus excidi penitus vitium irae, ... *Serm*.1.3 76
    vitium hoc quoque magnum. *Serm*.2.2.69
    inmane est vitium dare milia terna macello *Serm*.2.4.76
    est huic diversum vitio vitium prope maius, ... *Epist*.1.18.5
vitium.   quod vitium procul afore chartis|atque animo prius, . . *Serm*.1.4.101
    nam frustra vitium vitaveris illud, ... *Serm*.2.2.54
    credidit ingens|pauperiem vitium *Serm*.2.3.92
    verbisque decoris|obvolvas vitium?" *Serm*.2.7.42
    virtus est vitium fugere et sapientia prima|stultitia caruisse. . . *Epist*.1.1.41
    in vitium fortuna labier aequa: *Epist*.2.1.94
    in vitium ducit culpae fuga, si caret arte. . . . . . *Ars Poet*.31
    cereus in vitium flecti, monitoribus asper, ... *Ars Poet*.163
    in vitium libertas excidit et vim . . . . *Ars Poet*.282
vitrea.   quem cepit vitrea fama. *Serm*.2.3.222
vitream.   laborantis in uno|Penelopen vitreamque Circen; . . *Carm*.1.17.20
vitreo.   nititur pennis vitreo daturus|nomina ponto. . . . *Carm*.4.2.3
vitro.   arcanique Fides prodiga, perlucidior vitro. *Carm*.1.18.16
    o fons Bandusiae splendidior vitro, ... *Carm*.3.13.1
vitta.   et soror clari ducis et decorae|supplice vitta|virginum matres . *Carm*.3.14.8
vitula.   pro vitula statuis dulcem Aulide natam|ante aras . . *Serm*.2.3.199
vituli.   fidibus iuvat|placare et vituli sanguine debito . . . *Carm*.1.36.2
    absentis ranae pullis vituli pede pressis *Serm*.2.3.314
vitulis.   in udo|ludere cum vitulis salicto|praegestientis. . . *Carm*.2.5.8
vitulos.   quae velut nactae vitulos leaenae *Carm*.3.11.41
vitulus.   me tener solvet vitulus, ... *Carm*.4.2.54
vivacem.   Scaevae vivacem crede nepoti|matrem: *Serm*.2.1.53
vivacior.   postremum expellet certe vivacior heres. . . . *Serm*.2.2.132
vivae.   vivaeque producent lucernae,|dum rediens fugat astra Phoebus. . *Carm*.3.21.23
vivam.   ut vivam Naevius aut sic|ut Nomentanus?' . . . *Serm*.1.1.101
    privatusque magis vivam te rege beatus. *Serm*.1.3.142
    hoc faciens vivam melius. *Serm*.1.4.135

doctus eris vivam musto mersare Falerno:	Serm.2.4.19
ut mihi vivam|quod superest aevi,	Epist.1.18.107
vivaria. excipiantque senes, quos in vivaria mittant;	Epist.1.1.79
vivas. et memor nostri, Galatea, vivas	Carm.3.27.14
'ut vivas igitur, vigila. hoc age.'	Serm.2.3.152
vivas in amore iocisque.	Epist.1.6.66
quid refert, vivas numerato nuper an olim?	Epist.2.2.166
vivas hinc ducere voces.	Ars Poet.318
vivat. quod et hunc in annum|vivat et plures,	Carm.1.32.3
ut nemo, . . . illa|contentus vivat,	Serm.1.1.3
bene siquis|et vivat puris manibus,	Serm.1.4.68
'nonne vides, Albi ut male vivat filius utque|Baius inops?	Serm.1.4.109
ut salvos regnet vivatque beatus,|cogi posse negat.	Epist.1.2.10
morietur frigore, si non|rettuleris pannum. refer et sine vivat ineptus.	Epist.1.17.32
vivax. nedum sermonum stet honos et gratia vivax.	Ars Poet.69
vivax. neu vivax apium neu breve lilium.	Carm.1.36.16
vive. sed me|imperiosa trahit Proserpina: vive valeque.'	Serm.2.5.110
dum licet, in rebus iucundis vive beatus,	Serm.2.6.96
vive memor, quam sis aevi brevis."	Serm.2.6.97
vive, vale.	Epist.1.6.67
vivendi. "haec est condicio vivendi" aiebat,	Serm.2.8.65
qui recte vivendi prorogat horam,	Epist.1.2.41
qui recte vivendi [vivendi qui recte] prorogat horam,|rusticus expectat, dum defluat amnis;	var.Epist.1.2.41
vivent. quid referat intra|naturae finis viventi [vivent], iugera centum an| mille aret?	var.Serm.1.1.50
viventem. rure ego viventem, tu dicis in Vrbe beatum:	Epist.1.14.10
viventi. quid referat intra|naturae finis viventi,	Serm.1.1.50
quod nimium institerat viventi.	Serm.2.5.88
viventis. solos felicis viventis clamat in Vrbe.	Serm.1.1.12
quid referat intra|naturae finis viventi [viventis], iugera centum an| mille aret?	coni.Serm.1.1.50
vivere. tecum vivere amem, tecum obeam lubens.'	Carm.3.9.24
quae virtus et quanta, boni, sit vivere parvo	Serm.2.2.1
"quid te iuvat" inquit. "amice, | praerupti nemoris patientem vivere dorso?	Serm.2.6.91
iam mallet doctus Athenis|vivere,	Serm.2.7.14
si patriae volumus, si nobis vivere cari.	Epist.1.3.29
quaere fugam morbi. vis recte vivere (quis non?):	Epist.1.6.29
si me vivere vis sanum recteque valentem,	Epist.1.7.3
dic multa et pulcra minantem|vivere nec recte nec suaviter,	Epist.1.8.4
vivere naturae si convenienter oportet	Epist.1.10.12
tamen illic vivere vellem	Epist.1.11.8
neque, . . . volet in caupona vivere;	Epist.1.11.12
navibus atque|quadrigis petimus bene vivere.	Epist.1.11.29
vos sapere et solos aio bene vivere,	Epist.1.15.45
nulla placere diu nec vivere carmina possunt,	Epist.1.19.2
vivere si recte nescis, decede peritis.	Epist.2.2.213
non magis esse velim quam naso vivere pravo|spectandum nigris oculis	Ars Poet.36
viverem. cum me hortaretur, parce frugaliter atque|viverem uti contentus eo	Serm.1.4.108
viveret. numquid Pomponius istis|audiret leviora, pater si viveret?	Serm.1.4.53
viveret in terris te siquis avarior uno.	Epist.2.2.157
vives. rectius vives, Licini, neque altum|semper urgendo	Carm.2.10.1
laetus sorte tua vives sapienter, Aristi,	Epist.1.10.44
si . . . herbis|vivis et urtica, sic vives protinus,	Epist.1.12.8
vivet. vivet extento Proculeius aevo,	Carm.2.2.5
vivet uter locuples sine gnatis,	Serm.2.5.28
qui metuens vivet, liber mihi non erit umquam.	Epist.1.16.66
vividus. demisit hostem vividus impetus,	Carm.4.4.10
vivimus. 'non isto vivimus illic,|quo tu rere, modo;	Serm.1.9.48
vivis. si . . . abstemius herbis|vivis et urtica,	Epist.1.12.8
tu recte vivis, si curas esse quod audis.	Epist.1.16.17
vivit. vivet [vivit] extento Proculeius aevo,	var.Carm.2.2.5
parcius hic vivit: frugi dicatur:	Serm.1.3.49
probus quis|nobiscum vivit, multum demissus homo:	Serm.1.3.57
incolumis laetor quod vivit in Vrbe;	Serm.1.4.98
si bene qui cenat bene vivit,	Epist.1.6.56
si bene qui cenat bene vivit [? vivit bene], lucet, eamus|quo ducit gula;	var.Epist.1.6.56

587

vivit siliquis et pane secundo:	*Epist.*2.1.123
vivite. quocirca vivite fortes	*Serm.*2.2.135
vivitis. ubicumque locorum|vivitis, indigni fraternum rumpere foedus.	*Epist.*1.3.35
vivitur. vivitur parvo bene cui paternum|splendet in mensa tenui salinum	*Carm.*2.16.13
'non isto vivimus [vivitur] illic,|quo tu rere, modo;	*var.Serm.*1.9.48
vivo. (ut me collaudem), si et vivo carus amicis:	*Serm.*1.6.70
commodius quam tu, praeclare senator,|milibus atque aliis vivo.	*Serm.*1.6.111
vivo et regno, simul ista reliqui,	*Epist.*1.10.8
vivo. positusque carbo in|caespite vivo,	*Carm.*3.8.4
'men vivo?' 'ut vivas igitur, vigila. hoc age.'	*Serm.*2.3.152
vivom. hic vivom mihi caespitem,	*Carm.*1.19.13
neu pransae Lamiae vivom puerum extrahat alvo.	*Ars Poet.*340
vivont. campestres melius Scythae, . . . vivont et rigidi Getae,	*Carm.*3.24.11
vivontque conmissi calores|Aeoliae fidibus puellae.	*Carm.*4.9.11
quot capitum vivont, totidem studiorum|milia:	*Serm.*2.1.27
terrestria quando|mortalis animas vivont sortita	*Serm.*2.6.94
vivorum. comis garrire libellos|unus vivorum, Fundani;	*Serm.*1.10.42
vivos. vivos et roderet unguis.	*Serm.*1.10.71
vix. sine funibus|vix durare carinae|possint	*Carm.*1.14.7
vix inligatum te triformi|Pegasus expediet Chimaera.	*Carm.*1.27.23
vix una sospes navis ab ignibus	*Carm.*1.37.13
vix credere possis,|quam sibi non sit amicus,	*Serm.*1.2.19
quarta vix demum exponimur hora.	*Serm.*1.5.23
'magnum narras, vix credibile.'	*Serm.*1.9.52
vix tamen eripiam, posito pavone velis	*Serm.*2.2.23
unde|mundior exiret vix libertinus honeste;	*Serm.*2.7.12
Varius mappa conpescere risum|vix poterat.	*Serm.*2.8.64
vixere. vixere fortes ante Agamemnona|multi;	*Carm.*4.9.25
vixeris. seu maestus omni tempore vixeris	*Carm.*2.3.5
vixi. vixi puellis nuper idoneus	*Carm.*3.26.1
cui licet in diem|dixisse 'vixi:	*Carm.*3.29.43
est auctor quis denique eorum,|vixi cum quibus?	*Serm.*1.4.81
vixisse. inde fit, ut raro, qui se vixisse beatum|dicat	*Serm.*1.1.117
Terenti|fabula quem miserum gnato vixisse fugato|inducit,	*Serm.*1.2.21
et vixisse probos, amplis et honoribus auctos;	*Serm.*1.6.11
me|cum magnis vixisse invita fatebitur usque|invidia	*Serm.*2.1.76
ut quocumque loco fueris vixisse libenter|te dicas:	*Epist.*1.11.24
dicitur et plaustris vexisse [vixisse] poemata Thespis,	*var.Ars Poet.*276
vixisset. vixisset canis inmundus vel amica luto sus.	*Epist.*1.2.26
vixistis. quanto aut ego parcius aut vos,|o pueri, nituistis [vixistis], ut huc novos incola venit?	*var.Serm.*2.2.128
vixit. milesne Crassi coniuge barbara|turpis maritus vixit	*Carm.*3.5.6
quoad vixit, credidit ingens|pauperiem vitium	*Serm.*2.3.91
saepe notatus | cum tribus anellis, modo laeva Priscus inani | vixit inaequalis,	*Serm.*2.7.10
nec vixit male, qui natus moriensque fefellit.	*Epist.*1.17.10
vocabit. quocumque per undas|Notus vocabit aut protervos Africus.	*Epod.*16.22
vocabula. cadentque|quae nunc sunt in honore vocabula,	*Ars Poet.*71
vocabula. ex more inponens cognata vocabula rebus?	*Serm.*2.3.280
proferet in lucem speciosa vocabula rerum,	*Epist.*2.2.116
vocalem. unde vocalem temere insecutae|Orphea silvae,	*Carm.*1.12.7
vocamus. pro bene sano|ac non incauto fictum astutumque vocamus.	*Serm.*1.3.62
vocando. vocando|hanc Furiam, hunc aliud,	*Serm.*2.3.140
vocant. non ego, quem vocas [vocant],|dilecte Maecenas, obibo	*coni.Carm.*2.20.6
vocanti. dulce lenimen †mihicumque salve|rite vocanti.	*Carm.*1.32.16
et te saepe vocanti|duram	*Carm.*3.7.31
vocantis. vocantis|ture te multo Glycerae decoram|transfer in aedem.	*Carm.*1.30.2
vocares. 'pol, me miserum, patrone, vocares,	*Epist.*1.7.92
quodsi . . . ad libros et ad haec Musarum dona vocares,	*Epist.*2.1.243
vocari. filius Maiae, patiens vocari|Caesaris ultor:	*Carm.*1.2.43
sive tu Lucina probas vocari|seu Genitalis:	*Carm.Saec.*15
cum pateris sapiens emendatusque vocari,	*Epist.*1.16.30
vocas. ego, quem vocas,|dilecte Maecenas,	*Carm.*2.20.6
vocat. non sine conscio|surgit marito, seu vocat institor	*Carm.*3.6.30
quo clamor vocat et turba faventium	*Carm.*3.24.46
ut mater iuvenem, . . . precibus vocat	*Carm.*4.5.13
Hecaten vocat altera, saevam|altera Tesiphonen:	*Serm.*1.8 33
'nec nunc, cum me vocat ultro,|accedam?	*Serm.*2.3.262
te mulier, . . . perfundit gelida, rursus vocat:	*Serm.*2.7.91

amoena vocat mecum qui sentit, ... *Epist*.1.14.20
'i bone, quo virtus tua te vocat, i pede fausto, ... *Epist*.2.2.37
hic sponsum vocat, hic auditum scripta relictis|omnibus officiis; . . *Epist*.2.2.67
sed vocat usque suom qua populus adsita certis|limitibus . . . *Epist*.2.2.170
vocata. ter vocata audis adimisque leto,|diva triformis, . . . *Carm*.3.22.3
si vocata partubus|Lucina veris adfuit, ... *Epod*.5.5
nec vocata mens tua|Marsis redibit vocibus. *Epod*.5.75
unde uxor media currit de nocte vocata.' — *Serm*.2.3.238
vocatis. hoc moriens pueris dixssie vocatis|ad lectum: *Serm*.2.3.170
vocatur. syllaba longa brevi subiecta vocatur iambus, ... *Ars Poet*.251
vocatus. vocatus atque non vocatus audit. *Carm*.2.18.40
si nusquam es forte vocatus|ad cenam, ... *Serm*.2.7.29
vocaveris. non possidentem multa vocaveris|recte beatum; . . . *Carm*.4.9.45
voce. voce formasti catus et decorae|more palaestrae, . . . *Carm*.1.10.3
puerum minaci|voce dum terret, viduos pharetra|risit Apollo. . . *Carm*.1.10.11
seu voce nunc mavis acuta *Carm*.3.4.3
modos, amanda|voce quos reddas: *Carm*.4.11.35
quae sidera excantata voce Thessala *Epod*.5.45
tu, cum timenda voce complesti nemus, ... *Epod*.6.9
modo summa|voce, modo hac, resonat quae chordis quattuor ima. . *Serm*.1.3.8
cessisset magna conpellans voce cuculum. *Serm*.1.7.31
'quo tu, turpissime?' magna|inclamat voce, ... *Serm*.1.9.76
vetuit me tali voce Quirinus *Serm*.1.10.32
postquam est inpransi correptus voce magistri? *Serm*.2.3.257
quamvis et voce paterna|fingeris ad rectum . . . . *Ars Poet*.366
vocem. cui liquidam pater|vocem cum cithara dedit. *Carm*.1.24.4
interdum tamen et vocem comoedia tollit . . . . . *Ars Poet*.93
voces. non di, quos iterum pressa voces malo. *Carm*.1.14.10
voces. sunt verba et voces, quibus hunc lenire dolorem|possis . . *Epist*.1.1.34
nam quae pervincere voces|evaluere sonum, ... *Epist*.2.1.200
(sic etiam fidibus voces crevere severis) . . . . *Ars Poet*.216
voces. voces audit adhuc integer. *Carm*.3.7.22
populi contemnere voces|sic solitus *Serm*.1.1.65
donec verba, quibus voces sensusque notarent, ... *Serm* 1.3.103
donec verba, quibus voces sensusque [sensus, vocesque,] notarent,|
nominaque invenere; *coni.Serm*.1.3.103
horruerim voces Furiarum et facta duarum. *Serm*.1.8.45
Sirenum voces et Circae pocula nosti; *Epist*.1.2.23
sic iterat voces et verba cadentia tollit, ... *Epist*.1.18.12
reddere qui voces iam scit puer . . . . . . *Ars Poet*.158
vivas hinc ducere voces. . . . . *Ars Poet*.318
vocet. quem vocet divom populus ruentis|imperi rebus? . . . *Carm*.1.2.25
'nec nunc, cum me vocat [vocet] ultro,|accedam? . . . *var.Serm*.2.3.262
ultro|qui meliorem audax vocet in ius, ... *Serm*.2.5.29
voci. suave locus voci resonat conclusus. *Serm*.1.4.76
vocibus. Canidia: parce vocibus tandem sacris *Epod*.17.6
vocibus. populumque falsis|dedocet uti|vocibus, ... *Carm*.2.2.21
tuis victus Venerisque gratae|vocibus *Carm*.4.6.22
nec vocata mens tua|Marsis redibit vocibus. *Epod*.5.76
polo|deripere lunam vocibus possim meis, ... *Epod*.17.78
vocis. tum meae, . . . vocis accedet bona pars . . . *Carm*.4.2.46
vola. 'ipse deus, simulatque volam, me solvet [vola me soluat].' . . *var.Epist*.1.16.78
volam. 'ipse deus, simulatque volam, me solvet.' *Epist*.1.16.78
tamen idem|scire volam, ... *Epist*.2.2.193
Volanerius. scurra Volanerius, postquam illi iusta cheragra | contudit
articulos, ... *Serm*.2.7.15
volantem. Caesar ab Italia volantem|remis adurgens, . . . *Carm*.1.37.16
volantis. curas laqueata circum|tecta volantis. *Carm*.2.16.12
volat. quam Iocus circum volat et Cupido; *Carm*.1.2.34
et semel emissum volat inrevocabile verbum. *Epist*.1.18.71
volate. Etrusca praeter et volate litora. *Epod*.16.40
Volcano. vaga per veterem dilapso flamma culinam|Volcano . . *Serm*.1.5.74
Volcanus. dum gravis Cyclopum|Volcanus ardens visit officinas. . *Carm*.1.4.8
hinc avidus stetit|Volcanus, ... *Carm*.3.4.59
volebat. Eutrapelus cuicumque nocere volebat|vestimenta dabat pretiosa: *Epist*.1.18.31
volens. mihi Delphica|lauro cinge volens, Melpomene, comam. . . *Carm*.3.30.16
volent. et quocumque volent animum auditoris agunto. . . . *Ars Poet*.100
volente. saetosa duris exuere pellibus . . . volente Circa membra; . . *Epod*.17.17
volentem. volentem proelia me loqui *Carm*.4.15.1

voles.   quem criminosis cumque voles modum|pones iambis,   .   .   .   *Carm.*1.16.2
    sive mendaci lyra|voles sonare: *Epod.*17.40
    voles modo altis desilire turribus, ...   *Epod.*17.70
    cum ridere voles, Epicuri de grege porcum. *Epist.*1.4.16
    si prodesse tuis pauloque benignius ipsum|te tractare voles,   .   .   *Epist.*1.17.12
    tu seu donaris seu quid donare voles cui, ...   *Ars Poet.*426
volet.   o quisquis volet inpias|caedis et rabiem tollere civicam,   .   .   *Carm.*3.24.25
    pluribus hisce, . . . amari|si volet: *Serm.*1.3.72
    seu recreare volet tenuatum corpus *Serm.*2.2.84
    tractari mollius aetas|imbecilla volet: *Serm.*2.2.86
    fiet aper, modo avis, modo saxum et, cum volet, arbor.   .   .   .   *Serm.*2.3.73
    'etiam et rex|et quidquid volet.' *Serm.*2.3.98
    infectum volet esse, dolor quod suaserit et mens,   .   .   .   *Epist.*1.2.60
    eripietque curule|cui volet inportunus ebur.' *Epist.*1.6.54
    neque, . . . volet in caupona vivere; *Epist.*1.11.12
    qui dedit hoc hodie, cras si volet auferet, ...   *Epist.*1.16.33
    nec, cum venari volet ille, poemata panges. *Epist.*1.18.40
    si volet usus,|quem penes arbitrium est et ius et norma loquendi.   .   *Ars Poet.*71
    ne quodcumque velit [volet] poscat sibi fabula credi   .   .   .   *var.Ars Poet.*339
    haec amat obscurum; volet haec sub luce videri,   .   .   .   *Ars Poet.*363
volgaria.   ieiunus raro stomachus volgaria temnit.   .   .   .   *Serm.*2.2.38
volgaris.   coetusque volgaris et udam|spernit humum   .   .   .   *Carm.*3.2.23
volgarit.   qui Cereris sacrum|volgarit arcanae, ...   *Carm.*3.2.27
volgata.   inultus ut tu riseris Cotytia|volgata, ...   *Epod.*17.57
volgatas.   non ante volgatas per artis *Carm.*4.9.3
volgavi.   hunc ego, non alio dictum prius ore, Latinus|volgavi fidicen;   .   *Epist.*1.19.33
volgi.   quis manus insudet volgi Hermogenisque Tigelli,   .   .   .   *Serm.*1.4.72
    demens|iudicio volgi, sanus fortasse tuo, ...   *Serm.*1.6.98
    contrectatus ubi manibus sordescere volgi|coeperis,   .   .   .   *Epist.*1.20.11
    sive elephans albus volgi converteret ora; *Epist.*2.1.196
volgo.   volgo recitare timentis ob hanc rem, ...   *Serm.*1.4.23
    ne volgo narres, te sudavisse ferendo|carmina *Epist.*1.13.16
volgo.   quid oportet|nos facere a volgo longe longeque remotos?   .   .   *Serm.*1.6.18
    quin ubi se a volgo et scaena in secreta remorant   .   .   .   *Serm.*2.1.71
volgus.   at volgus infidum et meretrix retro|periura cedit,   .   .   .   *Carm.*1.35.25
    densum umeris bibit aure volgus. *Carm.*2.13.32
    interdum volgus rectum videt, est ubi peccat.   .   .   .   *Epist.*2.1.63
volgus.   Parca non mendax dedit et malignum|spernere volgus.   .   .   *Carm.*2.16.40
    odi profanum volgus et arceo. *Carm.*3.1.1
    huic ego volgus|errori similem cunctum insanire docebo.   .   .   *Serm.*2.3.62
    hoc quoque volgus|Chrysippus ponit fecunda in gente Meneni. —   .   *Serm.*2.3.286
volitant.   pacatum volitant per mare navitae; *Carm.*4.5.19
volnera.   aut labentis equo describit volnera Parthi.'   .   .   .   *Serm.*2.1.15
volnere.   quo beatus|volnere, qua pereat sagitta. *Carm.*1.27.12
volnus.   si volnus tibi monstrata radice vel herba|non fieret levius,   .   .   *Epist.*2.2.149
volnus.   volnus nil malum levantia, ...   *Epod.*11.17
volo.   quendam volo visere non tibi notum; *Serm.*1.9.17
volpe.   numquam te fallent animi sub volpe latentes.   .   .   .   *Ars Poet.*437
volpecula.   forte per angustam tenuis volpecula rimam|repserat   .   .   *Epist.*1.7.29
volpes.   ab agro|rava decurrens lupa Lanuvino|fetaque volpes;   .   .   *Carm.*3.27.4
    astuta ingenuum volpes imitata leonem? — *Serm.*2.3.186
    olim quod volpes aegroto cauta leoni|respondit,   .   .   .   *Epist.*1.1.73
volt.   tollere seu ponere volt freta; *Carm.*1.3.16
    non uxor salvom te volt, non filius; *Serm.*1.1.84
    ratione modoque|tractari non volt. *Serm.*2.3.267
    dum volt libertas dici mera veraque virtus. *Epist.*1.18.8
    dives amicus . . . virtutibus esse priorem|volt   .   .   .   *Epist.*1.18.28
    illud,|quod mecum ignorat, solus volt scire videri,   .   .   .   *Epist.*2.1.87
    ubi plenius aequo|laudat venalis qui volt extrudere merces: .   .   *Epist.*2.2.11
    versibus exponi tragicis res comica non volt;   .   .   .   *Ars Poet.*89
    fabula, quae posci volt et spectanda reponi;   .   .   .   *Ars Poet.*190
    nam neque chorda sonum reddit quem volt manus et mens,   .   .   *Ars Poet.*348
Voltei.   'durus', ait, 'Voltei, nimis attentusque videris|esse mihi.'   .   *Epist.*1.7.91
Volteium.   it, redit et narrat, Volteium nomine Menam,   .   .   *Epist.*1.7.55
    Volteium mane Philippus | vilia vendentem tunicato scruta popello |
      occupat *Epist.*1.7.64
voltis.   voltis severi me quoque sumere|partem Falerni?   .   .   *Carm.*1.27.9
    'iam faciam quod voltis: *Serm.*1.1.16
    procedere recte|qui moechis non voltis, ...   *Serm.*1.2.38

voltu. ausa et iacentem visere regiam|voltu sereno, ... *Carm.*1.37.26
    solutis|crinibus ambiguoque voltu. *Carm.*2.5.24
    neque uno luna rubens nitet|voltu: *Carm.*2.11.11
    quin et Ixion Tityosque voltu|risit invito, ... *Carm.*3.11.21
    reiecit alto dona nocentium|voltu, ... *Carm.*4.9.43
    aufer|me voltu terrere; *Serm.*2.7.44
    siquis voltu torvo ferus et pede nudo *Epist.*1.19.12
    neque ficto|in peius voltu proponi cereus usquam . . . *Epist.*2.1.265
    voltu mutabilis, albus et ater. *Epist.*2.2.189
voltum. bracchia et voltum teretesque suras|integer laudo: . . *Carm.*2.4.21
    virilem|torvos humi posuisse voltum, ... *Carm.*3.5.44
    qui se|voltum ferre negat Noviorum posse minoris. . . . *Serm.*1.6.121
    adde|voltum habitumque hominis, ... *Serm.*2.4.92
    est|gaudia prodentem voltum celare. *Serm.*2.5.104
    dum licet ac voltum servat Fortuna benignum, . . . *Epist.*1.11.20
    suspendit picta voltum mentemque tabella, ... *Epist.*2.1.97
    nequis . . . alius Lysippo duceret aera | fortis Alexandri voltum
        simulantia. *Epist.*2.1.241
    tristia maestum|voltum verba decent, ... *Ars Poet.*106
Volture. me fabulosae Volture in Apulo . . . fronde nova puerum
        palumbes|texere, ... *Carm.*3.4.9
voltus. acer et Marsi peditis cruentum|voltus in hostem; . . . *Carm.*1.2.40
    et voltus nimium lubricus adspici. *Carm.*1.19.8
    non voltus instantis tyranni *Carm.*3.3.3
    enim voltus ubi tuos|adfulsit populo, ... *Carm.*4.5.6
    atqui voltus erat multa et praeclara minantis, . . . *Serm.*2.3.9
voltus. quid omnium|voltus in unum me truces? *Epod.*5.4
    nec magis expressi voltus per aenea signa *Epist.*2.1.248
    ut ridentibus adrident, ita flentibus adflent|humani voltus. . *Ars Poet.*102
voltus. terret equos equitumque voltus. *Carm.*2.1.20
    petamque voltus umbra curvis unguibus, ... *Epod.*5.93
    notus in voltus honor. *Epod.*17.18
    quo teneam voltus mutantem Protea nodo? *Epist.*1.1.90
volubilis. sequor . . . te per aquas, dure, volubilis. . . . *Carm.*4.1.40
    labitur et labetur in omne volubilis aevom. *Epist.*1.2.43
volucrem. per purum tonantis|egit equos volucremque currum, . . *Carm.*1.34.8
    iam volucrem sequor|te *Carm.*4.1.38
volucris. ast inportunas volucris in vertice harundo|terret fixa . . *Serm.*1.8.6
volucris. veluti stet volucris dies, ... *Carm.*3.28.6
    quae semel . . . inclusit volucris dies. *Carm.*4.13.16
volucris. volucrisque Fati|tardavit alas, ... *Carm.*2.17.24
voluere. et minax, †quia sic voluere, ponto|unda recumbit. . . *Carm.*1.12.31
voluerunt. libertate decembri,|quando ita maiores voluerunt, utere: . *Serm.*2.7.5
volui. 'sive ego prave|seu recte hoc volui, ne sis patruos mihi': . . *Serm.*2.3.88
    'quid miser egi?|quid volui?' dices, ... *Epist.*1.20.7
voluit. me voluit dicere lucidum|fulgentis oculos *Carm.*2.12.14
    cum summam patrimoni insculpere saxo|heredes voluit?' . . *Serm.*2.3.91
volumina. Augusto reddes signata volumina, Vinni, . . . *Epist.*1.13.2
    pontificum libros, annosa volumina vatum|dictitet . . *Epist.*2.1.26
volumus. si patriae volumus, si nobis vivere cari. . . . *Epist.*1.3.29
volunt. quod superest aevi, siquid superesse volunt di; . . . *Epist.*1.18.108
    non satis est pulchra esse poemata; dulcia sunto|et quocumque volent
        [volunt] animum auditoris agunto . . . . . *var.Ars Poet.*100
    aut prodesse volunt aut delectare poetae . . . . *Ars Poet.*333
voluntas. cessat voluntas? non alia bibam|mercede. . . . *Carm.*1.27.13
voluptas. cessat voluntas [voluptas]? *var.Carm.*1.27.13
    utque illis multo corrupta dolore voluptas *Serm.*1.2.39
    non in caro nidore voluptas|summa, sed in te ipso est. . . *Serm.*2.2.19
    sperne voluptates: nocet empta dolore voluptas. . . . *Epist.*1.2.55
    cui potior patria fuit interdicta voluptas. *Epist.*1.6.64
    verum equitis quoque iam migravit ab aure voluptas|omnis . *Epist.*2.1.187
    'cui sic extorta voluptas|et demptus per vim *Epist.*2.2.139
voluptates. sperne voluptates: nocet empta dolore voluptas. . . *Epist.*1.2.55
voluptatis. ficta voluptatis causa sint proxima veris: . . . *Ars Poet.*338
volva. nil melius turdo, nil volva pulchrius ampla.' . . . *Epist.*1.15.43
volvens. quatenus ima petit volvens aliena vitellus. . . . *Serm.*2.4.57
volventis. nunc lapides adesos | stirpisque raptas et pecus et domos|
    volventis una, ... *Carm.*3.29.38
volvere. flumen gentibus additum|victis minores volvere vertices . *Carm.*2.9.22

prosperam frugum celeremque pronos|volvere mensis. *Carm.*4.6.40
volvitur. sic tauriformis volvitur Aufidus, . . . *Carm.*4.14.25
vomere. tu frigus amabile|fessis vomere tauris|praebes . . . *Carm.*3.13.11
tu frigus amabile|fessis vomere [sub vomere] tauris|praebes . . *var.Carm.*3.13.11
incultae pacantur vomere silvae: . . . *Epist.*1.2.45
vomerem. fessos vomerem inversum boves|collo trahentis languido . . *Epod.*2.63
Voranus. Iulius et fragilis Pediatia furque Voranus. . . . *Serm.*1.8.39
Vortumnum. Vortumnum Ianumque, liber, spectare videris, . . *Epist.*1.20.1
vos. vos laetam fluviis et nemorum coma . . . *Carm.*1.21.5
vos Tempe totidem tollite laudibus *Carm.*1.21.9
utcumque mecum vos eritis, ... *Carm.*3.4.29
vos Caesarem altum, . . . Pierio recreatis antro. . . . *Carm.*3.4.37
vos lene consilium et datis et dato|gaudetis, almae. . . *Carm.*3.4.41
vos, o pueri et puellae|iam virum †expertae, ... *Carm.*3.14.10
vosque, veraces cecinisse Parcae, ... *Carm.Saec.*25
vos, quibus est virtus, muliebrem tollite luctum, . . . *Epod.*16.39
hinc vos,|vos hinc mutatis discedite partibus. . . . *Serm.*1.1.17
hinc vos,|vos hinc mutatis discedite partibus. . . . *Serm.*1.1.18
at vos,|praesentes, Austri, coquite horum obsonia. . . *Serm.*2.2.40
quanto aut ego parcius aut vos,|o pueri, nituistis, . . *Serm.*2.2.127
huc propius me, . . . vos ordine adite. . . . *Serm.*2.3.81
quae vos ad caelum fertis rumore secundo, . . . *Epist.*1.10.9
sessuri, donec cantor 'vos plaudite' dicat: . . . *Ars Poet.*155
vos exemplaria Graeca|nocturna versate manu, versate diurna. . *Ars Poet.*268
si modo ego et vos|scimus . . . . . *Ars Poet.*272
vos, o|Pompilius sanguis, carmen reprehendite, . . . *Ars Poet.*291
vos. quaeque vos bubus veneratur albis *Carm.Saec.*49
diris agam vos: *Epod.*5.89
vos turba vicatim hinc et hinc saxis petens|contundet . . *Epod.*5.97
quid oportet|nos [vos] facere a volgo longe longesque remotos? . *coni.Serm.*1.6.18
vos, Bibule et Servi, simul his te, candide Furni, . . . *Serm.*1.10.86
donec vos auctor docuit praetorius. . . . *Serm.*2.2.50
extimui, ne vos ageret vesania discors, . . . *Serm.*2.3.174
praeterea ne vos titillet gloria, ... *Serm.*2.3.179
Thracane vos Hebrusque nivali compede vinctus . . . morantur? . *Epist.*1.3.3
vos|seu calidus sanguis . . . vexat|indomita cervice feros? . *Epist.*1.3.32
vos sapere et solos aio bene vivere, . . . *Epist.*1.15.45
vota. me tener solvet vitulus, . . . in mea vota, . . . *Carm.*4.2.56
Liber vota bonos ducit ad exitus. *Carm.*4.8.34
audivere, Lyce, di mea vota, di|audivere, Lyce: . . . *Carm.*4.13.1
sed ut secundum vota Parthorum sua|Vrbs haec periret dextera? . *Epod.*7.9
voti. post etiam inclusa est voti sententia compos; . . . *Ars Poet.*76
votis. votis puerorum amicas|adplicat auris: . . . *Carm.Saec.*71
votis ut praebeat aurem? *Serm.*1.1.22
votis. tu simul obligasti|perfidum votis caput, . . . *Carm.*2.8.6
ad miseras preces|decurrere et votis pacisci . . . *Carm.*3.29.59
votis ominibusque et precibus vocat . . . *Carm.*4.5.13
sed tardiora fata te votis manent: *Epod.*17.62
hoc erat in votis: modus agri non ita magnus, . . . *Serm.*2.6.1
perditur haec inter misero lux non sine votis: . . . *Serm.*2.6.59
votiva. pascitur in vestrum reditum votiva iuvenca. . . . *Epist.*1.3.36
votiva. me tabula sacer|votiva paries indicat . . . *Carm.*1.5.14
omnis|votiva pateat veluti descripta tabella|vita senis. . . *Serm.*2.1.33
votivam. reddere victimas|aedemque votivam memento; . . . *Carm.*2.17.31
voto. donasset iamne catenam|ex voto Laribus, quaerebat; . . *Serm.*1.5.66
semper avarus eget: certum voto pete finem. . . . *Epist.*1.2.56
horum tu in numerum voto ruis; *Epist.*1.14.41
votum. an venit in votum Attalicis ex urbibus una, . . . *Epist.*1.11.5
voveat. quid voveat dulci nutricula maius alumno, . . . *Epist.*1.4.8
voveram. voveram dulcis epulas et album|Libero caprum . . *Carm.*3.8.6
vovet. sed neque, qui Capua Romam petit, imbre lutoque|adspersus volet
[vovet] in caupona vivere; *var.Epist.*1.11.12
vox. longe mea discrepat istis|et vox et ratio: . . . *Serm.*1.6.93
delere licebit,|quod non edideris; nescit vox missa reverti. . . *Ars Poet.*390
vulgavit. qui Cereris sacrum|volgarit [vulgavit] arcanae, . . . *var.Carm.*3.2.27
vulgo. hoc quoque volgus [vulgo] | Chrysippus ponit fecunda in gente
Meneni. — *var.Serm.*2.3.286
vulgum. huic ego volgus [vulgum]|errori similem cunctum insanire docebo. *var.Serm.*2.3.62

    hoc quoque volgus [vulgum] | Chrysippus ponit fecunda in gente
       Meneni. — *var.Serm.*2.3.286
vulgus. huic ego volgus [vulgus]|errori similem cunctum insanire docebo. *var.Serm.*2.3.62
    hoc quoque volgus [vulgus] | Chrysippus ponit fecunda in gente
       Meneni. — *var.Serm.*2.3.286
vulpecula. moveat cornicula [? vulpecula] risum|furtivis nudata coloribus. *? var Epist.*1.3.19
    per angustam tenuis volpecula [vulpecula] rimam|repserat in cumeram
      frumenti, ...   *var.Epist.*1.7.29
vult. non uxor salvom te volt [te vult salvum], non filius; .   .   . *var.Serm.*1.1.84
    non uxor salvom te volt [salvum te vult], non filius; .   .   . *var.Serm.*1.1.84
vultum. huic ego volgus [vultum]|errori similem cunctum insanire docebo. *var.Serm.*2.3.62
    si paullum potes inlacrimare, est|gaudia prodentem voltum [vultum]
      celare. *var.Serm.*2.5.104
vultus. huic ego volgus [vultus]|errori similem cunctum insanire docebo. . *var.Serm.*2.3.62

X

Xanthia. ne sit ancillae tibi amor pudori,|Xanthia Phoceu: .   .   . *Carm.*2.4.2
Xantho. Phoebe, qui Xantho lavis amne crinis, ... *Carm.*4.6.26

Z

Zephyris. non Zephyris agitata Tempe. *Carm.*3.1.24
    frigora mitescunt Zephyris, ... *Carm.*4.7.9
    te, dulcis amice, reviset|cum Zephyris, ... *Epist.*1.7.13
Zethi. gratia sic fratrum geminorum, Amphionis atque|Zethi, dissiluit, . *Epist.*1.18.42
Zmyrna. Zmyrna quid et Colophon, maiora minorane fama? .   . *Epist.*1.11.3
zona. potes hac ab orno|pendulum zona bene te secuta e-|lidere collum. . *Carm.*3.27.59
zonam. ibit eo, quo vis, qui zonam perdidit' inquit. .   .   . *Epist.*2.2.40
zonis. solutis|Gratiae zonis properentque Nymphae .   .   . *Carm.*1.30.6

	DATE DUE		